EUROPE

8 SUÈDE
9 DANEMARK
10 PAYS-BAS
11 BELGIQUE
12 LUXEMBOURG
13 ALLEMAGNE
14 SUISSE
15 AUTRICHE
16 SLOVÉNIE
17 MALTE
18 RÉPUBLIQUE TCHÈQUE
19 SLOVAQUIE
20 HONGRIE
21 CROATIE
22 BOSNIE-HERZÉGOVINE
23 SERBIE
24 MONTÉNÉGRO
25 ALBANIE
26 MACÉDOINE
27 BULGARIE
28 MOLDAVIE

ASIE ET MOYEN-ORIENT

44 GÉORGIE
45 ARMÉNIE
46 AZERBAÏDJAN
47 CHYPRE
48 LIBAN
49 ISRAËL
50 Territoires autonomes de Palestine
51 JORDANIE
52 KOWEÏT
53 BAHREÏN
54 QATAR
55 ÉMIRATS ARABES UNIS

Les drapeaux de l'Union européenne

ALLEMAGNE

AUTRICHE

BELGIQUE

BULGARIE

CHYPRE

CROATIE

DANEMARK

ESPAGNE

ESTONIE

FINLANDE

FRANCE

GRÈCE

HONGRIE

IRLANDE

ITALIE

LETTONIE

LITUANIE

LUXEMBOURG

MALTE

PAYS-BAS

POLOGNE

PORTUGAL

RÉPUBLIQUE TCHÈQUE

ROUMANIE

ROYAUME-UNI

SLOVAQUIE

SLOVÉNIE

SUÈDE

CE-CM
8-11 ans

Dictionnaire Hachette Junior

hachette
ÉDUCATION

Direction du département Parascolaire et Dictionnaires : Cécile Labro
Direction éditoriale : Claire Inizan

Cette nouvelle édition prolonge et augmente le travail effectué sous la direction de Jean-Pierre Mével et Bernard Jenner pour le premier Dictionnaire Hachette Junior.
Responsable de projet : Jean-Benoit Ormal-Grenon
Assistante d'édition : Héléna Falcone
Rédaction : Bénédicte Gaillard, Joëlle Guyon-Vernier, Valérie Lecœur
Correction : Élisabeth Thebaud
Maquette intérieure : Didier Méresse, Nord Compo Multimédia
Couverture : Mélissa Chalot
Cartographie : Pascal Thomas
Mise en pages : Nord Compo Multimédia
Fabrication : Jérémy Vinerbi

ISBN 978-2-01-395139-5

www.hachette-education.fr

Crédits photographiques de couverture
© Corbis : iguane (M. Harvey) ; mère et enfant (R. T. Nowitz) ; dune (Radius images) ; © Getty images : patrouille de France (© AFP) ; Lune (b. Vincent) ; © Dorling Kindersley : château fort (S. Biesty) ; Photothèque Hachette Livre : Louis XIV ; raton laveur ; © Leemage : Toutankhamon (Cuboimages).

Crédits photographiques de l'intérieur
Illustrations des lettrines : Fotolia, Ingram, Thinstock.
• ADAGP, Paris 2010 : 21, 281, 334, 537 • AFP : 719 • Agence Shot/Mochizuki/Presse-sports : 94 (h) • Alpha : 84, 477, 670 ; LDP 930, 933, 971 • Altitude : 114 • Artephot : 1078 ; Vision 121 ; Oronoz 322 ; Roubier 219 • Atlas Photo : Dumontier 492 (g) • Bandinot : 802 • Bavaria : 1086 • Bernand : 346 • Bibliothèque Nationale, Paris : 310, 325 (h) • Bildarchiv : Pambourg 302 (h) • Bios : 1231 ; Pierrel 260 • Bodleian Library, Oxford : 919 • Bulloz : 284, 580, 1299 • Celestron-IHW/Schmidt : 261 • Chauvin/Arnoux : 239 • Ciel & Espace : 688, 1249 ; Brunier 315 • CIRI : 67 • Cosmos : 15 ; Visum/Pflaum 20 ; Lloyd 795 ; SPL/Sauze 1276 ; Strickland 1095 (b) • Dagli Orti : 266, 765, 956 (b), 1023• Decobecq : 471 • Dépt. Art pariétal/CNP : Ajoulat 1139 • Diaf : 1065 ; Blum 374 ; Guittot 1193 • Diatec/Titus : 170 • DR : 48, 53(h), 106, 132 (h), 245, 301, 325 (b), 337, 514, 530, 547, 555 (d), 644 (g), 712, 715, 723, 733, 817, 876, 896, 1040, 1131, 1132, 1215 (b), 1312, 1313, 1321, 1328, 1330, 1331 (g), 1341, 1343, 1345, 1351, dessins • Edimages : Guillat 1300 • Édimédia : 188, 250, 363, 408, 586, 968, 1027, 1031 • El Pais : Rojas 671 • Ernoult Features : 974 (b) • Explorer : 867 ; Boraud 1303 (d) ; Delpal 960 (g) ; Dupont 1256 ; Evans 531 ; Musée Marmottan 663 ; Philippart 152 (g) ; Russell 518 • Fabbri/LDP : 796 (b) ; Arata 724 (d) • Foto Saporetti, Milan : 452 • Gallimard : 983 • Gamma : Artothek/Blauel 1114 ; Derenne, 537 ; Deville 349 (d) ; Kennerby 1289 ; Salgado 292 • Giraudon : 89 (d), 126, 127, 139, 259, 349 (g), 381, 435, 482, 647, 761, 953, 1001, 1112 ; Alinari 387 • GLMR : Guichard 956 (h) • Grolier : 693 • Hachette Livre / Edi 7 : 29 • IBM France : 1260 • ICP : 1110 • Jacana : 1107 ; Edouard 1207 (h) • Jallot : 994 (h) • JBOG : 431, 1188 • H. Josse : 1216 • Kobal Collection : 63 • Lauros-Giraudon : 1142, 1147, 1159, 1171, 1211, 1213 • LDP : 825, 878, 889, 906, 918, 927, 935, 941, 952, 1039, 1095 (h), 1162, 1207 (b), 1210, 1215 (h), 1227, 1230, 1285 • Leemage : 785 (g) ; AISA 12, 81 (h), 110, 112, 122, 258, 334, 343, 655, 731, 748, 789 (h), 1356 ; Jean Bernard 152 (d) ; Bianchetti 818 ; Costa 395, 1294 ; Cuboimages 32, 47, 64, 150, 168, 183, 302 (b), 321, 328, 338, 421, 578, 611, 661, 691, 791, 881 (h), 1081, 1146, 1179, 1239, 1322, 1348 ; Delius 555 (g), 960 (d) ; Effigie 847 ; Electa 570 (g), 711, 811 ; Farabola 146 ; FineArtImages 854 ; Fototeca 607, 856 ; Grapheast 1199 ; Gusman 220 ; Heritage images 264, 598, 717, 810 ; Imagebroker 132 (b), 145, 153, 166, 189, 375, 505, 525, 528, 546, 828 (d) ; Imagestate 156, 235, 296, 298, 430, 557, 581, 698, 703, 737, 743, 775, 864, 869, 872, 939, 999, 1044, 1099, 1187, 1220, 1224, 1232, 1259, 1268 ; Josse 118, 154, 411, 524 ; Marthelot 248 (d) ; MP 42, 842 ; Musacchio/Farabola 1191 ; North Wind Pictures 294 ; PrismaArchivo 53 (b), 564, 674, 758 ; Raffael 325 ; Ricciarini 55, 213, 488, 910 (b) ; Selva 23, 322, 781 ; Teisseire 1007 ; United Archive 143 ; Vautier 949 • Llarca : 25 • Lorenzi : 507 (d) • Magnum : 1135 ; Hans 1011 ; Lessing 58 • Meyer : 975 • Michaud : 1288 • Musée de l'Institut Pasteur : 347 • Musée du Louvre : 757, 760 • Musée du Prado : Hinz 1083 • NASA : 66, 345, 474, 492 (d), 974 (h) • ND/Viollet : 1283 • ONERA : 1302 • Oronoz : 539 • Pasco : 970 • Pellegrini : 77 (g), 467 • Petit format : Chaumet 672 • Petzold : 799 (d) • Peugeot : Muratet 340 • Photothèque Hachette Livre : 21 (h), 73, 85, 103, 192, 198, 209, 222, 231, 379, 426 (d), 441, 498, 503, 506, 549, 563, 570 (d), 595, 620, 626, 635, 649, 705, 724 (g), 747, 767, 826, 916, 980, 990, 995, 998, 1050, 1117, 1247, 1266, 1275, 1280, 1281, 1287, 1337, 1360 ; Abeille 901 ; Held, 1327 ; Josse 128, 171, 200, 243, 265, 352, 355 (b), 361 (b), 754, 755, 785 (d), 796 (h), 828 (g), 1087, 1324, 1333 ; List 49, 94 (b), 617, 651 (d), 757, 798, 835, 870, 922, 929, 1002, 1169, 1222, 1270, 1331 (d) ; Lubtchansky 608 ; Manuel 565 ; Muller 1354 • Pictor International : 507 (g), 893 • Pix : 77 (d) ; Benazet 161 • Pucciarelli : 65 • Rapho : 520 ; Lawson 351 ; Michaud 1212 • Rasano : 451 • RMN, Paris : 211, 357, 468, 499, 1291 • Roger-Viollet : 10 • Salvat : 26, 30, 81 (b), 82, 123, 307, 378, 426 (g), 436, 536, 582, 644 (d), 648, 651 (g), 659, 667, 729, 732, 881 (b), 1020, 1024, 1028, 1052, 1137, 1173, 1194, 1233, 1303 (g) ; Alpha 184 ; LDP 888, 1206 • Scala : 100, 449, 552, 653, 873, 1297 • SDP Stock Photos : 1030 • SipaPress : Delahaye 1223 • Smeets Archives : 559, 934 • SRMF/Requile/Musée du Louvre : 1109 • Stock Exchange : 356, 862 ; Alonso 447 ; Arpad 799 (g) ; Berkol 502 ; Bragin 1070 ; Brancaccio 446 ; Braswell 1158 ; Ciesielski 1053 ; CMSLER 510 ; Corno 1257 ; Damian 509 ; Davenport 675 ; Dubose 1054 ; Dulska 461 ; Eastop 783 ; Eschu1952 1197 ; Farmer 634 ; Hughes 437 ; Ivan 1041 ; Jeu 414 ; Jimenez 465 ; Jones 633, 1273 ; Kapinos 994 (b) ; Kubaseck 590 ; Kuipers 355 (h), ; Lalev 416 ; Leivas 1122 ; Lincolne 1071 ; Lucas CG 443 ; Micky007 397 ; Morel 444 ; Munchel 1164 ; Obsivac 1253 ; Richert 517 ; Riggs 1126 ; Roda 1013 ; Santos 874 ; Sepulveda 687 ; Silva 615 ; Sundstrom 365, 1059 ; Wesemeyer 1237 ; Zacharzewski 1311 ; Zuydweg 1015 • Stock Image : Woldendorf 271 • Sunset : 89 (g), 669 ; Rancinan 1098 ; SF, 789 (b) ; Sirius 1181 (b) ; Warden 831 • Sygma : Compoint 1258 ; Laffont 361 (h), 497 • Tallandier : 1106 • The Image Bank : Choisnet 41 ; Hidalgo 1295 ; Lewis 1156 ; Sarraute 124 ; Gatz 174 • Tournus : 92 • Vandystadt : 656, 908, 924, 1057, 1136 ; Black 538 ; Plisson 1080 • Vertical/Carmier : 1228 • Vloo : 910 (h), 973 • Zorey : 629

Préface

Le *Dictionnaire Hachette Junior* s'adresse aux enfants de 8 à 11 ans. Il regroupe dans une liste alphabétique commune les mots de la langue française et les noms propres. Ses règles de fonctionnement sont celles de tout dictionnaire courant :

• 25 000 mots et expressions de la langue française permettent à l'élève de cerner le vocabulaire relatif aux matières enseignées à l'école, et celui utilisé dans la vie courante, familiale ou de loisirs.

• Chaque entrée est suivie de sa catégorie grammaticale, d'une définition courte et claire, d'un exemple qui présente le mot dans une phrase complète, d'expressions liées au mot, puis de remarques concernant, selon les cas, la prononciation, l'orthographe, la grammaire ou l'appartenance à une famille de mots. Des synonymes et des contraires proposent un enrichissement du vocabulaire et une maîtrise plus étendue de la langue.

• 1 000 noms propres, sélectionnés en fonction des programmes du cycle III de l'école primaire, offrent à l'élève une nécessaire ouverture sur les grands domaines et personnages de la culture littéraire, historique et artistique, sur les repères géographiques de la France et du monde.

• Les rectifications de l'orthographe, conformément aux programmes, sont systématiquement indiquées et présentées sous la forme de variantes à la fin des entrées.

Le *Dictionnaire Hachette Junior* est également adapté à l'âge, aux capacités de lecture et aux préoccupations de ses jeunes lecteurs :

• les entrées en violet pour les mots du français et en bleu pour les noms propres permettent une identification aisée du mot recherché ;

• des remarques concernant l'origine ou l'évolution de certains mots procurent un premier plaisir à pénétrer dans la merveilleuse aventure de la langue ;

• les caractéristiques essentielles des noms propres sont toujours indiquées en gras ; chaque pays dispose de sa fiche d'identité qui donne une vision immédiate de son drapeau, sa population, sa capitale, sa monnaie, sa langue officielle et sa superficie ;

• une illustration abondante et variée présente, notamment, de nombreuses œuvres d'art dans le but de relier les connaissances au patrimoine artistique, historique et culturel de notre société ;

• des tableaux et des planches regroupent de nombreuses informations : conjugaisons, figures géométriques, noms des habitants des différents pays du monde, faune, flore,… ;

• une frise historique offre une vision synthétique de l'ensemble des souverains français avec leurs dates de règne ;

• enfin, un atlas permet de localiser les lieux et les pays évoqués au fil des exemples.

Le *Dictionnaire Hachette Junior* constitue ainsi un indispensable outil de maîtrise et de connaissance de la langue et a pour ambition d'offrir à son utilisateur le plaisir d'une ouverture sur la culture et sur les grands repères historiques et géographiques.

L'éditeur

Extraits des Instructions officielles pour le cycle de consolidation (CM1, CM2, 6e)

Étude de la langue (grammaire, orthographe, lexique)
« L'enseignement de l'orthographe a pour référence les rectifications orthographiques publiées par le *Journal officiel de la République française* le 6 décembre 1990. » (…)

Le lexique est pris explicitement comme objet d'observation et d'analyse (…). Son étude est également reliée à celle de l'orthographe lexicale et à celle de la syntaxe, en particulier pour l'étude des constructions verbales.

Connaissances et compétences associées
Acquérir la structure, le sens et l'orthographe des mots

• Observations morphologiques : dérivation et composition, explications sur la graphie des mots, établissement de séries de mots (…).
• Mise en réseau de mots (groupements par champ lexical).
• Analyse du sens des mots : polysémie et synonymie, catégorisations (termes génériques/spécifiques).
• Découverte des bases latines et grecques, dérivation et composition à partir d'éléments latins ou grecs, repérage des mots appartenant au vocabulaire savant, construction de séries lexicales.

Planches de vocabulaire et schémas

Annexes

Mode d'emploi

Renvoi vers un modèle de conjugaison à la fin du dictionnaire.

Il y a trois mots « franc ».

fraîchir (verbe) ▸ conjug. n° 11
Devenir plus frais. *Depuis quelques jours, la température a **fraîchi**.*
ORTHO On écrit aussi **fraichir**.

Ce mot peut s'écrire différemment *(rectifications de l'orthographe)*.

■ **frais, fraîche** (adjectif)
1. Qui est légèrement froid. *Un verre d'eau **fraîche**.* **2.** Qui vient d'être fait, récolté ou produit. *Du pain **frais**. Du poisson **frais**. Des œufs **frais**.* **3.** Qui n'est pas encore sec. *Ne touche pas les murs, la peinture est encore **fraîche**.* **4.** Qui existe depuis peu. *Nous vous donnerons des nouvelles **fraîches** dès notre retour.* (Syn. récent.) **5.** Qui a gardé son éclat, sa force. *Un teint **frais**.*
■ **frais** (nom masculin) Température fraîche. *Mets la glace au **frais** sinon elle va fondre.* ■ **frais** (adverbe) Légèrement froid. *Il fait **frais** à cause du vent.* ⌂ Famille du mot : **défraîchi**, **fraîchement**, **fraîcheur**, **fraîchir**, **rafraîchir**, **rafraîchissant**, **rafraîchissement**.
ORTHO On écrit aussi **fraiche**.

Exemple du mot dans son contexte.

Ce mot est aussi employé comme nom masculin et comme adverbe.

■ **frais** (nom masculin pluriel)
Dépenses que l'on doit faire. *Les travaux de la maison ont entraîné de très gros **frais**.* • **En être pour ses frais :** avoir dépensé de l'argent ou s'être donné du mal pour rien. • **Faire les frais de quelque chose :** en subir les conséquences.

Quelques mots de la même famille.

Ce mot apparaît dans deux expressions.

fraise (nom féminin)
1. Petit fruit rouge du fraisier. *Une tarte aux **fraises**.* **2.** Outil de métal qui tourne sur lui-même et sert à creuser. *Le dentiste se sert d'une **fraise** pour soigner les dents cariées.*

Ce nom a deux sens différents.

fraisier (nom masculin)
Petite plante qui produit les fraises.

un **fraisier**

framboise (nom féminin)
Petit fruit rouge et velouté du framboisier. *De la confiture de **framboises**.*

framboisier (nom masculin)
Arbuste qui produit les framboises.

■ **franc, franche** (adjectif)
Qui ne cache pas la vérité. *Elle est **franche**, je le crois. Un regard **franc**.* (Syn. loyal, sincère. Contr. déloyal, hypocrite.) ⌂ Famille du mot : **franchement**, **franchise**, **franc-parler**.

Ce mot a deux synonymes et deux contraires.

■ **franc, franque** (adjectif et nom)
Qui concerne les Francs. *Les guerriers **francs**. La langue **franque**.*

■ **franc** (nom masculin)
Monnaie utilisée en France jusqu'en 2001. ⊶ *Franc* vient des mots latins *Francorum rex*, « roi des Francs », qui figuraient sur les premières pièces de ce nom (1360).

Indique que ce mot a une histoire intéressante.

Le premier **franc** fut frappé en 1360.

français, aise ➡ Voir tableau p. 6.
⌂ Famille du mot : **franciser**, **francophone**, **francophonie**.

Renvoi vers le tableau des nationalités à cette page.

franc-comtois, oise ➡ Voir tableau p. 6.

France Union européenne

63,8 millions d'habitants
Capitale : Paris
Monnaie : l'euro
Langue officielle : français
Superficie : 632 759 km²
(avec les départements d'outre-mer)

État d'Europe occidentale, voisin de l'Espagne, de l'Italie, de la Suisse, de l'Allemagne, du Luxembourg et de la Belgique. La France est le seul pays d'Eu-

547

Les noms propres sont distingués en bleu.

Chaque pays est accompagné de sa fiche d'identité.

Les adjectifs et noms d'habitants

Quand ces mots désignent une personne, ils commencent par une majuscule : **les Chinois**. Certains de ces adjectifs (■) deviennent des noms masculins pour désigner une langue : ***le chinois*** *est la langue parlée en Chine par* ***les Chinois***.

Adjectif	Habitants	Pays, ville, région
afghan, ane	les Afghans	l'Afghanistan
africain, aine	les Africains	l'Afrique
■ albanais, aise	les Albanais	l'Albanie
algérien, enne	les Algériens	l'Algérie
■ allemand, ande	les Allemands	l'Allemagne
■ alsacien, enne	les Alsaciens	l'Alsace
américain, aine	les Américains	l'Amérique
■ anglais, aise	les Anglais	l'Angleterre
antillais, aise	les Antillais	les Antilles
■ arabe	les Arabes	l'Arabie
argentin, ine	les Argentins	l'Argentine
■ arménien, enne	les Arméniens	l'Arménie
Asiatique	les Asiatiques	l'Asie
australien, enne	les Australiens	l'Australie
autrichien, enne	les Autrichiens	l'Autriche
auvergnat, ate	les Auvergnats	l'Auvergne
balte	les Baltes	les pays Baltes
■ basque	les Basques	le Pays basque
belge	les Belges	la Belgique
berrichon, onne	les Berrichons	le Berry
■ birman, ane	les Birmans	la Birmanie
bolivien, enne	les Boliviens	la Bolivie
bosniaque	les Bosniaques	la Bosnie
bourguignon, onne	les Bourguignons	la Bourgogne
brésilien, enne	les Brésiliens	le Brésil
■ breton, onne	les Bretons	la Bretagne
britannique	les Britanniques	la Grande-Bretagne
■ bulgare	les Bulgares	la Bulgarie
calédonien, enne	les Calédoniens	la Nouvelle-Calédonie
cambodgien, enne	les Cambodgiens	le Cambodge
camerounais, aise	les Camerounais	le Cameroun
canadien, enne	les Canadiens	le Canada
■ catalan, ane	les Catalans	la Catalogne
champenois, oise	les Champenois	la Champagne
chilien, enne	les Chiliens	le Chili
■ chinois, oise	les Chinois	la Chine
chypriote	les Chypriotes	la Chypre
colombien, enne	les Colombiens	la Colombie
comorien, enne	les Comoriens	les Comores
congolais, aise	les Congolais	le Congo
■ coréen, enne	les Coréens	la Corée
■ corse	les Corses	la Corse

Adjectif	Habitants	Pays, ville, région
crétois, oise	les Crétois	la Crète
croate	les Croates	la Croatie
cubain, aine	les Cubains	Cuba
■ danois, oise	les Danois	le Danemark
dominicain, aine	les Dominicains	la Rép. dominicaine
écossais, aise	les Écossais	l'Écosse
égyptien, enne	les Égyptiens	l'Égypte
■ espagnol, ole	les Espagnols	l'Espagne
éthiopien, enne	les Éthiopiens	l'Éthiopie
européen, enne	les Européens	l'Europe
■ fidjien, enne	les Fidjiens	les îles Fidji
finlandais, aise	les Finlandais	la Finlande
flamand, ande	les Flamands	la Flandre
■ français, aise	les Français	la France
franc-comtois, oise	les Francs-Comtois	la Franche-Comté
francilien, enne	les Franciliens	l'Île-de-France
gabonais, aise	les Gabonais	le Gabon
gambien, enne	les Gambiens	la Gambie
gascon, onne	les Gascons	la Gascogne
■ gaulois, oise	les Gaulois	la Gaule
■ grec, grecque	les Grecs	la Grèce
guadeloupéen, enne	les Guadeloupéens	la Guadeloupe
guatémaltèque	les Guatémaltèques	le Guatemala
guinéen, enne	les Guinéens	la Guinée
guyanais, aise	les Guyanais	la Guyane
haïtien, enne	les Haïtiens	Haïti
hawaïen, enne	les Hawaïens	Hawaï
hollandais, aise	les Hollandais	la Hollande
hondurien, enne	les Honduriens	le Honduras
■ hongrois, oise	les Hongrois	la Hongrie
indien, enne	les Indiens	l'Inde
■ indonésien, enne	les Indonésiens	l'Indonésie
irakien, enne	les Irakiens	l'Irak
iranien, enne	les Iraniens	l'Iran
■ irlandais, aise	les Irlandais	l'Irlande
■ islandais, aise	les Islandais	l'Islande
israélien, enne	les Israéliens	Israël
■ italien, enne	les Italiens	l'Italie
ivoirien, enne	les Ivoiriens	la Côte d'Ivoire
■ jamaïcain, aine	les Jamaïcains	la Jamaïque
■ japonais, aise	les Japonais	le Japon
jordanien, enne	les Jordaniens	la Jordanie

Adjectif	Habitants	Pays, ville, région
■ kabyle	les Kabyles	la Kabylie
kényan, ane	les Kényans	le Kenya
■ kurde	les Kurdes	le Kurdistan
languedocien, enne	les Languedociens	le Languedoc
laotien, enne	les Laotiens	le Laos
■ lapon, one	les Lapons	la Laponie
latino-américain, aine	les Latino-américains	l'Amérique latine
■ letton, one	les Lettons	la Lettonie
libanais, aise	les Libanais	le Liban
libyen, enne	les Libyens	la Libye
limousin, ine	les Limousins	le Limousin
■ lituanien, enne	les Lituaniens	la Lituanie
lorrain, aine	les Lorrains	la Lorraine
luxembourgeois, oise	les Luxembourgeois	le Luxembourg
maghrébin, ine	les Maghrébins	le Maghreb
■ malais, aise	les Malais	la Malaisie
malaisien, enne	les Malaisiens	la Malaisie
■ malgache	les Malgaches	Madagascar
malien, enne	les Maliens	le Mali
■ maltais, aise	les Maltais	Malte
marocain, aine	les Marocains	le Maroc
martiniquais, aise	les Martiniquais	la Martinique
mauricien, enne	les Mauriciens	l'île Maurice
mauritanien, enne	les Mauritaniens	la Mauritanie
mélanésien, enne	les Mélanésiens	la Mélanésie
mexicain, aine	les Mexicains	le Mexique
monégasque	les Monégasques	Monaco
mongol, ole	les Mongols	la Mongolie
monténégrin, ine	les Monténégrins	le Monténégro
mozambicain, aine	les Mozambicains	le Mozambique
namibien, enne	les Namibiens	la Namibie
■ néerlandais, aise	les Néerlandais	les Pays-Bas
néo-zélandais, aise	les Néo-Zélandais	la Nouvelle-Zélande
népalais, aise	les Népalais	le Népal
nicaraguayen, enne	les Nicaraguayens	le Nicaragua
nigérian, ane	les Nigérians	le Nigeria
nigérien, enne	les Nigériens	le Niger
normand, ande	les Normands	la Normandie
■ norvégien, enne	les Norvégiens	la Norvège
■ occitan, ane	les Occitans	l'Occitanie
océanien, enne	les Océaniens	l'Océanie
ougandais, aise	les Ougandais	l'Ouganda
■ ouzbek, èke	les Ouzbeks	l'Ouzbékistan
pakistanais, aise	les Pakistanais	le Pakistan
palestinien, enne	les Palestiniens	la Palestine
paraguayen, enne	les Paraguayens	le Paraguay
parisien, enne	les Parisiens	Paris
périgourdin, ine	les Périgourdins	le Périgord

Adjectif	Habitants	Pays, ville, région
■ persan, ane	les Persans	la Perse
péruvien, enne	les Péruviens	le Pérou
philippin, ine	les Philippins	les Philippines
picard, arde	les Picards	la Picardie
poitevin, ine	les Poitevins	le Poitou
■ polonais, aise	les Polonais	la Pologne
polynésien, enne	les Polynésiens	la Polynésie
■ portugais, aise	les Portugais	le Portugal
■ provençal, ale	les Provençaux	la Provence
prussien, enne	les Prussiens	la Prusse
québécois, oise	les Québécois	le Québec
réunionnais, aise	les Réunionnais	la Réunion
romain, aine	les Romains	Rome
■ roumain, aine	les Roumains	la Roumanie
■ russe	les Russes	la Russie
rwandais, aise	les Rwandais	le Rwanda
saoudien, enne	les Saoudiens	l'Arabie saoudite
savoyard, arde	les Savoyards	la Savoie
scandinave	les Scandinaves	la Scandinavie
sénégalais, aise	les Sénégalais	le Sénégal
■ serbe	les Serbes	la Serbie
■ slovaque	les Slovaques	la Slovaquie
■ slovène	les Slovènes	la Slovénie
somalien, enne	les Somaliens	la Somalie
soudanais, aise	les Soudanais	le Soudan
sri lankais, aise	les Sri Lankais	le Sri Lanka
sud-africain, aine	les Sud-africains	l'Afrique du Sud
sud-américain, aine	les Sud-américains	l'Amérique du Sud
■ suédois, oise	les Suédois	la Suède
Suisse	les Suisses	la Suisse
syrien, enne	les Syriens	la Syrie
tahitien, enne	les Tahitiens	Tahiti
taiwanais, aise	les Taiwanais	Taiwan
tanzanien, enne	les Tanzaniens	la Tanzanie
tchadien, enne	les Tchadiens	le Tchad
■ tchèque	les Tchèques	la Rép. tchèque
thaïlandais, aise	les Thaïlandais	la Thaïlande
■ tibétain, aine	les Tibétains	le Tibet
togolais, aise	les Togolais	le Togo
tunisien, enne	les Tunisiens	la Tunisie
■ turc, turque	les Turcs	la Turquie
■ ukrainien, enne	les Ukrainiens	l'Ukraine
vénézuélien, enne	les Vénézuéliens	le Venezuela
vénitien, enne	les Vénitiens	Venise
■ vietnamien, enne	les Vietnamiens	le Viêt-nam
wallon, onne	les Wallons	la Wallonie
yéménite	les Yéménites	le Yémen
yougoslave	les Yougoslaves	la Yougoslavie

L'alphabet phonétique

Consonnes

b	**b**alle	[bal]
	a**bb**aye	[abɛi]
d	**d**ent	[dɑ̃]
	a**dd**ition	[adisjɔ̃]
f	**f**ête	[fɛt]
	e**ff**ort	[efɔʀ]
	photo	[fɔtɔ]
g	**g**arer	[gaʀe]
	ba**gu**e	[bag]
	a**gg**raver	[agʀave]
k	**c**oton	[kɔtɔ̃]
	a**cc**ord	[akɔʀ]
	a**cq**uis	[aki]
	chaos	[kaɔ]
	ka**k**i	[kaki]
	pa**qu**et	[pake]
	ro**ck**	[ʀɔk]
l	**l**atin	[latɛ̃]
	a**ll**ô!	[alo]
m	**m**agie	[maʒi]
	po**mm**e	[pɔm]
n	**n**ager	[naʒe]
	bo**nn**e	[bɔn]
ɲ	vi**gn**e	[viɲ]
ŋ	parki**ng**	[paʀkiŋ]
p	**p**oire	[pwaʀ]
	a**pp**orter	[apɔʀte]
ʀ	**r**ubis	[ʀubi]
	a**rr**ivée	[aʀive]
	rhuba**r**be	[ʀybaʀb]
ʃ	**ch**at	[ʃa]
	shérif	[ʃeʀif]
	schéma	[ʃema]
s	dan**s**e	[dɑ̃s]
	a**ss**is	[asi]
	ron**c**e	[ʀɔ̃s]
	re**ç**u	[ʀəsy]
	scène	[sɛn]
	men**t**ion	[mɑ̃sjɔ̃]
	a**sth**me	[asm]
t	**t**ulipe	[tylip]
	a**tt**endre	[atɑ̃dʀ]
	théâtre	[teɑtʀ]
v	**v**ive	[viv]
	wagon	[vagɔ̃]
z	sai**s**on	[sɛzɔ̃]
	zébu	[zeby]
ʒ	**j**ouer	[ʒwe]
	man**g**er	[mɑ̃ʒe]
	na**ge**oire	[naʒwaʀ]

Voyelles

a	m**a**l	[mal]
	f**e**mme	[fam]
	po**ê**le	[pwal]
ɑ	m**â**le	[mɑl]
	p**oi**ds	[pwɑ]
ɑ̃	av**an**t	[avɑ̃]
	l**am**pe	[lɑ̃p]
	envoi	[ɑ̃vwa]
	emploi	[ɑ̃plwa]
	p**aon**	[pɑ̃]
e	**é**t**é**	[ete]
	march**er**	[maʀʃe]
	ass**ez**	[ase]
ɛ	ch**e**r	[ʃɛʀ]
	pi**è**ge	[pjɛʒ]
	être	[ɛtʀ]
	n**ei**ge	[nɛʒ]
	briqu**et**	[bʀikɛ]
	air	[ɛʀ]
	p**a**ys	[pɛi]
	st**ea**k	[stɛk]
ɛ̃	br**in**	[bʀɛ̃]
	tr**ain**	[tʀɛ̃]
	d**aim**	[dɛ̃]
	p**ein**tre	[pɛ̃tʀ]
	exam**en**	[ɛgzamɛ̃]
ə	p**e**ler	[pəle]
i	v**i**e	[vi]
	na**ï**f	[naif]
	pap**y**rus	[papiʀys]
o	**o**ser	[oze]
	dipl**ô**me	[diplom]
	aube	[ob]
	nouv**eau**	[nuvo]
ɔ	éc**o**le	[ekɔl]
	alc**oo**l	[alkɔl]
	p**o**di**u**m	[pɔdjɔm]
ɔ̃	b**on**b**on**	[bɔ̃bɔ̃]
	t**om**ber	[tɔ̃be]
œ	nag**eu**r	[naʒœʀ]
	œil	[œj]
œ̃	br**un**	[bʀœ̃]
	parf**um**	[paʀfœ̃]
ø	y**eux**	[jø]
	v**œu**	[vø]
u	ch**ou**	[ʃu]
	l**oo**ping	[lupiŋ]
y	l**u**ne	[lyn]
j	pa**y**er	[pɛje]
	pap**i**er	[papje]
	cue**ill**ir	[kəjiʀ]
	trava**il**	[tʀavaj]
ɥ	l**u**ire	[lɥiʀ]
w	ki**w**i	[kiwi]
	p**o**intu	[pwɛ̃ty]
	ouest	[wɛst]
	adéq**u**at	[adekwat]

Aa

ananas

a (nom masculin)
Première lettre de l'alphabet. *Le **A** est une voyelle.* • **De A à Z :** du début à la fin.

à (préposition)
Sert à indiquer de nombreux types de compléments. *Aller **à** la campagne* (lieu). *Rentrer **à** minuit* (temps). *Marcher **à** grands pas* (manière). *Se battre **au** couteau* (moyen). *Un livre **à** trente euros* (prix). *Parler **aux** voisins* (attribution). *Un crayon **à** bille* (complément du nom), etc. **À** se combine avec les articles *le* ou *les* : voir **au** et **aux**. Ne pas oublier l'accent grave qui distingue ce mot de la forme du verbe **avoir** (il **a**).

abaisser (verbe) ▸ conjug. n° 3
1. Faire descendre plus bas. *Il fait chaud, **abaisse** donc la vitre !* (Syn. baisser. Contr. relever.) **2.** S'abaisser : perdre sa fierté. *Je ne **m'abaisserai** pas à le supplier.*

abandon (nom masculin)
1. Action d'abandonner quelque chose ou quelqu'un. *Les **abandons** de chiens sont fréquents à la veille des vacances.* **2.** Fait de ne pas continuer. *Le boxeur a perdu par **abandon** au troisième round.* • **À l'abandon :** dont personne ne s'occupe plus, qu'on laisse sans soin.

abandonner (verbe) ▸ conjug. n° 3
1. Laisser une personne ou un animal et ne plus s'en soucier. *Il **a abandonné** sa petite sœur sans surveillance.* **2.** Quitter définitivement un lieu. *Ils **ont abandonné** Paris pour aller vivre à la campagne.* **3.** Renoncer à faire quelque chose. *Comprenant qu'il avait perdu, il **a abandonné** la partie.*

abasourdir (verbe) ▸ conjug. n° 11
1. Étourdir par un grand bruit. *La sonorisation était trop forte, elle **a abasourdi** tout le monde.* **2.** Provoquer de la stupéfaction. *Kevin nous **abasourdit** avec ses histoires incroyables.* (Syn. sidérer, stupéfier.)

abat-jour (nom masculin)
Accessoire de tissu ou de papier placé autour d'une lampe pour atténuer la lumière crue de l'ampoule. Pluriel : des abat-jours ou des abat-jour.

Un **abat-jour** est posé sur la lampe.

abats (nom masculin pluriel)
Cœur, foie, tripes, langue, cervelle, rognons, rate et poumons des animaux de boucherie. *Le tripier vend des **abats**.*

abattage (nom masculin)
1. Action d'abattre, de faire tomber. *L'**abattage** des arbres se fait maintenant à la tronçonneuse.* 2. Action d'abattre un animal. *L'**abattage** d'un bœuf.*

abattant (nom masculin)
Partie d'un meuble qui se lève ou s'abaisse. *Alice fait ses devoirs sur l'**abattant** de son secrétaire.*

abattement (nom masculin)
1. Fait d'être abattu, découragé. *Ce deuil l'a plongé dans un profond **abattement**.* 2. Réduction sur une somme. *Vous avez droit à un **abattement** de 500 euros.*

abattis (nom masculin pluriel)
Abats de volaille.

abattoir (nom masculin)
Bâtiment où l'on abat les animaux de boucherie.

abattre (verbe) ▸ conjug. n° 31
1. Renverser, faire tomber par terre. *Les bûcherons **ont abattu** le vieux chêne.* 2. Tuer un animal. 3. Tuer quelqu'un en tirant sur lui. *Le shérif **a abattu** le bandit.* 4. Ôter ses forces, son courage ou sa gaieté à quelqu'un. *Anna **est** très **abattue** depuis qu'elle a appris l'accident.* 5. S'abattre : tomber brutalement sur quelque chose. *La foudre **s'est abattue** sur le cèdre.* Famille du mot : abat-jour, abatt**age**, abatt**ement**, abatt**oir**, rabattre.

abbaye (nom féminin)
Bâtiment où des religieux vivent en communauté sous la direction d'un abbé. ● Prononciation [abei].

l'**abbaye** de Port-Royal des Champs

abbé (nom masculin)
1. Prêtre catholique. *Monsieur l'**abbé** Dupont est le nouveau curé de la paroisse.* 2. Celui qui dirige une abbaye.

abc (nom masculin)
Ce que l'on doit commencer par apprendre. *Le calcul est l'**abc** des mathématiques.* (Syn. base, rudiments.) ● Prononciation [abese]. Pluriel : des abc.

abcès (nom masculin)
Poche de pus. *Cet **abcès** dentaire me fait mal.*

abdication (nom féminin)
Action d'abdiquer. *Après son **abdication**, l'empereur Charles Quint se retira dans un monastère.*

abdiquer (verbe) ▸ conjug. n° 3
Renoncer au pouvoir. *Napoléon **a abdiqué** une première fois en 1814.*

abdomen (nom masculin)
Partie du corps qui contient l'appareil digestif. (Syn. ventre.) ➡ p. 300. ● Prononciation [abdɔmɛn].

abdominal, ale, aux (adjectif)
De l'abdomen. *Des douleurs **abdominales**.* ■ **abdominaux** (nom masculin pluriel) Muscles de l'abdomen. • **Faire des abdominaux :** faire des exercices pour renforcer les muscles de l'abdomen.

abécédaire (nom masculin)
Alphabet illustré. *Cet **abécédaire** est illustré avec des noms d'animaux.*

abeille (nom féminin)
Insecte qui vit dans une ruche et qui produit du miel et de la cire.

une **abeille**

Abel
Personnage de la Bible. Abel est le second fils d'Adam et d'Ève. Caïn, son frère, l'assassina par jalousie.

aberrant, ante (adjectif)
Qui n'a pas de bon sens, pas de logique. *Faire de la moto sur le verglas, c'est **aberrant** !* (Syn. absurde, déraisonnable, insensé.)

a b c d e f g h i j k l m n o p q r s t u v w x y z

aberration (nom féminin)
Attitude aberrante. *C'est une **aberration** de se réfugier sous un arbre par temps d'orage.* (Syn. absurdité, folie.)

abêtir (verbe) ▶ conjug. n° 11
Rendre bête. *Ce travail long et monotone finit par **abêtir**.*

abîme (nom masculin)
Gouffre qui paraît sans fond. *Les **abîmes** océaniques atteignent plus de 11 000 mètres dans le Pacifique.*
ORTHO On écrit aussi **abime**.

abîmer (verbe) ▶ conjug. n° 3
Mettre en mauvais état. *Il **a abîmé** son casque en tombant. Les fruits vont **s'abîmer**, mets-les au réfrigérateur.* (Syn. détériorer, gâter.)
ORTHO On écrit aussi **abimer**.

abject, ecte (adjectif)
Qui entraîne le mépris. *La torture est une pratique **abjecte**.* (Syn. honteux, ignoble, méprisable.)

abjurer (verbe) ▶ conjug. n° 3
Renier une religion, une opinion. *Henri IV **a abjuré** le protestantisme pour accéder au trône.*

ablutions (nom féminin pluriel)
• **Faire ses ablutions :** se laver.

aboiement (nom masculin)
Cri du chien. *Les **aboiements** du chien m'ont réveillé à quatre heures du matin.*

abois (nom masculin pluriel)
• **Être aux abois :** être dans une situation désespérée. Cette locution vient de la chasse à courre, quand le cerf épuisé est entouré par les chiens qui *aboient* sauvagement.

abolir (verbe) ▶ conjug. n° 11
Annuler, supprimer une loi ou une coutume. *La peine de mort **a été abolie** en France en 1981.* (Syn. abroger.)

abolition (nom féminin)
Action d'abolir. *L'**abolition** de l'esclavage.* (Syn. suppression.)

abominable (adjectif)
Très désagréable, très mauvais. *Depuis trois jours, il fait un temps **abominable**.* (Syn. affreux, détestable, horrible.)

abominablement (adverbe)
Extrêmement. *Alain chante **abominablement** faux.* (Syn. horriblement.)

abondamment (adverbe)
Beaucoup, en abondance. *Il pleut **abondamment** depuis deux heures.*

abondance (nom féminin)
Grande quantité. *L'**abondance** des chutes de neige a provoqué des avalanches.*

abondant, ante (adjectif)
Qui est en grande quantité. *Cette année, les récoltes sont **abondantes**.* Famille du mot : abond**amment**, abond**ance**, abond**er**, **sur**abond**ance**, **sur**abondant.

abonder (verbe) ▶ conjug. n° 3
Se trouver en abondance. *Le gibier **abonde** dans cette forêt.* (Syn. pulluler. Contr. manquer.)

abonné, ée (nom)
Personne qui a pris un abonnement. *Cette offre est réservée aux **abonnés** du théâtre.*

abonnement (nom masculin)
Contrat par lequel on s'abonne. *Un **abonnement** d'un an à un magazine.*

abonner (verbe) ▶ conjug. n° 3
Payer d'avance pour avoir le droit de recevoir régulièrement un produit ou de profiter d'un service. *Pour recevoir cette chaîne de télévision, il faut **être abonné**.*

abord (nom masculin)
• **Au premier abord :** à première vue, au départ. • **Être d'un abord facile** ou **difficile :** être quelqu'un à qui l'on peut s'adresser facilement ou non. ■ **abords** (nom masculin pluriel) Ce qui entoure immédiatement un lieu. *Les **abords** de la ville étaient à l'abandon.* (Syn. alentours, environs.) ➡ Voir aussi **d'abord** (adverbe).

abordable (adjectif)
Qui n'est pas trop cher. *Les fraises sont **abordables** cette année.* (Contr. inabordable.)

abordage (nom masculin)
Assaut donné à un navire. *Les pirates se lancèrent à l'**abordage** du galion.*

a b c d e f g h i j k l m n o p q r s t u v w x y z

aborder (verbe) ▸ conjug. n° 3
1. Arriver quelque part. *Les coureurs **abordent** la montée du col.* **2.** Synonyme d'accoster. *Élodie **a abordé** un agent de police pour lui demander son chemin.* **3.** Commencer à faire une chose, à parler de quelque chose. *Quentin **aborda** enfin la question qui nous intéressait tous.* Famille du mot : abord, abor**dable**, abord**age**, **in**abord**able**.

aborigène (nom et adjectif)
Premiers habitants d'une région. *Les **aborigènes** d'Australie demandent qu'on leur rende leurs terres.* **Aborigène** vient du latin *ab origine* qui signifie « de l'origine ».

une peinture rupestre **aborigène**

aboutir (verbe) ▸ conjug. n° 11
1. Se terminer quelque part. *Cette petite route **aboutit** à la route nationale.* (Syn. conduire, mener.) **2.** Avoir pour résultat. *L'enquête **a abouti** à l'arrestation des coupables.*

aboutissement (nom masculin)
Ce à quoi on aboutit. *Cette découverte est l'**aboutissement** de longues recherches.* (Syn. résultat.)

aboyer (verbe) ▸ conjug. n° 6
Pousser des aboiements. *Le chien **aboie** dès qu'on s'approche de la porte.*

abracadabrant, ante (adjectif)
Qui est tout à fait invraisemblable. *Une histoire **abracadabrante**.* Ce mot vient de *abracadabra*, qui était une formule magique.

Abraham (XIXe siècle avant Jésus-Christ)
Personnage de la Bible. Abraham est considéré comme le « père des croyants » juifs, chrétiens et musulmans. Selon le livre de la Genèse, Dieu demanda à Abraham de tuer son fils Isaac en sacrifice. Abraham accepta par obéissance mais Isaac fut épargné.

abrégé (nom masculin)
Condensé d'un texte ou d'un discours. *Romain a lu un **abrégé** de cette histoire.* (Syn. résumé.) • **En abrégé :** en bref, ou sous forme d'abréviation. *S'il vous plaît s'écrit SVP **en abrégé**.*

abréger (verbe) ▸ conjug. n° 5
Rendre plus court. *Ton histoire est trop longue : **abrège**-la !* (Syn. écourter, raccourcir.)

s'abreuver (verbe) ▸ conjug. n° 3
Boire quand il s'agit d'animaux. *Le soir, les lions viennent **s'abreuver** dans le fleuve.*

abreuvoir (nom masculin)
Grand récipient où l'on fait boire les animaux.

abréviation (nom féminin)
Forme abrégée d'un mot, réduite à quelques lettres. *Km est l'**abréviation** de kilomètre.*

abri (nom masculin)
Endroit où l'on est protégé des intempéries ou du danger. *Il va pleuvoir, trouvons un **abri** !* • **Ne pas être à l'abri de :** être exposé à. *Nous **ne sommes jamais à l'abri d'**une erreur.* Famille du mot : abri**bus**, abri**ter**, sans-abri.

abribus (nom masculin)
Abri situé à l'arrêt d'autobus. **Abribus** est le nom d'une marque.

abricot (nom masculin)
Fruit de l'abricotier, de couleur orangée. ➡ p. 13.

abricotier (nom masculin)
Arbre fruitier qui donne les abricots.

abriter (verbe) ▸ conjug. n° 3
1. Mettre à l'abri. *Viens **t'abriter** sous mon parapluie !* (Syn. protéger.) **2.** Recevoir comme occupant. *Cet hôtel peut **abriter** soixante personnes.* (Syn. accueillir, héberger, loger.)

abrogation (nom féminin)
Action d'abroger.

abroger (verbe) ▸ conjug. n° 5
Annuler une loi. *Le Parlement **a abrogé** cette loi trop ancienne.* (Syn. abolir.)

abrupt, upte (adjectif)
1. Très raide. *Une route **abrupte**.* (Syn. escarpé.) 2. Brutal, direct. *Une réponse **abrupte**.*

abruti, ie (adjectif et nom)
Qui est stupide, sans intelligence. *Il a l'air complètement **abruti**. Cet **abruti** a tout gâché !* (Syn. idiot.)

abrutir (verbe) ▸ conjug. n° 11
Rendre incapable de penser ou d'agir. *Ce bruit continuel nous **abrutit**.*

abrutissant, ante (adjectif)
Qui abrutit. *Ce vacarme est **abrutissant**.*

abscisse (nom féminin)
L'une des coordonnées servant à définir la position d'un point dans un plan. *L'axe des **abscisses** est horizontal, celui des ordonnées est vertical.* ➡ p. 294.

absence (nom féminin)
1. Fait de ne pas être là. *Son **absence** était due à une maladie.* (Contr. présence.) 2. Manque de quelque chose ou de quelqu'un. *L'**absence** de témoins ne facilite pas l'enquête.*

absent, ente (adjectif et nom)
Qui n'est pas là. *Thomas est malade, il sera **absent** trois jours. S'il y a trop d'**absents**, la sortie sera annulée.* (Contr. présent.)

des **abricots**

s'absenter (verbe) ▸ conjug. n° 3
Quitter un moment le lieu où l'on est. *Fatima **s'est absentée** un instant, attendez-la !*

abside (nom féminin)
Partie d'une église située derrière le chœur. *L'**abside** est éclairée par une gigantesque rosace.*

absolu, ue (adjectif)
Complet, total. *Il accorde une confiance **absolue** à son associé.* • **Monarchie absolue :** régime politique dans lequel le roi a tous les pouvoirs.

absolument (adverbe)
D'une manière absolue. *Ce que tu dis est **absolument** faux !* (Syn. complètement, entièrement, tout à fait.)

absolution (nom féminin)
Pardon accordé à quelqu'un qui a commis une faute. *Je te donne mon **absolution**, mais ne recommence jamais !*

absorbant, ante (adjectif)
1. Qui absorbe les liquides. *L'essuie-tout est **absorbant**.* 2. Qui occupe quelqu'un complètement. *Victor fait un travail **absorbant**.*

absorber (verbe) ▸ conjug. n° 3
1. S'imprégner de liquide. *La terre **absorbe** l'eau.* 2. Boire ou manger. *Le malade n'a rien pu **absorber**.* (Syn. avaler.) 3. Occuper entièrement l'esprit de quelqu'un. *Son travail l'**a** tant **absorbé** qu'il n'a pas vu le temps passer.*

s'abstenir (verbe) ▸ conjug. n° 19
1. Se priver volontairement de quelque chose. *Le tabac est dangereux, il vaut mieux **s'abstenir** de fumer.* 2. Ne pas voter. *Ne sachant pas pour qui voter, il **s'est abstenu**.* Famille du mot : abst**ention**, abst**inence**.

abstention (nom féminin)
Non-participation à un vote. *45 % d'**abstentions**, c'est beaucoup !*

abstinence (nom féminin)
Fait de se priver de quelque chose, notamment de certains aliments. *La religion catholique recommandait, autrefois, l'**abstinence** de viande le vendredi.*

abstrait, aite (adjectif)
Qui désigne des qualités, des idées et non des objets. *Beauté, malheur sont des mots **abstraits**.* (Contr. concret.) • **L'art abstrait :** art qui ne représente pas la réalité.

absurde (adjectif)
Contraire au bon sens. *C'est **absurde** de vouloir ouvrir cette boîte de conserve avec un couteau.* (Syn. aberrant, idiot, stupide.)

absurdité (nom féminin)
Chose absurde. *C'est une **absurdité** de croire tout ce qu'il te raconte !* (Syn. aberration, idiotie, stupidité.)

abus (nom masculin)
Fait d'abuser de quelque chose. *L'**abus** de médicaments nuit à la santé.* • **Faire des abus :** trop manger et trop boire. • **Il y a de l'abus ! :** c'est exagéré !
Famille du mot : abuser, abusif.

abuser (verbe) ▸ conjug. n° 3
Faire un trop grand usage ou profiter de quelque chose d'une façon exagérée. *Tu **abuses** de ma patience !*

abusif, ive (adjectif)
Qui est exagéré. *Il fait une consommation **abusive** de sucreries.*

acabit (nom masculin)
• **De cet acabit :** de ce genre. *J'ai rarement vu un imbécile **de cet acabit**.*

acacia (nom masculin)
Arbre aux branches souvent épineuses, qui donne des grappes de fleurs blanches ou jaunes au printemps.

fleur, feuilles et gousses de l'**acacia**

académicien, enne (nom)
Membre d'une académie, spécialement de l'Académie française.

académie (nom féminin)
1. Réunion d'écrivains, de savants ou d'artistes célèbres. *Les membres de l'**Académie** française sont appelés « les Immortels ».* **2.** Division administrative qui regroupe les écoles, les collèges, les lycées et les universités d'une région. *L'**Académie** de Paris.* Dans l'Antiquité, l'**Académie** était un jardin d'Athènes où se rencontraient des philosophes.

Académie française

Institution chargée de préserver la langue française. Elle fut fondée par Richelieu en 1635. Ses 40 membres, les académiciens, sont appelés les « Immortels ». L'Académie française est principalement composée d'écrivains, d'hommes et de femmes politiques, d'historiens et de scientifiques. La première édition du *dictionnaire de l'Académie française* parut en 1694 ; une 9e édition est en cours de publication.

Acadie

Région du Canada colonisée au XVIIe siècle par des Français. Elle devint une colonie anglaise en 1713 et fut alors appelée Nouvelle-Écosse. Les Acadiens (français) en furent expulsés. Aujourd'hui, ces derniers vivent dans les provinces du Canada situées sur la côte atlantique.

acajou (nom masculin)
Bois très dur, rouge-brun, utilisé en ébénisterie. *Une table basse en **acajou**.*

acariâtre (adjectif)
Qui a un caractère désagréable. *Ce personnage **acariâtre** s'est fâché avec tout le monde.* (Syn. grincheux.)

acarien (nom masculin)
Petit parasite qui provoque des allergies.

accablant, ante (adjectif)
Qui accable. *Il fait une chaleur **accablante**.* (Syn. écrasant.) • **Preuve accablante :** preuve qui est absolument certaine.

accabler (verbe) ▸ conjug. n° 3
1. Peser sur quelqu'un de façon pénible. *Il nous **accable** de travail.* (Syn. surcharger.) **2.** Provoquer un grand chagrin. *La mort de sa grand-mère **accable** Julie.*

accalmie (nom féminin)
Moment de calme pendant une tempête, un orage. *La pluie cesse, profitons de cette **accalmie** pour rentrer bien vite.*

accaparer (verbe) ▸ conjug. n° 3
Garder pour soi. *N'**accapare** pas la salle de bains, on attend !*

accéder (verbe) ▸ conjug. n° 8
1. Atteindre un endroit. *Il faut prendre ce chemin pour **accéder** à la plage.* **2.** Parvenir à une situation, une fonction. *Barack Obama **a accédé** à la présidence des États-Unis en 2009.*

accélérateur (nom masculin)
Sur un véhicule à moteur, pédale ou manette qui sert à accélérer. *Dans une voiture, l'**accélérateur** est à droite du frein.*

accélération (nom féminin)
Action d'accélérer. *L'**accélération** des travaux a permis de terminer deux mois plus tôt.*

un **acarien** grossi 500 fois

accélérer (verbe) ▸ conjug. n° 8
1. Augmenter la vitesse. *Le conducteur **accélère** pour grimper la côte.* (Contr. ralentir.) **2.** Faire aller plus vite. *L'entrepreneur **accélère** la construction de la maison.* (Syn. activer.) Famille du mot : accélér**ateur**, accélér**ation**.

accent (nom masculin)
1. Prononciation particulière aux habitants d'un pays, d'une région. *L'**accent** suisse.* **2.** Signe que l'on place au-dessus de certaines voyelles et qui peut en changer la prononciation. *« Accéder » a un **accent** aigu, « accès » un **accent** grave, « âcre » un **accent** circonflexe.* • **Mettre l'accent :** insister. *Kevin **a mis l'accent** sur le rôle qu'il avait joué dans cette histoire.* Famille du mot : accent**uation**, accent**uer**.

accentuation (nom féminin)
Fait de s'accentuer. *Il y a eu en août une **accentuation** de la chaleur.*

accentuer (verbe) ▸ conjug. n° 3
1. Mettre les accents sur les voyelles. **2.** S'accentuer : devenir plus important. *Le froid **s'est accentué** depuis hier.* (Syn. s'accroître, augmenter.)

acceptable (adjectif)
Dont on peut se contenter. *Il nous a proposé un prix tout à fait **acceptable**.* (Syn. honnête. Contr. inacceptable.)

acceptation (nom féminin)
Fait d'accepter. *Le conseil municipal a donné son **acceptation** au projet.* (Syn. accord, consentement.)

accepter (verbe) ▸ conjug. n° 3
1. Consentir à recevoir ce qui est donné. *J'**accepte** ce cadeau avec plaisir.* (Contr. refuser.) **2.** Être d'accord pour faire quelque chose. *J'**accepte** de te prêter mon livre.* Famille du mot : accept**able**, accept**ation**, **in**accept**able**.

accès (nom masculin)
1. Voie permettant d'accéder à un endroit. *Cet escalier donne **accès** à la terrasse.* **2.** Possibilité d'utiliser quelque chose. *Je n'ai plus **accès** à Internet.* **3.** Manifestation soudaine d'un état ou d'un sentiment. *Un **accès** de fièvre, un **accès** de folie.* Famille du mot : accéder, acces**sible**, access**ion**, **in**access**ible**.

a b c d e f g h i j k l m n o p q r s t u v w x y z

accessible (adjectif)
Que l'on peut atteindre facilement. *Le haut de la tour est **accessible** par cet escalier.* (Contr. inaccessible.)

accession (nom féminin)
Fait d'accéder à une fonction, à une situation. *Ces prêts favorisent l'**accession** à la propriété.*

accessoire (adjectif)
Qui n'est pas essentiel. *Il y a un détail que je n'ai pas compris, mais c'est **accessoire**.* (Syn. annexe, secondaire.) ■ **accessoire** (nom masculin) Élément qui n'est pas indispensable, mais qui est un utile complément. *Sur une bicyclette, les sacoches sont des **accessoires**.*

accessoirement (adverbe)
De façon accessoire. *Ce tabouret peut servir **accessoirement** d'escabeau.*

accident (nom masculin)
1. Évènement imprévu. *Il m'est arrivé un petit **accident**, j'ai renversé mon jus d'orange sur ma robe.* 2. Évènement imprévu qui peut faire des victimes, des dégâts. *Un **accident** de voiture.* • **Accident de terrain :** inégalité de terrain, bosse ou trou dans le sol. Famille du mot : accidenté, accidentel, accidentellement.

accidenté, ée (adjectif)
Qui présente des trous et des bosses ou de fortes pentes. *Le terrain **accidenté** ralentit la marche des randonneurs.* (Contr. plat, uni.) ■ **accidenté, ée** (adjectif et nom) Qui a été victime d'un accident. *Les limitations de vitesse ont permis de réduire le nombre des **accidentés** de la route.*

accidentel, elle (adjectif)
1. Qui arrive par accident. *Une mort **accidentelle**.* 2. Qui est dû au hasard. *Une découverte **accidentelle** a permis de fabriquer le premier antibiotique.* (Syn. fortuit, imprévu.)

accidentellement (adverbe)
De façon accidentelle. *J'ai appris cela **accidentellement**, en écoutant la radio.*

acclamation (nom féminin)
Action d'acclamer. *Son discours fut salué par des **acclamations**.*

acclamer (verbe) ▸ conjug. n° 3
Saluer avec des cris d'enthousiasme. *Les spectateurs **ont acclamé** le vainqueur.* (Contr. huer.)

acclimatation (nom féminin)
Fait d'acclimater des plantes ou des animaux à un nouveau milieu. *Les lions et les girafes du jardin d'**acclimatation**.*

acclimater (verbe) ▸ conjug. n° 3
Adapter des animaux ou des plantes à un autre climat. *Le faisan, originaire de l'Asie centrale, **a été acclimaté** en Europe dans l'Antiquité.*

accolade (nom féminin)
1. Signe spécial qui sert à réunir plusieurs lignes. 2. Geste qui consiste à prendre une personne dans ses bras pour la saluer ou la féliciter. *Le Président a donné l'**accolade** aux astronautes.* Autrefois, *cou* se disait « col » : une **accolade**, c'était mettre ses bras autour du cou de quelqu'un.

accoler (verbe) ▸ conjug. n° 3
Mettre l'un contre l'autre, côte à côte.

accommodant, ante (adjectif)
Avec qui il est facile de s'entendre. *Son heureux caractère le rend très **accommodant**.* (Syn. arrangeant, conciliant. Contr. intransigeant.)

accommoder (verbe) ▸ conjug. n° 3
1. Préparer des aliments pour les manger. *Il y a mille façons d'**accommoder** les restes.* (Syn. cuisiner.) 2. S'accommoder : se contenter de quelque chose. *Je n'ai pas choisi de venir ici, je dois bien **m'en accommoder**.*

accompagnateur, trice (nom)
1. Personne qui accompagne un groupe pour le guider ou s'occuper de lui. *Les enfants font le voyage avec deux **accompagnateurs**.* 2. Musicien qui accompagne un chanteur.

accompagnement (nom masculin)
Musique qui accompagne un chanteur ou un instrument soliste. *Il est plus difficile de chanter sans **accompagnement**.*

accompagner (verbe) ▸ conjug. n° 3
1. Aller avec une personne jusqu'à l'endroit où elle se rend pour la guider ou lui tenir compagnie. *Sa mère l'**accompagne** chez le dentiste.* **2.** Aller avec. *Une légende **accompagne** chaque illustration.* **3.** Jouer d'un instrument pour soutenir un chanteur. *Gaëlle **accompagne** les chanteurs au piano.* Famille du mot : accompagn**ateur**, accompagn**ement**, **rac**compagner.

accompli, ie (adjectif)
Qui est parfait en son genre. *Une maîtresse de maison **accomplie**.* (Syn. modèle.) • **Le fait accompli :** situation que l'on ne peut pas changer. *Être mis devant **le fait accompli**.*

accomplir (verbe) ▸ conjug. n° 11
1. Faire quelque chose jusqu'au bout. *Combien de temps te faut-il pour **accomplir** ce parcours ?* (Syn. effectuer, exécuter, réaliser.) **2.** S'accomplir : se produire, se réaliser. *Toutes ses prévisions **se sont accomplies**.* Famille du mot : accompli, accompl**issement**.

accomplissement (nom masculin)
Fait d'accomplir ou de s'accomplir. *L'**accomplissement** d'un travail.* (Syn. réalisation.)

accord (nom masculin)
1. Bonne entente entre des personnes. *Ces familles vivent en parfait **accord** dans l'immeuble.* **2.** Arrangement entre des individus, des partis, des États. *Les deux États ont conclu un **accord** de paix.* **3.** Permission accordée. *Je veux bien vous emmener, mais il me faut l'**accord** de vos parents.* (Syn. autorisation, consentement.) **4.** Fait de jouer plusieurs notes à la fois sur un instrument de musique. *Hélène joue des **accords** sur sa guitare.* **5.** Fait de s'accorder pour l'article, l'adjectif et le verbe. *L'**accord** de l'adjectif se fait en genre et en nombre avec le nom qu'il accompagne.*
➡ Voir aussi **d'accord** (adverbe).

accordéon (nom masculin)
Instrument de musique à air, à soufflet et à clavier. • **En accordéon :** qui forme des plis. *Ses chaussettes sont **en accordéon**.*

accordéoniste (nom)
Musicien qui joue de l'accordéon.

accorder (verbe) ▸ conjug. n° 3
1. Accepter de donner ce qui a été demandé. *Elle lui **a accordé** un rendez-vous.* (Contr. refuser.) **2.** Régler un instrument de musique pour qu'il joue juste. *Avant de commencer à jouer, Julie **accorde** sa guitare.* **3.** S'accorder avec quelqu'un : se mettre d'accord avec lui. *David et Laura **s'accordent** toujours pour faire des farces.* (Syn. s'entendre.) **4.** S'accorder : se mettre au même genre et au même nombre. *Le verbe **s'accorde** avec le sujet.* Famille du mot : accord, accord**eur**, **dés**accord.

accordeur, euse (nom)
Personne dont le métier est d'accorder certains instruments de musique. *Un **accordeur** de piano.*

accostage (nom masculin)
Fait d'accoster. *Les marins surveillent l'**accostage** du bateau.*

accoster (verbe) ▸ conjug. n° 3
1. S'approcher et se placer le long du quai. *Le bateau est arrivé, il est en train d'**accoster**.* **2.** S'approcher de quelqu'un pour lui parler. *Xavier **a accosté** un passant dans la rue.* (Syn. aborder.)

accotement (nom masculin)
Chacun des bas-côtés de la route. *Papa a rangé sa voiture sur l'**accotement** pour changer une roue.*

accouchement (nom masculin)
Action d'accoucher.

accoucher (verbe) ▸ conjug. n° 3
Mettre un enfant au monde. *Ma cousine **a accouché** d'un garçon.*

un **accordéon**

a b c d e f g h i j k l m n o p q r s t u v w x y z

s'accouder (verbe) ▸ conjug. n° 3
S'appuyer sur les coudes. *Yann **s'accoude** à la balustrade.*

accoudoir (nom masculin)
Appui pour s'accouder. *Les **accoudoirs** d'un fauteuil.* (Syn. bras.)

accouplement (nom masculin)
Fait de s'accoupler. *Le mulet est le produit de l'**accouplement** de l'âne et de la jument.*

s'accoupler (verbe) ▸ conjug. n° 3
S'unir pour avoir des petits. *Beaucoup d'animaux **s'accouplent** au printemps.*

accourir (verbe) ▸ conjug. n° 16
Venir en courant, le plus vite possible. *Ils **sont accourus** dès qu'ils ont entendu mes cris.* **Accourir** se conjugue avec *être* ou *avoir*, il **a accouru** ou il **est accouru**.

accoutrement (nom masculin)
Habillement un peu extravagant. *Tu ne peux pas aller à l'école dans cet **accoutrement** !*

s'accoutrer (verbe) ▸ conjug. n° 3
S'habiller de manière ridicule, bizarre. *Il **s'était accoutré** d'un chapeau à plumes et d'un pantalon trop large.* (Syn. s'affubler.)

accoutumance (nom féminin)
Fait d'être accoutumé à quelque chose. *Pour supporter la chaleur, il faut une certaine **accoutumance**.* (Syn. adaptation, habitude.) *L'**accoutumance** à une drogue.* (Syn. dépendance)

accoutumer (verbe) ▸ conjug. n° 3
Synonyme d'habituer. *Myriam **s'est** bien **accoutumée** à sa nouvelle école.*

accroc (nom masculin)
Déchirure faite en s'accrochant. *En passant entre les fils barbelés, Benjamin a fait un **accroc** à son pantalon.* Prononciation [akʀo].

accrochage (nom masculin)
1. Léger heurt entre deux véhicules. *Mon père a eu un **accrochage**, il doit faire changer une aile de sa voiture.* **2.** Combat qui ne dure pas. *Il y a eu un **accrochage** entre deux patrouilles ennemies.* (Syn. affrontement.)

accrocher (verbe) ▸ conjug. n° 3
1. Suspendre à un crochet ou attacher avec un crochet. *On **a accroché** un tableau au mur du bureau.* **2.** Déchirer au passage. *Elle **a accroché** sa robe à un clou qui dépassait.* **3.** Heurter légèrement. *Le camion **a accroché** une voiture.* **4.** S'accrocher : se retenir fermement à quelque chose. ***Accroche-toi** à la rampe pour ne pas glisser !* (Syn. se cramponner.) **5.** S'accrocher : faire preuve de ténacité. *Si tu veux être le meilleur, il faut **t'accrocher**.* Famille du mot : accroc, accroch**age**, décrocher, raccrocher.

accroissement (nom masculin)
Fait de s'accroître. *Dans certains pays, l'**accroissement** de la population est dramatique.* (Contr. diminution.)

accroître (verbe) ▸ conjug. n° 37
Rendre plus grand. *Un bon entraînement permet d'**accroître** ses chances de gagner.* (Syn. augmenter.)
ORTHO On écrit aussi **accroitre**.

s'accroupir (verbe) ▸ conjug. n° 11
S'asseoir sur les talons. *Le chasseur **s'est accroupi** pour examiner les empreintes.*

accu ➡ Voir **accumulateur**.

accueil (nom masculin)
1. Fait de recevoir quelqu'un. *Cette dame s'occupe de l'**accueil** des visiteurs.* **2.** Lieu où on accueille les visiteurs, les clients. *Pour échanger un produit, adressez-vous à l'**accueil**.*

accueillant, ante (adjectif)
Qui accueille bien les gens. *On se sent bien dans cette famille **accueillante**.* (Syn. hospitalier.)

accueillir (verbe) ▸ conjug. n° 13
Recevoir quelqu'un chez soi. *Ils nous ont **accueillis** chez eux pendant la durée du séjour.* Famille du mot : accueil, accueill**ant**.

acculer (verbe) ▸ conjug. n° 3
Coincer l'adversaire de sorte qu'il ne puisse plus reculer ni s'enfuir. *Le rat était acculé dans un coin.*

accumulateur (nom masculin)
Appareil qui emmagasine de l'électricité et la restitue sous forme de courant. Ce mot s'abrège familièrement *accu*.

accumulation (nom féminin)
Quantité de choses accumulées. *Une **accumulation** d'erreurs.*

accumuler (verbe) ▸ conjug. n° 3
Amasser ou rassembler petit à petit. *Odile ne jette jamais rien, elle **accumule** tout dans ses placards.* (Syn. entasser.) Famille du mot : accumul**ateur**, accumul**ation**.

accusateur, trice (adjectif et nom)
Qui accuse quelqu'un. *Clément m'a jeté un regard **accusateur**. Sarah souhaite répondre clairement à ses **accusateurs**.*

accusation (nom féminin)
Parole qui accuse une personne. *Une **accusation** injuste, mensongère.*

accusé, ée (nom)
Personne que l'on accuse. *L'**accusé** comparaît devant le tribunal d'assises.* ■ **accusé** (nom masculin) • **Accusé de réception :** formulaire postal ou électronique faisant savoir à l'expéditeur que l'on a reçu son envoi.

accuser (verbe) ▸ conjug. n° 3
1. Dire que quelqu'un est coupable de quelque chose. *On l'**a accusé** d'être parti sans payer.* **2.** Rendre quelque chose plus visible. *Un visage aux traits **accusés**. Les années qui passent **accusent** leur différence d'âge.* (Syn. souligner.) • **Accuser réception d'une lettre, d'un message :** faire savoir à l'expéditeur qu'on l'a bien reçu. Famille du mot : accusa**teur**, accus**ation**, accus**é**.

acerbe (adjectif)
Qui est agressif et cherche à blesser. *Des critiques **acerbes**.* (Syn. mordant.)

acéré, ée (adjectif)
Pointu et tranchant. *La panthère a des griffes **acérées**.*

achalandé, ée (adjectif)
Qui offre un grand choix de marchandises. *Une boutique bien **achalandée**.* (Syn. approvisionné.) Le mot *chaland* signifiait autrefois « client » : une boutique bien **achalandée** avait beaucoup de clients.

acharné, ée (adjectif)
Qui montre de l'acharnement. *La dispute était **acharnée**, personne ne voulait céder.*

acharnement (nom masculin)
Fait de s'acharner. *Ursula travaille avec **acharnement** pour réussir.*

s'acharner (verbe) ▸ conjug. n° 3
1. Attaquer violemment et avec obstination. *La panthère **s'acharne** sur sa proie. Le sort **s'acharne** contre lui.* **2.** Faire beaucoup d'efforts pour réussir quelque chose. *C'est difficile, mais je **m'acharne**.* Famille du mot : acharn**é**, acharne**ment**.

achat (nom masculin)
1. Action d'acheter une chose. *L'**achat** d'une voiture.* **2.** Ce que l'on a acheté. *Tous mes **achats** sont dans mon sac.*

acheminement (nom masculin)
Action d'acheminer. *La poste s'occupe de l'**acheminement** du courrier.*

acheminer (verbe) ▸ conjug. n° 3
1. Diriger quelque chose vers une destination. *Les camions de la Croix-Rouge **acheminent** la nourriture jusqu'au camp de réfugiés.* **2.** S'acheminer : synonyme littéraire d'aller. *Cette équipe **s'achemine** vers une nouvelle victoire en championnat.*

acheter (verbe) ▸ conjug. n° 8
Payer pour obtenir quelque chose. *Passe à la boulangerie et **achète** une baguette.* (Syn. acquérir.) Famille du mot : achat, achet**eur**, **r**achat, **r**acheter.

acheteur, euse (nom)
Personne qui achète. (Syn. acquéreur.)

achèvement (nom masculin)
Action d'achever. *La fabrication des outils en métal marque l'**achèvement** de la préhistoire.* (Syn. fin. Contr. commencement.)

achever (verbe) ▸ conjug. n° 8
1. Terminer jusqu'au bout. *Il faut **achever** ce travail avant la nuit.* (Syn. finir. Contr. commencer.) **2.** Tuer un animal blessé. Famille du mot : achève**ment**, **in**achevé, **par**achever.

Achille
Personnage principal de l'Iliade et demi-dieu de la mythologie grecque. Quand il était enfant, sa mère, la déesse Thétis, le plongea dans le Styx, l'un des fleuves des Enfers, en le tenant par le talon pour le rendre invulnérable. Mais pendant la guerre de Troie, il fut tué par une flèche qui le toucha au talon, le seul endroit fragile de son corps.
TALON D'ACHILLE
Cette expression désigne le point vulnérable de quelqu'un.

achopper (verbe) ▸ conjug. n° 3
Buter sur une difficulté. *Le candidat était brillant mais il **a achoppé** sur la question d'histoire.*

acide (adjectif)
Qui est piquant et aigre au goût. *Cette pomme est trop **acide**, je ne peux pas la manger !* • **Pluies acides :** pluies qui contiennent des éléments polluants. ■ **acide** (nom masculin) Produit chimique qui attaque certains matériaux en les rongeant. *Le vinaigre, le citron contiennent de l'**acide**.* Famille du mot : acid**ité**, acid**ulé**.

acidité (nom féminin)
Goût acide. *L'**acidité** du vinaigre.*

acidulé, ée (adjectif)
Qui a un goût légèrement acide. *Des bonbons **acidulés**.*

acier (nom masculin)
Métal très dur, alliage de fer et de carbone.

aciérie (nom féminin)
Usine où l'on fabrique de l'acier.

dans une **aciérie**

acné (nom féminin)
Maladie de la peau se traduisant par des petits boutons sur le visage. *L'**acné** est fréquente à l'adolescence.*

acolyte (nom masculin)
Complice d'un malfaiteur. *Le bandit et ses deux **acolytes** ont dévalisé la banque.*

acompte (nom masculin)
Partie du prix que l'on paie à l'avance. *Il faut verser un **acompte** à la commande.* (Syn. avance.)

s'acoquiner (verbe) ▸ conjug. n° 3
Se lier avec quelqu'un pour faire quelque chose de mal. *Ils **se sont acoquinés** pour faire cette vilaine farce.* Dans ce mot, on trouve le nom *coquin*, qui signifiait autrefois « bandit ».

Açores
Archipel de l'Atlantique Nord, qui comprend neuf îles (2 314 km² ; 243 000 habitants). Les Açores sont rattachées au Portugal depuis le XVe siècle. Grâce à son climat océanique chaud, l'archipel est un haut lieu du tourisme.
L'ANTICYCLONE DES AÇORES
Masse d'air chaud. Lorsqu'elle s'étend jusqu'aux côtes de l'Atlantique, elle apporte du beau temps en Europe de l'Ouest.

à-côté (nom masculin)
Aspect secondaire, accessoire. *Les **à-côtés** d'une profession.* Pluriel : des à-côté**s**.

à-coup (nom masculin)
Secousse ou irrégularité dans le fonctionnement d'une machine. *J'entends des **à-coups** dans le moteur de la voiture.* • **Par à-coups :** de façon irrégulière. *Je n'ai pu dormir que **par à-coups**.* Pluriel : des à-coups.

acoustique (nom féminin)
Qualité d'un lieu, concernant la façon dont on y entend les sons. *L'**acoustique** du préau est très désagréable.*

acquéreur (nom masculin)
Synonyme d'acheteur. *La maison voisine a été vendue, mais je ne connais pas son **acquéreur**.*

acquérir (verbe) ▸ conjug. n° 18
1. Synonyme d'acheter. *Le cultivateur est content d'avoir pu **acquérir** cette terre.* **2.** Obtenir quelque chose. *L'avocat **a acquis** la preuve de l'innocence de l'accusé. Le stage lui permettra d'**acquérir** de nouvelles connaissances.* Famille du mot : acquér**eur**, acquis, acquisition.

acquiescer (verbe) ▸ conjug. n° 4
Donner son accord, dire oui. *Pour toute réponse, Zoé **acquiesce** d'un signe de tête.* (Syn. approuver.)

acquis (nom masculin)
Ce que l'on a acquis, obtenu grâce à ses efforts. *Cet élève ne travaille pas, il se contente de vivre sur ses **acquis**.*

acquisition (nom féminin)
1. Action d'acquérir quelque chose. *Papa a fait l'**acquisition** d'une nouvelle voiture.* **2.** La chose que l'on a acquise. *Elle m'a montré sa nouvelle **acquisition**.*

acquit (nom masculin)
• **Par acquit de conscience :** pour n'avoir pas de doute ni de remords par la suite. *J'ai fermé la porte mais, **par acquit de conscience**, je vais vérifier.*

acquittement (nom masculin)
Décision d'un tribunal qui acquitte un accusé. *Le président du tribunal a prononcé l'**acquittement** du prévenu.*

acquitter (verbe) ▸ conjug. n° 3
1. Déclarer non coupable. *Le tribunal **a acquitté** l'accusé, faute de preuves.* (Contr. condamner.) **2.** S'acquitter : accomplir quelque chose que l'on doit faire. *David **s'est acquitté** de sa mission avec succès.*

âcre (adjectif)
Piquant et irritant. *Cette boisson a un goût **âcre** qui brûle la gorge.*

âcreté (nom féminin)
Caractère d'un goût ou d'une odeur âcre.

acrobate (nom)
Artiste qui exécute des exercices physiques périlleux, des tours de force ou d'adresse. *Les trapézistes, les funambules, les équilibristes sont des **acrobates**.* Famille du mot : acrobat**ie**, acrobat**ique**.

acrobatie (nom féminin)
Exercice d'équilibre, d'adresse. *Anna fait des **acrobaties** sur le banc du jardin.*
Prononciation [akʀobasi].

acrobatique (adjectif)
Qui demande de l'agilité et de la souplesse. *Un saut **acrobatique**.*

acrobranche (nom masculin)
Parcours sportif en forêt qui se fait d'arbre en arbre. *Lorsqu'on fait de l'**acrobranche**, on est équipé de harnais.* **Acrobranche** est le nom d'une marque.

Acropole d'Athènes
Colline qui domine la ville d'Athènes. Au Ve siècle avant Jésus-Christ, deux temples, le Parthénon et l'Érechthéion, et l'entrée principale, les Propylées, y furent construits. « Acropole » vient du mot grec ancien « *akropolis* » qui signifie « ville haute ».

l'entrée de l'**Acropole** d'Athènes (reconstitution)

acrylique (adjectif)
Qui est fait à base de certains produits chimiques. *De la peinture **acrylique**.* ■ **acrylique** (nom masculin) Fibre textile acrylique. *Des vêtements en **acrylique**.*

« Les **Acrobates** » de Fernand Léger (1918)

acte (nom masculin)
1. Ce qui est fait par une personne. *Ibrahim est assez grand pour comprendre les conséquences de ses **actes**.* (Syn. action.) **2.** Document officiel qui établit un fait. *L'**acte** de vente de la maison sera signé chez le notaire.* **3.** Chacune des parties qui constituent une pièce de théâtre. *Cette comédie se joue en trois **actes**.*

acteur, trice (nom)
Personne qui interprète un rôle. *Un **acteur** de théâtre, de cinéma.* (Syn. comédien.)

actif, ive (adjectif)
1. Qui aime agir ou qui accomplit, avec énergie, beaucoup de choses. *Élodie ne s'ennuie jamais, elle est très **active**.* (Syn. dynamique.) **2.** Qui agit avec efficacité. *Prenez ce médicament, il est très **actif** contre les maux de tête.* • **Population active :** ensemble des personnes qui ont un emploi. Famille du mot : activement, activer, activité, inactif.

action (nom féminin)
1. Ce que fait une personne qui agit. *Faire une bonne, une mauvaise **action**.* **2.** Fait d'agir. *Assez de discussions ! Il est temps de passer à l'**action**.* **3.** Effet produit par quelque chose. *La neige a fondu sous l'**action** de la chaleur.* **4.** Déroulement des évènements. *L'**action** de ce film se déroule au Japon.* (Syn. intrigue.) **5.** Part du capital d'une entreprise qu'une personne peut acheter. • **Action d'éclat :** exploit ou acte de courage. • **Film d'action :** film dans lequel les choses se passent à un rythme très rapide. Famille du mot : actionnaire, actionner.

actionnaire (nom)
Personne qui possède des actions d'une société. *Chaque année, l'entreprise verse des bénéfices à ses **actionnaires**.*

actionner (verbe) ▸ conjug. n° 3
Mettre en marche. *En tournant la clé de contact, on **actionne** le démarreur.*

activement (adverbe)
De manière active et efficace. *Tout le monde s'occupe **activement** des préparatifs de la fête.*

activer (verbe) ▸ conjug. n° 3
1. Rendre plus rapide. *Il faut **activer** les travaux de réparation.* (Syn. accélérer.) **2.** Rendre plus fort, plus intense. ***Activer** un feu en soufflant dessus.* **3.** S'activer : synonyme de s'affairer. *Toute la famille **s'active** pour préparer les bagages.*

activité (nom féminin)
1. Fait d'être actif. *Bien qu'elle soit âgée, grand-mère est toujours d'une grande **activité**.* (Syn. dynamisme. Contr. inertie.) **2.** Manière d'occuper son temps. *En dehors des heures de classe, ses **activités** préférées sont le judo et la musique.* **3.** Animation qui règne dans un lieu. *Avant la représentation, il règne une **activité** intense dans les coulisses du théâtre.* • **En activité :** en action, en service. *Un volcan **en activité**.*

actualiser (verbe) ▸ conjug. n° 3
Rendre plus actuel. *Ce livre d'histoire a besoin d'**être actualisé**.*

actualité (nom féminin)
Ce qui se passe maintenant, à l'heure actuelle. *Il se tient au courant de l'**actualité** en lisant des journaux.* ■ **actualités** (nom féminin pluriel) Informations fournies par le journal télévisé.

actuel, elle (adjectif)
Qui existe maintenant, dans le présent. *Le chômage est un problème très **actuel**.* Famille du mot : actualiser, actualité, actuellement.

actuellement (adverbe)
En ce moment. *Revenez plus tard, il est **actuellement** absent.*

acupuncteur, trice (nom)
Médecin qui pratique l'acupuncture.
ORTHO On écrit aussi **acuponcteur**, mais on prononce toujours [akypɔ̃ktœʀ].

acupuncture (nom féminin)
Procédé médical d'origine chinoise, qui consiste à piquer des points précis du corps avec de fines aiguilles. **Acupuncture** vient de deux mots latins qui signifient « aiguille » et « piqûre ».
ORTHO On écrit aussi **acuponcture**, mais on prononce toujours [akypɔ̃ktyʀ].

Adam

Personnage de la Bible. Adam est le premier homme créé par Dieu et le compagnon d'Ève. Adam et Ève furent chassés du Paradis terrestre pour avoir osé manger le fruit de l'arbre de la connaissance du bien et du mal. Adam est le père de Caïn, d'Abel, de Seth et de plusieurs autres enfants.

adaptable (adjectif)
Qui peut être adapté. *Un jeu électronique **adaptable** à la télévision.*

adaptateur (nom masculin)
Dispositif permettant le branchement d'un appareil électrique. *Cette console vidéo est vendue avec un **adaptateur**.*

adaptation (nom féminin)
1. Fait de s'adapter. *Il a besoin d'une période d'**adaptation** pour se sentir à l'aise dans sa nouvelle école.* 2. Action d'adapter une œuvre littéraire. *Ce film est l'**adaptation** d'un roman de Jules Verne.*

adapter (verbe) ▸ conjug. n° 3
1. Fixer ou ajuster une chose à une autre. *On peut **adapter** des écouteurs sur ce téléphone portable.* 2. Faire correspondre deux choses. *Thomas a réussi à **adapter** sa technique de jeu à celle de son adversaire.* 3. Transformer une œuvre littéraire pour en faire un spectacle. *On **a adapté** ce roman célèbre pour la télévision.* 4. S'adapter : synonyme de s'habituer. *Ces animaux exotiques ont beaucoup de mal à **s'adapter** au climat froid de ce pays.* Famille du mot : adapta**ble**, adapta**teur**, adapta**tion**, **in**adapté, se **ré**adapter.

additif (nom masculin)
Produit ajouté à un autre. *C'est un jus de fruits naturel sans aucun **additif**.*

addition (nom féminin)
1. Opération d'arithmétique qui consiste à ajouter plusieurs nombres pour en obtenir la somme. *On utilise le signe plus (+) pour faire une **addition**.* 2. Petite facture qui indique le prix. *Deux cafés, et l'**addition**, s'il vous plaît !*

additionner (verbe) ▸ conjug. n° 3
1. Faire une addition. ***Additionnez** les nombres inscrits au tableau !* 2. Ajouter en mélangeant. *Il **a additionné** son eau d'un peu de sirop de citron.*

adduction (nom féminin)
Action d'amener, par des conduites, de l'eau ou du gaz, d'un endroit à un autre. *Des travaux d'**adduction** d'eau ont permis d'irriguer cette région aride.*

adepte (nom)
Partisan d'une doctrine ou amateur d'une activité. *Fatima est une **adepte** du rock.*

adéquat, ate (adjectif)
Qui convient parfaitement. *Pour faire du camping, il faut prévoir un équipement **adéquat**.* Prononciation [adekwa] ou [adekwat].

Ader Clément (né en 1841, mort en 1925)

Ingénieur français. Il inventa une machine volante qu'il baptisa « avion », avec laquelle il réussit en 1890 le premier décollage de l'histoire de l'aviation.

la maquette du premier avion de Clément **Ader**

adhérence (nom féminin)
Fait d'adhérer, de coller. *Les pneus neufs ont une meilleure **adhérence** à la route.*

adhérent, ente (nom)
Personne qui a adhéré à une organisation, un parti, un club. *Après votre inscription à la piscine, vous recevrez votre carte d'**adhérent**.*

adhérer (verbe) ▸ conjug. n° 8
1. Coller fortement à quelque chose, y rester attaché, fixé. *Le sparadrap permet de bien faire **adhérer** le pansement à la plaie.* 2. Devenir membre d'une organisation. *Quentin a payé sa cotisation pour **adhérer** au club de tennis.* Famille du

a b c d e f g h i j k l m n o p q r s t u v w x y z

mot : adhérence, adhérent, adhésif, adhésion.

adhésif, ive (adjectif)
Qui adhère. *Un pansement **adhésif**.* ■ adhésif (nom masculin) Tissu ou papier adhésif. *Le colis est fermé avec de l'**adhésif**.*

adhésion (nom féminin)
Action d'adhérer à une organisation. *L'**adhésion** au club de ping-pong est gratuite.* (Syn. inscription.)

adieu (interjection)
Mot que l'on dit à quelqu'un que l'on ne reverra pas pendant longtemps, ou que l'on ne reverra jamais. ***Adieu** mes amis ! dit-il, ne m'oubliez pas !* ■ adieu (nom masculin) • **Faire ses adieux :** dire au revoir. *Il est venu nous **faire ses adieux** la veille de son déménagement.*

adjacent, ente (adjectif)
1. Qui se trouve juste à côté, qui est voisin. *Venez à pied, j'habite dans la rue **adjacente**.* 2. Se dit d'angles qui ont le même sommet et un côté commun.

adjectif (nom masculin)
Mot qui qualifie ou détermine un nom et qui s'accorde avec lui. *« Petit » et « grand » sont des **adjectifs** qualificatifs.* Autrefois, on disait « **adjectif** possessif », « **adjectif** démonstratif », etc. pour « déterminant possessif », « déterminant démonstratif ».

adjoint, ointe (nom)
Personne qui aide une autre personne dans son travail et la remplace en cas d'absence. *Le directeur n'est pas là, mais vous pouvez voir son **adjointe**.*

adjudant (nom masculin)
Grade de certains sous-officiers.

adjuger (verbe) ▸ conjug. n° 5
1. Attribuer en récompense. *On lui **a adjugé** le deuxième prix du concours de pêche à la ligne.* 2. S'adjuger : prendre pour soi, sans se préoccuper des autres. *Kevin **s'est adjugé** la meilleure raquette.*

admettre (verbe) ▸ conjug. n° 33
1. Accepter quelqu'un dans un groupe. *Gaëlle **est admise** en sixième.* 2. Tolérer ou permettre quelque chose. *Mes parents n'**admettent** pas que je sois impoli.* 3. Reconnaître quelque chose, l'accepter comme vrai. *Il a fini par **admettre** qu'il avait tort.* Famille du mot : admissible, admission, inadmissible.

administrateur, trice (nom)
Personne responsable de l'administration d'une entreprise.

administratif, ive (adjectif)
Qui concerne l'administration. *Une secrétaire s'occupe du travail **administratif** : elle répond au courrier, classe les dossiers.*

administration (nom féminin)
1. Gestion, organisation d'une entreprise ou d'un groupe. *L'**administration** de la commune est confiée au maire.* 2. L'Administration : tous les services publics d'un pays. *Les ministres, les maires, les préfets font partie de l'**Administration**.*

administré, ée (nom)
Personne qui dépend d'une administration. *Le maire fait un discours à ses **administrés**.*

administrer (verbe) ▸ conjug. n° 3
1. Diriger un groupe de personnes. *Le maire **administre** sa commune avec l'aide du conseil municipal.* (Syn. gérer.) 2. Faire absorber ou donner quelque chose. *On lui **a administré** un médicament pour le faire dormir.* Famille du mot : administrateur, administratif, administration, administré.

admirable (adjectif)
Qui mérite l'admiration. *Un paysage **admirable**.*

admirablement (adverbe)
D'une façon admirable, très bien. *Maman fait **admirablement** la cuisine.*

admirateur, trice (nom)
Personne qui admire une autre personne. *La vedette salue ses **admirateurs**.*

admiratif, ive (adjectif)
Plein d'admiration. *Pierre jette un regard **admiratif** sur la vitrine du marchand de jouets.*

admiration (nom féminin)
Sentiment que l'on éprouve face à ce qui est beau, remarquable ou respectable. *Quentin est plein d'**admiration** pour son oncle navigateur.*

admirer (verbe) ▸ conjug. n° 3
Éprouver de l'admiration. *Hélène **admire** beaucoup ses parents. Des touristes **admirent** le paysage.* Famille du mot : admir**able**, admir**ablement**, admir**ateur**, admir**atif**, admir**ation**.

admissible (adjectif)
1. Que l'on peut admettre. *Il n'est pas **admissible** de faire preuve de violence.* (Contr. inadmissible.) 2. Qui est admis à la première partie d'un examen ou d'un concours. *Mon grand frère est **admissible** à l'oral du concours.*

admission (nom féminin)
Fait d'admettre ou d'être admis. *Julie aimerait obtenir son **admission** au même collège que son amie.*

ADN (nom masculin)
Constituant essentiel des chromosomes. *Les informations héréditaires sont contenues dans l'**ADN**.* **ADN** est l'abréviation d'*acide* **d***ésoxyribo***n***ucléique*.

ado ➡ Voir **adolescent**.

adolescence (nom féminin)
Période de la vie entre l'enfance et l'âge adulte. *À 15 ans, Laura est en pleine **adolescence**.*

adolescent, ente (nom)
Jeune garçon, jeune fille qui est à l'âge de l'adolescence. Ce mot s'abrège familièrement **ado**.

s'adonner (verbe) ▸ conjug. n° 3
Pratiquer un sport, une activité. *Romain **s'adonne** avec passion à la musique.*

adopter (verbe) ▸ conjug. n° 3
1. Prendre légalement une personne pour fils ou pour fille. ***Adopter** un orphelin.* 2. Admettre ou choisir une idée, une attitude. *Thomas **a adopté** un comportement désagréable pendant tout le jeu.* 3. Approuver, être d'accord. *Le conseil municipal **a adopté** le projet de construction d'un gymnase.* Famille du mot : adopt**if**, adopt**ion**.

adoptif, ive (adjectif)
1. Qui a été adopté. *La fille de notre voisine est une enfant **adoptive**.* 2. Qui a adopté quelqu'un. *Il porte le nom de famille de ses parents **adoptifs**.* (Syn. nourricier.)

adoption (nom féminin)
1. Fait d'adopter un enfant. *L'**adoption** d'un bébé.* 2. Action d'adopter un projet. *L'**adoption** du budget.*

adorable (adjectif)
Qui plaît par sa beauté, sa gentillesse. *Ce sont des grands-parents **adorables**.*

adorateur, trice (nom)
Personne qui adore une divinité. *Les Incas étaient des **adorateurs** du Soleil.*

adoration (nom féminin)
1. Culte rendu à une divinité. 2. Amour et admiration passionnés pour quelqu'un. *Victor est en **adoration** devant son père.*

« L'**Adoration** des bergers » de R. Mengs (1770)

adorer (verbe) ▸ conjug. n° 3
1. Prier et vénérer un dieu. *Les chrétiens **adorent** un seul dieu.* 2. Aimer énormément. *Elle **adore** ses enfants. Odile **adore** les bonbons à la menthe.* (Contr. détester.) Famille du mot : ador**able**, ador**ateur**, ador**ation**.

a b c d e f g h i j k l m n o p q r s t u v w x y z

s'adosser (verbe) ▸ conjug. n° 3
S'appuyer le dos contre quelque chose. *William **s'est adossé** au mur.*

adoubement (nom masculin)
Au Moyen Âge, cérémonie au cours de laquelle un jeune homme était armé chevalier et recevait son équipement.

un **adoubement** (miniature du XVe siècle)

adoucir (verbe) ▸ conjug. n° 11
1. Rendre doux au toucher ou au goût. *Ce savon **adoucit** la peau.* 2. Rendre moins dur, moins pénible. *Son réconfort **a adouci** ma peine.*

adoucissant, ante (adjectif)
Qui adoucit. *Une crème **adoucissante**.* ■ **adoucissant** (nom masculin) Produit destiné à assouplir le linge.

adoucissement (nom masculin)
Fait de s'adoucir, de s'atténuer. *L'**adoucissement** de la température a permis d'éteindre le chauffage.*

■ **adresse** (nom féminin)
Indication du domicile d'une personne. *Sur sa carte de visite figurent son **adresse** et son numéro de téléphone.* • **Adresse électronique :** code qui permet de recevoir et d'envoyer des messages par Internet. • **À l'adresse de quelqu'un :** à l'intention de, destiné à. *Il a prononcé quelques mots **à l'adresse** des nouveaux arrivants.*
Famille du mot : adresser.

■ **adresse** (nom féminin)
Caractère d'une personne adroite. *Xavier a réussi à obtenir ce qu'il voulait en le demandant avec beaucoup d'**adresse**.* (Syn. habileté. Contr. maladresse.) Famille du mot : adroit, adroitement, maladresse, maladroit, maladroitement.

adresser (verbe) ▸ conjug. n° 3
1. Envoyer quelque chose à quelqu'un. *Myriam **a adressé** une lettre de remerciements à sa tante.* 2. Exprimer quelque chose à l'intention de quelqu'un. *Son oncle passe son temps à lui **adresser** des reproches.* 3. S'adresser à quelqu'un : lui parler. *Ce n'est pas à Yann, mais à toi que je **m'adresse**.* 4. S'adresser à quelqu'un : aller lui demander une aide ou un renseignement. *Pour le courrier, **adressez-vous** au gardien.* 5. S'adresser à : être destiné à. *Ce film **s'adresse** au jeune public.* • **Adresser la parole à quelqu'un :** lui parler. *Depuis cette dispute, il ne m'**adresse** plus **la parole**.*

Adriatique
Mer formée par la Méditerranée entre l'Italie et la péninsule des Balkans (131 500 km^2).

Adrien
➡ Voir **Hadrien**.

adroit, oite (adjectif)
1. Qui se sert de ses mains avec habileté, avec adresse. *Son père est un bricoleur très **adroit**.* (Contr. maladroit.) 2. Qui sait se tirer d'une situation difficile. *Il est trop **adroit** pour se laisser tromper par vos ruses.* (Syn. astucieux, malin.)

adroitement (adverbe)
De façon adroite. *Noémie a très **adroitement** rattrapé le ballon.* (Syn. habilement. Contr. maladroitement.)

aduler (verbe) ▸ conjug. n° 3
Manifester son admiration envers quelqu'un. *Ce chanteur **est adulé** par les jeunes.*

adulte (adjectif)
Qui est arrivé à son développement définitif. *C'est un chien **adulte**, il ne grandira plus.* • **L'âge adulte :** âge qui succède à l'adolescence et précède la vieillesse. ■ **adulte** (nom) Personne adulte. (Syn. grande personne.)

adultère (nom masculin)
Fait d'être infidèle à la personne à laquelle on est marié.

advenir (verbe) ▸ conjug. n° 19
Arriver ou se produire par hasard. *Quoi qu'il **advienne**, je serai là jeudi.*

adverbe (nom masculin)
Mot invariable qui complète ou modifie le sens d'un verbe, d'un adjectif ou d'un autre adverbe. *Peu, beaucoup, trop, énormément sont des **adverbes**.*

adversaire (nom)
1. Personne opposée à une autre au cours d'une compétition. *Les deux **adversaires** sont à égalité depuis le début du match.* (Syn. rival. Contr. partenaire.) 2. Personne qui s'oppose avec force à certaines choses. *C'est un **adversaire** du racisme.* (Syn. ennemi. Contr. partisan.)

adverse (adjectif)
Qui est contraire, opposé. *Ils ont battu l'équipe **adverse**.*

adversité (nom féminin)
Situation malheureuse qui semble due à la malchance. *Le naufragé a dû lutter contre l'**adversité**.*

aération (nom féminin)
Action d'aérer. *Ouvre la fenêtre, la chambre a besoin d'**aération**.*

aérer (verbe) ▸ conjug. n° 8
Renouveler l'air dans un lieu. *Cette pièce est bien **aérée** par de grandes fenêtres.*

aérien, enne (adjectif)
1. Qui est installé à l'air libre. *Le métro **aérien**.* 2. Qui se fait par les airs, par avion. *Les transports **aériens**.*

aéroclub (nom masculin)
Club dans lequel on pilote des avions.
● Prononciation [aeʀɔklœb].

aérodrome (nom masculin)
Terrain aménagé pour permettre le décollage et l'atterrissage des avions.

aérodynamique (adjectif)
Qui offre peu de résistance à l'air. *Le TGV a une forme **aérodynamique**.*

aérogare (nom féminin)
Ensemble des installations d'un aéroport destinées aux voyageurs. *Les voyageurs enregistrent leurs bagages à l'**aérogare**.*

aéroglisseur (nom masculin)
Véhicule qui glisse au-dessus de l'eau ou de la terre grâce à un coussin d'air.

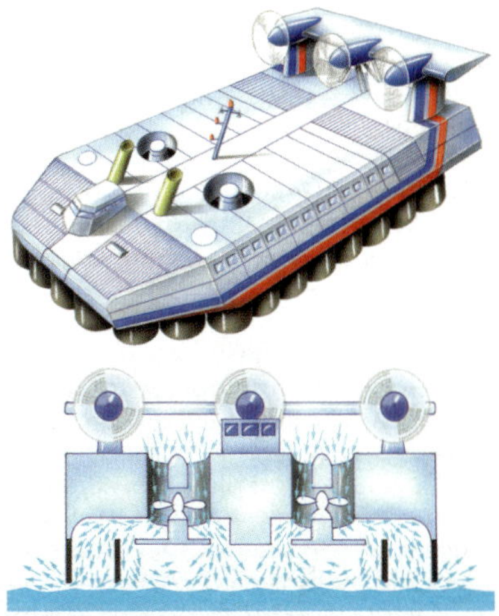

L'**aéroglisseur** se déplace sur un coussin d'air pulsé.

aéromodélisme (nom masculin)
Construction de modèles réduits d'avions. *Clément a participé à de nombreux championnats d'**aéromodélisme**.*

aéronautique (nom féminin)
Science de la navigation aérienne et technique de construction des avions et des fusées.

aéronef (nom masculin)
Tout appareil qui peut se déplacer dans les airs. *Les avions, les hélicoptères, les ballons dirigeables sont des **aéronefs**.*

aéroplane (nom masculin)
Nom donné autrefois à un avion.

aéroport (nom masculin)
Ensemble formé par l'aérodrome, l'aérogare et tous les bâtiments destinés à l'entretien des avions. *Orly est l'un des **aéroports** de Paris.*

aérosol (nom masculin)
Petit appareil qui permet de vaporiser un liquide sous pression. *Ce déodorant est vendu en **aérosol**.*

aérospatial, ale, aux (adjectif)
Qui concerne à la fois la navigation dans le ciel et dans l'espace. *L'industrie **aérospatiale** fabrique des fusées.*

a b c d e f g h i j k l m n o p q r s t u v w x y z

affable (adjectif)
Accueillant et aimable. *Très **affable**, le gardien sait accueillir les visiteurs.*

affaiblir (verbe) ▸ conjug. n° 11
Rendre faible. *Sa maladie l'**a** beaucoup **affaibli**. Le bruit de l'orage **s'affaiblissait** peu à peu.*

affaiblissement (nom masculin)
Fait de s'affaiblir. *Le coureur commence à montrer des signes d'**affaiblissement** : il ralentit nettement sa course.*

affaire (nom féminin)
1. Ce qui concerne quelqu'un, ce qu'il a à faire. *Ne t'occupe pas de ça, c'est mon **affaire** !* **2.** Problème compliqué dont s'occupent une ou plusieurs personnes. *Il faut discuter de cette **affaire** avant de prendre une décision.* **3.** Opération commerciale ou financière. *Faire une bonne, une mauvaise **affaire**.* • **Avoir affaire à quelqu'un :** être en rapport avec quelqu'un pour discuter d'une question. • **Être à son affaire :** être à l'aise en faisant bien quelque chose que l'on aime. • **Faire l'affaire :** convenir, être adapté. *Je n'ai pas de tournevis, mais un couteau **fera l'affaire**.* • **Se tirer d'affaire :** se sortir d'une situation difficile ou périlleuse. ■ **affaires** (nom féminin pluriel) **1.** Activités commerciales ou financières. *En ce moment, les **affaires** ne marchent pas. C'est un homme d'**affaires** qui a très bien réussi.* **2.** Ensemble des questions qui concernent les intérêts d'une personne, d'un gouvernement. *Le ministère des **Affaires** étrangères.* **3.** Objets personnels. *Odile a rangé ses **affaires** avant d'aller se coucher.*

Affaire Dreyfus
➡ Voir **Dreyfus**.

affairé, ée (adjectif)
Qui a beaucoup de choses à faire. *Aux heures des repas, les serveurs du restaurant sont très **affairés**.* (Syn. occupé.)

s'affairer (verbe) ▸ conjug. n° 3
S'occuper activement de l'exécution d'une tâche. *Tout le monde **s'affaire** à la cuisine pour que le repas soit prêt à temps.* (Syn. s'activer.)

affaissement (nom masculin)
Fait de s'affaisser. *Le poids de l'armoire a provoqué un **affaissement** du plancher.*

s'affaisser (verbe) ▸ conjug. n° 3
1. Plier ou baisser sous le poids de quelque chose. *Le toit, couvert de neige, **s'est affaissé**.* **2.** Tomber lourdement, sans forces. *Le coureur, victime d'un malaise, **s'est affaissé** sur la piste.* (Syn. s'effondrer.)

s'affaler (verbe) ▸ conjug. n° 3
Se laisser tomber avec lourdeur. *Épuisé, David **s'est affalé** sur le canapé.*

affamé, ée (adjectif)
Qui a très faim. *Après cette journée au grand air, les enfants sont **affamés**.*

affectation (nom féminin)
1. Fait d'être affecté, prétentieux. *Elle parle avec une telle **affectation** qu'elle est ridicule.* (Contr. naturel.) **2.** Désignation à un poste, à une fonction. *La maîtresse a reçu une nouvelle **affectation** pour une autre région.*

affecté, ée (adjectif)
1. Qui manque de naturel, de simplicité. *Au lieu de répondre naturellement quand on lui parle, Sarah prend un ton **affecté**.* (Syn. prétentieux.) **2.** Ému par un évènement. *Il est très **affecté** par la mort de son grand-père.*

affecter (verbe) ▸ conjug. n° 3
1. Faire semblant d'éprouver un sentiment. *Ibrahim **affectait** l'indifférence pour cacher sa déception.* (Syn. feindre.) **2.** Réserver une chose ou un endroit à un certain usage. *Le maire a décidé d'**affecter** ces logements aux sans-abris.* **3.** Donner un poste, une fonction à quelqu'un. *On **a affecté** cette infirmière au service des urgences de l'hôpital.* **4.** Causer de la peine, de la tristesse. *La nouvelle de sa mort **a affecté** tous ses amis.*
Famille du mot : affect**ation**, affecté, **dés**affecté.

affectif, ive (adjectif)
Qui concerne les sentiments. *Le bonheur est un état **affectif**.*

affection (nom féminin)
1. Sentiment d'attachement, de tendresse, d'amitié à l'égard de quelqu'un. *Avoir de l'**affection** pour sa famille, ses amis.* **2.** Synonyme de maladie. *Sa toux provient d'une **affection** de la gorge.*
Famille du mot : affectif, affection**ner**, affect**ueusement**, affect**ueux**.

affectionner (verbe) ▸ conjug. n° 3
Avoir de l'affection pour quelqu'un ou quelque chose. *Ursula **affectionne** les vêtements de couleur bleue.*

affectueusement (adverbe)
De manière affectueuse. *Je t'embrasse **affectueusement**.*

affectueux, euse (adjectif)
Qui exprime de l'affection, de la tendresse. *Zoé est très **affectueuse** avec ses grands-parents.* (Contr. indifférent.)

affermir (verbe) ▸ conjug. n° 11
Rendre plus ferme, plus fort, plus solide. *Le sport **affermit** les muscles. Les encouragements de ses parents **ont affermi** sa confiance.* (Syn. renforcer. Contr. affaiblir.)

affichage (nom masculin)
Action d'afficher. *Panneau d'**affichage**.*

affiche (nom féminin)
Grande feuille imprimée ou illustrée que l'on fixe sur un mur pour informer le public. *Une **affiche** publicitaire.* Famille du mot : affich**age**, affich**er**, affich**ette**.

une **affiche** d'un dessin animé de Tex Avery

afficher (verbe) ▸ conjug. n° 3
1. Faire savoir quelque chose au moyen d'une affiche. *La directrice **a affiché** les dates des vacances à l'entrée de l'école.* **2.** Exprimer clairement quelque chose. *Elle **a affiché** sa mauvaise humeur.* **3.** S'afficher : apparaître à l'écran. *Un message d'erreur **s'affiche** sur mon ordinateur.*

affichette (nom féminin)
Petite affiche. *Kevin a posé des **affichettes** dans le quartier pour retrouver son chat.*

affilé, ée (adjectif)
Aiguisé et pointu. *Ce couteau a une lame bien **affilée**.* (Contr. émoussé.)

d'affilée (adverbe)
Sans interruption. *Le spectacle a duré trois heures **d'affilée**.*

s'affilier (verbe) ▸ conjug. n° 3
S'inscrire comme membre d'un parti, d'un organisme. *Il **s'est affilié** à une association de défense de l'environnement.*

affinité (nom féminin)
Attirance entre des personnes qui ont des goûts en commun. *Pierre s'ennuie avec son cousin car ils n'ont aucune **affinité**.*

affirmatif, ive (adjectif)
Qui exprime une affirmation. *Sa demande a été acceptée, elle a reçu une réponse **affirmative**.* (Contr. négatif.) • **Phrase affirmative :** qui ne contient pas de négation. ■ **affirmative** (nom féminin) • **Répondre par l'affirmative :** répondre oui.

affirmation (nom féminin)
Ce que l'on affirme. *La police doit vérifier les **affirmations** du témoin.* (Syn. déclaration.)

affirmer (verbe) ▸ conjug. n° 3
Dire avec certitude et fermeté qu'une chose est vraie. *Quentin **affirme** qu'il n'est pour rien dans cette affaire.* (Syn. assurer, certifier, garantir.) Famille du mot : affirma**tif**, affirma**tion**, affirma**tive**.

affleurer (verbe) ▸ conjug. n° 3
Apparaître à la surface. *Le canot s'est échoué sur des rochers qui **affleuraient**.*

affliction (nom féminin)
Très grande peine. *La mort de sa femme l'a plongé dans une profonde **affliction**.* (Syn. chagrin, douleur.)

affligeant, ante (adjectif)
Qui afflige. *Cette forêt dévastée par l'incendie est un spectacle **affligeant**.* (Syn. consternant, désolant.)

affliger (verbe) ▸ conjug. n° 5
Causer de l'affliction. *La nouvelle de sa mort nous **a** beaucoup **affligés**.* (Syn. attrister.) Famille du mot : affliction, affligeant.

affluence (nom féminin)
Rassemblement d'un grand nombre de personnes dans un même endroit. *Les bus sont bondés aux heures d'**affluence**.*

affluent (nom masculin)
Cours d'eau qui se jette dans un autre cours d'eau. *La Durance est un **affluent** du Rhône.*

affluer (verbe) ▸ conjug. n° 3
Arriver en grand nombre au même endroit. *Pendant les vacances, les touristes **affluent** sur les plages.* Famille du mot : affluence, affluent, afflux.

afflux (nom masculin)
Fait d'affluer dans un même endroit. *Il y a toujours un **afflux** de clients dans les magasins au moment des soldes.* Prononciation [afly].

affolant, ante (adjectif)
Qui affole. *Cette voiture roule à une vitesse **affolante**.* (Syn. terrifiant.)

affolement (nom masculin)
Fait de s'affoler. *Le bruit de l'explosion provoqua un **affolement** général.* (Syn. panique, terreur.)

affoler (verbe) ▸ conjug. n° 3
Causer une grande frayeur à quelqu'un. *Ce n'est pas la peine de **s'affoler**, sa blessure n'est pas grave.* Famille du mot : affolant, affolement.

affranchir (verbe) ▸ conjug. n° 11
1. Rendre libre, indépendant. ***Affranchir** un pays occupé.* **2.** Mettre, sur une lettre ou un colis, le timbre qui correspond au prix de son transport. ***As-tu affranchi** correctement les cartes postales avant de les envoyer ?*

affranchissement (nom masculin)
1. Prix à payer pour affranchir une lettre, un colis. *L'**affranchissement** d'une lettre dépend de son poids.* **2.** Fait de rendre libre. *L'**affranchissement** des esclaves.*

affreusement (adverbe)
De façon affreuse. *Il a été **affreusement** blessé dans un accident.* (Syn. horriblement.)

affreux, euse (adjectif)
1. Très laid. *Arrête de faire des grimaces, tu es **affreux** !* (Syn. hideux.) **2.** Très désagréable, très mauvais. *Aujourd'hui, il fait un temps **affreux**.*

affront (nom masculin)
Insulte faite à quelqu'un en public. *Romain lui a fait un **affront** en le traitant de menteur devant tous ses amis.*

affrontement (nom masculin)
Action de s'affronter. *La Première Guerre mondiale a entraîné un terrible **affrontement** entre la France et l'Allemagne.*

un **affrontement** entre deux chevaliers

affronter (verbe) ▸ conjug. n° 3
Faire face courageusement à un danger, à une difficulté. *Les marins **ont affronté** une terrible tempête pendant la nuit.*

affubler (verbe) ▸ conjug. n° 3
Habiller quelqu'un de façon ridicule. *Thomas **s'est affublé** d'une veste rose et verte.*

affût (nom masculin)
Endroit où le chasseur se poste pour guetter le gibier. • **Être à l'affût :** être en train de guetter ou d'attendre. *Elle **est** toujours **à l'affût** d'une bonne affaire.*
ORTHO On écrit aussi **affut**.

affûter (verbe) ▸ conjug. n° 3
Synonyme d'aiguiser. *Ces ciseaux ne coupent plus, il faut les faire **affûter**.*
ORTHO On écrit aussi **affuter**.

afghan, ane ➡ Voir tableau p. 6.

Afghanistan

33 millions d'habitants
Capitale : Kaboul
Monnaie : l'afghani
Langues officielles : dari, pachtou
Superficie : 647 500 km²

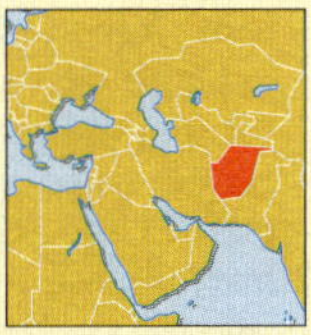

État d'Asie situé entre l'Iran, le Turkménistan, l'Ouzbékistan, le Tadjikistan, la Chine et le Pakistan.

GÉOGRAPHIE
Le pays est montagneux, avec de profondes vallées. La principale chaîne de montagnes est l'Hindou Kouch. Le climat continental sec est froid en hiver, chaud et aride en été. Le gaz naturel est la première ressource commerciale du pays ; les deux tiers des travailleurs sont des agriculteurs. La production artisanale de tapis est réputée.

HISTOIRE
La première République afghane fut proclamée en 1973. Pendant dix ans, de 1979 à 1989, le pays fut envahi par l'armée soviétique. La première République islamique fut instituée en 1992. Les talibans conquirent presque tout le pays en 1997 et y installèrent un régime rigoureux. En 2001, les États-Unis déclenchèrent des opérations militaires contre l'Afghanistan pour combattre les talibans et les groupes terroristes installés dans le pays. Malgré la chute du régime taliban, la démocratie se met difficilement en place.

afin (préposition et conjonction)
Indique le but. *Il va à son agence de voyages **afin de** réserver des billets. Parlez plus fort **afin que** tout le monde puisse vous entendre.*

a fortiori (adverbe)
À plus forte raison, d'autant plus. *Cette route de montagne est dangereuse, **a fortiori** quand elle est couverte de neige.*
● Prononciation [afɔʀsjɔʀi].
ORTHO On écrit aussi **à fortiori**.

africain, aine ➡ Voir tableau p. 6.

Afrique

Troisième continent par la superficie (30 500 000 km² ; 1,1 milliard d'habitants). L'Afrique est reliée à l'Asie par l'isthme de Suez et séparée de l'Europe par le détroit de Gibraltar.

GÉOGRAPHIE
À l'est, la zone de la Rift Valley comprend les Grands Lacs, les massifs du Kilimandjaro et du mont Kenya, mais le continent est surtout constitué de plaines et de plateaux, et abrite de grands déserts. Les grands fleuves africains sont le Nil (6 671 km), le Congo, le Niger et le Zambèze. La population africaine se divise en deux grands groupes : le groupe noir, le plus nombreux, et le groupe blanc, limité aux pays d'Afrique du Nord. On estime qu'il existe 1 200 à 1 500 langues en Afrique ; les Africains parlent souvent deux ou trois langues. L'Afrique est peu industrialisée. Les ressources proviennent surtout de l'exportation de matières premières (pétrole, gaz), d'arachides et de coton. Les principales cultures sont celles des tubercules (manioc, igname) et des céréales (sorgho, mil). Le tourisme se développe surtout en Égypte, en Tunisie, au Maroc, au Kenya et en Tanzanie.

HISTOIRE
Les premiers hommes apparurent en Afrique et peuplèrent ensuite la planète. L'une des premières civilisations africaines fut la civilisation égyptienne. Au XVIIIe siècle, des millions d'Africains furent déportés vers l'Amérique comme

esclaves pour travailler dans des plantations. Les pays européens colonisèrent l'ensemble du continent entre 1880 et 1960, mais après la Seconde Guerre mondiale les pays africains commencèrent à réclamer, puis obtenir, leur indépendance.

Afrique du Nord

➡ Voir **Maghreb**.

Afrique du Sud

50,7 millions d'habitants
Capitale gouvernementale : Pretoria
Capitale législative : Le Cap
Monnaie : le rand
Langues officielles : afrikaans, anglais
Superficie : 1 221 037 km²

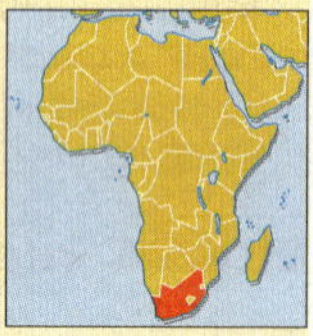

État fédéral d'Afrique, situé à l'extrémité sud du continent, bordé par l'océan Atlantique et l'océan Indien. La république d'Afrique du Sud est gouvernée par un Président.

GÉOGRAPHIE
L'Afrique du Sud est une immense cuvette entourée de régions côtières élevées. Les principaux cours d'eau sont l'Orange, le Limpopo et le Vaal. Le climat est de type tropical. L'Afrique du Sud est le pays le plus développé du continent africain. Il approvisionne l'Europe, les États-Unis et le Japon en métaux et pierres précieuses. Le pays pratique aussi l'élevage, la culture des céréales, de la vigne et des fruits et légumes.

HISTOIRE
Les Bantous ont peuplé la région à partir de 1500. Les Néerlandais entamèrent des échanges commerciaux dans le pays au XVIIIe siècle et, à partir de 1760, des colons, les Boers, s'installèrent vers l'intérieur des terres. Le pays devint une colonie britannique en 1814. En 1899 eut lieu la « guerre des Boers » contre les Anglais. Le pays obtint son indépendance en 1931 et devint une république en 1960. La politique de l'apartheid, fondée sur la ségrégation raciale, fut appliquée de 1948 à 1991. Les premières élections communes aux Noirs et aux Blancs se déroulèrent en 1994. Nelson Mandela, le chef d'un parti opposé à l'apartheid, devint le premier Président noir du pays.

agaçant, ante (adjectif)
Qui agace. *Arrête de m'interrompre sans arrêt, tu es **agaçante** !* (Syn. énervant.)

agacement (nom masculin)
Fait d'être agacé. *Tous ces retards ont provoqué l'**agacement** des voyageurs.* (Syn. énervement, irritation.)

agacer (verbe) ▸ conjug. n° 4
Provoquer l'énervement ou l'irritation. *Anna, tu m'**agaces** avec tes réflexions désagréables.* (Syn. énerver, irriter.) Famille du mot : agaç**ant**, agace**ment**.

agate (nom féminin)
Pierre très dure formée de couches de couleurs variées. *On fabrique des billes avec de l'**agate**.*

âge (nom masculin)
1. Période d'existence d'une personne depuis sa naissance. *Victor a 8 ans, le même **âge** qu'Élodie.* **2.** Période qui concerne une époque précise de l'histoire de l'humanité. *L'**âge** de pierre, l'**âge** du bronze, l'**âge** du fer.* • **Avoir un certain âge :** ne plus être très jeune. • **L'âge de raison :** l'âge où un enfant est capable de comprendre la différence entre le bien et le mal. • **L'âge mur :** l'âge adulte. • **Le troisième âge :** la vieillesse.

âgé, ée (adjectif)
Synonyme de vieux. *Grand-père est trop **âgé** pour faire de l'alpinisme.* (Contr. jeune.) • **Être âgé de :** avoir tel âge. *Le père de William **était âgé d'**environ 30 ans quand il s'est marié.*

agence (nom féminin)
Entreprise qui propose des services à ses clients. *Une **agence** de voyages, une **agence** immobilière.*

un élevage d'autruches en **Afrique du Sud**

agencement (nom masculin)
Manière d'agencer des choses. *Si on achète un canapé plus grand, il faudra changer l'**agencement** de cette pièce.*

agencer (verbe) ▸ conjug. n° 4
Arranger des choses dans un certain ordre. *Mon père **a agencé** une pièce de l'appartement en bureau.*

agenda (nom masculin)
Carnet où l'on note, jour par jour, les rendez-vous et les choses à faire. *Xavier a inscrit le jour et l'heure de ses rendez-vous dans son **agenda**.* (Syn. mémento.)
Prononciation [aʒɛ̃da]. En latin, **agenda** signifie « les choses qu'il faut faire ».

s'agenouiller (verbe) ▸ conjug. n° 3
Se mettre à genoux. *Yann **s'est agenouillé** dans l'herbe pour chercher des trèfles à quatre feuilles.*

agent (nom masculin)
1. Personne qui travaille au service d'une entreprise ou d'une administration. *Un **agent** immobilier, un **agent** secret.* **2.** Policier chargé du maintien de l'ordre, de la protection des gens. *L'**agent** de police fait signe aux piétons de traverser.* • **Complément d'agent :** complément d'un verbe passif, indiquant l'auteur de l'action.

agglomération (nom féminin)
Ensemble d'habitations qui constituent un village, une ville. *Dans les **agglomérations**, la vitesse est limitée à 50 km/h.*

aggloméré (nom masculin)
Matière formée de petites particules de bois agglomérées. *Mes étagères sont faites avec des planches en **aggloméré**.*

s'agglomérer (verbe) ▸ conjug. n° 8
Se rassembler en masse compacte. *Les flocons de neige **se sont agglomérés** pour former une couche épaisse.*

s'agglutiner (verbe) ▸ conjug. n° 3
Se serrer les uns contre les autres. *La foule **s'agglutine** à l'entrée du stade.*
S'agglutiner, c'est comme se coller avec de la *glu*.

aggravation (nom féminin)
Fait de s'aggraver. *On annonce une **aggravation** du froid.* (Contr. amélioration.)

aggraver (verbe) ▸ conjug. n° 3
Rendre plus grave ou plus pénible. *L'état du malade **s'est aggravé**.* (Syn. empirer. Contr. s'améliorer.)

agile (adjectif)
Qui est souple et rapide. *Être **agile** comme un singe.* (Syn. leste, vif.)

agilité (nom féminin)
Fait d'être agile. *Le chat retombe sur ses pattes avec **agilité**.*

agir (verbe) ▸ conjug. n° 11
1. Faire quelque chose, accomplir une action. *Réfléchis avant d'**agir** !* **2.** Se conduire, se comporter. *Tu **as** mal **agi** en lui mentant.* **3.** Produire un effet, être efficace. *Ce médicament **agit** très vite.* • **Il s'agit de quelque chose :** il est question de. *De quoi **s'agit-il** dans ce livre ? **Il s'agit d'**une histoire qui se passe au Moyen Âge.* • **Il s'agit de :** il faut. *Maintenant, **il s'agit de** se presser si on veut arriver à temps.*

agissements (nom masculin pluriel)
Suite d'actes malhonnêtes. *La police a mis fin aux **agissements** des cambrioleurs en les arrêtant.*

agitateur, trice (nom)
Personne qui pousse les autres à manifester ou à se révolter.

agitation (nom féminin)
1. Mouvements d'une foule, qui donnent une impression de désordre. *Il règne une grande **agitation** autour du stade, les jours de compétition.* **2.** Mouvement de mécontentement politique ou social. *L'**agitation** étudiante.*

agité, ée (adjectif)
Qui ne reste pas en place, qui bouge tout le temps. *Les enfants sont **agités** car ils ne sont pas sortis.* (Syn. turbulent. Contr. calme.) • **Mer agitée :** qui fait de grosses vagues.

agiter (verbe) ▸ conjug. n° 3
1. Faire bouger fortement. ***Agiter** ce flacon avant de s'en servir.* **2.** S'agiter : bouger, ne pas tenir en place. *Les enfants*

a b c d e f g h i j k l m n o p q r s t u v w x y z

s'agitent dans la voiture quand le voyage dure trop longtemps. Famille du mot : agitateur, agitation.

agneau, eaux (nom masculin)
1. Petit de la brebis et du bélier. 2. Viande de l'agneau. *Nous avons mangé de l'**agneau** à la cantine.*

agonie (nom féminin)
Moment de la vie qui précède immédiatement la mort. *Il est mort très vite, après une courte **agonie**.*

agoniser (verbe) ▸ conjug. n° 3
Être à l'agonie, sur le point de mourir. *Les oiseaux **agonisent** sur la plage à cause de la marée noire.*

agora (nom féminin)
1. Place publique et marché des anciennes villes grecques. *Des temples et des statues bordent l'**agora**.* 2. Espace commerçant et piétonnier dans une ville nouvelle.

agrafe (nom féminin)
Petit crochet métallique qui sert à réunir des papiers ou d'autres objets minces. Famille du mot : agrafer, agrafeuse, dégrafer.

agrafer (verbe) ▸ conjug. n° 3
Fixer avec une agrafe. *Benjamin **agrafe** ses feuilles pour ne pas les perdre.*

agrafeuse (nom féminin)
Petit instrument qui sert à agrafer.

agraire (adjectif)
Qui concerne les champs et l'agriculture. *L'hectare est une mesure **agraire**.*

agrandir (verbe) ▸ conjug. n° 11
Rendre plus grand, plus important. *Papa veut abattre un mur pour **agrandir** la salle de séjour.*

agrandissement (nom masculin)
Action d'agrandir. *Cette belle photo mériterait un **agrandissement**.*

agrandisseur (nom masculin)
Appareil servant à agrandir des photographies.

agréable (adjectif)
1. Qui fait plaisir. *Ce voyage a été très **agréable**.* 2. Que l'on fréquente avec plaisir. *Nos nouveaux voisins sont très **agréables**.* (Syn. plaisant, sympathique. Contr. déplaisant, désagréable.) Famille du mot : agréablement, désagréable, désagréablement.

agréablement (adverbe)
D'une façon agréable. *Son succès était inattendu : il nous a **agréablement** surpris.*

agréer (verbe) ▸ conjug. n° 3
1. S'emploie à la fin d'une lettre, comme synonyme d'accepter. *Veuillez **agréer** mes meilleurs sentiments.* 2. Approuver officiellement. *Cette proposition de loi **a été agréée** par tous les députés.* (Contr. refuser, rejeter.) Agréer, c'est trouver à son *gré*.

agrément (nom masculin)
Fait de donner son accord. *Il faut l'**agrément** du propriétaire pour faire des travaux dans l'appartement.* • **D'agrément :** qui est fait pour le plaisir. *Un voyage **d'agrément**.*

agrémenter (verbe) ▸ conjug. n° 3
Rendre plus joli. *De nombreuses plantes vertes **agrémentent** le salon.* (Syn. orner.)

agrès (nom masculin pluriel)
Appareils de gymnastique. *Les barres parallèles, la corde, les anneaux sont des **agrès**.*

agresser (verbe) ▸ conjug. n° 3
Attaquer brutalement quelqu'un. *Clément s'est fait **agresser** dans la rue par des voyous.* Famille du mot : agresseur, agressif, agression, agressivité.

agresseur (nom masculin)
Personne qui a commis une agression. *L'homme a fait une description de son **agresseur** aux policiers.*

agressif, ive (adjectif)
1. Qui a tendance à attaquer les autres même si on ne lui a rien fait. *N'approchez pas ce chien : il est très **agressif** !* 2. Qui exprime l'agressivité. *Un ton **agressif**.*

agression (nom féminin)
Action d'agresser. *Ce monsieur vient d'être victime d'une* ***agression*** *: on lui a volé tous ses papiers et son argent.*

agressivité (nom féminin)
Caractère agressif. *Je te parlais gentiment : pourquoi me réponds-tu avec tant d'****agressivité*** *?*

agricole (adjectif)
Qui concerne l'agriculture. *Ce superbe cheval a remporté une médaille au concours* ***agricole****.*

agriculteur, trice (nom)
Personne qui travaille dans l'agriculture. (Syn. cultivateur, paysan.)

agriculture (nom féminin)
Activité visant à produire des végétaux et à élever des animaux nécessaires à l'homme.

agripper (verbe) ▸ conjug. n° 3
Saisir en serrant fortement. ***Agrippe****-toi à moi, si tu as peur de glisser !*

quelques **agrès**

agroalimentaire (adjectif)
Qui transforme les produits de l'agriculture en produits alimentaires. *Cette usine* ***agroalimentaire*** *transforme le maïs en pop-corn.*

agronome (nom)
Spécialiste d'agronomie. *Cet ingénieur* ***agronome*** *est un spécialiste de la lutte contre les maladies de la vigne.*

agronomie (nom féminin)
Ensemble des connaissances qui servent à l'agriculture.

agrume (nom masculin)
Fruit juteux comme l'orange, le citron, le pamplemousse, la mandarine et la clémentine.

des **agrumes**

aguerrir (verbe) ▸ conjug. n° 11
Habituer à supporter des choses pénibles. *Toutes les épreuves qu'il a subies l'**ont aguerri**.*

aguets (nom masculin pluriel)
• **Être aux aguets :** rester immobile à observer, à guetter. *Le lion rôde, les antilopes **sont aux aguets**.*

ah ! (interjection)
Mot qui sert à exprimer la satisfaction, le mécontentement, la surprise, etc. ***Ah !** comme c'est agréable ! **Ah !** tu m'agaces !*

ahuri, ie (adjectif)
1. Qui est très étonné par ce qui lui arrive. *Je suis **ahurie** d'apprendre cette incroyable nouvelle.* (Syn. abasourdi, hébété.) **2.** Qui exprime l'étonnement. *Un regard **ahuri**.*

ahurissant, ante (adjectif)
Très étonnant. *Je n'arrive pas à croire cette histoire, elle est vraiment **ahurissante** !* (Syn. incroyable.)

aide (nom féminin)
Action d'aider quelqu'un. *Pour finir ses devoirs, Fatima a eu besoin de l'**aide** de sa grande sœur.* • **À l'aide ! :** au secours ! • **À l'aide de :** en se servant de. *David arrache un clou **à l'aide de** tenailles.* ■ **aide** (nom) Personne qui en aide une autre dans son travail. *Le maçon a demandé à son **aide** de lui apporter un sac de ciment.*

aide-mémoire (nom masculin)
Petit livre qui résume ce qu'il faut savoir. Pluriel : des aide-mémoire.

aider (verbe) ▸ conjug. n° 3
1. Joindre ses efforts à ceux d'une autre personne. ***Aide**-moi à porter ma valise !* **2.** S'aider : se servir de quelque chose. *L'aveugle **s'aide** de sa canne blanche pour suivre le bord du trottoir.* Famille du mot : aide, aide-mémoire, aide-soignant, **entr**aide, s'**entr**aider.

aide-soignant, ante (nom)
Personne qui aide les infirmiers à soigner les malades, dans les hôpitaux. Pluriel : des aide**s**-soignants.

aïe ! (interjection)
Mot qui exprime la douleur. *Ibrahim a crié « **aïe !** » quand il s'est tordu la cheville.* Aïe est une onomatopée : c'est le cri qu'on pousse quand on se fait mal.

aïeul, aïeule (nom)
Synonyme littéraire de grand-père ou de grand-mère. ■ **aïeux** (nom masculin pluriel) Synonyme d'ancêtres. *La Normandie est la province où vécurent mes **aïeux**.*

aigle (nom masculin)
Grand oiseau de proie qui vit dans les montagnes.

aiglefin ➡ Voir **églefin**.

aiglon (nom masculin)
Petit de l'aigle.

aigre (adjectif)
1. Qui a un goût piquant et acide. *Ce lait est **aigre** : il a tourné.* **2.** Au sens figuré, qui est blessant, désagréable. *Il m'a parlé d'un ton **aigre**.* ■ **aigre** (nom masculin) • **Tourner à l'aigre :** prendre un caractère blessant et agressif. *La discussion **tourne à l'aigre** entre les deux automobilistes.* Famille du mot : aigre-doux, aigr**elet**, aigr**eur**, aigr**ir**.

aigre-doux, aigre-douce (adjectif)
1. Qui est doux et aigre à la fois. *Une sauce **aigre-douce**.* **2.** Au sens figuré, dont la méchanceté se cache sous une douceur apparente. *Tenir des propos **aigres-doux**.* Pluriel : aigre**s**-doux, aigre**s**-douces.

aigrelet, ette (adjectif)
Un peu aigre. *Le goût **aigrelet** d'une pomme pas mûre.*

aigrette (nom féminin)
1. Touffe de longues plumes sur la tête de certains oiseaux, comme le paon ou le héron. **2.** Grand oiseau blanc des pays chauds, qui ressemble au héron.

aigreur (nom féminin)
Caractère aigre. *L'**aigreur** du vinaigre. L'**aigreur** d'une remarque.*

un **aigle**

aigrir (verbe) ▸ conjug. n° 11
1. Devenir aigre. *Ce jus d'orange n'est plus bon : il **a aigri**.* **2.** Au sens figuré, rendre irritable ou désagréable. *Ses échecs l'**ont aigri**.*

aigu, aiguë (adjectif)
1. Se dit d'un son qui est très haut, perçant. *La chanteuse a une belle voix **aiguë**.* (Contr. grave.) **2.** Qui est très vif, intense, violent. *Gaëlle a eu une crise **aiguë** d'appendicite.* • **Angle aigu :** angle plus petit que l'angle droit. (Contr. obtus.)
➡ p. 576.
ORTHO On écrit aussi au féminin **aigüe**.

aiguillage (nom masculin)
Appareil qui permet à un train de passer d'une voie de chemin de fer à une autre.

aiguille (nom féminin)
1. Petite tige d'acier pointue, qui sert à coudre ou à tricoter. *Hélène enfile une **aiguille** pour recoudre un bouton.* **2.** Fine tige de métal creuse qui sert à injecter un liquide. *Pour faire une piqûre, il faut une seringue et une **aiguille**.* **3.** Tige rigide qui sert à indiquer l'heure et les minutes. *La grande **aiguille** indique les minutes.* **4.** Feuille étroite et pointue des conifères. *Des **aiguilles** de pin, de mélèze.* ➡ p. 965. ● Prononciation [egɥij].

aiguiller (verbe) ▸ conjug. n° 3
Diriger vers une certaine direction. *Ce promeneur **a été** mal **aiguillé** et il s'est perdu dans la ville.* ● Prononciation [egɥije]. Famille du mot : aiguill**age**, aiguill**eur**.

aiguilleur, euse (nom)
Personne chargée de manœuvrer un aiguillage. • **Aiguilleur du ciel :** technicien qui guide les avions en vol depuis le sol. ● Prononciation [egɥijœʀ].

aiguillon (nom masculin)
Dard des insectes qui piquent.

aiguiser (verbe) ▸ conjug. n° 3
Rendre plus coupant. *Une pierre à **aiguiser** les couteaux.* (Syn. affûter.)

a b c d e f g h i j k l m n o p q r s t u v w x y z

aïkido (nom masculin)
Art martial d'origine japonaise qui se pratique à mains nues.

ail (nom masculin)
Plante dont on utilise les bulbes au goût piquant pour assaisonner les aliments. *Maman met de l'**ail** dans le gigot.*
Pluriel : des ails ou des **aulx**.

aile (nom féminin)
1. Organe de certains animaux, qui leur sert à voler. *L'aigle déploie ses **ailes**.* 2. Partie fixe de chaque côté d'un avion, qui le soutient dans l'air. 3. Partie d'un moulin à vent que le vent fait tourner. 4. Partie de la carrosserie d'une voiture, au-dessus de chaque roue. *L'**aile** avant gauche de la voiture est cabossée.* 5. Partie latérale d'un bâtiment. *Le gardien habite dans une **aile** du château.* 6. Partie latérale de quelque chose. *Les **ailes** du nez. L'**aile** gauche de l'équipe de basket.* • **Voler de ses propres ailes :** être indépendant, se passer de l'aide d'autrui. Famille du mot : ailé, aileron, ailier.

les différentes sortes d'**ailes** (de haut en bas et de gauche à droite) : pigeon, exocet, chauve-souris, col-vert, lézard volant, coléoptère et papillon

ailé, ée (adjectif)
Qui a des ailes. *La chauve-souris est un mammifère **ailé**.*

aileron (nom masculin)
1. Extrémité de l'aile d'un oiseau. 2. Nageoire d'un requin. 3. Volet mobile situé sur le bord de l'aile d'un avion. ➡ p. 108.

ailier, ère (nom masculin)
Joueur d'une équipe de football, de handball qui joue sur les côtés de la ligne des avants.

ailleurs (adverbe)
Dans un autre endroit. *Ce restaurant est trop bruyant, allons dîner **ailleurs**.*
➡ Voir aussi **d'ailleurs** (adverbe).

ailloli (nom masculin)
1. Mayonnaise à l'ail. 2. Plat de poisson et de légumes bouillis accompagné de cette mayonnaise.
ORTHO On écrit aussi **aïoli** comme le mot provençal formé de *ai*, « ail », et de *oli*, « huile ».

aimable (adjectif)
Qui reçoit bien les gens et cherche à leur faire plaisir. *Ce commerçant est très **aimable** avec ses clients.* (Syn. avenant, courtois.)

aimablement (adverbe)
De façon aimable. *Ils nous ont **aimablement** reçus chez eux.*

aimant (nom masculin)
Morceau d'acier qui attire le fer.

aimanté, ée (adjectif)
Qui a la propriété d'attirer le fer. *L'aiguille **aimantée** de la boussole indique le nord.*

aimer (verbe) ▸ conjug. n° 3
1. Éprouver de l'amour pour quelqu'un, en être amoureux. *Ils **s'aiment** et rien ne peut les séparer.* 2. Avoir de l'affection, de la tendresse pour quelqu'un. *Julie **aime** beaucoup son grand-père.* 3. Avoir un goût très vif pour quelque chose. *Pierre **aime** la nature.* • **Aimer mieux :** préférer. *Pour dormir, j'**aime mieux** laisser la fenêtre entrouverte.*

aine (nom féminin)
Partie du corps située entre le haut de la cuisse et le bas du ventre. ➡ p. 300.

aîné, ée (adjectif)
Qui est plus âgé qu'un autre. *Quentin est mon frère **aîné** : il a trois ans de plus que moi.* (Contr. cadet.) ■ **aîné, ée** (nom) Enfant le plus âgé d'une famille. (Contr. benjamin.)
ORTHO On écrit aussi **ainé**.

ainsi (adverbe)
De cette façon. *C'est **ainsi** qu'il faut faire.* • **Pour ainsi dire :** presque. *Il fait **pour ainsi dire** nuit.* ■ **ainsi que** (conjonction) 1. Comme. *Tout s'est passé **ainsi***

***que** tu l'avais dit.* 2. Et aussi. *J'ai mis un pull **ainsi qu'**une écharpe.*

aïoli ➡ Voir **ailloli**.

air (nom masculin)
1. Gaz que nous respirons et qui constitue l'atmosphère. *L'**air** pénètre dans le corps par le nez et par la bouche.* 2. Mélodie d'une chanson, d'une musique. *Chanter un **air** d'opéra.* 3. Expression du visage. *Il a pris un **air** étonné.* • **Au grand air :** en pleine nature. • **Avoir l'air :** sembler, paraître. *Romain **a l'air** d'un vrai clown avec ces vêtements !* • **En l'air :** vers le ciel. • **En plein air :** dehors. • **Prendre l'air :** sortir, faire une promenade. • **Prendre de grands airs :** faire le fier.

airbag (nom masculin)
Coussin qui sert à protéger les passagers d'un véhicule en cas d'accident, en se gonflant automatiquement. *Il y a un **airbag** sur le volant.* **Airbag** est le nom d'une marque.

aire (nom féminin)
1. Terrain aménagé pour une activité. *L'**aire** d'atterrissage des hélicoptères.* 2. Surface, superficie. *On calcule l'**aire** d'un rectangle en multipliant la longueur par la largeur.* 3. Nid d'un aigle.

airelle (nom féminin)
Petit fruit rond comestible, noir ou rouge.

aisance (nom féminin)
1. Manière d'être ou d'agir qui donne une impression de facilité. *Cet avocat s'exprime avec **aisance.*** 2. Situation de fortune qui permet de bien vivre. *Son bon salaire permet à toute la famille de vivre dans l'**aisance.***

aise (nom féminin)
État d'une personne qui n'est pas gênée. *Thomas est à l'**aise** dans ses vêtements. Laura est mal à l'**aise** car elle doit parler en public.* ■ **aises** (nom féminin pluriel) Bien-être, confort. *Installez-vous confortablement, prenez vos **aises** !*

aisé, ée (adjectif)
1. Qui est facile à faire, à comprendre. *Voilà un problème **aisé** à résoudre.* (Contr. ardu.) 2. Qui a assez d'argent pour ne manquer de rien. *Il vient d'une famille **aisée** : son père est riche.*

aisément (adverbe)
De façon aisée. *Nous avons **aisément** trouvé notre chemin.* (Syn. facilement. Contr. difficilement.)

aisselle (nom féminin)
Creux qui se trouve sous le bras, sous l'articulation de l'épaule. ➡ p. 300.

Aix-en-Provence
Ville du département des Bouches-du-Rhône (146 000 habitants) fondée par les Romains en 123 après Jésus-Christ.

Aix-la-Chapelle
Ville d'Allemagne (259 000 habitants), située près des frontières belge et néerlandaise. Cette ancienne cité romaine était la résidence préférée de Charlemagne et les empereurs du Saint Empire romain germanique y furent couronnés.

Ajaccio
Chef-lieu du département de la Corse-du-Sud et de la Région Corse (65 000 habitants), situé sur la côte ouest de l'île, au fond du golfe d'Ajaccio. Ajaccio est une ville très touristique. Elle abrite la maison natale de Napoléon et le siège de l'Assemblée nationale corse.

ajonc (nom masculin)
Arbrisseau épineux sauvage, à fleurs jaunes. Prononciation [aʒɔ̃].

ajourner (verbe) ▸ conjug. n° 3
Remettre à un autre jour. *À cause du mauvais temps, nous avons dû **ajourner** l'excursion.* (Syn. repousser, retarder.)

ajout (nom masculin)
Ce qu'on ajoute. *Nous avons fait quelques **ajouts** à la liste des invités.* (Contr. suppression.)

ajouter (verbe) ▸ conjug. n° 3
1. Mettre en plus. *Ce plat est fade, il faudrait **ajouter** du poivre.* 2. Synonyme d'additionner. *Si on **ajoute** 8 à 13, on obtient 21.* 3. Dire en plus. *Je n'**ajouterai** pas un mot.* Famille du mot : ajout, rajouter.

a b c d e f g h i j k l m n o p q r s t u v w x y z

ajustage (nom masculin)
Action d'ajuster les pièces d'une machine ou d'un objet. *L'**ajustage** est effectué par l'ajusteur.*

ajusté, ée (adjectif)
Qui moule le corps. *Myriam porte une robe très **ajustée**.* (Contr. ample.)

ajuster (verbe) ▸ conjug. n° 3
Adapter exactement une chose à une autre. *Il faut bien **ajuster** le couvercle de la cocotte.* Famille du mot : ajust**age**, ajusté, ajust**eur**, rajuster, **ré**ajuster.

ajusteur, euse (nom)
Ouvrier spécialisé dans la fabrication et l'ajustage des pièces mécaniques.

Akhenaton
➡ Voir **Aménophis IV**.

alaise (nom féminin)
Toile, souvent imperméable, qui protège le matelas.
ORTHO On écrit aussi **alèse**.

alambic (nom masculin)
Appareil servant à fabriquer de l'alcool.

un **alambic**

alarmant, ante (adjectif)
Qui est très inquiétant. *Les prévisions sont **alarmantes** : on craint l'arrivée d'un cyclone.*

alarme (nom féminin)
Signal qui avertit d'un danger. *Les sentinelles ont donné l'**alarme**.* **Alarme** vient de l'italien, et signifie « aux armes », cri poussé par une sentinelle à l'approche des ennemis.

alarmer (verbe) ▸ conjug. n° 3
Inquiéter beaucoup. *Ne **vous alarmez** pas, c'est une blessure très légère.*

albanais, aise ➡ Voir tableau p. 6.

Albanie

3,2 millions d'habitants
Capitale : Tirana
Monnaie : le lek
Langue officielle : albanais
Superficie : 28 748 km²

État d'Europe, situé au sud-ouest de la péninsule des Balkans, au bord de la mer Adriatique. La population est composée d'Albanais (90 %) et de Grecs (8 %).

GÉOGRAPHIE
L'Albanie est composée de massifs montagneux, de collines argileuses fertiles. Sur les côtes, le climat est méditerranéen. La principale activité est l'agriculture, mais le pays est pauvre.

HISTOIRE
L'Albanie fut sous domination turque entre le XVe siècle et 1912. Elle devint indépendante en 1919. Un régime communiste fut institué jusqu'en 1990. Aujourd'hui, l'Albanie est une république.

albâtre (nom masculin)
Belle pierre blanche et translucide servant à faire des objets décoratifs.

albatros (nom masculin)
Le plus grand des oiseaux de mer. *L'envergure de l'**albatros** peut atteindre trois mètres.* Prononciation [albatRos].

un couple d'**albatros**

albinos (adjectif et nom)
Qui a la peau, les poils et les cheveux blancs. *Un lapin **albinos** a les yeux rouges.* ● Prononciation [albinos].

album (nom masculin)
1. Sorte de livre personnel destiné à recevoir des collections diverses. *Un **album** de photos. Classer des timbres dans un **album**.* 2. Livre d'images. *Victor adore les **albums** de bandes dessinées.* 3. Disque de variétés. *Noémie a acheté le dernier **album** de son chanteur favori.* ● Prononciation [albɔm]. En latin, ce mot signifie « tableau blanc ».

alchimie (nom féminin)
Science mêlée de magie qui existait au Moyen Âge.

alchimiste (nom)
Personne qui pratiquait l'alchimie. *Les **alchimistes** recherchaient l'élixir de longue vie et la pierre capable de transformer le plomb en or.*

Le travail des alchimistes était très **aléatoire**.
« L'**Alchimiste** » de J. Wright (1770)

alcool (nom masculin)
1. Substance qui résulte de la distillation de jus de raisin ou de céréales fermentés. *La bière contient de l'**alcool**.* 2. Boisson qui contient une certaine quantité de cette substance. *L'abus d'**alcool** est dangereux pour la santé.* 3. Liquide incolore, qui sert à désinfecter les plaies. *De l'**alcool** à 70 degrés.* ● Prononciation [alkɔl]. Famille du mot : alcool**émie**, alcool**ique**, alcool**isé**, alcool**isme**, alcootest.

alcoolémie (nom féminin)
Taux d'alcool dans le sang d'une personne. *L'alcootest permet de mesurer l'**alcoolémie** d'un conducteur de voiture.* ● Prononciation [alkɔlemi].

alcoolique (adjectif et nom)
Qui est intoxiqué par l'alcool et ne peut plus s'en passer. ● Prononciation [alkɔlik].

alcoolisé, ée (adjectif)
Qui contient de l'alcool. *La bière est une boisson **alcoolisée**.* ● Prononciation [alkɔlize].

alcoolisme (nom masculin)
Maladie des alcooliques. *En interdisant la publicité pour les alcools, on lutte contre l'**alcoolisme**.* ● Prononciation [alkɔlism].

alcootest (nom masculin)
Instrument dans lequel on fait souffler un automobiliste, pour savoir s'il n'a pas trop bu d'alcool pour conduire. ● Prononciation [alkɔtɛst]. **Alcootest** est le nom d'une marque.

alcôve (nom féminin)
Renfoncement dans une chambre où l'on place un lit.

aléa (nom masculin)
Chose imprévisible. *Cette expédition en terre inconnue comporte beaucoup trop d'**aléas**.* (Syn. risque.) **Alea** est un mot latin qui désigne les dés, jeu de hasard, donc imprévisible.

aléatoire (adjectif)
Qui est hasardeux, imprévisible. *Gagner à ce jeu est très **aléatoire**.*

alentours (nom masculin pluriel)
Environs d'un lieu. *Le renard rôde aux **alentours** de la ferme.*

alerte (adjectif)
Qui a des mouvements lestes et vifs. *À tout âge, il faut faire du sport pour rester dynamique et* ***alerte****.*

alerte (nom féminin)
Signal qui avertit d'un danger. *Quand elle a entendu un bruit, la sentinelle a donné l'****alerte****.* (Syn. alarme.)

alerter (verbe) ▸ conjug. n° 3
Donner l'alerte. *Les enfants* ***ont alerté*** *la maîtresse quand William est tombé.* (Syn. avertir, prévenir.)

alèse ➡ Voir **alaise**.

Alésia

Ville fortifiée gauloise. Vercingétorix s'y réfugia pendant la conquête romaine menée par Jules César. Après deux mois de siège, en 52 avant Jésus-Christ, il se rendit à César. On situe Alésia près d'Alise-Sainte-Reine, dans le département de la Côte-d'Or.

alevin (nom masculin)
Jeune poisson, avec lequel on repeuple les rivières et les lacs.

Alexandre le Grand (né en 356, mort en 323 avant Jésus-Christ)

Roi de Macédoine. Élevé par le philosophe Aristote, il fut roi à vingt ans. Alexandre est l'un des plus grands conquérants de l'Histoire. Il conquit l'Asie Mineure, puis l'Égypte, où il fonda la ville d'Alexandrie. Poursuivant ses conquêtes vers l'Orient, il occupa plusieurs villes dont Babylone. Il parvint jusqu'aux rives du fleuve Indus, mais dut retourner à Babylone où il mourut. Son empire fut partagé entre ses généraux.

Alexandrie

Grande ville d'Égypte (4,9 millions d'habitants), située à l'ouest du delta du Nil.

HISTOIRE
Elle fut fondée par Alexandre le Grand en 332-331 avant Jésus-Christ et devint la plus brillante cité du monde grec. Son phare était l'une des Sept Merveilles du monde, et sa bibliothèque était la plus célèbre de l'Antiquité.

Alexandre le Grand à cheval, détail d'une mosaïque de Pompéi

alexandrin (nom masculin)
En poésie, vers de douze syllabes. *« Aime la vérité mais pardonne à l'erreur » est un* ***alexandrin*** *de Voltaire.* 🔑 Ce vers a été employé pour la première fois dans un poème du XIIe siècle qui s'appelait *le Roman d'Alexandre*.

alezan, ane (adjectif)
De couleur fauve, en parlant de la robe d'un cheval, d'un mulet. ■ **alezan** (nom masculin) Cheval de robe alezane. 🔑 **Alezan** est un mot qui vient de l'arabe.

algèbre (nom féminin)
Manière spéciale de faire des calculs. *$x + 3 = 4$ est une formule d'****algèbre****.*

Alger

Capitale de l'Algérie (3,2 millions d'habitants), située au bord de la mer Méditerranée. Alger abrite un quartier historique appelé la « casbah ».

HISTOIRE
Les Français s'installèrent à Alger en 1830. Elle devint alors la capitale de la colonie d'Algérie.

Algérie

37,4 millions d'habitants
Capitale : Alger
Monnaie : le dinar
Langues officielles : arabe, berbère
Superficie : 2 381 741 km²

État d'Afrique du Nord, bordé par la mer Méditerranée, et situé entre le Maroc à l'ouest, et la Tunisie à l'est.

GÉOGRAPHIE
Le relief est très varié : montagnes, plaines côtières, plaines semi-arides et désert. La population est surtout localisée dans le nord du pays. Une importante partie des revenus provient de l'exportation du gaz et du pétrole, mais le pays doit importer de la nourriture de l'étranger car la production de céréales et l'élevage sont trop faibles.

HISTOIRE
Le pays fut envahi au VIIe siècle par les Arabes et devint islamique. En 1826, la France colonisa l'Algérie. La guerre pour l'indépendance débuta en 1954 et celle-ci fut proclamée le 5 juillet 1962.

algérien, enne ➡ Voir tableau p. 6.

algue (nom féminin)
Plante aquatique. *En Bretagne, on ramasse des **algues** pour faire des engrais.*

alias (adverbe)
Autrement appelé. *Jeanne d'Arc, **alias** la Pucelle d'Orléans.* Prononciation [aljas].

alibi (nom masculin)
Preuve qu'une personne n'était pas présente au moment où un délit ou un crime a été commis. *Il a un **alibi** : à l'heure du vol, il déjeunait au restaurant.* **Alibi** est un mot latin, qui signifie « ailleurs ».

aliéné, ée (nom)
Synonyme vieilli de fou. *Un asile d'**aliénés**.*

Aliénor d'Aquitaine (née en 1122, morte en 1204)
Reine de France puis d'Angleterre. Elle épousa le roi de France Louis VII (1137), mais il annula le mariage (1152). Elle épousa ensuite le futur roi d'Angleterre Henri II. Le duché d'Aquitaine passa ainsi sous domination anglaise. Elle est la mère de Richard Ier Cœur de Lion.

alignement (nom masculin)
Fait d'être aligné. *Un immeuble de la rue dépasse de l'**alignement**.*

aligner (verbe) ▸ conjug. n° 3
Disposer en ligne droite. *La maîtresse demande aux élèves de **s'aligner** dans la cour en rangs par deux.*

aliment (nom masculin)
Produit qui sert à nourrir les êtres vivants. *On range les **aliments** dans le réfrigérateur.* Famille du mot : aliment**aire**, aliment**ation**, aliment**er**, **sous**-alimenta**tion**, **sous**-alimenté.

alimentaire (adjectif)
Qui concerne les aliments. *La boucherie et la boulangerie sont des commerces **alimentaires**.*

alimentation (nom féminin)
Manière de se nourrir. *Il faut manger de tout pour avoir une **alimentation** équilibrée.*

alimenter (verbe) ▸ conjug. n° 3
1. Donner des aliments. *Xavier **alimente** ses oiseaux avec des graines.* (Syn. nourrir.) 2. Fournir ce qui est nécessaire. *Cette source **alimente** en eau toute la région.*

s'aliter (verbe) ▸ conjug. n° 3
Se mettre au lit. *Yann a dû **s'aliter** à cause de la grippe.*

alizé (nom masculin)
Vent qui souffle régulièrement sur les océans, de l'est vers l'ouest.

Allah
Nom donné à Dieu par les musulmans. Allah signifie « le Dieu ».

allaitement (nom masculin)
Action d'allaiter.

allaiter (verbe) ▸ conjug. n° 3
Nourrir un petit de son lait ou donner le sein à un nourrisson. *Tous les mammifères **allaitent** leurs petits.*

alléchant, ante (adjectif)
Qui est appétissant. *Ce rôti a une odeur **alléchante**.*

allécher (verbe) ▸ conjug. n° 8
Attirer quelqu'un en lui faisant envie. *Les enfants **sont alléchés** par l'odeur du gâteau au chocolat.*

allée (nom féminin)
Chemin dans un parc, une forêt ou un jardin. *Suivez la grande **allée** qui mène au château.* ■ allées (nom féminin pluriel) • **Allées et venues :** déplacements de personnes qui vont et viennent.

allégé, ée (adjectif)
Qui contient moins de graisse ou de sucre qu'un aliment habituel. *Maman achète du fromage blanc **allégé**.*

allègement (nom masculin)
Action d'alléger. *Les ouvriers demandent un **allègement** de leur temps de travail.* (Syn. diminution, réduction.)

alléger (verbe) ▸ conjug. n° 8
Rendre plus léger. *Il faut **alléger** cette valise : on peut à peine la soulever.* (Contr. alourdir.) Famille du mot : allégé, allègement.

allégorie (nom féminin)
Façon de représenter une idée abstraite avec des objets concrets. *La colombe et le brin d'olivier sont des **allégories** de la paix.*

allègre (adjectif)
Qui est de bonne humeur, plein d'entrain. *La fanfare joue un air **allègre**.*

allégresse (nom féminin)
Joie très vive.

alléluia ! (interjection)
Mot qui exprime la joie, souvent récité dans les prières. *« **Alléluia ! Alléluia !** » chantent les choristes pendant la messe.* **Alléluia** vient de l'hébreu *hallelou Yah* qui signifie « louez l'Éternel ».

Allemagne

Union européenne

82 millions d'habitants
Capitale : Berlin
Monnaie : l'euro
Langue officielle : allemand
Superficie : 356 758 km²

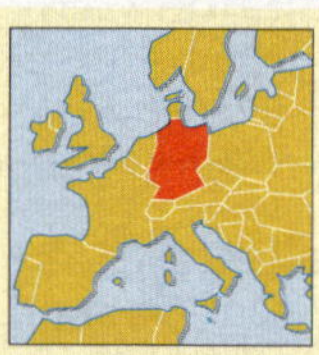

État fédéral d'Europe centrale, délimité au nord par la mer du Nord, la mer Baltique et le Danemark, à l'est par la Pologne, la République tchèque, au sud par l'Autriche, la Suisse et la France, à l'ouest par le Luxembourg, la Belgique et les Pays-Bas.

GÉOGRAPHIE
L'Allemagne du Nord est occupée par une grande plaine au climat océanique. Partout ailleurs règne un climat continental. Le centre est composé de vieux massifs et de bassins. Le Sud est constitué des premiers massifs des Alpes. Depuis 2008, l'Allemagne est la quatrième puissance économique du monde. L'agriculture est concentrée dans les bassins fertiles du centre. L'industrie est dominée par les industries de pointe (électronique, informatique), la chimie et l'automobile.

HISTOIRE
Le territoire aujourd'hui couvert par l'Allemagne fit partie du Saint Empire romain germanique de 962 à 1806, date à laquelle Napoléon Ier mit fin à cet empire. En 1871, l'Empire allemand, regroupant 29 États, fut créé. Après sa défaite lors de la Première Guerre mondiale, le traité de Versailles réduisit le territoire de l'Allemagne et lui enleva ses colonies. Hitler fut nommé chancelier en 1933. Il fonda le IIIe Reich et instaura le régime nazi. Le 1er septembre 1939, l'entrée des troupes allemandes en Pologne déclencha la Seconde Guerre mondiale. L'Allemagne fut vaincue et capitula le 8 mai 1945. En 1949, elle fut partagée en deux États : à l'ouest, la république fédérale d'Allemagne (RFA), avec Bonn pour capitale ; à l'est, la République démocratique allemande (RDA), avec Berlin-Est pour capitale. La construction du mur de Berlin, en 1961, stoppa les départs d'Allemands de l'Est vers la RFA. Le mur fut détruit en 1989 et l'Allemagne fut réunifiée un an plus tard. L'Allemagne est l'un des six pays fondateurs de l'Union européenne.

allemand, ande ➡ Voir tableau p. 6.

aller (verbe) ▸ conjug. n° 56
1. Se rendre quelque part. *Cet été, nous **allons** à la montagne.* **2.** Mener quelque part. *Cette petite route **va** au village.* (Syn. conduire.) **3.** Être sur le point de. *Il **va** pleuvoir, le ciel est tout noir.* **4.** Se porter, se sentir dans tel état. *Je **vais** très bien, merci !* **5.** Convenir à quelqu'un, lui être adapté. *Ce chapeau ne te **va** pas du tout !* **6.** S'en aller : partir. *Il est tard, je dois **m'en aller**.* **Aller** se conjugue avec l'auxiliaire *être*. Je *suis allé* à Paris.

aller (nom masculin)
1. Trajet effectué pour se rendre à un endroit. *Faire l'**aller** en train et le retour en avion.* **2.** Billet de train ou d'avion dans lequel le prix du retour n'est pas compris. *Je voudrais un **aller** pour Lyon, s'il vous plaît.* (Contr. retour.)

allergie (nom féminin)
Réaction anormale du corps. *Benjamin ne va plus sur la plage : il fait une **allergie** au soleil.*

allergique (adjectif)
1. Qui souffre d'allergie. *Odile est **allergique** aux poils de chat.* 2. Au sens figuré, qui n'aime pas du tout quelque chose. *Ce paresseux est **allergique** à tout effort !*

alliage (nom masculin)
Métal obtenu en fondant ensemble plusieurs métaux ou un métal et d'autres substances. *L'acier est un **alliage** à base de fer et de carbone.*

alliance (nom féminin)
1. Accord entre deux partis ou deux pays. 2. Anneau porté à l'annulaire de la main gauche par les gens mariés.

allié, ée (nom)
Groupe de personnes ayant conclu une alliance. *Nos **alliés** ont gagné la guerre.*

s'allier (verbe) ▸ conjug. n° 10
Conclure une alliance. *Ces deux pays **se sont alliés** pour lutter contre leur ennemi commun.* (Syn. s'unir.) Famille du mot : alliage, alliance, allié.

alligator (nom masculin)
Crocodile d'Amérique.

allô ! (interjection)
Mot que l'on dit au début d'une conversation téléphonique. ***Allô !** ne quittez pas !*
ORTHO On écrit aussi **allo**.

allocation (nom féminin)
Somme d'argent versée régulièrement. *Mon oncle a perdu son emploi : il touche une **allocation** de chômage.*

allocution (nom féminin)
Discours bref. *Le maire doit prononcer une **allocution** lors de la cérémonie.*

allongé, ée (adjectif)
Qui a une forme étendue en longueur. *Le ballon de rugby a une forme **allongée**.*

allongement (nom masculin)
Augmentation de la longueur ou de la durée. *Les progrès de la médecine ont permis un **allongement** de la vie.*

allonger (verbe) ▸ conjug. n° 5
1. Rendre plus long. *Ce détour **a allongé** notre voyage.* (Syn. rallonger. Contr. raccourcir.) 2. Étendre un membre. *Tu as une crampe : **allonge** ta jambe !* 3. S'allonger : se mettre en position horizontale. *Sarah **s'allonge** dans l'herbe pour observer les insectes.*

allouer (verbe) ▸ conjug. n° 3
Attribuer une somme d'argent. ***Allouer** des crédits pour la construction d'un stade.*

allumage (nom masculin)
Système électrique qui permet de faire exploser le combustible dans les moteurs à explosion.

allumer (verbe) ▸ conjug. n° 3
1. Mettre le feu à quelque chose. ***Allumer** des bûches dans la cheminée.* 2. Faire fonctionner une lumière, un appareil électrique. ***Allume** la lampe s'il ne fait*

un **alligator**

a b c d e f g h i j k l m n o p q r s t u v w x y z

pas assez clair. ***Allume*** *la télévision.* (Contr. éteindre.) Famille du mot : allumage, allumette, rallumer.

allumette (nom féminin)
Bâtonnet en bois dont une extrémité prend feu lorsqu'on la frotte. *Une boîte d'****allumettes****.*

allure (nom féminin)
1. Vitesse à laquelle on se déplace. *La voiture de sport roule à toute* ***allure****.* 2. Aspect, apparence. *Ursula a une drôle d'****allure*** *avec cette nouvelle coiffure.*

allusion (nom féminin)
Façon de parler d'une personne ou d'une chose d'une manière vague, sans donner de précisions. *Il a fait de nombreuses* ***allusions*** *à son passé.*

alluvions (nom féminin pluriel)
Dépôts de terre apportés par un fleuve ou une rivière.

almanach (nom masculin)
Calendrier, souvent illustré, qui contient des informations telles que des prévisions météo, des conseils pratiques, etc. *Le facteur vend des* ***almanachs*** *à la fin de l'année.* Prononciation [almana]. **Almanach** est un mot qui vient de l'arabe.

aloès (nom masculin)
Plante des pays chauds qu'on utilise en médecine et dans la fabrication des produits de beauté.

alors (adverbe)
1. À ce moment-là. *Il était* ***alors*** *pompier.* 2. Dans ce cas, dans ces conditions. *Tu as fini tes devoirs ?* ***Alors****, tu peux aller jouer.* ■ alors que (conjonction) 1. Bien que, tandis que. *Il va à la plage* ***alors qu'****il pleut !* 2. Pendant que. *Le téléphone a sonné* ***alors que*** *j'étais sous la douche.*

alouette (nom féminin)
Petit oiseau au plumage brun, qui vit surtout dans les champs.

alourdir (verbe) ▸ conjug. n° 11
Rendre plus lourd. *Ces grosses chaussures vont* ***alourdir*** *la valise.* (Contr. alléger.)

alpage (nom masculin)
Pâturage situé en haute montagne.

Alpes
Principale chaîne de montagnes d'Europe. Les Alpes s'étendent de la Méditerranée jusqu'à Vienne en Autriche. Elles forment un arc de cercle d'environ 1 500 km de long et 200 km dans sa plus grande largeur. Le point culminant est le mont Blanc (4 808 mètres). De nombreux fleuves et rivières prennent leur source dans les Alpes (Rhin, Rhône, Pô). On y a créé de nombreuses stations de sports d'hiver. ➡ Voir carte p. 1372.

alpestre (adjectif)
Des Alpes. *Le chamois est un animal de la faune* ***alpestre****.*

alphabet (nom masculin)
Ensemble des lettres d'une langue, classées dans un ordre déterminé. *Récite l'****alphabet*** *de A à Z.* Famille du mot : alphabétique, alphabétisation, alphabétiser. Ce mot est formé sur *alpha* et *bêta*, les deux premières lettres de l'alphabet grec.

alphabétique (adjectif)
Qui est dans l'ordre de l'alphabet, de A à Z. *Dans un dictionnaire, les mots sont rangés par ordre* ***alphabétique****.*

alphabétisation (nom féminin)
Action d'alphabétiser. *Une campagne d'****alphabétisation****.*

alphabétiser (verbe) ▸ conjug. n° 3
Apprendre à lire et à écrire à quelqu'un qui n'est pas allé à l'école.

une **alouette**

alphanumérique (adjectif)
Qui comporte à la fois des lettres et des chiffres. *Un clavier **alphanumérique**.*

alpin, ine (adjectif)
Qui concerne les Alpes. *Il y a de la neige sur les massifs **alpins**.*

un paysage **alpin** (Méribel, en Savoie)

alpinisme (nom masculin)
Sport qui consiste à faire des ascensions en montagne. **Alpinisme** vient du nom des *Alpes*, premier endroit où l'on a pratiqué ce sport.

alpiniste (nom)
Personne qui fait de l'alpinisme.

Alsace
Ancienne Région administrative française, intégrée en 2016 à la Région Alsace-Champagne-Ardenne-Lorraine. L'Alsace comprend les départements du Bas-Rhin et du Haut-Rhin. Sa ville principale, Strasbourg, est le siège du Parlement européen, du Conseil de l'Europe et de la Cour européenne des droits de l'homme. L'Alsace est une région prospère grâce à ses vignobles, à l'élevage laitier, à la sylviculture des Vosges et une industrie variée. Elle a été rattachée soit à l'Allemagne, soit à la France, plusieurs fois au cours de l'Histoire. Elle est définitivement française depuis 1944. ➡ Voir cartes pp. 1372 et 1373.

alsacien, enne ➡ Voir tableau p. 6.

altération (nom féminin)
Fait de s'altérer, de s'abîmer. *La rouille est une **altération** du fer.*

altercation (nom féminin)
Dispute violente. *Après l'accident, il y a eu une **altercation** entre les deux automobilistes.*

altérer (verbe) ▸ conjug. n° 8
1. Abîmer ou détériorer quelque chose. *Les fruits **se sont** vite **altérés** à cause de la forte chaleur.* **2.** Donner soif. *Cette marche sous le soleil nous **a altérés**.* Famille du mot : altér**ation**, **dés**altérer, **in**altér**able**.

alternance (nom féminin)
Fait d'alterner. *Ces deux films passent en **alternance** dans la même salle, l'un l'après-midi, l'autre le soir.*

alternateur (nom masculin)
Machine qui produit des courants électriques alternatifs. *L'**alternateur** se recharge quand le moteur tourne.*

alternatif, ive (adjectif)
Qui va dans un sens puis dans l'autre, avec régularité. *Le balancier d'une pendule a un mouvement **alternatif**.* • **Courant alternatif :** courant qui n'est pas continu, qui change de sens.

alternative (nom féminin)
Choix que l'on doit faire entre deux solutions. *Dire ce qu'on pense ou se taire : il n'y a pas d'autre **alternative**.*

alternativement (adverbe)
Chacun son tour. *Chacun des élèves est **alternativement** chargé de distribuer les cahiers.*

alterner (verbe) ▸ conjug. n° 3
Se succéder régulièrement. *Les quatre saisons **alternent** tout au long de l'année.* Famille du mot : altern**ance**, altern**atif**, altern**ative**, altern**ativement**.

altesse (nom féminin)
Titre donné aux princesses et aux princes.

altier, ère (adjectif)
Synonyme littéraire de hautain.

a
b
c
d
e
f
g
h
i
j
k
l
m
n
o
p
q
r
s
t
u
v
w
x
y
z

altimètre (nom masculin)
Appareil qui indique l'altitude d'un lieu.

altitude (nom féminin)
Hauteur d'un lieu au-dessus du niveau de la mer. *L'avion vole en **altitude**.*

alto (nom masculin)
Instrument de musique à cordes, un peu plus gros que le violon.

altruisme (nom masculin)
Caractère d'une personne qui aime aider les autres. *Clément fait preuve d'**altruisme** en participant à une action humanitaire.* (Contr. égoïsme.)

altruiste (adjectif et nom)
Qui fait preuve d'altruisme. *Un comportement **altruiste**.* (Contr. égoïste.)

aluminium (nom masculin)
Métal très léger fabriqué à partir de la bauxite. *Jean met son sandwich dans du papier d'**aluminium**.* Prononciation [alyminjɔm].

alunir (verbe) ▸ conjug. n° 11
Se poser sur la Lune. *Le vaisseau spatial **a aluni** dans la mer de la Tranquillité.*

alunissage (nom masculin)
Action d'alunir. *Le premier **alunissage** a eu lieu le 21 juillet 1969.*

alvéole (nom féminin)
1. Petite cavité construite par les abeilles à l'intérieur d'une ruche. *Le miel est recueilli dans les **alvéoles**.* 2. Minuscule cavité située dans les poumons, permettant les échanges de gaz entre l'air et le sang. Autrefois, on disait *un* alvéole.

amabilité (nom féminin)
Caractère d'une personne aimable. *Ayez l'**amabilité** de frapper avant d'entrer !* (Syn. courtoisie, gentillesse.)

amadouer (verbe) ▸ conjug. n° 3
Flatter pour obtenir quelque chose. *Il **amadoue** son cheval en le caressant.*

amaigrir (verbe) ▸ conjug. n° 11
Rendre maigre ou plus maigre qu'avant. *Il est sorti **amaigri** de l'hôpital.*

amaigrissant, ante (adjectif)
Qui fait maigrir. *Un régime **amaigrissant**, sans sucre et sans graisse.*

amaigrissement (nom masculin)
Fait d'être amaigri. *Son **amaigrissement** est le signe d'un problème de santé.*

amalgame (nom masculin)
Mélange d'éléments qui ne vont pas bien ensemble. *Son dessin est un affreux **amalgame** de couleurs.* • **Faire l'amalgame :** confondre.

amande (nom féminin)
Fruit à coque dure de l'amandier. *Une tarte aux **amandes**.* • **En amande :** de forme allongée. *Des yeux **en amande**.*

amandier (nom masculin)
Arbre dont le fruit est l'amande.

fleurs, fruits et feuilles de l'**amandier**

amanite (nom féminin)
Champignon dont certaines espèces sont comestibles et d'autres mortelles. ➡ p. 217.

amant (nom masculin)
Homme avec lequel une femme a des relations sexuelles en dehors du mariage.

des **alvéoles** dans un nid de guêpes

amarre (nom féminin)
Cordage servant à attacher ou à retenir un bateau. *Les marins larguent les **amarres** avant le départ du navire.*

amarrer (verbe) ▸ conjug. n° 3
Attacher par des amarres. *Les bateaux **sont amarrés** dans le port.*

amas (nom masculin)
Accumulation de choses. *Après l'accident, la voiture n'était plus qu'un **amas** de ferraille.* (Syn. amoncellement, tas.)

amasser (verbe) ▸ conjug. n° 3
Faire un amas. *Zoé **a amassé** des dizaines de timbres depuis qu'elle a commencé sa collection.* (Syn. accumuler.)

amateur, trice (nom)
1. Personne qui exerce une activité sans être professionnel. *Le club des photographes **amateurs** de ma ville organise régulièrement des expositions.* 2. Personne qui a du goût pour quelque chose. *Aïcha est une **amatrice** de thé.*

amazone (nom féminin)
• **Monter en amazone :** monter à cheval avec les deux jambes du même côté. Les **Amazones** étaient une tribu de femmes guerrières, dans la mythologie grecque.

Amazone
Fleuve d'Amérique du Sud (6 280 km). Son débit est le plus puissant du monde. L'Amazone naît dans les Andes du Pérou et traverse le Brésil où il se jette dans l'Atlantique par un vaste estuaire.

Amazonie
Grande région d'Amérique du Sud (4 500 000 km^2), située sous l'équateur, entre le Guyana, la Guyane française, le plateau du Brésil et les Andes. L'Amazonie est traversée par le fleuve Amazone et ses affluents. Son climat est chaud et humide et elle abrite une forêt dense et inhospitalière, la forêt amazonienne. Celle-ci est menacée par le déboisement et la construction de routes comme la Transamazonienne (5 000 km).

ambassade (nom féminin)
Résidence de l'ambassadeur et de ses services.

ambassadeur, drice (nom)
Représentant d'un État dans un pays étranger. *L'**ambassadrice** des États-Unis en France.*

ambiance (nom féminin)
1. Atmosphère qui règne dans un lieu, une fête, un groupe. *Ibrahim adore l'**ambiance** des fêtes foraines.* 2. Atmosphère gaie et animée. *Kevin n'a pas son pareil pour mettre de l'**ambiance**.*

ambiant, ante (adjectif)
Relatif au milieu qui nous entoure. *Ne mets pas ce fromage dans le réfrigérateur : il doit être dégusté à température **ambiante**.*

une scierie sur les rives de l'**Amazone**

a b c d e f g h i j k l m n o p q r s t u v w x y z

ambidextre (adjectif)
Qui est à la fois droitier et gaucher. *Un joueur de tennis **ambidextre**.* **Ambidextre** contient des mots latins qui signifient « deux mains droites » : une personne ambidextre est aussi habile que si elle avait deux mains droites.

ambigu, uë (adjectif)
Que l'on peut comprendre de plusieurs façons. *À l'oral, les phrases « la personne qui l'a ramené » et « la personne qu'il a ramenée » sont **ambiguës**.* (Contr. clair.)
ORTHO On écrit aussi au féminin **ambigüe**.

ambiguïté (nom féminin)
Chose ambiguë. *Sa réponse à mes questions est pleine d'**ambiguïtés**.*
ORTHO On écrit aussi **ambigüité**.

ambitieux, euse (adjectif et nom)
Qui a de l'ambition. *Anna est une **ambitieuse**. Son projet est trop **ambitieux** : on ne pourra pas le réaliser.* (Syn. présomptueux.) Prononciation [ɑ̃bisjø].

ambition (nom féminin)
1. Désir très fort. *Pierre aime peindre et il a l'**ambition** d'exposer ses toiles.* 2. Volonté de réussir dans la vie. *Il n'hésiterait devant rien pour satisfaire son **ambition** de devenir chef.*

ambre (nom masculin)
• **Ambre gris :** substance provenant des cachalots, utilisée pour faire des parfums. • **Ambre jaune :** résine fossile dure et translucide, servant à faire des bijoux.

ambré, ée (adjectif)
1. Qui a la couleur de l'ambre jaune. *Le sucre prend une teinte **ambrée** à la cuisson.* 2. Qui contient de l'ambre gris. *Un parfum **ambré**.*

ambulance (nom féminin)
Véhicule aménagé pour transporter les blessés et les malades. *L'**ambulance** fait retentir sa sirène pour demander le passage.*

ambulancier, ère (nom)
Personne qui conduit une ambulance.

ambulant, ante (adjectif)
Qui se déplace d'un endroit à un autre pour proposer des services. *La bibliothèque **ambulante** passe une fois par semaine dans notre village.*

âme (nom féminin)
Partie de l'être humain, distincte du corps, qui lui permettrait de penser et d'éprouver des sentiments. *Certaines religions considèrent que l'**âme** est immortelle.* • **Corps et âme :** entièrement, complètement. • **Rendre l'âme :** mourir.

amélioration (nom féminin)
Fait de s'améliorer. *Ses résultats sont en nette **amélioration** : elle pourra passer dans la classe supérieure.* (Contr. aggravation.)

améliorer (verbe) ▸ conjug. n° 3
Rendre meilleur. *On peut **améliorer** cette purée en y ajoutant de la crème.*

amen (interjection)
Mot que l'on dit à la fin d'une prière juive ou chrétienne, et qui veut dire « ainsi soit-il ». • **Dire amen :** être d'accord. Prononciation [amɛn].

aménagement (nom masculin)
Action d'aménager un lieu. *La maison nécessite encore quelques **aménagements** avant d'être habitable.*

aménager (verbe) ▸ conjug. n° 5
Organiser un lieu pour le rendre utilisable. *Ils **ont aménagé** leur grenier pour en faire une chambre.*

amende (nom féminin)
Somme à payer si l'on n'obéit pas à la loi. *On risque une **amende** si l'on n'attache pas sa ceinture de sécurité.* (Syn. contravention.) • **Faire amende honorable :** reconnaître ses torts.

amener (verbe) ▸ conjug. n° 8
1. Conduire quelqu'un quelque part. *Je l'**ai amené** chez le médecin avant que son rhume se transforme en bronchite.* 2. Être la cause de quelque chose. *Ses mauvaises fréquentations vont lui **amener** des ennuis.* (Syn. causer, occasionner.) 3. Obliger à faire quelque chose. *Si tu continues, je **serai amené** à te punir.*

Aménophis IV Akhenaton (vers 1372-1354 avant Jésus-Christ)
Neuvième pharaon de la XVIIIe dynastie, époux de la reine Néfertiti. Akhenaton signifie « le serviteur d'Aton ». Ce pharaon fit adopter une religion fondée sur le culte d'un seul dieu, Aton.
ORTHO On dit aussi **Akhenaton**.

s'amenuiser (verbe) ▸ conjug. n° 3
Devenir plus faible ou plus petit. *À mesure que tu t'éloignes, le bruit de tes pas **s'amenuise**.*

amer, ère (adjectif)
1. Qui a un goût âpre et désagréable. *Ces prunes sont **amères** : elles ne sont pas mûres.* (Contr. doux.) 2. Au sens figuré, se dit de ce qui est pénible, douloureux. *Un chagrin **amer**.* Famille du mot : amère**ment**, amer**tume**.

amèrement (adverbe)
De manière amère, pénible. *Il fait si froid qu'il regrette **amèrement** d'être sorti.*

américain, aine ➡ Voir tableau p. 6.

américaniser (verbe) ▸ conjug. n° 3
Donner une allure américaine. *Le développement des fast-foods **a américanisé** notre alimentation.*

amérindien (adjectif et nom)
Se dit des peuples qui vivaient en Amérique avant l'arrivée des Européens. *Les tribus **amérindiennes** ont été chassées de leurs territoires par les conquérants.*

Amérindiens
Populations qui peuplaient l'Amérique avant l'arrivée des Européens (excepté les Inuits). Ils ont aussi été appelés Indiens, Sauvages et Peaux-Rouges. Christophe Colomb avait pris l'Amérique pour les Indes et avait appelé « Indiens » ses habitants. Pour ne pas confondre avec le nom des habitants de l'Inde, on emploie maintenant le mot « Amérindiens ».

Amérique
Deuxième continent par la superficie (42 millions de km^2 ; 920 millions d'habitants). L'Amérique s'étend sur 15 000 km, de l'océan Arctique aux mers australes. Elle est bordée à l'ouest par l'océan Pacifique et à l'est par l'océan Atlantique. L'Amérique du Nord et l'Amérique du Sud sont reliées par une bande de terre : l'Amérique centrale.

GÉOGRAPHIE
À l'ouest se trouvent de grandes chaînes de montagnes, le massif des Rocheuses et la cordillère des Andes, et à l'est, de vastes plateaux. Le continent est traversé par des grands fleuves comme le Mississippi, l'Amazone et le Paraná. Le climat est froid dans le Grand Nord, tempéré aux États-Unis et dans le sud de l'Amérique latine, et tropical du Mexique au Brésil. On distingue une Amérique anglo-saxonne au Canada et aux États-Unis, et une Amérique latine où les Espagnols et les Portugais furent les plus nombreux. L'Amérique anglo-saxonne est la plus puissante au niveau économique.

HISTOIRE
Après la découverte de l'Amérique par Christophe Colomb en 1492, les Européens partirent à la conquête de ce vaste continent. Les Espagnols créèrent un empire en Amérique centrale et dans les Andes. En 1494, l'Amérique centrale fut partagée entre les Portugais et les Espagnols. Les Anglais colonisèrent le nord du continent aux XVIe et XVIIe siècles et les Français, le Canada. En 1776, les États-Unis déclarèrent leur indépendance. En 1825, tous les États d'Amérique étaient devenus indépendants, à l'exception du Canada (en 1931).

Amérique centrale
Partie centrale et la plus étroite du continent américain. Elle comprend le Guatemala, le Belize, le Salvador, le Honduras, le Nicaragua, le Costa Rica et Panamá. On lui rattache les Antilles.

Amérique du Nord
Partie nord du continent américain. Elle est constituée du Canada, des États-Unis et du Mexique.

Amérique du Sud
Partie sud du continent américain. Elle se compose au nord du Venezuela, de la Colombie, de l'Équateur, du Guyana, du Suriname et de la Guyane française ; au centre, du Pérou, de la Bolivie et du Brésil ; au sud, du Chili, du Paraguay, de l'Uruguay et de l'Argentine.

a b c d e f g h i j k l m n o p q r s t u v w x y z

amerrir (verbe) ▸ conjug. n° 11
Se poser sur l'eau. *L'hydravion **a amerri** au milieu du lac.*

amertume (nom féminin)
1. Sentiment de découragement et de forte déception. *Son échec nous a remplis d'**amertume**.* **2.** Goût amer. *L'**amertume** du pamplemousse.*

améthyste (nom féminin)
Pierre précieuse violette. *La pierre de cette bague est une **améthyste**.*

ameublement (nom masculin)
Ensemble de meubles utilisés pour l'aménagement d'une pièce ou d'une maison. (Syn. mobilier.)

ameuter (verbe) ▸ conjug. n° 3
Rassembler des personnes en poussant des hurlements. *Arrête de crier, tu vas **ameuter** tout le voisinage !*

ami, ie (nom)
Personne à laquelle on est lié par l'affection et la sympathie. *On doit toujours pouvoir compter sur ses **amis**.* (Syn. camarade, copain. Contr. ennemi.) Famille du mot : ami**cal**, ami**calement**, ami**tié**, **in**ami**cal**.

à l'**amiable** (adverbe)
En conciliant directement deux intérêts opposés. *Quentin et Élodie se sont entendus **à l'amiable**.*

amiante (nom masculin)
Matière minérale fibreuse qui résiste à l'action du feu. *La poussière d'**amiante** provoque de graves maladies.*

amical, ale, aux (adjectif)
Qui relève de l'amitié. *En partant, Romain m'a fait un salut **amical**.* (Contr. hostile, inamical.)

amicalement (adverbe)
De manière amicale. *Ils m'ont **amicalement** proposé de me raccompagner.*

amidon (nom masculin)
Substance végétale utilisée pour fabriquer la colle. *Le riz, les pommes de terre, les haricots contiennent de l'**amidon**.*

Amiens
Chef-lieu du département de la Somme, situé sur les bords de la Somme (137 000 habitants). La cathédrale du XIIIe siècle est la plus vaste de France.

amincir (verbe) ▸ conjug. n° 11
Rendre plus mince. *Fatima **s'est amincie** depuis qu'elle a repris le sport.*

amincissant, ante (adjectif)
Qui amincit. *Cette crème **amincissante** est-elle efficace ?*

amiral, aux (nom masculin)
Officier du grade le plus haut, dans la marine militaire. **Amiral** vient d'un nom arabe qui veut dire « chef », et que l'on retrouve dans *émir*.

amitié (nom féminin)
Sentiment qui existe entre deux personnes amies. *Leur **amitié** date de l'école primaire.* (Syn. affection. Contr. hostilité.)
■ **amitiés** (nom féminin pluriel) Témoignage d'amitié. *La prochaine fois que tu vois Thomas, adresse-lui mes **amitiés**.*

ammoniac (nom masculin)
Gaz incolore qui a une odeur très forte et très désagréable. *L'**ammoniac** est utilisé pour fabriquer des engrais.*

ammonite (nom féminin)
Mollusque marin de l'ère secondaire à la coquille en forme de spirale. *On trouve des fossiles d'**ammonites** dans les terrains calcaires.*

amnésie (nom féminin)
Perte de la mémoire. *Victor a souffert d'**amnésie** après son accident : il ne reconnaissait même plus ses parents.*

amnésique (adjectif et nom)
Qui souffre d'amnésie. *Cet **amnésique** a même oublié son nom.*

Amnesty International
Organisation humanitaire internationale fondée en mai 1961, qui lutte pour protéger les droits humains. Amnesty International a reçu le prix Nobel de la paix en 1977.

amnistie (nom féminin)
Annulation de certaines amendes et de certaines condamnations. *Le nouveau président de la République a décrété l'**amnistie** des contraventions.*

amocher (verbe) ▸ conjug. n° 3
Synonyme familier d'abîmer ou de blesser.

amoindrir (verbe) ▸ conjug. n° 11
Rendre moins grand ou moins fort. *Sa longue maladie l'**a amoindri**.*

s'amollir (verbe) ▸ conjug. n° 11
Synonyme de ramollir. *Laisse le sorbet **s'amollir** avant de le manger.*

Amon
Dieu de l'Égypte ancienne, souvent représenté sous la forme d'un bélier ou d'une oie. Les prêtres égyptiens l'identifièrent au dieu du Soleil Rê et l'appelèrent « Amon-Rê », et les Grecs l'identifièrent à Zeus.
ORTHO On écrit aussi **Ammon**.

une statue du dieu **Amon** (musée de Louxor)

amonceler (verbe) ▸ conjug. n° 9
Synonyme d'entasser. **Amonceler** peut aussi se conjuguer comme peler (n° 8).

amoncellement (nom masculin)
Ensemble d'objets amoncelés. (Syn. amas, entassement, tas.)
ORTHO On écrit aussi **amoncèlement**.

un **amoncellement** de pneus

amont (nom masculin)
Partie d'un cours d'eau la plus proche de la source. *Sur la Garonne, Toulouse est en **amont** de Bordeaux.* (Contr. aval.)

amorce (nom féminin)
1. Appât que l'on jette dans l'eau pour attirer le poisson. **2.** Dispositif destiné à déclencher une explosion. *La poudre explosera quand on aura enflammé l'**amorce**.* **3.** Petite charge de poudre enveloppée de papier. *Un pistolet à **amorces**.* **4.** Au sens figuré, début de quelque chose. *Ces quelques idées sont l'**amorce** d'un grand projet.* (Syn. ébauche.)
Famille du mot : amorc**er**, **dés**amorcer.

amorcer (verbe) ▸ conjug. n° 4
1. Jeter de l'amorce dans l'eau pour appâter le poisson. *Il **amorce** avec du pain à l'endroit où il va pêcher.* **2.** Garnir une charge d'explosif d'une amorce. (Contr. désamorcer.) **3.** Commencer à faire quelque chose. *Le peloton **a amorcé** l'ascension du col.*

a b c d e f g h i j k l m n o p q r s t u v w x y z

amorphe (adjectif)
Qui est mou et sans énergie. *Les médicaments qu'il prend pour dormir le rendent complètement **amorphe**.* (Contr. actif, énergique, vif.)

amortir (verbe) ▸ conjug. n° 11
Atténuer la violence ou l'intensité de quelque chose. *La moquette **amortit** les bruits de pas.* (Contr. amplifier.)

amortisseur (nom masculin)
Pièce mécanique qui sert à amortir les secousses dans un véhicule. ➡ p. 103.

amour (nom masculin)
1. Sentiment très fort d'affection et d'attirance sexuelle que l'on éprouve pour quelqu'un. *C'est le grand **amour** : ils vont se marier.* **2.** Sentiment profond d'affection entre des personnes. *L'**amour** maternel, l'**amour** filial. L'**amour** du prochain.* **3.** Intérêt très vif pour une chose, une activité. *Il est devenu garde forestier par **amour** de la nature.* • **Faire l'amour :** avoir des relations sexuelles avec quelqu'un.

amourette (nom féminin)
Petite histoire d'amour peu durable. *Gaëlle n'est pas malheureuse d'avoir rompu avec William, ce n'était qu'une **amourette** de vacances.* (Syn. flirt.)

amoureux, euse (adjectif et nom)
Qui éprouve de l'amour pour quelqu'un ou quelque chose. *Xavier est **amoureux** d'Hélène. Les alpinistes sont des **amoureux** de la montagne.*

amour-propre (nom masculin)
Sentiment très vif que l'on a de sa valeur personnelle. *Son **amour-propre** l'a poussé à ne pas abandonner la course devant ses camarades.* (Syn. fierté.)

amovible (adjectif)
Qui peut être démonté ou enlevé. *La batterie de mon ordinateur portable est **amovible**.* (Contr. inamovible.)

Ampère André-Marie (né en 1775, mort en 1836)
Physicien et mathématicien français. Il étudia l'action des courants électriques sur les aimants. Il a laissé son nom à l'unité de courant électrique, l'ampère.

amphibie (adjectif)
1. Qui peut vivre dans l'air et dans l'eau. *Les tortues de mer sont des animaux **amphibies**.* **2.** Qui peut fonctionner sur terre et dans l'eau. *L'armée utilise des véhicules **amphibies**.*

amphibien (nom masculin)
Animal amphibie. *Les crapauds et les grenouilles sont des **amphibiens**.*

amphithéâtre (nom masculin)
1. Dans l'Antiquité, théâtre circulaire avec des gradins. **2.** Salle circulaire garnie de gradins. *À l'université, certains cours ont lieu dans l'**amphithéâtre**.*
En grec, *amphi* signifie « des deux côtés » : les spectateurs étaient assis des deux côtés du spectacle.

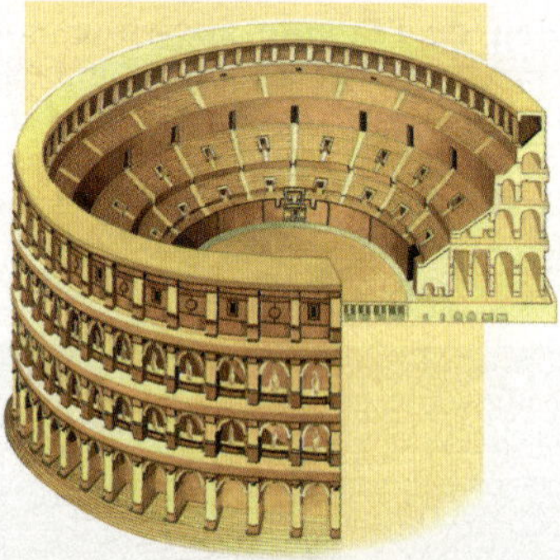

une maquette reconstituant un **amphithéâtre** romain

amphore (nom féminin)
Vase à deux anses, en terre cuite, utilisé dans l'Antiquité. *Les **amphores** servaient à transporter des graines ou des liquides.*

ample (adjectif)
Qui est large, peu serré. *Pour faire du sport, il vaut mieux porter des vêtements **amples**.* (Contr. ajusté, étriqué, étroit.)
Famille du mot : ample**ment**, ample**ur**, ampl**ificateur**, ampl**ifier**.

amplement (adverbe)
De façon ample, plus que suffisante. *Je n'ai plus faim, tu m'avais **amplement** servi.* (Syn. largement.)

ampleur (nom féminin)
1. Caractère ample. *Cette jupe manque d'**ampleur**.* **2.** Degré d'importance. *Il*

*faut maintenant mesurer l'**ampleur** des dégâts.*

amplificateur (nom masculin)
Appareil qui amplifie le son. *Sur une chaîne haute-fidélité, on règle le son sur l'**amplificateur**.* Ce mot est souvent abrégé *ampli*.

amplifier (verbe) ▸ conjug. n° 10
Rendre plus puissant, plus fort. *Le carrelage au sol **amplifie** les bruits de pas.* (Contr. amortir, atténuer.)

amplitude (nom féminin)
Écart entre deux valeurs extrêmes. *La différence entre les températures minimale et maximale d'une journée est l'**amplitude** journalière.*

ampoule (nom féminin)
1. Enveloppe de verre qui sert à l'éclairage électrique. *L'**ampoule** de la lampe ne fonctionne plus. Une **ampoule** basse consommation.* **2.** Petit tube de verre qui contient un médicament. *Le médecin m'a prescrit des **ampoules** de vitamines.* **3.** Cloque provoquée par un frottement ou une brûlure. *Une **ampoule** au talon me gêne pour marcher.*

une scène de récolte des olives sur une **amphore** grecque (VIe siècle avant Jésus-Christ)

amputation (nom féminin)
Opération chirurgicale consistant à couper un membre ou une partie d'un membre.

amputer (verbe) ▸ conjug. n° 3
Faire subir une amputation. *Après son accident, il a fallu l'**amputer** d'un doigt.*

Amsterdam
Capitale des Pays-Bas (1 092 000 habitants) située à l'ouest du pays. Amsterdam est traversée par une multitude de canaux ; son port est d'ailleurs relié à la mer du Nord par un canal. Elle est un centre industriel, touristique et d'affaires. On y pratique notamment la taille de diamants. Ses musées sont réputés pour leurs œuvres de peintres hollandais célèbres (Rembrandt, Van Gogh).

amulette (nom féminin)
Petit objet que l'on porte sur soi comme porte-bonheur.

amusant, ante (adjectif)
Qui amuse. *Mon petit frère trouve **amusant** de marcher dans les flaques d'eau.* (Syn. plaisant.)

amuse-gueule (nom masculin)
Petit hors-d'œuvre servi à l'apéritif. Pluriel : des amuse-gueule**s**.

amusement (nom masculin)
Activité qui amuse. *Son plus grand **amusement** est de cacher les jouets de son frère pour le faire enrager.*

amuser (verbe) ▸ conjug. n° 3
1. Faire rire ou distraire quelqu'un. *Benjamin nous **amusera** toujours avec ses imitations.* (Syn. divertir, égayer.) **2.** S'amuser : se distraire, jouer. *Il **s'amuse** à faire des ricochets dans l'eau.* Famille du mot : amus**ant**, amuse-gueule, amuse**ment**.

amygdale (nom féminin)
Chacune des deux glandes situées de part et d'autre de la gorge. *Yann s'est fait opérer des **amygdales**.* Prononciation [amidal]. **Amygdale** vient d'un mot grec signifiant « amande », à cause de la forme de ces glandes.

a b c d e f g h i j k l m n o p q r s t u v w x y z

an (nom masculin)
Durée de douze mois. *Il a vécu trois **ans** en Angleterre. Gaëlle a 8 **ans**.* • **Le jour de l'an** ou **le premier de l'an :** le premier jour de l'année, le 1er janvier.

anachronique (adjectif)
Qui ne correspond pas à l'époque dont il est question. *Ses habits sont complètement **anachroniques**.* (Syn. démodé, désuet.) Prononciation [anakʀɔnik].

anachronisme (nom masculin)
Ce qui est anachronique. *Sur cette image, Vercingétorix porte une montre au poignet : c'est un **anachronisme**.* Prononciation [anakʀɔnism].

anaconda (nom masculin)
Grand serpent d'Amérique du Sud. *L'**anaconda** vit dans les marais ou dans les fleuves.*

anagramme (nom féminin)
Mot formé en changeant l'ordre des lettres d'un autre mot. *« Chien » est une **anagramme** de « niche ».*

analogie (nom féminin)
Point commun entre des choses. *Il y a des **analogies** entre le crapaud et la grenouille.* (Syn. ressemblance.)

analogue (adjectif)
Qui présente une analogie. *Ces deux boîtes ont un usage **analogue** : ce sont des boîtes à thé.* (Syn. semblable.)

analphabète (adjectif et nom)
Qui ne sait ni lire ni écrire. *La mairie organise des cours de lecture pour les adultes **analphabètes**.* **Analphabète** vient de deux mots grecs qui signifient « sans alphabet ».

analphabétisme (nom masculin)
Fait d'être analphabète. *L'école permet de lutter contre l'**analphabétisme**.*

analyse (nom féminin)
Recherche des éléments qui constituent une chose. *On lui a fait une **analyse** de sang pour vérifier son taux de cholestérol.*

analyser (verbe) ▸ conjug. n° 3
Faire l'analyse de quelque chose. *On a **analysé** minutieusement les restes de l'avion, après l'accident. **Analyser** un mot dans une phrase.*

ananas (nom masculin)
Fruit exotique à la pulpe jaune et à l'écorce épaisse.

anarchie (nom féminin)
Grand désordre causé par l'absence d'autorité. *Quelle **anarchie** au carrefour : le feu tricolore est en panne !* Famille du mot : anarch**ique**, anarch**iste**.

anarchique (adjectif)
Qui relève de l'anarchie. *Les agents de police luttent contre le stationnement **anarchique**.*

anarchiste (nom)
Partisan de l'anarchie.

anatomie (nom féminin)
Science qui étudie comment est constitué le corps des êtres vivants. *Si on connaît bien l'**anatomie** du corps humain, on comprend comment il fonctionne.*

anatomique (adjectif)
De l'anatomie. *Cette planche **anatomique** permet de comprendre la digestion.*

ancestral, ale, aux (adjectif)
Qui date du temps de nos ancêtres. *Cette demeure appartient à la même famille depuis des temps **ancestraux**.*

ancêtre (nom masculin)
Personne dont on descend, plus éloignée que les grands-parents. *C'est un de mes **ancêtres** qui a construit cette vieille maison.* ■ **ancêtres** (nom masculin pluriel) Personnes qui ont vécu dans les siècles passés. *Nos **ancêtres** les Gaulois.*

anche (nom féminin)
Languette placée dans le bec de certains instruments de musique à vent et qui produit les sons. *L'**anche** de la clarinette, du saxophone.*

anchois (nom masculin)
Petit poisson que l'on conserve souvent dans le sel, l'huile ou le vinaigre. *Une pizza aux **anchois**.*

un **anchois**

ancien, enne (adjectif)
1. Qui existe depuis longtemps. *Cette tour est très **ancienne**, elle date du XVIIe siècle.* (Contr. moderne, nouveau.) 2. Qui a cessé d'être ce qu'il était. *C'est un **ancien** pilote d'avions.* ■ **ancien, enne** (nom) Personne qui exerce une activité depuis longtemps. *Madeleine est une **ancienne** dans l'entreprise.* (Contr. nouveau.) Famille du mot : ancienne**ment**, ancienne**té**.

Ancien Régime (l')
Période qui s'étend de la fin du Moyen Âge jusqu'à la révolution de 1789, avec une monarchie absolue qui gouvernait la France et une division de la société en trois ordres : le clergé, la noblesse et le tiers état.

Ancien Testament
➡ Voir **bible**.

anciennement (adverbe)
Dans le passé. *Leur demeure était **anciennement** un moulin* (Syn. autrefois.)

ancienneté (nom féminin)
1. Caractère de ce qui est ancien. *L'**ancienneté** de ce livre lui donne de la valeur.* 2. Nombre d'années passées dans un métier. *Avoir dix ans d'**ancienneté**.*

ancre (nom féminin)
Instrument de métal qui, jeté au fond de l'eau, sert à retenir un bateau, à l'aide d'un câble ou d'une chaîne. *Lever l'**ancre**. Jeter l'**ancre**.*

ancrer (verbe) ▸ conjug. n° 3
1. Immobiliser un bateau en jetant l'ancre. *Leur bateau **est ancré** au large de l'île.* 2. Au sens figuré, fixer une idée dans l'esprit de quelqu'un. *C'**est** bien **ancré**, je m'en souviendrai !*

Andersen Hans Christian (né en 1805, mort en 1875)
Écrivain danois. Il est l'auteur de *Contes* (1835-1872) inspirés de légendes populaires (*la Princesse et le pois*, *la Petite Sirène*...).

Andes
Chaîne de montagnes d'Amérique du Sud. La cordillère des Andes s'étend le long de la côte Pacifique sur 8 000 km et traverse plusieurs pays. Son point culminant, l'Aconcagua (6 962 mètres), se situe en Argentine. Elle compte plusieurs volcans et des hauts plateaux où habite la population.

Andorre

100 000 habitants
Capitale : Andorre-la-Vieille
Monnaie : l'euro
Langue officielle : catalan
Superficie : 468 km²

Principauté d'Europe, située dans les Pyrénées, entre l'Espagne et la France. Le chef du gouvernement est nommé par le président de la République française et l'évêque d'Urgel (Espagne). Le tourisme est la principale activité du pays.

andouille (nom féminin)
1. Sorte de saucisse constituée d'un boyau de porc farci de tripes. 2. Dans la langue familière, personne stupide. *Quelle **andouille**, ce Benjamin !*

andouillette (nom féminin)
Petite andouille qu'il faut faire cuire.

androïde (nom masculin)
Robot ayant une apparence humaine. *Les **androïdes** des BD de science-fiction.*

âne (nom masculin)
1. Mammifère plus petit que le cheval, à grandes oreilles. *L'ânon est le petit de l'**âne** et de l'ânesse.* 2. Personne stupide.
• **Têtu comme un âne :** très têtu.

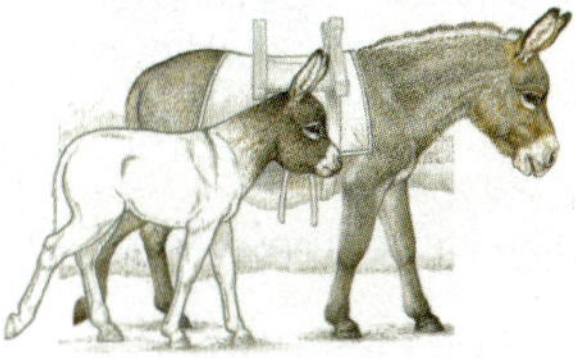

un **âne** et un ânon

anéantir (verbe) ▸ conjug. n° 11
Détruire complètement. *Un incendie **a anéanti** le centre de la ville.*

anéantissement (nom masculin)
Fait d'anéantir. *L'**anéantissement** de la récolte risque de provoquer la famine.*

anecdote (nom féminin)
Court récit d'un fait intéressant. *Un magazine plein d'**anecdotes** sur la vie des stars.*

anecdotique (adjectif)
Qui a le caractère d'une anecdote. *Ce n'est qu'un détail **anecdotique** dans cette histoire.*

anémie (nom féminin)
Maladie du sang qui entraîne une grande fatigue. Famille du mot : anémier, anémique.

anémier (verbe) ▸ conjug. n° 10
Rendre anémique. *L'insuffisance de nourriture l'**a anémié**.*

anémique (adjectif)
Qui souffre d'anémie. *Clément est devenu **anémique** à force de manger insuffisamment.*

anémone (nom féminin)
Plante dont les fleurs ont des couleurs variées. • **Anémone de mer :** animal marin à tentacules colorés, qui vit fixé sur les rochers. **Anémone** vient du mot grec *anemos* qui signifie « vent », car la fleur de l'anémone s'ouvre au vent.

des **anémones**

ânerie (nom féminin)
Bêtise dite ou faite. *Je ne le croirai plus : il ne dit que des **âneries**.*

ânesse (nom féminin)
Femelle de l'âne.

anesthésie (nom féminin)
Suppression de la douleur grâce à un anesthésique avant une opération chirurgicale. *Avant d'arracher la dent, le dentiste m'a fait une **anesthésie** locale.* Famille du mot : anesthésier, anesthésique, anesthésiste.

anesthésier (verbe) ▸ conjug. n° 10
Faire une anesthésie. *Il **a été anesthésié** avant d'être opéré : on l'a endormi.*

anesthésique (nom masculin)
Médicament qui rend insensible à la douleur.

anesthésiste (nom)
Médecin spécialisé dans les anesthésies. *L'**anesthésiste** assiste le chirurgien pendant l'opération.*

aneth (nom masculin)
Autre nom du fenouil. *On utilise l'**aneth** pour parfumer certains plats.* Prononciation [anɛt].

anfractuosité (nom féminin)
Creux dans un rocher. *Des oiseaux se sont nichés dans les **anfractuosités** de la falaise.*

ange (nom masculin)
1. Dans certaines religions, être envoyé par Dieu. **2.** Au sens figuré, personne qui a toutes les qualités. *David est adorable : c'est un **ange**.* • **Être aux anges :** être ravi.

un **ange**

angélique (adjectif)
Qui évoque un ange par sa beauté et sa bonté. *Julie a un visage **angélique** qui met en confiance.*

angélus (nom masculin)
Sonnerie des cloches d'une église qui annonce l'heure de la prière.

Angers
Chef-lieu du département de Maine-et-Loire, situé sur les bords de la Maine (155 000 habitants). Angers fut la capitale de l'Anjou.

angine (nom féminin)
Maladie de la gorge. *Les **angines** s'accompagnent d'une forte fièvre.*

anglais, aise ➡ Voir tableau p. 6.
Famille du mot : anglicisme, anglophone, anglo-saxon.

angle (nom masculin)
1. Portion d'espace comprise entre deux demi-droites qui ont une même origine. *Pour mesurer un **angle**, on utilise un rapporteur.* ➡ p. 576. 2. Synonyme de coin. *Notre école est à l'**angle** des rues Jules-Ferry et Paul-Langevin.* • **Vu sous cet angle :** si l'on considère les choses de cette façon.

Angleterre
L'une des quatre provinces du Royaume-Uni (131 760 km² ; 49,5 millions d'habitants). L'Angleterre est la partie centrale et méridionale de l'île de Grande-Bretagne. Elle est limitée au nord par l'Écosse et à l'ouest par le pays de Galles.

GÉOGRAPHIE
L'Angleterre est bordée par la Manche, la mer du Nord et l'océan Atlantique. Le climat océanique humide, doux en hiver, frais en été, est favorable à l'élevage. La Tamise, principal fleuve du pays, se jette dans la mer du Nord par un large estuaire en aval de Londres. Ses principales activités sont l'élevage, les technologies de pointe, la sidérurgie, la banque et la finance.

HISTOIRE
➡ Voir **Royaume-Uni de Grande-Bretagne et d'Irlande du Nord**.

anglicisme (nom masculin)
Mot d'origine anglaise. *« Football » est un **anglicisme**.*

anglophone (adjectif et nom)
Qui parle anglais. *On recherche une secrétaire **anglophone**. Les Américains sont **anglophones**.*

anglo-saxon, onne (adjectif et nom)
Qui appartient à la culture britannique. *Prendre le thé à 17 heures est une coutume **anglo-saxonne**. Les **Anglo-Saxons**.*

Anglo-Saxons
Peuples germaniques qui ont envahi et colonisé la Grande-Bretagne aux Vᵉ et VIᵉ siècles. Aujourd'hui, le Royaume-Uni et ses anciennes colonies (notamment les États-Unis, le Canada, l'Australie et la Nouvelle-Zélande) constituent le monde anglo-saxon.

angoissant, ante (adjectif)
Qui provoque l'angoisse. *J'ai été réveillé cette nuit par un cauchemar **angoissant**.*

angoisse (nom féminin)
Profonde inquiétude causant un malaise. *Maman éprouve une grande **angoisse** quand je rentre en retard.* (Syn. anxiété. Contr. calme, sérénité.)

angoisser (verbe) ▸ conjug. n° 3
Causer de l'angoisse. *Ce film d'épouvante m'**a angoissé**.*

Angola

20,9 millions d'habitants
Capitale : Luanda
Monnaie : le kwanza
Langue officielle : portugais
Superficie : 1 246 700 km²

État du sud-ouest de l'Afrique, situé entre les deux Congo, la Zambie, la Namibie et l'océan Atlantique.

GÉOGRAPHIE
La plaine côtière est peu fertile et devient même aride au sud ; seule une toute petite partie des terres peut être cultivée. La population est concentrée dans le centre-ouest du pays et au nord sur la côte atlantique. Les Angolais pratiquent l'élevage de bovins et de chèvres, la pêche, l'extraction de diamants et surtout du pétrole. La guerre civile a ruiné le pays. La situation s'améliore depuis 2002 mais le pays reste très pauvre.

HISTOIRE
L'Angola fut colonisé par les Portugais dès 1665 et devint une province portugaise d'outre-mer en 1951. Son indépendance fut proclamée en 1975.

angora (adjectif)
1. Qui a des poils longs et doux. *Des lapins **angoras**.* 2. Qui est fait de poils de chèvre ou de lapin angora. *Un pull en laine **angora**.* **Angora** vient du nom d'*Ankara*, ville de Turquie, qui était une étape sur la route des caravanes qui rapportaient cette laine d'Orient.

anguille (nom féminin)
Poisson qui a la forme d'un serpent. *L'**anguille** naît dans la mer, mais va grandir en eau douce.*

une **anguille**

anguleux, euse (adjectif)
Qui présente des angles vifs. *Son visage **anguleux** lui donne un air méchant.*

anicroche (nom féminin)
Petite difficulté. *Le voyage s'est déroulé sans **anicroche**.*

animal, aux (nom masculin)
1. Être vivant capable de se déplacer, par opposition aux végétaux. *L'abeille, le chien, l'homme sont des **animaux**.* 2. Être vivant qui n'est pas doté de la parole, par opposition à l'homme. *La Société protectrice des **animaux**.* (Syn. bête.) ■ **animal, ale, aux** (adjectif) Qui concerne les animaux. *Certaines espèces **animales** sont en voie de disparition.*

animalerie (nom féminin)
Magasin qui vend des animaux de compagnie. *Hélène a acheté un couple de perruches dans une **animalerie**.*

animalier, ère (adjectif)
• **Parc animalier :** parc où l'on peut voir des animaux en liberté.

animateur, trice (nom)
1. Personne qui anime une réunion, une émission de télévision. *L'**animateur** de l'émission était très drôle.* 2. Personne chargée de conduire les activités dans un centre de vacances, un club de sport, un centre de loisirs.

animation (nom féminin)
1. Caractère de ce qui est animé. *Ibrahim et Laura discutent avec **animation**.* 2. Activité organisée. *Ce club de vacances propose de nombreuses **animations**.* 3. Technique des dessins animés. *Un film d'**animation**.*

animé, ée (adjectif)
Qui est plein de vie, de mouvement. *Cette rue est très **animée** les jours de marché.* (Contr. morne, mort.) • **Être animé :** être vivant, animal ou plante.

animer (verbe) ▶ conjug. n° 3
1. Faire bouger quelque chose. ***Animer** un pantin, une marionnette en manipulant les fils qui les soutiennent.* 2. Diriger une réunion et lui donner un caractère intéressant. ***Animer** un débat télévisé.* 3. Inciter quelqu'un à agir. *Il **est animé** par une ambition sans limites.* 4. S'animer : montrer de la vie, de l'enthousiasme. *La foule **s'anime** quand les joueurs pénètrent sur la pelouse.* (Syn. s'exalter.) Famille du mot : anima**teur**, anima**tion**, animé, **in**animé, ranimer, **ré**anima**tion**.

animosité (nom féminin)
Signe d'hostilité envers quelqu'un. *L'**animosité** de son regard m'a fait comprendre combien il pouvait être méchant.*

anis (nom masculin)
Plante utilisée pour parfumer des bonbons ou des boissons.

Anjou
Ancienne province et région de l'ouest de la France. L'Anjou fait aujourd'hui partie de la Région Pays de la Loire. Sa principale ville est Angers. C'est une région agricole et viticole.
HISTOIRE
La région appartenait au roi d'Angleterre. Elle fut conquise en 1203 par les Français, devint un duché en 1360 et fut rattachée à la Couronne de France en 1481.
➡ Voir carte p. 1372.

ankyloser (verbe) ▶ conjug. n° 3
Provoquer une raideur dans une articulation. *Ne reste pas à genoux, tu vas **t'ankyloser**.*

annales (nom féminin pluriel)
Livre qui raconte les évènements qui ont marqué une époque. *Il entrera dans les **annales** grâce à sa découverte.*

Annapurna
Sommet de l'Himalaya situé au Népal (8 078 mètres). Une expédition française dirigée par Maurice Herzog le gravit en 1950.

Anne d'Autriche (née en 1601, morte en 1666)
Reine de France. Elle épousa Louis XIII, qui mourut en 1643. Comme son fils Louis XIV n'avait que cinq ans, elle devint régente et gouverna avec Mazarin, son principal ministre, jusqu'en 1661.

Anne de Bretagne (née en 1477, morte en 1514)
Reine de France. Duchesse de Bretagne, elle épousa Charles VIII en 1491, puis Louis XII en 1499. Ce mariage prépara le rattachement de la Bretagne à la France en 1532.

anneau, eaux (nom masculin)
1. Petit cercle qui sert à attacher, à retenir. *Une chaîne est formée d'**anneaux** accrochés entre eux.* **2.** Bague ou boucle d'oreille faite d'un simple cercle de métal. **3.** Chose circulaire. *Les **anneaux** du drapeau olympique.*

année (nom féminin)
1. Période d'un an qui commence le 1er janvier et se termine le 31 décembre. *L'**année** dernière a été riche en évènements.* **2.** Période de douze mois, quel qu'en soit le début. *Voilà deux **années** que je ne l'ai pas vu.* **3.** Période d'activité de moins de douze mois. *L'**année** scolaire dure dix mois.*

année-lumière (nom féminin)
Distance que la lumière parcourt en une année. *Une **année-lumière** correspond à environ 9 461 milliards de kilomètres.* Pluriel : des année**s**-lumière.

annexe (adjectif)
Qui vient en complément d'une chose principale. *Les cours de sport ont lieu dans un bâtiment **annexe** de l'école.*
■ **annexe** (nom féminin) Chose ou bâtiment annexe. *La maternité est dans l'**annexe** de la clinique.*

annexer (verbe) ▸ conjug. n° 3
Rattacher un territoire à un pays. *Strasbourg **a été annexée** à la France par Louis XIV.*

annexion (nom féminin)
Action d'annexer. *L'**annexion** de la Savoie à la France a eu lieu en 1860.*

annihiler (verbe) ▸ conjug. n° 3
Réduire quelque chose à néant. *Le gel **a annihilé** le travail des vignerons.*
Dans **annihiler**, il y a le mot latin *nihil* qui signifie « rien ».

anniversaire (nom masculin)
1. Jour rappelant un évènement qui a eu lieu le même jour au moins un an plus tôt. *Le 11 novembre, c'est l'**anniversaire** de la fin de la Première Guerre mondiale.* **2.** Fête donnée pour l'anniversaire de la naissance de quelqu'un. *Toute la classe est invitée à l'**anniversaire** de Myriam.*

annonce (nom féminin)
Fait d'annoncer quelque chose. *Les étudiants ont organisé une manifestation à l'**annonce** d'une nouvelle loi.* • **Petite annonce :** texte publié dans un journal pour proposer des emplois, des logements.

annoncer (verbe) ▸ conjug. n° 4
1. Informer officiellement de quelque chose. *Ils viennent d'**annoncer** leur mariage.* **2.** Donner un signal. *Au théâtre, les trois coups **annoncent** le lever de rideau.* **3.** Être l'indice de quelque chose. *Ce ciel tout noir **annonce** un orage.*

annotation (nom féminin)
Remarque que l'on porte sur un texte, un devoir. *Le professeur écrit ses **annotations** dans la marge.*

annoter (verbe) ▸ conjug. n° 3
Écrire des annotations. *L'institutrice écrit lisiblement lorsqu'elle **annote** les copies de ses élèves.*

annuaire (nom masculin)
Livre publié chaque année et donnant divers renseignements. *J'ai trouvé l'adresse de Noémie dans l'**annuaire** téléphonique.*

annuel, elle (adjectif)
Qui a lieu chaque année. *La fête **annuelle** de l'école a toujours lieu en juin.*

a b c d e f g h i j k l m n o p q r s t u v w x y z

annuellement (adverbe)
De façon annuelle. *Les anciens élèves de ce lycée se rassemblent **annuellement**.*

annulaire (nom masculin)
Quatrième doigt de la main, en partant du pouce. *Les gens mariés portent souvent un anneau à l'**annulaire** gauche.*

annulation (nom féminin)
Action d'annuler. *Des fraudes ont causé l'**annulation** de l'élection.*

annuler (verbe) ▸ conjug. n° 3
1. Rendre nul, sans valeur. *Les élections **ont été annulées** à cause des fraudes.* **2.** Supprimer quelque chose de prévu. ***Annuler** un rendez-vous.*

anoblir (verbe) ▸ conjug. n° 11
Donner un titre de noblesse (chevalier, comte, duc, etc.).

anodin, ine (adjectif)
Qui est sans importance ou sans gravité. *J'espérais apprendre des choses nouvelles, mais notre conversation fut tout à fait **anodine**.* (Syn. insignifiant.)

anomalie (nom féminin)
Chose anormale. *Ce jouet ne peut pas être vendu parce qu'il présente une **anomalie**.* (Syn. bizarrerie.)

ânon (nom masculin)
Petit de l'âne et de l'ânesse. ➡ p. 57.

ânonner (verbe) ▸ conjug. n° 3
Lire ou réciter avec peine, ou sans mettre le ton.

anonymat (nom masculin)
Caractère anonyme. *Le témoin a préféré garder l'**anonymat**.* (Syn. incognito.)

anonyme (adjectif)
Qui ne dit pas son nom. *Un coup de téléphone **anonyme** a prévenu la police.*

anorak (nom masculin)
Blouson de sport matelassé et imperméable. *Kevin a mis son **anorak** pour aller skier.* **Anorak** vient d'un mot esquimau qui veut dire « vent », car ce vêtement protège du vent.

une lettre **anonyme**

anorexie (nom féminin)
Maladie d'origine psychologique d'une personne qui refuse de se nourrir. *La sœur de Zoé souffre d'**anorexie** : elle ne pèse plus que trente kilos*

anormal, ale, aux (adjectif)
Qui n'est pas normal. *L'ordinateur doit avoir un problème : il fait un bruit **anormal**.* (Syn. bizarre.)

anormalement (adverbe)
De manière anormale. *Pierre a été **anormalement** aimable avec Odile : il doit avoir quelque chose à se faire pardonner.*

anse (nom féminin)
1. Partie d'un objet, qui permet de le tenir ou de le porter. *L'**anse** d'une tasse à café.* **2.** Petite baie. *Le bateau a jeté l'ancre dans une **anse**.*

antagonisme (nom masculin)
Opposition entre deux personnes. *Un vieil **antagonisme** les oppose depuis longtemps.* (Syn. opposition.)

antalgique (nom masculin et adjectif)
Médicament qui diminue la douleur. *Élodie a pris un **antalgique** car elle avait mal à la tête.*

d'antan (adjectif)
Du temps passé. *Ma grand-mère nous raconte souvent comment était la vie **d'antan**.*

antarctique (adjectif)
De la région du pôle Sud. *Le continent **antarctique**.*

Antarctique
Continent situé au pôle Sud (14 millions de km²), entouré par l'océan Antarctique. Il est formé de montagnes et de bassins recouverts d'une épaisseur de glace de 2 à 4 km. Son point culminant est le mont Vinson (5 140 mètres). Le climat est très froid, la température moyenne est de – 50 °C. La flore est rare (lichens et mousses) ; plusieurs espèces d'oiseaux, dont les manchots, et quelques mammifères marins (baleines, orques, phoques) fréquentent cette région. Plusieurs pays y possèdent des terres ou y ont installé des stations scientifiques.

antécédent (nom masculin)
Mot auquel se rapporte un pronom. *Dans la phrase « J'ai enfin trouvé la robe dont tu m'as tant parlé », « robe » est l'**antécédent** de « dont ».* ■ **antécédents** (nom masculin pluriel) Actes du passé de quelqu'un. *Il a été engagé parce qu'il avait de bons **antécédents**.*

antenne (nom féminin)
1. Tige métallique servant à diffuser ou à recevoir les émissions de radio ou de télévision. *L'image est floue : l'**antenne** de la télévision doit être déréglée.* 2. Organe long et mince placé sur la tête de certains animaux, et qui leur permet de se diriger et de sentir. ➡ p. 676. *Les escargots, les langoustines, les papillons ont des **antennes**.* • **Antenne-relais :** utilisée pour transmettre les communications des téléphones portables. • **Passer à l'antenne :** passer à la télévision ou à la radio.

antérieur, eure (adjectif)
1. Qui a eu lieu avant. *L'invention du cinéma est **antérieure** à celle de la télévision.* 2. Qui est placé devant. *Les muscles **antérieurs** de la cuisse permettent de tendre la jambe.* (Contr. postérieur.)

antérieurement (adverbe)
Dans le passé. *Sa décision a été prise **antérieurement**, avant l'avis de ses conseillers.* (Syn. précédemment.)

anthologie (nom féminin)
Recueil de textes. *Cet ouvrage est une **anthologie** de poésies du XVIIe siècle.*

anthracite (nom masculin)
Sorte de charbon noir et brillant.

anthropoïde (adjectif)
• **Singe anthropoïde :** qui ressemble à l'homme. *Le gorille et le chimpanzé sont des singes **anthropoïdes**.*

anthropologie (nom féminin)
Science qui étudie l'espèce humaine.

anthropologue (nom)
Spécialiste d'anthropologie.

anthropophage (nom)
Personne qui mange de la chair humaine. *Les Indiens caraïbes étaient des **anthropophages**.* (Syn. cannibale.)

antialcoolique (adjectif)
Qui combat l'alcoolisme. *Une ligue **antialcoolique**.*

antiatomique (adjectif)
Qui protège des bombes atomiques et des radiations. *Un abri **antiatomique**.*

antibiotique (nom masculin)
Médicament très efficace contre les infections microbiennes. *Le premier **antibiotique**, la pénicilline, a été découvert en 1928, par l'Écossais Fleming.*

antibrouillard (adjectif)
• **Phare antibrouillard :** phare spécial, efficace pour éclairer dans le brouillard.
Pluriel : des phares antibrouillard.

antibruit (adjectif)
• **Mur antibruit :** qui empêche le bruit de se propager. *Il y a un mur **antibruit** au bord de l'autoroute.*

antichambre (nom féminin)
Pièce où l'on fait attendre les visiteurs. *Le député était assis dans l'**antichambre** du ministre.*

anticipation (nom féminin)
• **Film, roman d'anticipation :** dont les aventures se déroulent dans le futur.

un film d'**anticipation**

anticiper (verbe) ▸ conjug. n° 3
Faire comme si un évènement était déjà arrivé. *N'**anticipe** pas, les vacances sont encore lointaines !*

anticlérical, ale, aux (adjectif)
Qui s'oppose à l'influence du clergé et de l'Église dans la vie publique.

anticonformiste (adjectif)
Qui ne se conforme pas aux usages établis. *Les artistes modernes sont souvent **anticonformistes**.*

anticorps (nom masculin)
Substance fabriquée par l'organisme pour se défendre des microbes.

anticyclone (nom masculin)
Zone de hautes pressions dans l'atmosphère. *Quand un **anticyclone** recouvre une région, il fait beau.*

antidopage (adjectif)
Qui lutte contre le dopage. *Le cycliste a subi un contrôle **antidopage**.*

antidote (nom masculin)
Remède contre un poison. *Le lait était souvent employé comme **antidote**.* (Syn. contre-poison.)

antigel (nom masculin)
Produit qui empêche l'eau de geler.

Antigua et Barbuda

100 000 habitants
Capitale : Saint John's
Monnaie : le dollar des Caraïbes de l'Est
Langue officielle : anglais
Superficie : 442 km²

État des Antilles, formé de trois îles des Petites Antilles : Antigua (280 km²), Barbuda et Redonda (162 km²). Elles vivent essentiellement du tourisme.

anti-inflammatoire (adjectif et nom masculin)
Qui combat l'inflammation. *Kevin a mal au dos, le médecin lui a donné des **anti-inflammatoires**.* ✎ Pluriel : des anti-inflammatoires.

antillais, aise ➡ Voir tableau p. 6.

Antilles

Archipel d'Amérique centrale (236 500 km² ; 41 millions d'habitants). Les Antilles forment un arc qui sépare la mer des Antilles de l'océan Atlantique. Elles comprennent les Bahamas, les Grandes Antilles (Cuba, Haïti et la République dominicaine, Porto Rico, la Jamaïque) et les Petites Antilles (Guadeloupe, Dominique, Martinique, Sainte-Lucie, Saint-Vincent, Grenade, etc.).

GÉOGRAPHIE
L'archipel est montagneux et d'origine volcanique, avec un climat tropical. Les principales activités sont la culture de la canne à sucre, du tabac, du café, de bananes, la production de rhum et le tourisme.

HISTOIRE
Découvertes par Christophe Colomb, les Antilles furent colonisées par les Européens. Elles devinrent un centre de la traite des Noirs au XVIIIe siècle. Aujourd'hui, la plupart de ces îles ont acquis leur indépendance.

une plage des **Antilles** (Guadeloupe)

antilope (nom féminin)
Mammifère ruminant, à cornes, des savanes africaines.

antimilitariste (adjectif et nom)
Qui est hostile à l'armée. *Certaines personnes sont **antimilitaristes** à cause de leurs opinions pacifistes.*

antimite (nom masculin)
Produit qui protège les vêtements contre les mites. *Il faut mettre de l'**antimite** dans la penderie.*

antipathie (nom féminin)
Sentiment d'hostilité à l'égard de quelqu'un. *Entre eux l'**antipathie** a été immédiate.* (Contr. sympathie.)

antipathique (adjectif)
Qui inspire de l'antipathie. *Son visage sévère le rend **antipathique** !* (Syn. déplaisant, désagréable. Contr. sympathique.)

antipodes (nom masculin pluriel)
Région de la Terre diamétralement opposée à une autre. *L'Australie est située aux **antipodes** de l'Europe.* • **Aux antipodes :** très différent, opposé. *Tes idées sont **aux antipodes** des miennes, nous ne pourrons pas nous entendre.* **Antipodes** vient d'un mot grec signifiant « opposé par la plante des pieds ».

antipoison (adjectif)
• **Centre antipoison :** hôpital équipé pour soigner ceux qui ont avalé un poison. Pluriel : des centres antipoison.

antiquaire (nom)
Marchand d'antiquités. *Maman a acheté ce fauteuil chez un **antiquaire**.*

antique (adjectif)
1. Très ancien. *Anna s'abritait sous un **antique** parapluie tout troué.* 2. Qui date de l'Antiquité. *Les pyramides d'Égypte sont des monuments **antiques**.* Famille du mot : antiqu**aire**, antiqu**ité**.

Cette coupe date de la Grèce **antique** (vers 480 avant Jésus-Christ).

antiquité (nom féminin)
1. Objet d'art ancien, meuble ancien, qui ont de la valeur. *Cette amphore est une véritable **antiquité**.* 2. Période qui va de la fin de la préhistoire à la chute de l'Empire romain (Ve siècle après Jésus-Christ). *L'**Antiquité** grecque, l'**Antiquité** égyptienne.* Au sens 2, ce mot commence par une majuscule.

antiraciste (adjectif et nom)
Qui est contre le racisme. *Une loi **antiraciste**.*

antirouille (adjectif et nom masculin)
Produit qui évite la formation de la rouille ou qui la supprime. *Il faut passer une couche d'**antirouille** sur la grille du jardin.*

antisémite (adjectif et nom)
Qui est hostile aux Juifs. *La loi condamne les propos **antisémites**.*

antisémitisme (nom masculin)
Racisme dirigé contre les Juifs.

antisepsie (nom féminin)
Ensemble de méthodes de lutte contre les infections microbiennes.

antiseptique (nom masculin)
Produit qui détruit les microbes et arrête l'infection. *L'eau oxygénée est un **antiseptique**.* **Antiseptique** est formé de mots grecs qui signifient « contre ce qui pourrit ».

antitabac (adjectif)
Qui lutte contre les méfaits du tabac. *Des publicités **antitabac**.* Pluriel : des campagnes antitabac.

antitétanique (adjectif)
Qui protège du tétanos. *Un vaccin **antitétanique**.*

antituberculeux, euse (adjectif)
Qui lutte contre la tuberculose. *Le BCG est le vaccin **antituberculeux**.*

antivenimeux, euse (adjectif)
Qui agit contre l'action du venin. *Un sérum **antivenimeux** l'a aidé à lutter contre la morsure de vipère.*

antiviral, ale, aux (adjectif)
Qui est actif contre les virus. *Un médicament **antiviral**.*

antivirus (nom masculin)
Logiciel qui détecte et détruit les virus d'un ordinateur.

antivol (nom masculin)
Dispositif destiné à empêcher le vol. *Toutes les motos sont munies d'un **antivol**.*

antonyme (nom masculin)
Mot de sens contraire à un autre. *« Grand » est l'**antonyme** de « petit ».* (Contr. synonyme.)

antre (nom masculin)
Caverne qui sert d'abri à un fauve. *L'**antre** du tigre.* (Syn. tanière.)

anus (nom masculin)
Orifice du tube digestif, par où sortent les excréments. ➡ p. 389. Prononciation [anys].

a b c d e f g h i j k l m n o p q r s t u v w x y z

anxiété (nom féminin)
Vive inquiétude causée par l'incertitude, l'attente. *L'**anxiété** se lisait dans son regard.*

anxieusement (adverbe)
Avec anxiété. *Élodie attend **anxieusement** les résultats de son examen.*

anxieux, euse (adjectif)
Très inquiet. *Romain regardait sa montre d'un regard **anxieux** car il était en retard.*
Famille du mot : **anxiété**, anxieuse**ment**.

aorte (nom féminin)
Artère principale du cœur, qui porte le sang chargé d'oxygène à tout l'organisme. ➡ p. 253.

août (nom masculin)
Huitième mois de l'année, qui compte 31 jours. Prononciation [u] ou [ut]. **Août** vient du latin *augustus*, c'est-à-dire le « mois d'Auguste » en l'honneur de l'empereur.
ORTHO On écrit aussi **aout**.

apaisant, ante (adjectif)
Qui apaise. *Tes paroles **apaisantes** me rassurent.*

apaisement (nom masculin)
Fait de s'apaiser. *Depuis qu'il a dit ce qu'il avait sur le cœur, Thomas éprouve un sentiment d'**apaisement**.*

apaiser (verbe) ▸ conjug. n° 3
Calmer quelqu'un ou quelque chose. *Victor **a apaisé** bébé en lui chantant une berceuse.*

aparté (nom masculin)
• **En aparté :** à part, à voix basse. *Elle n'arrête pas de faire des commentaires **en aparté**, c'est gênant.* Au théâtre, un **aparté**, c'est ce que l'acteur dit *à part* : les autres acteurs sont censés ne pas entendre.

apartheid (nom masculin)
Politique de ségrégation à l'égard des Noirs pratiquée en Afrique du Sud jusqu'en 1991. Prononciation [apaʀtɛd].

apathique (adjectif)
Qui est sans réaction, sans énergie. *Secouez-vous donc, allez jouer ! Vous êtes complètement **apathiques**.*

apercevoir (verbe) ▸ conjug. n° 21
1. Commencer à voir. *On **apercevait** au loin la chaîne des Alpes.* (Syn. discerner, entrevoir.) **2.** S'apercevoir : se rendre compte. *Tout le monde **s'est aperçu** de ton absence.* (Syn. remarquer.) Famille du mot : aperç**u**, **in**aperçu.

aperçu (nom masculin)
Remarques rapides sur un sujet. *Le journaliste a donné un **aperçu** de la situation pour faire le point.*

apéritif (nom masculin)
Boisson parfois alcoolisée que l'on prend avant le repas.

apesanteur (nom féminin)
Absence de pesanteur. *Dans le vaisseau spatial, les astronautes, en état d'**apesanteur**, flottent dans la cabine.* (Contr. pesanteur.)

un astronaute en **apesanteur**

à peu près (adverbe)
Environ. *Il y a **à peu près** cent personnes dans la salle.* (Syn. approximativement.)

à-peu-près (nom masculin)
Ce qui est superficiel et peu précis. *William se contente toujours d'**à-peu-près** : il n'est jamais précis.* (Syn. approximation.)
Pluriel : des à-peu-près.

apeuré, ée (adjectif)
Rempli de peur. *Benjamin, **apeuré**, écoutait les pas se rapprocher.* (Syn. effrayé.)

aphone (adjectif)
Sans voix. *Hélène a une angine, elle s'est réveillée **aphone** : elle ne peut plus*

parler. Dans **aphone**, il y a un mot grec qui signifie « voix », et que l'on retrouve dans *magnétophone*, *téléphone*, *visiophone*.

Aphrodite
Déesse grecque de l'Amour et de la Beauté. Elle était appelée Vénus par les Romains.

aphte (nom masculin)
Petite plaie à l'intérieur de la bouche. *Julie ne peut pas manger de gruyère, cela lui donne des **aphtes**.* Prononciation [aft].

à-pic (nom masculin)
Paroi très abrupte. Pluriel : des à-pics.

apiculteur, trice (nom)
Personne qui pratique l'apiculture. *L'**apiculteur** élève des abeilles dans des ruches pour récolter du miel.*

apiculture (nom féminin)
Élevage des abeilles.

apitoiement (nom masculin)
Fait de s'apitoyer.

apitoyer (verbe) ▸ conjug. n° 6
Faire éprouver de la pitié. *Clément essaie d'**apitoyer** tout le monde sur son sort.* (Syn. attendrir.)

aplanir (verbe) ▸ conjug. n° 11
1. Rendre plan, uni. *Le bulldozer **aplanit** le chemin.* 2. Au sens figuré, faire disparaître ce qui pose un problème. *La discussion a permis d'**aplanir** les désaccords.*

aplatir (verbe) ▸ conjug. n° 11
Rendre plat. *Quelqu'un s'est assis sur mon chapeau et l'**a** complètement **aplati** !*

aplomb (nom masculin)
Trop grande confiance en soi. *Et tu crois que je vais te donner la permission ? Tu ne manques pas d'**aplomb** !* (Syn. audace, toupet.) • **D'aplomb :** en équilibre stable ; au sens familier, de nouveau en bonne santé. Être d'**aplomb**, c'est être vertical, comme la direction indiquée par le *fil à plomb*.

apnée (nom féminin)
• **Plonger en apnée :** en bloquant sa respiration et sans utiliser de bouteilles d'oxygène.

apocalypse (nom féminin)
Catastrophe effroyable. *L'éruption du volcan avait tout détruit, c'était un spectacle d'**apocalypse**.* L'**Apocalypse** est le nom du dernier livre de la Bible : il raconte la fin du monde.

apocalyptique (adjectif)
Terrifiant au point de faire penser à la fin du monde. *Après l'explosion, la ville avait un aspect **apocalyptique**.*

apogée (nom masculin)
Point le plus haut de quelque chose. *La royauté française a atteint son **apogée** sous le règne de Louis XIV.*

Une guerre atomique aurait des conséquences **apocalyptiques**.

Apollinaire Guillaume (né en 1880, mort en 1918)
Poète français. Il est l'un des premiers représentants de la poésie moderne. Apollinaire a écrit de célèbres recueils de poèmes comme *Alcools* (1913) et *Calligrammes* (1918).

Apollon
Dieu grec de la Beauté, de la Lumière et des Arts. Il est aussi appelé **Phébus**.

apologie (nom féminin)
• **Faire l'apologie de quelqu'un** ou **de quelque chose :** dire tout ce qui est bien, faire l'éloge.

a posteriori (adverbe)
Après, rétrospectivement, avec l'expérience. ***A posteriori**, je vois que j'ai eu raison de prendre cette décision.* (Contr. a priori.)
ORTHO On écrit aussi **à posteriori**.

apostrophe (nom féminin)
1. Signe qui indique l'élision d'une voyelle. *Dans « l'iris », l'**apostrophe** signale qu'on a supprimé le « e » de l'article.* **2.** Paroles grossières et brusques. *L'arbitre a expulsé un joueur qui lui lançait des **apostrophes**.*

apostropher (verbe) ► conjug. n° 3
Adresser brutalement la parole à quelqu'un. *Les enfants, qui faisaient trop de bruit, se sont fait **apostropher** par un voisin.* (Syn. interpeller.)

apothéose (nom féminin)
Le plus beau moment d'un spectacle, d'une fête. *Ce but magnifique a été l'**apothéose** du match.*

apothicaire (nom masculin)
Ancien nom du pharmacien. • **Comptes d'apothicaire :** comptes d'argent compliqués et tatillons.

apôtre (nom masculin)
1. Chacun des douze disciples du Christ. **2.** Au sens figuré, personne qui défend une idée avec ardeur. *Un **apôtre** de la non-violence.*

Appalaches
Chaîne de montagnes de l'est des États-Unis, située entre les fleuves Saint-Laurent et Alabama. Les Appalaches s'étendent sur 2 000 km. Leur point culminant est le mont Mitchell (2 038 mètres).

apparaître (verbe) ► conjug. n° 37
1. Devenir visible. *La lune **apparut** derrière les nuages.* (Contr. disparaître.) **2.** Avoir l'air, sembler. *Laura **apparaît** triste à ceux qui ne la connaissent pas bien.* (Syn. paraître.) **Apparaître** se conjugue avec l'auxiliaire *être*. Famille du mot : appar**ition**, **ré**apparaître, **ré**appar**ition**.
ORTHO On écrit aussi **apparaitre**.

apparat (nom masculin)
• **D'apparat :** prévu pour les grandes réceptions, les cérémonies. *Un habit **d'apparat**.*

appareil (nom masculin)
1. Instrument destiné à exécuter un travail, une mesure, etc. *Un **appareil** photographique, un **appareil** ménager, un **appareil** dentaire.* **2.** Téléphone. *Qui est à l'**appareil** ?* **3.** Avion. *L'**appareil** décollera dans dix minutes.* **4.** Ensemble des organes qui remplissent une fonction. *Les poumons font partie de l'**appareil** respiratoire.* • **Dans le plus simple appareil :** tout nu.

appareiller (verbe) ► conjug. n° 3
1. Lever l'ancre et quitter le port. *Le navire vient d'**appareiller** et rejoint la haute mer.* **2.** Mettre en place sur quelqu'un un appareil dentaire, auditif, etc. *L'orthodontiste **a appareillé** Florian.*

apparemment (adverbe)
Selon les apparences. ***Apparemment**, elle n'est pas encore arrivée.* Prononciation [apaʀamɑ̃].

apparence (nom féminin)
Aspect extérieur de quelque chose ou de quelqu'un. *David est d'**apparence** chétive. Il ne faut pas se fier aux **apparences**.*

apparent, ente (adjectif)
1. Qui se voit bien. *Un blue-jean avec des coutures **apparentes**.* (Syn. visible. Contr. invisible.) **2.** Qui n'est pas tel qu'il paraît. *Le mouvement **apparent** du Soleil.* Famille du mot : appare**mment**, appare**nce**.

apparenté, ée (adjectif)
Qui a un lien de parenté avec quelqu'un. *Par sa mère, Anna est **apparentée** aux Dupont.*

apparition (nom féminin)
1. Fait d'apparaître. *L'**apparition** des premiers bourgeons annonce le printemps.* (Contr. disparition.) **2.** Fantôme, être surnaturel. *C'était un château hanté, certains y avaient vu des **apparitions**.*

appartement (nom masculin)
Logement de plusieurs pièces dans un immeuble.

appartenance (nom féminin)
Fait d'appartenir, de faire partie. *Son **appartenance** au club de voile lui a permis de participer à la régate.*

appartenir (verbe) ▶ conjug. n° 19
1. Être la propriété de quelqu'un. *Cette voiture **appartient** à notre voisin.* **2.** Faire partie d'un ensemble. *Myriam **appartient** à l'équipe de basket.*

appât (nom masculin)
1. Nourriture employée pour attirer les animaux que l'on veut attraper. *Pour détruire les rats, on a placé dans la cave des **appâts** empoisonnés.* (Syn. amorce.) **2.** Au sens figuré, ce qui excite la convoitise. *L'**appât** du gain l'a rendu malhonnête.*

appâter (verbe) ▶ conjug. n° 3
Attirer quelqu'un en le tentant. *Il l'**a appâté** en lui promettant beaucoup d'argent.*

appauvrir (verbe) ▶ conjug. n° 11
Rendre pauvre. *Trop dépensier, il **s'est** vite **appauvri**.* (Contr. enrichir.)

appauvrissement (nom masculin)
Fait de s'appauvrir. *Les mauvaises récoltes ont provoqué l'**appauvrissement** de cet agriculteur.* (Contr. enrichissement.)

appeau, eaux (nom masculin)
Instrument imitant le cri d'un oiseau. *Le chasseur siffle dans un **appeau** pour attirer les canards.* ⊸ **Appeau** est une variante de l'ancien français *appel*.

appel (nom masculin)
1. Action d'appeler. *L'équipe de secours a entendu les **appels** de l'alpiniste.* **2.** Coup de téléphone. *Il y a eu un **appel** pour toi.*
• **Faire appel à quelqu'un** : lui demander un service. • **Faire l'appel** : appeler chaque personne d'un groupe par son nom pour savoir qui est présent et qui est absent.

appeler (verbe) ▶ conjug. n° 9
1. Se servir de sa voix ou d'un geste pour faire venir quelqu'un. *Ibrahim siffle pour **appeler** son chien.* **2.** Téléphoner. *Noémie t'**a appelée** tout à l'heure, elle rappellera.* **3.** Rendre nécessaire. *Ce problème **appelle** une explication.* (Syn. exiger, réclamer.) **4.** Donner un nom. *Leur fille **s'appelle** Sarah.* (Syn. nommer.)
⌂ Famille du mot : appel, appel**lation**.

appellation (nom féminin)
Nom par lequel on désigne quelque chose. *Le colibri est aussi connu sous l'**appellation** d'« oiseau-mouche ».* (Syn. dénomination, nom.)

appendice (nom masculin)
1. Petite poche allongée, au bout du gros intestin. ➡ p. 389. **2.** Supplément placé à la fin d'un livre. *En **appendice** vous trouverez les tableaux de conjugaison.*
● Prononciation [apɛ̃dis].

appendicite (nom féminin)
Inflammation de l'appendice. *Une crise d'**appendicite**.* ● Prononciation [apɛ̃disit].

appentis (nom masculin)
Petite construction appuyée à une maison. *Le bois de chauffage est rangé sous un **appentis**.*

s'appesantir (verbe) ▶ conjug. n° 11
S'arrêter sur un sujet, en parler trop longuement. *Je trouve inutile de **s'appesantir** sur des détails.* (Syn. insister.)

appétissant, ante (adjectif)
Qui met en appétit. *Mmm ! Ces odeurs de cuisine sont très **appétissantes** !*

appétit (nom masculin)
Envie de manger. *On voit que l'air de la mer vous a ouvert l'**appétit** !*

applaudimètre (nom masculin)
Appareil censé mesurer le succès d'un spectacle en fonction de la force des applaudissements. *Il a fallu départager les chanteurs ex aequo à l'**applaudimètre**.*

applaudir (verbe) ▶ conjug. n° 11
Battre des mains pour exprimer son approbation. *La foule **applaudit** les joueurs.*

a b c d e f g h i j k l m n o p q r s t u v w x y z

applaudissements (nom masculin pluriel)
Battements de mains de ceux qui applaudissent. *Quand le rideau se baissa, ce fut un tonnerre d'**applaudissements**.*

applicable (adjectif)
Qui peut ou doit être appliqué. *Cette loi est **applicable** dans tous les cas.* (Contr. inapplicable.)

application (nom féminin)
1. Action d'appliquer. *L'**application** d'une couche de peinture.* 2. Mise en pratique. *L'**application** d'un nouveau procédé.* 3. Soin que l'on met à ce que l'on fait. *Ursula colorie son dessin avec **application**.* 4. Programme informatique. *Pour ouvrir l'**application**, cliquez sur l'icône.*

applique (nom féminin)
Appareil d'éclairage fixé au mur.

appliquer (verbe) ▸ conjug. n° 3
1. Poser ou étendre sur une surface. ***Appliquer** un pansement sur une plaie.* 2. Mettre en pratique. ***Appliquer** une règle de grammaire.* 3. S'appliquer : mettre tout son soin à réaliser son travail. *Vous devez **vous appliquer** davantage. Benjamin est un élève **appliqué**.*
Famille du mot : applic**able**, applica**tion**, applique, **in**applic**able**.

appoint (nom masculin)
Somme exacte en petite monnaie. *Encore 10 centimes et vous aurez fait l'**appoint**.* • **D'appoint** : supplémentaire. *Un lit **d'appoint**.*

apport (nom masculin)
Ce qui est apporté. *Manger des fruits et des légumes garantit un bon **apport** en vitamines.* (Syn. contribution.)

apporter (verbe) ▸ conjug. n° 3
1. Porter quelque chose à quelqu'un. ***Apporte**-moi mon châle, s'il te plaît.* (Contr. emporter, remporter.) 2. Être la source de, procurer. *Ses enfants lui **apportent** beaucoup de joie.* (Syn. amener, donner.) 3. Mettre une qualité particulière à ce que l'on fait. *Pierre **apporte** beaucoup d'attention à la manière dont il s'habille.*

apposer (verbe) ▸ conjug. n° 3
Appliquer sur une surface. *La directrice **a apposé** une note pour les parents sur la porte de l'école. **Apposer** sa signature au bas d'un document.*

apposition (nom féminin)
Mot ou groupe de mots qui, placé à côté d'un nom ou d'un pronom, le qualifie ou en précise le sens. *Dans « Le chat, en colère, sort ses griffes », « en colère » est mis en **apposition** à « chat ».*

appréciable (adjectif)
Que l'on apprécie beaucoup. *Ce raccourci nous a fait gagner un temps **appréciable**.* (Syn. précieux, utile.)

appréciation (nom féminin)
Manière dont on apprécie quelque chose. *Les **appréciations** portées par la maîtresse sur mon carnet de notes sont encourageantes.* (Syn. observation, remarque.)

apprécier (verbe) ▸ conjug. n° 10
1. Évaluer approximativement quelque chose. *Il est difficile d'**apprécier** la valeur de ce vieux meuble.* (Syn. évaluer.) 2. Bien aimer quelque chose ou quelqu'un. *J'**apprécie** beaucoup sa gentillesse.*
Famille du mot : appréci**able**, appréci**ation**, **in**appréci**able**.

appréhender (verbe) ▸ conjug. n° 3
1. Arrêter quelqu'un. *Les bandits **ont été appréhendés** à la frontière.* 2. Synonyme de craindre. *J'**appréhende** cette journée difficile.*

appréhension (nom féminin)
Action d'appréhender quelque chose. *Quentin éprouve toujours une **appréhension** quand il croise le gros chien du voisin.* (Syn. anxiété, crainte, inquiétude.)

apprendre (verbe) ▸ conjug. n° 32
1. Acquérir des connaissances. *Zoé **apprend** à jouer aux échecs.* 2. Faire acquérir des connaissances. *Romain m'**a appris** à fabriquer un cerf-volant.* (Syn. enseigner.) 3. Recevoir une information. *Il a pleuré quand il **a appris** le décès de son grand-père.* 4. Faire connaître une information. *On m'**apprend** que vous avez été malade.* (Syn. annoncer, informer.)

apprenti, ie (nom)
Personne jeune qui apprend un métier en alternant les stages pratiques et les cours. *Notre plombier a embauché un **apprenti**.*

apprentissage (nom masculin)
Action d'apprendre par la pratique. *Thomas est entré en **apprentissage** chez un maçon.*

s'apprêter (verbe) ▸ conjug. n° 3
Se préparer à faire quelque chose. *Il **s'apprête** à partir en voyage.* (Syn. se disposer.)

apprivoiser (verbe) ▸ conjug. n° 3
Habituer un animal sauvage à vivre avec les hommes. *Anna **a apprivoisé** un hérisson trouvé dans le jardin.* (Syn. domestiquer.)

approbateur, trice (adjectif)
Qui manifeste de l'approbation. *Un geste **approbateur**.* (Contr. désapprobateur, réprobateur.)

approbation (nom féminin)
Action d'approuver. *William a demandé l'**approbation** de ses parents avant d'acheter son jeu vidéo.* (Syn. accord, assentiment, consentement. Contr. désapprobation.)

approchant, ante (adjectif)
Qui est très voisin. *Si vous n'avez plus ce modèle, donnez-moi quelque chose d'**approchant**.* (Syn. analogue.)

approche (nom féminin)
• **À l'approche de :** au moment où quelque chose est proche. ***À l'approche de** Noël, les commerçants décorent leur magasin.* • **Aux approches de :** près de. *La circulation ralentit **aux approches du** péage.* (Syn. abords.)

approcher (verbe) ▸ conjug. n° 3
1. Mettre plus près. ***Approche-toi**, je n'entends pas ce que tu dis.* 2. Devenir plus proche dans le temps. *Le départ **approche**.* 3. Être sur le point d'atteindre quelque chose. *On **approche** de la maison, je reconnais la rue.*

approfondir (verbe) ▸ conjug. n° 11
1. Rendre plus profond. ***Approfondir** un trou.* 2. Au sens figuré, étudier quelque chose à fond. ***Approfondir** une question.*

approprié, ée (adjectif)
Qui convient bien pour ce que l'on a à faire. *Benjamin a pu réparer la roue de sa bicyclette car il avait les outils **appropriés**.* (Syn. adapté, adéquat, convenable.)

s'approprier (verbe) ▸ conjug. n° 10
S'attribuer une chose et la garder. *Élodie **s'est approprié** la chambre du côté de la mer.* (Syn. s'adjuger.)

approuver (verbe) ▸ conjug. n° 3
Être d'accord avec ce que quelqu'un fait ou dit. *C'est bien d'avoir dit ce que tu pensais, je t'**approuve**.* (Contr. désapprouver, désavouer.)

approvisionnement (nom masculin)
Action d'approvisionner. *Des camions-citernes assurent l'**approvisionnement** de la station-service.*

approvisionner (verbe) ▸ conjug. n° 3
Fournir les provisions dont on a besoin. *Il n'y a qu'une épicerie au village où l'on peut **s'approvisionner**.*

approximatif, ive (adjectif)
Qui n'est qu'une approximation. *La vitesse **approximative** de cette voiture était de 80 km/h.* (Contr. exact, précis.)

approximation (nom féminin)
Estimation assez proche de la réalité. *Par **approximation**, je peux vous dire que cela pèse environ sept kilos.* Famille du mot : approximat**if**, approximat**ivement**.

approximativement (adverbe)
D'une manière approximative. *Il faut **approximativement** une heure pour traverser la ville.* (Syn. environ, à peu près.)

appui (nom masculin)
1. Ce qui sert pour s'appuyer. *Pour faire fonctionner un levier, il faut un point d'**appui**.* 2. Au sens figuré, soutien apporté à quelqu'un. *Sans votre **appui**, je n'aurais pas pu réussir.* (Syn. aide.) • **À l'appui :** avec des documents ou des preuves pour appuyer ce que l'on affirme.

appuie-tête (nom masculin)
Coussin fixé sur le dossier d'un siège pour y appuyer la tête. *Tous les sièges de*

*la voiture ont des **appuie-têtes**.* ➡ p. 103. Pluriel : des appuie-têtes.

appuyer (verbe) ▸ conjug. n° 6
1. Placer une chose contre un support pour qu'elle tienne. *Clément **appuie** son vélo contre le mur.* **2.** Apporter une aide, un soutien. ***Appuyer** un candidat à une élection.* (Syn. soutenir.) **3.** Soutenir ce que l'on dit avec des arguments. *Il **appuie** son récit sur plusieurs témoignages.* (Syn. étayer.) **4.** Pousser ou peser sur quelque chose. *Fatima **appuie** sur le bouton de la sonnette.* **5.** Mettre l'accent sur. *Il **appuie** un peu trop sur son rôle dans cette histoire !* (Syn. s'appesantir, insister.) **6.** S'appuyer : se servir de quelque chose ou de quelqu'un comme soutien. ***Appuie-toi** sur moi.* Famille du mot : appui, appuie-tête.

âpre (adjectif)
1. Qui râpe la langue ou la gorge. *Le coing est un fruit **âpre**.* **2.** Qui est violent, pénible. *Une **âpre** bataille les a opposés.* Famille du mot : âpre**ment**, âpre**té**.

âprement (adverbe)
Avec âpreté. *Ils se sont disputés **âprement** pour une chose qui n'en valait pas la peine.*

après (préposition)
Sert à indiquer : **1.** Le temps. ***Après** l'école, je vais à la piscine.* **2.** Le lieu. *Tournez à gauche, juste **après** l'église.* • **Après tout :** tout compte fait, finalement. ■ après (adverbe) Plus tard. *Finissez d'abord de manger, vous aurez des glaces **après**.* (Syn. ensuite. Contr. auparavant, avant.) ➡ Voir aussi **d'après** (préposition).

après-demain (adverbe)
Le jour qui suivra demain. *Les vacances ne commencent pas aujourd'hui, ni demain mais **après-demain**.* ➡ Voir **surlendemain**.

après-midi (nom masculin ou féminin)
Moment de la journée compris entre midi et le soir. *L'**après-midi**, les enfants font la sieste.* Pluriel : des après-midi ou des après-midis.

après-shampoing (nom masculin)
Produit appliqué sur les cheveux après leur lavage pour les traiter et les démêler. Pluriel : des après-shampoings.
ORTHO On écrit aussi un **après-shampooing**.

après-ski (nom masculin)
Chaussure imperméable et chaude que l'on met à la montagne quand on ne skie pas. *Les **après-ski** sont plus confortables que les chaussures de ski.* Pluriel : des après-ski ou des après-skis.

après-vente (adjectif)
• **Service après-vente :** service qui assure l'entretien et la réparation des appareils d'un client, après l'achat. Pluriel : des services après-vente.

âpreté (nom féminin)
Caractère âpre, pénible. *Ils se disputent avec **âpreté**.* (Syn. rudesse, violence. Contr. douceur.)

a priori (adverbe)
À première vue, au premier abord. ***A priori**, cela me semble envisageable, il faut y penser.* (Contr. a posteriori.)
ORTHO On écrit aussi **à priori**.

à propos de (préposition)
Au sujet de quelque chose. ***À propos de** la fête, sais-tu quand elle a lieu ?*

à-propos (nom masculin)
Qualité d'une parole ou d'une action qui vient au bon moment. *Sa remarque était pleine d'**à-propos**.* Pluriel : des à-propos.

apte (adjectif)
Qui remplit les conditions nécessaires pour faire quelque chose. *David a été déclaré **apte** à faire de l'escalade.* Famille du mot : apti**tude**, **in**apte, **in**apti**tude**.

aptitude (nom féminin)
Qualité d'une personne apte pour une activité particulière. *Julie a des **aptitudes** pour le saut en hauteur.* (Syn. capacité, talent.)

aquaculture (nom féminin)
Culture des végétaux aquatiques et élevage des animaux aquatiques. Prononciation [akwakyltyʀ].

aquagym (nom féminin)
Gymnastique pratiquée dans l'eau.

aquarelle (nom féminin)
Peinture exécutée avec des couleurs délayées dans de l'eau. *Pour réussir une **aquarelle**, il faut travailler rapidement.* Prononciation [akwaʀɛl].

une **aquarelle** représentant une course automobile vers 1900 (Tom Browne)

aquariophilie (nom féminin)
Élevage de poissons en aquarium.

aquarium (nom masculin)
Récipient de verre servant à élever des poissons. Prononciation [akwaʀjɔm].

aquatique (adjectif)
Qui vit dans l'eau ou au bord de l'eau. *Le roseau est une plante **aquatique**.* Prononciation [akwatik].

aqueduc (nom masculin)
Canal qui conduit l'eau d'un endroit à un autre. *Le pont du Gard est un **aqueduc** romain.* Prononciation [akdyk]. Dans **aqueduc**, il y a le mot latin *aqua* signifiant « eau », que l'on retrouve dans *aquaculture*, *aquarelle*, *aquarium*, *aquatique*.

aquilin (adjectif masculin)
• **Nez aquilin :** nez mince et recourbé, en forme de bec d'aigle. Le mot latin dont vient **aquilin** signifie « qui ressemble à l'aigle ».

Aquitaine
Ancienne Région administrative française, intégrée en 2016 à la Région Aquitaine-Limousin-Poitou-Charentes. Elle comprend les départements de la Gironde, de la Dordogne, du Lot-et-Garonne, des Landes et des Pyrénées-Atlantiques. La région est célèbre pour les vins du Bordelais. Elle développe des activités comme la chimie, l'aérospatiale et les biotechnologies. Le tourisme est également très important.

HISTOIRE
L'Aquitaine fut rattachée au royaume franc grâce à Clovis (507). Elle devint un duché anglais et prit le nom de Guyenne quand Aliénor d'Aquitaine épousa le futur Henri II d'Angleterre. La France et l'Angleterre se disputèrent l'Aquitaine jusqu'à la bataille de Castillon (1453). Elle fut alors rattachée à la Couronne de France. ➡ Voir cartes pp. 1372 et 1373.

ara (nom masculin)
Grand perroquet d'Amérique du Sud, aux couleurs vives et à longue queue.

un **ara**

arabe ➡ Voir tableau p. 6.

Arabes
Peuple dont la langue est l'arabe et qui occupe une vaste zone géographique, de l'Irak au Maroc. Ce peuple inclut les minorités musulmanes dont la langue n'est pas l'arabe, comme les Kurdes et les Berbères. La religion musulmane est la plus répandue, mais il existe également des Arabes chrétiens et juifs.

arabesque (nom féminin)
Ensemble de lignes courbes, sinueuses. *Le jasmin dessine de fines **arabesques** sur le muret du jardin.* Une **arabesque** est

une décoration « à l'arabe », c'est-à-dire avec des formes géométriques.

Arabie

Péninsule du sud-ouest de l'Asie, (3 000 000 km² ; environ 62 millions d'habitants) située entre la mer Rouge, la mer d'Oman et le golfe Persique. Elle comprend sept États : l'Arabie Saoudite, la république du Yémen, Oman, le Qatar, le Koweït, Bahreïn et les Émirats arabes unis. L'Arabie abrite les principaux lieux saints de l'islam (La Mecque, Médine).

Arabie Saoudite

28,7 millions d'habitants
Capitale : Riyad
Monnaie : le riyal saoudien
Langue officielle : arabe
Superficie : 2 150 000 km²

Royaume du Proche-Orient. C'est le plus grand pays d'Arabie. Il est bordé au nord par la Jordanie, l'Irak et le Koweït, au sud par le Yémen et Oman, et dispose d'un large débouché sur la mer Rouge et le golfe Persique.

GÉOGRAPHIE

Le pays est vaste mais en grande partie désertique. 75 % de la population vit dans des villes. L'Arabie Saoudite possède plus du quart des réserves mondiales de pétrole et de gaz et en est le premier exportateur dans le monde.

HISTOIRE

L'Arabie Saoudite fut créée en 1932. Le pays connaît aujourd'hui des difficultés, à cause de la montée de l'islamisme et du désir de démocratie. L'Arabie Saoudite tient une place importante dans le monde arabe, grâce à la garde des villes saintes de l'islam (La Mecque et Médine).

arabophone (adjectif et nom)
Qui parle l'arabe. *Les Égyptiens sont **arabophones**.*

arachide (nom féminin)
Plante tropicale dont les graines fournissent de l'huile. *Les cacahuètes sont les graines grillées de l'**arachide**.*

plant, fleur et gousses d'**arachide**

araignée (nom féminin)
Petit animal invertébré à huit pattes, qui tisse une toile ou creuse un terrier et se nourrit d'insectes.

arbalète (nom féminin)
Arme du Moyen Âge constituée d'un arc que l'on tend à l'aide d'un mécanisme. *Les flèches d'**arbalète** pouvaient être envoyées jusqu'à 150 mètres.* Une flèche d'arbalète se nomme un **carreau**.

des **araignées**

arbitrage (nom masculin)
Action d'arbitrer. *Les pays en conflit demandent l'**arbitrage** de l'ONU.*

arbitraire (adjectif)
Qui dépend uniquement de la décision de quelqu'un. *Ce choix **arbitraire** n'est pas juste.*

arbitrairement (adverbe)
De façon arbitraire. *La police du dictateur a arrêté **arbitrairement** plusieurs dizaines de personnes.* (Syn. illégalement.)

arbitre (nom masculin)
1. Personne désignée pour arbitrer. *L'**arbitre** a sifflé le pénalty.* 2. Personne chargée de déterminer qui a tort et qui a raison. *Je veux bien servir d'**arbitre** dans votre dispute.* Famille du mot : arbitrage, arbitrer.

arbitrer (verbe) ▸ conjug. n° 3
1. Contrôler le respect des règles et le bon déroulement d'un match, d'un jeu. ***Arbitrer** un match de tennis.* 2. Intervenir comme arbitre dans un conflit.

arborer (verbe) ▸ conjug. n° 3
Porter quelque chose sur soi avec fierté. *Il **arbore** sa médaille de champion autour du cou*

arborescent, ente (adjectif)
Qui a la forme d'un arbre, qui a des ramifications. *Les fougères **arborescentes** de la forêt équatoriale.*

arborétum (nom masculin)
Parc botanique planté de nombreuses espèces d'arbres. *Les arbres tropicaux poussent dans la serre de l'**arborétum**.*
Prononciation [aʀbɔʀetɔm].
ORTHO On écrit aussi **arboretum**.

arboricole (adjectif)
Qui vit sur les arbres. *Les lémuriens sont des animaux **arboricoles**.*

arboriculteur, trice (nom)
Spécialiste d'arboriculture. *J'ai acheté un magnolia chez un **arboriculteur**.*

arboriculture (nom féminin)
Culture des arbres fruitiers et des arbres d'ornement.

arbre (nom masculin)
1. Grande plante fixée en terre par des racines dont le tronc porte des branches. *Le tilleul, l'érable, le cyprès, le pommier sont des **arbres**.* ➡ p. 76. 2. Tige de métal qui transmet aux roues le mouvement du moteur. *L'**arbre** de transmission d'une automobile.* • **Arbre généalogique :** schéma qui montre les liens de parenté entre tous les membres d'une même famille. Famille du mot : arborescent, arboricole, arboriculteur, arboriculture, arbrisseau, arbuste.

arbrisseau, eaux (nom masculin)
Synonyme d'arbuste.

arbuste (nom masculin)
Petit arbre. *L'églantier et le lilas sont des **arbustes**.*

arc (nom masculin)
1. Arme servant à lancer des flèches. *Certains Indiens d'Amazonie utilisent des **arcs** de 3 mètres de haut.* 2. Portion de cercle. *Dessine avec ton compas un **arc** de cercle de 90 degrés.* 3. Ligne courbe d'une voûte. • **Arc de triomphe :** monument voûté construit pour célébrer une victoire. Famille du mot : arcade, arc-boutant, s'arc-bouter, arc-en-ciel.

arcade (nom féminin)
• **Arcade sourcilière :** endroit du visage où poussent les sourcils. ➡ p. 300.
■ **arcades** (nom féminin pluriel) Galerie couverte, dont les piliers sont reliés par des arcs. *Il fait bon se promener à l'ombre des **arcades** autour de la place.*

arc-boutant (nom masculin)
Construction en forme d'arc, qui soutient un mur de l'extérieur. *Les **arcs-boutants** d'une cathédrale gothique.* ➡ p. 205.
Pluriel : des arcs-boutants.
ORTHO On écrit aussi un **arcboutant**, des **arcboutants**.

s'arc-bouter (verbe) ▸ conjug. n° 3
Pousser de tout son corps pour résister à une pression. *Laure **s'arc-boutait** contre la porte pour empêcher Kevin d'entrer.*
ORTHO On écrit aussi **s'arcbouter**.

arceau, eaux (nom masculin)
Petit arc de métal. *Au croquet, on doit faire passer les boules sous des **arceaux**.*

L'arbre

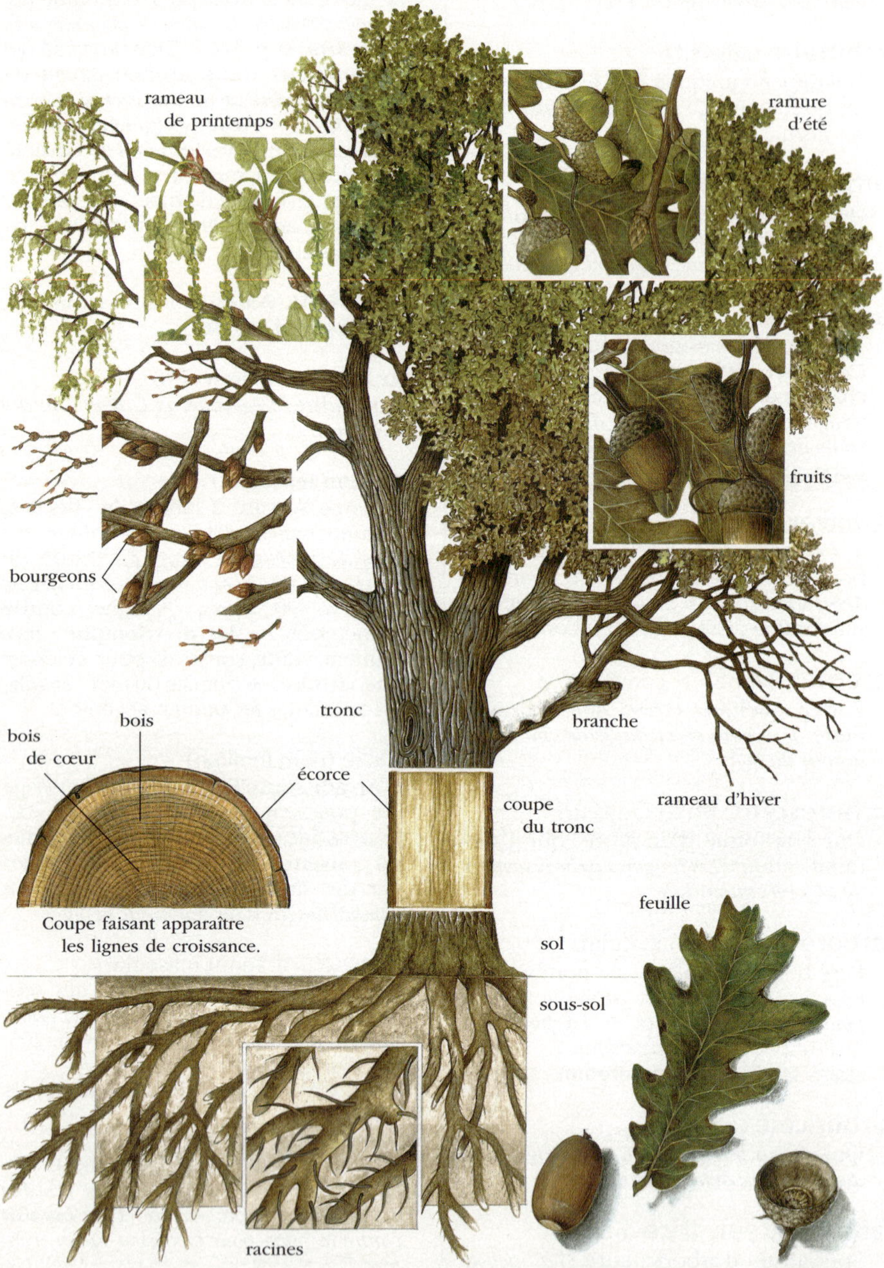

Cet arbre, un chêne, est représenté aux différentes saisons, avec des détails agrandis du tronc, du feuillage, des fruits et des racines.

arc-en-ciel (nom masculin)
Phénomène lumineux en forme d'arc, qui se produit quand le soleil paraît après une averse. *Le violet, l'indigo, le bleu, le vert, le jaune, l'orange et le rouge sont les sept couleurs de l'**arc-en-ciel**.* Pluriel : des arcs-en-ciel.

archaïque (adjectif)
Qui est très ancien et n'a plus cours aujourd'hui. *L'invention de la machine à laver a fait de la lessiveuse un objet **archaïque**.* (Syn. périmé. Contr. moderne.) Prononciation [aʀkaik].

arche (nom féminin)
Voûte en forme d'arc, soutenue par des piliers. *L'aqueduc romain de Ségovie a 128 arches.*

la Grande **Arche** de la Défense, près de Paris

archéologie (nom féminin)
Science qui étudie les civilisations anciennes. ➡ p. 1040. Prononciation [aʀkeɔlɔʒi]. Famille du mot : archéologique, archéologue.

archéologique (adjectif)
Qui concerne l'archéologie. *Des fouilles **archéologiques** sous-marines.* Prononciation [aʀkeɔlɔʒik].

archéologue (nom)
Spécialiste d'archéologie. Prononciation [aʀkeɔlɔg].

archéoptéryx (nom masculin)
Oiseau préhistorique proche des reptiles. Prononciation [aʀkeɔpteʀiks].

archer (nom masculin)
Tireur à l'arc.

archet (nom masculin)
Baguette tendue de crins qui sert à jouer des instruments à cordes tels que le violon ou le violoncelle.

archevêque (nom masculin)
Dans l'Église catholique, prêtre de rang élevé, supérieur à l'évêque.

archiduc, archiduchesse (nom)
Titre porté par les princes et princesses de l'empire d'Autriche. *L'assassinat de l'**archiduc** François-Ferdinand a déclenché la Première Guerre mondiale.*

Archimède (né en 287, mort en 212 avant Jésus-Christ)
Savant grec de l'Antiquité. Il inventa le levier, la vis sans fin et les roues dentées. Il découvrit le principe physique, appelé « poussée d'Archimède », selon lequel tout corps plongé dans un liquide subit une poussée verticale du bas vers le haut égale au poids de ce corps. Quand il fit cette découverte, il sortit, dit-on, de son bain et s'élança dans la rue en criant « Eurêka ! » (J'ai trouvé !).

archipel (nom masculin)
Groupe d'îles. *Les Galápagos sont un **archipel** du Pacifique.*

un **archipel**

architecte (nom)
Personne qui dessine les plans d'une construction et dirige les travaux. *L'**architecte** Mansart a réalisé une grande partie du château de Versailles.*

architecture (nom féminin)
1. Art d'imaginer et de construire des édifices. *Cette cathédrale est d'**architecture** gothique.* **2.** Manière dont un édifice est construit, sa forme. *L'**architecture** de cette maison est très moderne.*

archiver (verbe) ▶ conjug. n° 3
Classer un document, un fichier informatique dans des archives. *Des docu-*

ments historiques très anciens ***sont archivés*** *à la bibliothèque.*

archives (nom féminin pluriel)
1. Documents anciens qui sont classés et conservés pendant de longues périodes. **2.** Dossier informatique qui contient des fichiers anciens que l'on veut conserver.

arçon (nom masculin)
Armature d'une selle. • **Cheval d'arçon :** appareil de gymnastique soutenu par quatre pieds et sur lequel sont fixées deux poignées servant à faire des exercices.

arctique (adjectif)
De la région du pôle Nord.

Arctique
Région qui entoure le pôle Nord. Elle comprend le nord de l'Amérique, de l'Europe et de la Sibérie, le Groenland, de nombreuses îles et des archipels. Les conditions climatiques sont extrêmes (– 28 °C en hiver au Groenland). Des bouleaux et des lichens y forment une maigre végétation. Les différentes populations, composées de groupes humains tels que les Lapons ou les Inuits, pratiquent la chasse, la pêche et l'élevage (rennes).
HISTOIRE
L'exploration de ces terres commença au XVIe siècle. C'est l'explorateur américain Robert Peary qui atteignit le premier le pôle Nord en 1909.

océan **Arctique**
Océan formé des mers situées entre le pôle Nord et le nord de l'Asie, de l'Europe, de l'Amérique. L'océan Arctique est en grande partie recouvert par la banquise.
ORTHO On dit aussi **océan Glacial Arctique**.

ardemment (adverbe)
Avec ardeur. *Ibrahim souhaite* ***ardemment*** *retourner à la montagne.* (Syn. vivement.) Prononciation [aʀdamɑ̃].

Ardennes
Massif du nord-est de la France, de Belgique et du Luxembourg (10 000 km²). De nombreuses petites villes industrielles sont situées le long de la Meuse, le fleuve qui traverse cette région. De terribles combats opposèrent les armées allemande et française dans les Ardennes durant la Seconde Guerre mondiale.
➡ Voir carte p. 1372.
ORTHO On dit aussi **l'Ardenne**.

ardent, ente (adjectif)
1. Qui est très vif et passionné. *Myriam avait un* ***ardent*** *besoin de liberté.* (Syn. fervent, violent.) **2.** Qui est très chaud, qui brûle. *Un soleil* ***ardent****.* (Syn. brûlant.) Famille du mot : ard**emment**, ard**eur**. En ancien français, le verbe *ardre* veut dire « brûler ».

ardeur (nom féminin)
Enthousiasme que l'on met à ce que l'on fait. *Travailler avec* ***ardeur****.* (Syn. entrain, zèle.)

ardoise (nom féminin)
1. Roche de couleur gris foncé qui se sépare en plaques minces. *Un toit d'****ardoises****.* **2.** Tablette sur laquelle on écrit. *Sur une* ***ardoise****, on écrit à la craie.* Ce mot vient de la pierre *ardenoise*, c'est-à-dire des Ardennes, où l'on extrayait l'**ardoise**.

ardu, ue (adjectif)
Très difficile. *Un problème* ***ardu****.* (Syn. compliqué, dur. Contr. aisé, facile.)

are (nom masculin)
Unité de surface pour mesurer les terrains, et qui vaut 100 mètres carrés. *Un champ de 10 000 m² fait 100* ***ares****, ou 1 hectare.*

arène (nom féminin)
Piste située au centre d'un amphithéâtre. *Le toréro est descendu dans l'****arène****.* ■ **arènes** (nom féminin pluriel) Bâtiment où ont lieu des courses de taureaux. *Les* ***arènes*** *de Nîmes.* **Arène** vient du latin *arena* qui veut dire « sable », car la piste est recouverte de sable.

Arès
Dieu grec de la Guerre. Il est appelé Mars par les Romains.
➡ Voir **Mars**.

arête (nom féminin)
1. Os mince et pointu du squelette de la plupart des poissons. **2.** Ligne d'intersection de deux surfaces. *Les pigeons sont perchés sur l'****arête*** *du toit.*

argent (nom masculin)
1. Métal précieux blanc et brillant. *Des boucles d'oreilles en* ***argent****.* **2.** Pièces ou billets de banque servant à payer ce qu'on achète. *As-tu de l'****argent*** *sur toi ?* • **Argent de poche :** somme d'argent qu'un enfant reçoit régulièrement de ses parents. • **Prendre pour argent**

comptant : croire naïvement ce qu'on dit, ce qu'on promet. ⌂ Famille du mot : argenté, argenterie, désargenté.

argenté, ée (adjectif)
1. Recouvert d'une couche d'argent. *Un pendentif en métal **argenté**.* 2. Qui a la couleur, l'éclat de l'argent. *Sous le soleil, la rivière a des reflets **argentés**.*

argenterie (nom féminin)
Vaisselle et couverts en argent.

■ **argentin, ine** (adjectif)
Qui a un son clair comme de l'argent. *Une clochette au son **argentin**.*

■ **argentin, ine** ➡ Voir tableau p. 6.

Argentine

40,3 millions d'habitants
Capitale : Buenos Aires
Monnaie : le peso argentin
Langue officielle : espagnol
Superficie : 2 796 427 km²

État fédéral d'Amérique du Sud, bordé par l'océan Atlantique et qui s'étend de la Bolivie au cap Horn.

GÉOGRAPHIE
L'Argentine est bordée, à l'ouest, par la cordillère des Andes. Elle est formée de plateaux et de plaines qui descendent vers l'Atlantique. C'est une grande puissance agricole qui exporte du blé, du soja, de la viande, du cuir et de la laine. Son industrie s'est développée grâce à ses ressources en pétrole et gaz.

HISTOIRE
Dominée par l'Espagne depuis 1516, l'Argentine accéda à l'indépendance en 1816. À la suite de la grande crise économique mondiale de 1929, le pays fut ébranlé par des coups d'État militaires ; les militaires prirent le pouvoir et l'Argentine traversa une période de troubles et de répressions parfois sanglantes. À partir de 1982, la démocratie s'installa petit à petit dans le pays.

argile (nom féminin)
Terre molle et imperméable, utilisée pour fabriquer des poteries, des briques. (Syn. glaise.) ➡ p. 1214.

argileux, euse (adjectif)
Qui contient de l'argile. *Dans les régions **argileuses** comme la Sologne, il y a beaucoup d'étangs.*

argot (nom masculin)
Ensemble de mots très familiers qui s'emploient entre gens d'un même milieu. *« Mec », « flic » sont des mots qui viennent de l'**argot**.*

argotique (adjectif)
Qui appartient à l'argot. *« Laisse béton » est une locution **argotique** qui signifie « laisse tomber ».*

argument (nom masculin)
Raisonnement cherchant à convaincre. *Je n'ai pas fait mes devoirs parce que je me suis couché tard. – Ce n'est pas un **argument** !* (Syn. raison.)

argumenter (verbe) ▸ conjug. n° 3
Donner des preuves, des arguments. *L'avocat **a argumenté** longuement pour défendre l'accusé.*

Ariane

Personnage de la mythologie grecque.
Par amour, Ariane offrit à Thésée une pelote de fil qu'il déroula pour pouvoir sortir du Labyrinthe après avoir tué le Minotaure. Quand Thésée l'abandonna, Ariane épousa le dieu grec Dionysos.

FIL D'ARIANE
Cette expression désigne un moyen pour se sortir d'une situation difficile.

aride (adjectif)
Se dit d'un endroit très sec, où il ne pousse rien. *Un désert **aride**.* (Contr. fertile.)

aridité (nom féminin)
Fait d'être aride. *L'**aridité** du sol rend l'agriculture impossible.* (Syn. sécheresse.)

aristocrate (nom)
Personne qui appartient à l'aristocratie. (Syn. noble.) ⌂ Famille du mot : aristocratie, aristocratique.

aristocratie (nom féminin)
Ensemble des membres de la noblesse. *En France, les privilèges de l'**aristocratie** ont été abolis le 4 août 1789.* ● Prononciation [aʀistɔkʀasi]. ⊸ En grec, **aristocratie** veut dire « gouvernement des meilleurs ».

aristocratique (adjectif)
Qui est de l'aristocratie. *Un train de vie **aristocratique**.* (Syn. distingué, raffiné.)

Aristote (né en 384, mort en 322 avant Jésus-Christ)
Philosophe grec de l'Antiquité. Disciple de Platon, Aristote fut chargé de l'éducation d'Alexandre le Grand. Il fonda son école, appelée « le Lycée ». Son enseignement concernait les sciences naturelles, la météorologie, l'astronomie ou encore la physique.

arithmétique (nom féminin)
Partie des mathématiques qui étudie les nombres. *Les quatre opérations de l'**arithmétique** sont l'addition, la soustraction, la multiplication et la division.*

arlequin (nom masculin)
Personnage de théâtre masqué, vêtu d'un costume bigarré.

armada (nom féminin)
1. Flotte importante. *L'**armada** de voiliers entre dans le port.* 2. Au sens familier, grande quantité. *Une **armada** de journalistes.*

armateur (nom masculin)
Personne qui équipe et exploite des navires de pêche ou de commerce.

armature (nom féminin)
Éléments qui servent à maintenir quelque chose rigide. *L'**armature** de ma tente est en fibre de verre.*

arme (nom féminin)
1. Instrument fait pour attaquer ou se défendre. ***Arme** à feu, **arme** blanche (couteau, épée, etc.), **arme** atomique.* 2. Au sens figuré, moyen utilisé pour vaincre, gagner. *Le mensonge est une **arme** redoutable.* • **Fait d'armes :** exploit guerrier. • **Passer quelqu'un par les armes :** le fusiller. • **Prendre les armes :** se préparer au combat. • **Rendre** ou **déposer les armes :** se rendre, cesser le combat.
■ armes (nom féminin pluriel) Dessin qui sert d'emblème. *Les **armes** de la ville.* (Syn. armoiries, blason.) Famille du mot : armé, armée, armement, armer, armure, armurier, désarmant, désarmement, désarmer.

armé, ée (adjectif)
1. Qui porte des armes sur soi. *Les brigands étaient **armés** jusqu'aux dents.* 2. Renforcé par des tiges de métal. *Une dalle en béton **armé**.* • **Attaque à main armée :** attaque faite par des personnes armées.

armée (nom féminin)
1. Ensemble des forces militaires d'un pays. *On distingue l'**armée** de l'air ou l'aviation, l'**armée** de mer ou la marine et l'**armée** de terre ou l'infanterie, l'artillerie, et les blindés.* 2. Au sens figuré, grand nombre, multitude. *Une **armée** de supporters.* (Syn. foule, quantité.)

Armée du Salut
Association protestante qui aide les gens sans ressources. L'Armée du Salut a été fondée en 1864.

armement (nom masculin)
Ensemble des armes d'un soldat, d'une troupe ou d'un pays.

Arménie

3,1 millions d'habitants
Capitale : Erevan
Monnaie : le dram
Langue officielle : arménien
Superficie : 29 800 km²

État de l'ouest de l'Asie, situé à l'est de la Turquie, au sud de la Géorgie, à l'est de l'Azerbaïdjan et au nord de l'Iran.

GÉOGRAPHIE
L'Arménie est un pays au relief accidenté, constitué de hauts plateaux où se dressent des massifs volcaniques. Elle s'est récemment développée grâce à des aménagements pour l'irrigation des sols permettant la culture du coton et du tabac et l'exploitation de vignobles. Son sous-sol est riche : cuivre, plomb, bauxite, manganèse, marbre.

HISTOIRE
La population arménienne fut victime d'un génocide par les Turcs en 1915. Puis le pays fut occupé par les troupes soviétiques en 1936. En 1991, à la suite d'un référendum, l'Arménie devint une république indépendante.

arménien, enne ➡ Voir tableau p. 6.

armer (verbe) ▶ conjug. n° 3
1. Donner des armes. *La guérilla **a armé** les paysans.* (Contr. désarmer.) 2. Rendre prêt à fonctionner. ***Armer** un fusil.* 3. Équiper un

navire de son gréement. **4.** S'armer : au sens figuré, faire une grande provision de choses. ***Armons-nous*** *de patience, il y a la queue à la caisse.* • **Armer chevalier :** au Moyen Âge, faire accéder un jeune homme au rang de chevalier.

armistice (nom masculin)
Accord conclu entre des pays en guerre pour arrêter les combats. *Signer un **armistice**.* **Armistice** est formé de deux mots latins qui signifient « les armes restent immobiles ».

armoire (nom féminin)
Meuble haut et fermé, qui sert au rangement. *Les draps et les serviettes sont dans l'**armoire** de la chambre.* • **Armoire à glace :** au sens familier, personne qui a une puissante carrure. • **Armoire à pharmacie :** petit meuble dans lequel on range les médicaments.

armoiries (nom féminin pluriel)
Emblème représentant une famille ou une ville. *Les **armoiries** du comte ornent la porte du château.* (Syn. armes, blason.)

des **armoiries**

Massif **armoricain**
Ancienne chaîne de montagnes de l'ouest de la France. Le Massif armoricain s'étend en Bretagne, en Basse-Normandie et dans les Pays de la Loire. Il forme un ensemble de plateaux et de petits monts de faible altitude comme les monts d'Arrée en Bretagne (384 mètres). ➡ Voir carte p. 1372.

Armstrong Neil (né en 1930)
Astronaute américain. Il fut le premier homme à poser le pied sur la Lune au cours la mission Apollo 11, le 21 juillet 1969.

Les astronautes de la mission lunaire Apollo 11 : de gauche à droite, Neil **Armstrong**, Michael Collins et Edwin « Buzz » Aldrin

armure (nom féminin)
Ensemble de pièces de métal que revêtaient les chevaliers pour se protéger au combat. ➡ p. 82.

armurier, ère (nom)
Personne qui fabrique ou vend des armes.

arnaquer (verbe) ▸ conjug. n° 3
Dans la langue familière, tromper quelqu'un pour lui prendre de l'argent ou un objet. *Ce bijou ne vaut rien ; le vendeur t'**a arnaqué**.* (Syn. escroquer, voler.)

arnica (nom féminin)
Plante de montagne utilisée en pharmacie. *Passe-toi de la pommade à l'**arnica** sur ta bosse.*

arobase (nom masculin)
Signe @ du clavier d'un ordinateur, utilisé dans les adresses électroniques. **Arobase** est un mot qui vient de l'espagnol.

aromate (nom masculin)
Plante utilisée en cuisine pour parfumer un plat. *Elle a ajouté dans son bouillon une feuille de laurier et un peu de thym comme **aromates**.*

aromatique (adjectif)
Qui sert d'aromate. *L'anis est une plante **aromatique**.*

des soldats en **armure** à la bataille d'Aljubarrota (Portugal) en 1385

aromatiser (verbe) ▸ conjug. n° 3
Parfumer avec des aromates. *Noémie aime* ***aromatiser*** *son thé avec un peu de cannelle.*

arôme (nom masculin)
Odeur agréable d'une plante ou d'un aliment. *Le délicieux* ***arôme*** *des croissants chauds envahit la cuisine.* Famille du mot : aroma**te**, aroma**tique**, aroma**tiser**.

arpenter (verbe) ▸ conjug. n° 3
Parcourir un endroit à grands pas. *Des voyageurs énervés par l'attente* ***arpentaient*** *le quai de la gare.*

arpenteur, euse (nom)
Spécialiste qui mesure et calcule la surface des terrains.

arqué, ée (adjectif)
Courbé en forme d'arc. *Il avançait, le dos* ***arqué*** *sous le poids de son sac.*

arquebuse (nom féminin)
Ancienne arme à feu portative. *L'****arquebuse*** *était une arme très lourde.*

arrachage (nom masculin)
Action d'arracher. *À notre époque, les agriculteurs se servent de machines pour l'****arrachage*** *des pommes de terre.*

d'**arrache-pied** (adverbe)
Avec acharnement. *Sarah travaille* ***d'arrache-pied*** *à la préparation de son examen.*
ORTHO On écrit aussi **d'arrachepied**.

arracher (verbe) ▸ conjug. n° 3
1. Faire sortir en tirant. *Mets des gants pour* ***arracher*** *les orties !* **2.** Réussir à avoir quelque chose. *Lucas* ***a arraché*** *à son père l'autorisation de se coucher plus tard.* **3.** Faire quitter difficilement un endroit ou un état. *Un vacarme nous* ***a arrachés*** *à notre sommeil.* Famille du mot : arrach**age**, arrach**eur**.

arracheur (nom masculin)
• **Mentir comme un arracheur de dents :** raconter d'énormes mensonges sans la moindre honte. Les dentistes d'autrefois promettaient à leurs patients qu'ils ne souffriraient pas : naturellement, ils mentaient.

arraisonner (verbe) ▸ conjug. n° 3
Arrêter un navire pour le contrôler. *Une vedette de la police* ***a arraisonné*** *un bateau à l'entrée du port.*

arrangeant, ante (adjectif)
Qui accepte de s'arranger, de se mettre d'accord. *Il a payé son loyer avec un peu de retard mais sa propriétaire est* ***arrangeante***. (Syn. accommodant, conciliant.)

arrangement (nom masculin)
1. Manière d'arranger. *Avec ce nouveau bureau, il faudra changer l'****arrangement*** *de ta chambre.* **2.** Accord pour résoudre un conflit. *Au lieu de faire un procès, il vaudrait mieux trouver un* ***arrangement***.

arranger (verbe) ▸ conjug. n° 5
1. Installer d'une certaine manière ou dans l'ordre qui convient. *Ursula **a arrangé** sa chambre avec beaucoup de goût.* **2.** Remettre en bon état. *Le robinet fuit, il faudrait le faire **arranger**.* (Syn. réparer.) **3.** Faire le nécessaire pour trouver la meilleure solution. *Essayez d'**arranger** cette affaire sans dispute. Ils **se sont arrangés** pour voyager dans le même avion.* **4.** Être satisfaisant. *Faisons notre réunion lundi, cela **arrangera** tout le monde.* (Syn. convenir. Contr. déranger.) **5.** S'arranger : devenir meilleur. *Grâce à ce nouveau médicament, son état **s'est arrangé**.* **6.** S'arranger : se mettre d'accord. *Après une dispute, ils ont fini par **s'arranger**.* Famille du mot : arrangeant, arrangement.

arrestation (nom féminin)
Fait d'arrêter quelqu'un pour l'emprisonner. *Le commissaire a procédé à l'**arrestation** de plusieurs suspects.*

arrêt (nom masculin)
1. Fait de s'arrêter. *Il est interdit de descendre avant l'**arrêt** du train.* **2.** Lieu où s'arrête un véhicule. *Rendez-vous à 8 heures à l'**arrêt** du bus.* **3.** Moment où une action s'arrête. *Le gouvernement a décidé l'**arrêt** des combats. Il a plu sans **arrêt** pendant toute la nuit.*

arrêté, ée (adjectif)
Qui n'est pas près de changer. *Il a déjà des idées bien **arrêtées** sur ce qu'il fera plus tard.* ■ **arrêté** (nom masculin) Décision prise par une autorité administrative. *Par **arrêté** municipal, il est interdit de stationner sur la place du village.*

arrêter (verbe) ▸ conjug. n° 3
1. Empêcher quelqu'un ou quelque chose d'avancer. *Papa **a arrêté** sa voiture devant la porte.* **2.** Faire cesser. *On a dû **arrêter** le match à cause de la pluie. Zoé **s'est** brusquement **arrêtée** de parler.* **3.** Faire prisonnier. *Les policiers **ont arrêté** les cambrioleurs.* **4.** Fixer son choix. *Nous devons **arrêter** la date de notre départ avant de retenir nos billets.* (Syn. décider.) **5.** S'arrêter : cesser de fonctionner. *La pendule vient de **s'arrêter**.* **6.** S'arrêter : faire une halte, un arrêt. *Pierre **s'est arrêté** pour se reposer.* Famille du mot : arrestation, arrêt, arrêté.

arrhes (nom féminin pluriel)
Somme d'argent versée à l'avance sur le prix total d'un achat. *Si vous annulez votre voyage, les **arrhes** ne vous seront pas remboursées.*

arrière (adverbe)
• **En arrière :** à une certaine distance derrière les autres ou en reculant. ■ **arrière** (nom masculin) **1.** Partie qui se trouve derrière. *Faites monter les enfants à l'**arrière** de la voiture.* **2.** Joueur placé derrière les autres. *Les **arrières** protègent le but.* ■ **arrière** (adjectif) Qui se trouve derrière. *Les feux **arrière** de la voiture se sont allumés quand il a freiné.* Pluriel : des pneus arrière.

arriéré, ée (adjectif)
1. Qui a une intelligence trop peu développée pour son âge. *Ma tante travaille dans un établissement qui s'occupe d'enfants **arriérés**.* **2.** Qui est en retard sur son époque. *Ce n'est pas permis d'avoir des idées aussi **arriérées** !*

arrière-boutique (nom féminin)
Local qui se trouve à l'arrière d'un magasin. *L'épicier range ses réserves dans son **arrière-boutique**.* Pluriel : des arrière-boutiques.

arrière-garde (nom féminin)
Troupe de soldats qui marche à l'arrière d'une armée pour la protéger. (Contr. avant-garde.) Pluriel : des arrière-gardes.

arrière-goût (nom masculin)
Goût qui reste dans la bouche après avoir bu ou mangé. *Ce médicament a un **arrière-goût** amer.* Pluriel : des arrière-goûts.
ORTHO On écrit aussi **arrière-gout**.

arrière-grand-mère (nom féminin)
Mère de la grand-mère ou du grand-père. Pluriel : des arrière-grands-mères.

arrière-grand-père (nom masculin)
Père de la grand-mère ou du grand-père. Pluriel : des arrière-grands-pères.

arrière-grands-parents (nom masculin pluriel)
Parents de la grand-mère ou du grand-père.

a b c d e f g h i j k l m n o p q r s t u v w x y z

arrière-pays (nom masculin)
Région située en arrière de la côte. *Ils ont quitté le bord de mer pour s'installer dans l'**arrière-pays**.* Pluriel : des arrière-pays.

arrière-pensée (nom féminin)
Pensée ou intention cachée. *Je ne voulais pas te vexer, j'ai dit ça sans aucune **arrière-pensée**.* Pluriel : des arrière-pensées.

arrière-petits-enfants (nom masculin pluriel)
Enfants des petits-enfants.

arrière-plan (nom masculin)
Partie d'un tableau ou d'une photo qui paraît la plus éloignée. *À l'**arrière-plan** de ce portrait, on aperçoit un bouquet de fleurs.* Pluriel : des arrière-plans.

Le pont est à l'**arrière-plan**.
« Le Pont de Mantes » de Camille Corot (1870)

arrière-saison (nom féminin)
Fin de l'automne. *Le temps froid de cette **arrière-saison** nous annonce l'hiver.* Pluriel : des arrière-saisons.

arrière-train (nom masculin)
Partie arrière du corps d'un animal. *Assis sur son **arrière-train**, le chien attend son maître.* Pluriel : des arrière-trains.

arrimer (verbe) ▸ conjug. n° 3
Fixer solidement. *Les marins **arriment** les caisses dans la cale du navire avant le départ.*

arrivage (nom masculin)
Livraison de marchandises. *Le poissonnier attend un **arrivage** de crevettes.*

arrivant, ante (nom)
Personne qui vient d'arriver. *Les premiers **arrivants** ont eu des places au premier rang de la salle.*

arrivée (nom féminin)
Moment ou lieu où l'on arrive. *Les spectateurs attendent l'**arrivée** du vainqueur. Le premier coureur vient de passer la ligne d'**arrivée**.* (Contr. départ.)

arriver (verbe) ▸ conjug. n° 3
1. Atteindre un lieu. *Nos amis doivent **arriver** à Strasbourg à 8 heures.* 2. Être proche. *C'est bientôt l'été, les vacances **arrivent** !* 3. Avoir lieu. *Ce genre d'accident n'**arrive** pas très souvent.* (Syn. se produire.) 4. Réussir à accomplir quelque chose. *Je n'**arrive** pas à fermer cette valise !* 5. Atteindre un certain niveau. *Quentin a encore grandi, il m'**arrive** déjà au menton ! Les vagues **arrivent** jusqu'au pied de la falaise.* **Arriver** se conjugue avec l'auxiliaire *être*. Famille du mot : arriv**age**, arriv**ant**, arriv**ée**. **Arriver** c'est, à l'origine, atteindre l'autre *rive* d'un cours d'eau.

arriviste (nom)
Personne qui est prête à utiliser n'importe quel moyen pour réussir.

arrogance (nom féminin)
Attitude hautaine et insolente. *Romain se croit tout permis, il est d'une **arrogance** incroyable.* (Syn. morgue.)

arrogant, ante (adjectif)
Qui montre de l'arrogance. *Il parle toujours d'un ton **arrogant** à ses employés.*

s'arroger (verbe) ▸ conjug. n° 5
Prendre un droit ou un pouvoir sans y être autorisé. *Elle **s'est arrogé** le droit de parler au nom de ses collègues.*

arrondi, ie (adjectif)
Qui est de forme plus ou moins ronde. *Anna nous regardait avec des yeux **arrondis** par la surprise.*

arrondir (verbe) ▸ conjug. n° 11
1. Donner une forme ronde. *Depuis qu'il va mieux, ses joues **se sont arrondies**.* 2. Au sens figuré, ajouter ou retrancher pour obtenir un compte rond. *Vous me devez 12,20 euros, mais j'**arrondis** à 12 euros.*
• **Arrondir les angles :** faire tout son possible pour éviter une dispute.

arrondissement (nom masculin)
Division administrative d'une ville ou d'un département. *Paris est divisé en vingt **arrondissements**.*

arrosage (nom masculin)
Action d'arroser. *Les enfants s'amusent à s'asperger avec le tuyau d'**arrosage**.*

arroser (verbe) ▸ conjug. n° 3
Mouiller en versant de l'eau ou un autre liquide. *Le jardinier **arrose** les légumes du potager.* Famille du mot : arrosage, arroseuse, arrosoir.

arroseuse (nom féminin)
Véhicule équipé pour nettoyer les rues.

arrosoir (nom masculin)
Récipient qui sert à arroser les plantes.

arsenal, aux (nom masculin)
1. Atelier de construction et de réparation des navires de guerre. 2. Dépôt d'armes et de munitions. *Les terroristes avaient caché tout un **arsenal** au fond d'une cave.*

arsenic (nom masculin)
Poison très violent. *L'autopsie a prouvé qu'il avait été empoisonné à l'**arsenic**.*

art (nom masculin)
1. Ensemble des activités humaines ayant pour but la création d'œuvres. *La peinture, la musique, la danse sont des **arts**. Les tableaux, les statues, les films sont des œuvres d'**art**.* 2. Ensemble des œuvres d'art réalisées pendant une certaine période. *L'**art** chinois.* 3. Ensemble des techniques qui concernent un métier. *L'**art** culinaire est l'**art** de faire la cuisine.* 4. Manière de faire quelque chose. *Élodie a l'**art** de mettre tout le monde d'accord.*
• **Le septième art :** le cinéma. Famille du mot : artiste, artistique.

d'**Artagnan** (né vers 1611, mort en 1673)
Gentilhomme gascon. Capitaine des mousquetaires, il arrêta Fouquet en 1661. Il est le héros du roman *les Trois Mousquetaires* d'Alexandre Dumas père.

Artémis
Déesse grecque de la Chasse. Elle était appelée Diane par les Romains.
➡ Voir **Diane**.

artère (nom féminin)
1. Vaisseau sanguin qui part du cœur vers les organes de notre corps. 2. Grande rue dans une ville. *L'**artère** principale est très large.*

artériel, elle (adjectif)
Qui concerne les artères. *Mon grand-père doit surveiller sa tension **artérielle**.*

arthrose (nom féminin)
Maladie des articulations. *En vieillissant, grand-mère commence à souffrir d'**arthrose**.*

Arthur
Roi celte légendaire. Il aurait réuni les tribus celtes de Grande-Bretagne pour lutter contre les envahisseurs anglo-saxons à la fin du Ve siècle et au début du VIe siècle. Avec les chevaliers de la Table ronde, il est le héros de romans en vers regroupés sous le nom de *Cycle breton*.
ORTHO On dit aussi **Artus**.

le roi **Arthur** et les chevaliers de la Table ronde

artichaut (nom masculin)
Légume dont on mange la base des feuilles et le fond.

des **artichauts**

a b c d e f g h i j k l m n o p q r s t u v w x y z

article (nom masculin)
1. Texte écrit publié dans un journal. *Les **articles** sportifs sont à la page 4.* **2.** Paragraphe dans un texte de loi ou dans un contrat. *L'**article** premier de la Déclaration des droits de l'homme et du citoyen affirme que « les hommes naissent et demeurent libres et égaux en droits ».* **3.** Objet en vente dans un magasin. *En ce moment, les **articles** de jardinage sont en solde.* **4.** Déterminant du nom. *Les **articles** définis (le, la, les) et les **articles** indéfinis (un, une, des) se placent avant le nom.*

articulaire (adjectif)
Qui concerne les articulations. *Grand-père souffre de douleurs **articulaires**.*

articulation (nom féminin)
1. Endroit où les os s'articulent entre eux. *À la suite d'une chute, Thomas souffre de l'**articulation** du genou.* **2.** Manière d'articuler les mots. *Lis lentement ce paragraphe en faisant attention à l'**articulation**.*

articulé, ée (adjectif)
Qui est formé d'éléments mobiles qui s'articulent entre eux. *Cette marionnette a des membres **articulés**.*

articuler (verbe) ▸ conjug. n° 3
1. Prononcer distinctement. *Luc, essaie d'**articuler** si tu veux qu'on comprenne ce que tu dis.* **2.** S'articuler : être uni grâce à une jointure qui permet de bouger. *Le pied **s'articule** sur la jambe au niveau de la cheville.* Famille du mot : articulaire, articulation, articulé, désarticulé.

artifice (nom masculin)
Moyen habile et trompeur. *Il s'est déguisé en policier et a réussi à s'enfuir grâce à cet ingénieux **artifice**.*

artificiel, elle (adjectif)
Qui est créé par l'homme. *Des fleurs **artificielles**.* (Contr. naturel.)

artificiellement (adverbe)
D'une manière artificielle. *Cette variété de fruits a été créée **artificiellement**.*

artificier, ère (nom)
Personne qui s'occupe d'un feu d'artifice.

artillerie (nom féminin)
1. Matériel de guerre comprenant les canons et leurs munitions. *Un tir d'**artillerie** a entièrement détruit la ville.* **2.** Partie de l'armée qui se sert de canons. *Des officiers d'**artillerie**.*

artilleur (nom masculin)
Soldat qui sert dans l'artillerie.

artisan, ane (nom)
Personne qui exerce un métier manuel pour son propre compte. *Un relieur, un peintre, un plombier sont des **artisans**.* Famille du mot : artisanal, artisanat.

artisanal, ale, aux (adjectif)
Fabriqué par un artisan. *Sur la place du marché, il y a une exposition de tapisseries **artisanales**.*

artisanat (nom masculin)
Activité des artisans. *Ce village est réputé pour l'**artisanat** du bois.*

artiste (nom)
1. Personne qui crée des œuvres d'art. *Ce peintre est maintenant un **artiste** célèbre.* **2.** Personne qui interprète des œuvres théâtrales, cinématographiques ou musicales. *Cette émission de télévision réunit de nombreux **artistes** : des musiciens, des acteurs, des chanteurs.*

artistique (adjectif)
Qui concerne l'art. *Victor a choisi le chant comme activité **artistique**.*

Artois
Ancienne province française. Son territoire correspond au département du Pas-de-Calais.
HISTOIRE
Conquis en 1640 par Louis XIII, l'Artois fut définitivement rattaché à la France par la paix des Pyrénées en 1659. ➡ Voir carte p. 1372.

arum (nom masculin)
Plante à grandes fleurs en forme de cornet. Prononciation [arɔm].

Arvernes
Peuple de la Gaule qui vivait dans l'actuelle Auvergne. Conduits par leur chef Vercingétorix, les Arvernes résistèrent à la conquête des Romains. Ils furent vaincus par César à Alésia.

Aryens
Peuples d'origine indo-européenne. Ils s'installèrent en Iran et au nord de l'Inde entre 2 000 et 1 000 avant Jésus-Christ.

as (nom masculin)
1. Carte à jouer marquée d'un seul signe. *Avec les quatre **as**, tu es sûre de gagner la partie.* **2.** Face de dé ou de domino marquée d'un seul point. **3.** Personne qui est excellente dans son domaine. *Fatima est un **as** de la planche à voile.* ● Prononciation [as], contrairement à la deuxième personne de avoir : *tu as* [a].

ascendance (nom féminin)
Origine familiale. *C'est un Américain d'**ascendance** irlandaise.*

ascendant, ante (adjectif)
Qui va de bas en haut. *Un courant **ascendant** entraîne le cerf-volant vers les nuages.* (Contr. descendant.) ■ **ascendant** (nom masculin) **1.** Père, grand-père, arrière-grand-père, etc. *Alexis a des **ascendants** russes.* (Contr. descendant.) **2.** Influence qu'on exerce sur quelqu'un. *Hélène a beaucoup d'**ascendant** sur son jeune frère.*

ascenseur (nom masculin)
1. Appareil qui sert à monter ou à descendre les étages d'un immeuble. *Si l'**ascenseur** est en panne, il nous faudra monter à pied !* **2.** Barre de défilement verticale qui permet de se déplacer rapidement dans un fichier informatique. *Utilise l'**ascenseur** pour atteindre la fin de ton document.*

un **arum**

ascension (nom féminin)
Action de monter. *Nous avons atteint le sommet de la montagne après une **ascension** de plusieurs heures.*

ascensionnel, elle (adjectif)
Qui monte ou qui aide à monter. *Un parachute **ascensionnel**.*

aseptiser (verbe) ▸ conjug. n° 3
Synonyme de désinfecter. ***Aseptiser** une salle d'opération, un instrument chirurgical.*

asiatique ➡ Voir tableau p. 6.

Asie

C'est le continent le plus étendu et le plus peuplé (44 millions de km^2 ; plus de 4,2 milliards d'habitants). L'Asie est séparée de l'Amérique par le détroit de Béring, de l'Afrique par la mer Rouge, de l'Europe par les monts de l'Oural. L'Asie est bordée au nord par l'océan Arctique, à l'est et au sud-est par l'océan Pacifique, au sud par l'océan Indien.

GÉOGRAPHIE
L'Asie est découpée en vastes péninsules au sud : l'Arabie, l'Inde et l'Indochine. Au centre s'élèvent les chaînes montagneuses de l'Himalaya (dont le point culminant est l'Everest, avec 8 850 mètres), du Caucase et de l'Altaï. Au nord de ces chaînes s'étendent la plaine de Sibérie occidentale et le plateau de la Sibérie centrale avec, à l'ouest, la mer d'Aral et la mer Caspienne. À l'est se situent les archipels du Japon, des Philippines et d'Indonésie, les péninsules de Corée et de Malaisie, l'île de Taiwan.
Le climat et la végétation varient énormément : la toundra arctique au nord, les forêts tropicales de l'Asie des moussons, la taïga sibérienne, les steppes du Kazakhstan, le désert de Gobi. Les montagnes alimentent de grands fleuves comme l'Amour, le Yangzijiang, le Mékong, le Gange, l'Indus. Excepté au Japon, l'agriculture reste la principale activité. On cultive le blé, le riz, le soja et le thé. Depuis la fin des années 1990, l'Asie connaît un grand développement économique mais certains pays, comme le Népal et le Bangladesh, restent très pauvres. D'autres pays, comme la Chine, l'Inde et l'Indonésie, doivent faire face aux problèmes posés par la forte augmentation de leur population.

a b c d e f g h i j k l m n o p q r s t u v w x y z

Asie centrale
Partie de l'Asie située entre la mer Caspienne et la Mongolie. L'Asie centrale comprend le Kazakhstan, le Kirghizstan, l'Ouzbékistan, le Tadjikistan, le Turkménistan et le Xinjiang (région de Chine).

Asie Mineure
Nom d'une partie de l'Asie, située à l'ouest de la Turquie, dans l'Antiquité.

asile (nom masculin)
1. Endroit qui sert d'abri ou de refuge. *Des sans-abris cherchent un **asile** pour la nuit.* **2.** Nom donné autrefois à un hôpital psychiatrique. • **Droit d'asile :** droit accordé à un étranger de pénétrer sur un territoire lorsqu'il est poursuivi dans son pays pour des raisons politiques.

aspect (nom masculin)
Manière dont une personne ou une chose nous apparaît. *C'est un vieux pull mais il a l'**aspect** d'un vêtement neuf.* (Syn. allure.) *Il faut étudier la question sous tous ses **aspects**.* Prononciation [aspɛ].

asperge (nom féminin)
Légume dont on mange les jeunes pousses. *Des **asperges** à la vinaigrette.*

plant, fleurs, fruits et pointe d'**asperge**

asperger (verbe) ▸ conjug. n° 5
Mouiller en projetant un liquide. *Il m'a **aspergé** avec son pistolet à eau.*

aspérité (nom féminin)
Petite bosse qui dépasse sur une surface. *Accroche-toi aux **aspérités** du rocher pour l'escalader sans peine !*

asphalte (nom masculin)
Matière noire utilisée pour recouvrir les routes. *Les ouvriers étalent sur la chaussée une couche d'**asphalte**.* (Syn. bitume.)

asphyxie (nom féminin)
Arrêt de la respiration. *Il a failli mourir par **asphyxie** à cause de la fumée dégagée par l'incendie.* (Syn. étouffement.)

asphyxier (verbe) ▸ conjug. n° 10
Causer la mort par asphyxie.

aspic (nom masculin)
Sorte de vipère.

aspirateur (nom masculin)
Appareil électrique servant à aspirer la poussière.

aspiration (nom féminin)
1. Action d'aspirer un liquide. **2.** Fait d'aspirer à quelque chose de meilleur. *La vie à la campagne satisfait toutes ses **aspirations**.*

aspiré, ée (adjectif)
• **Le « h » aspiré :** la lettre « h » au début de certains mots, qui empêche de faire la liaison avec le mot précédent.

aspirer (verbe) ▸ conjug. n° 3
1. Faire entrer de l'air dans ses poumons. *Avant de plonger, **aspirez** profondément !* **2.** Attirer un liquide ou un gaz. ***Aspirer** de l'eau avec une pompe, de la poussière avec un aspirateur.* **3.** Au sens figuré, désirer quelque chose avec force. *Après tant d'aventures, il **aspire** à une vie tranquille.* Famille du mot : aspir**ateur**, aspir**ation**, aspir**é**.

aspirine (nom féminin)
Médicament utilisé contre la fièvre ou les douleurs.

s'assagir (verbe) ▸ conjug. n° 11
Devenir plus sage. *Elle **s'est assagie** en grandissant.*

assaillant, ante (nom)
Personne qui attaque. *Les **assaillants** ont été repoussés après un dur combat.*

assaillir (verbe) ▸ conjug. n° 14
Attaquer avec violence, à l'improviste. *Des voyous **ont assailli** un voyageur pour le dévaliser.*

assainir (verbe) ▸ conjug. n° 11
Rendre plus sain, plus propre. *L'eau du lac est polluée, il faudra l'**assainir** avant d'autoriser la baignade.*

assainissement (nom masculin)
Action d'assainir. *Les travaux d'**assainissement** de la rivière.*

assaisonnement (nom masculin)
Manière d'assaisonner un plat. *Julie mélange du sel, de l'huile et du vinaigre pour l'**assaisonnement** de la salade.*

assaisonner (verbe) ▸ conjug. n° 3
Ajouter du sel ou des épices à un plat pour lui donner plus de goût. *Maman **assaisonne** le coq au vin avec un peu de thym, du laurier et une pincée de poivre.*

assassin (nom masculin)
Personne qui a assassiné une autre personne. (Syn. criminel, meurtrier.)
Famille du mot : assassin**at**, assassin**er**.

assassinat (nom masculin)
Action d'assassiner. *On l'a tué de sang-froid, c'est un **assassinat**.* (Syn. crime, meurtre.)

assassiner (verbe) ▸ conjug. n° 3
Tuer quelqu'un volontairement. *Cet homme **a assassiné** son voisin par vengeance.*

assaut (nom masculin)
Attaque menée contre un lieu ou une personne. *Les troupes s'élancent à l'**assaut** de la forteresse.* • **Prendre d'assaut :** se précipiter en foule quelque part.

Au kendo, un **assaut** consiste à tenter d'**asséner** un coup à la tête ou à la poitrine de l'adversaire.

assèchement (nom masculin)
Opération destinée à assécher un lieu. *Les marais sont dangereux, on a prévu leur **assèchement**.*

assécher (verbe) ▸ conjug. n° 8
Enlever l'eau d'un endroit pour le mettre à sec. *On **a asséché** la mare du jardin pour éviter les moustiques.*

assemblage (nom masculin)
Ensemble d'éléments assemblés. *Une mosaïque est faite d'un **assemblage** de carreaux multicolores.*

assemblée (nom féminin)
Groupe de personnes réunies. *L'**Assemblée** nationale est composée de députés qui votent les lois en France.*

Assemblée nationale

Assemblée du Parlement français. Le rôle de l'Assemblée nationale est de préparer et de discuter les lois, avec le Sénat. L'Assemblée nationale compte 577 députés élus au suffrage universel pour cinq ans.

Jean Jaurès, député de 1902 à 1914, à la tribune de l'**Assemblée** (peinture de Jean Veber)

assembler (verbe) ▸ conjug. n° 3
1. Réunir des éléments pour en faire un tout. *Benjamin **assemble** les pièces de sa maquette avant de les coller.* **2.** S'assembler : se réunir. *Les gens **se sont assemblés** sur la place pour regarder le feu d'artifice.* (Syn. se rassembler.) Famille du mot : assembl**age**, assembl**ée**, rassemble**ment**, rassembler.

asséner (verbe) ▸ conjug. n° 8
Donner un coup violent. *Il lui **a asséné** un coup de matraque sur la tête pour l'assommer.*

assentiment (nom masculin)
Accord ou consentement. *Laura a pris cette décision sans l'**assentiment** de ses parents.*

s'asseoir (verbe) ▸ conjug. n° 29
Poser ses fesses quelque part. *S'il n'y a plus de siège, **assieds-toi** par terre !*
ORTHO On écrit aussi **assoir**.

asservir (verbe) ▸ conjug. n° 15
Rendre esclave, soumettre. *Des révoltes éclataient dans tout le pays contre le tyran qui **asservissait** le peuple.*

assez (adverbe)
1. Autant qu'il en faut. *Il y a **assez** de gâteau pour tout le monde.* (Syn. suffisamment.) 2. Moyennement. *Myriam est **assez** bonne en orthographe.* • **En avoir assez** : être agacé, excédé. ***J'en ai assez** de vous entendre crier.*

assidu, ue (adjectif)
Qui est appliqué et persévérant. *Clément réussit grâce à un travail **assidu**.*
Famille du mot : assidu**ité**, assid**ûment**.

assiduité (nom féminin)
Qualité d'une personne assidue. *Noémie fréquente la bibliothèque avec **assiduité**.*

assidûment (adverbe)
De façon assidue. *David étudie ses leçons **assidûment**.*
ORTHO On écrit aussi **assidument**.

assiégeant, ante (nom)
Qui fait le siège d'un lieu. *Les **assiégeants** ont attendu la nuit pour prendre la ville d'assaut.*

assiéger (verbe) ▸ conjug. n° 5
Encercler un lieu pour obliger ses occupants à se rendre. *Les habitants résistent aux ennemis qui **assiègent** leur ville.* (Syn. investir.)

assiette (nom féminin)
Pièce de vaisselle dans laquelle on mange. *Des **assiettes** en porcelaine, en carton. Des **assiettes** plates, des **assiettes** creuses.*

assiettée (nom féminin)
Contenu d'une assiette. *Tout le monde a eu droit à une **assiettée** de spaghettis.*

assigner (verbe) ▸ conjug. n° 3
Attribuer quelque chose à quelqu'un. *On **a assigné** les places du fond aux élèves les plus grands.*

assimilation (nom féminin)
1. Ensemble des transformations que les aliments subissent dans notre corps après la digestion. 2. Fait de comprendre et de savoir utiliser ce qu'on apprend. *L'**assimilation** des connaissances.*

assimiler (verbe) ▸ conjug. n° 3
1. Considérer comme semblables. *C'est une erreur d'**assimiler** les araignées aux insectes.* 2. Transformer les aliments qu'on absorbe en énergie pour l'organisme. *C'est un bébé, il n'**assimile** encore que le lait.* 3. Au sens figuré, comprendre et retenir ce qu'on apprend. *Il faut que tu lises ta leçon plusieurs fois pour l'**assimiler** complètement.*

assis, ise (adjectif)
• **Place assise** : place où l'on peut s'asseoir. *Il ne reste plus de **place assise** dans cette salle.*

assises (nom féminin pluriel)
• **Cour d'assises** : tribunal qui juge les criminels. *Il comparaît devant la **cour d'assises** pour meurtre.*

assistance (nom féminin)
1. Ensemble des assistants. *Le spectacle s'est déroulé devant une **assistance** enthousiaste.* 2. Aide apportée à quelqu'un. *Des passants ont porté **assistance** aux victimes de l'accident.* (Syn. secours.)

assistant, ante (nom)
1. Personne qui assiste à quelque chose. *La plupart des **assistants** ont quitté la réunion avant la fin.* 2. Personne qui aide une autre personne dans son travail. *Le directeur est absent, mais vous pouvez vous renseigner auprès de son **assistant**.* • **Assistant(e) social(e)** : personne qui aide et conseille les personnes malades ou celles qui ont des difficultés.

assisté, ée (adjectif)
• **Assisté par ordinateur** : se dit d'un travail dont une partie est réalisée sur un ordinateur.

assister (verbe) ▸ conjug. n° 3
1. Être présent au moment où quelque chose se produit. *Le gendarme interroge*

ceux qui ***ont assisté*** *à l'accident.* 2. Porter assistance. *Deux infirmières* ***assistaient*** *le chirurgien pendant l'opération.* Famille du mot : assist**ance**, assist**ant**, assist**é**.

association (nom féminin)
Groupe de personnes ayant un intérêt commun. *Elle fait partie d'une* ***association*** *pour la protection des animaux.* (Syn. organisation.)

associé, ée (nom)
Personne qui participe au travail, aux frais et aux bénéfices d'une entreprise. *Cet hôtel est dirigé par plusieurs* ***associés****.*

associer (verbe) ▸ conjug. n° 10
Faire participer ou donner une part de responsabilité. *Il* ***a associé*** *son fils à son entreprise. Ils* ***se sont associés*** *pour monter un commerce.* Famille du mot : asso**ciation**, associ**é**.

assoiffé, ée (adjectif)
1. Qui a soif. *Ils sont rentrés* ***assoiffés*** *après une journée passée au soleil.* 2. Au sens figuré, qui a un grand désir. *Le tyran est* ***assoiffé*** *de pouvoir.*

assombrir (verbe) ▸ conjug. n° 11
1. Rendre plus sombre. *L'horizon* ***s'assombrit*** *lentement.* (Contr. éclaircir.) 2. Au sens figuré, rendre triste. *Le vol de notre voiture* ***a assombri*** *nos derniers jours de vacances.*

assommant, ante (adjectif)
Très ennuyeux. *Vos bavardages sont* ***assommants****.*

assommer (verbe) ▸ conjug. n° 3
1. Étourdir quelqu'un en le frappant à la tête. *Il* ***a assommé*** *un passant d'un coup de poing sur la tête.* 2. Synonyme familier d'ennuyer. *Arrête de passer toujours le même disque : tu nous* ***assommes*** *!*

assortiment (nom masculin)
Ensemble de choses assorties. *En entrée, on a servi un* ***assortiment*** *de charcuterie.*

assortir (verbe) ▸ conjug. n° 11
Mettre ensemble des choses qui s'accordent bien. *Maman* ***a assorti*** *les rideaux aux murs de la chambre.*

s'assoupir (verbe) ▸ conjug. n° 11
S'endormir peu à peu. *Il* ***s'est assoupi*** *après le déjeuner.*

assoupissement (nom masculin)
Fait de s'assoupir. *Un petit bruit le tira brusquement de son* ***assoupissement****.*

assouplir (verbe) ▸ conjug. n° 11
Rendre plus souple. *Grâce au sport, son corps* ***s'est assoupli****.*

assouplissant (nom masculin)
Produit de rinçage qui sert à assouplir le linge.

assouplissement (nom masculin)
Action de s'assouplir. *Avant la compétition, les skieurs font des exercices d'****assouplissement****.*

assourdir (verbe) ▸ conjug. n° 11
1. Rendre sourd pendant un court moment. *Le bruit des pétards nous* ***a assourdis****.* 2. Rendre moins sonore. *Un épais tapis de neige* ***assourdissait*** *nos pas.*

assourdissant, ante (adjectif)
Qui assourdit. *Le bruit* ***assourdissant*** *d'une sirène.*

assouvir (verbe) ▸ conjug. n° 11
Calmer un besoin ou une envie. *Kevin se sent capable d'avaler un poulet entier pour* ***assouvir*** *sa faim.*

assujettir (verbe) ▸ conjug. n° 11
1. Placer sous sa domination. *Le dictateur* ***assujettit*** *son peuple.* (Syn. asservir.) 2. Être dans l'obligation d'obéir à une loi. *Les citoyens* ***sont assujettis*** *à un nouvel impôt.*

assumer (verbe) ▸ conjug. n° 3
Accepter les conséquences d'un choix. *Il est capable d'****assumer*** *son rôle de chef.*

assurance (nom féminin)
1. Garantie certaine. *Je lui ai donné l'****assurance*** *que je serai présent à la réunion.* 2. Contrat qui assure contre certains risques. *Il a pris une* ***assurance*** *contre l'incendie.* 3. Confiance en soi. *Face au témoin du vol, le coupable a perdu toute son* ***assurance****.* (Contr. timidité.)

a b c d e f g h i j k l m n o p q r s t u v w x y z

assuré, ée (adjectif)
Qui montre de l'assurance. *Sarah a répondu à toutes les questions d'un ton **assuré**.* (Contr. timide.) ■ **assuré, ée** (nom) Personne qui a un contrat d'assurance.

assurément (adverbe)
Sûrement, certainement. *Est-ce qu'il acceptera mon invitation ? – **Assurément** !*

assurer (verbe) ▸ conjug. n° 3
1. Affirmer que quelque chose est sûr. *Il m'**a assuré** qu'il viendrait.* **2.** Payer pour être garanti contre certains risques. *Papa **a assuré** sa voiture, il sera remboursé en cas d'accident.* **3.** Accomplir un travail ou une fonction. *L'infirmière de nuit **assure** la surveillance des malades.* **4.** S'assurer : vérifier que quelque chose est sûr. *Les passagers sont priés de **s'assurer** qu'ils n'ont rien oublié dans l'avion.* Famille du mot : assur**ance**, assur**é**, assur**ément**, assur**eur**.

assureur (nom masculin)
Personne qui a pour métier d'établir des contrats d'assurance.

aster (nom masculin)
Plante à petites fleurs en forme d'étoiles. ● Prononciation [astɛʀ].

astérisque (nom masculin)
Signe d'imprimerie en forme d'étoile (*). *L'astérisque, placé derrière un mot, indique un renvoi à ce mot.* En grec, ce mot signifie « petite étoile ».

astéroïde (nom masculin)
Petite masse rocheuse qui appartient au système solaire. *On observe les **astéroïdes** avec des télescopes.*

asthmatique (adjectif et nom)
Qui souffre d'asthme. ● Prononciation [asmatik].

asthme (nom masculin)
Maladie qui provoque des crises d'étouffement. *Grand-père a du mal à respirer, c'est peut-être une crise d'**asthme**.* ● Prononciation [asm].

asticot (nom masculin)
Larve de la mouche à viande, qui a la forme d'un petit ver blanc. *Les pêcheurs se servent d'**asticots** comme appât.*

asticoter (verbe) ▸ conjug. n° 3
Synonyme familier d'embêter. *Arrête d'**asticoter** ta sœur.*

astigmate (adjectif et nom)
Qui est atteint d'une anomalie de l'œil donnant une vision trouble.

astiquer (verbe) ▸ conjug. n° 3
Frotter pour faire briller. ***Astiquer** des meubles, le parquet.* L'*astic* était un petit instrument en os ou en bois dur servant à faire briller le cuir.

astrakan (nom masculin)
Fourrure à poils frisés provenant d'agneaux d'Asie. **Astrakan** vient du nom d'une ville de Russie, d'où provenait cette fourrure.

astre (nom masculin)
Étoile ou planète. *Les savants étudient les **astres** à l'aide de télescopes.* Famille du mot : astr**ologie**, astr**ologique**, astr**ologue**, astr**onaute**, astr**onautique**, astr**onome**, astr**onomie**, astr**onomique**.

astreignant, ante (adjectif)
Qui ne laisse pas beaucoup de temps libre. *Ibrahim fait un travail très **astreignant**.*

astreindre (verbe) ▸ conjug. n° 35
Forcer à faire quelque chose. *Le gouvernement **a astreint** la population à payer un impôt supplémentaire.* (Syn. contraindre, obliger.)

astrolabe (nom masculin)
Instrument qui servait aux marins à se repérer par rapport aux étoiles.

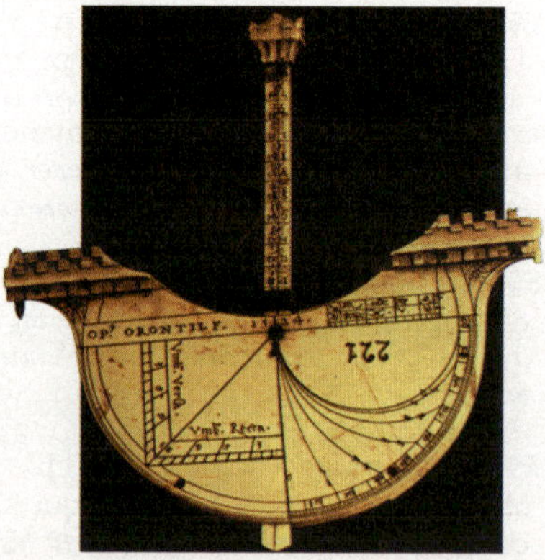

un **astrolabe** (XVIe siècle)

astrologie (nom féminin)
Croyance que la position des astres dans le ciel influence le caractère et la vie des hommes.

astrologique (adjectif)
Qui concerne l'astrologie. *Les signes du zodiaque ont une signification **astrologique**.*

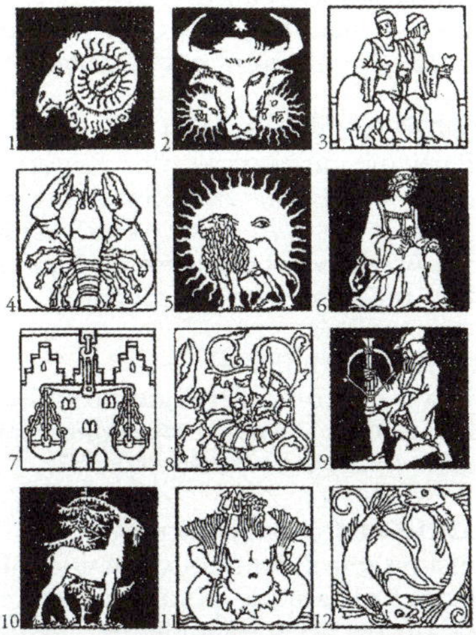

Les douze signes du zodiaque ont une signification **astrologique** : 1 - Bélier, 2 - Taureau, 3 - Gémeaux, 4 - Cancer, 5 - Lion, 6 - Vierge, 7 - Balance, 8 - Scorpion, 9 - Sagittaire, 10 - Capricorne, 11 - Verseau, 12 - Poissons.

astrologue (nom)
Personne qui fait de l'astrologie. *Un **astrologue** lui a prédit un riche mariage.*

astronaute (nom)
Pilote ou passager d'un engin spatial. (Syn. cosmonaute.) ➡ p. 66.

astronautique (nom féminin)
Science de la navigation dans l'espace interplanétaire.

astronome (nom)
Spécialiste d'astronomie.

astronomie (nom féminin)
Science qui étudie les astres et la structure de l'Univers.

astronomique (adjectif)
1. Qui concerne l'astronomie. *Une lunette **astronomique** est un instrument qui permet l'observation des astres.* 2. Dans un sens figuré et familier, très élevé et exagéré. *Ces montres sont vendues à des prix **astronomiques**.*

astuce (nom féminin)
1. Moyen habile. *Ursula trouve toujours une **astuce** pour échapper aux corvées.* 2. Petite plaisanterie ou jeu de mots. Famille du mot : astu**cieusement**, astu**cieux**.

astucieusement (adverbe)
De façon astucieuse. *Lucas a très **astucieusement** évité tous les pièges.*

astucieux, euse (adjectif)
Qui est plein d'ingéniosité. *Un bricoleur **astucieux**. Une solution **astucieuse**.*

asymétrie (nom féminin)
Absence de symétrie.

asymétrique (adjectif)
Qui est composé de deux parties qui ne sont pas symétriques. *Le visage que tu as dessiné est complètement **asymétrique**.* (Syn. dissymétrique.)

atelier (nom masculin)
Lieu où travaille un artiste ou un artisan. *L'**atelier** d'un sculpteur, d'un peintre.*

athée (nom)
Personne qui ne croit en aucun dieu.

Athéna
Déesse grecque de la Sagesse, des Sciences et des Arts. Elle était appelée Minerve par les Romains. Elle est la protectrice de la ville d'Athènes, qui porte son nom.

Athènes
Capitale de la Grèce (3,5 millions d'habitants). Son port, le Pirée, est situé sur la Méditerranée à quelques kilomètres de la ville. Athènes compte de nombreux musées et de magnifiques monuments antiques comme le Parthénon, édifié sur le rocher de l'Acropole. La ville est l'un des centres touristiques les plus visités au monde. C'est à Athènes que se déroulèrent les premiers jeux Olympiques en 1896. Ils s'y déroulèrent à nouveau en 2004.

athlète (nom)
1. Sportif qui fait de l'athlétisme. *Cet **athlète** vient de remporter l'épreuve du saut en hauteur.* 2. Personne qui a un corps

muslé et puissant. *Zoé est très mince mais c'est une véritable **athlète**.* Famille du mot : athlét**ique**, athlét**isme**.

Un bon nageur est un **athlète** complet.

athlétique (adjectif)
1. Qui a la carrure et la souplesse d'un athlète. *Une jeune fille **athlétique**.* 2. Qui se rapporte à l'athlétisme. *Les épreuves **athlétiques**.*

athlétisme (nom masculin)
Ensemble des sports individuels de compétition. *Les épreuves d'**athlétisme** regroupent la course à pied, les sauts et les lancers (poids, disque, javelot, marteau).*

océan **Atlantique**
C'est le deuxième plus grand océan du globe (106 000 000 km²). Il sépare l'Europe et l'Afrique du continent américain. L'Atlantique est bordé au nord par l'océan Arctique et au sud par l'océan Antarctique. Sa profondeur maximale est de 9 219 mètres dans la fosse de Porto Rico. Une longue chaîne de montagnes sous-marines le parcourt et certains sommets émergent en formant des îles, comme les Açores ou Sainte-Hélène. La présence de courants froids et chauds explique les différences de climats le long de ses côtes.

atlas (nom masculin)
Livre constitué de cartes de géographie. **Atlas** est le nom d'un géant de la mythologie, qui portait le monde sur ses épaules.

Atlas
Chaîne de montagnes de l'Afrique du Nord, qui s'étend du sud-ouest du Maroc au nord-est de la Tunisie. Le point culminant (4 165 mètres) se situe au Maroc.

atmosphère (nom féminin)
1. Couche d'air qui entoure la Terre. 2. Au sens figuré, ambiance, milieu où l'on se trouve. *À Noël, il y a une **atmosphère** de fête dans la maison.*

atmosphérique (adjectif)
Qui concerne l'atmosphère. *Des perturbations **atmosphériques** ont retardé l'atterrissage de l'avion.*

atoll (nom masculin)
Île des mers tropicales, formée de coraux qui entourent une lagune.

atome (nom masculin)
Particule minuscule de matière. *Les **atomes**, unis entre eux, forment la matière de tout ce qui existe dans l'Univers.* **Atome** vient d'un mot grec qui signifie « qu'on ne peut pas couper ».

atomique (adjectif)
Qui a rapport à l'énergie produite par les atomes. *L'énergie **atomique** s'appelle aussi l'énergie nucléaire.* ➡ p. 67.

atomiseur (nom masculin)
Flacon muni d'un bouchon spécial sur lequel on appuie pour projeter un liquide en fines gouttelettes. *Un **atomiseur** de parfum.* (Syn. vaporisateur.)

atours (nom masculin pluriel)
• **Ses plus beaux atours :** ses plus beaux vêtements et bijoux. *La reine assistait au bal, parée de **ses plus beaux atours**.*

atout (nom masculin)
1. Dans certains jeux de cartes, couleur qui vaut plus que les autres. *Pierre a gagné la première manche grâce au valet d'**atout**.* 2. Au sens figuré, chose qui avantage. *La connaissance de l'anglais est un **atout** dans son métier.*

âtre (nom masculin)
Foyer d'une cheminée. *Le bois sec crépitait dans l'**âtre**.*

un paysage de l'**Atlas** marocain

atroce (adjectif)
Qui est d'une cruauté horrible. *Les prisonniers ont subi d'**atroces** tortures.* Famille du mot : atroce**ment**, atroci**té**.

atrocement (adverbe)
De manière atroce. *Ses blessures le font **atrocement** souffrir.*

atrocité (nom féminin)
Acte atroce. *Les coupables des **atrocités** commises pendant la guerre vont être jugés.*

s'attabler (verbe) ▸ conjug. n° 3
S'asseoir à table. *Les invités **se sont attablés** devant un bon dîner.*

attachant, ante (adjectif)
Qui inspire la sympathie, l'affection. *C'est une enfant d'un naturel très **attachant**.*

attache (nom féminin)
Objet qui sert à attacher. *Une ficelle, une courroie, une agrafe sont des **attaches**.* ■ attaches (nom féminin pluriel) Liens d'affection. *Elle vit à Paris mais elle a gardé des **attaches** à Bordeaux où elle est née.*

attaché, ée (adjectif)
Qui aime beaucoup une personne ou une chose. *Anna est très **attachée** à sa nourrice.*

attachement (nom masculin)
Fait de s'attacher à une personne ou à une chose. *Élodie a gardé beaucoup d'**attachement** pour l'infirmière qui a pris soin d'elle à l'hôpital.*

attacher (verbe) ▸ conjug. n° 3
1. Faire tenir à l'aide d'un lien. *Quentin **a attaché** son chien au lampadaire.* (Contr. détacher.) 2. Faire tenir ensemble. ***Attacher** les lacets de ses chaussures.* 3. S'attacher : se mettre à aimer quelqu'un ou quelque chose. *Fatima **s'est** beaucoup **attachée** à son institutrice.* 4. S'attacher : s'efforcer de faire quelque chose. *Hélène **s'est attachée** à faire consciencieusement son exercice.* • **Attacher de l'importance à quelque chose :** prendre cette chose au sérieux. Famille du mot : attach**ant**, attache, attaché, attache**ment**, **r**attache**ment**, **r**attacher.

attaquant, ante (nom)
Personne qui attaque. *Les soldats ont repoussé leurs **attaquants** hors du fort.*

attaque (nom féminin)
1. Action d'attaquer. *L'**attaque** ennemie a échoué devant les murs du château.* 2. Critique violente. *Dans son discours, il a lancé des **attaques** contre ses adversaires politiques.* 3. Crise violente et soudaine d'une maladie. *Une **attaque** cardiaque, cérébrale.*

attaquer (verbe) ▸ conjug. n° 3
1. Engager le combat. *Les troupes ennemies **ont attaqué** pendant la nuit.* 2. Commettre un acte de violence. ***Attaquer** une banque. Des malfaiteurs **se sont attaqués** au chauffeur de l'autobus.* 3. Critiquer avec violence. *L'opposition **attaque** la politique du chef de l'État.* 4. Abîmer, ronger. *L'acide **attaque** les métaux.* 5. Commencer à exécuter quelque chose. *Après le goûter, Romain **a attaqué** ses leçons.* Famille du mot : attaqu**ant**, attaque, contre-attaque, contre-attaquer, **in**attaqu**able**.

s'attarder (verbe) ▸ conjug. n° 3
Se mettre en retard. *David **s'est attardé** en revenant de l'école.*

atteindre (verbe) ▸ conjug. n° 35
1. Parvenir à toucher. *Julie n'arrive pas à **atteindre** les valises rangées en haut du placard.* 2. Toucher une cible. *Une balle **a atteint** la victime à la jambe.* 3. Arriver dans un endroit. *L'avion **atteindra** Rome à 8 heures.*

Une flèche **a atteint** le centre de la cible, l'autre non.

atteinte (nom féminin)
• **Hors d'atteinte :** impossible à atteindre. • **Porter atteinte :** nuire, faire du tort. *Tous les mensonges qu'on a racontés sur lui **ont porté atteinte** à sa réputation.*

attelage (nom masculin)
Ensemble d'animaux attelés. *Un **attelage** de quatre chevaux noirs tirait le carrosse de la princesse.*

atteler (verbe) ▸ conjug. n° 9
Attacher des animaux à un véhicule pour qu'ils le tirent. *On **a attelé** le petit âne à la carriole pour emmener les enfants en promenade.* (Contr. dételer.) Famille du mot : attel**age**, dételer.

attelle (nom féminin)
Support rigide qui maintient en place un os fracturé. *Thomas a une **attelle** au petit doigt.*

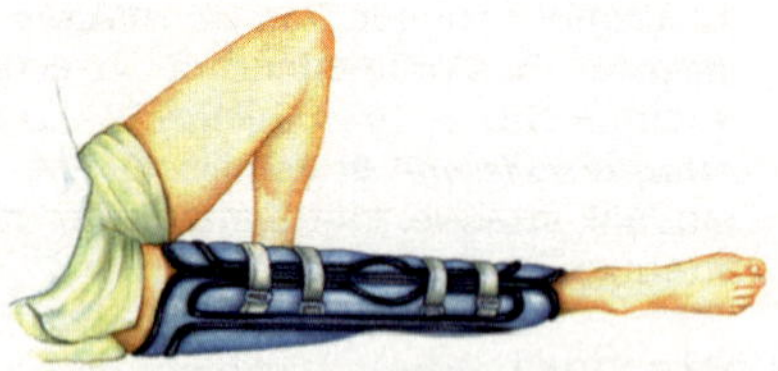

Cette **attelle** immobilise l'articulation du genou.

attenant, ante (adjectif)
Synonyme de contigu. *Leur maison est **attenante** à la nôtre.*

attendre (verbe) ▸ conjug. n° 31
1. Rester à un endroit jusqu'à ce que quelqu'un ou quelque chose arrive. ***Attendre** l'autobus. **Attends**-moi dans la rue.* **2.** Espérer ou souhaiter quelque chose. *Nous **attendons** les vacances avec impatience.* **3.** S'attendre à quelque chose : penser que cela va arriver et s'y préparer. *S'il gèle après la pluie, il faut **s'attendre** à du verglas sur les routes.* • **Attendre un enfant :** être enceinte.
Famille du mot : attent**e**, **inattendu**.

attendrir (verbe) ▸ conjug. n° 11
Rendre quelqu'un plus tendre, plus indulgent. *Les grosses larmes du bébé **ont attendri** toute la famille.* (Syn. émouvoir.)

attendrissant, ante (adjectif)
Qui attendrit, émeut. *Ces petits chiens qui viennent de naître sont vraiment **attendrissants**.* (Syn. touchant.)

attendrissement (nom masculin)
Fait de s'attendrir.

attentat (nom masculin)
Attaque pour tenter d'assassiner quelqu'un ou pour détruire quelque chose. *L'**attentat** a fait quatre victimes.*

attente (nom féminin)
1. Période passée à attendre. *Il y a une heure d'**attente** avant le départ du train. Une salle d'**attente**.* **2.** Ce qu'on espérait. *Le résultat ne correspond pas à notre **attente**.*

attenter (verbe) ▸ conjug. n° 3
• **Attenter à la vie de quelqu'un :** chercher à le tuer. • **Attenter à ses jours :** se suicider.

attentif, ive (adjectif)
Qui écoute avec attention. *Ce problème est difficile, soyez très **attentifs** !* (Contr. distrait, inattentif.)

attention (nom féminin)
1. Faculté de se concentrer et de ne pas se laisser distraire. *Victor suit le match avec beaucoup d'**attention**. Faites **attention** au chien, il est dangereux.* **2.** Marque de gentillesse, d'affection pour quelqu'un. *Laure est pleine d'**attentions** pour son petit frère.* Famille du mot : attent**if**, attention**né**, attentive**ment**, **inattentif**, **inattention**.

attentionné, ée (adjectif)
Qui a beaucoup d'attentions pour quelqu'un. *Soyez **attentionnés** envers vos grands-parents !*

attentivement (adverbe)
De façon attentive. *Écoutez **attentivement** ce que je vais vous dire !*

atténuant, ante (adjectif)
• **Circonstances atténuantes :** faits qui diminuent la responsabilité d'un accusé et rendent sa peine moins lourde.

atténuer (verbe) ▸ conjug. n° 3
Rendre moins fort, moins intense. *Ce médicament devrait **atténuer** rapidement la douleur. Le vent **s'est atténué**.* (Syn. diminuer. Contr. augmenter.)

atterrer (verbe) ▸ conjug. n° 3
Plonger dans la stupeur et la consternation. *Son échec nous **a** tous **atterrés**.*

atterrir (verbe) ▸ conjug. n° 11
Se poser sur la terre. *Attachez vos ceintures, l'avion va **atterrir** dans quinze minutes.* (Contr. décoller.)

atterrissage (nom masculin)
Action d'atterrir. *La tour de contrôle domine le terrain d'**atterrissage**.*

attestation (nom féminin)
Document écrit qui atteste un fait. *Pour s'inscrire au collège, il faut une **attestation** de domicile.* (Syn. certificat.)

attester (verbe) ▸ conjug. n° 3
Garantir qu'une chose est vraie, exacte. *Je peux **attester** qu'il est innocent.* (Syn. certifier.)

Attila (né vers 395, mort en 453)
Roi des Huns. Il envahit l'empire d'Orient, les Balkans, la Grèce et la Gaule avant de subir une défaite près de Troyes en 451. En 452, il dévasta l'Italie du Nord, mais épargna Rome à la demande du pape. C'était un terrible guerrier, qui fut surnommé « le fléau de Dieu ».

attirail (nom masculin)
Ensemble d'objets plus ou moins nécessaires pour une activité. *Papa a apporté tout son **attirail** de pêche.*

attirance (nom féminin)
Sentiment de sympathie ou d'amour envers quelqu'un. *Elle a tout de suite ressenti une **attirance** pour lui.*

attirant, ante (adjectif)
Qui attire, intéresse, plaît. *Cette offre est très **attirante**. Elle a un physique **attirant**.* (Syn. agréable, séduisant. Contr. repoussant.)

attirer (verbe) ▸ conjug. n° 3
1. Faire venir. *Ce fromage **attire** les mouches.* **2.** Éveiller l'intérêt ou le désir. *Benjamin **est** très **attiré** par le judo.* Famille du mot : attirance, attirant.

attiser (verbe) ▸ conjug. n° 3
1. Activer un feu, le rendre plus fort. *Le vent **attise** l'incendie de forêt.* **2.** Au sens figuré, rendre plus fort. *Son succès **attise** la jalousie de ses collègues.*

attitude (nom féminin)
1. Manière de se tenir. *Myriam a une **attitude** très gracieuse quand elle danse.* **2.** Façon d'agir, de se comporter. *Son **attitude** agressive est inacceptable.* (Syn. comportement.)

attractif, ive (adjectif)
Qui attire, intéresse. *Ce jeu est très **attractif**.*

attraction (nom féminin)
1. Force qui attire. *L'**attraction** terrestre. L'**attraction** des aimants.* **2.** Activité, amusement ou spectacle. *Clément a visité le parc d'**attractions** d'Astérix.*

attrait (nom masculin)
Ce qui attire, charme. *Noémie n'a jamais éprouvé le moindre **attrait** pour le football.*

attrape (nom féminin)
• **Farces et attrapes :** objets servant à faire des farces.

attrape-nigaud (nom masculin)
Ruse médiocre qui ne trompe que les personnes naïves. *Cette offre spéciale est un **attrape-nigaud**, le prix de cet article n'a pas baissé.* Pluriel : des attrape-nigauds.

attraper (verbe) ▸ conjug. n° 3
1. Réussir à saisir quelque chose en mouvement. *Je te lance le ballon, essaie de l'**attraper** !* **2.** Avoir une maladie contagieuse. *Sarah **a attrapé** les oreillons.* (Syn. contracter.) **3.** Synonyme familier de tromper. *Tu m'as cru ? Ah ! je t'**ai** bien **attrapé** !* **4.** Synonyme familier de réprimander. *Si tu mens, tu vas te faire **attraper** par tes parents.*

attrayant, ante (adjectif)
Qui présente un attrait. *C'est un spectacle **attrayant** pour les enfants.*

attribuer (verbe) ▸ conjug. n° 3
1. Accorder quelque chose à quelqu'un. *C'est à David qu'on **a attribué** le premier prix de dessin.* **2.** Considérer comme l'auteur. *On **attribue** à Pasteur le vaccin contre la rage.*

attribut (nom masculin)
Adjectif ou nom qui est relié à un nom ou à un pronom à l'aide d'un verbe comme être, sembler, paraître, devenir, etc. *Dans la phrase « ce chat est gris », « gris » est l'**attribut** de « chat ».*

attribution (nom féminin)
Action d'attribuer. *Demander l'**attribution** d'une prime.* ■ **attributions** (nom féminin pluriel) Ce que quelqu'un est chargé de faire. *Visiter les chantiers fait partie des **attributions** d'un architecte.*

attrister (verbe) ▸ conjug. n° 3
Rendre triste. *Cette mort nous **a** profondément **attristés**.* (Syn. chagriner, peiner. Contr. réjouir.)

attroupement (nom masculin)
Rassemblement de personnes. *Un **attroupement** s'est formé dans la rue après l'accident.*

s'attrouper (verbe) ▸ conjug. n° 3
Se rassembler quelque part. *Les touristes **se sont attroupés** autour du guide.* (Contr. se disperser.)

au (déterminant)
Forme de l'article *le*, qui est une combinaison de *à* et *le*. *Aller **au** bois.* ➡ Voir aussi **aux**.

aubade (nom féminin)
Concert donné le matin à l'aube. *Le prince joue une **aubade** sous la fenêtre de la princesse.*

aubaine (nom féminin)
Avantage inattendu. *Kevin a trouvé six euros par terre, c'est une **aubaine** !*

aube (nom féminin)
1. Synonyme d'aurore. *Les alpinistes sont partis à l'**aube**.* **2.** Robe blanche que met le prêtre catholique pour célébrer la messe. **3.** Robe blanche du premier communiant. • **Roue à aubes :** roue munie de pales transversales que le poids de l'eau fait tourner ou qui faisait avancer les bateaux à vapeur. ⊸ **Aube** vient du latin *alba* qui signifie « blanc » et que l'on retrouve dans *aubépine* (épine blanche), *albinos*.

aubépine (nom féminin)
Arbuste épineux qui donne des fleurs blanches ou roses, très parfumées. ⊸ Voir **aube**.

auberge (nom féminin)
Hôtel ou restaurant, à la campagne.

aubergine (nom féminin)
Fruit violet à la peau lisse, consommé en légume.

des **aubergines**

aubergiste (nom)
Personne qui tient une auberge.

aucun, aucune (adjectif)
Pas un seul. *Ursula n'a fait **aucune** faute dans sa dictée : elle a eu 10 sur 10.* ■ **aucun, aucune** (pronom) Pas une seule chose, pas une seule personne. *De tous les candidats, **aucun** n'a été reçu.*

audace (nom féminin)
Courage face à un danger ou à une difficulté. *Tu ne manques pas d'**audace** pour plonger de si haut !* (Syn. hardiesse.)

audacieux, euse (adjectif)
Qui a de l'audace. *Ce projet me semble bien **audacieux**.*

au-delà (adverbe et préposition)
Plus loin. *Le chemin s'arrête ici, on ne peut aller **au-delà**. La forêt commence **au-delà** de la rivière.* ■ **au-delà** (nom masculin) • **L'au-delà :** ce qui est au-delà de la mort. *L'**au-delà** est-il un paradis ou un enfer ?*

audible (adjectif)
Que l'on peut entendre. *Parle plus fort, ce que tu dis est à peine **audible** !* (Contr. inaudible.)

audience (nom féminin)
1. Entretien accordé par un personnage important. *Demander une **au-***

dience *au président de la République.* 2. Séance d'un tribunal. *Le deuxième jour de l'**audience**, on a entendu les témoins.* 3. Ensemble des auditeurs. *Cette émission passe trop tard dans la nuit pour avoir une grande **audience**.*

audimat (nom masculin)
Mesure de l'audience des émissions de télévision. *L'**audimat** indique que 40 % des foyers ont regardé le match de football hier soir.* Prononciation [ɔdimat]. **Audimat** est le nom d'une marque.

audiovisuel, elle (adjectif)
Qui utilise le son et l'image. *On peut utiliser des moyens **audiovisuels** pour apprendre une langue étrangère.*

auditeur, trice (nom)
Personne qui écoute une émission ou un discours.

auditif, ive (adjectif)
De l'audition. *Ma grand-mère porte des appareils **auditifs**.*

audition (nom féminin)
1. Fait de pouvoir entendre les sons. *L'abus du baladeur peut entraîner une perte d'**audition**.* 2. Action d'entendre. *Après l'**audition** des témoins, les juges délibèrent.* 3. Essai que passe un chanteur ou un comédien devant un jury.

auditoire (nom masculin)
Ensemble des auditeurs. *La conférence a passionné tout l'**auditoire**.* (Syn. public.)

auditorium (nom masculin)
Salle équipée pour enregistrer ou écouter de la musique. Prononciation [oditɔʀjɔm].

auge (nom féminin)
Bassin dans lequel on donne à boire et à manger aux porcs.

augmentation (nom féminin)
1. Action ou fait d'augmenter. *L'**augmentation** du prix de l'essence.* (Syn. hausse. Contr. baisse, diminution.) 2. Hausse de salaire. *Il a obtenu une **augmentation**.*

augmenter (verbe) ▸ conjug. n° 3
1. Rendre plus grand, plus élevé ou plus cher. ***Augmente** le son, je n'entends rien ! **Augmenter** les impôts, les prix.* (Syn. accroître. Contr. baisser, diminuer.) 2. Devenir plus grand, plus élevé ou plus cher. *Le chômage **a augmenté**. Les prix vont encore **augmenter**. Si la fièvre **augmente**, il faudra appeler un médecin.* (Contr. baisser, diminuer.)

augure (nom masculin)
• **Être de bon** ou **de mauvais augure :** laisser présager de bonnes ou de mauvaises nouvelles. Dans l'Antiquité, les **augures** étaient des prêtres chargés de prédire l'avenir en observant le vol des oiseaux.

Auguste (né en 63 avant Jésus-Christ, mort en 14 après Jésus-Christ)
Empereur romain. À la mort de César, il s'associa avec les généraux Antoine et Lépide pour diriger l'Empire romain. Mais après avoir écarté Lépide et vaincu Antoine, il exerça seul le pouvoir. Il reçut, en 27 avant Jésus-Christ, le titre d'Auguste, qui donnait un caractère divin à son pouvoir. Le règne d'Auguste, appelé le « siècle d'Auguste », est considéré comme l'une des périodes les plus brillantes et les plus prospères de l'histoire romaine.

aujourd'hui (adverbe)
1. Ce jour même. ***Aujourd'hui**, c'est dimanche, il n'y a pas de classe.* 2. À notre époque, de nos jours. ***Aujourd'hui**, la machine remplace de plus en plus l'homme.*

aulne (nom masculin)
Arbre qui pousse au bord de l'eau.
ORTHO On écrit aussi **aune**.

des feuilles d'**aulne** avec des chatons mâles et femelles

a b c d e f g h i j k l m n o p q r s t u v w x y z

aulx ➡ Voir **ail**.

aumône (nom féminin)
Somme d'argent qu'on donne à un mendiant. *Un clochard demandait l'**aumône** dans le métro.*

aumônier (nom masculin)
Prêtre qui travaille dans un lycée, un hôpital, une prison ou un régiment.

auparavant (adverbe)
Avant, d'abord. *Si tu veux gagner le tournoi, entraîne-toi **auparavant**.* (Contr. après.)

auprès de (préposition)
Sert à indiquer : **1.** La proximité. *Viens t'asseoir **auprès de** moi.* **2.** Le point de vue. *Ibrahim est considéré comme un garçon excentrique **auprès de** ses camarades.* **3.** La comparaison. *Ta dictée n'est pas très bonne **auprès de** celles des autres élèves.*

auquel ➡ Voir **lequel**.

Aurélien (né vers 212, mort en 275)
Empereur romain de 270 à 275. Aurélien vainquit les Goths, les Alamans et Zénobie, reine de Palmyre, et restaura l'unité romaine. Il fit construire, autour de Rome, un rempart appelé le « mur d'Aurélien », dont il existe encore certaines parties.

auréole (nom féminin)
1. Cercle lumineux qui entoure la tête du Christ et des saints dans les tableaux. **2.** Trace circulaire laissée autour de l'endroit où une tache a été nettoyée.

au revoir (interjection)
Mot qu'on dit à quelqu'un quand on le quitte. ***Au revoir**, et à très bientôt !*

auriculaire (nom masculin)
Petit doigt de la main.

aurifère (adjectif)
Qui contient de l'or. *Une rivière **aurifère**.*

aurore (nom féminin)
Lumière qui vient juste avant le lever du soleil. *On s'est levé très tôt, dès l'**aurore**.* (Syn. aube.)

Auschwitz
Ville de Pologne où fut installé, en 1940, le plus grand camp de concentration du régime nazi de Hitler. Environ 1 million de Juifs y furent envoyés et massacrés entre 1940 et 1945.

auscultation (nom féminin)
Action d'ausculter.

ausculter (verbe) ▸ conjug. n° 3
Écouter le bruit du corps, pour faire un diagnostic. *Le médecin **a ausculté** attentivement le bébé.* (Syn. examiner.)

auspices (nom masculin pluriel)
• **Sous de bons auspices :** avec de bonnes chances de réussite. 🔑 Dans l'Antiquité, les **auspices** étaient des présages que les augures tiraient du vol des oiseaux.

aussi (adverbe)
1. De même. *Lucas est malade et son frère **aussi**.* **2.** De façon égale. *Zoé est **aussi** grande que moi.* **3.** Tellement, à ce point. *Je ne pensais pas qu'il était **aussi** vieux.* **4.** En plus. *Il faut racheter du beurre et **aussi** du fromage.* ■ **aussi** (conjonction) C'est pourquoi, par conséquent. *Je le savais déjà, **aussi** cela ne m'a pas étonné.*

aussitôt (adverbe et conjonction)
Tout de suite, à l'instant même. *On a appelé les pompiers et ils sont arrivés **aussitôt**. Nous dînerons **aussitôt que** tu seras rentré.*

une **auréole**
(mosaïque **aurifère** du XIIe siècle)

austère (adjectif)
Qui manque de gaieté, de fantaisie. *Cette tenue est bien **austère** pour un mariage !*

austérité (nom féminin)
Caractère austère. *En cette période d'**austérité**, il va falloir diminuer nos dépenses.*

Austerlitz
Ville située dans l'actuelle République tchèque. Napoléon Ier y remporta le 2 décembre 1805 sa plus grande victoire contre les Autrichiens et les Russes.

austral, ale (adjectif)
Qui se situe au sud de l'équateur, ou à proximité du pôle Sud. *L'hémisphère **austral**.* (Contr. boréal.) Pluriel : des paysages austra**ls** ou austr**aux**.

Australie

21,9 millions d'habitants
Capitale : Canberra
Monnaie : le dollar australien
Langue officielle : anglais
Superficie : 7 682 300 km²

État fédéral d'Océanie, formé de six États et de deux territoires. L'Australie est une nation indépendante, mais le chef de l'État est la reine Élisabeth II de Grande-Bretagne. Le pays est dirigé par un premier ministre, un gouvernement et un parlement.

GÉOGRAPHIE
Située dans l'hémisphère Sud, entre l'océan Indien à l'ouest et l'océan Pacifique à l'est, l'Australie est la plus grande île du monde. Elle comporte, à l'ouest, un vaste plateau ; au centre, des plaines ; à l'est, la Cordillère australienne (2 230 mètres). Elle est dominée par le climat tropical sec. Les déserts occupent la plus grande partie du pays. La majorité de la population vit dans le sud-est du pays, le long de la côte. L'Australie est un grand pays d'élevage et de production de blé. Ses ressources minières sont importantes et variées : charbon, pétrole, gaz, fer, bauxite, or, uranium, argent, zinc, cuivre. Le tourisme est aussi une activité importante.

HISTOIRE
Les Hollandais découvrirent les premiers l'Australie. Puis, le continent fut colonisé par les Anglais en 1770. Le pays se constitua en une fédération de six États autonomes en 1901. En 1999, la population a refusé, par référendum, que l'Australie devienne une république.

australien, enne ➡ Voir tableau p. 6.

australopithèque (nom masculin)
Ancêtre de l'homme qui vivait en Afrique il y a environ 4 millions d'années. *L'**australopithèque** mesurait entre 1 mètre et 1,50 mètre.*

autant (adverbe)
1. En quantité égale ou de manière égale. *J'ai **autant** de courage que toi.* **2.** En si grande quantité. *On ne pensait pas qu'il y aurait **autant** de monde sur les routes.* (Syn. tant.) • **D'autant plus que :** pour cette raison supplémentaire. *Pierre a **d'autant plus** faim **qu**'il n'a pas dîné hier soir.*

autel (nom masculin)
Table sur laquelle le prêtre célèbre la messe. Dans l'Antiquité, l'**autel** était une table de pierre sur laquelle on sacrifiait des animaux pour plaire aux dieux.

auteur (nom masculin)
1. Personne qui écrit des livres ou qui crée une œuvre. *Saint-Exupéry est l'**auteur** du Petit Prince.* **2.** Personne qui est responsable d'une action. *La police recherche les **auteurs** de l'attentat.*

authenticité (nom féminin)
Caractère authentique de quelque chose. *On doute de l'**authenticité** de ce tableau.*

authentifier (verbe) ▸ conjug. n° 10
Certifier que quelque chose est authentique. *Un expert **a authentifié** le tableau.*

authentique (adjectif)
1. Qui n'est pas une imitation, un faux ou une copie. *Ce tableau de Van Gogh est certifié **authentique**.* (Contr. faux.) **2.** Qui est vrai, véridique. *C'est **authentique**, je n'ai rien inventé !* (Syn. réel. Contr. faux.) Famille du mot : authen**ticité**, authenti**fier**.

autiste (adjectif et nom)
Qui est si replié sur lui-même qu'il ne peut communiquer avec le monde extérieur.

auto (nom féminin)
Synonyme familier d'automobile.

autobiographie (nom féminin)
Récit de la vie d'une personne, écrit par elle-même.

autobus (nom masculin)
Véhicule qui sert au transport en commun dans les villes. (Syn. bus.)

autocar (nom masculin)
Véhicule qui sert au transport collectif des personnes, en particulier à la campagne. (Syn. car.)

autochtone (nom)
Personne qui est née dans le pays qu'elle habite. (Syn. indigène.) ● Prononciation [otokton].

autocollant, ante (adjectif)
Qui colle tout seul. *Ces timbres sont **autocollants**.* ■ autocollant (nom masculin) Image autocollante. *Anna a plein d'**autocollants** sur la porte de sa chambre.*

autodéfense (nom féminin)
Fait de se défendre par ses propres moyens en cas d'agression. *Quentin a eu un réflexe d'**autodéfense**.*

autodictée (nom féminin)
Sorte de dictée consistant à écrire sans modèle un texte appris par cœur.

autodidacte (nom)
Personne qui s'est instruite toute seule, sans maître.

autodiscipline (nom féminin)
Discipline que l'on s'impose à soi-même, sans contrôle extérieur.

auto-école (nom féminin)
Établissement où l'on apprend à conduire les voitures. ✎ Pluriel : des auto-écoles.

autoévaluation (nom féminin)
Action de s'évaluer soi-même. *Les élèves remplissent la grille d'**autoévaluation**.*

autofocus (nom masculin)
Appareil photo équipé d'un système de mise au point automatique. ● Prononciation [otofɔkys].

autographe (nom masculin)
Signature d'une personne. *Demander un **autographe** à une actrice.*

automate (nom masculin)
Machine qui a l'aspect d'un être animé et qui est capable d'imiter ses mouvements grâce à un mécanisme.

automatique (adjectif)
1. Qui se fait grâce à un mécanisme qui fonctionne sans qu'on s'en occupe. *Dans le métro, la fermeture des portes est **automatique**.* 2. Que l'on fait sans y penser, sans intervention de la volonté. *Des gestes **automatiques**.* (Syn. machinal.)

automatiquement (adverbe)
De façon automatique. *Une porte qui s'ouvre **automatiquement**.*

automatisation (nom féminin)
Utilisation de machines et de robots pour faire certains travaux.

automatiser (verbe) ▸ conjug. n° 3
Équiper d'un fonctionnement automatique. *Cette usine **est** entièrement **automatisée**.*

automnal, ale, aux (adjectif)
De l'automne. *Des couleurs **automnales**.* ● Prononciation [otɔnal].

automne (nom masculin)
Saison de l'année qui suit l'été et qui vient avant l'hiver. ● Prononciation [otɔn].

automobile (nom féminin)
Véhicule à moteur muni de roues, qui sert à transporter des personnes et des bagages. *Cette **automobile** a un moteur de sept chevaux.* (Syn. auto, voiture.) ■ automobile (adjectif) Qui se rapporte aux voitures. *Le sport **automobile**.*

automobiliste (nom)
Personne qui conduit une automobile.

autonettoyant, ante (adjectif)
Qui se nettoie tout seul. *Un four **autonettoyant**.*

autonome (adjectif)
1. Qui se gouverne ou s'administre tout seul. *La Catalogne est une région **autonome** d'Espagne.* 2. Qui se débrouille tout seul. *Romain est un enfant très **autonome**, il a horreur qu'on l'aide.* Famille du mot : autonomie, autonomiste.

autonomie (nom féminin)
1. Indépendance dont bénéficie un pays ou une personne autonome. 2. Durée pendant laquelle une machine peut fonctionner sans apport d'énergie. *Ce téléphone portable a une **autonomie** de six heures.*

autonomiste (nom)
Personne qui demande l'autonomie de sa région. *Les **autonomistes** basques.*

autoportrait (nom masculin)
Portrait de soi-même. *Ce tableau est un **autoportrait** du peintre.*

autopsie (nom féminin)
Examen d'un cadavre par un médecin pour rechercher les causes de la mort. *L'**autopsie** montre qu'il s'agit d'un crime.*

autoradio (nom masculin)
Poste de radio installé dans une voiture.

autorisation (nom féminin)
Fait d'autoriser. *Pour sortir de l'école avant l'heure, il faut obligatoirement l'**autorisation** de la directrice. Demander l'**autorisation** de sortir.* (Syn. permission. Contr. défense, interdiction.)

un **autoportrait** de Vincent Van Gogh (1889)

autoriser (verbe) ▸ conjug. n° 3
Donner à quelqu'un la permission de faire quelque chose. *Papa m'**a autorisé** à utiliser l'ordinateur.* (Syn. permettre. Contr. défendre, interdire.)

autoritaire (adjectif)
Qui fait preuve d'une grande autorité. *Ce dompteur est très **autoritaire** avec ses lions.*

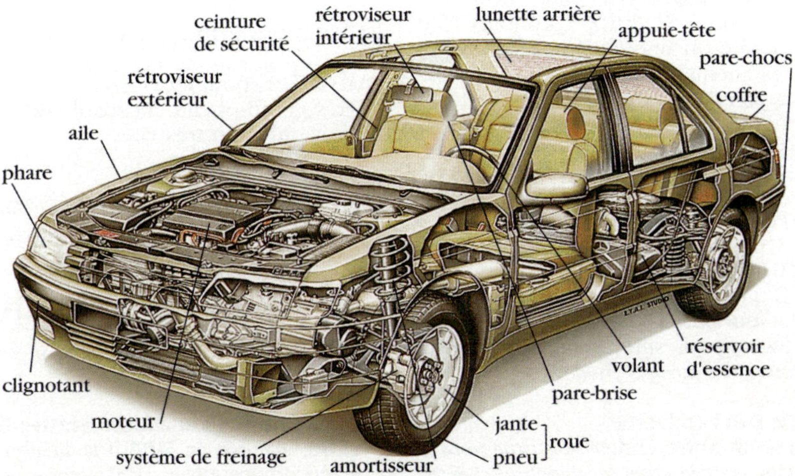

une **automobile**

autorité (nom féminin)
Pouvoir de commander, de se faire obéir. *La maîtresse a de l'**autorité** sur ses élèves.* • **Faire autorité :** être reconnu par tous comme le meilleur dans une spécialité. *Ses recherches sur les fourmis **font autorité**.* ■ **autorités** (nom féminin pluriel) Représentants de l'État, du gouvernement ou de l'Administration.

autoroute (nom féminin)
Voie rapide, sans carrefour, dont les deux sens de circulation sont séparés.

auto-stop (nom masculin)
Pratique qui consiste à faire signe aux voitures pour se faire transporter gratuitement. *L'**auto-stop** est interdit sur les autoroutes.*
ORTHO On écrit aussi **autostop**.

auto-stoppeur, euse (nom)
Personne qui fait de l'auto-stop.
Pluriel : des auto-stoppeur**s**, euse**s**.
ORTHO On écrit aussi **autostoppeur, euse**.

autour de (préposition)
1. Dans l'espace qui entoure quelque chose. *La Terre tourne **autour du** Soleil.* **2.** Environ, à peu près. *Il gagne **autour de** 1 800 euros par mois.* ■ **autour** (adverbe) Dans l'espace qui entoure. *Nous avons un jardin avec des murs **autour**.*

autre (adjectif)
1. Qui n'est pas le même. *Prends un **autre** couteau, celui-ci ne coupe pas.* (Syn. différent.) **2.** Qui vient en plus. *Veux-tu un **autre** jus de fruits ?* (Syn. supplémentaire.) ■ **autre** (pronom) Une personne ou une chose différente ou supplémentaire. *Si tu n'aimes pas ce gâteau, prends-en un **autre**.*

autrefois (adverbe)
Dans le temps passé. ***Autrefois**, on ne savait pas que la Terre était ronde.* (Syn. jadis. Contr. actuellement, aujourd'hui.)

autrement (adverbe)
1. D'une autre façon. *Tu devrais t'habiller **autrement**.* (Syn. différemment.) **2.** Sans quoi, sinon. *Couvre-toi, **autrement** tu vas attraper froid !*

autre part (adverbe)
Dans un autre endroit. *Si tu ne trouves pas ta montre dans ta chambre, cherche **autre part**.* (Syn. ailleurs.)

Autriche

Union européenne

8,4 millions d'habitants
Capitale : Vienne
Monnaie : l'euro
Langue officielle : allemand
Superficie : 83 853 km²

État d'Europe centrale, entouré par l'Allemagne, la Suisse, le Liechtenstein, la Hongrie, l'Italie et la Slovénie.

GÉOGRAPHIE
L'Autriche est un pays montagneux dont les Alpes occupent la plus grande partie. L'agriculture et la sylviculture sont développées. Les industries profitent d'une hydroélectricité abondante. Le tourisme est important.

HISTOIRE
Après avoir été occupée par les Romains, envahie par les Barbares, rattachée à la Bohême puis à la famille des Habsbourg, l'Autriche forma, en 1867, une monarchie avec le royaume de Hongrie, l'Autriche-Hongrie. En 1918, la république fut proclamée en Autriche. Le pays fut ensuite annexé par l'Allemagne nazie. Après la guerre, le pays redevint indépendant. En 1995, l'Autriche est entrée dans l'Union européenne.

Autriche-Hongrie

Monarchie double réunissant l'empire d'Autriche et le royaume de Hongrie de 1867 à 1918. L'Autriche-Hongrie avait un seul souverain : l'empereur d'Autriche.

autrichien, enne ➡ Voir tableau p. 6.

autruche (nom féminin)
Très grand oiseau, incapable de voler, mais qui court très vite.

autrui (pronom)
Les autres personnes que soi. *Thomas est égoïste, il ne pense jamais à **autrui**.*

auvent (nom masculin)
Petit toit incliné au-dessus d'une porte.

auvergnat, ate ➡ Voir tableau p. 6.

Auvergne

Ancienne Région administrative française, intégrée en 2016 à la Région Auvergne-Rhône-Alpes. L'Auvergne comprend les départements de l'Allier, du

Cantal, de la Haute-Loire et du Puy-de-Dôme.

GÉOGRAPHIE

Plus de 60 % du territoire de l'Auvergne est situé au cœur du Massif central. Véritable réserve d'eau, la région alimente les bassins de la Loire et de la Garonne. Les ressources sont diverses : élevage laitier, fromages, bois, eaux minérales (Vichy, Volvic). Sa ville principale, Clermont-Ferrand, est un grand centre de l'industrie du caoutchouc. Les principales activités industrielles sont la fabrication de pneus, les équipements automobiles et la coutellerie de la ville de Thiers. ➡ Voir carte p. 1373.

Auvergne-Rhône-Alpes

Région administrative française, depuis 2016. Elle comprend les anciennes Régions Auvergne et Rhône-Alpes ; (69 711 km² ; 7,8 millions d'habitants). Sa capitale est Lyon.

aux (déterminant)

Forme de l'article qui est une combinaison de *à* et *les*. *Aller **aux** Antilles.* ➡ Voir **au**.

auxiliaire (nom masculin)

Verbe que l'on utilise pour former les temps composés d'autres verbes. *« Avoir » et « être » sont des **auxiliaires**.* ■ **auxiliaire** (adjectif et nom) Qui est employé pour aider quelqu'un ou pour compléter quelque chose. *Ce professeur **auxiliaire** voudrait devenir titulaire. Une **auxiliaire** de puériculture.*

auxquels, auxquelles ➡ Voir **lequel**.

des **autruches**

s'avachir (verbe) ▸ conjug. n° 11

1. Se déformer et devenir tout mou. *Le shérif porte un chapeau aux bords **avachis**.* 2. Se laisser aller, s'affaler. *Dès qu'il rentre, il **s'avachit** dans un fauteuil.*

aval (nom masculin)

Partie d'un cours d'eau la plus éloignée de la source. *Nantes est en **aval** de Tours, sur la Loire.* (Contr. amont.)

avalanche (nom féminin)

1. Glissement d'une énorme masse de neige le long d'une pente de montagne. *Des skieurs ont été emportés par une **avalanche**.* 2. Au sens figuré, une grande quantité de. *La vedette a reçu une **avalanche** de courrier.*

avaler (verbe) ▸ conjug. n° 3

1. Faire descendre dans la gorge. *Le serpent **avale** sa proie tout entière.* 2. Dans un sens figuré et familier, croire naïvement quelque chose. *Victor est prêt à **avaler** tout ce qu'on lui dit.*

avance (nom féminin)

1. Marche en avant. *L'**avance** des troupes ennemies.* (Syn. progression.) 2. Distance qui sépare quelqu'un de quelqu'un d'autre qui le suit. *Ce coureur a une très nette **avance** sur le second.* 3. Temps gagné sur quelque chose. *Élodie a pris de l'**avance** dans son travail.* 4. Somme d'argent versée avant la date normale de paiement. *Demander une **avance** sur son salaire.* • **À l'avance, d'avance :** avant le moment fixé ou prévu.

avancé, ée (adjectif)

1. En avance sur les autres. *William est très **avancé** pour son âge.* (Syn. précoce.) 2. Qui est très moderne. *Cet ordinateur est d'une technique très **avancée**.*

avancement (nom masculin)

1. Manière d'avancer, de progresser. *Cette balise permet de suivre son **avancement** dans la traversée de l'Atlantique.* 2. Progression dans une carrière professionnelle. *Grâce à son travail, elle a obtenu de l'**avancement**.* (Syn. promotion.)

avancer (verbe) ▸ conjug. n° 4

1. Pousser ou déplacer quelque chose vers l'avant. ***Avance** ta chaise, tu es trop loin de la table.* (Contr. reculer.) 2. Aller vers l'avant. *On a du mal à **avancer** dans*

cette foule. **3.** Effectuer plus tôt que prévu. *On **a avancé** notre retour de vacances à cause du mauvais temps.* (Contr. différer, retarder.) **4.** Marquer une heure plus tardive que l'heure réelle. *La pendule **avance** d'une minute.* (Contr. retarder.) **5.** Faire progresser. *Fatima **a** bien **avancé** sa rédaction.* **6.** Verser une avance ou prêter de l'argent. *Benjamin m'**a avancé** 50 euros.* **7.** Progresser. *Les travaux n'**avancent** pas vite à cause du gel.* Famille du mot : avance, avancé, avancement.

avant (préposition)
Sert à indiquer : **1.** Le temps. *J'arriverai **avant** toi. Passe me voir **avant** le dîner.* (Contr. après.) **2.** Le lieu. *Sa maison est juste **avant** la boulangerie.* (Contr. après.) ■ **avant** (adverbe) Plus tôt. *Il habite Lyon depuis un an, **avant** il habitait à la campagne.* (Syn. auparavant.) • **En avant :** devant soi. *Mettre un pied **en avant**.* (Contr. en arrière.) ■ **avant** (nom masculin) **1.** Partie qui est située devant. *La locomotive se trouve à l'**avant** du train.* (Contr. arrière.) **2.** Joueur placé devant les autres. *Les **avants** d'une équipe de rugby.* ■ **avant** (adjectif) Qui est placé à l'avant. *La roue **avant** de ton vélo est dégonflée.* (Contr. arrière.) Pluriel : les roues avant.

avantage (nom masculin)
Ce qui donne une supériorité sur les autres. *Le principal **avantage** de cette voiture est son confort.* (Syn. atout. Contr. désavantage, inconvénient.) • **À l'avantage de quelqu'un :** à son profit, en sa faveur. (Contr. au détriment.) • **Prendre l'avantage sur quelqu'un :** le dominer dans une lutte, une compétition. Famille du mot : avantager, avantageusement, avantageux, désavantage, désavantager, désavantageux.

avantager (verbe) ▸ conjug. n° 5
Donner un avantage, une supériorité à quelqu'un. *Son expérience l'**a avantagé**.* (Syn. favoriser. Contr. désavantager.)

avantageusement (adverbe)
De façon avantageuse. *Ce système remplace **avantageusement** le précédent.*

avantageux, euse (adjectif)
Qui procure un avantage. *C'est plus **avantageux** d'acheter pendant les soldes.* (Syn. économique, intéressant. Contr. désavantageux.)

avant-bras (nom masculin)
Partie du bras qui va du coude au poignet. *Le radius est un os de l'**avant-bras**.* ➡ p. 300. Pluriel : des avant-bras.

avant-dernier, ère (adjectif)
Qui est juste avant le dernier. *Le 30 décembre est l'**avant-dernier** jour de l'année.* Pluriel : avant-derniers, avant-dernières.

avant-garde (nom féminin)
1. Partie d'une armée qui est envoyée en avant du reste des troupes. (Contr. arrière-garde.) **2.** Au sens figuré, ensemble de ceux qui sont à la pointe du progrès. *L'**avant-garde** artistique.* Pluriel : des avant-gardes.

une peinture d'**avant-garde**
(« Rond méplat », Phil Zegreiv, 1983)

avant-goût (nom masculin)
Première impression que l'on a de quelque chose. *Ce soleil radieux nous donne un **avant-goût** de l'été.* Pluriel : des avant-goûts.
ORTHO On écrit aussi **avant-gout**.

avant-hier (adverbe)
Le jour qui a précédé hier. *Aujourd'hui, c'est samedi ; **avant-hier** on était jeudi.* Voir **avant-veille**.

avant-propos (nom masculin)
Courte préface au début d'un livre. (Syn. introduction.) Pluriel : des avant-propos.

avant-veille (nom féminin)
Jour qui vient juste avant la veille. *Il faut réserver sa place l'**avant-veille** du départ, c'est-à-dire vendredi pour partir dimanche.* Pluriel : des avant-veilles. L'**avant-veille** d'aujourd'hui, c'est *avant-hier*.

avare (adjectif et nom)
Qui ne pense qu'à accumuler de l'argent. *Elle est bien trop **avare** pour te prêter de l'argent. Un vieil **avare**.* (Contr. dépensier, généreux.) ■ **avare** (adjectif) Qui ne donne pas facilement quelque chose. *Elle est **avare** de son temps.*

avarice (nom féminin)
Défaut d'une personne avare.

avarie (nom féminin)
Dégât survenu à un bateau. *Le voilier a subi de grosses **avaries** avec la tempête.*

avarié, ée (adjectif)
Qui est abîmé, pourri. *La viande est **avariée** à cause de la chaleur.* (Contr. frais.)

avatar (nom masculin)
1. Accident ou mésaventure. *On a connu bien des **avatars** pendant notre voyage !* **2.** Représentation d'un être humain en deux ou trois dimensions. *Léa a créé son **avatar** dans le jeu en ligne.*

avec (préposition)
Sert à introduire divers compléments. *Il est venu **avec** sa femme* (accompagnement). ***Avec** cette chaleur, les fruits s'abîment* (cause). *Manger sa soupe **avec** une cuillère* (moyen). *Il écoute **avec** attention* (manière).

avenant, ante (adjectif)
Qui est aimable et accueillant. *Cet hôtelier est très **avenant** avec ses clients.*

à l'avenant (adverbe)
De la même manière. *Tout se dégrade dans cette maison : le toit, les murs, les fenêtres et tout le reste **à l'avenant**.*

avènement (nom masculin)
Moment où un roi commence son règne.

avenir (nom masculin)
1. Évènements futurs. *On ne peut pas prévoir l'**avenir**.* **2.** Ce que quelqu'un ou quelque chose deviendra plus tard. *Hélène est jeune, mais elle pense déjà à son **avenir**.* • **À l'avenir :** à partir de maintenant. ***À l'avenir**, je serai plus prudent.* (Syn. désormais, dorénavant.)

aventure (nom féminin)
1. Évènement extraordinaire ou imprévu, vécu par quelqu'un. *As-tu lu les **aventures** de Tintin ?* **2.** Entreprise nouvelle et risquée. *Julie aime les voyages et l'**aventure**.* • **À l'aventure :** sans but précis. • **Dire la bonne aventure :** prédire l'avenir. Famille du mot : s'aven**turer**, aventur**eux**, aventur**ier**, **més**aventure.

s'aventurer (verbe) ▸ conjug. n° 3
Prendre un risque en allant quelque part. *Les enfants n'ont pas osé **s'aventurer** dans la grotte.*

aventureux, euse (adjectif)
1. Qui est plein d'aventures, d'imprévus. *Mener une vie **aventureuse**.* **2.** Qui a peu de chances de réussir. *Arrête ce bricolage **aventureux** et appelle un plombier !* (Syn. risqué.)

aventurier, ère (nom)
Personne qui recherche l'aventure par goût du risque. *Les navigateurs solitaires sont de vrais **aventuriers**.*

avenue (nom féminin)
Large rue, dans une ville.

s'avérer (verbe) ▸ conjug. n° 8
Se révéler, se montrer. *Le gel **s'est avéré** catastrophique pour les arbres fruitiers.*

averse (nom féminin)
Pluie soudaine et abondante, mais de courte durée. *On a attendu à l'abri la fin de l'**averse**.* Une **averse**, c'est quand il pleut à *verse*.

aversion (nom féminin)
Sentiment d'antipathie ou de dégoût. *Laure a une profonde **aversion** pour les araignées.* (Syn. répulsion. Contr. sympathie.)

avertir (verbe) ▸ conjug. n° 11
Informer quelqu'un pour le mettre en garde. *On nous **a avertis** d'un risque d'avalanche.* (Syn. aviser, prévenir, signaler.) Famille du mot : averti**ssement**, averti**sseur**.

avertissement (nom masculin)
1. Ce qu'on dit pour avertir. *Tu aurais dû écouter les **avertissements** de tes parents.* (Syn. conseil, recommandation.) **2.** Répri-

mande, rappel à l'ordre. *Clément a reçu un **avertissement** du directeur du collège.*

avertisseur (nom masculin)
Appareil sonore servant à avertir.

aveu, eux (nom masculin)
Fait d'avouer une chose. *Myriam nous a fait un **aveu** : elle nous avait menti.*

aveuglant, ante (adjectif)
Qui gêne la vue. *La lumière **aveuglante** me fait mal aux yeux.* (Syn. éblouissant.)

aveugle (adjectif et nom)
Qui est privé de la vue. *Certains chiens sont dressés pour guider des **aveugles**.* ■ aveugle (adjectif) Qui est incapable de voir la réalité. *Elle a une confiance **aveugle** en lui.* Famille du mot : **aveuglement**, **aveuglément**, **aveugler**, **à l'aveuglette**.

aveuglement (nom masculin)
Manque de jugement, de lucidité.

aveuglément (adverbe)
Sans réfléchir. *Contente-toi de suivre **aveuglément** le mode d'emploi !*

aveugler (verbe) ▸ conjug. n° 3
Gêner la vue, éblouir. *David a mis des lunettes noires pour ne pas **être aveuglé** par le soleil.*

à l'aveuglette (adverbe)
1. Sans y voir, comme un aveugle. *Les enfants avancent **à l'aveuglette** dans la grotte.* (Syn. à tâtons.) 2. Au sens figuré, sans savoir où l'on va. *Se lancer **à l'aveuglette** dans une aventure risquée.*

aviateur, trice (nom)
Personne qui pilote un avion. *Louis Blériot est le premier **aviateur** à avoir traversé la Manche en 1909.*

aviation (nom féminin)
1. Ensemble des activités qui se rapportent aux avions, à la navigation aérienne. *Kevin lit un livre sur l'histoire de l'**aviation**.* 2. Ensemble des avions. *L'**aviation** ennemie.*

avide (adjectif)
Qui désire très fortement quelque chose et en veut toujours davantage. *Noémie est **avide** de connaissances.* (Syn. insatiable.)

avidité (nom féminin)
Désir très fort et sans limite de quelque chose. *Ibrahim mange avec **avidité**.*

s'avilir (verbe) ▸ conjug. n° 11
Devenir vil, méprisable. *On **s'avilit** à boire trop d'alcool.* (Syn. s'abaisser.)

avion (nom masculin)
Appareil à moteur servant au transport aérien. *Ils ont pris l'**avion** pour aller en Australie.* Famille du mot : aviateur, aviation. Ce mot a été créé par Clément Ader, pionnier de l'aviation, d'après le mot latin *avis* qui signifie « oiseau ».

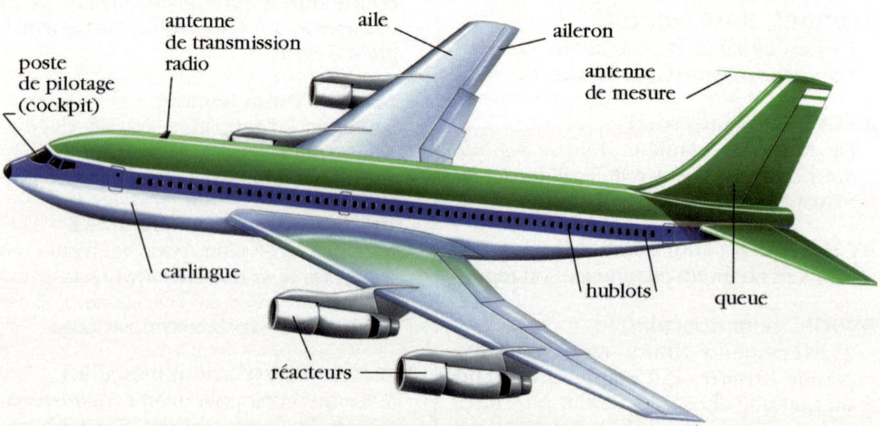

Cet **avion** est un quadriréacteur.

aviron (nom masculin)
1. Rame d'une embarcation. *Si le vent tombe, il faudra se servir des **avirons**.* 2. Sport nautique pratiqué avec un bateau à rames. *Il y a une course d'**aviron** sur la Seine.*

avis (nom masculin)
1. Ce qu'on pense sur quelque chose. *J'ai besoin de ton **avis** avant de me décider. À mon **avis**, il ne va pas pleuvoir demain.* (Syn. opinion, point de vue.) 2. Information écrite. ***Avis** au public : les chiens sont interdits dans le magasin.*

avisé, ée (adjectif)
Qui agit intelligemment. *Un conseiller très **avisé**.* (Syn. sage.)

aviser (verbe) ▸ conjug. n° 3
1. Apercevoir soudain. ***Aviser** un ami au loin.* (Syn. remarquer.) 2. Avertir ou prévenir quelqu'un. *Tu ne nous **as** pas **avisés** de ton arrivée.* 3. S'aviser : se risquer à. *Ne **t'avise** pas de recommencer !*

■ **avocat, ate** (nom)
Personne qui défend les accusés devant la justice. *Pour gagner son procès, il va lui falloir un bon **avocat**.*

■ **avocat** (nom masculin)
Fruit vert ou marron, à gros noyau, ayant la forme d'une poire. *En entrée, Lucas a mangé un **avocat** aux crevettes.*

un **avocat**

avoine (nom féminin)
Céréale dont les grains servent surtout à nourrir les chevaux.

■ **avoir** (verbe) ▸ conjug. n° 1
1. Posséder un bien. *Pierre aimerait **avoir** un chat.* 2. Posséder une caractéristique. *Sarah **a** les yeux bleus.* 3. Obtenir quelque chose. *Quentin **a eu** 10 sur 10 en géographie.* 4. Éprouver, ressentir quelque chose. ***J'ai** faim. Romain **a** mal aux dents.* 5. Être âgé de tant. *Ursula **a** 9 ans.* • **Avoir à :** devoir. ***J'ai** des courses **à** faire.* • **Il y a :** il existe. ***Il y a** plein de poussière sur les meubles.* • **Se faire avoir :** dans la langue familière, être trompé. *Ce collier n'était pas en or : elle **s'est fait avoir**.* ✎ **Avoir** est également employé comme auxiliaire pour conjuguer les verbes aux temps composés (par ex. : j'**ai** mangé, il **avait** joué).

■ **avoir** (nom masculin)
1. Ce qu'on possède. *Tout son **avoir** est à l'étranger.* 2. Crédit qu'on a chez un commerçant. *J'ai rapporté mon CD en double et le vendeur m'a fait un **avoir**.*

avoisinant, ante (adjectif)
Qui est voisin, tout proche. *On a vu des sangliers dans les bois **avoisinants**.*

avortement (nom masculin)
Fait d'avorter.

avorter (verbe) ▸ conjug. n° 3
1. Arrêter la grossesse avant son terme, accidentellement ou volontairement. 2. Au sens figuré, ne pas réussir. *Tous ses projets **ont** malheureusement **avorté**.* (Syn. échouer.)

avouer (verbe) ▸ conjug. n° 3
1. Reconnaître que quelque chose est vrai. ***J'avoue** que j'ai eu très peur.* 2. Reconnaître qu'on est coupable. *Le meurtrier **a avoué**.* (Contr. nier.)

avril (nom masculin)
Quatrième mois de l'année, qui compte 30 jours.

axe (nom masculin)
1. Tige qui traverse le milieu d'un objet. *La roue tourne autour de son **axe**.* 2. Ligne qui partage un espace en deux parties semblables. *La ligne blanche est tracée dans l'**axe** de la route. Un **axe** de symétrie.* 3. Grande route qui traverse un pays. *Les grands **axes** sont aujourd'hui bien dégagés.*

Aymé Marcel (né en 1902, mort en 1967)
Écrivain français. Marcel Aymé est l'auteur d'ouvrages souvent comiques. Il a écrit des romans comme *la Jument verte* (1941), des nouvelles : *le Passe-muraille* (1943), et des contes : *Contes du chat perché* (1934-1958).

azalée (nom féminin)
Arbuste à fleurs décoratives.

Azerbaïdjan

8,8 millions d'habitants
Capitale : Bakou
Monnaie : le manat
Langue officielle : azéri
Superficie : 86 600 km²

État de l'ouest de l'Asie, entouré au nord par la Russie, au nord-ouest par la Géorgie, à l'ouest par l'Arménie, au sud par l'Iran et à l'est par la mer Caspienne.

GÉOGRAPHIE
Le centre du pays est une vaste plaine alors que des chaînes montagneuses s'étendent à l'ouest et au nord. Le climat est aride. L'irrigation permet la culture du coton, du tabac, et des céréales, ainsi que l'élevage. L'exploitation du pétrole et du gaz est essentielle à l'économie du pays.

HISTOIRE
République indépendante en 1918, l'Azerbaïdjan fut intégrée à l'URSS en 1920. De graves conflits opposèrent la population musulmane à la minorité arménienne de religion chrétienne. En 1991, l'Azerbaïdjan obtint son indépendance.

azote (nom masculin)
Gaz qui constitue la plus grande partie de l'air.

Aztèques

Peuple amérindien du Mexique. Vers 1325, les Aztèques installèrent leur capitale sur l'emplacement actuel de la ville de Mexico. Ils fondèrent un puissant empire. Mais le conquérant espagnol Cortés fit tuer, en 1521, le dernier souverain aztèque et mit fin à l'empire en 1524. Les Aztèques formaient une société très organisée. Des vestiges de monuments, de sculptures et de peintures ont été retrouvés. Les sacrifices humains faisaient partie de leurs pratiques religieuses.

azur (nom masculin)
Couleur bleue, en particulier celle du ciel.

azyme (adjectif)
• **Pain azyme :** pain cuit sans levain.

un calendrier **aztèque** (Pierre du Soleil)

Bb

bois

b (nom masculin)
Deuxième lettre de l'alphabet. *Le **B** est une consonne.*

baba (nom masculin)
Gâteau dont la pâte est arrosée de rhum.

Babel
Nom hébreu de la ville de Babylone.
LA TOUR DE BABEL
Selon la Bible, les descendants de Noé auraient voulu bâtir une immense tour allant jusqu'au ciel. Mais Dieu, pour les punir de leur orgueil, aurait anéanti leur projet en leur faisant parler des langues différentes, les empêchant ainsi de se comprendre.

babiller (verbe) ▸ conjug. n° 3
Prononcer des sons qui ne sont pas des mots. *Le bébé **babille**.*

babines (nom féminin pluriel)
Lèvres de certains animaux. *Le chien retrousse ses **babines** : il est menaçant.* • **S'en lécher les babines :** se réjouir à l'avance à la pensée d'une chose agréable.

babiole (nom féminin)
1. Petit objet qui a peu de valeur. *Gaëlle est déçue : on ne lui a offert que des **babioles**.* 2. Chose sans importance. *C'est stupide de se disputer pour des **babioles**.*

bâbord (nom masculin)
Côté gauche d'un bateau quand on regarde vers l'avant. *Le voilier vire à gauche, à **bâbord**.* (Contr. tribord.)

babouche (nom féminin)
Chaussure en cuir sans talon.

babouin (nom masculin)
Singe d'Afrique dont le museau ressemble à celui d'un chien.

un **babouin**

baby-foot (nom masculin)
Jeu qui reproduit une partie de football avec des joueurs fixés sur des tringles. ● **Baby-foot** est un mot anglais : on prononce [babifut]. Pluriel : des baby-foot. ORTHO On écrit aussi un **babyfoot**, des **babyfoots**.

Babylone
Ancienne ville de Mésopotamie, sur l'Euphrate. Les ruines de Babylone ont été retrouvées au sud de Bagdad, en Irak. La ville aurait été fondée aux environs de 2 300 avant Jésus-Christ. Au cours de son histoire, Babylone connut de nombreux bouleversements mais elle resta le centre d'une brillante civilisation dont l'influence s'étendit sur le Proche-

Orient pendant quinze siècles. Le roi Nabuchodonosor II y fit construire de somptueux monuments, célèbres dans l'Antiquité, comme les fameux jardins suspendus, construits en terrasses, considérés comme l'une des Sept Merveilles du monde. Le conquérant grec Alexandre le Grand annexa la ville en 331 avant Jésus-Christ. Après sa mort, Babylone commença à décliner.

baby-sitter (nom)
Personne payée pour garder les enfants quand leurs parents sont absents. **Baby-sitter** est un mot anglais : on prononce [babisitœʀ]. Pluriel : des baby-sitters.
ORTHO On écrit aussi un **babysitteur**, une **babysitteuse**.

baby-sitting (nom masculin)
Activité du baby-sitter. *Cette étudiante fait du **baby-sitting** pour payer ses études.* **Baby-sitting** est un mot anglais : on prononce [babisitiŋ].
ORTHO On écrit aussi **babysitting**.

bac (nom masculin)
1. Bateau qui permet à des passagers et à des véhicules de traverser un cours d'eau ou un lac. *On a pris le **bac** pour traverser la rivière.* **2.** Grand récipient. *Un **bac** à glace, un **bac** à sable, un **bac** à fleurs.*

bac (nom masculin)
Synonyme familier de baccalauréat.

baccalauréat (nom masculin)
Examen que l'on passe à la fin des études au lycée. *Après le **baccalauréat**, on peut s'inscrire à l'université.* (Syn. bac.)

Bacchus
Dieu de la Vigne et du Vin dans la mythologie romaine.

Bach Jean-Sébastien (né en 1685, mort en 1750)
Compositeur allemand. Né dans une famille de musiciens, Jean-Sébastien Bach apprit très jeune à jouer du clavecin, du violon et de l'orgue. Il composa de nombreuses œuvres musicales, souvent d'inspiration religieuse. On peut citer, parmi bien d'autres, *Concertos brandebourgeois* (1721), *Passion selon saint Jean* (1722), *Passion selon saint Matthieu* (1729), *l'Art de la fugue* (inachevé). Il eut vingt enfants ; quatre d'entre eux devinrent des musiciens célèbres.

Jean-Sébastien **Bach**

bâche (nom féminin)
Grande toile imperméable. *Le peintre a mis des **bâches** pour protéger les meubles et le sol.*

bachelier, ère (nom)
Personne qui a obtenu le baccalauréat. Au Moyen Âge, le **bachelier** était un jeune homme qui voulait devenir chevalier.

bacille (nom masculin)
Bactérie en forme de bâtonnet. *La tuberculose est due au **bacille** de Koch.* Prononciation [basil]. **Bacille** vient du latin *bacillum* qui signifie « petit bâton ».

bâcler (verbe) ▸ conjug. n° 3
Faire quelque chose trop vite et sans s'appliquer. *David **a bâclé** son devoir et a eu une très mauvaise note.*

bacon (nom masculin)
Lard fumé. *Des œufs au **bacon**.* **Bacon** est un mot anglais : on prononce [bekɔn].

bactérie (nom féminin)
Micro-organisme formé d'une seule cellule et qui peut transmettre des maladies.

badaud, aude (nom)
Personne qui regarde par curiosité ce qui se passe dans la rue. *Les **badauds** s'attardent devant les vitrines illuminées.* (Syn. flâneur.)

badge (nom masculin)
1. Insigne que l'on accroche sur un vêtement. *Porter un **badge** avec son nom.* **2.** Carte qui donne accès à un endroit. *Il faut un **badge** pour entrer dans cette bibliothèque.*

badger (verbe) ▶ conjug. n° 5
Passer un badge dans ou devant un appareil pour être identifié. *Les employés **badgent** chaque matin en arrivant au bureau.* (Syn. pointer.)

badigeonner (verbe) ▶ conjug. n° 3
1. Recouvrir une surface avec une peinture facile à étaler. *Ces maisons blanches **ont été badigeonnées** à la chaux.* **2.** Enduire d'un liquide. *L'infirmière **a badigeonné** la blessure d'Hélène avec de l'eau oxygénée.*

badine (nom féminin)
Baguette mince et souple qui sert de cravache.

badminton (nom masculin)
Jeu qui se joue avec des raquettes légères et un volant qu'il faut envoyer par-dessus un filet. ● **Badminton** est un mot anglais : on prononce [badmintɔn].

des volants et une raquette de **badminton**

baffe (nom féminin)
Synonyme familier de gifle.

baffle (nom masculin)
Haut-parleur d'une chaîne stéréo. *Les **baffles** sont placés à gauche et à droite de la chaîne.*

bafouer (verbe) ▶ conjug. n° 3
Traiter avec mépris ou tourner en ridicule. *C'est humiliant d'**être bafoué** devant ses amis.*

bafouiller (verbe) ▶ conjug. n° 3
Parler d'une manière peu compréhensible. *Julie est si timide qu'elle **a bafouillé** en récitant son poème.* (Syn. bredouiller.)

bagage (nom masculin)
1. Sac ou valise que l'on emporte avec soi en voyage. *On ne pourra jamais mettre tous ces **bagages** dans le coffre de la voiture !* **2.** Au sens figuré, ensemble des connaissances d'une personne. *Il faut avoir un **bagage** suffisant en mathématiques pour faire des études scientifiques.* • **Plier bagage :** partir.

bagarre (nom féminin)
Dans la langue familière, violente dispute avec échange de coups. *La discussion s'est terminée en **bagarre**.* Famille du mot : se bagarrer, bagarreur.

se **bagarrer** (verbe) ▶ conjug. n° 3
Synonyme familier de se battre. *Ils se sont fait mal en **se bagarrant**.*

bagarreur, euse (adjectif)
Synonyme familier de batailleur.

bagatelle (nom féminin)
Chose sans importance. *Ils se sont disputés pour une **bagatelle**, c'est ridicule.*

Bagdad
Capitale de l'Irak, sur le Tigre (5,9 millions d'habitants).

HISTOIRE
Sous le règne du calife Harun ar-Rachid, au VIIIe siècle, ce fut une ville prospère où s'épanouissaient les arts, la littérature et les sciences. Depuis la guerre d'Irak et l'occupation du pays par des forces militaires étrangères en 2003, Bagdad connaît la violence et les attentats.

bagnard (nom masculin)
Condamné au bagne.

bagne (nom masculin)
1. Lieu où étaient détenus les condamnés aux travaux forcés. **2.** Au sens figuré, endroit où les conditions de travail sont très dures. *Cette usine est un vrai* ***bagne*** *!*

bagou (nom masculin)
Dans la langue familière, grande facilité à parler. *Pour être un bon vendeur, il faut avoir du* ***bagou****.*
ORTHO On écrit aussi **bagout**.

bague (nom féminin)
1. Bijou en forme d'anneau que l'on porte au doigt. **2.** Anneau que l'on place sur la patte d'un animal pour le reconnaître.

baguette (nom féminin)
1. Petit bâton mince. *Au Japon, on mange avec des* ***baguettes****.* **2.** Pain long et mince. *Acheter une* ***baguette*** *chez le boulanger.* • **Baguette magique :** petit bâton dont se servent les magiciens pour faire des choses surnaturelles. • **Mener quelqu'un à la baguette :** le diriger avec sévérité.

bah ! (interjection)
Exprime l'indifférence, le mépris, etc. ***Bah !*** *Ce n'est pas grave !*

Bahamas

300 000 habitants
Capitale : Nassau
Monnaie :
le dollar des Bahamas
Langue officielle :
anglais
Superficie : 13 950 km²

Archipel de l'Atlantique, situé au sud-est de la Floride, les Bahamas sont formées de 700 îles. La majorité de la population est d'origine africaine. L'activité principale du pays est le tourisme. Ancienne colonie anglaise, les Bahamas sont indépendantes depuis 1973.

Bahreïn

1,2 million d'habitants
Capitale : Manama
Monnaie :
le dinar bahreïni
Langues officielles :
arabe, anglais
Superficie : 692 km²

Archipel du golfe Persique, Bahreïn est relié à l'Arabie Saoudite par un pont de 30 km. Le tourisme est en voie de développement, mais le pétrole reste la ressource principale du pays. Ancien protectorat anglais, l'émirat de Bahreïn est indépendant depuis 1971.

bahut (nom masculin)
Buffet bas. *Range les assiettes et les verres dans le* ***bahut*** *de la cuisine !*

baie (nom féminin)
1. Endroit de la côte où la mer avance dans la terre. **2.** Grande ouverture vitrée, servant de fenêtre ou de porte-fenêtre. *De grandes* ***baies*** *donnent sur le jardin.* **3.** Petit fruit à pépins. *Les mûres, les groseilles, les myrtilles sont des* ***baies****.*

la **baie** du Mont-Saint-Michel (Normandie)

baignade (nom féminin)
1. Action de se baigner. *La* ***baignade*** *est interdite quand il y a le drapeau rouge sur la plage.* **2.** Endroit où l'on peut se baigner. *Il y a une* ***baignade*** *aménagée sur la rivière.*

baigner (verbe) ▸ conjug. n° 3
1. Mettre dans l'eau ou faire prendre un bain. *Tu préfères* ***te baigner*** *à la mer ou à la piscine ?* **2.** Tremper dans un liquide. *Les morceaux de viande* ***baignent*** *dans la sauce.* Famille du mot : baign**ade**, baign**eur**, baign**oire**, bain, bain-marie.

baigneur, euse (nom)
Personne qui se baigne. *Les* ***baigneurs*** *sont plus nombreux en été.* ■ **baigneur** (nom masculin) Poupée qui ressemble

à un bébé. *Ma petite sœur joue avec son **baigneur**.*

baignoire (nom féminin)
Grand récipient pour prendre des bains. *Après son bain, Ibrahim nettoie la **baignoire**.*

bail, baux (nom masculin)
Contrat fixant la durée et les conditions de location d'un bien. *Mes parents ont signé un **bail** de neuf ans avec le propriétaire.* Prononciation [baj], pluriel [bo].

bâillement (nom masculin)
Action de bâiller.

bâiller (verbe) ▸ conjug. n° 3
1. Ouvrir involontairement la bouche toute grande. *Tu as sommeil, tu n'arrêtes pas de **bâiller** !* 2. Être entrouvert, mal fermé ou mal ajusté. *Une porte, un vêtement qui **bâille**.*

bâillon (nom masculin)
Bandeau que l'on met sur la bouche de quelqu'un pour l'empêcher de crier.

bâillonner (verbe) ▸ conjug. n° 3
Mettre un bâillon sur la bouche de quelqu'un. *Les cambrioleurs **ont bâillonné** le caissier de la banque.*

bain (nom masculin)
Fait de se mettre dans l'eau pour se laver ou pour nager. *Kevin prend un **bain** tous les soirs.* • **Bain de soleil** : exposition du corps aux rayons du soleil, pour bronzer.

bain-marie (nom masculin)
Façon de cuire lentement un aliment en le mettant dans un récipient plongé dans de l'eau bouillante. *Faire fondre doucement du chocolat au **bain-marie**.*
Pluriel : des bains-marie.

baïonnette (nom féminin)
Petite épée qui se fixe au bout d'un fusil. **Baïonnette** vient de *Bayonne*, première ville où l'on fabriqua cette arme.

■ **baiser** (verbe) ▸ conjug. n° 3
Toucher avec ses lèvres. ***Baiser** le front de quelqu'un.* (Syn. embrasser.)

■ **baiser** (nom masculin)
Geste de tendresse qui consiste à toucher quelqu'un avec ses lèvres. *Laura m'a donné un gros **baiser** sur la joue.*

baisse (nom féminin)
Fait de baisser. *Une **baisse** de température. La **baisse** des prix.*

baisser (verbe) ▸ conjug. n° 3
1. Mettre plus bas. *Si tu as trop chaud, **baisse** la vitre pour avoir de l'air.* 2. Courber une partie du corps. ***Baisser** la tête.* 3. Diminuer la force, l'intensité ou le prix de quelque chose. ***Baisse** un peu le son de la télévision. **Baisser** les impôts.* 4. Devenir moins fort, moins haut ou moins cher. *La température **a** beaucoup **baissé**. Attendre que les prix **baissent**.* 5. Se baisser : se pencher vers le bas. *Le joueur **se baisse** pour ramasser la balle.*

bajoue (nom féminin)
Joue de certains animaux.

bal (nom masculin)
Réunion de gens qui dansent. *Les **bals** du 14 Juillet.*

balade (nom féminin)
Synonyme familier de promenade. *Pierre et Anna ont fait une grande **balade** à vélo.*

se **balader** (verbe) ▸ conjug. n° 3
Synonyme familier de se promener. ***Se balader** dans les rues de la ville.*

baladeur (nom masculin)
Petit appareil que l'on peut porter sur soi et qui permet d'écouter de la musique.

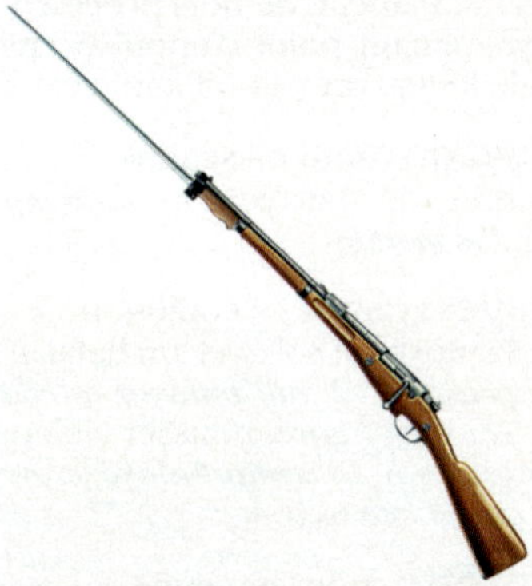

Une **baïonnette** est fixée au bout du fusil.

a
b
c
d
e
f
g
h
i
j
k
l
m
n
o
p
q
r
s
t
u
v
w
x
y
z

balafre (nom féminin)
Longue entaille sur le visage.

balafré, ée (adjectif)
Qui porte une balafre.

balai (nom masculin)
Brosse souple fixée au bout d'un long manche pour balayer. *Quentin a passé un coup de **balai** dans l'entrée.* Famille du mot : balai-brosse, balay**age**, balay**er**, balay**ette**, balay**eur**, balay**euse**.

balai-brosse (nom masculin)
Brosse dure fixée au bout d'un manche. Pluriel : des balais-brosses.

balance (nom féminin)
Appareil qui sert à peser. *Le boucher pose le rôti sur la **balance**.*

balancement (nom masculin)
Mouvement de quelque chose qui se balance. *Le **balancement** d'une barque sur la mer.*

balancer (verbe) ▸ conjug. n° 4
Donner un mouvement de va-et-vient. *La houle **balance** les voiliers dans le port. Arrête de **te balancer** d'un pied sur l'autre !* Famille du mot : balance**ment**, balanc**ier**, balanç**oire**.

balancier (nom masculin)
1. Pièce d'une horloge qui se balance autour d'un axe et rend son fonctionnement régulier. **2.** Très long bâton qui sert de contrepoids. *Le **balancier** d'un équilibriste lui permet de se maintenir sur le fil.*

balançoire (nom féminin)
1. Siège suspendu au bout de deux cordes, et sur lequel on peut se balancer. **2.** Planche de bois posée en équilibre sur un point d'appui et qui bascule lorsqu'on s'assoit à une extrémité.

balayage (nom masculin)
Action de balayer. *Le **balayage** des feuilles mortes.*

balayer (verbe) ▸ conjug. n° 7
1. Nettoyer le sol avec un balai. *Il y a de la poussière, il faut **balayer** ta chambre.* **2.** Au sens figuré, pousser violemment devant soi. *Le vent **a balayé** les nuages : le ciel est tout bleu.*

balayette (nom féminin)
Petit balai.

balayeur, euse (nom)
Personne chargée de balayer les rues.

balayeuse (nom féminin)
Véhicule servant à balayer les rues.

balbutiement (nom masculin)
Fait de balbutier. *Je n'arrive pas à comprendre ce que les **balbutiements** de cet enfant veulent dire.* ■ **balbutiements** (nom masculin pluriel) Débuts. *Les **balbutiements** d'une science.* Prononciation [balbysimɑ̃].

balbutier (verbe) ▸ conjug. n° 10
Parler en articulant mal ou de façon confuse. *Il était tellement intimidé qu'il n'a pu que **balbutier** quelques mots.* Prononciation [balbysje].

balcon (nom masculin)
Terrasse entourée d'une balustrade et se trouvant sur la façade d'un immeuble. *Ouvre la porte-fenêtre et va prendre l'air sur le **balcon**.*

baldaquin (nom masculin)
Sorte de toit de tissu, suspendu au-dessus d'un lit. *Dans chaque chambre du château, on trouve un lit à **baldaquin**.*

Baléares
Communauté autonome et Région de l'Espagne (5 014 km² ; 1 million d'habitants). Sa capitale est Palma de Majorque. Les Baléares sont un archipel de la mer Méditerranée dont les îles principales sont Majorque, Minorque, Ibiza et Formentera. Le tourisme y est très important. L'archipel fut un royaume indépendant de 1276 à 1343, puis revint au royaume d'Aragon.

baleine (nom féminin)
1. Mammifère marin de très grande taille. *La **baleine** bleue peut peser jusqu'à 150 tonnes.* **2.** Chacune des tiges flexibles servant à tendre la toile d'un parapluie. Famille du mot : baleine**au**, baleini**er**.

une **baleine**

baleineau, eaux (nom masculin)
Petit de la baleine.

baleinier (nom masculin)
Navire servant à pêcher les baleines.

balisage (nom masculin)
Action de baliser. *Le **balisage** d'une piste d'aviation sert à la rendre bien visible.*

balise (nom féminin)
Signal servant à guider les bateaux ou les avions. *Des **balises** signalent la piste.*
Famille du mot : balis**age**, balis**er**.

baliser (verbe) ▸ conjug. n° 3
Munir de balises. *L'entrée du port **est balisée** par des bouées lumineuses.*

balivernes (nom féminin pluriel)
Paroles sans intérêt. *Cesse de raconter des **balivernes**, tu ne nous intéresses pas !* (Syn. sornettes.)

Balkans
Péninsule située au sud-est de l'Europe, bordée par la mer Méditerranée et la mer Noire.
GÉOGRAPHIE
Les Balkans englobent l'Albanie, la Bosnie-Herzégovine, la Bulgarie, la Croatie, la Grèce, le Kosovo, la Macédoine, le Monténégro, la Serbie, la Slovénie et la partie européenne de la Turquie. C'est une région de montagnes au climat méditerranéen sur les côtes et continental à l'intérieur.
HISTOIRE
Dans les Balkans vivent des peuples d'origines très diverses. Au cours de son histoire, la péninsule a connu de nombreuses guerres et de graves conflits religieux. Depuis 1991, l'éclatement de la Yougoslavie a provoqué de graves tensions entre les différentes ethnies, entraînant des guerres (guerres de Croatie, de Bosnie et du Kosovo).

ballade (nom féminin)
Poème du Moyen Âge. *Une **ballade** comprend au moins trois strophes.*

ballant, ante (adjectif)
Qui pend et se balance dans le vide. *Ne reste pas les bras **ballants** à ne rien faire !*

ballast (nom masculin)
1. Couche de pierres sur laquelle sont posées les traverses supportant les rails d'une voie ferrée. 2. Réservoir d'eau d'un sous-marin, lui permettant de plonger ou de remonter.

balle (nom féminin)
1. Petit objet en forme de boule qui sert à jouer. *Une **balle** de tennis.* 2. Petit projectile métallique d'une arme à feu. *Il a été tué d'une **balle** de revolver.* • **Saisir la balle au bond :** saisir l'occasion sans attendre.

ballerine (nom féminin)
1. Danseuse de ballet. 2. Chaussure de femme qui ressemble à un chausson de danse.

ballet (nom masculin)
Spectacle de danse. *Élodie applaudit les danseurs du **ballet** de l'opéra.*

ballon (nom masculin)
1. Grosse balle. *Au football, le **ballon** est rond ; au rugby, le **ballon** est ovale.* 2. Petit sac de caoutchouc qui se gonfle quand on souffle dedans. *Les enfants ont décoré la classe avec des **ballons** multicolores.* 3. Aéronef constitué d'une enveloppe contenant un gaz plus léger que l'air et d'une nacelle. *Faire un voyage en **ballon**.*

ballonné, ée (adjectif)
Qui est gonflé comme un ballon. *Après ce repas, j'ai l'estomac tout **ballonné**.*

ballot (nom masculin)
1. Paquet de vêtements ou de marchandises. *Un gros **ballot** de linge sale.* 2. Synonyme familier de idiot. *Quel **ballot** ! Il a oublié toutes ses affaires.*

ballottage (nom masculin)
Situation d'un candidat à une élection qui n'a pas obtenu assez de voix pour être élu au premier tour. *S'il y a **ballottage**, il va falloir retourner voter.*
ORTHO On écrit aussi **ballotage**.

ballotter (verbe) ▸ conjug. n° 3
Secouer dans tous les sens. *On **est** plus **ballotté** au fond du car qu'au milieu.*
ORTHO On écrit aussi **balloter**.

balluchon (nom masculin)
Petit paquet de vêtements.
ORTHO On écrit aussi **baluchon**.

balnéaire (adjectif)
Qui concerne les bains de mer. *Deauville est une station **balnéaire**.*

balourd, ourde (adjectif)
Qui est maladroit, sans finesse. *Tu es vraiment **balourd** avec tes questions stupides !*

balsa (nom masculin)
Bois très léger provenant d'un arbre d'Amérique. *Une maquette de bateau en **balsa**.*

balte ➡ Voir tableau p. 6.

pays **Baltes**
Les trois pays qui bordent la mer Baltique à l'est. Ce sont l'Estonie, la Lettonie et la Lituanie.

Baltique
Mer intérieure de l'Atlantique. La mer Baltique borde la Suède, la Finlande, l'Estonie, la Lettonie, la Lituanie, la Russie, la Pologne, l'Allemagne et le Danemark. Elle communique avec la mer du Nord par trois détroits et forme le golfe de Botnie entre la Suède et la Finlande.

baluchon ➡ Voir **balluchon**.

balustrade (nom féminin)
Barrière qui borde un balcon ou une terrasse, et qui empêche de tomber.

Balzac Honoré de (né en 1799, mort en 1850)
Écrivain français. Balzac a consacré sa vie à une immense œuvre littéraire qu'il a appelée *la Comédie humaine* et qui est formée par un ensemble de plus de quatre-vingt-dix romans ou nouvelles. Certains sont célèbres comme *la Peau de chagrin*, *Eugénie Grandet*, *le Lys dans la vallée*, *le Père Goriot*, *la Cousine Bette*, *le Cousin Pons*. Observateur passionné et plein d'imagination, Balzac décrit la société française de son époque et crée une multitude de personnages dont certains se retrouvent dans plusieurs romans. Son œuvre est l'une des plus importantes de la littérature française.

bambin (nom masculin)
Petit enfant.

bambou (nom masculin)
Plante des pays chauds, à longue tige creuse. *Une canne à pêche, une chaise en **bambou**.*

des feuilles et des troncs de **bambou**

ban (nom masculin)
Applaudissements rythmés en l'honneur de quelqu'un. *Faire un **ban** pour les vainqueurs.* ■ **bans** (nom masculin pluriel) Annonce d'un mariage. *La mairie a publié les **bans** du mariage de mon oncle.*

banal, ale, als (adjectif)
Qui n'a rien d'original. *Cet incident arrive souvent, il est très **banal**.* Famille du mot : banal**isé**, banal**ité**.

banalisé, ée (adjectif)
Qui n'a aucun signe distinctif. *Une voiture de police **banalisée**.*

Honoré de **Balzac**

banalité (nom féminin)
1. Caractère banal de quelque chose. *Une vie d'une grande **banalité**.* 2. Paroles banales, sans intérêt. *Romain n'a dit que des **banalités**.*

banane (nom féminin)
Fruit allongé du bananier, à peau jaune et épaisse, qui pousse en grappes appelées « régimes ». Famille du mot : banan**eraie**, banan**ier**.

bananeraie (nom féminin)
Plantation de bananiers.

bananier (nom masculin)
1. Plante cultivée dans les pays chauds et qui donne les bananes. 2. Navire équipé pour transporter des bananes.

banc (nom masculin)
Long siège, avec ou sans dossier, pour plusieurs personnes. *S'asseoir sur un **banc** dans un square.* • **Banc de poissons :** grande quantité de poissons nageant ensemble. • **Banc de sable :** masse de sable accumulée dans la mer ou dans une rivière.

bancaire (adjectif)
D'une banque. *Ici, on peut payer avec un chèque **bancaire** ou avec une carte **bancaire**.*

bancal, ale, als (adjectif)
Qui est mal équilibré. *Cette table est **bancale**, elle a un pied abîmé.*

bandage (nom masculin)
Pansement fait avec une bande de tissu.

bande (nom féminin)
1. Morceau de tissu, de papier, de cuir, etc. qui est beaucoup plus long que large. *Thomas a une **bande** autour du poignet car il s'est fait une foulure. Une **bande** de papier adhésif.* 2. Groupe de personnes. *Fatima se promène avec sa **bande** de copines.* • **Bande dessinée :** suite de dessins qui raconte une histoire. *Un album de **bandes dessinées**.* (Syn. BD) • **Faire bande à part :** rester à l'écart d'un groupe. Famille du mot : ban**dage**, bande-annonce, band**eau**, bande**lette**, bander.

bande-annonce (nom féminin)
Passages d'un film que l'on montre avant sa sortie. *La **bande-annonce** m'a donné envie de voir ce film.* Pluriel : des bande**s**-annonce**s**.

bandeau, eaux (nom masculin)
Étroite bande de tissu pour retenir les cheveux ou couvrir les yeux. *Pour jouer à colin-maillard, on se met un **bandeau** sur les yeux.*

bandelette (nom féminin)
Bande longue et étroite. *Les momies égyptiennes étaient entourées de **bandelettes**.*

bander (verbe) ▸ conjug. n° 3
1. Entourer d'une bande de tissu. ***Bander** une cheville foulée.* 2. Tendre la corde d'un arc pour envoyer la flèche.

banderille (nom féminin)
Bâton pointu muni de rubans, que le toréro plante dans le dos du taureau, au cours d'une corrida.

banderole (nom féminin)
Bande de tissu tendue entre deux bâtons et portant une inscription. *Les grévistes préparent des **banderoles** pour la manifestation.*

bandit (nom masculin)
Malfaiteur dangereux. *Des **bandits** ont attaqué la banque.*

banditisme (nom masculin)
Activité des bandits. *La police lutte contre le **banditisme**.*

bandoulière (nom féminin)
• **En bandoulière :** qui est tenu par une courroie passée d'une épaule au côté opposé du corps. *Le facteur porte sa sacoche **en bandoulière**.*

Bangladesh

153 millions d'habitants
Capitale : Dhaka
Monnaie : le taka
Langue officielle : bengali
Superficie : 148 393 km²

État d'Asie, situé au nord-est de l'Inde.

GÉOGRAPHIE
Le pays est principalement constitué d'une vaste plaine sur le delta du Gange et du Brahmapoutre. Le climat de mousson chaud provoque de fortes pluies de

a b c d e f g h i j k l m n o p q r s t u v w x y z

mai à octobre. Les cyclones et les crues sont fréquents et entraînent des inondations parfois catastrophiques. Les ressources sont surtout agricoles (le riz et la jute). La majorité de la population est de religion musulmane. Surpeuplé, peu industrialisé, le Bangladesh fait partie des pays les plus pauvres du monde.

HISTOIRE
Le Bangladesh, qui faisait partie du Pakistan, est devenu indépendant en 1971. À partir de 1975, le pays a connu une période de coups d'État et de dictatures militaires. Depuis 1990, la démocratie est rétablie, mais le pays souffre toujours de violence politique.

banjo (nom masculin)
Sorte de petite guitare ronde. *Dans cet orchestre de jazz, un musicien joue du **banjo**.* Prononciation [bɑ̃dʒo].

un **banjo**

banlieue (nom féminin)
Ensemble des communes qui entourent une grande ville. *Myriam n'habite plus Paris, elle a déménagé en **banlieue**.*

banlieusard, arde (nom)
Personne qui habite la banlieue. *Les **banlieusards** prennent le train ou le bus pour aller travailler à la ville.*

bannière (nom féminin)
Sorte de drapeau. *Les supporters agitent la **bannière** du club.*

bannir (verbe) ▸ conjug. n° 11
1. Condamner quelqu'un à quitter son pays. **2.** Au sens figuré, rejeter, supprimer. *Depuis qu'il est malade, papa **a** complètement **banni** le tabac.*

banque (nom féminin)
Entreprise où on peut déposer de l'argent et en emprunter. *Passer prendre un chéquier à la **banque**.* Famille du mot : banc**aire**, banqu**ier**.

Banque centrale européenne (BCE)
Banque créée pour assurer la circulation et la gestion de l'euro. Depuis 1998, la Banque centrale européenne travaille avec les banques centrales de chacun des États européens ayant adopté l'euro comme monnaie.

banqueroute (nom féminin)
• **Faire banqueroute :** faire faillite. *Cette entreprise a fait **banqueroute** à cause d'une mauvaise gestion.*

banquet (nom masculin)
Grand repas de fête. *Le maire du village a organisé un **banquet** pour les personnes âgées.*

banquette (nom féminin)
Siège rembourré à plusieurs places. *Victor est assis sur la **banquette** arrière de la voiture.*

banquier, ère (nom)
Personne qui dirige une banque.

banquise (nom féminin)
Dans les régions polaires, couche de glace qui se forme sur la mer. *Les ours blancs, les phoques, les morses vivent sur la **banquise**.*

Bantous
Ensemble de peuples d'Afrique qui vivent au sud de l'équateur. Les Bantous, agriculteurs et forgerons, ont occupé et cultivé les territoires des Pygmées et des Boschimans, qui vivaient, eux, de la chasse et de la cueillette.
ORTHO On écrit aussi **Bantus**.

baobab (nom masculin)
Grand arbre au tronc énorme, qui pousse dans les régions tropicales d'Afrique et d'Australie.

baptême (nom masculin)
Sacrement par lequel une personne devient chrétienne. • **Baptême de l'air :** premier vol en avion ou en hélicoptère. Prononciation [batɛm].

« Le **Baptême** de Clovis »
tableau de F.-L. Dejuinne (XIXe siècle)

baptiser (verbe) ▸ conjug. n° 3
1. Donner à quelqu'un le sacrement du baptême. 2. Donner pour nom. *Odile **a baptisé** son chat Plume.* Prononciation [batize]. Famille du mot : baptême, **dé**baptiser.

baquet (nom masculin)
Grand récipient, généralement en bois.

bar (nom masculin)
1. Endroit où on sert des boissons. *Ils ont rendez-vous au **bar** des Sports.* 2. Comptoir d'un café. *Maman a mangé rapidement un sandwich au **bar**.* Ce mot anglais vient du français : il désignait d'abord la *barre* sur laquelle s'appuyaient les buveurs.

bar (nom masculin)
Poisson de mer à la chair appréciée. *Papa prépare un **bar** au fenouil.* (Syn. loup.)

un **bar** (ou loup de mer)

baragouiner (verbe) ▸ conjug. n° 3
Dans la langue familière, parler très mal une langue. *Noémie **baragouine** un peu l'italien.* **Baragouiner** vient de deux mots bretons signifiant « pain » et « vin » : les pèlerins bretons disaient ces mots quand ils entraient dans une auberge pour demander à manger et à boire.

baraque (nom féminin)
Construction légère et provisoire. *Une **baraque** de jardinier.*

baraqué, ée (adjectif)
Synonyme familier de robuste. *C'est un type **baraqué** qui l'a aidé à déménager.* (Syn. costaud.)

baraquement (nom masculin)
Ensemble de baraques. *Pendant les manœuvres, les soldats sont logés dans des **baraquements**.*

baratin (nom masculin)
Dans la langue familière, paroles mensongères, peu sérieuses. *Ne le crois pas : tout ce qu'il dit n'est que du **baratin** !*

baratiner (verbe) ▸ conjug. n° 3
Dans la langue familière, dire des choses sans intérêt ou mensongères. *Arrête de me **baratiner** : je ne te crois pas !*

la Barbade

300 000 habitants
Capitale : Bridgetown
Monnaie : le dollar de la Barbade
Langue officielle : anglais
Superficie : 431 km²

Île des Petites Antilles. La Barbade possède des plantations de canne à sucre et développe une petite industrie de fabrication du rhum. C'est surtout un lieu très touristique grâce à son climat tropical et ses plages.
Ancienne colonie britannique, la Barbade est devenue indépendante en 1966.

barbant, ante (adjectif)
Synonyme familier d'ennuyeux. *Ce livre est si **barbant** que je ne l'ai même pas fini.*

barbare (adjectif et nom)
Qui est cruel, féroce. *Un crime particulièrement **barbare**. Ils se sont comportés comme des **barbares**.*

Barbares

Nom donné par les Grecs puis par les Romains aux peuples qui n'appartenaient pas à leurs civilisations. Au Ve siècle, ces peuples, particulièrement les peuples germaniques, comme les Goths et les Vandales, envahirent et firent disparaître l'Empire romain. C'est la période des Grandes Invasions.

barbarie (nom féminin)
Comportement barbare. *Les accusés avaient commis des actes de **barbarie**.*

barbarisme (nom masculin)
Grosse faute de langage. *Écrire « j'ai parti » est un **barbarisme**.*

barbe (nom féminin)
Poils des joues et du menton des hommes. *Grand-père a une grande **barbe** blanche.* • **Au nez et à la barbe de quelqu'un :** malgré sa présence. • **Quelle barbe !** ou **la barbe ! :** se dit familièrement pour une chose ennuyeuse. Famille du mot : barber, barbiche, barbu.

barbecue (nom masculin)
Gril installé en plein air. *On a fait griller des saucisses sur un **barbecue**. Un **barbecue** électrique. Un **barbecue** qui fonctionne au charbon de bois.* **Barbecue** est un mot anglais : on prononce [baʀbəkju].

barbelé, ée (adjectif)
Qui porte des petites pointes. *Du fil de fer **barbelé** entoure cette propriété.* ■ **barbelé** (nom masculin) Fil de fer barbelé. *La prison est entourée de **barbelés**.*

barber (verbe) ▸ conjug. n° 3
Synonyme familier d'ennuyer. *Ça me **barbe** d'aller dîner chez eux.*

barbiche (nom féminin)
Petite touffe de barbe à la pointe du menton.

barboter (verbe) ▸ conjug. n° 3
S'agiter dans l'eau. *Les canards **barbotent** dans la mare.*

barboteuse (nom féminin)
Vêtement pour bébé qui se ferme entre les jambes sans les couvrir.

barbouillage (nom masculin)
Écriture ou dessin réalisés de façon maladroite.

barbouillé, ée (adjectif)
• **Avoir l'estomac barbouillé :** avoir mal au cœur, envie de vomir.

barbouiller (verbe) ▸ conjug. n° 3
Étaler une matière qui salit. *Après avoir mangé son gâteau, Sarah **était** toute **barbouillée** de chocolat.*

barbu, ue (adjectif)
Qui a une barbe. (Contr. imberbe.)

barbue (nom féminin)
Poisson de mer plat qui ressemble au turbot.

Barcelone

Ville d'Espagne sur la mer Méditerranée (5,9 millions d'habitants). Barcelone est la capitale de la communauté autonome de Catalogne. C'est un port important et un grand centre industriel.
La ville possède des monuments gothiques, des musées d'art moderne comme le musée Picasso, et de nombreux bâtiments remarquables du célèbre architecte espagnol Gaudí, notamment l'église de la Sagrada Familia. Barcelone fut un centre de la résistance des républicains face aux troupes du général Franco durant la guerre civile d'Espagne (1936-1939).

la cathédrale de la Sagrada Familia, à **Barcelone**

barda (nom masculin)
Dans la langue familière, ensemble de bagages encombrants. *Tu ne vas pas emporter tout ce **barda** en voyage !*

barde (nom masculin)
Poète et chanteur gaulois.

barde (nom féminin)
Mince tranche de lard gras. *Le boucher entoure le rôti d'une **barde**.*

bardé, ée (adjectif)
Qui est couvert de choses nombreuses. *Un sportif **bardé** de médailles.*

barder (verbe) ▸ conjug. n° 3
1. Entourer d'une barde. 2. Dans la langue familière, tourner mal ou devenir violent. *Si tu as menti, ça va **barder** pour toi !*

barème (nom masculin)
Répertoire de données chiffrées. *Papa se sert d'un **barème** pour calculer ses impôts.* **Barème** vient du nom de *François Barrême*, mathématicien français du XVIIe siècle.

barge (nom féminin)
Longue péniche à fond plat.

baril (nom masculin)
Petit tonneau. *Un **baril** de vin.*

bariolé, ée (adjectif)
Qui a des couleurs vives et variées. *Arlequin portait un costume **bariolé**.*

barman (nom masculin)
Serveur dans un bar. **Barman** est un mot anglais : on prononce [barman]. Pluriel : des barman**s** ou des barm**en** [barmɛn].

bar-mitsva (nom féminin)
Cérémonie religieuse au cours de laquelle les garçons juifs deviennent majeurs. *William est invité à la **bar-mitsva** de David.* Pluriel : des bar-mitsva**s** ou des bar-mitsva.

baromètre (nom masculin)
Instrument qui indique les variations de la pression atmosphérique. *Le **baromètre** monte, il va faire beau.*

baron, onne (nom)
Titre de noblesse, inférieur à celui de comte ou de comtesse.

baroque (nom masculin)
Style des beaux-arts du XVIIe et du XVIIIe siècle, caractérisé par l'abondance des ornements. ■ **baroque** (adjectif) 1. Qui appartient au baroque. *Une église **baroque**.* 2. Qui est extravagant, bizarre. *C'est une idée vraiment **baroque**.*

le style **baroque** (église Saint-Michel de Berg am Laim, en Bavière, XVIIIe siècle)

barque (nom féminin)
Petit bateau sans pont.

barquette (nom féminin)
1. Petit gâteau en forme de barque. 2. Petit emballage pour des aliments. *Une **barquette** de framboises, de frites.*

barrage (nom masculin)
1. Obstacle installé pour barrer une route. *Un **barrage** de gendarmerie.* 2. Grand mur construit en travers d'un cours d'eau pour retenir l'eau. *Les **barrages** servent à irriguer les terres, à produire de l'électricité, à empêcher les inondations.* ➡ p. 124.

barre (nom féminin)
1. Morceau de matière rigide, long et étroit. *Une **barre** de fer. Manger une **barre** de chocolat.* 2. Agrès pour faire des

exercices de gymnastique. *La **barre** fixe, les **barres** parallèles.* 3. Levier qui commande le gouvernail d'un bateau. *Anna est fière de tenir la **barre** du voilier.* ➡ p. 1346. 4. Trait droit. *N'oublie pas la **barre** du « t » !* 5. Emplacement d'un tribunal réservé aux témoins qui viennent déposer devant les juges. *Le témoin est appelé à la **barre**.* 6. Zone de hautes vagues. *Le bateau a eu du mal à franchir la **barre**.* • **Avoir un coup de barre :** dans la langue familière, être brusquement très fatigué. Famille du mot : barr**eau**, barr**er**, barr**eur**.

barreau, eaux (nom masculin)
1. Petite barre. *Fais attention, il manque un **barreau** à l'échelle.* 2. Ensemble des avocats d'un tribunal. *Un avocat du **barreau** de Paris.* • **Être derrière les barreaux :** être en prison.

barrer (verbe) ▸ conjug. n° 3
1. Mettre un obstacle pour empêcher de passer. *La route **est barrée** à cause des inondations.* 2. Tirer un trait sur un mot ou sur une ligne. *Dans cet exercice, il faut **barrer** les verbes à l'infinitif.* 3. Diriger un bateau en tenant la barre. *C'est difficile de **barrer**, le vent est trop violent.*

barrette (nom féminin)
Petite pince pour retenir les cheveux.

barreur, euse (nom)
Personne qui barre un bateau.

barricade (nom féminin)
Entassement d'objets divers pour barrer une rue. *Les insurgés ont construit une **barricade**.*

barricader (verbe) ▸ conjug. n° 3
1. Fermer solidement. *Avant l'arrivée du cyclone, il faut **barricader** portes et fenêtres.* 2. Se barricader : s'enfermer avec soin.

barrière (nom féminin)
1. Assemblage de morceaux de bois ou de métal formant une clôture ou un barrage. *Les **barrières** du passage à niveau sont abaissées.* 2. Obstacle séparant des personnes ou des choses. *Les Pyrénées forment une **barrière** naturelle entre la France et l'Espagne.*

un **barrage**

barrique (nom féminin)
Gros tonneau. *Les **barriques** de vin sont alignées dans la cave du vigneron.*

barrir (verbe) ▸ conjug. n° 11
Pousser des barrissements.

barrissement (nom masculin)
Cri de l'éléphant ou du rhinocéros.

baryton (nom masculin)
Chanteur dont la voix se situe entre celle du ténor et celle de la basse.

■ **bas, basse** (adjectif)
1. Qui a peu de hauteur. *Faites attention de ne pas vous cogner, le plafond de cette grotte est très **bas**.* 2. Qui a un faible niveau. *Les températures sont **basses** pour la saison.* 3. Qui donne un son grave. *Elle n'arrive pas à chanter les notes trop **basses**.* 4. Qui est de qualité médiocre. *Papa achète des **bas** morceaux de viande pour le chien.* 5. Qui est vil, méprisable. *Je ne le croyais pas capable de sentiments aussi **bas**.* • **Au bas mot :** au minimum, au moins. • **Avoir la vue basse :** avoir une mauvaise vue. • **En bas âge :** très jeune. • **Faire main basse sur quelque chose :** le voler. ■ **bas** (nom masculin) Partie inférieure de quelque chose. *Le **bas** de ta jupe est décousu.* ■ **basse** (nom féminin) 1. La plus grave des voix d'homme. 2. Sons les plus graves d'un instrument de musique. 3. Guitare électrique à quatre cordes qui produit des sons graves. ■ **bas** (adverbe) 1. À faible hauteur. *L'avion volait trop **bas** quand il a percuté la montagne.* 2. En baissant la voix. *Parle plus **bas**, le bébé dort !* • **À bas ! :** cri d'hostilité, de ré-

volte. ***À bas** la dictature !* • **Mettre bas :** mettre un petit au monde, quand il s'agit des animaux. • **Tomber bien bas :** commettre des bassesses. Famille du mot : bass**ement**, bass**esse**, bass**et**.

■ bas (nom masculin)
Vêtement féminin qui couvre le pied et la jambe. *Une paire de **bas** de soie.*

basalte (nom masculin)
Roche volcanique noire. *Quand le **basalte** sort du volcan, c'est un magma liquide.*

basané, ée (adjectif)
De couleur brune. *Zoé est revenue de vacances avec un joli teint **basané**.*

bas-côté (nom masculin)
Bord d'une route. *L'automobiliste s'est garé sur le **bas-côté** pour changer la roue.* Pluriel : des bas-côté**s**.

bascule (nom féminin)
Appareil servant à peser des objets très lourds. • **À bascule :** muni d'un système qui permet de se balancer. *Un fauteuil **à bascule**.*

basculer (verbe) ▸ conjug. n° 3
Tomber ou se renverser en perdant l'équilibre. *Gaëlle a le vertige, elle a peur de **basculer** dans le vide.*

base (nom féminin)
1. Partie inférieure d'une chose. *La **base** d'une tour.* **2.** Côté d'un triangle opposé à l'angle pris comme sommet. **3.** Principal ingrédient d'un mélange. *Un gâteau à **base** de chocolat.* **4.** Ensemble d'installations militaires. *Une **base** aérienne.* **5.** Ensemble des membres d'un syndicat ou d'un parti politique. **6.** Ce qu'il est important de connaître dans une matière. *Avoir de bonnes **bases** en mathématiques.*

base-ball (nom masculin)
Jeu de balle opposant deux équipes de neuf joueurs. *Le **base-ball** se pratique avec une balle dure.* **Base-ball** est un mot anglais : on prononce [bɛzbol].
ORTHO On écrit aussi **baseball**.

baser (verbe) ▸ conjug. n° 3
1. Établir une base militaire. *Ces marins **sont basés** à Cherbourg.* **2.** Prendre pour base, pour principe. *Il faut **se baser** sur des faits précis.*

bas-fond (nom masculin)
Endroit où l'eau est peu profonde mais où on peut naviguer. Pluriel : des bas-fond**s**.

basilic (nom masculin)
Plante aromatique, qu'on utilise pour parfumer des plats.

un pied de **basilic** en fleur

basilique (nom féminin)
Grande église. *La **basilique** Saint-Pierre de Rome.*

■ basket (nom masculin)
Jeu de ballon entre deux équipes de cinq joueurs. *Au **basket**, chaque équipe tente de faire passer le ballon dans le panier de l'équipe adverse.* Prononciation [baskɛt]. En anglais, **basket** signifie « panier ».
ORTHO On dit aussi **basket-ball**.

■ basket (nom féminin)
Chaussure de sport couvrant la cheville. *Une paire de **baskets**.* Prononciation [baskɛt].

basketteur, euse (nom)
Personne qui joue au basket.

basmati (nom masculin)
Variété de riz parfumé, à grains longs et fins, cultivé dans le nord de l'Inde.

basque ➡ Voir tableau p. 6.

Pays **basque**

Région des Pyrénées occidentales, divisée entre l'Espagne et la France.

LE PAYS BASQUE ESPAGNOL

Communauté autonome et Région d'Espagne (7 261 km² ; 2,1 millions d'habitants). Le Pays basque espagnol est situé au nord-ouest de l'Espagne et comprend les provinces de Guipúzcoa, d'Álava, de Biscaye et une partie de la Navarre. Sa capitale est Vitoria. Son activité industrielle et maritime (avec le port de Bilbao) est importante. Les provinces espagnoles du Pays basque sont regroupées au sein d'une « communauté autonome », mais l'organisation séparatiste armée ETA (*Euzkadi ta Askatasuna*) continue la lutte pour obtenir leur indépendance de l'État espagnol.

LE PAYS BASQUE FRANÇAIS

Région située au sud-ouest de la France. Le Pays basque occupe une partie du département des Pyrénées-Atlantiques. L'agriculture et l'élevage sont développés dans les terres tandis que la côte regroupe des activités industrielles et commerciales (port de Bayonne), la pêche (port de Saint-Jean-de-Luz) ; cette région maritime et montagneuse attire de nombreux touristes. Les Basques, fiers de leur culture et de leur langue, sont très attachés à leurs traditions. ➡ Voir carte p. 1372.

bas-relief (nom masculin)

Sculpture effectuée sur un bloc et dont le relief est peu marqué. *Ce temple est orné de **bas-reliefs**.* ✎ Pluriel : des bas-reliefs.

un **bas-relief** de l'Antiquité (XIIIe siècle avant Jésus-Christ)

basse-cour (nom féminin)

Partie de la ferme réservée à l'élevage des volailles et des lapins. ✎ Pluriel : des basses-cours.

ORTHO On écrit aussi une **bassecour**, des **bassecours**.

bassement (adverbe)

D'une manière basse, méprisable. *Se venger **bassement**.*

Basse-Normandie

Ancienne Région administrative française, bordée par la Manche, intégrée en 2016 à la Région Normandie. Elle est formée des départements du Calvados, de la Manche et de l'Orne. C'est une région de bocage. Ses activités sont très diverses : élevage bovin, pêche, aquaculture, élevage de chevaux pur-sang, tourisme. ➡ Voir carte p. 1373.

bassesse (nom féminin)

Acte bas, méprisable. *Il a osé tricher alors que nous lui faisions confiance, quelle **bassesse** !* (Contr. grandeur d'âme, noblesse.)

basset (nom masculin)

Chien très bas sur pattes.

Basse-Terre

Chef-lieu du département de la Guadeloupe, sur la côte ouest de l'île de Basse-Terre (13 000 habitants).

bassin (nom masculin)

1. Construction servant à recevoir de l'eau. *Au fond du jardin, il y a un **bassin** avec des poissons rouges.* **2.** Partie d'un port où se trouvent les bateaux. **3.** Gisement de houille ou de minerai. **4.** Région arrosée par un fleuve et ses affluents. *Le **bassin** de la Loire.* **5.** Grande plaine en forme de cuvette. *Le **Bassin** parisien.* **6.** Ensemble des os de la base du tronc, sur lesquels s'articulent les os des cuisses.

Bassin parisien

➡ Voir **parisien**.

bassine (nom féminin)

Grande cuvette à anses. *Une **bassine** à confitures.*

bassiste (nom)

Guitariste qui joue de la basse. *Le **bassiste** d'un groupe de rock.*

basson (nom masculin)

Instrument de musique à vent, au son grave.

la **Bastille**
Ancienne forteresse de Paris, construite en 1370 sur l'emplacement de l'actuelle place de la Bastille. Richelieu la transforma en prison d'État. Elle devint le symbole du pouvoir absolu de la monarchie. Au début de la Révolution française, elle fut prise d'assaut par les Parisiens le 14 juillet 1789 au cours d'une émeute populaire. Elle fut rasée en 1790. Aujourd'hui, à sa place, s'élève une colonne en bronze surmontée d'une petite statue ailée, *le Génie de la Liberté*. ➡ p. 128.

bastingage (nom masculin)
Barrière qui borde le pont d'un navire. *S'accouder au **bastingage**.*

bastion (nom masculin)
Construction en saillie, dans une fortification.

bas-ventre (nom masculin)
Partie inférieure du ventre. Pluriel : des bas-ventre**s**.

bât (nom masculin)
Sorte de selle que l'on place sur le dos des ânes ou des chevaux pour le transport des charges. • **C'est là que le bât blesse :** c'est le point sensible.

un **basson**

bataille (nom féminin)
1. Combat entre des armées ennemies. *En 1916, la **bataille** de Verdun a fait énormément de morts.* 2. Lutte entre des personnes. *Xavier et Julie ont fait une **bataille** de boules de neige.* 3. Jeu de cartes. *Jouer à la **bataille**.* • **Avoir les cheveux en bataille :** en désordre. Famille du mot : batail**ler**, batail**leur**.

La **bataille** de Crécy eut lieu en 1346.

batailler (verbe) ▶ conjug. n° 3
Discuter avec acharnement pour convaincre. *Il **a** longuement **bataillé** pour obtenir ce qu'il voulait.*

batailleur, euse (adjectif)
Qui est toujours prêt à se battre.

bataillon (nom masculin)
Unité militaire constituée de plusieurs compagnies et dirigée par un commandant.

bâtard, arde (adjectif et nom)
Qui est issu d'un croisement entre deux races différentes. *Un chien **bâtard**.* ■ **bâtard** (nom masculin) Pain court.

batavia (nom féminin)
Variété de laitue, aux feuilles croquantes.

bateau, eaux (nom masculin)
1. Véhicule qui sert à se déplacer sur l'eau. *Les barques, les paquebots, les yachts, les canots, les voiliers sont des **bateaux**.* ➡ p. 1346. 2. Abaissement de la bordure d'un trottoir devant une sortie de voiture. *Le long d'un **bateau**, le stationnement est interdit.* ■ **bateau** (adjectif) Synonyme familier de banal. *Tes plaisanteries **bateau** ne me font plus rire.* Pluriel : des sujets bateau.

la prise de la **Bastille** en 1789

bateau-mouche (nom masculin)
Bateau de promenade sur la Seine, à Paris. Pluriel : des bateau**x**-mouche**s**.

bateleur, euse (nom)
Personne qui, sur une place publique ou dans les foires, amusait le public avec des tours d'adresse ou des pitreries.

batelier, ère (nom)
Synonyme de marinier.

bathyscaphe (nom masculin)
Sorte de sous-marin qui permet d'explorer les grandes profondeurs.

bâti, ie (adjectif)
• **Bien bâti :** se dit d'une personne robuste.

batifoler (verbe) ▸ conjug. n° 3
Jouer gaiement. *Les chatons **batifolent** dans l'herbe.*

bâtiment (nom masculin)
1. Construction ou édifice, en général de grandes dimensions. *Cet hôpital comporte plusieurs **bâtiments**.* 2. Ensemble des métiers qui travaillent pour la construction. *Les maçons, les peintres, les couvreurs sont des ouvriers du **bâtiment**.* 3. Grand navire. *La flotte ennemie comprenait de nombreux **bâtiments**.*

bâtir (verbe) ▸ conjug. n° 11
Construire des maisons, des monuments. ***Bâtir** un immeuble, une école.*

bâtisse (nom féminin)
Grand bâtiment.

bâton (nom masculin)
1. Morceau de bois long et mince. *Yann taille une branche pour en faire un **bâton**.* 2. Objet long et mince. *Un **bâton** de colle.* • **Mettre des bâtons dans les roues de quelqu'un :** s'opposer à ses projets. • **Parler à bâtons rompus :** en passant d'un sujet à un autre.

bâtonnet (nom masculin)
Petit bâton. *On se sert d'un **bâtonnet**, avec du coton, pour se nettoyer les oreilles.*

batracien (nom masculin)
Synonyme ancien d'amphibien.

battage (nom masculin)
1. Action de battre des céréales. *Le **battage** du blé permet de séparer les grains de l'épi.* 2. Dans la langue familière, publicité tapageuse. *La presse a fait un énorme **battage** autour du mariage de la princesse.*

battant, ante (adjectif)
• **Le cœur battant :** avec le cœur qui bat très fort. • **Pluie battante :** pluie violente. ■ **battant, ante** (nom) Personne énergique, combative. *Hélène est une **battante**, elle ne renonce jamais.* ■ **battant** (nom masculin) 1. Barre de métal suspendue à l'intérieur d'une cloche et qui en frappe la paroi. 2. Partie mobile d'une porte ou d'une fenêtre. *Benjamin ouvre les deux **battants** de porte.*

batte (nom féminin)
Bâton renflé à un bout, utilisé au base-ball.

battement (nom masculin)
1. Mouvements de ce qui bat. *Les **battements** du cœur.* 2. Bruit produit par ce qui bat. *Un **battement** d'ailes.* 3. Intervalle de temps. *On a dix minutes de **battement** à la gare pour changer de train.*

batterie (nom féminin)
1. Ensemble de pièces d'artillerie. 2. Ensemble d'ustensiles de cuisine. *Acheter une **batterie** de casseroles.* 3. Ensemble d'instruments de musique à percussion. *Cette **batterie** comporte deux tambours, des cymbales et une grosse caisse.* 4. Appareil qui emmagasine l'électricité nécessaire à un véhicule, à un appareil. *La **batterie** de mon téléphone portable est déchargée.*

batteur (nom masculin)
Appareil électrique pour mélanger les aliments. *Maman se sert du **batteur** pour faire la mousse au chocolat.* ■ **batteur, euse** (nom) Personne qui joue de la batterie dans un orchestre.

battre (verbe) ▶ conjug. n° 31
1. Donner des coups. *Arrêtez de **vous battre** !* 2. Remporter une victoire sur quelqu'un. *Laura **a battu** son adversaire au tennis.* 3. Taper sur quelque chose. ***Battre** les tapis. **Battre** le blé.* 4. Mélanger énergiquement. ***Battre** des œufs pour faire une omelette. **Battre** les cartes.* 5. Taper de façon répétée. *Le cœur **bat** plus vite quand on a peur. La porte **bat** car elle est mal fermée.* 6. Parcourir dans tous les sens. *La police **a battu** la forêt pour retrouver l'enfant disparu.* 7. Se battre : combattre, lutter. ***Se battre** contre l'injustice.* • **Battre des mains :** les frapper l'une contre l'autre. • **Battre en retraite :** reculer ou céder. • **Battre la mesure :** indiquer le rythme d'un morceau de musique. • **Battre la semelle :** frapper le sol avec chaque pied alternativement pour se réchauffer. Famille du mot : batt**age**, batt**ant**, batte**ment**, batt**eur**, batt**u**, batt**ue**, **im**batt**able**.

battu, ue (adjectif)
• **Terre battue :** sol tassé. • **Yeux battus :** yeux cernés à cause de la fatigue.

battue (nom féminin)
Action de parcourir la campagne, pour faire sortir le gibier ou rechercher une personne.

Baudelaire Charles (né en 1821, mort en 1867)
Poète français. Baudelaire fut journaliste et critique d'art avant d'être écrivain. Quand il publia, en 1857, son célèbre recueil de poèmes, *les Fleurs du mal*, il fut condamné par la justice qui jugea son livre immoral. Il est aussi l'auteur du *Spleen de Paris*, qui parut en 1869, après sa mort. Il fut le remarquable traducteur des œuvres de l'écrivain américain Edgar Poe. Tourmenté par la difficulté d'écrire et par l'angoisse de la mort, Baudelaire eut une vie malheureuse, perturbée par la maladie et le manque d'argent.

baudet (nom masculin)
Âne. *Clément est chargé comme un **baudet**.*

baudrier (nom masculin)
1. Courroie que l'on porte en bandoulière et qui soutient une arme. 2. Harnais d'alpiniste ou de spéléologue.

baudroie (nom féminin)
Synonyme de lotte.

une **baudroie** (ou lotte)

baudruche (nom féminin)
Mince pellicule de caoutchouc dont on fait des ballons gonflables.

baume (nom masculin)
Pommade qui calme la douleur. *L'infirmière a massé ma cheville foulée avec un **baume**.* • **Mettre du baume au cœur :** apaiser le chagrin ou la douleur.

bauxite (nom féminin)
Minerai d'aluminium, de couleur rouge. **Bauxite** vient du nom des *Baux-de-Provence*, village du midi de la France.

bavard, arde (adjectif et nom)
Qui parle beaucoup. *Un élève **bavard**. Quelle **bavarde** cette Anna !* Famille du mot : bavard**age**, bavard**er**.

bavardage (nom masculin)
Fait de bavarder.

bavarder (verbe) ▶ conjug. n° 3
Parler de choses sans importance.

bave (nom féminin)
1. Salive qui s'écoule de la bouche. 2. Liquide gluant que produisent certains mollusques. *La **bave** de l'escargot.* Famille du mot : bav**er**, bav**eux**, bav**oir**, bav**ure**.

baver (verbe) ▶ conjug. n° 3
1. Laisser couler de la bave. *Ce chien **bave** tout le temps !* 2. Déborder en se mé-

langeant à d'autres couleurs. *Recommence ton dessin, la couleur **a bavé** partout !*

baveux, euse (adjectif)
• **Omelette baveuse :** omelette pas très cuite, avec une partie liquide.

bavoir (nom masculin)
Pièce de tissu que l'on attache autour du cou des bébés.

bavure (nom féminin)
1. Trace d'encre ou de couleur qui a bavé. *Il faut recommencer ce devoir plein de taches et de **bavures**.* 2. Au sens figuré, abus ou erreur regrettable. *Une **bavure** policière.* • **Sans bavure :** de façon parfaite, impeccable.

bayer (verbe) ▸ conjug. n° 3
• **Bayer aux corneilles :** regarder en l'air en rêvassant.

bazar (nom masculin)
1. Magasin où l'on vend toutes sortes de choses. 2. Dans la langue familière, endroit en désordre. *Tu as vu le **bazar** qu'il y a sur ton bureau !*

bazooka (nom masculin)
Arme portative qui lance des projectiles contre les véhicules blindés. Prononciation [bazuka].

BCE
➡ Voir **Banque centrale européenne**.

BCG (nom masculin)
Vaccin contre la tuberculose. **BCG** est l'abréviation de *bacille de Calmette et Guérin*, médecins qui ont inventé ce vaccin.

BD (nom féminin)
Bande dessinée. *Le personnage de **BD** préféré d'Ibrahim, c'est Gaston Lagaffe.*

béant, ante (adjectif)
Qui est grand ouvert. *La bombe a fait un trou **béant** dans le mur.*

Béarn
Ancienne province française, qui fait aujourd'hui partie du département des Pyrénées-Atlantiques. Le Béarn fut rattaché au royaume de France en 1620.

béat, ate (adjectif)
Qui exprime une satisfaction niaise. *Elle est **béate** d'admiration pour ses enfants.*

beau, bel, belle, beaux (adjectif)
1. Qui est agréable à regarder ou à écouter. *Un **beau** paysage, un **bel** homme, une **belle** chanson.* 2. Qui est réussi, digne d'admiration. *Le peintre a vraiment fait du **beau** travail.* 3. Qui est convenable moralement. *Ce n'est pas **beau** de copier sur ton voisin !* 4. Qui est important. *Tu vas attraper une **belle** grippe si tu ne te couvres pas.* • **De plus belle :** de nouveau et de plus en plus. • **Un beau jour, un beau matin :** un jour, un matin, alors que ce n'était pas prévu. ■ **beau** (nom masculin) • **C'est du beau ! :** ce n'est vraiment pas bien ! • **Faire le beau :** en parlant d'un chien, se tenir sur les pattes de derrière. ■ **belle** (nom féminin) Troisième partie pour départager des joueurs à égalité. *Après la revanche, on fait la **belle**.* • **En faire de belles :** faire de grosses bêtises. ■ **beau** (adverbe) • **Avoir beau dire** ou **beau faire :** le dire, le faire en vain. ***J'ai eu beau** insister, il n'a pas voulu venir.* • **Il fait beau :** le temps est agréable, le soleil brille. Au masculin, on emploie *bel* devant une voyelle ou un h muet : un *bel* été, un *bel* homme. Famille du mot : beauté, **embellir**.

Beauce
Région du Bassin parisien. La Beauce est une grande plaine fertile où sont cultivées les céréales, la betterave, la pomme de terre. ➡ Voir carte p. 1372.

beaucoup (adverbe)
1. En grande quantité. *On a pêché **beaucoup** de poissons.* 2. Avec une grande intensité. *Kevin a **beaucoup** aimé ce film.* • **De beaucoup :** avec une grande différence. *Élodie est **de beaucoup** la meilleure élève de la classe.* (Syn. de loin. Contr. de peu.)

beau-fils (nom masculin)
1. Mari de la fille. 2. Fils que le mari ou la femme a eu d'un premier mariage. Pluriel : des beaux-fils.

beau-frère (nom masculin)
1. Frère du mari ou de l'épouse. **2.** Mari de la sœur. Pluriel : des beau**x**-frère**s**.

Beaujolais
Région de la bordure du Massif central, entre la Loire et la Saône. Le Beaujolais est un pays de vignobles et d'élevage bovin.

beau-père (nom masculin)
1. Père du mari ou de l'épouse. **2.** Pour un enfant, deuxième mari de sa mère. Pluriel : des beau**x**-père**s**.

beauté (nom féminin)
1. Qualité de ce qui est beau. *La **beauté** d'un visage, d'un paysage.* **2.** Générosité d'une action ou d'un sentiment. *J'espère que tu apprécies la **beauté** de son geste.*

beaux-arts (nom masculin pluriel)
Ensemble des arts plastiques, c'est-à-dire le dessin, la peinture, la sculpture, la gravure et l'architecture.

beaux-parents (nom masculin pluriel)
Le beau-père et la belle-mère.

bébé (nom masculin)
1. Tout petit enfant. *Fatima regarde le **bébé** qui tète sa maman.* **2.** Petit d'un animal. *Un **bébé** phoque.*

bec (nom masculin)
1. Les deux parties dures et pointues qui servent de bouche aux oiseaux. **2.** Objet en forme de bec. *Le **bec** de la théière est cassé.* • **Prise de bec :** violente dispute. • **Tomber sur un bec :** rencontrer une difficulté imprévue.

différentes sortes de **becs** d'oiseaux

bécane (nom féminin)
Synonyme familier de moto ou d'ordinateur.

bécarre (nom masculin)
En musique, signe (♮) que l'on place devant une note et qui annule l'effet d'un dièse ou d'un bémol. **Bécarre** vient du mot italien *b quadro* qui signifie « b carré ».

bécasse (nom féminin)
Oiseau migrateur à long bec.

une **bécasse**

bécassine (nom féminin)
Sorte de petite bécasse.

bec-de-lièvre (nom masculin)
Malformation de la lèvre supérieure d'une personne. Pluriel : des bec**s**-de-lièvre.

béchamel (nom féminin)
Sauce blanche faite avec de la farine, du beurre et du lait. **Béchamel** vient du nom de *Louis de Béchamel*, financier du XVIIe siècle.

bêche (nom féminin)
Outil de jardinage en forme de pelle plate et qui sert à labourer la terre.

bêcher (verbe) ▸ conjug. n° 3
Retourner la terre avec une bêche. *Il faut **bêcher** la terre avant de semer.*

becquée (nom féminin)
Nourriture qu'un oiseau donne à ses petits avec son bec. *Dans leur nid, l'hirondelle donne la **becquée** à ses petits.*
➡ p. 132.

L'hirondelle donne la **becquée** à ses petits.

Becquerel Henri (né en 1852, mort en 1908)
Physicien français. Becquerel découvrit la radioactivité sur les sels d'uranium. Il reçut le prix Nobel de physique en 1903, avec Pierre et Marie Curie.

bedonnant, ante (adjectif)
Qui a un gros ventre.

Bédouins
Population nomade originaire de l'Arabie et vivant dans les régions désertiques du Moyen-Orient et d'Afrique du Nord. Éleveurs de bétail, chameliers, ils deviennent peu à peu sédentaires.

un groupe de **Bédouins** en Libye

bée (adjectif féminin)
• **Bouche bée :** avoir la bouche ouverte d'étonnement ou d'admiration.

Beethoven Ludwig van (né en 1770, mort en 1827)
Compositeur allemand. Beethoven reçut très jeune une éducation musicale. Enfant prodige, il donna son premier concert à l'âge de huit ans. Devenu sourd à l'âge de quarante-sept ans, il continuera cependant à composer jusqu'à sa mort. Doué d'une extraordinaire créativité, il laisse une œuvre immense : des sonates, des symphonies, des concertos. Parmi ses œuvres les plus célèbres, on peut citer la sonate *Au clair de lune*, la *Troisième Symphonie*, appelée *Symphonie héroïque*, la *Neuvième Symphonie* qui comprend l'*Hymne à la joie*.

beffroi (nom masculin)
Tour dont la cloche sonnait en cas de danger.

bégaiement (nom masculin)
Fait de bégayer. Prononciation [begɛmɑ̃].

bégayer (verbe) ▸ conjug. n° 7
Parler avec difficulté, en répétant certaines syllabes.

bégonia (nom masculin)
Plante à fleurs de couleurs vives.
Bégonia vient du nom de *Michel Bégon*, qui ramena cette plante de Saint-Domingue à l'époque de Louis XIV.

bègue (adjectif et nom)
Qui bégaie. Famille du mot : bég**aiement**, bég**ayer**.

beige (adjectif)
Qui est d'une couleur brun très clair.
■ **beige** (nom masculin) Couleur beige. *Myriam porte souvent du **beige**.*

beignet (nom masculin)
Boule de pâte cuite dans l'huile bouillante. *Pierre adore les **beignets** aux pommes.*

Beijing
➡ Voir **Pékin**.

Belarus
➡ Voir **Biélorussie**.

bel ➡ Voir **beau**.

bêlement (nom masculin)
Cri du mouton ou de la chèvre.

bêler (verbe) ▸ conjug. n° 3
Pousser des bêlements.

belette (nom féminin)
Petit mammifère carnivore au poil fauve et au corps allongé.

belge ➡ Voir tableau p. 6.

Belgique

Union européenne

10,8 millions d'habitants
Capitale : Bruxelles
Monnaie : l'euro
Langues officielles : néerlandais, français, allemand
Superficie : 30 258 km²

État d'Europe occidentale, au nord de la France, entre les Pays-Bas, l'Allemagne et le Luxembourg. La Belgique est une monarchie parlementaire.

GÉOGRAPHIE

Sa population se partage entre Flamands, qui parlent le néerlandais, et Wallons, qui parlent le français. C'est un pays plat, au climat océanique. L'agriculture est spécialisée dans la production de céréales et l'élevage du bétail (bovins, porcs). La Belgique est un grand pays exportateur (automobiles, produits alimentaires, diamants, fer, acier, etc.).

HISTOIRE

L'État de Belgique fut proclamé en 1830. Avant cette date, cette région avait déjà connu une longue histoire ; elle a d'abord fait partie de la Gaule avant d'être envahie par les Romains, puis par les Francs aux Ve et VIe siècles. Entre le IXe et le XVIe siècle, le commerce et l'industrie (notamment celle du textile et du métal) se sont fortement développés, ainsi que l'activité scientifique et artistique. Sous Napoléon Ier, la Belgique fit partie de l'Empire français.
La Belgique est l'un des six pays fondateurs de l'Union européenne.

une **belette**

bélier (nom masculin)
1. Mouton mâle. *Le **bélier** porte des cornes recourbées.* **2.** Machine de guerre du Moyen Âge, qui servait à enfoncer les portes des châteaux assiégés.

Belize

300 000 habitants
Capitale : Belmopan
Monnaie : le dollar de Belize
Langue officielle : anglais
Superficie : 23 670 km²

État d'Amérique centrale, bordé par l'océan Atlantique. Le pays est formé de montagnes couvertes de forêts qui dominent les zones côtières marécageuses. Ses principales ressources sont l'agriculture (canne à sucre) et l'exploitation des forêts. D'abord occupé par les Anglais au XVIIe siècle, le Belize est devenu une colonie en 1862, puis a gagné son indépendance en 1981.

Bell Alexander Graham (né en 1847, mort en 1922)
Physicien américain d'origine britannique. Après avoir travaillé à la fabrication d'une oreille artificielle destinée aux sourds, il déposa, en 1876, un brevet pour l'invention du téléphone. Mais on sait aujourd'hui que c'est Antonio Meucci qui inventa le premier le téléphone.

belladone (nom féminin)
Plante à fleurs pourpres et à baies noires très toxiques.

la **belladone**

belle ➡ Voir **beau**.

belle-famille (nom féminin)
Famille du mari ou de l'épouse. Pluriel : des belle**s**-famille**s**.

belle-fille (nom féminin)
1. Fille que le mari ou la femme a eue d'un premier mariage. **2.** Synonyme de bru. Pluriel : des belle**s**-fille**s**.

belle-mère (nom féminin)
1. Mère du mari ou de l'épouse. **2.** Pour un enfant, deuxième femme de son père. Pluriel : des belle**s**-mère**s**.

belle-sœur (nom féminin)
1. Sœur du mari ou de l'épouse. **2.** Femme du frère. Pluriel : des belle**s**-sœur**s**.

belligérant (nom masculin)
Pays qui est en guerre avec un autre.

belliqueux, euse (adjectif)
Qui est agressif. *Un homme agressif et **belliqueux**.* (Contr. pacifique.)

belote (nom féminin)
Jeu de cartes qui se joue avec un jeu de 32 cartes.

belvédère (nom masculin)
Construction aménagée sur une hauteur, d'où on peut contempler le paysage.

bémol (nom masculin)
En musique, signe (♭) qui, placé devant une note, l'abaisse d'un demi-ton.

bénédiction (nom féminin)
1. Cérémonie par laquelle un religieux bénit quelqu'un ou quelque chose. *Recevoir la **bénédiction** du pape.* **2.** Évènement heureux. *Cette pluie est une **bénédiction** pour le jardin.* (Contr. malédiction.)

bénéfice (nom masculin)
Somme d'argent que l'on gagne quand on revend plus cher ce que l'on a acheté ou ce que l'on a produit. *Cette entreprise est prospère car elle fait de gros **bénéfices**.* (Syn. gain, profit. Contr. perte.)
• **Au bénéfice de quelqu'un :** à son profit. *Les élèves ont fait une collecte **au bénéfice des** enfants hospitalisés.*

bénéficiaire (adjectif et nom)
Qui bénéficie de quelque chose. *Grand-mère est **bénéficiaire** d'une pension.*

bénéficier (verbe) ▸ conjug. n° 10
Tirer avantage ou profit de quelque chose. *Quentin **a bénéficié** d'une place gratuite pour aller au théâtre.* (Syn. profiter.)

bénéfique (adjectif)
Qui fait du bien. *Son séjour à la montagne lui a été très **bénéfique**.* (Syn. profitable.)

Benelux
Union économique entre la Belgique, les Pays-Bas et le Luxembourg, formée en 1944. Le mot Benelux est formé des premières lettres de chaque pays : « Be » pour Belgique, « ne » pour *Nederland* et « lux » pour Luxembourg.

benêt (nom masculin)
Garçon naïf et un peu bête. *Quel **benêt**, ce Romain, il n'a rien compris !* (Syn. niais, nigaud. Contr. malin.)

bénévolat (nom masculin)
Travail fait par une personne bénévole.

bénévole (adjectif et nom)
Qui fait quelque chose gratuitement et sans y être obligé. *On demande des personnes **bénévoles** pour aider les enfants en difficulté à faire leurs devoirs.* Famille du mot : bénévol**at**, bénévole**ment**.

bénévolement (adverbe)
De façon bénévole. *Travailler **bénévolement** pour une association.*

bénin, bénigne (adjectif)
Qui est sans gravité. *Le rhume est une maladie **bénigne**.* (Contr. grave, malin.)

Bénin

8,9 millions d'habitants
Capitale : Porto-Novo
Monnaie : le franc CFA
Langue officielle : français
Superficie : 112 620 km²

État d'Afrique occidentale, situé entre les bassins des fleuves Niger et Volta. Au Sud, on trouve des plaines fertiles et forestières, très peuplées, et au Nord des plateaux au climat tropical. Le Bénin produit du coton, de l'huile de palme, du maïs, du manioc et il exporte un peu de pétrole. Son port principal est Cotonou. Autrefois appelé Dahomey, colonie française jusqu'en 1960, le Bénin est aujourd'hui une république indépendante.

bénir (verbe) ▸ conjug. n° 11
1. Demander à Dieu de protéger une personne ou une chose. *Le pape **a béni** la foule des fidèles.* 2. Être très content et reconnaissant pour quelque chose. *Je **bénis** ce hasard qui vous a mis sur ma route.* (Syn. louer. Contr. maudire.) Famille du mot : bénit, béni**tier**.

bénit, ite (adjectif)
Rendu sacré par une cérémonie religieuse. *De l'eau **bénite**.*

bénitier (nom masculin)
Dans une église, petit bassin contenant de l'eau bénite.

benjamin, ine (nom)
Personne la plus jeune d'une famille ou d'un groupe. *Noémie est la cadette, c'est Odile qui est la **benjamine**.* (Contr. aîné.) Dans la Bible, **Benjamin** était le dernier des douze fils de Jacob.

benne (nom féminin)
Grande caisse qui se trouve à l'arrière d'un camion et qui peut basculer. *La **benne** bascule pour décharger le gravier.*

benzène (nom masculin)
Liquide inflammable et incolore que l'on extrait du goudron de charbon. *Le **benzène**, présent dans les gaz d'échappement, est une des causes de la pollution urbaine.*

béquille (nom féminin)
1. Grande canne sur laquelle on appuie l'aisselle pour s'aider à marcher. 2. Support qui maintient debout à l'arrêt une bicyclette ou une moto. ➡ p. 836.

berbère (adjectif et nom)
Qui se rapporte à des peuples qui habitent l'Afrique du Nord depuis la préhistoire. *Les tribus **berbères** sont réparties surtout au Maroc et en Algérie.* ■ **berbère** (nom masculin) Langue parlée par ces peuples. *Le **berbère** est une langue de tradition orale.*

Berbères
Habitants de l'Afrique du Nord depuis la préhistoire. Actuellement on trouve des populations berbères au Maroc, en Algérie, au sud de la Tunisie et en Libye. Les Berbères sont, en majorité, musulmans depuis la conquête arabe à la fin du VIIe siècle. Leur langue est le *berbère*.

bercail (nom masculin singulier)
Dans la langue familière, maison familiale. *La chatte est revenue au **bercail**.* Le sens ancien de **bercail** était « bergerie ».

berceau, eaux (nom masculin)
1. Petit lit de bébé, que l'on peut balancer. 2. Au sens figuré, lieu où s'est développé quelque chose. *L'Afrique est le **berceau** de l'humanité.*

bercement (nom masculin)
Action de bercer. *Au doux **bercement** de la musique, elle s'endormit.*

bercer (verbe) ▸ conjug. n° 4
Balancer doucement et régulièrement. *Le mouvement des vagues la **berçait**.* Famille du mot : berc**eau**, berc**ement**, berc**euse**.

berceuse (nom féminin)
Chanson douce et lente que l'on chante pour endormir un bébé.

béret (nom masculin)
Coiffure en étoffe, ronde et plate. *Certains militaires portent un **béret**.*

Berezina
Rivière de Biélorussie (587 km).
LA BATAILLE DE LA BEREZINA
Lors de cette bataille, les soldats de l'armée de Napoléon Ier franchirent la Berezina dans des conditions catastrophiques, au moment de la retraite de Russie, en novembre 1812.

berge (nom féminin)
Bord d'un cours d'eau. *Sarah promène son chien sur la **berge** du canal.*

berger, ère (nom)
Personne qui garde les moutons. *Le **berger** passe l'été dans la montagne avec son troupeau.* • **L'étoile du berger** : la planète Vénus. ■ **berger** (nom masculin) Race de chiens. *Un **berger** allemand.* ➡ p. 233.

bergère (nom féminin)
Fauteuil large et profond.

bergerie (nom féminin)
Bâtiment où l'on abrite les moutons.

bergeronnette (nom féminin)
Petit passereau à longue queue. On l'appelle aussi un *hochequeue* parce que sa longue queue remue sans arrêt.

une **bergeronnette**

détroit de **Béring**
Détroit reliant l'océan Arctique à l'océan Pacifique entre l'Asie et l'Amérique. Il fut découvert vers 1725 par le navigateur danois Vitus Béring. ORTHO On écrit aussi **Behring**.

Berlin
Capitale de l'Allemagne (3,4 millions d'habitants). À la fin de la Seconde Guerre mondiale, la ville de Berlin fut divisée en Berlin-Ouest, située en RFA (République fédérale allemande), et Berlin-Est, située en RDA (République démocratique allemande). Un mur avait été construit pour séparer la ville en deux et empêcher la population de l'Est d'émigrer à l'Ouest. En 1990, le mur de Berlin fut détruit et la ville réunifiée est redevenue la capitale de l'Allemagne.

berline (nom féminin)
Modèle d'automobile à quatre portes.

berlingot (nom masculin)
Bonbon en forme de pyramide. *Des **berlingots** de Carpentras.*

Berlioz Hector (né en 1803, mort en 1869)
Compositeur français. Berlioz a renouvelé la musique romantique et créé un style orchestral original. Il a composé des opéras, de la musique religieuse et de la musique symphonique (la *Symphonie fantastique*).

berlue (nom féminin singulier)
• **Avoir la berlue :** dans la langue familière, voir autre chose que ce qui est. *C'est bien lui ? Je n'**ai** pas **la berlue** ?* **Berlue** vient de l'ancien français *belluer* qui signifie « éblouir », et que l'on retrouve dans *éberlué*.

bermuda (nom masculin)
Short qui descend jusqu'aux genoux.

bernard-l'ermite (nom masculin)
Crustacé qui se loge dans les coquilles vides. Pluriel : des bernard-l'ermite.

un **bernard-l'ermite**

berne (nom féminin)
• **Drapeau en berne :** drapeau qu'on garde serré, en signe de deuil. *À l'annonce de la mort du Président, on a mis les **drapeaux en berne**.*

Berne
Capitale de la Suisse (130 000 habitants) et chef-lieu du canton de Berne. C'est le siège du gouvernement suisse.

berner (verbe) ▸ conjug. n° 3
Tromper quelqu'un en le ridiculisant. *Dans la fable de La Fontaine, avec ses compliments, le rusé renard **a berné** le corbeau.* (Syn. duper.)

berrichon, onne ➡ Voir tableau p. 6.

Berry
Ancienne province française qui couvrait le sud et le sud-est de ce que l'on appelle aujourd'hui la Région du Centre. La ville principale est Bourges. ➡ Voir carte p. 1372.

besace (nom féminin)
Sac formé de deux poches, que l'on porte sur l'épaule.

Besançon
Chef-lieu du département du Doubs (118 000 habitants), sur la rivière du Doubs. Après avoir été la capitale française de l'horlogerie, Besançon est aujourd'hui une ville en pointe pour les secteurs de l'électronique et de la mécanique de précision.

besogne (nom féminin)
Travail qu'on est obligé de faire. *Ranger sa chambre, c'est une rude* ***besogne*** *pour Thomas !* (Syn. tâche.)

besoin (nom masculin)
1. Chose indispensable. *J'ai* ***besoin*** *de ton aide.* 2. Manque de tout ce qui est nécessaire pour vivre. *Ces gens sont dans le* ***besoin***. (Syn. gêne, misère.) • **Au besoin :** si c'est vraiment nécessaire ■ **besoins** (nom masculin pluriel) • **Faire ses besoins :** évacuer ses excréments. *Le chat* ***fait ses besoins*** *dans son bac rempli de litière.*

bestial, ale, aux (adjectif)
Qui fait penser à une bête. *Il a une allure de brute et un air* ***bestial***.

bestiaux (nom masculin pluriel)
Gros animaux de la ferme (vaches, porcs, chevaux). *Un marchand de* ***bestiaux***. (Syn. bétail.)

bestiole (nom féminin)
Petite bête ou insecte. *Aïe ! Sale* ***bestiole*** *! Elle m'a piqué !*

best-seller (nom masculin)
Livre qui a un énorme succès. Prononciation [bɛstsɛlœʀ]. Pluriel : des **best-sellers**. En anglais, **best-seller** signifie « qui se vend très bien ».
ORTHO On écrit aussi **bestseller**.

bétail (nom masculin singulier)
Ensemble des bestiaux. *Cet éleveur a au moins cent têtes de* ***bétail*** *!*

■ **bête** (adjectif)
Qui manque d'intelligence. *Il est* ***bête*** *comme ses pieds.* (Syn. idiot, sot, stupide. Contr. intelligent.) • **Bête comme chou :** très facile. Famille du mot : **abêtir, bêtement, bêtise**.

■ **bête** (nom féminin)
Synonyme d'animal. *Victor aime les* ***bêtes***. *Le tigre, la panthère sont des* ***bêtes*** *féroces.* • **Bête à bon Dieu :** coccinelle. • **La bête noire de quelqu'un :** chose ou personne dont il a horreur. • **Chercher la petite bête :** chercher les petits détails, être tatillon.

bêtement (adverbe)
D'une manière bête ou étourdie. *Il a* ***bêtement*** *oublié ses clés.* • **Tout bêtement :** tout simplement.

Bethléem
Ville de Palestine (25 000 habitants) qui est sous l'autorité des Palestiniens. La ville est un important centre religieux pour les juifs et les chrétiens. C'est à Bethléem que Jésus-Christ serait né.

bêtise (nom féminin)
1. Manque d'intelligence. *Il est d'une* ***bêtise*** *rare.* (Syn. sottise, stupidité. Contr. intelligence.) 2. Action ou parole bêtes. *Cesse donc de dire des* ***bêtises*** *!* (Syn. ânerie, sottise.)

béton (nom masculin)
Matériau de construction fait d'un mélange de sable, de graviers et de ciment.

bétonner (verbe) ▸ conjug. n° 3
Construire ou recouvrir avec du béton. *Une grande partie du littoral espagnol* ***a été bétonnée***.

bétonnière (nom féminin)
Machine qui sert à préparer le béton.
ORTHO On dit aussi **bétonneuse**.

bette (nom féminin)
Plante potagère dont on mange les feuilles et les tiges blanches, appelées « côtes ».
ORTHO On dit aussi **blette**.

betterave (nom féminin)
Plante cultivée pour sa grosse racine. *Des* ***betteraves*** *rouges en salade. Des* ***betteraves*** *à sucre.*

beuglement (nom masculin)
Cri des bovins. *On entendait le* ***beuglement*** *des vaches dans l'étable.* (Syn. meuglement, mugissement.)

beugler (verbe) ▸ conjug. n° 3
Pousser des beuglements. *Le taureau se mit à **beugler**.* (Syn. meugler, mugir.)

beur (nom)
Personne jeune née en France de parents maghrébins immigrés. **Beur** vient de *arabe* en verlan.

beurre (nom masculin)
Matière grasse obtenue en battant la crème du lait. • **Œil au beurre noir :** œil noirci par un coup. Famille du mot : beurr**er**, beurr**ier**.

beurrer (verbe) ▸ conjug. n° 3
Étaler du beurre sur quelque chose. *Ursula **beurre** un moule à gâteau.*

beurrier (nom masculin)
Récipient servant à mettre le beurre.

bévue (nom féminin)
Erreur due à la maladresse. *William s'est trompé, il a encore commis une **bévue**.*

Beyrouth
Capitale du Liban et port sur la mer Méditerranée (2 millions d'habitants).
HISTOIRE
La ville a été le siège de la guerre civile qui a opposé les chrétiens aux musulmans et aux Palestiniens en 1975 et 1976. Elle a ensuite beaucoup souffert des bombardements de l'armée israélienne (1982 et 1986) et de la guerre civile (1983 à 1990).

Bhoutan

700 000 habitants
Capitale : Thimphu
Monnaie : le ngultrum
Langue officielle : dzongkha
Superficie : 47 000 km²

État d'Asie, entre la Chine et l'Inde, sur le versant sud de l'Himalaya. La population vit dans les vallées, cultivant le riz, le maïs et les fruits. Le Bhoutan, indépendant depuis 1971, est une monarchie.

biais (nom masculin)
Moyen habile et détourné. *La question le gênait, il a cherché un **biais** pour y répondre.* • **De biais, en biais :** en diagonale, en oblique.

biathlon (nom masculin)
Épreuve sportive combinant le tir à la carabine et le ski de fond. *Le **biathlon** est une discipline olympique.*

bibelot (nom masculin)
Petit objet décoratif. *Le buffet de grand-mère est couvert de petits **bibelots**.*

biberon (nom masculin)
Petite bouteille munie d'une tétine, avec laquelle on fait boire les bébés.

bible (nom féminin)
1. Livre saint des chrétiens qui comprend l'Ancien et le Nouveau Testament. *Pour les Juifs, la **Bible** ne comprend que l'Ancien Testament.* **2.** Au sens figuré, livre où l'on trouve tout ce que l'on cherche. *Ce livre sur les oiseaux, c'est une vraie **bible** !* Au sens 1, ce mot commence par une majuscule.

bibliobus (nom masculin)
Camionnette qui sert de bibliothèque ambulante.

bibliothécaire (nom)
Personne qui s'occupe d'une bibliothèque.

bibliothèque (nom féminin)
1. Meuble servant à ranger des livres. *Les rayons de la **bibliothèque**.* **2.** Établissement où l'on peut lire et emprunter des livres. *Zoé s'est inscrite à la **bibliothèque** municipale.*

biblique (adjectif)
De la Bible. *Salomon et la reine de Saba sont des personnages **bibliques**.*

biceps (nom masculin)
Muscle du bras. *Xavier gonfle ses **biceps** pour montrer comme il est fort.*

biche (nom féminin)
Femelle du cerf.

bicentenaire (adjectif)
Âgé de deux cents ans. *Dans le parc, il y a un chêne **bicentenaire**.* ■ **bicentenaire** (nom masculin) Deuxième *centenaire*. *En 2010, nous avons fêté le **bicentenaire** de la naissance de Chopin.*

bicolore (adjectif)
Qui est de deux couleurs. *Le drapeau de l'Autriche est **bicolore** : rouge et blanc.*

bicoque (nom féminin)
Petite maison peu solide.

bicorne (nom masculin)
Chapeau à deux pointes. *Napoléon Ier portait un* ***bicorne****.*

Sur ce tableau de Louis David, Bonaparte porte son **bicorne** (1800).

bicyclette (nom féminin)
Véhicule à deux roues dont la roue arrière tourne quand on pédale. La **bicyclette** est faite de deux (*bi-*) « cycles », mot grec qui veut dire « cercle ». ➡ p. 140.

bidet (nom masculin)
Cuvette sur pied dans une salle de bains qui sert à se laver le bas du corps.

bidon (nom masculin)
Récipient en métal, fermé par un bouchon et servant à transporter un liquide. *Un* ***bidon*** *de lait, un* ***bidon*** *d'essence.* ■ **bidon** (adjectif) Dans la langue familière, inventé de toutes pièces. *C'est complètement* ***bidon****, ton histoire, elle ne comporte rien de vrai !* Pluriel : des histoires bidon.

bidonville (nom masculin)
Quartier très pauvre où les maisons sont faites avec des matériaux de récupération (tôles, planches, cartons, bidons).

bidouiller (verbe) ▸ conjug. n° 3
Synonyme familier de bricoler. *Arrête de* ***bidouiller*** *ton ordinateur.*

bidule (nom masculin)
Dans la langue familière, petit objet. *Qu'est-ce que c'est donc que ce* ***bidule*** *?* (Syn. machin, truc.)

bielle (nom féminin)
Tige de métal, articulée aux deux bouts, qui transmet le mouvement.

Biélorussie

9,7 millions d'habitants
Capitale : Minsk
Monnaie :
le rouble biélorusse
Langues officielles :
biélorusse, russe
Superficie : 207 600 km²

État d'Europe centrale, entre la Lettonie, la Lituanie, la Pologne et l'Ukraine. La Biélorussie est une vaste plaine, en partie couverte par des forêts, des lacs et des marais. L'agriculture est très importante : élevage, culture du lin, de la pomme de terre, de la betterave sucrière et du tabac. La Biélorussie, qui fut une des républiques de l'URSS, est indépendante depuis 1991.
ORTHO On dit aussi **Belarus**.

bien (adjectif)
1. Qui a beaucoup de qualités. *C'est* ***bien*** *ce que tu as fait en maths !* (Contr. mauvais.) **2.** Qui est conforme à la morale, qui est juste et honnête. *C'est une femme très* ***bien****, très courageuse.* **3.** Qui est à l'aise et content. *On est* ***bien****, chez nous !* **4.** Qui est en bonne santé. *Anna est vraiment* ***bien*** *en ce moment.* • **Être bien avec quelqu'un :** s'entendre avec lui. Pluriel : des gens bien. ■ **bien** (nom masculin) Ce qui est bien, conforme à la morale. *Il faut apprendre à distinguer le* ***bien*** *du mal.* (Contr. mal.) **2.** Ce qui est agréable ou bon pour quelqu'un. *Le séjour à la mer lui a fait le plus grand* ***bien****.* **3.** Ce que l'on possède. *Il a dû vendre tous ses* ***biens****.* (Syn. fortune, richesse.) • **Mener quelque chose à bien :** réussir à le terminer. ■ **bien** (adverbe) **1.** D'une manière satisfaisante, correcte. *Yann écrit très* ***bien****.* (Contr. mal.) **2.** Très ou beaucoup. *On s'est* ***bien*** *amusés !* **3.** Vraiment. *Mais oui, c'est* ***bien*** *lui !* **4.** Au moins. *Cela fait* ***bien*** *un an que je ne l'ai pas vu.* **5.** Nécessairement, obligatoirement. *Il va* ***bien*** *falloir s'habituer.* • **Bien du (de la, des) :** beaucoup. *Je te souhaite*

***bien du** plaisir.* • **Bien fait ! :** bien mérité ! • **Tant bien que mal :** comme on a pu.. ■ bien ! (interjection) Indique qu'on a fini quelque chose. • **Eh bien ! :** marque la surprise ou la résignation. ***Eh bien !** tant pis pour toi !* ➡ Voir aussi **bien que**.

bien-aimé, ée (adjectif et nom)
Qu'on aime tendrement. *Avant le départ, Élodie embrasse son père **bien-aimé**. Mon grand frère écrit à sa **bien-aimée**.* Pluriel : des bien-aimé**s**, des bien-aimée**s**.

bien-être (nom masculin)
1. Fait de se sentir bien. *Auprès du feu, Fatima éprouve une sensation de **bien-être**.* (Contr. malaise.) 2. Aisance financière qui permet de vivre bien. *Cette famille vit dans le **bien-être**.* (Contr. besoin, gêne.)

bienfaisance (nom féminin)
Action de faire du bien en aidant les autres. *On a donné des vêtements à une œuvre de **bienfaisance**.* Prononciation [bjɛ̃fəzɑ̃s].

bienfaisant, ante (adjectif)
Qui fait du bien. *L'exercice est **bienfaisant** pour la santé.* (Syn. bénéfique. Contr. néfaste, nocif.) Prononciation [bjɛ̃fəzɑ̃].

bienfait (nom masculin)
Effet bénéfique de quelque chose. *Les **bienfaits** de la médecine.* (Contr. méfait.)
Famille du mot : bienfais**ance**, bienfai**sant**, bienfait**eur**.

bienfaiteur, trice (nom)
Personne qui fait du bien aux autres. *Pasteur a été un **bienfaiteur** de l'humanité.*

bien-fondé (nom masculin)
Caractère d'une action qui est conforme à la justice ou à la raison. *On a examiné le **bien-fondé** de leurs revendications.*

bienheureux, euse (adjectif et nom)
Qui est très heureux. *Voilà un **bienheureux** concours de circonstances.*

bien que (conjonction)
Indique une opposition. *Gaëlle adore nager **bien que** ce soit fatigant.* (Syn. quoique.)
Bien que est suivi du subjonctif.

bienséance (nom féminin)
Ce qu'il convient de dire et de faire en société. *C'est une règle de **bienséance**, de penser à remercier quand on reçoit un cadeau.*

bien sûr (adverbe)
Naturellement, cela va de soi. *Tu en veux ? **Bien sûr** !* (Syn. évidemment, oui.)

bientôt (adverbe)
Dans peu de temps. *Je reviens **bientôt**. À **bientôt**, j'espère.* (Syn. prochainement.)

bienveillance (nom féminin)
Attitude compréhensive à l'égard des autres. *Le directeur écoute les parents d'élèves avec **bienveillance**.* (Contr. malveillance.)

bienveillant, ante (adjectif)
Qui fait preuve de bienveillance. *Pourvu que la maîtresse soit **bienveillante** en corrigeant mon devoir !* (Contr. malveillant.)

une **bicyclette**

bienvenu, ue (adjectif)
Qu'on est content de voir arriver. *Après cette chaleur étouffante, la pluie est **bienvenue** !* ■ bienvenue (nom féminin) • **Souhaiter la bienvenue :** accueillir quelqu'un par des paroles aimables.

bière (nom féminin)
1. Boisson gazeuse et alcoolisée. *Le houblon sert à parfumer la **bière**.* 2. Synonyme de cercueil. *L'employé des pompes funèbres a procédé à la mise en **bière**.*

biface (nom masculin)
Outil de la préhistoire obtenu à partir d'une pierre taillée sur les deux faces. *Le **biface**, en forme d'amande, servait à couper et à creuser.*

bifidus (nom masculin)
Bactérie qui entre dans la préparation de certains produits laitiers. *Le **bifidus** favorise la progression des aliments dans l'intestin.*

bifteck (nom masculin)
Tranche de viande de bœuf. *Tu le veux comment, ton **bifteck**, saignant, bleu ou à point ?* (Syn. steak.) **Bifteck** vient de l'anglais *beefsteak* qui signifie « tranche de bœuf ».

bifurcation (nom féminin)
Endroit où la route bifurque. *À la **bifurcation**, vous prendrez à droite.* (Syn. embranchement.)

bifurquer (verbe) ▸ conjug. n° 3
1. Se séparer en deux branches. *On ne sait par où passer car le chemin **bifurque** !* 2. Changer de direction. *Au carrefour, la voiture **a** soudain **bifurqué**.*

bigame (adjectif et nom)
Qui est marié à deux personnes en même temps.

bigamie (nom féminin)
Situation d'une personne bigame. *En France, la **bigamie** est interdite.*

bigarré, ée (adjectif)
Qui a des couleurs vives et variées. *Le clown porte un costume **bigarré**.* (Syn. bariolé.)

bigarreau, eaux (nom masculin)
Grosse cerise rouge et blanche.

big-bang (nom masculin)
Évènement qui serait le point de départ de la formation de l'Univers, il y a environ 15 milliards d'années. *Les chercheurs supposent que le **big-bang** était une gigantesque explosion.* Pluriel : des big-bang**s**.
ORTHO On écrit aussi **bigbang**.

bigorneau, eaux (nom masculin)
Coquillage marin comestible qui ressemble à un petit escargot noir.

bigot, ote (nom)
Personne qui pratique sa religion de façon bornée et sans générosité.

bigoudi (nom masculin)
Petit rouleau autour duquel on enroule les mèches de cheveux pour les faire boucler.

bijou, oux (nom masculin)
1. Petit objet de parure. *Les boucles d'oreilles, les bagues, les bracelets sont des **bijoux**.* 2. Chose très bien faite, belle et raffinée. *Leur maison, c'est un vrai petit **bijou** !*
Famille du mot : bijou**terie**, bijou**tier**.

bijouterie (nom féminin)
Magasin du bijoutier.

bijoutier, ère (nom)
Personne qui fabrique ou qui vend des bijoux.

bilan (nom masculin)
1. Comptes détaillés d'une année, dans lesquels on fait le total des dépenses et des recettes. *Le comptable de l'entreprise a fait le **bilan**.* 2. Résultat final. *Je n'ai pas fait grand-chose aujourd'hui, le **bilan** est plutôt mince !* • **Déposer son bilan :** faire faillite.

bilatéral, ale, aux (adjectif)
Qui a deux côtés. *Dans ma rue, le stationnement est **bilatéral**.*

bilboquet (nom masculin)
Jeu d'adresse qui consiste à envoyer en l'air une boule percée d'un trou et à la rattraper sur un manche pointu avant qu'elle ne retombe. ➡ p. 142.

bile (nom féminin)
Liquide amer et jaunâtre produit par le foie. • **Se faire de la bile :** synonyme familier de s'inquiéter.

un **bilboquet**

bilingue (adjectif)
Qui parle deux langues. *On demande une secrétaire **bilingue**, parlant le français et l'anglais.*

billard (nom masculin)
1. Jeu dans lequel on pousse des boules avec l'extrémité d'un bâton, sur une table spéciale couverte d'un tapis. **2.** Dans la langue familière, table d'opération chirurgicale. *Il passe sur le **billard** demain pour se faire enlever l'appendice.*

bille (nom féminin)
1. Petite boule en verre, en terre ou en acier. *J'ai gagné un calot en jouant aux **billes** !* **2.** Tronc d'arbre sans branches prêt à être découpé. *Le camion transporte des **billes** de chênes.*

billet (nom masculin)
1. Monnaie de papier. *Un **billet** de 50 euros.* **2.** Rectangle de papier ou de carton prouvant qu'on a payé sa place. *Un **billet** de cinéma.* (Syn. ticket.)

billetterie (nom féminin)
1. Endroit où on vend des billets. **2.** Distributeur automatique de billets de banque.

billot (nom masculin)
Gros bloc de bois dont le dessus est plat. *Un **billot** pour couper du bois.*

bimensuel, elle (adjectif)
Qui paraît deux fois par mois. *Un magazine **bimensuel**.*

bimestriel, elle (adjectif)
Qui paraît tous les deux mois. *Une revue **bimestrielle**.*

biner (verbe) ▸ conjug. n° 3
Remuer la terre à l'aide d'une binette. ***Biner** des salades.*

binette (nom féminin)
Outil de jardinage qui sert à biner.

biniou (nom masculin)
Instrument de musique breton qui ressemble à une cornemuse.

binocles (nom masculin pluriel)
Synonyme familier de lunettes.

bio ➡ Voir **biologique**.

biocarburant (nom masculin)
Carburant d'origine végétale. *L'alcool extrait de la canne à sucre est un **biocarburant**.*

biodégradable (adjectif)
Qui se détruit naturellement. *Les épluchures de légumes sont **biodégradables**.*

biodiversité (nom féminin)
Diversité des espèces d'animaux et de plantes. *La survie des espèces dépend de la protection de la **biodiversité**.*

biographie (nom féminin)
Histoire de la vie d'une personne. *Benjamin a lu une **biographie** de Léonard de Vinci.*

biologie (nom féminin)
Science qui étudie les êtres vivants.

biologique (adjectif)
Qui est obtenu sans produit chimique. *Un commerçant du marché vend des légumes **biologiques**.* ✎ Ce mot s'abrège : des légumes bio.

biologiste (nom)
Spécialiste de biologie.

biosphère (nom féminin)
Partie du globe terrestre et de l'atmosphère où il existe une vie végétale et animale.

bip (nom masculin)
Signal sonore, bref et répété, émis par certains appareils. *On entend un **bip** quand la batterie du téléphone est déchargée.* 🗝 **Bip** est une onomatopée.

bipède (nom masculin)
Être vivant qui a deux pieds. *Le pingouin, l'homme sont des **bipèdes**.*

bique (nom féminin)
Synonyme familier de chèvre.

biquet, ette (nom)
Synonyme familier de chevreau.

biréacteur (nom masculin)
Avion à deux réacteurs.

birman, ane ➡ Voir tableau p. 6.

Birmanie

50 millions d'habitants
Capitale : Naypyidaw
Monnaie : le kyat
Langue officielle : birman
Superficie : 676 550 km²

État de l'Asie du Sud-Est, entre l'Inde et le Bangladesh à l'ouest, la Chine au nord, le Laos et la Thaïlande à l'est.

GÉOGRAPHIE
La Birmanie est un pays de vallées et de montagnes, au climat tropical de mousson sur les côtes, et tempéré au nord et en altitude. C'est un pays essentiellement agricole, grand producteur de riz. La Birmanie est relativement pauvre, même si elle reçoit de l'aide de la Chine et de Singapour.

HISTOIRE
Autrefois rattachée par les Britanniques à l'empire des Indes, puis occupée par les Japonais de 1942 à 1945, elle est indépendante depuis 1948, mais vit sous un régime de dictature militaire.

ORTHO On dit aussi **Myanmar**.

un groupe de jeunes moines bouddhistes en **Birmanie**

■ **bis, bise** (adjectif)
D'une couleur entre le gris et le brun. *Un drap de toile **bise**. Le pain **bis** contient du son.* ● Prononciation [bi], féminin [biz].

■ **bis** (adverbe)
Indique la répétition. *Hélène habite au 1, et moi au 1 **bis**.* ■ **bis !** (interjection) Cri par lequel le public demande à un artiste de rejouer ou de chanter une seconde fois. ● Prononciation [bis].

bisaïeul, eule, eux (nom)
Synonyme littéraire d'arrière-grand-père, d'arrière-grand-mère et d'arrière-grands-parents.

biscornu, ue (adjectif)
Bizarre et compliqué. *Quelle idée **biscornue** ! Tu ne peux pas trouver plus simple ?* (Syn. bizarre, saugrenu.)

biscotte (nom féminin)
Tranche de pain de mie séchée au four. *J'ai cassé ma **biscotte** en la beurrant.*

biscuit (nom masculin)
Gâteau sec. *Maman entoure la charlotte de **biscuits**.*

bise (nom féminin)
1. Vent du nord, froid et sec, qui souffle en hiver. 2. Dans la langue familière, synonyme de baiser. *Tu ne m'as pas fait la **bise** !*

biseau, eaux (nom masculin)
• **En biseau :** en oblique. *Tailler un morceau de bois **en biseau**.*

biseauté, ée (adjectif)
Dont les bords sont taillés en biseau. *L'armoire de ma chambre a une glace **biseautée**.*

bison (nom masculin)
Grand bœuf sauvage qui a une bosse sur le cou et une épaisse crinière. ***Le bison** constituait la nourriture essentielle des Indiens d'Amérique du Nord.*

un **bison**

bisou (nom masculin)
Synonyme familier de baiser. *Je te fais des gros **bisous**.*

bissectrice (nom féminin)
Droite qui divise un angle en deux angles égaux. ➡ p. 576.

bissextile (adjectif féminin)
• **Année bissextile :** qui a 366 jours (au lieu de 365) et dont le mois de février a 29 jours (au lieu de 28). *2004, 2008, 2012 sont des années **bissextiles**.*

bistouri (nom masculin)
Instrument coupant utilisé par les chirurgiens pour inciser.

bistre (adjectif)
De couleur brun foncé. *Un teint **bistre**.*

bistro (nom masculin)
Synonyme familier de café. *Ils sont attablés au **bistro** du coin.* (Syn. bar.)
ORTHO On écrit aussi **bistrot**.

bitume (nom masculin)
Synonyme d'asphalte. *On recouvre les rues et les trottoirs de **bitume**.*

bivouac (nom masculin)
Campement provisoire. *Les randonneurs installent leur **bivouac** dans une clairière.*

bivouaquer (verbe) ▸ conjug. n° 3
Camper dans un bivouac. *Nous **bivouaquerons** dans cette grotte ce soir.*

bizarre (adjectif)
Curieux ou anormal. *Un bruit **bizarre**.* (Syn. étrange, insolite. Contr. banal, ordinaire.) Famille du mot : bizarr**ement**, bizarr**erie**.

bizarrement (adverbe)
De façon bizarre. *Il se mit à zigzaguer **bizarrement**.*

bizarrerie (nom féminin)
Chose bizarre. *L'ornithorynque est un mammifère avec un bec : une **bizarrerie** de la nature !*

Bizet Georges (né en 1838, mort en 1875)
Compositeur français. Il est l'auteur du célèbre opéra *Carmen* et de la musique de scène de *l'Arlésienne*.

blafard, arde (adjectif)
Qui est pâle et décoloré. *La lanterne éclairait la grotte d'une lueur **blafarde** Avoir le teint **blafard**.*

blague (nom féminin)
1. Chose dite ou faite pour plaisanter. *C'était pour rire, c'est une **blague** !* (Syn. farce, plaisanterie.) **2.** Petit sac dans lequel on met le tabac. *Le marin sortit sa **blague** à tabac et bourra sa pipe.*

blaguer (verbe) ▸ conjug. n° 3
Dire des blagues. *Ne t'inquiète pas, il **blague** !* (Syn. plaisanter.)

blaireau, eaux (nom masculin)
1. Mammifère sauvage au poil noir et blanc. *Le **blaireau** attaque les vipères.* **2.** Sorte de pinceau à manche court pour savonner la barbe avant de la couper.

un **blaireau**

blâmable (adjectif)
Qui doit être blâmé. *Mentir est une action **blâmable**.* (Syn. condamnable.)

blâme (nom masculin)
Réprimande que l'on fait à quelqu'un qui a commis une faute grave. *Cette grave erreur mérite un **blâme** sévère.*
Famille du mot : blâm**able**, blâm**er**.

blâmer (verbe) ▸ conjug. n° 3
Donner un blâme à quelqu'un. *La pauvre, elle est plus à plaindre qu'à **blâmer** !* (Syn. condamner, désapprouver. Contr. féliciter.)

blanc, blanche (adjectif)
1. Qui a la couleur du lait ou de la neige. *Mamie a des cheveux tout **blancs**.* **2.** Qui est de couleur claire. *Du raisin **blanc**. Un homme **blanc**.* **3.** Où rien n'est écrit. *Je ne savais rien, j'ai rendu une feuille **blanche**.* **4.** Qui sert de répétition mais qui ne compte pas. *Le grand frère de Clément a passé un bac **blanc**.* • **Blanc comme neige :** innocent de ce dont on l'accuse. • **Blanc comme un linge :** livide, sous le coup d'une émotion. • **Donner carte blanche à quelqu'un :** lui donner une entière liberté pour faire quelque

chose. • **Nuit blanche :** sans sommeil. ■ Blanc, Blanche (nom) Être humain dont la peau est de couleur claire. *Les Noirs et les **Blancs**.* ■ blanc (nom masculin) 1. Couleur blanche. *Le **blanc** est le mélange des sept couleurs de l'arc-en-ciel.* 2. Peinture de couleur blanche. *Un tube de **blanc**.* 3. Linge de maison blanc ou clair. *Au rayon du **blanc**, on trouve des draps, des nappes, des torchons.* 4. Espace non écrit, dans une page. *Laissez un **blanc** entre les deux paragraphes, ce sera plus lisible.* 5. Vin blanc. *Vous désirez du **blanc** ou du rouge ?* 6. Chair sans os de la volaille. *Tu veux du **blanc** ou une cuisse ?* 7. Albumine de l'œuf. *Maman bat des **blancs** en neige.* • **À blanc :** avec des cartouches sans balles, donc inoffensives. ■ blanche (nom féminin) Note de musique qui vaut deux noires. Famille du mot : blanch**âtre**, blanch**eur**, blanch**ir**, blanch**isserie**.

mont Blanc

Point culminant des Alpes (4 810 mètres), en Haute-Savoie, près de la frontière italienne. Le sommet du mont Blanc fut atteint pour la première fois en 1786. Un tunnel traverse le massif du Mont-Blanc et relie la France à l'Italie.

des alpinistes dans le massif du **Mont-Blanc**

blanc-bec (nom masculin)

Jeune homme sans expérience, qui croit tout savoir. Pluriel : des blancs-becs.

blanchâtre (adjectif)

D'un blanc pas très net. *La nuit est remplacée par une lueur **blanchâtre**.*

Blanche de Castille (née en 1188, morte en 1252)

Reine de France et épouse de Louis VIII. Elle dirigea le royaume à deux reprises : pendant la minorité de son fils Louis IX, appelé « Saint Louis », et lors de la 7e croisade.

blancheur (nom féminin)

Couleur blanche. *La **blancheur** de la neige.*

blanchir (verbe) ▸ conjug. n° 11

1. Rendre blanc. *En Grèce, on **blanchit** les maisons à la chaux.* 2. Devenir blanc. *Ses cheveux **ont blanchi** d'un coup.* 3. Dire que quelqu'un est innocent. *Il **a été blanchi** de l'accusation portée contre lui.*

blanchisserie (nom féminin)

Magasin où on lave le linge et où on le repasse. *Mon oncle donne ses chemises à laver à la **blanchisserie**.*

blanquette (nom féminin)

Ragoût de veau ou de volaille à la sauce blanche.

blasé, ée (adjectif)

Qui ne s'intéresse plus à rien. *Il a tant voyagé qu'il est **blasé**.*

blason (nom masculin)

Dessin qui est l'emblème d'une famille ou d'une ville. *Au XIIe siècle, la fleur de lis est devenue le **blason** des rois de France.* Dans les tournois du Moyen Âge, l'armure des chevaliers empêchait qu'on les reconnaisse, c'est pourquoi ils adoptaient des signes distinctifs : c'est l'origine du **blason**.

blasphème (nom masculin)

Parole qui insulte la religion.

blasphémer (verbe) ▸ conjug. n° 8

Dire des blasphèmes.

blatte (nom féminin)

Synonyme de cafard.

une **blatte** sur un évier

blazer (nom masculin)

Veste de laine, souvent bleu marine. **Blazer** est un mot anglais : on prononce [blazɛʀ].

a b c d e f g h i j k l m n o p q r s t u v w x y z

blé (nom masculin)
Céréale dont le grain sert à faire de la farine. *On moissonne le **blé** au début de l'été.* • **Blé noir :** sarrasin.

un épi de **blé**

blême (adjectif)
Très pâle. *Mal rasé, le teint **blême**, il avait l'air malade.* (Syn. blafard, livide.)

blêmir (verbe) ▶ conjug. n° 11
Devenir blême. *En entendant le verdict, l'accusé **a blêmi**.*

Blériot Louis (né en 1872, mort en 1936)
Aviateur et constructeur d'avions français. Il a réussi la première traversée de la Manche en avion en 1909, entre Calais et Douvres.

Louis **Blériot** près de l'avion avec lequel il franchit la Manche

blessant, ante (adjectif)
Qui blesse, fait de la peine. *Elle a fait des allusions **blessantes** à propos du père de Julie.* (Syn. désobligeant, vexant.)

blessé, ée (nom)
Personne qui a été blessée. *L'attentat a fait une dizaine de **blessés**.*

blesser (verbe) ▶ conjug. n° 3
1. Occasionner une plaie ou une fracture. *Le boxeur **a** sérieusement **blessé** son adversaire pendant le match.* **2.** Au sens figuré, faire de la peine. *En parlant de son poids, tu l'**as blessé** au vif !* Famille du mot : bless**ant**, bless**é**, bless**ure**.

blessure (nom féminin)
1. Dommage corporel causé par un choc, une arme, etc. *Les coupures, les plaies, les éraflures, les entorses, les brûlures sont des **blessures**.* **2.** Chagrin ou humiliation. *Une **blessure** d'amour-propre.*

blet, blette (adjectif)
Trop mûr. *Une pomme **blette**.*

blette ➡ Voir **bette**.

bleu, bleue (adjectif)
1. Qui a la couleur du ciel par beau temps. *Laura a des yeux **bleus**.* **2.** Se dit d'un bifteck qui est à peine cuit. • **Peur bleue :** très grande peur. ■ **bleu** (nom masculin) **1.** Couleur bleue. *Le **bleu** du ciel.* **2.** Marque sur la peau, causée par un coup. *Je me suis cogné au coin du mur, j'ai un **bleu** !* **3.** Vêtement de travail en toile bleue. *L'ouvrier a mis son **bleu** de travail.* **4.** Fromage dont on laisse moisir la pâte, qui devient bleue par endroits. *Un **bleu** de Bresse, un **bleu** d'Auvergne.* Famille du mot : bleu**âtre**, bleu**et**, bleu**ir**, bleu**té**.

bleuâtre (adjectif)
Presque bleu. *Une fumée **bleuâtre** montait du cendrier.*

bleuet (nom masculin)
Fleur de couleur bleue, qui pousse dans les champs de blé. *Pour le 14 Juillet, David a cueilli des **bleuets**, des marguerites et des coquelicots.*

bleuir (verbe) ▶ conjug. n° 11
Devenir bleu. *À l'horizon, le ciel **bleuissait**.*

bleuté, ée (adjectif)
Légèrement bleu. *Myriam a des cheveux très noirs avec des reflets **bleutés**.*

blindage (nom masculin)
Protection métallique très épaisse. *Grâce au **blindage** de la carrosserie, les balles n'ont pas atteint les passagers.*

blindé (nom masculin)
Véhicule militaire recouvert d'un blindage. *Un régiment de **blindés** a surpris l'armée ennemie.* (Syn. char.)

blinder (verbe) ▶ conjug. n° 3
Renforcer avec un blindage. *Il a fait **blinder** sa porte pour se protéger des cambrioleurs.* Famille du mot : blind**age**, blind**é**.

blini (nom masculin)
Petite crêpe épaisse. *Des **blinis** recouverts de caviar.*

blister (nom masculin)
Film plastique transparent qui recouvre un emballage. *Le tube de colle est vendu sous **blister**.* **Blister** est un mot anglais : on prononce [blistɛʀ].

blizzard (nom masculin)
Vent glacé du grand Nord, très violent et chargé de neige. *Au Québec, en hiver, le **blizzard** souffle.*

bloc (nom masculin)
1. Gros morceau d'une matière dure. *Un **bloc** de glace.* **2.** Ensemble de feuilles de papier détachables. *Un **bloc** de papier à lettres.* **3.** Groupe de gens très unis. *Si on touche à l'un d'eux, tous le défendent, ils font **bloc**.* • **À bloc :** au maximum. *Le frein est serré **à bloc**.* • **En bloc :** dans sa totalité, sans faire de détail. *Il a tout refusé **en bloc**.*

blocage (nom masculin)
Action de bloquer. *Le **blocage** de la serrure est dû à la rouille.*

fleurs, feuilles et boutons de **bleuet**

blockhaus (nom masculin)
Abri militaire fortifié. *En Bretagne, il existe encore des **blockhaus** datant de la Seconde Guerre mondiale.* (Syn. bunker.) **Blockhaus** est un mot allemand : on prononce [blɔkos].

bloc-notes (nom masculin)
Petit bloc de feuilles détachables servant à prendre des notes. Pluriel : des bloc**s**-notes.

blocus (nom masculin)
Action d'isoler un pays des autres pays. *Le **blocus** empêche le pays de s'approvisionner.*

blog (nom masculin)
Site Internet se présentant sous forme de journal personnel mis à jour régulièrement. *Alice raconte son voyage sur son **blog**.* **Blog** est un mot anglais.

blond, blonde (adjectif et nom)
D'une couleur claire et dorée. *Noémie est **blonde** comme les blés. Odile préfère les **blonds**.*

bloquer (verbe) ▶ conjug. n° 3
1. Serrer un mécanisme pour l'empêcher de bouger. *Ne serre pas trop cette vis, tu vas la **bloquer** !* **2.** Empêcher la circulation. *C'est le camion des poubelles qui **bloque** la rue.* (Syn. boucher, obstruer.) **3.** Empêcher le fonctionnement. *Une articulation **bloquée** par un rhumatisme.* **4.** Arrêter quelque chose dans son mouvement. *Ibrahim **a bloqué** la balle.* Famille du mot : blocage, blocus, **dé**bloquer.

se **blottir** (verbe) ▶ conjug. n° 11
Se serrer ou se mettre en boule. *Le chat **se blottit** sur le canapé.* (Syn. se pelotonner.)

blouse (nom féminin)
Vêtement de travail que l'on met par-dessus les autres vêtements pour les protéger. *Autrefois, les écoliers portaient des **blouses**.*

blouson (nom masculin)
Veste courte et serrée à la taille. *Un **blouson** d'aviateur.*

blue-jean (nom masculin)
Pantalon en toile épaisse de couleur bleue. (Syn. jean.) **Blue-jean** est un mot anglais : on prononce [bludʒin]. Pluriel : des blue-jeans. **Blue-jean** est la déformation de *bleu de Gênes*, car

les Américains importaient de la toile de Gênes, port d'Italie, pour faire les pantalons des cow-boys.

blues (nom masculin)
Chant lent et triste des Noirs d'Amérique du Nord. ● **Blues** est un mot anglais : on prononce [bluz]. ⊸ En anglais, ce mot signifie « idées sombres ».

bluff (nom masculin)
Attitude de celui qui exagère pour impressionner les gens. *Sarah prétend qu'elle ne lit qu'une fois ses leçons pour les apprendre, mais c'est du **bluff**.* ● **Bluff** est un mot anglais : on prononce [blœf]. ⊸ En Amérique, **bluff** était le nom du jeu de poker où l'on doit mentir pour impressionner ses adversaires.

bluffer (verbe) ▸ conjug. n° 3
Essayer de tromper par un bluff. *Quand Kevin dit que ses parents le laissent sortir seul le soir, il **bluffe** !* (Syn. se vanter.) ● Prononciation [blœfe].

boa (nom masculin)
Grand serpent non venimeux d'Amérique du Sud. *Le **boa** étouffe ses proies dans ses anneaux avant de les avaler.*

un **boa** étouffant sa proie

bob (nom masculin)
Petit chapeau de toile rond en forme de cloche.

bobard (nom masculin)
Synonyme familier de mensonge. *Raconter des **bobards**.*

bobine (nom féminin)
Petit cylindre sur lequel on enroule du fil, un film, etc. ⌂ Famille du mot : **embobiner**, **rembobiner**.

bobo (nom masculin)
Dans le langage des enfants, petite blessure sans gravité.

bobsleigh (nom masculin)
Traîneau à plusieurs places. ● **Bobsleigh** est un mot anglais : on prononce [bɔbslɛg].

bocage (nom masculin)
Région où les prés sont entourés par des haies. *La Vendée, le Poitou sont des régions de **bocage**.*

bocal, aux (nom masculin)
1. Récipient de verre à large ouverture, servant à conserver les aliments. *Des conserves en **bocaux**.* ➡ p. 276. **2.** Aquarium de forme sphérique.

bœuf (nom masculin)
1. Taureau châtré. *Une paire de **bœufs** attelés par un joug.* **2.** Viande de bœuf ou de vache. *Je voudrais du **bœuf** pour faire un pot-au-feu.* ● Prononciation [bœf], pluriel [bø].

un **bœuf** et une vache

bof ! (interjection)
Exprime l'indifférence ou le manque d'enthousiasme. *Préfères-tu aller au cirque ou au cinéma ? – **Bof** !*

■ **bogue** (nom féminin)
Enveloppe de la châtaigne, hérissée de piquants.

une châtaigne et sa **bogue**

■ **bogue** (nom masculin)
Anomalie dans un programme informatique.
ORTHO On dit aussi **bug**.

bohème (nom)
Personne qui vit sans souci du lendemain. *Elle menait une vie de **bohème** avec des artistes à Montmartre.*

bohémien, enne (nom)
Nomade qui vit en roulotte ou en caravane. *On appelle aussi les **bohémiens** tsiganes, gitans ou romanichels.*

boire (verbe) ▸ conjug. n° 39
1. Avaler un liquide. *Il **boit** de l'eau.* **2.** Absorber beaucoup d'alcool. *Ce pauvre homme s'est mis à **boire** après la mort de sa femme.* **3.** Absorber un liquide. *Il faisait tellement sec que la terre **a bu** toute l'eau.* • **Boire les paroles de quelqu'un :** les écouter avec admiration.

bois (nom masculin)
1. Matière dont les arbres sont constitués. *En quel **bois** est cette table ? – En chêne.* ➡ p. 76. **2.** Petite forêt. *Un **bois** de châtaigniers.* • **Touchons du bois :** formule que l'on dit pour éloigner la malchance. ■ **bois** (nom masculin pluriel) Cornes ramifiées des cervidés. Famille du mot : boisé, boiserie, déboisement, déboiser, reboisement, reboiser, sous-bois.

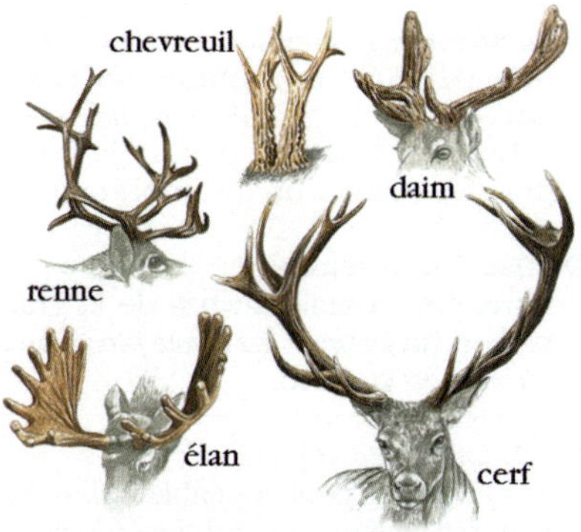

les **bois** des cervidés

boisé, ée (adjectif)
Couvert d'arbres. *Le Morvan est une région **boisée**.*

boiserie (nom féminin)
Panneau de bois qui recouvre les murs d'une pièce. *Le salon du château a de magnifiques **boiseries**.*

boisson (nom féminin)
Tout liquide qui se boit. *Voulez-vous une **boisson** chaude ou une **boisson** froide ?*

boîte (nom féminin)
Récipient que l'on peut fermer. *Une **boîte** à thé, une **boîte** de conserve, une **boîte** à outils.* • **Boîte aux lettres :** boîte dans laquelle on dépose le courrier, messagerie. • **Boîte de nuit :** cabaret ouvert la nuit, où l'on peut boire et danser. • **Boîte de vitesses :** partie du moteur d'une automobile qui permet de changer de vitesse. • **Mettre en boîte :** synonyme familier de taquiner. ORTHO On écrit aussi **boite**.

boiter (verbe) ▸ conjug. n° 3
Marcher en penchant le corps d'un côté. *Elle a eu un accident de moto, depuis elle **boite**.* Famille du mot : boiteux, boitiller.

boiteux, euse (adjectif et nom)
Qui boite. *Il est **boiteux** depuis son accident.* ■ **boiteux, euse** (adjectif) Qui n'est pas stable. *Une chaise **boiteuse**.* (Syn. bancal.)

boîtier (nom masculin)
Sorte de boîte qui renferme un mécanisme, une recharge, etc. *Le **boîtier** d'une montre, d'un appareil photo.*

boitiller (verbe) ▸ conjug. n° 3
Boiter légèrement.

bol (nom masculin)
1. Récipient rond destiné à contenir une boisson. *Il y a mon prénom sur mon **bol**.* **2.** Contenu d'un bol. *Ursula avale un **bol** de lait brûlant.* • **Prendre un bol d'air :** aller s'aérer à la campagne.

boléro (nom masculin)
Petite veste sans manches.

bolet (nom masculin)
Variété de champignon. *Le cèpe est un **bolet** comestible très apprécié, mais le **bolet** de Satan est vénéneux.* ➡ p. 217.

bolide (nom masculin)
Véhicule très rapide. *Après la classe, Pierre a filé comme un **bolide**.* **Bolide** était autrefois le nom donné aux météorites.

Bolivie

10 millions d'habitants
Capitale gouvernementale : La Paz
Capitale administrative : Sucre
Monnaie : le boliviano
Langues officielles : espagnol, quechua
Superficie : 1 098 580 km²

État d'Amérique du Sud, entouré par le Brésil, le Pérou, le Chili, l'Argentine et le Paraguay. La Bolivie est peuplée surtout d'Amérindiens, descendants des Incas, et de métis.

GÉOGRAPHIE
À l'ouest, se dressent les hauts plateaux et les montagnes de la cordillère des Andes et, à l'est, s'étendent des plaines, moins peuplées. La Bolivie partage le lac Titicaca avec le Pérou. Le pays a des cultures de soja, de maïs, de canne à sucre et de pomme de terre. Le gouvernement tente de freiner la culture de la coca qui sert à fabriquer la cocaïne. La Bolivie exporte du gaz naturel, de l'étain, du zinc et de l'argent.

HISTOIRE
La région couverte par la Bolivie actuelle fit partie de l'Empire inca jusqu'à la conquête espagnole au XVIe siècle. Le pays a connu une suite de coups d'État et de dictatures militaires à partir de 1825. La démocratie est rétablie depuis 1982.

le marché de Tarabuco, en **Bolivie**

bolivien, enne ➡ Voir tableau p. 6.

bombance (nom féminin)
• **Faire bombance :** manger et boire d'excellentes choses, et en grande quantité.

bombardement (nom masculin)
Action de bombarder. *Les **bombardements** s'intensifient sur le nord du pays.*

bombarder (verbe) ▸ conjug. n° 3
Lancer des bombes ou des obus sur un objectif. *L'aviation ennemie **a bombardé** les voies de chemin de fer.* Famille du mot : bombard**ement**, bombard**ier**.

bombardier (nom masculin)
Avion de bombardement.

Bombay
Deuxième ville et premier port de l'Inde sur l'océan Indien (14 millions d'habitants). Bombay est un très grand centre économique avec des industries textiles, chimiques et des raffineries de pétrole.

bombe (nom féminin)
1. Projectile qui explose. *La **bombe** n'a pas explosé car elle a été désamorcée.* 2. Bouteille métallique contenant un liquide sous pression, destiné à être pulvérisé. *On a peint un tag à la **bombe** sur le mur.* 3. Casquette bombée des cavaliers. *Le port de la **bombe** est obligatoire dans le club d'équitation.* • **Faire l'effet d'une bombe :** causer une énorme surprise.

bombé, ée (adjectif)
Arrondi vers l'extérieur. *Le couvercle de la boîte est **bombé**.*

bomber (verbe) ▸ conjug. n° 3
1. Rendre ou devenir bombé. *Le bois **bombe** avec l'humidité.* 2. Dessiner avec une peinture en bombe. *Les tagueurs **ont bombé** la façade à peine repeinte.* • **Bomber le torse :** gonfler la poitrine pour se donner un air important.

bôme (nom féminin)
Barre horizontale au bas de la grande voile d'un bateau. *La **bôme** pivote autour du mât.* ➡ p. 1346.

bon, bonne (adjectif)
1. Qui a un goût agréable. *Mmm ! C'est **bon**, cette mousse au chocolat !* (Contr. mauvais.) 2. Qui est agréable et qui plaît beaucoup. *Je prendrais bien une **bonne** douche !* 3. Qui est satisfaisant. *Pour être aviateur, il faut avoir une très **bonne** vue.* 4. Qui est de qualité. *Bravo ! C'est du **bon** travail !* 5. Qui fait bien ce qu'il a à faire. *Il est **bon** père et **bon** médecin.* 6. Qui est conforme à la morale. *Une **bonne** action.* (Contr. mauvais.) 7. Qui aime faire le bien, qui veut du bien aux autres. *C'est un homme **bon**.* (Syn. généreux. Contr. méchant.) 8. Sert à insister sur certains mots. *De **bon** matin. Il y a un **bon** moment qu'elle est partie.* • **À quoi bon ? :** à quoi cela servira-t-il ? • **Bon pour :** qui est approprié, adapté à. *Prends ! C'est **bon pour** ce que tu as !* ■ **bon** (nom masculin) 1. Ce qui est bon, avantageux. *Les vacances, ça a du **bon** !* 2. Ticket contre lequel on reçoit un objet ou de l'argent. *Un **bon** d'essence, un **bon** d'achat.* ■ **bon** (adverbe) • **Il fait bon :** le temps est agréable.

• **Pour de bon :** réellement. *Cette fois, on part **pour de bon** !* • **Sentir bon :** avoir une bonne odeur. • **Tenir bon :** synonyme de résister. ■ **bon !** (interjection) Exprime l'approbation. ***Bon !** C'est bien !* • **Ah bon :** exprime la surprise. *Elle est partie. – **Ah bon** ?* Famille du mot : bonne**ment**, bon**té**.

Bonaparte Napoléon
➡ Voir **Napoléon I**er.

bonbon (nom masculin)
Petite friandise sucrée. *Des **bonbons** acidulés.* Un **bonbon**, c'est deux fois *bon* : c'est pourquoi il y a un *n* devant le *b*.

bonbonne (nom féminin)
Grosse bouteille. *Une **bonbonne** de gaz.*

bonbonnière (nom féminin)
Petite boîte à bonbons.

bond (nom masculin)
Saut brusque et rapide. *D'un **bond**, Zoé franchit le ruisseau.* • **Faire faux bond à quelqu'un :** ne pas faire ce que l'on avait promis. *Le plombier devait venir ce matin, mais il **nous a fait faux bond**.* Famille du mot : bond**ir**, **re**bond, **re**bond**ir**, **re**bond**issement**.

bondé, ée (adjectif)
Complètement plein. *La salle d'attente est **bondée**.* (Syn. comble.)

bondir (verbe) ▸ conjug. n° 11
Faire des bonds. *Le tigre **bondit** sur sa proie.* (Syn. s'élancer, sauter.)

bonheur (nom masculin)
État d'une personne heureuse. *Pour Quentin, c'est un **bonheur** que d'aller à la pêche.* (Syn. joie. Contr. malheur.) • **Au petit bonheur :** au hasard. • **Par bonheur :** heureusement. • **Porter bonheur :** provoquer la chance. *On dit que les trèfles à quatre feuilles **portent bonheur**.*

bonhomie (nom féminin)
Comportement d'une personne simple et bienveillante.

bonhomme (nom masculin)
Synonyme familier d'homme. *Romain est un drôle de petit **bonhomme**.* Prononciation [bɔnɔm]. Pluriel : des bonshommes [bɔ̃zɔm].

boniment (nom masculin)
Mensonge fait pour séduire. *Anna m'a raconté des **boniments**.* (Syn. baratin, bobard.)

bonjour (nom masculin)
Mot de salutation adressé à une personne qu'on rencontre. *Lui as-tu dit **bonjour** ? – **Bonjour**, madame !*

bon marché (adjectif)
Qui ne coûte pas cher. *J'ai trouvé des livres d'occasion très **bon marché**.* Pluriel : des livres bon marché.

bonne (nom féminin)
Domestique chargée des travaux ménagers. On dit aujourd'hui « employée de maison ».

cap de **Bonne-Espérance**
Pointe extrême de l'Afrique du Sud. Le cap de Bonne-Espérance fut découvert en 1487 par le navigateur Bartolomeu Dias. Les navires de l'expédition de Vasco de Gama, en route vers les Indes, le franchirent en 1497.

bonne femme (nom féminin)
Synonyme familier de femme. *Élodie est une petite **bonne femme** pas plus haute que trois pommes.*

bonnement (adverbe)
• **Tout bonnement :** tout simplement. *Cela ne veut **tout bonnement** rien dire !*

bonnet (nom masculin)
Coiffure souple et sans bord. *On met un **bonnet** de caoutchouc à la piscine.*

bonneterie (nom féminin)
Industrie qui fabrique les chaussettes, les sous-vêtements. *Les gants, les slips, les maillots sont des articles de **bonneterie**.* Prononciation [bɔnɛtri]. ORTHO On écrit aussi **bonnèterie**.

bonsaï (nom masculin)
Arbre qu'on taille pour qu'il reste nain. *La technique du **bonsaï** vient du Japon.* ➡ p. 152. ORTHO On écrit aussi **bonzaï**.

bon sens (nom masculin)
Capacité à juger raisonnablement et sagement. *Thomas a beaucoup de **bon sens**.*

a b c d e f g h i j k l m n o p q r s t u v w x y z

bonsoir (nom masculin)
Mot de salutation adressé le soir à une personne que l'on rencontre ou que l'on quitte. *Soyez sages, les enfants, je vais venir vous dire **bonsoir**.*

bonté (nom féminin)
Qualité d'une personne qui est bonne et généreuse. *Cette femme-là, c'est la **bonté** même.* (Contr. méchanceté.) • **Avoir la bonté de faire quelque chose :** être assez aimable pour le faire. ***Auriez-vous la bonté de** me dire l'heure ?*

bonus (nom masculin)
Réduction sur le prix de l'assurance d'un véhicule accordée aux conducteurs qui n'ont pas d'accidents. Prononciation [bɔnys].

bon vivant (nom masculin)
Personne qui aime bien boire, manger et s'amuser. Pluriel : des bons vivants.

bonzaï ➡ Voir **bonsaï**.

bonze (nom masculin)
Moine bouddhiste.

des **bonzes**

boomerang (nom masculin)
Arme des indigènes australiens, faite d'un morceau de bois recourbé, qui revient vers celui qui l'a lancé, si la cible est manquée. **Boomerang** est un mot anglais : on prononce [bumʀɑ̃g].

borborygme (nom masculin)
Gargouillement produit par les gaz et les liquides du tube digestif. *Le ventre émet des **borborygmes** pendant la digestion, mais aussi quand on a faim.*

un **bonsaï**

bord (nom masculin)
Limite d'une surface. *Le **bord** d'une feuille. Le **bord** de la mer.* • **À bord :** sur un bateau ou dans un avion. • **À ras bord :** jusqu'en haut. *Le verre est rempli **à ras bord**.* • **Au bord de :** tout près de. *Il est **au bord** des larmes.* Famille du mot : border, bordure, débordement, déborder, rebord.

bordeaux (nom masculin)
Sorte de vin. *Pour son repas d'anniversaire, papa a débouché une bouteille de vieux **bordeaux**.* **Bordeaux** est une ville de France au centre d'une importante région de vignes.

Bordeaux
Chef-lieu de la Région Aquitaine-Limousin-Poitou-Charentes et du département de la Gironde, sur la Garonne (232 000 habitants). Grand port de commerce (en particulier, vins de Bordeaux), c'est aussi une ville industrielle et culturelle, avec de nombreuses églises et des musées.

des **boomerangs**

border (verbe) ▸ conjug. n° 3
1. Occuper le bord d'un lieu. *Des noisetiers **bordent** le sentier.* **2.** Rentrer le bord des draps et des couvertures sous le matelas. *Maman vient me **border** le soir dans mon lit.*

bordure (nom féminin)
Ce qui est au bord de quelque chose. *La **bordure** du trottoir. Notre maison est en **bordure** de l'étang.*

boréal, ale, aux (adjectif)
Qui est au Nord. *L'hémisphère **boréal**.* (Contr. austral.)

borgne (adjectif et nom)
Qui ne voit que d'un œil.

borne (nom féminin)
1. Bloc de pierre qui sert à indiquer les limites d'un terrain ou une distance. *Une **borne** kilométrique.* **2.** Dispositif muni d'un écran relié à un ordinateur et placé dans un lieu public. *Vous pouvez retirer votre billet à l'une des **bornes** situées dans la gare.* ■ bornes (nom féminin pluriel) Limites qu'il ne faut pas dépasser. *Sa prétention n'a pas de **bornes**.*

borné, ée (adjectif)
Qui a l'esprit étroit. *On ne peut pas discuter avec lui, il est trop **borné**.* (Contr. intelligent, ouvert.)

Bornéo
La plus grande île du sud-est de l'Asie, la troisième du monde (750 000 km²).

GÉOGRAPHIE
Elle est partagée entre l'Indonésie, la Malaisie et le sultanat de Brunei. Les plaines côtières sont dominées par des plateaux et des montagnes couvertes d'une forêt équatoriale dense. L'île possède des gisements de pétrole.

HISTOIRE
Bornéo a été découverte par les Européens au XVIe siècle. Les Néerlandais, les Anglais et les Espagnols se la disputèrent aux XVIIe et XVIIIe siècles. La destruction des forêts par de très nombreux incendies est une véritable catastrophe écologique.

se **borner** (verbe) ▸ conjug. n° 3
Ne faire que ce qui est nécessaire, sans plus. *Elle n'a pas tout dit, elle **s'est bornée** à l'essentiel.* (Syn. se limiter.)

Bosch Jérôme (né vers 1450 ou 1460, mort en 1516)
Peintre hollandais, dont le style fantastique annonce le surréalisme. Parmi ses œuvres, on peut citer : *Le Jardin des délices* (vers 1500-1505), *le Jugement Dernier* (1485-1505).

bosniaque ➡ Voir tableau p. 6.

un marché flottant à **Bornéo**

Bosnie-Herzégovine

3,8 millions d'habitants
Capitale : Sarajevo
Monnaie :
le mark convertible
Langues officielles :
bosniaque, serbe, croate
Superficie : 51 130 km²

État d'Europe, situé dans les Balkans. La population est constituée de Bosniaques musulmans, de Serbes orthodoxes et de Croates catholiques. Ses ressources viennent de l'élevage et de l'exploitation minière.

HISTOIRE
Avant 1991, la Bosnie-Herzégovine était une des six républiques qui constituaient la Yougoslavie. En 1991, la dislocation de la Yougoslavie provoqua la création d'États indépendants : une guerre civile éclata alors entre les différentes ethnies, entraînant le siège de la capitale, Sarajevo, par les forces serbes ; la guerre ne prit fin qu'en 1995, avec un accord signé entre les présidents serbe, bosniaque et croate.

Bosphore
Détroit situé en Turquie, entre l'Europe et l'Asie, qui relie la mer de Marmara à la mer Noire. La ville d'Istanbul est située sur la rive ouest du Bosphore.

bosquet (nom masculin)
Petit groupe d'arbres ou d'arbustes.

bosse (nom féminin)
1. Enflure qui apparaît après un choc. *Fatima s'est fait une belle* ***bosse*** *!* 2. Grosseur anormale dans le dos. *Sa* ***bosse*** *est due à une malformation de la colonne vertébrale.* 3. Grosseur naturelle sur le dos de certains animaux. *Le dromadaire, le zébu, le bison ont une* ***bosse****.* 4. Endroit bombé d'une surface. *Le terrain est plein de creux et de* ***bosses****.* • **Avoir la bosse de quelque chose :** dans la langue familière, être doué pour cela.

bosser (verbe) ▸ conjug. n° 3
Synonyme familier de travailler.

bossu, ue (nom)
Personne qui a une bosse dans le dos.

bot (adjectif)
• **Pied bot :** pied mal formé.

botanique (nom féminin)
Science qui étudie les plantes. ■ botanique (adjectif) • **Jardin botanique :** jardin où l'on étudie des plantes rares.

botaniste (nom)
Spécialiste de la botanique.

Botswana

2 millions d'habitants
Capitale : Gaborone
Monnaie :
le pula
Langues officielles :
tswana, anglais
Superficie : 582 000 km²

État d'Afrique de l'hémisphère Sud. Le désert du Kalahari occupe la majorité du territoire. La principale richesse est le diamant auquel s'ajoutent le nickel et le cuivre. Le Botswana, protectorat britannique de 1885 à 1966, est aujourd'hui une république.

botte (nom féminin)
1. Chaussure qui enferme le pied et une partie de la jambe. 2. En escrime, coup donné avec la pointe de l'épée. 3. Assemblage de végétaux liés ensemble. *Une* ***botte*** *d'oignons, une* ***botte*** *de paille.*
Famille du mot : botté, bott**illon**, bott**ine**.

botté, ée (adjectif)
Qui porte des bottes.

Botticelli Sandro (né vers 1445, mort en 1510)
Peintre italien. Ses tableaux sont pleins de légèreté et de grâce. L'un des plus célèbres est *la Naissance de Vénus* (1485).

« La Naissance de Vénus »,
tableau de Sandro **Botticelli** (1485)

bottillon (nom masculin)
Botte courte.

bottine (nom féminin)
Chaussure montante serrée à la cheville.

boubou (nom masculin)
Tunique longue et ample que portent les Africains.

bouc (nom masculin)
1. Mâle de la chèvre. 2. Barbiche sur la pointe du menton. *Napoléon III mit à la mode le port du **bouc** et de la moustache.* • **Bouc émissaire :** personne sur laquelle on fait retomber les fautes de tout un groupe.

boucan (nom masculin)
Synonyme familier de tapage.

bouche (nom féminin)
1. Chez l'être humain, ouverture dans le bas du visage, qui communique avec l'appareil digestif et les voies respiratoires. *On ne parle pas la **bouche** pleine !* 2. Entrée ou ouverture de quelque chose. *Une **bouche** d'égout.* • **De bouche à oreille :** en se répétant d'une personne à l'autre. • **Faire la fine bouche :** faire le difficile, le dégoûté. • **Faire venir l'eau à la bouche :** donner envie.
Famille du mot : bouche-à-bouche, bouch**ée**.

bouche-à-bouche (nom masculin)
Méthode de réanimation qui consiste à envoyer de l'air par sa propre bouche dans la bouche d'une personne noyée ou asphyxiée.

bouché, ée (adjectif)
Synonyme familier de stupide.

bouchée (nom féminin)
1. Quantité d'aliments que l'on peut mettre en une fois dans la bouche. *Une **bouchée** pour maman...* 2. Bonbon fourré au chocolat. *Une **bouchée** pralinée.* • **Mettre les bouchées doubles :** travailler deux fois plus vite. • **Ne faire qu'une bouchée de quelqu'un :** le vaincre facilement. • **Pour une bouchée de pain :** très peu cher.

boucher (verbe) ▸ conjug. n° 3
1. Fermer avec un bouchon. *Le tube **était** mal **bouché**, la colle est sèche.* 2. Fermer un trou, un passage. *Le trou **a été bouché** avec du papier. La rue **est** complètement **bouchée**.* (Syn. obstruer.)
Famille du mot : bouch**é**, bouche-trou, bouch**on**, **dé**bouch**é**, **dé**boucher, **re**boucher.

boucher, ère (nom)
Personne qui vend de la viande.

boucherie (nom féminin)
1. Magasin du boucher. *La **boucherie** est fermée le lundi.* 2. Massacre sanglant. *Envoyer des soldats à la **boucherie**.* (Syn. carnage.)

bouche-trou (nom masculin)
Personne ou chose qui occupe momentanément une place vide. *J'en ai assez de servir de **bouche-trou** !* Pluriel : des bouche-trou**s**.

bouchon (nom masculin)
1. Ce qui sert à fermer une bouteille, un tube, etc. *Un **bouchon** de champagne.* 2. Synonyme d'embouteillage. *Il y a un **bouchon** de 20 km sur l'autoroute.*

bouchonner (verbe) ▸ conjug. n° 3
1. Frotter un cheval avec une poignée de paille pour le sécher. (Syn. frictionner.) 2. Former un embouteillage. *Ça **bouchonne** au carrefour.*

boucle (nom féminin)
1. Accessoire qui permet de fermer une ceinture. 2. Mèche de cheveux en spirale. *Odile a de belles **boucles** blondes.* 3. Ce qui a la forme d'une ligne recourbée sur elle-même. *Les **boucles** d'un lacet.* • **Boucle d'oreille :** bijou qui se porte à l'oreille. Famille du mot : boucl**er**, boucl**ette**.

boucler (verbe) ▸ conjug. n° 3
1. Fermer en attachant avec une boucle. ***Boucler** son sac à dos.* 2. Fermer un espace en bouchant les issues. *La police **a bouclé** le quartier.* (Syn. cerner, encercler.) 3. Faire des boucles. *Gaëlle **boucle** naturellement, elle a les cheveux **bouclés**.* (Syn. friser.)

bouclette (nom féminin)
Petite boucle.

bouclier (nom masculin)
Épaisse plaque que l'on porte à un bras pour se protéger des coups.

Bouddha (né vers 560, mort vers 480 avant Jésus-Christ)
Nom donné au fondateur du bouddhisme. À l'âge de vingt-neuf ans, il s'enfuit de son palais pour se mettre en quête de la Vérité. De la période où il médita sous l'arbre de la Sagesse jusqu'à la fin de sa vie, il enseigna et voyagea à travers l'Inde du Nord, où il rassembla de nombreux disciples.

des statues de **Bouddha** à Ayutthaya (Thaïlande)

bouddhisme (nom masculin)
Religion d'Asie, fondée au VIe siècle avant Jésus-Christ par un sage indien nommé Bouddha.

bouddhiste (nom)
Adepte du bouddhisme.

bouder (verbe) ▸ conjug. n° 3
Faire une mine renfrognée et se taire pour bien montrer qu'on est fâché.
Famille du mot : bouderie, boudeur.

bouderie (nom féminin)
Attitude de quelqu'un qui boude.

boudeur, euse (adjectif)
Qui boude. *Victor a pris un air **boudeur**.* (Syn. renfrogné.)

boudin (nom masculin)
Boyau rempli de sang et de graisse de porc, qui se mange cuit. *On achète le **boudin** à la charcuterie.*

boudiné, ée (adjectif)
Qui est serré dans un vêtement trop étroit.

boudoir (nom masculin)
Petit biscuit léger de forme allongée, saupoudré de sucre. *On sert le champagne avec des **boudoirs**.*

boue (nom féminin)
Terre très mouillée. *Vous mettez de la **boue** partout avec vos chaussures !*

bouée (nom féminin)
1. Anneau gonflable qu'on met autour de la taille pour flotter. *Une **bouée** de sauvetage.* **2.** Objet flottant qui sert de repère. *L'entrée du port est balisée par des **bouées**.*

boueux, euse (adjectif)
Couvert de boue. *Une route **boueuse**. Des bottes **boueuses**.*

bouffant, ante (adjectif)
Très ample et qui semble gonflé d'air. *Des pantalons **bouffants**.*

bouffée (nom féminin)
1. Quantité de fumée que l'on aspire d'un coup. *Grand-père fume son cigare par petites **bouffées**.* **2.** Souffle d'air. *Le parfum des mimosas entre par **bouffées** dans la chambre.*

bouffi, ie (adjectif)
Enflé et boursouflé. *Des yeux **bouffis** de larmes, de fatigue, de sommeil.*

bouffon (nom masculin)
Homme dont le rôle était de divertir le roi et sa cour. ■ **bouffon, onne** (adjectif) Drôle et un peu grotesque. *Le clown se trouve dans une situation **bouffonne**.*

bougeoir (nom masculin)
Support pour une bougie. *Des **bougeoirs** en argent éclairent faiblement l'immense salle.*

bougeotte (nom féminin)
• **Avoir la bougeotte :** dans la langue familière, être incapable de rester sans bouger. *Le voilà reparti à l'autre bout du monde, il **a** vraiment **la bougeotte** !*

bouger (verbe) ▸ conjug. n° 5
Faire un mouvement ou changer de place. *Hélène **n'a** pas **bougé** depuis une heure. Les feuilles **bougeaient** au gré du vent.*

bougie (nom féminin)
1. Petit bâton de cire ou de paraffine, qui brûle grâce à une mèche. *On a allumé des **bougies** pendant la panne de courant.* **2.** Dans un moteur, pièce qui

produit une étincelle destinée à enflammer l'essence.

bougon, onne (adjectif)
Qui bougonne souvent. *William est vraiment* ***bougon*** *depuis ce matin, il a sans doute mal dormi.* (Syn. grognon.)

bougonner (verbe) ▸ conjug. n° 3
Synonyme de grommeler. *Quand Xavier est contrarié, il passe son temps à* ***bougonner****.*

bouillabaisse (nom féminin)
Plat provençal fait de poissons servis dans une soupe épicée. *Ce restaurant marseillais est réputé pour sa* ***bouillabaisse****.* **Bouillabaisse** vient de mots provençaux qui signifient « ça bout, abaisse (le feu) ».

bouillant, ante (adjectif)
1. Qui est en train de bouillir. *L'eau est* ***bouillante*** *: tu peux y verser les pâtes !* 2. Très chaud. *Il s'est brûlé la langue en buvant un chocolat* ***bouillant****.* 3. Plein d'ardeur et de fougue. *Être* ***bouillant*** *d'impatience, de colère, d'indignation.*

bouille (nom féminin)
Synonyme familier de visage. *Julie a une bonne petite* ***bouille****.*

bouillie (nom féminin)
Aliment constitué de farine cuite dans du lait ou de l'eau. *Yann fait manger une assiette de* ***bouillie*** *au bébé.* • **En bouillie :** complètement écrasé. *On a retrouvé les fruits* ***en bouillie*** *au fond du panier.*

bouillir (verbe) ▸ conjug. n° 15
1. S'agiter et former des bulles sous l'action de la chaleur. *L'eau* ***bout*** *à 100 degrés. Maman prépare un biberon avec du lait en poudre et de l'eau* ***bouillie****.* 2. Cuire dans un liquide bouillant. *Faire* ***bouillir*** *des pommes de terre.* 3. Au sens figuré, être dans un état de grande excitation. ***Bouillir*** *de rage, d'indignation.* Famille du mot : bouill**ant**, bouill**oire**, bouill**on**, bouill**onnement**, bouill**onner**, bouill**otte**, court-bouillon, ébouill**anter**.

bouilloire (nom féminin)
Récipient à bec verseur, dans lequel on fait bouillir de l'eau.

bouillon (nom masculin)
Potage obtenu en faisant bouillir des aliments dans de l'eau. *Un* ***bouillon*** *de légumes. Un* ***bouillon*** *de pot-au-feu.* • **À gros bouillons :** en formant de grosses bulles. *Éteins le feu, l'eau bout* ***à gros bouillons****.*

bouillonnement (nom masculin)
État de ce qui bouillonne. *Le* ***bouillonnement*** *du lait dans la casserole.*

bouillonner (verbe) ▸ conjug. n° 3
Faire de grosses bulles. *La lave* ***bouillonne*** *dans le cratère du volcan.*

bouillotte (nom féminin)
Récipient contenant de l'eau très chaude et servant à chauffer un lit. *Une* ***bouillotte*** *en caoutchouc.*

boulanger, ère (nom)
Personne qui fait et vend du pain. *Benjamin est passé chez la* ***boulangère*** *pour acheter du pain et des croissants.*

boulangerie (nom féminin)
Magasin du boulanger. *Une odeur appétissante vient de la* ***boulangerie****.*

boule (nom féminin)
Objet en forme de sphère. *Une* ***boule*** *de neige. Une* ***boule*** *de billard.* ■ **boules** (nom féminin pluriel) Jeu qui se pratique avec des boules que l'on lance. *Pendant les vacances, nous jouons souvent aux* ***boules****.* Famille du mot : boul**et**, boul**ette**, boul**ier**.

bouleau, eaux (nom masculin)
Arbre à écorce blanche. *Les Indiens du Canada utilisent le bois des* ***bouleaux*** *pour fabriquer leurs canoës.*

écorce, fruit et feuilles de **bouleau**

bouledogue (nom masculin)
Chien au museau aplati et aux pattes courtes. En anglais, *bulldog* signifie « chien-taureau ».

boulet (nom masculin)
1. Boule de métal que tiraient autrefois les canons. *Un **boulet** a troué la coque du bateau des pirates.* 2. Boule de métal très lourde, que l'on attachait autrefois à la cheville de certains condamnés. • **C'est un boulet à traîner :** une obligation pénible, une charge dont on ne peut se délivrer.

boulette (nom féminin)
1. Petite boule. *Une **boulette** de papier. Une **boulette** de viande.* 2. Au sens figuré, dans la langue familière, bévue. *Faire une **boulette**.*

boulevard (nom masculin)
Dans une ville, voie très large, souvent bordée d'arbres. **Boulevard** s'abrège *bd*.

bouleversant, ante (adjectif)
Très émouvant. *C'est l'histoire **bouleversante** d'un enfant abandonné.*

bouleversement (nom masculin)
Changement profond et brutal. *La guerre a entraîné des **bouleversements** dans le pays.*

bouleverser (verbe) ▸ conjug. n° 3
1. Mettre dans un grand désordre. *Les cambrioleurs **ont bouleversé** l'appartement pour trouver des objets de valeur.* 2. Changer brusquement et complètement. *L'informatique **a bouleversé** les habitudes de travail.* 3. Causer une émotion profonde. *L'accident de Laura nous **a tous bouleversés**.* Famille du mot : bouleversa**nt**, bouleverse**ment**.

boulier (nom masculin)
Cadre comportant des boules qui glissent sur des tringles, et avec lequel on peut faire des calculs.

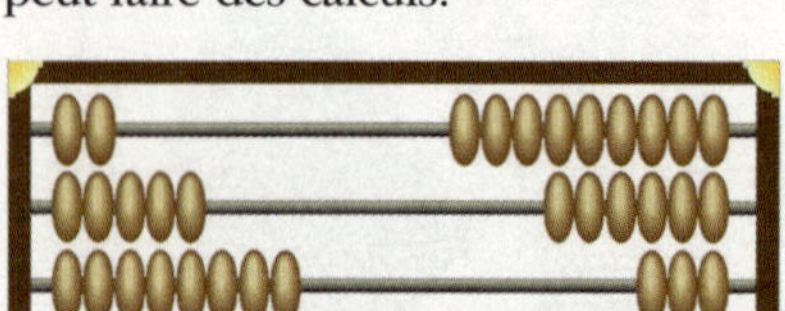

un **boulier**

boulimie (nom féminin)
Besoin anormal de manger en grande quantité. *Il n'arrive pas à calmer sa faim, c'est de la **boulimie**.*

boulon (nom masculin)
Vis sur laquelle s'adapte un écrou. *La roue est en train de se dévisser, il faut resserrer les **boulons**.*

Un **boulon** est constitué d'une vis et d'un écrou.

boulot, otte (adjectif)
Petit et gros. *Notre voisine est une femme **boulotte** et sympathique.*

boulot (nom masculin)
Synonyme familier de travail. *C'est l'heure d'aller au **boulot**.*

boum (interjection)
Onomatopée qui sert à exprimer le bruit d'une explosion. ***Boum** ! Ça doit être un pétard !*

boum (nom féminin)
Dans la langue familière, fête entre amis, où l'on danse. *Clément a organisé une **boum** pour son anniversaire.*

bouquet (nom masculin)
1. Assemblage de fleurs coupées. *David a offert un **bouquet** de fleurs à Myriam.* 2. Dernière partie d'un feu d'artifice où on tire les plus belles fusées. 3. Parfum d'un vin. *Ce vin manque de **bouquet**.* 4. Grosse crevette rose. • **Bouquet d'arbres :** groupe d'arbres. • **C'est le bouquet ! :** cela dépasse les limites, c'est le comble.

bouquetin (nom masculin)
Chèvre sauvage à longues cornes qui vit dans certaines montagnes.

un **bouquetin**

bouquin (nom masculin)
Synonyme familier de livre. *Prête-moi quelques **bouquins** de science-fiction.* Famille du mot : bouquin**er**, bouquin**iste**.

bouquiner (verbe) ▸ conjug. n° 3
Synonyme familier de lire. *Ibrahim aime bien **bouquiner** tranquillement dans sa chambre, le soir après le dîner.*

bouquiniste (nom)
Marchand de livres d'occasion. *Kevin et Noémie sont allés fouiller les étals des **bouquinistes** du bord de la Seine.*

bourbeux, euse (adjectif)
Couvert de boue. *Les marais ont un sol **bourbeux**.*

bourbier (nom masculin)
Endroit couvert de boue. *La pluie transforme ce chemin en un **bourbier**.* Famille du mot : bourb**eux**, s'**em**bourb**er**.

Bourbon
Famille souveraine française. La lignée des Bourbons, divisée en plusieurs branches, régna en France, en Espagne et en Italie. Henri IV fut le premier roi de France issu de cette famille qui compta aussi Louis XIII, Louis XIV, Louis XV, Louis XVI, et, après la Révolution, Louis XVIII et Charles X. La branche d'Espagne est actuellement représentée par le roi Juan Carlos Ier.

bourde (nom féminin)
Dans la langue familière, maladresse commise à l'encontre de quelqu'un. *Je crois que j'ai fait une **bourde** en disant à Romain que Laura ne veut plus le voir.*

bourdon (nom masculin)
Gros insecte, couvert de poils, qui ressemble à une abeille. • **Faux bourdon :** mâle de l'abeille. Famille du mot : bourdon**nement**, bourdon**ner**.

bourdonnement (nom masculin)
Son grave et continu. *Le **bourdonnement** d'une abeille, d'un moteur d'avion.* • **Bourdonnements d'oreille :** impression de bruit sourd et continu due à des troubles de l'oreille.

bourdonner (verbe) ▸ conjug. n° 3
Produire un bourdonnement. *Quand je reste trop longtemps sous l'eau, j'ai les oreilles qui **bourdonnent**.*

bourg (nom masculin)
Gros village. *La ferme n'est pas loin du **bourg**.* Prononciation [buʀ].

bourgade (nom féminin)
Petit bourg. *Jean passe ses vacances dans une **bourgade** de Savoie.* (Syn. village.)

bourgeois, oise (nom)
1. Au Moyen Âge, personne riche qui habitait un bourg ou une ville, par opposition aux paysans et aux seigneurs. **2.** Personne qui n'exerce pas un travail manuel et qui a un niveau de vie assez élevé. *C'est un quartier riche surtout habité par des **bourgeois**.* ■ **bourgeois, oise** (adjectif) Qui concerne les bourgeois, leur mode de vie. *Son oncle est plutôt conformiste et mène une vie **bourgeoise**.*

bourgeoisie (nom féminin)
Ensemble des bourgeois. *Les familles les plus riches du pays constituent la grande **bourgeoisie**.*

bourgeon (nom masculin)
Petite pousse d'une plante qui donnera une feuille ou une fleur. *Les cerisiers du jardin sont couverts de **bourgeons** qui vont s'ouvrir.* ➡ p. 76.

bourgeonner (verbe) ▸ conjug. n° 3
Se charger de bourgeons. *Les arbres commencent à **bourgeonner**.*

bourgogne (nom masculin)
Sorte de vin. *Il y a des **bourgognes** rouges et des **bourgognes** blancs.* La **Bourgogne** est une province française réputée pour ses vins.

a b c d e f g h i j k l m n o p q r s t u v w x y z

Bourgogne

Ancienne Région française, intégrée en 2016 à la Région Bourgogne-Franche-Comté. La Bourgogne comprend les départements de la Côte-d'Or, de la Nièvre, de la Saône-et-Loire et de l'Yonne. La ville principale est Dijon. La Bourgogne est surtout réputée pour ses bons vins. Ses autres ressources sont la culture, l'élevage et la production de bois.

HISTOIRE

Les Burgondes, peuple germanique, fondèrent le royaume de Bourgogne au Ve siècle. Duché indépendant entre le Xe et le XVe siècle, la Bourgogne fut rattachée au royaume de France en 1477, sous le règne de Louis XI. La Bourgogne fut un centre important de la vie religieuse aux Xe et XIIe siècles, autour des abbayes de Cluny et de Vézelay.

➡ Voir cartes pp. 1372 et 1373.

Bourgogne-Franche-Comté

Région administrative française, depuis 2016. Elle comprend les anciennes Régions Bourgogne et Franche-Comté (47 784 km² ; 2 820 000 habitants). Sa capitale est Dijon.

bourguignon, onne ➡ Voir tableau p. 6.

bourlinguer (verbe) ▸ conjug. n° 3
Dans la langue familière, mener une vie aventureuse. *Ça fait maintenant trois ans qu'il **bourlingue** à travers le monde.*

bourrade (nom féminin)
Coup de poing, de coude ou d'épaule. *Pierre m'a repoussé d'une légère **bourrade**.*

bourrage (nom masculin)
Action de bourrer. *Il y a un **bourrage** de papier dans l'imprimante.* • **Bourrage de crâne** : dans la langue familière, action de bourrer le crâne, abrutissement.

bourrasque (nom féminin)
Coup de vent violent et brusque. *Une **bourrasque** a cassé une branche du sapin.*

bourratif, ive (adjectif)
Qui bourre l'estomac. *Odile n'arrive pas à finir le gâteau, il est trop **bourratif**.*

bourreau, eaux (nom masculin)
1. Personne chargée d'exécuter les condamnés à mort. **2.** Personne qui martyrise d'autres personnes. *La police a arrêté un **bourreau** d'enfants.*

bourrée (nom féminin)
Danse folklorique auvergnate.

bourrelet (nom masculin)
1. Bande que l'on met autour des portes ou des fenêtres pour empêcher l'air froid de passer. *On a calfeutré le bas des portes avec des **bourrelets** de mousse.* **2.** Pli de graisse sur le corps d'une personne. *Le bébé a plein de petits **bourrelets** autour du cou.*

bourrer (verbe) ▸ conjug. n° 3
1. Remplir complètement en tassant. *Sarah **a** tellement **bourré** sa valise qu'elle n'arrive pas à la fermer. À cinq heures, le métro **est bourré**.* **2.** Faire manger en trop grande quantité. *Grand-mère nous **a bourrés** de gâteau au chocolat.* (Syn. gaver.) • **Bourrer le crâne** : dans la langue familière, abrutir en répétant quelque chose avec insistance.

bourriche (nom féminin)
Grand panier sans anse. *Une **bourriche** d'huîtres.*

bourricot (nom masculin)
Âne de petite taille.

bourru, ue (adjectif)
Peu aimable. *Romain est très sensible malgré son air **bourru**.*

■ **bourse** (nom féminin)
1. Petit sac qui servait autrefois à contenir de l'argent, des pièces de monnaie. **2.** Somme d'argent versée par l'État à un étudiant ou à un chercheur pour l'aider à payer ses études ou ses recherches. ⊸ **Bourse** vient du latin *bursa* qui signifie « petit sac de cuir ».

■ **Bourse** (nom féminin)
Bâtiment où l'on peut vendre et acheter des actions, des valeurs. ⊸ **Bourse** vient du nom d'une famille de banquiers de Bruges, les *Van der Burse*.

■ **boursier, ère** (adjectif)
Qui concerne la Bourse. *Cet homme d'affaires gagne de l'argent en faisant des opérations **boursières**.*

■ **boursier, ère** (nom)
Personne qui bénéficie d'une bourse pour faire ses études.

boursouflé, ée (adjectif)
Qui est enflé par endroits. *Thomas a tant pleuré qu'il a le visage tout **boursouflé**.*

boursouflure (nom féminin)
Partie du corps boursouflée. *Une **boursouflure** due à une piqûre de moustique.*

bousculade (nom féminin)
Mouvement de foule au cours duquel tout le monde se bouscule. *Au moment des soldes, c'est la **bousculade** dans les magasins.*

bousculer (verbe) ▸ conjug. n° 3
1. Pousser brutalement. *Ne **vous bousculez** pas pour entrer : il y a de la place pour tout le monde.* 2. Obliger quelqu'un à se dépêcher. *Inutile de **bousculer** les enfants, nous avons le temps.*

bouse (nom féminin)
Excrément des ruminants.

bousier (nom masculin)
Insecte qui fait des boulettes de bouse, dans lesquelles il pond ses œufs. *Le **bousier** est un coléoptère.*

un **bousier**

bousiller (verbe) ▸ conjug. n° 3
Synonyme familier d'abîmer. *Ce travail lui **bousille** la santé.* (Syn. démolir, détruire.)

boussole (nom féminin)
Instrument comportant un cadran sur lequel une aiguille aimantée indique le nord. *L'invention de la **boussole** a révolutionné la navigation.* • **Perdre la boussole :** dans le langage familier, perdre la tête.

une **boussole**

bout (nom masculin)
1. Extrémité d'une chose, d'un endroit. *Victor a le **bout** des doigts gelé. Vous trouverez la rivière au **bout** du chemin.* 2. Petite partie de quelque chose. *Un **bout** de pain, un **bout** de ficelle,* (Syn. morceau.) 3. Fin de quelque chose. *Zoé a regardé le film jusqu'au **bout**.* • **Être à bout :** être épuisé ou excédé. • **Pousser quelqu'un à bout :** l'exaspérer. • **Venir à bout :** arriver à finir. *J'ai l'impression qu'ils ne **viendront** jamais **à bout** de ces travaux.*

boutade (nom féminin)
Chose que l'on dit pour plaisanter. *Ne te vexe pas, ce n'était qu'une **boutade** !*

boute-en-train (nom masculin)
Personne gaie et pleine d'entrain. *La fête était très réussie grâce à ce **boute-en-train** de Julie !* Pluriel : des boute-en-train. Dans **boute-en-train,** les mots ont des sens d'autrefois : *bouter* signifiait « mettre » et *train* signifiait « mouvement ».
ORTHO On écrit aussi un **boutentrain**, des **boutentrains**.

bouteille (nom féminin)
1. Récipient à goulot étroit, qui sert à contenir un liquide. *Cette **bouteille** contient un litre.* 2. Contenu d'une bouteille. *Les enfants ont bu toute la **bouteille** de lait au petit déjeuner.* 3. Récipient en métal contenant du gaz liquide. *Les plongeurs sont équipés de **bouteilles** d'oxygène.*

boutique (nom féminin)
Petit magasin. *Il y a une **boutique** de produits italiens à côté de la poste.*

bouton (nom masculin)
1. Petit objet, souvent rond, qui sert à fermer un vêtement. *Anna a perdu un **bouton** de sa veste.* 2. Bourgeon d'une plante. *Les rosiers sont couverts de **boutons** qui commencent à s'ouvrir.* ➡ p. 147. 3. Petit élément d'un mécanisme ou d'un appareil, qui sert à le faire fonctionner. *Appuie sur le **bouton** de la télécommande pour allumer !* 4. Petite grosseur qui se forme à la surface de la peau. *Le bébé a les joues couvertes de **boutons**.* Famille du mot : bouton-d'or, bouton**ner**, bouton**neux**, bouton**nière**, **dé**bouton**ner**.

bouton-d'or (nom masculin)
Fleur des champs de couleur jaune vif. Pluriel : des boutons-d'or.

boutonner (verbe) ▸ conjug. n° 3
Fermer à l'aide de boutons. ***Boutonnez** vos manteaux avant de sortir !*

boutonneux, euse (adjectif)
Qui a des boutons sur la peau. *Il a le visage tout **boutonneux**.*

boutonnière (nom féminin)
Petite fente d'un vêtement, dans laquelle on passe un bouton. *Ce bouton est trop gros : il ne passera pas dans la **boutonnière**.*

bouture (nom féminin)
Partie coupée d'une plante, qu'on met en terre pour qu'elle forme des racines. *Des **boutures** de bégonias.*

bouvreuil (nom masculin)
Petit oiseau au plumage gris et noir et à la poitrine rouge.

un **bouvreuil**

bovidé (nom masculin)
Mammifère ruminant. *Les bœufs, les chèvres, les moutons, les antilopes, les chamois sont des **bovidés**.*

bovin, ine (adjectif)
Qui se rapporte aux bovins. *La Normandie est une région d'élevage **bovin**.* ■ **bovin** (nom masculin) Sorte de mammifère ruminant. *Les bœufs, les buffles, les bisons sont des **bovins**.*

bowling (nom masculin)
1. Jeu qui consiste à renverser des quilles placées au bout d'une piste en lançant de grosses boules. **2.** Salle où l'on pratique ce jeu. *On a passé l'après-midi au **bowling**.* **Bowling** est un mot anglais : on prononce [buliŋ].

box (nom masculin)
1. Compartiment réservé à un seul cheval dans une écurie. **2.** Compartiment séparé, réservé à une voiture dans un garage. *Papa a loué un **box** au premier sous-sol du parking de l'immeuble.* **3.** Partie de la salle d'un tribunal où se trouve l'accusé. *L'assassin était assis dans le **box** des accusés, encadré par deux gendarmes.* **Box** est un mot anglais qui signifie « boîte ».

boxe (nom féminin)
Sport qui oppose deux adversaires qui se battent à coups de poing. *Les différentes parties d'un combat de **boxe** s'appellent des rounds et le match se déroule sur un ring.* Famille du mot : boxer, boxeur.

■ **boxer** (verbe) ▸ conjug. n° 3
Pratiquer la boxe. *Le frère de Xavier a appris à **boxer** dans un club.*

■ **boxer** (nom masculin)
Chien de garde de grande taille, au museau plat et au poil ras. *Les **boxers** font partie de la famille des dogues.* Prononciation [bɔksɛʀ].

un **boxer**

boxeur, euse (nom)
Personne qui fait de la boxe. *Le frère de Yann est un **boxeur** amateur.*

boyau, aux (nom masculin)
1. Intestin d'un animal. *Les **boyaux** de certains animaux servent à fabriquer les cordes des instruments de musique.* **2.** Pneu fin et léger d'un vélo de course. **3.** Passage très étroit. *Cette rue se termine en **boyau**.*

boycott (nom masculin)
Action de boycotter. *Tous les membres de l'association ont décidé le **boycott** de la réunion.* **Boycott** est un mot anglais : on prononce [bɔjkɔt]. **Boycott** était le nom d'un propriétaire irlandais qui voulait louer ses terres trop cher et qui fut mis en quarantaine par les paysans mécontents. ORTHO On dit aussi **boycottage**.

boycotter (verbe) ▸ conjug. n° 3
Refuser de participer à quelque chose ou d'acheter certains produits pour montrer son désaccord. *Ce parti politique a décidé de **boycotter** les élections.* Prononciation [bɔjkɔte].

bracelet (nom masculin)
1. Bijou que l'on porte autour du poignet. *Des **bracelets** en plastique multicolores.* **2.** Attache en cuir, en métal ou en caoutchouc qui sert à fixer une montre au poignet.

braconnage (nom masculin)
Action de braconner. *Il a été arrêté pour **braconnage**.*

braconner (verbe) ▸ conjug. n° 3
Pêcher ou chasser dans des conditions interdites par la loi. *Un garde forestier l'a surpris pendant qu'il **braconnait**.* Famille du mot : braconn**age**, braconn**ier**.

braconnier, ère (nom)
Personne qui pratique le braconnage. *Des **braconniers** ont posé des pièges dans le bois.*

brader (verbe) ▸ conjug. n° 3
Vendre à bas prix. *À la fin du marché, ce commerçant **brade** les fruits qui lui restent.*

braderie (nom féminin)
Vente d'articles bradés. *Les jours de **braderie**, les commerçants de la ville installent des étals dans les rues.*

braguette (nom féminin)
Ouverture verticale sur le devant d'un pantalon ou d'un short.

Brahma
L'une des trois grandes divinités hindoues, avec Vishnu et Shiva. Brahma est considéré comme le père de la Création. Il est représenté avec quatre têtes et quatre bras.

braies (nom féminin pluriel)
Pantalon ample porté par les Gaulois. *Les **braies** d'Obélix sont à rayures blanches et bleues.*

braillard, arde (adjectif et nom)
Qui braille. *Taisez-vous, bande de **braillards** !*

braille (nom masculin)
Système de lecture et d'écriture pour les aveugles, qui utilise des points en relief. C'est *Louis Braille* qui inventa cette méthode au XIXe siècle.

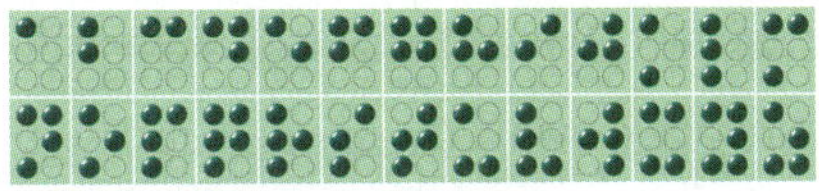

l'alphabet **braille**

Braille Louis (né en 1809, mort en 1852)
Inventeur français d'un alphabet en relief pour les aveugles. Braille était un organiste aveugle.

brailler (verbe) ▸ conjug. n° 3
Parler, pleurer ou chanter très fort. *Le bébé se met à **brailler** dès qu'on veut le mettre au lit.*

braiment (nom masculin)
Cri de l'âne.

braire (verbe) ▸ conjug. n° 40
Pousser des braiments. *L'âne **brait** quand il a faim.*

braise (nom féminin)
Morceau de bois ou de charbon qui brûle sans flamme. *Élodie fait griller des steaks au-dessus de la **braise**.*

braisé, ée (adjectif)
Cuit à feu doux dans un récipient fermé. *Des pommes de terre **braisées**.*

bramer (verbe) ▸ conjug. n° 3
Faire entendre son cri, quand il s'agit du cerf ou du daim.

brancard (nom masculin)
1. Synonyme de civière. *On a emporté les blessés sur des **brancards**.* **2.** Chacune des deux longues pièces de bois entre lesquelles on attelle une bête de trait. *Les **brancards** d'une carriole, d'une charrette.*

brancardier, ère (nom)
Personne qui transporte quelqu'un sur un brancard.

branchages (nom masculin pluriel)
Branches coupées. *Les enfants ramassent des **branchages** pour construire une cabane.*

branche (nom féminin)
1. Ramification d'un arbre, qui pousse sur le tronc et porte les feuilles. *Benjamin est assis à califourchon sur la plus grosse **branche** du pommier.* ➡ p. 76. **2.** Partie allongée et articulée d'un objet. *Les **branches** d'un compas, d'une pince.* **3.** Partie d'une chose qui se divise. *La poésie, le théâtre et le roman sont des **branches** de la littérature.* Famille du mot : branch**ages**, **em**branch**ement**.

branchement (nom masculin)
Action de brancher quelque chose. *Vérifie le **branchement** de ton ordinateur.*

brancher (verbe) ▶ conjug. n° 3
Relier à un circuit principal. ***Brancher** l'eau, le gaz.* Famille du mot : branche**ment**, **dé**brancher.

branchie (nom féminin)
Organe respiratoire des animaux aquatiques. *Les poissons captent l'oxygène dissous dans l'eau grâce à leurs **branchies**.*

brandade (nom féminin)
Morue hachée avec de l'ail et mélangée à de la purée de pommes de terre. En provençal, ce mot veut dire « remuer » : il faut bien mélanger les ingrédients pour que ce plat soit réussi.

brandir (verbe) ▶ conjug. n° 11
Agiter quelque chose à bout de bras. *Le guerrier **brandit** sa lance et se rua à l'assaut.*

branlant, ante (adjectif)
Qui n'est pas stable. *Un vieil escalier aux marches **branlantes**.*

branle (nom masculin)
• **Se mettre en branle :** se mettre en mouvement. *Le défilé **s'est mis en branle** à l'heure prévue.* (Syn. s'ébranler.)

branle-bas (nom masculin)
Agitation qui précède une action. *La pièce va commencer, c'est le **branle-bas** général dans les coulisses.*

branler (verbe) ▶ conjug. n° 3
Bouger par manque de stabilité. *Il faudrait caler le pied de la chaise pour qu'elle ne **branle** pas.* Famille du mot : bran**lant**, branle, branle-bas, **é**branler, **iné**branl**able**.

braquer (verbe) ▶ conjug. n° 3
1. Diriger vers un point précis. *Le chasseur **braque** sa carabine sur le fauve qui le menace.* **2.** Tourner le volant d'un véhicule pour le faire changer de direction. *L'automobiliste **a braqué** à gauche pour éviter le fossé.* **3.** Se braquer : s'opposer avec obstination. *Au moindre reproche, Fatima **se braque**.*

bras (nom masculin)
1. Membre supérieur de l'homme, entre l'épaule et la main. *Lève les **bras** pour enfiler ton pull !* ➡ p. 300. **2.** Côté d'un siège, qui sert à poser le bras. *Les **bras** d'un fauteuil.* • **À bras ouverts :** de manière très chaleureuse. • **À bras raccourcis :** en frappant avec violence. • **À tour de bras :** avec force ou avec excès. • **Avoir le bras long :** avoir de l'influence. • **Baisser les bras :** renoncer. • **Bras de fer :** épreuve de force dans laquelle chacun des deux adversaires essaie de faire plier le bras de l'autre jusqu'à lui faire toucher la table. • **Bras de mer :** étroite étendue de mer entre les terres. • **Le bras droit de quelqu'un :** son principal collaborateur. • **Les bras m'en tombent :** je suis stupéfait. Famille du mot : avant-bras, bras**sard**, bras**sée**.

braséro (nom masculin)
Appareil de chauffage monté sur pieds. *En hiver, les **braséros** sont allumés dans la gare.*

brasier (nom masculin)
Violent incendie. *L'immeuble s'était rapidement transformé en un immense **brasier**.*

Brasília
Capitale du Brésil depuis 1960 (4,3 millions d'habitants), située au centre du pays, à 1 200 mètres d'altitude. Brasília est une ville nouvelle à l'architecture moderne, conçue par l'urbaniste Lucio Costa et l'architecte Oscar Niemeyer et construite entre 1959 et 1960.

à **bras-le-corps** (adverbe)
En serrant très fort avec ses deux bras. *Le pompier saisit l'enfant **à bras-le-corps** et le souleva hors du brasier.*

brassage (nom masculin)
1. Action de brasser la bière. **2.** Fait de se mélanger. *La vie dans les grandes villes favorise le **brassage** des populations.*

brassard (nom masculin)
1. Bande de tissu que l'on porte autour du bras. *Le capitaine de l'équipe de football porte un **brassard** pendant le match.*

2. Petite bouée que l'on porte autour du bras. *Maintenant qu'il sait bien nager, Jean n'a plus besoin de **brassards**.*

brasse (nom féminin)
Nage sur le ventre dans laquelle les mouvements des bras et des jambes sont symétriques.

brassée (nom féminin)
Quantité de choses qu'on peut tenir entre ses bras. *Une **brassée** de fleurs, de bois.*

brasser (verbe) ▸ conjug. n° 3
Remuer pour mélanger. ***Brassez** bien les cartes avant de rejouer !* • **Brasser des affaires, de l'argent :** faire beaucoup d'affaires. • **Brasser la bière :** la fabriquer.
Famille du mot : brass**age**, brass**erie**.

brasserie (nom féminin)
1. Usine où l'on fabrique la bière. 2. Grand café où l'on peut prendre des repas. *Si tu es pressé, allons manger le plat du jour dans cette **brasserie**.*

brassière (nom féminin)
Vêtement de bébé qui s'enfile par les manches et s'attache dans le dos.
Au Québec, la **brassière** est le nom du soutien-gorge.

Bratislava
Capitale de la Slovaquie, grand port fluvial sur le Danube (425 000 habitants). C'est un centre universitaire, culturel et industriel.

bravade (nom féminin)
Action de braver, de défier. *Par **bravade**, Clément provoque toujours ceux qui sont plus forts que lui.*

brave (adjectif)
1. Synonyme de courageux. *Il s'est montré **brave** face à ses ennemis.* (Contr. lâche.) 2. Honnête et bon. *Vous pouvez leur faire confiance, ce sont de **braves** gens.*
Brave se place après le nom dans le sens 1 et avant le nom dans le sens 2.
Famille du mot : brave**ment**, braver, brav**oure**.

bravement (adverbe)
Avec bravoure. *Le chevalier a combattu **bravement** jusqu'à son dernier souffle.*

braver (verbe) ▸ conjug. n° 3
1. Affronter avec courage. ***Braver** un danger, une tempête.* 2. Tenir tête à quelqu'un. *Gaëlle n'a pas hésité à **braver** son père.* (Syn. défier, provoquer.)

bravo ! (interjection)
Mot que l'on dit pour exprimer son admiration. ***Bravo !** Tu as été très courageux !* ■ **bravo** (nom masculin) Applaudissements. *L'équipe gagnante a défilé sous les **bravos** des spectateurs.*

bravoure (nom féminin)
Qualité d'une personne brave, courageuse. *Les sauveteurs ont fait preuve d'une **bravoure** inouïe pour secourir les naufragés.*

break (nom masculin)
1. Longue voiture dont l'arrière s'ouvre grâce à un hayon. *On a chargé tout le matériel de camping à l'arrière du **break**.* 2. Synonyme familier de pause. *J'en ai assez de travailler, je vais faire un **break**.*
Break est un mot anglais : on prononce [bʀɛk].

brebis (nom féminin)
Mouton femelle. *Le roquefort est fabriqué avec du lait de **brebis**.*

brèche (nom féminin)
Ouverture dans un mur, un obstacle. *Une **brèche** s'est ouverte dans la digue sous la poussée violente des vagues.*

bréchet (nom masculin)
Os saillant qui se trouve sur la poitrine des oiseaux.

bredouille (adjectif)
• **Revenir bredouille :** sans avoir rien pris à la chasse ou à la pêche.

bredouillement (nom masculin)
Fait de bredouiller. *David a murmuré un vague **bredouillement** pour s'excuser de son retard.*

bredouiller (verbe) ▸ conjug. n° 3
Parler d'une manière confuse et précipitée. *Hélène a réussi à **bredouiller** quelques mots malgré sa timidité.* (Syn. bafouiller.)

bref, brève (adjectif)
Qui ne dure pas longtemps. *Nous avons fait un **bref** séjour à la montagne.* (Syn. court.) ■ **bref** (adverbe) En résumé. *Ton histoire est invraisemblable et trop compliquée, **bref**, je n'y crois pas.*

breloque (nom féminin)
Petit bijou accroché à une chaîne ou à un bracelet.

Brésil

191,5 millions d'habitants
Capitale : Brasília
Monnaie : le réal
Langue officielle : portugais
Superficie : 8 511 996 km²

État le plus grand d'Amérique du Sud et le cinquième du monde par la superficie. Sa population est composée de Blancs, de Noirs, d'Asiatiques, d'Amérindiens, de métis.

GÉOGRAPHIE
Le Brésil comprend trois grands ensembles naturels : l'Amazonie au Nord, recouverte d'une forêt extrêmement dense ; la côte atlantique, où vit près de 90 % de la population ; l'intérieur, aride et peu peuplé.

ÉCONOMIE
Grqnde puissance économique mondiale, le Brésil est un grand pays agricole : café, cacao, canne à sucre, maïs, soja ; élevage. Mais les paysans restent pauvres car les terres appartiennent, en majorité, aux grands propriétaires. Les ressources naturelles sont abondantes : bois, hydroélectricité, pétrole, mines du Minas Gerais et du bassin de l'Amazone. Le Brésil possède aussi du fer, de l'étain, de l'or et des pierres précieuses.

HISTOIRE
Le navigateur portugais Cabral débarqua au Brésil en 1500, et la colonisation débuta avec l'installation de colons portugais et l'introduction, au XVIIe siècle, d'esclaves noirs pour cultiver la canne à sucre et travailler dans les mines d'or et de diamants. En 1720, le Brésil devint une vice-royauté. En 1822, le pays fut constitué en empire indépendant. La république fut proclamée en 1889. L'esclavage fut aboli en 1888.

brésilien, enne ➡ Voir tableau p. 6.

Brest

Ville de Bretagne et chef-lieu du Finistère (143 000 habitants), située dans la rade de Brest. C'est un port militaire et commercial.

une procession à Salvador de Bahia, au **Brésil**

Bretagne

Région administrative française (27 184 km² ; 3,1 millions d'habitants). La Bretagne, située dans l'ouest de la France, comprend les départements des Côtes-d'Armor, du Finistère, de l'Ille-et-Vilaine et du Morbihan. La ville principale est Rennes. La Bretagne vit surtout de la pêche, de l'agriculture et de l'aquaculture. C'est une région très touristique. Le breton est encore une langue utilisée.

HISTOIRE
L'Armorique, ancien nom de la Bretagne, fut envahie par les Bretons, d'origine celtique, au Ve siècle. Longtemps territoire indépendant, comté puis duché, elle ne fut rattachée à la France qu'en 1532, sous le règne de François Ier. ➡ Voir cartes pp. 1372 et 1373.

bretelle (nom féminin)
1. Courroie que l'on passe sur l'épaule pour porter un objet. *La **bretelle** d'un fusil. Les **bretelles** d'un sac à dos.* **2.** Portion de route qui relie une voie à une autoroute. *La **bretelle** d'accès à l'autoroute est signalée par un panneau.*
■ **bretelles** (nom féminin pluriel) Bandes de tissu passées sur chaque épaule pour retenir un vêtement. *Ben-*

*jamin porte des **bretelles** assorties à sa chemise.*

breton, onne ➡ Voir tableau p. 6.

breuvage (nom masculin)
Boisson spécialement préparée pour produire certains effets. *Il prétendait qu'un **breuvage** mystérieux lui donnait des pouvoirs surnaturels.*

brève ➡ Voir **bref**.

brevet (nom masculin)
1. Diplôme que l'on reçoit après avoir réussi à un examen ou après avoir gagné une compétition. *Elle a obtenu son **brevet** de pilotage.* 2. Papier officiel remis à un inventeur pour certifier que l'invention est bien la sienne.

breveter (verbe) ▸ conjug. n° 9
Protéger une invention par un brevet. **Breveter** se conjugue aussi comme peler (n° 8).

bribe (nom féminin)
Petit bout de quelque chose. *Il reste quelques **bribes** de pain sur la table. La musique lui parvenait par **bribes**.* (Syn. fragment.)

bric-à-brac (nom masculin)
Amas de vieux objets. *Notre cave est devenue un vrai **bric-à-brac**.* Pluriel : des bric-à-brac.

de **bric et de broc** (adverbe)
En rassemblant des choses prises ici et là. *C'est une bicoque meublée **de bric et de broc**.*

bricolage (nom masculin)
Action de bricoler. *Papa passe ses dimanches à faire du **bricolage**.*

bricole (nom féminin)
1. Petit objet de peu de valeur. *Ça n'est pas un beau cadeau, c'est juste une petite **bricole**.* (Syn. babiole.) 2. Chose sans importance. *Julie s'est fâchée pour une **bricole** qui n'en valait pas la peine.*

bricoler (verbe) ▸ conjug. n° 3
1. Faire des petits travaux dans la maison. *Laura adore **bricoler** pendant ses heures de loisir.* 2. Réparer quelque chose avec ce que l'on a sous la main. *Kevin **a bricolé** un bateau avec une boîte à œufs et des bouchons.* Famille du mot : bricol**age**, bricole, bricol**eur**.

bricoleur, euse (nom)
Personne qui aime bricoler. *Ibrahim est capable de réparer n'importe quoi, c'est un bon **bricoleur**.*

bride (nom féminin)
1. Courroie reliée au mors, et qui sert à diriger un cheval. *Le cavalier a retenu son cheval en tirant sur la **bride**.* 2. Petit anneau de tissu qui sert à attacher ou à suspendre. *Accroche le torchon par la **bride** !* • **À bride abattue :** à toute vitesse. • **Laisser la bride sur le cou à quelqu'un :** le laisser libre d'agir comme il veut. Famille du mot : brid**é**, brid**er**, **dé**brid**é**.

bridé, ée (adjectif)
• **Yeux bridés :** yeux dont les paupières forment une fente étroite.

brider (verbe) ▸ conjug. n° 3
Mettre la bride à un cheval.

bridge (nom masculin)
1. Jeu de cartes qui oppose deux équipes de deux personnes. *Le **bridge** se joue avec 52 cartes.* 2. Appareil dentaire qui remplace une dent manquante en prenant appui sur les autres dents.

brie (nom masculin)
Fromage de vache, à pâte molle fermentée. La **Brie** est une province française, du Bassin parisien, où ce fromage est fabriqué.

Brie
Région du Bassin parisien, entre la Marne et la Seine. C'est une plaine fertile où l'on cultive du blé et de la betterave sucrière. On y pratique aussi l'élevage laitier pour la fabrication de fromages. ➡ Voir carte p. 1372.

brièvement (adverbe)
De façon brève. *Il a **brièvement** raconté son voyage, sans détail inutile.* (Contr. longuement.)

brigade (nom féminin)
Groupe de policiers ou de sapeurs-pompiers. *La **brigade** des stupéfiants.*

brigadier, ère (nom)
Chef d'une brigade. *Un **brigadier** de gendarmerie.*

brigand (nom masculin)
Malfaiteur qui pratiquait le vol, le pillage. *Au Moyen Âge, les **brigands** attaquaient les voyageurs.* (Syn. bandit.)

brigandage (nom masculin)
Actes commis par des brigands.

briguer (verbe) ▸ conjug. n° 3
Tâcher d'obtenir quelque chose par une manœuvre secrète et détournée. *Elle **brigue** une promotion, alors elle se montre zélée devant son patron.*

brillamment (adverbe)
De manière brillante. *Myriam a **brillamment** réussi toutes les épreuves du concours.*

brillant, ante (adjectif)
1. Qui brille. *Un sol **brillant** de propreté. Des yeux **brillants** de joie.* 2. Qui est remarquable, exceptionnel. *Pierre a fait des études **brillantes**.* ■ **brillant** (nom masculin) Diamant taillé. *Une bague ornée d'un **brillant**.*

briller (verbe) ▸ conjug. n° 3
1. Produire une lumière vive. *Le soleil, les étoiles **brillent**.* 2. Provoquer l'admiration ou attirer l'attention. *Face à de redoutables adversaires, il **a brillé** par son courage.* Famille du mot : brill**amment**, brill**ant**.

brimade (nom féminin)
Épreuve humiliante que l'on fait subir à quelqu'un. *Ils ont été punis pour avoir fait subir des **brimades** stupides à un nouvel élève.*

brimer (verbe) ▸ conjug. n° 3
Faire subir des brimades.

brin (nom masculin)
1. Tige mince d'une plante. *Un **brin** d'herbe, un **brin** de persil.* 2. Morceau de fil. *Un **brin** de laine.* 3. Petite quantité. *Il n'a pas un **brin** d'humour.*

brindille (nom féminin)
Petite branche sèche. *L'oiseau construit son nid avec des **brindilles**.*

brinquebaler (verbe) ▸ conjug. n° 3
Pencher d'un côté et de l'autre en cahotant. *La vieille carriole **brinquebalait** sur les pavés inégaux de la rue.*
ORTHO On écrit aussi **bringuebaler**.

brio (nom masculin)
Virtuosité et talent. *Le pianiste a interprété avec **brio** un concerto de Mozart.*

brioche (nom féminin)
Pâtisserie à pâte légère.

brique (nom féminin)
1. Bloc rectangulaire de terre cuite, utilisé comme matériau de construction. 2. Emballage cartonné qui a la forme d'une brique. *Du jus de fruits en **brique**.*

briquer (verbe) ▸ conjug. n° 3
Nettoyer à fond. *Papa a passé une journée entière à **briquer** la voiture.*

briquet (nom masculin)
Petit appareil qui produit du feu. *Un **briquet** jetable. Un **briquet** rechargeable.*

brise (nom féminin)
Vent doux et régulier. *Une **brise** légère rafraîchissait l'air.*

brisé, ée (adjectif)
• **Ligne brisée :** ligne composée de segments de droite consécutifs formant des angles.

brise-glace (nom masculin)
Navire dont la coque est renforcée à l'avant et qui peut briser la glace. *Le **brise-glace** ouvre un passage à travers la banquise pour les autres navires.* Pluriel : des brise-glace**s** ou des brise-glace.

un **brise-glace**

briser (verbe) ▸ conjug. n° 3
1. Synonyme de casser. ***Briser** des vitres. Ces verres de cristal **se brisent** au moindre choc.* 2. Au sens figuré, détruire ou faire échouer. *Cet accident **a brisé** sa carrière.* 3. Se briser : éclater sous forme d'écume à cause d'un obstacle ou du vent. *Les vagues **se brisaient** contre la falaise.* Famille du mot : brisé, brise-glace.

bristol (nom masculin)
Carton mince et lisse qu'on utilise surtout pour faire des cartes de visite.

britannique ➡ Voir tableau p. 6.

broc (nom masculin)
Récipient à anse muni d'un bec verseur. Prononciation [bro].

brocante (nom féminin)
Foire où l'on vend des vieux objets. *Tous les dimanches, il y a une **brocante** sur la place du marché.*

brocanteur, euse (nom)
Commerçant qui achète et vend des objets d'occasion. *En fouillant chez un **brocanteur**, ma tante a trouvé un très joli vase ancien.*

broche (nom féminin)
1. Bijou muni d'un fermoir, qui s'épingle sur un vêtement. *Noémie porte une **broche** en argent au revers de son manteau.* 2. Tige pointue qui sert à faire rôtir un morceau de viande. *Un agneau cuit à la **broche**, c'est un méchoui.* Famille du mot : brochette, embrocher.

brocher (verbe) ▸ conjug. n° 3
Assembler les feuilles d'un livre en les collant à l'intérieur d'une couverture souple. *Cette collection ne propose que des livres **brochés**.*

brochet (nom masculin)
Poisson d'eau douce très vorace. *Le **brochet** a une mâchoire garnie de dents acérées.*

un **brochet**

brochette (nom féminin)
1. Petite broche sur laquelle on enfile des morceaux de viande. *Pose les **brochettes** sur le barbecue sans te brûler !* 2. Petits morceaux de viande cuits ainsi. *Papa fait cuire des merguez et des **brochettes**.*

brochure (nom féminin)
Petit livre broché. *Maman a pris quelques **brochures** sur l'Espagne à l'agence de voyages.*

brocoli (nom masculin)
Variété de chou-fleur vert.

brodequin (nom masculin)
Chaussure montante, pour la marche.

broder (verbe) ▸ conjug. n° 3
1. Coudre des dessins sur une étoffe pour l'orner. *Odile **a brodé** des petites fleurs sur le col de son chemisier.* 2. Au sens figuré, embellir un récit en ajoutant des détails inventés. *Je crois que Quentin **brode** un peu quand il raconte ses exploits.*

broderie (nom féminin)
Ornement brodé sur un tissu. *Sarah porte une écharpe de soie ornée de **broderies**.*

bronche (nom féminin)
Chacun des deux conduits qui amènent l'air aux poumons. ➡ p. 1005.

broncher (verbe) ▸ conjug. n° 3
Manifester son impatience ou son désaccord. *Romain a accepté sa punition sans **broncher**.*

bronchiole (nom féminin)
Petite ramification qui se trouve à l'extrémité des bronches. *L'inflammation des **bronchioles** est une maladie courante chez les jeunes enfants.* Prononciation [brɔ̃kjɔl].

bronchite (nom féminin)
Maladie des bronches. *Ursula tousse beaucoup à cause de sa **bronchite**.*

brontosaure (nom masculin)
Grand dinosaure qui mesurait plus de 20 mètres de long.

bronzage (nom masculin)
Couleur que prend la peau quand on bronze. *Avec un tel **bronzage**, on voit que tu rentres de vacances !*

a b c d e f g h i j k l m n o p q r s t u v w x y z

bronze (nom masculin)
Métal constitué d'un alliage de cuivre et d'étain. *Des cloches en **bronze**.*

une sculpture en **bronze**,
« David » de Verrocchio (vers 1475)

bronzer (verbe) ▸ conjug. n° 3
Brunir au soleil. *Zoé **a** beaucoup **bronzé** pendant son séjour au bord de la mer.*

brossage (nom masculin)
Action de brosser.

brosse (nom féminin)
Ustensile de nettoyage constitué de poils ou de fibres assemblés sur un support. *Une **brosse** à dents, à habits, à chaussures.* • **Cheveux en brosse :** courts et droits sur la tête. Famille du mot : bross**age**, bross**er**.

brosser (verbe) ▸ conjug. n° 3
1. Frotter avec une brosse. ***Brosser** ses cheveux. **Se brosser** les dents.* **2.** Au sens figuré, faire une description rapide. *Le maître nous **a brossé** un tableau de la situation politique de l'Europe.*

brou (nom masculin)
• **Brou de noix :** teinture brune que l'on retire de l'écorce des noix.

brouette (nom féminin)
Petit véhicule à une roue, que l'on pousse devant soi. *Thomas pousse avec peine une **brouette** remplie de terre.*

brouhaha (nom masculin)
Bruit confus que font des gens qui parlent en même temps. *Le **brouhaha** a cessé dans la salle quand le spectacle a commencé.*

brouillard (nom masculin)
Nuage formé par de minuscules gouttes d'eau en suspension dans l'air. *Les voitures roulent au ralenti à cause du **brouillard**.*

brouille (nom féminin)
Fait de se brouiller. *Ils ont fini par se réconcilier après une **brouille** de plusieurs mois.*

brouiller (verbe) ▸ conjug. n° 3
1. Mélanger des choses. *Victor **a brouillé** tous mes dossiers en fouillant dans mon bureau.* **2.** Rendre difficile à comprendre. *Un violent orage **a brouillé** les émissions de radio.* **3.** Se brouiller : se fâcher avec quelqu'un à la suite d'un désaccord. *Après de nombreuses disputes, ils **se sont brouillés** définitivement.*
• **Œufs brouillés :** dont on mélange le jaune et le blanc durant la cuisson.

■ **brouillon, onne** (adjectif)
Qui manque d'ordre, de méthode. *Tu es trop **brouillon** pour que je te prête mes affaires.* (Syn. désordonné. Contr. ordonné.)

■ **brouillon** (nom masculin)
Ce que l'on écrit d'abord, avant de le recopier. *Fais d'abord tes exercices sur ton cahier de **brouillon** !*

broussaille (nom féminin)
Végétation composée de mauvaises herbes, de ronces emmêlées. *Les enfants sont sortis des **broussailles** couverts d'égratignures.* • **Cheveux en broussaille :** emmêlés et mal peignés. Famille du mot : broussaill**eux**, **dé**broussaill**er**.

broussailleux, euse (adjectif)
Plein de broussailles. *Un sentier **broussailleux**.*

brousse (nom féminin)
Dans les pays tropicaux, étendue couverte de buissons et d'arbustes.

brouter (verbe) ▸ conjug. n° 3
Manger de l'herbe en l'arrachant avec les dents. *Des chèvres **broutent** en bordure du chemin.*

broutille (nom féminin)
Chose sans importance. *Ils se disputent encore pour des **broutilles**.*

broyer (verbe) ▸ conjug. n° 6
Réduire en pâte ou en poudre en écrasant. *On **broie** des grains de blé pour faire de la farine.* • **Broyer du noir :** avoir le cafard.

broyeur (nom masculin)
Appareil servant à broyer.

bru (nom féminin)
Femme du fils. *La femme de mon grand frère est la **bru** de mes parents.* (Syn. belle-fille.)

Bruegel l'Ancien (né vers 1525, mort en 1569)
Peintre flamand. Influencé par Bosch, il a d'abord peint des scènes fantastiques, puis des scènes de la vie paysanne (*Noces villageoises, les Mendiants*), dans un style précis, expressif et coloré.
ORTHO On écrit aussi **Brueghel**.

« Les Mendiants »,
tableau de **Bruegel l'Ancien** (1568)

Bruegel le Jeune (né vers 1564, mort en 1638)
Peintre flamand, fils de Bruegel l'Ancien. Il réalisa de très bonnes copies des tableaux de son père mais est aussi l'auteur de peintures originales
ORTHO On écrit aussi **Brueghel**.

brugnon (nom masculin)
Sorte de pêche à peau lisse.

bruine (nom féminin)
Pluie très fine.

bruiner (verbe) ▸ conjug. n° 3
Pleuvoir sous forme de bruine. *En novembre, il **a bruiné** sans arrêt.* ✎ **Bruiner** ne s'emploie qu'à la troisième personne du singulier.

bruissement (nom masculin)
Bruit léger et continu. *Le **bruissement** léger des feuilles agitées par la brise.*

bruit (nom masculin)
1. Son perçu par l'oreille. *La perceuse fait un **bruit** insupportable.* **2.** Au sens figuré, nouvelle qui circule, qu'on raconte partout. *D'après certains **bruits**, la police aurait retrouvé la piste du criminel.* (Syn. rumeur.) • **Faire du bruit :** provoquer beaucoup d'intérêt, d'émotion. *La démission du Premier ministre **a fait** beaucoup **de bruit**.* ⌂ Famille du mot : brui**tage**, bruy**amment**, bruy**ant**, **é**bruit**er**.

bruitage (nom masculin)
Reconstitution artificielle des bruits qui accompagnent une scène d'un film.

brûlant, ante (adjectif)
Très chaud. *La soupe est **brûlante**.*
ORTHO On écrit aussi **brulant**.

brûlé (nom masculin)
Ce qui a brûlé. *Ça sent le **brûlé** dans la cuisine. La viande a un goût de **brûlé**.*
ORTHO On écrit aussi **brulé**.

à **brûle-pourpoint** (adverbe)
Brusquement et sans prévenir. *Il a été incapable de répondre quand on l'a interrogé **à brûle-pourpoint**.*
ORTHO On écrit aussi **à brule-pourpoint**.

brûler (verbe) ▸ conjug. n° 3
1. Disparaître sous l'action des flammes. *Des bûches **brûlent** dans la cheminée. La forêt **a** entièrement **brûlé** dans l'incendie.* (Syn. flamber.) **2.** Subir une cuisson trop forte. *Éteins le four, le gâteau est en train de **brûler**.* **3.** Détruire par le feu. ***Brûler** des mauvaises herbes.* **4.** Causer une brûlure. *Il **s'est brûlé** avec de l'eau bouillante.* **5.** Ne pas s'arrêter à un signal. ***Brûler** un feu rouge, un stop.* (Syn. griller.) **6.** Désirer avec force, avec ardeur. *Il **brûlait** de voyager à travers le monde.* **7.** Être sur le point de trouver la solution. *C'est presque la bonne réponse, tu **brûles** !*
⌂ Famille du mot : brûl**ant**, brûl**é**, brûl**eur**, brûl**ure**.
ORTHO On écrit aussi **bruler**.

brûleur (nom masculin)
Partie d'un appareil dans laquelle brûle le combustible. *Cette cuisinière à gaz comporte quatre **brûleurs**.*
ORTHO On écrit aussi **bruleur**.

brûlure (nom féminin)
Blessure ou dégât causés par le feu. *Il s'est fait une **brûlure** au bras. Le tapis est abîmé par une **brûlure** de cigarette.*
ORTHO On écrit aussi **brulure**.

brume (nom féminin)
Brouillard léger. *Le soleil a fini par dissiper la **brume** matinale.*

brumeux, euse (adjectif)
Couvert de brume. *Un ciel **brumeux**.*

brumisateur (nom masculin)
Appareil qui pulvérise un liquide en très fines gouttelettes. *L'été, j'emporte un **brumisateur** pour me rafraîchir quand il fait trop chaud.* **Brumisateur** est le nom d'une marque.

brun, brune (adjectif)
D'une couleur sombre qui tire sur le noir. *Des cheveux **bruns**. De la bière **brune**.* ■ **brun, brune** (adjectif et nom) Qui a les cheveux bruns. *Ils sont **bruns** tous les deux mais leur bébé est blond.*
Famille du mot : brun**âtre**, brun**ir**.

brunâtre (adjectif)
D'une couleur qui se rapproche du brun.

Brunei

400 000 habitants
Capitale : Bandar Seri Begawan
Monnaie : le dollar de Brunei
Langue officielle : malais
Superficie : 5 765 km²

État situé sur la côte nord-ouest de l'île de Bornéo, dirigé par un sultan. Ses ressources lui viennent d'importants gisements de pétrole et de gaz et lui apportent une richesse considérable.

brunir (verbe) ▸ conjug. n° 11
Devenir brun. *William **a** beaucoup **bruni** pendant ses vacances à la mer.* (Syn. bronzer.)

brushing (nom masculin)
Manière de coiffer les cheveux mouillés à l'aide d'un séchoir et d'une brosse. *Le coiffeur lui a fait un **brushing**.*
Brushing est un mot anglais : on prononce [bʀœʃiŋ].

brusque (adjectif)
1. Soudain et imprévu. *Anna s'est retournée d'un mouvement **brusque**. Une **brusque** montée de température.* **2.** Qui est fait sans douceur. *Il m'a repoussé d'un geste **brusque**.* Famille du mot : brusqu**ement**, brusqu**er**, brusqu**erie**.

brusquement (adverbe)
De façon brusque. *Il s'est **brusquement** mis à pleuvoir.* (Syn. brutalement.)

brusquer (verbe) ▸ conjug. n° 3
1. Traiter quelqu'un sans douceur. *Inutile de **brusquer** cet enfant, il obéira si tu lui parles calmement.* (Syn. bousculer.) **2.** Faire quelque chose plus vite que prévu. *Nous avons dû **brusquer** nos adieux car le train allait partir.* (Syn. précipiter.)

brusquerie (nom féminin)
Manière brusque d'agir. *Élodie nous a dit avec **brusquerie** qu'elle ne voulait pas jouer avec nous.* (Syn. rudesse.)

brut, brute (adjectif)
Qui est encore dans son état naturel, sans avoir été transformé par l'homme. *Pour faire de l'essence, on raffine le pétrole **brut**.* • **Champagne brut :** très sec. • **Poids brut :** qui comprend le poids de la marchandise et celui de l'emballage. (Contr. net.) Prononciation [bʀyt].

brutal, ale, aux (adjectif)
1. Qui est dur et violent. *Je ne joue plus avec lui : il est trop **brutal**.* **2.** Qui est imprévu et soudain. *Une chute **brutale** de la température.* Famille du mot : brutal**ement**, brutal**iser**, brutal**ité**, brute.

brutalement (adverbe)
De façon brutale. *Fatima m'a **brutalement** poussé contre le mur. La situation a **brutalement** changé.*

brutaliser (verbe) ▸ conjug. n° 3
Traiter avec brutalité. *Le gangster **a brutalisé** sa victime avant de la voler.* (Syn. maltraiter.)

brutalité (nom féminin)
Comportement brutal. *Je ne supporte pas sa **brutalité** envers son chien.*

brute (nom féminin)
Personne violente et grossière. *Cette **brute** a bousculé tout le monde.*

Bruxelles
Capitale de la Belgique, située sur la Senne (2 millions d'habitants). On y parle français et flamand. Bruxelles est une grande métropole industrielle, et possède un secteur tertiaire très développé. C'est le siège de l'Union européenne et de l'OTAN. C'est aussi une ville universitaire et culturelle, avec de nombreux monuments gothiques (la cathédrale Saint-Michel, l'hôtel de ville du XVe siècle) et des musées.

bruyamment (adverbe)
De façon bruyante. *L'équipe gagnante a **bruyamment** fêté sa victoire.*

bruyant, ante (adjectif)
1. Qui fait beaucoup de bruit. *Des voisins **bruyants**.* 2. Où il y a beaucoup de bruit. *La cantine est très **bruyante** à l'heure des repas.*

bruyère (nom féminin)
Plante sauvage à petites fleurs mauves. *Les **bruyères** poussent sur les landes et dans les terrains sableux.*

buanderie (nom féminin)
Local où l'on fait les lessives. *Le lave-linge et le sèche-linge sont installés dans la **buanderie**.*

Bucarest
Capitale de la Roumanie, située sur un affluent du Danube (2 millions d'habitants). C'est un grand centre industriel. Ses quartiers historiques, ses musées et son université en font aussi un centre culturel.

buccal, ale, aux (adjectif)
Qui concerne la bouche. *C'est un médicament qui se prend par voie **buccale**.*

bûche (nom féminin)
Morceau de bois de chauffage. *Les **bûches** qui flambent dans la cheminée réchauffent toute la pièce.* • **Bûche de Noël :** pâtisserie en forme de bûche que l'on mange à Noël.
ORTHO On écrit aussi **buche**.

bûcher (nom masculin)
1. Amas de bois sur lequel on fait brûler une personne. *Jeanne d'Arc fut brûlée vive sur un **bûcher** à Rouen.* 2. Local où l'on range le bois à brûler. *Il faut aller chercher des bûches dans le **bûcher**.*
ORTHO On écrit aussi **bucher**.

bûcheron, onne (nom)
Personne qui abat des arbres.
ORTHO On écrit aussi **bucheron**.

bucolique (adjectif)
Qui évoque la campagne. *Les petites rues de la ville ont gardé un charme **bucolique**.*

Budapest
Capitale de la Hongrie, sur le Danube (1,7 million d'habitants). C'est un centre culturel et industriel.

budget (nom masculin)
Ensemble des dépenses et des recettes prévues. *Cet appartement est trop cher pour le **budget** familial.*

buée (nom féminin)
Vapeur d'eau qui se condense sur une surface froide. *Je ne vois plus rien, il y a de la **buée** sur mes lunettes.*

Buenos Aires
Capitale et grand port de l'Argentine (14 millions d'habitants), sur le Rio de la Plata. C'est le principal centre économique et culturel du pays et un grand port de commerce.

buffet (nom masculin)
1. Meuble servant à ranger la vaisselle, les couverts. 2. Table où sont présentés les aliments et les boissons lors d'une réception. *Les invités se pressaient autour du **buffet**.* 3. Restaurant installé dans une gare.

buffle (nom masculin)
Bovidé de la même taille que le bœuf.

des **buffles**

bug ➡ Voir **bogue** ■.

building (nom masculin)
Grand immeuble comportant de nombreux étages. *On a rasé ce vieux quartier pour y construire des **buildings** et y installer des bureaux.* ● **Building** est un mot anglais : on prononce [bildiŋ].

buis (nom masculin)
Arbuste dont le feuillage est toujours vert et dont le bois est très dur.

buisson (nom masculin)
Groupe d'arbustes entremêlés. *Le lièvre a disparu dans un **buisson**.* (Syn. fourré.)

buissonnière (adjectif féminin)
• **Faire l'école buissonnière :** aller se promener au lieu d'aller à l'école.

bulbe (nom masculin)
Partie renflée de certaines plantes qui reste sous terre. *On a acheté des **bulbes** de jacinthes pour les planter dans le jardin.*

bulgare ➡ Voir tableau p. 6.

Bulgarie

Union européenne

7,2 millions habitants
Capitale : Sofia
Monnaie : le lev
Langue officielle : bulgare
Superficie : 110 912 km²

État des Balkans bordé à l'est par la mer Noire. Le pays est pris entre deux chaînes de montagnes, orientées ouest-est, séparées par des dépressions où se concentre la population. Son climat est continental, plus méditerranéen au Sud. Ses principales ressources sont l'agriculture, l'exploitation du sous-sol et la pêche. Après des années très difficiles, l'économie de la Bulgarie s'est peu à peu redressée. Elle est membre de l'Union européenne depuis 2007.

bulldozer (nom masculin)
Gros engin qui sert à creuser et à niveler le sol. ● **Bulldozer** est un mot anglais : on prononce [byldɔzɛʀ].

bulle (nom féminin)
1. Sphère remplie d'air qui se forme dans un liquide. *Des **bulles** de savon, des **bulles** d'eau gazeuse.* **2.** Dans une bande dessinée, espace entouré d'un trait, qui est réservé au texte des paroles prononcées par les personnages.

une **bulle** de savon

bulletin (nom masculin)
1. Document sur lequel sont inscrites les notes et les observations méritées par un élève. *Vous recevrez vos **bulletins** à la fin du trimestre.* **2.** Papier servant à voter. *Pour voter, on met dans l'urne le **bulletin** du candidat que l'on a choisi.* **3.** Émission d'informations à la radio ou à la télévision. *C'est l'heure du **bulletin** météorologique.*

bungalow (nom masculin)
Petite maison de vacances, sans étage, faite de matériaux légers. *Nous avons loué un **bungalow** dans un club de vacances au bord de la mer.* ● **Bungalow** est un mot anglais : on prononce [bœ̃galo]. 🔑 À l'origine, un **bungalow** c'était une maison du *Bengale*, région de l'Inde.

bunker (nom masculin)
Abri protégé contre les attaques aériennes. *L'ennemi ne peut pas repérer les **bunkers** enterrés.* (Syn. blockhaus.) ● **Bunker** est un mot allemand : on prononce [bunkɛʀ].

buraliste (nom)
Personne qui tient un bureau de tabac.

bureau, eaux (nom masculin)
1. Meuble, parfois muni de tiroirs, sur lequel on écrit, on travaille. *Yann a rangé ses cahiers dans le premier tiroir de son **bureau**.* **2.** Pièce spécialement aménagée

pour travailler. *Le directeur reçoit les parents d'élèves dans son **bureau**.* **3.** Lieu de travail des employés d'une entreprise. *Papa prend le métro pour aller au **bureau**.* **4.** Lieu où sont installés des services ouverts au public. *Un **bureau** de tabac. Un **bureau** de poste. Le **bureau** d'aide sociale.* **5.** Espace de travail sur un ordinateur. *La corbeille est sur le **bureau**.*

bureaucrate (nom)
Fonctionnaire ou employé de bureau qui se contente d'appliquer le règlement, sans prendre aucune initiative.

burette (nom féminin)
Petit récipient terminé par un tube effilé et qui contient de l'huile pour graisser des pièces mécaniques.

burin (nom masculin)
Outil en acier, taillé en biseau, qui sert à entailler le métal, le bois ou la pierre. *Sculpter une statue au **burin**.*

buriné, ée (adjectif)
Marqué de rides profondes. *Les coureurs du Tour de France terminent la course avec un visage **buriné** de fatigue.*

Burkina Faso

17,5 millions d'habitants
Capitale : Ouagadougou
Monnaie : le franc CFA
Langue officielle : français
Superficie : 274 200 km²

État de l'Afrique de l'Ouest, sans accès à la mer. Le Burkina Faso est un pays au sol pauvre et sec. La population, en majorité rurale, a de maigres ressources provenant de l'agriculture et de l'élevage. Ancienne colonie française sous le nom de Haute-Volta, le pays devint indépendant en 1960 et prit le nom de Burkina Faso en 1984.

burlesque (adjectif)
D'un comique extravagant. *Dans ses films, Charlie Chaplin se trouve souvent dans des situations **burlesques**.*

burnous (nom masculin)
1. Grand manteau de laine à capuchon, que portent les Arabes. **2.** Manteau à capuchon pour les bébés.

burqua (nom féminin)
Long voile couvrant la femme de la tête aux pieds et s'ouvrant juste par une fente au niveau des yeux. *Certaines femmes musulmanes portent la **burqua**.*
ORTHO On écrit aussi **burqa**.

Burundi

10,6 millions d'habitants
Capitale : Bujumbura
Monnaie : le franc burundais
Langues officielles : français, kirundi
Superficie : 27 834 km²

État d'Afrique centrale, sur le lac Tanganyika. Le Burundi, formé de montagnes et de plateaux, a un climat de type équatorial tempéré par l'altitude. C'est un pays très peuplé, principalement agricole, qui exporte surtout du café, du thé, des bananes.
Autrefois sous la tutelle de la Belgique, le Burundi devint indépendant en 1962. Son histoire a été marquée, entre 1972 et 1995, par de terribles massacres entre les deux grandes ethnies Tutsis et Hutus.

bus (nom masculin)
Synonyme d'autobus.

buse (nom féminin)
Oiseau de proie qui ressemble au faucon.

busqué, ée (adjectif)
• **Nez busqué :** nez recourbé. *Napoléon Ier avait le **nez busqué**.*

buste (nom masculin)
1. Partie supérieure du corps humain, au-dessus de la taille. (Syn. torse.) **2.** Sculpture qui représente la tête et le haut de la poitrine d'un personnage. *Le **buste** de Marianne est dans le préau de l'école.*

bustier (nom masculin)
Sous-vêtement féminin qui couvre partiellement le buste et qui soutient la poitrine. *Ce **bustier** en dentelle s'agrafe dans le dos.*

but (nom masculin)
1. Point que l'on vise, que l'on cherche à atteindre. *La flèche a atteint son **but**.* **2.** Ce que l'on cherche à accomplir. *Le **but** de Benjamin est de devenir musicien.* **3.** Dans certains jeux, espace dans lequel on doit faire pénétrer le ballon. *Le gardien de **but** a dévié la trajectoire du bal-*

lon. **4.** Point marqué quand le ballon atteint l'intérieur du but. *Clément a marqué un **but**.* • **De but en blanc :** brusquement, sans préparation. Prononciation [by] ou [byt].

butane (nom masculin)
Gaz utilisé comme combustible. *Une bouteille de **butane**.*

buté, ée (adjectif)
Qui s'entête dans ses opinions. *Gaëlle est trop **butée** pour écouter tes conseils.*

butée (nom féminin)
Pièce qui empêche ou limite le mouvement d'un objet. *La **butée** arrête la porte pour que la poignée n'abîme pas le mur.*

buter (verbe) ▸ conjug. n° 3
1. Heurter avec le pied. *David **a buté** contre une pierre et s'est tordu la cheville.* **2.** Essayer de résoudre une difficulté sans y parvenir. *Hélène **a buté** sur le dernier exercice de français.* **3.** Se buter : s'entêter. *Kevin **se bute** dès qu'on essaie de lui expliquer quelque chose.* Famille du mot : buté, but**oir**.

butin (nom masculin)
Ce que l'on prend à un ennemi ou ce que l'on vole à quelqu'un. *Les pirates se sont partagé le **butin**.*

butiner (verbe) ▸ conjug. n° 3
Récolter le pollen et le nectar des fleurs. *Des abeilles **butinent** les roses.*

butoir (nom masculin)
1. Obstacle destiné à arrêter les locomotives ou les wagons. *La locomotive a heurté le **butoir** à l'extrémité de la voie ferrée.* **2.** Pièce qui empêche une porte de heurter le mur.

butte (nom féminin)
Petite élévation de terrain. *Le soleil s'est couché derrière la **butte**.* (Syn. colline, monticule.) • **Être en butte à quelque chose :** être pris comme cible par quelqu'un. *Elle **est en butte aux** mauvaises plaisanteries de certains élèves.*

buvable (adjectif)
Que l'on peut boire. *Ce café est à peine **buvable** tellement il est fort.*

buvard (nom masculin)
Papier spécial qui sert à absorber l'encre. *Avant de refermer ton cahier, sèche ce que tu viens d'écrire avec un **buvard**.*

buvette (nom féminin)
Endroit où l'on vend des boissons. *Pour la kermesse de l'école, les parents d'élèves ont installé une **buvette**.*

buveur, euse (nom)
Personne qui consomme une boisson en grande quantité. *Papa est un grand **buveur** de café.*

Byzance
Ancienne ville grecque. Au IVe siècle, l'empereur romain Constantin Ier lui donna le nom de Constantinople. Elle devint la très riche capitale religieuse et politique de l'Empire byzantin. En 1453, elle fut prise par les Turcs et devint la capitale de l'Empire ottoman, sous le nom d'Istanbul.
Le nom de « Byzance » désigne aussi l'Empire byzantin.

Empire byzantin
Nom donné à l'Empire romain d'Orient, qui fut séparé de l'Empire romain d'Occident en 395. L'Empire byzantin résista aux invasions barbares qui provoquèrent la chute de Rome en 476. Il brilla sous le règne de Justinien Ier (527-565 avant Jésus-Christ), faisant rayonner la civilisation gréco-romaine. Mais il s'affaiblit peu à peu à cause des querelles intérieures et des envahisseurs arabes et slaves. La prise de Constantinople par les Turcs en 1453 marqua la fin de l'Empire byzantin. ➡ Voir **Rome** ■.

C c

citron

c (nom masculin)
Troisième lettre de l'alphabet. *Le **C** est une consonne.*

c' ➡ Voir **ce**.

ça (pronom)
Synonyme familier de cela ou de ceci. *Qui t'a dit **ça** ? Ne mange pas **ça** !*

çà (adverbe)
• **Çà et là :** un peu partout, sans ordre. *Des coquelicots poussent **çà et là**, au bord du chemin.*

cabale (nom féminin)
Intrigues menées contre quelqu'un ou quelque chose pour lui nuire. *Ils ont monté une **cabale** contre lui.* (Syn. complot, machination.)

cabalistique (adjectif)
Qui est très difficile à comprendre. *Le sorcier murmure des formules **cabalistiques**.* (Syn. mystérieux.)

caban (nom masculin)
Manteau court en tissu épais, comme celui des marins.

cabane (nom féminin)
Petite maison de bois qui peut servir d'abri. *Le berger dort dans sa **cabane**.*

cabanon (nom masculin)
Petite cabane. *Papa range ses outils dans un **cabanon** au fond du jardin.*

cabaret (nom masculin)
Endroit où l'on peut voir un spectacle, danser, manger et boire.

cabas (nom masculin)
Grand sac utilisé pour faire les courses.

cabestan (nom masculin)
Appareil autour duquel s'enroule un câble pour tirer de lourdes charges. *Les pêcheurs du chalutier remontent leurs filets grâce au **cabestan**.*

cabillaud (nom masculin)
Morue fraîche non salée.

un **cabillaud**

cabine (nom féminin)
1. Petite construction servant à un usage particulier. ***Cabine** d'essayage, **cabine** téléphonique.* **2.** Chambre, dans un bateau. **3.** Synonyme de cockpit. *La **cabine** de pilotage.* **4.** Partie d'un ascenseur, d'un avion ou d'un téléphérique où se tiennent les gens. *La **cabine** de l'ascenseur ne peut contenir plus de quatre personnes.*

cabinet (nom masculin)
1. Bureau d'un médecin, d'un dentiste ou d'un avocat. *Le **cabinet** médical ouvre à 9 heures.* **2.** Ensemble des personnes

qui travaillent avec un ministre ou un préfet. • **Cabinet de toilette :** petite pièce équipée d'un lavabo où l'on peut faire sa toilette. ■ **cabinets** (nom masculin pluriel) Synonyme de W-C.

câble (nom masculin)
1. Grosse corde. *Les cabines du téléphérique sont suspendues à un **câble**.* 2. Gros fil de métal qui transporte l'électricité. 3. Ensemble des programmes de télévision qui sont diffusés par un système de câbles. *Nous avons le **câble** dans notre nouvel appartement.*

câbler (verbe) ▸ conjug. n° 3
Installer le câble qui diffuse les programmes de télévision. *Les programmes sont plus variés depuis que notre quartier **est câblé**.*

cabochard, arde (adjectif)
Synonyme familier de têtu. *Ce chien **cabochard** refuse d'avancer.*

cabosser (verbe) ▸ conjug. n° 3
Déformer par des bosses. *La bouilloire est tombée, elle **est** toute **cabossée**.*

cabotage (nom masculin)
Navigation près des côtes. *Ces petits bateaux de pêche font du **cabotage**.*

cabotin, ine (adjectif et nom)
Se dit de quelqu'un qui aime attirer l'attention sur lui. *Anna est très **cabotine**, elle manque de naturel.*

se **cabrer** (verbe) ▸ conjug. n° 3
Se dresser sur ses pattes de derrière. *En arrivant sur l'obstacle, le cheval **s'est cabré**.*

cabri (nom masculin)
Synonyme de chevreau.

cabriole (nom féminin)
Petit saut. *Yann fait des **cabrioles** dans l'herbe.* (Syn. culbute, galipette, pirouette.)

cabriolet (nom masculin)
Voiture décapotable.

caca (nom masculin)
Synonyme familier d'excréments. *Le chien a fait **caca** sur le tapis.*

cacahuète (nom féminin)
Graine d'arachide que l'on mange grillée. ● Prononciation [kakawɛt]. ORTHO On écrit aussi **cacahouète**.

cacao (nom masculin)
1. Poudre obtenue avec les graines du cacaoyer. *Le **cacao** sert à fabriquer le chocolat.* 2. Boisson faite avec du cacao en poudre. *Au petit déjeuner, Élodie boit un **cacao**.* (Syn. chocolat.)

cacaoyer (nom masculin)
Arbuste tropical dont la graine fournit le cacao.

une cabosse (fruit) et des feuilles de **cacaoyer**

cacatoès (nom masculin)
Perroquet d'Australie, à plumage blanc, qui porte une huppe jaune.

un **cacatoès**

cachalot (nom masculin)
Très gros mammifère marin carnivore. *Le **cachalot** fait partie des cétacés.*

Le **cachalot** attaque un calmar géant.

cache (nom masculin)
Papier ou carton utilisé pour cacher une partie d'une surface. *La maîtresse met un **cache** pour masquer la partie d'un texte qu'elle ne veut pas photocopier.*

cache-cache (nom masculin)
Jeu où un joueur doit trouver les autres qui se sont cachés. *Viens, nous allons faire une partie de **cache-cache**.*
ORTHO On écrit aussi **cachecache**.

cachemire (nom masculin)
Tissu très doux fait avec du poil de chèvre. *Un pull en **cachemire** est très chaud.* **Cachemire** est le nom de la région de l'Inde où l'on fabrique ce tissu.

cache-nez (nom masculin)
Longue écharpe qui entoure le cou. Pluriel : des cache-nez.

cache-pot (nom masculin)
Vase dissimulant un pot de fleurs. Pluriel : des cache-pot**s**.

cache-prise (nom masculin)
Dispositif destiné à boucher une prise électrique pour éviter les risques d'électrocution. Pluriel : des cache-prise**s**.

cacher (verbe) ▸ conjug. n° 3
1. Mettre quelqu'un ou quelque chose dans un endroit difficile à découvrir. *Pour lui faire une farce, Ibrahim **a caché** les lunettes de sa sœur. Le chat **s'est caché** derrière l'armoire.* (Syn. dissimuler.) **2.** Empêcher de voir. *Le brouillard **cache** le fond de la vallée.* **3.** Ne pas laisser paraître. *Kevin a eu du mal à **cacher** son émotion.* (Contr. dévoiler, exprimer.)
Famille du mot : cache, cache-cache, cache-nez, cache-pot, cache-prise, ca**chette**, cach**otterie**, cach**ottier**.

cachet (nom masculin)
1. Marque imprimée avec un tampon. *Le **cachet** de la poste indique la date de l'envoi d'une lettre.* **2.** Charme particulier d'un endroit. *Ce petit village a beaucoup de **cachet**.* **3.** Salaire d'un musicien ou d'un acteur. *Être payé au **cachet**.* **4.** Synonyme de comprimé. *Un **cachet** d'aspirine.*

cacheter (verbe) ▸ conjug. n° 9
Fermer une enveloppe en la collant. (Contr. décacheter.) **Cacheter** peut aussi se conjuguer comme peler (n° 8).

cachette (nom féminin)
Endroit pour se cacher ou pour cacher quelque chose. *Ce buisson est une très bonne **cachette** pour le chat.* • **En cachette** : sans se faire voir, en secret.

cachot (nom masculin)
Cellule de prison, petite et sombre.

cachotterie (nom féminin)
Petit secret, pour cacher quelque chose sans importance. *Arrête de faire des **cachotteries** !*

cachottier, ère (adjectif)
Qui fait des cachotteries. *Fatima est très **cachottière**, c'est difficile de savoir ce qu'elle pense.*

cachou (nom masculin)
Petite pastille noire, au goût très fort.

cacophonie (nom féminin)
Ensemble de sons désagréables à entendre.

cactus (nom masculin)
Plante grasse épineuse des pays chauds. Prononciation [kaktys].

c.-à-d. ➡ Voir **c'est-à-dire**.

cadastre (nom masculin)
Registre contenant les plans de tous les terrains et bâtiments d'une commune ainsi que le nom des propriétaires. *On peut consulter le **cadastre** à la mairie.*

a b c d e f g h i j k l m n o p q r s t u v w x y z

cadavérique (adjectif)
Qui est d'une maigreur ou d'une pâleur semblable à celle d'un cadavre. *David est malade, il a une mine* ***cadavérique****.*

cadavre (nom masculin)
Corps d'une personne morte ou d'un animal mort. *Les policiers ont repêché un* ***cadavre*** *dans le canal.*

caddie (nom masculin)
Chariot qui sert à transporter les achats dans les supermarchés ou les bagages dans une gare, un aéroport. **Caddie** est le nom d'une marque.

cadeau, eaux (nom masculin)
Ce que l'on offre à quelqu'un. *Comme* ***cadeaux*** *de Noël, Romain a eu un vélo et des livres.* • **Ne pas faire de cadeau à quelqu'un :** être très sévère avec lui.

cadenas (nom masculin)
Objet servant à fermer une porte, une boîte, etc. *Gaëlle a perdu la clé du* ***cadenas*** *du portail.*

cadenasser (verbe) ▶ conjug. n° 3
Fermer avec un cadenas. *La porte de la cave* ***est cadenassée****.*

cadence (nom féminin)
1. Rythme régulier de sons ou de mouvements. *Le chef d'orchestre indique la* ***cadence*** *aux musiciens.* **2.** Vitesse d'une action. *Si tu veux finir ton travail à temps, il va falloir accélérer la* ***cadence*** *!*

cadencé, ée (adjectif)
Qui se fait en cadence. *Marchons ensemble au pas* ***cadencé*** *: une, deux, une deux !*

cadet, ette (adjectif et nom)
Qui est né après l'aîné. *Hélène a un an de moins que son frère Quentin : c'est sa sœur* ***cadette****. Quentin est l'aîné et Hélène la* ***cadette****.* ■ **cadet, ette** (nom) Personne plus jeune qu'une autre. *Elle est sa* ***cadette*** *de cinq ans.* **2.** Jeune sportif qui a entre 15 et 17 ans.

cadrage (nom masculin)
Action de cadrer une photo.

cadran (nom masculin)
Surface marquée de divisions sur laquelle se déplace l'aiguille d'un appareil de mesure. *Laura a un réveil à* ***cadran*** *lumineux.* • **Cadran solaire :** système qui indique l'heure grâce à l'ombre d'une tige sur une surface.

un **cadran solaire**

cadre (nom masculin)
1. Bordure entourant un tableau, une photo, un miroir, etc. *Myriam a acheté des* ***cadres*** *pour encadrer ses photos.* ➡ p. 405. **2.** Ce qui constitue l'environnement de quelque chose. *Cet hôtel est situé dans un* ***cadre*** *verdoyant, à l'écart de la ville.* (Syn. décor.) **3.** Ce qui constitue les limites d'un domaine d'activités. *Il doit le faire, c'est dans le* ***cadre*** *de ses fonctions.* **4.** Ensemble des parties assemblées qui constituent une armature. *Le* ***cadre*** *d'un vélo.* ➡ p. 140. ■ **cadre** (nom) Personne qui assure une fonction d'encadrement ou de direction. *Les* ***cadres*** *sont mieux payés que les employés.* Famille du mot : cadr**age**, cadr**er**, cadr**eur**, **encadrement**, **encadrer**.

cadrer (verbe) ▶ conjug. n° 3
1. Orienter son appareil photo de façon à centrer l'image. *Essaie de bien* ***cadrer*** *ta photo !* **2.** Au sens figuré, être en accord avec quelque chose. *Sa colère ne* ***cadre*** *pas avec son calme habituel.* (Syn. correspondre.)

cadreur, euse (nom)
Technicien chargé des prises de vues d'un film. (Syn. cameraman.)

caduc, caduque (adjectif)
1. Qui tombe chaque automne. *Le chêne, le marronnier, le hêtre sont des arbres à feuilles* ***caduques****.* (Contr. persistant.) **2.** Qui n'est plus valable. *Cette façon de voir les choses est* ***caduque****.* (Syn. périmé.)

caducée (nom masculin)
Emblème des médecins représentant un serpent enroulé autour d'une baguette.

Caen
Chef-lieu du département du Calvados (110 000 habitants). Caen est un port important relié à la Manche par un canal de 14 km. C'est un centre industriel et culturel ; son université a été fondée au XVe siècle.

cafard (nom masculin)
Petit insecte noir ou marron. (Syn. blatte.) ➡ p. 145. • **Avoir le cafard :** être triste, démoralisé ou mélancolique.

cafardeux, euse (adjectif)
Qui a le cafard. *Ce temps gris nous rend **cafardeux**.* (Syn. triste.)

café (nom masculin)
1. Graine du caféier, avec laquelle on fait une boisson. *Le **café** est grillé et moulu avant son utilisation.* **2.** Boisson chaude faite avec ces graines. *Maman boit un **café** au lait au petit déjeuner.* **3.** Établissement où l'on peut consommer des boissons. *Nous nous sommes installés à la terrasse du **café**.* Famille du mot : caf**éier**, caf**éine**, **déca**féiné.

caféier (nom masculin)
Arbuste des régions tropicales qui produit le café.

des graines et des feuilles de **caféier**

caféine (nom féminin)
Substance contenue dans le café. *La **caféine** est un stimulant.*

cafétéria (nom féminin)
Lieu où l'on sert des boissons, des sandwichs et des repas légers.

cafetière (nom féminin)
Récipient servant à faire ou à servir le café. *Une **cafetière** électrique.*

cafouillage (nom masculin)
Fait de cafouiller.

cafouiller (verbe) ▸ conjug. n° 3
Synonyme familier de s'embrouiller. *Noémie **a cafouillé** en faisant ses calculs.*

cafter (verbe) ▸ conjug. n° 3
Synonyme familier de rapporter. *Il paraît que c'est Quentin qui **a cafté**.* (Syn. moucharder.)

cage (nom féminin)
Abri fermé par des barreaux ou un grillage. *Au cirque, les lions sont présentés dans une **cage**.* • **Cage d'escalier :** espace qu'occupe un escalier dans un immeuble ou une maison.

cageot (nom masculin)
Caisse en bois léger servant à transporter des fruits ou des légumes. *Un **cageot** de pêches.*

cagette (nom féminin)
Petit cageot. *J'achète une **cagette** de clémentines au marché.*

cagibi (nom masculin)
Petite pièce qui sert de débarras. *Un **cagibi** à balais.*

cagneux, euse (adjectif)
Qui a les genoux tournés vers l'intérieur. *Un cheval **cagneux**.*

cagnotte (nom féminin)
Argent mis en commun par les membres d'un groupe. *Les élèves font une **cagnotte** pour le voyage de fin d'année.*

cagoule (nom féminin)
1. Sorte de capuchon percé à l'endroit de chaque œil. *Le cambrioleur portait une **cagoule** pour ne pas être reconnu.* **2.** Synonyme de passe-montagne. *L'hiver, Clément met une écharpe et une **cagoule**.*

cahier (nom masculin)
Ensemble de feuilles de papier réunies entre elles et servant à écrire, à dessiner. *Odile a un **cahier** pour chaque matière qu'elle étudie.* • **Cahier de texte :** cahier dans lequel on écrit les leçons et les devoirs à faire. **Cahier** vient d'un

mot latin qui signifie « par quatre », et désignait autrefois une feuille de papier pliée en quatre pages.

cahin-caha (adverbe)
Tant bien que mal, péniblement. *Les affaires marchent **cahin-caha**.*

cahot (nom masculin)
Secousse d'une voiture sur une route pleine de trous et de bosses. *Cette voiture a une très bonne suspension, on ne sent pas les **cahots**.* Famille du mot : cahot**ant**, cahot**er**, cahot**eux**.

cahotant, ante (adjectif)
Qui est secoué par des cahots. *Une roulotte **cahotante**.*

cahoter (verbe) ▸ conjug. n° 3
Être secoué par des cahots. *La voiture **cahote** sur le chemin de terre.*

cahoteux, euse (adjectif)
Qui provoque des cahots. *Rouler sur une piste **cahoteuse**.*

cahute (nom féminin)
Petite hutte. *Les enfants ont construit une **cahute**.*
ORTHO On écrit aussi **cahutte**.

caïd (nom masculin)
Synonyme familier de chef. *La police vient d'arrêter le **caïd** d'une bande de trafiquants.*

caillasse (nom féminin)
Accumulation de cailloux. *C'est difficile de marcher dans cette **caillasse**.*

caille (nom féminin)
Oiseau qui ressemble à une petite perdrix.

une **caille**

cailler (verbe) ▸ conjug. n° 3
Devenir épais, presque solide. *Le lait **a caillé** à cause de la chaleur.* (Syn. coaguler.)

caillot (nom masculin)
Petite masse de sang qui a caillé.

caillou, oux (nom masculin)
Petite pierre. *Un tas de **cailloux**.*

caillouteux, euse (adjectif)
Qui est plein de cailloux. *Un sentier **caillouteux**.*

caïman (nom masculin)
Crocodile d'Amérique. ➡ p. 1102.
Prononciation [kaimɑ̃].

Caïn
Personnage de la Bible, fils aîné d'Adam et d'Ève. Il tua son frère Abel par jalousie. Dieu le condamna à une vie de fuite perpétuelle et d'exil.

Le **Caire**
Capitale de l'Égypte, sur le Nil (12 millions d'habitants). C'est la plus grande ville d'Afrique et un important centre commercial, industriel, politique et culturel. La ville possède de nombreuses mosquées anciennes, comme celle d'al-Azhar (Xe siècle), des musées d'antiquités égyptiennes et d'art arabe.

caisse (nom féminin)
1. Grande boîte servant à emballer des marchandises. *Papa a commandé deux **caisses** de champagne.* **2.** Tiroir où un commerçant range l'argent de sa recette. **3.** Guichet d'une banque où se font les paiements. **4.** Endroit d'un magasin où l'on paye ses achats. *À toutes les **caisses** il y a la queue !* • **Grosse caisse** : gros tambour. Famille du mot : caiss**ette**, caiss**ier**, **en**caiss**er**.

caissette (nom féminin)
Petite caisse.

caissier, ère (nom)
Personne qui tient une caisse dans un magasin ou une banque.

caisson (nom masculin)
Grande caisse étanche qui contient de l'air et permet de travailler sous l'eau. *Les plongeurs sont descendus dans un **caisson**.*

cajoler (verbe) ▸ conjug. n° 3
Synonyme de câliner. *Sarah **cajole** son petit frère.*

cajou (nom masculin)
Fruit dont l'amande ressemble à une grosse cacahuète. *À l'apéritif, on a mangé des noix de **cajou** et des raisins secs.*

cake (nom masculin)
Gâteau garni de raisins secs et de fruits confits. Prononciation [kɛk]. En anglais, **cake** signifie « gâteau ».

Calais
Ville du Pas-de-Calais, sur le « pas de Calais » qui marque la limite entre la Manche et la mer du Nord (75 000 habitants). Calais est un port de commerce et le 1er port français de voyageurs entre la France et l'Angleterre. Le terminal du tunnel sous la Manche y est installé.
La ville, prise par les Anglais en 1347, n'a été reconquise par la France qu'en 1558.

calamar ➡ Voir **calmar**.

calamité (nom féminin)
Grand malheur qui frappe beaucoup de gens. *Les guerres, la famine, les inondations sont des **calamités**.* (Syn. désastre, fléau.)

calandre (nom féminin)
Élément de décoration et de protection situé à l'avant de certaines voitures.

calanque (nom féminin)
Petite baie rocheuse, dans le sud de la France. *Les **calanques** de Cassis.*

une **calanque** dans le sud de la France

calcaire (nom masculin)
Roche sédimentaire souvent blanchâtre. *Le marbre, la craie sont du **calcaire**.* ■ **calcaire** (adjectif) Qui contient du calcaire dissous. *Dans cette région l'eau est très **calcaire**.*

calciner (verbe) ▶ conjug. n° 3
Synonyme de carboniser. *La charpente **a été calcinée** dans l'incendie.*

calcium (nom masculin)
Substance très abondante dans la nature et dans les organismes vivants. *Le lait et le fromage contiennent du **calcium**.* Prononciation [kalsjɔm].

calcul (nom masculin)
1. Synonyme d'arithmétique. *Pierre est meilleur en français qu'en **calcul**.* **2.** Opération faite en combinant des nombres. *Refais tes **calculs**, je crois qu'ils sont faux.* **3.** Au sens figuré, action de prévoir quelque chose. *C'était un mauvais **calcul** de prendre l'autoroute à cette heure-ci.* **4.** Petit amas qui se forme dans une partie du corps. *Il a un **calcul** rénal et souffre beaucoup.* Famille du mot : calcul**ateur**, calcul**er**, calcul**ette**, **in**calcul**able**.

calculateur, trice (adjectif)
Qui agit en essayant de prévoir ce qui va se passer pour en tirer un profit. ■ **calculatrice** (nom féminin) Machine électronique servant à faire des calculs.

calculer (verbe) ▶ conjug. n° 3
1. Chercher un résultat en faisant des calculs. *Cette pièce fait 4 mètres sur 5 : **calcule** sa surface.* **2.** Au sens figuré, combiner quelque chose. *William **a** mal **calculé** son coup.*

calculette (nom féminin)
Calculatrice de poche.

Calcutta
Ville et port de l'Inde, capitale du Bengale-Occidental, dans le delta du Gange (14,3 millions d'habitants dans l'agglomération). C'est un grand centre commercial, bancaire, textile (jute, soie, coton) et métallurgique. Calcutta est une ville surpeuplée et une grande partie de sa population vit dans la misère. C'est un très important centre culturel et universitaire.
Calcutta a pris le nom de « Kolkata » depuis 2001.

cale (nom féminin)
1. Petite pièce que l'on glisse sous un objet pour le rendre d'aplomb ou l'empêcher de rouler. *La table est bancale, il faut mettre une **cale** sous un de ses pieds.* **2.** Partie d'un bateau où l'on entrepose les marchandises. *Un passager clandestin s'était caché au fond de la **cale**.* • **Cale sèche :** bassin que l'on peut vider pour

réparer la coque d'un bateau. Famille du mot : cale-pied, caler.

calé, ée (adjectif)
Dans la langue familière, qui est bon dans une matière ou une activité. *Ursula est très **calée** en informatique.* (Syn. compétent.)

calebasse (nom féminin)
Courge qui, vidée et séchée, sert de récipient.

calèche (nom féminin)
Voiture à cheval à quatre roues et à capote repliable. *Autrefois, on se déplaçait en **calèche**.*

caleçon (nom masculin)
1. Sous-vêtement d'homme en forme de culotte. *Papa met des **caleçons** à fleurs.* **2.** Pantalon de femme, très moulant.

Calédonie
➡ Voir **Nouvelle-Calédonie**.

calembour (nom masculin)
Jeu de mots. *« Si tu es gai, ris donc ! » (guéridon) est un **calembour**.*

calendrier (nom masculin)
Tableau où sont inscrits les mois, les jours, les fêtes d'une année. *Regarde sur le **calendrier** quel jour est Pâques cette année.*

cale-pied (nom masculin)
Accessoire fixé sur les pédales d'un vélo pour maintenir le pied bien en place. Pluriel : des cale-pieds.

calepin (nom masculin)
Petit carnet sur lequel on prend des notes. *Anna écrit ses rendez-vous sur un **calepin**.*

caler (verbe) ▸ conjug. n° 3
1. Immobiliser un objet en mettant une cale à l'endroit qui convient. *Il faudrait **caler** cette armoire : les portes ferment mal.* **2.** S'arrêter brusquement. *La voiture **a calé** dans la côte.*

calfeutrer (verbe) ▸ conjug. n° 3
1. Boucher les fentes autour des portes ou des fenêtres pour empêcher l'air froid d'entrer. **2.** Se calfeutrer : s'enfermer. *Elle **se calfeutre** chez elle et ne voit personne.*

calibre (nom masculin)
1. Diamètre intérieur du canon d'une arme à feu. *Un pistolet à gros **calibre**.* **2.** Taille ou grosseur de quelque chose. *Trier des fruits selon leur **calibre**.*

calibrer (verbe) ▸ conjug. n° 3
Trier selon le calibre. ***Calibrer** des œufs.*

calice (nom masculin)
1. Vase en métal précieux qui sert à célébrer la messe. *Le prêtre boit le vin de messe qu'il a versé dans le **calice**.* **2.** Enveloppe d'une fleur qui s'épanouit lors de la floraison.

un **calice**

calife (nom masculin)
Autrefois, chef suprême des musulmans.

Californie
État de l'ouest des États-Unis, sur l'océan Pacifique (411 012 km²; 36,8 millions d'habitants). C'est l'État le plus peuplé du pays. Sa capitale est Sacramento.
GÉOGRAPHIE
Les villes principales, San Francisco, Los Angeles et San Diego, sont situées sur la côte. À l'est se dresse la sierra Nevada. Le climat est chaud et sec. La Californie doit sa richesse à l'agriculture et aux ressources de son sous-sol, le pétrole en particulier. Elle est aussi réputée pour l'aéronautique, l'électronique, l'informatique (Silicon Valley) et le cinéma (Hollywood).
HISTOIRE
Ancienne colonie espagnole, la Californie a appartenu au Mexique de 1822 à 1848. Elle est devenue un État américain en 1850. À la fin du XIXe siècle, la ruée vers l'or et la construction du chemin de fer ont marqué le début de sa prospérité.

à califourchon (adverbe)
Assis avec une jambe de chaque côté. *Élodie est assise* ***à califourchon*** *sur la balançoire.* (Syn. à cheval.)

câlin, ine (adjectif)
Qui aime donner des baisers, des caresses, et en recevoir. *Benjamin est très* ***câlin*** *quand il est sur les genoux de sa grand-mère.* ■ **câlin** (nom masculin) Geste de tendresse. *Fatima fait des* ***câlins*** *à son petit frère.*

câliner (verbe) ▸ conjug. n° 3
Faire des câlins. *Gaëlle* ***câline*** *son chaton.* (Syn. cajoler.)

calleux, euse (adjectif)
Qui a des callosités. *Myriam râpe ses talons* ***calleux*** *avec une pierre ponce.*

calligramme (nom masculin)
Poème écrit en forme de dessin. *Guillaume Apollinaire a composé des* ***calligrammes*** *célèbres.*

calligraphie (nom féminin)
Art de bien tracer les caractères de l'écriture.

callosité (nom féminin)
Endroit du corps où la peau s'épaissit à cause de frottements répétés.

calmant (nom masculin)
Médicament qui calme la douleur ou l'angoisse.

calmar (nom masculin)
Mollusque marin muni de tentacules. *Certains* ***calmars*** *géants atteignent 20 mètres de long.* (Syn. encornet.)
➡ p. 179.
ORTHO On dit aussi **calamar**.

calme (adjectif)
1. Où il n'y a pas d'agitation, pas de bruit. *Nous habitons un quartier très* ***calme****, il n'y passe que peu de voitures.* (Contr. bruyant.) **2.** Qui est tranquille, paisible. *Cette classe est agréable, les élèves sont très* ***calmes****.* (Contr. agité, nerveux, turbulent.) ■ **calme** (nom masculin) **1.** État calme. *Thomas apprécie le* ***calme*** *de la forêt.* **2.** Humeur paisible. *Essayez de garder votre* ***calme*** *!* (Syn. sang-froid.) • **Calme plat :** absence totale de vent sur la mer. Famille du mot : accalmie, calmant, calmement, calmer.

calmement (adverbe)
De façon calme. *Parle* ***calmement****, sans t'énerver.*

calmer (verbe) ▸ conjug. n° 3
1. Rendre plus calme. *La berceuse* ***a calmé*** *le bébé.* (Syn. apaiser.) **2.** Rendre moins vif, moins violent. *L'aspirine* ***calme*** *la douleur.*

calomnie (nom féminin)
Accusation mensongère contre quelqu'un. *Si on m'accuse d'avoir triché, c'est une* ***calomnie*** *!* (Syn. médisance.)

calomnier (verbe) ▸ conjug. n° 10
Dire des calomnies. *Ce candidat aux élections estime* ***avoir été calomnié*** *par son adversaire.* (Syn. diffamer.)

calorie (nom féminin)
Unité employée pour mesurer l'énergie fournie à notre organisme par les aliments. *Les graisses sont riches en* ***calories****.*

calorique (adjectif)
Qui contient beaucoup de calories. *Les plats riches en sucre et en graisse sont très* ***caloriques****.* (Syn. énergétique.)

calot (nom masculin)
Grosse bille. *David a échangé un* ***calot*** *contre cinq billes.*

calotte (nom féminin)
Petit bonnet rond qui ne couvre que le sommet de la tête. • **Calotte glaciaire :** masse de glace qui recouvre les pôles.

calque (nom masculin)
Copie d'un dessin à l'aide d'un papier transparent placé dessus. • **Papier calque :** papier transparent qui sert à faire des calques.

calumet (nom masculin)
Pipe au tuyau très long des Indiens d'Amérique du Nord.

calvaire (nom masculin)
1. Croix qui rappelle la mort du Christ. **2.** Au sens figuré, longue suite de souffrances. *Sa longue maladie a été un véritable* ***calvaire****.* (Syn. martyre.)

Calvin Jean Cauvin, dit
Réformateur religieux et écrivain français. Il étudia les idées du moine

Luther et adhéra à la Réforme protestante en 1533. Il écrivit l'*Institution de la religion chrétienne*, où il exposa ses idées qui ont servi de base au calvinisme.

calvinisme (nom masculin)
Mouvement religieux protestant qui s'appuie sur les idées de Calvin. *Le **calvinisme** est apparu en France au XVIe siècle.*

calvitie (nom féminin)
État d'une personne chauve. Prononciation [kalvisi].

camaïeu (nom masculin)
Ensemble de tons variés d'une même couleur. *Hélène est habillée dans un **camaïeu** de verts.* Pluriel : des camaïeu**x** ou des camaïeu**s**. Prononciation [kamajø].

camarade (nom)
Personne qu'on voit souvent, avec qui on pratique une activité. *Yann a invité ses **camarades** de classe pour son anniversaire.* (Syn. copain, copine.)

camaraderie (nom féminin)
Bonne entente qui existe entre des camarades. *Il y a un bon esprit de **camaraderie** dans cette classe.*

Camargue
Région marécageuse de Provence, située dans le delta du Rhône. La Camargue est réputée pour ses élevages de taureaux et de chevaux, et pour ses marais salants. On y cultive également du riz. ➡ Voir carte p. 1372.

 **Cambodge**

14,8 millions d'habitants
Capitale : Phnom Penh
Monnaie : le riel
Langue officielle : khmer
Superficie : 181 050 km²

État d'Asie du Sud-Est, situé entre la Thaïlande, le Laos et le Viêt-nam. La population compte 90 % de Khmers.
GÉOGRAPHIE
Des chaînes de montagnes entourent des plateaux et des plaines, inondées chaque année par les crues du Mékong. Le climat tropical est rythmé par la mousson d'été. La population, en majorité rurale, est concentrée dans les plaines et les vallées où l'on cultive le riz.
HISTOIRE
En 1975, dirigés par le général Pol Pot, les guérilleros Khmers rouges ont mené une révolution sanglante : le Cambodge fut ravagé et 1 à 2 millions de personnes furent massacrées entre 1975 et 1979. En 1998, la mort de Pol Pot mit fin aux dernières guérillas. Ruiné par cette guerre, le Cambodge reste l'un des pays les plus pauvres du monde.

cambodgien, enne ➡ Voir tableau p. 6.

cambouis (nom masculin)
Graisse noire. *Le garagiste a les mains pleines de **cambouis**.* Prononciation [kɑ̃bwi].

cambrer (verbe) ▸ conjug. n° 3
Redresser une partie du corps en la creusant en arrière. *La gymnaste **cambre** fièrement le dos à la fin de son exercice.*

cambriolage (nom masculin)
Action de cambrioler. *Il y a eu un **cambriolage**, cette nuit, à la bijouterie.*

cambrioler (verbe) ▸ conjug. n° 3
Commettre un vol après être entré de force dans un lieu fermé. *Leur maison de campagne **a déjà été cambriolée** plusieurs fois.* (Syn. dévaliser.) Famille du mot : cambriol**age**, cambriol**eur**.

cambrioleur, euse (nom)
Personne qui fait un cambriolage. *Les **cambrioleurs** se sont fait prendre.*

cambrure (nom féminin)
Partie cambrée de quelque chose. *La **cambrure** du pied.*

caméléon (nom masculin)
Petit reptile qui peut changer de couleur en fonction du milieu où il se trouve.

camélia (nom masculin)
Arbuste qui donne de belles fleurs.

camelot (nom masculin)
Marchand ambulant qui vend des objets bon marché. *Les **camelots** vendent des souvenirs aux touristes au pied de la tour Eiffel.*

un **caméléon**

camelote (nom féminin)
Dans la langue familière, marchandise de mauvaise qualité. *Ce réveil s'arrête tout le temps, c'est vraiment de la **camelote** !*

camembert (nom masculin)
1. Fromage rond à pâte molle, fait avec du lait de vache. *Le vrai **camembert** est fabriqué en Normandie.* **2.** Schéma présenté sous forme de cercle divisé en plusieurs parties. **Camembert** est le nom d'un village de Normandie.

caméra (nom féminin)
Appareil qui sert à faire des films.

caméraman (nom masculin)
Synonyme de cadreur. **Caméraman** est un mot anglais : on prononce [kameʀaman].

Cameroun

18,9 millions d'habitants
Capitale : Yaoundé
Monnaie : le franc CFA
Langues officielles : français, anglais
Superficie : 475 440 km²

État de l'ouest de l'Afrique, situé sur le golfe de Guinée. La population est constituée de plusieurs ethnies : les Peuls, les Fangs, les Bamilékés, les Bamums, les Pygmées.

GÉOGRAPHIE
La végétation est très variée avec la forêt dense dans le Sud et la savane dans le Nord. À l'Ouest, une chaîne volcanique culmine au mont Cameroun à 4 095 mètres. La culture du cacao et du café, et l'exploitation du pétrole et du bois constituent les principales ressources du pays.

HISTOIRE
Au XIXe siècle, le Cameroun fut colonisé par l'Allemagne. Pendant la Première Guerre mondiale, le pays fut placé sous l'autorité française et britannique. Le Cameroun français prit son indépendance en 1960 et s'unit au sud du Cameroun, anglais, en 1972, formant une république.

camerounais, aise ➡ Voir tableau p. 6.

caméscope (nom masculin)
Caméra portative servant à filmer en vidéo. *Nous avons filmé nos souvenirs de vacances avec un **caméscope**.* **Caméscope** est le nom d'une marque.

camion (nom masculin)
Gros véhicule servant à transporter des marchandises. *Un **camion** de déménagement.* (Syn. poids lourd.) Famille du mot : camion**nette**, camion**neur**.

camionnette (nom féminin)
Petit camion.

camionneur, euse (nom)
Personne qui conduit un camion. (Syn. routier.)

camisole (nom féminin)
• **Camisole de force :** combinaison à manches fermées employée autrefois pour empêcher les malades mentaux de s'agiter.

camomille (nom féminin)
Plante dont les fleurs servent à faire de la tisane.

des **camomilles**

camouflage (nom masculin)
Action de camoufler. *Les soldats se sont mis en tenue de **camouflage**.*

camoufler (verbe) ▸ conjug. n° 3
Rendre difficile à reconnaître. *Pour le combat de nuit, les soldats **camouflent** leur visage avec de la suie.*

camp (nom masculin)
1. Terrain où une armée installe ses tentes ou ses baraquements. 2. Endroit où sont rassemblés des gens. *Un **camp** de prisonniers. Un **camp** de réfugiés.* 3. Chacun des partis ou des groupes qui s'opposent. *Il ne sait pas quel **camp** choisir.* • **Ficher le camp :** dans la langue familière, s'en aller. Famille du mot : camp**ement**, camp**er**, camp**eur**, camp**ing**, camping-car.

campagnard, arde (adjectif)
De la campagne. *Un mobilier **campagnard**.* ■ campagnard, arde (nom) Personne qui vit à la campagne.

campagne (nom féminin)
1. Étendue de terre couverte de champs, de bois, de prés. *Nous sommes tombés en panne d'essence dans la **campagne**.* 2. Expédition militaire. *Les **campagnes** de Napoléon Ier sont célèbres.* • **Campagne électorale :** ensemble des actions menées par un candidat pour se faire élire. • **Campagne publicitaire :** opération destinée à faire connaître et apprécier un produit. • **En rase campagne :** loin de toute habitation.

campagnol (nom masculin)
Rat des champs. *Le **campagnol** fait des ravages dans les récoltes de blé.*

un **campagnol**

campanile (nom masculin)
Tour destinée à recevoir des cloches.

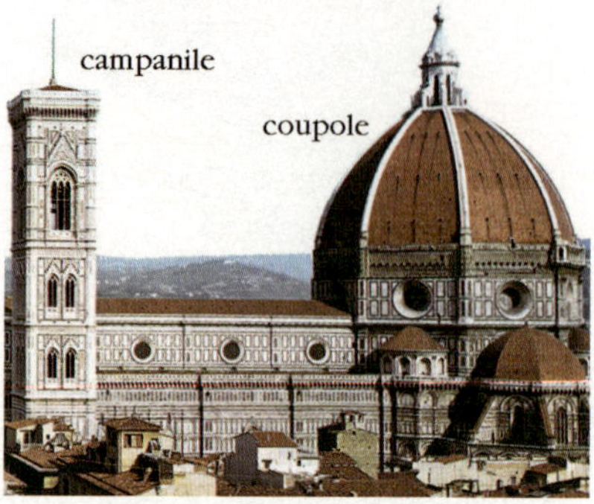

le **campanile** de Santa Maria del Fiore (Florence)

campanule (nom féminin)
Plante à fleurs en forme de clochettes.

une **campanule**

campement (nom masculin)
Endroit où on campe. *Les scouts ont installé leur **campement** au bord de la rivière.*

camper (verbe) ▸ conjug. n° 3
1. Faire du camping. *Clément et Julie sont partis **camper** à la montagne.* 2. Se camper : se tenir quelque part sans bouger, dans une attitude provocante. *Xavier **s'est campé** devant la porte et ne laisse entrer personne.* (Syn. se planter.)

campeur, euse (nom)
Personne qui fait du camping.

camphre (nom masculin)
Substance végétale à l'odeur âcre, utilisée en pharmacie.

camping (nom masculin)
1. Fait de loger sous une tente ou dans une caravane. *Faire du **camping**.* 2. Terrain aménagé pour les campeurs. *Ce **camping** est très proche de la plage.*
Prononciation [kɑ̃piŋ].

camping-car (nom masculin)
Sorte de camionnette aménagée pour le camping. Pluriel : des camping-cars.
ORTHO On écrit aussi **campingcar**.

campus (nom masculin)
Lieu où sont installés tous les bâtiments d'une université. *Sur le **campus**, on trouve les chambres des étudiants, le restaurant universitaire et la bibliothèque.*

Camus Albert (né en 1913, mort en 1960)
Écrivain français, prix Nobel de littérature en 1957. Il est l'auteur de pièces de théâtre, d'essais, de nouvelles et de romans comme *l'Étranger* (1942), *la Peste* (1947) et *la Chute* (1956). Journaliste politique et écrivain, Camus a défendu ses idées avec courage et lucidité.

Canada

33,7 millions d'habitants
Capitale : Ottawa
Monnaie :
le dollar canadien
Langues officielles :
anglais, français
Superficie : 9 976 139 km²

État fédéral de l'Amérique du Nord, membre du Commonwealth.

GÉOGRAPHIE
C'est le deuxième pays le plus grand du monde par la superficie. Le Canada s'étend de l'océan Pacifique à l'océan Atlantique et des États-Unis à l'océan Arctique. Il est divisé en dix provinces et trois territoires. Très étendu, le pays présente une végétation et un climat très variés : en allant vers le Nord, les forêts de feuillus sont remplacées par les forêts de conifères de la taïga, puis viennent la toundra et les sols arides du grand Nord. La population est surtout localisée dans la région des Grands Lacs et le long du fleuve Saint-Laurent.

ÉCONOMIE
Le Canada est un grand pays agricole (céréales). Il possède d'importantes richesses minières (uranium, zinc, nickel, or, platine) et forestières. C'est un important producteur d'électricité nucléaire et hydraulique. La majeure partie de ses échanges commerciaux se fait avec les États-Unis.

HISTOIRE
Les Amérindiens et les Inuits sont les premiers habitants connus du Canada. Le pays, exploré par Jacques Cartier en 1534, devint une province française appelée « Nouvelle-France ». Les Français entrèrent en conflit avec les colonies britanniques et, en 1791, le pays fut partagé en deux provinces : le Haut-Canada et le Bas-Canada. Ce n'est qu'en 1840 que ces deux provinces s'unirent. Le Canada s'est agrandi entre 1870 et 1949, englobant de nouveaux territoires qui formèrent de nouvelles provinces. Aujourd'hui, une opposition demeure entre la province du Québec, francophone, et le reste du pays, en majorité anglophone.

un attelage de chiens de traîneau, au **Canada**

canadair (nom masculin)
Avion équipé de réservoirs à eau, utilisé pour lutter contre les incendies de forêt. **Canadair** est le nom d'une marque.

canadien, enne ➡ Voir tableau p. 6.

canadienne (nom féminin)
Veste doublée de fourrure. À l'origine, ce vêtement était porté par les *Canadiens* pour se protéger du froid.

canaille (nom féminin)
Personne malhonnête qui trompe tout le monde. *Cet homme est une vraie **canaille**.* (Syn. crapule, fripouille, gredin.)

a b c d e f g h i j k l m n o p q r s t u v w x y z

canal, aux (nom masculin)
1. Cours d'eau artificiel servant à la navigation. *Le **canal** de Panamá traverse l'Amérique centrale.* **2.** Conduite servant à amener de l'eau pour l'arrosage. *Dans cette région sèche, l'irrigation des cultures se fait grâce à des **canaux**.* Famille du mot : canal**isation**, canal**iser**.

canalisation (nom féminin)
1. Action de canaliser. *Les travaux de **canalisation** d'un fleuve.* **2.** Tuyau dans lequel passe un liquide ou un gaz. *Le gel a endommagé des **canalisations** d'eau au garage.* (Syn. conduite.)

canaliser (verbe) ▸ conjug. n° 3
1. Rendre navigable. ***Canaliser** un cours d'eau.* **2.** Au sens figuré, diriger dans une certaine direction. *La police essaie de **canaliser** la manifestation.*

canapé (nom masculin)
1. Long siège à dossier. *Laura s'allonge sur le **canapé** pour lire sa BD.* **2.** Petite tranche de pain garnie. *Maman prépare des **canapés** au saumon pour l'apéritif.*

Canaques
Peuple autochtone de la Nouvelle-Calédonie. Les Canaques vivent en majorité dans le nord et dans le centre de l'île.
ORTHO On écrit aussi **Kanaks**.

canard (nom masculin)
1. Oiseau aux pattes palmées, qui sait nager et voler. *Près de la ferme, il y a une mare avec des **canards**.* ➡ p. 1025.
2. Viande de canard. *Nous avons fait griller des cuisses de **canard** au barbecue.*

canarder (verbe) ▸ conjug. n° 3
Dans la langue familière, tirer sur quelque chose. *La monitrice de ski **a été canardée** de boules de neige par toute la colonie.*

canari (nom masculin)
Petit oiseau jaune au chant mélodieux. *Ibrahim a acheté une grande cage pour ses **canaris**.* **Canari** vient du nom des *îles Canaries*, d'où est originaire cet oiseau.

Canaries
Communauté autonome et Région d'Espagne (7 242 km^2 ; 2 millions d'habitants).
Les Canaries sont un archipel de l'océan Atlantique, situé au large des côtes marocaines, et composé de sept îles. La capitale est Las Palmas. Le tourisme et l'agriculture destinée à l'exportation (fruits, céréales, tabac) sont les principales activités de l'archipel. Les Canaries sont rattachées à l'Espagne depuis 1479.

Canberra
Capitale fédérale de l'Australie, située dans l'État de la Nouvelle-Galles du Sud (330 000 habitants).
La ville, inaugurée en 1927, constitue aussi un territoire fédéral de 2 359 km^2. L'Université nationale d'Australie y est installée. Elle possède un musée consacré principalement à la culture aborigène.

cancan (nom masculin)
Dans la langue familière, parole malveillante. *Arrête d'écouter ces **cancans** !*

cancer (nom masculin)
Maladie très grave. *Fumer peut provoquer le **cancer** du poumon.* Prononciation [kɑ̃sɛʀ]. Famille du mot : cancé**reux**, cancér**igène**, cancér**ologue**.

cancéreux, euse (adjectif)
Qui est dû au cancer. *Une tumeur **cancéreuse**.* ■ **cancéreux, euse** (nom) Personne qui a un cancer.

cancérigène (adjectif)
Qui provoque le cancer. *On a découvert que l'amiante était **cancérigène**.*

cancérologue (nom)
Médecin spécialiste du cancer.

cancre (nom masculin)
Très mauvais élève.

candélabre (nom masculin)
Chandelier à plusieurs branches.

candeur (nom féminin)
Grande naïveté.

candi (adjectif masculin)
• **Sucre candi :** sucre qui se présente en gros morceaux irréguliers.

candidat, ate (nom)
Personne qui se présente à un examen, à un jeu ou à une élection. *Sa mère est **candidate** aux élections municipales.*

candidature (nom féminin)
Fait d'être candidat. *On peut poser sa **candidature** en répondant à cette petite annonce.*

candide (adjectif)
Qui manifeste de la candeur. *Un air **candide**.* (Syn. naïf.)

cane (nom féminin)
Femelle du canard.

caneton (nom masculin)
Petit de la cane. ➡ p. 1025.

canette (nom féminin)
1. Petite bouteille ou petite boîte contenant une boisson. 2. Bobine de fil sur une machine à coudre. 3. Petite cane.

canevas (nom masculin)
1. Grosse toile aux fils très espacés qui sert de support pour les ouvrages de tapisserie. 2. Plan d'un ouvrage. *Victor a fait le **canevas** de son exposé.*

caniche (nom masculin)
Chien à poil frisé.

un **caniche**

caniculaire (adjectif)
Très chaud. *Au mois d'août, il a fait un temps **caniculaire** : plus de 30 degrés.*

canicule (nom féminin)
Période où il fait très chaud.

canif (nom masculin)
Petit couteau de poche dont la lame se replie dans le manche.

canin, ine (adjectif)
Qui concerne les chiens. *Un élevage **canin**.*

canine (nom féminin)
Dent pointue située entre les incisives et les molaires. ➡ p. 364. ⊶ On disait autrefois *dent canine*, cette dent étant pointue comme celles du chien.

caniveau, eaux (nom masculin)
Rigole qui longe le trottoir et permet l'écoulement des eaux.

canne (nom féminin)
Bâton sur lequel on s'appuie pour marcher. *Grand-père ne peut plus marcher sans sa **canne**.* • **Canne à pêche :** bâton flexible auquel on accroche le fil et l'hameçon, pour pêcher. • **Canne à sucre :** plante tropicale à hautes tiges dont on extrait du sucre.

la **canne à sucre**

cannelle (nom féminin)
Poudre brune parfumée faite avec l'écorce séchée d'un arbre tropical. *Maman met de la **cannelle** sur la tarte aux pommes.*

cannelloni (nom masculin)
Pâte alimentaire de forme cylindrique, remplie de farce.

Cannes
Ville des Alpes-Maritimes, sur la mer Méditerranée (70 800 habitants). C'est une ville touristique connue mondialement pour son festival international de cinéma qui a lieu tous les ans depuis 1946.

cannibale (adjectif et nom)
Qui mange ses semblables. *Les Indiens des Caraïbes étaient **cannibales**.*

canoë (nom masculin)
Barque étroite et légère que l'on fait avancer à la pagaie. *Le dimanche, My-*

*riam va faire du **canoë** sur la rivière.* Prononciation [kanɔe].

canon (nom masculin)
1. Arme à feu constituée d'un long tube de métal servant à lancer des obus. *Les **canons** ont bombardé la ville.* **2.** Tube d'une arme à feu portative, au bout duquel sort la balle. *Le cow-boy nettoie le **canon** de son revolver.* **3.** Chant à deux ou plusieurs voix dans lequel on entonne successivement la même mélodie de façon décalée. Famille du mot : canon**nade**, canon**ner**. **Canon** vient du latin *canna* qui signifie « tuyau ».

un **canon**

cañon ➡ Voir **canyon**.

canoniser (verbe) ▸ conjug. n° 3
Admettre quelqu'un parmi les saints de l'Église catholique.

canonnade (nom féminin)
Action de canonner. *La **canonnade** s'est enfin arrêtée.*

canonner (verbe) ▸ conjug. n° 3
Bombarder avec des canons. *L'artillerie ennemie **a canonné** toute la région.*

canot (nom masculin)
Petit bateau à rames ou à moteur. *Sur les gros bateaux, les **canots** de sauvetage sont obligatoires.* Famille du mot : canot**age**, canot**er**.

canotage (nom masculin)
Action de canoter. *Faire du **canotage**.*

canoter (verbe) ▸ conjug. n° 3
Se promener en canot.

cantal (nom masculin)
Fromage au lait de vache fabriqué en Auvergne. Les monts du **Cantal**, en Auvergne, sont une région d'élevage.

cantate (nom féminin)
Morceau de musique pour un orchestre et des chœurs. *Les **cantates** de Bach.*

cantatrice (nom féminin)
Chanteuse d'opéra.

cantine (nom féminin)
1. Local d'une école ou d'une entreprise où l'on sert à déjeuner. *La **cantine** de l'école est devenue un self-service.* **2.** Coffre de voyage. *Maman a acheté plusieurs **cantines** pour le déménagement.*

cantique (nom masculin)
Chant religieux. *À la messe, on chante des **cantiques**.*

canton (nom masculin)
Division administrative d'un arrondissement. *La ville principale d'un **canton** est le chef-lieu de **canton**.*

cantonade (nom féminin)
• **À la cantonade :** en s'adressant à tout le monde en même temps. *Il est monté sur une chaise et s'est mis à parler **à la cantonade**.*

cantonais (adjectif masculin)
• **Riz cantonais :** plat chinois composé de riz mêlé à des petits pois, de l'œuf et du jambon. **Cantonais** vient de *Canton*, nom d'une ville de Chine.

cantonal, ale, aux (adjectif)
Du canton. *Aux élections **cantonales**, on élit les représentants du canton au conseil général du département.*

cantonnement (nom masculin)
Logement provisoire pour des soldats.

cantonner (verbe) ▸ conjug. n° 3
1. Mettre des soldats dans un cantonnement. **2.** Se cantonner : se borner à faire quelque chose. ***Cantonnez-vous** à répondre à la question !*

cantonnier, ère (nom)
Personne qui entretient les routes.

canular (nom masculin)
Histoire inventée pour tromper quelqu'un.

canyon (nom masculin)
Vallée très profonde et étroite. *Ce western a été tourné dans le **canyon** du Colorado.* Prononciation [kanjɔn].
ORTHO On écrit aussi **cañon**, comme en espagnol.

canyoning (nom masculin)
Descente sportive des rivières, à pied et à la nage. *Pendant les vacances, nous avons fait du **canyoning** dans les gorges du Verdon.*

caoutchouc (nom masculin)
Matière élastique et imperméable faite avec le latex de l'hévéa ou produite par l'industrie chimique. *Avec le **caoutchouc**, on fabrique des pneus.* Prononciation [kautʃu].

caoutchouteux, euse (adjectif)
Qui a la consistance du caoutchouc. *Je n'aime pas ce gâteau **caoutchouteux**.*

cap (nom masculin)
1. Bande de terre qui s'avance dans la mer. (Syn. pointe.) 2. Direction suivie par un bateau ou un avion. *Le voilier a mis le **cap** sur le port.*

un **cap**

CAP (nom masculin)
Certificat d'aptitude professionnelle. *Le frère de Benjamin a un **CAP** d'électricien.*

capable (adjectif)
1. Qui peut faire quelque chose. *Es-tu **capable** de soulever cette caisse de livres ?* (Contr. incapable.) 2. Qui a les qualités qui conviennent. *C'est un cuisinier très **capable**.* (Syn. compétent.)

capacité (nom féminin)
1. Compétence de quelqu'un. *Ce travail est au-dessus de ses **capacités**, il n'y arrivera pas.* (Syn. aptitude.) 2. Ce que contient un récipient. *Quelle est la **capacité** de cette bouteille ?* (Syn. contenance.)

cape (nom féminin)
Grand manteau sans manches, que l'on porte sur les épaules. • **Rire sous cape :** se moquer discrètement, en cachette.

Capet
Surnom d'Hugues Ier, le fondateur de la dynastie capétienne, roi de France entre 987 et 996.
➡ Voir **Hugues Capet**.

Capétiens
Dynastie fondée par Hugues Capet. Elle a succédé à la dynastie des Carolingiens et a régné sur la France de 987 à 1328 ; les rois les plus illustres de cette dynastie sont Philippe Auguste (roi de 1180 à 1223) et Louis IX, ou Saint Louis, (roi de 1226 à 1270). La dynastie des Valois lui a succédé à partir de 1328.

capharnaüm (nom masculin)
Grand désordre. *Va ranger ta chambre, car c'est un vrai **capharnaüm** !* Prononciation [kafaʀnaɔm].

cap Horn
➡ Voir **Horn**.

capillaire (adjectif)
Qui concerne les cheveux. *Papa se sert d'une lotion **capillaire**.* • **Vaisseaux capillaires :** vaisseaux sanguins extrêmement fins.

capitaine (nom masculin)
1. Officier de grade intermédiaire entre celui de commandant et celui de lieutenant. 2. Personne ou officier qui commande un navire de commerce. 3. Chef d'une équipe sportive.

capital, ale, aux (adjectif)
Qui est très important. *Ce témoignage sera **capital** pour l'avocat.* (Syn. décisif, essentiel, fondamental. Contr. secondaire.)
• **Peine capitale :** peine de mort.

capital, aux (nom masculin)
1. Somme d'argent que l'on place et qui rapporte des intérêts. 2. Ensemble des biens que possède une personne. (Syn. fortune, patrimoine.) Famille du mot : capital**isme**, capital**iste**.

capitale (nom féminin)
1. Ville où se trouve le gouvernement d'un État. *Athènes est la* ***capitale*** *de la Grèce.* **2.** Lettre majuscule. *Pour remplir ce formulaire, vous devez écrire votre nom en* ***capitales*** *d'imprimerie.*

capitalisme (nom masculin)
Système économique dans lequel les terres et les entreprises appartiennent à des particuliers et non à l'État.

capitaliste (adjectif)
Qui a un rapport avec le capitalisme. *Les États-Unis sont le plus grand pays* ***capitaliste*** *du monde.* ■ **capitaliste** (nom) Personne qui possède de gros capitaux.

capiteux, euse (adjectif)
Qui monte à la tête, qui enivre. *Le parfum* ***capiteux*** *du jasmin.*

capitonné, ée (adjectif)
Qui est rembourré avec de la laine ou avec une autre matière souple. *Ce fauteuil* ***capitonné*** *est très confortable.*

capitulation (nom féminin)
Fait de capituler. *La* ***capitulation*** *de l'Allemagne en 1945.*

capituler (verbe) ▸ conjug. n° 3
Cesser le combat et s'avouer vaincu. *Faute de combattants, l'armée a dû* ***capituler***. (Syn. se rendre.)

caporal, aux (nom masculin)
Grade militaire le plus bas, dans l'infanterie et l'aviation.

capot (nom masculin)
Partie de la carrosserie qui protège le moteur d'une voiture. *Le garagiste soulève le* ***capot*** *pour remettre de l'huile dans le moteur.*

capote (nom féminin)
1. Toit pliant d'une voiture décapotable. **2.** Grand manteau de soldat.

capoter (verbe) ▸ conjug. n° 3
1. Se retourner par accident. *La voiture roulait trop vite et* ***a capoté*** *dans un virage.* **2.** Au sens figuré, échouer. *Notre projet* ***a capoté***.

câpre (nom féminin)
Fleur du câprier, que l'on conserve en bouton dans du vinaigre et qui sert de condiment. *On met des* ***câpres*** *dans le steak tartare.*

caprice (nom masculin)
Envie soudaine d'obtenir quelque chose. *Il n'est pas question de céder à tes* ***caprices*** *!* (Syn. fantaisie, lubie.)

capricieux, euse (adjectif)
Qui fait beaucoup de caprices. *Il est beaucoup trop* ***capricieux***.

câprier (nom masculin)
Arbuste méditerranéen qui fournit les câpres.

des feuilles, boutons et fleur de **câprier**

caprin, ine (adjectif)
Qui concerne les chèvres. *Un élevage* ***caprin***.

capsule (nom féminin)
Sorte de bouchon plat qui recouvre le goulot d'une bouteille. • **Capsule spatiale :** partie habitable d'une fusée ou d'un satellite. Famille du mot : **dé**capsuler, **dé**capsul**eur**.

capter (verbe) ▸ conjug. n° 3
1. Recueillir en canalisant. ***Capter*** *l'eau d'une source.* **2.** Recevoir une émission. *Dans ce village encaissé, on ne peut* ***capter*** *qu'une chaîne de télévision.* • **Capter l'attention de quelqu'un :** la retenir.

capteur (nom masculin)
• **Capteur solaire :** appareil qui transforme l'énergie du soleil en électricité.

captif, ive (adjectif et nom)
Qui est prisonnier. *Un animal* ***captif***. *Les* ***captifs*** *ont été relâchés.*

captivant, ante (adjectif)
Qui captive. *Grand-mère m'a raconté une histoire* ***captivante****.* (Syn. passionnant.)

captiver (verbe) ▸ conjug. n° 3
Intéresser énormément. *William* ***est*** *tellement* ***captivé*** *par son livre qu'il a oublié de déjeuner.* (Syn. passionner.)

captivité (nom féminin)
Fait d'être captif. *Pendant la guerre, grand-père a vécu deux ans en* ***captivité****.*

capture (nom féminin)
Fait de capturer. *La* ***capture*** *d'un lion.*

capturer (verbe) ▸ conjug. n° 3
Attraper vivant. *Les policiers ont bouclé le quartier pour* ***capturer*** *les gangsters.*

capuche (nom féminin)
Synonyme de capuchon. *Il pleut, mets ta* ***capuche*** *!*

capuchon (nom masculin)
1. Bonnet fixé à un vêtement. (Syn. capuche.) **2.** Partie qui couvre un stylo.

capucine (nom féminin)
Plante décorative à feuilles rondes et à fleurs jaunes, orangées ou rouges.

des feuilles et des fleurs de **capucine**

Cap-Vert

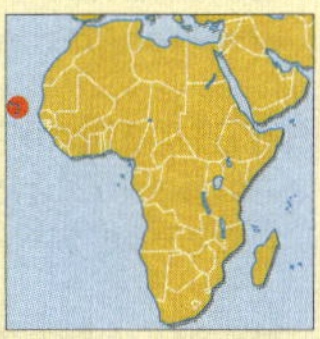

500 000 habitants
Capitale : Praia
Monnaie : l'escudo du Cap-Vert
Langue officielle : portugais
Superficie : 4 033 km²

État d'Afrique, à l'ouest du Sénégal. Le Cap-Vert est un archipel situé dans l'océan Atlantique. C'est un pays très pauvre qui tire ses revenus de l'agriculture, de la pêche et de l'exploitation des salines. Ancienne colonie portugaise, le Cap-Vert a obtenu son indépendance en 1975. C'est aujourd'hui la « république des îles du Cap-Vert ».

caquet (nom masculin)
• **Rabaisser** ou **rabattre le caquet de quelqu'un :** le forcer à être plus modeste.

caqueter (verbe) ▸ conjug. n° 9
Pousser des petits cris, quand il s'agit de la poule. *Les poules* ***caquettent*** *quand elles pondent.* **Caqueter** se conjugue aussi comme peler (n° 8).

■ **car** (conjonction)
Indique la cause. *Couvre-toi,* ***car*** *il fait froid.*

■ **car** (nom masculin)
Synonyme d'autocar. *Un* ***car*** *de ramassage scolaire.*

carabine (nom féminin)
Fusil léger. *À la fête foraine, c'est le tir à la* ***carabine*** *que Kevin préfère.*

carabiné, ée (adjectif)
Dans la langue familière, qui est fort et violent. *Noémie a un rhume* ***carabiné****.*

Caracas
Capitale du Venezuela (3,2 millions d'habitants). Elle est reliée au port de La Guaira sur la mer des Antilles. Caracas s'est beaucoup développée grâce à l'industrie du pétrole.

caracoler (verbe) ▸ conjug. n° 3
Faire des petits sauts, quand il s'agit d'un cheval.

caractère (nom masculin)
1. Signe d'imprimerie. *Les livres pour enfants sont écrits en gros* ***caractères****.* **2.** Marque distinctive, particulière. *Ces symptômes présentent tous les* ***caractères*** *de la grippe.* **3.** Manière d'être, de se comporter. *Pierre a un bon* ***caractère****, il est toujours de bonne humeur.* • **Avoir du caractère :** être énergique ou avoir une forte personnalité. Famille du mot : caractér**iel**, caractér**iser**, caractér**istique**.

a b c d e f g h i j k l m n o p q r s t u v w x y z

caractériel, elle (adjectif)
Qui présente des troubles du caractère. *Cet élève agressif est un peu **caractériel**.*

caractériser (verbe) ▸ conjug. n° 3
Être le caractère qui distingue une chose d'une autre. *La rougeole **se caractérise** par de la fièvre et des boutons.*

caractéristique (adjectif)
Qui est particulier, distinctif. *L'odeur **caractéristique** du café.* (Syn. typique.)
■ **caractéristique** (nom féminin) Principale particularité qui caractérise quelque chose. *Les promenades en gondole sont une **caractéristique** des voyages à Venise.*

carafe (nom féminin)
Large bouteille en verre à goulot étroit. *Apporte une **carafe** d'eau sur la table !*

Caraïbes
Zone géographique qui comprend le golfe du Mexique, la mer des Antilles et les pays d'Amérique centrale et d'Amérique du Sud qui sont en bordure (Belize, Colombie, Costa Rica, Guatemala, Guyana, Guyane, Honduras, Mexique, Nicaragua, Panamá, Porto Rico, Salvador, Suriname, Venezuela).

carambolage (nom masculin)
Accident dans lequel plusieurs voitures se heurtent à la suite.

caramel (nom masculin)
1. Sucre fondu qui a pris une couleur brune et une consistance épaisse. *Romain aime beaucoup la crème au **caramel**.* **2.** Bonbon fait avec du caramel. *Des **caramels** mous.*

caraméliser (verbe) ▸ conjug. n° 3
1. Enduire de caramel. *Un gâteau **caramélisé**.* **2.** Transformer en caramel. *Odile fait **caraméliser** du sucre.*

carapace (nom féminin)
Enveloppe très dure qui protège le corps de certains animaux. *La tortue rentre dans sa **carapace** quand elle a peur.*

carat (nom masculin)
1. Quantité d'or fin contenue dans un objet en or. **2.** Unité de poids valant 0,2 gramme, utilisée pour les pierres précieuses.

caravane (nom féminin)
1. Groupe de personnes qui se déplacent ensemble pour traverser des zones peu sûres. *Une **caravane** de nomades traverse le désert avec des chameaux.* **2.** Roulotte de camping tirée par une voiture.

caravaning (nom masculin)
Camping avec une caravane. *On a fait du **caravaning** au bord d'un lac.*

caravelle (nom féminin)
Bateau à voiles utilisé aux XVe et XVIe siècles. *Les navires de Christophe Colomb étaient des **caravelles**.*

une **caravelle**

carbone (nom masculin)
Substance chimique qui est le constituant principal du charbon.

carbonique (adjectif)
• **Gaz carbonique :** mélange de carbone et d'oxygène.

carboniser (verbe) ▸ conjug. n° 3
Brûler complètement. *Le rôti est immangeable, il **est carbonisé** !* (Syn. calciner.)

carburant (nom masculin)
Combustible utilisé pour faire fonctionner un moteur. *L'essence et le kérosène sont des **carburants**.*

carburateur (nom masculin)
Partie du moteur où le carburant se mélange à l'air.

carcan (nom masculin)
1. Collier de fer qui servait à attacher un condamné pour l'exposer au pu-

blic. 2. Au sens figuré, ce qui empêche d'agir. *Le **carcan** des règlements.*

carcasse (nom féminin)
Ensemble des os d'un animal mort. *Une **carcasse** de poulet.* (Syn. squelette.)

cardiaque (adjectif)
Qui concerne le cœur. *Une maladie **cardiaque**.* • **Crise cardiaque :** moment pendant lequel le cœur s'arrête de battre. ■ cardiaque (adjectif et nom) Qui a une maladie du cœur. *Un médicament pour les **cardiaques**.*

cardigan (nom masculin)
Veste de laine, à manches longues, qui se boutonne devant. **Cardigan** vient du nom du *comte de Cardigan* qui mit ce vêtement à la mode.

■ **cardinal, ale, aux** (adjectif)
Se dit d'un adjectif numéral qui indique une quantité. *Deux et trois sont des nombres **cardinaux**.* • **Points cardinaux :** qui servent de repère pour se situer. *Les quatre **points cardinaux** sont le nord, le sud, l'est et l'ouest.*

■ **cardinal, aux** (nom masculin)
1. Dans l'Église catholique, évêque de rang élevé. *Le pape est élu par les **cardinaux**.* 2. Oiseau au plumage rouge vif.

un **cardinal**

cardiologue (nom)
Médecin spécialiste du cœur.

cardiovasculaire (adjectif)
Qui concerne le cœur et les vaisseaux. *Les maladies **cardiovasculaires**.*

carême (nom masculin)
Pour les catholiques, période de pénitence entre Mardi gras et Pâques. *Le **carême** est une période de jeûne.*

carénage (nom masculin)
Carrosserie aérodynamique. *Le **carénage** d'une moto.*

carence (nom féminin)
Insuffisance de ce qui est nécessaire. *Pour éviter la **carence** en vitamines, il faut manger des fruits.*

caresse (nom féminin)
Geste tendre et affectueux. *Ce chat est sauvage, il n'aime pas les **caresses**.*

caresser (verbe) ▸ conjug. n° 3
Faire des caresses. *Sarah **caresse** la peau douce du bébé.*

cargaison (nom féminin)
Ensemble de marchandises transportées. *Les pêcheurs rapportent une belle **cargaison** de poissons.*

cargo (nom masculin)
Navire spécialisé dans le transport de marchandises.

cari (nom masculin)
1. Poudre jaune faite d'un mélange d'épices. *Du riz au **cari**.* 2. Plat préparé avec cette poudre. *Ce **cari** de légumes est trop piquant.*
ORTHO On écrit aussi **cary**, ou **curry**, comme en anglais.

cariatide (nom féminin)
Colonne en forme de statue de femme.

caribou (nom masculin)
Renne du Canada. *Les **caribous** portent de gros bois sur la tête.*

caricature (nom féminin)
Dessin satirique où les traits caractéristiques d'une personne sont exagérés.
Famille du mot : caricatur**er**, caricatur**iste**.

caricaturer (verbe) ▸ conjug. n° 3
Faire la caricature de quelqu'un. *Cet homme politique **est** souvent **caricaturé** dans les journaux.*

caricaturiste (nom)
Artiste qui fait des caricatures.

carie (nom féminin)
Maladie de la dent aboutissant à une cavité dans l'ivoire. *Brosse-toi les dents après les repas pour éviter les **caries** !*

carié, ée (adjectif)
Qui a une carie. *Cette dent est **cariée**, tu dois aller chez le dentiste.*

carillon (nom masculin)
1. Ensemble de cloches qui sonnent avec un son différent. **2.** Sonnerie d'une horloge qui se déclenche à intervalles réguliers.

carillonner (verbe) ▸ conjug. n° 3
Sonner longuement. *Les cloches **carillonnent** pour annoncer un mariage.*

caritatif, ive (adjectif)
Qui se consacre à l'aide des plus pauvres. *Cette association **caritative** sert des repas aux sans-abris.*

carlingue (nom féminin)
Partie d'un avion où se trouvent l'équipage et les passagers. ➡ p. 108.

carmagnole (nom féminin)
1. Veste courte et étroite portée par les révolutionnaires français de 1792 à 1795. *La **carmagnole** était garnie de plusieurs rangées de boutons.* **2.** Chant et danse des révolutionnaires.

carmin (adjectif)
De couleur rouge vif. ✎ Pluriel : des étoffes carmin.

Carnac
Ville du Morbihan (4 400 habitants), située près de la baie de Quiberon. Carnac est célèbre pour ses alignements de mégalithes.

carnage (nom masculin)
Massacre d'hommes ou d'animaux en grand nombre. *La guerre de 1914-1918 a été un véritable **carnage**.* (Syn. tuerie.)

carnassier (nom masculin)
Animal qui se nourrit de chair. *Les fauves sont des **carnassiers**.*

carnaval (nom masculin)
Fête du Mardi gras avec des défilés et des bals costumés. *Le **carnaval** de Venise.* ✎ Pluriel : des carnavals.

carnet (nom masculin)
1. Petit cahier. *Chaque année, maman recopie son **carnet** d'adresses.* (Syn. calepin.) *Un **carnet** de notes.* **2.** Série de tickets, de timbres ou de chèques.

carnivore (adjectif et nom)
Qui se nourrit de viande. *Les tigres et les lions sont **carnivores**.*

Carnot Lazare Nicolas (né en 1753, mort en 1823)
Homme politique et mathématicien français. Ingénieur militaire, il créa les armées de la Ire République, établie en 1792. Il est, avec Monge, l'un des fondateurs de la géométrie moderne.

Carolingiens
Dynastie franque fondée par Pépin le Bref, en 751. Elle succéda aux Mérovingiens et régna sur la Germanie jusqu'en 911 et en France jusqu'en 987. Elle doit son nom à Charlemagne.

Charles II le Chauve
était un roi **carolingien**.

carotide (nom féminin)
Artère du cou qui conduit le sang du cœur à la tête.

carotte (nom féminin)
Plante potagère dont on mange la racine rouge orangé. *Des **carottes** râpées.* ➡ p. 1051.

carpaccio (nom masculin)
Plat de viande crue ou de poisson cru présentés en tranches très fines. *Le **carpaccio** de bœuf se déguste arrosé d'huile d'olive et de jus de citron.* **Carpaccio** est un mot italien : on prononce [kaʀpatʃjo].

Carpates
Chaîne de montagnes d'Europe, qui s'étend sur la République tchèque, la Slovaquie, la Pologne, l'Ukraine et la Roumanie. Les Carpates culminent à 2 655 mètres. Beaucoup de fleuves et de rivières y prennent leur source. Les Carpates sont recouvertes en grande partie de forêts et leur sous-sol recèle d'importantes richesses minières : bauxite, charbon, pétrole et gaz naturel.

carpe (nom féminin)
Gros poisson d'eau douce.

une **carpe**

carpette (nom féminin)
Petit tapis.

carquois (nom masculin)
Étui servant à mettre des flèches. *Les tireurs à l'arc portent un **carquois**.*

carre (nom féminin)
Baguette de métal qui est fixée sur les bords inférieurs des skis. *Ursula a fait une faute de **carre** et est tombée.*

carré, ée (adjectif)
Qui a la forme d'un carré. *Cette pièce est **carrée** : elle fait 3 mètres sur 3.* • **Mètre carré :** mesure de surface, qui correspond à la surface d'un carré d'un mètre de côté. ■ **carré** (nom masculin) . Figure géométrique qui a 4 côtés égaux et 4 angles droits. ➡ p. 576. 2. Nombre multiplié par lui-même. *25 est le **carré** de 5 (5 × 5 = 5²).*

carreau, eaux (nom masculin)
1. Petite plaque qui sert à recouvrir le sol ou les murs. *Le maçon a posé des **carreaux** blancs autour de la baignoire.* 2. Dessin en forme de carré. *Zoé porte une jupe à **carreaux**.* 3. Vitre d'une fenêtre. *Les enfants ont cassé un **carreau** en jouant au ballon.* 4. L'une des quatre couleurs des jeux de cartes, en forme de losange rouge. *Un as de **carreau**.*
Famille du mot : carr**elage**, carre**ler**.

carrefour (nom masculin)
Endroit où se croisent deux ou plusieurs routes. *Attention, ce **carrefour** est très dangereux !* (Syn. croisement.)

carrelage (nom masculin)
Sol recouvert de carreaux assemblés. *Il faudra remplacer le parquet par du **carrelage**.*

carreler (verbe) ▸ conjug. n° 9
Recouvrir avec des carreaux. *Le maçon **a carrelé** la salle de bains.* **Carreler** se conjugue aussi comme peler (n° 8).

carrément (adverbe)
Franchement et nettement. *Dis-moi **carrément** ce que tu penses de mon dessin !*

carrière (nom féminin)
1. Endroit d'où l'on extrait des matériaux de construction. *Une **carrière** de sable, de pierres, de marbre.* 2. Profession dans laquelle on progresse. *Quentin ne sait pas quelle **carrière** il choisira plus tard.*

carriole (nom féminin)
Petite charrette couverte.

Carroll Lewis (né en 1832, mort en 1898)
Écrivain et mathématicien anglais. Professeur à l'université d'Oxford, il est l'auteur de récits poétiques : *Alice au pays des merveilles* (1865) et *De l'autre côté du miroir* (1871) qu'il écrivit pour les enfants.

carrossable (adjectif)
Où l'on peut rouler sans difficulté. *Après la pluie, ce chemin n'est plus **carrossable**.* (Syn. praticable.)

carrosse (nom masculin)
Autrefois, voiture luxueuse tirée par des chevaux. *La reine d'Angleterre se déplace en **carrosse** les jours de cérémonie.* ➡ p. 200.

carrosserie (nom féminin)
Partie extérieure d'une voiture. *Les ailes d'une voiture font partie de la **carrosserie**.*

carrossier, ère (nom)
Personne qui répare des carrosseries d'automobiles.

carrure (nom féminin)
Largeur du dos entre les épaules. *David a vraiment une **carrure** d'athlète !*

cartable (nom masculin)
Sac dans lequel les écoliers mettent leurs affaires de classe. *Anna porte son **cartable** sur le dos.*

carte (nom féminin)
1. Petit carton qui porte des figures et des dessins sur une face, qui fait partie d'un jeu. *Benjamin fait une partie de **cartes** avec son grand-père.* **2.** Liste des plats et des boissons, dans un restaurant. *Choisir un plat à la **carte**.* **3.** Dessin qui représente un pays, une région, une ville. *Regarde sur la **carte** si nous sommes sur la bonne route.* • **Carte de crédit :** carte servant à payer des achats ou à retirer de l'argent dans des distributeurs. • **Carte d'électeur** ou **électorale :** document permettant de voter lors des élections. ➡ p. 431. • **Carte grise :** document où sont inscrits des renseignements sur une voiture. • **Carte d'identité :** document sur lequel sont indiqués le nom, les prénoms, la date de naissance et l'adresse d'une personne. • **Carte postale :** carton illustré dont le verso sert à la correspondance. • **Carte de visite :** petit carton portant le nom et parfois l'adresse de quelqu'un.

Carthage
Ville de Tunisie, située à proximité de Tunis (16 000 habitants).
Fondée vers 814-813 avant Jésus-Christ par des Phéniciens, Carthage a été une grande puissance commerciale et maritime. Elle fut détruite par les Romains en 146 avant Jésus-Christ. Rebâtie en 122 avant Jésus-Christ, elle fut ravagée par les Vandales en 439, puis annexée à l'Empire byzantin en 534, et à nouveau détruite par les Arabes en 698. Le site de la ville ancienne est riche en ruines de l'époque romaine.

Cartier Jacques (né en 1491, mort en 1557)
Navigateur français. À la recherche d'une route vers l'Asie, il aborda au Canada en 1534, où il implanta la première colonie française.

le **carrosse** de Louis XIV, tableau de A.F. Van Der Meulen (1667)

cartilage (nom masculin)
Sorte d'os souple et élastique de certaines parties du corps et des articulations. *Les oreilles et le nez sont faits de **cartilage**.*

cartilagineux, euse (adjectif)
Qui est fait de cartilage. *Le squelette des requins est **cartilagineux**.*

cartomancien, enne (nom)
Personne qui prétend lire l'avenir dans les cartes à jouer.

carton (nom masculin)
1. Papier épais et rigide. *Clément a fabriqué un masque avec du **carton**.* 2. Boîte en carton. *Le déménageur a emballé la vaisselle dans des **cartons**.*

cartonné, ée (adjectif)
Fait de carton. *Un emballage **cartonné**.*

carton-pâte (nom masculin)
Carton fabriqué à partir de chiffons, de vieux cartons et de colle. *Un masque en **carton-pâte**.*

cartouche (nom féminin)
1. Petit tube contenant de la poudre et un projectile, et qui se charge dans une arme à feu. *Le chasseur prend son fusil et ses **cartouches**.* 2. Petit étui contenant de l'encre, du gaz. *Mon stylo est vide, prête-moi une **cartouche** d'encre bleue.* (Syn. recharge.)

cartouchière (nom féminin)
Ceinture ou baudrier servant à transporter des cartouches.

cary ➡ Voir **cari**.

cas (nom masculin)
1. Ce qui arrive ou est arrivé. *Aujourd'hui il est en retard, mais ça n'est pas souvent le **cas**.* 2. Apparition d'une maladie. *Il y a eu plusieurs **cas** de grippe dans notre classe.* • **En cas de** ou **au cas où :** si telle chose se produit. ***En cas d'**incendie, il faut appeler les pompiers. Préviens-moi **au cas où** tu changerais d'avis.* • **En tout cas :** quoi qu'il arrive. • **Faire cas de quelque chose :** y attacher de l'importance. *Élodie n'**a fait** aucun **cas de** mon avis.*

casanier, ère (adjectif)
Qui aime rester chez soi. *Elle voudrait voyager mais son mari est très **casanier**.*

casaque (nom féminin)
Veste de jockey.

casbah (nom féminin)
Palais d'un souverain, en Afrique du Nord. *Le guide emmène les touristes visiter la **casbah**.*

cascade (nom féminin)
1. Chute d'eau. *L'eau tombait en **cascade**, sur plusieurs mètres de hauteur.* 2. Numéro dangereux d'un acrobate. *La vedette du film est doublée pour les **cascades** en voiture.*

cascadeur, euse (nom)
Comédien spécialiste des cascades. *Pour les scènes dangereuses du film, un **cascadeur** remplace l'acteur principal.*

case (nom féminin)
1. Habitation traditionnelle en matériaux légers, dans certains pays chauds. (Syn. hutte, paillote.) 2. Compartiment d'une boîte, d'un meuble. *Range les jetons de ton jeu dans une **case** et les dés dans une autre.* 3. Chacune des divisions tracées sur une surface. *Les **cases** d'un échiquier. Mettez une croix dans la **case** qui correspond à votre réponse.*

caser (verbe) ▸ conjug. n° 3
Trouver la place pour ranger quelque chose. *Impossible de **caser** mon duvet dans la valise !*

caserne (nom féminin)
Bâtiment où vivent des soldats, des pompiers ou des gendarmes.

cash (adverbe)
• **Payer cash :** synonyme familier de payer comptant. ● **Cash** est un mot anglais : on prononce [kaʃ].

casher (adjectif)
Qui est préparé selon les prescriptions du judaïsme. *Ce boucher vend de la viande **casher**.* ● Prononciation [kaʃɛʀ].
Pluriel : des boucheries casher.
ORTHO On écrit aussi **kasher**.

a b c d e f g h i j k l m n o p q r s t u v w x y z

casier (nom masculin)
Meuble de rangement qui comporte des cases. *Un **casier** à bouteilles.* • **Casier judiciaire :** liste des condamnations prononcées contre quelqu'un.

casino (nom masculin)
Établissement où l'on joue de l'argent. *L'entrée du **casino** est interdite aux enfants.*

casoar (nom masculin)
Grand oiseau coureur d'Australie.

un **casoar**

mer **Caspienne**
La plus grande mer intérieure du monde, située entre l'Europe du Sud-Est et l'Asie (370 000 km^2 environ). Elle est principalement alimentée par la Volga et par l'Oural et son niveau est fluctuant. Actuellement, ses eaux, très salées, se situent à 28 mètres au-dessous du niveau de la mer. On y trouve des esturgeons, dont les œufs servent à préparer le caviar, et du pétrole.

casque (nom masculin)
1. Coiffure rigide qui protège la tête. **2.** Appareil muni de deux écouteurs. *Ce **casque** peut s'adapter sur un lecteur MP3, une radio ou une télévision.*

casqué, ée (adjectif)
Qui est coiffé d'un casque. *Ces motards **casqués** appartiennent à la police.*

casquette (nom féminin)
Coiffure plate garnie d'une visière. *Une **casquette** de base-ball.*

cassant, ante (adjectif)
1. Qui se casse facilement. *La pâte à tarte a durci et elle est devenue **cassante**.* **2.** Au sens figuré, qui est autoritaire et dur. *Il lui a dit, d'un ton **cassant**, qu'il avait tort.*

casse (nom féminin)
Objets cassés. *Quand ce maladroit fait la vaisselle, il y a souvent de la **casse**.*

casse-cou (nom masculin)
Personne qui aime prendre des risques sans se soucier du danger. *Sur son VTT, Myriam est un vrai **casse-cou**.* Pluriel : des casse-cou**s** ou des casse-cou.

casse-croûte (nom masculin)
Dans la langue familière, repas léger. *Si la randonnée dure toute la journée, il faudra prévoir des **casse-croûte**.* Pluriel : des casse-croûte**s** ou des casse**s**-croûte.
ORTHO On écrit aussi **casse-croute**.

casse-noix (nom masculin)
Petit instrument qui sert à casser les coques de noix, de noisettes, d'amandes. Pluriel : des casse-noix.

casse-pied (adjectif et nom)
Dans la langue familière, qui dérange, énerve. *Elle me téléphone sans arrêt pour des bêtises, quelle **casse-pied** !* Pluriel : des casse-pied**s**.
ORTHO On écrit aussi un **casse-pieds**.

casser (verbe) ▸ conjug. n° 3
1. Mettre en plusieurs morceaux. *Fatima **a cassé** une pile d'assiettes en débarrassant la table. Kevin **s'est cassé** le bras en faisant du skateboard.* (Syn. briser, rompre.) **2.** Mettre hors d'usage. *Ne tire pas sur le fil du téléphone, tu vas le **casser**.*
• **Casser la croûte :** synonyme familier de manger. • **Casser les oreilles :** dans la langue familière, faire trop de bruit.
Famille du mot : cass**ant**, casse, casse-cou, casse-croûte, casse-noix, casse-pieds, casse-tête, cass**ure**, **in**cass**able**.

casserole (nom féminin)
Ustensile de cuisine muni d'un manche, dans lequel on fait cuire les aliments.

casse-tête (nom masculin)
Ce qui est très compliqué à faire ou à résoudre. *Cette devinette est un vrai **casse-tête**.* Pluriel : des casse-tête**s** ou des casse-tête.

cassette (nom féminin)
1. Coffret dont on se sert pour ranger des bijoux, de l'argent. 2. Étui contenant une bande magnétique utilisable dans un magnétophone ou un magnétoscope.

casseur, euse (nom)
Personne qui profite d'une manifestation pour abîmer la voie publique et les bâtiments. *Les **casseurs** ont saccagé les boutiques.*

cassis (nom masculin)
Petite baie noire comestible. *Du sirop, de la confiture de **cassis**.* Prononciation [kasis].

cassis (nom masculin)
Creux en travers d'une route. *Il faut ralentir : un panneau de signalisation indique un **cassis** à 100 mètres.* Prononciation [kasi] ou [kasis].

cassonade (nom féminin)
Sucre de canne de couleur rousse. *William mange des crêpes à la **cassonade**.*

cassoulet (nom masculin)
Ragoût de haricots blancs et de diverses viandes. *Le **cassoulet** est une spécialité du sud-ouest de la France.*

cassure (nom féminin)
Endroit où un objet a été cassé. *Le vase a été recollé : on voit encore la **cassure**.*

castagnettes (nom féminin pluriel)
Petit instrument de musique fait de deux morceaux de bois que l'on fait claquer l'un contre l'autre dans la paume de la main.

caste (nom féminin)
Groupe de gens qui se distinguent d'autres groupes, dont ils s'estiment être supérieurs ou différents.

casting (nom masculin)
Choix des acteurs pour un spectacle. *Le **casting** de ce film est excellent, il n'y a que de bons acteurs.*

castor (nom masculin)
Rongeur à large queue plate et aux pattes palmées. *Les **castors** construisent des digues sur la rivière.*

castrer (verbe) ▸ conjug. n° 3
Priver un animal mâle de ses organes génitaux. *Un bœuf est un taureau qui **a été castré**.* (Syn. châtrer.)

cataclysme (nom masculin)
Catastrophe naturelle qui entraîne de grands bouleversements. *Les raz de marée, les tremblements de terre, les cyclones sont des **cataclysmes**.*

catacombes (nom féminin pluriel)
Souterrains qui servaient de cimetière. *Les premiers chrétiens enterraient leurs morts dans des **catacombes**.*

catadioptre (nom masculin)
Dispositif rouge ou orange qui réfléchit la lumière. *Il y a un **catadioptre** à l'arrière de la bicyclette.*

catafalque (nom masculin)
Estrade décorée où l'on place un cercueil.

catalan, ane ➡ Voir tableau p. 6.

catalogue (nom masculin)
Brochure qui propose des objets à vendre. *Anna commande ses vêtements dans un **catalogue** de vente par correspondance.*

catamaran (nom masculin)
Voilier à deux coques. *Les **catamarans** sont des embarcations très rapides.*

catapulte (nom féminin)
Autrefois, machine de guerre qui servait à lancer de grosses pierres.

un **castor**

cataracte (nom féminin)
1. Grande chute d'eau. *Les **cataractes** les plus célèbres dans le monde sont les chutes du Niagara.* **2.** Maladie qui rend opaque le cristallin de l'œil. *La **cataracte** peut causer la perte de la vue.*

catastrophe (nom féminin)
Évènement dramatique. *Plus de cent personnes ont été tuées dans cette **catastrophe** aérienne.* • **En catastrophe :** à toute vitesse et sans préparation.

catastrophique (adjectif)
Qui a des conséquences dramatiques. *Cette sècheresse est **catastrophique** pour les agriculteurs.* (Syn. désastreux.)

catch (nom masculin)
Sorte de lutte où presque tous les coups sont permis. **Catch** vient de l'anglais *catch as you can* qui signifie « attrape comme tu peux ».

catcheur, euse (nom)
Lutteur qui pratique le catch.

catéchisme (nom masculin)
Enseignement de la religion chrétienne. *Pierre va au **catéchisme** chaque semaine.*

catégorie (nom féminin)
Ensemble de personnes, d'animaux ou de choses appartenant à la même espèce, au même genre. *Ce boxeur est dans la **catégorie** des poids moyens. Les **catégories** grammaticales.*

catégorique (adjectif)
Qui est clair, net et sans réplique. *Inutile d'insister, ma réponse est un non **catégorique**.* (Contr. confus, évasif, hésitant.)

caténaire (nom féminin)
Câble qui fournit le courant aux locomotives électriques.

cathare (adjectif et nom)
Qui concerne un mouvement religieux qui était condamné par l'Église catholique au Moyen Âge. *Les **cathares** étaient très répandus dans le sud-ouest de la France. Les châteaux **cathares**.*

cathédrale (nom féminin)
Grande église qui est sous l'autorité d'un évêque. *Notre-Dame de Paris est une **cathédrale** gothique.*

Catherine de Médicis (née en 1519, morte en 1589)
Reine de France par son mariage avec Henri II. Elle fut nommée régente à l'avènement de son fils, le roi Charles IX. En 1572, durant les guerres de Religion qui opposèrent les catholiques et les protestants, elle fut l'une des responsables du massacre de la Saint-Barthélemy.

catholicisme (nom masculin)
Religion des catholiques.

catholique (nom)
Chrétien qui obéit au pape. *Les **catholiques** vont à l'église pour prier.* ■ **catholique** (adjectif) Qui a rapport au catholicisme. *La messe est une cérémonie **catholique**.*

en catimini (adverbe)
En cachette. *Il s'est glissé dans la cuisine **en catimini** pour finir le gâteau.*

Caucase
Chaîne de montagnes d'Asie occidentale, qui s'étend de la mer Noire à la mer Caspienne. Le point culminant est le mont Elbrouz (5 642 mètres). Le sous-sol est riche en minerais et en pétrole.

cauchemar (nom masculin)
Rêve effrayant. *Il s'est réveillé en pleurant parce qu'il avait fait un **cauchemar**.*

caudal, ale, aux (adjectif)
Qui a rapport à la queue d'un animal. *La nageoire **caudale** des poissons.*

cause (nom féminin)
1. Ce qui est à l'origine d'un évènement, d'un fait. *On ne sait rien des **causes** de l'incendie.* **2.** Idée ou principe que l'on défend. *Cette association soutient la **cause** des gens mal logés.* • **À cause de :** en raison de. *Le vol a été annulé **à cause du** mauvais temps.* • **Mettre en cause :** accuser. • **Remettre en cause :** examiner de nouveau en faisant des critiques.

causer (verbe) ▸ conjug. n° 3
1. Être la cause de quelque chose. *Ces pluies torrentielles **ont causé** des inondations.* (Syn. provoquer.) **2.** Synonyme de

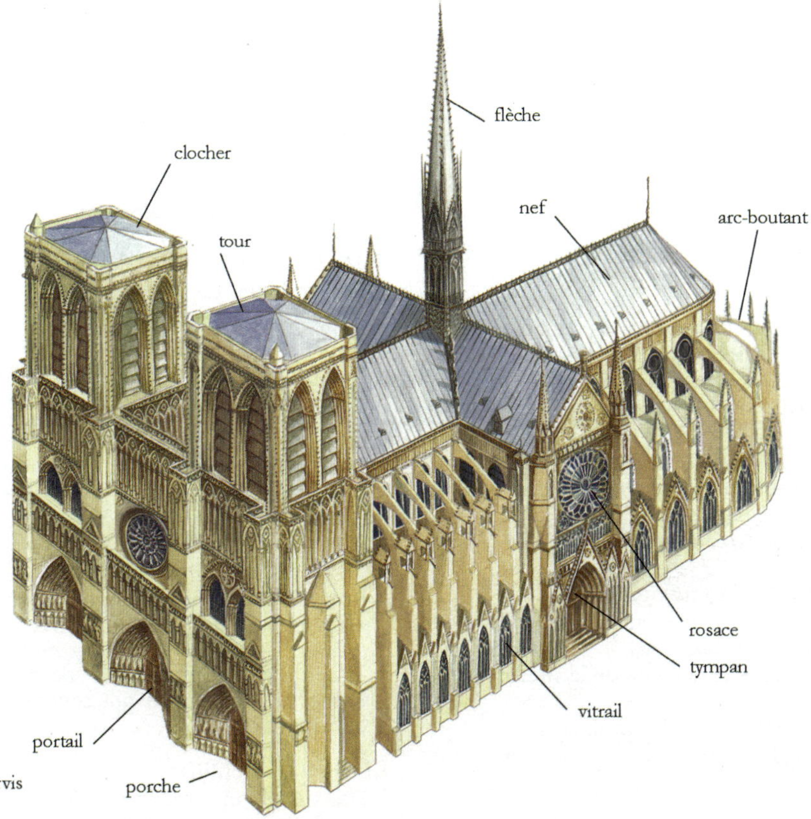

la **cathédrale** Notre-Dame de Paris

bavarder. *Elle **a causé** un instant avec sa voisine de palier.*

causette (nom féminin)
• **Faire la causette :** synonyme familier de bavarder. *Elles **font** un brin de **causette** sur le pas de la porte.*

causse (nom masculin)
Plateau calcaire dans le centre et le sud de la France. *Les **causses** comprennent de hauts plateaux arides.*

caustique (adjectif)
1. Qui attaque et brûle la peau. *La soude est un produit **caustique**.* **2.** Au sens figuré, qui blesse par des moqueries méchantes. *Son humour **caustique** a éloigné tous ses amis.* (Syn. acerbe, mordant.)

caution (nom féminin)
Somme d'argent qu'on laisse en dépôt pour servir de garantie quand on loue quelque chose. *La **caution** versée pour ces vélos vous sera remboursée à la fin de la location.*

cautionner (verbe) ▸ conjug. n° 3
Donner son appui. *Le maire a promis de **cautionner** le projet de construction d'une piscine dans notre quartier.*

cavalcade (nom féminin)
Course bruyante et désordonnée. *Le maître ne veut pas de **cavalcade** dans les couloirs.*

cavalerie (nom féminin)
Autrefois, troupe de soldats qui combattaient à cheval.

■ **cavalier, ère** (adjectif)
Qui agit sans se soucier de la gêne qu'il peut causer. *C'est un peu **cavalier** de sa part d'arriver avec une heure de retard !*

a b c d e f g h i j k l m n o p q r s t u v w x y z

cavalier, ère (nom)
1. Personne qui monte à cheval. ➡ p. 355. **2.** Partenaire avec qui on forme un couple. *La danse va commencer, choisissez vos **cavalières**.* • **Faire cavalier seul :** agir tout seul, de son côté.

cavalièrement (adverbe)
De manière cavalière. *Julie traite trop **cavalièrement** les personnes plus âgées qu'elle.* (Contr. respectueusement.)

cave (nom féminin)
Local situé dans le sous-sol d'une maison. *Grand-père fait vieillir du vin dans sa **cave**.*

caveau, eaux (nom masculin)
Construction souterraine qui sert de tombeau. *Plusieurs membres de sa famille sont enterrés dans ce **caveau**.*

caverne (nom féminin)
Synonyme de grotte. *Les ours hibernent dans des **cavernes**.* • **Hommes des cavernes :** hommes de la préhistoire.

caverneux, euse (adjectif)
• **Voix caverneuse :** voix grave et basse.

caviar (nom masculin)
Œufs d'esturgeon noirs ou gris, qui sont un mets très apprécié.

cavité (nom féminin)
Partie creuse de quelque chose. *Des poissons vivent dans les **cavités** des roches sous-marines.* (Syn. creux, trou.)

Cayenne
Chef-lieu de la Guyane française (58 000 habitants), sur l'océan Atlantique. Jusqu'en 1945, on envoyait au bagne de Cayenne les Français condamnés aux travaux forcés. Cayenne a bénéficié de la création, en 1965, du centre spatial de Kourou : modernisation de son port, des routes et création d'un aéroport international.

CD (nom masculin)
Disque où sont enregistrés des sons lus par un laser. (Syn. compact-disque, disque compact.)

cd-rom (nom masculin)
Disque compact qui contient des sons, des images et des textes. *Gaëlle a une encyclopédie sur **cd-rom**.* Pluriel : des cd-rom. **Cd-rom** est l'abréviation de plusieurs mots anglais qui se traduisent en français par « disque compact dont on peut lire la mémoire ».
ORTHO On écrit aussi **cédérom**.

ce, cet, cette, ces (déterminant)
Déterminant démonstratif qui sert à désigner la personne ou la chose dont on parle. ***Ce** film est ennuyeux. **Cet** hiver est très froid. Je n'ai jamais vu **cette** femme. **Ces** vêtements sont en solde.* **Ce** devient **cet** devant un nom masculin qui commence par une voyelle ou un h muet. **Ce, cet, cette, ces** peuvent être renforcés par les éléments **-ci** et **-là** placés après le nom : cet homme-là, ces arbres-ci.

ce (pronom)
Pronom démonstratif qui s'emploie seulement avec le verbe être. ***C'est** le cahier de Yann. **Ce** sont des amis. Qui est-**ce** ?* **Ce** devient **c'** devant les formes du verbe *être* qui commencent par une voyelle.

CE (nom masculin)
Deuxième et troisième années de l'école primaire. *À l'école primaire, il y a le **CE1** et le **CE2**.* **CE** est le sigle de *cours élémentaire*.

ceci (pronom)
Pronom démonstratif qui désigne la chose la plus proche. *Lisez d'abord **ceci**, nous lirons les pages suivantes plus tard.*

cécité (nom féminin)
État d'une personne aveugle. *En vieillissant, il a été atteint de **cécité**.*

CEE
➡ Voir **Communauté économique européenne (CEE)**.

céder (verbe) ▸ conjug. n° 8
1. Laisser ou donner ce que l'on a. *Le bus est bondé, **cède** ta place à cette vieille dame.* **2.** Ne pas s'opposer. *Elle **cède** à tous les caprices de sa fille.* (Contr. résister.) **3.** S'effondrer ou se rompre. *La branche **a cédé** sous le poids de Romain.*

cédérom ➡ Voir **cd-rom**.

cédille (nom féminin)
Signe que l'on place sous un *c* quand il est suivi de *a*, *o* ou *u* pour indiquer qu'on doit le prononcer [s]. *Le c s'écrit avec une **cédille** (ç) dans des mots comme : ça, maçon, reçu.* **Cédille** vient de l'espagnol *cedilla* qui signifie « petit c ».

cèdre (nom masculin)
Grand conifère. *Le bois du **cèdre** est dur et très odorant.*

fruit, aiguilles et écorce de **cèdre**

ceinture (nom féminin)
1. Bande de tissu ou de cuir qui sert à maintenir un vêtement autour de la taille. *Serre bien la **ceinture** de ton pantalon !* **2.** Milieu du corps. *N'allez pas plus loin, vous avez déjà de l'eau jusqu'à la **ceinture** !* (Syn. taille.) **3.** Bande de tissu dont la couleur indique un niveau dans les arts martiaux. *Gaëlle est **ceinture** orange de judo.* • **Ceinture de sécurité :** courroie qui permet, dans les avions et les autos, de s'attacher à son siège pour être retenu en cas de choc. ➡ p. 103. • **Se serrer la ceinture :** dans la langue familière, réduire ses dépenses. Famille du mot : ceinture**r**, ceintur**on**.

ceinturer (verbe) ▸ conjug. n° 3
Attraper quelqu'un au niveau de la ceinture. *Le policier a réussi à **ceinturer** le voleur avant de le plaquer au sol.*

ceinturon (nom masculin)
Ceinture large. *La crosse d'un pistolet dépassait de l'étui accroché à son **ceinturon**.*

cela (pronom)
Pronom démonstratif qui désigne la chose la plus éloignée. *Laisse la vaisselle, nous ferons **cela** plus tard.*

célébration (nom féminin)
Action de célébrer. *La **célébration** du mariage se déroulera samedi.*

célèbre (adjectif)
Très connu. *D'Artagnan est un **célèbre** mousquetaire.*

célébrer (verbe) ▸ conjug. n° 8
Fêter un évènement avec éclat. *Le 8 mai, on **célèbre** l'anniversaire de la fin de la Seconde Guerre mondiale.*

célébrité (nom féminin)
1. Grande renommée. *Ce savant a acquis la **célébrité** grâce à ses découvertes.* (Syn. notoriété.) **2.** Personne célèbre. *Ce pianiste est une **célébrité** internationale.*

cèleri (nom masculin)
Légume dont on mange la racine ou les tiges. *Une salade de **cèleri**. Une purée de **cèleri**.*
ORTHO On écrit aussi **céleri**.

un **cèleri**

célérité (nom féminin)
Synonyme littéraire de rapidité. *Ces travaux ont été menés avec **célérité**.*

céleste (adjectif)
Du ciel. *Cette nuit-là, des milliers d'étoiles illuminaient la voûte **céleste**.*

célibat (nom masculin)
État d'une personne célibataire. *Dans la religion catholique, les prêtres s'engagent à vivre dans le **célibat**.*

célibataire (adjectif et nom)
Qui n'est pas marié. *Mon grand frère est encore **célibataire**.*

celle, celles ➡ Voir **celui**.

cellier (nom masculin)
Pièce où l'on conserve le vin et les provisions. *Pour aménager un **cellier**, il faut un endroit sec et frais.*

cellophane (nom féminin)
Plastique transparent qu'on utilise pour l'emballage. *Le bouquet de fleurs était enveloppé d'une grande feuille de **cellophane**.* **Cellophane** est le nom d'une marque.

cellulaire (adjectif)
Qui concerne les cellules de l'organisme. *Les muscles sont composés de tissu **cellulaire**.* • **Téléphone cellulaire :** sorte de téléphone portable.

cellule (nom féminin)
1. Élément très petit qui constitue les organismes vivants. *Une **cellule** est composée d'une membrane et d'un noyau.* **2.** Petite pièce fermée. *Le prisonnier a scié les barreaux de sa **cellule** pour s'échapper de la prison.*

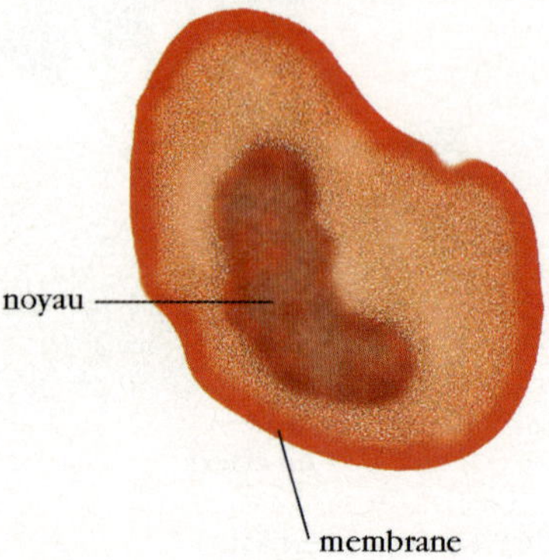

une **cellule** agrandie au microscope

cellulite (nom féminin)
Couche anormale de graisse, située sous la peau.

cellulose (nom féminin)
Matière dont sont constituées les plantes. *On fabrique du papier à partir de la **cellulose** du bois.*

Celsius Anders (né en 1701, mort en 1744)
Astronome suédois. Il inventa une échelle qui permet de mesurer les températures, et dont le point 0 correspond à la température de la glace fondante.
DEGRÉ CELSIUS
Unité de l'échelle Celsius qui sert à mesurer la température (symbole °C).

Celtes
Peuple venu de l'Est de l'Europe, les Celtes se répandirent en Europe centrale, en Gaule, en Espagne, en Italie du Nord et dans les îles Britanniques entre le IVe et le IIe siècle avant Jésus-Christ.

celtique (adjectif)
Qui concerne les Celtes. *Le gaulois était une langue **celtique**.*

celui, celle, ceux, celles (pronom)
Pronom démonstratif qui représente la personne ou la chose dont on parle. *Ce n'est pas mon blouson, c'est **celui** de Laura. Je n'aime pas cette robe noire, je préfère **celle** à fleurs. Les cheveux de Pierre sont plus longs que **ceux** de Victor.* **Celui, celle, ceux** et **celles** peuvent être accompagnés des éléments **-ci** et **-là** : *celui-ci* indique ce qui est le plus proche et *celui-là*, ce qui est le plus éloigné.

cément (nom masculin)
Couche osseuse recouvrant la racine des dents. ➡ p. 364.

cendre (nom féminin)
Ce qui reste d'une matière qui a brûlé. *Le feu s'est éteint et il ne reste que des **cendres** dans la cheminée.*

cendré, ée (adjectif)
Qui est de couleur grise comme la cendre. *Certains hérons ont un plumage **cendré**.*

cendrier (nom masculin)
Récipient destiné à recueillir les cendres et les mégots de cigarettes.

cène (nom féminin)
• **La Cène :** dernier repas que Jésus-Christ a pris avec ses douze apôtres avant de mourir sur la croix. **Cène** vient du latin *cena* qui signifie « repas du soir ».

cens (nom masculin)
Au Moyen Âge, redevance en argent payée chaque année à un seigneur par celui qui possédait une terre. *Le paysan*

*payait un **cens** pour la terre sur laquelle il travaillait.* Prononciation [sɑ̃s].

censé, ée (adjectif)
• **Être censé faire quelque chose :** tout le monde pense que cette chose sera faite. *Elle **était censée** nous rejoindre devant le cinéma.*

censeur (nom masculin)
1. Personne chargée de l'organisation des études et de la discipline dans un lycée. 2. Personne chargée de la censure des films et des livres.

censure (nom féminin)
Contrôle exercé sur les films ou les livres avant d'autoriser ou d'interdire leur parution. *Ce film a été interdit aux moins de 18 ans par la **censure**.* Famille du mot : cens**eur**, censur**er**.

censurer (verbe) ▸ conjug. n° 3
Interdire quelque chose par la censure. *Les scènes les plus violentes de ce film **ont été censurées**.*

cent (déterminant)
Dix fois dix (100). *Il y avait au moins **cent** personnes dans la salle.* • **Pour cent :** en pourcentage par rapport à cent. *La proportion des élèves absents est d'au moins trente **pour cent** (30 %).* Au pluriel, **cent** ne prend pas d'*s* quand il est suivi d'un autre nombre : cinq cent**s** (500), mais cinq cent dix (510). Famille du mot : cent**aine**, cent**enaire**, centi**ème**, centi**gramme**, centi**litre**, cen**time**, centi**mètre**, cent**uple**.

centaine (nom féminin)
1. Nombre de cent unités. *Dans 600, 6 est le chiffre des **centaines**.* 2. Ensemble d'environ cent. *Il y a une **centaine** de places assises dans cette salle.*

guerre de **Cent Ans**
Conflit qui opposa la France et l'Angleterre à la fin du Moyen Âge, de 1337 à 1453. Il débuta quand le roi d'Angleterre, Édouard III, revendiqua la Couronne de France et déclara la guerre au roi de France, Philippe VI. Pendant cette guerre, entrecoupée de périodes de paix, la France subit les graves défaites de Crécy en 1346 et de Poitiers en 1356 et dut céder un quart de son royaume à l'Angleterre. Sous le règne de Charles VI, la France fut à nouveau vaincue à Azincourt en 1415. Avec l'arrivée de Jeanne d'Arc et son rôle dans la libération d'Orléans et le sacre de Charles VII, en 1429 à Reims, a commencé la reconquête du royaume qui s'est achevée avec la prise de Bordeaux. Seule la ville de Calais est restée aux mains des Anglais, jusqu'en 1558.

le siège de Duras, pendant la **guerre de Cent Ans** (miniature du XVe siècle)

centaure (nom masculin)
Monstre de la mythologie grecque, moitié homme, moitié cheval.

centenaire (adjectif et nom)
Qui a cent ans ou plus. *Un chêne **centenaire** se dresse sur la place du village. Il y a plusieurs **centenaires** dans sa famille.* ■ **centenaire** (nom masculin) Centième anniversaire. *On va bientôt fêter le **centenaire** de mon arrière-grand-père.*

centième (adjectif et nom)
Qui occupe le rang numéro 100. *Le **centième** concurrent vient de passer la ligne d'arrivée.* ■ **centième** (nom masculin) Ce qui est contenu 100 fois dans un tout. *5 est le **centième** de 500.*

centigramme (nom masculin)
Centième partie d'un gramme. **Centigramme** s'abrège *cg*.

centilitre (nom masculin)
Centième partie d'un litre. **Centilitre** s'abrège *cl*.

centime (nom masculin)
Centième partie d'un euro.

a b c d e f g h i j k l m n o p q r s t u v w x y z

centimètre (nom masculin)
1. Centième partie d'un mètre. **2.** Ruban divisé en centimètres, qui sert à prendre des mesures. **Centimètre** s'abrège *cm*.

les **Cent-Jours**
Période du 20 mars au 22 juin 1815, pendant laquelle Napoléon Ier tenta de reprendre le pouvoir. Mais, battu par les Anglais à Waterloo, il abdiqua.

Centrafrique
➡ Voir **République centrafricaine**.

central, ale, aux (adjectif)
Qui se trouve au centre. *La poste est dans le quartier **central** de la ville.*

centrale (nom féminin)
Usine qui produit de l'électricité. *On distingue les **centrales** nucléaires, les **centrales** thermiques et les **centrales** hydroélectriques.*

centraliser (verbe) ▸ conjug. n° 3
Regrouper en un seul endroit. *La mémoire d'un ordinateur peut **centraliser** des millions d'informations.*

centre (nom masculin)
1. Point situé à égale distance des bords d'une surface, d'un espace. *Le **centre** d'une piste de danse.* (Syn. milieu.) **2.** Lieu qui a une certaine importance. *Cette région est un **centre** touristique très fréquenté.* **3.** Tendance politique qui se situe entre la gauche et la droite. *En général, les députés du **centre** défendent des opinions modérées.* **4.** Endroit regroupant les bâtiments servant à une activité précise. *Un **centre** commercial. Un **centre** de vacances.* • **Centre d'intérêt :** ce qui intéresse quelqu'un. Famille du mot : centr**al**, centr**ale**, centr**aliser**, centr**er**, centre-ville, centri**fuge**, centr**iste**, **dé**centr**aliser**, **ex**centr**ique**.

Centre-Val de Loire
Région administrative française, située entre l'Île-de-France et l'Auvergne, traversée par la Loire (39 150 km² ; 2,5 millions d'habitants). La Région compte six départements : le Cher, l'Eure-et-Loir, l'Indre, l'Indre-et-Loire, le Loir-et-Cher et le Loiret. Sa capitale est Orléans. C'est une région prospère grâce à ses vignobles, à la sylviculture, à la culture des céréales et à l'horticulture. Son remarquable patrimoine culturel (châteaux de la Loire, cathédrales de Bourges, de Chartres et de Tours) favorise le tourisme. ➡ Voir carte p. 1373.

centrer (verbe) ▸ conjug. n° 3
Placer au centre. *Colle cette image sur la feuille en essayant de bien la **centrer**.*

centre-ville (nom masculin)
Quartier central d'une ville. *La cathédrale est située dans le **centre-ville**.* Pluriel : des centre**s**-ville**s**.

centrifuge (adjectif)
Se dit d'une force qui repousse vers l'extérieur. *Le motard s'incline dans le virage, pour lutter contre la force **centrifuge**.*

centriste (adjectif)
Qui appartient au centre, en politique. *Un député **centriste**.*

centuple (nom masculin)
Nombre qui est cent fois plus grand. *Trois cents est le **centuple** de trois.* • **Au centuple :** en quantité beaucoup plus grande.

centurion (nom masculin)
Dans l'Antiquité, officier de l'armée romaine qui commandait cent soldats.

cep (nom masculin)
Pied de vigne. Prononciation [sɛp].

cépage (nom masculin)
Variété de vigne. *Les **cépages** des bordeaux sont différents des **cépages** des bourgognes.*

cèpe (nom masculin)
Champignon comestible à chapeau brun. *Une omelette aux **cèpes**.* (Syn. bolet.) ➡ p. 217.

cependant (conjonction)
Indique une opposition. *Hélène refuse de porter des lunettes et **cependant** elle en a besoin.* (Syn. pourtant, toutefois.)

céphalopode (adjectif)
• **Mollusque céphalopode :** mollusque qui a des tentacules. *La pieuvre et la seiche sont des mollusques **céphalopodes**.*

céramique (nom féminin)
1. Art de fabriquer des objets en terre cuite, en faïence, en porcelaine, en grès. **2.** Matière que l'on fait cuire à très haute température pour fabriquer des objets. *Des vases, des carreaux en **céramique**.* **Céramique** vient du grec *keramon* qui signifie « argile ».

une assiette et des carreaux en **céramique**

cerceau, eaux (nom masculin)
Jouet constitué d'un cercle de bois que l'on fait rouler à l'aide d'un bâton ou tourner autour de la taille.

cercle (nom masculin)
1. Ligne courbe fermée sur elle-même et dont tous les points sont à égale distance du centre. *En maths, on apprend à calculer la circonférence du **cercle**.* ➡ p. 576. **2.** Ensemble de personnes ou de choses disposées en rond. *Un **cercle** de badauds s'était formé autour de l'accordéoniste.* **3.** Endroit où des gens se réunissent pour jouer ou discuter. *Un **cercle** politique.* • **Cercle vicieux :** situation dont on n'arrive pas à sortir. Famille du mot : encercle**ment**, **en**cercler.

cercueil (nom masculin)
Caisse dans laquelle on place le corps d'une personne morte avant de l'enterrer. (Syn. bière.)

céréale (nom féminin)
Plante que l'on cultive pour ses graines qui servent à nourrir les hommes et les animaux. *Le blé, le riz, le maïs, l'orge, l'avoine sont des **céréales**.* ■ céréales (nom féminin pluriel) Flocons d'avoine, de riz, de maïs que l'on mange au petit déjeuner dans du lait. **Céréale** vient de *Cérès*, déesse romaine des Moissons.

cérébral, ale, aux (adjectif)
Du cerveau. *La boîte crânienne protège les deux lobes **cérébraux**.*

cérémonial (nom masculin)
Ensemble des règles que l'on doit respecter au cours d'une cérémonie. *Les personnes invitées par la reine doivent se conformer au **cérémonial** de la cour.* Pluriel : des cérémonial**s**.

cérémonie (nom féminin)
Célébration solennelle d'un évènement. *Il y a eu une **cérémonie** à l'Élysée pour l'arrivée du nouveau président de la République.* • **Sans cérémonie :** avec simplicité et sans politesse exagérée. Famille du mot : cérémoni**al**, cérémoni**eux**.

cérémonieux, euse (adjectif)
Qui montre un respect exagéré. *Ne sois pas si **cérémonieux**, nous sommes entre amis.* (Contr. naturel, simple.)

cerf (nom masculin)
Mammifère ruminant mâle portant des cornes appelées bois. *Le **cerf** brame.* ● Prononciation [sɛʀ].

un **cerf**

cerfeuil (nom masculin)
Plante aromatique, qui ressemble au persil.

cerf-volant (nom masculin)
Appareil fait de toile ou de papier disposés sur une armature, que l'on fait voler dans le vent en le manœuvrant

avec une ficelle. Prononciation [sɛʀvɔlɑ̃]. Pluriel : des cerfs-volants.

cerise (nom féminin)
Petit fruit rond et à noyau du cerisier, le plus souvent rouge.

cerisier (nom masculin)
Arbre fruitier qui donne les cerises.

branche, feuilles et fruits de **cerisier**

cerne (nom masculin)
Marque bleuâtre qui apparaît sous les yeux quand on est malade ou fatigué.

cerné, ée (adjectif)
• **Yeux cernés :** marqués de cernes.

cerneau, eaux (nom masculin)
Partie comestible de la noix.

cerner (verbe) ▸ conjug. n° 3
Synonyme d'encercler. *Le voleur est pris au piège, les policiers **ont cerné** sa cachette.*

certain, aine (adjectif)
1. Qui est convaincu de quelque chose. *Elle est **certaine** de réussir.* 2. Qui doit se produire. *Avec une telle avance, la victoire de notre équipe est **certaine**.* (Syn. assuré, sûr. Contr. douteux, incertain.) 3. Indique une quantité vague. *Il habite ici depuis un **certain** temps.* 4. S'emploie pour désigner quelqu'un qu'on ne connaît pas. *Une **certaine** madame Martin a laissé un message pour vous.* ■ **certains, aines** (pronom) Quelques personnes. *Ce film est si ennuyeux que **certains** ont préféré partir avant la fin.* Famille du mot : certainement, incertain.

certainement (adverbe)
De façon certaine. *Papa sera **certainement** heureux de votre visite.* (Syn. assurément, évidemment, sûrement.)

certes (adverbe)
Bien sûr. *Xavier est **certes** content de partir mais il regrette de quitter ses amis.* (Syn. évidemment.)

certificat (nom masculin)
Document officiel qui certifie quelque chose. *Pour s'inscrire au judo, il faut apporter un **certificat** médical.*

certifier (verbe) ▸ conjug. n° 10
Affirmer que quelque chose est certain. *Le témoin **a certifié** que le cambrioleur n'était pas armé.* (Syn. garantir.)

certitude (nom féminin)
1. Chose certaine, sûre. *Il n'est pas coupable, c'est maintenant une **certitude**.* 2. Fait d'être certain de quelque chose. *J'ai la **certitude** de vous avoir déjà rencontré quelque part.*

cérumen (nom masculin)
Matière épaisse et jaunâtre qui se forme dans les oreilles. Prononciation [seʀymɛn].

Cervantès Miguel de Cervantes Saavedra
(né en 1547, mort en 1616)
Écrivain espagnol. Il est l'auteur du célèbre roman *Don Quichotte de la Manche* (publié en deux parties : 1605 et 1615).

cerveau, eaux (nom masculin)
Organe qui se trouve dans le crâne, qui commande les nerfs et permet à l'homme de penser et de parler.

cervelet (nom masculin)
Organe situé à l'arrière du cerveau. *Le **cervelet** assure l'équilibre et la coordination des mouvements de notre corps.*

cervelle (nom féminin)
Cerveau d'un animal, que l'on peut manger. *Des **cervelles** d'agneau, de veau.*

cervical, ale, aux (adjectif)
Qui concerne le cou. *Les vertèbres **cervicales**.*

cervidé (nom masculin)
Animal de la même famille que le cerf.

cervoise (nom féminin)
Bière fabriquée autrefois.

ces ➡ Voir **ce**.

César Jules (né en 100, mort en 44 avant Jésus-Christ)
Général et homme politique romain, né dans une famille noble. Il partagea le pouvoir avec Pompée et Crassus pour gouverner à Rome. Il fut élu consul en 59. En 58, il partit à la conquête de la Gaule. Les Romains furent battus à Gergovie, mais César vainquit le chef des Arvernes, Vercingétorix, à la bataille d'Alésia. La Gaule fut entièrement conquise en 51 et, en 49, César revint à Rome ; il traversa l'Italie et écrasa Pompée en Grèce. Il donna le trône d'Égypte à Cléopâtre. Maître de l'Empire, de retour à Rome, il fut nommé dictateur et censeur à vie. Victime d'une conspiration, il fut poignardé, au sénat, par Cassius et Brutus. César était aussi un écrivain de génie : *Sur la guerre des Gaules*, *Sur la guerre civile*.

une statue de Jules **César**

césarienne (nom féminin)
Opération chirurgicale visant à sortir l'enfant du ventre de sa mère quand la naissance ne peut se faire normalement.

cessation (nom féminin)
Fait de cesser. *Un traité de paix a été signé après la* ***cessation*** *des hostilités.* (Syn. arrêt.)

cesse ➡ Voir **sans cesse**.

cesser (verbe) ▸ conjug. n° 3
Ne pas continuer ou ne pas durer. ***Cessez*** *de bavarder ! L'orage* ***a cessé****, nous pouvons repartir.* (Syn. s'arrêter.) Famille du mot : cess**ation**, cessez-le-feu, **in**cess**ant**, sans cesse.

cessez-le-feu (nom masculin)
Arrêt des combats. *La guerre est enfin terminée, les troupes ennemies ont signé un* ***cessez-le-feu****.* Pluriel : des cessez-le-feu.

c'est-à-dire (conjonction)
Annonce une explication ou une précision. *Il arrivera à 11 heures 50,* ***c'est-à-dire*** *un peu avant midi.* (Syn. soit.) **C'est-à-dire** s'abrège *c.-à-d.*

cet ➡ Voir **ce**.

cétacé (nom masculin)
Mammifère marin. *Les baleines, les cachalots, les dauphins sont des* ***cétacés****.*

cette ➡ Voir **ce**.

ceux ➡ Voir **celui**.

Cévennes
Région géographique du sud-est du Massif central, située entre l'Hérault et l'Ardèche. Les Cévennes sont composées de plateaux de granit creusés de profondes vallées. C'est une région très peu peuplée à cause de son relief accidenté. Un parc national a été créé au sud de la région pour sauvegarder la faune et les sites naturels. ➡ Voir carte p. 1372.

Ceylan
➡ Voir **Sri Lanka**.

Cézanne Paul (né en 1839, mort en 1906)
Peintre français. Il est célèbre pour ses paysages, aux formes presque géométriques, comme la série de tableaux de *la Montagne Sainte-Victoire*, mais aussi pour d'autres œuvres comme *Les Joueurs de cartes* (1890), *les Grandes Baigneuses* (1895-1905). Il a eu une très grande influence sur les peintres du XXe siècle.

chacal (nom masculin)
Sorte de chien sauvage d'Asie ou d'Afrique. *Les **chacals** se nourrissent de charognes.*

un **chacal**

chacun, chacune (pronom)
Pronom indéfini singulier représentant chaque personne ou chaque chose d'un ensemble. *Pour le pique-nique, **chacun** apportera ses sandwichs et ses boissons.*

chagrin (nom masculin)
Grande peine. *Yann a eu beaucoup de **chagrin** quand son meilleur ami a quitté l'école.*

chagriner (verbe) ▸ conjug. n° 3
Causer du chagrin. *Tes reproches m'**ont** beaucoup **chagriné**.* (Syn. attrister, peiner.)

chahut (nom masculin)
Agitation bruyante. *Le maître nous a interdit de faire du **chahut** dans la classe.* (Syn. tapage.) Au XIXe siècle, le **chahut** était une danse à la mode, qui était jugée indécente.

chahuter (verbe) ▸ conjug. n° 3
Faire du chahut. *Les élèves qui **chahutaient** ont été grondés par le maître.* Famille du mot : chahut, chahut**eur**.

chahuteur, euse (adjectif)
Qui aime chahuter. *Sarah est une élève un peu **chahuteuse**.*

chaîne (nom féminin)
1. Suite d'anneaux accrochés les uns aux autres. *Odile a cassé plusieurs maillons de sa **chaîne** en or. Une **chaîne** de vélo.* ➡ p. 140. **2.** Ensemble de montagnes. *La **chaîne** des Pyrénées.* **3.** Ensemble d'appareils connectés entre eux, qui sert à écouter de la musique. *Une **chaîne** stéréo.* **4.** Réseau de télévision. *C'est l'heure des dessins animés sur la troisième **chaîne**.* **5.** Dans une usine, installation où chaque ouvrier fait toujours le même geste. *Une **chaîne** de montage d'appareils ménagers.* • **En chaîne :** en série, l'un à la suite de l'autre. *Ce départ a provoqué des réactions **en chaîne**.* • **Chaîne alimentaire :** groupe de plantes et d'animaux dans lequel l'un est mangé par l'autre. Famille du mot : chaîn**ette**, chaîn**on**, **en**chaîn**ement**, **en**chaîn**er**.
ORTHO On écrit aussi **chaine**.

chaînette (nom féminin)
Petite chaîne. *La **chaînette** d'un porte-clés.*
ORTHO On écrit aussi **chainette**.

chaînon (nom masculin)
Synonyme de maillon.
ORTHO On écrit aussi **chainon**.

chair (nom féminin)
1. Matière qui constitue les muscles du corps d'un homme ou d'un animal. *La **chair** recouvre les os et elle est protégée par la peau.* **2.** Partie tendre et comestible d'un fruit. *Les moineaux ont picoré la **chair** des cerises et ils ont laissé les noyaux.* (Syn. pulpe.) • **Avoir la chair de poule :** avoir les poils qui se hérissent à cause du froid ou de la peur. • **En chair et en os :** en personne. *Elle a vu son chanteur préféré **en chair et en os**.*

chaire (nom féminin)
Dans une église, tribune élevée où le prêtre faisait les sermons.

chaise (nom féminin)
Siège individuel avec un dossier et sans bras. • **Chaise longue :** siège pliant et inclinable sur lequel on peut s'allonger.

chaland (nom masculin)
Bateau à fond plat, utilisé pour le transport des marchandises.

châle (nom masculin)
Grande pièce de tissu dont on se couvre les épaules. *Zoé portait un **châle** de soie sur une robe décolletée.*

chalet (nom masculin)
Maison de bois. *Nous habitons dans un **chalet** quand nous allons au ski.*

chaleur (nom féminin)
1. Température élevée. *Cet été, il a fait une **chaleur** étouffante.* (Contr. froid.)
2. Au sens figuré, manière d'agir amicale et enthousiaste. *Les supporters encouragent leur équipe avec **chaleur**.* (Contr. froideur.) Famille du mot : chaleur**eusement**, chaleur**eux**.

chaleureusement (adverbe)
D'une manière chaleureuse. *Il a été **chaleureusement** applaudi par ses amis.* (Syn. chaudement. Contr. froidement.)

chaleureux, euse (adjectif)
Plein de chaleur, d'enthousiasme. *Les spectateurs ont réservé un accueil **chaleureux** au navigateur vainqueur de la course en solitaire.* (Contr. froid.)

challenge (nom masculin)
Épreuve sportive dans laquelle un titre est mis en jeu.

challenger (nom masculin)
Sportif qui dispute à un autre le titre de champion. *Le champion est tranquille : son **challenger** manque d'entraînement.* **Challenger** est un mot anglais : on prononce [ʃalɛndʒœʀ].

Châlons-en-Champagne
Chef-lieu du département de la Marne (46 000 habitants). Châlons-en-Champagne se situe à la jonction des canaux de la Marne au Rhin et de la Marne à la Saône. Elle est connue pour le commerce des vins de Champagne. Jusqu'en 1995, la ville s'appelait « Châlons-sur-Marne ».

chaloupe (nom féminin)
Grand canot. *En cas de naufrage, les passagers d'un navire sont évacués dans des **chaloupes** de sauvetage.*

chalumeau, eaux (nom masculin)
Appareil qui projette un gaz enflammé. *Le plombier soude les tuyaux à l'aide d'un **chalumeau**.*

chalut (nom masculin)
Grand filet de pêche. *Le **chalut** est traîné par un ou deux bateaux.*

chalutier (nom masculin)
Bateau équipé pour la pêche au chalut.

un **chalutier**

se chamailler (verbe) ▸ conjug. n° 3
Synonyme familier de se disputer. *Arrêtez de **vous chamailler** pour un oui ou pour un non !*

chamarré, ée (adjectif)
Décoré d'ornements de couleurs vives. *La décoration **chamarrée** des chars du carnaval.*

chambardement (nom masculin)
Synonyme familier de désordre, bouleversement. *Cette journée de grève a provoqué un grand **chambardement** dans les gares.*

chambarder (verbe) ▸ conjug. n° 3
Synonyme familier de mettre en désordre. *Il a **chambardé** toute sa chambre pour retrouver son cahier.*

chambellan (nom masculin)
Gentilhomme de la cour chargé du service de la chambre du souverain.

Chambord
Commune du Loir-et-Cher (150 habitants). Chambord est réputée pour son château, chef-d'œuvre de l'architecture de la Renaissance, qui a été bâti pour François Ier, entre 1519 et 1537.

chambouler (verbe) ▸ conjug. n° 3
Synonyme familier de déranger. *Romain **a chamboulé** tous les placards pour retrouver sa raquette de ping-pong.*

chambranle (nom masculin)
Encadrement d'une porte ou d'une fenêtre, fixé au mur.

a b c d e f g h i j k l m n o p q r s t u v w x y z

chambre (nom féminin)
1. Pièce où l'on dort. *Thomas aimerait bien avoir une **chambre** pour lui tout seul.* **2.** Ensemble de gens qui se réunissent. *En France, la **Chambre** des députés vote les lois.* • **Chambre à air :** tuyau de caoutchouc rempli d'air qui se trouve à l'intérieur du pneu. • **Chambre froide :** pièce spécialement aménagée pour conserver de la viande à une température très basse.

chameau, eaux (nom masculin)
Grand mammifère ruminant d'Asie qui a deux bosses sur le dos. *Les **chameaux** sont adaptés à la vie dans les déserts.*

un **chameau**

chamelier, ère (nom)
Personne chargée de conduire des chameaux ou des dromadaires.

chamelle (nom féminin)
Femelle du chameau.

chamelon (nom masculin)
Petit du chameau.

chamois (nom masculin)
Mammifère ruminant des montagnes d'Europe, à cornes recourbées, très agile. • **Peau de chamois :** peau spécialement traitée pour le nettoyage.

champ (nom masculin)
1. Terrain cultivé. *Un **champ** de blé, de maïs, de tournesols.* **2.** Terrain qui sert à certaines activités. *Un **champ** de foire. Un **champ** de courses.* **3.** Domaine d'activité. *Avec ces nouvelles découvertes, le **champ** de la science s'agrandit.* • **À tout bout de champ :** à chaque instant ou à tout propos. • **Au champ d'honneur :** à la guerre. • **Champ de bataille :** lieu où se déroulent des combats.

champagne (nom masculin)
Vin mousseux, blanc ou rosé, fabriqué en Champagne.

Champagne-Ardenne
Ancienne Région administrative française, intégrée en 2016 à la Région Alsace-Champagne-Ardenne-Lorraine, située au nord-est de la France. La Champagne-Ardenne comprend quatre départements : les Ardennes, l'Aube, la Marne et la Haute-Marne. Ses villes sont principalement établies dans les vallées. Ses vignobles produisent les célèbres vins de Champagne. La culture des céréales, de la betterave, des oléagineux, du fourrage y est très développée.
HISTOIRE
Du XIIe au XIVe siècle, les foires dites « de Champagne » furent des centres du commerce européen et enrichirent la région. La Champagne était alors un comté, qui fut réuni à la Couronne de France en 1361. ➡ Voir carte p. 1373.

champenois, oise ➡ Voir tableau p. 6.

champêtre (adjectif)
Qui se rapporte aux champs, à la campagne. *Quentin s'ennuie en ville et rêve d'une vie **champêtre**.*

champignon (nom masculin)
1. Plante sans chlorophylle formée d'un pied et d'un chapeau. *Le cèpe est un **champignon** comestible, certaines amanites sont des **champignons** vénéneux.* **2.** Parasite qui peut se développer sur les plantes, les animaux ou les hommes.

champion, onne (nom)
1. Meilleur sportif dans sa catégorie. *Il a été **champion** du monde de natation.* **2.** Personne d'une grande valeur. *Benjamin est un **champion** en calcul mental.* (Syn. as.)

championnat (nom masculin)
Épreuve sportive dans laquelle le vainqueur reçoit le titre de champion. ***Championnat** d'escrime, de football.*

Les champignons

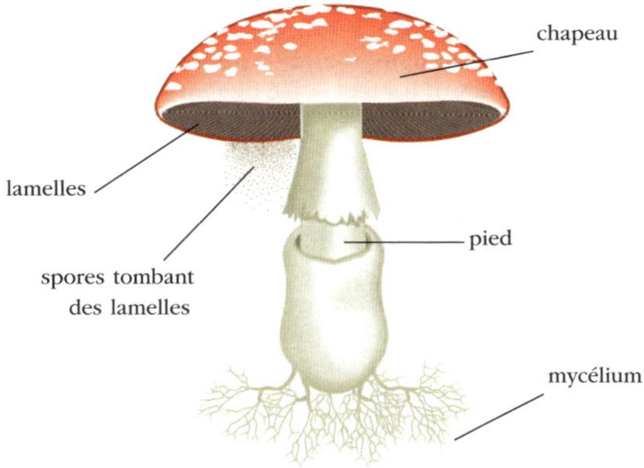

amanite panthère (vénéneux)

oronge
(amanite des césars)

bolet

trompette-
de-la-mort

girolle

Les deux champignons dans le cercle rouge sont mortels.

amanite printanière

amanite phalloïde

truffe

morille

lactaire délicieux

cèpe

a b c d e f g h i j k l m n o p q r s t u v w x y z

de Champlain Samuel (né vers 1567, mort en 1635)
Explorateur et colonisateur français du Canada. De 1603 à sa mort, il explora la région du fleuve Saint-Laurent et des Grands Lacs. Il fonda la ville de Québec en 1608.

Champollion Jean-François (né en 1790, mort en 1832)
Égyptologue français. Il fut le premier à déchiffrer les hiéroglyphes égyptiens en étudiant les inscriptions trouvées sur « la pierre de Rosette », un fragment de monument datant de 196 avant Jésus-Christ. Il a réuni ses recherches dans un ouvrage : *Précis du système hiéroglyphique* (1824).

chance (nom féminin)
1. Hasard heureux qui favorise quelqu'un. *Ibrahim a gagné le gros lot, il a eu beaucoup de **chance**. C'est un coup de **chance** d'avoir pu voyager ensemble.* (Contr. malchance.) **2.** Probabilité pour qu'une chose se produise. *Il a une **chance** sur mille de gagner.* Famille du mot : chance**ux**, **mal**chance, **mal**chance**ux**.

chancelant, ante (adjectif)
Qui chancelle. *Laura avance d'un pas **chancelant** à cause de sa blessure.* (Syn. vacillant.)

chanceler (verbe) ▸ conjug. n° 9
Ne pas être ferme sur ses pieds. *Touché par une balle, l'animal **chancela** et s'effondra.* (Syn. tituber, vaciller.) **Chanceler** se conjugue aussi comme peler (n° 8).

chancelier, ère (nom)
Premier ministre, en Allemagne et en Autriche. *Le **chancelier** allemand est reçu par son homologue français.*

chanceux, euse (adjectif)
Qui a de la chance.

chandail (nom masculin)
Gros tricot en laine, pull-over. *En hiver, on porte des **chandails**.* À l'origine, le **chandail** était porté par les *marchands d'ail*.

chandelier (nom masculin)
Sorte de gros bougeoir à pied. *Des **chandeliers** d'argent ornent le dessus de la cheminée.*

chandelle (nom féminin)
Sorte de bougie. *Les **chandelles** servaient autrefois à s'éclairer.* • **Devoir une fière chandelle à quelqu'un :** avoir une grande reconnaissance envers lui. • **Le jeu n'en vaut pas la chandelle :** ce qu'on veut obtenir ne vaut pas le mal que l'on se donne.

change (nom masculin)
Action de changer une monnaie contre une autre. *Il y a un bureau de **change** à la frontière.* • **Perdre au change :** être désavantagé par un échange ou un changement.

changeant, ante (adjectif)
Qui change souvent. *Un temps **changeant**. Pierre est d'humeur **changeante**.*

changement (nom masculin)
Fait de changer. *Élodie a trouvé de nombreux **changements** en revenant dans son ancien quartier.* (Syn. modification, transformation.) • **Changement de vitesse :** mécanisme qui permet de changer de vitesse en voiture.

changer (verbe) ▸ conjug. n° 5
1. Rendre différent. *Le magicien **changea** le foulard en lapin. Il **a changé** tous ses projets.* (Syn. modifier, transformer.) **2.** Devenir différent. *Gaëlle **a** beaucoup **changé** en grandissant.* **3.** Remplacer une chose par une autre. ***Changer** de tenue, de chaussures. Thomas **a changé** le mobilier de sa chambre.* **4.** Quitter un endroit pour un autre. ***Changer** de quartier.* **5.** Échanger une chose contre une autre. *En arrivant à Dallas, Zoé **a changé** ses euros contre des dollars.* **6.** Mettre une couche propre à un bébé. **7.** Se changer : changer de vêtements. *Va **te changer**, tu es tout mouillé.* Famille du mot : change, change**ant**, change**ment**, **é**change, **é**changer, **inter**change**able**, **re**change.

chanson (nom féminin)
Texte qu'on a mis en musique. *Depuis hier, cette **chanson** me trotte dans la tête.*

chansonnette (nom féminin)
Petite chanson.

chant (nom masculin)
1. Art de chanter. *Anna prend des cours de **chant** dans une chorale.* **2.** Chanson.

*Des **chants** de guerre, des **chants** religieux, des **chants** folkloriques.* **3.** Sons produits par les oiseaux. *Le **chant** du rossignol.*

chantage (nom masculin)
Fait d'exiger quelque chose de quelqu'un en le menaçant. *Je ne cèderai pas : arrête tes **chantages** !*

chanter (verbe) ▸ conjug. n° 3
Émettre des sons musicaux. *Fatima **chante** dans une chorale. On entendait **chanter** des oiseaux au lever du soleil.* • **Faire chanter quelqu'un :** lui faire un chantage. Famille du mot : chant, chant**age**, chant**eur**, chant**onner**, maître chanteur.

chanteur, euse (nom)
Personne qui chante. *Une **chanteuse** de blues. Un **chanteur** d'opéra.*

chantier (nom masculin)
1. Endroit où l'on effectue des travaux de construction. *Le port du casque est obligatoire sur le **chantier**.* **2.** Dans la langue familière, endroit où règne le désordre. *On ne peut plus mettre un pied dans ta chambre, c'est un véritable **chantier** !*

chantilly (nom féminin)
Crème fraîche fouettée et sucrée. *Je voudrais une glace avec de la **chantilly**.* Ce mot vient du nom du château de **Chantilly** dont un cuisinier inventa cette préparation.

chantonner (verbe) ▸ conjug. n° 3
Chanter à mi-voix. *Hélène **chantonnait** en berçant le bébé.* (Syn. fredonner.)

chanvre (nom masculin)
Plante dont on utilise les fibres pour fabriquer de la toile et des cordes.

chaos (nom masculin)
Désordre généralisé. *De nombreuses révoltes ont plongé le pays dans le **chaos**.* • Prononciation [kao].

chaotique (adjectif)
Qui évoque un chaos. *Après le tremblement de terre, les maisons ne formaient plus qu'un entassement **chaotique**.* • Prononciation [kaɔtik].

chapardage (nom masculin)
Action de chaparder. (Syn. larcin.)

chaparder (verbe) ▸ conjug. n° 3
Voler des choses de peu de valeur. *Le chat a profité de notre absence pour **chaparder** des côtelettes dans la cuisine.*

chape (nom féminin)
Couche de ciment. *Le maçon est en train de refaire la **chape** qui recouvre le sol du garage.*

chapeau, eaux (nom masculin)
1. Coiffure rigide que l'on porte surtout à l'extérieur. *Un **chapeau** de paille, de feutre.* **2.** Partie supérieure des champignons. ➡ p. 217. • **Sur les chapeaux de roues :** dans la langue familière, à très grande vitesse. • **Tirer son chapeau à quelqu'un :** dans la langue familière, lui témoigner de l'admiration.

chapelet (nom masculin)
Objet de piété formé de grains enfilés que l'on fait glisser l'un après l'autre entre les doigts pour compter des prières.

chapelier, ère (nom)
Personne qui fait ou qui vend des chapeaux.

chapelle (nom féminin)
1. Petite église. **2.** Partie d'une église où il y a un autel. *Cette **chapelle** est consacrée à saint Jean.*

la **chapelle** Saint-Saturnin (Xe siècle) de Saint-Wandrille-Rançon, près de Rouen

a b c d e f g h i j k l m n o p q r s t u v w x y z

chapelure (nom féminin)
Miettes de pain sec ou de biscottes écrasées. *Les escalopes panées sont recouvertes de **chapelure** avant la cuisson.*

chapiteau, eaux (nom masculin)
1. Grande tente. *Le cirque a dressé son **chapiteau** sur la place.* **2.** Partie supérieure d'une colonne. *Des **chapiteaux** sculptés surmontent les piliers du temple.*

chapitre (nom masculin)
1. Chacune des parties d'un livre. *Dès le premier **chapitre**, ce livre est passionnant.* **2.** Sujet dont on parle. *Je ne suis pas d'accord avec vous sur ce **chapitre**.* • **Avoir voix au chapitre :** avoir le droit d'intervenir dans une discussion.

Chaplin Charlie (né en 1889, mort en 1977)
Acteur et cinéaste anglais. Il a été à la fois acteur, réalisateur, scénariste, musicien. En 1913, il créa Charlot, célèbre personnage du cinéma muet. Charlot est le héros de nombreux courts-métrages et de films : *The Kid* (1921), *la Ruée vers l'or* (1925), *les Lumières de la ville* (1931), *les Temps modernes* (1936). Abandonnant le personnage de Charlot, Chaplin tourna d'autres films comme *le Dictateur* (1940), son premier film parlant ; *Monsieur Verdoux* (1947) ; *les Feux de la rampe* (1952).

Charlie **Chaplin**

chapon (nom masculin)
Jeune coq châtré que l'on a engraissé pour le manger. *Des **chapons** rôtis.*

chaque (déterminant)
Déterminant indéfini singulier qui désigne une personne ou une chose en particulier. *Remettez **chaque** livre à sa place !*

char (nom masculin)
1. Voiture à deux roues tirée par des chevaux. *Dans l'Antiquité, les **chars** étaient utilisés pour la guerre et la course.* **2.** Voiture décorée transportant des personnes déguisées. *Le défilé des **chars** du carnaval.* **3.** Véhicule blindé, monté sur des chenilles et armé d'un canon. (Syn. tank.) ⊸ Au Canada, un **char** c'est une auto.

charabia (nom masculin)
Langage incorrect et confus. *Ce que tu dis est incompréhensible, c'est du **charabia** !*

charade (nom féminin)
Sorte de devinette. *Voici un exemple de **charade** : Mon premier est un rongeur (rat). Mon second est une boisson alcoolisée (vin). Mon tout est un précipice. Réponse : ravin.*

charançon (nom masculin)
Insecte coléoptère très nuisible, qui ronge les graines et les légumes.

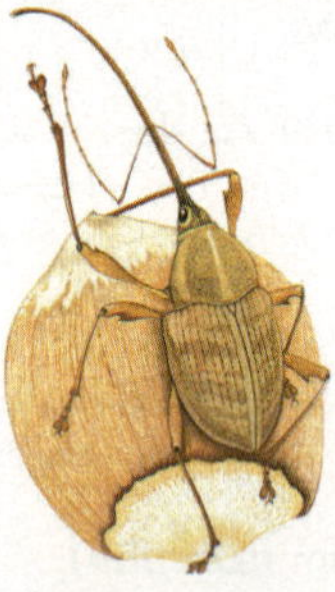
un **charançon**

charbon (nom masculin)
Matière noire combustible qu'on extrait du sol et qui produit de l'énergie. *Autrefois, les locomotives à vapeur fonctionnaient au **charbon**.* (Syn. houille.) • **Charbon de bois :** bois à moitié brûlé, servant de combustible. • **Être**

sur des charbons ardents : être très impatient ou très anxieux.

charbonnier, ère (nom)
Personne qui vend du charbon.

charcuterie (nom féminin)
1. Magasin du charcutier. 2. Produits préparés par un charcutier. *En entrée, il y a une assiette de **charcuterie** avec du saucisson, du jambon et du pâté.* En ancien français, ce mot signifie « chair cuite ».

charcutier, ère (nom)
Commerçant qui fait et qui vend des produits à base de viande de porc.

chardon (nom masculin)
Plante sauvage à feuilles épineuses.

un **chardon**

chardonneret (nom masculin)
Petit oiseau chanteur. Le **chardonneret** se nomme ainsi car il se nourrit de graines de chardons.

un **chardonneret**

charge (nom féminin)
1. Ce que porte une personne, un animal ou un véhicule. *Cette énorme valise est une **charge** trop lourde pour un enfant.* (Syn. fardeau.) 2. Travail à faire ou mission à accomplir. *Les grands auront la **charge** de surveiller les plus petits.* (Syn. responsabilité.) 3. Attaque brusque et violente. *Une **charge** de cavalerie.* 4. Quantité d'explosif ou de poudre. *Une **charge** de dynamite.* • **À charge de revanche :** à condition de rendre un service identique dans l'avenir. • **Être à la charge de quelqu'un :** dépendre entièrement de lui. • **Prendre en charge :** s'occuper entièrement de quelqu'un ou de quelque chose. • **Revenir à la charge :** insister. ■ **charges** (nom féminin pluriel) 1. Frais d'entretien d'un immeuble. *En hiver, les **charges** sont plus élevées à cause du chauffage.* 2. Indices qui prouvent qu'un accusé est coupable. *Malgré les **charges** accumulées contre lui, il clame son innocence.*

chargement (nom masculin)
1. Marchandises chargées pour être transportées. *Quand le camion s'est renversé, son **chargement** de légumes s'est répandu sur la route.* 2. Action de charger. *L'avion pourra décoller quand le **chargement** des bagages sera terminé.* (Contr. déchargement.)

charger (verbe) ▸ conjug. n° 5
1. Mettre une charge sur une personne, un animal ou dans un véhicule. *Des employés **chargent** les bagages dans les soutes de l'avion.* (Contr. décharger.) 2. Introduire dans un appareil ou une arme ce qui est nécessaire à son fonctionnement. ***Charger** un fusil. **Charger** un DVD dans le lecteur.* 3. Confier une mission ou une responsabilité à quelqu'un. *Papa m'**a chargé** de surveiller mon frère. Myriam **se charge** de retenir les places pour le spectacle.* 4. Foncer sur quelqu'un pour l'attaquer. *Affolés par les bruits, les éléphants **ont chargé** les chasseurs.* 5. Mettre de l'électricité dans la batterie d'un appareil. *Il faut que je mette mon téléphone portable à **charger**.* (Syn. recharger. Contr. vider.) Famille du mot : charge, charg**ement**, charg**eur**, **dé**charge, **dé**charg**ement**, **dé**charger, **re**charge, **re**charge**able**, **re**charger, **sur**charge, **sur**charger.

chargeur (nom masculin)
1. Pièce d'une arme à feu qui contient les cartouches. *Il avait tiré sa dernière balle, le **chargeur** de son pistolet était vide.* 2. Dispositif qui permet de charger

une batterie. *Le **chargeur** se branche sur une prise de courant.*

chariot (nom masculin)
Voiture à quatre roues qui sert à transporter des objets lourds ou encombrants. *Un **chariot** à bagages.*
ORTHO On écrit aussi **charriot**.

charitable (adjectif)
Qui fait preuve de charité. *Des gens **charitables** ont pris soin de ce pauvre homme.* (Contr. égoïste.)

charité (nom féminin)
Bonté et générosité envers les autres.
• **Faire la charité à quelqu'un :** lui donner un peu d'argent.

charivari (nom masculin)
Bruit assourdissant. *C'est impossible de dormir avec un tel **charivari** !* (Syn. tapage, vacarme.)

charlatan (nom masculin)
Personne qui trompe les gens en abusant de leur confiance. *Ce **charlatan** vend très cher des remèdes soi-disant miraculeux.*

Charlemagne (né en 742, mort en 814)
Roi des Francs (768-814) et empereur d'Occident (800-814). Charlemagne, fils de Pépin le Bref, est le plus célèbre des rois carolingiens. À la mort de son frère Carloman en 771, il devint le seul maître du royaume franc. En 774, vainqueur du roi des Lombards, il s'empara du nord de l'Italie, puis fit la conquête de la Bavière, de la Saxe, de la Frise et d'une partie de la Hongrie. Il agrandit son royaume vers la Bretagne et l'Espagne en créant des provinces frontières nommées les « marches ». Le catholicisme avait déjà rapproché les peuples du royaume et Charlemagne resserra ses liens avec le pape, qui le couronna empereur d'Occident en 800. Pour diriger son vaste Empire, il envoyait des inspecteurs, les « *missi dominici* », chargés de surveiller l'administration de toutes les régions. Il créa une école du palais et des ateliers d'écriture des textes sacrés dans les monastères. Son fils, Louis Ier le Pieux, lui succéda en 814.
ORTHO On dit aussi **Charles Ier le Grand**.

Allemagne

Charles Quint (né en 1500, mort en 1558)
Empereur germanique de 1519 à 1556. Il fut aussi roi d'Espagne, prince des Pays-Bas et roi de Sicile. Charles Quint (ou Charles V) appartenait à la dynastie des Habsbourg. Maître d'un immense territoire sur lequel « jamais le soleil ne se couche » (Flandres, Franche-Comté, territoires autrichiens des Habsbourg, Espagne, Naples, Sicile, colonies d'Amérique), il reçut le titre d'empereur du Saint Empire en 1519. Pour assurer l'unité politique et religieuse de cet Empire, il dut affronter les princes protestants allemands, soutenus par la France, ainsi que les Turcs, qui menaçaient l'Autriche et l'Espagne. Mais, après de brillantes victoires, il subit ensuite de graves échecs. En Allemagne, il ne put réaliser l'unité religieuse. Il abdiqua en 1556 et se retira dans un monastère en Espagne.

France

Charles Martel (né vers 685, mort en 741)
Maire du palais d'Austrasie et de Neustrie, deux royaumes de la France mérovingienne. Il réalisa l'unité de l'État mérovingien. Il arrêta l'invasion des Arabes à Poitiers en 732. Ses deux fils, Carloman et Pépin le Bref, lui succédèrent. Le surnom de Martel, qui signifie « marteau », lui fut donné pour la force et la détermination qu'il montra pour imposer son autorité.

Charles Ier le Grand
➡ Voir **Charlemagne**.

le couronnement de **Charlemagne** en 800

Charles II le Chauve (né en 823, mort en 877)
Roi de France de 843 à 877 et empereur d'Occident de 875 à 877. Fils de Louis Ier le Pieux. Après des guerres incessantes qui l'opposèrent à ses frères Lothaire et Louis le Germanique, il signa avec eux le traité de Verdun en 843, partageant l'Empire carolingien en trois royaumes. Il devint roi de la France occidentale, affaiblie par la montée de la féodalité et les invasions normandes.

Charles V le Sage (né en 1338, mort en 1380)
Roi de France de 1364 à 1380. Il assura la régence durant la captivité de son père, Jean II le Bon, en Angleterre. Aidé par Du Guesclin, il reconquit presque tous les territoires cédés aux Anglais et vainquit Charles le Mauvais, roi de Navarre en 1364. Il renforça l'autorité royale et équilibra les finances. Il fit construire ou restaurer de nombreux édifices, dont le palais du Louvre.

Charles VI le Bien-Aimé (né en 1368, mort en 1422)
Roi de France de 1380 à 1422. Charles VI, atteint de folie, laissa la guerre civile s'installer en France et favorisa la conquête du pays par les Anglais. Par le traité de Troyes, en 1420, il livra la Couronne de France au roi d'Angleterre, Henri V. ➡ p. 310.

Charles VII (né en 1403, mort en 1461)
Roi de France de 1422 à 1461. Fils de Charles VI, déshérité au profit du roi d'Angleterre, il n'était reconnu qu'au sud de la France. Grâce aux victoires de Jeanne d'Arc, il fut sacré roi de France à Reims en 1429 et reconquit le royaume en 1453, sauf Calais conservée par les Anglais. Charles VII fortifia l'autorité royale en créant une armée permanente.

Charles IX (né en 1550, mort en 1574)
Roi de France de 1560 à 1574. Durant tout son règne marqué par les guerres de Religion, Charles IX gouverna sous l'influence de sa mère, Catherine de Médicis. Cette dernière le poussa à ordonner le terrible massacre de la Saint-Barthélemy, en 1572, qui causa la mort de plus de 3 000 protestants.

charleston (nom masculin)
Danse d'origine américaine, qui était à la mode vers 1925. ● Prononciation [ʃaʀlɛstɔn]. Charleston est le nom d'une ville du sud des États-Unis, d'où provient cette danse.

charlotte (nom féminin)
Entremets fait de crème ou de fruits, et de biscuits imbibés de sirop.

charmant, ante (adjectif)
Qui charme. *La princesse a trouvé son prince **charmant**.*

■ **charme** (nom masculin)
1. Attrait exercé par une personne. *Son sourire lui donne un **charme** irrésistible.* (Syn. séduction.) **2.** Enchantement magique. *La princesse endormie était victime d'un **charme** que lui avait jeté un magicien.* • **Se porter comme un charme :** être en très bonne santé. Famille du mot : charm**ant**, charm**er**, charm**eur**.

■ **charme** (nom masculin)
Arbre d'Europe à bois blanc et dur.

charmer (verbe) ▸ conjug. n° 3
Séduire par son charme. *Son humour et sa gaieté **charment** les gens les plus grincheux.*

charmeur, euse (adjectif)
Qui cherche à charmer. *Un sourire **charmeur**. Une voix **charmeuse**.*

charnel, elle (adjectif)
Qui concerne les sensations physiques et l'instinct sexuel. (Contr. spirituel.)

charnier (nom masculin)
Endroit où l'on entasse des cadavres.

charnière (nom féminin)
Assemblage de deux pièces qui pivotent autour d'une tige. *Le couvercle du coffre s'ouvre grâce aux **charnières**.*

une **charnière**

a b c d e f g h i j k l m n o p q r s t u v w x y z

a b c d e f g h i j k l m n o p q r s t u v w x y z

charnu, ue (adjectif)
Qui a beaucoup de chair. *La pêche est un fruit **charnu**. Des lèvres **charnues**.*

charognard (nom masculin)
Animal qui se nourrit de charognes. *Les vautours sont des **charognards**.*

charogne (nom féminin)
Cadavre d'animal en train de pourrir. *Les hyènes, les chacals, les vautours se nourrissent de **charognes**.*

charpente (nom féminin)
Assemblage de pièces de bois ou de métal qui soutient le toit. *La **charpente** de la maison est recouverte d'un toit de tuiles.*

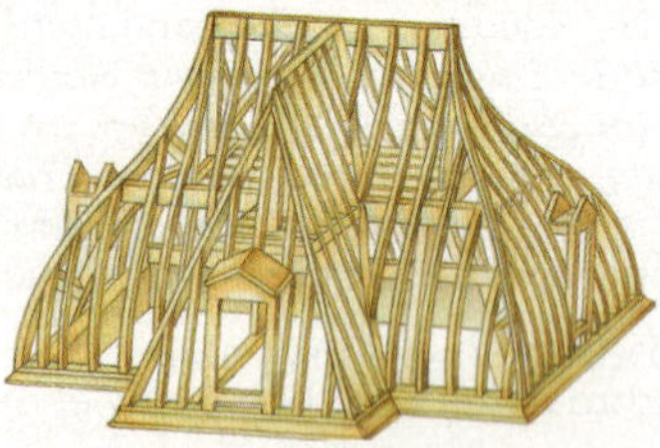

une **charpente**

charpentier, ère (nom)
Artisan qui pose des charpentes.

charpie (nom féminin)
• **Mettre en charpie :** déchirer en petits morceaux. *Le chat **a mis** le mouchoir **en charpie**.* (Syn. déchiqueter.) Autrefois, la **charpie** c'était des morceaux de tissu qui servaient à faire des pansements.

charretier (nom masculin)
Conducteur de charrette.

charrette (nom féminin)
Voiture à deux roues tirée par un animal. *Le paysan attelait son âne à une **charrette** chargée de bois.*

charrier (verbe) ▸ conjug. n° 10
1. Entraîner le long du courant. *La rivière en crue **charriait** des masses de boue.* **2.** Transporter dans une brouette, une remorque. *Le maçon **charrie** les gravats jusqu'à la benne.*

charrue (nom féminin)
Machine agricole qui sert à labourer. *Autrefois, la **charrue** était tirée par des bœufs ou des chevaux, aujourd'hui on se sert de tracteurs.* • **Mettre la charrue avant les bœufs :** commencer par où l'on devrait finir.

charte (nom féminin)
Document qui contient le règlement d'une organisation. *La **charte** de l'Organisation des Nations unies date de 1945.*

charter (nom masculin)
Avion qui circule en plus des vols réguliers et dont les places sont vendues à tarif réduit. **Charter** est un mot anglais : on prononce [ʃaRtɛR].

Chartres
Chef-lieu du département d'Eure-et-Loir (40 000 habitants) sur l'Eure, affluent de la Seine. La cathédrale Notre-Dame est un chef-d'œuvre de l'art gothique et possède de magnifiques vitraux des XIIe et XIIIe siècles.

chas (nom masculin)
Trou d'une aiguille. *Ce fil est trop épais, il ne passe pas par le **chas** de l'aiguille.*

chasse (nom féminin)
1. Action de chasser. *La **chasse** sous-marine se pratique avec un harpon.* **2.** Action de poursuivre quelqu'un ou de rechercher quelque chose. *La police fait la **chasse** aux trafiquants de drogue.* • **Chasse d'eau :** système qui envoie une grande quantité d'eau pour nettoyer la cuvette des toilettes.

chassé-croisé (nom masculin)
Mouvement de deux personnes qui essaient de se rencontrer sans jamais y arriver. *Il est arrivé juste au moment où je venais de partir : c'est un véritable **chassé-croisé** !* Pluriel : des chass**é**s-crois**é**s.

chasse-neige (nom masculin)
Véhicule qui sert à déblayer la neige. *La route sera dégagée après le passage du **chasse-neige**.* Pluriel : des chasse-neige**s** ou des chasse-neige.

chasser (verbe) ▸ conjug. n° 3
1. Poursuivre des animaux pour les tuer. *Il part **chasser** avec son chien dans les champs.* **2.** Faire partir ou éloigner. *Il **a été chassé** de son pays. Le vent **chasse** les nuages.* Famille du mot : chasse, chasse-neige, chass**eur**.

chasseur, euse (nom)
1. Personne qui chasse. *Les **chasseurs** sont à l'affût dans les marais.* ■ chasseur (nom masculin) Avion de guerre, très rapide.

châssis (nom masculin)
Armature qui soutient un ensemble. *Le **châssis** d'une voiture.*

chaste (adjectif)
Qui pratique la chasteté.

chasteté (nom féminin)
Fait de s'abstenir de relations sexuelles. *Les moines s'engagent à vivre dans la **chasteté**.*

chasuble (nom féminin)
Sorte de manteau sans manches, que le prêtre porte pour célébrer la messe.

■ **chat** (nom masculin)
Petit mammifère domestique au poil doux. *Le **chat** miaule pour attirer l'attention et ronronne quand on le caresse.* • **Donner sa langue au chat :** renoncer à trouver la solution d'une devinette. • **Il n'y a pas un chat :** se dit familièrement quand il n'y a personne dans un lieu. • **Avoir un chat dans la gorge :** être enroué.

un **chat** sauvage

■ **chat** (nom masculin)
Communication en direct sur Internet entre plusieurs personnes. *Ludovic a invité ses amis à un **chat**.* Chat est un mot anglais qui signifie « bavardage ». Prononciation [tʃat].

châtaigne (nom féminin)
Fruit comestible du châtaignier, qui ressemble au marron. ➡ p. 148. Famille du mot : châtaigne**raie**, châtaign**ier**.

châtaigneraie (nom féminin)
Lieu planté de châtaigniers.

châtaignier (nom masculin)
Arbre qui donne les châtaignes. ➡ p. 520.

châtain (adjectif)
Se dit de cheveux brun clair. *Son frère est blond mais elle est **châtain**.*

château, eaux (nom masculin)
Grande et belle habitation où vivaient autrefois les rois et les seigneurs. *Cet été, nous avons visité les **châteaux** de la Loire.* • **Château d'eau :** grand réservoir qui alimente en eau les habitations d'un lieu. • **Château fort :** château fortifié du Moyen Âge. ➡ p. 226.

Chateaubriand François René (né en 1768, mort en 1848)
Écrivain français. Chateaubriand a passé sa jeunesse en Bretagne. Pendant la Révolution, il a voyagé en Amérique, puis a émigré à Londres en 1793. Rentré en France en 1800, il publia les romans *Atala* (1801) et *René* (1802). Ministre de Bonaparte, il démissionna en 1804. Il fut à nouveau ministre sous la Restauration, puis il se retira de la vie politique en 1830. Il fut élu à l'Académie française en 1811. Son chef-d'œuvre, les *Mémoires d'outre-tombe*, dans lequel il fait le récit de sa vie, a été publié immédiatement après sa mort.

châtelain, aine (nom)
Personne qui possède un château.

chat-huant (nom masculin)
Grand rapace nocturne. *Les **chats-huants** ont des touffes de poils qui ressemblent à des oreilles de chat.* (Syn. hulotte.) Pluriel : des chat**s**-huant**s**.

châtier (verbe) ▸ conjug. n° 10
Synonyme littéraire de punir. *« Qui aime bien, **châtie** bien ! », dit un proverbe.*

chatière (nom féminin)
Petite ouverture au bas d'une porte pour laisser passer un chat. *La chatte peut sortir quand elle veut par la **chatière**.*

châtiment (nom masculin)
Punition très sévère.

chaton (nom masculin)
1. Petit du chat. 2. Grappe de fleurs de certains arbres, en forme d'épi. *Les saules, les noyers, les noisetiers ont des **chatons**.* ➡ p. 99.

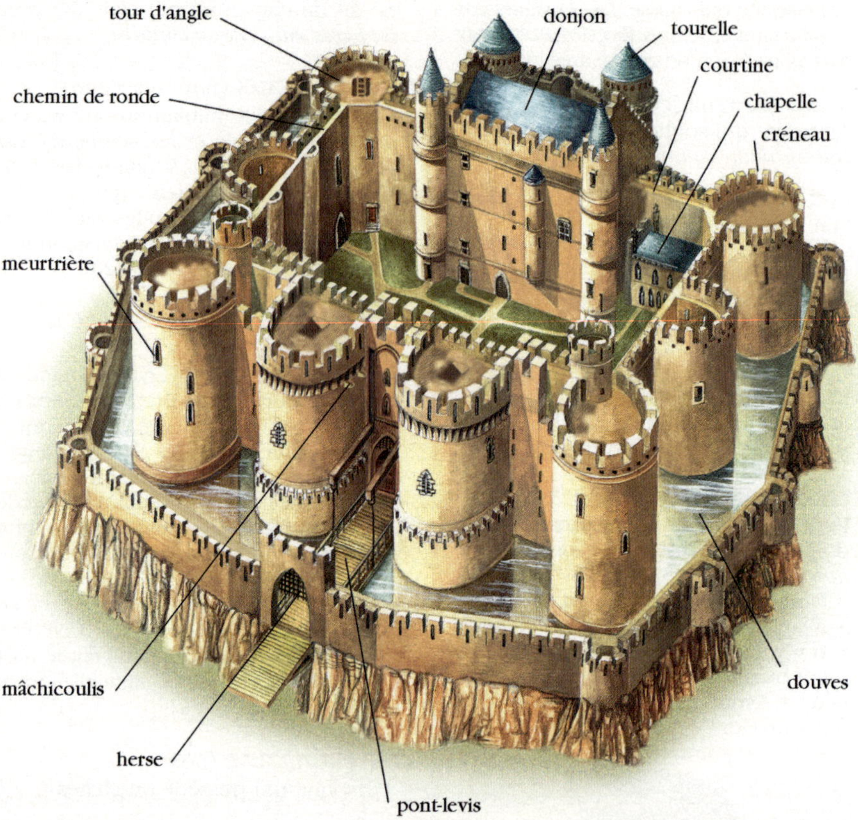

un **château fort**

chatouille (nom féminin)
Action de chatouiller. *Le bébé rit aux éclats quand on lui fait des **chatouilles**.*

chatouiller (verbe) ▸ conjug. n° 3
Effleurer certaines parties du corps de façon à provoquer le rire. *Kevin craint qu'on le **chatouille** dans le cou.* Famille du mot : chatouille, chatouill**eux**.

chatouilleux, euse (adjectif)
Qui est sensible aux chatouilles.

chatoyant, ante (adjectif)
Qui chatoie. *Le soleil couchant donnait des couleurs **chatoyantes** à la rivière.*

chatoyer (verbe) ▸ conjug. n° 6
Avoir des reflets changeants. *Sa robe de soie **chatoyait** au soleil.*

châtrer (verbe) ▸ conjug. n° 3
Synonyme de castrer.

chatte (nom féminin)
Femelle du chat. *La **chatte** d'Anna attend des petits.*

chatter (verbe) ▸ conjug. n° 3
Participer à un chat sur Internet. *Mathilde **chatte** avec sa cousine qui vit au Canada.* Prononciation [tʃate].

chaud, chaude (adjectif)
1. Dont la température est élevée. *La soupe n'est plus assez **chaude** : il faut la réchauffer.* (Contr. froid.) **2.** Qui protège du froid. *Mets un blouson **chaud** si tu veux sortir !* **3.** Dans un sens figuré, qui est animé et passionné. *Nous avons*

*gagné, mais la lutte a été **chaude**.* (Syn. ardent.) ■ chaud (nom masculin) • **Au chaud :** dans un endroit chaud. *Restez **au chaud** près de la cheminée !* • **Avoir chaud :** éprouver une sensation de chaleur. • **Avoir eu chaud :** avoir échappé de justesse à un danger. ■ chaud (adverbe) • **Il fait chaud :** la température est élevée.

chaudement (adverbe)
1. De façon à avoir chaud. *Le bébé est **chaudement** enveloppé dans une couverture.* 2. Dans un sens figuré, avec enthousiasme. *On m'a **chaudement** recommandé ce film.* (Syn. chaleureusement.)

chaudière (nom féminin)
Appareil qui produit de la chaleur. *La **chaudière** à gaz alimente le chauffage central.*

chaudron (nom masculin)
Récipient en métal muni d'une anse, qu'on suspendait autrefois au-dessus d'un feu. *La sorcière fait bouillir des herbes dans son **chaudron**.*

un **chaudron**

chauffage (nom masculin)
Installation qui fournit de la chaleur. *On étouffe ici, tu devrais baisser le **chauffage**.* • **Chauffage central :** installation qui permet de chauffer toutes les pièces d'un immeuble à partir d'une seule chaudière.

chauffard (nom masculin)
Mauvais conducteur. *Le **chauffard** a causé un accident après avoir brûlé un feu rouge.*

chauffe-eau (nom masculin)
Appareil qui fournit de l'eau chaude. *Un **chauffe-eau** électrique.* Pluriel : des chauffe-eau**x** ou des chauffe-eau.

chauffe-plat (nom masculin)
Appareil chauffant qu'on pose sur la table pour garder un plat au chaud. Pluriel : des chauffe-plat**s**.

chauffer (verbe) ▸ conjug. n° 3
1. Rendre chaud. *Ce radiateur n'est pas suffisant pour **chauffer** toute la pièce.* 2. Devenir chaud. *Le lait est en train de **chauffer**.* 3. Se chauffer : s'exposer à la chaleur. *Il **se chauffe** les mains au-dessus du feu de bois.* Famille du mot : chauf**fage**, chauffe-eau, chauffe-plat, chauffe**rie**, s'**é**chauffer, **ré**chauffer, **sur**chauffé.

chaufferie (nom féminin)
Local de la chaudière. *La **chaufferie** de l'immeuble est au sous-sol.*

chauffeur (nom masculin)
Personne qui conduit un véhicule. *Un **chauffeur** d'autobus, de taxi, de camion.*

chaume (nom masculin)
1. Partie inférieure de la tige des céréales. *Après la moisson, on brûle souvent les **chaumes** qui restent dans les champs.* 2. Paille servant à couvrir les maisons. *En Normandie, on voit encore des maisons au toit de **chaume**.*

chaumière (nom féminin)
Petite maison au toit de chaume.

chaussée (nom féminin)
Partie d'une rue ou d'une route où circulent les voitures. *Restez sur le trottoir et ne marchez pas sur la **chaussée** !*

chausse-pied (nom masculin)
Instrument en forme de lame incurvée servant à se chausser facilement. Pluriel : des chausse-pied**s**.

chausser (verbe) ▸ conjug. n° 3
1. Mettre des chaussures. *Habillez-vous et **chaussez-vous**, nous allons sortir.* 2. Porter des chaussures de telle pointure. *Son frère **chausse** du 43.* Famille du mot : chausse-pied, chauss**ette**, chaus**son**, chauss**ure**, se **dé**chausser.

a b c d e f g h i j k l m n o p q r s t u v w x y z

chausse-trappe (nom féminin)
Piège ou difficulté. *Méfiez-vous, cette dictée est pleine de **chausse-trappes** !* Pluriel : des chausse-trappe**s**. On écrit aussi **chausse-trape**, avec un seul *p*, ce qui est une véritable **chausse-trappe** !

chaussette (nom féminin)
Vêtement qui couvre le pied. *Des **chaussettes** en laine, en coton.*

chausson (nom masculin)
1. Synonyme de pantoufle. *Quand elle est à la maison, elle reste en **chaussons**.* **2.** Pâtisserie qui contient de la compote de fruits. *Un **chausson** aux pommes.*

chaussure (nom féminin)
Partie de l'habillement qui couvre et protège le pied. *Il a fait réparer les semelles de ses **chaussures**.* (Syn. soulier.)

chauve (adjectif)
Qui n'a pas de cheveux. *Mon grand-père est devenu **chauve** en vieillissant.* (Contr. chevelu.)

chauve-souris (nom féminin)
Mammifère nocturne dont le corps ressemble à celui de la souris, avec des ailes. Pluriel : des chauve**s**-souris. ORTHO On écrit aussi **chauvesouris**.

une **chauve-souris**

Chauvet-Combe d'Arc
Grotte préhistorique située dans les gorges de l'Ardèche et ornée de peintures vieilles de plus de 30 000 ans. Elle a été découverte en 1994.

chauvin, ine (adjectif)
Qui manifeste une admiration exagérée pour son pays, sa ville ou sa région. *Quentin est tellement **chauvin** qu'il accuse l'arbitre de la défaite de l'équipe française.*

chauvinisme (nom masculin)
Attitude des personnes chauvines. *Ce touriste étranger fait preuve de **chauvinisme** et trouve que tout est mieux dans son pays.*

chaux (nom féminin)
Matière blanche qui provient du calcaire. *Une maison aux murs blanchis à la **chaux**.*

chavirer (verbe) ▶ conjug. n° 3
Se renverser ou se retourner complètement. *Une grosse vague a fait **chavirer** notre bateau pneumatique.*

chef (nom masculin)
1. Personne qui dirige un groupe. *Un **chef** d'État. Un **chef** de bande. Un **chef** d'entreprise.* **2.** Personne qui dirige la cuisine d'un restaurant.

chef-d'œuvre (nom masculin)
Œuvre la plus belle réalisée par un artiste. *Ce CD rassemble quelques-uns des **chefs-d'œuvre** de Mozart.* Prononciation [ʃɛdœvʀ]. Pluriel : des chef**s**-d'œuvre.

chef-lieu (nom masculin)
Ville principale d'un département ou d'un canton. *Strasbourg est le **chef-lieu** du département du Bas-Rhin.* Pluriel : des chef**s**-lieu**x**.

cheftaine (nom féminin)
Jeune femme responsable d'un groupe de scouts.

cheikh (nom masculin)
Chef de tribu dans certains pays arabes. Prononciation [ʃɛk].

chelem (nom masculin)
Série de victoires, dans certaines compétitions sportives. *L'équipe de rugby a réalisé un grand **chelem** : elle a remporté tous les matchs.* Prononciation [ʃlɛm]. ORTHO On écrit aussi **schelem**.

chemin (nom masculin)
1. Petite route de terre, à la campagne. *Nous avons suivi un **chemin** qui traverse le bois.* **2.** Trajet ou distance. *Le **chemin** était long et difficile pour venir vous voir !*

(Syn. parcours.) 3. Direction que l'on doit prendre. *Pourriez-vous m'indiquer le **chemin** pour aller au plus proche village ?* • **Faire son chemin :** réussir dans sa carrière. • **Ne pas y aller par quatre chemins :** aller droit au but, agir ou parler franchement.

chemin de fer (nom masculin)
Moyen de transport qui utilise la voie ferrée. *Voyager en **chemin de fer**.* (Syn. train.)

cheminée (nom féminin)
1. Endroit où l'on fait du feu dans une maison. *Et si l'on faisait une flambée dans la **cheminée** ?* 2. Extrémité du conduit par lequel passe la fumée. *Sur les toits, les **cheminées** fument.*

une **cheminée** avec deux **chenets**

cheminer (verbe) ▸ conjug. n° 3
1. Aller à pied sur un chemin. ***Ils cheminaient** à travers bois.* 2. Au sens figuré, évoluer, avancer. *L'idée de son voyage **chemine** dans sa tête.* (Syn. progresser.)

cheminot, ote (nom)
Employé des chemins de fer.

chemise (nom féminin)
1. Vêtement en tissu léger qui couvre le torse et se boutonne devant. *Une **chemise** à manches longues.* 2. Feuille de carton pliée en deux dans laquelle on range des documents. • **Chemise de nuit :** longue chemise que l'on met pour dormir. Famille du mot : chemisette, chemisier.

chemisette (nom féminin)
Chemise à manches courtes.

chemisier (nom masculin)
Synonyme de corsage. *Un **chemisier** de soie.*

chênaie (nom féminin)
Lieu planté de chênes.

chenal, aux (nom masculin)
Passage assez profond où les bateaux peuvent naviguer. *Il y avait de la vase dans le **chenal**, on a dû le draguer.*

chenapan (nom masculin)
Enfant qui se conduit mal. *Attends que je t'attrape, petit **chenapan** !* (Syn. galopin, garnement.)

chêne (nom masculin)
Grand arbre de la forêt au bois très dur. *Les fruits du **chêne** sont les glands.* ➡ p. 76.

chêne-liège (nom masculin)
Chêne toujours vert dont l'écorce donne le liège. Pluriel : des chênes-lièges.

chenet (nom masculin)
Chacun des deux supports en métal sur lesquels on pose les bûches dans la cheminée.

chenil (nom masculin)
Endroit où l'on garde les chiens, où on les élève, où on les dresse.

chenille (nom féminin)
1. Larve du papillon. *La **chenille** tisse son cocon.* ➡ p. 230. 2. Large bande métallique articulée, entraînée par des roues. *Les tanks, les bulldozers ont des **chenilles**.*

Chéops
Deuxième pharaon de la IVe dynastie égyptienne. Il fit élever la grande pyramide de Gizeh.
ORTHO On écrit aussi **Khéops.**

Chéphren
Troisième pharaon de la IVe dynastie égyptienne. Fils et successeur de Chéops, il fit construire la deuxième pyramide de Gizeh et le Grand Sphinx.
ORTHO On écrit aussi **Khéphren.**

la **chenille** et le papillon

cheptel (nom masculin)
Ensemble des animaux d'élevage. *Le **cheptel** bovin.*

chèque (nom masculin)
Document sur lequel on indique à sa banque la somme à payer à quelqu'un. *Vous avez oublié de signer votre **chèque** !*

chéquier (nom masculin)
Carnet de chèques.

cher, chère (adjectif)
1. Qu'on aime beaucoup. *C'est un vieil ami, qui m'est très **cher**.* **2.** S'emploie dans des formules de politesse. ***Chère** madame, comment allez-vous ?* **3.** Qui coûte beaucoup d'argent. *Cette jupe est belle, mais trop **chère**.* (Contr. bon marché.) ■ cher (adverbe) À un prix élevé. *Les vacances au ski coûtent **cher**.*

chercher (verbe) ▸ conjug. n° 3
1. Essayer de trouver. *Voilà une heure que je te **cherche** dans tout le magasin !* (Syn. rechercher.) **2.** S'efforcer de faire quelque chose. *Je **cherche** à comprendre pourquoi il a fait ça.* (Syn. essayer.) Famille du mot : cherch**eur**, **re**cherche, **re**chercher.

chercheur, euse (nom)
Personne qui fait des recherches scientifiques. *Ma tante est **chercheuse** dans un laboratoire.* • **Chercheur d'or :** personne qui cherche de l'or.

chère (nom féminin)
• **Bonne chère :** nourriture copieuse et savoureuse. *Faire **bonne chère**.*

chéri, ie (adjectif et nom)
Qu'on aime tendrement. *Bonjour, mon **chéri** !*

chérir (verbe) ▸ conjug. n° 11
Aimer tendrement. *Il **chérit** sa femme et ses enfants.* (Contr. détester, haïr.)

cherté (nom féminin)
Fait d'être cher. *La **cherté** de la vie causait autrefois des émeutes.*

chérubin (nom masculin)
Petit enfant particulièrement mignon.

chétif, ive (adjectif)
Qui est de santé fragile. *Victor est un enfant **chétif**.* (Syn. malingre. Contr. robuste, vigoureux.) **Chétif** vient d'un mot latin qui signifie « captif » : en prison, on ne mangeait pas souvent à sa faim.

cheval, aux (nom masculin)
1. Mammifère herbivore de grande taille, utilisé comme monture et pour tirer des charges. *La femelle du **cheval** est la jument, et ses petits sont la pouliche et le poulain. Le **cheval** hennit.* **2.** Équitation. *Elle fait du **cheval** depuis deux ans.* **3.** Unité servant à mesurer la puissance d'une voiture. *Une cinq **chevaux**.* • **À cheval :** synonyme d'à califourchon. *Romain est assis **à cheval** sur une branche.* • **Chevaux de bois :** manège de fête foraine. • **Fièvre de cheval :** très forte fièvre. • **Monter sur ses grands chevaux :** se mettre en colère avec indignation. • **Remède de cheval :** remède brutal mais très efficace. Famille du mot : cheval**in**, cheva**uchée**, cheva**ucher**.

chevaleresque (adjectif)
Qui est noble et généreux, digne de la chevalerie. *Il est toujours très **chevaleresque** avec les dames.*

chevalerie (nom féminin)
Ordre des chevaliers, au Moyen Âge. *Le jeune noble était admis dans la **chevalerie** après avoir été page puis écuyer.* Famille du mot : chevaler**esque**, cheval**ier**.

chevalet (nom masculin)
Support de bois, sur pieds. *Les peintres posent leur toile sur un **chevalet**.*

chevalier (nom masculin)
Seigneur du Moyen Âge, qui combattait à cheval. *Le **chevalier** devait protéger les faibles.*

un **chevalier** lors d'un tournoi

chevalière (nom féminin)
Grosse bague au dessus plat portant souvent des initiales gravées.

chevalin, ine (adjectif)
Qui concerne le cheval. *L'espèce **chevaline**.* • **Boucherie chevaline :** boucherie qui vend de la viande de cheval.

un **cheval** pommelé

chevauchée (nom féminin)
Longue course à cheval.

chevaucher (verbe) ▸ conjug. n° 3
1. Voyager à cheval. *Les mousquetaires **chevauchèrent** jusqu'à la frontière d'Espagne.* **2.** Se chevaucher : se recouvrir en partie. *Je n'arrive pas à lire, les lettres **se chevauchent**.*

chevêche (nom féminin)
Chouette de petite taille, au plumage brun tacheté de blanc. *Les **chevêches** ne portent pas d'aigrettes sur la tête.*

chevelu, ue (adjectif)
Qui a les cheveux épais et longs. *Un homme hirsute et **chevelu** faisait des signes sur son radeau.*

chevelure (nom féminin)
Ensemble des cheveux. *Tous les matins, Julie brosse sa longue **chevelure**.*

chevet (nom masculin)
1. Partie du lit où on pose la tête. *Pour lire dans mon lit, j'ai une lampe de **chevet** sur ma table de **chevet**.* **2.** Partie arrondie d'une église, située derrière le chœur. • **Livre de chevet :** livre favori, qu'on relit souvent. • **Rester au chevet de quelqu'un :** rester auprès de lui pour le soigner quand il est malade.

cheveu, eux (nom masculin)
Poil qui pousse sur la tête. *Des **cheveux** blonds.* ➡ p. 300. • **Couper les cheveux en quatre :** entrer dans des détails inutiles. • **Tiré par les cheveux :** compliqué et peu vraisemblable. Famille du mot : cheve**lu**, cheve**lure**, é**chevelé**.

cheville (nom féminin)
1. Articulation qui relie la jambe et le pied. *Sa robe lui arrive aux **chevilles*** ➡ p. 300. **2.** Petit morceau de bois ou de plastique qui sert à assembler des pièces de bois ou à fixer une vis dans un trou.

chèvre (nom féminin)
Mammifère ruminant domestique qui a des cornes recourbées et de longs poils. *Du fromage de **chèvre**.* ➡ p. 1041.

chevreau, eaux (nom masculin)
Petit de la chèvre. *Gambader comme un **chevreau**.* (Syn. cabri.)

chèvrefeuille (nom masculin)
Plante grimpante aux fleurs jaunes et blanches très parfumées.

le **chèvrefeuille**

chevreuil (nom masculin)
Mammifère sauvage, ruminant, voisin du cerf. *Dimanche, on a aperçu un **chevreuil** dans les bois.*

un **chevreuil**

chevron (nom masculin)
1. Barre de bois qui, dans une charpente, s'appuie sur les poutres. **2.** Signe en forme de V retourné. *Ce militaire porte deux galons en **chevron** sur chaque manche.*

chevronné, ée (adjectif)
Qui a beaucoup d'expérience. *C'est un pêcheur **chevronné**, il ne rentre jamais bredouille.* (Syn. expérimenté.)

chevrotant, ante (adjectif)
• **Voix chevrotante :** qui tremble comme celle des chèvres quand elles bêlent.

chevrotine (nom féminin)
Gros plomb utilisé dans les cartouches de chasse pour tirer le gros gibier. *Une décharge de **chevrotine**.*

chewing-gum (nom masculin)
Pâte parfumée que l'on mâche. **Chewing-gum** est un mot anglais : on prononce [ʃwiŋgɔm]. Pluriel : des chewing-gum**s**.

chez (préposition)
Sert à introduire des compléments de lieu. *Je vais **chez** le coiffeur. **Chez** les Lapons, on se salue en se frottant le nez.* On va *chez* le pâtissier et *à* la pâtisserie, car après *chez*, on a un nom de personne, et après *à*, un nom de lieu.

chic (adjectif)
1. Élégant et raffiné. *Odile est très **chic** avec ses belles toilettes.* **2.** Très gentil. *William est un **chic** type.* Pluriel : des toilettes chic. ■ **chic** (nom masculin) • **Avoir le chic pour :** avoir un talent particulier pour. *Il **a le chic pour** réussir les omelettes baveuses.* ■ **chic !** (interjection) Exprime la satisfaction. ***Chic !** On va au cinéma !* (Syn. chouette.)

chicane (nom féminin)
Passage en zig-zag installé sur une route. *Cette **chicane** oblige les voitures à ralentir.*

chicaner (verbe) ▸ conjug. n° 3
Critiquer à propos de choses sans importance. *On ne va pas **chicaner** pour si peu !* (Syn. ergoter.)

chiche (adjectif)
1. Qui ne donne qu'à regret. *Être **chiche** de paroles.* (Syn. avare. Contr. prodigue.) **2.** Qui est capable de faire quelque chose. *Tu n'es pas **chiche** de grimper à cet arbre !* • **Pois chiche :** gros pois sec de couleur beige. ■ **chiche !** (interjection) Exprime le défi. *Tu veux te battre ? – **Chiche** !*

chichis (nom masculin pluriel)
• **Faire des chichis :** faire des manières. *Ne **fais** pas **de chichis** : sers-toi !*

chicorée (nom féminin)
1. Plante dont on mange les feuilles en salade. *La scarole est une **chicorée**.* **2.** Boisson faite avec la racine torréfiée

de cette plante. *Autrefois, on buvait souvent de la **chicorée** en guise de café.*

chien (nom masculin)
Mammifère carnivore domestique. *Le **chien** aboie quand le facteur passe devant la maison.* • **Avoir un mal de chien :** avoir beaucoup de mal. • **De chien :** très mauvais ou très difficile. *Une humeur **de chien**. Un temps **de chien**.* • **En chien de fusil :** les jambes repliées sur la poitrine. • **Entre chien et loup :** à la tombée de la nuit. • **Être comme chien et chat :** se disputer continuellement. • **Se regarder en chiens de faïence :** sans rien dire et avec antipathie. Famille du mot : chien-loup, chi**enne**, chi**ot**.

chiendent (nom masculin)
Mauvaise herbe envahissante. *On utilise les longues racines du **chiendent** pour faire des brosses très dures.*

chien-loup (nom masculin)
Chien qui ressemble au loup. (Syn. berger allemand.) Pluriel : des chiens-loup**s**.

un **chien-loup** (ou berger allemand)

chienne (nom féminin)
Femelle du chien.

chiffe (nom féminin)
• **Chiffe molle :** personne sans énergie.

chiffon (nom masculin)
Morceau de vieux tissu. *Thomas se sert d'un **chiffon** pour nettoyer son vélo.* Famille du mot : chiffon**ner**, chiffon**nier**.

chiffonner (verbe) ▸ conjug. n° 3
1. Faire prendre de mauvais plis à un tissu ou à un papier. *La nappe **est** toute **chiffonnée**, il faut la repasser.* (Syn. friper, froisser.) **2.** Synonyme familier de contrarier. *Cela me **chiffonne** qu'il ait refusé mon invitation.*

chiffonnier, ère (nom)
Personne qui récupère les vieux chiffons et les vieux papiers pour les revendre. • **Se battre comme des chiffonniers :** avec acharnement.

chiffre (nom masculin)
1. Chacun des signes qui permettent d'écrire les nombres. *Neuf s'écrit 9 en **chiffres** arabes et IX en **chiffres** romains.* **2.** Total d'une somme. *Le **chiffre** des dépenses est élevé.* (Syn. montant.) **3.** Code qui permet de comprendre un message secret. Famille du mot : chiffr**é**, chiffr**er**, **dé**chiffr**er**, **indé**chiffr**able**.

chiffré, ée (adjectif)
Écrit dans un langage secret. *« La girafe a un long cou » est le message **chiffré** qui annonça le débarquement du 6 juin 1944 à la radio.*

chiffrer (verbe) ▸ conjug. n° 3
Évaluer le montant d'une somme. *Ses dettes **se chiffrent** en millions d'euros.*

chignon (nom masculin)
Coiffure consistant à nouer les cheveux en boule derrière la tête.

Chili

17 millions d'habitants
Capitale : Santiago
Monnaie : le peso chilien
Langue officielle : espagnol
Superficie : 756 940 km²

État d'Amérique du Sud, bordé par l'océan Pacifique.

GÉOGRAPHIE
Tout en longueur, le Chili est un pays montagneux. Deux cordillères encadrent une grande vallée. Le climat est aride au Nord, méditerranéen au centre, et océanique au Sud. La population, constituée de métis, de Blancs, d'Amérindiens et d'immigrants européens, est surtout citadine.
Les Chiliens ont longtemps vécu au-dessous du seuil de pauvreté, malgré une agriculture et un élevage intensifs, une pêche active et l'exploitation des ressources naturelles (cuivre, fer, nitrates, argent, or, pétrole, gaz, houille). Aujourd'hui, l'économie du pays est très dy-

namique ; c'est l'une des plus stables de l'Amérique latine.

HISTOIRE

La conquête du Chili par les Espagnols a débuté en 1536 mais les Indiens n'ont été définitivement soumis qu'au XIXe siècle. Le pays a obtenu son indépendance dès 1818. Vainqueur d'une guerre contre le Pérou et la Bolivie, le Chili s'empara des régions désertiques du Nord, au sous-sol riche en ressources naturelles. En 1973, le général Pinochet renversa le gouvernement du président Allende par un coup d'État militaire et instaura une dictature ; Pinochet conserva le pouvoir jusqu'en 1989. Depuis 1990, le Chili est revenu à un fonctionnement politique démocratique.

chilien, enne ➡ Voir tableau p. 6.

chimère (nom féminin)
Rêve irréalisable. *Tes projets, ce sont des **chimères** !* (Syn. illusion.) Dans la mythologie grecque, une **chimère** était un monstre à corps de chèvre, à tête de lion et à queue de serpent, qui crachait des flammes.

chimérique (adjectif)
Qui n'est qu'une chimère. *Zoé fait des projets **chimériques** qu'elle ne réalisera pas.*

chimie (nom féminin)
Science qui étudie les propriétés de la matière. *La **chimie** organique étudie les corps présents dans les tissus vivants.* Famille du mot : chim**ique**, chim**iste**.

chimiothérapie (nom féminin)
Traitement des maladies par des substances chimiques. *La **chimiothérapie** est utilisée dans le traitement des cancers.*

chimique (adjectif)
1. Qui a rapport avec la chimie. *H_2O est la formule **chimique** de l'eau.* **2.** Fabriqué grâce à la chimie. *Le dentifrice est un produit **chimique**.*

chimiste (nom)
Spécialiste de la chimie.

chimpanzé (nom masculin)
Grand singe d'Afrique. ➡ p. 776.

chinchilla (nom masculin)
Petit rongeur d'Amérique du Sud au pelage gris et soyeux. *Le **chinchilla** peut s'élever comme animal familier.* Prononciation [ʃɛ̃ʃila].

Chine

1,4 milliard d'habitants
Capitale : Pékin
Monnaie : le renminbi yuan
Langue officielle : mandarin
Superficie : 9 596 960 km²

État d'Asie orientale. La République populaire de Chine est le pays le plus peuplé du monde.

GÉOGRAPHIE

La Chine de l'Ouest et du Nord, montagneuse et aride, est peu peuplée. À l'inverse, la Chine de l'Est et du Sud concentre la majorité de la population. Le climat humide de l'Est et les moussons du Sud permettent la culture du riz, la principale ressource alimentaire du pays, de céréales, du tabac, du thé, des agrumes et des fruits tropicaux. L'élevage de volailles et la pêche y sont aussi importants. La Chine produit du charbon, du pétrole, de l'hydroélectricité et des minerais (fer, or, tungstène, cuivre, zinc, étain, bauxite). Le pays est longtemps resté pauvre à cause d'un retard important dans le développement industriel, un manque d'équipements et des difficultés politiques, mais son développement actuel est très rapide. En 2014, la Chine occupe le deuxième rang des puissances économiques mondiales ; c'est le premier exportateur du monde (vêtements, produits électroniques, jouets, etc.). Mais les inégalités sont très grandes entre les riches et les pauvres. De plus, la forte croissance industrielle provoque une grave pollution contre laquelle la Chine doit lutter rapidement.

HISTOIRE

Les vestiges humains les plus anciens retrouvés en Chine datent de 500 000 ans. Le début de la civilisation chinoise est fondé sur le bronze, le régime féodal et une écriture. La Chine a été longtemps morcelée en royaumes, mais la dynastie des Han a créé un empire chinois unifié à partir du IIe siècle avant Jésus-Christ. Cette dynastie protégea l'empire des invasions en édifiant la Grande Muraille.

Du IIIe au VIe siècle, le bouddhisme, venu de l'Inde, s'est développé en Chine. Entre le IIIe et le XIVe siècle, plusieurs dynasties se succédèrent (les Tang, les Song, les Ming, les Qing…). À l'époque des Song, la Chine connut une grande prospérité : expansion de l'imprimerie, invention de l'aiguille magnétique, de la boussole et de la poudre. Durant la dynastie des Ming, de 1368 à 1644, les échanges avec l'Occident se développèrent. Sous les Qing, la Chine se heurta aux pays industrialisés (pays européens, États-Unis, Japon). Elle perdit Taiwan, le Viêt-nam et la Corée.
Après une période de graves troubles intérieurs, les communistes, sous la direction de Mao Zedong, s'organisèrent. La guerre civile (1945-1949) entre nationalistes et communistes aboutit à la victoire de Mao Zedong. La « République populaire de Chine » fut proclamée le 1er octobre 1949. L'économie du pays s'est modernisée dès 1978, mais les inégalités sociales demeurent. Aujourd'hui, le rôle de la Chine dans le monde s'affirme de plus en plus.

La Grande Muraille de **Chine** s'étend sur des milliers de kilomètres.

mer de Chine
Mer de l'océan Pacifique, longeant la Chine et l'Indochine. Elle borde l'est de la Chine, le sud de la Corée et du Japon, la côte sud-est de l'Asie, Bornéo, les Philippines et Taiwan.

chiné, ée (adjectif)
Dont le fil est de plusieurs couleurs. *Xavier porte un pull en laine **chinée**.*

chinois, oise ➡ Voir tableau p. 6.

chinoiseries (nom féminin pluriel)
Complications inutiles. *Son père se plaint souvent des **chinoiseries** de son voisin.*

chiot (nom masculin)
Petit du chien et de la chienne.

chiper (verbe) ▸ conjug. n° 3
Dans la langue familière, voler un objet sans grande valeur. *Le chat **a chipé** un morceau de poulet.*

chipie (nom féminin)
Fille désagréable. *Quelle petite **chipie** ! Elle accuse toujours les autres.*

chipolata (nom féminin)
Saucisse de porc mince et longue. *Je fais griller des **chipolatas** au barbecue.*

chipoter (verbe) ▸ conjug. n° 3
1. Contester pour des choses sans importance. *Elle **chipote** à la moindre dépense.* **2.** Manger peu et sans appétit. *Quentin **chipote** devant son assiette d'épinards.*

chips (nom féminin)
Rondelle de pomme de terre frite.

chiqué (nom masculin)
• **C'est du chiqué ! :** dans la langue familière, c'est faux, c'est simulé. *Les prises de catch, ça ne m'impressionne pas, **c'est du chiqué !***

chiquenaude (nom féminin)
Coup donné avec un doigt replié contre le pouce puis brusquement détendu. *D'une **chiquenaude**, Sarah fit s'envoler la coccinelle.* (Syn. pichenette.)

Chirac Jacques (né en 1932)
Homme politique français. Plusieurs fois ministre, deux fois Premier ministre, Jacques Chirac a été président de la République de 1995 à 2007. Il a fondé le RPR (Rassemblement pour la République), parti gaulliste, en 1976 et a été le maire de Paris de 1976 à 1995.

chiromancie (nom féminin)
Fait de lire l'avenir dans les lignes de la main. *La bohémienne fait de la **chiromancie**.* Prononciation [kiʀɔmɑ̃si].

chirurgical, ale, aux (adjectif)
De la chirurgie. *Il est en salle d'opération pour subir une intervention **chirurgicale**.*

chirurgie (nom féminin)
Partie de la médecine qui s'occupe des opérations. *Sutures, amputations, greffes sont des opérations de **chirurgie**.* ➡ p. 682. Famille du mot : chirurg**ical**, chirurg**ien**.

chirurgien, enne (nom)
Médecin spécialiste de chirurgie.

chistéra (nom féminin)
Accessoire en osier, recourbé et creux, qui sert à jouer à la pelote basque.

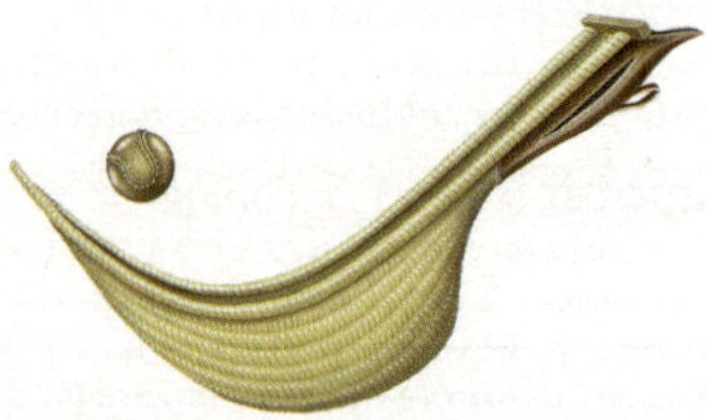

une **chistéra** et une balle de pelote basque

chlore (nom masculin)
Substance chimique ayant un pouvoir désinfectant. *L'eau du robinet a parfois un goût de **chlore**.* Prononciation [klɔʀ].

chlorhydrique (adjectif)
• **Acide chlorhydrique :** produit chimique dangereux, à base de chlore. Prononciation [klɔʀidʀik].

chloroforme (nom masculin)
Liquide qui endort lorsqu'on le respire. Prononciation [klɔʀɔfɔʀm].

chlorophylle (nom féminin)
Substance verte qui donne aux plantes leur couleur. *La **chlorophylle** ne peut se former que s'il y a de la lumière.* Prononciation [klɔʀɔfil]. **Chlorophylle** vient du grec *khlôros* qui signifie « vert » et *phullon* qui signifie « feuille ».

choc (nom masculin)
1. Rencontre violente entre des choses. *Le **choc** entre les deux voitures a été extrêmement violent.* (Syn. heurt.) **2.** Au sens figuré, émotion violente. *Ça m'a fait un **choc** de le voir dans cet état.* (Syn. coup.) Famille du mot : cho**quant**, choqu**er**, s'**entre**choquer, **pare**-chocs.

chocolat (nom masculin)
1. Aliment à base de cacao et de sucre. *Du **chocolat** au lait.* **2.** Synonyme de cacao. *On a pris un **chocolat** dans un salon de thé.*

chocolaté, ée (adjectif)
Qui contient du chocolat. *Kevin prend des céréales **chocolatées** au petit déjeuner.*

chœur (nom masculin)
1. Groupe de personnes qui chantent ensemble. *Les enfants se mirent à chanter en **chœur**.* **2.** Partie d'une église où se trouve l'autel. • **Enfant de chœur :** jeune garçon qui assiste le prêtre lors des offices religieux. Prononciation [kœʀ].

choir (verbe)
Synonyme littéraire de tomber. *Elle se laissa **choir** sur le lit.* **Choir** ne s'emploie plus qu'à l'infinitif.

choisi, ie (adjectif)
Recherché et peu courant. *Anna utilise toujours un vocabulaire bien **choisi**.* (Contr. banal, vulgaire.)

choisir (verbe) ▸ conjug. n° 11
Adopter de préférence telle ou telle solution. *Tu restes ou tu viens ? **Choisis** !*

choix (nom masculin)
1. Action de choisir. *Entre la mer et la montagne, le **choix** est difficile.* **2.** Possibilité de choisir. *Ce ne sont pas les jeux qui manquent, tu as le **choix** !* **3.** Ensemble de choses parmi lesquelles on peut choisir. *Vous avez un grand **choix** de livres d'aventures au rayon jeunesse.* • **Au choix :** avec la liberté de choisir. *Dans le menu, vous avez fromage ou dessert, **au choix**.* • **De choix :** de grande qualité. *C'est une viande **de** premier **choix**.* Famille du mot : chois**i**, chois**ir**.

choléra (nom masculin)
Grave maladie des intestins, très contagieuse et parfois mortelle. Prononciation [kɔleʀa].

cholestérol (nom masculin)
Graisse qui se trouve dans le sang. *Avoir trop de* ***cholestérol*** *peut provoquer des maladies du cœur et des artères.* ● Prononciation [kɔlɛsteʀɔl].

chômage (nom masculin)
État d'une personne qui n'a pas de travail. *Monsieur Durand est au* ***chômage*** *depuis un an et ne retrouve pas d'emploi.*

chômé, ée (adjectif)
Se dit d'un jour où l'on ne travaille pas et qui est payé. *Le 1er mai est un jour* ***chômé***. (Contr. ouvré.)

chômer (verbe) ▸ conjug. n° 3
• **Ne pas chômer :** travailler beaucoup.
Famille du mot : chôm**age**, chôm**eur**.
En ancien français, **chômer** signifie « se reposer pendant les fortes chaleurs ».

chômeur, euse (nom)
Personne qui est au chômage.

chope (nom féminin)
Grand verre à anse. *Une* ***chope*** *de bière.*

choper (verbe) ▸ conjug. n° 3
1. Synonyme familier de voler. *On m'****a chopé*** *mon portefeuille.* **2.** Synonyme familier d'arrêter. *Le voyou s'est fait* ***choper*** *à la sortie du magasin.* **3.** Dans la langue familière, attraper une maladie. ***J'ai chopé*** *un bon rhume.*

Chopin Frédéric (né en 1810, mort en 1849)
Pianiste et compositeur polonais. En 1831, il vint à Paris où il rencontra la romancière George Sand avec laquelle il vécut un amour passionné. Son œuvre pour piano est immense : *Études, Polonaise, Nocturnes, Ballades, Sonates, Préludes.* Sa musique, énergique, brillante ou mélancolique, exprime les émotions humaines les plus profondes.

choquant, ante (adjectif)
Qui choque. *Il est désagréable, avec ses plaisanteries* ***choquantes*** *!*

choquer (verbe) ▸ conjug. n° 3
Gêner par une attitude ou des paroles contraires à ce que l'on trouve bien. *Gaëlle aime provoquer et* ***choquer*** *les gens.* (Syn. heurter.)

chorale (nom féminin)
Personnes qui se réunissent pour chanter en chœur. *Yann fait partie de la* ***chorale*** *de l'école.* ● Prononciation [kɔʀal].

chorégraphe (nom)
Personne qui crée des chorégraphies. ● Prononciation [kɔʀegʀaf].

chorégraphie (nom féminin)
Ensemble des pas et des mouvements que font les danseurs dans un ballet. ● Prononciation [kɔʀegʀafi].

choriste (nom)
Personne qui chante dans une chorale ou dans un chœur. ● Prononciation [kɔʀist].

chorizo (nom masculin)
Saucisson d'origine espagnole, plus ou moins pimenté. *On met du* ***chorizo*** *dans la paella.* ● **Chorizo** est un mot espagnol : on prononce [ʃɔʀizo] ou [tʃɔʀiso].

chorus (nom masculin)
• **Faire chorus :** se mettre à plusieurs pour approuver ou pour protester. *Quand il a voulu annuler la promenade, tout le monde* ***a fait chorus****.* ● Prononciation [kɔʀys].

chose (nom)
1. Tout objet que l'on peut voir ou toucher. *Myriam a beaucoup trop de* ***choses*** *dans son sac !* **2.** Fait ou évènement. *J'ai plein de* ***choses*** *à te raconter !*

chou, choux (nom masculin)
1. Légume dont on mange les feuilles. *J'aime tous les* ***choux****, le* ***chou*** *blanc, le* ***chou*** *vert, le* ***chou*** *rouge, et même les* ***choux*** *de Bruxelles.* **2.** Petit gâteau dont la pâte est soufflée. *Des* ***choux*** *à la crème.*

chouan (nom masculin)
Pendant la Révolution, partisan du roi de France qui se battait dans l'ouest de la France. **Chouan** était le surnom d'un royaliste qui avait adopté le cri du *chat-huant* comme signe de ralliement.

choucas (nom masculin)
Oiseau à plumage noir et à nuque grise, de la même famille que les corneilles. *Les* ***choucas*** *vivent en colonies dans les falaises.*

chouchou, chouchoute (nom)
Synonyme familier de favori. *Ursula est la **chouchoute** de la maîtresse !* ■ **chouchou** (nom masculin) Élastique recouvert de tissu qui sert à s'attacher les cheveux. *Myriam a des **chouchous** assortis à ses vêtements.*

chouchouter (verbe) ▸ conjug. n° 3
Synonyme familier de choyer. *C'est leur seul enfant, il **est** donc très **chouchouté**.*

choucroute (nom féminin)
1. Chou fermenté, salé et coupé en fines lamelles. 2. Plat composé de ce chou, de pommes de terre, de charcuterie et de viande de porc.

■ **chouette** (adjectif)
Synonyme familier de bien. *Elle est **chouette**, ta casquette !* ■ **chouette !** (interjection) Exprime un vif contentement. *On va au restaurant. – **Chouette** !* (Syn. chic.)

■ **chouette** (nom féminin)
Rapace nocturne aux gros yeux ronds, qui chasse la nuit.

une **chouette**

chou-fleur (nom masculin)
Variété de chou dont les fleurs forment une grosse boule blanche. Pluriel : des choux-fleurs.

choyer (verbe) ▸ conjug. n° 6
Entourer de tendresse. *Benjamin aime bien **choyer** sa petite sœur.* (Syn. chouchouter.)

chrétien, enne (adjectif)
Du christianisme. *Noël, Pâques et la Pentecôte sont des fêtes **chrétiennes**.* ■ **chrétien, enne** (nom) Personne qui croit que Jésus-Christ est le fils de Dieu. *Les protestants, les catholiques, les orthodoxes sont des **chrétiens**.*

chrétienté (nom féminin)
Ensemble de tous les chrétiens.

christianiser (verbe) ▸ conjug. n° 3
Convertir quelqu'un à la religion chrétienne. *Les missionnaires ont cherché à **christianiser** les peuples d'Afrique et d'Amérique du Sud.*

christianisme (nom masculin)
Religion des chrétiens.

chrome (nom masculin)
Métal blanc et brillant. *Recouvert de **chrome**, l'acier est inoxydable.* ● Prononciation [kʀom].

chromé, ée (adjectif)
Recouvert de chrome. *Autrefois, les voitures avaient des pare-chocs **chromés**.*

chromosome (nom masculin)
Élément du noyau des cellules d'un être vivant, qui contient les informations héréditaires. *L'être humain possède 23 paires de **chromosomes**.*

■ **chronique** (adjectif)
Qui dure longtemps en se manifestant périodiquement. *Les rhumatismes, l'asthme sont des maladies **chroniques**.* (Contr. aigu.) ● Prononciation [kʀɔnik].

■ **chronique** (nom féminin)
Article ou émission portant sur un sujet particulier. *La **chronique** des livres pour enfants à la télévision.* ● Prononciation [kʀɔnik]. Les **chroniques** étaient autrefois des livres qui racontaient les faits historiques en respectant l'ordre *chronologique*.

chroniqueur, euse (nom)
Journaliste chargé d'une chronique. *Un **chroniqueur** sportif.*

chronologie (nom féminin)
Ordre dans lequel les évènements se déroulent. *Nous avons établi en classe une **chronologie** des évènements de la Révolution.* ● Prononciation [kʀɔnɔlɔʒi].

chronologique (adjectif)
• **Ordre chronologique :** ordre qui suit la chronologie. *Dans cet exercice, il fallait*

*retrouver l'***ordre chronologique** *de différentes inventions.*

chronomètre (nom masculin)
Montre de précision qui mesure les dixièmes, les centièmes et parfois les millièmes de seconde. Prononciation [kʀɔnɔmɛtʀ]. Dans **chronomètre**, il y a le mot grec *chronos* qui signifie « temps », qu'on retrouve dans *chronique* et *chronologie*, et *metron* qui signifie « mesure ».

un **chronomètre**

chronométrer (verbe) ▸ conjug. n° 8
Mesurer le temps avec un chronomètre. *Je vais te* ***chronométrer*** *sur 100 mètres.*

chrysalide (nom féminin)
Chenille dans son cocon, avant qu'elle se transforme en papillon. *Le papillon est sorti de sa* ***chrysalide****.* ➡ p. 915. Prononciation [kʀizalid].

chrysanthème (nom masculin)
Fleur d'automne aux belles couleurs. Prononciation [kʀizɑ̃tɛm]. En grec, **chrysanthème** veut dire « fleur d'or ».

un **chrysanthème**

chuchotement (nom masculin)
Bruit produit par une voix qui chuchote. *Arrêtez vos* ***chuchotements*** *au fond de la classe !*

chuchoter (verbe) ▸ conjug. n° 3
Parler à voix basse. *David m'****a chuchoté*** *quelques mots à l'oreille.* (Syn. murmurer.)

chuintement (nom masculin)
Bruit sourd qui ressemble à un sifflement. *Le* ***chuintement*** *de la bouilloire.*

Churchill Winston (né en 1874, mort en 1965)
Homme politique britannique. Il a été Premier ministre du Royaume-Uni de 1940 à 1945 et a joué un rôle capital durant la Seconde Guerre mondiale. Il a reçu le prix Nobel de littérature en 1953 pour ses *Mémoires de guerre* (1948-1953).

chut ! (interjection)
S'emploie pour demander le silence. ***Chut !*** *Taisez-vous !*

chute (nom féminin)
1. Fait de tomber. *Il a fait une* ***chute*** *dans l'escalier et s'est cassé le bras.* **2.** Eau d'une rivière qui tombe d'une grande hauteur. *Les* ***chutes*** *Victoria sur le Zambèze font 108 mètres de haut.* **3.** Fin brutale. *La*

les **chutes** de Tisicat (Éthiopie)

***chute** de l'Empire romain.* (Syn. effondrement.) 4. Façon dont se termine un récit. *La **chute** de cette histoire est très drôle.*

chuter (verbe) ▸ conjug. n° 3
1. Baisser beaucoup et brusquement. *La température **a chuté** de 10 degrés en une nuit.* 2. Synonyme familier de tomber. *Kevin **a chuté** dans les escaliers.*

Chypre

Union européenne

1,1 million d'habitants
Capitale : Nicosie
Monnaie : l'euro
Langues officielles : grec, turc
Superficie : 9 250 km²

Île de la mer Méditerranée. La population se compose d'une majorité de Grecs, qui occupent la partie sud de l'île, et d'une minorité de Turcs, qui vivent dans la partie nord. L'île vit principalement de ses productions agricoles : vigne, agrumes, orge, de l'élevage de moutons et de l'exportation d'amiante.

HISTOIRE
Chypre a connu de nombreuses colonisations : les Grecs, puis les Phéniciens s'y installèrent. Elle fut conquise par les Turcs en 1570. La Grande-Bretagne en fit une colonie en 1925. Indépendante depuis 1960, Chypre ne parvient pas à régler le conflit entre sa population grecque et sa population turque. En 1974, l'armée turque, craignant le rattachement de Chypre à la Grèce, occupa la moitié nord de l'île. En 1983, les Turcs chypriotes proclamèrent la République turque de Chypre du Nord. L'île a été totalement bouleversée par cette division, mais elle a rejeté le projet de réunification proposé par référendum. Chypre est membre de l'Union européenne depuis 2004.

chypriote ➡ Voir tableau p. 6.

ci (adverbe)
1. Après un nom ou un pronom démonstratif, désigne celui qui est le plus proche dans le temps ou dans l'espace. *Élodie vient ces jours-**ci**. Tu veux ceux-**ci** ou ceux-là ?* 2. Devant quelques adverbes ou adjectifs, synonyme d'ici. ***Ci**-joint la notice de montage.*

CIA
Nom des services secrets américains, créés en 1947. CIA est le sigle de l'anglais *Central Intelligence Agency.*

cible (nom féminin)
Objet visé avec un projectile. *Hélène a mis la flèche au milieu de la **cible**.*

ciboulette (nom féminin)
Plante potagère aromatique qui fait partie des fines herbes. *Une omelette à la **ciboulette**.*

cicatrice (nom féminin)
Trace restant sur la peau après la guérison d'une plaie. *C'est juste une écorchure, ça ne laissera même pas de **cicatrice**.*

cicatriser (verbe) ▸ conjug. n° 3
Guérir en se refermant. *La plaie est superficielle, elle **se cicatrisera** très vite.*

ci-contre (adverbe)
Tout à côté. *La liste des pharmacies ouvertes le dimanche figure dans le tableau **ci-contre**.*

cidre (nom masculin)
Boisson alcoolisée faite de jus de pomme fermenté.

ciel (nom masculin)
1. L'espace au-dessus de nos têtes. *Un beau **ciel** bleu. Les **ciels** de Bretagne sont changeants. Clément est allé vivre sous d'autres **cieux**.* 2. Royaume de Dieu dans la religion chrétienne. *L'ange est reparti dans les **cieux**.* • **À ciel ouvert :** à l'air libre. *Une mine **à ciel ouvert**.* ✎ Au sens 1, le pluriel de **ciel** est *ciels* ou *cieux* ; au sens 2, le pluriel est toujours *cieux*.

cierge (nom masculin)
Grande bougie que l'on fait brûler dans une église.

cigale (nom féminin)
Insecte abondant dans la région méditerranéenne et dont le mâle chante quand il fait très chaud. *On entend le chant strident des **cigales** dans la garrigue.*

cigare (nom masculin)
Rouleau de feuilles de tabac destiné à être fumé.

cigarette (nom féminin)
Petit rouleau de tabac haché, enveloppé dans une fine feuille de papier.

ci-gît (adverbe)
Formule gravée sur certaines tombes, et qui veut dire « ici repose ». ➡ Voir **gésir**.
ORTHO On écrit aussi **ci-git**.

cigogne (nom féminin)
Grand oiseau migrateur au plumage noir et blanc, au bec long et pointu et aux longues pattes rouges. *Une **cigogne** a fait son nid en haut de la cheminée.*

une **cigogne**

ciguë (nom féminin)
Plante vénéneuse qui ressemble au persil. *Avec la **ciguë**, les Grecs faisaient un poison.* ➡ p. 242. Prononciation [sigy].
ORTHO On écrit aussi **cigüe**.

ci-joint, e (adjectif et adverbe)
Joint à ceci (à une lettre, un courriel, etc.). *Le mode d'emploi se trouve dans le fichier **ci-joint**.*

une **cigale**

cil (nom masculin)
Chacun des poils qui bordent les paupières.

cime (nom féminin)
Sommet d'un arbre ou d'une montagne. *Les nuages masquent la **cime** des montagnes.*

ciment (nom masculin)
Poudre grise très fine, que l'on mélange avec de l'eau, et qui durcit en séchant. *Le maçon a apporté les sacs de **ciment** pour refaire le mur du garage.* Famille du mot : cimen**ter**, cimen**terie**.

cimenter (verbe) ▶ conjug. n° 3
Faire tenir ou recouvrir avec du ciment. *On a **cimenté** le sol.*

cimenterie (nom féminin)
Fabrique de ciment.

cimeterre (nom masculin)
Sabre oriental large et à lame recourbée.

un **cimeterre**

cimetière (nom masculin)
Lieu où les morts sont enterrés. *Le **cimetière** est derrière l'église.* ➡ p. 1172.

cinéaste (nom)
Personne qui réalise des films.

ciné-club (nom masculin)
Groupe de personnes qui se réunissent pour voir des films et en discuter.
Pluriel : des ciné-club**s**.

cinéma (nom masculin)
1. Art de réaliser des films. *Créé en 1895 par les frères Lumière, le **cinéma** est devenu*

a b c d e f g h i j k l m n o p q r s t u v w x y z

parlant en 1927. **2.** Salle où l'on peut voir des films. *Aller au **cinéma**.* **3.** Synonyme familier de bluff. *Elle a fait tout un **cinéma** mais on ne l'a pas crue !* **cinéma** s'abrège **ciné**. Famille du mot : cinéaste, ciné-club, cinéma**tographique**, cinéphile.

cinémathèque (nom féminin)
Lieu où sont conservés et projetés des films de cinéma. *La **cinémathèque** organise un festival de films de science-fiction.*

cinématographique (adjectif)
Du cinéma. *L'industrie **cinématographique**.*

cinéphile (nom)
Personne qui aime le cinéma.

cinglant, ante (adjectif)
1. Vif et blessant. *Une réplique **cinglante**.* (Syn. mordant.) **2.** Qui fouette. *Un vent **cinglant**.*

cinglé, ée (adjectif et nom)
Synonyme familier de fou. *Il est complètement **cinglé** d'avoir fait ça !*

cingler (verbe) ▸ conjug. n° 3
1. Frapper avec un objet flexible. *Ibrahim lui **cingla** les jambes d'un coup de baguette.* **2.** Dans la langue littéraire, naviguer rapidement à la voile vers un lieu. *Les trois galions **cinglaient** vers le large.*

cinq (déterminant)
Quatre plus un (5). *Une étoile à **cinq** branches.* ■ **cinq** (nom masculin) Chiffre ou nombre cinq. *Noémie arrive le **cinq** du mois prochain.*

une **ciguë**

cinquantaine (nom féminin)
Nombre d'environ cinquante. *Une **cinquantaine** de personnes. La grand-mère d'Odile a la **cinquantaine**.*

cinquante (déterminant)
Cinq fois dix (50). ***Cinquante** ans font un demi-siècle.* Famille du mot : cinquan**taine**, cinquante**naire**, cinquanti**ème**.

cinquantenaire (nom masculin)
Cinquantième anniversaire. *En 1995, on a célébré le **cinquantenaire** de la fin de la Seconde Guerre mondiale.*

cinquantième (adjectif et nom)
Qui occupe le rang numéro 50. *Ils en étaient au **cinquantième** jour de navigation.* ■ **cinquantième** (nom masculin) Ce qui est contenu cinquante fois dans un tout. *Deux est le **cinquantième** de cent.*

cinquième (adjectif et nom)
Qui occupe le rang numéro 5. *Fatima habite au **cinquième** étage.* ■ **cinquième** (nom masculin) Ce qui est contenu cinq fois dans un tout. *Vingt est le **cinquième** de cent.* ■ **cinquième** (nom féminin) Deuxième année de l'enseignement secondaire.

cintre (nom masculin)
Support qui a la forme des épaules, utilisé pour suspendre les vêtements. *Mets ton costume sur un **cintre** dans l'armoire.*

cintré, ée (adjectif)
Qui est resserré à la taille. *Une veste **cintrée**.*

cirage (nom masculin)
Produit avec lequel on entretient et on fait briller le cuir.

circoncision (nom féminin)
Petite opération consistant à couper le morceau de peau qui recouvre le bout du pénis. *La **circoncision** est un rite pratiqué par les juifs et les musulmans.*

circonférence (nom féminin)
Périmètre d'un cercle. ➡ p. 576.

circonflexe (adjectif)
• **Accent circonflexe :** accent qui se met sur certaines voyelles. *Fête, hôpital, âme s'écrivent avec un **accent circonflexe**.*

circonscription (nom féminin)
Partie d'un territoire. *Les départements, les cantons, les communes sont des **circonscriptions** administratives.*

circonscrire (verbe) ▶ conjug. n° 47
Retenir dans certaines limites. *Les pompiers tentent de **circonscrire** le feu.*

circonspect, ecte (adjectif)
Prudent et réfléchi. *C'est un homme très **circonspect**, il réfléchit avant de parler.* Prononciation [siʀkɔ̃spɛ]. **Circonspect** vient du latin *circumspectus* signifiant « qui regarde tout autour ».

circonspection (nom féminin)
Fait d'être circonspect. *Cette accusation est grave, il faut agir avec **circonspection**.* Prononciation [siʀkɔ̃spɛksjɔ̃].

circonstance (nom féminin)
Conditions dans lesquelles s'est passé un évènement. *L'inspecteur tente de reconstituer les **circonstances** de l'explosion.*

circonstanciel, elle (adjectif)
• **Complément circonstanciel :** qui indique dans quelles circonstances se passe une action (lieu, temps, manière, cause, etc.).

circuit (nom masculin)
1. Parcours qui ramène au point de départ. *Cette année, nous ferons le **circuit** des glaciers.* **2.** Suite de fils électriques où passe le courant. *Couper le **circuit**.*

■ **circulaire** (adjectif)
Qui a la forme d'un cercle, ou qui décrit un cercle. *Du haut de la tour, Pierre a jeté un coup d'œil **circulaire** sur le paysage. Une scie **circulaire**.*

■ **circulaire** (nom féminin)
Lettre en plusieurs exemplaires qui sont expédiés aux personnes concernées. *La présidente de l'association a envoyé une **circulaire** aux adhérents.*

circulation (nom féminin)
1. Va-et-vient des personnes et des véhicules. *La **circulation** est fluide sur l'autoroute.* **2.** Mouvement du sang dans les artères. *William Harvey a découvert la **circulation** sanguine en 1628.*

circulatoire (adjectif)
• **Appareil circulatoire :** ensemble des organes de la circulation sanguine. *Le cœur, les artères, les veines, les vaisseaux constituent l'**appareil circulatoire**.*

circuler (verbe) ▶ conjug. n° 3
Se déplacer dans un conduit ou sur une voie de communication. *L'air **circule** dans nos poumons. L'eau **circule** dans les caniveaux.* Famille du mot : circul**ation**, circul**atoire**.

cire (nom féminin)
Matière molle et jaunâtre produite par les abeilles. *Avec la **cire**, on fait des bougies et de l'encaustique.* Famille du mot : cir**age**, cir**é**, cir**er**, cir**eur**, cir**eux**.

ciré, ée (adjectif)
• **Toile cirée :** toile recouverte d'un produit qui la rend imperméable. ■ **ciré** (nom masculin) Imperméable en toile cirée. *Les pêcheurs portent des **cirés** jaunes.*

cirer (verbe) ▶ conjug. n° 3
Frotter avec de la cire ou du cirage. *Tes chaussures brillent, elles **sont** bien **cirées**.*

cireur, euse (nom)
Personne qui cire les chaussures, généralement dans la rue.

cireux, euse (adjectif)
• **Teint cireux :** blanc jaunâtre comme la cire.

cirque (nom masculin)
1. Piste ronde entourée de gradins où des clowns, des acrobates, des dompteurs présentent des numéros. *Le **cirque** a dressé son chapiteau sur la place.* **2.** Espace en forme de demi-cercle entouré de montagnes. *Le **cirque** de Gavarnie.* Chez les Romains, les jeux du **cirque** étaient ceux qui se déroulaient dans les arènes (combats, courses de chars, etc.).

« Le **Cirque** » de Georges Seurat (1891)

a b c d e f g h i j k l m n o p q r s t u v w x y z

cirrhose (nom féminin)
Très grave maladie du foie. *L'alcoolisme provoque des **cirrhoses**.*

cirrus (nom masculin)
Nuage mince et allongé. Prononciation [siRys].

cisailler (verbe) ▸ conjug. n° 3
Couper avec des cisailles. *Le prisonnier **a cisaillé** les barbelés pour s'échapper.*

cisailles (nom féminin pluriel)
Gros ciseaux servant à couper les métaux ou de petites branches.

ciseau, eaux (nom masculin)
Instrument d'acier, tranchant et taillé en biseau à l'une de ses extrémités. *On travaille le bois, le fer, la pierre au **ciseau**.* ■ ciseaux (nom masculin pluriel) Instrument à deux lames dont on se sert pour couper. *Une paire de **ciseaux** à ongles.*

ciseler (verbe) ▸ conjug. n° 8
Sculpter avec un ciseau. *L'orfèvre **cisèle** un bracelet.*

citadelle (nom féminin)
Forteresse qui domine une ville.

citadin, ine (nom)
Personne qui habite dans une ville. *Les **citadins** sont très nombreux en Île-de-France.*

citation (nom féminin)
Phrase que l'on cite, extraite d'un livre ou d'un discours.

cité (nom féminin)
1. Synonyme littéraire de ville. 2. Groupe d'immeubles. *Les enfants de la **cité** jouent au foot sur le parking.*

citer (verbe) ▸ conjug. n° 3
1. Donner le nom de quelqu'un ou de quelque chose. *Quentin **a cité** plusieurs personnes qu'il a rencontrées.* 2. Répéter exactement ce que quelqu'un a dit ou écrit. *Julie **cite** souvent ces paroles du Petit Prince : « On ne voit bien qu'avec le cœur... ».*

citerne (nom féminin)
Grand réservoir. *On recueille l'eau de pluie dans les **citernes**.*

cithare (nom féminin)
Instrument de musique à cordes, utilisé dans l'Antiquité.

une **cithare**

citoyen, enne (nom)
Personne qui habite un État et en a la nationalité. *Voter est l'un des devoirs du **citoyen**.*

citoyenneté (nom féminin)
1. Qualité de citoyen. *Djamal est né en France, il a la **citoyenneté** française.* 2. Attitude qui respecte le sens civique. *L'éducation à la **citoyenneté** fait partie des programmes scolaires.*

citron (nom masculin)
Agrume jaune et acide. *Du thé au **citron**.* ➡ p. 35. Famille du mot : citron**nade**, citron**nelle**, citron**nier**.

citronnade (nom féminin)
Boisson faite avec du jus ou du sirop de citron.

citronnelle (nom féminin)
Plante aromatique à odeur de citron. *Du poulet à la **citronnelle**.*

citronnier (nom masculin)
Petit arbre des régions chaudes, qui produit les citrons. *Le bois du **citronnier** est utilisé en ébénisterie.*

citrouille (nom féminin)
Grosse courge ronde. *À la Toussaint, les petits Américains creusent des **citrouilles** et allument une bougie à l'intérieur.*

Çiva
➡ Voir **Shiva**.

civet (nom masculin)
Ragoût de gibier cuit avec du vin rouge et des oignons. *Un **civet** de lièvre.*

civière (nom féminin)
Sorte de lit servant à transporter les blessés ou les malades. *On l'a emmené sur une **civière** dans l'ambulance.* (Syn. brancard.)

civil, ile (adjectif)
1. Qui concerne le citoyen. *Une fiche d'état **civil**.* **2.** Qui n'est pas militaire. *Il préfère la vie **civile** à la vie militaire.* **3.** Qui n'est pas religieux. *Le mariage **civil** est célébré à la mairie.* ■ **civil** (nom masculin) Personne qui n'appartient pas à l'armée. *Les **civils** ne peuvent pas entrer dans la caserne.* • **En civil :** sans uniforme. *Un policier **en civil**.*

civilisation (nom féminin)
1. Manière de vivre et de penser d'un peuple. *La **civilisation** romaine.* **2.** Ensemble des progrès apportés par les sciences et les techniques. *Le téléphone est un bienfait de la **civilisation**.*

civiliser (verbe) ▸ conjug. n° 3
Apporter sa civilisation à un autre peuple. *Les Grecs **ont civilisé** les Romains.*

civique (adjectif)
Du citoyen. *Le vote est un droit et un devoir **civiques**.* • **Éducation civique :** matière qui enseigne les droits et les devoirs des citoyens.

civisme (nom masculin)
Attitude responsable d'un citoyen. *Prévenir les pompiers quand on assiste à un accident, c'est faire preuve de **civisme**.*

clafoutis (nom masculin)
Sorte de flan garni de fruits.

clair, claire (adjectif)
1. Qui est bien éclairé. *Le salon est une pièce très **claire**.* (Syn. lumineux. Contr. obscur, sombre.) **2.** Qui est peu coloré. *Un pantalon de toile **claire**.* (Contr. foncé.) **3.** Qui est pur et transparent. *L'eau **claire** d'une source.* (Syn. limpide. Contr. trouble.) **4.** Qui est net et bien timbré. *Une voix **claire**.* (Contr. sourd.) **5.** Qui est facile à comprendre. *Une idée simple et **claire**.* (Contr. confus.) ■ **clair** (nom masculin) • **Clair de lune :** lumière de la lune. • **Tirer au clair :** éclaircir, élucider. • **Une émission en clair :** une émission qui n'est pas codée, qui peut être regardée par tout le monde. ■ **clair** (adverbe) • **Il fait clair :** il fait jour. • **Voir clair :** bien voir et, au sens figuré, comprendre. *Quel temps ! On n'y **voit** plus **clair**. Je **vois clair** dans ton jeu.*
Famille du mot : clair**ement**, clar**ifier**, éclair**cie**, éclair**cir**, éclair**cissement**, éclai**rage**, éclair**er**.

clairement (adverbe)
De façon claire. *Sarah m'a tout expliqué très **clairement**.*

claire-voie (nom féminin)
• **À claire-voie :** qui présente des vides, des jours entre chaque élément. *Un cageot est une caissette **à claire-voie**.*
ORTHO On écrit aussi **clairevoie**.

clairière (nom féminin)
Endroit sans arbres dans un bois, une forêt. *Nous avons vu un cerf traverser la **clairière**.*

clair-obscur (nom masculin)
Lumière douce et tamisée. *Le **clair-obscur** d'un sous-bois.* (Syn. pénombre.)
Pluriel : des clair**s**-obscur**s**.

un **clair-obscur** dans une **clairière**

clairon (nom masculin)
Instrument de musique à vent, surtout utilisé dans l'armée.

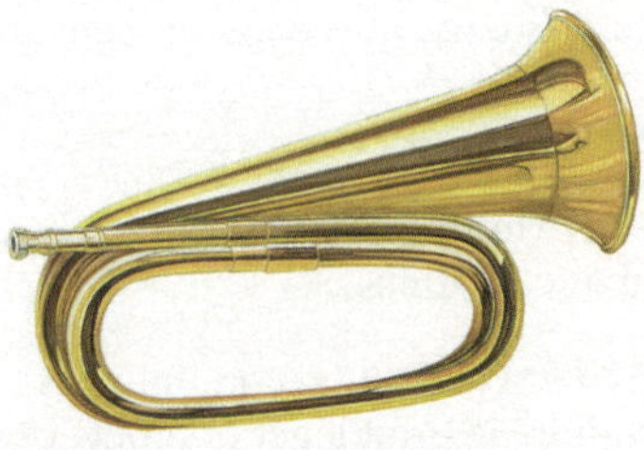

un **clairon**

claironner (verbe) ▶ conjug. n° 3
Dire très fort et à tout le monde. *Romain est allé **claironner** partout qu'il avait gagné la course.* (Syn. proclamer.)

clairsemé, ée (adjectif)
Qui est peu serré. *Il n'y a pas grand monde, la foule est **clairsemée**.* (Contr. dense.)

clairvoyant, ante (adjectif)
Qui a un jugement lucide. *Il a été **clairvoyant** en partant avant la formation des embouteillages.* (Syn. avisé, perspicace.)

clamer (verbe) ▶ conjug. n° 3
Synonyme de proclamer. *Le journaliste **clame** son indignation.*

clameur (nom féminin)
Cris qui expriment la joie ou la colère. *Les **clameurs** de la foule en colère.*

clan (nom masculin)
Groupe qui n'admet aucune personne extérieure. *Il y a un mauvais esprit dans la classe, il y a des **clans**.*

clandestin, ine (adjectif et nom)
Qui agit en cachette et de manière illégale. *Le capitaine a découvert un passager **clandestin**.* Famille du mot : clandestin**ement**, clandestin**ité**.

clandestinement (adverbe)
De manière clandestine. *Il est entré **clandestinement** en France.*

clandestinité (nom féminin)
Situation d'une personne clandestine. *Les opposants à la dictature doivent vivre dans la **clandestinité**.*

clapet (nom masculin)
Pièce d'un appareil qui ne laisse passer des éléments que dans un sens. *Le sac à poussières de l'aspirateur est muni d'un **clapet**.*

clapier (nom masculin)
Cabane à lapins.

clapoter (verbe) ▶ conjug. n° 3
Produire le bruit léger et répété des vagues. *L'eau **clapotait** contre la barque.*

clapotis (nom masculin)
Bruit de l'eau qui clapote. *On entend le **clapotis** du lac dans la nuit d'été.*
ORTHO On dit aussi **clapotement**.

claquage (nom masculin)
Déchirure musculaire. *Zoé s'est fait un **claquage** au tennis.*

claque (nom féminin)
Coup donné avec le plat de la main. *Si tu continues tes bêtises, tu vas avoir une paire de **claques** !* (Syn. gifle.)

claquement (nom masculin)
Bruit produit par ce qui claque. *On entendit le **claquement** d'une portière, et la voiture démarra.*

claquemurer (verbe) ▶ conjug. n° 3
1. Enfermer dans un endroit étroit. *Les prisonniers **sont claquemurés** dans de minuscules cellules.* 2. Se claquemurer : s'enfermer chez soi.

claquer (verbe) ▶ conjug. n° 3
1. Produire un bruit sec. *Un coup de feu **claqua**.* 2. Refermer brutalement. *Laura est partie furieuse en **claquant** la porte.* 3. Se claquer quelque chose : se faire un claquage. *Il n'était pas échauffé, il **s'est claqué** un muscle.* • **Claquer des dents :** grelotter de froid, de fièvre ou de peur. Famille du mot : claqu**age**, claque, claq**uement**, claqu**ettes**.

claquettes (nom féminin pluriel)
Manière de danser en marquant le rythme grâce à des chaussures dont les semelles sont munies de lames de métal.

clarifier (verbe) ▶ conjug. n° 10
Rendre plus clair et plus compréhensible. *Votre exposé **a clarifié** la question.* (Syn. éclaircir. Contr. embrouiller.)

clarinette (nom féminin)
Instrument de musique à vent.

clarinettiste (nom)
Musicien qui joue de la clarinette.

clarté (nom féminin)
1. Lumière. *La **clarté** du jour.* 2. Qualité de ce qui est clair et compréhensible. *Myriam s'exprime avec **clarté**.* (Syn. netteté. Contr. confusion.)

classe (nom féminin)
1. Catégorie de personnes qui ont à peu près les mêmes revenus, un genre de vie commun. *Les **classes** sociales.* 2. Catégorie de place dans un moyen de transport. *Un billet de première **classe**.* 3. Groupe d'élèves suivant les mêmes cours. *Toute la **classe** est partie en promenade.* 4. Salle où ont lieu les cours. *On n'entendait pas un bruit dans la **classe**.* • **En classe :** à l'école. • **Faire la classe :** enseigner. • **Classe de mots :** catégorie grammaticale. *Parmi les **classes de mots**, il y a les verbes, les noms, les adjectifs, etc.*

classement (nom masculin)
1. Action de classer. *Le **classement** des photos dans un album.* 2. Place obtenue lors d'une épreuve. *Ce coureur a gagné dix places au **classement** général.*

classer (verbe) ▸ conjug. n° 3
1. Ranger selon un certain ordre. ***J'ai classé** mes livres par ordre alphabétique.* (Contr. déclasser.) 2. Se classer : obtenir un certain rang dans un classement. *Thomas **s'est classé** premier à l'épreuve de ski de fond.* Famille du mot : classe, classe**ment**, class**eur**, **dé**classer, **re**classer.

une **clarinette**

classeur (nom masculin)
Chemise servant à classer des papiers. *Victor achète des feuilles de **classeur**, à deux trous.*

classicisme (nom masculin)
Caractère de ce qui est classique. *Le **classicisme** des goûts d'Ursula s'oppose aux idées excentriques de son cousin.*

classique (adjectif)
1. Que l'on étudie en classe et que l'on considère comme des modèles. *Racine, Goethe, Shakespeare sont des écrivains **classiques**.* 2. Traditionnel et sans fantaisie. *Fatima est très **classique** dans son habillement.* • **Musique classique :** musique des grands compositeurs occidentaux des siècles passés.

claudiquer (verbe) ▸ conjug. n° 3
Synonyme littéraire de boiter.

clause (nom féminin)
Article d'un contrat ou d'une loi qui précise ce que chaque signataire s'engage à respecter.

claustrophobe (adjectif)
Qui est atteint de claustrophobie. *Anna ne prend jamais l'ascenseur, elle est **claustrophobe**.*

claustrophobie (nom féminin)
Angoisse éprouvée par certains quand ils se trouvent dans un lieu fermé.

clavecin (nom masculin)
Instrument de musique à cordes pincées, qui ressemble au piano.

clavicule (nom féminin)
Os de l'épaule. ➡ p. 300.

clavier (nom masculin)
Ensemble des touches d'un piano, d'un accordéon, d'un ordinateur, etc.

clé (nom féminin)
1. Instrument qui sert à ouvrir ou à fermer une serrure, à mettre le contact, etc. *L'armoire est fermée à **clé**. Où as-tu mis les **clés** de la voiture ?* 2. Outil qui permet de serrer ou de desserrer les écrous et les boulons. 3. Au sens figuré, ce qui rend les choses explicables. *Julie a découvert la **clé** du mystère.* 4. Signe placé au début d'une portée de musique et qui permet de lire les notes. *La ligne qui commence par la **clé** de sol est la ligne du*

sol. • **Prendre la clé des champs :** s'évader. • **Clé USB :** petit appareil que l'on connecte à un ordinateur pour y stocker des données informatiques. *J'ai sauvegardé mon fichier sur ma* ***clé USB****.*
ORTHO On écrit aussi **clef**.

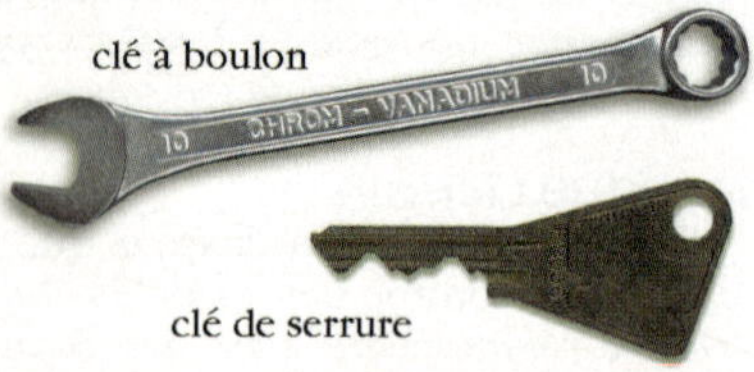

des **clés**

clématite (nom féminin)
Plante grimpante à fleurs blanches, roses ou violettes.

clémence (nom féminin)
Attitude indulgente envers les coupables. *Le roi fit preuve de* ***clémence*** *et laissa la vie au prisonnier.*

Clemenceau Georges (né en 1841, mort en 1929)
Homme politique français. Député d'extrême gauche en 1875, il fut sénateur, puis président du Conseil. En tant que journaliste, il prit la défense du capitaine Dreyfus. Son énergie et son autorité lui valurent le surnom de « Tigre », puis, plus tard, de « Père la Victoire » pour avoir soutenu le commandement militaire et redonné confiance aux Français pendant la Première Guerre mondiale. Il a publié des romans, des pièces de théâtre, des souvenirs et a été élu à l'Académie française en 1918.

clément, ente (adjectif)
1. Qui fait preuve de clémence. *Les vainqueurs se montrèrent* ***cléments*** *vis-à-vis des vaincus.* (Syn. indulgent. Contr. sévère.) **2.** Qui n'est pas froid. *La Provence jouit d'un hiver* ***clément****.* (Syn. doux. Contr. rigoureux.)

clémentine (nom féminin)
Agrume sans pépins qui ressemble à une petite orange. ➡ p. 35.

Cléopâtre VII (née en 69, morte en 30 avant Jésus-Christ)
Reine d'Égypte, célèbre pour sa beauté et son intelligence. Elle fut aimée de César, puis du général romain Marc Antoine, qui l'aida à étendre son royaume en lui donnant de nouvelles provinces. Mais Antoine et Cléopâtre furent vaincus par Octave, le futur empereur romain, et se suicidèrent en Égypte.

une représentation de **Cléopâtre** sur un temple égyptien

clepsydre (nom féminin)
Horloge à eau de l'Antiquité.

cleptomane (nom)
Personne qui ne peut s'empêcher de commettre des vols.
ORTHO On écrit aussi **kleptomane**.

clerc (nom masculin)
Employé d'un notaire ou d'un huissier.
● Prononciation [klɛʀ].

clergé (nom masculin)
Dans la religion chrétienne, ensemble des hommes au service de Dieu. *Dans le* ***clergé*** *catholique, il y a des prêtres, des abbés, des évêques, des cardinaux.*

clérical, ale, aux (adjectif)
Qui concerne le clergé.

Clermont-Ferrand
Chef-lieu du département du Puy-de-Dôme (139 000 habitants). Clermont-Ferrand est un grand centre de l'industrie des pneumatiques. Sa basilique, Notre-

Dame-du-Port, est un chef-d'œuvre de l'art roman.

cliché (nom masculin)
1. Synonyme de photo. *Le photographe a pris plusieurs **clichés** du mariage.* **2.** Synonyme de lieu commun. *« Les feuillages d'or de l'automne » est un **cliché**.*

client, ente (nom)
Personne qui achète quelque chose ou qui paie pour un service. *Il y a la queue, les **clients** s'impatientent.*

clientèle (nom féminin)
Ensemble des clients. *Ce restaurant a une nombreuse **clientèle**.*

cligner (verbe) ▸ conjug. n° 3
Ouvrir et fermer rapidement les paupières. *Le soleil sur la neige me fait **cligner** les yeux.*

clignotant (nom masculin)
Lumière rouge ou orangée qui clignote pour signaler un changement de direction de la voiture. *Il a mis son **clignotant** à gauche pour dépasser.* ➡ p. 103.

clignoter (verbe) ▸ conjug. n° 3
S'allumer et s'éteindre à intervalles courts et réguliers. *Ses feux de détresse **clignotent**.*

climat (nom masculin)
Temps qu'il fait dans une région. *Le **climat** de la Bretagne est doux et humide.*
Famille du mot : acclimat**ation**, accli**mater**, climat**ique**, climat**isation**, climati**ser**.

climatique (adjectif)
Du climat. *La Côte d'Azur jouit de conditions **climatiques** exceptionnelles. Le réchauffement **climatique** de la planète menace de nombreuses espèces animales.*

climatisation (nom féminin)
Ensemble d'appareils qui permettent de climatiser un local. *Il fait 40 degrés à l'ombre et la **climatisation** est en panne !*

climatiser (verbe) ▸ conjug. n° 3
Maintenir toujours la même température dans un lieu clos au moyen d'appareils. *Le taxi **est climatisé**, c'est bien agréable par cette chaleur.*

clin d'œil (nom masculin)
Signe que l'on fait en clignant un œil. *Je t'ai vu faire un **clin d'œil** à Hélène !*
• **En un clin d'œil :** très vite.

clinique (nom féminin)
Établissement médical privé. *Yann a été opéré dans une **clinique**.*

clinquant, ante (adjectif)
Qui brille d'un grand éclat, mais qui est sans valeur. *Ce mobilier **clinquant** n'est pas du meilleur goût !*

clip (nom masculin)
Film court qui illustre une chanson ou une publicité.

clique (nom féminin)
1. Ensemble des tambours et des clairons d'un régiment. **2.** Groupe de personnes qui se mettent ensemble pour manigancer. *Ils font tous partie de la même **clique**, méfie-toi !*

cliquer (verbe) ▸ conjug. n° 3
Appuyer sur la souris d'un ordinateur pour effectuer une opération.

cliquetis (nom masculin)
Bruit léger d'objets qui s'entrechoquent. *On entendit le **cliquetis** des clés du gardien.*

clochard, arde (nom)
Personne qui n'a ni domicile ni travail.

cloche (nom féminin)
1. Instrument sonore en métal, pourvu d'un battant. *En 1918, les **cloches** sonnèrent l'armistice à toute volée.* **2.** Ustensile en forme de cloche. *Pour les faire mûrir, on met les salades et les melons sous **cloche**.*
Famille du mot : cloch**er**, cloche**ton**, cloch**ette**.

à **cloche-pied** (adverbe)
En sautant sur un seul pied. *On joue à la marelle **à cloche-pied**.*
ORTHO On écrit aussi **à clochepied**.

clocher (nom masculin)
Haute tour d'une église, où sont suspendues les cloches. ➡ p. 205.

clocheton (nom masculin)
Petit clocher.

clochette (nom féminin)
1. Petite cloche. *On entend tinter les **clochettes** des moutons.* **2.** Petite fleur en forme de cloche. *Les **clochettes** du muguet.*

cloison (nom féminin)
Mur intérieur peu épais. *On l'entend ronfler à travers la **cloison**.*

cloisonner (verbe) ▸ conjug. n° 3
Diviser par une cloison. *On **a cloisonné** cette grande pièce pour en faire deux chambres.*

cloître (nom masculin)
Dans un couvent, galerie couverte qui entoure une cour ou un jardin.
ORTHO On écrit aussi **cloitre**.

un **cloître**

cloîtrer (verbe) ▸ conjug. n° 3
Mettre à l'écart des autres. *Depuis la mort de sa femme, il vit **cloîtré** chez lui.* (Syn. enfermer.)
ORTHO On écrit aussi **cloitrer**.

clone (nom masculin)
Copie exacte d'un être vivant. *Dans ce roman, un savant fou fabrique des **clones** d'hommes et de femmes.*

cloner (verbe) ▸ conjug. n° 3
Fabriquer un clone. *Les scientifiques **ont cloné** des moutons.*

clopin-clopant (adverbe)
En boitant un peu. *Les éclopés de la course arrivèrent **clopin-clopant**.*

cloporte (nom masculin)
Petit animal qui vit dans les endroits obscurs et humides. *Quand William a renversé la souche, une armée de **cloportes** a détalé.*

cloque (nom féminin)
1. Poche remplie de liquide qui apparaît sous la peau. *Mes chaussures neuves m'ont fait des **cloques** au talon.* (Syn. ampoule.) **2.** Boursouflure. *Le papier peint fait des **cloques** : il a été mal posé.*

clore (verbe) ▸ conjug. n° 55
Synonyme littéraire de fermer ou de terminer. *Tu vas maintenant **clore** les paupières et dormir. Les inscriptions **sont closes** depuis fin septembre.* Famille du mot : clôture, clôturer, **en**clos.

clôture (nom féminin)
1. Ce qui ferme un terrain. *Une haie, un grillage, une palissade sont des **clôtures**.* **2.** Ce qui termine quelque chose. *Le président a prononcé le discours de **clôture**.*

clôturer (verbe) ▸ conjug. n° 3
1. Entourer d'une clôture. *L'éleveur **a clôturé** son pré.* **2.** Mettre fin à quelque chose. *Un vin d'honneur **a clôturé** la cérémonie.* (Syn. achever, finir.)

clou (nom masculin)
1. Petite tige métallique pointue, qui sert à fixer quelque chose. *Xavier ne sait pas planter un **clou** sans se taper sur les doigts.* (Syn. pointe.) **2.** Moment le plus réussi d'un spectacle. *Le numéro de l'équilibriste a été le **clou** de la soirée.*
• **Maigre comme un clou :** très maigre.
Famille du mot : clou**er**, clou**té**, **dé**clouer.

clouer (verbe) ▸ conjug. n° 3
Fixer avec des clous. • **Clouer le bec à quelqu'un :** dans la langue familière, faire une réponse qui l'oblige à se taire.

un **cloporte**

clouté, ée (adjectif)
Garni de clous. *Des pneus **cloutés**.* • **Passage clouté :** passage protégé où les piétons peuvent traverser la rue.

Clovis Ier (né vers 465, mort en 511)
Roi des Francs de 481 à 511. Après avoir battu les Romains, puis les Burgondes et les Wisigoths, il réussit à réunir les différentes tribus barbares et à fonder un État. Il se convertit au christianisme puis fut baptisé vers 496 ; il fut le premier roi catholique de la Gaule. ➡ p. 121.

clown (nom masculin)
Artiste de cirque qui fait des numéros comiques. ● **Clown** est un mot anglais : on prononce [klun].

clownerie (nom féminin)
Farce ou grimace du clown. *Ses **clowneries** amusent toute la classe.* (Syn. pitrerie.) ● Prononciation [klunʀi].

club (nom masculin)
1. Groupe de personnes qui se réunissent régulièrement pour une activité. *Un **club** sportif, un **club** de philatélistes.* **2.** Canne de golf qui sert à frapper la balle. ● **Club** est un mot anglais : on prononce [klœb].

Cluny
Ville de la Saône-et-Loire, près de Mâcon (4 500 habitants). Sa célèbre abbaye bénédictine, fondée en 910, possédait la plus grande église du monde jusqu'à la construction de Saint-Pierre de Rome. L'église est aujourd'hui presque complètement détruite.

CM (nom masculin)
Quatrième et cinquième années de l'école primaire. *À l'école primaire, il y a le **CM1** et le **CM2**.* ⊶ **CM** est le sigle de *cours moyen*.

CNRS
Sigle de Centre national de la recherche scientifique. Cet établissement public français a été créé en 1939 pour développer la recherche scientifique et technologique.

coagulation (nom féminin)
Fait de coaguler. *La chaleur provoque la **coagulation** du blanc d'œuf.*

coaguler (verbe) ▸ conjug. n° 3
Devenir solide. *Quand le lait tourne, il **coagule**.* (Syn. cailler, figer.)

se coaliser (verbe) ▸ conjug. n° 3
Faire une coalition. *Vous **vous coalisez** tous contre moi !* (Syn. s'allier, liguer.)

coalition (nom féminin)
Alliance contre un ennemi commun. *Durant la Seconde Guerre mondiale, les Alliés ont formé une **coalition** contre Hitler.*

coassement (nom masculin)
Cri des grenouilles et des crapauds.

coasser (verbe) ▸ conjug. n° 3
Pousser des coassements. *Les grenouilles **coassent** et les corbeaux croassent.*

cobalt (nom masculin)
1. Métal blanc qui entre dans la composition des alliages. *Certains aciers contiennent du **cobalt**.* **2.** Couleur bleue. *J'ai un tube de peinture **cobalt**.*

cobaye (nom masculin)
Petit rongeur que l'on utilise pour faire des expériences scientifiques. (Syn. cochon d'Inde.) ● Prononciation [kɔbaj].

un **cobaye**

cobra (nom masculin)
Serpent venimeux d'Afrique ou d'Asie. *Le **cobra** indien est appelé serpent à lunettes.* (Syn. naja.) ➡ p. 252.

coca (nom masculin)
1. Arbuste d'Amérique du Sud, dont les feuilles contiennent des matières stimulantes. *On extrait la cocaïne du **coca**.* **2.** Boisson gazeuse à base de coca. ⊶ Dans le sens 2, **coca** est le nom d'une marque et se dit aussi **coca-cola**

cocagne (nom féminin)
• **Mât de cocagne :** mât glissant, au sommet duquel sont accrochés des lots

qui sont gagnés par ceux qui parviennent à les attraper. • **Pays de cocagne :** pays imaginaire où l'on a tout ce que l'on veut.

cocaïne (nom féminin)
Poudre blanche extraite des feuilles d'un arbuste d'Amérique du Sud. *La cocaïne est une drogue dangereuse.*

cocarde (nom féminin)
Insigne rond aux couleurs du drapeau d'un pays. *Les avions de combat français portent une **cocarde** tricolore.*

cocasse (adjectif)
Étonnant et comique à la fois. *Cette histoire **cocasse** nous a bien fait rire.*

coccinelle (nom féminin)
Insecte rouge ou orangé à points noirs. *Les **coccinelles** se nourrissent de pucerons.* (Syn. bête à bon Dieu.)

trois sortes de **coccinelles**

coccyx (nom masculin)
Bas de la colonne vertébrale. *Benjamin s'est fêlé le **coccyx** en tombant sur le derrière.* ● Prononciation [kɔksis].

■ **cocher** (verbe) ▸ conjug. n° 3
Marquer d'un signe un mot ou une case dans une liste. *Sur le programme, j'**ai coché** les films que je vais regarder cette semaine.*

■ **cocher** (nom masculin)
Personne qui conduisait les voitures à cheval. *Le **cocher** fouetta le cheval, et le fiacre partit à vive allure.*

cochère (adjectif féminin)
• **Porte cochère :** grande porte à deux battants.

un **cobra**

cochon (nom masculin)
Mammifère domestique élevé pour sa chair. *Les **cochons** grognent dans la porcherie.* (Syn. porc.) • **Cochon de lait :** petit cochon qui tète encore sa mère. • **Cochon d'Inde :** cobaye. • **Temps de cochon :** très mauvais temps. • **Tête de cochon :** mauvais caractère. • **Tour de cochon :** méchanceté. ■ cochon, onne (nom) Personne sale.

cochonnerie (nom féminin)
1. Synonyme familier de saleté. *Le chien a fait des **cochonneries** sur la moquette.* 2. Objet de mauvaise qualité. *Tu peux jeter ces **cochonneries** à la poubelle !*

cochonnet (nom masculin)
Petite boule qui sert de but à la pétanque.

cocker (nom masculin)
Chien de chasse aux oreilles pendantes. *Le **cocker** est une variété d'épagneul.* ● **Cocker** est un mot anglais : on prononce [kɔkɛʀ].

cockpit (nom masculin)
Poste de pilotage d'un avion. (Syn. cabine.) ➡ p. 108. ● **Cockpit** est un mot anglais : on prononce [kɔkpit].

cocktail (nom masculin)
1. Boisson obtenue en mélangeant des alcools et des sirops. 2. Réception, avec buffet, en fin d'après-midi, pour fêter un évènement. ● **Cocktail** est un mot anglais : on prononce [kɔktɛl].

coco (nom masculin)
• **Noix de coco :** fruit du cocotier.

cocon (nom masculin)
Enveloppe de fils de soie que certaines chenilles tissent pour se transformer en chrysalide.

cocorico ! (interjection)
Mot qui imite le cri du coq.

cocotier (nom masculin)
Grand palmier des régions tropicales, dont le fruit est la noix de coco.

un **cocotier**

cocotte (nom féminin)
1. Synonyme familier de poule. *Élodie s'amuse à faire des* ***cocottes*** *en papier.* 2. Marmite en fonte. *On fait cuire le ragoût dans la* ***cocotte****.*

code (nom masculin)
1. Ensemble des lois et des règlements à respecter concernant des domaines précis. *Le* ***Code*** *pénal, le* ***code*** *de la route.* 2. Feux de croisement d'une automobile. *Il faut se mettre en* ***codes*** *quand on croise une voiture.* 3. Langage secret compris par le destinataire du message seulement. *Le* ***code*** *convenu c'est deux coups de sifflet longs, puis un bref.* 4. Combinaison secrète de chiffres. *Tapez votre* ***code****, s'il vous plaît.* • **Code postal :** numéro attribué à chaque ville, qu'il faut inscrire sur les lettres et les colis postaux. Famille du mot : code-barres, coder, **dé**coder.

code-barres (nom masculin)
Ensemble de barres verticales imprimées sur un emballage et qui correspondent à des renseignements sur le produit. Pluriel : des code**s**-barres.

coder (verbe) ▸ conjug. n° 3
Rédiger un message en code. *Les espions correspondent par messages* ***codés****.*

codifier (verbe) ▸ conjug. n° 10
Établir le règlement d'une activité. *Quand les voitures ont commencé de rouler sur les routes, on* ***a codifié*** *la circulation.*

coefficient (nom masculin)
Nombre par lequel on doit multiplier un autre nombre. *Il a eu 5 points au-dessus de la moyenne en français ; avec un* ***coefficient*** *3, ça lui fait 15 points d'avance pour son examen.*

coéquipier, ère (nom)
Joueur qui fait partie de la même équipe qu'un autre. *Au tennis, Zoé est ma* ***coéquipière****.*

cœur (nom masculin)
1. Muscle qui fait circuler le sang dans les vaisseaux. 2. Endroit où sont supposés naître les sentiments (bonté, amour, affection). *David a bon* ***cœur****. Je vous embrasse de tout mon* ***cœur****.* 3. Partie centrale de quelque chose. *Un* ***cœur*** *de salade. Le* ***cœur*** *du problème.* 4. L'une des quatre couleurs du jeu de cartes. *Dix de* ***cœur****, roi de* ***cœur*** *et as de* ***cœur*** *!* • **Avoir le cœur gros, serré :** avoir du chagrin. • **Avoir mal au cœur :** avoir la nausée. • **De bon cœur :** volontiers. • **En avoir le cœur net :** vérifier si une chose est vraie ou non. • **Faire mal au cœur :** faire de la peine. • **Par cœur :** de mémoire. • **S'en donner à cœur joie :** s'amuser autant qu'on peut. Famille du mot : à contrecœur, écœur**ant**, écœur**er**.

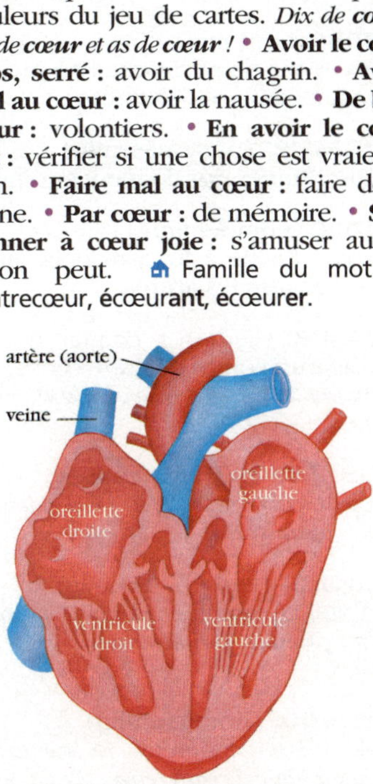

le **cœur**

coexistence (nom féminin)
Fait de coexister. *La **coexistence** de plusieurs tendances dans un parti.*

coexister (verbe) ▸ conjug. n° 3
Exister en même temps qu'autre chose. *Brutalité et gentillesse peuvent **coexister** chez une même personne.*

coffre (nom masculin)
1. Grande caisse munie d'un couvercle. *Un **coffre** à jouets, un **coffre** à linge.* 2. Endroit prévu pour mettre les bagages dans une voiture. ➡ p. 103.
Famille du mot : coffre-fort, coffret.

coffre-fort (nom masculin)
Armoire métallique où l'on garde de l'argent et des objets précieux.
Pluriel : des coffre**s**-fort**s**.

coffret (nom masculin)
1. Petit coffre où l'on range des bijoux. *Un **coffret** en bois de santal.* 2. Boîtier contenant plusieurs objets. *Un **coffret** de livres.*

cogiter (verbe) ▸ conjug. n° 3
Synonyme familier de réfléchir. *Ses soucis l'ont fait **cogiter** toute la nuit.*

cognac (nom masculin)
Eau-de-vie de raisin que l'on produit à Cognac, dans les Charentes.

cognassier (nom masculin)
Arbre fruitier qui donne les coings.

cognée (nom féminin)
Grosse hache à long manche utilisée pour abattre les arbres.

se **cogner** (verbe) ▸ conjug. n° 3
Se heurter contre quelque chose. *Laura s'est fait une bosse en **se cognant** contre le mur.*

cohabitation (nom féminin)
Fait de cohabiter. *Ils ne s'entendent pas : leur **cohabitation** est difficile.*

cohabiter (verbe) ▸ conjug. n° 3
Habiter ensemble. *Aux sports d'hiver, ces deux familles **cohabitent** dans le même chalet.*

cohérence (nom féminin)
Fait d'être cohérent. *Le scénario du film manque de **cohérence**.* (Contr. incohérence.)

cohérent, ente (adjectif)
Dont toutes les idées s'enchaînent logiquement. *Son raisonnement se tient, il est **cohérent**.* (Syn. logique. Contr. incohérent.)
Famille du mot : cohéren**ce**, **in**cohérence, **in**cohérent.

cohésion (nom féminin)
Caractère d'un groupe dont les membres s'entendent bien. *Il y a une bonne **cohésion** dans l'équipe.*

cohorte (nom féminin)
Troupe de gens. *Des **cohortes** de réfugiés affluent aux frontières.*

cohue (nom féminin)
Foule de gens qui se bousculent. *Quelle **cohue** dans les magasins à l'approche de Noël !* (Syn. bousculade.)

coi, coite (adjectif)
• **Rester coi :** rester silencieux.

coiffe (nom féminin)
Bonnet en tissu ou en dentelle, que les femmes portaient autrefois à la campagne.

coiffer (verbe) ▸ conjug. n° 3
1. Peigner les cheveux de quelqu'un. *Sarah sait **se coiffer** toute seule, maintenant.* 2. Couvrir la tête de quelqu'un. *Clément entra, **coiffé** de son béret.* Famille du mot : coiffe, coiff**eur**, coiff**ure**, **dé**coiffer, **re**coiffer.

coiffeur, euse (nom)
Personne dont le métier est de couper et de peigner les cheveux. *Tes cheveux sont trop longs, va chez le **coiffeur** !*

coiffure (nom féminin)
1. Manière dont les cheveux sont arrangés. *Cette **coiffure** te rajeunit.* 2. Ce qui sert à couvrir la tête. *La couronne, la toque, le turban sont des **coiffures**.*

coin (nom masculin)
1. Angle formé par deux choses, deux rues, deux murs. *Le **coin** de la table. Les quatre **coins** d'une pièce.* 2. Petit espace ou portion d'espace. *Kevin lit dans son **coin**. On a passé les vacances dans un **coin** magnifique.* (Syn. endroit.)

coincer (verbe) ▸ conjug. n° 4
Empêcher de bouger ou de fonctionner. *La clé **est coincée** dans la serrure, impossible d'ouvrir.* (Syn. bloquer.)

coïncidence (nom féminin)
Faits qui se produisent ensemble par hasard. *Ibrahim et Odile se sont retrouvés dans le même train : quelle **coïncidence** !*
● Prononciation [kɔɛ̃sidɑ̃s].

coïncider (verbe) ▶ conjug. n° 3
1. Avoir lieu au même moment. *Chic ! Nos dates de vacances **coïncident**, nous pourrons partir ensemble.* **2.** Correspondre parfaitement. *Tous les témoignages **coïncident**.* (Syn. concorder.)
● Prononciation [kɔɛ̃side].

coing (nom masculin)
Fruit jaune du cognassier, en forme de poire. *Maman a fait de la gelée de **coings**.*
● Prononciation [kwɛ̃].

un **coing**

col (nom masculin)
1. Partie d'un vêtement qui entoure le cou. *Un pull à **col** roulé.* **2.** Passage entre deux montagnes. *Roland trouva la mort au **col** de Roncevaux.* • **Col du fémur :** partie où l'os du fémur se rétrécit.
🗝 En ancien français, le **col** c'était le *cou*.

Colbert Jean-Baptiste (né en 1619, mort en 1683)
Homme d'État français. D'abord au service de Mazarin, puis de Louis XIV, il joua un grand rôle dans les affaires du royaume. Colbert réorganisa les finances, développa la marine et encouragea le commerce et l'industrie. Il fonda l'Académie des sciences et aida de nombreux artistes. Peu aimé à la Cour, il perdit peu à peu la confiance du roi et fut remplacé par Louvois.

colchique (nom masculin)
Petite fleur mauve vénéneuse qui fleurit en automne. 🗝 **Colchique** vient du nom d'une région de Grèce, la *Colchide*, où vivait la magicienne et empoisonneuse Médée.

un **colchique**

coléoptère (nom masculin)
Insecte dont les ailes sont protégées par des élytres. *Les scarabées, les coccinelles, les cigales sont des **coléoptères**.*
➡ p. 809.

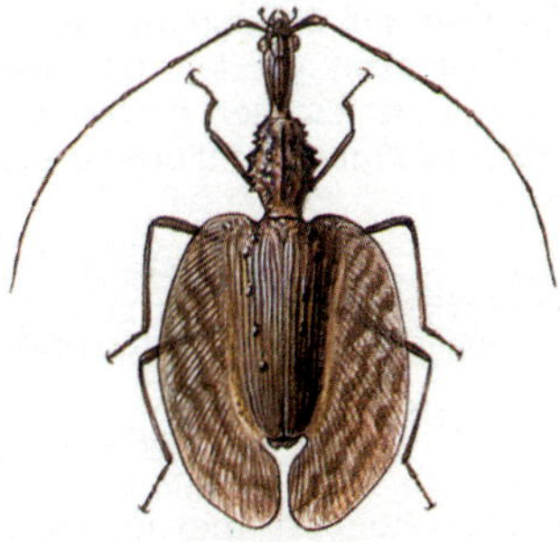

un **coléoptère**

colère (nom féminin)
Réaction généralement violente de mécontentement. *Il s'est mis dans une **colère** folle, il a tout cassé.* (Syn. fureur, rage.)

coléreux, euse (adjectif)
Qui se met souvent en colère. (Syn. irascible.)

Colette Sidonie Gabrielle (née en 1873, morte en 1954)
Romancière française. Colette est l'auteur de la série des *Claudine* (1900-1903), en collaboration avec son mari. Après son divorce, elle a écrit, seule, de

nombreux livres comme *Dialogues de bêtes, la Vagabonde, le Blé en herbe, Sido*.

colibri (nom masculin)
Tout petit oiseau d'Amérique, très coloré, appelé aussi oiseau-mouche.

un **colibri**

colifichet (nom masculin)
Petit bijou sans grande valeur.

colimaçon (nom masculin)
• **Escalier en colimaçon :** en spirale. **Colimaçon** est le nom ancien de l'escargot : les escaliers en colimaçon ressemblent à l'intérieur d'une coquille d'escargot.

colin (nom masculin)
Poisson de mer à la chair appréciée.

colin-maillard (nom masculin)
Jeu où l'un des joueurs, les yeux bandés, cherche à attraper les autres à tâtons et à les reconnaître.

colique (nom féminin)
Synonyme de diarrhée. *Si tu manges toutes ces prunes vertes, tu vas avoir la **colique** !*

colis (nom masculin)
Paquet envoyé à quelqu'un. *Poster un **colis**.*

Colisée
Célèbre amphithéâtre de Rome. Commencé par Vespasien, il fut achevé sous Titus en 80 après Jésus-Christ. Il pouvait contenir 50 000 spectateurs. ORTHO On dit aussi **l'amphithéâtre Flavien.**

collaborateur, trice (nom)
1. Personne qui travaille avec d'autres personnes. *Le directeur du journal a réuni tous ses **collaborateurs**.* **2.** Personne qui a pris part à la Collaboration avec les Allemands, pendant la Seconde Guerre mondiale.

collaboration (nom féminin)
Action de collaborer. *Pour préparer la fête de l'école, la maîtresse demande la **collaboration** de tous les élèves.* (Syn. aide, participation.)

la **Collaboration**
Politique favorable aux occupants allemands pendant la Seconde Guerre mondiale, menée par le gouvernement de Vichy dirigé par Pétain. De 1940 à 1944, l'État français, collaborant avec les nazis, a participé à la déportation des juifs dans des camps d'extermination et traqué les résistants, les communistes. À la fin de la guerre, de nombreux collaborateurs ont été jugés et condamnés.

collaborer (verbe) ▸ conjug. n° 3
Synonyme de coopérer. *Plusieurs auteurs **ont collaboré** à ce livre.* Famille du mot : collabor**ateur**, collabor**ation**.

collage (nom masculin)
Action de coller. *Ce tableau est réalisé à partir de **collages** de papiers colorés.*

collant, ante (adjectif)
1. Qui colle. *Tu as les mains toutes **collantes**, va les laver.* **2.** Qui moule le corps. *Anna ne se sent pas à l'aise dans des vêtements trop **collants**.* (Syn. serré. Contr. ample, bouffant.) ■ **collant** (nom masculin) Sous-vêtement qui couvre le bas du corps, de la taille aux pieds. *Sous son pantalon de ski, Ibrahim porte un **collant** de laine.*

collation (nom féminin)
Repas léger. *Kevin prend une **collation** à dix heures avant d'aller au sport.*

colle (nom féminin)
1. Matière utilisée pour faire adhérer deux surfaces. *Il faut de la **colle** forte pour recoller ce jouet cassé.* **2.** Synonyme familier de devinette. *Là, tu me poses une **colle**, je ne sais pas répondre !*

collecte (nom féminin)
Action de rassembler de l'argent ou des objets. *Organiser une **collecte** pour aider les sans-abri. La **collecte** des ordures ménagères.*

collecter (verbe) ▸ conjug. n° 3
Faire une collecte. ***Collecter** des vêtements pour les enfants défavorisés.*

collectif, ive (adjectif)
Qui concerne plusieurs personnes en même temps. *Le football est un sport **collectif**.* (Contr. individuel.) Famille du mot : collectiv**ement**, collectiv**ité**.

collection (nom féminin)
1. Ensemble d'objets qu'on a réunis et qu'on garde pour le plaisir. *Mon grand frère a une belle **collection** de jouets anciens.* 2. Ensemble de vêtements créés par un couturier. *Des mannequins présentent les modèles de la **collection** d'hiver.* Famille du mot : collection**ner**, collection**neur**.

collectionner (verbe) ▸ conjug. n° 3
Réunir en collection. *Élodie **collectionne** les timbres.*

collectionneur, euse (nom)
Personne qui fait une collection. *Une **collectionneuse** de cartes postales.*

collectivement (adverbe)
De façon collective. *Les manifestants ont exprimé **collectivement** leur mécontentement.* (Contr. individuellement.)

collectivité (nom féminin)
Ensemble des personnes qui composent un groupe. *Pierre est un solitaire, il n'aime pas la vie en **collectivité**.* • **Collectivité territoriale** : région, département ou commune. • **Collectivité d'outre-mer** : territoire de la France qui ne se trouve pas sur le continent européen. *Saint-Pierre-et-Miquelon est une **collectivité d'outre-mer**.*

collège (nom masculin)
Établissement d'enseignement secondaire qui comprend les classes allant de la sixième à la troisième.

collégiale (nom féminin)
Église plus petite qu'une cathédrale.

collégien, enne (nom)
Élève d'un collège.

collègue (nom)
Personne avec qui on travaille dans la même entreprise. *Maman déjeune souvent avec ses **collègues** de travail.*

coller (verbe) ▸ conjug. n° 3
1. Faire tenir avec de la colle. ***Coller** du papier peint sur les murs.* (Contr. décoller.) 2. Appliquer contre une surface. *Quentin **a collé** son visage à la vitre.* 3. Dans la langue familière, refuser à un examen. *Mon grand frère **a été collé** au bac.* Famille du mot : **auto**collant, coll**age**, coll**ant**, colle, coll**eur**, **dé**coller, **re**coller.

collerette (nom féminin)
1. Grand col plissé. *Victor est déguisé en Pierrot avec une veste à **collerette**.* 2. Anneau qui entoure le haut du pied de certains champignons. *Certaines amanites ont une **collerette**.*

collet (nom masculin)
Piège comportant un lacet à nœud coulant pour prendre le gibier. *Un lièvre a été pris au **collet**.* • **Être collet monté** : être guindé, austère. *Ces gens **sont** très **collet monté**.* • **Saisir quelqu'un au collet** : l'attraper violemment par le col, ou procéder à son arrestation. Être **collet monté** vient d'un ancien sens du mot **collet**, qui désignait un vêtement que l'on portait autour du cou.

colleur, euse (nom)
• **Colleur d'affiches** : personne qui colle des affiches sur des murs ou des panneaux.

collier (nom masculin)
1. Bijou qui se porte autour du cou. 2. Courroie qu'on attache au cou de certains animaux. *Les chiens perdus sans **collier** sont emmenés à la fourrière.* • **Donner un coup de collier** : fournir un gros effort.

collimateur (nom masculin)
Appareil qui permet de viser. *Le **collimateur** d'un avion de combat.* • **Avoir quelqu'un dans le collimateur** : le surveiller pour être prêt à l'attaquer.

colline (nom féminin)
Élévation de terrain de faible hauteur, au sommet arrondi.

collision (nom féminin)
Choc brutal entre deux corps en mouvement. *La **collision** entre les deux trains n'a heureusement fait aucun blessé.*

colloque (nom masculin)
Débat entre spécialistes d'une discipline. *Un **colloque** d'astronomie.*

collyre (nom masculin)
Médicament liquide qu'on met dans les yeux pour les soigner.

colmater (verbe) ▸ conjug. n° 3
Boucher de façon hermétique. *La brèche dans la digue **a été colmatée**.*

colombage (nom masculin)
Ensemble des poutres de bois sur les murs de certaines maisons. *En Normandie, on voit encore des maisons à **colombages**.*

Colomb Christophe (né en 1450 ou 1451, mort en 1506)
Navigateur d'origine italienne au service de l'Espagne. En essayant de rejoindre les Indes par l'ouest de l'Europe, il aborda en Amérique. Il atteignit les Bahamas en 1492, puis Cuba et Haïti. Lors des voyages suivants, il accosta au Venezuela, en Colombie, et longea l'Amérique centrale. Christophe Colomb mourut dans la misère et dans l'abandon.

un portrait de Christophe **Colomb**

colombe (nom féminin)
Pigeon blanc ou gris. *La **colombe** portant dans son bec un rameau d'olivier est le symbole de la paix.*

 **Colombie**

47,5 millions d'habitants
Capitale : Bogotá
Monnaie : le peso colombien
Langue officielle : espagnol
Superficie : 1 138 900 km²

État du nord-ouest de l'Amérique du Sud, bordé par l'océan Atlantique au nord et par l'océan Pacifique à l'ouest. La population de la République de Colombie est en majorité métisse.

GÉOGRAPHIE
La Colombie est traversée par la cordillère des Andes, qui sépare le littoral des plaines de l'Est ; 70 % de la population habite les villes. La Colombie est le deuxième producteur mondial de café. Ses autres ressources sont le pétrole, le charbon, l'or et le nickel.

HISTOIRE
Colonisée par l'Espagne au cours du XVIe siècle, la Colombie fut surtout exploitée pour ses ressources minières. Elle a lutté victorieusement pour son indépendance qu'elle obtint en 1822. Le pays souffre du trafic de drogues (cocaïne, héroïne), des guérillas et de la corruption.

colombien, enne ➡ Voir tableau p. 6.

colon (nom masculin)
Personne qui habite une colonie.
Famille du mot : colon**ial**, colonia**lisme**, colon**ie**, colon**isation**, colon**iser**.

côlon (nom masculin)
Partie de l'intestin, appelée aussi gros intestin. ➡ p. 389.

colonel, elle (nom)
Officier d'un grade élevé, juste inférieur au général. *Le **colonel** commande un régiment.*

colonial, ale, aux (adjectif)
Qui concerne une colonie. *Autrefois, la France avait un empire **colonial**.*

colonialisme (nom masculin)
Politique d'un pays qui cherche à exploiter des colonies.

colonie (nom féminin)
1. Territoire dépendant d'un autre pays qui l'occupe et l'administre. *Le Sénégal a été une **colonie** française jusqu'en 1960.* **2.** Groupe d'animaux qui vivent ensemble. *Une **colonie** de fourmis.* • **Colonie de vacances :** organisation qui rassemble des enfants pour les vacances.

colonisation (nom féminin)
Action de coloniser un pays.

coloniser (verbe) ▸ conjug. n° 3
Transformer un pays en colonie. *Le Mali **a été colonisé** par la France au XIXe siècle.*

colonnade (nom féminin)
Alignement de colonnes. *Les **colonnades** des temples grecs.*

colonne (nom féminin)
1. Support vertical d'un bâtiment, de forme cylindrique. *Les **colonnes** du Parthénon à Athènes ont été restaurées.* (Syn. pilier.) **2.** Chacune des divisions verticales d'une page. *Ce dictionnaire est imprimé sur deux **colonnes**.* **3.** Suite d'individus ou de véhicules en marche. *Une **colonne** de blindés a traversé la ville.* (Syn. file.) • **Colonne vertébrale :** ensemble des vertèbres. (Syn. épine dorsale.) ➡ p. 1330. • **En colonne :** les uns derrière les autres ou les uns sous les autres. *Pour faire une addition, on met les chiffres en **colonne**.* (Contr. en ligne.)

colorant (nom masculin)
Produit qui sert à colorer certaines matières ou certains aliments. *Les bonbons sont souvent pleins de **colorants**.*

coloration (nom féminin)
Fait de se colorer. *Admirez la **coloration** du ciel au coucher du soleil !*

colorer (verbe) ▸ conjug. n° 3
Donner une certaine couleur. *La grenadine **colore** l'eau en rouge. Pour cacher ses cheveux blancs, grand-mère **se colore** les cheveux en châtain.* (Syn. teinter.) Famille du mot : colo**rant**, colo**ration**.

coloriage (nom masculin)
Action de colorier un dessin. *Ma petite sœur adore faire des **coloriages** avec ses feutres.*

colorier (verbe) ▸ conjug. n° 10
Ajouter des couleurs à un dessin. *Un album d'images à **colorier**.*

coloris (nom masculin)
Couleur ou nuance de couleur. *Romain a choisi un **coloris** clair pour les murs de sa chambre.*

colossal, ale, aux (adjectif)
Qui est très grand, gigantesque. *La tour Eiffel est un édifice **colossal**.*

colosse (nom masculin)
Homme très grand et très fort.

un des **colosses** d'Abu Simbel (Égypte)

colporter (verbe) ▸ conjug. n° 3
Répandre partout une nouvelle ou une rumeur. *Arrête de **colporter** ces ragots !*

colporteur, euse (nom)
Autrefois, marchand ambulant qui vendait des marchandises à domicile. Les **colporteurs** n'avaient pas de cheval : ils devaient porter leurs marchandises sur leur *col*, c'est-à-dire sur leur dos.

colt (nom masculin)
Sorte de révolver. *Dans les westerns, les cow-boys portent un **colt** à la ceinture.* Ce mot vient du nom de l'inventeur américain de cette arme, *Samuel Colt*. ➡ p. 260.

un **colt**

colvert (nom masculin)
Canard sauvage. *Le **colvert** mâle a un plumage vert sur la tête.*

colza (nom masculin)
Plante à fleurs jaunes. *Avec les graines de **colza**, on fait de l'huile et de la nourriture pour les animaux.*

un champ de **colza**

coma (nom masculin)
État dans lequel on ne sent plus rien, dans lequel on n'est plus conscient. *Le malade est toujours dans le **coma**.*

comateux, euse (adjectif)
Qui concerne le coma. *Le blessé est dans un état **comateux** depuis trois jours.*

combat (nom masculin)
1. Bataille entre troupes ennemies. *Les **combats** font rage dans cette région.* (Syn. affrontement.) **2.** Lutte entre deux adversaires. *Un **combat** de boxe.*

combattant, ante (nom)
Personne qui participe à un combat. *Il y a eu des blessés parmi les **combattants**.*

combattif, ive (adjectif)
Qui est plein d'ardeur pour gagner un combat, une lutte. *Ce joueur de tennis est très **combatif**.*
ORTHO On écrit aussi **combatif**.

combattre (verbe) ▸ conjug. n° 33
1. Se battre contre quelqu'un. ***Combattre** jusqu'à la victoire.* **2.** Lutter contre quelque chose. *Ce sirop **combat** la toux. **Combattre** l'injustice.* Famille du mot : combat, combat**if**, combatt**ant**.

combe (nom féminin)
Vallée ou vallon. *Les **combes** sont creusées par l'érosion.*

combien (adverbe)
Mot qui sert à demander une quantité, un prix, un poids. ***Combien** y a-t-il de fleurs dans ce bouquet ? **Combien** as-tu payé ton vélo ?*

combinaison (nom féminin)
1. Façon de combiner des choses. *Pour ouvrir ce coffre-fort, il faut connaître la **combinaison**.* (Syn. arrangement, disposition.) **2.** Vêtement qui réunit en une seule pièce une veste et un pantalon. *Une **combinaison** de ski, de plongée.*

combine (nom féminin)
Dans la langue familière, moyen astucieux, parfois peu honnête. *Thomas a toujours des **combines** pour payer ses disques moins cher.*

combiné (nom masculin)
Partie d'un téléphone qui permet de parler et d'écouter. *À la fin de votre appel, n'oubliez pas de raccrocher le **combiné** !*

combiner (verbe) ▸ conjug. n° 3
1. Arranger différents éléments dans un certain ordre. *On peut **combiner** les chiffres à l'infini.* **2.** Préparer quelque chose ou l'organiser. *Fatima essaie de **combiner** avec son frère une surprise pour l'anniversaire de leur mère.*

■ **comble** (adjectif)
Synonyme de bondé. *Ce bus est **comble**, attendons le suivant.*

■ **comble** (nom masculin)
Le plus haut degré. *Pour Victor, le **comble** du bonheur serait de gagner le match.* • **De fond en comble :** de haut en bas, partout. ■ **combles** (nom masculin pluriel) Partie d'un bâtiment qui se trouve au dernier étage, juste sous le toit. *Elle habite une chambre sous les **combles**.*

combler (verbe) ▸ conjug. n° 3
1. Boucher un creux, remplir un vide. *Le peintre **a comblé** les fissures avec du plâtre.* **2.** Satisfaire totalement. *Ton cadeau m'**a comblé**.* **3.** Donner énormément de choses. *Mon grand-père m'**a comblé** de cadeaux.*

combustible (adjectif)
Qui peut brûler. *Le pétrole est **combustible**.* (Contr. incombustible.) ■ **combustible** (nom masculin) Matière que l'on brûle pour produire de la chaleur ou de l'énergie. *Le bois, le charbon, le pétrole sont des **combustibles**.*

combustion (nom féminin)
Fait de brûler. *La **combustion** du charbon.*

comédie (nom féminin)
1. Pièce de théâtre amusante. *Gaëlle adore les **comédies** de Molière.* **2.** Action de faire semblant. *William prétend qu'il est malade, mais c'est de la **comédie** pour ne pas aller à l'école.* • **Comédie musicale :** spectacle avec de la musique, des chants et des danses.

comédien, enne (nom)
Acteur qui joue au théâtre ou au cinéma. *Cette excellente **comédienne** a eu le prix d'interprétation.* ■ **comédien, enne** (adjectif) Qui fait souvent semblant. *Il est très **comédien**, il ne faut pas toujours le croire quand il se plaint.*

comestible (adjectif)
Qui peut être mangé. *La girolle est un champignon **comestible**.*

comète (nom féminin)
Astre qui passe dans le ciel suivi d'une traînée lumineuse. • **Tirer des plans sur la comète :** faire des projets chimériques. ⊸ **Comète** vient du grec *komêtês* qui signifie « astre chevelu ».

la **comète** de Halley

comique (adjectif)
Qui fait rire. *Ce spectacle **comique** nous a beaucoup amusés.* (Syn. amusant, drôle.) ■ **comique** (nom) Comédien qui joue des personnages comiques. *Charlie Chaplin était un grand **comique**.*

comité (nom masculin)
Groupe de personnes chargées d'organiser quelque chose. *Maman fait partie d'un **comité** de défense de l'environnement.*

commandant (nom masculin)
Officier qui commande un bataillon ou, dans la marine, un navire. • **Commandant de bord :** pilote d'un avion.

commande (nom féminin)
1. Action de commander une marchandise. *Maman a téléphoné au boucher pour lui passer une **commande**.* **2.** Appareil qui fait fonctionner une machine. *Dans les avions, beaucoup de **commandes** sont automatiques.*

commandement (nom masculin)
Action de commander. *Le général a pris le **commandement** des opérations.*

les Dix **Commandements**
Principes religieux et moraux énoncés dans la Bible. Moïse aurait reçu de Dieu les Dix Commandements gravés sur des tablettes de pierre, les « Tables de la Loi ». Les juifs et les chrétiens croient aux Dix Commandements.
ORTHO On dit aussi **Décalogue**.

commander (verbe) ▸ conjug. n° 3
1. Donner l'ordre de faire quelque chose. *On nous **a commandé** de sortir quand le signal d'alarme a retenti.* (Syn. ordonner.) **2.** Être le chef. *Le chef **commande** et les autres obéissent.* (Syn. diriger.) **3.** Faire une demande pour acheter quelque chose à un commerçant. ***J'ai commandé** un livre à la librairie.* **4.** Faire fonctionner un mécanisme. *C'est ce bouton qui **commande** l'ouverture de la porte.*
Famille du mot : command**ant**, commande, command**ement**, **dé**commander, **télé**commande.

commando (nom masculin)
Petit groupe de soldats spécialement entraînés pour exécuter des opérations-surprises.

a b c d e f g h i j k l m n o p q r s t u v w x y z

comme (conjonction)
Sert à indiquer : **1.** La comparaison. *Xavier est blond* ***comme*** *les blés.* **2.** La cause. ***Comme*** *il pleut, on va rester à la maison.* (Syn. puisque.) **3.** La manière. *Je ferai* ***comme*** *tu voudras.* (Syn. ainsi que.) **4.** La simultanéité. *Il est sorti* ***comme*** *j'arrivais.* (Syn. au moment où.) **5.** La qualité. *Elle a été embauchée* ***comme*** *secrétaire de direction.* (Syn. en tant que.) ■ **comme** (adverbe) Indique l'exclamation. ***Comme*** *tu as grandi !* (Syn. que.)

commedia dell'arte (nom féminin)
Forme de théâtre avec des acteurs masqués qui improvisent leur texte. *Arlequin et Pierrot sont des personnages de la* ***commedia dell'arte.*** **Commedia dell'arte** vient de l'italien : on prononce [kɔmedjadɛlaʀte].

commémoratif, ive (adjectif)
Qui commémore un évènement. *Un monument* ***commémoratif*** *indique le lieu de la bataille.*

commémoration (nom féminin)
Fait de commémorer. *Le 8 mai, on fête la* ***commémoration*** *de la fin de la Seconde Guerre mondiale.*

commémorer (verbe) ▸ conjug. n° 3
Rappeler le souvenir d'un évènement. *Le 14 juillet, on* ***commémore*** *la prise de la Bastille.* Famille du mot : commémora**tif**, commémor**ation**.

commencement (nom masculin)
Fait de commencer. *Je suis loin d'avoir fini mon livre, j'en suis juste au* ***commencement*** *!* (Syn. début. Contr. fin.)

commencer (verbe) ▸ conjug. n° 4
1. Faire la première partie, le début de quelque chose. *Hélène* ***a commencé*** *ses devoirs.* (Contr. finir, terminer.) **2.** Être à son début. *Le film* ***commence*** *à 20 heures précises.* (Syn. débuter.) **3.** Se mettre à faire quelque chose. *Mon petit frère* ***commence*** *déjà à parler.* Famille du mot : commenc**ement**, **re**commencer.

comment (adverbe)
Sert à indiquer : **1.** La manière ou le moyen. *Sais-tu* ***comment*** *ça marche ?* ***Comment*** *voyages-tu, en train ou en avion ?* **2.** L'étonnement, la surprise ou la colère. ***Comment****, tu n'es pas encore prêt ?*

commentaire (nom masculin)
Remarque sur un évènement ou un texte que l'on commente. *À la radio, on a entendu de nombreux* ***commentaires*** *sur le changement de Premier ministre.*

commentateur, trice (nom)
Journaliste qui commente l'actualité. *Un* ***commentateur*** *sportif.*

commenter (verbe) ▸ conjug. n° 3
Donner des explications ou faire des remarques sur un texte, un évènement. *Son père est journaliste, il* ***commente*** *tous les jours l'actualité à la radio.* Famille du mot : comment**aire**, comment**ateur**.

commérage (nom masculin)
Histoire racontée par une commère, généralement malveillante. *N'écoutez pas ses* ***commérages****.* (Syn. cancan, potins, racontar, ragot.)

commerçant, ante (nom)
Personne qui fait du commerce ou qui tient un commerce. *La plupart des* ***commerçants*** *de mon quartier ferment le lundi.* ■ **commerçant, ante** (adjectif) Où il y a beaucoup de magasins. *Cette rue est vraiment très* ***commerçante****.*

commerce (nom masculin)
1. Fait d'acheter et de vendre des marchandises. **2.** Boutique ou magasin. *Ses parents tiennent un* ***commerce*** *dans le centre-ville.* • **Commerce électronique :** commerce qui se fait par Internet. Famille du mot : commer**çant**, commer**cial**, commerci**aliser**.

commercial, ale, aux (adjectif)
Qui a un rapport avec le commerce. *Pour être vendeur dans cette entreprise, il faut avoir fait des études* ***commerciales****.*

commercialiser (verbe) ▸ conjug. n° 3
Rendre disponible dans le commerce. *Cette voiture est un prototype, elle n'****est*** *pas encore* ***commercialisée****.*

commère (nom féminin)
Femme curieuse et bavarde. *La voisine est une vraie* ***commère****, elle raconte à tout le monde ce qui se passe dans l'immeuble.*

commettre (verbe) ▸ conjug. n° 33
Faire un acte répréhensible. ***Commettre** une erreur. **Commettre** un crime.*

commis (nom masculin)
Jeune employé. *Le **commis** boucher prépare la viande.*

commissaire (nom)
Fonctionnaire de police qui a les inspecteurs et les agents d'un quartier sous ses ordres.

commissaire-priseur
(nom masculin)
Personne chargée du déroulement des ventes aux enchères. Pluriel : des commissaire**s**-priseur**s**.

commissariat (nom masculin)
Bureaux d'un commissaire. *Après le cambriolage, papa a déposé plainte au **commissariat** de police.*

commission (nom féminin)
1. Message confié à une personne qui est chargée de le transmettre à une autre. *Yann m'a chargé d'une **commission** pour toi.* 2. Somme d'argent proportionnelle au prix de vente de quelque chose. *Sur chacune de leurs ventes, les vendeurs touchent une **commission**.* 3. Groupe de personnes qui se réunissent pour étudier une affaire et prendre des décisions. *Une **commission** d'enquête vient d'être nommée.* ■ **commissions** (nom féminin pluriel) Courses ou achats. *Prends ce grand sac pour faire les **commissions**.*

Commission européenne
Organisme chargé de faire appliquer les lois de l'Union européenne. La Commission est composée de 28 commissaires, un pour chaque État membre de l'Union européenne, nommés pour 5 ans.

commissure (nom féminin)
Coin de la bouche. *La **commissure** des lèvres.*

■ **commode** (adjectif)
1. Qui est pratique à utiliser. *Ce thermos est très **commode** pour boire chaud pendant le voyage.* 2. Qui est simple, facile à faire. *Ce serait plus **commode** de faire tous ces calculs avec une calculette.* (Contr. compliqué.) 3. Qui est agréable, a bon caractère. *Il est de mauvaise humeur et n'a pas l'air **commode** ce matin !*

■ **commode** (nom féminin)
Meuble bas à tiroirs. *Maman a une jolie **commode** dans sa chambre.*

commodité (nom féminin)
Qualité de ce qui est commode. *Par **commodité**, on se servira d'assiettes en carton.* ■ **commodités** (nom féminin pluriel) Éléments de confort. *Il paraît que cet hôtel a toutes les **commodités**.*

Commonwealth of Nations
Ensemble des pays qui ont fait partie de l'Empire britannique et qui restent unis au Royaume-Uni. Parmi ces pays se trouvent l'Afrique du Sud, l'Australie, le Canada, l'Inde et la Nouvelle-Zélande.

commotion (nom féminin)
Choc nerveux ou émotion très forte.

commotionné, ée (adjectif)
Qui est frappé d'une commotion. *Il est sorti tout **commotionné** de sa voiture accidentée.*

commun, une (adjectif)
1. Qui sert à plusieurs personnes ou qui est partagé avec d'autres. *À la piscine, les douches sont **communes**.* (Contr. individuel, particulier.) 2. Qui est très répandu. *Les kangourous sont des animaux très **communs** en Australie.* (Syn. courant. Contr. rare.) • **En commun :** à plusieurs, ensemble. *Dans la coopérative de classe, les élèves mettent leur argent **en commun**. Le train, le métro, l'autobus sont des transports **en commun**.*

communal, ale, aux (adjectif)
De la commune. *L'école **communale** est juste à côté de la mairie.*

communard, arde (nom et adjectif)
Membre et partisan de la Commune de Paris en 1871. *Le mouvement des **communards** a été suivi dans quelques grandes villes de province.* ➡ p. 264.

communautaire (adjectif)
1. Qui se fait en communauté. *Les moines mènent une vie **communautaire** dans leur monastère.* 2. Qui se rapporte à l'Union européenne. *Le droit **commu-***

a b c d e f g h i j k l m n o p q r s t u v w x y z

***nautaire** rassemble les lois applicables dans l'Union européenne.*

communauté (nom féminin)
Groupe de personnes qui vivent ensemble et mettent tout en commun. *Dans cette abbaye vit une **communauté** religieuse.*

Communauté économique européenne (CEE)
Institution créée par le traité de Rome (1957), devenue en 1993 « l'Union européenne » (UE).
➡ Voir **Union européenne**.

commune (nom féminin)
Petite ville ou village dirigés par un maire et un conseil municipal. *Ils habitent une petite **commune** de quelques centaines d'habitants.*

Commune de Paris
Gouvernement révolutionnaire formé lors de l'insurrection du 18 mars 1871. En 1870, après la victoire de l'Allemagne sur la France, les Parisiens accusèrent le gouvernement de pactiser avec l'ennemi ; refusant l'armistice, ils créèrent la Commune. En mai 1871, le gouvernement, transféré à Versailles et dirigé par Thiers, envoya ses troupes, les « versaillais », à Paris pour affronter les communards. C'est la « semaine sanglante ». La répression fut terrible pour les « communards » : condamnations à mort ou aux travaux forcés, déportations.
ORTHO On dit aussi **la Commune**.

Les **communards** incendient l'Hôtel de Ville pendant les évènements de la **Commune de Paris**.

communiant, ante (nom)
Personne qui communie.

communicatif, ive (adjectif)
1. Qui se communique facilement. *Son rire est **communicatif** : toute la classe s'est mise à rire.* **2.** Qui se confie et parle facilement. *Il est très **communicatif** et dit tout ce qu'il pense.* (Syn. expansif, ouvert. Contr. renfermé, taciturne.)

communication (nom féminin)
1. Action de communiquer une information. *Le ministre a fait une **communication** à la télévision.* **2.** Conversation téléphonique. *Le prix des **communications** a baissé.* **3.** Fait de communiquer d'un endroit à un autre. *Il y a une porte de **communication** entre la salle à manger et la cuisine.* • **Moyen de communication :** ce qui permet d'être en relation avec d'autres personnes. *Internet, le téléphone, la télévision sont des **moyens de communication**.* • **Voies de communication :** routes, canaux, autoroutes, lignes de chemins de fer, etc.

communier (verbe) ▸ conjug. n° 10
Recevoir la communion. Famille du mot : communi**ant**, communi**on**.

communion (nom féminin)
Sacrement de l'eucharistie, dans l'Église catholique.

communiqué (nom masculin)
Message officiel transmis au public par la presse, la radio, la télévision.

communiquer (verbe) ▸ conjug. n° 3
1. Faire connaître. *La nouvelle **a été communiquée** très tôt ce matin.* (Syn. transmettre.) **2.** Échanger des informations. *Internet permet de **communiquer** dans le monde entier.* **3.** Faire partager un sentiment ou une maladie. *Elle a réussi à nous **communiquer** son angoisse. Le virus de la grippe **se communique** facilement.* **4.** Permettre de passer directement d'un lieu à un autre. *Ces deux pièces **communiquent**, on peut passer de l'une à l'autre.* Famille du mot : communica**tif**, communica**tion**, communiqu**é**.

communisme (nom masculin)
Système dans lequel les usines et les terres d'un pays appartiennent à l'État.

communiste (adjectif)
Qui a un rapport avec le communisme. *Un régime **communiste**.* ■ **communiste** (nom) Partisan du communisme.

Comores

700 000 habitants
Capitale : Moroni
Monnaie :
le franc des Comores
Langues officielles :
français, arabe
Superficie : 1 860 km²

État de l'océan Indien, au nord-ouest de Madagascar. L'archipel des Comores est formé de trois îles volcaniques, qui vivent principalement de l'agriculture. Le climat est tropical et soumis à la mousson. Ancien protectorat français en 1886, les Comores, excepté l'île de Mayotte qui a choisi de rester française, ont acquis leur indépendance en 1975. C'est aujourd'hui, la « République fédérale islamique des Comores ».

comorien, enne ➡ Voir tableau p. 6.

compact, acte (adjectif)
1. Qui est très épais ou très dense. *Une foule **compacte** se pressait le jour du concert.* **2.** Qui est peu encombrant. *Une chaîne stéréo **compacte**.*

compact-disque (nom masculin)
Synonyme de CD ✎ Pluriel : des com-pacts-disques.

une affiche du Parti **communiste** (1921)

compacter (verbe) ▸ conjug. n° 3
Comprimer le plus possible des objets, des éléments. *Je **compacte** mes fichiers pour qu'ils prennent moins de place dans l'ordinateur.*

compacteur (nom masculin)
Machine qui sert à compacter. *Un **compacteur** de déchets.*

compagne (nom féminin)
Celle qui partage les activités et la vie de quelqu'un.

compagnie (nom féminin)
1. Présence auprès de quelqu'un. *J'apprécie toujours beaucoup sa **compagnie**.* **2.** Société commerciale. *Son père travaille dans une **compagnie** d'assurances.* **3.** Troupe de soldats ou de policiers. *Une **compagnie** est commandée par un capitaine.* **4.** Troupe de théâtre ou de danse.

compagnon (nom masculin)
Celui qui partage les activités et la vie de quelqu'un. *Ce chien est un fidèle **compagnon**.* ⊶ Voir **copain**.

comparable (adjectif)
Qui est à peu près égal à autre chose. *Ces deux élèves sont d'un niveau **comparable**.*

comparaison (nom féminin)
Fait de comparer des personnes ou des choses. *Si on fait la **comparaison** entre les prix, c'est ce magasin qui est le moins cher.*

comparaître (verbe) ▸ conjug. n° 37
Se présenter devant un tribunal.
ORTHO On écrit aussi **comparaitre**.

comparatif, ive (adjectif)
Qui sert à comparer. *Papa a fait une étude **comparative** des différents devis pour la réparation de la toiture.* ■ **comparatif** (nom masculin) Emploi de l'adjectif ou de l'adverbe dans une comparaison. *On distingue les **comparatifs** de supériorité (plus beau), d'égalité (aussi beau) et d'infériorité (moins beau).*

comparer (verbe) ▸ conjug. n° 3
1. Examiner les ressemblances et les différences entre des personnes ou des choses. *Il faut **comparer** les prix avant*

a b c d e f g h i j k l m n o p q r s t u v w x y z

d'acheter. **2.** Dire que quelque chose ou quelqu'un ressemble à quelque chose ou quelqu'un d'autre. *L'eau de ce lac est si transparente qu'on la **compare** à un miroir.* Famille du mot : compa**rable**, compar**aison**, compar**atif**, **in**compar**able**.

comparse (nom)
Synonyme de complice. *Le cambrioleur et ses **comparses** ont réussi à s'enfuir.*

compartiment (nom masculin)
1. Division dans un meuble, une boîte. (Syn. case.) **2.** Chacune des parties d'un wagon où prennent place les voyageurs. *Il y a huit places dans ce **compartiment**.*

comparution (nom féminin)
Fait de comparaître en justice. *La **comparution** des témoins est prévue demain.*

compas (nom masculin)
1. Petit instrument formé de deux tiges articulées, qui sert à tracer des cercles. **2.** Sorte de boussole dont se servent les marins et les aviateurs. *Le **compas** indique le cap.*

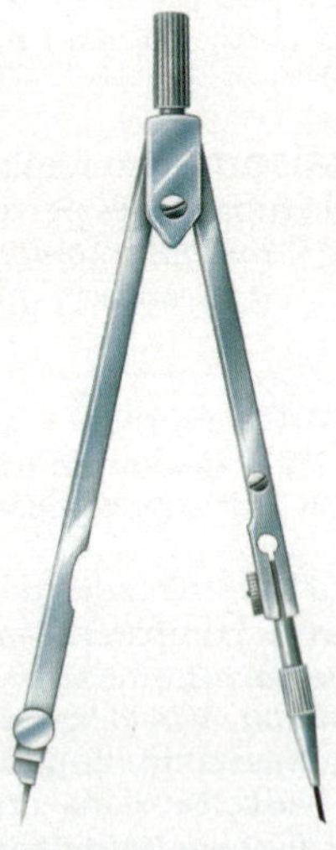

un **compas**

compassion (nom féminin)
Sentiment de pitié pour quelqu'un qui souffre. *Benjamin éprouve beaucoup de **compassion** pour le petit chien abandonné.*

compatible (adjectif)
Qui peut s'adapter ou s'accorder à quelque chose. *Ce logiciel n'est pas **compatible** avec ton ordinateur.* (Contr. incompatible.)

compatir (verbe) ▸ conjug. n° 11
Éprouver de la compassion. *Nous **compatissons** à votre chagrin.*

compatissant, ante (adjectif)
Qui montre de la pitié devant les malheurs des autres. *Nous avions des pensées **compatissantes** pour ces pauvres.*

compatriote (nom)
Personne originaire de la même patrie qu'une autre. *Le chef de l'État s'est adressé à ses **compatriotes**.*

compensation (nom féminin)
• **En compensation :** pour compenser autre chose. *Les éleveurs de bétail ont reçu une subvention **en compensation** de l'épidémie qui a frappé leurs troupeaux.* (Syn. en contrepartie.)

compenser (verbe) ▸ conjug. n° 3
Rétablir un équilibre avec autre chose. *Ce qu'elle gagne a du mal à **compenser** ce qu'elle dépense.*

compère (nom masculin)
Camarade ou complice. *Le prestidigitateur avait des **compères** dans la salle.* (Syn. comparse.)

compétence (nom féminin)
1. Qualité d'une personne compétente. *Tout le monde apprécie sa **compétence**.* (Contr. incompétence.) **2.** Aptitude légale d'une autorité à faire quelque chose. *Cette demande de grâce relève de la **compétence** du président de la République.*

compétent, ente (adjectif)
Qui connaît bien son métier ou son domaine. *Ce plombier est très **compétent**, on peut lui faire confiance.* (Syn. capable.) Famille du mot : compét**ence**, **in**compét**ence**, **in**compétent.

compétitif, ive (adjectif)
Qui peut entrer en compétition avec autre chose. *Il a eu un billet d'avion à un prix très **compétitif**.*

compétition (nom féminin)
Épreuve sportive. *Julie doit participer à une **compétition** de natation.*

compilation (nom féminin)
1. Ouvrage fait avec un choix d'extraits d'œuvres diverses. 2. Disque fait avec un choix de succès musicaux.

compiler (verbe) ▸ conjug. n° 3
Rassembler des extraits de divers auteurs ou des documents pour composer un ouvrage. *Je **compile** toutes mes lettres pour en faire un livre.*

complainte (nom féminin)
Chanson populaire plaintive et tragique. *La **complainte** des pauvres gens.*

se **complaire** (verbe) ▸ conjug. n° 41
Prendre plaisir à faire quelque chose. *On dirait qu'elle **se complaît** à bouder.*

complaisance (nom féminin)
Qualité d'une personne complaisante. *Aurais-tu la **complaisance** de me raccompagner ?*

complaisant, ante (adjectif)
Synonyme de serviable. *Notre voisin est très **complaisant**, il nous rend de nombreux services.*

complément (nom masculin)
1. Ce qu'on ajoute pour compléter quelque chose. *Maman a touché la moitié de son salaire et aura le **complément** à la fin du mois.* 2. Mot ou groupe de mots qui complètent le sens d'un autre mot. *« Pomme » est le **complément** du verbe « manger » dans la phrase « Laura mange une pomme ».*

complémentaire (adjectif)
Qui apporte un complément. *Pour des informations **complémentaires**, il faut s'adresser à l'accueil.*

■ **complet, ète** (adjectif)
1. Auquel il ne manque rien. *Il y a 52 cartes, le jeu est **complet**.* (Contr. incomplet.) 2. Qui est total, absolu. *Dormir dans l'obscurité **complète**.* 3. Qui ne peut contenir davantage. *Ce bus est **complet**, il n'y a plus de place.* (Syn. comble, plein.)
Famille du mot : **complètement**, **compléter**, **in**complet.

■ **complet** (nom masculin)
Costume d'homme. *Pour la cérémonie, il a mis un **complet** gris.*

complètement (adverbe)
De façon complète. *Ce quartier a été **complètement** rasé, il ne reste plus rien.* (Syn. entièrement, totalement. Contr. partiellement.)

compléter (verbe) ▸ conjug. n° 8
Rendre plus complet. *Clément a acheté de nouveaux timbres pour **compléter** sa collection.*

Pour **compléter** cette figure, seul le trapèze bleu est **complémentaire**.

■ **complexe** (adjectif)
Synonyme de compliqué. *C'est une histoire trop **complexe**, je n'y comprends rien.*
• **Phrase complexe :** phrase qui comporte plusieurs propositions.

■ **complexe** (nom masculin)
• **Avoir des complexes :** se sentir inférieur aux autres, être timide, être mal à l'aise.

■ **complexe** (nom masculin)
Ensemble de bâtiments aménagés pour une activité précise. *Un **complexe** scolaire.*

complexé, ée (adjectif)
Qui a des complexes. *Myriam est **complexée** à cause de son poids.*

complexité (nom féminin)
Caractère complexe de quelque chose. *Ces calculs sont d'une grande **complexité**, je vais prendre une calculette.*

complication (nom féminin)
1. Caractère compliqué de quelque chose. *La **complication** de cet appareil me fait peur.* (Contr. simplicité.) 2. Élément

nouveau qui aggrave une maladie ou qui perturbe le bon fonctionnement de quelque chose. *Depuis l'opération, il redoute des **complications**.*

complice (nom)
Personne qui aide une autre personne à faire quelque chose de mal. *Le malfaiteur et ses **complices** se sont enfuis.* (Syn. comparse.) ■ **complice** (adjectif) Qui prouve une complicité. *Il m'a regardé d'un air **complice** et m'a souri.*

complicité (nom féminin)
Fait d'être le complice de quelqu'un.

compliment (nom masculin)
Paroles élogieuses pour féliciter quelqu'un. *Tous mes **compliments** pour ton succès !* (Syn. félicitations.)

complimenter (verbe) ▸ conjug. n° 3
Faire des compliments. *Tous les invités **ont complimenté** la cuisinière pour le repas.*

compliqué, ée (adjectif)
Qui est difficile à comprendre ou à faire. *Ce problème de mathématiques est vraiment très **compliqué**.* (Syn. complexe. Contr. simple.)

compliquer (verbe) ▸ conjug. n° 3
Rendre plus compliqué. *La situation **se complique**. Ne **te complique** pas la vie inutilement !* Famille du mot : compli**cation**, compliqu**é**.

complot (nom masculin)
Projet secret préparé par plusieurs personnes et dirigé contre quelqu'un.

comploter (verbe) ▸ conjug. n° 3
Préparer un complot. *Je crois qu'ils **complotent** un mauvais coup !*

comportement (nom masculin)
Façon de se comporter. *Il a un **comportement** bizarre ces temps-ci.* (Syn. attitude, conduite.)

comporter (verbe) ▸ conjug. n° 3
1. Se composer de. *Cet immeuble **comporte** dix étages.* (Syn. comprendre.) **2.** Se comporter : synonyme de se conduire. *Pour une fois, David **s'est** bien **comporté** à table.*

composant (nom masculin)
Chacun des éléments qui compose une chose. *L'azote et l'oxygène sont des **composants** de l'air.*

composé, ée (adjectif)
Constitué de plusieurs éléments. *Une salade **composée**.* • **Mot composé :** mot formé de plusieurs mots, unis ou non par un trait d'union. *Porte-clés est un **mot composé**.* • **Temps composé :** temps formé avec un verbe auxiliaire et le participe passé du verbe conjugué. *Dans la phrase « Il a bu tout son lait », le verbe boire est au passé **composé**.*

composer (verbe) ▸ conjug. n° 3
1. Faire quelque chose en assemblant différents éléments. *Noémie apprend à **composer** des bouquets.* **2.** Taper l'un après l'autre les chiffres d'un numéro de téléphone ou d'un code. *Pour appeler les pompiers, il faut **composer** le 18.* **3.** Produire une œuvre musicale ou littéraire. ***Composer** une opérette, un poème.* **4.** Se composer : être formé, constitué de plusieurs éléments. *Cet appartement **se compose** de trois pièces, d'une entrée, d'une salle de bains et d'une cuisine.* (Syn. comporter, comprendre.) Famille du mot : compos**ant**, compos**é**, composi**teur**, compos**ition**.

compositeur, trice (nom)
Personne qui compose de la musique.

composition (nom féminin)
1. Action ou façon de composer. *Il y a beaucoup de colorants dans la **composition** de ces bonbons.* **2.** Devoir fait en classe pour établir un classement entre les élèves.

compost (nom masculin)
Engrais produit à partir de déchets végétaux qui ont fermenté.

■ **composter** (verbe) ▸ conjug. n° 3
Transformer des déchets en compost.

■ **composter** (verbe) ▸ conjug. n° 3
Introduire un ticket dans un appareil qui perfore ou y imprime une marque. *Sarah a eu une amende dans le train car elle n'**avait** pas **composté** son ticket.*

composteur (nom masculin)
Appareil qui sert à composter.

compote (nom féminin)
Dessert composé de fruits cuits avec du sucre. *Une **compote** de pommes.*

compotier (nom masculin)
Plat creux en forme de coupe.

compréhensible (adjectif)
Que l'on peut comprendre facilement. *Mon petit frère a fait des progrès : son langage devient tout à fait **compréhensible**.* (Contr. incompréhensible.)

compréhensif, ive (adjectif)
Qui comprend et admet facilement le point de vue des autres. *Les enfants reprochent souvent à leurs parents de ne pas être assez **compréhensifs**.* (Syn. bienveillant, indulgent.)

compréhension (nom féminin)
1. Fait de comprendre. *Sans la ponctuation, la **compréhension** d'un texte est difficile.* **2.** Fait d'être compréhensif. *La maîtresse fait preuve de beaucoup de **compréhension** envers les élèves qui ont des difficultés.* Famille du mot : compréhen**sible**, compréhen**sif**, **in**compréhen**sible**, **in**compréhension.

comprendre (verbe) ▸ conjug. n° 32
1. Avoir une idée claire du sens de quelque chose. *Je n'**ai** rien **compris** à ce film.* (Syn. saisir.) **2.** Se montrer compréhensif envers quelqu'un. *Les parents font beaucoup d'efforts pour essayer de **comprendre** leurs enfants.* **3.** Être composé de plusieurs choses. *Le mois de janvier **comprend** 31 jours.* (Syn. comporter.)

compresse (nom féminin)
Morceau de tissu fin que l'on met sur une plaie.

compresser (verbe) ▸ conjug. n° 3
Serrer ou presser. *En **compressant** une plaie, on empêche le sang de couler.* (Syn. comprimer.) Famille du mot : compress**ible**, compress**ion**, **dé**compresser, **dé**compress**ion**, **in**compress**ible**.

compressible (adjectif)
Que l'on peut comprimer. *Les gaz sont **compressibles**.* (Contr. incompressible.)

compression (nom féminin)
1. Fait de comprimer. *La **compression** d'un gaz.* **2.** Au sens figuré, réduction d'un effectif. *On prévoit une **compression** du personnel dans cette entreprise.*

comprimé (nom masculin)
Médicament en forme de pastille. *Si tu as mal à la tête, prends un **comprimé** d'aspirine.* (Syn. cachet.)

comprimer (verbe) ▸ conjug. n° 3
Diminuer le volume d'un corps en serrant fortement. *L'air **comprimé** est utilisé dans l'industrie.* (Contr. dilater.)

compris, ise (adjectif)
Qui est compté, inclus dans un prix. *Le service est **compris**, mais tu peux laisser un pourboire.* • **Y compris :** en incluant. *Dans le car, il y a 25 personnes, **y compris** la maîtresse et le chauffeur.*

compromettre (verbe) ▸ conjug. n° 33
1. Risquer de faire échouer quelque chose. *Tes mauvaises notes vont **compromettre** ton entrée au collège.* **2.** Faire perdre sa réputation à quelqu'un. *Cet homme politique **est compromis** dans une vilaine affaire.*

compromis (nom masculin)
Arrangement intermédiaire entre deux solutions. *Ils ont fini par trouver un **compromis** : ils paieront chacun la moitié de la somme.*

compromission (nom féminin)
Action peu honorable qu'on fait par intérêt. *Il est prêt à toutes les **compromissions** pour arriver à ce qu'il désire.*

comptabilité (nom féminin)
Compte des recettes et des dépenses. *C'est le père d'Ibrahim qui fait la **comptabilité** de l'entreprise.*

comptable (nom)
Personne qui s'occupe de la comptabilité d'une entreprise ou d'une société.

comptant (adverbe)
• **Payer comptant :** entièrement et immédiatement. (Contr. à crédit.)

compte (nom masculin)
Action de compter. *Kevin fait le **compte** de son argent de poche.* (Syn. calcul.) • **À bon compte :** à bon marché. • **Compte à rebours :** énumération de nombres en ordre décroissant. • **Compte ban-**

a b c d e f g h i j k l m n o p q r s t u v w x y z

caire ou **postal :** somme d'argent déposée à la banque ou à la poste. • **En fin de compte, tout compte fait :** finalement. • **Être loin du compte :** se tromper sur le résultat. • **Pour le compte de quelqu'un :** en étant payé par lui. • **Rendre compte de quelque chose :** le raconter. *Ursula nous **a rendu compte** de son voyage.* • **Se rendre compte de quelque chose :** le comprendre, s'en apercevoir. *Pierre ne **se rend pas compte** de sa méchanceté.* • **Tenir compte de quelque chose :** y attacher de l'importance. Prononciation [kɔ̃t].

compte-goutte (nom masculin)
Instrument permettant de compter les gouttes d'un liquide. Prononciation [kɔ̃tgut]. Pluriel : des compte-goutte**s**.
ORTHO On écrit aussi un **compte-gouttes**.

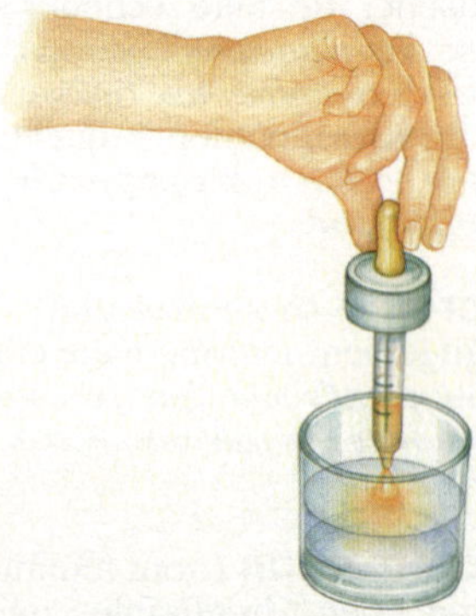

un **compte-goutte**

compter (verbe) ▸ conjug. n° 3
1. Réciter les nombres les uns après les autres. *Je **compte** jusqu'à trois : un, deux, trois.* **2.** Calculer le nombre, la quantité. *Quentin **compte** son argent.* **3.** Inclure un prix dans une somme. *Le service **est compté** dans la facture.* **4.** Avoir de l'importance. *Ses amis **comptent** beaucoup pour elle.* **5.** Avoir l'intention de faire quelque chose. *Je **compte** partir demain matin.* **6.** Avoir confiance en quelqu'un. *Je **compte** sur toi pour m'aider.* Prononciation [kɔ̃te]. Famille du mot : comp**tabilité**, compt**able**, compt**ant**, compte, compte-gouttes, compte rendu, comp**teur**, **dé**compter.

compte rendu (nom masculin)
Récit qui rend compte de quelque chose. *Il nous a fait un bref **compte rendu** de la réunion.* (Syn. rapport.) Prononciation [kɔ̃tʀɑ̃dy]. Pluriel : des compte**s** rendu**s**.

compte-tour (nom masculin)
Appareil qui compte le nombre de tours effectués par une pièce qui tourne. *Le **compte-tour** du tableau de bord d'une voiture.* Pluriel : des compte-tour**s**.

compteur (nom masculin)
Appareil qui sert à mesurer certaines grandeurs. *Le **compteur** électrique indique la consommation d'électricité.* Prononciation [kɔ̃tœʀ].

comptine (nom féminin)
Petit texte récité ou chanté. *À la maternelle, on apprend des **comptines** : « Une poule sur un mur, qui picore du pain dur... »* Prononciation [kɔ̃tin].

comptoir (nom masculin)
1. Table longue et étroite sur laquelle un commerçant étale sa marchandise. **2.** Dans un café, sorte de table haute sur laquelle sont servies les consommations. *Manger un sandwich debout au **comptoir**.* (Syn. bar.) **3.** Autrefois, établissement commercial dans les colonies. *L'Angleterre avait de nombreux **comptoirs** en Inde.* Prononciation [kɔ̃twaʀ].

compulser (verbe) ▸ conjug. n° 3
Consulter un ouvrage ou un document. *J'ai trouvé cette recette de gâteau en **compulsant** un livre de cuisine.*

comte, comtesse (nom)
Titre de noblesse inférieur à celui de marquis et supérieur à celui de vicomte.

■ **comté** (nom masculin)
Ensemble des terres qui appartenaient à un comte. Encore aujourd'hui, les circonscriptions administratives du Québec s'appellent des **comtés**.

■ **comté** (nom masculin)
Fromage à pâte cuite, qui ressemble au gruyère. Ce mot vient du nom de la région où est fabriqué ce fromage, la *Franche-Comté*.

comtesse ➡ Voir **comte**.

concasser (verbe) ▶ conjug. n° 3
Réduire en petits morceaux. ***Concasser** du poivre.* (Syn. broyer.)

concave (adjectif)
Dont la surface est en creux. *Un miroir **concave**.* (Contr. convexe.)

concéder (verbe) ▶ conjug. n° 8
Synonyme de reconnaître. *Je **concède** que j'ai eu tort.* (Syn. admettre.)

concentration (nom féminin)
Fait de se concentrer. *Cet exercice demande beaucoup de **concentration**.* (Syn. attention.) • **Camp de concentration :** lieu où des prisonniers sont rassemblés dans des conditions effroyables.

concentré, ée (adjectif)
Se dit d'un produit alimentaire auquel on a enlevé une partie de son eau. ■ **concentré** (nom masculin) Substance concentrée. *Du **concentré** de tomates.*

concentrer (verbe) ▶ conjug. n° 3
1. Regrouper dans un même lieu. *La population **s'est concentrée** sur la place du village.* (Contr. disperser.) **2.** Se concentrer : fixer son attention. *Il y a trop de bruit, Zoé a beaucoup de mal à **se concentrer**.* Famille du mot : concentr**ation**, concentr**é**, **dé**concentrer.

concentrique (adjectif)
Qui ont le même centre et des diamètres différents. *Quand on jette un caillou dans la rivière, il se forme des cercles **concentriques**.*

des cercles **concentriques**

concept (nom masculin)
Représentation abstraite de quelque chose que l'on forme dans son esprit.

conception (nom féminin)
Façon de concevoir une idée. *Leurs **conceptions** de la situation sont très différentes.* (Syn. jugement, opinion, vue.)

concerner (verbe) ▶ conjug. n° 3
Avoir un rapport direct avec quelqu'un ou quelque chose. *Je ne **suis** vraiment pas **concernée** par vos histoires !*

concert (nom masculin)
Exécution en public d'une œuvre musicale. *Un **concert** de jazz, de musique classique.*

concertation (nom féminin)
Fait de se concerter. *Sans **concertation**, le projet échouera.*

se **concerter** (verbe) ▶ conjug. n° 3
Discuter pour se mettre d'accord avant d'agir. *Tous les élèves **se sont concertés** pour faire une surprise à leur professeur.*

concerto (nom masculin)
Morceau de musique dans lequel l'orchestre joue en alternance avec un ou plusieurs instruments.

concession (nom féminin)
Fait de renoncer à certaines de ses exigences pour parvenir à un accord. *Pour que la paix soit possible, il faut que les deux pays fassent des **concessions**.*

concessionnaire (nom)
Représentant officiel d'une marque dans une région. *Ce garagiste est un **concessionnaire** Renault.* (Syn. dépositaire.)

concevoir (verbe) ▶ conjug. n° 21
Former une idée dans son esprit. *C'est un architecte célèbre qui **a conçu** ce grand ensemble.* (Syn. imaginer.)

concierge (nom)
Gardien ou gardienne d'un immeuble. *Le **concierge** de l'immeuble distribue le courrier.*

concile (nom masculin)
Assemblée d'évêques convoqués par le pape.

conciliabule (nom masculin)
Conversation secrète et à voix basse. *Je n'apprécie pas beaucoup vos **conciliabules**, qu'est-ce que vous me cachez ?*

conciliant, ante (adjectif)
Qui est toujours prêt à trouver un accord. *Il s'est montré très **conciliant** en acceptant cet arrangement.* (Syn. accommodant, arrangeant.)

conciliation (nom féminin)
Accord entre des personnes. *Parvenir à une **conciliation**.* (Syn. arrangement.)

concilier (verbe) ▸ conjug. n° 10
Faire aller ensemble des choses qui semblent incompatibles. *Romain essaie de **concilier** ses études et les loisirs.* Famille du mot : concili**ant**, concili**ation**, **ré**conciliation, **ré**concilier.

concis, ise (adjectif)
Qui dit l'essentiel en peu de mots. *Soyez très **concis**, et résumez-moi la situation en quelques mots.* (Syn. bref.)

concision (nom féminin)
Caractère concis. *Son récit est d'une remarquable **concision**.*

concitoyen, enne (nom)
Personne qui habite la même ville ou le même pays. *Le maire s'est adressé à tous ses **concitoyens**.*

conclave (nom masculin)
Réunion de cardinaux pour l'élection du pape. *Pendant toute la durée du **conclave**, les cardinaux n'ont aucun contact avec l'extérieur.* **Conclave** vient d'un mot latin qui signifie « chambre fermée à clef ».

concluant, ante (adjectif)
Qui permet de juger du résultat de quelque chose. *Cet essai n'a pas été **concluant**, il va falloir en faire un autre.*

conclure (verbe) ▸ conjug. n° 51
1. Terminer un discours ou un écrit. *Il a dit pour **conclure** qu'il fallait rester optimiste.* **2.** Arriver à un accord. *Ces deux pays ont fini par **conclure** un traité de paix.* (Syn. signer.) **3.** Aboutir à un jugement, après avoir réfléchi. *S'il n'est pas encore arrivé, j'en **conclus** qu'il n'a pas pu venir.* (Syn. déduire.) Famille du mot : concl**uant**, conclu**sion**.

conclusion (nom féminin)
1. Ce qui conclut un discours ou un texte. *Ton devoir est bon, mais il manque une **conclusion**.* **2.** Fait de conclure un accord. *Les deux pays sont parvenus à la **conclusion** d'un traité de paix.* **3.** Conséquence qu'on tire d'un raisonnement. *Quelles **conclusions** peut-on tirer de cette histoire ?*

concocter (verbe) ▸ conjug. n° 3
Synonyme familier de préparer. *Maman nous **a concocté** un bon petit plat.*

concombre (nom masculin)
Fruit allongé de couleur verte qui se mange en salade.

les feuilles
et le fruit du **concombre**

concordance (nom féminin)
Fait de s'accorder avec une autre chose. *Les enquêteurs vérifient la **concordance** entre les récits des témoins.* • **Concordance des temps** : règle de grammaire qui établit le temps du verbe de la proposition subordonnée en fonction du temps du verbe de la proposition principale.

concordant, ante (adjectif)
Qui concorde. *Leurs avis sont **concordants** : sur ce point au moins ils sont d'accord.* (Contr. discordant.)

concordat (nom masculin)
Accord entre le pape et un gouvernement à propos des affaires religieuses. *La loi qui sépare l'Église et l'État a mis fin au* ***concordat*** *en France.*

concorde (nom féminin)
Bonne entente. *J'apprécie beaucoup la* ***concorde*** *qui règne dans cette classe agréable.* (Syn. harmonie. Contr. discorde.)

concorder (verbe) ▶ conjug. n° 3
Être en accord, en harmonie. *Leurs témoignages* ***concordent*** *parfaitement.* (Syn. coïncider.) Famille du mot : concord**ant**, concorde.

concourir (verbe) ▶ conjug. n° 16
1. Participer à un concours ou à une compétition. *Ce cheval n'****a*** *pas* ***concouru*** *car il était blessé.* **2.** Travailler ensemble à une action. *Tous les élèves* ***ont concouru*** *au succès de la fête de l'école.* (Syn. contribuer à.) **Concourir** vient du latin *concurrere* qui signifie « courir ensemble ».

concours (nom masculin)
1. Épreuve où le nombre de candidats reçus est fixé d'avance. *Ce n'est pas un examen, c'est un* ***concours****.* **2.** Fait de concourir à une action. *C'est grâce à ton* ***concours*** *que nous avons réussi.* (Syn. aide, contribution.) • **Concours de circonstances :** suite de hasards. *Cet accident est dû à un* ***concours de circonstances*** *défavorables.*

concret, ète (adjectif)
Qui désigne une chose que l'on peut voir et toucher. *Crayon, chaise, cahier sont des noms* ***concrets****.* (Contr. abstrait.) Famille du mot : concr**è**t**ement**, se concr**étiser**.

concrètement (adverbe)
Pratiquement, réellement. *Qu'est-ce que je peux faire* ***concrètement*** *pour t'aider ?*

concrétion (nom féminin)
Amas minéral cristallisé formé le long des cours d'eau souterrains. *Les stalactites sont des* ***concrétions*** *calcaires.*

se **concrétiser** (verbe) ▶ conjug. n° 3
Synonyme de se matérialiser. *Elle aimerait bien que ses rêves* ***se concrétisent****.*

concubin, ine (nom)
Personne qui vit avec une autre sans être mariée.

concubinage (nom masculin)
Situation des concubins. *Vivre en* ***concubinage****.*

concurrence (nom féminin)
Rivalité d'intérêts. *Les supermarchés font de la* ***concurrence*** *aux petits commerçants.*

concurrencer (verbe) ▶ conjug. n° 4
Faire concurrence à. *Notre épicier a baissé ses prix pour* ***concurrencer*** *le supermarché et attirer la clientèle.*

concurrent, ente (nom)
1. Personne qui participe à une compétition ou à un concours. *Tous les* ***concurrents*** *de la course portent un dossard.* **2.** Entreprise ou commerçant qui vend les mêmes produits qu'un autre. *Maman n'est pas contente de son plombier, la prochaine fois elle s'adressera à un* ***concurrent****.* Famille du mot : concur**rence**, concurren**cer**.

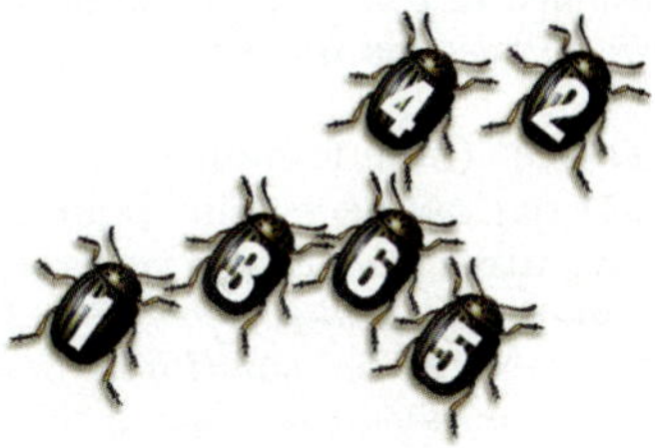

Le **concurrent** n° 2 est en tête !

condamnable (adjectif)
Qui mérite d'être condamné. *Son attitude est tout à fait* ***condamnable****.* (Contr. louable.)

condamnation (nom féminin)
Fait d'être condamné. *La* ***condamnation*** *de ce suspect n'a surpris personne.*

condamné, ée (nom)
Personne qui a été condamnée. *Un* ***condamné*** *à mort.*

condamner (verbe) ▶ conjug. n° 3
1. Déclarer quelqu'un coupable et le punir. *Il* ***a été*** *seulement* ***condamné*** *à une amende.* (Contr. acquitter.) **2.** Fermer définitivement une ouverture. *Pour pouvoir mettre ce meuble,*

il va falloir ***condamner*** *la porte.* **3.** Désapprouver totalement. *L'opposition* ***condamne*** *les décisions du ministre.* Prononciation [kɔ̃dane]. Famille du mot : condamn**able**, condamn**ation**, condamné.

condensation (nom féminin)
Transformation de la vapeur d'eau en gouttelettes.

condensé (nom masculin)
Bref résumé. *Ce livre n'est pas le texte intégral, c'est un* ***condensé****.*

condenser (verbe) ▸ conjug. n° 3
1. Rendre plus concis, plus court. *L'exercice consiste à* ***condenser*** *l'histoire en trois lignes.* (Syn. résumer.) **2.** Se condenser : passer de l'état gazeux à l'état liquide. *La vapeur d'eau* ***se condense*** *en buée sur les vitres.* Famille du mot : conden**sation**, condensé. À l'origine, **condenser** c'est « rendre plus dense ».

condiment (nom masculin)
Produit qui donne plus de goût aux aliments. *Le poivre, la moutarde, la cannelle sont des* ***condiments****.*

condition (nom féminin)
1. Ce qui est nécessaire pour qu'une chose arrive. *Vous pouvez jouer au ballon à* ***condition*** *d'aller dehors.* **2.** Chose qu'on exige. *Les* ***conditions*** *sont très dures pour obtenir ce poste.* **3.** Situation sociale. *Ses parents sont de* ***condition*** *très modeste.* **4.** Forme physique. *Thomas était en excellente* ***condition*** *le jour de la compétition.* ■ **conditions** (nom féminin pluriel) Ensemble de circonstances. *Les* ***conditions*** *de travail sont assez pénibles dans cette usine.* Famille du mot : condition**nel**, **in**condition**nel**.

conditionné, ée (adjectif)
• **Air conditionné :** système d'appareils qui maintient l'air à une température régulière, prévue à l'avance.

conditionnel (nom masculin)
Mode du verbe qui indique que l'action dépend d'une condition. *Dans la phrase « Si Victor avait assez d'argent, il achèterait un vélo », le verbe « acheter » est au* ***conditionnel****.*

conditionnement (nom masculin)
Synonyme d'emballage. *Le* ***conditionnement*** *de ce lait est très pratique.*

condoléances (nom féminin pluriel)
Formule de compassion qu'on dit à quelqu'un, après un décès. *Je vous présente toutes mes* ***condoléances****.*

condor (nom masculin)
Grand vautour d'Amérique du Sud. *Les* ***condors*** *se nourrissent de charognes.*

un **condor**

conducteur, trice (nom)
Personne qui conduit un véhicule. *Un* ***conducteur*** *de camion s'appelle un routier.* (Syn. chauffeur.) ■ **conducteur** (nom masculin) Matière qui transmet la chaleur ou l'électricité. *Le cuivre est un bon* ***conducteur****.*

conductible (adjectif)
Capable de transmettre la chaleur ou l'électricité. *Le cuivre est un métal* ***conductible****.*

conduire (verbe) ▸ conjug. n° 43
1. Accompagner une personne quelque part. *Je vais vous* ***conduire*** *à la gare.* **2.** Diriger et manœuvrer un véhicule. *Maman* ***conduit*** *très bien, elle n'a jamais eu d'accident.* **3.** Mener quelque part. *Plusieurs chemins* ***conduisent*** *à la plage.* (Syn. aller.) **4.** Se conduire : avoir une bonne ou une mauvaise conduite. *Les enfants* ***se sont*** *très bien* ***conduits*** *pendant la cérémonie.* (Syn. se comporter, se tenir.) Famille du mot : conduct**eur**, conduit, conduite, **re**conduire.

conduit (nom masculin)
Tuyau dans lequel passe quelque chose. *Le ramoneur a nettoyé le **conduit** de la cheminée.*

conduite (nom féminin)
1. Action de conduire un véhicule. *La **conduite** est très difficile sur le verglas.* 2. Manière d'agir, de se conduire. *Sa **conduite** a été jugée irresponsable.* (Syn. comportement.) 3. Synonyme de canalisation. *Le plombier est venu réparer la **conduite** d'eau qui fuyait.*

cône (nom masculin)
Solide dont la base est un cercle et le sommet une pointe. *Le clown porte un chapeau en forme de **cône**.* ➡ p. 576.

confection (nom féminin)
1. Action de confectionner. *La **confection** de ce dessert est très longue.* (Syn. préparation.) 2. Industrie du vêtement. *Un atelier de **confection**.*

confectionner (verbe) ▸ conjug. n° 3
Préparer ou faire quelque chose. *Anna **a confectionné** une très jolie boîte pour la fête des mères.* (Syn. fabriquer.)

confédération (nom féminin)
Groupement de plusieurs associations ou de plusieurs États. *La Suisse est une **confédération** composée de cantons.*

conférence (nom féminin)
Réunion où une personne fait un exposé. *Cet historien a fait une **conférence** sur Louis XIV.* • **Conférence de presse :** réunion organisée pour informer les journalistes.

conférencier, ère (nom)
Personne qui fait une conférence.

conférer (verbe) ▸ conjug. n° 8
Synonyme de donner. *En vertu des pouvoirs qui me **sont conférés**, je vous déclare mari et femme.*

confesser (verbe) ▸ conjug. n° 3
1. Avouer ses torts. *J'ai très mal réagi, je le **confesse**.* 2. Se confesser : dans la religion catholique, avouer ses péchés à un prêtre. Famille du mot : confession, confessionnal.

confession (nom féminin)
1. Ce que dit une personne qui se confesse ou qui avoue. 2. Appartenance à une religion. *Il est de **confession** protestante.*

confessionnal, aux (nom masculin)
Dans une église, sorte de cabine où l'on se confesse.

confetti (nom masculin)
Petite rondelle de papier de couleur. *Après le carnaval, la rue est pleine de **confettis**.* **Confetti** vient de l'italien et désignait autrefois des bonbons.

confiance (nom féminin)
Sentiment qu'on éprouve quand on sait que quelqu'un est honnête, qu'on peut se fier à lui. *Tu peux lui faire **confiance**, il fera ce qu'il a promis.* (Contr. défiance, méfiance.) • **Confiance en soi :** sentiment de quelqu'un qui est sûr de lui, qui est plein d'assurance. *Elle manque encore de **confiance en elle**.*

confiant, ante (adjectif)
Qui fait confiance. *Il est **confiant** en l'avenir.* (Contr. méfiant.)

confidence (nom féminin)
Secret qu'on confie à quelqu'un. *J'aimerais te faire une **confidence**, mais j'ai peur que tu la répètes.* Famille du mot : confident, confidentiel.

confident, ente (nom)
Personne à qui on fait des confidences. *Zoé est ma **confidente** : je lui dis tous mes secrets.*

confidentiel, elle (adjectif)
Qui doit rester tout à fait secret, comme une confidence. *Une information **confidentielle**.*

confier (verbe) ▸ conjug. n° 10
1. Laisser à la garde de quelqu'un. *Quand Fatima part en vacances, elle **confie** son chat à sa grand-mère.* 2. Dire en confidence. *Je vais te **confier** un secret !* 3. Se confier : faire des confidences. *C'est à sa mère qu'elle **se confie** le plus facilement.*

configuration (nom féminin)
Forme de quelque chose. *La **configuration** d'un paysage.*

a b c d e f g h i j k l m n o p q r s t u v w x y z

configurer (verbe) ▸ conjug. n° 3
Déterminer le mode de fonctionnement d'un système informatique. *On **a configuré** l'imprimante pour que tous les employés puissent l'utiliser.*

confiné, ée (adjectif)
• **Air confiné :** air contenu dans un local fermé.

se **confiner** (verbe) ▸ conjug. n° 3
1. Rester enfermé dans un endroit. *Il **se confine** dans sa maison et n'en sort que pour aller faire des courses.* **2.** Se limiter à quelque chose. *Je ne veux pas **me confiner** dans ces travaux inintéressants.*

confins (nom masculin pluriel)
Limites d'une région ou d'un pays. *Ce village se situe aux **confins** de l'Europe.*

confirmation (nom féminin)
Action de confirmer. *La **confirmation** du vol doit se faire 48 heures avant le départ de l'avion.*

confirmer (verbe) ▸ conjug. n° 3
Affirmer que quelque chose est exact ou certain. *La nouvelle est sûre, elle vient d'**être confirmée** à la radio.*

confiscation (nom féminin)
Action de confisquer. *Le maître a exigé la **confiscation** du canif.*

confiserie (nom féminin)
1. Magasin où on vend des bonbons, des sucreries. **2.** Ensemble des sucreries. *Les caramels, les fruits confits, les bonbons acidulés sont des **confiseries**.*

un bocal de **confiseries**

confiseur, euse (nom)
Personne qui fabrique et vend des confiseries.

confisquer (verbe) ▸ conjug. n° 3
Prendre provisoirement un objet à quelqu'un. *William a cassé un carreau avec son ballon, la maîtresse le lui **a confisqué**.*

confit, ite (adjectif)
Conservé dans du vinaigre, du sucre ou de la graisse. *Des fruits **confits**.*
■ **confit** (nom masculin) Viande cuite et conservée dans sa graisse. *Du **confit** de canard.*

confiture (nom féminin)
Fruits que l'on a fait cuire avec du sucre pour les conserver. *Des **confitures** de cerises.*

conflictuel, elle (adjectif)
Qui provoque un conflit. *Ces deux collègues ont des relations **conflictuelles**.*

conflit (nom masculin)
Grave désaccord qui oppose des personnes ou des pays. *C'est un vieux **conflit** entre eux !*

confluent (nom masculin)
Endroit où deux cours d'eau se rencontrent. *Lyon est au **confluent** du Rhône et de la Saône.*

confondre (verbe) ▸ conjug. n° 31
Prendre une personne ou une chose pour une autre. *Les deux sœurs se ressemblent tellement que je les **confonds** toujours. Ne **confonds** pas les mots « mer » et « mère ».* (Contr. distinguer.)

conforme (adjectif)
Qui est en accord avec un modèle ou un règlement. *Cette nouvelle installation électrique est **conforme** aux normes actuelles.* Famille du mot : conformé**ment**, se conformer, conform**isme**, conform**iste**, conform**ité**.

conformément (adverbe)
En conformité avec. *Il fait beau aujourd'hui, **conformément** aux prévisions météorologiques.* (Contr. contrairement.)

se conformer (verbe) ▸ conjug. n° 3
Agir en conformité avec quelque chose. *Il faut **se conformer** aux habitudes du pays que l'on visite.* (Syn. se soumettre.)

conformisme (nom masculin)
Attitude de ceux qui agissent comme tout le monde, sans originalité.

conformiste (adjectif et nom)
Qui fait preuve de conformisme.

conformité (nom féminin)
• **En conformité avec :** en accord avec. *Essayer d'agir **en conformité avec** ses idées.*

confort (nom masculin)
Tout ce qui rend la vie quotidienne plus facile et plus agréable. *Cette maison a tout le **confort** désirable : eau, électricité et chauffage.* Famille du mot : confor**table**, confort**ablement**, **in**confort, **incon**fort**able**.

confortable (adjectif)
Qui donne une sensation de confort. *Ce lit est très **confortable**, j'y ai très bien dormi.*

confortablement (adverbe)
De façon confortable. *Installez-vous pour travailler **confortablement**.*

conforter (verbe) ▸ conjug. n° 3
Synonyme de renforcer. *Cela me **conforte** dans mon opinion.*

confrère (nom masculin)
Personne qui exerce la même profession qu'une autre. *Notre médecin est en vacances, nous allons consulter un de ses **confrères**.*

confrérie (nom féminin)
Groupe de personnes ayant une même activité. (Syn. corporation.)

confrontation (nom féminin)
Fait de confronter. *La **confrontation** des différents témoins est nécessaire.*

confronter (verbe) ▸ conjug. n° 3
Mettre des personnes en présence pour comparer ce qu'elles affirment. ***Confronter** des témoins, des points de vue.* • **Être confronté à une difficulté :** devoir y faire face.

confus, use (adjectif)
1. Qui est difficile à comprendre. *Il a fait un discours très **confus** qu'on a eu du mal à suivre.* (Syn. embrouillé. Contr. clair.) **2.** Qui éprouve un sentiment de confusion. *Je suis vraiment **confuse** de vous avoir fait attendre.* (Syn. honteux.)

confusion (nom féminin)
1. Fait de confondre. *Faire une **confusion** entre deux personnes.* **2.** Caractère confus, embrouillé. *Quelle **confusion** dans ses paroles !* (Contr. clarté.) **3.** Sentiment de gêne ou de honte. *Rougir de **confusion**.*

congé (nom masculin)
Période pendant laquelle on ne travaille pas. *Papa a pris quelques jours de **congé** pour nous conduire à la montagne.* (Syn. vacances.) • **Donner congé à quelqu'un :** le renvoyer de son travail. • **Prendre congé de quelqu'un :** lui dire au revoir.

congédier (verbe) ▸ conjug. n° 10
Renvoyer quelqu'un de son travail. *Son patron l'**a congédié** pour faute grave.* (Syn. remercier.)

congélateur (nom masculin)
Appareil dans lequel on congèle les aliments pour les conserver.

congélation (nom féminin)
Action de congeler.

congeler (verbe) ▸ conjug. n° 8
Soumettre un aliment à une très basse température. *Maman vide les poissons avant de les **congeler**.* Famille du mot : congél**ateur**, congél**ation**, **dé**congél**ation**, **dé**congeler.

congénère (nom)
Personne ou animal de la même espèce. *Lui et ses **congénères** sont très antipathiques.*

congénital, ale, aux (adjectif)
Qui existe dès la naissance. *Il est atteint d'une maladie **congénitale**.*

congère (nom féminin)
Gros tas de neige durcie par le vent. *Des **congères** ont bloqué la circulation.*

congestion (nom féminin)
Maladie due à du sang accumulé dans une partie du corps. *Il est mort d'une **congestion** cérébrale.*

congestionné, ée (adjectif)
Qui est rouge à cause de l'afflux de sang. *Il a couru si vite qu'il a le visage tout **congestionné**.*

Congo

4,2 millions d'habitants
Capitale : Brazzaville
Monnaie : le franc CFA
Langue officielle : français
Superficie : 342 000 km²

État d'Afrique centrale, bordé par l'océan Atlantique. Le pays est constitué de plateaux et de collines, avec des forêts denses au Nord et la savane au Sud. La grande ressource du pays est le pétrole. On y exploite aussi le bois de la forêt tropicale.
Autrefois colonie française, le Congo est indépendant depuis 1960. La république du Congo est parfois aussi appelée « Congo-Brazzaville ».

République démocratique du Congo

69,1 millions d'habitants
Capitale : Kinshasa
Monnaie : le franc congolais
Langue officielle : français
Superficie : 2 345 410 km²

État d'Afrique centrale, le troisième du continent par la superficie.

GÉOGRAPHIE
Le pays s'étend dans le bassin du fleuve Congo et donne sur l'océan Atlantique par un étroit couloir. Il est couvert de forêt dense dans sa partie centrale, de forêt claire et de savane au Sud. Les principales cultures sont réservées à la consommation locale. Le pays est producteur de café. On y trouve de l'or, des diamants et des minerais (zinc, manganèse, uranium). Son économie est faible et son taux de chômage très élevé. Le sida fait de nombreuses victimes dans la population.

HISTOIRE
Colonie de la Belgique en 1908, le Congo belge a accédé à l'indépendance en 1960. Après une période de troubles graves, il est devenu le Congo-Kinshasa, puis le Zaïre en 1971. Depuis 1997, le pays s'appelle la « République démocratique du Congo ».

congolais, aise ➡ Voir tableau p. 6.

congratuler (verbe) ▶ conjug. n° 3
Féliciter chaudement. *Les joueurs **se congratulent** après avoir marqué un but.*

congre (nom masculin)
Poisson de mer carnivore, allongé comme une anguille.

un **congre**

congrès (nom masculin)
Réunion de personnes rassemblées pour échanger des idées sur leurs intérêts communs. *Un **congrès** de médecins.*

congressiste (nom)
Personne qui participe à un congrès.

conifère (nom masculin)
Arbre qui porte des aiguilles. *Les **conifères** gardent leurs aiguilles en hiver et restent verts.* **Conifère** vient de mots latins qui signifient « qui porte des fruits en forme de cône ».

conique (adjectif)
Qui a la forme d'un cône.

conjecture (nom féminin)
Opinion fondée sur des suppositions. *Comme on ne sait rien de précis, on se perd dans des **conjectures**.*

conjoint, ointe (nom)
Personne avec laquelle on est marié. *Votre **conjointe** est-elle avec vous ?* (Syn. époux.)

conjonctif, ive (adjectif)
• **Locution conjonctive :** groupe de mots qui a la même fonction qu'une conjonction. *« Bien que » est une **locution conjonctive**.*

conjonction (nom féminin)
Mot invariable qui sert à unir deux mots ou deux groupes de mots. *Il existe des **conjonctions** de coordination (mais, et...) et des **conjonctions** de subordination (que, comme, quand...).*

conjonctivite (nom féminin)
Inflammation de l'œil. *Ce produit soignera votre **conjonctivite**.*

conjoncture (nom féminin)
Situation de l'économie ou de la société. *Les affaires marchent mal : la **conjoncture** est mauvaise.*

conjugaison (nom féminin)
Ensemble des formes d'un verbe en fonction de la voix, du mode, du temps, de la personne et du nombre.

conjugal, ale, aux (adjectif)
Qui concerne le mari et la femme, les époux. *Il s'est mis dans son tort en quittant le domicile **conjugal**.*

conjuguer (verbe) ▸ conjug. n° 3
Réciter ou écrire la conjugaison d'un verbe. ***Conjugue** le verbe « prendre » à l'imparfait.* • **Conjuguer ses efforts :** les unir.

des fruits de **conifères** 1 épicéa 2 cyprès 3 cèdre 4 séquoia 5 pin 6 sapin 7 genévrier

conjuration (nom féminin)
Synonyme de conspiration. *Ses ennemis avaient fomenté une **conjuration** contre l'empereur.*

conjurer (verbe) ▸ conjug. n° 3
1. Éloigner quelque chose de mauvais. *Le sorcier prononce des formules magiques pour **conjurer** les mauvais esprits.* **2.** Supplier avec insistance. *Restez calmes, je vous en **conjure** !*

connaissance (nom féminin)
1. Fait de connaître. *Pour ce poste, la **connaissance** de plusieurs langues est indispensable.* **2.** Personne que l'on connaît. *C'est une vieille **connaissance**, nous étions ensemble à la maternelle.* • **En connaissance de cause :** en sachant bien ce qu'on fait, consciemment. • **Faire connaissance :** rencontrer quelqu'un pour la première fois. • **Perdre connaissance :** s'évanouir.
■ **connaissances** (nom féminin pluriel) Choses que l'on a apprises et que l'on sait. *Gaëlle a déjà des **connaissances** solides en anglais.*

connaisseur, euse (nom)
Personne qui s'y connaît dans un domaine. *Cet expert est un grand **connaisseur** en art contemporain.*

connaître (verbe) ▸ conjug. n° 37
1. Savoir après avoir appris. *Papa **connaît** bien l'anglais, il le parle couramment.* (Contr. ignorer.) **2.** Avoir déjà rencontré quelqu'un ou vu quelque chose et savoir qui ils sont. *Ils **se connaissent** depuis longtemps. Tu **connais** cette plante ?* **3.** Être déjà allé quelque part. *Hélène **connaît** bien la Grèce, elle y va souvent.* **4.** Avoir. *On ne pensait pas que ce film **connaîtrait** un tel succès.* • **S'y connaître :** être compétent dans un domaine. Famille du mot : connaiss**ance**, connaiss**eur**, conn**u**, **in**connu, **mé**connais**sable**, **mé**connaiss**ance**, **mé**connaître, **mé**connu.
ORTHO On écrit aussi **connaitre**.

connecter (verbe) ▸ conjug. n° 3
1. Relier un appareil à un circuit. *Cet ordinateur **est connecté** à un réseau.* **2.** Se connecter : être relié à Internet. *Pour consulter ta messagerie, tu dois te **connecter**.*

connétable (nom masculin)
Au Moyen Âge, chef des armées du royaume.

connexion (nom féminin)
Fait de connecter. *Établir une **connexion** à l'aide d'un câble.*

connivence (nom féminin)
Accord secret entre des personnes. *Il y a une grande **connivence** entre le frère et la sœur.* (Syn. complicité.) **Connivence** vient d'un verbe latin qui signifie « fermer les yeux », c'est-à-dire « être d'accord ».

connu, ue (adjectif)
Qui est célèbre. *Charlie Chaplin est très **connu**.* (Contr. inconnu.)

conque (nom féminin)
Mollusque marin enfermé dans une coquille en forme de spirale. *Certaines **conques** sont comestibles.*

conquérant, ante (nom)
Personne qui fait des conquêtes militaires. *Jules César a été un grand **conquérant**.*

conquérir (verbe) ▸ conjug. n° 18
Occuper par la force. *Les troupes rebelles ont fini par **conquérir** toute cette région.* (Syn. envahir, soumettre.) Famille du mot : conquér**ant**, conqu**ête**, **re**conquérir, **re**conqu**ête**.

conquête (nom féminin)
1. Action de conquérir un pays. *La **conquête** de la Gaule par les Romains.*
2. Pays conquis. *Les **conquêtes** de Napoléon.*

conquistador (nom masculin)
Conquérant espagnol qui partait en Amérique au XVIe siècle.

consacrer (verbe) ▸ conjug. n° 3
1. Donner un caractère sacré, religieux à un lieu. *Ce temple **est consacré** à Zeus.*
2. Employer son temps à une activité. *Julie **consacre** le mercredi au sport, tandis que ce jour-là Xavier **se consacre** au piano.*

consciemment (adverbe)
En ayant conscience de ce qu'on fait. *C'est tout à fait **consciemment** qu'elle a agi ainsi.* Prononciation [kɔ̃sjamɑ̃].

conscience (nom féminin)
Ce qui permet à chacun de juger ce qui est bien et ce qui est mal. *Il a un problème de **conscience**, il ne sait pas s'il doit accepter ou non.* • **Avec conscience :** consciencieusement. • **Avoir conscience de quelque chose :** s'en rendre compte. ***As-tu conscience du** danger qui existe à plonger de si haut ?* • **Avoir quelque chose sur la conscience, ne pas avoir la conscience tranquille :** savoir qu'on a fait quelque chose de mal. • **Perdre conscience :** s'évanouir. Famille du mot : consc**iemment**, consciencieu**sement**, conscienc**ieux**, conscient, **in**consc**iemment**, **in**conscience, **in**conscient.

consciencieusement (adverbe)
De façon consciencieuse. *Laura fait **consciencieusement** ses devoirs.*

consciencieux, euse (adjectif)
Qui fait son travail de façon sérieuse et appliquée. *Le professeur apprécie beaucoup les élèves **consciencieux**.*

conscient, ente (adjectif)
Qui a la conscience de quelque chose. *Es-tu **conscient** des risques que tu prends en roulant aussi vite ?* (Contr. inconscient.)

consécration (nom féminin)
Fait d'être reconnu publiquement. *Ce prix d'interprétation est pour elle la **consécration** de sa carrière d'actrice.*

consécutif, ive (adjectif)
Qui vient à la suite d'autre chose. *On a marché neuf heures **consécutives** pour parvenir au sommet.*

conseil (nom masculin)
1. Avis que l'on donne à quelqu'un sur ce qu'il doit faire. *J'ai besoin de tes **conseils** avant de prendre une décision.*
2. Réunion ou assemblée au cours desquelles des gens discutent et donnent leur avis. *Le **Conseil** des ministres, le **conseil** municipal.* Famille du mot : conseil**ler**, **dé**conseil**ler**.

Conseil constitutionnel
Institution chargée de faire respecter la Constitution française de 1958 dans les lois et dans les traités. Le Conseil constitutionnel valide aussi l'élection du président de la République, les résultats des référendums nationaux et des élections législatives et sénatoriales. Il est composé de neuf membres et siège à Paris.

Conseil de l'Union européenne

Assemblée qui réunit les ministres des gouvernements des pays membres de l'Union européenne. Le Conseil adopte les lois européennes et prend les décisions politiques. Chaque pays de l'Union assure la présidence du Conseil à tour de rôle, pour une durée de six mois.

Conseil d'État

Institution publique de la France qui conseille le gouvernement dans la préparation des lois et agit comme juge suprême dans les affaires liées aux administrations de l'État. Le Conseil d'État comprend environ 300 membres et siège à Paris.

■ conseiller (verbe) ▸ conjug. n° 3

Donner comme conseil. *Le ciel est noir, je te **conseille** de prendre ton parapluie si tu ne veux pas rentrer trempé.* (Syn. recommander. Contr. déconseiller.)

■ conseiller, ère (nom)

1. Personne qui donne des conseils. *Des **conseillères** d'orientation.* 2. Personne qui fait partie d'un conseil. *Il a été élu **conseiller** municipal de sa commune.*

consensus (nom masculin)

Accord entre des personnes. *Après des heures de discussion, le patronat et les syndicats sont parvenus à un **consensus**.* ● Prononciation [kɔ̃sɛ̃sys].

consentant, ante (adjectif)

Qui est d'accord. *Le mariage se fait entre personnes **consentantes**.*

consentement (nom masculin)

Fait de consentir. *Yann a besoin du **consentement** de ses parents pour partir en classe de neige.* (Syn. accord, approbation. Contr. interdiction.)

consentir (verbe) ▸ conjug. n° 15

Être d'accord pour que quelque chose se fasse. *Ses parents ne **consentiront** jamais à la laisser partir toute seule à l'étranger.* (Syn. accepter, autoriser. Contr. interdire.)

conséquence (nom féminin)

Résultat d'une action ou d'un évènement. *Ce grave accident est une **conséquence** du verglas.* (Syn. suite.)

conséquent, ente (adjectif)

Qui est logique, en accord avec soi-même. *On ne peut pas à la fois aimer la ville et vouloir le calme, il faut être **conséquent**.* • **Par conséquent :** comme conséquence. *Les postiers sont en grève, **par conséquent** il n'y a pas de courrier.* (Syn. donc.)

conservateur, trice (adjectif)

Qui est hostile aux changements politiques, à l'évolution des habitudes sociales, des idées. *Un parti **conservateur**.* ■ conservateur, trice (nom) 1. Personne conservatrice. *Les **conservateurs** et les progressistes.* 2. Personne qui s'occupe d'un musée ou d'une bibliothèque. ■ conservateur (nom masculin) Produit chimique que l'on ajoute à un aliment pour qu'il se conserve plus longtemps.

conservation (nom féminin)

Fait de se conserver en bon état. *On a découvert une momie en parfait état de **conservation**.*

conservatoire (nom masculin)

Établissement d'enseignement artistique. ***Conservatoire** de danse, de musique.*

conserve (nom féminin)

Aliment conservé longtemps dans des boîtes métalliques ou des bocaux. *Grand-mère fait des **conserves** de tomates. Une boîte de sardines en **conserve**.*

une boîte de **conserve** dessinée par l'artiste américain Andy Warhol en 1962

conserver (verbe) ▸ conjug. n° 3
1. Ne pas perdre ou ne pas jeter. *Elle* ***conserve*** *dans son portefeuille une photo de son grand-père.* **2.** Continuer d'avoir. *Elle* ***avait conservé****, malgré les années, un charme mystérieux.* **3.** Maintenir en bon état. *Pour garder son arôme au café,* ***conservez****-le au réfrigérateur.* (Syn. garder. Contr. perdre.) Famille du mot : conserva**teur**, conserv**ation**, conserv**atoire**, conserve.

considérable (adjectif)
Qui est très important. *Il a perdu au jeu des sommes* ***considérables****.*

considérablement (adverbe)
D'une façon considérable. *En cent ans, la vie quotidienne a* ***considérablement*** *changé.* (Syn. énormément.)

considération (nom féminin)
1. Réflexion faite sur un sujet. *Benjamin se perd en* ***considérations*** *inutiles.* **2.** Respect qu'on porte à une personne. *Elle jouit de la* ***considération*** *générale.* (Syn. estime. Contr. mépris.) • **Prendre quelque chose en considération :** en tenir compte.

considérer (verbe) ▸ conjug. n° 8
1. Examiner avec attention. *Elle* ***considérait*** *la nouvelle venue avec intérêt.* (Syn. observer.) **2.** Apprécier les qualités de quelqu'un. *Il* ***est*** *très bien* ***considéré*** *dans son travail.* (Contr. déconsidérer, mépriser.) **3.** Penser ou estimer. *Je* ***considère*** *qu'il a eu tort. On le* ***considère*** *comme un très bon chirurgien.* Famille du mot : considér**ation**, se **dé**considérer.

consigne (nom féminin)
1. Instruction qu'on doit respecter exactement. *La* ***consigne*** *est formelle : personne ne doit entrer ici. Il faut bien lire la* ***consigne*** *avant de faire l'exercice.* **2.** Endroit où les bagages sont gardés. *J'ai mis mes valises à la* ***consigne****.* **3.** Privation de sortie pour un élève ou un soldat. **4.** Somme rendue en échange d'un emballage, d'une bouteille vide.

consigner (verbe) ▸ conjug. n° 3
1. Faire payer une somme pour un emballage qui est remboursé si on le rapporte. *Est-ce que la bouteille* ***est consignée*** *?* **2.** Priver de sortie par une consigne. **3.** Noter par écrit. *Elle* ***consignait*** *dans son journal toutes les visites faites durant son voyage.*

consistance (nom féminin)
État plus ou moins solide d'une matière. *La lave qui sortait du cratère avait une* ***consistance*** *visqueuse.*

consistant, ante (adjectif)
Épais, presque solide. *Une soupe* ***consistante****.* Famille du mot : consist**ance**, **in**consistant.

consister (verbe) ▸ conjug. n° 3
1. Avoir pour objet principal. *Votre travail* ***consistera*** *à dépanner les ordinateurs du service.* **2.** Être composé de telle ou telle chose. *Leur logement* ***consiste*** *en une chambre, un salon et une cuisine.*

consœur (nom féminin)
Féminin de confrère. *L'avocat a demandé l'avis de sa* ***consœur****.*

consolateur, trice (adjectif)
Qui console. *Il a su trouver des paroles* ***consolatrices*** *qui m'ont soulagé.*

consolation (nom féminin)
Ce qui console. *En guise de* ***consolation****, ses amis lui ont apporté de quoi décorer son plâtre.* (Syn. réconfort.)

console (nom féminin)
Appareil de jeux électroniques composé d'un écran et d'une manette. *Une* ***console*** *portable.*

consoler (verbe) ▸ conjug. n° 3
Essayer de calmer un chagrin. *Clément prend sa petite sœur dans ses bras pour la* ***consoler****.* Famille du mot : consola**teur**, consol**ation**, **in**consol**able**.

consolidation (nom féminin)
Action de consolider. *On a dû mettre des étais pour assurer la* ***consolidation*** *du mur.*

consolider (verbe) ▸ conjug. n° 3
Rendre plus solide. *Le menuisier* ***a consolidé*** *la charpente en remplaçant des poutres.*

consommateur, trice (nom)
1. Personne qui achète et utilise les produits du commerce. *Le guide du* ***consommateur****.* **2.** Personne qui prend une consommation. *Quelques* ***consommateurs*** *se trouvaient au bar.*

consommation (nom féminin)
1. Quantité consommée. *Elle s'efforce de réduire sa **consommation** d'électricité.* **2.** Ce que l'on boit ou mange dans un café. *Le tarif des **consommations** est affiché.*

consommer (verbe) ▸ conjug. n° 3
1. Utiliser pour se nourrir. *Les Français **consomment** moins de pain qu'autrefois.* **2.** Utiliser pour fonctionner. *Cette voiture **consomme** 6 litres d'essence aux 100 kilomètres.* Famille du mot : consomm**ateur**, consomm**ation**.

consonne (nom féminin)
Son du langage qui ne peut se prononcer qu'accompagné d'une voyelle. *Dans le mot « vivre », il y a trois **consonnes** (v, v, r) et deux voyelles (i, e).*

consort (adjectif masculin)
• **Prince consort :** prince marié à une reine, mais qui ne gouverne pas. **Consort** vient du mot latin *consors* qui signifie « qui partage le sort ».

conspirateur, trice (nom)
Personne qui conspire. *Les **conspirateurs** prêtèrent serment en croisant leurs épées.*

conspiration (nom féminin)
Entente secrète entre gens qui conspirent. *Grâce à sa police secrète, Richelieu déjoua plusieurs **conspirations**.* (Syn. complot, conjuration.)

conspirer (verbe) ▸ conjug. n° 3
S'entendre en secret pour renverser ceux qui gouvernent un État. *Sire ! Certains de vos proches **conspirent** contre vous !* (Syn. comploter.) Famille du mot : conspir**ateur**, conspir**ation**.

conspuer (verbe) ▸ conjug. n° 3
Synonyme littéraire de huer. *Les députés de l'opposition **ont conspué** l'orateur.* (Contr. acclamer, applaudir.) **Conspuer** vient du latin *conspuere* qui signifie « couvrir de crachats ».

constamment (adverbe)
De façon constante. *Il répète **constamment** la même chose.* (Syn. sans cesse.)

constance (nom féminin)
Persévérance dans la manière d'agir. *Voilà trois jours que tu t'acharnes sur ce puzzle, quelle **constance** !* Famille du mot : constant, **in**constant.

constant, ante (adjectif)
Qui reste toujours semblable. *La climatisation entretient dans la pièce une température **constante**.*

Constantin Ier (né entre 270 et 288, mort en 337)
Empereur romain de 306 à 337. Constantin Ier, dit Constantin le Grand, a régné seul en maître sur tout l'Empire romain à partir de 324. Converti au christianisme, il a mis fin aux persécutions des chrétiens et les a autorisés à pratiquer leur religion. Sur l'emplacement de Byzance, il a fondé la ville de Constantinople, qui devint la nouvelle capitale de l'Empire en 330.

Constantinople
Ville fondée en 324 par Constantin Ier sur l'emplacement de Byzance. Elle fut la capitale de l'Empire romain d'Orient, appelé aussi Empire byzantin, de 330 à 1453. Prise par les Turcs en 1453, elle reçut son nom actuel : Istanbul.

constat (nom masculin)
Indication par écrit de ce qui a été constaté. *L'assureur a fait un **constat** des dégâts causés par la fuite d'eau.*

constatation (nom féminin)
Ce qui a été constaté. *Ce n'est pas une critique, c'est une simple **constatation**.* (Syn. observation.)

constater (verbe) ▸ conjug. n° 3
S'apercevoir d'un fait. ***J'ai constaté** que ce magasin était très cher.* (Syn. noter, observer, remarquer.) Famille du mot : constat, constat**ation**.

constellation (nom féminin)
Groupe d'étoiles. *On a donné des noms aux **constellations** du ciel.*

la **constellation** du Chariot
(la Grande Ourse)

constellé, ée (adjectif)
Couvert d'une multitude d'éléments éparpillés, comme les étoiles. *Un cahier **constellé** de taches.* (Syn. parsemé.)

consternant, ante (adjectif)
Qui consterne. *Les nouvelles qui viennent de ce pays sont **consternantes**.* (Syn. désolant.)

consternation (nom féminin)
État d'une personne consternée. *Quand le pays apprit la mort du champion, la **consternation** fut générale.*

consterner (verbe) ▸ conjug. n° 3
Plonger dans la tristesse. *Qu'il ait si peu d'amis me **consterne**.* (Syn. attrister, désoler.) Famille du mot : constern**ant**, constern**ation**.

constipation (nom féminin)
Indisposition qui rend difficile l'évacuation des excréments. *Ce malade a une tendance à la **constipation**.* (Contr. diarrhée.)

constipé, ée (adjectif)
Qui souffre de constipation.

constituant, ante (adjectif)
Qui entre dans la constitution de quelque chose. *L'oxygène est un élément **constituant** de l'air.* • **Assemblée constituante :** députés chargés de préparer et de voter la Constitution d'un pays.

constituer (verbe) ▸ conjug. n° 3
1. Former un tout. *Tous ces bijoux **constituent** un véritable trésor.* **2.** Mettre sur pied. *Les insurgés **ont constitué** un gouvernement provisoire.* (Syn. organiser.) • **Se constituer prisonnier :** se rendre aux autorités. Famille du mot : constitu**ant**, constitu**tion**, constitution**nel**, **re**constituer, reconstitu**tion**.

constitution (nom féminin)
1. Manière dont une chose est constituée. *La chimie étudie la **constitution** de la matière.* (Syn. composition.) **2.** Nature physique d'une personne. *Myriam fait du sport régulièrement, elle a une robuste **constitution**.* **3.** Action de constituer. *La **constitution** de l'équipe a été décidée par l'entraîneur.* **4.** Ensemble des lois fondamentales d'un État. Au sens 4, ce mot commence par une majuscule : la **Constitution** de la France.

Les représentants de Paris jurent de respecter la **Constitution** de 1791.

constitutionnel, elle (adjectif)
Qui est en accord avec la Constitution d'un pays. *L'opposition prétend que cette loi n'est pas **constitutionnelle**.*

constructeur, trice (nom)
Personne qui construit des bâtiments ou des machines. *Un **constructeur** d'avions.*

constructif, ive (adjectif)
Capable d'imaginer de nouvelles solutions. *Un esprit **constructif**.*

construction (nom féminin)
1. Action de construire. *Un immeuble en **construction**.* (Contr. démolition.) **2.** Ce qui est construit. *Les maisons, les ponts sont des **constructions**.* **3.** Arrangement des mots dans la phrase. *La **construction** de cette phrase est simple : un sujet et un verbe.*

construire (verbe) ▸ conjug. n° 43
1. Fabriquer en assemblant des matériaux. *Monsieur Adam s'est fait **construire** une maison.* (Syn. bâtir, édifier. Contr. démolir, détruire.) **2.** Organiser les mots d'une phrase en suivant les règles de la grammaire. *Cette phrase **est** mal **construite**.* Famille du mot : construct**eur**, construct**if**, construct**ion**, **re**construct**ion**, **re**construire.

consul (nom masculin)
Diplomate qui s'occupe des intérêts de ses compatriotes dans un pays étranger. *Elle est **consul** de France à Lahore.* Dans l'Antiquité, les deux **consuls** de

Rome étaient élus pour gouverner pendant un an.

consulat (nom masculin)
Bureau du consul. *On s'adresse au **consulat** pour avoir un visa.*

Consulat
Gouvernement de la France de 1799 à 1804, qui fait suite au Directoire. Le pouvoir, défini par la Constitution de l'an VIII, fut confié à trois consuls nommés pour dix ans. Le Premier consul, Bonaparte, devint consul à vie en 1802 et se proclama empereur en 1804. L'Empire remplaça alors le Consulat.

consultant, ante (adjectif et nom)
Personne qui donne son avis et conseille une entreprise.

consultatif, ive (adjectif)
Qui donne son avis sans pouvoir prendre de décision. *On a soumis ce projet à un comité **consultatif**.*

consultation (nom féminin)
Examen d'un malade par un médecin. *Mariette a emmené sa fille en **consultation** chez un pédiatre.*

consulter (verbe) ▸ conjug. n° 3
1. Demander l'avis ou le conseil de quelqu'un. *Il est allé **consulter** un spécialiste.* 2. Regarder quelque chose pour trouver un renseignement. *David **consulte** sa montre.*

se **consumer** (verbe) ▸ conjug. n° 3
Être détruit par le feu. *Les bûches **se consument** dans la cheminée.*

contact (nom masculin)
1. Fait de toucher. *Au **contact** du feu, Noémie retira vite sa main.* 2. Lien qui s'établit entre des personnes. *Je suis resté en **contact** avec lui. Avez-vous pris **contact** avec le maire ?* 3. Liaison entre deux fils électriques qui se touchent, permettant au courant de passer. *Il mit le **contact** et démarra en trombe.* • **Lentille** ou **verre de contact** : lentille qui corrige la vue et que l'on met directement sur l'œil.

contacter (verbe) ▸ conjug. n° 3
Prendre contact avec une personne. *Elle **a contacté** un avocat.*

contagieux, euse (adjectif)
1. Qui se transmet facilement. *La grippe est une maladie **contagieuse**.* 2. Qui peut communiquer sa maladie. *Les tuberculeux sont **contagieux**.*

contagion (nom féminin)
Transmission d'un microbe d'une personne à une autre. *Pour éviter la **contagion**, il faut désinfecter la maison du malade.*

container (nom masculin)
Synonyme de conteneur. ● **Container** est un mot anglais : on prononce [kɔ̃tɛnɛʀ].

contamination (nom féminin)
Le fait d'être contaminé. *La **contamination** de l'eau provient des déchets d'une usine.*

contaminer (verbe) ▸ conjug. n° 3
Communiquer un microbe, un virus ou des substances polluantes. *La bête malade **a contaminé** le troupeau.*

conte (nom masculin)
Récit d'aventures merveilleuses. *« La Petite Sirène » est un **conte** d'Andersen.*
Famille du mot : conter, conteur.

contemplation (nom féminin)
Action de contempler. *Elle était en **contemplation** devant la façade de la cathédrale.*

contempler (verbe) ▸ conjug. n° 3
Regarder quelque chose longuement en l'admirant. *Elle **contemplait** la mer au soleil couchant.*

contemporain, aine (adjectif)
1. Qui vit à la même époque qu'une autre personne. *Victor Hugo était **contemporain** de Napoléon III.* 2. Qui appartient à l'époque dans laquelle nous vivons. *Un spectacle de danse **contemporaine**.* (Syn. moderne.)

contenance (nom féminin)
1. Quantité que peut contenir un récipient. *La baignoire a une **contenance** de 100 litres.* (Syn. capacité.) 2. Façon de se comporter dans une situation particulière. *Ibrahim a perdu **contenance** devant ces gens qu'il trouvait si intimidants.*

contenant (nom masculin)
Tout objet pouvant contenir quelque chose. *Une bouteille, une caisse, un portefeuille sont des **contenants**.*

conteneur (nom masculin)
Très grande caisse qui sert pour le transport de marchandises, le recyclage des déchets, etc. (Syn. container.)

contenir (verbe) ▸ conjug. n° 19
1. Avoir à l'intérieur. *Ce coffret **contient** de vieilles lettres.* (Syn. renfermer.) **2.** Pouvoir recevoir telle quantité. *Cette salle **contient** mille personnes.* **3.** Empêcher quelqu'un d'avancer. *Les policiers ne pouvaient **contenir** la foule.* (Syn. retenir.) **4.** Se contenir : se maîtriser. *Devant tant de mauvaise foi, elle ne put **se contenir** plus longtemps.* (Syn. se retenir.) Famille du mot : conten**ance**, conten**ant**, conte**neur**, conten**u**, **dé**conten**ancer**.

content, ente (adjectif)
Qui est joyeux, satisfait. *Kevin est **content**, il va apprendre à faire du surf.* (Syn. heureux.) Famille du mot : content**ement**, content**er**, **mé**content, **mé**content**ement**, **mé**content**er**. Le sens ancien de **content** était « qui n'a pas besoin d'autre chose ».

contentement (nom masculin)
État d'une personne qui est contente. *Le vainqueur ne pouvait cacher son **contentement**.* (Syn. satisfaction. Contr. mécontentement.)

contenter (verbe) ▸ conjug. n° 3
1. Donner satisfaction à quelqu'un. *Pierre n'est pas difficile à **contenter**, il suffit de lui donner des pâtes ou des frites.* (Syn. satisfaire. Contr. mécontenter.) **2.** Se contenter : n'avoir besoin de rien de plus. *Tu **te contentes** de peu !*

contenu (nom masculin)
1. Ce qu'il y a dans quelque chose. *Peu importe le contenant pourvu que le **contenu** soit bon !* **2.** Idées exprimées dans un texte, une œuvre. *Le **contenu** du film n'est pas très intéressant.*

conter (verbe) ▸ conjug. n° 3
Synonyme littéraire de raconter. *Tante Lucie nous **a conté** l'histoire du château.*

contestable (adjectif)
Que l'on peut contester. *Votre point de vue me paraît **contestable**.* (Syn. discutable. Contr. incontestable.)

contestataire (adjectif et nom)
Qui conteste et exprime son désaccord. *Des étudiants **contestataires** ont envahi la salle.*

contestation (nom féminin)
Le fait de contester. *Il y a eu des **contestations** à propos du déroulement du vote.* (Syn. discussion.)

sans **conteste** (adverbe)
Sans aucun doute. *Tu es, **sans conteste**, le meilleur des cuisiniers !* (Syn. assurément, certainement.)

contester (verbe) ▸ conjug. n° 3
Refuser d'admettre que quelque chose soit exact ou justifié. *Certains journaux **contestent** les décisions du ministre.* (Contr. approuver.) Famille du mot : contest**able**, contest**ataire**, contest**ation**, **in**contest**able**, **in**contesté.

conteur, euse (nom)
Personne qui sait raconter des histoires. *Ma grand-mère avait un vrai talent de **conteuse**.*

contexte (nom masculin)
1. Texte qui entoure un mot ou une phrase. *Selon le **contexte**, le mot « cher » peut avoir des sens très différents.* **2.** Circonstances d'un évènement. *Dans le **contexte** politique actuel, cette décision sera mal acceptée par l'opinion.*

contigu, uë (adjectif)
Qui est situé à côté d'une autre chose. *Nos deux maisons sont **contiguës**, elles se touchent.* (Syn. attenant.) Prononciation [kɔ̃tigy].
ORTHO On écrit aussi **contigüe** au féminin.

continent (nom masculin)
Chacune des six grandes étendues de terre du globe terrestre, par opposition aux océans. *L'Europe, l'Asie, l'Afrique, l'Amérique, l'Australie, l'Antarctique sont les six **continents**.* **Continent** vient du latin *continens terra* qui signifie « terre d'un seul tenant ».

continental, ale, aux (adjectif)
Qui concerne l'intérieur des continents. *Le climat **continental** est froid et sec en hiver et chaud en été.*

contingences (nom féminin pluriel)
Petits évènements imprévisibles. *Il ne tient pas compte des **contingences** de la vie quotidienne.*

continu, ue (adjectif)
Qui n'est pas interrompu. *Le bruit **continu** du moteur.* (Contr. discontinu.)

continuation (nom féminin)
Le fait de continuer. *La pluie a empêché la **continuation** des travaux.* (Syn. poursuite.)

continuel, elle (adjectif)
Qui continue ou se répète sans arrêt. *Cessez donc ces bavardages **continuels** !* (Syn. incessant.)

continuellement (adverbe)
De façon continuelle. *Sa moto tombe **continuellement** en panne.* (Syn. constamment, sans cesse.)

continuer (verbe) ▸ conjug. n° 3
1. Poursuivre ce qui est commencé. *Elle a décidé de **continuer** ses études.* (Contr. arrêter, cesser.) **2.** Ne pas s'arrêter. *L'histoire n'est pas finie, elle **continue**.* (Syn. se poursuivre.) Famille du mot : continu, continu**ation**, continu**el**, continu**ellement**, continu**ité**, **dis**continu, **dis**continuer.

continuité (nom féminin)
Caractère de ce qui est continu. *Ce succès a récompensé la **continuité** de ses efforts.*

contondant, ante (adjectif)
Qui peut provoquer des contusions. *Une matraque est une arme **contondante**.*

contorsion (nom féminin)
Mouvement exagéré qui tord le corps. *Les **contorsions** du saltimbanque faisaient rire les badauds.*

se **contorsionner** (verbe) ▸ conjug. n° 3
Faire des contorsions.

contour (nom masculin)
Ligne qui marque la limite de quelque chose. *L'artiste commence par dessiner le **contour** du visage.*

Le **contour** des lettres est rouge.

contourner (verbe) ▸ conjug. n° 3
Passer autour de quelque chose sans le traverser. *C'est tout près, mais on est obligé de **contourner** ce pâté de maisons à cause des sens interdits.*

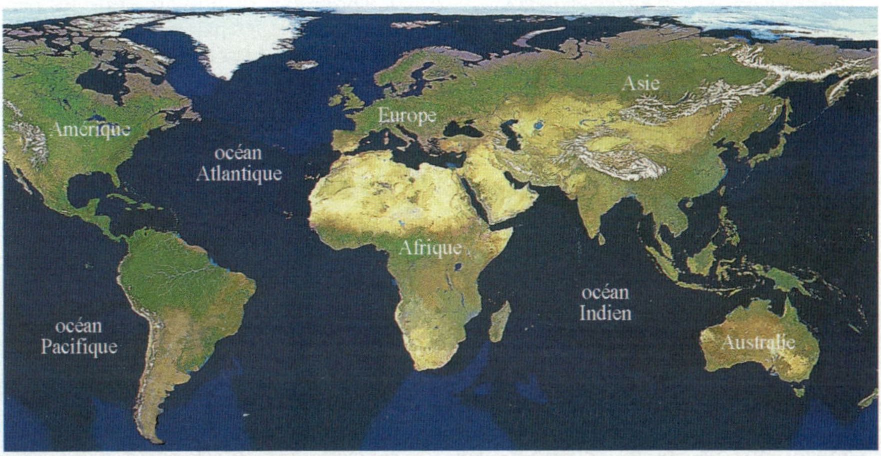

les **continents** et les océans

contraceptif (nom masculin)
Moyen de contraception. *La pilule est un **contraceptif** efficace.*

contraception (nom féminin)
Fait d'empêcher la grossesse.

contracter (verbe) ▸ conjug. n° 3
1. Raidir un muscle. *Tous les muscles de l'athlète **se contractent** lorsqu'il soulève les haltères.* (Syn. durcir, tendre.) **2.** S'engager par contrat. ***Contracter** une assurance contre l'incendie.* **3.** Être atteint par une maladie. ***Contracter** la rougeole, la scarlatine.* **4.** Se contracter : se réduire. *L'article « le » **se contracte** avec la préposition « à » en « au ».* Famille du mot : contrac**tion**, se **dé**contracter, **dé**contrac**tion**.

contraction (nom féminin)
1. Le fait de se raidir. *Les **contractions** de son visage indiquent la souffrance.* **2.** Le fait de se réduire. *« Au » est la **contraction** de l'article « le » et de la préposition « à ».*

contractuel, elle (nom)
1. Personne chargée de mettre des contraventions aux voitures mal garées. **2.** Personne qui travaille pour une administration sans être titulaire.

contradiction (nom féminin)
1. Fait de contredire quelqu'un ou de se contredire. *Il prend toujours le contrepied de ce que l'on dit, il a l'esprit de **contradiction**.* **2.** Affirmation qui en contredit une autre. *Le juge a relevé des **contradictions** dans les témoignages.*

contradictoire (adjectif)
Qui contredit ce qui a été dit. *Les récits des témoins ne concordent pas, ils sont même **contradictoires**.* (Syn. incompatible, opposé.)

contraindre (verbe) ▸ conjug. n° 35
Forcer à faire ce qu'on ne veut pas faire. *La maladie l'**a contraint** à cesser son travail.* (Syn. obliger.)

contrainte (nom féminin)
1. Usage de la force ou de la menace pour obliger quelqu'un à faire quelque chose. *Sous la **contrainte** du pistolet, il a dû jeter son arme.* **2.** Obligation à laquelle on ne peut échapper. *Les **contraintes** de la vie en société.*

contraire (adjectif)
Qui va dans le sens opposé. *Les deux voitures se dirigent en sens **contraire**. C'est **contraire** au règlement.* ■ **contraire** (nom masculin) **1.** L'inverse, l'opposé de quelque chose. *Il suffit qu'on lui demande quelque chose pour qu'il fasse le **contraire** !* **2.** Mot de sens opposé. *« Froid » est le **contraire** de « chaud ».* (Syn. antonyme. Contr. synonyme.)

contrairement (adverbe)
À l'opposé, à l'inverse de. ***Contrairement** à ce qui était annoncé, le train part à l'heure.*

contrariant, ante (adjectif)
Qui contrarie. *J'ai oublié mes lunettes, c'est très **contrariant**.* (Syn. ennuyeux, fâcheux.)

contrarier (verbe) ▸ conjug. n° 10
1. Faire obstacle à quelque chose. *Un accident **a contrarié** ses projets.* (Contr. aider, favoriser.) **2.** Causer du mécontentement. *Ce que tu lui as dit l'**a** beaucoup **contrarié**.* (Syn. mécontenter. Contr. réjouir.) Famille du mot : contrari**ant**, contrari**été**.

contrariété (nom féminin)
Sentiment d'une personne contrariée. *La **contrariété** se lisait sur son visage.* (Syn. irritation, mécontentement. Contr. satisfaction.)

contraste (nom masculin)
1. Différence ou opposition entre deux choses. *Quel **contraste** entre l'aridité du désert et la fraîcheur de cette oasis !* **2.** Différence de lumière entre les parties claires et les parties sombres d'une image. *Il n'y a pas de **contrastes** sur cette photo toute sombre.*

Il y a un énorme **contraste** entre les bandes rouges, les bandes bleues et les boules jaunes.

contraster (verbe) ▸ conjug. n° 3
Être en contraste. *Son allure d'ours **contraste** avec sa délicatesse.* (Syn. s'opposer.)

contrat (nom masculin)
Accord écrit fixant les droits et les obligations de chacun. *Elle a signé un **contrat** d'assurance pour sa maison et sa voiture.*

contravention (nom féminin)
Condamnation à payer une amende.

contre (préposition)
Sert à indiquer : **1.** Le contact. *Le maçon appuie une échelle **contre** le mur.* **2.** L'opposition. *L'équipe de France joue **contre** l'équipe d'Allemagne.* **3.** L'échange. *Je te donne un autocollant **contre** un caramel.* • **Par contre :** indique une opposition. *Elle est très jolie et très intelligente, **par contre** elle a très mauvais caractère.* ■ **contre** (nom masculin) • **Le pour et le contre :** les avantages et les inconvénients de quelque chose.

contre-attaque (nom féminin)
Attaque qui répond à celle de l'ennemi. *Le général passa à son tour à l'offensive en lançant une **contre-attaque**.*
Pluriel : des contre-attaques.
ORTHO On écrit aussi **contrattaque**.

contre-attaquer (verbe) ▸ conjug. n° 3
Faire une contre-attaque. *Et voici l'équipe française de rugby qui **contre-attaque** !*
ORTHO On écrit aussi **contrattaquer**.

contrebalancer (verbe) ▸ conjug. n° 4
Rétablir l'équilibre. *Les gains **contrebalancent** les pertes.* (Syn. compenser.)

contrebande (nom féminin)
Passage en fraude de marchandises d'un pays à l'autre. *Les deux hommes faisaient de la **contrebande** de cigarettes.*

contrebandier, ère (nom)
Personne qui fait de la contrebande. *Les **contrebandiers** prennent des petits chemins pour éviter les douaniers.*

en **contrebas** (adverbe)
À un niveau plus bas. *Notre villa est **en contrebas** de la route.*

contrebasse (nom féminin)
Grand instrument de musique, de la famille des violons, à quatre cordes, qui produit des sons très graves.

une **contrebasse**

contrebassiste (nom)
Musicien qui joue de la contrebasse. *Dans un orchestre, les **contrebassistes** jouent debout.*

contrecarrer (verbe) ▸ conjug. n° 3
Mettre des obstacles aux projets de quelqu'un. *Ses remarques **ont contrecarré** la décision que nous avions prise.*

à **contrecœur** (adverbe)
Avec réticence. *Elle a accepté de jouer **à contrecœur**.* (Contr. volontiers.)

contrecoup (nom masculin)
Conséquence indirecte d'un évènement. *Elle est très fatiguée, c'est le **contrecoup** de sa dernière maladie.*

contre-courant (nom masculin)
• **À contre-courant :** dans le sens inverse du courant.
ORTHO On écrit aussi **contrecourant**.

contredire (verbe) ▸ conjug. n° 46
Affirmer le contraire. *Pourquoi me **contredisez**-vous sans arrêt ? L'accusé ne cesse de **se contredire** quand on l'interroge.* **Contredire** se conjugue comme

dire, sauf à la 2e personne du pluriel : *vous contredisez*.

contrée (nom féminin)
Synonyme littéraire de région. *L'histoire se passe dans une lointaine **contrée**.*

contrefaçon (nom féminin)
Imitation malhonnête. *Cette montre est très bien imitée, mais c'est une **contrefaçon**.*

contrefaire (verbe) ▸ conjug. n° 42
Faire une contrefaçon. *Quelqu'un **a contrefait** la signature du directeur.*

contrefort (nom masculin)
1. Pilier ou gros mur qui renforce et soutient une construction. *Les **contreforts** du château.* **2.** Premiers sommets peu élevés d'un massif montagneux.

contre-indication (nom féminin)
Cas où la prescription d'un médicament devient dangereuse. *La notice accompagnant les médicaments signale les **contre-indications**.* Pluriel : des contre-indication**s**.
ORTHO On écrit aussi **contrindication**.

à **contre-jour** (adverbe)
Devant une lumière qui éclaire un objet par-derrière. *Je ne vois pas son visage, il est **à contre-jour**.*
ORTHO On écrit aussi **à contrejour**.

contre-la-montre (nom masculin)
Course cycliste chronométrée, avec départs séparés des coureurs. Pluriel : des contre-la-montre.

contremaître (nom masculin)
Personne qui dirige une équipe d'ouvriers.
ORTHO On écrit aussi **contremaitre**.

contre-offensive (nom féminin)
Attaque qui répond à une attaque ennemie. *Le maréchal Joffre a lancé une **contre-offensive** au cours de la bataille de la Marne.* (Syn. contre-attaque.) Pluriel : des contre-offensive**s**.
ORTHO On écrit aussi **controffensive**.

contrepartie (nom féminin)
• **En contrepartie :** synonyme d'en compensation. *Elle est logée, **en contrepartie** elle s'occupe des enfants après l'école.*

contre-performance (nom féminin)
Échec d'une personne dont on attendait la victoire. *Il est arrivé dernier, c'est une terrible **contre-performance** pour un champion comme lui !* Pluriel : des contre-performance**s**.
ORTHO On écrit aussi **contreperformance**.

contre-pied (nom masculin)
• **Prendre le contre-pied :** dire systématiquement le contraire.
ORTHO On écrit aussi **contrepied**.

contreplaqué (nom masculin)
Matériau formé de lamelles de bois collées les unes sur les autres. *Une étagère en **contreplaqué**.*

contrepoids (nom masculin)
Poids qui équilibre un autre poids. *Assieds-toi au bout du banc pour faire **contrepoids**, sinon je vais tomber.*

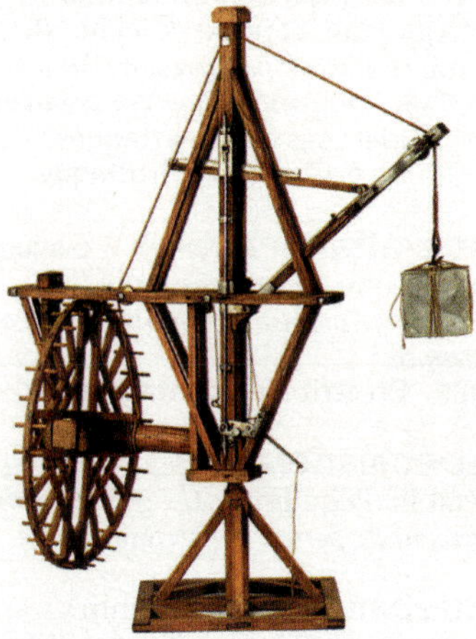

Cette machine fonctionnait grâce à des leviers et à un **contrepoids**.

contrepoison (nom masculin)
Synonyme d'antidote.

contrer (verbe) ▸ conjug. n° 3
S'opposer efficacement à une attaque. *L'équipe de handball a réussi à **contrer** ses adversaires et a gagné.*

contresens (nom masculin)
Erreur sur le sens d'un mot que l'on traduit d'une langue étrangère. • **À contresens :** en sens inverse du sens normal. *Il roulait **à contresens** dans une rue à sens unique.*

contretemps (nom masculin)
Ennui ou incident qui retarde quelqu'un. *Ce **contretemps** lui a fait manquer le début du film.*

contribuable (nom)
Personne qui paie des impôts.

contribuer (verbe) ▸ conjug. n° 3
Aider à la réalisation de quelque chose. *Ce séjour à la campagne **a contribué** à le remettre sur pied.*

contribution (nom féminin)
1. Fait de contribuer à quelque chose. *Quentin est plein d'idées, sa **contribution** à la fête a été très utile.* (Syn. aide, participation.) 2. Synonyme d'impôt. *Les **contributions** directes et indirectes.* Famille du mot : contribu**able**, contribu**er**.

contrit, ite (adjectif)
Synonyme littéraire de penaud. *Après s'être relevé de sa chute, il avait une mine **contrite**.*

contrôle (nom masculin)
1. Action de contrôler. *Il y a eu un **contrôle** des billets dans le train.* (Syn. vérification.) 2. Travail fait en classe pour vérifier les connaissances. *Demain, on a un **contrôle** de calcul.* 3. Maîtrise que l'on a sur quelque chose. *À cause du verglas, le conducteur a perdu le **contrôle** de sa voiture.* En ancien français, un « rôle » était un registre, et un **contrôle** était un registre en deux exemplaires, l'un permettant de contrôler l'autre.

contrôler (verbe) ▸ conjug. n° 3
1. Vérifier si tout est en règle ou en état de marche. *La police **contrôle** les papiers d'identité. Le mécanicien **contrôle** le niveau d'huile.* 2. Se contrôler : rester maître de soi. *Personne ne sait que Sarah est inquiète, elle **se contrôle** très bien.* (Syn. se maîtriser.) Famille du mot : contrôle, contrôl**eur**, **in**contrôl**able**.

contrôleur, euse (nom)
Personne chargée de contrôler. *Le **contrôleur** a infligé une amende au fraudeur.*

contrordre (nom masculin)
Ordre qui annule un ordre antérieur. *Sauf **contrordre**, la réunion aura lieu samedi.*

controverse (nom féminin)
Synonyme de polémique. *Le singe est-il notre ancêtre ? Cette question a soulevé de vives **controverses**.*

controversé, ée (adjectif)
Qui est mis en doute et contesté par certains. *L'existence des extraterrestres est très **controversée**.*

contusion (nom féminin)
Blessure causée par un coup, sans plaie ni fracture. *L'accident n'est pas trop grave, Ursula n'a que des **contusions**.*

convaincant, ante (adjectif)
Qui convainc. *L'avocat a su trouver des arguments **convaincants**.*

convaincre (verbe) ▸ conjug. n° 36
Parvenir à faire partager son point de vue. *J'ai réussi à **convaincre** maman de venir au cinéma avec nous.* (Syn. persuader.)

convalescence (nom féminin)
Période de repos après une maladie. *La fracture est remise, le plâtre a été enlevé, mais un mois de **convalescence** est nécessaire.*

convalescent, ente (adjectif et nom)
Qui est en convalescence. *Elle n'est pas complètement guérie, elle est encore **convalescente**.*

convecteur (nom masculin)
Radiateur électrique offrant une grande surface chauffante. *La chambre est équipée d'un **convecteur**.*

convenable (adjectif)
1. Qui respecte les règles de la politesse, les convenances. *Tu pourrais avoir une tenue plus **convenable**.* (Syn. correct. Contr. inconvenant, incorrect.) 2. Qui est acceptable, sans plus. *Dans ce restaurant, la nourriture est **convenable**.* (Syn. correct.)

convenablement (adverbe)
De façon convenable, comme il faut. *Tiens-toi **convenablement**, s'il te plaît !* (Syn. correctement.)

a b c d e f g h i j k l m n o p q r s t u v w x y z

convenance (nom féminin)
• **À sa convenance :** à son goût. *Zoé a enfin trouvé un jean **à sa convenance**.* ■ **convenances** (nom féminin pluriel) Règles de la politesse. *Respecter les **convenances**.*

convenir (verbe) ▸ conjug. n° 19
1. Être bien adapté. *Cette couleur te **convient** particulièrement bien.* **2.** Satisfaire quelqu'un. *On se retrouve samedi, cela te **convient** ?* (Syn. aller.) **3.** Reconnaître quelque chose. *Je me suis trompé, j'en **conviens**.* (Syn. admettre.) **4.** Se mettre d'accord sur quelque chose. *Nous **avons convenu** d'aller au judo ensemble.* • **Comme convenu :** comme on l'a décidé. Famille du mot : conve**nable**, conven**ablement**, conven**ance**, **in**conven**ant**.

convention (nom féminin)
1. Accord entre des personnes. *Le patronat et les syndicats ont signé une **convention**.* **2.** Ce qu'il convient de faire ou de dire en public. *Elle se moque des **conventions**.*

Convention nationale
Assemblée constituante qui gouverna la France de 1792 à 1795, après la Révolution de 1789. La Convention nationale proclama la Ire République.

conventionnel, elle (adjectif)
Qui est le résultat d'une convention, d'un accord. *La flèche est un signe **conventionnel** indiquant la direction à suivre.*

convergence (nom féminin)
Fait de converger. *La **convergence** de leurs opinions les a rapprochés.* (Contr. divergence.)

convergent, ente (adjectif)
Qui converge. *Les deux hommes ont des points de vue **convergents**.* (Contr. divergent.)

converger (verbe) ▸ conjug. n° 5
1. Aboutir au même endroit. *Place de l'Étoile, à Paris, toutes les rues **convergent** vers l'Arc de triomphe.* **2.** Parvenir au même résultat. *Sur ce point, les théories scientifiques **convergent**.* (Contr. diverger.) Famille du mot : converg**ence**, converg**ent**.

conversation (nom féminin)
Échange de paroles entre des personnes. *À table, la **conversation** était très animée.*

converser (verbe) ▸ conjug. n° 3
Avoir une conversation avec quelqu'un. *Ils **conversèrent** tard dans la nuit.*

conversion (nom féminin)
1. Action de se convertir. *Les soldats de Louis XIV obtinrent beaucoup de **conversions** de protestants par la terreur.* **2.** Passage d'une unité de mesure à une autre. *Pour savoir le prix d'un objet au Canada, il faut faire la **conversion** des dollars en euros.*

convertible (adjectif)
• **Canapé convertible :** canapé qui peut se transformer en lit.

convertir (verbe) ▸ conjug. n° 11
1. Transformer une unité de mesure en une autre unité. ***Convertissez** 500 centimètres en mètres.* **2.** Se convertir : changer de religion. **Convertir** vient du latin *convertere* qui signifie « se tourner » : quand quelqu'un se convertit, il se tourne vers une autre direction.

convertisseur (nom masculin)
Calculette ou programme informatique qui convertit une monnaie en une autre. *Le **convertisseur** aide à passer du franc à l'euro.*

convexe (adjectif)
Dont la surface est arrondie vers l'extérieur. *Un verre de lunettes **convexe**.* (Syn. bombé. Contr. concave.)

conviction (nom féminin)
1. Ce dont on est convaincu. *J'ai la **conviction** de l'avoir déjà rencontré.* (Syn. certitude.) **2.** Ce à quoi l'on croit. *Il a des **convictions** religieuses que je ne partage pas.* (Syn. opinion.)

Tout le monde **converge** vers le point d'eau.

convier (verbe) ▸ conjug. n° 10
Inviter quelqu'un à faire quelque chose. *Vous **êtes** tous **conviés** à mon anniversaire.*

convive (nom)
Participant à un repas. *À ce banquet, il y aura cent **convives**.*

convivial, ale, aux (adjectif)
Qui est gai et chaleureux. *J'aime l'atmosphère **conviviale** de ce petit restaurant.*

convocation (nom féminin)
Document par lequel on convoque quelqu'un. *David a reçu une **convocation** pour son examen.*

convoi (nom masculin)
Groupe de personnes ou de véhicules qui suivent ensemble la même route. *Les roulottes du cirque roulent en **convoi**.*

convoiter (verbe) ▸ conjug. n° 3
Avoir très envie de quelque chose. *Les cow-boys **convoitaient** les terres des Indiens.*

convoitise (nom féminin)
Fait de convoiter quelque chose. *Anna regardait avec **convoitise** les médailles gagnées par sa sœur.*

convoquer (verbe) ▸ conjug. n° 3
1. Faire venir quelqu'un auprès de soi. *Ibrahim **est convoqué** chez le directeur.* **2.** Faire se réunir des gens. *Le syndicat **a convoqué** le personnel à une réunion.*

convoyer (verbe) ▸ conjug. n° 6
Accompagner un convoi pour le protéger. *Des militaires **convoient** les réfugiés vers leur pays d'accueil.* (Syn. escorter.)
Convoyer vient du latin *conviare* qui signifie « faire route avec ».

convoyeur, euse (nom)
• **Convoyeur de fonds :** personne qui accompagne un transport d'argent pour le protéger. *Les **convoyeurs** de fonds sont armés.*

convulsion (nom féminin)
Contraction saccadée et involontaire des muscles. *Quand elle était bébé, Élodie a eu des **convulsions**.*

Cook James (né en 1728, mort en 1779)
Navigateur anglais. Au cours de ses trois voyages dans l'océan Pacifique, Cook découvrit les îles de la Nouvelle-Zélande, explora l'Australie, les îles Marquises et atteignit l'océan Arctique par le détroit de Béring. Son dernier voyage le mena aux îles Sandwich (nommées aujourd'hui îles Hawaï), où il fut tué par les indigènes.

cookie (nom masculin)
1. Petit gâteau sec et rond à l'intérieur moelleux, contenant des éclats de fruits secs ou de chocolat. **2.** Programme enregistrant automatiquement des informations sur les visiteurs de certains sites Internet. ● **Cookie** est un mot anglais : on prononce [kuki], au pluriel [kukiz].

cool (adjectif)
Synonyme familier de détendu, agréable. *J'ai passé des vacances **cools**.* ● **Cool** est un mot anglais : on prononce [kul].

coopératif, ive (adjectif)
Qui coopère facilement. *Pour ce qui est du ménage, il n'est guère **coopératif** !*

coopération (nom féminin)
1. Action de coopérer. *Pour décorer les chars du carnaval, on a besoin de la **coopération** de tous.* (Syn. aide, collaboration.) **2.** Aide aux pays qui sont en cours de développement.

coopérative (nom féminin)
Association de gens qui se mettent ensemble pour produire, acheter ou vendre. *Une **coopérative** agricole. Une **coopérative** scolaire.*

coopérer (verbe) ▸ conjug. n° 8
Travailler ensemble à la réalisation de quelque chose. *Plusieurs équipes de chercheurs **ont coopéré** à la mise au point de ce vaccin.* (Syn. collaborer, participer.) Famille du mot : coopér**atif**, coopér**ation**, coopér**ative**.

coordination (nom féminin)
1. Action de coordonner. *La bonne **coordination** des équipes de secours a permis de retrouver l'enfant.* **2.** Liaison entre deux mots ou deux groupes de mots qui ont la même fonction. *« Mais, ou, et, donc, or, ni, car » sont les conjonctions de **coordination**.*

coordonnées (nom féminin pluriel)
1. Éléments qui permettent de repérer un point sur un plan. *L'abscisse et l'ordonnée sont les **coordonnées** d'un point.* **2.** Adresse et numéro de téléphone. *Je n'ai pas pu te joindre, je n'avais pas tes **coordonnées**.*

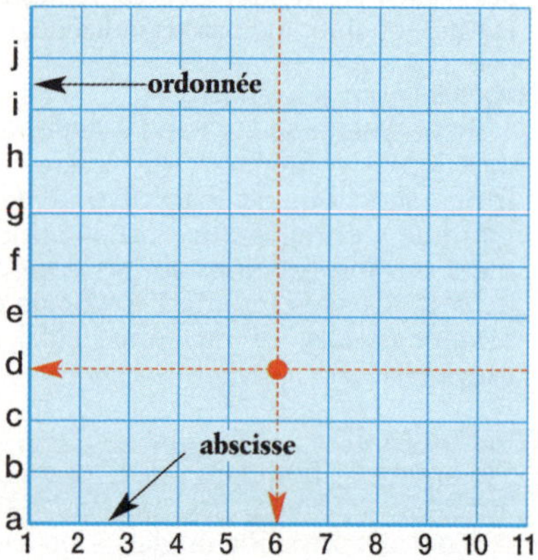

Les **coordonnées** du point rouge sont : 6 sur l'abscisse et d sur l'ordonnée.

coordonner (verbe) ▸ conjug. n° 3
Mettre ensemble divers éléments pour être plus efficace. *Les équipes de secours **ont coordonné** leurs efforts pour retrouver les survivants.*

copain, copine (nom)
Synonyme familier d'ami. *Un **copain** d'enfance. Fatima est allée à la piscine avec toutes ses **copines**.* Comme le compagnon, le **copain** était « celui avec lequel on partageait son pain ».

copeau, eaux (nom masculin)
Fine lamelle de matière enlevée par le tranchant d'un outil. *Le menuisier a fait un tas de **copeaux** avec son rabot.*

Copenhague
Capitale du Danemark (1,1 million d'habitants). Copenhague est un grand port de commerce et la métropole industrielle du pays. C'est aussi une ville universitaire et culturelle.

Copernic Nicolas (né en 1473, mort en 1543)
Astronome polonais. Il démontra que la Terre n'est pas un point fixe occupant le centre du monde, mais qu'elle tourne sur elle-même et autour du Soleil.

copie (nom féminin)
1. Texte qui en reproduit un autre exactement. *J'ai gardé une **copie** de ma lettre.* (Syn. double.) **2.** Reproduction plus ou moins exacte d'une œuvre d'art. *Ce tableau n'est pas un original, c'est une **copie**.* **3.** Feuille double sur laquelle les élèves font leurs devoirs. *Le maître ramasse les **copies**.* Famille du mot : copi**er**, **re**copi**er**.

copier (verbe) ▸ conjug. n° 10
1. Reproduire fidèlement un texte ou un dessin. *Gaëlle **a copié** un poème dans son cahier.* **2.** Reproduire frauduleusement le travail de son voisin de classe. *La maîtresse a surpris Hélène en train de **copier** sur Kevin.*

copier-coller (nom masculin)
Fait de reproduire des données sélectionnées dans un fichier informatique. *Plutôt que de retaper à chaque fois le refrain, j'ai fait un **copier-coller** dans mon document.* Pluriel : des copier-coller.

Nicolas **Copernic** étudiant le ciel de la nuit

copieur, euse (nom)
Élève qui triche en copiant sur son voisin. *Le maître a puni le* ***copieur***.

copieusement (adverbe)
D'une manière copieuse. *Il s'est fait* ***copieusement*** *gronder !* (Syn. abondamment.)

copieux, euse (adjectif)
Qui comporte beaucoup de choses. *Un petit déjeuner* ***copieux***. (Syn. abondant.)

copilote (nom)
Personne qui aide le pilote d'un avion.

copine ➡ Voir **copain**.

coprah (nom masculin)
Amande desséchée de la noix de coco, dont on extrait de l'huile.

coproduction (nom féminin)
Production d'un film ou d'un spectacle assurée par plusieurs participants. *Le film a été réalisé en* ***coproduction***.

copropriétaire (nom)
Personne qui possède une maison ou un appartement en copropriété. *L'assemblée des* ***copropriétaires*** *a voté la construction d'un ascenseur.*

copropriété (nom féminin)
Fait d'appartenir en commun à plusieurs propriétaires. *Un immeuble en* ***copropriété***.

coq (nom masculin)
Mâle de la poule. • **Être comme un coq en pâte :** être dorloté. • **Passer du coq à l'âne :** passer, sans raison, d'un sujet à un autre.

un **coq**

coque (nom féminin)
1. Enveloppe dure de certains fruits. *La* ***coque*** *d'une noix.* ➡ p. 969. (Syn. coquille.) 2. Sorte de coquillage arrondi. *À marée basse, les enfants cherchent des* ***coques*** *dans le sable mouillé.* 3. Partie d'un bateau qui est dans l'eau. ➡ p. 1346. • **Œuf à la coque :** cuit avec sa coquille dans l'eau bouillante.

coquelet (nom masculin)
Jeune coq. *Ce midi, nous avons mangé du* ***coquelet*** *rôti.*

coquelicot (nom masculin)
Fleur des champs rouge vif. *Le* ***coquelicot*** *est une variété de pavot.* **Coquelicot** est une déformation de *cocorico*, car la couleur de cette fleur évoque la crête du coq.

un **coquelicot**

coqueluche (nom féminin)
1. Maladie contagieuse qui fait tousser. *La* ***coqueluche*** *atteint surtout les enfants.* 2. Personne que tous admirent. *Laura est la* ***coqueluche*** *de l'équipe.*

coquet, ette (adjectif)
Qui prend soin de son aspect pour plaire aux autres. *Grand-maman est restée très* ***coquette***.

coquetier (nom masculin)
Accessoire pour poser un œuf à la coque.

coquetterie (nom féminin)
Attitude d'une personne coquette. *Par* ***coquetterie****, Quentin a voulu changer la monture de ses lunettes.*

a b c d e f g h i j k l m n o p q r s t u v w x y z

coquillage (nom masculin)
Mollusque marin ayant une coquille. *Les huîtres, les moules, les coques, les couteaux, les palourdes sont des **coquillages**.*

coquille (nom féminin)
1. Enveloppe dure qui recouvre et protège le corps de la plupart des mollusques. *Une **coquille** d'huître, d'escargot.* **2.** Enveloppe dure de certains fruits. *Une **coquille** de noix.* (Syn. coque.) **3.** Enveloppe des œufs des reptiles et des oiseaux. • **Rentrer dans sa coquille :** se refermer sur soi-même.

coquillette (nom féminin)
Pâte alimentaire en forme de petite coquille.

coquin, ine (adjectif et nom)
Qui est farceur, malin et espiègle. *Des yeux **coquins**. Tu es un petit **coquin** !*

cor (nom masculin)
1. Durcissement de la peau sur un orteil. *Ses chaussures étroites lui ont provoqué des **cors**.* **2.** Instrument de musique à vent en cuivre. *Un **cor** de chasse.* • **À cor et à cri :** en insistant bruyamment.

corail, aux (nom masculin)
1. Petit animal marin à squelette calcaire rouge orangé. *Les **coraux** vivent dans les mers chaudes.* **2.** Matière très dure de couleur rouge provenant du squelette de ces animaux. *Myriam a un bracelet de **corail**.*

un récif de **corail** en Égypte

corallien, enne (adjectif)
Formé par des coraux. *Les atolls **coralliens** d'Océanie.*

Coran (nom masculin)
Livre sacré de la religion musulmane.
Coran est un mot arabe qui signifie « la lecture » : c'est, pour les musulmans, la seule lecture importante. **coranique** (adjectif)
Du Coran. *Dans les écoles **coraniques**, les enfants apprennent le Coran par cœur.*

corbeau, eaux (nom masculin)
Oiseau à plumage noir ou gris. *Les **corbeaux** croassent.*

un **corbeau** gris et un **corbeau** noir

corbeille (nom féminin)
1. Panier léger, sans anse. *Une **corbeille** à fruits.* **2.** Dossier d'un système informatique, dans lequel on place les dossiers et fichiers que l'on veut supprimer. *La **corbeille** est placée sur le bureau.*

corbillard (nom masculin)
Voiture qui transporte les morts au cimetière. (Syn. fourgon mortuaire.)
Corbillard vient du nom des bateaux qui faisaient le service entre *Corbeil* et Paris : lors d'une épidémie, on les utilisa pour transporter les morts.

cordage (nom masculin)
Grosse corde utilisée sur les bateaux. *Le pêcheur arrime son bateau avec des **cordages**.*

corde (nom féminin)
1. Assemblage de fils tressés, très résistant. *Une **corde** à linge. La **corde** d'un arc.* **2.** Fil tendu sur un instrument de musique. *La guitare, le violon, le violoncelle, la contrebasse sont des instruments à **cordes**.* • **Avoir plus d'une corde à son arc :** avoir plusieurs moyens pour parvenir à un but. • **Cordes vocales :** membranes de la gorge qui produisent

les sons. • **Être sur la corde raide :** être dans une situation délicate. ■ **cordes** (nom masculin pluriel) Ensemble des instruments à cordes que l'on joue avec un archet. *Les **cordes** de l'orchestre.* Famille du mot : cord**age**, cord**ée**, cor**delette**, cord**on**, s'**encorder**.

cordée (nom féminin)
Petit groupe d'alpinistes reliés entre eux par une corde, pour se retenir en cas de chute.

cordelette (nom féminin)
Corde fine. *Une **cordelette** de nylon.*

cordial, ale, aux (adjectif)
Qui est amical et chaleureux. *Il nous a accueillis par des paroles **cordiales**.* (Contr. froid, hostile.) Famille du mot : cordial**ement**, cordiali**té**. **Cordial** vient du latin *cordis* qui signifie « cœur ».

cordialement (adverbe)
De manière cordiale. *Il lui serra **cordialement** la main.* (Contr. froidement.)

cordialité (nom féminin)
Qualité d'une personne cordiale. *Il y a beaucoup de **cordialité** dans leur accueil.*

cordillère (nom féminin)
Chaîne de montagnes élevées. *La **cordillère** des Andes est située en Amérique du Sud.*

cordon (nom masculin)
1. Petite corde. *Noémie a perdu le **cordon** de sa capuche.* 2. Rangée de personnes. *Un **cordon** de policiers barre l'accès du stade.* • **Tenir les cordons de la bourse :** veiller de près aux dépenses d'une famille.

cordon-bleu (nom masculin)
Personne qui fait très bien la cuisine. *Tante Marie invente des recettes, c'est un fin **cordon-bleu**.* Pluriel : des cor**dons**-bleus.

cordonnerie (nom féminin)
Boutique de cordonnier.

cordonnier, ère (nom)
Artisan qui répare les chaussures. Un **cordonnier** était autrefois celui qui faisait des souliers de luxe en cuir de *Cordoue*, ville d'Espagne réputée pour le travail du cuir.

Corée
Péninsule d'Asie orientale, située entre la mer Jaune à l'ouest, la mer du Japon à l'est, et limitée par la Chine au nord. Elle est aujourd'hui divisée en deux États, la Corée du Nord et la Corée du Sud.

guerre de **Corée**
Conflit entre la Corée du Nord et la Corée du Sud. Cette guerre, qui a opposé le Nord (soutenu par l'URSS et la Chine) et le Sud (soutenu par les États-Unis), a duré de 1950 à 1953 et a tué des millions de civils.

Corée du Nord

22,7 millions d'habitants
Capitale : Pyongyang
Monnaie : le won
Langue officielle : coréen
Superficie : 120 598 km²

État d'Asie orientale, situé à l'est de la Chine. C'est un pays montagneux qui vit surtout d'agriculture (céréales), de pêche et d'élevage. Le pays possède des ressources minières (charbon, fer, etc.).

Quand la péninsule de Corée fut divisée en deux pays après la Seconde Guerre mondiale, un État communiste fut créé au nord : la Corée du Nord ou « République démocratique populaire de Corée », qui a des relations très tendues avec la Corée du Sud.

Corée du Sud

48,7 millions d'habitants
Capitale : Séoul
Monnaie : le won
Langue officielle : coréen
Superficie : 98 477 km²

État d'Asie orientale. La Corée du Sud, aussi nommée « République de Corée », a été fondée après la Seconde Guerre mondiale. Elle est devenue un grand pays industriel dans les années 1970 à 1990 ; elle offrait une main-d'œuvre abondante et bon marché. La Corée du Sud est aujourd'hui un gros exportateur de véhicules, de navires, d'équipements électriques (ordinateurs), de métaux (acier), de bijoux, etc. Elle a développé son agriculture (riz, orge, fruits, tabac), mais elle importe encore beaucoup de produits alimentaires.

un parc près de Séoul, en **Corée du Sud**

coréen, enne ➡ Voir tableau p. 6.

coresponsable (adjectif et nom)
Qui partage une responsabilité avec une ou plusieurs autres personnes. *Nous sommes **coresponsables** du projet.*

coriace (adjectif)
1. Dur comme du cuir. *Un bifteck **coriace**.* (Contr. tendre.) 2. Au sens figuré, qui est difficile à vaincre. *Un adversaire **coriace**.*

coriandre (nom féminin)
Plante aromatique utilisée comme condiment.

cormoran (nom masculin)
Oiseau de mer au plumage sombre et au bec crochu. *Le **cormoran** plonge dans l'eau pour attraper des poissons.*

un **cormoran**

cornac (nom masculin)
Homme qui soigne un éléphant et le conduit.

corne (nom féminin)
1. Chacune des pointes dures qui poussent sur la tête de la plupart des ruminants. *Les vaches, les chèvres, les béliers ont des **cornes**.* 2. Chacun des quatre organes rétractiles sur la tête de l'escargot. 3. Matière dure des cornes, des sabots, etc. *Un peigne en **corne**.*

cornée (nom féminin)
Partie transparente du globe de l'œil, située devant l'iris.

corneille (nom féminin)
Oiseau noir qui ressemble à un petit corbeau.

Corneille Pierre (né en 1606, mort en 1684)
Auteur de théâtre français. Corneille devint célèbre avec une œuvre, *le Cid* (1637). Auteur de quelques comédies, *l'Illusion comique*, *le Menteur*, il se tourna vers la tragédie et écrivit des chefs-d'œuvre comme *Horace*, *Cinna*, *Polyeucte*, qui figurent parmi les plus belles des tragédies classiques. Mais ses dernières pièces furent des échecs et son succès diminua face à son jeune rival, Racine.

cornemuse (nom féminin)
Instrument de musique formé de plusieurs tuyaux et d'une poche de cuir que l'on gonfle en soufflant.

une **cornemuse**

corner (nom masculin)
Faute de jeu d'un footballeur qui envoie le ballon derrière la ligne de but de son équipe. ● Prononciation [kɔrnɛr].
⊸ Cette faute donne droit à l'équipe ad-

verse de faire un tir depuis un **corner**, mot anglais désignant le coin du terrain.

cornet (nom masculin)
1. Morceau de papier enroulé sur lui-même pour servir de récipient. *Un **cornet** de frites.* 2. Cône de pâte. *Une glace en **cornet**.* • **Cornet à pistons :** instrument de musique ressemblant à une trompette.

cornflakes (nom masculin pluriel)
Flocons de maïs grillés qu'on mange au petit déjeuner. **Cornflakes** est un mot anglais : on prononce [kɔʀnflɛks].

corniche (nom féminin)
1. Élément décoratif situé en haut d'un meuble ou d'un bâtiment. *La **corniche** d'une armoire.* 2. Route à flanc de montagne. *La **corniche** des Cévennes.*

cornichon (nom masculin)
Petit concombre que l'on confit dans du vinaigre. *J'ai mangé du rôti de porc froid avec des **cornichons**.*

cornu, ue (adjectif)
Qui porte des cornes. *Un animal **cornu**.*

cornue (nom féminin)
Récipient utilisé par les chimistes pour faire chauffer des liquides.

corolle (nom féminin)
Ensemble des pétales d'une fleur. *Certaines fleurs ouvrent leur **corolle** le matin et la ferment le soir.*
ORTHO On écrit aussi **corole**.

coron (nom masculin)
Quartier de mineurs dans le nord de la France.

coronaire (nom féminin)
Artère qui assure la circulation du sang dans le cœur.

corporatif, ive (adjectif)
De la corporation. *Ils se sont regroupés pour défendre leurs intérêts **corporatifs**.*

corporation (nom féminin)
Ensemble de personnes exerçant le même métier. *Il fait partie de la **corporation** des avocats.*

corporel, elle (adjectif)
Du corps humain. *Odile suit des cours d'expression **corporelle**.*

corps (nom masculin)
1. Partie physique de l'homme et des animaux. *Le **corps** humain est composé de la tête, du tronc et des membres.* ➡ p. 300.
2. Cadavre. *Le médecin examine le **corps** rejeté par la mer.* 3. Tout objet matériel. *La pierre est un **corps** solide. Les astres sont des **corps** célestes.* 4. Partie principale de quelque chose. *Le **corps** d'une lampe.* 5. Ensemble de personnes qui appartiennent à une même profession. *Le **corps** médical.* 6. Grande unité militaire. *Des **corps** de troupe ont été envoyés en renfort.* • **À corps perdu :** avec toute son énergie. • **Prendre corps :** commencer à se réaliser. Famille du mot : corpor**atif**, corpor**ation**, corpor**el**, corps-à-corps, corpul**ence**, corpul**ent**, corp**uscule**, **in**corpor**er**.

corps-à-corps (nom masculin)
Combat où les adversaires se battent directement les uns contre les autres.

corpulence (nom féminin)
Grandeur et grosseur du corps humain. *Un homme de forte **corpulence**.*

corpulent, ente (adjectif)
Grand et gros. *Les lanceurs de poids sont souvent des athlètes **corpulents**.*

corpuscule (nom masculin)
Minuscule partie de matière.

correct, ecte (adjectif)
1. Conforme aux règles. *Son orthographe est très **correcte**.* (Contr. inexact.)
2. Qui respecte les règles, les usages. *Une tenue **correcte** est exigée dans l'établissement.* (Syn. convenable.) 3. Qui est acceptable, sans plus. *Une nourriture tout juste **correcte**.* (Syn. convenable.) Famille du mot : correct**ement**, correct**eur**, correc**tion**, **in**correct, **in**correc**tion**.

correctement (adverbe)
1. De manière correcte, sans faute. *John prononce **correctement** le français.* (Syn. bien.) 2. Comme il faut. *Tiens-toi **correctement** !* (Syn. bien, convenablement.)

Le corps

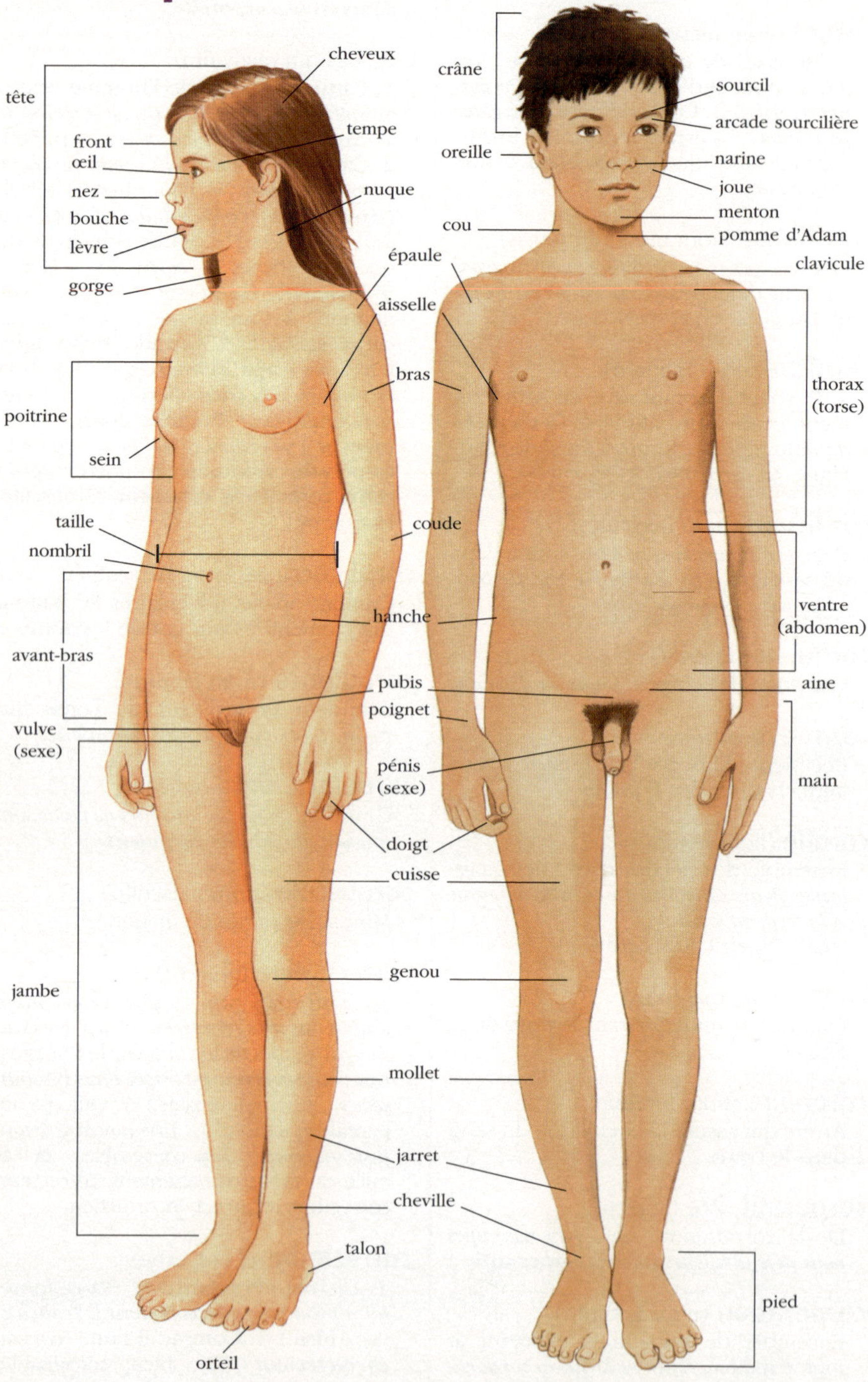

tête
cheveux
front
œil
tempe
nez
nuque
bouche
lèvre
gorge
épaule
aisselle
bras
poitrine
sein
taille
nombril
coude
avant-bras
hanche
pubis
poignet
vulve
(sexe)
pénis
(sexe)
doigt
cuisse
jambe
genou
mollet
jarret
cheville
talon
orteil
crâne
sourcil
arcade sourcilière
oreille
narine
joue
menton
cou
pomme d'Adam
clavicule
thorax
(torse)
ventre
(abdomen)
aine
main
pied

correcteur, trice (adjectif)
Qui corrige un défaut, une faute. *Romain porte des verres **correcteurs**.* ■ **correcteur, trice** (nom) Personne qui corrige des devoirs ou des textes à imprimer. ■ **correcteur** (nom masculin) Logiciel qui repère les fautes d'orthographe et de grammaire.

correction (nom féminin)
1. Action de corriger. *Nous allons faire la **correction** de l'exercice.* 2. Faute corrigée. *Le maître a mis des **corrections** au stylo rouge.* 3. Coups pour punir quelqu'un. *Il a reçu une **correction** parce qu'il avait volé.* 4. Qualité de ce qui est correct. *Son attitude est d'une parfaite **correction**.* (Contr. incorrection.)

correctionnel, elle (adjectif)
Se dit d'un tribunal où sont jugés les vols et autres délits.

corrélation (nom féminin)
Relation entre deux faits. *L'inspecteur pense qu'il y a une **corrélation** entre ces deux crimes.* (Syn. lien.)

correspondance (nom féminin)
1. Fait de correspondre, de se ressembler. *Il y a une certaine **correspondance** entre les deux écritures.* 2. Liaison entre deux moyens de transport. *Il ne faut pas manquer la **correspondance** avec le train de 9 heures.* 3. Échange de lettres, de messages. *Les deux amis ont une **correspondance** suivie.* 4. Lettres reçues. *Elle a une **correspondance** de ministre !* (Syn. courrier.)

correspondant, ante (nom)
Personne avec qui on est en relation par lettres ou par téléphone. *Le **correspondant** anglais de Thomas lui a écrit pour l'inviter.*

correspondre (verbe) ▸ conjug. n° 31
1. Être en rapport ou en accord. *Ta clé **correspond** bien à cette serrure.* 2. Être en communication directe. *Les deux pièces **correspondent** par un petit couloir.* (Syn. communiquer.) 3. Échanger régulièrement des lettres, des messages. *Depuis que Victor a déménagé, il **correspond** avec Sarah.* ⌂ Famille du mot : correspon**dance**, correspond**ant**.

corrida (nom féminin)
Spectacle au cours duquel un toréro affronte un taureau dans une arène. 🔑 **Corrida** est un mot espagnol qui signifie « course ».

une **corrida**

corridor (nom masculin)
Synonyme de couloir. *On accède à l'escalier de la cave par un **corridor** haut et sombre.*

corrigé (nom masculin)
Solution d'un exercice ou modèle de devoir. *Un **corrigé** de dictée.*

corriger (verbe) ▸ conjug. n° 5
1. Supprimer les erreurs éventuelles et les remplacer par la forme exacte. *Nous allons **corriger** la dictée. La maîtresse **corrige** les cahiers.* 2. Donner une correction. *Le chat s'est fait **corriger** parce qu'il mangeait dans mon assiette.*

corroborer (verbe) ▸ conjug. n° 3
Confirmer et renforcer quelque chose. *Ce fait **corrobore** les premiers témoignages.*

corrompre (verbe) ▸ conjug. n° 34
Pousser quelqu'un à faire des choses malhonnêtes en lui offrant de l'argent. *L'accusé a tenté de **corrompre** des témoins.*

corrosif, ive (adjectif)
Qui ronge et brûle les tissus, les métaux. *L'acide est **corrosif**.*

corrosion (nom féminin)
Fait d'être rongé, détruit lentement. *La rouille provoque la **corrosion** du fer.* ➡ p. 302.

corruption (nom féminin)
Action de corrompre. *La **corruption** de fonctionnaires est punie par la loi.*

La **corrosion** se manifeste par la rouille.

corsage (nom masculin)
Vêtement féminin qui couvre le buste. (Syn. blouse, chemisier.)

corsaire (nom masculin)
Autrefois, marin qui attaquait les navires marchands des pays ennemis. *L'illustre **corsaire** Surcouf est né à Saint-Malo.*

Corse
Île française de la mer Méditerranée (8 682 km^2 ; 300 000 habitants). La Corse est formée des départements de Corse-du-Sud et de Haute-Corse. C'est une île montagneuse au climat méditerranéen, qui vit de l'agriculture et surtout du tourisme. Plus de la moitié de la population se concentre dans les villes d'Ajaccio et de Bastia.
HISTOIRE
La Corse fut conquise par les Romains au IIIe siècle avant Jésus-Christ. Elle devint byzantine, puis italienne au XIIIe siècle. Gênes la céda à la France en 1768.
➡ Voir cartes pp. 1372 et 1373.

le port de Bastia, en **Corse**

corse ➡ Voir tableau p. 6.

corsé, ée (adjectif)
Qui a un goût fort. *Un café **corsé**.*

corser (verbe) ▶ conjug. n° 3
Rendre quelque chose plus difficile mais aussi plus intéressant. *Le témoin a été enlevé. – Oh ! l'affaire **se corse** !*

corset (nom masculin)
Sous-vêtement rigide destiné à maintenir le ventre. *Autrefois, les femmes portaient des **corsets** pour avoir une taille fine.*

corso (nom masculin)
Défilé de chars décorés lors de certaines fêtes. *Les promeneurs applaudissent le **corso** fleuri du carnaval.*

cortège (nom masculin)
Groupe de personnes qui défilent. *Les manifestants forment un long **cortège**.*

Cortés Hernán (né en 1485, mort en 1547)
Conquistador espagnol. Il conquit le pays des Aztèques (aujourd'hui le Mexique) entre 1519 et 1521 et détruisit leur empire. Nommé gouverneur par Charles Quint, il administra les pays conquis jusqu'en 1541. Il mourut en disgrâce.
ORTHO On écrit aussi **Cortez**.

cortisone (nom féminin)
Médicament contre les inflammations ou les allergies. *Le médecin a prescrit de la **cortisone**.*

corvée (nom féminin)
1. Travail pénible ou désagréable que l'on est obligé de faire. *Descendre la poubelle tous les soirs, quelle **corvée** !* (Contr. plaisir.) **2.** Autrefois, travail gratuit effectué pour le seigneur ou pour le roi. *Les **corvées** ont été supprimées à la Révolution.*

cosaque (nom masculin)
Autrefois, cavalier de l'armée russe.

cosmétique (nom masculin)
Produit de beauté pour la peau ou les cheveux.

cosmique (adjectif)
Qui concerne l'espace interplanétaire. *Un voyage **cosmique** à travers la galaxie.* (Syn. spatial.)

cosmonaute (nom)
Synonyme d'astronaute. *Claudie Haigneré a été la première **cosmonaute** française.*

cosmopolite (adjectif)
Où l'on rencontre des personnes du monde entier. *Paris, Genève, Londres sont des villes **cosmopolites**.* **Cosmopolite** vient du grec *kosmos* qui signifie « monde » et *politês* qui signifie « citoyen ».

cosmos (nom masculin)
Espace qui se trouve au-delà de l'atmosphère terrestre. Prononciation [kɔsmos]. Famille du mot : cosm**ique**, cosmonaute, cosmopolite.

cosse (nom féminin)
Enveloppe qui recouvre les graines des petits pois, des haricots, des fèves. (Syn. gousse.)

cossu, ue (adjectif)
Qui indique la richesse. *Un immeuble **cossu**.*

Costa Rica

4,5 millions d'habitants
Capitale : San José
Monnaie :
le colón du Costa Rica
Langue officielle :
espagnol
Superficie : 50 700 km²

État d'Amérique centrale, situé entre le Nicaragua au nord et le Panamá au sud.

GÉOGRAPHIE
Le Costa Rica est traversé dans sa longueur par des chaînes de montagnes bordées de part et d'autre par la mer des Caraïbes et l'océan Pacifique. Les hauts plateaux fertiles du centre regroupent une grande partie de la population.
Le climat, tropical et tempéré par l'altitude, favorise les cultures pour l'exportation (café, cacao, canne à sucre, bananes). C'est un des pays les plus riches de l'Amérique latine.

HISTOIRE
Le Costa Rica, découvert par Christophe Colomb en 1502, a été colonisé au XVIe siècle par les Espagnols. Il est devenu indépendant en 1821.

costaud, aude (adjectif et nom)
Synonyme familier de fort. *Il faudrait quatre gars **costauds** pour bouger le piano. Romain est **costaud** en informatique, il dépanne souvent mon ordinateur.* **Costaud** voulait dire « celui qui a des côtes », c'est-à-dire un thorax bien développé.

costume (nom masculin)
1. Manière de s'habiller qui change selon les époques, les régions, etc. *J'ai visité un musée du **costume**.* **2.** Vêtement qu'on porte sur scène ou pour se déguiser. **3.** Vêtement d'homme fait d'un pantalon et d'une veste assortis. *Il s'est acheté un nouveau **costume** pour le mariage.* (Syn. complet.)

costumé, ée (adjectif)
• **Bal costumé :** où les gens sont déguisés.

cote (nom féminin)
1. Estimation de la valeur d'un objet ou d'une personne. *La **cote** d'un tableau. La **cote** du Président a baissé.* **2.** Indication d'une dimension ou d'un niveau. *Sur un dessin industriel, les **cotes** donnent les dimensions de l'objet représenté.*

côte (nom féminin)
1. Chacun des os longs et courbes de la cage thoracique. *Un homme a douze paires de **côtes**.* **2.** Pente d'une route. *Le cycliste grimpe la **côte**.* **3.** Rivage de la mer. *Cette **côte** est sablonneuse.* • **Côte à côte :** l'un à côté de l'autre. Famille du mot : côte**lette**, côt**ier**, **entre**côte.

coté, ée (adjectif)
1. Qui est estimé, renommé. *Ce champagne est très **coté**.* **2.** Sur lequel les dimensions sont représentées par des cotes. *L'ingénieur se sert d'un croquis **coté**.*

côté (nom masculin)
1. Partie droite ou gauche du corps. *Je dors toujours sur le **côté**, jamais sur le dos.* **2.** Partie droite ou gauche de quelque chose. *Le vélo roule sur le **côté** de la route.* **3.** Partie d'un lieu opposée à une autre. *J'habite de l'autre **côté** de la place.* **4.** Chaque face d'un objet. *L'adresse est écrite sur l'un des **côtés** du colis.* **5.** Chaque segment de droite qui forme le contour d'une figure géométrique. *Un quadrilatère a quatre **côtés**.* **6.** Aspect différent de quelque chose. *Voyons plutôt le bon **côté** de*

*la chose ! William a de très bons **côtés** même s'il a mauvais caractère.* **7.** Parti, camp auquel on appartient. *Tu es de leur **côté**, maintenant ?* • **À côté de, aux côtés de :** près de. *J'habite **à côté de** la mairie. L'infirmière reste **aux côtés du** malade.* • **Du côté de :** en direction de ou aux environs de. *Il est parti **du côté de** l'église.* • **Laisser de côté quelque chose ou quelqu'un :** ne plus s'en occuper. • **Mettre de côté :** en réserve. *Il a mis de l'argent **de côté**.*

coteau, eaux (nom masculin)
Versant d'une colline. *Les vins des **coteaux** de la Loire sont réputés.*

Côte d'Ivoire

21,4 million d'habitants
Capitale : Yamoussoukro
Monnaie : le franc CFA
Langue officielle : français
Superficie : 322 460 km²

État d'Afrique occidentale, sur le golfe de Guinée.

GÉOGRAPHIE
La Côte d'Ivoire est formée de plateaux qui descendent au sud vers la plaine côtière et le littoral. Le climat est tropical au nord et équatorial au sud. La population est principalement rurale.
L'économie du pays repose surtout sur l'exportation de cacao (1er rang mondial), de café, de bananes et d'ananas. Le grand port d'Abidjan concentre la majorité des activités industrielles du pays.

HISTOIRE
La Côte d'Ivoire a été explorée au XVe siècle par les Portugais. Colonie française à la fin du XIXe siècle, elle est devenue une république indépendante en 1960.

côtelette (nom féminin)
Côte d'un animal de boucherie, découpée avec la viande qui y est attachée. *Des **côtelettes** d'agneau.*

côtier, ère (adjectif)
Qui se trouve au bord de la mer. *Les régions **côtières** sont venteuses.*

cotillon (nom masculin)
Jupon que portaient autrefois les femmes du peuple et les paysannes. ■ **cotillons** (nom masculin pluriel) Serpentins, confettis, chapeaux en papier utilisés lors des fêtes. *Zoé a acheté des **cotillons** pour le carnaval.*

cotisation (nom féminin)
Somme que chacun doit verser régulièrement pour être membre d'une association ou d'un organisme. *La **cotisation** au ciné-club est de 10 euros.*

cotiser (verbe) ▸ conjug. n° 3
1. Verser une cotisation. *Mon père **cotise** à une mutuelle.* **2.** Se cotiser : donner chacun de l'argent pour réunir une somme. *Ils **se sont cotisés** pour aider les sinistrés de l'incendie.*

coton (nom masculin)
1. Matière textile qui provient du cotonnier. *Des chaussettes en **coton**.* **2.** Morceau d'ouate. *Elle nettoie la plaie avec du **coton** hydrophile.* Famille du mot : cotonnade, cotonnier

cotonnade (nom féminin)
Étoffe de coton. *Une jupe de **cotonnade**.*

cotonnier (nom masculin)
Arbuste des régions tropicales qui fournit le coton.

la feuille, la fleur et le fruit du **cotonnier**

coton-tige (nom masculin)
Bâtonnet souple dont les extrémités sont entourées de coton, pour nettoyer les oreilles ou le nez. *Odile a acheté une boîte de **cotons-tiges** à la pharmacie.* Pluriel : des cotons-tiges. **Coton-tige** est le nom d'une marque.

côtoyer (verbe) ▸ conjug. n° 6
Avoir des relations avec quelqu'un. *Cette journaliste **côtoie** les plus grands comédiens.* (Syn. fréquenter, rencontrer.)

cotte (nom féminin)
• **Cotte de mailles :** armure souple, en forme de tunique, faite de fils

de métal, portée par les soldats du Moyen Âge. (Syn. haubert.)

cotylédon (nom masculin)
Partie de la graine qui sert de réserve de nourriture à la plante.

cou (nom masculin)
Partie du corps qui relie la tête au tronc. ➡ p. 300.

couac (nom masculin)
Son faux et discordant. *Le joueur de hautbois a fait plusieurs **couacs** pendant le concert.*

couard, arde (adjectif)
Synonyme littéraire de peureux. En ancien français, **couard** signifie « qui a la queue basse ».

Coubertin Pierre de (né en 1863, mort en 1937)
Créateur des jeux Olympiques modernes, dont les premiers se sont déroulés à Athènes en 1896.

couchage (nom masculin)
• **Sac de couchage :** synonyme de duvet.

couchant (adjectif masculin)
• **Soleil couchant :** soleil qui est en train de se coucher, sur le point de disparaître. ■ **couchant** (nom masculin) Endroit du ciel, à l'ouest, où l'on voit le soleil se coucher. *Le **couchant** est sans nuage, il fera beau demain.*

couche (nom féminin)
1. Épaisseur de matière déposée sur une surface. *Une **couche** de peinture.* 2. Protection absorbante. *Bébé a sali sa **couche**, il faut le changer.*

■ **coucher** (verbe) ▸ conjug. n° 3
1. Mettre au lit. *Ursula **se couche** tous les soirs à 9 heures. Maman **a couché** les enfants.* (Contr. lever.) 2. Passer la nuit. *Xavier aime bien **coucher** sous la tente.* (Syn. dormir.) 3. Incliner presque au ras du sol. *La pluie **a couché** les blés.* 4. Se coucher : disparaître à l'horizon. *À partir de janvier, le soleil **se couche** plus tard.* (Contr. se lever.) Famille du mot : couchage, couchant, couche, couchette, recoucher.

■ **coucher** (nom masculin)
• **Coucher de soleil :** passage du soleil en dessous de l'horizon. *J'ai fait une photo du **coucher de soleil**.* (Contr. lever.)

couchette (nom féminin)
Lit étroit dans un train ou sur un bateau.

coucou (nom masculin)
1. Petit oiseau que l'on appelle ainsi à cause de son chant et qui pond ses œufs dans le nid d'autres oiseaux. 2. Pendule dont la sonnerie imite le chant du coucou. 3. Plante sauvage à fleurs jaunes qui pousse au début du printemps. ■ **coucou !** (interjection) Annonce l'arrivée de quelqu'un. ***Coucou !** Me voilà !*

un **coucou**

coude (nom masculin)
1. Articulation du bras et de l'avant-bras. *Yann m'a donné un coup de **coude**.* ➡ p. 300. 2. Partie de la manche qui recouvre le coude. *Mon pull est percé au **coude**.* 3. Courbe très accentuée. *Le chemin fait un **coude**.* • **Coude à coude :** très proches les uns des autres. *L'arrivée s'est faite au **coude à coude**.* • **Se serrer les coudes :** être solidaires, s'entraider. Famille du mot : s'accouder, accoudoir, coudé, coudée.

coudé, ée (adjectif)
Qui forme un coude. *Une barre **coudée**.* ➡ p. 306.

coudée (nom féminin)
• **Avoir les coudées franches :** être libre d'agir comme on veut. La **coudée** était une mesure de longueur égale à la distance entre la pointe du coude et le bout du majeur, soit environ 50 centimètres.

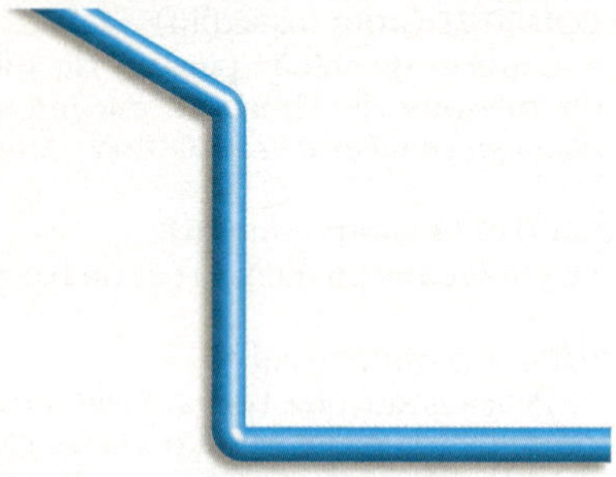

un tuyau **coudé**

cou-de-pied (nom masculin)
Partie bombée sur le dessus du pied, entre les orteils et la cheville. Pluriel : des cous-de-pied.

se **coudoyer** (verbe) ▶ conjug. n° 6
Être à côté ou proche de. *Dans le défilé, les manifestants **se coudoient**.*

coudre (verbe) ▶ conjug. n° 53
Joindre en se servant d'un fil et d'une aiguille. *Benjamin **a cousu** un bouton à sa veste. Je **couds** une robe pour ma poupée.* Famille du mot : **dé**coudre, **dé**cousu, **re**coudre.

coudrier (nom masculin)
Autre nom du noisetier. *Le sourcier recherche une source à l'aide d'une baguette de **coudrier**.*

couenne (nom féminin)
Peau du porc. *Elle enlève la **couenne** du jambon.* Prononciation [kwan].

■ **couette** (nom féminin)
Mince édredon servant de couverture. **Couette** vient du latin *culcita* qui signifie « oreiller ».

■ **couette** (nom féminin)
Touffe de cheveux attachés de chaque côté de la tête. *Zoé s'est fait des **couettes**.* **Couette** vient de l'ancien français *coue* qui signifie « queue ».

couffin (nom masculin)
Grand panier à anses qui peut servir de berceau portatif.

couiner (verbe) ▶ conjug. n° 3
1. Pousser un petit cri. *Le lapin **couine**.* **2.** Faire un bruit grinçant. *La roue de la brouette **couine**, il faut la graisser.*

coulant, ante (adjectif)
• **Nœud coulant :** dont la boucle glisse et se resserre quand on tire. *Le lasso des cow-boys est terminé par un **nœud coulant**.*

coulée (nom féminin)
Masse de matière liquide ou pâteuse qui coule et se répand. *Une **coulée** de boue. Une **coulée** de lave.*

couler (verbe) ▶ conjug. n° 3
1. Se déplacer en suivant la pente du terrain. *La Garonne **coule** dans le Bassin aquitain.* **2.** Laisser échapper un liquide. *Le robinet **coule**.* **3.** Verser à l'état liquide. *Le fondeur de cloches **coule** le bronze dans un moule.* **4.** S'enfoncer dans l'eau. *Cette bouée t'empêchera de **couler** !* (Syn. sombrer. Contr. flotter.) **5.** Faire sombrer une embarcation. *Un boulet de canon **coula** la frégate.* **6.** Se couler : se glisser sans bruit. *Le chat **s'est coulé** sous le lit.* Famille du mot : coul**ant**, coul**ée**.

couleur (nom féminin)
1. Impression produite par la lumière sur l'œil. *Les sept **couleurs** de l'arc-en-ciel sont le rouge, l'orange, le jaune, le vert, le bleu, l'indigo et le violet.* **2.** Ce qui n'est ni noir ni blanc. *C'est un film assez ancien, est-il en noir et blanc ou en **couleurs** ?* **3.** Chacun des symboles d'un jeu de cartes. *Pique, cœur, trèfle et carreau sont les quatre **couleurs**.* ■ **couleurs** (nom féminin pluriel) **1.** Bonne mine de quelqu'un. *Anna a pris des **couleurs** aux sports d'hiver.* **2.** Drapeau d'un pays. *Le défilé a commencé par le salut aux **couleurs**.* • **En voir de toutes les couleurs :** avoir toutes sortes d'ennuis.

Les trois **couleurs** principales se mélangent entre elles pour former d'autres **couleurs**.

couleuvre (nom féminin)
Serpent à tête arrondie, non venimeux, très répandu en Europe.

coulis (nom masculin)
Purée liquide de légumes ou de fruits cuits ou crus et passés au tamis. *Victor nappe sa glace d'un* ***coulis*** *de fraises.*
■ **coulis** (adjectif) • **Vent coulis :** vent qui se glisse par des fentes, des ouvertures.

coulissant, ante (adjectif)
Qui coulisse. *L'entrée du magasin est équipée de portes* ***coulissantes****.*

coulisse (nom féminin)
1. Rainure le long de laquelle glisse une porte ou une fenêtre. *Le placard de l'entrée se ferme par une porte à* ***coulisse****.* (Syn. glissière.) 2. Partie d'un théâtre située derrière les décors et invisible pour les spectateurs. *Dans les* ***coulisses****, les acteurs attendent le moment d'entrer en scène.*
Famille du mot : coulissant, coulisser.

coulisser (verbe) ▶ conjug. n° 3
Glisser le long d'une coulisse. *Ces deux salles sont séparées par une porte qui* ***coulisse****.*

couloir (nom masculin)
Passage long et étroit entre les pièces d'une maison. *La cuisine est au bout du* ***couloir****.* (Syn. corridor.) • **Couloir aérien :** partie du ciel réservée à un avion afin qu'il évite les collisions avec les autres avions. • **Couloir d'autobus :** passage réservé à la circulation des autobus.

une **couleuvre**

« Le Cheval blanc » de Paul Gauguin (1898), un exemple d'une harmonie de **couleurs**.

coup (nom masculin)
1. Mouvement ou geste destiné à frapper. *Un* ***coup*** *de poing. Un* ***coup*** *de bâton.* 2. Émotion violente. *Cette défaite a été un* ***coup*** *terrible pour notre équipe.* 3. Décharge d'une arme à feu. *Les chasseurs ont tiré plusieurs* ***coups*** *de fusil.* 4. Bruit dû à un choc. *Des* ***coups*** *de marteau. Des* ***coups*** *de feu.* 5. Geste ou mouvement brusque. *Jeter un* ***coup*** *d'œil. Se donner un* ***coup*** *de peigne. Donner un* ***coup*** *de balai, un* ***coup*** *de frein, un* ***coup*** *de volant.* 6. Manifestation soudaine et brutale d'une force. *Un* ***coup*** *de vent a arraché les tuiles du toit.* 7. Chaque essai pour faire quelque chose. *Élodie a réussi du premier* ***coup****. Tu gagneras au prochain* ***coup****.* • **Après coup :** après ou trop tard. *Il a réalisé* ***après coup*** *que la piscine était fermée le dimanche.* • **Coup d'État :** révolution. • **Coup de soleil :** insolation. • **Coup de téléphone** ou **coup de fil :** appel téléphonique. • **Coup franc :** coup accordé à une équipe pour compenser une faute commise par l'équipe adverse. • **Coup sur coup :** à la suite. *Notre équipe a remporté plusieurs victoires* ***coup sur coup****.* • **Sur le coup :** immédiatement. Famille du mot : à-coup, contrecoup.

a b c d e f g h i j k l m n o p q r s t u v w x y z

coupable (adjectif et nom)
Qui a commis une faute ou un délit. *Je me sens **coupable** d'avoir oublié ton anniversaire. La **coupable** est en prison.* (Contr. innocent.)

coupant, ante (adjectif)
Qui coupe. *Attention : le bord de cette boîte est très **coupant**.*

coupe (nom féminin)
1. Manière de couper ou de tailler. *J'aime beaucoup ta nouvelle **coupe** de cheveux. La **coupe** de ce costume est complètement démodée.* **2.** Dessin qui représente un objet comme s'il était coupé en deux. *Une maison vue en **coupe**.* **3.** Verre ou récipient à pied, large et peu profond. *Une **coupe** à fruits. Une **coupe** à glace. Une **coupe** à champagne.* **4.** Compétition dont la récompense est une coupe de métal précieux. *L'équipe gagnante participera à la **Coupe** du monde de football.*

coupé (nom masculin)
Automobile à deux portes et à deux ou quatre places, qui ressemble à une voiture de sport. *La star est arrivée dans un élégant **coupé**.*

coupe-circuit (nom masculin)
Dispositif qui arrête le passage d'un courant électrique dans un circuit. ✎ Pluriel : des coupe-circuit**s**.

coupe-coupe (nom masculin)
Sorte de sabre servant à tailler les branches pour se faire un chemin à travers la forêt. (Syn. machette.)
✎ Pluriel : des coupe-coupe.
ORTHO On écrit aussi un **coupecoupe**, des **coupecoupes**.

coupe-feu (nom masculin)
Porte ou cloison empêchant un incendie de se propager dans un bâtiment. ✎ Pluriel : des coupe-feu**x** ou des coupe-feu.

coupe-gorge (nom masculin)
Endroit isolé et peu éclairé où l'on craint de se faire attaquer. *Ne te promène pas seul le soir dans ce quartier : c'est un vrai **coupe-gorge** !* ✎ Pluriel : des coupe-gorge**s**.

coupelle (nom féminin)
Petite coupe. *Elle a servi les glaces dans des **coupelles** de verre.*

coupe-ongle (nom masculin)
Petite pince servant à se couper les ongles. ✎ Pluriel : des coupe-ongle**s**.

coupe-papier (nom masculin)
Lame servant à couper du papier plié, à ouvrir une enveloppe. ✎ Pluriel : des coupe-papier**s**.

couper (verbe) ▶ conjug. n° 3
1. Diviser à l'aide d'un instrument tranchant. ***Couper** du pain, du bois. Ce canif **coupe** mal.* **2.** Entailler ou blesser. *Elle **s'est coupée** avec un morceau de verre.* **3.** Diminuer ou raccourcir à l'aide d'un instrument. *Prends une pince pour te **couper** les ongles.* **4.** Traverser un lieu ou passer au milieu. *Un petit chemin **coupe** la route près du moulin. Plusieurs routes **se coupent** à ce carrefour.* **5.** Interrompre le passage ou le fonctionnement. *On **a coupé** l'eau pendant les travaux. **Couper** la parole à quelqu'un.* **6.** Aux cartes, jouer un atout quand on n'a pas la couleur demandée. ***Couper** à pique.* • **Couper l'herbe sous le pied de quelqu'un :** devancer quelqu'un, agir avant lui.
Famille du mot : coup**ant**, coupe, coupe-circuit, coupe-coupe, coupe-feu, coupe-ongle, coupe-papier, coupe-vent, coup**ure**, **dé**coup**age**, **dé**couper, **entre**couper, **re**coup**ement**, **re**couper.

couperet (nom masculin)
Lame de la guillotine. *Le **couperet** tranchait la tête des condamnés.*

coupe-vent (nom masculin)
Vêtement qui protège du vent. *Emportez vos **coupe-vent** si vous allez faire du bateau.* ✎ Pluriel : des coupe-vent**s** ou des coupe-vent.

couple (nom masculin)
1. Une femme et un homme. *Monsieur et madame Dubois forment un **couple** très sympathique.* **2.** Un mâle et une femelle. *Un **couple** de perruches.*

couplet (nom masculin)
Strophe d'une chanson. *Entre chaque **couplet**, nous reprendrons le refrain ensemble.*

coupole (nom féminin)
Toit en forme de demi-sphère. *On aperçoit au loin la **coupole** de la basilique du Sacré-Cœur.* (Syn. dôme.) ➡ p. 188.

coupon (nom masculin)
1. Reste d'une pièce de tissu. *Elle a trouvé des **coupons** en solde pour se faire des robes d'été.* 2. Billet de transport à la semaine ou au mois. *Un **coupon** d'une carte de transport.*

coupure (nom féminin)
1. Blessure faite par un objet coupant. *Je vais mettre un pansement sur cette **coupure**.* (Syn. entaille.) 2. Interruption momentanée. *Une **coupure** d'électricité, de gaz, d'eau.* 3. Billet de banque. *Il a payé en **coupures** de 50 euros.* 4. • **Coupure de journal :** article découpé dans un journal.

cour (nom féminin)
1. Espace entouré de murs ou de bâtiments. *La **cour** de l'école. La **cour** d'un immeuble.* 2. Ensemble de personnes qui vivent auprès du roi. *Quand le roi changeait de château, toute la **cour** le suivait.* 3. Nom de certains tribunaux. *Ce malfaiteur doit passer en jugement devant la **cour** d'assises.* • **Faire la cour à quelqu'un :** chercher à lui plaire, à le séduire.

courage (nom masculin)
1. Force morale qui permet de faire face aux dangers ou aux difficultés. *Il a vaincu tous ses adversaires grâce à son **courage**.* (Syn. bravoure. Contr. lâcheté.) 2. Ardeur à faire quelque chose. *Elle n'a même pas eu le **courage** de ranger ses affaires avant de se coucher.* (Syn. énergie. Contr. indolence, mollesse.) Famille du mot : courageusement, courageux, décourageant, découragement, décourager, encourageant, encouragement, encourager.

courageusement (adverbe)
Avec courage. *Il s'est **courageusement** jeté à l'eau pour sauver cet enfant de la noyade.*

courageux, euse (adjectif)
Qui a du courage, de l'énergie. *Elle est très **courageuse** de continuer à travailler malgré sa maladie.* (Syn. brave. Contr. lâche.)

couramment (adverbe)
1. De manière courante, habituelle. *C'est une expression qui s'emploie **couramment**.* (Syn. habituellement, souvent. Contr. rarement.) 2. Bien, avec aisance. *Elle parle **couramment** plusieurs langues.*

■ **courant, ante** (adjectif)
Que l'on rencontre ou que l'on fait fréquemment. *Cette espèce d'oiseaux est très **courante** en Europe.* (Syn. commun, ordinaire, répandu. Contr. rare.) • **Eau courante :** eau qui circule dans des tuyaux et qui coule d'un robinet.

■ **courant** (nom masculin)
1. Mouvement de l'eau. *Les feuilles mortes sont emportées par le **courant**.* 2. Électricité qui passe dans les fils. *Une prise de **courant**. Une coupure de **courant**.* • **Au courant :** informé de quelque chose. *Nous ne sommes pas **au courant** de son départ.* • **Courant d'air :** air en mouvement dans un espace resserré. • **Dans le courant de :** pendant une période. *Clément viendra certainement **dans le courant de** la semaine prochaine.*

courbature (nom féminin)
Douleur musculaire. *Le lendemain du match, il était plein de **courbatures**.*

courbaturé, ée (adjectif)
Qui ressent des courbatures. *Après un après-midi de vélo, elle est rentrée toute **courbaturée**.*

courbe (adjectif)
Qui a une forme arrondie. *L'arc-en-ciel dessine une ligne **courbe** dans le ciel.* ■ **courbe** (nom féminin) 1. Ligne courbe. *Le sentier faisait de larges **courbes** à travers le bois.* 2. Ligne d'un graphique représentant une évolution. *Une **courbe** de température.* Famille du mot : courber, courbette, recourbé.

courber (verbe) ▸ conjug. n° 3
1. Donner une forme courbe à ce qui était droit. *Le poids de la neige **courbait** les branches.* 2. Incliner une partie du corps. *Son dos **se courbe** sous le poids de son sac. Il **s'est courbé** devant le roi.*

courbette (nom féminin)
• **Faire des courbettes :** être d'une politesse exagérée. *C'est un hypocrite qui **fait des courbettes** à tout le monde.*

courbure (nom féminin)
Forme ou état d'une chose courbe. *La* ***courbure*** *des pieds d'un fauteuil.* (Syn. galbe.)

coureur, euse (nom)
Personne qui participe à une course. *Un* ***coureur*** *à pied. Un* ***coureur*** *cycliste.*

courge (nom féminin)
Plante à fruits comestibles, comme le potiron ou la citrouille.

courgette (nom féminin)
Variété de petite courge.

courir (verbe) ▸ conjug. n° 16
1. Se déplacer avec rapidité. *Elle* ***a couru*** *pour nous rattraper.* 2. Participer à une course. ***Courir*** *un 100 mètres, un marathon.* 3. Se propager. *Le bruit* ***court*** *que cet homme n'est qu'un escroc.* 4. Aller un peu partout à la recherche de quelque chose. *Elle a passé sa journée à* ***courir*** *les libraires, à la recherche d'un livre introuvable.* 5. Tenter ou affronter quelque chose. ***Courir*** *sa chance.* ***Courir*** *un danger.* Famille du mot : accourir, coureur, course, coursier.

courlis (nom masculin)
Oiseau échassier, à long bec, migrateur, qui vit près de l'eau.

un **courlis**

couronne (nom féminin)
1. Cercle de métal qui se porte sur la tête comme symbole de pouvoir. *Pour la cérémonie, le souverain apparut coiffé de la* ***couronne*** *royale.* 2. Cercle de fleurs ou de feuilles tressées. *Une* ***couronne*** *de lauriers.* 3. Morceau de métal ou de céramique qui entoure une dent abîmée. *Il va chez le dentiste pour se faire poser une* ***couronne***. Famille du mot : couronnement, couronner.

couronnement (nom masculin)
1. Cérémonie au cours de laquelle un souverain est couronné. *Le* ***couronnement*** *d'un roi, d'un empereur.* 2. Ce qui récompense de longs efforts. *Cette victoire a été le* ***couronnement*** *de sa carrière de sportif.*

Le **couronnement** de Charles VI le Bien-Aimé eut lieu à Reims en 1380.

couronner (verbe) ▸ conjug. n° 3
1. Donner le titre de souverain à quelqu'un en lui remettant solennellement une couronne. *Charlemagne* ***a été couronné*** *empereur en l'an 800.* 2. Décerner une récompense ou un prix. *Ce film* ***a été couronné*** *au festival de Cannes.*

Cour pénale internationale (CPI)
Tribunal international créé en 1998, chargé de juger les personnes poursuivies pour crimes de guerre, génocide ou crime contre l'humanité. Il siège à La Haye, aux Pays-Bas.

courre (verbe)
• **Chasse à courre :** chasse qui se pratique à cheval avec une meute de chiens pour traquer le gibier.

courriel (nom masculin)
Courrier électronique. ***Courriel*** *est l'abréviation de courrier électronique.* (Syn. e-mail.)

courrier (nom masculin)
Tout ce qui est transmis par l'intermédiaire de la poste. *Est-ce que le* ***courrier*** *est arrivé ? – Oui, il y a deux lettres et un paquet.* • **Courrier des lecteurs :** lettres de lecteurs publiées dans certaines pages d'un journal. • **Courrier électronique :** message transmis par Internet. (Syn. courriel.)

courroie (nom féminin)
Bande souple qui sert à lier. *Fixe bien la **courroie** de ta ceinture de sécurité.*

courroucer (verbe) ▸ conjug. n° 4
Dans la langue littéraire, mettre en colère, irriter. *Votre insolence me **courrouce** fort !* **Courroucer** vient du latin *corrumpere* qui signifie « aigrir ».

courroux (nom masculin)
Synonyme littéraire de colère. *Les serviteurs craignaient le **courroux** de leur maître.*

cours (nom masculin)
1. Mouvement de l'eau qui coule. *Des bateaux remontaient lentement le **cours** du fleuve.* 2. Ce qui se déroule dans le temps. *Les ouvriers ont dû interrompre le **cours** des travaux.* 3. Séance de travail. *Ce matin, on a un **cours** de musique.* 4. Chaque niveau de classe dans une école primaire. *David est en **cours** élémentaire, l'an prochain il sera au **cours** moyen.* 5. Prix d'une marchandise qui varie suivant les jours. *Le **cours** du café a baissé aujourd'hui.* • **Au cours de :** pendant. *Il y aura une éclipse de lune **au cours de** la nuit prochaine.* • **Cours d'eau :** fleuve, rivière, ruisseau, torrent. • **En cours :** en train de se produire. *Les travaux sont **en cours** de réalisation.*

course (nom féminin)
1. Action de courir. *Après une **course** à travers champs, le lièvre a échappé au chasseur.* 2. Épreuve sportive de vitesse. ***Course** à pied, cycliste, automobile.* 3. Achats ou commissions. *Elle est allée faire des **courses** au supermarché.*

coursier, ère (nom)
Personne chargée de transporter des colis, de transmettre des lettres. *Un **coursier** est venu nous livrer des pizzas.*

■ **court, courte** (adjectif)
1. Qui est de faible longueur. *Je préfère avoir les cheveux **courts**.* 2. Qui ne dure pas longtemps. *Nous avons passé de **courtes** vacances à la montagne.* (Syn. bref. Contr. long.) • **Avoir la mémoire courte :** oublier un peu trop facilement une promesse faite ou un service qu'on vous a rendu. ■ **court** (adverbe) De manière courte. *Tes cheveux sont coupés trop **court**.* • **Couper court à quelque chose :** l'arrêter immédiatement. • **Être à court de quelque chose :** en manquer. *Il s'est trouvé **à court d'**argent.* • **Prendre quelqu'un de court :** le surprendre sans lui laisser le temps de réagir.

■ **court** (nom masculin)
Terrain de tennis.

court-bouillon (nom masculin)
Bouillon épicé dans lequel on fait cuire du poisson. Pluriel : des court**s**-bouillon**s**.

court-circuit (nom masculin)
Coupure de courant due à un mauvais contact entre deux fils électriques. *Tout l'immeuble est privé d'électricité à cause d'un **court-circuit**.* Pluriel : des court**s**-circuit**s**.

courtine (nom féminin)
Mur réunissant deux tours d'un château fort. ➡ p. 226.

courtisan (nom masculin)
Homme qui vivait à la cour du roi. *Les **courtisans** cherchaient par tous les moyens à obtenir les faveurs du roi.*

courtiser (verbe) ▸ conjug. n° 3
Faire la cour à quelqu'un. *Il s'est marié avec la jeune fille qu'il **courtisait** depuis un an.*

court-métrage (nom masculin)
Film qui dure moins d'une demi-heure. Pluriel : des court**s**-métrage**s**.

courtois, oise (adjectif)
Qui est très poli. (Contr. grossier.)

courtoisie (nom féminin)
Qualité d'une personne courtoise. *Elle nous a reçus avec beaucoup de **courtoisie**.*

couscous (nom masculin)
Plat fait avec de la semoule, des légumes, de la viande, et une sauce épicée. *Ce restaurant marocain est réputé pour son **couscous**.* Prononciation [kuskus].

■ **cousin, ine** (nom)
Enfant de l'oncle et de la tante de quelqu'un. *Ton père est mon oncle, donc nous sommes **cousins** !*

cousin (nom masculin)
Gros moustique aux longues pattes. *Le **cousin** est un moustique inoffensif très commun en France.*

un **cousin**

coussin (nom masculin)
Petit sac rembourré qui sert à s'appuyer ou à s'asseoir. *Des **coussins** de cuir, de velours.* • **Coussin d'air :** couche d'air qui maintient un véhicule à la surface de l'eau. *Les aéroglisseurs se déplacent sur **coussin d'air**.*

coussinet (nom masculin)
Couche de corne souple située à la face inférieure de la patte de certains animaux. *Le chat avance silencieusement sur ses **coussinets**.*

coût (nom masculin)
Prix de quelque chose. *L'expert a évalué le **coût** des réparations.* • **Coût de la vie :** montant des dépenses nécessaires à la vie de tous les jours.
ORTHO On écrit aussi **cout**.

coûtant (adjectif masculin)
• **Prix coûtant :** prix réel d'une marchandise sans compter le bénéfice du vendeur.
ORTHO On écrit aussi **coutant**.

couteau, eaux (nom masculin)
1. Instrument formé d'une lame tranchante et d'un manche. *Un **couteau** à fromage. Un **couteau** de cuisine.* **2.** Coquillage long et étroit qui vit dans le sable. • **Être à couteaux tirés avec quelqu'un :** s'entendre très mal avec lui. • **Mettre le couteau sous la gorge de quelqu'un :** l'obliger à faire quelque chose en le menaçant.

coutelas (nom masculin)
Grand couteau à lame large.

coutellerie (nom féminin)
Fabrique ou magasin de couteaux, d'instruments tranchants.

coûter (verbe) ▸ conjug. n° 3
1. Valoir tel prix. *Ce blouson **coûte** 100 euros.* **2.** Occasionner des frais, des dépenses. *L'aménagement de la maison nous **a coûté** cher.* **3.** Avoir des conséquences malheureuses. *Cette imprudence aurait pu lui **coûter** la vie.* **4.** Causer des désagréments. *Ce travail lui **aura coûté** bien des efforts.* • **Coûte que coûte :** à n'importe quelle condition. *Je finirai ce travail **coûte que coûte** !* Famille du mot : coût, coût**ant**, coût**eux**.
ORTHO On écrit aussi **couter**.

coûteux, euse (adjectif)
Qui coûte cher. *Les réparations de cette moto risquent d'être **coûteuses**.* (Syn. onéreux.)
ORTHO On écrit aussi **couteux**.

coutume (nom féminin)
Habitude ou tradition. *En France, c'est la **coutume** d'offrir du muguet le 1er mai.*

coutumier, ère (adjectif)
• **Droit coutumier :** ensemble de lois non écrites établies par la tradition.
• **Être coutumier du fait :** commettre habituellement telle action.

couture (nom féminin)
1. Action de coudre. *Pour apprendre la **couture**, il faut savoir manier le fil et l'aiguille.* **2.** Suite de points cousus à la main ou à la machine. *Il a déchiré les **coutures** de son pantalon.* • **Sous toutes les coutures :** très attentivement. Famille du mot : coutur**ier**, coutur**ière**.

couturier (nom masculin)
• **Grand couturier :** personne qui crée des modèles de vêtements. *Les défilés de mode des grands **couturiers**.*

couturière (nom féminin)
Femme qui confectionne des vêtements.

couvée (nom féminin)
Ensemble d'oisillons couvés en même temps. *Ces deux poussins sont de la même **couvée**.*

couvent (nom masculin)
Maison où vivent en communauté des moines ou des religieuses. (Syn. monastère.)

couver (verbe) ▸ conjug. n° 3
1. Couvrir de son corps les œufs d'une couvée jusqu'à ce qu'ils éclosent. *Les oiseaux **couvent** leurs œufs.* 2. Au sens figuré, protéger de façon exagérée. *C'est un enfant très fragile qui **a été couvé** par sa mère.* 3. Porter les microbes d'une maladie avant qu'elle ne se déclare. *Ibrahim **couve** une grippe.* Famille du mot : couv**ée**, couv**euse**.

couvercle (nom masculin)
Ustensile qui sert à couvrir un récipient. *Un **couvercle** de casserole, de boîte, de bocal.*

couvert, erte (adjectif)
1. Habillé chaudement. *Tu vas t'enrhumer si tu n'es pas assez **couvert**.* 2. Qui est abrité par un toit. *Une piscine **couverte**.* • **À couvert :** à l'abri. *Mettons-nous **à couvert**, il commence à pleuvoir.* • **Ciel couvert :** nuageux.

couvert (nom masculin)
La cuillère, la fourchette et le couteau. *Des **couverts** en argent.* • **Mettre le couvert :** mettre la table.

couverture (nom féminin)
1. Pièce de tissu épais qui sert à tenir chaud. *La chatte s'est pelotonnée sous la **couverture**.* 2. Ce qui couvre, protège un livre ou un cahier. *La **couverture** de mon livre s'est abîmée.* 3. Ce qui couvre une maison. *Cette ferme a une **couverture** de tuiles.* (Syn. toiture.)

couveuse (nom féminin)
1. Appareil qui garde les œufs au chaud pour les faire éclore. *Ces poussins sont nés en **couveuse**.* 2. Appareil où on met les nouveau-nés fragiles. *En **couveuse**, les bébés sont protégés du froid et des microbes.*

couvre-feu (nom masculin)
Interdiction de sortir après une certaine heure. *Pendant les émeutes, le gouvernement a décrété le **couvre-feu** à partir de 19 heures.* Pluriel : des couvre-feu**x**.

couvre-lit (nom masculin)
Pièce d'étoffe qui recouvre un lit. *Un **couvre-lit** à fleurs.* (Syn. dessus-de-lit.) Pluriel : des couvre-lit**s**.

couvreur, euse (nom)
Personne qui pose et répare les toitures. *Le **couvreur** a remplacé les tuiles du toit arrachées par le vent.*

couvrir (verbe) ▸ conjug. n° 12
1. Placer par-dessus pour protéger. *Il **a couvert** le bébé avec un drap. **Couvrir** un livre de classe.* 2. Mettre un couvercle. ***Couvre** le plat pour que la viande ne refroidisse pas !* 3. Être répandu sur une surface. *Des papiers **couvraient** son bureau.* 4. Disposer des choses en grande quantité. *Elle **a couvert** tout un pan de mur avec des photos.* 5. Parcourir une distance. *Il **a couvert** plus de 1 000 kilomètres à moto.* 6. Masquer un son. *Les applaudissements **ont couvert** sa voix.* 7. Protéger quelqu'un pour lui éviter des ennuis. *C'est lui le fautif, mais ses complices le **couvrent**.* 8. Se couvrir : s'habiller chaudement. *S'il pleut, **couvre-toi** bien !* 9. Se couvrir : s'obscurcir. *Le ciel **s'est couvert** de nuages.* Famille du mot : couver**t**, couver**ture**, couvre-feu, couvre-lit, couvr**eur**, **dé**couvrir, **re**couvrir.

cow-boy (nom masculin)
Gardien de troupeaux dans l'ouest des États-Unis. *Kevin aime bien lire les aventures de Lucky Luke, le **cow-boy** solitaire.* **Cow-boy** est un mot anglais : on prononce [kobɔj]. Pluriel : des cow-boy**s**. ORTHO On écrit aussi **cowboy**.

coyote (nom masculin)
Animal sauvage d'Amérique du Nord, proche du renard. *Les **coyotes** se nourrissent de charognes.*

un **coyote**

CP (nom masculin)
Première année de l'école primaire. *Yann est en **CP**.* **CP** est l'abréviation de *cours préparatoire*.

crabe (nom masculin)
Crustacé marin qui a quatre paires de pattes et une paire de pinces.

des **crabes**

crac (interjection)
Mot qui exprime le bruit sec d'une chose qui se casse ou se déchire. *Et **crac** ! le pantalon s'est déchiré.*

crachat (nom masculin)
Salive que l'on crache.

cracher (verbe) ▸ conjug. n° 3
1. Rejeter de la salive hors de sa bouche. *Jure et **crache** par terre !* **2.** Projeter quelque chose hors de sa bouche. *Ils s'amusent à **cracher** des noyaux de cerises le plus loin possible.*

cracheur, euse (adjectif)
• **Cracheur de feu :** saltimbanque qui emplit sa bouche d'un liquide inflammable et le rejette en l'enflammant.

crachin (nom masculin)
Pluie fine et serrée.

crack (nom masculin)
Dans la langue familière, personne très douée dans un domaine particulier. *Un **crack** au golf.* En anglais, *to crack* signifie « se vanter ».

cracker (nom masculin)
Petit biscuit salé. *Elle a acheté des **crackers** pour l'apéritif.* Prononciation [kʀakœʀ]. **Cracker** vient d'un verbe anglais qui signifie « craquer sous la dent ».

craie (nom féminin)
1. Roche calcaire, blanche et tendre. *En Normandie, certaines falaises sont en **craie**.* **2.** Bâtonnet de craie qui sert à écrire. *Fatima a acheté une ardoise, des **craies** et une éponge pour effacer.*

craindre (verbe) ▸ conjug. n° 35
1. Avoir peur de quelque chose. *Depuis qu'il s'est fait mordre, il **craint** les chiens.* (Syn. appréhender, redouter.) **2.** Supporter difficilement. *Mets-toi à l'ombre si tu **crains** le soleil.* Famille du mot : crainte, craintif.

crainte (nom féminin)
Sentiment de peur ou d'inquiétude. *N'ayez **crainte**, nous serons à l'heure.*

craintif, ive (adjectif)
Qui a peur de tout. *C'est un chat très **craintif**.* (Syn. peureux. Contr. audacieux, hardi.)

cramoisi, ie (adjectif)
Rouge foncé. *Pris d'un accès de colère, il est devenu **cramoisi**.*

crampe (nom féminin)
Contraction douloureuse mais passagère d'un muscle. *Il a été pris d'une **crampe** au mollet pendant qu'il nageait.*

crampon (nom masculin)
Pointe fixée sous une chaussure pour éviter de glisser.

se cramponner (verbe) ▸ conjug. n° 3
S'accrocher fermement pour ne pas tomber. *Ma petite sœur **se cramponne** à la rampe quand elle descend l'escalier.* (Syn. s'agripper.)

cran (nom masculin)
1. Entaille faite pour accrocher ou retenir quelque chose de mobile. *L'étagère est trop haute, descends-la d'un **cran**. Un couteau à **cran** d'arrêt.* **2.** Trou dans une courroie, une ceinture. *Ton pantalon tombe, resserre ta ceinture d'un **cran** !* **3.** Synonyme familier de courage. *Il lui a fallu du **cran** pour sortir les blessés de la voiture en flammes.*

crâne (nom masculin)
Partie osseuse de la tête qui contient le cerveau. *On vient de trouver dans cette grotte le **crâne** d'un homme préhistorique.*

crâner (verbe) ▸ conjug. n° 3
Dans la langue familière, se montrer prétentieux. *Pierre n'arrête pas de **crâner** depuis qu'il a gagné la course.*

crâneur, euse (nom)
Dans la langue familière, personne qui crâne. *Elle se croit toujours plus forte que les autres, quelle **crâneuse** !* (Syn. fanfaron, prétentieux.)

crânien, enne (adjectif)
Du crâne. *La boîte **crânienne** contient le cerveau.*

crapahuter (verbe) ▸ conjug. n° 3
Dans la langue familière, marcher en terrain difficile. *Les randonneurs **ont crapahuté** à travers la forêt.*

crapaud (nom masculin)
Batracien à la peau rugueuse, et qui ressemble à une grenouille. *Les **crapauds** coassent.*

un **crapaud** et ses œufs

crapule (nom féminin)
Synonyme de voyou. *Cet homme est une **crapule** qui mérite la prison.*

craquelé, ée (adjectif)
Qui a des craquelures. *Le cuir de ce vieux sac est sec et **craquelé**.*

craquelure (nom féminin)
Petite fente ou fissure sur une surface. *Le vernis de ce vieux bureau est couvert de **craquelures**.*

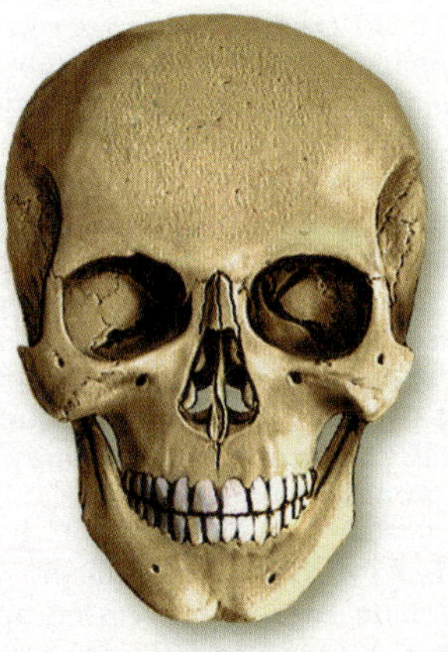

un **crâne**

craquement (nom masculin)
Bruit sec produit par quelque chose qui se brise. *On entendait les **craquements** du vieux parquet sous nos pas.*

craquer (verbe) ▸ conjug. n° 3
1. Faire entendre des craquements. *Les bûches **craquaient** dans la cheminée.* **2.** Se briser ou céder en produisant un craquement. *L'étagère **a craqué** sous le poids des livres.* **3.** S'effondrer à cause de la fatigue ou de l'énervement. *Il n'en peut plus, il est sur le point de **craquer**.*
• **Plein à craquer :** trop plein. *La salle était **pleine à craquer**.*

crasse (nom féminin)
Saleté qui s'accumule. *Une couche de **crasse** recouvrait les meubles de la maison abandonnée.* Famille du mot : **crasseux, décrasser, encrasser.**

crasseux, euse (adjectif)
Couvert de crasse. *Tu devrais changer de pantalon, il est **crasseux**.*

cratère (nom masculin)
1. Orifice d'un volcan. *Des fumées s'échappent du **cratère**.* **2.** Grand trou dans le sol. Dans l'Antiquité, un **cratère** était un grand vase pour mélanger l'eau et le vin.

un **cratère** de météorite en Arizona (USA)

cravache (nom féminin)
Baguette flexible dont se servent les cavaliers. *D'un petit coup de **cravache**, le jockey a mis son cheval au galop.*

cravacher (verbe) ▸ conjug. n° 3
Frapper avec une cravache. *Le jockey **a cravaché** son cheval.*

cravate (nom féminin)
Bande d'étoffe qui passe sous le col de la chemise et que l'on noue par-devant. *Mettre une **cravate**. Nouer sa **cravate**.*

Cravate vient du mot *croate* : les cavaliers croates portaient autour du cou une bande de tissu.

crawl (nom masculin)
Nage sur le ventre dans laquelle on lance les bras en avant l'un après l'autre tout en battant des pieds. *Le **crawl** est une nage plus rapide que la brasse.* Prononciation [kʀol]. **Crawl** est un mot anglais qui signifie « ramper ».

crayeux, euse (adjectif)
Qui contient de la craie. *Ces falaises blanches sont **crayeuses**.*

crayon (nom masculin)
Baguette qui contient une mine et qui sert à écrire. *Un **crayon** noir. Une boîte de **crayons** de couleur.*

crayonner (verbe) ▸ conjug. n° 3
Dessiner ou écrire avec un crayon. *Il **a crayonné** un plan de sa maison sur un bout de papier.*

créancier, ère (nom)
Personne à qui l'on doit de l'argent. *Il risque la prison s'il ne rembourse pas tous ses **créanciers**.* (Contr. débiteur.)

créateur, trice (nom)
Personne qui crée ou invente quelque chose. *Un **créateur** d'entreprise.* • **Le Créateur** : Dieu.

créatif, ive (adjectif)
Qui a un don pour créer, inventer des choses. *C'est une fille originale et **créative**.* (Syn. inventif.)

création (nom féminin)
1. Action de créer. *Il s'est lancé dans la **création** d'une nouvelle entreprise.* 2. Chose créée. *L'artiste a exposé ses dernières **créations**.*

créativité (nom féminin)
Qualité d'une personne créative. *Ne dessinez pas tous la même chose, faites preuve de **créativité** !*

créature (nom féminin)
Être vivant. *Certains croient à l'existence de **créatures** extraterrestres.*

crécelle (nom féminin)
Petit instrument en bois que l'on fait tourner et qui fait du bruit. • **Voix de crécelle** : voix aiguë.

une **crécelle**

crèche (nom féminin)
1. Représentation reconstituant la naissance de Jésus dans une étable. *Dans notre famille, c'est une tradition de préparer la **crèche** de Noël.* 2. Établissement où on garde les très jeunes enfants pendant la journée. *En rentrant, elle est passée chercher son bébé à la **crèche**.* En ancien français, une **crèche** était une mangeoire à bestiaux comme celle dans laquelle est né Jésus.

crédible (adjectif)
Que l'on peut croire. *Je pense qu'il ne se vante pas, toutes ses aventures sont **crédibles**.* (Syn. plausible, vraisemblable.)

crédit (nom masculin)
1. Prêt d'argent accordé pour un achat. *Il a eu un **crédit** pour acheter sa voiture, maintenant il doit le rembourser et payer des intérêts.* 2. Possibilité de payer plus tard ou en plusieurs fois. *Ils ont acheté leur maison à **crédit**.* 3. Somme d'argent disponible sur un compte en banque. (Contr. débit.) 4. Somme d'argent prévue pour certaines dépenses particulières. *Dans le budget de l'école, des **crédits** sont destinés à l'achat d'ordinateurs.* 5. Confiance que l'on a en quelqu'un. *Ces électeurs accordent beaucoup de **crédit** aux promesses du maire.*

créditer (verbe) ▸ conjug. n° 3
Verser de l'argent sur un compte. *Son compte **a été crédité** de 100 euros.* (Contr. débiter.)

crédule (adjectif)
Qui croit tout ce qu'on lui dit. (Syn. naïf.)

crédulité (nom féminin)
Défaut d'une personne crédule. *Quentin compte sur ta **crédulité** pour te faire croire n'importe quoi.* (Syn. naïveté.)

créer (verbe) ▸ conjug. n° 3
1. Faire exister quelque chose qui n'existait pas avant. ***Créer** un parfum, une machine.* (Syn. concevoir.) 2. Être la cause de quelque chose. *L'arrivée du nouveau directeur va **créer** des changements dans l'école.* (Syn. causer, provoquer.) Famille du mot : cré**ateur**, cré**atif**, cré**ation**, cré**ativité**, cré**ature**, **pro**cré**ation**.

crémaillère (nom féminin)
Tige de fer avec des crans pour suspendre une marmite dans la cheminée. • **Pendre la crémaillère :** fêter son installation dans un nouveau logement.

crématoire (adjectif)
• **Four crématoire :** four dans lequel on brûle les cadavres.

crématorium (nom masculin)
Lieu où l'on incinère les morts. Prononciation [kʀematɔʀjɔm].

crème (nom féminin)
1. Matière grasse du lait avec laquelle on fait le beurre. *Gaëlle ajoute un peu de **crème** fraîche dans la sauce.* 2. Dessert fait avec du lait et des œufs. *Voulez-vous de la **crème** au chocolat ?* 3. Produit onctueux utilisé pour les soins de la peau. *Une **crème** pour les mains, pour le visage. Une **crème** solaire.* • **Café crème :** café additionné de lait ou de crème. ■ **crème** (adjectif) D'une couleur blanche à peine teintée de jaune. *Un jaune **crème**.* Pluriel : des chaussettes crème. Famille du mot : crème**rie**, cré**meux**, crém**ier**.

crèmerie (nom féminin)
Magasin où l'on vend des produits laitiers et des œufs.
ORTHO On écrit aussi **crémerie**.

crémeux, euse (adjectif)
Qui a la consistance de la crème. *Je voudrais un chocolat au lait bien **crémeux**.*

crémier, ère (nom)
Commerçant qui tient une crèmerie.

créneau, eaux (nom masculin)
1. Ouverture rectangulaire faite en haut d'une muraille. *Dans les châteaux forts, les **créneaux** servaient à observer l'ennemi et à lancer des projectiles.* ➡ p. 226. 2. Manœuvre que l'on fait pour garer sa voiture entre deux autres voitures.

créole (nom)
Toute personne née aux Antilles ou à la Réunion. ■ **créole** (nom masculin) Langue parlée aux Antilles et à la Réunion.

■ **crêpe** (nom masculin)
1. Tissu léger, en soie ou en laine, d'aspect ondulé. 2. Caoutchouc spécial qui ne glisse pas. *Des chaussures à semelles de **crêpe**.*

■ **crêpe** (nom féminin)
Fine galette faite avec de la farine, des œufs et du lait. *Faire sauter des **crêpes** dans une poêle.* Famille du mot : crêpe**rie**, crêp**ière**.

crêperie (nom féminin)
Établissement où l'on mange des crêpes.

crépi (nom masculin)
Couche de ciment ou de plâtre qu'on applique sur un mur. *La façade de notre maison est recouverte d'un **crépi** blanc.*

crêpière (nom féminin)
Poêle plate pour faire cuire des crêpes.

crépir (verbe) ▸ conjug. n° 11
Enduire avec du crépi. *On **a crépi** les murs du garage plutôt que de les peindre.*

crépitement (nom masculin)
Bruit sec et continu. *On entendait le **crépitement** des bûches dans la cheminée.*

crépiter (verbe) ▸ conjug. n° 3
Produire des crépitements. *Il entendait la grêle **crépiter** sur les fenêtres.*

crépon (nom masculin)
• **Papier crépon :** papier gaufré et ondulé. *Yann a fait des déguisements en **papier crépon**.*

crépu, ue (adjectif)
Qui frise en boucles très serrées. *Avoir les cheveux **crépus**.*

crépuscule (nom masculin)
Moment de la journée entre le coucher du soleil et la nuit noire. *Nous risquons de nous perdre dans le bois si nous rentrons après le **crépuscule**.*

crescendo (adverbe)
De plus en plus fort. *Ce morceau de musique doit se jouer **crescendo**.* Prononciation [kʀeʃɛ̃do].

cresson (nom masculin)
Plante comestible qui pousse dans l'eau douce. *Une salade de **cresson**.*

crétacé (nom masculin)
Période préhistorique caractérisée par la formation de la craie. *Le **crétacé** s'étend de – 140 millions d'années à – 65 millions d'années.*

crête (nom féminin)
1. Excroissance de chair rouge et dentelée qui se dresse sur la tête de certains oiseaux. *La **crête** d'un coq, d'une poule, d'un dindon.* **2.** Partie la plus haute. *La **crête** d'une vague, d'une montagne, d'un toit.* (Syn. sommet.)

Crète
Grande île de la mer Méditerranée, au sud de la Grèce. C'est une Région de la Grèce (8 336 km^2 ; 630 000 habitants). Sa capitale est Héraklion.
GÉOGRAPHIE
La Crète est une île montagneuse, au climat chaud et sec. Elle vit de l'agriculture, de la pêche, de l'élevage et surtout du tourisme. Elle a un riche patrimoine archéologique (vestiges de l'ancienne cité de Cnossos).
HISTOIRE
Ancien centre de la civilisation minoenne (du nom de Minos, roi légendaire), la Crète est tombée sous le contrôle de Mycènes au IIe siècle avant Jésus-Christ. Elle a été ensuite successivement romaine, byzantine, musulmane (IXe siècle), vénitienne (XIIIe-XVIIe siècles), et turque (XVIIe-XIX siècles). Elle est rattachée à la Grèce depuis 1913.

crétin, ine (nom)
Imbécile. *Bande de **crétins** !* (Syn. idiot.)

crétois, oise ➡ Voir tableau p. 6.

creuser (verbe) ▸ conjug. n° 3
1. Faire un trou, un creux. *Le chien **creuse** la terre pour enterrer son os.* **2.** Rendre creux. *Hélène **a creusé** un roseau pour en faire un sifflet.* • **Se creuser la tête :** réfléchir longuement et intensément pour trouver une idée, une solution.

creuset (nom masculin)
Récipient qui sert à faire fondre certains matériaux.

creux, creuse (adjectif)
1. Qui est vide à l'intérieur. *Des briques **creuses**. Le tronc **creux** d'un vieil arbre.* (Contr. plein.) **2.** Qui présente une partie concave. *Elle verse du bouillon dans une assiette **creuse**.* (Contr. plat.) ■ **creux** (nom masculin) Partie creuse de quelque chose. *Après l'orage, il restait de l'eau dans les **creux** du chemin.* (Syn. trou.) • **Avoir un creux à l'estomac :** synonyme familier d'avoir faim. • **Le creux de la main :** la paume repliée en forme de coupe.

crevaison (nom féminin)
Fait de crever. *Il a failli avoir un accident à la suite de la **crevaison** d'un pneu.*

crevant, ante (adjectif)
Dans la langue familière, très fatigant. *Ce long voyage était **crevant** !*

crevasse (nom féminin)
1. Fente profonde sur une surface. *Des **crevasses** s'étaient formées le long de la vieille façade.* (Syn. lézarde.) **2.** Cassure profonde dans un glacier. *Des alpinistes ont été retrouvés au fond d'une **crevasse**.* **3.** Petite fente qui se forme à la surface de la peau. *Ses mains sont abîmées par des **crevasses** causées par le froid.* (Syn. gerçure.)

crever (verbe) ▸ conjug. n° 8
1. S'ouvrir en éclatant. *Un des pneus de sa voiture **a crevé**.* **2.** Percer, faire éclater. ***Crever** un ballon.* **3.** Synonyme familier de mourir. *Ces plantes **ont crevé** à cause du gel.* **4.** Synonyme familier d'épuiser. *Après ce match terrible, les joueurs **étaient crevés**.* • **Crever de faim, de soif, de froid :** avoir très faim, très soif, très froid. • **Crever les yeux :** être évident. Famille du mot : **crevaison**, **crevant**, **increvable**.

crevette (nom féminin)
Petit crustacé marin comestible, à dix pattes, au corps allongé. *Les **crevettes** se déplacent par petits bonds.*

une **crevette**

cri (nom masculin)
1. Son perçant émis par la voix. *Pousser des **cris** de joie, de surprise, de frayeur.* **2.** Son caractéristique émis par un animal. *Le hululement est le **cri** de la chouette.* • **Pousser les hauts cris :** protester avec force. Famille du mot : cri**ant**, cri**ard**, cri**ée**, cri**er**, s'**é**cri**er**, se **ré**cri**er**.

criant, ante (adjectif)
1. Que l'on ne peut nier. *Une ressemblance **criante**.* (Syn. évident.) **2.** Qui provoque l'indignation. *Une injustice **criante**.* (Syn. révoltant, scandaleux.)

criard, arde (adjectif)
1. Qui émet des sons perçants et désagréables. *Une voix **criarde**.* (Contr. doux.) **2.** Qui choque la vue. *Il porte toujours d'horribles cravates aux couleurs **criardes**.*

crible (nom masculin)
Instrument percé de trous utilisé pour trier des matériaux de grosseurs différentes. *Un **crible** à sable.* (Syn. tamis.) • **Passer au crible :** examiner attentivement pour distinguer le faux du vrai.

cribler (verbe) ▸ conjug. n° 3
Percer de trous. *La cible **était criblée** de balles.* • **Être criblé de dettes :** avoir beaucoup de dettes.

cric (nom masculin)
Appareil à levier servant à soulever des charges très lourdes. *Pour changer la roue de la voiture, il a fallu se servir du **cric**.*

cricket (nom masculin)
Sport anglais qui se joue avec des battes de bois et une balle en cuir. *Les matchs de **cricket** se disputent sur gazon.* Prononciation [kʀikɛt]. **Cricket** est un mot anglais qui signifie « bâton ».

criée (nom féminin)
Vente publique aux enchères. *Quand ils rentrent au port, les pêcheurs vendent leurs poissons à la **criée**.*

crier (verbe) ▸ conjug. n° 10
1. Pousser des cris. ***Crier** de joie, de colère. **Crier** de toutes ses forces.* **2.** Parler d'une voix forte. *Répondez à mes questions, mais sans **crier**.*

crime (nom masculin)
1. Faute très grave punie par la loi. *Les auteurs de l'enlèvement seront jugés pour leur **crime**.* **2.** Synonyme d'assassinat. *On a retrouvé l'arme du **crime** à côté du cadavre.*

criminalité (nom féminin)
Ensemble de faits criminels. *Depuis un an, la **criminalité** a baissé dans cette ville.*

criminel, elle (nom)
Personne coupable d'une faute grave. *La police a arrêté un **criminel** qui avait commis plusieurs hold-up.* ■ **criminel, elle** (adjectif) Qui est causé par un criminel. *La mort de cet homme n'est pas accidentelle, c'est un acte **criminel**.*

crin (nom masculin)
Poil long et rêche qui pousse sur le cou et sur la queue du cheval. **Crin** vient du latin *crinis* qui signifie « cheveu ».

crinière (nom féminin)
Ensemble des crins qui garnissent le cou de certains animaux. *La **crinière** d'un cheval.*

crinoline (nom féminin)
Jupon garni de cerceaux souples que les femmes portaient pour maintenir les jupes ou les robes gonflées. *La reine Victoria portait des robes à **crinoline**.*

crique (nom féminin)
Partie du littoral qui s'enfonce dans la terre en formant un abri. *Le voilier a jeté l'ancre dans une petite **crique**.*

criquet (nom masculin)
Insecte herbivore qui ressemble à une sauterelle. *Des nuées de **criquets** venant du désert ont ravagé les cultures.*

un **criquet**

crise (nom féminin)
1. Aggravation brusque d'une maladie. ***Crise** d'asthme. **Crise** cardiaque. **Crise** d'urticaire.* **2.** Réaction brusque due à une émotion. ***Crise** de colère. **Crise** de larmes. **Crise** de nerfs.* **3.** Période difficile. *Le chômage est une des conséquences de la **crise** économique.*

crisper (verbe) ▸ conjug. n° 3
1. Provoquer la contraction des muscles. *Son visage **se crispait** de douleur.* **2.** Au sens figuré, exaspérer quelqu'un. *Il me **crispe** quand il commence à se vanter.*

crissement (nom masculin)
Action de crisser. *Elle ne peut pas supporter le **crissement** de la cuillère sur la casserole.*

crisser (verbe) ▸ conjug. n° 3
Produire un bruit aigu, grinçant. *Le coup de frein a fait **crisser** les pneus de la voiture.*

cristal, aux (nom masculin)
1. Variété de verre très pur, qui résonne quand on le heurte. *Un verre en **cristal**.* **2.** Élément minéral de forme géométrique. *Des **cristaux** de neige, de sel.* Famille du mot : crista**llin**, crista**llisé**.

■ **cristallin, ine** (adjectif)
Pur et clair comme du cristal. *Un lac à l'eau **cristalline**. Chanter d'une voix **cristalline**.*

■ **cristallin** (nom masculin)
Partie de l'œil en forme de lentille transparente, qui se trouve derrière la pupille.

cristallisé, ée (adjectif)
Qui est formé de petits cristaux. *Du sucre **cristallisé**.*

critère (nom masculin)
Raison qui justifie un choix. *Quand il va au restaurant, il n'a qu'un seul **critère** : le prix !*

critérium (nom masculin)
Épreuve sportive destinée à faire un classement des concurrents en vue d'une autre épreuve. Prononciation [kʀiteʀjɔm].

■ **critique** (adjectif)
Qui risque d'entraîner des changements graves ou importants. *Un malade dans un état **critique**.* (Syn. alarmant, dangereux, grave.)

■ **critique** (nom féminin)
1. Action de critiquer. *J'en ai assez de vos **critiques**.* (Syn. reproche. Contr. éloge, louange.) **2.** Jugement que l'on porte sur une œuvre d'art, sur un livre. *Ce journaliste fait des **critiques** cinématographiques dans un hebdomadaire.*
■ critique (nom) Personne qui a pour profession d'écrire des critiques. *Il est **critique** littéraire dans un magazine.*

critiquer (verbe) ▸ conjug. n° 3
Donner un jugement en faisant remarquer les défauts. *Elle passe son temps à **critiquer** ses voisins.* (Syn. blâmer. Contr. louer.)

croassement (nom masculin)
Cri du corbeau et de la corneille.

croasser (verbe) ▸ conjug. n° 3
Pousser des croassements. *Le corbeau **croasse** mais la grenouille coasse.*

croate ➡ Voir tableau p. 6.

Croatie

Union européenne

4,4 millions d'habitants
Capitale : Zagreb
Monnaie : la kuna
Langue officielle : croate
Superficie : 56 538 km²

État d'Europe du Sud, la Croatie borde la majeure partie de la côte de la mer Adriatique. Sa population est formée de Croates et de Serbes. Elle tire ses principales ressources de l'agriculture et de l'exploitation du sous-sol, mais son économie a souffert du conflit qui a opposé les Serbes aux Croates entre 1991 et 1995. La Croatie est un État né en 1991 à la suite de l'éclatement de la Yougoslavie. La Croatie est membre de l'Union européenne depuis 2013.

le port de Dubrovnik, en **Croatie**

croc (nom masculin)
Canine de certains carnivores. *Les **crocs** d'un chien, d'un lion, d'un tigre.* Prononciation [kʀo].

croche (nom féminin)
Note de musique qui vaut la moitié d'une noire.

croche-pied (nom masculin)
Mouvement destiné à faire tomber quelqu'un en plaçant le pied devant sa jambe. Pluriel : des croche-**pieds**.
ORTHO On écrit aussi **crochepied**.

crochet (nom masculin)
1. Pièce de métal recourbée utilisée pour suspendre ou accrocher des objets. *Elle suspend le torchon à un **crochet**.* **2.** Grosse aiguille à pointe recourbée. *Elle fait des napperons de dentelle au **crochet**.* **3.** Détour que l'on fait au cours d'un trajet. *En rentrant de Paris, il a fait un **crochet** par Nevers pour voir ses cousins.* **4.** Signe qui ressemble à une parenthèse. *La prononciation d'un mot se met entre **crochets**.* **5.** Coup de poing donné en arc de cercle. *Un **crochet** du droit.* **6.** Dent des serpents venimeux. *Les **crochets** venimeux de la vipère.* • **Vivre aux crochets de quelqu'un :** vivre à ses frais.

crocheter (verbe) ▸ conjug. n° 8
Ouvrir à l'aide d'un crochet. *Les cambrioleurs **ont crocheté** la serrure de la porte d'entrée.*

crochu, ue (adjectif)
Recourbé en forme de crochet. *L'aigle tient sa proie entre ses serres **crochues**.*

crocodile (nom masculin)
1. Grand reptile carnivore des pays chauds, à pattes courtes, aux longues mâchoires. **2.** Peau de cet animal utilisée en maroquinerie. *Un portefeuille en **crocodile**.* • **Larmes de crocodile :** larmes hypocrites pour essayer d'apitoyer quelqu'un.

crocus (nom masculin)
Plante à bulbe qui fleurit au début du printemps. *Les fleurs de **crocus** peuvent être blanches, violettes ou jaunes.* Prononciation [kʀɔkys].

des **crocus**

croire (verbe) ▸ conjug. n° 38
1. Penser que quelque chose est vrai, qu'une personne est sincère. *Je le **crois** quand il dit qu'il n'est pas coupable.* **2.** Supposer sans être vraiment sûr. *Je **crois** qu'il sera d'accord avec nous.*

(Syn. estimer, penser.) **3.** Être convaincu de l'existence de quelqu'un ou de quelque chose. *Je ne comprends pas que tu **croies** aux fantômes.* Famille du mot : croy**able**, croy**ance**, croy**ant**, **in**croy**able**, **in**croy**ant**.

croisade (nom féminin)
1. Au Moyen Âge, expédition guerrière menée par des chrétiens pour délivrer les lieux saints de la Palestine de l'occupation musulmane. *La première **croisade** débuta en 1096.* **2.** Lutte destinée à défendre une cause. *Cette association mène une **croisade** pour la paix.*

Les croisés et la prise de Damiette par Saint Louis, en 1249, lors de la 7e **croisade**.

croisé (nom masculin)
Homme qui prenait part à une croisade.

croisée (nom féminin)
Synonyme de fenêtre. *Il observait la rue, debout derrière la **croisée**.* • **Croisée des chemins :** endroit où des chemins se coupent.

croisement (nom masculin)
1. Endroit où deux routes se croisent. *En arrivant au **croisement**, tournez à gauche.* (Syn. carrefour.) **2.** Reproduction d'animaux ou de plantes d'espèces proches. *Le mulet résulte d'un **croisement** entre un âne et une jument.*

croiser (verbe) ▸ conjug. n° 3
1. Placer en croix l'un sur l'autre. ***Croiser** les bras.* **2.** Passer au travers d'une route, d'un chemin. *Un sentier **croise** la route juste avant le lac.* **3.** Passer à côté de quelqu'un qui va dans la direction opposée. *Elle **a croisé** sa voisine en sortant. Ils **se sont croisés** devant la mairie.* **4.** Aller et venir dans une même zone maritime. *Des navires de guerre **croisaient** au large de la côte.* • **Se croiser les bras :** refuser de travailler. Famille du mot : crois**ement**, crois**ière**, **entre**croiser.

croisière (nom féminin)
Voyage d'agrément en bateau. *Ils ont fait une **croisière** de plusieurs semaines en Méditerranée.*

croissance (nom féminin)
1. Fait de grandir, de se développer. *Julie est en pleine **croissance**.* **2.** Fait d'augmenter, de progresser. *La **croissance** du tourisme procure du travail aux commerçants de notre région.* (Syn. accroissement. Contr. diminution.)

croissant, ante (adjectif)
Qui va en s'accroissant. *C'est difficile de circuler à cause du nombre **croissant** des voitures.* (Contr. décroissant.) • **Ordre croissant :** ordre qui va du plus petit au plus grand.

croissant (nom masculin)
1. Forme de la lune à son premier et son dernier quartier. **2.** Pâtisserie feuilletée en forme d'arc de cercle.

croître (verbe) ▸ conjug. n° 37
1. Devenir plus grand. *Le peuplier est un arbre qui **croît** très vite.* (Syn. se développer.) **2.** Devenir plus important. *Notre production de fruits **croît** régulièrement.* (Syn. s'accroître, augmenter, grandir. Contr. décroître, diminuer.) **Croître** garde son accent circonflexe aux formes homonymes du verbe *croire* : je croîs, je crûs. Les autres formes peuvent s'écrire sans accent : il croitra. Famille du mot : **ac**croiss**ement**, **ac**croître, croiss**ance**, croiss**ant**, **dé**croître, **sur**croît.

croix (nom féminin)
1. Figure ou signe formés de deux traits qui se croisent. *Mettez une **croix** dans la case de votre choix.* **2.** Dans l'Antiquité, instrument de supplice fait de deux pièces de bois croisées. *Jésus-Christ est mort sur la **croix**.* **3.** Décoration en forme de croix. *La **croix** de guerre.*

Croix-Rouge
Organisation internationale pour la protection des victimes des guerres,

fondée en 1863 par Henri Dunant. Installé à Genève, le Comité international de la Croix-Rouge a reçu le prix Nobel de la paix en 1917, 1944 et 1963. Son nom officiel est le « Mouvement international de la Croix-Rouge et du Croissant-Rouge ».

Cro-Magnon
Site préhistorique de Dordogne où ont été découverts, en 1868, des squelettes humains datant du paléolithique supérieur, vers 30 000 avant Jésus-Christ. L'homme de Cro-Magnon est un représentant de l'*Homo sapiens*, qui est l'ancêtre direct des hommes d'aujourd'hui.

Cronos
Dieu de la mythologie grecque, fils d'Ouranos (le Ciel) et de Gaia (la Terre), père de Zeus. Il correspond au dieu Saturne de la mythologie romaine.
ORTHO On écrit aussi **Kronos**.

croquant, ante (adjectif)
Qui croque sous la dent. *Des cornichons bien **croquants**.*

croque-mitaine (nom masculin)
Être imaginaire effrayant évoqué pour faire obéir les enfants. *Si tu ne manges pas ta soupe, le **croque-mitaine** va venir te chercher !* Pluriel : des croque-mitaine**s**.
ORTHO On écrit aussi **croquemitaine**.

croque-monsieur (nom masculin)
Sandwich grillé au pain de mie garni de jambon et de fromage. Pluriel : des croque-monsieur.
ORTHO On écrit aussi un **croquemonsieur**, des **croquemonsieurs**.

croque-mort (nom masculin)
Dans la langue familière, employé des pompes funèbres. *Les **croque-morts** déposent le cercueil dans la tombe.* Pluriel : des croque-mort**s**.
ORTHO On écrit aussi **croquemort**.

croquer (verbe) ▸ conjug. n° 3
1. Faire un bruit sec sous la dent. *Les gâteaux secs **croquaient** sous la dent.* **2.** Manger en broyant avec les dents. *Le chien **croque** un os.*

croquet (nom masculin)
Jeu dans lequel on pousse des boules sous des arceaux à l'aide d'un maillet.

croquette (nom féminin)
1. Boulette frite. *Des **croquettes** de pommes de terre, de viande hachée.* **2.** Aliment sous forme de boulette croquante pour les chats ou les chiens.

croquis (nom masculin)
Dessin rapide et simplifié. *En vacances, elle fait des **croquis** de paysages.* (Syn. esquisse.)

cross (nom masculin)
Course à pied sur un parcours tout-terrain. *Le maître va organiser un **cross** dans les bois.* Famille du mot : cyclocross, motocross.

crosse (nom féminin)
1. Partie d'une arme à feu que l'on tient pour tirer ou que l'on appuie contre l'épaule. *La **crosse** d'un fusil, d'un pistolet.* **2.** Bâton recourbé au sommet. *La **crosse** d'un évêque.* **3.** Canne à bout recourbé pour pousser une balle. *Une **crosse** de hockey.*

crotale (nom masculin)
Serpent très venimeux d'Amérique. *Le **crotale** s'appelle aussi serpent à sonnette à cause du bruit de crécelle que fait sa queue.* Dans la Grèce antique, les **crotales** étaient des castagnettes.

un **crotale**

crotte (nom féminin)
Excrément de certains animaux. *Des **crottes** de chien, de lapin, de chèvre.* • **Crotte en chocolat :** petit bonbon fourré, enrobé de chocolat. Famille du mot : crotté, crottin.

crotté, ée (adjectif)
Couvert de boue. *Il est rentré du jardin avec des bottes **crottées**.*

crottin (nom masculin)
1. Excrément du cheval. *On utilise le **crottin** pour enrichir la terre des jardins.* **2.** Petit fromage de chèvre, rond. *Une salade servie avec des **crottins** chauds.*

crouler (verbe) ▸ conjug. n° 3
1. Tomber en ruine. *Les murs de cette masure **croulent** de plus en plus.* (Syn. s'écrouler.) **2.** Être surchargé. *Les branches du sapin **croulaient** sous les guirlandes.*

croupe (nom féminin)
Partie postérieure du corps du cheval.

croupion (nom masculin)
Partie postérieure du corps d'un oiseau, qui porte les plumes de sa queue.

croupir (verbe) ▸ conjug. n° 11
1. Stagner et devenir mauvais à boire. *De l'eau verdâtre, mêlée de vase, **croupit** au fond du fossé.* **2.** Au sens figuré, vivre dans un état misérable. ***Croupir** en prison.* En ancien français, **croupir** signifie « rester accroupi ».

croustillant, ante (adjectif)
Qui croustille. *Un pain à la croûte dorée et **croustillante**.*

croustiller (verbe) ▸ conjug. n° 3
Croquer sous la dent. *Des frites bien dorées, qui **croustillent**.* **Croustiller** vient d'un verbe français ancien qui signifie « manger la croûte ».

croûte (nom féminin)
1. Partie extérieure plus dure de certains aliments. *Des **croûtes** de pain. La **croûte** d'un fromage.* **2.** Plaque dure qui se forme en séchant. *Ta blessure se cicatrise, il ne reste plus que la **croûte**.*
• **Croûte terrestre :** synonyme d'écorce terrestre.
ORTHO On écrit aussi **croute**.

croûton (nom masculin)
1. Extrémité d'un pain, formée surtout de croûte. *Je n'aime pas le **croûton**, je préfère la mie.* **2.** Petit morceau de pain frit. *Sa spécialité, c'est la soupe aux **croûtons**.*
ORTHO On écrit aussi **crouton**.

croyable (adjectif)
Que l'on peut croire. *Cette aventure est à peine **croyable**.* (Contr. incroyable.)

croyance (nom féminin)
Ce que l'on croit en matière de religion. *Je ne suis pas d'accord avec lui, mais je respecte ses **croyances**.* (Syn. conviction.)

croyant, ante (adjectif)
Qui croit en Dieu. *Elle est très **croyante** et va à l'église chaque dimanche.* (Contr. athée, incroyant.)

■ **cru, crue** (adjectif)
1. Qui n'a pas été cuit. *Noémie préfère manger les tomates **crues**, en salade.* **2.** Qui est violent, vif. *On était aveuglé par la lumière **crue** des spots.* (Contr. tamisé.) **3.** Qui est grossier et vulgaire. *Personne n'apprécie ses plaisanteries **crues**.*

■ **cru** (nom masculin)
Vignoble produisant un vin particulier. *Ce vin vient d'un **cru** de Bourgogne.*

cruauté (nom féminin)
Fait d'être cruel. *Ces guerriers se montraient d'une grande **cruauté** envers leurs ennemis.* (Syn. férocité.)

cruche (nom féminin)
1. Pot muni d'une anse et d'un bec verseur. *Elle remplissait une **cruche** d'eau fraîche à la fontaine.* **2.** Synonyme familier d'imbécile. *C'est une vraie **cruche** !*

crucial, ale, aux (adjectif)
Très important. *Réfléchis bien, la décision que tu vas prendre est **cruciale** pour ton avenir.* (Syn. capital, essentiel.)

crucifier (verbe) ▸ conjug. n° 10
Fixer quelqu'un sur une croix pour le faire mourir. *Dans l'Antiquité romaine, les esclaves révoltés **étaient crucifiés**.*

crucifix (nom masculin)
Objet qui représente Jésus crucifié.
● Prononciation [kʀysifi].

cruciforme (adjectif)
• **Tournevis cruciforme :** tournevis dont l'extrémité est en forme de croix.

cruciverbiste (nom)
Amateur de mots croisés.

Selon une légende, 10000 centurions chrétiens furent **crucifiés** à cause de leur foi.

crudités (nom féminin pluriel)
Légumes crus souvent préparés en salade.

crue (nom féminin)
Élévation du niveau d'un cours d'eau pouvant provoquer son débordement. *À la fonte des neiges, le torrent est en **crue**.*

cruel, elle (adjectif)
1. Qui prend plaisir à faire souffrir. *C'était un maître **cruel** envers ses serviteurs.* (Syn. féroce, inhumain.) **2.** Qui provoque une grande souffrance. *Une **cruelle** maladie.* **Cruel** vient d'un mot latin qui signifie « qui aime le sang ».

cruellement (adverbe)
1. De manière cruelle. *Les prisonniers ont été **cruellement** fouettés.* **2.** De manière très douloureuse. *Sa blessure le fait **cruellement** souffrir.*

un **crucifix** orthodoxe

crustacé (nom masculin)
Animal aquatique recouvert d'une carapace. *Les crabes, les crevettes, les homards, les écrevisses sont des **crustacés**.* ➡ p. 326.

crypte (nom féminin)
Partie souterraine d'une église. *La **crypte** de cette cathédrale abrite le tombeau d'un roi.*

crypter (verbe) ▸ conjug. n° 3
1. Coder une émission télévisée afin qu'elle ne soit visible que par ceux qui ont un décodeur. *Les émissions de la chaîne Canal+ **sont cryptées**.* **2.** Utiliser un code pour écrire un message. *Le service d'espionnage **a crypté** ces informations confidentielles.*

Cuba

11,2 millions d'habitants
Capitale : La Havane
Monnaie : le peso cubain
Langue officielle : espagnol
Superficie : 114 250 km²

État d'Amérique centrale formé par la plus grande île des Antilles, à l'entrée du golfe du Mexique.

GÉOGRAPHIE
Cuba est un pays de plaines et de bas plateaux au sol fertile. Le Sud-Est est montagneux. Les côtes sont découpées en larges baies. Le climat est tropical, humide, et les cyclones sont fréquents. Ses ressources principales sont la canne à sucre, le tabac et les fruits. Le tourisme progresse rapidement mais le taux de chômage est important.

HISTOIRE
Cuba fut découverte en 1492 par Christophe Colomb. L'Espagne y transporta des esclaves noirs dès le XVIe siècle pour cultiver les plantations de tabac, de canne à sucre et de café. Au XIXe siècle, créoles et Noirs se révoltèrent, mais l'esclavage ne fut aboli qu'en 1880. Cuba devint indépendante en 1901. En 1953, le dictateur Batista fut renversé par les guérilleros de Fidel Castro, qui dirigea le pays jusqu'en 2008. C'est aujourd'hui son frère qui exerce le pouvoir.

cubain, aine ➡ Voir tableau p. 6.

Les crustacés

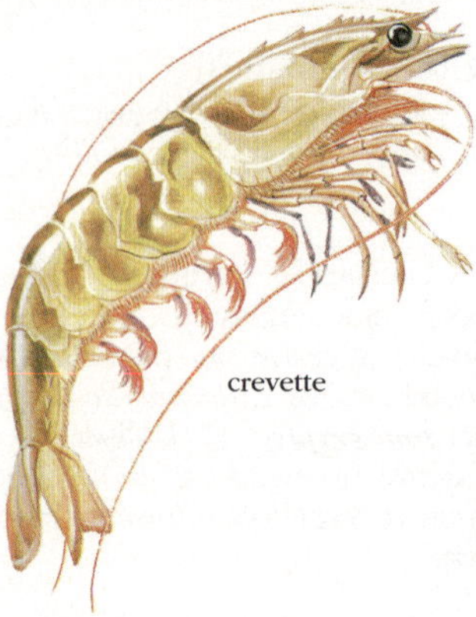

crevette

crabe

homard

écrevisse

tourteau

bernard-l'ermite

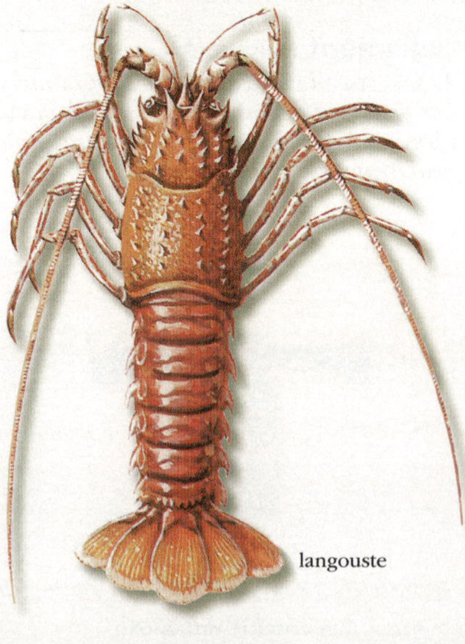

langouste

cube (nom masculin)
1. Objet à six faces formant des carrés égaux. *Mon petit frère joue aux **cubes**.* ➡ p. 576. **2.** Nombre multiplié deux fois par lui-même. *Le **cube** de deux est huit ($2^3 = 2 \times 2 \times 2 = 8$).* • **Mètre cube :** mesure de volume, qui correspond au volume d'un cube d'un mètre de côté. *Il y a 1 000 litres dans un **mètre cube**.* **Cube** vient du grec *kubos* qui signifie « dé à jouer ».

cubique (adjectif)
Qui a la forme d'un cube. *Un vase **cubique**.*

cubisme (nom masculin)
Mouvement artistique qui représentait des personnages ou des objets décomposés en plans géométriques simples. *Picasso et Braque étaient des peintres du **cubisme**.*

cubitainer (nom masculin)
Récipient cubique en plastique, utilisé pour transporter des liquides. *Un **cubitainer** de vin.* Prononciation [kybitɛnɛʀ]. **Cubitainer** est le nom d'une marque.

cubitus (nom masculin)
Un des deux os de l'avant-bras. *L'avant-bras est formé du radius et du **cubitus**.*

cucurbitacée (nom féminin)
Plante à tige rampante et à gros fruits comme le melon, la citrouille, la courgette.

des **cucurbitacées**

cueillette (nom féminin)
Action de cueillir. *La **cueillette** des cerises.* Prononciation [kœjɛt].

cueillir (verbe) ▸ conjug. n° 13
Détacher une fleur, un fruit de sa tige ou de sa branche. *Laura **a cueilli** des coquelicots dans les champs et des pommes dans le verger.* Prononciation [kœjiʀ].

cuillère (nom féminin)
Ustensile formé d'une partie creuse prolongée par un manche. *Une **cuillère** à soupe, à dessert, à café.* Prononciation [kɥijɛʀ].

cuillerée (nom féminin)
Contenu d'une cuillère. *Ajoute une **cuillerée** à soupe de farine pour épaissir la pâte.* ORTHO On écrit aussi **cuillérée**.

cuir (nom masculin)
Peau d'un animal, spécialement préparée pour fabriquer certains objets. *Un blouson de **cuir**.* • **Cuir chevelu :** peau du crâne sur laquelle poussent les cheveux.

cuirasse (nom féminin)
1. Partie d'une armure qui protégeait le torse. **2.** Blindage épais qui protège la coque d'un navire de guerre.

cuirassé (nom masculin)
Grand navire de guerre blindé.

cuire (verbe) ▸ conjug. n° 43
1. Soumettre un aliment à l'action de la chaleur. *Le cuisinier fait **cuire** un gâteau dans le four.* **2.** Faire durcir au feu. ***Cuire** des poteries.* **3.** Donner une sensation de brûlure. *Le soleil nous **cuit** le visage.* Famille du mot : cui**sant**, cui**sson**, cuit.

cuisant, ante (adjectif)
Qui vexe profondément. *C'est une défaite **cuisante** pour toute notre équipe.*

cuisine (nom féminin)
1. Pièce où l'on prépare les repas. *Les bonnes odeurs viennent de la **cuisine**.* **2.** Manière de préparer les aliments. *Myriam aimerait apprendre à faire la **cuisine**.* Famille du mot : cuisi**ner**, cuisi**nier**, cuisini**ère**.

cuisiné, ée (adjectif)
Qui est prêt à être mangé. *Ce traiteur vend de très bons plats **cuisinés**.*

cuisiner (verbe) ▸ conjug. n° 3
Faire la cuisine. *Anna sait déjà **cuisiner**.*

a b **c** d e f g h i j k l m n o p q r s t u v w x y z

cuisinier, ère (nom)
Personne qui fait la cuisine. *Ce restaurant est tenu par un **cuisinier** très réputé.*

cuisinière (nom féminin)
Appareil qui sert à faire cuire les aliments. *On a remplacé notre **cuisinière** à gaz par une **cuisinière** électrique.*

cuissarde (nom féminin)
Botte qui monte jusqu'en haut des cuisses. *Il porte des **cuissardes** pour pêcher la truite.*

cuisse (nom féminin)
Partie de la jambe entre le genou et la hanche. *Il s'est enlisé jusqu'aux **cuisses** dans la boue du marécage.* ➡ p. 300.

cuisson (nom féminin)
Action de cuire. *La **cuisson** de ce gigot ne doit pas dépasser une heure.*

cuit, cuite (adjectif)
Qui a subi une cuisson. *Les pâtes sont trop **cuites**.* (Contr. cru.)

cuivre (nom masculin)
Métal de couleur rougeâtre. *Du fil de **cuivre**. Des casseroles en **cuivre**.*
■ **cuivres** (nom masculin pluriel) Instruments de musique à vent en alliage de cuivre. *La trompette, le trombone, le clairon sont des **cuivres**.*

cuivré, ée (adjectif)
Qui a la couleur du cuivre. *Des cheveux aux reflets **cuivrés**.*

cul (nom masculin)
1. Synonyme familier et grossier de fesses. *Il a reçu un coup de pied au **cul**.* (Syn. derrière.) **2.** Fond d'une bouteille.
Prononciation [ky].

culbute (nom féminin)
Saut qui consiste à rouler sur soi-même, les jambes passant par-dessus la tête. (Syn. galipette, roulade.)

culbuter (verbe) ▶ conjug. n° 3
Faire une culbute. *Il a **culbuté** dans l'escalier.*

cul-de-jatte (nom)
Dans la langue familière, personne qui n'a plus de jambes. Pluriel : des culs-de-jatte.

cul-de-sac (nom masculin)
Synonyme d'impasse. *Notre route a malheureusement abouti dans un **cul-de-sac**.*
Prononciation [kydsak]. Pluriel : des culs-de-sac.

culinaire (adjectif)
Qui concerne la cuisine. *Romain apprécie beaucoup les talents **culinaires** de sa grand-mère.*

culminant, ante (adjectif)
• **Point culminant :** point le plus élevé. *Le mont Everest est le **point culminant** de la Terre.*

culminer (verbe) ▶ conjug. n° 3
Atteindre son point le plus haut. *Le Massif central **culmine** au puy de Sancy, à 1 886 mètres d'altitude.*

Le mont Blanc **culmine** à 4 810 mètres.

culot (nom masculin)
1. Partie inférieure métallique de certains objets. *Le **culot** d'une ampoule, d'une cartouche de fusil.* **2.** Dans la langue familière, assurance exagérée. *Tu as du **culot** de me répondre sur ce ton !* (Syn. toupet.)

culotte (nom féminin)
1. Pantalon d'homme qui s'arrête au-dessus des genoux. *Les joueurs de notre équipe portent une **culotte** noire et un maillot bleu.* **2.** Sous-vêtement de femme qui couvre les fesses et le ventre.

culotté, ée (adjectif)
Dans la langue familière, qui a du culot. *Elle est vraiment **culottée** de venir ici sans être invitée.* (Syn. effronté.)

culpabiliser (verbe) ▸ conjug. n° 3
Se sentir coupable. *Arrête de **culpabiliser**, tu n'es pas responsable de ce qui lui arrive.*

culpabilité (nom féminin)
Fait d'être coupable. *L'enquête de la police a prouvé la **culpabilité** de l'accusé.* (Contr. innocence.)

culte (nom masculin)
1. Amour et respect que l'on manifeste à un dieu ou à un saint. *Les Romains rendaient un **culte** à Jupiter.* 2. Ensemble des cérémonies particulières à une religion. *Les **cultes** catholique, musulman, orthodoxe.* 3. Cérémonie religieuse des protestants. 4. Admiration passionnée. *Ce chanteur disparu est l'objet d'un véritable **culte**.*

cultivable (adjectif)
Qui peut être cultivé. *Ces terrains sont **cultivables**.* (Contr. inculte.)

cultivateur, trice (nom)
Personne qui cultive et exploite une terre. (Syn. agriculteur, paysan.)

cultivé, ée (adjectif)
Qui a de la culture, des connaissances. *Il est très intelligent, et, de plus, il est très **cultivé**.* (Contr. inculte.)

cultiver (verbe) ▸ conjug. n° 3
1. Travailler la terre pour qu'elle produise des plantes. *Les paysans **cultivent** leurs champs.* 2. Faire pousser des plantes. *Elle **cultive** des fleurs dans son jardin.* 3. Se cultiver : s'instruire pour enrichir et former son esprit. *La lecture l'a aidé à **se cultiver**.* Famille du mot : cultiv**able**, cultiv**ateur**, cultiv**é**.

culture (nom féminin)
1. Action de cultiver la terre. *Pratiquer la **culture** des céréales, de la vigne, des légumes.* 2. Champ cultivé ou plantes cultivées. *Le paysan a perdu une partie de ses **cultures** à cause de la sècheresse.* 3. Ensemble des connaissances acquises par une personne. *Thomas est un élève qui a une très bonne **culture** musicale.* 4. Ensemble des connaissances propres à un pays, à une civilisation. *Noémie s'intéresse beaucoup à la **culture** africaine.* • **Culture physique :** synonyme de gymnastique.

culturel, elle (adjectif)
Qui concerne la culture intellectuelle. *Le centre **culturel** organise une exposition.*

cumin (nom masculin)
Plante dont les graines sont utilisées comme condiment.

cumul (nom masculin)
Action de cumuler.

cumuler (verbe) ▸ conjug. n° 3
Exercer plusieurs activités à la fois. *Il **cumule** son emploi de coursier et ses cours à l'université.*

cumulus (nom masculin)
Gros nuage blanc et arrondi. Prononciation [kymylys].

cunéiforme (adjectif)
• **Écriture cunéiforme :** écriture ancienne qui utilisait des signes en forme de coin et de clou. *Les Perses utilisaient une écriture **cunéiforme**.*

cupide (adjectif)
Qui aime l'argent de façon exagérée. (Syn. avide. Contr. désintéressé, généreux.)

cupidité (nom féminin)
Défaut d'une personne cupide.

Cupidon
➡ Voir **Éros**.

curare (nom masculin)
Poison violent d'origine végétale. *Certains Indiens d'Amérique du Sud enduisaient leurs flèches de **curare**.*

cure (nom féminin)
Traitement destiné à améliorer sa santé. *Il fait une **cure** dans une station thermale pour soigner son asthme.* Famille du mot : cur**iste**, incur**able**.

curé (nom masculin)
Prêtre catholique chargé d'une paroisse.

cure-dent (nom masculin)
Bâtonnet pointu servant à se curer les dents. Pluriel : des cure-dents.

curée (nom féminin)
Moment d'une chasse à courre où les chasseurs laissent les chiens dépecer les restes d'une proie.

curer (verbe) ▶ conjug. n° 3
Nettoyer en grattant. *Il faudrait **curer** l'égout, il sent mauvais.*

Curie Pierre (né en 1859, mort en 1906) et Marie (née en 1867, morte en 1934)
Physiciens français. Ils ont découvert le radium en 1898 et ont reçu le prix Nobel de physique en 1903. Marie Curie a continué ses recherches après la mort de son mari. Elle a reçu le prix Nobel de chimie en 1911.

curieusement (adverbe)
D'une manière bizarre. *Victor est **curieusement** habillé ce matin : du rouge, du vert, du jaune...*

curieux, euse (adjectif)
1. Qui montre de la curiosité, de l'intérêt pour quelque chose. *Il est **curieux** de tout ce qui concerne les animaux.* 2. Qui est indiscret. *Je ne te dirai rien, tu es trop **curieuse**.* 3. Qui étonne. *Il lui est arrivé une histoire **curieuse**.* (Syn. bizarre, étrange.) ■ **curieux, euse** (nom) Personne curieuse. *La police a demandé aux **curieux** de s'éloigner du lieu de l'accident.*

curiosité (nom féminin)
1. Désir de connaître, de savoir. *Cette énigme avait éveillé la **curiosité** du détective.* 2. Défaut d'une personne indiscrète. *Je vais vous punir de votre **curiosité**.* 3. Chose étonnante ou intéressante. *Les plantes carnivores sont des **curiosités** de la nature.*

curiste (nom)
Personne qui fait une cure thermale.

curriculum vitæ (nom masculin)
Ensemble des renseignements concernant l'état civil, la formation, les diplômes et les activités d'une personne. *Le père de Noémie a joint des **curriculum vitæ** à ses demandes d'emploi.* **Curriculum vitæ** s'abrège en **CV**. **Curriculum vitæ** est une expression latine qui signifie « cours de la vie ». Prononciation [kyʀikylɔmvite].

curry ➡ Voir **cari**.

curseur (nom masculin)
Repère mobile sur l'écran d'un ordinateur. *Pour déplacer le **curseur**, utilise la souris.*

cursif, ive (adjectif)
• **Écriture cursive :** écriture tracée à la main en caractères courants. *Recopiez ce texte en **écriture cursive** et non en caractères d'imprimerie.*

cursus (nom masculin)
Ensemble des étapes des études ou d'une carrière. *Amandine a un très bon **cursus** universitaire ; après une licence de mathématiques, elle a fait une école d'ingénieurs.*

cutané, ée (adjectif)
Qui se rapporte à la peau. *Une piqûre sous-**cutanée**.*

cuti (nom féminin)
Test médical qui permet de savoir si l'on est immunisé contre la tuberculose. **Cuti** est l'abréviation de cuti-réaction.

cutter (nom masculin)
Lame très coupante qui coulisse dans un manche. *On se sert d'un **cutter** pour découper la moquette.* **Cutter** est un mot anglais : on prononce [kœtœʀ] ou [kytɛʀ].
ORTHO On écrit aussi **cutteur**.

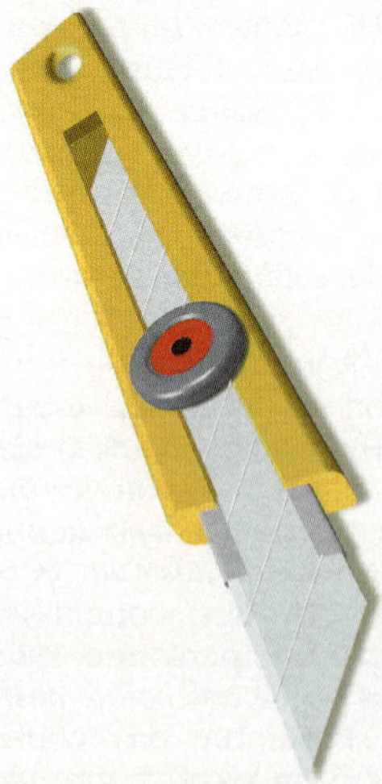

un **cutter**

cuve (nom féminin)
Grand récipient qui sert à conserver des produits liquides. *Une **cuve** à mazout.* Famille du mot : cuvée, cuvette.

cuvée (nom féminin)
Vin produit par une vigne en une année. *Ces bouteilles contiennent du vin de la même **cuvée**.*

cuvette (nom féminin)
1. Récipient large et peu profond. *Une **cuvette** en plastique.* 2. Partie inférieure du siège d'un WC. *Il ne faut rien jeter dans la **cuvette**.* 3. Vallée fermée. *Le village est dans une **cuvette** entre les hautes montagnes.*

CV ➡ Voir **curriculum vitæ**.

cyanure (nom masculin)
Poison très violent.

cybercafé (nom masculin)
Café dans lequel on peut utiliser un ordinateur connecté à Internet.

cyclable (adjectif)
• **Piste cyclable :** partie d'une route réservée aux cyclistes.

Cyclades
Îles grecques de la mer Égée, dont les plus connues et les plus touristiques sont Mykonos, Délos, Naxos, Paros et Santorin. Les Cyclades ont été le foyer d'une grande civilisation au IIIe millénaire avant Jésus-Christ.

cyclamen (nom masculin)
Plante à fleurs roses, mauves ou blanches, et à tiges recourbées. Prononciation [siklamɛn].

cycle (nom masculin)
1. Ensemble d'évènements qui se passent toujours dans le même ordre. *Le **cycle** des saisons. Le **cycle** lunaire.* 2. Synonyme de deux-roues. *Ce magasin est spécialisé dans la vente des **cycles** : vélomoteurs, bicyclettes.* Famille du mot : cyclable, cyclique, cyclisme, cycliste, cyclocross, cyclomoteur.

cyclique (adjectif)
Qui se reproduit suivant un certain cycle. *Ce volcan entre en activité de manière **cyclique**.*

cyclisme (nom masculin)
Sport de bicyclette. *Le **cyclisme** sur route, le **cyclisme** sur piste.*

cycliste (nom)
Personne qui fait de la bicyclette. *La voiture a failli renverser un **cycliste**.* ■ cycliste (adjectif) Qui a rapport au cyclisme. *Des coureurs **cyclistes**.*

cyclocross (nom masculin)
Épreuve cycliste qui se pratique sur un terrain accidenté.

cyclomoteur (nom masculin)
Bicyclette munie d'un moteur de faible puissance.

cyclone (nom masculin)
Tempête très violente formant un tourbillon. *Les **cyclones** sont fréquents dans les régions tropicales.* (Syn. typhon.) • **Œil du cyclone :** zone de calme située au centre d'un cyclone. **Cyclone** vient du grec *kuklos* qui signifie « cercle » à cause du mouvement en tourbillon d'un cyclone.

cyclope (nom masculin)
Dans la mythologie grecque, géant qui n'avait qu'un œil, au milieu du front.

cygne (nom masculin)
Grand oiseau blanc au long cou et aux pattes palmées. *Des **cygnes** se déplaçaient majestueusement sur le lac.*

cylindre (nom masculin)
1. Objet en forme de rouleau. *Le tambour a la forme d'un **cylindre**.* ➡ p. 576.
2. Partie du moteur dans laquelle glissent des pistons.

cylindrée (nom féminin)
Volume total des cylindres du moteur d'un véhicule, exprimé en centimètres cubes ou en litres. *Cette voiture a une **cylindrée** de 1 200 cm³.* • **Grosse cylindrée :** automobile ou moto de grande puissance.

cylindrique (adjectif)
Qui a la forme d'un cylindre. *Ma pompe à vélo a une forme **cylindrique**.*

cymbale (nom féminin)
Chacun des deux disques que l'on frappe l'un contre l'autre et qui composent un instrument de musique à percussion. ➡ p. 332.

des **cymbales**

cynique (adjectif)
Qui se moque des règles morales et sociales. *C'est un escroc* ***cynique*** *qui aime se vanter de ses mauvaises actions.*

cynisme (nom masculin)
Attitude d'une personne cynique.

cynorhodon (nom masculin)
Fruit rouge de l'églantier.
ORTHO On écrit aussi **cynorrhodon**.

cyprès (nom masculin)
Arbre au tronc droit et élancé, aux feuilles persistantes vert sombre. *Les allées du cimetière sont bordées de* ***cyprès****.*

une branche et des cônes du **cyprès** de Provence

Cyrano de Bergerac
Comédie héroïque, en vers, d'Edmond Rostand (1897). Le célèbre Cyrano est un personnage enlaidi par un trop long nez mais au cœur généreux et à l'esprit brillant.

Cyrano de Bergerac

cyrillique (adjectif)
Propre à l'alphabet slave. *Le russe s'écrit en caractères* ***cyrilliques****.*

cytise (nom masculin)
Arbuste à fleurs jaunes en grappes.

feuilles, fleur et fruits du **cytise**

Dd

dragon

d (nom masculin)
Quatrième lettre de l'alphabet. *Le **D** est une consonne.*

d' ➡ Voir **de**.

d'abord (adverbe)
En premier, avant de faire autre chose. *Tu iras jouer plus tard, je veux **d'abord** que tu finisses tes devoirs.* (Contr. après, ensuite.)

d'accord (adverbe)
Indique l'approbation. *Tu viens avec nous ? – **D'accord** !* • **Être d'accord :** être du même avis ou vouloir bien. *Ursula **est d'accord** pour venir avec nous.*

dactylo (nom)
Personne dont le métier est de taper à la machine à écrire. 🔑 **Dactylo** vient du grec *daktulos* qui signifie « doigt ».

dactylographier (verbe) ▸ conjug. n° 10
Taper un texte à la machine.

dada (nom masculin)
Synonyme familier de marotte. *La lecture a toujours été son **dada**.* (Syn. hobby.)

dadais (nom masculin)
• **Grand dadais :** garçon à l'air bête et maladroit.

Dagobert Ier (né vers 604, mort en 639)
Roi des Francs de 629 à 639. Il fut le dernier grand roi de la dynastie des Mérovingiens.

dague (nom féminin)
Courte épée à lame large.

daguerréotype (nom masculin)
Procédé photographique qui permettait de fixer l'image sur une plaque métallique. 🔑 **Daguerréotype** vient du nom de *Daguerre*, inventeur du procédé.

dahlia (nom masculin)
Plante à grosses fleurs rondes et très colorées. 🔑 **Dahlia** vient du nom du botaniste suédois *A. Dahl*, qui ramena cette fleur du Mexique.

un **dahlia**

daigner (verbe) ▸ conjug. n° 3
Vouloir bien faire quelque chose, malgré un certain dédain. *Cet orgueilleux **a** quand même **daigné** nous saluer.*

d'ailleurs (adverbe)
En plus. *Romain ne peut pas venir avec nous, **d'ailleurs** il a ses devoirs à finir.* (Syn. du reste.)

daim (nom masculin)
1. Mammifère sauvage de la famille du cerf. *Le pelage du **daim** est brun tacheté de blanc.* ➡ p. 149. 2. Cuir très fin ressemblant à la peau de cet animal. *Une veste en **daim**.* Prononciation [dɛ̃].

dalaï-lama (nom masculin)
Chef suprême des bouddhistes du Tibet. Pluriel : des dalaï-lamas. Prononciation [dalailama].

dallage (nom masculin)
Ensemble de dalles. *Le bord de la piscine est fait d'un **dallage** en pierre.*

dalle (nom féminin)
Plaque dure servant à recouvrir un sol. *La cave est recouverte d'une **dalle** de ciment.* Famille du mot : dallage, dallé.

dallé, ée (adjectif)
Recouvert de dalles. *Une cour **dallée**.*

Dalí Salvador (né en 1904, mort en 1989)
Peintre, dessinateur, sculpteur et écrivain espagnol. Salvador Dalí est l'un des plus grands surréalistes. Les surréalistes s'inspiraient de leurs rêves pour créer leurs œuvres. La peinture de Dalí montre une imagination sans limites. Parmi ses œuvres les plus célèbres figurent *les Montres molles* (1931) et *la Vénus de Milo aux tiroirs.*

dalmatien (nom masculin)
Chien blanc au pelage taché de noir.

daltonien, enne (nom)
Qui est atteint d'une anomalie de la vision des couleurs. *Les **daltoniens** ne peuvent faire la différence entre le rouge et le vert.*

dame (nom féminin)
1. Synonyme de femme. *Notre voisine est une **dame** très gentille.* 2. Carte à jouer qui représente une reine. *La **dame** de trèfle.*
■ **dames** (nom féminin pluriel) Jeu qui se joue à deux avec des pions noirs et blancs qu'on déplace sur un damier.

damer (verbe) ▸ conjug. n° 3
Tasser la neige. *Cette piste de ski est interdite car elle n'**a** pas encore **été damée**.*

damier (nom masculin)
Plateau carré divisé en cases noires et blanches, sur lequel on joue aux dames.

damnation (nom féminin)
Condamnation à aller en enfer après la mort. *Elle est athée et ne croit pas à la **damnation**.* Prononciation [danasjɔ̃].

damner (verbe) ▸ conjug. n° 3
Condamner à la damnation. Prononciation [dane].

Damoclès (IVe siècle avant Jésus-Christ)
Courtisan de Denys l'Ancien, roi de Syracuse (Sicile). Denys voulut montrer à Damoclès que le bonheur des rois est fragile. Il l'obligea, pendant un festin, à rester sous une lourde épée suspendue au-dessus de sa tête par un crin de cheval.
ÉPÉE DE DAMOCLÈS
Cette expression désigne une menace permanente.

damoiseau, eaux (nom masculin)
Au Moyen Âge, jeune homme qui n'était pas encore chevalier.

« Jeune fille à la fenêtre », peinture de Salvador **Dalí** (1925)

damoiselle (nom féminin)
Au Moyen Âge, titre donné aux jeunes filles nobles.

dan (nom masculin)
Chacun des degrés dans la hiérarchie des ceintures noires de judo ou de karaté. Prononciation [dan]. **Dan** est un mot japonais qui signifie « rang ».

se **dandiner** (verbe) ▸ conjug. n° 3
Balancer son corps d'un mouvement régulier. *Arrête de **te dandiner** sur ta chaise, ça m'agace !*

dandy (nom masculin)
Homme qui se veut raffiné, très élégant et plein d'esprit. *Avec ce costume et ce chapeau, tu as l'air d'un véritable **dandy**.* Pluriel : des dandy**s**.

Danemark

Union européenne

5,5 millions d'habitants
Capitale : Copenhague
Monnaie : la couronne danoise
Langue officielle : danois
Superficie : 43 075 km²

État de l'Europe du Nord, bordé par la mer du Nord et la mer Baltique et situé au nord de l'Allemagne et au sud de la Norvège. C'est un pays de plaines et de bas plateaux. Le climat est frais. La population est concentrée dans les villes. Les principales activités économiques sont l'élevage, l'agriculture, la pêche et la fabrication de produits manufacturés (machines, produits chimiques). Le Danemark est membre de l'Union européenne depuis 1973.

danger (nom masculin)
Ce qui constitue un risque grave. *Ce jouet a été testé et ne présente aucun **danger** pour les enfants.* Famille du mot : danger**eusement**, danger**eux**.

dangereusement (adverbe)
De façon dangereuse. *C'est un aventurier, il aime vivre **dangereusement**.*

dangereux, euse (adjectif)
Qui fait courir un danger. *Cette petite route de montagne est très **dangereuse** : il faut rouler très lentement.*

danois, oise ➡ Voir tableau p. 6.

dans (préposition)
Sert à indiquer : 1. Le lieu. *L'oiseau est **dans** la cage.* (Contr. hors de.) 2. Le temps. ***Dans** un mois, ce sera les vacances.* 3. La manière. *Il agit **dans** l'espoir de réussir.* 4. L'approximation. *J'ai payé mon billet d'avion **dans** les 100 euros.*

danse (nom féminin)
Art ou manière de danser. *Zoé prend des cours de **danse** classique.*

danser (verbe) ▸ conjug. n° 3
Exécuter une suite de mouvements en suivant le rythme d'une musique. *Grand-mère **danse** très bien la valse et le tango.* • **Ne pas savoir sur quel pied danser :** ne pas savoir ce qu'on doit faire. Famille du mot : danse, dans**eur**.

danseur, euse (nom)
1. Personne qui danse pour s'amuser. *Thomas est un excellent **danseur** de rock.* 2. Artiste dont le métier est de danser. *Elle aimerait devenir **danseuse** à l'Opéra.* ➡ p. 1303. • **En danseuse :** en pédalant debout sur les pédales.

Danton Georges Jacques (né en 1759, mort en 1794)
Homme politique français. Danton était un révolutionnaire qui fonda en 1790 le club des Cordeliers. Il fut élu à la Convention nationale en même temps que Robespierre. Mais il s'opposa à la Terreur et fut guillotiné en 1794.

Danube
Deuxième fleuve d'Europe par sa longueur (2 850 km) après la Volga. Le Danube prend sa source en Allemagne et arrose l'Autriche, la Slovaquie, la Hongrie, la Croatie, la Serbie, la Roumanie, la Bulgarie et l'Ukraine, avant de se jeter dans la mer Noire. Il fut longtemps une importante voie fluviale pour les échanges commerciaux en Europe. Aujourd'hui, le Rhin occupe une place beaucoup plus importante.

d'après (préposition)
Indique le point de vue. ***D'après** la météo, il va faire beau demain.* (Syn. selon.)

dard (nom masculin)
Organe creux et pointu de certains animaux leur servant à piquer. *Les guêpes, les scorpions ont un **dard**.* (Syn. aiguillon.)
Prononciation [daʀ].

darder (verbe) ▸ conjug. n° 3
Synonyme littéraire de lancer. ***Darder** un regard méchant sur quelqu'un.*

d'Artagnan
➡ Voir **Artagnan**.

dartre (nom féminin)
Plaque rouge sur la peau, qui donne des démangeaisons.

Darwin Charles (né en 1809, mort en 1882)
Naturaliste anglais. À la suite d'un long voyage d'exploration des côtes d'Amérique du Sud, où il examina des fossiles et toutes sortes d'animaux, il élabora la notion de « sélection naturelle » : seuls les individus qui parviennent à s'adapter à leur milieu survivent dans la nature.

date (nom féminin)
Indication du jour, du mois et de l'année. *Connais-tu la **date** de naissance de ta sœur ?* • **De longue date** : depuis longtemps.

dater (verbe) ▸ conjug. n° 3
1. Inscrire la date sur un document. *S'il n'**est** pas **daté**, un chèque n'est pas valable.* **2.** Exister depuis une certaine date. *Cette église **date** du XIIe siècle.* (Syn. remonter.) **3.** Déterminer la date de quelque chose. *Les historiens ont réussi à **dater** le manuscrit.*

datte (nom féminin)
Petit fruit allongé, très sucré, produit par certains palmiers.

dattier (nom masculin)
Variété de palmier qui donne les dattes.

Daudet Alphonse (né en 1840, mort en 1897)
Écrivain français. Daudet est l'auteur du *Petit Chose*, de *Tartarin de Tarascon* et des *Lettres de mon moulin*. Ses histoires, qui se déroulent souvent en Provence, sont pleines de fantaisie et de sensibilité.

dauphin (nom masculin)
Mammifère marin, vivant généralement en groupe. *Les **dauphins** sont des cétacés.* ➡ p. 776.

Dauphin (nom)
Autrefois, fils aîné du roi de France. Ce mot vient du nom de l'ancienne province du *Dauphiné*, qui avait le **Dauphin** pour seigneur.

Dauphiné
Ancienne province de France. Elle englobait les départements de la Drôme, de l'Isère et des Hautes-Alpes. La plus grande ville du Dauphiné est Grenoble.

daurade (nom féminin)
Poisson de mer aux reflets dorés. *Il existe des **daurades** grises et des **daurades** roses.*
ORTHO On écrit aussi **dorade**.

une **daurade**

davantage (adverbe)
1. En plus grande quantité. *Anna est jalouse car sa sœur a eu **davantage** de cadeaux qu'elle.* (Syn. plus. Contr. moins.) **2.** Plus longtemps. *Je ne peux pas rester **davantage**.*

de (déterminant)
S'emploie devant les noms de choses que l'on ne peut pas compter. *Boire **de** l'eau. Acheter **du** pain. Avoir assez **d'**argent. Faire **de** la natation. Acheter **des** pâtes.* **De** devient **d'** devant une voyelle ou un h muet ; il devient **du** devant *le*, et **des** devant *les*.

de (préposition)
Sert à indiquer de nombreux types de compléments. *Arriver **des** Antilles* (lieu). *Ne pas dormir **de** la nuit* (temps). *Faire **de** son mieux* (manière). *Taper **du** poing* (moyen). *Se ronger **d'**inquiétude* (cause). *Être aimé **de** ses parents* (agent). *Le livre **d'**Hélène* (complément du nom), etc.
➡ Voir **de** ■.

dé (nom masculin)
1. Petit cube dont chaque face est marquée de points allant de 1 à 6 et dont on se sert dans certains jeux de hasard. **2.** Petit étui en métal qui protège le doigt quand on coud.

un jeu de **dés**

déambuler (verbe) ▸ conjug. n° 3
Se promener sans but précis. *Élodie adore* ***déambuler*** *dans les rues de la ville.*

débâcle (nom féminin)
Fuite en désordre d'une armée. (Syn. déroute.)

déballage (nom masculin)
Action de déballer. *Le* ***déballage*** *des cartons après le déménagement.*

déballer (verbe) ▸ conjug. n° 3
Sortir quelque chose de son emballage. *Les enfants* ***déballent*** *leurs cadeaux de Noël.*

débandade (nom féminin)
Fuite en désordre. *Quelle* ***débandade*** *dans l'immeuble quand le feu s'est déclaré !*

débaptiser (verbe) ▸ conjug. n° 3
Changer le nom de quelque chose. ***Débaptiser*** *une rue, un navire.* ● Prononciation [debatize].

se **débarbouiller** (verbe) ▸ conjug. n° 3
Se laver le visage. *Va* ***te débarbouiller****, tu as du chocolat autour de la bouche !*

débarcadère (nom masculin)
Endroit aménagé pour débarquer ou embarquer les personnes et les marchandises. (Syn. embarcadère.)

débardeur (nom masculin)
Maillot de corps décolleté et sans manches.

débarquement (nom masculin)
1. Action de débarquer. *Une péniche de* ***débarquement****.* **2.** Opération qui consiste à débarquer des soldats et leurs armes. *Le* ***débarquement*** *du 6 juin 1944 a eu lieu sur les plages de Normandie.*

débarquer (verbe) ▸ conjug. n° 3
1. Descendre d'un bateau ou d'un avion. *Après la traversée de l'Atlantique, nous* ***avons débarqué*** *à New York.* (Contr. embarquer.) **2.** Faire sortir des objets ou des personnes d'un bateau ou d'un avion. *Les dockers* ***ont débarqué*** *les caisses.* Famille du mot : débarcadère, débarqu**ement**.

débarras (nom masculin)
Endroit où l'on met les objets encombrants. *Le grenier sert de* ***débarras****.* • **Bon débarras ! :** on est soulagé de son départ.

débarrasser (verbe) ▸ conjug. n° 3
1. Enlever ce qui encombre. *Quel fouillis :* ***débarrasse*** *un peu ton bureau !* **2.** Se débarrasser : jeter quelque chose ou éloigner quelqu'un. *Elle a donné tous ses vieux vêtements pour* ***s'en débarrasser****.*

débat (nom masculin)
Discussion entre des personnes. *Les* ***débats*** *du jury ont duré plusieurs heures.*

débattre (verbe) ▸ conjug. n° 31
1. Discuter de quelque chose. *Les deux candidats vont* ***débattre*** *à la télévision de la politique étrangère de la France.* **2.** Se débattre : s'agiter en faisant des efforts pour se libérer. *On a essayé de l'attaquer, mais elle* ***s'est débattue*** *et a réussi à fuir.* (Syn. se démener.)

débauche (nom féminin)
Comportement d'une personne qui se livre à des excès, à des vices.

débaucher (verbe) ▸ conjug. n° 3
Synonyme de licencier. *Cette entreprise* ***a débauché*** *vingt employés.* (Contr. embaucher.)

a b c d e f g h i j k l m n o p q r s t u v w x y z

a b c d e f g h i j k l m n o p q r s t u v w x y z

débile (nom)
• **Débile mental :** personne dont l'intelligence ne s'est pas développée normalement. ■ **débile** (adjectif) Synonyme familier de stupide. *Cette émission est vraiment **débile**, éteins la télévision !*

débit (nom masculin)
1. Magasin où l'on vend du tabac ou des boissons à consommer sur place. **2.** Quantité d'eau, d'électricité qui s'écoule en un temps donné. *À la fonte des neiges, le **débit** de ce torrent est impressionnant.* **3.** Quantité d'informations transmises lors d'une connexion à Internet. *Une connexion à haut **débit**.* **4.** Manière de parler. *Ton **débit** est trop rapide, parle plus lentement !* **5.** Compte des sommes que l'on doit ou qui ont été débitées. (Contr. crédit.) Famille du mot : débit**er**, débit**eur**.

débiter (verbe) ▸ conjug. n° 3
1. Laisser s'écouler un liquide. *Sais-tu combien ce fleuve **débite** de mètres cubes à l'heure ?* **2.** Réciter d'un ton monotone. *Il **a débité** bêtement sa récitation.* **3.** Couper en morceaux. *Le boucher **a débité** un quartier de bœuf.* **4.** Retirer une somme d'un compte. *Votre compte **sera débité** demain.* (Contr. créditer.)

débiteur, trice (nom)
Personne qui doit de l'argent. *Je ne vous ai pas encore remboursé : je suis votre **débiteur**.* (Contr. créancier.)

déblatérer (verbe) ▸ conjug. n° 8
Dire du mal. *Il n'arrête pas de **déblatérer** contre son entraîneur.*

déblayer (verbe) ▸ conjug. n° 7
Débarrasser un lieu de ce qui l'encombre. *Après le marché, la place **est** rapidement **déblayée**.*

débloquer (verbe) ▸ conjug. n° 3
1. Remettre en état de marche ce qui était bloqué. *La serrure est rouillée, on n'arrive pas à la **débloquer**.* **2.** Supprimer les obstacles. *Il faut **débloquer** la situation.*

déboguer (verbe) ▸ conjug. n° 3
Supprimer les anomalies dans un programme informatique. *Après avoir **débogué** le programme, il faut redémarrer l'ordinateur.*

déboires (nom masculin pluriel)
Évènement qui déçoit. *Ils ont des **déboires** avec leur nouvelle voiture.* (Syn. ennuis.)

déboisement (nom masculin)
Action de déboiser. (Syn. déforestation. Contr. reboisement.)

le **déboisement** de la forêt tropicale au Pérou

déboiser (verbe) ▸ conjug. n° 3
Dégarnir un lieu de ses bois, de ses arbres. *Depuis que cette région **a été déboisée**, il y a souvent des inondations.* (Contr. reboiser.)

déboîter (verbe) ▸ conjug. n° 3
1. Changer de file de voitures. *Il faut mettre son clignotant avant de **déboîter**.* **2.** Faire sortir un os de son articulation. *Fatima **s'est déboîté** le genou en jouant au tennis.* (Syn. se démettre, se luxer.)
ORTHO On écrit aussi **déboiter**.

débonnaire (adjectif)
Qui est doux et bienveillant. *Un professeur **débonnaire**.* (Contr. sévère.)

débordement (nom masculin)
Fait de déborder. *Le **débordement** d'une rivière. Un **débordement** de joie.*

déborder (verbe) ▸ conjug. n° 3
1. Passer par-dessus le bord. *Avec tous ces orages, le torrent risque de **déborder**.* **2.** Être plein de. *Cet enfant **déborde** d'énergie.* • **Être débordé :** être surchargé de travail.

débouché (nom masculin)
1. Endroit ou marché pour vendre un produit. *Cette entreprise cherche des **débouchés** à l'étranger.* **2.** Profession possible. *Ce diplôme n'offre pas beaucoup de **débouchés**.*

déboucher (verbe) ▸ conjug. n° 3
1. Enlever le bouchon. *Pas besoin de tire-bouchon pour* ***déboucher*** *le champagne !* (Contr. boucher.) 2. Retirer ce qui bouche. *Pour* ***déboucher*** *l'évier, il a fallu appeler le plombier.*

déboucher (verbe) ▸ conjug. n° 3
1. Aboutir à un endroit. *Ce chemin* ***débouche*** *sur la plage.* 2. Offrir comme débouché. *Ce diplôme* ***débouche*** *sur un emploi.*

débouler (verbe) ▸ conjug. n° 3
Dans la langue familière, descendre ou arriver très vite. *Le conducteur a eu très peur quand l'enfant* ***a déboulé*** *sur la chaussée.*

débourrer (verbe) ▸ conjug. n° 3
Commencer à dresser un poulain. *Le cavalier* ***débourre*** *un jeune cheval.*

débourser (verbe) ▸ conjug. n° 3
Dépenser une certaine somme d'argent. *Ce voyage vous est offert, vous n'aurez rien à* ***débourser***. (Syn. payer.)

debout (adverbe)
Dans la position verticale. *Ne restez pas* ***debout****, asseyez-vous !* • **Dormir debout :** être très fatigué. • **Être debout :** être levé. *Le matin à 5 heures, grand-mère* ***est*** *déjà* ***debout***. • **Tenir debout :** être vraisemblable. *Cette histoire ne* ***tient*** *pas* ***debout***.

déboutonner (verbe) ▸ conjug. n° 3
Défaire les boutons d'un vêtement. ***Déboutonne*** *ta veste si tu as trop chaud !* (Contr. boutonner.)

débraillé, ée (adjectif)
Qui a une tenue négligée, en désordre. *Remets ta chemise dans ton pantalon, tu es tout* ***débraillé*** *!*

débrancher (verbe) ▸ conjug. n° 3
Enlever un appareil d'un branchement. *Pour être tranquille, maman* ***a débranché*** *le téléphone.* (Contr. brancher.)

débrayage (nom masculin)
1. Action de débrayer. *Dans une voiture, la pédale de* ***débrayage*** *est située à gauche.* 2. Arrêt du travail. *Les ouvriers ont décidé un* ***débrayage*** *d'une heure.*

débrayer (verbe) ▸ conjug. n° 7
1. Faire cesser la liaison entre le moteur et les roues d'un véhicule. *Sur les voitures automatiques, on n'a plus besoin de* ***débrayer***. (Contr. embrayer.) 2. Cesser le travail en faisant grève. *Certains ateliers de cette usine ont décidé de* ***débrayer***.

débridé, ée (adjectif)
Qui est sans limites. *Benjamin a une imagination* ***débridée***.

débris (nom masculin)
Morceau d'un objet qui a été cassé. *Si c'est toi qui as cassé le verre, ramasse donc les* ***débris*** *!*

débrouillard, arde (adjectif)
Qui est capable de se débrouiller. *Il est assez* ***débrouillard*** *pour s'en sortir tout seul.*

débrouillardise (nom féminin)
Qualité d'une personne débrouillarde.

débrouiller (verbe) ▸ conjug. n° 3
1. Éclaircir quelque chose d'embrouillé. *Pas facile de* ***débrouiller*** *cette affaire !* (Syn. démêler.) 2. Se débrouiller : se tirer d'affaire habilement. *Ce n'est pas la peine de l'aider, il sait* ***se débrouiller*** *tout seul.* Famille du mot : débrouill**ard**, débrouill**ardise**.

débroussailler (verbe) ▸ conjug. n° 3
Enlever les broussailles. *Pour arriver à la maison abandonnée, il a fallu* ***débroussailler*** *le chemin.*

débusquer (verbe) ▸ conjug. n° 3
Faire sortir de son refuge. *Les chasseurs* ***ont débusqué*** *un sanglier.*

Debussy Claude (né en 1862, mort en 1918)
Compositeur français. Par ses œuvres, Debussy a contribué à renouveler la musique de la fin du XIXe siècle et a influencé les compositeurs du XXe siècle. Il est l'auteur de *Prélude à l'après-midi d'un faune*, *Pelléas et Mélisande*, *la Mer*.

début (nom masculin)
Synonyme de commencement. *La rentrée scolaire a lieu au* ***début*** *du mois de septembre.* (Contr. fin.) • **Faire ses débuts :** faire ses premiers pas dans un domaine.

débutant, ante (nom)
Personne qui débute dans une activité. *Sois indulgent, ce conducteur est un* ***débutant****.* (Syn. apprenti, novice.)

débuter (verbe) ▸ conjug. n° 3
1. Synonyme de commencer. *Le match doit* ***débuter*** *à 16 heures.* (Contr. finir, se terminer.) **2.** Commencer à apprendre ou à faire quelque chose. *Gaëlle n'a pris que trois cours de piano, on peut dire qu'elle* ***débute****.*
Famille du mot : début, début**ant**.

en deçà de (préposition)
De ce côté-ci. *Nous sommes restés* ***en deçà de*** *la frontière, nous ne l'avons pas franchie.* (Contr. au-delà.)

décacheter (verbe) ▸ conjug. n° 9
Ouvrir une enveloppe en la décollant. (Contr. cacheter.) **Décacheter** se conjugue aussi comme peler (n° 8)

décade (nom féminin)
Période de dix jours.

décadence (nom féminin)
Période de déclin ou d'affaiblissement. *Ce pays autrefois très riche est tombé en pleine* ***décadence****.*

décadent, ente (adjectif)
Qui est en décadence. *Une société* ***décadente****.*

décaféiné, ée (adjectif)
Sans caféine. *Le soir, maman boit un café* ***décaféiné****.*

décalage (nom masculin)
Écart ou différence entre deux choses. *Entre Paris et New York, il y a six heures de* ***décalage*** *horaire.*

décalcomanie (nom féminin)
Procédé qui permet de reporter des dessins sur un objet à décorer. *Hélène a décoré son cartable avec des* ***décalcomanies****.*

une **décalcomanie**

décaler (verbe) ▸ conjug. n° 3
Déplacer, dans le temps ou dans l'espace. ***Décaler*** *un rendez-vous d'une heure.*

décalitre (nom masculin)
Unité de capacité qui vaut dix litres. **Décalitre** s'abrège *dal*.

décalquer (verbe) ▸ conjug. n° 3
Reproduire une image après l'avoir tracée sur un papier transparent.

décamètre (nom masculin)
Unité de longueur qui vaut dix mètres. **Décamètre** s'abrège *dam*.

décamper (verbe) ▸ conjug. n° 3
Synonyme familier de s'enfuir. *L'averse a fait* ***décamper*** *tout le monde.*

décantation (nom féminin)
Action de décanter.

décanter (verbe) ▸ conjug. n° 3
Laisser se déposer les matières solides contenues dans un liquide. *Laisser* ***décanter*** *du cidre avant de le servir.*

décaper (verbe) ▸ conjug. n° 3
Gratter la rouille ou la peinture qui recouvre une surface. *Il faut* ***décaper*** *la table du jardin avant de la repeindre.*

décapiter (verbe) ▸ conjug. n° 3
Trancher la tête. ***Il a été décapité*** *par l'explosion.* **Décapiter** vient du latin *caput* qui signifie « tête ».

décapotable (adjectif)
Qui est équipé d'un toit ou d'une capote que l'on peut enlever ou replier. *Une voiture* ***décapotable****.* ■ **décapotable** (nom féminin) Voiture décapotable. *Il frime avec sa* ***décapotable*** *!*

une voiture **décapotable**

décapsuler (verbe) ▸ conjug. n° 3
Enlever la capsule qui bouche une bouteille.

décapsuleur (nom masculin)
Ustensile pour décapsuler les bouteilles. (Syn. ouvre-bouteille.)

se **décarcasser** (verbe) ▸ conjug. n° 3
Se donner beaucoup de mal. *Benjamin **s'est décarcassé** pour trouver une pièce de rechange.*

décathlon (nom masculin)
Compétition d'athlétisme qui comprend 4 épreuves de course, 3 épreuves de saut et 3 lancers. Prononciation [dekatlɔ̃].

décéder (verbe) ▸ conjug. n° 8
Synonyme de mourir, pour une personne. *Il **est décédé** à la suite d'une longue maladie.* **Décéder** se conjugue avec l'auxiliaire *être*.

déceler (verbe) ▸ conjug. n° 8
Trouver quelque chose qui était peu apparent. ***Déceler** l'origine d'une fuite, d'une panne.* (Syn. détecter.)

décélérer (verbe) ▸ conjug. n° 8
Diminuer la vitesse d'un véhicule. *Il faut **décélérer** à l'approche d'un carrefour.* (Contr. accélérer.)

décembre (nom masculin)
Douzième et dernier mois de l'année, qui compte 31 jours. **Décembre** vient du latin *decem* qui signifie « dix » : c'était le dixième mois du calendrier romain, l'année commençant en mars.

décemment (adverbe)
D'une manière décente. *S'habiller **décemment** pour une cérémonie.* Prononciation [desamɑ̃].

décence (nom féminin)
Caractère décent. *Vous exagérez : ayez donc la **décence** de vous taire !*

décennie (nom féminin)
Période de dix ans. *Les ordinateurs se sont multipliés durant la dernière **décennie**.*

décent, ente (adjectif)
Qui est convenable, correct. *Le directeur exige des élèves une tenue **décente**.* Famille du mot : déc**emment**, déc**ence**, **in**décent.

décentralisation (nom féminin)
Action de décentraliser. *La **décentralisation** a créé des emplois dans cette région.*

décentraliser (verbe) ▸ conjug. n° 3
Transférer dans différentes régions d'un pays des entreprises ou des bureaux centralisés dans la capitale. *Certaines grandes écoles **ont été décentralisées**.*

déception (nom féminin)
Sentiment que l'on éprouve quand quelque chose qu'on espérait ne se produit pas. *Il a échoué à son examen, quelle **déception** !* (Syn. désappointement, désillusion.)

décerner (verbe) ▸ conjug. n° 3
Donner une récompense à quelqu'un. *Julie a été la meilleure : on lui **a décerné** le premier prix.* (Syn. attribuer.)

décès (nom masculin)
Fait de décéder. *Elle est bien triste depuis le **décès** de son mari.* (Syn. mort.)

décevant, ante (adjectif)
Qui déçoit. *Malgré tous nos efforts, le résultat était bien **décevant** !*

décevoir (verbe) ▸ conjug. n° 21
Causer une déception parce qu'un espoir ne s'est pas réalisé. *Je **serais** très **déçu** si vous ne veniez pas. Tes notes me **déçoivent**, je m'attendais à mieux.* Famille du mot : déception, déceva**nt**.

déchaîné, ée (adjectif)
Qui est très excité. *Les élèves sont **déchaînés** à l'approche des vacances.*
ORTHO On écrit aussi **déchainé**.

déchaîner (verbe) ▸ conjug. n° 3
1. Provoquer une réaction intense. *Une scène comique du film **a déchaîné** les rires des spectateurs.* **2.** Se déchaîner : devenir très violent. *La tempête **s'est déchaînée** et a causé plusieurs naufrages.*
ORTHO On écrit aussi **déchainer**.

déchanter (verbe) ▸ conjug. n° 3
Perdre ses illusions. *On espérait du soleil, mais on **a** vite **déchanté** : il n'a pas cessé de pleuvoir !*

a b c d e f g h i j k l m n o p q r s t u v w x y z

décharge (nom féminin)
1. Endroit où l'on peut déposer les ordures. *Dans cette* ***décharge****, on trie les déchets pour les recycler.* **2.** Coup tiré avec une arme à feu. *Il a été tué d'une* ***décharge*** *en plein cœur.* **3.** Choc produit par le passage du courant électrique. *Les cache-prises servent à protéger les enfants des* ***décharges*** *électriques.*

déchargement (nom masculin)
Action de décharger. *Les passagers attendent le* ***déchargement*** *des bagages.* (Contr. chargement.)

décharger (verbe) ▸ conjug. n° 5
1. Débarrasser de son chargement. *Aide-moi à* ***décharger*** *la voiture.* (Contr. charger.) **2.** Vider une arme à feu en tirant toutes les balles. *Un fou* ***a déchargé*** *son arme sur les passants.* **3.** Débarrasser de sa charge électrique. *La voiture ne démarre pas car la batterie* ***est déchargée****.* **4.** Faire une partie d'un travail à la place de quelqu'un. *Je* ***décharge*** *un peu ma mère en gardant ma petite sœur.*

décharné, ée (adjectif)
Très maigre. *Ces enfants sont* ***décharnés*** *à cause de la famine.*

se **déchausser** (verbe) ▸ conjug. n° 3
Enlever ses chaussures. ***Déchaussez-vous*** *avant d'entrer.* (Contr. se chausser.)

déchéance (nom féminin)
Décadence physique, morale ou sociale. *Pauvre homme, quelle* ***déchéance*** *depuis qu'il s'est mis à boire !*

déchet (nom masculin)
Reste qu'on ne peut pas utiliser. *Les écologistes demandent que les gens trient leurs* ***déchets****, comme le papier et le verre.*

déchetterie (nom féminin)
Lieu public où l'on dépose les déchets pouvant être recyclés.

déchiffrer (verbe) ▸ conjug. n° 3
1. Arriver à lire ce qui est mal écrit ou difficile à comprendre. *Applique-toi, je n'arrive pas à* ***déchiffrer*** *ton écriture. C'est Champollion qui, le premier,* ***a déchiffré*** *les hiéroglyphes.* **2.** Jouer une partition de musique en lisant les notes pour la première fois.

déchiqueter (verbe) ▸ conjug. n° 9
Mettre en morceaux, en lambeaux. *Le lion* ***a déchiqueté*** *sa proie.* ✎ **Déchiqueter** se conjugue aussi comme peler (n° 8).

déchirant, ante (adjectif)
Qui émeut beaucoup. *Le convoi de réfugiés offrait un spectacle* ***déchirant****.*

déchirement (nom masculin)
Grande douleur morale. *Son décès a été un* ***déchirement*** *pour nous.*

déchirer (verbe) ▸ conjug. n° 3
1. Mettre en morceaux. *Laura* ***déchire*** *sa lettre et la recommence.* **2.** Faire un accroc. *En montant à l'arbre, Clément* ***a déchiré*** *son pantalon.* • **Déchirer le cœur :** causer un grand chagrin. ⌂ Famille du mot : déchir**ant**, déchir**ement**, déchir**ure**.

déchirure (nom féminin)
Endroit où quelque chose s'est déchiré. *Myriam est rentrée avec une* ***déchirure*** *à sa robe. Une* ***déchirure*** *musculaire.*

déchoir (verbe) ▸ conjug. n° 23
S'abaisser en perdant sa dignité. *Ce n'est pas* ***déchoir*** *de reconnaître que l'on s'est trompé !*

déchu, ue (adjectif)
Qui a perdu son autorité, son prestige. *Accusé de corruption, il a été* ***déchu*** *de sa fonction.*

décibel (nom masculin)
Unité de puissance d'un son.

décidé, ée (adjectif)
1. Qui n'hésite pas. *Où vas-tu d'un pas si* ***décidé*** *?* (Syn. résolu. Contr. indécis.) **2.** Qui est fixé, réglé. *La date du départ n'est pas encore* ***décidée****.*

décidément (adverbe)
Vraiment. ***Décidément****, il n'a pas de chance !*

décider (verbe) ▸ conjug. n° 3
1. Choisir de faire quelque chose. *Mes parents* ***ont décidé*** *d'aller passer leur week-end à Londres. David* ***s'est*** *enfin* ***décidé*** *à apprendre à nager.* **2.** Convaincre quelqu'un de faire quelque chose. *Essaie de le* ***décider*** *à venir avec nous à la campagne.* (Syn. persuader.) ⌂ Famille du mot : décidé, décidé**ment**, déci**sif**, déci**sion**, **in**décis, **in**décision.

décigramme (nom masculin)
Dixième partie du gramme. **Décigramme** s'abrège *dg*.

décilitre (nom masculin)
Dixième partie du litre. **Décilitre** s'abrège *dl*.

décimal, ale, aux (adjectif)
• **Nombre décimal :** nombre qui a des chiffres après la virgule. • **Système décimal :** manière de compter qui a pour base le nombre dix. ■ **décimale** (nom féminin) Chacun des chiffres placés après la virgule. *4,75 a deux **décimales** : 7 et 5.*

décimer (verbe) ▸ conjug. n° 3
Faire mourir beaucoup de gens ou d'animaux. *Une épidémie de choléra **a décimé** le pays.* **Décimer** vient du latin *decem* qui signifie « dix », car les Romains infligeaient la peine de mort à un soldat sur dix, lorsque les troupes avaient reculé.

décimètre (nom masculin)
1. Dixième partie du mètre. **2.** Règle graduée. *Un double **décimètre** mesure 20 centimètres.* **Décimètre** s'abrège *dm*.

décisif, ive (adjectif)
Qui décide du résultat définitif. *Tes prochaines notes seront **décisives** pour ton passage en sixième.* (Syn. capital, déterminant.)

décision (nom féminin)
1. Ce qu'on a décidé de faire. *Mes parents n'ont encore pris aucune **décision** pour les vacances, je ne sais donc pas où nous irons.* **2.** Qualité d'une personne ferme et résolue. *Il agit toujours avec **décision**, sans vaines hésitations.* (Contr. indécision.)

déclamer (verbe) ▸ conjug. n° 3
Réciter à haute voix, d'un ton solennel. ***Déclamer** un discours.*

déclaratif, ive (adjectif)
Qui sert à déclarer quelque chose. *Les verbes « affirmer », « dire », « raconter » sont des verbes **déclaratifs**.*

déclaration (nom féminin)
Ce qu'on dit pour déclarer quelque chose. *Le président de la République doit faire une **déclaration** ce soir à la télévision.* • **Déclaration d'impôts :** formulaire que l'on remplit chaque année pour déclarer ses revenus.

Déclaration des droits de l'homme et du citoyen
Texte voté par l'Assemblée constituante le 26 août 1789. La déclaration comprenait dix-sept articles qui définissaient les droits du citoyen (égalité devant la loi, respect de la propriété, liberté d'expression) et de la nation (souveraineté, séparation des pouvoirs). Elle a servi de base aux Constitutions de la République française.

préambule de la **Déclaration des droits de l'homme et du citoyen**
(peinture du XVIIIe siècle)

déclarer (verbe) ▸ conjug. n° 3
1. Faire savoir ou annoncer quelque chose. *Anna nous **a déclaré** qu'elle n'était pas d'accord.* **2.** Faire connaître officiellement. ***Déclarer** à la mairie la naissance d'un enfant. La France **a déclaré** la guerre à l'Allemagne le 3 septembre 1939* **3.** Se déclarer : commencer à se manifester. *Le feu **s'est** d'abord **déclaré** dans le garage.*
Famille du mot : déclar**atif**, déclar**ation**.

déclasser (verbe) ▸ conjug. n° 3
1. Déranger l'ordre, le classement. *Qui **a déclassé** tous les dossiers qui étaient rangés ?* (Contr. classer.) **2.** Classer à un moins bon rang. *Le coureur **a été dé-***

classé car il n'a pas respecté le règlement. (Syn. rétrograder.)

déclenchement (nom masculin)
Fait de se déclencher. *Le **déclenchement** de l'alarme a alerté le propriétaire de la voiture.*

déclencher (verbe) ▸ conjug. n° 3
1. Faire fonctionner un mécanisme. *Ce bouton **déclenche** automatiquement la fermeture des volets.* **2.** Provoquer une réaction. *Ce qu'elle a dit **a déclenché** un éclat de rire général.*

déclencheur, euse (adjectif)
Qui déclenche un processus. *Skier hors des pistes peut être un élément **déclencheur** d'avalanches.*

déclic (nom masculin)
Bruit sec provoqué par un mécanisme qui déclenche quelque chose. *Le **déclic** de cet appareil photo s'entend à peine.*

déclin (nom masculin)
Fait de décliner. *Le **déclin** du jour. Le **déclin** de l'Empire romain.*

décliner (verbe) ▸ conjug. n° 3
1. Perdre de sa force, de sa puissance. *Sa vue **a décliné**, il ne peut plus conduire sans lunettes.* (Syn. baisser, diminuer.) **2.** Refuser quelque chose. *Odile **a décliné** mon offre de l'aider.*

déclouer (verbe) ▸ conjug. n° 3
Arracher les clous qui tenaient des choses assemblées. *Cette planche ne tient plus, elle **est déclouée**.* (Contr. clouer.)

décocher (verbe) ▸ conjug. n° 3
• **Décocher une flèche :** la lancer avec un arc ou une arbalète.

décoder (verbe) ▸ conjug. n° 3
Traduire les signes d'un message codé en langage clair. *Autrefois, les marins devaient **décoder** le morse.*

décodeur (nom masculin)
Appareil qui permet de décoder des signaux. *Pour avoir accès à ce programme de télévision, il faut un **décodeur**.*

décoiffer (verbe) ▸ conjug. n° 3
Synonyme de dépeigner. *En ôtant son bonnet, Sarah **s'est décoiffée**.*

décolérer (verbe) ▸ conjug. n° 8
• **Ne pas décolérer :** ne pas cesser d'être en colère.

décollage (nom masculin)
Fait de décoller. *Le **décollage** de l'avion est prévu pour 15 heures 10.* (Contr. atterrissage.)

décollé, ée (adjectif)
Séparé du reste. *Ibrahim a les oreilles **décollées**, on va bientôt l'opérer.*

décoller (verbe) ▸ conjug. n° 3
1. Détacher ce qui était collé. *Quel beau timbre ! Je vais le **décoller** de l'enveloppe.* (Contr. coller.) **2.** Quitter le sol. *Avant que l'avion **décolle**, les passagers attachent leur ceinture.* (Contr. atterrir.)

décolleté, ée (adjectif)
Qui laisse voir le cou, les épaules et le haut de la poitrine. *Quand elle est bien bronzée, elle porte toujours des robes **décolletées**.* ■ **décolleté** (nom masculin) Endroit où un vêtement est décolleté.

un **décolleté**

décolonisation (nom féminin)
Période de l'histoire durant laquelle les pays colonisés ont réclamé leur indépendance. *Un grand mouvement de **décolonisation** débuta après la Seconde Guerre mondiale.*

le **décollage** d'une navette spatiale

décolorer (verbe) ▸ conjug. n° 3
Faire perdre sa couleur initiale. *Cette chemise **s'est décolorée** au lavage.*

décombres (nom masculin pluriel)
Ruines et débris laissés par une destruction. *Les gendarmes fouillent les **décombres**, à la recherche des disparus.*

décommander (verbe) ▸ conjug. n° 3
Annuler une commande, une invitation ou un rendez-vous. *Si trop de gens **se décommandent**, le spectacle sera annulé.*

décomposé, ée (adjectif)
Qui a l'air bouleversé. *Il a eu soudain le visage **décomposé** en apprenant la nouvelle.*

décomposer (verbe) ▸ conjug. n° 3
1. Séparer les parties qui composent quelque chose. *Kevin **a décomposé** le nombre 1 683 : 1 000 + 600 + 80 + 3 = 1 683.* **2.** Se décomposer : synonyme de pourrir. *Avec la chaleur, le poisson **s'est** vite **décomposé**, il est immangeable.*

décomposition (nom féminin)
Fait de se décomposer. *On a retrouvé des cadavres en **décomposition**.*

décompresser (verbe) ▸ conjug. n° 3
Dans la langue familière, relâcher la tension nerveuse. *Viens avec nous à la campagne ce week-end pour **décompresser** un peu.*

décompression (nom féminin)
Affaiblissement de la pression. *Les scaphandriers ont souffert de la **décompression** en remontant à la surface.* (Contr. compression.)

décompter (verbe) ▸ conjug. n° 3
Soustraire une partie d'une somme que l'on doit payer. *J'ai **décompté** ce que tu m'as déjà remboursé.* (Syn. déduire.)

déconcentrer (verbe) ▸ conjug. n° 3
Disperser l'attention de quelqu'un. *Les cris du public **ont déconcentré** l'athlète qui a raté son saut.*

déconcertant, ante (adjectif)
Qui déconcerte. *Cette question est vraiment **déconcertante**, je ne sais que répondre.* (Syn. déroutant, surprenant.)

déconcerter (verbe) ▸ conjug. n° 3
Surprendre quelqu'un et le troubler. *Ta réponse me **déconcerte**, je ne m'y attendais pas.* (Syn. décontenancer, dérouter, désarçonner, désorienter.)

déconfit, ite (adjectif)
Qui est déçu et abattu. *Clément est tout **déconfit** par son échec.*

déconfiture (nom féminin)
Échec complet. *Les troupes ennemies en pleine **déconfiture** ont fini par capituler.*

décongélation (nom féminin)
Action de décongeler. (Contr. congélation.)

décongeler (verbe) ▸ conjug. n° 8
Ramener un aliment congelé à une température normale. *Maman a sorti le gigot du congélateur pour le **décongeler**.*

déconnecter (verbe) ▸ conjug. n° 3
Débrancher un appareil. *Si vous n'utilisez pas le site pendant plus de dix minutes, vous serez automatiquement **déconnectés**.*

déconnexion (nom féminin)
Interruption d'une connexion informatique. *L'arrêt de l'ordinateur entraîne la **déconnexion** à Internet.*

a b c **d** e f g h i j k l m n o p q r s t u v w x y z

déconseiller (verbe) ▸ conjug. n° 3
Conseiller de ne pas faire quelque chose. *La sécurité routière* ***déconseille*** *aux automobilistes de partir après 16 heures, pour éviter les embouteillages.* (Contr. conseiller.)

se **déconsidérer** (verbe) ▸ conjug. n° 8
Perdre l'estime ou le respect dont on jouissait. *En agissant aussi bêtement, il* ***s'est déconsidéré****.* (Syn. se discréditer.)

décontenancer (verbe) ▸ conjug. n° 4
Synonyme de déconcerter. *Cette question inattendue l'****a décontenancée****, elle n'a pas su quoi répondre.*

se **décontracter** (verbe) ▸ conjug. n° 3
1. Détendre son corps. *Tu es crispé,* ***décontracte-toi*** *un peu !* (Syn. se relaxer.) **2.** Avoir l'esprit tranquille, insouciant. *C'est un enfant très* ***décontracté****, qui ne se fait guère de soucis inutiles.*

décontraction (nom féminin)
Fait d'être décontracté.

déconvenue (nom féminin)
Synonyme littéraire de déception.

décor (nom masculin)
1. Ensemble d'accessoires utilisés pour représenter un lieu, au théâtre ou au cinéma. *Ce film a été tourné en* ***décors*** *naturels.* **2.** Synonyme d'environnement. *Ils habitent en haut de la montagne, dans un* ***décor*** *de rêve.* (Syn. cadre.)

un **décor** de théâtre

décorateur, trice (nom)
Personne qui décore des appartements ou qui crée des décors de théâtre ou de cinéma.

décoratif, ive (adjectif)
Qui décore agréablement. *Ces magnifiques bouquets sont très* ***décoratifs****.*

décoration (nom féminin)
1. Façon de décorer un lieu. *Maman envisage de changer toute la* ***décoration*** *de l'appartement.* **2.** Insigne pour honorer ou récompenser quelqu'un. *Ce militaire est couvert de* ***décorations****.* (Syn. médaille.)

décorer (verbe) ▸ conjug. n° 3
1. Garnir un lieu d'accessoires pour le rendre plus beau. *Le salon* ***est décoré*** *avec de jolis tableaux.* (Syn. orner.) **2.** Remettre une décoration à quelqu'un. *On l'****a décoré*** *de la Légion d'honneur.* Famille du mot : décor, décor**ateur**, décora**tif**, décor**ation**.

décortiquer (verbe) ▸ conjug. n° 3
Enlever l'enveloppe dure ou la coquille d'un aliment. ***Décortiquer*** *des langoustines.* **Décortiquer** vient du latin *cortex* qui signifie « écorce ».

découdre (verbe) ▸ conjug. n° 53
Défaire ce qui était cousu. *J'ai un bouton de ma veste qui* ***est décousu****, je vais le recoudre.* • **Être décousu :** au sens figuré, qui n'a pas de suite logique. *Ses propos* ***étaient*** *très* ***décousus****, on n'a rien compris.* (Syn. incohérent.)

découler (verbe) ▸ conjug. n° 3
Être la conséquence logique de quelque chose. *Cette défaite* ***découle*** *de notre manque d'entraînement.* (Syn. provenir, résulter.)

découpage (nom masculin)
1. Action de découper. *Le* ***découpage*** *d'une volaille.* **2.** Image à découper. *Au centre de ce cahier de vacances, il y a une planche de* ***découpages****.*

découper (verbe) ▸ conjug. n° 3
1. Couper en morceaux ou en tranches. *Qui sait* ***découper*** *le gigot ?* **2.** Couper une image avec des ciseaux, en suivant les contours. *Il* ***a découpé*** *cette petite annonce dans le journal.* **3.** Se découper : apparaître nettement. *La cathédrale* ***se découpe*** *sur l'horizon.* (Syn. se détacher.)

décourageant, ante (adjectif)
Qui décourage. *Plus je répare cette voiture et plus elle tombe en panne : c'est vraiment* ***décourageant*** *!* (Contr. encourageant.)

découragement (nom masculin)
Fait d'être découragé. *Je n'y arrive vraiment pas, le **découragement** me gagne.*

décourager (verbe) ▸ conjug. n° 5
Faire perdre le courage. *La pluie l'**a découragé** d'aller se promener.* (Syn. démoraliser. Contr. encourager.)

décousu ➡ Voir **découdre**.

découvert, erte (adjectif)
Qui n'est pas couvert. *Beaucoup de personnes ont une piscine **découverte** dans les régions où il fait beau.* ■ **découvert** (nom masculin) Solde négatif sur un compte en banque. *La banque m'autorise un **découvert** de 500 euros.* • **À découvert :** sans pouvoir se cacher. *Les soldats avancent **à découvert** sur l'immense plaine.* • **Être à découvert :** avoir un découvert sur son compte en banque.

découverte (nom féminin)
Fait de découvrir des choses inconnues. *C'est Pasteur qui a fait la **découverte** des microbes.* • **Les grandes découvertes :** les pays qui ont été découverts par les explorateurs à partir du XVe siècle.

Pasteur a fait la **découverte** du vaccin contre la rage.

découvreur, euse (nom)
Personne qui fait ou a fait des découvertes. *Pasteur était un **découvreur** de génie.*

découvrir (verbe) ▸ conjug. n° 12
1. Trouver quelque chose qui était caché ou inconnu. ***Découvrir** un trésor. Christophe Colomb **a découvert** l'Amérique en 1492.* **2.** Apercevoir quelque chose. *En arrivant au col, on **a découvert** le paysage.* **3.** Se découvrir : enlever un vêtement ou une partie de ses vêtements. *Le proverbe dit : « En avril ne **te découvre** pas d'un fil. »* **4.** Se découvrir : retirer son chapeau. *Il **se découvre** toujours pour saluer les dames.* **5.** Se découvrir : s'éclaircir, en parlant du temps, du ciel. (Syn. se dégager. Contr. se couvrir.)

décrasser (verbe) ▸ conjug. n° 3
Débarrasser de la crasse. *Il faut **décrasser** le conduit de la cheminée avant de faire du feu.* (Syn. nettoyer. Contr. encrasser.)

décret (nom masculin)
Décision prise par une autorité officielle. *Un **décret** municipal limite la vitesse dans cette rue à 35 km/h.*

décréter (verbe) ▸ conjug. n° 8
1. Ordonner par décret. *Le préfet **a décrété** la fermeture de cette décharge.* **2.** Décider fermement, avec autorité. *Cet athlète **a décrété** qu'il arrêtait la compétition.*

décrier (verbe) ▸ conjug. n° 10
Synonyme de dénigrer. *Je ne comprends pas pourquoi ce film **a été** autant **décrié** car il m'a beaucoup plu.*

décrire (verbe) ▸ conjug. n° 47
1. Faire la description de quelque chose ou de quelqu'un. *Je vais vous **décrire** la situation en quelques mots.* (Syn. dépeindre.) **2.** Suivre une trajectoire courbe. *La patineuse **décrit** une large boucle sur la glace.*

décrocher (verbe) ▸ conjug. n° 3
1. Défaire ce qui était accroché. *Avant de repeindre la pièce, il a fallu **décrocher** tous les tableaux.* (Contr. accrocher.) **2.** Répondre au téléphone lorsqu'il sonne. *Le téléphone sonne, tu ne veux pas **décrocher** ?* (Contr. raccrocher.) **3.** Synonyme familier d'obtenir. *Ursula espère bien **décrocher** le gros lot.*

décroissance (nom féminin)
Fait de diminuer, de réduire. *L'épidémie est en **décroissance** dans la plupart des régions.* (Contr. croissance.)

a b c d e f g h i j k l m n o p q r s t u v w x y z

décroissant, ante (adjectif)
Qui est dans un ordre allant du plus grand au plus petit. *Dans un compte à rebours, on compte dans l'ordre* ***décroissant*** *: 5, 4, 3, 2, 1, 0.* (Contr. croissant.)

décroître (verbe) ▶ conjug. n° 37
Diminuer peu à peu. *Les jours commencent à* ***décroître*** *dès le début de l'été.* (Contr. croître.)
ORTHO On écrit aussi **décroitre**.

décrue (nom féminin)
Baisse du niveau des eaux après une crue. *Bonne nouvelle, la rivière a amorcé sa* ***décrue*** *!*

décrypter (verbe) ▶ conjug. n° 3
Découvrir le sens d'un système d'écriture. *Zoé apprend à* ***décrypter*** *les chiffres romains.* (Syn. déchiffrer.)

décupler (verbe) ▶ conjug. n° 3
1. Multiplier par dix. **2.** Au sens figuré, augmenter énormément. *L'approche de la victoire* ***décuple*** *ses forces.*

dédaigner (verbe) ▶ conjug. n° 3
Traiter avec dédain. *Il* ***a*** *toujours* ***dédaigné*** *les honneurs et refusé toute décoration.* (Syn. mépriser.)

dédaigneux, euse (adjectif)
Qui est hautain et méprisant. *Il m'a vexé en me parlant d'un ton* ***dédaigneux****.*

dédain (nom masculin)
Mépris ou arrogance envers autrui. *Elle nous a regardés avec* ***dédain****.*

dédale (nom masculin)
Synonyme de labyrinthe. *Cet immense souterrain est un véritable* ***dédale****.* **Dédale** était l'architecte légendaire qui construisit le labyrinthe de Crète dans l'Antiquité.

dedans (adverbe)
À l'intérieur. *Ouvre la boîte et regarde ce qu'il y a* ***dedans****.* (Contr. dehors.) • **Là-dedans** : dans cet endroit. ■ **dedans** (nom masculin) Intérieur de quelque chose. *Ce fruit avait l'air bon, mais le* ***dedans*** *est tout pourri !*

dédicace (nom féminin)
Phrase écrite pour quelqu'un sur un livre, par son auteur. *« À Benjamin, avec toute mon affection » est une gentille* ***dédicace****.*

dédicacer (verbe) ▶ conjug. n° 4
Écrire une dédicace. *Élodie a fait* ***dédicacer*** *son livre par l'auteur.*

dédier (verbe) ▶ conjug. n° 10
1. Offrir en hommage par une inscription. *Cet auteur* ***a dédié*** *son livre à ses parents.* **2.** Consacrer un lieu à un dieu ou à un saint. *Ce temple grec* ***était dédié*** *à Aphrodite, déesse de l'Amour.*

se **dédire** (verbe) ▶ conjug. n° 46
Revenir sur ce qu'on avait dit ou promis. *Le témoin* ***s'est*** *tout à coup* ***dédit****.* **Dédire** se conjugue comme dire, sauf à la 2e personne du pluriel du présent : vous vous dédisez.

dédommagement (nom masculin)
Indemnité accordée en compensation d'un dommage. *L'assurance a versé des* ***dédommagements*** *aux victimes.*

dédommager (verbe) ▶ conjug. n° 5
Accorder un dédommagement à quelqu'un. *C'est toi qui as cassé mon vélo, c'est à toi de me* ***dédommager****.* (Syn. indemniser.)

dédoubler (verbe) ▶ conjug. n° 3
Partager une chose en deux. *L'année prochaine, la directrice souhaite* ***dédoubler*** *la classe du cours préparatoire.*

dédramatiser (verbe) ▶ conjug. n° 3
Rendre moins dramatique. *Ce conflit n'est pas grave, il faut le* ***dédramatiser****.* (Contr. dramatiser.)

déductible (adjectif)
Qui peut être déduit, soustrait. *Certaines dépenses sont* ***déductibles*** *des impôts.*

déduction (nom féminin)
1. Action de déduire une somme. *Avez-vous fait la* ***déduction*** *de ce que j'ai déjà versé ?* **2.** Raisonnement qui permet de déduire logiquement. *Pierre est plus grand que Fatima : la* ***déduction*** *que l'on peut faire, c'est que Fatima est plus petite que Pierre.*

déduire (verbe) ▶ conjug. n° 43
1. Enlever une somme d'un total. *Sur les 20 euros que je te dois, je* ***déduis*** *les 10 euros que tu me dois : je ne te dois*

donc plus que dix euros. (Syn. décompter, soustraire.) 2. Tirer la conséquence logique de quelque chose. *Il n'est pas encore arrivé : j'en* ***déduis*** *qu'il a été retardé par les embouteillages.* (Syn. conclure.)

déesse (nom féminin)
Divinité féminine. *Cérès était la* ***déesse*** *romaine des Moissons.*

une **déesse** africaine de la fécondité

défaillance (nom féminin)
1. Moment de faiblesse. *Cet athlète a été victime d'une* ***défaillance*** *dans la dernière ligne droite.* 2. Arrêt du fonctionnement normal d'une machine. *C'est la* ***défaillance*** *du système de sécurité du musée qui a permis le vol des tableaux.*

défaillant, ante (adjectif)
1. Qui a une défaillance. *Sa mémoire est* ***défaillante****, il ne se souvient de rien.* 2. Qui ne vient pas là où on l'attendait. *Dix candidats étaient* ***défaillants*** *le jour de l'examen.*

défaillir (verbe) ▸ conjug. n° 14
Synonyme de s'évanouir. *Il a tellement faim qu'il est sur le point de* ***défaillir****.*
Famille du mot : défaill**ance**, défaill**ant**.

défaire (verbe) ▸ conjug. n° 42
1. Faire à l'inverse de ce qui avait été fait avant. *En arrivant à l'hôtel, elle* ***a défait*** *sa valise.* 2. Détacher ou dénouer quelque chose. *Fais attention, tes lacets* ***sont défaits****.* 3. Se défaire : se débarrasser de quelque chose. ***Se défaire*** *de ses bagages dès l'arrivée à l'aéroport.*

défaite (nom féminin)
Fait de perdre une bataille ou une compétition. *La* ***défaite*** *de l'équipe de rugby a consterné les supporters.* (Contr. victoire.)

une reconstitution de la bataille de Waterloo (1815), célèbre **défaite** napoléonienne

défaitiste (adjectif)
Qui n'a pas l'espoir de gagner. *Ne sois pas si* ***défaitiste****, je suis sûr que tu vas réussir.* (Syn. pessimiste.)

défaut (nom masculin)
1. Ce qui n'est pas bien dans le caractère d'une personne. *C'est un orgueilleux et un menteur, et ce ne sont pas ses seuls* ***défauts*** *!* (Contr. qualité.) 2. Partie mal faite. *Cette robe était soldée car elle a un* ***défaut*** *au col.* (Syn. imperfection.) • **À défaut de :** en l'absence de. ***À défaut de*** *soda, il a bu de l'eau.* (Syn. faute de.) • **Faire défaut :** manquer. *Sa mémoire lui* ***a fait défaut****.*

défavorable (adjectif)
Qui n'est pas favorable. *Le vent* ***défavorable*** *empêche le voilier de rentrer dans le port.* (Contr. favorable, propice.)

défavoriser (verbe) ▸ conjug. n° 3
Donner à quelqu'un moins d'avantages qu'aux autres. *Romain a eu moins de cadeaux que ses frères et s'estime* ***défavorisé****.* (Syn. désavantager. Contr. favoriser.)

défection (nom féminin)
Fait de ne pas venir là où on était attendu. *Il a annoncé sa* ***défection*** *à notre réunion au dernier moment.*

a b c d e f g h i j k l m n o p q r s t u v w x y z

défectueux, euse (adjectif)
Qui a un défaut empêchant le bon fonctionnement. *Cette machine neuve est **défectueuse**, le magasin va nous la changer.*

défendre (verbe) ▸ conjug. n° 31
1. Interdire à quelqu'un de faire quelque chose. *Maman nous **défend** de jouer avec les allumettes.* (Contr. autoriser, permettre.) **2.** Aider, soutenir ou protéger quelqu'un qui est attaqué. *Anna est prête à se battre pour **défendre** ses amis.* **3.** Soutenir une cause. *Cette association a pour but de **défendre** les droits des enfants.* • **À son corps défendant :** à contrecœur. Famille du mot : **auto**défense, défense, défens**eur**, défens**if**.

défense (nom féminin)
1. Action de défendre quelque chose à quelqu'un. *Sur ce mur est écrit : « **Défense** d'afficher ».* (Syn. interdiction.) **2.** Action de défendre quelqu'un qui est attaqué. *L'avocat assure la **défense** de l'accusé. Il prend toujours la **défense** de son petit frère.* **3.** Action de soutenir une cause. *La **défense** des droits de l'enfant.* **4.** Très longue dent recourbée de certains mammifères. *Les éléphants, les morses, les sangliers ont des **défenses**.*

défenseur, eure (nom)
1. Personne qui défend quelqu'un ou quelque chose. *Dans le film, le shérif était le seul **défenseur** de la loi.* **2.** Dans une équipe de sport, joueur qui s'oppose aux attaquants de l'équipe adverse.

défensif, ive (adjectif)
Qui sert à défendre. *Autrefois, les boucliers servaient d'armes **défensives**.* (Contr. offensif.) ■ **défensive** (nom féminin) • **Être sur la défensive :** être prêt à se défendre.

déferlement (nom masculin)
Fait de déferler. *Écouter le **déferlement** des vagues.*

déferler (verbe) ▸ conjug. n° 3
1. Retomber en roulant et se briser. *Les vagues forment de l'écume en **déferlant** sur les galets.* **2.** Au sens figuré, se précipiter quelque part. *La cavalerie **a déferlé** sur les troupes ennemies.*

défi (nom masculin)
Provocation qu'on lance à quelqu'un pour voir s'il est capable de faire quelque chose. *Je te mets au **défi** d'énumérer les Sept Merveilles du monde.*

défiance (nom féminin)
Synonyme de méfiance. *J'éprouve de la **défiance** envers les propositions de ce vendeur.*

déficience (nom féminin)
Insuffisance physique ou intellectuelle.

déficient, ente (adjectif)
Qui présente une déficience. *La santé de ce vieillard est **déficiente**.*

déficit (nom masculin)
Somme d'argent qui manque pour que les recettes équilibrent les dépenses. *Comme ils avaient un gros **déficit** à la banque, on les a privés de chéquier.* (Contr. bénéfice.) ● Prononciation [defisit].

déficitaire (adjectif)
Qui présente un déficit. *Cette compagnie de charters a fermé car elle était trop **déficitaire**.* (Contr. bénéficiaire.)

défier (verbe) ▸ conjug. n° 10
1. Proposer un défi à quelqu'un. *Thomas m'**a défié** aux échecs.* **2.** Se défier : synonyme littéraire de se méfier. Famille du mot : défi, défi**ance**.

défigurer (verbe) ▸ conjug. n° 3
Abîmer ou déformer un visage. *Il **a été** complètement **défiguré** dans l'accident.*

défilé (nom masculin)
1. Passage très étroit entre deux montagnes. *Le **défilé** de Ronceveaux.* **2.** Marche de personnes qui défilent. *Le **défilé** des majorettes.* **3.** File de personnes. *Un **défilé** de mode.*

défiler (verbe) ▸ conjug. n° 3
1. Marcher en file, en rangs. *Les manifestants **ont défilé** en chantant des slogans.* **2.** Se suivre sans interruption. *Les clients **défilent** sans cesse dans cette boulangerie.*

défini, ie (adjectif)
1. Qui est précis. *On lui a donné à faire un travail bien **défini**.* (Contr. imprécis, vague.) **2.** Se dit d'un article qui sert à

désigner des choses, des animaux ou des gens précis. *Le, la, les sont les **articles définis**.* (Contr. indéfini.)

définir (verbe) ▸ conjug. n° 11
Expliquer avec précision, donner la définition. ***Définir** un mot, une expression.* Famille du mot : défini, définition, indéfini.

définitif, ive (adjectif)
Qu'on ne peut plus changer. *On attend le résultat **définitif** des élections.* (Contr. provisoire.) • **En définitive :** en fin de compte. ***En définitive**, c'est lui qui avait raison.*

définition (nom féminin)
Explication du sens d'un mot. *Le dictionnaire donne la **définition** des mots.*

définitivement (adverbe)
De façon définitive, pour toujours. *Il s'est installé **définitivement** à l'étranger.*

déflagration (nom féminin)
Explosion violente. *Quand la citerne a explosé, la **déflagration** a été entendue à des kilomètres à la ronde.*

défoncé, ée (adjectif)
Abîmé par des creux et des bosses. *La voiture roule lentement sur la route **défoncée**.*

défoncer (verbe) ▸ conjug. n° 4
Casser en enfonçant. *En reculant, le camion **a défoncé** une voiture.*

déforestation (nom féminin)
Destruction de la forêt. *La **déforestation** de l'Amazonie représente un grave danger pour de nombreuses espèces animales.* (Syn. déboisement.) ➡ p. 338.

déformant, ante (adjectif)
Qui déforme. *Un miroir **déformant**.*

déformation (nom féminin)
Fait de se déformer. *La scoliose est une **déformation** de la colonne vertébrale.*

déformer (verbe) ▸ conjug. n° 3
1. Changer la forme de quelque chose. *Les rhumatismes lui **déforment** les mains. Mon pull **s'est** complètement **déformé** au lavage.* 2. Transformer ce qui a été dit ou écrit. *Tu **déformes** ma pensée, ce n'est pas ce que j'ai dit.*

défoulement (nom masculin)
Fait de se défouler. *Cette crise de rire a été un bon **défoulement**.*

se défouler (verbe) ▸ conjug. n° 3
Se libérer en faisant ce qu'on a envie de faire. *Les enfants **se défoulent** en jouant au ballon.*

défraîchi, ie (adjectif)
Qui a perdu son éclat, ses couleurs. *Pour bricoler, Victor a enfilé un vieux pantalon **défraîchi**.*
ORTHO On écrit aussi **défraichi**.

défrayer (verbe) ▸ conjug. n° 7
Rembourser quelqu'un de ses frais. *L'entreprise le **défraie** de ses frais de déplacement.* • **Défrayer la chronique :** faire beaucoup parler de soi.

défricher (verbe) ▸ conjug. n° 3
Détruire les herbes et les plantes qui encombrent un terrain. *Les ronces ont envahi le jardin, il faut tout **défricher**.*

défunt, unte (nom)
Personne morte. *Selon la volonté du **défunt**, l'enterrement aura lieu dans l'intimité.*

un miroir **déformant**

a b c d e f g h i j k l m n o p q r s t u v w x y z

dégagé, ée (adjectif)
Qui montre de l'aisance. *Malgré sa peur, elle parlait d'un ton **dégagé**.* (Contr. embarrassé.) • **Ciel dégagé :** ciel qui n'est pas couvert par les nuages.

dégagement (nom masculin)
Action de dégager, ou fait de se dégager.

dégager (verbe) ▸ conjug. n° 5
1. Débarrasser quelque chose de ce qui l'encombre. *Il va falloir **dégager** le couloir pour faire passer le piano.* **2.** Laisser échapper quelque chose. *Le jasmin **dégage** un parfum délicieux.* (Syn. répandre.) **3.** Envoyer le ballon très loin. *Le goal **a dégagé** en touche.* **4.** Se dégager : apparaître quelque part. *Une épaisse fumée **se dégage** du bâtiment en feu.* **5.** Se dégager : s'éclaircir. *Le ciel **se dégage**, il va faire beau.* Famille du mot : dégagé, dégag**ement**.

dégaine (nom féminin)
Synonyme familier d'allure. *Tu as une drôle de **dégaine** avec ces vêtements trop grands !*

dégainer (verbe) ▸ conjug. n° 3
Sortir une arme de son étui. ***Dégainer** un pistolet, une épée.*

dégarnir (verbe) ▸ conjug. n° 11
1. Vider un lieu de ce qui le garnit. *Depuis la grève des routiers, les rayons du supermarché **sont** complètement **dégarnis**.* **2.** Se dégarnir : perdre ses cheveux.

Degas Edgar (né en 1834, mort en 1917)
Peintre et sculpteur français. Degas était contemporain d'Auguste Renoir, de Manet et de Monet, mais son style et les thèmes qu'il abordait dans ses tableaux étaient différents de ceux des autres peintres. Il a beaucoup travaillé sur des sujets tels que le spectacle, la danse et les chevaux.

dégât (nom masculin)
Destruction causée par une catastrophe, un accident. *La tempête a fait de gros **dégâts** dans le port.* (Syn. dégradation, dommage.)

dégazer (verbe) ▸ conjug. n° 3
Éliminer les gaz et les dépôts contenus dans les cuves d'un navire. *Malgré l'interdiction, le pétrolier **a dégazé** en haute mer.*

dégel (nom masculin)
Période de fonte des neiges ou des glaces. *C'est le début du **dégel**, il faut se méfier des avalanches en montagne.*

dégeler (verbe) ▸ conjug. n° 8
Faire fondre ce qui était gelé. *La température remonte, les rivières commencent à **dégeler**.* (Contr. geler.)

dégénérer (verbe) ▸ conjug. n° 8
Se transformer en quelque chose de pire. *Une grippe qui **dégénère** en pneumonie.*

dégingandé, ée (adjectif)
Qui a l'air disloqué dans sa démarche. *Il est tout **dégingandé** et ressemble à un pantin quand il marche.* Prononciation [deʒɛ̃gɑ̃de].

dégivrage (nom masculin)
Action de dégivrer. *Le **dégivrage** du frigidaire est automatique.*

dégivrer (verbe) ▸ conjug. n° 3
Enlever le givre. *Il essaie de **dégivrer** la serrure avec son briquet.*

déglutir (verbe) ▸ conjug. n° 11
Avaler sa salive, un aliment. *Le malade **déglutit** difficilement.*

déglutition (nom féminin)
Action de déglutir. *Les bébés ont parfois des troubles de la **déglutition**.*

« La Classe de danse »,
peinture d'Edgar **Degas** (1873)

dégonfler (verbe) ▸ conjug. n° 3
1. Laisser s'échapper l'air qui gonflait quelque chose. ***Dégonfler*** *un ballon. La roue de secours* ***est dégonflée*** *elle aussi !* (Contr. gonfler.) **2.** Se dégonfler : dans la langue familière, ne pas oser faire quelque chose.

dégorger (verbe) ▸ conjug. n° 5
Rendre de l'eau, du liquide. *Le cuisinier fait* ***dégorger*** *les aubergines pour que le gratin contienne moins d'eau.*

dégouliner (verbe) ▸ conjug. n° 3
Couler lentement. *La gouttière doit être bouchée, il y a de l'eau qui* ***dégouline*** *le long du mur.*

dégoupiller (verbe) ▸ conjug. n° 3
Enlever la goupille de quelque chose. *Le soldat* ***a dégoupillé*** *une grenade.*

dégourdi, ie (adjectif)
Qui est malin et débrouillard. *William est déjà très* ***dégourdi*** *pour son âge.*

dégourdir (verbe) ▸ conjug. n° 11
Faire cesser l'engourdissement. *Marchons un peu, ça va nous* ***dégourdir*** *les jambes !*

dégoût (nom masculin)
Impression désagréable qu'on a devant quelque chose d'écœurant. *Julie a poussé un cri de* ***dégoût*** *en voyant le rat sortir de l'égout.* (Syn. répulsion.)
ORTHO On écrit aussi **dégout**.

dégoûtant, ante (adjectif)
1. Qui est très sale. *Tes mains sont* ***dégoûtantes****, va les laver avant de dîner.* (Syn. répugnant.) **2.** Qui est ignoble, honteux. *Ils se sont conduits de façon* ***dégoûtante****.*
ORTHO On écrit aussi **dégoutant**.

dégoûter (verbe) ▸ conjug. n° 3
Inspirer du dégoût. *Ce gâteau à la crème me* ***dégoûte****, je n'en veux pas. Élodie* ***est dégoûtée*** *par les matchs de boxe.* (Syn. écœurer.) Famille du mot : dégoût, dégoû**tant**.
ORTHO On écrit aussi **dégouter**.

dégradation (nom féminin)
Fait de se dégrader. *L'humidité a provoqué des* ***dégradations*** *sur les murs.* (Syn. dégât, détérioration.)

dégradé (nom masculin)
Diminution progressive de l'éclat d'une couleur. *Je te trouve très chic dans ce* ***dégradé*** *de beige.*

dégrader (verbe) ▸ conjug. n° 3
1. Abîmer ou endommager une chose. *Cette maison vide* ***se dégrade*** *car elle n'est plus entretenue.* (Syn. détériorer.) **2.** Faire perdre sa dignité à quelqu'un. *Le chômage et l'alcoolisme* ***l'ont dégradé****.* **3.** Enlever à quelqu'un son grade. ***Dégrader*** *un militaire.* **4.** Diminuer peu à peu les couleurs. *Le peintre* ***a*** *bien* ***dégradé*** *les bleus du ciel.* Famille du mot : dégrad**ation**, dégradé.

dégrafer (verbe) ▸ conjug. n° 3
Détacher ce qui est agrafé. ***Dégrafer*** *sa ceinture.*

dégraisser (verbe) ▸ conjug. n° 3
Enlever la graisse ou les taches de graisse. *Aurais-tu un produit pour* ***dégraisser*** *ce plat ?*

degré (nom masculin)
1. Unité qui sert à mesurer la température. *Il fait très chaud : 40* ***degrés*** *(40°) à l'ombre.* **2.** Unité qui sert à mesurer les angles. *Un angle inférieur à 90* ***degrés*** *(ou 90°) est un angle aigu.* **3.** Unité qui sert à mesurer la teneur en alcool. *Cette liqueur est très forte, elle dépasse 45* ***degrés*** *(45°) !* **4.** Niveau ou rang d'une chose. *Quel est ton* ***degré*** *de parenté avec Xavier ?*

dégressif, ive (adjectif)
Qui va en diminuant par degrés. *À partir de dix photocopies, le tarif est* ***dégressif****.*

dégringolade (nom féminin)
Synonyme familier de chute.

dégringoler (verbe) ▸ conjug. n° 3
1. Synonyme familier de tomber. *En cueillant des cerises, Thomas* ***a dégringolé*** *de l'échelle.* **2.** Synonyme familier de dévaler. *Marie* ***a dégringolé*** *l'escalier pour accueillir son amie.*

dégriser (verbe) ▸ conjug. n° 3
Faire disparaître l'ivresse. *Une bonne douche froide va le* ***dégriser****.*

a b c d e f g h i j k l m n o p q r s t u v w x y z

dégrossir (verbe) ▸ conjug. n° 11
Tailler une matière grossièrement pour commencer à lui donner une forme. ***Dégrossir** un bloc de marbre.*

déguenillé, ée (adjectif)
Qui est en guenilles. *Un clochard **déguenillé**.*

déguerpir (verbe) ▸ conjug. n° 11
Synonyme familier de s'enfuir. *Les souris **ont déguerpi** à l'arrivée du chat.*

déguisement (nom masculin)
Costume servant à se déguiser. *Yann a choisi un **déguisement** de clown.*

déguiser (verbe) ▸ conjug. n° 3
1. Transformer pour tromper. *Pour ne pas être reconnue, Fatima **a déguisé** sa voix en se pinçant le nez.* **2.** Se déguiser : porter un costume inhabituel et amusant. *Pour **se déguiser** en panthère noire, Benjamin s'est fait des moustaches avec un feutre noir.*

dégustation (nom féminin)
Action de déguster. *Une **dégustation** de produits régionaux.*

déguster (verbe) ▸ conjug. n° 3
Manger ou boire lentement pour apprécier le goût. *On **a dégusté** un plateau de fruits de mer sur le port.* (Syn. savourer.)

se **déhancher** (verbe) ▸ conjug. n° 3
Se déplacer en balançant les hanches. *Marcher en **se déhanchant**.*

dehors (adverbe)
À l'extérieur. *Allez jouer **dehors** avec ce ballon.* (Contr. dedans.) • **Mettre quelqu'un dehors :** le chasser. (Syn. renvoyer.) • **En dehors de :** à l'exception de. ***En dehors de** son frère, toute sa famille était là à son anniversaire.* ■ **dehors** (nom masculin) 1. L'extérieur. *Les bruits qui viennent du **dehors** sont insupportables.* **2.** Première impression donnée par quelqu'un. *Sous ses **dehors** aimables, c'est un vrai tyran.* (Syn. apparence.)

déjà (adverbe)
1. Dès maintenant, dès à présent. *J'ai **déjà** fini de dîner.* **2.** Auparavant, avant le moment présent. *Arthur a **déjà** pris l'avion tout seul, sans ses parents.*

déjection (nom féminin)
1. Excréments évacués. *Les **déjections** des animaux d'élevage peuvent polluer les rivières.* **2.** Matières rejetées par un volcan. (Syn. projection.)

déjeuner (verbe) ▸ conjug. n° 3
Prendre le déjeuner ou le petit déjeuner. *Clément **déjeune** à la cantine. Ce matin, Gaëlle est partie à l'école sans **déjeuner** car elle s'est levée trop tard.* ■ **déjeuner** (nom masculin) Repas de midi. *On a pris le **déjeuner** sur la terrasse.*
⊶ **Déjeuner** c'était, à l'origine, « interrompre le jeûne ».

déjouer (verbe) ▸ conjug. n° 3
Faire échouer un projet. *Le général **a déjoué** à temps les plans des ennemis.*

delà ➡ Voir **au-delà**.

délabré, ée (adjectif)
Qui est en mauvais état. *La cabane était tellement **délabrée** qu'elle s'est effondrée.*

délabrement (nom masculin)
État de ce qui est délabré. *Le **délabrement** de sa santé lui cause de gros soucis.*

délacer (verbe) ▸ conjug. n° 4
Défaire ce qui est lacé. *Tu vois bien qu'il est trop petit pour **délacer** tout seul ses chaussures.* (Syn. dénouer. Contr. lacer.)

Delacroix Eugène (né en 1798, mort en 1863)
Peintre français. Delacroix est considéré comme l'un des plus grands peintres du XIXe siècle. Il ramena de ses voyages en Afrique du Nord et en Espagne un grand nombre d'aquarelles et de carnets de notes qu'il utilisa tout au long de sa vie. Il est notamment l'auteur de *La Liberté guidant le peuple* (1834).

délai (nom masculin)
Durée à ne pas dépasser pour faire quelque chose. *À la bibliothèque, le **délai** est de quinze jours pour rapporter les livres qu'on a empruntés.*

délaisser (verbe) ▸ conjug. n° 3
Ne plus s'intéresser à quelque chose ou à quelqu'un. *Grand-mère se sent un peu **délaissée** par ses enfants.* (Syn. négliger.)

délassement (nom masculin)
Action ou façon de se délasser. *Les mots croisés sont un bon **délassement**.*

délasser (verbe) ▸ conjug. n° 3
Faire disparaître la lassitude. *Il prend un bain chaud tous les soirs pour **se délasser**.* (Syn. détendre.)

délation (nom féminin)
Fait de dénoncer quelqu'un par méchanceté.

délavé, ée (adjectif)
Qui est décoloré par les lavages. *Ce pantalon a déteint, il est maintenant complètement **délavé**.*

Cette cavalière porte un jean **délavé**.

délayage (nom masculin)
Action de délayer.

délayer (verbe) ▸ conjug. n° 7
1. Mélanger à un liquide. *Hélène a préparé la pâte à crêpes en **délayant** la farine et les œufs avec du lait.* **2.** Au sens figuré, exprimer avec trop de mots. *Il **a** tellement **délayé** son discours que nous sommes partis avant la fin.*

« La Liberté guidant le peuple », peinture d'Eugène **Delacroix** (1830)

délectable (adjectif)
Synonyme de délicieux. *Merci pour ce dîner **délectable**.*

délectation (nom féminin)
Fait de se délecter. *Déguster un foie gras avec **délectation**.*

se **délecter** (verbe) ▸ conjug. n° 3
Prendre un très grand plaisir à faire quelque chose. *Je **me suis délectée** à la lecture de ce livre.* (Syn. se régaler.)
Famille du mot : délect**able**, délecta**tion**.

délégation (nom féminin)
Groupe de délégués. *Le ministre a reçu une **délégation** d'agriculteurs.*

délégué, ée (nom)
Personne déléguée. *Mon grand frère est le **délégué** de sa classe au collège.*

déléguer (verbe) ▸ conjug. n° 8
Envoyer quelqu'un pour représenter un groupe. *Les grévistes **ont délégué** deux représentants auprès du patron de l'usine.*
Famille du mot : délég**ation**, délégué.

délester (verbe) ▸ conjug. n° 3
Enlever du lest pour alléger. ***Délester** une montgolfière.* (Contr. lester.)

Delhi
Deuxième plus grande ville d'Inde (25,6 millions d'habitants) après Bombay. Elle se situe sur les bords de la rivière Yamuná et possède de nombreux monuments, dont le minaret de Qutb Minar (XIIIe siècle) et le Fort Rouge. New Delhi, la capitale de l'Inde, est un quartier de Delhi.

délibération (nom féminin)
Action de délibérer. *Le jury est en pleine **délibération**.* (Syn. débat, discussion.)

délibéré, ée (adjectif)
Qui est fait volontairement, en connaissance de cause. *Il l'a agressé avec l'intention **délibérée** de lui faire du mal.*

délibérément (adverbe)
De façon délibérée. *David a menti **délibérément**.*

a b c d e f g h i j k l m n o p q r s t u v w x y z

délibérer (verbe) ▸ conjug. n° 8
Réfléchir et discuter ensemble avant de prendre une décision. *Les sénateurs **délibèrent** sur un projet de loi.* Famille du mot : délibér**ation**, délibéré, délibéré**ment**.

délicat, ate (adjectif)
1. Qui est agréable et fin. *J'aime beaucoup l'odeur **délicate** de ces roses.* (Syn. raffiné, subtil. Contr. violent.) **2.** Qui est sensible, fragile. *Elle a une santé très **délicate**.* (Contr. résistant, robuste.) **3.** Qui est compliqué, embarrassant. *Le chômage est un sujet **délicat** à aborder.* (Contr. facile, simple.) **4.** Qui est discret, bien élevé, attentionné. *Ibrahim est un garçon très **délicat**, il offre souvent des fleurs à sa mère.* (Contr. grossier.) Famille du mot : délicat**ement**, délicat**esse**.

délicatement (adverbe)
Doucement, avec précaution. *Ces tasses sont très fragiles, essuie-les **délicatement**.*

délicatesse (nom féminin)
Caractère délicat d'une chose ou d'une personne. *C'est vraiment manquer de **délicatesse** que d'écouter aux portes !*

délice (nom masculin)
Chose délicieuse. *Cette blanquette est un pur **délice**.* (Syn. régal.)

délicieux, euse (adjectif)
1. Qui est très bon. *Le gâteau au chocolat était **délicieux**.* (Syn. délectable, exquis. Contr. infect.) **2.** Qui est très agréable. *Julie est une fillette **délicieuse**.* (Syn. charmant.)

délier (verbe) ▸ conjug. n° 10
Dénouer un lien. *Une fois dans la cellule, le gardien **a délié** les poignets du prisonnier.* (Contr. lier.)

délimiter (verbe) ▸ conjug. n° 3
Fixer les limites de quelque chose. *Cette ligne blanche **délimite** le terrain de football.*

délinquance (nom féminin)
Ensemble des actes commis par les délinquants. *Il y a beaucoup de **délinquance** dans ce quartier.*

délinquant, ante (nom)
Personne qui commet un délit. *Ces deux **délinquants** ont volé une voiture.*

délirant, ante (adjectif)
Qui est très vif, excessif. *Le vainqueur a reçu un accueil **délirant**.*

délire (nom masculin)
1. Sorte de folie causée parfois par la fièvre. *Le malade a eu une crise de **délire**.* **2.** Très grand enthousiasme. *Pendant tout le concert de rock, la foule était en **délire**.* Famille du mot : délir**ant**, délir**er**.

délirer (verbe) ▸ conjug. n° 3
Avoir une crise de délire. *Il a tellement de fièvre qu'il **délire**.* (Syn. divaguer.)

délit (nom masculin)
Faute punie par la loi. *C'est un récidiviste, il a déjà commis de nombreux **délits**.*

délivrance (nom féminin)
Soulagement ou apaisement. *Mes maux de dents ont cessé : quelle **délivrance** !*

délivrer (verbe) ▸ conjug. n° 3
1. Rendre la liberté à une personne ou à un animal. *Les otages **ont enfin été délivrés**.* (Syn. libérer.) **2.** Remettre, donner un document à quelqu'un. *C'est la préfecture qui **délivre** les permis de conduire.* **3.** Se délivrer : se débarrasser de quelque chose. *Il a réussi à **se délivrer** de sa timidité.* (Syn. se libérer.)

délocaliser (verbe) ▸ conjug. n° 3
Déplacer une administration, une activité industrielle en un autre endroit. *Ce constructeur automobile **a délocalisé** une partie de la fabrication de ses voitures en Chine.* (Syn. décentraliser.)

La ligne jaune **délimite** les deux sens de la circulation routière.

déloger (verbe) ▸ conjug. n° 5
Faire partir une personne ou un animal de l'endroit qu'il occupait. *Les chiens ont réussi à **déloger** le lapin de son terrier.*

déloyal, ale, aux (adjectif)
Qui est malhonnête et de mauvaise foi. *C'est vraiment **déloyal** d'avoir copié sur ton voisin.* (Contr. droit, honnête, loyal.)

delta (nom masculin)
Embouchure d'un fleuve à plusieurs bras. *Le **delta** du Rhône forme la Camargue.* **Delta** est le nom de la quatrième lettre de l'alphabet grec, qui a la forme d'un triangle.

deltaplane (nom masculin)
Planeur très léger, dont la voilure est en forme de delta. ➡ p. 358.

déluge (nom masculin)
1. Très forte pluie. *Cette région est inondée après le **déluge** qui est tombé hier.* 2. Au sens figuré, grande quantité. *Kevin a reçu un **déluge** de compliments pour son succès.* Dans la Bible, le **Déluge** est une inondation qui recouvrit la Terre pendant 40 jours.

« Le **Déluge** »,
tableau de Nicolas Poussin (1664)

déluré, ée (adjectif)
Qui est dégourdi, vif, malin. *Laura est très **délurée**, elle se débrouille bien toute seule.*

démagogie (nom féminin)
Attitude de quelqu'un qui veut plaire à tout le monde par intérêt. *Les politiciens sont parfois capables de **démagogie**.*

démagogique (adjectif)
Qui veut plaire à tous en promettant n'importe quoi. *Les propos de ce candidat ont été très **démagogiques** durant la campagne électorale.*

demain (adverbe)
Le jour qui suit aujourd'hui. *Nous sommes lundi, **demain** nous serons mardi.*

demande (nom féminin)
Action de demander. *Fais ta **demande** par écrit.*

demander (verbe) ▸ conjug. n° 3
1. Dire qu'on souhaite obtenir quelque chose. *Myriam **a demandé** des CD pour Noël.* 2. Poser une question pour savoir quelque chose. ***Demander** à un passant où se trouve l'arrêt d'autobus. Je **me demande** quelle heure il peut bien être.* 3. Avoir besoin de. *Ce travail **demande** beaucoup d'attention et de patience.* (Syn. nécessiter.) Famille du mot : demande, demand**eur**.

demandeur, euse (nom)
• **Demandeur d'emploi :** synonyme de chômeur.

démangeaison (nom féminin)
Picotement de la peau, qui démange. *Elle a été piquée par des orties et a des **démangeaisons** partout.*

démanger (verbe) ▸ conjug. n° 5
Donner envie de se gratter. *Un moustique m'a piqué, ça me **démange** !*

démanteler (verbe) ▸ conjug. n° 8
Détruire un ensemble. *La police **a démantelé** un réseau de trafiquants de drogue.*

démantibuler (verbe) ▸ conjug. n° 3
Synonyme familier de démolir. *Noémie pleure car son petit frère **a** complètement **démantibulé** sa poupée.*

démaquillant (nom masculin)
Produit destiné à enlever le maquillage. *Le **démaquillant** se trouve dans le rayon des produits de beauté.*

démaquiller (verbe) ▸ conjug. n° 3
Enlever son maquillage. *Après le spectacle, les comédiens **se démaquillent** dans leur loge.*

démarcation (nom féminin)
Frontière entre deux territoires.

a b c d e f g h i j k l m n o p q r s t u v w x y z

démarche (nom féminin)
1. Façon de marcher. *Sa **démarche** est très gracieuse.* **2.** Demande faite pour obtenir quelque chose. *Ils font des **démarches** à la mairie pour avoir un logement social.*

démarquer (verbe) ▸ conjug. n° 3
Enlever l'étiquette qui porte la marque d'une marchandise. *Ce commerçant **a démarqué** des vêtements pour les solder.*

démarrage (nom masculin)
Action de démarrer. *Cette voiture a des problèmes de **démarrage** en hiver.*

démarrer (verbe) ▸ conjug. n° 3
1. Se mettre en marche. *Ce moteur **démarre** au quart de tour !* **2.** En être à ses débuts. *Les travaux devraient **démarrer** demain.* Famille du mot : démarr**age**, démarr**eur**.

démarreur (nom masculin)
Mécanisme qui met un moteur en marche.

démasquer (verbe) ▸ conjug. n° 3
Identifier quelqu'un. *L'auteur des lettres anonymes a fini par **être démasqué**.*

démâter (verbe) ▸ conjug. n° 3
Perdre son mât. *Le voilier **a démâté** dans la tempête.*

démêlé (nom masculin)
Ennui résultant d'un conflit. *Cet homme a déjà eu des **démêlés** avec la police.*

démêler (verbe) ▸ conjug. n° 3
1. Défaire ce qui est emmêlé. *Odile cherche un peigne pour **démêler** ses cheveux.* (Contr. emmêler.) **2.** Rendre plus clair, plus compréhensible. ***Démêler** une affaire, une situation.* (Syn. débrouiller.)

démembrement (nom masculin)
Fait de démembrer.

démembrer (verbe) ▸ conjug. n° 3
Diviser en plusieurs parties. ***Démembrer** un grand terrain en plusieurs lots.* (Syn. morceler.)

déménagement (nom masculin)
Action de déménager. *Avant le **déménagement**, il faut trouver des grands cartons pour ranger la vaisselle.*

déménager (verbe) ▸ conjug. n° 5
1. Changer d'habitation. *Mes parents aimeraient bien **déménager** pour un appartement plus grand.* (Contr. emménager.) **2.** Transporter un objet ailleurs. *J'ai aidé Pierre à **déménager** l'armoire dans la cave.* Famille du mot : déménag**ement**, déménag**eur**.

déménageur, euse (nom)
Personne qui fait des déménagements. *Les **déménageurs** ont fini d'emballer la vaisselle.*

un **deltaplane**

démence (nom féminin)
Synonyme de folie. *Dans une crise de **démence**, il s'est barricadé chez lui.* Famille du mot : dément, démentiel.

se **démener** (verbe) ▸ conjug. n° 8
1. Synonyme de se débattre. *Le chat **se démène** quand on veut l'attraper.* 2. Au sens figuré, se donner beaucoup de mal. *Il **se démène** pour trouver un emploi.*

dément, ente (adjectif et nom)
Synonyme de fou. *Un **dément** s'est jeté du toit de l'immeuble.*

démenti (nom masculin)
Déclaration destinée à démentir quelque chose. *Si cette information est fausse, le journal doit publier un **démenti**.*

démentiel, elle (adjectif)
Synonyme de fou. *Ce projet **démentiel** ne se réalisera jamais.*

démentir (verbe) ▸ conjug. n° 15
Déclarer qu'une information est fausse. *Le journal **a démenti** la nouvelle.* (Contr. confirmer.)

démériter (verbe) ▸ conjug. n° 3
Agir de façon telle que l'on perd l'estime des autres.

démesure (nom féminin)
Excès, manque de mesure. *La **démesure** du projet le rend irréalisable.* (Syn. excès.)

démesuré, ée (adjectif)
Qui dépasse la mesure normale. *Il a une ambition **démesurée**.* (Syn. exagéré, excessif.)

démettre (verbe) ▸ conjug. n° 33
1. Renvoyer quelqu'un de son emploi. *Il **a été démis** de ses fonctions pour faute grave.* 2. Se démettre : se déplacer l'articulation d'un os. *Myriam **s'est démis** l'épaule en tombant dans l'escalier.* (Syn. se déboîter.)

au **demeurant** (adverbe)
Du reste, en fin de compte. *Ce cartable est cher, mais très solide **au demeurant**.*

demeure (nom féminin)
Grande maison. *Elle habite une belle **demeure** à la campagne.* • **À demeure :** de façon durable, permanente. • **Mettre quelqu'un en demeure :** lui donner l'ordre de faire quelque chose immédiatement.

demeuré, ée (adjectif)
Synonyme familier d'idiot. *Il faut être un peu **demeuré** pour ne pas comprendre cela.*

demeurer (verbe) ▸ conjug. n° 3
1. Synonyme d'habiter. *Grand-mère **a demeuré** toute sa vie dans cette maison.* 2. Rester à la même place ou dans le même état. *Sarah **est demeurée** silencieuse toute la soirée.* Au sens 1, **demeurer** se conjugue avec l'auxiliaire *avoir* ; au sens 2, il se conjugue avec l'auxiliaire *être*.

demi, ie (adjectif)
Qui représente la moitié de quelque chose. *Un **demi**-litre de lait. Un mètre et **demi**. Il est huit heures et **demie**.* Quand l'adjectif **demi** est placé après le nom, il s'accorde avec lui ; quand il est placé devant le nom, il s'y rattache par un trait d'union et il est invariable. ■ **à demi** (adverbe) À moitié. *Mon travail est **à demi** fini.* ■ **demi, ie** (nom) Moitié d'une unité. *Veux-tu une orange ? – Non, seulement une **demie**.* ■ **demi** (nom masculin) 1. Verre de bière qui contient un quart de litre. 2. Joueur de football ou de rugby qui assure la liaison entre les avants et les arrières. ■ **demie** (nom féminin) Moitié d'une heure. *L'horloge vient de sonner la **demie**.*

demi-cercle (nom masculin)
Moitié d'un cercle. Pluriel : des demi-cercles.

demi-douzaine (nom féminin)
Moitié d'une douzaine. *Il a mangé une **demi-douzaine** d'huîtres, c'est-à-dire six.* Pluriel : des demi-douzaines.

demi-droite (nom féminin)
Segment de droite dont une extrémité se trouve à l'infini. *Tracez la **demi-droite** [A).* Pluriel : des demi-droites.

demi-finale (nom féminin)
Épreuve d'une compétition, qui précède la finale. *Quatre pays vont disputer les **demi-finales** de la Coupe du monde.* Pluriel : des demi-finales.

demi-fond (nom masculin)
Épreuve de course à pied de moyenne distance (entre 800 et 3 000 mètres).

demi-frère (nom masculin)
Frère par le père ou par la mère seulement. Pluriel : des demi-frères.

demi-heure (nom féminin)
Moitié d'une heure. *Une **demi-heure** représente trente minutes.* Pluriel : des demi-heures.

demi-mesure (nom féminin)
Mesure insuffisante et peu efficace. *Pour régler ces problèmes de fond, les **demi-mesures** ne suffiront pas.* Pluriel : des demi-mesures.

à **demi-mot** (adverbe)
Sans qu'il soit nécessaire de tout dire. *Je lui ai fait comprendre **à demi-mot** qu'Ursula avait des problèmes.*

déminer (verbe) ▸ conjug. n° 3
Débarrasser un terrain des mines qu'on y a déposées. *Après la guerre, on a dû **déminer** des régions entières.*

demi-pension (nom féminin)
1. Prix de pension qui ne comprend qu'un repas. *On est en **demi-pension** à l'hôtel quand on n'y prend que le petit déjeuner et un repas par jour.* 2. Condition des demi-pensionnaires. *Anna est en **demi-pension** au collège : elle déjeune à la cantine.* Pluriel : des demi-pensions.

demi-pensionnaire (nom)
Élève qui reste déjeuner à l'école. Pluriel : des demi-pensionnaires.

demi-sœur (nom féminin)
Sœur par le père ou par la mère seulement. Pluriel : des demi-sœurs.

démission (nom féminin)
Action de quitter volontairement et définitivement son travail ou sa fonction. *Mon oncle va donner sa **démission** car on lui propose un autre poste, à l'étranger.*

démissionner (verbe) ▸ conjug. n° 3
Donner sa démission. *Elle **a démissionné** de ses fonctions de trésorière, cela lui donnait trop de travail.*

demi-tarif (nom masculin)
Tarif égal à la moitié du tarif normal. *Dans les avions, les jeunes enfants payent **demi-tarif**.* Pluriel : des demi-tarifs.

demi-tour (nom masculin)
Moitié d'un tour sur soi-même. *Faites **demi-tour** et revenez sur vos pas : la rue que vous cherchez est à 200 mètres.* Pluriel : des demi-tours.

démobiliser (verbe) ▸ conjug. n° 3
Renvoyer un soldat chez lui. *La guerre étant finie, les soldats **ont été démobilisés**.*

démocrate (nom)
Partisan de la démocratie. *Les **démocrates** veulent que toutes les tendances politiques puissent s'exprimer.* Famille du mot : démocratie, démocratique, démocratiser.

démocratie (nom féminin)
1. Régime politique dans lequel le pouvoir est exercé par les représentants élus du peuple. (Contr. dictature.) 2. État ainsi gouverné. *Les pays qui veulent entrer dans l'Union européenne doivent être des **démocraties**.* Prononciation [demɔkʀasi].

démocratique (adjectif)
Qui applique les règles de la démocratie. *Dans un régime **démocratique**, les citoyens élisent leurs représentants.*

démocratiser (verbe) ▸ conjug. n° 3
Rendre accessible à tous. *La IIIe République **a démocratisé** l'école en France.*

se **démoder** (verbe) ▸ conjug. n° 3
Ne plus être à la mode, passer de mode. *Certains prénoms, comme Pierre ou Hélène, ne **se démodent** pas. Le col de cette veste **est** tout à fait **démodé**.*

démographie (nom féminin)
Science qui étudie les populations. *La **démographie** s'intéresse au nombre de naissances et de morts, aux migrations.*

démographique (adjectif)
Qui concerne la démographie. *La croissance **démographique** d'un pays.*

demoiselle (nom féminin)
Jeune fille non mariée. • **Demoiselle d'honneur :** petite fille ou jeune fille qui accompagne la mariée pendant la cérémonie.

démolir (verbe) ▸ conjug. n° 11
Détruire complètement. *Les bulldozers vont **démolir** cet immeuble délabré.*

(Contr. bâtir, construire.) Famille du mot : démolition.

démolition (nom féminin)
Action de démolir. *Une entreprise de **démolition**.* (Contr. construction.)

démon (nom masculin)
1. Synonyme de diable. 2. Enfant insupportable et turbulent. *Mon jeune frère est un véritable petit **démon**.*

une statuette représentant le **démon** Pazuzu (XIIIe siècle avant Jésus-Christ)

démoniaque (adjectif)
Digne du démon. *Kevin avait imaginé une ruse **démoniaque**.* (Syn. diabolique.)

démonstrateur, trice (nom)
Personne chargée de présenter un appareil pour le vendre. *Un **démonstrateur** va vous expliquer le fonctionnement de ce robot.*

démonstratif, ive (adjectif)
Qui extériorise beaucoup ses sentiments. *Pierre est un peu renfermé, sa sœur est beaucoup plus **démonstrative**.* (Syn. expansif.) • **Déterminant et pronom démonstratifs :** mots servant à montrer ce dont on parle. *Ce, cette, ces sont des **déterminants démonstratifs** ; celle, cela, celui-ci sont des **pronoms démonstratifs**.*

démonstration (nom féminin)
1. Raisonnement qui montre comment on arrive au résultat. *Une **démonstration** mathématique.* 2. Explication pratique de la manière dont quelque chose doit se faire ou doit être utilisé. *Le vendeur fait la **démonstration** d'une perceuse.* 3. Témoignage d'amitié. *Le chien aboie, saute, lèche son maître et lui fait toutes sortes de **démonstrations**.* Famille du mot : démonstrateur, démonstratif.

démontable (adjectif)
Qu'on peut démonter facilement. *L'armoire est entièrement **démontable**.*

démontage (nom masculin)
Action de démonter. *Le **démontage** de la piste des autos tamponneuses a pris une journée entière aux forains.*

démonté, ée (adjectif)
Très agité. *La mer est **démontée**, vous ne pouvez pas sortir du port.* (Contr. calme.)

démonter (verbe) ▸ conjug. n° 3
1. Séparer les différentes parties d'un objet. *Laura **a** entièrement **démonté** et remonté son stylo à bille.* 2. Se démonter : être troublé par une situation. *En voyant la porte fermée, Zoé ne **s'est** pas **démontée**, elle est allée chez la voisine.*

démontrer (verbe) ▸ conjug. n° 3
Donner la preuve d'une vérité. *Quentin m'**a démontré** qu'il pouvait partir à moins dix et être à l'heure à l'école.* (Syn. prouver.)

Ces vêtements sont maintenant **démodés.**

démoraliser (verbe) ▸ conjug. n° 3
Décourager, rendre triste. *Quand je vois tout ce qui me reste à faire, ça me* ***démoralise*** *complètement !* (Syn. déprimer.)

démordre (verbe) ▸ conjug. n° 31
• **Ne pas en démordre :** s'entêter, ne pas vouloir renoncer à son opinion.

démotiver (verbe) ▸ conjug. n° 3
Retirer toute motivation à quelqu'un. *Son échec* ***a démotivé*** *Pierre.*

démouler (verbe) ▸ conjug. n° 3
Retirer du moule. *Maman* ***a démoulé*** *le cake et l'a mis sur un plat.*

le **démoulage** d'un buste en plâtre

démunir (verbe) ▸ conjug. n° 11
Priver de ce qui est nécessaire. *Les réfugiés* ***sont démunis*** *de tout.*

dénaturer (verbe) ▸ conjug. n° 3
Changer complètement la nature de quelque chose. *Les journaux* ***ont dénaturé*** *les faits.* (Syn. déformer.)

dénicher (verbe) ▸ conjug. n° 3
1. Enlever du nid. *Romain sait qu'il ne faut pas* ***dénicher*** *des œufs de merle.* **2.** Trouver à force de chercher. *Elle* ***a déniché*** *une robe en dentelle dans le grenier de sa grand-mère.*

denier (nom masculin)
Synonyme littéraire d'argent. *On l'a accusé d'avoir pillé les* ***deniers*** *de l'État.* ⊸ Le **denier** était une monnaie romaine en argent.

dénigrer (verbe) ▸ conjug. n° 3
Parler avec malveillance d'une personne ou d'une chose. *Il éprouve un malin plaisir à* ***dénigrer*** *tout ce que font les autres.* (Syn. décrier, déprécier.) ⊸ **Dénigrer** vient du latin *denigrare* qui signifie « peindre en noir ».

dénivelé (nom masculin)
Différence d'altitude entre deux endroits. *Les randonnées en montagne se font souvent avec des* ***dénivelés*** *importants.*

dénivellation (nom féminin)
1. Différence d'altitude entre deux points. *Il y a une* ***dénivellation*** *de trois cents mètres entre notre chalet et la vallée.* **2.** Différences de niveau sur une surface. *Les* ***dénivellations*** *de la route.*

dénombrable (adjectif)
Que l'on peut compter. *Le nombre de personnes à ce concert en plein air est difficilement* ***dénombrable****.*

dénombrement (nom masculin)
Action de dénombrer. *Le* ***dénombrement*** *des victimes de la catastrophe n'est pas achevé.*

dénombrer (verbe) ▸ conjug. n° 3
Évaluer le nombre. *Le recensement permet de* ***dénombrer*** *avec précision la population d'un pays.* (Syn. compter.)

dénominateur (nom masculin)
Terme d'une fraction placé au-dessous de la barre et qui indique en combien de parties égales l'unité a été divisée.
• **Dénominateur commun :** ce que des personnes ou des choses ont en commun. *Leur* ***dénominateur commun*** *est de se passionner pour les oiseaux.*

dénomination (nom féminin)
Fait de dénommer. *Champagne est la* ***dénomination*** *d'un vin pétillant connu du monde entier.* (Syn. appellation.)

dénommé, ée (nom)
Qui a pour nom. *Un* ***dénommé*** *André Gris vous attend à la réception.*

dénommer (verbe) ▸ conjug. n° 3
Donner un nom. *Comment* ***dénommez-vous*** *cette plante dans votre région ?* (Syn. appeler, nommer.)

dénoncer (verbe) ▸ conjug. n° 4
1. Donner le nom de quelqu'un comme coupable. *Cet escroc* ***a été dénoncé*** *par sa victime.* 2. Faire connaître au public. *Le scandale* ***a été dénoncé*** *par un journaliste.*

dénonciation (nom féminin)
Action de dénoncer. *Le trafiquant a été arrêté après une* ***dénonciation****.*

dénoter (verbe) ▸ conjug. n° 3
Être le signe de quelque chose. *Ce dessin d'Anna* ***dénote*** *un talent artistique certain.* (Syn. indiquer, témoigner.)

dénouement (nom masculin)
Manière dont une histoire ou un évènement se termine. *La prise d'otages eut un heureux* ***dénouement*** *: ils ont tous été libérés.*

dénouer (verbe) ▸ conjug. n° 3
1. Défaire un nœud. *Thomas* ***dénoue*** *les lacets de ses baskets.* 2. Se dénouer : trouver une solution, se résoudre. *La crise entre les deux pays* ***s'est dénouée*** *grâce aux efforts des ambassadeurs.*

dénoyauter (verbe) ▸ conjug. n° 3
Enlever le noyau d'un fruit. *Pour préparer la pizza, Victor* ***dénoyaute*** *des olives noires.*

denrée (nom féminin)
Produit alimentaire. *Les légumes verts, les fromages sont des* ***denrées*** *périssables.* • **Denrée rare :** chose difficile à trouver. *Dans cette famille, l'humour est une* ***denrée rare*** *!*

dense (adjectif)
Dont la densité est élevée. *La circulation est* ***dense*** *sur l'autoroute. Le marbre est plus* ***dense*** *que la craie.*

densité (nom féminin)
1. Caractère épais et compact de quelque chose. *La* ***densité*** *de la végétation de la forêt équatoriale.* 2. Rapport entre le poids et le volume. *Le plomb a une très forte* ***densité****.* 3. Rapport entre le nombre d'habitants et la surface qu'ils occupent. *La* ***densité*** *de la population française est de 105 habitants au kilomètre carré.*

dent (nom féminin)
1. Organe dur et blanc, implanté dans la bouche, et qui sert à broyer les aliments. *Les enfants ont vingt* ***dents*** *jusqu'à six ans, tandis que les adultes en ont trente-deux.* 2. Chacune des pointes de certains instruments. *Les* ***dents*** *d'un râteau.*
• **Avoir la dent dure :** critiquer sévèrement les gens ou les choses. • **Avoir une dent contre quelqu'un :** lui en vouloir, avoir de la rancune contre lui.
• **Être armé jusqu'aux dents :** être très bien armé. • **Être sur les dents :** être très nerveux ou débordé de travail.
• **Se casser les dents :** ne pas réussir à surmonter une difficulté. *Elle* ***s'est cassé les dents*** *sur ce problème.* (Syn. échouer.)
Famille du mot : dent**aire**, dent**é**, dent**elé**, dent**ier**, dent**ifrice**, dent**iste**, denti**tion**, **é**denté. ➡ p. 364.

dentaire (adjectif)
Qui concerne les dents. *Un appareil* ***dentaire****.*

denté, ée (adjectif)
• **Roue dentée :** dont le bord est garni de dents qui peuvent s'emboîter dans celles d'une autre roue dentée.

dentelé, ée (adjectif)
Découpé en forme de dents. *Une vignette aux bords* ***dentelés****.*

dentelle (nom féminin)
Tissu ajouré en fils tissés très lâches et formant des dessins. *Une nappe bordée de* ***dentelle****.*

des bonnets de **dentelle**,
tableau de Frans Hals (XVIIe siècle)

a b c d e f g h i j k l m n o p q r s t u v w x y z

dentellière (nom féminin)
Personne qui fait de la dentelle. *Les **dentellières** de la ville du Puy.*
ORTHO On écrit aussi **dentelière.**

dentier (nom masculin)
Appareil dentaire garni de fausses dents.

dentifrice (nom masculin)
Produit utilisé pour nettoyer les dents.

dentiste (nom)
Personne qui soigne les dents. *Il ne faut pas attendre d'avoir mal aux dents pour aller chez le **dentiste**.*

dentition (nom féminin)
Ensemble des dents. *Le dentiste n'a pas posé d'appareil à Élodie, elle a une **dentition** parfaite.*

dénuder (verbe) ▸ conjug. n° 3
1. Mettre à nu. *L'électricien **a dénudé** les fils en enlevant la gaine de plastique avec sa pince.* **2.** Se dénuder : devenir nu ou se mettre nu. *Les arbres **se sont dénudés** d'un coup, avec ce vent d'automne.*

dénué, ée (adjectif)
Qui manque de quelque chose. *Ce feuilleton est **dénué** d'intérêt.* (Syn. dépourvu.)

dénuement (nom masculin)
Manque de ce qui est nécessaire pour vivre. *La famille du Petit Poucet vivait dans le plus grand **dénuement**.* (Syn. misère.)

déodorant (nom masculin)
Produit qui supprime les odeurs corporelles.

dépannage (nom masculin)
Action de dépanner. *Le garagiste est venu nous remorquer avec une voiture de **dépannage**.*

dépanner (verbe) ▸ conjug. n° 3
Remettre en marche une machine qui était en panne. *Le réparateur est venu **dépanner** la machine à laver.* (Syn. réparer.)

dépanneur, euse (nom)
Personne dont le métier est de dépanner les véhicules ou les machines. *Il est **dépanneur** de postes de télévision.* ■ **dépanneur** (nom masculin) Au Québec, magasin d'alimentation qui reste ouvert très tard le soir.

dépanneuse (nom féminin)
Voiture qui remorque les voitures en panne.

dépaqueter (verbe) ▸ conjug. n° 9
Défaire un paquet. *Fatima **dépaquette** le baladeur qu'elle vient de recevoir.* (Contr. empaqueter.) **Dépaqueter** se conjugue aussi comme peler (n° 8)

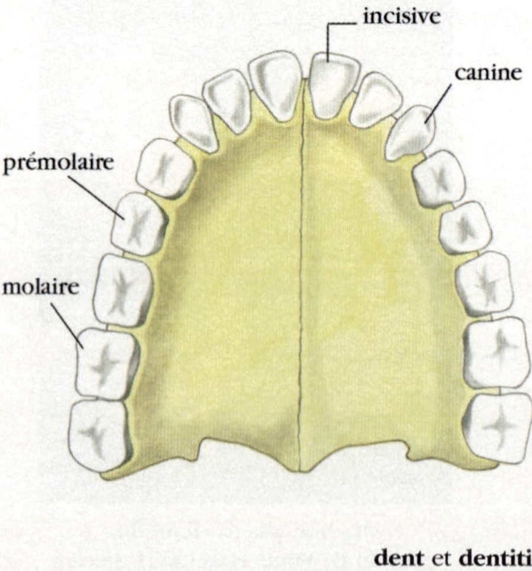

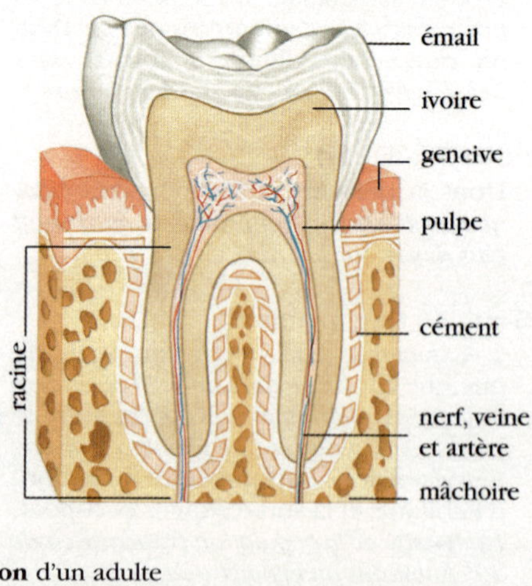

dent et **dentition** d'un adulte

départeillé, ée (adjectif)
Qui n'appartient pas au même ensemble. *Ces deux chaussettes sont **dépareillées**, elles n'appartiennent pas à la même paire.*

déparer (verbe) ▸ conjug. n° 3
Rendre moins beau. *Ces poteaux électriques **déparent** le paysage.* (Syn. enlaidir.)

départ (nom masculin)
1. Action de partir. *William s'est levé : c'était le signal du **départ**.* (Contr. arrivée.) 2. Commencement de quelque chose. *Au **départ**, j'étais un peu intimidé. Dès le **départ**, je l'ai trouvé sympathique.* (Syn. début.)

départager (verbe) ▸ conjug. n° 5
Trouver un moyen pour que des gagnants ne soient plus à égalité. *Et voici la question subsidiaire pour **départager** les candidats ex aequo.*

département (nom masculin)
Partie du territoire français administrée par un préfet et un conseil général. *En France, les **départements** sont regroupés en régions.* ➡ Voir carte p. 1373.

départemental, ale, aux (adjectif)
Du département. *L'été, nous empruntons souvent les routes **départementales**.*

se **départir** (verbe) ▸ conjug. n° 15
Abandonner une attitude. *Malgré la tension générale, on ne l'a jamais vu **se départir** de sa bonne humeur.*

dépassé, ée (adjectif)
Qui date d'un autre temps. *La machine à écrire, c'est **dépassé** !* (Syn. périmé.)

dépassement (nom masculin)
Action de dépasser. *Par temps de brouillard, le **dépassement** est dangereux.*

dépasser (verbe) ▸ conjug. n° 3
1. Passer devant un autre véhicule. *Il est interdit de **dépasser** en arrivant au sommet d'une côte.* (Syn. doubler.) 2. Aller au-delà d'une limite. *Le train **a dépassé** Lyon. **J'ai dépassé** mon budget.* 3. Synonyme familier de déconcerter. *Cette dispute me **dépasse**, je ne comprends pas.* 4. Être trop long. *Il faudra faire un ourlet à ta robe, elle **dépasse** de ton manteau.* 5. Se dépasser : réussir mieux que d'habitude. *Cette mousse est un régal, la cuisinière **s'est dépassée** !* (Syn. se surpasser.) Famille du mot : dépassé, dépassement.

Ce panneau routier indique qu'il est interdit de **dépasser**.

dépaysement (nom masculin)
Fait d'être dépaysé. *Bien des gens ne voyagent que pour le plaisir du **dépaysement**.*

dépayser (verbe) ▸ conjug. n° 3
Désorienter une personne par un changement de pays, de milieu, d'habitudes. *La chaleur et la végétation de ce pays nous **ont** complètement **dépaysés**.*

dépecer (verbe) ▸ conjug. n° 4
Couper en morceaux. ***Dépecer** un poulet.* **Dépecer** se conjugue aussi comme peler (n° 8).

dépêche (nom féminin)
Message transmis rapidement. *Nous recevons à l'instant une **dépêche** de notre envoyé spécial à Jérusalem.*

se **dépêcher** (verbe) ▸ conjug. n° 3
Agir avec rapidité. ***Dépêche-toi**, sinon tu vas manquer le début du film !* (Syn. se hâter, se presser.)

dépeigner (verbe) ▸ conjug. n° 3
Mettre les cheveux en désordre. *Tu **es** toute **dépeignée**, attends que je te recoiffe !* (Syn. décoiffer.)

a b c d e f g h i j k l m n o p q r s t u v w x y z

dépeindre (verbe) ▸ conjug. n° 35
Synonyme de décrire. *L'écrivain **a dépeint** la société de son temps.*

dépenaillé, ée (adjectif)
Débraillé et en loques. *Un clochard **dépenaillé** était assis sur le banc.* En ancien français, une *penaille*, c'est un vêtement en loques.

dépendance (nom féminin)
État d'une personne dépendante. *Les paysans étaient autrefois sous la **dépendance** des seigneurs.* ■ **dépendances** (nom féminin pluriel) Bâtiments qui dépendent d'un bâtiment principal. *Les **dépendances** du château.*

dépendant, ante (adjectif)
Qui est soumis à l'autorité de quelqu'un ou à l'influence de quelque chose. *Les jeunes oursons sont **dépendants** de leur mère.*

dépendre (verbe) ▸ conjug. n° 31
1. Décrocher ce qui est suspendu. *Il faut **dépendre** le lustre pour le nettoyer.* **2.** Être dépendant. *Elle gagne sa vie, elle ne **dépend** de personne.* **3.** Faire partie d'un ensemble. *Cette forêt **dépend** du château.* **4.** Ne pouvoir se faire sans l'action de quelqu'un ou de quelque chose. *Le succès de la fête **dépend** du temps. Tu viendras demain ? – Ça **dépend**.* Famille du mot : dépend**ance**, dépend**ant**, indépend**amment**, indépend**ance**, indépend**ant**.

dépens (nom masculin pluriel)
• **Aux dépens de quelqu'un :** à ses frais ou à son détriment. *Il a toujours vécu **aux dépens de** sa famille. On a ri **à ses dépens**.*

dépense (nom féminin)
Ce qu'on dépense. *Ils ont fait une grosse **dépense** en achetant une voiture neuve. L'État s'efforce de réduire les **dépenses** d'énergie.* (Contr. économie.)

dépenser (verbe) ▸ conjug. n° 3
1. Employer de l'argent. *J'**ai dépensé** tout mon argent de poche.* **2.** Consommer de l'énergie. *Nous **avons dépensé** trop de gaz ce mois-ci.* **3.** Se dépenser : utiliser ses forces, se remuer. *Après la classe, les enfants ont besoin de **se dépenser**.* Famille du mot : dépens**e**, dépens**ier**.

dépensier, ère (adjectif)
Qui aime dépenser son argent sans compter. *Il est trop **dépensier** pour faire des économies.* (Contr. économe.)

déperdition (nom féminin)
Diminution ou perte de quelque chose. *Avec ces fenêtres qui ferment mal, il y a une grande **déperdition** de chaleur.*

dépérir (verbe) ▸ conjug. n° 11
Perdre ses forces progressivement. *Le malade **dépérissait** de jour en jour.*

se dépêtrer (verbe) ▸ conjug. n° 3
Se dégager de quelque chose qui gêne. *L'abeille avait du mal à **se dépêtrer** de la toile d'araignée.*

dépeuplement (nom masculin)
Fait de se dépeupler. *Le **dépeuplement** des campagnes s'est accentué.*

dépeupler (verbe) ▸ conjug. n° 3
Vider de ses habitants ou les faire partir. *Les vacances **ont dépeuplé** la ville.* (Contr. repeupler.)

dépistage (nom masculin)
Examen fait pour dépister une maladie.

dépister (verbe) ▸ conjug. n° 3
1. Découvrir en suivant la trace. *Les chasseurs **ont dépisté** un chevreuil dans la forêt.* **2.** Reconnaître quelque chose d'après certains signes. *Le médecin a su **dépister** la surdité chez ce bébé.* (Syn. déceler.)

dépit (nom masculin)
Sentiment où il y a du chagrin, de la colère et de la déception. *Anna a éprouvé bien du **dépit** en s'apercevant que son dessert était raté.* • **En dépit de :** synonyme de malgré. ***En dépit de** ce petit incident, la fête a été un succès.*

dépité, ée (adjectif)
Qui éprouve du dépit. *Xavier faisait peine à voir, avec sa mine toute **dépitée**.* (Syn. déçu.)

déplacé, ée (adjectif)
Qui ne devrait pas être fait ou dit. *Yann n'est pas très délicat, sa remarque était tout à fait **déplacée**.* (Syn. choquant, incorrect.)

déplacement (nom masculin)
Fait de se déplacer. *Le réparateur a pris trente euros pour son* ***déplacement****.* • **Être en déplacement :** être absent de son lieu de travail pour cause de voyage.

déplacer (verbe) ▸ conjug. n° 4
Changer de place ou de poste. *Le piano est trop près de la fenêtre, il faudrait le* ***déplacer****. Maman* ***se déplace*** *souvent pour ses affaires.*

déplaire (verbe) ▸ conjug. n° 41
Ne pas plaire à quelqu'un. *Hélène me* ***déplaît****, je la trouve antipathique. Il* ***se déplaît*** *à la campagne, il s'y ennuie.* (Contr. se plaire.)

déplaisant, ante (adjectif)
Qui déplaît. *Benjamin nous a parlé sur un ton très* ***déplaisant****.* (Syn. désagréable. Contr. agréable.)

dépliant (nom masculin)
Document imprimé et replié. *Au syndicat d'initiative, on nous a donné des* ***dépliants*** *touristiques.*

déplier (verbe) ▸ conjug. n° 10
Étendre ou ouvrir ce qui était plié. *Clément* ***a déplié*** *la carte pour trouver la bonne route.* (Contr. plier, replier.)

déploiement (nom masculin)
Action de déployer. *Cinq mille policiers dans la capitale : un vrai* ***déploiement*** *de forces.*

déplorable (adjectif)
Très mauvais. *Sa tenue, son attitude et ses résultats sont* ***déplorables****.* (Syn. désolant.)

déplorer (verbe) ▸ conjug. n° 3
Avoir la tristesse de constater un fait. *Nous n'avons aucune perte à* ***déplorer*** *parmi nos compatriotes.*

déployer (verbe) ▸ conjug. n° 6
1. Étendre complètement. *Le paon* ***déploie*** *sa queue en éventail.* (Syn. déplier.) **2.** Disposer pour le combat. *Le général* ***a déployé*** *ses troupes le long de la rivière.* **3.** Montrer, manifester. *Depuis quelque temps, il* ***déploie*** *une grande activité au bureau.*

déplumer (verbe) ▸ conjug. n° 3
Ôter les plumes à un oiseau. *Le père de Xavier* ***déplume*** *le faisan qu'il a acheté au marché.*

dépoli, ie (adjectif)
• **Verre dépoli :** verre qui laisse passer la lumière, mais qui n'est pas transparent.

un papillon sous un verre **dépoli**

déportation (nom féminin)
Internement dans un camp de concentration éloigné. *Les nazis ont fait périr des millions de juifs en* ***déportation****.*

déporté, ée (nom et adjectif)
Personne qui a été envoyée en déportation.

déporter (verbe) ▸ conjug. n° 3
1. Envoyer une personne en déportation. **2.** Faire dévier de sa route. *Une bourrasque* ***a déporté*** *le cycliste dans le fossé.* Famille du mot : déport**ation**, déport**é**.

déposer (verbe) ▸ conjug. n° 3
1. Poser une chose quelque part. *Quelqu'un* ***a déposé*** *un paquet pour toi chez la gardienne.* **2.** Conduire quelqu'un en voiture à un endroit. *Je passe devant l'école, je te* ***dépose*** *si tu veux.* **3.** Mettre de l'argent en dépôt. *Le commerçant va* ***déposer*** *des chèques à la banque.* **4.** Faire une déposition. *Un témoin* ***a déposé*** *en faveur de l'accusé.* (Syn. témoigner.) **5.** Enlever sa fonction, son autorité à quelqu'un. *Les rebelles* ***ont déposé*** *le Président.* (Syn. destituer.) **6.** Se déposer : tomber petit à petit en formant une couche. *Le marc de café* ***s'est***

déposé au fond de la tasse. • **Déposer les armes :** cesser le combat. Famille du mot : dépos**itaire**, dépos**ition**, dépôt.

dépositaire (nom)
Personne à qui l'on a confié une chose très importante. *Julie est **dépositaire** d'un secret.*

déposition (nom féminin)
Déclaration à la police ou au tribunal. *Le juge a demandé au témoin de faire sa **déposition**.*

déposséder (verbe) ▸ conjug. n° 8
Priver quelqu'un de ce qu'il possédait. *À la Révolution, les nobles **ont été dépossédés** de leurs privilèges.*

dépôt (nom masculin)
1. Action de déposer. *Un **dépôt** d'ordures.* 2. Endroit où on entrepose du matériel et où on le met à l'abri. *Un **dépôt** de munitions. Le chauffeur a conduit le car au **dépôt**.* 3. Action de déposer quelque chose dans une banque. *Tante Lucie a mis ses bijoux en **dépôt** dans un coffre de la banque.* 4. Matière qui se dépose. *Il y a un **dépôt** au fond de la bouteille de vin.*

dépoter (verbe) ▸ conjug. n° 3
Ôter d'un pot. *Laura **a dépoté** ses jacinthes pour les mettre en pleine terre.*

dépotoir (nom masculin)
Endroit où l'on dépose de vieux objets.

dépôt-vente (nom masculin)
Magasin où les particuliers déposent ce qu'ils veulent vendre. *J'ai trouvé cette commode dans un **dépôt-vente**.* Pluriel : des dépôt-vente**s**.

dépouille (nom féminin)
Synonyme littéraire de cadavre. *Les chefs d'État étrangers sont venus s'incliner devant la **dépouille** du Président.*

dépouillement (nom masculin)
Action de compter et de classer les bulletins de vote après un scrutin. *Tous les citoyens peuvent participer au **dépouillement**.*

dépouiller (verbe) ▸ conjug. n° 3
1. Enlever la peau d'un animal. *La fermière **dépouille** un lapin.* 2. Prendre de force à quelqu'un ce qu'il a. *Il s'est fait **dépouiller** de son blouson en sortant de la discothèque.* 3. Examiner attentivement. *Papa **dépouille** le courrier en buvant son café.* Famille du mot : dépouille, dépouill**ement**.

dépourvu, ue (adjectif)
Synonyme de dénué. *Ce roman m'ennuie, il est totalement **dépourvu** d'intérêt.* ■ dépourvu (nom masculin) • **Prendre quelqu'un au dépourvu :** alors qu'il ne s'y est pas préparé. *Je ne peux pas vous répondre, vous me **prenez au dépourvu**.*

dépoussiérer (verbe) ▸ conjug. n° 8
Enlever la poussière. *Guillaume **dépoussière** le lecteur de CD.*

déprécier (verbe) ▸ conjug. n° 10
Rabaisser la valeur de quelqu'un ou de quelque chose. *Le dollar **se déprécie** par rapport à l'euro.* (Syn. dévaloriser.)

déprédation (nom féminin)
Dégâts matériels. *Des inconnus ont commis des **déprédations** sur les voitures en stationnement dans la rue.*

dépressif, ive (adjectif)
Qui a tendance à être déprimé. *Ma tante est **dépressive** et n'a plus de goût à rien.*

dépression (nom féminin)
1. État de découragement, de profonde tristesse et d'angoisse. *À la mort de sa femme, il a fait une **dépression**. Une **dépression** nerveuse.* 2. Endroit où le terrain forme une cuvette. *De la neige gelée est restée dans une **dépression** du terrain.*

déprimant, ante (adjectif)
Qui déprime, qui démoralise. *Ce temps maussade est vraiment **déprimant** !* (Syn. triste.)

déprime (nom féminin)
État de tristesse et d'abattement. *La **déprime** de Laura a été causée par le divorce de ses parents.*

déprimer (verbe) ▸ conjug. n° 3
Enlever tout son courage à quelqu'un. *Myriam **est** tout à fait **déprimée** à l'idée que sa meilleure amie quitte l'école.* (Syn. démoraliser.)

depuis (adverbe)
À partir de ce moment-là. *Mercredi, nous sommes allés au cinéma ensemble, je ne l'ai pas vu **depuis**.* ■ **depuis** (préposition) Indique le point de départ. *Le film est commencé **depuis** cinq minutes.* ■ **depuis que** (conjonction) Dès le moment où. *Je n'ai pas revu Flore **depuis qu**'elle a déménagé.*

député, ée (nom)
Représentant élu pour faire partie de l'Assemblée nationale. *Les **députés** sont élus pour cinq ans.*

déraciner (verbe) ▸ conjug. n° 3
Arracher avec les racines. *La tempête **a déraciné** le plus beau chêne du parc.*

déraillement (nom masculin)
Fait de dérailler. *Les départs pour Brest sont retardés à cause du **déraillement** d'un train de marchandises.*

dérailler (verbe) ▸ conjug. n° 3
1. Sortir de ses rails, des dents d'un pignon. *À un passage à niveau, le train a heurté un poids lourd et **a déraillé**. Julien doit remonter sa chaîne : elle **a déraillé**.* 2. Synonyme familier de déraisonner. *En disant cela, tu **déraillES** complètement.*

dérailleur (nom masculin)
Mécanisme qui fait passer une chaîne de bicyclette d'un pignon sur un autre. ➡ p. 139.

déraisonnable (adjectif)
Qui n'est pas raisonnable. *Sortir sans manteau par ce froid, c'est **déraisonnable** !*

déraisonner (verbe) ▸ conjug. n° 3
Perdre la raison, dire et faire des choses qui n'ont aucun sens. *Avec l'âge, il s'est mis à **déraisonner**.* (Syn. dérailler, divaguer.)

dérangé, ée (adjectif)
1. Qui a un peu mal au ventre. *Ibrahim est un peu **dérangé**, il a mangé trop de pommes vertes.* 2. Synonyme familier de fou.

dérangement (nom masculin)
Action de déranger. *Excusez-moi de vous causer tout ce **dérangement** !* (Syn. gêne.)
• **En dérangement :** en panne. *Le téléphone est **en dérangement**.*

déranger (verbe) ▸ conjug. n° 5
1. Mettre en désordre ce qui était rangé. *Quelqu'un **a dérangé** mes affaires, je ne retrouve plus rien.* 2. Gêner dans ce que l'on est en train de faire. *Bonjour ! Dites-moi si je vous **dérange**.* (Syn. importuner.) 3. Se déranger : quitter l'endroit où l'on se trouve. *Noémie **s'est dérangée** pour venir me voir à l'hôpital.*

dérapage (nom masculin)
Action de déraper. *Kevin a fait un **dérapage** en vélo sur le gravier, sa jambe est tout écorchée.*

déraper (verbe) ▸ conjug. n° 3
Glisser sur le sol. *La moto **a dérapé** sur une plaque d'huile.*

dératé, ée (nom)
• **Courir comme un dératé :** courir très vite. ⚷ On croyait autrefois que les animaux sans rate couraient plus vite que les autres.

dératisation (nom féminin)
Action de dératiser. *Le service de **dératisation** vient demain déposer des appâts dans les caves.*

dératiser (verbe) ▸ conjug. n° 3
Débarrasser un local des rats. *Une fois par an, le service sanitaire **dératise** l'immeuble.*

dérégler (verbe) ▸ conjug. n° 8
Perturber la marche normale d'un appareil. *Le radioréveil **est déréglé**, il sonne mais la radio ne se met plus en marche.*

dérider (verbe) ▸ conjug. n° 3
Rendre moins sérieux, faire sourire. *Nos plaisanteries ne l'**ont** pas **déridé**.* (Syn. égayer.)

dérision (nom féminin)
Moquerie méprisante. *Cet orgueilleux parle souvent de moi avec **dérision**.*
• **Tourner en dérision :** tourner en ridicule, se moquer. ⚷ En ancien français, *dérire* signifie « se moquer ».

dérisoire (adjectif)
Insignifiant au point d'en paraître ridicule. *Pour ce travail si fatigant, ils touchent un salaire **dérisoire**.*

dérivatif (nom masculin)
Moyen pour détourner l'esprit vers d'autres pensées. *Quand on a des soucis, le travail peut être un **dérivatif**.*

dérivation (nom féminin)
1. Action de dériver un cours d'eau. *Les cantonniers ont entrepris la **dérivation** du ruisseau.* **2.** Création d'un mot par ajout de préfixe ou de suffixe à un radical.

dérive (nom féminin)
Sorte de quille amovible qui aide à gouverner le bateau sans dériver. • **À la dérive :** au gré des flots, du courant et du vent ; au sens figuré, à l'abandon, en se désorganisant. *Ses affaires vont **à la dérive**.* ➡ p. 1346.

dérivé (nom masculin)
1. Mot qui dérive d'un autre. *« Bonté » est un **dérivé** de « bon ».* **2.** Produit obtenu à partir d'un autre. *L'essence est un **dérivé** du pétrole.*

dériver (verbe) ▸ conjug. n° 3
1. Être emporté et s'écarter de la route. *Le chalutier en panne de moteur **a dérivé** toute la nuit.* **2.** Détourner un cours d'eau. *On a pu construire le barrage en **dérivant** le fleuve.* **3.** Venir d'un autre mot. *Le nom « richesse » **dérive** de l'adjectif « riche ».* Famille du mot : dériv**atif**, dériv**ation**, dérive, dérivé, dériv**eur**.

dériveur (nom masculin)
Voilier léger muni d'une dérive. *Le Vaurien est un **dériveur** connu des amateurs de voile.* ➡ p. 1346.

dermatologue (nom)
Médecin spécialiste des maladies de la peau. *Le **dermatologue** lui a prescrit une pommade contre les boutons.*

derme (nom masculin)
Partie de la peau qui se trouve sous l'épiderme.

dernier, ère (adjectif)
1. Qui vient après tous les autres. *En avril, le 30 est le **dernier** jour du mois.* **2.** Qui est le plus récent. *C'est le **dernier** film de Walt Disney.* (Contr. premier.) **3.** Très grand, extrême. *Il s'est battu avec la **dernière** énergie.* • **Avoir le dernier mot :** l'emporter dans une discussion, avoir raison. • **Mettre la dernière main à quelque chose :** achever de le préparer. ■ **dernier, ère** (nom) Personne qui vient après toutes les autres. *C'est la petite **dernière** de la famille.* Famille du mot : avant-dernier, dernière**ment**.

dernièrement (adverbe)
Il y a peu de temps. *Elle est arrivée dans l'immeuble tout **dernièrement**.* (Syn. récemment.)

dérobé, ée (adjectif)
• **Escalier dérobé, porte dérobée :** par où on peut passer sans être vu. ■ **à la dérobée** (adverbe) Discrètement, sans en avoir l'air.

dérober (verbe) ▸ conjug. n° 3
1. Synonyme littéraire de voler. *On lui **a dérobé** un diamant.* **2.** Se dérober : s'affaisser. *Odile sentit le sol **se dérober** sous ses pas.* **3.** Se dérober à quelque chose : éviter de l'affronter. *Pierre cherche à **se dérober** à ses devoirs.* (Syn. se soustraire.)

dérogation (nom féminin)
Autorisation spéciale de ne pas suivre un règlement. *Ses parents ont demandé à la mairie une **dérogation** pour qu'il aille dans une autre école.*

déroger (verbe) ▸ conjug. n° 5
Ne pas suivre une loi, une règle. *Vous serez puni pour avoir **dérogé** à la loi.*

déroulement (nom masculin)
Manière dont quelque chose se déroule. *Voici quel sera le **déroulement** de la journée.*

dérouler (verbe) ▸ conjug. n° 3
1. Étendre quelque chose qui était enroulé. *On **a déroulé** une toile cirée sur la table de jardin.* **2.** Se dérouler : se passer. *Son enfance **s'est déroulée** dans un petit village de Bourgogne.*

déroutant, ante (adjectif)
Qui déroute. *Ce tableau abstrait me paraît bien **déroutant**.* (Syn. déconcertant, surprenant.)

déroute (nom féminin)
Fuite en désordre d'une troupe vaincue. *Les corsaires mirent la flotte anglaise en **déroute**.*

dérouter (verbe) ▸ conjug. n° 3
1. Faire changer de route. *L'avion **a été dérouté** sur l'Italie en raison du mauvais temps.* 2. Au sens figuré, synonyme de déconcerter. *Ma question naïve **l'a dérouté**, il ne savait pas quoi répondre !*

derrick (nom masculin)
Sorte de tour métallique qui se dresse au-dessus d'un puits de pétrole.

un **derrick**

derrière (adverbe)
À l'arrière ou en arrière. *Elle est restée **derrière**, à bavarder avec ses nombreux amis.* (Contr. devant.) ■ **derrière** (préposition) 1. De l'autre côté. *Le jardin est **derrière** la maison.* 2. À la suite de. *Regarde **derrière** toi qui vient.* ■ **derrière** (nom masculin) 1. Partie située à l'arrière. *Le chien a mal à sa patte de **derrière**.* 2. Les fesses. *Tomber sur le **derrière**.*

des ➡ Voir **de** et **un**.

dès (préposition et conjonction)
Sert à indiquer le temps ou le lieu. *Vous pouvez venir **dès** aujourd'hui. Les voitures doivent ralentir **dès** l'entrée du village. Je suis venue **dès que** je l'ai su.* (Syn. aussitôt que.)

désabusé, ée (adjectif)
Synonyme de désenchanté. *Il parlait de ses vacances ratées d'un ton **désabusé**.*

désaccord (nom masculin)
Fait de ne pas être d'accord. *Il y a un **désaccord** entre eux au sujet de la date des vacances.*

désaccordé, ée (adjectif)
Qui n'est plus accordé. *Il faudra faire venir l'accordeur, ce piano est **désaccordé**.*

désactiver (verbe) ▸ conjug. n° 3
Faire cesser le fonctionnement de quelque chose. *Pierre **a désactivé** l'option Internet sur son téléphone portable.*

désaffecté, ée (adjectif)
Qui n'est plus utilisé pour ce qui était prévu. *L'exposition a eu lieu dans un hangar **désaffecté**.*

désagréable (adjectif)
1. Qui est gênant ou mauvais. *Cesse de faire grincer ta chaise, c'est **désagréable** !* 2. Qui est déplaisant et antipathique. *En ce moment, Quentin est **désagréable** avec tout le monde !* (Contr. agréable.)

désagréablement (adverbe)
De façon désagréable. *Cette information nous a tous **désagréablement** surpris.*

se **désagréger** (verbe) ▸ conjug. n° 5
Se décomposer en perdant l'unité de ses éléments. *Avec l'humidité, le plâtre **se désagrège**.* (Syn. s'effriter.) ✎ **Désagréger** se conjugue aussi comme peler (n° 8).

désagrément (nom masculin)
Chose désagréable, qui contrarie. *Ce déménagement ne lui a apporté que du **désagrément**.* (Syn. ennui.)

désaltérant, ante (adjectif)
Qui désaltère. *En été, le thé froid est très **désaltérant**.*

désaltérer (verbe) ▶ conjug. n° 8
Calmer la soif. *Les randonneurs ont trouvé une fontaine où ils ont pu **se désaltérer**.*

désamorcer (verbe) ▶ conjug. n° 4
Retirer l'amorce destinée à provoquer l'explosion. *L'attentat a échoué parce qu'on a réussi à **désamorcer** la bombe.*

désappointé, ée (adjectif)
Qui éprouve du désappointement. *Sarah a l'air tout à fait **désappointée** de ne pas pouvoir venir.* (Syn. déçu.)

désappointement (nom masculin)
Sentiment de déception. *À l'annonce des résultats de la tombola, Romain n'a pu cacher son **désappointement**.* (Syn. déconvenue, désillusion.)

désapprobateur, trice (adjectif)
Qui montre sa désapprobation. *Papa nous a lancé un coup d'œil **désapprobateur** quand nous avons fait trop de bruit.* (Contr. approbateur.)

désapprobation (nom féminin)
Action de désapprouver. *Le public manifeste sa **désapprobation** en sifflant.* (Contr. approbation.)

désapprouver (verbe) ▶ conjug. n° 3
Ne pas approuver quelqu'un ou quelque chose. *Ce projet est mauvais : je le **désapprouve**.* (Syn. blâmer, critiquer.)

désarçonner (verbe) ▶ conjug. n° 3
1. Faire tomber de la selle. *Dans les rodéos, les concurrents essaient de ne pas se faire **désarçonner**.* **2.** Au sens figuré, synonyme de déconcerter. *Le candidat s'est laissé **désarçonner** par la première question.*

désargenté, ée (adjectif)
Qui a perdu tout son argent. *C'est un achat que je ferais bien, si je n'étais pas si **désargenté**.*

désarmant, ante (adjectif)
Qui désarme. *Sa bonne foi et sa sincérité sont **désarmantes** !* (Syn. touchant.)

désarmement (nom masculin)
Action de diminuer ou de supprimer la fabrication de certaines armes. *Il y a eu un débat sur le **désarmement** nucléaire.*

désarmer (verbe) ▶ conjug. n° 3
1. Enlever les armes. *Un passant est parvenu à **désarmer** le malfaiteur.* **2.** Au sens figuré, enlever toute envie de se fâcher. *Son regard candide **désarme** la maîtresse.*

désarroi (nom masculin)
État de grand trouble qui empêche de savoir ce qu'il faut faire. *La disparition subite du père a plongé la famille dans le **désarroi**.*

désarticulé, ée (adjectif)
Qui est disloqué ou déboîté. *Le pauvre homme marchait comme un pantin **désarticulé**.*

désastre (nom masculin)
Grand malheur. *Le tremblement de terre a été un véritable **désastre**.* (Syn. calamité, catastrophe.)

désastreux, euse (adjectif)
Qui a le caractère d'un désastre. *Ce match a été **désastreux** pour l'équipe française.* (Syn. catastrophique.)

désavantage (nom masculin)
Ce qui ne donne pas les mêmes chances à tous. *Être petit est un **désavantage** pour jouer au basket.* (Syn. handicap. Contr. avantage.)

désavantager (verbe) ▶ conjug. n° 5
Être un désavantage pour quelqu'un. *Le brouillard **a désavantagé** les derniers concurrents.* (Syn. défavoriser. Contr. avantager.)

désavantageux, euse (adjectif)
Qui désavantage. *Ce partage est **désavantageux** pour Thomas, qui proteste.* (Syn. défavorable. Contr. avantageux.)

désaveu, eux (nom masculin)
Fait de désavouer quelqu'un ou quelque chose. *Le **désaveu** de ses supérieurs l'a obligé à démissionner.*

désavouer (verbe) ▸ conjug. n° 3
Dire qu'on n'approuve pas ce que fait ou dit quelqu'un. *Le gouvernement **a désavoué** les propos de l'ambassadeur.* (Contr. approuver.)

Descartes René (né en 1596, mort en 1650)
Philosophe français. Dans le *Discours de la méthode* (1637), Descartes exposa une méthode de réflexion scientifique et philosophique. Le point de départ est le doute. Puis Descartes utilise la déduction pour accéder à la certitude. Il est l'auteur de la formule *cogito ergo sum* (« *je pense, donc je suis* »).

desceller (verbe) ▸ conjug. n° 3
Détacher ce qui était scellé dans la pierre. *On **a descellé** la grille pour en mettre une neuve.*

descendance (nom féminin)
Les enfants, les petits-enfants, les arrière-petits-enfants. *Ce couple âgé a une nombreuse **descendance**.*

descendant, ante (adjectif)
Qui descend. *La marée **descendante** découvre les rochers.* (Contr. ascendant.) ■ **descendant, ante** (nom) Personne qui fait partie de la descendance de quelqu'un. *C'est une **descendante** de Victor Hugo.* (Contr. ascendant.)

descendre (verbe) ▸ conjug. n° 31
1. Aller du haut vers le bas. *L'avion **descend** vers la piste. Il **descend** les escaliers quatre à quatre.* (Contr. monter.) **2.** Mettre ou porter plus bas. *Victor **a descendu** un vieux meuble du grenier.* **3.** Synonyme familier d'abattre. *Le pilote **a descendu** un avion ennemi.* **4.** S'éloigner du rivage. *La mer **descend** depuis une heure.* (Syn. se retirer. Contr. monter.) **5.** Baisser. *Le baromètre **descend**, il va pleuvoir.* **6.** Mettre pied à terre. *Tous les voyageurs **descendent** du train.* **7.** S'arrêter pour coucher quelque part. *Ils **descendent** toujours à l'auberge du Chapeau rouge.* **8.** Avoir pour ancêtre. *L'homme **descend** du singe.* Famille du mot : descendance, descendant, descente, redescendre.

descente (nom féminin)
1. Action de descendre. *Les alpinistes quittent le sommet et entament la **descente**.* **2.** Pente d'un chemin, d'une route. *La **descente** est en lacets.* (Contr. côte, montée.) • **Descente de lit :** petit tapis posé le long d'un lit.

descriptif (nom masculin)
Document qui décrit précisément quelque chose. *L'agence fournit des **descriptifs** détaillés des voyages qu'elle propose.*

description (nom féminin)
Texte ou paroles qui décrivent. *Je n'ai jamais vu le Parthénon, peux-tu m'en faire une **description** ?*

désemparé, ée (adjectif)
Qui est perdu, un peu affolé et ne sait pas quoi faire. *Ce chien **désemparé** ne trouve plus ses maîtres.*

désemparer (verbe)
• **Sans désemparer :** sans s'arrêter. *Ils ont discuté toute la soirée **sans désemparer**.*

désenchanté, ée (adjectif)
Qui est déçu et a perdu son enthousiasme, ses illusions. *Elle est revenue de son voyage un peu **désenchantée**.* (Syn. désabusé.)

désenfler (verbe) ▸ conjug. n° 3
Devenir moins enflé. *Sa cheville **a** bien **désenflé**, ça va mieux.*

déséquilibre (nom masculin)
Absence d'équilibre, causant une position instable. *La pile d'assiettes est en **déséquilibre**, elle va tomber !*

déséquilibré, ée (nom)
Synonyme de fou. *Ce crime affreux est l'œuvre d'un **déséquilibré**.*

déséquilibrer (verbe) ▸ conjug. n° 3
Faire perdre l'équilibre. *C'est un véliplanchiste débutant, un coup de vent l'**a déséquilibré**.*

désert, erte (adjectif)
1. Sans aucun habitant. *Le bateau échoua sur une île **déserte**.* **2.** Où il n'y a personne pour le moment. *À la fin des*

*vacances, le village est **désert**.* (Syn. dépeuplé.) ■ **désert** (nom masculin) Région très sèche, sans végétation et sans habitants. *Le Sahara est le plus grand **désert** du globe.*

le **désert** du Sahara

déserter (verbe) ▶ conjug. n° 3
1. Ne plus fréquenter un endroit. *Les touristes **ont déserté** la plage pendant l'averse.* (Syn. abandonner.) **2.** Quitter l'armée sans y être autorisé. *Les soldats ne voulaient pas se battre, ils **ont déserté**.*
Famille du mot : déserte**ur**, déser**tion**.

déserteur (nom masculin)
Soldat qui déserte.

désertion (nom féminin)
Action de déserter. *Pour un militaire, la **désertion** est punie de prison.*

désertique (adjectif)
Du désert. *Les régions polaires sont **désertiques**.*

désespérant, ante (adjectif)
Qui désespère. *Les derniers jours avant les vacances passent avec une lenteur **désespérante**.*

désespéré, ée (adjectif)
1. Qui ne laisse pas d'espoir. *Sa maladie est très grave et son cas est **désespéré**.* **2.** Très grand, extrême. *Le naufragé faisait des efforts **désespérés** pour se maintenir à la surface de l'eau.*

désespérément (adverbe)
De façon désespérée. *Les assiégés se sont battus **désespérément**, jusqu'au bout.*

désespérer (verbe) ▶ conjug. n° 8
1. Perdre tout espoir. *Les médecins **désespèrent** de le sauver.* **2.** Conduire au désespoir. *Sa lenteur me **désespère** !* (Syn. décourager, désoler.)

désespoir (nom masculin)
Très grande tristesse de celui qui a perdu l'espoir. *À la mort de sa femme, il a sombré dans le **désespoir**.* • **En désespoir de cause :** parce qu'il n'y a pas de meilleure solution.

déshabiller (verbe) ▶ conjug. n° 3
Enlever des habits. *Dépêchez-vous de **vous déshabiller**, les autres sont déjà dans l'eau !* (Contr. habiller.)

se **déshabituer** (verbe) ▶ conjug. n° 3
Perdre l'habitude. *Au bord de la mer, il a réussi à **se déshabituer** de fumer.* (Contr. s'habituer.)

désherbant (nom masculin)
Produit qui sert à désherber. *Plutôt que d'utiliser des **désherbants** chimiques, vous pouvez utiliser des **désherbants** naturels.*

désherber (verbe) ▶ conjug. n° 3
Détruire les mauvaises herbes. *Il faudrait **désherber** les plates-bandes.*

déshérité, ée (adjectif et nom)
Qui est pauvre et sans ressources. *Une région **déshéritée** où les habitants survivent comme ils peuvent. Porter secours aux **déshérités**.*

déshériter (verbe) ▶ conjug. n° 3
Priver une personne de son héritage.

déshonneur (nom masculin)
Perte de l'honneur. *Il n'y a aucun **déshonneur** à avouer qu'on s'est trompé.*

déshonorant, ante (adjectif)
Qui déshonore. *Ses résultats scolaires n'ont rien de **déshonorant** !* (Syn. infamant.)

déshonorer (verbe) ▶ conjug. n° 3
Faire perdre son honneur, sa bonne réputation. *Cette faute le **déshonore** aux yeux de toute la profession.* (Syn. discréditer, salir.)

déshydrater (verbe) ▶ conjug. n° 3
Faire perdre toute son eau. *Ursula emporte dans son sac à dos des légumes **déshydratés**. Les bébés et les vieillards*

*peuvent **se déshydrater** très vite.* (Contr. hydrater.)

design (nom masculin)
Conception moderne et artistique adaptée aux objets de la vie courante. *Le **design** de ces chaises est très original.* **Design** est un mot anglais : on prononce [dizajn].

désignation (nom féminin)
Action de désigner une personne. *La **désignation** d'un nouvel entraîneur est urgente.* (Syn. nomination.)

designer (nom)
Spécialiste du design. *Un **designer** a meublé notre appartement.* **Designer** est un mot anglais : on prononce [dizajnœʀ].
ORTHO On écrit aussi un **designeur**, une **designeuse**.

désigner (verbe) ▸ conjug. n° 3
1. Montrer parmi d'autres. *D'un geste, il **désigna** un siège à son visiteur.* **2.** Nommer ou représenter quelque chose. *Le mot « chalet » **désigne** une sorte de maison.* **3.** Nommer quelqu'un pour faire quelque chose. *On **a désigné** deux personnes pour faire la vaisselle.* (Syn. choisir.)

désillusion (nom féminin)
Grande déception. *Quelle **désillusion** d'apprendre que mon amie passait son temps à dire du mal de moi !* (Syn. désappointement.)

désinfectant (nom masculin)
Produit qui désinfecte. *L'eau oxygénée est un **désinfectant** pour les plaies.*

désinfecter (verbe) ▸ conjug. n° 3
Nettoyer pour détruire les microbes. *L'infirmière **a désinfecté** la plaie.* (Syn. aseptiser.)

désinfection (nom féminin)
Action de désinfecter. *En cas de maladie contagieuse, la **désinfection** du local et des vêtements est obligatoire.*

désinstaller (verbe) ▸ conjug. n° 3
Supprimer un logiciel du disque dur d'un ordinateur. *Il faut **désinstaller** l'ancienne version du logiciel avant d'installer la nouvelle.*

désintégration (nom féminin)
Fait de se désintégrer. *Ces querelles ont entraîné la **désintégration** du groupe.* (Syn. dissolution.)

Le **design** du musée Guggenheim de Bilbao est très moderne.

se désintégrer (verbe) ▸ conjug. n° 3
Éclater en petits éléments. *Le satellite **s'est désintégré** dans l'espace.*

désintéressé, ée (adjectif)
Qui n'agit pas par intérêt. *Elle lui enseigne gratuitement la musique, c'est une personne **désintéressée**.* (Contr. intéressé.)

désintéressement (nom masculin)
Comportement d'une personne désintéressée. *Il prête sa maison à des amis en difficulté, c'est un homme d'un parfait **désintéressement**.*

se désintéresser (verbe) ▸ conjug. n° 3
Cesser de s'intéresser. *Zoé **se désintéresse** de ses poupées depuis qu'elle a un ordinateur.* (Syn. négliger. Contr. s'intéresser.)

désintérêt (nom masculin)
Fait de se désintéresser. *Anna ne devrait pas montrer de **désintérêt** pour la géographie.*

désintoxiquer (verbe) ▸ conjug. n° 3
Se guérir de son besoin de tabac, d'alcool ou de drogue.

désinvolte (adjectif)
Qui fait preuve de trop d'insouciance. *Il a répondu d'un ton **désinvolte** qu'il finirait son travail quand il aurait le temps.*

désinvolture (nom féminin)
Comportement désinvolte. *Elle a dit avec **désinvolture** qu'elle réussirait son examen.*

désir (nom masculin)
Envie très forte de quelque chose. *Le plus grand **désir** de William serait d'avoir des rollers avec tout l'équipement.* (Syn. souhait.)

désirable (adjectif)
Que l'on désire. *Cette maison a tout le confort **désirable**.* (Syn. souhaitable.)

désirer (verbe) ▸ conjug. n° 3
Avoir le désir de quelque chose. *Je **désirerais** changer notre rendez-vous. Il **désire** que tu viennes.* (Syn. souhaiter, vouloir.) • **Laisser à désirer :** ne pas être satisfaisant. *Ce devoir **laisse à désirer**.*
Famille du mot : désir, désir**able**, dési**reux**, **in**désir**able**.

désireux, euse (adjectif)
Qui désire quelque chose. *Elle est **désireuse** de vous rencontrer.*

désistement (nom masculin)
Fait de se désister. *Pour l'instant, il n'y a plus de places, mais il peut y avoir des **désistements** : patientez un peu.*

se désister (verbe) ▸ conjug. n° 3
Retirer sa candidature. *Le candidat à l'élection **s'est désisté** en faveur d'un autre candidat.*

désobéir (verbe) ▸ conjug. n° 11
Ne pas obéir. *En ouvrant la porte au loup, les sept biquets **ont désobéi** à leur maman.*

désobéissance (nom féminin)
Fait de désobéir. *Le nouveau commandant ne supporte pas la moindre **désobéissance**.* (Syn. indiscipline. Contr. obéissance.)

désobéissant, ante (adjectif)
Qui désobéit. *Ces enfants sont trop **désobéissants**.* (Contr. obéissant.)

désobligeant, ante (adjectif)
Peu aimable et vexant. *Les élèves n'ont pas cessé de faire des commentaires **désobligeants** pendant toute la visite.* (Syn. blessant.)

désodorisant (nom masculin)
Produit servant à combattre les mauvaises odeurs d'un local.

désœuvré, ée (adjectif)
Qui se trouve sans occupation. *Les premiers jours de vacances, Élodie se sent **désœuvrée**.* (Syn. inactif, oisif.) Œuvre voulait dire autrefois « travail ».

désœuvrement (nom masculin)
État d'une personne désœuvrée. *Ce **désœuvrement** forcé lui a beaucoup pesé durant sa maladie.* (Syn. inactivité, oisiveté.)

désolant, ante (adjectif)
Qui désole. *Nos voisins ne s'entendent pas, c'est **désolant** !* (Syn. affligeant, attristant.)

désolation (nom féminin)
Grande tristesse. *Après l'incendie, il ne restait plus qu'un paysage de **désolation**.* (Syn. consternation.)

désoler (verbe) ▸ conjug. n° 3
Faire beaucoup de peine. *Je ne sais pas pourquoi ils sont fâchés, mais ça me **désole**.* (Syn. attrister, consterner.) Famille du mot : désol**ant**, désol**ation**.

se **désolidariser** (verbe) ▸ conjug. n° 3
Montrer son désaccord avec des personnes dont on était jusque-là solidaire. *Xavier **s'est désolidarisé** de ses camarades qui voulaient taguer le mur de l'école.*

désopilant, ante (adjectif)
Très drôle. *Quand il raconte sa mésaventure, il est **désopilant** !*

désordonné, ée (adjectif)
1. Qui manque d'ordre. *Elle perd tout, elle est très **désordonnée**.* (Syn. brouillon. Contr. ordonné.) **2.** Qui se fait sans ordre. *Quand la police arriva, ce fut une fuite **désordonnée** de la part des gangsters.*

désordre (nom masculin)
1. Absence d'ordre. *On ne peut rien retrouver dans ce **désordre** !* (Syn. pagaille. Contr. ordre.) **2.** Agitation qui trouble l'ordre. *Cet élève sème le **désordre** dans la classe.*

désorganisation (nom féminin)
Action de désorganiser. *Certains employés critiquent la **désorganisation** du service.*

désorganiser (verbe) ▸ conjug. n° 3
Bouleverser l'organisation. *Les chutes de neige **ont désorganisé** les transports routiers.* (Contr. organiser.)

désorienter (verbe) ▸ conjug. n° 3
1. Faire perdre son orientation à quelqu'un. *Yann ne reconnaît plus la rue, il **est** tout **désorienté**.* **2.** Au sens figuré, synonyme de déconcerter. *Fatima a tout oublié, cette question l'**a désorientée**.*

désormais (adverbe)
À partir de maintenant, à l'avenir. ***Désormais**, Gaëlle et Benjamin prendront le bus tout seuls.* (Syn. dorénavant.)

désosser (verbe) ▸ conjug. n° 3
Enlever les os. *On **a désossé** le lapin pour faire un pâté.*

despote (nom masculin)
Souverain tyrannique. *Un **despote** cruel régnait sur le pays.* Famille du mot : despot**ique**, despot**isme**.

despotique (adjectif)
Qui se conduit en despote. *Monsieur Michel est **despotique** avec sa famille.*

despotisme (nom masculin)
Pouvoir exercé par un despote.

desquels, desquelles ➡ Voir **lequel**.

se **dessaisir** (verbe) ▸ conjug. n° 11
Se séparer de quelque chose. *Faites très attention, ne **vous dessaisissez** pas de vos bagages.*

dessaler (verbe) ▸ conjug. n° 3
1. Enlever le sel. *Le cuisinier **a dessalé** les anchois dans l'eau froide avant de faire la pizza.* **2.** Chavirer, en parlant d'un petit voilier.

dessèchement (nom masculin)
État de ce qui est desséché.

dessécher (verbe) ▸ conjug. n° 8
Rendre sec. *Voilà un mois qu'il n'a pas plu, l'herbe **est desséchée**.*

dessein (nom masculin)
Synonyme littéraire de projet. *Les conspirateurs nourrissaient de noirs **desseins** contre le gouvernement.* • **À dessein :** exprès, dans un but précis. *C'est **à dessein** que je suis venu très tôt.*

desseller (verbe) ▸ conjug. n° 3
Ôter la selle. *Après la course, le cavalier **a dessellé** le cheval.* (Contr. seller.)

desserrer (verbe) ▸ conjug. n° 3
Relâcher ce qui est serré. *Si tu as mal aux pieds, **desserre** tes lacets de chaussures.* • **Ne pas desserrer les dents :** ne rien dire.

dessert (nom masculin)
Plat, souvent sucré, servi à la fin du repas, après le fromage.

desservir (verbe) ▸ conjug. n° 15
1. Débarrasser la table. *Les enfants, soyez gentils de **desservir** et d'emporter la vaisselle dans la cuisine.* **2.** Assurer régulièrement la communication entre des

lieux. *Ce train **dessert** toutes les gares de Marseille à Nice.* 3. Rendre un mauvais service à quelqu'un. *Son air bourru le **dessert**.* (Syn. nuire. Contr. servir.)

dessin (nom masculin)
1. Représentation d'une chose par un ensemble de traits, au crayon ou à la plume. *Le **dessin** d'Hélène représente des bateaux sur la mer.* 2. Art de dessiner. *Mon grand frère suit des cours de **dessin**.* • **Dessin animé :** film fait d'une suite de dessins dont chacun représente une partie du mouvement.

un personnage de **dessin animé**, Sylvestre le chat

dessinateur, trice (nom)
Artiste qui dessine. *Elle est **dessinatrice**, elle illustre des livres pour enfants.*

dessiner (verbe) ▸ conjug. n° 3
1. Représenter par un dessin. *Clément **dessine** tout ce qu'il voit.* 2. Se dessiner : apparaître. *Les toits des maisons et le clocher **se dessinaient** en noir sur l'horizon.*
Famille du mot : dessin, dessinateur.

dessous (adverbe)
Sous quelque chose. *Tu verras un paillasson devant la porte, la clé est **dessous**.* (Contr. dessus.) • **Au-dessous :** plus bas. • **Ci-dessous :** un peu plus bas, plus loin dans le texte. *Vous trouverez **ci-dessous** la liste des participants.* • **En dessous, là-dessous, par-dessous :** sous autre chose. *La bille a roulé **là-dessous**.* ■ dessous (préposition) • **Au-dessous de, par-dessous :** sous. *Les hirondelles ont fait leur nid **au-dessous du** toit. Il porte un tee-shirt **par-dessous** son pull.* ■ dessous (nom masculin) La partie inférieure. *Victor nettoie le **dessous** de ses chaussures.* • **Avoir le dessous :** être battu. ■ dessous (nom masculin pluriel) Sous-vêtements féminins.

dessous-de-plat (nom masculin)
Support pour les plats chauds.
Pluriel : des dessous-de-plat.

dessus (adverbe)
Sur quelque chose. *Le ballon a roulé dans la rue, un camion est passé **dessus**.* (Contr. dessous.) • **Au-dessus :** plus haut. *Ils habitent **au-dessus**.* • **Ci-dessus :** plus haut dans le texte. *Le tableau **ci-dessus** indique les dates.* • **Là-dessus :** 1. Sur. *Je l'ai posé **là-dessus**.* 2. Juste après cela. ***Là-dessus**, elle est partie.* • **Par-dessus :** sur, au-delà. *Il a sauté **par-dessus**.* ■ dessus (préposition) • **Au-dessus de :** dans le haut de. ***Au-dessus de** la porte, il y a une date.* • **Par-dessus :** sur la partie supérieure de. *Elle est passée **par-dessus** le mur.* ■ dessus (nom masculin) La partie supérieure. *Le **dessus** de la boîte est décoré.* • **Avoir le dessus :** être le plus fort.

dessus-de-lit (nom masculin)
Synonyme de couvre-lit. Pluriel : des dessus-de-lit.

déstabiliser (verbe) ▸ conjug. n° 3
Rendre moins stable. *Des troubles sociaux **ont déstabilisé** le pouvoir en place.* (Syn. ébranler.)

destin (nom masculin)
1. Puissance qui semble régler la vie de chacun. *Elle ne croit pas au **destin**.* 2. Ce qui constitue l'existence d'un individu et que certains pensent fixé d'avance. *Jeanne d'Arc eut un **destin** exceptionnel.* (Syn. destinée, sort.)

destinataire (nom)
Personne à qui est destiné un envoi. *Le **destinataire** de cette lettre est inconnu à cette adresse. Envoyer un courriel à une liste de **destinataires**.* (Contr. envoyeur, expéditeur.)

destination (nom féminin)
Endroit où l'on va. *Où est le TGV à* ***destination*** *de Rennes ?*

destinée (nom féminin)
Synonyme littéraire de destin.

destiner (verbe) ▸ conjug. n° 3
1. Adresser quelque chose à quelqu'un. *C'est à vous que cette remarque* ***est destinée****.* 2. Réserver d'avance pour un usage. *L'argent collecté* ***est destiné*** *aux réfugiés.* 3. Se destiner : avoir choisi de faire tel métier. *Elle* ***se destine*** *à l'archéologie.* Famille du mot : destin**ataire**, destin**ation**.

destituer (verbe) ▸ conjug. n° 3
Priver quelqu'un de ses fonctions. *Le magistrat condamné pour escroquerie* ***a été destitué****.* (Syn. révoquer.)

destrier (nom masculin)
Au Moyen Âge, cheval de bataille du chevalier. **Destrier** vient de l'ancien français *destre* « main droite », car l'écuyer tenait la monture du chevalier de la main droite, et la sienne de la main gauche.

un chevalier sur son **destrier**
(enluminure du XVe siècle)

destructeur, trice (adjectif)
Qui détruit. *Des guerres* ***destructrices*** *ont ravagé la contrée.*

destruction (nom féminin)
1. Action de détruire. *La* ***destruction*** *de la forêt par un incendie.* 2. Ce qui a été détruit. *L'explosion a causé des* ***destructions*** *importantes.*

désuet, ète (adjectif)
Qui est un peu vieillot et démodé. *Avec ses dentelles, la vieille dame avait une élégance* ***désuète****.*

désuétude (nom féminin)
• **Tomber en désuétude :** ne plus être utilisé. *Un usage* ***tombé en désuétude****.*

désunion (nom féminin)
Fait d'être désuni. *Il dit qu'il y a de la* ***désunion*** *dans sa famille.* (Syn. discorde, mésentente. Contr. union.)

désunir (verbe) ▸ conjug. n° 11
Séparer des personnes qui jusque-là s'entendaient bien. *Des problèmes d'héritage* ***ont désuni*** *la famille.* (Syn. diviser. Contr. unir.)

détachant (nom masculin)
Produit qui enlève les taches. *Il existe des* ***détachants*** *pour les graisses, des* ***détachants*** *pour les jus de fruits, etc.*

détaché, ée (adjectif)
Qui semble indifférent. *William a pris un ton* ***détaché*** *pour dire qu'il ne rentrerait pas avant minuit.* • **Pièces détachées :** pièces de rechange pour une machine ou un appareil.

détachement (nom masculin)
1. Comportement d'une personne détachée. *Il parlait de ces faits tragiques avec* ***détachement****.* (Syn. indifférence.) 2. Groupe de soldats envoyés en mission. *On a envoyé un* ***détachement*** *en renfort.*

■ **détacher** (verbe) ▸ conjug. n° 3
1. Défaire ce qui est attaché. *Le prisonnier* ***s'est détaché****. Nous informons les passagers qu'ils peuvent* ***détacher*** *leurs ceintures.* (Contr. attacher.) 2. Envoyer quelqu'un en mission temporaire. *Ce fonctionnaire* ***a été détaché*** *à l'étranger.* 3. Se détacher de quelqu'un : cesser de lui être attaché. *Anna* ***s'est détachée*** *petit à petit de ses anciens camarades de classe.* (Contr. s'attacher.) 4. Se détacher : apparaître nettement en se distinguant du reste. *La girouette noire* ***se détache*** *sur le ciel.* Famille du mot : détaché, détach**ement**.

détacher (verbe) ▸ conjug. n° 3
Faire disparaître les taches. *Tu as mis du jus de fraise sur ton tee-shirt, ce ne sera pas facile à* ***détacher****.*

détail (nom masculin)
Chaque petite chose d'un ensemble. *Dans sa lettre, Élodie a raconté son voyage sans oublier le moindre* ***détail****.* • **Au détail :** par petites quantités. *Ce commerçant fait de la vente* ***au détail****.* (Contr. en gros.) • **En détail :** en examinant tout. *Xavier peut expliquer* ***en détail*** *le fonctionnement de sa voiture téléguidée.* (Contr. en gros.) Pluriel : des détail**s**.
Famille du mot : détaill**ant**, détaill**é**, détaill**er**.

détaillant, ante (nom)
Commerçant qui vend au détail. *Un* ***détaillant*** *en fruits et légumes.* (Contr. grossiste.)

détaillé, ée (adjectif)
Qui comporte tous les détails. *Un mode d'emploi bien* ***détaillé****.*

détailler (verbe) ▸ conjug. n° 3
1. Examiner très attentivement. *Quel indiscret ! Il nous* ***a détaillés*** *de la tête aux pieds !* **2.** Vendre par petites quantités, par portions. *Dans cette rôtisserie, ils* ***détaillent*** *les poulets : tu peux n'acheter qu'une cuisse.*

détaler (verbe) ▸ conjug. n° 3
Synonyme familier de s'enfuir. *En voyant arriver la police, les vendeurs à la sauvette* ***ont détalé*** *comme des lapins.*

détartrer (verbe) ▸ conjug. n° 3
Enlever le tartre. *Fatima va tous les ans chez le dentiste se faire* ***détartrer*** *les dents.*

détaxer (verbe) ▸ conjug. n° 3
Diminuer ou supprimer les taxes. *Papa a acheté du parfum* ***détaxé*** *à l'aéroport pour maman.* (Contr. taxer.)

détecter (verbe) ▸ conjug. n° 3
Synonyme de déceler. *Grâce à son radar, le pilote* ***a détecté*** *les avions ennemis.*

détecteur (nom masculin)
Appareil qui sert à détecter quelque chose. *La maison est équipée d'un* ***détecteur*** *d'incendie.*

détection (nom féminin)
Action de détecter. *La radiographie permet la* ***détection*** *de certaines maladies.*

détective (nom masculin)
Personne qui fait des enquêtes policières. *Des papiers confidentiels ont disparu, le directeur a chargé un* ***détective*** *de l'enquête.*

déteindre (verbe) ▸ conjug. n° 35
Perdre sa couleur au lavage, en tachant parfois ce qui est autour. *Il faut laver ces rideaux à part, ils* ***déteignent****.*

dételer (verbe) ▸ conjug. n° 9
Détacher un animal de la voiture à laquelle il était attelé. *Le cocher* ***dételle*** *le cheval.* **Dételer** se conjugue aussi comme peler (n° 8).

détendre (verbe) ▸ conjug. n° 31
1. Diminuer la fatigue ou l'inquiétude de quelqu'un. *Ses vacances l'****ont*** *bien* ***détendue****.* (Syn. délasser.) **2.** Se détendre : devenir moins tendu. *Le ressort* ***s'est détendu*** *d'un coup.* (Contr. se tendre.)

détenir (verbe) ▸ conjug. n° 19
1. Avoir quelque chose en sa possession. *Gaëlle* ***détient*** *le record de saut en hauteur de son école.* **2.** Retenir prisonnier. *Les terroristes* ***détiennent*** *plusieurs otages.* Famille du mot : déten**teur**, déten**tion**, déten**u**.

détente (nom féminin)
1. Repos qui détend. *Tout le monde a besoin de* ***détente****, je vous emmène vous baigner.* **2.** Relâchement de la tension. *Il y a une nette* ***détente*** *dans les relations internationales.* **3.** Pièce qui fait partir le coup d'une arme à feu. *Le chasseur a pressé sur la* ***détente*** *de son fusil.*

détenteur, trice (nom)
Personne qui détient quelque chose. *Elle est la* ***détentrice*** *du titre de championne du monde de ski alpin.*

détention (nom féminin)
1. Synonyme d'emprisonnement. *Il est sorti de prison après six mois de* ***détention****.* **2.** Fait de détenir. *La* ***détention*** *d'un passeport est obligatoire pour se rendre dans ce pays.*

détenu, ue (nom)
Personne qui est en détention. *Les **détenus** regagnent leurs cellules.* (Syn. prisonnier.)

des **détenus** dans une prison,
« La Ronde des prisonniers » de Van Gogh

détergent (nom masculin)
Produit qui nettoie. *Le savon, la lessive sont des **détergents**.*

détérioration (nom féminin)
Fait de se détériorer. *Le gel a provoqué la **détérioration** des canalisations.*

détériorer (verbe) ▸ conjug. n° 3
Mettre en mauvais état. *Des vandales **ont détérioré** les abribus du quartier. Son état de santé **se détériore**.*

déterminant, ante (adjectif)
Qui détermine. *L'influence de son père a été **déterminante** dans le choix de sa profession.* (Syn. décisif.) ■ **déterminant** (nom masculin) Mot placé devant un nom, qui s'accorde avec lui et le détermine. *Les articles sont des **déterminants**. « Mon » est un **déterminant** possessif.*

détermination (nom féminin)
Comportement d'une personne déterminée. *Il a agi avec **détermination** et courage, et il a fini par gagner.*

déterminé, ée (adjectif)
1. Qui montre de l'esprit de décision. *Yann m'a dit d'un ton **déterminé** qu'il ne viendrait pas avec moi.* (Syn. résolu. Contr. indécis.) 2. Qui est fixé dans le temps ou dans l'espace. *Un contrat de travail à durée **déterminée**.*

déterminer (verbe) ▸ conjug. n° 3
1. Amener quelqu'un à faire quelque chose. *Cet évènement l'**a déterminé** à partir.* (Syn. décider.) 2. Connaître quelque chose avec précision. *Le détective a essayé de **déterminer** le mobile du vol.* (Syn. définir, établir.) 3. Préciser le sens et la valeur d'un mot. *Dans le groupe « sa clé », « sa » **détermine** le nom « clé » en genre et en nombre.* Famille du mot : détermin**ant**, détermin**ation**, détermin**é**, **in**déterminé.

déterrer (verbe) ▸ conjug. n° 3
Sortir de terre quelque chose qui y était enfoui. *En faisant des travaux, les ouvriers **ont déterré** une statue gallo-romaine.* (Syn. exhumer. Contr. enterrer.)

détestable (adjectif)
Qui mérite d'être détesté. *Un tyran **détestable**.* (Syn. exécrable.)

détester (verbe) ▸ conjug. n° 3
Ne pas aimer du tout quelque chose ou quelqu'un. *Hélène **déteste** les endives cuites.* (Syn. haïr. Contr. adorer, aimer.)

détonateur (nom masculin)
Ce qui sert à déclencher une explosion. *Le sergent a appuyé sur le **détonateur** de la charge explosive.*

détonation (nom féminin)
Bruit d'une explosion, d'un coup de feu.

détonner (verbe) ▸ conjug. n° 3
Contraster désagréablement avec autre chose. *La couleur de ton pull et celle de ta jupe **détonnent**.*

détour (nom masculin)
Trajet plus long que le chemin normal. *Benjamin a fait un **détour** par la boulangerie pour acheter un gâteau.* • **Sans détour :** directement, franchement.

détournement (nom masculin)
Action de détourner par la force ou par la ruse. *La radio vient d'annoncer un **détournement** d'avion.*

a b c d e f g h i j k l m n o p q r s t u v w x y z

détourner (verbe) ▸ conjug. n° 3
1. Faire changer de direction. *On **a détourné** la circulation pour laisser passer la manifestation. Il a réussi à **détourner** l'attention de son gardien et à s'enfuir.* 2. Tourner d'un autre côté. *Elle **s'est détournée** pour rire.* 3. Prendre pour soi quelque chose qui ne vous est pas destiné. *Le caissier du casino est accusé d'**avoir détourné** un million d'euros.* Famille du mot : détour, détourn**ement**.

détracteur, trice (nom)
Personne qui essaie de rabaisser la valeur de quelque chose ou le mérite de quelqu'un. *Cet homme politique a de nombreux **détracteurs**.*

détraquer (verbe) ▸ conjug. n° 3
Abîmer le mécanisme d'une machine. *Le réveil sonne n'importe quand, il **est** complètement **détraqué**.*

détremper (verbe) ▸ conjug. n° 3
Mouiller quelque chose en abondance. *Le match n'aura pas lieu car le terrain **est détrempé** par la pluie.*

détresse (nom féminin)
Sentiment de grande angoisse face à une situation tragique. *La **détresse** se lisait dans le regard des réfugiés.* • **En détresse :** en perdition. *On a entendu les appels radio d'un avion **en détresse**.*

détriment (nom masculin)
• **Au détriment de quelqu'un :** à ses dépens ou à son désavantage. *Clément fait du sport, mais c'est parfois **au détriment de** ses études.* (Syn. aux dépens de.)

détritus (nom masculin pluriel)
Petits débris de toutes sortes. *Les jardiniers ramassent les **détritus** abandonnés dans le square.* (Syn. déchets, ordures.)

détroit (nom masculin)
Passage qui fait communiquer deux mers entre elles. *Le **détroit** de Magellan relie l'Atlantique au Pacifique.*

détromper (verbe) ▸ conjug. n° 3
Dire ou montrer à quelqu'un qu'il se trompe. *Tu crois que Julie est moins forte que toi à la course ? Alors, là, **détrompe-toi** !*

détrôner (verbe) ▸ conjug. n° 3
1. Déposséder un roi de son trône. *Louis-Philippe **a été détrôné** par la révolution de 1848.* 2. Faire passer une chose de mode en la remplaçant. *L'avion **a détrôné** le ballon dirigeable.*

détrousser (verbe) ▸ conjug. n° 3
Synonyme littéraire de dévaliser. *Des bandits **ont** attaqué la diligence et **détroussé** les voyageurs.*

détruire (verbe) ▸ conjug. n° 43
1. Mettre en ruines. *La cathédrale **a été détruite** par un tremblement de terre.* (Syn. démolir.) 2. Tuer en grand nombre. *Les hélicoptères ont déversé des insecticides pour **détruire** les moustiques.* 3. Faire cesser d'exister. *Cette jalousie **a détruit** leur amitié.* (Syn. anéantir.)

dette (nom féminin)
Somme d'argent que l'on doit. *« Qui paie ses **dettes** s'enrichit » dit le proverbe.* Famille du mot : **en**dette**ment**, s'**en**detter.

deuil (nom masculin)
1. Mort d'une personne. *Elle a eu un **deuil** dans sa famille.* (Syn. décès.) 2. Grand chagrin éprouvé à la mort d'une personne. *La famille est en **deuil**, le grand-père est mort.* • **Faire son deuil de quelque chose :** renoncer à l'espérer. *Il ne te rendra jamais ton baladeur, tu peux **en faire ton deuil**.*

deux (déterminant)
1. Un plus un (2). *J'ai **deux** yeux et **deux** oreilles.* 2. Petit nombre indéterminé. *L'école est à **deux** pas de chez moi.* ■ **deux** (nom masculin) Chiffre ou nombre deux. *Le **deux**, c'est mon anniversaire.*

deuxième (adjectif et nom)
Qui occupe le rang numéro 2. *C'est la **deuxième** fois que je viens ici. Il est le **deuxième** de la liste.* (Syn. second.)

deux-roues (nom masculin)
Véhicule à deux roues. *Les VTT, les scooters, les motos sont des **deux-roues**.* (Syn. cycle.)

dévaler (verbe) ▸ conjug. n° 3
Descendre très rapidement. *Laura est en retard, elle **dévale** quatre à quatre les escaliers.* (Syn. dégringoler.)

dévaliser (verbe) ▸ conjug. n° 3
Dépouiller quelqu'un de ce qu'il possède. *Les cambrioleurs **ont dévalisé** la banque.*

dévaloriser (verbe) ▸ conjug. n° 3
Diminuer la valeur d'une personne ou d'une chose. *Un ordinateur se **dévalorise** très rapidement.*

dévaluation (nom féminin)
Diminution de la valeur d'une monnaie par rapport aux autres. *Le gouvernement a décidé une **dévaluation**.*

dévaluer (verbe) ▸ conjug. n° 3
Faire une dévaluation. *Le dollar **a été** souvent **dévalué**.*

devancer (verbe) ▸ conjug. n° 4
1. Arriver avant les autres. *Dans l'épreuve de natation, Myriam **a devancé** tous les concurrents.* **2.** Faire quelque chose avant quelqu'un. *Je voulais l'appeler au téléphone, mais il m'**a devancé**.* (Syn. précéder.)

devant (adverbe)
À l'avant, en avant. *Va **devant**, tu leur diras qu'on arrive !* ■ **devant** (préposition) **1.** En avant de. *Les plus petits se mettent **devant** les plus grands.* **2.** En face de. *La voiture est garée **devant** la maison.* **3.** En présence de. *Cela s'est passé **devant** moi.* • **Au-devant de :** à la rencontre de. ■ **devant** (nom masculin) Partie qui se situe à l'avant. *Le **devant** de la voiture est complètement enfoncé.* (Contr. arrière, derrière.) • **Prendre les devants :** agir le premier.

devanture (nom féminin)
Synonyme de vitrine. *À la **devanture** du confiseur, on peut admirer un magnifique château en chocolat.*

dévastateur, trice (adjectif)
Qui dévaste tout, qui fait des ravages. *L'inondation fut **dévastatrice**.* (Syn. destructeur.)

dévaster (verbe) ▸ conjug. n° 3
Détruire tout sur son passage. *Le cyclone **a dévasté** la moitié de l'île.* (Syn. ravager, saccager.)

déveine (nom féminin)
Synonyme familier de malchance. *Il n'a rien gagné, quelle **déveine** !* (Contr. chance, veine.)

développement (nom masculin)
1. Fait de se développer. *La vie quotidienne est facilitée par le **développement** des techniques.* **2.** Partie d'un texte qui développe une idée. *J'ai fait l'introduction et la conclusion de ma rédaction, mais pas le **développement**.* • **Pays en développement :** pays en train de développer son économie. *Les pays en **développement** sont encore des pays pauvres.* • **Le développement durable :** développement économique qui ne détruit pas le bien-être des générations futures.

développer (verbe) ▸ conjug. n° 3
1. Faire croître. *Faire de la musique **a développé** ses capacités de concentration. Le pin **s'est** bien **développé** depuis qu'on l'a planté.* **2.** Expliquer en donnant des détails. *L'auteur **a développé** cette théorie dans son dernier livre.* **3.** Faire apparaître l'image d'un cliché par un traitement spécial. *J'ai donné mes photos à **développer**.* Famille du mot : développ**ement**, sous-développé, sous-développ**ement**.

devenir (verbe) ▸ conjug. n° 19
1. Commencer à être. *Il **est devenu** très riche grâce à cette invention.* **2.** Avoir tel ou tel sort, tel ou tel résultat. *Je me demande bien ce qu'elle **est devenue**.*

dévergondé, ée (adjectif et nom)
Qui manque de pudeur et ne respecte pas la morale. *Elle porte toujours des tenues **dévergondées**. Je n'aime pas ce **dévergondé**.*

déverrouiller (verbe) ▸ conjug. n° 3
1. Ouvrir en tirant le verrou. *Les cambrioleurs ont réussi à **déverrouiller** la porte d'entrée.* **2.** Libérer un mécanisme qui a été bloqué. *Le pilote **déverrouille** le train d'atterrissage de l'avion.*

déverser (verbe) ▸ conjug. n° 3
1. Répandre quelque chose en grande quantité. *Pour protester, les paysans **ont déversé** du purin dans la cour de la préfecture.* **2.** Se déverser : s'écouler.

*L'eau du caniveau **se déverse** dans l'égout.*

dévêtir (verbe) ▸ conjug. n° 15
Synonyme littéraire de déshabiller. *Le médecin a demandé au patient de **se dévêtir**.*

déviation (nom féminin)
Route vers laquelle la circulation est déviée. *La route est barrée, il faut prendre la **déviation**.*

dévider (verbe) ▸ conjug. n° 3
Dérouler peu à peu un fil. *L'électricien **dévide** son câble.* (Contr. enrouler.)

dévier (verbe) ▸ conjug. n° 3
1. Détourner de sa direction normale. *La circulation **a été déviée** à cause de la manifestation.* **2.** Changer de direction. *Heureusement pour lui, la balle **a dévié**.*

devin, devineresse (nom)
Personne qui prétend qu'elle peut prédire l'avenir. *Dans l'Antiquité, on ne prenait jamais une décision sans consulter un **devin**.*

deviner (verbe) ▸ conjug. n° 3
Découvrir par intuition ce que l'on ignore. *Il y a une surprise... – **J'ai deviné** !* Famille du mot : devin, devinette.

devinette (nom féminin)
Question amusante dont il faut deviner la réponse.

devis (nom masculin)
Document indiquant le prix prévu pour des travaux. *Papa a demandé un **devis** au plombier pour refaire la salle de bains.*

dévisager (verbe) ▸ conjug. n° 5
Regarder quelqu'un avec une insistance indiscrète. *Mon petit frère ne cesse de **dévisager** les gens dans le métro.*

devise (nom féminin)
1. Phrase choisie pour exprimer un idéal. *« Ni Dieu, ni maître » est la **devise** des partisans de l'anarchie.* **2.** Monnaie étrangère. *Le yen, la lire, le dollar sont des **devises**.*

dévisser (verbe) ▸ conjug. n° 3
1. Desserrer ce qui est vissé. *Je n'arrive pas à **dévisser** le bouchon du tube de colle.* **2.** Tomber d'une paroi qu'on escaladait. *L'alpiniste **a dévissé**, mais il a été retenu par la corde.*

dévitaliser (verbe) ▸ conjug. n° 3
Retirer la pulpe et le nerf d'une dent.

dévoiler (verbe) ▸ conjug. n° 3
1. Enlever le voile qui recouvre une personne ou une chose. *Le maire **a dévoilé** la plaque.* **2.** Révéler ce qui était tenu secret. *Il est encore trop tôt pour **dévoiler** nos plans.* (Syn. divulguer. Contr. cacher.)

■ **devoir** (verbe) ▸ conjug. n° 21
1. Être obligé de faire quelque chose. *Je **dois** partir maintenant.* **2.** Avoir le projet de faire quelque chose. *Nous **devons** visiter les îles, si le temps le permet.* **3.** Être très probable. *Elle **doit** avoir dans les cinquante ans.* **4.** Avoir à payer ou à rembourser une somme. *Vous me direz combien je vous **dois**. Noémie **doit** cinq euros à David.* • **Comme il se doit :** comme il le faut ou comme prévu.

■ **devoir** (nom masculin)
1. Ce que l'on doit faire pour suivre la morale. *Le maître nous apprend quels sont les droits et les **devoirs** du citoyen.* **2.** Exercice écrit donné à faire aux élèves. *J'ai trop de **devoirs** aujourd'hui, je ne peux pas jouer.*

dévolu (nom masculin)
• **Jeter son dévolu :** avoir fait son choix. *Odile **a jeté son dévolu** sur une paire de rollers.*

dévorer (verbe) ▸ conjug. n° 3
1. Manger beaucoup ou avec gloutonnerie. *Mes enfants ne mangent pas, ils **dévorent** !* **2.** Faire souffrir ou tourmenter. *Dans ce camping, nous **avons été dévorés** par les moustiques.* • **Dévorer des yeux :** regarder avidement. • **Dévorer un livre :** le lire d'une traite.

dévot, ote (adjectif et nom)
Qui est très attaché aux pratiques religieuses. *Les personnes **dévotes** fréquentent beaucoup les églises.* (Syn. pieux.)

dévotion (nom féminin)
1. Vif attachement à la religion et aux pratiques religieuses. (Syn. piété.) 2. Grand respect où se mêlent admiration et affection. *Les enfants écoutaient leur grand-mère avec* ***dévotion****.*

dévouement (nom masculin)
Qualité d'une personne qui se dévoue. *Le* ***dévouement*** *du personnel de cet hôpital est extraordinaire.*

se **dévouer** (verbe) ▶ conjug. n° 3
S'oublier soi-même et dépenser toute son énergie pour être utile aux autres. *Ce prêtre* ***s'est dévoué*** *toute sa vie pour ceux que la société rejette. C'est un homme* ***dévoué****.*

dextérité (nom féminin)
Adresse et rapidité dans la façon de faire. *Il a réalisé ce château de cartes avec une grande* ***dextérité****.* (Contr. gaucherie.) **Dextérité** vient d'un mot latin qui signifie « droite » : avoir de la dextérité, c'est savoir se servir habilement de sa main droite.

diabète (nom masculin)
Maladie caractérisée par la présence de sucre dans le sang.

diabétique (adjectif et nom)
Qui souffre du diabète. *Les* ***diabétiques*** *suivent un régime alimentaire allégé en sucre.*

diable (nom masculin)
1. Esprit qui représente le mal. (Syn. démon.) *L'Enfer est, dit-on, le royaume du* ***diable****.* 2. Enfant désobéissant et turbulent. *Sarah est un vrai petit* ***diable****.* 3. Petit chariot à deux roues qui sert à transporter des sacs, des caisses, etc. • **Au diable :** très loin. • **Bon diable :** brave homme. • **Pauvre diable :** homme malheureux, qui fait pitié. • **Tirer le diable par la queue :** avoir du mal à vivre parce qu'on n'a pas assez d'argent. ■ **diable !** (interjection) Exprime une surprise désagréable. ***Diable !*** *que c'est compliqué.* Famille du mot : diab**lotin**, diab**olique**, **en**diablé.

diablotin (nom masculin)
Petit diable d'aspect sympathique.

diabolique (adjectif)
Digne du diable. *Ses adversaires ont imaginé un piège* ***diabolique****.* (Syn. démoniaque, infernal.)

diabolo (nom masculin)
1. Jouet composé de deux baguettes reliées par une cordelette sur laquelle on fait rouler une bobine creuse que l'on lance en l'air. 2. Limonade au sirop. *Fatima a commandé un* ***diabolo*** *grenadine.* **Diabolo** vient du mot italien *diavolo* qui signifie « diable ».

diadème (nom masculin)
Bijou en forme de bandeau que l'on porte sur la tête.

diagnostic (nom masculin)
Fait d'identifier une maladie d'après certains signes. *Le médecin a fait le* ***diagnostic*** *tout de suite : c'est une appendicite.* Prononciation [djagnɔstik].

diagnostiquer (verbe) ▶ conjug. n° 3
Faire un diagnostic. *À l'hôpital, on* ***a diagnostiqué*** *une fracture du poignet.* Prononciation [djagnɔstike].

un **diable**

a b c d e f g h i j k l m n o p q r s t u v w x y z

diagonale (nom féminin)
Ligne droite qui joint les sommets opposés d'un quadrilatère. *Les **diagonales** d'un carré sont égales.* • **En diagonale :** en biais, obliquement. • **Lire en diagonale :** parcourir très rapidement un livre, un journal.

diagramme (nom masculin)
Courbe représentant les variations d'une grandeur. *Une courbe de températures est un **diagramme**.* (Syn. graphique.)

dialecte (nom masculin)
Forme particulière que prend une langue selon la région. *L'alsacien est un **dialecte** d'origine germanique.*

dialogue (nom masculin)
Conversation entre deux ou plusieurs personnes. *Les **dialogues** de ce film sont complètement stupides et sans intérêt.*

dialoguer (verbe) ▶ conjug. n° 3
Avoir un dialogue avec quelqu'un. *Les deux chefs d'État **ont dialogué** pendant une heure.*

diamant (nom masculin)
1. Pierre précieuse très brillante et très dure. *Le **diamant** est le plus dur des corps connus.* 2. Instrument muni d'un éclat de diamant qui sert à découper le verre.

diamétralement (adverbe)
• **Diamétralement opposé :** complètement opposé. *Le père et le fils ont des avis **diamétralement opposés** sur la politique.*

diamètre (nom masculin)
Ligne qui partage un cercle en deux parties égales et qui passe par son centre. ➡ p. 576.

Diane
Déesse romaine de la Chasse. Elle est la sœur d'Apollon. Dans la mythologie grecque, elle s'appelle Artémis.

diapason (nom masculin)
Petit instrument qui donne la note « la ». *Le chef de chœur fait vibrer son **diapason** pour donner la note aux choristes.*

diaphane (adjectif)
Qui est pâle et délicat au point de paraître transparent. *La convalescente avait un teint **diaphane**.*

diaphragme (nom masculin)
Muscle large et mince qui sépare la poitrine de l'abdomen.

diaporama (nom masculin)
1. Projection sonorisée de diapositives. 2. Défilement automatique d'images sur un écran d'ordinateur.

diapositive (nom féminin)
Photographie transparente que l'on projette sur un écran.

diarrhée (nom féminin)
Dérangement intestinal qui rend les excréments liquides. (Syn. colique.)

diaspora (nom féminin)
Répartition d'un peuple à travers le monde. *La **diaspora** chinoise.* **Diaspora** est un mot grec qui signifie « dispersion ».

Dickens Charles (né en 1812, mort en 1870)
Écrivain anglais. Dans ses romans, il se fait le défenseur des misérables. Ses œuvres les plus connues sont *les Aventures de M. Pickwick* (1837), *Olivier Twist* (1838), *David Copperfield* (1849) et *les Grandes Espérances* (1861).

dictateur (nom masculin)
Chef d'une dictature. Famille du mot : dictat**orial**, dicta**ture**.

un **diapason**

dictatorial, ale, aux (adjectif)
D'un dictateur ou d'une dictature. *Trop de pays dans le monde ont encore un régime **dictatorial**.* (Contr. démocratique.)

dictature (nom féminin)
Régime politique dans lequel un seul homme ou un seul groupe a tous les pouvoirs. *Dans une **dictature**, le dictateur gouverne sans aucun contrôle.*

dictée (nom féminin)
Exercice scolaire d'orthographe qui est dicté aux élèves.

dicter (verbe) ▸ conjug. n° 3
1. Dire un texte à haute voix et lentement pour que quelqu'un puisse l'écrire. *Vous pourriez **dicter** moins vite, s'il vous plaît ?* **2.** Dire à quelqu'un ce qu'il doit faire. *Mon grand frère ne veut plus que mes parents lui **dictent** sa conduite.* (Syn. imposer.)

diction (nom féminin)
Façon de prononcer. *La plupart des orateurs prennent des cours de **diction**.*

dictionnaire (nom masculin)
Ouvrage qui présente les mots en ordre alphabétique et donne des renseignements sur leur orthographe, leur sens, etc.

dicton (nom masculin)
Proverbe d'origine ancienne. *« Qui aime bien châtie bien » est un **dicton**.*

didascalie (nom féminin)
Dans une pièce de théâtre, passage qui donne les indications pour la mise en scène. *L'indication entre parenthèses « elle se lève et va vers la porte » est une **didascalie**.*

Diderot Denis (né en 1713, mort en 1784)
Écrivain et philosophe français. De 1747 à 1772, Diderot a dirigé la rédaction de l'*Encyclopédie*, dont il a écrit de nombreux articles. Il est l'auteur de textes philosophiques, de pièces de théâtre et de récits comme *le Neveu de Rameau* (1777) et *Jacques le Fataliste* (paru après sa mort).

dièse (nom masculin)
En musique, signe (#) qui hausse d'un demi-ton la note devant laquelle il est placé.

diésel (nom masculin)
Moteur spécial qui fonctionne au gazole. *Ce modèle de voiture existe en version **diésel** ou en version essence.* Prononciation [djezɛl]. **Diésel** vient du nom de l'ingénieur allemand *R. Diesel* qui a inventé ce moteur. ORTHO On écrit aussi **diesel**.

diète (nom féminin)
Régime alimentaire qui consiste à manger peu. *Le médecin l'a mis à la **diète** pour soigner son indigestion.* Famille du mot : diété**ticien**, diétét**ique**.

diététicien, enne (nom)
Spécialiste de la diététique. *Le père d'Ibrahim va voir un **diététicien** pour faire un régime amaigrissant.*

diététique (nom féminin)
Étude de ce que chacun doit manger pour rester en bonne santé. ■ **diététique** (adjectif) Qui est sain sur le plan de l'alimentation. *Un menu **diététique**.*

Dieu (nom masculin)
Être tout-puissant et éternel qui, pour les chrétiens, les juifs et les musulmans, est le créateur du monde. ***Dieu** s'appelle Yahvé chez les juifs et Allah chez les musulmans.* ■ **dieu, dieux** (nom masculin) Dans les autres religions, chacun des êtres supérieurs aux hommes, qui règlent leur destin. *Neptune était le **dieu** romain de la Mer.*

Mars, **dieu** romain de la Guerre

a b c d e f g h i j k l m n o p q r s t u v w x y z

diffamation (nom féminin)
Action de diffamer. *Le ministre a dit que cet article de presse était de la **diffamation**.*

diffamer (verbe) ▸ conjug. n° 3
Salir la réputation de quelqu'un. ***Diffamer** une personne peut être puni par les tribunaux.* (Syn. calomnier.)

différé (nom masculin)
• **En différé :** qui est diffusé après avoir été enregistré. *Le concert sera retransmis à la radio **en différé** dimanche.* (Contr. en direct.)

différemment (adverbe)
D'une façon différente. *Le diésel et le moteur à essence fonctionnent **différemment**.* Prononciation [difeʀamɑ̃].

différence (nom féminin)
1. Ce qui distingue une personne ou une chose d'une autre. *Le jeu des erreurs consiste à trouver la **différence** entre deux dessins.* (Contr. ressemblance.) 2. Résultat d'une soustraction ou écart entre deux nombres. *Benjamin a dix ans et Julie huit ans : ils ont deux ans de **différence**.* • **Faire des différences :** ne pas traiter les gens de la même manière.

différencier (verbe) ▸ conjug. n° 10
Savoir reconnaître grâce aux différences. *Laura a du mal à **différencier** un marron d'une châtaigne.*

différend (nom masculin)
Désaccord dû à des opinions différentes. *Le propriétaire et ses locataires ont eu un **différend** à propos du montant du loyer.*

différent, ente (adjectif)
Qui présente certaines différences. *Ce sont des frères et pourtant ils ont des caractères très **différents**.* (Contr. identique, semblable.) ■ **différents** (déterminant pluriel) Plusieurs. *Pour le même prix, nous avons le choix entre **différents** modèles de téléviseurs.* (Syn. divers.)

différer (verbe) ▸ conjug. n° 8
1. Être différent. *Je préfère la mer et toi la campagne, sur ce point nos goûts **diffèrent**.* (Syn. diverger, s'opposer.) 2. Remettre à plus tard. *La compagnie d'aviation **a différé** notre vol à cause du brouillard.* (Syn. reculer, retarder.) Famille du mot : différ**emment**, différ**ence**, différ**encier**, différend, différ**ent**, **in**diffé**remment**, **in**différ**ence**, **in**différ**ent**.

difficile (adjectif)
1. Qui demande des efforts, de la peine. *Cet exercice de calcul était très **difficile**.* (Syn. dur. Contr. facile.) 2. Qui n'est pas facile à satisfaire. *Tu n'as goûté à aucun plat, tu es vraiment **difficile** !* Famille du mot : difficile**ment**, difficulté.

difficilement (adverbe)
Avec difficulté. *Il écrit **difficilement** à cause de sa blessure au poignet.* (Contr. facilement.)

difficulté (nom féminin)
1. Caractère de ce qui est difficile. *L'entraîneur nous a prévenus de la **difficulté** des épreuves.* 2. Chose difficile. *Son courage lui a permis de surmonter les **difficultés** de la vie.* (Syn. ennui, obstacle, problème, tracas.)

difforme (adjectif)
Qui n'a pas une forme normale. *À force de grossir, il est devenu **difforme**.*

diffus, use (adjectif)
Qui s'est diffusé. *Une lumière **diffuse**. Une chaleur **diffuse**.*

diffuser (verbe) ▸ conjug. n° 3
1. Répandre dans toutes les directions. *Cet appareil **diffuse** de la chaleur dans tout l'appartement.* 2. Faire connaître au public par l'intermédiaire de la télévision, de la radio ou de la presse. *Tous les journaux **ont diffusé** le résultat des élections.*

diffusion (nom féminin)
Action de diffuser. *C'est l'heure de la **diffusion** des informations.*

digérer (verbe) ▸ conjug. n° 8
1. Transformer les aliments que l'on mange pour que le corps les assimile. *Ne mange pas trop, tu vas avoir du mal à **digérer**.* 2. Synonyme familier de supporter. *Elle n'**a** pas **digéré** les réflexions désagréables de son directeur.*

digeste (adjectif)
Facile à digérer. *Cette sauce trop grasse n'est pas très **digeste**.* (Contr. indigeste.) Famille du mot : digest**if**, digest**ion**, **in**digeste, **in**digest**ion**.

digestif, ive (adjectif)
Qui sert à digérer. *L'estomac fait partie de l'appareil **digestif**.* ■ **digestif** (nom masculin) Liqueur que l'on sert en fin de repas. *Après le café, ils ont pris un **digestif**.*

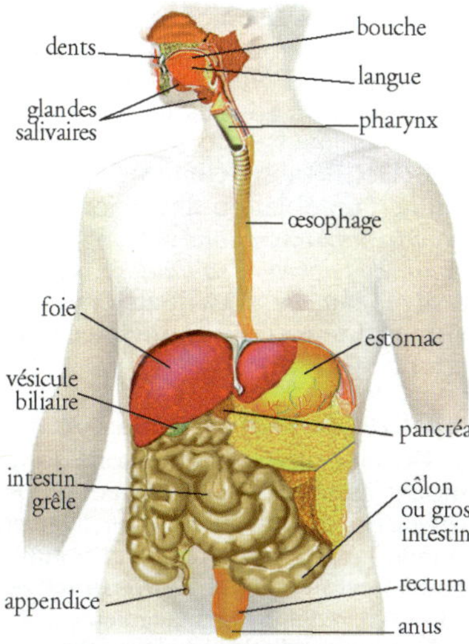

l'appareil **digestif**

digestion (nom féminin)
Transformation des aliments dans l'appareil digestif. *La **digestion** permet d'assimiler les aliments.*

digicode (nom masculin)
Appareil à clavier, qui permet d'ouvrir une porte quand on connaît le code.

digital, ale, aux (adjectif)
• **Empreintes digitales :** lignes sur la peau du bout des doigts, différentes pour chaque personne.

une empreinte **digitale**

digitale (nom féminin)
Plante dont les fleurs ressemblent aux doigts d'un gant.

digne (adjectif)
Qui inspire le respect par son sérieux, sa gravité. *Il est resté **digne** sous les insultes de ses adversaires.* • **Être digne de quelqu'un :** avoir les mêmes qualités que lui. *C'est un excellent joueur, **digne de** ses équipiers.* • **Être digne de quelque chose :** la mériter. *Tu peux tout lui raconter, il **est digne de** confiance.* (Contr. indigne de.) Famille du mot : digne**ment**, dign**itaire**, dign**ité**, **in**digne.

dignement (adverbe)
De façon digne. *Après sa défaite, il est parti **dignement**.*

dignitaire (nom masculin)
Personne qui a une haute fonction dans une organisation. *Le Président était entouré des plus hauts **dignitaires** de l'État.*

dignité (nom féminin)
1. Attitude d'une personne digne. *Elle vit dans une terrible pauvreté, mais elle a gardé toute sa **dignité**.* 2. Distinction importante accordée à quelqu'un. *Il a été élevé à la **dignité** de grand officier de la Légion d'honneur.*

une **digitale**

a b c d e f g h i j k l m n o p q r s t u v w x y z

digression (nom féminin)
Développement qui s'éloigne du sujet principal. *Nous ne saurons jamais la fin de l'histoire si tu fais sans cesse des **digressions**.*

digue (nom féminin)
Construction destinée à empêcher le passage ou le débordement de l'eau. *Une tempête a brisé les **digues** et la mer a submergé les cultures.*

Dijon
Chef-lieu du département de la Côte-d'Or et de la Région Bourgogne-Franche-Comté (155 000 habitants). Dijon est une ville de communication (TGV, autoroutes) et de tourisme. Son industrie alimentaire est réputée (la moutarde). Elle a gardé des traces de son passé, comme le palais des ducs de Bourgogne, rebâti au XVIIe siècle.

dilapider (verbe) ▸ conjug. n° 3
Gaspiller de l'argent. *Il **a dilapidé** son héritage en quelques mois.*

dilatation (nom féminin)
Fait de se dilater. *Une **dilatation** du métal s'est produite sous l'effet de la chaleur.*

dilater (verbe) ▸ conjug. n° 3
Faire augmenter de volume. *Les pupilles des chats **se dilatent** dans le noir.* (Contr. comprimer.)

dilemme (nom masculin)
Choix difficile entre deux solutions. *Il voudrait partir en classe de mer et en même temps ne pas quitter ses parents : c'est un véritable **dilemme** !*

dilettante (nom)
Personne qui exerce une activité pour son plaisir. *Il fait du théâtre en **dilettante**.*

diligence (nom féminin)
1. Synonyme littéraire de rapidité. *Faire son travail avec **diligence**.* 2. Voiture à chevaux qui servait autrefois au transport des voyageurs.

diluer (verbe) ▸ conjug. n° 3
Mélanger à un liquide. *Il faut **diluer** ce médicament dans un peu d'eau avant de le prendre.* (Syn. délayer.)

diluvien, enne (adjectif)
• **Pluie diluvienne :** très abondante. **Diluvien** vient du latin *diluvium* qui signifie « déluge ».

dimanche (nom masculin)
Dernier jour de la semaine entre le samedi et le lundi. *Le **dimanche** matin, je me lève plus tard.*

dîme (nom féminin)
Impôt sur les récoltes, que les paysans payaient autrefois à l'Église. *La **dîme** a été supprimée en 1789.* ➡ p. 651.
ORTHO On écrit aussi **dime**.

dimension (nom féminin)
Taille d'un objet ou d'un espace. *Il faut prendre les **dimensions** de ce réfrigérateur avant de l'acheter : sa hauteur, sa largeur et sa profondeur.* • **La quatrième dimension :** le temps, en particulier dans la science-fiction.

diminuer (verbe) ▸ conjug. n° 3
1. Devenir moins grand, moins long ou moins intense. *Vers 19 heures, la lumière commence à **diminuer**.* (Contr. augmenter, grandir.) 2. Rendre moins important. *Le gouvernement a décidé de **diminuer** les impôts.* (Syn. réduire. Contr. augmenter.) Famille du mot : diminu**tif**, diminu**tion**.

diminutif (nom masculin)
1. Mot formé sur un autre mot pour désigner une chose plus petite. *Fillette est le **diminutif** de fille.* 2. Transformation familière d'un prénom. *Pierrot est le **diminutif** de Pierre.*

diminution (nom féminin)
Fait de diminuer. *Les ouvriers se sont mis en grève pour protester contre la **diminution** des primes de fin d'année.* (Syn. baisse, réduction. Contr. augmentation.)

dinar (nom masculin)
Monnaie utilisée dans différents pays d'Afrique ou du Moyen-Orient, et en Serbie. *Le **dinar** est la monnaie de l'Algérie.* **Dinar** est un mot arabe.

dinde (nom féminin)
Femelle du dindon. *Pour le réveillon de Noël, on prépare souvent une **dinde** aux marrons.* **Dinde** vient de « poule d'Inde », c'est-à-dire du Mexique, autrefois appelé Indes occidentales. Famille du mot : dind**on**, dindon**neau**.

dindon (nom masculin)
Grosse volaille dont la tête et le cou sont rouge violet. • **Être le dindon de**

la farce : être la victime d'une farce, d'une plaisanterie.

un **dindon**

dindonneau, eaux (nom masculin)
Petit de la dinde. *Du rôti de **dindonneau**.*

dîner (verbe) ▸ conjug. n° 3
Prendre le repas du soir. *Myriam est invitée à **dîner** chez ses cousins.* ■ **dîner** (nom masculin) Repas du soir. *En général, nous prenons notre **dîner** à la cuisine.* Autrefois, le **dîner**, c'était le repas de midi ; c'est encore le cas au Canada, en Belgique et en Suisse.
ORTHO On écrit aussi **diner**.

dînette (nom féminin)
1. Petit repas que les enfants font semblant de prendre pour s'amuser. *Clément et Noémie jouent à la **dînette**.* **2.** Service de table miniature pour jouer. *La petite sœur d'Odile a eu une **dînette** comme cadeau d'anniversaire.*
ORTHO On écrit aussi **dinette**.

dingue (adjectif et nom)
Synonyme familier de fou. *Il est complètement **dingue** de rouler aussi vite.*

dinosaure (nom masculin)
Animal préhistorique d'aspect très varié. *Les **dinosaures** ont disparu de la surface de la Terre il y a plus de 60 millions d'années.* **Dinosaure** vient de deux mots grecs, *deinos* qui signifie « terrifiant » et *sauros* qui signifie « lézard » et qu'on retrouve dans *saurien*.

diocèse (nom masculin)
Territoire sous le contrôle religieux d'un évêque. *Tous les prêtres d'un **diocèse** dépendent d'un même évêque.*

des **dinosaures**

un **diplodocus**

Dionysos
Dieu grec de la Vigne et du Vin. Dionysos est bon vivant, gai, mais cruel. Dans la mythologie romaine, c'est Bacchus.

dioxyde (nom masculin)
• **Dioxyde de carbone :** gaz carbonique. *Les arbres absorbent le* ***dioxyde*** *de carbone.*

dioxygène (nom masculin)
Oxygène sous forme de gaz.

diphtérie (nom féminin)
Grave maladie contagieuse qui peut causer la mort par étouffement.

diplodocus (nom masculin)
Très grand dinosaure herbivore.

diplomate (nom)
Personne chargée de représenter son pays à l'étranger. *Le gouvernement a nommé ce* ***diplomate*** *ambassadeur de France au Japon.* ■ **diplomate** (adjectif) Qui agit avec tact et habileté. *Elle obtient ce qu'elle veut sans brusquer les gens car elle est très* ***diplomate****.* Famille du mot : diplomatie, diplomatique.

diplomatie (nom féminin)
1. Ensemble des relations entre les États. *Ce ministre veut faire évoluer la* ***diplomatie*** *française en Amérique.* **2.** Habileté et tact. *Pour éviter une dispute, il a détourné la conversation avec* ***diplomatie****.* Prononciation [diplɔmasi].

diplomatique (adjectif)
Qui concerne la diplomatie. *Cet agent* ***diplomatique*** *travaille à l'ambassade.*

diplôme (nom masculin)
Document officiel qui prouve la réussite à un examen ou l'obtention d'un titre. *Elle possède son* ***diplôme*** *d'infirmière.*

dire (verbe) ▸ conjug. n° 46
1. Prononcer des paroles. *Il* ***a dit*** *une phrase que je n'ai pas comprise.* **2.** Faire connaître quelque chose à quelqu'un par la parole. *Sarah* ***a dit*** *qu'elle allait bientôt partir.* ***Dites****-moi votre nom.* **3.** Demander ou ordonner. *Je lui* ***ai dit*** *d'arrêter de crier.* **4.** Se dire : penser en soi-même. *Elle* ***s'est dit*** *que tu aimerais sortir avec nous.* **5.** Se dire : s'exprimer par tels mots. *En anglais, « bonjour »* ***se dit*** *« good morning ».* • **Dire que :** mots qui servent à exprimer la déception ou l'étonnement. ***Dire que*** *les vacances sont déjà finies !* • **On dirait :** il semble, on croirait. *Arrête de pleurer,* ***on dirait*** *un bébé.* • **Vouloir dire :** signifier. *Cette phrase ne* ***veut*** *rien* ***dire****.*

direct, directe (adjectif)
1. Qui ne fait pas de détours. *Prenez cette route, elle est* ***directe*** *jusqu'au village.* **2.** Qui se fait sans intermédiaire. *Les astronautes sont en contact* ***direct*** *avec la Terre.* **3.** Qui est franc et sans détours. *La directrice n'a pas caché son mécontentement, c'est une femme très* ***directe****.* • **Complément direct :** qui n'est pas précédé d'une préposition. (Contr. indirect.) ■ **direct** (nom masculin) Coup de poing qui part tout droit. *Il l'a assommé d'un* ***direct*** *du droit.* • **En direct :** qui est diffusé au moment même où se passe l'action. *C'est un reportage* ***en direct****.* (Contr. en différé.) Famille du mot : directement, indirect, indirectement.

directement (adverbe)
1. Tout droit, sans faire de détours. *Ursula va **directement** de la maison à l'école.* **2.** Sans passer par une autre personne. *Si vous avez un problème, adressez-vous **directement** au chef de service.*

directeur, trice (nom)
Personne qui dirige. *Un **directeur** d'école. Un **directeur** commercial.*

direction (nom féminin)
1. Action de diriger. *Elle assure la **direction** d'un grand hôtel.* **2.** Ensemble de ceux qui dirigent. *Si vous n'êtes pas content, adressez-vous à la **direction**.* **3.** Sens dans lequel on se dirige. *Fais demi-tour, nous avons pris la mauvaise **direction**.* **4.** Ensemble des mécanismes qui permettent de diriger un véhicule. *L'accident a endommagé la **direction** de la voiture.*

directive (nom féminin)
Indication donnée par quelqu'un qui dirige. *Suivez bien les **directives** de votre entraîneur !*

Directoire
Comité de cinq membres qui, après la Convention, dirigea la France du 4 brumaire an IV (26 octobre 1795) au 18 brumaire an VIII (9 novembre 1799). Durant cette période, qu'on appelle « le Directoire », la France mena une guerre de conquête contre l'Autriche (la campagne d'Italie) et contre l'Angleterre (la campagne d'Égypte). Grâce à ses succès militaires pendant ces campagnes, le général Bonaparte devint très populaire et renversa le régime.

dirham (nom masculin)
Monnaie du Maroc et des Émirats arabes unis. *J'ai changé 100 euros en **dirhams**.*

dirigeable (nom masculin)
Ballon muni d'un moteur et d'une nacelle servant à transporter des passagers.

dirigeant, ante (nom)
Personne qui dirige. *Tous les **dirigeants** de la fédération de football assistaient au match.*

diriger (verbe) ▸ conjug. n° 5
1. Être le chef, le responsable d'une organisation. *Elle **dirige** le club de natation depuis plusieurs années.* **2.** Faire aller dans une certaine direction. *Le commandant **dirige** son navire vers le large. Les spectateurs **se dirigent** vers la sortie.* (Syn. orienter.) **3.** Donner une certaine orientation. *Il **dirigea** son regard vers la scène.* Famille du mot : dirige**able**, dirige**ant**.

discernement (nom masculin)
Capacité de juger les personnes ou les choses avec bon sens. *Elle choisit ses amis avec **discernement**.*

discerner (verbe) ▸ conjug. n° 3
1. Distinguer plus ou moins bien par la vue. *On **discernait** vaguement une lueur au bout du chemin.* (Syn. apercevoir.) **2.** Faire la différence entre deux possibilités. *Je n'arrive pas à **discerner** s'il est sincère ou pas.*

disciple (nom masculin)
Personne qui reçoit l'enseignement d'un maître. *Après sa mort, ses **disciples** ont continué ses recherches.*

discipline (nom féminin)
1. Ensemble des règles à respecter pour permettre la vie en groupe. *Il est indispensable que tous les élèves respectent*

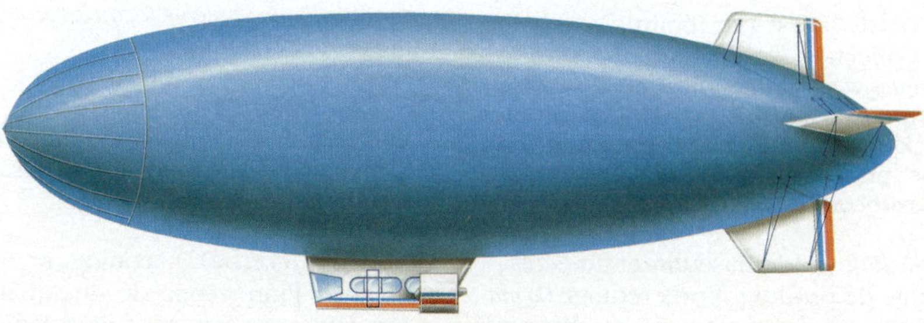

un **dirigeable**

a b c d e f g h i j k l m n o p q r s t u v w x y z

a b c d e f g h i j k l m n o p q r s t u v w x y z

*la **discipline** de l'école.* (Contr. indiscipline.) 2. Matière enseignée à l'école. *La technologie est une **discipline** scientifique.* Famille du mot : discipliné, **in**discipline, **in**discipliné.

discipliné, ée (adjectif)
Qui respecte la discipline. (Contr. indiscipliné.)

disc-jockey (nom masculin)
Animateur de radio ou de discothèque qui choisit les morceaux de musique à diffuser. Pluriel : des disc-jockey**s**.

disco (nom masculin et adjectif)
Musique de variétés fortement rythmée et saccadée. *Matthias aime beaucoup danser sur la musique **disco**.* **Disco** est l'abréviation de *discothèque*.

discobole (nom masculin)
Athlète qui lançait le disque dans l'Antiquité. *Une statue célèbre représente un **discobole**.*

discontinu, ue (adjectif)
Qui comprend des interruptions. *On peut franchir une ligne blanche **discontinue** pour doubler.* (Contr. continu.)

discontinuer (verbe)
• **Sans discontinuer :** sans s'arrêter. *La pluie tombe **sans discontinuer** depuis deux jours.*

discordant, ante (adjectif)
Qui n'est pas en accord avec les autres. *Des sons **discordants**, des opinions **discordantes**.*

discorde (nom féminin)
Désaccord grave. *Ses mensonges ont semé la **discorde** dans la classe.* (Contr. concorde.)

discothèque (nom féminin)
1. Collection de disques. *Il possède des disques de jazz très rares dans sa **discothèque**.* 2. Endroit où l'on va écouter de la musique et danser. 3. Endroit où l'on peut emprunter des disques. *La **discothèque** est à côté de la bibliothèque.*

discount (nom masculin et adjectif)
Vente de produits à prix réduits. *Ce magasin vend des meubles à prix **discount**.* (Syn. ristourne.) Prononciation [diskunt] ou [diskawnt]. **Discount** est un mot anglais qui vient lui-même de l'ancien français *descompte*, « décompte ».

discourir (verbe) ▸ conjug. n° 16
Parler longuement sur un sujet. *Tu ferais mieux d'agir au lieu de **discourir**.*

discours (nom masculin)
Paroles que l'on adresse à un public. *Le ministre a fait un long **discours** pour expliquer sa politique.* (Syn. allocution.)

discréditer (verbe) ▸ conjug. n° 3
Porter atteinte à la réputation de quelqu'un. *La malhonnêteté de ce commerçant l'**a discrédité** auprès de tous ses clients.*

discret, ète (adjectif)
1. Qui sait garder un secret. *Je peux tout lui raconter, c'est une amie **discrète**.* 2. Qui ne s'occupe pas des affaires des autres. *Je ne veux pas que tu lises mon courrier, tu n'es vraiment pas **discret** !* (Contr. indiscret, sans-gêne.) 3. Qui n'attire pas l'attention. *Zoé préfère des vêtements **discrets**.* (Contr. voyant.) Famille du mot : discrèt**ement**, discré**tion**, **in**discret, **in**discrèt**ement**, **in**discré**tion**.

discrètement (adverbe)
De manière discrète. *Ils sont sortis **discrètement** avant la fin de la soirée.*

discrétion (nom féminin)
Qualité d'une personne discrète. *Tu peux te fier à sa **discrétion** et lui confier ton secret.* • **À discrétion :** autant que l'on veut.

discrimination (nom féminin)
Fait de traiter les gens de façon différente, selon leur origine. *Tous les enfants sont traités de la même façon à l'école, sans aucune **discrimination**.*

discriminatoire (adjectif)
Qui établit une discrimination. *Le régime nazi a mené une politique **discriminatoire**.*

disculper (verbe) ▸ conjug. n° 3
Prouver l'innocence de quelqu'un. *Le témoignage des passants **a disculpé** l'automobiliste accusé de l'accident.*

discussion (nom féminin)
1. Conversation au cours de laquelle on discute. *Nous avons eu une **discussion** animée à propos de politique.* **2.** Fait de discuter un ordre. *Faites ce que je vous dis sans **discussion** !*

discutable (adjectif)
Que l'on peut discuter. *Ce témoignage est bourré de contradictions, il semble très **discutable**.* (Syn. contestable. Contr. indiscutable.)

discuter (verbe) ▸ conjug. n° 3
1. Parler et échanger des idées. *On **a discuté** des vacances pendant la récréation.* **2.** Opposer des objections. *Arrête de **discuter** chaque fois que je te demande quelque chose !* (Syn. contester.)

disette (nom féminin)
Manque de produits alimentaires. *Les **disettes** étaient causées par de mauvaises récoltes.* (Syn. famine, pénurie. Contr. abondance.)

disgrâce (nom féminin)
Perte des faveurs accordées par une personne puissante. *Quand un courtisan avait déplu au roi, il tombait en **disgrâce**.*

disgracieux, euse (adjectif)
Qui n'a pas de grâce, ni d'élégance. *Ses lourdes bottes lui donnaient une démarche **disgracieuse**.* (Contr. gracieux.)

disjoindre (verbe) ▸ conjug. n° 35
Séparer ou écarter ce qui était joint. *L'humidité **a disjoint** les lames du parquet.*

disjoncteur (nom masculin)
Interrupteur qui coupe le courant automatiquement, en cas de danger.

disloquer (verbe) ▸ conjug. n° 3
Disjoindre complètement les parties d'un tout. *Le cortège **s'est disloqué** à la fin de la manifestation.*

Disney Walt (né en 1901, mort en 1966)
Producteur et réalisateur américain de dessins animés. En 1928, il créa le personnage de Mickey. Il réalisa un premier long métrage, *Blanche-Neige et les sept nains* (1938), suivi de beaucoup d'autres, dont *Pinocchio* (1939), *Fantasia* (1940) et *Cendrillon* (1950). Walt Disney a construit un véritable empire industriel.

disparaître (verbe) ▸ conjug. n° 37
1. Cesser d'être visible. *Le bateau **a disparu** à l'horizon.* (Contr. apparaître.) **2.** Être introuvable. *Mon stylo **a** encore **disparu** !* **3.** Cesser d'exister. *Au cours du XXe siècle, de nombreuses espèces animales **ont disparu**.*
ORTHO On écrit aussi **disparaitre**.

disparate (adjectif)
Qui manque d'harmonie. *Ce vieux blouson avec ta jupe en soie forment un ensemble **disparate**.* (Syn. hétéroclite.)

disparité (nom féminin)
Grande différence entre deux choses que l'on compare. *Il existe une grande **disparité** d'âge entre cette femme et son mari.*

disparition (nom féminin)
1. Fait de disparaître. *La police a été avertie de la **disparition** d'un enfant.* **2.** Fait de mourir. *Les journaux ont annoncé la **disparition** de ce célèbre acteur.* (Syn. mort.)

disparu, ue (nom)
Personne morte ou considérée comme morte. *Après les inondations, on a compté de nombreux **disparus**.*

dispensaire (nom masculin)
Établissement où l'on dispense des soins. *Pour une piqûre ou un pansement, vous pouvez aller au **dispensaire**.*

un portrait de Walt **Disney** avec Mickey Mouse

dispense (nom féminin)
Fait d'être dispensé. *Il a une **dispense** de gymnastique à cause de son asthme.*

dispenser (verbe) ▸ conjug. n° 3
1. Accorder l'autorisation de ne pas faire quelque chose d'obligatoire. *David **est dispensé** de gymnastique à cause d'une blessure au genou.* (Syn. exempter.) 2. Accorder ou donner. *L'infirmière **dispense** des soins aux blessés.* Famille du mot : dispens**aire**, dispense, **in**dispens**able**.

disperser (verbe) ▸ conjug. n° 3
1. Faire aller dans plusieurs directions. *Les vagues **ont dispersé** les débris du bateau. Les manifestants **se sont dispersés** en fin de journée.* (Syn. disséminer.) 2. Se disperser : manquer de concentration. *À force de **se disperser**, il n'arrive jamais à finir ce qu'il a commencé.* (Contr. se concentrer.)

dispersion (nom féminin)
Fait de se disperser. *La **dispersion** de la manifestation s'est effectuée dans le calme.*

disponible (adjectif)
1. Que l'on peut utiliser. *Il reste des places **disponibles** au fond de la salle.* (Syn. inoccupé, libre. Contr. occupé.) 2. Qui n'est pas occupé, qui a du temps. *Es-tu **disponible** ce soir pour m'accompagner à la gare ?*

dispos, dispose (adjectif)
• **Être frais et dispos :** être tout à fait en forme. *Après une bonne nuit de repos, elle **est fraîche et dispose**.*

disposer (verbe) ▸ conjug. n° 3
1. Placer d'une certaine manière. *Anna **a disposé** les couverts sur la table.* (Syn. arranger.) 2. Se servir de quelque chose. *Vous pouvez **disposer** de ma voiture pour sortir ce soir.* 3. Se disposer à : être sur le point de. *Il **se disposait à** partir quand l'orage a éclaté.* (Syn. s'apprêter.) • **Être disposé à :** être prêt. *Je pourrais t'aider à ranger si tu **es disposé à** commencer.* • **Être bien** ou **mal disposé :** être de bonne ou de mauvaise humeur. Famille du mot : dispos**ition**, **in**disposer, **in**dispos**ition**, **pré**disposer.

dispositif (nom masculin)
Mécanisme prévu pour un usage précis. *Si on essaie d'ouvrir la voiture, le **dispositif** d'alarme se déclenche.*

disposition (nom féminin)
Manière dont les choses sont disposées. *La maîtresse a changé la **disposition** des tables.* • **À la disposition de quelqu'un :** à son service. *Il a laissé ces CD **à notre disposition** pour quelques jours.* ■ **dispositions** (nom féminin pluriel) 1. Préparatifs ou précautions. *Nous avons pris les **dispositions** nécessaires pour notre déménagement.* 2. Dons ou aptitudes. *Il a des **dispositions** pour le dessin.* 3. Manière d'être. *Attendons qu'elle soit dans de meilleures **dispositions** pour lui demander son aide.*

disproportion (nom féminin)
Différence trop importante entre deux choses. *C'est un match inintéressant à cause de la **disproportion** des forces en présence.*

disproportionné, ée (adjectif)
Qui présente une disproportion. *Le bonhomme que tu as dessiné a une tête **disproportionnée** par rapport à son corps.*

dispute (nom féminin)
Discussion violente. *Leur conversation s'est terminée par une **dispute**.* (Syn. querelle.)

disputer (verbe) ▸ conjug. n° 3
1. Participer à une compétition. *Dimanche, Élodie **disputera** la finale du tournoi de tennis.* 2. Se disputer : se dire des choses désagréables. *Ibrahim et son frère n'arrêtent pas de **se disputer**.* (Syn. se quereller.)

disquaire (nom)
Personne qui vend des disques et des DVD.

disqualification (nom féminin)
Exclusion d'un concurrent. *Le joueur qui a injurié l'arbitre mérite une **disqualification**.*

disqualifier (verbe) ▸ conjug. n° 10
Prononcer une disqualification. *Ce concurrent **a été disqualifié** pour dopage.*

disque (nom masculin)
1. Plaque ronde qui sert à l'enregistrement des sons. *Écouter un **disque**. Enregistrer un **disque**.* 2. Palet rond que lancent les athlètes. *Le lancer du **disque** est une discipline olympique.* 3. Surface inté-

rieure d'un cercle. *Calculer la surface d'un **disque**.* • **Disque compact :** synonyme de CD. • **Disque dur :** partie d'un ordinateur qui contient les logiciels et les fichiers.

disquette (nom féminin)
Plaquette utilisée en informatique pour stocker des données. *Aujourd'hui, on n'utilise plus de **disquettes**, mais des cédéroms ou des clés USB.*

dissection (nom féminin)
Action de disséquer. *La **dissection** d'une grenouille.*

dissémination (nom féminin)
Fait d'être disséminé. *La **dissémination** des graines par le vent permet la reproduction des plantes.*

disséminer (verbe) ▸ conjug. n° 3
Synonyme de disperser. *Un coup de vent **a disséminé** mes papiers dans le square.*

L'abeille **dissémine** le pollen de fleur en fleur.

dissension (nom féminin)
Désaccord grave. *Il existe des **dissensions** entre les membres de ce parti politique.*

disséquer (verbe) ▸ conjug. n° 8
Découper un corps pour en étudier les différents organes. ***Disséquer** un rat.*

dissidence (nom féminin)
État de celui qui refuse d'obéir à une autorité. *Un groupe de soldats en **dissidence** refuse de combattre.*

dissident, ente (nom)
Personne qui est en dissidence. *Des **dissidents** politiques ont été arrêtés.*

dissimulation (nom féminin)
1. Action de dissimuler. *La **dissimulation** d'objets volés.* **2.** Caractère d'une personne hypocrite. *Ne te fie pas à son sourire, c'est de la **dissimulation**.* (Contr. franchise.)

dissimuler (verbe) ▸ conjug. n° 3
Synonyme de cacher. *Un masque **dissimulait** son visage. Le chat **s'était dissimulé** sous les couvertures.*

dissipation (nom féminin)
1. Fait de se dissiper. *Le temps sera beau après la **dissipation** du brouillard matinal.* **2.** Conduite d'une personne dissipée. *La **dissipation** de certains élèves empêche les autres de travailler.* (Syn. indiscipline.)

dissipé, ée (adjectif)
Distrait et indiscipliné. *C'est une élève sympathique mais elle est trop **dissipée**.* (Contr. discipliné, studieux.)

dissiper (verbe) ▸ conjug. n° 3
1. Faire disparaître. *Nous allons **dissiper** ce malentendu.* **2.** Entraîner quelqu'un à s'amuser. *La maîtresse l'a mis au fond parce qu'il **dissipe** ses camarades.*

dissocier (verbe) ▸ conjug. n° 10
Examiner séparément. *Pour mieux comprendre ce problème, il faut **dissocier** ses différentes parties.* (Contr. associer.)

dissolution (nom féminin)
1. Fait de se dissoudre. *Prenez votre médicament après sa **dissolution** complète dans l'eau.* **2.** Action de dissoudre quelque chose. *Après la **dissolution** de l'Assemblée nationale, il faut élire de nouveaux députés.*

dissolvant (nom masculin)
Produit utilisé pour dissoudre certaines substances. *Un **dissolvant** pour vernis à ongles.* (Syn. solvant.)

a b c d e f g h i j k l m n o p q r s t u v w x y z

dissonant, ante (adjectif)
Qui ne sonne pas bien à l'oreille. *Une musique **dissonante**.*

dissoudre (verbe) ▸ conjug. n° 52
1. Faire fondre un produit dans un liquide. *Le sel **se dissout** dans l'eau.* **2.** Mettre fin à quelque chose. ***Dissoudre** une association.* Au participe passé, on peut écrire il a **dissout** ou il a **dissous**. Famille du mot : dissolution, dissolvant.

dissuader (verbe) ▸ conjug. n° 3
Convaincre une personne de ne pas faire quelque chose. *Il voulait se promener sous l'orage, mais ses amis l'en **ont dissuadé**.* (Contr. persuader.)

dissuasion (nom féminin)
Action de dissuader. • **Force de dissuasion :** armes nucléaires dont la puissance devrait dissuader l'adversaire d'attaquer.

dissymétrie (nom féminin)
Absence de symétrie ; défaut de symétrie. *Il y a une **dissymétrie** dans les formes de cette peinture.*

dissymétrique (adjectif)
Synonyme d'asymétrique. *Un visage **dissymétrique**.* (Contr. symétrique.)

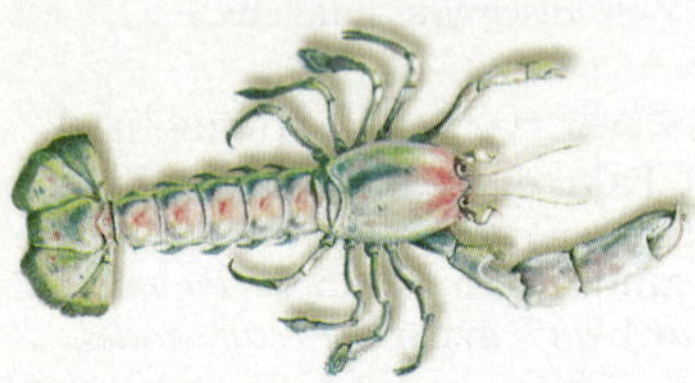

Ce crustacé a des pinces **dissymétriques**.

distance (nom féminin)
Espace qui sépare deux endroits ou deux moments. *La **distance** entre les deux villages est d'environ 20 kilomètres. Les deux guerres mondiales ont éclaté à 25 ans de **distance**.*

distancer (verbe) ▸ conjug. n° 4
Mettre une certaine distance entre soi et ses adversaires. *Fatima **a** nettement **distancé** les autres nageuses.* (Syn. devancer.)

distant, ante (adjectif)
1. Qui se trouve séparé par une certaine distance. *Ces deux villes sont **distantes** d'à peu près 100 kilomètres.* **2.** Qui a une attitude froide, réservée. *Elle est très **distante** avec les gens qu'elle ne connaît pas bien.* Famille du mot : distance, distancer.

distendre (verbe) ▸ conjug. n° 31
Déformer en étirant trop. *Mon pull-over **est** complètement **distendu**.*

distillation (nom féminin)
Action de distiller. *La **distillation** des fleurs permet d'obtenir des essences de parfums.* Prononciation [distilasjɔ̃].

distiller (verbe) ▸ conjug. n° 3
Chauffer un liquide pour séparer les divers éléments qui le constituent. *On **distille** le jus de la betterave pour obtenir de l'alcool.* Prononciation [distile]. Famille du mot : distillation, distillerie.

distillerie (nom féminin)
Usine où l'on fabrique certains produits par distillation. *Une **distillerie** de parfums.* Prononciation [distilʀi].

distinct, distincte (adjectif)
1. Qui ne peut pas être confondu avec autre chose. *La nectarine et le brugnon sont deux fruits **distincts**.* **2.** Qui se perçoit nettement. *Le sanglier a laissé des marques bien **distinctes** de son passage.* Famille du mot : distinctement, distinctif, distinction, distingué, distinguer, indistinct.

distinctement (adverbe)
De manière distincte. *Parle plus **distinctement**, je ne comprends rien !*

distinctif, ive (adjectif)
Qui permet de distinguer quelqu'un ou quelque chose. *Le noir est la couleur **distinctive** des arbitres de football.*

distinction (nom féminin)
1. Action de distinguer. *Pierre est encore incapable de faire la **distinction** entre une abeille et une guêpe.* (Syn. différence.) **2.** Élégance et finesse dans les gestes et les paroles. *Sa **distinction** s'ajoute à son élégance.* (Contr. vulgarité.)

distingué, ée (adjectif)
Élégant et raffiné. *Elle n'est pas très jolie, mais elle est très **distinguée**.* (Contr. vulgaire.)

distinguer (verbe) ▸ conjug. n° 3
1. Faire la différence entre des personnes ou des choses. *Elle est incapable de **distinguer** un concombre d'une courgette !* (Syn. différencier. Contr. confondre.) **2.** Percevoir ou reconnaître. *À travers le brouillard, on **distingue** à peine la lueur des phares.* **3.** Se distinguer : se faire remarquer. *Durant le combat, il **s'est distingué** par sa bravoure.*

distraction (nom féminin)
1. Fait d'être distrait. *Elle a mis ses clés dans le réfrigérateur par **distraction**.* (Syn. étourderie. Contr. attention.) **2.** Ce qu'on fait pour se distraire. *Il aime pêcher à la ligne, c'est sa **distraction** préférée.* (Syn. passe-temps.)

distraire (verbe) ▸ conjug. n° 40
1. Détourner l'attention de quelqu'un. *Vos bavardages le **distraient** de son travail.* **2.** Faire passer agréablement le temps. *Cette promenade va **distraire** les enfants. Quentin aime écouter de la musique pour **se distraire**.* (Syn. amuser, divertir.) Famille du mot : distraction, distrait.

distrait, aite (adjectif)
Qui manque d'attention. *Je n'ai pas entendu ta question, j'étais **distraite**.* (Syn. étourdi. Contr. attentif.)

distribuer (verbe) ▸ conjug. n° 3
Répartir entre plusieurs personnes. *C'est à Romain de **distribuer** les cartes.* Famille du mot : distribu**teur**, distribu**tion**.

distributeur (nom masculin)
Appareil qui sert à distribuer des objets. *Un **distributeur** de boissons, de billets de banque.*

distribution (nom féminin)
1. Action de distribuer. *Les enfants sont réunis autour du sapin pour la **distribution** des jouets.* **2.** Ensemble des acteurs d'une pièce de théâtre ou d'un film.

district (nom masculin)
Regroupement administratif de plusieurs communes. *Dans notre ville, le ramassage des ordures est pris en charge par le **district**.*

dithyrambique (adjectif)
Qui est très élogieux. *Les commentaires **dithyrambiques** du journaliste après la victoire de l'équipe de France.*

diurne (adjectif)
Qui se montre le jour. *Le faucon et l'épervier sont des rapaces **diurnes**.* (Contr. nocturne.) **Diurne** vient du latin *dies* qui signifie « jour ».

divagations (nom féminin pluriel)
Propos incohérents de quelqu'un qui divague. *Je n'écoute pas ses **divagations**, cet homme est complètement fou.*

diva (nom féminin)
Chanteuse d'opéra qui est célèbre. *La **diva** a été longuement applaudie à la fin de son air.* **Diva** est un mot italien qui signifie « déesse ».

divaguer (verbe) ▸ conjug. n° 3
Synonyme de déraisonner. *Il a commencé à **divaguer** sous l'effet de la fièvre.*

divan (nom masculin)
Long siège sans bras ni dossier, qui peut servir de lit. *La chatte aime se blottir au milieu des coussins du **divan**.*

divergence (nom féminin)
Fait de diverger. *Ils ont fini par se fâcher à cause de leurs **divergences** politiques.* (Syn. désaccord.)

divergent, ente (adjectif)
1. Qui diverge. *À partir d'ici, nos routes sont **divergentes**.* (Contr. convergent.) **2.** Au sens figuré, qui diffère. *Ces deux partis politiques ont des positions **divergentes** sur le problème du chômage.*

diverger (verbe) ▸ conjug. n° 5
1. Aller en s'écartant l'un de l'autre. *Les fils électriques **divergent** à la sortie du compteur.* (Contr. converger.) **2.** Au sens figuré, être en désaccord. *Sur certains problèmes, les avis **divergent**.* Famille du mot : diverg**ence**, diverg**ent**.

divers, diverse (adjectif)
1. Qui présente des différences. *Le dictionnaire permet de connaître les **divers** sens d'un mot.* **2.** Plusieurs. *Vous avez le choix entre **divers** restaurants.* Famille du mot : divers**ifier**, divers**ité**.

a b c d e f g h i j k l m n o p q r s t u v w x y z

diversifier (verbe) ▸ conjug. n° 10
Rendre divers. *Pour **diversifier** ses menus, ce restaurateur propose des plats exotiques.*

diversion (nom féminin)
• **Faire diversion :** détourner l'attention. *Ils étaient sur le point de se disputer, mais notre arrivée **a fait diversion**.*

diversité (nom féminin)
Caractère de ce qui présente des aspects divers. *Ce magasin vend des bagages d'une grande **diversité**.* (Syn. variété.)

divertir (verbe) ▸ conjug. n° 11
Faire passer agréablement le temps. *Tu travailles trop, tu devrais **te divertir** un peu.* (Syn. amuser, distraire.)

divertissement (nom masculin)
Ce qui divertit. *Le cirque est le **divertissement** préféré de Gaëlle.* (Syn. distraction.)

dividende (nom masculin)
Nombre que l'on divise par un autre quand on fait une division. *Si on divise 138 par 2, 138 est le **dividende** et 2 le diviseur.*

divin, ine (adjectif)
1. Qui concerne Dieu ou les dieux. *La puissance **divine**.* 2. Qui a des qualités remarquables, merveilleuses. *Le parfum de cette rose est **divin**.* (Syn. excellent, exquis.)

divination (nom féminin)
Art de deviner l'avenir. *Harry Potter suit des cours de **divination** à l'école de la sorcellerie.*

divinité (nom féminin)
Dieu ou déesse. *Les Grecs et les Romains adoraient de nombreuses **divinités**.*

diviser (verbe) ▸ conjug. n° 3
1. Partager en plusieurs parties. *Hélène **divise** le gâteau en huit parts égales. À son sommet, le tronc de l'arbre **se divise** en plusieurs branches.* 2. Faire une division. *Si tu **divises** 45 par 5, tu obtiens 9.* 3. Créer un désaccord entre les gens. *La politique du gouvernement **divise** l'opinion.* (Syn. désunir.) Famille du mot : divi**seur**, divisi**ble**, divi**sion**, **sub**diviser, **sub**division.

diviseur (nom masculin)
Nombre qui divise un autre nombre quand on fait une division. *Si tu divises 400 par 4, 4 est le **diviseur** et 400 le dividende.*

divisible (adjectif)
Qui peut être divisé exactement. *24 est **divisible** par 6.*

division (nom féminin)
1. Opération arithmétique qui consiste à calculer combien de fois un nombre est contenu dans un autre. *Julie ne sait pas encore faire de **divisions** à trois chiffres.* 2. Partie d'un ensemble limitée par un trait ou une marque. *Les **divisions** d'un thermomètre indiquent les degrés de température.* 3. Désaccord entre des personnes. *Ces racontars ont semé la **division** dans ce groupe d'amis.* (Syn. désunion, discorde.) 4. Ensemble de régiments ou d'équipes sportives. *Une **division** aérienne.*

divorce (nom masculin)
Rupture légale d'un mariage. *Elle vit seule avec ses enfants depuis son **divorce**.*

divorcer (verbe) ▸ conjug. n° 4
Se séparer par un divorce. *Les parents de mon cousin ne s'entendent plus, ils ont décidé de **divorcer**.*

divulguer (verbe) ▸ conjug. n° 3
Révéler au public une chose secrète. *Des journalistes **ont divulgué** les escroqueries de certains hommes politiques.* (Syn. dévoiler.)

dix (déterminant)
Neuf plus un (10). *Thomas vient d'avoir **dix** ans.* ■ **dix** (nom masculin) Nombre dix. *Nous partons en vacances le **dix** de ce mois.* ● On prononce [dis] quand **dix** est employé seul, [di] devant une consonne ou un h aspiré, [diz] devant une voyelle ou un h muet. Famille du mot : **dixième**, **dizaine**.

dixième (adjectif et nom)
Qui occupe le rang numéro 10. *Laura habite au **dixième** étage.* ■ **dixième** (nom masculin) Ce qui est contenu dix fois dans un tout. *Il a déjà remboursé le **dixième** de sa dette.* ● Prononciation [dizjɛm].

dizaine (nom féminin)
1. Ensemble de dix unités. *Dans 526 et 28, le chiffre des **dizaines** est 2.* **2.** Quantité d'environ dix. *Nous serons de retour dans une **dizaine** de jours.*

djellaba (nom féminin)
Robe longue à manches et à capuchon que les gens portent en Afrique du Nord.

djembé (nom masculin)
Tambour d'Afrique que l'on tient sous le bras ou entre les cuisses. *La troupe de chanteurs berbères chantait au son du **djembé**.* ● Prononciation [dʒɛmbe].

Djibouti

900 000 habitants
Capitale : Djibouti
Monnaie :
le franc de Djibouti
Langues officielles :
arabe, français, afar, somali
Superficie : 23 000 km²

État d'Afrique de l'Est, bordé par la mer Rouge et situé entre l'Éthiopie et la Somalie.

GÉOGRAPHIE
Djibouti est un pays désertique et très pauvre. La capitale, Djibouti (350 000 habitants), donne sur la mer Rouge. Son port est important pour la France car elle a conservé des soldats dans le pays.

HISTOIRE
Djibouti devint une colonie française en 1896, un territoire d'outre-mer en 1946, puis acquit son autonomie en 1956. Elle accéda à l'indépendance en 1977 mais conserva une base militaire française.

do (nom masculin)
Note de musique qui commence la gamme.

doberman (nom masculin)
Chien au poil ras, très musclé. ● Prononciation [dɔbɛʀman].

docile (adjectif)
Qui obéit facilement. *Un chien **docile**.*

docilité (nom féminin)
Caractère docile. *Le moniteur d'équitation a choisi des chevaux d'une grande **docilité** pour les débutants.*

dock (nom masculin)
Grand hangar dans un port. *Les marchandises sont stockées dans des **docks**.*

docker (nom masculin)
Ouvrier qui charge et décharge les bateaux. ● Prononciation [dɔkɛʀ].

docteur (nom masculin)
1. Synonyme de médecin. *Si tu es malade, je vais prendre un rendez-vous chez le **docteur**.* **2.** Titre universitaire. *Elle est **docteur** en géologie.*

doctorat (nom masculin)
Diplôme qui donne droit au titre de docteur. *Sa sœur prépare un **doctorat** en droit.*

doctrine (nom féminin)
Ensemble des idées ou des opinions que l'on défend. *La **doctrine** d'un parti politique.*

document (nom masculin)
1. Écrit ou illustration qui sert à renseigner. *Ces articles sont des **documents** passionnants sur la vie des insectes.* **2.** Fichier informatique créé avec un logiciel de traitement de texte. Famille du mot : document**aire**, document**aliste**, documen**tation**, se document**er**.

documentaire (adjectif)
Qui a le caractère d'un document. *Victor préfère les émissions **documentaires** aux films de fiction.* ■ **documentaire** (nom masculin) Film qui montre des faits réels. *Un **documentaire** sur les dauphins.*

documentaliste (nom)
Personne qui rassemble et classe les documents. *Pour trouver ce livre, renseigne-toi auprès de la **documentaliste**.*

documentation (nom féminin)
Ensemble de documents. *William et Noémie ont rassemblé une **documentation** sur les champignons.*

se **documenter** (verbe) ▸ conjug. n° 3
Chercher ou consulter des documents. *Les élèves doivent **se documenter** sur les Indiens d'Amérique du Nord pour faire un exposé.*

a b c d e f g h i j k l m n o p q r s t u v w x y z

dodeliner (verbe) ▶ conjug. n° 3
• **Dodeliner de la tête :** la balancer doucement.

dodo (nom masculin)
• **Aller au dodo :** dans le langage enfantin, aller se coucher. • **Faire dodo :** dormir.

dodu, ue (adjectif)
Gras, potelé. *Un poulet bien **dodu**.*

doge (nom masculin)
Premier magistrat des anciennes républiques de Venise et de Gênes.

dogme (nom masculin)
Idée ou opinion considérée comme une vérité indiscutable.

Dogons
Peuple du Mali, vivant à l'intérieur de la boucle du fleuve Niger. Les Dogons sont célèbres pour leur art ; ils réalisent des peintures rupestres et fabriquent des statues funéraires en bois et des masques.

dogue (nom masculin)
Chien au museau aplati. **Dogue** vient de l'anglais *dog* qui signifie « chien ».

un **dogue**

doigt (nom masculin)
1. Chaque partie articulée et mobile qui termine la main. *Les cinq **doigts** de la main sont le pouce, l'index, le majeur, l'annulaire et l'auriculaire.* ➡ p. 303. **2.** Très petite quantité. *Je boirais bien un **doigt** de liqueur.* • **À deux doigts de :** tout près de. *Elle était **à deux doigts de** gagner.* • **Doigt de pied :** orteil. • **Sur le bout des doigts :** parfaitement. *Xavier sait sa leçon **sur le bout des doigts**.*

doigté (nom masculin)
Tact et finesse. *Il faudra beaucoup de **doigté** pour les réconcilier.* (Syn. diplomatie.)

doléances (nom féminin pluriel)
Plaintes ou réclamations. *Le directeur a refusé d'écouter les **doléances** de ses employés.* • **Cahier de doléances :** document rassemblant les revendications du tiers état à la veille de la révolution de 1789.

dollar (nom masculin)
Monnaie utilisée dans de nombreux pays tels que les États-Unis, le Canada, l'Australie, etc.

dolmen (nom masculin)
Monument préhistorique composé d'une dalle de pierre posée sur deux pierres verticales. ● Prononciation [dɔlmɛn]. **Dolmen** est formé des mots bretons *tol* qui signifie « table » et *men* qui signifie « pierre » et qu'on retrouve dans *menhir*.

domaine (nom masculin)
1. Grande propriété à la campagne. *Sa famille possède un **domaine** de plusieurs hectares.* **2.** Ensemble de connaissances, d'activités d'un secteur. *À notre époque, les progrès sont immenses dans le **domaine** scientifique.* • **le Domaine public :** ce qui appartient à l'État.

dôme (nom masculin)
1. Toit de forme arrondie. *Le **dôme** du Vatican.* **2.** Sommet arrondi d'une montagne.

domestique (adjectif)
1. Qui concerne l'entretien d'une maison. *Yann aide sa mère pour les travaux **domestiques**.* (Syn. ménager.) **2.** Qui vit auprès de l'homme. *Le chien et le chat sont des animaux **domestiques**.* (Contr. sauvage.) ■ **domestique** (nom) Personne employée dans une maison pour servir une famille. *Autrefois, les **domestiques** vivaient dans la maison de leur maître.* Aujourd'hui, on n'emploie plus ce terme, on dit « employé de maison ».

domestiquer (verbe) ▶ conjug. n° 3
Rendre domestique un animal sauvage. *Il n'est pas possible de **domestiquer** les chats sauvages.* (Syn. apprivoiser.)

domicile (nom masculin)
Lieu où l'on habite. *Je vais vous donner le numéro de téléphone de mon **domicile**.*

• **Sans domicile fixe :** personne qui n'a pas d'endroit où habiter.

domicilier (verbe) ▸ conjug. n° 10
Avoir pour domicile officiel. *Les parents de Victor sont **domiciliés** à Paris.*

dominant, ante (adjectif)
Qui domine, qui est le plus important. *L'un des traits **dominants** de son caractère est la franchise.* (Syn. principal.)

dominateur, trice (adjectif)
Qui aime dominer. *En grandissant, il s'est révolté contre son père trop **dominateur**.*

domination (nom féminin)
Fait de dominer. *Les Gaulois ont vécu sous la **domination** des Romains après la défaite d'Alésia.*

dominer (verbe) ▸ conjug. n° 3
1. Tenir en son pouvoir ou sous son autorité. *Ce peuple de guerriers voulait **dominer** les peuples voisins.* **2.** Contrôler ses sentiments. *Elle n'arrivait pas à **dominer** sa peur. Il a réussi à **se dominer** malgré sa colère.* (Syn. maîtriser.) **3.** Être situé au-dessus. *Du haut des remparts, nous **dominons** toute la ville.* (Syn. surplomber.) **4.** Être supérieur en quantité ou en intensité. *Dans ce plat, c'est le goût du cari qui **domine**.* (Syn. prédominer.)
Famille du mot : domin**ant**, domina**teur**, domin**ation**, **pré**dominer.

dominicain, aine ➡ Voir tableau p. 6.

République **dominicaine**
➡ Voir **République dominicaine**.

dominical, ale, aux (adjectif)
Du dimanche. *Chez grand-mère, le gigot est le plat **dominical**.*

Dominique

100 000 habitants
Capitale : Roseau
Monnaie : le dollar des Caraïbes de l'Est
Langue officielle : anglais
Superficie : 751 km²

État des Petites Antilles, situé entre la Guadeloupe et la Martinique. La Dominique est une île volcanique. Elle vit de cultures tropicales destinées à l'exportation (noix de coco, coprah, bananes, agrumes) et du tourisme.

HISTOIRE
Ancienne colonie française cédée à l'Angleterre par le traité de Paris (1763), la Dominique a obtenu son indépendance en 1978.

domino (nom masculin)
Petite plaque rectangulaire, marquée de points noirs qui vont de zéro à six points.

des **dominos**

dommage (nom masculin)
Dégât matériel. *Le tremblement de terre a causé des **dommages** considérables.* • **C'est dommage, quel dommage :** c'est regrettable. ***Quel dommage** que les vacances soient déjà finies !*

dompter (verbe) ▸ conjug. n° 3
Forcer un animal sauvage à obéir. ***Dompter** un fauve.* (Syn. dresser.) Prononciation [dɔ̃te] ou [dɔ̃pte].

dompteur, euse (nom)
Personne qui dompte un animal sauvage. *Le **dompteur** fait sauter les tigres à travers un cercle de feu.* Prononciation [dɔ̃tœʀ] ou [dɔ̃ptœʀ].

don (nom masculin)
1. Action de donner ou chose donnée. *Cette association reçoit de nombreux **dons** d'argent pour les victimes de la faim.* (Syn. cadeau.) **2.** Talent naturel. *Benjamin a un **don** pour la musique.*

donateur, trice (nom)
Personne qui fait un don. *De généreux **donateurs** ont permis à l'association de venir en aide à la population sinistrée.*

donc (conjonction)
1. Sert à indiquer une conséquence. *Tu n'as pas son adresse, tu ne peux **donc** pas lui écrire.* (Syn. par conséquent.) **2.** Sert à

renforcer une affirmation, un ordre, une question. *Tu es tout pâle, qu'as-tu **donc** ?*

donjon (nom masculin)
Tour la plus haute d'un château fort. *Le **donjon** était le dernier refuge des assiégés.* ➡ p. 226.

donné, ée (adjectif)
Fixé ou limité à l'avance. *Les concurrents doivent faire le tour du stade en un temps **donné**.* • **Étant donné que :** puisque. ■ **donnée** (nom féminin) **1.** Ce qui sert de base à un raisonnement. *Le détective a étudié toutes les **données** de l'affaire.* **2.** Information traitée par un ordinateur. *Pense à sauvegarder régulièrement tes **données**.*

donner (verbe) ▸ conjug. n° 3
1. Remettre en cadeau. *Ce n'est pas la peine de me rendre ce stylo, je te le **donne**.* (Syn. offrir. Contr. recevoir.) **2.** Confier quelque chose à quelqu'un. *Il **a donné** sa voiture à réviser.* **3.** Produire. *Cette année, les rosiers **ont donné** beaucoup de fleurs.* **4.** Causer. *Ces travaux m'**ont donné** beaucoup de peine. La chaleur nous **a donné** soif.* **5.** Indiquer. ***Donner** une adresse, des nouvelles. **Donner** l'heure.* **6.** Être situé de tel côté. *Cette fenêtre **donne** sur la rue.* • **Donnant donnant :** à condition d'avoir quelque chose en échange de ce que l'on donne. Famille du mot : don, donn**é**, donn**eur**.

donneur, euse (nom)
• **Donneur de sang :** personne qui donne son sang pour qu'il serve à faire des transfusions aux malades et aux blessés.

dont (pronom)
Pronom relatif qui remplace un nom précédé de « de ». *C'est une photo **dont** il est très fier. (Il est très fier de cette photo.)*

dopage (nom masculin)
Fait de se doper. *Le **dopage** est strictement interdit dans les compétitions sportives.*

doper (verbe) ▸ conjug. n° 3
Donner à une personne ou à un animal une drogue qui augmente ses capacités physiques. *Ce joueur a été exclu du championnat parce qu'il **s'était dopé**.*

dorade ➡ Voir **daurade**.

dorénavant (adverbe)
Synonyme de désormais. ***Dorénavant**, nous voyagerons en train plutôt qu'en voiture.*

dorer (verbe) ▸ conjug. n° 3
1. Recouvrir d'une mince couche d'or. ***Dorer** un cadre.* **2.** Donner une couleur jaune comme l'or. *Il adore se faire **dorer** au soleil.*

dorloter (verbe) ▸ conjug. n° 3
Donner à quelqu'un beaucoup de soins et de tendresse. *Elle aime bien se faire **dorloter** par sa grand-mère.* (Syn. chouchouter, choyer.)

dormant, ante (adjectif)
• **Eau dormante :** qui ne s'écoule pas. *Les **eaux dormantes** d'un étang.* (Syn. stagnant.)

dormeur, euse (nom)
Personne qui dort. *Le bruit d'une sonnerie a réveillé brutalement les **dormeurs**.*

dormir (verbe) ▸ conjug. n° 15
Être plongé dans le sommeil. *Ne fais pas de bruit, ton frère **dort** profondément.* • **Histoire à dormir debout :** incroyable. Famille du mot : dorm**ant**, dorm**eur**, **en**dormir.

dorsal, ale, aux (adjectif)
Du dos. *Des douleurs **dorsales**.*

dortoir (nom masculin)
Grande salle où dorment des personnes. *Les **dortoirs** d'une caserne.*

dorure (nom féminin)
Couche d'or. *La **dorure** d'un miroir.*

un cadre recouvert de **dorure**

doryphore (nom masculin)
Insecte jaune et noir dont les larves dévorent les feuilles de pommes de terre.

un **doryphore**

dos (nom masculin)
1. Partie arrière du corps de l'homme et des animaux entre les épaules et les fesses. *Elle porte son cartable sur le **dos**.* 2. Côté bombé d'une chose. *Le **dos** de la main.* 3. Envers d'un objet. *Écrivez votre nom au **dos** de l'enveloppe.* • **De dos :** vu du côté du dos. (Contr. de face.) • **Renvoyer dos à dos :** ne pas prendre parti entre deux personnes. • **Se mettre quelqu'un à dos :** s'en faire un ennemi. Famille du mot : s'adosser, dos-d'âne, dossard, dossier, endosser.

dosage (nom masculin)
Action de doser un mélange. *Pour réussir ce plat, fais attention au **dosage** des épices.*

dos-d'âne (nom masculin)
Bosse sur la chaussée. Pluriel : des dos-d'âne.

dose (nom féminin)
Quantité à prendre en une fois. *Ce médicament peut être dangereux si vous ne respectez pas la **dose** prescrite.* Famille du mot : dosage, doser.

doser (verbe) ▸ conjug. n° 3
Déterminer la bonne dose pour un mélange. *La cuisinière **dose** soigneusement la farine et le lait pour réussir sa pâte.*

doseur, euse (adjectif)
Se dit d'un appareil servant à effectuer un dosage. *Mesurez 10 cl d'eau à l'aide du verre **doseur**. Le bouchon **doseur** d'un flacon de lessive.*

dossard (nom masculin)
Carré de tissu fixé au dos du maillot d'un sportif. *Le gagnant du marathon porte le **dossard** numéro 3.*

dossier (nom masculin)
1. Partie d'un siège sur laquelle on appuie son dos. *Cette voiture a des sièges à **dossier** inclinable.* 2. Ensemble de documents sur un sujet. *Nous avons préparé un **dossier** sur les glaciers des Alpes.* 3. Ensemble qui regroupe des fichiers informatiques. *J'ai créé un **dossier** dans lequel j'ai mis toutes mes photos et vidéos de vacances.*

Dostoïevski Fiodor Mikhaïlovitch (né en 1821, mort en 1881)
Romancier russe. Il fut condamné à mort en 1849 pour complot, puis gracié et déporté quatre ans en Sibérie. Ses romans les plus célèbres sont *Crime et Châtiment* (1866), *l'Idiot* (1868), *les Possédés* (1872) et *les Frères Karamazov* (1879-1880).

dot (nom féminin)
Ensemble des biens et de l'argent qu'une jeune fille apportait autrefois au moment de son mariage. Prononciation [dɔt].

doter (verbe) ▸ conjug. n° 3
1. Donner une dot. *Autrefois, les parents devaient **doter** leur fille.* 2. Équiper de certains éléments. *Notre école **est dotée** d'un gymnase.*

douane (nom féminin)
Administration chargée de contrôler le passage d'un pays à un autre. *La cargaison des routiers est vérifiée à la **douane**.*

douanier, ère (adjectif)
De la douane. *Des contrebandiers ont été arrêtés au cours d'un contrôle **douanier**.* ■ **douanier, ère** (nom) Employé de la douane. *La voiture a été arrêtée à la frontière et fouillée par les **douaniers**.*

doublage (nom masculin)
Action de doubler. *C'est un film italien avec un **doublage** en français.*

double (adjectif)
1. Qui est égal à deux fois la même chose. *Une **double** dose de médicament.*

2. Qui est répété deux fois. *Un **double** nœud. Un livre en **double** exemplaire.* ■ **double** (nom masculin) **1.** Quantité multipliée par deux. *Vingt est le **double** de dix.* **2.** Copie exacte. *Donnez-moi cette facture et gardez le **double**.* **3.** Partie de tennis opposant deux équipes de deux joueurs.

double-clic (nom masculin)
Action de cliquer rapidement deux fois sur la touche d'une souris d'ordinateur. *Le **double-clic** sur un mot permet de sélectionner ce mot.* Pluriel : des doubles-clics.

double-cliquer (verbe) ▸ conjug. n° 3
Cliquer rapidement deux fois sur la touche d'une souris d'ordinateur. ***Double-clique** sur l'image pour l'agrandir.*

doublement (adverbe)
De deux façons. *Ce plat est **doublement** raté : il est brûlé et trop salé.*

doubler (verbe) ▸ conjug. n° 3
1. Multiplier par deux. *La population du village **double** durant l'été.* **2.** Dépasser un véhicule. *À la fin de la ligne continue, tu pourras **doubler**.* **3.** Garnir l'intérieur d'un vêtement avec une doublure. *Elle porte un manteau de velours **doublé** de soie.* **4.** Remplacer un acteur par un autre. *Un cascadeur **double** la vedette du film pendant la poursuite en voiture.* **5.** Remplacer les dialogues d'un film par leur traduction dans une autre langue. *C'est un film américain **doublé** en français.*

doublure (nom féminin)
1. Tissu qui garnit l'intérieur d'un vêtement. *Elle a déchiré la **doublure** de son blouson.* **2.** Acteur qui double un autre acteur. *La vedette du film est remplacée par sa **doublure**.*

en **douce** (adverbe)
Dans la langue familière, sans se faire remarquer. *Le chat s'est faufilé **en douce** dans la cuisine.*

douceâtre (adjectif)
Qui est d'une douceur fade. *Je n'aime pas le goût **douceâtre** de ce soda.*
ORTHO On écrit aussi **douçâtre**.

doucement (adverbe)
1. De manière douce. *Prends ce vase et pose-le **doucement** sur la table.* (Contr. brusquement, bruyamment, violemment.) **2.** Synonyme de lentement. *Attention au virage, roule plus **doucement** !*

doucereux, euse (adjectif)
Qui est d'une douceur hypocrite. *Sa voix **doucereuse** ne m'inspire pas confiance.* (Syn. mielleux.)

douceur (nom féminin)
1. Qualité de ce qui est doux. *Ses joues ont la **douceur** du velours. La **douceur** du climat au bord de la mer.* **2.** Qualité d'une personne douce. *C'est un enfant timide, parlez-lui avec **douceur**.* (Contr. brutalité, violence.) • **En douceur :** doucement, sans brutalité.

douche (nom féminin)
Jet d'eau que l'on projette sur le corps pour se laver. *En rentrant du stade, Clément a pris une **douche**.*

se **doucher** (verbe) ▸ conjug. n° 3
Prendre une douche.

douchette (nom féminin)
1. Petit pommeau mobile de douche. *Cette **douchette** de massage est bien agréable.* **2.** Lecteur de codes-barres. *Le caissier passe la **douchette** sur les articles de mon caddie.*

doudoune (nom féminin)
Veste rembourrée de duvet.

doué, ée (adjectif)
Qui a des dons naturels dans un certain domaine. *Odile est **douée** pour le chant, elle a une jolie voix.*

douille (nom féminin)
1. Pièce de métal creuse d'une lampe dans laquelle on fixe l'ampoule. **2.** Cylindre creux contenant la poudre d'une cartouche.

douillet, ette (adjectif)
1. Qui ne supporte pas la moindre douleur. *C'est une enfant **douillette** qui pleure à la moindre écorchure.* **2.** Doux et confortable. *Dormir dans un lit **douillet**.*

douleur (nom féminin)
1. Sensation physique pénible causée par ce qui fait mal. *Grand-mère souffre de **douleurs** dans le dos.* **2.** Grand chagrin. *Il a éprouvé une **douleur** immense en*

apprenant la mort de son ami. (Syn. peine, souffrance.)

douloureux, euse (adjectif)
1. Qui cause une douleur. *Il souffre d'une blessure très **douloureuse** au genou.* 2. Qui cause du chagrin. *Cette défaite nous a laissé un souvenir **douloureux**.*

doute (nom masculin)
Manque de certitude sur la vérité ou la réalité de quelque chose. *Nous avons un **doute** sur son innocence.* • **Cela ne fait aucun doute :** c'est certain. • **Sans doute :** probablement. *Il viendra **sans doute** demain.* Famille du mot : douter, douteux.

douter (verbe) ▸ conjug. n° 3
1. Avoir des doutes, ne pas être sûr. *Le juge **doute** de l'innocence de l'accusé.* 2. Se douter de quelque chose : penser qu'elle est probable. *Je me **doutais** bien que tu n'oublierais pas notre rendez-vous.* • **Ne douter de rien :** être très audacieux, être sûr de réussir.

douteux, euse (adjectif)
1. Qui est peu probable. *La victoire de notre équipe me paraît **douteuse**.* (Contr. certain, évident, sûr.) 2. Qui n'est pas vraiment propre. *Il porte une chemise d'un blanc **douteux**.*

douve (nom féminin)
Fossé rempli d'eau qui entoure les remparts d'un château. *Le pont-levis permettait de franchir les **douves**.* ➡ p. 226.

doux, douce (adjectif)
1. Agréable à toucher. *Elle a la peau **douce** comme de la soie.* (Contr. rêche, rugueux.) 2. Qui n'est ni trop chaud ni trop froid. *Un temps **doux**. Faire cuire un plat à feu **doux**.* (Syn. modéré.) 3. Qui fait preuve de gentillesse, de patience. *Cette infirmière est très **douce** avec ses malades.* (Contr. brutal, dur, sévère.) 4. Qui a un goût sucré agréable. *Ces bonbons au miel sont très **doux**.* (Contr. acide, amer.) • **Eau douce :** eau qui n'est pas salée, contrairement à l'eau de mer. *Le goujon est un poisson d'**eau douce**.* • **Filer doux :** dans la langue familière, obéir sans discuter. Famille du mot : adoucir, adoucissant, adoucissement, douceâtre, doucement, doucereux, douceur, se radoucir, radoucissement.

douzaine (nom féminin)
1. Ensemble de douze unités. *Une **douzaine** d'huîtres, d'œufs.* 2. Quantité d'environ douze. *Il y aura bien une **douzaine** de personnes pour mon anniversaire.*

douze (adjectif)
Dix plus deux (12). *De minuit à midi, il y a **douze** heures.* ■ **douze** (nom masculin) Nombre douze. *Sarah habite au **douze**.* Famille du mot : douzaine, douzième.

douzième (adjectif et nom)
Qui est au rang marqué par le numéro 12. *L'horloge sonnait le **douzième** coup de minuit.* ■ **douzième** (nom masculin) Ce qui est contenu douze fois dans un tout. *Cela représente le **douzième** de son salaire.*

doyen, enne (nom)
Personne la plus âgée d'un groupe. *La **doyenne** du village va fêter ses 102 ans.*

draconien, enne (adjectif)
Très sévère. *Le colonel a pris des décisions **draconiennes** en ce qui concerne la discipline.* **Draconien** vient de *Dracon*, nom d'un magistrat très sévère de l'Antiquité grecque.

dragée (nom féminin)
Bonbon fait d'une amande recouverte de sucre. *Les mariés ont offert un cornet de **dragées** à chaque invité.*

dragon (nom masculin)
Animal imaginaire que l'on représente avec des ailes, des griffes et une queue de serpent. ➡ p. 408.

dragonne (nom féminin)
Courroie attachée à un objet et qu'on passe autour du poignet. *La **dragonne** d'un bâton de ski, d'un appareil photo.*

draguer (verbe) ▸ conjug. n° 3
Racler le fond de l'eau pour enlever la boue ou le sable. ***Draguer** un canal, un étang.*

drain (nom masculin)
Tube placé dans une plaie ou dans un organe pour évacuer un liquide. *Du pus s'écoule par le **drain**.* Famille du mot : drainage, drainer.

a b c **d** e f g h i j k l m n o p q r s t u v w x y z

drainage (nom masculin)
Action de drainer. *Ce sous-sol était toujours humide : il a fallu faire un **drainage**.*

drainer (verbe) ▸ conjug. n° 3
Évacuer l'eau d'un terrain trop humide. *Si on **draine** ces terrains marécageux, on pourra y faire des cultures.*

drakkar (nom masculin)
Bateau à voile carrée et à rames, utilisé autrefois par les Vikings. **Drakkar** est un mot suédois qui signifie « dragon », car la proue de ces bateaux était ornée d'une tête de dragon.

un **drakkar**

dramatique (adjectif)
1. Très grave. *Les alpinistes perdus dans la tempête sont dans une situation **dramatique**.* (Syn. tragique.) **2.** Qui concerne les pièces de théâtre. *Un auteur **dramatique**.*

dramatiser (verbe) ▸ conjug. n° 3
Exagérer la gravité d'un fait ou d'un évènement. *Sa blessure est superficielle, il est inutile de **dramatiser** !*

drame (nom masculin)
1. Évènement très grave. *S'il perd son emploi, ce sera un **drame** pour sa famille.* (Syn. catastrophe, tragédie.) **2.** Pièce de théâtre qui met en scène une histoire tragique. Famille du mot : **dédramatiser**, **drama**tique, **drama**tiser.

drap (nom masculin)
Chacune des deux grandes pièces de toile qu'on place sur un lit et entre lesquelles on dort. *Ursula a pris une paire de **draps** propres pour faire son lit.* • **Être dans de beaux draps :** être dans une situation très embarrassante. Famille du mot : **drap**eau, **drap**-housse, se **drap**er, **drap**erie.

drapeau, eaux (nom masculin)
Pièce de tissu qui sert d'emblème à un pays. *Le **drapeau** européen comporte douze étoiles.*

se draper (verbe) ▸ conjug. n° 3
S'enrouler dans un vêtement ou dans un tissu. *Zoé **s'est drapée** dans un châle de soie pour jouer le rôle de la princesse.*

draperie (nom féminin)
Grande pièce d'étoffe formant de larges plis. *Des **draperies** encadrent les fenêtres du château.*

drap-housse (nom masculin)
Drap qui s'adapte au matelas grâce à ses coins munis d'élastique. Pluriel : des **draps-housses**.

dressage (nom masculin)
Action de dresser un animal. *Le **dressage** des chevaux de cirque est long.*

« Saint Georges et le **dragon** », tableau de Bernardo Martorell (XVe siècle)

dresser (verbe) ▸ conjug. n° 3
1. Lever ou tenir droit. ***Dresser** la tête.* (Contr. baisser.) **2.** Faire tenir droit. *Des ouvriers **dressent** un échafaudage.* (Syn. installer.) **3.** Établir avec soin. *L'entraîneur **a dressé** la liste des joueurs.* **4.** Apprendre l'obéissance à un animal. ***Dresser** un chien.* **5.** Se dresser : s'élever tout droit. *Un pic **se dresse** à l'horizon.* • **Dresser l'oreille :** se mettre à écouter attentivement.

Dreyfus Alfred (né en 1859, mort en 1935)
Capitaine français. En 1894, Alfred Dreyfus, un juif d'origine alsacienne, fut accusé d'espionnage et condamné au bagne. Émile Zola publia en 1898 dans le journal *l'Aurore*, une lettre au président de la République, dont le titre, « J'accuse », est resté célèbre. Il y défendait Dreyfus et accusait l'armée de ne pas vouloir reconnaître son innocence. Un scandale appelé « l'Affaire Dreyfus » éclata. En septembre 1898, il fut révélé que le colonel Henry avait produit un faux document pour accuser le capitaine Dreyfus. Dreyfus fut gracié et réintégré dans l'armée.

dribble (nom masculin)
Action de dribbler.

dribbler (verbe) ▸ conjug. n° 3
Faire avancer le ballon devant soi en le contrôlant. *Il a traversé tout le terrain de basket en **dribblant**.*

drogue (nom féminin)
Produit toxique qui rend euphorique, mais provoque des troubles graves. *La loi prévoit des peines très sévères pour les trafiquants de **drogue**.* (Syn. stupéfiant.)
Famille du mot : drogué, droguer, droguerie, droguiste.

drogué, ée (nom)
Personne qui consomme très régulièrement de la drogue et ne peut plus s'en passer. *Un centre d'accueil a été créé pour les **drogués**.* (Syn. toxicomane.)

droguer (verbe) ▸ conjug. n° 3
Faire prendre des drogues. *Le vétérinaire a dû **droguer** l'animal pour le calmer.*

droguerie (nom féminin)
Magasin où l'on vend des produits d'entretien et de toilette, de la quincaillerie. Autrefois dans les **drogueries**, on vendait des *drogues*, c'est-à-dire des médicaments.

droguiste (nom)
Commerçant qui tient une droguerie.

■ **droit, droite** (adjectif)
1. Qui ne tourne pas. *Une ligne **droite**. Une route **droite**.* (Syn. rectiligne. Contr. courbe.) **2.** Qui est vertical. *Tiens-toi **droit**. Redresse ce tableau, il n'est pas **droit**.* **3.** Qui agit avec droiture, honnêteté. *Faites-lui confiance, c'est une femme très **droite**.* (Contr. déloyal, faux.) **4.** Qui est situé du côté opposé à celui du cœur. *David écrit de la main **droite**.* (Contr. gauche.) • **Angle droit :** angle de 90°. ➡ p. 576. ■ **droite** (nom féminin) **1.** Ligne droite. *Prenez vos règles et tracez une **droite** passant par les points A et B.* ➡ p. 576. **2.** Côté droit. *Notre maison est la première de la rue sur la **droite**.* (Contr. gauche.) **3.** Ensemble des partis politiques qui ont des opinions conservatrices. *À l'Assemblée nationale, il y a des députés de **droite**, de gauche et du centre.* ■ **droit** (adverbe) En ligne droite. *Aller **droit** devant soi.* Famille du mot : droitier, droiture.

■ **droit** (nom masculin)
1. Ce qui est autorisé par la loi. *À partir de 18 ans, un citoyen français a le **droit** de vote.* **2.** Ce qui est permis. *Tu as parfaitement le **droit** de dire ce que tu penses.* **3.** Ensemble des lois. *Si tu veux devenir avocat, il faudra que tu étudies le **droit** à l'université.* **4.** Somme d'argent que l'on doit payer. *Payer un **droit** d'entrée.*

droitier, ère (adjectif)
Qui se sert habituellement de la main droite. (Contr. gaucher.)

Droits de l'homme
➡ Voir **Déclaration des droits de l'homme et du citoyen**.

droiture (nom féminin)
Comportement d'une personne droite, loyale. *Il est incapable de tromper quelqu'un, tout le monde connaît sa **droiture**.* (Syn. honnêteté, loyauté.)

a b c d e f g h i j k l m n o p q r s t u v w x y z

drôle (adjectif)
1. Qui amuse, fait rire. *Une histoire **drôle**.* (Syn. comique.) 2. Qui semble étrange ou anormal. *Il y a une **drôle** d'odeur dans la cuisine.* (Syn. bizarre, curieux.) Famille du mot : drôle**ment**, drôle**rie**.

drôlement (adverbe)
1. D'une manière drôle. *Il est **drôlement** coiffé ce matin !* 2. Synonyme familier d'extrêmement. *Je suis **drôlement** ennuyé d'avoir perdu mes clés.*

drôlerie (nom féminin)
Caractère de ce qui est drôle. *Ce film est d'une **drôlerie** incroyable.*

dromadaire (nom masculin)
Mammifère ruminant qui ressemble au chameau, mais n'a qu'une seule bosse. *Les **dromadaires** vivent dans les déserts.*

un **dromadaire**

dru, drue (adjectif)
Épais et serré. *De l'herbe **drue**. Une barbe **drue**.* (Syn. touffu. Contr. clairsemé.)

druide (nom masculin)
Prêtre gaulois. *Les **druides** cueillaient le gui sacré sur les chênes.*

du ➡ Voir **de**.

dû, due, dus, dues (adjectif)
1. Que l'on doit. *Vous devez régler la somme **due** avant la fin du mois.* 2. Qui est causé par quelqu'un ou quelque chose. *Son retard est **dû** aux embouteillages.* ■ **dû** (nom masculin) Ce qui est dû à quelqu'un. *Il veut qu'on lui rende son **dû**.*

dubitatif, ive (adjectif)
Qui exprime le doute. *Elle avait un air **dubitatif** quand il racontait ses exploits.*

Dublin
Capitale de la république d'Irlande, située sur la côte est de l'île (506 000 habitants). Dublin est le premier centre économique et administratif du pays. Dans son histoire, la ville connut plusieurs révoltes contre la domination britannique.

duc, duchesse (nom)
Titre de noblesse le plus élevé après celui de prince, de princesse.

ducal, ale, aux (adjectif)
Qui se rapporte à un duc. *Un palais **ducal**.*

duché (nom masculin)
Territoire gouverné autrefois par un duc ou une duchesse. *Le **duché** de Bretagne.*

duchesse ➡ Voir **duc**.

duel (nom masculin)
Combat entre deux personnes à la suite d'une offense. ***Duel** à l'épée, au pistolet.*

Du Guesclin Bertrand (né en 1315 ou 1320, mort en 1380)
Chef des armées du royaume de France. Il combattit, pour Charles V, les armées de Charles le Mauvais (1364), le roi de Navarre. Puis il fut chargé de chasser de France des groupes de mercenaires, les Grandes Compagnies, qui pillaient le pays. Il mourut au combat en tentant d'expulser les Anglais de France.

Dumas Alexandre ■ (né en 1802, mort en 1870)
Écrivain français, dit « Alexandre Dumas père », pour le distinguer de son fils. Il est l'auteur de célèbres romans historiques comme *les Trois Mousquetaires* (1844), *le Comte de Monte-Cristo* (1846) et *la Reine Margot* (1845).

Dumas Alexandre ■ (né en 1824, mort en 1895)
Écrivain français, dit « Alexandre Dumas fils ». Il est l'auteur de pièces de théâtre comme *la Dame aux camélias*

(1852) et *le Fils naturel* (1858). Il fut élu à l'Académie française en 1874.

dune (nom féminin)
Colline de sable formée par le vent.

dunette (nom féminin)
Partie surélevée sur le pont arrière d'un navire. *Le commandant monta sur la **dunette** pour scruter l'horizon.*

duo (nom masculin)
Air de musique pour deux instruments ou deux voix. *Chanter en **duo**.*

dupe (adjectif)
• **Être dupe :** se laisser facilement tromper. *Nous ne **sommes** pas **dupes** de son boniment.*

duper (verbe) ▸ conjug. n° 3
Tromper quelqu'un en se servant de sa naïveté. *Un escroc **l'a dupé** en lui vendant de faux tableaux.* (Syn. berner.)

duplex (nom masculin)
Appartement sur deux étages, qui communiquent par un escalier intérieur. • **Émission en duplex :** émission retransmise à partir de deux endroits différents.

une affiche des « Trois mousquetaires » d'Alexandre **Dumas**

duplicata (nom masculin)
Copie exacte d'un document officiel. *Vous devez fournir des **duplicatas** de vos diplômes.* (Syn. double. Contr. original.)

dupliquer (verbe) ▸ conjug. n° 3
Faire une copie d'un document, d'un fichier. *Utilise le copier-coller pour **dupliquer** ces images.*

duquel ➡ Voir **lequel**.

dur, dure (adjectif)
1. Qui résiste et qu'on ne peut pas entamer facilement. *Le diamant est une pierre très **dure**.* (Syn. résistant. Contr. mou, tendre.) **2.** Difficile à faire. *Cet exercice de calcul est **dur**.* (Syn. ardu.) **3.** Qui est pénible à supporter. *Il est mineur de fond, c'est un métier très **dur**.* **4.** Qui ne montre aucune indulgence, aucune sensibilité. *Ce chef d'entreprise est **dur** avec ses employés.* (Contr. indulgent.) ■ **dur** (adverbe) Beaucoup. *Travailler **dur**. Il gèle **dur**.* ■ **dur, dure** (nom) Personne qui n'a peur de rien. *Elle a l'air timide, mais en réalité, c'est une **dure** !*
⌂ Famille du mot : dur**cir**, dur**cissement**, dur**ement**, dur**eté**, en**durcir**.

durable (adjectif)
Qui va durer longtemps. *Élodie et Myriam espèrent bien que leur amitié sera **durable**.*

durant (préposition)
Synonyme de pendant. *Ils ont fait connaissance **durant** un voyage en train.*

durcir (verbe) ▸ conjug. n° 11
1. Devenir dur. *La pâte à tarte a commencé à **durcir**.* (Contr. ramollir.) **2.** Faire paraître plus dur. *Sa voix **se durcit** quand elle est en colère.* (Contr. adoucir.)

durcissement (nom masculin)
Fait de durcir. *Le **durcissement** du mastic.*

durée (nom féminin)
Temps compris entre le début et la fin de quelque chose. *Il a fermé son magasin pendant la **durée** des travaux.*

durement (adverbe)
D'une manière dure, sévère. *Il traite trop **durement** ses enfants.*

a b c d e f g h i j k l m n o p q r s t u v w x y z

durer (verbe) ▸ conjug. n° 3
1. Se dérouler pendant un certain temps. *La séance **a duré** deux heures.* **2.** Rester en bon état. *C'est un meuble de bonne qualité qui **durera** des années.*
Famille du mot : dur**able**, dur**ée**.

dureté (nom féminin)
1. Caractère de ce qui est dur. *Le tronc de ce vieux chêne a la **dureté** de la pierre.* **2.** Manque de bonté, de douceur. *Les vainqueurs ont traité leurs prisonniers avec une grande **dureté**.* (Contr. indulgence.)

durillon (nom masculin)
Endroit où la peau a durci à cause des frottements. *À force de manier la scie, le charpentier a des **durillons** aux mains.*

duvet (nom masculin)
1. Petites plumes douces et légères. *Le corps des oisillons est couvert de **duvet**.* **2.** Grand sac garni de duvet ou d'une matière synthétique. *La campeuse dormait bien au chaud dans son **duvet**.* (Syn. sac de couchage.) **3.** Poils très fins. *La peau des pêches est recouverte de **duvet**.*

duveté, ée (adjectif)
Qui est doux comme du duvet. *Ce bébé a une peau **duvetée**.*
ORTHO On dit aussi **duveteux, euse**.

DVD (nom masculin)
Disque compact de grande capacité, permettant de stocker des images vidéo. *Le film vient de sortir en **DVD**.*
ORTHO On dit aussi **DVD-rom**.

dynamique (adjectif)
Qui fait preuve de dynamisme. *C'est un homme **dynamique** qui réussit très bien tout ce qu'il entreprend.* (Syn. actif, énergique, entreprenant. Contr. indolent, mou.)

dynamiser (verbe) ▸ conjug. n° 3
Donner du dynamisme, de l'énergie à quelqu'un, à une activité. *La prime de l'État **a dynamisé** les ventes de voitures neuves.*

dynamisme (nom masculin)
Énergie avec laquelle une personne accomplit une action. *Nous avons gagné plusieurs matchs grâce au **dynamisme** de notre entraîneur.*

dynamite (nom féminin)
Explosif très puissant. *Les ouvriers ont fait sauter le rocher à la **dynamite**.*

dynamiter (verbe) ▸ conjug. n° 3
Faire sauter à la dynamite. ***Dynamiter** un pont, un train.*

dynamo (nom féminin)
Appareil qui produit du courant électrique. *L'éclairage du vélo fonctionne grâce à une **dynamo**.*

dynastie (nom féminin)
Famille de rois qui règnent les uns à la suite des autres. *Pépin le Bref fut le fondateur de la **dynastie** des Carolingiens.*

dysenterie (nom féminin)
Maladie qui provoque des maux de ventre et des diarrhées. Prononciation [disɑ̃tʀi].

dyslexie (nom féminin)
Ensemble de difficultés rencontrées dans l'apprentissage de la lecture.

dyslexique (adjectif et nom)
Qui souffre de dyslexie. *Les **dyslexiques** confondent souvent les lettres ou les inversent.*

Ee

e (nom masculin)
Cinquième lettre de l'alphabet. *Le **E** est une voyelle.*

eau, eaux (nom féminin)
1. Liquide incolore, inodore et sans saveur quand il est pur. *L'**eau** de source est douce, l'**eau** de mer est salée.* **2.** Étendue plus ou moins importante de ce liquide. *Benjamin et Anna se promènent au bord de l'**eau**.* **3.** Préparation liquide *Élodie se parfume à l'**eau** de toilette. L'**eau** oxygénée est un désinfectant.* • **Mettre de l'eau dans son vin :** devenir moins intransigeant. • **Tomber à l'eau :** ne pas avoir lieu. *On devait faire une fête, mais c'est **tombé à l'eau**.*

eau-de-vie (nom féminin)
Boisson alcoolisée très forte faite à partir de fruits ou de grains. *Le rhum est une **eau-de-vie** de canne à sucre.* Pluriel : des eau**x**-de-vie.

ébahir (verbe) ▸ conjug. n° 11
Étonner fortement. *Clément **ébahit** sa sœur avec des tours de magie.* (Syn. stupéfier.) **Ébahir** vient du même mot de l'ancien français que *bâiller* qui signifie « laisser la bouche ouverte de surprise ».

s'ébattre (verbe) ▸ conjug. n° 31
Courir, sauter, remuer pour s'amuser. *Trois jeunes faons **s'ébattent** dans la clairière.*

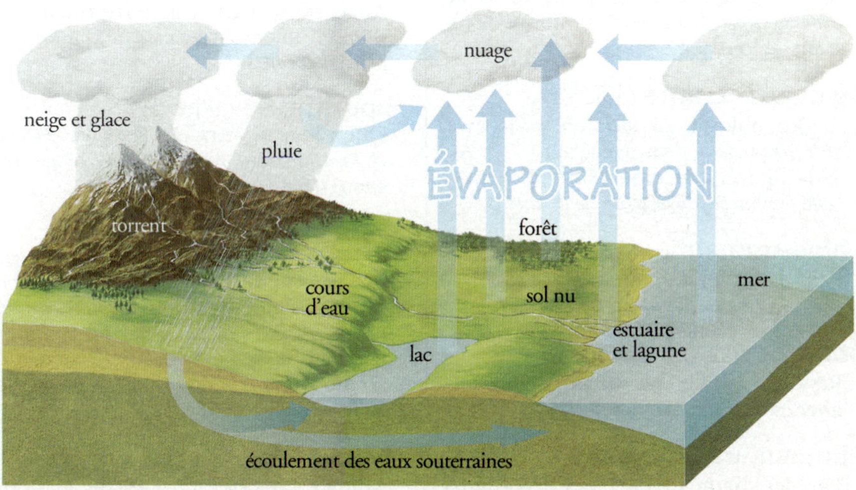

le cycle de l'**eau**

ébauche (nom féminin)
1. Synonyme d'esquisse. *Voici une première* ***ébauche*** *du tableau.* **2.** Début de quelque chose. *L'****ébauche*** *d'un sourire.* (Syn. amorce.)

ébaucher (verbe) ▸ conjug. n° 3
Faire l'ébauche de quelque chose. *Le conférencier* ***a ébauché*** *les grandes lignes du discours.* (Syn. esquisser. Contr. achever.)

ébène (nom féminin)
Bois noir et très dur. *Les touches noires du piano sont en* ***ébène****.* Famille du mot : ébén**iste**, ébén**isterie**.

ébéniste (nom)
Artisan qui fabrique ou répare de beaux meubles. *L'****ébéniste*** *restaure une commode Louis XV.*

ébénisterie (nom féminin)
Travail de l'ébéniste. *Le ciseau à bois est un outil d'****ébénisterie****.*

éberlué, ée (adjectif)
Très étonné. *« Tous ces cadeaux sont pour moi ? » demanda Fatima* ***éberluée****.* (Syn. sidéré, stupéfait.) Ce mot signifie en ancien français « qui a la berlue ».

éblouir (verbe) ▸ conjug. n° 11
1. Troubler la vue par un éclat trop vif. *Les skieurs mettent des lunettes parce que la neige les* ***éblouit****.* (Syn. aveugler.) **2.** Au sens figuré, causer de l'admiration. *Gaëlle* ***a ébloui*** *ses amis par ses talents de comédienne.* Famille du mot : éblouis**sant**, éblouis**sement**.

éblouissant, ante (adjectif)
1. Qui éblouit. *La mer, au soleil, était* ***éblouissante****.* (Syn. aveuglant.) **2.** Au sens figuré, qui émerveille. *Il trouvait cette femme* ***éblouissante*** *de beauté.*

éblouissement (nom masculin)
Fait d'être ébloui. *Quand David a vu l'éclair, il a eu un* ***éblouissement****.*

éborgner (verbe) ▸ conjug. n° 3
Rendre borgne. *Tu vas finir par* ***éborgner*** *quelqu'un, avec tes flèches !*

éboueur, euse (nom)
Ouvrier chargé de ramasser les ordures ménagères.

ébouillanter (verbe) ▸ conjug. n° 3
1. Plonger dans l'eau bouillante. *On fait cuire les homards en les* ***ébouillantant****.* **2.** S'ébouillanter : se brûler avec un liquide bouillant. *Elle* ***s'est ébouillanté*** *la main avec une casserole d'eau bouillante.*

éboulement (nom masculin)
Fait de s'ébouler. *Il y a eu un* ***éboulement****, la route est bloquée par des pierres.*

des maisons détruites suite à un **éboulement** de terrain

s'ébouler (verbe) ▸ conjug. n° 3
Tomber par morceaux et s'écrouler. *L'ouragan a fait* ***s'ébouler*** *un pan de montagne.* (Syn. s'effondrer.) Famille du mot : ébou**lement**, éboulis.

éboulis (nom masculin)
Amas de pierres et de terre provenant d'un éboulement. *Le pied de la falaise est plein d'****éboulis****.*

ébouriffé, ée (adjectif)
Qui a les cheveux en désordre. *Hélène et Ibrahim sont revenus de la plage tout* ***ébouriffés****.* (Syn. échevelé.)

ébranler (verbe) ▸ conjug. n° 3
1. Faire trembler, vibrer. *Une secousse sismique* ***a ébranlé*** *toute la région.* **2.** Rendre moins solide. *Tous ces malheurs ont fini par* ***ébranler*** *la raison du pauvre homme.* **3.** S'ébranler : se mettre en mouvement. *Enfin le cortège* ***s'ébranla****.* (Syn. se mettre en branle.)

ébrécher (verbe) ▸ conjug. n° 8
Abîmer un objet en cassant le bord. *Toutes les assiettes* ***sont ébréchées*** *!*

ébriété (nom féminin)
Synonyme d'ivresse. *On lui a retiré son permis pour conduite en état d'**ébriété**.*

s'**ébrouer** (verbe) ▸ conjug. n° 3
Se secouer pour se nettoyer ou se sécher. *En sortant de l'eau, le chien **s'ébroue** sur la plage.*

ébruiter (verbe) ▸ conjug. n° 3
Rendre une nouvelle publique. *Il ne faut surtout pas que cette histoire **s'ébruite**.* (Syn. divulguer, répandre.)

ébullition (nom féminin)
État d'un liquide qui bout. *Pour faire du caramel, il faut porter l'eau et le sucre à **ébullition**.* • **En ébullition :** en grande agitation. *L'évasion du tigre a mis toute la région **en ébullition**.* (Syn. effervescence.)

écaille (nom féminin)
1. Chacune des petites plaques dures qui recouvrent le corps des poissons et des reptiles. 2. Corne provenant de la carapace des tortues. *Une monture de lunettes en **écaille**.* 3. Petite plaque qui se détache d'une surface. *Des **écailles** de peinture.*

Les poissons sont couverts d'**écailles**.

écailler (verbe) ▸ conjug. n° 3
1. Enlever les écailles. *Le poissonnier **a écaillé** la dorade.* 2. S'écailler : se détacher par petites plaques. *Le vernis **s'écaille** par endroits.*

écaler (verbe) ▸ conjug. n° 3
Enlever la coquille. *Zoé **écale** des œufs durs.*

écarlate (adjectif)
Rouge vif. *Kevin est devenu **écarlate** quand le directeur a convoqué ses parents.*

écarquiller (verbe) ▸ conjug. n° 3
Ouvrir tout grands les yeux. *Les enfants **écarquillent** les yeux en apercevant le père Noël.*

écart (nom masculin)
1. Action de s'écarter de sa direction. *Le chauffeur s'est assoupi, son camion a fait un **écart**.* 2. Différence sensible entre deux grandeurs. *Il y avait un **écart** d'une seconde entre les deux coureurs.* • **À l'écart :** en dehors ou à une certaine distance. *Il ne joue pas avec les autres, il reste toujours **à l'écart**. La maison est **à l'écart** de la route.* • **Faire le grand écart :** écarter les deux jambes tendues jusqu'à ce qu'elles touchent le sol sur toute leur longueur. Famille du mot : écart**ement**, écart**er**.

écarteler (verbe) ▸ conjug. n° 9
Obliger quelqu'un à choisir entre plusieurs solutions. *Il **est écartelé** entre ce qu'il doit faire et ce qu'il aurait envie de faire.* (Syn. partager, tirailler.) **Écarteler** se conjugue aussi comme peler (n° 8). **Écarteler** un condamné à mort, c'était autrefois le « mettre en quartiers, en morceaux » en attachant ses quatre membres à quatre chevaux.

écartement (nom masculin)
Espace qui sépare des choses. *L'**écartement** des yeux varie d'une personne à l'autre.*

écarter (verbe) ▸ conjug. n° 3
1. Éloigner des choses habituellement rapprochées. *Julie **écarte** les bras pour m'empêcher de passer.* (Contr. rapprocher.) 2. Repousser quelque chose ou quelqu'un qui barre la route. *Pierre se faufile à travers la haie en **écartant** les branches.* 3. Mettre à l'écart. *Elle voulait obtenir ce travail, mais sa candidature **a été écartée**.* (Syn. éliminer.)

ecchymose (nom féminin)
Synonyme de bleu. *La voiture est très abîmée, mais le conducteur n'a que des **ecchymoses**.* Prononciation [ekimoz].

ecclésiastique (nom masculin)
Membre du clergé. *Les prêtres, les évêques sont des **ecclésiastiques**.*

écervelé, ée (adjectif et nom)
Qui est très étourdi, qui agit sans réfléchir. *Cet **écervelé** a encore oublié son cartable !* Écerveler signifie en ancien français « casser la tête et faire jaillir la cervelle ».

échafaud (nom masculin)
Estrade sur laquelle on exécutait les condamnés à mort. *Louis XVI mourut sur l'**échafaud**.*

échafaudage (nom masculin)
Construction provisoire sur laquelle on peut monter. *Les maçons ont dressé un **échafaudage** pour ravaler la façade.*

Un **échafaudage** recouvre cet immeuble.

échafauder (verbe) ▸ conjug. n° 3
Combiner quelque chose dans son imagination. *Yann **a** déjà **échafaudé** tout son plan de bataille.*

échalas (nom masculin)
1. Pieu servant à soutenir un arbuste ou une plante grimpante. 2. Au sens figuré, dans la langue familière, personne très grande et mince.

échalote (nom féminin)
Plante à bulbe, proche de l'oignon.

échancré, ée (adjectif)
Largement ouvert. *Un pull au col **échancré**.*

échancrure (nom féminin)
Partie échancrée d'un vêtement. *On apercevait un pendentif dans l'**échancrure** de son corsage.*

échange (nom masculin)
Action d'échanger des choses. *Thomas et Laura ont fait un **échange** de BD.*

échanger (verbe) ▸ conjug. n° 5
1. Donner une chose contre une autre. *J'ai **échangé** ma pomme contre une orange.* 2. Se donner mutuellement quelque chose. *Ils **ont échangé** leurs impressions.*

échangeur (nom masculin)
Ouvrage servant à raccorder des routes ou des autoroutes sans que celles-ci se croisent.

échantillon (nom masculin)
Petite quantité d'un produit destinée à le faire apprécier. *La vendeuse a donné à Myriam des **échantillons** de parfum.*

échappatoire (nom féminin)
Moyen habile de se tirer d'embarras. *Victor a trouvé une **échappatoire** pour ne pas faire la vaisselle.*

une **échalote**

échappée (nom féminin)
Action de distancer ses concurrents. *L'un des coureurs du peloton a réussi une **échappée**.*

échappement (nom masculin)
• **Pot d'échappement :** tuyau par lequel sortent les gaz de combustion d'un moteur.

échapper (verbe) ▸ conjug. n° 3
1. Ne pas se laisser prendre. *Il **a échappé** de justesse à ses poursuivants.* 2. Éviter de justesse une situation désagréable. *J'**ai échappé** à la grippe. La voiture t'a frôlé, tu l'**as échappé** belle !* 3. Glisser des mains. *Le vase de cristal lui **a échappé**.* 4. Sortir de l'esprit. *Son nom m'**échappe**.* 5. S'échapper : se sauver de l'endroit où l'on était. *Un singe **s'est échappé** du zoo.* (Syn. s'enfuir.) Famille du mot : échapp**atoire**, échapp**ée**, échap**pement**, réchapper.

écharde (nom féminin)
Petit éclat pointu qui est rentré sous la peau. *Elle s'est mis une **écharde** sous l'ongle en cassant un morceau de bois.*

écharpe (nom féminin)
Long morceau d'étoffe ou de tricot que l'on porte autour du cou. *Une **écharpe** de laine.* (Syn. cache-nez.) • **Avoir le bras en écharpe :** soutenu par une bande de tissu qui passe autour du cou.

écharper (verbe) ▸ conjug. n° 3
Tailler en pièces, massacrer. *Le chauffard a failli se faire **écharper** par les témoins.*

échasse (nom féminin)
Chacun des deux longs bâtons munis d'un support pour le pied, permettant de marcher à une certaine hauteur du sol.

échassier (nom masculin)
Oiseau à longues pattes. *La cigogne, le héron, la grue sont des **échassiers**.*

échauder (verbe) ▸ conjug. n° 3
Subir une mésaventure qui sert de leçon. *C'est très cher ici, je me suis fait **échauder** une fois, ça suffit !*

échauffement (nom masculin)
Action de s'échauffer. *Avant l'épreuve, les athlètes font des exercices d'**échauffement**.*

échauffer (verbe) ▸ conjug. n° 3
1. Provoquer une certaine excitation. *Cette nouvelle décision **a échauffé** les esprits.* 2. S'échauffer : faire des mouvements pour assouplir ses muscles. *Les coureurs **s'échauffent** dans le stade.*

échauffourée (nom féminin)
Échange de coups. *Il y a eu quelques **échauffourées** entre les manifestants et les forces de l'ordre.* (Syn. bagarre.)

échauguette (nom féminin)
Petite tour aux angles d'un château fort.

échéance (nom féminin)
Date à laquelle on est obligé de payer quelque chose. *La date d'**échéance** est marquée sur la facture de téléphone.* • **À brève échéance :** d'ici peu. • **À longue échéance :** pour dans longtemps. *Il fait des projets **à longue échéance**.*

échéant (adjectif masculin)
• **Le cas échéant :** si le cas se présente. *Je viendrai peut-être ; je te préviendrai **le cas échéant**.* (Syn. éventuellement.)

échec (nom masculin)
Fait d'échouer. *L'**échec** à cet examen l'a beaucoup marqué.* (Contr. succès.)
■ **échecs** (nom masculin pluriel) Jeu qui se joue à deux avec des pièces que l'on déplace sur un échiquier. ➡ p. 418.

un **échassier**

un jeu d'**échecs**

échelle (nom féminin)
1. Appareil constitué de deux montants réunis par des barreaux, et qui permet de monter ou de descendre. *L'**échelle** n'est pas assez haute pour qu'on puisse monter sur le toit.* **2.** Série de niveaux, de degrés. *Monsieur Durand était ouvrier, il est devenu patron, il a gravi petit à petit toute l'**échelle** sociale.* (Syn. hiérarchie.) **3.** Rapport entre une dimension et sa représentation sur un plan. *Si 1 centimètre sur la carte représente 100 mètres, les dimensions réelles sont 10 000 fois plus grandes, et l'**échelle** de la carte est 1/10 000.* • **Faire la courte échelle :** aider quelqu'un à grimper en lui présentant ses mains comme point d'appui. Famille du mot : échel**on**, échel**onner**.

échelon (nom masculin)
1. Barreau d'une échelle. **2.** Chacun des niveaux de quelque chose. *Il est devenu directeur après avoir gravi tous les **échelons** de l'entreprise.*

échelonner (verbe) ▸ conjug. n° 3
Répartir régulièrement dans l'espace ou dans le temps. *Ces travaux vont **s'échelonner** sur deux ans.*

écheveau, eaux (nom masculin)
Longueur de fil roulée en cercle ou repliée sur elle-même. *Un **écheveau** de laine.*

échevelé, ée (adjectif)
Synonyme d'ébouriffé. *Tu ne peux pas sortir comme ça, tu es tout **échevelée** !*

échidné (nom masculin)
Mammifère insectivore d'Australie et de Nouvelle-Guinée, dont le corps est couvert de piquants. *L'**échidné** ressemble au hérisson.* Prononciation [ekidne] ➡ p. 678.

échine (nom féminin)
1. Synonyme de colonne vertébrale. **2.** Viande du dos du porc. *Un rôti dans l'**échine**.* • **Courber l'échine :** se soumettre peureusement, sans rien dire.

s'échiner (verbe) ▸ conjug. n° 3
Se donner beaucoup de mal. *Elle **s'est échinée** à lui expliquer, mais il n'a rien compris.*

échiquier (nom masculin)
Plateau carré divisé en 64 cases noires ou blanches, servant à jouer aux échecs.

écho (nom masculin)
Répétition du son renvoyé par une paroi. *En montagne, il y a souvent de l'**écho**.* • **Avoir des échos :** être mis plus ou moins au courant. *J'ai **eu des échos** de vos mésaventures en Italie.* Prononciation [eko].

échographie (nom féminin)
Examen médical qui utilise l'écho des ultrasons pour voir l'intérieur du corps sur un écran.

échoppe (nom féminin)
Petite boutique. *L'**échoppe** du marchand de sandwichs.*

échouer (verbe) ▸ conjug. n° 3
1. Ne pas réussir. *Il **a échoué** dans sa tentative de battre le record du monde.* **2.** Toucher le fond et ne plus pouvoir se dégager. *Un bateau **s'est échoué** sur les rochers.*

éclabousser (verbe) ▸ conjug. n° 3
Faire rejaillir un liquide sur quelqu'un. *Le camion a roulé dans la flaque en **éclaboussant** les passants.*

éclaboussure (nom féminin)
Tache laissée par ce qui éclabousse. *Le bas de ta robe est couvert d'**éclaboussures**.*

éclair (nom masculin)
1. Lumière brève et intense provoquée par une décharge électrique. *Le ciel était zébré par les **éclairs**. Quand l'actrice apparut, il y eut de nombreux **éclairs** de flash.* **2.** Expression vive dans le regard de

quelqu'un. *Un **éclair** de joie passa dans ses yeux.* 3. Gâteau allongé fourré de crème. • **En un éclair :** très rapidement.

éclairage (nom masculin)
Ce qui sert à éclairer. *L'**éclairage** de cette rue est insuffisant.*

éclaircie (nom féminin)
Court moment où le ciel s'éclaircit entre deux averses. *La météo a annoncé de belles **éclaircies** pour l'après-midi.*

éclaircir (verbe) ▸ conjug. n° 11
1. Rendre plus clair. *Cette crème **éclaircit** la peau. Le ciel **s'éclaircit**, il va faire beau.* (Contr. assombrir.) 2. Dans un sens figuré, rendre plus compréhensible. *Il faudrait **éclaircir** ce mystère.* (Syn. clarifier. Contr. embrouiller.)

éclaircissement (nom masculin)
Ce qui éclaircit une chose difficile à comprendre. *Votre lettre ne dit pas tout, j'aurais besoin de quelques **éclaircissements**.* (Syn. explication.)

éclairer (verbe) ▸ conjug. n° 3
1. Donner de la lumière. *Cette ampoule n'est pas assez forte, elle **éclaire** à peine. Dans l'Antiquité, on **s'éclairait** avec des lampes à huile.* 2. Rendre clair et compréhensible. *Yann nous **a éclairés** sur la marche à suivre. Tout **s'éclaire**, à présent !* (Contr. embrouiller.) 3. S'éclairer : devenir plus gai. *Quand le docteur a dit à Noémie qu'elle était guérie, son visage **s'est éclairé**.* (Contr. s'assombrir.)

éclaireur, euse (nom)
1. Soldat envoyé devant pour reconnaître le terrain. 2. Membre d'une organisation de scoutisme laïque.

éclat (nom masculin)
1. Petit morceau de ce qui éclate. *Le pare-brise a volé en **éclats**, il y a du verre partout sur la chaussée.* 2. Bruit fait par une personne qui se met à parler plus fort ou à rire. *Des **éclats** de voix parvenaient du café voisin.* 3. Lumière vive et brillante. *L'**éclat** de la neige au soleil fait mal aux yeux.* 4. Splendeur d'une personne ou d'une chose. *Elle était alors dans tout l'**éclat** de sa jeunesse.*

éclatant, ante (adjectif)
1. Qui a beaucoup d'éclat, qui est très vif. *Les maisons des îles grecques sont d'un blanc **éclatant**.* (Contr. terne.) 2. Dans un sens figuré, remarquable ou incontestable. *L'équipe de France a remporté une **éclatante** victoire.*

éclatement (nom masculin)
Action d'éclater. *L'**éclatement** d'un pneu est à l'origine de l'accident.*

éclater (verbe) ▸ conjug. n° 3
1. Se briser avec violence en projetant des fragments. *Benjamin a soufflé trop fort et le ballon **a éclaté**.* (Syn. exploser.) 2. Faire entendre un bruit soudain et violent. *Un coup de tonnerre **a éclaté**.* 3. Commencer brusquement. *Une guerre vient d'**éclater** en Afrique.* • **Éclater de rire, éclater en sanglots :** se mettre soudain à rire, à pleurer. ⌂ Famille du mot : éclat, éclat**ant**, éclate**ment**.

éclectique (adjectif)
Qui a des goûts très variés. *Clément aime le rock et Mozart, l'ornithologie et l'informatique, il a des goûts très **éclectiques**.*

éclipse (nom féminin)
Disparition momentanée d'un astre. *Il y a **éclipse** de Soleil quand la Lune passe entre le Soleil et la Terre.*

éclipser (verbe) ▸ conjug. n° 3
1. Faire oublier tous les autres. *Ce nouveau génie des échecs **a éclipsé** tous les autres joueurs.* 2. S'éclipser : partir discrètement sans se faire remarquer. *Elle **s'est éclipsée** à l'entracte.*

écliptique (nom masculin)
Plan de l'orbite de la Terre et des autres planètes autour du Soleil.

éclopé, ée (nom)
Personne légèrement blessée. *L'étape a été longue, il y a quelques **éclopés** parmi les randonneurs.*

éclore (verbe) ▸ conjug. n° 55
1. Sortir de l'œuf. *Les oisillons viennent tout juste d'**éclore**.* 2. S'ouvrir, sortir du bouton. *Les bourgeons du marronnier vont bientôt **éclore**.* (Syn. s'épanouir.)

éclosion (nom féminin)
Fait d'éclore. *Les oiseaux couvent leurs œufs jusqu'à l'**éclosion**. L'**éclosion** des bourgeons.*

écluse (nom féminin)
Bassin, muni de portes, où l'on peut faire monter ou descendre le niveau de l'eau. *Les **écluses** permettent aux bateaux de naviguer sur des canaux qui ont des dénivellations sur leur parcours.*

le fonctionnement d'une **écluse**

éclusier, ère (nom)
Personne qui garde et manœuvre une écluse.

écœurant, ante (adjectif)
Qui écœure. *Un goût **écœurant**. Il faut toujours qu'il méprise les autres, c'en est **écœurant** !*

écœurer (verbe) ▸ conjug. n° 3
1. Donner envie de vomir. *Manger tant de mayonnaise l'**a écœuré** pour un bon moment.* 2. Révolter ou démoraliser quelqu'un. *C'est toujours elle qui gagne, ça m'**écœure** !* (Syn. dégoûter.)

école (nom féminin)
1. Établissement où l'on donne aux enfants une instruction élémentaire. *En fin de CM2, on quitte l'**école** pour aller au collège.* 2. Établissement où l'on apprend une technique. *Une **école** de coiffure.*

École nationale d'administration
➡ Voir **ENA**.

écolier, ère (nom)
Enfant qui va à l'école primaire. *Elle a gardé ses cahiers d'**écolière**.* • **Le chemin des écoliers :** celui qui est le plus long, mais le plus agréable.

écologie (nom féminin)
Science qui étudie les rapports des êtres vivants avec leur milieu naturel.
Famille du mot : écologi**que**, écologi**ste**.

écologique (adjectif)
De l'écologie. *La pollution atmosphérique est un grave problème **écologique**.*

écologiste (nom)
Partisan de la protection de la nature.

e-commerce (nom masculin)
Commerce pratiqué grâce au réseau Internet. Le « e- » se prononce [i].

éconduire (verbe) ▸ conjug. n° 43
Renvoyer quelqu'un en refusant ce qu'il demande. *Elle **a** fermement **éconduit** ce représentant.*

économe (adjectif)
Qui ne gaspille pas son argent. *Il est **économe** et même un peu avare.* ■ **économe** (nom) Personne qui s'occupe des finances d'un collège, d'un hôpital, etc.

économie (nom féminin)
1. Ce que l'on a économisé. *Sarah fait des **économies** sur son argent de poche pour faire un cadeau d'anniversaire à Ibrahim. En isolant le grenier, on a fait des **économies** d'énergie.* 2. Organisation de la production et de la consommation des produits d'un pays. *L'**économie** de ce pays est en crise.* Famille du mot : économe, économi**que**, économi**ser**, économi**ste**.

économique (adjectif)
1. Qui fait faire des économies. *Le vélo est un moyen de transport **économique**.*

(Syn. avantageux.) **2.** Qui concerne l'économie. *L'Europe a de grandes ressources **économiques**.*

économiser (verbe) ▸ conjug. n° 3
1. Ne pas dépenser de l'argent et le mettre de côté. *Kevin **économise** un euro par jour pour s'acheter un baladeur.* (Syn. épargner.) **2.** Éviter de gaspiller. *Du fait de la sècheresse, le maire a demandé d'**économiser** l'eau.*

économiseur (nom masculin)
• **Économiseur d'écran :** logiciel mettant en veille l'écran de l'ordinateur lorsqu'il n'est pas utilisé.

économiste (nom)
Spécialiste en économie.

écoper (verbe) ▸ conjug. n° 3
1. Vider l'eau d'un bateau avec une pelle spéciale. *Le voilier a embarqué de l'eau, il faut **écoper**.* **2.** Synonyme familier d'être puni. *Il **a écopé** d'une amende parce qu'il était en stationnement interdit.*

écorce (nom féminin)
1. Enveloppe épaisse qui recouvre le tronc et les branches des arbres. ➡ p. 76. **2.** Peau épaisse de certains fruits. *Une **écorce** d'orange.* ➡ p. 35. • **Écorce terrestre :** enveloppe solide de la Terre. (Syn. croûte terrestre.)

écorcher (verbe) ▸ conjug. n° 3
1. Déchirer superficiellement la peau. *Je **me suis écorché** aux ronces.* (Syn. égratigner, érafler.) **2.** Déformer un mot en le prononçant de travers. *La maîtresse **a écorché** mon nom.*

écorchure (nom féminin)
Blessure superficielle. *Papa s'est fait une **écorchure** en se rasant.* (Syn. égratignure, éraflure.)

écorner (verbe) ▸ conjug. n° 3
Casser, déchirer l'angle, le coin d'un objet. *En écrivant, j'ai **écorné** la feuille de mon cahier.*

■ **écossais, aise** ➡ Voir tableau p. 6.

■ **écossais, aise** (adjectif)
Dont les rayures se croisent en formant des carreaux. *Un tissu **écossais**.*

Écosse

Partie nord de l'île de Grande-Bretagne, bordée par l'océan Atlantique et par la mer du Nord (78 783 km^2 ; 5 millions d'habitants). Sa capitale est Édimbourg. L'Écosse fait partie du Royaume-Uni.

GÉOGRAPHIE
Le nord (Highlands) et le sud de l'Écosse sont des régions montagneuses, séparées au centre par des plaines. De nombreuses îles s'étendent à l'ouest et au nord du pays. Le plus haut sommet d'Écosse, et de Grande-Bretagne, est le Ben Nevis (1 343 mètres).
L'élevage ovin et bovin et la culture de céréales se concentrent dans le centre du pays. L'exploitation du pétrole de la mer du Nord représente une richesse importante. Le whisky écossais est connu dans le monde entier.

HISTOIRE
L'Écosse a d'abord été occupée par des tribus celtes, les Pictes, qui résistèrent aux Romains. D'autres peuples se sont ensuite installés : les Scots, les Angles et les Britons (IVe-VIe siècles), et tous furent christianisés. En 1603, Jacques VI Stuart, roi d'Écosse, devint roi d'Angleterre sous le nom de Jacques Ier. Les deux royaumes fusionnèrent en 1707 par l'Acte d'union. En 1997, la population s'est prononcée par référendum en faveur d'un Parlement écossais. Cette Assemblée autonome siège depuis 1999.

un paysage du nord de l'**Écosse**

a b c d e f g h i j k l m n o p q r s t u v w x y z

écosser (verbe) ▸ conjug. n° 3
Enlever la cosse des graines. *Écosser des petits pois frais.*

écosystème (nom masculin)
Ensemble constitué par un milieu naturel et les êtres vivants qui s'y trouvent.

écoulement (nom masculin)
Fait de s'écouler. *Les feuilles accumulées dans la gouttière gênent l'**écoulement** des eaux.* (Syn. évacuation.)

écouler (verbe) ▸ conjug. n° 3
1. Vendre entièrement toute sa marchandise. *Grâce à la canicule, le magasin **a écoulé** tout son stock de ventilateurs.* **2.** S'écouler : s'évacuer en coulant. *L'eau de la fontaine **s'écoule** dans le caniveau.* **3.** S'écouler : se passer. *Plusieurs années **s'écoulèrent**.*

écourter (verbe) ▸ conjug. n° 3
Rendre plus court. *L'averse nous a obligés à **écourter** notre promenade.* (Syn. abréger, raccourcir. Contr. prolonger.)

écoute (nom féminin)
1. Action d'écouter. *Il va passer à la télé à une heure de grande **écoute**.* **2.** Cordage qui sert à tendre une voile. ➡ p. 1346.

écouter (verbe) ▸ conjug. n° 3
1. Prêter attention pour entendre. *Si tu **écoutais** quand on te parle !* **2.** Faire attention aux conseils donnés. *Ah ! S'il m'**avait écouté**, il serait riche à présent !*
Famille du mot : écoute, écout**eur**.

écouteur (nom masculin)
Appareil qui sert à écouter de la musique, le téléphone, etc. *Romain branche les **écouteurs** sur son baladeur MP3.*

écoutille (nom féminin)
Ouverture qui fait communiquer le pont d'un bateau avec l'intérieur.

écrabouiller (verbe) ▸ conjug. n° 3
Synonyme familier d'écraser. *En s'asseyant sur le sac, il **a écrabouillé** une douzaine d'œufs.*

écran (nom masculin)
1. Surface sur laquelle apparaissent des images ou un texte. *Je n'aime pas être trop près de l'**écran**. Ton **écran** d'ordinateur est trop petit.* **2.** Ce qui empêche de voir ou qui protège. *Elle faisait un **écran** avec sa main pour protéger ses yeux du soleil.* • **Le petit écran :** la télévision. • **Le grand écran :** le cinéma.

écrasant, ante (adjectif)
Qui écrase, accable. *Il fait une chaleur **écrasante**.*

écraser (verbe) ▸ conjug. n° 3
1. Aplatir ou mettre en miettes. *On **a écrasé** mes lunettes en marchant dessus.* **2.** Tuer en passant sur le corps. *Il **a écrasé** un lièvre avec sa voiture.* **3.** Faire supporter une trop grande charge à quelqu'un. *Elle **est écrasée** de travail.* (Syn. accabler, surcharger.) **4.** Faire subir une défaite totale. *L'armée de Napoléon **fut écrasée** à Waterloo.* (Syn. anéantir, vaincre.)

écrémer (verbe) ▸ conjug. n° 8
Enlever la crème du lait. *Le lait **écrémé** est moins riche en calories.*

écrevisse (nom féminin)
Petit crustacé d'eau douce. *L'**écrevisse** possède de fortes pinces.* • **Rouge comme une écrevisse :** très rouge, comme une écrevisse cuite.

une **écrevisse**

s'écrier (verbe) ▸ conjug. n° 10
Dire très fort, en criant. *« Te voilà enfin ! » **s'écria**-t-elle.* (Syn. s'exclamer.)

écrin (nom masculin)
Boîte dans laquelle on range des objets précieux. *Le bijoutier a mis le collier dans son **écrin**.*

écrire (verbe) ▸ conjug. n° 47
1. Tracer les lettres. *J'ai **écrit** ton adresse sur l'enveloppe.* **2.** Envoyer une lettre.

*Quentin **a écrit** à sa grand-mère.* 3. Être l'auteur d'un livre ou d'une œuvre musicale. *Zoé **écrit** des poèmes.* Famille du mot : écrit, écriteau, écriture, écrivain, récrire, réécrire.

écrit (nom masculin)
1. Épreuve écrite d'un examen. *Il a eu 18 sur 20 à l'**écrit** de français.* 2. Texte écrit. *On a trouvé dans ce château de vieux **écrits** du Moyen Âge.* • **Par écrit :** en écrivant. *Notez vos observations **par écrit**.* (Contr. oralement.)

écriteau, eaux (nom masculin)
Panneau portant une inscription destinée au public. *À l'entrée du bois, il y a un **écriteau** indiquant « chasse gardée ».*

écriture (nom féminin)
Façon de noter par des signes le langage parlé. *Les traces les plus anciennes d'**écriture** datent d'environ 3300 ans avant Jésus-Christ.*

écrivain, aine (nom)
Personne qui compose des œuvres littéraires. *Jules Verne, Marcel Pagnol, Molière sont des **écrivains** célèbres.* (Syn. auteur.)

écrou (nom masculin)
Pièce percée d'un trou, qui se visse sur un boulon. ➡ p. 158.

écrouer (verbe) ▸ conjug. n° 3
Mettre en prison. *Le pickpocket **a été** arrêté et **écroué**.* (Syn. emprisonner, incarcérer.)

écroulement (nom masculin)
Fait de s'écrouler. *L'**écroulement** de la tribune a fait de nombreuses victimes.* (Syn. effondrement.)

s'écrouler (verbe) ▸ conjug. n° 3
1. Tomber par terre en se disloquant. *Si le toit **s'écroule**, bientôt la maison ne sera plus qu'une ruine.* (Syn. s'effondrer.) 2. Avoir une défaillance brutale. *Il **s'est écroulé** à quelques mètres de la ligne d'arrivée.*

écru, ue (adjectif)
Beige très clair. *Une laine naturelle est **écrue** parce qu'elle n'a pas été teinte.*

écu (nom masculin)
1. Ancienne monnaie d'or ou d'argent. 2. Bouclier des chevaliers du Moyen Âge. La monnaie et le bouclier avaient un **écu** sur une face, c'est-à-dire des armoiries ; pour la monnaie, c'était l'écu des rois de France.

écueil (nom masculin)
1. Rocher à fleur d'eau. *Des bouées signalent les **écueils** de la côte.* (Syn. récif.) 2. Au sens figuré, difficulté qui peut faire échouer. *Elle a réussi à éviter tous les **écueils** et à mener à bien son projet.* (Syn. obstacle, piège.)

écuelle (nom féminin)
Assiette très creuse et ronde. *L'**écuelle** du chien.*

éculé, ée (adjectif)
Très usé. *Des souliers **éculés**.*

écume (nom féminin)
Mousse blanchâtre. *La mer était blanche d'**écume**. Le taureau avait le mufle plein d'**écume**.*

écumer (verbe) ▸ conjug. n° 3
Enlever l'écume d'un liquide lors de la cuisson. *Grand-mère **écume** la confiture de groseilles.* • **Écumer de rage :** être très en colère.

écumoire (nom féminin)
Grande cuillère percée de trous.

écureuil (nom masculin)
Petit rongeur roux, à la queue touffue.

un **écureuil** roux

écurie (nom féminin)
Bâtiment pour loger les chevaux. • **Écurie de courses :** ensemble des chevaux de course d'un propriétaire.

écusson (nom masculin)
Insigne indiquant l'appartenance à un groupe. *Romain a cousu sur son sac à dos les **écussons** des villes où il est passé.*

écuyer (nom masculin)
Au Moyen Âge, jeune noble qui était au service d'un chevalier. ■ **écuyer, ère** (nom) Artiste de cirque qui fait des acrobaties sur un cheval. ● Prononciation [ekɥije].

eczéma (nom masculin)
Maladie de peau caractérisée par des plaques rouges qui démangent. ● Prononciation [egzema].
ORTHO On écrit aussi **exéma**.

édam (nom masculin)
Fromage de Hollande au lait de vache, à pâte cuite recouverte de paraffine rouge.

édelweiss (nom masculin)
Fleur blanche qui pousse en montagne. ● Prononciation [edɛlvɛs].
ORTHO On écrit aussi **edelweiss**.

des **édelweiss**

éden (nom masculin)
Endroit qui fait penser au paradis. *Ce camp de vacances était un véritable **éden**.*
● Prononciation [edɛn].

Éden
Nom hébreu du Paradis terrestre, selon la Bible. Dieu y installa Adam et Ève avant le péché originel.

édenté, ée (adjectif)
Qui n'a plus de dents. *Une bouche **édentée**.*

édifiant, ante (adjectif)
Qui montre le bon exemple. *Cette histoire **édifiante** montre que la paresse est toujours punie.* (Syn. exemplaire. Contr. scandaleux.)

édifice (nom masculin)
Bâtiment d'une certaine importance. *L'hôtel de ville est un **édifice** du XVIIIe siècle.*

édifier (verbe) ▸ conjug. n° 10
1. Construire un bâtiment. *Vauban **a édifié** les fortifications de plusieurs villes.* (Syn. élever.) **2.** Montrer le bon exemple à quelqu'un. *Par ses fables, Jean de La Fontaine cherchait à **édifier** ses contemporains.*
Famille du mot : édifi**ant**, édifi**ce**.

Edison Thomas Alva (né en 1847, mort en 1931)
Inventeur américain. Parmi ses nombreuses inventions, la plus connue est celle du phonographe (1877), un appareil mécanique servant à reproduire les sons.

édit (nom masculin)
Loi qui était proclamée par un roi. *L'**édit** de Nantes, rendu par Henri IV, permet aux protestants de pratiquer leur religion.*

éditer (verbe) ▸ conjug. n° 3
Fabriquer un livre, le faire imprimer et le mettre en vente. *On va **éditer** un roman écrit par la tante d'Anna.* (Syn. faire paraître, publier.) Famille du mot : édi**teur**, édit**ion**, **in**édit, **ré**éditer.

éditeur, trice (nom)
Personne qui édite des livres. *Les **éditeurs** reçoivent des manuscrits d'auteurs qui voudraient être publiés.*

édition (nom féminin)
Série d'exemplaires de livres ou de journaux. *C'est un succès ! On va faire une deuxième **édition** de ce livre !* • **Maison d'édition :** entreprise qui édite des livres.

éditorial, aux (nom masculin)
Article d'un journal, souvent écrit par le directeur. *L'**éditorial** donne la position du journal sur un problème important.*

éditorialiste (nom)
Personne qui écrit l'éditorial dans un journal. *Le père de Quentin est un **éditorialiste** politique.*

édredon (nom masculin)
Couette remplie de duvet. *Les **édredons** sont chauds et légers.* Les **édredons** étaient garnis de duvet d'*eider*.

éducateur, trice (nom)
Personne chargée de l'éducation. *Les professeurs d'école, de lycée, d'université sont des **éducateurs**.* (Syn. pédagogue.)

éducatif, ive (adjectif)
Qui est destiné à éduquer. *Un jeu **éducatif** sur l'astronomie, avec une carte du ciel.* (Syn. pédagogique.)

éducation (nom féminin)
1. Formation et développement du corps et de l'esprit des enfants. *Il veille sur l'**éducation** de ses enfants.* 2. Apprentissage des bonnes manières. *Ces gens n'ont vraiment aucune **éducation** !* (Syn. savoir-vivre.) • **Éducation nationale :** ministère qui s'occupe de l'instruction des enfants et des jeunes gens.

édulcorant (nom masculin)
Produit pauvre en calories, qui remplace le sucre. *La mère de Myriam met de l'**édulcorant** dans son café.*

édulcorer (verbe) ▸ conjug. n° 3
Atténuer quelque chose pour le rendre moins choquant. *Ce film est une version très **édulcorée** de ce roman.*

éduquer (verbe) ▸ conjug. n° 3
Faire l'éducation de quelqu'un. *Ces enfants **sont** bien **éduqués**. Faire du théâtre **a éduqué** sa mémoire.* Famille du mot : éduca**teur**, éduca**tif**, éduca**tion**, **rééducation**, **ré**éduquer.

effacé, ée (adjectif)
Qui reste à l'écart sans se faire remarquer. *Une fillette timide et **effacée**.*

effacer (verbe) ▸ conjug. n° 4
1. Faire disparaître ce qui était écrit ou dessiné. *La mer **a effacé** les pas sur le sable.* 2. Faire oublier quelque chose. *Le temps **a effacé** les mauvais souvenirs.* (Syn. estomper.) 3. S'effacer : se mettre sur le côté pour laisser passer quelqu'un. *Il **s'effaça** pour laisser entrer la jeune femme.* Famille du mot : effac**é**, effac**eur**.

effaceur (nom masculin)
Ustensile en forme de crayon servant à effacer l'encre.

effarant, ante (adjectif)
Qui effare. *Pendant les vacances, le temps passe à une vitesse **effarante**.* (Syn. affolant, effrayant.)

effarement (nom masculin)
État d'une personne effarée. *Quand Thomas a raconté qu'il avait fait du parapente, ses parents l'ont regardé avec **effarement**.* (Syn. stupeur.)

effarer (verbe) ▸ conjug. n° 3
Provoquer une surprise mêlée d'inquiétude. *Fatima a regardé le lutteur de sumo d'un air **effaré**.* (Syn. affoler.) Famille du mot : effar**ant**, effare**ment**.

effaroucher (verbe) ▸ conjug. n° 3
Faire fuir en effrayant. *Chut ! C'est une mésange, tu vas l'**effaroucher**.*

■ **effectif, ive** (adjectif)
Qui existe réellement. *Ce nouvel horaire sera **effectif** à partir de demain.*

■ **effectif** (nom masculin)
Nombre de personnes d'un groupe. *L'**effectif** des élèves déjeunant à la cantine ne cesse d'augmenter.*

effectivement (adverbe)
En effet, c'est vrai. ***Effectivement**, c'est bien un trèfle à quatre feuilles.*

effectuer (verbe) ▸ conjug. n° 3
Réaliser un travail. *Le plombier **a effectué** la réparation en un temps record.* (Syn. accomplir, exécuter.)

efféminé, ée (adjectif)
Qui a quelque chose de féminin dans sa manière d'être. *Ce déguisement lui donne une allure **efféminée**.* (Contr. viril.)

effervescence (nom féminin)
1. Bouillonnement d'un liquide. 2. Au sens figuré, grande agitation. *Toute l'école est en **effervescence** parce que c'est bientôt la fête de fin d'année.*

a b c d e f g h i j k l m n o p q r s t u v w x y z

effervescent, ente (adjectif)
Qui est en effervescence. *Gaëlle préfère les comprimés **effervescents**.*

un comprimé **effervescent**

effet (nom masculin)
1. Ce que fait quelque chose. *L'**effet** produit n'est pas tout à fait celui qu'on souhaitait.* (Syn. résultat.) **2.** Impression que l'on ressent. *Quel **effet** ça t'a fait de prendre l'avion, la première fois ?* ■ **en effet** (adverbe) Sert à expliquer. *William sera absent aujourd'hui ; **en effet**, il est malade.* (Syn. car.) ■ **effets** (nom masculin pluriel) Vêtements et affaires d'une personne. *Il a rangé dans l'armoire ses **effets** personnels.*

effeuiller (verbe) ▸ conjug. n° 3
Arracher les feuilles ou les pétales. *« Il m'aime... un peu... beaucoup... », dit-elle en **effeuillant** une marguerite.*

efficace (adjectif)
Qui donne de bons résultats. *Ce médicament est très **efficace** contre le mal de tête. Xavier est très **efficace** dans son travail.* (Syn. actif. Contr. inefficace.) Famille du mot : effica**cement**, efficac**ité**, **in**efficace, **in**efficac**ité**.

efficacement (adverbe)
D'une manière efficace. *Les médecins sont intervenus rapidement et **efficacement** auprès des blessés.*

efficacité (nom féminin)
Qualité de ce qui est efficace. *L'**efficacité** du traitement a été immédiate.* (Contr. inefficacité.)

effigie (nom féminin)
Portrait gravé.

Sur cette pièce, il y a l'**effigie** de deux empereurs romains.

effilé, ée (adjectif)
Mince et allongé. *Ce taureau a de dangereuses cornes très **effilées**.*

s'effilocher (verbe) ▸ conjug. n° 3
Se défaire fil à fil. *Le bord du tapis **s'effiloche**.*

efflanqué, ée (adjectif)
Très maigre. *Don Quichotte cheminait sur son cheval **efflanqué**.*

effleurer (verbe) ▸ conjug. n° 3
1. Toucher très légèrement. *Je sursaute quand le chat **effleure** ma jambe avec ses moustaches.* (Syn. frôler.) **2.** Traverser l'esprit. *L'idée que je pouvais être en danger ne m'a même pas **effleuré**.*

effluve (nom masculin)
Synonyme littéraire d'odeur. *Des **effluves** de terre mouillée.*

effondrement (nom masculin)
Fait de s'effondrer. *L'**effondrement** d'un toit. La défaite de Waterloo marque l'**effondrement** de l'empire de Napoléon.* (Syn. écroulement.)

s'effondrer (verbe) ▸ conjug. n° 3
1. Synonyme de s'écrouler. *Le plancher vermoulu a fini par **s'effondrer**.* **2.** Être anéanti. *En entendant la nouvelle, il **s'est effondré**.*

s'efforcer (verbe) ▸ conjug. n° 4
Faire tous ses efforts. *Myriam **s'est efforcée** d'être patiente.* (Syn. essayer, tâcher.)

effort (nom masculin)
Ce qu'on fait pour réussir quelque chose. *Encore un **effort**, et nous arriverons au sommet.*

effraction (nom féminin)
Action de casser une serrure ou une porte. *Le cambrioleur est entré dans l'appartement par **effraction**.*

effraie (nom féminin)
Sorte de chouette aux yeux entourés de plumes blanches. Voir **orfraie**.

une **effraie**

effrayant, ante (adjectif)
Qui effraie. *On entendait des bruits **effrayants** la nuit dans le château.*

effrayer (verbe) ▸ conjug. n° 7
Causer de la frayeur. *L'orage **effraie** le chien.* (Syn. épouvanter, terrifier, terroriser.)

effréné, ée (adjectif)
Impossible à freiner. *Les deux garçons se sont lancés dans une poursuite **effrénée**.*

s'effriter (verbe) ▸ conjug. n° 3
Tomber en petits morceaux. *Mes petits gâteaux **se sont effrités** dans mon sac.*

effroi (nom masculin)
Grande peur. *L'enfant regardait la scène d'horreur les yeux remplis d'**effroi**.* (Syn. épouvante, terreur.)

effronté, ée (adjectif)
Qui est insolent et n'a peur de rien. *La petite le regardait d'un air **effronté**.* (Contr. effacé, timide.)

effrontément (adverbe)
De manière effrontée. *Il ment **effrontément**.*

effronterie (nom féminin)
Attitude d'une personne effrontée. *Laura a parlé avec **effronterie** à son professeur.* ➡ Voir insolence.

effroyable (adjectif)
Très effrayant. *Yann a fait un cauchemar **effroyable**.* (Syn. épouvantable, terrible.)

effroyablement (adverbe)
Excessivement. *Cette histoire est **effroyablement** compliquée.* (Syn. terriblement.)

effusion (nom féminin)
Manifestation débordante d'un sentiment. *Il a remercié ses hôtes avec **effusion**.* • **Effusion de sang :** sang versé dans un conflit. *Les westerns se terminent rarement sans **effusion de sang**.*

s'égailler (verbe) ▸ conjug. n° 3
Se disperser de tous les côtés. *Dès l'arrêt du car, les touristes **se sont égaillés** dans la nature.* (Syn. s'éparpiller.)

égal, ale, aux (adjectif)
1. Qui est semblable en quantité, en qualité, en nature. *Ton partage de la tarte n'est pas très **égal** !* (Contr. inégal.) **2.** Qui a les mêmes droits. *Dans une démocratie, les citoyens sont **égaux** devant la loi. La femme est l'**égale** de l'homme.* **3.** Qui est régulier et ne change pas. *Quoi qu'il se passe, elle garde une humeur **égale**.* • **Cela m'est égal :** cela m'est indifférent. Famille du mot : égal**ement**, égal**er**, égal**isation**, égal**iser**, égal**ité**, **in**égal, **in**égal**able**, **in**égal**ité**.

également (adverbe)
1. De façon égale. *J'ai essayé de répartir le poids aussi **également** que possible dans les sacs.* **2.** Aussi, de même. *Ah ! Tu as ce livre ? Je l'ai **également**.*

égaler (verbe) ▸ conjug. n° 3
1. Être égal en quantité ou en valeur. *Dix divisé par cinq **égale** deux (10 : 5 = 2).* **2.** Avoir le même niveau. *Benjamin **égale** Hélène en calcul, mais pas en français.*

égalisation (nom féminin)
Action d'égaliser. *Les mouvements féministes se battent pour l'**égalisation** des salaires entre les hommes et les femmes.*

égaliser (verbe) ▸ conjug. n° 3
1. Rendre égal. *Le jardinier **a** bien **égalisé** la plate-bande avec son râteau.* **2.** Totaliser le même nombre de points. *Avec ce but, l'équipe adverse **a égalisé** 2 à 2.*

égalité (nom féminin)
1. Qualité de ce qui est égal. *L'**égalité** entre deux grandeurs est marquée par le signe =.* **2.** Fait d'avoir les mêmes droits. *Chacun voudrait l'**égalité** des chances pour les enfants.* **3.** Fait d'avoir le même nombre de points. *Les deux joueurs de ping-pong sont à **égalité** : 16 à 16.*

égard (nom masculin)
• **À l'égard de quelqu'un :** envers lui. *Elle a beaucoup de patience **à l'égard des** enfants.* ■ **égards** (nom masculin pluriel) Marques de respect. *Le souverain a été reçu avec tous les **égards** dus à son rang.*

égarement (nom masculin)
Synonyme littéraire de folie. *Dans un moment d'**égarement**, il lui a dit qu'il l'aimait.*

égarer (verbe) ▸ conjug. n° 3
1. Perdre momentanément. ***J'ai égaré** mes lunettes.* **2.** S'égarer : perdre son chemin. *Ils devraient être là maintenant, ils ont dû **s'égarer** dans la forêt.*

égayer (verbe) ▸ conjug. n° 7
Rendre gai. *David a réussi à **égayer** Julie avec ses grimaces. Ces guirlandes **égaient** la salle.*

mer **Égée**
Mer située entre la Grèce et la Turquie. Elle comprend un très grand nombre d'îles, qui forment deux Régions de la Grèce. L'agriculture et le tourisme en sont les ressources principales. L'Égée septentrionale comprend, entre autres, les îles de Lesbos, Chio et Samos. Sa capitale est Mytilène. L'Égée méridionale comprend les archipels des Cyclades et du Dodécanèse avec la célèbre ville de Rhodes. Sa capitale est Ermoúpolis.

égérie (nom féminin)
Personne qui inspire un artiste, un poète, un cinéaste. *Cette actrice est devenue l'**égérie** d'un grand peintre.*

églantier (nom masculin)
Rosier sauvage. *Avec le fruit de l'**églantier**, on peut faire de la confiture.*

feuilles, fleur et fruit d'un **églantier**

églantine (nom féminin)
Fleur de l'églantier.

églefin (nom masculin)
Poisson voisin de la morue.
ORTHO On écrit aussi **aiglefin**.

église (nom féminin)
1. Bâtiment dans lequel les catholiques se réunissent pour prier. *Dans notre ville, il y a plusieurs **églises**, un temple, une synagogue et une mosquée.* **2.** Ensemble des chrétiens. *L'**Église** catholique, l'**Église** réformée, l'**Église** orthodoxe.* Au sens 2, ce mot commence par une majuscule.

égoïne (nom féminin)
Scie à main avec une poignée.

égoïsme (nom masculin)
Tendance d'une personne à ne penser qu'à elle-même. *Son **égoïsme** ne lui attire pas la sympathie.* (Contr. générosité.)
Égoïsme vient du latin *ego* qui signifie « moi ».

égoïste (adjectif)
Qui fait preuve d'égoïsme. *Ibrahim est un garçon **égoïste**, il ne veut rien prêter.* (Contr. généreux.)

égorger (verbe) ▸ conjug. n° 5
Tuer en coupant la gorge. ***Égorger** un mouton.*

s'égosiller (verbe) ▸ conjug. n° 3
Crier très fort et longtemps. *Voilà une heure que je **m'égosille** à vous appeler !*

égout (nom masculin)
Canalisation souterraine qui évacue les eaux sales d'une ville. *Kevin et Laura ont visité les **égouts** de Paris.* Famille du mot : égout**ier**, tout-à-l'égout.

égoutier, ère (nom)
Personne qui entretient les égouts.

égoutter (verbe) ▸ conjug. n° 3
Laisser l'eau s'écouler. *Veux-tu **égoutter** les pâtes, s'il te plaît ?*

égouttoir (nom masculin)
Ustensile servant à égoutter la vaisselle.

égratigner (verbe) ▸ conjug. n° 3
Synonyme d'écorcher. *Zoé **s'est égratignée** aux ronces en se promenant dans les bois.*

égratignure (nom féminin)
Synonyme d'écorchure. *Il est sorti de l'accident sans une **égratignure**.*

égrener (verbe) ▸ conjug. n° 8
Détacher les grains un par un. *Le paysan **égrène** un épi de blé pour voir s'il est mûr.* • **Égrener un chapelet :** réciter des prières en retenant pour chacune un grain du chapelet entre ses doigts.

Égypte

78,6 millions d'habitants
Capitale : Le Caire
Monnaie : la livre égyptienne
Langue officielle : arabe
Superficie : 1 001 450 km²

État du nord-est de l'Afrique, limité par la mer Rouge à l'est, la Méditerranée au nord et la Libye à l'ouest.

GÉOGRAPHIE
L'Égypte aride, qui représente 70 % du pays, comprend à l'ouest, le désert de Libye, à l'est, le désert Arabique, et au nord-est la région du Sinaï. L'Égypte fertile se limite à la vallée inondable du Nil (1 500 km de long, de 1 à 20 km de large) et rassemble la population. Les villes sont surpeuplées, particulièrement Le Caire. L'agriculture est développée mais elle ne suffit pas à nourrir tout le pays. L'Égypte vit de l'exportation du pétrole, du coton et des articles textiles. Malgré les richesses qui viennent du canal de Suez et du tourisme, l'Égypte connaît des difficultés économiques.

HISTOIRE
L'Égypte antique a connu trois empires, l'Ancien, le Moyen et le Nouvel Empire. Elle a été marquée par la construction des pyramides, tombeaux des pharaons. Trente dynasties se sont succédé durant 3 000 ans dans la vallée du Nil. À la mort de la reine Cléopâtre, l'Égypte devint une province romaine. Vers 639, apparut la civilisation de l'Égypte arabe ; le pays fut converti à l'islam. En 1517, l'Égypte fut conquise et dominée par les Turcs ottomans. La campagne d'Égypte de Bonaparte ouvrit le pays à l'influence de l'Occident. En 1882, l'Égypte passa sous la domination de l'Angleterre. Elle devint indépendante en 1922. La république fut proclamée en 1953. Après une période de guerre avec Israël, un accord de paix fut signé au sommet de Camp David en 1979. Aujourd'hui, l'Égypte poursuit une politique d'ouverture économique avec l'étranger.

égyptien, enne ➡ Voir tableau p. 6.

égyptologue (nom)
Spécialiste de l'Égypte ancienne. *Champollion et Mariette étaient deux grands **égyptologues**.*

eh ! (interjection)
Sert à appeler, à attirer l'attention. ***Eh !** arrête, tu vas me faire tomber !*

éhonté, ée (adjectif)
Qui devrait faire honte. *C'est un mensonge **éhonté** !* (Syn. honteux.)

eider (nom masculin)
Oiseau de Scandinavie, voisin du canard, et dont le duvet est très recherché. ➡ p. 430.

un **eider**

Eiffel Gustave (né en 1832, mort en 1923)
Ingénieur français, un des premiers maîtres de l'architecture du fer. Parmi ses plus grandes réalisations figurent l'armature métallique de la statue de la Liberté, à New York, et surtout la tour Eiffel.

LA TOUR EIFFEL
Elle a été construite sur la partie du Champ-de-Mars qui borde la Seine, à Paris, pour l'Exposition universelle de 1889. Entièrement métallique, elle comporte trois plates-formes et sa hauteur totale est de 320 mètres.

la tour **Eiffel**

Einstein Albert (né en 1879, mort en 1955)
Physicien et mathématicien allemand, naturalisé suisse en 1900, puis américain en 1940. Albert Einstein est le savant le plus célèbre du XXe siècle. Il a proposé une théorie générale de l'Univers, appelée « *la théorie de la relativité* », qui explique les phénomènes observés à l'échelle atomique ou astronomique. Sa théorie est résumée dans sa formule devenue célèbre : $E = mc^2$. Grâce à ses travaux, l'homme a pu maîtriser l'énergie nucléaire, mais Einstein était un pacifiste et il a lutté contre le danger de la bombe atomique. Il a reçu le prix Nobel de physique en 1921.

Eisenhower Dwight David (né en 1890, mort en 1969)
Président des États-Unis de 1953 à 1961. Pendant la Seconde Guerre mondiale, il est général et devient commandant en chef des armées alliées en Afrique du Nord, puis en Europe.

éjectable (adjectif)
• **Siège éjectable :** siège muni d'un parachute, qui peut être éjecté de l'avion en cas d'accident.

éjecter (verbe) ▶ conjug. n° 3
Projeter au dehors. *Un passager de la voiture, qui n'avait pas bouclé sa ceinture, **a été éjecté**.*

élaboration (nom féminin)
Action d'élaborer. *L'**élaboration** de son roman lui a pris plusieurs années.*

élaborer (verbe) ▶ conjug. n° 3
Préparer et mettre au point soigneusement. *Nous venons d'**élaborer** notre plan de travail.* Dans **élaborer**, comme dans **laborieux**, on trouve le mot latin *labor* qui signifie « travail ».

élaguer (verbe) ▶ conjug. n° 3
1. Couper les branches inutiles d'un arbre. *Tous les deux ans, à l'automne, on **élague** les tilleuls de ma rue.* (Syn. émonder.) **2.** Au sens figuré, enlever les parties inutiles d'un texte.

■ **élan** (nom masculin)
1. Mouvement rapide d'un être qui s'élance. *Quentin a pris son **élan**, et d'un bond, il a franchi la barrière.* **2.** Mouvement impulsif. *Dans un **élan** de générosité, elle a donné tout son argent au clochard.*

■ **élan** (nom masculin)
Grand animal des pays froids, voisin du cerf.

un **élan**

élancé, ée (adjectif)
Grand et mince. *Romain est devenu un bel adolescent **élancé**.* (Syn. svelte.)

s'élancer (verbe) ▸ conjug. n° 4
Se jeter en avant de toutes ses forces. *Noémie **s'est élancée** à la rencontre de son amie.* (Syn. se précipiter.)

élargir (verbe) ▸ conjug. n° 11
Rendre plus large. *On **a élargi** la chaussée pour faire une route à quatre voies.* (Contr. rétrécir.)

élargissement (nom masculin)
Fait de s'élargir. ***L'élargissement** du passage souterrain permet aux spéléologues de passer facilement.* (Contr. rétrécissement.)

élasticité (nom féminin)
Qualité de ce qui est élastique. ***L'élasticité** d'un ressort.*

élastique (adjectif)
Qui peut s'étirer puis reprendre sa forme. *Elle porte une ceinture faite dans une matière **élastique**.* (Syn. extensible.) ■ **élastique** (nom masculin) Bande circulaire de caoutchouc. *Pour ranger son mikado, Yann rassemble les baguettes avec un **élastique**.*

eldorado (nom masculin)
Pays de rêve plein de richesses.

électeur, trice (nom)
Personne ayant le droit de voter. *Les **électeurs** doivent s'inscrire sur les listes électorales.*

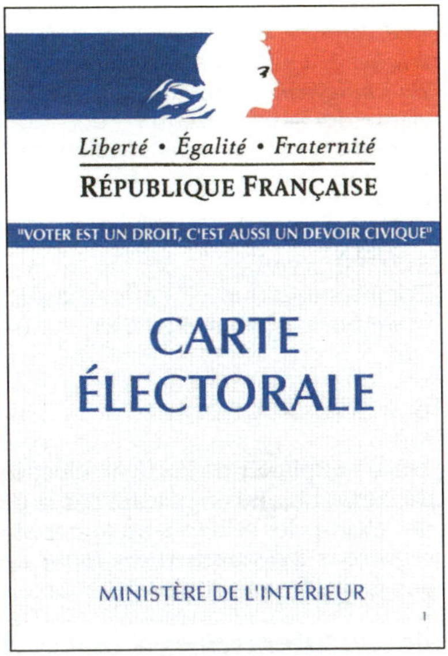

Chaque **électeur** possède une carte **électorale**.

élection (nom féminin)
Action d'élire quelqu'un. *En France, l'**élection** présidentielle se fait au suffrage universel.* Famille du mot : élect**eur**, élect**oral**, élect**orat**.

électoral, ale, aux (adjectif)
Qui concerne les élections. *Pendant la campagne **électorale**, les candidats exposent leur programme aux électeurs.*

électorat (nom masculin)
Ensemble des électeurs. *Une partie de l'**électorat** s'est abstenue de voter.*

électricien, enne (nom)
Personne qui s'occupe des installations et des réparations électriques.

électricité (nom féminin)
Forme d'énergie qui permet de s'éclairer, de se chauffer, de faire marcher des appareils et des moteurs. Famille du mot : électr**icien**, électr**ifier**, élec**trique**, électr**iser**, électroménager.

a b c d e f g h i j k l m n o p q r s t u v w x y z

électrifier (verbe) ▸ conjug. n° 10
Faire fonctionner à l'électricité. *Le réseau ferroviaire* ***est électrifié***.

électrique (adjectif)
1. Qui produit ou conduit l'électricité. *Une centrale* ***électrique***. *Une prise* ***électrique***. 2. Qui fonctionne à l'électricité. *Un chauffage* ***électrique***. **Électrique** vient du latin *electrum* qui signifie « ambre », car les Anciens avaient remarqué que l'ambre frotté attirait les corps légers.

électriser (verbe) ▸ conjug. n° 3
Communiquer un vif enthousiasme. *Le candidat a réussi à* ***électriser*** *son auditoire.*

électrocardiogramme (nom masculin)
Tracé sur papier de l'activité électrique du cœur, obtenu en plaçant sur la peau des électrodes reliées à un appareil enregistreur. *L'****électrocardiogramme*** *a permis de déceler une faiblesse du cœur.*

s'électrocuter (verbe) ▸ conjug. n° 3
Être blessé ou tué par électrocution. *Il* ***s'est électrocuté*** *en réparant le poste de télévision.*

électrocution (nom féminin)
Choc causé par le courant électrique.

électrode (nom féminin)
Élément conducteur permettant l'arrivée du courant électrique. *On place des* ***électrodes*** *sur la poitrine du patient pour faire un électrocardiogramme.*

électrogène (adjectif)
• **Groupe électrogène :** dispositif muni d'un moteur permettant de créer de l'électricité.

électroménager, ère (adjectif)
Se dit d'un appareil ménager qui fonctionne à l'électricité. *Le lave-vaisselle, le grille-pain, le réfrigérateur sont des appareils* ***électroménagers***.

électron (nom masculin)
Toute petite partie de l'atome, qui contient de l'électricité.

électronicien, enne (nom)
Spécialiste en électronique.

électronique (adjectif)
1. Qui fonctionne en utilisant les propriétés des électrons. *Un ordinateur est un appareil* ***électronique***. 2. Qui se fait par l'intermédiaire d'un ordinateur. *Un jeu* ***électronique***. *Le courrier* ***électronique***. ■ **électronique** (nom féminin) Science qui étudie les électrons et leurs applications.

élégamment (adverbe)
D'une manière élégante. *Pour aller au théâtre, Pierre était* ***élégamment*** *vêtu.*

élégance (nom féminin)
Qualité de ce qui est élégant. *La tante d'Odile est toujours d'une grande* ***élégance***.

élégant, ante (adjectif)
1. Qui fait preuve de goût. *C'est un homme* ***élégant*** *qui achète ses costumes en Angleterre.* (Syn. chic, distingué.) 2. Qui fait preuve de délicatesse. *Elle a trouvé un moyen* ***élégant*** *de s'en aller.* (Syn. poli. Contr. grossier.)

élément (nom masculin)
1. Chacune des différentes parties qui constituent un tout. *J'ai acheté un meuble en kit, mais il me manque un* ***élément***. (Syn. pièce.) 2. Personne qui appartient à un groupe. *La chorale veut recruter de nouveaux* ***éléments***. 3. Milieu dans lequel on est à l'aise pour vivre. *En ville, il ne se sent pas dans son* ***élément***. ■ **éléments** (nom masculin pluriel) Notions les plus simples d'une discipline. *Victor a appris quelques* ***éléments*** *d'informatique.*

élémentaire (adjectif)
Très simple. *Il ignore les notions les plus* ***élémentaires*** *de la politesse.* (Contr. compliqué.) • **Cours élémentaire :** classe qui se situe entre le cours préparatoire et le cours moyen.

éléphant (nom masculin)
Gros mammifère herbivore d'Afrique ou d'Asie, muni d'une trompe et de deux défenses en ivoire. *Seul l'****éléphant*** *d'Asie est domestiqué. L'****éléphant*** *barrit.* • **Éléphant de mer :** grand phoque muni d'une petite trompe.

éléphanteau, eaux (nom masculin)
Petit de l'éléphant. *L'**éléphanteau** tète sa mère.*

élevage (nom masculin)
Action d'élever des animaux. *En Floride, on fait l'**élevage** des crocodiles.*

élévation (nom féminin)
Fait de s'élever. *La météo annonce une **élévation** sensible des températures.* (Syn. augmentation, hausse. Contr. baisse.)

élève (nom)
Celui ou celle qui suit des cours dans un établissement scolaire. *Les écoliers, les collégiens, les lycéens sont tous des **élèves**.*

élevé, ée (adjectif)
Synonyme de haut. *Le mont Everest est le sommet le plus **élevé** du globe. Le montant du devis est trop **élevé**.* (Contr. bas.) • **Bien** ou **mal élevé :** qui a reçu une bonne ou une mauvaise éducation.

élever (verbe) ▸ conjug. n° 8
1. Construire en hauteur. *On **a élevé** un monument à la mémoire des combattants. Le château **s'élève** au-dessus de la vallée.* (Syn. dresser.) **2.** Faire monter à un niveau supérieur. *Les crues **ont élevé** le niveau du fleuve.* **3.** S'occuper d'un enfant, le nourrir et l'éduquer. *C'est sa tante qui l'**a élevé**.* **4.** Nourrir et soigner des animaux. *Ses grands-parents **élèvent** des poules et des lapins.* **5.** S'élever : aller vers le haut. *Le parapente **s'élève** lentement.* (Syn. monter.) **6.** S'élever : atteindre une certaine somme. *Les frais **s'élèvent** à mille euros.* (Syn. se monter.) • **Élever la voix, le ton :** commencer à se mettre en colère. Famille du mot : élevage, élévation, élevé, éleveur, surélever.

éleveur, euse (nom)
Personne qui fait de l'élevage. *Un **éleveur** de moutons.*

elfe (nom masculin)
Petit génie de l'air des contes nordiques.

élider (verbe) ▸ conjug. n° 3
Effectuer l'effacement d'une voyelle. *On **élide** la voyelle de « le » ou « la » devant les mots commençant par une voyelle ou un h muet.*

éligible (adjectif)
Qui peut être élu. *Il faut être majeur pour être **éligible**.*

élimé, ée (adjectif)
Usé par le frottement. *Il portait une chemise **élimée** aux poignets.* (Syn. râpé.)

élimination (nom féminin)
Action d'éliminer. *Cette défaite des joueurs entraîne leur **élimination** de la coupe.*

éliminatoire (adjectif)
Qui sert à éliminer des candidats trop nombreux. *Les sportifs doivent réussir les épreuves **éliminatoires** pour se qualifier.*

éliminer (verbe) ▸ conjug. n° 3
1. Écarter en faisant un choix. *Le candidat **a été éliminé** au premier tour.* **2.** Re-

un **éléphant** d'Afrique

un **éléphant** d'Asie

jeter hors de l'organisme. *Boire beaucoup d'eau permet d'**éliminer**.* Famille du mot : élimin**ation**, élimin**atoire**.

élire (verbe) ▸ conjug. n° 45
Choisir par un vote. *Les électeurs sont appelés aux urnes pour **élire** un nouveau président.* Famille du mot : éligible, élu, **in**éligible, **ré**élire.

Élisabeth Ire (née en 1533, morte en 1603)
Reine d'Angleterre et d'Irlande de 1558 à 1603. Souveraine très autoritaire, elle a défendu avec force les intérêts nationaux de l'Angleterre. Elle a rétabli l'anglicanisme et lutté contre les catholiques faisant décapiter sa cousine, Marie Stuart. Dans la guerre engagée avec l'Espagne, les navires espagnols de l'Invincible Armada furent détruits. Cette victoire marque le début de la supériorité des Anglais sur les mers. Élisabeth Ire restaura la situation financière du pays et favorisa le commerce maritime. Dernière de la dynastie des Tudors, elle mourut célibataire. Son règne est l'une des périodes les plus brillantes de l'histoire de l'Angleterre.

Élisabeth II (née en 1926)
Reine du Royaume-Uni et chef du Commonwealth depuis 1952. Son fils aîné, Charles, prince de Galles, est l'héritier en titre de la couronne.

élision (nom féminin)
Suppression d'une voyelle qu'on remplace par une apostrophe. *Dans « il n'a que cinq ans », il y a **élision** du e de « ne » devant a.*

élite (nom féminin)
Ensemble des personnes les plus remarquables d'un groupe. *Il fait partie de l'**élite** des joueurs de tennis.* • **D'élite** : excellent. *La police a posté des tireurs **d'élite** sur les toits.*

élixir (nom masculin)
Potion magique. *La sorcière fit boire un **élixir** à la princesse.*

elle, elles ➡ Voir il.

ellipse (nom féminin)
1. Mot d'une phrase qui n'est pas répété. *Quand on dit « j'ai 10 ans et lui 7 », on fait l'**ellipse** de « il a » et de « ans ».* **2.** Figure géométrique de forme ovale. *Le mouvement que la Terre fait autour du Soleil est une **ellipse**.* ➡ p. 576.

elliptique (adjectif)
1. Qui comporte une ellipse. *« J'habite au 12 » est une phrase **elliptique**.* **2.** Qui a la forme d'une ellipse. *La Terre décrit une courbe **elliptique** autour du Soleil.*

élocution (nom féminin)
Manière d'articuler les mots. *Les avocats doivent avoir une bonne **élocution**.*

éloge (nom masculin)
Paroles de louange. *Le maire a fait l'**éloge** du disparu.*

élogieux, euse (adjectif)
Plein d'éloges. *Un discours **élogieux**.*

éloigné, ée (adjectif)
Loin dans l'espace ou dans le temps. *Leur maison est **éloignée** du village.* (Contr. proche.)

éloignement (nom masculin)
Fait d'être éloigné. *Il souffre de l'**éloignement** de son lieu de travail.*

éloigner (verbe) ▸ conjug. n° 3
1. Mettre plus loin. *Le feu crépitait dans la cheminée, elle dut **éloigner** sa chaise.* (Syn. écarter. Contr. rapprocher.) **2.** S'éloigner : aller plus loin. ***Éloignez-vous** de la bordure du quai, s'il vous plaît !* (Contr. s'approcher.) Famille du mot : éloigné, éloign**ement**.

élongation (nom féminin)
Allongement douloureux d'un muscle ou d'un tendon.

éloquence (nom féminin)
Qualité de quelqu'un qui parle bien. *L'avocat parla avec une telle **éloquence** que son client fut acquitté.*

éloquent, ente (adjectif)
1. Qui manifeste de l'éloquence. *Elle a décrit leur situation en termes **éloquents**.* **2.** Qui exprime bien ce qu'il veut dire. *Il garda un silence **éloquent**.*

élu, ue (nom et adjectif)
Personne désignée par un vote. *Les députés sont les **élus** de la nation. Le maire **élu**.*

élucider (verbe) ▸ conjug. n° 3
Tirer au clair. *Nous allons tâcher d'**élucider** ce mystère.* (Syn. éclaircir.)

élucubration (nom féminin)
Idée compliquée, bizarre et sans intérêt. *Cette secte s'appuyait sur les **élucubrations** d'un savant fou.*

éluder (verbe) ▸ conjug. n° 3
Éviter adroitement de répondre. *Le conférencier **a éludé** une question qui l'embarrassait.* (Syn. esquiver.)

palais de l'**Élysée**
Résidence des présidents de la République française depuis 1848. Construit en 1718, ce palais est situé à Paris, près des Champs-Élysées. « L'Élysée » désigne aussi la présidence de la République.

élytre (nom masculin)
Aile supérieure très dure de certains insectes. *Les scarabées, les coccinelles, les hannetons ont des **élytres**.* **Élytre** vient du grec *elutron* qui signifie « étui », car les élytres ne servent pas à voler mais à protéger les ailes transparentes des insectes.

émacié, ée (adjectif)
Qui est très amaigri. *La gravure représentait le visage **émacié** d'un ermite.*

émail, aux (nom masculin)
1. Vernis brillant qui sert à protéger des objets de céramique ou de métal. *Le lavabo et la baignoire sont recouverts d'**émail**.* **2.** Couche blanche dure qui protège l'ivoire des dents. ➡ p. 364.

un coffret recouvert d'**émail**

■ **émaux** (nom masculin pluriel) Bijoux émaillés. *Au club, j'ai appris à faire des **émaux** sur cuivre.*

e-mail (nom masculin)
Courrier électronique. *Élodie a reçu un **e-mail** de Clément.* (Syn. courriel.) E-mail est un mot anglais : on prononce [imɛl]. Pluriel : des e-mail**s**.

émailler (verbe) ▸ conjug. n° 3
Recouvrir d'une couche d'émail. *La cuisinière électrique est en tôle **émaillée**.*

émanation (nom féminin)
Odeur qui se dégage. *Des **émanations** d'égout empestent la rue.*

émancipation (nom féminin)
Action d'émanciper quelqu'un. *Les Noirs d'Afrique du Sud ont dû se battre longtemps pour obtenir leur **émancipation**.* (Syn. libération.)

émanciper (verbe) ▸ conjug. n° 3
Rendre indépendant. *Au XXe siècle, les femmes **se sont** beaucoup **émancipées**.* (Syn. libérer. Contr. asservir.)

émaner (verbe) ▸ conjug. n° 3
Provenir de tel endroit. *C'est un ordre qui **émane** de la direction.*

emballage (nom masculin)
1. Action d'emballer des objets. *Pour le déménagement, il nous faudra des cartons et du papier d'**emballage**.* **2.** Ce qui emballe. *Beaucoup d'**emballages** peuvent être recyclés.*

emballer (verbe) ▸ conjug. n° 3
1. Envelopper des objets dans du papier, du carton, etc. *J'**ai emballé** la vaisselle dans du papier journal, j'espère que ça ne se cassera pas.* (Syn. empaqueter. Contr. déballer.) **2.** Remplir d'enthousiasme. *Ce projet de voyage en Afrique les **a emballés**, ils veulent venir.* (Syn. enthousiasmer.) **3.** S'emballer : partir à toute allure. *Le cheval a eu peur de l'orage, il **s'est emballé**.* Famille du mot : emballage, remballer.

embarcadère (nom masculin)
Synonyme de débarcadère. *Lors de la régate, l'**embarcadère** était noir de monde.*

a b c d e f g h i j k l m n o p q r s t u v w x y z

embarcation (nom féminin)
Petit bateau. *Les barques, les canots, les hors-bords sont des **embarcations**.*

embardée (nom féminin)
Écart brusque et dangereux d'un véhicule. *La voiture a fait une **embardée** puis s'est redressée : on a eu peur !*

embargo (nom masculin)
Interdiction officielle de faire le commerce d'un produit. *Mettre l'**embargo** sur les armes.*

embarquement (nom masculin)
Action d'embarquer. *Vol à destination d'Athènes : **embarquement** immédiat, porte 8.*

embarquer (verbe) ▸ conjug. n° 3
1. Monter à bord d'un bateau ou d'un avion. *Les matelots **ont embarqué** à bord du porte-avion.* (Contr. débarquer.) **2.** Prendre à bord d'un véhicule. *On **a embarqué** cent litres d'eau douce sur le voilier.* (Syn. charger.) **3.** Entraîner quelqu'un. *Xavier **s'est embarqué** dans une drôle d'histoire.* (Syn. engager.) Famille du mot : embarquement, rembarquer.

embarras (nom masculin)
Malaise de quelqu'un qui ne sait pas quoi faire. *Sarah essayait de cacher son **embarras**.* (Syn. gêne, trouble.) • **N'avoir que l'embarras du choix :** n'avoir qu'une seule difficulté, celle de choisir.

embarrassant, ante (adjectif)
Qui embarrasse. *Cette visite imprévue est bien **embarrassante**.* (Syn. gênant.)

embarrasser (verbe) ▸ conjug. n° 3
1. Empêcher de passer ou de bouger. *À qui sont ces valises qui **embarrassent** le couloir ?* (Syn. encombrer.) **2.** Causer de l'embarras. *Tu m'**embarrasses**, je ne sais pas quoi te dire.* (Syn. déconcerter, gêner, troubler.) Famille du mot : embarras, embarrassant.

embauche (nom féminin)
Action d'embaucher. *En ce moment, il y a de l'**embauche** à l'usine.*

embaucher (verbe) ▸ conjug. n° 3
Engager comme salarié. *Il s'est fait **embaucher** comme coursier dans un journal.* (Contr. débaucher, licencier.)

embaumer (verbe) ▸ conjug. n° 3
1. Remplir d'une odeur agréable. *Le jasmin **embaumait** tout le jardin.* (Contr. empester.) **2.** Remplir un cadavre de certaines substances pour le conserver.

Embaumer était un art chez les Égyptiens.

embellir (verbe) ▸ conjug. n° 11
1. Rendre plus beau. *Yann ne peut s'empêcher d'**embellir** son histoire en la racontant.* **2.** Devenir plus beau. *Les enfants sont revenus bronzés des sports d'hiver, ils **ont embelli**.* (Contr. enlaidir.)

s'emberlificoter (verbe) ▸ conjug. n° 3
Synonyme familier de s'empêtrer. *Ursula **s'est** tellement **emberlificotée** dans ses explications que personne ne l'a crue.*

embêtant, ante (adjectif)
Qui embête. *Je ne retrouve plus mon stylo, c'est bien **embêtant** !* (Syn. contrariant, ennuyeux.)

embêtement (nom masculin)
Ce qui embête. *Je n'ai eu que des **embêtements** durant tout le voyage.* (Syn. ennui, problème.)

embêter (verbe) ▸ conjug. n° 3
1. Synonyme familier d'ennuyer. *Zoé ne sait pas quoi faire, elle **s'embête**.* **2.** Synonyme familier de contrarier. *Je **suis** bien **embêtée**, j'ai perdu mes clés.* Famille du mot : embêtant, embêtement.

d'emblée (adverbe)
Du premier coup, tout de suite. ***D'emblée**, Anna lui a été sympathique.*

emblématique (adjectif)
Qui sert d'emblème, qui symbolise quelque chose. *Le soleil était la figure **emblématique** de Louis XIV.*

emblème (nom masculin)
Objet qui représente une idée. *Le coq est l'**emblème** de la France.* (Syn. symbole.)

La feuille d'érable est l'**emblème** du Canada.

embobiner (verbe) ▸ conjug. n° 3
1. Enrouler sur une bobine. 2. Synonyme familier de duper. *Clément **m'a embobiné** avec de belles promesses.*

emboîter (verbe) ▸ conjug. n° 3
Faire entrer une chose dans une autre. *Les deux pièces de bois **s'emboîtent** exactement.* (Syn. ajuster.) • **Emboîter le pas à quelqu'un :** se mettre à marcher juste derrière lui.
ORTHO On écrit aussi **emboiter**.

embonpoint (nom masculin)
État d'une personne un peu grasse. *Il a pris un léger **embonpoint** en vieillissant.* *En bon point* signifie en ancien français « en bonne santé ».

embouché, ée (adjectif)
• **Mal embouché :** qui parle ou agit avec grossièreté. *Quel individu **mal embouché**, je ne lui parlerai plus !*

embouchure (nom féminin)
1. Endroit où un fleuve se jette dans la mer. *Une **embouchure** peut prendre la forme d'un estuaire ou d'un delta.* 2. Partie d'un instrument que l'on porte à sa bouche. *L'**embouchure** d'une clarinette.*

s'embourber (verbe) ▸ conjug. n° 3
S'enfoncer dans la boue. *La jeep **s'est embourbée** en traversant le gué.*

embout (nom masculin)
Accessoire placé au bout d'un objet de forme allongée. *Les pieds de la chaise ont des **embouts** en caoutchouc.*

embouteillage (nom masculin)
Encombrement qui bloque la circulation. *La neige a provoqué de monstrueux **embouteillages** sur l'autoroute.* (Syn. bouchon.)

embouteiller (verbe) ▸ conjug. n° 3
Provoquer un embouteillage. *Le camion des poubelles **a embouteillé** la rue.*

emboutir (verbe) ▸ conjug. n° 11
Heurter violemment un véhicule. *La voiture **a été emboutie** au stop.*

embranchement (nom masculin)
Endroit où une route se divise en plusieurs voies. *Vous trouverez l'autoroute au prochain **embranchement**.* (Syn. bifurcation, croisement.)

s'embraser (verbe) ▸ conjug. n° 3
Prendre feu. *Le chalet **s'est embrasé** d'un coup, comme une torche.*

embrassade (nom féminin)
Action de s'embrasser. *Leurs retrouvailles furent l'occasion d'**embrassades** à n'en plus finir.*

embrasser (verbe) ▸ conjug. n° 3
1. Donner un baiser. *Elle **embrasse** tendrement ses enfants.* 2. Voir dans toute son étendue. *De là-haut, on **embrasse** la vallée d'un seul coup d'œil.* 3. Synonyme littéraire de choisir. *Il **a embrassé** la carrière des armes.* Autrefois, **embrasser** quelqu'un, c'était le serrer dans ses bras.

embrasure (nom féminin)
Ouverture dans un mur correspondant à une porte ou une fenêtre. *Ils bavardaient dans l'**embrasure** de la porte.*

embrayage (nom masculin)
Mécanisme qui permet au moteur d'une voiture ou d'une moto d'entraîner les roues. *Pour changer de vitesse en voiture, il faut appuyer sur la pédale d'**embrayage**.* ➡ p. 836.

a b c d e f g h i j k l m n o p q r s t u v w x y z

embrayer (verbe) ▸ conjug. n° 7
Actionner l'embrayage. ***Embraie** doucement, sinon le moteur va caler.* (Contr. débrayer.)

embrigader (verbe) ▸ conjug. n° 3
Faire entrer des gens dans une association, dans un groupe dont la discipline réduit leur liberté. *Il s'est laissé **embrigader** dans une secte.*

embrocher (verbe) ▸ conjug. n° 3
1. Enfiler quelque chose sur une broche pour le faire cuire. *Plusieurs volailles **sont embrochées** dans la rôtissoire.* **2.** Synonyme familier de transpercer. *D'un coup d'épée, il **embrocha** son adversaire.*

embrouiller (verbe) ▸ conjug. n° 3
1. Mettre en désordre. *David essaie de démêler des mètres de rallonge électrique qui **se sont embrouillés**.* (Syn. emmêler.) **2.** Rendre difficile à comprendre. *Ses explications ne faisaient qu'**embrouiller** un peu plus son histoire.* (Contr. débrouiller, démêler.) **3.** S'embrouiller : perdre le fil de ce qu'on dit. *Il **s'est embrouillé** dans ses mensonges.*

embruns (nom masculin pluriel)
Gouttelettes d'eau de mer transportées par le vent. *Ibrahim a mis son ciré pour se protéger des **embruns**.*

embryon (nom masculin)
Être vivant au tout début de son développement. *Les **embryons** grandissent dans un œuf ou dans le ventre d'une femelle.*

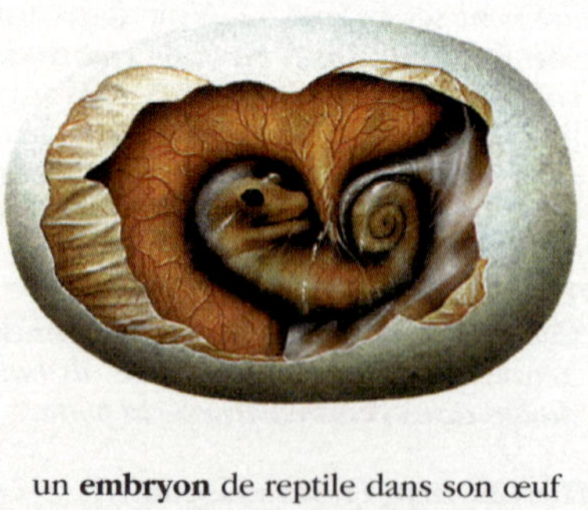

un **embryon** de reptile dans son œuf

embryonnaire (adjectif)
Qui est tout juste à ses débuts. *En 1950, l'informatique en était à l'état **embryonnaire**.*

embûches (nom féminin pluriel)
Difficultés, pièges. *La traversée des marais était semée d'**embûches**.* (Syn. obstacle.)
ORTHO On écrit aussi **embuches**.

embuscade (nom féminin)
Fait de se cacher pour attaquer par surprise. *La patrouille est tombée dans une **embuscade**.* (Syn. guet-apens.)

s'embusquer (verbe) ▸ conjug. n° 3
Se mettre en embuscade. *Le chasseur **s'est embusqué** dans un fourré.*

éméché, ée (adjectif)
Un peu ivre. *Des consommateurs **éméchés** se mirent à chanter dans le café.*

émeraude (nom féminin)
Pierre précieuse translucide de couleur verte. *Sa bague est ornée d'une **émeraude**.* ■ **émeraude** (adjectif) Qui est vert comme l'émeraude. *Des rideaux **émeraude**.*

émergent, ente (adjectif)
• **Pays émergent :** pays en développement qui connaît une croissance économique rapide.

émerger (verbe) ▸ conjug. n° 5
Apparaître au-dessus du niveau de l'eau. *Cette partie de l'île n'**émerge** qu'à marée basse.*

émeri (nom masculin)
• **Toile émeri :** papier rugueux qui sert à gratter et à poncer les métaux.

émérite (adjectif)
Extrêmement compétent. *L'entreprise a besoin de techniciens **émérites**.* (Syn. expérimenté.)

émerveillement (nom masculin)
État d'une personne émerveillée. *Ils regardaient le ciel étoilé avec **émerveillement**.* (Syn. admiration.)

émerveiller (verbe) ▸ conjug. n° 3
Remplir d'admiration et d'étonnement. *Son voyage en Chine l'**a émerveillé**.*

émetteur, trice (adjectif)
Qui émet des ondes radio ou des images. *Une station **émettrice**.* ■ **émetteur** (nom masculin) Appareil émetteur. *Un **émetteur** de télévision.*

émettre (verbe) ▶ conjug. n° 33
1. Envoyer des images, des sons par les ondes. *Les espoirs de retrouver le navigateur s'amenuisent : sa radio n'**émet** plus.* 2. Envoyer vers l'extérieur. *Le violoncelle **émet** un son grave.* (Syn. produire, répandre.) 3. Mettre une monnaie en circulation. *C'est la Banque de France qui **émet** les pièces et les billets.* 4. Exprimer une opinion. *Les savants **ont émis** une nouvelle hypothèse sur la disparition des dinosaures.* Famille du mot : émet**teur**, émission.

émeu (nom masculin)
Très grand oiseau d'Australie qui ressemble à l'autruche. *Les **émeus** sont incapables de voler.*

un **émeu**

émeute (nom féminin)
Soulèvement populaire. *Cette manifestation a tourné à l'**émeute**.*

émeutier, ère (nom)
Personne qui participe à une émeute. *Les **émeutiers** ont dressé des barricades.*

émietter (verbe) ▶ conjug. n° 3
Réduire en miettes. *Maman **émiette** la croûte du pain pour faire de la chapelure.*

émigrant, ante (nom)
Personne qui émigre. *Au XIXe siècle, des **émigrants** pleins d'espoir s'embarquèrent pour le Nouveau Monde.*

émigration (nom féminin)
Action d'émigrer. *La révocation de l'édit de Nantes provoqua l'**émigration** de nombreux protestants.*

émigré, ée (nom)
Personne qui a émigré. *Il descend d'une famille d'**émigrés** italiens.*

émigrer (verbe) ▶ conjug. n° 3
Quitter son pays pour aller s'installer dans un autre pays. *La Révolution française poussa une partie de la noblesse à **émigrer**.* (Syn. s'expatrier. Contr. immigrer.)

émincer (verbe) ▶ conjug. n° 4
Couper en tranches très minces. ***Émincer** des oignons et des carottes.*

éminence (nom féminin)
1. Élévation de terrain. *De cette **éminence**, vous découvrirez l'ensemble de la forêt.* (Syn. butte, colline, hauteur.) 2. Titre donné aux cardinaux. *Son **Éminence**, le cardinal Mazarin.*

éminent, ente (adjectif)
Très important. *Gaëlle a joué un rôle **éminent** dans l'organisation de la fête.* (Syn. remarquable.)

émir (nom masculin)
Titre donné à certains princes ou chefs d'État musulmans. *L'**émir** du Koweït.* Voir **amiral**.

émirat (nom masculin)
Pays gouverné par un émir.

Émirats arabes unis

8,1 millions d'habitants
Capitale : Abu Dhabi
Monnaie : le dirham
Langue officielle : arabe
Superficie : 77 800 km²

État du golfe Persique, né de la réunion de sept émirats : Abu Dhabi, Dubaï, Chardja, Adjman, Umm al-Qaywayn, Fudjayra et Ra's al-Khayma. Les Émirats sont des parcelles du désert Arabique. Abu Dhabi est cinq fois plus étendu que les autres émirats réunis.

ÉCONOMIE
Les Émirats arabes unis vivaient de l'élevage nomade, de la pêche et de la vente

de perles avant de devenir une très riche zone pétrolière qui concentre 10 % des réserves mondiales. Abu Dhabi dispose aussi de la 4e réserve de gaz naturel du monde. Le développement très rapide des émirats a attiré plus d'un million de travailleurs étrangers. L'émirat de Dubaï est célèbre pour son tourisme de luxe.

HISTOIRE
Aux XVIe et XVIIe siècles, le Portugal étendit son influence sur la région, remplacé ensuite par la Grande-Bretagne qui imposa son protectorat. Après le retrait des Britanniques en 1971, la fédération des Émirats arabes unis fut créée et devint l'un des États les plus riches du monde.

émissaire (nom masculin)
Envoyé officiel chargé d'une mission. *Les États-Unis ont envoyé un **émissaire** pour amorcer des négociations.*

émission (nom féminin)
1. Action d'émettre. *L'**émission** de gaz carbonique est une source de pollution.* **2.** Programme de télévision ou de radio. *Kevin ne manque jamais une **émission** sur la mer et les bateaux.*

emmagasiner (verbe) ▶ conjug. n° 3
1. Mettre en réserve. *Les murs **ont emmagasiné** de la chaleur dans la journée, et le soir, ils restent tièdes.* **2.** Au sens figuré, garder en mémoire. *Hélène **a emmagasiné** beaucoup de connaissances nouvelles cette année.* (Syn. accumuler.)

emmailloter (verbe) ▶ conjug. n° 3
Envelopper complètement. *Pour se réchauffer, elle **s'est emmaillotée** dans une couverture.* Autrefois, on enveloppait les bébés dans un *maillot* (un lange).

emmancher (verbe) ▶ conjug. n° 3
Fixer à un manche. *Le jardinier **a emmanché** sa binette avec un nouveau manche.*

emmanchure (nom féminin)
Endroit où la manche est cousue au vêtement. *Une veste aux larges **emmanchures**.*

emmêler (verbe) ▶ conjug. n° 3
Mêler des choses les unes aux autres. *Mes cheveux **sont** tout **emmêlés** à cause du vent.* (Contr. démêler.)

emménagement (nom masculin)
Action d'emménager. *Nos nouveaux voisins ont tout juste fini leur **emménagement**.* (Contr. déménagement.)

emménager (verbe) ▶ conjug. n° 5
S'installer dans un nouveau logement. *Nous **avons emménagé** dans une maison au bord du canal.* (Contr. déménager.)

emmener (verbe) ▶ conjug. n° 8
Amener quelqu'un avec soi. *Maman nous **emmène** à la plage, elle veut que nous emportions le goûter.* On *emmène* une personne et on *emporte* un objet.

emmenthal (nom masculin)
Variété de gruyère à gros trous. Prononciation [emɛ̃tal]. En allemand, ce mot signifie « vallée de l'Emme », lieu de Suisse d'où ce fromage est originaire.

s'emmitoufler (verbe) ▶ conjug. n° 3
S'envelopper chaudement. *Pierre **s'emmitoufle** pour affronter la neige.*

emmurer (verbe) ▶ conjug. n° 3
Enfermer derrière un mur ou des rochers. *Un éboulement a failli **emmurer** les jeunes gens dans le souterrain.*

émoi (nom masculin)
Émotion due à l'inquiétude. *Ces vols de voitures ont mis tout le quartier en **émoi**.* (Syn. agitation, effervescence.)

émonder (verbe) ▶ conjug. n° 3
Synonyme d'élaguer. *Les cantonniers **ont émondé** les platanes de l'avenue.*

émoticone (nom masculin)
Petit dessin que l'on place dans un message. *L'**émoticone** avec deux lèvres signifie « bise ».* (Syn. smiley.)
ORTHO On écrit aussi **émoticône**.

émotif, ive (adjectif)
Qui est sensible et se trouble facilement. *C'est un garçon très **émotif** qui rougit pour un rien et bégaye dès qu'il doit parler en public.* (Syn. impressionnable.)

émotion (nom féminin)
Trouble très fort, agréable ou désagréable. *La joie, la colère, le chagrin, la peur, la surprise sont des **émotions**.*

émotivité (nom féminin)
Caractère d'une personne qui réagit par des émotions. *Kevin est d'une grande **émotivité**.* (Syn. sensibilité.)

émousser (verbe) ▸ conjug. n° 3
1. Rendre moins coupant ou moins pointu. *La lame de ce couteau **est émoussée** : il ne coupe plus.* **2.** Rendre moins vif, moins fort. *Leur amitié **s'est émoussée** avec les années.* (Syn. affaiblir, atténuer.)

émoustiller (verbe) ▸ conjug. n° 3
Donner une excitation légère, qui met de bonne humeur. *Le vin **a émoustillé** les convives qui se sont mis à chanter.*
En ancien français, la *moustille*, c'est le vin nouveau : **être émoustillé**, c'est être sous l'effet du vin nouveau.

émouvant, ante (adjectif)
Qui fait éprouver des émotions. *La cérémonie d'adieux a été très **émouvante**.*

émouvoir (verbe) ▸ conjug. n° 24
Causer une émotion. *Il **était** si **ému** qu'il ne pouvait articuler une parole.* (Syn. bouleverser, impressionner.)

empailler (verbe) ▸ conjug. n° 3
Remplir de paille la peau d'un animal mort pour conserver ses formes. *Le pavillon de chasse était plein d'animaux **empaillés**.* (Syn. naturaliser.)

empaqueter (verbe) ▸ conjug. n° 9
Synonyme d'emballer. *La vendeuse **empaquette** soigneusement les verres.* (Contr. dépaqueter.) **Empaqueter** se conjugue aussi comme peler (n° 8).

s'emparer (verbe) ▸ conjug. n° 3
1. Prendre de force ou rapidement. *Marion **s'est emparée** de la BD de Julie et refuse de la lui rendre.* (Syn. se saisir.) **2.** Envahir l'esprit de quelqu'un. *La peur **s'est emparée** de lui.* (Syn. se saisir.)

s'empâter (verbe) ▸ conjug. n° 3
Prendre du poids. *Lui qui était un garçon si mince, le voilà qui **s'empâte**.*

empêchement (nom masculin)
Circonstance qui empêche de faire ce qui était prévu. *Je n'ai pas pu être au rendez-vous, j'ai eu un **empêchement**.*

empêcher (verbe) ▸ conjug. n° 3
1. Rendre quelque chose impossible. *Le mauvais temps nous **a empêchés** de sortir.* (Contr. permettre.) **2.** S'empêcher : se retenir de faire quelque chose. *Je n'ai pu **m'empêcher** de rire en le voyant.*

empereur (nom masculin)
Titre donné à certains souverains. *L'**empereur** Napoléon III épousa l'impératrice Eugénie.*

l'**empereur** Napoléon Ier par Louis David

empester (verbe) ▸ conjug. n° 3
Sentir très mauvais. *Il faut changer la litière du chat : elle **empeste** !* (Contr. embaumer.)

s'empêtrer (verbe) ▸ conjug. n° 3
1. Se prendre dans quelque chose. *Le marin **s'est empêtré** les pieds dans les cordages.* **2.** S'embrouiller dans ce qu'on dit. *Romain **s'empêtrait** de plus en plus dans ses explications.* (Contr. se dépêtrer.)

emphase (nom féminin)
Façon pompeuse et prétentieuse de s'exprimer. *Le maire parle avec **emphase**.* (Contr. naturel, simplicité.)

emphatique (adjectif)
Qui est plein d'emphase. *Le député a fait un discours sur un ton **emphatique**.* (Syn. solennel. Contr. simple.)

a b c d e f g h i j k l m n o p q r s t u v w x y z

empierrer (verbe) ▶ conjug. n° 3
Recouvrir de pierres. *Avant de goudronner un chemin, il faut l'****empierrer****.*

empiéter (verbe) ▶ conjug. n° 8
Aller au-delà de la limite du terrain possédé. *Votre clôture* ***empiète*** *sur mon jardin !* (Syn. déborder.)

s'empiffrer (verbe) ▶ conjug. n° 3
Synonyme familier de se gaver. *Les invités* ***s'empiffraient*** *de petits fours.*

empiler (verbe) ▶ conjug. n° 3
Mettre en pile. *Les vieilles revues* ***s'empilent*** *dans la salle d'attente du dentiste.* (Syn. s'amonceler, s'entasser.)

empire (nom masculin)
État gouverné par un empereur. *L'****empire*** *de Napoléon Ier a compté jusqu'à 130 départements.* • **Pas pour un empire :** pour rien au monde. • **Sous l'empire de quelque chose :** sous son influence. *Il y a des gens qui disent n'importe quoi* ***sous l'empire de*** *la colère.*

Premier Empire
Régime politique de la France de 1804 à 1814, après le Consulat (1799-1804). Le 18 mai 1804, le Sénat proclama l'empire. Le 2 décembre 1804, le pape Pie VII couronna empereur le Premier consul Bonaparte sous le nom de Napoléon Ier. Le Premier Empire s'acheva quand Napoléon abdiqua le 6 avril 1814. Après les Cent-Jours (20 mars-22 juin 1815), la France devint une monarchie constitutionnelle avec le roi Louis XVIII.

Second Empire
Régime politique de la France entre 1852 et 1870. Louis Napoléon Bonaparte mit fin à la IIe République par le coup d'État du 2 décembre 1851. Il devint empereur le 7 novembre 1852 et prit le nom de Napoléon III. Le Second Empire fut proclamé le 2 décembre. Après la défaite de la France face à la Prusse, la IIIe République fut instaurée le 4 septembre 1870.

Empire byzantin
➡ Voir byzantin.

Empire romain
➡ Voir Rome ■.

empirer (verbe) ▶ conjug. n° 3
Devenir pire. *L'état du malade* ***a empiré****.* (Syn. s'aggraver. Contr. s'améliorer.)

empirique (adjectif)
Qui utilise seulement l'observation et l'expérience. *Un remède* ***empirique*** *soulage sans que l'on sache très bien pourquoi.* (Contr. scientifique, théorique.)

emplacement (nom masculin)
Endroit occupé par quelque chose. *J'ai trouvé un* ***emplacement*** *pour garer la voiture.* (Syn. place.)

emplâtre (nom masculin)
Pommade épaisse à effet calmant.

emplette (nom féminin)
Achat de marchandises courantes. *Thomas fait quelques* ***emplettes*** *pour dépenser son reste d'argent de poche avant de partir.*

emplir (verbe) ▶ conjug. n° 11
Synonyme littéraire de remplir. *Ses yeux* ***se sont emplis*** *de larmes.*

emploi (nom masculin)
1. Façon dont on emploie quelque chose ou usage qu'on en fait. *Lis donc le mode d'****emploi*** *avant de mettre la machine en marche.* **2.** Travail avec lequel on gagne sa vie. *Elle a trouvé un* ***emploi*** *dans une papeterie.* (Syn. place, situation.) • **Emploi du temps :** ce que l'on a à faire selon les heures et les jours.
Famille du mot : employé, employer, employeur.

employé, ée (nom)
Personne qui a un emploi dans un magasin ou un bureau. *Il est* ***employé*** *de banque.*

employer (verbe) ▶ conjug. n° 6
1. Faire usage de quelque chose. *Victor* ***a employé*** *une colle spéciale pour recoller son album.* (Syn. se servir, utiliser.) **2.** Faire travailler en échange d'un salaire. *Ce salon de coiffure* ***emploie*** *sept personnes.* **3.** S'employer à faire quelque chose : s'y efforcer. *Laura* ***s'emploie à*** *résoudre ce problème.* (Syn. se consacrer.)

employeur, euse (nom)
Personne qui emploie quelqu'un à son service. *Mon* ***employeur*** *me verse un salaire mensuel.* (Syn. patron.)

empocher (verbe) ▸ conjug. n° 3
Toucher de l'argent. *Il **a empoché** une belle somme pour faire ce travail.*

empoignade (nom féminin)
Discussion violente. *J'ai assisté à une **empoignade** entre deux automobilistes.*

empoigner (verbe) ▸ conjug. n° 3
1. Saisir en serrant dans sa main. *Elle **empoigne** un bâton pour chasser la souris.* **2.** S'empoigner : se battre ou se disputer violemment. *Les deux catcheurs **se sont empoignés**.*

empoisonnement (nom masculin)
Action d'empoisonner quelqu'un. *Ils ont été victimes d'un **empoisonnement** par des champignons.*

empoisonner (verbe) ▸ conjug. n° 3
1. Tuer avec du poison. *Pour ne pas mourir **empoisonné**, le roi Mithridate absorbait chaque jour un peu de poison.* **2.** Rendre désagréable. *Cette dette lui **empoisonne** l'existence.*

emportement (nom masculin)
Action de s'emporter. *Myriam s'est laissée aller à l'**emportement**.* (Syn. colère.)

emporte-pièce (nom masculin)
Instrument servant à découper des pièces d'une forme déterminée. *Maman utilise des **emporte-pièces** pour faire des petits gâteaux de différentes formes.* Pluriel : des emporte-pièces.

emporter (verbe) ▸ conjug. n° 3
1. Prendre avec soi. *N'oublie pas d'**emporter** ton cartable.* (Contr. apporter.) **2.** S'emporter : se mettre en colère. *Elle **s'est emportée** contre sa bruyante voisine.* • **L'emporter sur quelqu'un :** être victorieux, gagner. Famille du mot : emportement, remporter.

empoté, ée (adjectif)
Synonyme familier de maladroit. *Elle est trop **empotée** pour se servir du caméscope.*

empreint, einte (adjectif)
Qui exprime tel ou tel sentiment. *Son visage était **empreint** d'une grande mélancolie.*

empreinte (nom féminin)
Trace laissée sur une surface par un animal ou une personne. *William essaie de deviner quel oiseau a laissé ses **empreintes** sur le sable.*

des **empreintes** de chien sur le sable

empressé, ée (adjectif)
Qui est plein d'empressement. *Elle est très **empressée** auprès de ses invités.*

empressement (nom masculin)
Fait de s'empresser. *Xavier répond toujours avec **empressement** aux lettres de sa grand-mère.* (Syn. ardeur, zèle.)

s'empresser (verbe) ▸ conjug. n° 3
Faire quelque chose en se dépêchant ou en montrant beaucoup de zèle. *Odile **s'est empressée** d'aller ouvrir la porte.*

emprise (nom féminin)
Influence exercée sur quelqu'un. *La télévision a souvent une grande **emprise** sur les jeunes enfants.*

emprisonnement (nom masculin)
Fait d'être emprisonné. *Être condamné à un an d'**emprisonnement**.* (Syn. détention, réclusion.)

emprisonner (verbe) ▸ conjug. n° 3
Mettre en prison. *L'assassin **a été emprisonné**.* (Syn. écrouer.)

a b c d e f g h i j k l m n o p q r s t u v w x y z

emprunt (nom masculin)
Somme d'argent ou chose empruntée. *Pour acheter une nouvelle voiture, papa a fait un* ***emprunt*** *à la banque.* • **Nom d'emprunt :** synonyme de pseudonyme. *Il a choisi un* ***nom d'emprunt*** *pour signer son roman.*

emprunté, ée (adjectif)
Qui manque de naturel ou qui est mal à l'aise. *Tu as l'air* ***emprunté*** *dans ce costume.* (Syn. gauche. Contr. naturel.)

emprunter (verbe) ▸ conjug. n° 3
1. Recevoir une chose en prêt. *Sarah* ***a emprunté*** *deux euros à son frère pour acheter un journal.* **2.** Utiliser une voie pour circuler. *Pour traverser la route, il faut* ***emprunter*** *le passage souterrain.*
Famille du mot : emprunt, emprunté.

ému ➡ Voir **émouvoir**.

émulation (nom féminin)
Sentiment qui pousse à faire mieux que les autres. *Il y a une grande* ***émulation*** *entre les élèves de cette classe.*

émule (nom)
Personne qui cherche à en égaler une autre en mérite ou en savoir. *Ce vieux savant a beaucoup d'****émules****.*

émulsion (nom féminin)
Dispersion dans un liquide de fines gouttelettes qui ne se mélangent pas à lui. *La mayonnaise est une* ***émulsion*** *d'huile et de jaune d'œuf.*

en (préposition)
Sert à indiquer de nombreux types de compléments. *Aller* ***en*** *Espagne* (lieu). *Un vase* ***en*** *cristal* (matière). ***En*** *hiver, il fait froid* (temps). *Être* ***en*** *colère* (état). *Ursula va à l'école* ***en*** *vélo* (moyen). ***En*** *marchant vite, il faut une heure* (manière).

en (pronom)
1. Sert à indiquer le lieu d'où l'on vient. *Tu vas au marché ? – Non, j'****en*** *viens.* **2.** Remplace un complément introduit par « de ». *Tu aimes les olives ? Prends-****en*** *!*

ENA
Sigle d'École nationale d'administration. Cet établissement public français a été fondé en 1945. L'ENA forme les futurs hauts fonctionnaires de l'État.

encablure (nom féminin)
Ancienne unité d'environ 180 mètres utilisée dans la marine pour évaluer les courtes distances. • **À quelques encablures de :** pas très loin de.

encadrement (nom masculin)
1. Ce qui encadre quelque chose. *Pour cette photo, on a choisi un* ***encadrement*** *en bois clair.* **2.** Personnes qui encadrent un groupe. *Cinq animateurs forment l'****encadrement*** *du centre de vacances.*

encadrer (verbe) ▸ conjug. n° 3
1. Mettre dans un cadre. *Maman a acheté un tableau qu'elle a fait* ***encadrer****.* **2.** Dessiner un cadre autour de. ***Encadrez*** *les noms de la phrase.* **3.** Avoir la charge et la responsabilité de personnes. *Dans ce centre de loisirs, les enfants* ***sont*** *très bien* ***encadrés****.*

Des arbres et des fleurs **encadrent** le chemin.

encaissé, ée (adjectif)
Qui est resserré entre des parois escarpées. *Cette route* ***encaissée*** *est très étroite.*

encaisser (verbe) ▸ conjug. n° 3
Recevoir de l'argent en paiement. *Le plombier n'****a*** *pas encore* ***encaissé*** *le chèque des travaux.*

encart (nom masculin)
Feuille volante qu'on intercale dans un livre, une revue. *Un* ***encart*** *publicitaire.*

encas (nom masculin)
Repas léger préparé en cas de besoin. *Maman a préparé un petit* ***encas*** *avant notre départ en randonnée.*
ORTHO On écrit aussi **en-cas**.

encastrable (adjectif)
Qui peut être encastré. *Ce lave-vaisselle est* ***encastrable*** *sous l'évier.*

encastrer (verbe) ▶ conjug. n° 3
Insérer quelque chose dans un espace creux. *Comme ma chambre est petite, maman a choisi un lit qui **s'encastre** dans un placard.*

encaustique (nom féminin)
Produit qui sert à cirer le bois.

■ **enceinte** (adjectif féminin)
Qui attend un bébé. *Elle est **enceinte** de huit mois et doit accoucher le mois prochain.*

■ **enceinte** (nom féminin)
1. Muraille fortifiée qui entoure une ville et la protège. *Les **enceintes** de la vieille ville.* 2. Synonyme de baffle. *Une des **enceintes** de la chaîne ne fonctionne plus.*

encens (nom masculin)
Substance résineuse qui brûle en dégageant un parfum agréable. ● Prononciation [ɑ̃sɑ̃].

encenser (verbe) ▶ conjug. n° 3
Couvrir quelqu'un d'éloges exagérés. *Ce cuisinier **a été encensé** par tous les critiques gastronomiques.* **Encenser** vient de *encens*, car on brûlait de l'encens pour plaire aux dieux.

encerclement (nom masculin)
Action d'encercler. *L'**encerclement** de la forteresse par l'ennemi.*

encercler (verbe) ▶ conjug. n° 3
Entourer de toutes parts. *Le quartier **est encerclé** par la police.* (Syn. cerner.)

enchaînement (nom masculin)
Fait de s'enchaîner. *Un **enchaînement** de circonstances nous a empêchés de partir comme prévu.* (Syn. succession, suite.)
ORTHO On écrit aussi **enchainement**.

enchaîner (verbe) ▶ conjug. n° 3
1. Attacher avec une chaîne. *On **enchaînait** les bagnards pour qu'ils ne s'enfuient pas.* 2. S'enchaîner : se succéder logiquement. *Les évènements **se sont enchaînés** rapidement.*
ORTHO On écrit aussi **enchainer**.

enchanté, ée (adjectif)
1. Qui est très content. *Nous sommes **enchantés** de nos vacances.* 2. Qui produit un effet magique. *Dans ce conte, il est question d'une rivière **enchantée**.*

enchantement (nom masculin)
Ce qui enchante. *Cette promenade en bateau a été un **enchantement**.* • **Comme par enchantement :** comme par magie. *La tempête s'est arrêtée brusquement, **comme par enchantement**.*

enchanter (verbe) ▶ conjug. n° 3
Plaire énormément. *Leur voyage au Maroc les **a enchantés**.* (Syn. charmer, ravir.)
Famille du mot : enchant**é**, enchante**ment**, enchant**eur**, **dés**enchanté.

enchanteur, eresse (adjectif)
Qui enchante. *Un paysage **enchanteur**.* ■ **enchanteur, eresse** (nom) Synonyme de magicien. *Merlin, l'**enchanteur**.*

enchâsser (verbe) ▶ conjug. n° 3
Fixer une pierre précieuse sur une monture. *Un collier **enchâssé** de diamants.*

enchère (nom féminin)
• **Vente aux enchères :** vente publique dans laquelle les objets sont vendus au plus offrant.

enchérir (verbe) ▶ conjug. n° 11
Faire une offre de prix plus élevée dans une vente aux enchères. *Il **a enchéri** de 50 euros sur la dernière offre.*

enchevêtrement (nom masculin)
Amas de choses enchevêtrées. *Un **enchevêtrement** de vieilles ferrailles.*

s'enchevêtrer (verbe) ▶ conjug. n° 3
S'emmêler de façon inextricable. *Les fils de la pelote de laine **se sont enchevêtrés**.*

enclave (nom féminin)
Territoire ou terrain enfermé dans un autre. *Le Vatican forme une **enclave** dans la ville de Rome, en Italie.* **Enclave** vient du latin *clavis* qui signifie « clé » : une **enclave** est comme enfermée dans autre chose.

enclaver (verbe) ▶ conjug. n° 3
Entourer complètement un lieu, un terrain par un autre. *La ville est **enclavée** entre deux massifs montagneux.*

a b c d e f g h i j k l m n o p q r s t u v w x y z

enclencher (verbe) ▸ conjug. n° 3
Mettre un mécanisme en état de fonctionner. *Pour reculer, il faut* ***enclencher*** *la marche arrière.*

enclin, ine (adjectif)
Qui a une tendance naturelle pour quelque chose. *Anna est parfois* ***encline*** *à la mélancolie.*

enclos (nom masculin)
Terrain entouré d'une clôture. *Dans la ferme, il y a un* ***enclos*** *pour le bétail.*

enclume (nom féminin)
Bloc métallique sur lequel on forge les métaux. *Le forgeron tape sur son* ***enclume*** *avec un marteau.*

un marteau et une **enclume**

encoche (nom féminin)
Petite entaille. *Yann se sert d'un canif pour faire des* ***encoches*** *dans un bâton.*

encoignure (nom féminin)
Angle intérieur formé par deux murs. *Élodie s'est cachée dans une* ***encoignure*** *de sa chambre.* (Syn. coin.) Prononciation [ɑ̃kɔɲyʀ] ou [ɑ̃kwaɲyʀ].

encoller (verbe) ▸ conjug. n° 3
Enduire de colle. *Le peintre* ***encolle*** *le papier peint avant de le poser.*

encolure (nom féminin)
1. Partie d'un vêtement qui entoure le cou. *L'****encolure*** *de cette chemise est beaucoup trop serrée.* **2.** Partie du corps d'un cheval qui va de la tête au poitrail.

encombrant, ante (adjectif)
Qui encombre. *Ce meuble est trop* ***encombrant*** *dans cette petite chambre.*

sans encombre (adverbe)
Sans ennui. *Nous sommes arrivés* ***sans encombre*** *à l'aéroport.*

encombrement (nom masculin)
Synonyme d'embouteillage. *On signale des* ***encombrements*** *aux abords de la ville.*

encombrer (verbe) ▸ conjug. n° 3
Gêner en prenant trop de place. *Ton vélo* ***encombre*** *le couloir. Les routes risquent d'****être*** *très* ***encombrées*** *ce week-end.*
Famille du mot : encombr**ant**, sans encombre, encombre**ment**. **Encombrer** vient de l'ancien français *combre* qui signifie « barrage sur une rivière ».

à l'encontre de (préposition)
Contraire à quelque chose. *Cette maladie vient* ***à l'encontre de*** *mes projets.*

encorbellement (nom masculin)
Construction en saillie par rapport à la base d'un mur. *Un balcon en* ***encorbellement***.

s'encorder (verbe) ▸ conjug. n° 3
S'attacher avec une corde pour former une cordée. *Avant de commencer leur ascension, les alpinistes* ***se sont encordés***.

encore (adverbe)
1. Indique que quelque chose continue. *Chut ! Les enfants dorment* ***encore*** *!* (Syn. toujours.) **2.** Marque la répétition. *Benjamin a* ***encore*** *oublié son cartable.* (Syn. de nouveau.) **3.** Indique une plus grande quantité. *Fatima a très soif, elle veut* ***encore*** *du jus d'orange.* (Syn. davantage.) **4.** Sert à renforcer un adjectif au comparatif. *Il est* ***encore*** *plus gros qu'hier !*

encorner (verbe) ▸ conjug. n° 3
Frapper, percer à coups de cornes. *Le toréro a été* ***encorné*** *par un taureau lors de la corrida.*

encornet (nom masculin)
Autre nom du calmar.

encourageant, ante (adjectif)
Qui encourage. *Ses bons résultats sont très* ***encourageants***.

encouragement (nom masculin)
Paroles qui encouragent. *Le coureur grimpe la pente sous les* ***encouragements*** *de la foule.*

encourager (verbe) ▸ conjug. n° 5
1. Donner du courage à quelqu'un pour qu'il fasse quelque chose. *Ses parents l'**encouragent** beaucoup à bien travailler.* (Contr. décourager.) **2.** Favoriser le développement de quelque chose. *Cette région **encourage** l'agriculture et l'élevage.*

encourir (verbe) ▸ conjug. n° 16
S'exposer à quelque chose de déplaisant. *Les voleurs **encourent** des peines sévères.*

encrasser (verbe) ▸ conjug. n° 3
Recouvrir de crasse qui empêche le bon fonctionnement. *Les bougies de la voiture **sont encrassées** : impossible de démarrer.* (Contr. décrasser.)

un **encorbellement**

encre (nom féminin)
Liquide coloré qui sert à écrire, à imprimer. *Hélène a acheté des cartouches d'**encre** pour son stylo. Il n'y a plus d'**encre** dans l'imprimante.*

encrer (verbe) ▸ conjug. n° 3
Enduire d'encre.

encrier (nom masculin)
Petit récipient qui contient de l'encre.

encyclopédie (nom féminin)
Ouvrage qui traite de l'ensemble des connaissances humaines. *Yann a emprunté à la bibliothèque une **encyclopédie** sur les animaux.* **Encyclopédie** vient de mots grecs qui signifient « le cercle de toutes les connaissances ».

encyclopédique (adjectif)
1. Qui a le caractère d'une encyclopédie. *Un dictionnaire **encyclopédique**.* **2.** Qui a des connaissances étendues sur des sujets très variés. *Ce professeur possède un savoir **encyclopédique**.*

endettement (nom masculin)
Fait de s'endetter.

s'endetter (verbe) ▸ conjug. n° 3
Faire des dettes. *Elle **s'est** tellement **endettée** qu'elle n'arrive plus à rembourser ce qu'elle doit.* (Syn. emprunter.)

endeuiller (verbe) ▸ conjug. n° 3
Plonger dans le deuil. *Cette mort tragique **a endeuillé** toute la famille.*

endiablé, ée (adjectif)
Qui est très rapide. *Elle a dansé toute la nuit sur des rythmes **endiablés**.*

endiguer (verbe) ▸ conjug. n° 3
1. Retenir par une digue. *Ce fleuve **a été endigué** à certains endroits.* **2.** Contenir ou canaliser quelque chose. *La police essaie d'**endiguer** le flot des manifestants.*

endimanché, ée (adjectif)
Qui a mis ses beaux vêtements. *Pour la noce, les enfants étaient tous **endimanchés**.*

endive (nom féminin)
Plante potagère à feuilles blanches, qui pousse dans l'obscurité. *Julie adore la salade d'**endives** avec des noix.*

endoctriner (verbe) ▸ conjug. n° 3
Inciter quelqu'un à adhérer à une doctrine. *Les sectes sont dangereuses car elles essaient d'**endoctriner** les jeunes.*

endolori, ie (adjectif)
Qui fait mal. *David s'est cogné, il a le bras tout **endolori**.* (Syn. douloureux.)

endommager (verbe) ▸ conjug. n° 5
Causer des dommages, des dégâts. *La tempête **a endommagé** la toiture, beaucoup de tuiles se sont envolées.* (Syn. abîmer, détériorer.)

endormir (verbe) ▸ conjug. n° 15
1. Faire dormir quelqu'un. *Laura **endort** le bébé en le berçant doucement.* **2.** S'endormir : commencer à dormir. *Après sa journée de marche, il n'a pas eu de mal à **s'endormir**.*

endosser (verbe) ▸ conjug. n° 3
1. Mettre un vêtement sur son dos. *Ibrahim **a endossé** son manteau avant de sortir.* **2.** Au sens figuré, accepter les conséquences de quelque chose. *Kevin n'a pas voulu **endosser** la responsabilité d'organiser seul cette fête.*

endroit (nom masculin)
1. Lieu où se trouve une personne ou une chose. *Myriam ne sait plus à quel **endroit** elle a rangé ses lunettes.* **2.** Côté sous lequel se présente habituellement quelque chose. *Mets ton cardigan à l'**endroit** et tu pourras le boutonner.* (Contr. envers.)

enduire (verbe) ▸ conjug. n° 43
Couvrir une surface d'un enduit ou d'un produit. ***Enduire** un mur de plâtre. Noémie **s'est enduit** le visage de crème pour se protéger du soleil.*

enduit (nom masculin)
Matière pâteuse qu'on applique sur une surface. *Avant de peindre le mur, le peintre bouche les trous avec de l'**enduit**.*

endurance (nom féminin)
Aptitude à résister à la fatigue ou à la douleur. *Il faut beaucoup d'**endurance** pour courir le marathon.*

endurant, ante (adjectif)
Qui montre de l'endurance. *Il faut être **endurant** pour arriver jusqu'au sommet.*

endurcir (verbe) ▸ conjug. n° 11
Rendre quelqu'un plus fort, plus résistant. *Les épreuves qu'il a dû affronter l'**ont endurci**.* (Syn. aguerrir. Contr. ramollir.)

endurer (verbe) ▸ conjug. n° 3
Supporter une chose pénible. *Ce peuple **a enduré** de grandes souffrances pendant la guerre.* (Syn. subir.) ⌂ Famille du mot : endur**ance**, endur**ant**.

énergétique (adjectif)
Qui apporte de l'énergie. *Les sportifs ont besoin d'aliments **énergétiques**. Les ressources **énergétiques** d'un pays.*

énergie (nom féminin)
1. Force qui pousse à agir. *Cet enfant déborde d'**énergie**.* (Syn. dynamisme, vigueur. Contr. mollesse.) **2.** Force capable de faire fonctionner des machines ou de produire de la chaleur. *Le pétrole, le charbon, le soleil, le vent sont des sources d'**énergie**.* ⌂ Famille du mot : énerg**étique**, énerg**ique**, énerg**iquement**.

énergique (adjectif)
Qui a beaucoup d'énergie. *C'est une femme très **énergique**, toujours en train de s'activer.* (Syn. actif, dynamique. Contr. mou.)

énergiquement (adverbe)
De façon énergique. *Les habitants du village protestent **énergiquement** contre la construction d'une autoroute.* (Syn. vigoureusement.)

énergumène (nom)
Personne bizarre et agitée. *Qui est cet **énergumène** qui interpelle les passants ?*
⊸ **Énergumène** vient du latin *energumenus* qui signifie « possédé du démon ».

énervant, ante (adjectif)
Qui énerve. *Le bruit du robinet qui goutte est vraiment **énervant**.* (Syn. agaçant.)

énervement (nom masculin)
État d'une personne énervée. *Restez calmes, pas d'**énervement** !* (Syn. irritation, nervosité.)

énerver (verbe) ▸ conjug. n° 3
1. Rendre nerveux. *Les élèves **sont** très **énervés** à l'approche des vacances.* **2.** Agacer ou irriter quelqu'un. *Tu m'**énerves** avec cette musique !* (Syn. excéder.)
⊸ **Énerver** vient du latin *enervare* qui a

le sens contraire du sens actuel et signifie « affaiblir en coupant les nerfs ».

enfance (nom féminin)
Période de la vie où on est un enfant. *Grand-mère aime bien nous parler de son **enfance** et du temps jadis.*

enfant (nom)
1. Petit garçon ou petite fille avant l'adolescence. *Les **enfants** du village prennent le car de ramassage pour aller à l'école.* 2. Fils ou fille. *La famille de Pierre est une famille nombreuse : sa mère a eu six **enfants**, deux garçons et quatre filles.* Famille du mot : enfance, enfant**illage**, enfant**in**. **Enfant** vient du latin *infans* qui signifie « qui ne parle pas ».

enfanter (verbe) ▸ conjug. n° 3
Dans la langue littéraire, mettre un enfant au monde. (Syn. accoucher.)

enfantillage (nom masculin)
Action ou parole peu sérieuse, puérile. *Tu as dépassé l'âge de ces **enfantillages**.*

enfantin, ine (adjectif)
1. Qui est fait pour les enfants. *À la bibliothèque, il y a un rayon de littérature **enfantine**.* 2. Qui est très facile, à la portée d'un enfant. *Le maître m'a posé un problème d'une simplicité **enfantine**.* (Syn. élémentaire.)

enfer (nom masculin)
1. Dans la religion chrétienne, lieu de souffrance éternelle pour les méchants après leur mort. (Contr. paradis.) 2. Au sens figuré, chose très pénible. *C'est un **enfer** d'habiter si près de l'aéroport !*

enfermer (verbe) ▸ conjug. n° 3
Mettre dans un endroit fermé. *Papa **s'est enfermé** dans son bureau pour ne pas être dérangé.*

enfilade (nom féminin)
Suite de choses disposées en file. *Les pièces de cette maison sont en **enfilade**.*

enfiler (verbe) ▸ conjug. n° 3
1. Passer un fil dans un trou. *Myriam **enfile** des perles pour faire un collier.* 2. Mettre un vêtement. ***Enfile** ton pyjama et va te coucher !*

enfin (adverbe)
1. Indique qu'une chose a fini par arriver. *Après avoir longtemps pleuré, le bébé s'est **enfin** endormi.* (Syn. finalement.) 2. Indique une conclusion. *Pour faire cette confiture, il faut laver les fruits, les éplucher, les couper et **enfin** les faire cuire avec le sucre.* 3. Marque l'impatience ou la résignation. *Mais **enfin**, arrêtez de vous battre !* **Enfin**, comme **ensuite**, s'est d'abord écrit en deux mots : *en fin, en suite*.

s'enflammer (verbe) ▸ conjug. n° 3
1. Prendre feu. *Quand le bois est bien sec, il **s'enflamme** très vite.* 2. Au sens figuré, s'animer d'une vive ardeur. *Son amoureux lui envoie des lettres **enflammées**.* 3. Se transformer en inflammation. *Il faut désinfecter cette plaie avant qu'elle ne **s'enflamme**.* (Syn. s'infecter.)

« Le Jugement dernier »
de Hans Memling (1473)
représente les morts précipités en **enfer**.

enfler (verbe) ▸ conjug. n° 3
Augmenter de volume. *Ursula a été piquée par une guêpe, sa main **a** tout de suite **enflé**.* (Syn. gonfler, grossir.)

enflure (nom féminin)
État d'une partie du corps qui a enflé. *Cette crème devrait faire disparaître l'**enflure**.*

enfoncer (verbe) ▸ conjug. n° 4
1. Faire pénétrer profondément quelque chose. *Il faut prendre un marteau pour **enfoncer** ces clous.* **2.** Aller vers le fond. *On **s'enfonce** si on marche dans cette vase.* **3.** Briser en poussant. *L'avant de cette voiture **est** tout **enfoncé**.* (Syn. défoncer.) • **Enfoncer une porte ouverte :** découvrir une chose évidente, que tout le monde connaît.

enfouir (verbe) ▸ conjug. n° 11
Mettre quelque chose sous la terre. *Le chien **avait enfoui** son os dans le jardin.* (Syn. ensevelir, enterrer.)

enfourcher (verbe) ▸ conjug. n° 3
Monter à califourchon sur quelque chose. *Zoé **enfourche** son vélo pour aller acheter le pain.*

enfourner (verbe) ▸ conjug. n° 3
Mettre dans un four. *Le boulanger **enfourne** le pain pour le faire cuire.*

enfreindre (verbe) ▸ conjug. n° 35
Ne pas respecter une loi ou un règlement. *Romain a été puni car il **a enfreint** le règlement du collège.* (Syn. violer. Contr. observer, respecter.)

s'**enfuir** (verbe) ▸ conjug. n° 20
Se sauver en vitesse. *Les cambrioleurs **se sont enfuis** quand l'alarme a retenti.* (Syn. décamper, déguerpir, détaler, filer.)

enfumer (verbe) ▸ conjug. n° 3
Remplir de fumée. *Le cigare de mon oncle **a enfumé** toute la maison.*

engageant, ante (adjectif)
Qui inspire la confiance ou la sympathie. *Cette rue sombre n'est pas très **engageante**.* (Syn. attirant.)

engagement (nom masculin)
Ce qu'on s'est engagé à faire. *Il faut toujours respecter ses **engagements**.* (Syn. promesse.)

engager (verbe) ▸ conjug. n° 5
1. Prendre une personne à son service. *La municipalité vient d'**engager** un nouveau jardinier.* (Syn. embaucher, recruter.) **2.** Donner envie de faire quelque chose. *Ce soleil **engage** à la baignade. Je vous **engage** à me suivre.* (Syn. encourager, inciter, inviter.) **3.** Introduire quelque chose dans un endroit étroit. *Zoé m'a ouvert la porte au moment où j'**engageais** la clé dans la serrure.* **4.** Commencer une action. *Les syndicats **ont engagé** un dialogue avec la direction.* **5.** S'engager à faire quelque chose : promettre de le faire. *Ce magasin **s'engage à** échanger le matériel défectueux.* **6.** S'engager : pénétrer dans une voie. *Le camion a allumé ses phares avant de **s'engager** dans le tunnel.* **7.** S'engager : se faire recruter. *Son oncle **s'est engagé** dans la marine.* (Syn. s'enrôler.) Famille du mot : engag**eant**, engage**ment**.

engelure (nom féminin)
Boursouflure douloureuse de la peau, due au froid. *Thomas n'avait pas mis ses gants, il a attrapé des **engelures**.*

engendrer (verbe) ▸ conjug. n° 3
Faire naître. *Ce mauvais temps **engendre** la mélancolie.* (Syn. causer, produire, provoquer.)

engin (nom masculin)
Appareil, instrument ou machine. *Le bulldozer est un **engin** de terrassement.* **Engin** a la même origine qu'*ingénieux* : un engin était, à l'origine, un objet plein d'ingéniosité.

englober (verbe) ▸ conjug. n° 3
Réunir en un tout différents éléments. *Une région **englobe** plusieurs départements.* (Syn. comprendre.)

engloutir (verbe) ▸ conjug. n° 11
1. Avaler très vite. *Victor **a englouti** son repas en cinq minutes.* (Syn. engouffrer.) **2.** Faire disparaître. *Anna **a englouti** ses économies dans l'achat d'un jeu électronique. On a découvert une cité **engloutie** par la mer.* **Engloutir** vient du latin *gluttus* qui signifie « gosier », que l'on retrouve dans *glouton*.

engoncer (verbe) ▸ conjug. n° 4
Donner l'air d'avoir le cou enfoncé dans les épaules. *Élodie n'est pas à l'aise, **engoncée** dans un manteau trop serré.*

engorgement (nom masculin)
Fait d'être engorgé. *L'**engorgement** de l'autoroute commence dès 17 heures.*

engorger (verbe) ▸ conjug. n° 5
Boucher un passage, un conduit. *La vigne vierge a envahi le toit et **engorge** les gouttières.* (Syn. obstruer.)

engouement (nom masculin)
Enthousiasme soudain et exagéré. *Je partage ton **engouement** pour ce chanteur.*

engouffrer (verbe) ▸ conjug. n° 3
1. Avaler de façon gloutonne. *William **a engouffré** toute la pizza.* (Syn. engloutir.) 2. S'engouffrer : pénétrer avec précipitation dans un endroit. *Les gens **s'engouffrent** dans le métro.* **Engouffrer** vient de *gouffre* et signifiait d'abord « entraîner dans un gouffre ».

engourdir (verbe) ▸ conjug. n° 11
Rendre raide et insensible une partie du corps. *Fatima **est** tout **engourdie** par ce long voyage en voiture.*

engourdissement (nom masculin)
Fait d'être engourdi. *Les alpinistes font un feu pour lutter contre l'**engourdissement**.*

engrais (nom masculin)
Produit qui fertilise la terre. *Cet agriculteur utilise des **engrais** pour améliorer sa production.*

engraisser (verbe) ▸ conjug. n° 3
1. Rendre gras. *Dans cette ferme, on **engraisse** les oies pour produire du foie gras.* 2. Devenir plus gras. *Il **a engraissé** depuis qu'il ne fait plus de sport.* (Syn. grossir.)

engranger (verbe) ▸ conjug. n° 5
1. Mettre dans une grange. ***Engranger** le foin pour les bêtes.* 2. Au sens figuré, accumuler des choses. *Pour préparer son exposé, Gaëlle **a engrangé** beaucoup de documentation.*

engrenage (nom masculin)
1. Dispositif formé de deux roues dentées qui s'emboîtent pour se transmettre un mouvement de rotation. 2. Au sens figuré, suite d'évènements qui s'enchaînent et auxquels on ne peut plus échapper. *Elle est prise dans l'**engrenage** de son travail.*

enhardir (verbe) ▸ conjug. n° 11
Rendre plus hardi. *Ce succès l'**a enhardi**.*
Prononciation [ɑ̃aʀdiʀ].

énième (adjectif)
Qui est à un rang indéterminé. *Je te le dis pour la **énième** fois, range ta chambre !*
Énième vient de *n*, lettre désignant un nombre indéterminé.
ORTHO On écrit aussi **nième**.

énigmatique (adjectif)
Qui a le caractère d'une énigme. *Pour moi, sa réponse est très **énigmatique**.* (Syn. mystérieux, obscur, sibyllin. Contr. clair.)

énigme (nom féminin)
Chose difficile à comprendre. *Cette disparition est une **énigme** pour les enquêteurs.* (Syn. mystère.)

enivrant, ante (adjectif)
Qui enivre. *Un parfum **enivrant**.* Prononciation [ɑ̃nivʀɑ̃].

enivrer (verbe) ▸ conjug. n° 3
1. Rendre ivre. *Deux verres de champagne ont suffi pour l'**enivrer**.* (Syn. soûler.) 2. Au sens figuré, remplir quelqu'un d'excitation au point de lui tourner la tête. *Il s'est laissé **enivrer** par le succès.* (Syn. griser.) Prononciation [ɑ̃nivʀe].

enjambée (nom féminin)
Grand pas. *Il est pressé et marche à grandes **enjambées**.*

enjamber (verbe) ▸ conjug. n° 3
Passer par-dessus un obstacle en faisant une enjambée. *Il faut prendre son élan pour **enjamber** le ruisseau.*

des **engrenages**

enjeu, eux (nom masculin)
1. Argent que l'on mise dans un jeu. *C'est au gagnant que reviennent les **enjeux**.* **2.** Ce qu'on peut gagner ou perdre quand on entreprend quelque chose. *Je ne comprends pas l'**enjeu** de ce conflit.*

enjoindre (verbe) ▸ conjug. n° 35
Synonyme littéraire d'ordonner. *Le roi les **a enjoints** de quitter le royaume.*

enjôler (verbe) ▸ conjug. n° 3
Séduire par des manières ou des paroles flatteuses. *Il essaie de nous **enjôler** avec ses sourires.* **Enjôler** vient du mot *geôle* et signifiait autrefois « emprisonner ».

enjoliver (verbe) ▸ conjug. n° 3
Ajouter à un récit des détails plus ou moins exacts pour l'embellir, le rendre plus intéressant. *L'auteur a **enjolivé** son roman de descriptions de paysages imaginaires.*

enjoliveur (nom masculin)
Disque de métal qui recouvre le centre d'une roue de voiture.

enjoué, ée (adjectif)
Qui est gai et aimable. *Il m'a répondu d'un ton **enjoué**.* (Contr. maussade, triste.)

enlacer (verbe) ▸ conjug. n° 4
Serrer dans ses bras. *Des amoureux **enlacés** s'embrassent sur un banc.*

enlaidir (verbe) ▸ conjug. n° 11
Rendre laid. *Dommage que ces pylônes **enlaidissent** le paysage.* (Contr. embellir.)

enlèvement (nom masculin)
Action d'enlever. *L'**enlèvement** d'une voiture en stationnement interdit. L'**enlèvement** d'un enfant par des gangsters.*

enlever (verbe) ▸ conjug. n° 8
1. Retirer ou changer de place. ***Enlève** tes bottes avant d'entrer.* (Syn. ôter.) **2.** Faire disparaître. *Impossible d'**enlever** cette tache de graisse.* **3.** Emmener quelqu'un de force. *La police recherche l'homme qui **a enlevé** l'enfant.* (Syn. kidnapper, ravir.)

s'enliser (verbe) ▸ conjug. n° 3
S'enfoncer peu à peu. *La voiture **s'est enlisée** dans le sable.* **S'enliser** vient d'un ancien mot français de Normandie, *lise*, qui signifie « sable mouvant ».

enluminure (nom féminin)
Lettre ou dessin finement ornés des anciens manuscrits.

une **enluminure** du Moyen Âge

enneigé, ée (adjectif)
Qui est couvert de neige. *Les sommets **enneigés** des montagnes brillent au soleil.*

enneigement (nom masculin)
Épaisseur de la couche de neige. *L'**enneigement** est suffisant pour skier.*

ennemi, ie (nom)
1. Pays ou personne contre lesquels on est en guerre. *Pendant la Seconde Guerre mondiale, la France et l'Allemagne étaient des **ennemis**.* (Syn. adversaire.) **2.** Personne qui veut du mal à une autre. *Je ne lui connais aucun **ennemi**.* (Contr. ami.) **3.** Personne ou chose opposées à quelque chose. *Le tabac est l'**ennemi** de la santé.* (Contr. partisan.) ■ **ennemi, ie** (adjectif) De l'ennemi. *Les chars **ennemis** sont entrés dans la ville.* (Contr. allié, ami.)

ennui (nom masculin)
1. Fait de s'ennuyer. *Ce livre est à mourir d'**ennui**, je ne le finirai pas.* **2.** Évènement fâcheux qui cause du souci, du tracas. *Hélène a des **ennuis** de santé.* (Syn. problème.)

ennuyer (verbe) ▸ conjug. n° 6
1. Ne pas intéresser ni amuser quelqu'un. *Ce film nous **a** profondément **ennuyés**.* **2.** Causer du souci à quelqu'un. *Cela m'**ennuie** de te savoir malade.* (Syn. contrarier.) **3.** Regretter l'absence de quelqu'un. *Julie **s'ennuie** de son frère qui est parti depuis deux semaines en classe verte.* **4.** S'ennuyer : éprouver un profond ennui, se morfondre. *Le naufragé **s'ennuyait**, tout seul sur son île.* (Syn. s'embêter. Contr. s'amuser, se distraire.) Famille du mot : ennui, ennuy**eux**.

ennuyeux, euse (adjectif)
1. Peu intéressant. *Laura a trouvé le film tellement **ennuyeux** qu'elle a zappé avant la fin.* **2.** Qui cause du souci. *Xavier a perdu tous ses papiers, c'est très **ennuyeux**.* (Syn. embêtant, fâcheux.)

énoncé (nom masculin)
Texte qui présente un problème à résoudre. *Avant de commencer tes calculs, lis bien l'**énoncé**.*

énoncer (verbe) ▸ conjug. n° 4
Dire quelque chose. *Essaie d'**énoncer** clairement ta demande.* (Syn. exprimer.)

s'enorgueillir (verbe) ▸ conjug. n° 11
Être très fier de quelque chose. *Anna **s'enorgueillit** de son succès.* Prononciation [sɑ̃nɔʀgœjiʀ].

énorme (adjectif)
1. Qui est très grand et très gros. *La baleine bleue est un animal **énorme**.* (Syn. gigantesque. Contr. minuscule.) **2.** Qui est très important ou très grave. *Myriam a fait cinq fautes **énormes** dans ses calculs.* Famille du mot : énormé**ment**, énormi**té**. **Énorme** vient du latin *enormis* qui signifie « en dehors de la norme ».

énormément (adverbe)
Vraiment beaucoup. *En ce moment, Yann a **énormément** de travail.*

énormité (nom féminin)
1. Caractère énorme de quelque chose. *L'**énormité** des travaux à faire leur demande réflexion.* **2.** Parole ou action stupide. *Dire des **énormités**.*

s'enquérir (verbe) ▸ conjug. n° 18
Chercher à savoir quelque chose. *Benjamin est passé à la gare pour **s'enquérir** des horaires des trains.* (Syn. se renseigner.)

enquête (nom féminin)
1. Recherche pour découvrir la vérité sur une affaire. *C'est la gendarmerie qui est chargée de l'**enquête**.* **2.** Étude qui s'appuie sur des témoignages ou sur l'avis des gens. *Les élèves font une **enquête** sur les commerçants du quartier.* Famille du mot : enquêt**er**, enquêt**eur**.

enquêter (verbe) ▸ conjug. n° 3
Faire une enquête. *Depuis plusieurs jours, la police **enquête** sur la disparition de l'enfant.*

enquêteur, trice (nom)
Personne qui fait une enquête.

enquiquiner (verbe) ▸ conjug. n° 3
Dans la langue familière, gêner par ses paroles, par son comportement. *Mon petit frère m'**enquiquine** avec ses histoires de pirates.*

s'enraciner (verbe) ▸ conjug. n° 3
1. Développer ses racines dans le sol. *Il faut bien arroser les rosiers pour qu'ils **s'enracinent**.* **2.** Au sens figuré, se fixer profondément dans l'esprit. *Cette idée **est** bien **enracinée** dans sa tête.*

enragé, ée (adjectif)
Qui est malade de la rage. *Les chasseurs ont abattu un renard **enragé**.* ■ **enragé, ée** (adjectif et nom) Qui est passionné par quelque chose. *Pierre est un supporter **enragé** de l'équipe de football. Noémie est une **enragée** de planche à voile.*

enrager (verbe) ▸ conjug. n° 5
Être en rage, en colère. *Clément **enrage** d'avoir perdu le match.* (Syn. rager.)

enrayer (verbe) ▸ conjug. n° 7
1. Arrêter ou freiner la progression de quelque chose. *Les médecins essaient d'**enrayer** l'épidémie en distribuant des médicaments.* **2.** S'enrayer : se bloquer. *Au moment de tirer, le pistolet **s'est enrayé**.*

enregistrement (nom masculin)
Action d'enregistrer. *L'**enregistrement** d'une émission de télévision. L'**enregistrement** d'un fichier sur l'ordinateur.*

enregistrer (verbe) ▸ conjug. n° 3
1. Inscrire sur un registre. *Les naissances doivent **être enregistrées** à la mairie.* **2.** Confier ses bagages à une compa-

gnie de transport. *Il a fait **enregistrer** sa valise dès son arrivée à l'aéroport.* 3. Fixer des sons ou des images sur une bande magnétique ou un disque pour pouvoir les reproduire. *Ce chanteur vient d'**enregistrer** un nouveau disque.* 4. Fixer des données dans la mémoire d'un ordinateur. ***Enregistre** ton fichier avant de le fermer.* 5. Fixer dans sa mémoire. *Tu **as** bien **enregistré** l'horaire du train ?*

s'enrhumer (verbe) ▶ conjug. n° 3
Attraper un rhume. *Tu vas **t'enrhumer** si tu ne te couvres pas.*

enrichir (verbe) ▶ conjug. n° 11
Rendre riche. *La lecture permet d'**enrichir** son vocabulaire. C'est en jouant à la Bourse que son oncle **s'est enrichi**.* (Contr. appauvrir.)

enrichissement (nom masculin)
Action d'enrichir ou de s'enrichir. *On lui reproche un **enrichissement** frauduleux.*

enrober (verbe) ▶ conjug. n° 3
Recouvrir de quelque chose qui protège ou améliore le goût. *Le cuisinier **enrobe** le poisson dans une feuille d'aluminium.*

enrôler (verbe) ▶ conjug. n° 3
Recruter quelqu'un dans un groupe. *Quand il sera grand, David souhaite **s'enrôler** dans l'armée de l'air.*

enroué, ée (adjectif)
Qui a une voix rauque, moins nette. *À force d'avoir crié, Odile est **enrouée**.*

enrouler (verbe) ▶ conjug. n° 3
1. Rouler une chose sur elle-même ou autour d'une autre chose. *Il vaut mieux **enrouler** l'affiche pour la transporter.* (Contr. dérouler.) 2. S'enrouler : mettre une chose autour de soi pour s'envelopper. *Sarah **s'est enroulée** dans une couverture pour se réchauffer.* (Syn. se rouler.)

enrouleur (nom masculin)
Dispositif servant à enrouler. *L'**enrouleur** de la ceinture de sécurité s'est bloqué.*

enrubanné, ée (adjectif)
Orné de rubans. *Un cadeau **enrubanné**.*

s'ensabler (verbe) ▶ conjug. n° 3
1. Se remplir de sable. *Ces canaux ne sont plus navigables depuis qu'ils **se sont ensablés**.* 2. S'enfoncer dans le sable. *La voiture **s'est ensablée** dans les dunes et ne pouvait plus avancer.*

ensanglanté, ée (adjectif)
Couvert de sang. *Le blessé est sorti de la voiture accidentée, le visage **ensanglanté**.*

enseignant, ante (nom)
Personne qui enseigne. *Les professeurs d'école, de collège et de lycée sont des **enseignants**.*

enseigne (nom féminin)
Panneau qui signale un magasin. *L'**enseigne** du serrurier représente une clé.* • **Être logé à la même enseigne que quelqu'un :** rencontrer les mêmes difficultés que lui.

une **enseigne** de serrurier

enseignement (nom masculin)
1. Action ou façon d'enseigner. *Dans cette école, l'**enseignement** de l'anglais commence dès le cours élémentaire.* 2. Métier d'enseignant. *Plusieurs personnes de sa famille sont dans l'**enseignement**.* 3. Leçon donnée par l'expérience ou l'exemple. *Ibrahim devrait tirer les **enseignements** de sa mésaventure.*

enseigner (verbe) ▶ conjug. n° 3
1. Transmettre un savoir à des élèves. *La mère d'Ursula **enseigne** le français et le latin au collège.* 2. Apprendre par expérience. *Son échec lui **a enseigné** la modestie.* Famille du mot : enseign**ant**, enseign**ement**.

ensemble (adverbe)
1. Les uns avec les autres. *Les enfants de l'immeuble jouent **ensemble** dans la cour.* (Contr. séparément.) **2.** En même temps. *Ces deux coureurs sont arrivés **ensemble** sur la ligne d'arrivée : ils sont ex aequo.* • **Aller ensemble** : être bien assorti. *Ce pantalon et ce pull **vont** très bien **ensemble**.*

ensemble (nom masculin)
1. Groupe d'éléments qui forment un tout. *L'**ensemble** des élèves prépare un spectacle de fin d'année.* **2.** Costume de femme composé d'une veste et d'une jupe assorties. *Pour le mariage de sa sœur, Zoé portait un **ensemble** en lin blanc.* • **Dans l'ensemble** : en général, la plupart du temps. • **Grand ensemble** : groupe d'immeubles d'habitation qui abrite beaucoup de gens.

ensemencer (verbe) ▶ conjug. n° 4
Semer des graines dans la terre. *Après avoir labouré, les agriculteurs **ensemencent** leurs champs.*

enserrer (verbe) ▶ conjug. n° 3
Entourer de façon très serrée. *Les grands immeubles **enserrent** la petite église.*

ensevelir (verbe) ▶ conjug. n° 11
1. Synonyme littéraire d'enterrer. **2.** Recouvrir entièrement. *La ville **a été ensevelie** sous la lave du volcan.*

ensoleillé, ée (adjectif)
Où il y a beaucoup de soleil. *Il faut planter ces fleurs dans un endroit **ensoleillé**.*

ensoleillement (nom masculin)
Fait d'être ensoleillé. *Cette maison jouit d'un bon **ensoleillement**, car la façade est au sud.*

ensommeillé, ée (adjectif)
Qui est mal réveillé. *Kevin était encore **ensommeillé** après son petit déjeuner.*

ensorceler (verbe) ▶ conjug. n° 9
1. Jeter un sort en exerçant une influence magique. *Anna lit un conte dans lequel une sorcière **ensorcelle** les gens.* (Syn. envoûter.) **2.** Au sens figuré, charmer de façon irrésistible. *Pierre **a été ensorcelé** par ce superbe film sur les animaux.* ✎ **Ensorceler** se conjugue aussi comme peler (n° 8)

ensuite (adverbe)
1. Après, dans le temps. *Va te laver les mains et **ensuite** viens à table.* (Contr. d'abord.) **2.** Après, dans l'espace. *Les mariés entrent les premiers dans la mairie, la famille et les invités **ensuite**.* (Syn. derrière.) ⊸ Voir **enfin**.

s'ensuivre (verbe) ▶ conjug. n° 49
Venir en conséquence normale, logique. *Quand la guerre éclate, les privations **s'ensuivent**.* (Syn. découler, résulter.) ✎ **S'ensuivre** ne s'emploie qu'à la 3e personne du singulier et du pluriel, et à l'infinitif.

entaille (nom féminin)
Coupure profonde. *En marchant sur un coquillage, Élodie s'est fait une **entaille** au pied.*

entailler (verbe) ▶ conjug. n° 3
Faire une entaille. *Fais attention à ne pas **t'entailler** la main avec ce couteau !*

entame (nom féminin)
Premier morceau coupé d'un pain, d'un jambon ou d'un rôti.

entamer (verbe) ▶ conjug. n° 3
1. Couper ou manger le premier morceau d'un aliment. *Qui **a entamé** la baguette ?* **2.** Commencer à faire quelque chose. *Ils vont bientôt **entamer** la construction du nouveau pont.* **3.** Commencer à détruire une matière. *Il va falloir repeindre la grille du jardin car elle **est entamée** par la rouille.*

entartrer (verbe) ▶ conjug. n° 3
Couvrir d'une couche de tartre. *Les canalisations **sont entartrées** par le calcaire, l'eau ne coule plus.* (Contr. détartrer.)

entassement (nom masculin)
Amas de choses entassées. *Un **entassement** de feuilles mortes jonche le sol.* (Syn. amoncellement, tas.)

entasser (verbe) ▶ conjug. n° 3
1. Mettre des choses en tas. *Les maçons **ont entassé** les sacs de ciment sur le chantier.* (Syn. amonceler, empiler.) **2.** S'entasser : se serrer les uns contre les autres dans un espace trop étroit. *Aux heures de pointe, les gens **s'entassent** dans l'autobus.*

a b c d e f g h i j k l m n o p q r s t u v w x y z

entendre (verbe) ▶ conjug. n° 31
1. Percevoir les sons grâce aux oreilles. ***Entends**-tu les oiseaux qui chantent ?* **2.** Écouter avec attention. *Romain **a** bien **entendu** ce que je viens de lui dire.* **3.** Vouloir absolument. *J'**entends** bien que vous m'obéissiez immédiatement.* **4.** Synonyme de comprendre. *Grand-mère n'**entend** rien à l'informatique.* **5.** S'entendre : être amis ou être d'accord. *Les frères et sœurs **s'entendent** bien. Il faut qu'on **s'entende** sur la date de départ.* (Syn. s'accorder.) • **Faire entendre raison :** faire comprendre ce qui est raisonnable. • **S'y entendre :** être compétent, s'y connaître. *David **s'y entend** en informatique.* Famille du mot : entendu, entente, mésentente.

entendu, ue (adjectif)
1. Qu'on a décidé après accord. *Tu viens avec moi ? – C'est **entendu** !* **2.** Qui est complice. *Il nous a regardés d'un air **entendu**.* • **Bien entendu :** bien sûr, évidemment.

entente (nom féminin)
Accord entre des gens qui s'entendent bien. *Il y a une très bonne **entente** dans cette classe.* (Contr. mésentente.)

enterrement (nom masculin)
Cérémonie pendant laquelle on enterre quelqu'un. (Syn. inhumation, obsèques.)

enterrer (verbe) ▶ conjug. n° 3
1. Mettre le corps d'un mort dans la terre. *Il **a été enterré** dans son village natal.* (Syn. ensevelir, inhumer. Contr. exhumer.) **2.** Cacher quelque chose dans la terre. *La tortue géante **a enterré** ses œufs sur la plage.* (Syn. enfouir. Contr. déterrer.)

en-tête (nom masculin)
Indication en haut d'une feuille de papier, d'un document. *Écrire sur du papier à **en-tête**.* Pluriel : des en-têtes.
ORTHO On écrit aussi **entête**.

entêtement (nom masculin)
Obstination à faire quelque chose. *Pourquoi refuses-tu avec un tel **entêtement** ?*

s'entêter (verbe) ▶ conjug. n° 3
Ne pas vouloir céder ou renoncer. *Thomas **s'entête** à vouloir faire du ski alors qu'il est encore malade.* (Syn. s'obstiner.)

enthousiasmant, ante (adjectif)
Qui enthousiasme. *J'ai vu un film **enthousiasmant**.*

enthousiasme (nom masculin)
Grande joie qui soulève l'excitation, l'admiration. *Les Romains assistaient avec **enthousiasme** aux jeux du cirque.* Famille du mot : enthousiasmant, enthousiasmer, enthousiaste.

enthousiasmer (verbe) ▶ conjug. n° 3
Remplir d'enthousiasme. *Cette balade en mer nous **a** vraiment **enthousiasmés**.* (Syn. passionner.)

enthousiaste (adjectif)
Qui est plein d'enthousiasme. *Le public **enthousiaste** a applaudi les comédiens.*

s'enticher (verbe) ▶ conjug. n° 3
Se prendre d'affection ou d'un intérêt très vif et irraisonné pour quelqu'un, quelque chose. *Maxime **s'est entiché** de Julie dès qu'il l'a rencontrée.*

entier, ère (adjectif)
1. Qui n'a pas été entamé ou cassé. *La boîte de chocolats est encore **entière**, vous n'êtes pas gourmands !* (Syn. complet, intact.) **2.** Qui est considéré dans son ensemble. *Victor part un mois **entier** en vacances.* (Syn. complet.) **3.** Qui est obstiné et sans souplesse. *Hélène a un caractère **entier**.* **4.** Qui ne contient aucune décimale. *58 est un nombre **entier**.* • **En entier :** complètement, dans sa totalité.

entièrement (adverbe)
Complètement, totalement. *Je suis **entièrement** d'accord avec vous.*

entomologie (nom féminin)
Science qui étudie les insectes.

entomologiste (nom)
Spécialiste d'entomologie.

entonner (verbe) ▶ conjug. n° 3
Commencer à chanter. *La cantatrice **entonne** un air d'opéra.*

entonnoir (nom masculin)
Petit ustensile conique terminé par un tube. *Pour verser de l'huile dans le moteur, le mécanicien se sert d'un **entonnoir**.*

entorse (nom féminin)
Déchirure des ligaments d'une articulation. *Julie s'est fait une **entorse** au genou et marche avec des béquilles.*

entortiller (verbe) ▸ conjug. n° 3
Envelopper dans quelque chose que l'on tortille. ***Entortiller** des bonbons dans du papier.*

entourage (nom masculin)
Personnes qui vivent habituellement avec quelqu'un. *Son **entourage** le dit très malade.*

entourer (verbe) ▸ conjug. n° 3
1. Être placé tout autour. *Un grand mur **entoure** le parc du château.* **2.** Mettre autour. *Le boucher **entoure** le rôti avec une barde de lard.* **3.** Tracer un trait autour de. ***Entoure** la bonne réponse.* **4.** Former l'entourage de quelqu'un. *Elle a toujours vécu **entourée** de chiens et de chats.* **5.** S'occuper de quelqu'un avec soin et gentillesse. *Grand-père **a été** très **entouré** après son opération.* (Contr. abandonner.)

entourlouper (verbe) ▸ conjug. n° 3
Synonyme familier de tromper. *On m'a rendu un faux billet ; je me suis fait **entourlouper** !*

entracte (nom masculin)
Intervalle qui sépare les parties d'un spectacle. *Laura s'est acheté un esquimau à l'**entracte**.*

L'**entomologie** est la science qui étudie les insectes.

entraide (nom féminin)
Action de s'entraider. *Il faudrait développer l'**entraide** dans ces quartiers défavorisés.* (Syn. solidarité.)

s'entraider (verbe) ▸ conjug. n° 3
S'aider les uns les autres. *Xavier pense qu'il est naturel de **s'entraider** entre amis.*

entrailles (nom féminin pluriel)
Ensemble des viscères qui se trouvent dans le ventre. *Le boucher a vidé le poulet en enlevant ses **entrailles**.*

entrain (nom masculin)
Attitude pleine de gaieté et d'ardeur. *Yann montre plus d'**entrain** pour aller jouer que pour travailler !*

entraînant, ante (adjectif)
Qui entraîne, incite à bouger. *Une musique **entraînante**.*
ORTHO On écrit aussi **entrainant**.

entraînement (nom masculin)
Fait de s'entraîner en vue d'une compétition. *Myriam fait tous les jours deux heures d'**entraînement** à la piscine.*
ORTHO On écrit aussi **entrainement**.

entraîner (verbe) ▸ conjug. n° 3
1. Pousser et emmener au loin. *Le courant **entraîne** l'embarcation vers le large.* **2.** Décider quelqu'un à faire quelque chose. *C'est Noémie qui m'**a entraînée** au cinéma.* **3.** Faire tourner un mécanisme. *C'est un petit moteur qui **entraîne** cette machine.* **4.** Provoquer quelque chose. *La tempête **a entraîné** de gros dégâts.* (Syn. causer.) **5.** Préparer un sportif à une compétition en lui faisant faire de nombreux exercices. ***Entraîner** une équipe de rugby.* Famille du mot : entrain, entraîn**ant**, entraîn**ement**, entraî**neur**.
ORTHO On écrit aussi **entrainer**.

entraîneur, euse (nom)
Personne qui entraîne des sportifs. *L'**entraîneur** est fier de la victoire de son équipe.*
ORTHO On écrit aussi **entraineur**.

entrave (nom féminin)
Ce qui gêne ou embarrasse. *Ce règlement est une **entrave** à la liberté de chacun.* (Syn. obstacle.)

a b c d e f g h i j k l m n o p q r s t u v w x y z

entraver (verbe) ▸ conjug. n° 3
Empêcher quelque chose de se réaliser. *Beaucoup de problèmes **entravent** une possible négociation entre les deux pays.*

entre (préposition)
Sert à introduire divers compléments. *Il y a environ 80 kilomètres **entre** Paris et Chartres* (lieu). *Je t'attendrai **entre** onze heures et midi* (temps). *Odile hésite **entre** une jupe et un pantalon* (choix). *Il y a une grande différence de taille **entre** les deux sœurs* (comparaison).

entrebâillement (nom masculin)
Ouverture entrebâillée.

entrebâiller (verbe) ▸ conjug. n° 3
Ouvrir un petit peu. *On **a entrebâillé** le toit ouvrant pour avoir un peu d'air.* (Syn. entrouvrir.)

une porte **entrebâillée**

s'entrechoquer (verbe) ▸ conjug. n° 3
Se cogner l'un contre l'autre. *Gaëlle a froid, ses dents **s'entrechoquent**.*

entrecôte (nom féminin)
Morceau de viande de bœuf qui se trouve le long des côtes. *Sarah a commandé une **entrecôte** grillée.*

entrecouper (verbe) ▸ conjug. n° 3
Interrompre par moments. *Son discours **a été entrecoupé** d'applaudissements.*

entrecroiser (verbe) ▸ conjug. n° 3
Croiser ensemble plusieurs fois. *Benjamin **entrecroise** les guirlandes sur le sapin de Noël.* (Syn. entrelacer.)

entrée (nom féminin)
1. Moment où l'on entre dans un lieu. *La vedette a fait une **entrée** très remarquée.* (Syn. arrivée. Contr. sortie.) **2.** Endroit par où l'on entre. *Je t'attendrai à l'**entrée** du théâtre.* (Syn. hall, vestibule.) **3.** Droit d'entrer quelque part. *L'**entrée** de ce parc est payante.* (Syn. accès.) **4.** Plat servi au début du repas. *En **entrée,** Ursula a pris des crudités.*

entrefaites (nom féminin pluriel)
• **Sur ces entrefaites :** à ce moment-là. *Et **sur ces entrefaites**, il est arrivé.*

entrefilet (nom masculin)
Article très court dans un journal. *Un **entrefilet** a annoncé son accident.*

entrejambe (nom masculin)
Partie de la culotte ou du pantalon qui se trouve entre les jambes. *L'**entrejambe** de son pantalon est tout usé.*
ORTHO On écrit aussi **entre-jambes**.

entrelacer (verbe) ▸ conjug. n° 4
Synonyme d'entrecroiser. *Les branches de cet arbre commencent à **s'entrelacer**.*

entrelacs (nom masculin)
Ornement constitué de motifs entrelacés. ● Prononciation [ɑ̃tʀəla].

entremêler (verbe) ▸ conjug. n° 3
Mélanger des choses. *Ma grand-mère ne se souvient plus très bien de cette époque, car tous ses souvenirs **s'entremêlent**.*

entremets (nom masculin)
Plat sucré qu'on mange au dessert. *La mousse au chocolat, les glaces et les sorbets sont des **entremets**.*

entremise (nom féminin)
• **Par l'entremise de quelqu'un :** par son intermédiaire, grâce à lui. *Il a obtenu un logement **par l'entremise de** la mairie.*

entreposer (verbe) ▸ conjug. n° 3
Mettre momentanément des choses dans un endroit. *En attendant que la*

*maison de campagne soit prête, on **a entreposé** tous les meubles chez les voisins.*

entrepôt (nom masculin)
Dépôt de marchandises. *Ce hangar sert d'**entrepôt** pour le matériel agricole.*

entreprenant, ante (adjectif)
Qui aime entreprendre. *Il faut quelqu'un d'**entreprenant** pour diriger cette usine.* (Syn. actif, dynamique.)

entreprendre (verbe) ▸ conjug. n° 32
Commencer à faire quelque chose. *Il vaut mieux attendre la fin de l'hiver pour **entreprendre** les travaux de la toiture.*
Famille du mot : entrepren**ant**, entrepren**eur**, entreprise.

entrepreneur, euse (nom)
Chef d'entreprise qui exécute des travaux qu'on lui a commandés. *On a demandé des devis à plusieurs **entrepreneurs**.*

entreprise (nom féminin)
1. Ce qu'on entreprend. *En voulant réparer son vélo, Zoé s'est lancée dans une **entreprise** trop difficile pour elle.* **2.** Société commerciale ou industrielle. *L'oncle de David dirige une **entreprise** de peinture.*

entrer (verbe) ▸ conjug. n° 3
1. Passer du dehors au dedans d'un lieu. *Kevin a oublié sa clé, il a dû **entrer** par la fenêtre.* (Syn. pénétrer. Contr. sortir.) **2.** Commencer à être dans une situation. *L'année prochaine, Anna **entrera** en sixième.* **3.** Faire partie de quelque chose. *La semoule **entre** dans la composition du couscous.* **Entrer** se conjugue avec l'auxiliaire être.

entresol (nom masculin)
Étage à plafond bas, situé parfois entre le rez-de-chaussée et le premier étage.

entre-temps (adverbe)
Pendant ce temps-là. *Je pars faire les courses ; **entre-temps** peux-tu mettre la table ?*
ORTHO On écrit aussi **entretemps**.

entretenir (verbe) ▸ conjug. n° 19
1. Prendre soin de quelque chose pour le garder en bon état. *C'est du travail d'**entretenir** une si grande maison.* **2.** Faire vivre quelqu'un. *Depuis qu'il est au chômage, il a du mal à **entretenir** sa famille.* **3.** S'entretenir : parler à quelqu'un de choses importantes. *Il **s'est entretenu** avec son patron au sujet de ses horaires.* (Syn. discuter.)

entretien (nom masculin)
1. Action d'entretenir quelque chose. *L'**entretien** de cette voiture coûte de plus en plus cher.* **2.** Fait de s'entretenir avec quelqu'un. *Son père souhaite avoir un **entretien** avec la directrice.* (Syn. entrevue.)

s'entretuer (verbe) ▸ conjug. n° 3
Se tuer les uns les autres. *Il faut les séparer sinon ils vont **s'entretuer** !*

entrevoir (verbe) ▸ conjug. n° 22
1. Voir très rapidement. *J'ai **entrevu** Élodie au marché, mais elle ne m'a pas vu.* (Syn. apercevoir.) **2.** Commencer à voir. *On commence à **entrevoir** un espoir de paix entre ces deux pays.*

entrevue (nom féminin)
Rencontre préparée à l'avance entre des personnes. *Une **entrevue** entre les deux chefs d'État est prévue prochainement.* (Syn. entretien.)

entrouvrir (verbe) ▸ conjug. n° 12
Ouvrir un peu. *Laisse la porte **entrouverte**, pour qu'on ait un peu d'air.* (Syn. entrebâiller.)

énumération (nom féminin)
Fait d'énumérer.

énumérer (verbe) ▸ conjug. n° 8
Dire les uns après les autres les éléments d'un ensemble. *Ibrahim nous **a énuméré** tous les cadeaux qu'il a reçus pour Noël.*

envahir (verbe) ▸ conjug. n° 11
1. Entrer par la force dans un pays. *Au début de la Seconde Guerre mondiale, l'armée allemande **a envahi** le nord de la France.* (Syn. occuper.) **2.** Remplir entièrement un lieu. *Chaque été, cette région **est envahie** par les touristes.* **3.** S'emparer de l'esprit de quelqu'un. *La peur **a** soudain **envahi** la foule quand le feu s'est déclaré.* Famille du mot : envahi**ssant**, envahi**ssement**, envahi**sseur**.

a b c d e f g h i j k l m n o p q r s t u v w x y z

envahissant, ante (adjectif)
1. Qui se répand partout. *Ce lierre est trop* ***envahissant****, il faut le tailler.* **2.** Qui manque de discrétion. *Kevin vient tous les jours à la maison, il est vraiment* ***envahissant****.*

envahissement (nom masculin)
Action d'envahir un pays. *L'****envahissement*** *de la Gaule par les Francs a commencé au Vᵉ siècle.* (Syn. invasion.)

envahisseur (nom masculin)
Ennemi qui envahit un territoire.

s'envaser (verbe) ▸ conjug. n° 3
Se remplir de vase. *L'estuaire de ce fleuve* ***s'envase*** *peu à peu.*

enveloppe (nom féminin)
1. Pochette en papier dans laquelle on met une lettre. *Sur l'****enveloppe****, on écrit l'adresse du destinataire.* **2.** Ce qui entoure et protège quelque chose. *La coquille sert d'****enveloppe*** *à l'œuf.*

envelopper (verbe) ▸ conjug. n° 3
Entourer complètement quelque chose pour le protéger. *Fatima* ***a enveloppé*** *son sandwich dans du papier d'aluminium.*

s'envenimer (verbe) ▸ conjug. n° 3
1. Synonyme de s'infecter. *Il faut désinfecter cette plaie avant qu'elle ne* ***s'envenime****.* **2.** Au sens figuré, devenir plus violent. *La discussion* ***s'est*** *vite* ***envenimée****.* (Syn. s'aggraver, se détériorer. Contr. s'apaiser.)

envergure (nom féminin)
1. Distance entre les extrémités des ailes déployées d'un oiseau ou celles d'un avion. **2.** Au sens figuré, capacité ou valeur de quelqu'un. *Ce député a tout à fait l'****envergure*** *d'un ministre.* ⊷ **Envergure** désignait d'abord l'état d'une voile tendue entre les *vergues*.

■ **envers** (préposition)
En ce qui concerne quelqu'un. *Il a toujours été très honnête* ***envers*** *nous.* (Syn. à l'égard de.) • **Envers et contre tous :** malgré l'opposition des gens.

■ **envers** (nom masculin)
Côté d'une chose qu'on ne voit pas d'habitude. *On voit les coutures, la nappe est mise à l'****envers****.* (Contr. endroit.)

enviable (adjectif)
Qui fait envie. *S'il vient d'être embauché, son sort est bien* ***enviable****.*

envie (nom féminin)
Synonyme de jalousie. *Pierre découvre les cadeaux de sa sœur avec* ***envie****.* • **Avoir envie de :** avoir le désir ou le besoin de faire ou d'avoir quelque chose. ***J'ai envie de*** *goûter ces framboises.* • **Faire envie :** tenter quelqu'un. *Ces pâtisseries me* ***font*** *bien* ***envie****.* ⌂ Famille du mot : envi**able**, envi**er**, envi**eux**.

envier (verbe) ▸ conjug. n° 10
Souhaiter être à la place de quelqu'un ou avoir ce qu'il a. *Quentin* ***envie*** *son copain qui a la dernière console de jeux.*

envieux, euse (adjectif et nom)
Qui est jaloux des autres. • **Faire des envieux :** rendre les autres jaloux. *Sa fortune* ***a fait*** *bien* ***des envieux****.*

environ (adverbe)
À peu près. *Il y a* ***environ*** *un quart d'heure de marche jusqu'à la gare.* (Syn. approximativement. Contr. exactement.) ⌂ Famille du mot : environ**nant**, environ**nement**, environ**ner**, environ**s**.

environnant, ante (adjectif)
Qui est tout autour. *Les forêts* ***environnantes*** *sont remplies de champignons à l'automne.*

environnement (nom masculin)
Milieu dans lequel nous vivons. *Nous devons lutter pour la protection de l'****environnement****.*

environner (verbe) ▸ conjug. n° 3
Être dans le voisinage d'un lieu. *Des champs de blé* ***environnent*** *la ferme.* (Syn. entourer.)

environs (nom masculin pluriel)
Lieux qui se trouvent dans le voisinage. *N'allez pas trop loin, restez dans les* ***environs****.* (Syn. alentours, parages.)

envisageable (adjectif)
Qui peut être envisagé. *Une telle dépense n'est pas* ***envisageable****.*

envisager (verbe) ▸ conjug. n° 5
1. Avoir le projet de faire quelque chose. *Nous* ***envisageons*** *d'aller en vacances à la*

montagne cette année. (Syn. penser.) 2. Examiner plusieurs possibilités. *Avant de prendre une décision, il faut* ***envisager*** *les avantages et les inconvénients.*

envoi (nom masculin)
Lettre ou colis envoyés. *Il vaudrait mieux faire cet* ***envoi*** *en recommandé.* (Syn. expédition.) • **Coup d'envoi :** au football, premier coup de pied dans le ballon, qui marque le début d'une partie.

envol (nom masculin)
Action de s'envoler. *Dès le début de l'automne, les hirondelles prennent leur* ***envol*** *pour les pays chauds.*

envolée (nom féminin)
Montée brutale d'une monnaie, d'une valeur. *L'****envolée*** *du prix de l'essence.*

s'**envoler** (verbe) ▸ conjug. n° 3
1. Partir en volant. *Les moineaux* ***s'envolent*** *au moindre bruit.* 2. Partir en avion. *On doit* ***s'envoler*** *pour Marseille à dix heures.* (Syn. décoller.) 3. Être emporté par le vent. *Il y a eu un courant d'air et tous les papiers* ***se sont envolés****.*

envoûtant, ante (adjectif)
Qui envoûte. *Un prestidigitateur* ***envoûtant****.*
ORTHO On écrit aussi **envoutant**.

envoûtement (nom masculin)
Action d'envoûter. *Le malade se croyait victime d'un* ***envoûtement****.*
ORTHO On écrit aussi **envoutement**.

envoûter (verbe) ▸ conjug. n° 3
1. Influencer quelqu'un ou lui faire du mal en pratiquant sur lui la magie. *Cette femme prétend* ***avoir été envoûtée****.* 2. Au sens figuré, fasciner et charmer quelqu'un. *Cet orateur* ***a envoûté*** *son public.* (Syn. subjuguer.) Famille du mot : envoût**ant**, envoût**ement**.
ORTHO On écrit aussi **envouter**.

envoyé, ée (nom)
Personne envoyée pour remplir une mission. • **Envoyé spécial :** journaliste envoyé en mission spéciale.

envoyer (verbe) ▸ conjug. n° 6
1. Faire aller quelqu'un quelque part. *Maman* ***a envoyé*** *Romain acheter le pain.* 2. Faire parvenir. *Gaëlle* ***a envoyé*** *une lettre et des fleurs à sa grand-mère pour son anniversaire. Je viens de lui* ***envoyer*** *un message sur son téléphone portable.* (Syn. adresser. Contr. recevoir.) 3. Lancer quelque chose. *Qui* ***a envoyé*** *une pierre dans le carreau ?* Famille du mot : envoi, envoy**é**, envoy**eur**.

envoyeur, euse (nom)
Synonyme d'expéditeur. *L'adresse n'était pas bonne, la lettre est revenue à l'****envoyeur****.*

enzyme (nom féminin)
Substance qui active une réaction chimique dans l'organisme. *Les* ***enzymes*** *digestives.*

Éole
Dieu des Vents dans la mythologie grecque.

éolienne (nom féminin)
Machine qui utilise la force du vent pour pomper l'eau ou produire de l'électricité. **Éolienne** vient du nom d'*Éole*, dieu des Vents dans la mythologie grecque.

des **éoliennes**

éosine (nom féminin)
Matière colorante rouge utilisée en pharmacie. *On met de l'****éosine*** *sur une plaie pour qu'elle cicatrise plus vite.*

épagneul (nom masculin)
Chien de chasse au poil long et aux oreilles pendantes. **Épagneul** vient d'*espagnol*, ce chien étant originaire d'Espagne. ➡ p. 462.

épais, aisse (adjectif)
1. Qui a une certaine épaisseur. *Cette planche est* ***épaisse*** *de cinq centimètres.*

a b c d e f g h i j k l m n o p q r s t u v w x y z

2. Qui a une grande épaisseur. *Une **épaisse** couche de neige a recouvert la région.* (Syn. gros. Contr. fin, mince.) **3.** Qui est très consistant. *Cette pâte à crêpes est trop **épaisse**, il faut y ajouter du lait.* (Contr. fluide, liquide.) **4.** Qui est dense ou abondant. *Le brouillard était si **épais** qu'on ne voyait pas à deux mètres.* Famille du mot : épaisseur, épaissir.

épaisseur (nom féminin)
1. Dimension d'un corps qui n'est ni la longueur ni la largeur. *Il faut des planches d'une grande **épaisseur** pour supporter tous ces livres.* **2.** Qualité de ce qui est épais. *L'**épaisseur** des nuages cache le soleil.*

épaissir (verbe) ▸ conjug. n° 11
1. Rendre plus épais. *Il faut **épaissir** cette sauce en ajoutant de la farine.* **2.** Devenir plus épais, plus dense. *Si la brume **épaissit**, nous resterons au port.* **3.** Devenir plus gros. *Il **a épaissi** depuis qu'il ne fait plus de sport.* (Syn. s'empâter, grossir. Contr. maigrir.)

épanchement (nom masculin)
Fait de s'épancher. (Syn. confidence, effusion.)

s'épancher (verbe) ▸ conjug. n° 3
Parler à quelqu'un en lui confiant ses sentiments. *Hélène a eu besoin de sa mère pour **s'épancher**.* (Syn. se confier.)

épandage (nom masculin)
Action de répandre des engrais, du fumier. *L'**épandage** peut être une source de pollution du sol.*

s'épanouir (verbe) ▸ conjug. n° 11
1. S'ouvrir en déployant ses pétales. *Dès qu'elles ont été dans l'eau, les fleurs **se sont épanouies**.* **2.** Devenir joyeux, souriant. *En entendant la bonne nouvelle, son visage **s'est épanoui**.* **3.** Se développer complètement. *Cet enfant **s'est épanoui** depuis qu'il vit à la campagne.*

épanouissement (nom masculin)
Fait de s'épanouir.

épargnant, ante (nom)
Personne qui a épargné de l'argent.

un **épagneul**

épargne (nom féminin)
Argent économisé. *Victor veut utiliser son **épargne** pour s'acheter un ordinateur.*

épargner (verbe) ▸ conjug. n° 3
1. Synonyme d'économiser. *Laura **épargne** un peu d'argent de poche en le mettant dans une tirelire.* (Contr. dépenser, gaspiller.) **2.** Permettre à quelqu'un d'éviter une chose désagréable. *Pour vous **épargner** le déplacement, on peut vous livrer à domicile.* **3.** Ne pas abîmer quelque chose. *Heureusement, le gel **a épargné** les vignobles.* **4.** Laisser quelqu'un en vie. *Les passagers **ont été épargnés** dans l'accident.* Famille du mot : épargnant, épargne.

éparpillement (nom masculin)
Action d'éparpiller. *Un courant d'air a causé l'**éparpillement** de ses timbres dans toute la pièce.*

éparpiller (verbe) ▸ conjug. n° 3
1. Disperser çà et là. *Les enfants **ont éparpillé** leurs jouets partout dans la maison. Restez groupés, ne **vous éparpillez** pas dans la forêt.* (Syn. disséminer. Contr. rassembler, réunir.) **2.** S'éparpiller : se laisser distraire par trop de choses différentes. (Contr. se concentrer.)

épars, arse (adjectif)
Qui est dispersé, en désordre. *Des papiers **épars** jonchaient le sol.*

épatant, ante (adjectif)
Qui est très agréable. *On a passé une soirée **épatante** chez nos amis.*

épaté, ée (adjectif)
Se dit d'un nez aplati, large et court.

épater (verbe) ▸ conjug. n° 3
Dans la langue familière, chercher à étonner quelqu'un. *Il nous **a épatés** quand il s'est mis à parler chinois !*

épaulard (nom masculin)
Synonyme d'orque.

épaule (nom féminin)
1. Articulation du haut du bras. *Porter un enfant sur ses **épaules**.* ➡ p. 300. 2. Haut de la patte avant des animaux. • **Avoir la tête sur les épaules :** avoir du bon sens. Famille du mot : épauler, épaulette.

épauler (verbe) ▸ conjug. n° 3
1. Appuyer la crosse d'une arme contre son épaule. *Le chasseur **épaule** son fusil.* 2. Aider quelqu'un. *Le voisin est venu nous **épauler** pour déplacer le buffet.*

épaulette (nom féminin)
1. Bande de tissu boutonnée sur l'épaule. *Certains uniformes militaires ont des **épaulettes**.* 2. Rembourrage aux épaules d'un vêtement. *Maman a décousu les **épaulettes** qui élargissaient sa veste.*

épave (nom féminin)
1. Restes d'un bateau naufragé ou abandonné. *Des plongeurs ont repéré une **épave** au fond de l'eau.* 2. Voiture hors d'usage. 3. Au sens figuré, personne misérable. *Cet homme est devenu une **épave** depuis qu'il se drogue.*

épeautre (nom masculin)
Blé à petit grain. *L'agriculture biologique fournit de la farine d'**épeautre**.*

épée (nom féminin)
Arme constituée d'une longue lame et d'une poignée. *Le mousquetaire dégaine son **épée**.*

épeler (verbe) ▸ conjug. n° 9
Dire chaque lettre d'un mot, l'une après l'autre. *Julie **épelle** son prénom : J.U.L.I.E.* **Épeler** se conjugue aussi comme peler (n° 8)

épépiner (verbe) ▸ conjug. n° 3
Ôter les pépins d'un fruit. *Pelez les tomates et **épépinez**-les.*

éperdu, ue (adjectif)
Qui éprouve un sentiment très vif. *Les enfants étaient **éperdus** de joie.*

éperdument (adverbe)
D'une manière éperdue. *Elle est **éperdument** amoureuse de lui.*

éperon (nom masculin)
Pièce de métal fixée au talon des cavaliers. *Les **éperons** servent à exciter le cheval.* ➡ p. 464.

éperonner (verbe) ▸ conjug. n° 3
1. Piquer un cheval avec ses éperons pour le faire avancer plus vite. 2. Heurter un bateau avec la proue. *Le cargo **a éperonné** un pétrolier.*

un **épaulard**

épervier (nom masculin)
Oiseau de proie voisin du faucon, mais plus petit.

un **épervier**

éphèbe (nom masculin)
Dans l'Antiquité, jeune homme grec de 16 à 20 ans. *Au musée, nous avons admiré une statuette d'**éphèbe**.*

éphémère (adjectif)
Qui dure très peu de temps. *Leur joie a été très **éphémère**.* (Syn. passager. Contr. durable.) **Éphémère** vient du grec *ephêmeros* qui signifie « qui dure un seul jour ».

éphéméride (nom féminin)
Calendrier dont on enlève une feuille chaque jour.

épi (nom masculin)
1. Ensemble de grains serrés qui se trouve au bout de la tige des céréales. ➡ p. 146. *Des **épis** de blé, d'avoine, d'orge, de maïs.* **2.** Mèche de cheveux impossible à coiffer.

épice (nom féminin)
Produit végétal servant à relever le goût des aliments. *Le poivre, le piment, le safran sont des **épices**.* Famille du mot : épicé, épic**erie**, épic**ier**.

épicé, ée (adjectif)
Qui est relevé par des épices. *Ce plat très **épicé** m'a donné soif.* (Contr. fade.)

épicéa (nom masculin)
Grand conifère qui ressemble au sapin et pousse en montagne. ➡ p. 279.

épicentre (nom masculin)
Point de la surface terrestre où un séisme est le plus fort.

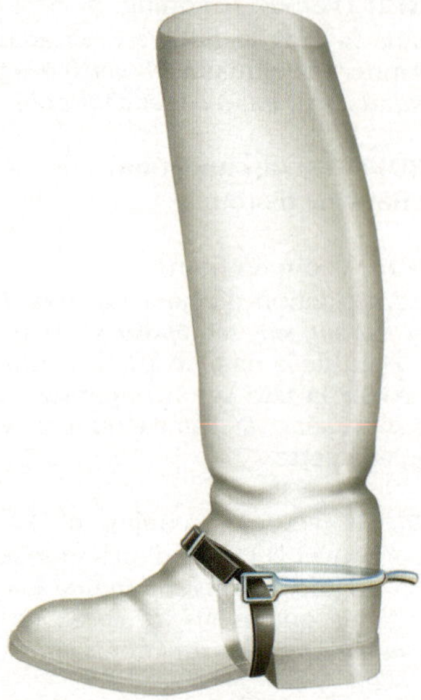

un **éperon**

épicerie (nom féminin)
Magasin d'alimentation. *Myriam est partie à l'**épicerie** acheter de la farine et de l'huile.*

épicier, ère (nom)
Commerçant qui tient une épicerie.

épidémie (nom féminin)
Développement rapide d'une maladie contagieuse dans une population. *Une **épidémie** de choléra a fait de nombreux morts dans cette région.*

épidémique (adjectif)
Qui a le caractère d'une épidémie. *La grippe est une maladie **épidémique**.* (Syn. contagieux.)

épiderme (nom masculin)
Couche superficielle de la peau, en contact avec l'extérieur.

épier (verbe) ▶ conjug. n° 10
Surveiller attentivement et en se cachant. *Caché sous le buisson, le chat **épie** les oiseaux.* (Syn. guetter.) **Épier** a la même origine que le mot *espion*.

épieu, ieux (nom masculin)
Gros bâton à pointe de métal. *Autrefois, les **épieux** servaient pour la chasse.*

épilation (nom féminin)
Action d'épiler ou de s'épiler. *Maman essaie une nouvelle méthode d'**épilation**.*

épilepsie (nom féminin)
Maladie qui provoque de fortes convulsions.

épileptique (adjectif et nom)
Qui est atteint d'épilepsie.

épiler (verbe) ▸ conjug. n° 3
Arracher les poils d'une partie du corps. *Maman **s'épile** les jambes.*

épilogue (nom masculin)
Conclusion d'un récit ou d'un évènement. *Cette histoire a connu un bien triste **épilogue**.* (Syn. dénouement, fin. Contr. prologue.)

épiloguer (verbe) ▸ conjug. n° 3
Commenter longuement quelque chose. *Ça ne servira à rien d'**épiloguer** là-dessus.*

épinard (nom masculin)
Plante potagère verte dont on mange les feuilles. *Comme légumes, Noémie a mangé des **épinards** à la crème.*

épine (nom féminin)
Piquant sur la tige de certaines plantes. *Les rosiers, les cactus, les acacias ont des **épines**.* • **Enlever à quelqu'un une épine du pied :** le tirer d'une difficulté. • **Épine dorsale :** synonyme de colonne vertébrale.

épineux, euse (adjectif)
1. Qui est garni d'épines. *La ronce est une plante **épineuse**.* 2. Au sens figuré, qui présente des difficultés. *C'est un problème **épineux**.* (Syn. délicat, embarrassant.)

épingle (nom féminin)
Petite tige métallique pointue à une extrémité. *Avant de coudre l'ourlet, la couturière met des **épingles**.* • **Épingle à cheveux :** tige de fer recourbée qui sert à tenir les cheveux. • **Épingle de nourrice** ou **épingle de sûreté :** épingle recourbée et à fermoir. • **Être tiré à quatre épingles :** être habillé de façon impeccable. • **Monter quelque chose en épingle :** lui donner trop d'importance. • **Tirer son épingle du jeu :** se sortir habilement d'une affaire embarrassante. • **Virage en épingle à cheveux :** en forme de U.

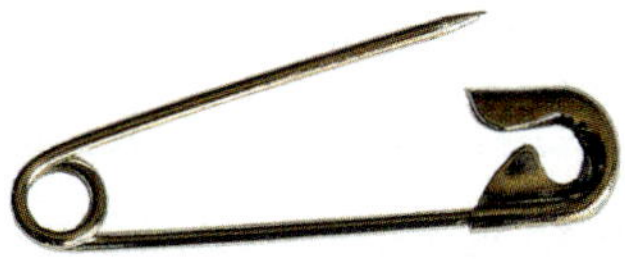

une **épingle** de nourrice

épingler (verbe) ▸ conjug. n° 3
1. Attacher par une épingle. 2. Synonyme familier d'attraper. *Le tricheur s'est fait **épingler**.*

épinière ➡ Voir moelle.

épique (adjectif)
Qui rappelle une épopée. *Il a toujours des aventures **épiques** à nous raconter quand il rentre de voyage.*

épisode (nom masculin)
1. Partie d'une histoire. *Ce feuilleton comporte dix **épisodes**.* 2. Moment particulier d'une longue histoire. *Yann nous a raconté quelques **épisodes** de son voyage en bateau.*

épisodique (adjectif)
Qui a lieu de temps en temps. *Nous nous voyons de manière très **épisodique**, une ou deux fois par an.*

épisodiquement (adverbe)
De façon épisodique. *Il passe nous voir **épisodiquement**.*

épistolaire (adjectif)
Qui concerne un échange de lettres. *Ce roman raconte la relation **épistolaire** de deux amis séparés par la guerre.*

épitaphe (nom féminin)
Inscription sur un tombeau.

épithète (adjectif)
Se dit d'un adjectif placé à côté du nom auquel il se rapporte. *« Vert » est **épithète** de « plante » dans « une plante verte ».*
■ épithète (nom féminin) Mot qui qualifie quelqu'un. *Intelligent et brillant sont des **épithètes** qui lui vont vraiment bien.*

a b c d e f g h i j k l m n o p q r s t u v w x y z

éploré, ée (adjectif)
Qui est en pleurs. *La fillette **éplorée** cherchait ses parents dans le square.*

épluchage (nom masculin)
Action d'éplucher. *Les enfants veulent participer à l'**épluchage** des pommes.*

épluche-légume (nom masculin)
Petit couteau dont la lame comporte deux fentes tranchantes, pour l'épluchage des légumes. *On peut peler les pommes avec un **épluche-légume**.* Pluriel : des épluche-légume**s**.

éplucher (verbe) ▸ conjug. n° 3
Enlever la peau et les parties qui ne se mangent pas d'un fruit ou d'un légume. *Tu veux bien m'**éplucher** une orange ?* Famille du mot : épluch**age**, épluch**ure**.

épluchure (nom féminin)
Partie qu'on enlève en épluchant. *Un bon jardinier garde toujours les **épluchures** pour faire du compost.*

éponge (nom féminin)
1. Animal marin qui vit fixé au fond de l'eau. **2.** Objet fait d'une matière souple, et qui retient l'eau. *Sarah prend une **éponge** pour essuyer la table.* • **Passer l'éponge** : pardonner.

éponger (verbe) ▸ conjug. n° 5
Essuyer avec une éponge ou un chiffon. *La baignoire a débordé, prends la serpillière pour **éponger** par terre.*

épopée (nom féminin)
Long poème qui raconte des aventures héroïques. L'Odyssée *est une **épopée** qui raconte le retour d'Ulysse dans son pays.*

époque (nom féminin)
Période particulière de l'histoire. *À l'**époque** de nos arrière-grands-parents, les maisons n'avaient ni l'eau ni l'électricité.*

épouiller (verbe) ▸ conjug. n° 3
Retirer les poux. *C'est amusant de regarder les singes **s'épouiller**.* **Épouiller** vient de *pouil*, ancien mot pour « pou ».

s'époumoner (verbe) ▸ conjug. n° 3
Crier de toutes ses forces jusqu'à s'essouffler. *Ce n'est pas la peine de **t'époumoner**, il n'entend rien !*

épouse ➡ Voir **époux**.

épouser (verbe) ▸ conjug. n° 3
Se marier avec quelqu'un. *En quelle année ton père **a**-t-il **épousé** ta mère ?*

épousseter (verbe) ▸ conjug. n° 9
Enlever la poussière. *Quel travail ce doit être d'**épousseter** tous les meubles de ce château !* **Épousseter** se conjugue aussi comme peler (n° 8).

époustouflant, ante (adjectif)
Qui époustoufle. *Ce nouveau record de vitesse est **époustouflant**.* (Syn. extraordinaire, prodigieux.)

époustoufler (verbe) ▸ conjug. n° 3
Causer une très grande surprise. *Ce numéro de trapèze volant nous **a époustouflés**.*

épouvantable (adjectif)
1. Qui fait très peur. *Certaines scènes de ce film d'horreur sont **épouvantables**.* (Syn. effrayant, horrible, terrifiant.) **2.** Qui est très pénible, très désagréable. *Il a fait un temps **épouvantable** toute la semaine.* (Syn. abominable, exécrable.)

épouvantail (nom masculin)
Mannequin que l'on place dans les champs pour épouvanter les oiseaux. *Nous avons mis des **épouvantails** dans le verger.*

épouvante (nom féminin)
Peur très grande. *Ils ont poussé un cri d'**épouvante** en découvrant le cadavre.* • **Film d'épouvante** : film qui fait très peur.

épouvanter (verbe) ▸ conjug. n° 3
Remplir d'épouvante. *Ce reportage sur les massacres nous **a épouvantés**.* (Syn. effrayer, terroriser.) Famille du mot : épouvant**able**, épouvant**ail**, épouvante.

époux, épouse (nom)
Personne mariée. *Michel est l'**époux** de Marthe.* (Syn. mari.) *Marthe est l'**épouse** de Michel.* (Syn. femme.)

s'éprendre (verbe) ▸ conjug. n° 32
Tomber amoureux de quelqu'un. *Ursula **s'est éprise** de son voisin.*

épreuve (nom féminin)
1. Partie d'un examen ou d'une compétition. *Passer les **épreuves** du bac.* **2.** Souffrance ou grave difficulté subie par quelqu'un. *Sa longue maladie a été une **épreuve** pour toute sa famille.* • **À toute épreuve :** très solide. • **Mettre à l'épreuve :** essayer de mesurer la valeur d'une personne ou d'une chose.

éprouvant, ante (adjectif)
Qui est difficile à supporter. *Cette chaleur est **éprouvante** pour les coureurs.* (Syn. pénible.)

éprouver (verbe) ▸ conjug. n° 3
1. Ressentir un sentiment ou une sensation. ***Éprouver** de la peine, de la joie. Zoé **éprouve** une vive douleur dans le cou, elle a un torticolis.* **2.** Faire de la peine ou faire souffrir. *Clément **est** très **éprouvé** par la mort de son chien.* Famille du mot : épreuve, éprouv**ant**, éprouv**ette**.

éprouvette (nom féminin)
Tube de verre qui sert à faire des expériences de chimie. • **Bébé éprouvette :** enfant conçu en dehors du ventre de la mère.

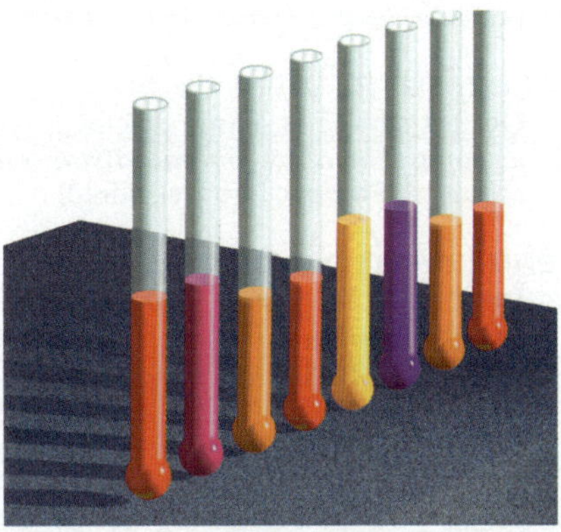

une série d'**éprouvettes**

épuisant, ante (adjectif)
Qui fatigue beaucoup. *Une marche **épuisante** à travers le désert.* (Syn. exténuant.)

épuisement (nom masculin)
1. Fait de se sentir épuisé. *Quel **épuisement** après cette course effrénée !* **2.** Fait d'utiliser jusqu'au bout. *Les soldes dureront jusqu'à l'**épuisement** du stock.*

épuiser (verbe) ▸ conjug. n° 3
1. Fatiguer énormément. *À l'arrivée du marathon, certains coureurs **étaient épuisés**.* **2.** Utiliser quelque chose jusqu'à ce qu'il n'en reste plus. *Nos provisions **sont épuisées**, il va falloir aller faire des courses.* **3.** Vendre tous les exemplaires d'un livre. *Ce roman est introuvable, il **est épuisé**.* Famille du mot : épuis**ant**, épuis**ement**, **in**épuis**able**.

épuisette (nom féminin)
Petit filet de pêche fixé à un manche. *David part pêcher les crevettes avec son **épuisette**.*

un pêcheur à l'**épuisette**

épuration (nom féminin)
1. Action d'épurer. *La commune a construit une station d'**épuration** des eaux.* **2.** Élimination des personnes jugées indésirables au sein d'un groupe. *Sous une dictature, il y a souvent des **épurations**.*

épurer (verbe) ▸ conjug. n° 3
Rendre pur. *Il faut **épurer** l'eau pour qu'elle soit potable.* (Syn. purifier.)

équateur (nom masculin)
Grand cercle imaginaire qui fait le tour de la Terre à égale distance des deux pôles. Prononciation [ekwatœʀ].

Équateur

13,6 millions d'habitants
Capitale : Quito
Monnaie :
le dollar américain
Langue officielle :
espagnol
Superficie : 270 670 km²

État d'Amérique du Sud, bordé à l'ouest par l'océan Pacifique, traversé par l'équateur et limité au nord par la Colombie, à l'est et au sud par le Pérou. L'archipel des Galápagos fait partie de la république de l'Équateur. La population est composée de métis (55,2 %), de Noirs (10,1 %), d'Amérindiens (24,6 %) et de descendants d'Espagnols (10,1 %).

GÉOGRAPHIE
À l'ouest, la région de la côte Pacifique est chaude et humide au nord et semi-aride au sud. Elle regroupe plus de la moitié des habitants. Au centre, les Andes (6 310 mètres au Chimborazo) comportent un haut plateau tempéré. À l'est s'étend une immense plaine occupée par la forêt amazonienne.
Le pays exporte la banane, le cacao et le café et consomme le riz, le maïs et la pomme de terre qu'il cultive. La pêche, sur la côte, est très intense, mais souffre du passage d'El Niño, un phénomène climatique qui fait monter la température de l'océan Pacifique. Le pétrole apporte des richesses, mais le pays reste pauvre et endetté.

HISTOIRE
L'Équateur faisait partie de l'Empire inca. Il fut conquis en 1534 et resta sous le contrôle de l'Espagne jusqu'en 1822, où il fut libéré par le général Sucre. Le pays constitua alors, avec la Colombie et le Venezuela, la fédération de Grande-Colombie. Il quitta cette fédération et devint indépendant en 1830. Après une guerre contre le Pérou en 1941-1942, l'Équateur dut céder les deux tiers de son territoire à ce pays.

équatorial, ale, aux (adjectif)
Qui concerne les régions proches de l'équateur. *Le climat **équatorial** se caractérise par la chaleur et l'humidité.* ● Prononciation [ekwatɔʀjal].

équerre (nom féminin)
Instrument qui sert à tracer des angles droits, des perpendiculaires.

équestre (adjectif)
Qui concerne l'équitation. *Un centre **équestre**.* • **Statue équestre :** statue qui représente une personne à cheval.

une statuette **équestre** en terre cuite
(vers 510 avant Jésus-Christ)

équidé (nom masculin)
Mammifère herbivore à un seul doigt par patte. *Le cheval et le zèbre sont des **équidés**.*

équidistant, ante (adjectif)
Qui est situé à la même distance. *Tous les points d'un cercle sont **équidistants** du centre.* ● Prononciation [ekɥidistɑ̃].

équilatéral, ale, aux (adjectif)
Dont tous les côtés sont égaux. *Un triangle **équilatéral**.* ➡ p. 576. ● Prononciation [ekɥilateʀal].

équilibre (nom masculin)
1. Position stable, qui permet de ne pas tomber. *Anna monte à cheval pour la première fois et a bien du mal à garder son **équilibre**.* **2.** Position d'une balance quand les deux plateaux sont à la même hauteur. **3.** Qualité d'une personne équilibrée. *Il faut avoir un bon **équilibre** pour supporter cette situation.* Famille du mot : équilibr**é**, équilibr**er**, équilibr**iste**, **dés**équilibre, **dés**équilibré, **dés**équilibrer.

équilibré, ée (adjectif)
1. Qui est calme et raisonnable. *Ibrahim est un enfant très **équilibré**.* (Contr. déséqui-

libré, instable.) 2. Qui se fait sans excès. *Une alimentation **équilibrée**.*

équilibrer (verbe) ▸ conjug. n° 3
1. Mettre en équilibre. ***Équilibrer** les deux plateaux d'une balance.* 2. S'équilibrer : être équivalent. *J'hésite car les avantages et les inconvénients **s'équilibrent**.*

équilibriste (nom)
Artiste de cirque qui fait des exercices d'équilibre.

équinoxe (nom masculin)
Chacun des deux moments de l'année où la durée du jour et celle de la nuit sont égales. *Les **équinoxes** ont lieu le premier jour du printemps et le premier jour de l'automne.* **Équinoxe** est formé de deux mots latins qui signifient « nuit égale ».

équipage (nom masculin)
Ensemble du personnel d'un bateau ou d'un avion. *Le commandant et l'**équipage** vous souhaitent la bienvenue à bord.*

équipe (nom féminin)
1. Groupe de personnes qui travaillent ensemble. *À l'hôpital, l'**équipe** de jour arrive à six heures du matin.* 2. Groupe de sportifs qui jouent ensemble. *Kevin fait partie d'une **équipe** de rugby.* Famille du mot : équip**age**, équip**ier**.

équipée (nom féminin)
Entreprise aventureuse. *Leur **équipée** en montagne s'est heureusement bien terminée.*

équipement (nom masculin)
Ensemble du matériel nécessaire à une activité. *Les alpinistes préparent leur **équipement** : cordes, piolets, pitons et sacs à dos.*

équiper (verbe) ▸ conjug. n° 3
Munir de ce qui est nécessaire. *Cette voiture **est équipée** d'un toit ouvrant et d'un GPS.*

équipier, ère (nom)
Membre d'une équipe sportive.

équitable (adjectif)
Qui est conforme à la justice et à l'équité. *Ce partage est **équitable** puisque tout le monde a eu la même chose.*

équitablement (adverbe)
De façon équitable. *Maman a partagé **équitablement** les abricots : chacun en a eu deux.*

équitation (nom féminin)
Sport qui consiste à monter à cheval. *Tous les week-ends, Véronique fait de l'**équitation** dans un club.*

équité (nom féminin)
Vertu qui consiste à être juste envers chacun. *Il a jugé l'affaire avec **équité**.* (Syn. impartialité.) Famille du mot : équit**able**, équit**ablement**.

équivalence (nom féminin)
Caractère équivalent. *Il y a une **équivalence** de prix entre ces deux voitures.*

équivalent, ente (adjectif)
Qui est de même valeur ou de même importance. *Leurs salaires sont à peu près **équivalents**.* ■ **équivalent** (nom masculin) Chose équivalente. *10 000 m² sont l'**équivalent** d'un hectare.*

équivaloir (verbe) ▸ conjug. n° 25
Avoir la même valeur ou le même effet. *Une livre **équivaut** à 500 grammes. Rouler aussi vite **équivaut** à un suicide.* Famille du mot : équival**ence**, équival**ent**.

équivoque (adjectif)
Qui peut être compris de diverses façons. *Son attitude est **équivoque** : que va-t-il faire ?* (Syn. ambigu. Contr. clair, net.) ■ **équivoque** (nom féminin) Chose équivoque. *Elle a parlé sans aucune **équivoque** : elle refuse.* (Syn. ambiguïté.)

érable (nom masculin)
Grand arbre de la forêt. *La feuille d'**érable** figure sur le drapeau canadien.*

les feuilles et le fruit de l'**érable**

éradiquer (verbe) ▸ conjug. n° 3
Supprimer totalement. *L'épidémie est enfin **éradiquée**.*

érafler (verbe) ▸ conjug. n° 3
1. Écorcher légèrement. *Il a les bras tout **éraflés** par les ronces.* (Syn. égratigner.)
2. Rayer une surface. *Qui **a éraflé** la portière de la voiture ?*

éraflure (nom féminin)
Légère écorchure ou légère rayure. *Il sort de cet accident avec quelques **éraflures**.*

éraillé, ée (adjectif)
Qui est enroué, rauque. *Il a tellement hurlé qu'il a la voix **éraillée**.*

ère (nom féminin)
Longue période qui commence par un évènement à partir duquel on compte les années. *1792 marque le début de l'**ère** républicaine.*

érection (nom féminin)
Action d'élever, de construire. *La mairie a voté l'**érection** d'une sculpture dans le jardin public.*

éreinter (verbe) ▸ conjug. n° 3
Fatiguer beaucoup. *Toutes ces courses dans les grands magasins m'**ont éreintée**.* (Syn. épuiser, exténuer.)

erg (nom masculin)
Région couverte de dunes dans un désert. *Les **ergs** du Sahara.* **Erg** est un mot arabe.

ergot (nom masculin)
Sorte de griffe qui se trouve derrière la patte du coq et de certains animaux.

ergoter (verbe) ▸ conjug. n° 3
Discuter sur des détails. *Tu ne vas pas **ergoter** pour si peu !* (Syn. chicaner.)

ériger (verbe) ▸ conjug. n° 5
Élever un monument. ***Ériger** une statue à la mémoire de quelqu'un.*

ermite (nom masculin)
Moine qui vit retiré dans un lieu désert.
Ermite vient du grec *erêmos* qui signifie « désert », car les premiers ermites partaient vivre dans le désert d'Égypte.

Éros
Dieu de l'Amour, dans la mythologie grecque. Éros apparaît sous la forme d'un enfant, ailé ou non, tenant une torche ou un arc. Il porte le nom de Cupidon dans la mythologie romaine.

érosion (nom féminin)
Usure du relief due au vent, à l'eau, au gel, etc.

érotique (adjectif)
Qui évoque l'amour et le plaisir sexuel. *Ce film **érotique** est interdit aux enfants.*

errant, ante (adjectif)
Qui erre. *Il y a beaucoup de chats **errants** dans ce terrain vague.*

errer (verbe) ▸ conjug. n° 3
Marcher longuement et au hasard. *Nous **avons** longtemps **erré** dans les rues avant de trouver notre hôtel.*

erreur (nom féminin)
1. Fait de se tromper. *Il y a une **erreur** dans tes calculs.* (Syn. faute, inexactitude.)
2. Action maladroite et regrettable. *Tu as fait une **erreur** en lui parlant ainsi, tu l'as vexé.*

erroné, ée (adjectif)
Qui contient des erreurs. *L'adresse étant **erronée**, la lettre est revenue à l'expéditeur.* (Syn. faux. Contr. juste.)

ersatz (nom masculin)
Produit utilisé en remplacement d'un autre produit. *L'orge grillé peut être utilisé comme **ersatz** de café.* (Syn. succédané.)
Prononciation [ɛRzats]. **Ersatz** est un mot allemand qui signifie « remplacement ».

érudit, ite (adjectif et nom)
Qui a de l'érudition. *Cet historien est un **érudit**, spécialiste du Moyen Âge. Un auteur **érudit**.*

érudition (nom féminin)
Grand savoir dans un domaine précis. *Il écrit des ouvrages d'une grande **érudition**.*

éruption (nom féminin)
1. Jaillissement de lave, de blocs, de gaz et de cendres hors du cratère d'un volcan. *Ce volcan qui semblait éteint vient*

*d'entrer en **éruption**.* **2.** Apparition de boutons sur la peau. *Cette **éruption** de boutons peut être le signe d'une varicelle.*

une **éruption** volcanique

Érythrée

5,1 millions d'habitants
Capitale : Asmara
Monnaie : le nakfa
Langues officielles : tirgrinya, arabe
Superficie : 121 400 km²

État d'Afrique du Nord-Est, limité à l'ouest et au nord par le Soudan, au sud par l'Éthiopie et Djibouti, à l'est par la mer Rouge.

GÉOGRAPHIE
L'agriculture repose sur quelques cultures tropicales (tabac, coton) et sur l'élevage. Asmara est un grand centre industriel. Le pays reçoit une aide économique internationale importante.

HISTOIRE
Dans les temps anciens, le territoire a appartenu à l'Éthiopie. En 1889, l'Érythrée devint une colonie italienne. En 1941, elle fut placée sous contrôle britannique et, en 1962, entièrement intégrée à l'Éthiopie. L'Érythrée devint indépendante en 1993. La guerre frontalière avec l'Éthiopie (1998-2000) a été catastrophique pour l'économie du pays.

esbroufe (nom féminin)
• **Faire de l'esbroufe :** prendre de grands airs pour impressionner les autres.

escabeau, eaux (nom masculin)
Petite échelle pliante. *Monte sur cet **escabeau** pour ranger les valises en haut du placard.*

un **escabeau**

escadre (nom féminin)
Groupe de navires de guerre. Famille du mot : escad**rille**, escad**ron**.

escadrille (nom féminin)
Groupe d'avions de combat.

escadron (nom masculin)
Groupe de soldats d'un régiment de cavalerie, de blindés ou de gendarmerie, commandé par un capitaine.

escalade (nom féminin)
1. Action d'escalader. *Les alpinistes ont entrepris l'**escalade** de la paroi.* (Syn. ascension, montée.) **2.** Au sens figuré, augmentation de plus en plus rapide de quelque chose. *L'**escalade** des prix, de la violence.* (Syn. montée.)

escalader (verbe) ▸ conjug. n° 3
Franchir un obstacle en passant par-dessus, en grimpant. ***Escalader** une montagne, une clôture, un mur.* (Syn. gravir, grimper.)

escalator (nom masculin)
Escalier mécanique. *L'**escalator** est en panne, montons par l'escalier !* **Escalator** est le nom d'une marque.

escale (nom féminin)
Arrêt au cours d'un voyage pour se ravitailler, embarquer ou débarquer des passagers. *Nous avons fait le vol de Paris à Pékin sans* ***escale****.*

escalier (nom masculin)
Suite de marches pour monter ou descendre. • **Escalier mécanique** ou **roulant :** escalier dont les marches sont entraînées par un mécanisme. (Syn. escalator.)

escalope (nom féminin)
Mince tranche de viande blanche ou de poisson. *Une* ***escalope*** *de veau, de saumon.*

escamotable (adjectif)
Qui se replie de manière à ne plus être visible. *Les rallonges de cette table sont* ***escamotables****.*

escamoter (verbe) ▸ conjug. n° 3
1. Faire disparaître quelque chose habilement. *Le prestidigitateur* ***a escamoté*** *le lapin dans un chapeau. Il lui* ***a escamoté*** *son portefeuille.* **2.** Faire comme si une chose ennuyeuse ou gênante n'existait pas. ***Escamoter*** *une difficulté, un problème.* (Syn. esquiver.)

escampette (nom féminin)
• **Prendre la poudre d'escampette :** synonyme familier de s'enfuir.

escapade (nom féminin)
Sortie inhabituelle que l'on fait pour se distraire. *Pour une fois, oublie tes soucis et allons faire une petite* ***escapade*** *à la mer.*

escargot (nom masculin)
Petit mollusque muni d'une coquille en spirale.

des **escargots**

escarmouche (nom féminin)
Combat court entre des petits groupes de soldats. *Le conflit entre ces deux pays a commencé par quelques simples* ***escarmouches*** *à la frontière.*

escarpé, ée (adjectif)
Qui est en pente raide. *Un sentier* ***escarpé*** *mène au sommet de la colline.* (Syn. abrupt.)

escarpement (nom masculin)
Pente raide. *La vallée passe entre des* ***escarpements*** *rocheux.*

escarpin (nom masculin)
Chaussure découverte, à talon. *Fatima est très élégante avec ses* ***escarpins*** *noirs.*

escient (nom masculin)
• **À bon escient :** avec raison. *Dans cette discussion, il est intervenu* ***à bon escient****.* (Contr. à tort.)

s'esclaffer (verbe) ▸ conjug. n° 3
Éclater de rire bruyamment. *À la moindre grimace du comédien, le public* ***s'esclaffait****.*

esclandre (nom masculin)
Fait de manifester bruyamment son mécontentement. *Un client a fait un* ***esclandre*** *dans le restaurant parce que le service était trop lent.*

esclavage (nom masculin)
État d'une personne esclave. *En France, l'abolition de l'****esclavage*** *date de 1848.*

esclave (nom)
1. Personne privée de liberté et qui appartient à un maître. *Dans l'Antiquité, les* ***esclaves*** *étaient achetés et vendus comme du bétail.* **2.** Personne qui est sous la domination de quelqu'un ou de quelque chose. *Elle est l'****esclave*** *de son mari.* **Esclave** vient de *slave*, car, dans l'Antiquité, de nombreux Slaves avaient été réduits en esclavage.

escogriffe (nom masculin)
• **Grand escogriffe :** dans la langue familière, homme grand et maigre.

escompte (nom masculin)
Réduction de prix accordée à certaines conditions. *Ce magasin accorde 5 % d'****escompte*** *sur l'achat d'un téléviseur aux clients qui paient comptant.*

escompter (verbe) ▸ conjug. n° 3
Compter à l'avance sur un évènement favorable. *Ce commerçant **escompte** une bonne recette grâce à ses nouveaux produits.*

escorte (nom féminin)
Groupe de personnes qui entourent et accompagnent quelqu'un. *Le Président se déplaçait entouré d'une **escorte** de motards de la police.*

escorter (verbe) ▸ conjug. n° 3
Accompagner en escorte. *Les mousquetaires **escortaient** le carrosse royal.*

escouade (nom féminin)
Petit groupe de quelques personnes. *Une **escouade** de gendarmes.*

escrime (nom féminin)
Sport qui se pratique avec l'épée, le fleuret ou le sabre.

l'**escrime**

s'escrimer (verbe) ▸ conjug. n° 3
Faire beaucoup d'efforts. *Je **m'escrime** à t'expliquer ces exercices mais tu ne m'écoutes pas.* (Syn. s'évertuer.)

escroc (nom masculin)
Personne coupable d'escroquerie. Prononciation [ɛskʀo]. Famille du mot : escroquer, escroquerie.

escroquer (verbe) ▸ conjug. n° 3
Obtenir de l'argent ou une faveur de quelqu'un en le trompant. *Ce bijoutier **a escroqué** ses clients en leur vendant de faux diamants.*

escroquerie (nom féminin)
Délit qui consiste à escroquer quelqu'un. *Ce vendeur de faux tableaux a été arrêté pour **escroquerie**.*

Eskimos
➡ Voir Inuits.

ésotérique (adjectif)
Difficile à comprendre. *Cet alchimiste a noté ses formules **ésotériques** sur un parchemin.*

espace (nom masculin)
1. Étendue infinie qui constitue l'univers, hors de l'atmosphère. *Une sonde spatiale a été envoyée dans l'**espace**.* ➡ p. 474. **2.** Surface ou volume occupés par quelque chose. *Il n'y a pas assez d'**espace** dans cette pièce pour mettre un bureau.* (Syn. place.) **3.** Intervalle entre deux choses. *Il y a le même **espace** entre chaque arbre de l'allée.* (Syn. distance, espacement.) **4.** Intervalle de temps. *Quentin s'est habillé en l'**espace** de cinq minutes.* • **Espace vert :** surface réservée aux parcs et aux jardins, dans une ville. Famille du mot : espace**ment**, espac**er**. **Espace** vient du mot latin *spatium* qui est aussi à l'origine de « spacieux » et de « spatial ».

espacement (nom masculin)
Espace entre deux choses. *Par temps de brouillard, il faut augmenter l'**espacement** entre les véhicules.*

espacer (verbe) ▸ conjug. n° 4
1. Séparer deux choses par un espace. *Nous sommes trop serrés, il faudrait **espacer** nos sièges.* **2.** Séparer par un intervalle de temps. *Même si tu n'as plus mal aux dents, tu ne dois pas **espacer** tes rendez-vous chez le dentiste.*

espadon (nom masculin)
Grand poisson de mer dont la mâchoire supérieure est allongée en forme d'épée. **Espadon** vient de l'italien *spadone* qui signifie « grande épée ».

un **espadon**

une station dans l'**espace**

espadrille (nom féminin)
Chaussure en toile à semelle de corde.

Espagne

Union européenne

46,9 millions d'habitants
Capitale : Madrid
Monnaie : l'euro
Langue nationale officielle : espagnol
Superficie : 504 790 km²

État du sud-ouest de l'Europe, situé sur la péninsule Ibérique, entre la France, le Portugal, l'océan Atlantique et la Méditerranée. L'espagnol (castillan) est utilisé par la grande majorité de la population, mais d'autres langues officielles sont parlées dans le pays : le catalan, le galicien, le basque, etc.

GÉOGRAPHIE
Le climat est méditerranéen, mais l'intérieur du pays, continental, connaît des hivers très froids. Le centre du pays est occupé par le plateau de la Meseta encadré par deux bassins : le bassin de l'Èbre, dominé au nord par les Pyrénées (3 404 mètres au pic d'Aneto), et le bassin du Guadalquivir, bordé au sud par les chaînes Bétiques (3 478 mètres au Mulhacén).

ÉCONOMIE
L'entrée dans la Communauté économique européenne, en 1986, a renforcé l'économie du pays qui repose sur l'agriculture (céréales, primeurs, agrumes, élevage), la pêche, le tourisme et les industries. Barcelone est le plus grand centre industriel du pays. L'Espagne investit beaucoup en Amérique latine. Malgré ses progrès économiques, le pays souffre aujourd'hui d'une grave augmentation du chômage.

HISTOIRE
L'Espagne fut conquise par les Arabes (711-714). Les princes chrétiens achevèrent la reconquête du territoire en 1212. Unifiée par le mariage d'Isabelle de Castille et de Ferdinand d'Aragon (1469), l'Espagne chrétienne chassa définitivement les Maures. À partir du XVe siècle, les conquistadors espagnols prirent possession d'une grande partie du continent américain. L'Espagne connut son « siècle d'or », puis le déclin avec la destruction de sa flotte, « l'Invincible Armada ». Au XVIIe siècle l'Espagne perdit le Portugal et, au XIXe siècle, elle perdit la plupart de ses colonies d'Amérique. Les Bourbons accédèrent au trône en 1700. De 1936 à 1939, une guerre civile sanglante opposa les armées gouvernementales aux troupes du général Franco. Vainqueur, celui-ci établit une dictature. À sa mort en 1975, le roi Juan Carlos Ier démocratisa le pays.

espagnol, ole ➡ Voir tableau p. 6.

espalier (nom masculin)
• **En espalier :** en rangées de manière à pousser le long d'un mur ou d'un treillage. *Des pêchers plantés **en espalier**.*

espèce (nom féminin)
1. Ensemble d'êtres vivants qui se ressemblent et peuvent se reproduire entre eux. *Le chien et le chat appartiennent à deux **espèces** animales différentes.* **2.** Catégorie de gens ou de choses que l'on classe ensemble par ressemblance. *Elle portait une **espèce** de tunique en soie.* (Syn. genre, sorte.) ■ **espèces** (nom féminin pluriel) Billets ou pièces de monnaie. *J'ai oublié ma carte bancaire, je vais vous payer en **espèces**.*

espérance (nom féminin)
Attente confiante de quelqu'un qui espère. *Il a toujours gardé l'**espérance** de revenir au pays.* (Syn. espoir.)

espéranto (nom masculin)
Langue internationale artificielle. *L'**espéranto** a été créé par un Polonais au XIXe siècle.* **Espéranto**, dans cette langue, signifie « celui qui espère ».

espérer (verbe) ▸ conjug. n° 8
Souhaiter la réalisation d'un désir. *Gaëlle **espère** qu'il fera beau demain.* Famille du mot : **dés**espér**ant**, **dés**espéré, **dés**espér**ément**, **dés**espérer, désespoir, espér**ance**, espoir, **in**espéré.

espiègle (adjectif)
Qui se moque sans méchanceté. *Hélène est une enfant **espiègle** qui fait souvent sourire ses parents.* (Syn. malicieux.) **Espiègle** vient de *Till Eulenspiegel*, héros d'un roman allemand du XVIe siècle.

espièglerie (nom féminin)
Chose espiègle. *On ne peut pas s'empêcher de rire de ses **espiègleries**.* (Syn. farce.)

espion, onne (nom)
Personne chargée d'espionner. *Un **espion** a réussi à poser des micros dans le bureau de l'ambassadeur.* (Syn. agent secret.) Famille du mot : espion**nage**, espion**ner**.

espionnage (nom masculin)
Action d'espionner. *Cet ingénieur se livrait à de l'**espionnage** industriel.*

espionner (verbe) ▸ conjug. n° 3
Surveiller quelqu'un en cachette pour lui nuire ou par curiosité malveillante. *J'ai l'impression qu'elle passe son temps à **espionner** les passants.* (Syn. épier.)

esplanade (nom féminin)
Grand espace plat situé devant un bâtiment. *Nous avons rendez-vous sur l'**esplanade** de la cathédrale.*

espoir (nom masculin)
1. Sentiment d'une personne qui espère. *Notre équipe a le ferme **espoir** de remporter la victoire.* **2.** Personne ou chose qui permet d'espérer. *Ce traitement est un nouvel **espoir** pour les malades.* **3.** Personne capable d'atteindre un haut niveau dans son domaine. *Un **espoir** de la boxe, de la chanson.*

esprit (nom masculin)
1. Partie immatérielle de l'être humain. *Notre corps est visible mais notre **esprit** est invisible.* **2.** Être sans corps qui, d'après certaines croyances, existe parmi les vivants. *Des légendes racontent que ce vieux château est hanté par des **esprits**.* (Syn. fantôme, revenant.) **3.** La pensée, la mémoire, l'imagination, l'intelligence humaines. *Quand tu réfléchis, tu fais travailler ton **esprit**.* **4.** Finesse et sens de l'humour. *Il raconte ses mésaventures avec beaucoup d'**esprit**.* • **Avoir bon** ou **mauvais esprit :** être bienveillant ou malveillant. • **Esprit d'équipe :** fait d'être solidaire des autres. • **Présence d'esprit :** rapidité et efficacité dans l'action. • **Reprendre ses esprits :** reprendre conscience après s'être évanoui.

esquif (nom masculin)
Petit bateau. *Le frêle **esquif** était ballotté par les vagues.*

■ **esquimau, aude** (adjectif et nom)
Se dit des habitants des régions voisines du pôle Nord. *Un village **esquimau**. Les **Esquimaux** construisaient des igloos.* Quand le nom **Esquimau** désigne une personne, il commence par une majuscule.

■ **esquimau, aux** (nom masculin)
Sucette glacée enrobée de chocolat. **Esquimau** est le nom d'une marque.

Esquimaux
➡ Voir Inuits.

a b c d e f g h i j k l m n o p q r s t u v w x y z

esquinter (verbe) ▸ conjug. n° 3
Synonyme familier d'abîmer. *En tombant, Julie **a** complètement **esquinté** son vélo.*

esquisse (nom féminin)
Dessin rapide. *Ce portrait est très ressemblant et pourtant ce n'est qu'une **esquisse**.* (Syn. ébauche.)

esquisser (verbe) ▸ conjug. n° 3
1. Tracer une esquisse. *En deux coups de crayon, il **a esquissé** tous les personnages de l'histoire.* (Syn. ébaucher.) **2.** Commencer à faire quelque chose sans l'achever. *Il **a esquissé** un sourire de remerciement.*

esquiver (verbe) ▸ conjug. n° 3
1. Éviter avec habileté. *Il **a esquivé** le poing de son adversaire en baissant la tête.* **2.** S'esquiver : s'en aller discrètement. *Il **s'est esquivé** au moment de payer l'addition !*

essai (nom masculin)
1. Fait d'essayer quelque chose pour connaître ses défauts et ses qualités. *Je vous conseille de faire un **essai** avant d'acheter cette voiture.* **2.** Fait d'essayer de réaliser quelque chose. *Il a battu le record du monde de javelot à son troisième **essai**.* (Syn. tentative.) **3.** Livre qui traite d'un sujet sans entrer dans tous les détails. *Ce savant a écrit un **essai** sur la disparition des dinosaures.* **4.** Au rugby, action de placer le ballon derrière la ligne adverse.

essaim (nom masculin)
Groupe d'insectes qui se déplacent en grand nombre. *Un **essaim** d'abeilles, de mouches.*

essaimer (verbe) ▸ conjug. n° 3
Former un essaim. *Au printemps, des abeilles **essaiment** pour former une nouvelle ruche.*

essayage (nom masculin)
Action d'essayer un vêtement. *Les cabines d'**essayage** sont près du rayon des vêtements.*

essayer (verbe) ▸ conjug. n° 7
1. Faire l'essai d'une chose pour voir si elle convient. ***Essayer** un vêtement, une voiture, une recette de cuisine.* (Syn. tester.) **2.** Faire des efforts pour parvenir à un résultat. *Laura **essaie** d'apprendre à jouer de la guitare. Pierre **essaie** de comprendre le mode d'emploi.* (Syn. tâcher, tenter.)
Famille du mot : essai, essay**age**.

essence (nom féminin)
1. Carburant tiré du pétrole. *Arrêtons-nous à la pompe à **essence** pour faire le plein.* **2.** Liquide concentré extrait d'une plante. *Ce parfum est fabriqué à partir d'**essence** de rose.* **3.** Espèce d'arbre. *Cette forêt est composée de diverses **essences** : chênes, hêtres, châtaigniers.*

essentiel, elle (adjectif)
Dont on ne peut pas se passer. *L'eau est **essentielle** à la vie.* (Syn. indispensable, nécessaire. Contr. secondaire.) ■ **essentiel** (nom masculin) Ce qui est essentiel. *Quand il part pour deux jours, il n'emporte que l'**essentiel**.* (Syn. principal.)

essentiellement (adverbe)
Principalement ou surtout. *Cette région produit **essentiellement** du blé.*

essieu, ieux (nom masculin)
Longue barre de métal qui relie deux à deux les roues d'un véhicule.

essor (nom masculin)
1. Action de s'envoler. *L'aigle a pris son **essor**.* **2.** Au sens figuré, développement ou progrès rapide. *Le cinéma en 3D est en plein **essor**.* (Syn. extension.)

essorage (nom masculin)
Action d'essorer. *Ce lave-linge est programmé pour le lavage, le rinçage, l'**essorage** et le séchage du linge.*

essorer (verbe) ▸ conjug. n° 3
Débarrasser quelque chose de son eau. ***Essore** bien ton tee-shirt, il sèchera plus vite. **Essorer** la salade.*

essoreuse (nom féminin)
Machine à essorer. *Une **essoreuse** à salade.*

essoufflement (nom masculin)
Fait d'être essoufflé. *Le coureur a ralenti à cause de son **essoufflement**.*

essouffler (verbe) ▸ conjug. n° 3
Faire perdre le souffle. *Cette longue course nous **a essoufflés**. Elle m'inquiète : elle **s'essouffle** vite quand elle monte les escaliers.*

essuie-glace (nom masculin)
Appareil muni de balais de caoutchouc servant à essuyer le pare-brise. *Il est impossible de rouler sous la pluie avec des **essuie-glaces** en panne.* Pluriel : des essuie-glace**s**.

essuie-main (nom masculin)
Linge qui sert à s'essuyer les mains. Pluriel : des essuie-main**s**.

essuie-tout (nom masculin)
Papier absorbant présenté en rouleau. Pluriel : des essuie-tout.

essuyer (verbe) ▸ conjug. n° 6
1. Sécher ou nettoyer en frottant. ***Essuyez** vos chaussures sur le paillasson !* **2.** Subir une chose désagréable. *Le navire **a essuyé** un orage terrible.* Famille du mot : essuie-glace, essuie-main, essuie-tout.

est (nom masculin)
1. Un des quatre points cardinaux qui désigne la direction où le soleil se lève. **2.** Partie qui se situe à l'est d'un pays, d'une région. *Myriam passe ses vacances dans l'**est** de la France, près de Strasbourg.* • **Les pays de l'Est :** les pays qui se trouvent dans l'est de l'Europe, tels que la Pologne, la Hongrie, etc. ■ **est** (adjectif) Qui est situé à l'est. *Thomas habite dans la banlieue **est** de Paris.* Pluriel : les régions est.

estafette (nom féminin)
Soldat chargé de transmettre un message. *Une **estafette** motocycliste.*

estafilade (nom féminin)
Coupure longue et étroite. *D'un coup de sabre, il lui fit une **estafilade** au visage.*

estampe (nom féminin)
Image imprimée au moyen d'une plaque gravée. *Des **estampes** ornent ce manuscrit ancien.*

estampille (nom féminin)
Marque qui indique que quelque chose est authentique ou en règle. *Ces quartiers de viande portent l'**estampille** bleue du contrôle sanitaire.*

est-ce que (adverbe)
Sert à poser une question. ***Est-ce que** tu as sommeil ? Quand **est-ce que** tu pars ?*

esthéticien, enne (nom)
Spécialiste des soins de beauté. *L'**esthéticienne** lui a donné des conseils pour se maquiller.*

esthétique (adjectif)
Qui est beau et décoratif. *La nouvelle coiffure de Gaëlle est très **esthétique**.* ■ **esthétique** (nom féminin) Caractère esthétique. *Cette nouvelle voiture a une **esthétique** parfaite.*

estimable (adjectif)
Qui est digne d'estime. *C'est un homme très **estimable** par les services qu'il a rendus à tous.* (Syn. respectable.)

estimation (nom féminin)
Synonyme d'évaluation. *Après l'incendie, l'assurance a effectué une **estimation** des dégâts.*

estime (nom féminin)
Bonne opinion que l'on a d'une personne. *Benjamin est un garçon travailleur et honnête, j'ai beaucoup d'**estime** pour lui.*

estimer (verbe) ▸ conjug. n° 3
1. Avoir de l'estime pour quelqu'un. *Noémie est une amie sincère et fidèle que j'**estime** beaucoup.* (Syn. apprécier, respecter.) **2.** Synonyme d'évaluer. *L'expert **a estimé** le prix du tableau à plusieurs milliers d'euros.* **3.** Avoir un jugement ou une idée sur quelque chose. ***J'estime** que tu es trop jeune pour sortir seule le soir. Il peut **s'estimer** satisfait d'avoir des enfants aussi bien élevés.* (Syn. considérer, penser.) Famille du mot : estim**able**, estima**tion**, estime, **in**estim**able**, **més**estimer, sous-estimer, **sur**estimer.

une **estampe** japonaise

estival, ale, aux (adjectif)
D'été. *C'est l'automne, mais nous avons encore un temps* ***estival****.*

estivant, ante (nom)
Personne qui passe ses vacances d'été dans un lieu. *Dès la fin du mois de juin, les* ***estivants*** *affluent dans le Midi.*

estomac (nom masculin)
Partie du tube digestif en forme de poche, située entre l'œsophage et l'intestin. *Il digère mal, il a mal à l'****estomac****.* ➡ p. 389. • **Avoir l'estomac dans les talons :** dans la langue familière, avoir très faim.

estomaquer (verbe) ▸ conjug. n° 3
Synonyme familier d'étonner. *La nouvelle a* ***estomaqué*** *Ibrahim.*

s'estomper (verbe) ▸ conjug. n° 3
Devenir de plus en plus flou. *Les contours de la montagne* ***s'estompent*** *dans le brouillard.* (Contr. se détacher.)

Estonie

Union européenne

1,3 million d'habitants
Capitale : Tallin
Monnaie : l'euro
Langue officielle : estonien
Superficie : 45 100 km²

État d'Europe, situé sur les bords de la mer Baltique. Les Estoniens sont majoritaires, mais les Russes et les Ukrainiens représentent 33 % de la population.

GÉOGRAPHIE
Le nord-ouest du pays est composé de bas plateaux. À l'est, le relief est plus accidenté. Les lacs glaciaires sont nombreux. Le climat, tempéré, favorise la forêt. L'agriculture repose sur l'élevage bovin et porcin, et sur la culture du lin. L'Estonie est très en avance pour les nouvelles technologies (téléphonie, informatique).

HISTOIRE
Habitée par les Estes, l'Estonie fut évangélisée aux XIIe et XIIIe siècles, puis conquise par les chevaliers allemands. Les Russes, les Polonais et les Suédois se disputèrent ensuite le pays. En 1940, l'Estonie fut annexée par l'URSS, puis occupée par les Allemands. Après la Seconde Guerre mondiale, elle devint la république soviétique d'Estonie, indépendante en 1991. L'Estonie est entrée dans l'Union européenne en 2004.

estonien, enne ➡ Voir tableau p. 6.

estrade (nom féminin)
Plancher surélevé par rapport au niveau du sol. *On a installé une* ***estrade*** *sur la place pour le concert de ce soir.*

estragon (nom masculin)
Plante aromatique. *Maman met une branche d'****estragon*** *dans la bouteille de vinaigre.*

s'estropier (verbe) ▸ conjug. n° 10
Se blesser très gravement. *Odile a failli* ***s'estropier*** *en tombant d'un rocher.*

estuaire (nom masculin)
Embouchure large et profonde d'un fleuve. *La Seine rejoint la Manche par un vaste* ***estuaire*** *sur lequel se trouve le port du Havre.* ➡ p. 413.

esturgeon (nom masculin)
Gros poisson de mer qui remonte les fleuves pour y pondre ses œufs. *Avec les œufs d'****esturgeon****, on prépare le caviar.*

un **esturgeon**

et (conjonction)
Sert à relier deux mots ou deux groupes de mots. *Je voudrais du pain* ***et*** *du chocolat. Il a joué* ***et*** *il a perdu.*

étable (nom féminin)
Bâtiment où l'on abrite les vaches.

établi (nom masculin)
Table de travail de certains artisans. *L'****établi*** *d'un menuisier, d'un serrurier.*

établir (verbe) ▸ conjug. n° 11
1. Installer quelque chose, le mettre en place. *Les randonneurs* ***ont établi*** *leur bivouac près de la source.* **2.** Mettre au point l'organisation de quelque chose. ***Établir*** *une liste, un programme.* **3.** Faire la preuve de quelque chose. *C'est une vérité bien* ***établie****.* (Syn. démontrer, prouver.) **4.** S'établir : s'installer dans un

endroit pour y vivre. *Nos cousins sont partis **s'établir** en province.*

établissement (nom masculin)
1. Action d'établir ou de s'établir. *On a prévu l'**établissement** d'un passage souterrain pour les piétons.* (Syn. installation.) 2. Bâtiment destiné à certaines activités. *Le collège est un **établissement** d'enseignement.*

étage (nom masculin)
1. Chaque niveau d'un bâtiment au-dessus du rez-de-chaussée. *William habite au cinquième **étage** de l'immeuble.* 2. Chaque élément superposé d'un ensemble. *Ariane 4 est une fusée à trois **étages**.*

s'**étager** (verbe) ▸ conjug. n° 5
Être disposé en étages, les uns au-dessus des autres. *Les terrasses couvertes d'oliviers **s'étagent** au flanc de la colline.*

étagère (nom féminin)
Planche horizontale fixée au mur. *Elle a verni les **étagères** de la bibliothèque.*

étai (nom masculin)
Poutre en bois ou en métal qui sert à étayer. *Ce vieux mur est soutenu par un **étai**.*

étain (nom masculin)
Métal grisâtre et malléable. *Autrefois, on se servait de vaisselle en **étain**.*

étal (nom masculin)
1. Table servant à couper la viande, dans une boucherie. 2. Table servant à exposer des marchandises dans un marché. *Les fruits sur les **étals** du marché sont variés.*

étalage (nom masculin)
Ensemble de marchandises exposées pour être vendues. *Les passants s'arrêtent devant l'**étalage** du brocanteur.*

étalagiste (nom)
Personne qui dispose toutes les marchandises dans les vitrines des magasins.

étalement (nom masculin)
Fait d'étaler dans le temps. *L'**étalement** des travaux se fera sur deux ans.*

étaler (verbe) ▸ conjug. n° 3
1. Disposer des choses à plat sur une surface. *Xavier **a étalé** ses photos sur la table pour les montrer à Sarah.* 2. Étendre en couche fine. *Léa **étale** du beurre sur sa tartine.* 3. Répartir sur une certaine période. *Vous pouvez **étaler** le paiement de ce téléviseur sur six mois.* 4. Montrer avec insistance pour se faire remarquer. *Elle **étale** sa richesse même devant les plus pauvres.* (Syn. exhiber.) 5. S'étaler : synonyme familier de tomber. *David **s'est étalé** sur le trottoir en glissant sur le verglas.*
Famille du mot : étal**age**, étal**agiste**, étal**ement**.

étalon (nom masculin)
1. Cheval mâle que l'on élève pour la reproduction. 2. Modèle qui sert d'unité de mesure. *Ce manche à balai nous servira d'**étalon** pour mesurer la cour.*

étamine (nom féminin)
Organe mâle d'une fleur, où se forme le pollen. *L'abeille se pose au cœur d'une fleur et se couvre du pollen des **étamines**.*
➡ p. 531.

étanche (adjectif)
Qui ne laisse passer ni l'eau ni l'air. *Guillaume a une montre de plongée, totalement **étanche**.*

étanchéité (nom féminin)
Caractère de ce qui est étanche. *Il faudrait vérifier l'**étanchéité** de la barque avant de la mettre à l'eau.*

étancher (verbe) ▸ conjug. n° 3
Arrêter l'écoulement d'un liquide. *Les marins ont réussi à **étancher** la voie d'eau dans la cale du bateau.* • **Étancher sa soif :** boire jusqu'à être complètement désaltéré. Famille du mot : étanche, étanch**éité**.

étang (nom masculin)
Étendue d'eau plus petite qu'un lac. *On a asséché l'**étang** pour le nettoyer.*

étape (nom féminin)
1. Lieu où l'on s'arrête au cours d'un voyage. *Durant le voyage, nous ferons une **étape** pour déjeuner.* (Syn. halte.) 2. Distance entre deux arrêts. *La dernière **étape** du Tour de France se termine sur les*

Champs-Élysées, à Paris. **3.** Période de temps. *Nous réaliserons ces travaux en plusieurs **étapes**.* • **Brûler les étapes :** progresser très vite ou trop vite.

■ état (nom masculin)
1. Situation dans laquelle se trouve une personne. *L'**état** de ce malade s'améliore.* **2.** Situation ou aspect d'une chose. *Il porte des vêtements en mauvais **état**. Quand la température monte, la glace passe de l'**état** solide à l'**état** liquide.* • **État civil :** nom, prénom, date et lieu de naissance d'une personne.

■ État (nom masculin)
Territoire qui rassemble toute une population sous un même gouvernement. *La France est un **État** de l'Europe de l'Ouest.* (Syn. nation, pays.) • **Coup d'État :** action violente pour s'emparer du pouvoir.

État français

Régime politique de la France entre juillet 1940 et août 1944. Le 10 juillet 1940, le Parlement, réuni à Vichy, accorde tous les pouvoirs au maréchal Pétain pour donner une nouvelle Constitution à l'État français. Le 9 août 1944, le Gouvernement provisoire de la République française met fin à l'État français et rétablit la république.

état-major (nom masculin)
Groupe d'officiers qui conseillent un chef militaire. *Le général a convoqué son **état-major**.* Pluriel : des états-majors.

États généraux de 1789

Assemblée des états (clergé, noblesse, tiers état), réunie par Louis XVI, le 2 mai 1789, à Versailles. Le roi doubla le nombre de représentants du tiers état. Par le serment du Jeu de paume, le 20 juin 1789, le tiers état se proclama Assemblée nationale. Le 27 juin, le clergé et la noblesse se joignirent à lui et, le 9 juillet, l'Assemblée nationale se déclara « constituante » (capable de rédiger une nouvelle Constitution). La Révolution française commença le 14 juillet 1789. Le 19 août, la Constituante adopta la Déclaration des droits de l'homme et du citoyen.

États-Unis d'Amérique

314 millions d'habitants
Capitale : Washington
Monnaie : le dollar américain
Langue officielle : anglais
Superficie : 9 363 124 km²

État fédéral d'Amérique du Nord, situé entre l'océan Atlantique et l'océan Pacifique, le Canada au nord, le Mexique au sud. S'y ajoutent l'Alaska et les îles Hawaï. Au total, le pays compte cinquante États (plus le district de Columbia). La population est composée de Blancs (84 %, dont plus de 10 % d'origine hispanique), de Noirs (12 %), descendants des esclaves amenés d'Afrique aux XVIIe et XVIIIe siècles, d'Asiatiques (3,3 %) et d'Amérindiens (0,6 %).

GÉOGRAPHIE

Les États-Unis sont le 4e pays le plus vaste du monde en superficie. Sur cet immense territoire, les paysages sont très variés. D'est en ouest se succèdent une plaine étroite sur l'Atlantique, le massif des Appalaches, puis les vastes plaines fertiles du centre arrosées par les fleuves Mississippi et Missouri ; à l'ouest se dressent les montagnes Rocheuses (4 000 mètres) et les étroites chaînes côtières qui longent le Pacifique. Au nord, s'étendent les Grands Lacs. Les climats aussi sont très divers : à l'est, un climat continental humide avec des hivers froids dans le Nord et des étés subtropicaux dans le Sud ; au centre, un climat continental assez sec ; et à l'ouest, un climat océanique dans le Nord et méditerranéen au Sud.

ÉCONOMIE

Les États-Unis sont la première puissance économique du monde et produisent plus de 30 % des richesses de la planète. Le pays occupe le 1er rang mondial pour l'agriculture et pour la sylviculture, le 6e rang pour la pêche, le 1er rang pour la production d'électricité, le 2e rang pour le charbon, le pétrole et le gaz, le 1er rang pour l'industrie d'armement. Les secteurs industriels de l'aéronautique, des produits chimiques, de la pharmacie, des constructions électriques et de l'électronique sont également très dynamiques. L'influence des États-Unis est très grande dans les domaines de l'information, de la télévision et du cinéma.

HISTOIRE
Peuplée d'Amérindiens, l'Amérique du Nord fut colonisée par les Européens à partir du XVIIe siècle. Les Anglais implantèrent treize colonies le long de la côte de l'Atlantique et leurs députés rédigèrent la Déclaration d'indépendance des États-Unis le 4 juillet 1776. Le premier Président fut Georges Washington (1789). Les États-Unis s'agrandirent vers l'ouest en annexant ou en achetant de nouveaux territoires et en s'emparant des terres des Amérindiens. La guerre de Sécession (1861-1865) opposa les sudistes, partisans de l'esclavage, aux nordistes, qui voulaient abolir ce système. Les nordistes furent victorieux. Le Président Lincoln fit voter l'abolition de l'esclavage en 1863, mais les droits des Noirs ne furent pas reconnus.
En 1917, le pays intervint dans la Première Guerre mondiale, aux côtés des Alliés. La grave crise économique de 1929 provoqua un chômage important aux États-Unis, et se répandit dans le monde entier. En 1941, le pays entra dans la Seconde Guerre mondiale contre l'Allemagne, l'Italie et le Japon. En 1945, les États-Unis lancèrent deux bombes atomiques qui anéantirent les villes japonaises d'Hiroshima et de Nagasaki. Les États-Unis s'engagèrent dans la longue et meurtrière guerre du Viêt-nam (1959-1973). En 1991, les Américains, à la tête d'une coalition internationale, gagnèrent la guerre du Golfe contre l'Irak. Le 11 septembre 2001, des attentats terroristes commis avec des avions détournés firent plusieurs milliers de victimes à New York. Les États-Unis accusèrent l'Irak de détenir des armes de destruction massive et menèrent la deuxième guerre du Golfe (de mars à mai 2003) et lancèrent la guerre d'Afghanistan contre les Talibans. En 2008, Barack Obama devient le premier Président ayant des origines afro-américaines.

étau, aux (nom masculin)
Instrument composé de deux mâchoires qui se resserrent sur un objet. *Pour limer la clé, le serrurier la bloque dans un **étau**.*

étayer (verbe) ▸ conjug. n° 7
Soutenir à l'aide d'étais. ***Étayer** un plafond qui s'effondre.*

etc. (adverbe)
Et tout le reste. *Sa valise était bourrée de pantalons, de vestes, de chemises, de chaussettes, **etc.*** Prononciation [ɛtseteʀa]. En latin, *et cetera* signifie « et les autres choses ».

été (nom masculin)
Saison la plus chaude de l'année, entre le printemps et l'automne.

éteindre (verbe) ▸ conjug. n° 35
1. Faire cesser de brûler. ***Éteindre** un incendie, un feu. Le feu commence à **s'éteindre**.* **2.** Arrêter ce qui fonctionne à l'électricité. ***Éteindre** la lumière. **Éteindre** une lampe.* (Contr. allumer.) **3.** S'éteindre : au sens figuré, mourir. *Le blessé **s'est éteint** pendant son transport à l'hôpital.*

éteint, éteinte (adjectif)
Qui a perdu sa force ou son éclat. *Un regard **éteint**. Parler d'une voix **éteinte**.*

étendard (nom masculin)
Sorte de drapeau. ➡ p. 482.

étendre (verbe) ▸ conjug. n° 31
1. Déplier sur toute sa surface. *Maman **étend** les serviettes pour les faire sécher.* **2.** Allonger une personne. *Les sauveteurs **ont étendu** les blessés sur des brancards.* **3.** Agrandir ou augmenter quelque chose. *Il **a étendu** son domaine en achetant le champ de son voisin.* **4.** Diminuer la concentration d'un liquide. *Elle boit du vin **étendu** d'eau.* **5.** S'étendre : occuper un espace. *Un village **s'étend** au pied de la colline.* **6.** S'étendre : se développer ou devenir plus important. *L'épidémie de grippe **s'étendit** dans tout le pays.* (Syn. se propager, se répandre.) Famille du mot : étendu, étendue.

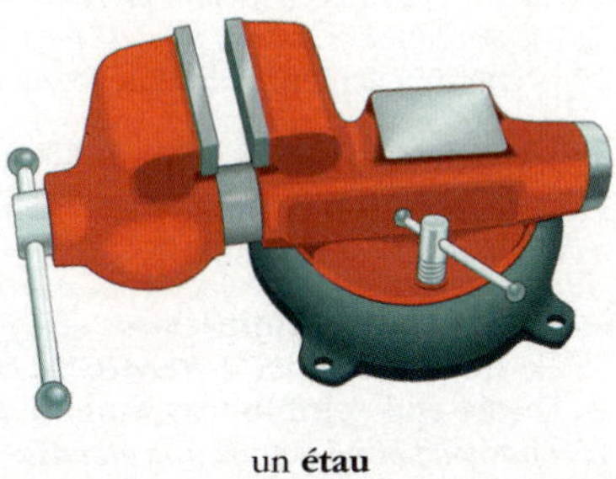

un **étau**

des chevaliers portant des **étendards**, tableau de Jan Van Eyck (1432)

étendu, ue (adjectif)
Qui couvre une grande surface. *Le désert représente une partie **étendue** de ce pays.*

étendue (nom féminin)
1. Surface occupée par quelque chose. *Toute l'**étendue** du domaine est couverte par la forêt.* **2.** Importance de quelque chose. *On n'a pas encore mesuré l'**étendue** des dégâts.*

éternel, elle (adjectif)
1. Qui n'a ni commencement ni fin. *Dans la religion chrétienne, Dieu est **éternel**.* **2.** Qui se répète sans cesse. *Elle m'énerve avec ses **éternels** reproches.* (Syn. continuel, perpétuel.) • **Neiges éternelles :** neiges des hauts sommets qui ne fondent jamais. Famille du mot : éternelle**ment**, s'éterni**ser**, éterni**té**.

éternellement (adverbe)
De façon éternelle. *Il raconte **éternellement** les mêmes histoires depuis plus de vingt ans.* (Syn. continuellement, perpétuellement.)

s'éterniser (verbe) ▸ conjug. n° 3
Durer trop longtemps. *Cette réunion **s'éternise**.*

éternité (nom féminin)
1. Ce qui est éternel. *L'**éternité** de Dieu.* **2.** Durée qui semble très longue. *Il ne m'a pas téléphoné depuis une **éternité**.*

éternuement (nom masculin)
Fait d'éternuer. *Benjamin a une allergie au pollen qui provoque des crises d'**éternuement**.*

éternuer (verbe) ▸ conjug. n° 3
Expulser brusquement et bruyamment de l'air par le nez et la bouche. *Anna a un rhume, elle n'arrête pas d'**éternuer**.*

éther (nom masculin)
Liquide désinfectant à l'odeur très forte.

Éthiopie

82,8 millions d'habitants
Capitale : Addis-Abeba
Monnaie : le birr
Langue officielle : amharique
Superficie : 1 221 900 km²

État d'Afrique du Nord-Est, limité à l'ouest par le Soudan, au nord par l'Érythrée, à l'est par Djibouti et la Somalie, au sud par le Kenya. L'ancien nom de la république d'Éthiopie est l'Abyssinie. Environ 70 langues et 200 dialectes sont parlés en Éthiopie.

GÉOGRAPHIE
Les hautes terres, au nord du Nil, culminent à 4 620 mètres. De grands cours d'eau y prennent leur source. La Rift Valley, où se sont formés des lacs (lac Turkana, lac Zway), traverse le pays d'est en ouest et sépare les hautes terres et le massif du Harar.

ÉCONOMIE
L'Éthiopie est l'un des États les plus pauvres du monde. Le pays a été ruiné par la guerre civile et les sècheresses, causes de famine. La population, en majorité rurale, cultive le sorgho, l'orge, le maïs et pratique l'élevage. Le pays exporte du café et des cuirs et peaux. L'industrie est très peu développée. L'hydroélectricité est abondante et on cherche du pétrole dans la mer Rouge.

HISTOIRE
Vers 100 avant Jésus-Christ se constitua le royaume d'Axoum. Converti au christianisme (IVe siècle) puis attaqué par les musulmans (VIIe siècle), il connut une période de déclin. L'empereur Ménélik II créa l'Éthiopie moderne, fondant la ville d'Addis-Abeba en 1887. Hailé Sélassié Ier accéda au trône en 1930. Après avoir été conquise par l'Italie, puis libérée par les

Britanniques en 1941, l'Éthiopie annexa l'Érythrée, qui regagna son indépendance en 1993.

éthiopien, enne ➡ Voir tableau p. 6.

ethnie (nom féminin)
Groupe d'êtres humains qui parlent la même langue et qui ont la même culture. Famille du mot : ethn**ologie**, ethn**ologue**.

ethnique (adjectif)
Qui se rapporte à une ethnie. *L'étude des caractères **ethniques**.*

ethnologie (nom féminin)
Science qui étudie les peuples, leur mode de vie, leur culture.

ethnologue (nom)
Spécialiste d'ethnologie.

étincelant, ante (adjectif)
Qui étincelle. *La neige **étincelante** de blancheur nous fait mal aux yeux.* (Syn. scintillant.)

étinceler (verbe) ▶ conjug. n° 9
Briller d'un éclat très vif. *Les lames des épées **étincelaient** au soleil.* (Syn. scintiller.) **Étinceler** se conjugue aussi comme peler (n° 8).

étincelle (nom féminin)
1. Petite parcelle incandescente. *Le soudeur porte des lunettes spéciales pour protéger ses yeux des **étincelles**.* 2. Petit éclair. *Quand les deux fils électriques se sont touchés, j'ai vu une **étincelle**.* • **Faire des étincelles :** se montrer brillant dans son action. Famille du mot : étince**lant**, étince**ler**.

s'étioler (verbe) ▶ conjug. n° 3
S'affaiblir et se rabougrir. *Privées d'eau, les plantes commencent à **s'étioler**.*

étiqueter (verbe) ▶ conjug. n° 9
Mettre une étiquette sur un objet. *Le cuisinier **a étiqueté** les bocaux de confit d'oie.* **Étiqueter** se conjugue aussi comme peler (n° 8).

étiquette (nom féminin)
1. Petite fiche que l'on fixe sur un objet. *Le prix du blouson est indiqué sur l'**étiquette**.* 2. Ensemble de règles à respecter pendant une cérémonie officielle. (Syn. protocole.)

étirer (verbe) ▶ conjug. n° 3
1. Allonger en tirant. *La cuisinière pétrit la pâte et l'**étire** pour garnir le moule.* 2. S'étirer : se détendre en allongeant les bras et les jambes. *La chatte **s'étire** en bâillant.*

Etna
Volcan du nord-est de la Sicile (3 323 mètres), l'un des plus actifs du monde. Ses nombreuses éruptions ont provoqué des catastrophes, mais ses pentes fertiles sont cultivées.

étoffe (nom féminin)
Synonyme de tissu. *Zoé a acheté une **étoffe** à petites fleurs pour faire des rideaux.* • **Avoir de l'étoffe :** avoir un grand talent, beaucoup de personnalité.

étoffer (verbe) ▶ conjug. n° 3
Développer pour améliorer. *Tu devrais **étoffer** ton histoire en donnant plus de détails.*

étoile (nom féminin)
1. Astre qui brille la nuit dans le ciel. *À la nuit tombée, on voyait scintiller les premières **étoiles**.* ➡ p. 1308. 2. Dessin géométrique à plusieurs pointes. *Chacune des **étoiles** du drapeau américain représente un État de ce pays.* 3. Artiste célèbre. *Le Festival de Cannes rassemble les **étoiles** du cinéma mondial.* (Syn. star, vedette.) • **Dormir à la belle étoile :** en plein air. • **Étoile filante :** synonyme de météore. • **Étoile de mer :** animal marin qui a la forme d'une étoile à cinq branches.

une **étoile de mer**

a b c d e f g h i j k l m n o p q r s t u v w x y z

étoilé, ée (adjectif)
Parsemé d'étoiles. *Ils ont dormi sous un ciel **étoilé**.*

étole (nom féminin)
1. Large bande ornée de croix portée par le prêtre et l'évêque dans certaines circonstances. **2.** Large écharpe de fourrure.

étonnamment (adverbe)
De façon étonnante. *Il paraît **étonnamment** jeune pour son âge.*

étonnant, ante (adjectif)
Qui étonne. *Ce savant a fait des découvertes **étonnantes**.* (Syn. surprenant.)

étonnement (nom masculin)
Fait d'être étonné. *À mon grand **étonnement**, j'ai appris qu'elle avait déménagé.* (Syn. surprise.)

étonner (verbe) ▸ conjug. n° 3
1. Causer de la surprise. *Son brusque départ nous **a étonnés**.* (Syn. surprendre.) **2.** S'étonner : trouver bizarre ou surprenant. *Je **m'étonne** de le voir si calme.* Famille du mot : étonn**amment**, étonn**ant**, étonne**ment**. **Étonner** vient du latin *attonare* qui signifie « frapper par la foudre ».

étouffant, ante (adjectif)
Qui provoque une sensation d'étouffement. *Il fait une chaleur **étouffante**.* (Syn. suffocant.)

à l'étouffée (adverbe)
Dans un récipient fermé. *Des légumes cuits **à l'étouffée**.* (Syn. à l'étuvée.)

étouffement (nom masculin)
Fait d'étouffer. *Cet **étouffement** est dû à une crise d'asthme.* (Syn. asphyxie.)

étouffer (verbe) ▸ conjug. n° 3
1. Avoir du mal à respirer. *On **étouffe** dans cette pièce enfumée !* **2.** Faire mourir en privant d'air. *Le python **étouffe** ses proies avant de les avaler.* **3.** Rendre moins fort, moins sonore. *Un tapis épais **étouffait** le bruit de nos pas.* (Syn. atténuer.) **4.** Empêcher le développement de quelque chose. *Les mauvaises herbes **ont étouffé** les salades.* Famille du mot : étouff**ant**, étouffe**ment**.

étourderie (nom féminin)
Inattention ou manque de réflexion. *Yann fait beaucoup de fautes par **étourderie**.* (Syn. distraction.)

étourdi, ie (adjectif et nom)
Qui agit avec étourderie. *Élodie est **étourdie** au point d'oublier tous ses rendez-vous. Cet **étourdi** a oublié de poster ma lettre.* Famille du mot : étourd**erie**, étourdi**ment**.

étourdiment (adverbe)
De façon étourdie. *Clément a répondu **étourdiment**.*

étourdir (verbe) ▸ conjug. n° 11
1. Faire presque perdre connaissance à quelqu'un. *Il **a étourdi** sa victime d'un coup sur la tête.* (Syn. assommer.) **2.** Donner une sensation d'étourdissement. *Son bavardage continuel nous **étourdit**.* Famille du mot : étourd**issant**, étourdisse**ment**.

étourdissant, ante (adjectif)
Qui étourdit. *Dans cette rue, les camions font un vacarme **étourdissant**.*

étourdissement (nom masculin)
Malaise passager qui donne l'impression de s'évanouir. *Il a eu un **étourdissement** dû à la fatigue.* (Syn. vertige.)

étourneau, eaux (nom masculin)
Oiseau au plumage brun tacheté de blanc.

un **étourneau**

étrange (adjectif)
Qui intrigue par son caractère mystérieux ou inhabituel. *Un inconnu nous a*

*croisés en nous jetant un regard **étrange**.* (Syn. bizarre, curieux. Contr. ordinaire.)

étrangement (adverbe)
De manière étrange. *David est **étrangement** calme aujourd'hui, j'espère qu'il n'est pas malade.* (Syn. bizarrement.)

étranger, ère (adjectif)
1. Qui est d'un autre pays. *Des touristes **étrangers**. Parler une langue **étrangère**.* **2.** Qui n'est pas concerné par quelque chose. *Je tiens à rester **étranger** à votre dispute.* ■ **étranger, ère** (nom) Personne d'un autre pays, d'une autre nationalité. *Beaucoup d'**étrangers** viennent passer leurs vacances en France.* ■ **étranger** (nom masculin) Pays étranger. *Ils ont décidé d'aller vivre à l'**étranger**.*

étranglement (nom masculin)
1. Action d'étrangler quelqu'un. *La victime est morte par **étranglement**.* **2.** Endroit resserré. *La circulation est ralentie à cause d'un **étranglement** de la route.*

étrangler (verbe) ▸ conjug. n° 3
1. Tuer quelqu'un en lui serrant le cou. *Arrête de me serrer le cou, tu vas m'**étrangler** !* **2.** S'étrangler : perdre momentanément la respiration. *Il a failli **s'étrangler** en avalant de travers.*

étrave (nom féminin)
Partie avant de la coque d'un bateau. *L'**étrave** du navire fendait les flots.*

■ **être** (verbe) ▸ conjug. n° 2
1. Se trouver dans un certain endroit. *Ibrahim **est** dans la cour. Mon stylo **est** dans ma poche.* **2.** Se trouver dans un certain état ou avoir telle qualité. *Mon petit frère **est** brun. Cette robe **est** rouge. Mon voisin **est** mécanicien.* **3.** Appartenir à quelqu'un. *Cette maison **est** à ma grand-mère.* ✎ **Être** est également employé comme auxiliaire pour conjuguer les verbes aux temps composés et au passif (par ex. : il est venu, il a été récompensé).

■ **être** (nom masculin)
Tout ce qui est vivant. *Les hommes, les femmes, les enfants sont des **êtres** humains. Les animaux sont des **êtres** vivants.*

étreindre (verbe) ▸ conjug. n° 35
Serrer très fort. *Elle **a étreint** son enfant en le retrouvant.*

étreinte (nom féminin)
Action d'étreindre. *Le serpent resserrait son **étreinte** pour étouffer sa proie.*

étrenner (verbe) ▸ conjug. n° 3
Se servir d'une chose pour la première fois. ***Étrenner** un vêtement neuf.*

étrennes (nom féminin pluriel)
Cadeau ou argent offert pour le jour de l'an.

étrier (nom masculin)
Anneau qui pend de chaque côté de la selle pour caler les pieds du cavalier. ➡ p. 1167.

étrille (nom féminin)
1. Brosse servant à nettoyer le poil des chevaux. *L'**étrille** a des petites lames dentelées.* **2.** Petit crabe brun. *Les **étrilles** sont comestibles.*

étriqué, ée (adjectif)
Qui est trop étroit ou trop serré. *Kevin porte souvent des vêtements **étriqués**.* (Contr. ample.)

étroit, étroite (adjectif)
1. Qui est de faible largeur. *Il vaut mieux avancer en file indienne dans ce passage **étroit**.* (Contr. large.) **2.** Qui manque de tolérance. *Il a l'esprit trop **étroit** pour accepter les idées des autres.* (Syn. borné, sectaire. Contr. large.) **3.** Qui unit fortement des personnes. *Il a gardé des relations **étroites** avec ses cousins.* • **À l'étroit :** dans un espace trop petit. *Être **à l'étroit** dans ses chaussures.* Famille du mot : étroit**ement**, étroit**esse**.

étroitement (adverbe)
De très près. *L'aérogare est **étroitement** surveillée par de nombreuses caméras.* (Syn. strictement.)

étroitesse (nom féminin)
Caractère de ce qui est étroit. *Il est impossible de doubler à cause de l'**étroitesse** de la route.* (Contr. largeur.) • **Étroitesse d'esprit :** caractère borné, mesquin.

a b c d e f g h i j k l m n o p q r s t u v w x y z

étude (nom féminin)
1. Activité visant à apprendre, à connaître. *L'**étude** du solfège lui prend beaucoup de temps.* 2. Ouvrage sur un sujet. *Ce scientifique prépare une **étude** sur les allergies.* (Syn. essai.) 3. Temps passé à l'école en dehors des heures de classe, pour apprendre ses leçons. *Rester à l'**étude**.* 4. Lieu de travail d'un notaire. ■ **études** (nom féminin pluriel) Enseignement que l'on suit pour obtenir un diplôme. *Son frère fait des **études** d'histoire à l'université.*

étudiant, ante (nom)
Personne qui fait des études à l'université. *La cousine de Fatima est **étudiante** en droit.*

étudier (verbe) ▶ conjug. n° 10
1. Chercher à acquérir certaines connaissances. ***Étudier** l'histoire, le piano.* 2. Réfléchir ou observer pour comprendre. *Des médecins **étudient** cette maladie pour tenter de la guérir.* Famille du mot : étude, étudi**ant**.

étui (nom masculin)
Contenant d'une forme adaptée à l'objet qu'il protège. *Un **étui** à lunettes.*

étuve (nom féminin)
Pièce où il fait très chaud. *L'hiver on gèle dans cette pièce, mais l'été c'est une **étuve**.*

à l'**étuvée** (adverbe)
Synonyme d'à l'étouffée.

étymologie (nom féminin)
Origine d'un mot. *L'**étymologie** du mot « espace » est le mot latin* spatium *qui signifie « champ de courses ».*

eucalyptus (nom masculin)
Grand arbre originaire d'Australie, aux feuilles odorantes. *Le koala se nourrit de feuilles d'**eucalyptus**.* ● Prononciation [økaliptys].

eucharistie (nom féminin)
Sacrement qui, pour les chrétiens, rappelle le sacrifice de Jésus-Christ. ● Prononciation [økaʀisti].

Euclide (IVe-IIIe siècle avant Jésus-Christ)
Mathématicien de la Grèce antique. Euclide a rassemblé en un seul ouvrage, *Éléments de géométrie*, toutes les connaissances mathématiques de l'Antiquité.

euh ! (interjection)
Sert à marquer l'hésitation. *Tu n'as rien oublié ? – **Euh !** Je ne pense pas.*

euphémisme (nom masculin)
Façon de parler qui adoucit ce que l'on veut dire. *Dire « il nous a quittés » au lieu de « il est mort » est un **euphémisme**.*

euphorie (nom féminin)
Sentiment de bien-être complet. *Dans l'**euphorie** de la victoire, il pleurait et riait à la fois.* (Contr. angoisse.)

euphorique (adjectif)
Qui est dans un état d'euphorie. *Il est **euphorique** à l'idée de partir en voyage sur un voilier.*

Euphrate
Fleuve du Proche-Orient (2 760 km). L'Euphrate naît dans l'Arménie turque, traverse la Syrie, l'Irak, où il rejoint les eaux du Tigre et se jette dans le golfe Persique. Il délimite le sud de la Mésopotamie.

Eurasie
Ensemble continental formé par l'Europe et l'Asie.

eurêka ! (interjection)
Mot qui exprime que l'on vient de trouver subitement une solution. ***Eurêka !** j'ai tout compris !*

feuilles, fruits, fleur et écorce de l'**eucalyptus**

euro (nom masculin)
Monnaie de l'Union européenne.

Europe
Continent de l'hémisphère Nord, délimité par l'océan Atlantique, l'océan Arctique, la mer Méditerranée, la mer Caspienne et les monts Oural. (plus de 10 millions de km^2 ; 738 millions d'habitants).

GÉOGRAPHIE
L'Europe est le plus petit continent du globe. On y distingue deux grands types de paysages : des vastes plaines fertiles au nord et des grandes chaînes montagneuses au sud : les Carpates, les Alpes et les Pyrénées. L'Europe a des côtes découpées. Certaines de ses îles sont très grandes comme la Grande-Bretagne, l'Irlande, la Sicile ou la Corse. On y trouve quatre types de climats : le climat océanique à l'ouest, le climat continental à l'est, le climat méditerranéen au sud et le climat subpolaire au nord. L'Europe est irriguée par de nombreux fleuves : ceux des plaines orientales, tels que la Volga, le Don et le Danube, sont longs et à fort débit. Plus à l'ouest, les fleuves, tels que le Rhin, l'Escaut, la Tamise, la Seine ou le Tage, ont un débit plus faible et plus régulier. Les réseaux ferroviaires, routiers et aériens forment un réseau très dense sur le continent. Les Européens présentent quatre grands types de population : nordique, slave, alpin et méditerranéen. Ils parlent 120 langues et dialectes.

HISTOIRE
Aux XVIIIe et XIXe siècles, la « révolution industrielle » a transformé l'Europe. Elle a connu alors une période d'essor et de prospérité, mais elle a été très affaiblie par les deux guerres mondiales. La Seconde Guerre mondiale a entraîné le partage de l'Europe en deux blocs : l'Europe de l'Ouest (composée de démocraties) et l'Europe de l'Est (composée de pays communistes). La séparation s'est faite en Allemagne, divisée en deux pays : la République fédérale d'Allemagne (RFA) et la République démocratique allemande (RDA). La réunification de l'Allemagne en 1990 a marqué un tournant dans l'évolution de l'Europe. Elle a permis un rapprochement et une ouverture entre l'Europe de l'Ouest et l'Europe de l'Est, dont certains États ont intégré l'Union européenne à partir de 2004. L'Europe rivalise avec les États-Unis et le Japon dans les secteurs de pointe comme l'industrie automobile, l'aérospatiale, l'électrique et l'électronique.
➡ Voir **Union européenne**.

européen, enne ➡ Voir tableau p. 6.

européen (nom masculin)
Race de chat très commun, appelé aussi « chat de gouttière ».

Eurotunnel
➡ Voir **tunnel sous la Manche**.

euthanasie (nom féminin)
Mort provoquée pour abréger les souffrances d'un malade incurable. *La pratique de l'**euthanasie** est illégale en France.*

euthanasier (verbe) ▸ conjug. n° 10
Provoquer la mort par euthanasie. *Ils ont décidé de faire **euthanasier** leur vieux chien très malade.*

eux (pronom)
Pronom personnel de la troisième personne, pluriel de *lui*. ***Eux**, ils sont contents. C'est à **eux** de jouer.*

évacuation (nom féminin)
Action d'évacuer. *L'**évacuation** des blessés s'est faite par hélicoptère.*

évacuer (verbe) ▸ conjug. n° 3
1. Quitter un endroit. *Les clients **ont évacué** le magasin à cause d'une alerte à la bombe.* **2.** Faire sortir ou faire partir. *On **a évacué** la population civile hors de la zone des combats. Les eaux usées sont **évacuées** par les égouts.*

s'évader (verbe) ▸ conjug. n° 3
S'enfuir d'un endroit où on est retenu prisonnier. *Plusieurs otages ont réussi à **s'évader**.* (Syn. s'échapper, se sauver.)

évaluation (nom féminin)
Action d'évaluer. *Le garagiste a donné une **évaluation** du prix des réparations.* (Syn. estimation.)

évaluer (verbe) ▸ conjug. n° 3
Déterminer la valeur de quelque chose. *On **évalue** les dégâts des inondations à plusieurs millions d'euros.* (Syn. estimer.)

a b c d e f g h i j k l m n o p q r s t u v w x y z

évangéliser (verbe) ▸ conjug. n° 3
Enseigner l'Évangile. *Des missionnaires **ont évangélisé** cette région.*

Évangile (nom masculin)
1. Doctrine de Jésus-Christ. *Au catéchisme, le prêtre apprend l'**Évangile** aux enfants.* **2.** Texte de la Bible qui contient cette doctrine.

Évangile
Chacun des quatre livres du Nouveau Testament. Les Évangiles retracent la vie et le message religieux de Jésus. Ils sont attribués à saint Matthieu, saint Marc, saint Luc et saint Jean.

s'évanouir (verbe) ▸ conjug. n° 11
1. Perdre connaissance. *Épuisé et affamé, il **s'est évanoui**.* **2.** Se dissiper et disparaître. *À la vue des sauveteurs, leurs craintes **se sont évanouies**.*

évanouissement (nom masculin)
Fait de s'évanouir. *Son **évanouissement** n'a duré que quelques secondes.*

évaporation (nom féminin)
Fait de s'évaporer. *La formation des nuages se fait par **évaporation** de l'eau.*
➡ p. 413.

s'évaporer (verbe) ▸ conjug. n° 3
Se transformer en vapeur. *L'éther **s'évapore** facilement.* (Syn. se volatiliser.)

évasé, ée (adjectif)
Qui va en s'élargissant. *Les manches de cette veste sont **évasées** aux poignets.*

évasif, ive (adjectif)
Qui reste dans le vague. *Je lui avais demandé une réponse précise mais il est resté très **évasif**.* (Contr. catégorique, net, précis.)

évasion (nom féminin)
Action de s'évader. *Les malfaiteurs ont organisé l'**évasion** de leur complice.*

Ève
Ève est considérée comme la première femme de la Création et la mère du genre humain. Selon la Bible, Dieu a créé Ève et Adam, son époux, et ils vivaient au Paradis terrestre. Tentée par le démon, Ève cueillit le fruit défendu de l'arbre de la connaissance du bien et du mal et Dieu chassa Adam et Ève du Paradis terrestre. Elle est la mère de Caïn, Abel et Seth.

Ève, depuis sa naissance jusqu'à ce qu'elle soit chassée du Paradis (miniature du XVe siècle)

évêché (nom masculin)
Résidence d'un évêque.

éveil (nom masculin)
• **Donner l'éveil :** mettre en garde. *Des bruits suspects nous **ont donné l'éveil**.*
• **En éveil :** attentif, sur ses gardes.

éveillé, ée (adjectif)
Qui a l'esprit vif. *C'est un bébé très **éveillé** pour son âge.*

éveiller (verbe) ▸ conjug. n° 3
1. Synonyme de réveiller. *Il **s'éveille** au moindre bruit.* **2.** Provoquer un sentiment, une attitude. *Tout ce remue-ménage **a éveillé** notre attention.* Famille du mot : éveil, éveillé.

évènement (nom masculin)
Ce qui se produit et qui a une certaine importance. *Des **évènements** inattendus ont perturbé nos vacances.*
ORTHO On écrit aussi **événement**.

éventail (nom masculin)
Objet pliant que l'on agite près du visage pour s'éventer.

éventaire (nom masculin)
Étalage de marchandises à l'extérieur d'un magasin. *Le 1er mai, des vendeurs de muguet installent leurs **éventaires** dans la rue.*

s'éventer (verbe) ▸ conjug. n° 3
1. Agiter l'air pour se rafraîchir. *Dans le car, les voyageurs **s'éventaient** avec leur journal.* 2. Perdre son goût au contact de l'air. *Si le flacon n'est pas bouché, ton parfum va **s'éventer**.*

éventrer (verbe) ▸ conjug. n° 3
Ouvrir en déchirant. *En **éventrant** un matelas, les policiers ont découvert les bijoux volés.*

éventualité (nom féminin)
Ce qui peut arriver. *Il parle de partir vivre à l'étranger, mais ce n'est encore qu'une **éventualité**.* (Syn. possibilité.)

éventuel, elle (adjectif)
Qui est possible mais pas certain. *On a fait analyser cette eau pour détecter la présence **éventuelle** de bactéries.*

éventuellement (adverbe)
De façon éventuelle. *Je vais peut-être partir quelques jours. Pourrais-tu **éventuellement** garder mon cochon d'Inde ?* (Syn. peut-être.)

évêque (nom masculin)
Prêtre qui dirige un diocèse.

Everest
Montagne la plus élevée du monde (8 850 mètres). Elle se situe dans l'Himalaya, à la frontière entre le Népal et le Tibet. Son sommet a été atteint pour la première fois en 1953, par l'alpiniste Edmund Hillary et le sherpa Tensing.

s'évertuer (verbe) ▸ conjug. n° 3
Synonyme de s'escrimer. *Elle **s'évertue** à lui apprendre les bonnes manières.*

évidemment (adverbe)
De façon évidente. *Viendras-tu à mon anniversaire ? – **Évidemment** !* (Syn. bien sûr, certainement.)

évidence (nom féminin)
Chose évidente. *Cet arbre est mort, c'est une **évidence**.* • **En évidence :** d'une manière très visible. *Je laisse les clés **en évidence** sur ton bureau.* • **Se rendre à l'évidence :** admettre ce qui est évident.

évident, ente (adjectif)
Qui ne fait aucun doute. *La supériorité de cette équipe est **évidente**.* (Syn. certain, flagrant, incontestable, indiscutable, sûr.)
Famille du mot : évi**demment**, évi**dence**.

évider (verbe) ▸ conjug. n° 3
Creuser l'intérieur d'une chose. ***Évider** des tomates pour les farcir.*

évier (nom masculin)
Dans une cuisine, bassin alimenté en eau et pourvu d'un trou pour l'évacuation.

évincer (verbe) ▸ conjug. n° 4
Écarter quelqu'un d'un poste pour prendre sa place. *Il a réussi à **évincer** son principal concurrent.* (Syn. éliminer.)

éviter (verbe) ▸ conjug. n° 3
1. Ne pas heurter quelqu'un ou quelque chose. *Le chien a traversé devant ma voiture mais j'ai réussi à l'**éviter**.* 2. Faire en sorte de ne pas rencontrer quelqu'un. *Il est tellement ennuyeux que j'essaie de l'**éviter**.* 3. Ne pas faire volontairement quelque chose. ***Évitez** de parler pendant le spectacle !* (Syn. s'abstenir.) 4. Épargner à quelqu'un une corvée, un ennui. *Je peux monter votre courrier, cela vous **évitera** un dérangement.*

évocateur, trice (adjectif)
Qui évoque une image, une idée. *L'odeur **évocatrice** du chocolat chaud me rappelle mes vacances chez ma grand-mère.*

évocation (nom féminin)
Fait d'évoquer un évènement. *Ces vieux amis ont beaucoup ri à l'**évocation** de leurs souvenirs.*

évolué, ée (adjectif)
Qui a atteint un certain niveau. *Une civilisation **évoluée**.*

a b c d e f g h i j k l m n o p q r s t u v w x y z

évoluer (verbe) ▸ conjug. n° 3
1. Se transformer peu à peu. *L'homme **a** beaucoup **évolué** au cours des siècles.* (Syn. se modifier, progresser.) **2.** Se déplacer en formant diverses figures. *Les voiliers **évoluent** dans la baie.*

évolution (nom féminin)
1. Fait d'évoluer. *L'**évolution** des moyens de transport a raccourci la durée des voyages.* (Syn. progrès.) **2.** Mouvements d'ensemble. *La foule admire les **évolutions** des avions dans le ciel.*

évoquer (verbe) ▸ conjug. n° 3
Rendre présent à l'esprit. *L'odeur des huîtres **évoque** pour moi la mer.* Famille du mot : évoc**ateur**, évoc**ation**.

ex-
Préfixe indiquant une situation qui existait avant. *L'ex-Président accueille son successeur à l'Élysée.*

exacerber (verbe) ▸ conjug. n° 3
Rendre plus vif. *Ce long retard **a exacerbé** la colère des voyageurs.* (Contr. apaiser, atténuer, calmer.)

exact, exacte (adjectif)
1. Qui est conforme à la réalité ou à la vérité. *Le récit de ce témoin est **exact**.* (Contr. approximatif.) **2.** Qui ne comporte pas d'erreur. *Ton addition est **exacte**.* (Syn. correct, juste. Contr. faux, inexact.) **3.** Qui arrive à l'heure fixée. *Rendez-vous devant la gare à huit heures, soyez **exacts** !* (Syn. ponctuel.) Famille du mot : exacte**ment**, exacti**tude**, **in**exact, **in**exacti**tude**.

exactement (adverbe)
De façon exacte. *L'avion a **exactement** dix minutes de retard.*

exactitude (nom féminin)
1. Qualité d'une chose exacte. *Les prévisions de la météo étaient d'une parfaite **exactitude** : il neige !* **2.** Qualité d'une personne exacte. *Hélène arrivera à l'heure, je connais son **exactitude**.* (Syn. ponctualité.)

ex æquo (adverbe)
À égalité, pour des concurrents. *Et voici la question subsidiaire pour départager nos deux candidats classés **ex æquo**.* Prononciation [ɛgzeko].

exagération (nom féminin)
Fait d'exagérer. *Il y a toujours une grande part d'**exagération** dans ce que raconte ce vantard.*

exagérément (adverbe)
De façon exagérée. *Ludivine s'est **exagérément** parfumée.* (Syn. excessivement, trop.)

exagérer (verbe) ▸ conjug. n° 8
1. Présenter les choses comme plus importantes qu'elles ne le sont. *Il me semble que tu **exagères** la difficulté de ce problème.* (Syn. grossir.) **2.** Dépasser les limites de ce qui est convenable. *Il a encore oublié notre rendez-vous, je trouve qu'il **exagère** !* (Syn. abuser.) Famille du mot : exagér**ation**, exagér**ément**.

exaltant, ante (adjectif)
Qui exalte. *Les astronautes vivent des moments **exaltants**.* (Syn. enthousiasmant.)

exaltation (nom féminin)
État d'une personne exaltée. *La foule a accueilli le chanteur avec **exaltation**.*

exalter (verbe) ▸ conjug. n° 3
Exciter l'enthousiasme de quelqu'un. *Les paroles de cet homme politique **ont exalté** ses partisans.*

examen (nom masculin)
1. Épreuve destinée à contrôler les connaissances de quelqu'un. *Préparer un **examen**. Passer un **examen**.* **2.** Action d'examiner. *Le médecin procède à l'**examen** du malade.* (Syn. contrôle, vérification.) Famille du mot : exam**inateur**, exam**iner**.

examinateur, trice (nom)
Personne qui fait passer un examen. *L'**examinateur** interroge le premier candidat.*

examiner (verbe) ▸ conjug. n° 3
Observer ou étudier soigneusement. *Un expert doit **examiner** ce tableau pour vérifier s'il est authentique.*

exaspération (nom féminin)
État de grande irritation. *Après une heure d'attente, il était au comble de l'**exaspération**.* (Syn. fureur.)

exaspérer (verbe) ▶ conjug. n° 8
Provoquer l'exaspération de quelqu'un. *Le bruit des travaux m'**exaspère**.* (Syn. excéder, horripiler.)

exaucer (verbe) ▶ conjug. n° 4
Satisfaire une prière ou une demande. *Je suis prêt à **exaucer** tous vos désirs.*

excavation (nom féminin)
Trou dans le sol. *L'explosion a creusé une profonde **excavation**.*

excavatrice (nom féminin)
Machine qui sert à creuser le sol.

excédent (nom masculin)
Quantité qui dépasse ce qui est prévu ou normal. *Vous avez un léger **excédent** de poids, un petit régime s'impose.*

excédentaire (adjectif)
Qui est en excédent. *La production de céréales est **excédentaire** cette année.* (Contr. déficitaire.)

excéder (verbe) ▶ conjug. n° 8
1. Dépasser en quantité ou en prix. *La durée du voyage **a excédé** de deux heures la durée prévue.* **2.** Énerver quelqu'un au plus haut point. *Tu finis par m'**excéder** avec tes reproches continuels.* (Syn. exaspérer.) Famille du mot : excéd**ent**, excéd**entaire**.

excellence (nom féminin)
1. Haut niveau de perfection. *Nous avons félicité le cuisinier pour l'**excellence** de son repas.* **2.** Titre honorifique. *Son **Excellence**, l'ambassadeur d'Italie.* Au sens 2, ce mot commence par une majuscule.

une **excavatrice**

excellent, ente (adjectif)
Qui est très bon. *Julie est **excellente** en maths.* (Syn. remarquable. Contr. exécrable.)

exceller (verbe) ▸ conjug. n° 3
Montrer des qualités supérieures dans un domaine. *Ce peintre **excelle** dans l'art de l'aquarelle.* Famille du mot : excellence, excellent.

excentricité (nom féminin)
Attitude excentrique. *Il se fait toujours remarquer par l'**excentricité** de ses cravates.* (Syn. extravagance.)

excentrique (adjectif)
1. Qui sort de l'ordinaire. *La tante de Myriam est une dame un peu **excentrique** qui adore élever des araignées.* 2. Qui est éloigné du centre. *Les quartiers **excentriques** sont accessibles par les transports en commun.*

Les chapeaux **excentriques** font figure d'**exception**.

excepté (préposition)
À l'exception de. *Véronique aime tous les légumes **excepté** les haricots verts.* (Syn. hormis, sauf.) Famille du mot : exception, exceptionnel, exceptionnellement.

exception (nom féminin)
Cas rare ou cas particulier. *Dans cette famille, tout le monde porte des lunettes, sauf Romain qui est l'**exception**.* • **À l'exception de :** sauf, hormis.

exceptionnel, elle (adjectif)
Qui est très rare. *Il fait un froid **exceptionnel** en ce début d'été.* (Syn. inhabituel.)

un évènement **exceptionnel** :
les premiers pas de l'homme
sur la Lune (1969)

exceptionnellement (adverbe)
De façon exceptionnelle. *Aujourd'hui, on sort **exceptionnellement** de l'école à 15 heures.*

excès (nom masculin)
Ce qui est excessif. *Un **excès** de vitesse. Tu peux manger des chocolats, mais sans **excès**.* ■ **excès** (nom masculin pluriel) Action de trop manger ou de trop boire. *Aujourd'hui, j'ai fait quelques **excès**, mais demain je reprends mon régime.* Famille du mot : excessif, excessivement.

excessif, ive (adjectif)
Qui dépasse la mesure ou les limites autorisées. *Il a payé un prix **excessif** pour cette vieille voiture.* (Syn. abusif. Contr. modéré, normal.)

excessivement (adverbe)
De façon excessive. *Ce restaurant est **excessivement** cher.* (Syn. exagérément, extrêmement.)

excipient (nom masculin)
Substance à laquelle on incorpore un médicament pour qu'il soit plus facile à absorber.

excitant, ante (adjectif)
Qui excite, passionne. *Il a vécu mille aventures **excitantes**.* ■ **excitant** (nom masculin) Produit qui excite, qui rend nerveux. *Le café et le thé sont des **excitants**.* (Contr. calmant.)

excitation (nom féminin)
État de grande agitation. *L'**excitation** des enfants grandit à l'approche du départ.*

exciter (verbe) ▶ conjug. n° 3
1. Faire naître ou stimuler un sentiment. *Cet exploit **a excité** l'enthousiasme de la foule.* (Syn. éveiller, provoquer, susciter.) 2. Rendre nerveux ou agité. *Cesse d'**exciter** le chat, il va te griffer !* (Contr. calmer.) Famille du mot : excit**ant**, excita**tion**, **sur**excité.

exclamatif, ive (adjectif)
Qui marque l'exclamation. *« Quelle chance ! » est une phrase **exclamative**.*

exclamation (nom féminin)
Paroles ou cris exprimant un sentiment très fort. *Une **exclamation** de joie, de surprise, de colère.* • **Point d'exclamation :** signe de ponctuation (!) qui indique qu'une phrase est exclamative.

s'exclamer (verbe) ▶ conjug. n° 3
Pousser une exclamation. *« Bravo, tu as gagné ! » **s'exclama**-t-elle.* (Syn. s'écrier.)

exclu, ue (adjectif)
Qui ne fait pas partie de la totalité, de l'ensemble. *Voici le prix du voyage, taxes d'aéroport **exclues**.* (Contr. inclus.)

exclure (verbe) ▶ conjug. n° 51
1. Renvoyer quelqu'un d'un groupe. *L'arbitre **a exclu** un joueur pour brutalité.* 2. Ne pas admettre quelque chose. *Nous **avons exclu** la possibilité d'un voyage en avion qui coûterait trop cher.* Famille du mot : exclu, exclu**sif**, exclu**sion**, exclu**sivement**, exclu**sivité**.

exclusif, ive (adjectif)
Qui appartient à quelqu'un et à lui seul. *Le président de la République a le pouvoir **exclusif** de nommer le Premier ministre.*

exclusion (nom féminin)
Fait d'exclure quelqu'un. *À cause d'une bagarre, cet élève risque l'**exclusion** du lycée.* (Syn. renvoi.) • **À l'exclusion de :** excepté, sauf. *Ils sont tous venus, **à l'exclusion de** Romain qui était malade.*

exclusivement (adverbe)
De manière exclusive. *Il a arrêté ses études pour se consacrer **exclusivement** à la musique.* (Syn. uniquement.)

exclusivité (nom féminin)
Droit exclusif de vendre un produit, de passer un film ou de publier un texte. *Ce journal a l'**exclusivité** de ce reportage.*

excommunier (verbe) ▶ conjug. n° 10
Exclure un chrétien de l'Église. *Le moine Luther fut **excommunié** par le pape.*

excréments (nom masculin pluriel)
Matières que les animaux ou les hommes rejettent par l'anus après la digestion. *Les crottes de lapin, la bouse de vache sont des **excréments**.*

excroissance (nom féminin)
Petit gonflement sur la peau. *Ces petites **excroissances** sur le dos de ta main sont sans doute des verrues.*

excursion (nom féminin)
Longue promenade touristique. *Pour découvrir les curiosités de notre région, nous organisons quelques **excursions**.*

excuse (nom féminin)
1. Raison qui explique et justifie la conduite de quelqu'un. *Tu ne seras pas puni pour ton retard puisque tu as une **excuse** valable.* 2. Regret exprimé envers quelqu'un pour une faute. *Je vous prie d'accepter toutes mes **excuses** pour cet oubli.*

excuser (verbe) ▶ conjug. n° 3
1. Défendre ou justifier quelqu'un qui est accusé. *Elle est toujours prête à **excuser** ses enfants.* 2. Servir d'excuse. *Son manque d'expérience **excuse** ses erreurs.* 3. S'excuser : présenter des excuses. *Il **s'est excusé** de son insolence.* Famille du mot : excuse, **in**excus**able**.

a b c d e f g h i j k l m n o p q r s t u v w x y z

exécrable (adjectif)
Très mauvais. *Nous avons passé des vacances **exécrables** à cause du mauvais temps.* (Syn. abominable, détestable. Contr. excellent.)

exécutant, ante (nom)
Personne qui exécute un travail sous les ordres de quelqu'un. *Il n'est pas responsable de ce projet, ce n'est qu'un **exécutant**.*

exécuter (verbe) ▸ conjug. n° 3
1. Réaliser quelque chose suivant un plan. *L'équipage du bateau **a exécuté** des manœuvres difficiles pour entrer dans le port.* (Syn. effectuer.) **2.** Jouer une œuvre musicale. ***Exécuter** un concerto, une sonate.* (Syn. interpréter.) **3.** Mettre à mort. *Certains pays **exécutent** encore des condamnés.* **4.** S'exécuter : faire ce qui est commandé. *Victor n'avait pas envie de se coucher, mais il a fini par **s'exécuter**.*
Famille du mot : exécut**ant**, exécut**if**, exécut**ion**.

exécutif, ive (adjectif)
• **Pouvoir exécutif :** pouvoir chargé de faire exécuter les lois, qui appartient au président de la République et au gouvernement.

exécution (nom féminin)
1. Action d'exécuter quelque chose. *L'**exécution** d'un projet, d'un ordre.* (Syn. réalisation.) **2.** Mise à mort d'un condamné.

■ **exemplaire** (adjectif)
Qui peut servir d'exemple. *Pendant l'incendie, il a montré un courage **exemplaire**.* (Syn. remarquable.)

■ **exemplaire** (nom masculin)
Chaque objet d'une série reproduisant le même modèle. *Cette voiture a déjà été fabriquée à plus d'un million d'**exemplaires**.*

exemple (nom masculin)
1. Personne ou action digne d'être imitée. *William a donné un bel **exemple** de générosité.* **2.** Cas particulier qui sert à prouver ou à illustrer ce que l'on dit. *Pour que tu comprennes ce mot, je vais te donner un **exemple**.* • **Par exemple :** sert à illustrer ce que l'on vient de dire. *Certains mammifères vivent dans l'eau, **par exemple** les baleines.* (Syn. notamment.) **Exemple** vient du latin *exemplum* qui signifie « échantillon », c'est-à-dire une petite partie qui sert d'exemple.

exempt, exempte (adjectif)
Dispensé d'une chose règlementaire. *Les très bas salaires sont **exempts** d'impôt.*
Prononciation [ɛgzɑ̃], [ɛgzɑ̃t].

exempter (verbe) ▸ conjug. n° 3
Dispenser quelqu'un d'une obligation. *Tu n'**es** pas **exempté** de faire le ménage dans ta chambre.* Prononciation [ɛgzɑ̃te].

exercer (verbe) ▸ conjug. n° 4
1. Faire travailler certaines aptitudes pour les développer. *Yann **exerce** sa mémoire en faisant du calcul mental. Noémie **s'exerce** à sauter à la corde.* (Syn. entraîner.) **2.** Pratiquer un métier. *Ce médecin **exerce** en province.* **3.** Produire un effet. *Le vent **exerce** une poussée sur les voiles.*

exercice (nom masculin)
1. Devoir donné à un élève. *Des **exercices** de grammaire, de géométrie.* **2.** Mouvement destiné à développer ses muscles. *Allons courir dans la forêt, j'ai besoin d'un peu d'**exercice**.* **3.** Pratique d'un métier. *Ce charlatan s'est fait arrêter pour **exercice** illégal de la médecine.*

exhaler (verbe) ▸ conjug. n° 3
Répandre une odeur. *Le jasmin **exhale** un parfum délicieux.*

exhaustif, tive (adjectif)
Qui ne laisse rien de côté. *Clément a fait une liste **exhaustive** des élèves de la classe.*

exhiber (verbe) ▸ conjug. n° 3
Montrer à tout le monde. *Il est tout fier d'**exhiber** sa nouvelle moto.*

exhortation (nom féminin)
Action d'exhorter. *Ce discours est une **exhortation** à la violence !*

exhorter (verbe) ▸ conjug. n° 3
Conseiller ou encourager vivement une personne. *L'entraîneur **a exhorté** ses joueurs pendant la mi-temps.* (Syn. inciter.)

exhumer (verbe) ▶ conjug. n° 3
Synonyme de déterrer. *Une équipe de chercheurs **a exhumé** les restes d'une cité disparue.* Voir **inhumer**.

exigeant, ante (adjectif)
Qui exige des autres beaucoup d'efforts. *C'est un patron très **exigeant** envers ses employés, mais il les paie bien.*

exigence (nom féminin)
1. Caractère d'une personne exigeante. *Elle est d'une telle **exigence** que rien ne peut la satisfaire.* 2. Ce qui est exigé par quelqu'un. *Ce commerçant essaie de satisfaire les **exigences** de ses clients.*

exiger (verbe) ▶ conjug. n° 5
1. Réclamer de manière impérative. *J'**exige** que vous vous taisiez !* (Syn. ordonner.) 2. Avoir besoin de quelque chose de manière indispensable. *C'est une plante délicate qui **exige** beaucoup de soins.* (Syn. nécessiter.) Famille du mot : exi**geant**, exi**gence**, exig**ible**.

exigible (adjectif)
Que l'on peut exiger. *Ce paiement est **exigible** au 1er janvier.*

exigu, uë (adjectif)
Trop petit. *Le couloir est trop **exigu** pour y faire passer cette armoire.*
ORTHO On écrit aussi au féminin **exigüe**.

exil (nom masculin)
État d'une personne obligée de s'exiler. *Ce réfugié politique a passé plusieurs années d'**exil** en France.* Famille du mot : exil**é**, exil**er**.

exilé, ée (nom)
Personne qui vit en exil. *Certains pays accueillent les **exilés** politiques.*

exiler (verbe) ▶ conjug. n° 3
1. Chasser quelqu'un hors de son pays. *Ce dictateur **a exilé** tous ses opposants.* 2. S'exiler : quitter volontairement son pays pour aller vivre ailleurs. *Il a dû **s'exiler** pour trouver du travail.* (Syn. émigrer, s'expatrier.)

existence (nom féminin)
1. Fait d'exister. *Des recherches ont confirmé l'**existence** d'une source dans le sous-sol.* 2. Vie ou manière de vivre. *Il a mené une **existence** aventureuse.*

exister (verbe) ▶ conjug. n° 3
1. Avoir une réalité. *Le héros de ce roman **a vraiment existé**.* 2. Avoir de l'importance. *Pour elle, rien n'**existe** en dehors de ses enfants.* Famille du mot : exist**ence**, **in**exist**ant**.

exocet (nom masculin)
Poisson des mers chaudes capable de faire de grands sauts hors de l'eau. (Syn. poisson volant.) Prononciation [ɛgzɔsɛt]. **Exocet** vient du grec *exôkoitos* qui signifie « qui sort de sa maison ».

un **exocet**

exode (nom masculin)
Fuite ou départ d'une population. *L'**exode** rural a vidé certaines campagnes de leur population.*

exonération (nom féminin)
Fait d'être exonéré. *Une **exonération** d'impôt.*

exonérer (verbe) ▶ conjug. n° 8
Dispenser une personne de l'obligation de payer. *Son âge lui permet d'**être exonéré** de la redevance de télévision.*

exorbitant, ante (adjectif)
Qui coûte beaucoup trop cher. *Il paye un loyer **exorbitant**.* (Syn. prohibitif.)

exorbité, ée (adjectif)
Se dit des yeux grands ouverts au point qu'ils semblent sortir de leurs orbites.

exorciser (verbe) ▶ conjug. n° 8
Chasser les démons par des prières, par des rites. *On fit appel au sorcier pour **exorciser** les mauvais esprits.* (Syn. conjurer.)

exotique (adjectif)
Qui provient de pays lointains. *L'ananas, la mangue, la banane sont des fruits* ***exotiques***.

des fruits **exotiques**

exotisme (nom masculin)
Caractère de ce qui est exotique. *Il apprécie vraiment l'****exotisme*** *de la cuisine chinoise.*

expansif, ive (adjectif)
Qui aime exprimer ses sentiments. *Je sais tout d'elle car elle est très* ***expansive***. (Syn. communicatif, démonstratif. Contr. réservé, taciturne, timide.)

expansion (nom féminin)
Fait de se développer ou d'augmenter. *La région a été équipée et le tourisme est en pleine* ***expansion***. (Syn. développement, essor. Contr. régression.)

s'**expatrier** (verbe) ▸ conjug. n° 10
Synonyme de s'exiler. *Il* ***s'est expatrié*** *pour travailler mais il regrette son pays.*

expédient (nom masculin)
Moyen qui permet de se tirer d'embarras provisoirement. *En attendant de trouver du travail, il vit d'****expédients***.

expédier (verbe) ▸ conjug. n° 10
1. Envoyer vers telle destination. ***Expédier*** *du courrier, un colis.* 2. Faire quelque chose rapidement pour s'en débarrasser. *Nous allons* ***expédier*** *la vaisselle pour aller au cinéma.* (Syn. bâcler.) Famille du mot : expédit**eur**, expédit**ion**, **ré**expédier.

expéditeur, trice (nom)
Personne qui expédie un message ou un colis. *Si le destinataire a déménagé, le colis sera retourné à l'****expéditeur***. (Syn. envoyeur. Contr. destinataire.)

expéditif, ive (adjectif)
Qui est rapide et efficace. *Il a été très* ***expéditif*** *et je n'ai rien pu lui dire.*

expédition (nom féminin)
1. Action d'expédier quelque chose. *L'****expédition*** *de votre commande se fera la semaine prochaine.* (Syn. envoi.) 2. Voyage d'exploration. *Des scientifiques ont organisé une* ***expédition*** *en Antarctique.*

expérience (nom féminin)
1. Essai réalisé pour étudier quelque chose. *Des* ***expériences*** *ont permis à ces chercheurs de découvrir un nouveau vaccin.* 2. Connaissance qui vient d'une longue pratique ou d'une grande habitude. *Ce vieux médecin a beaucoup d'****expérience***.

expérimental, ale, aux (adjectif)
1. Fondé sur l'expérience scientifique. 2. Qui sert d'expérience pour vérifier, améliorer une technique, un appareil. *Ce vaccin est pour l'instant* ***expérimental***.

expérimenté, ée (adjectif)
Qui a de l'expérience dans un domaine. *C'est un navigateur* ***expérimenté***. (Syn. expert. Contr. débutant, inexpérimenté.)

expérimenter (verbe) ▸ conjug. n° 3
Soumettre quelque chose à des expériences. *Le laboratoire* ***a expérimenté*** *un nouveau médicament sur des souris.* (Syn. essayer, tester.) Famille du mot : expérimenté, **in**expérimenté.

expert, erte (adjectif)
Qui est très compétent grâce à une grande expérience. *Un ouvrier* ***expert*** *en mécanique.* ■ **expert** (nom masculin) Spécialiste chargé de vérifications. *Plusieurs* ***experts*** *ont examiné ce tableau pour vérifier son authenticité. Un* ***expert****-comptable.* Famille du mot : expert**ise**, expert**iser**.

expertise (nom féminin)
Examen effectué par un expert. *Une* ***expertise*** *a révélé que les bijoux étaient faux.*

expertiser (verbe) ▸ conjug. n° 3
Faire une expertise. *Le père d'Odile a fait **expertiser** sa voiture avant de la vendre.*

expier (verbe) ▸ conjug. n° 10
Réparer une faute en subissant un châtiment. *Il est allé en prison pour **expier** son crime.*

expiration (nom féminin)
1. Fait d'expirer de l'air. (Contr. inspiration.) **2.** Fin d'un délai fixé à l'avance. *Votre abonnement est arrivé à **expiration** ; voulez-vous le renouveler ?* (Syn. terme.)

expirer (verbe) ▸ conjug. n° 3
1. Rejeter à l'extérieur l'air inspiré. *Commence par inspirer profondément puis **expire** lentement.* **2.** Synonyme littéraire de mourir. *Le blessé **a expiré** pendant son transport à l'hôpital.* **3.** Arriver à la fin d'un délai. *Son contrat **expire** à la fin du mois.*

explicatif, ive (adjectif)
Qui sert à expliquer comment fonctionne quelque chose. *La notice **explicative** d'un ordinateur.*

explication (nom féminin)
1. Ce qui sert à expliquer. *Les touristes sont attentifs aux **explications** du guide.* **2.** Raison ou motif d'un fait. *J'aimerais vivement avoir l'**explication** de ce retard.* **3.** Discussion destinée à s'expliquer. *Ils se sont réconciliés après une longue **explication**.*

explicite (adjectif)
Qui est très clair, sans équivoque. *J'ai lu un article de journal très **explicite** sur cette question.* (Contr. implicite.)

expliquer (verbe) ▸ conjug. n° 3
1. Faire comprendre quelque chose à quelqu'un. *Je vais t'**expliquer** le fonctionnement de cet appareil photo.* **2.** Être la raison, l'explication d'un fait. *Le brouillard **explique** le retard de l'avion.* **3.** S'expliquer : se justifier ou faire comprendre son comportement. *Ma réaction doit vous paraître bizarre, mais je vais essayer de **m'expliquer**.* ⌂ Famille du mot : explic**atif**, explic**ation**, **in**explic**able**.

exploit (nom masculin)
Action remarquable. *Ce livre raconte les **exploits** des premiers aviateurs.* (Syn. prouesse.)

exploitant, ante (nom)
Personne qui dirige une exploitation. *Un **exploitant** agricole.*

exploitation (nom féminin)
1. Entreprise ou terrain que l'on exploite. *L'**exploitation** d'une mine de charbon, d'un champ de pétrole. Une **exploitation** agricole.* **2.** Fait d'exploiter quelqu'un. *L'**exploitation** des enfants dans certains pays.*

l'**exploitation** des enfants dans le tiers-monde

exploiter (verbe) ▸ conjug. n° 3
1. Mettre quelque chose en valeur pour en tirer profit. *Il **exploite** ce domaine forestier pour faire le commerce du bois.* **2.** Profiter d'un avantage. *Il a su **exploiter** ses qualités pour réussir dans son métier.* **3.** Profiter du travail des autres pour s'enrichir. ***Exploiter** tous ses employés.* ⌂ Famille du mot : exploit**ant**, exploit**ation**, exploit**eur**.

exploiteur, euse (nom)
Personne qui exploite les autres. *Les grévistes l'accusent d'être un **exploiteur**.*

explorateur, trice (nom)
Personne qui explore des contrées inconnues. *Christophe Colomb fut un grand **explorateur**.* ➡ p. 498.

Vasco de Gama fut un grand **explorateur**.

exploration (nom féminin)
Action d'explorer un lieu. *L'**exploration** des fonds sous-marins.*

explorer (verbe) ▸ conjug. n° 3
Parcourir des lieux inconnus pour les étudier. *Jacques Cartier **explora**, en 1535, la région du Saint-Laurent au Canada.* Famille du mot : explor**ateur**, explora**tion**.

exploser (verbe) ▸ conjug. n° 3
1. Éclater avec violence. *Une grenade **a explosé**, faisant plusieurs blessés.* **2.** Au sens figuré, manifester ses sentiments avec violence. *Il ne disait rien et brusquement, il **a explosé**.* Famille du mot : explo**sif**, explo**sion**.

explosif, ive (adjectif)
1. Qui peut exploser. *Ces cartouches sont remplies de poudre **explosive**.* **2.** Au sens figuré, qui peut provoquer un conflit. *La situation est **explosive** entre la police et les manifestants.* ■ **explosif** (nom masculin) Produit explosif. *La dynamite est un **explosif**.*

explosion (nom féminin)
1. Fait d'exploser. *L'**explosion** n'a causé que des dégâts matériels.* **2.** Au sens figuré, manifestation soudaine et brutale. *Une **explosion** de violence, de colère, de joie.*

exportateur, trice (adjectif)
Qui exporte des marchandises. *La Côte d'Ivoire est un pays **exportateur** de cacao.* (Contr. importateur.)

exportation (nom féminin)
Action d'exporter des marchandises. *La France fait l'**exportation** de parfums dans le monde entier.* (Contr. importation.)

exporter (verbe) ▸ conjug. n° 3
Vendre des produits à des pays étrangers. ***Exporter** des voitures, du pétrole, des matières premières.* (Contr. importer.) Famille du mot : export**ateur**, exporta**tion**.

■ **exposant** (nom masculin)
Lettre ou chiffre que l'on écrit en haut à droite d'un nombre ou d'une lettre. *Dans « m^2 », le « 2 » est en **exposant**.*

■ **exposant, ante** (nom)
Personne qui expose des produits pour les vendre. *La Foire de Paris reçoit des **exposants** de toutes les régions françaises.*

exposé (nom masculin)
Petite conférence. *Ibrahim a préparé un **exposé** sur les paysans au Moyen Âge.*

exposer (verbe) ▸ conjug. n° 3
1. Présenter au public. *Ce bijoutier **expose** dans sa vitrine de nombreux modèles de montres.* **2.** Faire connaître quelque chose à quelqu'un. *Avant d'agir, je vais vous **exposer** mon plan.* (Syn. expliquer, présenter.) **3.** Orienter dans un certain sens. *Ce jardin **est exposé** à l'ouest.* (Syn. orienter.) **4.** Soumettre à une action. *Attention de ne pas **t'exposer** trop longtemps au soleil.* **5.** S'exposer : prendre un risque. *En refusant d'obéir, tu **t'exposes** à une punition.* Famille du mot : expos**ant**, expos**é**, expos**ition**.

exposition (nom féminin)
1. Présentation au public. *Une **exposition** de peintures.* 2. Orientation d'un lieu, d'un bâtiment. *Cette chambre est ensoleillée grâce à son **exposition** au sud.* 3. Fait d'exposer quelque chose à une action. *Si ta peau est fragile, il faut éviter les **expositions** au soleil.*

■ **exprès** (adverbe)
Avec une intention précise. *J'ai acheté ce livre **exprès** pour toi. Il m'a bousculé sans faire **exprès**.* (Syn. volontairement.) ● Prononciation [ɛkspʀɛ].

■ **exprès, expresse** (adjectif)
Qui est exprimé de manière catégorique. *Interdiction **expresse** de fumer.* (Syn. absolu, impératif.) ● Prononciation [ɛkspʀɛs].

express (adjectif)
• **Train express :** qui s'arrête seulement dans les gares principales. • **Voie express :** voie routière à circulation rapide. ■ **express** (nom masculin) Train express. *L'**express** pour La Rochelle part à 8 heures 25.* 2. Café concentré fait à la vapeur sous pression.

expressément (adverbe)
De façon expresse. *Il est **expressément** interdit de fumer dans cette salle.*

expressif, ive (adjectif)
Qui exprime bien ses sentiments. *Le visage **expressif** du clown.* (Contr. inexpressif.)

expression (nom féminin)
1. Aspect du visage ou du regard qui manifeste certains sentiments. *En me voyant, David a eu une **expression** de surprise.* (Syn. air.) 2. Groupe de mots ayant un sens particulier. *« Rapide comme l'éclair » est une **expression**.* 3. Fait de s'exprimer. *Le chant, le dessin, la danse sont des moyens d'**expression**.*

exprimer (verbe) ▸ conjug. n° 3
1. Faire connaître ce que l'on ressent ou ce que l'on pense. *Son sourire **exprimait** sa satisfaction.* (Syn. manifester, montrer. Contr. cacher.) 2. S'exprimer : faire connaître sa pensée par la parole ou par des gestes. *Elle ne **s'exprime** pas très bien en anglais.*

une **exposition** de sculptures au musée d'Orsay

a b c d e f g h i j k l m n o p q r s t u v w x y z

exproprier (verbe) ▶ conjug. n° 10
Prendre un terrain ou une maison à son propriétaire en échange d'une indemnité. *On **a exproprié** les habitants de ce village pour construire un aéroport.*

expulser (verbe) ▶ conjug. n° 3
Chasser d'un lieu. *Le propriétaire voudrait **expulser** ses locataires.* (Syn. renvoyer.)

expulsion (nom féminin)
Action d'expulser quelqu'un. *Ce joueur a été menacé d'**expulsion** pour injures à l'arbitre.*

expurger (verbe) ▶ conjug. n° 5
Supprimer des passages considérés comme choquants. ***Expurger** un roman.* (Syn. censurer.)

exquis, ise (adjectif)
Qui est délicieux. *Ces fraises du jardin sont **exquises**.*

exsangue (adjectif)
Qui est extrêmement pâle. *Il est très affaibli, son visage est **exsangue**.* ● Prononciation [ɛgzɑ̃g] ou [ɛksɑ̃g].

extase (nom féminin)
• **En extase :** qui s'extasie. *Hélène est tombée **en extase** devant ces fleurs exotiques.*

s'extasier (verbe) ▶ conjug. n° 10
Montrer son émerveillement, son enthousiasme. *Les invités **se sont extasiés** devant le gâteau d'anniversaire.*

extensible (adjectif)
Qui peut s'étirer. *Le bracelet de ma montre est **extensible**.* (Syn. élastique.)

extensif, ive (adjectif)
• **Culture extensive :** culture agricole pratiquée sur des grandes surfaces, sans engrais, et dont le rendement est assez faible. *Dans les pays pauvres, on pratique souvent la **culture extensive**.*

extension (nom féminin)
1. Action d'étendre un membre. *Kevin fait des mouvements d'**extension** pour rééduquer son genou blessé.* (Contr. flexion.) 2. Augmentation ou développement de quelque chose. *La famine se répand dans ce pays à cause de l'**extension** du désert.*

exténuant, ante (adjectif)
Qui exténue. *Ce long voyage était **exténuant**.* (Syn. épuisant, harassant.)

exténuer (verbe) ▶ conjug. n° 3
Causer une très grande fatigue. *Ce travail nous **a exténués**.* (Syn. épuiser.)

extérieur, eure (adjectif)
1. Qui est au-dehors. *On a repeint la façade **extérieure** de l'immeuble.* (Contr. intérieur.) 2. Qui concerne les pays étrangers. *C'est un spécialiste du commerce **extérieur** de la France.* ■ **extérieur** (nom masculin) Ce qui est extérieur. *Le château est fermé, nous n'avons pu voir que l'**extérieur**.* ⌂ Famille du mot : extérieur**ement**, extérior**iser**.

extérieurement (adverbe)
À l'extérieur. ***Extérieurement**, cette maison paraît inhabitée.*

extérioriser (verbe) ▶ conjug. n° 3
Manifester un sentiment de façon visible. *Il a tendance à **extérioriser** son enthousiasme de façon un peu bruyante.*

extermination (nom féminin)
Action d'exterminer des êtres vivants. *Cette association défend les espèces animales menacées d'**extermination**.*

exterminer (verbe) ▶ conjug. n° 3
Tuer jusqu'au dernier. *Les loups **ont été exterminés** en France.* (Syn. anéantir.)

externat (nom masculin)
Condition d'un élève qui ne prend pas ses repas dans son établissement scolaire. *William est en **externat**.* (Contr. internat.)

■ **externe** (adjectif)
Situé vers l'extérieur. *Les verres de contact s'appliquent sur la paroi **externe** de l'œil.* (Contr. interne.)

■ **externe** (nom)
Élève qui ne prend pas ses repas à la cantine. *Pierre est **externe**, mais Sarah est demi-pensionnaire.*

extincteur (nom masculin)
Appareil qui sert à éteindre un feu.

extinction (nom féminin)
1. Action d'éteindre un feu ou une lumière. **2.** Disparition totale. *Certaines espèces animales sont en voie d'**extinction**.*
• **Extinction de voix :** impossibilité momentanée de parler.

extirper (verbe) ▸ conjug. n° 3
1. Arracher complètement. *Le jardinier a eu du mal à **extirper** les orties.* **2.** Faire sortir d'un endroit. *On a réussi à **extirper** le chat de sa cachette.*

extorquer (verbe) ▸ conjug. n° 3
Obtenir quelque chose par la violence ou par la ruse. *Cet escroc **a extorqué** plusieurs millions à ses victimes.*

■ **extra** (adjectif)
Synonyme familier d'excellent. *Cette sauce aux morilles est vraiment **extra**.*
Pluriel : des bonbons extra.

■ **extra** (nom masculin)
Ce que l'on fait ou que l'on achète en plus de l'ordinaire. *Hier on a fait un **extra**, on a dîné dans un grand restaurant.*
Pluriel : des extra.

un **extincteur**

extraction (nom féminin)
Action d'extraire quelque chose. *L'**extraction** d'un minerai, d'une dent.*

extradition (nom féminin)
Action de se faire livrer une personne recherchée qui se trouve dans un pays étranger. *Le gouvernement a demandé l'**extradition** du criminel.*

extraire (verbe) ▸ conjug. n° 40
1. Tirer du sol. *Les mineurs **extraient** du charbon de la mine.* **2.** Retirer hors de quelque chose. *Il a fallu **extraire** la balle de la jambe du blessé. Le pilote a réussi à **s'extraire** de sa voiture en flammes.* **3.** Séparer une substance d'une autre. *On **extrait** de l'huile des arachides.* **4.** Tirer un passage d'un livre. *Ces phrases **sont extraites** d'un roman de Jules Verne.*

extrait (nom masculin)
1. Produit tiré d'une substance. *De l'**extrait** de lavande, de jasmin, de café.* **2.** Passage choisi dans un livre. *Je n'ai pas lu* le Livre de la jungle *en entier, seulement des **extraits**.* **3.** Copie d'une partie d'un document officiel. *Un **extrait** d'acte de naissance.*

extralucide (adjectif)
Qui se dit capable de prédire l'avenir. *Une voyante **extralucide**.*

extraordinaire (adjectif)
1. Qui sort de l'ordinaire. *Cet enfant est d'une intelligence **extraordinaire**.* (Syn. exceptionnel.) **2.** Qui étonne par sa bizarrerie. *Il vient de m'arriver une aventure **extraordinaire**.* (Contr. courant, ordinaire.)

extraordinairement (adverbe)
De façon extraordinaire. *Cet ordinateur est **extraordinairement** rapide.* (Syn. extrêmement.)

extraterrestre (nom)
Créature d'une autre planète. *Ce roman de science-fiction raconte l'arrivée d'**extraterrestres** sur la Terre.* ➡ p. 502.

extravagance (nom féminin)
Chose extravagante. *Ses **extravagances** amusent tout le monde.*

une représentation imaginaire
d'un **extraterrestre**

extravagant, ante (adjectif)
Qui surprend par son côté bizarre ou excentrique. *Le clown porte un costume **extravagant**.*

extrême (adjectif)
1. Qui est à la fin, le dernier. *Ursula est à l'**extrême** limite de la patience.* **2.** Qui atteint le degré le plus haut. *Une joie, une fatigue **extrême**.* **3.** Qui dépasse la mesure. *Ce parti politique défend des idées **extrêmes**.* (Contr. modéré.)
■ **extrême** (nom masculin) Point de vue extrême. *Quentin passe toujours d'un **extrême** à l'autre.* Famille du mot : extrêm**ement**, extrême-onction, extré**miste**, extrém**ité**.

extrêmement (adverbe)
De manière extrême. *C'est une enfant **extrêmement** sensible.* (Syn. très.)

extrême-onction (nom féminin)
Sacrement que l'Église catholique donne aux mourants. Pluriel : des extrême**s**-onction**s**.

Extrême-Orient
Partie orientale de l'Asie, qui comprend la Chine, le Japon, l'Indochine et la partie orientale de la Russie.

extrémiste (adjectif et nom)
Qui a des opinions politiques extrêmes. *Ce parti **extrémiste** incite les gens à la violence.* (Contr. modéré.)

extrémité (nom féminin)
Partie extrême d'une chose. *Ce bâton est pointu à son **extrémité**.* (Syn. bout.)

exubérance (nom féminin)
Attitude exubérante. *Il fait de grands gestes et parle avec **exubérance**.*

exubérant, ante (adjectif)
1. Qui exprime ses sentiments avec agitation. *C'est une femme très **exubérante**.* (Syn. démonstratif. Contr. renfermé, réservé.) **2.** Qui est très abondant. *La végétation **exubérante** de la forêt équatoriale.* (Syn. luxuriant.)

exulter (verbe) ▸ conjug. n° 3
Exprimer une grande joie. *Le champion **a exulté** à l'annonce de sa victoire.*

ex-voto (nom masculin)
Plaquette qui porte une inscription en remerciement d'un vœu exaucé par un saint. *Des **ex-voto** entourent la statue du saint.* Pluriel : des ex-votos.
ORTHO On écrit aussi **exvoto**.

Ff

f (nom masculin)
Sixième lettre de l'alphabet. *Le **F** est une consonne.*

fa (nom masculin)
Quatrième note de la gamme.

fable (nom féminin)
Court récit en vers qui se termine par une morale. *« Le Loup et l'Agneau » est une **fable** de La Fontaine.*

une illustration de la **fable** de La Fontaine « Le Renard et la Cigogne »

fabricant, ante (nom)
Personne qui dirige une fabrique. *Des **fabricants** de pianos.*

fabrication (nom féminin)
Action de fabriquer. *Tous ces produits sont de **fabrication** artisanale.*

fabrique (nom féminin)
Usine où l'on fabrique des produits de consommation. *Il travaille dans une **fabrique** de chaussures.* (Syn. manufacture.)

fabriquer (verbe) ▸ conjug. n° 3
1. Faire un objet en transformant une matière. *Cet artisan **fabrique** des poteries.* **2.** Synonyme familier de faire. *Mais qu'est-ce qu'il **fabrique** donc ?* Famille du mot : fabric**ant**, fabric**ation**, fabrique, **pré**fabriqué.

fabuler (verbe) ▸ conjug. n° 3
Raconter des histoires inventées, comme si elles étaient vraies.

fabuleusement (adverbe)
De manière fabuleuse. *Ces décors ont été **fabuleusement** réalisés.* (Syn. prodigieusement.)

fabuleux, euse (adjectif)
1. Qui n'existe que dans les légendes. *Les lutins, les fées, les farfadets sont des êtres **fabuleux**.* (Syn. légendaire.) **2.** Qu'on a du mal à croire tellement c'est extraordinaire. *Elle a une chance **fabuleuse**.* (Syn. prodigieux.)

façade (nom féminin)
1. Côté d'un bâtiment où se trouve l'entrée. *La **façade** de cette maison est couverte de lierre.* **2.** Apparence extérieure, souvent trompeuse. *Sa politesse n'est qu'une **façade**.*

face (nom féminin)
1. Devant de la tête de l'homme. *Il est plus beau de **face** que de profil.* **2.** Côté d'une pièce ou d'une médaille qui porte une figure. ***Face**, c'est toi qui y vas, pile, c'est moi !* **3.** Chacune des surfaces d'un objet. *Un dé a six **faces**. On connaît depuis peu la **face** cachée de la Lune.* ➡ p. 576. • **En face :** franchement et avec courage. *Regarder le danger **en face**.* • **En face de quelque chose :** devant ou vis-à-vis. • **Face à face :** l'un en face de l'autre. • **Faire face :** affronter une situation. • **Faire face à quelque chose :** être tourné vers elle. *L'école **fait face à** la mairie.* Famille du mot : face-à-face, facette, facial.

face-à-face (nom masculin)
Discussion publique entre deux personnes. *Cette émission est un **face-à-face** entre deux hommes politiques.* Pluriel : des face-à-face.

facétie (nom féminin)
Plaisanterie ou farce. *Benjamin aime faire des **facéties** pour faire rire ses camarades.* Prononciation [fasesi].

facétieux, euse (adjectif)
Qui aime faire des facéties. *Anna a un caractère **facétieux**.* (Syn. farceur.)

facette (nom féminin)
1. Petite face d'un objet. *Le bouchon en cristal de la carafe a des **facettes**.* **2.** Au sens figuré, aspect de quelqu'un ou de quelque chose. *Il est timide ? Je ne le connaissais pas sous cette **facette**.*

Les **facettes** d'un diamant renvoient les rayons lumineux.

fâcher (verbe) ▸ conjug. n° 3
1. Mettre en colère. *Ne dis pas cela, tu vas le **fâcher**. Si vous continuez, je vais **me fâcher** !* **2.** Se fâcher : se brouiller avec quelqu'un. *Ils **se sont fâchés** pour une bêtise.* (Contr. se réconcilier.)

fâcheux, euse (adjectif)
Qui est regrettable. *Clément ne peut pas venir, et c'est bien **fâcheux**.* (Syn. ennuyeux.)

facial, ale, aux (adjectif)
Qui a rapport à la face, au visage. *Une paralysie **faciale**.*

faciès (nom masculin)
Aspect particulier du visage. *Ludivine a un **faciès** sympathique et souriant.* Prononciation [fasjɛs].

facile (adjectif)
1. Qui ne demande aucun effort. *La dictée était très **facile**.* (Syn. simple. Contr. compliqué, difficile.) **2.** Qui est agréable et conciliant. *David est très **facile** à vivre.* (Contr. difficile.) Famille du mot : facile**ment**, facil**ité**, facil**iter**.

facilement (adverbe)
Sans difficulté. *Ibrahim a **facilement** triomphé de son adversaire.* (Syn. aisément. Contr. difficilement.)

facilité (nom féminin)
Aptitude d'une personne à faire quelque chose sans effort. *Fatima a beaucoup de **facilité** pour apprendre.* (Contr. difficulté.) • **Facilités de paiement :** délais ou conditions de paiement avantageux.

faciliter (verbe) ▸ conjug. n° 3
Rendre facile. *Le lave-vaisselle **facilite** la vie.* (Contr. compliquer.)

façon (nom féminin)
Manière particulière d'agir. *C'est la **façon** la plus simple de résoudre le problème.* • **De façon à :** exprime le but. *Je suis venu en avance **de façon à** te voir.* • **De toute façon :** quoi qu'il arrive. • **Sans façon :** simplement. ■ **façons** (nom féminin pluriel) Manière de se comporter. *Je n'aime pas beaucoup ses **façons** brutales de s'adresser aux autres.*

façonner (verbe) ▸ conjug. n° 3
Faire un objet en travaillant la matière. *Il **a façonné** une clé dans un vieux bout de ferraille.*

fac-similé (nom masculin)
Reproduction exacte d'un document écrit ou d'un dessin. *Il possède le **fac-similé** du journal du jour de sa naissance.* Pluriel : des fac-similés. *Fac simile* est une expression latine qui signifie « fais une chose semblable ».
ORTHO On écrit aussi **facsimilé**.

■ **facteur, trice** (nom)
1. Personne qui distribue le courrier. *La **factrice** nous apporte une lettre recommandée.* (Syn. préposé.) **2.** Personne qui fabrique certains instruments de musique. *Un **facteur** de pianos, d'orgues.*

■ **facteur** (nom masculin)
1. Élément qui joue un rôle dans une action. *L'intelligence et l'imagination sont des **facteurs** de succès.* **2.** Chacun des termes d'une multiplication. *Dans 2 × 3 = 6, 2 et 3 sont des **facteurs**.*

factice (adjectif)
Qui est faux, imité ou forcé. *Des bijoux **factices**. Un sourire **factice**.* (Contr. naturel, vrai.)

faction (nom féminin)
• **Être en faction :** monter la garde. *Deux gardes **sont en faction** devant la porte du palais présidentiel.*

facture (nom féminin)
Document indiquant la somme à payer. *Nous avons reçu la **facture** de téléphone au courrier. Une **facture** électronique.*

facturer (verbe) ▸ conjug. n° 3
Faire payer. *En prime, je ne vous **facturerai** pas la livraison.* (Syn. compter.)

facultatif, ive (adjectif)
Qu'on peut faire ou non, à son gré. *Le pourboire est **facultatif**.* (Contr. obligatoire.)

faculté (nom féminin)
1. Aptitude à faire quelque chose. *Cet athlète a une étonnante **faculté** de récupération.* **2.** Partie d'une université. *Cette université comporte une **faculté** de lettres et une **faculté** de droit.*

fadaise (nom féminin)
Parole stupide ou qui n'a pas de sens. *Ne l'écoute pas, il ne dit que des **fadaises**.*

fade (adjectif)
Qui manque de goût. *L'assaisonnement est un peu **fade**.*

fadeur (nom féminin)
Caractère de ce qui est fade. *La **fadeur** du pain sans sel.*

fagot (nom masculin)
Paquet de petites branches attachées ensemble.

des **fagots**

fagoté, ée (adjectif)
Synonyme familier de mal habillé. *Comment peut-on être **fagoté** ainsi ?*

Fahrenheit Gabriel Daniel (né en 1686, mort en 1736)
Physicien allemand. Il donna son nom à une unité de température, utilisée dans les pays anglo-saxons. Son symbole est °F. Au 0 °C correspond le 32 °F. Il est aussi l'inventeur du thermomètre à mercure.

faible (adjectif)
1. Qui manque de forces. *Gaëlle est encore **faible** après son opération.* (Contr. fort, robuste, vigoureux.) **2.** Qui a des connaissances et un niveau insuffisants. *Il est plutôt **faible** en géographie.* (Contr. bon, doué, fort.) **3.** Qui manque de fermeté. *Elle est trop **faible** avec ses enfants, elle leur passe tout.* (Contr. ferme, sévère.) **4.** Qui a peu d'intensité. *Le son est très **faible**, il faut changer les piles du poste.* (Contr. fort, violent.) ■ **faible** (nom masculin) Goût particulier pour une chose ou une personne. *J'ai un petit **faible** pour le chocolat.*
Famille du mot : **affaiblir, affaiblissement, faiblement, faiblesse, faiblir.**

faiblement (adverbe)
De manière faible. *La pièce est **faiblement** éclairée par une petite lampe.*

a b c d e f g h i j k l m n o p q r s t u v w x y z

faiblesse (nom féminin)
1. État d'une personne faible. *La malade est d'une extrême **faiblesse**.* (Contr. force.) 2. Caractère d'une personne faible. *Il est d'une **faiblesse** désolante avec sa fille, elle fait ce qu'elle veut.*

faiblir (verbe) ▸ conjug. n° 11
Devenir faible. *Continue, ne **faiblis** pas ! Le vent **faiblit**.* (Syn. s'affaiblir.)

faïence (nom féminin)
Terre cuite recouverte d'émail ou de vernis. *Le magasin vend des cruches en **faïence**.* **Faïence** vient du nom de *Faenza*, ville d'Italie célèbre pour ses fabriques de faïence.

un ancien encrier en **faïence**

faignant ➡ Voir **fainéant**.

faille (nom féminin)
1. Cassure de l'écorce terrestre. 2. Point faible. *Il y a une **faille** dans ton raisonnement.*

faillir (verbe) ▸ conjug. n° 14
1. Être sur le point de faire quelque chose. ***J'ai** bien **failli** tomber !* (Syn. manquer.) 2. Ne pas faire ce qu'on doit faire. *Kevin s'en veut d'**avoir failli** à sa parole.*

faillite (nom féminin)
Situation d'un commerçant qui ne peut plus payer ses dettes. *Le magasin de porcelaine a fait **faillite** faute de clients.*

faim (nom féminin)
Sensation provoquée par le besoin de manger. *Ce gourmand a toujours **faim** !*

faine (nom féminin)
Fruit du hêtre.

fainéant, ante (adjectif et nom)
Qui ne veut rien faire. *Cette **fainéante** n'est pas encore levée !* (Syn. paresseux. Contr. travailleur.)
ORTHO On écrit aussi **feignant** ou **faignant**.

fainéantise (nom féminin)
Comportement paresseux. *Il n'est pas venu par **fainéantise**.*

faire (verbe) ▸ conjug. n° 42
1. Fabriquer quelque chose. *Pierre **a fait** un gâteau.* 2. Effectuer quelque chose. *Hélène **fait** ses devoirs.* 3. Pratiquer une activité. *Quentin **fait** de la spéléologie.* 4. Remettre en ordre ou en état. *Le matin, il **fait** sa toilette, puis il **fait** son lit.* 5. Produire tel résultat. *Je l'**ai fait** tomber. Elle me **fait** rire.* 6. Agir de telle manière. *Dis-moi comment tu **as fait**.* 7. Produire tel total. *Cela **fait** vingt euros.* 8. Charger quelqu'un de faire quelque chose pour soi. *Il **a fait** réparer sa voiture.* 9. Chercher à paraître de telle façon. *Elle **fait** la difficile. Il **s'est fait** beau.* 10. Avoir l'air. *La mère de Myriam **fait** très jeune.* 11. Se faire : commencer à être. *Il **se fait** vieux. Il **se fait** tard.* 12. Se faire à quelque chose : s'habituer à cette chose. *Tu **te feras** vite **au** quartier.* • **Cela ne fait rien :** cela n'a pas d'importance. • **Cela ne se fait pas :** ce n'est pas convenable. • **Il fait :** indique un état. ***Il fait** beau mais **il fait** froid.* • **S'en faire :** se faire du souci. *Ne **t'en fais** pas, ça ira !* Famille du mot : **dé**faire, faire-part, fais**able**, fait, **in**fais**able**, **re**faire.

faire-part (nom masculin)
Lettre envoyée pour annoncer une naissance, un mariage ou un décès. Pluriel : des faire-part.

fair-play (adjectif)
Qui respecte les règles du jeu. *Très **fair-play**, il a félicité son adversaire.* Prononciation [fɛʀplɛ]. Pluriel : des joueurs fair-play. **Fair-play** est une expression anglaise qui signifie « jeu loyal ».
ORTHO On écrit aussi **fairplay**.

faisable (adjectif)
Qu'il est possible de réaliser. *L'exercice est **faisable**, même pour les débutants.* (Contr. impossible, infaisable.)

faisan (nom masculin)
Oiseau dont le mâle a un plumage très coloré et une longue queue. Prononciation [fəzɑ̃].

un **faisan**

faisandé, ée (adjectif)
Se dit d'une viande qui commence à pourrir. *Certains mangent le gibier **faisandé**.* Prononciation [fəzɑ̃de].

faisceau, eaux (nom masculin)
1. Assemblage d'objets longs et fins liés ensemble. *On lie les asperges en **faisceau** pour faire une botte.* 2. Ensemble de rayons lumineux. *Les **faisceaux** des projecteurs balayent le ciel.*

Le **faisceau** de lumière blanche est décomposé par le prisme.

fait, faite (adjectif)
Qui est à maturité. *Ce fromage n'est pas assez **fait**.* • **C'est bien fait :** c'est bien mérité. • **Être fait :** ne plus pouvoir s'échapper.

fait (nom masculin)
1. Ce qui existe ou ce qui s'est réellement passé. *Voici les **faits**.* 2. Ce que l'on a fait. *Un mensonge, c'est le **fait** de mentir.* • **Au fait ! :** à propos. ***Au fait !** Quand viendras-tu me voir ?* • **De fait, en fait :** en réalité. • **Du fait de quelque chose :** à cause de cela. ***Du fait de** l'accident, la circulation est déviée.* • **Prendre quelqu'un sur le fait :** le surprendre en train de commettre une faute. Prononciation [fɛ] ou [fɛt].

fait divers (nom masculin)
Vol, crime ou accident raconté dans un journal. Pluriel : des faits divers.
ORTHO On écrit aussi **fait-divers**.

faîte (nom masculin)
Endroit le plus élevé. *On a installé un émetteur de télévision au **faîte** de la tour Eiffel.* (Syn. sommet.)
ORTHO On écrit aussi **faite**.

fait-tout (nom masculin)
Récipient à deux anses avec un couvercle servant à faire cuire les aliments. Pluriel : des fait-tout.
ORTHO On écrit aussi un **faitout**, des **faitouts**.

fakir (nom masculin)
Homme qui fait des tours de magie. *À la fête foraine, j'ai vu un **fakir** coiffé d'un turban.*

un **fakir**

falaise (nom féminin)
Rivage abrupt et très élevé. *À marée haute, les vagues frappent la **falaise**.*

les **falaises** d'Étretat

fallacieux, euse (adjectif)
Qui est fait pour tromper. *Cet homme politique tient des propos **fallacieux**.*

falloir (verbe) ▸ conjug. n° 25
Être nécessaire. *Il **faut** que tu termines ce travail. Il me **faudrait** un nouveau stylo.* • **Comme il faut :** convenablement. • **Il s'en faut de quelque chose :** c'est presque cela. *Il **s'en est fallu de** peu que tu échoues.* **Falloir** ne s'emploie qu'à l'infinitif et à la troisième personne du singulier.

falot, ote (adjectif)
Qui est terne et effacé. *Dans le film, le mari de l'héroïne est assez **falot**.*

falsification (nom féminin)
Action de falsifier. *La **falsification** d'une signature.*

falsifier (verbe) ▸ conjug. n° 10
Modifier exprès dans l'intention de tromper. *Ces documents **ont été falsifiés**.*

famélique (adjectif)
Qui est amaigri parce qu'il ne mange pas assez. *Un chien **famélique** accompagne le vagabond.*

fameux, euse (adjectif)
1. Qui a une grande réputation. *Ce **fameux** musée renferme des œuvres d'art admirables.* 2. Très bon. *Le dessert est **fameux** !* (Syn. délicieux, excellent.)

familial, ale, aux (adjectif)
De la famille. *La maison **familiale**.*

se **familiariser** (verbe) ▸ conjug. n° 3
S'habituer petit à petit à quelque chose ou à quelqu'un. *Romain commence à **se familiariser** avec l'anglais.*

familiarités (nom féminin pluriel)
Manières trop familières. *Je ne vous permets pas ces **familiarités**.*

familier, ère (adjectif)
1. Que l'on connaît bien. *Ce nom m'est **familier**.* (Contr. étranger, inconnu.) 2. Qui se montre trop libre avec les gens. *Cet enfant est trop **familier** avec les grandes personnes.* (Contr. respectueux.) 3. Qui se dit couramment mais qu'on évite d'écrire. *« Bouquin » est un synonyme **familier** de « livre ».* • **Animal familier :** animal domestique qui vit avec des personnes. *Ibrahim a plusieurs animaux **familiers** : un cochon d'Inde, un chat et un lapin.* ■ **familier** (nom masculin) Personne considérée comme de la famille. *Noémie fait partie des **familiers** de la maison.*

familièrement (adverbe)
D'une manière familière. *Je te prie de ne pas parler si **familièrement** au voisin.*

famille (nom féminin)
1. Le père, la mère et les enfants. *Odile va rejoindre sa **famille** au bord de la mer.* 2. Ensemble de personnes qui ont un lien de parenté. *Pour mon anniversaire, toute la **famille** était invitée.* 3. Groupe d'animaux ou de plantes qui ont des caractères communs. *Le pommier et le poirier sont de la même **famille**.* 4. Ensemble des mots formés à partir d'un même mot. *« Coucher, couchette, recoucher » sont de la même **famille** de mots.*

famine (nom féminin)
Manque de nourriture qui cause la mort de beaucoup de gens. *Un pays ravagé par la **famine**.*

fan ➡ Voir **fanatique**.

fanal, aux (nom masculin)
Grosse lanterne à l'entrée d'un port ou sur un navire. *Le chenal est signalé par des **fanaux**.*

fanatique (adjectif et nom)
1. Qui s'excite de façon aveugle pour quelque chose ou pour quelqu'un. *Il y a eu des bagarres entre des supporters **fanatiques**.* 2. Qui est passionné par quelque chose. *C'est une **fanatique** de BD.* **Fanatique** s'abrège familièrement **fan**.

fanatisme (nom masculin)
Comportement des fanatiques. *Le **fanatisme** est dangereux pour la liberté.* (Contr. tolérance.)

fan-club (nom masculin)
Association des fans d'une vedette, d'un artiste. *Le **fan-club** de ce chanteur reçoit des centaines de lettres de fans chaque jour.*

fane (nom féminin)
Feuille de certaines plantes. *Des **fanes** de radis, de carottes.*

se faner (verbe) ▶ conjug. n° 3
Perdre sa fraîcheur et se dessécher. *Le lilas* ***s'est fané*** *dans le vase.* (Syn. se flétrir.)

fanfare (nom féminin)
Orchestre composé d'instruments en cuivre et de tambours. *La* ***fanfare*** *municipale participera au défilé du 14 Juillet.*

fanfaron, onne (nom)
Personne qui se vante d'un courage qu'elle n'a pas. *Thomas fait le* ***fanfaron****, et pourtant il a eu très peur.* (Syn. crâneur.)

fanfreluche (nom féminin)
Petit ornement de peu de valeur. *Les pompons, les dentelles et les rubans sont des* ***fanfreluches****.*

fange (nom féminin)
Synonyme littéraire de boue. • **Traîner quelqu'un dans la fange :** salir sa réputation en répandant des calomnies sur son compte.

fanion (nom masculin)
Petit drapeau. *Les spectateurs agitent des* ***fanions*** *au passage du cortège.*

fanon (nom masculin)
Chacune des lames de corne garnissant la bouche de la baleine. *Avec ses* ***fanons****, la baleine retient le plancton pour le manger.*

fantaisie (nom féminin)
1. Originalité plaisante. *Sarah est toujours drôle et pleine de* ***fantaisie****.* 2. Envie subite et passagère. *Il lui a pris la* ***fantaisie*** *de passer nous voir.* • **Bijou fantaisie :** bijou original mais sans valeur.

fantaisiste (adjectif)
Qui est plein de fantaisie. *On ne sait jamais ce qu'Ursula va inventer, elle est très* ***fantaisiste****.*

fantasmagorique (adjectif)
Qui semble irréel, fantastique. *L'étang dans le brouillard a quelque chose de* ***fantasmagorique****.*

fantasque (adjectif)
Qui est capricieux et imprévisible. *Ne fais aucun projet avec lui, il est trop* ***fantasque*** *!*

fantassin (nom masculin)
Soldat de l'infanterie. *Les* ***fantassins*** *vont à pied avec leur sac sur le dos.*

fantastique (adjectif)
1. Qui est né de l'imagination. *Les sirènes sont des créatures* ***fantastiques****.* 2. Synonyme familier d'extraordinaire. *C'est une occasion* ***fantastique*** *à ne pas manquer.* (Syn. formidable.)

Cette sculpture représente un personnage **fantastique**.

fantomatique (adjectif)
Qui a un air irréel et un peu inquiétant. *La Lune donne un aspect* ***fantomatique*** *au paysage nocturne.*

fantôme (nom masculin)
Apparition surnaturelle d'un mort. *Victor fait croire à Zoé qu'il y a un* ***fantôme*** *dans le grenier.* (Syn. revenant, spectre.)

faon (nom masculin)
Petit de la biche et du cerf, ou des autres cervidés (chevreuil, daim, etc.). Prononciation [fɑ̃].

FAQ (nom féminin)
Page d'un site Internet où sont regroupées des questions posées fréquemment par les internautes, et leurs réponses. *J'ai trouvé la solution à mon problème en lisant la* ***FAQ****.* **FAQ** est l'abréviation de *foire aux questions*.

faramineux, euse (adjectif)
Synonyme familier d'exorbitant. *Ce magasin de luxe affiche des prix* ***faramineux****.* **Faramineux** vient d'un mot latin qui signifie « bête sauvage » : la *bête faramine* était un animal fantastique et effrayant des légendes populaires.

a b c d e f g h i j k l m n o p q r s t u v w x y z

farandole (nom féminin)
Danse dans laquelle les danseurs se donnent la main en formant une longue file. *Faire une* ***farandole*** *dans les rues du village.*

farce (nom féminin)
1. Tour qu'on joue à quelqu'un. *Pour lui faire une* ***farce****, les enfants ont mis son lit en portefeuille.* (Syn. blague, plaisanterie.) **2.** Petite pièce de théâtre drôle. *Les* ***farces*** *du Moyen Âge.* **3.** Mélange d'épices et d'aliments hachés. *La* ***farce*** *de ces tomates est délicieuse.* Famille du mot : farc**eur**, farc**ir**.

farceur, euse (nom)
Personne qui aime faire des farces. *C'est un drôle de petit* ***farceur****.* (Syn. plaisantin.)

farcir (verbe) ▸ conjug. n° 11
Remplir de farce. *Des tomates* ***farcies****.*

fard (nom masculin)
Produit de maquillage. *Elle a mis du* ***fard*** *sur ses joues.*

fardeau, eaux (nom masculin)
Lourde charge. *La pauvre bête plie sous son* ***fardeau****.*

se **farder** (verbe) ▸ conjug. n° 3
Mettre du fard. *Le mime* ***se farde*** *dans sa loge.* (Syn. se maquiller.)

farfadet (nom masculin)
Petit lutin. *Les fées, les elfes et les* ***farfadets*** *sont des êtres fantastiques.*

des **farfadets**

farfelu, ue (adjectif)
Qui est bizarre, extravagant. *Quelle idée* ***farfelue*** *de manger de la moutarde sur du chocolat.*

farfouiller (verbe) ▸ conjug. n° 3
Dans la langue familière, fouiller en bouleversant tout. *William* ***farfouille*** *dans son cartable, à la recherche de son stylo.*

farine (nom féminin)
Poudre obtenue en écrasant des grains de céréales. *On fait le pain avec de la* ***farine****, du sel et de l'eau.*

farineux, euse (adjectif)
Qui donne l'impression d'avoir de la farine dans la bouche. *Cette pomme n'est pas bonne, elle est* ***farineuse****.*

farniente (nom masculin)
Fait de passer agréablement son temps à ne rien faire. *Elle aime le* ***farniente*** *au soleil.* Prononciation [farnjɛnte]. **Farniente** vient de l'italien *far* qui signifie « faire » et *niente* qui signifie « rien ».

farouche (adjectif)
1. Qui se sauve quand on l'approche. *La chatte est un peu* ***farouche****.* **2.** Qui est violent et acharné. *Les derniers combattants ont opposé une résistance* ***farouche****.*

farouchement (adverbe)
De façon farouche. *Anna est* ***farouchement*** *opposée à ton départ.*

Far West
Ensemble de grandes plaines situées entre le fleuve Mississippi et la Californie, aux États-Unis. Cette vaste étendue fut colonisée au cours du XIXe siècle.

un paysage du **Far West**

fascicule (nom masculin)
Petit livre broché qui fait partie d'une collection. *Tous les mois, maman reçoit un **fascicule** de son encyclopédie.*

fascinant, ante (adjectif)
Qui fascine. *Xavier trouve cette actrice **fascinante**.* (Syn. envoûtant.)

fascination (nom féminin)
Action de fasciner. *Ce chanteur exerce une véritable **fascination** sur le public.* (Syn. envoûtement.)

fasciner (verbe) ▸ conjug. n° 3
Exercer une attirance irrésistible sur quelqu'un. *Certaines personnes **sont fascinées** par l'argent.* Famille du mot : fascin**ant**, fascin**ation**. **Fasciner** vient du latin *fascinum* qui signifie « maléfice ».

fascisme (nom masculin)
Régime dictatorial et nationaliste. *Le **fascisme** s'appuie sur un parti et un chef uniques.* Prononciation [faʃism]. **Fascisme** vient de l'italien *fascio* qui signifie « faisceau », parce que les fascistes italiens de Mussolini avaient un faisceau comme emblème.

fasciste (adjectif et nom)
Qui appartient au fascisme. Prononciation [faʃist].

faste (adjectif)
• **Jour faste :** qui porte chance. *Il croit que les vendredis 13 sont des jours **fastes**.* (Contr. néfaste.)

faste (nom masculin)
Étalage de luxe. *Le souverain étranger a été reçu avec **faste**.* (Contr. simplicité.)

fast-food (nom masculin)
Restaurant qui sert rapidement des repas bon marché. Prononciation [fastfud]. Pluriel : des fast-foods. **Fast-food** vient de l'anglais *fast* qui signifie « vite » et *food* qui signifie « nourriture ».
ORTHO On écrit aussi **fastfood**.

fastidieux, euse (adjectif)
Qui est répétitif et monotone. *Pour Élodie, écosser des petits pois est un travail **fastidieux**.* (Syn. lassant.)

fastueux, euse (adjectif)
Plein de faste. *Le milliardaire mène une vie **fastueuse** dans son palais de marbre.*

fatal, ale, als (adjectif)
1. Qui doit forcément arriver. *Les freins ont lâché, l'accident était **fatal**.* (Syn. inévitable.) **2.** Qui conduit à des résultats désastreux ou à la mort. *Cet accident lui a été **fatal**.* (Syn. funeste.) Famille du mot : fatal**ement**, fatal**iste**, fatal**ité**.

fatalement (adverbe)
De façon fatale. *Cela arrivera **fatalement** un jour ou l'autre.* (Syn. forcément, inévitablement.)

fataliste (nom)
Personne résignée qui pense que ce qui se passe est inévitable et fixé par la fatalité. *Réagis donc et ne sois pas si **fataliste** !*

fatalité (nom féminin)
Destin ou hasard malheureux. *Voilà trois fois que je perds mes clés, c'est une **fatalité** !*

fatidique (adjectif)
Qui semble provoqué par le destin. *La date **fatidique** du départ approche.*

fatigant, ante (adjectif)
1. Qui fatigue. *Une longue marche **fatigante**.* (Contr. reposant.) **2.** Qui est difficile à supporter. *Que tu es **fatigant** à toujours te plaindre !* (Syn. embêtant, lassant.)

fatigue (nom féminin)
Impression de lassitude causée par un effort ou un travail. *Je suis mort de **fatigue** après cette dure journée !*

fatiguer (verbe) ▸ conjug. n° 3
1. Causer de la fatigue. *Cette longue baignade les **a fatigués**.* (Contr. reposer.) **2.** Être difficile à supporter. *Cessez de vous chamailler, ça me **fatigue** !* **3.** Se fatiguer de quelque chose : en avoir assez. *Yann **s'est** vite **fatigué du** piano.* Famille du mot : fatig**ant**, fatigue, **in**fatig**able**.

fatras (nom masculin)
Amas confus et désordonné. *Il y a un **fatras** de vieilles lettres dans le tiroir.*

faubourg (nom masculin)
Quartier d'une ville qui est loin du centre. *Les **faubourgs** de cette ville sont très étendus.*

faucher (verbe) ▸ conjug. n° 3
1. Couper avec une faux. ***Faucher** les orties dans le fossé.* **2.** Faire tomber brutalement comme avec une faux. *La mitrailleuse **a fauché** les attaquants.* **3.** Synonyme familier de voler. *Qui **m'a fauché** mon stylo ?*

faucheur, euse (nom)
Personne qui fauche le foin, les blés. ■ **faucheuse** (nom féminin) Machine agricole servant à faucher.

faucheux (nom masculin)
Araignée aux longues pattes très fines.

faucille (nom féminin)
Outil dont la lame forme un demi-cercle et qui sert à couper l'herbe. *Autrefois, on moissonnait à la **faucille**.*

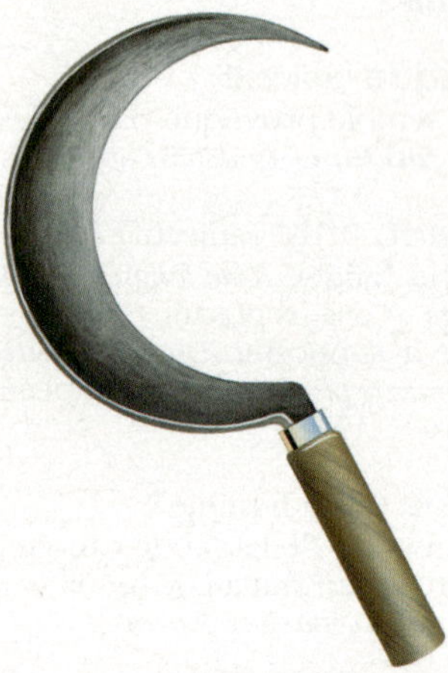

une **faucille**

faucon (nom masculin)
Rapace diurne au vol rapide. *Le **faucon** fond sur sa proie.*

faufiler (verbe) ▸ conjug. n° 3
1. Coudre provisoirement à grands points. *Fatima **faufile** l'ourlet avant de le coudre.* **2.** Se faufiler : se glisser sans se faire remarquer. *Le chat **s'est encore faufilé** sous le lit.*

un **faucon**

faune (nom féminin)
Ensemble des animaux d'une région. *Le python appartient à la **faune** équatoriale.*

faussaire (nom)
Personne qui fabrique des faux, des imitations. *Les faux-monnayeurs sont des **faussaires**.*

fausse ➡ Voir **faux**.

fausse-couche (nom féminin)
Perte d'un bébé qui est encore dans le ventre de sa mère. *Elle a fait une **fausse-couche**, mais ensuite, elle a eu trois enfants.* ✎ Pluriel : des fausses-couches.
ORTHO On écrit aussi **fausse couche.**

faussement (adverbe)
De façon fausse. *Inutile de prendre un air **faussement** étonné !* (Contr. réellement.)

fausser (verbe) ▸ conjug. n° 3
1. Rendre faux. *L'opposition prétend qu'on **a faussé** les sondages.* **2.** Déformer en tordant ou en forçant. ***J'ai faussé** mon guidon en tombant avec mon vélo.* • **Fausser compagnie à quelqu'un :** le quitter brusquement, sans prévenir.

fausset (nom masculin)
• **Voix de fausset :** voix très aiguë.

fausseté (nom féminin)
Caractère de ce qui est faux. *La **fausseté** de cette déclaration a été prouvée.*

faute (nom féminin)
1. Ce qui est faux. *Tu as fait des **fautes** d'orthographe dans ta lettre.* (Syn. erreur.) **2.** Ce qui est mal ou ce qui est défendu. *Il a commis une **faute** en ne disant pas tout de suite la vérité.* **3.** Ce dont on est responsable. *À qui la **faute** ?* • **Faute de quelque**

chose : par manque de cela. *Je n'ai pas fini, **faute de** temps.* • **Sans faute :** à coup sûr. *Viens demain, **sans faute** !*

fauteuil (nom masculin)
Siège qui a des bras et un dossier, pour une seule personne.

fautif, ive (adjectif et nom)
Qui est responsable d'une faute. *C'est elle, la **fautive**, dans cette histoire.* (Syn. coupable.)

fauve (adjectif)
D'une couleur jaune-roux. *Il aime les couleurs **fauves** de l'automne.* • **Bête fauve :** grand félin sauvage. ■ **fauve** (nom masculin) Bête fauve. *Le dompteur est entré dans la cage aux **fauves**.*

fauvette (nom féminin)
Petit oiseau chanteur au plumage fauve.

une **fauvette**

■ **faux, fausse** (adjectif)
1. Qui contient une erreur. *Refais ton addition, elle est **fausse** !* (Syn. inexact. Contr. exact, juste.) **2.** Qui constitue un mensonge. *C'est **faux**, il ment !* (Contr. vrai.) **3.** Qui a l'air vrai, mais qui est imité. *Cette pièce de monnaie est **fausse**.* (Contr. vrai.) **4.** Qui n'est pas ce qu'il cherche à paraître. *C'est une personne **fausse**, ne la crois pas !* (Syn. hypocrite. Contr. droit, franc.) **5.** Qui n'a pas le ton juste. *Benjamin fait des **fausses** notes à la clarinette.* ■ **faux** (adverbe) De façon fausse. *Arrête, tu chantes **faux** !* (Contr. juste.) ■ **faux** (nom masculin) **1.** Ce qui est faux. *J'essaie de démêler le vrai du **faux**.* **2.** Copie d'un objet faite pour tromper. *Cette statuette grecque est un **faux**.* Famille du mot : fauss**aire**, fausse**ment**, fauss**er**, fausse**té**.

■ **faux** (nom féminin)
Outil fait d'une grande lame courbe, fixée à un long manche, et qui sert à couper l'herbe.

faux-filet (nom masculin)
Morceau de viande de bœuf que l'on mange grillée. Pluriel : des faux-filet**s**.

faux-fuyant (nom masculin)
Moyen qu'on trouve pour éviter de répondre. *Elle trouve toujours des **faux-fuyants** pour ne pas prendre parti.* Pluriel : des faux-fuyant**s**.

faux-monnayeur (nom masculin)
Personne qui fabrique de la fausse monnaie. Pluriel : des faux-monnayeur**s**.

faveur (nom féminin)
1. Avantage particulier qu'on accorde à quelqu'un. *Le vendeur a fait une **faveur** à Gaëlle, il lui a donné un ballon.* **2.** Considération que l'on a acquise auprès de quelqu'un. *Ce député a gardé la **faveur** des électeurs.* • **En faveur de quelqu'un :** à son profit. *Clément est intervenu dans la discussion **en faveur d'**Hélène.*

favorable (adjectif)
1. Qui favorise la réalisation de quelque chose. *Profitons de ce temps **favorable** pour sortir !* (Syn. propice. Contr. défavorable.) **2.** Qui est en faveur de quelqu'un ou de quelque chose. *Je suis **favorable** à cette bonne idée.* (Contr. hostile.) Famille du mot : **dé**favorable, favorable**ment**.

favorablement (adverbe)
De manière favorable. *La proposition a été accueillie **favorablement**.*

favori, ite (adjectif et nom)
Que l'on préfère aux autres. *Le bleu est ma couleur **favorite**. David est mon compagnon de jeu **favori**.* ■ **favori** (nom masculin) Cheval de course qui a les meilleures chances de gagner. ■ **favoris** (nom masculin pluriel) Touffes de barbe de chaque côté du visage. ➡ p. 514. Famille du mot : **dé**favori**ser**, favori**ser**, favori**tisme**.

Jules Ferry portait des **favoris**.

favoriser (verbe) ▶ conjug. n° 3
Donner un avantage à quelqu'un. *Un arbitre ne doit **favoriser** personne.* (Syn. avantager. Contr. défavoriser.)

favoritisme (nom masculin)
Tendance à favoriser quelqu'un aux dépens des autres. *C'est toujours elle qui est choisie, c'est du **favoritisme** !*

fax (nom masculin)
1. Appareil qui permet d'envoyer des messages écrits ou des images en passant par une ligne téléphonique. *Papa a envoyé à Pierre le trajet à suivre par **fax**.* (Syn. télécopieur.) **2.** Message envoyé grâce à cet appareil. *Julie nous a envoyé un **fax** pour nous annoncer son arrivée.* (Syn. télécopie.)

faxer (verbe) ▶ conjug. n° 3
Envoyer un fax, une télécopie. *Maman a **faxé** sa commande à la librairie.*

fayot (nom masculin)
1. Dans la langue familière, personne, élève qui cherche à se faire bien voir de ses chefs, de ses professeurs. *Arrête de faire le **fayot** en classe !* **2.** Haricot sec, dans la langue familière. *À la cantine, on mange souvent des **fayots**.*

fébrile (adjectif)
1. Qui a de la fièvre. *Laura se sent **fébrile**, peut-être a-t-elle la grippe ?* (Syn. fiévreux.) **2.** Qui montre de l'agitation ou de l'excitation. *À midi, une agitation **fébrile** règne dans les cuisines de ce restaurant.*

fébrilement (adverbe)
De manière fébrile, agitée. *Myriam cherche **fébrilement** son porte-monnaie dans son sac.*

fébrilité (nom féminin)
État d'extrême agitation. *Dans la **fébrilité** du départ, on a oublié une valise.*

fécond, onde (adjectif)
1. Capable d'avoir des petits. *Les lapines sont très **fécondes**.* (Contr. stérile.) **2.** Dans un sens figuré, qui est très productif. *La traversée a été très **féconde** en évènements.* (Syn. fertile, riche.) Famille du mot : fécond**ation**, fécond**er**, fécond**ité**.

fécondation (nom féminin)
Action de féconder.

féconder (verbe) ▶ conjug. n° 3
Pour un mâle, faire un petit à une femelle. *Le chien **féconde** la chienne.*

fécondité (nom féminin)
Qualité de ce qui est fécond. *Noémie donne la pilule à sa chienne pour stopper sa **fécondité**.*

fécule (nom féminin)
Sorte de farine contenue dans certaines plantes. *Les pommes de terre, les lentilles, les haricots, les châtaignes contiennent de la **fécule**.*

féculent (nom masculin)
Légume qui contient de la fécule. *Le riz, les pâtes, les lentilles sont des **féculents**.*

fédéral, ale, aux (adjectif)
Qui concerne une fédération d'États. *La Suisse est gouvernée par une assemblée **fédérale**.* Famille du mot : **con**fédéra**tion**, fédér**ation**, fédér**é**.

fédération (nom féminin)
1. Association de plusieurs États en un seul. *L'Allemagne, le Canada, les États-Unis sont des **fédérations**.* **2.** Regroupement de clubs ou de syndicats. *La **fédération** française de football.*

fédéré, ée (adjectif)
Qui fait partie d'une fédération. *Les cantons **fédérés** suisses.*

fée (nom féminin)
Créature des contes, qui a des pouvoirs magiques. *Chaque samedi, la **fée** Mélusine se transformait en serpent.* Famille du mot : féerie, féerique. Fée vient du latin *fatum* qui signifie « destin », car on pensait que les fées se réunissaient à la naissance de quelqu'un pour fixer son destin.

féerie (nom féminin)
Spectacle merveilleusement beau. *Le feu d'artifice sur l'eau est une véritable **féerie**.* (Syn. enchantement.)
ORTHO On écrit aussi **féérie**.

féerique (adjectif)
D'une beauté merveilleuse, digne d'un conte de fées. *Le spectacle du soleil couchant sur la mer est **féerique**.*
ORTHO On écrit aussi **féérique**.

feignant, ante (adjectif et nom)
Synonyme familier de fainéant.
ORTHO On écrit aussi **fainéant** ou **faignant**.

feindre (verbe) ▸ conjug. n° 35
Faire semblant. *Ibrahim **feignait** la surprise, mais il était déjà au courant.* (Syn. affecter, simuler.)

feinte (nom féminin)
Action destinée à tromper. *Ce départ est une **feinte**, il va revenir.* (Syn. ruse.)

fêler (verbe) ▸ conjug. n° 3
Fendre quelque chose sans le casser. *Des verres **ont été fêlés** durant le transport. Il **s'est fêlé** une côte en tombant.*

félicitations (nom féminin pluriel)
Paroles dites pour féliciter. *Toutes mes **félicitations** aux jeunes mariés !* (Syn. compliments.)

féliciter (verbe) ▸ conjug. n° 3
1. Dire à quelqu'un sa joie ou son admiration. *On **félicite** le vainqueur.* (Syn. complimenter. Contr. blâmer, critiquer.) 2. Se féliciter : s'approuver d'avoir agi comme on l'a fait. *Je **me félicite** de t'avoir écouté.*

félidé (nom masculin)
Synonyme de félin.

félin (nom masculin)
Mammifère carnivore de la même famille que le chat. *Les lions, les pumas, les léopards, les tigres sont des **félins**.* (Syn. félidé.) ➡ p. 516.

félon, onne (adjectif)
Synonyme littéraire de traître. *Le chevalier **félon** a été banni du royaume.*

fêlure (nom féminin)
Fente d'une chose fêlée. *Il y a une **fêlure** dans le pare-brise.*

femelle (nom féminin)
Animal de sexe féminin. *La chatte, la chienne, la truie, la jument, la brebis sont des **femelles**.* ■ **femelle** (adjectif) Qui est du sexe féminin. *Un cygne **femelle**.*

féminin, ine (adjectif)
1. De la femme. *Le corps **féminin** diffère du corps masculin.* 2. Se dit des noms pouvant être précédés des déterminants « la » ou « une ». *« La chatte », « une clé », « la gloire » sont des noms **féminins**.* ■ **féminin** (nom masculin) Genre féminin. *Le **féminin** de l'adjectif « beau » est « belle ».* (Contr. masculin.)

féminiser (verbe) ▸ conjug. n° 3
1. Donner un aspect plus féminin à quelqu'un ou à quelque chose. *Ces vêtements te **féminisent** encore plus.* 2. Attribuer un genre féminin à quelque chose. *De nombreux noms de métiers **ont été féminisés**.*

féministe (nom)
Partisan de l'égalité des droits entre les femmes et les hommes. *Les **féministes** veulent pour les femmes des salaires égaux à ceux des hommes.*

féminité (nom féminin)
Ensemble des qualités attribuées à la femme.

femme (nom féminin)
1. Personne adulte du sexe féminin. *Cette **femme** est hôtesse de l'air.* (Contr. homme.) 2. Personne avec laquelle un homme est marié. *Ils sont mari et **femme** depuis dix ans.* (Syn. épouse.) • **Femme de chambre :** femme employée pour entretenir les chambres d'un hôtel. • **Femme de ménage :** femme employée pour faire le ménage.

Les félins

panthère

chat sauvage

lynx

lion

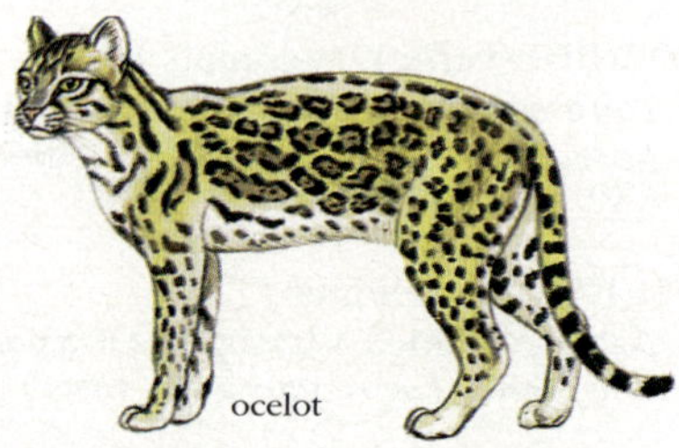
ocelot

tigre

jaguar

léopard

puma

fémur (nom masculin)
Os de la cuisse.

fenaison (nom féminin)
Récolte du foin.

se **fendiller** (verbe) ▸ conjug. n° 3
Se craqueler en formant des petites fentes. *Sur la flaque gelée, la glace **se fendille**.*

fendre (verbe) ▸ conjug. n° 31
Couper dans le sens de la longueur. ***Fendre** du bois à la hache. Odile **s'est fendu** la lèvre en tombant.* • **Fendre le cœur :** faire beaucoup de peine.

fenêtre (nom féminin)
Ouverture dans un mur destinée à donner de la lumière et de l'air. • **Jeter l'argent par les fenêtres :** le gaspiller.

fennec (nom masculin)
Petit renard du Sahara à grandes oreilles pointues, appelé aussi renard des sables.

un **fennec**

fenouil (nom masculin)
Plante qui a un goût d'anis. *On mange les bulbes du **fenouil**.*

fente (nom féminin)
Ouverture très étroite et allongée. *Kevin observe la rue par une **fente** du volet.*

féodal, ale, aux (adjectif)
Qui concerne la féodalité. *Les seigneurs **féodaux** avaient un fief et des vassaux.*

du **fenouil**

féodalité (nom féminin)
Organisation politique du Moyen Âge dans laquelle il y avait des seigneurs protégeant des vassaux qui leur obéissaient. ➡ p. 518.

fer (nom masculin)
Métal gris, lourd et résistant. *Le **fer** conduit bien la chaleur.* • **De fer :** résistant ou dur comme le fer. *Elle a une santé **de fer**.* • **Fer forgé :** fer que l'on a travaillé pour la décoration. *Une balustrade en **fer forgé**.* • **Fer à cheval :** objet de fer en forme de U qu'on cloue sous les sabots du cheval pour les protéger. • **Fer à repasser :** appareil électrique qui sert à repasser. • **Fer à souder :** appareil électrique avec lequel on soude le métal. • **Tomber les quatre fers en l'air :** tomber sur le dos. Famille du mot : fer-blanc, fer**raille**, fer**railleur**, ferr**é**, ferr**er**, ferr**ure**.

fer-blanc (nom masculin)
Tôle mince recouverte d'étain. *Une boîte de conserve en **fer-blanc**.*

féria (nom féminin)
Grande fête comportant des courses de taureaux, en Espagne et dans le sud de la France.

férié, ée (adjectif)
• **Jour férié :** jour où l'on ne travaille pas. *Les dimanches sont des **jours fériés**.* (Contr. ouvrable.)

■ **ferme** (adjectif)
1. Qui est assez consistant. *Une mousse au chocolat réussie est bien **ferme**.* (Contr. mou.) **2.** Qui est solide et ne tremble pas. *Le vieillard marche encore d'un pas **ferme**.* (Syn. assuré. Contr. hésitant.)

a b c d e f g h i j k l m n o p q r s t u v w x y z

3. Qui agit énergiquement sans hésiter ni céder. *Il s'est montré très **ferme** dans la discussion.* (Syn. déterminé. Contr. faible.) • **De pied ferme :** sans bouger et résolument. *Je l'attends **de pied ferme**.* ■ **ferme** (adverbe) Avec ardeur. *Ils discutent **ferme** !* Famille du mot : **fermement**, **fermeté**.

■ **ferme** (nom féminin)
Maison, bâtiments et terres d'un agriculteur. *Pierre et Sarah vont chercher des œufs à la **ferme**.*

fermement (adverbe)
De façon ferme. *Ursula est **fermement** décidée à partir.*

ferment (nom masculin)
Microbe qui provoque la fermentation. *Pour faire des yaourts, on met du **ferment** dans le lait.* Famille du mot : **fermentation**, **fermenter**.

fermentation (nom féminin)
Transformation chimique d'une substance par un ferment. *Le vin provient de la **fermentation** du jus de raisin.*

fermenter (verbe) ▸ conjug. n° 3
Être en fermentation. *Le cidre est fait de jus de pomme qui **a fermenté**.*

fermer (verbe) ▸ conjug. n° 3
1. Boucher une ouverture. *Quentin est entré et il **a fermé** la porte.* **2.** Rapprocher les parties d'une ouverture. *Zoé **ferme** son sac. Romain **ferme** les yeux.* **3.** Isoler de l'extérieur. *Les frontières **sont fermées**, on ne peut plus entrer dans ce pays.* **4.** Ne plus recevoir le public. *Le magasin **ferme** à 19 heures.* **5.** Arrêter la circulation ou le fonctionnement de quelque chose. *La route du col **est fermée** à la circulation.* (Contr. ouvrir.) • **Fermer la marche :** marcher le dernier dans un groupe. Famille du mot : **enfermer**, **fermeture**, **fermoir**, **refermer**.

fermeté (nom féminin)
Qualité de ce qui est ferme. *J'aime la **fermeté** de sa poignée de main.*

fermette (nom féminin)
Petite ferme aménagée pour y vivre.

fermeture (nom féminin)
1. Système qui sert à fermer. *La **fermeture** du garage est électronique.* **2.** Moment où un établissement ferme. *Je suis arrivée juste avant la **fermeture** de l'agence.* (Contr. ouverture.)

fermier, ère (nom)
Agriculteur qui exploite une ferme. *Le **fermier** et la **fermière** traient leurs vaches.*

Demeures des seigneurs, les châteaux forts sont le symbole de la **féodalité**.

fermoir (nom masculin)
Attache qui sert à fermer. *Ce vieux coffret à bijoux a un très joli **fermoir**.*

féroce (adjectif)
Sauvage et cruel. *Le requin blanc est un animal **féroce**.* Famille du mot : férocement, férocité.

férocement (adverbe)
De manière féroce. *Le lion a rugi **férocement**.*

férocité (nom féminin)
Caractère féroce. *Les panthères sont réputées pour leur **férocité**.* (Syn. cruauté.)

ferraille (nom féminin)
Objets en fer hors d'usage. *Ce vieux vélo est bon à mettre à la **ferraille**.*

ferrailleur, euse (nom)
Marchand de ferraille.

ferré, ée (adjectif)
Qui est garni de fer. *Anna a un bâton **ferré** pour marcher en montagne.* • **Voie ferrée :** voie garnie de rails où roulent les trains.

ferrer (verbe) ▸ conjug. n° 3
Mettre des fers à un cheval. *C'est le maréchal-ferrant qui **ferre** les chevaux.*

ferroviaire (adjectif)
Qui concerne les chemins de fer. *Le trafic **ferroviaire** est perturbé par la neige.*

ferrugineux, euse (adjectif)
Qui contient du fer. *Les roches **ferrugineuses** ont la couleur de la rouille.*

ferrure (nom féminin)
Garniture en fer. *On mettait des **ferrures** aux meubles pour les enjoliver.*

ferry (nom masculin)
Navire aménagé pour transporter des trains et des voitures, mais aussi des personnes.
ORTHO On dit aussi **ferry-boat**.

Ferry Jules (né en 1832, mort en 1893)
Homme politique français. En 1881 et 1882, il fit voter les lois qui rendirent l'école primaire gratuite, laïque et obligatoire. ➡ p. 514.

fertile (adjectif)
1. Qui fournit des récoltes abondantes. *Une vallée **fertile**.* (Contr. stérile.)
2. Dans un sens figuré, synonyme de fécond. *La journée a été **fertile** en évènements.* (Syn. riche.) Famille du mot : fertiliser, fertilité.

fertiliser (verbe) ▸ conjug. n° 3
Rendre fertile. *Les alluvions du fleuve **fertilisent** la vallée.*

fertilité (nom féminin)
Qualité de ce qui est fertile. *On améliore la **fertilité** d'un sol avec des engrais.*

féru, ue (adjectif)
Synonyme littéraire de passionné. *Élodie est **férue** de botanique.*

fervent, ente (adjectif et nom)
Synonyme de passionné. *Fatima est une **fervente** de cuisine asiatique.*

ferveur (nom féminin)
Passion, enthousiasme qui anime quelqu'un. *Il nous a remerciés avec **ferveur**.* (Syn. ardeur.)

fesse (nom féminin)
Chacune des deux parties charnues du derrière.

fessée (nom féminin)
Claque sur les fesses. *Si tu continues, tu vas recevoir une **fessée** !*

festif, ive (adjective)
Qui a le caractère de la fête. *L'ambiance était **festive** après la victoire de l'équipe de rugby.*

festin (nom masculin)
Repas de fête très copieux.

festival (nom masculin)
Manifestation artistique organisée à époque fixe. *En été, il y a beaucoup de **festivals** de musique.*

festivités (nom féminin pluriel)
Réjouissances publiques. *Quel est le programme des **festivités** ?*

feston (nom masculin)
Ornement en forme de dents arrondies. *Le napperon est bordé d'un point de **feston**.*

festoyer (verbe) ▸ conjug. n° 6
Faire un festin. *Les convives **ont festoyé** jusqu'à l'aube.*

féta (nom féminin)
Fromage grec à base de lait de brebis. *J'aime ajouter de la **féta** dans la salade.*

fêtard, arde (nom)
Personne qui aime faire la fête. *Laura est une **fêtarde**, elle fait la fête tous les week-ends.*

fête (nom féminin)
1. Jour où l'on se réjouit en souvenir d'un fait religieux ou historique. *Le 14 Juillet, c'est la **fête** nationale.* 2. Réunion organisée pour se voir et s'amuser. • **Faire fête à quelqu'un :** manifester sa joie de le revoir. *Le chien me **fait fête** quand je rentre le soir.* • **Se faire une fête de quelque chose :** se réjouir beaucoup en y pensant.

fêter (verbe) ▸ conjug. n° 3
1. Célébrer une fête. *On **fête** les Rois au début du mois de janvier.* 2. Faire fête à quelqu'un. *On **a fêté** son retour.*

fétiche (nom masculin)
Objet considéré comme portant chance. *Ce trèfle à quatre feuilles est le **fétiche** de Véronique.*

fétide (adjectif)
Qui sent très mauvais. *Une odeur **fétide** se dégage des poubelles.*

fétu (nom masculin)
Brin de paille.

feu, feux (nom masculin)
1. Flamme et chaleur dégagée par ce qui brûle. *Baisse un peu le **feu** sous la casserole de lait !* 2. Ce qui sert à allumer. *Il n'a pas de **feu** sur lui.* 3. Synonyme d'incendie. *Les pompiers luttent contre des **feux** de forêt.* 4. Signal lumineux. *Les voitures attendent le **feu** vert pour passer.* • **Arme à feu :** arme qui utilise l'explosion de la poudre pour lancer des balles. • **Coup de feu :** coup tiré par une arme à feu. • **Faire feu :** tirer avec une arme à feu. • **Feu ! :** ordre de tirer. • **Feu d'artifice :** spectacle nocturne constitué de tirs de fusées lumineuses et colorées.

feuillage (nom masculin)
Ensemble des feuilles d'un arbre. *Thomas s'abrite sous le **feuillage** épais d'un chêne.*

feuille (nom féminin)
1. Partie d'une plante, verte et mince, qui pousse sur une branche. *Les **feuilles** naissent des bourgeons.* 2. Rectangle de papier. *Hélène veut une **feuille** pour dessiner.* 3. Plaque très mince. *Une **feuille** d'aluminium.* Famille du mot : **ef**feuill**er**, feuill**age**, feuill**et**, feuill**eté**, feuill**eter**, feuill**u**.

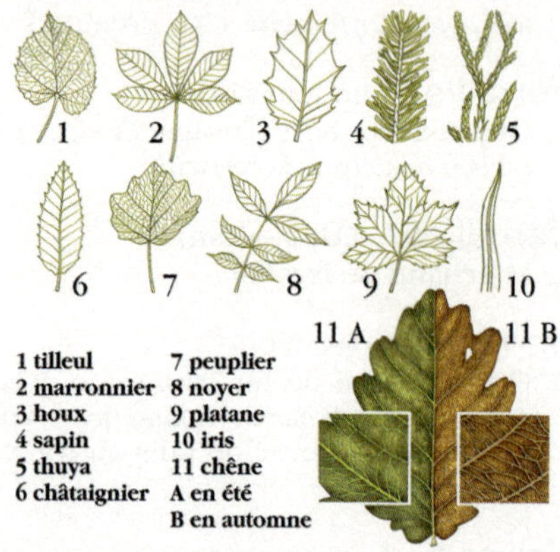

des **feuilles**

feuillet (nom masculin)
Feuille d'un livre ou d'un cahier.

feuilleté, ée (adjectif)
• **Pâte feuilletée :** pâte qui se divise en feuilles très fines. *La **pâte feuilletée** des millefeuilles est garnie de crème.*

un **feu** de forêt

feuilleter (verbe) ▸ conjug. n° 9
Tourner les pages d'un livre en les regardant rapidement. *Julie **feuillette** un illustré.* ✎ **Feuilleter** se conjugue aussi comme peler (n° 8).

feuilleton (nom masculin)
Histoire racontée en plusieurs épisodes, dans un journal, à la radio, à la télévision. *On a regardé tous les épisodes du **feuilleton**.*

feuillu (nom masculin)
Arbre qui a des feuilles. *Les chênes et les tilleuls sont des **feuillus**, mais pas les pins ni les sapins qui ont des aiguilles.*

feulement (nom masculin)
Cri du tigre ou du chat.

feuler (verbe) ▸ conjug. n° 3
Produire un feulement. *Ne t'approche pas du chat quand il **feule** !*

feutre (nom masculin)
1. Étoffe non tissée, faite de laine ou de poils agglutinés. *Victor a des chaussons à semelles de **feutre**.* **2.** Stylo à pointe de feutre ou de nylon. *La maîtresse corrige les cahiers au **feutre** rouge.*
⌂ Famille du mot : feutr**é**, feutr**ine**.

feutré, ée (adjectif)
1. Qui a pris l'aspect du feutre. *Le pull de Laura est **feutré**.* **2.** Peu sonore, presque silencieux. *William s'approche de Myriam à pas **feutrés**.*

feutrine (nom féminin)
Tissu léger en feutre. *Xavier et Noémie jouent aux cartes sur un tapis de **feutrine** verte.*

fève (nom féminin)
1. Graine qui ressemble à un gros haricot. *Yann mange des **fèves** avec du beurre et du sel.* **2.** Figurine cachée dans la galette des Rois. *Tu as la **fève**, choisis ton roi !*

février (nom masculin)
Deuxième mois de l'année, qui compte 28 jours, et 29 les années bissextiles.

fiabilité (nom féminin)
Caractère de ce qui est fiable. *Ils ont choisi cette voiture pour sa **fiabilité**.*

fiable (adjectif)
Auquel on peut se fier. *C'est un ami sûr et très **fiable**.*

fiacre (nom masculin)
Voiture à cheval qu'on louait pour se déplacer en ville. *Le **fiacre** est l'ancêtre du taxi.*

fiançailles (nom féminin pluriel)
Promesse solennelle de mariage. *Sa bague de **fiançailles** a plusieurs diamants.*

fiancé, ée (nom)
Personne qui est fiancée. *Il nous a présenté sa **fiancée**.*

se fiancer (verbe) ▸ conjug. n° 4
Faire la cérémonie des fiançailles. *Mon frère **s'est fiancé** à une jeune Anglaise.*
⌂ Famille du mot : fianç**ailles**, fiancé.

fiasco (nom masculin)
Échec complet. *Cette fête en plein air a été un **fiasco** à cause de la pluie.*

fibre (nom féminin)
Filament de matière organique. *Les **fibres** musculaires.*

fibreux, euse (adjectif)
Qui est formé de fibres. *La tige de l'artichaut est très **fibreuse**.*

ficeler (verbe) ▸ conjug. n° 9
Attacher avec une ficelle. *Le boucher **ficelle** un rôti.* ✎ **Ficeler** se conjugue aussi comme peler (n° 8).

ficelle (nom féminin)
Corde très mince. *Coupe la **ficelle** et ouvre ce colis !*

fiche (nom féminin)
Morceau de carton mince servant à noter des renseignements. *La bibliothécaire classe les **fiches** des livres prêtés.*

ficher (verbe) ▸ conjug. n° 3
1. Synonyme familier de mettre. *Il **a été fichu** à la porte du lycée.* **2.** Synonyme familier de faire. *Elle ne **fiche** rien.* **3.** Se ficher : synonyme familier de se moquer. *J'ai perdu la partie, mais je **m'en fiche** !* • **Ficher la paix :** laisser tranquille. • **Ficher le camp :** s'en aller. ✎ **Ficher** se conjugue comme aimer, sauf au participe passé : *fichu*.

fichier (nom masculin)
1. Boîte servant à ranger des fiches. **2.** Ensemble d'informations enregistrées par un ordinateur.

■ fichu, ue (adjectif)
1. Dans la langue familière, qui est cassé et inutilisable. *Ma montre est tombée dans l'eau, elle est **fichue**.* **2.** Synonyme familier de détestable. *Benjamin a un **fichu** caractère !* • **Mal fichu :** un peu malade. *Odile est **mal fichue** depuis hier.*

■ fichu (nom masculin)
Morceau de tissu triangulaire que les femmes mettent sur leur tête ou sur leurs épaules.

fictif, ive (adjectif)
Qui est inventé, créé par l'imagination. *Tous les personnages de cette histoire sont **fictifs**.* (Syn. imaginaire. Contr. réel.)

fiction (nom féminin)
Histoire qui raconte des choses fictives. *Les contes, les romans, les nouvelles sont des livres de **fiction**.*

fidèle (adjectif)
1. Qui est attaché à quelqu'un de façon loyale et constante. *C'est bon d'avoir des amis **fidèles**.* (Contr. inconstant, infidèle.) **2.** Qui est exact, conforme à la vérité. *Un compte rendu **fidèle** des évènements.* **■ fidèle** (nom) Personne qui pratique une religion. *Les **fidèles** se rendent à l'office religieux.* Famille du mot : fidèle**ment**, fidél**ité**, **in**fidèle, **in**fidél**ité**.

fidèlement (adverbe)
De façon fidèle. *Maman va **fidèlement** chez le même coiffeur.*

fidéliser (verbe) ▸ conjug. n° 3
Rendre fidèle une clientèle, un public. *Les magasins **fidélisent** souvent leurs clients avec les cartes de fidélité.*

fidélité (nom féminin)
Caractère fidèle de quelqu'un ou de quelque chose. *La **fidélité** des vassaux envers leur seigneur. Une chaîne haute **fidélité** reproduit exactement la musique.*

îles Fidji

800 000 habitants
Capitale : Suva
Monnaie : le dollar des îles Fidji
Langue officielle : anglais
Superficie : 18 376 km²

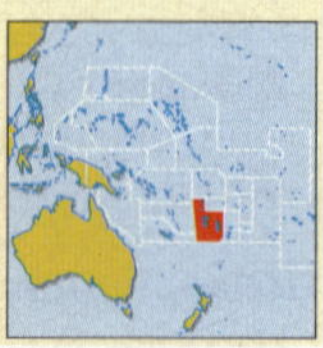

Archipel d'Océanie, situé dans l'océan Pacifique Sud, au nord-est de la Nouvelle-Calédonie. Il se compose de 332 îles, dont une centaine est habitée.

GÉOGRAPHIE
Les îles Fidji ont un climat tropical et sont parfois traversées par des cyclones. La culture de la canne à sucre et la fabrication de sucre sont les principales activités de l'archipel. On y pratique aussi la culture du riz, du manioc et de la noix de coco, la pêche et l'exploitation des gisements d'or et de manganèse.

HISTOIRE
Les îles Fidji furent découvertes en 1643 et devinrent une colonie britannique en 1874. Elles obtinrent leur indépendance en 1970.

ORTHO On écrit aussi **îles Fiji**.

fidjien, enne ➡ Voir tableau p. 6.

fief (nom masculin)
Au Moyen Âge, domaine que le seigneur donnait à son vassal en échange de sa fidélité.

fieffé, ée (adjectif)
Qui a un défaut au plus haut degré. *Méfie-toi, c'est une **fieffée** menteuse !* **Fieffé** a d'abord désigné quelqu'un qui était pourvu d'un *fief*, donc d'un droit et d'une force.

fiel (nom masculin)
1. Bile des animaux. *Le boucher vide le poulet et retire le **fiel** qui est très amer.* **2.** Au sens figuré, synonyme de méchanceté. *Ses reproches étaient pleins de **fiel**.*

fiente (nom féminin)
Excrément des oiseaux. *La terrasse est couverte de **fientes** de pigeons.*

■ se fier (verbe) ▸ conjug. n° 10
Avoir confiance en quelqu'un. *Ursula est trop étourdie, on ne peut **se fier** à elle.* Prononciation [səfje].

■ fier, fière (adjectif)
1. Qui se croit supérieur aux autres. *Cet homme est trop **fier** pour nous saluer.* (Syn. hautain, orgueilleux.) **2.** Qui est très satisfait. *Clément est très **fier** de sa maquette de bateau.* (Contr. honteux.) Prononciation [fjɛʀ]. Famille du mot : fiè**rement**, fier**té**. **Fier** vient du latin *ferus* qui signifie « sauvage ».

fièrement (adverbe)
De façon fière. *David nous a annoncé **fièrement** sa réussite.*

fierté (nom féminin)
1. Synonyme d'amour-propre. *Par **fierté**, Zoé refuse qu'on l'aide.* 2. Grande satisfaction. *Il tire une grande **fierté** de sa nouvelle voiture.* (Contr. honte.)

fiesta (nom féminin)
Synonyme familier de fête. **Fiesta** est un mot espagnol qui signifie « fête ».

fièvre (nom féminin)
1. Température du corps quand elle est trop élevée. *Anna se sent malade ce matin, elle doit avoir de la **fièvre**.* 2. Au sens figuré, grande agitation. *Dans la **fièvre** du départ, papa a oublié les papiers de la voiture.* (Syn. fébrilité.) Famille du mot : fiévr**eusement**, fiévr**eux**.

fiévreusement (adverbe)
De façon fiévreuse, agitée. *Ibrahim se prépare **fiévreusement** à son examen.*

fiévreux, euse (adjectif)
Qui a de la fièvre. *Prends ta température, tu as l'air **fiévreux**.* (Syn. fébrile.)

fifre (nom masculin)
Petite flûte en bois au son aigu. ➡ p. 524.

figer (verbe) ▸ conjug. n° 5
1. Devenir épais, presque solide. *La sauce a refroidi et **a figé** dans l'assiette.* 2. Au sens figuré, ne plus bouger, sous l'effet d'une émotion. *La peur les **a figés** sur place.* (Syn. immobiliser, paralyser.)

fignoler (verbe) ▸ conjug. n° 3
Faire quelque chose avec beaucoup de soin. *Élodie veut **fignoler** son dessin avant de le rendre à la maîtresse.* (Contr. bâcler.)

figue (nom féminin)
Fruit dont la chair rouge est pleine de petits pépins. *Fatima préfère les **figues** fraîches aux **figues** séchées.* • **Figue de Barbarie** : fruit recouvert d'épines du figuier de Barbarie.

figuier (nom masculin)
Arbre qui donne les figues. • **Figuier de Barbarie** : sorte de cactus.

figurant, ante (nom)
Acteur, le plus souvent muet. *Ce cinéaste recherche des **figurants** pour son prochain film.*

figuratif, ive (adjectif)
Se dit de l'art qui représente les formes des êtres et des objets. *Je préfère la peinture **figurative** à la peinture abstraite.* (Contr. abstrait)

figure (nom féminin)
1. Synonyme de visage. *Prends ce gant de toilette et va te laver la **figure** !* 2. Dessin qui représente une forme géométrique. *Laura a tracé trois **figures** au tableau : un cercle, un rectangle et un triangle.* 3. Ensemble des mouvements ou des pas d'un danseur ou d'un patineur. *Dans ce concours de patinage, certaines **figures** sont imposées.* Famille du mot : **dé**figur**er**, figur**ant**, figur**é**, figur**er**, figur**ine**.

feuille, écorce et fruit du **figuier**

un **figuier de Barbarie** en fleur

« Le **Fifre** »,
peinture d'Édouard Manet (1833)

figuré, ée (adjectif)
• **Sens figuré :** sens d'un mot détourné de son sens premier pour exprimer une comparaison. *Dans l'expression « brûler d'impatience », « brûler » est au* ***sens figuré****.* (Contr. sens propre.)

figurer (verbe) ▶ conjug. n° 3
1. Représenter quelque chose ou quelqu'un. *Une balance peut* ***figurer*** *la justice.* 2. Apparaître quelque part. *Son nom ne* ***figure*** *pas sur la liste des passagers.* 3. Se figurer : s'imaginer quelque chose. *Tu ne* ***te figures*** *quand même pas que je vais faire ça à ta place !* (Syn. croire.)

Ce panneau sert à **figurer** une interdiction.

figurine (nom féminin)
Synonyme de statuette.

fil (nom masculin)
1. Brin mince et long, fait d'une matière textile, qui sert à coudre. *Gaëlle n'arrive pas à enfiler le* ***fil*** *dans le chas de l'aiguille.* 2. Long brin de métal qui sert à différents usages. *Acheter du* ***fil*** *électrique pour faire une rallonge. Une clôture en* ***fil*** *de fer.* 3. Enchaînement de choses. *Je ne sais plus ce que je voulais dire, j'ai perdu le* ***fil*** *de mes idées.* 4. Partie tranchante d'une lame. *Le* ***fil*** *d'une épée, le* ***fil*** *d'un rasoir.* • **Un coup de fil :** un coup de téléphone. • **Être cousu de fil blanc :** être évident. • **Fil à plomb :** ficelle au bout de laquelle est attaché un poids et qui indique la verticale. • **Ne tenir qu'à un fil :** dépendre de très peu de chose.

filament (nom masculin)
Fil très mince. *Si le* ***filament*** *a fondu, l'ampoule n'éclaire plus !*

filandreux, euse (adjectif)
1. Qui est rempli de fibres. *Pierre n'aime pas la viande* ***filandreuse****.* 2. Au sens figuré, qui est interminable et confus. *Quel discours* ***filandreux*** *!*

filature (nom féminin)
1. Usine où l'on fabrique du fil. *Plusieurs* ***filatures*** *ont fermé dans cette région.* 2. Action de filer quelqu'un pour le surveiller. *Le suspect a été pris en* ***filature*** *par des policiers.*

file (nom féminin)
Personnes ou choses qui se suivent. *Prenez la* ***file*** *d'attente ! Une* ***file*** *de voitures attend au péage de l'autoroute.*

filer (verbe) ▶ conjug. n° 3
1. Transformer une matière textile en fil. ***Filer*** *la laine.* 2. Suivre quelqu'un sans qu'il s'en aperçoive, pour le surveiller. *Les policiers* ***ont filé*** *les malfaiteurs et les ont pris en flagrant délit.* 3. Aller vite. *Le TGV* ***file*** *à travers la campagne.* 4. Synonyme familier de s'enfuir. *Les gamins* ***ont filé*** *dès qu'ils ont vu le gardien.* (Syn. détaler.)

filet (nom masculin)
1. Objet fait de fils entrelacés qui forment des mailles. *Un* ***filet*** *à papillons. Au tennis, la balle doit passer au-dessus du* ***filet****.* 2. Morceau de viande pris sur le

dos de certains animaux. *Un rôti de bœuf dans le **filet**, c'est tendre comme du beurre !* **3.** Morceau de chair situé de chaque côté de l'arête d'un poisson. *Hélène adore les **filets** de sole.* **4.** Petite quantité d'eau qui coule d'une façon régulière. *C'est la sècheresse, il n'y a plus qu'un **filet** d'eau dans la rivière.*

filial, ale, aux (adjectif)
Qui concerne l'attitude d'un enfant envers ses parents. *L'amour **filial**.*

filiale (nom féminin)
Société commerciale qui dépend d'une autre plus importante. *Cette entreprise française a plusieurs **filiales** en Europe.*

filiation (nom féminin)
Lien de parenté qui unit l'enfant à ses parents. *La **filiation** paternelle, maternelle.*

filière (nom féminin)
Série d'étapes par lesquelles il faut passer. *Quentin se renseigne sur la **filière** à suivre pour devenir pilote d'avion.*

filiforme (adjectif)
Qui est mince comme un fil. *Elle est toute menue et a des jambes **filiformes**.*

filigrane (nom masculin)
Dessin imprimé dans l'épaisseur du papier et qui se voit par transparence. *Quel personnage voit-on en **filigrane** sur ce billet de banque ?*

filin (nom masculin)
Cordage utilisé sur les bateaux.

fille (nom féminin)
1. Personne de sexe féminin considérée par rapport à ses parents. *Nos voisins ont trois enfants, deux fils et une **fille**, qui s'appelle Julie.* **2.** Jeune personne de sexe féminin. *Dans la classe, il y a plus de **filles** que de garçons.*

fillette (nom féminin)
Petite fille. *Laura a sept ans, c'est encore une **fillette**.*

filleul, eule (nom)
Celui ou celle dont on est le parrain ou la marraine. *Ma sœur est la marraine de Myriam, Myriam est donc sa **filleule**.*

film (nom masculin)
1. Synonyme de pellicule. *Il faut donner ce **film** à développer chez le photographe.* **2.** Œuvre de cinéma. *Noémie est allée voir un très beau **film** sur les animaux.*

une bobine de **film**

filmer (verbe) ▸ conjug. n° 3
Enregistrer des images avec une caméra ou un caméscope. *Maman s'est amusée à nous **filmer** à la piscine.*

filon (nom masculin)
Couche de minerai située dans le sol. *On a découvert des **filons** de cuivre dans cette région.*

filou (nom masculin)
Homme malhonnête et rusé. *Ces **filous** ont réussi à entrer au cinéma sans payer !*

fils (nom masculin)
Personne de sexe masculin considérée par rapport à ses parents. *Leur **fils** s'appelle Romain et leur fille Odile.* ● Prononciation [fis].

filtre (nom masculin)
1. Instrument qui laisse passer un liquide et retient les particules solides. *Des **filtres** à café.* **2.** Bout d'une cigarette qui retient la nicotine et le goudron du tabac.

filtrer (verbe) ▸ conjug. n° 3
1. Faire passer à travers un filtre. *Sarah **filtre** la sauce du rôti.* **2.** Soumettre à un contrôle. *Les entrées du musée **ont été** soigneusement **filtrées** par le service de sécurité.*

■ **fin, fine** (adjectif)
1. Qui est formé d'éléments très petits. *Une belle plage de sable **fin**.* **2.** Qui a peu d'épaisseur. *Ursula a la taille **fine**.* (Syn. mince. Contr. épais.) **3.** Qui est délicat, élégant. *Les traits de son visage sont*

très ***fins***. **4.** Qui est d'une qualité supérieure. *Ce confiseur fait d'excellents chocolats* ***fins***. **5.** Qui est très sensible. *Thomas a l'ouïe* ***fine***. **6.** Qui est subtil, intelligent. *On ne peut pas dire que tes plaisanteries soient très* ***fines*** *!* Famille du mot : fin**aud**, fin**ement**, fin**esse**.

■ fin (nom féminin)
Moment où une chose se termine. *On est le 31 décembre, c'est la* ***fin*** *de l'année.* (Contr. commencement, début.) • **Arriver à ses fins :** atteindre le but que l'on s'était fixé. • **Mettre fin à quelque chose :** le faire cesser. • **Prendre fin :** se terminer. Famille du mot : fin**al**, fin**ale**, fin**alement**, fin**aliste**, fin**i**, fin**ir**, fin**ition**.

final, ale (adjectif)
Qui se trouve à la fin. *Victor met le point* ***final*** *à son devoir.* **Final** a deux pluriels : on peut dire des points final**s** ou des points fina**ux**. ■ **finale** (nom féminin) Dernière épreuve d'une compétition. *Le vainqueur de la* ***finale*** *du tournoi a gagné une coupe.*

finalement (adverbe)
À la fin, en fin de compte. ***Finalement****, c'est bien toi qui avais raison.*

finaliser (verbe) ▶ conjug. n° 3
Donner son aspect définitif à quelque chose. *Je dois* ***finaliser*** *mon exposé avant de le rendre.*

finaliste (nom)
Sportif ou équipe qui arrive en finale.

finance (nom féminin)
Ensemble des professions qui s'occupent des affaires d'argent. *Elle travaille dans la* ***finance***. ■ **finances** (nom féminin pluriel) Argent dont quelqu'un dispose et qu'il doit gérer. *Les* ***finances*** *d'une entreprise, de l'État.* Famille du mot : finance**ment**, finance**r**, financi**er**. **Finance** vient de l'ancien français *finer* qui signifie « payer ».

financement (nom masculin)
Action de financer. *La municipalité a assuré le* ***financement*** *du nouveau stade.*

financer (verbe) ▶ conjug. n° 4
Procurer l'argent nécessaire à quelque chose. *Le ministère de la Culture* ***a financé*** *le festival de musique.*

financier, ère (adjectif)
Qui concerne les finances. *Elle a de très graves problèmes* ***financiers***. ■ **financier, ère** (nom) Personne qui travaille dans la finance.

finaud, aude (adjectif et nom)
Qui est malin, rusé. *Ce petit* ***finaud*** *s'en est très bien sorti !*

finement (adverbe)
D'une façon fine, délicate. *Cette nappe est* ***finement*** *brodée.*

finesse (nom féminin)
Caractère de ce qui est fin. *La* ***finesse*** *d'un tissu. Un esprit d'une grande* ***finesse***.

fini, ie (adjectif)
Dont les finitions ont été soignées. *Ce vêtement est très bien* ***fini****, les coutures sont impeccables.* • **Produit fini :** produit prêt à être vendu et utilisé.

finir (verbe) ▶ conjug. n° 11
1. Faire quelque chose jusqu'à la fin. *Tu iras jouer quand tu* ***auras fini*** *tes devoirs.* (Syn. achever, terminer.) **2.** Ne rien laisser comme nourriture ou comme boisson. *Le bébé* ***a fini*** *son biberon.* **3.** En être à la fin. *L'émission* ***finit*** *à 22 heures.* (Syn. se terminer. Contr. commencer, débuter.) **4.** Arriver à un résultat. *Tu vas* ***finir*** *par te blesser avec ce couteau.* • **En finir avec quelque chose :** le faire cesser.

finition (nom féminin)
Dernière opération dans la fabrication d'un objet. *L'immeuble est presque terminé, les ouvriers font les travaux de* ***finition***.

finlandais, aise ➡ Voir tableau p. 6.

Finlande

Union européenne

5,3 millions d'habitants
Capitale : Helsinki
Monnaie : l'euro
Langues officielles : finnois, suédois
Superficie : 337 032 km²

État d'Europe du Nord, bordé par la mer Baltique à l'ouest et au sud, et voisin de la Suède, de la Norvège et de la Russie.

GÉOGRAPHIE
Le climat est très difficile : les hivers sont longs et rigoureux, les étés courts et humides. La population vit dans les régions côtières du Sud, à l'exception des Lapons qui occupent une région du Nord. Plus de la moitié du pays est couverte de forêts de conifères. La Finlande a développé l'exploitation du bois et la fabrication du papier et doit aussi sa richesse à son industrie (téléphonie, chimie, constructions navales).
HISTOIRE
La Finlande fut tout d'abord un duché suédois avant de devenir une possession russe au XVIIe siècle. Elle profita de la révolution russe de 1917 pour reprendre sa liberté et devint une république en 1920. Elle s'associa à la Communauté économique européenne (CEE) en 1973 et entra dans l'Union européenne en 1995.

fiole (nom féminin)
Petit flacon. *Zoé collectionne les **fioles** de parfum.*

fioritures (nom féminin pluriel)
Ornements ajoutés et compliqués. *Ce dessin avec toutes ces **fioritures** est trop tarabiscoté.*

fioul (nom masculin)
Synonyme de mazout. *Cette chaudière marche au **fioul**.* **Fioul** est la forme francisée de l'anglais *fuel*.

firmament (nom masculin)
Synonyme littéraire de ciel.

firme (nom féminin)
Entreprise industrielle ou commerciale. *Une **firme** automobile.*

fisc (nom masculin)
Administration qui s'occupe des impôts. Famille du mot : fisc**al**, fisc**alité**. **Fisc** vient du latin *fiscus* qui signifie « panier pour ramasser de l'argent ».

fiscal, ale, aux (adjectif)
Qui concerne les impôts. *La fraude **fiscale** est sévèrement punie.*

fiscalité (nom féminin)
Ensemble des impôts.

fissure (nom féminin)
Petite fente. *Il y a une **fissure** dans le plafond.* (Syn. lézarde.)

fissurer (verbe) ▸ conjug. n° 3
Provoquer des fissures. *Lors du tremblement de terre, la plupart des maisons **se sont fissurées**.* (Syn. se lézarder.)

fiston (nom masculin)
Synonyme familier de fils, garçon. *Salut mon **fiston** !*

fixateur, trice (adjectif)
Qui a la propriété de fixer quelque chose. *On vend du gel **fixateur** pour les cheveux.*

fixation (nom féminin)
Système qui sert à fixer. *Papa vérifie la **fixation** des vélos sur le toit de la voiture.*

fixe (adjectif)
1. Qu'on ne peut pas déplacer. *Dans les transports en commun, tous les sièges sont **fixes**.* (Contr. mobile.) **2.** Qui est immobile. *Anna a horreur du regard **fixe** des serpents.* **3.** Qui ne change pas. *Ils déjeunent toujours à heure **fixe**.* (Syn. invariable, régulier.) • **Beau fixe :** beau temps durable. • **Idée fixe :** obsession.

fixement (adverbe)
D'une manière fixe. *Qu'est-ce que tu regardes si **fixement** ?*

fixer (verbe) ▸ conjug. n° 3
1. Faire tenir quelque chose solidement. *Il va falloir un gros crochet pour **fixer** ce miroir au mur.* **2.** Regarder sans bouger les yeux. *Arrête de **fixer** les gens comme ça !* **3.** Décider de quelque chose de façon précise. ***Fixer** un prix. **Fixer** une date.* Famille du mot : fixa**tion**, fixe, fixe**ment**.

fjord (nom masculin)
En Norvège, golfe profond et étroit. ➡ p. 528. Prononciation [fjɔʀd]. ORTHO On écrit aussi **fiord**.

flacon (nom masculin)
Petite bouteille. *Un **flacon** d'eau oxygénée.*

flageller (verbe) ▸ conjug. n° 3
1. Donner des coups de fouet à quelqu'un. **2.** Au sens figuré, frapper comme un fouet. *Une pluie violente **flagellait** le visage de Romain.* (Syn. fouetter.)

un **fjord**

flageoler (verbe) ▸ conjug. n° 3
Trembler de faiblesse ou d'émotion. *À l'arrivée du marathon, il avait les jambes qui **flageolaient**.*

flageolet (nom masculin)
1. Variété de petits haricots dont on cuisine les grains. *Nous avons mangé un gigot accompagné de **flageolets**.* **2.** Flûte à bec.

flagrant, ante (adjectif)
Qui est évident, que personne ne peut nier. *La ressemblance entre ces deux jumeaux est **flagrante**.* • **Flagrant délit :** délit commis sous les yeux de la personne qui le constate.

flair (nom masculin)
1. Odorat très fin de certains animaux, comme le chien. **2.** Au sens figuré, capacité instinctive à deviner quelque chose. *Il a manqué de **flair** dans cette affaire.*

flairer (verbe) ▸ conjug. n° 3
1. Sentir pour reconnaître une odeur. *Un bon chien de chasse sait **flairer** de loin le gibier.* **2.** Au sens figuré, pressentir quelque chose. *Ils **avaient flairé** le danger.* (Syn. deviner, soupçonner.)

flamand, ande ➡ Voir tableau p. 6.

flamant (nom masculin)
Grand échassier blanc ou rose à long cou. *Les **flamants** roses de la Camargue.* **Flamant** vient du latin *flamma* qui signifie « flamme », à cause de son plumage éclatant.

un **flamant** rose et son poussin

flambant, ante (adjectif)
• **Flambant neuf :** tout neuf.

flambeau, eaux (nom masculin)
Torche enduite de cire ou de résine. *On allume des **flambeaux** le soir de la fête du village.*

flambée (nom féminin)
1. Feu vif et de courte durée. *On a fait une **flambée** dans la cheminée.* **2.** Au sens figuré, augmentation brusque et importante. *Le mauvais temps a causé une **flambée** des prix des fruits.*

flamber (verbe) ▸ conjug. n° 3
Brûler avec de grandes flammes. *Ce bois sec va **flamber** facilement.* Famille du mot : flamb**eau**, flamb**ée**, flamb**oyer**.

flamboyant, ante (adjectif)
Qui brille de manière éclatante, qui est remarquable par son éclat. *Cette chanteuse a toujours une chevelure **flamboyante**.*

flamboyer (verbe) ▸ conjug. n° 6
Briller vivement, comme le feu. *Les nuages **flamboient** dans le soleil couchant.*

flamenco (nom masculin)
Musique populaire originaire d'Andalousie, qui combine généralement le chant et la danse sur un accompagnement de guitare. *Les danseuses de*

***flamenco** s'accompagnent souvent de castagnettes.* Prononciation [flamɛnko].

flamme (nom féminin)
1. Forme lumineuse produite par le feu. *Le vent a éteint les **flammes** des bougies.* **2.** Au sens figuré, enthousiasme et passion. *Il a fait un discours plein de **flamme**.* (Syn. exaltation, fougue.) Famille du mot : s'**enflammer**, flamm**èche**, **in**flamm**able**.

flammèche (nom féminin)
Parcelle de matière enflammée qui s'envole. *Le pare-feu devant la cheminée protège des **flammèches**.*

flan (nom masculin)
Entremets cuit au four. *Il y a un **flan** aux raisins pour le dessert.*

flanc (nom masculin)
1. Chaque côté du corps. *Le cheval blessé s'est couché sur le **flanc**.* **2.** Côté de certaines choses. *On aperçoit un village sur le **flanc** de la montagne.*

flancher (verbe) ▸ conjug. n° 3
Synonyme familier de faiblir. *Le coureur **a flanché** dans la dernière ligne droite.*

Flandre
Région de Belgique (6,1 millions d'habitants) composée de cinq provinces : la Flandre-Occidentale, la Flandre-Orientale, la province d'Anvers, le Limbourg et le Brabant flamand. Ses habitants parlent le néerlandais. Les principales activités sont l'horticulture et la culture maraîchère. La région est aussi un grand centre industriel (automobile, chimie nucléaire, textile) et possède des ports importants sur la mer du Nord, comme celui d'Anvers qui est le 4e port mondial.

flanelle (nom féminin)
Tissu de laine souple et doux. *Ce pantalon de **flanelle** est bien chaud pour l'hiver.*

flâner (verbe) ▸ conjug. n° 3
Se promener sans se presser. *Quand Élodie a du temps, elle aime aller **flâner** avec son chien sur les bords de la rivière.* (Syn. se balader, musarder.) Famille du mot : flân**erie**, flân**eur**.

flânerie (nom féminin)
Action de flâner.

flâneur, euse (nom)
Personne qui flâne. *De nombreux **flâneurs** s'attardent devant les vitrines.* (Syn. promeneur.)

flanquer (verbe) ▸ conjug. n° 3
1. Être disposé de part et d'autre. *La façade du château **est flanquée** de deux tours.* **2.** Dans la langue familière, lancer brutalement. ***Flanquer** une paire de claques.*

flaque (nom féminin)
Petite mare qui se forme sur le sol après la pluie. *Les enfants pataugent dans les **flaques** d'eau avec leurs bottes.*

flash (nom masculin)
1. Appareil qui produit un éclair de lumière très vive pour faire des photos dans les endroits sombres. *La photo est trop sombre car le **flash** n'a pas marché.* **2.** Court bulletin d'information à la radio ou à la télévision. **Flash** est un mot anglais : on prononce [flaʃ]. Pluriel : des flash**s**.

flash-back (nom masculin)
Retour en arrière, dans un récit. **Flash-back** est un mot anglais : on prononce [flaʃbak]. Pluriel : des flash-back. ORTHO On écrit aussi un **flashback**, des **flashbacks**.

flasque (adjectif)
Qui manque de fermeté ou d'élasticité. *Ton ventre devient **flasque**, tu devrais faire de la musculation !* (Syn. mou. Contr. ferme.)

flatter (verbe) ▸ conjug. n° 3
1. Faire des compliments exagérés. *Il **flatte** son patron en espérant une augmentation !* **2.** Faire paraître quelqu'un plus beau qu'en réalité. *Ce peintre a fait d'elle un portrait qui la **flatte** beaucoup.* (Syn. avantager.) **3.** Causer de la fierté à quelqu'un. *Nous **avons été flattés** de sa visite.* (Syn. honorer.) **4.** Se flatter de quelque chose : s'en vanter. *Il **se flatte** de courir le 100 mètres en 15 secondes !* Famille du mot : flatt**erie**, flatt**eur**.

flatterie (nom féminin)
Compliment destiné à flatter quelqu'un. *Ces **flatteries** ne sont pas très méritées.*

flatteur, euse (nom)
Personne qui dit des flatteries. *Il faut se méfier des **flatteurs**.* ■ **flatteur, euse** (adjectif) Qui flatte. *Le professeur a eu des mots **flatteurs** à l'égard de William.*

Flaubert Gustave (né en 1821, mort en 1880)
Écrivain français. Il décrivit avec talent la société de son époque. *Madame Bovary* (1857) est son roman le plus célèbre.

fléau, fléaux (nom masculin)
1. Instrument agricole qui servait à battre les céréales. 2. Barre horizontale qui supporte les plateaux d'une balance. 3. Catastrophe qui s'abat sur une population. *Au Moyen Âge, la peste a été un grand **fléau**.* (Syn. calamité, désastre.)

flèche (nom féminin)
1. Tige fine et pointue que l'on tire à l'aide d'un arc. *Les Indiens chassaient avec des **flèches**.* 2. Dessin en forme de flèche pour indiquer une direction. *Des **flèches** signalent la direction de la fête.* 3. Sommet pointu d'un clocher. *La cathédrale de Strasbourg ne comporte qu'une **flèche**.* ➡ p. 205. • **Monter en flèche :** augmenter très rapidement. *Le prix de l'essence **est monté en flèche**.* Famille du mot : flécher, fléchette.

flécher (verbe) ▸ conjug. n° 8
Marquer par des flèches. *Le rallye suit un parcours **fléché**.*

fléchette (nom féminin)
Petite flèche qu'on lance à la main sur une cible. *Jouer aux **fléchettes**.*

un jeu de **fléchettes**

fléchir (verbe) ▸ conjug. n° 11
1. Plier une partie du corps. *Fatima s'est cassé le coude et ne peut plus **fléchir** l'avant-bras.* 2. Se courber sous une charge. *Les rayons de la bibliothèque **fléchissent** sous le poids des livres.* 3. Faire céder quelqu'un, le convaincre. *Il ne veut pas que tu ailles au cinéma, tu ne le **fléchiras** pas.* 4. Baisser, diminuer. *L'allure des coureurs **a** nettement **fléchi** dans la montée.*

fléchissement (nom masculin)
Fait de fléchir. *Le **fléchissement** d'une branche sous le poids des fruits.*

flegmatique (adjectif)
Qui a du flegme. *Xavier est un élève **flegmatique** et maître de lui.* (Syn. calme.)

flegme (nom masculin)
Caractère de quelqu'un qui reste toujours calme. *Dans la panique générale, Gaëlle a su garder son **flegme**.* (Syn. calme, sang-froid.)

Fleming Alexander (né en 1881, mort en 1955)
Biologiste anglais. Il découvrit en 1928 le premier antibiotique : la pénicilline. Pour cette découverte, il obtint le prix Nobel de médecine en 1945.

flemmard, arde (adjectif)
Synonyme familier de paresseux.

flemme (nom féminin)
Synonyme familier de paresse.

se **flétrir** (verbe) ▸ conjug. n° 11
1. Synonyme de se faner. *Si tu ne les arroses pas régulièrement, ces fleurs vont **se flétrir**.* 2. Faire perdre à quelqu'un sa beauté. *Elle est si vieille qu'elle a le visage tout **flétri**.*

fleur (nom féminin)
Partie souvent colorée d'une plante, qui porte les organes de reproduction. *Maman cherche un vase pour y mettre les **fleurs** qu'on vient de lui offrir.* ➡ p. 531. • **À fleur de quelque chose :** qui est presque au même niveau. *Les bateaux évitent les rochers **à fleur d'eau**.* • **Faire une fleur à quelqu'un :** dans la langue familière, lui faire une faveur. • **La fine fleur de quelque chose :** la meilleure partie, l'élite. Famille du mot : affleurer, fleurir, fleuriste, refleurir.

fleuret (nom maculin)
Sorte d'épée à lame très fine sans tranchant, avec laquelle on fait de l'escrime. *La pointe du **fleuret** est protégée par un bouton.*

fleurir (verbe) ▸ conjug. n° 11
1. Produire des fleurs. *Les arbres fruitiers **fleurissent** au printemps.* **2.** Décorer un endroit avec des fleurs. *Maman veille à ce que la maison **soit** toujours **fleurie**.*

fleuriste (nom)
Marchand de fleurs et de plantes.

fleuron (nom masculin)
Ce qu'il y a de meilleur, de plus remarquable. *Ce cuisinier est un des **fleurons** de la gastronomie française.*

fleuve (nom masculin)
Cours d'eau qui se jette dans la mer. *La Loire est le plus long **fleuve** de France.*

flexibilité (nom féminin)
Caractère de ce qui se plie facilement. *En gymnastique, Anna fait preuve d'une grande **flexibilité** de la taille.*

flexible (adjectif)
Qui se plie facilement sans casser. *Les tiges de l'osier sont **flexibles**, il est facile de les tresser.* (Syn. souple.)

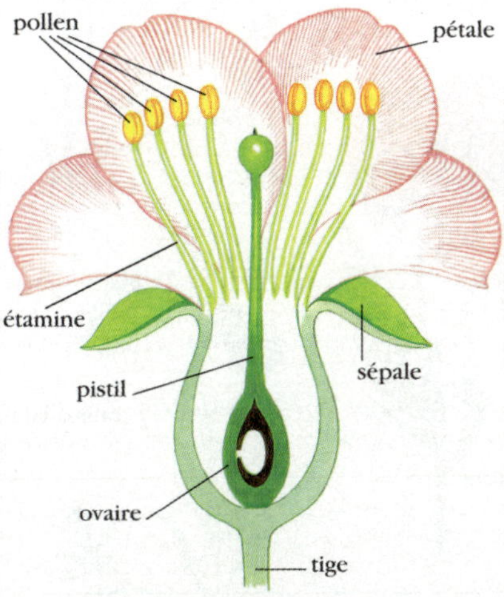

la coupe d'une **fleur**

flexion (nom féminin)
Action de fléchir un membre. *Au cours de ski, le moniteur nous fait faire des **flexions**.* (Contr. extension.)

flibustier (nom masculin)
Pirate des mers américaines aux XVIIe et XVIIIe siècles.

un **flibustier**

flipper (nom masculin)
Sorte de billard électrique. ● **Flipper** est un mot anglais : on prononce [flipœR].

flirt (nom masculin)
Relation sentimentale passagère. ● Prononciation [flœRt]. ⊷ **Flirt** est un mot anglais qui vient du français *fleureter* qui signifie « courtiser une femme, lui conter fleurette ».

flirter (verbe) ▸ conjug. n° 3
Avoir un flirt avec quelqu'un. ● Prononciation [flœRte].

flocon (nom masculin)
1. Petite masse de neige. *Il neige à gros **flocons** sur les montagnes.* **2.** Lamelle de graine de céréale. *À son petit déjeuner, Yann mange des **flocons** de maïs avec du yaourt.*

flonflons (nom masculin pluriel)
Musique bruyante. *On a entendu les **flonflons** du bal jusqu'à deux heures du matin.*

Les fleurs

rhododendron
pivoine
dahlia
anémone
chardon
bleuet
capucine
coquelicot
campanule

violette
hibiscus
jonquille
rose
narcisse
lis
primevère
œillet
iris
orchidée
myosotis

flop (nom masculin)
Échec d'un spectacle, d'un livre. *Ce film a fait un **flop**.*

flopée (nom féminin)
Synonyme familier de multitude. *Une **flopée** d'enfants a envahi la piscine.*

floraison (nom féminin)
Époque où les fleurs s'épanouissent. *Les cerisiers sont en pleine **floraison**.*

floral, ale, aux (adjectif)
Qui concerne les fleurs. *Nous avons visité une exposition **florale**.*

flore (nom féminin)
Ensemble des plantes d'une région précise. *Les élèves partent en classe de nature dans les Alpes pour en étudier la **flore**.*

Floride
État du sud-est des États-Unis (151 670 km^2 ; 18,5 millions d'habitants). La Floride est une péninsule qui sépare l'océan Atlantique du golfe du Mexique. Sa capitale est Tallahassee. Le climat tropical a permis de développer la culture des agrumes et de la canne à sucre, ainsi que le tourisme. C'est dans cet État que se situe le centre spatial de cap Canaveral.

florilège (nom masculin)
Sélection de choses de qualité. *Le musicien a interprété un **florilège** de ses meilleures compositions.*

florissant, ante (adjectif)
Qui est riche, prospère. *Autour de la cathédrale, le commerce des souvenirs est **florissant**.*

flot (nom masculin)
Grand nombre ou grande quantité. *L'été, des **flots** de touristes débarquent en car pour visiter le château.* • **À flot** : sur l'eau, pour flotter. *Remettre un bateau **à flot**.* ■ **flots** (nom masculin pluriel) Synonyme littéraire de mer. *Le navire vogue sur les **flots**.*

flotte (nom féminin)
Ensemble des bateaux d'un pays.

flottement (nom masculin)
Moment d'hésitation. *Après un temps de **flottement**, il a fini par répondre.*

flotter (verbe) ▸ conjug. n° 3
1. Rester à la surface d'un liquide. *Benjamin ne sait pas encore nager, il porte une bouée pour **flotter**.* (Contr. couler.) **2.** Bouger dans l'air. *Le drapeau vert **flotte** sur la plage : la baignade est autorisée.* **3.** Porter un vêtement trop grand. *Depuis qu'elle a maigri, Hélène **flotte** dans tous ses vêtements.* (Syn. nager.) ⌂ Famille du mot : flott**ement**, flott**eur**.

flotteur (nom masculin)
Accessoire qui flotte et empêche un objet de couler. *Une forte vague a endommagé un **flotteur** du trimaran.*

flottille (nom féminin)
Ensemble de petits bateaux.

flou, floue (adjectif)
Qui n'a pas de formes nettes. *Ces photos sont ratées, elles sont toutes **floues**.*

fluctuant, ante (adjectif)
Qui est variable, changeant. *Selon la saison, le prix des fruits est très **fluctuant**.*

fluctuation (nom féminin)
Changement continuel. *Clément ne comprend rien aux **fluctuations** de la Bourse.*

fluet, fluette (adjectif)
1. Qui est mince et d'apparence délicate. *Cette jeune Chinoise est toute **fluette** mais elle est championne de gymnastique.* **2.** Qui manque de force. *Une petite voix **fluette**.*

fluide (adjectif)
Qui coule facilement. *La sauce est trop **fluide**. La circulation est **fluide** sur l'autoroute.* ■ **fluide** (nom masculin) Matière qui n'a pas de forme propre. *Les liquides et les gaz sont des **fluides**.* (Contr. solide.)

fluidifier (verbe) ▸ conjug. n° 10
Transformer en fluide, rendre plus liquide. *Certains médicaments **fluidifient** le sang.*

fluidité (nom féminin)
Caractère de ce qui est fluide. *La **fluidité** de la circulation est bonne, ce soir.*

fluo (adjectif)
D'une couleur fluorescente. *Une tenue de ski **fluo**.* ✎ Pluriel : des surligneurs fluos ou des surligneurs fluo.

fluor (nom masculin)
Substance chimique, ajoutée dans les dentifrices pour prévenir les caries.

fluorescent, ente (adjectif)
Qui émet de la lumière dans l'obscurité. *Quand ils travaillent de nuit sur les routes, les ouvriers portent des vêtements **fluorescents**.*

flûte (nom féminin)
1. Instrument à vent constitué d'un tuyau percé de trous. 2. Verre haut et étroit utilisé pour boire le champagne. *Fais attention en les essuyant, ces **flûtes** sont fragiles.*
ORTHO On écrit aussi **flute**.

flûtiste (nom)
Joueur de flûte.
ORTHO On écrit aussi **flutiste**.

fluvial, ale, aux (adjectif)
Qui a rapport aux fleuves, aux cours d'eau. *Le transport **fluvial** est plus économique que le transport routier.*

flux (nom masculin)
1. Marée montante. (Contr. reflux.) 2. Au sens figuré, grande abondance de choses ou de personnes. *Matin et soir, un **flux** de voyageurs s'engouffre dans la gare.*
● Prononciation [fly].

FMI
Sigle de Fonds monétaire international. Organisme créé en 1944 dont le rôle est d'assurer la stabilité des échanges monétaires entre ses États membres et de gérer l'attribution de prêts aux pays en difficulté.

foc (nom masculin)
Voile triangulaire à l'avant des voiliers.
➡ p. 1346.

Foch Ferdinand (né en 1851, mort en 1929)
Maréchal de France qui s'est illustré au cours de la Première Guerre mondiale. Il contribua à la victoire de la Marne en 1914. En 1918, il dirigea les armées alliées jusqu'à la victoire. Il signa l'armistice le 11 novembre 1918.

fœtus (nom masculin)
Enfant qui se forme peu à peu dans le ventre de sa mère. ● Prononciation [fetys].

foi (nom féminin)
Fait de croire en l'existence de Dieu. *Grand-mère a la **foi**, elle va à la messe tous les dimanches.* • **Digne de foi :** que l'on peut croire sur parole. • **Être de bonne foi :** être sincère, honnête. • **Faire foi :** être une preuve. *Le cachet de la poste **fait foi** du jour de départ d'une lettre.*

foie (nom masculin)
Organe de la partie droite de l'abdomen, qui joue un grand rôle dans la digestion. *Une tranche de **foie** de veau.* ➡ p. 389.

foin (nom masculin)
Herbe fauchée et séchée, destinée à nourrir le bétail.

foire (nom féminin)
1. Grand marché agricole. *Dans ce village, la **foire** aux bestiaux a lieu une fois par an.* 2. Exposition commerciale. *Une **foire** aux vins.* 3. Fête foraine. *Ce que David préfère à la **foire**, ce sont les autos tamponneuses.* • **Foire aux questions :** ➡ Voir **FAQ**.

fois (nom féminin)
1. Moment où un évènement se produit. *Tu te souviens de la **fois** où Julie s'est cassé la jambe en tombant ?* 2. Indique la multiplication. *Cinq **fois** dix égalent cinquante.* • **Il était une fois :** un jour, il y a longtemps.

une **flûte**

à foison (adverbe)
En abondance. *On a trouvé des châtaignes **à foison** dans les bois.* Famille du mot : foison**nement**, foison**ner**.

foisonnement (nom masculin)
Fait de foisonner.

foisonner (verbe) ▸ conjug. n° 3
Exister à foison. *Les ronces **foisonnent** dans ce jardin abandonné.* (Syn. abonder.)

folâtrer (verbe) ▸ conjug. n° 3
S'ébattre gaiement. *Les chiens **folâtrent** dans le jardin.*

folie (nom féminin)
1. Maladie mentale d'une personne qui ne sait plus ce qu'elle fait. *Sa **folie** ne fait qu'empirer de jour en jour.* (Syn. démence.) **2.** Conduite déraisonnable, imprudente. *C'est de la **folie** de sortir sous cet orage !* (Syn. inconscience.) **3.** Dépense trop importante. *Ibrahim a fait une **folie** en achetant ce cadeau.*

folklore (nom masculin)
Ensemble des légendes, des chants, des danses populaires d'une région. **Folklore** vient de l'anglais *folk* qui signifie « peuple » et *lore* qui signifie « connaissance ».

folklorique (adjectif)
Qui vient du folklore. *Laura adore les chants **folkloriques** corses.*

des costumes **folkloriques** bretons

folle ➡ Voir **fou**.

follement (adverbe)
D'une manière folle, excessive. *Aimer **follement** quelqu'un.*

fomenter (verbe) ▸ conjug. n° 3
Provoquer une action hostile. *Les rebelles **ont fomenté** des émeutes dans la ville.*

foncé, ée (adjectif)
De couleur sombre. *Ce gris **foncé** est presque noir.* (Contr. clair.)

foncer (verbe) ▸ conjug. n° 4
Devenir plus sombre. *En séchant, cette peinture va **foncer** un peu.* (Contr. éclaircir.)

foncer (verbe) ▸ conjug. n° 4
1. Se précipiter sur quelqu'un. *Quelle panique quand la voiture **a foncé** sur la foule !* **2.** Dans la langue familière, aller très vite. *Il va falloir **foncer** pour arriver à l'heure !*

foncier, ère (adjectif)
1. Qui est profondément dans la nature de quelqu'un. *Kevin est d'une bonté **foncière**.* **2.** Qui concerne la propriété de terres ou de maisons. *Les propriétaires doivent payer chaque année un impôt **foncier**.*

foncièrement (adverbe)
Par nature. *Myriam est **foncièrement** honnête.* (Syn. profondément.)

fonction (nom féminin)
1. Travail dont quelqu'un est chargé. *C'est à Noémie que le maître a confié la **fonction** d'essuyer le tableau.* **2.** Travail, charge ou métier. *Le père de Pierre exerce la **fonction** de maire.* **3.** Rôle joué par quelque chose. *L'estomac a une **fonction** importante dans la digestion.* **4.** Relation grammaticale d'un mot avec les autres. *La **fonction** sujet, la **fonction** complément.* • **La fonction publique :** ensemble des personnes employées par l'État. • **En fonction de quelque chose :** par rapport à cette chose. *La lumière change **en fonction de** l'heure.* (Syn. selon, suivant.) Famille du mot : fonction**naire**, fonction**nel**, fonction**nement**, fonction**ner**.

fonctionnaire (nom)
Personne employée par l'État. *Le père de Quentin est professeur de lycée, c'est un **fonctionnaire**.*

fonctionnel, elle (adjectif)
Qui est bien adapté à sa fonction. *Cet appartement est petit mais très **fonctionnel**.*

fonctionnement (nom masculin)
Manière de fonctionner. *Le **fonctionnement** de cet appareil photo numérique est très simple.*

fonctionner (verbe) ▸ conjug. n° 3
Être en état de marche. *Le lave-vaisselle ne **fonctionne** plus, il faut le faire réparer.* (Syn. marcher.)

fond (nom masculin)
1. Partie la plus basse ou la plus profonde de quelque chose. *Il y a un dépôt au **fond** de la bouteille.* 2. Endroit le plus éloigné de l'entrée. *La voiture est garée au **fond** du parking.* 3. Ce qui se trouve à l'arrière d'un dessin, d'une image. *Romain a fait un gros plan d'Odile, sur **fond** de verdure.* 4. Ce qui est essentiel, fondamental. *Le **fond** du problème.* • **À fond :** complètement, le plus possible. *Il connaît la question **à fond**.* • **Au fond :** en réfléchissant bien. • **Course de fond :** course qui se dispute sur une longue distance.

fondamental, ale, aux (adjectif)
Extrêmement important. *Pour conduire, il faut une bonne vue, c'est **fondamental**.* (Syn. essentiel. Contr. secondaire.)

fondant, ante (adjectif)
Qui fond dans la bouche. *Sarah adore les chocolats **fondants**.*

fondateur, trice (nom)
Personne qui a fondé quelque chose. *Le **fondateur** de cette grosse entreprise est l'arrière-grand-père de Thomas.*

fondation (nom féminin)
Action de fonder quelque chose. *La **fondation** de ce musée date du siècle dernier.* (Syn. création.) ■ **fondations** (nom féminin pluriel) Parties d'un bâtiment qui soutiennent les murs. *Les ouvriers creusent pour commencer les **fondations** de l'immeuble.*

fondé, ée (adjectif)
Qui a un fondement, une justification. *Le reproche qu'on t'a fait était **fondé**.*

fondement (nom masculin)
Principe sur lequel quelque chose est fondé. *La tolérance est un **fondement** de la vie en société.* (Syn. base.)

fonder (verbe) ▸ conjug. n° 3
1. Synonyme de créer. *Les parents d'élèves **ont fondé** une association. **Fonder** une famille.* 2. S'appuyer sur des arguments. *Ursula **a fondé** son opinion sur son expérience.* Famille du mot : fondateur, fondation, fondé, fondement.

fonderie (nom féminin)
Usine dans laquelle on fond des métaux.

fondre (verbe) ▸ conjug. n° 31
1. Devenir liquide sous l'effet de la chaleur. *Le beurre commence à **fondre** dans la poêle.* 2. Se dissoudre dans un liquide. *Le gros sel **fond** dans l'eau de cuisson.* 3. Chauffer un métal pour le rendre liquide avant de le verser dans des moules. ***Fondre** du bronze pour faire une statue.* 4. Se jeter brusquement sur quelqu'un ou quelque chose. *Le vautour **a fondu** sur sa proie.* • **Fondre en larmes :** se mettre à pleurer très fort. Famille du mot : fondant, fonderie, fondue, fonte.

fondrière (nom féminin)
Trou dans le sol. *Ce vieux chemin est plein de **fondrières**.*

fonds (nom masculin)
Valeur d'une terre ou d'un magasin. *Ce **fonds** de commerce est à vendre.* ■ **fonds** (nom masculin pluriel) Somme d'argent. *Nous n'avons pas les **fonds** suffisants pour acheter cette voiture.* (Syn. capital.)

fondue (nom féminin)
Plat régional que l'on cuit directement sur la table. *La **fondue** savoyarde est à base de fromage, la **fondue** bourguignonne à base de viande de bœuf.*

fontaine (nom féminin)
Petite construction où coule de l'eau. *Avant de partir en randonnée, nous avons rempli nos gourdes à la **fontaine**.*

la **fontaine** Stravinski
de Niki de Saint-Phalle et Jean Tinguely,
dans le quartier Beaubourg, à Paris

a b c d e **f** g h i j k l m n o p q r s t u v w x y z

fonte (nom féminin)
1. Moment où quelque chose fond. *La **fonte** des neiges, la **fonte** des glaces.* **2.** Alliage de fer et de carbone. *Un radiateur en **fonte**.*

fonts (nom masculin pluriel)
• **Fonts baptismaux :** dans une église, bassin contenant l'eau du baptême.

football (nom masculin)
Jeu opposant deux équipes de onze joueurs qui essaient d'envoyer un ballon rond dans les buts de l'adversaire sans se servir des mains. *Un terrain de **football** mesure au moins 90 mètres de long.* Prononciation [futbol]. Ce mot s'abrège familièrement **foot.** **Football** vient de l'anglais *foot* qui signifie « pied » et de *ball* qui signifie « balle ».

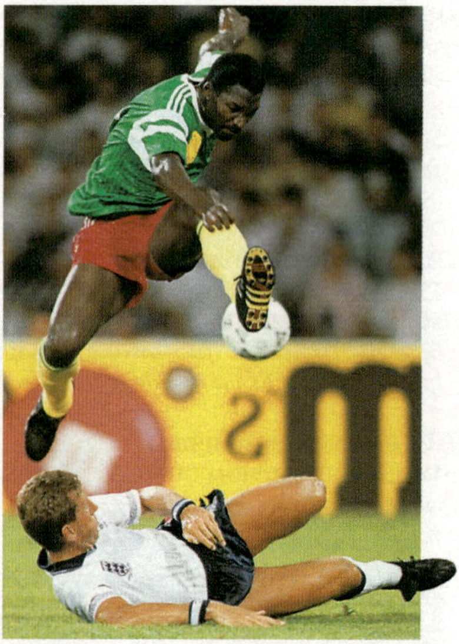

le **football**

footballeur, euse (nom)
Personne qui joue au football. Prononciation [futbolœʀ].

footing (nom masculin)
Promenade sportive, à pied. *Elle fait un petit **footing** tous les matins.* **Footing** est un mot anglais : on prononce [futiŋ].

for (nom masculin)
• **Dans mon for intérieur :** au fond de moi-même. ***Dans son for intérieur**, Zoé regrette d'avoir menti.* **For** vient du latin *forum* qui signifie « tribunal ».

forage (nom masculin)
Action de forer. *Le **forage** des puits de pétrole peut se faire sur terre ou sur mer.*

forain, aine (adjectif et nom)
Qui travaille sur les foires ou les marchés. *Certains **forains** vivent dans des roulottes.* ■ **forain, aine** (adjectif) • **Fête foraine :** fête avec des attractions et des boutiques de forains. (Syn. foire.) **Forain** vient du latin *foranus* qui signifie « étranger ».

forban (nom masculin)
1. Pirate qui attaquait les navires pour son propre compte. **2.** Synonyme littéraire de bandit.

forçat (nom masculin)
Synonyme de bagnard.

force (nom féminin)
1. Puissance physique de quelqu'un. *Il faut beaucoup de **force** pour déplacer le piano !* (Contr. faiblesse.) **2.** Niveau de compétences. *Victor et Anna sont à peu près de la même **force** aux échecs.* **3.** Puissance d'un phénomène physique. *Le bateau a été pris dans la tempête avec un vent de **force** 10.* **4.** Usage de la violence. *Pour maîtriser le malfaiteur, la police a dû employer la **force**.* (Contr. douceur.) • **À force de :** grâce à beaucoup d'efforts. • **Par la force des choses :** sans pouvoir faire autrement. • **Tour de force :** réussite éclatante, exploit. ■ **forces** (nom féminin pluriel) **1.** Énergie physique. *Mange un peu pour reprendre des **forces** !* **2.** Capacités intellectuelles. *Ce casse-tête est au-dessus de mes **forces**.* **3.** Ensemble des moyens qui assurent la défense d'un pays. *Les **forces** armées. Les **forces** navales.* • **Les forces de l'ordre :** la police.

forcé, ée (adjectif)
1. Qu'on ne peut pas éviter. *Cette panne de voiture a entraîné un arrêt **forcé**.* (Syn. inévitable.) **2.** Qui n'est pas naturel. *Un sourire **forcé**.* • **Travaux forcés :** peine de prison dans un bagne. *Autrefois, les condamnés aux **travaux forcés** étaient envoyés en Guyane.*

forcément (adverbe)
De façon forcée, inévitable. *Élodie est la meilleure de la classe, elle va **forcément** entrer en sixième.* (Syn. évidemment.)

forcené, ée (nom)
Fou furieux. *Le **forcené** s'est barricadé chez lui.* **Forcené** vient d'un ancien mot français *forsener* qui signifie « être hors de son bon sens ».

forcer (verbe) ▸ conjug. n° 4
1. Obliger quelqu'un à faire quelque chose. *La pluie nous **a forcés** à faire demi-tour.* (Syn. contraindre.) **2.** Ouvrir en employant la force. *Les cambrioleurs **ont forcé** la serrure.* **3.** Faire de trop grands efforts. *Il a dû **forcer** pour pédaler jusqu'au sommet de la colline.*

forcir (verbe) ▸ conjug. n° 11
Prendre de l'embonpoint. *Il **a** beaucoup **forci** depuis qu'il a arrêté de faire du sport.* (Syn. grossir.)

forer (verbe) ▸ conjug. n° 3
Creuser le sol avec une machine. ***Forer** un tunnel, un puits.* Famille du mot : for**age**, for**et**.

forestier, ère (adjectif)
Qui concerne les forêts. *Le long du chemin **forestier**, on a trouvé des pissenlits.*

foret (nom masculin)
Outil qui, en tournant sur lui-même, sert à percer des trous.

forêt (nom féminin)
Grande étendue de terrain couverte d'arbres. *Une **forêt** de sapins.*

forêt-noire (nom féminin)
Gâteau au chocolat fourré de cerises.

forfait (nom masculin)
1. Synonyme littéraire de crime. *Ce criminel a été condamné pour ses **forfaits**.* **2.** Prix fixé à l'avance. *Pour louer une voiture, on paie un **forfait** à la journée.* • **Déclarer forfait :** renoncer à participer à une compétition.

forfaitaire (adjectif)
Qui est fixé par un forfait. *Pour s'inscrire à la bibliothèque, il faut payer une somme **forfaitaire** de cinq euros.*

forge (nom féminin)
Atelier où l'on travaille les métaux au marteau sur une enclume. Famille du mot : forg**er**, forge**ron**.

« La **Forge** de Vulcain » de Vélasquez (1630)

forger (verbe) ▸ conjug. n° 5
1. Chauffer une pièce métallique puis la façonner à coups de marteau. **2.** Au sens figuré, synonyme d'inventer. *William nous a raconté une histoire **forgée** de toutes pièces.*

forgeron (nom masculin)
Ouvrier qui travaille dans une forge.

forint (nom masculin)
Monnaie utilisée en Hongrie. Prononciation [fɔʀint].

se **formaliser** (verbe) ▸ conjug. n° 3
Être choqué par quelque chose. *Tu ne vas pas **te formaliser** parce qu'il n'a pas encore répondu à ta lettre !* (Syn. se vexer.)

formalité (nom féminin)
Démarche administrative obligatoire. *Il y a des **formalités** à accomplir pour obtenir un passeport.*

format (nom masculin)
1. Dimensions d'un objet. *Avant d'acheter le cadre, il faut connaître le **format** de la photo.* **2.** Modèle qui définit la présentation des informations au sein d'un ordinateur. *Dans quel **format** faut-il enregistrer ce fichier ?*

formater (verbe) ▸ conjug. n° 3
Mettre un support informatique dans un certain format. ***Formater** un disque dur.*

formation (nom féminin)
1. Action de former ou fait de se former. *La **formation** d'un nouveau gouvernement. La **formation** de givre sur les vitres montre qu'il fait très froid.* **2.** Fait de former quelqu'un à un métier. *Le grand frère de Xavier suit une **formation** en informatique.* **3.** Groupe de personnes. *Une **formation** politique.*

forme (nom féminin)
1. Ensemble des contours d'une chose. *Je n'aime pas du tout la **forme** de cette voiture.* **2.** Aspect qu'une chose peut prendre. *Yann s'intéresse à toutes les **formes** de musique.* **3.** État de santé. *Fatima n'est pas très en **forme**, elle se sent fatiguée.* **4.** Façon dont se présente une phrase ou un groupe de mots. *Fais une phrase à la **forme** négative.* • **Dans les formes :** selon les règles. • **Pour la forme :** en respectant les usages. • **Prendre forme :** commencer à se préciser. Famille du mot : **déform**ant, **déform**ation, **déform**er, form**ation**, for**mel**, formel**lement**, form**er**.

formel, elle (adjectif)
1. Qu'on ne peut pas discuter. *Interdiction **formelle** de fumer à l'hôpital.* (Syn. catégorique.) **2.** Qui est seulement pour la forme, l'apparence. *Sa politesse n'est que **formelle**.*

formellement (adverbe)
De façon formelle. *Il est **formellement** interdit de faire du roller dans la cour de l'école.* (Syn. absolument, rigoureusement, totalement.)

former (verbe) ▸ conjug. n° 3
1. Donner une forme. *Benjamin s'applique à **former** les chiffres de son opération.* **2.** Créer un groupe. *Les enfants de la classe **ont formé** une chorale.* (Syn. constituer.) **3.** Apprendre un métier à quelqu'un. *Cet artisan continue à **former** des jeunes.* **4.** Se former : apparaître sous une certaine forme. *Le brouillard **s'est formé** très vite et a surpris les automobilistes.*

formidable (adjectif)
Qui est admirable, extraordinaire. *Ce livre est **formidable**, je te conseille de le lire.*

formol (nom masculin)
Désinfectant liquide et transparent. *Ce lézard est conservé dans un bocal de **formol**.*

formulaire (nom masculin)
Questionnaire administratif. *Avant d'ouvrir un compte à la banque, il a dû remplir un **formulaire**.*

formulation (nom féminin)
Manière dont quelque chose est dit. *La **formulation** de cette phrase est maladroite.*

formule (nom féminin)
1. Expression toute faite qu'on emploie dans certaines circonstances. *N'oublie pas la **formule** de politesse à la fin de ta lettre !* **2.** Suite de lettres et de chiffres représentant la composition d'un élément chimique. *H_2O est la **formule** chimique de l'eau.* **3.** Façon de faire. *Pour aller au travail, maman trouve que le bus est la meilleure **formule**.* (Syn. solution.) Famille du mot : formul**aire**, formul**er**.

formuler (verbe) ▸ conjug. n° 3
Exprimer de façon précise. *Essaie de mieux **formuler** ta question, tu es trop confus.*

forsythia (nom masculin)
Arbuste dont les fleurs jaunes apparaissent avant les feuilles, à la fin de l'hiver. Prononciation [fɔʀsisja]. **Forsythia** vient de *W. Forsyth*, botaniste écossais.

feuille, bouton et fleur du **forsythia**

fort, forte (adjectif)
1. Qui a de la force physique. *Tu n'es pas assez **forte** pour porter cette valise.* (Syn. robuste, vigoureux. Contr. faible.) 2. Qui a des capacités dans un domaine. *Gaëlle est **forte** en géographie.* (Syn. doué. Contr. faible.) 3. Qui est très intense, violent. *La météo prévoit de **fortes** tempêtes pour demain.* 4. Qui a de la puissance. *Baisse le son de la radio, il est trop **fort**.* 5. Qui est plutôt gros. *C'est une femme grande et un peu **forte**.* (Syn. corpulent.) 6. Qui est concentré, qui a beaucoup de goût. *Cette sauce au piment est très **forte**.* (Contr. léger.) • **C'est plus fort que moi :** je ne peux m'en empêcher. • **C'est un peu fort ! :** c'est exagéré, difficile à accepter. ■ **fort** (adverbe) 1. Avec force, puissance. *Parlez plus **fort**, il est un peu sourd ! Le vent souffle **fort**.* 2. Très, beaucoup. *C'est une discussion **fort** intéressante.* ■ **fort** (nom masculin) Ce qu'une personne sait très bien faire. *La pâtisserie, ça n'est vraiment pas mon **fort** !*

fort (nom masculin)
Bâtiment militaire fortifié. *Des soldats ennemis encerclent le **fort**.*

Fort-de-France
Chef-lieu du département de la Martinique (91 000 habitants). Fort-de-France est un important port de commerce et de voyageurs. La ville possède aussi des industries dans le domaine de la fabrication du rhum, de la conserve alimentaire et de la chaussure. La ville fut fondée en 1672 par Colbert.

fortement (adverbe)
Avec force. *Il m'a **fortement** encouragé à accepter cet emploi.* (Syn. vigoureusement, vivement.)

forteresse (nom féminin)
Lieu fortifié qui protège une ville. *Nous nous sommes promenés sur les remparts de la **forteresse**.* (Syn. citadelle.)

fortifiant (nom masculin)
Médicament qui donne des forces. *Mange de tout et tu n'auras pas besoin de **fortifiant**.*

fortification (nom féminin)
Construction fortifiée qui protège un lieu. *Les assiégeants montaient à l'assaut des **fortifications**.*

fortifier (verbe) ▸ conjug. n° 10
1. Rendre plus fort. *Ce séjour à la mer va te **fortifier**.* 2. Entourer un endroit de remparts et de fossés pour le protéger. *Le camp **fortifié** des légions romaines.*
Famille du mot : fortifi**ant**, fortifi**cation**.

fortin (nom masculin)
Petit fort appartenant à une fortification. *Les attaquants ont réussi à prendre un premier **fortin**.*

fortuit, uite (adjectif)
Qui arrive par hasard. *Nous n'avions pas rendez-vous, c'était une rencontre **fortuite**.* (Syn. imprévu, inattendu.)

fortuitement (adverbe)
De façon fortuite. *J'ai appris cette nouvelle **fortuitement**, par un ami de passage.*

fortune (nom féminin)
Grande richesse. *Il rêvait d'être chercheur d'or pour faire **fortune**.* • **De fortune :** que l'on a improvisé en attendant mieux. *On a installé les blessés sur des lits **de fortune**.* Dans la mythologie romaine, la **Fortune** était la déesse du Hasard, de la Chance.

fortuné, ée (adjectif)
Qui possède de la fortune. *C'est une famille **fortunée** qui habite ce château.*

forum (nom masculin)
Réunion publique où l'on échange des idées. *Au lycée, on a organisé un **forum** sur les métiers d'aujourd'hui. Participer à un **forum** sur Internet.* Prononciation [fɔʀɔm]. Dans l'Antiquité, le **forum** était la place de Rome où le peuple se rassemblait pour discuter.

Des **fortifications** ont été élevées autour du village.

a b c d e **f** g h i j k l m n o p q r s t u v w x y z

fosse (nom féminin)
1. Trou profond dans la terre. *Le cultivateur a creusé une grande **fosse** pour stocker les betteraves.* **2.** Cavité très profonde dans les fonds sous-marins. • **Fosses nasales :** creux des narines. Famille du mot : fossé, foss**ette**, foss**oyeur**.

fossé (nom masculin)
1. Cavité creusée en long dans le sol. *Il est tombé dans le **fossé** en faisant du vélo.* **2.** Au sens figuré, chose qui sépare profondément. *Il y a un **fossé** entre ce qu'il raconte et la réalité !*

fossette (nom féminin)
Petit creux sur les joues ou le menton. *On voit bien les **fossettes** du bébé quand il rit.*

fossile (nom masculin)
Restes ou empreintes d'animaux ou de plantes incrustés dans la pierre. *Des **fossiles** de fougères, de coquillages.*

un **fossile**

fossoyeur, euse (nom)
Personne qui creuse les fosses où sont enterrés les morts.

fou, folle (adjectif et nom)
Qui n'a plus sa raison, est atteint de folie. *Après ce terrible choc, il a failli devenir **fou**. Un **fou** a pris plusieurs personnes en otage.* (Syn. dément.) ■ **fou, folle** (adjectif) **1.** Qui agit de façon déraisonnable, imprudente. *Tu es **folle** d'aller si haut !* **2.** Qui n'est pas dans son état normal à cause d'une émotion violente. *Être **fou** de joie, de colère, d'angoisse.* **3.** Qui aime passionnément quelque chose. *Clément est **fou** de jeux vidéo.* **4.** Énorme, démesuré ou très important. *J'ai un travail **fou** en ce moment.* (Syn. démentiel.) ■ **fou** (nom masculin) **1.** Homme qui était chargé de distraire le roi. (Syn. bouffon.) **2.** Pièce du jeu d'échecs que l'on déplace en diagonale. • **Fou de Bassan :** grand oiseau marin qui plonge de très haut pour capturer des poissons.

un **fou** de Bassan

foudre (nom féminin)
Décharge électrique accompagnée d'un éclair et de tonnerre, qui se produit pendant un orage. *Un paratonnerre protège la maison de la **foudre**.* • **Coup de foudre :** amour subit et foudroyant. *Hélène a eu le **coup de foudre** pour cette robe.* Famille du mot : foudr**oyant**, foudr**oyer**.

foudroyant, ante (adjectif)
Qui frappe de manière rapide et brutale. *Au tennis, il a un revers **foudroyant**.*

foudroyer (verbe) ▸ conjug. n° 6
1. Frapper par la foudre. *Le pommier **a été foudroyé** pendant l'orage.* **2.** Tuer ou frapper brusquement. *Cette terrible nouvelle l'**a foudroyée** et elle s'est évanouie.* (Syn. terrasser.)

fouet (nom masculin)
1. Instrument constitué d'une corde ou de lanières de cuir fixées à un manche. *Le dompteur se sert d'un **fouet** pour faire obéir les fauves.* **2.** Ustensile de cuisine qui sert à battre les œufs ou les sauces. *David se sert d'un **fouet** pour faire la mayonnaise.* • **De plein fouet :** directement et avec violence. *Les deux joueurs se sont heurtés **de plein fouet** en courant vers la balle.* • **Donner un coup de fouet :** stimuler, redonner des forces instantanément.

fouetter (verbe) ▸ conjug. n° 3
1. Donner des coups de fouet. *Le cow-boy* ***fouette*** *son cheval pour le faire galoper.* **2.** Battre des ingrédients au fouet. *Il faut* ***fouetter*** *énergiquement les œufs pour faire une omelette.*

fougère (nom féminin)
Plante sans fleurs, à feuilles vertes très découpées. *Les* ***fougères*** *poussent dans les sous-bois.*

une **fougère**

fougue (nom féminin)
Ardeur et vivacité dans l'action. *Il défend ses idées avec* ***fougue****.*

fougueux, euse (adjectif)
Qui est plein de fougue. *Le champion s'est fait battre par un adversaire jeune et* ***fougueux****.* (Syn. impétueux.)

fouille (nom féminin)
Fait de fouiller un endroit. *Les policiers ont procédé à la* ***fouille*** *de la voiture pour trouver la drogue.* ■ **fouilles** (nom féminin pluriel) Recherches faites en fouillant le sol. *Des archéologues font des* ***fouilles*** *en Égypte.*

fouiller (verbe) ▸ conjug. n° 3
Rechercher minutieusement quelque chose, en regardant partout. *La police* ***a fouillé*** *l'appartement pour trouver des indices.*

fouillis (nom masculin)
Grand désordre. *Je ne retrouve rien dans tout ce* ***fouillis*** *!*

fouine (nom féminin)
Petit mammifère sauvage, au corps allongé et au museau fin et pointu.

une **fouine**

fouiner (verbe) ▸ conjug. n° 3
Synonyme familier de fureter. *Je n'aime pas beaucoup que tu* ***fouines*** *dans mes affaires.*

foulard (nom masculin)
Écharpe en tissu léger. *Julie a mis son* ***foulard*** *rouge à son cou.*

foule (nom féminin)
1. Grand nombre de gens assemblés. *Laura n'a pas pu retrouver Ibrahim dans la* ***foule*** *à la sortie du cinéma.* **2.** Grande quantité de choses. *J'ai une* ***foule*** *de choses à faire avant de partir.* (Syn. multitude.)

foulée (nom féminin)
Enjambée d'un coureur. *Faites le tour du stade à petites* ***foulées*** *!* • **Dans la foulée :** dans la suite de l'action. *Il a tondu le gazon et il a taillé la haie* ***dans la foulée****.*

se fouler (verbe) ▸ conjug. n° 3
1. Se faire une foulure. *Kevin* ***s'est foulé*** *le genou en tombant dans l'escalier.* **2.** Dans la langue familière, se donner de la peine. *Juste cinq lignes pour sa rédaction : elle ne* ***s'est*** *pas* ***foulée*** *!*

foulque (nom féminin)
Gros oiseau au plumage sombre et au bec blanc qui vit dans des eaux douces et calmes.

foulure (nom féminin)
Petite entorse. *Une **foulure** de la cheville.*

four (nom masculin)
1. Appareil fermé dans lequel on fait cuire les aliments. *Maman a mis le poulet au **four**.* **2.** Appareil qui chauffe à très haute température certains matériaux. *Un **four** de potier.*

fourbe (adjectif et nom)
Qui trompe les gens de manière sournoise. *C'était un seigneur cruel et **fourbe**.* (Syn. hypocrite. Contr. loyal.)

fourberie (nom féminin)
Acte commis par une personne fourbe. *Méfie-toi de ses **fourberies** !* (Syn. perfidie.)

fourbu, ue (adjectif)
Très fatigué. *Nous sommes rentrés **fourbus** de cette longue randonnée.* (Syn. épuisé, exténué.)

fourche (nom féminin)
1. Instrument agricole à long manche terminé par des dents. *Le fermier soulève la botte de foin d'un coup de **fourche**.* **2.** Endroit d'une chose qui se divise en plusieurs parties. *En arrivant à la **fourche**, prenez la route de gauche.* (Syn. bifurcation.) ➡ p. 140. Famille du mot : fourch**ette**, fourch**u**.

fourchette (nom féminin)
Ustensile de table terminé par des dents, qui sert à piquer les aliments. *C'est un bébé, il ne sait pas encore manger avec une **fourchette**.*

fourchu, ue (adjectif)
Qui est divisé en deux parties. *La vipère a une longue langue **fourchue**.*

fourgon (nom masculin)
Wagon servant au transport des marchandises. • **Fourgon mortuaire :** synonyme de corbillard.

fourgonnette (nom féminin)
Synonyme de camionnette. *Le fleuriste livre tous ses bouquets en **fourgonnette**.*

fourmi (nom féminin)
Petit insecte vivant en société organisée dans une fourmilière. • **Avoir des fourmis dans les jambes :** éprouver une sensation de picotements. Famille du mot : fourmil**ier**, fourmil**ière**, fourmil**lement**, fourmil**ler**.

une **fourmi**

fourmilier (nom masculin)
Mammifère sans dents qui se nourrit de fourmis. *Le tamanoir est un **fourmilier**.*

un **fourmilier**, le tamanoir

fourmilière (nom féminin)
Nid de fourmis. *Les **fourmilières** sont formées de nombreuses galeries.*

fourmillement (nom masculin)
1. Synonyme de picotement. **2.** Fait de fourmiller. *Un **fourmillement** d'insectes.* (Syn. grouillement.)

fourmiller (verbe) ▸ conjug. n° 3
1. S'agiter en grand nombre. *Le soir, les moucherons **fourmillent** autour des lampes.* (Syn. grouiller, pulluler.) **2.** Dans un sens figuré, contenir en grand nombre. *Ton devoir **fourmille** d'erreurs.*

fournaise (nom féminin)
Lieu où il fait très chaud. *Chaque été, l'appartement devient une vraie **fournaise**.*

fourneau, eaux (nom masculin)
Appareil muni d'un four, qui sert à la cuisson des aliments. *Un **fourneau** à gaz, à charbon.*

fournée (nom féminin)
Quantité de pain cuite en une seule fois dans un four. *Le boulanger prépare une **fournée**.*

fournil (nom masculin)
Lieu où le boulanger pétrit la pâte et cuit son pain.

fournir (verbe) ▸ conjug. n° 11
1. Donner ce qu'il faut. *Pour les cours d'escrime, c'est le club qui **fournit** les fleurets.* (Syn. procurer.) **2.** Se fournir : s'approvisionner, faire ses achats. *Maman **se fournit** toujours chez ce boucher.* • **Fournir un effort :** l'accomplir, le faire. Famille du mot : fourni**sseur**, fourni**ture**.

fournisseur, euse (nom)
Commerçant chez lequel on se fournit. *Papa achète son vin chez le même **fournisseur** depuis des années.*

fourniture (nom féminin)
Action de fournir quelque chose. *Le garagiste s'occupe de la **fourniture** des pièces détachées.* ■ **fournitures** (nom féminin pluriel) Objets dont on se sert pour son travail. *La maîtresse nous a donné la liste des **fournitures** scolaires à mettre dans le cartable.*

fourrage (nom masculin)
Plantes destinées à nourrir le bétail.

fourragère (adjectif féminin)
• **Plantes fourragères :** plantes qui fournissent le fourrage. *Le trèfle, la luzerne, les betteraves sont des plantes **fourragères**.*

■ **fourré, ée** (adjectif)
1. Doublé de fourrure. *Des gants **fourrés**.* **2.** Dont l'intérieur est garni. *Des pains **fourrés** au chocolat.* • **Coup fourré :** dans la langue familière, acte de traîtrise. (Syn. piège.) Famille du mot : fourr**eur**, fourr**ure**.

■ **fourré** (nom masculin)
Endroit d'un bois où les arbustes et les broussailles forment une masse touffue. *Se perdre dans les **fourrés**.*

fourreau, eaux (nom masculin)
Étui allongé. *Il remit son épée au **fourreau**.*

fourrer (verbe) ▸ conjug. n° 3
Synonyme familier de mettre. *Il **a fourré** quelques vêtements pêle-mêle dans sa valise. Où le chat est-il allé **se fourrer** ?*

fourre-tout (nom masculin)
Endroit où on entasse, sans ordre, toutes sortes de choses. *Ce placard est devenu un vrai **fourre-tout** !* Pluriel : des fourre-tout.
ORTHO On écrit aussi un **fourretout**, des **fourretouts**.

fourreur, euse (nom)
Personne qui fait ou vend des vêtements de fourrure.

fourrière (nom féminin)
1. Endroit où sont placés les animaux trouvés dans la rue. *Les chiens perdus ou abandonnés sont emmenés à la **fourrière**.* **2.** Endroit où sont transportés les véhicules mal garés.

fourrure (nom féminin)
Peau d'un animal à poil touffu. *Le chien de Pierre a une épaisse **fourrure** frisée. Une veste en **fourrure**.*

se **fourvoyer** (verbe) ▸ conjug. n° 6
1. Se tromper de chemin. *Nous sommes dans une impasse, nous **nous sommes fourvoyés**.* (Syn. s'égarer, se perdre.) **2.** Faire une grosse erreur. *Je le croyais sincère, mais je **me suis fourvoyé**.*

fox-terrier (nom masculin)
Chien de petite taille à poil ras. Pluriel : des fox-terriers. **Fox-terrier** est formé du mot anglais *fox* qui

signifie « renard », car ce chien était utilisé pour chasser le renard.
ORTHO On dit aussi un **fox**.

un **fox-terrier**

foyer (nom masculin)
1. Partie d'une cheminée ou d'une chaudière dans laquelle brûle le feu. **2.** Endroit à partir duquel le feu se propage. *Les pompiers ont repéré en hélicoptère le* ***foyer*** *de l'incendie.* **3.** Endroit où vit une famille. *Il a quitté le* ***foyer*** *parental quand il a trouvé du travail.* **4.** Établissement qui accueille certaines personnes. *Un* ***foyer*** *d'étudiants.*

fracas (nom masculin)
Bruit violent. *Tout à coup, on a entendu le* ***fracas*** *d'une explosion.*

fracassant, ante (adjectif)
1. Qui provoque un bruit violent. *Un choc* ***fracassant****.* **2.** Qui fait beaucoup d'effet. *L'agent secret a fait des révélations* ***fracassantes****.* (Syn. retentissant.)

fracasser (verbe) ▸ conjug. n° 3
Briser violemment. *La statue* ***s'est fracassée*** *en tombant sur le carrelage.*

fraction (nom féminin)
1. Expression mathématique qui permet de représenter la division d'un nombre par un autre. *Dans la* ***fraction*** *1/2, le dénominateur est 2 et le numérateur est 1.* **2.** Partie d'un tout, d'un ensemble. *Ce parti politique ne représente qu'une* ***fraction*** *des électeurs.* • **Une fraction de seconde :** un temps extrêmement court.

fractionner (verbe) ▸ conjug. n° 3
Diviser en plusieurs parties. *La patrouille* ***s'est fractionnée*** *en deux groupes.*

fracture (nom féminin)
Cassure d'un os. *Quentin souffre d'une* ***fracture*** *de la cheville due à une chute.*

fracturer (verbe) ▸ conjug. n° 3
1. Causer une fracture. *Elle* ***s'est fracturé*** *le bras en tombant de cheval.* **2.** Casser pour ouvrir. *Les cambrioleurs* ***ont fracturé*** *le coffre de la banque et ils ont emporté tous les bijoux.*

fragile (adjectif)
1. Qui se casse facilement. *Cette porcelaine est très* ***fragile****.* (Contr. solide.) **2.** Qui tombe souvent malade. *Une enfant* ***fragile****.* (Syn. délicat. Contr. robuste.)

fragilité (nom féminin)
Caractère de ce qui est fragile. *La* ***fragilité*** *du cristal. Il doit surveiller sa santé car il est d'une grande* ***fragilité****.* (Contr. résistance, solidité.)

fragment (nom masculin)
1. Morceau d'un objet brisé. *Attention de ne pas vous blesser avec ces* ***fragments*** *de verre !* **2.** Passage d'un texte ou d'un discours. *Je n'ai entendu que quelques* ***fragments*** *de la conversation.* Famille du mot : fragment**aire**, fragment**er**.

fragmentaire (adjectif)
Dont il ne reste que des fragments. *Ce journaliste n'a obtenu que des informations* ***fragmentaires****.* (Syn. incomplet.)

fragmenter (verbe) ▸ conjug. n° 3
Diviser en fragments. *On* ***a fragmenté*** *l'histoire en plusieurs épisodes télévisés.* (Syn. morceler.)

fraîchement (adverbe)
1. Avec froideur, impolitesse. *Il a reçu* ***fraîchement*** *les nombreux retardataires.* **2.** Récemment, depuis peu. *Ce banc a été* ***fraîchement*** *repeint.*
ORTHO On écrit aussi **fraichement**.

fraîcheur (nom féminin)
1. Température fraîche. *Ils attendaient impatiemment la* ***fraîcheur*** *de la nuit.* **2.** État d'un produit frais. *Ce commerçant vend toujours des fruits de première* ***fraîcheur****.*
ORTHO On écrit aussi **fraicheur**.

fraîchir (verbe) ▸ conjug. n° 11
Devenir plus frais. *Depuis quelques jours, la température **a fraîchi**.*
ORTHO On écrit aussi **fraichir**.

■ **frais, fraîche** (adjectif)
1. Qui est légèrement froid. *Un verre d'eau **fraîche**.* **2.** Qui vient d'être fait, récolté ou produit. *Du pain **frais**. Du poisson **frais**. Des œufs **frais**.* **3.** Qui n'est pas encore sec. *Ne touche pas les murs, la peinture est encore **fraîche**.* **4.** Qui existe depuis peu. *Nous vous donnerons des nouvelles **fraîches** dès notre retour.* (Syn. récent.) **5.** Qui a gardé son éclat, sa force. *Un teint **frais**.*
■ **frais** (nom masculin) Température fraîche. *Mets la glace au **frais** sinon elle va fondre.* ■ **frais** (adverbe) Légèrement froid. *Il fait **frais** à cause du vent.* Famille du mot : dé**fraîchi**, **fraîchement**, **fraîcheur**, **fraîchir**, ra**fraîchir**, ra**fraîchissant**, ra**fraîchissement**.
ORTHO On écrit aussi **fraiche**.

■ **frais** (nom masculin pluriel)
Dépenses que l'on doit faire. *Les travaux de la maison ont entraîné de très gros **frais**.* • **En être pour ses frais :** avoir dépensé de l'argent ou s'être donné du mal pour rien. • **Faire les frais de quelque chose :** en subir les conséquences.

fraise (nom féminin)
1. Petit fruit rouge du fraisier. *Une tarte aux **fraises**.* **2.** Outil de métal qui tourne sur lui-même et sert à creuser. *Le dentiste se sert d'une **fraise** pour soigner les dents cariées.*

fraisier (nom masculin)
Petite plante qui produit les fraises.

un **fraisier**

framboise (nom féminin)
Petit fruit rouge et velouté du framboisier. *De la confiture de **framboises**.*

framboisier (nom masculin)
Arbuste qui produit les framboises.

■ **franc, franche** (adjectif)
Qui ne cache pas la vérité. *Elle est **franche**, je la crois. Un regard **franc**.* (Syn. loyal, sincère. Contr. déloyal, hypocrite.) Famille du mot : franche**ment**, franch**ise**, franc-parler.

■ **franc, franque** (adjectif et nom)
Qui concerne les Francs. *Les guerriers **francs**. La langue **franque**.*

■ **franc** (nom masculin)
Monnaie utilisée en France jusqu'en 2001. **Franc** vient des mots latins *Francorum rex*, « roi des Francs », qui figuraient sur les premières pièces de ce nom (1360).

Le premier **franc** fut frappé en 1360.

français, aise ➡ Voir tableau p. 6.
Famille du mot : franc**iser**, franco**phone**, franco**phonie**.

franc-comtois, oise ➡ Voir tableau p. 6.

France Union européenne

63,8 millions d'habitants
Capitale : Paris
Monnaie : l'euro
Langue officielle : français
Superficie : 632 759 km²
(avec les départements d'outre-mer)

État d'Europe occidentale, voisin de l'Espagne, de l'Italie, de la Suisse, de l'Allemagne, du Luxembourg et de la Belgique. La France est le seul pays d'Europe bordé à la fois par la mer du Nord, la Manche, l'océan Atlantique et la mer Méditerranée. Elle compte 13 Régions. Elle est divisée en 96 départements, auxquels s'ajoutent 5 départements et Régions d'outre-mer (Guadeloupe, Guyane, Martinique, Réunion et Mayotte) et des collectivités d'outre-mer (Saint-Pierre-et-Miquelon, Nouvelle-Calédonie, Polynésie française, Wallis-et-Futuna, Saint-Barthélemy, Saint-Martin et les terres australes et antarctiques).

GÉOGRAPHIE
Le relief de la France métropolitaine est varié : des massifs anciens (Massif central, Massif armoricain, Ardennes, Vosges), deux bassins sédimentaires (Bassin parisien, Bassin aquitain), des grandes plaines (Alsace, Roussillon, Languedoc) et des chaînes de montagnes (Alpes et Pyrénées). L'Ouest, le Nord et le Centre ont un climat tempéré océanique, l'Est a un climat continental et le Sud un climat méditerranéen. La France est un gros producteur de céréales. La pêche et l'exploitation forestière sont importantes. L'industrie est très développée et variée : chimie, pharmacie, aéronautique, électronique, industries du luxe. La France est l'un des pays les plus visités au monde.

HISTOIRE
Au Ve siècle avant Jésus-Christ, les Celtes fondèrent la civilisation gauloise. César conquit l'ensemble de la Gaule de 58 à 51 avant Jésus-Christ. Les Gallo-Romains adoptèrent le mode de vie des Romains et leur langue : le latin.
Au Ve siècle, des peuples barbares envahirent la Gaule. Parmi eux, les Francs donnèrent leur nom au pays. Leur roi, Clovis, fut le premier roi des Francs. Il fit de Paris la capitale de son territoire. Plusieurs dynasties de souverains se succédèrent : les Mérovingiens, les Carolingiens et les Capétiens. Les XIVe et XVe siècles furent marqués par la guerre de Cent Ans qui opposa la France à l'Angleterre. La France en sortit victorieuse en 1453.
Au XVIe siècle, François Ier renforça le pouvoir royal et unifia le pays. Il imposa l'utilisation du français dans les actes administratifs. À la suite de guerres au XVIIe siècle, la France étendit son territoire (Artois, Roussillon, Franche-Comté, une partie du Hainaut, Strasbourg).
Le XVIIIe siècle fut marqué par la division des classes sociales, qui conduisit progressivement le pays vers la révolution de 1789. La Constitution de 1791 instaura une monarchie constitutionnelle. Elle partagea le pouvoir entre le roi, l'Assemblée et des juges élus. Mais le roi, qui avait tenté de fuir le pays, fut considéré comme un traître et guillotiné. La Ire République fut proclamée en 1792.
Napoléon Bonaparte prit le pouvoir en 1799 et se proclama empereur en 1804. Il mena plusieurs guerres pour agrandir le territoire de la France, mais il abdiqua après les défaites de la campagne de Russie et de Waterloo.
À partir de 1815, la France fut à nouveau gouvernée par des rois : Louis XVIII, Charles X et Louis-Philippe. La IIe République fut proclamée en 1848 ; Louis Napoléon Bonaparte la renversa et restaura l'Empire, mais la guerre, qui opposa la France et l'Allemagne en 1870, aboutit à la chute du régime.
Sous la IIIe République, de nombreux progrès furent réalisés dans le domaine de l'éducation, de l'expansion coloniale, de la liberté de la presse et des syndicats. Après la Première Guerre mondiale (1914-1918) au cours de laquelle plus de 1,5 million de Français furent tués, une période d'instabilité mit fin à la prospérité. Pendant la Seconde Guerre mondiale (1939-1945), le pays fut soumis à un régime de collaboration et occupé par les troupes allemandes. Après la guerre, la France connut une longue période de prospérité et de développement.
L'arrivée du général de Gaulle au pouvoir en 1958 aboutit à la mise en place de la Ve République. La France participa activement à la création de la Communauté économique européenne (1958) puis à l'Union européenne.

Franche-Comté

Ancienne Région française, intégrée en 2016 à la Région Bourgogne-Franche-Comté. Elle comprend les départements du Doubs, du Jura, de la Haute-Saône et du Territoire de Belfort. La moitié de son territoire est couverte de forêts. La région a su préserver ses activités traditionnelles (production de lait, de fromage, de bois, horlogerie) et développer son industrie (automobile, matériel ferroviaire, chimie).
➡ Voir carte p. 1373.

franchement (adverbe)
1. Avec franchise. *Alain, parle-moi **franchement** de tes problèmes.* (Syn. sincèrement.) 2. Vraiment, très. *Ce linge n'est pas **franchement** propre.*

franchir (verbe) ▸ conjug. n° 11
1. Passer un obstacle. *Le cavalier **a franchi** la haie.* 2. Passer au-delà ou parcourir d'un bout à l'autre. ***Franchir** un pont, une rivière, une frontière.*

franchise (nom féminin)
Qualité d'une personne franche. *Il a reconnu sa faute avec beaucoup de **franchise**.* (Syn. sincérité.)

francilien, enne ➡ Voir tableau p. 6.

franciscain, aine (adjectif et nom)
Qui se rapporte à l'ordre de saint François d'Assise. *Un moine **franciscain**.*

franciser (verbe) ▸ conjug. n° 3
Donner une orthographe et une prononciation françaises à un mot étranger. *Le mot anglais* gas-oil ***a été francisé** en « gazole ».*

franco (adverbe)
• **Franco de port** : aux frais de l'expéditeur. *Vous recevrez votre livraison **franco de port**.*

saint **François d'Assise** (né en 1182, mort en 1226)
Religieux italien. Il consacra sa vie aux pauvres et à la prière. Il créa l'ordre religieux des franciscains.

François Ier (né en 1494, mort en 1547)
Roi de France de 1515 à 1547. Il s'opposa à Charles Quint en menant plusieurs campagnes militaires en Italie. Pendant son règne, il renforça le pouvoir royal en France. Il favorisa la Renaissance française : il fonda le Collège royal et l'Imprimerie royale ; il protégea les savants et les écrivains, dont Marot et Rabelais ; il fit construire de célèbres châteaux (Chambord) et attira en France des artistes italiens, dont Léonard de Vinci. En 1539, il signa l'ordonnance de Villers-Cotterêts qui imposa l'utilisation de la langue française (au lieu du latin) dans les documents administratifs.

François-Ferdinand de Habsbourg (né en 1863, mort en 1914)
Archiduc d'Autriche. Son assassinat, le 28 juin 1914 à Sarajevo, déclencha la Première Guerre mondiale.

francophone (adjectif et nom)
Qui parle français. *Les habitants du Québec sont **francophones**.*

francophonie (nom féminin)
Ensemble des pays francophones. *Le Sénégal fait partie de la **francophonie**.*

franc-parler (nom masculin)
Façon de parler très franche ou trop franche. *Il pourrait modérer un peu son **franc-parler**.*

Francs
Peuple de Germains. Les Francs s'unirent autour de Clovis et conquirent la Gaule aux Ve et VIe siècles. Ils donnèrent leur nom à la France.

franc-tireur (nom masculin)
Combattant qui n'appartient pas à une armée régulière. *Des **francs-tireurs** ont entamé une guérilla.* ✎ Pluriel : des francs-tireurs.

François Ier, peinture de Jean Clouet (musée du Louvre)

frange (nom féminin)
1. Bordure de fils ou de lanières qui orne un tissu. *Les **franges** d'un costume de trappeur.* **2.** Cheveux ou poils qui retombent sur le front. *La **frange** du chien lui couvre les yeux.*

frangipane (nom féminin)
Crème aux amandes. *Une galette des Rois à la **frangipane**.*

franquette (nom féminin)
• **À la bonne franquette** : sans façon, très simplement. *Nous dînerons dans la cuisine, **à la bonne franquette**.* (Syn. sans cérémonie.)

frappant, ante (adjectif)
Qui produit une forte impression. *Ces jumeaux se ressemblent de façon **frappante**.* (Syn. impressionnant, saisissant.)

frappe (nom féminin)
1. Action de taper un texte. *Une bonne secrétaire ne fait pas de fautes de **frappe**.* **2.** Bombardement. *Les **frappes** aériennes.*

frapper (verbe) ▸ conjug. n° 3
1. Donner un ou plusieurs coups. *Je t'interdis de **frapper** ton petit frère. Quelqu'un **a** tout juste **frappé** à la porte.* **2.** Imprimer en relief. ***Frapper** une nouvelle pièce de monnaie.* **3.** Atteindre d'un mal. *La famine **a frappé** tout le pays.* **4.** Impressionner vivement. *Ce film nous **a frappés** d'horreur.* Famille du mot : frapp**ant**, frappe.

fraternel, elle (adjectif)
Qui existe entre des frères et des sœurs. *Une affection **fraternelle** les unit.*

fraterniser (verbe) ▸ conjug. n° 3
Avoir une attitude fraternelle envers les autres. *Ils **ont** tout de suite **fraternisé**.*

fraternité (nom féminin)
Solidarité fraternelle entre les hommes. *« Liberté, égalité, **fraternité** » est la devise de la République française.*

fratricide (nom)
Personne qui a tué son frère ou sa sœur. ■ **fratricide** (adjectif) Qui oppose des gens proches. *Une guerre **fratricide** déchirait le pays.*

fraude (nom féminin)
Action illégale, punie par la loi. *Les douaniers ont saisi des marchandises passées en **fraude** à la frontière.* Famille du mot : fraud**er**, fraud**eur**, fraud**uleux**.

frauder (verbe) ▸ conjug. n° 3
Commettre une fraude. *Il **a fraudé** en faisant une fausse déclaration d'impôts.*

fraudeur, euse (nom)
Personne qui fraude.

frauduleux, euse (adjectif)
Qui constitue une fraude. *Un trafic **frauduleux**.*

frayer (verbe) ▸ conjug. n° 7
Passer en écartant ce qui gêne. *Le chien **s'est frayé** un passage à travers la haie.*

frayeur (nom féminin)
Peur très vive. *Il tremblait de **frayeur** dans l'obscurité.* (Syn. effroi, épouvante, terreur.)

fredonner (verbe) ▸ conjug. n° 3
Chanter à mi-voix. *Romain **fredonne** sous la douche.* (Syn. chantonner.)

free-style (nom et adjectif)
Pratique acrobatique d'un sport. *Le **free-style** se pratique beaucoup dans les sports de glisse.* Prononciation [fʀistajl].

freezer (nom masculin)
Compartiment à glace dans un réfrigérateur. *Il y a des glaçons dans le **freezer**.* **Freezer** est un mot anglais : on prononce [fʀizœʀ].

frégate (nom féminin)
1. Bateau de guerre rapide. **2.** Grand oiseau des mers tropicales, au long bec crochu.

une **frégate**

frein (nom masculin)
Mécanisme qui permet de ralentir ou d'arrêter un véhicule ou une machine. *L'automobiliste a donné un brusque coup de **frein**.* ➡ p. 140. • **Mettre un frein à quelque chose :** chercher à l'arrêter. *Cette désillusion **a mis un frein à** mon enthousiasme.* Famille du mot : frein**age**, frein**er**.

freinage (nom masculin)
Action de freiner. *La voiture a laissé des traces de **freinage** sur la chaussée.* ➡ p. 103.

freiner (verbe) ▸ conjug. n° 3
1. Ralentir ou arrêter un véhicule en se servant des freins. *Elle **a freiné** pour ne pas heurter un passant.* (Contr. accélérer.) 2. Ralentir la progression de quelque chose. *Chercher à **freiner** l'augmentation des loyers.*

frelaté, ée (adjectif)
Qui est altéré par un mélange. *Un alcool **frelaté**.*

frêle (adjectif)
Qui manque de force. *La **frêle** tige du roseau.* (Syn. délicat, fragile. Contr. robuste.)

frelon (nom masculin)
Sorte de grosse guêpe. *La piqûre du **frelon** est très douloureuse.*

un **frelon**

freluquet (nom masculin)
Personne de petite taille qui se donne des airs importants. *Ce **freluquet** n'a même pas salué les invités.*

frémir (verbe) ▸ conjug. n° 11
1. Remuer légèrement. *La brise faisait **frémir** les champs de blé.* 2. Trembler d'émotion. *Le hurlement des loups les fit **frémir**.*

frémissant, ante (adjectif)
Qui frémit. *Une voix **frémissante** d'émotion.*

frémissement (nom masculin)
Fait de frémir. *Le **frémissement** de la mer. Un **frémissement** de colère.*

frêne (nom masculin)
Grand arbre donnant un bois clair, très solide.

frénésie (nom féminin)
Excitation violente. *Ils dansaient avec **frénésie**.*

frénétique (adjectif)
Qui exprime de la frénésie. *Des applaudissements **frénétiques**.*

fréquemment (adverbe)
De manière fréquente. *Il se déplace **fréquemment** à l'étranger.* (Syn. souvent.)

fréquence (nom féminin)
Caractère de ce qui est fréquent. *On note une diminution de la **fréquence** des accidents à ce carrefour.*

fréquent, ente (adjectif)
Qui se produit souvent. *Ils ont eu de **fréquentes** averses durant le mois de mars.* (Contr. rare.) Famille du mot : fréqu**emment**, fréqu**ence**.

fréquentation (nom féminin)
Fait de fréquenter certaines personnes ou certains endroits. *La **fréquentation** des bords de mer augmente pendant les vacances d'été.* ■ **fréquentations** (nom féminin pluriel) Personnes qu'on a l'habitude de fréquenter. *Avoir de mauvaises **fréquentations**.*

fréquenter (verbe) ▸ conjug. n° 3
1. Voir quelqu'un de façon régulière. *Ils sont fâchés et ne **se fréquentent** plus.* 2. Aller souvent dans un endroit. *L'été, au bord de l'eau, les touristes **fréquentent** les guinguettes.*

frère (nom masculin)
Garçon né du même père et de la même mère qu'un autre enfant. *Myriam a un petit **frère** et deux sœurs.*

fresque (nom féminin)
Peinture exécutée directement sur un mur. *Les parois de la grotte sont couvertes de **fresques** préhistoriques.*

fret (nom masculin)
1. Prix d'un transport de marchandises par mer, par air ou par route. 2. Cargaison transportée. *Des dockers chargent le **fret** dans les cales du bateau.* Prononciation [fʀɛt].

frétiller (verbe) ▸ conjug. n° 3
S'agiter avec de petits mouvements vifs. *Quand il est content, mon chien a la queue qui **frétille**.*

fretin (nom masculin)
Petits poissons rejetés par le pêcheur. • **Menu fretin** : personnes de peu d'intérêt. *Le chef de la bande s'est échappé, les policiers n'ont arrêté que du **menu fretin**.*

Freud Sigmund (né en 1856, mort en 1939)
Psychiatre autrichien. Il est le fondateur de la psychanalyse. Ses principales œuvres sont l'*Interprétation des rêves* (1900) et l'*Introduction à la psychanalyse* (1916).

friable (adjectif)
Qui s'effrite. *Cette roche est très **friable**.*

friand, ande (adjectif)
Qui aime spécialement un aliment. *Mon chat est **friand** de poisson.*

friandise (nom féminin)
Sucrerie ou pâtisserie. *Le nougat est la **friandise** préférée de Noémie.*

fric (nom masculin)
Synonyme familier d'argent. *Je n'ai pas assez de **fric** pour acheter ce blouson.*

fricassée (nom féminin)
Ragoût de morceaux de viande cuits dans une sauce. *Une **fricassée** de lapin.*

friche (nom féminin)
Terrain qui n'est pas cultivé. *Ces terres abandonnées sont en **friche** depuis dix ans.*

friction (nom féminin)
Action de frictionner ou de se frictionner. *Le coiffeur lui a fait une **friction** du cuir chevelu.*

frictionner (verbe) ▸ conjug. n° 3
Frotter vigoureusement une partie du corps. *Le masseur **frictionne** les mollets du sprinter.*

frigidaire (nom masculin)
Réfrigérateur. **Frigidaire** est le nom d'une marque. On abrège parfois ce mot : un **frigo**.

frigorifié, ée (adjectif)
Dans la langue familière, qui a très froid. *Rentrez vite, vous allez être **frigorifiés** !*

une **fresque** de Masaccio (1424)

frigorifique (adjectif)
Qui produit du froid. *Un camion **frigorifique**.*

frileux, euse (adjectif)
Qui craint le froid. *Odile n'aime pas les vacances à la neige car elle est **frileuse**.*

frimas (nom masculin)
Brouillard épais qui se transforme en givre. *Les premiers **frimas** de l'hiver.*

frimer (verbe) ▸ conjug. n° 3
Dans la langue familière, chercher à épater, à attirer l'attention. *Kevin **frime** avec son nouveau blouson.*

frimousse (nom féminin)
Visage d'un enfant. *Sarah a une jolie petite **frimousse** couverte de taches de rousseur.*

fringale (nom féminin)
Synonyme familier de faim. *À quatre heures, Thomas a toujours une grosse **fringale** !*

fringant, ante (adjectif)
Très vif. *Le poulain est tout **fringant** dans le pré.* **Fringant** vient d'un ancien verbe français *fringuer* qui signifie « gambader ».

fringues (nom féminin pluriel)
Synonyme familier de vêtements. *Cette boutique vend des **fringues** bon marché.*

friper (verbe) ▸ conjug. n° 3
Synonyme de chiffonner. *Ta jupe **s'est fripée** pendant le voyage.*

fripon, onne (adjectif)
Qui exprime l'espièglerie, la malice. *Un sourire **fripon**.* ■ **fripon, onne** (nom) Enfant malicieux. *Tu es un vrai petit **fripon** !* (Syn. coquin, polisson.) **Fripon** vient de l'ancien verbe *friponner* qui signifie « voler ».

fripouille (nom féminin)
Synonyme familier de canaille. *Quand il joue aux cartes, Victor devient une vraie **fripouille**.*

frire (verbe) ▸ conjug. n° 44
Cuire dans une matière grasse bouillante. *Faire **frire** des beignets dans de l'huile.* Famille du mot : frit, frite, friteuse, friture.

frisbee (nom masculin)
Disque en matière plastique que des joueurs se lancent en le faisant tourner sur lui-même. *Les enfants jouent au frisbee sur la plage.* Prononciation [fʀizbi]. **Frisbee** est le nom d'une marque.

frise (nom féminin)
Bordure qui porte des motifs décoratifs. *Une **frise** orne le plafond du château.*

frisé, ée (adjectif)
Qui forme des boucles serrées. *Le caniche a des poils **frisés**.*

frisée (nom féminin)
Variété de salade à feuilles finement dentelées. *Une **frisée** aux lardons.*

friser (verbe) ▸ conjug. n° 3
1. Devenir frisé. *Ses cheveux **frisaient** sous la pluie.* **2.** Approcher de très près. *Ses remarques **frisent** l'insolence.* Famille du mot : frisé, frisée, frisette.

frisette (nom féminin)
Petite boucle de cheveux.

frisotter (verbe) ▸ conjug. n° 3
Friser par petites boucles. *Quand il pleut, mes cheveux **frisottent**.*

frisquet, ette (adjectif)
Dans la langue familière, qui est un peu froid. *Ce vent du nord est **frisquet**.*

frisson (nom masculin)
Tremblement qui traverse le corps. *Un **frisson** de fièvre, de froid, de peur.*

frissonner (verbe) ▸ conjug. n° 3
Avoir des frissons. *Ursula **frissonne** de froid.*

une **frise**

frit, frite (adjectif)
Que l'on a fait frire. *Du poisson **frit**. Des boulettes de viande **frites**.* ■ **frite** (nom féminin) Bâtonnet frit de pomme de terre. *Un hamburger avec des **frites**.*

friteuse (nom féminin)
Ustensile servant à faire frire des aliments.

friture (nom féminin)
1. Matière grasse bouillante où on fait frire les aliments. *Elle cuit les beignets dans la **friture**.* **2.** Aliments frits. *Une **friture** de sardines.*

frivole (adjectif)
Qui manque de sérieux. *Des bavardages **frivoles**.* (Syn. futile. Contr. austère.)

frivolité (nom féminin)
Caractère de ce qui est frivole. *Ne perdez pas votre temps en **frivolités**.* (Syn. futilité.)

froid, froide (adjectif)
1. Qui est à une température basse. *Cet hiver a été très **froid**. William prend ses céréales avec du lait **froid**.* (Contr. chaud.) **2.** Qui manque d'amabilité. *Il nous a dit bonjour d'un ton **froid**.* (Contr. chaleureux.) **3.** Qui reste indifférent, qui n'est pas touché. *Toutes vos critiques me laissent **froid** !* • **Garder la tête froide :** rester calme, ne pas s'énerver. ■ **froid** (nom masculin) Température froide. *J'ai horreur du **froid**. Une période de **froid**.* (Contr. chaleur.) • **Être en froid avec quelqu'un :** être fâché avec lui. • **Jeter un froid :** provoquer un malaise, une gêne. • **N'avoir pas froid aux yeux :** avoir de l'assurance ou du courage. • **Prendre, attraper froid :** s'enrhumer. ■ **froid** (adverbe) • **Il fait froid :** la température est basse. Famille du mot : froid**ement**, froid**eur**, re**froid**ir.

froidement (adverbe)
1. De manière froide, peu aimable. *Il a **froidement** refusé mon offre.* (Contr. chaleureusement, cordialement.) **2.** Sans passion, sans pitié. *Le terroriste a **froidement** menacé de tuer ses otages.*

froideur (nom féminin)
Fait d'être froid, insensible. *La **froideur** de son accueil nous a mis mal à l'aise.* (Contr. chaleur, cordialité.)

froissement (nom masculin)
Bruit de quelque chose que l'on froisse.

froisser (verbe) ▸ conjug. n° 3
1. Synonyme de chiffonner. *Xavier **froisse** sa lettre et la recommence.* **2.** Choquer ou vexer quelqu'un. *Vos critiques l'**ont** beaucoup **froissé**.*

frôlement (nom masculin)
Action de frôler. *Zoé sentit le **frôlement** d'un chat le long de sa jambe.*

frôler (verbe) ▸ conjug. n° 3
1. Toucher légèrement en passant. *La balle **a frôlé** le filet.* **2.** Éviter un mal de justesse. *Il **a frôlé** l'accident.*

fromage (nom masculin)
Aliment fabriqué à partir de lait caillé. *On peut faire du **fromage** avec du lait de vache, de chèvre ou de brebis.* Famille du mot : fromage**r**, fromage**rie**. **Fromage** vient du latin *formaticum* qui signifie « qui est fait dans un moule ».

fromager, ère (nom)
Personne qui fabrique ou qui vend du fromage.

fromagerie (nom féminin)
Endroit où l'on fabrique du fromage.

froment (nom masculin)
Grains de blé. *On fait du pain et des crêpes avec la farine de **froment**.*

fronce (nom féminin)
Petit pli d'un tissu. *Les **fronces** des rideaux.* Famille du mot : fronc**ement**, fronc**er**.

froncement (nom masculin)
Fait de froncer les sourcils. *On devine qu'il est en colère au **froncement** de ses sourcils.*

froncer (verbe) ▸ conjug. n° 4
Resserrer un tissu en faisant des fronces. ***Froncer** des rideaux.* • **Froncer les sourcils :** plisser le front en rapprochant les sourcils. *Yann **fronce les sourcils** quand il réfléchit.*

fronde (nom féminin)
Arme servant à lancer des pierres.

la Fronde

Révolte des nobles et des Parisiens contre la régence d'Anne d'Autriche et le gouvernement de Mazarin, de 1648 à 1653. Elle échoua et permit à la royauté de se renforcer.

front (nom masculin)

1. Partie du visage comprise entre les sourcils et les cheveux. *Une frange de cheveux blonds couvre son* ***front****.* ➡ p. 300. 2. Zone de combat qui se trouve face à l'ennemi. *Les soldats montent au* ***front****.* • **De front :** côte à côte ou en même temps. *Les deux coureurs roulaient* ***de front****. Il mène* ***de front*** *ses études et son travail.* • **Faire front :** faire face aux difficultés ou à un ennemi. • **Front de mer :** bande de terrain en bordure de mer.

Front populaire

Coalition des partis politiques de gauche créée en France en 1934. Son gouvernement, présidé par Léon Blum, instaura des réformes importantes : augmentation des salaires, semaine de quarante heures, congés payés.

Le **Front populaire** a permis aux Français de prendre leurs premiers congés payés en 1936.

frontal, ale, aux (adjectif)

1. Du front. *L'os* ***frontal*** *est situé à l'avant du crâne.* 2. Qui se produit de front, de face. *Lors de son accident de voiture, la tante de Victor a subi un choc* ***frontal****.*

frontalier, ère (adjectif)

Qui est proche d'une frontière. *Strasbourg est une ville* ***frontalière****.* ■ **frontalier, ère** (nom) Personne qui habite une région frontalière. *Ces* ***frontaliers*** *vont chaque jour travailler en Suisse.*

frontière (nom féminin)

Limite séparant deux États. *Le Rhin est une* ***frontière*** *naturelle entre la France et l'Allemagne.*

frontispice (nom masculin)

Façade principale d'un monument. *Des sculptures ornent le* ***frontispice*** *du musée.*

fronton (nom masculin)

1. Ornement triangulaire qui surmonte la façade d'un bâtiment. 2. Mur contre lequel on joue à la pelote basque.

le **fronton** de l'église de la Madeleine, à Paris

frottement (nom masculin)

Action de frotter deux choses l'une contre l'autre. *Une allumette s'enflamme par* ***frottement****.*

frotter (verbe) ▸ conjug. n° 3

1. Appuyer une chose sur une autre en faisant des mouvements de va-et-vient. *Benjamin* ***frotte*** *le buffet avec un chiffon pour l'astiquer.* 2. Accrocher et racler contre quelque chose. *Ce tiroir* ***frotte*** *quand on le ferme.* 3. Se frotter à quelqu'un : l'attaquer ou le provoquer. *C'est un chien dangereux, il vaut mieux ne pas* ***s'y frotter****.*

froussard, arde (adjectif et nom)

Synonyme familier de peureux.

frousse (nom féminin)

Synonyme familier de peur.

fructifier (verbe) ▸ conjug. n° 10

Produire des bénéfices. *Cet homme d'affaires sait faire* ***fructifier*** *son argent.*

fructueux, euse (adjectif)

Qui donne de bons résultats. *Tes efforts ont été* ***fructueux*** *puisque tu as réussi à ton examen.* (Contr. infructueux.)

frugal, ale, aux (adjectif)
Se dit d'un repas simple et léger. *Nous avons vite pris un dîner* ***frugal*** *avant de partir.* (Contr. abondant, copieux.)

fruit (nom masculin)
1. Produit d'une plante, qui apparaît après la fleur et contient des graines. *Les pommes, les fraises, les olives sont des* ***fruits****.* **2.** Bénéfice ou résultat obtenu. *Cette découverte est le* ***fruit*** *de longues recherches.* • **Fruits de mer :** crustacés et coquillages comestibles. • **Porter ses fruits :** être utile, profitable. Famille du mot : fruité, fruitier.

un **fruit** à pépins (la pomme)

un **fruit** à noyau (la pêche)

fruité, ée (adjectif)
Qui a gardé le goût du fruit. *Cette eau de toilette a une odeur très* ***fruitée****.*

fruitier, ère (adjectif)
Qui produit des fruits comestibles. *Les cerisiers, les pommiers, les pêchers sont des arbres* ***fruitiers****.*

fruste (adjectif)
Qui manque de raffinement. *Les bergers mènent une vie* ***fruste*** *dans la montagne.* (Syn. grossier, rude.)

frustration (nom féminin)
Sentiment pénible de celui qui est frustré. *Clément a ressenti une* ***frustration*** *quand ses amis sont partis en vacances sans lui.*

frustrer (verbe) ▸ conjug. n° 3
Priver quelqu'un d'une chose sur laquelle il comptait. *Anna* ***est frustrée*** *parce qu'elle est la seule à n'avoir rien gagné à la tombola.*

fuchsia (nom masculin)
Arbrisseau à fleurs rouges ou roses en forme de clochettes. Prononciation [fyʃja]. **Fuchsia** vient de *Leonhart Fuchs*, nom d'un botaniste allemand du XVIe siècle.

fuel ➡ Voir **fioul**.

fugace (adjectif)
Qui ne dure pas. *Il ressent parfois une douleur* ***fugace*** *dans le genou.* (Syn. fugitif, passager. Contr. durable.)

fugitif, ive (adjectif)
Synonyme de fugace. *Quelques pensées* ***fugitives*** *lui traversaient l'esprit.* ■ **fugitif, ive** (nom) Personne qui a pris la fuite. *Les chiens suivent la trace du* ***fugitif****.* (Syn. fuyard.)

fugue (nom féminin)
Fait de s'enfuir de chez soi. *Cette jeune fille a fait une* ***fugue*** *à la suite d'une dispute avec ses parents.*

fuguer (verbe) ▸ conjug. n° 3
Faire une fugue. *Le chat* ***a fugué*** *pendant deux jours et il est revenu.* Famille du mot : fugue, fugueur.

fugueur, euse (adjectif et nom)
Qui fait des fugues. *On a retrouvé le jeune* ***fugueur*** *sain et sauf.*

Führer (nom masculin)
Titre pris par Adolf Hitler en 1934. Prononciation [fyʀœʀ]. **Führer** est un nom allemand qui signifie « guide ». ➡ p. 626.

un **fuchsia**

fuir (verbe) ▸ conjug. n° 20
1. S'éloigner très vite pour échapper à un danger. *La population **fuyait** l'éruption du volcan.* **2.** Chercher à éviter quelqu'un ou quelque chose. *Élodie cherche encore à **fuir** ses responsabilités.* **3.** Laisser s'échapper, s'écouler. *La gourde **a fui** dans mon sac à dos.* Famille du mot : fui**te**, fuy**ant**, fuy**ard**.

fuite (nom féminin)
1. Action de fuir. *Les antilopes ont pris la **fuite** en voyant le lion.* **2.** Écoulement d'un liquide ou d'un gaz qui fuit. *L'explosion est due à une **fuite** de gaz.* **3.** Révélation d'un secret. *On a appris les plans de l'ennemi par des **fuites**.* (Syn. indiscrétion.)

Fuji-Yama
Volcan du Japon, situé sur l'île de Honshu. C'est le sommet le plus élevé du pays (3 776 mètres).
ORTHO On dit aussi **mont Fuji**.

le **Fuji-Yama**

fulgurant, ante (adjectif)
Bref et intense. *Une douleur **fulgurante** dans la cuisse a stoppé net sa course.*

fumé, ée (adjectif)
1. Qui est séché à la fumée pour être conservé. *Du saumon **fumé**.* **2.** Qui est de couleur foncée pour protéger de la lumière. *Des verres **fumés**.*

fumée (nom féminin)
Nuage de gaz qui se dégage de ce qui brûle. *Des volutes de **fumée** blanche sortaient de la cheminée.*

fumer (verbe) ▸ conjug. n° 3
1. Dégager de la fumée. *L'incendie est éteint, mais les restes de la maison **fument** encore.* **2.** Aspirer par la bouche la fumée du tabac. *Ici, il est défendu de **fumer**.* **3.** Sécher un aliment en l'exposant à la fumée pour le conserver. ***Fumer** du jambon, des harengs.* Famille du mot : fum**é**, fum**ée**, fum**et**, fum**eur**, **en**fum**er**.

fumet (nom masculin)
Odeur agréable d'une viande en train de cuire. *Le **fumet** de la dinde rôtie embaumait la cuisine.*

fumeur, euse (nom)
Personne qui a l'habitude de fumer du tabac. *C'est un ancien **fumeur** qui a arrêté de fumer il y a cinq ans.*

fumeux, euse (adjectif)
Qui manque de clarté. *Je ne comprends rien à tes explications **fumeuses**.* (Syn. confus.)

fumier (nom masculin)
Mélange de paille et d'excréments d'animaux, utilisé comme engrais. *Le jardinier utilise du **fumier** plutôt que des engrais chimiques.*

fumiste (nom masculin)
1. Personne qui entretient les cheminées et les appareils de chauffage. **2.** Dans la langue familière, personne peu sérieuse dans son travail.

funambule (nom)
Acrobate qui marche sur une corde tendue en l'air. *Le **funambule** se sert d'un balancier pour assurer son équilibre.*
Funambule vient du latin *funis* qui signifie « corde » et *ambulare* qui signifie « marcher », et qu'on retrouve dans *somnambule*.

funèbre (adjectif)
Qui concerne les enterrements. *La fanfare exécute une marche **funèbre**.*

funérailles (nom féminin pluriel)
Cérémonie qui accompagne un enterrement. *La princesse a eu des **funérailles** nationales.* (Syn. obsèques.)

a b c d e f g h i j k l m n o p q r s t u v w x y z

funéraire (adjectif)
Qui concerne les funérailles. *Le cercueil était couvert de couronnes* ***funéraires****.*

funérarium (nom masculin)
Endroit où peuvent se réunir ceux qui vont assister à des obsèques. *Nous allons au* ***funérarium*** *pour présenter nos condoléances à la famille.*

funeste (adjectif)
Qui provoque la mort ou le malheur. *La guerre civile a eu des conséquences* ***funestes*** *pour ce pays.* (Syn. tragique.)

funiculaire (nom masculin)
Véhicule sur rails, tiré par un câble, qui sert à gravir des pentes très abruptes. *Les touristes prenaient un* ***funiculaire*** *qui menait au sommet de la colline.*

furet (nom masculin)
Petit mammifère carnivore au pelage blanc jaunâtre et aux yeux rouges. **Furet** vient du latin *furritus* qui signifie « voleur ».

un **furet**

au **fur et à mesure** (adverbe)
Peu à peu, progressivement. *Ajoute le lait* ***au fur et à mesure****, tout en tournant la pâte.*

fureter (verbe) ▸ conjug. n° 8
Fouiller partout, parfois de manière indiscrète. *Il adore* ***fureter*** *chez les bouquinistes pour trouver des livres anciens.* (Syn. fouiner.)

fureur (nom féminin)
Colère très violente. *Il a été pris de* ***fureur*** *quand il a su que je lui avais perdu ses clés.* • **Faire fureur :** avoir un très grand succès. *C'est une danse qui va* ***faire fureur*** *cet été.*

furibond, onde (adjectif)
Qui manifeste de la fureur. *Il m'a jeté un regard* ***furibond****.*

furie (nom féminin)
1. Colère violente. *Son retard l'a mis en* ***furie****.* (Syn. fureur, rage.) **2.** Femme très violente. *C'est une vraie* ***furie*** *quand on la contrarie.*

furieux, euse (adjectif)
Qui est très en colère. *Fatima est* ***furieuse*** *parce que j'ai lu son journal intime.*

furoncle (nom masculin)
Gros bouton qui contient du pus.

furtif, ive (adjectif)
Que l'on fait discrètement et rapidement. *David lance des regards* ***furtifs*** *sur la feuille de son voisin.*

fusain (nom masculin)
1. Arbuste à feuilles brillantes et à fruits rouges. **2.** Crayon fait avec le charbon de bois de cet arbuste. *Gaëlle fait de très beaux croquis au* ***fusain****.*

fuseau, eaux (nom masculin)
1. Petit instrument aux extrémités pointues pour filer la laine ou faire de la dentelle. **2.** Pantalon en tissu élastique qui se resserre vers le bas. • **Fuseau horaire :** chaque zone qui divise la Terre d'un pôle à l'autre et à l'intérieur de laquelle l'heure est la même. *Il y a 24* ***fuseaux*** *horaires.*

fusée (nom féminin)
1. Engin spatial propulsé par des moteurs très puissants. *Après avoir quitté la Terre, la* ***fusée*** *ira mettre un satellite en orbite.* **2.** Tube rempli de poudre qui explose en l'air en produisant des étin-

celles. *Les spectateurs suivaient du regard les **fusées** du feu d'artifice.*

fuselage (nom masculin)
Partie principale d'un avion, sur laquelle sont fixées les ailes. *Le **fuselage** contient le poste de pilotage, la partie réservée aux passagers et la soute à bagages.*

fuser (verbe) ▸ conjug. n° 3
Jaillir avec force. *L'eau **a fusé** du tuyau.*

fusible (nom masculin)
Dispositif en métal spécial qui sert de sécurité dans un circuit électrique. *Quand le circuit électrique s'échauffe, le **fusible** fond.*

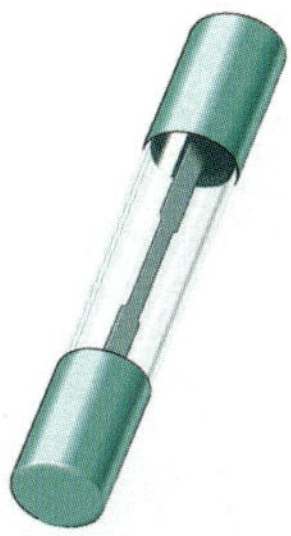

un **fusible**

fusil (nom masculin)
Arme à feu portative à long canon. • **Changer son fusil d'épaule :** changer sa manière d'agir, changer ses projets. Prononciation [fyzi]. Famille du mot : fusil**lade**, fusil**ler**.

un **fusil** de chasse, un **fusil** de guerre

fusillade (nom féminin)
Série ou échange de coups de feu. *La **fusillade** a éclaté entre la police et les guérilléros.*

fusiller (verbe) ▸ conjug. n° 3
Tuer à coups de fusil. *Ce soldat **a été fusillé** pour trahison.*

fusion (nom féminin)
1. Passage d'une substance de l'état solide à l'état liquide sous l'action de la chaleur. *Du métal en **fusion**.* **2.** Réunion de plusieurs éléments en un tout. *Notre club de tennis est le résultat de la **fusion** de trois petits clubs.*

fusionner (verbe) ▸ conjug. n° 3
Se regrouper par fusion. *Ces deux banques **ont fusionné**.*

fustiger (verbe) ▸ conjug. n° 5
Critiquer vivement en blâmant. *Le ministre **fustigea** les opposants à la réforme.* **Fustiger** vient du mot latin *fustis* qui signifie « bâton ».

fût (nom masculin)
1. Tronc d'arbre. **2.** Synonyme de tonneau. *C'est du très bon vin vieilli en **fût**.*
ORTHO On écrit aussi **fut**.

futaie (nom féminin)
Forêt de grands arbres.

futé, ée (adjectif)
Synonyme familier de malin. *Elle est drôlement **futée** ! Un sourire **futé**.* **Futé** vient de l'ancien verbe français *se futer* qui signifie « échapper au chasseur ».

futile (adjectif)
Synonyme de frivole. *Cette discussion **futile** ne m'intéresse pas.*

futilité (nom féminin)
Chose futile. *Il ne parle que de **futilités**.* (Syn. frivolité.)

futon (nom masculin)
Matelas japonais.

des partisans **fusillés**, tableau de Goya (1814)

Futuna

➡ Voir Wallis-et-Futuna.

futur, future (adjectif)

Qui arrivera dans l'avenir. *Les écrivains de science-fiction imaginent la vie dans les temps **futurs**.* (Contr. passé.) ■ futur (nom masculin) 1. Temps futur. *Il croit que cette voyante va lui dévoiler le **futur**.* (Syn. avenir. Contr. passé.) 2. Temps du verbe qui indique un état ou une action à venir. *Dans la phrase « il partira demain », le verbe « partir » est au **futur**.*

futuriste (adjectif)

Qui évoque les temps futurs. *Ce nouveau modèle de voiture a une allure **futuriste**.*

fuyant, ante (adjectif)

• **Regard fuyant :** qui n'est pas franc, qui évite le regard des autres.

fuyard, arde (nom)

Synonyme de fugitif. *L'armée ennemie poursuivait les **fuyards**.*

Gg

galets

g (nom masculin)
Septième lettre de l'alphabet. *Le **G** est une consonne.*

gabardine (nom féminin)
1. Tissu de laine imperméable. **2.** Manteau fait dans ce tissu.

gabarit (nom masculin)
Dimensions d'un objet ou d'un véhicule. *Étant donné son **gabarit**, l'armoire ne passera pas dans ce couloir.*

gabegie (nom féminin)
Gaspillage dû à une gestion désordonnée. *Votre négligence aboutit à une véritable **gabegie** dans la maison.*

gabelle (nom féminin)
Ancien impôt sur le sel. *La **gabelle** a été supprimée en 1790.*

Gabon

1,5 million d'habitants
Capitale : Libreville
Monnaie : le franc CFA
Langue officielle : français
Superficie : 267 670 km^2

État d'Afrique centrale, bordé par l'océan Atlantique et situé entre la Guinée équatoriale, le Cameroun et le Congo. Le Gabon est traversé par l'équateur.

GÉOGRAPHIE
Les trois quarts du pays sont couverts par la forêt dense et humide. La principale richesse du pays est le bois (acajou, ébène). Le Gabon exporte aussi du pétrole, du gaz, du manganèse et de l'uranium.

HISTOIRE
Le Gabon fut exploré au XVe siècle par les Portugais, puis colonisé au XIXe siècle par les Français. Le pays accéda à l'indépendance en 1960.

gabonais, aise ➡ Voir tableau p. 6.

gâcher (verbe) ▸ conjug. n° 3
1. Faire perdre bêtement quelque chose. *Ne **gâchez** pas vos économies avec des achats stupides.* (Syn. gaspiller.) **2.** Enlever le plaisir de quelqu'un. *Cette dispute **a gâché** ma journée.* (Syn. gâter.) **3.** Délayer du plâtre dans de l'eau. *Les plâtriers **gâchent** le plâtre.*

gâchette (nom féminin)
Mécanisme d'une arme à feu qui sert à faire partir la balle. *C'est la détente qui commande la **gâchette**.*

gâchis (nom masculin)
Choses gâchées. *On ne va pas jeter ça, c'est du **gâchis** !* (Syn. gaspillage.)

gadget (nom masculin)
Objet nouveau et ingénieux mais pas toujours très utile. *C'est le dernier **gadget** pour ouvrir les bocaux.* **Gadget** est un mot anglais : on prononce [gadʒɛt].

gadoue (nom féminin)
Synonyme familier de boue. *On a pataugé dans la **gadoue** d'un petit chemin de campagne.*

a b c d e f **g** h i j k l m n o p q r s t u v w x y z

gaffe (nom féminin)
1. Perche munie d'un crochet. *Benjamin a ramené la barque près de la rive avec une **gaffe**.* **2.** Dans la langue familière, parole ou acte qui peut vexer. *Clément a fait une de ces **gaffes** !*

gaffeur, euse (adjectif et nom)
Qui fait souvent des gaffes. *Anna dit souvent ce qu'il ne faut pas dire, elle est très **gaffeuse**.*

gag (nom masculin)
Péripétie drôle et inattendue. *Cette BD est pleine de **gags** hilarants !* **Gag** est un mot anglais qui signifie « blague ».

Gagarine Youri (né en 1934, mort en 1968)
Cosmonaute soviétique. Il fut le premier homme à voyager dans l'espace, en avril 1961.

gage (nom masculin)
1. Petite punition infligée au perdant. *À la troisième erreur, tu auras un **gage**.* **2.** Objet qu'on laisse comme garantie. *Il a laissé sa montre en **gage** parce qu'il avait oublié son portefeuille.* ■ **gages** (nom masculin pluriel) • **Tueur à gages** : personne payée pour tuer quelqu'un.

gager (verbe) ▸ conjug. n° 5
Synonyme littéraire de parier. *Je **gage** que vous avez tort.*

gageure (nom féminin)
Pari impossible. *Ranger le désordre de cette chambre en un après-midi, c'est une **gageure** !* Prononciation [gaʒyʀ].
ORTHO On écrit aussi **gageüre**.

gagnant, ante (adjectif et nom)
Qui gagne. *Elle a un billet **gagnant**. Le **gagnant** de la loterie recevra un téléviseur.* (Contr. perdant.)

gagne-pain (nom masculin)
Dans la langue familière, ce qui permet de gagner sa vie. *Ce petit boulot est son seul **gagne-pain**.* Pluriel : des gagne-pains ou des gagne-pain.

gagner (verbe) ▸ conjug. n° 3
1. Recevoir de l'argent ou un objet pour son travail, ou grâce à la chance. *Elle **a gagné** à la loterie.* **2.** Éviter de gaspiller. *En s'organisant, on **gagne** du temps.* (Contr. perdre.) **3.** Être vainqueur dans une compétition ou un conflit. *Le public chante : on **a gagné** !* (Contr. perdre.) **4.** Se diriger vers un lieu. *Les passagers **gagnent** la salle d'embarquement.* **5.** Se propager ou s'étendre. *Peu à peu, la mer **gagne** sur le rivage.* Famille du mot : ga**gnant**, **re**gagner.

gai, gaie (adjectif)
1. Qui est d'humeur joyeuse. *David est **gai** comme un pinson.* (Contr. triste.) **2.** Qui rend l'humeur joyeuse. *Ce jaune vif est très **gai**.* (Contr. sombre, triste.) Famille du mot : **égayer**, gai**ement**, gai**eté**.

gaiement (adverbe)
Avec gaieté. *Ibrahim prépare **gaiement** sa valise pour partir en vacances.* (Syn. joyeusement. Contr. tristement.)
ORTHO On écrit aussi **gaiment**.

gaieté (nom féminin)
Bonne humeur. *Il y a beaucoup de **gaieté** dans cette maison pleine d'enfants.*
ORTHO On écrit aussi **gaité**.

gaillard, arde (adjectif)
Plein de force et de santé. *Le malade va mieux, il a l'air tout à fait **gaillard** ce matin.* ■ **gaillard, arde** (nom) Personne solide et robuste. *Kevin est un **gaillard** de quinze ans.*

gain (nom masculin)
1. Ce que l'on gagne. *Les **gains** de cet ouvrier ne sont vraiment pas très élevés.* **2.** Économie de place ou de temps. *Les TGV font réaliser un **gain** de temps appréciable.* (Contr. perte.)

gaine (nom féminin)
Étui ayant la forme de l'objet qu'il contient. *Elle a remis le parapluie dans sa **gaine**.*

gala (nom masculin)
Grande fête ou réception officielle. *Un dîner de **gala**, une soirée de **gala**.* **Gala**, comme **galant**, vient de l'ancien français *galer* qui signifie « s'amuser ».

galactique (adjectif)
Qui se rapporte à une galaxie. *Une nébuleuse **galactique**.*

galamment (adverbe)
De façon galante. *Pierre a **galamment** offert à Élodie de la raccompagner.*

galant, ante (adjectif)
Prévenant et poli avec les femmes. *Quentin aide Fatima à porter son sac, il est très **galant**.* Famille du mot : galam**ment**, galan**terie**.

galanterie (nom féminin)
Qualité d'une personne galante. *Il a proposé avec beaucoup de **galanterie** de porter la valise de la dame.*

îles **Galápagos**
Archipel de l'océan Pacifique (7 812 km^2 ; 30 000 habitants) rattaché à l'Équateur. La faune est très variée : tortues géantes, iguanes, otaries, pingouins. Le tourisme et la pêche à la langouste sont les principales ressources du pays.

galaxie (nom féminin)
Immense groupement d'étoiles. *Dans une **galaxie**, il y a des milliards d'étoiles.* **Galaxie** vient du grec *gala* qui signifie « lait » car notre galaxie apparaît comme une traînée blanchâtre : la *Voie lactée*.

une **galaxie**

galbe (nom masculin)
Contour arrondi et harmonieux. *Le **galbe** d'une épaule, d'un fauteuil.*

galbé, ée (adjectif)
En forme de galbe. *Une table aux pieds **galbés**.*

gale (nom féminin)
Maladie de peau contagieuse. *La **gale** cause des démangeaisons.*

galère (nom féminin)
Navire à rames muni de voiles. *Les **galères** étaient des navires de guerre.*

une **galère** sur une pièce de l'époque romaine

galerie (nom féminin)
1. Passage souterrain. *Une taupe a creusé une **galerie** sous la pelouse.* **2.** Passage couvert. *Une **galerie** marchande.* **3.** Magasin de tableaux ou d'objets d'art. *Elle expose ses photos dans une **galerie**.* **4.** Porte-bagage fixé sur le toit d'une voiture. *Papa a fixé nos bagages sur la **galerie**.* • **Pour amuser la galerie :** pour faire rire ceux qui écoutent.

une **galerie** de taupe

galérien (nom masculin)
Autrefois, homme condamné à ramer sur les galères.

galet (nom masculin)
Caillou lisse et arrondi. *Une plage de **galets**.*

galette (nom féminin)
Gâteau rond et plat. *Maman a acheté une **galette** des Rois chez le pâtissier.*

galeux, euse (adjectif)
Qui a la gale. *Un chien **galeux**.*

a b c d e f **g** h i j k l m n o p q r s t u v w x y z

Galilée (né en 1564, mort en 1642)
Physicien et astronome italien. Son vrai nom était Galileo Galilei. Il inventa le thermomètre. Il perfectionna une lunette pour observer les planètes et put ainsi affirmer que la Terre tourne autour du Soleil.

Galilée présente sa lunette astronomique.

galimatias (nom masculin)
Discours embrouillé. *Ce que tu dis est un vrai **galimatias**, je ne comprends rien.* (Syn. charabia.)

galion (nom masculin)
Grand vaisseau espagnol qui rapportait autrefois l'or et l'argent d'Amérique.

galipette (nom féminin)
Synonyme familier de culbute. *Romain fait des **galipettes** dans l'herbe.*

pays de **Galles**
Nation du Royaume-Uni, située au sud-ouest de la Grande-Bretagne (20 768 km^2 ; 3 millions d'habitants).
GÉOGRAPHIE
Le pays de Galles est une région de plateaux au climat océanique. De nombreuses stations balnéaires sont implantées le long des côtes. Les principales activités sont l'élevage ovin dans le centre et l'industrie métallurgique dans le Sud.
HISTOIRE
Le pays de Galles fut intégré à l'Angleterre par le roi Henri VIII au XVIe siècle. En 1999, un Parlement a été élu pour la première fois. Au Royaume-Uni, l'héritier du trône porte le titre de prince de Galles.

gallicisme (nom masculin)
Expression particulière à la langue française. *« Est-ce que » est un **gallicisme**.*

gallinacé (nom masculin)
Oiseau aux ailes courtes qui vit au sol. *Le coq, la poule, le dindon sont des **gallinacés**.*

gallo-romain, aine (adjectif et nom)
De la Gaule romaine. *Les arènes de Nîmes sont un monument **gallo-romain**.*

galoche (nom féminin)
Chaussure à semelle de bois. • **Menton en galoche :** pointu et relevé vers l'avant.

galon (nom masculin)
1. Bande de tissu servant à orner. *Maman a décoré le bord du rideau avec du **galon**.* 2. Petit ruban qui indique le grade d'un militaire. *Le capitaine porte trois **galons** sur chaque épaulette.*

galop (nom masculin)
Allure la plus rapide de la course du cheval et de quelques animaux. *Les antilopes se sont enfuies au **galop**.*
Famille du mot : galop**ade**, galop**er**.

galopade (nom féminin)
Course précipitée. *On entend des **galopades** dans les couloirs de l'école.*

galoper (verbe) ▸ conjug. n° 3
Aller au galop ou courir très vite. *Les cow-boys **galopent** dans la prairie.*

galopin (nom masculin)
Synonyme de garnement. *Tu vas voir si je t'attrape, petit **galopin** !*

galvaniser (verbe) ▸ conjug. n° 3
1. Recouvrir de zinc. *On **galvanise** le fer pour qu'il ne rouille pas.* 2. Remplir d'ardeur et d'enthousiasme. *Le discours du capitaine **a galvanisé** les troupes.* **Galvaniser** vient du nom du physicien italien *Galvani* qui est à l'origine du procédé (XVIIIe siècle).

galvauder (verbe) ▸ conjug. n° 3
Enlever de la valeur à quelque chose par un mauvais usage. *Le sens du mot « extraordinaire » **est** aujourd'hui très **galvaudé**.*

Gama Vasco de (né en 1469, mort en 1524)
Navigateur portugais. Il fut le premier explorateur à atteindre les Indes en contournant le cap de Bonne-Espérance en 1498. ➡ p. 498.

gambade (nom féminin)
Synonyme de cabriole. *Le faon fait des **gambades** dans la clairière.*

gambader (verbe) ▸ conjug. n° 3
Faire des gambades. *Hélène et Thomas **gambadent** de joie car ils partent à la mer.*

gambe (nom féminin)
• **Viole de gambe :** instrument qui ressemble à un violoncelle, en usage jusqu'au milieu du XVIIIe siècle.
Gambe vient de l'italien *gamba* qui signifie « jambe ».

Gambie

1,6 million d'habitants
Capitale : Banjul
Monnaie : le dalasi
Langue officielle : anglais
Superficie : 11 290 km²

État d'Afrique de l'Ouest, bordé par l'océan Atlantique et formant une enclave dans le Sénégal.

GÉOGRAPHIE
Le pays est une étroite plaine tropicale traversée par le fleuve Gambie. Ses principales activités sont la culture de l'arachide et le tourisme, mais la Gambie fait partie des pays les plus pauvres du monde.

HISTOIRE
La Gambie fut colonisée en 1843 par la Grande-Bretagne. Elle acquit son indépendance en 1965.

gambien, enne ➡ Voir tableau p. 6.

gamelle (nom féminin)
Récipient à couvercle, dans lequel on transporte son repas. *Les soldats et les campeurs utilisent des **gamelles**.*

gamin, ine (nom)
Synonyme familier d'enfant. *Des **gamins** jouent dans la cour de l'école.* (Syn. gosse, môme.)

gaminerie (nom féminin)
Synonyme familier d'enfantillage. *Cesse donc ces **gamineries**, tu as passé l'âge !*

gamme (nom féminin)
1. Suite des sept notes de musique. *Pour jouer de la musique, on doit s'exercer à faire des **gammes**.* 2. Couleurs ou objets légèrement différents, à l'intérieur d'une même série. *Le fabricant de voitures a présenté sa nouvelle **gamme**.*

gammée (adjectif féminin)
• **Croix gammée :** croix à branches coudées qui était l'emblème de l'Allemagne nazie.

Gandhi Mohandas Karamchand (né en 1869, mort en 1948)
Homme politique indien. Il était appelé le Mahátmá (la Grande Âme). Pour libérer son pays de la domination du Royaume-Uni, il instaura une façon de lutter non violente en organisant des marches et des grèves de la faim. En 1947, il participa aux négociations qui aboutirent à l'indépendance de l'Inde. Il fut assassiné en 1948.

Gandhi

gang (nom masculin)
Groupe de bandits. *Le **gang** est enfin sous les verrous.* Prononciation [gãg].
Gang est un mot anglais qui signifie « équipe ».

Gange
Fleuve de l'Inde et du Bangladesh (2 700 km). Le Gange naît dans l'Himalaya et se jette dans le golfe du Bengale par un vaste delta. Le Gange est l'un des sept fleuves sacrés dans la religion hindoue.

a b c d e f **g** h i j k l m n o p q r s t u v w x y z

ganglion (nom masculin)
Petite boule sous la peau. *Julie a des **ganglions** enflés, le médecin a dit que c'est à cause d'une angine.*

gangrène (nom féminin)
Maladie très grave qui fait pourrir la chair. *On peut être obligé d'amputer un membre atteint de **gangrène**.*

gangster (nom masculin)
Bandit membre d'un gang. *Les **gangsters** ont emporté toute la recette du casino.*
● **Gangster** est un mot anglais : on prononce [gɑ̃gstɛʀ].

gangue (nom féminin)
Enveloppe rocheuse des minerais. *Pour tailler un diamant, il faut d'abord le débarrasser de sa **gangue**.*

gant (nom masculin)
Objet en cuir, en caoutchouc ou en tissu qui couvre la main. *Une paire de **gants**. Des **gants** de boxe. Laura se lave avec un **gant** de toilette.* • **Aller comme un gant** : convenir très bien. *Ce pantalon te **va comme un gant** !* • **Prendre des gants** : prendre des précautions pour ne pas blesser ou vexer.

gantelet (nom masculin)
Gant d'une armure. *Le **gantelet** était recouvert de lamelles d'acier.*

garage (nom masculin)
1. Local pour garer les véhicules et les mettre à l'abri. *Il a rentré sa moto au **garage**.* 2. Atelier d'entretien et de réparation des véhicules. *La voiture est tombée en panne, on l'a menée au **garage**.*

garagiste (nom)
Personne qui tient un garage. *Le **garagiste** a fait la révision de la voiture.*

garant, ante (adjectif)
• **Se porter garant de quelqu'un** : garantir qu'on peut avoir confiance en cette personne.

garantie (nom féminin)
Contrat qui garantit une marchandise. *Ce lave-linge est sous **garantie** pendant un an.*

garantir (verbe) ▸ conjug. n° 11
1. Mettre à l'abri. *Ces murs épais **garantissent** la maison de la chaleur.* (Syn. préserver.) 2. Synonyme d'affirmer. *Je te **garantis** que c'est vrai !* (Syn. assurer, certifier.) 3. Promettre de réparer gratuitement un appareil pendant un certain temps après son achat. *Le réveil **est garanti** un an.*

garçon (nom masculin)
1. Enfant de sexe masculin. *Victor est un **garçon**, Myriam est une fille.* 2. Employé d'un artisan ou d'un commerçant. *Il est **garçon** boucher.* 3. Serveur dans un café ou un restaurant. ***Garçon** ! l'addition, s'il vous plaît.* • **Vieux garçon** : homme qui est resté célibataire.

garçonnet (nom masculin)
Petit garçon. *Un **garçonnet** de sept ans.*

■ **garde** (nom)
Synonyme de gardien. *Le Président est entouré de ses **gardes** du corps.*

un **garde** de la Tour de Londres

■ **garde** (nom féminin)
1. Action de garder quelque chose ou quelqu'un. *Tu as la **garde** de la maison, ce soir. La sentinelle monte la **garde**.* 2. Groupe d'hommes chargés de la sécurité. *La **garde** présidentielle.* 3. Posi-

tion d'attente ou de défense dans un sport de combat. *L'escrimeur s'est mis en* ***garde****.* **4.** Partie d'une arme blanche qui protège la main. *La* ***garde*** *d'une épée se trouve entre la lame et la poignée.* • **Être sur ses gardes :** se méfier. • **Mettre quelqu'un en garde :** le prévenir des risques qu'il court. • **Prendre garde :** faire attention.

garde-à-vous (nom masculin)
Position immobile, bras le long du corps et talons joints. *Les soldats se mettent au* ***garde-à-vous*** *devant un supérieur.* (Contr. repos.) Pluriel : des garde-à-vous.

garde-barrière (nom)
Personne qui ferme ou ouvre la barrière d'un passage à niveau non automatisé. Pluriel : des gardes-barrières ou des garde-barrières.

garde-boue (nom masculin)
Pièce de métal qui se trouve au-dessus d'une roue et qui protège des éclaboussures. ➡ p. 139. Pluriel : des garde-boues ou des garde-boue.

garde champêtre (nom masculin)
Agent municipal chargé de surveiller le village, les forêts et les champs. Pluriel : des gardes champêtres.

garde-chasse (nom masculin)
Homme qui surveille le gibier d'un domaine. Pluriel : des gardes-chasses ou des garde-chasses.

garde-fou (nom masculin)
Balustrade qui empêche les gens de tomber dans le vide. *Noémie franchit la passerelle en serrant fort le* ***garde-fou****.* Pluriel : des garde-fous.

garde-malade (nom)
Personne qui s'occupe des malades. *La* ***garde-malade*** *aide la vieille dame à faire sa toilette et à s'habiller.* Pluriel : des gardes-malades ou des garde-malades.

garde-manger (nom masculin)
Petit meuble grillagé où l'on conserve les aliments. *Mets le fromage dans le* ***garde-manger*** *!* Pluriel : des garde-mangers ou des garde-manger.

garder (verbe) ▶ conjug. n° 3
1. Veiller sur une personne, un animal ou un lieu. *Ce soir, William* ***garde*** *les enfants de la voisine. Le berger* ***garde*** *ses chèvres.* **2.** Surveiller pour empêcher de fuir. *Deux hommes* ***gardent*** *le prisonnier.* **3.** Ne pas se séparer de quelque chose. ***Gardez*** *votre ticket pendant tout le trajet !* ***Garder*** *son calme.* **4.** Conserver pour soi. *Tu peux* ***garder*** *ce livre, je te le donne !* **5.** Conserver en bon état. *Les pêches ne* ***se gardent*** *pas longtemps.* **6.** Mettre de côté ou réserver. *Je t'****ai gardé*** *une place à côté de moi.* **7.** Se garder de quelque chose : l'éviter soigneusement. *Tu* ***t'es bien gardé de*** *me le dire !* (Syn. s'abstenir.) • **Garder le lit :** rester au lit parce qu'on est malade. • **Garder le silence :** se taire. Famille du mot : arrière-garde, avant-garde, garde, garde-à-vous, garde-boue, garde champêtre, garde-chasse, garde-fou, garde-malade, garde-manger, garderie, garde-robe, gardien.

garderie (nom féminin)
Établissement où l'on garde les jeunes enfants dont les parents travaillent. *Odile reste à la* ***garderie*** *du soir, après la classe.*

garde-robe (nom féminin)
Ensemble des vêtements d'une personne. *Elle profite des soldes pour renouveler sa* ***garde-robe****.* Pluriel : des garde-robes.

gardien, ienne (nom)
Personne chargée de garder quelqu'un, un bâtiment ou un lieu. *Il est* ***gardien*** *de prison. La* ***gardienne*** *vient de monter le courrier.* • **Gardien de but :** joueur chargé d'empêcher les adversaires de marquer des points. (Syn. goal.) • **Gardien de la paix :** agent de police.

gardon (nom masculin)
Petit poisson d'eau douce comestible. • **Frais comme un gardon :** en pleine forme.

un **gardon**

■ gare (interjection)
Incite à faire attention. ***Gare** à toi, si je t'attrape !* • **Sans crier gare :** sans prévenir.

■ gare (nom féminin)
Installations et bâtiments destinés au trafic des trains. *Xavier va chercher ses grands-parents à la **gare**.* • **Gare routière :** endroit d'où partent et où arrivent les cars ou les camions.

garenne (nom féminin)
Lande boisée où les lapins sauvages creusent leur terrier.

garer (verbe) ▸ conjug. n° 3
Ranger un véhicule dans un endroit. *On **a garé** la voiture au parking.*

gargantuesque (adjectif)
Qui est très important par l'abondance ou par la taille. *Ce repas est **gargantuesque**.*

se gargariser (verbe) ▸ conjug. n° 3
Se rincer la gorge avec un gargarisme.

gargarisme (nom masculin)
Médicament liquide pour se gargariser. *Le pharmacien a conseillé un **gargarisme** à Yann pour soigner son angine.*

gargote (nom féminin)
Petit restaurant pas cher.

gargouille (nom féminin)
Gouttière en pierre dépassant du toit des églises, souvent en forme d'animal fantastique. *Des diables décorent les **gargouilles**.*

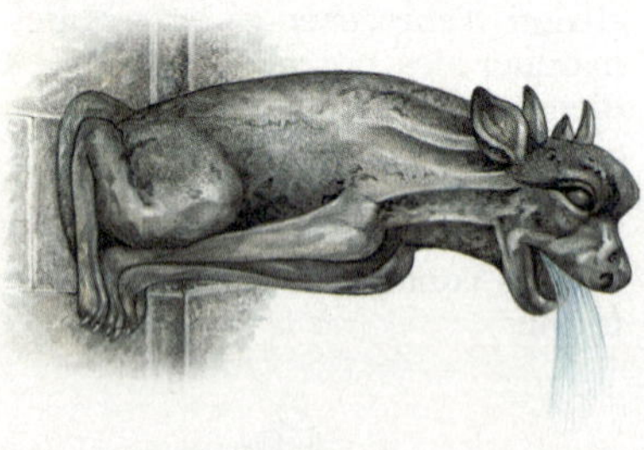

une **gargouille**

gargouillement (nom masculin)
Bruit semblable à celui d'un liquide qui s'écoule irrégulièrement. *Des **gargouillements** intestinaux.*
ORTHO On dit aussi **gargouillis**.

gargouiller (verbe) ▸ conjug. n° 3
Faire entendre un gargouillement. *J'ai faim, mon ventre **gargouille**.*

garnement (nom masculin)
Garçon turbulent. *Ces trois **garnements** sont encore venus tirer la sonnette !* (Syn. chenapan, galopin.)

garnir (verbe) ▸ conjug. n° 11
1. Munir de ce qu'il faut pour protéger ou renforcer. *Le pull de Benjamin **est garni** de cuir aux coudes.* **2.** Remplir de choses ou de gens. *Sa bourse **est** bien **garnie**. Les tribunes **se garnissent** de nombreux spectateurs.* (Contr. dégarnir, vider.) **3.** Ajouter des éléments de décoration. *Son chapeau **est garni** de plumes bleues.* Famille du mot : **dé**garnir, garni**ture**, **re**garnir.

garnison (nom féminin)
Régiment installé dans une caserne. *Toute la **garnison** a été mise en alerte.*

garniture (nom féminin)
1. Ce qui garnit. *Les **garnitures** des sièges de la voiture sont en tissu.* **2.** Légumes qui accompagnent un plat. *Il y a des frites ou des haricots verts en **garniture** du poulet.*

Garonne
Fleuve du sud-ouest de la France (647 km). La Garonne prend sa source dans les Pyrénées espagnoles et se jette dans l'Atlantique par le large estuaire de la Gironde. Elle traverse Toulouse et Bordeaux. Ses principaux affluents sont l'Ariège, le Tarn et le Lot. ➡ Voir carte p. 1372.

garrigue (nom féminin)
Terre calcaire aride où poussent des chênes verts, des plantes aromatiques et des broussailles.

garrot (nom masculin)
1. Début de l'encolure d'un cheval ou d'un bœuf, juste au-dessus des épaules. **2.** Bande élastique qui sert à comprimer une artère pour l'empêcher de saigner. *L'infirmière a posé un **garrot** avant de faire une prise de sang.*

gars (nom masculin)
Synonyme familier de garçon. Prononciation [ga].

Gascogne
Ancienne région du sud-ouest de la France. Au VIIe siècle, la Gascogne était un duché. Elle fut englobée dans l'Aquitaine en 1036 et rattachée à la France en 1453. ➡ Voir carte p. 1372.

gascon, onne ➡ Voir tableau p. 6.

gasoil ➡ Voir **gazole**.

gaspacho (nom masculin)
Potage servi froid, à base de concombres, tomates, piments et ail. *Le **gaspacho** est une spécialité espagnole.* **Gaspacho** est un mot espagnol : on prononce [gaspatʃo].

gaspillage (nom masculin)
Action de gaspiller. *Quel **gaspillage** de temps et d'argent !* (Syn. gâchis. Contr. économie.)

gaspiller (verbe) ▸ conjug. n° 3
Dépenser ou consommer inutilement. *L'eau est précieuse, ne la **gaspillez** pas !* (Contr. économiser, épargner.)

gastéropode (nom masculin)
Mollusque qui se déplace en rampant. *L'escargot et la limace sont des **gastéropodes**.* **Gastéropode** vient du grec *gasteros* qui signifie « estomac » et *podos* qui signifie « pied ».

gastrique (adjectif)
De l'estomac. *L'ulcère à l'estomac donne des douleurs **gastriques**.*

gastroentérite (nom féminin)
Maladie contagieuse de l'estomac et de l'intestin. *William a vomi toute la nuit : il a une **gastroentérite**.* **Gastroentérite** s'abrège familièrement **gastro**.

gastronome (nom)
Synonyme de gourmet. *Un fin **gastronome** nous a recommandé ce restaurant.*

gastronomie (nom féminin)
Art de bien manger. *La **gastronomie**, c'est savoir apprécier la bonne nourriture.* **Gastronomie** vient de deux mots grecs qui signifient « l'art de régler l'estomac ».

gastronomique (adjectif)
Qui concerne la gastronomie. *As-tu goûté les spécialités **gastronomiques** de la région ?*

gâteau, eaux (nom masculin)
Pâtisserie sucrée faite avec de la farine, du beurre et des œufs. *Les tartes, les éclairs, les millefeuilles sont des **gâteaux**.*

gâter (verbe) ▸ conjug. n° 3
1. Traiter quelqu'un avec trop d'indulgence. *Sarah **a été** très **gâtée** pour son anniversaire.* **2.** Synonyme de gâcher. *Cette dispute **a gâté** leur plaisir.* **3.** Se gâter : devenir mauvais. *Le temps **se gâte**.* **4.** Se gâter : synonyme de s'abîmer. *Il ne faut pas attendre que les dents **se gâtent** pour aller chez le dentiste.*

gâterie (nom féminin)
Petit cadeau ou friandise. *Les enfants aiment bien les **gâteries**.*

gâteux, euse (adjectif)
Se dit d'une personne qui perd un peu la tête du fait de la vieillesse.

gauche (adjectif)
1. Qui est situé du côté du cœur. *Ursula écrit de la main **gauche**.* (Contr. droit.) **2.** Qui manque d'aisance ou d'adresse. *Clément est très **gauche** quand il s'agit de danser.* (Contr. adroit.) • **Se lever du pied gauche** : se lever de mauvaise humeur.
■ **gauche** (nom féminin) **1.** Côté gauche. *La chambre de Zoé est la dernière du couloir, sur la **gauche**.* **2.** Ensemble des partis qui ont des opinions réformistes ou révolutionnaires. *Le Parti socialiste est un parti de **gauche**.* (Contr. droite.) Famille du mot : gauch**er**, gauch**erie**, gauch**iste**.

gaucher, ère (adjectif et nom)
Qui se sert plutôt de sa main gauche pour manger, travailler, écrire. (Contr. droitier.)

gaucherie (nom féminin)
Malaise d'une personne gauche. *Il y a encore beaucoup de **gaucherie** dans les gestes du bébé.*

gauchiste (adjectif et nom)
Qui a des opinions révolutionnaires, très à gauche.

gaufre (nom féminin)
Gâteau de pâte légère. *Un moule à **gaufres**.*

gaufré, ée (adjectif)
• **Papier gaufré :** décoré de lignes en relief qui s'entrecroisent.

gaufrette (nom féminin)
Gâteau sec et léger, souvent fourré.

gaufrier (nom masculin)
Appareil dans lequel on fait cuire les gaufres.

Gauguin Paul (né en 1848, mort en 1903)
Peintre et sculpteur français. Il travailla beaucoup avec son ami Van Gogh et voyagea en Polynésie et aux îles Marquises. Sa peinture fut influencée par ses voyages. Il a eu beaucoup d'influence sur les mouvements de peinture du XXe siècle.

« Arearea »,
peinture de Paul **Gauguin** (1892)

gaule (nom féminin)
1. Grande perche. *Il fait tomber les châtaignes avec une **gaule**.* **2.** Canne à pêche.

Gaule
Territoire qui correspond aujourd'hui à la France et à la Belgique. Les Celtes s'y installèrent au début du Ier millénaire avant Jésus-Christ. Ils furent appelés Gaulois par les Romains. La Gaule fut conquise par les Romains de 58 à 51 avant Jésus-Christ. Après les invasions barbares qui firent disparaître l'Empire romain, Clovis, roi des Francs, restaura l'unité de la Gaule (481-511).

gauler (verbe) ▸ conjug. n° 3
Frapper les branches d'un arbre avec une gaule pour faire tomber les fruits. *On **gaule** les noix, les prunes, les olives.*

de **Gaulle** Charles (né en 1890, mort en 1970)
Général et homme politique français. Durant la Seconde Guerre mondiale, il s'opposa à l'armistice conclu par le maréchal Pétain avec l'Allemagne. Il partit pour Londres, d'où il lança un appel à la résistance le 18 juin 1940. Après la libération de Paris en août 1944, il devint président du Gouvernement provisoire de la République française, mais il démissionna en janvier 1946. En 1958, il revint au pouvoir pour trouver une solution à la crise liée à la guerre d'Algérie. Il fut le premier président de la Ve République. Il fut réélu en 1965 et démissionna en 1969.

le général **de Gaulle**

gaulois, oise ➡ Voir tableau p. 6.

gave (nom masculin)
Torrent des Pyrénées. *Le **gave** de Pau.*

gaver (verbe) ▸ conjug. n° 3
1. Faire manger de force des volailles pour les engraisser. *On **gave** les oies et les canards pour faire du foie gras.* **2.** Se gaver : manger trop. *Ils **se sont gavés** de gâteaux.* (Syn. s'empiffrer.)

gavial (nom masculin)
Crocodile de l'Inde au museau étroit.

gavroche (nom masculin)
Gamin de Paris débrouillard, spirituel et généreux. ⊸ **Gavroche** est le nom d'un personnage de Victor Hugo dans *les Misérables*.

gaz (nom masculin)
1. Substance qui n'est ni liquide ni solide. *L'azote et l'oxygène sont des **gaz**.* **2.** Gaz combustible utilisé pour le chauffage et pour la cuisson des aliments. *Un chauffe-eau à **gaz**.* • **À pleins gaz :** à pleine puissance. Famille du mot : gaz**er**, gaz**eux**, gaz**oduc**.

gaze (nom féminin)
Tissu léger et transparent. *L'infirmière met une compresse de **gaze** sur la blessure.*

gazelle (nom féminin)
Petite antilope des zones désertiques d'Afrique ou d'Asie.

une **gazelle**

gazer (verbe) ▸ conjug. n° 3
Tuer par intoxication au gaz. *Pendant la Première Guerre mondiale, des soldats **ont été gazés** dans les tranchées.*

gazette (nom féminin)
Synonyme vieilli de journal. *C'est la **gazette** locale.* **Gazette** vient du nom d'un journal imprimé à Venise au XVIe siècle et qui coûtait une *gazeta*, nom d'une monnaie de cette époque.

gazeux, euse (adjectif)
1. À l'état de gaz. *L'eau se trouve à l'état **gazeux** de vapeur d'eau dans l'atmosphère.* **2.** Qui pétille à cause de la présence de gaz carbonique. *De l'eau **gazeuse**.*

gazinière (nom féminin)
Appareil de cuisson qui fonctionne au gaz. *Nous avons remplacé notre vieille **gazinière** par une plaque de cuisson électrique.*

gazoduc (nom masculin)
Canalisation servant au transport du gaz naturel. (Syn. pipeline.)

gazole (nom masculin)
Carburant spécial pour les diésels. *Les tracteurs roulent au **gazole**.* **Gazole** est la forme francisée de l'anglais *gas-oil*.

gazon (nom masculin)
Herbe courte et menue. *Tondre le **gazon** de la pelouse.*

gazouiller (verbe) ▸ conjug. n° 3
Faire entendre un petit bruit doux et agréable. *Les oiseaux commencent à **gazouiller** avant le lever du soleil.*

gazouillis (nom masculin)
Bruit léger et doux de ce qui gazouille. *Anna écoute le **gazouillis** du ruisseau.* ORTHO On dit aussi **gazouillement**.

geai (nom masculin)
Oiseau au plumage beige tacheté de bleu, de noir et de blanc. Prononciation [ʒɛ].

un **geai**

géant, ante (nom)
1. Être colossal des contes et des légendes. *Le petit tailleur tua les deux **géants** et épousa la fille du roi.* **2.** Être vivant très grand. *Dans l'équipe de basket, il y a un **géant**.* (Contr. nain.) ■ **géant, ante** (adjectif) De très grande taille. *Le séquoia est un arbre **géant**.* (Syn. colossal, gigantesque.) Dans la mythologie grecque, les **Géants** étaient d'énormes monstres, fils du Ciel et de la Terre.

gecko (nom masculin)
Reptile saurien des régions chaudes, aux doigts munis de lamelles adhésives. ➡ p. 1102.

a b c d e f g h i j k l m n o p q r s t u v w x y z

geindre (verbe) ▸ conjug. n° 35
Gémir faiblement. *Le chien **geint** derrière la porte.*

gel (nom masculin)
Froid vif qui transforme l'eau en glace. *Cette pierre s'est fendue sous l'effet du **gel**.*

gélatine (nom féminin)
Matière molle et translucide obtenue en faisant bouillir des os ou des algues. *La **gélatine** sert à fabriquer de la colle.*

gélatineux, euse (adjectif)
Qui a l'aspect ou la consistance de la gélatine. *Une sauce **gélatineuse**.*

gelée (nom féminin)
1. Baisse de la température qui fait geler l'eau. *Les **gelées** ont détruit les fleurs des cerisiers.* 2. Sorte de confiture faite avec du jus de fruits. 3. Bouillon de viande devenu gélatineux en refroidissant.

geler (verbe) ▸ conjug. n° 8
1. Se transformer en glace. *L'eau du bassin **a gelé** cette nuit.* 2. Abîmer par le froid. *Les rosiers **ont gelé** cet hiver.* 3. Avoir très froid. *Le chauffage est en panne : on **gèle** !* • **Il gèle :** il fait assez froid pour que l'eau se transforme en glace. Famille du mot : anti**gel**, dé**gel**, dé**geler**, en**gelure**, gel, gelée, sur**gelé**, sur**geler**.

gélule (nom féminin)
Petite capsule en gélatine contenant un médicament en poudre. *Absorbe ta **gélule** avec un verre d'eau !*

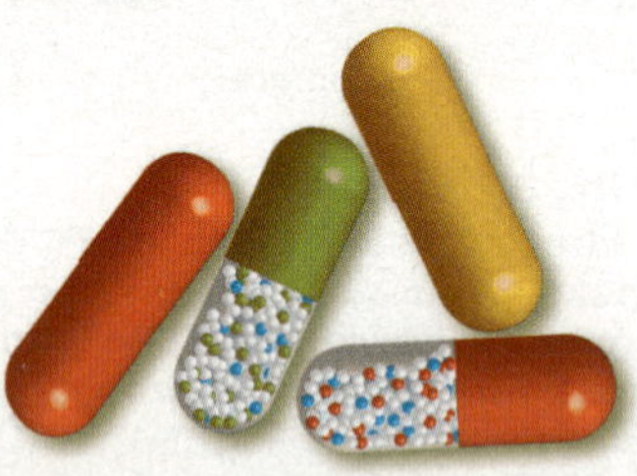

des **gélules**

gémir (verbe) ▸ conjug. n° 11
Pousser des gémissements. *Le blessé **a gémi** quand on l'a mis sur le brancard.*

gémissement (nom masculin)
Cri faible et plaintif. *Ibrahim n'a pu retenir un **gémissement** de douleur.*

gênant, ante (adjectif)
Qui gêne. *Le panneau indique : « stationnement **gênant** ».*

gencive (nom féminin)
Chair qui recouvre la base des dents. *Mes **gencives** saignent facilement.* ➡ p. 364.

gendarme (nom masculin)
Militaire chargé de veiller à la sécurité des gens et de faire respecter la loi. *Les **gendarmes** ont installé un radar sur la route, à l'entrée du village.*

gendarmerie (nom féminin)
1. Ensemble des gendarmes. 2. Bâtiment où vivent les gendarmes.

gendre (nom masculin)
Synonyme de beau-fils.

gène (nom masculin)
Partie du noyau d'une cellule qui transmet les caractères héréditaires.

gêne (nom féminin)
1. Malaise physique. *Son asthme lui fait éprouver de la **gêne** à respirer.* 2. Fait de gêner. *Cela ne me cause aucune **gêne**, au contraire.* (Syn. dérangement.) • **Être dans la gêne :** manquer d'argent. (Syn. être dans le besoin.) Famille du mot : gên**ant**, gê**ner**, gên**eur**, sans-gêne. **Gêne** vient d'un ancien mot français qui signifie « torture ».

généalogie (nom féminin)
Succession de génération en génération des membres d'une famille.

généalogique (adjectif)
De la généalogie. *Un arbre **généalogique** montre tous les ancêtres d'une personne.*

gêner (verbe) ▸ conjug. n° 3
1. Empêcher le déroulement normal d'une action. *Va jouer plus loin, tu me **gênes** !* (Syn. déranger, encombrer.) 2. Mettre mal à l'aise. *La lumière me **gêne**, je suis ébloui. Ça me **gêne** de te demander cela.*

■**général, ale, aux** (adjectif)
1. Qui s'applique à un grand nombre de cas. *D'une manière **générale**, je préfère la viande au poisson.* 2. Qui concerne la totalité d'un ensemble. *C'est une vue **générale** de Paris.* • **En général :** synonyme de généralement. Famille du mot : général**ement**, général**iser**, général**iste**, général**ité**.

■ **général, e, aux** (nom)
Officier qui a le grade le plus élevé dans l'armée.

généralement (adverbe)
Le plus souvent. ***Généralement**, Gaëlle prend du chocolat au lait le matin.* (Syn. en général, habituellement. Contr. exceptionnellement.)

généraliser (verbe) ▸ conjug. n° 3
1. Rendre général. *L'usage du téléphone portable **se généralise**.* (Syn. répandre.)
2. Étendre à tous les cas ce qui est vrai pour un. *Ce n'est pas parce que cet employé est désagréable qu'ils le sont tous, il ne faut pas **généraliser**.*

généraliste (nom)
Médecin qui n'est pas spécialiste d'un domaine particulier. *Mon **généraliste** a très bien soigné mon angine.*

généralité (nom féminin)
Indications trop générales et qui n'apprennent rien. *Le conférencier n'a dit que des **généralités**.* (Syn. banalité.)

génération (nom féminin)
Groupe de personnes qui ont à peu près le même âge. *Il y a quatre **générations** dans la famille de Kevin : enfants, parents, grands-parents et arrière-grands-parents.*

génératrice (nom féminin)
Machine qui produit du courant électrique.
ORTHO On dit également un **générateur**.

générer (verbe) ▸ conjug. n° 8
Provoquer, faire naître. *L'installation d'une usine va **générer** des emplois dans la région.* (Syn. engendrer, entraîner.)

généreusement (adverbe)
D'une manière généreuse. *Pierre a **généreusement** offert son aide.*

généreux, euse (adjectif)
Qui a du cœur et donne volontiers. *C'est une femme **généreuse** qui aide souvent les gens en difficulté.* (Syn. bon, désintéressé. Contr. égoïste, mesquin.) Famille du mot : généreus**ement**, généros**ité**.

générique (nom masculin)
Liste des personnes qui ont participé à la réalisation d'un film ou d'une émission.

générosité (nom féminin)
Qualité d'une personne généreuse. *Grâce à la **générosité** du public, ces enfants vont pouvoir être soignés.*

genèse (nom féminin)
Manière dont quelque chose a commencé d'exister. *La **genèse** d'une œuvre.* (Syn. élaboration, formation.) **Genèse** vient du grec *genesis* qui signifie « naissance » : dans la Bible, la **Genèse** raconte comment Dieu créa le monde.

Genèse
Premier livre de la Bible. La Genèse raconte la Création du monde, l'expulsion d'Adam et Ève hors du Paradis terrestre, le meurtre d'Abel par son frère Caïn, le Déluge, la tour de Babel et l'histoire d'Abraham, Isaac et Jacob.

genêt (nom masculin)
Arbrisseau à fleurs jaunes. *Les **genêts** poussent sur les landes et les garrigues.*

génétique (nom féminin)
Science qui étudie les gènes et l'hérédité.
■ **génétique** (adjectif) Qui concerne les gènes. *Une maladie **génétique**.*

gêneur, euse (nom)
Personne qui gêne, dérange les autres. *Ce bavard est un **gêneur** qui nous empêche de travailler.*

Genève
Chef-lieu du canton de Genève en Suisse (188 000 habitants), situé au bord du lac Léman. Genève est réputée pour son horlogerie, son orfèvrerie et ses banques. De nombreuses organisations internationales, dont la Croix-Rouge, y ont établi leur siège.

genévrier (nom masculin)
Conifère épineux qui donne le genièvre. ➡ p. 574.

Gengis Khan (né vers 1162, mort en 1227)
Fondateur du premier empire de Mongolie. Il conquit la Chine du Nord (1211-1215), l'Iran, le sud de la Russie et l'Afghanistan.

génial, ale, aux (adjectif)
1. Qui a du génie. *Un **génial** inventeur.*
2. Synonyme familier de formidable. *Hélène vient avec nous, c'est **génial** !*

un **genévrier**

génie (nom masculin)
1. Être surnaturel qui a des pouvoirs magiques. *Dans les contes nordiques, les elfes sont les **génies** des airs.* **2.** Imagination et intelligence exceptionnelles qui permettent de créer et d'inventer. *Le **génie** de Léonard de Vinci lui a fait imaginer l'hélicoptère dès le XVe siècle.* **3.** Personne exceptionnellement douée. *De l'avis de ses confrères, ce savant est un **génie**.* **4.** Services chargés de construire les ponts, les routes, les barrages. *Le **génie** civil et le **génie** militaire.*

genièvre (nom masculin)
Petite baie bleu-noir du genévrier, au goût très prononcé. *On met du **genièvre** dans la choucroute.*

génisse (nom féminin)
Jeune vache qui n'a pas encore eu de veau.

génital, ale, aux (adjectif)
De la reproduction des hommes et des animaux. *Les organes **génitaux**.* (Syn. sexuel.)

génocide (nom masculin)
Extermination systématique de tout un peuple. *Les Indiens d'Amérique ont été victimes d'un véritable **génocide**.*

genou, oux (nom masculin)
Articulation unissant la jambe et la cuisse. *La jupe de Julie lui arrive au-dessous du **genou**.* ➡ p. 302. • **À genoux :** les genoux posés à terre. *Le prêtre est **à genoux** devant l'autel.* Famille du mot : s'agenou**iller**, genou**illère**.

genouillère (nom féminin)
Accessoire servant à protéger le genou. *Laura a mis des **genouillères** pour faire du roller.*

genre (nom masculin)
1. Ensemble d'êtres ou de choses ayant des caractères communs. *Le **genre** humain. C'est ce **genre** de choses qui lui plaît.* (Syn. type.) **2.** Manière dont quelqu'un se comporte. *Il a un **genre** qui ne me plaît pas.* **3.** Catégorie grammaticale de certains mots. *En français, il y a deux **genres**, le féminin et le masculin.*

gens (nom masculin pluriel)
Ensemble de personnes. *J'ai vu une foule de **gens**. Des jeunes **gens** dansent sur la place.* L'adjectif qui précède **gens** se met au féminin : des gens heureux, mais d'heureuses gens.

gent (nom féminin)
Synonyme littéraire d'espèce. *Dans ses fables, La Fontaine désignait les souris par « **gent** trotte-menu ».* Prononciation [ʒɑ̃] ou [ʒɑ̃t].

gentiane (nom féminin)
Plante de montagne à fleurs bleues, jaunes ou violettes.

des **gentianes**

gentil, ille (adjectif)
1. Qui est aimable et serviable. *Nos voisins sont très **gentils**.* (Contr. désagréable, méchant.) **2.** Qui est sage et obéissant.

*Allons, sois **gentil** !* **3.** Qui est charmant et gracieux. *Elle a un **gentil** sourire.* (Syn. mignon.) Prononciation [ʒɑ̃ti], au féminin [ʒɑ̃tij]. Famille du mot : gentil**lesse**, genti**ment**. **Gentil** signifiait « noble de naissance », au Moyen Âge.

gentilhomme (nom masculin)
Autrefois, homme noble. *Plusieurs **gentilshommes** se battaient en duel.* Prononciation [ʒɑ̃tijɔm]. Pluriel : des gentil**s**hommes [ʒɑ̃tizɔm].

gentillesse (nom féminin)
Qualité ou attitude de quelqu'un de gentil. *Auriez-vous la **gentillesse** de m'aider ?* (Syn. amabilité. Contr. méchanceté.)

gentiment (adverbe)
De façon gentille. *Benjamin a **gentiment** donné la main à son petit frère.* (Syn. aimablement. Contr. méchamment.)

gentleman (nom masculin)
Homme très bien élevé. *Il s'est conduit en parfait **gentleman**.* Prononciation [dʒɛntləman]. Pluriel : des gentleman**s** ou des gentlem**en** [dʒɛntləmɛn]. **Gentleman** est un mot anglais qui signifie « gentilhomme ».

géographe (nom)
Spécialiste de géographie.

géographie (nom féminin)
Science qui étudie la Terre et ses habitants. *L'étude des reliefs fait partie de la **géographie**.* Famille du mot : géographe, géographi**que**.

géographique (adjectif)
De la géographie. *Un atlas **géographique**.*

geôle (nom féminin)
Synonyme littéraire de prison.

geôlier, ère (nom)
Synonyme littéraire de gardien. *Le prisonnier ne voyait que son **geôlier**.*

géologie (nom féminin)
Science qui étudie le sous-sol de la Terre. Famille du mot : géologi**que**, géologue. L'élément *géo-* vient du mot grec qui signifie « terre ». Chez les Grecs, *Gaia*, la Terre, était la mère des dieux.

géologique (adjectif)
De la géologie. *Avant de construire le barrage, il a fallu faire une étude **géologique** du terrain.*

géologue (nom)
Spécialiste de géologie.

géomètre (nom)
Technicien qui mesure des terrains pour en faire le plan. *Un **géomètre** a placé les bornes des parcelles à vendre.*

géométrie (nom féminin)
Branche des mathématiques qui étudie les figures, les surfaces, les volumes. Famille du mot : géomètre, géométri**que**. ➡ p. 576.

géométrique (adjectif)
1. De la géométrie. *Le cercle, le trapèze, le cône, le cube sont des figures **géométriques**.* **2.** De forme simple et régulière. *Les tissus écossais sont ornés de motifs **géométriques**.*

Géorgie

4,6 millions d'habitants
Capitale : Tbilissi
Monnaie : le lari
Langue officielle : géorgien
Superficie : 69 700 km²

État d'Asie situé dans le Caucase bordé par la mer Noire et voisin de la Turquie, de l'Arménie, de l'Azerbaïdjan et de la Russie.

GÉOGRAPHIE
Bordée de montagnes au nord et au sud, la Géorgie est un pays principalement agricole. Le coton, la vigne, les agrumes, le thé sont les principales cultures. Bien que la production hydroélectrique soit très importante et le sous-sol riche en manganèse, le pays est encore très pauvre.

HISTOIRE
La Géorgie était un puissant royaume au XIIe siècle. Elle subit les attaques des Perses et des Turcs, et demanda la protection de la Russie qui l'annexa en 1801. Le pays obtint son indépendance en 1991.

géothermique (adjectif)
Qui utilise la chaleur venant du sous-sol. *L'énergie **géothermique** est une énergie renouvelable.*

Géométrie

lignes

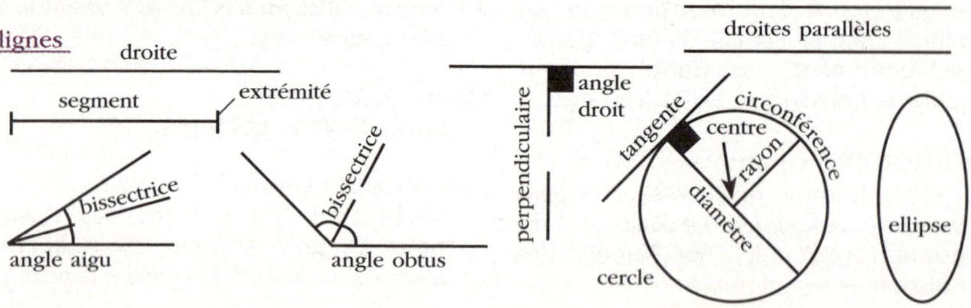

surfaces

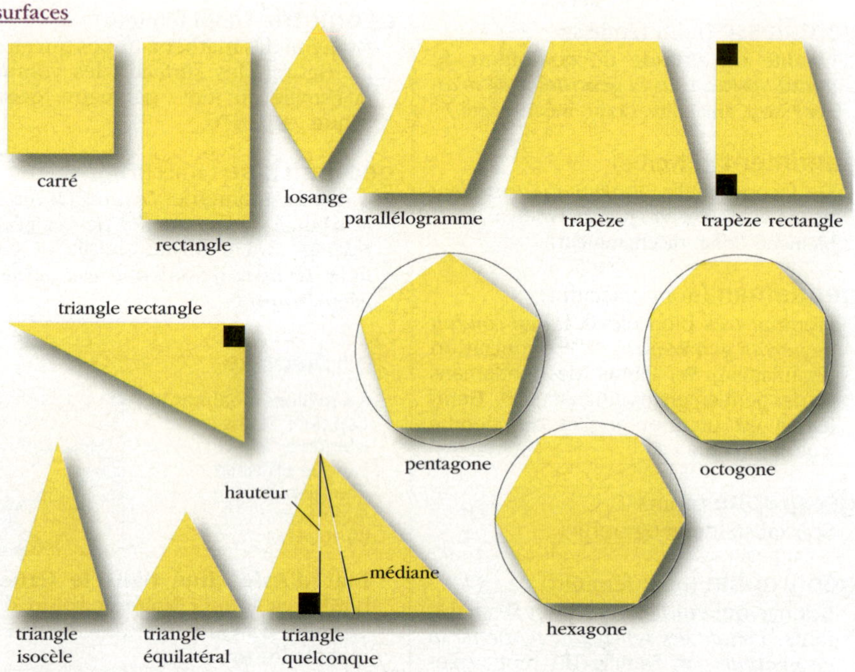

solides

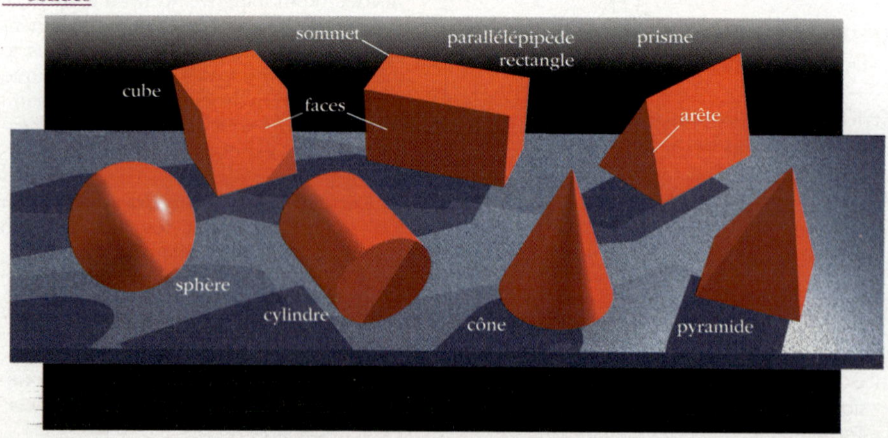

gérance (nom féminin)
Fonction de gérant. *Quand un magasin est en **gérance**, le propriétaire en a confié la direction à un gérant.*

géranium (nom masculin)
Plante à fleurs rouges, roses ou blanches. *Myriam a planté des **géraniums** sur le balcon.* Prononciation [ʒeʀanjɔm].

un **géranium**

gérant, ante (nom)
Personne qui gère un commerce ou un immeuble à la place du propriétaire.

gerbe (nom féminin)
Tiges de céréales ou fleurs attachées ensemble. *Une **gerbe** de blé. Une **gerbe** de roses.*

gerboise (nom féminin)
Petit rongeur des déserts d'Afrique et d'Asie, qui se déplace en sautant.

une **gerboise**

gercer (verbe) ▸ conjug. n° 4
Se couvrir de gerçures. *Noémie a les lèvres qui **gercent** en hiver.*

gerçure (nom féminin)
Petite crevasse sur la peau, due au froid. *Cette crème protégera tes mains des **gerçures**.*

gérer (verbe) ▸ conjug. n° 8
Diriger une entreprise pour son compte ou pour celui de quelqu'un d'autre. *La mère de Romain **gère** un commerce.* (Syn. administrer.) Famille du mot : gé**rance**, gér**ant**.

gerfaut (nom masculin)
Grand faucon au plumage clair.

Gergovie
Ancienne capitale des Arvernes, où Vercingétorix remporta une victoire contre César en 52 avant Jésus-Christ. Gergovie se situait à quelques kilomètres de Clermont-Ferrand.

germain, aine (adjectif)
• **Cousin germain :** enfant d'un oncle ou d'une tante.

Germains
Peuples appelés « Barbares » par les Romains. Les Goths, les Vandales, les Francs et les Burgondes étaient des Germains. Ils venaient des pays scandinaves. Ils envahirent la Gaule, l'Espagne, l'Italie du Nord et les côtes de Bretagne au IIIe siècle. Aux IVe et Ve siècles, leur invasion s'étendit sur tout l'Empire romain d'Occident.

germanique (adjectif)
De l'Allemagne. *La culture **germanique**.*

germe (nom masculin)
1. Première pousse qui sort d'une graine. *Des **germes** de blé, de soja.* **2.** Microbe pouvant causer une maladie contagieuse. *Le **germe** de la tuberculose.* Famille du mot : germ**er**, germ**ination**.

germer (verbe) ▸ conjug. n° 3
1. Commencer à pousser. *Thomas attend que son marron **germe** pour le planter.* **2.** Dans un sens figuré, se former et se développer. *Je ne sais pas comment cette idée **a germé** dans son esprit.*

germination (nom féminin)
Période pendant laquelle la graine germe. *La chaleur et l'humidité favorisent la **germination**.*

gésier (nom masculin)
Partie de l'estomac des oiseaux. *Les grains et les aliments sont broyés dans le **gésier**.*

gésir (verbe)
Synonyme ancien d'être couché. *Le malade **gisait** sur le côté et gémissait.* **Gésir** ne s'emploie plus qu'au présent (je **gis**, il **gît**, nous **gisons**), à l'imparfait (je **gisais**, etc.) et au participe présent (**gisant**). Famille du mot : ci-gît, gisant.

gestation (nom féminin)
Période pendant laquelle la femelle porte son petit. *Chez les éléphants, la **gestation** dure environ 21 mois.* **Gestation** vient du latin *gestatio* qui signifie « action de porter ».

■ **geste** (nom masculin)
Mouvement des bras, des mains ou de la tête. *Victor fait des grands **gestes** mais Odile ne comprend pas ce qu'il veut.* • **Avoir** ou **faire un geste :** un acte généreux.

■ **geste** (nom féminin)
• **Chanson de geste :** poème du Moyen Âge, qui raconte les exploits d'un héros. *La* Chanson de Roland *est une **chanson de geste**.*

gesticuler (verbe) ▸ conjug. n° 3
Faire de grands gestes dans tous les sens. *Arrête de **gesticuler**, tu me fatigues !*

gestion (nom féminin)
Action de gérer. *Il assure la **gestion** de la bibliothèque.* (Syn. administration, direction.)

gestionnaire (nom)
Personne qui gère une entreprise.

geyser (nom masculin)
Source d'eau chaude qui jaillit du sol par intermittence. *On trouve des **geysers** dans les pays volcaniques.* Prononciation [ʒezɛʀ].

un **geyser** en Californie

Ghana

23,8 millions d'habitants
Capitale : Accra
Monnaie : le cedi
Langue officielle : anglais
Superficie : 238 540 km²

État d'Afrique de l'Ouest bordé par l'océan Atlantique et voisin de la Côte d'Ivoire, du Burkina Faso et du Togo.

GÉOGRAPHIE
Le nord du pays est constitué de savanes. À l'est, un barrage retient les eaux du fleuve Volta et forme l'un des plus grands lacs artificiels du monde. Le pays vit essentiellement de l'exportation de cacao, d'or, de bois, de fruits, de maïs et d'aluminium.

HISTOIRE
Les Hollandais et les Anglais s'installèrent, dès le XVIe siècle, dans cette région, qui s'appelait alors la Côte-de-l'Or. Elle devint une colonie britannique en 1874. Elle obtint son indépendance en 1957 et prit le nom de Ghana.

ghetto (nom masculin)
Quartier réservé à une minorité. *Harlem est le **ghetto** noir de la ville de New York.* Prononciation [gɛto]. **Ghetto** était le nom d'une île de Venise où les Juifs furent obligés d'habiter au XVIe siècle.

gibbon (nom masculin)
Singe d'Asie, sans queue. *Grâce à ses bras très longs, le **gibbon** est très agile dans les arbres.*

un **gibbon**

gibecière (nom féminin)
Sacoche dans laquelle les chasseurs mettent le gibier.

gibet (nom masculin)
Synonyme littéraire de potence. *Le bandit a été pendu au **gibet**.*

gibier (nom masculin)
Animal qu'on chasse pour le manger. *Le cerf et le sanglier sont du gros **gibier**.*

giboulée (nom féminin)
Averse soudaine et brève, souvent mêlée de grêle. *Les **giboulées** de mars.*

giboyeux, euse (adjectif)
Où il y a beaucoup de gibier. *Les forêts de Sologne sont vraiment très **giboyeuses**.*
● Prononciation [ʒibwajø].

Gibraltar
Territoire britannique, situé à l'extrémité sud de l'Espagne, sur le détroit de Gibraltar (6 km^2 ; 28 000 habitants). Il est en partie occupé par le rocher de Gibraltar (haut de 423 mètres). Ce territoire est revendiqué par l'Espagne.
DÉTROIT DE GIBRALTAR
Bras de mer qui relie l'océan Atlantique à la mer Méditerranée et qui sépare l'Espagne du Maroc. Sa largeur est d'environ 15 km.

giclée (nom féminin)
Jet d'un liquide qui gicle. *Sarah a reçu une **giclée** de savon liquide dans l'œil.*

gicler (verbe) ▸ conjug. n° 3
Jaillir en éclaboussant. *William s'est coupé et du sang **a giclé** sur son tee-shirt.*

gifle (nom féminin)
Coup sur la joue avec le plat de la main. *Tu vas recevoir une paire de **gifles**, si tu continues tes méchancetés.* (Syn. claque.)

gifler (verbe) ▸ conjug. n° 3
Donner une gifle. *Elle l'**a giflé** devant tout le monde !*

gigantesque (adjectif)
D'une taille qui dépasse de beaucoup la moyenne. *Les pétroliers sont des navires **gigantesques**.* (Syn. énorme, géant.)

gigaoctet (nom masculin)
Mesure de la capacité de mémoire d'un ordinateur. *Un disque dur d'une capacité de 280 **gigaoctets**.* **Gigaoctet** s'abrège Go.

gigogne (adjectif)
Se dit d'objets qui s'emboîtent les uns dans les autres. *Les poupées russes en bois sont des poupées **gigognes**.*

gigot (nom masculin)
Cuisse de mouton, d'agneau ou de chevreuil. *Une tranche de **gigot**.*

gigoter (verbe) ▸ conjug. n° 3
Dans la langue familière, remuer en tous sens. *Le bébé **gigote** dans son berceau.*

gilet (nom masculin)
1. Tricot boutonné sur le devant. *Un **gilet** de laine.* **2.** Petite veste d'homme courte et sans manches, portée parfois sous le veston. *Les garçons de café portent des **gilets**.* • **Gilet de sauvetage :** sorte de veste sans manches qui sert de bouée en cas de naufrage.

gingembre (nom masculin)
Plante dont la racine est utilisée comme condiment. *La cuisine orientale utilise beaucoup le **gingembre**.*

girafe (nom féminin)
Mammifère ruminant des savanes d'Afrique, au cou très long.

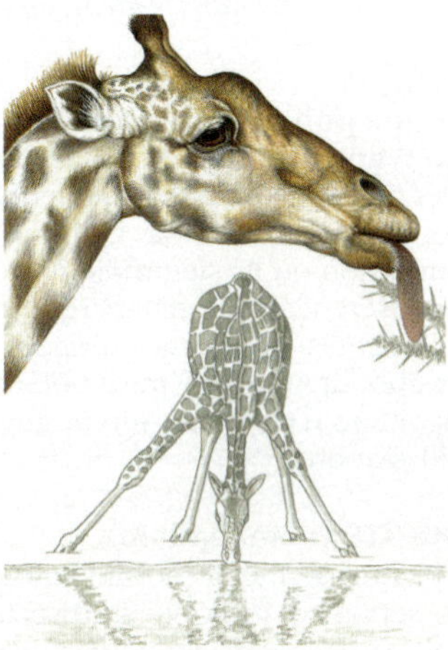

La **girafe** est très vulnérable quand elle se désaltère.

giratoire (adjectif)
• **Sens giratoire :** sens que les véhicules doivent suivre pour faire le tour d'un rond-point.

girofle (nom masculin)
• **Clou de girofle :** bouton séché de la fleur d'un arbre tropical, servant de condiment.

fleurs, feuilles et **clous de girofle**

giroflée (nom féminin)
Plante cultivée pour ses fleurs très odorantes jaunes, oranges ou brunes. *Les **giroflées** poussent au printemps.*

girolle (nom féminin)
Champignon comestible jaune orangé. *Une omelette aux **girolles**.* ➡ p. 218.
ORTHO On écrit aussi **girole**.

giron (nom masculin)
Dans la langue littéraire, partie du corps allant de la ceinture aux genoux. *L'enfant se blottit dans le **giron** de sa mère.*

Girondins
Groupe politique pendant la Révolution française. Les Girondins furent appelés ainsi car certains de leurs chefs étaient députés de la Gironde. À la Convention où ils siégeaient à droite, ils s'opposèrent aux Montagnards. En 1793, des émeutes parisiennes dirigées contre eux aboutirent à leur mise hors la loi et vingt-et-un d'entre eux furent guillotinés le 31 octobre.

girouette (nom féminin)
1. Plaque de métal mobile autour d'un axe servant à indiquer la direction du vent. *La **girouette** du clocher représente un coq.* **2.** Dans un sens figuré, personne qui change tout le temps d'avis.

gisant (nom masculin)
Statue représentant un mort couché sur son tombeau.

le **gisant** d'Henri II, par Germain Pilon (fin du XVIe siècle), basilique de Saint-Denis

Giscard d'Estaing Valéry (né en 1926)
Homme politique français. Il fut plusieurs fois ministre avant d'être président de la République de 1974 à 1981.

gisement (nom masculin)
Amas de charbon, d'or, de pétrole, etc. dans le sous-sol. *En prospectant le désert, on a découvert un nouveau **gisement** de pétrole.*

gitan, ane (nom)
Personne qui vient d'un peuple nomade d'Espagne et du sud de la France.

■ **gîte** (nom masculin)
1. Endroit où l'on peut dormir. *On leur a offert un **gîte** pour la nuit.* **2.** Creux du sol où s'abritent certains animaux. *Les chasseurs ont surpris le lièvre au **gîte**.*
ORTHO On écrit aussi **gite**.

■ **gîte** (nom féminin)
• **Donner** ou **prendre de la gîte :** pencher sur le côté, pour un bateau.
ORTHO On écrit aussi **gite**.

givre (nom masculin)
Fine couche de glace. *Le brouillard et la rosée deviennent du **givre** en gelant.* Famille du mot : **dégivrage**, **dégivrer**, givré.

givré, ée (adjectif)
Couvert de givre. *Les arbres sont tout **givrés** ce matin.*

Gizeh
Ville d'Égypte, située sur la rive gauche du Nil, face au Caire (environ 3,3 millions d'habitants). À quelques kilomètres

de la ville s'élèvent les célèbres pyramides de Chéops, Chéphren et Mykérinos, ainsi que le Sphinx.

glabre (adjectif)
Sans barbe ni moustache. *Un homme au visage **glabre**.* (Syn. imberbe.)

glace (nom féminin)
1. Eau gelée. *L'étang est couvert de **glace**.* **2.** Crème aromatisée servie gelée. *Une **glace** à la pistache.* **3.** Synonyme de miroir. *Xavier se coiffe devant la **glace**.* **4.** Synonyme de vitre. *Remonte la **glace**, il y a trop d'air.* • **Briser la glace :** faire cesser la gêne. *Il a suffi d'une blague pour **briser la glace**.* • **Rester de glace :** rester impassible, comme si l'on ne ressentait rien. Famille du mot : glac**é**, glac**er**, glac**iaire**, glac**ial**, glac**iation**, glac**ier**, glac**ière**, glaç**on**.

glacé, ée (adjectif)
Très froid. *Un vent **glacé** soufflait sur le sommet.* (Contr. brûlant.) • **Crème glacée :** glace. • **Marrons glacés :** marrons cuits et imprégnés de sucre fondu et durci. • **Papier glacé :** papier lisse et brillant.

glacer (verbe) ▸ conjug. n° 4
1. Refroidir comme avec de la glace. *Une pluie fine **glaçait** les promeneurs.* **2.** Dans un sens figuré, décourager par sa froideur. *Il a un regard qui vous **glace** !* (Syn. pétrifier.)

glaciaire (adjectif)
Des glaciers. *La période **glaciaire** est celle où se sont formés les glaciers.*

glacial, ale (adjectif)
1. Très froid. *Il fait un temps **glacial**.* **2.** Dans un sens figuré, d'une froideur paralysante. *Le ton de sa lettre est **glacial**.* (Contr. chaleureux.) Pluriel : des hivers glacial**s** ou glaci**aux**.

glaciation (nom féminin)
Autrefois, période pendant laquelle les glaciers ont recouvert une région.

glacier (nom masculin)
1. Vaste amas de glace en altitude. *Les **glaciers** se forment par tassement de la neige et se déplacent très lentement vers les vallées.* **2.** Marchand ou fabricant de glaces.

glacière (nom féminin)
Boîte isolante servant à conserver des aliments au froid. *Toutes les boissons du pique-nique sont dans la **glacière**.*

glaçon (nom masculin)
Petit morceau de glace. *Ursula met des **glaçons** dans la carafe d'eau.*

gladiateur (nom masculin)
Homme qui combattait dans les jeux du cirque à Rome. *Dans l'arène, le **gladiateur** affrontait un autre homme ou un fauve.*

un **gladiateur** armé d'un **glaive**

glaïeul (nom masculin)
Plante ornementale aux feuilles longues et pointues dont les fleurs sont toutes d'un seul côté de l'épi. Prononciation [glajœl]. **Glaïeul** vient du latin *gladiolus* qui signifie « petite épée » à cause de la forme des feuilles.

un **glacier** au Canada

glaise (nom féminin)
Synonyme d'argile. *La **glaise** permet de fabriquer de la poterie, des briques, des tuiles.*

glaive (nom masculin)
Courte épée à deux tranchants. *Le **glaive** était l'arme des légionnaires romains.* ➡ p. 581.

gland (nom masculin)
Fruit du chêne. *Les écureuils mangent des **glands**.*

glande (nom féminin)
Organe du corps qui fabrique une substance particulière. *Les **glandes** salivaires produisent la salive.* ➡ p. 389.

glaner (verbe) ▶ conjug. n° 3
1. Ramasser après la moisson les épis de blé oubliés dans les champs. *Autrefois, les pauvres avaient le droit de **glaner** après la moisson.* **2.** Recueillir çà et là. *Voici les renseignements que j'ai réussi à **glaner**.*

« Les **Glaneuses** » de Jean-François Millet (1857)

glapir (verbe) ▶ conjug. n° 11
Pousser de petits cris aigus. *Le renard, le lapin, l'épervier, la grue **glapissent**.*

glapissement (nom masculin)
Cri aigu des animaux qui glapissent.

glas (nom masculin)
Tintement lent des cloches d'une église pour annoncer un enterrement. *La cloche sonne le **glas**.*

glauque (adjectif)
1. Vert tirant sur le bleu. *L'eau des mares est souvent **glauque**.* **2.** Au sens figuré, qui est sinistre, sordide. *Une histoire **glauque**.*

glissade (nom féminin)
Action de glisser. *Les enfants font des **glissades** sur le trottoir enneigé.*

glissant, ante (adjectif)
Où l'on glisse facilement. *Attention ! Le verglas a rendu la chaussée **glissante**.*

glisse (nom féminin)
Fait de glisser. *Le ski, la planche à voile, le surf sont des sports de **glisse**.*

glissement (nom masculin)
• **Glissement de terrain :** déplacement d'un terrain qui glisse le long d'une pente. *Les pluies de ces jours-ci ont provoqué des **glissements de terrain** : la route est coupée.*

glisser (verbe) ▶ conjug. n° 3
1. Se déplacer d'un mouvement continu sur une surface. *Les skieurs **glissent** sur la neige.* **2.** Être glissant. *Le parquet est ciré, ça **glisse** !* **3.** Perdre l'équilibre. *Il **a glissé** sur le verglas.* **4.** Introduire habilement ou discrètement. *On **a glissé** un mot sous sa porte.* **5.** Se glisser : se faufiler. *Yann **s'est glissé** au premier rang.* • **Glisser des mains :** échapper. *Le verre m'**a glissé des mains**.* • **Glisser sur un sujet :** passer sans insister. ⌂ Famille du mot : glissade, glissant, glisse, glissement, glissière.

glissière (nom féminin)
Rainure qui guide quelque chose qui glisse. *Ce placard a des portes à **glissière**.* • **Glissière de sécurité :** bordure de métal disposée sur le bord d'une route pour retenir les voitures en cas d'accident.

global, ale, aux (adjectif)
Pris dans son ensemble et non dans les détails. *Le montant **global** des recettes.*

globalement (adverbe)
De façon globale. ***Globalement**, la récolte a été bonne.* (Syn. dans l'ensemble, en gros.)

globe (nom masculin)
1. Ce qui a la forme d'une sphère. *Le **globe** de l'œil.* **2.** Boule creuse en verre. *Le **globe** de la lampe.* **3.** La Terre. *Le skipper a fait le tour du **globe** à la voile.*

globe-trotter (nom masculin)
Voyageur qui parcourt le monde. *Victor est un véritable **globe-trotter**, il a déjà*

voyagé dans plusieurs pays. Pluriel : des globe-trotter**s**
ORTHO On écrit aussi un **globe-trotteur**, une **globe-trotteuse**.

globule (nom masculin)
Cellule du sang. *Le sang contient des **globules** blancs et des **globules** rouges.*

globuleux, euse (adjectif)
• **Yeux globuleux :** yeux ronds qui sortent un peu de leur orbite. *Le caméléon a des yeux **globuleux**.*

gloire (nom féminin)
Grande renommée acquise par ses actions. *Cette découverte a apporté la **gloire** au savant.* (Syn. célébrité.) • **À la gloire de quelqu'un :** en son honneur. *Une statue **à la gloire de** l'empereur.* Famille du mot : glor**ieusement**, glor**ieux**, se glor**ifier**, glor**iole**.

glorieusement (adverbe)
De façon glorieuse. *Les libérateurs ont été **glorieusement** accueillis par la population.*

glorieux, euse (adjectif)
Qui apporte la gloire. *Les footballeurs ont remporté une **glorieuse** victoire : 7 buts à 0 !* (Syn. illustre, mémorable.)

se **glorifier** (verbe) ▸ conjug. n° 10
Essayer de tirer de la gloire de quelque chose. *Cet exploit était difficile à réaliser : il peut **se glorifier** de l'avoir réussi !* (Syn. se vanter.)

gloriole (nom féminin)
Vanité qu'on tire de petits exploits. *Il a agi par **gloriole**, pour qu'on parle de lui.*

glossaire (nom masculin)
Répertoire de mots difficiles d'un texte avec leur explication.

glotte (nom féminin)
Orifice du larynx qui sert à émettre les sons de la voix.

gloussement (nom masculin)
Action de glousser.

glousser (verbe) ▸ conjug. n° 3
1. Pousser de petits cris. *La poule **glousse**, elle appelle ses poussins.* **2.** Rire en poussant de petits cris.

glouton, onne (adjectif et nom)
Qui mange avec avidité. *Ce chien est un vrai **glouton** !* (Syn. goinfre, goulu.)
Glouton vient du latin *gluttus* qui signifie « gosier » : le glouton *engloutit* les aliments dans son gosier.

gloutonnerie (nom féminin)
Avidité d'une personne gloutonne. *Il mange avec **gloutonnerie**, il va s'étouffer !* (Syn. goinfrerie.)

glu (nom féminin)
Matière végétale collante. *La **glu** est extraite du gui ou du houx.*

gluant, ante (adjectif)
Qui est collant et visqueux. *La bave de l'escargot est **gluante**.*

glucide (nom masculin)
Nom savant donné au sucre.

glucose (nom masculin)
Nom savant donné au sucre présent dans le miel et certains fruits. *Le **glucose** est une source d'énergie essentielle pour l'organisme.*

glycine (nom féminin)
Arbuste grimpant aux longues grappes de fleurs odorantes, mauves ou blanches. *Une **glycine** orne le haut du vieux mur.*

feuilles, fleur et fruit de la **glycine**

gnocchi (nom masculin)
Petite quenelle à base de purée de pommes de terre, de pâte à choux ou de semoule. Prononciation [ɲɔki].
Gnocchi vient d'un mot italien qui signifie « petit pain ».

gnome (nom masculin)
Petit nain des légendes, laid et difforme. *Les **gnomes** gardaient un trésor enfoui sous la terre.* (Syn. farfadet, lutin.) ● Prononciation [gnom].

gnou (nom masculin)
Antilope qui vit en Afrique du Sud. *Les **gnous** vivent en troupeau.* ● Prononciation [gnu].

un **gnou**

goal (nom masculin)
Gardien de but. ● **Goal** est un mot anglais : on prononce [gol].

gobelet (nom masculin)
Récipient en forme de verre, en métal, en carton ou en plastique. *Laura a mis des **gobelets** dans son sac à dos pour le pique-nique.*

gober (verbe) ▸ conjug. n° 3
1. Avaler d'un coup en aspirant. *Le caméléon **gobe** les insectes.* **2.** Synonyme familier de croire. *On lui ferait **gober** n'importe quoi !*

Gobi
Désert d'Asie centrale. Le Gobi s'étend en Mongolie et en Chine.

godasse (nom féminin)
Synonyme familier de chaussure.

godet (nom masculin)
Petit récipient sans pied ni anse. *Le peintre délaye les couleurs dans un **godet**.*

godillot (nom masculin)
Dans la langue familière, grosse chaussure. ⊷ **Godillot** vient du nom d'*Alexis Godillot*, qui fabriqua ces chaussures pour les soldats de la guerre de 1870.

goéland (nom masculin)
Grand oiseau de mer blanc et gris.

goélette (nom féminin)
Voilier à deux mâts.

goémon (nom masculin)
Algue rejetée par la mer. *On se sert du **goémon** comme engrais.* (Syn. varech.)

goguenard, arde (adjectif)
Synonyme de narquois. *Elle a fait cette vilaine remarque d'un ton **goguenard**.*

un **goéland**

goinfre (nom)
Personne qui mange trop et sans égards pour l'entourage. *Ce **goinfre** a tout mangé, sans nous attendre.* (Syn. glouton, goulu.)

se **goinfrer** (verbe) ▸ conjug. n° 3
Manger comme un goinfre. *Ils **se sont goinfrés** de gâteau au chocolat.* (Syn. s'empiffrer.)

goinfrerie (nom féminin)
Comportement du goinfre. (Syn. gloutonnerie, voracité.)

goitre (nom masculin)
Grosseur qui déforme le cou. *Le **goitre** vient d'un mauvais fonctionnement de la thyroïde.*

golden (nom féminin)
Variété de pomme jaune. ● Prononciation [gɔldɛn]. ⊷ **Golden** est un mot anglais qui signifie « doré ».

golf (nom masculin)
Sport qui consiste à placer une petite balle dans une série de trous répartis sur un parcours accidenté en la frappant avec une sorte de canne, appelée club.

golfe (nom masculin)
Endroit de la côte où la mer avance dans l'intérieur des terres. *Le port de Sète est situé sur le **golfe** du Lion.*

guerre du **Golfe**
Conflit opposant l'Irak à trente pays alliés aux États-Unis. La guerre du Golfe débuta en janvier 1991 après l'invasion du Koweït par l'Irak. Le Koweït fut libéré en mars 1991.

Goliath
Personnage de la Bible. Goliath était un géant. David, un jeune berger, réussit à le tuer à l'aide d'une simple fronde.

gomme (nom féminin)
1. Petit bloc de caoutchouc ou de plastique qui sert à effacer. **2.** Substance visqueuse et translucide qui s'écoule de certains arbres. *On voit souvent de la **gomme** suinter des branches de cerisier.* Famille du mot : gommé, gommer, gommette.

gommé, ée (adjectif)
• **Papier gommé :** papier dont on mouille une face pour qu'il colle.

gommer (verbe) ▸ conjug. n° 3
Effacer avec une gomme.

gommette (nom féminin)
Petit morceau de papier gommé. *Zoé a réalisé une décoration sur son cahier avec des **gommettes**.*

gond (nom masculin)
Pièce métallique autour de laquelle tourne une porte ou une fenêtre. • **Sortir de ses gonds :** se mettre en colère.

gondole (nom féminin)
Longue barque plate, à un seul aviron, relevée aux deux extrémités. *À Venise, on circule en **gondole** sur les canaux.*

se **gondoler** (verbe) ▸ conjug. n° 3
Se déformer en se bombant. *Le carton a reçu la pluie, il **s'est gondolé**.*

gondolier (nom masculin)
Homme qui conduit une gondole.

gonflage (nom masculin)
Action de gonfler. *Le garagiste contrôle le **gonflage** des pneus.*

gonflement (nom masculin)
Fait d'être gonflé. *Le **gonflement** de ses paupières montre qu'il a pleuré.* (Syn. enflure.)

gonfler (verbe) ▸ conjug. n° 3
1. Remplir d'air. *Benjamin **gonfle** le matelas pneumatique.* (Contr. dégonfler.) **2.** Augmenter de volume. *C'est une entorse, la cheville **est** toute **gonflée**.* Famille du mot : dégonfler, gonflage, gonflement, gonfleur, regonfler.

une **gondole**

a b c d e f g h i j k l m n o p q r s t u v w x y z

gonfleur (nom masculin)
Appareil servant à gonfler. *Clément gonfle le canot pneumatique avec un **gonfleur**.*

gong (nom masculin)
Plateau de métal suspendu sur lequel on frappe avec un maillet. *Dans un combat de boxe, un **gong** annonce le début et la fin de chaque reprise.*

goret (nom masculin)
Synonyme de porcelet. *À la ferme, Anna a vu une truie et ses **gorets**.*

gorge (nom féminin)
1. Fond de la bouche. *Zoé a mal à la **gorge**.* **2.** Partie avant du cou. *La cravate de David lui serre la **gorge**.* ➡ p. 302. **3.** Vallée étroite et encaissée. *Le torrent a creusé une **gorge** profonde dans le calcaire.* (Syn. canyon, défilé.) • **Avoir la gorge sèche :** être angoissé. • **Mettre à quelqu'un le couteau sur** ou **sous la gorge :** l'obliger par des menaces à agir. • **Prendre à la gorge :** piquer, en parlant d'une odeur. • **Rire à gorge déployée :** très fort. Famille du mot : **égorger, gorgé, gorgée.**

gorgé, ée (adjectif)
Complètement imprégné. *Après l'averse, la terre est **gorgée** d'eau.* (Syn. saturé.)

gorgée (nom féminin)
Quantité de liquide avalée en une seule fois. *Fatima boit son thé à petites **gorgées**.*

gorille (nom masculin)
Singe d'Afrique, le plus grand et le plus puissant des singes. *Le **gorille** peut atteindre 2 mètres et peser 200 kilos.*

un **gorille**

gosier (nom masculin)
Fond de la gorge. *Les enfants chantent à plein **gosier**.*

gospel (nom masculin)
Chant religieux des Noirs d'Amérique du Nord. *Elle chante dans une chorale de **gospel**.* **Gospel** vient de l'américain *gospel song* qui signifie « chanson de l'Évangile ».

gosse (nom)
Synonyme familier d'enfant. *Il a trois **gosses**.* (Syn. gamin, môme.)

gothique (adjectif)
Se dit du style d'architecture qui s'est répandu en Europe du XIIe au XVIe siècle. *La cathédrale de Chartres est de style **gothique**.*

la construction de la cathédrale **gothique** de Bourges (enluminure de Jean Fouquet)

Goths
Peuple germanique. En 375, sous la pression des Huns, les Goths se divisèrent en Ostrogoths et Wisigoths.

gouache (nom féminin)
Peinture à l'eau, plus épaisse que l'aquarelle. *Gaëlle a acheté des tubes de **gouache** pour le cours de dessin.*

gouailleur, euse (adjectif)
Qui est moqueur et un peu vulgaire. *Cette chanteuse populaire chante d'un ton **gouailleur**.* Prononciation [gwajœʀ].

gouda (nom masculin)
Fromage de Hollande au lait de vache. *Papa a mis une tranche de **gouda** dans mon croque-monsieur.* **Gouda** est le nom d'une ville de Hollande.

goudron (nom masculin)
Substance noire que l'on tire du charbon ou du pétrole, et qu'on utilise pour recouvrir les routes. (Syn. asphalte, bitume.)

goudronner (verbe) ▸ conjug. n° 3
Recouvrir de goudron. *Ce chemin vient d'**être goudronné**.*

gouffre (nom masculin)
1. Grand trou très profond. *Ce **gouffre** est souvent exploré par des spéléologues.* **2.** Au sens figuré, ce qui entraîne de grosses dépenses. *Cette maison est un **gouffre** financier, il y a toujours des travaux à y faire.*

goujat (nom masculin)
Personnage grossier. *Ce **goujat** ne nous a même pas remerciés.* (Syn. mufle, rustre.)

goujon (nom masculin)
Petit poisson d'eau douce. *Une friture de **goujons**.*

un **goujon**

goulet (nom masculin)
Passage étroit. *Le bateau doit franchir un **goulet** pour parvenir au port.* (Syn. chenal.)

goulot (nom masculin)
Partie la plus étroite d'une bouteille ou d'un vase. *Ne bois pas au **goulot** de la bouteille, prends un verre !*

goulu, ue (adjectif)
Qui mange avec avidité. *Ne sois pas si **goulu**, mange plus lentement !* (Syn. glouton, goinfre, vorace.)

goulûment (adverbe)
De façon goulue. *Il mange **goulûment**, comme un goinfre.*
ORTHO On écrit aussi **goulument**.

goupil (nom masculin)
Synonyme littéraire de renard. Prononciation [gupi] ou [gupil].

goupille (nom féminin)
Tige métallique qui sert à immobiliser une pièce, un élément. *Toutes les grenades sont équipées de **goupilles**.*

goupillon (nom masculin)
1. Brosse longue et cylindrique. *Un **goupillon** sert à nettoyer les bouteilles et les biberons.* **2.** Instrument qui sert à asperger d'eau bénite. *Le prêtre bénit la foule avec son **goupillon**.*

gourbi (nom masculin)
Synonyme familier de taudis. *Range ta chambre : c'est un vrai **gourbi** !*

gourd, gourde (adjectif)
Qui est raidi par le froid. *En arrivant en haut du glacier, Hélène avait les mains **gourdes**.* Famille du mot : **dégourdi**, **dégourdir**, **engourdir**, **engourdissement**.

gourde (nom féminin)
1. Récipient qui sert à transporter de la boisson. *On a prévu plusieurs **gourdes** d'eau pour la randonnée.* **2.** Dans la langue familière, personne niaise, maladroite ou stupide. *Ibrahim s'est encore trompé de chemin, quelle **gourde** !* (Syn. idiot.) **Gourde** a la même origine latine que *courge* : ce fruit, vidé et séché, servait de récipient.

gourdin (nom masculin)
Gros bâton. *Il nous a menacés de son **gourdin**.* ➡ p. 606.

gourmand, ande (adjectif et nom)
Qui aime manger de bonnes choses. *Les enfants ont été si **gourmands** qu'ils ont fini tous les gâteaux !*

gourmandise (nom féminin)
Caractère d'une personne gourmande. *Julie n'a plus faim, c'est par **gourmandise** qu'elle mange une glace.*

gourmet (nom masculin)
Personne qui sait apprécier le bon vin, la bonne cuisine. *Il déguste avec plaisir son repas, c'est un fin **gourmet**.* (Syn. gastronome.)

a b c d e f **g** h i j k l m n o p q r s t u v w x y z

gourmette (nom féminin)
Bracelet formé d'anneaux plats. *Sur sa **gourmette**, Laura a son prénom gravé.*

gourou (nom masculin)
Maître spirituel vénéré par les membres d'une secte.

gousse (nom féminin)
Synonyme de cosse. *Pour éplucher les petits pois, il faut ouvrir la **gousse** qui les enveloppe.* ➡ p. 75. • **Gousse d'ail :** chacune des parties d'une tête d'ail.

gousset (nom masculin)
Petite poche du gilet. *Autrefois, les hommes portaient leur montre dans leur **gousset**.*

goût (nom masculin)
1. Celui des cinq sens qui sert à reconnaître ce que l'on mange. *L'organe du **goût** est la langue.* **2.** Saveur d'un aliment. *Ces tomates ont bon **goût**.* **3.** Plaisir qu'on a à faire quelque chose. *Kevin et Myriam n'ont vraiment pas les mêmes **goûts** : lui aime le football, elle la lecture.* **4.** Faculté d'apprécier ce qui est beau. *Noémie a du **goût**, sa chambre est bien décorée.* Famille du mot : arrière-goût, avant-goût, goû**ter**.
ORTHO On écrit aussi **gout**.

■ **goûter** (verbe) ▸ conjug. n° 3
1. Manger un peu d'un aliment pour connaître son goût. ***Goûte** ce gâteau au chocolat, il est délicieux.* **2.** Prendre son goûter. *Les enfants **goûtent** dans le jardin après l'école.*
ORTHO On écrit aussi **gouter**.

■ **goûter** (nom masculin)
Repas léger que prennent les enfants dans l'après-midi. *Pour son **goûter**, Odile s'est acheté un pain au chocolat.*
ORTHO On écrit aussi **gouter**.

goutte (nom féminin)
1. Très petite quantité de liquide, qui a une forme arrondie. *Il pleut à grosses **gouttes**.* **2.** Petite quantité de liquide. *Pierre a bu une **goutte** de champagne le jour de son anniversaire.* • **Goutte à goutte :** une goutte après l'autre. • **Se ressembler comme deux gouttes d'eau :** être exactement pareils. ■ **gouttes** (nom féminin pluriel) Médicament liquide qu'on prend sous forme de gouttes. *Se mettre des **gouttes** dans le nez.* Famille du mot : égoutter, égoutt**oir**, goutte-à-goutte, goutte**lette**, goutt**er**, goutt**ière**.

goutte-à-goutte (nom masculin)
Appareil qui sert à faire une perfusion. *Dès qu'il ira mieux, on lui retirera le **goutte-à-goutte**.* Pluriel : des goutte-à-goutte.

gouttelette (nom féminin)
Petite goutte. *On n'a pas eu de pluie, juste quelques **gouttelettes**.*

goutter (verbe) ▸ conjug. n° 3
Couler goutte à goutte. *Le plombier doit réparer le robinet qui **goutte** sans arrêt.*

gouttière (nom féminin)
Conduit creux qui borde les toits et qui sert à recueillir les eaux de pluie. *Cette **gouttière** est en zinc.*

gouvernail (nom masculin)
Dispositif mobile situé à l'arrière d'un bateau ou d'un avion et qui sert à le diriger. *C'est la barre qui commande le **gouvernail**.*

gouvernant, ante (nom)
Personne qui participe au gouvernement d'un pays. ■ **gouvernante** (nom féminin) Femme chargée de garder et d'éduquer des enfants. *Autrefois, il y avait des **gouvernantes** dans les familles riches.*

gouvernement (nom masculin)
Ensemble des personnes qui gouvernent un pays. *Après les élections, le Président a nommé un nouveau **gouvernement**.*

gouvernemental, ale, aux (adjectif)
Du gouvernement. *L'opposition critique la politique **gouvernementale**.*

gouverner (verbe) ▸ conjug. n° 3
Diriger un pays. *En France, le Premier ministre **gouverne** toujours avec tous ses ministres.* Famille du mot : gouver**nail**, gouvern**ant**, gouvern**ement**, gouver**nemental**, gouvern**eur**.

gouverneur (nom masculin)
Personne qui gouverne un territoire.

goyave (nom féminin)
Fruit tropical très sucré et parfumé.

GPL (nom masculin)
Carburant à base de gaz liquéfié. *Notre voiture est équipée d'un moteur **GPL**.* **GPL** est l'abréviation de ***g**az de **p**étrole **l**iquéfié.*

GPS (nom masculin)
Appareil connecté à un ensemble de satellites et permettant de se positionner précisément sur la Terre. *Maman a installé un **GPS** dans la voiture.* **GPS** est l'abréviation de ***g**éo**p**ositionnement par **s**atellite.*

le **Graal**
Coupe sacrée dont Jésus se serait servi au cours de son dernier repas avec les apôtres. Elle aurait aussi servi à recueillir le sang de Jésus quand il fut crucifié. Aux XIIe et XIIIe siècles, des récits racontent l'histoire des chevaliers de la Table ronde partis à la recherche du Graal. ➡ p. 88.
ORTHO On dit aussi **Saint-Graal**.

grabat (nom masculin)
Lit misérable. *Ce vieux clochard dort dans la rue sur un **grabat**.*

grabataire (adjectif et nom)
Se dit d'un malade qui ne peut plus quitter son lit. *Sa santé a empiré, il est maintenant totalement **grabataire**.*

grabuge (nom masculin)
Synonyme familier de dispute. *Il y a eu du **grabuge** après le match.*

une **goyave**

grâce (nom féminin)
1. Beauté, élégance et charme dans les mouvements d'une personne. *La princesse salue la cour avec beaucoup de **grâce**.* 2. Pardon accordé à un condamné. *Il espérait une **grâce** présidentielle, mais il ne l'a pas obtenue.* • **De bonne grâce :** volontiers. • **De mauvaise grâce :** à contrecœur. • **Être dans les bonnes grâces de quelqu'un :** être protégé par lui. Les dérivés du mot **grâce** n'ont pas d'accent circonflexe sur le « a ».
Famille du mot : **dis**grâce, **dis**gracieux, gracier, gracieusement, gracieux.

grâce à (préposition)
Avec l'aide de quelqu'un ou de quelque chose. ***Grâce à** toi, j'ai gagné. **Grâce au** soleil, le verglas a fondu.*

gracier (verbe) ▸ conjug. n° 10
Accorder la grâce à un condamné. *Cet homme **a été gracié** par le président de la République.*

gracieusement (adverbe)
1. Avec grâce. *Véronique danse très **gracieusement**.* 2. Synonyme de gratuitement. *Cet échantillon vous est offert **gracieusement**.*

gracieux, euse (adjectif)
Qui a beaucoup de grâce. *Cette danseuse est très **gracieuse**.* (Contr. disgracieux.) • **À titre gracieux :** gratuitement.

gracile (adjectif)
Qui est mince et élancé. *Une adolescente **gracile**.*

gradation (nom féminin)
Passage par degrés d'un état à un autre. *Un tableau avec des **gradations** de couleurs du jaune au rouge.*

grade (nom masculin)
1. Degré dans une hiérarchie. *Le plus haut **grade** dans l'armée est celui de général.* 2. Unité de mesure d'un angle. • **En prendre pour son grade :** dans la langue familière, se faire sévèrement réprimander. • **Monter en grade :** avoir de l'avancement.

gradé, ée (nom)
Militaire qui a un grade dans l'armée.

gradin (nom masculin)
Bancs disposés comme des marches d'escalier. *Les spectateurs regardent le match depuis les **gradins** du stade.* Gradin vient de l'italien *gradino* qui signifie « petite marche d'escalier ».

les **gradins** d'un amphithéâtre

graduation (nom féminin)
Petit trait qui indique une division d'un instrument de mesure. *Les **graduations** d'un thermomètre.*

graduel, elle (adjectif)
Qui se fait par degrés. *On constate une amélioration **graduelle** de son état de santé.* (Syn. progressif.)

graduellement (adverbe)
De façon graduelle. *La température remonte **graduellement**.*

graduer (verbe) ▸ conjug. n° 3
1. Diviser un instrument de mesure au moyen de graduations. *Cette règle **est graduée** en millimètres et en centimètres.* 2. Augmenter peu à peu la difficulté. *Ces exercices **sont gradués** en fonction de l'âge des élèves.* Famille du mot : graduation, graduel, graduellement.

graffiti (nom masculin)
Inscription ou dessin griffonnés sur un mur. *Il y a beaucoup de **graffitis** dans ce couloir.*

graillon (nom masculin)
Odeur désagréable de graisse frite. *Cette gargotte empeste le **graillon**.*

grain (nom masculin)
1. Graine ou petit fruit de certaines plantes. *Avec les **grains** de blé, on fait de la farine, avec les **grains** de raisin, on fait du vin.* 2. Particule d'une matière. *Quentin a des **grains** de sable dans ses chaussures.* 3. Aspect plus ou moins rugueux d'une surface. *Le **grain** d'un papier, d'un cuir.* 4. Bref coup de vent accompagné d'averses. *Attendons que ce **grain** soit passé pour sortir.* • **Avoir un grain :** dans la langue familière, être un peu fou. • **Grain de beauté :** petite tache brune sur la peau. • **Mettre son grain de sel :** se mêler de quelque chose de façon indiscrète. • **Veiller au grain :** être sur ses gardes.

graine (nom féminin)
Partie d'une plante qui germe pour donner une nouvelle plante. *Maman a semé des **graines** de persil.* • **En prendre de la graine :** dans la langue familière, prendre en exemple. *Ursula, elle, fait du sport, tu devrais **en prendre de la graine** !*

grainetier, ère (nom)
Marchand de graines et de bulbes.

graissage (nom masculin)
Action de graisser un moteur ou un mécanisme. *Victor a fait le **graissage** de sa chaîne de vélo.*

graisse (nom féminin)
1. Partie grasse du corps d'une personne ou d'un animal. *Zoé n'aime pas la **graisse** des côtes d'agneau.* 2. Produit gras qu'on utilise en mécanique. *Le mécanicien a les mains pleines de **graisse**.* Famille du mot : dégraisser, engrais, engraisser, graissage, graisser.

graisser (verbe) ▸ conjug. n° 3
Enduire de graisse. *L'ouvrier **a graissé** sa machine pour éviter qu'elle rouille.* (Syn. huiler.)

un **graffiti**

graminée (nom féminin)
Plante dont les fleurs sont groupées en épis. *Les céréales sont des **graminées**.*

grammaire (nom féminin)
Règles qu'il faut suivre pour parler et écrire correctement une langue.

grammatical, ale, aux (adjectif)
De la grammaire. *Le verbe s'accorde avec le sujet, c'est une règle **grammaticale**.*

gramme (nom masculin)
1. Unité de poids. *Dans une livre, il y a 500 grammes* 2. Au sens figuré, très petite quantité. *Il n'a pas un **gramme** de bon sens.*

grand, grande (adjectif)
1. Qui est de haute taille. *Anna est plus **grande** que sa sœur.* (Contr. petit.) 2. Qui est plus âgé. *Mon **grand** frère vient de passer son bac.* (Contr. petit.) 3. Qui est vaste, étendu. *Le château est entouré d'un **grand** parc.* (Contr. petit.) 4. Qui est important. *TGV signifie : train à **grande** vitesse.* (Contr. faible.) 5. Qui est célèbre, éminent. *Rodin est un **grand** sculpteur français.* ■ **grand, grande** (nom) Enfant plus âgé qu'un autre. *La classe des **grands**.* ■ **grand** (adverbe) • **Voir grand :** avoir des projets grandioses. Famille du mot : agrandir, agrandissement, grandeur, grandir.

Grande-Bretagne
➡ Voir **Royaume-Uni**.

pas **grand-chose** (pronom)
Presque rien. *Dans le vacarme, il n'a **pas** entendu **grand-chose** du discours.*

Grand-Est
Région administrative française, depuis 2016. Elle comprend les anciennes Régions Alsace, Champagne-Ardenne et Lorraine (57 433 km² ; 5 552 000 habitants). Sa capitale est Strasbourg.

grandeur (nom féminin)
Taille ou dimension. *Ces tableaux existent en plusieurs **grandeurs**.* • **Folie des grandeurs :** ambition excessive. • **Grandeur d'âme :** noblesse des sentiments. (Contr. bassesse.)

grandiloquent, ente (adjectif)
Qui est plein d'emphase. *Il s'est adressé au public d'un ton **grandiloquent**.* (Syn. emphatique, pompeux.)

grandiose (adjectif)
Qui est imposant, majestueux. *Le spectacle s'est déroulé dans le cadre **grandiose** du château.*

grandir (verbe) ▸ conjug. n° 11
1. Devenir plus grand. *Mes pieds ont dû **grandir** car mes chaussures me serrent.* (Contr. rapetisser.) 2. Devenir plus fort. *Leur amitié **grandit** de jour en jour.* (Syn. augmenter.)

grand-mère (nom féminin)
Mère du père ou de la mère de quelqu'un. *La **grand-mère** paternelle d'Élodie habite en province.* Pluriel : des grands-mères.

à **grand-peine** (adverbe)
Avec beaucoup de peine, et très difficilement. *Xavier a une ampoule au talon, il marche **à grand-peine**.*

grand-père (nom masculin)
Père du père ou de la mère de quelqu'un. *Le **grand-père** maternel de Yann vient souvent le chercher à l'école.* Pluriel : des grands-pères.

grands-parents (nom masculin pluriel)
Parents du père ou de la mère de quelqu'un. *Fatima a fêté les 40 ans de mariage de ses **grands-parents**.*

grand-voile (nom féminin)
Voile principale du grand mât d'un voilier. *Après avoir hissé la **grand-voile**, il est parti vers le large.* Pluriel : des grands-voiles.

grange (nom féminin)
Bâtiment d'une ferme où l'on abrite les récoltes. *La paille et le foin sont entreposés dans la **grange**.*

granit (nom masculin)
Roche très dure. *En Bretagne, beaucoup de maisons sont en **granit**.* Prononciation [gʀanit]. ➡ p. 592.
ORTHO On écrit aussi **granite**.

granitique (adjectif)
Qui est composé de granit. *Un terrain **granitique**.*

granivore (adjectif et nom masculin)
Qui se nourrit de graines. *La plupart des oiseaux sont **granivores**.*

une plaque de **granit**

granule (nom masculin)
Petite pilule. *Les médicaments homéopathiques se présentent sous forme de **granules**.*

granulé (nom masculin)
Petit grain. *Il nourrit son cochon d'Inde avec des **granulés**.*

granuleux, euse (adjectif)
Formé de petits grains. *La surface **granuleuse** d'un crépi.* (Contr. lisse.)

graphie (nom féminin)
Manière d'écrire un mot. *Le mot « cacahuète » a deux **graphies** car on peut aussi écrire « cacahouète ».*

graphique (adjectif)
Qui est représenté par l'écriture. *Les lettres de l'alphabet sont des signes **graphiques**.* ■ **graphique** (nom masculin) Ligne représentant les variations d'une grandeur. *Le **graphique** de la température d'un malade est accroché au pied de son lit.* **Graphique** vient du grec *graphein* qui signifie « écrire ».

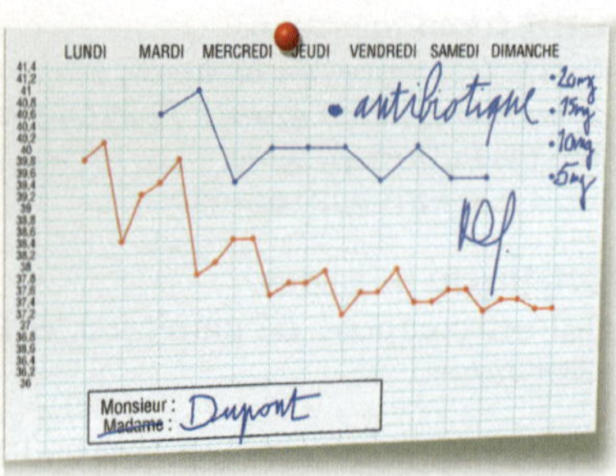

un **graphique** de température

graphisme (nom masculin)
Façon d'écrire ou de dessiner.

graphologie (nom féminin)
Étude de l'écriture de quelqu'un pour découvrir son caractère.

grappe (nom féminin)
Ensemble de fleurs ou de fruits portés sur une tige commune. *Le raisin et les groseilles se présentent en **grappes**.* ➡ p. 1056.

grappiller (verbe) ▸ conjug. n° 3
1. Cueillir çà et là, par petites quantités. *Les enfants sont montés dans le cerisier pour **grappiller** des cerises.* 2. Au sens figuré, obtenir quelque chose par petites quantités. *Il essayait de **grappiller** quelques euros ici et là.*

grappin (nom masculin)
Petite ancre à crochets recourbés.

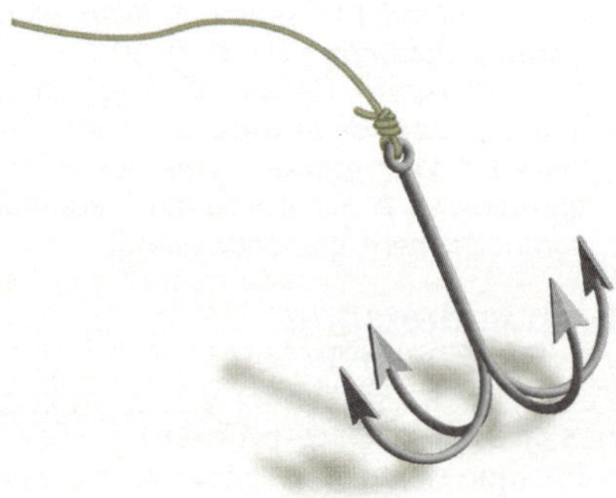

un **grappin**

gras, grasse (adjectif)
1. Qui est composé de graisse. *Le beurre, le saindoux, l'huile sont des matières **grasses**.* 2. Qui a beaucoup de graisse. *Ce chat est trop **gras**, tu le nourris trop !* (Syn. gros. Contr. maigre.) 3. Qui est sali par la graisse. *Tu as les mains **grasses**, va les laver !* • **Caractères gras :** caractères d'imprimerie plus épais que les autres. • **Faire la grasse matinée :** se lever tard. • **Plante grasse :** plante verte aux feuilles épaisses. ■ **gras** (nom masculin) Partie grasse d'un aliment. *Ce jambon est si bon que Benjamin en mange même le **gras**.* Famille du mot : grasse**ment**, grass**ouillet**.

grassement (adverbe)
• **Payer grassement :** largement, avec générosité. *Il est **grassement** payé pour ce qu'il fait.*

grassouillet, ette (adjectif)
Qui est un peu gras. *Il est **grassouillet** comme un petit cochon.* (Syn. dodu. Contr. maigrichon.)

gratification (nom féminin)
Somme d'argent accordée à quelqu'un en plus du salaire. *Le gardien de l'immeuble a eu droit à une **gratification**.* (Syn. prime.)

gratifier (verbe) ▸ conjug. n° 10
Accorder un don ou une faveur à quelqu'un. *On **a gratifié** le livreur d'un bon pourboire.* (Syn. récompenser.)

gratin (nom masculin)
Plat saupoudré de fromage râpé ou de chapelure, que l'on fait dorer au four. *Gaëlle adore le **gratin** d'aubergines.* **Gratin** désignait la partie d'un mets qui attache et qu'il faut *gratter* pour la détacher.

gratiner (verbe) ▸ conjug. n° 3
Accommoder au gratin. *Maman fait **gratiner** les macaronis, ça sent bon !*

gratis (adverbe)
Synonyme familier de gratuitement. *Clément a pu entrer **gratis** au concert.* Prononciation [gʀatis].

gratitude (nom féminin)
Reconnaissance pour un service rendu. *Je lui ai exprimé toute ma **gratitude** pour son aide.* (Contr. ingratitude.)

gratte-ciel (nom masculin)
Immeuble très haut. *Ce **gratte-ciel** a plus de cent étages !* Pluriel : des gratte-ciel**s** ou des gratte-ciel.

gratter (verbe) ▸ conjug. n° 3
1. Frotter ou racler une surface avec quelque chose de dur ou avec les ongles. *Le peintre **a** d'abord **gratté** la rouille de la grille. Hélène a été piquée par des moustiques, elle n'arrête pas de **se gratter**.* **2.** Causer des démangeaisons. *Si ce pull te **gratte**, mets un tee-shirt en dessous.* Famille du mot : gratte-ciel, gratt**oir**.

grattoir (nom masculin)
Ustensile qui sert à gratter.

gratuit, uite (adjectif)
1. Qu'on peut obtenir sans payer. *Julie a eu des échantillons **gratuits** de savon.* **2.** Qui n'a pas de raison ou de preuve. *Sa méchanceté est vraiment **gratuite**.* (Contr. fondé.) Famille du mot : gratuit**é**, gratuite**ment**.

gratuité (nom féminin)
Caractère de ce qui est gratuit. *La **gratuité** de l'enseignement public.*

gratuitement (adverbe)
Sans payer. *Les très jeunes enfants voyagent **gratuitement** en avion.*

gravats (nom masculin pluriel)
Débris de différents matériaux qui proviennent d'une démolition. *Le camion emporte les **gravats** vers la décharge.*

grave (adjectif)
1. Qui peut être dangereux ou inquiétant. *Le cancer est une maladie **grave**.* (Contr. bénin.) **2.** Qui est sérieux, ne plaisante pas. *Il nous a annoncé la nouvelle d'un ton **grave**.* **3.** Qui est important. *Ce n'est pas **grave** si tu ne viens pas.* **4.** Se dit d'un son ou d'une voix qui sont très bas. *Ce chanteur a une voix très **grave**.* (Contr. aigu.) Famille du mot : **ag**grava**tion**, **ag**grav**er**, grave**ment**, grav**ité**.

gravement (adverbe)
1. De façon grave. *Il a été **gravement** blessé aux jambes.* (Contr. légèrement.) **2.** Avec gravité. *La maîtresse a abordé **gravement** le problème du tiers-monde.* (Syn. sérieusement.)

graver (verbe) ▸ conjug. n° 3
1. Écrire ou dessiner en creux avec un objet pointu sur une surface dure. *Maman a fait **graver** le prénom de Laura sur sa gourmette.* **2.** Enregistrer des données sur un CD ou un DVD. *J'ai **gravé** mes photos de vacances sur un CD.* Famille du mot : grav**eur**, grav**ure**.

■ **graveur** (nom masculin)
Appareil qui permet de graver des CD ou des DVD. *Xavier n'a pas de **graveur** sur son ordinateur, il a juste un lecteur.*

graveur, euse (nom)
Artiste qui fait de la gravure.

gravier (nom masculin)
Très petits cailloux. *Ça fait vraiment mal de marcher pieds nus sur le* ***gravier****.* **Gravier** est un dérivé de *grève*, au sens de « plage, rivage ».

gravillon (nom masculin)
Gravier très fin. *Un panneau indique qu'il faut ralentir car il y a des* ***gravillons*** *sur la chaussée.*

gravir (verbe) ▸ conjug. n° 11
Monter avec effort une pente difficile. *Pour* ***gravir*** *cette montagne, il faut un bon équipement.* (Syn. escalader.)

gravitation (nom féminin)
Attraction universelle qui s'exerce entre les corps. *C'est Newton qui a découvert la loi de la* ***gravitation****.*

gravité (nom féminin)
1. Caractère de ce qui est grave. *Heureusement, c'est une blessure sans* ***gravité****. Parler avec* ***gravité*** *d'un sujet d'actualité.* **2.** Force de la pesanteur exercée par la Terre sur les objets. *Les fusées permettent d'échapper à la* ***gravité*** *et d'envoyer des objets dans l'espace.*

graviter (verbe) ▸ conjug. n° 3
Tourner autour d'un astre qui exerce une attraction. *Les planètes* ***gravitent*** *autour du Soleil.*

gravure (nom féminin)
1. Art de graver. *Cet artiste fait de la* ***gravure*** *sur pierre.* **2.** Reproduction d'un dessin à l'aide d'une plaque gravée. *Cette* ***gravure*** *mérite d'être encadrée.*

gré (nom masculin)
• **Au gré de quelqu'un :** à son goût. *Ce repas est-il à ton* ***gré*** *?* • **Bon gré, mal gré :** avec résignation et à contrecœur. • **Contre le gré de quelqu'un :** contre sa volonté. *Il est parti* ***contre son gré****.* • **De gré ou de force :** volontairement ou sous la contrainte. • **Savoir gré à quelqu'un de quelque chose :** lui en être reconnaissant. **Gré** vient du latin *gratum* qui signifie « agréable ».

grec, grecque ➡ Voir tableau p. 6.

Grèce

Union européenne

11,3 millions d'habitants
Capitale : Athènes
Monnaie : l'euro
Langue officielle : grec
Superficie : 131 990 km²

État du sud de l'Europe. La Grèce comprend l'extrémité de la péninsule des Balkans et de nombreuses îles. Elle est bordée par la mer Méditerranée et la mer Égée.

GÉOGRAPHIE

La Grèce est un pays montagneux, avec les chaînes du Péloponnèse et du Pinde. La majorité de la population vit dans les zones côtières et dans les plaines cultivables de Thrace, de Macédoine, de Thessalie et d'Attique. Le climat est méditerranéen dans le Sud, les îles et sur le littoral. L'agriculture et le tourisme sont les principales ressources du pays.

HISTOIRE

À partir du VIIIe siècle avant Jésus-Christ, les Grecs fondèrent des colonies dans tout le pourtour de la Méditerranée. Au Ve siècle, les cités rivales grecques s'allièrent pour combattre les Perses et remportèrent les victoires de Marathon (490) et de Salamine (480). Athènes devint la première puissance de la Méditerranée orientale et développa la démocratie : tous les citoyens participaient au gouvernement de la cité.

Le roi Alexandre le Grand partit à la conquête de l'Asie en 334 ; il soumit l'Égypte, la Perse et atteignit les Indes en 327. À sa mort (323), son Empire fut divisé, mais une nouvelle civilisation, appelée « hellénistique », étendit la culture et la langue grecques sur tout l'Orient. En 148-146 avant Jésus-Christ, les Romains conquirent la Grèce. À partir de 250 environ, les cités grecques furent pillées par les Barbares.

Après avoir subi de nombreuses invasions, la Grèce fut conquise par les Turcs qui la dominèrent pendant près de quatre siècles. Avec l'aide de la France, de la Grande-Bretagne et de la Russie, la Grèce entreprit une guerre sanglante de libération en 1821. Elle obtint son indépendance en 1832. Durant la Seconde Guerre mondiale, la Grèce fut envahie par les Italiens puis par les Allemands. Le pays fut secoué par une guerre civile de 1944 à 1949. En 1981, la Grèce entra dans la CEE et est aujourd'hui membre de l'Union européenne.

gredin (nom masculin)
Individu malhonnête. *Ce **gredin** a déjà volé plusieurs personnes.* (Syn. canaille.)

gréement (nom masculin)
Ensemble des voiles, des mâts, des cordages, des poulies d'un bateau. *Avant de quitter le port, on vérifie le **gréement**.*

Greenwich
Faubourg de Londres. Le méridien qui passe par l'ancien observatoire royal de Greenwich a été choisi comme référence pour le calcul des longitudes (méridien zéro).

gréer (verbe) ▸ conjug. n° 3
Équiper un bateau de son gréement. *Cet été, Myriam a appris à **gréer** un voilier.*

■ **greffe** (nom masculin)
Bureau d'un tribunal où sont établis et conservés les textes des jugements.

■ **greffe** (nom féminin)
1. Méthode utilisée pour fixer une partie d'une plante sur une autre plante. *On fait des **greffes** sur les arbres fruitiers pour obtenir de nouvelles variétés de fruits.* **2.** Opération chirurgicale qui consiste à remplacer un organe malade. *Il s'est bien rétabli après avoir subi une **greffe** du cœur.* (Syn. transplantation.)

« Le Petit Poucet »,
conte de Charles Perrault, illustré
par une **gravure** de Gustave Doré

greffer (verbe) ▸ conjug. n° 3
1. Faire une greffe à une plante. ***Greffer** un rosier.* **2.** Faire une greffe d'organe. ***Greffer** un rein.* **3.** Se greffer : s'ajouter à quelque chose. *De nouveaux soucis sont venus **se greffer** à ceux qu'il avait déjà.*

greffier, ère (nom)
Personne chargée du greffe d'un tribunal.

grégaire (adjectif)
Qui pousse certains membres d'une même espèce à vivre en groupe. *L'instinct **grégaire** des moutons.*

grège (adjectif)
D'une couleur beige clair. *Une chemise **grège**.*

■ **grêle** (adjectif)
1. Qui est long et menu. *Les flamants roses ont des pattes **grêles**.* **2.** Qui est faible et aigu. *Noémie parle d'une voix **grêle**.* • **Intestin grêle :** partie longue et mince de l'intestin. ➡ p. 389.

■ **grêle** (nom féminin)
Pluie qui tombe sous forme de grêlons. *Certains vignobles ont été endommagés par la **grêle**.* Famille du mot : grêl**er**, grêl**on**.

grêler (verbe) ▸ conjug. n° 3
Tomber sous forme de grêle.

grêlon (nom masculin)
Goutte de pluie gelée. *Les **grêlons** sont des petits grains de glace.*

grelot (nom masculin)
Clochette en forme de boule. *On entend tinter le **grelot** des chèvres.*

grelotter (verbe) ▸ conjug. n° 3
Trembler de froid. *Je vois bien que tu as froid, tu **grelottes** !*
ORTHO On écrit aussi **greloter**.

grenade (nom féminin)
1. Fruit du grenadier. *Les **grenades** poussent dans les pays chauds.* ➡ p. 596. **2.** Projectile explosif lancé à la main ou avec un fusil. *La police a lancé des **grenades** lacrymogènes pour disperser les manifestants.*
Famille du mot : grenad**ier**, grenad**ine**.

une **grenade**

Grenade

100 000 habitants
Capitale : Saint George's
Monnaie :
le dollar des Caraïbes
Langue officielle :
anglais
Superficie : 344 km²

État des Petites Antilles. La Grenade est formée de l'île de la Grenade et de petites îles appelées « îles Grenadines ». Ses ressources proviennent de la culture de la noix de muscade, de la banane, du cacao mais aussi de la pêche et du tourisme. Christophe Colomb découvrit Grenade en 1498.

grenadier (nom masculin)
1. Arbre fruitier qui produit des grenades. *Les **grenadiers** sont légèrement épineux.* 2. Autrefois, soldat d'élite. *Les **grenadiers** de Napoléon.*

grenadine (nom féminin)
Sirop de couleur rouge à base de jus de grenade. *Pierre préfère le jus d'orange à la **grenadine**.*

grenat (adjectif)
Qui est de couleur rouge sombre. *Maman a mis une nappe **grenat** sur la table.* Pluriel : des tissus grenat. **Grenat** vient de l'ancien mot *grenate*, qui signifie « de la couleur de la grenade ».

grenier (nom masculin)
Étage d'une maison situé sous les toits. *Quentin a mis ses vieux livres au **grenier**.* **Grenier** vient du latin *granum* qui signifie « grain ».

Grenoble

Chef-lieu du département de l'Isère, situé sur les bords de l'Isère (158 000 habitants). Grenoble est réputée pour son industrie et ses grands instituts de recherche scientifique. Elle a accueilli les jeux Olympiques d'hiver en 1968.

grenouille (nom féminin)
Petit animal amphibie qui vit au bord de l'eau. *Les **grenouilles** coassent.*

grenu, ue (adjectif)
Qui est comme recouvert de petits grains. *Ce cuir paraît lisse, mais au toucher il est **grenu**.* (Contr. lisse.)

grès (nom masculin)
1. Roche formée de grains de sable qui se sont agglomérés. ➡ p. 1214. 2. Terre glaise mélangée de sable avec laquelle on fait des poteries. *Un joli vase en **grès**.*

les métamorphoses de la **grenouille**

grésil (nom masculin)
Pluie de tout petits grains de glace. Prononciation [gʀezil].

grésiller (verbe) ▸ conjug. n° 3
Faire des petits bruits secs. *Il faut attendre que l'huile **grésille** pour y mettre les petits beignets à frire.*

grève (nom féminin)
Arrêt du travail pour protester contre quelque chose ou obtenir des avantages. *Il n'y a pas de courrier car les facteurs sont en **grève**.* **Grève** vient de l'ancien nom de la *place de Grève*, située devant l'hôtel de ville de Paris, qui descendait alors jusqu'aux berges de la Seine, et où les ouvriers se réunissaient pour essayer de trouver du travail.

grève (nom féminin)
Synonyme littéraire de plage. *Un bateau s'est échoué sur la **grève**.* (Syn. rivage.)

gréviste (nom)
Personne qui fait la grève. *Les **grévistes** occupent l'usine.*

gribouillage (nom masculin)
Écriture ou dessin gribouillés. *Ces **gribouillages** sont tout à fait illisibles.* ORTHO On dit aussi **gribouillis**.

gribouiller (verbe) ▸ conjug. n° 3
Écrire ou dessiner n'importe comment ou de façon informe. *Arrête de **gribouiller** sur ce livre !*

grief (nom masculin)
Chose qu'on reproche à quelqu'un. *On lui a fait **grief** de son absence.* Prononciation [gʀijɛf].

grièvement (adverbe)
Synonyme de gravement. *Plusieurs personnes ont été **grièvement** brûlées dans l'incendie.*

griffe (nom féminin)
1. Ongle pointu et recourbé de certains animaux. *Les **griffes** du tigre sont redoutables.* 2. Marque commerciale. *Ce manteau porte la **griffe** d'un grand couturier.* Famille du mot : griff**er**, griff**ure**.

griffer (verbe) ▸ conjug. n° 3
Égratigner d'un coup de griffe ou avec les ongles. *Fais attention au chat, car parfois il **griffe** !*

griffon (nom masculin)
1. Chien à poil long et frisé. 2. Animal fabuleux avec un corps de lion, une tête et des ailes d'aigle.

un **griffon**

griffonner (verbe) ▸ conjug. n° 3
Écrire vite et mal. *Romain **a griffonné** son adresse sur un petit bout de papier.*

griffure (nom féminin)
Marque d'un coup de griffe.

grignoter (verbe) ▸ conjug. n° 3
1. Manger en rongeant. *La souris **grignote** un morceau de fromage.* 2. Manger lentement et par petites quantités. *Arrête de **grignoter** sans arrêt, tu n'auras plus faim pour dîner !*

grigri (nom masculin)
Petit objet porte-bonheur.

gril (nom masculin)
Ustensile sur lequel on fait griller des aliments. *Avant de poser le **gril**, David attend que les braises soient rouges.*

grillade (nom féminin)
Viande grillée. *S'il fait beau, on fera des **grillades** sur le barbecue.*

grillage (nom masculin)
Clôture en fils de métal qui se croisent. *Les deux jardins sont séparés par un **grillage**.*

grillager (verbe) ▸ conjug. n° 5
Garnir d'un grillage. *Maman a fait **grillager** la fenêtre pour éviter les accidents.*

grille (nom féminin)
1. Clôture constituée de barreaux métalliques. *Il faut repeindre la **grille** du jardin.* 2. Tableau quadrillé. *C'est la pre-*

*mière fois qu'il remplit une **grille** du loto.* Famille du mot : grill**age**, grill**ager**.

grille-pain (nom masculin)
Appareil électrique qui sert à griller des tranches de pain. Pluriel : des grille-pains.

griller (verbe) ▸ conjug. n° 3
1. Cuire sur un gril. *On a fait **griller** des steaks au barbecue.* **2.** Abîmer en desséchant. *Les gelées **ont grillé** la végétation.* • **Griller un feu rouge :** dans la langue familière, le dépasser sans s'arrêter. Famille du mot : gril, grill**ade**, grille-pain.

grillon (nom masculin)
Insecte noir qui saute et qui fait du bruit en frottant ses élytres l'un contre l'autre.

un **grillon**

grimace (nom féminin)
Mouvement qui déforme le visage. *Thomas fait des **grimaces** en se tordant la bouche et le nez.* • **Faire la grimace :** manifester son mécontentement ou son dégoût.

grimacer (verbe) ▸ conjug. n° 4
Faire des grimaces. *Le blessé **grimaçait** de douleur.*

grimer (verbe) ▸ conjug. n° 3
Maquiller un acteur. *Ce comédien **s'est grimé** pour paraître vingt ans de plus.*

Grimm Jacob (né en 1785, mort en 1863) et Wilhem (né en 1786, mort en 1859)
Écrivains allemands. Ces deux frères réunirent des contes populaires allemands qu'ils réécrivirent et publièrent dans un recueil intitulé les *Contes d'enfants et du foyer* (1812). Certains sont célèbres : *le Petit Chaperon rouge, Cendrillon, Hansel et Gretel, la Belle au bois dormant...*

une illustration du conte « Hansel et Gretel », des frères **Grimm**

grimoire (nom masculin)
Livre de sorcellerie. *Le sorcier a trouvé sa recette de potion magique dans un vieux **grimoire**.*

grimpant, ante (adjectif)
Se dit d'une plante qui pousse en s'accrochant à un support. *Le lierre et la vigne vierge sont des plantes **grimpantes**.*

grimper (verbe) ▸ conjug. n° 3
1. Monter en s'aidant des pieds et des mains. *Odile **grimpe** dans le cerisier pour cueillir des cerises.* **2.** Suivre une pente raide. *Ce chemin **grimpe** trop pour que Victor le monte à vélo.* Famille du mot : grimp**ant**, grimp**eur**.

grimpeur, euse (nom)
Alpiniste ou cycliste qui grimpe bien les côtes. *Il faut être un bon **grimpeur** pour escalader cette paroi abrupte.*

grinçant, ante (adjectif)
Qui est désagréable ou sarcastique. *Il nous a parlé d'un ton **grinçant**.*

grincement (nom masculin)
Bruit que fait quelque chose qui grince.

grincer (verbe) ▸ conjug. n° 4
Faire un bruit aigu et désagréable. *C'est agaçant cette porte qui **grince** !* • **Grincer des dents :** faire du bruit en serrant ses mâchoires l'une contre l'autre. Famille du mot : grinç**ant**, grince**ment**.

grincheux, euse (adjectif)
Synonyme de grognon. *Le mauvais temps le rend **grincheux**.*

gringalet (nom masculin)
Homme petit et chétif.

griot (nom masculin)
En Afrique, poète et musicien qui raconte les histoires du temps passé.

griotte (nom féminin)
Petite cerise acide.

grippe (nom féminin)
Maladie contagieuse transmise par un virus. *Sarah a la **grippe** et beaucoup de fièvre, elle doit rester au lit.* • **Prendre en grippe :** avoir de l'antipathie.

grippé, ée (adjectif)
1. Qui a la grippe. 2. Qui est bloqué. *La serrure est **grippée** : on ne peut plus tourner la clé.*

se **gripper** (verbe) ▸ conjug. n° 3
Se bloquer ou se coincer. *Le mécanisme **s'est grippé**, l'horloge ne marche plus.*

grippe-sou (nom masculin)
Synonyme familier d'avare. Pluriel : des grippe-sous.

gris, grise (adjectif)
1. Qui est d'une couleur entre le noir et le blanc. *Un costume **gris** foncé.* 2. Qui est couvert de nuages. *Le ciel est **gris**, il va pleuvoir.* 3. Qui est un peu ivre. *Il est un peu **gris** après avoir bu un verre de champagne.* • **Faire grise mine :** avoir l'air fâché. • **Matière grise :** synonyme familier d'intelligence. ■ **gris** (nom masculin) Couleur grise. Famille du mot : **dégriser**, gris**aille**, gris**ant**, gris**âtre**, gris**er**, gris**erie**, gris**onner**.

grisaille (nom féminin)
Temps gris et brumeux. *Après plusieurs jours de **grisaille**, le beau temps est revenu.*

grisant, ante (adjectif)
Qui grise. *Un succès **grisant**.*

grisâtre (adjectif)
Qui est un peu gris.

griser (verbe) ▸ conjug. n° 3
1. Enivrer légèrement. *Cet apéritif a suffi à le **griser**.* 2. Exciter au point de faire perdre la raison. *Il s'est laissé **griser** par le succès.*

griserie (nom féminin)
Sentiment d'excitation. *Il s'est laissé entraîner par la **griserie** de la vitesse.*

grisonner (verbe) ▸ conjug. n° 3
Commencer à devenir gris. *Il a déjà les cheveux qui **grisonnent**.*

grisou (nom masculin)
Gaz qui se forme dans les mines de charbon et qui peut exploser.

grive (nom féminin)
Oiseau migrateur au plumage brun et gris. *Les **grives** picorent les raisins dans les vignes.*

une **grive**

grivois, oise (adjectif)
Qui est drôle, mais un peu osé. *Une histoire **grivoise**, une chanson **grivoise**.*

grizzli (nom masculin)
Grand ours brun. *Les **grizzlis** vivent dans les montagnes de l'Amérique du Nord.*
➡ p. 600.

a b c d e f g h i j k l m n o p q r s t u v w x y z

Groenland
Île de l'océan Atlantique et province autonome du Danemark, située au nord-est de l'Amérique (2 175 600 km^2 ; environ 58 000 habitants). Sa capitale est Nuuk.
Le Groenland est la plus grande île du monde après l'Australie. La plus grande partie de l'île est couverte de glace. La température ne dépasse pas 10 °C, mais peut descendre jusqu'à – 30 °C.
L'activité principale est la pêche. Le sous-sol est riche en zinc, plomb et charbon.

grog (nom masculin)
Boisson chaude composée de rhum, d'eau chaude sucrée et de citron. *Pour se réchauffer, les alpinistes ont bu un **grog** en arrivant au refuge.* **Old Grog** était le surnom d'un amiral anglais qui avait voulu obliger les marins à boire leur rhum mélangé à de l'eau.

grogne (nom féminin)
Synonyme familier de mécontentement. *Les grévistes ont manifesté leur **grogne** en défilant dans les rues.*

grognement (nom masculin)
Fait de grogner.

grogner (verbe) ▸ conjug. n° 3
1. Pousser son cri, en parlant de l'ours, du cochon ou du sanglier. **2.** Faire un bruit sourd. *Le chien **grogne** chaque fois qu'on l'approche.* (Syn. gronder.) **3.** Montrer qu'on n'est pas content en protestant à voix basse. *Ursula range sa chambre en **grognant**.* (Syn. bougonner, grommeler, ronchonner.) Famille du mot : grogne, grogn**ement**, grogn**on**.

grognon, onne (adjectif)
Qui grogne, est de mauvaise humeur. *Le bébé est **grognon** car il n'a pas fait sa sieste.* (Syn. bougon, grincheux.)

groin (nom masculin)
Museau du porc ou du sanglier.

grommeler (verbe) ▸ conjug. n° 9
Manifester son mécontentement en grognant. *Il est parti furieux en **grommelant**.* (Syn. bougonner, maugréer, ronchonner.) **Grommeler** se conjugue aussi comme peler (n° 8).

grondement (nom masculin)
Bruit sourd et prolongé de quelque chose qui gronde. *On a entendu le **grondement** de l'avalanche jusque dans la vallée.*

gronder (verbe) ▸ conjug. n° 3
1. Faire entendre un bruit sourd. *Tu entends le tonnerre qui **gronde**, il va y avoir de l'orage.* **2.** Faire des reproches à un enfant. *William s'est fait **gronder** par le maître.* (Syn. attraper, réprimander.)

groom (nom masculin)
Jeune employé d'un hôtel. *Un **groom** en uniforme ouvre la porte aux clients.* **Groom** est un mot anglais : on prononce [gʀum].

un **grizzli**

gros, grosse (adjectif)
1. Qui prend beaucoup de place. *Si tu ne pars que deux jours, tu n'as pas besoin de prendre une si **grosse** valise !* (Syn. volumineux. Contr. petit.) **2.** Qui dépasse le poids normal. *Cet enfant est trop **gros**, il doit suivre un régime.* (Syn. gras. Contr. maigre.) **3.** Qui est très fort, intense. *Une **grosse** grippe. Un **gros** orage.* **4.** Qui est important et peut être grave. *C'est une **grosse** faute de brûler un feu rouge.* • **Avoir le cœur gros :** avoir du chagrin. ■ **gros, grosse** (nom) Personne grosse. ■ **gros** (adverbe) **1.** Synonyme de beaucoup. *Il a perdu **gros** en jouant au tiercé.* **2.** En grands caractères. *Écrire **gros**.* • **En avoir gros sur le cœur :** avoir beaucoup de chagrin et de dépit. • **En gros :** synonyme de grosso modo. *Dis-moi **en gros** de quoi il s'agit.* (Contr. en détail.) • **En gros :** par grandes quantités. *Les commerçants achètent **en gros** chez les grossistes les marchandises qu'ils revendent au détail à leurs clients.* (Contr. au détail.) ■ **gros** (nom masculin) **1.** La partie la plus importante de quelque chose. *Le **gros** des élèves est arrivé.* **2.** Vente par grandes quantités. *C'est une boutique de **gros** réservée aux commerçants.* Famille du mot : **dégrossir**, gros**sesse**, gros**seur**, gros**sir**, gros**siste**.

groseille (nom féminin)
Petite baie rouge ou blanche au goût acide, qui pousse en grappes. *Zoé adore la confiture de **groseilles**.*

groseillier (nom masculin)
Arbuste qui donne les groseilles. Les ***groseilles*** poussent sur les ***groseilliers***.

grossesse (nom féminin)
État d'une femme enceinte, qui dure environ neuf mois. *Sa **grossesse** s'est très bien passée, et elle a hâte d'accoucher !*

grosseur (nom féminin)
1. Volume de quelque chose. *Les fruits sont calibrés selon leur **grosseur**.* **2.** Enflure sous la peau. *Papa s'inquiète car il a une **grosseur** sous le bras.*

grossier, ère (adjectif)
1. Qui est mal élevé et impoli. *Benjamin n'a même pas salué ses voisins, il a été vraiment très **grossier**.* **2.** Qui est rudimentaire, de mauvaise qualité, sans finesse. *Avec ce tissu **grossier**, maman a fait des torchons.* • **Erreur grossière :** erreur très visible, choquante. Famille du mot : grossière**ment**, grossière**té**.

grossièrement (adverbe)
1. Avec grossièreté. *Ce chauffard nous a vraiment parlé **grossièrement**.* **2.** De façon sommaire. *Raconte-nous **grossièrement** ce qui s'est passé.* (Syn. en gros, grosso modo.)

grossièreté (nom féminin)
1. Comportement d'une personne grossière. *Quelle **grossièreté** d'avoir refusé d'aider cette vieille dame !* **2.** Mot grossier. *Arrête de dire des **grossièretés** !* (Syn. gros mot.)

grossir (verbe) ▶ conjug. n° 11
1. Devenir plus gros. *Ne mange pas tant de sucreries, ça fait **grossir**.* (Contr. maigrir.) **2.** Faire paraître plus gros. *Le microscope **grossit** les objets qu'on observe.*

grossiste (nom)
Commerçant qui vend en gros. *Les détaillants achètent leurs marchandises chez les **grossistes**.*

grosso modo (adverbe)
Rapidement, sans entrer dans les détails. *Dis-moi **grosso modo** ce que tu en penses.* (Syn. en gros, grossièrement.) **Grosso modo** sont des mots latins qui signifient « d'une manière grossière ».

grotesque (adjectif)
Qui est bizarre et ridicule. *Quelle tenue **grotesque** !*

grotte (nom féminin)
Grand trou naturel dans la roche. *Les enfants ont découvert une **grotte** dans les rochers et s'y sont cachés.* (Syn. caverne.)

grouillement (nom masculin)
Mouvement de ce qui grouille. *Le **grouillement** de la foule.*

grouiller (verbe) ▸ conjug. n° 3
1. S'agiter dans tous les sens et en grand nombre. *Les abeilles **grouillent** dans leur ruche.* 2. Synonyme de fourmiller. *Allons ailleurs, tu vois bien que cette plage **grouille** de monde.* 3. Se grouiller : synonyme familier de se dépêcher.

groupe (nom masculin)
Ensemble de personnes ou de choses réunies dans un même endroit. *Anna déteste voyager en **groupe**. Cette banlieue est surtout composée de **groupes** d'immeubles.* • **Groupe scolaire :** bâtiments d'une école. • **Groupe sanguin :** catégorie déterminée par la composition du sang. *Le **groupe sanguin** A.* Famille du mot : groupe**ment**, groupe**r**, group**uscule**, **re**grouper.

groupement (nom masculin)
Groupe de personnes ayant un intérêt commun. *Son père n'a jamais adhéré à aucun **groupement** politique.* (Syn. organisation.)

grouper (verbe) ▸ conjug. n° 3
Mettre ensemble. ***Groupe** sur ton lit tous les vêtements que tu veux emporter. Tous les élèves et le maître **se groupent** pour la photo de classe.* (Syn. rassembler, réunir. Contr. disperser.)

groupie (nom féminin)
Personne qui admire énormément un artiste ou une personne connue et le suit partout. *Une bande de **groupies** attendait le chanteur après le concert.*

groupuscule (nom masculin)
Petit groupement politique qui a peu d'adhérents. *Ce **groupuscule** a des idées très particulières.*

GRS (nom féminin)
Gymnastique avec cerceau, ruban ou ballon qui se fait avec un accompagnement musical. *Alice a une compétition de **GRS** dimanche.* **GRS** est l'abréviation de **g**ymnastique **r**ythmique et **s**portive.

grue (nom féminin)
1. Grand oiseau échassier, à longues pattes. *Les **grues** sont des oiseaux migrateurs.* 2. Engin de chantier très haut, qui sert à soulever et à déplacer des poids très lourds. *Deux **grues** déchargent le cargo.*

une **grue**

gruger (verbe) ▸ conjug. n° 5
Synonyme littéraire de tromper. *Il **a été grugé** par le vendeur.*

grumeau, eaux (nom masculin)
Petite boule d'une matière qui ne s'est pas bien mélangée à un liquide. *Ta pâte à crêpes est pleine de **grumeaux**.*

grutier, ère (nom)
Conducteur de grue. *Le **grutier** dirige la grue à partir d'une cabine.*

gruyère (nom masculin)
Fromage à pâte cuite fait avec du lait de vache. *Contrairement à l'emmenthal, le **gruyère** n'a pas de trous.* Prononciation [gʀyjɛʀ]. **Gruyère** vient du nom de la région suisse d'où est originaire ce fromage, la *Gruyère*.

Guadeloupe
Département et région française d'outre-mer (1 704 km² ; 407 000 habitants). Son chef-lieu est Basse-Terre. La Guadeloupe est un groupe d'îles des Antilles françaises. Ses deux îles principales

sont Basse-Terre et Grande-Terre, séparées par un étroit bras de mer.
Les principales activités sont la culture de la canne à sucre et de la banane, ainsi que la fabrication du sucre et du rhum. Le tourisme est très important.

HISTOIRE
La Guadeloupe fut découverte par Christophe Colomb en 1493, puis colonisée par les Français en 1635. ➡ Voir cartes pp. 1372 et 1373.

guadeloupéen, enne ➡ Voir tableau p. 6.

Guatemala

14 millions d'habitants
Capitale : Guatemala
Monnaie : le quetzal
Langue officielle : espagnol
Superficie : 108 889 km²

État de l'Amérique centrale, situé entre le Mexique, le Belize, le Honduras et le Salvador, et bordé par l'océan Pacifique et la mer des Caraïbes.

GÉOGRAPHIE
Le nord du pays est un vaste plateau couvert de forêt dense. La population vit surtout dans le Sud, dans les plaines tropicales humides et fertiles du littoral du Pacifique. Les principales ressources sont la culture de la canne à sucre, du café, de la banane, du coton, de l'avocat et de l'ananas.

HISTOIRE
Le pays fut habité par les Mayas avant d'être conquis par les Espagnols au début du XVIe siècle. Il devint indépendant en 1839, mais connut une longue période de guérilla, jusqu'en 1996.

guatémaltèque ➡ Voir tableau p. 6.

gué (nom masculin)
Endroit d'une rivière ou d'un torrent où l'on peut traverser à pied. *À cet endroit l'eau est peu profonde et on peut traverser à **gué**.*

guenilles (nom féminin pluriel)
Vêtements déchirés. *Tous ces réfugiés en **guenilles** font pitié.*

guenon (nom féminin)
Femelle du singe.

guépard (nom masculin)
Gros félin au pelage tacheté. *Le **guépard** est l'animal le plus rapide à la course.*

un **guépard**

guêpe (nom féminin)
Insecte au corps rayé jaune et noir dont la femelle a un aiguillon venimeux. *Les piqûres de **guêpe** sont très douloureuses.*

une **guêpe**

guêpier (nom masculin)
1. Nid de guêpes. *Les pompiers ont détruit le **guêpier** qui se trouvait dans l'arbre.*
2. Au sens figuré, situation dangereuse. *Il aura du mal à se tirer de ce **guêpier**.*

guère (adverbe)
• **Ne... guère :** pas beaucoup. *Les arbres fruitiers **n'**ont **guère** donné de fruits cette année.*

guéridon (nom masculin)
Petite table ronde avec un seul pied.

guérilla (nom féminin)
Guerre faite de petites attaques pour harceler les troupes ennemies.

guérilléro (nom masculin)
Combattant qui mène une guérilla.
ORTHO On écrit aussi **guérillero.**

guérir (verbe) ▸ conjug. n° 11
1. Être de nouveau en bonne santé. *Grâce aux antibiotiques, Xavier **a guéri** très vite.* (Syn. se rétablir.) **2.** Débarrasser quelqu'un d'une maladie. *Il existe de nouveaux traitements pour **guérir** le cancer.*
Famille du mot : guéri**son**, guéri**sseur**.

guérison (nom féminin)
Fait de guérir. *Heureusement, sa **guérison** a été rapide.* (Syn. rétablissement.)

guérisseur, euse (nom)
Personne qui dit pouvoir guérir les gens par d'autres moyens que la médecine habituelle.

guérite (nom féminin)
Petite baraque qui sert d'abri à une sentinelle.

Guernesey
Île de la Manche (63 km^2 ; 66 000 habitants). Elle est sous la dépendance de la reine d'Angleterre. L'île vit de la culture de fruits et légumes et du tourisme. De 1855 à 1870, Victor Hugo y vécut en exil.

guerre (nom féminin)
Conflit armé entre deux pays ou des groupes de personnes. *Son grand-père a été tué à la **guerre**.* • **Guerre civile :** guerre entre des personnes d'un même pays. (Contr. paix.) • **Faire la guerre à quelque chose :** lutter contre elle. *Il faut **faire la guerre au** trafic de drogue.*
Famille du mot : guerr**ier**, guerr**oyer**.

guerre de Cent Ans
➡ Voir **Cent Ans**.

guerre de Corée
➡ Voir **Corée**.

guerre de Troie
➡ Voir **Troie**.

guerre du Golfe
➡ Voir **Golfe**.

guerre franco-allemande de 1870-1871
Guerre entre la France et la Prusse. L'armée française fut conduite par Napoléon III. Elle essuya plusieurs défaites en Alsace et en Lorraine. L'armistice fut signé le 28 janvier 1871. La France céda l'Alsace et une partie de la Lorraine à l'Allemagne.

guerre froide
Période de tension entre les États-Unis et l'URSS après la Seconde Guerre mondiale. Elle s'est achevée avec la dissolution de l'URSS en 1991.

Première **Guerre mondiale**
Guerre qui se déroula de 1914 à 1918. Elle débuta par la déclaration de guerre de l'Autriche-Hongrie à la Serbie le 28 juillet 1914. L'Allemagne déclara ensuite la guerre à la Russie, puis à la France le 3 août 1914. La Turquie et la Bulgarie rejoignirent l'Allemagne et l'Autriche-Hongrie. La France, la Russie et la Serbie s'allièrent à la Grande-Bretagne, à l'Italie, puis aux États-Unis.
En France, l'invasion allemande fut arrêtée lors de la bataille de la Marne en septembre 1914. Puis le conflit se transforma en une guerre de tranchées, longue et meurtrière. En 1918, le maréchal Foch força les Allemands à se retirer. Le 11 novembre 1918, un armistice fut signé à Rethondes.

Seconde **Guerre mondiale**
Guerre qui se déroula de 1939 à 1945. Elle opposa l'Allemagne nazie, soutenue par l'Italie et le Japon, aux puissances alliées : la Pologne, la Grande-Bretagne, la France, la Belgique, les Pays-Bas, l'URSS et les États-Unis.
Le conflit fut déclenché par l'invasion de la Pologne par les troupes d'Hitler le 1er septembre 1939. Le 3 septembre, la France et la Grande-Bretagne déclarèrent la guerre à l'Allemagne. La France fut très vite envahie par les troupes allemandes. Sous le gouvernement du maréchal Pétain, la France mena une politique de collaboration avec l'Allemagne, tandis que la Résistance s'organisait secrètement.
En 1941, les Allemands attaquèrent l'URSS et les Japonais bombardèrent la flotte américaine à Pearl Harbor. Les États-Unis entrèrent alors en guerre. Après le débarquement anglo-américain en Normandie (6 juin 1944), l'Allemagne fut envahie à l'est et à l'ouest. Le 30 avril 1945, Hitler se suicida et l'Allemagne capitula le 8 mai 1945. Les terribles bombardements atomiques des Américains sur les villes d'Hi-

roshima et de Nagasaki (août 1945) forcèrent le Japon à capituler.
Pendant ce conflit, l'Allemagne nazie déporta et fit mourir 6 millions de Juifs, des Tziganes et des opposants politiques dans des camps de concentration.

guerre de Sécession
➡ Voir **Sécession**.

guerrier, ère (adjectif)
Qui aime faire la guerre. *Un peuple **guerrier**.* ■ **guerrier** (nom masculin) Synonyme littéraire de soldat.

guerroyer (verbe) ▸ conjug. n° 6
Dans la langue littéraire, faire la guerre.

guet (nom masculin)
• **Faire le guet :** guetter. *La sentinelle **fait le guet** en haut de la colline.*

guet-apens (nom masculin)
Synonyme d'embuscade. *Ils sont tombés dans un **guet-apens**.* Prononciation [gɛtapɑ̃]. Pluriel : des guets-apens.

guêtre (nom féminin)
Bande de cuir ou de tissu qui protège le bas de la jambe. *Certains danseurs portent des **guêtres** de laine.*

guetter (verbe) ▸ conjug. n° 3
1. Surveiller avec attention. *L'aigle **guette** sa proie.* (Syn. épier.) **2.** Attendre avec impatience l'arrivée de quelqu'un. *Élodie **guette** le facteur qui doit lui apporter un colis.*

gueule (nom féminin)
Bouche de certains animaux. *Le lion tient sa proie dans sa **gueule**.*

gueule-de-loup (nom féminin)
Plante à fleurs violettes qui ressemble au mufle d'un animal, aussi appelée muflier. Pluriel : des gueules-de-loup.

gueux, gueuse (nom)
Synonyme littéraire de mendiant.

gui (nom masculin)
Plante parasite à fruits blancs et aux feuilles toujours vertes, qui pousse sur certains arbres. *Fatima est montée sur le pommier pour cueillir du **gui**.*

guichet (nom masculin)
Sorte de comptoir vitré dans une poste, une gare, une banque. *Gaëlle attend pour prendre son billet car il y a la queue au **guichet**.* • **Guichet automatique :** appareil qui délivre des tickets, des billets, etc.

guide (nom)
Personne qui accompagne quelqu'un pour lui montrer le chemin ou lui faire visiter un lieu. *Pour cette excursion, il faut prendre un **guide**.* ■ **guide** (nom masculin) Livre qui donne des renseignements pratiques sur un pays ou une région. *Avant de partir en voyage, on a acheté plusieurs **guides**.* ■ **guides** (nom féminin pluriel) Synonyme de rênes.

guider (verbe) ▸ conjug. n° 3
1. Accompagner quelqu'un pour lui montrer le chemin. *Yann connaît bien l'itinéraire, il vous **guidera** jusqu'à la maison.* **2.** Se guider : se diriger grâce à un point de repère. *Les explorateurs **se guident** sur l'étoile polaire.*

guidon (nom masculin)
Barre qui sert à diriger la roue avant d'une bicyclette ou d'une moto. *Hélène a voulu lâcher le **guidon**, et elle est tombée.*
➡ p. 139.

guigne (nom féminin)
Synonyme familier de malchance.

guigner (verbe) ▸ conjug. n° 3
Regarder avec envie. *Le chien **guigne** l'os du gigot !* (Syn. convoiter, lorgner.)

du **gui**

guignol (nom masculin)
Théâtre de marionnettes. • **Faire le guignol :** dans la langue familière, faire le clown, le pitre. **Guignol** est le nom d'un personnage du théâtre de marionnettes créé à Lyon au début du XIXe siècle.

Guignol et son gourdin

Guillaume Ier le Conquérant (né vers 1027, mort en 1087)
Roi d'Angleterre de 1066 à 1087. Il vainquit le seigneur anglais Harold II à Hastings en 1066 et accéda au trône d'Angleterre. La « tapisserie de la reine Mathilde », dans la ville de Bayeux, raconte l'histoire de cette conquête. ➡ p. 608.

guillemets (nom masculin pluriel)
Petits signes (« ») qui servent à mettre en valeur un mot ou une phrase. **Guillemets** est le diminutif de *Guillaume*, nom de l'imprimeur qui inventa ce signe.

guilleret, ette (adjectif)
Qui est vif et gai. *Julie est toute **guillerette**, elle vient d'apprendre qu'elle ira à la mer aux prochaines vacances.*

guillotine (nom féminin)
Instrument qui servait à couper la tête des condamnés à mort. **Guillotine** vient du nom du docteur *Guillotin*, qui fit accepter l'usage de la guillotine pour abréger la souffrance des condamnés.

guillotiner (verbe) ▸ conjug. n° 3
Décapiter au moyen de la guillotine. *Le roi Louis XVI **a été guillotiné** en 1793.*

guimauve (nom féminin)
Confiserie molle et très sucrée. *À la boulangerie, il y a des **guimauves** de toutes les couleurs.*

guindé, ée (adjectif)
Qui manque de naturel. *À cette soirée, tout le monde était si **guindé** qu'on s'est beaucoup ennuyé.*

Guinée

10,1 millions d'habitants
Capitale : Conakry
Monnaie : le franc guinéen
Langue officielle : français
Superficie : 245 860 km^2

État de l'ouest de l'Afrique, bordé par l'océan Atlantique et situé entre la Guinée-Bissau, le Sénégal, le Mali, la Côte d'Ivoire, le Liberia et la Sierra Leone.

GÉOGRAPHIE
À l'ouest du pays s'étend une vaste plaine côtière. L'Est est occupé par la savane et le sud-est du pays par une forêt dense. Les cultures du riz, du manioc et du maïs ne suffisent pas à nourrir la population. Malgré un sous-sol très riche en bauxite et des ressources hydroélectriques importantes, la Guinée est l'un des pays les plus pauvres du monde.

HISTOIRE
La Guinée fut une colonie française de 1893 à 1958. Elle coupa ensuite tout lien avec la France.

Guinée-Bissau

1,6 million d'habitants
Capitale : Bissau
Monnaie : le franc CFA
Langue officielle : portugais
Superficie : 36 125 km^2

État de l'ouest de l'Afrique, bordé par l'océan Atlantique et voisin du Sénégal et de la Guinée.
La population vit surtout dans la partie ouest du pays, sur la plaine côtière. Les cultures du riz, de l'arachide et de la noix de cajou sont les principales ressources. La Guinée-Bissau fait partie des pays les plus pauvres du monde.

HISTOIRE
La Guinée-Bissau fut une colonie portugaise de 1879 à 1962. Le Portugal ne reconnut son indépendance qu'en 1974.

Guinée équatoriale

600 000 habitants
Capitale : Malabo
Monnaie : le franc CFA
Langues officielles : espagnol, français
Superficie : 28 050 km²

État d'Afrique centrale, voisin du Cameroun et du Gabon.
Les principales ressources sont l'exportation de cacao, de café, de bois précieux et l'exploitation de petits gisements de pétrole. Une grande partie de la population vit dans la pauvreté.

HISTOIRE
La Guinée fut un territoire espagnol de 1778 à 1968. Elle s'appelait alors Guinée espagnole.

Nouvelle-Guinée
➡ Voir **Nouvelle-Guinée**.

guinéen, enne ➡ Voir tableau p. 6.

de guingois (adverbe)
Synonyme familier de « de travers ». *Cette armoire est toute **de guingois**, il va falloir la caler.*

guinguette (nom féminin)
Café ou restaurant populaire où l'on peut danser. *Une **guinguette** au bord de l'eau.*

guirlande (nom féminin)
Long cordon garni de papier découpé, de fleurs ou de petites ampoules. *On a décoré la classe avec des **guirlandes**.*

guise (nom féminin)
• **À sa guise :** comme il veut. *Chacun se servira **à sa guise**.* • **En guise de :** à la place de. *Victor a mangé un sandwich **en guise de** repas.*

Guise
Famille noble française qui joua un grand rôle politique dans la France du XVIe siècle. François Ier de Guise (1519-1563) fut le chef des catholiques pendant les guerres de Religion. Son fils, Henri de Guise (1550-1588), participa aux luttes contre les protestants et au massacre de la Saint-Barthélemy.

guitare (nom féminin)
Instrument de musique à cordes. *Laura apprend à accorder sa **guitare**.* ➡ p. 682.

guitariste (nom)
Personne qui joue de la guitare. ➡ p. 847.

Gulf Stream
Courant marin chaud de l'Atlantique Nord. Le Gulf Stream naît dans la mer des Antilles puis longe les côtes américaines et remonte vers le Canada. À hauteur de Terre-Neuve, il se sépare en plusieurs courants dont certains viennent réchauffer les côtes européennes.

Gulliver
Héros d'un roman de Jonathan Swift. Dans *les Voyages de Gulliver* (1726), il raconte ses aventures dans des lieux étranges comme l'île de Lilliput où vivent de minuscules habitants. À travers ce récit, Swift fait une critique de la société anglaise et des êtres humains.

Les habitants de Lilliput attachent **Gulliver**.

gustatif, ive (adjectif)
Qui concerne le goût. *Grâce aux papilles **gustatives** nous percevons les différentes saveurs des aliments.*

Gutenberg (né vers 1399, mort en 1468)
Imprimeur allemand. Il fut le premier à utiliser des caractères d'imprimerie en métal au lieu de caractères en bois. Il a ainsi imprimé la première Bible, appelée *Bible de Gutenberg*.

guttural, ale, aux (adjectif)
Qui vient du fond de la gorge. *Une voix **gutturale**.* (Syn. rauque.)

Guyana

800 000 habitants
Capitale : Georgetown
Monnaie :
le dollar de Guyana
Langue officielle :
anglais
Superficie : 214 970 km²

État du nord-est de l'Amérique du Sud, bordé par l'océan Atlantique et situé entre le Suriname, le Brésil et le Venezuela.

GÉOGRAPHIE
La partie centrale du Guyana est couverte d'une forêt dense. La population vit surtout dans la plaine côtière mais elle est très pauvre. Le pays vit grâce à la culture du riz et de la canne à sucre, et à l'exploitation des gisements de bauxite.

HISTOIRE
D'abord possession des Hollandais, le pays devint une colonie anglaise en 1831. Il est indépendant depuis 1966.

guyanais, aise ➡ Voir tableau p. 6.

Guyane française

Département et région française d'outre-mer (90 000 km^2 ; 215 000 habitants), bordé par l'océan Atlantique et situé entre le Suriname et le Brésil. Son chef-lieu est Cayenne.
La Guyane est, en grande partie, recouverte d'une forêt dense. La base spatiale, installée en 1967 à Kourou, est le lieu de lancement de la fusée Ariane depuis 1982.

HISTOIRE
La Guyane est française depuis 1817. De 1852 à 1945, le bagne de Cayenne a accueilli les condamnés aux travaux forcés. La Guyane est devenue un département français en 1946 et une région en 1982.
➡ Voir cartes pp. 1372 et 1373.

gymnase (nom masculin)
Grande salle équipée pour la pratique du sport. *William va deux fois par semaine s'entraîner au **gymnase**.*

gymnaste (nom)
Sportif qui pratique la gymnastique. *Ces **gymnastes** s'entraînent à la barre fixe.*

gymnastique (nom féminin)
Ensemble d'exercices physiques qui rendent le corps plus souple et plus musclé. *Myriam fait de la **gymnastique** pour rester en forme.*

gynécologue (nom)
Médecin spécialiste des organes génitaux féminins.

gypaète (nom masculin)
Grand rapace de haute montagne.

gypse (nom masculin)
Roche calcaire avec laquelle on fabrique le plâtre.

gyrophare (nom masculin)
Phare rotatif sur le toit de certaines voitures. *Les pompiers et les ambulanciers ont des **gyrophares** qu'ils allument en cas d'urgence.*

le débarquement des troupes de **Guillaume le Conquérant**, détail de la tapisserie de Bayeux

H h

herbe

En début de mot, **h** en orange signale un **h aspiré** : il n'y a donc ni élision du déterminant (le **hachoir**, la **halle**) ni liaison (les **hameaux** [leamo]). Les autres mots commencent par un **h muet** : il y a donc élision du déterminant (l'**histoire**), et on fait la liaison (les **histoires** [lezistwaʀ]).

h (nom masculin)
Huitième lettre de l'alphabet. *Le **H** est une consonne.* • **Bombe H :** bombe atomique à hydrogène. • **L'heure H :** heure fixée à l'avance pour déclencher quelque chose. *La fusée a décollé à l'heure **H**.*

ha ! (interjection)
Exprime la surprise ou le rire. ***Ha ! ha !** vous voilà !*

habile (adjectif)
Qui est adroit, capable ou compétent dans une activité ou un métier. *Sa mère est une couturière très **habile**.* (Contr. malhabile.) Famille du mot : habile**ment**, habile**té**, **mal**habile.

habilement (adverbe)
De façon habile. *Il s'est **habilement** tiré d'affaire tout seul.*

habileté (nom féminin)
Caractère habile. *J'admire son **habileté** à jongler avec les balles.* (Syn. adresse.)

habiliter (verbe) ▸ conjug. n° 3
Donner officiellement à quelqu'un le droit de faire quelque chose. *Avec une procuration, elle **est habilitée** à voter pour son père.*

habillé, ée (adjectif)
Qui est chic, élégant. *Pour cette cérémonie, il faudra une tenue **habillée**.*

habillement (nom masculin)
Ensemble de vêtements que l'on porte en même temps.

habiller (verbe) ▸ conjug. n° 3
1. Mettre des habits. *Chaque matin, maman **habille** ma petite sœur avant de l'emmener à la crèche. Benjamin est assez grand pour **s'habiller** tout seul.* (Contr. déshabiller.) **2.** S'habiller : acheter ses vêtements. *Elle **s'habille** dans les grands magasins.* Famille du mot : **dés**habiller, habillé, habill**ement**, habill**euse**, **r**habiller.

habilleuse (nom féminin)
Femme qui aide les acteurs ou les mannequins à s'habiller.

habit (nom masculin)
Costume noir de cérémonie. *Pour cette soirée, les hommes doivent être en **habit**.* ■ **habits** (nom masculin pluriel) Ensemble de vêtements. *Clément a grandi : ses **habits** sont trop petits.*

habitable (adjectif)
Où l'on peut habiter. *Il faut faire de gros travaux pour que cette maison soit **habitable**.*

habitacle (nom masculin)
Partie d'un avion ou d'un vaisseau spatial où se trouve l'équipage.

habitant, ante (nom)
Personne qui habite dans un endroit. *Les **habitants** de cette grande ville souffrent de la pollution de l'air.*

habitat (nom masculin)
1. Manière de se loger. *L'**habitat** urbain et l'**habitat** rural.* **2.** Milieu dans lequel vit habituellement une espèce animale. *La savane est l'**habitat** naturel des lions.*

habitation (nom féminin)
Logement où l'on habite. *Ces **habitations** sont récentes et très confortables.*

habiter (verbe) ▸ conjug. n° 3
Vivre habituellement dans un endroit. *Anna **habite** Paris, mais avant elle **habitait** dans le Midi.* (Syn. demeurer, loger, résider.) Famille du mot : habit**able**, habit**ant**, habit**at**, habit**ation**, **in**habit**able**, **in**habit**é**.

habitude (nom féminin)
1. Chose que l'on fait de façon régulière. *Élodie a pris l'**habitude** de se laver les dents après chaque repas.* **2.** Coutume ou tradition. *C'est une **habitude** dans cette région de fêter la fin des vendanges.* (Syn. tradition.) • **D'habitude** : habituellement. ***D'habitude**, le facteur passe vers 8 heures.* (Syn. d'ordinaire.)

habituel, elle (adjectif)
Qui est régulier, normal. *Maman s'inquiète car David n'est pas rentré à l'heure **habituelle** de l'école.* (Contr. inhabituel.)

habituellement (adverbe)
De façon habituelle. ***Habituellement**, Fatima va chez sa grand-mère le mercredi.* (Syn. d'habitude, d'ordinaire.)

habituer (verbe) ▸ conjug. n° 3
1. Faire prendre une habitude. *Ibrahim **a habitué** son chien à ne pas aboyer pour un rien.* **2.** S'habituer : prendre l'habitude de quelque chose. *Ces gens du Nord ont du mal à **s'habituer** à une telle chaleur.* (Syn. s'accoutumer, s'adapter.) Famille du mot : se **dés**habituer, habitude, habitu**el**, habitu**ellement**, **in**habitu**el**.

Habsbourg
Dynastie qui régna sur l'Autriche de 1278 à 1918. Au XIIe siècle, les Habsbourg possédaient de vastes territoires en Suisse et en Alsace. En 1278, Rodolphe Ier de Habsbourg acquit l'Autriche et d'autres duchés. Il fonda la « maison d'Autriche », à laquelle ont appartenu tous les empereurs allemands (sauf entre 1741 et 1745) jusqu'à la fin du Saint Empire. La puissance des Habsbourg atteignit son apogée avec Charles Quint.

hache (nom féminin)
Outil tranchant à lame courte fixée à un long manche. *Il fend le bois à coups de **hache**, pour faire des bûches.* Famille du mot : hach**er**, hach**ette**, hach**is**, hach**oir**, hach**ure**, hach**urer**.

une **hache**

hacher (verbe) ▸ conjug. n° 3
Couper en petits morceaux. *Gaëlle préfère le bifteck **haché**.*

hachette (nom féminin)
Petite hache.

hachis (nom masculin)
Plat de viande ou de légumes hachés. *Hélène prépare un **hachis** d'oignons et de persil.*

hachoir (nom masculin)
Appareil qui sert à hacher les aliments. *Le boucher se sert d'un **hachoir** électrique.*

hachure (nom féminin)
Chacun des petits traits parallèles qui servent à marquer les ombres sur un dessin.

hachurer (verbe) ▸ conjug. n° 3
Tracer des hachures sur un dessin.

haddock (nom masculin)
Églefin fumé. *On cuit le **haddock** dans un mélange d'eau et de lait.*

Hadès
Dieu des Enfers, dans la mythologie grecque. Il porte le nom de Pluton dans la mythologie romaine.

Hadrien (né en 76, mort en 138)
Empereur romain de 117 à 138. Hadrien mena une politique de paix et fit fortifier les frontières pour repousser les invasions des Barbares. De culture grecque, il embellit Rome et l'Empire de nombreux monuments. Son *Édit perpétuel* (131) fut le premier code de lois applicables à tout l'Empire.
ORTHO On écrit aussi **Adrien**.

hagard, arde (adjectif)
Qui semble hébété, effaré. *Il est sorti de sa voiture accidentée avec l'air* ***hagard****.*

haie (nom féminin)
1. Rangée d'arbustes qui forme une clôture. *Les deux jardins sont séparés par une* ***haie*** *de cyprès.* **2.** Rangée de personnes. *Une* ***haie*** *de supporters entoure la ligne d'arrivée.* **3.** Obstacle à franchir, disposé pour certaines courses.

haillons (nom masculin pluriel)
Synonyme de guenilles. *Une femme en* ***haillons*** *mendiait dans la rue.*

haine (nom féminin)
Sentiment violent qui pousse à vouloir faire du mal à quelqu'un qu'on déteste. *Pourquoi tant de* ***haine*** *entre vous ?* (Contr. affection, amitié, amour.)

haineux, euse (adjectif)
Qui est plein de haine. *Cet homme tient des discours* ***haineux****.* (Syn. hostile. Contr. amical.)

haïr (verbe) ▸ conjug. n° 11
Éprouver de la haine. *Nathalie* ***hait*** *les gens hypocrites.* (Syn. détester. Contr. aimer.) **Haïr** prend un tréma dans toute sa conjugaison, sauf aux trois personnes du singulier du présent de l'indicatif : je *hais*, tu *hais*, il *hait*.

Haïti ■
Île montagneuse des Antilles. L'île d'Haïti comprend la république d'Haïti (à l'ouest) et la république Dominicaine (à l'est).

Haïti ■

9,2 millions d'habitants
Capitale : Port-au-Prince
Monnaie : la gourde
Langues officielles : français, créole
Superficie : 27 750 km²

État d'Amérique centrale, dans la partie ouest de l'île d'Haïti.

GÉOGRAPHIE
Les chaînes montagneuses culminent à 2 674 mètres d'altitude. La population se groupe dans les vallées et les plaines intérieures et sur les côtes. Le climat est tropical, humide et les cyclones sont fréquents. Le pays tire ses ressources de la culture du café, du cacao et de la canne à sucre. Une grande partie de la population vit au-dessous du seuil de pauvreté.

la récolte du tabac dans l'île d'**Haïti**

a b c d e f g h i j k l m n o p q r s t u v w x y z

HISTOIRE
L'île a été découverte en 1492 par Christophe Colomb qui l'appela Hispaniola. Elle fut occupée par les colons français jusqu'au XVIIIe siècle. En 1791, Toussaint Louverture, homme politique et général haïtien, mena la révolte des esclaves contre les colons ; les Français furent expulsés. Haïti proclama son indépendance le 1er janvier 1804. En 2010, un terrible tremblement de terre a fait plus de 200 000 victimes et a détruit la capitale.

haïtien, enne ➡ Voir tableau p. 6.

halage (nom masculin)
• **Chemin de halage :** chemin qui suit un cours d'eau et d'où on peut haler les péniches.

hâle (nom masculin)
Teinte brune de la peau sous l'effet du soleil.

hâlé, ée (adjectif)
Qui est bruni par le soleil. *Laura est rentrée toute **hâlée** de la montagne.*

haleine (nom féminin)
Air que l'on rejette quand on expire. *Je sens à ton **haleine** que tu as mangé de l'ail.* • **De longue haleine :** qui demande beaucoup de temps et d'effort. *C'est un travail **de longue haleine**.* • **Être hors d'haleine :** être très essoufflé. • **Reprendre haleine :** reprendre son souffle. • **Tenir quelqu'un en haleine :** retenir son attention jusqu'au bout.

haler (verbe) ▶ conjug. n° 3
Tirer un bateau au moyen d'un cordage. *Les pêcheurs **ont halé** leur barque sur la plage.*

haletant, ante (adjectif)
Qui halète. *Il est arrivé en sueur, tout **haletant**.*

haleter (verbe) ▶ conjug. n° 8
Respirer très vite et bruyamment après un effort. *Le chien a trop couru : il **halète** et tire la langue.*

hall (nom masculin)
Vaste salle qui se trouve à l'entrée d'un bâtiment. *On a rendez-vous dans le **hall** de la gare, sous la grande horloge.* ● **Hall** est un mot anglais : on prononce [ol].

halle (nom féminin)
Bâtiment couvert où se tient un marché. *Une **halle** aux vins, aux poissons.* ■ **halles** (nom féminin pluriel) Ensemble de bâtiments où les commerçants font leurs achats en gros.

hallebarde (nom féminin)
Sorte de lance à longue hampe que certains soldats portaient autrefois.

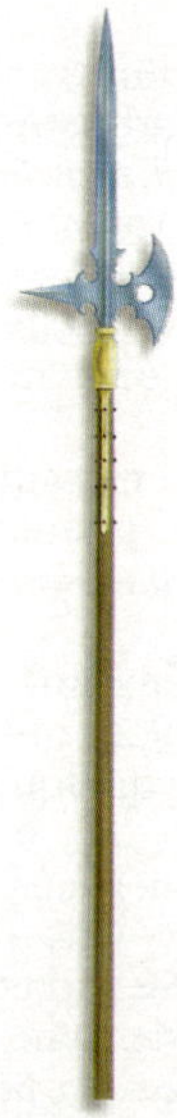

une **hallebarde**

Halloween
Fête traditionnelle des États-Unis, du Canada et de Grande-Bretagne. Elle est célébrée le 31 octobre. Les enfants, déguisés en sorcières ou fantômes, vont de maison en maison pour demander des friandises.

hallucinant, ante (adjectif)
Qui est très étonnant. *Ce portrait ressemble au modèle d'une façon **hallucinante**.* (Syn. extraordinaire, incroyable.)

hallucination (nom féminin)
Sensation de voir ou d'entendre des choses qui n'existent pas. *Tu as dû être victime d'une **hallucination** : il n'y a pas de loup dans cette forêt.* Famille du mot : hallucin**ant**, hallucin**ogène**.

hallucinogène (adjectif)
Qui provoque des hallucinations. *Le haschisch est une substance **hallucinogène**.*

halo (nom masculin)
Cercle légèrement lumineux qui entoure une source lumineuse. *Cette nuit, la lune est entourée d'un **halo**.*

halogène (nom masculin)
Lampe qui donne un éclairage très lumineux. *Il y a trop de lumière, baisse un peu l'**halogène** !*

halte (nom féminin)
Moment d'arrêt. *Après trois heures de marche, les randonneurs ont fait une **halte**.*

halte-garderie (nom féminin)
Crèche qui admet les enfants pour un temps court. *Il y a une **halte-garderie** dans le centre commercial.* Pluriel : des halte**s**-garderie**s**.

haltère (nom masculin)
Instrument de sport constitué de deux lourdes masses métalliques réunies par une barre permettant de le soulever. *Il fait des **haltères** dans un club.* Famille du mot : haltérophile, haltérophilie.

haltérophile (nom)
Personne qui pratique l'haltérophilie.

haltérophilie (nom féminin)
Sport consistant à soulever des haltères.

hamac (nom masculin)
Morceau de toile ou de filet suspendu à chacune de ses extrémités, qui sert de lit. *Kevin se balance dans un **hamac** suspendu entre deux arbres.*

hamburger (nom masculin)
Steak haché qui se mange dans un petit pain rond. *Nathalie a mangé un **hamburger** avec des frites dans un fast-food.* **Hamburger** est un mot anglais : on prononce [ɑ̃bœʀgœʀ].

hameau, eaux (nom masculin)
Petit groupe de maisons isolées, situé à l'écart d'un village. *Les enfants du **hameau** attendent le car de ramassage scolaire.*

hameçon (nom masculin)
Petit crochet fixé au bout d'une ligne. *Le pêcheur accroche un appât à son **hameçon**.*

hammam (nom masculin)
Établissement où l'on prend des bains de vapeur.

hampe (nom féminin)
Longue tige de bois qui sert de support à un drapeau ou au fer d'une lance.

hamster (nom masculin)
Petit mammifère rongeur. *Guillaume a un **hamster** comme animal familier.* Prononciation [amstɛʀ].

un **hamster**

Han (dynastie des)
Dynastie d'empereurs chinois qui firent de leur pays une grande puissance (206 avant Jésus-Christ à 220 après Jésus-Christ).

hanche (nom féminin)
Partie latérale du corps, entre la taille et le haut de la cuisse. *Cette jupe est trop serrée sur les **hanches**.* ➡ p. 302.

handball (nom masculin)
Sport d'équipe qui consiste à mettre le ballon dans le but adverse en se servant uniquement des mains. *Le **handball** oppose deux équipes de sept joueurs.* Prononciation [ɑ̃dbal].

handballeur, euse (nom)
Joueur de handball.

handicap (nom masculin)
Infériorité qui diminue les chances de réussite de quelqu'un. *Pour faire du basket, sa petite taille est un **handicap**.* Famille du mot : handicapé, handicaper.

handicapé, ée (nom)
Personne atteinte d'une infirmité physique ou mentale. *La télévision a retransmis les compétitions d'athlétisme réservées aux **handicapés** physiques.*

handicaper (verbe) ▸ conjug. n° 3
Mettre en position d'infériorité. *Son asthme le **handicape** beaucoup quand il fait du sport.* (Syn. désavantager.)

handisport (nom masculin)
Sport dont les règles ont été aménagées pour qu'il puisse être pratiqué par des personnes handicapées. *Mon frère joue dans un club de basket **handisport**.*

hangar (nom masculin)
Bâtiment qui sert à entreposer des véhicules, des machines ou des marchandises. *Le tracteur est dans le **hangar** de la ferme.*

hanneton (nom masculin)
Gros insecte brun, très commun en Europe. *Les **hannetons** sont très nuisibles pour les cultures.*

un **hanneton**

Hannibal (né vers 247, mort en 183 avant Jésus-Christ)
Général et homme d'État carthaginois. Hannibal, parti d'Espagne en 219 avant Jésus-Christ, traversa les Pyrénées puis les Alpes. À la tête d'une puissante armée accompagnée par des éléphants, il se lança à la conquête de l'Italie et remporta plusieurs victoires sur les troupes romaines. Mais il fut vaincu par le général romain Scipion et s'enfuit en Orient. Il s'empoisonna avant d'être livré aux Romains.
ORTHO On écrit aussi **Annibal**.

hanter (verbe) ▸ conjug. n° 3
1. Apparaître dans un endroit, quand il s'agit de fantômes, d'esprits. *Une légende raconte que les fantômes des marins morts en mer **hantent** le vieux port.* **2.** Au sens figuré, rester sans cesse présent à l'esprit de quelqu'un. *Des images de la guerre le **hantent** jour et nuit.* (Syn. obséder.)

hantise (nom féminin)
Inquiétude continuelle. *Il vit dans la **hantise** du chômage.* (Syn. obsession.)

happer (verbe) ▸ conjug. n° 3
Saisir brusquement avec sa gueule ou son bec. *Le chat **a happé** la souris et l'a croquée.*

hara-kiri (nom masculin)
Manière de se suicider pratiquée au Japon, en s'ouvrant le ventre avec un sabre. *Les samouraïs faisaient **hara-kiri**.*
⊸ **Hara-kiri** est un mot japonais qui signifie « ouverture du ventre ».

harangue (nom féminin)
Discours solennel prononcé devant une assemblée. *Une violente **harangue**.*

haranguer (verbe) ▸ conjug. n° 3
Adresser une harangue. *L'orateur **haranguait** la foule pour la pousser à la révolte.*

haras (nom masculin)
Lieu où l'on élève des chevaux.

harassant, ante (adjectif)
Qui harasse. *Romain se couche tôt après une journée de travail **harassant**.* (Syn. épuisant.)

harasser (verbe) ▸ conjug. n° 3
Causer une extrême fatigue. *Ce long voyage nous **a harassés**.* (Syn. épuiser, exténuer.)

harcèlement (nom masculin)
Action de harceler. *Les maquisards font du **harcèlement** contre les convois ennemis.*

harceler (verbe) ▸ conjug. n° 8
1. Mener des petites attaques répétées. *Les soldats **harcelaient** l'ennemi chaque nuit.* **2.** Tourmenter ou importuner sans arrêt. *La police **harcelait** le suspect de questions.*

hardes (nom féminin pluriel)
Dans la langue littéraire, vieux vêtements.

hardi, ie (adjectif)
Qui n'hésite pas à prendre des risques. *Autrefois, de **hardis** navigateurs partaient à la découverte de terres inconnues.*

(Syn. audacieux, intrépide. Contr. peureux, timoré.) Famille du mot : hardi**esse**, hardi**ment**.

hardiesse (nom féminin)
Caractère d'une personne hardie. *Seul contre cinq, il combattit avec **hardiesse**.* (Syn. audace, intrépidité. Contr. lâcheté.)

hardiment (adverbe)
D'une manière hardie. *Au lieu de reculer, Pierre affronta **hardiment** son agresseur.* (Syn. bravement, courageusement.)

harem (nom masculin)
Appartement réservé aux femmes chez les musulmans. *Seul le sultan pouvait pénétrer dans le **harem** où vivaient ses épouses.*

hareng (nom masculin)
Poisson de mer au dos bleu-vert et au ventre argenté. *Les **harengs** se déplacent en bancs.*

un **hareng**

hargne (nom féminin)
Mauvaise humeur et comportement agressif. *Quentin a refusé avec **hargne** de céder sa place au premier rang.*

hargneux, euse (adjectif)
Qui est plein de hargne. *Méfie-toi de ce chien, il est souvent **hargneux** !*

haricot (nom masculin)
Plante potagère dont les gousses et les graines sont comestibles. *Les gousses des **haricots** sont des **haricots** verts et les graines sont des **haricots** secs ou blancs.*

harissa (nom féminin)
Sauce très pimentée d'origine nord-africaine. *On assaisonne la sauce du couscous avec de la **harissa**.* **Harissa** vient d'un mot arabe qui signifie « piler », car la harissa est faite à partir de poudre de piment.

harki (nom masculin)
Algérien engagé dans l'armée française pendant la guerre d'Algérie.

harmonica (nom masculin)
Petit instrument de musique composé d'un boîtier contenant des pièces de métal qui vibrent quand on souffle dedans.

un **harmonica**

harmonie (nom féminin)
1. Accord équilibré et harmonieux entre les éléments d'un ensemble. *Des voix, des teintes en **harmonie**.* 2. Bonne entente entre des personnes. *C'est un couple heureux qui vit en **harmonie**.* Famille du mot : harmonie**usement**, harmoni**eux**, harmon**iser**.

harmonieusement (adverbe)
De façon harmonieuse.

harmonieux, euse (adjectif)
1. Qui est agréable à l'oreille. *Le chant **harmonieux** du rossignol.* (Syn. mélodieux.) 2. Qui est composé de parties en harmonie. *Un bâtiment aux proportions **harmonieuses**.* (Syn. équilibré, proportionné.)

harmoniser (verbe) ▸ conjug. n° 3
Mettre en harmonie. *Cette coupe de cheveux **s'harmonise** avec la forme de son visage.*

harmonium (nom masculin)
Instrument de musique qui comporte un clavier et des pièces de métal qui vibrent à l'aide d'une soufflerie. *L'**harmonium** produit un son qui ressemble à celui de l'orgue.* Prononciation [aʀmɔnjɔm].

harnachement (nom masculin)
1. Ensemble des harnais d'un cheval. ➡ p. 1167. 2. Équipement lourd et incommode. *Véronique n'a pas besoin d'un tel **harnachement** pour la promenade !*

harnacher (verbe) ▸ conjug. n° 3
1. Mettre un harnais à un cheval. 2. Porter un harnachement qui est encombrant ou ridicule. *Le motard **était harnaché** d'un énorme casque et de lourdes bottes.*

a b c d e f g **h** i j k l m n o p q r s t u v w x y z

harnais (nom masculin)
1. Équipement d'un cheval ou d'un animal de trait, qui sert à le monter ou à l'atteler. *Le collier, le mors, les rênes, la selle sont différents éléments du **harnais**.* **2.** Ensemble de sangles qui entourent le corps, dans la pratique de certains sports. *Le **harnais** d'un parachutiste, d'un alpiniste.*

harpe (nom féminin)
Grand instrument de musique formé d'un cadre triangulaire sur lequel sont tendues les cordes qui vibrent quand on les pince.

harpie (nom féminin)
Femme acariâtre. *Il est marié avec une véritable **harpie** !*

harpiste (nom)
Musicien qui joue de la harpe.

harpon (nom masculin)
Grande flèche métallique dont on se sert pour prendre de gros poissons. *Autrefois, les Esquimaux chassaient les phoques au **harpon**.*

harponner (verbe) ▸ conjug. n° 3
Attraper au harpon. *Des plongeurs sous-marins **ont harponné** un requin.*

hasard (nom masculin)
1. Ce qui n'est pas prévisible et qui échappe à la volonté de l'homme. *C'est le **hasard** qui nous a réunis.* (Syn. chance, destin.) **2.** Évènement imprévu et inexplicable. *Cette découverte est due à un heureux **hasard**.* • **À tout hasard :** en prévision de ce qui pourrait se produire. *J'emporte un parapluie **à tout hasard**.* • **Au hasard :** sans but ou sans réflexion. *Partir **au hasard**. Choisir **au hasard**.* • **Jeu de hasard :** jeu où l'on gagne grâce à la chance et non grâce à la réflexion. *La loterie est vraiment un **jeu de hasard**.* • **Par hasard :** accidentellement, sans l'avoir voulu. Famille du mot : hasard**er**, hasard**eux**. **Hasard** vient d'un mot arabe qui signifie « dé à jouer ».

hasarder (verbe) ▸ conjug. n° 3
1. Exprimer une idée en prenant le risque de se tromper. ***Hasarder** une explication, une hypothèse.* **2.** Se hasarder : s'exposer à un risque. *Je n'ai aucune envie de **me hasarder** sur cette vieille passerelle.*

hasardeux, euse (adjectif)
Qui comporte des risques. *L'escalade de cette falaise est une entreprise **hasardeuse**.* (Syn. dangereux, risqué.)

haschisch (nom masculin)
Drogue tirée d'une plante de la famille du chanvre. *Fumer du **haschisch** peut provoquer des hallucinations.* En arabe, **haschisch** signifie « herbe ».
ORTHO On écrit aussi **hachisch**.

hase (nom féminin)
Femelle du lièvre.

hâte (nom féminin)
Grande rapidité dans l'action. *Dans la **hâte** du départ, nous nous sommes trompés de train.* • **À la hâte :** avec précipitation et sans soin. • **Avoir hâte :** être impatient. ***J'ai hâte** de partir.* • **En toute hâte :** de toute urgence ou en se dépêchant. Famille du mot : hât**er**, hât**if**, hât**ivement**.

hâter (verbe) ▸ conjug. n° 3
1. Faire quelque chose plus vite ou plus tôt que prévu. *Nous devons **hâter** la réalisation des travaux.* **2.** Se hâter : synonyme de se dépêcher. *Il **se hâte** de terminer ses devoirs pour pouvoir s'amuser.* • **Hâter le pas :** marcher plus vite.

hâtif, ive (adjectif)
1. Qui est fait à la hâte, trop vite. *Ce devoir médiocre est le résultat d'un travail **hâtif**.* **2.** Qui est en avance par rapport à ce qui est normal, qui a mûri trop tôt. *Ces fruits **hâtifs** manquent de saveur.* (Syn. précoce. Contr. tardif.)

hâtivement (adverbe)
De façon hâtive. *Nous nous sommes **hâtivement** mis à l'abri de l'orage.*

hauban (nom masculin)
Chacun des cordages ou des câbles qui maintiennent les mâts d'un bateau.

haubert (nom masculin)
Cotte de mailles. *Au Moyen Âge, les hommes d'armes portaient des **hauberts**.*

hausse (nom féminin)
Augmentation en valeur, en degré. ***Hausse** des prix. Le baromètre est en **hausse**.*

hausser (verbe) ▸ conjug. n° 3
Augmenter quelque chose en valeur ou en intensité. ***Hausser** les salaires.* (Syn. augmenter.) • **Hausser la voix, le ton :** parler plus fort pour se faire entendre ou se faire obéir. • **Hausser les épaules :** soulever les épaules pour marquer son mépris ou son indifférence. • **Se hausser sur la pointe des pieds :** se dresser sur la pointe des pieds.

Haussmann Georges (né en 1809, mort en 1891)
Préfet de la Seine de 1853 à 1870. Il a dirigé les grands travaux qui ont transformé Paris sous le Second Empire. On lui doit la réalisation de parcs, de gares et de larges avenues.

haut, haute (adjectif)
1. Qui a une certaine taille dans le sens vertical. *Une tour **haute** de 30 mètres.* **2.** Qui est grand dans le sens vertical. *Une **haute** montagne.* (Syn. élevé. Contr. bas.) **3.** Qui atteint une intensité élevée. *Parler à voix **haute**. Chauffer un métal à **haute** température.* **4.** Qui est supérieur, très bon. *Un appareil de **haute** précision.* ■ **haut** (nom masculin) Partie supérieure ou sommet. *Le **haut** du sapin est décoré d'une étoile.* • **De haut :** de telle hauteur. *Un immeuble de 80 mètres **de haut**.* • **Des hauts et des bas :** des moments où les choses se passent bien et des moments où les choses ne vont pas. • **Tomber de haut :** au sens figuré, être très surpris ou très déçu. ■ **haut** (adverbe) À un degré ou à un niveau élevé. *Parlez moins **haut** ! La fusée s'éleva très **haut** dans le ciel.* Famille du mot : haut-de-forme, haute-fidélité, hauteur, haut-fourneau, haut-le-cœur, haut-parleur.

hautain, aine (adjectif)
Qui a une attitude fière et méprisante. *Le seigneur regarda le paysan d'un air **hautain**.* (Syn. arrogant, dédaigneux.)

hautbois (nom masculin)
Instrument de musique à vent formé d'un tuyau de bois percé de trous.

hautboïste (nom)
Personne qui joue du hautbois.

haut-de-forme (nom masculin)
Haut chapeau cylindrique à bord étroit, généralement noir, que les hommes portaient pour les cérémonies. Pluriel : des hauts-de-forme.

haute-fidélité (nom féminin)
• **Chaîne haute-fidélité :** appareil dont la qualité technique permet d'obtenir une très bonne reproduction des sons. On abrège parfois ce mot **hi-fi**.

Haute-Normandie
Ancienne Région française située dans le nord-ouest du pays, intégrée en 2016 à la Région Normandie. Elle est formée des départements de l'Eure et de la Seine-Maritime. L'agriculture, très développée, a fait naître une importante industrie agroalimentaire. Le Havre et Rouen sont deux ports importants.
➡ Voir carte p. 1373.

hauteur (nom féminin)
1. Dimension dans le sens vertical. *Je vais mesurer la **hauteur** de ce mur.* **2.** Niveau par rapport au sol. *Ces deux lits sont à la même **hauteur**.* **3.** Lieu élevé. *Ce village a été construit sur une **hauteur**.* • **Être à la hauteur :** être capable d'accomplir correctement un acte ou de faire face à une situation.

des maisons construites sur une **hauteur**

haut-fourneau (nom masculin)
Four dans lequel on fait fondre le minerai de fer pour fabriquer de la fonte. Pluriel : des hauts-fourneaux.
ORTHO On écrit aussi **haut fourneau**.

haut-le-cœur (nom masculin)
Envie subite de vomir. *Cette odeur de friture me donne des **haut-le-cœur**.* (Syn. nausée.) Pluriel : des haut-le-cœur.

haut-parleur (nom masculin)
Appareil qui transforme le courant électrique en ondes sonores. *Les **haut-parleurs** d'une chaîne stéréo.* Pluriel : des haut-parleurs.

a b c d e f g h i j k l m n o p q r s t u v w x y z

Hauts-de-France
Région administrative française, depuis 2016. Elle comprend les anciennes Régions Nord-Pas-de-Calais et Picardie (31 813 km² ; 5 988 000 habitants). Sa capitale est Lille.

havre (nom masculin)
Synonyme littéraire de refuge. *Cette île est un **havre** de paix.*

Le Havre
Ville de la Seine-Maritime, à l'embouchure de la Seine (179 000 habitants). Le Havre est le 2e port de commerce français. C'est aussi un port de voyageurs et un centre industriel.

îles Hawaï
Archipel volcanique du Pacifique et État des États-Unis. Les îles Hawaï, situées au nord de la Polynésie, réunissent vingt îles (1,3 million d'habitants), dont la plus grande est Hawaï. La capitale est Honolulu. Les principales ressources sont la canne à sucre, l'ananas, et surtout le tourisme. L'archipel a été découvert en 1778 par le navigateur anglais James Cook, qui le baptisa « îles Sandwich ».
ORTHO On écrit aussi **Hawaii**.

hawaïen, enne ➡ Voir tableau p. 6.

hayon (nom masculin)
Porte arrière de certains véhicules, qui s'ouvre de bas en haut.

hé ! (interjection)
Sert à appeler quelqu'un et à l'interpeller. ***Hé !** toi ! Viens par ici !*

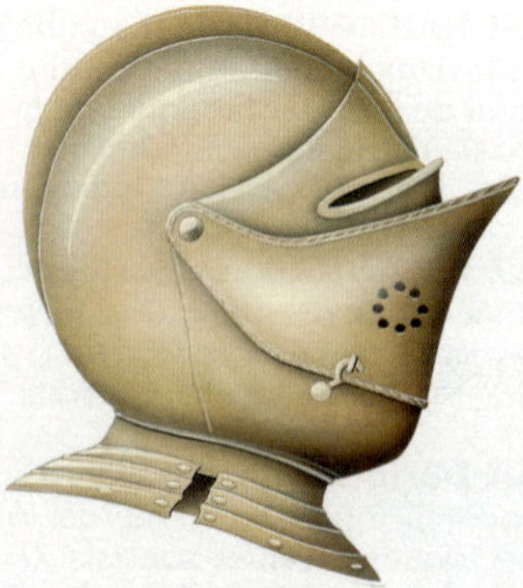
un **heaume**

heaume (nom masculin)
Casque des soldats au Moyen Âge, qui recouvrait la tête et le visage.

hebdomadaire (adjectif)
Qui se produit une fois par semaine. *Le mercredi est le jour de fermeture **hebdomadaire** de la boulangerie.* ■ **hebdomadaire** (nom masculin) Revue ou journal qui paraît chaque semaine. *Ce magazine est un **hebdomadaire**.*

hébergement (nom masculin)
Action d'héberger quelqu'un. *Avant de partir là-bas, renseignez-vous sur les conditions d'**hébergement**.*

héberger (verbe) ▶ conjug. n° 5
1. Recevoir ou loger quelqu'un chez soi. *Nous avons assez de place pour vous **héberger**.* **2.** Réserver à quelqu'un un espace mémoire pour stocker et distribuer ses données informatiques. *Notre société vous propose d'**héberger** votre site Internet.*

hébété, ée (adjectif)
Qui semble devenu stupide sous l'effet d'un choc. *Après sa chute, le cavalier se releva complètement **hébété**.*

hébraïque (adjectif)
Qui concerne les Hébreux. *La religion **hébraïque**.*

hébreu, eux (adjectif masculin)
Qui concerne les Hébreux, le peuple juif. *L'État **hébreu**.* ■ **hébreu** (nom masculin) Langue officielle de l'État d'Israël.
L'adjectif **hébreu** n'a pas de féminin : on emploie **hébraïque**.

Hébreux
Nom donné, dans la Bible, à un peuple en partie nomade, venu de Mésopotamie. Sous la conduite d'Abraham, il parvint en Palestine au XVIe siècle avant Jésus-Christ. Une partie de cette population émigra en Égypte mais, exploitée par l'esclavage, elle s'enfuit au XIIIe siècle avant Jésus-Christ, conduite par Moïse. Moïse ramena les Hébreux en Palestine où ils fondèrent, deux siècles plus tard, le royaume d'Israël. Les trois premiers rois d'Israël furent Saül, David et Salomon.

hécatombe (nom féminin)
Massacre d'êtres humains ou d'animaux. *La marée noire a causé une **hécatombe** parmi les oiseaux de mer.* Dans

l'Antiquité, une **hécatombe** était un sacrifice de 100 bœufs pour honorer les dieux.

hectare (nom masculin)
Unité de superficie qui vaut cent ares ou dix mille mètres carrés. **Hectare** s'abrège *ha*.

hectogramme (nom masculin)
Unité de poids qui vaut cent grammes. **Hectogramme** s'abrège *hg*.

hectolitre (nom masculin)
Unité de capacité qui vaut cent litres. **Hectolitre** s'abrège *hl*.

hectomètre (nom masculin)
Unité de longueur qui vaut cent mètres. **Hectomètre** s'abrège *hm*.

hégémonie (nom féminin)
Domination par le pouvoir. *L'**hégémonie** des grandes puissances sur les pays pauvres.* (Syn. suprématie.)

hégire (nom féminin)
Ère des musulmans, qui commence en 622 de l'ère chrétienne, date du départ de Mahomet de La Mecque pour Médine. *L'année 2010 correspond à l'année 1431 de l'**hégire**.* **Hégire** vient du mot arabe *hedjra* qui signifie « exode ».

hein (interjection)
Dans la langue familière, mot qui sert à indiquer la surprise, l'impatience. ***Hein** ? Qu'est-ce que tu dis ?*

hélas ! (interjection)
Sert à indiquer la tristesse, le regret. ***Hélas** ! Nous sommes obligés de nous séparer !*

héler (verbe) ▸ conjug. n° 8
Appeler de loin. *Il **héla** un taxi qui passait sur l'avenue.*

hélice (nom féminin)
Appareil constitué de plusieurs pales tournant autour d'un axe, qui sert à propulser un avion ou un bateau. *Des avions à **hélices** et des avions à réaction.*

hélicoïdal, ale, aux (adjectif)
En forme d'hélice. *On accède au premier étage par un escalier **hélicoïdal**.*

hélicoptère (nom masculin)
Appareil d'aviation qui se déplace dans l'air au moyen d'hélices horizontales. *Un **hélicoptère** décolle et atterrit verticalement.*

héliport (nom masculin)
Terrain de décollage et d'atterrissage des hélicoptères.

héliporté, ée (adjectif)
Transporté par hélicoptère. *Des troupes **héliportées**.*

hélium (nom masculin)
Gaz plus léger que l'air. *Un homme a survolé la Manche grâce à des ballons gonflés à l'**hélium**.* Prononciation [eljɔm].

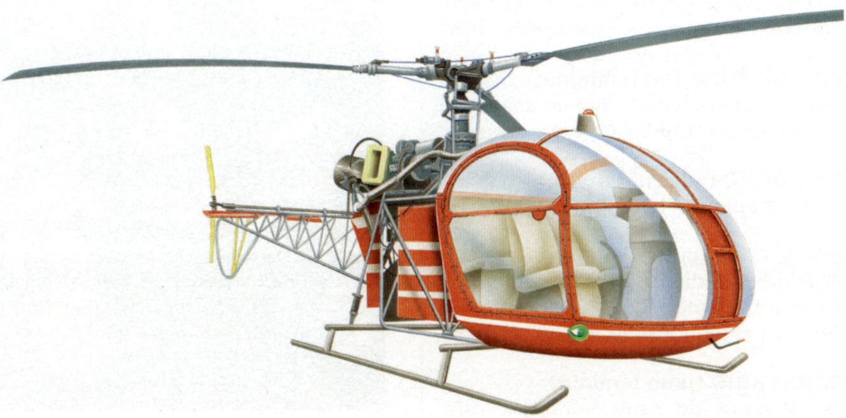

Un **hélicoptère** est équipé d'**hélices**.

hellénique (adjectif)
Qui concerne la Grèce, en particulier la Grèce antique. *La civilisation **hellénique**.*

Helsinki
Capitale de la Finlande, sur le golfe de Finlande (579 000 habitants). Helsinki est un port et le principal centre industriel du pays.

Helvétie
Province de la Gaule, correspondant à peu près à la Suisse actuelle.

helvétique (adjectif et nom)
Qui concerne la Suisse. *Les cantons **helvétiques** sont au nombre de 23.*

hem ! (interjection)
Sert à attirer l'attention ou à exprimer le doute. ***Hem !** Je me demande si ton idée est vraiment bonne !*

hématome (nom masculin)
Synonyme de bleu. *Yann a les jambes couvertes d'**hématomes** à cause d'une chute à vélo.* **Hématome** vient du grec *haima* qui signifie « sang », et qu'on retrouve dans *hémoglobine, hémophilie, hémorragie*.

hémicycle (nom masculin)
Salle en forme de demi-cercle, disposée en gradins. *La Chambre des députés est un **hémicycle**.*

hémisphère (nom masculin)
1. Chaque moitié du globe terrestre, située de part et d'autre de l'équateur. *La France est située dans l'**hémisphère** Nord.*
2. Chacune des deux parties du cerveau. *L'**hémisphère** gauche et l'**hémisphère** droit.*

hémoglobine (nom féminin)
Substance contenue dans le sang, qui lui donne sa couleur rouge.

hémophile (adjectif et nom)
Qui est atteint d'hémophilie.

hémophilie (nom féminin)
Maladie héréditaire dans laquelle, une blessure, même légère, peut entraîner une grave hémorragie.

hémorragie (nom féminin)
Écoulement de sang hors des vaisseaux. *Le médecin a fait un pansement au blessé pour stopper l'**hémorragie**.*

henné (nom masculin)
Poudre jaune ou rouge qui sert de teinture pour les cheveux.

hennin (nom masculin)
Au Moyen Âge, coiffure de femme formée d'un haut cône garni d'un voile.

hennir (verbe) ▸ conjug. n° 11
Pousser des hennissements.

hennissement (nom masculin)
Cri du cheval.

Henri IV (né en 1553, mort en 1610)
Roi de Navarre (1572-1610) et roi de France (1589-1610). Héritier légitime du trône de France, chef du parti protestant après le massacre de la Saint-Barthélemy (1572), il vainquit la Ligue catholique en 1589. Mais les Français ne voulaient pas d'un roi protestant : il abjura alors le protestantisme et fut sacré roi à Chartres en 1594. Le 13 avril 1598, il proclama l'édit de Nantes, qui accordait la liberté de culte aux protestants et rétablissait la paix religieuse dans le pays. Aidé par Sully, son ministre, il reconstruisit l'économie du pays, ruiné par les guerres, et ramena la prospérité. Il fut assassiné par Ravaillac.

Henri IV, Marie de Médicis et leurs enfants, peinture du XVIIe siècle

Henri VIII (né en 1491, mort en 1547)
Roi d'Angleterre (1509 à 1547) et d'Irlande (1541 à 1547). Roi de la dynastie des Tudors, il eut un rôle d'arbitre dans la rivalité qui opposait François Ier et Charles Quint ; l'Angleterre connut une grande prospérité sous son règne. Comme le pape refusait d'annuler son mariage avec Catherine d'Aragon, il se sépara de l'Église de Rome et créa l'Église anglicane. Il a eu six épouses.

hep ! (interjection)
Sert à appeler, à héler. ***Hep !*** *Vous là-bas, venez par ici !*

hépatique (adjectif)
Qui concerne le foie. *La jaunisse est une maladie* ***hépatique****.*

hépatite (nom féminin)
Maladie du foie. *Certaines* ***hépatites*** *sont dues à des virus.*

Héphaïstos
Dieu du Feu et des Forgerons, dans la mythologie grecque. Il porte le nom de Vulcain dans la mythologie romaine.

Héraclès
Héros de la mythologie grecque. Il porte le nom d'Hercule dans la mythologie romaine.
ORTHO On écrit aussi **Héraklès**.

héraut (nom masculin)
Au Moyen Âge, personne chargée d'annoncer officiellement et solennellement certaines nouvelles.

herbacé, ée (adjectif)
• **Plante herbacée :** petite plante à tige souple, qui ressemble à de l'herbe.

herbage (nom masculin)
Prairie destinée au pâturage des troupeaux.

herbe (nom féminin)
Plante fine et verte, à tige souple, qui pousse naturellement. *Le bétail broute de l'****herbe*** *dans les prés pour se nourrir. Nous avons pique-niqué sur l'****herbe****.* • **Couper l'herbe sous le pied de quelqu'un :** faire quelque chose avant lui et à sa place. • **En herbe :** se dit du blé qui n'est pas encore mûr ; au sens figuré, se dit de quelqu'un qui est doué pour l'activité qu'il exercera plus tard. *Une violoniste* ***en herbe****.* • **Fines herbes :** plantes utilisées pour parfumer les plats. *Le persil, la ciboulette, le basilic, la coriandre sont des* ***fines herbes****.* • **Mauvaise herbe :** plante qui gêne le développement des plantes cultivées. Famille du mot : **dés**herb**ant**, **dés**herb**er**, herb**age**, herb**icide**, herb**ier**, herb**ivore**.

herbicide (nom masculin)
Produit qui détruit les mauvaises herbes.

herbier (nom masculin)
Collection de plantes séchées que l'on conserve entre des feuilles de papier.

herbivore (adjectif et nom)
Qui se nourrit d'herbe. *Les mammifères ruminants comme la vache, le cerf, le chameau sont des* ***herbivores****.* ➡ p. 776.

herboriser (verbe) ▸ conjug. n° 3
Cueillir des plantes sauvages pour les étudier ou pour les utiliser en cuisine ou en médecine.

herboriste (nom)
Personne qui vend des préparations à base de plantes médicinales.

hercule (nom masculin)
Homme d'une force exceptionnelle. *Cet athlète est un véritable* ***hercule****.* (Syn. colosse.) **Hercule** était un héros de la mythologie latine, célèbre pour sa force colossale.

Hercule
Demi-dieu de la mythologie latine, correspondant à Héraclès chez les Grecs. Hercule, symbole de la force, fut condamné à accomplir douze épreuves, appelées les « Douze Travaux d'Hercule » : il étrangla le lion de Némée et trancha les sept têtes de l'hydre de Lerne, captura le sanglier d'Érymanthe et la biche de Cérynie ; il dut abattre les oiseaux du lac Stymphale, dompter le taureau de Crète et s'emparer des juments du roi de Thrace. Il dut encore prendre la ceinture de la reine des Amazones, nettoyer les écuries d'Augias, capturer les bœufs de Géryon, s'emparer des pommes d'or du jardin des Hespérides, et enfin descendre aux Enfers pour capturer Cerbère.

a b c d e f g h i j k l m n o p q r s t u v w x y z

herculéen, enne (adjectif)
Digne d'un hercule. *Il faudrait une force **herculéenne** pour soulever ce gros rocher.* (Syn. colossal.)

héréditaire (adjectif)
Qui se transmet des parents aux enfants. *Certains caractères physiques comme la couleur des yeux sont **héréditaires**.*

hérédité (nom féminin)
Transmission de certains caractères d'une personne à ses descendants. *L'hémophilie est une maladie qui se transmet par **hérédité**.*

hérésie (nom féminin)
Doctrine contraire aux principes établis officiellement dans une religion.

hérétique (adjectif et nom)
Qui soutient une hérésie. *Autrefois, l'Église catholique considérait les protestants comme des **hérétiques**.*

hérisser (verbe) ▸ conjug. n° 3
1. Dresser ses poils, ses plumes. *Mon chat **hérisse** le poil dès qu'un chien s'approche de lui.* **2.** Au sens figuré, horripiler. *Sa vulgarité me **hérisse**.* • **Être hérissé** : être recouvert de piquants, de pointes. *Ces ronces **sont hérissées** d'épines.*

hérisson (nom masculin)
Petit mammifère au corps hérissé de piquants. *Pour se défendre, le **hérisson** se met en boule.*

un **hérisson**

héritage (nom masculin)
Ensemble de biens transmis par une personne qui vient de mourir. *Cette vieille dame a laissé un gros **héritage** à sa famille.*

hériter (verbe) ▸ conjug. n° 3
1. Devenir propriétaire par héritage. *Il **a hérité** d'une immense fortune à la mort de son oncle.* **2.** Recevoir par hérédité. *Noémie **a hérité** du talent de musicien de son père.* Famille du mot : **dés**hériter, hérit**age**, hérit**ier**.

héritier, ère (nom)
Personne qui hérite. *Elle a fait un testament pour désigner ses **héritiers**.*

hermaphrodite (adjectif)
Qui possède les caractères des deux sexes, mâle et femelle. *Les escargots sont **hermaphrodites**.*

hermétique (adjectif)
1. Qui est parfaitement étanche. *Ce médicament est conservé dans un flacon **hermétique**.* **2.** Qui est difficile à comprendre. *Ce roman m'a paru très **hermétique**.*

hermine (nom féminin)
Petit carnivore dont le poil, fauve en été, devient blanc l'hiver. *La blancheur de l'**hermine** symbolise la pureté.*

une **hermine**

hernie (nom féminin)
Grosseur qui se forme dans le corps quand un organe s'est déplacé. *Un effort violent peut provoquer une **hernie**.*

Hérode Ier le Grand (né en 73, mort en 4 avant Jésus-Christ)
Roi des Juifs de 37 à 4 avant Jésus-Christ. Selon l'Évangile, il aurait ordonné le « massacre des Innocents », c'est-à-dire de tous les enfants de moins de deux ans, pour faire disparaître Jésus nouveau-né qui était annoncé comme roi des Juifs.

■ **héroïne** (nom féminin)
Drogue très dangereuse fabriquée à partir de la morphine. *Ce jeune drogué a failli mourir d'une overdose d'**héroïne**.*

■ **héroïne** (nom féminin) ➡ Voir **héros**.

héroïque (adjectif)
Qui est digne d'un héros. *Des sauveteurs **héroïques**. Un acte **héroïque**.* (Syn. brave. Contr. lâche, peureux.)

héroïquement (adverbe)
De façon héroïque. *Les assiégés se sont comportés **héroïquement**.*

héroïsme (nom masculin)
Courage exceptionnel. *Ce pompier a reçu une médaille pour son **héroïsme** pendant l'incendie.*

héron (nom masculin)
Grand oiseau échassier au long cou et au long bec. *Les **hérons** se nourrissent de poissons et de grenouilles.*

un **héron**

héros, héroïne (nom)
1. Personne qui se distingue par son héroïsme. *Il s'est conduit en **héros** en sauvant plusieurs personnes de la noyade. Jeanne d'Arc, **héroïne** de l'histoire de France.* 2. Personnage principal d'une histoire. *D'Artagnan est le **héros** du roman* les Trois Mousquetaires. Famille du mot : héroï**que**, héroï**quement**, héroï**sme**.

herpès (nom masculin)
Maladie de la peau, due à un virus et provoquant des démangeaisons.

herse (nom féminin)
1. Instrument agricole muni de dents métalliques pour briser les mottes de terre. 2. Grille hérissée de pointes qui s'abaisse pour défendre l'entrée des forteresses. ➡ p. 226.

Hertz Heinrich (né en 1847, mort en 1894)
Physicien allemand. Ses travaux sur les ondes électriques et magnétiques ont favorisé le développement des télécommunications.

hésitant, ante (adjectif)
Qui hésite. *Odile reste **hésitante** devant un tel choix.* (Syn. indécis. Contr. décidé, résolu.)

hésitation (nom féminin)
Fait d'hésiter. *Thomas a choisi son nouveau jeu vidéo après un long moment d'**hésitation**.*

hésiter (verbe) ▸ conjug. n° 3
1. Avoir du mal à prendre une décision. *Papa **hésite** à partir en voiture à cause du brouillard.* 2. Montrer son indécision en s'arrêtant au cours d'une action. *Sarah lit lentement en **hésitant** à chaque mot.* Famille du mot : hésit**ant**, hésit**ation**.

hétéroclite (adjectif)
Qui forme un mélange bizarre de choses qui ne vont pas ensemble. *Le grenier est rempli d'un entassement **hétéroclite** de vieux jouets.*

hétérogène (adjectif)
Qui est composé d'éléments de nature différente. *Ces gens venus des quatre coins du monde forment un groupe **hétérogène**.* (Contr. homogène.)

hétérosexuel, elle (adjectif et nom)
Qui éprouve une attirance sexuelle pour des personnes du sexe opposé au sien.

hêtre (nom masculin)
Grand arbre à tronc droit, à écorce lisse et à bois blanc utilisé en menuiserie. ➡ p. 624.

heu ! (interjection)
Sert à exprimer l'hésitation, le doute, la gêne. *Rends-moi mon stylo ! – **Heu !**... Je crois que je l'ai perdu.*
ORTHO On écrit aussi **euh !**

heure (nom féminin)
1. Période de temps qui correspond à la vingt-quatrième partie d'une journée. *Une **heure** est divisée en soixante minutes. Nous avons rendez-vous dans une **heure**.* 2. Moment déterminé de la journée. *Quelle **heure** est-il ? – Il est onze heures **du***

matin. • **À la bonne heure ! :** c'est bien, c'est satisfaisant. • **À l'heure :** au moment prévu ou à l'heure exacte. *Il est arrivé juste **à l'heure**.* • **À l'heure qu'il est :** en ce moment. • **De bonne heure :** tôt. • **Tout à l'heure :** il y a quelques instants ou un peu plus tard. *Il a téléphoné **tout à l'heure**. Je vous rejoins **tout à l'heure**.*

heureusement (adverbe)
Par bonheur. *Il a fait une chute mais **heureusement** il n'est pas blessé.* (Contr. malheureusement.)

heureux, euse (adjectif)
1. Qui est plein de joie, de bonheur. *Vivre des moments **heureux**. C'est une famille vraiment **heureuse**.* (Contr. malheureux.) **2.** Qui est très satisfait. *Nous sommes très **heureux** de vous revoir.* (Syn. content.) **3.** Qui est favorisé par la chance. *Après cette chute, il peut s'estimer **heureux** d'être encore en vie !*

heurt (nom masculin)
Fait de se heurter. *Des **heurts** ont eu lieu entre les manifestants et les forces de l'ordre.* ● Prononciation [œR].

heurter (verbe) ▸ conjug. n° 3
1. Toucher violemment. *La voiture **a heurté** un arbre. En courant, Victor **s'est heurté** à un passant.* (Syn. se cogner, percuter.) **2.** Au sens figuré, contrarier quelqu'un. *Ses mauvaises manières me **heurtent**.* (Syn. choquer.) **3.** Se heurter à quelque chose : se trouver en face. *Les alpinistes **se sont heurtés à** une difficulté imprévue.*

feuilles, fruits et écorce du **hêtre**

hévéa (nom masculin)
Arbre des pays chauds dont on tire le latex servant à fabriquer le caoutchouc.

hexagonal, ale, aux (adjectif)
Qui a la forme d'un hexagone. *Sur la carte, la France est **hexagonale**.*

hexagone (nom masculin)
Figure géométrique qui comporte six côtés et six angles. *On appelle la France l'**Hexagone** à cause de sa forme.* ➡ p. 576.

hiatus (nom masculin)
Suite de deux voyelles appartenant à deux syllabes différentes d'un mot ou de deux mots. *« Aérien » et « il a été » sont des exemples d'**hiatus**.*

hibernation (nom féminin)
État proche du sommeil dans lequel certains animaux vivent l'hiver.

hiberner (verbe) ▸ conjug. n° 3
Passer l'hiver en hibernation. *Les ours, les marmottes, les loirs, les chauves-souris **hibernent**.*

hibiscus (nom masculin)
Arbre tropical à grandes fleurs.

une fleur d'**hibiscus**

hibou, oux (nom masculin)
Rapace nocturne qui porte des aigrettes sur la tête. *Le **hibou** hulule.* ➡ p. 886.

hic (nom masculin)
• **Le hic :** dans la langue familière, annonce une difficulté, un problème. *William aimerait faire de la plongée sous-marine, mais le **hic**, c'est qu'il ne sait pas nager !*

hideux, euse (adjectif)
Qui est d'une laideur qui fait peur. *Benjamin a fait un cauchemar peuplé de monstres **hideux**.* (Syn. affreux, horrible.)

hier (adverbe)
Jour qui précède aujourd'hui. *Je l'ai rencontré mercredi, c'est-à-dire **hier** puisque nous sommes jeudi.* • **Ne pas dater d'hier :** être très ancien. *Ces photos jaunies **ne datent pas d'hier**.*

hiérarchie (nom féminin)
Organisation d'un groupe de personnes selon leur importance ou leur pouvoir. *Le directeur a le poste le plus élevé dans la **hiérarchie** de l'entreprise.*

hiérarchique (adjectif)
Qui fait partie d'une hiérarchie. *Un soldat doit obéir à son supérieur **hiérarchique**.*

hiéroglyphe (nom masculin)
Signe d'écriture des anciens Égyptiens. *Les **hiéroglyphes** sont des petits dessins qui symbolisent des mots ou des idées.*

hi-fi ➡ Voir **haute-fidélité**.

hilarant, ante (adjectif)
Qui fait rire. *Le numéro des clowns était vraiment **hilarant**.* (Syn. désopilant.)

hilare (adjectif)
Qui a l'air très content. *Les spectateurs, **hilares**, applaudissaient aux mimiques de l'acteur.* (Syn. réjoui.) Famille du mot : hilar**ant**, hilar**ité**.

hilarité (nom féminin)
Brusque accès de rire. *Sa réponse étourdie a déclenché l'**hilarité** générale dans la classe.*

Himalaya
Chaîne montagneuse d'Asie, au nord de l'Inde. La chaîne de l'Himalaya est la plus haute du monde ; elle est longue de 2 800 km. Son plus haut sommet est l'Everest, au Tibet, à 8 850 mètres d'altitude et treize autres sommets s'élèvent à plus de 8 000 mètres.

hindou, oue (adjectif et nom)
Qui concerne ou qui pratique l'hindouisme. *Les **hindous** croient à la réincarnation après la mort.*

hindouisme (nom masculin)
Religion très répandue en Inde. *Les adeptes de l'**hindouisme** vénèrent de nombreux dieux.*

hippique (adjectif)
Qui concerne les chevaux ou l'équitation. *Un concours **hippique**.*

hippocampe (nom masculin)
Petit poisson marin dont la tête rappelle celle d'un cheval. *L'**hippocampe** nage à la verticale.* ➡ p. 626.

Hippocrate (né en 460, mort en 377 avant Jésus-Christ)
Médecin de l'Antiquité. Hippocrate est considéré comme le plus grand médecin de son époque. On l'a appelé « le père de la médecine ».
SERMENT D'HIPPOCRATE
Serment que prêtent les médecins avant de commencer à exercer leur profession ; il résume les grands principes de la morale d'Hippocrate.

hippodrome (nom masculin)
Terrain destiné aux courses de chevaux. *L'**hippodrome** de Vincennes.*

hippopotame (nom masculin)
Gros mammifère herbivore qui vit dans les fleuves d'Afrique. *Certains **hippopotames** peuvent atteindre quatre tonnes.* **Hippopotame** vient du grec *hippos* qui signifie « cheval » et *potamos* qui signifie « fleuve ». ➡ p. 627.

hirondelle (nom féminin)
Petit oiseau migrateur noir et blanc dont la queue est fourchue. *Les **hirondelles** reviennent des pays chauds aux premiers jours du printemps.*

une **hirondelle**

un **hippocampe**

Hiroshima
Ville et port du Japon (2,2 millions d'habitants). Le 6 août 1945, l'aviation américaine lança sur Hiroshima la première bombe atomique. La ville fut anéantie et il y eut près de 150 000 victimes.

hirsute (adjectif)
Qui est tout ébouriffé, mal coiffé. *Il vient de sortir de son lit, tout **hirsute**.*

hispanique (adjectif)
Qui concerne l'Espagne ou les pays d'Amérique du Sud parlant l'espagnol.

hisser (verbe) ▸ conjug. n° 3
1. Faire monter quelque chose en se servant de cordes. ***Hisser** les voiles d'un navire.* 2. Se hisser : grimper ou s'élever en faisant de gros efforts. ***Se hisser** sur un mur, sur un toit.*

histoire (nom féminin)
1. Récit rapportant des faits réels ou imaginaires. *Pour endormir son petit frère, Ursula lui raconte une **histoire**.* 2. Ensemble des évènements qui se sont déroulés dans le passé. *Étudier l'**histoire** de France.* 3. Chose fausse que l'on raconte pour tromper quelqu'un. *Arrête de me raconter des **histoires** !* (Syn. mensonge.) 4. Incident fâcheux, désagréable. *Faire un voyage sans **histoire**. Ces mensonges vont t'attirer des **histoires**.* (Syn. difficulté, ennui.) • **En faire toute une histoire :** exagérer l'importance de quelque chose. • **Faire des histoires :** créer des complications.
Famille du mot : histor**ien**, histor**ique**, **pré**histoire, **pré**histor**ique**.

historien, enne (nom)
Spécialiste des études d'histoire.

historique (adjectif)
1. Qui concerne l'histoire, les évènements du passé. *Il rassemble des documents **historiques** sur la vie au Moyen Âge.* 2. Qui a réellement existé dans le passé. *Charlemagne est un personnage **historique**.* 3. Qui a laissé des traces importantes dans l'histoire. *Le jour de la prise de la Bastille (14 juillet 1789) est une date **historique**.* ■ **historique** (nom masculin) Récit qui expose tous les faits depuis le début. *Faire l'**historique** d'une enquête.*

Hitler Adolf (né en 1889, mort en 1945)
Homme politique allemand. Chef du Parti national-socialiste en 1921, il écrivit *Mein Kampf* (« Mon combat ») où il exposa la doctrine raciste et antisémite du nazisme, fondée sur la supériorité de la race germanique. Après la grave crise économique de 1929, le parti nazi accéda au pouvoir. Hitler devint chancelier en 1933, puis chef de l'État allemand en 1934. Il prit le titre de Führer (guide). Véritable dictateur, il mit en place les camps d'extermination où périrent des millions de personnes. Le 1er septembre 1939, il envahit la Pologne et déclencha la Seconde Guerre mondiale. Il se suicida, le 30 avril 1945, alors que les troupes soviétiques entraient dans Berlin.

Adolf **Hitler**

hit-parade (nom masculin)
Classement de chansons ou de films par ordre de succès. *Une chanson en tête du **hit-parade**.* Pluriel : des hit-parades.

un **hippopotame**

hiver (nom masculin)
Saison la plus froide de l'année qui suit l'automne et précède le printemps. Famille du mot : hivernal, hiverner.

hivernal, ale, aux (adjectif)
De l'hiver. *Nous sommes en automne, mais il fait déjà un froid **hivernal**.*

hiverner (verbe) ▶ conjug. n° 3
Passer l'hiver à l'abri. *Le berger ramène ses moutons à l'étable pour **hiverner**.*

HLM (nom féminin ou masculin)
Immeuble dont les appartements ont des loyers peu élevés. Prononciation [aʃɛlɛm]. **HLM** est l'abréviation d'*habitation à loyer modéré*.

ho ! (interjection)
Sert à interpeller quelqu'un. ***Ho !** la vilaine menteuse !*

hobby (nom masculin)
Passe-temps favori. *Xavier collectionne des vieilles cartes postales, c'est son **hobby**.* (Syn. dada, marotte.) Pluriel : des hobbys ou des hobbies. **Hobby** est un mot anglais qui signifie « petit cheval », « dada ».

hochement (nom masculin)
• **Hochement de tête :** fait de hocher la tête. *Il a approuvé d'un **hochement de tête**.*

hocher (verbe) ▶ conjug. n° 3
• **Hocher la tête :** remuer la tête de haut en bas en signe d'accord ou de droite à gauche en signe de désaccord.

hochet (nom masculin)
Jouet de bébé qui fait du bruit quand on le secoue.

hockey (nom masculin)
Sport d'équipe qui consiste à pousser une balle ou un palet dans le but adverse à l'aide d'une crosse. *Le **hockey** peut se pratiquer sur gazon ou sur glace.*

des joueurs de **hockey** sur glace

holà ! (interjection)
Sert à arrêter, à modérer quelqu'un. ***Holà !** faites moins de bruit !* ■ **holà** (nom masculin) • **Mettre le holà à quelque chose :** mettre fin à quelque chose de fâcheux. *J'ai décidé de **mettre le holà à** tout ce gaspillage.*

hold-up (nom masculin)
Attaque à main armée dans le but de voler. *La police a arrêté les auteurs du **hold-up**.* Prononciation [ɔldœp]. Pluriel : des hold-up. **Hold-up** vient de l'anglais *to hold up one's hands* qui signifie « tenir les mains en l'air ».
ORTHO On écrit aussi un **holdup**, des **holdups**.

hollandais, aise ➡ Voir tableau p. 6.

Hollande
Région des Pays-Bas, sur la mer du Nord. C'est la région la plus riche et la plus peuplée du pays. La ville principale est Amsterdam. La Hollande, qui est située en grande partie au-dessous du niveau de la mer, est parcourue de canaux et possède de grands polders. C'est une région de culture et d'élevage. Le nom de Hollande sert souvent à désigner, à tort, les Pays-Bas.

Hollande François (né en 1954)
Homme politique français. Il est président de la République de 2012 à 2017.

Hollywood
Quartier de la ville de Los Angeles, aux États-Unis. Hollywood est connu pour être le grand centre de l'industrie du cinéma et de la télévision aux États-Unis. La plupart des grands films américains sont tournés dans ses célèbres studios.

Holocauste (nom masculin)
Extermination des Juifs par les nazis. *L'**Holocauste** s'est produit pendant la Seconde Guerre mondiale.* Dans l'Antiquité hébraïque, un **holocauste** était l'offrande à Dieu d'un animal que l'on faisait brûler.

hologramme (nom masculin)
Photo qui donne l'impression du relief quand on la regarde sous un certain angle.

homard (nom masculin)
Crustacé marin aux pattes armées de grosses pinces et dont la carapace bleue ou verte devient rouge à la cuisson.

un **homard**

homéopathie (nom féminin)
Traitement des maladies qui consiste à absorber des doses très faibles de produits qui, à doses fortes, provoqueraient la maladie que l'on veut soigner.

homéopathique (adjectif)
Qui concerne l'homéopathie. *Benjamin soigne son asthme par traitement **homéopathique**.*

Homère
Nom donné au plus célèbre des poètes grecs, considéré comme l'auteur de l'*Iliade* et de l'*Odyssée*. Selon l'historien Hérodote, il aurait vécu vers 850 avant Jésus-Christ. La légende dit que, devenu vieux et aveugle, Homère allait encore de ville en ville en chantant ses poèmes.

homérique (adjectif)
Qui est extraordinaire, phénoménal. *Une bataille **homérique**.* **Homérique** vient du nom d'*Homère*, poète grec.

homicide (nom masculin)
Fait de tuer un être humain.

hominidés (nom masculin pluriel)
Famille de primates dont la lignée s'étend des hommes fossiles aux hommes actuels. *Les plus anciens **hominidés** ont été découverts en Afrique.*

hommage (nom masculin)
Acte qui marque le respect ou l'admiration. *On a rendu **hommage** à l'héroïsme de ces sauveteurs.* ■ **hommages** (nom masculin pluriel) Salutations qu'un homme adresse à une femme. *Il a présenté ses **hommages** à la maîtresse de maison.*

homme (nom masculin)
1. Être humain adulte de sexe masculin. *Des vêtements pour **hommes**.* **2.** Être humain en général. *De même que le langage, le rire est le propre de l'**homme**.* • **Comme un seul homme :** tous ensemble et en même temps. *Ils ont répondu **comme un seul homme**.* • **Homme d'affaires :** personne qui s'occupe d'entreprises commerciales. • **Homme de loi :** avocat ou magistrat. • **Homme politique :** ministre ou député.

homme-grenouille (nom masculin)
Plongeur sous-marin équipé de bouteilles à oxygène. *Des **hommes-grenouilles** réparent la coque du bateau.* Pluriel : des hommes-grenouilles.

homogène (adjectif)
Qui est formé d'éléments qui vont bien ensemble. *Pour gagner ce match, il faut une équipe **homogène**.* (Contr. hétérogène.)

homologue (nom)
Personne qui remplit la même fonction. *Le ministre français de l'Agriculture a rencontré son **homologue** anglais.*

Hong Kong

homologuer (verbe) ▸ conjug. n° 3
Reconnaître officiellement la validité de quelque chose. ***Homologuer** un record.*

homonyme (nom masculin)
Mot qui se prononce de la même façon qu'un autre mais qui n'a pas la même signification. *Les mots « saut », « seau » et « sot » sont des **homonymes**.* **Homonyme** vient du grec *homos* qui signifie « le même » et *onoma* qui signifie « nom ».

homosexuel, elle (adjectif et nom)
Personne qui éprouve une attirance sexuelle pour des personnes du même sexe qu'elle.

Honduras

7,5 millions d'habitants
Capitale : Tegucigalpa
Monnaie : le lempira
Langue officielle : espagnol
Superficie : 112 090 km²

État d'Amérique centrale, voisin du Guatemala, du Salvador et du Nicaragua, et s'ouvrant sur la mer des Antilles.

GÉOGRAPHIE
Le Honduras est un pays montagneux, au climat tropical tempéré par l'altitude. Sa population vit essentiellement de la culture du maïs, du sorgho et des haricots, d'élevage et de pêche. Le pays exporte des bananes, du café et des crustacés.

HISTOIRE
Pays de civilisation maya, le Honduras tient son nom de Christophe Colomb qui y arriva en 1502. Conquis par les Espagnols à partir de 1523, il devint indépendant en 1821.

hondurien, enne ➡ Voir tableau p. 6.

Hong Kong

Territoire de la côte sud de la Chine (1 045 km² ; 7 millions d'habitants). Sa population, extrêmement dense, est chinoise à 98 %. C'est un très grand centre commercial, industriel et financier et le port de Victoria est très actif. Hong Kong a été une possession britannique de 1842 à 1997.

Hongrie

Union européenne

10 millions d'habitants
Capitale : Budapest
Monnaie : le forint
Langue officielle : hongrois
Superficie : 93 030 km²

État d'Europe centrale.

GÉOGRAPHIE
La Hongrie est un pays de plaines, excepté dans le Nord et le Sud-Ouest, où le

relief est plus élevé. Le climat est continental et sec dans les plaines, plus humide sur les hauteurs. Le tourisme est très important.

HISTOIRE

La Hongrie a été une possession des Habsbourg d'Autriche de 1526 à 1918. Le pays connut un régime communiste et fut occupé par l'armée soviétique de 1941 à 1991. La république de Hongrie est membre de l'Union européenne depuis 2004.

hongrois, oise ➡ Voir tableau p. 6.

honnête (adjectif)
1. Qui ne cherche pas à tromper ou à voler. *William est bien trop **honnête** pour tricher.* (Syn. intègre, loyal. Contr. déloyal, malhonnête.) **2.** Qui est d'un niveau moyen, acceptable. *Gaëlle a des notes **honnêtes**, mais elle pourrait faire mieux.* (Syn. acceptable, honorable, passable.) Famille du mot : honnête**ment**, honnête**té**, **mal**honnête, **mal**honnête**ment**, **mal**honnête**té**.

honnêtement (adverbe)
De façon honnête. *Guillaume a toujours gagné sa vie **honnêtement**.* (Contr. malhonnêtement.)

honnêteté (nom féminin)
Qualité d'une personne honnête. *C'est un commerçant d'une parfaite **honnêteté**.*

honneur (nom masculin)
1. Sentiment d'être digne du respect d'autrui. *Accusé, il est prêt à se battre pour défendre son **honneur**.* **2.** Marque d'estime envers quelqu'un que l'on respecte. *Le Premier ministre sera accueilli avec tous les **honneurs** qui lui sont dus.* • **Cour d'honneur :** cour principale d'un château. • **Garçon, demoiselle d'honneur :** personne qui accompagne la mariée. • **En l'honneur de :** pour honorer quelqu'un. • **Faire honneur à quelqu'un :** se conduire bien, de manière à le rendre fier. • **Faire honneur à un repas :** manger copieusement avec grand plaisir. *Il **a fait honneur à** notre civet de lièvre.*

honorable (adjectif)
1. Qui mérite l'estime ou le respect des autres. *Un homme **honorable**.* (Syn. respectable.) **2.** Qui est suffisant mais pas excellent. *Il a eu une moyenne **honorable** à son examen.* (Syn. honnête, moyen, passable.)

honoraires (nom masculin pluriel)
Somme d'argent que l'on paie à quelqu'un qui exerce une profession libérale. *Un avocat, un médecin reçoivent des **honoraires**, un employé reçoit un salaire.*

honorer (verbe) ▶ conjug. n° 3
Manifester son respect à quelqu'un. *Une cérémonie aura lieu pour **honorer** la mémoire de ce grand écrivain.* Famille du mot : **dés**honor**ant**, **dés**honorer, honor**able**, honor**ifique**.

honorifique (adjectif)
Qui est destiné à honorer quelqu'un. *Il a été nommé président d'honneur, à titre **honorifique**.*

honte (nom féminin)
1. Sentiment de culpabilité ou d'humiliation. *Il a **honte** de ses mensonges.* **2.** Chose odieuse ou action déshonorante. *C'est une **honte** de trahir un ami.*

honteux, euse (adjectif)
1. Qui éprouve de la honte. *Julie est **honteuse** d'avoir été méchante.* (Syn. confus.) **2.** Qui est déshonorant, scandaleux. *C'est **honteux** d'attaquer quelqu'un de plus faible que soi !* (Syn. ignoble.)

hop ! (interjection)
Mot qui invite à aller plus vite. *Allez **hop !** Tout le monde debout !*

hôpital, aux (nom masculin)
Établissement dans lequel on soigne et on opère les malades et les blessés. *L'ambulance a transporté la victime de l'accident à l'**hôpital**.*

hoquet (nom masculin)
Contraction qui provoque des secousses et des bruits involontaires dans la gorge.

hoqueter (verbe) ▶ conjug. n° 9
Avoir le hoquet. *Il pleurait en **hoquetant** bruyamment.* **Hoqueter** se conjugue aussi comme peler (n° 8).

horaire (adjectif)
Qui correspond à une durée d'une heure. *La vitesse **horaire** d'une voiture est le nombre de kilomètres qu'elle parcourt en une heure.* ■ **horaire** (nom masculin) Tableau qui indique les heures d'arrivée et de départ d'un moyen de transport. *Des **horaires** de train.* **2.** Emploi du

temps. *Les **horaires** d'ouverture sont affichés sur la porte du magasin.*

horde (nom féminin)
Groupe d'hommes ou d'animaux errants. *Une **horde** de voyous a envahi le quartier.*

horizon (nom masculin)
1. Ligne qui semble séparer le ciel et la terre. *Le soleil disparaît sous l'**horizon**.* 2. Au sens figuré, domaine d'action ou de réflexion. *L'invention du laser a ouvert de nouveaux **horizons** pour la médecine.* Famille du mot : horizon**tal**, horizon**talement**.

horizontal, ale, aux (adjectif)
Qui est parallèle à la ligne d'horizon. *La surface d'un liquide est toujours **horizontale**.* (Contr. vertical.) ■ **horizontale** (nom féminin) • **À l'horizontale :** dans une position horizontale.

horizontalement (adverbe)
En position horizontale. *Écartez les bras **horizontalement**.* (Contr. verticalement.)

horloge (nom féminin)
Instrument qui indique l'heure. *On entend le tic-tac de l'**horloge** du salon.* Famille du mot : horlog**er**, horlog**erie**.

horloger, ère (nom)
Personne qui fabrique, répare ou vend des montres, des horloges.

horlogerie (nom féminin)
1. Fabrication ou commerce des instruments qui indiquent l'heure. *L'**horlogerie** suisse est réputée.* 2. Magasin de l'horloger.

hormis (préposition)
Synonyme littéraire de sauf. *Tous les enfants étaient présents, **hormis** Anna.*

hormone (nom féminin)
Substance produite par certaines glandes, transportée par le sang et qui agit sur les organes du corps.

cap **Horn**
Pointe située à l'extrême sud de l'Amérique du Sud, dans l'archipel de la Terre de Feu, au Chili.

horodateur (nom masculin)
Appareil qui sert à imprimer la date et l'heure. *L'**horodateur** d'un parcmètre.*

horoscope (nom masculin)
Prédiction de l'avenir de quelqu'un d'après la position des planètes à sa naissance. **Horoscope** vient de mots grecs qui signifient « qui observe l'heure de la naissance ».

horreur (nom féminin)
1. Réaction d'effroi ou de dégoût provoquée par quelque chose d'affreux. *La vue d'une araignée remplit Élodie d'**horreur**.* 2. Ce qui est terrifiant ou très laid. *N'achète pas cette casquette, c'est une **horreur** !* • **Avoir horreur de quelque chose :** le détester. *Benjamin **a** vraiment **horreur du** poisson bouilli.* ■ **horreurs** (nom féminin pluriel) Actes ou paroles horribles. *Ce pays a connu les **horreurs** de la guerre.*

horrible (adjectif)
1. Qui inspire de l'horreur. *Il a commis un crime **horrible**.* 2. Qui est très laid ou très pénible à supporter. *Un **horrible** mal de dents.*

horriblement (adverbe)
1. De façon horrible. *Cet homme a été **horriblement** blessé.* (Syn. affreusement.) 2. Très. *Je suis **horriblement** en retard.*

horrifier (verbe) ▸ conjug. n° 10
Provoquer de l'horreur. *Le spectacle de l'accident les **a horrifiés**.*

horripilant, ante (adjectif)
Qui horripile. *Dans la rue, les marteaux-piqueurs font un bruit **horripilant**.*

un parcmètre à **horodateur**

horripiler (verbe) ▸ conjug. n° 3
Irriter au plus haut point. *Arrête de pleurnicher, tu m'**horripiles** !* (Syn. exaspérer.)

hors de (préposition)
À l'extérieur d'un lieu. *L'aéroport est situé **hors de** la ville.* • **Hors de danger :** à l'abri du danger ou sauvé d'un danger. • **Hors de prix :** trop cher. • **Hors de soi :** dans une violente colère. *Tes mensonges me mettent **hors de moi**.* • **Hors d'usage :** trop vieux ou trop abîmé. *Des vêtements **hors d'usage**.*

hors-bord (nom masculin)
Canot rapide dont le moteur se trouve à l'arrière et à l'extérieur de la coque. Pluriel : des hors-bord**s** ou des hors-bord.

hors-d'œuvre (nom masculin)
Plat froid que l'on sert au début du repas. *Une salade de tomates en **hors-d'œuvre**.* Pluriel : des hors-d'œuvre**s** ou des hors-d'œuvre.

hors-jeu (nom masculin)
Faute d'un joueur de football ou de rugby qui occupe une position irrégulière sur le terrain. Pluriel : des hors-jeu**x** ou des hors-jeu.

hors-la-loi (nom masculin)
Personne qui vit en dehors des lois de la société à cause de ses crimes. *Le shérif poursuivait une bande de **hors-la-loi**.* Pluriel : des hors-la-loi.

hors-piste (nom masculin)
Ski pratiqué en dehors des pistes balisées. *Le **hors-piste** est dangereux à cause des risques d'avalanche.* Pluriel : des hors-piste**s**.

hors-service (adjectif)
Qui ne fonctionne plus. *Ce distributeur de boissons est **hors-service**.* Ce mot est parfois abrégé familièrement **HS**.

hortensia (nom masculin)
Arbuste à fleurs bleues, roses ou blanches groupées en forme de grosses boules.

un **hortensia**

horticole (adjectif)
Qui concerne l'horticulture. *Nous avons vu de belles fleurs exotiques à l'exposition **horticole**.*

horticulteur, trice (nom)
Personne qui fait de l'horticulture.

horticulture (nom féminin)
Culture des légumes, des fruits et des fleurs.

Horus
Dieu de l'Égypte ancienne, fils d'Isis et Osiris, représenté sous la forme d'un faucon, ou d'un homme à tête de faucon.

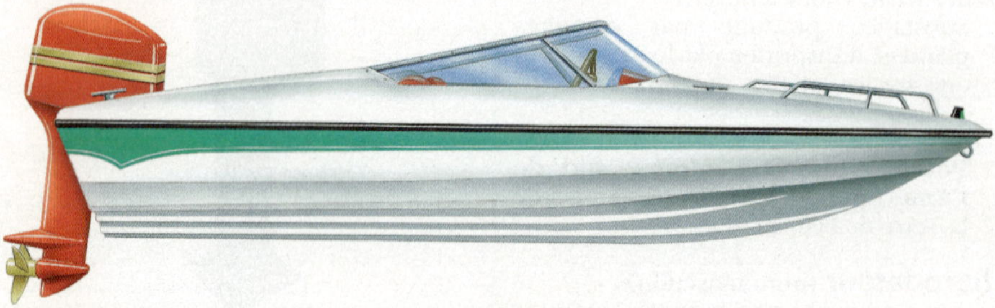

un **hors-bord**

le dieu **Horus**,
bas-relief sur un temple égyptien

hospice (nom masculin)
Établissement qui accueille les personnes âgées, les handicapés.

hospitalier, ère (adjectif)
1. De l'hôpital. *Les médecins et les infirmières font partie du personnel* ***hospitalier****.* 2. Qui pratique l'hospitalité. *Ces gens* ***hospitaliers*** *savent accueillir les touristes.* (Contr. inhospitalier.)

hospitaliser (verbe) ▸ conjug. n° 3
Faire entrer quelqu'un à l'hôpital. *On va* ***hospitaliser*** *Clément pour l'opérer de l'appendicite.*

hospitalité (nom féminin)
Fait d'accueillir ou de loger des gens chez soi. *Il a offert l'****hospitalité*** *à ses voisins inondés.*

hostie (nom féminin)
Rondelle de pain azyme que le prêtre distribue au moment de la communion.

hostile (adjectif)
1. Qui a l'attitude d'un ennemi. *Il a tenu des propos* ***hostiles*** *à mon égard.* (Syn. agressif. Contr. amical, bienveillant.) 2. Qui est opposé à quelque chose. *Les villageois sont* ***hostiles*** *à la construction d'une centrale nucléaire.*

hostilité (nom féminin)
Attitude d'une personne hostile. *Il regardait l'inconnu avec* ***hostilité****.* (Syn. malveillance.) ■ **hostilités** (nom féminin pluriel) Actes de guerre. *Le traité de paix a mis fin aux* ***hostilités****.*

hot-dog (nom masculin)
Sandwich composé d'un petit pain garni d'une saucisse chaude. ● **Hot-dog** est un mot anglais : on prononce [ɔt-dɔg]. Pluriel : des hot-dog**s**.
ORTHO On écrit aussi **hotdog**.

hôte, hôtesse (nom)
Personne qui donne l'hospitalité à quelqu'un. *Les invités ont été très bien accueillis par leur* ***hôtesse****.* ■ **hôte** (nom masculin) Personne qui est reçue chez quelqu'un. *Fatima est l'****hôte*** *de son amie Anna.* (Syn. invité.) ■ **hôtesse** (nom féminin) Femme chargée de l'accueil des visiteurs. *Des* ***hôtesses*** *nous ont renseignés à l'entrée.* • **Hôtesse de l'air :** femme qui s'occupe des passagers d'un avion.

hôtel (nom masculin)
Établissement dans lequel on peut louer une chambre pour une ou plusieurs nuits. *Nous avons passé une semaine de vacances à l'****hôtel****.* • **Hôtel particulier :** maison ancienne, dans une ville. • **Hôtel de ville :** mairie. • **Maître d'hôtel :** personne qui dirige le service dans un restaurant. Famille du mot : hôtel**ier**, hôtel**lerie**.

hôtelier, ère (nom)
Personne qui dirige un hôtel. ■ **hôtelier, ère** (adjectif) Qui concerne l'hôtellerie. *Une école* ***hôtelière****.*

hôtellerie (nom féminin)
Ensemble des activités qui concernent les hôtels et les restaurants.

hôtesse ➡ Voir **hôte**.

hotte (nom féminin)
1. Grand panier, muni de bretelles, que l'on porte sur le dos. *La* ***hotte*** *du père Noël débordait de jouets.* 2. Partie d'une cheminée située au-dessus du foyer. 3. Appareil électrique fixé au-dessus d'une cuisinière pour aspirer les odeurs et la fumée.

a b c d e f g **h** i j k l m n o p q r s t u v w x y z

hou ! (interjection)
Mot que l'on utilise pour faire peur à quelqu'un ou pour se moquer de lui. ***Hou !** le peureux !*

houblon (nom masculin)
Plante grimpante dont les fleurs servent à parfumer la bière.

du **houblon**

houe (nom féminin)
Pioche dont la lame large et recourbée sert à retourner la terre.

houille (nom féminin)
Synonyme de charbon. • **Houille blanche :** énergie électrique fournie par les barrages.

houiller, ère (adjectif)
De la houille. *Un gisement **houiller**.*

houle (nom féminin)
Mouvement qui agite la mer en ondulations. *Il n'y a pas de vagues ce matin, seulement une légère **houle**.*

houlette (nom féminin)
• **Sous la houlette de quelqu'un :** sous sa conduite ou sous son autorité. *La randonnée se fera **sous la houlette d'**un guide.* La **houlette** était autrefois un long bâton dont se servaient les bergers.

houleux, euse (adjectif)
1. Qui est agité par la houle. *Une mer **houleuse**.* 2. Au sens figuré, qui est agité, mouvementé. *La réunion s'est terminée dans une ambiance **houleuse**.* (Contr. calme, paisible.)

houppe (nom féminin)
Touffe de cheveux. *Le bébé a une petite **houppe** sur le sommet de la tête.*

hourra ! (interjection)
Sert à exprimer l'enthousiasme, la joie. ***Hourra !** vive la mariée !* ■ **hourra** (nom masculin) Cri d'enthousiasme. *Les spectateurs poussaient des **hourras** au passage des coureurs.*

houspiller (verbe) ▸ conjug. n° 3
Harceler de reproches et de critiques. *Elle n'arrête pas de **houspiller** son petit frère.*

housse (nom féminin)
Enveloppe souple dont on recouvre un objet pour le protéger. *Une **housse** de couette.*

houx (nom masculin)
Arbuste à feuilles persistantes vertes, luisantes et piquantes, à petits fruits rouges. ➡ p. 520.

HS ➡ Voir **hors-service**.

hublot (nom masculin)
Petite fenêtre étanche sur un bateau ou dans un avion.

le ciel vu depuis le **hublot** d'un avion

huche (nom féminin)
Coffre de bois à couvercle plat où l'on rangeait le pain.

hue (interjection)
Cri que l'on pousse pour faire avancer un cheval. ***Hue** cocotte !*

huées (nom féminin pluriel)
Cris d'hostilité. *Le discours a été interrompu par les **huées** du public.*

huer (verbe) ▶ conjug. n° 3
Manifester son mécontentement par des huées. *Les joueurs se sont fait **huer** par les spectateurs.* (Syn. conspuer. Contr. acclamer, applaudir.)

Hugo Victor (né en 1802, mort en 1885)
Écrivain français. Poète classique dans ses premiers écrits, Victor Hugo devint rapidement le chef de file du romantisme. Grand adversaire de Napoléon III, il a dû quitter la France à plusieurs reprises. Très proche des problèmes et des préoccupations de son temps, il a exprimé son génie dans la poésie, le roman, le théâtre et la politique.
Il est l'auteur de *Hernani* (1830), *Notre-Dame de Paris* (1831), *Ruy Blas* (1838), *les Châtiments* (1853), *les Contemplations* (1856), *la Légende des siècles* (1859-1883), *les Misérables* (1862) et de *l'Art d'être grand-père* (1877). Son œuvre est colossale, et il est considéré comme un des plus grands poètes et écrivains français. Il a été élu à l'Académie française en 1841.

Victor **Hugo**

huguenot, ote (adjectif et nom)
Surnom donné par les catholiques aux protestants calvinistes, en France, aux XVIe et XVIIe siècles.

Hugues Capet (né vers 941, mort en 996)
Roi de France entre 987 et 996. Il fonda la dynastie des Capétiens, qui succéda à la dynastie des Carolingiens.

huile (nom féminin)
1. Liquide gras tiré de certains végétaux, que l'on utilise pour la cuisine. ***Huile** d'olive, de tournesol, de colza, d'arachide.* **2.** Liquide gras utilisé pour le graissage des machines et des moteurs. • **Faire tache d'huile :** s'étendre rapidement, se propager. *La révolte **a fait tache d'huile**.* • **Huile solaire :** liquide gras que l'on met sur la peau pour bronzer. • **Jeter de l'huile sur le feu :** envenimer une dispute. • **Mer d'huile :** mer très calme et lisse. Famille du mot : huil**er**, huil**eux**.

huiler (verbe) ▶ conjug. n° 3
Synonyme de graisser. *Les rouages de cette machine grincent, il faudrait les **huiler**.*

huileux, euse (adjectif)
Qui est imbibé d'huile. *Il reste des traces **huileuses** sur la cuisinière.* (Syn. gras. Contr. sec.)

à huis clos (adverbe)
En dehors de la présence du public. *Ce procès aura lieu **à huis clos**.* En ancien français, l'**huis** c'est la porte de la maison.

huissier, ère (nom)
1. Personne chargée d'accueillir et d'annoncer les visiteurs. *L'**huissier** va vous introduire dans le bureau de l'ambassadeur.* **2.** Personne qui fait exécuter les décisions de la justice.

huit (déterminant)
Sept plus un (8). *Nathalie a **huit ans**.* ■ **huit** (nom masculin) Chiffre ou nombre huit. *Il est payé le **huit** du mois.* • **En huit :** dans une semaine à partir d'aujourd'hui. *Votre rendez-vous est fixé à mardi **en huit**.* Famille du mot : hui**taine**, huit**ième**.

huitaine (nom féminin)
Ensemble d'environ huit. *Il viendra dans une **huitaine** de jours.*

huitième (adjectif et nom)
Qui occupe le rang numéro 8. *David habite au **huitième**. Hélène est la **huitième** de la liste.* ■ **huitième** (nom masculin) Ce qui est contenu huit fois dans un tout. *Il a reçu un **huitième** de l'héritage de son oncle.*

huître (nom féminin)
Mollusque marin à grande coquille, dont la chair est très estimée. *L'élevage des **huîtres** s'appelle l'ostréiculture.*
ORTHO On écrit aussi **huitre**.

une **huître** perlière

hulotte (nom féminin)
Synonyme de chat-huant.

hululement (nom masculin)
Cri des rapaces nocturnes. *Le **hululement** du hibou, de la chouette.*
ORTHO On écrit aussi **ululement**.

hululer (verbe) ▸ conjug. n° 3
Pousser des hululements.
ORTHO On écrit aussi **ululer**.

hum ! (interjection)
Sert à exprimer l'hésitation. ***Hum !** je me demande si tout cela est bien vrai.*

humain, aine (adjectif)
1. Qui concerne l'homme. *Le corps **humain**.* **2.** Qui est bon, généreux avec les autres. *Ce magistrat se montre à la fois juste et **humain** dans ses jugements.* (Contr. inhumain.) ■ **humain** (nom masculin) Être humain. *Cet ermite vit seul, à l'écart de tous les **humains**.* Famille du mot : humaine**ment**, s'humani**ser**, humani**sme**, humani**ste**, humani**taire**, humani**té**, huma**noïde**, **in**humain, **sur**humain.

humainement (adverbe)
Avec humanité. *Les vainqueurs ont traité **humainement** leurs prisonniers.*

s'humaniser (verbe) ▸ conjug. n° 3
Devenir plus humain. *Il était furieux, mais il a fini par **s'humaniser**.*

humanisme (nom masculin)
Doctrine qui affirme la valeur de la personne humaine.

humaniste (adjectif et nom)
Adepte de l'humanisme.

humanitaire (adjectif)
Qui vise à améliorer le sort des êtres humains. *Cette célèbre organisation **humanitaire** lutte contre la faim dans le monde.*

humanité (nom féminin)
1. Ensemble des êtres humains. *L'histoire de l'**humanité**.* **2.** Sentiment de générosité à l'égard des autres. *Traiter quelqu'un avec **humanité**.*

humanoïde (nom)
Dans la science-fiction, robot à forme humaine.

humble (adjectif)
Qui fait preuve de modestie et de simplicité. *Cet artiste admiré de tous a quand même su rester **humble**.* (Syn. modeste. Contr. orgueilleux.)

humblement (adverbe)
De façon humble. *Il a reconnu **humblement** ses erreurs.*

humecter (verbe) ▸ conjug. n° 3
Mouiller légèrement. ***Humecter** du papier peint avant de l'arracher.*

humer (verbe) ▸ conjug. n° 3
Aspirer pour sentir quelque chose. *Ibrahim **hume** l'odeur du poulet rôti.*

humérus (nom masculin)
Os du bras qui va de l'épaule au coude.

humeur (nom féminin)
Tendance habituelle ou passagère du caractère d'une personne. *C'est un homme d'**humeur** agréable. Aujourd'hui, Kevin est de bonne **humeur**.* Dans l'ancienne mé-

decine, les **humeurs** étaient les liquides intérieurs du corps (sang, bile, etc.).

humide (adjectif)
1. Qui est imprégné d'eau ou de vapeur d'eau. *Une cave aux murs **humides**.* (Contr. sec.) 2. Où il pleut souvent. *Cet automne a été très **humide**.* Famille du mot : humidifier, humidité.

humidifier (verbe) ▶ conjug. n° 10
Rendre humide. *Les pluies **ont humidifié** la terre.*

humidité (nom féminin)
État de ce qui est humide. *Pierre ne supporte pas l'**humidité** de l'air de la mer.* (Contr. sècheresse.)

humiliant, ante (adjectif)
Qui cause de l'humiliation. *Notre équipe a subi une défaite **humiliante**.*

humiliation (nom féminin)
Sentiment d'être humilié. *Il a pâli d'**humiliation** quand ses camarades se sont moqués de lui.*

humilier (verbe) ▶ conjug. n° 10
Blesser quelqu'un en lui faisant honte. *Il m'**a humilié** en me traitant de menteur devant tout le monde.* Famille du mot : humiliant, humiliation.

humilité (nom féminin)
Fait de se conduire de façon humble. *Romain a fait preuve d'**humilité** en reconnaissant son erreur.* (Syn. modestie. Contr. orgueil.)

humoriste (nom)
Personne qui écrit, dessine ou raconte les choses avec humour. *Cet **humoriste** est l'auteur de sketchs très amusants.*

humoristique (adjectif)
Qui montre les choses avec humour. *Un dessin **humoristique**.*

humour (nom masculin)
Forme d'esprit qui consiste à faire rire de la réalité même quand elle est triste ou désagréable. *Il nous raconte ses malheurs avec beaucoup d'**humour**.* • **Humour noir :** humour portant sur des sujets macabres.

humus (nom masculin)
Terre noire formée de débris végétaux en décomposition. Prononciation [ymys].

Huns
Peuple nomade venu de l'Est, qui a envahi l'Europe aux IVe et Ve siècles après Jésus-Christ. Conduits par leur chef Attila, les Huns envahirent la Gaule jusqu'à Orléans. Vaincus en 451, ils quittèrent la Gaule pour l'Italie. L'empire des Huns s'effondra à la mort d'Attila.

huppe (nom féminin)
Touffe de plumes qui orne la tête de certains oiseaux. *La **huppe** d'un cacatoès.*

un oiseau avec une **huppe**

huppé, ée (adjectif)
Riche et distingué. *Il est devenu prétentieux depuis qu'il fréquente des gens **huppés**.*

hure (nom féminin)
Tête du sanglier.

hurlement (nom masculin)
Cri violent. *Un **hurlement** de douleur.*

hurler (verbe) ▶ conjug. n° 3
1. Pousser des hurlements. *Il **a hurlé** de joie en apprenant la victoire de son équipe.* 2. Parler ou chanter très fort. *Inutile de **hurler**, je ne suis pas sourd !*

hurluberlu, ue (nom)
Personne fantasque, extravagante. *Son oncle est un surprenant **hurluberlu**.* (Syn. farfelu, original.)

husky (nom masculin)
Chien de traîneau. Pluriel : des huskys ou des huskies. ➡ p. 776.

hussard (nom masculin)
Soldat de cavalerie dans certaines armées.

a b c d e f g h i j k l m n o p q r s t u v w x y z

hutte (nom féminin)
Petite cabane faite de matériaux légers. *Romain et ses amis ont construit une **hutte** en roseaux près du lac.*

hybride (nom masculin)
Animal ou plante qui résulte du croisement de deux espèces différentes. *Le mulet est un **hybride** de l'âne et de la jument.* ■ **hybride** (adjectif) Se dit d'une voiture qui peut fonctionner à l'essence et à l'électricité. *Un moteur **hybride**.*

hydratant, ante (adjectif)
Qui sert à hydrater. *Julie se met une lotion **hydratante** sur le visage.*

hydratation (nom féminin)
Fait d'hydrater un organisme.

hydrater (verbe) ▸ conjug. n° 3
Fournir l'eau nécessaire à un organisme pour éviter qu'il se dessèche. *Il faut boire beaucoup l'été pour **s'hydrater**.* (Contr. déshydrater.)

hydraulique (adjectif)
Qui fonctionne grâce à la force de l'eau. *Une pompe **hydraulique**.*

hydravion (nom masculin)
Avion qui décolle et se pose sur l'eau.

l'Hydre
Serpent fabuleux, dans la mythologie grecque. Ses sept têtes repoussaient quand on les coupait. Hercule le tua en tranchant ses sept têtes d'un seul coup.

hydrocarbure (nom masculin)
Corps composé de carbone et d'hydrogène. *Le pétrole, le gaz naturel sont des **hydrocarbures**.*

hydrocution (nom féminin)
Syncope qui peut se produire quand on entre dans une eau trop froide.

hydroélectricité (nom féminin)
Électricité fournie par les rivières, les chutes d'eau.

hydroélectrique (adjectif)
Qui fournit de l'hydroélectricité. *On construit une centrale **hydroélectrique** près de ce barrage.*

hydrogène (nom masculin)
Gaz incolore très léger. *L'eau est une combinaison d'oxygène et d'**hydrogène**.*

hydroglisseur (nom masculin)
Bateau à fond plat propulsé par une hélice d'avion.

hydrographie (nom féminin)
Ensemble des cours d'eau et des lacs d'une région.

hydromel (nom masculin)
Boisson faite d'un mélange d'eau et de miel. *Les Gaulois buvaient de l'**hydromel**.*

Cet **hydravion** est propulsé par une **hélice**.

hydrophile (adjectif)
Qui absorbe l'eau, les liquides. *Du coton **hydrophile**.*

hyène (nom féminin)
Mammifère carnivore d'Asie et d'Afrique qui se nourrit de charognes. *L'**hyène** hurle.*

une **hyène**

hygiène (nom féminin)
Ensemble des soins du corps nécessaires pour se maintenir en bonne santé. *Avoir de l'**hygiène** consiste à se laver avec soin et à se nourrir de façon saine.*

hygiénique (adjectif)
Qui concerne l'hygiène. *Le sport est une activité **hygiénique**.*

hymne (nom masculin)
Chant national à la gloire d'un pays. *La Marseillaise est l'**hymne** national français.*

hyperglycémie (nom féminin)
Excès de glucose dans le sang.

hypermarché (nom masculin)
Magasin en libre-service, de très grandes dimensions.

hypermétrope (adjectif et nom)
Qui a une vision trouble des objets très proches de lui. *Thomas est **hypermétrope** alors que sa sœur est myope.*

hypnose (nom féminin)
État qui ressemble au sommeil, provoqué par certains médicaments ou sous l'influence d'une personne.

hypnotiser (verbe) ▶ conjug. n° 3
1. Mettre quelqu'un en état d'hypnose. *Ce médecin dit qu'il peut guérir certains malades en les **hypnotisant**.* 2. Attirer l'attention de quelqu'un de façon irrésistible. *Ce spectacle féerique nous **avait hypnotisés**.* (Syn. fasciner.)

hypocrisie (nom féminin)
Défaut d'une personne hypocrite. *Il fait semblant d'être d'accord avec toi, mais c'est de l'**hypocrisie**.* **Hypocrisie** vient du grec *hupokrisis* qui signifie « action d'interpréter un rôle ».

hypocrite (adjectif et nom)
Qui cache ses vrais sentiments et fait semblant d'être bon, sincère. *Elle m'a souri d'un air **hypocrite**, mais je sais qu'elle me déteste. Je n'ai aucune confiance en lui, c'est un **hypocrite**.* (Syn. sournois.)

hypoglycémie (nom féminin)
Diminution ou insuffisance du taux de glucose dans le sang. *Les personnes qui souffrent d'**hypoglycémie** doivent suivre un régime alimentaire très équilibré.*

hypothermie (nom féminin)
Abaissement de la température du corps au-dessous de la normale. *L'alpiniste qui avait disparu a été retrouvé en état d'**hypothermie**.*

hypothèse (nom féminin)
Ce que l'on suppose comme possible pour expliquer un fait. *On pense que l'accident est dû au brouillard, mais ce n'est qu'une **hypothèse**.* (Syn. supposition.)

hypothétique (adjectif)
Qui est fondé sur une hypothèse. *Les causes de la disparition des dinosaures sont **hypothétiques**.* (Syn. incertain. Contr. certain, sûr.)

hystérie (nom féminin)
Comportement d'une personne incapable de contrôler son excitation. *La victoire de leur équipe a déchaîné l'**hystérie** des supporters.*

hystérique (adjectif)
Qui exprime l'hystérie. *Des hurlements **hystériques**.* (Syn. surexcité.)

i

i (nom masculin)
Neuvième lettre de l'alphabet. *Le **I** est une voyelle.* • **Mettre les points sur les i :** au sens figuré, faire connaître de façon très nette son point de vue.

ibérique (adjectif)
Qui se rapporte à l'Espagne et au Portugal. *La péninsule **Ibérique** est baignée par la mer Méditerranée et l'océan Atlantique.*

péninsule **Ibérique**
Partie sud-ouest de l'Europe, au sud des Pyrénées, constituée par l'Espagne et le Portugal.

ibis (nom masculin)
Oiseau échassier des pays chauds, blanc, à tête et à queue noires et à long bec courbé. Prononciation [ibis].

un **ibis**

Icare
Personnage de la mythologie grecque, Icare fut enfermé avec Dédale, son père, dans le labyrinthe du roi Minos. Il s'échappa grâce aux ailes, de plumes et de cire, fabriquées par Dédale. Mais il s'approcha trop près du Soleil, la cire fondit, et il périt en tombant dans la mer Égée.

iceberg (nom masculin)
Bloc de glace détaché des glaciers polaires et flottant dans la mer. Prononciation [ajsbɛʀg] ou [isbɛʀg]. **Iceberg** est un mot anglais qui signifie « montagne de glace ».

La plus grande partie d'un **iceberg** est immergée.

ici (adverbe)
Dans le lieu où se trouve la personne qui parle. ***Ici**, on s'amuse bien. D'**ici** à l'école, il y a cent mètres.* • **D'ici là :** de

maintenant à cette date. • **D'ici peu :** dans peu de temps. (Syn. bientôt.)

icône (nom féminin)
1. Image sainte des chrétiens orthodoxes peinte sur bois. 2. Symbole qui apparaît sur l'écran de l'ordinateur et sur lequel on clique pour ouvrir un fichier ou démarrer un programme. **Icône** vient d'un mot grec qui signifie « image ».

idéal, ale, als ou **aux** (adjectif)
Qui a toutes les qualités souhaitables. *C'est une maison de vacances **idéale**.* (Syn. parfait.) ■ **idéal** (nom masculin) Solution idéale. *L'**idéal** serait de travailler le matin et de faire du sport l'après-midi.* 2. Projet auquel on tient le plus. *Ils se sont battus pour défendre leur **idéal** : la liberté.* Pluriel : des idéal**s** ou des idé**aux**.

idéaliser (verbe) ▸ conjug. n° 3
Présenter d'une manière idéale. *Benjamin **idéalise** le village où il va en vacances.* (Syn. embellir.)

idéaliste (adjectif et nom)
1. Qui a un idéal élevé et tente de le mettre en pratique. 2. Qui ne tient pas compte des réalités. *Trop **idéaliste**, il a souvent été déçu.*

idée (nom féminin)
1. Représentation que l'on se fait des choses dans son esprit. *Il n'a pas les **idées** très claires, on ne comprend pas bien ce qu'il veut dire.* (Syn. pensée.) 2. Vague notion. *Avez-vous une **idée** de ce que cela va coûter ?* 3. Manière de voir les choses. *Clément a son **idée** sur la question.* (Syn. conception, opinion.) 4. Ce que l'on a l'intention de faire. *Anna devait venir, mais elle a changé d'**idée**.* • **Se changer les idées :** se distraire. • **Se faire des idées :** s'imaginer des choses fausses.

idem (adverbe)
De même. *Elle a eu 10 à son exercice, et moi **idem**.* **Idem** est un mot latin qui signifie « la même chose ».

identification (nom féminin)
Action d'identifier. *Le travail des chercheurs a permis l'**identification** du virus.*

identifier (verbe) ▸ conjug. n° 10
1. Découvrir l'identité de quelqu'un ou la nature de quelque chose. *La police a **identifié** le coupable. Élodie cherche à **identifier** ces bruits.* 2. S'identifier : se croire identique à quelqu'un. *David **s'identifie** au héros du film.* 3. S'identifier : donner les codes qui permettent d'être reconnu. *Pour accéder à ce site Internet, il faut **vous identifier**.*

identique (adjectif)
Absolument semblable. *Ces deux fauteuils sont **identiques**.* (Syn. pareil. Contr. différent.)

identité (nom féminin)
1. Nom, date de naissance, signes physiques particuliers permettant de reconnaître une personne. *La police vérifie l'**identité** d'un suspect.* 2. Caractère identique. *Les deux chefs d'État ont constaté l'**identité** de leurs points de vue.* (Syn. similitude.)

idéogramme (nom masculin)
Signe graphique notant le sens et non les sons d'un mot. *Les Chinois et les Japonais écrivent avec des **idéogrammes**.*

idéologie (nom féminin)
Ensemble des idées qui guident les actes d'un groupe. *Ce parti a une **idéologie** pacifiste.*

idiot, idiote (adjectif et nom)
Synonyme de bête. *C'est une question **idiote**. Arrête de faire l'**idiot** !* (Syn. imbécile, stupide. Contr. intelligent.) **Idiot** vient du grec *idiotês* qui signifie « ignorant ».

idiotie (nom féminin)
Chose idiote. *Il n'y a que des **idioties** à la télévision, ce soir !* (Syn. absurdité, bêtise.)

idolâtrer (verbe) ▸ conjug. n° 3
Aimer avec excès, adorer. *Les membres de cette secte **idolâtrent** leur gourou.*

idole (nom féminin)
1. Image ou statue représentant une divinité. *Les païens adoraient des **idoles**.* 2. Star que le public adore. *On l'appelle l'**idole** des jeunes.*

idylle (nom féminin)
Petite histoire d'amour. *Il y a une **idylle** entre elle et lui.* (Syn. amourette.)

a b c d e f g h i j k l m n o p q r s t u v w x y z

idyllique (adjectif)
Aussi merveilleux qu'un rêve. *Il fait toujours un tableau **idyllique** de son enfance à la mer.*

if (nom masculin)
Conifère aux feuilles vert sombre et aux baies rouges. *Une baie d'**ifs** borde le parc.*

un rameau d'**if** portant des fruits

igloo (nom masculin)
Abri arrondi fait de blocs de neige durcie. *Les Inuits dormaient dans des **igloos** pendant la période de chasse.* Prononciation [iglu]. **Igloo** est un mot inuit qui signifie « habitation ».

ignare (adjectif et nom)
Qui est extrêmement ignorant.

ignifugé, ée (adjectif)
Qu'on a rendu ininflammable. *La salle de spectacle est construite avec des matériaux **ignifugés**.*

ignoble (adjectif)
1. Qui révolte par sa méchanceté. *Cet **ignoble** individu bat sa femme !* (Syn. infâme, odieux.) 2. Qui provoque le dégoût. *Cet **ignoble** taudis va être détruit.* (Syn. infect, répugnant.) **Ignoble** vient du latin *ignobilis* qui signifie « qui n'est pas noble ».

ignominie (nom féminin)
Action ignoble. *Ils ont commis les pires **ignominies** pendant cette guerre.*

ignorance (nom féminin)
État d'une personne ignorante. *Il est d'une **ignorance** totale en histoire.*

ignorant, ante (adjectif et nom)
Qui ne sait rien, n'a aucune instruction. *Cet **ignorant** n'a pu répondre à aucune question !*

ignorer (verbe) ▶ conjug. n° 3
1. Ne pas savoir. *J'**ignore** ce qu'il est devenu.* 2. Faire semblant de ne pas reconnaître quelqu'un que l'on connaît. *Depuis qu'Ibrahim a refusé de jouer avec elle, Julie l'**ignore**.* Famille du mot : ignor**ance**, ignor**ant**.

iguane (nom masculin)
Grand lézard d'Amérique tropicale. *Les **iguanes** peuvent atteindre deux mètres de long.* Prononciation [igwan].

un **iguane**

iguanodon (nom masculin)
Dinosaure herbivore, long d'une dizaine de mètres. *L'**iguanodon** avait des pieds courts munis de trois doigts et des membres postérieurs très développés.* Prononciation [igwanɔdɔ̃].

il, ils, elle, elles (pronom)
Pronom personnel de la troisième personne, employé comme sujet. ***Il** court. **Elles** jouent.* **Elle** s'emploie également comme complément. *Je pense à **elle**.*

île (nom féminin)
Terre entourée d'eau. *L'Irlande est une **île** magnifique.*
ORTHO On écrit aussi **ile**.

Île-de-France
Région française (12 000 km²; 11,5 millions d'habitants) formée de sa capitale, Paris, et des sept départements qui l'entourent. L'Île-de-France occupe le centre du Bassin parisien et elle est irriguée par la Seine et ses principaux affluents. C'est la région la plus peuplée de France. ➡ Voir carte p. 1373.

Iliade
Épopée attribuée au poète grec Homère. L'*Iliade* raconte un épisode de la guerre de Troie assiégée par les Grecs. Achille, qui avait rejoint les chefs grecs, se querella avec Agamemnon et quitta le champ de bataille. Mais il retourna au combat pour venger son ami Patrocle, tué par le Troyen Hector. Il tua Hector et aida les Grecs à remporter la victoire.

illégal, ale, aux (adjectif)
Contraire à la loi. *Conduire sans permis est* ***illégal***. (Syn. interdit. Contr. légal.)

illégalement (adverbe)
De manière illégale. *Ces marchandises ont été introduites* ***illégalement*** *sur le territoire.*

illégalité (nom féminin)
Situation ou acte illégaux. *Ce trafic se fait dans la plus complète* ***illégalité***.

illégitime (adjectif)
Qui n'est pas légitime. *Il pense que cette sanction est* ***illégitime***.

illettré, ée (adjectif et nom)
Qui ne sait ni lire, ni écrire. *Beaucoup d'enfants sont* ***illettrés*** *dans le monde, car ils n'ont pas d'école.* (Syn. analphabète.)

illettrisme (nom masculin)
État d'une personne illettrée. *Il reste encore trop d'****illettrisme*** *dans le monde.*

illicite (adjectif)
Contraire à la loi ou à la morale. *Le trafic d'armes est un commerce* ***illicite***. (Syn. illégal, interdit.)

illico (adverbe)
Synonyme familier de immédiatement, tout de suite. *Quand je lui ai demandé de venir, il est arrivé* ***illico***.

illimité, ée (adjectif)
Sans limites. *Kevin a une confiance* ***illimitée*** *en son père. Depuis qu'elle a un forfait* ***illimité****, Aude passe des heures au téléphone !* (Syn. absolu, infini, total.)

illisible (adjectif)
1. Qu'on ne peut pas lire. *Cette ordonnance est vraiment* ***illisible***. (Syn. indéchiffrable. Contr. lisible.) **2.** Trop difficile ou trop ennuyeux pour être lu. *Cette revue scientifique est* ***illisible*** *pour moi.*

illogique (adjectif)
Qui manque de logique. *Je ne la comprends pas, son comportement est* ***illogique***. (Syn. absurde, incohérent. Contr. logique.)

illumination (nom féminin)
Lumière subite qui se fait dans l'esprit de quelqu'un. *Le détective a eu soudain une* ***illumination***. ■ **illuminations** (nom féminin pluriel) Lumières qui décorent une ville. *Les* ***illuminations*** *de Noël sont réussies.*

illuminer (verbe) ▸ conjug. n° 3
Éclairer d'une vive lumière. *Pendant les fêtes, les monuments* ***sont illuminés***.

illusion (nom féminin)
Idée fausse. *Tu crois que c'est facile, mais tu te fais des* ***illusions***. • **Illusion d'optique :** perception fausse de la réalité due à un phénomène naturel. *Un mirage est une* ***illusion d'optique*** *due à la chaleur.* Famille du mot : **dés**illusion, s'illusion**ner**, illusion**niste**, illus**oire**.

s'illusionner (verbe) ▸ conjug. n° 3
Se faire des illusions. *Les chances de gagner à la loterie sont minimes, il ne faut pas* ***t'illusionner***. (Syn. se tromper.)

illusionniste (nom)
Personne qui donne l'illusion de faire apparaître et disparaître des objets comme il veut. *L'****illusionniste*** *a fait sortir un lapin de son chapeau.* (Syn. prestidigitateur.)

illusoire (adjectif)
Qui n'est qu'une illusion. *Vous croyez être à l'abri, mais c'est* ***illusoire***. (Syn. trompeur.)

illustrateur, trice (nom)
Artiste qui illustre des textes. *Le nom de l'****illustratrice*** *figure sur la couverture de l'album.* (Syn. dessinateur.)

illustration (nom féminin)
Image illustrant un texte. *Ce livre sur les volcans contient de magnifiques* ***illustrations***.

illustre (adjectif)
Synonyme littéraire de célèbre. *Elle a connu les artistes les plus* ***illustres*** *de son temps.*

illustré (nom masculin)
Journal contenant des histoires accompagnées de dessins. *Pierre a lu un **illustré** dans la salle d'attente du dentiste.*

illustrer (verbe) ▸ conjug. n° 3
1. Décorer avec des illustrations. *Ce livre **est illustré** avec des dessins de l'auteur.* 2. S'illustrer : synonyme littéraire de se distinguer. *Le chevalier **s'illustra** par quelques hauts faits.* Famille du mot : illustr**ation**, illustre, illustr**é**.

îlot (nom masculin)
Petite île. *Un **îlot** rocheux.*
ORTHO On écrit aussi **ilot**.

un **îlot** de l'océan Pacifique

image (nom féminin)
1. Dessin ou photographie. *Quentin ne lit pas le livre, il regarde seulement les **images**.* (Syn. illustration.) 2. Ce que renvoie le miroir. *Gaëlle regarde son **image** dans la glace.* (Syn. reflet.) 3. Ce que l'on voit sur un écran. *L'**image** n'est pas très nette.* 4. Représentation de quelque chose. *Ce livre donne une fausse **image** de la vie à la campagne.* 5. Représentation ressemblante de quelqu'un. *C'est l'**image** de son père au même âge.* (Syn. portrait, réplique.) 6. Façon de parler qui utilise des comparaisons. *Dans l'expression « Quelle porcherie, cette chambre ! », le mot « porcherie » est employé comme **image** de la saleté.*

imagé, ée (adjectif)
Qui contient des images, des comparaisons. *Traiter une personne très grande de girafe est une manière de parler **imagée**.*

imagier (nom masculin)
Livre d'images. *Natacha regarde un **imagier** avec sa petite sœur.* **Imagier** est le nom d'une marque.

imaginable (adjectif)
Qui peut être imaginé. *On a cherché tous les moyens **imaginables** pour le décider à venir.*

imaginaire (adjectif)
Qui n'existe que dans l'imagination. *Les fantômes sont des êtres **imaginaires**.* (Syn. fictif, irréel. Contr. réel, vrai.)

La licorne est un animal **imaginaire**.

imaginatif, ive (adjectif)
Qui a beaucoup d'imagination. *Hélène invente des histoires pour son petit frère, elle est très **imaginative**.*

imagination (nom féminin)
Faculté d'imaginer. *Il faut beaucoup d'**imagination** pour écrire des romans de science-fiction.*

imaginer (verbe) ▸ conjug. n° 3
1. Se représenter des choses ou des gens dans son esprit. *Julie essaie d'**imaginer** comment était sa mère à son âge.* 2. Inventer ou créer quelque chose qui n'existait pas. *On **a imaginé** des robots capables d'explorer les planètes.* 3. Penser ou supposer quelque chose. ***J'imagine** que tu as eu une bonne note ?* 4. S'imaginer : croire à tort. *Il **s'imagine** qu'il est le seul à savoir faire ça !* (Syn. se figurer.) Famille du mot : imagin**able**, imagin**aire**, imagina**tif**, imagina**tion**, **in**imagin**able**.

imam (nom masculin)
Chef religieux musulman.

imbattable (adjectif)
Qu'on ne peut pas battre. *Laura est **imbattable** aux échecs.* (Syn. invincible.)

imbécile (adjectif et nom)
Qui n'est pas malin. *Quel **imbécile** ! Tu ne pouvais pas faire attention ?* (Syn. bête, idiot, stupide. Contr. intelligent.) **Imbécile** vient du latin *imbecillus* qui signifie « faible » : l'imbécile est un *faible d'esprit*.

imbécillité (nom féminin)
Caractère ou chose imbécile. *Cessez donc ces **imbécillités** !* (Syn. ânerie, bêtise, idiotie.)
ORTHO On écrit aussi **imbécilité**.

imberbe (adjectif)
Sans barbe. *Un adolescent **imberbe**.* (Contr. barbu.)

imbiber (verbe) ▸ conjug. n° 3
Imprégner d'un liquide. *Après les fortes pluies, le sol **est imbibé** d'eau.*

s'imbriquer (verbe) ▸ conjug. n° 3
1. Se chevaucher ou s'emboîter. *Les pièces du puzzle **s'imbriquent** les unes dans les autres.* **2.** Se mêler de manière inextricable. *Tous ces problèmes **sont** étroitement **imbriqués**.*

imbroglio (nom masculin)
Situation très embrouillée. *C'est un véritable **imbroglio** dont nous ne sortirons pas !* Prononciation [ɛ̃bʀɔglijo] ou [ɛ̃bʀɔljo].

imbu, ue (adjectif)
• **Imbu de soi-même :** pénétré de son importance. *Il est si **imbu de lui-même** qu'il en est agaçant.* (Syn. vaniteux.)

imbuvable (adjectif)
1. Qui n'est pas buvable. *Ce médicament est **imbuvable** tellement il est amer !* (Contr. buvable.) **2.** Dans la langue familière, se dit d'une personne très désagréable. *Son orgueil la rend **imbuvable** !*

imitateur, trice (nom)
Artiste qui imite des personnes célèbres. *Les hommes politiques sont les sujets favoris des **imitateurs**.*

imitation (nom féminin)
1. Action d'imiter. *Myriam nous a bien fait rire avec son **imitation** du maître.* **2.** Objet qui imite un modèle original. *Ce n'est pas sa signature, c'est une **imitation**.* (Syn. copie.)

imiter (verbe) ▸ conjug. n° 3
1. Reproduire ce que l'on a vu ou entendu. *Ludivine sait bien **imiter** le cri de la chouette.* **2.** Prendre pour modèle. *Romain essaie d'**imiter** les grandes personnes.* **3.** Reproduire l'aspect de quelque chose. *C'est une peinture qui **imite** le marbre.* (Syn. copier.) Famille du mot : imit**ateur**, imit**ation**, **in**imit**able**.

immaculé, ée (adjectif)
D'une propreté ou d'une blancheur parfaite. *Thomas a mis une chemise d'une blancheur **immaculée**.* **Immaculé** vient du latin *macula* qui signifie « tache ».

immangeable (adjectif)
Qui n'est pas mangeable. *Tu as trop salé les pâtes : c'est **immangeable**.* (Contr. mangeable.) Prononciation [ɛ̃mɑ̃ʒabl].

immanquable (adjectif)
Qui ne peut manquer d'arriver. *À cette vitesse, l'accident était **immanquable**.* (Syn. fatal, inévitable.) Prononciation [ɛ̃mɑ̃kabl].

immatriculation (nom féminin)
Fait d'être immatriculé. *Les plaques d'**immatriculation** d'une voiture.*

immatriculer (verbe) ▸ conjug. n° 3
Inscrire sur un registre officiel avec un numéro. *Il est interdit de circuler à bord d'un véhicule non **immatriculé**.*

immature (adjectif)
Qui manque de maturité. *Elle est encore très **immature** pour ses seize ans.*

immédiat, ate (adjectif)
Qui a lieu tout de suite. *Sa réaction a été **immédiate**.* (Syn. instantané.) ■ **immédiat** (nom masculin) • **Dans l'immédiat :** pour le moment. ***Dans l'immédiat**, Victor est trop occupé pour sortir.*

immédiatement (adverbe)
De façon immédiate. *Les pompiers sont arrivés **immédiatement**.* (Syn. aussitôt, sur-le-champ.)

immémorial, ale, aux (adjectif)
Qui date d'une époque très lointaine et dont on ne se souvient presque plus. *Ce roi vivait en des temps **immémoriaux**.*

a b c d e f g h i j k l m n o p q r s t u v w x y z

immense (adjectif)
Très grand. *La Russie est un pays **immense**. Ils ont amassé une **immense** fortune.* (Syn. colossal, énorme, gigantesque.) Famille du mot : immens**ément**, immens**ité**.

immensément (adverbe)
D'une manière immense. *C'est un homme **immensément** riche.* (Syn. extrêmement.)

immensité (nom féminin)
Qualité de ce qui est immense. *La sonde spatiale s'est perdue dans l'**immensité** de l'espace.*

immerger (verbe) ▸ conjug. n° 5
Plonger dans l'eau. *La partie **immergée** d'un iceberg est beaucoup plus importante que la partie émergée.*

immersion (nom féminin)
Action d'immerger. *La mise en service du barrage a entraîné l'**immersion** de la vallée.*

immeuble (nom masculin)
Bâtiment à plusieurs étages. *Dans ce quartier, il y a des **immeubles** de bureaux et des **immeubles** d'habitation.*

immigrant, e (adjectif et nom)
Personne qui immigre. *Des **immigrants** ont été arrêtés à la frontière du pays.*

immigration (nom féminin)
Action d'immigrer. *La pauvreté conduit certaines populations à l'**immigration**.*

immigré, ée (adjectif et nom)
Se dit d'une personne qui a immigré. *Il habite un foyer pour **immigrés**.*

immigrer (verbe) ▸ conjug. n° 3
Entrer dans un pays autre que le sien pour s'y installer. *Beaucoup d'Européens **ont immigré** en Amérique pour faire fortune.*

imminence (nom féminin)
Caractère imminent. *L'**imminence** de l'éruption volcanique a fait fuir les populations.*

imminent, ente (adjectif)
Qui est sur le point de se produire. *La fermeture des portes est **imminente**, attention au départ !*

s'immiscer (verbe) ▸ conjug. n° 4
Intervenir indiscrètement dans les affaires des autres. *Ce journaliste est accusé de **s'être immiscé** dans la vie privée d'une actrice.*

immobile (adjectif)
Qui ne bouge pas. ***Immobile** dans sa cachette, Odile retient son souffle.*

immobilier, ère (adjectif)
Qui concerne la location, la vente ou la construction d'immeubles. *Cette agence **immobilière** propose plusieurs appartements à louer.*

immobilisation (nom féminin)
État de ce qui est immobilisé. *Il faut attendre l'**immobilisation** complète du train avant de descendre sur le quai.* (Syn. arrêt.)

immobiliser (verbe) ▸ conjug. n° 3
1. Empêcher de bouger. *Le frein à main permet d'**immobiliser** la voiture.* 2. S'immobiliser : s'arrêter vraiment brusquement. *Le cheval **s'est immobilisé** au milieu de l'allée.*

immobilité (nom féminin)
État de ce qui est immobile. *Le jaguar guette sa proie dans une totale **immobilité**.*

immodéré, ée (adjectif)
Qui est excessif et sans mesure. *Il a un goût **immodéré** pour les pâtisseries.* (Contr. modéré.)

immoler (verbe) ▸ conjug. n° 3
Tuer en sacrifice à un dieu. ***Immoler** un mouton.* (Syn. sacrifier.) **Immoler** vient du latin *mola* qui signifie « farine » car les Romains mettaient de la farine sur la tête des animaux sacrifiés.

immonde (adjectif)
1. Très sale. *Il faut laver ce jean, il est **immonde** !* (Syn. dégoûtant, répugnant.) 2. Synonyme d'infâme. *Un **immonde** tyran.*

immondices (nom féminin pluriel)
Synonyme d'ordures. *Les touristes ont laissé des tas d'**immondices** sur les pelouses.*

immoral, ale, aux (adjectif)
Qui est contraire à la morale. *Dans ce film, les bons sont punis et les méchants gagnent : c'est tout à fait **immoral** !* (Contr. moral.)

immortaliser (verbe) ▸ conjug. n° 3
Rendre immortel dans le souvenir. *La photographie **a immortalisé** cet instant.*

immortalité (nom féminin)
Caractère immortel. *Les catholiques croient à l'**immortalité** de l'âme.*

immortel, elle (adjectif)
1. Qui ne meurt pas. *Seuls les dieux sont **immortels**.* (Contr. mortel.) 2. Dont le souvenir durera toujours. *Les histoires que raconte la mythologie sont **immortelles**.* (Syn. éternel.) ■ **immortelle** (nom féminin) Fleur qui se dessèche en conservant ses couleurs.

des **immortelles**

immuable (adjectif)
Qui ne change jamais. *L'ordre des saisons est **immuable**.* (Syn. constant, invariable.)

immuniser (verbe) ▸ conjug. n° 3
Protéger contre une maladie. *Le vaccin du BCG **immunise** contre la tuberculose.* (Syn. préserver.)

Cette peinture de Philippe de Champaigne **a immortalisé** le cardinal de Richelieu.

immunitaire (adjectif)
Qui concerne l'immunité. *L'organisme a des réactions **immunitaires** pour combattre les microbes.*

immunité (nom féminin)
État d'un organisme immunisé. *Le fait d'avoir eu les oreillons entraîne une certaine **immunité** contre cette maladie.*

impact (nom masculin)
Effet produit sur l'opinion par quelque chose. *Cette campagne de propagande n'a eu aucun **impact**.* • **Point d'impact :** point où un projectile vient frapper.

■ **impair, aire** (adjectif)
Qui ne peut être divisé en deux nombres entiers. *7 est un nombre **impair**.* (Contr. pair.)

■ **impair** (nom masculin)
Parole ou attitude maladroite. *William a commis un **impair** en oubliant de remercier.* (Syn. gaffe.)

imparable (adjectif)
Impossible à parer, à éviter. *Elle a trouvé un argument **imparable** pour ne pas venir.*

impardonnable (adjectif)
Qui ne peut être pardonné. *C'est une erreur **impardonnable**.* (Syn. inexcusable. Contr. pardonnable.)

■ **imparfait, aite** (adjectif)
Qui n'est pas parfait. *Faute de temps, ce travail est encore **imparfait**.*

■ **imparfait** (nom masculin)
Temps du passé qui indique une action qui a duré un certain temps ou qui était habituelle. *Dans la phrase « Tous les jours, il venait me voir », « venait » est à l'**imparfait**.*

impartial, ale, aux (adjectif)
Qui n'a pas de parti pris. *Un arbitrage **impartial**.* (Syn. juste, objectif. Contr. partial.)

impartialité (nom féminin)
Qualité de ce qui est impartial. *Un juge doit faire preuve d'**impartialité**.* (Syn. équité, objectivité. Contr. partialité.)

a b c d e f g h i j k l m n o p q r s t u v w x y z

impasse (nom féminin)
1. Petite rue sans issue. (Syn. cul-de-sac.) 2. Au sens figuré, situation qui semble sans issue. *Les négociations sont dans l'**impasse**.*

impassibilité (nom féminin)
État d'une personne impassible. *Malgré sa surprise, son visage a gardé toute son **impassibilité**.* (Syn. calme, flegme.)

impassible (adjectif)
Qui ne laisse paraître ni trouble ni émotion. *Quand on lui a fait son vaccin, Xavier est resté **impassible**.* (Syn. imperturbable.)

L'eau est froide, mais il reste **impassible** !

impatiemment (adverbe)
De façon impatiente. *Les candidats attendent **impatiemment** les résultats.* (Contr. patiemment.)

impatience (nom féminin)
État d'une personne impatiente. *Sarah attend le départ avec **impatience**.* (Contr. patience.)

impatient, ente (adjectif)
Qui manque de patience. *Yann est **impatient** de revoir ses amis.*

s'impatienter (verbe) ▸ conjug. n° 3
Perdre patience. *Ursula n'est pas rentrée, et sa mère **s'impatiente**.*

impeccable (adjectif)
Qui est parfaitement propre et net. *Son costume est **impeccable**.*

impénétrable (adjectif)
1. Qu'on ne peut pénétrer. *Une jungle **impénétrable**.* 2. Dont on ne peut deviner les sentiments. *C'est un être secret et **impénétrable**.* (Syn. énigmatique, mystérieux.)

impensable (adjectif)
Qu'on ne peut envisager. *Aller sur la Lune était **impensable** au XIXe siècle.* (Syn. inconcevable, inimaginable.)

impératif, ive (adjectif)
1. À quoi il faut absolument obéir. *Le maître nous a dit d'un ton **impératif** de sortir.* (Syn. impérieux.) 2. Qui est absolument indispensable. *Il est **impératif** que vous soyez à l'heure !* ■ **impératif** (nom masculin) Forme du verbe qui exprime l'ordre. *« Viens ! » est l'**impératif** du verbe « venir ».*

impérativement (adverbe)
De façon impérative. *Il faut **impérativement** que cette lettre parte ce soir.*

impératrice (nom féminin)
Épouse d'un empereur ou femme qui dirige un empire. *Catherine II était **impératrice** de Russie au XVIIIe siècle.*

imperceptible (adjectif)
À peine perceptible. *À un bruit **imperceptible**, Zoé a deviné la présence de Benjamin.* (Syn. insensible. Contr. perceptible.)

imperceptiblement (adverbe)
De façon imperceptible. *À marée montante, l'eau monte toujours **imperceptiblement**.*

imperfection (nom féminin)
Petit défaut qui empêche d'être parfait. *Malgré quelques **imperfections**, ce devoir est excellent.*

impérial, ale, aux (adjectif)
D'un empereur ou d'un empire. *La famille **impériale**.* ■ **impériale** (nom féminin) • **Bus à impériale :** avec un étage.

impérialisme (nom masculin)
Domination politique ou économique d'un État sur d'autres pays.

impérialiste (adjectif)
Qui fait preuve d'impérialisme. *Napoléon Ier avait une politique **impérialiste**.*

impérieux, euse (adjectif)
1. Qui est très autoritaire. *Claire parle souvent d'une voix* ***impérieuse****.* 2. Auquel on ne peut résister. *Clément a été pris d'un* ***impérieux*** *besoin de dormir.* (Syn. irrésistible.)

impérissable (adjectif)
Qui semble ne jamais devoir finir. *Anna garde un souvenir* ***impérissable*** *de sa visite de la tour Eiffel.* (Syn. inoubliable.)

imperméabiliser (verbe) ▸ conjug. n° 3
Rendre imperméable. *La vendeuse nous a proposé un produit pour* ***imperméabiliser*** *les chaussures.*

imperméabilité (nom féminin)
Qualité de ce qui est imperméable. *L'****imperméabilité*** *de ce sol le rend impropre à la culture.*

imperméable (adjectif)
Qui ne se laisse pas traverser par l'eau ni par aucun liquide. *Le caoutchouc est une matière* ***imperméable****.* (Contr. perméable.) ■ **imperméable** (nom masculin) Manteau de pluie.

impersonnel, elle (adjectif)
Qui n'a rien de personnel. *Le ton de sa lettre est tout à fait* ***impersonnel****.* (Syn. neutre.) • **Verbe impersonnel :** verbe qui ne se conjugue qu'à la troisième personne du singulier. *« Neiger », « pleuvoir », « grêler » sont des* ***verbes impersonnels****.*

impertinence (nom féminin)
Attitude impertinente. *Elle a été grondée pour son* ***impertinence****.* (Syn. insolence.)

impertinent, ente (adjectif)
Qui est trop familier et manque de politesse. *David a été très* ***impertinent*** *avec la maîtresse.* (Syn. effronté, impoli, insolent.)

imperturbable (adjectif)
Que rien ne perturbe. *Élodie ne s'est pas mise en colère et est restée* ***imperturbable****.*

imperturbablement (adverbe)
De manière imperturbable. *Kevin a continué* ***imperturbablement*** *de réciter sa leçon, malgré les rires de la classe.*

impétigo (nom masculin)
Maladie contagieuse qui se manifeste par des croûtes sur la peau. *L'****impétigo*** *est fréquent chez les enfants.*

impétueux, euse (adjectif)
Qui est vif et a du mal à se contenir. *Le chevalier D'Artagnan avait un caractère* ***impétueux****.* (Syn. bouillant, fougueux.) **Impétueux** vient du latin *impetus* qui signifie « attaque ».

impétuosité (nom féminin)
Enthousiasme spontané et violent. *Ils ont agi avec l'****impétuosité*** *de la jeunesse.* (Syn. fougue.)

impie (adjectif)
Qui manifeste du mépris pour la religion. *Il a proféré des paroles* ***impies****.*

impitoyable (adjectif)
Sans pitié. *Une guerre* ***impitoyable****.* (Syn. implacable, inflexible.)

un combat **impitoyable**
(miniature du XVe siècle)

implacable (adjectif)
1. Que rien ne peut apaiser. *Il a poursuivi son ennemi d'une haine* ***implacable****.* (Syn. impitoyable, inflexible.) 2. À quoi on ne peut échapper. *Une maladie* ***implacable****.* (Syn. inexorable.)

implantation (nom féminin)
Action d'implanter. *On a décidé l'****implantation*** *d'une nouvelle station d'épuration dans la région.*

implanter (verbe) ▸ conjug. n° 3
Installer ou introduire de façon durable. *Au XVIIe siècle, beaucoup de protestants français* ***se sont implantés*** *en Hollande.* (Syn. s'établir.)

implication (nom féminin)
1. Synonyme de conséquence. *Il n'a pas mesuré toutes les* ***implications*** *de sa décision.* 2. Fait d'être impliqué dans une affaire malhonnête. *Son* ***implication*** *dans ce trafic d'armes ne fait aucun doute.*

3. Fait de s'impliquer dans quelque chose. *Elle fait preuve de beaucoup d'**implication** dans son travail.*

implicite (adjectif)
Qui se comprend sans être dit clairement. *Son sourire m'a remercié de façon **implicite**.* (Contr. explicite.)

impliquer (verbe) ▸ conjug. n° 3
1. Avoir comme condition. *S'il veut progresser, cela **implique** qu'il se mette à travailler sérieusement.* (Syn. nécessiter, supposer.) **2.** Mêler à un trafic malhonnête. *Il **est impliqué** dans une affaire d'escroquerie.* (Syn. compromettre.) **3.** S'impliquer : mettre toute son énergie dans quelque chose. *Magali **s'implique** beaucoup dans ses études.*

implorer (verbe) ▸ conjug. n° 3
Supplier humblement. *Il **a imploré** le pardon de son père.* **Implorer** vient du latin *implorare* qui signifie « demander en pleurant ».

imploser (verbe) ▸ conjug. n° 3
Éclater sous l'action d'une pression plus forte à l'intérieur qu'à l'extérieur. *Le téléviseur de Victor **a implosé**.*

impoli, ie (adjectif et nom)
Qui n'est pas poli. *Il serait très **impoli** de partir sans le saluer.* (Syn. grossier, incorrect. Contr. courtois, poli.)

impoliment (adverbe)
De manière impolie. *Noémie a refusé son invitation très **impoliment**.* (Syn. grossièrement. Contr. poliment.)

impolitesse (nom féminin)
Fait d'être impoli. *Il a été d'une **impolitesse** rare.* (Contr. politesse.)

impondérables (nom masculin pluriel)
Circonstances imprévisibles. *En principe, nous aurons fini à temps, mais il faut toujours tenir compte des **impondérables**.*

impopulaire (adjectif)
Qui n'est pas populaire. *L'augmentation des impôts est une mesure **impopulaire**.*

importance (nom féminin)
Caractère de ce qui est important. *Il attache trop d'**importance** à cette affaire.* (Syn. intérêt.)

important, ante (adjectif)
1. Qui peut avoir de grandes conséquences. *C'est un évènement très **important**.* (Syn. considérable. Contr. secondaire.) **2.** Qui est considérable. *Une foule **importante** a assisté à la cérémonie.* (Contr. insignifiant.) **3.** Qui a de l'influence. *Les gens **importants** de la ville ont apporté leur soutien à cette manifestation.*

importateur, trice (adjectif et nom)
Qui fait le commerce d'importation. *La France est un pays **importateur** de pétrole.* (Contr. exportateur.)

importation (nom féminin)
Action d'importer des marchandises. *En France, le thé et le café sont des articles d'**importation**.* (Contr. exportation.)

■ **importer** (verbe) ▸ conjug. n° 3
Avoir de l'importance ou de l'intérêt. *Ce qui lui **importe**, c'est de comprendre.* (Syn. compter.) • **Il importe que :** il faut que. • **Peu importe !** ou **Qu'importe ! :** cela n'a pas d'importance ! Famille du mot : import**ance**, import**ant**. ➡ Voir aussi n'importe.

■ **importer** (verbe) ▸ conjug. n° 3
Introduire dans un pays des marchandises de l'étranger. *La France **importe** du coton, du pétrole, des ordinateurs.* (Contr. exporter.) Famille du mot : importa**teur**, importa**tion**.

importun, une (adjectif et nom)
Qui importune. *Il s'est débarrassé d'un visiteur **importun**. Des **importuns** sont venus le déranger pendant ses vacances.*

importuner (verbe) ▸ conjug. n° 3
Déranger, de façon insistante. *Je ne vous **importunerai** pas davantage, je m'en vais.*

imposable (adjectif)
Qui doit payer des impôts. *Il faut un minimum de revenus pour être **imposable**.*

imposant, ante (adjectif)
Qui en impose par sa grandeur, sa force ou son nombre. *Un **imposant** service d'ordre encadre le cortège.* (Syn. impressionnant.)

imposer (verbe) ▸ conjug. n° 3
1. Obliger quelqu'un à subir quelque chose. *Yann nous **a imposé** sa musique*

toute la soirée. **2.** Faire payer des impôts. *L'État **impose** les citoyens.* (Syn. taxer.) **3.** S'imposer : se faire accepter par la force ou par sa valeur. *Ce tout jeune coureur **s'est imposé** dans le Tour de France.* **4.** S'imposer : être indispensable. *La prudence **s'impose**.* • **En imposer :** susciter le respect. Famille du mot : imposable, imposant, impôt.

impossibilité (nom féminin)
Fait d'être impossible. *Sa jambe plâtrée le met dans l'**impossibilité** de se déplacer.* (Syn. incapacité.)

impossible (adjectif)
1. Qui ne peut pas se faire. *Partir est **impossible** pour l'instant.* (Contr. faisable, possible.) **2.** Qui est insupportable. *Sa jalousie le rend **impossible** à vivre !* ■ **impossible** (nom masculin) Ce qui est impossible. *Je ne vous demande pourtant pas l'**impossible** !*

imposteur (nom masculin)
Homme qui trompe les autres en se faisant passer pour ce qu'il n'est pas. *Ce médecin était un **imposteur**.* (Syn. charlatan.)

imposture (nom féminin)
Tromperie faite par un imposteur. *Un journal a révélé l'**imposture**.* (Syn. mystification.)

impôt (nom masculin)
Contribution exigée par l'État pour payer les dépenses du pays. *Les **impôts** directs sont calculés en fonction des revenus ; les **impôts** indirects sont des taxes comprises dans le prix des marchandises.* **Impôt** vient du latin *impositum* qui signifie « ce qui est imposé » : les impôts sont obligatoires.

Des paysans paient la dîme, **impôt** sur les récoltes (peinture flamande du XVIe siècle).

impotent, ente (adjectif et nom)
Qui ne peut marcher ou bouger qu'avec difficulté. *Il est devenu **impotent** à la suite d'un accident.* (Syn. infirme, invalide.)

impraticable (adjectif)
Où l'on ne peut plus passer. *Les ronces ont rendu le chemin **impraticable**.* (Contr. praticable.)

imprécations (nom féminin pluriel)
Paroles prononcées pour maudire quelqu'un. *La sorcière lançait des **imprécations**.*

imprécis, ise (adjectif)
Qui manque de précision. *Mes souvenirs de cette époque sont assez **imprécis**.* (Syn. flou, vague. Contr. précis.)

imprécision (nom féminin)
Fait d'être imprécis. *L'**imprécision** de ce plan le rend inutilisable.* (Contr. clarté, précision.)

imprégner (verbe) ▸ conjug. n° 8
Pénétrer complètement. *L'humidité **imprègne** les draps.*

imprenable (adjectif)
Qui ne peut être pris. *La villa a une vue **imprenable** sur la baie.*

Au Moyen Âge, ce château était **imprenable**.

imprésario (nom masculin)
Personne qui s'occupe de trouver des engagements pour un artiste. **Imprésario** est un mot italien qui signifie « entrepreneur ».
ORTHO On écrit aussi **impresario**.

imprescriptible (adjectif)
1. Qui ne change pas, qui ne subira aucune modification. *Chaque être humain a des droits **imprescriptibles**.* **2.** Qui restera toujours puni par la loi. *Les crimes contre l'humanité sont **imprescriptibles**.*

a b c d e f g h i j k l m n o p q r s t u v w x y z

impression (nom féminin)
1. Effet produit sur quelqu'un. *Ton ami nous a fait une bonne **impression**.* 2. Opinion que l'on a après un premier contact. *Pierre a l'**impression** qu'on ne le comprend pas.* 3. Action d'imprimer. *L'**impression** des journaux se fait souvent de nuit.* Famille du mot : impression**nable**, impression**nant**, impression**ner**.

impressionnable (adjectif)
Qui se laisse très facilement impressionner. *Ce film est déconseillé aux personnes **impressionnables**.* (Syn. émotif, sensible.)

impressionnant, ante (adjectif)
Qui impressionne. *Les voitures de course roulent à une vitesse **impressionnante**.*

impressionner (verbe) ▸ conjug. n° 3
Faire une forte impression. *Sa visite à l'hôpital l'**a** beaucoup **impressionné**.*

impressionnisme (nom masculin)
Mouvement artistique de la fin du XIXe siècle qui s'est attaché à rendre par petites touches de peinture les impressions de la lumière sur la nature. *Le peintre Paul Cézanne a subi l'influence de l'**impressionnisme**.*

impressionniste (adjectif et nom)
Qui concerne l'impressionnisme. *Claude Monet est un grand peintre **impressionniste**.* ➡ p. 663.

imprévisible (adjectif)
Qu'on ne peut pas prévoir. *Ses colères sont tout à fait **imprévisibles**.* (Contr. prévisible.)

imprévoyance (nom féminin)
Fait d'être imprévoyant. *En partant sans imperméable en Angleterre, Fatima a fait preuve d'**imprévoyance**.*

imprévoyant, ante (adjectif)
Qui n'est pas prévoyant. *Tu as été bien **imprévoyant** de ne pas mettre d'antivol à ton vélo.* (Contr. prévoyant.)

imprévu, ue (adjectif)
Qui arrive sans qu'on l'ait prévu. *Une rencontre **imprévue** m'a retardée.* (Syn. fortuit, inattendu.) ■ **imprévu** (nom masculin) Ce qui n'est pas prévu. *Les **imprévus** d'un voyage.*

imprimante (nom féminin)
Appareil servant à imprimer ce qui est en mémoire dans un ordinateur.

imprimé (nom masculin)
Texte imprimé. *Les prospectus, les brochures, les journaux, les livres sont des **imprimés**.*

imprimer (verbe) ▸ conjug. n° 3
Reproduire sur du papier ou du tissu un texte ou des dessins au moyen de l'imprimerie ou d'une imprimante. *Ce roman **a été imprimé** à 3 000 exemplaires. J'**ai imprimé** mon exposé en deux exemplaires.* Famille du mot : imprim**ante**, imprimé, imprim**erie**, imprim**eur**. **Imprimer** vient du latin *imprimere* qui signifie « appuyer sur ».

imprimerie (nom féminin)
1. Technique permettant de reproduire un texte en de nombreux exemplaires. *L'**imprimerie** a commencé en Europe en 1456, date à laquelle Gutenberg a imprimé la Bible.* 2. Établissement où l'on imprime des livres ou des journaux. *Il est typographe dans une **imprimerie**.*

imprimeur (nom masculin)
Personne qui dirige une imprimerie ou qui y travaille.

improbable (adjectif)
Qui est peu probable. *Il est tout à fait **improbable** qu'ils arrivent avant ce soir.*

impromptu, ue (adjectif)
Qui n'a pas été prévu à l'avance. *Son arrivée **impromptue** nous a agréablement surpris.*

imprononçable (adjectif)
Impossible à prononcer. *Son nom de famille est **imprononçable**.*

impropre (adjectif)
Qui ne convient pas. *Cette viande est **impropre** à la consommation.* (Contr. propre.)

improvisation (nom féminin)
Ce qui est improvisé. *Les comédiens ont monté cette pièce à partir d'**improvisations**.*

improviser (verbe) ▸ conjug. n° 3
Faire quelque chose sans l'avoir préparé et en inventant au fur et à mesure. *Elle **a improvisé** un discours pour remercier tout le monde.*

à l'improviste (adverbe)
D'une façon imprévue. *Il est arrivé **à l'improviste**, on ne l'attendait pas du tout.*

imprudemment (adverbe)
De façon imprudente. *Gaëlle a traversé la rue tout à coup, très **imprudemment**.* (Contr. prudemment.)

imprudence (nom féminin)
Action imprudente. *La fatigue lui a fait commettre plusieurs **imprudences** au volant.*

imprudent, ente (adjectif)
Qui manque de prudence. *Un alpiniste **imprudent** s'est perdu dans le brouillard.* (Contr. prudent.)

impudent, ente (adjectif et nom)
Qui se comporte avec effronterie. *Je ne supporte pas le manque de respect de cet **impudent**.* (Syn. impertinent, insolent.)

impuissance (nom féminin)
État d'une personne impuissante. *Les pompiers constatent leur **impuissance** à arrêter rapidement ce gigantesque incendie.*

impuissant, ante (adjectif)
Qui n'a pas les moyens suffisants pour faire quelque chose. *On se sent **impuissant** devant tant de misère.*

impulsif, ive (adjectif)
Qui agit sans réfléchir en suivant ses impulsions. *Son caractère **impulsif** lui joue des tours.* (Contr. pondéré, réfléchi.)

impulsion (nom féminin)
1. Brusque envie d'agir. *Cédant à une **impulsion** soudaine, Quentin a tiré la natte d'Hélène.* 2. Poussée qui met quelque chose en mouvement. *D'une détente de son index, Julie a donné une **impulsion** à la bille.*

impunément (adverbe)
Sans être puni. *On ne peut quand même pas se laisser insulter **impunément** !*

impuni, ie (adjectif)
Non puni. *Ce crime ne restera pas **impuni**.*

impunité (nom féminin)
Fait d'être impuni. *Il croyait pouvoir dépasser la vitesse autorisée en toute **impunité**, mais un gendarme était là.*

impur, ure (adjectif)
Qui n'est pas pur. *L'air de cette zone industrielle est **impur**.*

impureté (nom féminin)
Ce qui rend impur. *Le filtre arrête les **impuretés** de l'essence.* (Syn. saleté.)

imputer (verbe) ▸ conjug. n° 3
Rendre responsable de quelque chose. *On peut **imputer** son échec à la paresse.*

imputrescible (adjectif)
Qui ne pourrit pas. *Le teck, le châtaignier sont des bois **imputrescibles**.*

inabordable (adjectif)
D'un prix excessif. *Hors saison, les fraises sont souvent **inabordables**.* (Contr. abordable.)

inacceptable (adjectif)
Qu'on ne peut accepter. *Ce travail bâclé est **inacceptable**.* (Contr. acceptable, correct.)

inaccessible (adjectif)
Qui n'est pas accessible. *Le château est **inaccessible** par la route, continuons à pied.*

inaccoutumé, ée (adjectif)
Synonyme d'inhabituel. *Le facteur est passé à une heure **inaccoutumée**.*

inachevé, ée (adjectif)
Qui n'a pas été achevé. *La romancière a laissé son œuvre **inachevée**.*

un tableau **inachevé** du peintre David

inactif, ive (adjectif)
Qui n'est pas actif. *Sa maladie l'a rendue **inactive** quelques jours.* (Syn. désœuvré, inoccupé, oisif. Contr. actif.)

inaction (nom féminin)
État d'une personne sans activité. *L'**inaction** pèse beaucoup aux prisonniers.* (Syn. désœuvrement, inactivité. Contr. action.)

inactivité (nom féminin)
Manque d'activité. *Cette **inactivité** forcée rendait les enfants nerveux.* (Contr. activité.)

inadapté, ée (adjectif)
Qui n'est pas adapté. *Ces chaussures sont **inadaptées** à la marche en montagne.*

inadéquat, ate (adjectif)
Qui n'est pas adéquat, qui ne convient pas à une situation ou à quelque chose. *Cette tenue est **inadéquate** pour la cérémonie.*

inadmissible (adjectif)
Qui n'est pas admissible. *Vos retards répétés sont vraiment **inadmissibles**.* (Syn. inacceptable.)

inadvertance (nom féminin)
• **Par inadvertance :** par manque d'attention, par mégarde. (Contr. exprès, volontairement.)

inaliénable (adjectif)
Qui ne peut être ni cédé ni vendu. *Le palais de l'Élysée est un bien **inaliénable** de la République française.*

inaltérable (adjectif)
Qui ne peut s'altérer. *L'or est un métal **inaltérable**.*

inamical, ale, aux (adjectif)
Qui n'est pas amical. *Son attitude **inamicale** me chagrine.* (Syn. hostile. Contr. amical.)

inamovible (adjectif)
Qu'on ne peut ni révoquer ni déplacer. *Certains magistrats sont **inamovibles**.*

inanimé, ée (adjectif)
Qui a perdu connaissance et semble sans vie. *Un homme **inanimé** gisait sur la chaussée.* (Syn. inerte.) **Inanimé** vient du latin *anima* qui signifie « souffle vital ».

inanition (nom féminin)
Épuisement dû au manque de nourriture. *Il est mort d'**inanition**.*

inaperçu, ue (adjectif)
• **Passer inaperçu :** ne pas être remarqué. *L'absence de Romain **est passée inaperçue**.*

inapplicable (adjectif)
Qui ne peut être appliqué. *Les mesures prises semblent **inapplicables**.* (Contr. applicable.)

inappréciable (adjectif)
Si important qu'on ne peut pas vraiment en apprécier la valeur. *Tu m'as rendu un service **inappréciable**.* (Syn. inestimable.)

inapte (adjectif)
Qui n'est pas apte. *Son accident l'a rendu **inapte** au travail.* (Contr. apte.)

inaptitude (nom féminin)
Manque d'aptitude. *On lui reproche son **inaptitude** à la vie en groupe.* (Syn. incapacité.)

inattaquable (adjectif)
Qui ne peut être attaqué. *La réputation de ce politicien est **inattaquable**.* (Syn. irréprochable.)

inattendu, ue (adjectif)
Qui se produit alors qu'on ne s'y attendait pas. *C'est **inattendu** de te voir ici.* (Syn. imprévu, surprenant. Contr. normal.)

inattentif, ive (adjectif)
Qui n'est pas attentif. *Les élèves sont **inattentifs** aujourd'hui.* (Syn. distrait.)

inattention (nom féminin)
Fait d'être inattentif. *Il suffit parfois d'une seconde d'**inattention** pour avoir un accident.* (Syn. distraction, étourderie. Contr. attention.)

inaudible (adjectif)
Qui est peu audible. *L'enregistrement est **inaudible**.*

inauguration (nom féminin)
Action d'inaugurer. *L'**inauguration** du gymnase aura lieu dimanche.*

inaugurer (verbe) ▸ conjug. n° 3
Marquer par une cérémonie officielle l'ouverture de quelque chose. *Le ministre **a inauguré** la nouvelle ligne de TGV.*

inavouable (adjectif)
Qu'on n'ose pas avouer parce qu'on en a honte. *Les enfants ont souvent des sentiments qu'ils croient **inavouables**.*

incalculable (adjectif)
Qu'on ne peut calculer ou évaluer. *Les pertes sont **incalculables**.*

incandescence (nom féminin)
État d'une matière incandescente. *Pour forger le fer, il faut le porter à **incandescence**.*

incandescent, ente (adjectif)
Qui est chauffé au rouge. *Les braises **incandescentes** du barbecue.*

incantation (nom féminin)
Récitation d'une formule magique. *La sorcière a envoûté la princesse avec ses **incantations**.*

incapable (adjectif)
Qui n'est pas capable. *Anna est si émue qu'elle est **incapable** de parler.* (Contr. capable.) ■ **incapable** (nom) Personne qui n'a aucune compétence. *Ce travail déplorable a été réalisé par un **incapable**.*

incapacité (nom féminin)
1. État d'une personne incapable de faire quelque chose. *La fièvre la met dans l'**incapacité** de travailler.* (Syn. impossibilité.) **2.** Manque de capacité, de compétence. *Le gouvernement a montré son **incapacité** à résoudre ce conflit.* (Syn. inaptitude.)

incarcération (nom féminin)
Action d'incarcérer. *Le juge a ordonné l'**incarcération** immédiate de l'accusé.* (Syn. emprisonnement.)

incarcérer (verbe) ▸ conjug. n° 8
Mettre en prison. *On **a** arrêté et **incarcéré** au plus vite l'escroc.* (Syn. écrouer, emprisonner.)

incarner (verbe) ▸ conjug. n° 3
Interpréter un personnage. *C'est l'acteur qui **a incarné** Robin des Bois au cinéma.*

incartade (nom féminin)
Faute commise sans gravité. *Ses **incartades** inquiètent parfois sa mère.*

Incas
Ancien peuple du Pérou. Vers 1200, la dynastie inca fonda un puissant empire qui, au XVe siècle, englobait les territoires actuels du Pérou, de l'Équateur, de la Bolivie, du nord de l'Argentine et du Chili. Il fut anéanti en quelques années, de 1527 à 1533, par les conquistadors espagnols. Les Incas pratiquaient le culte du Soleil. Grands architectes, ils ont bâti des aqueducs, des forteresses, des palais.

les vestiges de la cité **inca** du Machu Picchu

incassable (adjectif)
Qu'on ne peut casser. *Des verres **incassables**.*

incendiaire (adjectif)
Destiné à déclencher des incendies. *Les bombes **incendiaires** ont détruit la ville.* ■ **incendiaire** (nom) Auteur volontaire d'un incendie. *L'**incendiaire** est sous les verrous.*

incendie (nom masculin)
Grand feu qui se propage en faisant des dégâts. *Un **incendie** a détruit la mairie.*
Famille du mot : incendi**aire**, incendier.

incendier (verbe) ▸ conjug. n° 10
Détruire par un incendie. *Des milliers d'hectares de forêt **ont été incendiés**.*

incertain, aine (adjectif)
1. Qui n'est pas certain. *Son avenir est **incertain**.* (Syn. douteux, hypothétique. Contr. assuré, sûr.) **2.** Qui peut changer. *Prends ton parapluie, le temps est **incertain**.*

incertitude (nom féminin)
État de ce qui est incertain. *On est dans l'**incertitude** sur le sort des passagers.*

a b c d e f g h i j k l m n o p q r s t u v w x y z

incessamment (adverbe)
D'un moment à l'autre. *Thomas doit arriver* ***incessamment***. (Syn. sous peu.)

incessant, ante (adjectif)
Qui ne cesse jamais. *Le bruit* ***incessant*** *des vagues.* (Syn. continuel, ininterrompu.)

inceste (nom masculin)
Relations sexuelles entre membres très proches d'une même famille. *L'****inceste*** *est puni par la loi.*

incidemment (adverbe)
Par hasard. *Nous avons appris cela* ***incidemment***.

incidence (nom féminin)
Conséquence, répercussion. *La déforestation a une* ***incidence*** *sur la disparition de certaines espèces animales.*

incident (nom masculin)
Petit évènement fâcheux mais sans gravité. *La manifestation s'est déroulée sans* ***incident***.

incinération (nom féminin)
Action d'incinérer. *Une usine d'****incinération*** *des déchets.*

incinérer (verbe) ▸ conjug. n° 8
Réduire en cendres. *Les hindous ont coutume d'****incinérer*** *leurs morts.*

incise (nom féminin et adjectif féminin)
Proposition très courte intercalée dans une autre proposition, pour signaler qu'on rapporte les paroles de quelqu'un. *« dit-il » est souvent employé en* ***incise***.

inciser (verbe) ▸ conjug. n° 3
Faire une fente avec un instrument tranchant. *Le médecin* ***a incisé*** *l'abcès.* Famille du mot : incisif, incision, incisive.

incisif, ive (adjectif)
Synonyme de mordant. *L'officier a lancé des ordres sur un ton* ***incisif***.

incision (nom féminin)
Coupure faite en incisant. *Le jardinier a fait une* ***incision*** *dans l'écorce de l'arbre pour le greffer.* (Syn. entaille.)

incisive (nom féminin)
Chacune des huit dents de devant. *Les* ***incisives*** *servent à couper les aliments.* ➡ p. 364.

incitation (nom féminin)
Action d'inciter. *Ce beau livre est une véritable* ***incitation*** *à la lecture.*

inciter (verbe) ▸ conjug. n° 3
Pousser quelqu'un à faire quelque chose. *Ce beau temps n'****incite*** *guère au travail !* (Syn. encourager.)

inclinable (adjectif)
Qui peut s'incliner. *Les sièges avant de la voiture sont* ***inclinables***.

inclinaison (nom féminin)
Position inclinée. *L'****inclinaison*** *du bateau rend Victor malade.*

inclination (nom féminin)
Synonyme de penchant. *William a une* ***inclination*** *pour la musique.*

incliner (verbe) ▸ conjug. n° 3
1. Mettre dans une position oblique. *L'acteur* ***incline*** *la tête pour saluer le public.* (Contr. redresser.) **2.** S'incliner : s'avouer vaincu. *Vous avez gagné, je* ***m'incline*** *!* Famille du mot : inclin**able**, inclin**aison**, inclin**ation**.

Dans le virage, les motos sont très **inclinées**.

inclure (verbe) ▸ conjug. n° 51
Mettre dedans. *Le prix de la consommation* ***inclut*** *le prix du service.* (Syn. comprendre. Contr. exclure.)

inclus, use (adjectif)
Qui est contenu dans un ensemble. *Lisez le livre jusqu'à la page 20* ***incluse***. (Syn. compris. Contr. exclu.)

incognito (adverbe)
Sans se faire reconnaître. *Cet acteur rêve de voyager* ***incognito***. ■ **incognito** (nom masculin) Situation de quelqu'un qui ne veut pas qu'on sache qui il est. *Le*

*gagnant du loto a souhaité garder l'**incognito**.* (Syn. anonymat.)

incohérence (nom féminin)
Chose qui manque de cohérence. *Ce récit ne tient pas debout, il est bourré d'**incohérences**.* (Syn. contradiction.)

incohérent, ente (adjectif)
Dont les idées ne s'enchaînent pas logiquement. *Pierre a tenu des propos **incohérents** pendant son sommeil.* (Syn. décousu. Contr. cohérent.)

incollable (adjectif)
1. Qui ne colle pas. *Du riz **incollable**.*
2. Dans la langue familière, qui sait répondre à n'importe quelle question. *Myriam est **incollable** sur les dinosaures.*

incolore (adjectif)
Sans couleur. *L'eau est **incolore**.*

incomber (verbe) ▸ conjug. n° 3
Être à la charge de quelqu'un. *C'est à Xavier que le nettoyage du tableau **incombe** aujourd'hui.*

incombustible (adjectif)
Qui n'est pas combustible. *L'amiante est un matériau **incombustible**.* (Syn. ininflammable. Contr. combustible.)

incommensurable (adjectif)
Sans mesure. *Elle est d'une prétention **incommensurable**.* (Syn. extrême, immense.)

incommoder (verbe) ▸ conjug. n° 3
Causer une gêne physique. *Yann **est incommodé** par l'odeur de l'essence.*

incomparable (adjectif)
Tellement supérieur que rien ne peut lui être comparé. *Cette femme est d'une élégance **incomparable**.*

incompatible (adjectif)
Qui n'est pas compatible. *Ce voyage est **incompatible** avec les dates de tes vacances.* (Syn. contradictoire, inconciliable.)

incompétence (nom féminin)
Fait d'être incompétent. *Pour entretenir le jardin, ils ont embauché une personne d'une totale **incompétence**.* (Contr. compétence.)

incompétent, ente (adjectif)
Qui n'est pas compétent. *Il est tout à fait **incompétent** en médecine.*

incomplet, ète (adjectif)
Auquel il manque quelque chose. *Ce livre est **incomplet**, il lui manque les dernières pages.* (Contr. complet.)

incompréhensible (adjectif)
Impossible à comprendre. *Le blessé bafouillait des mots **incompréhensibles**. Sa décision est **incompréhensible**.* (Contr. compréhensible.)

incompréhension (nom féminin)
Manque de compréhension. *Il y a trop d'**incompréhension** entre eux pour qu'ils puissent s'entendre.*

incompressible (adjectif)
Que l'on ne peut pas réduire. *Le loyer fait partie des frais **incompressibles**.*

incompris, ise (adjectif)
Dont personne ne comprend la valeur réelle. *Les artistes sont parfois **incompris** de leurs contemporains.* (Syn. méconnu.)

inconcevable (adjectif)
Qui n'est pas concevable. *Vivre avec quelqu'un sans être marié était **inconcevable** autrefois.* (Syn. inimaginable.)

inconciliable (adjectif)
Qu'on ne peut concilier avec un autre. *Leurs deux points de vue sont **inconciliables**.* (Syn. incompatible.)

inconditionnel, elle (adjectif)
Sans condition, sans réserve. *J'apprécie sa fidélité **inconditionnelle**.* (Syn. absolu.)

inconfort (nom masculin)
Manque de confort. *En camping, on supporte l'**inconfort**.*

inconfortable (adjectif)
Qui n'est pas confortable. *Cette petite voiture tout-terrain est très **inconfortable**.*

incongru, ue (adjectif)
Contraire au bon sens ou à l'usage. *Par rapport aux gens qui étaient là, sa remarque était tout à fait **incongrue**.* (Syn. déplacé.)

incongruité (nom féminin)
Parole ou action incongrue.

inconnu, ue (adjectif)
Qui n'est pas connu. *Le metteur en scène a choisi un acteur* ***inconnu***. ■ **inconnu, ue** (nom) Personne que l'on ne connaît pas. *On ne suit pas un* ***inconnu*** *!*

inconsciemment (adverbe)
De façon inconsciente. *Noémie a remis* ***inconsciemment*** *son argent dans sa poche au lieu de payer.* (Contr. consciemment.)

inconscience (nom féminin)
État d'une personne inconsciente. *Sortir en mer par ce temps, c'est de l'****inconscience*** *!* (Syn. folie.)

inconscient, ente (adjectif)
1. Qui a perdu conscience. *Le blessé est encore* ***inconscient***. (Syn. inanimé. Contr. conscient.) **2.** Dont on n'a pas conscience. *La respiration est un réflexe* ***inconscient***. ■ **inconscient, ente** (nom) Qui n'a pas conscience de ce qu'il fait. *Ce n'est pas un homme courageux, c'est un* ***inconscient*** *!*

inconséquent, ente (adjectif)
Qui agit sans réfléchir aux conséquences de ses actes. *En dépensant toutes ses économies, il s'est montré très* ***inconséquent***.

inconsistant, ante (adjectif)
Qui manque de force et de cohérence. *Le scénario du film est* ***inconsistant***.

inconsolable (adjectif)
Qu'on ne peut pas consoler. *Il est resté* ***inconsolable*** *de la mort de sa femme.*

inconstant, ante (adjectif)
Qui manque de constance dans ses sentiments. *N'accorde pas ton amitié à cette fille* ***inconstante***. (Syn. infidèle, volage. Contr. constant, fidèle.)

incontestable (adjectif)
Qui ne peut être contesté. *Odile a beaucoup changé, c'est* ***incontestable***. (Syn. certain, indéniable, indiscutable. Contr. contestable.)

incontesté, ée (adjectif)
Que personne ne conteste. *C'est le chef de file* ***incontesté*** *de notre équipe.*

incontournable (adjectif)
Qu'on ne peut éviter de connaître, qu'on ne peut contourner. *Ce roman est* ***incontournable****, tu dois le lire !*

incontrôlable (adjectif)
Qu'on ne peut pas contrôler ni vérifier. *Des rumeurs* ***incontrôlables*** *circulent sur l'origine de sa fortune.*

inconvenant, ante (adjectif)
Qui est contraire aux convenances. *Il a tenu des propos* ***inconvenants*** *devant les enfants.* (Syn. choquant, déplacé.)

inconvénient (nom masculin)
Aspect négatif de quelque chose. *Quels sont les avantages et les* ***inconvénients*** *de cette profession ?* (Syn. défaut, désavantage. Contr. avantage.)

incorporer (verbe) ▸ conjug. n° 3
1. Mélanger quelque chose à un tout. ***Incorporez*** *petit à petit les œufs battus au chocolat fondu.* **2.** Intégrer dans un corps d'armée. *Il* ***a été incorporé*** *dans un régiment de parachutistes.*

incorrect, ecte (adjectif)
1. Qui n'est pas correct. *Son anglais est* ***incorrect*** *mais compréhensible.* **2.** Qui ne respecte pas les règles de politesse. *Benjamin a été très* ***incorrect*** *avec Sarah.* (Syn. grossier.)

incorrection (nom féminin)
1. Attitude incorrecte. *Ne pas respecter son tour dans une file d'attente est d'une grande* ***incorrection***. (Syn. grossièreté, impolitesse.) **2.** Expression incorrecte. *« Un ami de moi » est une* ***incorrection***.

incorrigible (adjectif)
Qu'on ne peut corriger. *Tu es vraiment* ***incorrigible****, quand cesseras-tu de laisser traîner tes affaires ?*

incorruptible (adjectif)
Qu'on ne peut corrompre. *Ce fonctionnaire* ***incorruptible*** *jouit d'une bonne réputation.*

incrédule (adjectif et nom)
Qui ne croit pas ce qui est dit. *En entendant l'histoire de Clément, Ursula a eu un sourire* ***incrédule***. (Syn. sceptique. Contr. crédule.)

increvable (adjectif)
1. Qui ne peut pas crever. *Un pneu **increvable**.* **2.** Synonyme familier d'infatigable.

incriminer (verbe) ▶ conjug. n° 3
Mettre en cause. *Le journaliste l'**a incriminé** à tort.* (Syn. accuser.)

incroyable (adjectif)
1. Difficile ou impossible à croire. *Je viens d'apprendre une nouvelle **incroyable**.* (Syn. invraisemblable.) **2.** Peu ordinaire. *Michelle est d'une énergie **incroyable**, pour ses quatre-vingts ans !* (Syn. étonnant, extraordinaire.)

incroyant, ante (nom)
Personne qui ne croit pas en Dieu. (Syn. athée. Contr. croyant.)

incrustation (nom féminin)
Ornement incrusté. *C'est un meuble avec des **incrustations** de nacre.*

incruster (verbe) ▶ conjug. n° 3
1. Décorer un objet en insérant des morceaux d'une autre matière. *Le plateau est en ébène **incrusté** d'écaille.* **2.** S'incruster : dans la langue familière, s'installer en parasite chez quelqu'un. *Il **s'est incrusté** chez nous depuis un mois.*

incubation (nom féminin)
1. Période pendant laquelle les oiseaux couvent leurs œufs. *Le poussin sort de l'œuf après trois semaines d'**incubation**.* **2.** Temps qui s'écoule entre la pénétration du microbe dans le corps et le début de la maladie. *L'**incubation** de la scarlatine est de 4 à 7 jours.*

inculpation (nom féminin)
Fait d'inculper quelqu'un, de l'accuser d'un crime. *Son **inculpation** de meurtre était injustifiée et le procès a permis de l'innocenter.*

inculper (verbe) ▶ conjug. n° 3
Accuser officiellement. *Il **est inculpé** d'escroquerie.* **Inculper** vient du latin *culpa* qui signifie « faute » et qu'on retrouve dans *coupable*.

inculquer (verbe) ▶ conjug. n° 3
Faire entrer dans la mémoire. *On lui **a inculqué** la politesse dès son plus jeune âge.* **Inculquer** vient du latin *inculcare* qui signifie « faire pénétrer en tassant avec le talon ».

inculte (adjectif)
1. Qui n'est pas cultivé. *Les terres **incultes** des landes.* **2.** Dont l'esprit n'est pas cultivé. *Lire est un bon moyen pour ne pas rester **inculte**.* (Syn. ignorant. Contr. cultivé.)

incurable (adjectif)
Qu'on ne peut guérir. *La tuberculose a été longtemps une maladie **incurable**.*

incursion (nom féminin)
Entrée soudaine et brève dans un lieu. *Des avions de guerre ont fait une **incursion** en territoire ennemi.*

incurver (verbe) ▶ conjug. n° 3
Donner une forme courbe. *L'étagère **s'est incurvée** sous le poids des livres.*

une portion d'autoroute **incurvée**

Inde

1,25 milliard d'habitants
Capitale : New Delhi
Monnaie : la roupie
Langues officielles : hindi, anglais
Superficie : 3 287 782 km²

État du sud de l'Asie. Séparée, au nord, du reste de l'Asie par l'Himalaya, l'Inde est bordée par l'océan Indien. La république de l'Inde fait partie du Commonwealth. Les deux grandes religions sont l'hindouisme (83 %) et l'islam (13 %).

GÉOGRAPHIE
L'Inde est constituée de trois ensembles naturels, formés par la grande chaîne de l'Himalaya au nord, les grandes plaines du Gange et de l'Indus, et la région du Dekkan au sud. Le climat est rythmé par

la mousson et oppose une saison sèche d'hiver et une saison de pluies d'été. La population augmente très rapidement. Plus de 70 % des Indiens vivent dans les campagnes, mais la pauvreté les pousse vers les villes qui sont surpeuplées.
L'agriculture produit du riz, des céréales, du thé et du bois. L'industrie est en plein essor, notamment dans les secteurs de l'automobile et de l'électronique. L'Inde devient une grande puissance économique, mais 400 millions d'Indiens vivent encore sous le seuil de pauvreté.

HISTOIRE

Au XVIIIe siècle, les Français et les Anglais s'affrontèrent pour faire de l'Inde un empire colonial. Les Anglais triomphèrent et l'Inde devint alors une colonie anglaise. Gandhi et Nehru menèrent la lutte pour l'indépendance, qui fut proclamée en 1947. Comme une violente hostilité opposait les hindouistes et les musulmans, l'empire des Indes fut alors partagé en deux États : la république de l'Inde (à majorité hindoue) et le Pakistan (à majorité musulmane).

indécelable (adjectif)
Impossible à déceler. *Certaines maladies sont **indécelables** à la naissance.*

indécent, ente (adjectif)
Qui n'est pas convenable. *Cette robe transparente est tout à fait **indécente**.* (Contr. décent.)

indéchiffrable (adjectif)
Qui ne peut être déchiffré. *Avant Champollion, les hiéroglyphes égyptiens paraissaient **indéchiffrables**.*

indécis, ise (adjectif)
Qui a du mal à se décider. *Que faire aujourd'hui ? David est **indécis**.* (Syn. hésitant. Contr. décidé.)

indécision (nom féminin)
État d'une personne indécise. *Cette **indécision** ne peut plus durer, il faut choisir.* (Syn. hésitation.)

indéfendable (adjectif)
Qu'on ne peut défendre. *Il a commis des actes **indéfendables**.*

indéfini, ie (adjectif)
1. Impossible à préciser. *Il portait de vieux vêtements délavés, d'une couleur **indéfinie**.* (Syn. indéterminé. Contr. précis.) 2. Se dit d'un pronom ou d'un article désignant des choses ou des gens de manière vague. *« On » est un pronom **indéfini**. « Un » est un article **indéfini**.* (Contr. défini.)

indéfiniment (adverbe)
De manière indéfinie. *Ces discussions peuvent durer **indéfiniment**.* (Syn. éternellement.)

indélébile (adjectif)
Qui ne peut être effacé. *Un tatouage est un dessin **indélébile**.*

indemne (adjectif)
Qui n'a pas été blessé dans un accident. *Ils sont sortis **indemnes** de la maison en feu.* (Syn. sain et sauf.)

indemnisation (nom féminin)
Action d'indemniser, de dédommager quelqu'un de ses dépenses. *Odile reçoit toujours une **indemnisation** pour ses déplacements en train.*

indemniser (verbe) ▸ conjug. n° 3
Verser une indemnité. *La compagnie d'aviation **a indemnisé** les familles des victimes.* (Syn. dédommager.)

indemnité (nom féminin)
Somme d'argent destinée à dédommager ou à rembourser des frais. *Après l'inondation, l'État a versé une **indemnité** aux agriculteurs.*

indéniable (adjectif)
Que personne ne peut nier. *Sa bonne volonté est **indéniable**.* (Syn. incontestable, indiscutable.)

indénombrable (adjectif)
Qui ne peut être dénombré, compté. *Les victimes de l'ouragan sont **indénombrables**.* (Contr. dénombrable.)

indépendamment de (préposition)
En plus de. ***Indépendamment du** prix, elle trouve que cet appartement est trop petit.*

indépendance (nom féminin)
Situation d'une personne ou d'un État indépendants. *Ses parents lui laissent une grande **indépendance**. L'Algérie a acquis*

*son **indépendance** en 1962.* (Contr. dépendance.)

indépendant, ante (adjectif)
1. Qui ne dépend de personne. *C'est un journal très **indépendant**.* (Syn. libre. Contr. dépendant.) 2. Qui aime l'indépendance. *Petite, Zoé était déjà très **indépendante**.* (Contr. soumis.) 3. Qui n'a pas de rapport avec autre chose. *Les W-C sont **indépendants** de la salle de bains.*

indépendantiste (nom et adjectif)
Partisan de l'indépendance d'un territoire. *Les **indépendantistes** corses luttent pour l'autonomie politique.*

indescriptible (adjectif)
Qui ne peut être décrit. *Les étudiants ont fait un chahut **indescriptible**.*

indésirable (adjectif)
Dont la présence n'est pas désirée. *On a refusé l'entrée de la maison à ce visiteur **indésirable**.*

indestructible (adjectif)
Qui ne peut être détruit. *Leur fidèle amitié semble **indestructible**.*

indéterminé, ée (adjectif)
Synonyme d'indéfini. *Le magasin est fermé pour une durée **indéterminée**.*

index (nom masculin)
1. Deuxième doigt de la main, le plus proche du pouce. *On se sert de l'**index** pour montrer quelque chose.* 2. Liste alphabétique des noms cités, placée à la fin d'un livre. *Regarde dans l'**index** des rues de Paris où se trouvent les Champs-Élysées.* **Index** est un mot latin qui signifie « celui qui montre, indique, dénonce ».

indicateur, trice (adjectif)
Qui sert à indiquer. *Au prochain carrefour, il y aura peut-être un poteau **indicateur**.* ■ **indicateur, trice** (nom) Personne qui renseigne la police en échange de certains avantages. ■ **indicateur** (nom masculin) Brochure qui contient des renseignements. *L'**indicateur** des chemins de fer.*

■ **indicatif, ive** (adjectif)
• **À titre indicatif :** pour donner une idée. ***À titre indicatif**, voici la température moyenne en juillet dans cette région.*

■ **indicatif** (nom masculin)
1. Air de musique qui indique le début d'une émission. *Voilà l'**indicatif** de ton feuilleton préféré !* 2. Mode du verbe qui indique une action qui a lieu effectivement. *« J'irai » est le verbe « aller » au futur de l'**indicatif**.*

une rue de la ville de Puri, en **Inde**

indication (nom féminin)
Ce qui est indiqué et sert à expliquer. *J'ai trouvé sans peine grâce à tes **indications**.* (Syn. renseignement.)

indice (nom masculin)
1. Signe qui indique l'existence de quelque chose. *Les empreintes laissées dans le sol sont des **indices** permettant de suivre la piste.* **2.** Lettre ou chiffre placé en bas à droite d'un autre signe. *A **indice** 1 se note A_1.*

indicible (adjectif)
Qui ne peut être dit ou exprimé. *Sa joie d'avoir réussi est **indicible**.* (Syn. inexprimable.)

indien, enne ➡ Voir tableau p. 6.

océan **Indien**
Océan situé entre l'Afrique, l'Asie et l'Australie. Par sa superficie, c'est le troisième océan du monde (75 millions de km^2) ; sa profondeur maximale est de 7 455 mètres, à Java. Les îles y sont très nombreuses, notamment Madagascar, la Réunion, l'île Maurice et les Comores.

indifféremment (adverbe)
Sans faire de différence. *Avec son mari, elle parle **indifféremment** français ou arabe.*

indifférence (nom féminin)
Attitude d'une personne indifférente. *Cette nouvelle est tombée dans l'**indifférence** générale.* (Contr. intérêt.)

indifférent, ente (adjectif)
1. Qui n'a aucune importance pour quelqu'un. *Que tu partes ou que tu restes, cela m'est **indifférent**.* **2.** Qui n'est touché, ému par rien. *Nul ne peut être **indifférent** à la misère des autres.* (Syn. insensible. Contr. sensible.) Famille du mot : indiffér**emment**, indiffér**ence**.

indigène (adjectif et nom)
Qui est né dans le pays où il habite. (Syn. autochtone.)

indigent, ente (adjectif et nom)
Très pauvre. *Plusieurs organismes humanitaires s'occupent des **indigents**.* (Syn. nécessiteux.)

indigeste (adjectif)
Difficile à digérer. *Les oignons crus sont **indigestes**.* (Contr. digeste.)

indigestion (nom féminin)
Indisposition due à une digestion difficile. *À Noël, Ibrahim a eu une **indigestion** due à un excès de chocolat.*

indignation (nom féminin)
Colère devant une action révoltante. *Ce crime odieux a soulevé l'**indignation** de toute la ville.*

indigne (adjectif)
1. Qui n'est pas digne de quelque chose. *Ils ont triché, ils sont **indignes** de gagner cette course !* **2.** Qui provoque l'indignation. *Son comportement est **indigne**.* (Syn. déshonorant, méprisable. Contr. digne)

indigner (verbe) ▶ conjug. n° 3
Remplir d'indignation. *Le massacre des baleines **indigne** Anna.* (Syn. révolter.)

indigo (adjectif)
Bleu foncé, proche du violet. *Certaines étoffes africaines sont bleu **indigo**.* Pluriel : des étoffes indigo.

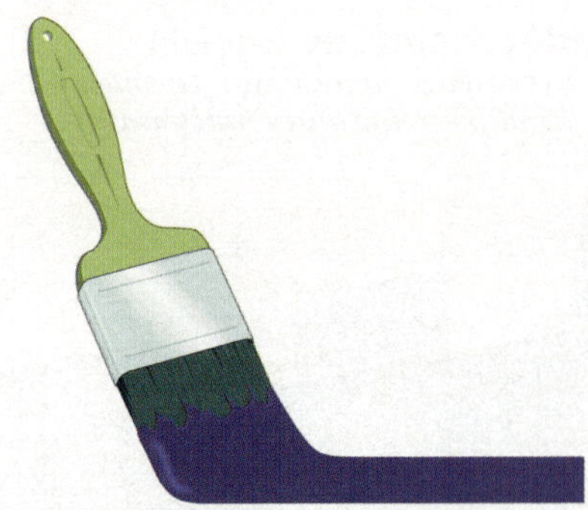

une trace de peinture **indigo**

indiqué, ée (adjectif)
Qui est recommandé dans telle situation. *Fatigué comme vous l'êtes, ce séjour à la mer est tout **indiqué**.*

indiquer (verbe) ▶ conjug. n° 3
1. Montrer ou désigner de façon précise. *Sur la boussole, l'aiguille bleue **indique** clairement le Nord.* (Syn. signaler.) **2.** Renseigner quelqu'un sur quelque chose. *Pouvez-vous m'**indiquer** les toilettes ?* (Syn. montrer.) Famille du mot : indic**ateur**, indic**atif**, indic**ation**, indiqu**é**.

indirect, ecte (adjectif)
Qui n'est pas direct. *Une critique **indirecte**.* (Syn. détourné.) • **Complément d'objet indirect :** complément relié au verbe par une préposition.

indirectement (adverbe)
De façon indirecte. *Elle va se marier, je l'ai su **indirectement**.* (Contr. directement.)

indiscipline (nom féminin)
Manque de discipline. *Le maître ne tolère pas l'**indiscipline**.* (Contr. discipline.)

indiscipliné, ée (adjectif)
Qui n'est pas discipliné. *William est trop **indiscipliné** pour travailler correctement.* (Syn. désobéissant. Contr. discipliné.)

indiscret, ète (adjectif)
Qui est trop curieux ou trop bavard. *C'est très **indiscret** de ta part de lire une lettre qui ne t'est pas destinée !* (Contr. discret.)

indiscrètement (adverbe)
De façon indiscrète. *Kevin a regardé par le trou de la serrure, **indiscrètement**.* (Contr. discrètement.)

indiscrétion (nom féminin)
1. Manque de discrétion. *Noémie ne cesse d'épier ses voisins, elle est d'une **indiscrétion** !* (Syn. curiosité. Contr. discrétion.) **2.** Révélation d'un secret. *J'ai appris son départ par une **indiscrétion**.*

indiscutable (adjectif)
Qui ne se discute pas. *Son habileté manuelle est **indiscutable**.* (Syn. certain, évident, incontestable, indéniable.)

indispensable (adjectif)
Dont on ne peut se dispenser. *Il est **indispensable** de se laver les dents après chaque repas.* (Syn. nécessaire. Contr. inutile, superflu.)

indisponible (adjectif)
Qui n'est pas disponible. *Le médecin est **indisponible** pour l'instant.* (Syn. occupé.)

indisposer (verbe) ▸ conjug. n° 3
1. Irriter par son attitude. *Son sans-gêne **indispose** tout le monde.* (Syn. ennuyer, gêner.) **2.** Rendre un peu malade. *L'odeur d'éther l'**indispose**.* (Syn. gêner, incommoder.)

indisposition (nom féminin)
État d'une personne indisposée. *C'est une **indisposition** passagère, il sera vite remis.* (Syn. malaise.)

indissociable (adjectif)
Qu'on ne peut pas dissocier, séparer. *Ces deux problèmes sont **indissociables**.*

indistinct, incte (adjectif)
Que l'on distingue mal. *On aperçoit une forme **indistincte** dans le brouillard.* (Syn. confus, imprécis. Contr. distinct.)

Sur ce tableau, on aperçoit les formes **indistinctes** d'un port.
« Impression, soleil levant » de Claude Monet

individu (nom masculin)
1. Chacun des êtres humains d'un groupe, d'une collectivité. *Chaque **individu** est différent des autres.* (Syn. personne.) **2.** Homme quelconque, qui paraît louche ou qu'on méprise. *Élodie a peur car il y a un drôle d'**individu** qui la suit depuis dix minutes.* Famille du mot : individu**aliste**, individu**el**, individu**ellement**. **Individu** vient du latin *individuum* qui signifie « indivisible ».

individualiste (adjectif)
Qui fait preuve d'indépendance et veut se débrouiller seul. *Pierre est trop **individualiste** pour voyager en groupe.*

individuel, elle (adjectif)
Qui est fait pour une seule personne. *Fatima rêve d'avoir une chambre **individuelle**.* (Syn. particulier. Contr. collectif, commun.)

individuellement (adverbe)
De façon individuelle. *Cet exercice doit être fait **individuellement**.* (Syn. séparément. Contr. collectivement, ensemble.)

Indochine

Grande péninsule située entre l'Inde et la Chine (2 millions de km²). Bordée par le golfe du Bengale et la mer de Chine, l'Indochine comprend la Birmanie, la Thaïlande, le Laos, le Viêt-nam, le Cambodge et la partie continentale de la Malaisie.

INDOCHINE FRANÇAISE

Nom donné aux pays d'Indochine colonisés par la France : la Cochinchine et le Tonkin (qui forment aujourd'hui le Viêt-nam), le Cambodge, l'Annam et le Laos. Après la guerre d'Indochine (1946-1954), la France abandonna ces territoires.

indo-européen (nom masculin)

Langue reconstituée qui serait à l'origine de nombreuses langues européennes et asiatiques. *Le grec, le latin et les langues slaves sont issues de l'**indo-européen**.* ■ indo-européen, enne (adjectif) Se dit des langues issues de l'indo-européen. Pluriel : des langues indo-européennes.

indolence (nom féminin)

Caractère indolent de quelqu'un. *Quentin s'est allongé avec **indolence** dans le hamac.* (Syn. mollesse, nonchalance. Contr. ardeur, vivacité.)

indolent, ente (adjectif)

Qui est sans énergie. *Cette grosse chaleur rend les gens **indolents**.* (Syn. mou, nonchalant. Contr. actif, énergique, vif.)

indolore (adjectif)

Qui ne fait pas souffrir. *Si tu ne bouges pas, cette piqûre sera **indolore**.* (Contr. douloureux.)

indomptable (adjectif)

Qu'on ne peut pas dompter. *Certains animaux sauvages sont **indomptables**.*

Indonésie

243,3 millions d'habitants
Capitale : Djakarta
Monnaie : la rupiah
Langue officielle : bahasa indonesia
Superficie : 1 919 270 km²

État d'Asie du Sud-Est, constitué par un archipel de plus de 17 500 îles.

GÉOGRAPHIE

L'Indonésie s'étend entre l'océan Indien et l'océan Pacifique. Les îles les plus importantes sont Sumatra, Java (la plus peuplée), Bornéo, les Célèbes, les Moluques et l'ouest de la Nouvelle-Guinée.
Ses ressources sont principalement fondées sur l'agriculture ; l'Indonésie produit du riz, du café, du thé, de la canne à sucre, du tabac, de l'huile et des épices. C'est le premier exportateur mondial de bois tropicaux. On y trouve aussi du pétrole et du gaz naturel.

indonésien, enne

➡ Voir tableau p. 6.

indu, ue (adjectif)

• **Heure indue :** heure trop tardive. *Qui peut bien téléphoner à cette **heure indue** ?*

indubitable (adjectif)

Qu'on ne peut pas mettre en doute. *Ce film a un succès **indubitable**.* (Syn. certain, incontestable.)

indubitablement (adverbe)

Sans aucun doute. *En français, elle est **indubitablement** la meilleure de sa classe.*

induire (verbe) ▶ conjug. n° 43

• **Induire quelqu'un en erreur :** lui faire faire une erreur. *Ses renseignements n'étaient pas bons et nous **ont induits en erreur**.*

indulgence (nom féminin)

Caractère d'une personne indulgente. *Ses grands-parents font toujours preuve de beaucoup d'**indulgence** envers Kevin.* (Syn. bienveillance, compréhension. Contr. sévérité.)

indulgent, ente (adjectif)

Qui pardonne facilement. *Gaëlle est très **indulgente** avec son petit frère quand il fait des bêtises.* (Syn. compréhensif. Contr. dur, sévère.)

indûment (adverbe)

Synonyme littéraire d'injustement. *Il a été **indûment** accusé d'un vol.*
ORTHO On écrit aussi **indument**.

Indus

Fleuve d'Asie, né au Tibet, sur le versant nord de l'Himalaya (3 180 km). L'Indus traverse le Cachemire puis le Pakistan, avant de se jeter par un vaste delta dans la mer d'Oman.

LA CIVILISATION DE L'INDUS
Nom donné à une civilisation ancienne datant du IIIe au IIe millénaire avant Jésus-Christ et dont on a retrouvé les vestiges sur les rives de l'Indus.

industrialisation (nom féminin)
Fait de s'industrialiser. *L'**industrialisation** de cette région a créé beaucoup d'emplois.*

s'industrialiser (verbe) ▸ conjug. n° 3
S'équiper en industries, en usines. *Ce pays commence à **s'industrialiser**.*

industrie (nom féminin)
Ensemble des entreprises transformant des matières premières en produits fabriqués. *Le père de Romain travaille toujours dans l'**industrie** pharmaceutique.*
Famille du mot : industri**alisation**, industri**aliser**, industri**el**.

industriel, elle (adjectif)
Qui concerne l'industrie. *La zone **industrielle** est située en dehors de la ville.* ■ **industriel, elle** (nom) Personne qui possède ou dirige une usine. *Cet homme est un **industriel** de la chaussure.*

inébranlable (adjectif)
Qu'on ne peut pas ébranler, faire changer. *Sa décision est **inébranlable**, il ne changera pas d'avis.* (Syn. inflexible.)

inédit, ite (adjectif)
1. Qui n'a pas encore été édité ou publié. *Son livre est resté **inédit**.* 2. Qui est nouveau et original. *Voilà une façon **inédite** de faire cuire les œufs.* (Syn. original.)

ineffable (adjectif)
Synonyme littéraire d'inexprimable. *Ressentir une joie **ineffable**.*

inefficace (adjectif)
Qui n'a aucun effet. *Si ton rhume ne fait qu'empirer, c'est que ton traitement est **inefficace**.* (Contr. efficace.)

inefficacité (nom féminin)
Caractère inefficace. *Tes conseils n'ont servi à rien, ils ont été d'une totale **inefficacité**.* (Contr. efficacité.)

inégal, ale, aux (adjectif)
1. Qui n'est pas égal en dimension, en quantité, en valeur ou en durée. *La croissance de ces deux arbres est **inégale**.* 2. Qui n'est pas uni. *Une chaussée **inégale**, pleine de trous.* (Contr. lisse, plat.) 3. Qui manque de régularité. *Ses résultats scolaires sont très **inégaux**.* (Syn. irrégulier.)

inégalable (adjectif)
Qui ne peut pas être égalé. *Ce record semble **inégalable** dans l'immédiat.* (Syn. incomparable.)

inégalité (nom féminin)
1. Absence d'égalité. *Lutter contre l'**inégalité** des salaires entre les hommes et les femmes.* 2. Élément inégal, irrégulier. *Les **inégalités** du terrain nous obligent à rouler lentement.*

inéligible (adjectif)
Qui n'est pas éligible. *Une personne qui a été condamnée est **inéligible**.*

inéluctable (adjectif)
Synonyme d'inévitable. *Il n'a pas suffisamment travaillé pour son bac, son échec était **inéluctable**.*

inénarrable (adjectif)
Qui est extraordinaire et cocasse à la fois. *Il leur est arrivé une aventure **inénarrable**.*

inepte (adjectif)
Qui n'a aucun sens. *Cette remarque est totalement **inepte**.* (Syn. absurde, stupide.)

ineptie (nom féminin)
Action ou parole inepte. *Arrête de dire de telles **inepties** !* (Syn. bêtise, stupidité.)
● Prononciation [inɛpsi].

inépuisable (adjectif)
Qu'on ne peut épuiser. *Elle est d'une patience **inépuisable** avec les enfants.*

inerte (adjectif)
Synonyme d'inanimé. *Après l'accident, on a retrouvé plusieurs corps **inertes** dans la voiture.*

inertie (nom féminin)
Manque d'énergie. *Alain est resté d'une désespérante **inertie** dans cette affaire.* (Syn. inaction, indolence, passivité.)
● Prononciation [inɛʀsi].

inespéré, ée (adjectif)
Que l'on espérait pas ou plus. *Le joueur a marqué un but **inespéré**, dans la dernière minute de jeu.* (Syn. imprévu, inattendu.)

inesthétique (adjectif)
Qui n'est pas esthétique. *Cette tour métallique est **inesthétique**.* (Syn. laid.)

inestimable (adjectif)
Qui est si précieux qu'on ne peut même pas l'estimer. *Ce chef-d'œuvre est **inestimable**.*

un tableau **inestimable** : « la Joconde » de Léonard de Vinci

inévitable (adjectif)
Qu'on ne peut pas éviter. *Il y avait une nappe d'huile sur la route, le motard a fait une chute **inévitable**.* (Syn. fatal, forcé, inéluctable.)

inévitablement (adverbe)
De façon inévitable. *En prenant la route un 15 août, au matin, vous allez **inévitablement** tomber dans des bouchons.*

inexact, acte (adjectif)
Qui contient des erreurs. *Ton calcul est **inexact**.* (Syn. erroné, faux. Contr. exact, juste.)

inexactitude (nom féminin)
Chose inexacte. *Il y a plusieurs **inexactitudes** dans ton devoir, essaie de les trouver toi-même.* (Syn. erreur, faute.)

inexcusable (adjectif)
Qu'on ne peut pas excuser. *Les retards répétés de Luc sont **inexcusables**.* (Syn. impardonnable.)

inexistant, ante (adjectif)
Qui n'existe pas ou très peu. *L'aide à ce pays sous-développé est pratiquement **inexistante**.* (Syn. négligeable.)

inexorable (adjectif)
Qu'on ne peut pas faire céder ou changer. *Le maître s'est montré **inexorable** avec Victor, il a maintenu sa punition.* (Syn. impitoyable, implacable, inflexible.)

inexorablement (adverbe)
De façon inexorable. *La vie finit **inexorablement** par la mort.*

inexpérience (nom féminin)
Manque d'expérience et de connaissances.

inexpérimenté, ée (adjectif)
Qui n'a pas l'expérience de quelque chose. *Le frère de William vient juste d'avoir son permis moto, c'est encore un motard **inexpérimenté**.* (Syn. débutant, novice. Contr. expérimenté.)

inexplicable (adjectif)
Qui ne peut pas être expliqué. *La cause de l'accident est **inexplicable**.* (Syn. incompréhensible, mystérieux. Contr. clair, évident.)

inexploré, ée (adjectif)
Qui n'a pas été exploré. *Il reste peu de régions **inexplorées** sur la Terre.*

inexpressif, ive (adjectif)
Qui ne manifeste aucun sentiment. *Son visage est **inexpressif**, il est impossible de savoir ce qu'il pense.* (Contr. expressif.)

inexprimable (adjectif)
Qui est si intense qu'on ne peut pas l'exprimer. *Cette nouvelle a rempli Julie d'un bonheur **inexprimable**.* (Syn. indescriptible, indicible.)

in extrémis (adverbe)
Au dernier moment. *Les habitants de l'immeuble en feu ont vraiment été sauvés **in extrémis**.* Prononciation [inɛkstʀemis]. ORTHO On écrit aussi **in extremis**.

inextricable (adjectif)
Qui est très embrouillé. *Cette énigme paraît **inextricable**.*

infaillible (adjectif)
1. Qui donnera sûrement un bon résultat. *Ces pastilles sont **infaillibles** contre le mal de gorge.* (Syn. radical.) 2. Qui ne peut pas se tromper. *Personne n'est **infaillible**.*

infaisable (adjectif)
Qu'il est impossible de faire. *Cet exercice est difficile mais pas **infaisable**.* Prononciation [ɛ̃fəzabl].

infamant, ante (adjectif)
Synonyme de déshonorant. *Je suis vexé par son **infamante** allusion.*

infâme (adjectif)
1. Qui est horrible et odieux. *Un meurtre **infâme**.* (Syn. ignoble, immonde.) 2. Qui est très mauvais ou très sale. *Un **infâme** taudis.* (Syn. infect.) Famille du mot : in**famant**, infa**mie**. **Infâme** vient du latin *fama* qui signifie « réputation » : un homme **infâme** n'a pas bonne réputation.

infamie (nom féminin)
Action infâme.

infanterie (nom féminin)
Ensemble des troupes qui combattent à pied. *Son grand-père a fait la guerre dans l'**infanterie**.*

un soldat d'**infanterie** en 1870

infantile (adjectif)
1. Qui a un rapport avec l'enfance. *Laura est vaccinée contre plusieurs maladies **infantiles**.* 2. Synonyme de puéril. *Ce comportement **infantile** n'est plus de ton âge !* (Syn. enfantin.)

infantilisme (nom masculin)
Comportement infantile. *Sucer ton pouce, à ton âge, c'est de l'**infantilisme** !*

infarctus (nom masculin)
Accident de santé dû au fait qu'une artère s'est bouchée. *Pierre a le cœur fragile depuis qu'il a eu un **infarctus**.* Prononciation [ɛ̃faʀktys].

infatigable (adjectif)
Que rien ne peut fatiguer. *Nathalie est une bonne marcheuse, elle est **infatigable**.* (Syn. inlassable.)

infect, ecte (adjectif)
1. Qui est très mauvais. *Ce poisson n'est pas frais, il est **infect**.* (Contr. délicieux, exquis.) 2. Qui suscite le dégoût moral. *Cet homme est **infect** avec sa famille.* (Syn. ignoble.)

s'infecter (verbe) ▶ conjug. n° 3
Être contaminé par les microbes. *Il faut tout de suite soigner une plaie avant qu'elle ne **s'infecte**.* (Syn. s'envenimer.) Famille du mot : **dés**infect**ant**, **dés**infecter, **dés**infect**ion**, infect**ieux**, infect**ion**.

infectieux, euse (adjectif)
Qui est dû à une infection. *Un état **infectieux** donne généralement de la fièvre.*

infection (nom féminin)
1. Fait de s'infecter. *Une **infection** pulmonaire doit être soignée rapidement.* 2. Très mauvaise odeur. *Ce poisson pourri est une **infection**.* (Syn. puanteur.)

inférieur, eure (adjectif)
1. Qui est placé en dessous. *Tu trouveras tes chaussettes dans le tiroir **inférieur** de la commode.* (Contr. supérieur.) 2. Qui est plus petit. *En quittant l'autoroute, nous avons trouvé de l'essence à un prix **inférieur**.* ■ **inférieur, eure** (nom) Personne qui est au-dessous d'une autre dans une hiérarchie. (Syn. subalterne, subordonné.)

infériorité (nom féminin)
Caractère de ce qui est inférieur. *Se sentir en position d'**infériorité**.* (Contr. supériorité.)

infernal, ale, aux (adjectif)
Synonyme d'insupportable. *Ce marteau-piqueur fait un bruit **infernal**.*

infester (verbe) ▸ conjug. n° 3
Envahir en grand nombre. *Dommage que cette belle plage **soit infestée** de moustiques !*

infidèle (adjectif)
1. Qui n'est pas fidèle en amitié ou en amour. *Cet homme est **infidèle** à sa femme.* **2.** Qui n'est pas exact ni conforme à la réalité. *Ton récit est **infidèle**, ce n'est pas comme ça que les choses se sont passées.*

infidélité (nom féminin)
Manque de fidélité.

infiltration (nom féminin)
Action de s'infiltrer. *Le plombier recherche l'origine des **infiltrations** d'eau dans le plafond.*

s'infiltrer (verbe) ▸ conjug. n° 3
Pénétrer lentement à travers un corps solide. *À cause de l'orage, de l'eau **s'est infiltrée** dans la cave.*

infime (adjectif)
Qui est très petit et insignifiant. *Il n'a qu'une chance **infime** de gagner.* (Syn. minime. Contr. énorme.)

infini, ie (adjectif)
Qui est sans fin. *La suite des nombres est **infinie**.* (Syn. illimité.) ■ **infini** (nom masculin) • **À l'infini :** sans fin. *La plaine s'étend **à l'infini**.* Famille du mot : infini**ment**, infinité.

infiniment (adverbe)
Synonyme d'énormément. *Je te suis **infiniment** reconnaissant de m'avoir aidé.*

infinité (nom féminin)
Quantité considérable. *Après avoir parcouru une **infinité** de kilomètres, la sonde spatiale a quitté le système solaire.*

infinitésimal, ale, aux (adjectif)
Très petit. *Ce médicament agit à des doses **infinitésimales**.*

infinitif (nom masculin)
Mode du verbe quand il n'est pas conjugué. « *Jouer, avoir, partir, être, attendre* » *sont des verbes à l'**infinitif**.*

infirme (adjectif et nom)
Qui ne peut plus utiliser une partie de son corps. *Des soldats sont rentrés **infirmes** de la guerre. Un fauteuil roulant pour un **infirme**.* (Syn. handicapé, impotent, invalide.)

infirmer (verbe) ▸ conjug. n° 3
Remettre en question. *Le jugement **a été infirmé** par le tribunal.* (Contr. confirmer.)

infirmerie (nom féminin)
Local où l'on reçoit et soigne les malades ou les blessés. *Dans chaque collège, il y a une **infirmerie**.*

infirmier, ère (nom)
Personne qui donne des soins aux malades. *Une **infirmière** vient chaque jour pour lui faire une piqûre.*

infirmité (nom féminin)
Fait d'être infirme. *La cécité est une grave **infirmité**.*

inflammable (adjectif)
Qui prend feu facilement. *Il ne faut jamais laisser de produits **inflammables** à la portée des enfants.* (Contr. ininflammable.)

le logo imprimé sur les étiquettes de produits **inflammables**

inflammation (nom féminin)
Gonflement douloureux d'une partie du corps. *L'**inflammation** des oreilles s'appelle une otite.*

inflation (nom féminin)
Hausse des prix. *Le gouvernement a pris des mesures contre l'**inflation**.* **Inflation** vient du latin *inflatio* qui signifie « gonflement ».

inflexible (adjectif)
Que rien ne peut faire changer d'avis. *Malgré nos marchandages, il est resté in-*

***flexible** sur le prix.* (Syn. inébranlable, intransigeant.)

inflexion (nom féminin)
Changement de ton, d'accent dans la voix. *Sa voix prenait des **inflexions** touchantes lorsqu'elle évoquait ses souvenirs.*

infliger (verbe) ▸ conjug. n° 5
Obliger quelqu'un à subir quelque chose de pénible. ***Infliger** un blâme.*

influençable (adjectif)
Qui est facile à influencer. *Les adolescents sont souvent **influençables**.*

influence (nom féminin)
Action qu'une chose ou une personne exerce sur une autre et qui entraîne un changement. *L'**influence** de la Lune sur les marées. Son grand frère a une forte **influence** sur Noémie.* Famille du mot : influenç**able**, influenc**er**, influent, influ**er**.

influencer (verbe) ▸ conjug. n° 4
Exercer une influence sur quelqu'un. *Xavier se laisse **influencer** par ses copains.*

influent, ente (adjectif)
Qui a de l'influence, de l'autorité. *Ce ministre est très **influent**.*

influer (verbe) ▸ conjug. n° 3
Exercer une action. *On dit que le climat **influe** sur le caractère des gens.* (Syn. agir.)

Cette route semble se prolonger **à l'infini**.

informaticien, enne (nom)
Spécialiste d'informatique.

information (nom féminin)
Renseignement ou nouvelle que l'on communique à quelqu'un. *Si tu as besoin d'une **information**, demande à l'accueil.* ■ **informations** (nom féminin pluriel) Nouvelles qui informent à la radio et à la télévision. *Maman écoute les **informations** à la radio pour savoir ce qui se passe dans le monde.*

informatique (nom féminin)
Science et technique qui permettent de rassembler des données dans des mémoires d'ordinateurs et de les organiser automatiquement. *À l'école, Véronique apprend l'**informatique**.* ■ **informatique** (adjectif) De l'informatique. *Tout le matériel **informatique** évolue aujourd'hui très vite.* Famille du mot : informati**cien**, informati**sation**, informati**ser**.

informatisation (nom féminin)
Action d'informatiser. *L'**informatisation** des cabinets médicaux est devenue obligatoire.*

informatiser (verbe) ▸ conjug. n° 3
Équiper d'ordinateurs. *Ce service **est** entièrement **informatisé**.*

informe (adjectif)
Qui n'a pas vraiment de forme précise. *Que représente ce croquis **informe** ?*

informel, elle (adjectif)
Qui n'est pas organisé avec rigueur, qui n'est pas soumis à des règles strictes. *Cette réunion est **informelle**, vous ne recevrez pas de convocation.*

informer (verbe) ▸ conjug. n° 3
Donner une information. *On vous **a** mal **informé**, Yann n'habite pas ici. C'est Sarah qui est chargée de **s'informer** sur les horaires de train.* (Syn. renseigner.)

infortune (nom féminin)
Synonyme littéraire de malheur. *Et pour comble d'**infortune**, il se mit à pleuvoir !* (Syn. malchance.)

infraction (nom féminin)
Acte contraire au règlement ou à la loi. *Passer au feu rouge est une **infraction** grave.* (Syn. délit, faute, fraude.)

infranchissable (adjectif)
Qu'on ne peut pas franchir. *Ces difficultés lui paraissent vraiment **infranchissables**.*

infrarouge (adjectif)
Se dit de rayons invisibles utilisés pour le chauffage, la cuisson, la photographie, etc.

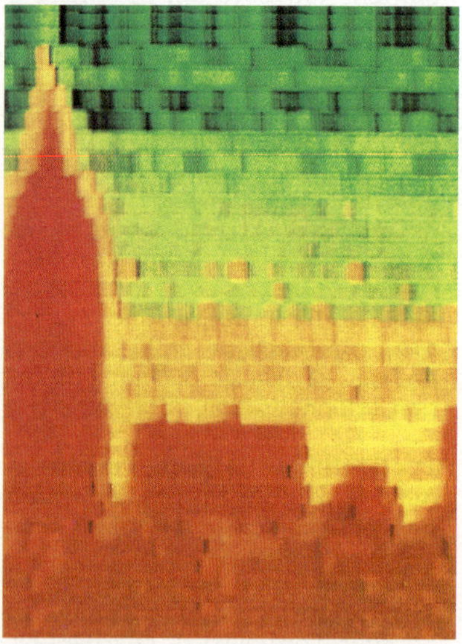

Cette photographie aux **infrarouges** (immeubles de New York) fait apparaître en rouge les sources de chaleur. C'est un procédé **ingénieux**.

infrastructure (nom féminin)
Ensemble de constructions et d'équipements. *L'**infrastructure** médicale de cette ville est insuffisante depuis que l'hôpital a fermé.*

infructueux, euse (adjectif)
Qui n'a pas porté ses fruits. *Les recherches sont restées **infructueuses**, aucun rescapé n'a été retrouvé.* (Syn. inefficace, vain. Contr. fructueux.)

infuser (verbe) ▶ conjug. n° 3
Tremper des feuilles de thé ou de tisane dans l'eau bouillante pour qu'elles dégagent leur goût. *Maman laisse le tilleul **infuser** dix minutes.*

infusion (nom féminin)
Boisson faite avec des plantes infusées. *Une **infusion** de verveine.* (Syn. tisane.)

s'ingénier (verbe) ▶ conjug. n° 10
Faire tous ses efforts pour arriver à un résultat. *Mon petit frère est malade et maman **s'ingénie** à le distraire.*

ingénieur (nom masculin)
Personne qui participe à des recherches ou qui dirige des travaux. *Elle est **ingénieur** en informatique.* **Ingénieur** vient de *engin* qui signifiait autrefois « machine de guerre » : à l'origine, l'ingénieur était un inventeur d'engins de guerre.

ingénieux, euse (adjectif)
Qui est plein d'astuce et d'esprit d'invention. *Benjamin a trouvé un procédé **ingénieux** pour réparer son vélo.*

ingéniosité (nom féminin)
Caractère ingénieux. *C'est grâce à son **ingéniosité** qu'il est sorti du labyrinthe.*

ingénu, ue (adjectif et nom)
Qui est d'une franchise naïve et candide. *Ursula a pris un air **ingénu** pour répondre.*

ingérence (nom féminin)
Fait de s'ingérer. *Refuser toute **ingérence** dans ses affaires.*

s'ingérer (verbe) ▶ conjug. n° 8
Se mêler de quelque chose sans en avoir le droit. *Tu n'as pas à **t'ingérer** dans les affaires des autres.* (Syn. s'immiscer.)

ingrat, ate (adjectif et nom)
Qui n'a aucune reconnaissance pour les bienfaits reçus. *Un fils **ingrat**. Clément est un **ingrat**, il ne nous a même pas remerciés.*
■ ingrat, ate (adjectif) **1.** Qui ne donne aucune satisfaction. *Faire le ménage est un travail **ingrat** mais nécessaire.* **2.** Qui manque de charme ou de grâce. *Avoir un physique **ingrat**.* (Syn. disgracieux.)

ingratitude (adjectif)
Caractère d'une personne ingrate. *Quelle **ingratitude** de ne même pas nous remercier !* (Contr. gratitude, reconnaissance.)

ingrédient (nom masculin)
Élément qui entre dans la composition d'un mélange. *Zoé rassemble les **ingrédients** de la pâte à crêpes : la farine, les œufs et le lait.*

ingurgiter (verbe) ▸ conjug. n° 3
Manger ou boire avec avidité. *David **a ingurgité** son petit déjeuner en cinq minutes.*

inhabitable (adjectif)
Où il est impossible d'habiter. *Leur maison a brûlé, elle est **inhabitable**.*

inhabité, ée (adjectif)
Où il n'y a pas d'habitants. *Ce château est **inhabité** depuis longtemps.*

inhabituel, elle (adjectif)
Qui n'est pas habituel. *Il fait une chaleur **inhabituelle** pour la saison.* (Syn. inaccoutumé. Contr. fréquent.)

inhalation (nom féminin)
Traitement qui consiste à inhaler la vapeur d'une eau très chaude mélangée à un médicament.

inhaler (verbe) ▸ conjug. n° 3
Aspirer par le nez ou la bouche. *Dans les villes polluées, on **inhale** des gaz toxiques.*

inhérent, ente (adjectif)
Qui est inséparable de quelque chose. *Les responsabilités sont **inhérentes** à la fonction de cadre.*

inhibé, ée (adjectif)
Qui est incapable d'agir ou de réagir. *Yann est très **inhibé**, il reste renfermé sur lui-même.*

inhospitalier, ère (adjectif)
Qui n'est pas hospitalier, pas accueillant. *Cette région aride et inhabitée est **inhospitalière**.*

une région **inhospitalière**

inhumain, aine (adjectif)
Qui n'est pas digne de l'homme. *La peine de mort est une pratique **inhumaine**.* (Syn. barbare, cruel.)

inhumation (nom féminin)
Synonyme d'enterrement. *Leur **inhumation** aura lieu lundi au cimetière.*

inhumer (verbe) ▸ conjug. n° 3
Synonyme d'enterrer. *Elle **a été inhumée** dans l'intimité.* (Contr. exhumer.)
Inhumer vient du latin *humus* qui signifie « terre ».

inimaginable (adjectif)
Qu'on peut difficilement imaginer. *En très peu de temps, Anna a fait des progrès **inimaginables**.* (Syn. impensable, incroyable.)

inimitable (adjectif)
Que l'on ne peut pas imiter. *Elle a un rire **inimitable**.*

ininflammable (adjectif)
Qui ne peut pas s'enflammer. *Une matière **ininflammable**.* (Contr. inflammable.)

inintelligible (adjectif)
Que l'on ne peut pas comprendre. *Un message **inintelligible**.* (Syn. incompréhensible. Contr. intelligible.)

inintéressant, ante (adjectif)
Qui n'est pas intéressant. *Éteins la télévision, cette émission est vraiment **inintéressante** !*

ininterrompu, ue (adjectif)
Qui ne s'interrompt pas. *Sur ce boulevard, le bruit de la circulation est **ininterrompu**.* (Syn. continu, continuel.)

initial, ale, aux (adjectif)
Qui marque le début de quelque chose. *Cet architecte a dû modifier son projet **initial**.* (Contr. final.) ■ **initiale** (nom féminin) Première lettre d'un mot. *Élodie Martin signe avec ses **initiales** : E. M.*
Prononciation [inisjal].

initialement (adverbe)
À l'origine. ***Initialement**, nous devions aller en vacances à la mer et finalement nous sommes allés à la montagne.*

initiation (nom féminin)
Action d'initier. *À l'école, nous avons des cours d'**initiation** à l'anglais.*

initiative (nom féminin)
1. Action de quelqu'un qui entreprend le premier quelque chose. *C'est Fatima qui a pris l'**initiative** de décorer la classe pour Noël.* 2. Qualité de quelqu'un qui prend de bonnes décisions. *Cet indécis n'a jamais eu l'esprit d'**initiative**.*

initié, ée (nom)
Personne qui a des connaissances dans un domaine. (Contr. profane.)

initier (verbe) ▶ conjug. n° 10
Faire acquérir à quelqu'un ses premières connaissances dans un domaine. *C'est son père qui **a initié** Anna au jeu d'échecs.* Famille du mot : initia**tion**, initié. **Initier** vient du latin *initium* qui signifie « commencement ».

injecter (verbe) ▶ conjug. n° 3
Faire pénétrer un liquide dans le corps à l'aide d'une seringue. ***Injecter** un vaccin contre le tétanos.*

injection (nom féminin)
Synonyme de piqûre. *Pour empêcher le malade de souffrir, on lui fait des **injections** de morphine.*

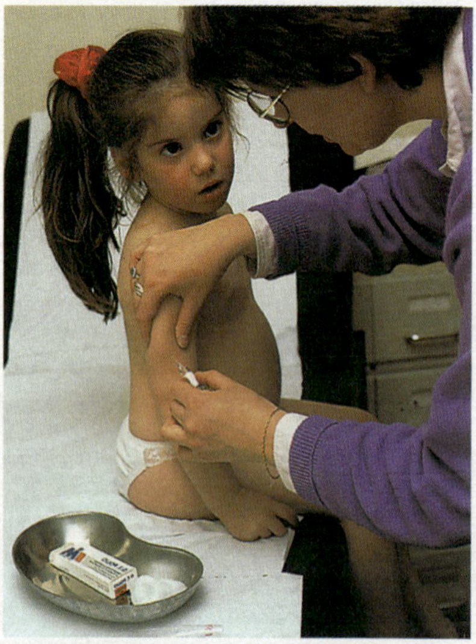

l'**injection** d'un vaccin

injoignable (adjectif)
Impossible ou très difficile à joindre, à contacter. *Depuis ce matin, j'essaie de prévenir Fatima mais elle est **injoignable**.*

injonction (nom féminin)
Ordre qu'on donne à quelqu'un. *Le boxeur a été disqualifié car il n'a pas obéi aux **injonctions** de l'arbitre.*

injure (nom féminin)
Parole offensante et blessante. *« Crétin, minable » sont des **injures**.* (Syn. insulte.) Famille du mot : injur**ier**, injur**ieux**. **Injure** vient du latin *injuria* qui signifie « injustice ».

injurier (verbe) ▶ conjug. n° 10
Lancer des injures à quelqu'un. *Ce grossier personnage s'est mis à nous **injurier**.* (Syn. insulter.)

injurieux, euse (adjectif)
Qui est offensant, vexant. *Ses propos **injurieux** m'ont offensé.* (Syn. insultant.)

injuste (adjectif)
Qui n'est pas juste. *Hélène a eu un cadeau et pas Kevin, c'est **injuste** !* (Contr. équitable.)

injustement (adverbe)
D'une manière injuste. *Cet homme a été **injustement** accusé puisqu'il est innocent.*

injustice (nom féminin)
Acte injuste. *Être victime d'une **injustice**.*

injustifié, ée (adjectif)
Qui n'est pas justifié. *Vos critiques sont **injustifiées**, je n'ai rien fait de mal.*

inlassable (adjectif)
Qui ne se lasse pas. *Cet alpiniste est un grimpeur **inlassable**.* (Syn. infatigable.)

inlassablement (adverbe)
Sans se lasser. *Benjamin joue **inlassablement** le même air au piano.*

inné, ée (adjectif)
Que l'on a dès la naissance. *Julie a un don **inné** pour la musique.* (Syn. naturel.)

innocemment (adverbe)
De façon innocente, naïve. *Dire quelque chose **innocemment**.*

innocence (nom féminin)
Fait d'être innocent. *Elle a dû prouver son **innocence**.* (Contr. culpabilité.)

innocent, ente (adjectif et nom)
1. Qui n'a rien fait de mal. *Ce n'est pas Pierre qui a cassé le carreau, il est **innocent**. Un **innocent** a été arrêté par erreur.* (Contr. coupable.) 2. Qui est crédule et naïf. *Laura a répondu d'un ton **innocent**, elle a fait l'**innocente**.* ■ **innocent, ente** (adjectif) Qui n'est pas dangereux ni condamnable. *Ces jeux sont bien **innocents**, vous pouvez continuer.* Famille du mot : innocemment, innocence, innocenter.

innocenter (verbe) ▸ conjug. n° 3
Prouver que quelqu'un est innocent. *Les témoins ont permis d'**innocenter** le suspect.* (Syn. disculper. Contr. condamner.)

innombrable (adjectif)
Très nombreux. *Une foule **innombrable** a manifesté dans les rues.*

innommable (adjectif)
Synonyme d'inqualifiable. *Leurs locataires sont partis en laissant l'appartement dans un état **innommable**.*

innovateur, trice (adjectif)
Qui innove, qui apporte des progrès dans un domaine. *Les écrans plats sont très **innovateurs**.*

innovation (nom féminin)
Fait d'innover. *Cette nouvelle voiture est pleine d'**innovations** techniques.*

innover (verbe) ▸ conjug. n° 3
Faire quelque chose de nouveau en créant un changement. *Il faut toujours **innover** pour ne pas être dépassé.*

inoccupé, ée (adjectif)
1. Qui n'est occupé par personne. *L'avion n'était pas plein, il y avait plusieurs sièges **inoccupés**.* (Syn. libre, vacant.) 2. Qui ne fait rien. *Quentin a toujours besoin de faire quelque chose, il déteste rester **inoccupé**.* (Syn. désœuvré, inactif. Contr. occupé.)

inoculer (verbe) ▸ conjug. n° 3
Introduire une substance dans l'organisme. ***Inoculer** un vaccin, un poison.*

inodore (adjectif)
Qui n'a pas d'odeur. *Ces roses sont belles mais totalement **inodores**.* (Contr. odorant.)

inoffensif, ive (adjectif)
Qui est sans danger. *Ces petites bêtes ne piquent pas, elles sont **inoffensives**.*

inondation (nom féminin)
Grande quantité d'eau qui submerge un endroit. *La pluie incessante a provoqué des **inondations**.*

inonder (verbe) ▸ conjug. n° 3
Recouvrir par une inondation. *La baignoire a débordé et la salle de bains **est inondée**.*

inopiné, ée (adjectif)
Qui est inattendu, imprévu. *L'arrivée **inopinée** de nos amis nous a surpris.*

inopportun, une (adjectif)
Qui n'est pas opportun. *Arriver à un moment **inopportun** et déranger tout le monde.*

inoubliable (adjectif)
Que l'on ne peut pas oublier. *Pour Guillaume, ces vacances resteront **inoubliables**.*

inouï, inouïe (adjectif)
Qui est extraordinaire. *Il y a eu un orage d'une violence **inouïe**, et les dégâts sont nombreux.* (Syn. incroyable.)

inoxydable (adjectif)
Qui ne s'oxyde pas. *L'acier **inoxydable** ne rouille pas.*

inox (nom masculin)
Acier inoxydable. *Des casseroles en **inox**.*
Inox est le nom d'une marque.

inqualifiable (adjectif)
Qui est tellement scandaleux qu'on a du mal à le qualifier. *On a utilisé un procédé **inqualifiable** pour le renvoyer.* (Syn. innommable.)

inquiet, ète (adjectif)
Qui a peur que quelque chose se passe mal. *Myriam est **inquiète**, son chat a l'air malade.* (Syn. anxieux, soucieux.) Famille du mot : inquiétant, inquiéter, inquiétude.

a b c d e f g h i j k l m n o p q r s t u v w x y z

inquiétant, ante (adjectif)
Qui inquiète. *Le moteur de la voiture fait un bruit **inquiétant**.* (Syn. alarmant. Contr. rassurant.)

inquiéter (verbe) ▸ conjug. n° 8
Rendre inquiet. *Thomas a de la fièvre, cela nous **inquiète**. Ne **t'inquiète** pas, tout va bien se passer.* (Syn. préoccuper, tracasser.)

inquiétude (nom féminin)
État d'une personne inquiète. *Un cyclone est annoncé et l'**inquiétude** est grande chez les habitants.* (Syn. anxiété, appréhension.)

Inquisition
Tribunal religieux. Instituée par le pape au XIIIe siècle, l'Inquisition lutta contre les hérésies dans les pays catholiques et la sorcellerie en utilisant la prison, la torture et la condamnation au bûcher. Elle déclina au XVe siècle, sauf en Espagne où elle opéra jusqu'au XVIIIe siècle.

une scène de torture pendant l'**Inquisition**

insaisissable (adjectif)
Que l'on n'arrive pas à saisir. *On a beau mettre du fromage et des pièges, la souris reste **insaisissable** !*

insalubre (adjectif)
Qui n'est pas salubre. *Les immeubles **insalubres** ont été démolis.* (Syn. malsain.)

insalubrité (nom féminin)
Caractère de ce qui est insalubre.

insanité (nom féminin)
Action ou parole absurde ou insensée. *Tu ferais mieux de te taire plutôt que de dire de telles **insanités** !* (Syn. absurdité, ineptie.)

insatiable (adjectif)
Qui n'est jamais rassasié. *Le désir de connaissances de Romain est **insatiable**.* ● Prononciation [ɛ̃sasjabl].

insatisfait, aite (adjectif)
Qui n'est pas satisfait. *Ses parents sont **insatisfaits** de ses résultats scolaires.* (Syn. mécontent. Contr. content.)

inscription (nom féminin)
1. Mots inscrits sur une surface. *Sur l'obélisque, les **inscriptions** sont des hiéroglyphes.* **2.** Action d'inscrire sur une liste. *L'**inscription** des enfants au collège se fait bien avant la rentrée.*

inscrire (verbe) ▸ conjug. n° 47
1. Écrire quelque chose pour s'en souvenir. *Noémie **inscrit** sur son cahier de textes les devoirs à faire.* **2.** Écrire le nom de quelqu'un sur une liste pour qu'il fasse partie d'un groupe. *Victor **s'est inscrit** au club de voile.*

insecte (nom masculin)
Petit animal qui a trois paires de pattes et souvent deux paires d'ailes. *L'abeille est un **insecte** utile.* Famille du mot : insecticide, insectivore. ➡ p. 676.

insecticide (nom masculin)
Produit utilisé pour détruire les insectes. *Il faudrait acheter un **insecticide** pour tuer les moustiques.*

insectivore (nom masculin)
Animal qui se nourrit d'insectes. *Le caméléon est un **insectivore**.* ➡ p. 776.

insécurité (nom féminin)
Manque de sécurité. *Les habitants du quartier se plaignent de l'**insécurité**.*

insémination (nom féminin)
• **Insémination artificielle :** technique visant à provoquer de façon artificielle une grossesse, sans accouplement.

insensé, ée (adjectif)
Qui est contraire à la raison et au bon sens. *C'est **insensé** de rouler si vite en ville.* (Contr. raisonnable, sensé.)

insensibiliser (verbe) ▶ conjug. n° 3
Rendre insensible à la douleur. *Le dentiste va faire une piqûre pour **insensibiliser** le nerf.*

insensibilité (nom féminin)
Absence de sensibilité physique ou morale. *L'**insensibilité** au froid.*

insensible (adjectif)
1. Qui ne se laisse pas attendrir par quelque chose. *Cet égoïste est **insensible** aux malheurs des autres.* (Syn. indifférent.) **2.** Qui a perdu la sensibilité physique. *Depuis qu'il est paralysé, une partie de son corps est devenue **insensible**.* **3.** Qu'on a de la peine à percevoir. *Il y a des différences **insensibles** entre ces deux écritures.* (Syn. imperceptible.)

insensiblement (adverbe)
De façon insensible. *Au mois de juillet, les jours raccourcissent déjà **insensiblement**.*

inséparable (adjectif)
Qu'on ne peut pas séparer. *Odile et William sont des amis **inséparables**, ils sont toujours ensemble.*

insérer (verbe) ▶ conjug. n° 8
1. Ajouter quelque chose en l'introduisant dans un ensemble. ***Insérer** une page de publicité dans un journal.* **2.** S'insérer : s'intégrer dans un groupe. *Il **s'est** bien **inséré** dans sa nouvelle école.*

insert (nom masculin)
Dispositif de chauffage muni d'une vitre inséré dans une cheminée. *L'**insert** permet à la chaleur de mieux se répandre dans la pièce.*

insertion (nom féminin)
1. Action d'insérer quelque chose. *L'**insertion** d'une petite annonce dans un journal.* **2.** Fait de s'insérer. *L'**insertion** des jeunes dans le monde du travail.* (Syn. intégration.) ● Prononciation [ɛ̃sɛʀsjɔ̃].

insidieux, euse (adjectif)
Qui constitue un piège. *Méfie-toi de ses questions **insidieuses**.* (Syn. perfide, sournois.)

insigne (nom masculin)
Petit objet porté par tous les membres d'un même groupe. *Les shérifs portent une étoile, c'est leur **insigne**.*

un **insigne** de shérif américain

insignifiant, ante (adjectif)
1. Qui manque de personnalité. *Des personnages **insignifiants**.* (Syn. banal, quelconque, terne.) **2.** Qui est sans importance. *Un détail **insignifiant**.* (Syn. dérisoire, négligeable.)

insinuation (nom féminin)
Chose que l'on insinue. *Des **insinuations** mensongères.* (Syn. sous-entendu.)

insinuer (verbe) ▶ conjug. n° 3
1. Faire comprendre quelque chose sans le dire vraiment. *Sarah **a insinué**, à tort, que c'était Xavier le coupable.* **2.** S'insinuer : s'introduire d'une manière habile. *Cela fait longtemps que Yann cherche à **s'insinuer** dans notre groupe.*

insipide (adjectif)
1. Qui n'a aucun goût, aucune saveur. *Ce café est **insipide**.* **2.** Qui est sans intérêt. *Ce film est vraiment **insipide**.*

insistance (nom féminin)
Action d'insister. *Ursula réclame avec **insistance** de l'argent à sa mère.*

insister (verbe) ▶ conjug. n° 3
1. Réclamer plusieurs fois quelque chose. *Zoé a beau **insister**, sa mère ne veut pas qu'elle sorte le soir.* **2.** Attirer l'attention sur quelque chose. *La maîtresse **insiste** sur la présentation des cahiers.*

Les insectes

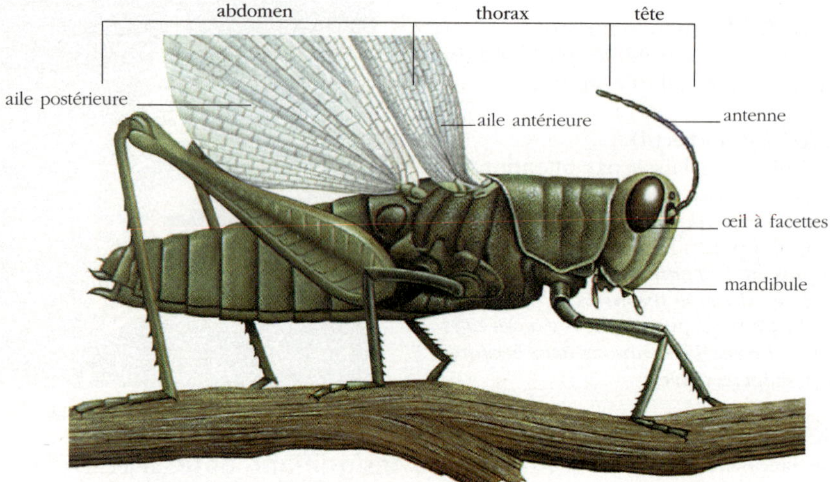

Anatomie d'un insecte

termites

coccinelles

abeille

chenille
et papillon

criquet

fourmi

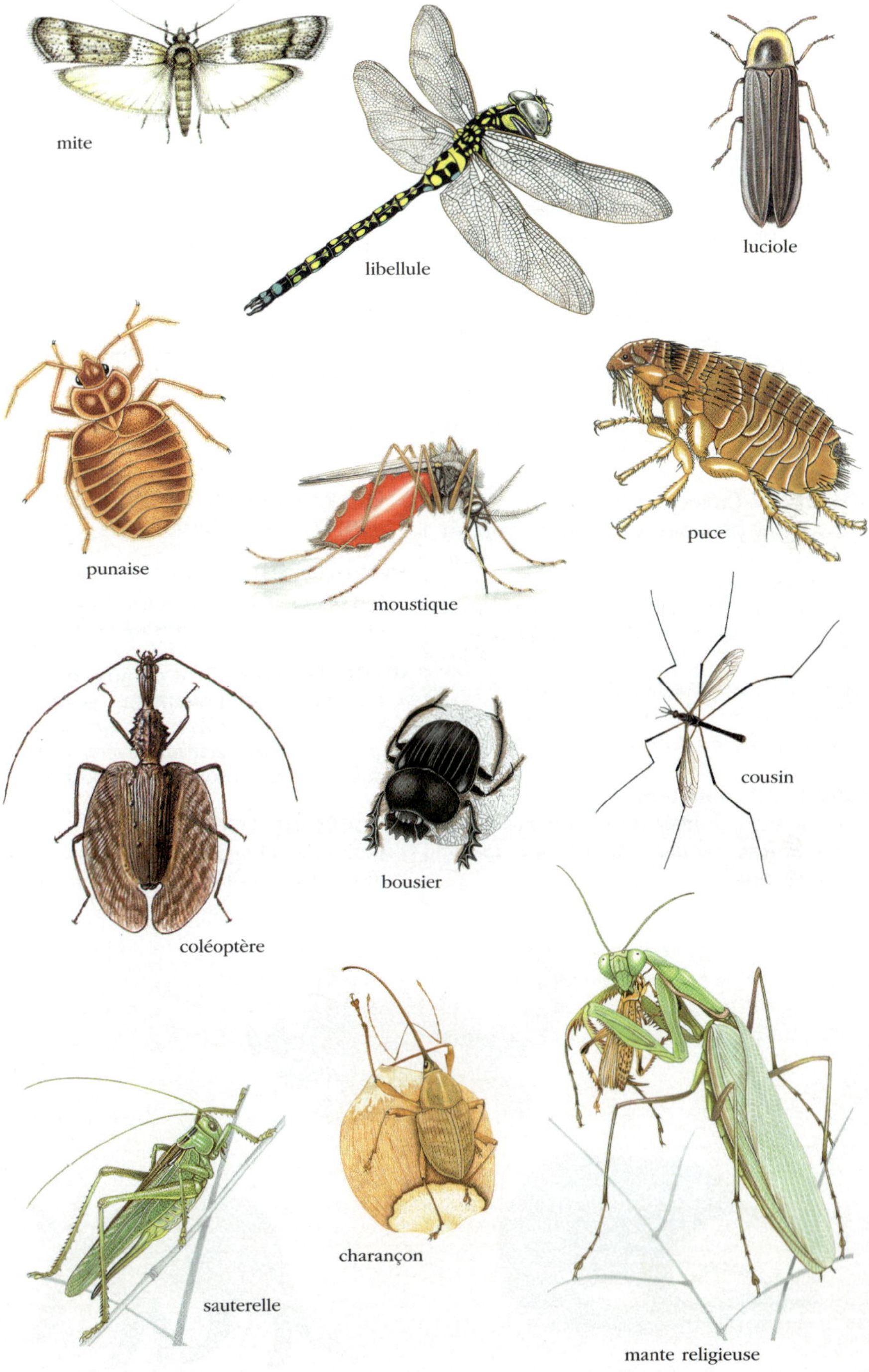
mite
libellule
luciole
punaise
moustique
puce
coléoptère
bousier
cousin
sauterelle
charançon
mante religieuse

insolation (nom féminin)
Malaise dû à un coup de soleil. *Mets-toi à l'ombre sinon tu vas attraper une **insolation** !*

insolence (nom féminin)
Action ou parole insolente. *Il a claqué la porte en partant : quelle **insolence** !*

insolent, ente (adjectif et nom)
Qui manque de respect envers quelqu'un. *Benjamin a été puni pour avoir été **insolent** avec la maîtresse. Petite **insolente** !* (Syn. effronté, impertinent.)

insolite (adjectif)
Qui surprend par son caractère étrange ou inhabituel. *C'est **insolite** de voir des vaches en plein Paris !* (Syn. bizarre.)

insoluble (adjectif)
1. Qui ne peut pas se dissoudre dans un liquide. *La résine est une substance **insoluble** dans l'eau.* (Contr. soluble.) **2.** Qu'on ne peut pas résoudre. *Cette difficulté n'est pas **insoluble**, on va trouver une solution.*

insomniaque (adjectif et nom)
Qui souffre d'insomnie. *Pierre est **insomniaque**, on l'entend marcher la nuit !*

insomnie (nom féminin)
Difficulté à dormir la nuit. *Pour éviter les **insomnies**, maman prend une tisane chaque soir.*

insondable (adjectif)
1. Dont on ne peut mesurer la profondeur. *Un puits **insondable**.* **2.** Au sens figuré, qu'on ne peut pas comprendre. *Les mystères **insondables** de la naissance de l'univers.*

insonorisation (nom féminin)
Action d'insonoriser.

insonoriser (verbe) ▸ conjug. n° 3
Équiper un local pour atténuer les bruits. *Les salles de classe devraient **être** mieux **insonorisées**.*

insouciance (nom féminin)
Caractère d'une personne qui est insouciante. *Il n'a pas senti le danger, quelle **insouciance** !*

insouciant, ante (adjectif)
Qui ne s'inquiète de rien. *C'est une gamine heureuse et **insouciante**.*

insoutenable (adjectif)
Qu'on ne peut pas supporter. *L'odeur de cette décharge est **insoutenable**.*

inspecter (verbe) ▸ conjug. n° 3
Examiner attentivement pour surveiller ou contrôler. *Le garagiste **a** soigneusement **inspecté** tout le moteur.* Famille du mot : inspect**eur**, inspect**ion**.

inspecteur, trice (nom)
Personne chargée d'inspecter. *Le père de Clément est **inspecteur** des impôts.*

des animaux **insolites** : (de gauche à droite) un échidné, un moloch (lézard), un oryctérope

inspection (nom féminin)
Action d'inspecter. *Les douaniers ont fait une **inspection** rapide des bagages.*

inspiration (nom féminin)
1. Fait d'inspirer de l'air. *L'**inspiration** est suivie de l'expiration.* 2. Idée qui vient soudain à l'esprit. *Pour une fois, Anna manque d'**inspiration** pour sa rédaction.*

inspirer (verbe) ▸ conjug. n° 3
1. Faire entrer de l'air dans les poumons. ***Inspirez** profondément, puis expirez !* 2. Faire naître une idée ou un sentiment dans l'esprit de quelqu'un. *Ce spectacle désolant **inspire** la pitié.* 3. S'inspirer de quelque chose : y prendre des idées. *Ce cinéaste a fait son film en **s'inspirant de** ses souvenirs d'enfance.*

instabilité (nom féminin)
Caractère instable. *Le ciel sera demain d'une grande **instabilité**.*

instable (adjectif)
1. Qui ne tient pas bien en équilibre. *La table est **instable** car elle a un pied cassé.* (Syn. branlant. Contr. stable.) 2. Qui change souvent. *Le temps est **instable** : tantôt il fait beau, tantôt il pleut.* (Syn. changeant, variable.) 3. Qui change souvent d'humeur ou d'idée. *Un enfant **instable**.* (Contr. équilibré.)

installateur, trice (nom)
Personne qui installe des appareils.

installation (nom féminin)
1. Action d'installer ou fait de s'installer. *L'**installation** d'un logiciel sur un ordinateur. Leur **installation** à Paris remonte à deux ans.* 2. Ensemble des appareils installés. *L'**installation** électrique n'est plus conforme aux normes.*

installer (verbe) ▸ conjug. n° 3
1. Mettre en place. *Il fait beau, on va pouvoir **installer** les chaises longues dans le jardin. Ibrahim **a installé** un logiciel de dessin sur son ordinateur.* 2. S'installer : aller dans un endroit pour y vivre. *Ils ont déménagé pour **s'installer** en province.* (Syn. s'établir.) 3. S'installer : se mettre à l'aise dans un endroit. *Grand-père **s'est installé** dans son fauteuil pour lire le journal.* Famille du mot : install**ateur**, install**ation**.

instamment (adverbe)
De façon pressante, avec insistance. *Vous êtes **instamment** prié de déplacer votre voiture.*

instance (nom féminin)
Demande faite avec insistance. *Sur les **instances** du président de la République, les ministres se sont réunis en urgence.* • **Affaire en instance :** affaire qui n'est pas encore réglée.

instant (nom masculin)
Moment très court. *Attends-moi, je reviens dans un **instant**.* • **À l'instant :** il y a très peu de temps. • **Dès l'instant que :** puisque. ***Dès l'instant que** tu me le dis, je te crois.* • **Pour l'instant :** jusqu'à présent, pour le moment. Famille du mot : instant**ané**, instant**anément**.

instantané, ée (adjectif)
Qui ne demande qu'un instant. *Bien pratique, ce potage **instantané** ! Elle n'a pas réfléchi longtemps : sa réponse a été **instantanée** !*

instantanément (adverbe)
De façon instantanée. *David a **instantanément** proposé de m'aider.* (Syn. immédiatement.)

instaurer (verbe) ▸ conjug. n° 3
Établir un régime, un usage ou un système. *La Ve République **a été instaurée** en 1958.* (Syn. instituer.)

instigateur, trice (nom)
Personne qui est à l'origine de quelque chose. *Un groupe extrémiste est l'**instigateur** de la révolte.*

instinct (nom masculin)
Force innée qui pousse à faire certaines choses sans avoir besoin de les apprendre. *L'**instinct** pousse les jeunes mammifères à téter leur mère.* • **D'instinct :** par intuition. ***D'instinct**, nous avons su qu'il allait gagner.* Prononciation [ɛ̃stɛ̃].

instinctif, ive (adjectif)
Que l'on fait par instinct. *Il a fait un geste **instinctif** pour se défendre.* (Syn. machinal.)

instituer (verbe) ▸ conjug. n° 3
Synonyme d'instaurer. *L'actuel gouvernement **a institué** un nouvel impôt.*

a b c d e f g h i j k l m n o p q r s t u v w x y z

institut (nom masculin)
Nom donné à certains établissements de recherche scientifique ou d'enseignement. • **Institut de beauté :** endroit où l'on donne des soins de beauté.

instituteur, trice (nom)
Enseignant dans une école maternelle ou primaire. (Syn. maître, maîtresse, professeur d'école.)

institution (nom féminin)
1. Chose instituée. *L'Union européenne a décidé l'**institution** d'une monnaie unique : l'euro.* **2.** Établissement d'enseignement privé. *Elle est interne dans une **institution** de jeunes filles.* **3.** Organisme officiel. *L'Académie française est une **institution** qui existe depuis 1635.*
■ institutions (nom féminin pluriel) Ensemble des lois qui règlent la vie politique d'un pays. *Les **institutions** de la Vᵉ République.*

instructif, ive (adjectif)
Qui permet de s'instruire. *Élodie regarde une émission très **instructive** sur les animaux.*

instruction (nom féminin)
1. Fait de s'instruire ou d'être instruit. *Frédéric a reçu une bonne **instruction** dans cette école.* (Syn. connaissances.) **2.** Ensemble des recherches et des formalités se rapportant à une affaire de justice. *Le juge d'**instruction** rassemble les témoignages.* ■ instructions (nom féminin pluriel) Indications sur la manière de faire les choses. *Le pilote attend les **instructions** de la tour de contrôle.* (Syn. directives, ordres.)

instruire (verbe) ▸ conjug. n° 43
1. Apporter des connaissances à quelqu'un. *Les maîtres et les professeurs sont chargés d'**instruire** les élèves.* **2.** Étudier complètement un dossier en vue d'un jugement, d'une décision. **3.** S'instruire : apprendre des choses. *Fatima lit beaucoup pour **s'instruire**.* (Syn. se cultiver.)
Famille du mot : instruc**tif**, instruc**tion**.

instrument (nom masculin)
Objet qui sert à faire quelque chose. *Le thermomètre est un **instrument** de mesure de la température. La guitare est un **instrument** de musique.* ➡ p. 682. Famille du mot : instrumen**tal**, instrumen**tiste**.

instrumental, ale, aux (adjectif)
Qui est exécuté par des instruments de musique. *Un concert de musique **instrumentale**.*

instrumentiste (nom)
Personne qui joue d'un instrument de musique. *Un orchestre de trente **instrumentistes**.*

à l'insu de (préposition)
Sans que la chose soit sue par quelqu'un. *Il nous a photographiés **à notre insu**.*

insubmersible (adjectif)
Qui ne peut pas couler. *Ce radeau pneumatique est **insubmersible**.*

des **instruments** de chirurgie en bronze de l'époque romaine

insuffisamment (adverbe)
De manière insuffisante. (Contr. suffisamment.)

insuffisance (nom féminin)
1. Caractère d'une chose insuffisante. *L'**insuffisance** des ressources en eau pose des problèmes aux agriculteurs.* 2. Manque de connaissances. *Pour rattraper ses **insuffisances** en maths, Pierre prend des cours particuliers.*

insuffisant, ante (adjectif)
Qui ne suffit pas. *Les syndicats trouvent **insuffisantes** les augmentations de salaire.*

insulaire (adjectif et nom)
Qui habite une île. *Ce peuple **insulaire** vit surtout de la pêche. Les Corses sont des **insulaires**.* **Insulaire** vient du latin *insula* qui signifie « île ».

insuline (nom féminin)
Hormone fabriquée par le pancréas. *L'**insuline** est utilisée dans le traitement du diabète.*

insultant, ante (adjectif)
Synonyme d'injurieux. *Il s'est excusé pour ses paroles **insultantes**.*

insulte (nom féminin)
Synonyme d'injure. *Les deux automobilistes en colère se lançaient des **insultes**.*

insulter (verbe) ▸ conjug. n° 3
Synonyme d'injurier. *Il m'**a insulté** en me traitant d'imbécile.*

insupportable (adjectif)
Qui est très dur à supporter. *Il fait une chaleur **insupportable**. Les enfants ont été **insupportables**.* (Syn. infernal, intolérable.)

s'**insurger** (verbe) ▸ conjug. n° 5
1. Se révolter contre une autorité. *En 1789, les révolutionnaires **se sont insurgés** contre le roi.* 2. S'opposer vivement à quelque chose. *Les habitants de la région **s'insurgent** contre le projet d'autoroute.*

insurmontable (adjectif)
Qu'on ne peut pas surmonter. *Sa peur des araignées est **insurmontable**.* (Syn. invincible.)

insurrection (nom féminin)
Soulèvement contre le pouvoir en place. (Syn. révolte.)

intact, acte (adjectif)
Qui est resté en bon état. *Gaëlle a fait tomber ses lunettes, heureusement elles sont **intactes**.* **Intact** vient du latin *tactus* qui signifie « touché » : une chose intacte n'a été touchée par personne.

intarissable (adjectif)
Qui ne peut pas s'arrêter de parler. *Sur ce sujet, elle est **intarissable**.* (Syn. inépuisable.)

intégral, ale, aux (adjectif)
Qui est entier, total. *On nous a remboursé le prix **intégral** du billet d'avion que nous n'avions pas utilisé.* (Contr. partiel.) Famille du mot : intégrale**ment**, intégral**ité**.

intégralement (adverbe)
De façon intégrale. *Guillaume a lu **intégralement** cet énorme roman d'aventures.* (Syn. complètement, entièrement.)

intégralité (nom féminin)
État de ce qui est intégral. *Hélène a dépensé l'**intégralité** de son argent de poche pour s'acheter une console de jeu.* (Syn. totalité.)

intégration (nom féminin)
Fait de s'intégrer. *L'**intégration** des jeunes dans le monde du travail.* (Syn. insertion.)

intègre (adjectif)
Qui est d'une honnêteté parfaite. *On peut se fier à elle, c'est une femme **intègre**.*

intégrer (verbe) ▸ conjug. n° 8
1. Faire entrer dans un tout. *Dans ce livre de géographie, un atlas **a été intégré**.* (Syn. incorporer, insérer.) 2. S'intégrer : faire partie d'un groupe et s'y sentir à l'aise. *Julie n'a eu aucun mal à **s'intégrer** dans l'équipe de basket.* (Syn. s'insérer.)

intégrisme (nom masculin)
Attitude de ceux qui refusent toute évolution de leur religion par respect de la tradition.

intégriste (adjectif et nom)
Qui défend l'intégrisme.

intégrité (nom féminin)
Qualité d'une personne intègre. *Je ne mets pas en doute son **intégrité**.* (Syn. honnêteté.)

Les instruments de musique

flûte

guitare

banjo

basson

clarinette

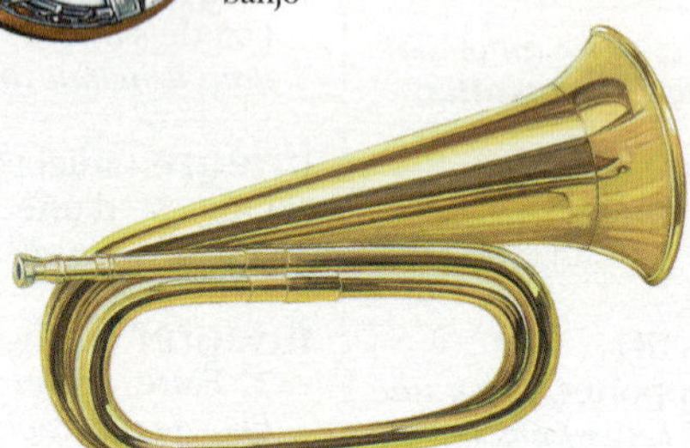

clairon

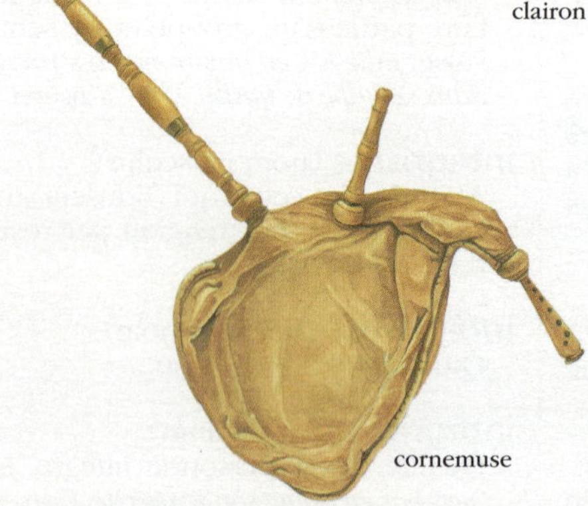

cornemuse

contrebasse

trombone
trompette
violon
violoncelle
tambourin
tambour
tam-tam
saxophone
tuba
vielle
mandoline

intellectuel, elle (adjectif)
Qui fait appel à l'intelligence. *S'agit-il d'un travail **intellectuel** ou d'un travail manuel ?* ■ **intellectuel, elle** (nom) Personne qui se consacre au travail intellectuel. *Les écrivains, les historiens sont des **intellectuels**.*

intellectuellement (adverbe)
Sur le plan intellectuel. *Cette femme est très âgée, mais encore très vive **intellectuellement**.*

intelligemment (adverbe)
De façon intelligente. *Réagir **intelligemment**.* (Contr. bêtement.) Prononciation [ɛ̃teliʒamɑ̃].

intelligence (nom féminin)
Ensemble des qualités de l'esprit qui permettent de comprendre vite et de réfléchir. *Cet élève est d'une **intelligence** étonnante.* (Contr. bêtise.) • **Être** ou **vivre en bonne intelligence avec quelqu'un :** s'entendre bien avec lui. Famille du mot : intellig**emment**, intellig**ent**.

intelligent, ente (adjectif)
Qui a ou dénote de l'intelligence. *Kevin a tout de suite compris car il est très **intelligent**.* (Contr. bête, stupide.)

intelligible (adjectif)
Qu'on peut comprendre. *Dites votre poésie à haute et **intelligible** voix.* (Syn. compréhensible. Contr. inintelligible.)

intempéries (nom féminin pluriel)
Mauvais temps. *Les **intempéries** ont provoqué beaucoup de dégâts dans les champs.*

intempestif, ive (adjectif)
Qui ne se fait pas au moment convenable. *Un fou rire **intempestif** l'a pris au beau milieu de la réunion.* (Syn. inopportun.)

intemporel, elle (adjectif)
Qui est en dehors du temps et de la durée. *Ce conte est **intemporel**, sa morale sera toujours comprise quelle que soit l'époque.*

intenable (adjectif)
Synonyme d'insupportable. *L'odeur de ce fromage est **intenable** dans la cuisine.*

intendance (nom féminin)
Service chargé d'acheter le matériel, la nourriture et de gérer les dépenses d'une collectivité.

intendant, ante (nom)
Personne chargée de l'intendance. *La mère de Laura est **intendante** dans un lycée.*

intense (adjectif)
Qui est très fort ou très vif. *Un bonheur **intense**. Dans les régions polaires, le froid est toujours **intense**.* Famille du mot : intens**ément**, intens**if**, intens**ification**, intens**ifier**, intens**ité**.

intensément (adverbe)
De façon intense. *Myriam désire **intensément** revoir ses amis.*

intensif, ive (adjectif)
Qui fait l'objet d'un effort intense. *Les athlètes s'entraînent de façon **intensive** avant les jeux Olympiques.* • **Culture intensive :** qui cherche à obtenir les meilleurs rendements sur une surface agricole réduite. *Dans les pays industrialisés, on pratique la **culture intensive**.*

intensification (nom féminin)
Action de s'intensifier. *L'**intensification** des combats dans cette région fait fuir les habitants.*

intensifier (verbe) ▸ conjug. n° 10
Rendre plus intense. *La circulation **s'intensifie** aux approches de la ville.* (Syn. accentuer.)

intensité (nom féminin)
Caractère intense. *Ces stores diminuent l'**intensité** de la lumière.* (Syn. force.)

intenter (verbe) ▸ conjug. n° 3
Engager contre quelqu'un une action en justice. *Après son licenciement, son père **a intenté** un procès à son employeur.*

intention (nom féminin)
Ce qu'on a décidé de faire. *Nathalie a l'**intention** d'aller au cinéma ce soir.* (Syn. dessein, projet.) • **À l'intention de quelqu'un :** spécialement pour lui. *Voilà un cadeau, **à l'intention de** Guillaume.* Famille du mot : intention**né**, intention**nel**, intention**nellement**.

intentionné, ée (adjectif)
• **Être bien** ou **mal intentionné :** avoir de bonnes ou de mauvaises intentions.

intentionnel, elle (adjectif)
Qui est fait volontairement. *Odile n'a pas pris son maillot de bain, c'est un oubli* ***intentionnel*** *car elle ne veut pas se baigner.* (Contr. involontaire.)

intentionnellement (adverbe)
De façon intentionnelle. *Luc m'a* ***intentionnellement*** *fermé la porte au nez.* (Syn. exprès.)

interactif, ive (adjectif)
Qui permet une interaction. *Un jeu vidéo* ***interactif****.*

interaction (nom féminin)
Action réciproque de deux ou plusieurs éléments. *Ce logiciel d'exercice permet une* ***interaction*** *entre l'élève et le professeur.*

intercalaire (nom masculin)
Feuille qu'on intercale dans un classeur. *Thomas inscrit le nom de chaque matière sur des* ***intercalaires*** *de couleur.*

intercaler (verbe) ▸ conjug. n° 3
Placer entre deux choses ou dans un ensemble. ***Intercaler*** *les titres des paragraphes dans un article.*

intercepter (verbe) ▸ conjug. n° 3
Arrêter quelque chose au passage. *Le gardien de but a réussi à* ***intercepter*** *le ballon.*

interchangeable (adjectif)
Se dit de choses ou de personnes qui peuvent être mises à la place l'une de l'autre. *Certaines pièces de ce puzzle sont* ***interchangeables****.*

interclasse (nom masculin)
Courte pause entre deux séances de classe.

interdiction (nom féminin)
Action d'interdire quelque chose. ***Interdiction*** *de fumer dans les lieux publics.* (Syn. défense. Contr. autorisation, permission.)

interdire (verbe) ▸ conjug. n° 46
Commander à quelqu'un de ne pas faire quelque chose. *La police* ***interdit*** *l'accès de la rue car il y a un incendie.* (Syn. défendre. Contr. autoriser, permettre.)
Interdire se conjugue comme le verbe dire, sauf à la 2e personne du pluriel du présent : *vous interdisez.* Famille du mot : interd**iction**, interd**it**.

interdit, ite (adjectif)
1. Qui n'est pas autorisé. *Papa n'avait pas vu qu'il y avait un sens* ***interdit****.* **2.** Qui est ébahi, stupéfait. *Une telle prouesse a laissé le public* ***interdit****.*

intéressant, ante (adjectif)
1. Qui provoque l'intérêt des gens. *Ce documentaire était tellement* ***intéressant*** *que Sarah s'en est servi pour son exposé.* **2.** Synonyme d'avantageux. *Au moment des soldes, les prix sont souvent* ***intéressants****.* ■ **intéressant, ante** (nom) • **Faire l'intéressant :** essayer de se faire remarquer.

intéressé, ée (adjectif)
1. Qui n'a en vue que son intérêt personnel. *C'est une personne très* ***intéressée****, qui agit toujours par calcul.* (Contr. désintéressé, généreux.) **2.** Qui est concerné par quelque chose. *Les personnes* ***intéressées*** *sont convoquées demain à la réunion.*

intéresser (verbe) ▸ conjug. n° 3
1. Provoquer l'intérêt de quelqu'un pour quelque chose. *La visite du musée* ***a*** *beaucoup* ***intéressé*** *les élèves.* (Contr. ennuyer.) **2.** Avoir de l'importance pour quelqu'un. *Cette loi* ***intéresse*** *tous les locataires.* (Syn. concerner.) **3.** Faire participer aux profits. *Ce vendeur* ***est intéressé*** *au montant des ventes.* **4.** S'intéresser à : avoir de l'intérêt pour quelque chose. *Ursula* ***s'intéresse*** *beaucoup* ***à*** *la peinture.* (Contr. se désintéresser.) Famille du mot : **dés**intéressé, **dés**intéresse**ment**, se **dés**intéresser, **dés**intérêt, **in**intéressant, intéress**ant**, intéressé, intérêt.

un panneau d'**interdiction** de stationner

a b c d e f g h i j k l m n o p q r s t u v w x y z

intérêt (nom masculin)
1. Attention particulière que l'on porte à quelque chose. *Zoé lit avec beaucoup d'**intérêt** un livre sur l'Univers.* (Contr. indifférence.) **2.** Ce qui est intéressant dans quelque chose. *Cette découverte est d'un grand **intérêt** pour les chercheurs.* **3.** Recherche de ce qui est avantageux pour soi. *Victor sait que c'est son **intérêt** de bien travailler à l'école.* **4.** Somme d'argent qu'il faut rembourser en plus de la somme qu'on a empruntée. *Le montant des **intérêts** varie selon les banques.*

intérieur, eure (adjectif)
1. Qui est situé au-dedans. *Dans la cour **intérieure** de l'hôtel, il y a une fontaine.* (Contr. extérieur.) **2.** Qui concerne le pays où l'on est. *La politique **intérieure**.* (Contr. étranger, international.) ■ **intérieur** (nom masculin) **1.** Partie d'un endroit ou d'une chose qui est dedans. *Qu'y a-t-il à l'**intérieur** de la boîte ?* (Syn. dedans. Contr. extérieur.) **2.** Logement où on habite. *Leur **intérieur** est confortable et bien tenu.*

intérieurement (adverbe)
1. À l'intérieur d'un lieu, dedans. *La façade du château est belle, mais **intérieurement** il est en mauvais état.* (Contr. extérieurement.) **2.** En soi-même. *Pierre a accepté de venir, alors qu'**intérieurement** il ne le souhaitait pas.*

intérim (nom masculin)
Remplacement provisoire d'une personne titulaire. *Assurer l'**intérim** d'une personne en congé.*

intérimaire (adjectif et nom)
Qui fait un intérim. *Du personnel **intérimaire**. Embaucher des **intérimaires**.*

interjection (nom féminin)
Mot invariable qui s'emploie seul pour exprimer un sentiment. *« Ah ! Ouf ! Aïe ! » sont des **interjections**.*

interligne (nom masculin)
Espace compris entre deux lignes écrites. *Pour écrire un nouveau paragraphe, Anna a mis un double **interligne**.*

interlocuteur, trice (nom)
Personne à qui l'on parle. *Il n'a pas reconnu la voix de son **interlocuteur** au téléphone.*

interloquer (verbe) ▸ conjug. n° 3
Étonner quelqu'un au plus haut point. *Cette nouvelle l'**a interloqué**.* (Syn. déconcerter.) **Interloquer** vient du latin *interloqui* qui signifie « couper la parole ».

interlude (nom masculin)
À la radio ou à la télévision, petit programme diffusé entre deux émissions ou lors d'une coupure imprévue.

intermède (nom masculin)
Interruption dans une activité. *Ces petites vacances constituent un bon **intermède** dans l'année scolaire.*

intermédiaire (adjectif)
Qui se trouve entre deux choses. *Le gris est une couleur **intermédiaire** entre le blanc et le noir.* ■ **intermédiaire** (nom) Personne qui intervient entre deux personnes ou deux groupes pour établir un lien ou vendre un produit. *Élodie a servi d'**intermédiaire** pour essayer de les réconcilier.* ■ **intermédiaire** (nom masculin) • **Par l'intermédiaire de quelqu'un :** avec son aide. *Vendre une maison **par l'intermédiaire d'**une agence.* (Syn. par l'entremise de, grâce à.)

Entre l'étoile et le pentagone, il y a cinq formes **intermédiaires**.

interminable (adjectif)
Qui semble sans fin. *Fatima a trouvé le film ennuyeux et **interminable**.* (Contr. bref, court.)

intermittence (nom féminin)
• **Par intermittence :** de façon intermittente. *À l'entrée du port, le phare s'allume **par intermittence**.*

intermittent, ente (adjectif)
Qui s'arrête puis recommence. *Des chutes de neige **intermittentes**.* (Syn. discontinu.)

internat (nom masculin)
1. Établissement scolaire qui accueille des internes. *L'été, l'**internat** est fermé.* **2.** Concours pour devenir interne des hôpitaux. *Le grand frère de Gaëlle prépare l'**internat** de chirurgie.*

international, ale, aux (adjectif)
Qui a lieu entre les différents pays du monde. *Le commerce **international**.* (Syn. extérieur. Contr. intérieur, national.)

internaute (nom)
Personne qui utilise le réseau Internet. *Ce site donne de précieux conseils aux **internautes**.*

■ **interne** (adjectif)
Qui est situé à l'intérieur. *Les poumons, le cœur, le foie, les reins sont des organes **internes**.* (Contr. externe.)

■ **interne** (nom)
1. Élève qui mange et dort dans l'établissement scolaire qu'il fréquente. *Les **internes** rentrent chez eux le week-end.* (Syn. pensionnaire. Contr. externe.) **2.** Étudiant en médecine qui a réussi l'internat et travaille dans un hôpital.

interner (verbe) ▶ conjug. n° 3
Enfermer dans un hôpital psychiatrique ou dans un camp.

Internet
Réseau informatique mondial. Internet permet aux utilisateurs d'ordinateurs d'échanger des données électroniques et d'accéder à des informations de toutes sortes en se connectant à des réseaux de télécommunications.

L'arobase symbolise l'accès à **Internet**.

interpeller (verbe) ▶ conjug. n° 3
1. Adresser la parole à quelqu'un d'une façon brusque. *Hélène **a interpellé** une dame dans la rue pour lui signaler que son sac était ouvert.* (Syn. apostropher.) **2.** Vérifier l'identité de quelqu'un ou l'arrêter. *Plusieurs suspects **ont été interpellés** par la police.* **Interpeller** se conjugue aussi comme appeler (n° 9). Prononciation [ɛ̃tɛʀpəle].
ORTHO On écrit aussi **interpeler.**

interphone (nom masculin)
Sorte de téléphone à l'entrée d'un immeuble. *William appuie sur l'**interphone** pour nous annoncer son arrivée.* **Interphone** est le nom d'une marque.

interplanétaire (adjectif)
Qui est situé entre les planètes. *L'exploration des différents espaces **interplanétaires**.*

s'interposer (verbe) ▶ conjug. n° 3
Intervenir entre deux personnes, deux groupes comme médiateur. *Le maître **s'est interposé** pour séparer les élèves qui se battaient.*

interposition (nom féminin)
Action de s'interposer. *Les Nations unies ont installé une force d'**interposition** à la frontière.*

interprétation (nom féminin)
1. Manière de comprendre quelque chose. *On peut donner plusieurs **interprétations** de cet évènement.* **2.** Façon de jouer une œuvre dramatique ou musicale. *J'ai beaucoup aimé l'**interprétation** de cette comédienne.*

interprète (nom)
1. Personne qui traduit dans une autre langue les paroles ou les écrits de quelqu'un. *Julie est bilingue, plus tard elle aimerait devenir **interprète**.* **2.** Personne qui interprète une œuvre dramatique, cinématographique ou musicale. *Connais-tu le nom des principaux **interprètes** de ce film ?*

interpréter (verbe) ▶ conjug. n° 8
1. Donner une signification à quelque chose. *Xavier **a** mal **interprété** ce que je lui ai dit.* (Syn. comprendre.) **2.** Jouer un rôle au cinéma ou au théâtre, ou exécuter un morceau de musique. *Ce pianiste **interprète** Schubert avec brio.* Famille du mot : interprét**ation**, interprète.

a b c d e f g h i j k l m n o p q r s t u v w x y z

interrogateur, trice (adjectif)
Qui interroge. *Il me regarde d'un air **interrogateur**, sans comprendre.*

interrogatif, ive (adjectif)
Qui sert à interroger, à poser une question. *Dans la phrase **interrogative** « Qui veut jouer avec moi ? », « qui » est un pronom **interrogatif**.*

interrogation (nom féminin)
1. Ce que l'on dit pour interroger. *« Pourquoi ris-tu ? » est une **interrogation**.* **2.** Ensemble de questions posées à un élève sur ses connaissances. *Une **interrogation** écrite de géographie.* • **Point d'interrogation :** signe de ponctuation (?) qui indique que la phrase est interrogative.

interrogatoire (nom masculin)
Ensemble des questions posées à une personne par un policier ou un juge.

interrogeable (adjectif)
Que l'on peut interroger. *Ce répondeur est **interrogeable** à distance.*

interroger (verbe) ▸ conjug. n° 5
Poser des questions à quelqu'un. *Pour trouver le bon chemin, nous avons dû **interroger** tous les gens du village.* (Syn. questionner.) Famille du mot : interrog**ateur**, interrog**atif**, interrog**ation**, interrog**atoire**, interrog**eable**.

interrompre (verbe) ▸ conjug. n° 34
1. Faire cesser quelque chose. *Cette triste nouvelle **a interrompu** nos vacances.* **2.** Couper la parole à quelqu'un. *Laisse-moi finir ce que j'ai à dire et arrête de m'**interrompre** tout le temps.* **3.** S'interrompre : cesser de faire quelque chose, en particulier de parler. Famille du mot : **in**interrompu, interrup**teur**, interrup**tion**.

interrupteur (nom masculin)
Appareil qui sert à allumer ou à éteindre la lumière, un appareil électrique.

interruption (nom féminin)
Fait d'interrompre quelque chose ou quelqu'un. *L'orage a entraîné une **interruption** du courant.*

intersection (nom féminin)
Endroit où deux lignes, deux routes se croisent. *À l'**intersection** des deux rues, il y a un stop.*

intersidéral, ale, aux (adjectif)
Qui est situé entre les astres. *La fusée a commencé son vol **intersidéral**.*

interstellaire (adjectif)
Qui est situé entre les étoiles. *Ce roman raconte un voyage **interstellaire**.*

un vaisseau **interstellaire**

interstice (nom masculin)
Petit espace vide entre les éléments d'un tout. *Laura aperçoit le paysage à travers les **interstices** des volets fermés.*

intervalle (nom masculin)
1. Distance séparant un lieu ou un élément d'un autre. *Planter des arbres à **intervalles** réguliers.* **2.** Espace de temps qui sépare deux faits. *Elles sont nées à deux ans d'**intervalle**.*

intervenant, ante (nom)
Personne qui intervient dans un débat, un groupe, etc. *Les **intervenants** à la réunion ont pris la parole chacun à leur tour.*

intervenir (verbe) ▸ conjug. n° 19
1. Prendre part à ce qui se passe. *Le maître **est intervenu** pour rétablir le calme.* **2.** Se produire, avoir lieu. *Une trêve **est intervenue** entre les belligérants.* **Intervenir** se conjugue avec l'auxiliaire *être*.

intervention (nom féminin)
1. Action d'intervenir. *L'**intervention** des forces de l'ordre.* **2.** Opération chirurgicale. *Une petite **intervention** chirurgicale lui a rendu l'usage de sa main gauche.*

interversion (nom féminin)
Fait d'intervertir deux choses. *Le verlan procède par **interversion** des syllabes des mots.*

intervertir (verbe) ▸ conjug. n° 11
Mettre une chose à la place d'une autre. *Si on **intervertit** deux lettres du mot « signe », on obtient le mot « singe ».*

interview (nom féminin)
Entretien qu'une personne accorde à un journaliste. Prononciation [ɛ̃tɛʀvju]. Le mot anglais **interview** est emprunté au français *entrevue*.

interviewer (verbe) ▸ conjug. n° 3
Soumettre quelqu'un à une interview. ***Interviewer** un comédien à la radio.* Prononciation [ɛ̃tɛʀvjuve].

intestin (nom masculin)
Organe situé dans le ventre, qui a la forme d'un long tuyau. *Les aliments passent d'abord dans l'estomac, puis dans l'**intestin**.* ➡ p. 389.

intestinal, ale, aux (adjectif)
De l'intestin. *Myriam a des troubles **intestinaux** car elle a mangé trop de prunes.*

intime (adjectif)
1. Avec qui on est lié par un sentiment profond. *Depuis la maternelle, Noémie et Yann sont des amis **intimes**.* **2.** Qui se passe entre des personnes qui se connaissent bien. *Un dîner **intime**.* **3.** Qui est au plus profond de soi. *L'**intime** conviction des jurés.* Famille du mot : intime**ment**, intimi**té**.

intimement (adverbe)
De façon intime. *Je suis **intimement** persuadée du contraire.*

intimer (verbe) ▸ conjug. n° 3
Donner un ordre à quelqu'un avec autorité. *Le gendarme **intime** à l'automobiliste l'ordre de se ranger sur le bas-côté.*

intimidation (nom féminin)
Action d'intimider. *Agir par **intimidation**.*

intimider (verbe) ▸ conjug. n° 3
Rendre quelqu'un timide. *Odile **est intimidée** de jouer du piano devant tant de monde.*

intimité (nom féminin)
Relation étroite entre des personnes. *Il y a entre eux une **intimité** complice.* • **Dans l'intimité :** en présence seulement des parents et des amis proches. *La cérémonie a eu lieu dans la plus stricte **intimité**.*

intitulé (nom masculin)
Synonyme de titre. *Quel est l'**intitulé** de ton exposé ?*

intituler (verbe) ▸ conjug. n° 3
Donner comme titre. *La Fontaine **a intitulé** l'une de ses fables « la Cigale et la Fourmi ».*

intolérable (adjectif)
Synonyme d'insupportable. *La chaleur est **intolérable** dans cette région.*

intolérance (nom féminin)
Défaut d'une personne intolérante. *L'**intolérance** a été la cause de nombreuses guerres.* (Contr. tolérance.)

intolérant, ante (adjectif)
Qui ne veut ni comprendre ni admettre les idées des autres. *Sarah n'aime pas les gens **intolérants**.* (Contr. tolérant.)

intonation (nom féminin)
Ton qu'on prend quand on parle.

intouchable (nom et adjectif)
Personne qui appartient à la classe des parias, en Inde.

intoxication (nom féminin)
Maladie causée par du poison ou par un aliment avarié. *C'est une bactérie qui a provoqué ces **intoxications** alimentaires.*

intoxiquer (verbe) ▸ conjug. n° 3
Causer une intoxication. *Des champignons vénéneux **ont intoxiqué** toute la famille.* **Intoxiquer** vient du mot latin *toxicum* qui signifie « poison ».

intraduisible (adjectif)
Qui est impossible à traduire. *Cette charade anglaise est **intraduisible** en français.*

intraitable (adjectif)
Synonyme d'intransigeant. *La maîtresse est **intraitable** en ce qui concerne la politesse.*

intramusculaire (adjectif)
Se dit d'une piqûre qui se fait dans l'épaisseur du muscle.

intransigeance (nom féminin)
Caractère d'une personne intransigeante. *Il fait preuve de trop d'**intransigeance** envers ses enfants.*

intransigeant, ante (adjectif)
Qui n'accepte aucun arrangement, aucun compromis. *Le directeur se montre*

intransigeant sur l'exactitude. (Syn. inflexible, intraitable. Contr. accommodant, conciliant.)

intransitif, ive (adjectif)
Se dit d'un verbe qui ne peut pas être suivi d'un complément d'objet. *« Agir » est un verbe **intransitif**, alors que « dire » est un verbe transitif.*

intraveineux, euse (adjectif)
Se dit d'une piqûre qui se fait à l'intérieur d'une veine.

intrépide (adjectif)
Qui ne craint pas le danger. *Des sauveteurs **intrépides** ont bravé la tempête pour secourir des naufragés.* (Syn. audacieux, hardi.) **Intrépide** vient du latin *trepidus* qui signifie « tremblant » : l'homme intrépide ne tremble pas.

intrépidité (nom féminin)
Caractère d'une personne intrépide. *L'incendie a été maîtrisé grâce à l'**intrépidité** du pilote du canadair.*

intrigant, ante (nom)
Personne qui intrigue pour obtenir ce qu'elle veut. *Méfiez-vous de cette femme, c'est une **intrigante** !* (Syn. arriviste.)

intrigue (nom féminin)
1. Déroulement des évènements racontés dans une histoire. *L'**intrigue** d'un roman, d'un film.* 2. Manœuvres secrètes et compliquées. *Il a tout fait pour déjouer les **intrigues** de ses ennemis.* (Syn. machination.) Famille du mot : intrig**ant**, intrigu**er**.

intriguer (verbe) ▸ conjug. n° 3
1. Exciter la curiosité. *Le chat **est intrigué** par un petit bruit.* 2. Mener des intrigues. *Elle **a intrigué** pour se faire élire présidente de notre club.* (Syn. comploter.) **Intriguer** vient du latin *intricare* qui signifie « embrouiller ».

introduction (nom féminin)
1. Fait d'introduire quelqu'un ou quelque chose dans un endroit. *Un huissier s'occupe de l'**introduction** des visiteurs dans le bureau du ministre. L'**introduction** de certains médicaments est interdite en France.* 2. Texte de présentation d'un livre ou d'un autre texte. *Pour mieux comprendre ce roman, lis d'abord l'**introduction** de l'auteur.*

introduire (verbe) ▸ conjug. n° 43
1. Faire pénétrer une chose à l'intérieur d'une autre. ***Introduire** une clé dans une serrure.* 2. Faire entrer dans un lieu. *Des voleurs ont réussi à **s'introduire** dans la boutique.* (Syn. pénétrer.)

introuvable (adjectif)
Que l'on n'arrive pas à trouver. *Benjamin a fouillé partout mais son stylo reste **introuvable**.*

intrus, use (nom)
1. Personne qui s'est introduite quelque part sans y être invitée. *Des **intrus** ont perturbé la fête et se sont fait expulser.* 2. Élément d'une série qui diffère des autres. *Un **intrus** s'est glissé dans cette liste de noms féminins : trouvez-le.*

Un **intrus** s'est glissé au milieu des boules vertes.

intrusion (nom féminin)
Fait d'entrer quelque part sans y être invité. *L'**intrusion** d'un chien sur le terrain a fait rire les spectateurs du match.*

intuitif, ive (adjectif)
Qui est doué d'intuition. *Elle a tout de suite compris qu'il mentait car elle est très **intuitive**.*

intuition (nom féminin)
Impression de comprendre quelque chose sans avoir eu besoin de réfléchir. *Mon **intuition** me dit qu'on peut lui faire confiance.*

inuit, ite (adjectif et nom)
Synonyme recommandé pour esquimau. *La langue **inuite**.*

Inuits
Peuple des régions situées autour de l'océan Arctique : le nord-est de la Sibérie, le Labrador, l'Alaska. Le mot « Inuit » veut dire « être humain ». Les Inuits refusent qu'on les appelle les « Esquimaux », qui signifie « mangeurs de viande crue ».
ORTHO On dit aussi **Inuk**.

un pêcheur **inuit** au Groenland

inusable (adjectif)
Qui ne s'use pas ou qui met très longtemps à s'user. *Ces jeans sont vraiment* ***inusables***.

inusité, ée (adjectif)
Qui n'est pas ou presque pas utilisé. *Certains mots de ce gros dictionnaire sont* ***inusités***. (Contr. usité.)

inutile (adjectif)
Qui n'a aucune utilité. *Il s'encombre toujours de bagages* ***inutiles***. (Contr. utile.)

inutilement (adverbe)
De façon inutile. *Nous nous sommes déplacés* ***inutilement****, le magasin était fermé.*

inutilisable (adjectif)
Qui ne peut pas être utilisé. *Avec la poignée cassée, ton cartable est* ***inutilisable***.

inutilité (nom féminin)
Fait d'être inutile. *J'aimerais que tu comprennes l'****inutilité*** *de ces dépenses.*

invaincu, ue (adjectif)
Qui n'a jamais été vaincu. *Ce club est* ***invaincu*** *depuis le début du championnat.*

invalide (adjectif et nom)
Qui est incapable de mener une vie active normale à cause d'une infirmité ou d'une maladie. *Il est* ***invalide*** *depuis son accident de la route. Un* ***invalide*** *de guerre.* (Syn. impotent, infirme. Contr. valide.)

invalider (verbe) ▶ conjug. n° 3
Déclarer invalide, rendre nul. *La fraude lors des élections a* ***invalidé*** *la victoire du candidat.*

invalidité (nom féminin)
État d'une personne invalide. *Il reçoit une pension d'****invalidité*** *depuis qu'une grave maladie l'empêche de travailler.*

invariable (adjectif)
Qui ne varie pas. *Les prépositions et les adverbes sont des mots* ***invariables***.

invasion (nom féminin)
1. Envahissement d'un pays par des troupes armées. *L'****invasion*** *de la Gaule par les Francs a commencé en 481.* **2.** Arrivée en masse qui cause une gêne ou un danger. *Une* ***invasion*** *de sauterelles a ravagé les cultures.*

invective (nom féminin)
Parole violente et injurieuse. *Il a poursuivi son discours, sous les* ***invectives*** *de l'opposition.* (Syn. injure, insulte.)

invectiver (verbe) ▶ conjug. n° 3
Lancer des invectives. *Il s'est mis à* ***invectiver*** *les policiers qui tentaient de l'arrêter.* (Syn. injurier, insulter.)

invendable (adjectif)
Qu'on ne peut pas vendre. *Cette maison à moitié en ruine est* ***invendable***.

inventaire (nom masculin)
Liste détaillée d'un ensemble d'objets, de marchandises. *Chaque année, les commerçants font l'****inventaire*** *de leur stock.*

inventer (verbe) ▶ conjug. n° 3
1. Trouver, créer ou réaliser quelque chose de nouveau. *Les frères Lumière* ***ont inventé*** *le cinéma.* **2.** Créer des histoires ou des personnages imaginaires. *C'est le dessinateur Hergé qui* ***a inventé*** *Tintin et Milou.* (Syn. imaginer.) Famille du mot : invent**eur**, invent**if**, inven**tion**.

inventeur, trice (nom)
Personne qui invente quelque chose. *L'Américain Benjamin Franklin est l'****inventeur*** *du paratonnerre.*

inventif, ive (adjectif)
Qui a le don d'inventer des choses nouvelles et ingénieuses. *Avoir l'esprit* ***inventif***.

a b c d e f g h **i** j k l m n o p q r s t u v w x y z

invention (nom féminin)
1. Chose qui a été inventée. *L'**invention** de l'imprimerie est due à Gutenberg.* **2.** Histoire mensongère. *Comment veux-tu que je croie une pareille **invention** !*

inverse (adjectif)
Qui est exactement contraire ou opposé à autre chose. *Écris les chiffres de 0 à 10, puis lis-les dans le sens **inverse**, de 10 à 0.*
■ **inverse** (nom masculin) Le contraire. *Tu fais toujours l'**inverse** de ce qu'on te demande.* Famille du mot : inverse**ment**, invers**er**, invers**ion**.

inversement (adverbe)
De façon inverse. *Clément est le frère de Pierre, et **inversement**.* (Syn. vice versa.)

inverser (verbe) ▸ conjug. n° 3
Mettre dans l'ordre inverse. *D'abord Ursula sera la maîtresse et Zoé l'élève et après vous **inverserez** les rôles.*

inversion (nom féminin)
Dans une phrase, déplacement d'un mot par rapport à sa place habituelle. *Dans la phrase « Que fait David ? », il y a **inversion** du sujet « David ».*

invertébré (nom masculin)
Animal qui n'a pas de colonne vertébrale. *Les insectes, les vers, les mollusques sont des **invertébrés**.* (Contr. vertébré.)

investigation (nom féminin)
Recherche approfondie. *Après de longues **investigations**, les policiers ont retrouvé l'arme du crime.*

investir (verbe) ▸ conjug. n° 11
1. Placer de l'argent dans une affaire pour en retirer un profit. *Il **a investi** des millions dans la création de ce parc d'attractions.* **2.** Donner à quelqu'un un pouvoir ou le charger d'une mission. *Le gouvernement **a été investi** de tous les pouvoirs pour lutter contre l'insurrection.* **3.** Synonyme d'assiéger. *Les rebelles **ont investi** plusieurs villes du pays.* **4.** S'investir : consacrer du temps et de l'énergie à quelque chose. *Ursula s'**est** toujours beaucoup **investie** dans cette association.*

investissement (nom masculin)
Action d'investir de l'argent. *L'achat de ces immeubles est un bon **investissement**.* (Syn. placement.)

investiture (nom féminin)
Désignation par un parti d'un candidat à une élection.

invétéré, ée (adjectif)
Qui a pris une mauvaise habitude et ne peut plus y renoncer. *C'est un tricheur **invétéré**.*

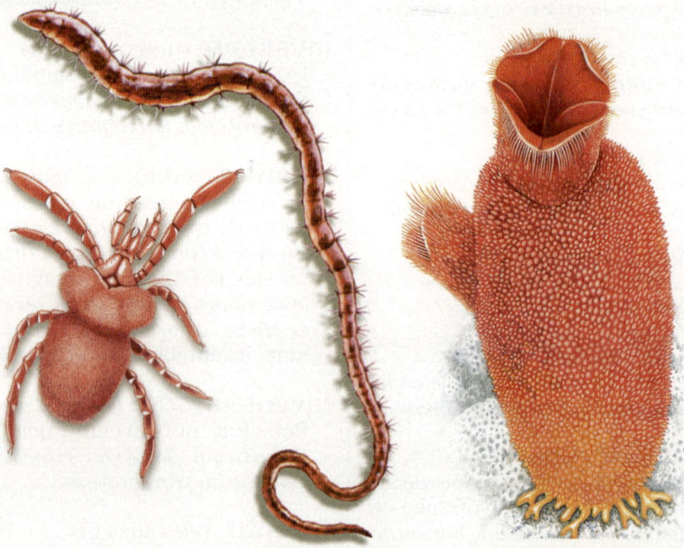

des **invertébrés**

invincible (adjectif)
1. Qu'on ne peut pas vaincre. *Ce champion paraît **invincible**.* (Syn. imbattable.) **2.** Qu'on ne peut pas dominer. *Anna a une **invincible** répulsion pour les araignées.* (Syn. insurmontable.)

inviolable (adjectif)
Qu'on est obligé de respecter. *Une loi **inviolable**, un droit **inviolable**.*

invisible (adjectif)
Qui ne peut pas être vu. *Le sommet de la montagne était **invisible** à cause du brouillard.* (Contr. visible.)

invitation (nom féminin)
Action d'inviter quelqu'un. *Une **invitation** à dîner.*

invité, ée (nom)
Personne qui a reçu une invitation. *La maîtresse de maison accueille ses **invités**.*

inviter (verbe) ▸ conjug. n° 3
Demander à quelqu'un de venir chez soi ou de faire quelque chose. *Je vous **invite** à mon anniversaire.* Famille du mot : invit**ation**, invit**é**.

in vitro (adjectif)
• **Fécondation in vitro :** fécondation réalisée en dehors du corps de la mère. Pluriel : des fécondations in vitro. **In vitro** est une expression latine qui signifie « dans le verre ».

invivable (adjectif)
Impossible à supporter. *Il lui fait mener une existence **invivable**.*

invocation (nom féminin)
Action d'invoquer une divinité. *Les Grecs adressaient des **invocations** aux dieux pour obtenir leur protection.*

involontaire (adjectif)
Que l'on fait sans le vouloir. *Maxime a fait tomber son petit frère, mais c'était **involontaire**.* (Contr. intentionnel, volontaire.)

involontairement (adverbe)
Sans le vouloir. *Pardonne-moi si je t'ai **involontairement** fait de la peine.* (Contr. intentionnellement, volontairement.)

invoquer (verbe) ▸ conjug. n° 3
1. Prier une divinité pour lui demander son aide. *Le sorcier **a invoqué** tous les esprits des ancêtres.* **2.** Prendre quelque chose comme prétexte ou comme excuse. *Elle **a invoqué** un brusque mal de tête pour ne pas travailler.*

invraisemblable (adjectif)
Qui est difficile à croire parce que cela ne semble pas vrai. *Toute cette histoire me paraît **invraisemblable** !* (Syn. incroyable. Contr. plausible, vraisemblable.)

invraisemblance (nom féminin)
Chose invraisemblable. *Nous avons remarqué de très nombreuses **invraisemblances** dans son récit.* (Contr. vraisemblance.)

L'**Invincible** Armada est le nom d'une flotte espagnole du XVIe siècle.

invulnérable (adjectif)
Qui ne peut pas être tué ni blessé. *Le héros de l'histoire est un être **invulnérable** qui échappe à tous les dangers.*

iode (nom féminin)
Corps chimique qui est présent dans l'eau de mer et dans les algues. • **Teinture d'iode :** produit pharmaceutique liquide qui contient de l'iode et sert de désinfectant. **Iode** vient du grec *iôdês* qui signifie « violet » car l'iode dégage des vapeurs violettes.

iodé, ée (adjectif)
Qui contient de l'iode. *L'eau de mer est **iodée**.*

îles **Ioniennes**
Archipel grec de la mer Ionienne. Les îles Ioniennes (2 307 km^2 ; 191 000 habitants) forment une Région de la Grèce. La capitale est Corfou. Les îles principales sont Corfou, Leucade, Ithaque, Céphalonie, Zante et Cythère.

mer **Ionienne**
Partie de la Méditerranée centrale, au sud de l'Adriatique, séparant la Calabre et la Sicile de la Grèce.

Irak

30 millions d'habitants
Capitale : Bagdad
Monnaie :
le dinar irakien
Langue officielle : arabe
Superficie :
435 000 km^2

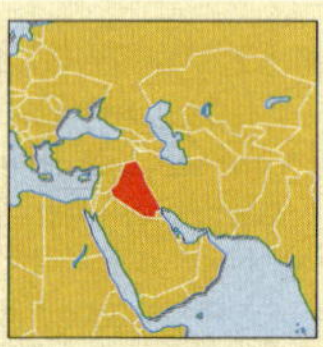

État du Moyen-Orient, entre la Syrie, la Turquie, l'Iran et l'Arabie Saoudite. La population de la république d'Irak est majoritairement arabe. Une minorité de Kurdes vit au nord du pays.

GÉOGRAPHIE
L'Irak occupe une grande partie de la plaine de Mésopotamie. Le climat est torride en été, froid en hiver. Le pays possède 10 % des réserves mondiales de pétrole.

HISTOIRE
Lieu des plus anciennes civilisations du Moyen-Orient, la Mésopotamie prit le nom d'Irak lors de la conquête arabe (637). L'Irak devint une monarchie en 1921 et une république en 1958. L'Irak va ensuite vivre trois guerres successives : la guerre contre l'Iran (1980-1988), la guerre du Golfe (1991) contre une coalition de trente pays, et la guerre d'Irak (2003). Ces guerres ont créé une situation économique catastrophique et plongé le pays dans le chaos.
ORTHO On écrit aussi **Iraq**.

guerre d'**Irak**
Guerre menée par les États-Unis et la Grande-Bretagne contre l'Irak, accusé de détenir des armes de destruction massive. À la fin du conflit armé (de mars à mai 2003), les troupes américaines et britanniques occupèrent le pays, mais l'Irak resta dans une situation de guerre civile.

irakien, enne ➡ Voir tableau p. 6.

Iran

73,2 millions d'habitants
Capitale : Téhéran
Monnaie :
le rial iranien
Langue officielle : persan
Superficie :
1 648 000 km^2

État d'Asie occidentale, voisin du Turkménistan, de l'Afghanistan et du Pakistan à l'est, de la Turquie et de la Russie au nord, et de l'Irak à l'ouest. L'Iran est peuplé majoritairement de Persans.

GÉOGRAPHIE
L'Iran est un haut plateau, bordé au nord et à l'ouest par de grandes chaînes de montagnes. Le climat est plutôt continental et aride.
Le pays vit en partie de l'agriculture et de l'élevage. La grande richesse de l'Iran repose sur les ressources du sous-sol, avec de grosses réserves de pétrole et de gaz.

HISTOIRE
Autrefois appelé la Perse, le pays prit le nom d'Iran en 1925, année où Reza Khan se proclama shah (souverain) et commença la modernisation du pays. En 1979, le pays devint une république islamique.

iranien, enne ➡ Voir tableau p. 6.

Iraq
➡ Voir **Irak**.

irascible (adjectif)
Synonyme de coléreux. *Son mal de dent le rend très **irascible**.* **Irascible** vient du latin *ira* qui signifie « colère ».

iris (nom masculin)
1. Plante à grandes fleurs bleues, violettes ou blanches et à longues feuilles pointues. ➡ p. 532. **2.** Cercle coloré de l'œil. *La pupille est au centre de l'**iris**.*

irisé, ée (adjectif)
Qui a les couleurs de l'arc-en-ciel. *Le lac prend des reflets **irisés** à la lumière du soleil.*

irlandais, aise ➡ Voir tableau p. 6.

Irlande

La plus occidentale des îles Britanniques, séparée de la Grande-Bretagne par la mer d'Irlande. Elle est divisée en deux : la république d'Irlande au sud, et l'Irlande du Nord, qui fait partie du Royaume-Uni.

Irlande

Union européenne

4,5 millions d'habitants
Capitale : Dublin
Monnaie : l'euro
Langues officielles : irlandais, anglais
Superficie : 68 895 km^2

État d'Europe occidentale, la république d'Irlande correspond à la partie sud de l'Irlande. La population est majoritairement catholique.

GÉOGRAPHIE
C'est un pays de collines et de moyenne montagne, au climat doux et humide. Ses ressources viennent de l'agriculture, en particulier l'élevage, du tourisme et du secteur industriel des hautes technologies (matériel électronique, pharmacie, chimie).

HISTOIRE
Un conflit long et sanglant a opposé les Anglais aux Irlandais qui luttaient pour l'indépendance. Celle-ci fut proclamée en 1921 et l'île d'Irlande fut divisée en deux territoires : au sud, la plus grande partie de l'île est devenue la république d'Irlande ; au nord, l'Ulster est resté sous domination britannique et fait toujours partie du Royaume-Uni. La république d'Irlande a adhéré à la CEE en 1973. Elle est aujourd'hui membre de l'Union européenne.
ORTHO On dit aussi **Eire**, en irlandais.

Irlande du Nord

Partie du Royaume-Uni, située au nord de l'Irlande (13 600 km^2 ; 1,7 million d'habitants). La capitale est Belfast. C'est une région majoritairement protestante.
Les principales ressources de l'Irlande du Nord viennent de l'élevage.

HISTOIRE
L'histoire de l'Irlande du Nord est marquée par le violent conflit qui a opposé la majorité protestante à la minorité catholique et qui, de 1968 à 1998, n'a cessé de faire des morts. En avril 1998, les deux parties ont conclu un accord de paix. Un gouvernement commun de catholiques et de protestants siège depuis 2007 en Irlande du Nord.
ORTHO On dit aussi **Ulster**.

ironie (nom féminin)
Manière de se moquer qui consiste à dire le contraire de ce que l'on veut faire comprendre. *Il lui a dit avec **ironie** qu'il était content de ne pas être invité.* Famille du mot : iron**ique**, iron**iquement**, iron**iser**.

ironique (adjectif)
Qui montre de l'ironie. *Un ton **ironique**, un regard **ironique**.* (Syn. moqueur, narquois.)

ironiser (verbe) ▶ conjug. n° 3
Parler avec ironie de quelque chose. *Romain s'est permis d'**ironiser** sur notre retard.*

irradier (verbe) ▶ conjug. n° 10
Exposer un organisme à l'action de rayons radioactifs. *Les habitants de la région **ont été irradiés** à la suite d'un accident nucléaire.*

irraisonné, ée (adjectif)
Qui n'est pas contrôlé par la raison. *Elle a une peur **irraisonnée** de l'eau, cela l'empêche d'apprendre à nager.*

irrationnel, elle (adjectif)
Qui est contraire à la raison. *La colère ou la peur nous poussent parfois à agir de façon **irrationnelle**.* (Syn. illogique. Contr. logique, rationnel.)

irréalisable (adjectif)
Qui est impossible à réaliser. *Un souhait **irréalisable**.*

irréaliste (adjectif)
Qui n'est pas réaliste. *Ton projet est irréaliste, personne ne voudra t'aider à le financer.*

irréductible (adjectif)
Qu'il est impossible de vaincre ou de contraindre. *C'est un **irréductible** défenseur de l'environnement.* (Syn. indomptable.)

irréel, elle (adjectif)
Qui n'appartient pas au monde réel. *Les personnages de contes de fées sont des êtres **irréels**.* (Contr. réel.)

irréfutable (adjectif)
Qu'il est impossible de réfuter. *Les empreintes du voleur sur le coffre-fort sont une preuve **irréfutable** de sa culpabilité.* (Syn. irrécusable. Contr. contestable.)

irrégularité (nom féminin)
1. Fait d'être irrégulier. *Il a de mauvais résultats à cause de l'**irrégularité** de son travail.* 2. Chose ou action contraire à la règle ou à la loi. *Les élections ont été annulées à cause de certaines **irrégularités**.*

irrégulier, ère (adjectif)
1. Qui n'est pas régulier dans sa forme, dans ses dimensions ou dans son rythme. *Une écriture **irrégulière**. Un travail **irrégulier**.* 2. Qui ne suit pas les règles habituelles. *La conjugaison du verbe « aller » est **irrégulière**.* 3. Qui est contraire à la loi. *Ce passager clandestin est en situation **irrégulière**.* (Contr. régulier.)

irrégulièrement (adverbe)
De façon irrégulière. *Il aime bien le sport mais il en fait très **irrégulièrement**.* (Contr. régulièrement.)

irrémédiable (adjectif)
Qu'on ne peut pas réparer. *La sècheresse a causé des dégâts **irrémédiables** dans les cultures.* (Syn. irréparable.)

irremplaçable (adjectif)
Qu'on ne peut pas remplacer. *C'est une secrétaire parfaite, elle est vraiment **irremplaçable**.*

irréparable (adjectif)
1. Qu'on ne peut pas réparer. *Votre voiture est **irréparable**.* 2. Synonyme d'irrémédiable. *La destruction de ce monument est une perte **irréparable**.*

irréprochable (adjectif)
À qui on ne peut faire aucun reproche. *Dans ce restaurant, le service est **irréprochable**.*

irrésistible (adjectif)
1. À quoi on ne peut pas résister. *Ibrahim a été saisi d'une **irrésistible** envie de dormir.* 2. Qui donne envie de rire. *Les grimaces de ce clown sont vraiment **irrésistibles**.*

irrespirable (adjectif)
Qui est pénible ou dangereux à respirer. *Avec une telle pollution, l'air devient **irrespirable**.*

irresponsable (adjectif et nom)
Qui agit de manière irréfléchie, sans penser aux conséquences. *Il faut être **irresponsable** pour conduire quand on a bu de l'alcool !*

irréversible (adjectif)
Qui ne peut se produire que dans un seul sens sans possibilité de retour en arrière. *Tous les hommes vieillissent, c'est **irréversible**.*

irrévocable (adjectif)
Qui est définitif et ne peut plus être modifié. *Je ne changerai pas d'avis, ma décision est **irrévocable**.*

irrigation (nom féminin)
Action d'irriguer la terre. *L'**irrigation** permet de cultiver les sols des régions arides.*

irriguer (verbe) ▸ conjug. n° 3
Arroser la terre en faisant circuler l'eau au moyen de tuyaux, de canaux ou de rigoles. *Les régions sèches ont besoin d'**être irriguées**.*

irritable (adjectif)
Qui a tendance à se mettre en colère. *Quand Kevin est fatigué, il devient **irritable**.*

irritant, ante (adjectif)
Qui irrite. *Cette longue attente est très **irritante**. Un gaz **irritant**.*

irritation (nom féminin)
1. Fait d'être irrité. *Le retard du train a provoqué l'**irritation** des voyageurs.* (Syn. énervement.) 2. Légère inflammation. *Une **irritation** de la gorge, des gencives.*

irriter (verbe) ▸ conjug. n° 3
1. Provoquer la colère de quelqu'un. *Son insolence **a irrité** la maîtresse.* (Syn. énerver, exaspérer.) 2. Provoquer une irritation. *À la piscine, le chlore nous **irrite** les yeux.* Famille du mot : irritable, irritant, irritation.

irruption (nom féminin)
Entrée brusque et inattendue. *La police a fait **irruption** dans le repaire des malfaiteurs.*

isard (nom masculin)
Chamois des Pyrénées.

un **isard**

isba (nom féminin)
Petite maison en bois des paysans russes.

Isis
Déesse de l'ancienne Égypte, modèle de l'épouse et de la mère. Isis est la femme d'Osiris et la mère d'Horus. Elle est souvent représentée avec les cornes d'une vache entourant le globe de la Lune. ➡ p. 901.

islam (nom masculin)
Religion des musulmans. *Le fondateur de l'**islam** est le prophète Mahomet.*

islamique (adjectif)
Qui se rapporte à l'islam. *Le Coran est le livre sacré de la religion **islamique**.*

islamisme (nom masculin)
Synonyme d'islam.

islandais, aise ➡ Voir tableau p. 6.

Islande

300 000 habitants
Capitale : Reykjavík
Monnaie :
la couronne islandaise
Langue officielle :
islandais
Superficie : 102 829 km²

État d'Europe dans l'océan Atlantique Nord. L'Islande est une île volcanique qui possède des volcans actifs, des geysers et des sources chaudes. La population vit en majorité dans les villes côtières. La pêche, l'élevage ovin et le tourisme constituent ses ressources.

HISTOIRE
L'Islande fut colonisée par les Vikings au IXe siècle et gouvernée jusqu'au XIIIe siècle par une assemblée d'hommes libres, appelée Althing. Elle passa ensuite sous l'autorité de la Norvège, puis du Danemark. Elle obtint son indépendance en 1918. L'Islande a été le premier pays du monde à avoir une femme président de la République (entre 1980 et 1996). ➡ p. 698.

isocèle (adjectif)
Se dit d'un triangle qui a deux côtés égaux. ➡ p. 576.

isolant, ante (adjectif)
Qui est destiné à isoler du son, de l'électricité, de la chaleur ou du froid. *Ce fil électrique est dans une gaine **isolante** en plastique.* ■ **isolant** (nom masculin) Matière isolante. *La laine de verre est un bon **isolant**.*

isolation (nom féminin)
Action d'isoler un local. *Dans cette région froide, les maisons ont besoin d'une bonne **isolation** thermique.*

isolé, ée (adjectif)
Qui est à l'écart, séparé des autres. *Il vit dans un chalet **isolé**, au flanc de la montagne.* **Isolé** vient de l'italien *isola* qui signifie « île ».

isolement (nom masculin)
État d'une personne ou d'un endroit isolés. *Il souffre d'**isolement** depuis qu'il vit loin de sa famille.* (Syn. solitude.)

isoler (verbe) ▸ conjug. n° 3
1. Séparer quelqu'un des autres personnes ou de son environnement habituel. *Ibrahim a la rougeole, il va falloir l'**isoler**. Élodie aime bien s'**isoler** pour pouvoir lire tranquillement.* **2.** Équiper un endroit pour le protéger des désagréments extérieurs. ***Isoler** un appartement du bruit, du froid ou de la chaleur.* **3.** Entourer un fil électrique d'une gaine protectrice pour éviter l'électrocution.
Famille du mot : isol**ant**, isol**ation**, isol**é**, isole**ment**, isol**oir**.

isoloir (nom masculin)
Cabine où un électeur s'isole pour mettre son bulletin de vote dans une enveloppe. *L'**isoloir** préserve le secret du vote.*

isotherme (adjectif)
Qui garde quelque chose à la même température. *Les sacs **isothermes** servent à transporter des produits surgelés.*

Israël

7,6 millions d'habitants
Capitale : Jérusalem
Monnaie : le shekel
Langues officielles : hébreu, arabe
Superficie : 21 000 km²

État du Proche-Orient, bordé par la mer Méditerranée. Sa population, constituée d'une majorité de Juifs et d'une minorité d'Arabes vit dans les villes de la côte méditerranéenne. Plusieurs religions se côtoient en Israël : le judaïsme, la religion musulmane et la religion chrétienne.

GÉOGRAPHIE
Le pays possède une partie centrale montagneuse qui domine le lac de Tibériade, la vallée du Jourdain et la mer Morte. Les zones côtières du Nord ont un climat méditerranéen. Au Sud, le désert du Néguev couvre la moitié du pays.
Le pays tire ses revenus de l'exportation d'agrumes et d'avocats, du tourisme et de l'industrie (aéronautique, armement, construction électronique, textile), mais l'aide américaine est indispensable.

HISTOIRE
La création d'Israël résulte du partage de l'ancienne Palestine. La colonisation juive en Palestine débuta à la fin du XIXe siècle. Cette immigration provoqua de vives tensions avec la population arabe et, en 1947, l'ONU décida de diviser la Palestine en deux États : arabe et juif. À partir de 1960, Israël étendit son territoire au Golan, à la Cisjordanie, à Gaza et au Sinaï. La création de l'État d'Israël et son extension sont à l'origine du conflit israélo-palestinien qui dure encore.

israélien, enne ➡ Voir tableau p. 6.

israélite (adjectif et nom)
Qui appartient à la religion juive. *Les **israélites** prient dans une synagogue.*

issu, ue (adjectif)
Qui a telle origine par sa naissance. *Les parents de Gaëlle sont **issus** d'une famille d'ouvriers.*

Reykjavík, capitale de l'**Islande**

issue (nom féminin)
1. Passage par lequel on peut sortir. *En cas d'incendie, prenez les **issues** de secours.* **2.** Au sens figuré, moyen de se tirer d'affaire, de surmonter une difficulté. *La situation est difficile, je ne vois aucune **issue**.*

isthme (nom masculin)
Étroite bande de terre entre deux mers. *Un canal traverse l'**isthme** de Panamá.* Prononciation [ism].

Italie

Union européenne

60,3 millions d'habitants
Capitale : Rome
Monnaie : l'euro
Langue officielle : italien
Superficie : 301 262 km²

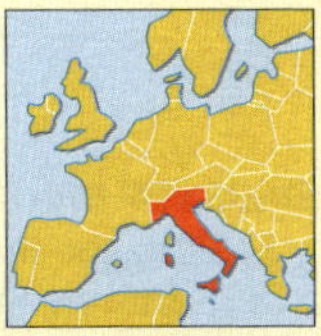

État d'Europe sur la mer Méditerranée. L'Italie comprend une partie continentale, une longue péninsule et deux grandes îles : la Sicile et la Sardaigne.

GÉOGRAPHIE
Le pays est limité au nord par la chaîne des Alpes. L'Italie possède plusieurs volcans : le Vésuve, le Stromboli et l'Etna, et le pays connaît de fréquents séismes. La population est groupée dans la plaine du Pô et sur les côtes.
L'Italie est une grande puissance économique mondiale. L'agriculture est dominée par la culture de légumes, de fruits, de céréales et de vigne. Le secteur industriel est important (construction automobile, électronique, chaussures, tissus, produits de luxe), ainsi que le tourisme.

HISTOIRE
L'Italie fut dominée tour à tour par la France, l'Allemagne et l'Espagne, entre le Ve et le XIXe siècle. Le pays ne devint vraiment uni qu'en 1860, grâce à Victor-Emmanuel II, nommé roi d'Italie en 1861, et à son ministre Cavour. En 1922, Mussolini et les fascistes prirent le pouvoir et instaurèrent une dictature. Au début de la Seconde Guerre mondiale, l'Italie s'allia à l'Allemagne ; elle sortit très affaiblie de la guerre. La république fut proclamée en 1946. L'économie connut alors un essor spectaculaire. L'Italie est l'un des six pays fondateurs de l'Union européenne.

italien, enne ➡ Voir tableau p. 6.

italique (nom masculin)
Lettre inclinée vers la droite. *Les exemples cités dans ce dictionnaire sont en **italique**.* On appelle ce type de lettres **italique**, car il a été inventé par un imprimeur *italien,* Alde Manuce.

itinéraire (nom masculin)
Trajet que l'on suit pour aller d'un endroit à un autre. *Pourriez-vous m'indiquer l'**itinéraire** le plus court pour l'aéroport ?*

itinérant, ante (adjectif et nom)
Qui se déplace d'un endroit à un autre pour exercer son métier. *Les marchands forains sont des commerçants **itinérants**.*

Ivan IV le Terrible (né en 1530, mort en 1584)
Tsar de Russie de 1547 à 1584. Il commença par moderniser le pays, puis instaura un régime de terreur. À sa mort, il laissa la Russie en pleine crise économique, politique et sociale.

ivoire (nom masculin)
1. Matière blanche et dure des défenses d'éléphant, autrefois utilisée pour fabriquer des objets, des bijoux. *Le commerce de l'**ivoire** mettait en danger la survie des éléphants.* **2.** Matière dure, recouverte d'émail, qui constitue les dents. ➡ p. 364.

ivoirien, enne ➡ Voir tableau p. 6.

ivre (adjectif)
1. Qui a bu trop d'alcool. *Après une coupe de champagne, il se sentait déjà un peu **ivre**.* (Syn. soûl.) **2.** Qui est dans un grand état d'excitation. *Être **ivre** de joie, d'orgueil, de colère.*

ivresse (nom féminin)
1. État d'une personne ivre. *Les gendarmes l'ont arrêté pour conduite en état d'**ivresse**.* (Syn. ébriété.) **2.** État d'euphorie ou d'exaltation. *Il sautait et criait dans l'**ivresse** de la victoire.*

ivrogne (nom)
Personne qui a l'habitude de s'enivrer. *Une bagarre a éclaté entre deux **ivrognes** à la sortie d'un bar.*

J j

journal

j (nom masculin)
Dixième lettre de l'alphabet. *Le **J** est une consonne.* • **Le jour J :** le jour prévu pour déclencher quelque chose d'important.

j' ➡ Voir **je**.

jabot (nom masculin)
Poche située au bas du cou des oiseaux où les aliments restent en réserve avant d'aller dans l'estomac.

jacana (nom masculin)
Oiseau des marais tropicaux qui peut marcher sur les nénuphars grâce à ses doigts très allongés.

un **jacana**

jacasser (verbe) ▸ conjug. n° 3
1. Pousser leur cri, quand il s'agit de certains oiseaux. *La pie et le geai **jacassent**.* (Syn. jaser.) **2.** Dans la langue familière, bavarder sans arrêt. *Elles n'arrêtent pas de **jacasser** au lieu de faire leur travail.*

jachère (nom féminin)
État d'une terre que l'on ne cultive pas pendant un certain temps pour la laisser reposer. *Mettre un champ en **jachère**.*

jacinthe (nom féminin)
Plante à bulbe dont les fleurs bleues ou roses forment des grappes. *Un oignon de **jacinthe**.*

une **jacinthe**

Club des **Jacobins**

Club politique sous la Révolution française. Fondé en 1789, le club des Jacobins était favorable à la république. Il comptait notamment Robespierre, La Fayette et Mirabeau. Il fut fermé en 1799.

jacuzzi (nom masculin)
Grande baignoire dans laquelle l'eau est agitée de remous. ● Prononciation [ʒakuzi]. **Jacuzzi** est le nom d'une marque.

jade (nom masculin)
Pierre précieuse très dure, de couleur verte. *Une statuette chinoise en **jade**.*

jadis (adverbe)
Il y a longtemps, dans le passé. ***Jadis** on construisait des châteaux forts.* (Syn. autrefois.) ● Prononciation [ʒadis].

jaguar (nom masculin)
Grand félin d'Amazonie au pelage fauve tacheté de noir. ● Prononciation [ʒagwaʀ].

un **jaguar**

Jahvé
➡ Voir Yahvé.

jaillir (verbe) ▶ conjug. n° 11
Sortir avec force. *L'eau **a jailli** du tuyau.*

jaillissement (nom masculin)
Fait de jaillir. *Un **jaillissement** d'étincelles.*

jais (nom masculin)
Pierre noire et brillante, qu'on utilise pour faire des bijoux.

jalon (nom masculin)
Piquet planté en terre pour servir de repère. *Des **jalons** alignés indiquaient les limites de la propriété.* • **Poser des jalons :** faire les premières démarches en vue d'une action.

jalonner (verbe) ▶ conjug. n° 3
1. Être disposé de place en place. *Des poteaux télégraphiques **jalonnent** la route.* **2.** Se succéder dans le temps. *De nombreuses victoires **jalonnent** sa carrière de champion.*

jalousement (adverbe)
Avec beaucoup de soin. *Ces plans secrets sont **jalousement** gardés dans un coffre.*

jalouser (verbe) ▶ conjug. n° 3
Être jaloux de quelqu'un ou de quelque chose. ***Jalouser** la réussite de quelqu'un.*

jalousie (nom féminin)
1. Sentiment mauvais d'une personne qui envie les autres et voudrait avoir pour elle ce qu'ils possèdent. *La richesse de cet homme provoque la **jalousie** de ses voisins.* (Syn. envie.) **2.** Sentiment de quelqu'un qui craint l'infidélité de la personne qu'il aime. *Il a fait une scène de **jalousie** à sa femme.*

jaloux, ouse (adjectif)
Qui éprouve de la jalousie. *Camille est **jalouse** des succès de sa cousine. Un mari **jaloux**.* Famille du mot : **jalousement, jalouser, jalousie.**

jamaïcain, aine ➡ Voir tableau p. 6.

Jamaïque

2,7 millions d'habitants
Capitale : Kingston
Monnaie : le dollar jamaïcain
Langue officielle : anglais
Superficie : 10 990 km²

État des Grandes Antilles, au sud de Cuba. L'île de la Jamaïque est montagneuse à l'est. Le climat tropical favorise une végétation de forêts. C'est un pays exportateur de sucre, de bananes, de rhum, de café et de bauxite.

HISTOIRE

Découverte par Christophe Colomb en 1494 et occupée par les Espagnols, la Jamaïque a été conquise par les Anglais en 1658, qui en firent une colonie prospère. Elle accéda à l'indépendance en 1962. Les Jamaïcains, aux trois quarts d'origine africaine, ont développé une nouvelle culture religieuse, le mouvement « rastafari », qui s'inspire de la Bible et rêve

d'un retour en Afrique, terre mythique des ancêtres. Ses adeptes s'appellent les rastas, et leur musique est le reggae.
La Jamaïque est une république membre du Commonwealth.

jamais (adverbe)
1. À aucun moment ou en aucun cas. *Je ne bois **jamais** d'alcool. Êtes-vous déjà allé à l'opéra ? – Non, **jamais** !* **2.** À un moment quelconque. *Si **jamais** il téléphone, dis-lui que je voudrais le voir.* • **À tout jamais :** pour toujours. *Il nous a quittés **à tout jamais**.*

jambage (nom masculin)
Trait vertical dans l'écriture d'une lettre. *« u » et « n » ont deux **jambages**.*

Le « m » a trois **jambages**.

jambe (nom féminin)
1. Membre inférieur de l'homme. *Un athlète aux **jambes** musclées. Anna a mal aux **jambes**.* ➡ p. 300. **2.** Partie d'un vêtement qui couvre la jambe. *Benjamin a déchiré la **jambe** droite de son pantalon.* • **À toutes jambes :** le plus vite possible. *S'enfuir **à toutes jambes**.* • **Cela lui fait une belle jambe ! :** cela ne présente aucun intérêt pour lui. • **Être dans les jambes de quelqu'un :** le gêner en restant trop près de lui. • **Prendre ses jambes à son cou :** s'enfuir en courant.
Famille du mot : **enjambée, enjamber, jambage, jambon, jambonneau, unijambiste.**

jambon (nom masculin)
Cuisse ou épaule de porc spécialement préparée pour être conservée. *Un sandwich au **jambon**.*

jambonneau, eaux (nom masculin)
Petit jambon fait avec le jarret du cochon.

jante (nom féminin)
Partie métallique de la roue sur laquelle on fixe le pneu. *Attention, ton pneu est à plat, tu es en train de rouler sur la **jante**.* ➡ p. 103, p. 140.

janvier (nom masculin)
Premier mois de l'année, qui compte 31 jours.

Japon

127,6 millions d'habitants
Capitale : Tokyo
Monnaie : le yen
Langue officielle : japonais
Superficie : 372 313 km²

État d'Extrême-Orient, formé de 3 400 îles et îlots dispersés en arc de cercle au large des côtes orientales de l'Asie, et bordé par la mer du Japon et l'océan Pacifique.

GÉOGRAPHIE
On compte quatre îles principales, du nord au sud : Hokkaido, Honshu, Shikoku et Kyushu. Le Japon est un pays montagneux dont le point culminant est le mont Fuji (3 778 mètres). Il connaît une importante activité sismique : séismes, raz de marée. Le climat est soumis à l'influence de la mousson d'hiver et de la mousson d'été. La population se concentre dans d'importantes agglomérations.
Le Japon est une grande puissance économique mondiale, mais il dépend d'autres pays pour le pétrole, le charbon, les métaux et les produits alimentaires. Le Japon a développé les industries traditionnelles (automobile, construction navale, sidérurgie, chimie, textile) et les industries de haute technologie (électronique, robotique, biotechnologies, nouveaux matériaux et audiovisuel).

HISTOIRE
Jusqu'au XVIe siècle, le Japon a été dominé par un système féodal. L'empereur était considéré comme un dieu vivant mais partageait le pouvoir politique avec un shogun (général en chef), qui exerçait son autorité sur les seigneurs. En 1867, l'empereur Mutsuhito obligea le shogun à se retirer, instaura la monarchie absolue et établit la capitale à Tokyo. Le Japon s'ouvrit à l'Occident pour rattraper son retard technologique, culturel et scientifique.

Durant la Seconde Guerre mondiale, le pays fut en grande partie dévasté lors des bombardements d'Hiroshima et de Nagasaki par les États-Unis.

japonais, aise ➡ Voir tableau p. 6.

jappement (nom masculin)
Aboiement court et aigu du chien.

japper (verbe) ▸ conjug. n° 3
Pousser des jappements. *Mon petit chien **jappe** quand il a faim.*

jaquette (nom féminin)
1. Veste de cérémonie pour homme. *Dans le dos, une **jaquette** se termine par de longs pans ouverts.* 2. Couverture de papier qui recouvre un livre et qui est souvent illustrée. 3. Pochette d'un CD. *Le titre de l'album et le nom du chanteur sont écrits sur la **jaquette**.*

jardin (nom masculin)
Terrain clos où on cultive des fruits, des légumes, des arbres. *Elle habite une maison avec un **jardin**.* • **Jardin d'enfants :** école qui accueille des tout petits enfants. • **Jardin public :** espace vert ouvert au public. Famille du mot : jardin**age**, jardin**er**, jardin**erie**, jardi**nier**, jardin**ière**.

jardinage (nom masculin)
Culture des jardins. *Grand-mère aime faire du **jardinage**.*

jardiner (verbe) ▸ conjug. n° 3
Faire du jardinage. *Dès le matin, il va **jardiner** dans son potager.*

jardinerie (nom féminin)
Magasin qui vend des plantes ainsi que des produits et des outils de jardinage.

jardinier, ère (nom)
Personne qui cultive un jardin. *Le **jardinier** a taillé les arbres fruitiers et arrosé les rosiers.*

jardinière (nom féminin)
Bac dans lequel on cultive des fleurs. *La place du village est ornée de **jardinières** de bégonias.* • **Jardinière de légumes :** plat de légumes cuits, coupés en petits morceaux.

jargon (nom masculin)
1. Langage incompréhensible. *Ils parlent entre eux un **jargon** qu'ils sont vraiment les seuls à comprendre.* (Syn. charabia.) 2. Langage particulier à un métier. *Le **jargon** des informaticiens.*

jarre (nom féminin)
Grand vase de terre cuite qui sert à conserver de l'eau, de l'huile ou des aliments. ➡ p. 704.

un festival au **Japon**

une **jarre**

jarret (nom masculin)
1. Partie de la jambe située derrière le genou. 2. Morceau de viande situé sous l'épaule ou la cuisse du veau ou du porc.

jars (nom masculin)
Mâle de l'oie. Prononciation [ʒaʀ].

jaser (verbe) ▸ conjug. n° 3
1. Raconter des médisances, faire des critiques, des indiscrétions. *Ses manières bizarres font **jaser** les voisins.* 2. Synonyme de jacasser.

jasmin (nom masculin)
Arbuste à fleurs blanches ou jaunes très odorantes.

du **jasmin**

jatte (nom féminin)
Plat rond et évasé, sans rebord. *Il y a de grandes **jattes** pleines de crème fraîche et de fromage blanc à l'étal du crémier.*

jauge (nom féminin)
1. Règle graduée qui sert à mesurer le niveau de liquide dans un réservoir. 2. Volume de marchandises qu'un bateau peut contenir. (Syn. tonnage.)

jauger (verbe) ▸ conjug. n° 5
1. Mesurer à l'aide d'une jauge. *Le garagiste **a jaugé** le niveau d'huile.* 2. Au sens figuré, juger la valeur ou les capacités de quelqu'un. *Il t'a posé ces questions pour te **jauger**.* 3. Avoir telle capacité. *Ce bateau peut **jauger** 1 000 tonneaux.*

jaunâtre (adjectif)
D'un jaune terne. *Ce malade a le teint **jaunâtre**.*

jaune (adjectif)
De la couleur du citron ou de l'or. *Les jonquilles sont des fleurs **jaunes**.* ■ **jaune** (nom masculin) Couleur jaune. *Élodie colorie le soleil en **jaune** vif.* • **Jaune d'œuf :** partie ronde et jaune qui est au centre d'un œuf. Famille du mot : jaunâtre, jaunir, jaunisse.

jaunir (verbe) ▸ conjug. n° 11
1. Rendre jaune. *La sècheresse **a jauni** l'herbe.* 2. Devenir jaune. *Les pages de ce vieux livre **ont jauni** avec le temps.*

jaunisse (nom féminin)
Maladie du foie qui donne le teint jaune. • **En faire une jaunisse :** dans la langue familière, être mécontent ou dépité au point de se sentir malade.

Jaurès Jean (né en 1859, mort en 1914)
Homme politique et écrivain français. Jaurès fonda le Parti socialiste français en 1901, et le journal *l'Humanité* en 1904, puis il dirigea le parti socialiste SFIO créé en 1905. Il s'opposa à la politique coloniale et à la guerre ; il fut assassiné par un nationaliste.

java (nom féminin)
Synonyme familier de fête. *Ils ont fait la **java** toute la nuit.*

Java
Île d'Indonésie située au sud-est de Sumatra, qui couvre 128 754 km^2. C'est une île volcanique au climat équatorial, qui a un sol très fertile, propice à la culture du riz, de la canne à sucre, du tabac, du café, du thé et des épices. Le sous-sol contient surtout du pétrole. Les grandes villes sont aussi des ports importants : Djakarta, Surabaya, Bandung. Java est l'île la plus riche et la plus peuplée d'Indonésie.

javel (nom féminin)
Liquide utilisé comme décolorant et désinfectant. *Ces taches disparaîtront facilement avec de la **javel**.* On dit aussi **eau de Javel,** du nom d'un quartier de Paris où ce produit était autrefois fabriqué.

javelot (nom masculin)
Sorte de lance utilisée en athlétisme. *L'athlète a envoyé le **javelot** à 85 mètres, tout près du record du monde.*

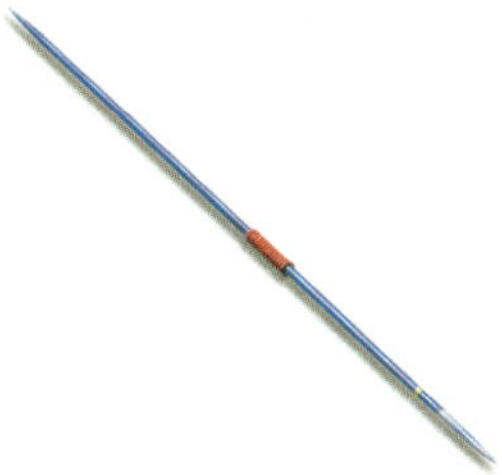

un **javelot**

jazz (nom masculin)
Musique très rythmée, créée par des musiciens noirs américains au début du XXe siècle. *Miles Davis est un célèbre trompettiste de **jazz**.* **Jazz** est un mot anglais : on prononce [dʒaz].

je (pronom)
Pronom personnel de la première personne du singulier employé comme sujet. ***Je** vais au cinéma.* **Je** devient **j'** devant une voyelle ou un h muet : *j'ai soif, j'hésite*.

jean (nom masculin)
1. Toile épaisse et résistante, généralement de couleur bleue. *Un blouson en **jean**.* 2. Synonyme de blue-jean. *Clément s'habille souvent d'un **jean** et d'un tee-shirt.* **Jean** est un mot anglais : on prononce [dʒin]. Voir **blue-jean**.

saint **Jean** (mort vers 100)
Un des douze apôtres de Jésus-Christ. Jean est considéré comme le disciple préféré du Christ. On lui attribue le quatrième Évangile, l'Apocalypse et trois textes du Nouveau Testament.
ORTHO On dit aussi **Jean l'Évangéliste**.

Jeanne d'Arc (née en 1412, morte en 1431)
Héroïne française. Jeune fille très pieuse, Jeanne, à l'âge de treize ans, entendit « la voix de Dieu », qui lui ordonnait d'aller au secours du roi de France, Charles VII, dont le royaume subissait

Jeanne d'Arc et les Français devant Paris (miniature du XVe siècle)

a b c d e f g h i j k l m n o p q r s t u v w x y z

l'occupation anglaise. Elle rencontra le roi à Chinon. Après l'avoir convaincu de sa mission, elle délivra Orléans de l'occupation anglaise et conduisit Charles VII à Reims, où il fut sacré le 17 juillet 1429. En 1430, Jeanne d'Arc fut capturée et livrée aux Anglais. Elle fut condamnée pour sorcellerie et brûlée vive sur la place de Rouen, le 30 mai 1431. Elle fut réhabilitée dès 1456, puis canonisée en 1920.

jeep (nom féminin)
Voiture tout-terrain. *À l'origine, la **jeep** était une voiture de l'armée américaine.* **Jeep** est un mot anglais : on prononce [dʒip]. **Jeep** est le nom d'une marque.

Jéhovah
➡ Voir Yahvé.

jérémiades (nom féminin pluriel)
Plaintes continuelles. *Elle nous énerve, avec ses **jérémiades**.*

jerricane (nom masculin)
Bidon rectangulaire muni d'une poignée. *Un **jerricane** d'essence.* **Jerricane** est un mot anglais : on prononce [ʒeʀikan]. ORTHO On écrit aussi **jerrican**.

jersey (nom masculin)
Tissu tricoté très souple. *Un pull en **jersey**.* Prononciation [ʒɛʀzɛ]. **Jersey** vient du nom de l'île de *Jersey* où cette étoffe était fabriquée à l'origine.

Jersey
La plus grande des îles Anglo-Normandes, située dans la Manche (116 km^2 ; 92 000 habitants). Le climat favorise les cultures maraîchères et florales, l'élevage et le tourisme.

Jérusalem
Ville sainte des religions juive, chrétienne et musulmane. Jérusalem (760 000 habitants) est située à la limite de la Cisjordanie. En 1948, elle fut partagée entre la Jordanie et Israël. La ville ancienne fut administrée par la Jordanie et la ville nouvelle devint la capitale de l'État d'Israël en 1950.
Jérusalem abrite de nombreux lieux saints qui en font un haut lieu de pèlerinage.
HISTOIRE
Antique cité remontant au IIIe millénaire avant Jésus-Christ, Jérusalem entra dans l'histoire du peuple juif avec le roi David au Xe siècle avant Jésus-Christ. Il la conquit, en fit sa capitale et son successeur, le roi Salomon, y construisit le Temple. Elle fut ravagée par les Babyloniens et le temple de Salomon fut détruit. Au Ier siècle avant Jésus-Christ, Hérode fit construire un second temple dont il ne reste aujourd'hui qu'une partie de l'enceinte : le Mur des lamentations. En 70 après Jésus-Christ, la ville fut intégrée à l'Empire romain.
Lieu de la mort du Christ, Jérusalem attira, dès le IIe siècle, de nombreux pèlerins chrétiens. L'occupation arabe, à partir de 638, et la construction de la Coupole du Rocher à l'emplacement du Temple en firent aussi un lieu sacré de l'islam.

Jésus-Christ
Fondateur du christianisme. Pour les chrétiens, Jésus-Christ est le Sauveur, le Fils de Dieu, né de la Vierge Marie, le Messie annoncé par les prophètes. Au Ier siècle de notre ère, les Hébreux attendaient la venue d'un messie qui devait les délivrer des Romains. Un juif, Jésus de Nazareth, se dit le Messie et prêcha, en Judée et en Galilée, l'amour d'un dieu unique pour tous les hommes. Mais, il fut arrêté, jugé et crucifié. Selon le récit de ses apôtres, Jésus ressuscita le troisième jour après sa mort. Sa vie et son enseignement sont regroupés dans les quatre Évangiles et constituent le Nouveau Testament. ➡ p. 711.
ORTHO On dit aussi **Jésus**.

jet (nom masculin)
1. Action de jeter. *Le lanceur de javelot a réussi son meilleur **jet** au dernier essai.* **2.** Jaillissement d'un liquide ou d'un gaz sous pression. *Un **jet** de vapeur. Un bassin avec des **jets** d'eau.* • **D'un seul jet :** en une seule fois. *Il a écrit ce poème **d'un seul jet**.* • **Premier jet :** première esquisse d'une œuvre.

jet (nom masculin)
Avion à réaction. **Jet** est un mot anglais : on prononce [dʒɛt].

jetable (adjectif)
Que l'on jette après l'avoir utilisé. *Un briquet **jetable**.*

jetée (nom féminin)
Sorte de mur qui s'avance dans la mer pour protéger un port des vagues. *Nous sommes allés jusqu'au phare au bout de la **jetée**.*

Le phare est au bout de la **jetée**.

jeter (verbe) ▸ conjug. n° 9
1. Lancer à une certaine distance. ***Jeter** des cailloux dans l'eau.* **2.** Se débarrasser de choses inutiles. *Fatima **jette** les épluchures à la poubelle.* **3.** Se jeter : se précipiter vers quelqu'un ou quelque chose. *À peine arrivé sur la plage, David **s'est jeté** à l'eau. Le boxeur **se jeta** sur son adversaire.* **4.** Se jeter : déverser ses eaux dans un cours d'eau ou dans la mer. *La Seine **se jette** dans la Manche.* • **Jeter l'argent par les fenêtres :** le gaspiller. • **Jeter l'éponge :** abandonner le combat, en parlant d'un boxeur. • **Jeter un coup d'œil :** lancer un regard rapide. Famille du mot : jet, jet**able**.

jeton (nom masculin)
Pièce plate et ronde qui représente une certaine valeur. *Au casino, on se sert de **jetons** pour faire une mise.* • **Faux-jeton :** synonyme familier d'hypocrite.

jeu, jeux (nom masculin)
1. Ce que l'on fait pour s'amuser. *Alain et Gaëlle ont inventé un nouveau **jeu**. Hélène n'aime pas les **jeux** violents.* **2.** Ce que l'on utilise pour jouer. *Un **jeu** de dames, de cartes, d'échecs. Un **jeu** vidéo.* **3.** Ensemble des cartes qu'un joueur a en main. *Je risque de perdre, je n'ai pas un très bon **jeu**.* **4.** Divertissement où l'on risque de l'argent. *Il a beaucoup de chance au **jeu**.* **5.** Façon de jouer un rôle ou d'interpréter un morceau de musique. *Un bon acteur doit savoir changer son **jeu** suivant les personnages qu'il interprète.* **6.** Assortiment d'objets ou d'outils de même nature. *Un **jeu** de clés.* **7.** Espace nécessaire entre les pièces d'un mécanisme pour qu'il puisse fonctionner. *Desserre ton pédalier, il n'a pas assez de **jeu**.* • **Cacher son jeu :** cacher ses intentions. • **Mettre en jeu :** exposer à un risque. *Il **a mis** son honneur **en jeu** dans cette affaire.* Famille du mot : **en**jeu, **hors**-jeu.

serment du **Jeu de paume**
Serment solennel, prêté, le 20 juin 1789, par les députés du tiers état, à Versailles, et par lequel ils s'engageaient à ne pas se séparer avant d'avoir donné une Constitution à la France.

jeudi (nom masculin)
Jour de la semaine entre le mercredi et le vendredi. *Le cours de musique a lieu tous les **jeudis** matin.* En latin, **jeudi** était le jour (*dies*) consacré à *Jupiter*, maître de tous les dieux.

à **jeun** (adverbe)
Sans avoir mangé. *Ce médicament doit être pris **à jeun**.* Prononciation [aʒœ̃].

jeune (adjectif)
1. Qui n'est pas avancé en âge. *Les parents de Kevin sont très **jeunes**. La cousine de Julie n'est plus une enfant, c'est déjà une **jeune** fille.* (Contr. âgé, vieux.) **2.** Qui est d'un âge moins avancé que quelqu'un d'autre. *Pierre a une sœur plus **jeune** que lui.* **3.** Qui a l'aspect ou les caractéristiques de la jeunesse. *Ma grand-mère est restée très **jeune** d'esprit.* • **Jeune fille, jeune homme, jeunes gens :** personnes entre l'enfance et l'âge adulte. ■ **jeune** (nom) Personne jeune. *C'est un chanteur qui plaît vraiment beaucoup aux **jeunes**.* Famille du mot : jeun**esse**, **ra**jeun**ir**, **ra**jeun**issement**.

jeûne (nom masculin)
Fait de jeûner. *À cause de sa maladie, il a dû faire quelques jours de **jeûne**.* Prononciation [ʒøn].

jeûner (verbe) ▸ conjug. n° 3
Se priver de nourriture. *Pendant le ramadan, les musulmans **jeûnent** du lever au coucher du soleil.*
ORTHO On écrit aussi **jeuner**.

jeunesse (nom féminin)
1. Période de la vie entre l'enfance et l'âge adulte. *Il a passé toute sa **jeunesse** à la campagne.* **2.** Ensemble des per-

a b c d e f g h i j k l m n o p q r s t u v w x y z

sonnes jeunes. *Cette librairie est spécialisée dans les livres destinés à la **jeunesse**.*

jeux Olympiques
➡ Voir **Olympiques**.

joaillerie (nom féminin)
1. Art du joaillier. *Travailler dans la **joaillerie**.* **2.** Magasin du joaillier. *Cette bague vient d'une **joaillerie** très réputée.* Prononciation [ʒɔajʀi].

joaillier, ère (nom)
Personne qui fabrique des bijoux. *Elle s'est fait faire un collier de diamants par un **joaillier** célèbre.* Prononciation [ʒɔaje]. ORTHO On écrit aussi **joailler**.

job (nom masculin)
Synonyme familier de travail. *Mon frère a trouvé un **job** dans un centre de loisirs.*

jockey (nom masculin)
Cavalier professionnel qui monte les chevaux de course. *Le **jockey** est tombé dès la première haie.*

jogging (nom masculin)
1. Course à pied que l'on pratique pour se maintenir en forme. *Il fait du **jogging** chaque week-end, à la campagne.* **2.** Survêtement de sport. **Jogging** est un mot anglais : on prononce [dʒɔgiŋ].

Johannesburg
Grande ville d'Afrique du Sud (3,3 millions d'habitants). Johannesburg est la première ville du pays par sa population. Elle en est aussi le principal centre bancaire, commercial et industriel.

joie (nom féminin)
Sentiment que l'on éprouve quand on est très heureux. *Il a ressenti une grande **joie** en retrouvant sa famille.* (Syn. plaisir. Contr. tristesse.) • **S'en donner à cœur joie** : profiter au maximum d'un moment agréable. *La fête est très réussie, tout le monde **s'en donne à cœur joie**.*

joindre (verbe) ▸ conjug. n° 35
1. Réunir ou rapprocher des choses l'une contre l'autre. ***Joignez** bien vos pieds avant de plonger.* **2.** Mettre une chose avec une autre. *Il **a joint** un chèque à son bulletin d'inscription.* (Syn. ajouter.) **3.** Entrer en contact avec quelqu'un. *Il est parti en voyage, vous aurez du mal à le **joindre**.* (Syn. contacter.) **4.** Se joindre à quelqu'un : aller avec lui. *Mes cousins **se joindront à** nous pour cette excursion.* Famille du mot : **dis**joindre, joint, join**ture**, **re**joindre.

joint, jointe (adjectif)
1. Ajouté à autre chose. *Je t'ai envoyé la photo en pièce **jointe** à mon message.* **2.** Rapproché ou mis l'un contre l'autre. *Prier les mains **jointes**. Sauter à pieds **joints**.* ■ **joint** (nom masculin) Rondelle intercalée entre deux parties jointes pour que l'ensemble soit étanche. *Le robinet fuit, le **joint** est peut-être abîmé.*

jointure (nom féminin)
Endroit où deux os se joignent. *Faire craquer les **jointures** de ses doigts.* (Syn. articulation.)

joker (nom masculin)
Carte à jouer qui peut remplacer n'importe quelle autre carte. Prononciation [ʒɔkɛʀ]. **Joker** est un mot anglais qui signifie « farceur ».

un **joker**

joli, ie (adjectif)
1. Qui est agréable à regarder ou à entendre. *Un **joli** visage. De **jolies** fleurs. Une **jolie** voix.* (Contr. laid, vilain.) **2.** Dans la langue familière, qui est assez important. *Le gagnant de la loterie a remporté une **jolie** somme.* • **C'est du joli ! :** c'est très mal ! (Syn. c'est du beau !) Famille du mot : **enjoliveur**, joli**ment**.

joliment (adverbe)
D'une manière jolie. *Cette maison est **joliment** décorée.*

jonc (nom masculin)
Plante à longue tige droite et flexible, qui pousse dans les endroits humides. Prononciation [ʒɔ̃].

joncher (verbe) ▸ conjug. n° 3
Recouvrir le sol. *Après le carnaval, les rues **sont jonchées** de confettis.*

jonction (nom féminin)
Endroit où deux choses se joignent. *Un chêne se dresse à la **jonction** des deux chemins.*

jongler (verbe) ▸ conjug. n° 3
Lancer en l'air des objets que l'on rattrape et que l'on relance sans arrêt. *À la fête foraine, des saltimbanques **jonglent** avec des balles et des anneaux.*

jongleur, euse (nom)
Artiste qui jongle. *Sur la piste du cirque, **jongleurs** et acrobates faisaient leur numéro.*

jonque (nom féminin)
Bateau à voile à fond plat d'Extrême-Orient.

jonquille (nom féminin)
Fleur jaune qui pousse dans les prés au printemps.

des **jonquilles**

Jordanie

5,9 millions d'habitants
Capitale : Amman
Monnaie : le dinar jordanien
Langue officielle : arabe
Superficie : 97 740 km²

État du Proche-Orient voisin d'Israël, de la Syrie, de l'Irak et de l'Arabie Saoudite. Les réfugiés palestiniens, très nombreux, représentent presque la moitié de la population.

GÉOGRAPHIE
Le pays est très aride à l'exception des terres, à l'est, irriguées par le Jourdain et qui fournissent la quasi-totalité du blé, des légumes, des fruits et de l'huile d'olive. Les nomades élèvent des chèvres et des moutons dans les régions arides.

HISTOIRE
Créé en 1921, l'émirat de Transjordanie reçut son indépendance de la Grande-Bretagne en 1946. En 1949, avec l'annexion de la Cisjordanie, le nouvel État créé devint le royaume hachémite de Jordanie. Alliée de l'Égypte, la Jordanie entra en guerre contre Israël et dut lui céder, en 1967, la Cisjordanie et la partie arabe de Jérusalem. Des milliers de réfugiés palestiniens affluèrent en Jordanie. En 1994, la Jordanie signa un traité de paix avec Israël.

jordanien, enne ➡ Voir tableau p. 6.

saint **Joseph**
Époux de la Vierge Marie. Charpentier de Nazareth, il est le père nourricier de Jésus.

Joséphine (née en 1763, morte en 1814)
Impératrice des Français. Elle épousa Bonaparte en 1796 et fut sacrée impératrice en 1804. Napoléon Ier la répudia en 1809, car elle ne lui donnait pas d'héritier.

joue (nom féminin)
Chaque côté du visage entre le nez et l'oreille. *Elle s'est mis un peu de poudre sur les **joues**.* ➡ p. 300.

jouer (verbe) ▸ conjug. n° 3
1. Se distraire en faisant des jeux. *Laura et Quentin **jouent** dans la cour. **Jouer** aux billes, aux dés, au ballon.* **2.** Se servir d'un instrument de musique. *Ro-*

*main **joue** du violon. Il **joue** un concerto de Mozart.* 3. Risquer de l'argent à des jeux de hasard. *Au casino, on peut **jouer** à la roulette.* 4. Interpréter un rôle. *Ce comédien **joue** surtout dans des films d'action.* 5. Donner des représentations devant un public. *Dis-moi ce qu'on **joue** en ce moment au théâtre.* 6. Risquer quelque chose d'important. *Ce pompier **a joué** sa vie pour sauver un enfant.* 7. Se déformer ou se déboîter. *L'humidité a fait **jouer** le bois des marches de l'escalier.* • **Jouer avec le feu :** prendre de très grands risques. • **Jouer de malheur, de malchance :** ne pas avoir de chance, accumuler les ennuis. • **Jouer la comédie :** faire semblant. • **Jouer le jeu :** faire quelque chose en acceptant de respecter les règles convenues. Famille du mot : jou**et**, jou**eur**.

jouet (nom masculin)
Objet avec lequel on joue. *Tous les **jouets** étaient disposés au pied du sapin de Noël.*

joueur, euse (nom)
Personne qui joue à un jeu ou qui pratique un sport. *Des **joueurs** de boules. Un **joueur** de basket.* • **Être beau joueur :** accepter de perdre sans se fâcher. • **Être mauvais joueur :** refuser d'accepter la défaite. ■ joueur, euse (adjectif) Qui aime bien jouer. *Ce chaton est très **joueur**.*

joufflu, ue (adjectif)
Qui a de grosses joues. *Un bébé **joufflu**.*

joug (nom masculin)
Pièce de bois que l'on fixe sur l'encolure des bœufs pour pouvoir les atteler. Prononciation [ʒu].

jouir (verbe) ▸ conjug. n° 11
1. Avoir la possession ou le profit de quelque chose. *À 80 ans, mon grand-père **jouit** encore d'une bonne santé.* 2. Avoir un grand plaisir, apprécier. *Nous **avons joui** de quelques jours de vacances à la mer.*

jouissance (nom féminin)
Droit d'utiliser quelque chose. *Tous les locataires ont la **jouissance** des jardins qui entourent la résidence.*

joujou, oux (nom masculin)
Jouet, dans le langage des petits enfants.

jour (nom masculin)
1. Espace de temps qui dure 24 heures. *Il y a sept **jours** dans une semaine.* 2. Espace de temps entre le lever et le coucher du soleil. *Nous partirons au lever du **jour**.* 3. Lumière du soleil. *Ouvre les volets, il n'y a pas assez de **jour** dans cette pièce.* • **À jour :** qui est en règle, qui n'est pas en retard. *Il n'est pas **à jour** dans son travail.* • **Au grand jour :** à la vue de tout le monde. • **De nos jours :** à l'époque actuelle. • **D'un jour à l'autre :** à tout moment. *Elle peut accoucher **d'un jour à l'autre**.* • **Les vieux jours :** la période de la vie où l'on est vieux. • **Vivre au jour le jour :** sans souci du lendemain.

journal, aux (nom masculin)
1. Publication imprimée qui paraît chaque jour pour donner des informations. *J'ai lu cette nouvelle dans le **journal** d'hier.* 2. Bulletin d'informations à la radio ou à la télévision. *Grand-père regarde toujours le **journal** de 20 heures.* 3. Cahier où l'on écrit régulièrement ses pensées ou les évènements de sa vie. *Myriam ne montre son **journal** à personne.* Famille du mot : journal**isme**, journal**iste**.

journalier, ère (adjectif)
Qui se fait chaque jour. *Faire la vaisselle est une tâche **journalière**.* (Syn. quotidien.)

journalisme (nom masculin)
Profession de journaliste.

journaliste (nom)
Personne qui informe le public à la radio, à la télévision ou en écrivant dans un journal. *Un **journaliste** sportif.*

journée (nom féminin)
Espace de temps compris entre le lever et le coucher du soleil. *Il a passé sa **journée** à travailler.*

journellement (adverbe)
Chaque jour. *Romain lui rend visite **journellement**.* (Syn. quotidiennement.)

joute (nom féminin)
Au Moyen Âge, combat à la lance entre deux hommes à cheval.

jovial, ale (adjectif)
Qui est d'une gaieté franche et communicative. *J'aime l'atmosphère **joviale** de ce petit restaurant.* (Syn. enjoué. Contr. maussade.) Pluriel : des enfants jovi**als** ou jovi**aux**.

joyau, aux (nom masculin)
Bijou très précieux. *La reine portait de magnifiques **joyaux**.*

joyeusement (adverbe)
De façon joyeuse. *Notre équipe a **joyeusement** fêté sa victoire.* (Syn. gaiement. Contr. tristement.)

joyeux, euse (adjectif)
Qui ressent ou qui exprime de la joie. *Thomas était tout **joyeux** de nous revoir.* (Syn. gai. Contr. triste.)

jubilation (nom féminin)
Joie intense. *Quelle **jubilation** d'avoir gagné !*

jubilé (nom masculin)
Fête qui célèbre le cinquantième anniversaire d'un évènement.

jubiler (verbe) ▸ conjug. n° 3
Éprouver de la jubilation. *Noémie **jubile** à l'idée de partir bientôt en vacances.*

jucher (verbe) ▸ conjug. n° 3
Placer en hauteur. ***Il a juché** les valises sur le haut de l'armoire. Un oiseau **s'est juché** sur le cerisier.*

judaïsme (nom masculin)
Religion pratiquée par les juifs. *La Bible est le livre sacré du **judaïsme**.*

judas (nom masculin)
Petite ouverture dans une porte, qui permet de voir sans être vu.

Judas Iscariote
Un des douze apôtres de Jésus. Judas Iscariote trahit Jésus-Christ en le vendant aux prêtres juifs pour trente deniers. Pris de remords, il se pendit.

Judée
Province de Palestine, située entre la mer Méditerranée et la mer Morte.

judiciaire (adjectif)
Qui concerne la justice. *Cet innocent a été victime d'une erreur **judiciaire**.*

judicieusement (adverbe)
De façon judicieuse. *Cette robe te va très bien, tu l'as **judicieusement** choisie.* (Syn. intelligemment.)

judicieux, euse (adjectif)
Qui est plein de bon sens. *Une remarque, un choix **judicieux**.* (Syn. pertinent, sensé.)

judo (nom masculin)
Sport de combat à mains nues, d'origine japonaise, dans lequel on cherche à déséquilibrer son adversaire pour le faire tomber ou l'immobiliser. *Une prise de **judo**. Il est ceinture noire de **judo**.*

judoka, ate (nom)
Personne qui pratique le judo.

juge (nom masculin)
1. Magistrat chargé de rendre la justice. *L'accusé a été amené devant le **juge**.* **2.** Personne chargée de donner son avis. *Si tu hésites entre ces deux livres, demande conseil au libraire, il sera bon **juge**.* **3.** Dans certains sports, personne chargée de faire respecter les règles dans une compétition.

Lors de son arrestation, **Jésus-Christ** est enlacé par **Judas Iscariote**.

a b c d e f g h i j k l m n o p q r s t u v w x y z

jugement (nom masculin)
1. Décision prise par un tribunal au cours d'un procès. *La cour va faire connaître son **jugement**.* (Syn. sentence, verdict.) **2.** Qualité d'une personne qui apprécie les gens ou les choses à leur juste valeur. *Il a manqué de **jugement** en faisant confiance à un inconnu.* **3.** Avis que l'on a sur quelqu'un ou quelque chose. *Nous n'avons pas le même **jugement** en ce qui concerne ce film.*

jugeote (nom féminin)
Synonyme familier de bon sens. *Sortir en tee-shirt sous la pluie, tu manques vraiment de **jugeote** !*

juger (verbe) ▸ conjug. n° 5
1. Prononcer un jugement. *Le tribunal **a jugé** l'accusé coupable et l'a condamné à trois ans de prison.* **2.** Donner une note ou une appréciation. *C'est à l'examinateur de **juger** les candidats.* **3.** Avoir tel avis sur quelqu'un ou quelque chose. *Claire **juge** ce voyage trop dangereux.* (Syn. estimer.)
Famille du mot : **ad**juger, juge, juge**ment**, juge**ote**, **pré**jugé, **pré**juger.

juguler (verbe) ▸ conjug. n° 3
Empêcher de se développer. ***Juguler** une épidémie.* (Syn. arrêter, enrayer.)

juif, juive (nom)
Personne qui est adepte de la plus ancienne religion monothéiste, fondée sur les Dix Commandements donnés par Dieu à Moïse. *Les **juifs** descendent d'un ancien peuple de Palestine, le peuple hébreu.* ■ **juif, juive** (adjectif) Qui appartient au judaïsme. *Les cérémonies religieuses **juives** se déroulent dans une synagogue.*

juillet (nom masculin)
Septième mois de l'année, qui compte trente et un jours.

14 juillet 1789
Jour de la prise de la Bastille. Au cours de cette journée éclata la première insurrection parisienne de la Révolution française, qui aboutit à la prise de la Bastille. Depuis 1880, le 14 Juillet est le jour de la fête nationale.

juin (nom masculin)
Sixième mois de l'année, qui compte trente jours.

Jules César
➡ Voir César.

jumeau, eaux, jumelle (adjectif et nom)
Qui est né au même moment, de la même mère. *Victor a une sœur **jumelle**. Ces **jumeaux** se ressemblent tellement que tout le monde les confond.* ■ **jumeau, eaux, jumelle** (adjectif) Se dit d'objets totalement semblables et placés l'un à côté de l'autre.

des **jumelles**

jumelage (nom masculin)
Action de jumeler deux villes.

jumeler (verbe) ▸ conjug. n° 9
Associer deux villes pour organiser des rencontres et des échanges. *Notre ville **est jumelée** avec une ville anglaise.* **Jumeler** se conjugue aussi comme peler (n° 8).

jumelle ➡ Voir **jumeau**.

jumelles (nom féminin pluriel)
Instrument d'optique formé de deux lunettes, qui sert à voir au loin. *William observe les oiseaux avec des **jumelles**.*

jument (nom féminin)
Femelle du cheval. *La **jument** est suivie de son poulain.*

jungle (nom féminin)
En Asie tropicale, épaisse forêt, où vivent les grands fauves. • **La loi de la jungle :** la loi du plus fort.

junior (nom)
Sportif entre 16 et 21 ans. *Alain fait du rugby dans l'équipe des **juniors**.* ■ **junior** (adjectif et nom) Qui concerne les adolescents. *Un magazine pour les **juniors**. La mode **junior**.*

junte (nom féminin)
Gouvernement issu d'un coup d'État. *La **junte** militaire a pris le pouvoir.* Prononciation [ʒœ̃t].

jupe (nom féminin)
Vêtement féminin qui part de la taille et couvre une partie des jambes. *Une **jupe** plissée. Une **jupe** droite.*

Jupiter
Dieu du Ciel, de la Lumière, du Jour, de la Foudre et du Tonnerre, dans la mythologie romaine. Jupiter, fils de Saturne et époux de sa sœur Junon, est le père et le maître des dieux. Il correspond à Zeus dans la mythologie grecque.

Jupiter
Cinquième planète du système solaire. Elle est située entre Mars et Saturne. Jupiter est la plus grosse planète du système solaire : elle est onze fois plus importante que la Terre. Sa température est de – 150 °C. Elle a pu être observée la première fois en 1979 par des sondes spatiales américaines qui ont révélé la présence de fins anneaux de matière autour de la planète.

jupon (nom masculin)
Sous-vêtement en tissu léger que l'on porte sous une jupe. *Un **jupon** à volants.*

Jura
Massif montagneux qui s'étend sur l'est de la France et l'ouest de la Suisse et se prolonge jusqu'en Allemagne. Ses forêts et ses herbages sont des ressources essentielles pour l'industrie du bois et la production de lait et de fromages. On y trouve les industries anciennes, comme la fabrication d'horloges, de pipes et de jouets, à côté d'industries nouvelles développées grâce à l'hydroélectricité. ➡ Voir carte p. 1372.

jurassique (nom masculin)
Période de la préhistoire, caractérisée par l'apogée des dinosaures et l'apparition des oiseaux. *Le **jurassique** se situe entre – 205 et – 135 millions d'années.*

juré (nom masculin)
Membre d'un jury. *Après avoir délibéré, les **jurés** ont déclaré l'accusé non coupable.*

jurer (verbe) ▸ conjug. n° 3
1. Promettre par serment. *Luc **a juré** de dire la vérité devant le tribunal.* **2.** Assurer formellement et avec solennité. *Je vous **jure** que je ne recommencerai pas une pareille bêtise.* **3.** Dire des jurons. *Même si tu es furieux, ce n'est pas une raison pour **jurer** !* **4.** Être mal assorti avec autre chose. *Le rouge de sa jupe **jure** avec son chemisier orange.*

juridique (adjectif)
Qui concerne les lois. *Si tu veux devenir avocat, tu devras faire des études **juridiques**.*

juron (nom masculin)
Mot grossier qui marque la colère. *Pousser des **jurons**.*

jury (nom masculin)
1. Ensemble de personnes chargées de juger si un accusé est coupable ou innocent d'un crime. *Le verdict du **jury** est : non coupable !* **2.** Groupe de personnes chargées de juger des candidats ou des œuvres. *Le **jury** décernera un prix au meilleur film du festival.*

jus (nom masculin)
1. Liquide contenu dans les fruits ou les légumes. *Du **jus** de pomme. Du **jus** de tomate.* **2.** Liquide qui vient de la cuisson d'une viande. *Il arrose les pommes de terre avec le **jus** du rôti.*

jusque (préposition)
Sert à indiquer une limite de lieu ou de temps. *Je vous ramène **jusque** chez vous. Il s'est promené **jusqu'**au bout de la jetée. Odile a veillé **jusqu'**à minuit.* ■ **jusqu'à ce que** (conjonction) Jusqu'au moment où. *Ils se sont promenés **jusqu'à ce que** la nuit tombe.*

justaucorps (nom masculin)
Maillot collant utilisé pour la danse ou le sport. **Justaucorps** désigne aussi un vêtement ancien qui était très serré à la taille : *juste au corps.*

juste (adjectif)
1. Qui est conforme à la réalité ou à la vérité. *Votre calcul est **juste**.* (Syn. correct, exact. Contr. faux.) **2.** Qui est conforme à la justice. *Tout le monde a eu des fraises sauf Sarah, ce n'est pas **juste** !* (Syn. équitable. Contr. injuste.)

3. Qui est trop étroit, trop serré. *Ce pantalon est trop **juste**, essaie la taille au-dessus.* 4. Qui est à peine suffisant. *Un seul poulet pour six personnes, ce sera un peu **juste**.* ■ juste (adverbe) 1. Avec exactitude, précision. *Ursula chante **juste**.* (Contr. faux.) 2. Précisément ou exactement. *Nous sommes partis à 8 heures **juste**.* 3. Seulement. *Comme dessert, je prendrai **juste** un fruit.* 4. En quantité insuffisante. *Il va manquer du jus de fruits, tu as vu trop **juste**.* • **Au juste :** exactement, précisément. *Qu'est-ce qu'il voulait **au juste** ?* • **Au plus juste :** en comptant le minimum possible. • **Comme de juste :** comme prévu. ***Comme de juste**, il est encore en retard.* Famille du mot : ajust**age**, ajust**é**, ajust**er**, ajust**eur**, **in**juste, injuste**ment**, juste**ment**, juste**sse**, **r**ajuste**ment**, **r**ajust**er**.

justement (adverbe)
Sans aucun doute. *C'est **justement** ce que j'allais dire.* (Syn. précisément.)

justesse (nom féminin)
Qualité de ce qui est juste. *Je suis frappé de la **justesse** de vos remarques. La **justesse** d'une voix.* • **De justesse :** de très peu. *Il a été sauvé **de justesse**.*

justice (nom féminin)
1. Principe moral qui consiste à reconnaître et à respecter les droits de chacun. *Il traite ses élèves avec **justice**.* (Syn. équité. Contr. injustice.) 2. Pouvoir exercé par les juges et les tribunaux pour assurer le respect de la loi. *Exercer, rendre la **justice**.* 3. Ensemble des personnes et des institutions qui sont chargées de ce pouvoir. *L'accusé a le droit de se défendre devant la **justice**.* Famille du mot : **in**justice, justic**ier**.

justicier, ère (nom)
Personne qui fait la justice toute seule, sans tenir compte des lois.

justificatif (nom masculin)
Document qui justifie quelque chose. *Si vous voulez échanger ce que vous avez acheté, gardez le ticket de caisse comme **justificatif**.*

justification (nom féminin)
Ce qui permet de justifier quelque chose ou de se justifier. *Il a quitté brusquement la réunion sans donner de **justification** à son départ.*

justifier (verbe) ▸ conjug. n° 10
1. Donner des excuses valables à ce que l'on fait. *Je me demande comment il va **justifier** sa mauvaise conduite !* 2. Faire admettre comme vrai ou comme juste. *Un tel mensonge **justifie** la colère de ses parents.* 3. Se justifier : prouver son innocence. *Il essaie de **se justifier** mais personne ne le croit.* Famille du mot : **in**justifi**é**, justific**atif**, justific**ation**.

jute (nom masculin)
Fibre textile tirée d'une plante cultivée en Inde. *Un sac en toile de **jute**.*

juteux, euse (adjectif)
Qui contient beaucoup de jus. *L'orange est un fruit **juteux**.*

juvénile (adjectif)
Qui a l'aspect ou les qualités de la jeunesse. *Malgré son âge, elle a gardé un sourire **juvénile**.*

juxtaposer (verbe) ▸ conjug. n° 3
Mettre l'un à côté de l'autre. *Il ne suffit pas de **juxtaposer** des couleurs sur une toile pour faire un tableau.*

K k

kayak

k (nom masculin)
Onzième lettre de l'alphabet. *Le **K** est une consonne.*

Kaboul
Capitale de l'Afghanistan (3 millions d'habitants). La ville a été ruinée par les différentes guerres qui secouent le pays depuis 1979.
ORTHO On écrit aussi **Kabul**.

kabyle ➡ Voir tableau p. 6.

Kabyles
Peuples berbères qui vivent dans la région de la Kabylie, massif montagneux du nord de l'Algérie.

■ **kaki** (adjectif)
D'une couleur jaunâtre tirant sur le brun. *Les vêtements militaires sont souvent **kaki**.*
Pluriel : des vestes kaki. **Kaki** vient d'un mot indien qui signifie « couleur de poussière ».

■ **kaki** (nom masculin)
Fruit jaune orangé, au goût sucré, qui ressemble à une tomate. *Le **kaki** est originaire d'Asie.*

des **kakis**

kaléidoscope (nom masculin)
Tube creux dans lequel sont disposés des petits miroirs qui forment des images, aux dessins changeants.

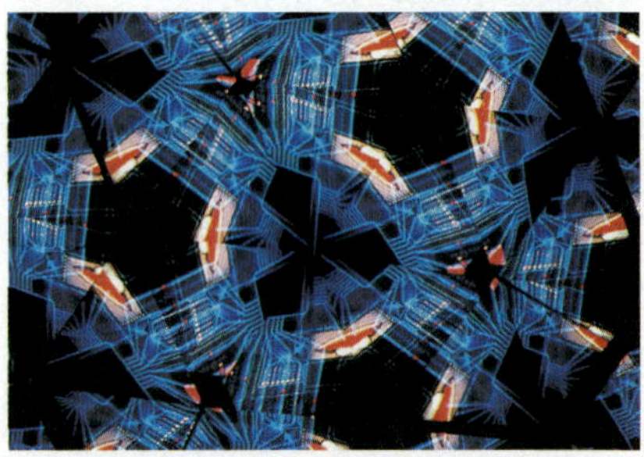
une image de **kaléidoscope**

kamikaze (nom masculin)
Personne qui se sacrifie pour une cause, généralement politique ou religieuse. *L'attentat meurtrier est dû à un **kamikaze**.*

Kanaks
➡ Voir **Canaques**.

kangourou (nom masculin)
Mammifère herbivore d'Australie qui se déplace par bonds. *Après leur naissance, les petits des **kangourous** vivent quelques mois dans une poche sur le ventre de leur mère.*
➡ p. 716.

kaolin (nom masculin)
Argile blanche utilisée pour la fabrication de la porcelaine.

un **kangourou** et son petit

karaoké (nom masculin)
Activité qui consiste à chanter le texte d'une chanson qui défile sur un écran vidéo. *Nadine a organisé un **karaoké** pour son anniversaire.*

karaté (nom masculin)
Sport de combat à mains nues, d'origine japonaise, dans lequel on porte des coups avec les mains et les pieds.

karatéka (nom)
Personne qui pratique le karaté.

des **karatékas** en **kimono**

kart (nom masculin)
Petite voiture très basse et très rapide, sans carrosserie. *Faire des courses de **kart**.* **Kart** est un mot anglais : on prononce [kaʀt].

karting (nom masculin)
Sport qui consiste à faire des courses en kart. *Une piste de **karting**.* Prononciation [kaʀtiŋ].

kasher ➡ Voir **casher**.

kayak (nom masculin)
Canot léger en toile imperméable que l'on fait avancer à l'aide d'une pagaie double. *Descendre une rivière en **kayak**.*
Kayak est un mot inuit, ce qui montre l'origine de ce canot.

Kazakhstan

15,9 millions d'habitants
Capitale : Astana
Monnaie : le tenge
Langues officielles : kazakh, russe
Superficie : 2 717 400 km²

État d'Asie centrale, bordé par la mer Caspienne et voisin de la Russie, de la Chine, du Kirghizstan, de l'Ouzbékistan et du Turkménistan.
Le pays a un climat continental et des pluies faibles. Les cultures sont peu importantes : blé, riz, coton, tabac. Le sous-sol recèle des métaux, du charbon, du pétrole, du gaz, et de grosses réserves d'uranium.
Le Kazakhstan a été l'une des républiques fédérées de l'URSS avant de devenir indépendant en 1991.

K2

Deuxième sommet le plus haut de l'Himalaya (8 611 mètres), après le mont Everest. C'est une expédition d'alpinistes italiens qui a atteint, la première, le sommet du K2, en 1954.

kébab (nom masculin)
Sandwich à base de fines tranches de viande de mouton ou de bœuf rôtis à la broche. *Nous avons mangé un **kébab** avec une barquette de frites.*
ORTHO On écrit aussi **kebab**.

kendo (nom masculin)
Art martial japonais, qui se pratique avec des sabres de bambou. ➡ p. 89.

Kennedy John Fitzgerald (né en 1917, mort en 1963)
Président des États-Unis de 1961 à 1963, il a lutté contre la discrimination raciale et pour une meilleure justice sociale. Il a lancé le programme de conquête spatiale américain vers la Lune. Après une grave crise avec Cuba, soutenue par l'URSS, il a commencé à améliorer les relations difficiles entre les États-Unis et l'URSS. Il a été assassiné le 22 novembre 1963.

Kenya

39,1 millions d'habitants
Capitale : Nairobi
Monnaie :
le shilling kényan
Langues officielles :
swahili, anglais
Superficie : 582 646 km²

État d'Afrique de l'Est, bordé par l'océan Indien et voisin de la Somalie, de la Tanzanie, de l'Ouganda, du Soudan et de l'Éthiopie. La population est principalement rurale. Elle compte environ 40 ethnies.

GÉOGRAPHIE

Le Kenya a des paysages et des végétations très diversifiés : des terres volcaniques, des forêts, la savane et la steppe. L'agriculture repose sur les cultures du maïs, du thé, et sur l'élevage extensif. Le bois constitue une ressource très importante. Le tourisme est très actif car il existe 18 parcs naturels dans le pays et la protection de la nature y est très respectée. Mais l'aide internationale est indispensable, car le Kenya reste un pays pauvre, qui a dû aussi accueillir des réfugiés du Soudan et de la Somalie.

HISTOIRE

Le Kenya n'a été colonisé qu'en 1920 par la Grande-Bretagne. La résistance à cette colonisation a été violente. En 1963, le pays accéda à l'indépendance et la république fut proclamée en 1964. L'État du Kenya est membre du Commonwealth.

kenyan, ane ➡ Voir tableau p. 6.

Le Président John F. **Kennedy**

képi (nom masculin)
Coiffure cylindrique à visière qui fait partie de certains uniformes. *Le **képi** d'un gendarme.* ➡ p. 570.

kermesse (nom féminin)
Fête de charité en plein air avec des stands et des jeux. *À la fin de l'année, on organise une **kermesse** à l'école.*

kérosène (nom masculin)
Carburant liquide tiré du pétrole. *Les avions à réaction fonctionnent au **kérosène**.*

ketchup (nom masculin)
Sauce épaisse, à base de tomates et d'épices, et qui est légèrement sucrée. *Zoé aime les frites avec du **ketchup**.* ● **Ketchup** est un mot anglais : on prononce [kɛtʃœp].

Khéops
➡ Voir **Chéops**.

Khéphren
➡ Voir **Chéphren**.

Khmers rouges
Guérilléros communistes du Cambodge. En 1975, dirigés par Pol Pot, ils prirent Phnom Penh, la capitale, et exterminèrent plus de 2 millions de leurs compatriotes. Ils furent chassés du pouvoir par les Vietnamiens en 1979.

kidnapper (verbe) ▶ conjug. n° 3
Enlever quelqu'un pour obtenir une rançon. *Des inconnus **ont kidnappé** une riche héritière.* Famille du mot : kidnappeur, kidnapping. **Kidnapper** vient des mots anglais *nap* qui signifie « enlever » et *kid* qui signifie « enfant ».

kidnappeur, euse (nom)
Personne qui fait un kidnapping. (Syn. ravisseur.)

kidnapping (nom masculin)
Enlèvement d'une personne. (Syn. rapt.) ● **Kidnapping** est un mot anglais : on prononce [kidnapiŋ].

Kilimandjaro
Montagne volcanique d'Afrique, située dans le nord de la Tanzanie, près de la frontière du Kenya. Le Kilimandjaro porte le point culminant du continent

africain, le mont Kibo (5 892 mètres). ➡ p. 1156.
ORTHO On écrit aussi **Kilimanjaro**.

kilo (nom masculin)
Abréviation de kilogramme. *Nous voudrions deux **kilos** de cerises.*

kilogramme (nom masculin)
Unité de poids qui équivaut à 1 000 grammes. **Kilogramme** s'abrège **kilo** ou *kg*.

kilométrage (nom masculin)
Nombre de kilomètres parcourus. *Le compteur kilométrique d'une voiture indique son **kilométrage**.*

kilomètre (nom masculin)
Unité de distance qui équivaut à 1 000 mètres. • **Kilomètre-heure :** unité de mesure servant à calculer la vitesse moyenne d'une voiture. *Sur cette route, la vitesse est limitée à 70 **kilomètres-heure**.* **Kilomètre** s'abrège *km*. **Kilomètre-heure** s'abrège *km/h*. Famille du mot : kilomét**rage**, kilomét**rique**.

kilométrique (adjectif)
Qui indique les kilomètres. *Des bornes **kilométriques**. Un compteur **kilométrique**.*

kilowatt (nom masculin)
Unité servant à mesurer une puissance. *On compte la consommation d'électricité en **kilowatts**.* **Kilowatt** s'abrège *kW*.

kilt (nom masculin)
Jupe traditionnelle des Écossais.

kimono (nom masculin)
1. Longue tunique japonaise, à manches larges, qui se ferme avec une ceinture. 2. Tenue des judokas et des karatékas composée d'une veste en toile épaisse et d'un pantalon large. ➡ p. 716.

kinésithérapeute (nom)
Personne qui soigne les gens en rééduquant leurs muscles par des massages et des mouvements de gymnastique. *Il va régulièrement chez un **kinésithérapeute** pour corriger sa scoliose.* **Kinésithérapeute** s'abrège familièrement **kiné**.

kinésithérapie (nom féminin)
Activité du kinésithérapeute. *Romain suit des séances de **kinésithérapie**.* **Kinésithérapie** vient du grec *kinêsis*, « mouvement » et *therapeia*, « soin ».

King Martin Luther (né en 1929, mort en 1968)
Pasteur noir américain. Adepte de la non-violence, il lutta toute sa vie contre la discrimination raciale. En 1963, il organisa une marche pacifique sur Washington pour réclamer une loi sur l'égalité entre les races. Le discours qu'il prononça ce jour-là est resté très célèbre. Il a reçu le prix Nobel de la paix en 1964. Il a été assassiné en 1968.

kiosque (nom masculin)
1. Pavillon ouvert dans un jardin. *Un **kiosque** à musique.* 2. Petite boutique installée sur la voie publique. *Un **kiosque** à journaux.*

Kipling Rudyard (né en 1865, mort en 1936)
Écrivain anglais. Ses romans se passent en Inde au moment de la colonisation britannique. Il est l'auteur du *Livre de la jungle* (1895) et de *Capitaines courageux* (1897).

kippa (nom féminin)
Petite calotte portée par les juifs pratiquants.

Kirghizstan

5,3 millions d'habitants
Capitale : Bichkek
Monnaie : le som
Langues officielles : kirghiz, russe
Superficie : 198 500 km²

État d'Asie centrale, entouré du Tadjikistan, de l'Ouzbékistan, du Kazakhstan et de la Chine.

GÉOGRAPHIE
Le Kirghizstan est une région montagneuse. Ses principales activités sont l'élevage de moutons et les cultures fruitières et céréalières. Le sous-sol est riche en or, uranium, pétrole, gaz et charbon. Ses montagnes et ses lacs attirent les touristes.

HISTOIRE
Les Kirghiz, peuple de langue turque, ont été longtemps persécutés par les Russes. Le Kirghizstan, territoire séparé du Kazakhstan, devint une république fédérée d'URSS en 1936. En 1991, la république du Kirghizstan devint indépendante.

Kiribati

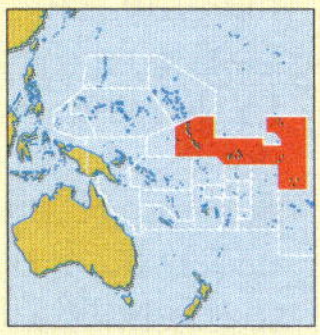

100 000 habitants
Capitale : Tarawa-Sud
Monnaie :
le dollar australien
Langues officielles :
kiribati, anglais
Superficie : 690 km²

Archipel de l'océan Pacifique, sur l'équateur. Les Kiribati comptent 33 îles, réparties en trois archipels. C'est un pays producteur de noix de coco et de bananes. On y pratique l'élevage de porcs et de poulets, et la pêche.

HISTOIRE
Les Kiribati ont été découvertes en 1606. Devenues colonie britannique en 1915, elles sont indépendantes depuis 1979. La république des Kiribati est membre du Commonwealth.

kirsch (nom masculin)
Eau-de-vie de cerises. *Des ananas au **kirsch**.* **Kirsch** vient de l'allemand *kirsche* qui signifie « cerise ».

kit (nom masculin)
Ensemble d'éléments vendus en pièces détachées qu'il faut assembler soi-même. *Des étagères vendues en **kit**.* **Kit** est un mot anglais qui signifie « boîte à outils ».

kitchenette (nom féminin)
Petite cuisine. *Ils ont loué un deux-pièces avec salle de bains et **kitchenette**.* **Kitchenette** vient de l'anglais *kitchen* qui signifie « cuisine ».

Martin Luther **King**

kiwi (nom masculin)
1. Oiseau de Nouvelle-Zélande, dépourvu d'ailes, ayant un long bec. 2. Fruit d'origine exotique, à peau marron duveteuse, à chair verte et acidulée. ➡ p. 720.

klaxon (nom masculin)
Avertisseur sonore d'une voiture. *Il a donné un coup de **klaxon** avant de doubler.* **Klaxon** est un mot anglais : on prononce [klaksɔn]. **Klaxon** est le nom d'une marque.

klaxonner (verbe) ▶ conjug. n° 3
Utiliser un klaxon. *Ça ne sert à rien de **klaxonner** quand on est bloqué dans les embouteillages.*

kleenex (nom masculin)
Mouchoir jetable en papier. **Kleenex** est un mot anglais : on prononce [klinɛks]. **Kleenex** est le nom d'une marque.

kleptomane (nom)
Personne qui ne peut s'empêcher de commettre des vols.
ORTHO On écrit aussi **cleptomane**.

K-O (adjectif)
Hors de combat. *Le boxeur a mis son adversaire **K-O** au premier round.* Prononciation [kao]. **K-O** est une abréviation du mot anglais *knock-out* qui signifie « assommer ».

koala (nom masculin)
Petit mammifère d'Australie. *Le **koala** vit dans les arbres et se nourrit de feuilles d'eucalyptus.*

un **koala** et son petit

Kosovo

Province de Serbie, située au sud de la Serbie entre le Monténégro, l'Albanie et la Macédoine (10 887 km² ; 2,2 millions d'habitants). Sa capitale est Pristina. Sa population se compose d'une majorité d'Albanais et d'une minorité de Serbes.

HISTOIRE
De 1974 à 1990, le Kosovo fut une province autonome rattachée à la république socialiste de Serbie. En 1990, les Albanais du Kosovo luttèrent contre les Serbes pour obtenir leur indépendance. En 1999, le Président yougoslave déclencha, au Kosovo, une politique destinée à chasser la population albanaise, qui provoqua un exode massif. Aujourd'hui, le Kosovo a proclamé son indépendance, mais celle-ci n'est pas reconnue par la Serbie et la Russie.

kouglof (nom masculin)
Brioche alsacienne aux raisins secs.

Kourou
Chef-lieu de canton de la Guyane (25 000 habitants). Depuis 1968, Kourou est le site du centre spatial guyanais d'où est lancée la fusée Ariane.

Koweït

3 millions d'habitants
Capitale : Koweït
Monnaie : le dinar
Langue officielle : arabe
Superficie : 17 818 km²

Émirat d'Arabie, sur la côte nord-ouest du golfe Persique, voisin de l'Irak et de l'Arabie Saoudite. La population vit en majorité dans les villes.

GÉOGRAPHIE
Le Koweït est formé de terres désertiques. À partir de 1946, l'exploitation des importants gisements de pétrole et de gaz a fait naître une formidable industrialisation. Le pays est très riche et le revenu par habitant est l'un des plus élevés du monde.

HISTOIRE
À partir de 1914, le Koweït fut placé sous domination britannique, mais il devint indépendant en 1961. L'exploitation du pétrole commença dans les années 1930. En 1990, l'Irak envahit le Koweït déclenchant ainsi la guerre du Golfe. Le pays fut libéré en 1991.

kraft (adjectif)
• **Papier kraft :** papier d'emballage très résistant, de couleur marron. **Kraft** est un mot allemand qui signifie « force ».

le Kremlin
Ancien palais impérial et citadelle de Moscou. Le Kremlin est entouré de murailles et renferme des palais et des églises, dont la cathédrale de l'Assomption, où les tsars étaient couronnés. Le gouvernement russe siège au Kremlin.

Krishna
Dieu de la religion hindoue. Krishna est l'un des dieux les plus importants et les plus populaires des divinités indiennes. C'est l'une des métamorphoses du dieu Vishnu.

des **kiwis**

un **kiwi** et son œuf

kumquat (nom masculin)
Tout petit agrume que l'on mange avec son écorce. Prononciation [kumkwat].

kung-fu (nom masculin)
Art martial d'origine chinoise. Pluriel : des kung-fu. Prononciation [kuŋfu].
ORTHO On écrit aussi un **kungfu**, des **kungfus**.

des lutteurs de **kung-fu**

kurde ➡ Voir tableau p. 6.

Kurdes
Peuple de l'ouest de l'Asie (environ 25 millions de personnes). Il existe des populations kurdes dans le sud-est de la Turquie, le nord de l'Irak, l'ouest de l'Iran et de la Syrie. Les Kurdes sont, en majorité, musulmans.

k-way (nom masculin)
Coupe-vent imperméable très léger. Prononciation [kawe]. Pluriel : des k-way. **K-way** est le nom d'une marque.

kyrielle (nom féminin)
Grande quantité. *Il a essayé une **kyrielle** de casquettes avant de faire son choix.*

kyste (nom masculin)
Petite grosseur qui se forme sous la peau ou à l'intérieur du corps. *Il a été opéré d'un **kyste** à la gorge.*

L

livres

l (nom masculin)
Douzième lettre de l'alphabet. *Le **L** est une consonne.*

l' ➡ Voir **le**.

■ **la** (déterminant)
Féminin de *le*.

■ **la** (nom masculin)
Sixième note de la gamme.

■ **la** (pronom personnel) ➡ Voir **le**.

là (adverbe)
1. Dans ce lieu. *Tu te mets **là** et moi ici.* **2.** Avec un trait d'union, sert à renforcer l'adjectif démonstratif. *Ce garçon-**là** est gentil.* • **Là-bas :** au loin. • **Là-haut :** dans cet endroit plus élevé.

label (nom masculin)
Étiquette garantissant la bonne qualité d'un produit et sa provenance.

labeur (nom masculin)
Dans la langue littéraire, travail long et pénible. *Un dur **labeur** vous attend.*

laboratoire (nom masculin)
Local aménagé pour faire des recherches scientifiques, des analyses médicales ou encore des travaux photographiques.

laborieux, euse (adjectif)
Qui est le résultat de beaucoup d'efforts. *Ce vaccin est le fruit de patientes et **laborieuses** recherches.*

labour (nom masculin)
Travail consistant à labourer. *On élevait autrefois des chevaux de **labour**.*

labourage (nom masculin)
Action de labourer. *Le **labourage** se fait maintenant à l'aide de tracteurs.*

labourer (verbe) ▸ conjug. n° 3
Retourner la terre avec une charrue, une bêche ou une houe. *Il faut **labourer** avant de semer.* Famille du mot : labour, labour**age**, labour**eur**. **Labourer** vient du latin *laborare* qui signifie « travailler » et que l'on retrouve dans *labeur* et *laborieux*.

laboureur (nom masculin)
Synonyme littéraire de cultivateur.

labrador (nom masculin)
Grand chien au poil ras, noir ou fauve.

labyrinthe (nom masculin)
Réseau compliqué de rues ou de couloirs, où l'on ne retrouve pas facilement son chemin. *Le quartier de la vieille ville est un vrai **labyrinthe**.* (Syn. dédale.) Le **labyrinthe** avait été construit en Crète par l'architecte Dédale pour enfermer le Minotaure. Ayant tué ce monstre, Thésée put retrouver la sortie grâce au fil qui le reliait à Ariane.

lac (nom masculin)
Grande étendue d'eau douce. *Le **lac** de Genève fait 72 km de long.* ➡ p. 413.

lacer (verbe) ▸ conjug. n° 4
Attacher avec des lacets. *Les tout petits ne savent pas encore **lacer** leurs chaussures.* (Contr. délacer.) Famille du mot : **déla**cer, **en**lacer, lac**et**.

lacérer (verbe) ▸ conjug. n° 8
Couper et mettre en lambeaux. *Des voyous **ont lacéré** les banquettes du car.*

lacet (nom masculin)
1. Cordon que l'on passe dans des trous pour attacher des chaussures. *Tes **lacets** sont défaits.* 2. Virage serré d'une route en zigzag. *On arrive au sommet par un chemin en **lacet**.*

lâche (adjectif)
Qui n'est pas serré ou pas tendu. *La ficelle est trop **lâche**, le paquet ne tiendra pas.* ■ **lâche** (adjectif et nom) Qui est sans courage. *C'est **lâche** de s'attaquer à un plus petit que soi ! Quel **lâche** !* (Contr. brave, courageux.) Famille du mot : lâche**ment**, lâche**té**.

lâchement (adverbe)
Avec lâcheté. ***Lâchement**, ils ont laissé punir Benjamin qui n'avait rien fait.* (Contr. bravement.)

lâcher (verbe) ▸ conjug. n° 3
1. Cesser de tenir. *Anna **a lâché** la main de sa maman.* 2. Ne plus résister. *Le nœud **a lâché**.* (Syn. céder.) 3. Dans la langue familière, abandonner quelqu'un. *Tu nous **lâches** juste au moment de faire la vaisselle ?*

un **labyrinthe**

lâcheté (nom féminin)
1. Caractère d'une personne lâche. *Sa **lâcheté** l'a poussé à s'enfuir.* (Contr. courage.) 2. Acte lâche. *En laissant accuser Élodie, Clément a commis une **lâcheté**.*

lâcheur, euse (nom)
Dans la langue familière, personne qui abandonne ses amis. *Ce **lâcheur** a refusé de m'aider.*

lacis (nom masculin)
Réseau compliqué de choses qui s'entrelacent. *C'est un village médiéval, avec un **lacis** de ruelles étroites.*

laconique (adjectif)
Exprimé en peu de mots. *Un communiqué **laconique** dans la presse a annoncé la nouvelle.* **Laconique** vient de *Laconie*, région de Grèce, dont les habitants, les Spartiates, avaient la réputation d'être peu bavards.

lacrymal, ale, aux (adjectif)
Qui concerne les larmes. *Les glandes **lacrymales** sécrètent les larmes.*

lacrymogène (adjectif)
Qui provoque des larmes. *Une bombe **lacrymogène**.*

lactaire (nom masculin)
Champignon qui laisse écouler un liquide laiteux quand on le coupe. *Certains **lactaires** sont comestibles.* ➡ p. 217.

lacté, ée (adjectif)
Qui contient du lait. *Les yaourts, le fromage sont des produits **lactés**.* • **La Voie lactée :** immense traînée d'étoiles, qui traverse le ciel. *Le système solaire fait partie de la **Voie lactée**.* ➡ Voir galaxie.

lacune (nom féminin)
Ce qui manque pour que quelque chose soit complet. *David a des **lacunes** en histoire.*

lacustre (adjectif)
• **Cité lacustre :** cité bâtie sur pilotis au bord d'un lac. ➡ p. 724.

lad (nom masculin)
Garçon d'écurie chargé de s'occuper des chevaux de course.

marquis de La Fayette (né en 1757, mort en 1834)
Officier et homme politique français. Il combattit aux côtés des colons britanniques révoltés durant la guerre d'Indépendance américaine (1777-1779). Il joua un rôle important au début de la Révolution française puis, en 1830, il contribua à l'arrivée au pouvoir de Louis-Philippe.

le marquis de **La Fayette**

La Fontaine Jean de (né en 1621, mort en 1695)
Poète français, auteur des *Fables* (1668 à 1694). La plupart des personnages sont des animaux et chaque fable contient une morale. ➡ p. 503.

lagon (nom masculin)
Étendue d'eau séparée de la pleine mer par un récif de corail. *Les **lagons** du Pacifique.*

lagune (nom féminin)
Étendue d'eau de mer séparée du large par une étroite bande de sable. *La **lagune** de Venise.* ➡ p. 413.

laïc ➡ Voir **laïque**.

laïcité (nom féminin)
Caractère de ce qui est laïque. *La IIIᵉ République a institué la **laïcité** de l'école publique française.*

un village **lacustre**

laid, laide (adjectif)
Qui n'est pas agréable à regarder. *Il est **laid** sur cette photo !* (Syn. affreux. Contr. beau, joli.) Famille du mot : **enlaidir, laideur.**

laideur (nom féminin)
Caractère de ce qui est laid. *La fée le transforma en un monstre d'une **laideur** repoussante.* (Contr. beauté.)

laie (nom féminin)
Femelle du sanglier.

lainage (nom masculin)
Vêtement de laine tricotée. *Les soirées sont fraîches, il faut un **lainage**.* (Syn. tricot.)

laine (nom féminin)
Poil doux et souple de la toison du mouton et de certains animaux. *Fatima a acheté des pelotes de **laine** pour se tricoter un pull.* Famille du mot : **lainage, laineux.**

laineux, euse (adjectif)
Qui a l'aspect ou la douceur de la laine. *Ce caniche a un poil **laineux**.*

laïque (adjectif)
Qui est sans appartenance religieuse. *En France, l'école publique est **laïque**.* ■ **laïque** (nom) Chrétien qui n'est ni prêtre ni religieux. *Un **laïque** dit la messe avec le prêtre aujourd'hui.*
ORTHO Le nom masculin s'écrit aussi **laïc**.

laisse (nom féminin)
Lanière servant à retenir un chien. *Les chiens, même tenus en **laisse**, sont interdits dans le square.*

laisser (verbe) ▸ conjug. n° 3
1. Ne pas prendre avec soi. *Gaëlle **a laissé** son sac à l'école.* **2.** Quitter ou ne pas emmener avec soi. *Ibrahim **a laissé** son chien à la maison.* **3.** Confier une chose à quelqu'un en partant. *Je te **laisse** mes clés.*

4. Ne pas manger quelque chose. *Elle **a** mangé la viande et **laissé** les légumes.* **5.** Autoriser à faire quelque chose. *On ne l'**a** pas **laissé** entrer.* **6.** Céder à un prix peu élevé. *Le brocanteur lui **a laissé** ces verres de cristal pour 10 euros !* **7.** Léguer quelque chose. *Elle **a laissé** une fortune à ses enfants.* **8.** Ne pas faire changer d'état ou de lieu. *J'**ai laissé** le poulet au chaud dans le four.* • **Se laisser aller :** ne plus faire d'effort par manque d'énergie. • **Se laisser faire :** faire sans résister ce que les autres veulent. Famille du mot : **dé**laisser, laisser-aller, laissez-passer.

laisser-aller (nom masculin)
Manque d'effort dans le comportement ou le travail. *Il y a du **laisser-aller** dans ton travail, tes mauvaises notes le prouvent.* (Syn. relâchement.)

laissez-passer (nom masculin)
Autorisation officielle écrite. *Pour entrer à l'Élysée, il faut un **laissez-passer**.*
Pluriel : des laissez-passer.

lait (nom masculin)
Liquide blanc et opaque sécrété par les mamelles des mammifères pour nourrir leurs petits. *Le chevreau tète le **lait** de la chèvre.* • **Dent de lait :** dent non définitive des jeunes enfants. • **Lait de toilette :** produit blanc et liquide utilisé pour nettoyer la peau. Famille du mot : **al**lait**ement**, **al**laiter, lait**age**, lai**terie**, lait**eux**, lait**ier**, petit-lait.

laitage (nom masculin)
Aliment à base de lait. *Les flans, les yaourts ou les petits-suisses sont des **laitages**.*

laiterie (nom féminin)
Usine où l'on traite le lait pour produire de la crème, du beurre et du fromage.

laiteux, euse (adjectif)
Qui a l'aspect du lait. *Des nuages d'un blanc **laiteux**.*

laitier, ère (adjectif)
Qui a rapport avec le lait. *Le beurre, le fromage, les yaourts sont des produits **laitiers**. Des vaches **laitières**.*

laiton (nom masculin)
Alliage de cuivre et de zinc. *Du fil de **laiton**.*

laitue (nom féminin)
Plante potagère que l'on consomme en salade.

lama (nom masculin)
1. Mammifère ruminant de la cordillère des Andes. *Le **lama** sert de bête de somme, il donne de la laine et du lait.*
2. Moine bouddhiste du Tibet.

un **lama**

lamantin (nom masculin)
Gros mammifère aquatique qui vit dans les embouchures des fleuves tropicaux.

un **lamantin**

lambeau, eaux (nom masculin)
Morceau déchiré de tissu ou de papier. *Jette donc ce vieux mouchoir, il tombe en **lambeaux** !*

lambin, ine (adjectif et nom)
Qui lambine. *Tu n'es pas encore prêt ? Quel **lambin** !*

lambiner (verbe) ▸ conjug. n° 3
Dans la langue familière, agir sans se presser, comme en flânant. *Hélène va lentement, elle rêve, elle **lambine**.* (Syn. traîner.)

lambris (nom masculin)
Panneau décoratif en bois. *Les murs du salon sont recouverts de **lambris**.*

lambrissé, ée (adjectif)
Recouvert de lambris. *La bibliothèque a des murs **lambrissés**.*

lame (nom féminin)
1. Partie tranchante d'un outil ou d'une arme. *Une **lame** de couteau, une **lame** de rasoir.* **2.** Plaque mince et allongée. *Kevin a mis une algue entre deux **lames** de verre pour l'observer au microscope.* **3.** Grosse vague. *Une **lame** a fait chavirer le bateau.*

lamelle (nom féminin)
Petite lame ou tranche très mince. *Couper un concombre en **lamelles**.*

lamentable (adjectif)
1. Qui mérite qu'on se lamente. *Ce musicien a eu une fin **lamentable**.* (Syn. déplorable, navrant, pitoyable. Contr. joyeux.) **2.** Très mauvais. *Ses résultats scolaires sont **lamentables**.* (Contr. excellent.)

lamentablement (adverbe)
De façon lamentable. *Leur épopée a fini **lamentablement**.*

lamentation (nom féminin)
Plaintes répétées d'une personne qui se lamente. *Toutes ces **lamentations** continuelles ne changeront rien à la situation.*

se **lamenter** (verbe) ▸ conjug. n° 3
Se plaindre longuement. *Cesse de **te lamenter** et réfléchis où tu as pu oublier ton sac !* (Syn. gémir. Contr. se réjouir.)

laminer (verbe) ▸ conjug. n° 3
Amincir par un passage dans un laminoir. *On **lamine** le métal pour en faire des feuilles, des plaques, des barres, etc.*

laminoir (nom masculin)
Machine composée de cylindres tournant en sens inverse pour aplatir le métal.

lampadaire (nom masculin)
Lampe fixée sur un grand pied. *Les rues sont éclairées par des **lampadaires**. Un **lampadaire** de salon.*

lampe (nom féminin)
Appareil d'éclairage. *Les **lampes** à pétrole ont été remplacées par des **lampes** électriques. Une **lampe** de poche.*

lampée (nom féminin)
Dans la langue familière, grande gorgée avalée d'un seul coup. *Le pirate a bu une **lampée** de rhum.*

lampion (nom masculin)
Petite lanterne de papier. *On a accroché des **lampions** entre les arbres de la place.*

lamproie (nom féminin)
Animal aquatique allongé comme une anguille.

une **lamproie**

lance (nom féminin)
1. Arme ancienne formée d'un manche terminé par un fer pointu. *Les soldats romains étaient armés de **lances**.* **2.** Bout métallique fixé à un tuyau souple pour diriger le jet d'eau. *Les pompiers ont mis les **lances** à incendie en action.*

lancée (nom féminin)
• **Sur sa lancée :** en profitant de son élan.

lance-flamme (nom masculin)
Arme portative servant à projeter un liquide enflammé. Pluriel : des lance-flammes.

Lancelot du Lac

Personnage de légende. Il est l'un des chevaliers de la Table ronde au service du roi Arthur. Ses nombreux exploits furent racontés par Chrétien de Troyes dans *Lancelot ou le Chevalier à la charrette* (vers 1170).

lancement (nom masculin)
1. Action de lancer. *Des journalistes du monde entier sont venus assister au **lancement** de la fusée.* **2.** Action publicitaire

servant à faire connaître un produit. *Le **lancement** d'une marque de vêtements.*

lance-pierre (nom masculin)
Objet à deux branches reliées par un élastique, servant à lancer des pierres. (Syn. fronde.) Pluriel : des lance-pierre**s**.

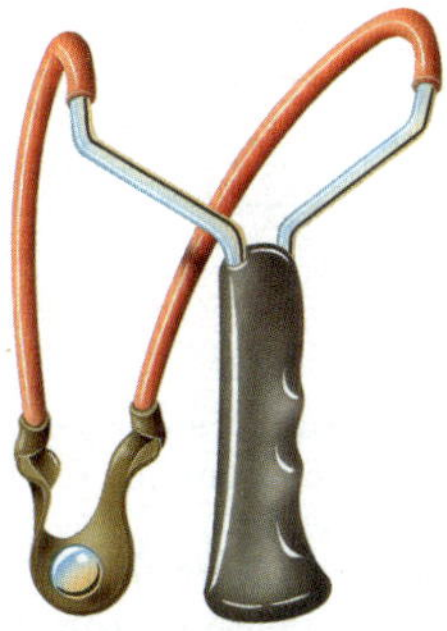

un **lance-pierre**

lancer (verbe) ▸ conjug. n° 4
1. Jeter avec force loin de soi. *Pierre **lance** des cailloux dans l'eau.* (Syn. envoyer.) **2.** Faire partir. *Une fusée **a été lancée** hier.* **3.** Faire démarrer. ***Lancer** une mode. **Lancer** une idée.* **4.** Émettre avec force. *Le chimpanzé peut **lancer** des cris stridents.* **5.** Faire connaître du public. *On **a lancé** une nouvelle marque de lessive.* **6.** Se lancer : se jeter avec énergie dans quelque chose. *Julie **s'est lancée** dans la bagarre.* ■ **lancer** (nom masculin) Épreuve sportive dans laquelle il faut lancer un poids, un disque ou un javelot le plus loin possible. Famille du mot : lanc**ée**, lance-flammes, lanc**ement**, lance-pierres, lan**ceur**, **re**lance, **re**lancer. **Lancer** vient du latin *lanceare* qui signifie « manier la lance ».

lanceur, euse (nom)
Athlète spécialiste du lancer. *Une **lanceuse** de disque.* ■ **lanceur** (nom masculin) Fusée capable d'envoyer un satellite dans l'espace.

lancinant, ante (adjectif)
Caractérisé par une douleur aiguë qui s'atténue puis revient. *Sa blessure lui provoque des douleurs **lancinantes**.*

landau (nom masculin)
Voiture d'enfant à grandes roues munie d'une capote. Pluriel : des lan**daus**. **Landau** vient du nom de la ville allemande de *Landau*, où l'on a d'abord fabriqué ces objets.

lande (nom féminin)
Terre inculte et peu fertile. *Sur les **landes** poussent surtout des genêts, des bruyères, des ajoncs et des fougères.*

Landes
Région du sud-ouest de la France, sur la côte Atlantique. Elle est en grande partie couverte par une vaste forêt de pins (1 million d'hectares). À l'ouest, s'étend la plus haute dune d'Europe, la dune du Pyla (100 mètres). La sylviculture, l'agriculture, l'élevage et le tourisme sont les principales activités. ➡ Voir carte p. 1372.

langage (nom masculin)
1. Moyen qu'ont les hommes de communiquer par la parole. **2.** Tout système organisé servant à s'exprimer. *L'abbé de l'Épée a inventé le **langage** des signes pour les sourds-muets. Les **langages** informatiques.* **3.** Façon de parler d'une personne ou d'un groupe. *Le verlan est un **langage** des jeunes.*

lange (nom masculin)
Carré d'étoffe dans lequel on enveloppait autrefois la taille et les jambes d'un bébé.

langer (verbe) ▸ conjug. n° 5
Changer les couches d'un bébé.

langoureux, euse (adjectif)
Plein de langueur. *Elle le regarde avec des yeux **langoureux**.*

langouste (nom féminin)
Gros crustacé marin proche du homard et dont la chair est appréciée. *La **langouste** a de longues antennes mais pas de pinces.* **Langouste** vient du latin *locusta* qui signifie « sauterelle ». ➡ p. 728.

langoustine (nom féminin)
Petit crustacé marin aux pinces longues et étroites. ➡ p. 728.

langue (nom féminin)
1. Organe charnu et mobile situé dans la bouche, et qui permet de goûter les aliments et de parler. *Laura m'a tiré la **langue** !* ➡ p. 389. **2.** Système de mots qui permet à un groupe de communiquer. *Il y a environ*

5 000 ***langues*** *parlées sur la Terre. Le latin est une* ***langue*** *morte, le français et l'anglais sont des* ***langues*** *vivantes.* **3.** Langage employé par un groupe particulier ou par une personne. *L'argot était la* ***langue*** *des truands.* • **Avoir la langue bien pendue :** être bavard. • **Donner sa langue au chat :** renoncer à trouver la réponse d'une devinette. • **Mauvaise langue** ou **langue de vipère :** personne médisante. • **Tenir sa langue :** garder un secret.

Languedoc

Région historique du sud de la France. Elle tient son nom de la langue qu'on parlait dans le Sud : la langue d'oc. Le Languedoc fut rattaché à la Couronne de France en 1271. Au XIXe siècle, la culture de la vigne s'y est développée. ➡ Voir carte p. 1372.

languedocien, enne ➡ Voir tableau p. 6.

Languedoc-Roussillon

Ancienne Région française composée des départements de l'Aude, du Gard, de l'Hérault, de la Lozère et des Pyrénées-Orientales, intégrée en 2016 à la Région Languedoc-Roussillon-Midi-Pyrénées. Elle s'étend de la Méditerranée jusqu'au Massif central et aux Pyrénées. C'est une région viticole, où l'on cultive aussi des fruits et légumes. Le tourisme balnéaire y est très développé. ➡ Voir carte p. 1373.

languette (nom féminin)

Ce qui a la forme d'une petite langue. *Les chaussures de montagne ont une* ***languette*** *de cuir sous les lacets.*

langueur (nom féminin)

État d'âme tendre et rêveur. *La musique a plongé le public dans une douce* ***langueur****.*

languir (verbe) ▸ conjug. n° 11

1. Attendre dans l'ennui ou avec impatience. *Dis-moi vite qui a gagné le match, ne me fais pas* ***languir*** *!* **2.** Traîner en longueur. *La conversation* ***languissait****.* Famille du mot : lang**oureux**, langu**eur**.

lanière (nom féminin)

Bande de cuir ou de tissu, longue et étroite. *La* ***lanière*** *d'un fouet.*

une **langouste** (à gauche) et une **langoustine** (à droite)

lanterne (nom féminin)

Appareil d'éclairage qui a la forme d'une boîte aux parois transparentes. *La* ***lanterne*** *est l'ancêtre de la lampe de poche.* • **Lanterne rouge :** dernier d'un classement.

Laos

6,3 millions d'habitants
Capitale : Vientiane
Monnaie : le kip
Langue officielle : lao
Superficie : 236 800 km²

État de l'Asie du Sud-Est, le seul qui n'ait pas d'accès à la mer. Il se situe entre la Chine, le Viêt-nam, le Cambodge, la Thaïlande et la Birmanie.

GÉOGRAPHIE

Le pays se compose de montagnes et d'un plateau au nord et au centre. Les plaines au Sud sont traversées par le fleuve Mékong. Le climat de mousson (saison des pluies de mai à septembre) y permet la culture du riz. Le Laos est l'État le plus pauvre d'Asie du Sud-Est. L'hydroélectricité, le bois, le café, le gypse, l'étain et l'industrie textile sont les principales ressources du pays, avec l'opium.

HISTOIRE

Le Laos fut sous la domination de la France de 1899 à 1949, date à laquelle le pays devint autonome avant de prendre son indépendance en 1954.

laotien, enne ➡ Voir tableau p. 6.

lapalissade (nom féminin)
Vérité si évidente qu'elle fait rire. *« Un quart d'heure avant sa mort, il était encore en vie » est une **lapalissade**.* Cette **lapalissade** est due aux soldats du seigneur de *La Palice*, tué devant Pavie en 1525.

laper (verbe) ▸ conjug. n° 3
Boire un liquide à coups de langue. *Le chat **lape** le lait.*

lapereau, eaux (nom masculin)
Jeune lapin.

un **lapereau**

lapider (verbe) ▸ conjug. n° 3
Tuer à coups de pierres lancées.

lapin, ine (nom)
Petit mammifère herbivore élevé pour sa chair et sa fourrure. *Le **lapin** glapit.* • **Lapin de garenne :** lapin qui vit à l'état sauvage.

lapis-lazuli (nom masculin)
Pierre précieuse opaque, d'un bleu intense. Pluriel : des lapis-lazuli.

un pendentif en **lapis-lazuli** rehaussé d'or

lapon, one ➡ Voir tableau p. 6.

Laponie
C'est la **région la plus au nord de l'Europe**. Elle est partagée entre la Norvège, la Suède, la Finlande et la Russie. L'Ouest est montagneux et couvert de glace ; l'Est renferme de nombreux marécages et des lacs.

laps (nom masculin)
• **Laps de temps :** espace de temps, moment. Prononciation [laps].

lapsus (nom masculin)
Erreur involontaire qui fait dire ou écrire un mot pour un autre. *Claire a dit « bonsoir » pour « bonjour », c'est un **lapsus** révélateur de sa fatigue.* Prononciation [lapsys].

laquais (nom masculin)
Autrefois, valet qui portait un costume.

laque (nom féminin)
1. Vernis brillant qui provient de la résine de certains arbres d'Asie. **2.** Peinture qui a un aspect brillant. **3.** Produit qu'on vaporise sur les cheveux pour les fixer.

laquelle ➡ Voir **lequel**.

laquer (verbe) ▸ conjug. n° 3
1. Passer des couches de laque. *Les meubles chinois **sont laqués**.* **2.** Vaporiser de la laque. *La coiffeuse lui **a laqué** les cheveux.* • **Canard laqué :** canard enduit d'une sauce aigre-douce qui brille après cuisson. *Le **canard laqué** est une recette chinoise.*

larcin (nom masculin)
Vol peu important. *L'enfant cachait ses menus **larcins** dans sa cabane.*

lard (nom masculin)
Couche de graisse située sous la peau du porc. *Une omelette au **lard**.* Famille du mot : lard**er**, lard**on**.

larder (verbe) ▸ conjug. n° 3
Piquer des petits morceaux de lard dans la viande. *Le cuisinier **a lardé** le rôti.*

lardon (nom masculin)
Petit morceau de lard. *Maman a mis des **lardons** dans la salade de pissenlits.*

largage (nom masculin)
Action de larguer. *L'avion a procédé au **largage** d'une unité de parachutistes.*

large (adjectif)
1. Dont la largeur est importante. *Quentin habite une **large** avenue.* (Contr. étroit.) **2.** Qui a telle largeur. *L'étagère est **large** de 30 centimètres.* **3.** Qui est ample. *Ce jean est trop **large** pour toi.* **4.** Qui est grand ou important. *Pour une **large** part, tu avais vu juste.* **5.** Qui est généreux. *Il a toujours été très **large** avec le personnel.* **6.** Qui est tolérant. *C'est une personne très **large** d'esprit.* (Contr. borné, étroit.) ■ **large** (nom masculin) **1.** Largeur. *Le couloir a 2 mètres de **large**.* **2.** Pleine mer. *On voit un pétrolier au **large**.* • **Être au large :** avoir beaucoup de place. • **Prendre le large :** s'enfuir. Famille du mot : él**argi**r, él**argi**ssement, large**ment**, larg**esses**, larg**eur**.

largement (adverbe)
1. De façon large. *La fenêtre est **largement** ouverte.* **2.** De façon suffisante. *Tu as eu **largement** ta part !* (Contr. à peine, juste.)

largesses (nom féminin pluriel)
Dons généreux. *Il profite des **largesses** d'une de ses tantes pour faire bâtir sa maison.*

largeur (nom féminin)
La plus petite dimension d'une surface. *La table a une **largeur** d'un mètre sur une longueur de 2 mètres.* • **Largeur d'esprit :** qualité de quelqu'un qui est large d'esprit, tolérant.

larguer (verbe) ▸ conjug. n° 3
1. Détacher et lâcher. *« **Larguez** les voiles ! » crie le capitaine.* **2.** Lâcher en cours de vol. *Les avions **ont largué** des parachutistes.*

larme (nom féminin)
1. Goutte de liquide qui coule des yeux. *Une **larme** a roulé sur la joue de Myriam.* **2.** Très petite quantité de boisson. *Les enfants ont eu droit à une **larme** de champagne.* (Syn. goutte.)

larmoyant, ante (adjectif)
Qui fait pleurer, fait verser des larmes. *Sur un ton **larmoyant**, il me supplia de garder le secret.*

larmoyer (verbe) ▸ conjug. n° 6
Être plein de larmes. *J'ai les yeux qui **larmoient** à cause de la bise glaciale.*

larron (nom masculin)
Brigand, voleur. • **S'entendre comme larrons en foire :** très bien s'entendre.

larve (nom féminin)
Forme prise par certains animaux avant de devenir adultes. *La chenille est la **larve** du papillon, le têtard est la **larve** de la grenouille.*

larynx (nom masculin)
Tube situé dans la gorge et qui contient les cordes vocales. *Le **larynx** permet d'émettre les sons.* ➡ p. 1005.

Larzac
Plateau calcaire du sud du Massif central. Il abrite un camp militaire.

las, lasse (adjectif)
1. Qui est fatigué et sans énergie. *Après cette harassante journée de travail, il se sent **las**.* **2.** Qui en a assez. *Je suis **lasse** de t'attendre !* Famille du mot : dé**las**se**ment**, dé**lass**er, in**lass**able, in**lass**able**ment**, lass**ant**, lass**er**, lass**itude**.

lasagnes (nom féminin pluriel)
Pâtes alimentaires en larges rubans.

lascar (nom masculin)
Individu hardi et débrouillard. *C'est un drôle de **lascar** !*

Lascaux
Grotte préhistorique située en Dordogne, découverte en 1940. Ses parois sont ornées de nombreuses peintures et gravures qui datent de 17 000 ans environ avant Jésus-Christ. Elle fut fermée en 1963 car le gaz carbonique dégagé par la respiration des visiteurs entraînait l'apparition de moisissures sur les peintures. À proximité, une reconstitution de la grotte a été ouverte au public en 1983.

laser (nom masculin)
Appareil qui produit un rayon lumineux concentré. *Les imprimantes **laser** sont plus performantes que les imprimantes à jet d'encre.* ● **Laser** est un mot anglais : on prononce [lazɛʀ].

lassant, ante (adjectif)
Qui lasse. *C'est **lassant** d'avoir à te redire cent fois la même chose !* (Syn. fatigant.)

lasser (verbe) ▸ conjug. n° 3
Ennuyer à force de répétitions. *On ne **se lasse** pas de l'entendre raconter des histoires.*

lassitude (nom féminin)
État d'une personne qui est lasse, physiquement ou moralement. *Le vieillard a poussé un soupir de **lassitude**.* (Syn. fatigue.)

lasso (nom masculin)
Longue corde terminée par un nœud coulant. *Les cow-boys capturaient les chevaux sauvages au **lasso**.*

lasure (nom féminin)
Produit qui protège le bois. *Nous avons passé tous nos volets à la **lasure**.*

latent, ente (adjectif)
Qui existe mais ne se manifeste pas. *On sent un mécontentement **latent** chez les employés.*

latéral, ale, aux (adjectif)
Qui se trouve sur le côté. *Il y a deux allées **latérales** dans cette église.* Famille du mot : **bi**latéral, **équi**latéral, **uni**latéral.

latex (nom masculin)
Sécrétion laiteuse de divers végétaux. *La laitue, le pissenlit, l'hévéa produisent du **latex**.*

latin (nom masculin)
Langue des Romains de l'Antiquité. *L'italien, l'espagnol, le portugais, le français, le roumain viennent du **latin**.* ■ **latin, ine** (adjectif) Qui concerne le latin. *En Amérique **latine**, on parle l'espagnol et le portugais qui sont des langues **latines**.*

latino-américain, aine ➡ Voir tableau p. 6.

latitude (nom féminin)
1. Distance d'un point de la Terre à l'équateur. *Paris est situé à 48° de **latitude** nord.* **2.** Liberté d'agir. *Tu as toute **latitude** pour organiser ton travail.*

latrines (nom féminin pluriel)
Toilettes rudimentaires sans installation sanitaire. *Dans la Rome antique, les thermes comportaient des **latrines**.*

latte (nom féminin)
Pièce de bois longue, plate et étroite. *Le couvreur installe les tuiles sur les **lattes** de la charpente.*

des peintures rupestres dans la grotte de **Lascaux**

lauréat, ate (nom)
Personne qui a remporté un prix dans un concours. *On applaudit la jeune **lauréate**.* **Lauréat** vient du latin *laureatus* qui signifie « couronné de laurier » car, dans l'Antiquité, on couronnait les vainqueurs avec du laurier.

laurier (nom masculin)
Arbuste dont une variété donne des feuilles utilisées comme condiment. *La sauce a été aromatisée avec du thym et du **laurier**.* • **S'endormir sur ses lauriers :** ne pas persévérer après un succès.

du **laurier**

lavable (adjectif)
Qui peut être lavé sans être abîmé. *Cette robe est **lavable** en machine.*

lavabo (nom masculin)
Sorte de cuvette fixée au mur, munie d'un robinet et d'un tuyau d'écoulement, servant à la toilette.

lavage (nom masculin)
Action de laver. *Mon pull a feutré au **lavage**.*

lavande (nom féminin)
Plante à petites fleurs bleues utilisée en parfumerie. *On met de la **lavande** dans les armoires pour parfumer le linge.*

lave (nom féminin)
Roche en fusion qui sort d'un volcan en éruption. *Sur les pentes du volcan, les coulées de **lave** se sont solidifiées.*

lave-linge (nom masculin)
Machine à laver le linge. Pluriel : des lave-linge**s** ou des lave-linge.

laver (verbe) ▸ conjug. n° 3
1. Nettoyer avec de l'eau. *Je vais **laver** la vaisselle.* **2.** Se laver : faire sa toilette. *Les enfants, allez **vous laver** ! Noémie **s'est lavé** les mains.* • **Se laver les mains de quelque chose :** ne pas s'en sentir responsable. Famille du mot : lav**able**, lav**age**, lave-linge, lav**erie**, lav**eur**, lave-vaisselle, lav**oir**.

laverie (nom féminin)
Établissement où on lave soi-même son linge à la machine.

laveur, euse (nom)
Personne qui lave. *Un **laveur** de carreaux.*

lave-vaisselle (nom masculin)
Machine à laver la vaisselle. Pluriel : des lave-vaisselle**s** ou des lave-vaisselle.

lavoir (nom masculin)
Bassin aménagé pour laver le linge. *Autrefois, les femmes allaient laver leur linge au **lavoir**.*

laxatif (nom masculin)
Médicament contre la constipation. (Syn. purgatif.)

laxisme (nom masculin)
Tolérance excessive. *Il n'y a aucune discipline, c'est du **laxisme** !*

une coulée de **lave** d'un volcan en éruption

laxiste (adjectif)
Qui fait preuve de laxisme. *Il a un comportement trop **laxiste** avec les enfants.*

layette (nom féminin)
Ensemble des vêtements d'un bébé. *Bébé va bientôt naître et sa **layette** est déjà prête.*

■ **le, la, les** (déterminant)
Articles définis masculin, féminin, pluriel. ***Le** bol et **les** assiettes sont sur **la** table.* **Le** et **la** deviennent **l'** devant une voyelle ou un h muet : **l'**arbre, **l'**homme.

■ **le, la, les** (pronom)
Pronom personnel de la troisième personne, complément d'objet direct du verbe. *Dans « Ton sac ? Je **l'**ai ! », « **l'** » est mis pour « sac », et est complément de « ai ».*
➡ Voir **le** 1.

leader (nom masculin)
1. Chef d'une organisation ou d'un parti. *Le **leader** de l'opposition.* **2.** Sportif ou équipe qui est en tête. *Le **leader** du championnat.* **Leader** est un mot anglais : on prononce [lidœʀ].
ORTHO On écrit aussi **leadeur**.

lécher (verbe) ▸ conjug. n° 8
Passer sa langue sur quelque chose. *Le chat **lèche** sa patte.*

lèche-vitrine (nom masculin)
• **Faire du lèche-vitrine :** dans la langue familière, regarder les magasins en flânant.
ORTHO On écrit aussi **lèche-vitrines**.

leçon (nom féminin)
1. Ce qu'un élève doit apprendre. *Romain récite ses **leçons**.* **2.** Séance d'enseignement d'un professeur dans une matière quelconque. *Véronique prend des **leçons** d'escrime.* (Syn. cours.) **3.** Enseignement que l'on peut tirer d'une expérience. *Cet échec m'a servi de **leçon**.*

lecteur, trice (nom)
Personne qui lit. *Ce concours est réservé aux **lecteurs** du journal.* ■ **lecteur** (nom masculin) Appareil capable de reproduire des sons ou de lire des informations. *Un **lecteur** de DVD. Un **lecteur** MP3.*

lecture (nom féminin)
1. Action de lire. *Tous les enfants apprennent la **lecture** à partir de six ans. Thomas aime la **lecture**. Appuyez sur la touche « stop » pour arrêter la **lecture** du DVD.* **2.** Texte à lire. *Sarah a emporté de la **lecture** pour ses vacances.*

légal, ale, aux (adjectif)
Conforme à la loi. *Chasser sans permis n'est pas **légal**.* (Syn. réglementaire.) Famille du mot : il**légal**, il**légalement**, il**légalité**, **légalement**, **légaliser**, **légalité**.

légalement (adverbe)
De façon légale. ***Légalement**, les enfants ne peuvent pas travailler en France avant l'âge de 16 ans.*

légaliser (verbe) ▸ conjug. n° 3
Rendre légal. *Le divorce **a été légalisé** en France en 1792.*

légalité (nom féminin)
Ce qui est légal. *On est dans la **légalité** quand on respecte les lois.* (Contr. illégalité.)

légataire (nom)
Personne à qui on lègue des biens. *C'est sa nièce qui est sa **légataire**.* (Syn. héritier.)

légendaire (adjectif)
1. Qui appartient à la légende. *En Bretagne se trouve la **légendaire** forêt de Brocéliande.* **2.** Bien connu de tous. *Tous les élèves ont entendu parler de sa **légendaire** distraction.*

légende (nom féminin)
1. Récit populaire merveilleux. *Selon la **légende**, on peut voir un fantôme parcourir ce château.* **2.** Texte écrit sous une image et qui décrit ce qu'elle représente.

Cette sculpture en bronze représente la **légende** de Romulus et Remus.

a b c d e f g h i j k l m n o p q r s t u v w x y z

léger, ère (adjectif)
1. D'un poids faible. *Pour une fois, ton sac n'est pas rempli, il est **léger**.* (Contr. lourd.) **2.** Peu épais. *Elle porte une **légère** robe de soie.* **3.** Peu abondant. *Si tu as mal au ventre, contente-toi d'un repas **léger**.* (Syn. frugal. Contr. copieux.) **4.** Peu intense. *Le chat a un sommeil **léger**.* (Contr. lourd, profond.) **5.** Qui n'est pas fort. *Une brise **légère** s'est levée.* **6.** Qui est gracieux et semble ne pas avoir de poids. *Victor a une démarche **légère**.* (Contr. lourd, pesant.) **7.** Sans gravité. *Le cycliste n'a que de **légères** égratignures.* **8.** Peu réfléchi. *C'est vraiment une tête **légère**, incapable de penser à l'avenir.* (Syn. frivole, insouciant, superficiel. Contr. sérieux.) • **À la légère :** étourdiment et sans réfléchir. Famille du mot : **allégé**, **allègement**, **alléger**, légère**ment**, légèreté.

légèrement (adverbe)
1. De façon légère. *Il fait chaud, habille-toi **légèrement**. On dînera **légèrement** avant de partir.* **2.** Un peu ou à peine. *William est **légèrement** plus grand que moi, d'un centimètre à peine.* **3.** Sans réfléchir. *Tu t'es engagé bien **légèrement** !* (Syn. à la légère.)

légèreté (nom féminin)
1. Caractère de ce qui est léger. *On utilise des alliages d'une grande **légèreté** pour faire les vélos de course.* **2.** Caractère de ce qui est superficiel. *Cette décision a été prise avec un peu de **légèreté**.* (Syn. frivolité, insouciance.)

légion (nom féminin)
Dans l'Antiquité, corps de troupe des armées romaines. *Chaque **légion** comprenait plus de 4 000 fantassins et environ 300 cavaliers.* • **Légion d'honneur :** décoration, récompensant les services rendus à la patrie. • **Légion étrangère :** formation militaire française constituée de volontaires, pour la plupart étrangers.

Légion d'honneur
Décoration française, créée en 1802 par Bonaparte. Elle est donnée en récompense de services rendus à la nation. L'ordre de la Légion d'honneur comprend trois grades (chevalier, officier et commandeur) et deux dignités (grand officier et grand-croix).

légionnaire (nom masculin)
1. Soldat d'une légion romaine. **2.** Soldat de la Légion étrangère.

un **légionnaire** de l'armée romaine

législatif, ive (adjectif)
Qui fait les lois. *Les députés et les sénateurs exercent le pouvoir **législatif**.* • **Élections législatives :** par lesquelles on élit les députés.

législation (nom féminin)
Ensemble des lois.

légiste (adjectif)
• **Médecin légiste :** médecin chargé par la loi d'expertiser le corps de personnes décédées. *Le **médecin légiste** a remis son rapport aux enquêteurs.*

légitime (adjectif)
1. Qui est compréhensible et justifié. *Il est **légitime**, à son âge, de vouloir être indépendant.* **2.** Qui est fixé ou reconnu par la loi. *Un enfant **légitime**. Être en état de **légitime** défense.*

légitimement (adverbe)
De façon légitime. *On peut **légitimement** comprendre sa révolte face à cette injustice.*

léguer (verbe) ▸ conjug. n° 8
Donner par testament. *Elle **a légué** toute sa fortune à une organisation humanitaire.*

légume (nom masculin)
Plante potagère. *Les salades, les épinards sont des **légumes** verts, les lentilles, les pois chiches, des **légumes** secs.*

leitmotiv (nom masculin)
Idée qui revient sans cesse dans les propos de quelqu'un. *« C'est mauvais pour la santé » est un **leitmotiv** chez lui.*
Prononciation [lajtmɔtif] ou [lɛtmɔtiv].
Leitmotiv est un mot allemand qui signifie « motif conducteur » (dans un morceau de musique).

lémurien (nom masculin)
Mammifère primate vivant à Madagascar. *Les **lémuriens** vivent dans les arbres et se nourrissent de fruits.*

un **lémurien**

lendemain (nom masculin)
Jour qui suit celui dont on parle. *L'école finit mardi et on part en vacances le **lendemain**.* • **Du jour au lendemain :** en très peu de temps.

Lénine (né en 1870, mort en 1924)
Homme politique russe. Son vrai nom était Vladimir Ilitch Oulianov. Il mena la révolution d'octobre 1917. Il est aussi le fondateur de l'URSS.

Le Nôtre André (né en 1613, mort en 1700)
Architecte et paysagiste français. Il est l'inventeur du « jardin à la française », un jardin aménagé suivant des formes géométriques et des symétries. Il a notamment conçu les parcs du château de Versailles.

lent, lente (adjectif)
Qui n'est pas rapide dans ses mouvements ou dans ce qu'il fait. *Les personnes très âgées marchent à pas **lents**. Il travaille bien mais il est un peu **lent**.* (Contr. rapide.)
Famille du mot : lente**ment**, lent**eur**, **ra**lenti, **ra**lent**ir**, **ra**lent**issement**, **ra**lent**isseur**.

lente (nom féminin)
Œuf de pou. *Pour se débarrasser des poux, il faut aussi enlever les **lentes**.* ➡ p. 1003.

lentement (adverbe)
Avec lenteur. *Le soleil disparaît **lentement** à l'horizon.* (Syn. doucement. Contr. rapidement, vite.)

lenteur (nom féminin)
Caractère de ce qui est lent. *La **lenteur** des escargots est proverbiale.* (Contr. rapidité.)

lentille (nom féminin)
1. Plante qui produit des petites graines comestibles rondes, brunes ou vertes. Graine de cette plante. *On nous a servi des **lentilles** avec des saucisses.* **2.** Disque de verre qui permet de voir plus ou moins gros. *Dans un appareil photo, il y a des **lentilles** concaves et convexes.* **3.** Verre servant à corriger la vue. *Les **lentilles** se posent directement sur les yeux.* (Syn. verre de contact.)

une **lentille**

Léonard de Vinci (né en 1452, mort en 1519)
Peintre, architecte, sculpteur et savant italien. Sa peinture la plus célèbre est *la Joconde* (vers 1503-1506), conservée au musée du Louvre. À la demande du roi François Ier, Léonard de Vinci vint s'installer en France, à Amboise, en 1517. Il a laissé de nombreux manuscrits et carnets de dessins. ➡ p. 666.

léopard (nom masculin)
Mammifère carnassier des pays tropicaux, au pelage jaune tacheté de noir. (Syn. panthère.)

un **léopard**

lèpre (nom féminin)
Maladie très grave et contagieuse qui déforme et ronge les chairs.

lépreux, euse (adjectif et nom)
Qui est atteint de la lèpre. *Au Moyen Âge, les **lépreux** portaient une clochette et vivaient à l'écart des villes.*

lequel, laquelle (pronom)
1. S'emploie comme pronom relatif après une préposition. *Le stylo avec **lequel** j'écris est noir. Les personnes **auxquelles** tu penses ne sont pas là aujourd'hui.* **2.** S'emploie comme pronom interrogatif pour exprimer un choix. ***Lequel** as-tu pris ?* Pluriel : **lesquels**, **lesquelles**. Avec les prépositions *à* et *de*, **lequel** et **laquelle** se contractent en *auquel*, *auxquels*, *auxquelles*, *duquel*, *desquels*, *desquelles*.

■ **les** (déterminant)
Pluriel de *le* et de *la*.

■ **les** (pronom personnel) ➡ Voir **le**.

lèse-majesté (nom féminin)
• **Crime de lèse-majesté :** grave manque de respect à l'égard du roi, ou à l'égard d'une personne qui se prend très au sérieux.

léser (verbe) ▸ conjug. n° 8
Désavantager quelqu'un par rapport aux autres. *Tu **as été lésé** dans ce partage.* (Contr. avantager, favoriser.)

lésiner (verbe) ▸ conjug. n° 3
Dépenser le moins possible. *Quelle avarice ! Ils **lésinent** sur tout !*

lésion (nom féminin)
Blessure due à un accident ou à une maladie. *Son accident de voiture a entraîné une **lésion** du foie.*

Lesotho

2,1 millions d'habitants
Capitale : Maseru
Monnaie : le loti
Langues officielles : anglais, sotho
Superficie : 30 360 km²

État de l'Afrique australe, enclavé dans la république d'Afrique du Sud.

GÉOGRAPHIE
Le Lesotho est un pays de montagnes. Le fleuve Orange y prend sa source. Les ressources du pays proviennent surtout de l'élevage et du travail des hommes dans les mines sud-africaines. Le Lesotho fait partie des pays pauvres, même s'il s'est développé ces dernières années.

HISTOIRE
Le pays passa sous la domination britannique en 1868 et accéda à l'indépendance en 1966.

lesquels ➡ Voir **lequel**.

lessive (nom féminin)
1. Produit pour laver le linge. *J'ai acheté un baril de **lessive** de 5 kg.* **2.** Lavage du linge. *J'ai fait trois **lessives** aujourd'hui.* **3.** Linge lavé. *Xavier étend la **lessive**.*
Famille du mot : lessiver, lessiveuse.

lessiver (verbe) ▸ conjug. n° 3
Nettoyer avec de la lessive. *Tous les ans, papa **lessive** les murs de la cuisine.*

lessiveuse (nom féminin)
Grand récipient métallique où l'on faisait bouillir le linge blanc pour le laver. *Le lave-linge a rendu la **lessiveuse** inutile.*

lest (nom masculin)
Poids servant à rendre plus stable ou plus lourd un ballon ou un bateau. *Le **lest** des ballons dirigeables est fait de sacs de sable que l'on vide pour s'élever.* • **Lâcher du lest :** faire des concessions pour arranger les choses.
Famille du mot : **délester**, lester.

leste (adjectif)
Qui a des mouvements souples et agiles. *Ursula grimpe aux arbres, elle est **leste** comme un chat.* (Syn. alerte.)

lester (verbe) ▸ conjug. n° 3
Charger de lest. *On **leste** tous les scaphandres de plomb pour que les plongeurs*

puissent rester sans effort au fond de l'eau. (Contr. délester.)

léthargie (nom féminin)
État de torpeur ou d'abattement. *Après ce bon repas, une douce **léthargie** nous gagne.* (Syn. engourdissement.)

léthargique (adjectif)
Qui tient de la léthargie. *Un comportement trop **léthargique**.*

letton, one ➡ Voir tableau p. 6.

Lettonie

Union européenne

2,3 millions d'habitants
Capitale : Riga
Monnaie : l'euro
Langue officielle : letton
Superficie : 64 490 km²

État d'Europe du Nord, situé sur les bords de la mer Baltique. C'est l'un des trois pays baltes avec l'Estonie au nord et la Lituanie au sud.

GÉOGRAPHIE

La Lettonie est une vaste plaine au climat océanique. Le pays est boisé et agricole. On y cultive le lin, la pomme de terre, les céréales et on y pratique l'élevage. De ses forêts, la Lettonie tire du bois et du papier.

HISTOIRE

La Lettonie fut annexée à la Russie en 1795 puis cédée à l'Allemagne en mars 1918. Envahie par l'armée soviétique en 1940, puis occupée par les Allemands en 1941, elle fut reconquise par les Soviétiques et annexée à l'URSS. Elle proclama son indépendance en 1991 et adhéra à la Communauté des États indépendants. La Lettonie est membre de l'Union européenne depuis 2004.

Riga, capitale de la **Lettonie**

lettre (nom féminin)
1. Signe de l'alphabet qui sert à écrire les mots. *L'alphabet français a 26 **lettres**.* **2.** Écrit que l'on adresse à quelqu'un. *Yann a reçu une **lettre** de Zoé.* • **À la lettre** ou **au pied de la lettre :** exactement. *On a respecté tes instructions **à la lettre**.* • **En toutes lettres :** sans utiliser d'abréviations. ■ **lettres** (nom féminin pluriel) Matières comprenant la littérature, la philosophie, l'histoire, les langues. *Le grand frère d'Anna est étudiant en **lettres**.*

lettré, ée (adjectif et nom)
Qui a du savoir, de la culture.

lettrine (nom féminin)
Grande lettre majuscule, parfois ornée, au début d'un chapitre, d'un paragraphe.

leucémie (nom féminin)
Très grave maladie du sang. **Leucémie** vient du grec *leukos* qui signifie « blanc » : quand on a une leucémie, on a trop de globules blancs.

■ **leur** (pronom)
Pronom personnel de la troisième personne, complément d'objet indirect, pluriel de *lui* et de *elle*. *On **leur** a dit de se taire.*

■ **leur, leurs** (déterminant)
Déterminant possessif de la troisième personne du pluriel. *Benjamin a **leur** nouvelle adresse. **Leurs** filles sont très sympathiques.* ■ **le leur, la leur, les leurs** (pronom) Pronom possessif de la troisième personne du pluriel. *C'est mon billet, voici **les leurs**. C'est ma maison, voici **la leur**.*

leurre (nom masculin)
Faux espoir. *Vous croyez qu'il reviendra, mais c'est un **leurre**.* (Syn. illusion.)

se **leurrer** (verbe) ▶ conjug. n° 3
Se faire des illusions. *Apprendre une langue étrangère n'est pas facile, il ne faut pas **se leurrer**.* (Syn. s'illusionner, se tromper.)

levain (nom masculin)
Pâte contenant de la levure. *Du pain au **levain**.*

a b c d e f g h i j k l m n o p q r s t u v w x y z

levant (adjectif masculin)
• **Soleil levant :** soleil qui se lève. ■ **levant** (nom masculin) Endroit de l'horizon où le soleil se lève. (Syn. est, orient. Contr. couchant.)

levée (nom féminin)
1. Ramassage par le facteur des lettres mises à la boîte. *La dernière **levée** du courrier est à 18 heures.* 2. Ensemble des cartes ramassées en une fois. *C'est Ludivine qui a fait la première **levée**.* (Syn. pli.)

■ **lever** (verbe) ▸ conjug. n° 8
1. Déplacer de bas en haut. *Il **a levé** la tête vers le plafond. Je **lève** mon verre à la santé de nos hôtes.* (Contr. baisser.) 2. Mettre fin à quelque chose. *La séance **est levée**. Le couvre-feu **est levé**.* 3. Mettre du gibier en fuite. *Le chien **a levé** un faisan.* 4. Enrôler des soldats. *Napoléon **a levé** des troupes dans toute l'Europe.* 5. Sortir de terre. *Les semis commencent à **lever**, on aura bientôt des radis.* (Syn. pousser.) 6. Gonfler sous l'effet de la fermentation. *On doit laisser **lever** la pâte avant de faire cuire le pain.* 7. Se lever : se mettre debout. *Les spectateurs **se sont levés** pour applaudir les comédiens.* 8. Se lever : sortir du lit. *Les enfants **se sont levés** à 7 heures.* (Contr. se coucher.) 9. Se lever : apparaître au-dessus de l'horizon. *Le soleil **se lève** à l'est.* (Contr. se coucher.) 10. Se lever : commencer à souffler. *Un ouragan **s'est levé**.* 11. Se lever : se dissiper. *Le brouillard **se lève**.* ⌂ Famille du mot : lev**ain**, lev**ant**, lev**ée**, lev**ure**.

■ **lever** (nom masculin)
1. Moment où le soleil se lève. *Pierre se met au travail dès le **lever** du jour.* 2. Moment où l'on se lève. *Prendre deux comprimés au **lever**.* (Contr. coucher.) 3. Moment où le rideau se lève au théâtre. *Les portes du théâtre sont fermées au **lever** du rideau.*

levier (nom masculin)
1. Barre rigide qui sert à remuer ou à soulever des objets lourds. *Ibrahim a pris un bâton comme **levier** afin de soulever la pierre.* 2. Tige qui commande un mécanisme. *Le **levier** du frein à main se trouve à droite du conducteur.*

lévitation (nom féminin)
Élévation, sans appui ni intervention extérieure, d'une personne ou d'un objet au-dessus du sol. *Ce tour de magie est surprenant, on croit vraiment que le corps de l'illusionniste est en **lévitation**.*

levraut (nom masculin)
Jeune lièvre.

lèvre (nom féminin)
Chacune des parties charnues qui forment le rebord de la bouche. *Gaëlle a mis du rouge à **lèvres**.* ➡ p. 300. • **Du bout des lèvres :** à peine, sans enthousiasme. *Kevin mange de la cervelle **du bout des lèvres**.*

lévrier (nom masculin)
Chien au corps très fin et aux longues pattes. ⊸ **Lévrier** vient de *lièvre* parce qu'on chassait le lièvre avec ce chien très rapide.

levure (nom féminin)
Produit utilisé pour faire lever la pâte. *On met de la **levure** dans la pâte des brioches.*

lexique (nom masculin)
1. Petit dictionnaire. *À la fin du manuel d'allemand, il y a un **lexique** allemand-français.* 2. Ensemble des mots d'une langue. *Le **lexique** du français.* (Syn. vocabulaire.)

lézard (nom masculin)
Petit reptile à quatre pattes et à longue queue effilée. *Un **lézard** gris se chauffe au soleil sur le mur.*

un **lézard**

lézarde (nom féminin)
Fissure dans un mur. *Il y a souvent des **lézardes** sur les vieilles maisons.*

lézarder (verbe) ▸ conjug. n° 3
Paresser au soleil comme un lézard. *Hélène aime beaucoup **lézarder** sur la plage.*

se lézarder (verbe) ▸ conjug. n° 3
Avoir des lézardes. *La voûte de la chapelle commence à **se lézarder**.* (Syn. se fissurer.)

liaison (nom féminin)
1. Ce qui relie deux choses. *Il manque une **liaison** entre ces deux paragraphes.* (Syn. enchaînement, lien.) **2.** Communication entre des personnes. *Le skipper cherche à établir une **liaison** radio avec la terre.* **3.** Communication entre deux lieux. *Un avion régulier assure la **liaison** entre les deux pays.* **4.** Relation amoureuse. *George Sand a eu une **liaison** avec Frédéric Chopin.* **5.** Prononciation de la consonne finale d'un mot quand le mot suivant commence par une voyelle ou un h muet. *Dans « un avion », on fait la **liaison** entre « un » et « avion »* [œ̃navjɔ̃].

liane (nom féminin)
Plante dont la longue tige flexible s'enroule aux arbres. *Dans la forêt équatoriale, les arbres sont couverts de **lianes**.*

liant, liante (adjectif)
Qui se lie facilement. *Guillaume a beaucoup d'amis parce qu'il est très **liant**.*

liasse (nom féminin)
Papiers ou journaux liés ensemble. *Une **liasse** de billets de 20 euros.*

Liban

3,9 millions d'habitants
Capitale : Beyrouth
Monnaie :
la livre libanaise
Langue officielle : arabe
Superficie :
10 400 km²

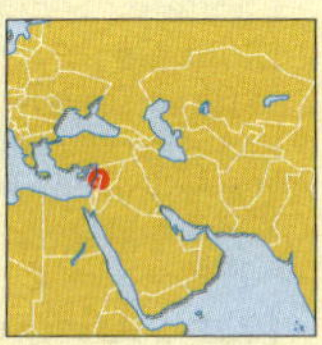

État d'Asie occidentale, voisin de la Syrie et d'Israël et bordé par la mer Méditerranée.

GÉOGRAPHIE
Le pays compte quatre régions : la plaine côtière (Sahel), la chaîne du Liban, qui culmine à 3 083 mètres, la haute plaine de la Bekaa et la chaîne de l'Anti-Liban, qui culmine à 2 659 mètres. Le climat est méditerranéen sur la côte et devient de plus en plus aride vers l'intérieur du pays. On y cultive les agrumes, la vigne, les arbres fruitiers et des forêts de pins.

HISTOIRE
Sous contrôle français à partir de 1864, le Liban obtint son indépendance en 1943. De 1975 à 1990, le pays connut une longue guerre civile opposant les groupes politique et religieux. La paix n'a jamais été signée avec l'État d'Israël et les attentats et attaques entre les deux pays sont encore fréquents.

libanais, aise ➡ Voir tableau p. 6.

libations (nom féminin pluriel)
• **Faire de copieuses libations :** boire beaucoup de vin ou d'alcool.

libeller (verbe) ▸ conjug. n° 3
Rédiger selon les règles établies. ***Libellez** votre chèque à l'ordre de M. Dupond.*

libellule (nom féminin)
Gros insecte au corps allongé et aux ailes transparentes. *Les **libellules** volent souvent au-dessus des rivières et des étangs.*

une **libellule**

libéral, ale, aux (adjectif)
Qui est tolérant et peu autoritaire. *Leurs parents leur ont donné une éducation **libérale**.* • **Profession libérale :** profession dans laquelle on n'a pas de patron. *Les avocats et les médecins exercent une **profession libérale**.*

libérateur, trice (adjectif et nom)
Qui libère d'autres personnes ou un pays. *La population a acclamé les **libérateurs**.*

libération (nom féminin)
Action de libérer une personne ou un pays. *La radio a annoncé la **libération** des otages.*

Libération
Période de la Seconde Guerre mondiale (1943-1945) durant laquelle les forces alliées et les mouvements de résistance libérèrent les pays d'Europe occupés par les troupes allemandes. En France, le débarquement des Alliés en Normandie, le 6 juin 1944, fut suivi du débarquement en Provence, le 15 août 1944. Paris fut libérée le 25 août 1944. Les 21, 22 et 23 novembre, ce fut au tour de Mulhouse, Metz et Strasbourg.

libérer (verbe) ▸ conjug. n° 8
1. Mettre en liberté. *Tous les prisonniers **ont été libérés**.* (Syn. relâcher.) **2.** Délivrer de la présence d'un occupant ennemi. *La Résistance et les Alliés **ont libéré** la France en 1945.* **3.** Se libérer : se rendre libre. *Papa va essayer de **se libérer** pour venir avec nous au cinéma.* Famille du mot : libér**ateur**, libér**ation**.

Liberia

4 millions d'habitants
Capitale : Monrovia
Monnaie : le dollar libérien
Langue officielle : anglais
Superficie : 111 370 km²

État d'Afrique de l'Ouest, situé au bord de l'océan Atlantique et voisin de la Guinée, de la Sierra Leone et de la Côte d'Ivoire.

GÉOGRAPHIE
Le Liberia est formé par un plateau ondulé de roches anciennes (1 752 mètres, dans les monts Nimba), qui descend jusqu'à la côte Atlantique. La forêt dense couvre le pays, à cause du climat subéquatorial très humide. Le Liberia tire ses ressources de ses plantations tropicales (caoutchouc, café, cacao), du bois et de ses produits miniers (fer et diamants).

HISTOIRE
La république du Liberia fut fondée en 1822 et accéda à l'indépendance en 1847. Le pays subit une dictature de 1980 à 1989, puis fut dévasté par la guerre civile de 1989 à 2003. En 2006, une femme fut élue Présidente, la première sur le continent africain.

liberté (nom féminin)
Fait d'être libre. *Nos ancêtres se sont battus pour la **liberté** de pensée. J'ai rendu sa **liberté** à l'oiseau.*

libraire (nom)
Commerçant qui tient une librairie. *Le **libraire** conseille Quentin sur le choix d'un livre.*

librairie (nom féminin)
Magasin où l'on vend des livres. *Julie regarde les BD dans la **librairie** de son quartier.*

libre (adjectif)
1. Qui peut faire, penser et dire ce qu'il veut. *Pendant les vacances, les parents de Romain le laissent tout à fait **libre**.* **2.** Qui n'est pas enfermé. *Le tribunal l'a acquitté, il est **libre**.* (Contr. captif, détenu, prisonnier.) **3.** Qui n'est pas occupé. *La place est **libre** ! Es-tu **libre** demain ?* (Syn. disponible. Contr. occupé.) **4.** Qui n'est pas gouverné par un dictateur ou dominé par un autre État. *La France est un pays **libre**.* • **École libre :** école qui n'est pas organisée par l'État. (Syn. privé. Contr. public.) • **Entrée libre :** entrée gratuite ou sans obligation d'achat. Famille du mot : libre**ment**, libre-service.

librement (adverbe)
1. En étant libre. *On peut circuler très **librement** dans le pays.* **2.** Avec franchise. *Vous pouvez parler **librement**.*

libre-service (nom masculin)
Magasin où les clients se servent eux-mêmes. Pluriel : des libre**s**-service**s**.

Libye

6,3 millions d'habitants
Capitale : Tripoli
Monnaie : le dinar libyen
Langue officielle : arabe
Superficie : 1 759 540 km²

État d'Afrique du Nord, bordé au nord par la mer Méditerranée et voisin de la Tunisie, de l'Algérie, du Niger, du Tchad, de l'Égypte et du Soudan.

GÉOGRAPHIE
La Libye est constituée de trois régions : la Cyrénaïque, la Tripolitaine et le Fezzan. Les richesses provenant des gisements de pétrole ont permis de développer l'agriculture et l'industrie du pays. Une grande rivière artificielle a été créée en 1991 pour fertiliser le nord du pays.

HISTOIRE
La Libye fut conquise par les Turcs au XVIe siècle et par les Italiens en 1912. Elle obtint son indépendance en 1951. Un coup d'État militaire permit à Mu'ammar Al Kadhafi d'accéder au pouvoir en 1969, mais il en fut chassé par un soulèvement du peuple en 2011. ➡ p. 132.

libyen, enne ➡ Voir tableau p. 6.

lice (nom féminin)
Enclos, champ où se déroulaient les courses, les joutes, les tournois au Moyen Âge. • **Entrer en lice :** entrer en compétition.

licence (nom féminin)
1. Autorisation pour exercer un sport ou un commerce. *L'entraîneur lui a signé avant-hier sa* ***licence****.* **2.** Diplôme universitaire. *Elle fait une* ***licence*** *de biologie.*

licencié, ée (nom)
1. Personne qui a une licence. *Le père de Yann est un* ***licencié*** *en lettres.* **2.** Sportif qui a une licence. **3.** Salarié victime d'un licenciement.

licenciement (nom masculin)
Action de licencier. *L'entreprise ferme, il y aura deux cents* ***licenciements****.*

licencier (verbe) ▸ conjug. n° 10
Cesser d'employer quelqu'un. *On va* ***licencier*** *une partie du personnel de l'usine.* (Contr. embaucher.)

lichen (nom masculin)
Plante qui a l'aspect d'une mousse sèche et qui pousse sur les arbres, les pierres. *Le* ***lichen*** *permet de trouver la direction du nord car il pousse toujours de ce côté des troncs.* ● Prononciation [likɛn].

du **lichen**

licite (adjectif)
Permis par la loi ou le règlement. *Je me demande si sa fortune est due à des activités* ***licites****.* (Contr. illicite.)

licorne (nom féminin)
Animal légendaire ayant un corps de cheval et une longue corne au milieu du front. ➡ p. 644.

lie (nom féminin)
Dépôt laissé par le vin ou le vinaigre. *Le tonneau est vide, il n'y a plus que de la* ***lie****.*

Liechtenstein

40 000 habitants
Capitale : Vaduz
Monnaie : le franc suisse
Langue officielle : allemand
Superficie : 157 km²

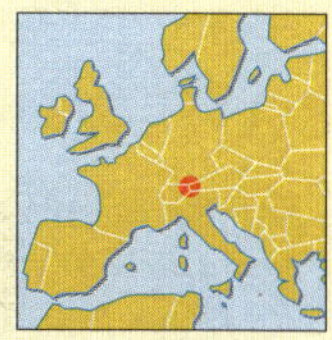

Principauté de l'Europe centrale, située entre la Suisse et l'Autriche.

GÉOGRAPHIE
Formé d'une partie des Alpes orientales et de la rive droite du Rhin, le Liechtenstein a un climat montagnard humide, favorable aux herbages et à l'élevage laitier. Les impôts très faibles ont attiré de nombreuses sociétés étrangères. Le pays est devenu un important centre industriel, financier et commercial.

liège (nom masculin)
Matière légère et imperméable fournie par l'écorce du chêne-liège. *Les bouchons, les flotteurs sont en* ***liège****.*

liégeois, oise (adjectif)
• **Café, chocolat liégeois :** glace au café, au chocolat, nappée de crème chantilly.

lien (nom masculin)
1. Ce qui sert à lier. *Une corde, une lanière, une courroie, un ruban sont des* ***liens****.* **2.** Relation entre deux personnes. *Ils ont le même nom, mais ils n'ont aucun* ***lien*** *de parenté. Travailler ensemble crée des* ***liens****.* **3.** Rapport entre deux éléments. *Je n'ai pas fait le* ***lien*** *entre ces deux histoires.* (Syn. rapprochement.) **4.** Ce qui permet d'accéder à une autre page, sur Internet ou dans un document informatique. *Pour obtenir les informations pratiques du musée, cliquez sur ce* ***lien****.*

lier (verbe) ▸ conjug. n° 10
1. Attacher avec un lien. *On lui* ***a lié*** *les mains derrière le dos.* (Syn. attacher. Contr. délier.) **2.** Rapprocher par des sentiments d'amitié. *Victor et Laura* ***sont*** *très* ***liés***. (Syn. unir.) **3.** Mettre deux choses en rapport. *L'inspecteur* ***a lié*** *les deux affaires.*
Famille du mot : **dé**lier, li**aison**, lien.

lierre (nom masculin)
Plante aux feuilles toujours vertes, qui s'accroche à un support. *La maison en ruine est couverte de* ***lierre***.

liesse (nom féminin)
Dans la langue littéraire, joie générale. *Le mariage du prince et de la princesse fut un jour de* ***liesse***.

■ **lieu, lieux** (nom masculin)
Endroit de l'espace où il se passe quelque chose. *Ce carrefour est un important* ***lieu*** *de passage. Je suis arrivé sur les* ***lieux*** *peu après l'accident.* • **Au lieu de :** plutôt que de. *Tu ferais mieux de nous aider* ***au lieu de*** *pleurer !* • **Avoir lieu :** se produire. *Cet accident* ***a eu lieu*** *la semaine dernière.* • **Il y a lieu :** il faut. ***Il y a lieu*** *d'être satisfait.* • **Lieu commun :** idée banale que tout le monde répète sans réfléchir. *« Il faut bien mourir de quelque chose » est un* ***lieu commun***. (Syn. cliché.) • **Tenir lieu de :** remplacer. *Sa sœur aînée lui* ***a tenu lieu de*** *mère.*

■ **lieu, lieus** (nom masculin)
Poisson de mer, appelé aussi colin.

lieu-dit (nom masculin)
Lieu dans la campagne qui porte un nom particulier, sans constituer une commune. *« Allume-Pipe » est un* ***lieu-dit*** *de l'Ardèche.* Pluriel : des lieu**x**-dits.
ORTHO On écrit aussi un **lieudit**, des **lieudits**.

lieue (nom féminin)
Mesure de distance qui valait environ 4 kilomètres. • **Être à cent lieues de :** très loin de. ***J'étais à cent lieues de*** *me douter de tout cela !*

lieutenant (nom masculin)
Officier de grade inférieur à celui de capitaine.

lieutenant-colonel (nom masculin)
Officier de grade inférieur à celui de colonel. Pluriel : des lieutenant**s**-colonel**s**.

lièvre (nom masculin)
Mammifère sauvage ressemblant au lapin, très rapide à la course. *La femelle du* ***lièvre*** *est la hase, son petit est le levraut.* • **Courir deux lièvres à la fois :** entreprendre deux choses en même temps.

un **lièvre**

ligament (nom masculin)
Ensemble de fibres qui relient entre eux les os d'une articulation.

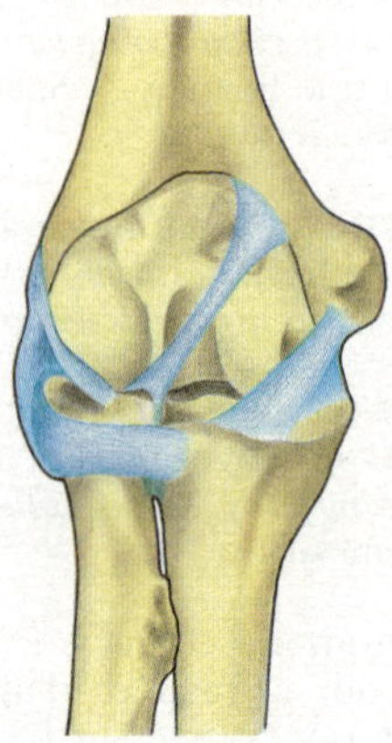

les **ligaments** d'une articulation

ligature (nom féminin)
Fil servant à ligaturer. *Un rameau greffé est maintenu par une* ***ligature***.

ligaturer (verbe) ▸ conjug. n° 3
Serrer ou assembler par un lien. *Le jardinier* ***ligature*** *la branche greffée.*

light (adjectif)
Se dit d'un aliment qui contient peu ou pas de graisse ou de sucre, ou bien d'un tabac faible en nicotine. *Un soda* ***light***. Prononciation [lajt]. Pluriel : des fromages light. **Light** est un mot anglais qui signifie « léger ».

ligne (nom féminin)
1. Trait continu. *Myriam trace une **ligne** avec son crayon. William écrit en suivant les **lignes** de son cahier.* ➡ p. 576. **2.** Limite qui sépare deux espaces. *Le chauffard a franchi la **ligne** blanche.* **3.** Suite de mots écrits d'un côté à l'autre d'une page. *Un texte de trente **lignes**.* **4.** Itinéraire d'un bus, d'un métro ou d'un train. *Le trafic est interrompu sur la **ligne** 2.* **5.** Suite de personnes ou de choses. *Mettez-vous sur une seule **ligne** !* (Syn. rangée.) **6.** Fil d'une canne à pêche. *Le pêcheur a accroché un ver au bout de sa **ligne**.* **7.** Câble qui transporte l'électricité ou les communications téléphoniques. *L'orage a coupé la **ligne**.* **8.** Élégance de la silhouette. *Papa fait du sport pour garder la **ligne**.* • **Ligne de conduite :** principe qui guide l'action. • **Sur toute la ligne :** complètement. Famille du mot : align**ement**, align**er**, lign**ée**.

lignée (nom féminin)
Ensemble des descendants d'une personne. *Louis XVI était de la **lignée** des Bourbons.*

ligoter (verbe) ▸ conjug. n° 3
Attacher solidement les bras et les jambes d'une personne. *Il **a ligoté** sa sœur pour jouer aux Indiens.*

ligue (nom féminin)
Association fondée dans un but précis. *La **ligue** antialcoolique s'efforce de lutter contre l'alcoolisme.*

se **liguer** (verbe) ▸ conjug. n° 3
S'unir contre quelqu'un. *C'est à croire que vous **vous êtes** tous **ligués** contre moi !*

lilas (nom masculin)
Arbuste à fleurs en grappes très odorantes, blanches ou mauves.

Lille
Chef-lieu du département du Nord et de la Région Nord-Pas-de-Calais-Picardie (232 000 habitants). Lille est un grand centre industriel et culturel, et possède un aéroport. Sa citadelle fut construite par Vauban.

lilliputien, enne (adjectif et nom)
Très petit. *Cette chambre est toute petite : elle est faite pour des **lilliputiens** !* Prononciation [lilipysjɛ̃]. **Lilliputien** vient de *Lilliput*, nom du pays des « voyages de Gulliver ».

limace (nom féminin)
Mollusque sans coquille, allongé et rampant, nuisible pour les jardins. *Les **limaces** ont mangé la salade.*

limande (nom féminin)
Poisson de mer plat.

une **limande**

lime (nom féminin)
Outil qui sert à user ou à polir. *Une **lime** à bois, une **lime** à ongles.*

limer (verbe) ▸ conjug. n° 3
User ou façonner. *Le serrurier **lime** une clé.*

limier (nom masculin)
1. Grand chien de chasse utilisé pour dépister le gibier. **2.** Personne habile à suivre une piste. *On a lancé sur ses traces les meilleurs **limiers** de la police.*

limitation (nom féminin)
État de ce qui est limité. *La **limitation** de vitesse est de 50 km/h dans les agglomérations.*

le centre-ville de **Lille**

limite (nom féminin)
1. Ce qui sépare deux territoires. *On marque les **limites** des champs et des terrains avec des bornes.* **2.** Fin d'une période. *Noémie attend toujours la dernière **limite** pour faire ses devoirs.* **3.** Point extrême qu'on ne peut dépasser. *Ma patience a des **limites** !* • **À la limite :** à la rigueur. ***À la limite**, je peux venir demain plutôt qu'aujourd'hui.* Famille du mot : **dé**limit**er**, **il**limit**é**, limit**ation**, limit**er**, limi**trophe**.

limiter (verbe) ▸ conjug. n° 3
Fixer les limites de quelque chose. *L'accès à l'ascenseur **est limité** à cinq personnes.*

limitrophe (adjectif)
Qui est à la limite d'un pays ou d'une région. *L'Algérie et le Maroc sont des pays **limitrophes**.*

Limoges
Chef-lieu du département de la Haute-Vienne (141 000 habitants). La ville est mondialement connue pour ses porcelaines depuis le XVIIIe siècle.

limon (nom masculin)
Terre légère et fertile, faite d'argile et de sable déposés par les cours d'eau.

limonade (nom féminin)
Boisson gazeuse, sucrée et acidulée.

Limousin
Ancienne Région française, formée des départements de la Corrèze, de la Creuse et de la Haute-Vienne, intégrée en 2016 à la Région Aquitaine-Limousin-Poitou-Charentes. La région est spécialisée dans l'élevage. L'industrie utilise les ressources locales : le kaolin pour la porcelaine, le bois pour la papeterie et le meuble, le cuir pour la fabrication de chaussures et de gants. Le sous-sol y est riche en aluminium. ➡ Voir cartes pp. 1372 et 1373.

limousin, ine ➡ Voir tableau p. 6.

limousine (nom féminin)
Automobile luxueuse, très longue, à trois vitres de chaque côté et quatre portes. *Pour leur mariage, Hélène et Jean ont loué une **limousine**.*

limpide (adjectif)
1. Parfaitement clair et transparent. *L'eau **limpide** d'un torrent.* (Contr. trouble.) **2.** Facile à comprendre. *Une explication **limpide**.* (Contr. obscur.)

limpidité (nom féminin)
Qualité de ce qui est limpide. *On l'a félicité pour la **limpidité** de son exposé.* (Syn. clarté.)

lin (nom masculin)
Plante à fleurs bleues dont on utilise la fibre pour faire de la toile et la graine pour faire de l'huile. *Une nappe en fil de **lin**.*

du **lin**

linceul (nom masculin)
Pièce de toile dans laquelle on ensevelit un mort. (Syn. suaire.)

Lincoln Abraham (né en 1809, mort en 1865)
Homme politique américain. Il fut élu président des États-Unis en 1860. Il sut faire face à la guerre de Sécession, au cours de laquelle il fit voter l'abolition de l'esclavage (1863).

Lindbergh Charles (né en 1902, mort en 1974)
Aviateur américain. En 1927, il réussit la première traversée en avion de l'Atlantique, entre New York et Paris.

linéaire (adjectif)
Qui se fait par des lignes. *Dans un dessin **linéaire**, on ne représente que les contours.*

linge (nom masculin)
Ensemble des pièces de tissu qu'on utilise dans une maison. *Les nappes et les serviettes sont le **linge** de table, les sous-vêtements sont le **linge** de corps.*

lingerie (nom féminin)
Ensemble des sous-vêtements et des vêtements de nuit féminins. *Odile a acheté une chemise de nuit au rayon **lingerie**.*

lingette (nom féminin)
Petite serviette jetable imprégnée d'un produit nettoyant. *Laura nettoie l'écran de l'ordinateur avec une **lingette**.*

lingot (nom masculin)
Bloc de métal qui a été coulé dans un moule. *Les **lingots** d'or sont entreposés dans le coffre de la banque.*

linguistique (nom féminin)
Science qui étudie le langage et les langues parlées dans le monde. Prononciation [lɛ̃gɥistik].

linoléum (nom masculin)
Revêtement de sol imperméable et lisse. *Les couloirs de l'hôpital sont recouverts de **linoléum**.* Prononciation [linɔleɔm]. Ce mot s'abrège souvent **lino**. **Linoléum** a été formé à partir de deux mots latins qui signifient « lin » et « huile », car ce matériau était enduit d'huile de lin.

linotte (nom féminin)
Petit oiseau chanteur. • **Tête de linotte :** personne très étourdie. **Linotte** vient du mot *lin*, car cet oiseau aime particulièrement les graines de lin.

linteau, eaux (nom masculin)
Pièce horizontale de pierre, de bois ou de métal placée en haut d'une ouverture pour soutenir la maçonnerie. *Il y a une date sur le **linteau** de la porte.*

lion (nom masculin)
Grand félin d'Afrique. *Le **lion** rugit.* • **La part du lion :** la part la plus grosse prise par le plus fort.

lionceau, eaux (nom masculin)
Petit du lion et de la lionne.

lionne (nom féminin)
Femelle du lion. *Les **lionnes** n'ont pas de crinière, contrairement aux mâles.*

lipide (nom masculin)
Corps gras. *L'huile, le beurre sont des **lipides**.*

liquéfier (verbe) ▸ conjug. n° 10
Rendre liquide. *La crème glacée **s'est liquéfiée** hors du réfrigérateur.*

liqueur (nom féminin)
Boisson alcoolisée aromatisée et sucrée. *De la **liqueur** de framboise.*

liquidation (nom féminin)
Action de liquider. *Le magasin annonce une **liquidation** avant la fermeture définitive.*

liquide (adjectif)
1. Qui coule ou a tendance à couler. *La cire devient **liquide** quand on la chauffe.* 2. Se dit de l'argent qui se présente sous forme de pièces et de billets. *Vous préférez un chèque ou de l'argent **liquide** ?*
■ **liquide** (nom masculin) 1. Substance liquide. *La glace est un solide, l'eau est un **liquide**.* 2. Argent liquide. *Voici 200 euros en **liquide**.* (Syn. espèces.)

liquider (verbe) ▸ conjug. n° 3
1. Vendre des marchandises au rabais. *La libraire **liquide** son stock parce qu'elle part bientôt en retraite.* (Syn. brader, solder.) 2. Synonyme familier de tuer. *Les bandits **ont liquidé** le dernier témoin.*

■ **lire** (verbe) ▸ conjug. n° 45
1. Reconnaître et comprendre les signes écrits. *Maintenant, Léa sait **lire** et écrire.* 2. Prendre connaissance d'un texte écrit. *Xavier **lit** une histoire passionnante.* 3. Dire à haute voix un texte écrit. *Pendant les vacances, maman nous **a lu**, chaque soir,* les Trois Mousquetaires. 4. Deviner grâce à certains signes. *Je **lis** dans tes yeux que tu es inquiète.* 5. Décoder les informations enregistrées sur un support. *Mon ordinateur ne parvient pas à **lire** ce CD.* Famille du mot : **illisible, lisible, lisiblement, relire.**

un **lion**

lire (nom féminin)
Ancienne monnaie italienne.

lis (nom masculin)
Plante à grandes fleurs très parfumées. • **Fleur de lis :** autrefois, emblème des rois de France. Prononciation [lis].
ORTHO On écrit aussi **lys**.

des **lis**

Lisbonne
Capitale du Portugal, située sur l'estuaire du Tage (1,2 million d'habitants). Lisbonne est le principal centre industriel du pays. Elle possède des raffineries de pétrole, des chantiers navals et des industries dans les domaines de la chimie, de l'alimentation, du papier et du textile. La ville a organisé une Exposition universelle en 1998.

liseré (nom masculin)
Ruban étroit dont on borde un vêtement. *Le col de son corsage est orné d'un **liseré** vert.*
ORTHO On écrit aussi **liséré**.

liseron (nom masculin)
Plante grimpante, à fleurs en forme d'entonnoir.

lisible (adjectif)
Facile à lire. *Écris plus gros, ce sera plus **lisible** !* (Contr. illisible.)

lisiblement (adverbe)
De façon lisible. *Il faut écrire l'adresse **lisiblement**.*

lisière (nom féminin)
1. Limite d'un endroit. *Nous voilà à la **lisière** de la forêt.* **2.** Bord d'une étoffe ou d'un tricot. *Il n'y a pas d'ourlet à faire, c'est la **lisière** du tissu.*

lisse (adjectif)
Qui est doux et uni au toucher. *La paroi de la baignoire est **lisse**.* (Contr. granuleux, rugueux.)

lisser (verbe) ▸ conjug. n° 3
Rendre lisse. *Le chat **lisse** ses poils avec sa langue.*

liste (nom féminin)
Ensemble de mots inscrits les uns à la suite des autres. *Fais la **liste** de ce que tu dois acheter avant de partir.*

listing (nom masculin)
Liste obtenue avec des moyens informatiques. *Ce **listing** donne les noms de tous les candidats.*

lit (nom masculin)
1. Meuble sur lequel on se couche pour dormir. *Il est temps d'aller au **lit** !* **2.** Creux fait par un fleuve, où il coule habituellement. *Le torrent est sorti de son **lit** et a inondé le village.* Famille du mot : s'**aliter**, **literie**.

litanie (nom féminin)
Énumération longue et monotone. *Madame Dupond a entamé la **litanie** de ses griefs.* **Litanie** vient d'un mot grec qui signifie « prière » : les litanies de la Vierge sont des prières à la Vierge Marie.

litchi (nom masculin)
Petit fruit exotique très sucré, à gros noyau. ➡ p. 496.

literie (nom féminin)
Garniture d'un lit. *Le sommier, le matelas, le traversin, les oreillers, la couette et sa housse constituent la **literie**.*

lithographie (nom féminin)
Reproduction d'un dessin. *Cette **lithographie** est signée d'un très grand artiste.* Ce mot s'abrège **litho**. **Lithographie** vient de deux mots grecs qui signifient « écriture sur pierre », car ce procédé de reproduction utilise des pierres calcaires.

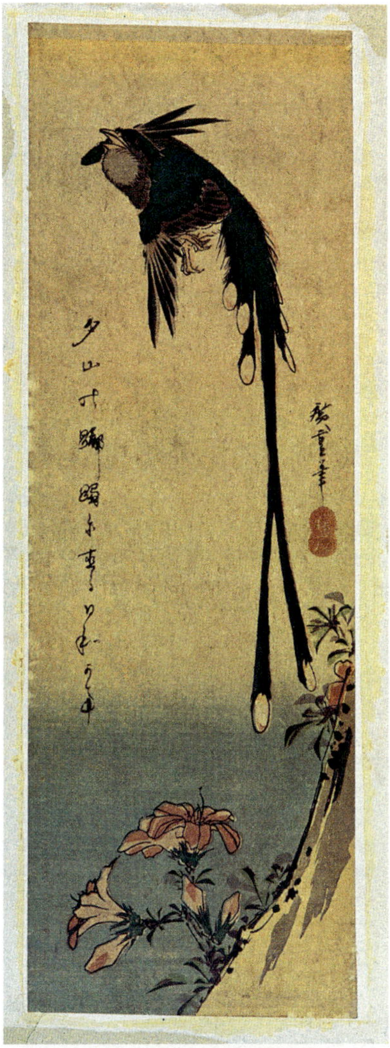

une **lithographie** japonaise

litière (nom féminin)
1. Paille sur laquelle se couchent les animaux dans une écurie. **2.** Matière absorbante dans laquelle les chats d'appartement font leurs besoins.

litige (nom masculin)
Désaccord entre deux personnes. *Un **litige** se règle à l'amiable ou en justice.* (Syn. différend.)

litre (nom masculin)
1. Unité de mesure de capacité employée surtout pour les liquides. *La cuve à mazout contient 1 000 **litres**.* **2.** Récipient d'un litre et son contenu. *Achète-moi un **litre** de lait, ce soir.* **Litre** s'abrège *l* ou *L*.

littéraire (adjectif)
Qui concerne la littérature et les écrivains. *On étudie les grandes œuvres **littéraires** françaises au collège et au lycée.*

littéralement (adverbe)
Complètement, totalement. *Il a **littéralement** disparu dans le brouillard.*

littérature (nom féminin)
Ensemble des œuvres écrites par des écrivains. *La poésie, le théâtre, les contes et les romans appartiennent à la **littérature**.*

littoral, aux (nom masculin)
Bord de mer. *Le **littoral** breton est très découpé.* (Syn. côte, rivage.)

Lituanie

Union européenne

3,3 millions d'habitants
Capitale : Vilnius
Monnaie : l'euro
Langue officielle : lituanien
Superficie : 65 300 km²

État d'Europe, voisin de la Pologne, de la Russie, de la Biélorussie et de la Lettonie, et bordé par la mer Baltique. C'est le plus grand des États baltes.

GÉOGRAPHIE
La Lituanie est un pays boisé qui compte près de 3 000 lacs. Les cultures de céréales, de la pomme de terre et du lin sont importantes. Le pays tire également ses richesses de la pêche, de l'élevage et de ses industries mécanique et textile.

HISTOIRE
En 1569, la Lituanie s'unit à la Pologne puis fut annexée par la Russie. Occupée par les Allemands de 1915 à 1918, elle proclama son indépendance en 1918. Elle forma ensuite l'Entente baltique avec l'Estonie et la Lettonie. Envahie par l'armée soviétique en juin 1940, occupée par l'Allemagne en 1941, elle devint une république de l'URSS en 1944. En 1991, elle accéda à l'indépendance. La Lituanie est membre de l'Union européenne depuis 2004. ➡ p. 748.

ORTHO On écrit aussi **Lithuanie**.

Vilnius, capitale de la **Lituanie**

lituanien, enne ➡ Voir tableau p. 6.

liturgie (nom féminin)
Déroulement du culte d'une religion. *Il y a beaucoup de chants dans la* ***liturgie*** *orthodoxe.*

livide (adjectif)
Extrêmement pâle. *À la descente du bateau, après la tempête, Yann était* ***livide***. (Syn. blême.)

livraison (nom féminin)
Action de livrer à domicile ce qui a été acheté. *Devant l'épicerie, il y a une place prévue pour les véhicules de* ***livraison***.

■ **livre** (nom masculin)
Texte imprimé sur des feuilles réunies sous une couverture. *Ursula a pris un* ***livre*** *à la bibliothèque. Benjamin veut apprendre à relier les* ***livres***. • **Livre de comptes :** registre où l'on inscrit les dépenses et les recettes. • **Livre d'or :** cahier que l'on fait signer par les visiteurs.

■ **livre** (nom féminin)
1. Unité de poids valant 500 grammes. *Une* ***livre***, *c'est un demi-kilo.* **2.** Monnaie anglaise. *Clément a échangé ses euros contre des* ***livres***.

livrée (nom féminin)
Habit que portaient les domestiques des nobles.

livrer (verbe) ▸ conjug. n° 3
1. Remettre à un acheteur la marchandise commandée. *On vient de nous* ***livrer*** *le lit.* **2.** Remettre au pouvoir de quelqu'un. *Le meurtrier* ***s'est livré*** *à la police. Il* ***a livré*** *la ville à l'ennemi.* **3.** Se livrer : parler de soi. *C'est quelqu'un de timide qui ne* ***se livre*** *pas beaucoup.* (Syn. se confier.) • **Livrer bataille :** se battre. • **Livrer un secret :** le révéler.
Famille du mot : livr**aison**, livr**eur**.

livret (nom masculin)
Petit livre où l'on enregistre certains renseignements. *Sur le* ***livret*** *scolaire, les professeurs inscrivent les notes et leurs appréciations.*

livreur, euse (nom)
Personne qui livre les commandes. *Le* ***livreur*** *a apporté le poste de télévision.*

Ljubljana
Capitale de Slovénie (278 000 habitants). Ljubljana est un centre industriel, spécialisé dans les domaines chimique et pharmaceutique, ainsi que dans l'agroalimentaire.

lobe (nom masculin)
Partie arrondie du bas de l'oreille.

local, ale, aux (adjectif)
Qui concerne un endroit ou une région. *La météo* ***locale*** *a annoncé des chutes de neige. Le dentiste lui a fait une anesthésie* ***locale***. ■ local, aux (nom masculin) Bâtiment ou salle pouvant servir à tel ou tel usage. *Ils ont trouvé un* ***local*** *pour se réunir.* Famille du mot : local**ement**, local**isation**, local**iser**, local**ité**.

localement (adverbe)
Dans certains endroits. *Des orages sont annoncés* ***localement***.

localisation (nom féminin)
Action de localiser. *Le radar a permis au navigateur une* ***localisation*** *précise de l'iceberg.*

localiser (verbe) ▸ conjug. n° 3
Déterminer le lieu où se trouve quelque chose ou quelqu'un. *Les équipes de secours* ***ont localisé*** *les alpinistes.*

localité (nom féminin)
Petite agglomération ou village. *Ils campent dans une* ***localité*** *de l'Aveyron.*

locataire (nom)
Personne qui loue un logement. *Le **locataire** paye un loyer au propriétaire.*

location (nom féminin)
1. Action de louer. *Les parents de David ont pris une villa en **location** pour les vacances.* 2. Réservation de places de spectacle. *La **location** s'arrête à 18 heures.*

locomotion (nom féminin)
Transport d'un lieu à un autre. *Le vélo, l'automobile, le train, l'avion sont des moyens de **locomotion**.*

locomotive (nom féminin)
Machine qui tire les trains. *Autrefois, les trains étaient tirés par des **locomotives** à vapeur.*

locuteur, trice (nom)
Personne qui s'exprime à l'oral ou à l'écrit. *Cette langue rare ne compte plus beaucoup de **locuteurs**.*

locution (nom féminin)
Groupe de mots toujours employés ensemble avec un sens particulier. *« Mettre la puce à l'oreille » est une **locution** qui signifie « éveiller les soupçons ».* (Syn. expression.)

loge (nom féminin)
1. Petit logement du gardien. *La **loge** est à droite dans le hall de l'immeuble.* 2. Petite pièce dans les coulisses d'une salle de spectacle où les artistes se changent et se maquillent. • **Être aux premières loges :** être très bien placé pour voir quelque chose.

logement (nom masculin)
Local où l'on peut loger. *Il y a un **logement** libre au-dessus de chez nous.*

loger (verbe) ▸ conjug. n° 5
1. Habiter quelque part. *Quand elle va à Paris, elle **loge** à l'hôtel.* (Syn. demeurer, résider, vivre.) 2. Donner un logement à quelqu'un. *Ils **ont logé** un ami pendant 6 mois.* (Syn. héberger.) 3. Faire entrer quelque part. *Le coffre de la voiture est plein, on ne peut rien y **loger** de plus.* (Syn. mettre.) 4. Se loger : s'installer dans un logement. *Ils ont trouvé à **se loger** en banlieue.* Famille du mot : **dé**loger, log**ement**, log**eur**, log**is**, **re**loger.

logeur, euse (nom)
Personne qui loue des chambres meublées. *Il a payé son loyer à la **logeuse**.*

loggia (nom féminin)
Balcon couvert. *En été, ils dînent dans la **loggia**.* Prononciation [lɔdʒja].

logiciel (nom masculin)
Programme pour un ordinateur. *Ibrahim a acheté un nouveau **logiciel** de jeu.*

logique (adjectif)
Qui est en accord avec la raison ou qui est cohérent. *Tu n'as plus faim, tu t'ar-*

une **locomotive** à vapeur

*rêtes de manger ; c'est **logique**.* (Contr. absurde, illogique.) ■ **logique** (nom féminin) Suite et cohérence dans le raisonnement. *Je ne suis pas convaincu par la **logique** de son raisonnement.* Famille du mot : illogique, logique**ment**.

logiquement (adverbe)
De façon logique. ***Logiquement**, il ne devrait pas tarder à rentrer.* (Syn. normalement.)

logis (nom masculin)
Endroit où on loge. *Après des années d'absence, il est de retour au **logis**.* (Syn. maison.)

logo (nom masculin)
Dessin qui sert d'emblème à une marque. ➡ p. 668.

loi (nom féminin)
1. Ensemble des règles imposées à tous les individus d'une société, et fixant les droits et les devoirs de chacun. *Dans une démocratie, c'est le Parlement qui vote les **lois**.* **2.** Règle qui explique un phénomène naturel. *Newton a découvert les **lois** de la pesanteur.*

loin (adverbe)
1. À une grande distance. *Au **loin**, on voit un bateau. De **loin**, on dirait un oiseau. Elle habite **loin** du centre.* (Contr. près.) **2.** À une époque éloignée. *Il est déjà **loin** le temps où tu as appris à lire.* • **Aller loin :** réussir dans la vie. • **Aller trop loin :** exagérer. • **Loin de là :** bien au contraire. • **Revenir de loin :** avoir échappé à un grand danger. • **Voir loin :** être prévoyant.

lointain, aine (adjectif)
Qui est éloigné dans le temps ou dans l'espace. *Le vieil homme nous a conté des souvenirs de sa **lointaine** jeunesse.* (Contr. proche.) ■ **lointain** (nom masculin) • **Dans le lointain :** au loin. *On distingue une voile **dans le lointain**.*

loir (nom masculin)
Petit rongeur à la queue longue et touffue. *Les **loirs** dorment pendant tout l'hiver.*

Loire
Le plus long fleuve de France (1 012 km). La Loire prend sa source dans le Massif central, au mont Gerbier-de-Jonc (1 551 mètres), et se jette dans l'océan Atlantique à Saint-Nazaire. Elle arrose les villes du Puy-en-Velay, Saint-Étienne, Nevers, Orléans, Blois, Tours et Nantes. Dans le Massif armoricain, sa vallée se resserre puis s'élargit en un long estuaire après Nantes. ➡ Voir carte p. 1372.

Pays de la Loire
Région française, formée par les départements de la Loire-Atlantique, du Maine-et-Loire, de la Mayenne, de la Sarthe et de la Vendée (32 126 km^2 ; 3,5 millions d'habitants). Son chef-lieu est Nantes. La région est très agricole et est le premier producteur de viande bovine, de volaille, de lapins et de canards en France. L'horticulture et le tourisme y sont aussi importants. ➡ Voir carte p. 1373.

loisirs (nom masculin pluriel)
1. Moments libres pour se distraire. *Depuis qu'il est retraité, il a beaucoup plus de **loisirs**.* **2.** Distractions avec lesquelles on occupe son temps libre. *La lecture et la piscine sont ses **loisirs** favoris.*

lombago (nom masculin)
Douleur dans le bas du dos. *En jouant au ping-pong, Kevin a attrapé un **lombago**.*
Prononciation [lɔ̃bago] ou [lœ̃bago].
ORTHO On écrit aussi **lumbago**.

lombaire (adjectif)
Qui se situe en bas du dos. *Les vertèbres **lombaires**.*

lombric (nom masculin)
Nom scientifique du ver de terre.

un **loir**

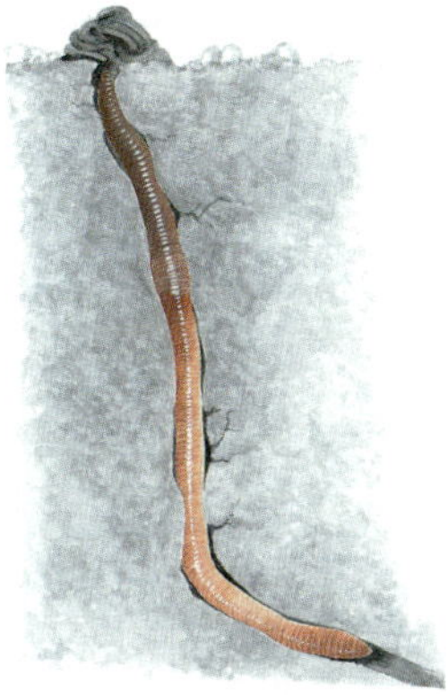

un **lombric**

Londres

Capitale du Royaume-Uni, située sur la Tamise (9,3 millions d'habitants). Principal port britannique, Londres est une importante puissance commerciale, bancaire, boursière, politique et culturelle, et le premier centre industriel du Royaume-Uni. Son centre des affaires est appelé la « City ». La ville compte de nombreux monuments dont le siège du Parlement, Buckingham Palace, résidence officielle de la famille royale, et la Tour de Londres, où sont abrités les joyaux de la Couronne britannique. Londres a accueilli les jeux Olympiques en 2012.

long, longue (adjectif)
1. Dont la longueur est importante. *Cette rue est **longue**.* (Contr. court.) 2. Qui a telle longueur. *L'étagère est **longue** de deux mètres.* 3. Qui dure longtemps ou depuis longtemps. *La **longue** traversée de Christophe Colomb.* (Contr. bref, court.) 4. Qui met du temps à faire quelque chose. *Elle est bien **longue** à revenir !* ■ long (adverbe) Beaucoup. *Son regard en dit **long** sur sa peine.* ■ long (nom masculin) Longueur. *Le couloir a 10 mètres de **long**.* • **De long en large :** en refaisant sans cesse le même trajet dans les deux sens. *Il a parcouru la plage **de long en large**.* • **De tout son long :** en étant entièrement étendu par terre. • **En long et en large :** sans faire grâce d'aucun détail. *Il nous a raconté son voyage **en long et en large**.* • **Le long de :** en suivant le bord. ■ longue (nom féminin) • **À la longue :** avec le temps.
Famille du mot : **allongé, allongement, allonger, longuement, longueur, longue-vue, rallonge, rallonger.**

long-courrier (nom masculin et adjectif)
Navire ou avion qui effectue de longs trajets. *Pour aller en Inde, nous avons pris un vol **long-courrier**.*

longe (nom féminin)
Longue courroie pour conduire ou attacher un cheval. *La cavalière tient son cheval par la **longe**.*

longer (verbe) ▸ conjug. n° 5
Se déplacer ou être le long de quelque chose. *La péniche **longe** le quai. La route **longe** la mer.*

longévité (nom féminin)
Longue durée de la vie. *Mourir à 122 ans, voilà une exceptionnelle **longévité**.*

longiligne (adjectif)
Mince et élancé. *Sa silhouette **longiligne** se reconnaît de loin.*

longitude (nom féminin)
Distance qui sépare un point de la Terre du méridien de Greenwich en Angleterre. *Paris se situe à 2° 20' de **longitude** est.*

longitudinal, ale, aux (adjectif)
Dans le sens de la longueur. *Voici une coupe **longitudinale** de cette plante.* (Contr. transversal.)

long-métrage (nom masculin)
Film cinématographique qui dure plus de 70 minutes. *Après avoir tourné plusieurs documentaires, ce cinéaste vient de réaliser son premier **long-métrage**.* Pluriel : des long**s**-métrages.

longtemps (adverbe)
Pendant un long espace de temps. *Ça fait **longtemps** qu'on ne t'a pas vu.*

longue ➡ Voir **long**.

longuement (adverbe)
D'une façon longue, et parfois trop longue. *Il nous a **longuement** raconté son voyage.* (Contr. brièvement.)

longueur (nom féminin)
1. La plus grande dimension d'une surface. *La table a une **longueur** de deux mètres.* (Contr. largeur.) 2. Trop longue durée. *Myriam trouve ce séjour d'une **lon-***

gueur interminable. • **À longueur de :** pendant tout le temps de. *Il se plaint de tout, **à longueur de** journée.* • **Traîner en longueur :** durer trop longtemps.

longue-vue (nom féminin)
Lunette qui grossit les objets éloignés. *Le capitaine a pris sa **longue-vue** pour observer la baleine qui s'éloignait.* Pluriel : des longues-vues.

look (nom masculin)
Dans la langue familière, aspect physique. *En se coupant les cheveux, Claire a changé radicalement de **look** !* **Look** est un mot anglais : on prononce [luk].

looping (nom masculin)
Acrobatie d'un avion qui consiste à faire une boucle dans le ciel. **Looping** est un mot anglais : on prononce [lupiŋ].

un double **looping**

lopin (nom masculin)
Petit morceau de terrain. *Il cultive un **lopin** de terre près de sa maison.*

loquace (adjectif)
Qui parle beaucoup. *Tu n'es guère **loquace** ce soir, es-tu fatigué ?* (Syn. bavard. Contr. taciturne.)

loque (nom féminin)
Morceau de tissu usé ou déchiré. *Ton jean tombe en **loques** !* (Syn. lambeau.)

loquet (nom masculin)
Petite barre de métal mobile qui sert de fermeture. *En soulevant le **loquet**, on ouvre la porte.*

lord (nom masculin)
Titre de noblesse anglais.

lorgner (verbe) ▸ conjug. n° 3
Regarder du coin de l'œil, avec envie. *Attention, ce chat **lorgne** ton poisson !* (Syn. guigner, loucher sur.) **Lorgner** vient de l'ancien français *lorgne* qui signifie « qui louche ».

lorgnette (nom féminin)
• **Regarder par le petit bout de la lorgnette :** ne s'intéresser qu'aux détails secondaires.

lorgnon (nom masculin)
Paire de lunettes sans branches qui tenait sur le nez grâce à un ressort. *Le **lorgnon** était à la mode en 1900.*

loriot (nom masculin)
Passereau jaune et noir au chant sonore.

un **loriot**

lorrain, aine ➡ Voir tableau p. 6.

Lorraine
Ancienne Région française formée des départements de Meurthe-et-Moselle, de la Meuse, de la Moselle et des Vosges, intégrée en 2016 à la Région Alsace-Champagne-Ardenne-Lorraine.
HISTOIRE
Grâce à ses ressources naturelles (fer, charbon, sel), elle devint une puissante région industrielle à la fin du XIXe siècle. En 1919, la France reprit la partie des départements de la Meurthe et de la Moselle annexée par l'Allemagne en 1871. ➡ Voir cartes pp. 1372 et 1373.

lors (adverbe)
• **Depuis lors :** depuis ce moment.
• **Lors de :** au moment de. *Pierre et Martine se sont rencontrés **lors d'**un mariage.*

lorsque (conjonction)
Au moment où. *On ne doit pas téléphoner **lorsqu'**il y a de l'orage.* (Syn. quand.)

losange (nom masculin)
Parallélogramme dont les quatre côtés sont égaux mais dont les angles ne sont pas droits. ➡ p. 576.

Los Angeles

Grande ville des États-Unis, située sur la côte Pacifique, dans l'État de Californie (3,8 millions d'habitants). Los Angeles est un grand centre commercial et industriel. Ses studios de cinéma sont situés dans un de ses faubourgs, Hollywood. Los Angeles a accueilli les jeux Olympiques en 1932 et 1984.

lot (nom masculin)

1. Ce que l'on gagne à la loterie. *Que ferais-tu si tu gagnais le gros **lot** ?* **2.** Ce qui est attribué à chacun dans un partage. *Le domaine a été partagé en plusieurs **lots** entre les héritiers.* **3.** Articles de même nature, vendus en un seul bloc. *Sur le marché, un camelot vendait des **lots** de torchons.* Famille du mot : lot**erie**, loti, lot**issement**.

loterie (nom féminin)

Jeu de hasard où l'on tire au sort les numéros gagnants. *Le n° 12 623 a gagné le gros lot de notre **loterie**.*

loti, ie (adjectif)

• **Être bien loti** ou **mal loti** : être favorisé ou défavorisé par le sort.

lotion (nom féminin)

Liquide spécialement préparé pour les soins de la toilette. *Son père utilise une **lotion** pour ses cheveux.*

lotissement (nom masculin)

Terrain à bâtir partagé en lots. *Ils font construire un pavillon dans le nouveau **lotissement**.*

loto (nom masculin)

1. Jeu où l'on doit placer sur des cartons à cases numérotées les jetons correspondants tirés au hasard. *Romain et Élodie font une partie de **loto**.* **2.** Loterie nationale française où les numéros gagnants rapportent de l'argent.

lotte (nom féminin)

Poisson de mer à la tête énorme et à la peau épaisse. (Syn. baudroie.) ➡ p. 129.

lotus (nom masculin)

Variété de nénuphar à grandes fleurs. *En Inde, les **lotus** sont des fleurs sacrées.* Prononciation [lɔtys].

louable (adjectif)

Digne d'être complimenté. *Thomas a fait de **louables** efforts ce trimestre.* (Contr. blâmable, condamnable.)

louanges (nom féminin pluriel)

Paroles qui complimentent quelqu'un. *L'acteur a été couvert de **louanges** par toute la presse américaine.* (Syn. compliments, éloges, félicitations.)

■ louche (adjectif)

Qui paraît suspect et éveille la méfiance. *Cette affaire est **louche**, ne nous en mêlons pas !*

■ louche (nom féminin)

Cuillère large et profonde à long manche. *Apporte-moi la soupière et la **louche**.*

loucher (verbe) ▸ conjug. n° 3

Avoir les deux yeux ne regardant pas dans la même direction. *On fait porter des lunettes spéciales aux enfants qui **louchent** pour corriger leur vue.* • **Loucher sur quelque chose :** synonyme de lorgner. *Victor **louche sur** le gâteau au chocolat.*

■ louer (verbe) ▸ conjug. n° 3

1. Prêter un local ou une machine à quelqu'un contre de l'argent. *Le propriétaire **loue** ce studio 300 euros par mois.* **2.** Avoir un local ou une machine pour un temps limité, en payant. *Le père de Fatima **loue** une voiture chaque été.* **3.** Réserver une place en payant d'avance. *Nous **avons loué** des places pour le concert de rock.* (Syn. retenir.)

des **lotus**

louer (verbe) ▸ conjug. n° 3
1. Dire son admiration. *Le maire **a loué** les pompiers pour leur dévouement.* (Syn. complimenter.) **2.** Se louer de : s'estimer très satisfait. *Je n'ai qu'à **me louer de** mes nouveaux amis.* (Syn. se féliciter.) Famille du mot : lou**able**, lou**anges**.

loufoque (adjectif)
Qui est bizarre et extravagant. *C'est une histoire complètement **loufoque**.*

louis (nom masculin)
Ancienne pièce d'or française. Les **louis** ont été frappés pour la première fois sous Louis XIII, à son effigie. Sous les rois suivants, on a changé le portrait.

Louis IX (né en 1214, mort en 1270)
Roi de France de la dynastie capétienne (1226-1270). Sa mère, Blanche de Castille, fut régente jusqu'en 1226. Dans son royaume, il voulut faire régner l'ordre et la justice. Il entreprit une croisade en Égypte (1248), où il fut fait prisonnier. Il mourut de la peste à Tunis, lors d'une autre croisade. Il fut canonisé en 1297. ➡ p. 1159.
ORTHO On dit aussi **Saint Louis.**

Louis XI (né en 1423, mort en 1483)
Roi de France de la dynastie des Valois (1461-1483), fils aîné de Charles VII. Il s'allia avec les nobles contre son père. Devenu roi, il combattit Charles le Téméraire, duc de Bourgogne. Celui-ci parvint à l'emprisonner à Péronne (1468). Libéré, Louis XI vainquit son adversaire et occupa tous ses territoires, sauf les Pays-Bas. Il hérita également du comté d'Anjou (1480) et de la Provence (1481).

Louis XIII le Juste (né en 1601, mort en 1643)
Roi de France et de Navarre de la dynastie des Bourbons (1610-1643), fils d'Henri IV et de Marie de Médicis. En 1615, il épousa Anne d'Autriche. Sa mère fut régente et gouverna jusqu'en 1621. Louis XIII gouverna avec le cardinal de Richelieu de 1624 à 1642. Il vainquit les protestants à La Rochelle (1629) et conquit l'Artois, une grande partie de l'Alsace et le Roussillon.

Louis XIV le Grand (né en 1638, mort en 1715)
Roi de France de la dynastie des Bourbons (1643-1715). Sa mère, Anne d'Autriche fut régente et confia le gouvernement à Mazarin. Après la mort de Mazarin en 1661, Louis XIV, appelé aussi le « Roi-Soleil », régna seul et établit une monarchie absolue. Il fit construire le château de Versailles. Il mit en place d'importantes réformes administratives et fiscales. Il mena plusieurs guerres contre les Habsbourg pour tenter d'étendre le territoire de la France. En 1685, il révoqua l'édit de Nantes accordé aux protestants.

un portrait de **Louis XIV** par Hyacinthe Rigaud

Louis XV le Bien-Aimé (né en 1710, mort en 1774)
Roi de France de la dynastie des Bourbons (1715-1774), arrière-petit-fils et successeur de Louis XIV. Sous son règne, la France s'engagea dans différentes guerres. Elle perdit ses territoires de l'Inde et du Canada et l'ouest de la Louisiane mais acquit la Lorraine (1766) et la Corse (1768). Grâce aux réformes de ses ministres, la France connut un grand essor économique.

Louis XVI (né en 1754, mort en 1793)
Roi de France de la dynastie des Bourbons (1774-1792), petit-fils et successeur de Louis XV. Louis XVI fut marié à Marie-Antoinette d'Autriche en 1770. Les ministres Turgot et Necker (1777-1781) ne parvinrent pas à redresser les finances de l'État dans les premières an-

nées de son règne. La participation de la France à la guerre d'Indépendance américaine aggrava la dette du pays. La fin de son règne fut marquée par la Révolution. Il refusa la Constitution de 1791 et s'enfuit le 20 juin. Il fut arrêté à Varennes, ramené à Paris et jura fidélité à la Constitution, qui lui accordait des pouvoirs limités. Mais en cherchant à renverser les révolutionnaires, il commit de nombreuses maladresses qui aboutirent à son arrestation. Il fut guillotiné le 21 janvier 1793.

un portrait équestre de **Louis XVI**

Louis XVIII (né en 1755, mort en 1824)

Roi de France de la dynastie des Bourbons, frère cadet de Louis XVI. Il régna d'avril 1814 à mars 1815, lors de la première Restauration, puis de juillet 1815 à sa mort, lors de la seconde Restauration. Pendant la Révolution, il quitta la France en 1791 puis rentra à Paris après l'abdication de Napoléon. Pendant les Cent-Jours, durant lesquels Napoléon reprit le pouvoir (mars-juin 1815), il se retira en Belgique et revint après la défaite de Napoléon à Waterloo. Il établit la monarchie constitutionnelle en France à partir de 1814.

Louisiane

État du sud des États-Unis, situé sur le golfe du Mexique (125 674 km^2 ; 4,5 millions d'habitants). Sa capitale est Baton Rouge. Les principales activités agricoles sont les cultures de la canne à sucre, du riz, du coton et des agrumes. Les importantes ressources minérales (pétrole, gaz naturel, soufre, sel) ont donné naissance à une puissante industrie chimique. La Nouvelle-Orléans, ville fondée par les Français en 1717, est le berceau du jazz Nouvelle-Orléans, musique créée par les Noirs américains et inspirée du blues.

HISTOIRE

La Louisiane désignait autrefois un immense territoire, exploré par le Français Cavelier de la Salle qui lui donna son nom en l'honneur de Louis XIV. Napoléon vendit ce territoire aux États-Unis en 1803.

Louis-Philippe Ier (né en 1773, mort en 1850)

Roi des Français de la maison d'Orléans (1830 à 1848). Après la révolution de juillet 1830 qui renversa Charles X, il accéda au pouvoir et reçut le titre de « roi des Français ». Durant son règne, appelé « la monarchie de Juillet », il mena une politique autoritaire et conservatrice qui lui valut le mécontentement du peuple. Renversé en 1848, il abdiqua et se réfugia en Grande-Bretagne.

loukoum (nom masculin)

Confiserie orientale faite d'une pâte sucrée et parfumée. *Ibrahim avait préparé des **loukoums** pour le mariage de sa sœur.*

loup (nom masculin)

1. Mammifère carnivore à l'allure de grand chien. *Au début du XXe siècle, il y avait beaucoup de **loups** en France. Le **loup** et la louve hurlent.* **2.** Synonyme de bar, poisson de mer. ➡ p. 121. **3.** Petit masque noir qui se met sur les yeux. *Pour le bal masqué, Gaëlle a mis un **loup**.*
• **Marcher à pas de loup :** sans bruit.
• **Avoir une faim de loup :** avoir très faim. • **Vieux loup de mer :** marin très expérimenté.

un **loup**

loupe (nom féminin)
1. Lentille de verre qui donne une image agrandie des objets. *Sherlock Holmes a toujours une **loupe** à la main.* **2.** Fonction d'un logiciel qui permet d'agrandir l'image ou le texte à l'écran.

louper (verbe) ▸ conjug. n° 3
Synonyme familier de rater. *William a encore **loupé** le train !*

loup-garou (nom masculin)
Homme qui, selon la légende, se métamorphose la nuit en loup. Pluriel : des loups-garous.

lourd, lourde (adjectif)
1. Qui pèse un poids important. *Le sac est **lourd**, on va le porter ensemble.* (Syn. pesant. Contr. léger.) **2.** Qui est lent, sans élégance ni souplesse. *Le vieil homme marche d'un pas **lourd**.* (Syn. pesant.) **3.** Qui manque de finesse. *Ses blagues sont toujours assez **lourdes**.* (Syn. grossier. Contr. fin.) **4.** Qui est oppressant. *Comme le temps est **lourd** !* (Syn. orageux.) **5.** Qui est pénible. *Entretenir cette maison est une **lourde** tâche.* (Syn. accablant, écrasant.) **6.** Difficile à interrompre. *Tu n'as pas entendu l'orage ? Tu as le sommeil **lourd** !* (Syn. profond.) **7.** Difficile à digérer. *Ce boudin aux oignons est un peu **lourd**.* (Syn. indigeste.) ■ lourd (adverbe) Beaucoup. *Ça pèse **lourd**. Il n'en sait pas **lourd**.* • **Il fait lourd :** orageux. Famille du mot : alourdir, lourdaud, lourdement, lourdeur.

lourdaud, aude (adjectif)
Personne lourde de corps ou d'esprit. (Syn. balourd.)

lourdement (adverbe)
1. D'une manière lourde. *Camille est tombée **lourdement**.* (Syn. pesamment.) **2.** De façon importante. *Vous vous trompez **lourdement** !* (Syn. énormément.)

lourdeur (nom féminin)
Caractère de ce qui est lourd. *Il fait toujours des plaisanteries d'une énorme **lourdeur** !* (Contr. finesse.) • **Avoir des lourdeurs d'estomac :** sentir que son estomac est encombré, lourd.

Lourdes
Ville des Hautes-Pyrénées (15 000 habitants). Lourdes est un grand centre de pèlerinage pour les catholiques. Deux basiliques consacrées à la Vierge ont été édifiées à la grotte de Massabielle où une jeune fille, Bernadette Soubirous, a dit avoir vu apparaître la Vierge Marie en 1858.

loustic (nom masculin)
Individu farceur et peu sérieux. *C'est un drôle de **loustic** !* (Syn. lascar, type.) **Loustic** vient de l'allemand *lustig* qui signifie « drôle » : le loustic était un soldat qui était chargé de faire rire ses camarades.

loutre (nom féminin)
Petit mammifère aux pattes palmées et au pelage brun que l'on chasse pour sa fourrure. *La **loutre** se nourrit de poissons.*

une **loutre**

louve (nom féminin)
Femelle du loup. *La **louve** allaite ses louveteaux dans sa tanière.*

louveteau, eaux (nom masculin)
1. Petit du loup et de la louve. **2.** Jeune scout de 8 à 12 ans.

louvoyer (verbe) ▸ conjug. n° 6
Naviguer en zigzag. *Quand un voilier **louvoie**, il utilise le vent qui vient de face pour avancer.*

Louvre
Ancienne résidence royale, située sur la rive droite de la Seine, à Paris. Le palais du Louvre fut transformé en musée en 1791. Il abrite aujourd'hui l'une des plus riches collections d'art au monde. Depuis 1988, une pyramide de verre s'élève dans la cour centrale et sert d'entrée au musée.

se lover (verbe) ▸ conjug. n° 3
S'enrouler sur soi-même. *Le serpent dort au soleil, **lové** dans l'herbe haute.*

loyal, ale, aux (adjectif)
Qui est fidèle à sa parole et ne triche pas. *C'est un adversaire **loyal**.* (Syn. honnête. Contr. déloyal, perfide.) Famille du mot : **dé**loyal, loyale**ment**, loyau**té**.

loyalement (adverbe)
D'une manière loyale. *Maxime m'a aidé **loyalement**.* (Syn. honnêtement. Contr. perfidement.)

loyauté (nom féminin)
Qualité de ce qui est loyal. *La **loyauté** du chevalier Bayard était exemplaire.* (Syn. droiture, honnêteté. Contr. perfidie, traîtrise.)

loyer (nom masculin)
Somme d'argent qu'un locataire paye régulièrement au propriétaire pour lui louer un appartement. *En général, on paye le **loyer** au début du mois.*

Luberon
Chaîne de montagnes peu élevée des Alpes du Sud. Le parc naturel régional du Luberon a été créé en 1977 et s'étend sur 120 000 hectares environ.
➡ Voir carte p. 1372.
ORTHO On dit aussi **Lubéron**.

lubie (nom féminin)
Fantaisie subite et un peu folle. *Xavier ne veut plus quitter ses rollers pour manger, c'est sa dernière **lubie**.* (Syn. caprice.)

lubrifiant (nom masculin)
Produit qui lubrifie. *L'huile de paraffine est un **lubrifiant**.*

lubrifier (verbe) ▸ conjug. n° 10
Graisser pour rendre glissant. *Yann **lubrifie** la chaîne de son vélo.*

lucarne (nom féminin)
Petite fenêtre percée dans le toit qui donne de la lumière dans le grenier.

lucide (adjectif)
1. Qui voit les choses telles qu'elles sont. *Benjamin voit bien les difficultés qui l'attendent, il est très **lucide**.* (Syn. clairvoyant, perspicace.) **2.** Qui a toute sa conscience. *Elle est très âgée mais parfaitement **lucide**.*
Famille du mot : lucide**ment**, lucidi**té**.

lucidement (adverbe)
De manière lucide. *Hélène a réagi **lucidement** et calmement.*

lucidité (nom féminin)
Fait d'être lucide. *Malgré la maladie, il reste de bonne humeur et garde toute sa **lucidité**.* (Syn. perspicacité, raison.)

la pyramide du musée du **Louvre**

luciole (nom féminin)
Petit insecte au corps lumineux. *Dans la nuit d'été, on voit voleter les **lucioles**.* 🔑 **Luciole**, comme le prénom **Lucie**, vient de l'italien *lucciola* qui signifie « petite lumière ».

une **luciole**

lucratif, ive (adjectif)
Qui rapporte de l'argent. *C'est un commerce **lucratif** qui l'enrichira très vite.*

Lucy
Nom donné à un squelette humain qui fut découvert en 1974 en Éthiopie. Lucy a vécu il y a environ 3,5 millions d'années.

le squelette de **Lucy**

ludique (adjectif)
Qui est en rapport avec le jeu. *Les exercices scolaires **ludiques** sont très appréciés des élèves.*

ludothèque (nom féminin)
Établissement où les enfants peuvent emprunter des jeux et des jouets. *Yann est parti rendre une mallette de jeux à la **ludothèque**.*

luette (nom féminin)
Petit appendice au fond du palais. *Quand on avale, la **luette** bouche l'entrée du nez et permet qu'on ne s'étouffe pas.*

lueur (nom féminin)
1. Lumière faible ou passagère. *Ils ont monté leur tente à la **lueur** d'une lampe de poche.* 2. Expression passagère du regard. *Une **lueur** de jalousie est passée dans ses yeux.* • **Une lueur de quelque chose :** un peu. *Il reste encore **une lueur d'**espoir.*

luge (nom féminin)
Petit traîneau. *Julie et Clément glissent sur la neige, assis sur leur **luge**.*

lugubre (adjectif)
Qui est d'une tristesse affligeante. *Vous pourriez allumer la lumière, c'est trop **lugubre** ici !* (Syn. sinistre. Contr. gai.) 🔑 **Lugubre** vient du latin *lugubris* qui signifie « qui est en deuil ».

lui (pronom)
Pronom personnel de la troisième personne du singulier, sujet ou complément d'objet indirect. ***Lui**, il aime le jazz. **Lui** as-tu dit ce que tu m'as raconté ?*

luire (verbe) ▸ conjug. n° 43
Produire ou refléter de la lumière. *Le soleil **luit** sur le lac.* (Syn. briller.) Famille du mot : lui**sant**, **re**luire.

luisant, ante (adjectif)
Qui luit. *Son front est **luisant** de sueur.* • **Ver luisant :** insecte dont le corps de la femelle émet de la lumière.

lumbago ➡ Voir **lombago**.

lumière (nom féminin)
1. Ce qui permet d'éclairer et de voir. *C'est la **lumière** du jour qui a réveillé Laura.* (Syn. clarté. Contr. obscurité.) 2. Ce qui sert à éclairer. *Allume la **lumière**, on n'y voit plus*

clair ! • **Faire la lumière sur une chose :** la révéler au grand jour et l'expliquer.

Lumière Louis (né en 1864, mort en 1948) et Auguste (né en 1862, mort en 1954)
Scientifiques et industriels français. Les frères Lumière inventèrent le cinéma et la technique de la photographie en couleurs.

les **Lumières**
Courant de pensée qui se développa dans toute l'Europe au XVIIIe siècle. Les idées qui inspirèrent ce courant s'appuient sur la raison qui doit guider les actes, sur la liberté, le refus du fanatisme et la certitude que le progrès scientifique est bénéfique pour l'humanité. En France, les représentants de la philosophie des Lumières furent Montesquieu, Voltaire, Diderot, Rousseau.

lumignon (nom masculin)
Petite bougie. *Des **lumignons** ornent notre cheminée le soir de Noël.*

luminaire (nom masculin)
Appareil d'éclairage. *Dans un magasin de **luminaires**, on trouve des lampes de chevet, des lustres, des lampadaires, des appliques.*

lumineux, euse (adjectif)
1. Qui émet de la lumière. *Le phare de l'île est très **lumineux**, il se voit du continent.* 2. Dans un sens figuré, qui est très facile à comprendre. *L'exposé du conférencier était **lumineux**.* (Syn. clair.)

luminosité (nom féminin)
Qualité de ce qui est lumineux. *Le ciel est d'une grande **luminosité**, on voit la Voie lactée.*

lunaire (adjectif)
De la Lune. *La clarté **lunaire**.*

lunatique (adjectif)
Qui change d'humeur ou d'avis très souvent et de façon imprévisible. *On ne peut pas se fier à David, il est très **lunatique**.* (Syn. fantasque.) On pensait autrefois que l'influence de la Lune changeait l'humeur des gens.

lunch (nom masculin)
Repas froid. *Pour les fiançailles de Myriam, il y aura un **lunch**.* Prononciation [lœnʃ] ou [lœ̃ʃ]. Pluriel : des lunch**s** ou des lunch**es**. **Lunch** est un mot anglais qui désigne le repas de midi.

lundi (nom masculin)
Premier jour de la semaine. *L'école recommence chaque **lundi**.* En latin, **lundi** était le jour (*dies*) consacré à la Lune.

lune (nom féminin)
Astre satellite de la Terre. *C'est parce que la **Lune** renvoie les rayons du Soleil qu'elle éclaire la Terre pendant la nuit. Noémie aime se promener au clair de **lune**.* • **Demander** ou **promettre la lune :** quelque chose d'impossible. • **Être dans la lune :** être distrait. • **Nouvelle lune :** période où la Lune est invisible. • **Pleine lune :** période où la Lune est toute ronde. Famille du mot : alu**n**ir, alu**nissage**, lu**naire**.

luné, ée (adjectif)
• **Être bien luné** ou **mal luné :** dans la langue familière, être de bonne ou de mauvaise humeur.

lunette (nom féminin)
Instrument en forme de tube servant à observer les objets éloignés. *Camille a regardé la Lune et les étoiles avec une **lunette** astronomique.* • **Lunette arrière :** vitre arrière d'une voiture. ➡ p. 103.
■ **lunettes** (nom féminin pluriel) Paire de verres fixés sur une monture, servant à corriger la vue ou à protéger les yeux. *Ibrahim est myope et a besoin de ses **lunettes** pour voir au tableau. Des **lunettes** de soleil.*

lupin (nom masculin)
Plante aux fleurs en forme d'épi.

un **lupin**

lurette (nom féminin)
• **Il y a belle lurette :** dans la langue familière, il y a bien longtemps. **Lurette** vient d'un ancien mot français *heurette*, qui signifiait « petite heure ».

luron, onne (nom)
• **Joyeux** ou **gai luron :** personne gaie, insouciante.

lustre (nom masculin)
Appareil d'éclairage à plusieurs lampes suspendu au plafond. *Il y a un **lustre** en cristal dans le hall de l'hôtel.*

lustré, ée (adjectif)
Devenu brillant à cause de l'usure. *Le col et les poignets de ta veste sont **lustrés**.*

Lutèce
Ville de la Gaule. Lutèce était située sur le site de l'actuelle île de la Cité à Paris.

luth (nom masculin)
Instrument de musique à cordes, au manche recourbé.

Le **luth** était un instrument très prisé à cette époque. « Concert » de Nicolas Tournier (XVIIe siècle)

Luther Martin (né en 1483, mort en 1546)
Moine, théologien et réformateur allemand. Ses textes ont constitué les bases de la Réforme. Il fut l'un des fondateurs du protestantisme.

luthier, ère (nom)
Artisan qui fabrique et répare les instruments à corde (violons, guitares, violoncelles, contrebasses, etc.).

lutin (nom masculin)
Petit être légendaire, farceur et malicieux. *On disait autrefois que, pendant la nuit, les **lutins** changeaient tous les objets de place.* (Syn. farfadet.)

lutte (nom féminin)
1. Sport de combat où chaque adversaire s'efforce d'immobiliser l'autre au sol. **2.** Bataille entre deux adversaires. *Les deux bandes rivales se livrent une **lutte** sans merci.* (Syn. combat.) **3.** Action menée pour vaincre un fléau. *Dans le monde entier on mène la **lutte** contre le sida.* Famille du mot : lutt**er**, lutt**eur**.

lutter (verbe) ▸ conjug. n° 3
1. Mener la lutte contre un adversaire. *Les deux cerfs **ont lutté** jusqu'à l'aube.* (Syn. se battre, combattre.) **2.** Résister contre quelque chose. *Kevin **lutte** contre le sommeil.*

lutteur, euse (nom)
1. Sportif qui pratique la lutte. **2.** Personne qui aime se battre et surmonter les obstacles. *Tout le monde n'a pas un tempérament de **lutteur**.*

luxation (nom féminin)
Déplacement d'un os hors de son articulation. *Le footballeur s'est fait une **luxation** du genou.*

luxe (nom masculin)
1. Abondance d'objets chers, raffinés et pas indispensables. *Ils ont toujours vécu dans le **luxe**.* **2.** Chose superflue et chère. *Manger du caviar, c'est du **luxe** !* Famille du mot : lux**ueusement**, lux**ueux**.

Luxembourg

Union européenne

500 000 habitants
Capitale : Luxembourg
Monnaie : l'euro
Langues officielles : luxembourgeois, français, allemand
Superficie : 2 586 km²

État d'Europe occidentale situé entre la Belgique, l'Allemagne et la France.

GÉOGRAPHIE
Le nord du pays est couvert de forêts et d'herbages où se pratique l'élevage bovin, et le Sud offre des terres fertiles. L'industrie sidérurgique est puissante et les activités financières du pays en font un centre bancaire international très important. Le Luxembourg est un pays riche et le chômage y est très faible.

HISTOIRE
Le Luxembourg fit longtemps partie du Saint Empire romain germanique. Le pays est devenu membre du Benelux en 1947. Le Luxembourg est l'un des six pays fondateurs de l'Union européenne.

luxembourgeois, oise → Voir tableau p. 6.

se **luxer** (verbe) ▸ conjug. n° 3
Se faire une luxation. *Marie **s'est luxé** le coude en tombant de sa planche à roulettes.* (Syn. se déboîter, se démettre.)

luxueusement (adverbe)
De manière luxueuse. *Avec sa piscine, sa voiture de sport et sa villa, il vit **luxueusement**.*

luxueux, euse (adjectif)
Qui est caractérisé par le luxe. *Ils sont descendus dans un hôtel **luxueux**.* (Syn. fastueux, somptueux. Contr. modeste, simple.)

luxuriant, ante (adjectif)
Qui pousse en abondance et vigoureusement. *Une végétation **luxuriante** a envahi le jardin à l'abandon.* (Syn. exubérant, surabondant. Contr. maigre, rare.)

luzerne (nom féminin)
Plante à petites fleurs violettes. *La **luzerne** sert de fourrage aux animaux de la ferme.*

lycée (nom masculin)
Établissement d'enseignement secondaire. *Les élèves quittent le collège en troisième et entrent au **lycée** en seconde.* ⊸ À Athènes, le **lycée** était un gymnase dans lequel le philosophe Aristote enseignait.

lycéen, enne (nom)
Élève d'un lycée.

lymphatique (adjectif)
Qui est mou et sans énergie. *C'est une personne au tempérament **lymphatique**.* (Syn. indolent. Contr. actif, nerveux.)

lymphe (nom féminin)
Liquide qui se trouve à l'intérieur de notre corps.

lyncher (verbe) ▸ conjug. n° 3
Tuer quelqu'un que l'on pense coupable sans le juger. *Le chauffard a failli **être lynché** par les témoins de l'accident.* ⊸ **Lyncher** vient du nom d'un fermier américain, *Lynch*, qui aurait eu l'initiative de cette justice sommaire et illégale.

lynx (nom masculin)
Mammifère carnivore sauvage qui ressemble à un grand chat. → p. 516.
• **Yeux de lynx :** vue très perçante.

Lyon
Chef-lieu du département du Rhône et de la Région Auvergne-Rhône-Alpes (493 000 habitants). Lyon se situe au confluent de la Saône et du Rhône. Autrefois célèbre pour son industrie de la soie et du textile, la ville est aujourd'hui très active dans d'autres secteurs : produits pharmaceutiques, chimie, métallurgie et textiles synthétiques. C'est aussi un important centre universitaire. Lyon possède un riche patrimoine artistique et culturel : églises, monuments, demeures anciennes datant de la Renaissance, et de nombreux musées.

HISTOIRE
Lyon a été fondée par les Romains en 43 avant Jésus-Christ sous le nom de *Lugdunum*. Capitale des Gaules, puis du royaume de Bourgogne, la ville fut rattachée à la France en 1312. En 1831 et 1834, les canuts (ouvriers de la soie), qui vivaient dans des conditions misérables, se révoltèrent et déclenchèrent une émeute dans la ville.

lyre (nom féminin)
Instrument de musique à cordes utilisé dans l'Antiquité.

une joueuse de **lyre**

lyrique (adjectif)
Plein d'émotion, de passion et d'enthousiasme. *Le père de Romain devient **lyrique** quand il parle de son village natal.* • **Artiste lyrique :** qui chante l'opéra et l'opérette.
• **Théâtre lyrique :** l'opéra et l'opérette.

lys → Voir **lis**.

Mm

maïs

m (nom masculin)
Treizième lettre de l'alphabet. *Le **M** est une consonne.*

m' ➡ Voir **me**.

ma (déterminant)
Féminin de *mon*.

Maastricht
Ville des Pays-Bas, sur la Meuse (124 000 habitants).
TRAITÉ DE MAASTRICHT
Ce traité signé en 1992 par les États membres de la Communauté européenne a été une étape importante dans la construction de l'Europe, notamment avec l'établissement de l'euro en tant que monnaie unique.

macabre (adjectif)
Qui évoque la mort. *Une vision **macabre** : un corps flottait dans l'eau du lac.*

macadam (nom masculin)
Revêtement routier fait de petites pierres et de sable tassés au rouleau compresseur. *Le **macadam** est recouvert de goudron.* **Macadam** vient du nom de l'inventeur *Mac Adam*, un ingénieur écossais du début du XIXᵉ siècle.

macaque (nom masculin)
Singe d'Asie au corps trapu. *Les **macaques** vivent en groupe.*

macareux (nom masculin)
Oiseau de mer noir et blanc, au bec multicolore.

un **macaque**

macaron (nom masculin)
1. Petit gâteau rond à la pâte d'amandes. **2.** Gros insigne de forme arrondie. *Cette voiture porte le **macaron** tricolore des véhicules officiels.*

macaroni (nom masculin)
Pâte alimentaire en forme de petit tube.

macédoine (nom féminin)
Mélange de légumes ou de fruits coupés en morceaux. **Macédoine** vient du nom de l'immense empire d'Alexandre le Grand, composé de pays très divers.

un **macareux**

Macédoine

2 millions d'habitants
Capitale : Skopje
Monnaie :
le dinar de Macédoine
Langue officielle :
macédonien
Superficie : 25 713 km²

État de la péninsule des Balkans, situé entre la Serbie, la Grèce, l'Albanie et la Bulgarie.

GÉOGRAPHIE
Le pays montagneux possède des vallées, parfois bien irriguées, où sont cultivés fruits et légumes, riz et tabac.

HISTOIRE
La Macédoine connut son apogée au IVe siècle avant Jésus-Christ, jusqu'à la fin du règne d'Alexandre le Grand. Elle fut ensuite longtemps disputée entre Byzantins et Bulgares, puis entre Bulgares et Turcs. En 1945, elle devint une république fédérée de la Yougoslavie. En 1991, au moment de l'éclatement de la Yougoslavie, la Macédoine proclama son indépendance.

macérer (verbe) ▸ conjug. n° 8
Tremper longtemps dans un liquide. *Les cornichons **macèrent** dans le vinaigre.*

mâche (nom féminin)
Sorte de salade à petites feuilles.

mâcher (verbe) ▸ conjug. n° 3
Broyer un aliment entre ses mâchoires. *Cesse de **mâcher** ton chewing-gum !* (Syn. mastiquer.) • **Mâcher le travail à quelqu'un :** le lui préparer pour qu'il puisse l'achever facilement. • **Ne pas mâcher ses mots :** parler sans ménagement. Famille du mot : mâch**oire**, mâch**onner**.

machette (nom féminin)
Long couteau à lame épaisse. *Les ouvriers coupent les cannes à sucre à grands coups de **machette**.*

une **machette**

machiavélique (adjectif)
Rusé, perfide et calculateur. *Les malfaiteurs avaient tendu un piège **machiavélique** à leurs trois victimes.* Prononciation [makiavelik]. **Machiavélique** vient de *Machiavel*, philosophe italien du XVIe siècle, qui pensait que l'on pouvait employer n'importe quel moyen pour garder le pouvoir.

mâchicoulis (nom masculin)
Ouverture en surplomb en haut d'une muraille, qui servait à faire tomber des projectiles sur les assaillants. ➡ p. 226.

machin (nom masculin)
Dans la langue familière, objet ou personne dont on ignore le nom. *Comment appelle-t-on ce **machin** ?* (Syn. bidule, truc.)

machinal, ale, aux (adjectif)
Que l'on fait sans réfléchir, comme une machine. *Benjamin a arrêté son réveil d'un geste **machinal**.* (Syn. automatique, mécanique.)

machinalement (adverbe)
De façon machinale. *Anna se gratte la tête **machinalement** quand elle réfléchit.*

machination (nom féminin)
Ensemble d'actions préparées en secret pour nuire à quelqu'un. *On m'accuse à tort, il s'agit d'une **machination** contre moi.* (Syn. manœuvre.)

machine (nom féminin)
Appareil conçu pour effectuer plus facilement certains travaux. *Une **machine** à laver, à coudre.* Famille du mot : machin**al**, machin**alement**, machin**erie**, machin**isme**, machin**iste**.

machinerie (nom féminin)
Local où se trouve un ensemble de machines. *Il fait très chaud dans la **machinerie** du navire.*

machinisme (nom masculin)
Utilisation des machines. *Le **machinisme** s'est développé au XIXe siècle.*

machiniste (nom)
1. Personne chargée des décors au théâtre, au cinéma ou à la télévision.
2. Personne qui conduit un tramway ou un autobus.

macho (nom masculin)
Homme qui affiche une attitude désagréable de supériorité envers les femmes. Prononciation [matʃo].

mâchoire (nom féminin)
Chacun des deux os de la bouche dans lesquels les dents sont plantées. *Seule la **mâchoire** inférieure est mobile.*

mâchonner (verbe) ▸ conjug. n° 3
Mordre lentement ou machinalement. *Élodie **mâchonne** un brin d'herbe.*

mâchouiller (verbe) ▸ conjug. n° 3
Mâcher, mordiller sans avaler. *Arrête de **mâchouiller** ton stylo !*

Machu Picchu
Site archéologique inca du Pérou, situé dans les Andes à 2 400 mètres d'altitude. D'importants vestiges d'une ville fortifiée y ont été découverts en 1911. ➡ p. 655.

maçon, onne (nom)
Ouvrier qui construit des maisons. *Le fil à plomb et la truelle sont des outils de **maçon**.*

maçonnerie (nom féminin)
Ouvrage en pierres, en briques ou en béton destiné à la construction d'une maison. *La **maçonnerie** est terminée, on va pouvoir poser le toit.*

Macron Emmanuel (né en 1977)
Homme politique français. Il est élu président de la République en 2017.

maculé, ée (adjectif)
Synonyme littéraire de taché. *Sa cravate est **maculée** de sauce tomate.*

Madagascar

19,5 millions d'habitants
Capitale : Antananarivo
Monnaie : l'ariary
Langues officielles : malgache, français, anglais
Superficie : 587 040 km²

État d'Afrique du Sud-Est constitué par une grande île de l'océan Indien, séparée de l'Afrique par le canal de Mozambique.

GÉOGRAPHIE
L'île est occupée, au centre, par des hauts plateaux avec des massifs volcaniques, au climat tropical tempéré par l'altitude. À l'est, s'étire une étroite plaine côtière au climat tropical, très humide. À l'ouest, s'étend une plaine plus sèche couverte par la forêt et la savane.
L'île est peuplée de Malgaches ; ils seraient les descendants d'immigrants africains et malais. La population se concentre dans le centre de l'île et sur la côte est.
La culture du riz et du manioc, l'élevage bovin et la pêche occupent les trois quarts de la population. L'île exporte le nickel, la vanille, la girofle et du textile.

HISTOIRE
Découverte par les Portugais en 1500, l'île fut divisée en de nombreux royaumes, puis dominée à partir de la fin du XVIIIe siècle par le royaume Mérina. La reine Ranavalona Ire (1828-1861) chassa les Européens. La France annexa l'île en 1896 et abolit l'esclavage, mais la résistance à la colonisation continua. En 1946, Madagascar devint territoire d'outre-mer. En 1947, un soulèvement fut impitoyablement réprimé (80 000 morts). La République malgache, proclamée en 1958, devint totalement indépendante en 1960.

madame (nom féminin)
Nom donné à une femme mariée ou qui n'est plus une jeune fille. *Notre voisine s'appelle **madame** Monguyard.* Pluriel : **mes**dames. **Madame, Mesdames** s'abrègent *Mme, Mmes*.

made in (adjectif)
Indique l'endroit où un objet a été fabriqué. **Made in** est une expression anglaise : on prononce [mɛdin].

madeleine (nom féminin)
Petit gâteau à pâte molle en forme de coquille.

mademoiselle (nom féminin)
Nom donné aux jeunes filles et aux femmes non mariées. Pluriel : **mes**demoiselles. **Mademoiselle, Mesdemoiselles** s'abrègent *Mlle, Mlles*.

madone (nom féminin)
Peinture ou sculpture représentant la Vierge Marie, mère de Jésus-Christ, appelée aussi *la Madone*. **Madone** vient de l'italien *madonna* qui signifie « madame ».

madras (nom masculin)
Étoffe de couleurs vives. *Les danseuses antillaises portaient une robe en **madras**.* Prononciation [madʀas]. **Madras** est une ville de l'Inde où l'on fabriquait ces étoffes.

Madrid
Capitale de l'Espagne (3,2 millions d'habitants). Madrid, située sur les bords de la rivière Manzanares, est un grand centre religieux et intellectuel et aussi le plus grand centre industriel d'Espagne. La ville possède un remarquable patrimoine historique et artistique : la Plaza Mayor du XVIIe siècle, le Palais royal du XVIIIe siècle, de nombreuses églises, le célèbre musée du Prado. Madrid est devenue la capitale de l'Espagne en 1561. De violents combats s'y sont déroulés durant la guerre civile (1936-1939).

madrier (nom masculin)
Pièce de bois d'une certaine épaisseur. *Des **madriers** soutiennent le plancher du grenier.*

madrigal, aux (nom masculin)
Poème chanté exprimant des sentiments amoureux.

madrilène ➡ Voir tableau p. 6.

« **Madone** à l'Enfant »
de Giovanni Bellini (XVe siècle)

maestria (nom féminin)
Manière de faire quelque chose de façon parfaite. *Papa a réussi la mayonnaise avec **maestria**.*

maestro (nom masculin)
Titre donné à un compositeur de musique ou à un chef d'orchestre célèbre.

mafia (nom féminin)
Vaste organisation de malfaiteurs. *Le trafic de faux billets est contrôlé par une **mafia**.* La **Mafia** est une organisation secrète originaire de Sicile, en Italie.
ORTHO On écrit aussi **maffia**.

mafieux, euse (adjectif)
Qui appartient à la mafia, qui évoque la mafia. *Cette organisation **mafieuse** terrorise la ville.*

magasin (nom masculin)
1. Établissement où l'on vend des marchandises. *Les plus beaux **magasins** de la ville se trouvent sur le grand boulevard.* (Syn. boutique.) **2.** Endroit où l'on entrepose des marchandises. *Les pièces de rechange sont rangées dans le **magasin** derrière le garage.* (Syn. entrepôt.) Famille du mot : **em**magasin**er**, magasin**ier**.

magasinier, ère (nom)
Personne chargée de ranger et de garder les marchandises entreposées dans un magasin.

magazine (nom masculin)
1. Publication périodique illustrée. *Ce **magazine** paraît tous les mercredis.* (Syn. revue.) **2.** À la radio ou à la télévision, émission régulière sur un sujet particulier. *Chaque dimanche, le **magazine** sportif donne tous les résultats.*

mage (nom masculin)
Personne qui pratique la magie. *Ce **mage** dit qu'il peut guérir toutes les maladies.*

Magellan Fernand de (né en 1480, mort en 1521)
Navigateur portugais au service de l'Espagne. En 1520, il voulut contourner l'Amérique par le Sud, et découvrit un détroit qui porta ensuite son nom. Il navigua trois mois sur l'océan qu'il a appelé l'océan Pacifique. Il atteignit les Philippines où il fut tué par les habitants d'une île.

a b c d e f g h i j k l m n o p q r s t u v w x y z

Maghreb
Ensemble de pays d'Afrique du Nord : la Tunisie, l'Algérie et le Maroc, auxquels on ajoute parfois la Libye et la Mauritanie.

maghrébin, ine ➡ Voir tableau p. 6.

magicien, enne (nom)
Personne qui fait des tours de magie. *Le **magicien** a fait apparaître une colombe.*

magie (nom féminin)
Art de faire des choses qui semblent merveilleuses en s'aidant de mots et de gestes mystérieux. *Il est apparu devant nous comme par **magie**.* Famille du mot : mage, mag**icien**, mag**ique**.

magique (adjectif)
Qui a un pouvoir extraordinaire dû à la magie. *La sorcière a fabriqué une poudre **magique** pour retrouver la jeunesse.*

magistral, ale, aux (adjectif)
Digne d'un maître. *D'un coup de pied **magistral**, Clément a marqué un but.* (Syn. extraordinaire, formidable.)

magistralement (adverbe)
De façon magistrale. *Véronique a **magistralement** réussi son examen.*

magistrat, ate (nom)
1. Fonctionnaire chargé de rendre la justice. *Les juges, les procureurs sont des **magistrats**.* 2. Personne qui a une autorité politique ou administrative. *Les maires, les préfets, le président de la République sont des **magistrats**.*

magistrature (nom féminin)
1. Ensemble des magistrats. 2. Fonction de magistrat. *Le père de David est dans la **magistrature**.*

magma (nom masculin)
Mélange pâteux de roches en fusion, qui se forme à l'intérieur de la Terre. *La lave des volcans est constituée de **magma**.*

magnanime (adjectif)
Généreux et indulgent. *Soyez **magnanime**, pardonnez-lui !*

magnésium (nom masculin)
Métal gris-blanc très abondant dans la nature. *Le **magnésium** est important dans l'équilibre alimentaire.*

magnétique (adjectif)
1. Qui attire les objets en fer, comme le font les aimants. *Certains minerais de fer sont **magnétiques**.* 2. Au sens figuré, qui exerce une influence mystérieuse. *Cet acteur a vraiment un regard **magnétique**.* Famille du mot : magnét**iser**, magné**tisme**, magnét**ophone**, magnét**oscope**.

magnétiser (verbe) ▸ conjug. n° 3
Rendre magnétique. *On peut **magnétiser** le fer grâce à l'électricité.*

magnétisme (nom masculin)
1. Ensemble des propriétés des aimants. *L'aimant attire le fer par **magnétisme**.* 2. Au sens figuré, influence magnétique d'une personne. *Son regard plein de **magnétisme** me fascine.*

magnétophone (nom masculin)
Appareil qui enregistre des sons sur bande magnétique et les reproduit.

magnétoscope (nom masculin)
Appareil qui enregistre sur une bande magnétique des images et des sons et les reproduit. *Aujourd'hui, les **magnétoscopes** sont remplacés par les lecteurs DVD.*

magnificence (nom féminin)
Caractère de ce qui est magnifique. *La cérémonie du couronnement était pleine de **magnificence**.*

magnifique (adjectif)
Très beau. *Du haut de cette tour, on a une vue **magnifique** sur la mer.* (Syn. splendide, superbe. Contr. affreux, horrible.)

magnifiquement (adverbe)
De façon magnifique. *La fête s'est **magnifiquement** terminée par un feu d'artifice.*

magnitude (nom féminin)
Valeur indiquant la puissance d'un séisme. *Un séisme de **magnitude** 7 sur l'échelle de Richter.*

magnolia (nom masculin)
Arbre ornemental aux grandes fleurs très odorantes.

un **magnolia**

magnum (nom masculin)
Grosse bouteille qui contient un litre et demi. *Pour son anniversaire, grand-père a ouvert un **magnum** de champagne.* Prononciation [magnɔm].

magot (nom masculin)
Dans la langue familière, grosse somme d'argent accumulée et cachée. *Le **magot** n'était plus dans le coffre-fort !*

magouille (nom féminin)
Dans la langue familière, manière d'agir peu honnête. *Il est très honnête : Pierre a horreur des **magouilles** !* (Syn. combine.)

magret (nom masculin)
Morceau de viande qui se trouve sur le ventre du canard.

maharadjah (nom masculin)
Titre des anciens princes de l'Inde. *Les **maharadjahs** étaient connus pour leur faste.*

Mahomet (né vers 570, mort en 632)
Prophète de l'islam. Mahomet est le fondateur de la religion musulmane. Au cours de méditations religieuses, il a des songes et des visions qui lui révèlent la mission dont Dieu le charge. Il prêche alors la croyance en un dieu unique, Allah, et transmet les messages divins qui formeront ensuite les textes du Coran. Mais les riches commerçants de La Mecque forcent Mahomet à émigrer. En 622, il part, avec ses disciples, pour un exil qui les mènera à Médine. Cette émigration, appelée l'« hégire », marque le point de départ de l'ère musulmane. Le Prophète organise à Médine une communauté de croyants vivant selon la loi de l'islam.
ORTHO On dit aussi **Mohammed** ou **Muhammad**.

mai (nom masculin)
Cinquième mois de l'année, qui compte 31 jours. *La Seconde Guerre mondiale s'est terminée en Europe le 8 **mai** 1945.*

mai 1968
Mouvement de révolte qui débuta en France au mois de mai 1968 dans le milieu étudiant. Des manifestations de rue, notamment à Paris, entraînèrent des affrontements entre étudiants et policiers. Des ouvriers se joignirent au mouvement et une grève générale paralysa le pays.

maigre (adjectif)
1. Plus mince que la moyenne. *Ce chien est si **maigre** qu'il fait pitié.* (Contr. corpulent, gras, gros.) **2.** Qui contient peu de matière grasse. *Un yaourt **maigre**. Une viande **maigre**.* **3.** Au sens figuré, qui n'est pas important ou suffisant. *L'enquête n'a donné que de **maigres** résultats.* (Syn. médiocre, mince.) Famille du mot : amaigrir, amaigrissant, amaigrissement, maigreur, maigrichon, maigrir.

maigreur (nom féminin)
Fait d'être maigre. *Cet enfant doit être très malade : il est d'une **maigreur** inquiétante.*

un **maharadjah**

a b c d e f g h i j k l m n o p q r s t u v w x y z

maigrichon, onne (adjectif)
Un peu maigre. *Gaëlle va mieux, mais elle est encore un peu **maigrichonne**.* (Contr. grassouillet.)
ORTHO On dit aussi **maigrelet, ette.**

maigrir (verbe) ▸ conjug. n° 11
Devenir plus maigre. *Papa suit un régime sévère pour **maigrir** un peu.* (Contr. grossir.)

mail ➡ Voir **e-mail.**

maille (nom féminin)
1. Chacune des petites boucles de fil ou de laine dont l'ensemble constitue un tricot. *Ta bague a accroché une **maille** de mon pull.* 2. Chacun des trous formés par ces boucles. *Le poisson est passé à travers les **mailles** du filet.* • **Avoir maille à partir avec quelqu'un :** se disputer avec lui. Dans la locution **avoir maille à partir**, les mots ont des sens d'autrefois : *partir* signifiait « partager » et la *maille* était une petite pièce de monnaie.

maillet (nom masculin)
Gros marteau en bois. *Le géomètre enfonce le piquet dans la terre à coups de **maillet**.*

maillon (nom masculin)
Anneau d'une chaîne. (Syn. chaînon.)

maillot (nom masculin)
Vêtement qui couvre le haut du corps. *Sous sa chemise, Kevin porte un **maillot** de corps.* • **Maillot de bain :** vêtement spécial pour se baigner, à la mer ou à la piscine.

main (nom féminin)
Partie du corps qui termine le bras, constituée de la paume et des cinq doigts. *On se serre la **main** pour se dire bonjour.* ➡ p. 302. • **Avoir la main :** aux cartes, être le premier à jouer. • **Avoir la main heureuse :** être chanceux quand on choisit. • **Avoir le cœur sur la main :** être très bon. • **Avoir quelque chose sous la main** ou **à portée de main :** l'avoir près de soi et pouvoir le saisir sans se déplacer. • **De la main à la main :** directement, sans intermédiaire. • **Donner un coup de main à quelqu'un :** l'aider. • **En mains propres :** à celui qui doit recevoir une chose, et seulement à lui. • **En mettre sa main au feu :** être sûr que c'est vrai, prêt à le parier. • **En venir aux mains :** se battre. • **Être en (de) bonnes mains :** être avec quelqu'un en qui on peut avoir confiance. • **Faire des pieds et des mains :** se donner du mal pour arriver à son but. • **Faire main basse sur une chose :** s'en emparer de façon irrégulière. • **Gagner haut la main :** très facilement. • **Mettre la dernière main à un travail :** l'achever dans ses moindres détails. • **Mettre la main à la pâte :** travailler avec les autres. • **Ne pas y aller de main morte :** agir très fermement.

mainate (nom masculin)
Oiseau noir, à bec jaune, capable d'imiter la voix humaine.

main-d'œuvre (nom féminin)
1. Ensemble d'ouvriers. *Cette usine emploie surtout de la **main-d'œuvre** féminine.* 2. Travail d'un ouvrier. *Pour réparer le four, il a fallu deux heures de **main-d'œuvre**.*

main-forte (nom féminin)
• **Prêter main-forte à quelqu'un :** l'aider pour exécuter quelque chose.
ORTHO On écrit aussi **mainforte.**

mainmise (nom féminin)
Action de s'emparer de quelque chose. *Au XVIe siècle, les Espagnols avaient la **mainmise** sur le commerce des épices.*

maint, mainte (adjectif)
Synonyme littéraire de plusieurs. *J'ai **maintes** fois fait ce chemin.*

maintenance (nom féminin)
Maintien d'un matériel en bon état de fonctionnement. *Ce magasin assure pendant cinq ans la **maintenance** des appareils qu'il a vendus.*

maintenant (adverbe)
1. Tout de suite. *Tu as suffisamment attendu : c'est **maintenant** que tu dois te décider.* 2. Actuellement, à présent. *Il a beaucoup plu, mais **maintenant** il fait beau.*

maintenir (verbe) ▸ conjug. n° 11
1. Tenir dans la même position. ***Maintiens** ta petite sœur pendant que je lui nettoie les oreilles.* (Syn. retenir.) 2. Faire durer ou conserver quelque chose. *Le radiateur **maintient** une bonne température dans la pièce.* (Syn. garder.) 3. Continuer à affirmer. *Je **maintiens** que j'ai dit la vérité.* 4. Se maintenir : rester dans le même état. *Pierre fait du sport pour **se maintenir** en forme.*

maintien (nom masculin)
1. Action de maintenir dans le même état. *Il faut changer, je suis contre le **maintien** de cette habitude.* (Contr. abandon.) **2.** Manière de se tenir. *Le cavalier doit améliorer son **maintien** en selle.* (Syn. tenue.)

maire (nom masculin)
Personne élue pour diriger une commune. *Le **maire** a mis son écharpe tricolore pour célébrer le mariage.*

mairie (nom féminin)
Bâtiment où se trouvent le bureau du maire et l'administration municipale.

mais (conjonction)
Annonce une opposition ou une précision. *Je voulais partir, **mais** il m'a retenu. Le maître est sévère **mais** juste.*

maïs (nom masculin)
Céréale aux gros épis à grains jaunes. *Ces poulets sont nourris au **maïs**.*

une tige et un épi de **maïs**

maison (nom féminin)
1. Bâtiment qui sert d'habitation. *La nuit tombait, Quentin est rentré très vite à la **maison**.* **2.** Bâtiment qui sert à un usage particulier. ***Maison** de retraite. **Maison** des jeunes.* **3.** Entreprise où l'on travaille. *Il est caissier dans la même **maison** depuis trente ans.* (Syn. firme, société.) ■ **maison** (adjectif) Fait à la maison. *Maman réussit toujours à merveille sa tarte **maison**.* Pluriel : des gâteaux maison. Famille du mot : maisonnée, maisonnette.

la **Maison-Blanche**
Résidence du président des États-Unis depuis 1800. La Maison-Blanche est située à Washington.

maisonnée (nom féminin)
Ensemble des habitants d'une maison. *Toute la **maisonnée** se prépare à fêter Noël.* (Syn. famille.)

maisonnette (nom féminin)
Petite maison. *Une **maisonnette** de poupée.*

maître, maîtresse (nom)
1. Personne qui commande. *Le commandant du navire est le seul **maître** à bord.* **2.** Propriétaire d'un animal domestique. *Ce chien ne quitte jamais son **maître**.* **3.** Instituteur, institutrice ou professeur. *Sa **maîtresse** d'école s'appelle madame Dubois.* ■ **maître** (nom masculin) **1.** Artiste, écrivain, savant très réputé et qui sert de modèle. *Le musée présente des tableaux de **maîtres**.* **2.** Titre donné à un notaire ou à un avocat, même quand il s'agit d'une femme. ***Maître** Dupont a mis sa robe d'avocate.* • **Coup de maître :** action qui montre qu'on est très habile. • **Trouver son maître :** trouver quelqu'un de plus fort ou de plus habile que soi. ■ **maîtresse** (nom féminin) Femme qui a une relation amoureuse avec un homme qui n'est pas son mari. *La marquise de Pompadour était la **maîtresse** du roi Louis XV.* ■ **maître, maîtresse** (adjectif) **1.** Qui a le pouvoir de faire ou de contrôler quelque chose. *Romain sait rester **maître** de ses nerfs.* **2.** Qui est le plus important. *Aux échecs, la reine est une pièce **maîtresse**.* • **Être maître de soi :** savoir garder son sang-froid.
ORTHO On écrit aussi **maitre, maitresse**.

maître chanteur (nom masculin)
Escroc qui fait du chantage. Pluriel : des maîtres chanteurs.
ORTHO On écrit aussi **maitre chanteur**.

maître nageur (nom masculin)
Personne qui apprend aux autres à nager. Pluriel : des maîtres nageurs.
ORTHO On écrit aussi **maitre nageur**.

maîtrise (nom féminin)
1. Domination ou contrôle de quelque chose. *Les pirates avaient la **maîtrise** de la mer des Antilles.* **2.** Fait de maîtriser quelque chose. *Amandine a une parfaite*

a b c d e f g h i j k l m n o p q r s t u v w x y z

maîtrise *de l'anglais.* **3.** Ensemble de ceux qui surveillent et dirigent le travail des ouvriers. *Mon oncle est agent de **maîtrise** dans une entreprise.* **4.** Chœur d'enfants. *La **maîtrise** du conservatoire a donné un concert.* • **Maîtrise de soi :** contrôle de soi-même, sang-froid.
ORTHO On écrit aussi **maitrise.**

maîtriser (verbe) ▸ conjug. n° 3
1. Soumettre en employant la force. *Le cavalier a réussi à **maîtriser** son cheval qui s'était emballé.* **2.** Réussir à dominer une difficulté ou un danger. *Il a fallu trois heures d'effort pour **maîtriser** l'incendie.* **3.** Dominer ou contrôler. *Julie s'énerve vite, elle ne sait pas **se maîtriser**.*
ORTHO On écrit aussi **maitriser.**

maïzena (nom féminin)
Farine de maïs, qui sert à faire des bouillies, des sauces ou des gâteaux. Prononciation [maizena]. **Maïzena** est le nom d'une marque.

majesté (nom féminin)
1. Titre que l'on donnait aux rois, aux reines, aux empereurs. *Sa **Majesté** le roi d'Espagne.* **2.** Air de noblesse, de grandeur. *Laura est impressionnée par la **majesté** du château de Versailles.* Au sens 1, **Majesté** s'écrit avec une majuscule.

majestueux, euse (adjectif)
Qui est plein de majesté. *La longue robe de la mariée lui donne une allure **majestueuse**.* (Syn. noble, solennel.)

majeur, eure (adjectif)
1. Qui est le plus important. *Il passe la **majeure** partie de sa journée à travailler.* **2.** Qui a atteint l'âge de la majorité. *À 18 ans, on a le droit de voter car on est **majeur**.* (Contr. mineur.) ■ **majeur** (nom masculin) Le plus grand doigt de la main. (Syn. médius.)

majoration (nom féminin)
Action de majorer. *Papa est indigné par la **majoration** du prix de l'essence.* (Syn. augmentation, hausse. Contr. baisse, diminution.)

majordome (nom masculin)
Chef des domestiques.

majorer (verbe) ▸ conjug. n° 3
Augmenter un prix, un tarif. *Le prix du repas de cantine **a été majoré** de 10 %.* (Syn. baisser, diminuer.)

majorette (nom féminin)
Jeune fille en uniforme qui défile dans une parade en jonglant avec un bâton.

des **majorettes**

majoritaire (adjectif)
Qui est en plus grand nombre. *Cette opinion est **majoritaire** dans le pays.* (Contr. minoritaire.)

majorité (nom féminin)
1. Le plus grand nombre. *Une grande **majorité** des élèves de la classe mange à la cantine.* **2.** Le plus grand nombre de voix obtenues lors d'un vote. *Aux élections, il faut avoir la **majorité** pour être élu.* **3.** Les partis qui sont d'accord avec le gouvernement. (Contr. opposition.) **4.** Âge fixé par la loi pour avoir les droits et les devoirs des adultes. *En France, la **majorité** est fixée à 18 ans.* (Contr. minorité.)

majuscule (nom féminin)
Grande lettre d'une forme particulière. *On met une **majuscule** au début des phrases et des noms propres.* (Contr. minuscule.)

mal, maux (nom masculin)
1. Ce qui est contraire à la morale, au bien. *Essaie toujours de lutter contre le **mal**.* **2.** Malheur ou calamité. *La famine est un des **maux** dont souffre l'humanité.* **3.** Chose mauvaise, désagréable. *Ne dis jamais du **mal** des autres !* **4.** Douleur physique. *Je m'arrête de marcher car j'ai très **mal** aux pieds.* **5.** Malaise ou nausée. *La mer était agitée, tout le monde a eu le **mal** de mer. Thomas a **mal** au cœur en voiture.* **6.** Difficulté à faire quelque chose. *Myriam s'est couchée trop tard et, ce matin, elle a eu du **mal** à se lever.* • **Prendre mal :** tomber malade. • **Se donner du mal :** faire des efforts. ■ **mal** (adverbe) De façon mauvaise. *Ça tombe **mal** que tu ne puisses pas venir au-*

jourd'hui. (Contr. bien.) • **Être au plus mal :** être près de mourir. • **Mal prendre quelque chose :** ne pas l'accepter et se vexer. • **Pas mal :** synonyme familier de beaucoup. *Il y avait* ***pas mal*** *de monde à la réunion.* • **Se trouver mal :** s'évanouir.
■ **mal** (adjectif) Contraire à la morale. *C'est* ***mal*** *de te moquer de lui.* (Contr. bien.) • **Pas mal :** assez bien. *Ce film n'est* ***pas mal.*** Pluriel : des chaussures pas mal.

malade (adjectif et nom)
Qui est en mauvaise santé. *Tu es* ***malade*** *parce que tu as pris froid. Le* ***malade*** *est au lit, il attend le médecin.* Famille du mot : mala**die**, mala**dif**.

maladie (nom féminin)
Fait d'être malade. *Les vaccins permettent d'éviter certaines* ***maladies.*** • **En faire une maladie :** protester violemment.

maladif, ive (adjectif)
1. Qui est souvent malade. *C'est une enfant* ***maladive*** *qui manque souvent l'école.* 2. Qui est anormal, comme les maladies. *Il a une peur* ***maladive*** *des serpents.*

maladresse (nom féminin)
1. Défaut d'une personne maladroite. *Mon petit frère montre encore beaucoup de* ***maladresse*** *quand il noue ses lacets.* (Syn. gaucherie. Contr. adresse.) 2. Action ou parole maladroite. *Tu as commis une* ***maladresse*** *en oubliant de lui dire merci.* (Syn. erreur, gaffe.)

maladroit, oite (adjectif et nom)
1. Qui manque d'adresse, d'habileté. *Pose ce vase, car tu es trop* ***maladroit !*** 2. Qui manque de tact, de délicatesse. *Victor a eu des mots* ***maladroits*** *et sa sœur s'est vexée.*

maladroitement (adverbe)
De façon maladroite. *Guillaume a* ***maladroitement*** *envoyé le ballon dans la gouttière.* (Contr. adroitement.)

mal-aimé, ée (nom et adjectif)
Se dit d'une personne qui n'est pas aimée et qui en souffre. *Cet enfant est* ***mal-aimé*** *dans sa famille.* Pluriel : des mal-aimé**s**.

malais, aise ➡ Voir tableau p. 6.

malaise (nom masculin)
1. Léger trouble de la santé. *Il faisait chaud et une dame a eu un* ***malaise*** *dans l'autobus.* 2. État de gêne. *Cette question embarrassante a provoqué un* ***malaise*** *parmi les invités.*

malaisé, ée (adjectif)
Synonyme littéraire de difficile. *Le sentier comporte un passage* ***malaisé*** *le long de la falaise.* (Contr. aisé, facile.)

Malaisie

27,7 millions d'habitants
Capitale : Kuala Lumpur
Monnaie : le ringgit (ou dollar de Malaisie)
Langue officielle : malais
Superficie : 329 747 km²

État fédéral d'Asie du Sud-Est regroupant onze États du sud de la péninsule malaise et deux États du nord de l'île de Bornéo (Sarawak et Sabah).

GÉOGRAPHIE
Les reliefs de la péninsule malaise et du nord de Bornéo se ressemblent : montagnes, plaines côtières, littoraux marécageux, forêts denses. Le sous-sol est riche en étain, fer, bauxite et or. Les gisements de pétrole sont importants. La population est constituée de Malais, d'une minorité chinoise et d'une minorité indienne.
La Malaisie fait partie du groupe des nouveaux pays industriels. Exportateur de caoutchouc, d'huile de palme, d'étain et de bois précieux, le pays exploite son pétrole ainsi que son gaz. La culture du riz, aliment de base, ne suffit pas totalement aux besoins de la population. En 1997, un gigantesque incendie de forêt a ravagé l'île de Bornéo et provoqué un véritable désastre écologique.

HISTOIRE
Peuplée dès le IIIe millénaire avant Jésus-Christ, la péninsule malaise a été soumise à différents royaumes hindous puis à l'Angleterre. En 1957 est proclamée l'indépendance de la fédération de Malaisie. En 1963, elle forme, avec Singapour, le Sarawak et le Sabah, la fédération de Grande Malaisie, ou Malaysia. Mais Singapour se retire en 1965. La Malaisie est membre du Commonwealth.
ORTHO On dit aussi **Malaysia**.

malaisien, enne ➡ Voir tableau p. 6.

malaria (nom féminin)
Synonyme de paludisme. **Malaria** est formé de deux mots italiens qui signifient « mauvais air », car on croyait que cette maladie était due à l'air vicié des marécages.

Malawi

14,2 millions d'habitants
Capitale : Lilongwe
Monnaie : le kwacha de Malawi
Langue officielle : anglais
Superficie : 118 484 km²

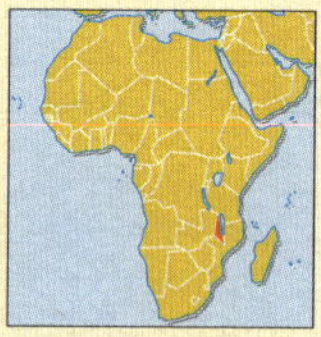

État du sud-est de l'Afrique, situé entre la Zambie, la Tanzanie et le Mozambique.

GÉOGRAPHIE
L'est du pays est occupé par le grand lac Malawi, dominé à l'ouest par de hauts plateaux. Le Sud est la zone la plus peuplée du pays. Les ressources sont principalement agricoles avec les cultures du maïs, du riz et du manioc et les cultures destinées à l'exportation (tabac, thé, café, sucre).

HISTOIRE
Occupée à l'origine par une population bantoue d'agriculteurs, la région a été explorée par l'Écossais David Livingstone. En 1891, la Grande-Bretagne établit son protectorat sur le pays, désigné sous le nom de Nyassaland. En 1953, le pays forma, avec la Rhodésie, une fédération d'Afrique centrale, qui éclata en 1962. Le Nyassaland accéda alors à l'indépendance en 1964 sous le nom de Malawi, aujourd'hui membre du Commonwealth.

malaxer (verbe) ▸ conjug. n° 3
Pétrir une matière pour l'amollir. *Une pâte bien **malaxée** n'a pas de grumeaux.*

malchance (nom féminin)
Manque de chance. *Quelle **malchance** ! Le train vient juste de partir.*

malchanceux, euse (adjectif)
Qui a de la malchance. *Un joueur **malchanceux**.* (Contr. chanceux.)

Maldives

300 000 habitants
Capitale : Malé
Monnaie : le rufiyaa (ou roupie des Maldives)
Langue officielle : divéhi
Superficie : 298 km²

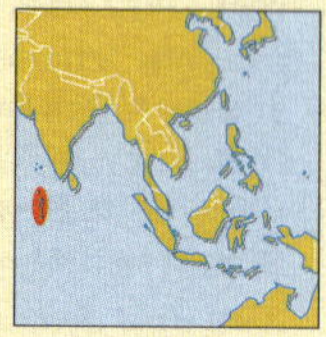

État de l'océan Indien formé d'environ 1 200 îles, dont 200 seulement sont habitées. Les Maldives vivent principalement de la pêche et du tourisme, mais ses îles sont menacées par la montée des eaux. La république des Maldives est membre du Commonwealth.

maldonne (nom féminin)
Action de faire une erreur dans la distribution des cartes à jouer.

mâle (nom masculin)
Animal de sexe masculin. *Le bélier est le **mâle** de la brebis.* (Contr. femelle.) ■ **mâle** (adjectif) Qui est de sexe masculin. *Une girafe **mâle**.*

malédiction (nom féminin)
Malheur qui semble causé par un mauvais sort. *Une **malédiction** pèse sur cette maison qui a déjà brûlé trois fois.* (Contr. bénédiction.)

maléfice (nom masculin)
Opération magique qui vise à nuire. *Les sorcières étaient redoutées pour leurs **maléfices**.* (Syn. sortilège.)

maléfique (adjectif)
Qui exerce une influence surnaturelle visant à nuire. *Une formule **maléfique** a transformé le prince en corbeau.*

malencontreux, euse (adjectif)
Qui survient à un mauvais moment. *Un **malencontreux** coup de volant a conduit la voiture dans le fossé.* (Syn. ennuyeux, fâcheux.)

mal-en-point (adjectif)
Malade ou blessé. *Après son accident, elle était plutôt **mal-en-point**.* Pluriel : des gens mal-en-point.
ORTHO On écrit aussi **mal en point**.

malentendant, ante (nom)
Personne qui entend très mal, qui est presque sourde.

malentendu (nom masculin)
Fait de mal se comprendre, ce qui cause un désaccord. *C'est vraiment un*

***malentendu**, je n'avais pas voulu dire cela !* (Syn. méprise.)

mal-être (nom masculin)
Sentiment de profond malaise. *Zoé a parfois du mal à exprimer son **mal-être**.* Pluriel : des mal-être.

malfaçon (nom féminin)
Défaut de fabrication d'un objet, d'un produit.

malfaisant, ante (adjectif)
Qui fait du mal. *Ce dictateur est un individu **malfaisant** pour son pays.* (Syn. néfaste, nuisible. Contr. bienfaisant.) Prononciation [malfəzɑ̃].

malfaiteur (nom masculin)
Personne qui commet des crimes, des délits. *Les voleurs, les gangsters, les faussaires sont des **malfaiteurs**.*

malfamé, ée (adjectif)
Se dit d'un endroit qui a mauvaise réputation. *Ne traverse pas seul ce quartier **malfamé** !*
ORTHO On écrit aussi **mal-famé, ée**.

malformation (nom féminin)
Défaut d'un organe qui s'est mal formé avant la naissance. *On l'a opéré d'une **malformation** du bassin.*

malgache ➡ Voir tableau p. 6.

malgré (préposition)
Indique une opposition. *Nous nous sommes bien amusés **malgré** la pluie.* (Syn. en dépit de.)

malhabile (adjectif)
Synonyme de maladroit. *Ma petite sœur commence à marcher, mais elle est encore **malhabile** sur ses jambes.* (Contr. adroit, habile.)

malheur (nom masculin)
1. Évènement triste, douloureux. *La guerre est un très grand **malheur**.* **2.** Synonyme de malchance. *La voiture est tombée en panne et, par **malheur**, il s'est mis à neiger.* (Contr. bonheur.) **Malheur** vient d'un vieux mot français *heur*, qui signifiait « chance » et que l'on retrouve dans *bonheur* et dans *heureux*. Famille du mot : malheur**eusement**, malheur**eux**.

malheureusement (adverbe)
De façon très malheureuse. ***Malheureusement**, j'ai manqué mon train !* (Contr. heureusement.)

malheureux, euse (adjectif et nom)
Qui est dans une situation pénible. *Xavier est **malheureux** car Odile va déménager et il ne la verra plus. J'ai donné une pièce à un **malheureux** qui tendait la main.* ■ malheureux, euse (adjectif) **1.** Qui a des conséquences regrettables. *Une passe **malheureuse** nous a fait perdre le match.* (Syn. fâcheux, funeste.) **2.** Qui est insignifiant, sans aucune importance. *Tu ne vas pas pleurer pour un **malheureux** bobo !*

malhonnête (adjectif)
Qui est contraire à l'honnêteté. *Il est **malhonnête** de mentir.*

malhonnêtement (adverbe)
De façon malhonnête. *Benjamin m'a **malhonnêtement** fait payer ce DVD trop cher.*

malhonnêteté (nom féminin)
1. Défaut d'une personne vraiment malhonnête. *Ta **malhonnêteté** te fera perdre tous tes amis.* (Contr. honnêteté.) **2.** Acte malhonnête. *Le caissier du club a commis une **malhonnêteté**.*

Mali

13 millions d'habitants
Capitale : Bamako
Monnaie : le franc CFA
Langues officielles : français, bambara
Superficie : 1 240 000 km²

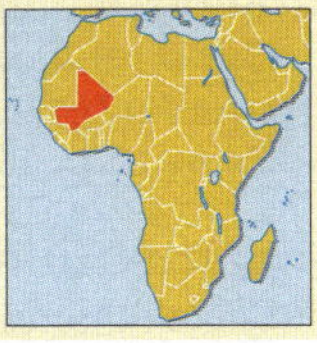

État d'Afrique de l'Ouest, traversé par les fleuves Niger et Sénégal.

GÉOGRAPHIE
Le nord du pays fait partie du désert du Sahara et se prolonge, au centre, par le Sahel, zone tropicale de steppes. Ces régions d'élevage nomade souffrent depuis les années 1970 de la sècheresse. Le Sud, plus peuplé, a un climat plus humide et des zones de cultures irriguées. Les ressources sont les cultures de riz, de mil, d'arachide, de coton, et la pêche fluviale. Mais le Mali reste très pauvre.

HISTOIRE
Le Mali fut exploré par les Français à partir de 1857 et les territoires conquis devinrent une colonie française, en

1920, sous le nom de Soudan français. Autonome en 1958, le pays forma, avec le Sénégal, la fédération du Mali en 1959. En 1960, l'ex-Soudan français garda le nom de Mali et devint une république.

malice (nom féminin)
Tendance à taquiner sans méchanceté. *Quelle **malice** dans le regard de ce petit coquin !*

malicieux, euse (adjectif)
Qui montre de la malice. *Sarah m'a adressé un sourire **malicieux**.* (Syn. coquin.)

malien, enne ➡ Voir tableau p. 6.

malin, maligne (adjectif et nom)
Qui sait se débrouiller en toutes circonstances. *Cet enfant est **malin** comme un singe. Lui, c'est un petit **malin** !* (Syn. débrouillard. Contr. naïf, nigaud.) ■ **malin, maligne** (adjectif) **1.** Qui montre de la méchanceté. *Olivier éprouve un **malin** plaisir à nous contrarier.* **2.** Se dit d'une maladie grave. *Cette tumeur **maligne** doit être soignée très vite.* • **C'est malin !** : dans la langue familière, s'emploie pour dire qu'on a fait quelque chose d'idiot, de stupide.

malingre (adjectif)
Qui semble fragile, chétif. *Benjamin est grand et fort et pourtant c'était un bébé **malingre**.* (Syn. fort, robuste.)

malintentionné, ée (adjectif)
Qui a l'intention de nuire. *Quelqu'un de **malintentionné** a détaché l'amarre du bateau.*

malle (nom féminin)
Grand coffre où on met ses affaires quand on voyage.

malléable (adjectif)
1. Qui est facile à modeler. *Maman ajoute du lait à la pâte pour la rendre plus **malléable**.* **2.** Au sens figuré, qui se laisse facilement influencer. *Clément est très **malléable**, il croit tout ce qu'on lui dit.*

mallette (nom féminin)
Petite valise. *L'argent de la rançon a été retrouvé dans une **mallette**.*

malmener (verbe) ▸ conjug. n° 8
Être brutal avec quelqu'un. *Les bandits **ont malmené** leur otage.* (Syn. brutaliser, maltraiter.)

malnutrition (nom féminin)
Alimentation insuffisante ou déséquilibrée. *Cet enfant chétif a souffert de **malnutrition**.*

malodorant, ante (adjectif)
Qui sent mauvais. *Une décharge **malodorante**.* (Syn. nauséabond.)

malotru, ue (nom)
Personne grossière. *Cesse de dire des gros mots, petit **malotru** !*

malpoli, ie (adjectif et nom)
Synonyme d'impoli. *Cet enfant **malpoli** a insulté la gardienne. Tu pourrais dire merci, petit **malpoli** !*

malpropre (adjectif)
Synonyme de sale. *Ce garçon **malpropre** ne se lave jamais les mains.* (Contr. propre.)

malpropreté (nom féminin)
Synonyme de saleté. *Quelle **malpropreté** dans cette maison !* (Contr. propreté.)

malsain, aine (adjectif)
Mauvais pour la santé physique ou morale. *Cette région humide a un climat **malsain**. Ils ont entre eux des relations **malsaines**.* (Syn. insalubre. Contr. sain.)

malt (nom masculin)
Orge que l'on a fait germer puis sécher. *Le **malt** sert à fabriquer la bière et le whisky.*

maltais, aise ➡ Voir tableau p. 6.

Malte

Union européenne

400 000 habitants
Capitale : La Valette
Monnaie : l'euro
Langues officielles : maltais, anglais
Superficie : 316 km²

État constitué par un archipel de la Méditerranée, situé entre la Sicile et la Tunisie.

GÉOGRAPHIE
Le territoire a un climat méditerranéen sec. L'eau douce nécessaire au pays est produite par des usines de dessalement de l'eau de mer. L'archipel est peuplé de façon très dense.
L'économie repose sur les cultures de céréales, de fruits et légumes, quelques industries, et surtout le tourisme.

HISTOIRE
En raison de sa position stratégique, l'île a été très disputée dès l'Antiquité. Conquise par les Arabes, puis par les Normands, son histoire est liée à celle du royaume de Sicile jusqu'en 1530 : Charles Quint la céda aux chevaliers de Rhodes, qui prirent le nom de chevaliers de Malte. Les Anglais s'en emparèrent en 1800 et en firent une base militaire. Malte accéda à l'indépendance en 1964 et devint membre du Commonwealth. La république de Malte est membre de l'Union européenne depuis 2004.

La Valette, capitale de **Malte**

maltraiter (verbe) ▸ conjug. n° 3
Traiter brutalement une personne ou un animal. *Cette brute n'arrête pas de **maltraiter** son chien.* (Syn. brutaliser, malmener.)

malus (nom masculin)
Augmentation du prix de l'assurance d'un véhicule lorsque le conducteur est responsable d'un accident. (Contr. bonus.) Prononciation [malys].

malveillance (nom féminin)
Caractère d'une personne malveillante. *Sa **malveillance** lui a fait perdre tous ses camarades.* (Contr. bienveillance.)

malveillant, ante (adjectif)
Qui veut faire du mal aux autres. *La carrosserie a été rayée par des gens **malveillants**.* (Syn. hostile, méchant. Contr. amical, bienveillant.)

malvenu, ue (adjectif)
Qui ne devrait pas être fait ou être dit. *Tu le critiques alors qu'il t'a tout appris ; tes reproches sont **malvenus**.* (Syn. déplacé.)

malversation (nom féminin)
Malhonnêteté commise par quelqu'un qui profite de sa situation pour s'enrichir. *Le trésorier du club de football a commis une **malversation**.*

malvoyant, ante (nom)
Personne qui voit très mal, qui est presque aveugle.

maman (nom féminin)
Nom affectueux que les enfants donnent à leur mère.

mamelle (nom féminin)
Organe des femelles des mammifères, qui donne du lait. *Le chevreau tète les **mamelles** de sa mère.*

mamelon (nom masculin)
1. Pointe du sein. **2.** Petite colline au sommet arrondi. *Un petit bois couvre le sommet du **mamelon**.*

mamie (nom féminin)
Nom que l'on donne à sa grand-mère. *Kevin adore sa **mamie**.*

mammifère (nom masculin)
Animal vertébré dont la femelle a des mamelles pour allaiter ses petits. *Le lapin, le cheval, le gorille sont des **mammifères**, l'homme aussi.* ➡ p. 776.

mammouth (nom masculin)
Énorme éléphant de l'époque préhistorique. *Les hommes préhistoriques chassaient le **mammouth**.* Prononciation [mamut].

un **mammouth**

La diversité des mammifères

cheval (herbivores)

chauve-souris
(insectivores)

rat musqué (rongeurs)

kangourou (marsupiaux)

chimpanzé (primates)

chien (carnivores)

dauphin (cétacés)

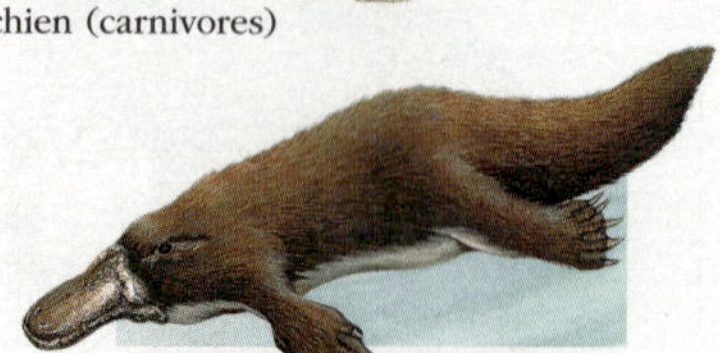

ornithorynque

manager (nom)
Personne qui dirige une entreprise, des artistes ou des sportifs. **Manager** est un mot anglais : on prononce [manadʒœʀ]. ORTHO On écrit aussi **manageur, euse**.

manant (nom masculin)
Au Moyen Âge, personne qui vivait dans un bourg ou un village, sans être noble.

manche (nom masculin)
Partie qui sert à tenir un objet. *Le bûcheron tient le **manche** de sa hache à deux mains.* • **Manche à balai :** levier de commande d'un avion.

manche (nom féminin)
1. Partie du vêtement qui couvre le bras. *Les chemisettes ont des **manches** courtes.* 2. Chacune des parties d'un jeu ou d'un match. *La deuxième **manche** s'appelle la revanche et la troisième la belle.* • **Faire la manche :** synonyme familier de mendier. • **Manche à air :** cylindre de tissu qui s'emplit d'air et indique le sens du vent.

Manche
Mer formée par un bras de l'océan Atlantique, qui s'étend entre le Royaume-Uni et la France. C'est une mer poissonneuse et peu profonde. La Manche communique avec la mer du Nord par le détroit du Pas-de-Calais. Route maritime très fréquentée, elle compte des ports très actifs en France (Cherbourg, Le Havre, Boulogne) et en Angleterre (Douvres, Southampton, Plymouth).

manchette (nom féminin)
1. Poignet de certaines chemises à bouton amovible. *Pour Noël, papa a eu des boutons de **manchette**.* 2. Titre en grosses lettres en première page d'un journal. *Une énorme **manchette** annonçait la mort du Président.*

manchon (nom masculin)
Étui de fourrure qui servait à protéger les mains du froid.

manchot, ote (adjectif et nom)
Se dit de quelqu'un qui a perdu un bras ou les deux bras.

manchot (nom masculin)
Oiseau de mer qui vit aux environs du pôle Sud. *Les **manchots** ressemblent à des pingouins, mais ils ne savent pas voler.*

un **manchot** et son petit

mandarin (nom masculin)
Haut fonctionnaire de l'ancien empire de Chine. *Les **mandarins** devaient faire de très longues études.*

mandarine (nom féminin)
Agrume qui ressemble à une petite orange. ➡ p. 36.

mandat (nom masculin)
1. Fonction confiée à une personne élue. *Le **mandat** de député dure cinq ans.* 2. Formulaire qui permet d'envoyer de l'argent par la poste. *David a reçu un **mandat** de son grand-père.* • **Mandat d'arrêt :** document signé par un juge permettant d'arrêter quelqu'un.

mandater (verbe) ▶ conjug. n° 3
Confier un mandat à quelqu'un. *Les électeurs **mandatent** leur député pour défendre leurs intérêts.*

Mandela Nelson (né en 1918, mort en 2013)
Homme politique sud-africain. Militant de la cause des Noirs, Mandela lutta contre la ségrégation raciale en Afrique du Sud. Emprisonné en 1962 et condamné à la prison à vie en 1964, il fut libéré en 1990. Il négocia alors la fin de l'apartheid avec le Président du pays. En 1994, il devint le premier Président noir d'Afrique du Sud. Il a reçu le prix Nobel de la paix en 1993.

mandibule (nom féminin)
Partie de la bouche de certains insectes qui leur sert à broyer la nourriture. ➡ p. 676.

mandoline (nom féminin)
Sorte de guitare à dos bombé. ➡ p. 778.

mandrill (nom masculin)
Singe d'Afrique, au museau rouge et bleu.

un **mandrill**

manège (nom masculin)
1. Piste couverte où l'on dresse des chevaux et où on apprend à monter à cheval. *Le centre équestre possède un **manège**.* **2.** Attraction constituée de chevaux de bois ou de véhicules qui tournent autour d'un axe. *Faire un tour de **manège**.* **3.** Manière habile de se comporter pour parvenir à quelque chose. *On a vite compris son **manège**.* (Syn. manœuvre.)

Manet Édouard (né en 1832, mort en 1883)
Peintre français. Manet a fait scandale en présentant ses premières œuvres, *le Déjeuner sur l'herbe* (1862) et *Olympia* (1863) ; on lui reprochait sa nouvelle façon de traiter les nus féminins. Bien que reconnu et admiré par les impressionnistes, il est resté à l'écart de ce mouvement. ➡ p. 524.

manette (nom féminin)
Petit levier qu'on manœuvre à la main pour actionner un mécanisme. ➡ p. 139.

manga (nom masculin)
Bande dessinée japonaise.

manganèse (nom masculin)
Métal gris clair utilisé dans la préparation d'alliages.

mangeable (adjectif)
Que l'on peut manger. *Cette viande est à peine **mangeable**.* (Contr. immangeable.)

mangeoire (nom féminin)
Récipient dans lequel on donne à manger aux animaux. *Ibrahim a installé une **mangeoire** pour les oiseaux dans un arbre.*

manger (verbe) ▸ conjug. n° 5
1. Mâcher et avaler un aliment. *Kevin **mange** une pomme le midi.* **2.** Prendre ses repas. *Camille n'aime pas **manger** à la cantine.* Famille du mot : **immangeable**, mang**eable**, mang**eoire**, mang**eur**.

mangeur, euse (nom)
• **Gros mangeur :** personne qui mange beaucoup.

mangouste (nom féminin)
Petit mammifère carnivore d'Afrique et d'Asie, qui ressemble à la belette. *Les **mangoustes** tuent les serpents.* ➡ p. 851.

mangrove (nom féminin)
Forêt des pays tropicaux située en bord de mer. *Les palétuviers de la **mangrove** ont les pieds dans l'eau.*

mangue (nom féminin)
Fruit exotique à la chair jaune et très parfumée. ➡ p. 496.

Manhattan
Arrondissement de la ville de New York. Manhattan est une île située entre le fleuve Hudson, l'East River et la rivière de Harlem. C'est le quartier des affaires et des activités culturelles de New York.

maniable (adjectif)
Qui est facile à manier, à utiliser ou à manœuvrer. *Cette grosse voiture n'est pas très **maniable** en ville.*

une **mandoline**

maniaque (adjectif et nom)
Qui a des manies. *Elle est **maniaque** et nettoie ses vitres tous les jours. C'est aussi une **maniaque** du rangement.* ■ **maniaque** (nom) Malade mental qui a des idées fixes. *Un **maniaque** a agressé une fillette à la sortie de l'école.*

manie (nom féminin)
Habitude bizarre et souvent ridicule. *Le rangement est une vraie **manie** chez elle.* **Manie** vient du grec *mania* qui signifie « folie ».

maniement (nom masculin)
Action ou façon de manier quelque chose. *Je vais t'apprendre le **maniement** de l'appareil photo.* (Syn. manipulation.)

manier (verbe) ▸ conjug. n° 10
1. Prendre une chose dans ses mains pour la déplacer. *Le manutentionnaire **manie** avec précaution les cartons de livraison.* (Syn. manipuler.) **2.** Se servir de quelque chose. *Les militaires savent **manier** les armes.*

manière (nom féminin)
Moyen qu'on utilise pour faire quelque chose. *Anna ne sait pas de quelle **manière** on cuit ce poisson.* (Syn. façon.) • **De manière à :** afin de, pour. *Ne traîne pas en route, **de manière à** arriver à l'heure.* • **De toute manière :** de toute façon, quoi qu'il arrive. ■ **manières** (nom féminin pluriel) Façon de se comporter en société. *Pierre mange avec ses doigts, en voilà des **manières** !* • **Faire des manières :** se faire prier.

maniéré, ée (adjectif)
Qui manque de simplicité et de naturel. *Élodie n'est pas à l'aise avec les gens **maniérés**.*

manifestant, ante (nom)
Personne qui prend part à une manifestation.

manifestation (nom féminin)
1. Fait de manifester ou de se manifester. *Des **manifestations** de joie.* (Syn. démonstration.) **2.** Groupe de personnes qui défilent pour exprimer leurs opinions. *Les grévistes préparent leurs banderoles pour la **manifestation**.*

■ **manifeste** (adjectif)
Dont on ne peut pas douter. *Leur bonheur est **manifeste**.* (Syn. évident, indéniable.)

■ **manifeste** (nom masculin)
Déclaration publique qui expose une doctrine ou un programme.

manifestement (adverbe)
De façon manifeste. *Les volets sont fermés, **manifestement** il n'y a personne.* (Syn. visiblement.)

manifester (verbe) ▸ conjug. n° 3
1. Faire connaître un sentiment en l'exprimant clairement. *Quentin **manifeste** sa joie en applaudissant.* (Syn. exprimer, montrer.) **2.** Participer à une manifestation. *Les agriculteurs **ont manifesté** contre l'augmentation du prix du lait.* **3.** Se manifester : apparaître sous telle forme. *Cette maladie **se manifeste** par des boutons sur tout le corps.* Famille du mot : manifest**ant**, manifest**ation**.

manigance (nom féminin)
Manœuvre secrète. *Je n'aime pas beaucoup ses **manigances** pour obtenir les faveurs du maître.*

manigancer (verbe) ▸ conjug. n° 4
Préparer quelque chose par des manigances. *Nicolas, qu'est-ce que tu **manigances** dans mon dos ?*

manioc (nom masculin)
Plante tropicale. *Avec les racines de **manioc**, on fait le tapioca.*

feuilles et racine de **manioc**

manipulation (nom féminin)
Action de manipuler. *La **manipulation** de ce produit toxique est dangereuse.* (Syn. maniement.)

manipuler (verbe) ▸ conjug. n° 3
Synonyme de manier. *Les déménageurs* ***manipulent*** *la vaisselle avec précaution.*

manitou (nom masculin)
• **Un grand manitou :** personnage puissant, haut placé. *Les grands* ***manitous*** *de la haute finance.*

manivelle (nom féminin)
Levier qui sert à faire tourner un mécanisme. *Papa cherche la* ***manivelle*** *du cric pour changer le pneu crevé.*

mannequin (nom masculin)
1. Sorte de statue qui sert à la présentation de vêtements dans un magasin. *La vendeuse refait sa vitrine en changeant les vêtements des* ***mannequins****.* 2. Personne qui présente au public les créations des couturiers. *Un défilé de* ***mannequins****.*

manœuvre (nom masculin)
Ouvrier non qualifié.

manœuvre (nom féminin)
1. Action de manœuvrer un appareil ou un véhicule. 2. Exercice d'entraînement des militaires. *Les soldats font des* ***manœuvres*** *dans cette forêt.* 3. Moyen plus ou moins honnête utilisé pour atteindre un but. *Je ne suis pas dupe de ses* ***manœuvres*** *pour réussir.* (Syn. manège, manigance.)

manœuvrer (verbe) ▸ conjug. n° 3
1. Agir sur un appareil ou un véhicule pour le diriger ou le faire fonctionner. *Le chauffeur a du mal à* ***manœuvrer*** *son poids lourd.* 2. Employer des moyens adroits pour parvenir à ses fins. *Fatima* ***a*** *si bien* ***manœuvré*** *qu'elle a obtenu ce qu'elle voulait.*

manoir (nom masculin)
Petit château campagnard.

manomètre (nom masculin)
Appareil servant à mesurer la pression d'un gaz ou d'un liquide.

manquant, ante (adjectif)
Qui manque. *Trois élèves sont* ***manquants*** *ce matin.* (Syn. absent.)

manque (nom masculin)
Absence ou insuffisance de quelque chose. *Par* ***manque*** *d'argent, ils n'ont pas pris de vacances.* (Syn. pénurie. Contr. abondance.)

manquement (nom masculin)
Fait de manquer à un engagement, à un devoir. *Ce professeur ne tolère aucun* ***manquement*** *à la discipline dans sa classe.*

manquer (verbe) ▸ conjug. n° 3
1. Ne pas exister en quantité suffisante. *L'eau* ***manque*** *dans cette région.* (Syn. faire défaut. Contr. abonder.) 2. Être absent. *Plusieurs élèves de la classe* ***manquent*** *à cause d'une épidémie de grippe.* 3. Causer des regrets par son absence. *Depuis que Romain est pensionnaire, ses parents lui* ***manquent****.* 4. Ne pas être là où il faut. *Il* ***manque*** *trois livres sur l'étagère, qui les a pris ?* 5. Synonyme de rater. *Nous* ***avons manqué*** *le car, attendons le suivant.* 6. Synonyme de faillir. *Il* ***a manqué*** *de tomber.* • **Je n'y manquerai pas :** je le ferai sans faute. Famille du mot : immanqu**able**, manqu**ant**, manque.

Le Mans
Chef-lieu du département de la Sarthe (144 000 habitants). Le Mans, situé au confluent de la Sarthe et de l'Huisne, est un centre industriel. La célèbre course des « Vingt-Quatre Heures du Mans » s'y déroule, chaque année, sur le circuit automobile situé près de la ville.

mansarde (nom féminin)
Petite pièce située sous un toit et dont un mur est incliné. **Mansarde** vient du nom d'un architecte français du XVIIe siècle, *François Mansart.*

mansardé, ée (adjectif)
Disposé en mansarde. *Un grenier* ***mansardé****.*

mante (nom féminin)
• **Mante religieuse :** insecte au corps allongé et aux puissantes pattes antérieures.

une **mante religieuse**

manteau, eaux (nom masculin)
1. Vêtement qui se porte par-dessus les autres habits. *Il fait froid, mets ton **manteau**.* 2. Partie d'une cheminée construite en saillie au-dessus du foyer.

manucure (nom)
Personne qui donne des soins de beauté aux mains et aux ongles. **Manucure** vient du latin *manus* qui signifie « main » et de *curare* qui signifie « soigner ».

■ **manuel, elle** (adjectif)
Qui se fait en se servant de ses mains. *Les artisans font un travail **manuel**.*

■ **manuel** (nom masculin)
Livre de classe. *Ouvrez votre **manuel** à la page 10.*

manuellement (adverbe)
De façon manuelle. *Cette écluse fonctionne encore **manuellement**.*

manufacture (nom féminin)
Synonyme de fabrique. *Une **manufacture** de jouets.*

manufacturé, ée (adjectif)
Qui est transformé, de façon industrielle, en produit destiné à la vente.

manuscrit, ite (adjectif)
Qui est écrit à la main et non tapé à la machine ou imprimé. *Il faut que tu envoies cette lettre **manuscrite**.* ■ **manuscrit** (nom masculin) 1. Livre écrit à la main, avant l'invention de l'imprimerie. *Cette bibliothèque conserve des **manuscrits** du Moyen Âge.* 2. Original d'un texte avant son impression. *Quel éditeur a publié votre **manuscrit** ?* **Manuscrit** vient du latin *manus* qui signifie « main » et de *scriptus* qui signifie « écrit ».

manutention (nom féminin)
Travail qui consiste à manier, ranger, charger et décharger des marchandises.

manutentionnaire (nom)
Personne qui fait des travaux de manutention.

Maoris
Peuple polynésien de la Nouvelle-Zélande. Les Maoris ont lutté contre la colonisation anglaise, mais ils ont été privés de leurs meilleures terres. Aujourd'hui intégrée à la république de Nouvelle-Zélande, leur population a considérablement augmenté.

Mao Zedong (né en 1893, mort en 1976)
Homme d'État chinois. Mao Zedong fut l'un des fondateurs du parti communiste chinois qu'il dirigea à partir de 1935. Il fut président de la république populaire de Chine de 1954 à 1959. En 1966-1967, il lança la Révolution culturelle, mouvement politique armé pour imposer son pouvoir, qui fit des milliers de victimes. La pensée de Mao a été résumée dans le *Petit Livre rouge*.
ORTHO On dit aussi **Mao Tsé-toung**.

Mao Zedong

mappemonde (nom féminin)
Carte du globe terrestre sur laquelle les deux hémisphères sont représentés côte à côte.

maquereau, eaux (nom masculin)
Poisson de mer au dos bleu-vert rayé de noir.

un **maquereau**

a b c d e f g h i j k l m n o p q r s t u v w x y z

maquette (nom féminin)
Modèle réduit. *Thomas a fait des **maquettes** d'avions et de voitures de course.*

maquillage (nom masculin)
Action de se maquiller ou de maquiller quelqu'un. *Le **maquillage** des comédiens se fait dans leur loge.*

maquiller (verbe) ▸ conjug. n° 3
1. Mettre des produits colorés sur le visage pour se déguiser ou pour s'embellir. *Ludivine ne **s'est** jamais **maquillée**.* (Syn. se farder.) **2.** Modifier l'aspect de quelque chose pour tromper. ***Maquiller** une voiture volée.* Famille du mot : **dé**maquiller, maquill**age**.

maquilleur, euse (nom)
Personne dont le métier est de maquiller. *Beaucoup de **maquilleurs** travaillent dans le monde du spectacle.*

maquis (nom masculin)
1. Dans les régions méditerranéennes, terrain recouvert d'arbustes épineux et de buissons touffus. **2.** Endroit secret où se regroupaient les résistants pendant la Seconde Guerre mondiale. *Beaucoup de gens de ce village ont pris le **maquis**.*

maquisard, arde (nom)
Personne qui a pris le maquis. (Syn. partisan, résistant.)

marabout (nom masculin)
1. En Afrique, devin et guérisseur. **2.** Grand échassier, au plumage gris et blanc et au bec énorme.

un **marabout**

maracas (nom masculin pluriel)
Instrument de musique de la famille des percussions consistant en une paire de boules creuses munies chacune d'un manche, remplies de petits corps durs, que l'on agite pour marquer le rythme. *On entend toujours des **maracas** dans la musique cubaine.*

maraîcher, ère (adjectif)
Qui concerne la culture des légumes. *Il y a des cultures **maraîchères** dans cette région.* ■ **maraîcher, ère** (nom) Personne qui cultive des légumes pour les vendre. *Les salades de ce **maraîcher** sont toujours très fraîches.* **Maraîcher** vient de *marais,* région humide donc propice à la culture des légumes.
ORTHO On écrit aussi **maraicher**.

marais (nom masculin)
Étendue d'eau stagnante peu profonde. *Les **marais** sont souvent envahis de moustiques.* (Syn. marécage.)

marasme (nom masculin)
Activité très ralentie. *Ce pays est en plein **marasme** économique, il s'appauvrit.*

Marat Jean-Paul (né en 1743, mort en 1793)
Homme politique français. En 1789, dès le début de la Révolution, il fonda le journal *l'Ami du peuple,* qui défendait les intérêts du peuple. Élu député de Paris à la Convention, où il siégeait comme Montagnard, il dénonça la politique des Girondins et contribua à leur chute en 1793. Il mourut assassiné par Charlotte Corday, jeune révolutionnaire qui le poignarda dans sa baignoire pour venger les Girondins.

marathon (nom masculin)
1. Épreuve de course à pied de plus de 42 kilomètres. **2.** Au sens figuré, séance ou négociation longue et éprouvante. **Marathon** est le nom d'un village grec où, dans l'Antiquité, les Grecs vainquirent les Perses : un soldat courut porter la bonne nouvelle à Athènes et mourut d'épuisement en y arrivant.

Marathon
Village près d'Athènes où les Perses furent vaincus en 490 avant Jésus-Christ par les Athéniens. Pour annoncer la nouvelle, un soldat, le coureur de Marathon, aurait couru jusqu'à Athènes et serait mort d'épuisement au pied de l'Acropole.

marathonien, enne (nom)
Personne qui court un marathon.

marâtre (nom féminin)
Mauvaise mère.

marauder (verbe) ▸ conjug. n° 3
Voler des fruits ou des légumes avant leur récolte.

maraudeur, euse (nom)
À la campagne, personne qui maraude.

marbre (nom masculin)
1. Pierre calcaire très dure qui a parfois des taches et des lignes de couleurs variées. *Ce sculpteur polit le **marbre**.* 2. Objet de marbre. *Le **marbre** de la cheminée est cassé.* Famille du mot : marbré, marbrure.

une plaque de **marbre** rouge

marbré, ée (adjectif)
Qui est couvert de marbrures. *Un gâteau **marbré** de chocolat.*

marbrure (nom féminin)
Tache ou dessin semblables à ceux du marbre.

marc (nom masculin)
1. Ce qui reste des fruits que l'on a pressés pour en extraire le jus. 2. Eau-de-vie obtenue quand on distille le marc de raisin. • **Marc de café :** café en poudre imbibé d'eau, qui reste quand on a fait le café. Prononciation [MAR]. **Marc** vient du verbe *marcher*, car on piétinait le raisin pour faire sortir le jus.

marcassin (nom masculin)
Petit du sanglier et de la laie.

marchand, ande (nom)
Personne dont le métier est d'acheter des choses et de les revendre. *Va chez le **marchand** de journaux m'acheter une revue.* (Syn. commerçant.) ■ **marchand, ande** (adjectif) Qui concerne le commerce. *Il y a une galerie **marchande** dans l'aéroport. La marine **marchande**.* Famille du mot : marchandage, marchander, marchandise.

marchandage (nom masculin)
Action de marchander.

marchander (verbe) ▸ conjug. n° 3
Débattre avec le vendeur le prix de quelque chose pour l'obtenir moins cher. *Les gens ont l'habitude de **marchander** sur les brocantes.*

marchandise (nom féminin)
Produit qui s'achète ou se vend. *Le bateau décharge les **marchandises** sur le port.*

marche (nom féminin)
1. Action de marcher. *Nous avons fait une grande **marche** dans la forêt.* 2. Partie plate d'un escalier, sur laquelle on pose les pieds. *Hélène monte les nombreuses **marches** du phare.* 3. Fonctionnement d'un mécanisme. *Michelle a mis la machine à laver en **marche**.* • **Faire marche arrière :** reculer. • **Marche à suivre :** façon de procéder pour obtenir ce qu'on désire.

marché (nom masculin)
1. Endroit où les commerçants installent leur étalage pour vendre leurs marchandises. *Ce **marché** a lieu le mardi et le samedi.* ➡ p. 150 et p. 154. 2. Ensemble des achats et des ventes d'un produit. *Le **marché** de l'automobile, de l'immobilier.* 3. Arrangement entre deux personnes. *Victor a conclu un **marché** avec Laura : lui met la table, elle la débarrassera.* • **Faire son marché :** faire ses courses. • **Marché noir :** commerce illégal et clandestin de marchandises rares vendues à un prix trop élevé. • **Par-dessus le marché :** synonyme familier d'en plus.

marchepied (nom masculin)
Marche ou série de marches permettant de monter dans un véhicule.

marcher (verbe) ▸ conjug. n° 3
1. Se déplacer en faisant des pas. *William a commencé à **marcher** à 1 an.* 2. Être en état de marche. *La voiture **marche** bien depuis que le garagiste l'a réparée.* (Syn. fonctionner.) • **Faire marcher quelqu'un :** dans la langue familière, lui faire croire des choses fausses. Famille du mot : marche, marchepied, marcheur.

a b c d e f g h i j k l m n o p q r s t u v w x y z

marcheur, euse (nom)
Personne qui marche beaucoup. *Pour faire cette randonnée en forêt, il faut être un bon **marcheur**.*

Marco Polo
➡ Voir **Polo**.

mardi (nom masculin)
Deuxième jour de la semaine, entre lundi et mercredi. • **Mardi gras :** veille du premier jour de carême, où l'on fête le carnaval. En latin, **mardi** était le jour (*dies*) consacré à *Mars*, dieu de la Guerre.

mare (nom féminin)
Petite étendue d'eau stagnante. *Près de la ferme, il y a une **mare** où nagent des canards.*

marécage (nom masculin)
Synonyme de marais.

marécageux, euse (adjectif)
Où il y a des marécages. *C'est un terrain **marécageux**, on s'y enfonce facilement.*

maréchal, aux (nom masculin)
Titre honorifique donné à certains généraux.

maréchal-ferrant (nom masculin)
Artisan qui ferre les chevaux. Pluriel : des maréch**aux**-ferrants.

maréchaussée (nom féminin)
Ancien nom de la gendarmerie.

marée (nom féminin)
Mouvement de la mer qui monte et descend à des intervalles réguliers. *À **marée** basse, la plage est très grande et il faut aller loin pour se baigner.* • **Contre vents et marées :** malgré tous les obstacles. • **Marée noire :** pétrole répandu accidentellement sur la mer.

marelle (nom féminin)
Jeu d'enfants où l'on pousse un palet dans des cases en sautant à cloche-pied. *Myriam a tracé une **marelle** avec une craie sur le sol.*

marémoteur, trice (adjectif)
Se dit d'une centrale électrique qui utilise la force des marées.

mareyeur, euse (nom)
Personne qui vend en gros les poissons et les fruits de mer aux poissonniers.

margarine (nom féminin)
Matière grasse faite avec des plantes. *Maman remplace parfois le beurre par de la **margarine** pour cuisiner.*

marge (nom féminin)
1. Espace blanc laissé au bord d'une page écrite. *Le maître corrige nos cahiers et met des notes dans la **marge**.* **2.** Intervalle de temps dont on dispose. *Nous avons dix minutes de **marge** pour changer de train et prendre la correspondance.* • **En marge :** à l'écart d'un groupe.

margelle (nom féminin)
Rebord d'un puits ou d'une fontaine.

marginal, ale, aux (nom)
Personne qui vit en marge de la société. *Loin du village, des **marginaux** élèvent des chèvres.*

marguerite (nom féminin)
Fleur qui a le cœur jaune et des pétales blancs.

Marguerite de Valois (née en 1553, morte en 1615)
Reine de Navarre, puis reine de France. Fille d'Henri II et de Catherine de Médicis, elle épousa Henri de Navarre, le futur Henri IV. Devenu roi de France, Henri IV fit annuler son mariage. Femme cultivée et intelligente, Marguerite de Valois écrivit des mémoires et des poèmes. Elle fut surnommée la « reine Margot ».

mari (nom masculin)
Homme avec lequel une femme est mariée. *Sa mère s'est mariée deux fois, elle a donc eu deux **maris**.* (Syn. conjoint, époux.)

mariage (nom masculin)
1. Cérémonie par laquelle on devient mari et femme. *Le soir du **mariage**, il est prévu un banquet.* (Syn. noce.) **2.** Situation de deux personnes mariées. *Ils viennent de fêter leur vingt ans de **mariage**.*

Marianne
Nom donné à la République française, représentée par un buste de femme dont la tête est coiffée d'un bonnet phrygien.

Marie
Mère de Jésus-Christ. Dans l'Évangile selon saint Luc, l'ange Gabriel vient annoncer à Marie que Dieu l'a choisie pour donner naissance à son fils Jésus. ➡ p. 765.
ORTHO On dit aussi **Vierge Marie** ou **Sainte Vierge**.

Marie-Antoinette d'Autriche (née en 1755, morte en 1793)
Reine de France. Fille de l'empereur germanique François Ier, elle épousa le futur Louis XVI en 1770. Insouciante et dépensière, elle se rendit impopulaire auprès des Français. À la Révolution, elle fut arrêtée et enfermée avec le roi à la prison du Temple, puis à la Conciergerie. Le 16 octobre 1793, elle fut condamnée à mort et guillotinée.

Marie de Médicis (née en 1573, morte en 1642)
Reine de France. En 1600, Marie de Médicis épousa le roi de France Henri IV. À la mort du roi, elle devint régente du royaume, au nom de son fils, le jeune Louis XIII, et gouverna sous l'influence d'un aventurier italien, Concini. Après l'assassinat de Concini, elle se révolta contre son fils, puis se réconcilia avec lui grâce à son protégé, Richelieu, en 1624. Elle essaya ensuite, sans succès, de faire disgracier Richelieu et dut finalement s'exiler.

le buste de **Marianne**

un portrait de **Marie-Antoinette**

Marie Ire Stuart (née en 1542, morte en 1587)
Reine d'Écosse de 1542 à 1567. Fille de Jacques V d'Écosse, élevée en France, elle épousa le futur roi François II et fut reine de France de 1558 à 1560. Elle regagna l'Écosse après la mort du roi et épousa Henry Stuart, chef des catholiques. Elle se remaria avec l'un des responsables de l'assassinat de son époux Henry Stuart, ce qui provoqua un scandale. Elle abdiqua puis s'exila en Angleterre. En 1586, la reine d'Angleterre, Élisabeth Ire, la fit emprisonner puis exécuter.

Marie Ire Tudor (née en 1516, morte en 1558)
Reine d'Angleterre et d'Irlande de 1553 à 1558, fille d'Henri VIII et de Catherine d'Aragon. En 1554, elle épousa Philippe II d'Espagne. Attachée au catholicisme, elle persécuta les protestants. Elle fut surnommée « Marie la Sanglante ».

marié, ée (nom)
Personne qui est unie à une autre par le mariage. *Vive la **mariée** !*

marier (verbe) ▸ conjug. n° 10
1. Célébrer le mariage de deux personnes. *C'est l'adjoint au maire qui les **a***

mariés. **2.** Se marier : s'unir par le mariage. *Sa cousine **s'est mariée** avec son ami d'enfance.* Famille du mot : mari, mari**age**, mari**é**, se **re**marier.

Marignan
Ville d'Italie située près de Milan où le roi de France, François Ier, remporta en 1515 une victoire sur les Suisses qui servaient le duc de Milan.

marigot (nom masculin)
Étendue d'eau stagnante des pays tropicaux.

marin, ine (adjectif)
Qui vit dans la mer, ou qui vient de la mer. *La daurade est un poisson **marin**. Du sel **marin**.* ■ **marin** (nom masculin) Personne qui travaille sur un bateau. *Plusieurs **marins** ont disparu dans le naufrage.* (Syn. matelot.)

marinade (nom féminin)
Mélange aromatisé dans lequel on laisse tremper des viandes ou des poissons.

marine (nom féminin)
Ensemble des navires et des équipages d'un pays. *Ce sous-marin appartient à la **marine** nationale.* ■ **marine** (adjectif) • **Bleu marine :** bleu foncé. Pluriel : des pulls bleu marine.

mariner (verbe) ▸ conjug. n° 3
Tremper dans une marinade. *Le gibier est meilleur quand il **a mariné**.* (Syn. macérer.)

marinier, ère (nom)
Personne qui conduit une péniche sur les fleuves ou les canaux. (Syn. batelier.)

marionnette (nom féminin)
Sorte de poupée qu'on fait bouger avec la main ou en tirant sur des ficelles. *Les **marionnettes** imitant les hommes politiques ont un grand succès à la télévision.* **Marionnette** vient de *Marion*, diminutif de Marie, et désignait à l'origine une petite statue de la Vierge.

marionnettiste (nom)
Personne qui manipule des marionnettes.

maritime (adjectif)
1. Qui est au bord de la mer. *Marseille est un grand port **maritime**.* **2.** Qui se fait par mer. *Les transports **maritimes**.*

marjolaine (nom féminin)
Plante sauvage aromatique.

une **marjolaine**

mark (nom masculin)
Ancienne monnaie allemande.

marketing (nom masculin)
Technique qui sert à favoriser la vente d'un produit. *Cette entreprise recherche un nouveau responsable du **marketing**.* Prononciation [maʀketiŋ]. **Marketing** vient de l'anglais *market* qui signifie « marché ».

marmaille (nom féminin)
Dans la langue familière, groupe de jeunes enfants bruyants. *À chaque vague, toute la **marmaille** poussait des cris.*

marmelade (nom féminin)
Sorte de confiture faite de fruits écrasés. *De la **marmelade** d'oranges.*

marmite (nom féminin)
Récipient muni d'un couvercle et de poignées dans lequel on fait cuire des aliments.

marmiton (nom masculin)
Jeune apprenti cuisinier, dans un restaurant.

marmonner (verbe) ▸ conjug. n° 3
Dire quelque chose à voix basse entre ses dents. *Qu'est-ce que tu **marmonnes** ?*

marmot (nom masculin)
Dans la langue familière, petit enfant.

marmotte (nom féminin)
Petit mammifère rongeur qui vit dans les montagnes. *L'hiver, les **marmottes** hibernent dans leur terrier.*

une **marmotte**

Maroc

31,5 millions d'habitants
Capitale : Rabat
Monnaie :
le dirham marocain
Langue officielle : arabe
Superficie : 710 000 km²
(avec le Sahara occidental)

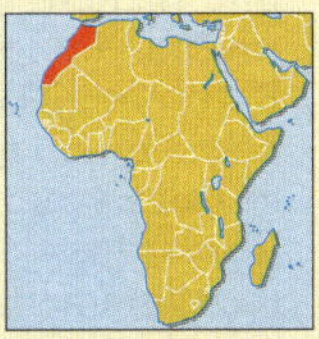

État d'Afrique du Nord, sur l'océan Atlantique et la mer Méditerranée, voisin de l'Algérie.

GÉOGRAPHIE
Au nord-ouest s'étend le Maroc atlantique, région de plateaux et de plaines, au climat méditerranéen humide où se concentre la population. Au nord, s'étend la chaîne du Rif. Les chaînes de l'Atlas séparent le Maroc atlantique de l'est du pays, région de hauts plateaux et de vallées. Au-delà, dans le grand Sud, commence le Sahara marocain.
Le pays exporte vers l'Europe du vin, des agrumes, des fruits et des légumes. La pêche est importante, ainsi que l'industrie chimique (engrais, acide phosphorique). Le tourisme, très développé, est une ressource essentielle pour le pays.

HISTOIRE
La région a connu le passage des Phéniciens, des Carthaginois, puis des Romains. Envahi par les Vandales au Ve siècle, conquis et islamisé par les Arabes au début du VIIIe siècle, le pays connut son apogée sous les dynasties berbères aux XIe et XIIe siècles. Après 1660, le pouvoir passa aux mains de la dynastie arabe des Alaouites, qui règne encore aujourd'hui. La France imposa son protectorat en 1912, mais le Maroc obtint l'indépendance en 1956 et devint un royaume en 1957.

marocain, aine ➡ Voir tableau p. 6.

maroquinerie (nom féminin)
Fabrication ou commerce des objets en cuir. **Maroquinerie** vient du nom du *Maroc*, pays autrefois réputé pour le travail du cuir.

maroquinier, ère (nom)
Fabricant ou commerçant d'objets en cuir.

marotte (nom féminin)
Sujet ou activité préférés d'une personne. *La nouvelle **marotte** de Xavier, c'est le tennis.* (Syn. dada, hobby.)

marquant, ante (adjectif)
Qui laisse un souvenir durable. *La révolution de 1789 est un fait **marquant** de l'histoire de France.* (Syn. mémorable.)

marque (nom féminin)
1. Signe qui permet de reconnaître quelque chose. *Tous les moutons du troupeau portent une **marque**.* **2.** Trace qui reste sur quelque chose. *Il y a des **marques** de doigts sur les carreaux.* **3.** Ce qui sert à montrer un sentiment. *Cette **marque** de tendresse l'a comblée.* **4.** Nom donné à un produit par son fabricant. *Une **marque** de voiture, de lessive.* **5.** Décompte des points dans un jeu ou un sport. *À la fin du match, la **marque** était de 2 à 2.* (Syn. résultat, score.)

marque-page (nom masculin)
Repère inséré dans un livre, qui permet de retrouver une page. *Le libraire offre parfois un **marque-page** pour l'achat d'un livre.* Pluriel : des marque-pages.

marquer (verbe) ▸ conjug. n° 3
1. Mettre une marque sur quelque chose. ***Marquer** du linge.* **2.** Faire ou laisser une trace. *La maladie **marque** profondément ses traits.* **3.** Inscrire

quelque chose. ***Marquer** une adresse sur son agenda.* (Syn. écrire, inscrire, noter.) **4.** Laisser un souvenir ou une impression durables et forts. *Ce film **a marqué** toute une génération.* **5.** Réussir un but dans un sport collectif de balle. **6.** Au football et au rugby, surveiller de près un adversaire. Famille du mot : **dé**marquer, marqu**ant**, marque, marqu**eur**.

marqueterie (nom féminin)
Placage de bois, de marbre ou d'ivoire qui forme un motif décoratif sur un meuble. Prononciation [maʀkɛtʀi]. ORTHO On écrit aussi **marquèterie**.

marqueur (nom masculin)
Gros feutre à pointe épaisse.

marquis, ise (nom)
Noble d'un rang qui se situe entre celui de duc et celui de comte.

îles **Marquises**
Archipel volcanique de la Polynésie française, situé au nord-est de Tahiti (1 274 km^2 ; 8 700 habitants).
Découvertes par les Espagnols dès 1595, les îles Marquises ont été occupées par la France à partir de 1842.

marraine (nom féminin)
Femme qui fait la promesse de s'occuper d'un enfant le jour de son baptême. *Amandine est ma **marraine**, je suis sa filleule.*

marrant, ante (adjectif)
Synonyme familier de drôle. *Yann est **marrant** avec ce chapeau !* (Syn. amusant.)

marre (adverbe)
• **En avoir marre :** dans la langue familière, en avoir assez.

se **marrer** (verbe) ▸ conjug. n° 3
Synonyme familier de rire. *On s'est bien **marré** hier soir !*

marron (nom masculin)
1. Synonyme de châtaigne. *Maman fait griller quelques **marrons** dans la poêle.* **2.** Fruit du marronnier. *Le **marron**, appelé aussi **marron** d'Inde, n'est pas comestible.* **3.** Couleur marron. *Choisir du **marron** pour repeindre les volets.*
■ **marron** (adjectif) De la couleur brune du marron. Pluriel : des chaussures marron.

marronnier (nom masculin)
Grand arbre qui fait des grappes de fleurs blanches ou roses et qui donne les marrons d'Inde.

mars (nom masculin)
Troisième mois de l'année, qui a 31 jours. Chez les Romains, ce mois était consacré à *Mars*, dieu de la Guerre.

Mars ■
Dieu de la Guerre dans la mythologie romaine. Il porte le nom d'Arès dans la mythologie grecque.

Mars ■
Quatrième planète du système solaire. Située entre la Terre et Jupiter, elle se trouve à environ 230 millions de kilomètres du Soleil. Comme la Terre, elle a des saisons marquées, mais c'est une planète beaucoup plus froide. Au niveau des pôles se trouvent des calottes de glace et de neige carbonique. Le relief comprend des cratères et des chaînes volcaniques. L'existence de rivières fossiles prouve qu'un liquide (certainement de l'eau) a coulé jadis sur la surface de la planète. En juillet 1997, une sonde américaine a déposé sur Mars un robot qui a transmis des images de la planète à la Terre.

la **Marseillaise**
Hymne national de la France depuis 1879. La *Marseillaise* a été composée à Strasbourg, en avril 1792, par Rouget de Lisle, qui l'intitula *Chant de guerre pour l'armée du Rhin*. Des soldats venus de Marseille à Paris le chantèrent, et on le nomma la *Marseillaise*.

Marseille
Chef-lieu du département des Bouches-du-Rhône et de la Région Provence-Alpes-Côte d'Azur (852 000 habitants). Marseille est le 1er port de Méditerranée et le 4e port européen. C'est un centre administratif, commercial et universitaire. Un métro y a été inauguré en 1978. La basilique Notre-Dame-de-la-Garde, bâtie sur une colline, surplombe la ville.

La cité, appelée Massalia, fut fondée en 600 avant Jésus-Christ par des colons de la cité grecque de Phocée.

le port de **Marseille**, sur la **Méditerranée**

marsouin (nom masculin)
Mammifère marin proche du dauphin. *Les **marsouins** sont des cétacés.*

marsupial, aux (nom masculin)
Mammifère dont les petits finissent de se développer dans une poche située sur le ventre de leur mère. *Les koalas et les kangourous sont des **marsupiaux**.* ➡ p. 776.

marteau, eaux (nom masculin)
Outil formé d'un bloc de métal au bout d'un manche. *Il nous faut un **marteau** pour enfoncer ces crochets dans le mur.* ➡ p. 446. Famille du mot : marteau-piqueur, mart**èlement**, martel**er**.

marteau-piqueur (nom masculin)
Outil qui fonctionne à l'air comprimé et sert à défoncer le sol. *Les ouvriers creusent une tranchée avec des **marteaux-piqueurs**.* Pluriel : des marteaux-piqueurs.

un ouvrier travaillant au **marteau-piqueur**

Martel
➡ Voir Charles Martel.

martèlement (nom masculin)
Action de marteler. *On entendait le **martèlement** des pas des soldats lors du défilé.*

marteler (verbe) ▶ conjug. n° 8
1. Frapper à coups de marteau. *Le forgeron **martèle** le fer pour fabriquer un outil.* 2. Frapper fort et à coups répétés. *Le boxeur **a martelé** le visage de son adversaire.*

martial, ale, aux (adjectif)
Qui est décidé et combatif. *Le régiment de parachutistes défile d'un pas **martial**.* • **Arts martiaux :** sports de combat d'origine japonaise. *Le judo et le karaté sont des **arts martiaux**.* • **Cour martiale :** tribunal militaire. • **Loi martiale :** loi qui autorise l'emploi de la force armée pour le maintien de l'ordre. **Martial** vient de *Mars* qui était le dieu de la Guerre chez les Romains.

martien, enne (nom)
Habitant fictif de la planète Mars.

martinet (nom masculin)
1. Oiseau migrateur qui ressemble à l'hirondelle. *Les **martinets** volent très vite.* 2. Fouet à plusieurs lanières de corde ou de cuir.

Martinique
Région et département français d'outre-mer, la Martinique est une île des Petites Antilles (1 102 km^2 ; 398 000 habitants). Son chef-lieu est Fort-de-France.

GÉOGRAPHIE
La Martinique est une île volcanique ; l'éruption de la montagne Pelée, en 1902, détruisit la ville de Saint-Pierre. Le climat est chaud et humide. Très dense, la population est composée de Noirs, de créoles et de métropolitains. Il y a une forte émigration vers la France. Les ressources de la Martinique viennent de l'agriculture (bananes et canne à sucre) et du tourisme.

HISTOIRE
Découverte par Christophe Colomb en 1502 et colonisée par la France au XVIIe siècle, la Martinique a été longtemps réclamée à la France par les Anglais. La traite des esclaves noirs africains y a été longtemps maintenue malgré l'abolition de l'esclavage après la Révolution, provoquant de nombreuses révoltes. Ce n'est qu'en 1848 que l'esclavage a officiellement été aboli en Martinique. ➡ Voir cartes pp. 1372 et 1373.

martiniquais, aise ➡ Voir tableau p. 6.

martin-pêcheur (nom masculin)
Oiseau aux couleurs vives qui vit au bord des lacs et des rivières. *Le **martin-pêcheur** se nourrit de poissons.* Pluriel : des martins-pêcheurs.

un **martin-pêcheur**

martre (nom féminin)
Petit mammifère carnivore à la queue touffue et au pelage brun.

une **martre**

martyr, martyre (nom)
Personne qui souffre ou qui meurt pour défendre sa foi ou son idéal. ■ martyr, martyre (adjectif) Que l'on maltraite. *Des enfants **martyrs**.* Famille du mot : martyre, martyriser.

martyre (nom masculin)
1. Souffrance ou mort endurée par un martyr. **2.** Très grande souffrance. *Sa longue maladie a été un vrai **martyre**.*

martyriser (verbe) ▸ conjug. n° 3
Faire souffrir durement une personne ou un animal. *Ces gens ont été condamnés pour avoir **martyrisé** leur enfant.* (Syn. torturer.)

Marx Karl (né en 1818, mort en 1883)
Philosophe allemand. Après des études de philosophie et de droit, Marx élabora sa doctrine qu'il appuyait sur la lutte entre les classes sociales, dans le but de mener la classe ouvrière au pouvoir et de construire une société communiste qui supprimerait la propriété privée. Ami du philosophe Engels, il écrivit avec lui plusieurs ouvrages, dont le *Manifeste du parti communiste*. Dans *le Capital*, il exposa sa pensée qui prit le nom de « marxisme ».

marxisme (nom masculin)
Doctrine établie par Karl Marx. *Les idées communistes s'appuient sur le **marxisme**.*

mas (nom masculin)
Dans le sud de la France, ferme ou grande maison. *Notre **mas** est entouré de cyprès.* Prononciation [mɑ] ou [mas].

mascara (nom masculin)
Produit de maquillage utilisé pour colorer et épaissir les cils. *Le **mascara** donne davantage d'intensité au regard.*

mascarade (nom féminin)
Mise en scène hypocrite et trompeuse. *La peine qu'il affichait n'était qu'une **mascarade**.*

mascotte (nom féminin)
Animal ou objet considéré comme porte-bonheur. *Certains ont pour **mascotte** un trèfle à quatre feuilles.* (Syn. fétiche.)

masculin, ine (adjectif)
1. De l'homme ou du mâle. *Benjamin est un prénom **masculin**.* **2.** Se dit des noms pouvant être précédés des déterminants « le » ou « un ». *« Le chat », « un bateau » sont des noms **masculins**.* (Contr. féminin.) ■ masculin (nom masculin) Genre masculin. *L'adjectif « fou » est au **masculin**.*

masochiste (adjectif et nom)
Qui prend du plaisir à souffrir. *Noémie trouve qu'il faut être **masochiste** pour se baigner par ce froid.* **Masochiste** vient du nom de *Sacher-Masoch*, écrivain autrichien du XIXe siècle.

masque (nom masculin)
Objet qu'on applique sur le visage pour se déguiser ou se protéger. *Pour le carnaval, on a fabriqué des **masques**. Un **masque***

*de plongée. Un **masque** à gaz.* Famille du mot : **dé**masque**r**, masqu**é**, masqu**er**.

masqué, ée (adjectif)
Qui porte un masque. *Des cambrioleurs **masqués**.* • **Bal masqué :** bal où l'on porte un masque ou un déguisement.

masquer (verbe) ▸ conjug. n° 3
Empêcher de voir quelque chose. *Dommage que cet immeuble **masque** la vue sur la mer !* (Syn. cacher.)

massacrant, ante (adjectif)
• **Humeur massacrante :** très mauvaise humeur.

massacre (nom masculin)
Action de massacrer. *Cette guerre a été un **massacre**.* (Syn. carnage, hécatombe, tuerie.) • **Jeu de massacre :** jeu de fête foraine qui consiste à faire tomber des poupées ou des boîtes à l'aide de balles. Famille du mot : massacr**ant**, massacr**er**.

massacrer (verbe) ▸ conjug. n° 3
1. Tuer sauvagement et en grand nombre des êtres vivants sans défense. *Des braconniers **ont massacré** plusieurs éléphants.* **2.** Au sens figuré, abîmer par manque de soin lors d'une interprétation. *Les comédiens ont **massacré** la pièce de Molière.*

massage (nom masculin)
Action de masser. *Le kinésithérapeute fait des **massages** pour soulager les douleurs.*

masse (nom féminin)
1. Quantité importante de matière qui forme un ensemble compact. *Ce sculpteur taille le marbre dans la **masse**.* **2.** Quantité de matière que contient un objet. *Le kilogramme est une unité de **masse**.* **3.** Grand nombre de choses ou de personnes. *La **masse** des réfugiés est regroupée dans un camp.* **4.** Gros marteau de fer. *Ils ont cassé la porte à coups de **masse**.* ■ **masses** (nom féminin pluriel) Majorité des gens du peuple. *Cet homme politique plaît aux **masses**.* Famille du mot : se masser, massi**f**, massi**vement**.

■ **masser** (verbe) ▸ conjug. n° 3
Pétrir certaines parties du corps pour rendre les muscles plus souples. Famille du mot : massa**ge**, masse**ur**. **Masser** vient d'un mot arabe qui signifie « palper », l'art du massage venant de Turquie.

■ **se masser** (verbe) ▸ conjug. n° 3
Se rassembler en masse. *Tous les manifestants **se massent** sur la place.*

masseur, euse (nom)
Personne qui pratique des massages.

massif, ive (adjectif)
1. D'aspect lourd, trapu ou épais. *Le rhinocéros a une silhouette **massive**.* **2.** Qui se produit en masse. *Des départs en vacances **massifs**.* **3.** Qui forme une masse compacte. *Une bague en or **massif**. Un meuble en bois **massif**.* ■ **massif** (nom masculin) **1.** Ensemble de montagnes. *Le **massif** des Alpes.* **2.** Assemblage de fleurs ou d'arbustes. *Ces **massifs** de roses sont très décoratifs.*

Massif armoricain
➡ Voir **armoricain**.

Massif central
Grande région du centre et du sud de la France. C'est un ensemble de hautes terres qui comporte des volcans endormis et qui couvre presque un sixième de la France. Le climat y est rude. Ses principales ressources sont l'agriculture, l'élevage bovin et l'artisanat. Autour des grandes villes se concentrent les industries traditionnelles : métallurgie au Creusot et à Saint-Étienne, textile à Roanne, caoutchouc à Clermont-Ferrand. Le tourisme et les stations thermales contribuent également à faire vivre la région. ➡ Voir carte p. 1372.

un paysage du **Massif central**

massivement (adverbe)
En très grand nombre. *Se déplacer **massivement** pour voter.*

massue (nom féminin)
Gros bâton à l'extrémité épaisse, qui peut servir d'arme.

mastic (nom masculin)
Pâte collante qui durcit en séchant. *Pour remplacer le carreau cassé, il faut du **mastic**.*

mastication (nom féminin)
Action de mastiquer un aliment.

mastiquer (verbe) ▸ conjug. n° 3
Synonyme de mâcher. *Il faut bien **mastiquer** les aliments avant de les avaler.*

mastodonte (nom masculin)
1. Énorme mammifère préhistorique qui ressemblait à l'éléphant. **2.** Personne, animal ou chose d'une taille énorme. *Ce catcheur est un vrai **mastodonte**.*

masure (nom féminin)
Maison misérable et délabrée. *Ces pauvres gens habitent dans une **masure**.*

■ **mat, mate** (adjectif)
1. Qui ne brille pas. *Odile a fait tirer ses photos sur du papier **mat**.* (Contr. brillant.) **2.** Qui est un peu foncé. *Guillaume bronze vite car il a la peau **mate**.* (Contr. clair.) **3.** Qui ne résonne pas. *Ce petit bruit **mat**, c'est le chat qui vient de sauter de la chaise.* (Syn. sourd.) ● Prononciation [mat].

■ **mat** (nom masculin)
Aux échecs, position du roi qui ne peut plus bouger sans être pris. ● Prononciation [mat].

mât (nom masculin)
1. Sur un bateau, grand poteau qui porte les voiles. *Ce grand voilier a trois **mâts**.* ➡ p. 1346. **2.** Poteau qui soutient une tente ou qui porte un drapeau. ● Prononciation [ma].

matador (nom masculin)
Toréro qui met à mort le taureau dans une corrida.

matamore (nom masculin)
Fanfaron qui n'est courageux qu'en paroles.

match (nom masculin)
Compétition sportive entre deux équipes ou bien deux adversaires. *Dimanche, David va voir un **match** de rugby.*
Pluriel : des match**s** ou des match**es**.

matelas (nom masculin)
Grand coussin rembourré, sur lequel on se couche. *Sarah n'aime pas les **matelas** trop mous.*

matelassé, ée (adjectif)
Qui est rembourré à la manière d'un matelas. *Cette veste **matelassée** est très confortable.*

matelot (nom masculin)
Synonyme de marin. *Il s'est engagé comme **matelot** sur un cargo.*

mater (verbe) ▸ conjug. n° 3
Rendre docile et obéissant. *La révolte **a été matée** par l'armée.*

se **matérialiser** (verbe) ▸ conjug. n° 3
Devenir réel et concret. *Ses rêves **se sont** enfin **matérialisés**.* (Syn. se concrétiser, se réaliser.)

matérialiste (nom et adjectif)
Qui recherche uniquement des satisfactions et des biens matériels. *Elle dépense tout son argent dans les vêtements et les bijoux, elle est très **matérialiste**.*

matériau, aux (nom masculin)
Matière utilisée pour fabriquer ou construire. *La pierre, la brique, le bois sont des **matériaux** de construction.*

matériel, elle (adjectif)
1. Qui est fait d'éléments qu'on peut voir et toucher. *La police recherche la preuve **matérielle** du crime.* (Syn. concret.) **2.** Qui concerne les choses et non les personnes. *Il n'y a aucun blessé dans l'accident, mais seulement des dégâts **matériels**.* **3.** Qui concerne l'argent et les moyens d'existence. *Avoir des problèmes **matériels**.* (Syn. financier.) ■ **matériel** (nom masculin) Ensemble des outils ou des objets nécessaires à une activité.

matériellement (adverbe)
Réellement, concrètement. *Il est **matériellement** impossible de faire ce trajet en une heure.*

maternel, elle (adjectif)
Qui vient de la mère. *Le lait **maternel** est meilleur pour les bébés que le lait en poudre.* • **École maternelle :** école qui reçoit les enfants de 3 à 6 ans. • **Langue maternelle :** langue qu'on apprend en premier quand on est enfant. ■ **maternelle** (nom féminin) École maternelle. *Je vais chercher mon petit frère à la **maternelle**.*

materner (verbe) ▸ conjug. n° 3
Avoir une attitude maternelle à l'égard de quelqu'un, protéger excessivement. *Si elle continue à trop le **materner**, elle va le rendre incapable de se débrouiller seul.*

maternité (nom féminin)
1. Fait d'être mère. *La **maternité** apporte beaucoup de joie à Olivia.* 2. Établissement où les femmes accouchent. *Ursula a hâte d'aller voir sa mère à la **maternité** pour découvrir son petit frère qui vient de naître.*

mathématicien, enne (nom)
Spécialiste de mathématiques.

mathématique (adjectif)
1. Qui concerne les mathématiques. 2. Qui est précis et rigoureux. *Avoir l'esprit très **mathématique**.* ■ **mathématiques** (nom féminin pluriel) Science qui étudie les nombres, les grandeurs, les figures géométriques. *Zoé a beaucoup de mal en **mathématiques**, elle réussit mieux en français.*

maths (nom féminin pluriel)
Abréviation familière et courante de mathématiques. *Ibrahim est bon en **maths**.*

matière (nom féminin)
1. Substance qui constitue les objets et les corps. *La **matière** est composée d'atomes.* 2. Ce en quoi une chose est faite. *Le coton, la laine, la soie sont des **matières** textiles.* 3. Sujet ou discipline. *Kevin est plutôt littéraire, il n'aime pas beaucoup les **matières** scientifiques.* • **En matière de quelque chose :** en ce qui le concerne. ***En matière de** mécanique, Pierre n'y connaît rien.* • **Entrée en matière :** manière d'aborder une question. • **Matière première :** produit à l'état brut et que l'on transforme pour fabriquer des objets. • **Table des matières :** liste des chapitres d'un livre.

matin (nom masculin)
Première partie de la journée. *Le **matin**, le soleil se lève à l'est.* En Belgique, en Suisse et au Québec, le **matin** s'appelle l'*avant-midi*, par opposition à l'après-midi. Famille du mot : matin**al**, matin**ée**.

matinal, ale, aux (adjectif)
1. Du matin. *Pierre fait sa toilette **matinale**.* 2. Qui se lève tôt. *Élodie se lève tous les jours à 6 heures, elle est très **matinale** !*

matinée (nom féminin)
1. Période de la journée entre le lever du soleil et midi. *Passe me voir dans la **matinée**, avant le déjeuner.* 2. Spectacle qui a lieu l'après-midi. *Aller au concert en **matinée**.*

Matisse Henri (né en 1869, mort en 1954)
Peintre français. Influencé par les peintres impressionnistes et considéré comme un des initiateurs du fauvisme, Matisse a développé un art très personnel dans un style simplifié. Parmi ses œuvres les plus connues figurent *la Danse*, *la Leçon de piano*, *Intérieur au violon* et *la Conversation*. Matisse a aussi réalisé des dessins, des gravures, des sculptures et des collages.

matou (nom masculin)
Chat mâle. *Le **matou** s'étire au soleil.*

matraquage (nom masculin)
• **Matraquage publicitaire :** répétition très fréquente d'une publicité.

matraque (nom féminin)
Bâton court pour frapper. *Il a été assommé par un coup de **matraque**.*

matraquer (verbe) ▸ conjug. n° 3
Donner des coups de matraque à quelqu'un. *Il s'est fait **matraquer** par ses agresseurs.*

matriarcat (nom masculin)
Régime social dans lequel la famille répond à l'autorité de la mère (par opposition à patriarcat).

matricule (nom masculin)
Numéro d'inscription sur un registre. *Chaque prisonnier porte un **matricule**.*

matrimonial, ale, aux (adjectif)
• **Agence matrimoniale :** entreprise qui organise des rencontres entre des personnes qui veulent se marier.

matrone (nom féminin)
Femme d'un certain âge, corpulente et vulgaire.

maturation (nom féminin)
Fait de mûrir. *Ce beau temps va hâter la **maturation** des fruits.*

mature (nom féminin)
Qui manifeste de la maturité d'esprit. *Xavier n'est pas encore assez **mature** pour quitter le domicile familial.* (Contr. immature.)

maturité (nom féminin)
1. État de ce qui est mûr. *Les abricots sont arrivés à **maturité**, tu peux les cueillir.* **2.** État d'une personne mûre. *Elle manque de **maturité** dans ses jugements.*

maudire (verbe) ▸ conjug. n° 11
Proclamer qu'on déteste quelqu'un ou quelque chose. *Les paysans **maudissent** la grêle qui a détruit les cultures.* (Contr. bénir.) **Maudire** se conjugue comme finir sauf au participe passé : maudi**t**, maudi**te**.

maudit, ite (adjectif)
Qui est détestable, haïssable. *Cette **maudite** serrure est encore coincée.*

maugréer (verbe) ▸ conjug. n° 3
Synonyme de grommeler. *Arrête de **maugréer** entre tes dents !*

Maupassant Guy de (né en 1850, mort en 1893)
Écrivain français. Guy de Maupassant passa sa jeunesse en Normandie, dont il évoqua la vie paysanne dans ses nouvelles et dans ses contes. Dirigé par Flaubert, il écrivit, dans un style réaliste et précis, des histoires souvent dramatiques, parfois fantastiques. Il est l'auteur de nouvelles comme *Boule-de-Suif* (1880), *les Contes de la bécasse* (1883), *le Horla* (1887), et de romans comme *Une vie* (1883), *Bel-Ami* (1885).

Mauriac François (né en 1885, mort en 1970)
Écrivain français. Dans son œuvre, il a décrit les mœurs de la bourgeoisie provinciale dont il faisait partie. Il est l'auteur de nombreux romans, comme *Thérèse Desqueyroux* (1927), *le Nœud de vipères* (1932), *le Mystère Frontenac* (1933). Il fut membre de l'Académie française et reçut le prix Nobel de littérature en 1952.

île Maurice

1,3 million d'habitants
Capitale : Port-Louis
Monnaie : la roupie mauricienne
Langues officielles : anglais, français
Superficie : 2 040 km²

État de l'océan Indien situé à l'est de Madagascar. C'est une île volcanique qui produit de la canne à sucre et du thé ; le tourisme y est très actif.

HISTOIRE
Découverte par les Portugais en 1507, l'île Maurice a été occupée par les Néerlandais, puis par les Français. En 1810, elle passa sous la domination des Anglais. Elle devint indépendante en 1968.

mauricien, enne ➡ Voir tableau p. 6.

Mauritanie

3,3 millions d'habitants
Capitale : Nouakchott
Monnaie : l'ouguiya
Langue officielle : arabe
Superficie : 1 032 460 km²

État d'Afrique de l'Ouest. Voisin du Sénégal et du Mali, le pays occupe une partie du Sahara occidental. Les principales et maigres ressources viennent de l'agriculture (mil, riz, dattes), de l'élevage (ovins, bovins, dromadaires), de la pêche et de l'exploitation du fer.

mauritanien, enne ➡ Voir tableau p. 6.

mausolée (nom masculin)
Grand monument funéraire.

maussade (adjectif)
1. Qui manifeste de la mauvaise humeur. *Qu'est-ce qui t'arrive ? Tu as l'air **maussade** ce matin !* (Syn. grognon, morose.) **2.** Se dit d'un temps gris et triste. *Si le temps est **maussade**, on restera à la maison.*

mauvais, aise (adjectif)
1. Qui n'est pas bon au goût. *Cette poire est **mauvaise**, ne la mangez pas.* **2.** Qui ne fait vraiment pas plaisir. *Malheureusement, les nouvelles sont **mauvaises**.* (Syn. déplaisant.) **3.** Synonyme de méchant. *Méfie-toi, il est **mauvais** quand il se met en colère.* (Contr. gentil.) **4.** Qui est faible dans une matière ou une activité. *Fatima est **mauvaise** en course de fond.* (Contr. bon, fort.) ■ **mauvais** (adverbe) • **Il fait mauvais :** le temps est désagréable. (Contr. beau.) • **Sentir mauvais :** avoir une odeur désagréable. (Contr. bon.)

mauve (adjectif)
De couleur violet pâle.

mauviette (nom féminin)
Dans la langue familière, personne malingre et sans courage. *Tu as fui comme une **mauviette** !*

maxillaire (nom masculin)
Chacun des deux os qui forment la mâchoire.

maximal, ale, aux (adjectif)
Qui atteint un maximum. *La vitesse **maximale** autorisée en ville est 50 km/h.* (Syn. maximum.)

maxime (nom féminin)
Phrase courte qui résume une règle de conduite. *« Aide-toi et le ciel t'aidera » est une **maxime**.* (Syn. dicton, proverbe.)

un **mausolée** : le Tadj Mahall (Inde)

maximum (nom masculin)
Le plus possible. *Quentin fait le **maximum** pour réussir.* (Contr. minimum.) • **Au maximum :** pas plus que. *Je peux transporter dans ma voiture quatre personnes **au maximum**.* ■ **maximum** (adjectif) Synonyme de maximal. *On a payé le tarif **maximum** car il n'y avait plus de places à tarif réduit.* Prononciation [maksimɔm]. Pluriel : des maximums ou des maxima.

Mayas
Peuple indien d'Amérique centrale, dont les descendants, peu nombreux, vivent aujourd'hui au Mexique. Les Mayas ont été les fondateurs d'une brillante civilisation, qui s'est développée du IVe au IXe siècle. Ils avaient des connaissances en mathématiques et en astronomie et utilisaient une écriture très structurée. Des sites archéologiques et des objets d'art témoignent de leur civilisation : cités, pyramides, temples… ➡ p. 810.

mayonnaise (nom féminin)
Sauce froide et épaisse à base de moutarde, de jaune d'œuf et d'huile. *Gaëlle mange de la viande froide avec de la **mayonnaise**.*

Mayotte
Île de l'archipel des Comores, Région et département français d'outre-mer, dans l'océan Indien, près de Madagascar (374 km^2 ; 213 000 habitants). L'île vit de cultures tropicales et exporte de la vanille. En 1976, l'île de Mayotte a choisi de rester française, contrairement aux trois autres îles de l'archipel des Comores, devenues indépendantes en 1975. Mayotte devient le 101e département français en 2011.

Mazarin Jules (né en 1602, mort en 1661)
Prélat et homme d'État français. D'origine italienne, Mazarin, diplomate au service du pape, vint en mission en France. Il fut remarqué par Richelieu, qui le fit nommer cardinal en 1641. Succédant à Richelieu, il devint ministre de Louis XIII, puis, à la mort du roi, ministre d'Anne d'Autriche, régente de Louis XIV. Il renforça le pouvoir de la monarchie en écrasant la révolte de certains nobles. ➡ p. 796.

mazout (nom masculin)
Combustible liquide tiré du pétrole. *Un chauffage au **mazout**.* (Syn. fioul.) Prononciation [mazut].

un portrait du cardinal **Mazarin** (vers 1650)

me (pronom)
Pronom personnel de la première personne du singulier, en fonction de complément. *Je **me** vois dans la glace. Qui **m'**a téléphoné ?* **Me** devient **m'** devant une voyelle ou un h muet.

méandre (nom masculin)
Boucle que fait un cours d'eau. *La Seine fait de très nombreux **méandres**.* **Méandre** vient du nom ancien d'un fleuve de Turquie, au cours très sinueux.

des **méandres** de l'Amazone

mécanicien, enne (nom)
Spécialiste de l'entretien et de la réparation des machines et des moteurs. *Quand on tombe en panne un dimanche, c'est difficile de trouver un **mécanicien**.*

mécanique (adjectif)
1. Qui fonctionne grâce à un mécanisme. *Cette boîte à musique est **mécanique**.* **2.** Qui est fait à la machine et non pas à la main. *Dans cette usine, l'emballage des produits se fait de façon **mécanique**.* **3.** Qui concerne un moteur. *Une panne **mécanique**.* **4.** Synonyme de machinal. *Un geste **mécanique**.* ■ **mécanique** (nom féminin) Science de la construction et du fonctionnement des machines et des moteurs. Famille du mot : mécanicien, mécaniquement, mécanisation, mécanisé, mécanisme.

mécaniquement (adverbe)
De façon mécanique. *Quand on éternue, on ferme **mécaniquement** les yeux.*

mécanisation (nom féminin)
Introduction de la machine dans une activité. *La **mécanisation** des vendanges.*

mécanisé, ée (adjectif)
Qui utilise l'emploi des machines. *Dans ce pays, l'agriculture est très peu **mécanisée**.*

mécanisme (nom masculin)
Ensemble des pièces qui permettent à une machine de fonctionner. *La pendule ne marche plus, son **mécanisme** est cassé.*

mécénat (nom masculin)
Soutien financier et matériel d'un mécène. *Cette exposition a eu lieu grâce au **mécénat** d'un gros industriel.*

mécène (nom masculin)
Personne ou entreprise qui donne de l'argent pour aider les arts et les artistes. **Mécène** était le nom d'un ministre de l'empereur Auguste, qui protégeait les artistes et les écrivains.

méchamment (adverbe)
Avec méchanceté. *Pourquoi as-tu poussé si **méchamment** ta petite sœur ?* (Contr. gentiment.)

méchanceté (nom féminin)
1. Défaut d'une personne méchante. *Ce n'est pas par **méchanceté** que Romain a caché les lunettes d'Hélène, c'était pour rire.* (Syn. cruauté. Contr. bonté, gentillesse.) **2.** Action ou parole méchante. *Ces filles n'arrêtent pas de se dire des **méchancetés**.*

méchant, ante (adjectif)
Qui fait exprès de faire du mal. *Pourquoi es-tu **méchant** avec lui, il ne t'a rien fait ! Attention, chien **méchant** !* (Syn. cruel, mauvais. Contr. bon, gentil.) Famille du mot : méchamment, méchanceté.

mèche (nom féminin)
1. Petite touffe de cheveux. *Cette joueuse de tennis met un serre-tête pour ne pas avoir de **mèches** dans les yeux.* 2. Petit cordon au milieu d'une bougie qui permet de l'allumer. 3. Tige métallique qui s'adapte à une perceuse. *Papa a cassé plusieurs **mèches** avant d'arriver à faire un trou dans le béton.* • **Être de mèche avec quelqu'un :** dans la langue familière, être son complice. • **Vendre la mèche :** trahir un secret.

méchoui (nom masculin)
Mouton qu'on fait rôtir à la broche.

méconnaissable (adjectif)
Qu'on a du mal à reconnaître. *Avec sa nouvelle coupe de cheveux, Julie est **méconnaissable**.* (Contr. reconnaissable.)

méconnaissance (nom féminin)
Fait de méconnaître ou d'ignorer quelque chose. *À Londres, sa forte **méconnaissance** de l'anglais l'empêchait de demander son chemin.*

méconnaître (verbe) ▸ conjug. n° 37
Ne pas apprécier à sa juste valeur. *On **méconnaît** l'œuvre de cet écrivain.*
ORTHO On écrit aussi **méconnaitre**.

méconnu, ue (adjectif)
Qu'on n'apprécie pas à sa juste valeur. *Dommage que ce cinéaste soit **méconnu**, car tous ses films sont excellents.* (Syn. incompris.)

mécontent, ente (adjectif et nom)
Qui n'est pas content. *Maman est **mécontente** de sa nouvelle voiture.* (Contr. content, satisfait.) *Les **mécontents** se sont plaints et ont été remboursés.*

mécontentement (nom masculin)
Fait d'être mécontent. *En lançant un ordre de grève, les syndicats ont exprimé leur **mécontentement**.* (Syn. contrariété.)

mécontenter (verbe) ▸ conjug. n° 3
Rendre quelqu'un mécontent. *Arrête ce bruit, tu vas **mécontenter** les voisins !* (Syn. contrarier, fâcher. Contr. contenter.)

La Mecque
Ville de l'Arabie Saoudite (1,5 million d'habitants). Patrie du prophète Mahomet, La Mecque est la capitale religieuse de l'islam. Elle rassemble chaque année des milliers de pèlerins musulmans.

mécréant, ante (nom)
Personne qui n'a aucune religion. (Syn. athée, incroyant. Contr. croyant.)

médaille (nom féminin)
1. Petit bijou rond et plat. *Laura porte une belle **médaille** autour du cou.* 2. Décoration qui récompense un militaire, un sportif. *Il a été décoré de la **médaille** militaire. Cet athlète a eu la **médaille** d'or aux jeux Olympiques.* Famille du mot : médaillé, médaillon.

médaillé, ée (adjectif et nom)
Qui a gagné une médaille à la guerre ou dans une compétition sportive.

médaillon (nom masculin)
Bijou en forme de petite boîte qui peut contenir une photo ou une mèche de cheveux. ➡ p. 817.

médecin (nom masculin)
Personne qui exerce la médecine. *Myriam a de la fièvre, sa mère a appelé le **médecin**.* (Syn. docteur.)

médecine (nom féminin)
Science qui étudie les maladies afin de les soigner. *Les études de **médecine** sont longues.*

média (nom masculin)
Moyen de diffusion de l'information destinée au grand public. *La presse, la radio, la télévision et Internet sont les principaux **médias**.* Famille du mot : médiathèque, médiatique, médiatisation, médiatiser.

médian, ane (adjectif)
Qui est placé au milieu. *Le ballon est posé sur la ligne **médiane** du terrain.* ■ **médiane** (nom féminin) Droite qui passe par l'un des sommets d'un triangle et le milieu du côté opposé. ➡ p. 576.

médiateur, trice (nom)
Personne chargée d'essayer de trouver un accord entre deux adversaires.

médiathèque (nom féminin)
Lieu où l'on peut emprunter des documents divers venant de différents médias (films, livres, journaux, disques, etc.).

médiation (nom féminin)
Intervention dans un conflit comme médiateur. *La **médiation** de l'ONU a empêché la guerre d'éclater.*

médiatique (adjectif)
Qui est transmis par les médias. *Ce record a connu un grand succès **médiatique**.*

médiatisation (nom féminin)
Action de médiatiser. *La **médiatisation** du football par la télévision.*

médiatiser (verbe) ▸ conjug. n° 3
Faire connaître par les médias. *Cet évènement **a été** largement **médiatisé**.*

médiatrice (nom féminin)
Droite perpendiculaire à un segment de droite en son milieu. *Les trois **médiatrices** d'un triangle se coupent en un point situé à égale distance des trois sommets.*

médical, ale, aux (adjectif)
Qui concerne la médecine et la santé. *Grand-père doit subir des examens **médicaux**.*

médicament (nom masculin)
Substance employée pour lutter contre les maladies. *Les **médicaments** s'achètent à la pharmacie.* (Syn. remède.)

médicinal, ale, aux (adjectif)
Qu'on peut utiliser comme médicament. *Elle se soigne avec des plantes **médicinales**.*

médiéval, ale, aux (adjectif)
Qui a un rapport avec le Moyen Âge. *Ce château **médiéval** est entouré de remparts.*

médiocre (adjectif)
1. Qui n'est pas suffisant. *Thomas a eu une note **médiocre** en français : 3 sur 10.*
2. Qui n'a pas beaucoup de talent ou de capacités. *Ce pianiste est vraiment très **médiocre**.* Famille du mot : **médiocrement**, **médiocrité**.

médiocrement (adverbe)
De façon médiocre. *Il débute et gagne encore **médiocrement** sa vie.*

médiocrité (nom féminin)
Caractère médiocre. *La **médiocrité** des récoltes est inquiétante.*

médire (verbe) ▸ conjug. n° 46
Dire du mal de quelqu'un. *Ce n'est pas bien de **médire** de ses voisins.* **Médire** se conjugue comme dire, sauf à la 2e personne du pluriel au présent : vous médi**sez**. Famille du mot : médi**sance**, médi**sant**.

médisance (nom féminin)
Parole malveillante. *Noémie se moque des **médisances**.* (Syn. cancan, potins, racontar, ragot.)

médisant, ante (adjectif)
Qui se plaît à médire. *Odile n'aime pas ce garçon, il est trop **médisant**.*

méditatif, ive (adjectif)
Qui est rêveur, songeur. *À quoi penses-tu ? Tu as l'air bien **méditatif** !*

méditation (nom féminin)
Action de méditer. *Les moines sont en pleine **méditation**.*

la cité **médiévale** de Carcassonne

méditer (verbe) ▸ conjug. n° 3
Réfléchir longuement et profondément. *Benjamin **avait médité** son plan depuis longtemps.* Famille du mot : méditation, méditatif.

mer **Méditerranée**
Vaste mer intérieure qui sépare l'Europe méridionale de l'Afrique du Nord. La Méditerranée communique avec l'océan Atlantique par le détroit de Gibraltar, et avec la mer Noire par les détroits des Dardanelles et du Bosphore ; le canal de Suez la relie à la mer Rouge.
Ses marées sont de faible amplitude. Ses côtes découpées abritent de nombreux ports et ses îles constituent des escales, ce qui favorise une intense navigation. Les grandes civilisations de l'Antiquité se sont développées sur ses rivages. ➡ p. 789.

médium (nom)
Personne qui prétend communiquer avec l'esprit des morts. Prononciation [medjɔm].

médius (nom masculin)
Synonyme de majeur. *Le **médius** est le doigt le plus long.* Prononciation [medjys].

méduse (nom féminin)
Animal marin, translucide et gélatineux. *Émilie ne veut plus se baigner car elle a peur de se faire piquer par les **méduses**.* **Méduse** est le nom d'une gorgone, monstre de la mythologie grecque dont la tête était hérissée de serpents.

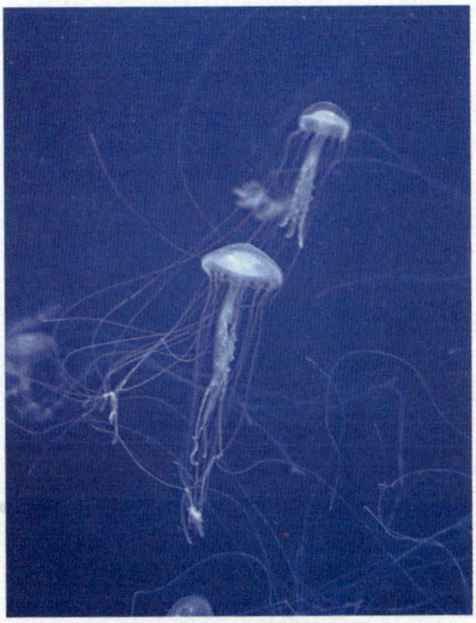

des **méduses**

médusé, ée (adjectif)
Qui est très étonné. *Je suis resté **médusé** par sa réponse, je ne m'y attendais pas.* (Syn. stupéfait.)

meeting (nom masculin)
Réunion publique, politique ou sportive. *Ce **meeting** a rassemblé beaucoup de monde.* **Meeting** est un mot anglais : on prononce [mitiŋ].

méfait (nom masculin)
1. Mauvaise action. *Cet homme a déjà été condamné pour de nombreux **méfaits**.*
2. Conséquence néfaste de quelque chose. *Les **méfaits** de la pollution sont considérables dans cette région.* (Contr. bienfait.)

méfiance (nom féminin)
État d'une personne qui se méfie. *Ta **méfiance** envers lui n'est pas justifiée car il est très honnête.* (Syn. défiance. Contr. confiance.)

méfiant, ante (adjectif)
Qui se méfie. *Depuis qu'ils ont été cambriolés, ils sont devenus **méfiants**.* (Contr. confiant.)

se **méfier** (verbe) ▸ conjug. n° 10
Ne pas se fier à quelqu'un ou à quelque chose. *Il faut **se méfier** de lui, il n'est pas toujours sincère.* Famille du mot : méfiance, méfiant.

mégalithe (nom masculin)
Monument formé de gros blocs de pierre. *Les menhirs et les dolmens sont des **mégalithes**.*

un alignement de **mégalithes**, près de Carnac en Bretagne

mégalomane (adjectif et nom)
Qui est d'une prétention excessive.

mégaoctet (nom masculin)
Unité de mesure valant un million d'octets. *Ce fichier fait trois **mégaoctets** : il est lourd !* **Mégaoctet** s'abrège *Mo*.

mégaphone (nom masculin)
Appareil qui sert à amplifier les sons. *Les manifestants scandent leur slogan dans le **mégaphone**.* (Syn. porte-voix.)

par **mégarde** (adverbe)
Sans le faire exprès. *Victor s'est trompé de manteau **par mégarde**.* (Syn. par inadvertance. Contr. exprès.)

mégère (nom féminin)
Femme hargneuse et souvent méchante.

mégot (nom masculin)
Reste d'une cigarette ou d'un cigare qui ont été fumés. *Ces vieux **mégots** empestent !*

meilleur, eure (adjectif et nom)
Mot qui sert de comparatif et de superlatif à bon. *Ce fromage est bon, mais celui-ci est encore **meilleur**. Cette boulangerie est la **meilleure** de la région.* (Contr. pire.)

Mékong
Fleuve d'Asie (4 180 km). Le Mékong naît dans le Tibet et se jette dans la mer de Chine méridionale par un immense delta, après avoir traversé le Laos, le Cambodge et le sud du Viêt-nam.

mélancolie (nom féminin)
Tristesse vague. *William parle avec **mélancolie** de ses dernières vacances en Grèce.* **Mélancolie** vient du grec *melankholia* qui signifie « humeur noire ».

mélancolique (adjectif)
Qui inspire de la mélancolie. *Cette histoire **mélancolique** me donne envie de pleurer.*

Mélanésie
Partie de l'Océanie, la Mélanésie est un archipel du Pacifique, proche de l'Australie. Elle comprend notamment la Papouasie-Nouvelle-Guinée, les îles Salomon, la Nouvelle-Calédonie et les îles Fidji.

mélanésien, enne ➡ Voir tableau p. 6.

mélange (nom masculin)
Ensemble de choses mélangées. *La confiture est un **mélange** de fruits et de sucre.*

mélanger (verbe) ▸ conjug. n° 5
1. Mettre ensemble plusieurs choses différentes. *Pour faire la pâte à crêpes, Ursula **mélange** la farine, les œufs et le lait.* (Syn. mêler. Contr. séparer.) **2.** Mettre en désordre. *Maman avait rangé les photos, mais Camille **a tout mélangé**.* **3.** Synonyme familier de confondre. *Tu **mélanges** leur nom.* Famille du mot : mélange, mélang**eur**.

mélangeur (nom masculin)
Robinet qui mélange directement l'eau chaude et l'eau froide.

mélasse (nom féminin)
Sirop de sucre. • **Être dans la mélasse :** dans la langue familière, être dans une situation pénible.

mêlée (nom féminin)
1. Combat très désordonné entre plusieurs personnes. *Dans la **mêlée**, Xavier a perdu ses lunettes.* **2.** Moment où les joueurs de rugby s'arc-boutent en se tenant par les épaules pour récupérer le ballon.

mêler (verbe) ▸ conjug. n° 3
1. Synonyme de mélanger. *Le peintre **mêle** les couleurs sur sa palette.* **2.** Se mêler : se joindre à un groupe. *De nombreuses personnes **se sont mêlées** à la manifestation.* **3.** Se mêler de quelque chose : s'occuper des affaires des autres. *Ne **te mêle** pas **de** cette histoire, ça ne te concerne pas.*

mélèze (nom masculin)
Conifère de haute montagne, qui ressemble à un sapin. *Les aiguilles du **mélèze** sont caduques.*

méli-mélo (nom masculin)
Mélange confus de choses diverses. Pluriel : des mélis-mélos.
ORTHO On écrit aussi un **mélimélo**, des **mélimélos**.

mélodie (nom féminin)
Air d'une chanson. *Cette **mélodie** me trotte dans la tête depuis ce matin.*

mélodieux, euse (adjectif)
Qui est agréable à entendre. *Anna a une voix très **mélodieuse**.*

mélodramatique (adjectif)
Qui est digne d'un mélodrame.

mélodrame (nom masculin)
Pièce de théâtre ou film dans lesquels les caractères sont exagérés et les situations peu vraisemblables.

mélomane (nom)
Personne qui aime la musique avec passion.

melon (nom masculin)
Fruit à pépins dont la chair est juteuse et sucrée. • **Chapeau melon :** chapeau d'homme en feutre, rond et bombé.

mélopée (nom féminin)
Chant ou air monotone.

membrane (nom féminin)
Peau mince et souple qui enveloppe un organe.

membre (nom masculin)
1. Partie articulée du corps qui permet le mouvement. *L'homme a quatre **membres** : deux bras et deux jambes.* 2. Personne qui fait partie d'un groupe. *Yann est **membre** d'un club de judo.*

même (adjectif)
1. Qui n'est pas différent. *Benjamin et Élodie ont le **même** blouson, de la **même** couleur, souvent ils les confondent !* (Syn. identique, semblable. Contr. autre.) 2. Après un nom ou un pronom, sert à insister sur la personne ou la chose. *Cette femme est la bonté **même**. Clément a repeint lui-**même** sa chambre.* ■ **même** (pronom) Chose identique à une autre. *J'aime bien ta veste, j'aimerais m'acheter la **même**.* (Contr. autre.) • **Cela revient au même :** c'est pareil, c'est la même chose. ■ **même** (adverbe) Et aussi. *Tout le monde a fait silence, **même** les enfants.* (Syn. y compris.) • **De même :** de la même manière. • **Quand même, tout de même :** malgré tout, cependant, néanmoins.
Lorsque **même** renforce un pronom personnel, il y a un trait d'union entre le pronom et **même** : moi-même, lui-même, eux-mêmes.

mémento (nom masculin)
1. Synonyme d'agenda. 2. Livre qui résume des notions essentielles. *Un **mémento** de grammaire.* Prononciation [memɛ̃to]. **Mémento** est un mot latin, qui signifie « souviens-toi ».

■ **mémoire** (nom masculin)
Texte écrit sur un sujet précis. *Fatima doit rédiger un petit **mémoire** sur la découverte de l'Amérique par Christophe Colomb.* ■ **Mémoires** (nom masculin pluriel) Livre dans lequel un écrivain raconte sa vie et ses souvenirs. *Il est en train d'écrire ses **Mémoires**.*

■ **mémoire** (nom féminin)
1. Ce qui permet à notre cerveau de se souvenir. *Gaëlle apprend très vite car elle a une excellente **mémoire**.* 2. Dans un ordinateur, endroit où on enregistre et où on conserve les informations. *La **mémoire** de mon ordinateur est pleine : je ne peux plus rien enregistrer.* • **À la mémoire de quelqu'un :** en souvenir ou en l'honneur de quelqu'un. • **Avoir un trou de mémoire :** ne plus se rappeler quelque chose. • **De mémoire :** par cœur.

mémorable (adjectif)
Qu'on gardera longtemps dans sa mémoire. *Le 14 Juillet est une date **mémorable** de l'histoire de France.* (Syn. inoubliable.)

mémorial (nom masculin)
Monument dressé en mémoire d'un évènement. *Un **mémorial** a été dressé en l'honneur de soldats morts pour la France.*
Pluriel : des mémori**aux**.

mémorisation (nom féminin)
Action de mémoriser. *La **mémorisation** des tables de multiplication pose des problèmes à certains élèves.*

mémoriser (verbe) ▸ conjug. n° 3
Enregistrer des connaissances dans sa mémoire. *Amandine n'arrive pas à **mémoriser** le code de la porte d'entrée.*

menaçant, ante (adjectif)
Qui menace ou exprime une menace. *Le ton de sa voix est **menaçant**.* (Contr. rassurant.)

menace (nom féminin)
1. Parole ou geste hostiles visant à intimider. *Les ravisseurs emploient les **menaces** et le chantage.* 2. Signes annonçant un danger. *Il y a des **menaces** d'éruption du volcan.*

menacer (verbe) ▸ conjug. n° 4
1. Faire des menaces. *Il les **menaçait** avec un fusil. Elle le **menace** de tout dire au directeur.* 2. Sembler sur le point de se

produire. *La pluie **menace**, rentrons !* Famille du mot : menaçant, menace.

ménage (nom masculin)
1. Travaux de nettoyage d'une maison. *Il ne fait pas souvent le **ménage**, il y a de la poussière.* 2. Couple de personnes vivant ensemble. *Ce jeune **ménage** vient de s'installer.* • **Faire bon** ou **mauvais ménage :** s'entendre bien ou mal. Famille du mot : ménager, ménagère.

ménagement (nom masculin)
Précautions que l'on prend avec quelqu'un pour ne pas le brusquer. *On lui a annoncé la mauvaise nouvelle avec **ménagement**.*

ménager (verbe) ▸ conjug. n° 5
1. Utiliser en dépensant le moins possible. *Pour arriver au sommet, les alpinistes **ménagent** leurs forces.* (Syn. épargner. Contr. gaspiller.) 2. Traiter quelqu'un avec précaution et sans le brusquer. *Elle est âgée, il faut la **ménager**.* 3. Arranger à l'avance. *Un diplomate **a ménagé** une entrevue entre les dirigeants des pays en guerre.* 4. Se ménager : éviter de trop se fatiguer. *Il est cardiaque, il doit **se ménager**.*

ménager, ère (adjectif)
Qui concerne le ménage. *Le ramassage des ordures **ménagères** a lieu chaque jour.*

ménagère (nom féminin)
Femme qui s'occupe de sa maison. *La **ménagère** va faire son marché.*

ménagerie (nom féminin)
Lieu où sont réunis des animaux pour être montrés au public.

mendiant, ante (nom)
Personne qui mendie. *« À votre bon cœur », dit le **mendiant**.*

mendicité (nom féminin)
Action de mendier. *Le chômage l'a conduit à la **mendicité**.*

mendier (verbe) ▸ conjug. n° 10
Demander l'aumône, la charité. *Il a dû **mendier** pour s'acheter un peu de pain.* Famille du mot : mendiant, mendicité.

mener (verbe) ▸ conjug. n° 8
1. Aboutir quelque part. *C'est le chemin qui **mène** à la plage.* (Syn. conduire.) 2. Diriger à son gré. *Il **mène** sa vie comme il l'entend.* 3. Être en tête. *Ils **mènent** deux buts à zéro.* • **Mener à bien une affaire :** la faire réussir. • **Mener loin :** avoir des conséquences graves.

ménestrel (nom masculin)
Musicien et chanteur du Moyen Âge. *Les **ménestrels** jouaient de la musique dans les châteaux.*

meneur, euse (nom)
Personne qui mène et entraîne les autres. *On a arrêté les **meneurs** de la révolte.*

menhir (nom masculin)
Grande pierre dressée verticalement par des hommes de la préhistoire. Prononciation [menir]. **Menhir** est formé des mots bretons *hir* qui signifie « long » et *men* qui signifie « pierre » et que l'on retrouve dans *dolmen*.

méninge (nom féminin)
Chacune des membranes qui enveloppent le cerveau et la moelle épinière. • **Se creuser les méninges :** synonyme familier de réfléchir.

« Saint Vincent de Paul avec un **mendiant** » peinture de Pierre Brisset (XIXe siècle)

méningite (nom féminin)
Grave maladie qui provoque l'inflammation des méninges.

ménisque (nom masculin)
Cartilage de certaines articulations. *On l'a opéré du genou, on lui a enlevé une partie du **ménisque**.*

menotte (nom féminin)
Petite main. *Donne-moi ta **menotte**.* ■ menottes (nom féminin pluriel) Bracelets de métal reliés par une chaîne. *Le policier lui a mis les **menottes**.*

mensonge (nom masculin)
Affirmation fausse, destinée à tromper. *Tu dis des **mensonges** et je ne te crois pas.* (Contr. vérité.)

mensonger, ère (adjectif)
Qui contient un mensonge. *Son témoignage était **mensonger**.* (Syn. faux. Contr. vrai.)

mensualité (nom féminin)
Somme payée chaque mois. *Il rembourse son crédit par **mensualités**.*

mensuel, elle (adjectif)
Qui se produit chaque mois. *Un salaire **mensuel**.* ■ mensuel (nom masculin) Revue qui paraît chaque mois. Famille du mot : **bi**mensuel, mensuali**té**, mensuelle**ment**.

mensuellement (adverbe)
Chaque mois. *Tous les salariés sont généralement payés **mensuellement**.*

mensurations (nom féminin pluriel)
Mesures principales du corps humain. *Cette robe t'ira très bien, elle correspond parfaitement à tes **mensurations**.*

mental, ale, aux (adjectif)
Qui concerne le fonctionnement de l'esprit. *Il n'a plus toutes ses facultés **mentales**.* (Syn. psychique.) • **Calcul mental :** opération que l'on fait de tête, sans l'écrire. Famille du mot : mentale**ment**, mentali**té**.

mentalement (adverbe)
Par la pensée. *Le père d'Élodie refait **mentalement** l'addition du garçon de café.*

mentalité (nom féminin)
Façon de penser. *Les **mentalités** ont beaucoup évolué au cours du siècle dernier.*

menteur, euse (nom)
Personne qui ment ou qui a l'habitude de mentir. ***Menteur** ! Ce n'est pas vrai !*

menthe (nom féminin)
Plante très odorante dont on fait des tisanes, des bonbons et des sirops. *Fatima a commandé une **menthe** à l'eau et Benjamin un thé à la **menthe**.*

de la **menthe**

menthol (nom masculin)
Alcool extrait de l'essence d'une espèce de menthe. *Des pastilles pour la gorge au **menthol**.*

mention (nom féminin)
1. Indication écrite donnant une information. *Prière de rayer toutes les **mentions** inutiles.* **2.** Appréciation favorable d'un jury. *Émilie a eu son baccalauréat avec **mention** « très bien ».* • **Faire mention de quelque chose :** le mentionner.

mentionner (verbe) ▸ conjug. n° 3
Signaler ou rapporter quelque chose. *Clément **a mentionné** une anecdote qui lui est arrivée à la rentrée des classes.*

mentir (verbe) ▸ conjug. n° 15
Dire des mensonges. *Ne le croyez pas, il **ment** effrontément.*

menton (nom masculin)
Partie du visage au-dessous de la bouche. *Il a un double **menton**.* ➡ p. 302.

menu, ue (adjectif)
1. Dont le corps et les membres sont minces et frêles. *Gaëlle est encore très **menue**.* (Syn. fluet. Contr. corpulent.) **2.** Qui est petit. *Hélène coupe la viande en menus morceaux pour le chat.* **3.** De peu d'importance. *David a de l'argent de poche pour ses **menues** dépenses.* (Contr. gros, important.)

menu (nom masculin)
1. Liste des plats d'un repas. *Au **menu** figurent une entrée, un plat et un dessert.* **2.** Liste des opérations qu'un logiciel peut faire et qui s'affiche sur l'écran de l'ordinateur.

menuet (nom masculin)
Ancienne danse de cour. Le **menuet** se dansait à pas *menus*, c'est-à-dire à petits pas.

menuiserie (nom féminin)
Travail du menuisier. *Emmanuel est très bricoleur, il a fait lui-même la **menuiserie** de la maison.*

menuisier, ère (nom)
Artisan qui travaille le bois. *Le **menuisier** fabrique les portes, les placards, les fenêtres.*

se **méprendre** (verbe) ▸ conjug. n° 32
Synonyme littéraire de se tromper. *Cet enfant **s'est mépris** sur le sens de mes paroles.* **Méprendre** est formé du verbe *prendre* et du préfixe *mé-* qui signifie « mal ».

mépris (nom masculin)
Attitude montrant qu'on n'a aucune estime pour quelqu'un. *Hervé n'a que du **mépris** pour ses subordonnés.* (Contr. respect.) • **Au mépris de quelque chose :** sans en tenir compte.

méprisable (adjectif)
Qui mérite le mépris. *Son attitude est **méprisable**.* (Contr. respectable.)

méprisant, ante (adjectif)
Qui témoigne du mépris. *Marion lui a lancé un regard **méprisant**.* (Syn. dédaigneux, hautain.)

méprise (nom féminin)
Fait de se méprendre. *Ibrahim s'est trompé de train et quand il s'est aperçu de sa **méprise**, il était trop tard.* (Syn. erreur.)

mépriser (verbe) ▸ conjug. n° 3
1. Avoir du mépris. *Elle **méprise** les gens qui ne sont pas de son milieu.* (Contr. estimer, respecter.) **2.** Ne faire aucun cas de quelque chose. *Elle **méprise** l'argent.* (Syn. dédaigner.) Famille du mot : mépris, mépris**able**, mépris**ant**.

mer (nom féminin)
1. Vaste étendue d'eau salée qui recouvre une grande partie de la Terre. *Le bateau a pris la **mer**. Julie passe ses vacances au bord de la **mer**.* **2.** Étendue délimitée d'eau salée, plus petite qu'un océan. *Sur l'atlas, Kevin a pu montrer la **mer** Baltique, la **mer** Noire et la **mer** Rouge.* • **Ce n'est pas la mer à boire :** ce n'est pas si difficile.

mercantile (adjectif)
Qui ne pense qu'à gagner de l'argent. *Il a l'esprit **mercantile**.*

mercenaire (nom masculin)
Soldat payé pour combattre dans une armée étrangère. *La garde du roi de France se composait de **mercenaires** suisses.* **Mercenaire** vient du latin *merces* qui signifie « salaire ».

mercerie (nom féminin)
Magasin où l'on trouve des fournitures pour faire de la couture. *Julie a trouvé de jolis boutons pour sa veste à la **mercerie**.*

merci (nom masculin)
Formule de remerciement. ***Merci** beaucoup ! Dites-lui un grand **merci** de notre part. Non merci !* Famille du mot : re**merci**ement, re**merci**er.

merci (nom féminin)
• **Être à la merci de quelque chose** ou **de quelqu'un :** en dépendre entièrement sans rien pouvoir faire. • **Sans merci :** sans aucune pitié. *Une guerre **sans merci**.*

mercredi (nom masculin)
Troisième jour de la semaine, entre mardi et jeudi. *Le **mercredi**, Laura va au judo et Pierre fait de la musique.* En latin, **mercredi** était le jour *(dies)* consacré à *Mercure*, dieu du Commerce et messager de Jupiter.

mercure (nom masculin)
Métal liquide très lourd et brillant. *Un thermomètre à **mercure**.*

Mercure ■
Dieu du Commerce et protecteur des Voyageurs dans la mythologie romaine. Mercure est le messager de Jupiter. Il est parfois représenté chaussé de sandales avec des petites ailes. Il porte le nom d'Hermès dans la mythologie grecque.

Mercure ■
Planète la plus proche du Soleil. À peine plus grosse que la Lune, son atmosphère est presque inexistante et elle connaît des écarts de température énormes entre le jour et la nuit. Le relief de Mercure ressemble à celui de la Lune : régions montagneuses, cratères creusés par des météorites.

mercurochrome (nom masculin)
Solution alcoolique de couleur rouge que l'on applique sur une plaie pour la désinfecter ou pour l'assécher.

merde (nom féminin)
1. Synonyme grossier d'excrément. **2.** Exclamation grossière exprimant la colère ou la surprise. *Oh ! **merde** ! J'ai tout renversé sur mon pantalon !*

mère (nom féminin)
1. Femme qui a un ou plusieurs enfants. *Myriam ressemble beaucoup à sa **mère**.* (Syn. maman.) **2.** Femelle qui a eu des petits. *Le chevreau tète sa **mère**.*

merguez (nom féminin)
Petite saucisse pimentée. *Noémie a pris un couscous avec des **merguez**.*

méridien (nom masculin)
Grand cercle imaginaire passant par les deux pôles de la Terre. *On calcule la longitude et l'heure à partir du **méridien** de l'observatoire de Greenwich, en Angleterre.*

méridional, ale, aux (adjectif)
Du sud. *L'Espagne **méridionale** est très chaude en été.* ■ **méridional, ale, aux** (adjectif et nom) Du sud de la France. *L'accent **méridional** est très chantant. Les Provençaux sont des **Méridionaux**.*

meringue (nom féminin)
Pâtisserie légère faite de blancs d'œufs et de sucre. *Quentin monte des blancs en neige pour faire des **meringues**.*

merise (nom féminin)
Fruit du merisier.

merisier (nom masculin)
Cerisier sauvage. *Les ébénistes font des meubles avec le bois rouge du **merisier**.*

mérite (nom masculin)
Ce qui rend digne d'estime. *Ludivine nous vante toujours les **mérites** de sa maîtresse.*

mériter (verbe) ▸ conjug. n° 3
1. Avoir droit à quelque chose grâce à ses efforts. *Je t'emmène au cinéma, tu l'**as** bien **mérité** !* **2.** Valoir la peine qu'on fasse un effort. *Ce projet **mérite** qu'on y réfléchisse.* Famille du mot : **dé**mériter, mérite, mérit**oire**.

méritoire (adjectif)
Où le mérite est grand. *Romain a fait des efforts **méritoires** pour vaincre sa timidité.* (Syn. louable.)

merlan (nom masculin)
Poisson marin vivant en bancs.

merle (nom masculin)
Oiseau à bec jaune, dont le mâle est noir et la femelle brune. *Le **merle** siffle du début du printemps à la fin de l'été.*

un **merle**

merlu (nom masculin)
Autre nom du colin.

mérou (nom masculin)
Gros poisson des mers chaudes. *Les **mérous** peuvent peser plus de 100 kg.*

un **mérou**

Mérovingiens

Dynastie des rois des Francs dont le premier serait Mérovée. À la fin du Ve siècle, le petit-fils de Mérovée, Clovis, conquit la Gaule. Les Mérovingiens y régnèrent jusqu'en 751. Ils furent alors remplacés par la dynastie des Carolingiens, fondée par Pépin le Bref.

merveille (nom féminin)
Chose admirable, très belle. *Ce bouquet de roses est une **merveille**.* • **À merveille :** très bien. *Thomas et Sarah s'entendent vraiment **à merveille**.* (Syn. merveilleusement.) • **Faire merveille :** donner d'excellents résultats. Famille du mot : émerveill**ement**, émerveill**er**, merveill**eusement**, merveill**eux**.

merveilleusement (adverbe)
À merveille. *Tout s'est **merveilleusement** bien passé entre eux.* (Syn. admirablement, magnifiquement.)

merveilleux, euse (adjectif)
Qui provoque un étonnement admiratif. *J'ai fait un rêve **merveilleux**.* (Syn. extraordinaire, magnifique, splendide.)

mes (déterminant)
Pluriel de *mon* et de *ma*.

mésange (nom féminin)
Petit oiseau au plumage coloré. *Victor observe une **mésange** bleue avec ses jumelles.*

une **mésange**

mésaventure (nom féminin)
Aventure désagréable. *Ils ne se sont pas vantés de leur **mésaventure**.*

mesdames ➡ Voir **madame**.

mesdemoiselles ➡ Voir **mademoiselle**.

mésentente (nom féminin)
Mauvaise entente entre plusieurs personnes. *La **mésentente** qui règne entre Yann et sa sœur désole leurs parents.* (Syn. désaccord, discorde.)

mésestimer (verbe) ▸ conjug. n° 3
Synonyme littéraire de sous-estimer. *On **avait** au départ **mésestimé** l'importance des recherches de ce savant.*

Mésopotamie

Région d'Asie de l'Ouest, située entre les fleuves Tigre et Euphrate. La Mésopotamie correspond aujourd'hui à la majeure partie de l'Irak. Entre le VIe et le Ier siècle avant Jésus-Christ, la Mésopotamie a été le lieu d'une civilisation brillante. En 539 avant Jésus-Christ, elle entra dans l'Empire perse. Plusieurs fois envahie, la Mésopotamie a été conquise par les Arabes au VIIe siècle.

mesquin, ine (adjectif)
Qui manque de générosité et a l'esprit étroit. *Il oblige toute la famille à se doucher à l'eau froide qui coûte moins cher, il est incroyablement **mesquin**.*

mesquinerie (nom féminin)
Attitude ou action mesquine. *Quand on lui doit de l'argent, elle ne fait jamais cadeau d'un centime, elle est d'une **mesquinerie** !*

mess (nom masculin)
Salle réservée aux officiers ou aux sous-officiers pour prendre leurs repas. **Mess** est un mot anglais qui vient d'un ancien mot français **mes**, qui signifie « mets ».

message (nom masculin)
Information transmise à quelqu'un. *Il n'est pas là pour l'instant, mais vous pouvez lui laisser un **message**.* Famille du mot : messag**er**, messag**erie**.

messager, ère (nom)
Personne chargée d'un message. *Le roi envoya un **messager** pour annoncer son arrivée.*

messagerie (nom féminin)
• **Messagerie électronique :** service de télécommunication permettant d'envoyer des messages par ordinateur. ■ **messageries** (nom féminin pluriel) Service de transport de marchandises.

messe (nom féminin)
Cérémonie du culte catholique. *Il va à la **messe** chaque dimanche.*

messie (nom masculin)
Selon la Bible, envoyé de Dieu. *Les chrétiens considèrent que le Christ est le* ***Messie****.* • **Attendre quelqu'un comme le messie :** avec beaucoup d'impatience et d'espoir.

messieurs ➡ Voir **monsieur**.

messire (nom masculin)
Titre honorifique réservé autrefois aux grands seigneurs.

mesure (nom féminin)
1. Évaluation d'une grandeur. *Le menuisier a sorti son mètre pour prendre les* ***mesures*** *de la porte. Le mètre, le gramme, le litre, le degré sont des unités de* ***mesure****.* 2. Division de la durée en parties égales. *Le chef d'orchestre bat la* ***mesure****.* 3. Modération dans sa manière de parler et d'agir. *Xavier n'a pas toujours le sens de la* ***mesure****.* 4. Moyen que l'on se donne pour obtenir quelque chose. *Des* ***mesures*** *d'urgence ont été prises pour secourir les victimes du séisme.* • **Dans la mesure du possible :** autant qu'il sera possible. • **Dépasser la mesure :** synonyme d'exagérer. • **Être en mesure de faire quelque chose :** en être capable.

mesuré, ée (adjectif)
Qui agit avec mesure, modération. *Le nouveau directeur a l'air d'un homme* ***mesuré****.* (Contr. excessif.)

mesurer (verbe) ▸ conjug. n° 3
1. Évaluer les dimensions, la quantité ou l'importance de quelque chose. *Le chronomètre* ***mesure*** *le temps. Yann* ***a*** *bien* ***mesuré*** *la faveur qu'on lui faisait.* 2. Avoir telle taille, telle dimension. *Benjamin* ***mesure*** *déjà 1,50 mètre.* • **Se mesurer avec quelqu'un :** essayer ses forces contre lui en se battant. Famille du mot : **démesuré**, demi-mesure, mesure, mesur**é**.

métairie (nom féminin)
Exploitation agricole tenue par un métayer qui partage sa récolte avec le propriétaire.

métal, aux (nom masculin)
Matière brillante qui conduit bien la chaleur et l'électricité. *Le cuivre, le fer, l'argent sont des* ***métaux****.* Famille du mot : métal**lique**, métal**lisé**, métal**lurgie**, métal**lurgique**.

métallique (adjectif)
1. En métal. *Un boîtier* ***métallique****.* 2. Qui rappelle le métal. *Il a une voix sèche, un peu* ***métallique****.*

métallisé, ée (adjectif)
Qui a un aspect brillant comme le métal. *Une voiture gris* ***métallisé****.*

métallurgie (nom féminin)
Industrie consistant à extraire les métaux des minerais. *La* ***métallurgie*** *fabrique de la fonte à partir du minerai de fer.*

métallurgique (adjectif)
De la métallurgie. *Cette ville est un centre* ***métallurgique****.*

métallurgiste (nom)
Personne qui travaille dans la métallurgie.

métamorphose (nom féminin)
1. Changements de forme subis par certains animaux au cours de leur vie. *Le hanneton résulte de la* ***métamorphose*** *du ver blanc.* 2. Changement complet d'apparence. *Olivier est devenu fin et distingué, quelle* ***métamorphose*** *!* ➡ p. 808.

métamorphoser (verbe) ▸ conjug. n° 3
1. Faire subir une métamorphose. *La chenille* ***se métamorphose*** *en papillon.* 2. Modifier complètement l'apparence. *Depuis son mariage, Caroline* ***est métamorphosée****.* (Syn. transformer.)

métaphore (nom féminin)
Procédé qui consiste à utiliser un mot dans un sens figuré. *Quand on parle du « printemps de la vie » pour désigner la jeunesse, on emploie une* ***métaphore****.*

métayer, ère (nom)
Paysan qui exploite une métairie. *Le* ***métayer*** *donne une partie de sa récolte au propriétaire.*

météo ➡ Voir **météorologie**, **météorologique**.

météore (nom masculin)
Traînée lumineuse d'une météorite dans le ciel. (Syn. étoile filante.)

météorite (nom féminin)
Fragment rocheux ou métallique venant de l'espace et qui traverse l'atmosphère.

a b c d e f g h i j k l m n o p q r s t u v w x y z

météorologie (nom féminin)
Science qui étudie les phénomènes atmosphériques et permet de prévoir le temps. *La **météorologie** étudie le climat, les vents, la température, les pressions.* **Météorologie** s'abrège *météo*.

météorologique (adjectif)
De la météorologie. *Voici le bulletin **météorologique**.* **Météorologique** s'abrège *météo* : des prévisions météo.

méthane (nom masculin)
Gaz incolore présent dans la nature. *Les végétaux qui pourrissent produisent du **méthane**.*

méthode (nom féminin)
1. Moyen employé pour arriver à un résultat. *Clément a une **méthode** personnelle pour faire des crêpes.* (Syn. procédé.) **2.** Ouvrage où l'on enseigne les principes de base de quelque chose. *C'est une **méthode** de lecture rapide.* **3.** Qualité d'esprit qui consiste à agir en suivant un ordre logique. *Quand on travaille avec **méthode**, on va toujours plus vite.* Famille du mot : méthod**ique**, méthod**iquement**.

méthodique (adjectif)
Qui a de la méthode. *Ursula est rapide parce qu'elle est très **méthodique**.* (Contr. brouillon, désordonné.)

méthodiquement (adverbe)
De façon méthodique. *Ses livres sont classés **méthodiquement** par ordre alphabétique.*

méticuleusement (adverbe)
De façon méticuleuse. *Nicolas range **méticuleusement** les timbres de sa collection.*

méticuleux, euse (adjectif)
Qui est très soigneux et fait attention aux petits détails. *Luc est **méticuleux**, ce travail d'horloger lui convient donc parfaitement.* (Syn. minutieux. Contr. négligent.)

métier (nom masculin)
Occupation qui permet de gagner sa vie. *Pierre est boulanger de son **métier**.*
• **Métier à tisser :** machine servant à fabriquer des tissus.

métis, isse (adjectif et nom)
Dont les parents n'ont pas la même couleur de peau. *Sa mère est anglaise, son père est indien, elle est **métisse**.*

métrage (nom masculin)
Longueur en mètres. *Le **métrage** d'un tissu.*

mètre (nom masculin)
1. Unité de mesure de longueur. *Zoé mesure un **mètre** vingt (1,20 m).* **2.** Règle ou ruban gradués, d'un mètre de long. *Le menuisier a un **mètre** métallique.* **Mètre** s'abrège *m*. Voir aussi **carré** et **cube**.

métrique (adjectif)
• **Système métrique :** système des poids et mesures qui a pour modèle le mètre.

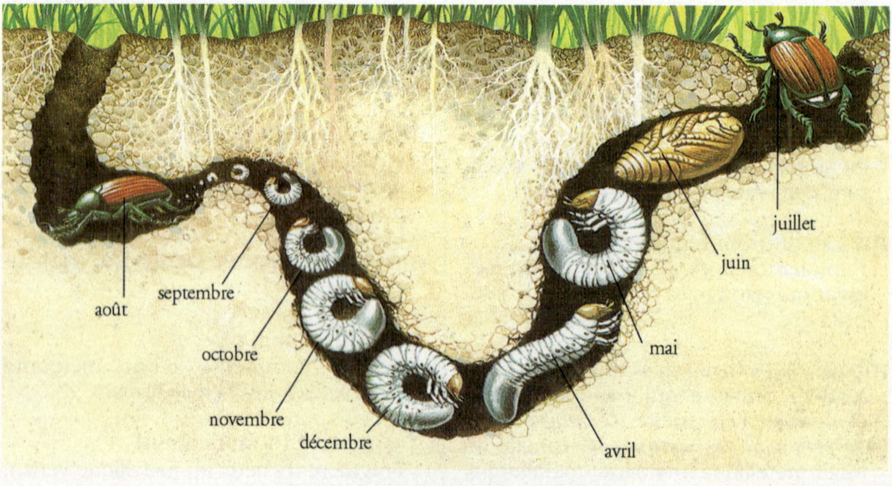

la **métamorphose** d'un coléoptère

métro (nom masculin)
Chemin de fer électrique, en grande partie souterrain, des grandes villes. *Le premier* ***métro*** *a été construit à Londres en 1863, celui de Paris date de 1900.* **Métro** est l'abréviation de *chemin de fer métropolitain*.

métronome (nom masculin)
Instrument qui marque le rythme quand on étudie un morceau de musique.

métropole (nom féminin)
1. Très grande ville. *Calcutta, Bangkok, Singapour sont des* ***métropoles*** *d'Asie.* **2.** État dont dépendent des territoires extérieurs. *Les Martiniquais viennent souvent faire leurs études en* ***métropole***.

métropolitain, aine (adjectif)
De la métropole. *La France* ***métropolitaine*** *et les départements d'outre-mer.*

mets (nom masculin)
Aliment servi à table. *Le cassoulet est un* ***mets*** *du Sud-Ouest.* (Syn. plat.)

mettable (adjectif)
Qui peut être mis. *Ce vieux jean est complètement troué, il n'est plus* ***mettable***.

metteur (nom masculin)
• **Metteur en scène :** personne qui met en scène une pièce de théâtre ou un film.

mettre (verbe) ▸ conjug. n° 33
1. Placer quelque chose ou quelqu'un dans un lieu. *Maman* ***met*** *des fleurs dans le vase. Ils* ***l'ont mise*** *en pension.* (Contr. enlever.) *Papa* ***a mis*** *les photos de la soirée en ligne.* **2.** Placer sur son corps. *Elle* ***met*** *ses chaussures. David* ***a mis*** *un tee-shirt.* **3.** Ajouter pour mélanger. *Papa* ***met*** *du sucre dans son café.* **4.** Faire passer dans un autre état. *Anna* ***met*** *l'ordinateur en marche. Cette remarque* ***a mise*** *Marie en colère.* **5.** Employer de l'argent ou du temps pour quelque chose. *Il* ***a mis*** *100 euros dans une paire de jumelles. Élodie* ***met*** *10 minutes pour aller à l'école.* **6.** Se mettre : se placer dans un lieu ou dans un état. *Elle* ***s'est mise*** *près de la fenêtre. Il* ***s'est mis*** *à quatre pattes.* **7.** Se mettre : commencer à faire quelque chose. *Il* ***s'est mis*** *à ranger.* **8.** Se mettre : s'habiller. *Elle* ***s'est mise*** *en tenue de soirée.* • **Mettre en scène :** diriger le jeu des acteurs, les répétitions, veiller aux décors d'une pièce de théâtre ou d'un film. • **Ne plus savoir où se mettre :** être très gêné. Famille du mot : **dé**mettre, met**table**, mett**eur**, mise, miser, **re**mettre, remise.

Metz
Chef-lieu du département de la Moselle (124 000 habitants). C'est un centre industriel. Son université, sa cathédrale, ses maisons anciennes et son musée d'art moderne, le Centre Pompidou-Metz inauguré en 2010, en font également un important centre culturel.

■ meuble (adjectif)
Facile à labourer. *On plante les légumes dans une terre* ***meuble***.

■ meuble (nom masculin)
Objet servant à aménager une maison. *Les fauteuils, les chaises, les tables, les lits, les buffets sont des* ***meubles***. Famille du mot : ameuble**ment**, meubl**er**.

meubler (verbe) ▸ conjug. n° 3
1. Garnir de meubles. *Cette maison* ***est meublée*** *à l'ancienne.* **2.** Au sens figuré, occuper un temps libre. *Elle* ***meuble*** *la conversation en parlant des derniers films.*

Meucci Antonio (né en 1808, mort en 1889)
Inventeur américain d'origine italienne. Il découvrit le principe du téléphone en 1849 et mit au point un appareil en 1854 mais, faute d'argent, il ne put faire reconnaître son invention. En 2002, le Congrès des États-Unis a reconnu qu'il avait inventé le téléphone avant Graham Bell.

meuglement (nom masculin)
Cri émis par les bovins. (Syn. beuglement, mugissement.)

meugler (verbe) ▸ conjug. n° 3
Faire entendre des meuglements. *Les vaches, les bœufs et les taureaux* ***meuglent***. (Syn. beugler, mugir.)

meule (nom féminin)
1. Gros cylindre de pierre servant à broyer et à moudre. *Les* ***meules*** *du moulin moulent le grain.* **2.** Roue de pierre dure ou d'une matière abrasive qui sert à aiguiser et à polir. *Ibrahim affûte son couteau à la* ***meule***. **3.** Gros tas de foin

ou de paille. *Les paysans ont fauché l'herbe et fait des **meules** de foin.*

meulière (nom féminin)
Sorte de calcaire très dur utilisé en construction. *Une villa en **meulière**.*

meunier, ère (nom)
Personne qui exploite un moulin et fabrique de la farine.

meurtre (nom masculin)
Crime qui consiste à tuer quelqu'un volontairement. *Les accusés de **meurtre** sont jugés par les cours d'assises.* (Syn. assassinat.)

meurtrier, ère (adjectif)
Qui cause la mort. *Ce virage est particulièrement **meurtrier**.* ■ **meurtrier, ère** (nom) Personne qui a commis un meurtre. *Le **meurtrier** s'est rendu à la police.* (Syn. assassin.)

meurtrière (nom féminin)
Étroite ouverture dans un mur de fortification. *Les archers tiraient des flèches par les **meurtrières** des châteaux forts.* ➡ p. 226.

meurtrir (verbe) ▶ conjug. n° 11
Faire une meurtrissure. *Les cordes **meurtrissaient** les poignets du prisonnier.*

meurtrissure (nom féminin)
Trace laissée par un coup ou un choc. *Après le match, le visage du boxeur était couvert de **meurtrissures**.*

meute (nom féminin)
1. Troupe de chiens dressés pour la chasse à courre. *Le cerf est encerclé par la **meute**.* **2.** Troupe de personnes acharnées autour de quelqu'un. *La chanteuse était poursuivie par la **meute** de ses admirateurs.*

mévente (nom féminin)
Très forte baisse des ventes. *La surproduction laitière a entraîné la **mévente** du lait.*

mexicain, aine ➡ Voir tableau p. 6.

Mexico
Capitale du Mexique (19,4 millions d'habitants). Située sur un plateau à 2 260 mètres d'altitude, Mexico est le premier centre industriel, commercial et culturel du pays. C'est aussi une des villes les plus peuplées du monde.

HISTOIRE
Mexico a été fondée par les Aztèques en 1325. Soumise par le conquistador Cortés en 1521, elle fut rasée et reconstruite, avant de devenir la résidence du vice-roi de la Nouvelle-Espagne. Elle devint la capitale du Mexique en 1824.

Mexique

109,6 millions d'habitants
Capitale : Mexico
Monnaie : le peso mexicain
Langue officielle : espagnol
Superficie : 1 972 547 km²

État fédéral de l'Amérique centrale, sur l'océan Pacifique et l'océan Atlantique, voisin des États-Unis au nord.

GÉOGRAPHIE
Le Mexique est un pays de hauts plateaux, avec des plaines côtières donnant sur le Pacifique à l'ouest, et sur le golfe du Mexique à l'est. Le climat y est tropical, aride au nord et humide au sud. La population et les villes se concentrent dans les hautes terres du Sud, tempérées par l'altitude.
Le Mexique exporte du café, du coton, des fruits et des légumes. Son sous-sol est riche ; il fournit de l'argent (1er rang mondial), du cuivre, du fer, du zinc, et du pétrole (4e rang mondial). Le Mexique reçoit près de 5 millions de touristes par an.

HISTOIRE
Au Ier siècle se développa au Mexique la grande civilisation des Mayas. À partir du XIe siècle, des vagues d'envahisseurs arrivèrent du Nord et les derniers, les Aztèques, soumirent les Mayas et, fondèrent, sur le site de Mexico, la cité de Tenochtitlán. Ils développèrent l'agricul-

un temple maya à Chichen Itza au **Mexique**

ture, le commerce et les arts. Mais l'Espagnol Hernán Cortés les écrasa au XVIe siècle. Le territoire conquis fut alors baptisé « Nouvelle-Espagne ». La population indienne, convertie de force au catholicisme par les Espagnols, fut massacrée et réduite en esclavage. L'indépendance du Mexique a été proclamée en 1821.

golfe du **Mexique**
Vaste golfe de l'océan Atlantique, bordé par la côte sud des États-Unis, le nord du Mexique, le Yucatán et Cuba. C'est dans le golfe du Mexique que naît le courant marin du Gulf Stream.

mezzanine (nom féminin)
Niveau intermédiaire aménagé dans une pièce haute de plafond. *Fatima aime beaucoup dormir sur la* ***mezzanine****.*
Prononciation [medzanin].

mi (nom masculin)
Troisième note de la gamme.

miaulement (nom masculin)
Cri du chat.

miauler (verbe) ▶ conjug. n° 3
Émettre un miaulement. *Le chat* ***miaule*** *à la porte.*

mica (nom masculin)
Minéral brillant, transparent et ininflammable, qui s'effrite facilement en lamelles. *On utilisait le* ***mica*** *comme vitre pour les portes de poêles.* **Mica** est un mot latin qui signifie « miette ».

mi-carême (nom féminin)
Jeudi situé entre Mardi gras et Pâques, qui est le vingt-troisième jour de carême. *À la* ***mi-carême****, les enfants se déguisent.*

miche (nom féminin)
Gros pain rond.

Michel-Ange (né en 1475, mort en 1564)
Sculpteur, peintre, architecte et poète italien. Michel-Ange a étudié l'art antique à Florence. Sculpteur de génie, il a réalisé des chefs-d'œuvre comme la sculpture de la Pietà de la basilique Saint-Pierre de Rome. En 1508, le pape lui confia la décoration de la voûte de la chapelle Sixtine, dans le palais du Vatican, achevée en 1512. Il y peignit des fresques sur la Création du monde. Il exécuta ensuite la célèbre fresque du *Jugement dernier*. À la fin de sa vie, son génie s'exprima aussi en architecture et il réalisa, entre autres, l'aménagement de la place du Capitole, à Rome.

« La Création d'Adam », par **Michel-Ange** (XVIe siècle, chapelle Sixtine)

à **mi-chemin** (adverbe)
À la moitié du chemin. *On s'est aperçu à* ***mi-chemin*** *qu'on avait oublié le pique-nique.*

mi-clos, mi-close (adjectif)
À moitié clos. *Le chien dort les yeux* ***mi-clos****.*

micmac (nom masculin)
Dans la langue familière, manigances embrouillées. *Qu'est-ce que c'est encore que ces* ***micmacs*** *?*

micro (nom masculin)
1. Appareil servant à amplifier ou à enregistrer le son. *Sa voix est assez puissante pour qu'il se passe de* ***micro****.* **2.** Synonyme familier de micro-ordinateur.
Au sens 1, **micro** est l'abréviation de **microphone**.

microbe (nom masculin)
Micro-organisme qui peut être à l'origine de maladies contagieuses. *Les* ***microbes*** *ne sont visibles qu'au microscope.*

microbien, enne (adjectif)
Qui est dû à un microbe. *Les antibiotiques sont efficaces contre les maladies* ***microbiennes****.*

microclimat (nom masculin)
Climat propre à une zone de très faible étendue. *Sur la côte bretonne, le mimosa pousse grâce à un* ***microclimat****.*

microfilm (nom masculin)
Film composé de photos de très petit format. *On met certains documents sur* ***microfilm*** *pour pouvoir les consulter ensuite sans les abîmer.*

micro-informatique (nom féminin)
Domaine concernant l'utilisation des micro-ordinateurs. *Cette boutique est spécialisée dans le matériel de **micro-informatique**.*

Micronésie
Ensemble d'îles du Pacifique, situées entre la Mélanésie et la Polynésie, à l'est des Philippines et de l'Indonésie. La Micronésie comprend notamment les îles Mariannes et les îles Carolines.

micro-onde (nom féminin)
• **Four à micro-ondes :** four qui permet de cuire, de réchauffer ou de décongeler rapidement des aliments.
ORTHO On écrit aussi **microonde**.

micro-ordinateur (nom masculin)
Ordinateur individuel. (Syn. micro, PC.)
Pluriel : des micro-ordinateur**s**.
ORTHO On écrit aussi un **microordinateur**, des **microordinateurs**.

micro-organisme (nom masculin)
Être vivant microscopique. *Les bactéries et les microbes sont des **micro-organismes**.*
Pluriel : des micro-organisme**s**.
ORTHO On écrit aussi un **microorganisme**, des **microorganismes**.

microphone ➡ Voir **micro**.

microprocesseur (nom masculin)
Partie d'un micro-ordinateur qui effectue les calculs nécessaires à son fonctionnement.

microscope (nom masculin)
Instrument d'optique permettant d'observer des objets très petits. *Kevin a vu des globules blancs au **microscope**.*

un **microscope**

microscopique (adjectif)
1. Qui n'est visible qu'au microscope. *Le plancton est composé d'organismes **microscopiques**.* 2. Qui est minuscule. *Son écriture **microscopique** est illisible.*

midi (nom masculin)
1. Milieu du jour correspondant à la douzième heure. *Les douze coups de **midi** ont sonné au clocher du village.* 2. Sud de la France. *Elle a l'accent du **Midi**.* Au sens 2, **Midi** est un nom propre : il commence donc par une majuscule.

canal du **Midi**
Canal qui relie l'océan Atlantique à la mer Méditerranée par la Garonne. Long de 241 km, le canal du Midi part de Toulouse et débouche dans l'étang de Thau, près de Sète.
ORTHO On dit aussi **canal des Deux-Mers** ou **canal du Languedoc**.

Midi-Pyrénées
Ancienne Région française, intégrée en 2016 à la Région Languedoc-Roussillon-Midi-Pyrénées. Elle est formée par les départements de l'Ariège, de l'Aveyron, de la Haute-Garonne, du Gers, du Lot, des Hautes-Pyrénées, du Tarn et du Tarn-et-Garonne. ➡ Voir carte p. 1373.

mie (nom féminin)
Partie molle du pain. *Pierre mange la **mie** et laisse la croûte.* • **Pain de mie :** pain sans croûte utilisé pour les tartines grillées et les sandwichs.

miel (nom masculin)
Produit sucré fabriqué par les abeilles. *On se sert du **miel** pour faire le pain d'épices, des gâteaux, des bonbons.*

mielleux, euse (adjectif)
D'une douceur hypocrite. *Quentin ne supporte pas le ton **mielleux** de ce garçon.*

le **mien**, la **mienne** (pronom)
Pronom possessif de la première personne du singulier. *À qui est cette casquette ? C'est **la mienne** !* ■ les miens (nom masculin pluriel) Ceux de ma famille. *Je vais retrouver **les miens**.*

miette (nom féminin)
1. Petite parcelle de pain ou de gâteau qui se détache. *Gaëlle jette des **miettes** de pain aux moineaux.* 2. Petit morceau de

quelque chose. *Le verre s'est cassé en mille **miettes**.* À l'origine, une **miette** c'était un petit morceau de *mie*.

mieux (adjectif et nom)
Mot qui sert de comparatif et de superlatif à « bien ». *Cette chemise est **mieux** que l'autre, c'est même la **mieux** de toutes.* ■ mieux (nom masculin) 1. Ce qui est le meilleur. *C'est le **mieux** qu'on puisse faire.* 2. Amélioration dans une situation. *Il y a un léger **mieux** dans son état de santé.* (Contr. aggravation.) • **Au mieux :** dans le meilleur des cas. • **Être au mieux avec quelqu'un :** être en très bons termes avec lui. • **Faire de son mieux :** aussi bien que l'on peut. ■ mieux (adverbe) D'une meilleure façon. *Romain peut **mieux** faire.* • **Aller mieux :** être en meilleure santé. • **Valoir mieux :** être préférable. *Il **vaut mieux** faire demi-tour.*

mièvre (adjectif)
Qui a un charme un peu fade. *C'est un roman sentimental un peu **mièvre**.*

mignon, onne (adjectif)
Gentil et charmant. *Qu'il est **mignon**, ce chaton !*

migraine (nom féminin)
Mal de tête. *Elle s'est retirée dans sa chambre parce qu'elle a la **migraine**.*

migrateur, trice (adjectif)
Qui fait des migrations. *Les oies sauvages sont des oiseaux **migrateurs**.*

migration (nom féminin)
1. Déplacement de certains animaux en groupes et à certaines saisons. *La **migration** des cigognes vers le sud annonce l'hiver.* 2. Déplacement d'une population d'une région à une autre pour s'y établir. *Depuis la découverte de l'Amérique, il y a eu des **migrations** successives vers ce continent.* Famille du mot : émigrant, émigration, émigré, émigrer, immigration, immigré, immigrer, migrateur.

migrer (verbe) ▸ conjug. n° 3
Effectuer une migration. *À l'automne, les passereaux **migrent** en Afrique.*

mijaurée (nom féminin)
Fille, femme aux manières prétentieuses, affectées. *Ursula n'arrête pas de faire sa **mijaurée**.*

mijoter (verbe) ▸ conjug. n° 3
1. Cuire à petit feu. *La ratatouille **mijote** sur le coin de la cuisinière.* 2. Dans la langue familière, préparer quelque chose en secret. *Vous, vous **mijotez** une mauvaise farce !*

mikado (nom masculin)
Jeu d'adresse fait de fines baguettes de bois qu'il faut ramasser une à une sans faire bouger les autres.

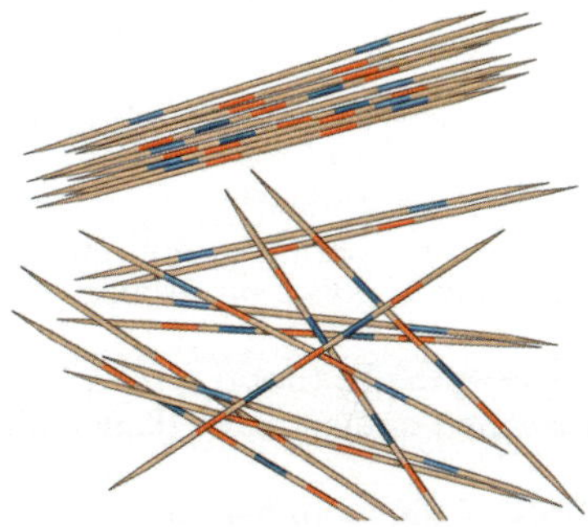

un jeu de **mikado**

mil (nom masculin)
Céréale à petits grains cultivée dans les pays tropicaux. *Piler le **mil** pour faire de la farine.* ➡ p. 897.

milan (nom masculin)
Rapace aux longues ailes. *Les **milans** vivent essentiellement dans les régions chaudes de la planète.*

Milan
Ville d'Italie située au centre de la plaine du Pô (1,3 million d'habitants). Capitale de la Lombardie, Milan est la deuxième ville d'Italie par sa population et la première par son importance économique. C'est aussi un centre universitaire et culturel. Ville très touristique, elle possède le célèbre théâtre d'opéra, la Scala.

mildiou (nom masculin)
Maladie de certaines plantes (vigne, pomme de terre, etc.) due à des moisissures. ➡ p. 814.

mile (nom masculin)
Unité de mesure de longueur anglaise valant 1 609 mètres. **Mile** est un mot anglais : on prononce [majl].

les effets du **mildiou** sur la vigne

milice (nom féminin)
Troupe de volontaires qui remplacent ou aident la police ou l'armée.

milicien, enne (nom)
Personne qui fait partie d'une milice.

milieu, eux (nom masculin)
1. Point situé à égale distance des extrémités. *Thomas a mis la fléchette au beau **milieu** de la cible.* (Syn. centre.) 2. Période située à égale distance du début et de la fin. *Hélène s'est réveillée au **milieu** de la nuit.* 3. Entourage d'une personne. *Dans le train, on rencontre des gens de tous les **milieux**.* 4. Environnement dans lequel vit un être vivant. *Le **milieu** naturel des orchidées est la forêt équatoriale.*

militaire (adjectif)
De l'armée. *Dans cette ville, il y a une école **militaire**.* ■ **militaire** (nom) Membre de l'armée. *L'oncle de Victor est un **militaire** de métier.*

militant, ante (nom)
Personne qui milite. *La mère de Julie est une **militante** pacifiste.*

militer (verbe) ▶ conjug. n° 3
Lutter activement pour une cause ou un parti. *Il a **milité** toute sa vie dans un syndicat.*

milk-shake (nom masculin)
Boisson à base de lait battu avec de la pulpe de fruits ou avec du chocolat. *Benjamin adore les **milk-shakes** à la fraise que lui prépare son correspondant américain.* **Milk-shake** est un mot américain : on prononce [milkʃɛk].
Pluriel : des milk-shakes.
ORTHO On écrit aussi **milkshake**.

■ **mille** (déterminant)
1. Dix fois cent (1 000). *Du nord au sud, la France mesure environ **mille** kilomètres.* 2. Un très grand nombre. *Je t'ai dit **mille** fois de ne pas te balancer sur ta chaise !*
Pluriel : deux mille. Famille du mot : mill**énaire**, milli**ème**, milli**er**, milli**gramme**, mill**ilitre**, milli**mètre**, mill**imétré**.

■ **mille** (nom masculin)
Unité de mesure de distance qui est employée par les marins et par les aviateurs. *Le **mille** vaut 1 852 mètres.*

les **Mille et Une Nuits**
Recueil de contes populaires arabes. La belle Schéhérazade, pour échapper à la mort que lui réserve le roi de Perse, lui raconte, chaque nuit, une histoire dont il n'aura la fin que la nuit suivante. Le roi, toujours désireux de connaître la suite de l'histoire, lui laisse la vie sauve. *Aladin et la lampe merveilleuse*, *Ali Baba et les quarante voleurs* et *Sinbad le marin* figurent parmi les contes les plus connus.

millefeuille (nom masculin)
Gâteau de pâte feuilletée garni de crème.

millénaire (adjectif)
Qui existe depuis au moins mille ans. *Fêter le nouvel an est une tradition **millénaire**.* ■ **millénaire** (nom masculin) Période de mille ans. *L'homme a inventé l'écriture depuis plus de cinq **millénaires**.*

mille-pattes (nom masculin)
Petit animal invertébré au corps composé d'anneaux. *Les **mille-pattes** ont au minimum 21 paires de pattes.* Pluriel : des mille-pattes.
ORTHO On écrit aussi un **millepatte**, des **millepattes**.

un **mille-pattes**

millésime (nom masculin)
Indication de l'année pour un vin ou une monnaie. *Ce vin a été récolté en 1993,*

*c'est le **millésime** qui est inscrit sur la bouteille.*

millet (nom masculin)
Céréale aux graines petites et nombreuses, cultivée en Afrique et en Asie. *William a acheté du **millet** pour ses perruches.* Prononciation [mijɛ].

milliard (nom masculin)
Mille millions (1 000 000 000). *Il y a plus de six **milliards** d'êtres humains sur la planète.*

milliardaire (nom)
Personne extrêmement riche. *Ce **milliardaire** possède plusieurs yachts.*

millième (adjectif et nom)
Qui occupe le rang numéro mille. *Le **millième** abonné aura droit à un cadeau.* ■ **millième** (nom masculin) Ce qui est contenu mille fois dans un tout. *Cet appareil prend des photos au **millième** de seconde.*

millier (nom masculin)
Nombre d'environ mille. *Il y avait au moins un **millier** de spectateurs.*

milligramme (nom masculin)
Millième partie du gramme. **Milligramme** s'abrège *mg*.

millilitre (nom masculin)
Millième partie du litre. **Millilitre** s'abrège *ml* ou *mL*.

millimètre (nom masculin)
Millième partie du mètre. **Millimètre** s'abrège *mm*.

millimétré, ée (adjectif)
• **Papier millimétré :** papier quadrillé par des lignes qui sont espacées d'un millimètre.
ORTHO On dit également **millimétrique**.

million (nom masculin)
Mille fois mille (1 000 000). *Elle a gagné plusieurs **millions** d'euros en jouant au loto.*

millionnaire (nom)
Personne très riche. *Le château a été racheté par un **millionnaire**.*

mime (nom masculin)
Art par lequel on s'exprime uniquement par des gestes, sans parler. (Syn. pantomime.) *Ibrahim a monté un numéro de **mime**.* ■ **mime** (nom) Comédien qui pratique cet art. *Le **mime** a fardé son visage en blanc.* Famille du mot : mim**er**, mim**étisme**, mim**ique**.

mimer (verbe) ▸ conjug. n° 3
Imiter seulement par des gestes, des attitudes et des expressions du visage. *Laura a fait rire toute la classe en **mimant** le maître.*

mimétisme (nom masculin)
1. Imitation inconsciente du comportement d'autrui. *Myriam reproduit le ton de voix de sa mère par **mimétisme**.* 2. Aptitude de certains animaux à prendre la couleur de leur environnement. *Le **mimétisme** du caméléon le protège de ses ennemis.*

mimique (nom féminin)
Geste ou expression du visage représentant un sentiment. *Xavier a raconté son aventure avec des **mimiques** irrésistibles.*

mimolette (nom féminin)
Fromage orangé, en forme de boule.

mimosa (nom masculin)
Arbuste à fleurs jaunes en forme de boules, très parfumées. *Le **mimosa** pousse dans les régions au climat doux.*

feuille et fleurs de **mimosa**

minable (adjectif)
Synonyme familier de médiocre. *On a déjeuné dans un restaurant assez **minable**.*

minaret (nom masculin)
Haute tour d'une mosquée. *Du haut du **minaret**, le muezzin appelle les fidèles à la prière cinq fois par jour.*

minauder (verbe) ▸ conjug. n° 3
Faire des manières en parlant. *Quand il y a des garçons, Noémie ne peut s'empêcher de **minauder**.*

■ **mince** (adjectif)
1. De peu d'épaisseur. *Coupe cette pomme en tranches aussi **minces** que possible.* (Syn. fin. Contr. épais.) **2.** Qui n'est pas gros. *Odile est **mince** mais pas maigre.* (Contr. gros.) **3.** Peu important. *Les renseignements que nous avons trouvés sont plutôt **minces**.* (Syn. maigre.) Famille du mot : amincir, amincissant.

■ **mince !** (interjection)
Exclamation familière qui exprime le regret. ***Mince !** J'ai oublié de le prévenir.*

mincir (verbe) ▸ conjug. n° 11
Devenir plus mince. *Laura **a minci** et peut à nouveau rentrer dans son jean.*

■ **mine** (nom féminin)
1. Aspect du visage. *Tu es toute bronzée, tu as une **mine** resplendissante !* **2.** Aspect extérieur de quelqu'un ou de quelque chose. *Sa **mine** ne m'inspire pas confiance.* • **Faire mine :** faire semblant. • **Mine de rien :** sans en avoir l'air. • **Ne pas payer de mine :** ne pas avoir belle apparence.

■ **mine** (nom féminin)
1. Endroit du sol où l'on creuse des galeries pour extraire du charbon ou des minerais. *Une **mine** de diamants. Une **mine** de nickel.* ➡ p. 1256. **2.** Fin cylindre gris ou coloré d'un crayon. *La **mine** de mon crayon est cassée.* **3.** Engin explosif. *La jeep a sauté sur une **mine**.* Famille du mot : **dé**miner, miner, mineur, minier.

miner (verbe) ▸ conjug. n° 3
1. Enterrer des mines quelque part. *Longtemps après la guerre, certains terrains sont restés **minés**.* **2.** Détruire en rongeant de l'intérieur. *Il est mort quelques mois après sa femme, **miné** par le chagrin.*

minerai (nom masculin)
Roche d'où l'on peut extraire un métal. *Le sous-sol de cette région est riche en **minerai** de fer.*

minéral, ale, aux (adjectif)
Dont la matière n'est pas vivante, ni animale, ni végétale. *Le granit et le sable sont des matières **minérales**.* • **Eau minérale :** qui contient des minéraux. ■ **minéral, aux** (nom masculin) Matière sans vie qui entre dans la composition des roches. *Le calcaire, le mica sont des **minéraux**.*

minéralogie (nom féminin)
Science des minéraux.

minéralogique (adjectif)
• **Plaque minéralogique :** plaque qui porte le numéro d'immatriculation d'une automobile.

minerve (nom féminin)
Dispositif rigide qui se porte autour du cou et qui maintient la tête droite. *Quand ma mère a mal au cou elle met une **minerve**.*

minestrone (nom masculin)
Soupe italienne épaissie de légumes et de pâtes ou de riz.

minet, ette (nom)
Synonyme familier de chat.

■ **mineur** (nom masculin)
Ouvrier qui travaille dans une mine. *Les **mineurs** descendent au fond de la mine.*

■ **mineur, eure** (adjectif)
Qui a très peu d'importance. *Ces informations sont d'un intérêt **mineur**.* (Contr. majeur.) ■ **mineur, eure** (adjectif et nom) Qui n'a pas encore 18 ans, l'âge de la majorité. *Les **mineurs** n'ont pas le droit de voter.*

Ming
Dynastie qui régna en Chine de 1368 à 1644. La dynastie Ming établit sa capitale à Pékin en 1409.

miniature (nom féminin)
1. Reproduction d'un objet en format très réduit. *Elle fait collection d'autos **miniatures**.* **2.** Tableau de très petites dimensions. *Son médaillon contient une **miniature** peinte à la main.* ➡ p. 817.

miniaturiser (verbe) ▸ conjug. n° 3
Réduire le plus possible les dimensions de quelque chose. *L'espion avait une caméra **miniaturisée** dans la monture de ses lunettes.*

un médaillon contenant une **miniature**

minibus (nom masculin)
Petit autobus. *Le centre de loisirs a emprunté le **minibus** de l'école pour la sortie à la piscine.*

minier, ère (adjectif)
Qui concerne les mines. *C'est un pays **minier**, très riche en charbon.*

minigolf (nom masculin)
Golf miniature.

minijupe (nom féminin)
Jupe très courte.

minimal, ale, aux (adjectif)
Qui atteint un minimum. *Les températures **minimales** sont supérieures à la moyenne saisonnière.* (Syn. minimum.)

minime (adjectif)
Très petit. *Il y a une différence **minime** entre l'original et la copie du tableau.* (Syn. infime. Contr. considérable, énorme.) ■ **minime** (nom) Sportif qui est âgé de 13 à 15 ans.

minimessage (nom masculin)
Message écrit que l'on transmet sur un téléphone portable. (Syn. texto, SMS.) *Le grand frère de Quentin a envoyé un **minimessage** à tous ses amis pour les inviter.*

minimiser (verbe) ▸ conjug. n° 3
Réduire l'importance de quelque chose. *On a cherché à **minimiser** cette affaire.*

minimum (nom masculin)
Le moins possible. *Il travaille peu, on peut dire qu'il en fait le **minimum**.* (Contr. maximum.) ■ **minimum** (adjectif) Synonyme de minimal. *Yann a payé le tarif **minimum** pour le spectacle.* • **Au minimum** : au moins. *Il faut avoir **au minimum** 10/20 pour avoir la moyenne.* ● Prononciation [minimɔm]. Pluriel : des minimum**s** ou des minim**a**.

ministère (nom masculin)
1. Charge de ministre. *On lui a confié le **ministère** des Affaires sociales.* **2.** Bâtiment où travaillent un ministre et son équipe. *Les manifestants se sont rassemblés devant le **ministère** des Affaires étrangères.* **3.** Ensemble des ministres qui composent le gouvernement. *Après les élections, il a fallu composer un nouveau **ministère**.*

ministériel, elle (adjectif)
Du ministre ou du ministère. *Les professeurs ont reçu une circulaire **ministérielle**.*

ministre (nom)
Membre du gouvernement, qui dirige un ensemble de services publics. *En France, c'est le Premier **ministre**, désigné par le président de la République, qui choisit les autres **ministres**.* Famille du mot : minist**ère**, minist**ériel**.

minium (nom masculin)
Peinture spéciale qui protège les métaux de la rouille. ● Prononciation [minjɔm].

minois (nom masculin)
Visage frais et agréable d'un enfant ou d'une jeune fille. *Cette fillette a un charmant **minois**.*

minoritaire (adjectif)
Qui appartient à la minorité. *Seize garçons et onze filles : les filles sont **minoritaires** dans la classe.*

minorité (nom féminin)
1. Le plus petit nombre. *Dans la famille de Sarah, il y a une **minorité** de garçons.* **2.** Période pendant laquelle une personne est mineure. *En France, la **minorité** va jusqu'à 18 ans.* (Contr. majorité.)

Minotaure
Monstre moitié homme, moitié taureau, de la mythologie grecque. Il avait pour mère Pasiphaé, épouse de Minos, et pour père un taureau blanc offert par Poséidon. Enfermé dans le Labyrinthe de Dédale, en Crète, il y fut tué par Thésée, futur roi d'Athènes. ➡ p. 818.

Minotaure tué par Thésée
(vase grec, 480 avant Jésus-Christ)

minoterie (nom féminin)
Grand moulin industriel. *Les **minoteries** moulent la farine en grande quantité.*

minou (nom masculin)
1. Chat, dans le langage enfantin. (Syn. minet.) **2.** Terme affectueux. *David n'aime pas que sa tante l'appelle « mon **minou** ».*

minuit (nom masculin)
Instant où un jour finit et où le suivant commence. ***Minuit** est la fin de la vingt-quatrième heure (24 heures ou 0 heure).*

minus (nom masculin)
Dans la langue familière, personne que l'on considère incapable. *Ce n'est pas ce **minus** qui va me faire peur !*

minuscule (adjectif)
Très petit. *Dans le ciel, les étoiles paraissent **minuscules**.* (Syn. microscopique. Contr. énorme, gigantesque.) ■ **minuscule** (nom féminin) Petite lettre. *En français, tous les noms communs commencent par une **minuscule**.* (Contr. majuscule.)

minute (nom féminin)
1. Unité de mesure du temps. *Une **minute** vaut 60 secondes, et il y a 60 **minutes** dans une heure.* **2.** Temps très court. *J'en ai pour une **minute**.* **Minute** s'abrège *min.* Famille du mot : minu**ter**, minu**terie**, minu**teur**.

minuter (verbe) ▸ conjug. n° 3
Organiser un horaire à la minute près. *Ne le retarde pas, son emploi du temps **est minuté**.*

minuterie (nom féminin)
Dispositif qui éteint automatiquement l'électricité après quelques minutes. *On a installé une **minuterie** dans l'escalier pour faire des économies d'électricité.*

minuteur (nom masculin)
Appareil ménager déclenchant une sonnerie au bout d'un temps donné. *Mets le **minuteur** en marche, je mets les œufs dans l'eau bouillante.*

minutie (nom féminin)
Grand soin et grande précision dans les plus petits détails. *Le métier de chirurgien exige de la **minutie**.* Prononciation [minysi]. Famille du mot : minu**tieusement**, minut**ieux**.

minutieusement (adverbe)
De façon minutieuse. *Benjamin monte ses maquettes très **minutieusement**.* (Syn. soigneusement.)

minutieux, euse (adjectif)
Qui fait preuve de minutie. *La plupart des travaux manuels demandent d'être très **minutieux**.* (Syn. méticuleux, soigneux.) Prononciation [minysjø].

Miquelon
➡ Voir **Saint-Pierre-et-Miquelon**.

mirabelle (nom féminin)
Petite prune jaune et parfumée. *De la confiture de **mirabelles**.*

miracle (nom masculin)
1. Phénomène extraordinaire expliqué par une intervention de Dieu. *Pour les chrétiens, le Christ pouvait faire des **miracles**, comme marcher sur l'eau.* **2.** Fait à peine croyable tellement il est inattendu. *Par **miracle**, la voiture ne l'a pas renversé.*

miraculé, ée (nom et adjectif)
Qui a été l'objet d'un miracle religieux ou non. *Les médecins n'avaient aucun espoir de guérison et pourtant il s'est rétabli. C'est un **miraculé** !*

miraculeux, euse (adjectif)
1. Qui est dû à un miracle. *La résurrection **miraculeuse** de Lazare est racontée dans les Évangiles.* **2.** Qui est tout à fait extraordinaire. *C'est **miraculeux** qu'il ait guéri si vite !* (Contr. naturel.)

mirador (nom masculin)
Poste d'observation élevé destiné à surveiller un camp de prisonniers. *La sentinelle guette du haut du **mirador**.* **Mirador** vient de l'espagnol *mirar* qui signifie « regarder ».

mirage (nom masculin)
Phénomène optique des pays chauds désertiques, causé par la chaleur de l'air. *Les **mirages** donnent parfois l'illusion de voir une nappe d'eau lointaine où se reflète le paysage.*

mire (nom féminin)
• **Être le point de mire :** être l'objet de tous les regards et le centre d'intérêt. • **Ligne de mire :** ligne qui va de l'œil du tireur au point visé.

se mirer (verbe) ▸ conjug. n° 3
Synonyme littéraire de se refléter. *Les lumières **se miraient** dans la mer.*

mirifique (adjectif)
Synonyme littéraire de mirobolant. *Il nous a raconté ses projets, tous plus **mirifiques** les uns que les autres.*

mirobolant, ante (adjectif)
Extraordinaire au point d'en être incroyable. *Il a gagné une somme **mirobolante** au loto.* (Syn. mirifique.)

miroir (nom masculin)
Surface polie qui reflète les images. *Le **miroir** me renvoie mon image.* (Syn. glace.)

miroitement (nom masculin)
Éclat d'une surface qui miroite. *Ursula contemple le **miroitement** de la mer au soleil couchant.*

miroiter (verbe) ▸ conjug. n° 3
Réfléchir la lumière du soleil avec des reflets changeants. *Le lac **miroite** au soleil.* • **Faire miroiter :** faire entrevoir un avantage possible.

miroitier, ère (nom)
Artisan qui vend ou répare des miroirs.

misaine (nom féminin)
• **Mât de misaine :** mât vertical à l'avant d'un bateau à voiles.

misanthrope (adjectif et nom)
Qui déteste les gens, est peu sociable. *Ses malheurs l'ont rendu **misanthrope**.* (Contr. philanthrope.)

mise (nom féminin)
1. Action de mettre. *La **mise** à feu de la fusée aura lieu à 17 heures. La **mise** en scène d'une pièce de théâtre.* **2.** Manière de s'habiller. *Sa **mise** est négligée.* (Syn. toilette.) **3.** Argent ou jetons que l'on joue. *Zoé a récupéré toute sa **mise**.*

miser (verbe) ▸ conjug. n° 3
Mettre une mise. *Notre voisin **a misé** sur le cheval gagnant.*

misérable (adjectif)
1. Qui est très pauvre et pitoyable. *Ils habitent un quartier **misérable**.* **2.** Qui est insignifiant et sans valeur. *Allez-vous vous fâcher pour une **misérable** histoire d'argent ?*

misérablement (adverbe)
De façon misérable. *C'était un pauvre homme qui vivait **misérablement**.*

misère (nom féminin)
1. État d'extrême pauvreté. *Ce grand musicien est mort dans la **misère**.* (Syn. dénuement. Contr. richesse.) **2.** Évènement malheureux dont on souffre. *Anna raconte ses petites **misères** à sa maman.* Famille du mot : misér**able**, misér**ablement**, misér**eux**.

miséreux, euse (nom)
Personne qui vit dans la misère. *Des **miséreux** dormaient dans la rue alors qu'il gelait.*

miséricorde (nom féminin)
Compassion pour autrui qui pousse à pardonner. *Le pécheur implore la **miséricorde** divine.* **Miséricorde** vient du latin *misericors* qui signifie « qui a le cœur sensible à la misère ».

misogyne (adjectif et nom)
Qui méprise les femmes. *Ce **misogyne** ne prend jamais en compte les soucis de sa femme.*

miss (nom féminin)
Titre donné aux lauréates des concours de beauté. *Chaque année une **Miss** France est élue.*

missel (nom masculin)
Livre contenant les prières et les chants de la messe.

missile (nom masculin)
Fusée qui transporte une bombe. *L'avion a été abattu par un **missile**.*

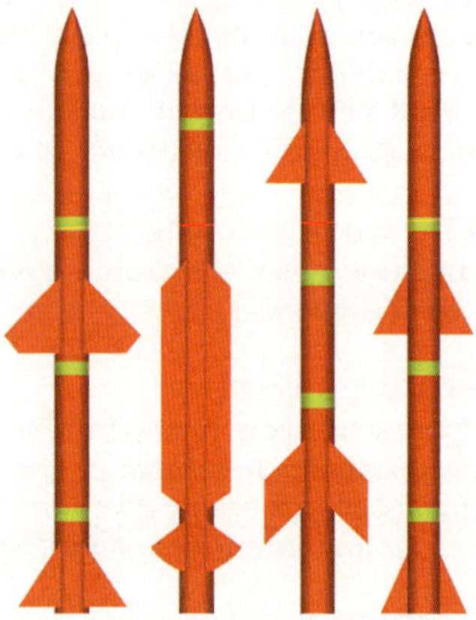

des **missiles**

mission (nom féminin)
1. Charge confiée à quelqu'un de faire quelque chose. *On m'a confié la **mission** de prévenir tous les amis.* **2.** Groupe de personnes auxquelles une charge est confiée. *Elle participe à une **mission** archéologique au Moyen-Orient.* **3.** Groupe de missionnaires. *Des **missions** se sont installées en Amérique du Sud dès le XVIe siècle pour convertir les Indiens au christianisme.*

missionnaire (nom)
Religieux envoyé pour propager l'Évangile en diverses contrées de la Terre. *Ce moine a longtemps été **missionnaire** en Afrique.*

Mississippi
Principal fleuve d'Amérique du Nord (3 780 km). Né dans l'État du Minnesota, il traverse la plaine centrale des États-Unis, avant de se jeter dans le golfe du Mexique par un vaste delta. Le Mississippi est une grande voie de communication depuis le XVIIe siècle.

missive (nom féminin)
Synonyme littéraire de lettre. *Elle n'arrivait pas à finir de lire cette interminable **missive**.*

Missouri
Fleuve des États-Unis (4 370 km) ; principal affluent du Mississippi, et le plus long cours d'eau du pays. Né dans les montagnes Rocheuses, il arrose Kansas City et se jette dans le Mississippi en amont de Saint Louis.

mistral (nom masculin)
Vent violent et sec soufflant du nord dans la vallée du Rhône et en Provence. *Les gens du Midi plantent des haies de cyprès pour se protéger du **mistral**.* **Mistral** est un mot provençal qui signifie « le vent qui souffle en maître ».

mitaine (nom féminin)
Gant qui ne couvre pas le bout des doigts. *Les premiers pilotes de voitures de course portaient souvent des **mitaines** de cuir.*

mite (nom féminin)
Insecte dont les chenilles attaquent la laine, la soie et les fourrures. *Ce costume est mangé par les **mites**.*

une **mite**

mité, ée (adjectif)
Mangé par les mites. *Cette vieille couverture est toute **mitée**.*

mi-temps (nom féminin)
1. Temps de repos entre les deux parties d'un match. *À la **mi-temps**, le score était de 3 à 0.* **2.** Chacune des deux parties d'un match. *Notre équipe de rugby a fait une remontée fulgurante pendant la deuxième **mi-temps**.* • **À mi-temps :** pendant la moitié du temps normal. *Travailler **à mi-temps**.*
Pluriel : des mi-temps.

miteux, euse (adjectif)
D'aspect misérable. *Il habite un immeuble assez **miteux** de la vieille ville.* (Syn. minable. Contr. chic, luxueux.)

mitigé, ée (adjectif)
Qui est mêlé de réserves. *La critique a fait un accueil **mitigé** au nouveau film.*

mitigeur (nom masculin)
Appareil qui sert à mélanger l'eau chaude et l'eau froide qui arrivent au robinet d'un évier ou d'un lavabo.

mitonner (verbe) ▸ conjug. n° 3
Préparer longtemps et avec soin. *Il adore **mitonner** de bons petits plats pour ses amis.*

mitoyen, enne (adjectif)
Qui sépare deux choses et leur est commun. *Ces deux maisons ont un mur **mitoyen** : chacun devra repeindre son côté.*

mitraille (nom féminin)
Décharge de projectiles d'armes à feu. *Les soldats montaient à l'assaut sous la **mitraille**.*

mitrailler (verbe) ▸ conjug. n° 3
1. Tirer des rafales de projectiles. *L'aviation ennemie **mitraille** les colonnes de réfugiés.* 2. Dans la langue familière, photographier sous tous les angles. *Les photographes **ont mitraillé** la princesse.*
Famille du mot : mitraille, mitraill**ette**, mitraill**eur**, mitraill**euse**.

mitraillette (nom féminin)
Arme automatique portative qui tire par rafales. *Des soldats armés de **mitraillettes** arpentent l'aérogare.*

mitrailleur (adjectif masculin)
Se dit d'un fusil ou d'un pistolet qui tire par rafales. *Un pistolet **mitrailleur**.*

mitrailleuse (nom féminin)
Arme automatique à tir en rafales, que l'on pose sur le sol ou que l'on fixe sur un véhicule.

mitre (nom féminin)
Haute coiffure triangulaire. *Les évêques et les archevêques portent une **mitre** lors des grandes cérémonies.*

mitron (nom masculin)
Garçon boulanger ou pâtissier. **Mitron** vient de *mitre* à cause de la forme de la coiffure de ces apprentis.

Mitterrand François (né en 1916, mort en 1996)
Homme politique français. Plusieurs fois ministre, François Mitterrand rénova le parti socialiste dont il fut le premier secrétaire de 1971 à 1981. Il devint président de la République en 1981 et fut réélu en 1988.

à mi-voix (adverbe)
En baissant la voix. *Élodie fredonne une chanson **à mi-voix**.*

mixer (verbe) ▸ conjug. n° 3
Passer un aliment au mixeur. *Fatima **mixe** des légumes pour faire un potage.*

mixeur (nom masculin)
Appareil électrique servant à broyer et à mélanger les aliments. *Maman passe les fruits au **mixeur** pour faire un sorbet.*
ORTHO On écrit aussi **mixer**.

mixité (nom féminin)
Caractère de ce qui est mixte. *En France, la **mixité** dans les écoles s'est généralisée dans les années 1970.*

mixte (adjectif)
1. Qui comprend des personnes des deux sexes. *La chorale de l'école est **mixte** : filles et garçons peuvent y chanter.* 2. Qui est fait de deux ou plusieurs éléments de nature différente. *Ce soir, on a mangé une salade **mixte**, composée de scarole, de tomates et de gruyère.*

mixture (nom féminin)
Mélange peu appétissant. *On leur a servi une affreuse **mixture** en guise de café.*

mobile (adjectif)
1. Qui peut bouger ou être déplacé. *L'équipe **mobile** de dépannage se déplace dans toute la région.* (Contr. fixe, immobile.) 2. Qui peut changer de valeur ou de date. *Noël est une fête fixe (le 25 décembre), Pâques est une fête **mobile** (la date change chaque année).*

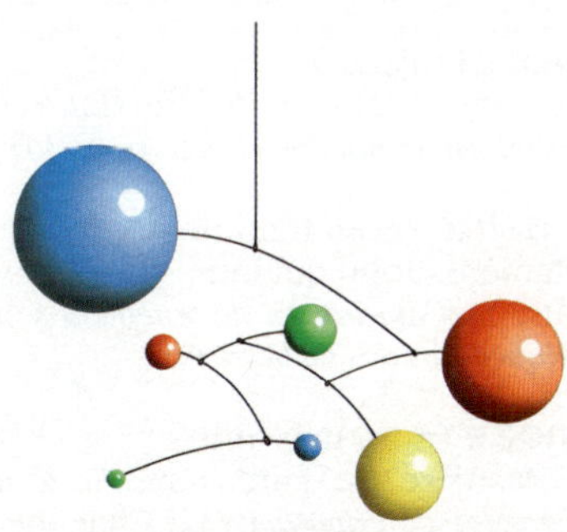
un **mobile**

a b c d e f g h i j k l m n o p q r s t u v w x y z

a b c d e f g h i j k l m n o p q r s t u v w x y z

■ **mobile** (nom masculin) **1.** Ce qui pousse à agir. *L'inspecteur s'interroge sur le* ***mobile*** *du crime.* (Syn. motif, raison.) **2.** Objet décoratif suspendu par des fils et que les courants d'air font bouger. **3.** Téléphone portable. *Natacha a beaucoup de choix de sonneries sur son nouveau* ***mobile***. Famille du mot : **im**mobile, **im**mobili**sation**, **im**mobili**ser**, **im**mobili**té**, mobili**té**.

mobilier (nom masculin)
Ensemble des meubles d'un logement. *Véronique a acheté son* ***mobilier*** *chez des brocanteurs.* (Syn. ameublement.) ■ **mobilier, ère** (adjectif) • **Biens mobiliers :** biens qui peuvent se transporter, comme les meubles, les habits, etc.

mobilisation (nom féminin)
Action de mobiliser. *L'État a décrété la* ***mobilisation*** *générale.*

mobiliser (verbe) ▸ conjug. n° 3
1. Appeler les hommes à l'armée pour faire la guerre. *En cas de guerre, l'État* ***mobilise*** *les hommes pour protéger le territoire.* (Contr. démobiliser.) **2.** Appeler à l'action et à la participation. *Le syndicat* ***mobilise*** *ses militants pour la grève.* Famille du mot : **dé**mobiliser, mobilis**ation**.

mobilité (nom féminin)
Possibilité de bouger ou de se déplacer. *Olivier a un regard d'une surprenante* ***mobilité***.

mobylette (nom féminin)
Cyclomoteur. *La loi interdit de conduire une* ***mobylette*** *avant 14 ans.* **Mobylette** est le nom d'une marque.

mocassin (nom masculin)
Chaussure basse sans lacet.

moche (adjectif)
Synonyme familier de laid. *Cette coiffure est vraiment* ***moche***. (Contr. beau, joli.)

modalité (nom féminin)
Manière dont quelque chose doit se faire. *Les* ***modalités*** *de paiement sont expliquées au dos de la facture.*

■ **mode** (nom masculin)
1. Manière de faire. *Consulte le* ***mode*** *d'emploi de l'appareil !* **2.** Chacune des six manières dont le verbe peut exprimer l'action. *L'indicatif, le subjonctif, le conditionnel, l'impératif, l'infinitif et le participe sont les* ***modes*** *du verbe en français. « Écoute-moi » est une phrase au* ***mode*** *impératif.*

■ **mode** (nom féminin)
Manière changeante de penser, de se vêtir, particulière à une époque. *Ce genre de pantalon n'est plus à la* ***mode*** *cette année.*

modelage (nom masculin)
Action de modeler. *Gaëlle a appris à faire du* ***modelage*** *au jardin d'enfants.*

modèle (nom masculin)
1. Ce que l'on donne à imiter. *Ce portrait ne ressemble guère au* ***modèle***. **2.** Ce qui mérite d'être imité. *Clément est un* ***modèle*** *de ponctualité.* (Syn. exemple.) **3.** Objet reproduit à de nombreux exemplaires. *Ce* ***modèle*** *de voiture s'est vendu à deux millions d'exemplaires.* • **Modèle réduit :** reproduction d'un objet en petit. Famille du mot : modé**lisme**, modé**liste**.

modeler (verbe) ▸ conjug. n° 8
Façonner une matière molle pour faire un objet. *De la pâte à* ***modeler***.

modélisme (nom masculin)
Fabrication de modèles réduits. *David fait du* ***modélisme*** *avec son père, ils ont déjà construit plusieurs avions.*

modéliste (nom)
Personne qui dessine des modèles pour la mode. *Il est* ***modéliste*** *dans le prêt-à-porter.*

modem (nom masculin)
Appareil qui permet de connecter un ordinateur à une ligne de télécommunications. *Grâce à son* ***modem***, *Gaëlle se connecte à Internet.*

modérateur, trice (adjectif et nom)
Qui a tendance à modérer les excès des autres. *Dans la classe, Ibrahim joue un rôle* ***modérateur*** *par son calme et sa gentillesse. Le forum de ce site Internet est surveillé par un* ***modérateur***.

modération (nom féminin)
Comportement modéré. *Les grévistes ont fait preuve de* ***modération*** *dans leurs re-*

vendications. (Syn. mesure. Contr. abus, excès.)

modéré, ée (adjectif)
Qui reste dans une juste mesure. *Hélène est très **modérée** dans ses paroles, elle ne choque jamais personne.* (Syn. raisonnable. Contr. excessif.) ■ **modéré, ée** (adjectif et nom) Dont les opinions politiques sont éloignées des extrêmes. (Contr. extrémiste.)

modérément (adverbe)
D'une façon modérée. *Les boissons alcoolisées doivent être consommées **modérément**.* (Syn. raisonnablement. Contr. trop.)

modérer (verbe) ▸ conjug. n° 8
Réduire l'intensité ou l'excès de quelque chose. ***Modérez** votre enthousiasme, on ne s'entend plus !* (Syn. réfréner, tempérer.) Famille du mot : **im**modéré, modér**ateur**, modér**ation**, modéré, modér**ément**.

moderne (adjectif)
De notre époque ou d'une époque récente. *Leur maison est équipée de façon très **moderne**.* (Syn. contemporain. Contr. archaïque, rétrograde.) Famille du mot : modern**isation**, modern**iser**.

modernisation (nom féminin)
Action de moderniser. *La **modernisation** de l'agriculture est actuellement très rapide.*

moderniser (verbe) ▸ conjug. n° 3
Rendre plus moderne et adapté à l'époque actuelle. *Le dentiste **a modernisé** son cabinet.*

modeste (adjectif)
1. Qui ne se vante pas de ses succès. *Savoir beaucoup de choses rend **modeste**.* (Contr. prétentieux, vaniteux.) 2. Peu important ou sans grande valeur. *Il occupe un logement **modeste**.* Famille du mot : modest**ement**, modest**ie**.

modestement (adverbe)
De façon modeste. *Malgré sa célébrité, ce musicien vit **modestement**.*

modestie (nom féminin)
Qualité d'une personne modeste. *Sa **modestie** le rend très sympathique.* (Syn. humilité. Contr. orgueil, prétention, vanité.)

modification (nom féminin)
Action de modifier quelque chose. *L'architecte a fait de nombreuses **modifications** sur le plan d'origine.* (Syn. changement, transformation.)

modifier (verbe) ▸ conjug. n° 10
Changer une chose sans la transformer complètement. *Ces changements **n'ont** pas **modifié** les habitudes de monsieur Dubois.*

modique (adjectif)
De peu de valeur. *Pour la **modique** somme de 10 euros, vous pouvez emporter tout ce lot !*

modulation (nom féminin)
Inflexion harmonieuse de la voix ou du chant. *Les **modulations** du chant du merle.*

module (nom masculin)
Élément qui se combine avec d'autres pour constituer un ensemble. *Assembler les différents **modules** d'un meuble en kit.*

moduler (verbe) ▸ conjug. n° 3
1. Émettre un son en faisant des modulations. *La cantatrice **module** un chant plaintif.* 2. Faire varier pour s'adapter à la situation. *Marie peut **moduler** ses horaires de travail.*

moelle (nom féminin)
1. Substance molle et grasse qui se trouve à l'intérieur des os. *Kevin aime beaucoup les os à **moelle**.* 2. Substance blanche et légère qui est au centre de la tige de certains végétaux. *Julie enlève la **moelle** d'un brin de sureau pour faire un sifflet.* • **Moelle épinière** : partie du système nerveux qui est contenue dans la colonne vertébrale. Prononciation [mwal].

moelleux, euse (adjectif)
Qui est mou et doux au toucher. *Elle adore s'enfoncer dans un canapé **moelleux**.* (Syn. souple. Contr. dur, raide.) Prononciation [mwalø].

moellon (nom masculin)
Pierre de petites dimensions. *Un mur en **moellons** clôt notre jardin.* Prononciation [mwalɔ̃].

mœurs (nom féminin pluriel)
Mode de vie et habitudes d'une personne, d'une société ou d'une espèce animale. *Cet ethnologue a étudié longtemps les **mœurs** des Esquimaux.* Prononciation [mœʀ] ou [mœʀs].

mohair (nom masculin)
Laine soyeuse faite avec du poil de chèvre angora. *Une veste en **mohair**.*

moi (pronom)
Pronom personnel de la première personne du singulier qui s'emploie pour renforcer le sujet « je » ou comme complément après une préposition. *C'est **moi** qui viendrai vous chercher. Je vous propose de venir chez **moi**.*

moignon (nom masculin)
Partie qui reste d'un membre amputé. *Après son accident, on a dû lui couper la main, il n'a plus qu'un **moignon**.*

moindre (adjectif)
Plus petit. *Il ne supporte pas la **moindre** critique.*

moine (nom masculin)
Religieux qui vit en communauté. **Moine** vient du grec *monos* qui signifie « seul », car les premiers moines furent des ermites.

moineau, eaux (nom masculin)
Petit oiseau brun et beige, très courant dans les villes et les campagnes. *Des **moineaux** pépient dans les arbres du square.*

un **moineau**

moins (adverbe)
Sert à exprimer une quantité ou un degré inférieurs. *Il pèse **moins** de 30 kilos. Mon cartable est **moins** lourd que le tien.* (Contr. plus.) • **À moins de** ou **à moins que** : sauf dans tel cas. *Nous allons rater le début du film, **à moins de** nous dépêcher.* • **Au moins** : au minimum. *Le trajet dure **au moins** deux heures.* (Contr. au plus.) • **Du moins** : en tout cas, de toute façon. *Nous nous verrons demain, **du moins** je l'espère.* • **Le moins** : sert à désigner le minimum, le degré le plus bas. *Quand elle a des devoirs, le calcul, c'est ce qu'elle aime **le moins**.* ■ **moins** (préposition) **1.** Sert à exprimer une soustraction. *Dix **moins** huit égale deux (10 – 8 = 2).* **2.** Sert à désigner un nombre en dessous de zéro degré. *La météo annonce que la température descendra jusqu'à **moins** cinq degrés (– 5°).*

moiré, ée (adjectif)
Qui a des reflets changeants. *Des nénuphars flottent sur les eaux **moirées** de l'étang.*

mois (nom masculin)
1. Chacune des douze parties de l'année. *Le **mois** de janvier est le premier **mois** de l'année.* **2.** Durée d'environ 30 jours. *Ces travaux dureront plusieurs **mois**.* **3.** Prix payé pour un mois de travail. *Votre **mois** vous sera réglé par chèque.* (Syn. salaire.)

Moïse (XIIIe siècle avant Jésus-Christ)
Prophète d'Israël. Moïse est né en Égypte sous le règne du pharaon Ramsès II. Les Hébreux subissaient alors les persécutions des Égyptiens. Il échappa à l'extermination des nouveau-nés mâles hébreux et il fut élevé à la cour du pharaon. Selon la Bible, dans le désert du Sinaï, Yahvé lui apparut et lui ordonna de faire sortir les Hébreux d'Égypte et de les conduire vers la « Terre promise ». Après la traversée de la mer Rouge, Moïse reçut, de Dieu, les Dix Commandements inscrits dans les Tables de la Loi.

moisi, ie (adjectif)
Qui est couvert de moisissures. *Ne mange pas ce pain, il est **moisi**.* ■ **moisi** (nom masculin) Ce qui est moisi. *Cette pièce est très humide, elle sent le **moisi**.*

moisir (verbe) ▸ conjug. n° 11
1. Se couvrir de moisissures. *Tout **a moisi** dans la cave, à cause de l'humidité.* **2.** Dans la langue familière, rester longtemps à attendre. *Inutile de **moisir** ici, il ne viendra pas !* Famille du mot : moisi, moisi**ssure**.

moisissure (nom féminin)
Tache blanchâtre ou verdâtre qui provient de minuscules champignons qui

poussent sur des matières humides ou en décomposition. *Ces fruits sont couverts de **moisissures**.*

moisson (nom féminin)
1. Récolte des céréales. *Quand les blés sont mûrs, les agriculteurs font la **moisson**.* 2. Au sens figuré, grande quantité de choses que l'on réunit. *Au retour de la plage, les enfants examinent leur **moisson** de coquillages.* Famille du mot : moissonner, moissonneur, moissonneuse-batteuse.

« La **Moisson** », miniature du XVe siècle

moissonner (verbe) ▶ conjug. n° 3
Faire la moisson. *Ici, on **moissonne** le blé au mois de juillet.*

moissonneur, euse (nom)
Personne qui fait la moisson. *Les **moissonneurs** sont partis aux champs dès le lever du jour.*

moissonneuse-batteuse (nom féminin)
Machine agricole qui sert à récolter les céréales, à les battre et à trier les grains. Pluriel : des moissonneuses-batteuses.

moite (adjectif)
Légèrement humide. *Quand Benjamin est ému, il a les mains **moites**.* (Contr. sec.)

moiteur (nom féminin)
Caractère de ce qui est moite. *La **moiteur** de l'atmosphère annonce l'approche de l'orage.*

moitié (nom féminin)
1. Chacune des deux parties égales d'un tout. *Clément et Anna auront chacun une **moitié** du gâteau. Quatre est la **moitié** de huit.* 2. Milieu d'un espace. *Nous sommes à la **moitié** du trajet.* • **À moitié :** à demi ou en partie. *Un bol **à moitié** rempli de lait. Il hésitait car il était **à moitié** d'accord.*

moka (nom masculin)
Gâteau garni d'une crème au beurre aromatisée au café. **Moka** est un port du Yémen d'où le café d'Arabie était exporté.

mol ➡ Voir **mou**.

molaire (nom féminin)
Grosse dent qui sert à broyer les aliments. *Les **molaires** sont situées au fond de la bouche.* ➡ p. 364. **Molaire** vient du latin *mola* qui veut dire « meule ».

Moldavie

4,1 millions d'habitants
Capitale : Chisinau
Monnaie : le leu
Langue officielle : roumain
Superficie : 33 670 km²

État d'Europe de l'Est, entre la Roumanie et l'Ukraine. Le pays comprend une plaine vallonnée et des collines boisées au centre. Avec un climat doux et humide, la Moldavie vit principalement de culture et d'élevage.
Ancienne république soviétique, la Moldavie est devenue indépendante en 1991.

môle (nom masculin)
Construction à l'entrée d'un port, qui sert à le protéger des vagues. (Syn. digue, jetée.)

molécule (nom féminin)
Ensemble d'atomes liés entre eux et qui forment la plus petite partie d'une matière. *Une **molécule** d'eau est formée de deux atomes d'hydrogène et d'un atome d'oxygène.*

molester (verbe) ▶ conjug. n° 3
Maltraiter ou brutaliser quelqu'un. *Un inconnu **a molesté** un passant avant de le voler.*

molette (nom féminin)
Roulette dentée qui actionne un mécanisme. *La **molette** d'un briquet fait jaillir une étincelle.* • **Clé à molette :** outil dont les deux mâchoires se rapprochent ou s'écartent. *Le mécanicien s'est servi d'une **clé à molette** pour resserrer les boulons de la roue.* ➡ p. 826.

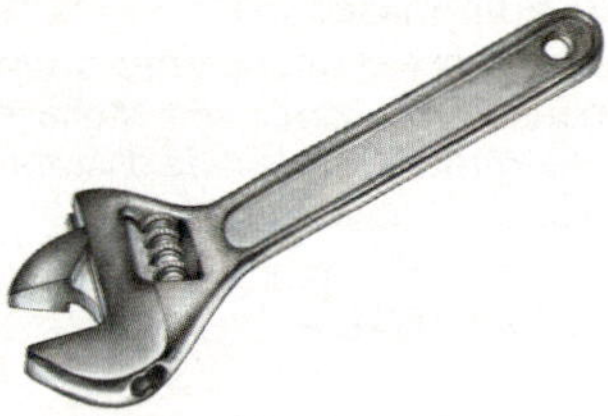

une clé à **molette**

Molière (né en 1622, mort en 1673)
Auteur de théâtre et comédien français. Molière, dont le vrai nom était Jean-Baptiste Poquelin, fit ses études à Paris chez les jésuites. En 1643, il fonda la troupe de l'Illustre-Théâtre avec la famille Béjart. Leurs débuts furent catastrophiques et ils décidèrent de partir en province. Rentré à Paris en 1658, et protégé à la Cour, Molière triompha avec des pièces qui ridiculisaient la vanité, la bêtise humaine, et qui sont de véritables chefs-d'œuvre d'humour. Il représenta *les Précieuses ridicules, l'École des femmes, Tartuffe, Dom Juan, le Misanthrope, le Médecin malgré lui, l'Avare, le Bourgeois gentilhomme, les Fourberies de Scapin, les Femmes savantes*. Molière mourut quelques heures après avoir joué une représentation du *Malade imaginaire*.

un portrait de **Molière** en comédien

molle ➡ Voir **mou**.

mollement (adverbe)
Avec mollesse. *À mon avis il est fautif car il s'est **mollement** défendu.*

mollesse (nom féminin)
1. Caractère de ce qui est mou. *Cette tarte n'est pas très bonne à cause de la **mollesse** de la pâte.* (Contr. dureté.) **2.** Manque de vitalité, d'énergie dans le caractère ou dans la conduite. *La maîtresse lui a reproché de travailler avec **mollesse**.* (Syn. indolence. Contr. vivacité.)

■ **mollet** (adjectif masculin)
• **Œuf mollet :** œuf cuit dans sa coquille de façon à ce que le jaune reste onctueux. *Les **œufs mollets** doivent cuire moins longtemps que les œufs durs mais plus longtemps que les œufs à la coque.*

■ **mollet** (nom masculin)
Partie charnue située à l'arrière de la jambe, entre la cheville et le genou. *Ce coureur a les **mollets** très musclés.* ➡ p. 302.

molletonné, ée (adjectif)
Doublé d'un tissu moelleux et épais. *Une veste **molletonnée**.*

mollir (verbe) ▸ conjug. n° 11
1. Devenir mou. *La terre **a molli** à cause de la pluie.* (Contr. durcir.) **2.** Perdre de sa force, de sa vigueur. *Le vent **mollit**. À la fin du match, son énergie commençait à **mollir**.* (Syn. diminuer, faiblir.)

mollusque (nom masculin)
Animal au corps mou, parfois protégé par une coquille. *La moule, l'escargot, le calmar sont des **mollusques**.*

molosse (nom masculin)
Gros chien de garde d'aspect féroce. *Ce **molosse** terrifie les passants.*

môme (nom)
Synonyme familier d'enfant. (Syn. gamin, gosse.)

moment (nom masculin)
1. Espace de temps. *Je vous rejoins dans un **moment**.* (Syn. instant.) **2.** Instant précis pour faire quelque chose. *Ne partez pas maintenant, ce n'est pas le **moment**.* • **À tout moment :** continuellement ou n'importe quand. *Il peut arriver **à tout moment**.* • **Au moment où :** à l'instant précis où un évènement se déroule. *Il est arrivé **au moment où** le film commençait.* • **Du moment que :** puisque. ***Du moment que** tu es content, moi aussi.* • **D'un moment à l'autre :** d'ici très peu de temps. • **Par moments :** de temps en temps. • **Pour le moment :** en ce qui concerne la période présente. ***Pour le***

***moment**, tout va bien.* Famille du mot : momentané, momentanément.

momentané, ée (adjectif)
Qui ne dure qu'un moment. *Des travaux ont entraîné la fermeture **momentanée** de l'autoroute.* (Syn. provisoire, temporaire. Contr. définitif.)

momentanément (adverbe)
De façon momentanée. *La route est **momentanément** coupée à cause des fortes inondations.* (Syn. provisoirement, temporairement. Contr. définitivement.)

momie (nom féminin)
Cadavre embaumé pour pouvoir être conservé. *Les **momies** des anciens Égyptiens étaient entourées de bandelettes et placées dans des sarcophages.*

mon, ma, mes (déterminant)
Déterminant possessif de la première personne du singulier. *J'habite ici, c'est **ma** maison. Il me tarde de retrouver **mes** parents et **mes** amies. Je te prête **mon** stylo.* Devant un nom féminin commençant par une voyelle ou un h muet, on emploie **mon** au lieu de **ma** : *mon* opinion, *mon* histoire.

Monaco

40 000 habitants
Capitale : Monaco
Monnaie : l'euro
Langue officielle : français
Superficie : 1,95 km²

Principauté enclavée dans le département français des Alpes-Maritimes, sur la Côte d'Azur. Le tourisme de luxe et les avantages de son système d'impôts attirent les gens fortunés et font la richesse de Monaco. La principauté de Monaco est une monarchie constitutionnelle.

monarchie (nom féminin)
État gouverné par un roi. *La Suède, la Belgique, les Pays-Bas sont des **monarchies**.* Famille du mot : monarchique, monarchiste, monarque.

monarchique (adjectif)
Qui se rapporte à la monarchie. *L'Espagne est un État **monarchique**.*

monarchiste (adjectif et nom)
Qui est partisan de la monarchie. *Des idées **monarchistes**.*

monarque (nom masculin)
Personne qui détient le pouvoir dans une monarchie. *En France, jusqu'à la Révolution, les rois étaient des **monarques** absolus.*

monastère (nom masculin)
Ensemble de bâtiments où vivent des moines ou des religieuses. *Le cloître du **monastère**.* (Syn. couvent.) ➡ p. 1351.

monceau, eaux (nom masculin)
Gros tas d'objets accumulés. *Il y a un **monceau** de cahiers et de livres sur mon bureau.* Famille du mot : amonceler, amoncellement.

mondain, aine (adjectif)
Qui aime fréquenter la haute société. *Des femmes élégantes et très **mondaines** assistaient à cette grande réception.*

monde (nom masculin)
1. Ensemble de tout ce qui existe. *De nombreux scientifiques essaient de découvrir le mystère de l'origine du **monde**.* (Syn. univers.) **2.** La Terre entière. *Faire le tour du **monde**.* **3.** Ensemble des habitants de la Terre, le genre humain. *Le premier voyage sur la Lune a passionné le **monde** entier.* **4.** Ensemble des personnes appartenant à un même groupe social. *Cette découverte a passionné le **monde** scientifique.* (Syn. milieu.) **5.** Grand nombre de personnes. *Au moment de Noël, les magasins sont pleins de **monde**.* • **Au bout du monde :** très loin. • **C'est le monde à l'envers :** c'est le contraire de ce qui devrait se produire. • **Mettre un enfant au monde :** lui donner naissance. • **Se faire tout un monde de quelque chose :** donner trop d'importance à quelque chose. • **Tout le monde :** tous les gens. *Ce pique-nique a plu à **tout le monde**.* • **Venir au monde :** naître. Famille du mot : mondain, mondial, mondialement.

mondial, ale, aux (adjectif)
Qui concerne le monde entier. *Une guerre **mondiale**. La population **mondiale**.*

mondialement (adverbe)
Dans le monde entier. *Un musicien **mondialement** connu et apprécié.* (Syn. universellement.)

mondialisation (nom féminin)
Mise en place d'un modèle unique économique et culturel au niveau mondial. *Cette boisson gazeuse est connue dans tous les pays à cause de la **mondialisation**.*

monégasque ➡ Voir tableau p. 6.

Monet Claude (né en 1840, mort en 1926)
Peintre français. Monet est un représentant de l'impressionnisme. Sa technique consistait à capter le jeu de la lumière en posant les couleurs par petites touches distinctes. Son tableau *Impression, soleil levant*, peint en 1872, donnera son nom à l'impressionnisme. De 1900 jusqu'à sa mort, il a peint la célèbre série des *Nymphéas*.

« Femmes au jardin »,
peinture de Claude **Monet** (vers 1866)

monétaire (adjectif)
Qui concerne la monnaie. *L'euro est l'unité **monétaire** européenne.*

mongol, ole ➡ Voir tableau p. 6.

Mongolie

2,7 millions d'habitants
Capitale : Oulan-Bator
Monnaie : le tugrik
Langue officielle : mongol
Superficie : 1 565 000 km²

État de l'Asie centrale, situé entre la Russie au nord, et la Chine au sud.

GÉOGRAPHIE
La Mongolie est un immense pays au climat continental, très rude, aux terres arides. Le centre est occupé par des montagnes. Au sud s'étend le désert de Gobi. C'est aussi un pays de steppes où l'on pratique la culture et l'élevage.

HISTOIRE
En 1911, la Mongolie se libéra de l'emprise de la Chine et proclama son autonomie. République populaire en 1924, elle fut alliée de l'URSS pendant la Seconde Guerre mondiale. Elle devint indépendante en 1945.

un paysage de **Mongolie** avec des yourtes

mongolien, enne (adjectif et nom)
Qui est atteint d'une maladie grave causant une malformation physique et un retard mental. *Un enfant **mongolien**.*

Mongols
Population regroupant différentes ethnies d'Asie centrale. Les Mongols, nomades par tradition, sont répartis entre la Mongolie, la Chine et la Sibérie. Leurs ancêtres ont fondé l'Empire mongol.
Au XIIIe siècle, leur chef, Gengis Khan, se lança à la conquête du monde et s'empara de gigantesques territoires, allant de la Chine et de la Russie à la Méditerranée. Son empire se disloqua au cours des XIVe-XVe siècles. Aujourd'hui, tandis que les Mongols du Nord ont conservé leur autonomie dans l'État de Mongolie, les Mongols du Sud sont restés sous la domination chinoise.

moniteur, trice (nom)
Personne chargée d'enseigner certains sports ou certaines techniques. *Il est **moniteur** dans une école de voile.*

moniteur (nom masculin)
Écran d'un micro-ordinateur.

monnaie (nom féminin)
1. Ensemble de pièces et de billets qui servent à payer. *La **monnaie** américaine s'appelle le dollar.* 2. Argent rendu quand on achète quelque chose qui coûte moins cher que l'argent qu'on a donné. *La boulangère m'a rendu la **monnaie**.* 3. Ensemble de pièces de petite valeur. *Donne-moi de la **monnaie** pour acheter un soda au distributeur automatique.* • **Rendre à quelqu'un la monnaie de sa pièce :** se venger de lui. Famille du mot : faux-monnayeur, monnayer, porte-monnaie.

monnayer (verbe) ▶ conjug. n° 7
Tirer de l'argent ou un profit de quelque chose. *Cet agent secret **a monnayé** des renseignements très confidentiels.* (Syn. vendre.)

monocle (nom masculin)
Verre de lunette que l'on faisait tenir en le coinçant sous le sourcil. *Sur cette vieille photo, on voit un officier en uniforme qui porte un **monocle**.* Monocle vient du latin *monoculus* qui signifie « qui n'a qu'un œil ».

monocoque (nom masculin)
Voilier qui a une seule coque.

monocorde (adjectif)
Qui ne varie pas dans le ton, dans le rythme. *Ce mauvais acteur récite tout son texte d'une voix **monocorde**.* (Syn. monotone.)

monoculture (nom féminin)
Culture d'une seule plante. *Une région de **monoculture** du riz.* (Contr. polyculture.)

monoï (nom masculin)
Huile parfumée utilisée dans certains produits de beauté. Prononciation [mɔnɔj].

monolithe (nom masculin)
Monument fait d'une seule grosse pierre. *Un menhir est un **monolithe**.*

monologue (nom masculin)
Dans une pièce de théâtre, texte dit par un acteur seul sur scène.

monologuer (verbe) ▶ conjug. n° 3
Parler tout seul.

monoparental, ale, aux (adjectif)
Qui concerne les familles composées d'un seul parent. *Le nombre de divorces augmentant, les familles **monoparentales** sont plus nombreuses.*

monoplace (adjectif)
Qui ne comporte qu'une seule place. *Un avion **monoplace**.*

monopole (nom masculin)
Droit pour l'État ou pour une société d'être le seul à vendre un produit. *En France, EDF avait autrefois le **monopole** de la distribution d'électricité.*

monopoliser (verbe) ▶ conjug. n° 3
Garder quelque chose pour soi, sans s'occuper des autres. *J'en ai assez que tu **monopolises** la console de jeux vidéo !* (Syn. accaparer.)

monoski (nom masculin)
Sport qui se pratique avec un ski unique sur lequel on pose les deux pieds.

monospace (nom masculin)
Automobile spacieuse dont la carrosserie est faite d'un seul corps. *Les parents de Laura ont acheté un **monospace** pour partir en vacances avec leurs 4 enfants.*

monosyllabe (nom masculin)
Mot d'une seule syllabe. *« Mer », « car » sont des **monosyllabes**.*

monothéisme (nom masculin)
Croyance en un seul dieu. *Le judaïsme, le christianisme et l'islam sont des religions fondées sur le **monothéisme**.* (Contr. polythéisme.)

monothéiste (adjectif et nom)
Qui se rapporte au monothéisme. *Les chrétiens, les musulmans et les juifs sont **monothéistes**.* (Contr. polythéiste.)

monotone (adjectif)
Qui ne varie pas. *Il voudrait voyager au lieu de mener cette existence **monotone**.*

monotonie (nom féminin)
Caractère de ce qui est monotone. *Ce paysage de plaine est d'une grande **monotonie**.* (Syn. uniformité. Contr. diversité, variété.)

monseigneur (nom masculin)
Titre honorifique donné aux évêques ou aux princes.

monsieur (nom masculin)
1. Mot servant à s'adresser à un homme. *Entrez **monsieur** ! Au revoir **messieurs** ! J'ai rencontré **monsieur** Martin dans l'ascenseur.* **2.** Homme. *Notre voisin est un vieux **monsieur** très sympathique.* • Prononciation [məsjø]. Pluriel : des **messieurs** [mesjø]. **Monsieur** s'abrège *M.* **Messieurs** s'abrège *MM.*

monstre (nom masculin)
1. Animal imaginaire. *Dans la région, on racontait autrefois qu'un **monstre** vivait au fond du lac.* **2.** Être vivant atteint d'une difformité. *Un animal à deux têtes est un **monstre**.* **3.** Personne extrêmement laide ou très cruelle. *Ces terroristes sont vraiment des **monstres**.* ■ **monstre** (adjectif) Synonyme familier d'énorme. *On a décidé d'organiser une fête **monstre** !* (Syn. colossal, extraordinaire.) Famille du mot : monstr**ueux**, monstr**uosité**.

monstrueux, euse (adjectif)
1. Qui évoque un monstre. *Cet homme a commis des actes **monstrueux** pendant la guerre.* (Syn. abominable, effroyable.) **2.** Qui a des dimensions énormes. *Les pêcheurs ont aperçu une baleine d'une taille **monstrueuse**.*

monstruosité (nom féminin)
Action monstrueuse. *Les nazis ont commis des **monstruosités** dans les camps de concentration.* (Syn. atrocité, horreur.)

mont (nom masculin)
Élévation de terrain. *Le **mont** Everest présente le plus haut sommet de la planète.* • **Promettre monts et merveilles :** promettre des choses extraordinaires sans pouvoir réaliser ses promesses.

montage (nom masculin)
Action d'assembler plusieurs parties pour en faire un tout. *Il y a une notice pour réaliser le **montage** de ces étagères.*

montagnard, arde (nom)
Personne qui vit à la montagne.

Montagnards
Groupe de députés siégeant à l'Assemblée après la Révolution. Les Montagnards, députés de la Montagne, favorables à un pouvoir populaire, s'opposèrent aux Girondins. Ils s'appuyèrent sur la Commune de Paris pour prendre le pouvoir, et gouvernèrent du 2 juin 1793 au 27 juillet 1794. Les principaux chefs montagnards étaient Danton, Marat et Robespierre.

montagne (nom féminin)
Relief du sol qui s'élève à une grande hauteur. *Les nuages cachent le sommet de la **montagne**.* • **Montagnes russes :** sorte de manège formé de petits véhicules qui montent et descendent en se déplaçant sur des rails. Famille du mot : montagn**ard**, montagn**eux**.

montagneux, euse (adjectif)
Où il y a des montagnes. *Les stations de ski se trouvent dans des régions **montagneuses**.*

Montaigne Michel de (né en 1533, mort en 1592)
Écrivain français. Montaigne est l'auteur des *Essais*, œuvre de toute sa vie, dans laquelle il expose ses réflexions sur lui-même et sur la nature humaine. Pour lui, la sagesse s'appuie sur la raison et sur la nature pour préserver le bonheur et la liberté de l'homme. Sa grande amitié pour l'écrivain La Boétie est restée célèbre.

montant, ante (adjectif)
1. Qui monte. *Méfiez-vous de la marée **montante** !* (Contr. descendant.) **2.** Qui couvre le haut du cou ou des chevilles. *Une robe à col **montant**. Des chaussures **montantes**.* ■ **montant** (nom masculin) **1.** Total d'un compte. *Le **montant** de la facture s'élève à 100 euros.* **2.** Barre verticale. *Le ballon a heurté le **montant** du but.*

mont Blanc
➡ Voir **Blanc**.

monté, ée (adjectif)
• **Coup monté :** action malveillante organisée en secret. • **Pièce montée :** grand gâteau très décoré, servi pour un mariage.

monte-charge (nom masculin)
Appareil qui sert à faire monter ou descendre des objets lourds ou encombrants. *Ce magasin utilise un **monte-charge** pour acheminer dans les étages les marchandises stockées au sous-sol.* Pluriel : des monte-charge**s**.

montée (nom féminin)
1. Action de se déplacer vers un lieu en hauteur. *Pour atteindre le sommet de la colline, il faut prévoir une heure de **montée**.* (Syn. ascension. Contr. descente.) **2.** Route qui va vers le haut. *Le camion ralentit dans la **montée**.* (Syn. côte.) **3.** Augmentation de quelque chose. *La crise a pour conséquence la **montée** du chômage.* (Contr. baisse.)

monténégrin, ine ➡ Voir tableau p. 6.

Monténégro

600 000 habitants
Capitale : Podgorica
Monnaie : l'euro
Langue officielle : serbe
Superficie : 13 812 km²

État d'Europe du Sud, entre la Serbie, la Bosnie-Herzégovine, la Croatie et l'Albanie. Pays au climat doux et humide, le Monténégro vit essentiellement de l'agriculture et de l'élevage.
En 1992, le Monténégro forma, avec la Serbie, la république fédérée de Yougoslavie. Mais les relations entre les deux régions devinrent de plus en plus difficiles et le Monténégro proclama son indépendance en 2006.

monter (verbe) ▸ conjug. n° 3
1. Aller du bas vers le haut. *Le sentier **monte** le long de la colline. Élodie **monte** les escaliers en courant.* (Contr. descendre.) **2.** Apporter quelque chose vers le haut. *N'oublie pas de **monter** le courrier en rentrant.* **3.** Utiliser un véhicule ou un animal pour se déplacer. ***Monter** à bicyclette. **Monter** à cheval.* **4.** S'installer dans un véhicule. ***Monter** en train, en avion.* **5.** Augmenter en intensité ou en valeur. *La chaleur **a monté** de plusieurs degrés.* (Contr. baisser, descendre, diminuer.) **6.** Augmenter de niveau. *Le niveau de la rivière **est monté** d'un mètre, hier.* **7.** Assembler différents éléments pour faire un tout. *Nous allons **monter** notre tente au bord de la rivière.* **8.** Fixer une pierre précieuse sur une monture. *Le joaillier **a monté** des rubis sur ce bracelet en or.* **9.** Créer et organiser quelque chose. *Il **a monté** un magasin d'articles de sport.* **10.** Se monter : s'élever à telle somme. *Les réparations de la voiture **se montent** à 1 000 euros.* • **Monter la tête à quelqu'un :** l'exciter, le pousser à se fâcher. Famille du mot : **dé**mont**able**, **dé**mont**age**, **dé**mont**é**, **dé**mont**er**, mont**age**, mon**tant**, mont**é**, monte-charge, mont**ée**, mont**ure**, **re**mont**ant**, **re**mont**ée**, **re**monte-pente, **re**mont**er**.

Montesquieu Charles de Secondat (né en 1689, mort en 1755)
Écrivain français. Montesquieu est devenu célèbre avec les *Lettres persanes* (1721) : deux Persans, venus à Paris, découvrent la société française et en font la critique. Montesquieu est un penseur politique qui a analysé les liens qui existent, dans une société, entre la justice, l'économie, la politique et la religion. Il a été membre de l'Académie française.

montgolfière (nom féminin)
Ballon gonflé à l'air chaud, pouvant s'élever dans l'air. **Montgolfière** vient du nom des frères *Montgolfier*, inventeurs français du XVIIIe siècle.

une **montgolfière**

monticule (nom masculin)
Petite élévation de terrain. *Les enfants s'amusent à faire des petits **monticules** de sable au bord de l'eau.*

a b c d e f g h i j k l m n o p q r s t u v w x y z

Montpellier
Chef-lieu du département de l'Hérault (253 000 habitants). Montpellier est un centre commercial, industriel et culturel. Sa faculté de médecine, très renommée, a été fondée au XIIIe siècle.

montre (nom féminin)
Petit instrument portatif, qui sert à indiquer l'heure. *Une **montre** à quartz.*

Montréal
Ville du Canada dans la province de Québec, sur l'île de Montréal (1,9 million d'habitants). Grand port fluvial et maritime, Montréal est un centre industriel et commercial. C'est aussi une métropole culturelle et financière. La ville a accueilli l'Exposition universelle de 1967 et les jeux Olympiques en 1976.

montrer (verbe) ▸ conjug. n° 3
1. Faire voir. *Fatima **montre** sa chambre à sa cousine.* **2.** Indiquer par un geste ou un signe. *Je vais vous **montrer** la route la plus courte pour aller à la gare.* (Syn. désigner.) **3.** Laisser voir sa pensée, ses sentiments. *Il **a montré** beaucoup de générosité. Elle **s'est montrée** très gentille avec moi.* **4.** Démontrer ou enseigner quelque chose. *Cette histoire nous **montre** qu'il faut se méfier des gens trop bavards.* **5.** Apprendre en donnant une explication. *Je vais te **montrer** comment faire marcher cet appareil photo.*

Mont-Saint-Michel
Commune de la Manche (41 habitants). Le Mont-Saint-Michel est situé sur un îlot rocheux relié au continent par une digue. C'est un grand site touristique. La magnifique abbaye (XIIe-XIIIe siècles) et son église, visibles de loin, dominent la baie. Les marées sont si impressionnantes qu'on dit que la marée montante revient « à la vitesse d'un cheval au galop » et les eaux envahissent alors toute la baie. ➡ p. 114.

monture (nom féminin)
1. Animal que l'on monte pour se déplacer. *Le cavalier fait aller sa **monture** au grand galop.* **2.** Support qui maintient les verres des lunettes. *J'ai cassé la **monture** de mes lunettes.*

monument (nom masculin)
Édifice remarquable pour sa valeur historique ou ses qualités esthétiques. *L'Arc de triomphe est un des **monuments** de Paris.* • **Monument aux morts :** construction ou statue édifiée en souvenir des morts d'une guerre.

monumental, ale, aux (adjectif)
Imposant par sa grandeur. *Un buffet **monumental** orne la grande salle du château.*

se **moquer** (verbe) ▸ conjug. n° 3
1. Rire ou plaisanter à propos de quelqu'un, de quelque chose. *Gaëlle **s'est moquée** de ma nouvelle coiffure.* (Syn. railler, ridiculiser.) **2.** Ne pas tenir compte de quelque chose. *Benjamin **se moque** complètement de ce que tu lui racontes.* **3.** Prendre les autres personnes pour des naïfs. *Cette histoire de fantôme est invraisemblable, Luc **se moque** de toi !*
Famille du mot : moqu**erie**, moqu**eur**.

moquerie (nom féminin)
Action ou parole moqueuse. *Ses **moqueries** m'ont vexé.* (Syn. raillerie.)

moquette (nom féminin)
Tapis collé ou cloué qui recouvre entièrement le sol d'une pièce. *La **moquette** a besoin d'être nettoyée.*

moqueur, euse (adjectif)
Qui exprime de la moquerie. *Un sourire **moqueur**.* (Syn. malicieux, narquois, railleur.)

moral, ale, aux (adjectif)
1. Qui concerne la morale, les règles à suivre pour respecter ce qui est juste. *C'est un homme injuste, qui n'a aucun sens **moral**.* **2.** Qui concerne l'état d'esprit de quelqu'un. *Il est incapable d'affronter les difficultés, il manque de force **morale**.*
■ **moral** (nom masculin) État d'esprit, optimiste ou pessimiste, d'une personne. *Depuis qu'il est au chômage, il n'a pas le **moral**.* ■ **morale** (nom féminin) Ensemble de règles que l'on doit suivre pour bien se conduire. *La **morale** nous enseigne à faire la différence entre le bien et le mal.* **2.** Leçon que l'on peut tirer d'une histoire. *Dans une fable de La Fontaine, il y a toujours une **morale**.* • **Faire la morale à quelqu'un :** lui demander de mieux se conduire.
Famille du mot : **dé**moral**iser**, **im**moral, moral**ement**, moral**isateur**, moral**ité**.

moralement (adverbe)
1. En suivant les règles de la morale. *En mentant comme il le fait, Ibrahim n'agit pas **moralement**.* **2.** En ce qui concerne l'esprit, le moral. *Hélène est guérie de sa maladie, mais **moralement** elle ne va pas encore très bien.* (Contr. physiquement.)

moralisateur, trice (adjectif)
Qui fait la morale. *Il nous a fait un discours **moralisateur** au sujet de nos bavardages et de notre paresse.*

moralité (nom féminin)
1. Conduite d'une personne qui respecte les règles de la morale. *C'est un homme respectable, d'une grande **moralité**.* **2.** Enseignement moral qui conclut une histoire. *La **moralité** de cette histoire, c'est qu'il ne faut pas se croire plus fort que les autres.*

morbide (adjectif)
Qui n'est pas sain moralement. *Je n'aime pas son goût **morbide** pour les histoires sanglantes.*

morceau, eaux (nom masculin)
1. Partie séparée d'un tout. *Le verre s'est brisé en mille **morceaux**. Donne-moi un **morceau** de pain.* **2.** Passage d'une musique. *Un beau **morceau** de violon.* Famille du mot : morce**ler**, morce**llement**.

morceler (verbe) ▶ conjug. n° 9
Diviser en plusieurs morceaux. *On a dû **morceler** cette propriété pour en donner une part à chaque héritier.* **Morceler** se conjugue aussi comme peler (n° 8).

morcellement (nom masculin)
Action de morceler un terrain. *Le **morcellement** du domaine a eu lieu à la mort de son propriétaire.* (Syn. division.)
ORTHO On écrit aussi **morcèlement**.

mordant, ante (adjectif)
Qui est agressif et blessant. *Ce livre **mordant** critique l'attitude des hommes politiques.* (Syn. incisif.)

mordiller (verbe) ▶ conjug. n° 3
Mordre légèrement. *Le bébé a mal aux dents, il **mordille** son doigt.*

mordoré, ée (adjectif)
Brun à reflets dorés. *La galette des Rois avait des reflets **mordorés**.*

mordre (verbe) ▶ conjug. n° 31
1. Blesser en serrant entre ses dents. *Kevin s'est fait **mordre** par le chien du voisin.* **2.** Entamer avec les dents. *Julie **a mordu** dans une poire bien juteuse.* **3.** Entamer quelque chose en rongeant, en creusant. *La lime **mord** le bois.* **4.** Saisir l'appât et se faire prendre. *Un brochet **a mordu** à l'hameçon.* **5.** Dépasser un peu les limites. *En doublant un camion, la voiture **a mordu** sur la ligne continue.* Famille du mot : mord**ant**, mord**iller**, morsure.

mordu, e (adjectif et nom)
Synonyme familier de passionné. *Romain est un vrai **mordu** de rugby, il ne rate pas un match.*

se **morfondre** (verbe) ▶ conjug. n° 31
S'ennuyer à attendre. *Je **me suis morfondu** pendant deux heures à les attendre à l'aéroport.*

morgue (nom féminin)
1. Comportement hautain et très méprisant. *Un homme froid et plein de **morgue**.* **2.** Endroit où l'on dépose provisoirement les corps des personnes qui sont mortes.

moribond, onde (adjectif et nom)
Qui est sur le point de mourir. *Les médecins n'espèrent plus le sauver, il est **moribond**.* (Syn. mourant.)

morille (nom féminin)
Champignon comestible dont le chapeau, de couleur brunâtre, ressemble à une petite éponge conique. ➡ p. 218.

morne (adjectif)
Qui est triste, ennuyeux. *Par ce mauvais temps, nous avons passé une **morne** journée à la campagne.*

morose (adjectif)
Qui est d'humeur maussade, triste. *Est-ce que tu as des ennuis ? Tu parais **morose** ce matin.* (Contr. joyeux.)

morosité (nom féminin)
Caractère ou humeur morose. *Aucune plaisanterie n'a pu le sortir de sa **morosité**.* (Contr. entrain, gaieté.)

morphine (nom féminin)
Médicament calmant, très puissant. *La **morphine** est tirée de l'opium.* **Mor-**

phine vient du nom de *Morphée*, le dieu du Sommeil dans la mythologie grecque.

morphologie (nom féminin)
1. Forme du corps. *Amandine a la **morphologie** idéale pour faire de l'athlétisme.* **2.** Partie de la grammaire qui étudie la forme des mots.

mors (nom masculin)
Petite barre métallique que l'on place dans la bouche d'un cheval pour le diriger. Prononciation [mɔʀ]. ➡ p. 1167.

morse (nom masculin)
Grand mammifère marin des régions polaires, muni de deux défenses.

un **morse**

morse (nom masculin)
Système de signaux qui servait à envoyer des messages télégraphiques. **Morse** vient du nom de l'Américain *Samuel Morse* qui inventa ce système vers 1830.

morsure (nom féminin)
Blessure faite en mordant. *Le chien lui a fait une légère **morsure** au mollet.*

mort (nom féminin)
1. Fin de la vie. *La **mort** de son oncle lui a causé beaucoup de chagrin.* (Syn. décès.) **2.** Fin ou disparition de quelque chose. *S'il n'y a plus de touristes, ce sera la **mort** de cette région.* • **À la vie à la mort :** pour toujours. *Ils se sont jurés d'être amis **à la vie à la mort**.* • **La mort dans l'âme :** avec une grande tristesse. *Ils se sont séparés **la mort dans l'âme**.* ■ **mort, morte** (adjectif) **1.** Qui a cessé de vivre. *Pierre a trouvé une souris **morte** dans la cave.* (Contr. vivant.) **2.** Qui est sans animation. *À part le centre-ville, les autres quartiers sont **morts** le soir.* (Contr. animé.) • **Être mort de froid, de faim, de soif :** avoir très froid, très faim, très soif. • **Langue morte :** langue qu'on ne parle plus. *Le latin est une **langue morte**.* ■ **mort, morte** (nom) Personne morte. *Les inondations ont fait plusieurs **morts**.* Famille du mot : **immortaliser, immortalité, immortel, mortalité,** mort-aux-rats, **mortel, mortellement,** mort-né, **mortuaire,** mourir.

mortadelle (nom féminin)
Gros saucisson d'Italie fait avec du bœuf, du porc et du gras.

mortalité (nom féminin)
Nombre de personnes qui meurent. *Dans certains pays d'Afrique, la **mortalité** augmente à cause de la famine.*

mort-aux-rats (nom féminin)
Poison servant à détruire les souris et les rats. Prononciation [mɔʀɔʀa].

mer **Morte**
Grand lac entre Israël et la Jordanie (1 015 km^2), dans lequel se jette le fleuve Jourdain. La mer Morte, située à 393 mètres au-dessous du niveau de la mer, a des eaux tellement salées qu'un nageur peut y flotter sans aucun effort.
LES MANUSCRITS DE LA MER MORTE
Manuscrits dont les plus anciens datent du IIe siècle avant Jésus-Christ. Ils ont été découverts entre 1946 et 1956 dans des grottes voisines de la mer Morte. Ils sont constitués d'écrits, en hébreu et en araméen, et sont d'une grande importance pour la connaissance de l'histoire du judaïsme et des origines chrétiennes.

mortel, elle (adjectif)
1. Qui doit mourir un jour. *Tous les êtres humains sont **mortels**.* (Contr. immortel.) **2.** Qui cause la mort. *Une maladie **mortelle**.* **3.** Qui est difficile à supporter. *Cette émission est d'un ennui **mortel**.* **4.** Qui déteste quelqu'un au point de souhaiter sa mort. *Il faisait face à son ennemi **mortel**.*

mortellement (adverbe)
1. De façon à causer la mort. *Dans l'accident, il a été **mortellement** blessé.* **2.** Énormément, extrêmement. *Elle est*

mortellement *inquiète de n'avoir aucune nouvelle de lui.*

mortier (nom masculin)
1. Mélange de ciment, de sable et d'eau utilisé en maçonnerie. 2. Gros bol dans lequel on broie des substances à l'aide d'un pilon. 3. Sorte de petit canon à tir courbe.

mortifier (verbe) ▸ conjug. n° 10
Blesser moralement. *Les reproches de son père* ***ont mortifié*** *Caroline.* (Syn. humilier.)

mort-né, mort-née (adjectif)
Qui est mort à la naissance. *Un animal* ***mort-né****.* Pluriel : des chatons mort-nés.

mortuaire (adjectif)
Qui concerne la mort ou les enterrements. *Le cercueil est couvert de couronnes* ***mortuaires****.*

morue (nom féminin)
Poisson des mers froides. *La* ***morue*** *peut se manger fraîche ou séchée.* (Syn. cabillaud.)

une **morue**

Morvan
Massif granitique, au nord-est du Massif central. C'est une région d'élevage, couverte de forêts et de prairies. ➡ Voir carte p. 1372.

morve (nom féminin)
Liquide visqueux qui s'écoule du nez. *Prends un mouchoir pour essuyer ta* ***morve****.*

morveux, euse (adjectif)
Qui a de la morve au nez. *Un bébé* ***morveux****.*

mosaïque (nom féminin)
Décoration composée de petits morceaux de pierre ou de céramique multicolores que l'on assemble pour former un dessin. *Des sols en* ***mosaïque****.*

Moscou
Capitale de la Russie, située sur la rivière Moskova (10,5 millions d'habitants). Moscou est un port fluvial et un grand centre industriel, financier et commercial. C'est aussi une capitale culturelle avec de remarquables richesses architecturales : le Kremlin, quartier central de la ville, avec ses palais et ses églises, la cathédrale Saint-Basile sur la place Rouge.

HISTOIRE
Moscou a été la capitale politique de la Russie jusqu'en 1712, puis de nouveau à partir de 1918. Prise par Napoléon Ier, la ville a été à demi détruite par un incendie en 1812. Moscou a résisté victorieusement aux Allemands en 1941.

mosquée (nom féminin)
Bâtiment dans lequel prient les musulmans. *Avant d'entrer dans une* ***mosquée****, on retire ses chaussures.*

Des **musulmans** prient devant une **mosquée**.

mot (nom masculin)
1. Groupe de lettres qui a un sens. *La phrase « Quentin est à la maison » est composée de cinq* ***mots****.* 2. Court message. *Il m'a envoyé un* ***mot*** *pour me remercier.* • **Avoir le dernier mot :** avoir raison dans une discussion. • **Avoir son mot à dire :** avoir le droit de donner son avis. • **Bon mot :** plaisanterie.

• **Gros mot :** mot grossier. • **Mot à mot :** sans changer un seul mot. *Je lui ai répété **mot à mot** notre conversation.* • **Mot-clé :** mot le plus important. • **Mot de passe :** mot secret qu'il faut dire pour entrer quelque part ou qu'il faut écrire pour se connecter à un ordinateur, etc. • **Prendre quelqu'un au mot :** considérer ce qu'il propose comme sérieux. • **Se donner le mot :** se mettre d'accord à l'avance.

motard, arde (nom)
Synonyme de motocycliste. ■ **motard** (nom masculin) Motocycliste de la police. *Des **motards** de la garde escortaient la voiture du Président.*

motel (nom masculin)
Hôtel aménagé près des autoroutes pour loger les automobilistes.

moteur, trice (adjectif)
1. Qui produit un mouvement. *Les roues **motrices** d'une voiture. Le voilier avance grâce à la force **motrice** du vent.* **2.** Qui se rapporte aux organes du mouvement. *Les muscles **moteurs**.* ■ **moteur** (nom masculin) Appareil qui transforme l'énergie pour produire un mouvement. *Ce ventilateur est muni d'un petit **moteur** électrique.* ➡ p. 106. ■ **motrice** (nom féminin) Véhicule à moteur qui tire des rames de train, des convois. *Le TGV est équipé de **motrices** électriques.*

motif (nom masculin)
1. Raison qui explique un acte. *Il a refusé mon invitation mais sa maladie était un **motif** valable.* **2.** Sujet d'un tableau. *Le **motif** de cette peinture est un déjeuner sur l'herbe.* **3.** Dessin ou ornement répété plusieurs fois. *Un tissu à **motifs** géométriques.* Famille du mot : motivation, motiver.

motion (nom féminin)
Proposition faite dans une assemblée pour être votée. *Ils ont présenté une **motion** concernant la protection de l'environnement.*

motivation (nom féminin)
Ce qui motive, pousse à agir de telle façon. *Il agit de façon bizarre, j'ai du mal à comprendre ses **motivations**.*

motiver (verbe) ▸ conjug. n° 3
1. Être le motif d'une action. *C'est son insolence qui **a motivé** son renvoi.* **2.** Pousser quelqu'un à agir. *L'entraîneur sait **motiver** les membres de son équipe.* (Syn. stimuler.)

moto (nom féminin)
Véhicule à deux roues et à moteur puissant. **Moto** est l'abréviation de **motocyclette**. Famille du mot : moto**rd**, moto**cross**, moto**cyclette**, moto**cycliste**.

une **moto**

motocross (nom masculin)
Course de motos sur un circuit accidenté. *Des concurrents du* ***motocross*** *se sont embourbés.*

motoculteur (nom masculin)
Engin à moteur utilisé pour travailler la terre. *Le jardinier retourne la terre avec un* ***motoculteur*** *avant de faire ses plantations.*

motocyclette ➡ Voir **moto**.

motocycliste (nom)
Personne qui conduit une moto.

motoneige (nom féminin)
Sorte de gros scooter muni de chenilles et de skis à l'avant que l'on utilise pour se déplacer sur la neige. *William rêve de partir faire de la* ***motoneige*** *dans le nord du Canada.*

motorisé, ée (adjectif)
1. Qui est équipé d'un moteur. *La mobylette est un véhicule* ***motorisé****.* **2.** Qui se déplace en voiture. *Nous ne sommes pas* ***motorisés****, nous rentrerons donc à pied.*

motrice ➡ Voir **moteur**.

mots croisés (nom masculin pluriel)
Jeu qui consiste à trouver des mots à partir de leur définition et à les inscrire sur une grille dans le sens horizontal ou dans le sens vertical.

motte (nom féminin)
1. Petit bloc de terre compacte. *En binant, le jardinier émiette les* ***mottes*** *de terre.* **2.** Gros morceau de beurre. *Le crémier a une grosse* ***motte*** *de beurre qu'il vend au détail.*

motus (interjection)
Dans la langue familière, sert à demander à quelqu'un de se taire. *Cette histoire doit rester secrète, alors* ***motus*** *!* Prononciation [mɔtys].

■ **mou, molle** (adjectif)
1. Qui se déforme facilement. *Ce matelas est trop* ***mou****.* **2.** Qui manque d'énergie, de dynamisme. *On se sent tout* ***mou****, l'été, quand il fait trop chaud.* Famille du mot : s'amo**llir**, mol**lement**, mol**lesse**, mol**let**, mol**lir**, ramo**llir**.

■ **mou** (nom masculin)
Morceau de poumon d'un animal de boucherie. *Notre boucher vend du* ***mou*** *pour les chats.*

mouchard, arde (nom)
Dans le langage familier, personne qui dénonce les autres. *Nous avons été dénoncés, il y a un* ***mouchard*** *parmi nous.*

moucharder (verbe) ▸ conjug. n° 3
Synonyme familier de dénoncer. *La maîtresse nous a interdit de* ***moucharder****.*

mouche (nom féminin)
1. Petit insecte ailé noir, très répandu. *Des* ***mouches*** *bourdonnent autour de nous, attirées par nos tartines de confiture.* **2.** Appât utilisé pour la pêche à la ligne. • **Faire mouche :** atteindre le centre d'une cible. • **Fine mouche :** personne astucieuse et vive. • **Pattes de mouche :** écriture petite et serrée, difficilement lisible. • **Prendre la mouche :** se fâcher brusquement. • **Quelle mouche le pique ? :** pourquoi se fâche-t-il soudain ?

se **moucher** (verbe) ▸ conjug. n° 3
Débarrasser le nez des mucosités qui l'encombrent. *Au lieu de renifler, tu ferais mieux de* ***te moucher****.*

moucheron (nom masculin)
Très petit insecte volant, d'une espèce proche de la mouche.

moucheté, ée (adjectif)
Marqué de petites taches de couleur. *Mon chat a un pelage blanc* ***moucheté*** *de noir.* (Syn. tacheté.)

mouchoir (nom masculin)
Morceau de tissu ou de papier qui sert à se moucher. *Un paquet de* ***mouchoirs*** *jetables.*

moudre (verbe) ▸ conjug. n° 54
Écraser des grains pour les réduire en poudre. ***Moudre*** *du poivre. Du café* ***moulu****.*

moue (nom féminin)
Grimace que l'on fait en avançant et en resserrant les lèvres. *Quand on la contrarie, elle boude et fait la* ***moue****.*

mouette (nom féminin)
Oiseau de mer aux pattes palmées et au plumage blanc et gris. ➡ p. 838.

une **mouette**

moufle (nom féminin)
Gros gant sans séparation pour les doigts, sauf pour le pouce.

mouflon (nom masculin)
Mammifère ruminant qui vit à l'état sauvage dans les montagnes. *Les grosses cornes du **mouflon** mâle sont recourbées vers l'arrière.*

mouillage (nom masculin)
Endroit abrité où un bateau peut jeter l'ancre. *Le bateau est resté au **mouillage** durant la tempête.*

mouiller (verbe) ▸ conjug. n° 3
1. Rendre humide. *Romain **a mouillé** son pantalon en marchant dans l'eau. Il **s'est mouillé** en jouant au bord du bassin.*
2. Jeter l'ancre. *Des voiliers **ont mouillé** dans le port.* Famille du mot : mouill**age**, mouill**ette**.

mouillette (nom féminin)
Morceau de pain long et mince que l'on trempe dans un œuf à la coque.

moulage (nom masculin)
Reproduction d'un objet qu'on fabrique en coulant une matière dans un moule.

moulant, ante (adjectif)
Qui moule le corps. *Une robe **moulante**.* (Contr. ample.)

■ **moule** (nom masculin)
Objet creux d'une forme précise, dans lequel on verse une matière pour qu'elle prenne cette forme. *Un **moule** à gaufre, à gâteaux.*

■ **moule** (nom féminin)
Petit mollusque marin comestible. *La **moule** a une coquille noire et allongée.*

mouler (verbe) ▸ conjug. n° 3
1. Reproduire au moyen d'un moule. *Pour **mouler** cette statuette, Thomas verse du plâtre dans une forme en plastique.*
2. Coller au corps en suivant exactement sa forme. *La danseuse porte un justaucorps qui la **moule**.* Famille du mot : **dé**mouler, moul**age**, moul**ant**, moule.

moulin (nom masculin)
1. Petit appareil ménager qui sert à moudre. *Un **moulin** à café électrique.*
2. Bâtiment dans lequel on moud le grain. *Autrefois, tous les meuniers fabriquaient la farine de blé dans des **moulins** à vent ou à eau.*

un **moulin** à vent

Moulin Jean (né en 1899, mort en 1943)
Homme politique et résistant français. Pendant la Seconde Guerre mondiale, Jean Moulin refusa de se laisser dominer par les Allemands qui occupaient Chartres et il rejoignit le général de Gaulle à Londres. En 1943, il fonda et présida le Conseil national de la Résistance. Trahi, il fut arrêté et torturé. Il mourut pendant son transfert en Allemagne.

moulinet (nom masculin)
1. Petite bobine actionnée par une manivelle. *Le pêcheur peut enrouler ou dérouler sa ligne en se servant du **moulinet**.*
2. Mouvement effectué en faisant tournoyer une épée ou un bâton. *Pour éloigner son adversaire, il faisait des **moulinets** avec son épée.*

moulu, ue ➡ Voir **moudre**.

moulure (nom féminin)
Ornement en creux ou en relief. *Des **moulures** en plâtre blanc ornent les plafonds de ce vieil appartement.*

moumoute (nom féminin)
Veste en peau de mouton. *Myriam a une **moumoute** bien chaude pour l'hiver.*

mourant, ante (adjectif et nom)
Qui est en train de mourir. *Un malade **mourant**. Les dernières volontés du **mourant** ont toutes été respectées.* (Syn. moribond.)

mourir (verbe) ▸ conjug. n° 17
1. Cesser de vivre. *Son vieil oncle **est mort** d'une crise cardiaque. Les plantes **meurent** si on oublie de les arroser.* 2. Disparaître peu à peu. *Remets une bûche sinon le feu va **mourir**.* • **Mourir de faim, de soif, de sommeil :** avoir très faim, très soif, très sommeil. • **Mourir de rire :** rire énormément.

mouron (nom masculin)
Herbe des prés à petites fleurs blanches. *Les oiseaux picorent du **mouron**.*

mousquet (nom masculin)
Ancienne arme à feu portative, qui a été remplacée par le fusil.

mousquetaire (nom masculin)
Gentilhomme armé d'un mousquet qui faisait partie de la garde du roi. *As-tu lu le roman d'Alexandre Dumas* les Trois Mousquetaires *?*

mousqueton (nom masculin)
Boucle métallique à ressort. *Ses clés sont accrochées à sa ceinture par un **mousqueton**.*

une **moule**

moussaillon (nom masculin)
Petit mousse à bord d'un bateau. *En avant **moussaillon**, on lève l'ancre !*

moussaka (nom féminin)
Plat d'origine turque cuit au four et constitué d'un gratin d'aubergines à la viande hachée et à la sauce tomate, souvent recouvert d'une béchamel.

moussant, ante (adjectif)
Qui produit de la mousse. *Noémie utilise un gel **moussant** pour la douche.*

■ **mousse** (nom masculin)
Jeune garçon qui fait l'apprentissage du métier de marin.

■ **mousse** (nom féminin)
1. Amas de petites bulles serrées. *De la **mousse** de shampoing. La **mousse** de la bière.* 2. Crème légère faite avec des blancs d'œufs battus en neige. *On a eu de la **mousse** au chocolat au dessert.* 3. Matière légère qui est faite avec du caoutchouc ou du plastique renfermant des petites bulles d'air. *Des coussins en **mousse**.* 4. Produit qui mousse. ***Mousse** à raser.* 5. Plante à courtes tiges, aux feuilles très serrées, qui pousse dans les lieux humides. *Les parois du puits étaient couvertes de **mousse**.*

mousseline (nom féminin)
Tissu de coton, de soie ou de laine, très léger et transparent. **Mousseline** vient de *Mossoul*, ville d'Irak où l'on fabriquait ce tissu.

mousser (verbe) ▸ conjug. n° 3
Produire de la mousse. *Véronique aime les savons qui **moussent** beaucoup.*
Famille du mot : mouss**ant**, mousse, mouss**eux**.

mousseron (nom masculin)
Petit champignon comestible. *Les **mousserons** poussent en cercle dans les prés.*

mousseux, euse (adjectif)
Qui fait de la mousse. *Elle a battu le lait jusqu'à ce qu'il devienne **mousseux**. Une crème légère et bien **mousseuse**.* ■ **mousseux** (nom masculin) Vin qui mousse, qui pétille. *Une bouteille de **mousseux**.*

a b c d e f g h i j k l m n o p q r s t u v w x y z

mousson (nom féminin)
En Inde, vent qui souffle de la terre vers la mer en hiver et de la mer vers la terre en été. *La **mousson** d'été apporte la pluie.*

moussu, ue (adjectif)
Couvert de mousse végétale. *Un vieux chêne au tronc **moussu**.*

moustache (nom féminin)
Poils qui poussent au-dessus de la lèvre supérieure. *Le père de Victor se laisse pousser la **moustache**.* ➡ p. 118.
■ moustaches (nom féminin pluriel) Longs poils raides du museau de certains animaux. *Les **moustaches** des chats sont très sensibles.*

moustachu, ue (adjectif)
Qui porte une moustache. *Notre voisin est un gros homme **moustachu**.*

moustiquaire (nom féminin)
Rideau très fin et léger qui protège des moustiques. *On a mis une **moustiquaire** au-dessus du lit du bébé.*

moustique (nom masculin)
Petit insecte ailé des lieux humides, qui pique les hommes et les animaux pour sucer leur sang. *Les piqûres de **moustique** causent des démangeaisons douloureuses.*
Moustique vient de l'espagnol *mosquito* qui signifie « petite mouche ».

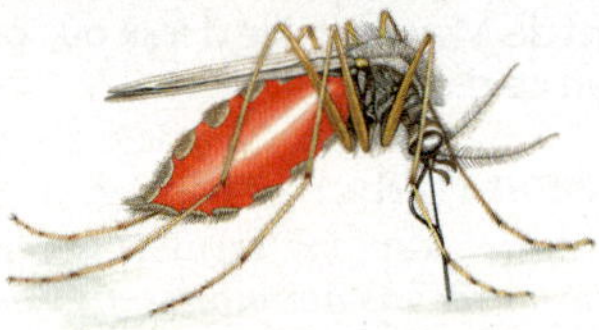

un **moustique**

moût (nom masculin)
Jus de raisin ou de pomme qui sort du pressoir et qui n'a pas encore fermenté.

moutarde (nom féminin)
1. Plante à fleurs jaunes, qui donne des graines. 2. Condiment fait à base de ces graines. *Sarah aime le goût piquant de la **moutarde**.* • **La moutarde lui monte au nez :** dans la langue familière, il est sur le point de se mettre en colère.

mouton (nom masculin)
1. Mammifère ruminant domestique au poil épais et frisé. *On élève les **moutons** pour leur viande, leur laine et leur lait.* 2. Viande du mouton. *Des côtelettes de **mouton**.* ■ moutons (nom masculin pluriel) 1. Petites vagues couvertes d'écume blanche. 2. Petits nuages blancs et floconneux. 3. Petits flocons de poussière. *Il faudrait balayer les **moutons** qui sont sous l'armoire.*

un **mouton**

mouture (nom féminin)
Poudre obtenue quand on moud des grains. *Pour faire du café très fort, il faut que sa **mouture** soit très fine.* • **Une nouvelle mouture :** au sens figuré, une nouvelle version. *J'ai corrigé mon texte, voici la **nouvelle mouture**.*

mouvant, ante (adjectif)
• **Sables mouvants :** sables humides dans lesquels on peut s'enliser. *N'allez pas dans ces marais, il y a des **sables mouvants** !*

feuilles, fleurs et graines de **moutarde**

mouvement (nom masculin)
1. Changement de place ou de position. *Le **mouvement** des vagues. Le **mouvement** des astres.* **2.** Action de mouvoir son corps. *Ursula fait des **mouvements** de gymnastique.* **3.** Action ou réaction sous le coup d'une émotion. *Dans un **mouvement** de colère, il a poussé brutalement son camarade.* **4.** Circulation de personnes ou de véhicules. *Des patrouilles surveillaient les **mouvements** de l'armée ennemie.* **5.** Groupe ou association qui poursuit un but. *Il fait partie d'un **mouvement** pour la protection de l'environnement.* (Syn. organisation.) **6.** Ensemble des mécanismes qui font fonctionner une machine ou un instrument. *Le **mouvement** d'une horloge.* **7.** Partie d'un morceau de musique. *La salle a applaudi longuement au dernier **mouvement** de la sonate.*

mouvementé, ée (adjectif)
Qui est plein d'agitation, d'aventures. *Nous avons eu un voyage très **mouvementé**.* (Contr. calme.)

mouvoir (verbe) ▸ conjug. n° 24
1. Mettre en mouvement ou faire fonctionner. *Cette machine **est mue** par un moteur électrique.* (Syn. actionner.) **2.** Se mouvoir : faire des mouvements. *Avec sa jambe cassée, il a du mal à **se mouvoir**.* **Mouvoir** se conjugue comme émouvoir sauf au participe passé : *mû.* Famille du mot : mouvant, mouvement, mouvementé.

■ **moyen, enne** (adjectif)
1. Qui correspond à une valeur, à une quantité ou à une position intermédiaire entre les extrêmes. *Être d'une taille **moyenne**.* **2.** Qui est dans la moyenne normale, ni bon, ni mauvais. *William a des notes **moyennes** en maths.* **3.** Qui est calculé en faisant la moyenne de deux quantités. *Nous avons fait le trajet à la vitesse **moyenne** de 50 km/h.* • **Cours moyen :** les deux dernières classes de l'école primaire, qui suivent le cours élémentaire : le CM1 et le CM2. Famille du mot : moyenne, moyennement.

■ **moyen** (nom masculin)
Ce que l'on fait ou ce que l'on utilise pour parvenir à son but. *Il faut absolument trouver un **moyen** de le faire changer d'avis. Le train, le bateau sont des **moyens** de transport.* • **Au moyen de quelque chose :** en s'en servant. *Il a réussi à ouvrir la porte **au moyen d'**un crochet.* (Syn. grâce à.) ■ **moyens** (nom masculin pluriel) Quantité d'argent que l'on a pour vivre. *Il n'a pas les **moyens** d'acheter une nouvelle voiture.* **2.** Capacités intellectuelles ou physiques d'une personne. *Au moment de l'examen, il a perdu tous ses **moyens**.*

Moyen Âge
Période de l'histoire qui se situe entre l'Antiquité et les Temps modernes, entre le Ve et le XVe siècle. Le Moyen Âge commence avec la chute de l'empire romain d'Occident en 476 et se termine aux environs de 1500 : soit à la prise de Constantinople par les Turcs en 1453, soit à la découverte de l'Amérique par Christophe Colomb en 1492.

moyenâgeux, euse (adjectif)
Qui fait penser au Moyen Âge. *Il s'est fait construire une grande demeure dans un style un peu **moyenâgeux**.*

moyen-courrier (nom masculin et adjectif)
Avion de transport qui effectue des trajets pouvant aller jusqu'à 4 000 km. *Nous avons pris un vol **moyen-courrier** pour partir en vacances en Tunisie.* Pluriel : des vols moyen-courriers.

moyennant (préposition)
En échange de. *Il a réussi à avoir un billet d'entrée **moyennant** une longue attente au guichet.*

moyenne (nom féminin)
1. Note équivalant à la moitié de la note maximale. *Xavier a eu 10 sur 20 en calcul, il a la **moyenne**.* **2.** Opération qui consiste à faire le total de plusieurs quantités, puis à diviser ce total par le nombre de quantités additionnées. *Si nous additionnons 10 + 8 + 3 = 21, la **moyenne** de ces trois nombres sera égale à 7, puisque 21 : 3 = 7.* **3.** Vitesse calculée en divisant la distance parcourue par le temps mis à la parcourir. *Faire 210 kilomètres en deux heures, cela représente une **moyenne** de 105 km/h.*

moyennement (adverbe)
De façon moyenne, assez peu. *Ce film nous a **moyennement** intéressés.*

Moyen-Orient
Nom donné à un ensemble de régions d'Asie occidentale, qui sont

bordées par la mer Méditerranée, la mer Rouge, le golfe d'Oman et le golfe Persique. ➡ Voir **Proche-Orient**.

moyeu, eux (nom masculin)
Partie centrale de la roue, qui tourne autour de l'essieu. *Les rayons de la roue d'un vélo sont fixés au* ***moyeu****.* ➡ p. 139.

mozambicain, aine ➡ Voir tableau p. 6.

Mozambique

22 millions d'habitants
Capitale : Maputo
Monnaie : le metical
Langue officielle : portugais
Superficie : 783 050 km²

État d'Afrique de l'Est bordé par l'océan Indien.

GÉOGRAPHIE
Le climat tropical, assez humide, favorise la savane en plaine et la forêt sur les versants des plateaux. La population, principalement rurale, est regroupée sur le littoral. Le pays vit surtout de la culture de maïs, de manioc, de sorgho, et de l'exportation du thé, du coton, de la canne à sucre et de la noix de cajou. La pêche à la crevette est importante. La guerre civile a ruiné le pays, qui survit grâce à l'aide internationale.

HISTOIRE
Le Mozambique a été colonisé en 1894 par le Portugal. Le pays obtint son indépendance en 1975. En 1976, une rébellion contre le gouvernement plongea le pays dans une guerre civile qui prit fin en 1992.

Mozart Wolfgang Amadeus (né en 1756, mort en 1791)
Compositeur autrichien. Il composa ses premières œuvres dès l'âge de six ans. C'est un des plus grands maîtres de l'opéra : *les Noces de Figaro* (1786), *Don Giovanni* (1787), *la Flûte enchantée* (1791) ; il montra aussi ses dons exceptionnels dans le concerto, la symphonie, la musique religieuse : *Requiem* (1791). Il mourut à 36 ans en laissant une œuvre gigantesque.

mozzarella (nom féminin)
Fromage de vache ou de bufflonne, d'origine italienne. *Une salade de tomates avec de la* ***mozzarella****.* Prononciation [mɔdzaʀɛlla].
ORTHO On dit aussi **mozzarelle** [mɔdzaʀɛl].

MP3 (nom masculin)
Appareil numérique portatif qui permet d'écouter de la musique. *Aude télécharge de nouvelles chansons sur son* ***MP3****.*

MP4 (nom masculin)
Appareil numérique portatif qui permet d'écouter de la musique et de lire des vidéos. *Grâce à son* ***MP4****, Amandine peut regarder des clips musicaux quand elle est dans le bus.*

mucosité (nom féminin)
Liquide épais et visqueux produit par les muqueuses. *Tu devrais te moucher pour débarrasser ton nez de toutes ces* ***mucosités****.*

mucoviscidose (nom féminin)
Maladie congénitale qui épaissit les mucosités des bronches et provoque des troubles respiratoires très graves.

mue (nom féminin)
Fait de muer. *Au moment de la* ***mue****, le serpent abandonne son ancienne peau.*

muer (verbe) ▸ conjug. n° 3
1. Changer de pelage ou de plumage. *Les serpents, les oiseaux, les crustacés* ***muent****.*
2. Changer de timbre de voix. *Les garçons* ***muent*** *au moment de l'adolescence.*

Wolfgang Amadeus **Mozart**, au piano, avec son père et sa sœur

muesli ➡ Voir **musli**.

muet, muette (adjectif et nom)
Qui n'a pas l'usage de la parole. *Il est **muet** de naissance.* ■ **muet, muette** (adjectif) **1.** Qui se tait, est incapable de parler. *Il est resté **muet** de surprise.* **2.** Qui n'est pas prononcé. *Dans le mot « poule », le « e » final est **muet** ; dans le mot « homme », le « h » est **muet**.* **3.** Se dit d'un film sans paroles. *À la télévision, on a regardé un film **muet** de Charlie Chaplin.*

muezzin (nom masculin)
Musulman chargé d'appeler les fidèles à la prière du haut du minaret d'une mosquée. ● Prononciation [mɥɛdzin].

mufle (nom masculin)
1. Bout du museau de certains mammifères. *Les vaches broutent, le **mufle** enfoui dans l'herbe.* **2.** Personne grossière, mal élevée. *Je l'invite à dîner et il part sans même dire merci, quel **mufle** !*

muflerie (nom féminin)
Caractère ou attitude de celui qui se conduit comme un mufle. (Syn. grossièreté.)

muflier (nom masculin)
Synonyme de gueule-de-loup.

mugir (verbe) ▸ conjug. n° 11
1. Pousser des mugissements. *Les vaches **mugissent** en rentrant à l'étable.* (Syn. beugler, meugler.) **2.** Produire un mugissement. *Pendant la tempête, on entendait le vent **mugir**.*

mugissement (nom masculin)
1. Cri du bœuf, de la vache. (Syn. beuglement, meuglement.) **2.** Son long et sourd qui rappelle le cri des bovins. *Le **mugissement** d'une sirène.*

muguet (nom masculin)
Petite fleur des bois, blanche et parfumée, en forme de clochette. *C'est la coutume d'offrir un brin de **muguet** le 1er mai.*

mulâtre (nom)
Personne née d'un parent blanc et d'un parent noir.

■ **mule** (nom féminin)
Pantoufle qui ne couvre pas le talon.

■ **mule** (nom féminin)
Animal femelle hybride de l'âne et de la jument.

■ **mulet** (nom masculin)
Animal mâle hybride de l'âne et de la jument. *Le **mulet** est un animal très résistant.* ⌂ Famille du mot : mule, muletier.

un **mulet**

■ **mulet** (nom masculin)
Poisson marin comestible, au corps allongé, qui vit près des côtes.

muletier (adjectif masculin)
• **Chemin muletier :** chemin étroit et escarpé à flanc de montagne.

mulot (nom masculin)
Rat des champs et des bois. *Le **mulot** est nuisible aux cultures.*

un **mulot**

multicolore (adjectif)
Qui a plusieurs couleurs. *Pour la kermesse, la salle était décorée de guirlandes **multicolores**.* (Syn. bariolé.)

multicoque (nom masculin)
Voilier qui comporte plusieurs coques. *Un catamaran est un **multicoque**.*

multimédia (nom masculin et adjectif)
Qui utilise à la fois le texte, le son, l'image et la vidéo en informatique. *L'ordinateur, la webcam, le lecteur de DVD sont des outils **multimédias**.*

multinationale (nom féminin)
Grande société dont les activités s'exercent dans plusieurs pays. *Le père de Myriam a été embauché dans une **multinationale** dont le siège est à Londres.*

multiple (adjectif)
Qui existe en grand nombre. *Ce champion a remporté de **multiples** trophées.* (Syn. nombreux.) ■ **multiple** (nom masculin) Nombre qui contient plusieurs fois un autre nombre. *6 est un **multiple** de 2 et de 3 puisque 2 × 3 = 6.* Famille du mot : multiplicande, multiplicateur, multiplication, multiplier.

multiplexe (nom masculin)
Complexe de loisirs comprenant de nombreuses salles de cinéma. *Notre ville possède un **multiplexe** depuis deux ans.*

multiplicande (nom masculin)
Nombre que l'on doit multiplier, dans une multiplication. *Quand on multiplie 25 par 5 (25 × 5), 25 est le **multiplicande**.*

multiplicateur (nom masculin)
Nombre qui sert à multiplier un autre, dans une multiplication. *Quand on multiplie 20 par 4 (20 × 4), 4 est le **multiplicateur**.*

multiplication (nom féminin)
1. Fait de multiplier, de se multiplier. *On assiste à la **multiplication** des blogs sur Internet.* **2.** Opération d'arithmétique qui consiste à ajouter plusieurs fois un nombre à lui-même. *6 × 4 = 6 + 6 + 6 + 6 = 24.*

multiplier (verbe) ▸ conjug. n° 10
1. Faire une multiplication. *Si tu **multiplies** six par deux, tu obtiens douze (6 × 2 = 12).* **2.** Faire quelque chose un grand nombre de fois. *Au cours de cette partie de cartes, Yann **a multiplié** les erreurs.* **3.** Se multiplier : se reproduire plusieurs fois. *Les lotissements **se multiplient** dans la banlieue.*

multiprise (nom féminin)
Prise de courant qui permet de brancher plusieurs prises de différents appareils.

multitude (nom féminin)
Très grand nombre. *Le spectacle avait attiré une **multitude** de gens.*

muni, ie (adjectif)
Qui est équipé d'un élément supplémentaire. *Cette voiture est **munie** d'un GPS.*

municipal, ale, aux (adjectif)
Qui concerne la municipalité. *Notre équipe s'entraîne au stade **municipal**.*

municipalité (nom féminin)
Ensemble des représentants élus d'une commune. *La **municipalité** comprend le maire, ses adjoints et les conseillers municipaux.*

se munir (verbe) ▸ conjug. n° 11
Prendre quelque chose avec soi. *Pour la randonnée, **munissez-vous** d'un sac de couchage.*

munitions (nom féminin pluriel)
Ce qui sert à charger une arme à feu. *Il venait de tirer sa dernière balle, il n'avait plus de **munitions**.*

munster (nom masculin)
Fromage de lait de vache fabriqué dans les Vosges. ● Prononciation [mœ̃stɛʀ].

muqueuse (nom féminin)
Membrane qui recouvre un organe et sécrète des mucosités. *À cause de son rhume, Benjamin a les **muqueuses** du nez très irritées.*

mur (nom masculin)
1. Construction qui sert de soutien dans un bâtiment ou qui ferme un espace. *Les **murs** de la maison sont recouverts de lierre.* **2.** Séparation entre les pièces d'un bâtiment. *Guillaume a mis des posters sur tous les **murs** de sa chambre.* (Syn. cloison.) • **Mettre quelqu'un au pied du mur :** l'obliger à prendre immédiatement une décision. • **Mur du son :** vitesse du son, pour un avion. Famille du mot : emmurer, muraille, mural, murer, muret.

mûr, mûre (adjectif)
1. Qui est arrivé à son développement complet. *Ne mange pas ces pommes, elles ne sont pas encore **mûres** !* **2.** Qui a fini de se développer, est devenu adulte. *À quarante ans, c'est vraiment une femme **mûre**.* **3.** Qui a un jugement raisonnable, réfléchi. *Il n'a que 15 ans, mais je le trouve déjà très **mûr** pour son âge.* Famille du mot : mûr**ement**, mûr**ir**.
ORTHO On écrit aussi **murs, mure** et **mures**.

muraille (nom féminin)
Mur haut et épais. *Autrefois, les villes étaient entourées de **murailles** qui les protégeaient.* (Syn. fortification, rempart.)

la Grande **Muraille**
Immense mur de défense en Chine, long de plus de 5 000 km. La Grande Muraille sépare la Chine de la Mongolie. Sa construction a débuté au IIIe siècle avant Jésus-Christ pour protéger le pays des invasions turques et mongoles. Elle a été achevée sous la dynastie Ming (XVe-XVIIe siècles). ➡ p. 236.
ORTHO On dit aussi **Muraille de Chine**.

mural, ale, aux (adjectif)
Qui se fixe au mur. *Zoé range ses livres sur des étagères **murales**.*

mûre (nom féminin)
Petit fruit noir qui pousse sur des ronces.
ORTHO On écrit aussi **mure**.

mûrement (adverbe)
Très longuement et avec soin. *David a **mûrement** réfléchi avant d'acheter son VTT.*
ORTHO On écrit aussi **murement**.

murène (nom féminin)
Poisson au corps dépourvu d'écailles, à la mâchoire puissante, armée de dents pointues. *La **murène** s'abrite dans les trous des rochers à l'affût de ses proies.*

une **murène**

murer (verbe) ▸ conjug. n° 3
Fermer complètement un lieu par un mur. *On **a muré** les fenêtres de cet immeuble inhabité.*

muret (nom masculin)
Petit mur.

mûrier (nom masculin)
Arbre cultivé en France dans le Midi, dont les feuilles sont utilisées pour nourrir les vers à soie.
ORTHO On écrit aussi **murier**.

feuilles et fruits du **mûrier**

mûrir (verbe) ▸ conjug. n° 11
1. Devenir mûr. *Les cerises deviennent rouges en **mûrissant**.* **2.** Devenir plus raisonnable, plus réfléchi. *Alain **a** beaucoup **mûri** en grandissant.* **3.** Mettre soigneusement au point, après avoir réfléchi. *L'alpiniste **a** longuement **mûri** l'organisation de son expédition.*
ORTHO On écrit aussi **murir**.

murmure (nom masculin)
Bruit de voix léger et confus. *Quand la scène s'est éclairée, les **murmures** se sont tus dans la salle.*

murmurer (verbe) ▸ conjug. n° 3
1. Parler à voix basse. *Il **a murmuré** quelques mots à l'oreille de son ami.* (Syn. chuchoter.) **2.** Se plaindre ou protester à voix basse. *Les spectateurs mécontents commençaient à **murmurer** dans la salle.*

musaraigne (nom féminin)
Petit mammifère au museau allongé, voisin de la souris, qui se nourrit de vers et d'insectes.

musarder (verbe) ▸ conjug. n° 3
Flâner ou perdre son temps à des choses peu importantes. *Les touristes*

musardaient dans les rues ensoleillées du village.

musc (nom masculin)
Liquide à odeur très forte, produit par certains animaux. *Le* ***musc*** *est utilisé dans la fabrication de parfums.*

muscade (nom féminin)
Graine d'un arbre tropical utilisée comme épice. *Elle a saupoudré la béchamel avec de la* ***muscade*** *râpée.*
ORTHO On dit aussi **noix de muscade** ou **noix muscade**.

la **noix de muscade**

muscat (nom masculin)
1. Variété de raisin sucré et parfumé. 2. Vin fait avec ce raisin. *Les invités ont bu un petit verre de* ***muscat*** *à l'apéritif.*

muscle (nom masculin)
Organe qui se contracte pour produire des mouvements. *Ibrahim fait de la gymnastique pour développer ses* ***muscles***. Famille du mot : **intra**musculaire, muscler, muscul**aire**, muscul**ation**, muscul**ature**.

muscler (verbe) ▸ conjug. n° 3
Développer les muscles. *Kevin* ***s'est musclé*** *en faisant régulièrement du sport.*

musculaire (adjectif)
Qui concerne les muscles. *À la fin du match de tennis, Pierre avait des douleurs* ***musculaires*** *dans l'épaule et dans le bras.*

musculation (nom féminin)
Ensemble d'exercices qui développent la musculature. *Quentin fait de la* ***musculation*** *dans un club.*

musculature (nom féminin)
Ensemble des muscles du corps. *Un athlète à la* ***musculature*** *puissante.*

Muse (nom féminin)
Chacune des neuf déesses grecques de l'Antiquité qui inspiraient et protégeaient les artistes et les poètes.

museau, eaux (nom masculin)
Partie avant de la tête de certains animaux. *Le* ***museau*** *du chien, de la souris, du renard.*

musée (nom masculin)
Lieu public où sont rassemblés des objets qui ont un intérêt artistique, historique ou scientifique. La Joconde *est un tableau célèbre exposé au* ***musée*** *du Louvre, à Paris.*

museler (verbe) ▸ conjug. n° 9
Mettre une muselière à un animal. *Ce chien ne peut pas te mordre, son maître* ***l'a muselé***. **Museler** se conjugue aussi comme peler (n° 8).

muselière (nom féminin)
Appareil que l'on fixe autour du museau d'un animal pour l'empêcher de mordre. *Ce gros chien ne doit pas sortir sans* ***muselière***.

musette (nom féminin)
Sac de toile que l'on porte en bandoulière. *Quand il va à la chasse, mon oncle emporte des sandwichs et des boissons dans sa* ***musette***. • **Bal musette :** bal populaire où l'on danse au son de l'accordéon.

muséum (nom masculin)
Musée consacré aux sciences naturelles. *Romain aimerait aller au* ***muséum*** *pour voir des squelettes de dinosaures.* Prononciation [myzeɔm].

musical, ale, aux (adjectif)
1. Qui concerne la musique. *Le concert sera retransmis à la télévision au cours d'une émission* ***musicale***. 2. Qui est harmonieux comme de la musique. *Une voix* ***musicale***.

music-hall (nom masculin)
Établissement où l'on présente des spectacles de variétés. *Au* ***music-hall****, mes parents ont vu des chanteurs, des prestidigitateurs et des numéros d'acrobatie.* **Music-hall** est un mot anglais : on prononce [myzikol]. Pluriel : des music-halls.

musicien, enne (nom)
Personne qui compose ou qui joue de la musique. *Les **musiciens** accordent leurs instruments avant le concert.*

un **musicien**
(David Gilmour du groupe Pink Floyd)

musique (nom féminin)
Art de combiner harmonieusement les sons suivant certaines règles. *Anna prend des cours de **musique**. Thomas joue d'un instrument de **musique**.* Famille du mot : music**al**, music**ien**. ➡ p. 682.

musli (nom masculin)
Mélange de céréales et de fruits secs sur lequel on verse du lait. *Thomas mange du **musli** au petit déjeuner.*
ORTHO On écrit aussi **muesli**.

Musset Alfred de (né en 1810, mort en 1857)
Écrivain français. Il est l'auteur de nombreuses pièces de théâtre comme *On ne badine pas avec l'amour* (1834) et *Lorenzaccio* (1834), un roman autobiographique, *la Confession d'un enfant du siècle* (1836), ainsi que des poèmes, *les Nuits* (1835-1837), et des contes. Il a été élu à l'Académie française en 1852.

Mussolini Benito (né en 1883, mort en 1945)
Homme politique italien. Mussolini fonda le parti fasciste et, après la victoire de ses partisans aux élections, il instaura un pouvoir dictatorial. Il prit le titre de Duce (le « chef »). Il se rapprocha d'Hitler et se lança dans la Seconde Guerre mondiale à ses côtés. Il fut arrêté et fusillé à la fin de la guerre.

mustang (nom masculin)
Cheval sauvage d'Amérique du Nord. *Autrefois, les cowboys capturaient les **mustangs** au lasso pour faire du rodéo.*

musulman, ane (adjectif)
Qui concerne l'islam. *La religion **musulmane** est fondée sur un livre sacré appelé le Coran.* ■ **musulman, ane** (nom) Personne qui pratique la religion musulmane. *Le lieu de prière des **musulmans** s'appelle la mosquée.* ➡ p. 835.

mutant, ante (nom)
1. Animal ou végétal qui a subi une mutation. *Les transformations subies par les **mutants** se transmettent à leurs descendants.* **2.** Personnage imaginaire de la science-fiction qui apparaîtrait à la suite de mutations subies par l'espèce humaine.

mutation (nom féminin)
1. Modification des caractères biologiques d'un être vivant. *La couleur d'une race d'animaux peut changer à cause d'une **mutation**.* **2.** Changement de lieu de travail. *Il a demandé sa **mutation** pour la province.* **3.** Grand changement. *Avec le multimédia, les méthodes d'enseignement à l'école peuvent subir une **mutation**.*

muter (verbe) ▸ conjug. n° 3
Changer le lieu de travail de quelqu'un. *Mon oncle voudrait **être muté** à l'étranger.*

mutilé, ée (nom)
Personne qui a perdu un membre. *Un **mutilé** de guerre.*

mutiler (verbe) ▸ conjug. n° 3
Rendre infirme par l'amputation d'un membre ou la perte d'une partie du corps. *Son accident de voiture l'**a mutilé** des deux jambes.*

mutin (nom masculin)
Personne qui participe à une mutinerie. *Les **mutins** se sont emparés du navire et ont fait prisonnier leur capitaine.* (Syn. rebelle, révolté.) Famille du mot : se mutin**er**, mutin**erie**.

a b c d e f g h i j k l m n o p q r s t u v w x y z

se mutiner (verbe) ▸ conjug. n° 3
Se révolter, en groupe, contre l'autorité. *Des soldats **se sont mutinés** contre leurs officiers.*

mutinerie (nom féminin)
Révolte collective et armée. *Au cours d'une **mutinerie**, des gardiens ont été pris en otages par des prisonniers.*

mutisme (nom masculin)
Refus de parler. *L'accusé ne répond à aucune question, il s'est enfermé dans le **mutisme**.* **Mutisme** vient du latin *mutus* qui signifie « muet ».

mutuel, elle (adjectif)
Qui s'échange de l'un à l'autre. *Ce couple est uni par un amour **mutuel**.* (Syn. réciproque.) ■ **mutuelle** (nom féminin) Association dans laquelle les adhérents paient une cotisation pour se garantir un système d'assurance. *Les parents d'Élodie cotisent à une **mutuelle** d'assurance scolaire.*

mutuellement (adverbe)
De façon mutuelle. *Pour faire leurs devoirs, Victor et Fatima se sont aidés **mutuellement**.* (Syn. réciproquement.)

Myanmar
➡ Voir **Birmanie**.

mycélium (nom masculin)
Ensemble de filaments servant de racines aux champignons. Prononciation [miseljɔm]. ➡ p. 218.

Mycènes
Ville de Grèce, dans le Péloponnèse. Du XVIe au XIIIe siècle avant Jésus-Christ, la cité antique de Mycènes a développé une civilisation brillante. Mais elle a été détruite brutalement vers 1200 avant Jésus-Christ. Il en reste de nombreux vestiges : palais, enceintes de la ville, salle funéraire, objets en céramique, objets d'orfèvrerie.

mycologie (nom féminin)
Étude des champignons.

mycose (nom féminin)
Maladie de la peau due à des champignons parasites.

mygale (nom féminin)
Grosse araignée tropicale. *La piqûre de la **mygale** est dangereuse pour l'homme.*

une **mygale**

myopathe (adjectif et nom)
Qui est atteint de myopathie.

myopathie (nom féminin)
Grave maladie qui affaiblit les muscles et les empêche de fonctionner.

myope (adjectif et nom)
Qui est atteint de myopie. *De loin, elle ne reconnaît personne parce qu'elle est **myope**.*

myopie (nom féminin)
Trouble de la vue qui empêche de voir nettement ce qui est éloigné. *À cause de sa **myopie**, il est obligé de porter des lunettes.*

myosotis (nom masculin)
Plante à petites fleurs bleues, qui pousse dans les endroits humides. Prononciation [mjɔzɔtis].

un **myosotis**

myriade (nom féminin)
Quantité innombrable. *Les **myriades** d'étoiles des nuits d'été.*

myrrhe (nom féminin)
Résine provenant d'un arbre d'Arabie. *La **myrrhe** et l'encens dégagent un parfum quand on les fait brûler.*

myrtille (nom féminin)
Petit fruit noir, qui pousse sur un arbuste des montagnes. *Une tarte aux **myrtilles**.*

des **myrtilles**

mystère (nom masculin)
1. Chose incompréhensible. *La disparition des dinosaures reste un **mystère** pour les scientifiques.* **2.** Chose gardée secrète. *Je ne sais pas ce que je vais avoir comme cadeau, car c'est un **mystère** !* Famille du mot : mystér**ieusement**, mystér**ieux**.

mystérieusement (adverbe)
De façon mystérieuse. *Des documents secrets ont **mystérieusement** disparu.*

mystérieux, euse (adjectif)
1. Qui constitue un mystère. *Qui peut expliquer la **mystérieuse** disparition du fils de Louis XVI ?* (Syn. inexplicable.) **2.** Qui cache un secret. *Un sourire **mystérieux**.*

mysticisme (nom masculin)
Attitude d'une personne qui essaie de vivre en union profonde avec Dieu.

mystification (nom féminin)
Action de mystifier quelqu'un. *Vous avez cru à son histoire de fantômes, mais c'était une **mystification** !* (Syn. supercherie.)

mystifier (verbe) ▸ conjug. n° 10
Tromper quelqu'un en profitant de sa naïveté. *Cet escroc **a mystifié** ses victimes en se faisant passer pour un banquier.*

mystique (adjectif et nom)
Qui a une conduite inspirée par le mysticisme.

mythe (nom masculin)
Récit légendaire qui raconte les exploits d'êtres imaginaires. *L'histoire des Douze Travaux d'Hercule est un **mythe** grec.* Famille du mot : myth**ique**, myth**ologie**, myth**ologique**.

mythique (adjectif)
Qui concerne les mythes. *Atlas est un personnage **mythique** condamné par Zeus à porter la Terre sur ses épaules.*

mythologie (nom féminin)
Ensemble de mythes et de légendes. *Athéna est une déesse de la **mythologie** grecque.*

mythologique (adjectif)
Qui se rapporte à la mythologie. *Neptune est le dieu des Mers dans les légendes **mythologiques** latines.*

mythomane (adjectif et nom)
Qui ne peut pas s'empêcher d'inventer des histoires. *Olivier est un **mythomane** qui raconte qu'il communique avec des extraterrestres.*

myxomatose (nom féminin)
Maladie contagieuse du lapin. *Tous les ans, Victor fait vacciner son lapin contre la **myxomatose**.*

Nn

nuage

n (nom masculin)
Quatorzième lettre de l'alphabet. *Le **N** est une consonne.*

n' ➡ Voir **ne**.

nabab (nom masculin)
Homme très riche. *Le **nabab** se prélasse sur son yacht.* 🔑 **Nabab** vient d'une langue indienne : autrefois, un **nabab** était un Européen ayant fait fortune en Inde.

Nabuchodonosor II (né en 605, mort en 562 avant Jésus-Christ)
Roi de Babylone. Il a conquis Jérusalem en 587. Il a réorganisé et embelli la ville de Babylone en bâtissant des édifices, des temples célèbres dans l'Antiquité.

nacelle (nom féminin)
Panier suspendu à une montgolfière, où se tiennent les passagers.

nacre (nom féminin)
Substance brillante qui recouvre l'intérieur de la coquille de certains mollusques. *Avec la **nacre**, on fait des boutons.*

nacré, ée (adjectif)
Qui brille comme de la nacre.

Nagasaki
Ville du Japon, située sur l'île de Kyushu (450 000 habitants). Le 9 août 1945, trois jours après avoir bombardé la ville d'Hiroshima, les États-Unis lancèrent une bombe atomique sur le port de Nagasaki, faisant des milliers de morts. Le Japon capitula le 2 septembre 1945.

nage (nom féminin)
Manière ou action de nager. *La **nage** préférée d'Anna est le crawl.* • **Être en nage :** être couvert de sueur.

nageoire (nom féminin)
Organe qui permet aux poissons de nager. ➡ p. 986.

nager (verbe) ▸ conjug. n° 5
1. Faire des mouvements dans l'eau pour avancer. *Benjamin apprend à **nager** la brasse.* **2.** Porter un vêtement trop grand. *Comme elle a maigri, elle **nage** maintenant dans tous ses vêtements.* (Syn. flotter.) 🏠 Famille du mot : nage, nag**eoire**, nag**eur**. 🔑 **Nager** vient du latin *navigare* qui signifie « naviguer ».

nageur, euse (nom)
Personne qui nage. *Élodie est une bonne **nageuse**.* ➡ p. 94.

naguère (adverbe)
Dans le passé. *Ils se sont **naguère** rencontrés.* 🔑 Le sens d'origine de **naguère** est « récemment » (*il n'y a guère*), mais on l'emploie couramment comme synonyme d'autrefois.

naïf, naïve (adjectif et nom)
Qui croit facilement tout ce qu'on lui dit. (Syn. crédule.) 🏠 Famille du mot : naïve**ment**, naïv**eté**.

nain, naine (nom)
Personne de petite taille. *Fatima raconte à son petit frère l'histoire de Blanche-Neige et les sept **nains**.* (Contr. géant.) ■ **nain, naine** (adjectif) D'une espèce particulièrement petite. *Un lapin **nain**.*

naissance (nom féminin)
1. Fait de naître. *Gaëlle attend avec impatience la **naissance** de son petit frère.* **2.** Moment où quelque chose commence. *La **naissance** du jour, d'un projet.*

naissant, ante (adjectif)
Qui commence à se former. *Il est en pleine adolescence et a une moustache **naissante**.*

naître (verbe) ▸ conjug. n° 37
1. Venir au monde, sortir du ventre de sa mère. *Amandine **est née** à Paris le 18 janvier 2002.* (Contr. mourir.) **2.** Commencer à exister. *Une profonde amitié **est née** entre Clément et Julie. La Vᵉ République **est née** en 1958.* **Naître** se conjugue comme connaître, sauf au passé simple : je *naquis*, et au participe passé : *né*.
Famille du mot : naissance, naissant, né, nouveau-né, renaissance, **re**naître.
ORTHO On écrit aussi **naitre**.

naïve ➡ Voir **naïf**.

naïvement (adverbe)
De façon naïve. *Il a cru **naïvement** ce qu'on lui racontait.*

naïveté (nom féminin)
Caractère d'une personne naïve. *Par **naïveté**, il a accepté sans se méfier.*

naja (nom masculin)
Synonyme de cobra.

une mangouste attaquant un **naja**

Namibie

2,2 millions d'habitants
Capitale : Windhoek
Monnaie : le dollar namibien
Langues officielles : anglais, afrikaans
Superficie : 824 292 km²

État d'Afrique australe, voisin de l'Angola, de la Zambie, du Botswana, de l'Afrique du Sud et bordé par l'océan Atlantique.

GÉOGRAPHIE
La population est principalement urbaine et se groupe au centre du pays. L'activité principale est l'exploitation minière : diamants, uranium, cuivre, plomb, zinc, argent. La Namibie est un pays assez riche et le revenu par habitant est l'un des plus élevés d'Afrique.

HISTOIRE
Colonie allemande en 1892, la Namibie fut ensuite conquise en 1915 par les Sud-Africains. En 1990, elle devint indépendante et établit une république. Le pays reste néanmoins dépendant de l'Afrique du Sud sur le plan économique.

namibien, enne ➡ Voir tableau p. 6.

nanisme (nom masculin)
Fait d'être nain.

Nantes

Chef-lieu du département de la Loire-Atlantique et de la Région Pays de la Loire (283 000 habitants). Nantes est un port maritime et fluvial situé au fond de l'estuaire de la Loire.

HISTOIRE
Nantes a été la capitale de la Bretagne de 1213 à 1524. Elle se développa et devint prospère à partir du XVIᵉ siècle, grâce à la traite des Noirs. Pendant la Révolution, ville républicaine, elle résista aux Vendéens royalistes.

édit de Nantes

Édit qui donna aux protestants le droit de pratiquer leur religion. Signé par le roi Henri IV, le 13 avril 1598, il mit fin aux guerres de Religion. L'édit de Nantes fut révoqué en 1685 par l'édit de Fontainebleau, signé par Louis XIV.

a b c d e f g h i j k l m n o p q r s t u v w x y z

nanti, ie (adjectif et nom)
Qui est riche et privilégié. *Ces beaux quartiers sont réservés aux **nantis**.*

napalm (nom masculin)
Essence utilisée pour fabriquer des bombes incendiaires. *Les bombes au **napalm** ont dévasté cette région.*

naphtaline (nom féminin)
Produit utilisé contre les mites.

Napoléon Ier (né en 1769, mort en 1821)
Empereur des Français de 1804 à 1815. Soutenant les idées de la Révolution, Napoléon Bonaparte, devenu général, mena plusieurs campagnes militaires dont celle d'Italie en 1796 et 1797. Il accéda au pouvoir par le coup d'État du 18 brumaire 1799. Il mit fin au Directoire et devint consul à vie en 1802. Napoléon réorganisa l'administration, la justice (en créant le Code civil), et les finances.
Il se fit nommer empereur des Français par le Sénat en 1804 et fonda ainsi le Premier Empire en France. Il se fit ensuite nommer roi d'Italie en 1805. Il mena alors des guerres contre l'Angleterre, l'Autriche, la Prusse, la Russie. Jusqu'en 1809, ses victoires furent nombreuses : Austerlitz (1805), Iéna (1806), Eylau (1807), Friedland (1807), Wagram (1809). Il s'empara ainsi de près de la moitié de l'Europe : la Hollande, le Portugal, l'Espagne et installa ses proches à la tête des États occupés.
Mais les pays d'Europe se coalisèrent contre lui. En 1812, la campagne qu'il mena en Russie fut un désastre. Il dut abdiquer le 6 avril 1814. Il fut envoyé à l'île d'Elbe, mais il s'en échappa pour tenter de reprendre le pouvoir pendant les « Cent-Jours ». À nouveau battu à Waterloo par l'Europe coalisée, il fut emprisonné par les Anglais jusqu'à sa mort dans l'île de Sainte-Hélène. ➡ p. 139, p. 441.
ORTHO On dit aussi **Napoléon Bonaparte**.

Napoléon III (né en 1808, mort en 1873)
Empereur des Français de 1852 à 1870. Neveu de Napoléon Ier, il vécut en exil après la chute du Premier Empire. Il fut élu président de la République après la révolution de 1848 et couronné empereur des Français en 1852. Son règne fut marqué par la modernisation du pays. Napoléon III remporta aussi des succès militaires : guerre de Crimée, guerre d'Italie, qui permit l'annexion de Nice et de la Savoie, conquête de la Cochinchine. Il fut déchu après l'échec de la guerre franco-allemande de 1870.

nappe (nom féminin)
1. Linge qui recouvre une table et la protège. *Dans ce restaurant, toutes les tables étaient recouvertes de **nappes** blanches.* **2.** Couche de liquide ou de gaz. *Une **nappe** de pétrole. Faites attention aux **nappes** de brouillard sur la route.*
Famille du mot : napp**er**, napp**eron**.

napper (verbe) ▶ conjug. n° 3
Recouvrir un plat d'une sauce ou d'une crème. ***Napper** un gâteau de caramel.*

napperon (nom masculin)
Petite nappe décorative. *Un **napperon** de dentelle ornait le centre de la table.*

narcisse (nom masculin)
Plante à bulbe, à fleurs jaunes ou blanches. **Narcisse** vient du nom d'un jeune homme de la mythologie grecque qui était tellement beau qu'il était tombé amoureux de lui-même ; il fut puni par les dieux et transformé en fleur.

un **narcisse**

narcotique (nom masculin)
Médicament qui endort. *La morphine est un **narcotique**.*

narguer (verbe) ▸ conjug. n° 3
Provoquer avec insolence. *Cesse de le **narguer**, il va se mettre en colère.*

narine (nom féminin)
Chacun des deux orifices du nez. ➡ p. 300.

narquois, oise (adjectif)
Qui est moqueur et malicieux. *David m'a répondu d'un ton très **narquois**.* (Syn. goguenard, ironique, railleur.)

narrateur, trice (nom)
Personne qui raconte une histoire. *N'interrompez pas le **narrateur** !*

narratif, ive (adjectif)
Qui est propre au récit, à la narration. *Le texte **narratif** comporte souvent des dialogues.*

narration (nom féminin)
Récit d'un évènement. *Il nous a fait une longue narration de ses vacances.*

narrer (verbe) ▸ conjug. n° 3
Synonyme littéraire de raconter. *Laura nous **a narré** ses aventures.* Famille du mot : narr**ateur**, narr**ation**.

narval (nom masculin)
Mammifère marin qui porte une longue défense sur le devant de la tête. *Les **narvals** sont des cétacés.*

un **narval**

NASA
Organisme américain chargé de coordonner les travaux de recherche aéronautique et spatiale. La NASA a été créée en 1958. NASA est le sigle de *National Aeronautics and Space Administration.*

nasal, ale, aux (adjectif)
Qui concerne le nez. *Les fosses **nasales** sont le siège de l'odorat.*

naseau, eaux (nom masculin)
Narine du cheval, du bœuf et d'autres grands mammifères.

nasillard, arde (adjectif)
Qui parle du nez. *Cette voix **nasillarde** est déplaisante.*

nasse (nom féminin)
Panier allongé qui sert à prendre des poissons ou des crustacés.

natal, ale, als (adjectif)
Où on est né. *Myriam est née à Paris, Paris est donc sa ville **natale**.*

natalité (nom féminin)
Nombre des personnes qui naissent. *La **natalité** est très forte dans certains pays africains.*

natation (nom féminin)
Sport pratiqué en nageant. *Noémie participe à une compétition de **natation** à la piscine.*

natif, ive (adjectif)
Synonyme d'originaire. *Kevin est normand, il est **natif** de Normandie.*

nation (nom féminin)
Les hommes et le territoire d'un pays. *Toutes les grandes **nations** du monde étaient représentées à ce congrès.* Famille du mot : **inter**national, national, nation**alisation**, nation**aliser**, nation**alisme**, nation**aliste**, nation**alité**.

national, ale, aux (adjectif)
Qui concerne une nation. *La* Marseillaise *est l'hymne **national** français.* • **Route nationale :** route importante, entretenue par l'État.

nationalisation (nom féminin)
Action de nationaliser.

nationaliser (verbe) ▸ conjug. n° 3
Placer sous la direction de l'État ce qui appartenait à des propriétaires privés. *Ce pays vient de **nationaliser** ses puits de pétrole.* (Contr. privatiser.)

nationalisme (nom masculin)
Doctrine politique des nationalistes.

nationaliste (adjectif et nom)
Qui considère que sa nation est supérieure aux autres. *Je n'aime pas beaucoup ses idées **nationalistes**.*

nationalité (nom féminin)
Appartenance de quelqu'un à une nation déterminée. *Odile est née et vit en France, elle est de **nationalité** française.*

Nations unies
➡ Voir **ONU**.

nativité (nom féminin)
Œuvre qui représente la naissance de Jésus.

natte (nom féminin)
1. Tapis de paille tressée. *Ibrahim déplie une **natte** pour s'allonger sur la plage.* **2.** Tresse de cheveux. *Sarah laisse pousser ses cheveux pour se faire une **natte**.*

naturalisation (nom féminin)
1. Fait d'être naturalisé. *Boris attend sa **naturalisation**.* **2.** Action de naturaliser un animal ou une plante.

naturaliser (verbe) ▸ conjug. n° 3
1. Donner à un étranger la nationalité du pays où il a choisi de vivre. *Ces réfugiés souhaitent se faire **naturaliser** français.* **2.** Préparer un animal mort ou une plante coupée pour lui conserver l'aspect vivant.

naturaliste (nom)
Spécialiste de sciences naturelles.

nature (nom féminin)
1. Tout ce qui existe sur la Terre et qui n'est pas fabriqué par les hommes. *Quelle est la place de l'homme dans la **nature** ?* **2.** La campagne, les prés et les bois. *Ursula n'aime pas les villes, elle préfère la **nature**.* **3.** Ce qui caractérise une chose. *Les géologues étudient la **nature** des roches.* **4.** Caractère d'une personne. *Pierre est généreux de **nature**.* (Syn. naturel, tempérament.) • **Grandeur nature** : en dimensions réelles. • **Nature humaine** : ensemble des caractères communs à tous les hommes. • **Nature morte** : tableau qui représente des objets ou des plantes. • **Payer en nature** : payer en marchandises et non pas en argent.
Famille du mot : **dé**nature**r**, natura**liste**, nature**l**, naturel**lement**, natur**isme**, natur**iste**, **sur**naturel.

naturel, elle (adjectif)
1. Qui fait partie de la nature. *Les tremblements de terre sont des phénomènes **naturels**.* (Contr. artificiel.) **2.** Qui est normal, conforme à ce qu'on attend. *Zoé trouve tout **naturel** d'aider les personnes âgées.* **3.** Qui est simple et spontané. *Un sourire **naturel**.* (Contr. affecté, forcé.)
■ naturel (nom masculin) **1.** Caractère d'une personne. *Quentin est d'un **naturel** pessimiste.* (Syn. nature, tempérament.) **2.** Spontanéité avec laquelle quelqu'un se comporte. *Cette comédienne joue avec beaucoup de **naturel**.* (Contr. affectation.)

naturellement (adverbe)
1. De façon naturelle. *Ma cousine frise **naturellement**.* (Contr. artificiellement.) **2.** Évidemment, forcément. *Romain est, **naturellement**, encore en retard ce matin.* (Syn. bien sûr.)

naturisme (nom masculin)
Synonyme de nudisme.

naturiste (nom)
Adepte du naturisme. (Syn. nudiste.)

naufrage (nom masculin)
Disparition d'un navire qui a coulé ou s'est échoué. *On déplore plusieurs **naufrages** pendant la terrible tempête.*

naufragé, ée (nom)
Passager d'un bateau qui a fait naufrage. *Un canot de sauvetage a recueilli les **naufragés**.*

nauséabond, onde (adjectif)
Qui sent mauvais au point de donner la nausée. *Ce poisson pourri dégage une odeur **nauséabonde**.* (Syn. dégoûtant, écœurant.)

« **Nature morte** aux pêches et poires », peinture de Paul Cézanne (1888-1890)

nausée (nom féminin)
Envie de vomir. *Les mouvements du bateau me donnent la* ***nausée****.*

nautile (nom masculin)
Mollusque des mers chaudes.

un **nautile**

nautique (adjectif)
Qui concerne les sports pratiqués sur l'eau. *Thomas pratique plusieurs sports* ***nautiques*** *: la voile, le surf et le ski* ***nautique****.*

naval, ale, als (adjectif)
Qui concerne les navires et la navigation. *Un architecte* ***naval*** *construit des bateaux.*

navet (nom masculin)
1. Plante potagère à racine comestible. *Un canard aux* ***navets****.* 2. Dans la langue familière, mauvais film. *Ce cinéma ne passe que des* ***navets*** *!*

navette (nom féminin)
1. Instrument d'un métier à tisser qui sert à entrecroiser les fils. 2. Véhicule qui fait des allers et retours réguliers entre deux endroits. *Il y a une* ***navette*** *entre la gare et le village.* • **Navette spatiale :** véhicule qu'on lance dans l'espace et qui revient sur Terre. **Navette** vient du latin *navis* qui signifie « bateau ».

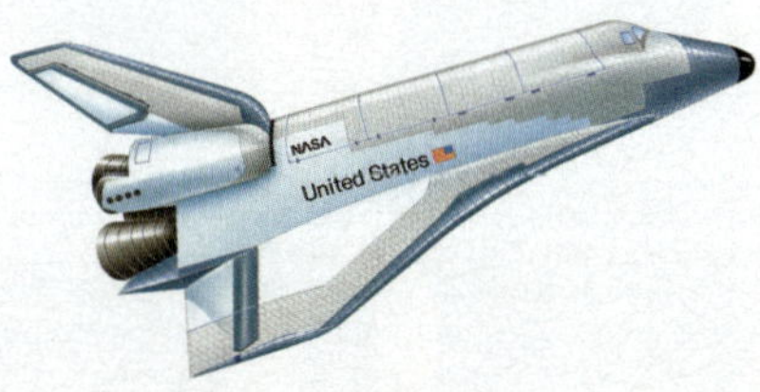

une **navette** spatiale

navigable (adjectif)
Où l'on peut naviguer. *Ce bras de mer n'est pas* ***navigable*** *à cause du courant.*

navigant, ante (adjectif)
Qui fait partie de l'équipage d'un avion. *Les hôtesses et les stewards font partie du personnel* ***navigant****.*

navigateur, trice (nom)
1. Personne qui navigue. *Ce* ***navigateur*** *solitaire vient de faire le tour du monde sur son rapide voilier.* 2. Personne qui seconde le pilote d'un avion en déterminant la route à suivre. ■ navigateur (nom masculin) Logiciel qui permet d'utiliser Internet.

navigation (nom féminin)
1. Action de naviguer. *La tempête rend la* ***navigation*** *difficile.* 2. Circulation des avions. *La* ***navigation*** *aérienne est très réglementée.*

naviguer (verbe) ▸ conjug. n° 3
1. Voyager en bateau. *Cet été, ses parents partent* ***naviguer*** *en Méditerranée.* 2. Se déplacer dans le réseau Internet. (Syn. surfer.) Famille du mot : navi**gable**, navig**ant**, navig**ateur**, navig**ation**.

navire (nom masculin)
Grand bateau qui est conçu pour la navigation en haute mer. *Un cargo est un* ***navire*** *qui transporte des marchandises.*

navrant, ante (adjectif)
Qui cause du souci, de la tristesse. *C'est un contretemps très* ***navrant****.* (Syn. affligeant, désolant.)

navré, ée (adjectif)
Synonyme de désolé. *Je suis* ***navré*** *de ne pas pouvoir venir.*

navrer (verbe) ▸ conjug. n° 3
Causer une grande peine. *L'annonce de sa mort m'a* ***navré****.* (Syn. affliger.) *Noémie est* ***navrée*** *de son retard, mais elle a attendu longtemps le bus.*

nazi, ie (nom)
Membre du parti du dictateur allemand Hitler. ■ nazi, ie (adjectif) Qui concerne les nazis. *La doctrine* ***nazie*** *a fait des millions de victimes.*

nazisme (nom masculin)
Doctrine nationaliste, raciste et guerrière de Hitler et des nazis.

NB ➡ Voir **nota bene**.

ne (adverbe)
Placé devant un verbe, souvent accompagné de « pas, plus, rien, jamais », indique la négation. *Il **ne** pleure jamais. Elle **ne** sait pas lire. Je **n'**en veux plus. Il **n'**a rien dit.* ✎ **Ne** devient **n'** devant une voyelle ou un h muet.

né, née (adjectif)
1. Qui est venu au monde dans telles circonstances. ***Née** d'un père français et d'une mère grecque, Élodie est parfaitement bilingue.* 2. Qui a un don inné pour quelque chose. *Victor est un comédien **né**.* ✎ Au sens 2, **né** est souvent précédé d'un trait d'union : un orateur-**né**.

Néandertal
Site préhistorique d'Allemagne, situé dans la vallée du Neander, près de la ville de Düsseldorf.

L'HOMME DE NÉANDERTAL OU NÉANDERTALIEN
C'est un squelette fossile humain retrouvé sur ce site en 1856. L'homme de Néandertal est apparu il y a plus de 200 000 ans en Europe et a disparu il y a environ 28 000 ans. Des restes de Néandertaliens ont été trouvés en France (Dordogne), en Asie et en Afrique.

néanmoins (adverbe)
Indique une opposition. *Fatima est malade, elle va **néanmoins** à l'école.* (Syn. cependant, pourtant.)

néant (nom masculin)
Ce qui n'existe pas. • **Réduire à néant :** détruire complètement. *Cette ville **a été réduite à néant** par les bombardements.* (Syn. anéantir.)

nébuleux, euse (adjectif)
1. Qui est obscurci par les nuages. *Un ciel **nébuleux**.* 2. Au sens figuré, qui est difficile à comprendre. *Des explications **nébuleuses**.* (Syn. flou, vague. Contr. clair, net.) ■ **nébuleuse** (nom féminin) Grand nuage interstellaire de gaz et de poussières qui présente un aspect vaporeux. 🔑 **Nébuleux** vient du latin *nebula* qui signifie « brouillard ».

nécessaire (adjectif)
Dont on a absolument besoin. *L'eau est **nécessaire** à la vie.* (Syn. essentiel, indispensable. Contr. inutile, superflu.). ■ **nécessaire** (nom masculin) 1. Ce qui est indis-

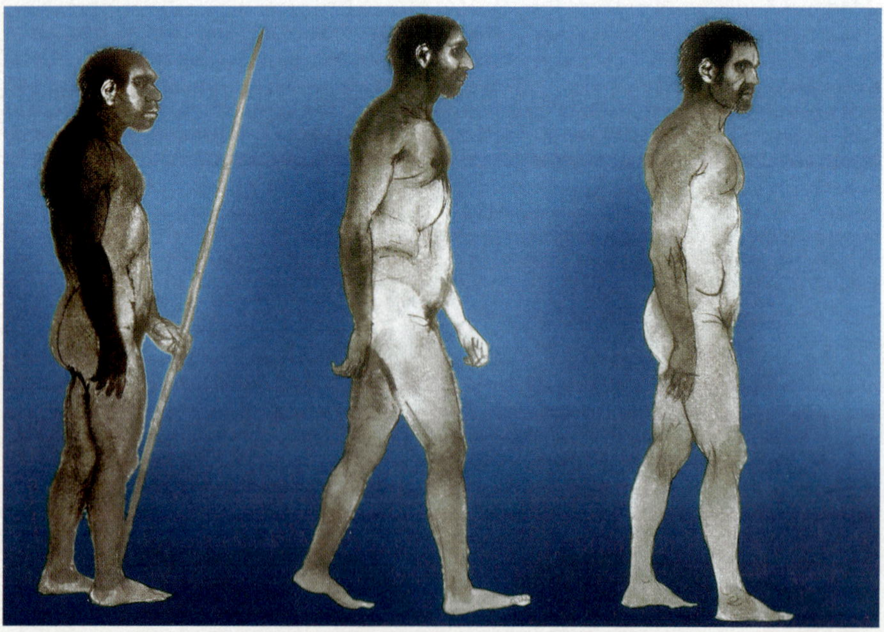

une reconstitution de l'homme de **Néandertal** (à gauche), homme de Monte Carmelo (centre) et homme de Cro-Magnon (à droite)

pensable. *Cette famille manque du **nécessaire** pour vivre.* (Contr. superflu.) 2. Boîte qui contient des objets destinés à un usage particulier. *Un **nécessaire** de toilette.* • **Faire le nécessaire :** faire ce qu'il faut pour que quelque chose puisse avoir lieu. Famille du mot : nécessaire**ment**, nécess**ité**, nécess**iter**, nécess**iteux**.

nécessairement (adverbe)
De façon nécessaire. *Pour aller de France en Angleterre ou en Irlande, il faut **nécessairement** traverser la Manche.* (Syn. forcément.)

nécessité (nom féminin)
Chose nécessaire. *Manger est une **nécessité** pour l'organisme.*

nécessiter (verbe) ▶ conjug. n° 3
Rendre nécessaire. *Ce travail délicat **nécessite** beaucoup d'attention.* (Syn. demander, exiger, requérir.)

nécessiteux, euse (adjectif et nom)
Qui manque du nécessaire pour vivre. *Cette association prend en charge les **nécessiteux**.* (Syn. indigent.)

nécrologie (nom féminin)
Article de presse consacré à une personne qui vient de mourir.

nécrologique (adjectif)
De la nécrologie. *Il y a eu de nombreux articles **nécrologiques** dans les journaux après la mort du Président.*

nécropole (nom féminin)
Vaste cimetière dans l'Antiquité. **Nécropole** vient du grec *nekros* qui signifie « mort » et *polis* qui signifie « ville » et qu'on retrouve dans *métropole*.

nectar (nom masculin)
1. Liquide sucré produit par les fleurs. *Les abeilles butinent le **nectar** des fleurs pour fabriquer le miel.* 2. Boisson à base de jus de fruits. *Un **nectar** d'abricot.* 3. Boisson délicieuse. *Cette liqueur est un véritable **nectar**.* Dans la mythologie grecque, le **nectar** était une boisson réservée aux dieux.

nectarine (nom féminin)
Fruit qui ressemble à la pêche. *Les **nectarines** ont la peau très lisse.*

néerlandais, aise ➡ Voir tableau p. 6.

nef (nom féminin)
1. Partie d'une église qui va du portail au chœur. *La **nef** de cette cathédrale est très haute.* ➡ p. 205. 2. Synonyme littéraire de navire.

néfaste (adjectif)
Qui a des conséquences désastreuses. *L'alcool et le tabac sont **néfastes** pour la santé.* (Syn. mauvais, nuisible.)

Néfertiti (XIVe siècle avant Jésus-Christ)
Reine d'Égypte, femme du pharaon Aménophis IV (appelé également Akhenaton). Reine d'une grande beauté, elle a joué un rôle politique et religieux important auprès de son époux.

nèfle (nom féminin)
Petit fruit du néflier, qui se mange très mûr.

néflier (nom masculin)
Arbuste épineux qui produit les nèfles.

négatif, ive (adjectif)
1. Qui exprime une négation ou un refus. *Gaëlle est déçue car la réponse qu'elle attendait est **négative**.* (Contr. affirmatif, positif.) 2. Qui refuse tout ce qu'on lui propose. *Elle critique toujours tout, son attitude est **négative**.* (Contr. positif.) 3. Dont la valeur est inférieure à zéro. *« – 20 » est un nombre **négatif**.* (Contr. positif.) • **Phrase négative :** qui contient un adverbe de négation tel que « ne… pas ». ■ **négatif** (nom masculin) Pellicule développée où les parties claires et sombres sont inversées. *Je n'ai pas gardé les **négatifs** de ces vieilles photos.* ■ **négative** (nom féminin) • **Par la négative :** par un refus. *Répondre **par la négative**.*

négation (nom féminin)
Fait de nier. *Le mot « non » exprime une **négation**.*

■ **négligé** (nom masculin)
Absence de soin dans la tenue. *Le maître reproche à William son **négligé**.*

■ **négligé, ée** (adjectif)
Qui manque de soin. *Il est arrivé dans une tenue **négligée**, ce qui a choqué tous les invités.* (Contr. soigné.)

négligeable (adjectif)
Qui est très peu important. *La différence de taille entre ces deux enfants est **négligeable** : un demi-centimètre.* (Syn. insignifiant.)

négligemment (adverbe)
Avec négligence. *Xavier a jeté **négligemment** son manteau sur son lit.* (Contr. soigneusement.)

négligence (nom féminin)
Manque de soin, d'application ou d'attention. *Ses livres et ses cahiers sont éparpillés par terre, quelle **négligence** !*

négligent, ente (adjectif)
Qui fait preuve de négligence. *Hélène est très **négligente**, elle n'a pas répondu à la lettre de sa grand-mère.* (Contr. consciencieux.)

négliger (verbe) ▸ conjug. n° 5
1. Ne pas prendre soin de quelque chose ou de quelqu'un. *Tu as tort de **négliger** ton travail. **Négliger** ses amis.* **2.** Se négliger : ne pas prendre soin de soi. *Depuis qu'il est tout seul, il **se néglige**.* Famille du mot : négligé, négli**geable**, néglig**emment**, néglig**ence**, néglig**ent**.

négoce (nom masculin)
Synonyme littéraire de commerce. *Autrefois, ces bateaux faisaient le **négoce** des épices.* **Négoce** vient du latin *negotium* qui signifie « occupation, affaire ».

négociant, ante (nom)
Personne qui fait du commerce en gros. *Son père est **négociant** en vins.*

négociateur, trice (nom)
Personne qui a pour mission de mener des négociations. *Tous les **négociateurs** sont parvenus à un accord.*

négociation (nom féminin)
Action de négocier. *Les **négociations** entre syndicats et patronat n'ont pas abouti.*

négocier (verbe) ▸ conjug. n° 10
Discuter pour arriver à un accord. *Les syndicats essaient de **négocier** une diminution du temps de travail.* Famille du mot : négoce, négoci**ant**, négoci**ateur**, négoci**ation**.

nègre, négresse (nom)
Terme raciste pour désigner un homme ou une femme de peau noire. ■ **nègre** (adjectif) Qui concerne les Noirs. *L'art **nègre**.*

négrier (nom masculin)
Autrefois, personne qui achetait et vendait des esclaves noirs.

Nehru Jawaharlal (né en 1889, mort en 1964)
Homme politique indien. Disciple de Gandhi, il a participé à la lutte pour l'indépendance de l'Inde. Il a été Premier ministre de 1947 à sa mort et a établi une grande stabilité politique dans son pays.

neige (nom féminin)
Eau congelée qui tombe en flocons blancs et légers. *Les skieurs sont contents car la **neige** est bonne.* • **Classe de neige :** enseignement effectué en montagne, avec des cours de ski. • **Œufs en neige :** blancs d'œufs battus qui forment une mousse compacte.

des cristaux de **neige**

neiger (verbe) ▸ conjug. n° 5
Tomber sous forme de neige. *Les montagnes sont toutes blanches car il **neige** depuis plusieurs jours.* Famille du mot : **en**neig**é**, **en**neige**ment**, neige, neig**eux**.

neigeux, euse (adjectif)
Qui est couvert de neige. *Dévaler à ski les pentes **neigeuses**.*

nem (nom masculin)
Crêpe de farine de riz, très fine, fourrée et frite, d'origine asiatique. *J'ai pris des **nems** aux crevettes en entrée.* **Nem** est un mot vietnamien.

nénuphar (nom masculin)
Plante à grandes feuilles rondes et à fleurs qui pousse dans l'eau. *Cet étang est couvert de **nénuphars**.*
ORTHO On écrit aussi **nénufar**.

des **nénuphars**

néo-calédonien, enne ➡ Voir tableau p. 6.

néolithique (nom masculin)
Dernière période de la préhistoire.

une meule à grains du **néolithique**

néologisme (nom masculin)
Mot nouveau ou sens nouveau qui apparaît dans la langue. *« e-commerce » est un **néologisme**.*

néon (nom masculin)
Gaz utilisé pour l'éclairage par tubes. *Cette lumière au **néon** est désagréable.*

néophyte (nom)
Personne qui pratique depuis peu une discipline, une doctrine ou une religion. **Néophyte** vient du grec *neophutos* qui signifie « nouvellement planté ».

néo-zélandais, aise ➡ Voir tableau p. 6.

Népal

27,5 millions d'habitants
Capitale : Katmandou
Monnaie : la roupie népalaise
Langue officielle : népalais
Superficie : 140 800 km²

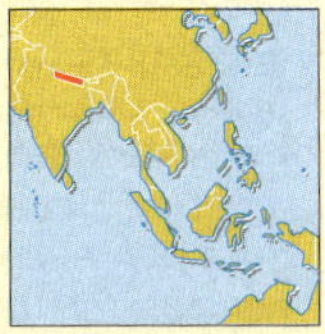

État d'Asie situé au cœur de l'Himalaya, entre la Chine et l'Inde.

GÉOGRAPHIE
Le Népal présente trois zones de relief : des plaines le long de la frontière avec l'Inde, des montagnes basses au centre, et les hautes montagnes de l'Himalaya, à la frontière avec la Chine. Le pays est dominé par le Haut Himalaya, avec les sommets les plus élevés du monde (l'Everest, l'Annapurna). La population est concentrée dans le sud du pays ; elle est constituée de plusieurs ethnies et organisée selon un système de castes.
Le Népal vit d'une agriculture traditionnelle, loin des techniques modernes. Le tourisme s'est beaucoup développé : circuits culturels, randonnées en montagne.

HISTOIRE
Jusqu'au XVIIIe siècle, de nombreuses principautés se partagèrent le territoire. En 1768, le pays réussit à s'unifier. Les Britanniques étendirent leur influence sur le pays. Le Népal accéda à l'indépendance dès 1923. Il fut soumis à un régime autoritaire entre 1960 et 1990, date à laquelle le roi accepta la démocratie. En 2008, la monarchie fut abolie et le Népal devint une république démocratique.

népalais, aise ➡ Voir tableau p. 6.

Neptune ■
Dieu de la Mer dans la mythologie romaine. Il porte le nom de Poséidon dans la mythologie grecque.

Neptune ■
Huitième planète du système solaire. C'est la planète la plus éloignée de la Terre. Elle a été découverte en 1846 par l'astronome allemand Galle. Neptune est entourée de plusieurs anneaux et elle possède au moins treize satellites.

nerf (nom masculin)
Filament qui conduit les ordres du cerveau ou de la moelle épinière à l'ensemble du corps, et inversement. *Les*

nerfs transmettent le mouvement et la sensibilité. ➡ p. 364. • **Avoir du nerf :** être énergique, dynamique. • **Être à bout de nerfs :** être très excité. • **Taper sur les nerfs de quelqu'un :** l'agacer profondément. ● Prononciation [nɛʀ]. Famille du mot : énerv**ant**, énerv**ement**, énerv**er**, nerv**eusement**, nerv**eux**, nerv**osité**.

Néron (né en 37, mort en 68)
Empereur romain de 54 à 68. Dès le début de son règne, Néron fit assassiner son demi-frère, Britannicus, sa mère, Agrippine, et força son précepteur, le philosophe Sénèque, à se suicider. Il se conduisit alors en despote et fit régner la terreur. Soupçonné d'avoir ordonné l'incendie de Rome, en 64, il accusa les chrétiens qu'il persécuta et qui furent crucifiés ou jetés aux lions. Face à la révolte du peuple et de l'armée, et devenu ennemi public, il se suicida.

nerveusement (adverbe)
Avec nervosité. *Il se rongeait les ongles **nerveusement**.* (Contr. calmement.)

nerveux, euse (adjectif)
1. Qui s'énerve facilement. *Calme-toi, tu es trop **nerveux**.* (Syn. énervé. Contr. calme.) **2.** Qui accélère vite. *Cette voiture est très **nerveuse**.* • **Système nerveux :** ensemble formé par les nerfs, le cerveau et la moelle épinière.

nervosité (nom féminin)
Caractère d'une personne nerveuse. *La veille de l'examen, Julie était d'une grande **nervosité**.* (Contr. calme.)

nervure (nom féminin)
Ligne en relief à la surface des feuilles.

des **nervures**

n'est-ce pas (adverbe)
Expression qui sert à demander un avis. *Je peux compter sur toi, **n'est-ce pas** ?*

net, nette (adjectif)
1. Synonyme de propre. *Tes mains ne sont pas très **nettes**, va les laver.* (Contr. sale.) **2.** Qui est indiscutable et évident. *Yann a fait de **nets** progrès en ski.* **3.** Dont on distingue de façon précise et claire les contours ou les détails. *Tu as dû bouger en prenant cette photo car elle n'est pas **nette**.* (Contr. flou.) **4.** Qui est calculé après certaines déductions. *Salaire **net**.* (Contr. brut.) • **En avoir le cœur net :** ne plus avoir de doute sur quelque chose. • **Faire place nette :** nettoyer un endroit. • **Poids net :** qui comprend le poids de la marchandise, sans l'emballage. (Contr. brut.) ■ **net** (adverbe) Tout d'un coup, soudain, brusquement. *En voyant les enfants traverser, l'automobiliste s'est arrêté **net**.* ● Prononciation [nɛt]. Famille du mot : nett**ement**, nett**eté**.

Net (nom masculin)
Abréviation d'Internet. *Gaëlle se connecte souvent sur le **Net**.*

nettement (adverbe)
1. D'une manière nette, claire et précise. *La silhouette de la cathédrale se dessine **nettement** à l'horizon.* (Syn. distinctement.) **2.** Beaucoup, vraiment. *Cette couleur est **nettement** trop sombre pour la chambre.*

netteté (nom féminin)
Caractère de ce qui est net, précis. *La **netteté** d'une photo. S'exprimer avec **netteté**.*

nettoyage (nom masculin)
Action de nettoyer. *Acheter un produit pour le **nettoyage** des vitres.*

nettoyer (verbe) ▶ conjug. n° 6
Rendre propre. *Après ton bain, n'oublie pas de **nettoyer** la baignoire.*

■ **neuf** (déterminant)
Huit plus un (9). *Laura a **neuf** ans, elle est en CM1.* ■ **neuf** (nom masculin) Chiffre ou nombre neuf. *Benjamin habite au **neuf** rue Voltaire.* ● **Neuf** se prononce parfois [nœv] devant une voyelle ou un h muet : neuf ans [nœvɑ̃], neuf heures [nœvœʀ].

■ **neuf, neuve** (adjectif)
Qui n'a pas encore servi. *Pour la rentrée, Myriam a un cartable **neuf**.* (Contr. d'occasion, usagé.) ■ **neuf** (nom masculin) Ce qui est neuf. *Maman a refait ma chambre à **neuf**.*

neurasthénique (adjectif et nom)
Qui est triste et déprimé.

neurologie (nom féminin)
Branche de la médecine qui soigne les maladies du système nerveux.

neurologue (nom)
Médecin spécialiste de neurologie. *Luc a eu des convulsions, il voit un* ***neurologue****.*

neurone (nom masculin)
Cellule du cerveau ou de la moelle épinière.

neutraliser (verbe) ▸ conjug. n° 3
Empêcher quelqu'un ou quelque chose d'agir. *La police a réussi à* ***neutraliser*** *le forcené.*

neutralité (nom féminin)
État d'une personne ou d'un pays qui reste neutre.

neutre (adjectif)
1. Qui ne prend pas parti. *Il est difficile de rester* ***neutre*** *devant de tels évènements.* (Syn. impartial. Contr. partisan.) 2. Qui ne prend pas part à un conflit. *La Suisse est restée* ***neutre*** *durant la Seconde Guerre mondiale.* 3. Qui a peu d'éclat. *Le beige est une couleur* ***neutre****.* Famille du mot : neutr**aliser**, neutr**alité**.

neuvième (adjectif et nom)
Qui occupe le rang numéro 9. *Ils viennent de s'installer au* ***neuvième*** *étage.* ■ **neuvième** (nom masculin) Ce qui est contenu neuf fois dans un tout. *Dix est le* ***neuvième*** *de quatre-vingt-dix.*

névé (nom masculin)
Amas de neige qui est en train de se transformer en glace.

neveu, eux (nom masculin)
Fils du frère ou de la sœur de quelqu'un. *Mon frère a deux fils : ce sont mes* ***neveux****.*

névrose (nom féminin)
Maladie mentale qui se manifeste par des angoisses et des obsessions.

New Delhi
Capitale de l'Inde, située au nord du pays (322 000 habitants). New Delhi est un quartier de l'agglomération de Delhi qui compte environ 25 millions d'habitants.

Newton Isaac (né en 1642, mort en 1727)
Mathématicien, physicien et astronome anglais. Il a établi les lois de la gravitation universelle. Il a mené des expériences de décomposition de la lumière et montré que la lumière blanche est formée de plusieurs couleurs.

New York
La plus grande ville des États-Unis, située dans l'État de New York, sur l'océan Atlantique, à l'embouchure du fleuve Hudson (8,3 millions d'habitants).
New York compte cinq grands quartiers : Manhattan, le Queens, Brooklyn, Richmond et le Bronx. C'est le 2e port et la 1re place financière et commerciale du monde, avec la bourse de Wall Street. Ses trois universités et ses nombreux musées sont mondialement connus. New York est le siège de l'ONU depuis 1946.
HISTOIRE
Fondée en 1626 par les Hollandais sous le nom de « Nouvelle Amsterdam », la ville fut conquise en 1664 par les Anglais, qui lui donnèrent son nom actuel. Le 11 septembre 2001, une attaque terroriste a détruit les tours du World Trade Center, les deux plus hauts gratte-ciels de la ville, et a causé la mort de milliers de personnes. ➡ p. 862.

nez (nom masculin)
Organe situé au milieu du visage, qui sert à respirer et à sentir les odeurs. *Léa est enrhumée, elle a le* ***nez*** *qui coule.* ➡ p. 300. • **Au nez de quelqu'un :** en sa présence. • **Avoir du nez** ou **avoir le nez fin :** savoir prévoir les évènements. • **Fourrer** ou **mettre son nez partout :** être très curieux. • **Mener quelqu'un par le bout du nez :** lui faire faire ce qu'on veut. • **Ne pas voir plus loin que le bout de son nez :** être incapable d'apprécier les situations ou de prévoir les évènements. • **Se trouver nez à nez avec quelqu'un :** se trouver face à face avec lui.

ni (conjonction)
Sert à réunir des groupes de mots dans une phrase négative. *Tu veux manger ou boire quelque chose ? – Non, je n'ai* ***ni*** *faim* ***ni*** *soif.*

Niagara
Rivière d'Amérique du Nord (54 km) qui sépare le Canada et les États-Unis et qui unit les lacs Ontario et Érié. Ses monumentales chutes d'eau, hautes de 52 mètres, alimentent des centrales hy-

le pont de Brooklyn et le quartier de Manhattan à **New York**

droélectriques et attirent des touristes du monde entier.

niais, niaise (adjectif et nom)
Qui est sot et ignorant. *Il est assez **niais** pour avoir cru à cette plaisanterie.*

niaiserie (nom féminin)
Action ou parole niaise. *Il ne raconte que des **niaiseries**.* (Syn. bêtise, idiotie.)

Nicaragua

5,7 millions d'habitants
Capitale : Managua
Monnaie : le cordoba oro
Langue officielle : espagnol
Superficie : 130 000 km²

État d'Amérique centrale, bordé par l'océan Pacifique et l'océan Atlantique.

GÉOGRAPHIE
Plusieurs types de reliefs constituent son paysage : une chaîne volcanique, des hauts plateaux et des vallées fertiles. Le Nicaragua possède deux grands lacs : le Nicaragua et le Managua. Le climat est tropical. La population est principalement citadine. L'agriculture constitue la principale activité du pays. Le maïs est cultivé pour l'alimentation. Le café, le coton, la viande de bœuf et les bananes représentent les principales exportations.

HISTOIRE
Le Nicaragua, dominé par les Espagnols dès le XVIe siècle, accéda à l'indépendance en 1821. Le pays fut ensuite soumis à un pouvoir dictatorial. L'opposition se développa dans la population et des émeutes et des insurrections éclatèrent dans le pays. En 1987, le Nicaragua adopta une Constitution et instaura une république.

nicaraguayen, enne ➡ Voir tableau p. 6.

Nice

Chef-lieu du département des Alpes-Maritimes (347 000 habitants). Nice est une des principales stations touristiques de la Côte d'Azur. Sa « Promenade des Anglais », qui borde la mer Méditerranée, est mondialement connue.

HISTOIRE
Nice a été fondée au Ve siècle avant Jésus-Christ par les Grecs. La ville a été rattachée définitivement à la France en 1860.

niche (nom féminin)
1. Petite cabane qui sert d'abri à un chien. *Notre chien dort dans sa **niche**.* **2.** Creux pratiqué dans l'épaisseur d'un mur. *Julie range ses poupées dans une **niche** vitrée.*
• **Faire des niches à quelqu'un :** dans la langue familière, lui jouer des tours.

nichée (nom féminin)
Petits oiseaux d'une même couvée qui sont encore au nid.

nicher (verbe) ▸ conjug. n° 3
1. Faire son nid quelque part. *Beaucoup d'oiseaux **nichent** dans ce gros arbre.* **2.** Se nicher : se mettre quelque part. *Le chat est allé **se nicher** sur l'armoire.*
Famille du mot : **dé**nicher, nich**ée**.

nickel (nom masculin)
Métal brillant, inoxydable et très résistant.

nickeler (verbe) ▸ conjug. n° 9
Recouvrir d'une couche de nickel.
Nickeler se conjugue aussi comme peler (n° 8).

Nicolas II (né en 1868, mort en 1918)
Dernier empereur de Russie, il régna de 1894 à 1917. La révolution de février 1917 l'obligea à abdiquer. Après avoir été emprisonnés, Nicolas II et sa famille furent assassinés en 1918.

Nicosie
Capitale de Chypre, dans le nord de l'île (216 000 habitants). La ville est coupée en deux depuis la division de l'île en 1974. Nicosie, qui a été aux mains des Vénitiens, puis des Turcs, possède de nombreux vestiges dont une cathédrale devenue mosquée et un musée d'art byzantin.

nicotine (nom féminin)
Substance contenue dans le tabac et qui est dangereuse pour la santé. **Nicotine** vient du nom de *Jean Nicot*, diplomate français qui introduisit le tabac en France au XVIe siècle.

nid (nom masculin)
1. Abri que les oiseaux construisent pour pondre, couver leurs œufs et élever leurs petits. *Julie a ramassé un **nid** abandonné au pied d'un arbre.* **2.** Habitation de certains animaux. *Fais attention, il y a un **nid** de guêpes.* ➡ p. 48.

nièce (nom féminin)
Fille du frère ou de la sœur de quelqu'un. *Odile est ma **nièce**, c'est la fille de ma sœur.*

nier (verbe) ▸ conjug. n° 10
Dire qu'une chose n'est pas vraie. *On a accusé Pierre d'avoir cassé le vase, mais il **nie**.*

nigaud, aude (adjectif et nom)
Qui est un peu bête ou naïf. *Quel grand **nigaud** ce garçon !* (Syn. niais, sot. Contr. malin.)

Niger ■

15,3 millions d'habitants
Capitale : Niamey
Monnaie : le franc CFA
Langue officielle : français
Superficie : 1 267 000 km²

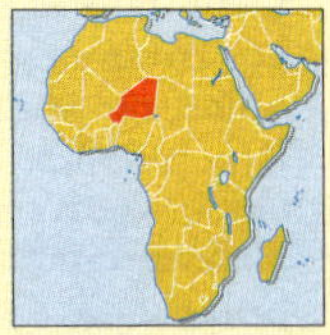

État d'Afrique de l'Ouest, enclavé entre l'Algérie, la Libye, le Tchad, le Nigeria, le Bénin, le Burkina Faso et le Mali.

GÉOGRAPHIE
Le pays est constitué d'un vaste plateau, situé en grande partie dans le désert du Sahara avec, à l'ouest, la vallée du fleuve Niger. Sa population se concentre surtout dans le sud du pays.
Le pays vit pauvrement de l'élevage, des cultures de mil, de sorgho et de quelques cultures d'exportation : arachide, coton et tabac. Malgré un sous-sol très riche en uranium, le Niger a besoin de l'aide internationale pour subvenir aux besoins de sa population.

HISTOIRE
En 1922, le Niger fut colonisé par la France. Il obtint son indépendance en 1960. En 1974, un régime militaire fut institué. En 1992, une Constitution démocratique fut adoptée avec une république présidentielle, mais le pays est toujours instable et secoué par des coups d'État.

Niger ■
Grand fleuve d'Afrique occidentale (4 200 km). Il prend sa source en Guinée, traverse le Mali, le Niger et le Nigeria, et se jette dans le golfe de Guinée. Il est peu navigable en raison de ses rapides et de l'irrégularité de son débit. Il sert surtout à la pêche et à l'irrigation.

Nigeria

152,6 millions d'habitants
Capitale : Abuja
Monnaie : le naira
Langue officielle : anglais
Superficie : 923 770 km²

État d'Afrique de l'Ouest, situé sur le golfe de Guinée.

GÉOGRAPHIE
Du sud au nord se succèdent la forêt, la savane tropicale et une zone de steppe. Le Nigeria est le pays le plus peuplé

d'Afrique. La population vit principalement dans le sud du pays.
Les cultures sont variées : maïs, manioc, millet, riz, sorgho, pour l'alimentation de la population, et cacao, caoutchouc, arachide, coton et bois, pour l'exportation. Malgré d'importantes ressources en pétrole, le pays reste pauvre.

HISTOIRE
Colonisé par les Anglais dès 1631, le Nigeria accéda à l'indépendance en 1960 ; il devint une république et membre du Commonwealth en 1963. Le pays subit alors une succession de coups d'État militaires et des soulèvements ethniques. En 1998, le pouvoir démocratique fut restauré, mais la démocratie reste encore fragile et les violences nombreuses.

nigérian, ane ➡ Voir tableau p. 6.

nigérien, enne ➡ Voir tableau p. 6.

Nil
Le plus long fleuve d'Afrique (6 671 km). Le Nil, qui prend sa source au lac Victoria et se jette dans la mer Méditerranée, a toujours été vital pour l'Égypte. Dans sa vallée, fertile grâce au limon déposé lors des crues, une agriculture importante s'est développée. De grands barrages ont été construits pour favoriser l'irrigation et agrandir les terres cultivables.

le **Nil** à Assouan

nimbus (nom masculin)
Gros nuage qui annonce la pluie.
● Prononciation [nɛ̃bys].

Nîmes
Chef-lieu du département du Gard, situé au pied des Garrigues (143 000 habitants).

HISTOIRE
Nîmes a été fondée par les Romains en 120 avant Jésus-Christ. À cette époque, la ville a été très prospère et il en reste de nombreux monuments comme la Maison carrée, le temple de Diane, les arènes. La ville a été rattachée au comté de Toulouse en 1185, puis cédée à la France en 1229.

n'importe (adverbe)
De façon indifférente, sans préférence. *Ne dis pas **n'importe** quoi. Sarah s'est habillée **n'importe** comment.*

nippes (nom féminin pluriel)
Synonyme familier de vêtements. *Ce clochard est vêtu de vieilles **nippes**.*

nitrate (nom masculin)
Produit chimique. *Certains **nitrates** sont utilisés comme engrais.*

niveau, eaux (nom masculin)
1. Hauteur d'une chose par rapport à une surface qui sert de référence. *L'Everest culmine à 8 850 mètres au-dessus du **niveau** de la mer. Le garagiste vérifie le **niveau** d'huile.* 2. Instrument qui sert à vérifier qu'une surface est plane. *Le maçon utilise un **niveau** pour bien poser le carrelage.* 3. Degré de connaissances ou d'intelligence. *Le **niveau** des élèves de cette classe est très inégal.* 4. Étage d'un bâtiment. *Cet immeuble a trois **niveaux**.*
• **Niveau de langue :** façon de s'exprimer. *On distingue souvent trois **niveaux de langue** : familier, courant et littéraire.*
• **Niveau de vie :** conditions d'existence et revenu de quelqu'un.

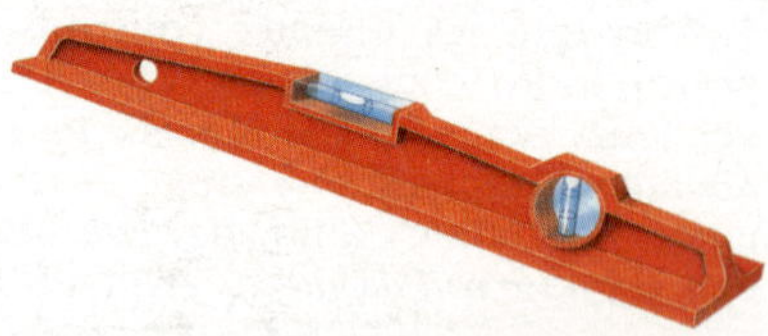

un **niveau** de maçon

niveler (verbe) ▸ conjug. n° 9
Rendre une surface horizontale et plane. *Le bulldozer **nivelle** la route.* (Syn. aplanir, égaliser.) ✎ **Niveler** se conjugue aussi comme peler (n° 8).

nivellement (nom masculin)
Fait de niveler, de mettre au même niveau.
ORTHO On écrit aussi **nivèlement**.

Nobel Alfred (né en 1833, mort en 1896)
Chimiste suédois. Il est l'inventeur de la dynamite. Il a créé plusieurs prix qui portent son nom.
LES PRIX NOBEL
Ces prix récompensent, depuis 1901, les bienfaiteurs de l'humanité dans les domaines suivants : physique, chimie, physiologie et médecine, littérature, amélioration des relations entre les peuples (prix Nobel de la paix) et, depuis 1969, sciences économiques.

noble (adjectif et nom)
Qui fait partie de la noblesse. *Certains **nobles** vivaient à la cour du roi.* ■ noble (adjectif) Qui est généreux et digne d'admiration. *Ce geste **noble** vous honore.* Famille du mot : anoblir, noblesse.

noblesse (nom féminin)
1. Classe sociale dont les membres jouissent de privilèges. *Avant la révolution de 1789, la **noblesse** était très puissante.* (Syn. aristocratie.) 2. Grandeur d'âme et générosité. *En lui pardonnant, Hervé a fait preuve d'une grande **noblesse**.* (Contr. bassesse.)

noce (nom féminin)
Fête organisée pour un mariage. *La **noce** aura lieu à la campagne.* • **Faire la noce :** dans la langue familière, faire la fête, s'amuser.

nocif, ive (adjectif)
Qui est dangereux pour la santé. *Fumer est très **nocif** pour les poumons.* (Syn. nuisible. Contr. inoffensif.)

nocivité (nom féminin)
Caractère nocif. *La **nocivité** des champignons vénéneux.*

noctambule (nom)
Personne qui aime sortir et s'amuser la nuit. *Ce quartier de **noctambules** est très bruyant.*

nocturne (adjectif)
1. Qui se passe pendant la nuit. *On a subi le tapage **nocturne** des voisins, impossible de dormir !* 2. Dont la vie active a lieu la nuit. *Le hibou et la chouette sont des animaux **nocturnes**.* (Contr. diurne.) ■ nocturne (nom féminin) 1. Compétition sportive qui a lieu en soirée. 2. Ouverture d'un magasin tard le soir. *Ce magasin reste ouvert en **nocturne** le jeudi.*

Noé
Personnage de la Bible. Avant le Déluge, qui devait détruire l'humanité, Dieu ordonna à Noé de bâtir une arche et d'y réunir sa famille ainsi que des couples de tous les animaux pour survivre et donner naissance à une nouvelle humanité.

Noël (nom masculin)
Fête chrétienne qui célèbre l'anniversaire de la naissance de Jésus-Christ. ***Noël** a lieu le 25 décembre.* • **Arbre de Noël :** sapin décoré de guirlandes et de lumières à l'occasion des fêtes de Noël. • **Père Noël :** personnage légendaire qui apporte des cadeaux aux enfants la nuit de Noël. **Noël** vient du latin *natalis* qui signifie « relatif à la naissance ».

nœud (nom masculin)
1. Boucle servant à attacher, qu'on fait en croisant et en serrant une corde, une ficelle, un lacet. *Quentin n'aime pas les chaussures à lacets car il n'arrive pas à faire les **nœuds**.* 2. Partie ronde et dure à l'intérieur du bois d'un arbre. *Ces planches sont pleines de **nœuds**.* 3. Endroit où se croisent des voies de communication. *Un **nœud** routier. Un **nœud** ferroviaire.* 4. Point le plus important. *Nous sommes au **nœud** du problème.* 5. Unité de vitesse d'un bateau qui équivaut à 1 mille par heure, soit 1 852 mètres par heure. *Le voilier file à 10 nœuds.* Prononciation [nø]. ➡ p. 866.

noir, noire (adjectif)
1. De la couleur la plus sombre. *Le charbon est de couleur **noire**.* 2. Qui a la peau très foncée. *Les populations **noires** d'Afrique.* 3. Au sens figuré, qui est triste et pessimiste. *Avoir des idées **noires**.* • **La bête noire de quelqu'un :** la chose ou la personne qu'il déteste vraiment le plus. ■ noir (nom masculin) 1. Couleur noire. *Le **noir** peut être porté en signe de deuil.* 2. Synonyme d'obscurité. *Le bébé pleure car il a peur du **noir**.* • **Broyer du noir :** être triste et déprimé. • **Travailler au noir :** travailler de façon clandestine. ■ Noir, Noire (nom) Personne à la peau noire. *Les **Noirs** américains ont inventé le jazz.* ■ noire (nom féminin) Note de musique qui vaut un quart de la ronde ou la moitié d'une blanche. *La **noire** vaut deux croches.* Famille du mot : noirâtre, noirceur, noircir.

mer Noire

Mer intérieure située entre l'Europe du Sud-Est et l'Asie (435 000 km²). Elle s'ouvre sur la mer Méditerranée par les détroits du Bosphore et des Dardanelles. La mer Noire, peu poissonneuse, abrite des ports et des stations balnéaires.

noirâtre (adjectif)
Qui est presque noir. *Après avoir rangé la cave, Romain a les mains* ***noirâtres****.*

noirceur (nom féminin)
Couleur noire. *Il s'enfonce dans la* ***noirceur*** *du souterrain.*

noircir (verbe) ▸ conjug. n° 11
1. Donner une couleur noire. *Thomas a réparé la chaîne de son vélo ; du coup, il a les mains* ***noircies*** *de cambouis.* **2.** Présenter de façon très noire, pessimiste. *Inutile de* ***noircir*** *davantage la situation.*

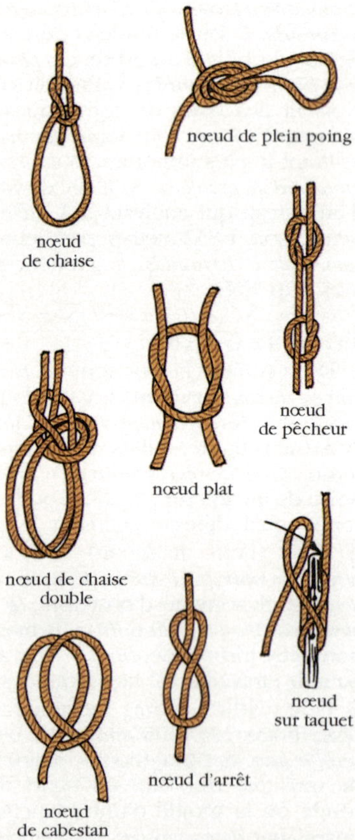

différents types de **nœuds**

noise (nom féminin)
• **Chercher noise à quelqu'un :** lui chercher querelle en le provoquant.

noisetier (nom masculin)
Arbuste qui produit les noisettes.

noisette (nom féminin)
1. Petit fruit du noisetier, recouvert d'une coquille dure. *Les écureuils ont mangé toutes les* ***noisettes****.* **2.** Petite quantité. *Faire fondre une* ***noisette*** *de beurre dans la poêle.*

noix (nom féminin)
Fruit du noyer, recouvert d'une coquille dure. *La coquille des* ***noix*** *est trop dure, n'essaie pas de la casser avec tes dents !*

une feuille de **noyer**, une **noix** dans et en dehors de son écale verte (enveloppe)

nom (nom masculin)
1. Mot qui sert à désigner une chose ou un être vivant. *Je ne connais pas le* ***nom*** *de cette plante.* **2.** Ensemble du prénom et du nom de famille, qui sert à identifier une personne. *Ursula Genest est le* ***nom*** *de la meilleure élève de la classe.* • **Au nom de quelqu'un :** à sa place. *Victor parle* ***au nom des*** *autres élèves.* • **Nom commun :** mot qui sert à désigner des choses concrètes ou abstraites. *Les mots « chat, cartable, gentillesse » sont des* ***noms communs****, ils s'écrivent avec une minuscule.* (Syn. substantif.) • **Nom de famille :** nom propre des personnes d'une même famille. *Genest est le* ***nom de famille*** *d'Ursula.* • **Nom propre :** mot qui désigne une chose ou une personne particulière. *Les mots « La Fontaine, Paris, William, Japon » sont des* ***noms propres*** *et ils s'écrivent tous avec une majuscule.* Famille du mot : **dénomination, dénommé, dénommer, innommable, nominal, nominatif, nomination, nommément, nommer, prénom, renom, renommé, renommée, surnom, surnommer.**

nomade (nom)
Personne qui n'a pas d'habitation fixe. *Dans le désert, les **nomades** se déplacent avec leurs chameaux et dorment sous la tente.* (Contr. sédentaire.)

une caravane de **nomades** dans le désert

nombre (nom masculin)
1. Chiffre ou ensemble de chiffres représentant des unités que l'on peut compter. *7 140 est un **nombre** de quatre chiffres.* **2.** Quantité de personnes ou de choses. *Connais-tu le **nombre** d'habitants de la ville où tu habites ? Anna a visité la Grèce un certain **nombre** de fois.* **3.** Forme que prend un mot pour exprimer le singulier ou le pluriel. *L'adjectif s'accorde en genre et en **nombre** avec le nom auquel il se rapporte.* Famille du mot : **dé**nombre**ment**, **dé**nombre**r**, **in**nombr**able**, nombr**eux**, **sur**nombre.

nombreux, euse (adjectif)
Qui contient un grand nombre de personnes ou de choses. *Une foule très **nombreuse** s'est rassemblée. La tempête a provoqué de **nombreux** dégâts.*

nombril (nom masculin)
Petite cicatrice ronde au milieu du ventre, qui est la trace de la chute du cordon ombilical. ➡ p. 300. Prononciation [nɔ̃bʀi] ou [nɔ̃bʀil].

nomenclature (nom féminin)
Ensemble de mots définis dans un dictionnaire. *Ce dictionnaire a une **nomenclature** d'environ 25 000 mots.*

nominal, ale, aux (adjectif)
Qui concerne le nom des personnes. *La maîtresse a fait l'appel **nominal** des élèves.* • **Groupe nominal :** groupe de mots qui dépendent d'un nom.

nominatif, ive (adjectif)
Qui contient des noms. *On a dressé la liste **nominative** des invités.*

nomination (nom féminin)
Fait de nommer ou d'être nommé à un emploi. *Ce professeur n'a pas encore reçu sa **nomination**.*

nominer (verbe) ▸ conjug. n° 3
Sélectionner un créateur, une œuvre pour l'attribution d'un prix. *Cet auteur **est nominé** dans la catégorie « livre de jeunesse » au concours du Salon du livre.*

nommément (adverbe)
En disant le nom. *On l'a **nommément** accusé.*

nommer (verbe) ▸ conjug. n° 3
1. Désigner quelqu'un ou quelque chose par son nom. *Saurais-tu **nommer** les pays qui forment l'Union européenne ?* **2.** Désigner quelqu'un pour remplir une fonction. *Son père **a été nommé** ambassadeur de France en Chine.* **3.** Se nommer : synonyme de s'appeler. *Cet enfant **se nomme** Pierre Legrand.*

non (adverbe)
Mot qui sert à exprimer la négation ou le refus. *Tu viens avec moi ? – **Non**, je ne peux pas.* (Contr. oui.) • **Non sans :** synonyme d'avec. *Il est parti, **non sans** regret.*

nonagénaire (adjectif et nom)
Qui a entre quatre-vingt-dix et cent ans. *Cette **nonagénaire** a connu la Seconde Guerre mondiale.*

nonchalance (nom féminin)
Manque d'ardeur et d'énergie. *Élodie et son chien flânent avec **nonchalance** sur les berges du canal.* (Syn. indolence.)

nonchalant, ante (adjectif)
Qui montre de la nonchalance. *Xavier marche d'un pas **nonchalant** sous la chaleur.* (Syn. indolent, paresseux. Contr. énergique.)

non-croyant, ante (adjectif et nom)
Qui ne croit en aucun dieu.

non-fumeur (adjectif et nom masculin)
Où l'on n'a pas le droit de fumer. *Aujourd'hui, tous les quais de gare sont **non-fumeurs**.*

non-lieu (nom masculin)
Décision par laquelle la justice déclare qu'il n'y a pas lieu de poursuivre quelqu'un. Pluriel : des non-lieu**x**.

nonne (nom féminin)
Synonyme de religieuse. *Les **nonnes** n'ont souvent pas le droit de sortir de leur couvent.* (Syn. sœur.)

non-sens (nom masculin)
Ce qui est dépourvu de sens. *C'est un **non-sens** que de vouloir vivre seul sur une île complètement déserte.* (Syn. absurdité.) Prononciation [nɔ̃sɑ̃s].

non-violence (nom féminin)
Doctrine de ceux qui refusent d'utiliser la violence.

non-violent, ente (adjectif et nom)
Qui est partisan de la non-violence. *Une manifestation **non-violente**, pour la paix dans le monde.* Pluriel : des non-violent**s**, des non-violente**s**.

non-voyant, ante (nom)
Synonyme d'aveugle. Pluriel : des non-voyant**s**, des non-voyante**s**.

nord (nom masculin)
1. Un des quatre points cardinaux, auquel on fait face quand on a l'ouest à sa gauche et l'est à sa droite. *L'aiguille d'une boussole indique le **nord**.* **2.** Partie qui se situe au nord d'un pays ou d'une région. *Fatima ne connaît pas du tout le **nord** de la France.* • **Perdre le nord :** être complètement désorienté. ■ **nord** (adjectif) Qui est situé au nord. *Les quartiers **nord** de Marseille.* Pluriel : les régions nord.

mer du Nord
Mer bordée par l'océan Atlantique (547 000 km^2) et entourée par la Grande-Bretagne, la France, la Belgique, les Pays-Bas, l'Allemagne, le Danemark et la Norvège. Elle communique avec la Manche et la mer Baltique. La mer du Nord joue un rôle économique considérable : elle borde des pays industrialisés, elle est très poissonneuse et elle renferme d'immenses réserves de pétrole et de gaz naturel.

nordique (adjectif et nom)
Qui concerne les pays de l'Europe du Nord. *Les Finlandais sont des **Nordiques**.*

Nord-Pas-de-Calais
Ancienne Région française, située dans le nord du pays, à la frontière de la Belgique, intégrée en 2016 à la Région Nord-Pas-de-Calais-Picardie. Le Nord-Pas-de-Calais comprend les départements du Nord et du Pas-de-Calais. La Région est très peuplée. Autrefois riche région industrielle grâce au charbon, à la sidérurgie et au textile, elle se reconvertit aujourd'hui dans d'autres secteurs. L'agriculture y est très importante. ➡ Voir carte p. 1373.

normal, ale, aux (adjectif)
Qui est ordinaire ou habituel. *Il fait très chaud, mais c'est une température **normale** pour un mois d'août. Tu n'as pas mangé ce matin, c'est **normal** que tu aies faim.* (Syn. naturel. Contr. anormal, exceptionnel.) ■ **normale** (nom féminin) Ce qui est normal, habituel, conforme à la règle commune. *Une intelligence supérieure à la **normale**.* Famille du mot : anormal, anormal**ement**, normal**ement**.

normalement (adverbe)
De manière normale, habituelle. (Syn. d'habitude, ordinairement.)

normand, ande ➡ Voir tableau p. 6.

Normandie
Ancienne province de France, qui constitue aujourd'hui la Région Normandie.

HISTOIRE
La région normande fut conquise par les Romains en 56 avant Jésus-Christ, puis par Clovis au début du Moyen Âge. Elle fut occupée par les Vikings au Xe siècle. Devenue un fief anglais après la conquête de l'Angleterre en 1066, par Guillaume le Conquérant, elle fut reprise par Philippe Auguste, durant la guerre de Cent Ans. ➡ Voir carte p. 1372.

Normandie
Région administrative française, depuis 2016. Elle comprend les anciennes Régions Basse-Normandie et Haute-Normandie (29 906 km^2 ; 3 328 000 habitants). Sa capitale est Rouen.

Normandie (Basse-)
➡ Voir **Basse-Normandie**.

Normandie (Haute-)
➡ Voir **Haute-Normandie**.

Normands
Pillards venus de Scandinavie, qui s'appelaient eux-mêmes « Vikings ». Ils firent régner la terreur en Occident et en Orient du IXe au XIe siècle. En 911, le roi Charles le Simple leur reconnut un royaume dans la Normandie actuelle.

norme (nom féminin)
1. Règle ou principe auxquels on doit se conformer. *Pour fabriquer des jouets, il faut respecter les **normes** de sécurité.* **2.** État habituel qui correspond à la majorité des cas. *Deux jours de repos par semaine c'est la **norme**.* 🔑 **Norme** vient du latin *norma* qui signifie « équerre ».

Norvège

4,8 millions d'habitants
Capitale : Oslo
Monnaie : la couronne norvégienne
Langues officielles : norvégien, néo-norvégien
Superficie : 324 220 km²

État d'Europe du Nord, situé en Scandinavie et bordé par l'océan Atlantique et la mer du Nord. Le territoire comporte aussi plusieurs îles de l'océan Arctique et de l'océan Antarctique.

GÉOGRAPHIE
Les côtes sont très découpées et forment des vallées glaciaires appelées « fjords ». Plusieurs types de végétations coexistent : la forêt mixte, la forêt boréale de conifères et la toundra. La population, en grande majorité citadine, est groupée dans le Sud et sur le littoral. L'agriculture est presque inexistante à cause du climat froid. Mais la Norvège a d'importantes ressources : la pêche, la sylviculture, les richesses souterraines (pétrole, gaz, fer, cuivre, zinc et plomb) et une industrie très développée (construction navale, industries textile, mécanique, électrique et électronique). Les Norvégiens ont l'un des niveaux de vie les plus élevés du monde.

HISTOIRE
L'histoire de la Norvège commence avec les Vikings, qui ont mené des raids marins, pillant l'Angleterre, les côtes hollandaise et belge, l'Irlande et le Groenland. La Norvège connut son apogée au XIIIe siècle. Au XIVe siècle, elle fut soumise à la domination danoise et suédoise. Le pays n'obtint son indépendance qu'en 1905. La Norvège fait partie de l'OTAN depuis 1949. En 1994, elle a refusé d'entrer dans l'Union européenne.

un village de pêcheurs en **Norvège**

norvégien, enne ➡ Voir tableau p. 6.

nos ➡ Voir **notre**.

nostalgie (nom féminin)
Sentiment de tristesse causé par le regret de quelque chose. *Il parle avec **nostalgie** de son enfance à Tahiti.* 🔑 **Nostalgie** vient du grec *nostos* qui signifie « retour » et *algos* qui signifie « douleur ».

nostalgique (adjectif et nom)
Qui est rempli de nostalgie. *Ce chant d'adieu rend Gaëlle **nostalgique**.* (Syn. mélancolique.)

nota bene (nom masculin)
Remarque placée à la fin d'un texte pour attirer l'attention du lecteur. ● Prononciation [nɔtabene]. Pluriel : des nota bene. **Nota bene** s'abrège *NB*. 🔑 **Nota bene** sont des mots latins qui signifient « notez bien ».

notable (adjectif)
Qui mérite d'être remarqué. *Hélène a vraiment fait des progrès **notables** en mathématiques.* (Syn. appréciable, sensible.) ■ **notable** (nom) Personne importante par sa situation sociale. *Le maire, le médecin, le notaire font partie des **notables** du village.* (Syn. personnalité.)

notablement (adverbe)
D'une manière notable. *Votre orthographe s'est **notablement** améliorée depuis l'année dernière.* (Syn. beaucoup, sensiblement.)

notaire (nom)
Personne qui établit et garantit la validité légale des actes de vente et des contrats. *Les bureaux d'un **notaire** s'appellent une étude.*

notamment (adverbe)
Particulièrement, surtout. *Julie adore les fruits et **notamment** les agrumes.*

notation (nom féminin)
1. Manière de noter un devoir. *Selon les classes, la **notation** se fait sur 10 ou sur 20.* 2. Représentation des sons par des signes écrits. ***Notation** musicale, **notation** phonétique.*

note (nom féminin)
1. Chacun des signes qui représentent les sons musicaux. *Les sept **notes** de la gamme sont do, ré, mi, fa, sol, la, si.* 2. Chiffre qui indique l'appréciation d'un devoir. *Yann a eu la meilleure **note** en calcul : 10 sur 10.* 3. Bref commentaire ou brève explication sur un texte. *Dans cet ouvrage, il y a des **notes** en bas de page qui expliquent les mots difficiles.* 4. Petit texte qu'on écrit pour s'en souvenir. *Au musée, Laura prend des **notes** sur ce que dit le guide.* 5. Papier qui indique le prix à payer. *Maman demande la **note** au garçon de café pour payer les boissons.* (Syn. addition.)
Famille du mot : nota**tion**, not**er**.

noter (verbe) ▸ conjug. n° 3
1. Écrire un renseignement. ***Note** mon adresse et mon numéro de téléphone sur ton carnet, sinon tu vas les oublier.* (Syn. inscrire.) 2. Mettre une note à un devoir. *Myriam trouve que la maîtresse **l'a notée** très sévèrement.* 3. Synonyme de remarquer. *On **note** une nette amélioration de l'état du malade.*

notice (nom féminin)
Petit texte qui explique comment utiliser une chose. *Avant de monter le meuble, lisez attentivement la **notice** !* (Syn. mode d'emploi.)

notifier (verbe) ▸ conjug. n° 10
Faire connaître de manière officielle. *Une lettre recommandée lui **a notifié** une convocation à la mairie.*

notion (nom féminin)
1. Connaissance élémentaire d'une science, d'une langue. *Ludivine a quelques **notions** d'espagnol.* (Syn. rudiments.) 2. Idée que l'on se fait de quelque chose. *Les petits enfants n'ont aucune **notion** du danger.*

notoire (adjectif)
Qui est connu d'un grand nombre de personnes. *C'est un tricheur **notoire**.*

notoriété (nom féminin)
Synonyme de renom. *Ce restaurant jouit d'une grande **notoriété**.*

notre, nos (déterminant)
Déterminant possessif de la première personne du pluriel. *Mon frère et moi avons chacun **notre** chambre et **nos** meubles.*

le **nôtre**, la **nôtre** (pronom)
Pronom possessif de la première personne du pluriel. *Ce n'est pas notre chat, **le nôtre** est gris !* ■ les nôtres (nom masculin pluriel) Nos parents ou ceux qui nous sont proches. *J'espère que vous serez **des nôtres** pour la fête.*

Notre-Dame de Paris
Cathédrale de Paris, située dans l'île de la Cité. De style gothique, sa construction a commencé en 1163 et s'est achevée vers 1250.

la cathédrale **Notre-Dame de Paris**

nouer (verbe) ▸ conjug. n° 3
Faire un nœud à quelque chose. *À 5 ans, Odile sait **nouer** ses lacets toute seule.* (Syn. attacher. Contr. dénouer.) • **Avoir la gorge nouée :** ne plus pouvoir parler à cause de l'émotion.

noueux, euse (adjectif)
1. Où il y a beaucoup de nœuds. *Un tronc d'arbre **noueux**.* 2. Qui a les articulations enflées. *Il a les mains **noueuses** à cause des rhumatismes.*

nougat (nom masculin)
Confiserie à base d'amandes, de sucre et de miel. **Nougat** vient du provençal *nugo* qui signifie « noix ».

nougatine (nom féminin)
Confiserie faite de caramel et d'amandes.

nouille (nom féminin)
Pâte alimentaire en forme de lamelle. *À la cantine, on a mangé des **nouilles** au gratin.*

nounou (nom féminin)
Nom que les enfants donnent à leur nourrice. *Ursula a revu ses deux anciennes **nounous**.*

nourrice (nom féminin)
Femme qui garde des enfants en bas âge. *Comme la crèche est trop éloignée, elle emmène tous les jours son bébé chez une **nourrice**.* Autrefois, la **nourrice** *nourrissait* de son lait le bébé qui lui était confié.

nourricier, ère (adjectif)
Qui élève un enfant sans être le vrai parent. *Des parents **nourriciers**.* (Syn. adoptif.)

nourrir (verbe) ▸ conjug. n° 11
1. Synonyme d'allaiter. *Elle **a nourri** son bébé plusieurs mois.* 2. Donner à manger. *Sarah **nourrit** son cochon d'Inde avec des graines et de la salade.* 3. Donner de quoi subsister, de quoi vivre. *Ils ont une famille nombreuse à **nourrir**.* (Syn. élever, entretenir.) 4. Se nourrir : manger tel aliment. *Les lions sont carnivores, ils **se nourrissent** de viande.* Famille du mot : nourri**ce**, nourri**cier**, nourri**ssant**, nourri**sson**, nourri**ture**.

nourrissant, ante (adjectif)
Qui nourrit beaucoup. *Le cassoulet est un plat très **nourrissant**.* (Syn. nutritif.)

nourrisson (nom masculin)
Petit bébé qui ne se nourrit que de lait.

nourriture (nom féminin)
Aliments avec lesquels on se nourrit. *Il faut essayer d'avoir une **nourriture** équilibrée.*

nous (pronom)
Pronom personnel de la première personne du pluriel. *« **Nous** » est sujet dans la phrase « **nous** travaillons bien », et complément dans la phrase « Benjamin **nous** a téléphoné ».*

nouveau, eaux, nouvelle (adjectif)
1. Qui existe ou qu'on a depuis peu de temps. *Ce disque est tout **nouveau**. Il s'est acheté une **nouvelle** voiture.* (Contr. ancien, vieux.) 2. Qui vient d'arriver quelque part. *Nous avons de **nouveaux** voisins.* 3. Qui est neuf et original. *Elle cherche des idées **nouvelles** pour s'habiller.* Au masculin, **nouveau** devient **nouvel** devant une voyelle ou un h muet : un *nouvel* appareil, un *nouvel* hôpital. ■ nouveau, nouvelle (nom) Personne qui vient d'entrer dans un groupe. *Il y a deux **nouveaux** dans l'équipe.* ■ nouveau (nom masculin) Chose ou évènement nouveaux. *Il n'y a rien de **nouveau** depuis hier.* • **À nouveau** ou **de nouveau :** une fois de plus. *Zoé est **de nouveau** malade.* ■ nouvelle (nom féminin) 1. Annonce d'un évènement qui vient d'arriver. *La **nouvelle** de cette naissance nous a fait grand plaisir.* 2. Récit plus court qu'un roman. *Cet écrivain écrit surtout des **nouvelles**.* ■ nouvelles (nom féminin pluriel) 1. Renseignements récents sur quelqu'un. *On a reçu des **nouvelles** de votre grand-mère, elle va très bien.* 2. Informations diffusées par les journaux, la radio, la télévision ou Internet. *Chaque matin, maman écoute les **nouvelles** à la radio.*

nouveau-né, nouveau-née (nom)
Bébé ou petit d'un animal qui vient de naître. *La maman et le **nouveau-né** se portent bien.* Pluriel : des nouveau**-nés**, des nouveau-**nées**.

nouveauté (nom féminin)
1. Caractère de ce qui est nouveau. *Anna déteste la routine, elle aime la **nouveauté**.* 2. Chose nouvelle. *Quelles sont les **nouveautés**, au cinéma, cette semaine ?*

Nouveau Testament

Ensemble des textes qui retracent la vie de Jésus-Christ. Le Nouveau Testament comporte, entre autres, les quatre Évangiles. L'Ancien Testament et le Nouveau Testament forment la Bible, le livre sacré des chrétiens.

nouvel, nouvelle ➡ Voir **nouveau**.

Nouvelle-Aquitaine

Région administrative française, depuis 2016. Elle comprend les anciennes Régions Aquitaine, Limousin et Poitou-Charentes (84 061 km^2 ; 5 844 000 habitants). Sa capitale est Bordeaux.

Nouvelle-Calédonie

Île de l'océan Pacifique Sud et collectivité française d'outre-mer (19 058 km^2 ; 300 000 habitants). Son chef-lieu est Nouméa.

GÉOGRAPHIE

L'île est montagneuse. Son climat est tropical. Elle est peuplée de Mélanésiens, appelés aussi les Canaques ou Kanaks, d'Européens, appelés les Caldoches, de Polynésiens et d'Indonésiens. L'agriculture est peu développée. La principale ressource est le nickel.

HISTOIRE

Découverte par l'Anglais James Cook en 1774, l'île devint française en 1853 et servit de colonie pénitentiaire de 1864 à 1896. Les Kanaks, dépossédés de leurs terres, se révoltèrent à plusieurs reprises. Lorsque la Nouvelle-Calédonie devint un territoire d'outre-mer en 1946, les Kanaks fondèrent un mouvement de libération qui lutta pour l'indépendance. Un référendum sur l'indépendance doit avoir lieu entre 2014 et 2018.

Nouvelle-Guinée

Île de l'Océanie située au nord de l'Australie (785 000 km^2). C'est une île très montagneuse, humide et volcanique, avec des forêts denses. On y cultive la noix de coco, le thé, le café pour l'exportation. La Nouvelle-Guinée est divisée en deux États : l'Ouest fait partie de l'Indonésie, l'Est constitue l'État de Papouasie-Nouvelle-Guinée.

La Nouvelle-Orléans

Ville de Louisiane aux États-Unis, sur le fleuve Mississippi (311 000 habitants). La Nouvelle-Orléans est le 2e port des États-Unis. Cette ville coloniale a été française jusqu'en 1803. Le jazz y est né vers 1900. En 2005, un ouragan a dévasté la ville et a fait plus d'un millier de victimes.

Nouvelle-Zélande

4,3 millions d'habitants
Capitale : Wellington
Monnaie : le dollar néo-zélandais
Langues officielles : anglais, maori
Superficie : 268 680 km^2

État d'Océanie formé de deux grandes îles situées au sud-est de l'Australie.

GÉOGRAPHIE

L'île du Nord est volcanique, et l'île du Sud, montagneuse. La population, principalement citadine, se groupe sur la côte. Le climat, océanique humide, est favorable aux forêts et aux herbages. L'élevage ovin fournit de la viande et de la laine pour l'exportation. Grâce à une hydroélectricité abondante, l'industrie a pu se développer dans les domaines du textile, de la métallurgie et de la papeterie.

HISTOIRE

Découverte en 1642, la Nouvelle-Zélande devint britannique en 1840 et indépendante en 1931. La Nouvelle-Zélande est membre du Commonwealth.

un archipel de **Nouvelle-Zélande**

novateur, trice (adjectif)

Qui innove. *Les idées qu'il a développées sont très **novatrices**.*

novembre (nom masculin)

Onzième mois de l'année, qui compte 30 jours. *Le 1er **novembre** est le jour de la Toussaint.* ⊸ **Novembre** vient du latin *novem* qui signifie « neuf » car c'était le

9ᵉ mois du calendrier romain qui commençait en mars.

novice (adjectif et nom)
Qui débute dans un métier ou une activité et qui n'a pas encore d'expérience. *Un professeur **novice**. Élodie n'a pris que quelques leçons de tennis, c'est encore une **novice**.* (Syn. apprenti, débutant.)

noyade (nom féminin)
Action de se noyer. *Il est mort par **noyade**.* Prononciation [nwajad].

noyau, aux (nom masculin)
1. Partie dure qui se trouve à l'intérieur de certains fruits et qui contient la graine. *Les olives, les cerises, les pêches et les abricots ont un **noyau**.* ➡ p. 556. 2. Au sens figuré, petit groupe de personnes qui mènent une action particulière. *Dans cette réunion, il y a un petit **noyau** d'agitateurs.* 3. Partie centrale de quelque chose. *Le **noyau** de l'atome. Le **noyau** d'un groupe nominal est un nom.* ➡ p. 208. Prononciation [nwajo].

noyé, ée (nom)
Personne morte par noyade. *On déplore deux **noyés** à la suite de la tempête en mer.* Prononciation [nwaje].

■ **noyer** (verbe) ▸ conjug. n° 6
1. Tuer quelqu'un ou un animal en le mettant sous l'eau. *Le chat ne savait pas nager et **s'est noyé**.* 2. Embrouiller quelqu'un. *Fatima **est noyée** dans des explications compliquées.* • **Noyer le poisson :** chercher à embrouiller son interlocuteur pour éviter une question embarrassante. Prononciation [nwaje]. Famille du mot : noy**ade**, noy**é**.

■ **noyer** (nom masculin)
Arbre fruitier qui donne les noix. Prononciation [nwaje].

nu, nue (adjectif)
1. Qui ne porte aucun vêtement. *Gaëlle s'est mise toute **nue** pour prendre une douche.* (Contr. habillé.) 2. Sans aucune décoration ni aucun ornement. *Les murs de sa chambre sont entièrement **nus**.* • **À mains nues :** sans arme. • **À l'œil nu :** en regardant sans instrument spécial. *Tu devrais prendre des jumelles car tu ne verras rien **à l'œil nu**.* ■ **nu** (nom masculin) Tableau qui représente un corps humain nu. Famille du mot : **dénu**der, **nu**disme, **nu**diste, **nu**dité.

nuage (nom masculin)
1. Amas de gouttelettes d'eau qui flotte dans le ciel. *Ces gros **nuages** devraient apporter la pluie.* 2. Matière légère et vaporeuse qui empêche de voir. *Un **nuage** de poussière et de fumée s'est élevé après l'explosion.* • **Être dans les nuages :** être distrait ou rêveur.

nuageux, euse (adjectif)
Couvert de nuages. *Le ciel est **nuageux** aujourd'hui, il va peut-être pleuvoir.*

nuance (nom féminin)
1. Chacun des degrés par lesquels peut passer une couleur. *Pour la peinture de sa chambre, Hélène hésite entre différentes **nuances** de jaune.* 2. Petite différence. *Il y a une **nuance** de sens entre « beau » et « magnifique ».*

nuancer (verbe) ▸ conjug. n° 4
Exprimer quelque chose en tenant compte des nuances. *Quand vous connaîtrez mieux la question, vous **nuancerez** vos propos.*

nucléaire (adjectif)
Qui utilise l'énergie produite par la désintégration du noyau de l'atome. *Cette centrale **nucléaire** produit de l'électricité. Les armes **nucléaires** sont redoutables.* ■ **nucléaire** (nom masculin) Énergie nucléaire. *Le **nucléaire** fournit 80 % de l'électricité en France.* **Nucléaire** vient du latin *nucleus* qui signifie « noyau ».

« Le Bain turc » d'Ingres (1862) représente des personnages **nus**.

a b c d e f g h i j k l m n o p q r s t u v w x y z

nudisme (nom masculin)
Pratique qui invite à vivre nu en pleine nature. (Syn. naturisme.)

nudiste (nom)
Adepte du nudisme. (Syn. naturiste.)

nudité (nom féminin)
État d'une personne nue.

nuée (nom féminin)
Grande quantité d'insectes, d'oiseaux, qui évoque un nuage. *Une **nuée** d'abeilles s'est échappée de la ruche.*

nues (nom féminin pluriel)
Synonyme littéraire de nuage. • **Porter aux nues :** louer très exagérément. • **Tomber des nues :** être très surpris en apprenant une nouvelle.

nuire (verbe) ▸ conjug. n° 43
Causer du tort ou du mal. *Le tabac et l'alcool **nuisent** à la santé.* **Nuire** se conjugue comme cuire, sauf au participe passé : *nui*. Famille du mot : nui**sance**, nui**sible**.

nuisance (nom féminin)
Ce qui nuit à la qualité de la vie. *La pollution de l'eau, le bruit, les fumées d'usine sont des **nuisances** pour l'homme.*

nuisible (adjectif)
Qui nuit. *Ces insectes sont **nuisibles** aux cultures. Un climat **nuisible** à la santé.*

nuit (nom féminin)
Durée pendant laquelle le Soleil n'éclaire pas la partie de la Terre où on se trouve. *En hiver, les **nuits** sont plus longues qu'en été. Il est neuf heures du soir, la **nuit** commence à tomber.*

■ **nul, nulle** (déterminant)
Pas un seul. ***Nulle** autre chanson n'est aussi belle !* (Syn. aucun.) ■ **nul** (pronom) Pas une seule personne. ***Nul** n'est censé ignorer la loi.* Famille du mot : nulle**ment**, nulle part.

■ **nul, nulle** (adjectif)
Qui n'a aucune valeur ou qui est très mauvais dans un domaine. *Il est **nul** en géographie.* • **Match nul :** dans lequel il n'y a ni gagnant ni perdant. Famille du mot : **annulation**, **annuler**, null**ité**.

nullement (adverbe)
Pas du tout. *Tu ne me gênes **nullement**.*

nulle part (adverbe)
À aucun endroit. *Julie a beau chercher son maillot de bain, elle ne le trouve **nulle part**.*

nullité (nom féminin)
Caractère nul de quelque chose ou de quelqu'un. *Le Conseil d'État a déclaré la **nullité** de cette élection.*

numéraire (nom masculin)
Argent liquide. *On a dû payer en **numéraire** et non par chèque.* (Syn. espèces.)

numéral, ale, aux (adjectif)
• **Adjectif numéral :** adjectif qui représente un nombre. *Les adjectifs **numéraux** indiquent soit la quantité (deux), soit le rang (deuxième).* Famille du mot : numér**ateur**, numér**ation**, numé**rique**.

numérateur (nom masculin)
Terme d'une fraction placé au-dessus de la barre et qui indique de combien de parties égales de l'unité se compose cette fraction.

numération (nom féminin)
Manière d'énoncer ou d'écrire les nombres. *La **numération** romaine n'utilisait pas le 0.*

numérique (adjectif)
1. Considéré du point de vue du nombre. *Ils ont gagné grâce à leur forte supériorité **numérique**.* **2.** Qui enregistre une information sous forme de nombres. *Un appareil photo **numérique**.*

un appareil photo **numérique**

numériser (verbe) ▸ conjug. n° 3
Convertir une information comprenant du texte, du son ou de l'image sous une forme chiffrée. *On peut **numériser** des images grâce à un scanner.*

numéro (nom masculin)
1. Chiffre ou ensemble de chiffres. *Ce bus porte le **numéro** 177.* 2. Exemplaire d'un journal ou d'une revue. *Le prochain **numéro** sort dès le 15 juin.* 3. Partie d'un spectacle. *Guillaume a surtout aimé le **numéro** de clowns.* Famille du mot : numéro**tation**, numéro**ter**.

numérotation (nom féminin)
Action ou façon de numéroter. *Avec un traitement de texte, la **numérotation** des pages se fait automatiquement.*

numéroter (verbe) ▸ conjug. n° 3
Marquer d'un numéro. *Amandine **numérote** les pages de son exposé.*

numismatique (nom féminin)
Étude, science des monnaies et des médailles. *Le club de **numismatique** organise régulièrement des journées d'échange de pièces.*

nu-pieds (nom masculin)
Sandale qui laisse le pied largement découvert. *Myriam met des **nu-pieds** pour aller à la plage.* Pluriel : des nu-pieds.

nuptial, ale, aux (adjectif)
Du mariage. *La cérémonie **nuptiale** a eu lieu à la mairie.*

nuque (nom féminin)
Partie arrière du cou. *Les prisonniers marchaient les mains derrière la **nuque**.* ➡ p. 300.

Nuremberg
Ville de Bavière, en Allemagne (503 000 habitants). Nuremberg a été le siège du parti nazi.

LE PROCÈS DE NUREMBERG
Ce procès a eu lieu du 20 novembre 1945 au 1er octobre 1946 à Nuremberg. Les chefs nazis y ont été jugés par un tribunal international après la Seconde Guerre mondiale. Pour la première fois, des accusés étaient jugés pour crime de guerre et crime contre l'humanité.

nurse (nom féminin)
Femme chargée de s'occuper des enfants et qui vit avec la famille. **Nurse** est un mot anglais : on prononce [nœRs].

nursery (nom féminin)
Endroit réservé aux soins donnés aux très jeunes enfants. *À l'aéroport, il y a une **nursery** pour changer les bébés.* **Nursery** est un mot anglais : on prononce [nœRsəRi].

nutriment (nom masculin)
Substance alimentaire qui peut être assimilée directement par l'organisme. *Les protéines, les lipides et les glucides sont des **nutriments**.*

nutritif, ive (adjectif)
Synonyme de nourrissant. *Le kiwi est un fruit très **nutritif**.* Famille du mot : **mal**nutrition, nutri**tion**, nutrition**niste**.

nutrition (nom féminin)
Manière de se nourrir. *Dans les pays sous-développés, il y a de gros problèmes de **nutrition**.*

nutritionniste (nom)
Médecin spécialiste de la nutrition. *Un **nutritionniste** lui a indiqué le régime alimentaire à suivre.*

nylon (nom masculin)
Fibre textile synthétique. *Une chemise en **nylon** n'a pas besoin d'être repassée.* **Nylon** est le nom d'une marque.

nymphe (nom féminin)
Dans la mythologie grecque, divinité des montagnes, des bois ou des fleuves. Prononciation [nɛ̃f].

nymphéa (nom masculin)
Nénuphar blanc. *Les* **Nymphéas** *du peintre Claude Monet sont très connus.*

Oo

orange

o (nom masculin)
Quinzième lettre de l'alphabet. *Le **O** est une voyelle.*

oasis (nom féminin)
Endroit du désert couvert de végétation et habité grâce à la présence d'un point d'eau. *De nombreux palmiers poussent dans l'**oasis**.* ● Prononciation [ɔazis].

une **oasis** vue d'avion

obéir (verbe) ▸ conjug. n° 11
Se soumettre à l'autorité de quelqu'un. *Je commande et tu **obéis**.* (Contr. désobéir.) ⌂ Famille du mot : **dés**obéir, **dés**obéissance, **dés**obéissant, obéissance, obéissant.

obéissance (nom féminin)
Fait d'obéir à un ordre. *Le soldat a été puni pour refus d'**obéissance**.* (Syn. soumission. Contr. désobéissance.)

obéissant, ante (adjectif)
Qui obéit. *Un enfant **obéissant**.* (Syn. docile, soumis. Contr. désobéissant.)

obélisque (nom masculin)
Colonne de pierre à quatre faces, se terminant en pointe. *Les **obélisques** se trouvaient à l'entrée des temples égyptiens.*

obèse (adjectif et nom)
Qui est trop gros. *Cet enfant est **obèse**, il devrait suivre un régime.* (Contr. maigre.)

obésité (nom féminin)
État d'une personne obèse. *En cas d'**obésité**, il faut consulter un médecin.*

objecter (verbe) ▸ conjug. n° 3
Opposer comme argument. *On lui **a objecté** qu'il était trop jeune pour s'inscrire au club.* ⌂ Famille du mot : objec**teur**, objec**tion**.

objecteur (nom masculin)
• **Objecteur de conscience :** jeune homme qui refuse d'être soldat parce que sa conscience le lui interdit.

■ **objectif, ive** (adjectif)
Qui voit les choses comme elles sont réellement. *Cet article est un compte rendu **objectif** des évènements.* (Contr. subjectif.) ⌂ Famille du mot : objective**ment**, objectiv**ité**.

■ **objectif** (nom masculin)
1. But qu'on cherche à atteindre. *Benjamin s'est fixé comme **objectif** d'être le meilleur de sa classe.* **2.** Ensemble de lentilles de verre qui permet de filmer ou de photographier.

objection (nom féminin)
Ce que l'on objecte à une proposition. *Quelqu'un a-t-il une* ***objection*** *?*

objectivement (adverbe)
De façon objective. *Efforcez-vous de raconter les faits aussi* ***objectivement*** *que possible !*

objectivité (nom féminin)
Qualité d'une personne ou d'une chose objective. *Le manque d'****objectivité*** *de ce journal rend douteuses toutes ses informations.* (Contr. subjectivité.)

objet (nom masculin)
1. Chose qu'on peut voir ou toucher. *Une théière, un crayon, une affiche sont des* ***objets****.* **2.** Ce que l'on cherche à faire. *Voici l'****objet*** *de ma visite.* (Syn. but, sujet.) • **Complément d'objet :** chose ou personne sur quoi porte l'action du verbe. *Dans la phrase « Clément regarde souvent les étoiles », « étoiles » est* ***complément d'objet*** *de « regarde ».*

obligation (nom féminin)
Ce qu'on est obligé de faire. *Ses* ***obligations*** *professionnelles ont empêché Alain de venir.*

obligatoire (adjectif)
Qu'on est obligé de faire sous peine de sanctions. *Le port de la ceinture de sécurité est* ***obligatoire*** *en voiture.* (Contr. facultatif.)

obligatoirement (adverbe)
De façon obligatoire. *Benjamin doit* ***obligatoirement*** *verser cinq euros au moment de l'inscription.*

obligeance (nom féminin)
Qualité d'une personne obligeante. *Je vous remercie de votre* ***obligeance****.* (Syn. amabilité, gentillesse.)

obligeant, ante (adjectif)
Qui aime obliger, rendre service. *Monsieur Dubois est un homme très* ***obligeant****, très apprécié de ses voisins.* (Syn. aimable, complaisant, serviable.)

obliger (verbe) ▸ conjug. n° 5
1. Forcer quelqu'un à faire quelque chose. *La pluie nous* ***a obligés*** *à rentrer au plus vite à la maison.* (Syn. contraindre.) **2.** Synonyme littéraire de rendre service. *Vous m'****obligeriez*** *en me prêtant votre crayon.* Famille du mot : désobli**geant**, oblig**ation**, oblig**atoire**, oblig**atoirement**, oblige**ance**, oblige**ant**.

oblique (adjectif)
Qui est droit sans être vertical ni horizontal. *Anna a dessiné le toit de la maison avec deux lignes* ***obliques****.*

obliquer (verbe) ▸ conjug. n° 3
Changer de direction. *Au croisement, la voiture* ***a obliqué*** *à droite.* (Syn. tourner.)

oblitérer (verbe) ▸ conjug. n° 8
Rendre un timbre postal inutilisable une seconde fois en le marquant d'un cachet qui porte la date du jour de l'envoi du courrier.

Ce timbre **est oblitéré**.

oblong, oblongue (adjectif)
De forme allongée. *Les aubergines ont une forme* ***oblongue****.*

obnubilé, ée (adjectif)
Qui est complètement obsédé par quelque chose. *Ils sont* ***obnubilés*** *par les jeux vidéo.*

obole (nom féminin)
Petite contribution en argent. *Chacun a apporté son* ***obole*** *pour aider les réfugiés.* L'**obole** était une petite pièce de monnaie de la Grèce antique.

obscène (adjectif)
Qui est indécent et très grossier. *Quelqu'un a écrit des mots* ***obscènes*** *sur les portes des W-C publics.*

obscénité (nom féminin)
Parole ou geste obscène. *Un homme complètement ivre hurlait des* ***obscénités****.*

obscur, ure (adjectif)
1. Qui manque de lumière. *Ce parking souterrain est très* ***obscur****.* (Syn. sombre.) **2.** Qui est difficile à comprendre. *Sa lettre contient quelques passages* ***obscurs****.* (Syn. confus. Contr. clair.) **3.** Qui est peu connu. *Pendant la guerre, il y a eu bien des*

*héros **obscurs**.* (Contr. célèbre, illustre.) Famille du mot : obscur**cir**, obscur**ité**.

obscurcir (verbe) ▸ conjug. n° 11
Rendre obscur. *Le ciel **s'obscurcit**, l'orage est proche.* (Syn. assombrir.)

obscurité (nom féminin)
Absence de lumière. *David ne trouve pas la minuterie dans l'**obscurité**.* (Syn. noir.)

obsédant, ante (adjectif)
Qui obsède. *Ce rêve **obsédant** lui est revenu à l'esprit plusieurs fois dans la journée.*

obséder (verbe) ▸ conjug. n° 8
Occuper sans cesse l'esprit. *Son travail **obsède** Clément jour et nuit.* (Syn. hanter.) Famille du mot : obséd**ant**, obsession.

obsèques (nom féminin pluriel)
Synonyme de funérailles. *Les **obsèques** ont eu lieu dans la plus stricte intimité.*

observateur, trice (adjectif)
Qui aime et sait observer. *C'est une personne attentive, qui a l'esprit **observateur**.* ■ **observateur, trice** (nom) Personne chargée d'observer quelque chose sans y participer. *L'ONU a envoyé des **observateurs** dans la zone des combats.*

observation (nom féminin)
1. Action d'observer. *Ibrahim a le sens de l'**observation**, il ferait vraiment un parfait détective.* **2.** Critique concernant l'attitude de quelqu'un. *La maîtresse lui a déjà fait plusieurs **observations**.* (Syn. remontrances, réprimande, reproche.) **3.** Réflexion sur une question. *Avez-vous quelques **observations** à faire ?* (Syn. commentaire, remarque.)

observatoire (nom masculin)
Établissement qui est destiné aux observations scientifiques. *Les astronomes ont observé la comète avec le télescope de l'**observatoire**.*

un **observatoire**

observer (verbe) ▸ conjug. n° 3
1. Regarder attentivement pour étudier ou surveiller. *La sentinelle **observe** les alentours.* **2.** Se conformer à une règle. *Dans la bibliothèque, on est prié d'**observer** le silence.* (Syn. respecter.) Famille du mot : observ**ateur**, observ**ation**, observ**atoire**.

obsession (nom féminin)
Pensée obsédante. *Devenir une star, c'est une **obsession** chez elle.* (Syn. hantise, idée fixe.)

obsolète (adjectif)
Qui est périmé, désuet. *Ces méthodes de travail sont **obsolètes**, il faudrait les moderniser.*

obstacle (nom masculin)
1. Ce qui empêche de passer. *La voiture a évité l'**obstacle** de justesse.* **2.** Ce qui gêne ou empêche la réalisation de quelque chose. *Pour trouver un emploi, elle a triomphé de tous les **obstacles**.* (Syn. difficulté.)

obstétricien, enne (nom)
Médecin spécialiste des grossesses et des accouchements. *Les **obstétriciens** travaillent avec des sages-femmes.*

obstination (nom féminin)
Caractère ou comportement d'une personne qui s'obstine. *Son **obstination** à apprendre le mènera très loin.* (Syn. acharnement, entêtement.)

obstinément (adverbe)
Avec obstination. *Amandine refuse **obstinément** de se faire aider.*

s'obstiner (verbe) ▸ conjug. n° 3
Persévérer avec entêtement. *Guillaume **s'obstine** à vouloir la convaincre.* (Syn. s'acharner, s'entêter.) Famille du mot : obstin**ation**, obstin**ément**.

obstruction (nom féminin)
• **Faire de l'obstruction :** bloquer le déroulement d'une discussion ou d'une action.

obstruer (verbe) ▸ conjug. n° 3
Boucher un conduit. *Un nid d'oiseaux **a obstrué** la gouttière.*

obtempérer (verbe) ▸ conjug. n° 8
Obéir sans discuter. *Le gendarme a demandé au chauffard d'**obtempérer** pour ne pas aggraver son cas.*

obtenir (verbe) ▸ conjug. n° 19
1. Parvenir à avoir. *Élodie **a obtenu** la meilleure note.* 2. Avoir pour résultat. *Quand on additionne 3 et 7, on **obtient** 10.*

obtention (nom féminin)
Fait d'obtenir. *Quelles sont les démarches nécessaires à l'**obtention** d'un visa ?*

obturer (verbe) ▸ conjug. n° 3
Boucher une ouverture ou un trou. *L'entrée du souterrain **a été obturée** pour éviter les accidents.*

obtus, use (adjectif)
Sans finesse. *Je le trouve borné et **obtus**.* (Contr. fin, subtil, vif.) • **Angle obtus :** angle plus ouvert que l'angle droit. (Contr. aigu.) ➡ p. 576.

obus (nom masculin)
Projectile explosif lancé par un canon. *Un éclat d'**obus** l'a atteint à l'épaule.*

oc (nom masculin)
• **Langue d'oc :** ensemble des dialectes parlés dans le sud de la France. ⊶ Dans ces dialectes, *oui* se dit **oc**.

occasion (nom féminin)
1. Circonstance favorable. *Pierre a profité de l'**occasion** pour s'en aller.* 2. Marchandise vendue à un prix intéressant. *Une **occasion** pareille, il ne faut surtout pas la laisser passer !* • **À l'occasion :** si le cas se présente. • **À l'occasion d'un évènement :** à cause ou à propos de celui-ci. • **D'occasion :** qui n'est pas neuf. *Une voiture **d'occasion**.* Famille du mot : occasion**nel**, occasion**nellement**.

occasionnel, elle (adjectif)
Qui se produit à l'occasion. *Ce n'est pas son métier, c'est un travail **occasionnel**.*

occasionnellement (adverbe)
De façon occasionnelle. *Il lui arrive **occasionnellement** de garder les enfants de la voisine.* (Contr. habituellement.)

occasionner (verbe) ▸ conjug. n° 3
Être l'occasion malheureuse de quelque chose. *Son étourderie lui **a occasionné** bien des ennuis.* (Syn. causer, provoquer.)

occident (nom masculin)
Côté de l'horizon où le soleil se couche. (Syn. couchant, ouest. Contr. levant, orient.) • **L'Occident :** l'ensemble des pays d'Europe et d'Amérique du Nord.

empire d'Occident
Partie occidentale de l'Empire romain après sa division. Il fut créé en 395 après Jésus-Christ. Il disparut en 476, puis fut rétabli par Charlemagne en 800.

occidental, ale, aux (adjectif)
De l'occident. *La Bretagne est située dans la partie **occidentale** de la France.* ■ **occidental, ale, aux** (adjectif et nom) De l'Occident. *La France, l'Italie, l'Allemagne, le Canada sont des pays **occidentaux**. Les Français, les Anglais sont des **Occidentaux**.*

occitan, ane ➡ Voir tableau p. 6.

Occitanie
Ensemble des régions où l'on parlait la langue d'oc (ou occitan). L'Occitanie comprend trente-et-un départements du sud de la France, douze vallées des Alpes italiennes et une vallée pyrénéenne d'Espagne.

Occitanie
Région administrative française, depuis 2016. Elle comprend les anciennes Régions Languedoc-Roussillon et Midi-Pyrénées (72 724 km² ; 5 684 000 habitants). Sa capitale est Toulouse.

occulte (adjectif)
Qui est caché et mystérieux. *Cet homme a eu un rôle **occulte** dans la vie politique de son époque.* • **Sciences occultes :** études qui s'intéressent à des phénomènes inexplicables. *L'astrologie, l'alchimie, la magie sont des **sciences occultes**.*

occulter (verbe) ▸ conjug. n° 3
Synonyme littéraire de cacher. *La vérité **a été occultée**.*

occupant, ante (nom)
Personne qui occupe un local ou un lieu. *Les **occupants** de l'immeuble ont été évacués par les pompiers.* ■ **occupant** (nom masculin) Ennemi qui oc-

cupe un pays. *La résistance est venue à bout de l'**occupant**.*

occupation (nom féminin)
1. Activité qui occupe le temps. *Léa est une femme qui a beaucoup d'**occupations**.* **2.** Action d'occuper. *L'armée d'**occupation** a finalement été chassée du pays.*

l'Occupation
Période de la Seconde Guerre mondiale pendant laquelle l'armée allemande occupa le territoire français. Elle commença avec l'armistice du 22 juin 1940 et prit fin avec la Libération en août 1944. La France était alors divisée en une zone occupée, au nord, et une zone libre, au sud. Le gouvernement français siégeait à Vichy.

occupé, ée (adjectif)
1. Qui est en train de faire quelque chose ou qui a beaucoup à faire. *Vous voyez bien que je suis **occupé** !* **2.** Où quelqu'un est déjà installé. *La place est déjà **occupée**, il faudra attendre votre tour.* (Contr. inoccupé, libre.) **3.** Qui est envahi par un pays ennemi. *En 1940, la France a été partagée entre une zone libre et une zone **occupée** par l'armée allemande.*

occuper (verbe) ▸ conjug. n° 3
1. Remplir le temps de quelqu'un. *À quoi **occupez-vous** toutes vos soirées ?* **2.** Remplir un espace. *Un marché couvert **occupe** le centre du village.* **3.** Habiter un lieu. *La concierge **occupe** la loge à l'entrée de l'immeuble.* **4.** Se rendre maître d'un lieu. *La France **a été occupée** de 1940 à 1944.* **5.** S'occuper de : consacrer du temps et de l'attention à quelqu'un ou à quelque chose. *C'est Quentin qui **s'occupe** du chat, il n'oublie jamais de lui donner ses croquettes.* Famille du mot : **in**occupé, occup**ant**, occup**ation**, occupé.

occurrence (nom féminin)
• **En l'occurrence :** dans le cas dont on parle. *À la plage, j'ai rencontré un de mes amis, **en l'occurrence** c'était Romain.*

océan (nom masculin)
Vaste étendue d'eau salée. *L'**océan** Pacifique, l'**océan** Atlantique, l'**océan** Indien, l'**océan** Arctique, l'**océan** Antarctique.* Famille du mot : océan**ique**, océan**ographie**.

Océanie
Continent situé dans le Pacifique Sud (8 500 000 km^2 ; 36 millions d'habitants) et constitué de l'Australie, de la Papouasie-Nouvelle-Guinée, de la Nouvelle-Zélande et de trois archipels : la Mélanésie, la Micronésie et la Polynésie.
GÉOGRAPHIE
L'Océanie est soumise au climat équatorial et au climat tropical. L'Australie et la Nouvelle-Zélande appartiennent au monde riche, de même que les îles qui dépendent de grandes puissances comme Hawaï, la Nouvelle-Calédonie et la Polynésie française. Le reste du continent fait partie du tiers-monde.
HISTOIRE
Le peuplement des îles d'Océanie fut progressif à partir de 20 000 avant Jésus-Christ. Les Européens arrivèrent sur le continent au XVIe siècle, avec Magellan. Puis les terres furent partagées entre la Grande-Bretagne, les États-Unis, l'Allemagne et la France. La décolonisation ne commença que vers 1960, sauf pour l'Australie (indépendante depuis 1901) et la Nouvelle-Zélande (indépendante depuis 1947). Aujourd'hui, de nombreuses îles sont encore des possessions européennes ou américaines.

océanien, enne ➡ Voir tableau p. 6.

océan Indien
➡ Voir **Indien**.

océanique (adjectif)
Se dit du climat doux et humide des régions proches de l'océan. *La Bretagne a un climat **océanique**.*

océanographie (nom féminin)
Science qui étudie les océans.

ocelot (nom masculin)
Félin d'Amérique du Sud à la fourrure tachetée de brun.

un **ocelot**

L'île Maurice est située dans l'**océan** Indien.

ocre (adjectif)
De couleur jaune foncé ou jaune-brun. *Un village provençal aux maisons* ***ocre***. Pluriel : des murs ocre. ■ **ocre** (nom masculin) Couleur ocre.

octave (nom féminin)
Intervalle de huit notes formant la gamme.

octet (nom masculin)
Unité de capacité de mémoire informatique. *La taille d'un fichier informatique est exprimée en* ***octets***.

octobre (nom masculin)
Dixième mois de l'année, qui compte 31 jours. **Octobre** vient du latin *octo* qui signifie « huit » : c'était le huitième mois de l'année romaine, qui commençait en mars.

octogénaire (adjectif et nom)
Qui a entre quatre-vingts et quatre-vingt-neuf ans. *L'arrière-grand-mère de Fatima est* ***octogénaire***.

octogone (nom masculin)
Polygone qui a huit côtés. ➡ p. 576.

octroi (nom masculin)
Autrefois, sorte de droit de douane sur les marchandises, perçu à l'entrée des villes.

octroyer (verbe) ▶ conjug. n° 6
Attribuer par faveur. *Camille* ***s'est octroyé*** *quelques jours de vacances.* (Syn. accorder.)

oculaire (adjectif)
De l'œil. *On lui a recommandé de faire de la gymnastique* ***oculaire***. • **Témoin oculaire :** qui a vu une chose de ses propres yeux. ■ **oculaire** (nom masculin) Partie d'un appareil d'optique où l'on applique l'œil.

oculiste (nom)
Synonyme d'ophtalmologiste. *Notre* ***oculiste*** *lui a prescrit une paire de lunettes.* Voir **ophtalmologiste**.

ode (nom féminin)
Poème conçu comme un chant. *Dans la Grèce antique, l'****ode*** *était chantée sur un accompagnement musical.* **Ode** vient du grec *ôdê* qui signifie « chant ».

odeur (nom féminin)
Sensation perçue par le nez. *Il flotte une* ***odeur*** *de pomme dans le grenier.* Famille du mot : **dé**odor**ant**, **in**odore, **mal**odor**ant**, odor**ant**, odor**at**, odori**férant**.

odieux, euse (adjectif)
Qui est détestable. *Son égoïsme est parfois* ***odieux*** *!* (Syn. insupportable. Contr. charmant.)

odorant, ante (adjectif)
Qui répand une odeur. *Le muguet, le lis, le lilas sont des fleurs* ***odorantes***. (Contr. inodore.)

odorat (nom masculin)
Sens par lequel on perçoit les odeurs. *À l'****odorat****, je sais déjà ce que nous allons manger.*

odoriférant, ante (adjectif)
Qui sent bon. *Le thym et la lavande sont des plantes* ***odoriférantes***.

odyssée (nom féminin)
Voyage plein de péripéties. *Leur retour de vacances a été une véritable* ***odyssée***. L'*Odyssée* est le titre d'un long poème grec dans lequel Homère raconte comment, après le siège de Troie, Ulysse erra dix ans sur la Méditerranée avant de rentrer chez lui.

Lors de son **odyssée**, Ulysse se fit attacher au mât de son navire pour résister au chant des sirènes.

a b c d e f g h i j k l m n o p q r s t u v w x y z

œdème (nom masculin)
Gonflement d'une partie du corps au niveau de la peau. *Les inflammations et les allergies peuvent provoquer des **œdèmes**.* Prononciation [edɛm] ou [ødɛm]. **Œdème** vient du grec *oidein* qui signifie « enfler ».

Œdipe
Héros de la mythologie grecque. L'oracle de Delphes avait prédit qu'Œdipe tuerait son père, Laïos, et épouserait sa mère, Jocaste. Œdipe fut donc abandonné à sa naissance par ses parents. Il fut recueilli et élevé par le roi de Corinthe et, lorsqu'il apprit la terrible prédiction, il s'enfuit. Sur la route, il se querella avec un étranger qu'il tua : c'était son père. Aux portes de la ville de Thèbes, il affronta le Sphinx et résolut son énigme. En récompense pour avoir vaincu le Sphinx, il fut proclamé roi de Thèbes et épousa la reine Jocaste, sa propre mère. Lorsqu'ils découvrirent la vérité, Jocaste se pendit et Œdipe se creva les yeux et partit en exil.

œil (nom masculin)
Organe de la vue. *Zoé, toi qui as de bons **yeux**, veux-tu m'enfiler mon aiguille ?* ➡ p. 303. • **À l'œil :** synonyme familier de gratuitement. • **Avoir bon pied bon œil :** être en bonne santé, en parlant d'une vieille personne. • **Avoir l'œil à** ou **sur tout :** veiller à tout. • **Avoir quelqu'un à l'œil :** le surveiller. • **Coûter les yeux de la tête :** coûter très cher. • **D'un bon** ou **d'un mauvais œil :** favorablement ou défavorablement. • **Faire les gros yeux à quelqu'un :** le regarder sévèrement. • **Fermer les yeux sur quelque chose :** faire comme si on ne l'avait pas vu. • **Ne pas avoir les yeux dans sa poche :** être très observateur. • **Ouvrir l'œil :** être très attentif. • **Ouvrir les yeux :** voir la réalité telle qu'elle est. • **Pour les beaux yeux de quelqu'un :** pour lui plaire. Prononciation [œj]. Pluriel : des **yeux** [jø]. Famille du mot : œil-de-bœuf, œil**lade**, œil**lère**.

œil-de-bœuf (nom masculin)
Lucarne ronde ou ovale. *Un **œil-de-bœuf** éclaire notre cage d'escalier.* Pluriel : des œils-de-bœuf.

œillade (nom féminin)
Clin d'œil amoureux ou complice. *Il lui a lancé une **œillade** en souriant.*

œillère (nom féminin)
Chacune des plaques de cuir qui empêchent un cheval de voir sur les côtés. • **Avoir des œillères :** être borné, avoir des préjugés.

œillet (nom masculin)
1. Plante aux fleurs très parfumées. *Le marié portait un **œillet** à la boutonnière.* **2.** Petit trou cerclé de métal servant à passer un lacet ou un cordon. *Thomas passe de nouveaux lacets dans les **œillets** de ses baskets.*

un **œillet**

œsophage (nom masculin)
Partie du tube digestif qui relie la bouche à l'estomac. *Les aliments descendent dans l'estomac en passant par l'**œsophage**.* ➡ p. 389. Prononciation [øzɔfaʒ] ou [ezɔfaʒ].

œuf (nom masculin)
1. Ce que pondent les oiseaux, les reptiles, les insectes et les poissons. *La poule couve les **œufs** qu'elle a pondus. Véronique aime beaucoup les **œufs** à la coque.* **2.** Cellule résultant d'une fécondation. *Au tout début de la grossesse, l'**œuf** s'accroche à la paroi de l'utérus.* Prononciation : un œuf [œ̃nœf], des œufs [dezø].

œuvre (nom féminin)
1. Ce que quelqu'un a fait. *Cette belle cabane est l'**œuvre** de Victor.* (Syn. ouvrage, travail.) **2.** Ce qui est produit par un artiste. *Julie a toutes les **œuvres** de*

Chopin en CD. 3. Organisation charitable. *Elle a fait don de sa fortune à une **œuvre** de charité.* • **Mettre en œuvre :** mettre en application. *Le gouvernement **met en œuvre** un programme de lutte contre le chômage.*

œuvrer (verbe) ▸ conjug. n° 3
Travailler, agir pour réussir, atteindre quelque chose. *Se battre pour la paix, c'est **œuvrer** pour la bonne cause.*

off (adjectif)
• **Voix off :** voix de quelqu'un que l'on ne voit pas sur scène ou à l'écran. **Off** est un mot anglais qui signifie « hors de ».

offensant, ante (adjectif)
Qui offense. *Vos insinuations sont **offensantes**.* (Syn. blessant, injurieux, insultant.)

offense (nom féminin)
Parole ou action qui offense. *Il a ressenti cette remarque comme une **offense** personnelle.* (Syn. affront, insulte.) Famille du mot : offens**ant**, offens**er**.

offenser (verbe) ▸ conjug. n° 3
Blesser quelqu'un en portant atteinte à sa dignité. *Vous m'**avez offensé** en parlant ainsi de mes parents.* (Syn. froisser, vexer.)

offensif, ive (adjectif)
Qui attaque. *La météo annonce le retour **offensif** du froid.* (Contr. défensif.) ■ **offensive** (nom féminin) Attaque contre quelqu'un ou quelque chose. *Notre équipe se lance à l'**offensive** du but adverse.*

office (nom masculin)
1. Agence ou bureau chargés d'une question précise. *Vous trouverez un plan de la ville à l'**office** du tourisme.* 2. Service religieux. *L'**office** a lieu chaque dimanche à 11 heures.* • **Bons offices :** services rendus par quelqu'un. • **D'office :** sans demander l'avis de la personne concernée. • **Faire office :** remplir une fonction ou un rôle. *Avec nos amis allemands, William **a fait office** de traducteur.*

officialiser (verbe) ▸ conjug. n° 3
Rendre officiel. *Ils vivaient ensemble depuis plusieurs années, ils se sont mariés pour **officialiser** leur situation.*

officiel, elle (adjectif)
1. Qui vient de l'État ou d'une autorité. *Le passeport et le permis de conduire sont des documents **officiels**.* 2. Reconnu comme vrai par une autorité. *L'élection du nouveau Président est **officielle**.* (Contr. officieux.) ■ **officiel** (nom masculin) Personne qui représente l'État ou une autorité. *Cette tribune est réservée aux **officiels**.* Famille du mot : officia**liser**, officielle**ment**.

officiellement (adverbe)
De façon officielle. *Son oncle a été averti **officiellement** de sa nomination.*

officier (nom masculin)
Militaire qui a au moins le grade de sous-lieutenant. *Les lieutenants, les capitaines, les généraux sont des **officiers**.*

officieusement (adverbe)
De façon officieuse. *On murmure **officieusement** que le ministre pourrait démissionner.*

officieux, euse (adjectif)
Qui n'est pas confirmé officiellement. *Sa nomination est encore **officieuse**.* (Contr. officiel.)

offrande (nom féminin)
Synonyme littéraire de don. *À l'église, on peut déposer son **offrande** dans le panier.*

offrant (nom masculin)
• **Le plus offrant :** celui qui offre le prix le plus élevé pour acheter quelque chose.

offre (nom féminin)
Ce qui est offert. *Il m'a proposé de m'aider, j'ai accepté son **offre**.*

offrir (verbe) ▸ conjug. n° 12
1. Faire cadeau de quelque chose. *Xavier **a offert** des fleurs à sa mère.* 2. Proposer quelque chose à quelqu'un. *Laura **a offert** à la vieille dame de l'aider.* 3. Présenter ou montrer. *Après le cyclone, le paysage **offre** un spectacle désolant.* Famille du mot : of**frande**, offr**ant**, offr**e**.

offusquer (verbe) ▸ conjug. n° 3
Déplaire à quelqu'un en heurtant sa sensibilité. *La tante de Yann manque*

d'humour, elle ***s'offusque*** *de toute plaisanterie.* (Syn. choquer.)

ogive (nom féminin)
1. Chacun des deux arcs qui se croisent en diagonale sous une voûte pour la renforcer. *Les cathédrales gothiques ont des fenêtres et des voûtes en* ***ogive****.* **2.** Partie pointue à l'avant d'un obus ou d'un missile. *L'****ogive*** *contient la charge nucléaire.*

OGM (nom masculin)
Organisme animal ou végétal dont les gènes ont été modifiés de façon non naturelle. *Les écologistes luttent pour faire interdire la culture d'****OGM****.* Pluriel : des OGM. **OGM** est l'abréviation de ***o****rganisme* ***g****énétiquement* ***m****odifié.*

ogre, ogresse (nom)
Géant des contes de fées, qui dévore les petits enfants. *Grâce à la ruse du Petit Poucet, l'****ogre*** *mangea ses propres enfants.*

oh ! (interjection)
Marque la surprise, l'admiration, la colère. ***Oh ! oh !*** *Tu as vu qui vient ?*

oie (nom féminin)
Oiseau palmipède migrateur, au plumage blanc ou gris, dont une espèce est domestiquée. *Le jars est le mâle de l'****oie****. On gave les* ***oies*** *pour faire du foie gras.* • **Bête comme une oie :** très bête.

une **oie** cendrée

oignon (nom masculin)
1. Plante potagère dont le bulbe est comestible. *Myriam pleure en coupant les* ***oignons****.* **2.** Bulbe de certaines plantes. *Des* ***oignons*** *de tulipe et de jacinthe.* • **En rang d'oignons :** alignés sur une seule ligne. Prononciation [ɔɲɔ̃]. ORTHO On écrit aussi **ognon**.

oïl (adverbe)
• **Langue d'oïl :** ensemble de dialectes du Moyen Âge, parlés dans le nord de la France. Dans le nord de la France, « oui » se disait **oïl**. Voir aussi **oc**.

oiseau, eaux (nom masculin)
Animal vertébré ovipare, couvert de plumes, qui a un bec et peut généralement voler. *Il y a environ 10 000 espèces d'****oiseaux****.* • **À vol d'oiseau :** en ligne droite. p. 886.

oiseau-mouche (nom masculin)
Synonyme de colibri. Pluriel : des oiseau**x**-mouche**s**.

oisellerie (nom féminin)
Élevage et vente des oiseaux. *Zoé a acheté ses pinsons dans une* ***oisellerie****.*

oiseux, euse (adjectif)
Qui ne sert à rien. *Pierre se perd en discussions* ***oiseuses****.* (Syn. inutile, stérile, vain.)

oisif, ive (adjectif et nom)
Qui n'a pas d'occupation. *C'est un homme riche qui mène une vie* ***oisive****.* (Syn. désœuvré, inactif, inoccupé.)

oisillon (nom masculin)
Petit oiseau. *Benjamin a recueilli un* ***oisillon*** *tombé du nid.*

oisiveté (nom féminin)
État d'une personne oisive. *L'état d'****oisiveté*** *forcée était insupportable aux prisonniers.* (Syn. désœuvrement, inaction.)

OK (adverbe)
Synonyme familier de d'accord. **OK** est un mot américain : on prononce [ɔke].

okapi (nom masculin)
Mammifère ruminant des forêts d'Afrique, au pelage marron et aux pattes rayées de blanc.

ola (nom féminin)
Manifestation de l'enthousiasme du public dans un stade, qui, en levant les mains, fait le mouvement d'une vague. **Ola** est un mot d'origine espagnole qui signifie « vague ».

olé ! (interjection)
Mot qui sert à encourager, en particulier dans les corridas. **Olé** est un mot d'origine espagnole.

oléagineux, euse (adjectif)
Qui contient de l'huile. *Les arachides sont des graines **oléagineuses**.* ■ oléagineux (nom masculin) Plante dont on extrait l'huile. *Le maïs, le soja, l'arachide sont des **oléagineux**.*

oléoduc (nom masculin)
Canalisation servant à transporter le pétrole. (Syn. pipeline.)

olfactif, ive (adjectif)
Qui concerne l'odorat. *Le nez sert à percevoir les sensations **olfactives**.*

olifant (nom masculin)
Petit cor en ivoire que portaient les chevaliers. *Avant de mourir, Roland sonna de son **olifant** pour appeler Charlemagne à son secours.* **Olifant** est une déformation du nom *éléphant*.

oligoélément (nom masculin)
Élément chimique présent en très faible quantité dans le corps. *Les **oligoéléments**, apportés par les aliments, sont indispensables à la vie.*

olive (nom féminin)
Fruit comestible de l'olivier, dont on extrait de l'huile. *Des **olives** vertes, des **olives** noires.*

des **olives**

oliveraie (nom féminin)
Terrain planté d'oliviers. *Cette **oliveraie** comporte des arbres centenaires.*

un **okapi**

olivier (nom masculin)
Arbre des régions méditerranéennes dont le fruit est l'olive. *L'**olivier** a des feuilles persistantes et un bois très dur.*

Olmèques
Peuple ancien du Mexique. Les Olmèques se sont installés dans la grande plaine bordée par le golfe du Mexique au IIe millénaire avant Jésus-Christ. Ils ont laissé un héritage historique : temples, pyramides, stèles ainsi que des sculptures et des peintures murales.

Olympe
Massif montagneux du nord de la Grèce. Il culmine à 2 917 mètres. Dans la mythologie grecque, l'Olympe était le lieu où vivaient les dieux.

Olympie
Grand sanctuaire du Péloponnèse et lieu des jeux Olympiques dans la Grèce antique. Le temple abritait la statue de Zeus, haute de 10 mètres, et qui était l'une des Sept Merveilles du monde.

olympique (adjectif)
Qui concerne les jeux Olympiques. *Une piscine **olympique** mesure 50 mètres de long.* • **Jeux Olympiques :** épreuves sportives internationales qui ont lieu tous les quatre ans. **Olympique** vient du nom de la ville grecque *Olympie*, où se sont déroulés tous les quatre ans, pendant onze siècles, les jeux de l'Antiquité (du VIIe siècle avant Jésus-Christ au IVe siècle après Jésus-Christ).

Les oiseaux

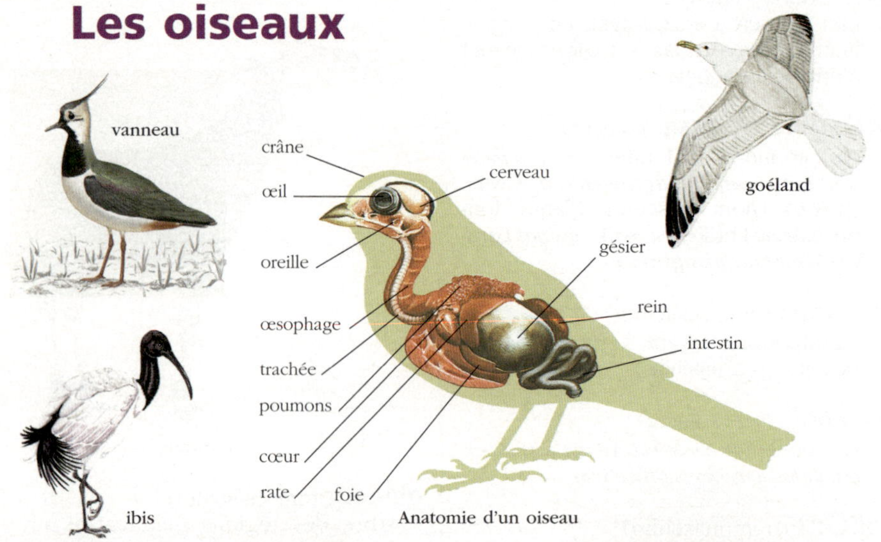
vanneau
crâne
œil
cerveau
goéland
oreille
gésier
œsophage
rein
intestin
trachée
poumons
cœur
rate
foie
ibis
Anatomie d'un oiseau

caille
épervier
cormoran
coucou
faucon
faisan
grue
condor
dindon

hirondelle
cigogne
manchot
vautour
percnoptère
rouge-gorge
buse
canard
hibou
corbeau
ara
kiwi
vautour
toucan
martin-pêcheur
colibri
flamant
quetzal
paon

jeux **Olympiques**

Concours sportif qui se déroulait tous les quatre ans à Olympie, en l'honneur de Zeus, dans la Grèce antique. Les premiers jeux eurent lieu en 776 avant Jésus-Christ. Ils furent abolis en 392 après Jésus-Christ.

LES JEUX MODERNES

Le Français Pierre de Coubertin organisa les premiers jeux Olympiques de l'ère moderne en 1896, à Athènes. En 1924, les premiers jeux Olympiques d'hiver eurent lieu à Chamonix. L'organisation des jeux est confiée tous les quatre ans à une ville différente.

Oman

2,7 millions d'habitants
Capitale : Mascate
Monnaie : le rial omanais
Langue officielle : arabe
Superficie : 212 000 km²

État du sud-est de l'Arabie, bordé par la mer d'Oman.
L'intérieur du pays est montagneux et les côtes sont très découpées. Oman possède d'importants gisements de pétrole et de gaz. Le sultanat d'Oman porta jusqu'en 1970 le nom de sultanat de Mascate-et-Oman.

ombilical, ale, aux (adjectif)
• **Cordon ombilical :** petit conduit qui relie le fœtus à sa mère et lui permet de vivre dans son ventre. **Ombilical** vient du latin *umbilicus* qui signifie « nombril », car le nombril est la cicatrice de la coupure, à la naissance, du cordon ombilical.

ombrage (nom masculin)
Ombre produite par les feuillages des arbres. *L'**ombrage** léger des acacias.* • **Prendre ombrage de quelque chose :** dans la langue littéraire, mal le prendre, être vexé.

ombragé, ée (adjectif)
Où il y a de l'ombre. *Les enfants se sont promenés dans les allées **ombragées** du parc.*

ombrageux, euse (adjectif)
1. Se dit d'un cheval qui a peur des ombres et même de son ombre. **2.** Qui s'inquiète et prend ombrage facilement. *Son visage s'est assombri d'un coup, il a un caractère **ombrageux**.* (Syn. susceptible.)

ombre (nom féminin)
Zone sombre qui se produit quand la lumière est arrêtée par un objet opaque. *Ils se reposent à l'**ombre** du tilleul. Le clair de lune dessine l'**ombre** des promeneurs sur la plage.* • **Pas l'ombre de quelque chose :** pas la moindre trace. *Il n'y a **pas l'ombre d'**un doute, c'est bien lui !* Famille du mot : ombr**age**, om**bragé**, ombr**ageux**, ombr**elle**.

le théâtre d'**ombres** de Java et de Bali

ombrelle (nom féminin)
Petit parasol portatif pour dames.

OMC

Sigle de Organisation mondiale du commerce. L'OMC, créée en 1995, est chargée de veiller à l'application des accords commerciaux entre les pays. Elle siège à Genève, en Suisse.

omelette (nom féminin)
Œufs battus et cuits à la poêle. *Une délicieuse **omelette** aux lardons.* • **Omelette norvégienne :** glace recouverte d'une meringue.

omettre (verbe) ▸ conjug. n° 33
Négliger de faire ou de dire quelque chose. *Vous **avez omis** de me rendre ma monnaie.* (Syn. oublier.)

omission (nom féminin)
1. Action d'omettre quelque chose. *En ne disant pas qu'il y était lui aussi, Clément a menti par **omission**.* **2.** Chose omise. *Il y a plusieurs **omissions** dans votre récit.*

omnibus (nom masculin)
Train qui s'arrête à toutes les gares. *Ce train de banlieue est un **omnibus**.* **Omnibus** est un mot latin qui signifie « pour tous ».

omnipotent, ente (adjectif)
Qui a tous les pouvoirs.

omnisports (adjectif)
Où l'on pratique différents sports. *Une salle **omnisports**.*

omnivore (adjectif)
Qui se nourrit aussi bien d'animaux que de végétaux. *Le loup est carnivore, le mouton est herbivore, l'homme est **omnivore**.*

omoplate (nom féminin)
Os plat de l'épaule. *L'**omoplate** a la forme d'un triangle.*

on (pronom)
1. Les gens en général. ***On** prétend qu'il va y avoir de nouvelles élections.* 2. Une ou plusieurs personnes qu'on ne nomme pas. ***On** vient de me dire qu'il était arrivé.* 3. Synonyme familier de nous. ***On** est restés quelques jours à la mer.*
On est toujours sujet du verbe.

once (nom féminin)
Très petite quantité. *Il n'a pas une **once** de bon sens.* L'**once** est une ancienne unité de poids qui valait environ 30 grammes.

oncle (nom masculin)
Frère du père ou de la mère. *Le mari de la tante de David est l'**oncle** de David.*

onctueux, euse (adjectif)
D'une consistance lisse et veloutée. *La mousse au chocolat est **onctueuse**.*

onde (nom féminin)
1. Mouvement à la surface de l'eau, qui se propage en rides successives. *Ibrahim produit des **ondes** sur l'eau en jetant des pierres.* 2. Vibration qui se propage de proche en proche. *Les couleurs sont des **ondes** lumineuses, les bruits sont des **ondes** sonores.* • **Être sur la même longueur d'onde :** se comprendre parfaitement. ■ **ondes** (nom féminin pluriel) Émission de radio. *L'information est diffusée sur les **ondes**.*

ondée (nom féminin)
Pluie subite et de courte durée. *La météo annonce des **ondées**.* (Syn. averse.)

on-dit (nom masculin)
Paroles malveillantes. *Il est prudent de ne jamais croire les **on-dit**.* (Syn. racontar, rumeur.) Pluriel : des on-dit.

ondoyer (verbe) ▶ conjug. n° 6
Se mouvoir comme une onde à la surface de l'eau. *Les drapeaux **ondoient** au vent.*

ondulation (nom féminin)
1. Mouvement régulier qui s'abaisse et s'élève. *L'**ondulation** des vagues fait bouger la barque.* 2. Ce qui évoque ce mouvement par sa forme. *Ses cheveux ont des **ondulations** naturelles.*

ondulé, ée (adjectif)
Qui présente des ondulations. *Les verres sont empaquetés dans du carton **ondulé**.*

onduler (verbe) ▶ conjug. n° 3
Faire des ondulations. *Les drapeaux **ondulent** au vent.*

La surface de l'eau **ondule**.

onéreux, euse (adjectif)
Synonyme de coûteux. *L'entretien de cette grande maison est **onéreux**.* (Contr. bon marché, économique.)

ONG (nom féminin)
Organisation indépendante qui a pour but d'aider les populations en difficultés. *Les **ONG** se sont rendues sur les lieux du tremblement de terre.* ONG est l'abréviation de **o**rganisation **n**on **g**ouvernementale.

ongle (nom masculin)
Corne qui recouvre l'extrémité supérieure des doigts. *Quentin est tellement nerveux qu'il se ronge les **ongles**.*

onglet (nom masculin)
1. Petit repère en carton dépassant d'un livre, d'un carnet. *Julie écrit les noms des matières scolaires sur les onglets de ses intercalaires.* 2. Petite entaille où peut s'introduire l'ongle. *L'**onglet** de la lame d'un couteau de poche.*

onglée (nom féminin)
Engourdissement douloureux du bout des doigts, dû au froid. *Après la bataille de boules de neige, Amandine avait l'**onglée**.*

onguent (nom masculin)
Pommade calmante grasse. *Cet **onguent** est vraiment très efficace sur une entorse.* Prononciation [ɔ̃gɑ̃].

onirique (adjectif)
Qui semble aussi irréel qu'un rêve. *Dans la neige et le brouillard, le paysage avait un aspect **onirique**.*

onomatopée (nom féminin)
Mot dont le son imite ou évoque la chose qu'il représente. *« Miaou, toc, glouglou » sont des **onomatopées**.*

ONU
Sigle de Organisation des Nations unies. Cette organisation internationale fut créée en 1945. Elle a pour objectif de maintenir la paix entre les États et de favoriser les échanges économiques, sociaux et culturels. Elle siège à New York et 192 États y sont représentés. Lors de conflits, l'ONU peut réunir et envoyer des militaires, appelés les « casques bleus ».

onyx (nom masculin)
Agate qui présente des anneaux concentriques de diverses couleurs.

onze (déterminant)
Dix plus un (11). *Une équipe de football comprend **onze** joueurs.* ■ **onze** (nom masculin) Nombre onze. *Nous partons le **onze** juillet.*

onzième (adjectif et nom)
Qui occupe le rang numéro 11. *Le bureau est au **onzième** étage. Sarah est la **onzième** sur la liste.* ■ **onzième** (nom masculin) Ce qui est contenu onze fois dans un tout. *Il a eu le **onzième** de l'héritage.*

opale (nom féminin)
Pierre fine et blanche, aux reflets irisés. *Le pied de la lampe est en **opale**.*

opaque (adjectif)
Qui ne laisse pas passer la lumière. *Un brouillard **opaque** cachait le paysage.* (Contr. translucide, transparent.)

OPEP
Sigle de Organisation des pays exportateurs de pétrole. Cette organisation, créée en 1960, regroupe les principaux pays qui exportent du pétrole. L'OPEP gère tout ce qui touche à la production du pétrole.

opéra (nom masculin)
1. Pièce de théâtre mise en musique et dont les paroles sont chantées. La Flûte enchantée *est un **opéra** de Mozart.* 2. Théâtre où l'on joue des opéras. *L'**Opéra**-Bastille, à Paris.* Famille du mot : opéra-comique, opér**ette**.

opérable (adjectif)
Qui peut être opéré. *Le chirurgien a estimé que la tumeur était **opérable**.*

de l'**onyx** poli

opéra-comique (nom masculin)
Opéra qui contient également des dialogues parlés. Pluriel : des opéras-comiques.

opérateur, trice (nom)
Technicien qui fait fonctionner un appareil. *Un **opérateur** de cinéma est chargé des prises de vue d'un film.*

opération (nom féminin)
1. Ce qui permet de faire un calcul. *Les quatre **opérations** sont l'addition, la soustraction, la multiplication et la division.* **2.** Action d'opérer un malade ou un blessé. *Le père de Pierre a subi plusieurs **opérations** chirurgicales.* (Syn. intervention.) **3.** Ensemble d'actions visant à obtenir un résultat. *Greffer un arbre est une **opération** très délicate.* **4.** Affaire commerciale. *Il a fait une très bonne **opération** en vendant sa maison à ce prix-là.*

opérationnel, elle (adjectif)
Qui est prêt à réaliser les opérations qu'on lui demande. *L'équipe de secours sera **opérationnelle** demain matin.*

opératoire (adjectif)
Qui concerne une opération chirurgicale. *Les infirmières l'ont conduit au bloc **opératoire** pour qu'on l'opère de l'appendicite.*

opérer (verbe) ▸ conjug. n° 8
1. Réaliser quelque chose. *Un changement complet **s'est opéré** en lui.* **2.** Ouvrir un organe malade pour le soigner. *Le chirurgien qui l'**opère** a une excellente réputation.* Famille du mot : opér**able**, opér**ateur**, opér**ation**, opér**ationnel**, opé**ratoire**.

opérette (nom féminin)
Petit opéra-comique léger, amusant et gai.

ophtalmologie (nom féminin)
Médecine spécialisée qui étudie l'œil et soigne les troubles de la vue.

ophtalmologiste (nom)
Spécialiste d'ophtalmologie. *L'**ophtalmologiste** soigne les yeux tandis que l'opticien fabrique les lunettes.* (Syn. oculiste.) **Ophtalmologiste** vient du grec *ophtalmos* qui signifie « œil », tandis que son synonyme **oculiste** vient du latin *oculus* qui a le même sens.

opiner (verbe) ▸ conjug. n° 3
• **Opiner de la tête, du bonnet, du chef :** montrer par un signe de tête qu'on est d'accord.

opiniâtre (adjectif)
Qui fait preuve d'une volonté tenace. *Grâce à un travail **opiniâtre**, les Hollandais ont conquis les polders sur la mer.* (Syn. acharné.)

opiniâtreté (nom féminin)
Attitude opiniâtre. *Il a continué ses recherches avec **opiniâtreté**, sans se soucier des critiques.* (Syn. acharnement, ténacité.)

opinion (nom féminin)
1. Jugement personnel. *N'ayez pas peur de nous dire votre **opinion** !* (Syn. avis.) **2.** Manière de penser très largement répandue. *Les propos du ministre ont choqué l'**opinion** publique.*

opium (nom masculin)
Suc du pavot utilisé en médecine et comme drogue. *Les fumeurs d'**opium** sont des toxicomanes.* Prononciation [ɔpjɔm].

oponce (nom masculin)
Cactus à tiges aplaties en forme de raquettes. *Le fruit de l'**oponce**, la figue de Barbarie, est comestible.*

opossum (nom masculin)
Marsupial d'Amérique au pelage gris. Prononciation [ɔpɔsɔm].

un **opossum**

oppidum (nom masculin)
Site fortifié, le plus souvent sur une hauteur. *L'**oppidum** d'Alésia.* Prononciation [ɔpidɔm].

opportun, une (adjectif)
Qui vient au bon moment. *Cette prime **opportune** lui a permis de payer sa voiture.* (Syn. propice. Contr. inopportun.) Famille du mot : inopportun, opportunément, opportunisme, opportuniste, opportunité.

opportunément (adverbe)
De manière opportune. *L'ambulance passait **opportunément** sur les lieux de l'accident.*

opportunisme (nom masculin)
Attitude consistant à adapter son comportement aux circonstances en ne se souciant que de son intérêt.

opportuniste (adjectif et nom)
Qui fait preuve d'opportunisme. *Il change d'avis quand ça l'arrange, c'est un **opportuniste**.*

opportunité (nom féminin)
Caractère de ce qui est opportun. *Les chefs d'État ont discuté de l'**opportunité** d'une intervention militaire.*

opposant, ante (nom)
Personne qui s'oppose au pouvoir. *Le dictateur a fait arrêter tous les **opposants**.*

opposé, ée (adjectif)
1. Qui est en vis-à-vis. *Le bac conduit les voyageurs sur la rive **opposée** du fleuve.* 2. Qui s'oppose. *Nous ne ferons pas route ensemble car je vais dans la direction **opposée**.* (Syn. contraire.) ■ **opposé** (nom masculin) Chose opposée. *Le caractère de Quentin est l'**opposé** de celui de Zoé.* (Syn. contraire, inverse.)

opposer (verbe) ▸ conjug. n° 3
1. Mettre face à face. *Le match **opposera** l'équipe de rugby de Brive et celle de Toulouse.* 2. Mettre comme obstacle. *Ils **ont opposé** une résistance farouche avant de se rendre.* 3. Mettre en contraste pour comparer. *On **oppose** souvent le tempérament méditerranéen à celui des gens du Nord.* Famille du mot : opposant, opposé, opposition.

opposition (nom féminin)
1. Action de s'opposer. *Son père voulait faire **opposition** à leur mariage.* 2. Partis qui s'opposent au sein du gouvernement. *L'**opposition** a voté contre le projet de loi.* • **En opposition :** en contraste ou en conflit. *Ses paroles sont **en opposition** avec ses actes.*

oppresser (verbe) ▸ conjug. n° 3
Gêner la respiration. *Ce temps lourd et orageux nous **oppresse**.* Famille du mot : oppresseur, oppression.

oppresseur (nom masculin)
Personne qui opprime les autres. *Les opprimés se sont révoltés contre leurs **oppresseurs**.*

oppression (nom féminin)
1. Sensation d'être oppressé. *Tous les asthmatiques souffrent d'**oppression**.* 2. Pouvoir qui opprime. *Des guérilléros se battent contre l'**oppression** exercée par le dictateur.* (Syn. tyrannie.)

opprimé, ée (adjectif et nom)
Soumis à une oppression. *Robin des Bois défendait les faibles et les **opprimés**.*

opprimer (verbe) ▸ conjug. n° 3
Exercer une autorité abusive et injuste. *Un dictateur **opprime** le peuple.* (Syn. tyranniser.)

opprobre (nom masculin)
Dans la langue littéraire, réprobation publique. *Cette décision politique est en butte à l'**opprobre** général.*

opter (verbe) ▸ conjug. n° 3
Choisir entre plusieurs choses. *Quand Romain aura 18 ans, il devra **opter** pour l'une de ses deux nationalités.* Famille du mot : option, optionnel.

opticien, enne (nom)
Personne qui fabrique et qui vend des lunettes et des instruments d'optique. *L'**opticien** a fait les lunettes que l'oculiste avait prescrites.*

optimal, ale, aux (adjectif)
Qui est le meilleur possible. *Cette falaise offre des conditions **optimales** pour faire du parapente.* (Syn. idéal.)

optimisme (nom masculin)
Tendance à voir le bon côté des choses. *Son **optimisme** le conduit à penser qu'il va gagner au loto.* (Contr. pessimisme.) **Optimisme** vient du latin *optimus* qui signifie « très bon ».

optimiste (adjectif et nom)
Qui fait preuve d'optimisme. *Le ministre a tenu des propos **optimistes** concernant la réduction du chômage.* (Contr. pessimiste.)

option (nom féminin)
1. Matière facultative que l'on choisit. *Anna a choisi l'**option** informatique.* 2. Accessoire qu'on peut acheter en plus. *Cette voiture est également disponible avec l'**option** sièges en cuir.* 3. Solution pour laquelle on opte. *Tu as choisi la mauvaise **option**.*

optionnel, elle (adjectif)
Qui est en option. *Au collège, le latin est une matière **optionnelle**.* (Contr. obligatoire.)

optique (adjectif)
Qui concerne la vision. *Les sensations lumineuses sont conduites au cerveau par le nerf **optique**.* ■ **optique** (nom féminin) 1. Partie de la physique qui étudie la lumière et la vision. 2. Manière de voir et de juger. *Les enfants et les adultes n'ont pas toujours la même **optique**.* (Syn. point de vue.) • **Instrument d'optique :** instrument qui permet de voir mieux en corrigeant la vue ou en grossissant les objets.

opulence (nom féminin)
Grande abondance de richesses. *Le roi vivait dans l'**opulence** tandis que ses sujets avaient faim.* (Contr. dénuement, misère.)

opulent, ente (adjectif)
Très riche. *Un banquier **opulent**.*

opus (nom masculin)
Morceau numéroté de l'œuvre d'un musicien. *Elle a joué l'**opus** 18 de Beethoven.* **Opus** s'abrège *op*.

opuscule (nom masculin)
Petit ouvrage scientifique ou littéraire. *On lui a prêté un **opuscule** sur l'élevage des hamsters.* (Syn. brochure, livret.)

■ **or** (conjonction)
Sert à relier deux idées en marquant une opposition. *Je voudrais m'acheter un CD, **or** je n'ai pas assez d'argent.*

■ **or** (nom masculin)
Métal précieux, inaltérable, de couleur jaune. *Les parents d'Élodie portent une alliance en **or**.* • **À prix d'or :** très cher. • **Cœur d'or :** bon cœur. • **Être cousu d'or** ou **rouler sur l'or :** être très riche. • **Pas pour tout l'or du monde :** à aucun prix.

des lingots et des pièces d'**or**

oracle (nom masculin)
Dans l'Antiquité, réponse d'une divinité à ceux qui la consultaient. *Les prêtres rendaient les **oracles** des dieux.*

orage (nom masculin)
Perturbation atmosphérique qui se traduit par des éclairs, du tonnerre et de la pluie. *Le temps est lourd, il va faire de l'**orage**.* • **Il y a de l'orage dans l'air :** il va y avoir une dispute.

orageux, euse (adjectif)
1. Menacé ou troublé par l'orage. *Le temps est lourd et **orageux**.* 2. Qui est violent et très bruyant. *L'entrevue a été **orageuse**.* (Contr. calme.)

oraison (nom féminin)
• **Oraison funèbre :** éloge solennel que l'on fait d'un mort.

oral, ale, aux (adjectif)
Fait de vive voix. *Il lui reste encore les épreuves **orales** à passer.* (Contr. écrit.) • **Par voie orale :** par la bouche. *Ce médicament se prend par voie **orale**.* ■ **oral, aux** (nom masculin) Examen oral. *Elle doit passer l'**oral** du bac.* **Oral** vient du latin *oris* qui signifie « bouche ».

oralement (adverbe)
De manière orale. *Il nous a téléphoné pour nous donner **oralement** sa réponse.* (Syn. verbalement, de vive voix.)

orange (nom féminin)
Agrume d'un jaune tirant sur le rouge, fruit comestible de l'oranger. ➡ p. 35.
■ **orange** (adjectif) De la couleur de l'orange, jaune mêlé de rouge. *Le feu tricolore est **orange**, il va passer au rouge.* Pluriel : des pulls orange. Famille du mot : orang**é**, orang**eade**, orang**er**, orange**raie**, orange**rie**.

orangé, ée (adjectif)
D'une couleur qui tire sur l'orange. *Des nuages **orangés** entouraient le soleil couchant.*

orangeade (nom féminin)
Jus d'orange additionné de sucre et d'eau. *On nous a servi des verres d'**orangeade**.*

oranger (nom masculin)
Arbre des pays chauds, qui reste vert toute l'année et produit les oranges.

orangeraie (nom féminin)
Plantation d'orangers.

orangerie (nom féminin)
Serre où l'on garde pendant l'hiver les orangers et les plantes délicates. *Dans le parc municipal, il y a une **orangerie**.*

orang-outan (nom masculin)
Grand singe d'Indonésie, au pelage roux et aux longs bras, qui vit dans les arbres. *Les **orangs-outans** vivent dans la forêt équatoriale.* Pluriel : des orangs-outans ● Prononciation [ɔʀɑ̃utɑ̃]. **Orang-outan** vient de deux mots malais qui signifient « homme des bois ».
ORTHO On écrit aussi un **orang-outang**.

orateur, trice (nom)
Personne qui prononce un discours. *La salle a applaudi l'**orateur**.*

oratoire (adjectif)
Qui concerne l'éloquence. *Les effets **oratoires** de l'avocat ont influencé les jurés.*

un **orang-outan**

orbital, ale, aux (adjectif)
Qui suit une orbite autour d'un astre. *Les astronautes sont dans la station **orbitale**.*

orbite (nom féminin)
1. Cavité de l'œil. *Il a les yeux enfoncés dans les **orbites**.* **2.** Courbe parcourue par un astre ou par un satellite autour d'un astre. *L'**orbite** de la Lune autour de la Terre dure 27 jours 7 heures et 43 minutes.*

orchestre (nom masculin)
1. Groupe de musiciens qui jouent ensemble. *Dans un **orchestre** classique, il y a des instruments à cordes, des instruments à vent et des percussions.* **2.** Rez-de-chaussée d'une salle de spectacle. *L'**orchestre** est plus près de la scène que le balcon.* ● Prononciation [ɔʀkɛstʀ].

orchestrer (verbe) ▸ conjug. n° 3
1. Adapter une œuvre musicale pour les instruments de l'orchestre. *Cet opéra est très bien **orchestré**.* **2.** Organiser une action. *Le directeur **a orchestré** une campagne de presse.*

orchidée (nom féminin)
Plante tropicale aux fleurs étranges, aux couleurs vives et variées. ● Prononciation [ɔʀkide].

ordinaire (adjectif)
1. Qui est dans l'ordre des choses. *Dans la vie **ordinaire**, cet acteur est un homme timide.* (Syn. courant, habituel, normal.) **2.** D'une qualité moyenne, sans rien de particulier. *Voulez-vous un croissant au*

beurre ou un croissant ***ordinaire*** *?* (Syn. normal. Contr. exceptionnel, extraordinaire.)
■ ordinaire (nom masculin) Ce qui est courant. *Thomas n'est pas un garçon comme les autres, il sort de l'****ordinaire****.*
• **D'ordinaire :** d'habitude. ***D'ordinaire****, Fatima se lève à 7 heures.* Famille du mot : **extra**ordinaire, **extra**ordinaire**ment**, ordinaire**ment**.

ordinairement (adverbe)
D'une manière ordinaire. ***Ordinairement****, Noémie est plus gaie.* (Syn. d'habitude, d'ordinaire.)

ordinal, ale, aux (adjectif)
Qui marque l'ordre et le rang. *Centième est un nombre* ***ordinal*** *et cent est un nombre cardinal.*

ordinateur (nom masculin)
Machine électronique capable de traiter très rapidement différentes informations. *Gaëlle a mis en mémoire dans son* ***ordinateur*** *l'adresse de tous ses amis. Un* ***ordinateur*** *portable.*

ordonnance (nom féminin)
1. Texte de loi. *Cette* ***ordonnance*** *de police règlemente la circulation des camions en ville.* 2. Ce que le médecin ordonne par écrit. *Ce médicament se délivre sans* ***ordonnance****.* 3. Organisation du déroulement de quelque chose selon un ordre. *La maîtresse de maison a préparé avec soin l'****ordonnance*** *du repas.*

les différentes sortes d'**orchidées**

ordonné, ée (adjectif)
Qui a de l'ordre. *La chambre d'Hélène est bien rangée, c'est une enfant très* ***ordonnée****.* (Contr. brouillon, désordonné.)

ordonnée (nom féminin)
L'une des coordonnées servant à définir la position d'un point dans un plan.
➡ p. 296.

ordonner (verbe) ▸ conjug. n° 3
1. Donner un ordre. *Je vous* ***ordonne*** *de partir !* (Syn. commander.) 2. Indiquer tel ou tel remède. *Le médecin lui* ***a ordonné*** *de garder la chambre pendant quatre jours.* (Syn. prescrire.) 3. Mettre en ordre. *Il faut* ***ordonner*** *tes idées pour faire ta rédaction.* (Syn. classer, organiser.) Famille du mot : **dés**ordonné, ordon**nance**, ordonn**é**, ordonn**ée**.

ordre (nom masculin)
1. Manière de ranger. *Rangez-vous par* ***ordre*** *de taille.* 2. État de quelque chose qui est rangé. *Avant de partir en vacances, on met la maison en* ***ordre****.* (Contr. désordre.) 3. Tendance à mettre les choses à leur place et à agir avec méthode. *Tu gagnerais du temps avec un peu d'****ordre****.* 4. Bonne organisation et calme d'un pays. *La police maintient l'****ordre*** *en faisant respecter les lois.* 5. Catégorie de personnes ou de choses. *C'est un pâtissier de premier* ***ordre****. Pour vous donner un* ***ordre*** *de grandeur, un piano pèse dans les 200 kilos.* 6. Assemblée officielle des membres d'une même profession. *Pour pouvoir exercer, un médecin doit être inscrit à l'****ordre*** *des médecins.* 7. Groupe de religieux obéissant à certaines règles. *Elle appartient à l'****ordre*** *des carmélites.* 8. Parole qui oblige à faire telle ou telle chose. *Je vous donne l'****ordre*** *de vous taire. Tu resteras ici jusqu'à nouvel* ***ordre****.* • **De l'ordre de :** approximativement. (Syn. environ.) • **Entrer dans les ordres :** devenir religieux. • **Être sous les ordres de quelqu'un :** devoir lui obéir. • **Ordre du jour :** liste des questions à aborder au cours d'une réunion. Famille du mot : **contr**ordre, **dés**ordre.

ordures (nom féminin pluriel)
Ce que l'on jette à la poubelle. *Les éboueurs ramassent les* ***ordures****.* (Syn. déchets, immondices.)

ordurier, ère (adjectif)
Très grossier. *L'automobiliste, hors de lui, a lancé quelques mots **orduriers**.* (Syn. obscène.)

orée (nom féminin)
Synonyme littéraire de lisière. *Les chasseurs sont parvenus à l'**orée** du bois.*

oreille (nom féminin)
Chacun des deux organes situés de chaque côté de la tête et qui servent à entendre. *Quand Julie est enrhumée, elle a les **oreilles** qui se bouchent. Il est un peu dur d'**oreille**, parlez plus fort.* ➡ p. 303. • **Échauffer les oreilles :** mettre en colère. • **Ouvrir** ou **prêter l'oreille :** écouter attentivement. • **Partir l'oreille basse :** penaud et honteux. • **Se faire tirer l'oreille :** n'accepter qu'après s'être fait prier. • **Venir aux oreilles de quelqu'un :** lui être raconté.

oreiller (nom masculin)
Coussin servant à soutenir la tête d'une personne qui dort. *Laura dort sans **oreiller**.*

oreillette (nom féminin)
1. Chacune des deux cavités supérieures du cœur. *Les **oreillettes** communiquent avec les ventricules.* ➡ p. 255. **2.** Écouteur que l'on place dans l'oreille. *Les **oreillettes** d'un lecteur MP3.*

oreillons (nom masculin pluriel)
Maladie contagieuse qui fait enfler des glandes situées sous les oreilles. *Les **oreillons** sont dus à un virus.*

d'**ores et déjà** (adverbe)
Dès maintenant. *5 à 0 : le match est **d'ores et déjà** gagné.* Prononciation [dɔʀzedeʒa].

orfèvre (nom)
Personne qui fabrique ou qui vend des objets en métal précieux. **Orfèvre** vient du mot *or* et d'un ancien mot français *fèvre* qui signifiait « forgeron ».

orfèvrerie (nom féminin)
Travail de l'orfèvre. *Le musée a de belles pièces d'**orfèvrerie** du XVIIe siècle.*

orfraie (nom féminin)
Aigle de grande taille. • **Pousser des cris d'orfraie :** pousser des cris affreux. **L'orfraie** ne crie pas très fort : on l'a confondue avec l'*effraie*, sorte de chouette qui crie la nuit.

organe (nom masculin)
Partie du corps remplissant une fonction particulière. *Les yeux, les oreilles, la langue, le foie, le cœur sont des **organes**.* Famille du mot : organ**ique**, orga**nisme**.

organigramme (nom masculin)
Schéma représentant l'organisation générale d'un groupe. *L'**organigramme** de l'entreprise permet de mettre en évidence les divers postes.*

organique (adjectif)
Des organes. *Son cœur malade ne remplit plus sa fonction **organique**.*

organisateur, trice (nom)
Personne qui organise. *Le maire a remercié les **organisateurs** de cette kermesse.*

organisation (nom féminin)
1. Action d'organiser. *L'**organisation** de cette rencontre mondiale a demandé une année de travail.* (Syn. préparation.) **2.** Manière dont quelque chose est organisé. *Ton **organisation** n'est pas bonne, tu perds un temps fou.* **3.** Groupe organisé. *Il s'occupe d'une **organisation** qui lutte contre la faim dans le monde.* (Syn. groupement, mouvement.) Famille du mot : **dés**organisation, **dés**organiser, organis**ateur**, organisé, organiser, **ré**organiser.

Organisation des Nations unies
➡ Voir **ONU**.

une pièce d'**orfèvrerie** (1126)

Organisation des pays exportateurs de pétrole
➡ Voir **OPEP**.

Organisation du traité de l'Atlantique Nord
➡ Voir **OTAN**.

Organisation mondiale du commerce
➡ Voir **OMC**.

organisé, ée (adjectif)
1. Qui sait s'organiser. *Guillaume est un garçon vraiment très* ***organisé****.* (Syn. ordonné.) 2. Préparé d'avance par un organisateur. *Myriam n'aime pas beaucoup les voyages* ***organisés****.*

organiser (verbe) ▸ conjug. n° 3
1. Préparer avec méthode et dans un but précis. *Noémie* ***a organisé*** *toute seule une fête pour son anniversaire.* 2. S'organiser : aménager son temps pour agir efficacement. *William ne perd jamais une minute, il a toujours su* ***s'organiser****.*

organisme (nom masculin)
1. Ensemble des organes constituant un être vivant. *Le bruit et la pollution agissent sur l'****organisme****.* 2. Être vivant. *Les microbes sont des* ***organismes*** *microscopiques.* 3. Ensemble des services qui s'occupent d'une tâche précise. *Médecins sans frontières est un* ***organisme*** *de secours international.*

organiste (nom)
Musicien qui joue de l'orgue.

orge (nom féminin)
Céréale qui ressemble au blé. *On se sert de l'****orge*** *dans la fabrication de la bière.*

des céréales : (de gauche à droite) avoine, **orge**, seigle, mil

orgelet (nom masculin)
Petit furoncle situé au bord de la paupière.

orgie (nom féminin)
Repas très copieux et très arrosé, où les gens se laissent aller. **Orgie** vient du latin *orgia* qui signifie « fêtes en l'honneur de Bacchus », qui était le dieu du Vin.

orgue (nom masculin)
Grand instrument à vent, composé de claviers, de tuyaux et d'une soufflerie. *Odile aime écouter les grandes* ***orgues*** *de la cathédrale.* Au pluriel, **orgue** est féminin.

orgueil (nom masculin)
Opinion trop avantageuse qu'on a de soi-même. *Depuis qu'il a réussi, Alain est d'un* ***orgueil*** *insupportable.* (Contr. humilité, modestie.)

orgueilleux, euse (adjectif)
Qui a de l'orgueil. *Sarah est susceptible et* ***orgueilleuse****.* (Syn. fier, prétentieux.)

orient (nom masculin)
Côté de l'horizon où le soleil se lève. (Syn. est, levant. Contr. couchant, occident, ouest.) • **L'Orient :** l'ensemble des pays d'Asie. *L'Iran, le Japon sont des pays de l'****Orient****.*

Orient
Ensemble des États et villes situés à l'est de la Grèce, dans l'Antiquité. L'Orient s'étendait de l'Égypte à l'Empire perse et incluait la Mésopotamie. L'Orient a ensuite englobé tous les pays arabes, l'Empire ottoman, l'Inde et la Chine.

Empire romain d'**Orient**
➡ Voir **byzantin**.

orientable (adjectif)
Qu'on peut orienter. *Xavier a une lampe de bureau* ***orientable****.*

oriental, ale, aux (adjectif)
Situé du côté de l'orient. *New York se situe sur la côte* ***orientale*** *des États-Unis.* (Contr. occidental.) ■ **oriental, ale, aux** (adjectif et nom) De l'Orient. *Les Chinois sont des* ***Orientaux****.* (Contr. occidental.)

a b c d e f g h i j k l m n **o** p q r s t u v w x y z

orientation (nom féminin)
1. Situation d'un lieu par rapport aux points cardinaux. *L'**orientation** est-ouest de cet appartement le rend très agréable.* **2.** Direction que l'on prend pour ses études. *Une conseillère d'**orientation**.* • **Sens de l'orientation :** capacité à trouver son chemin.

orienter (verbe) ▸ conjug. n° 3
1. Placer quelque chose par rapport aux points cardinaux. *La boussole permet d'**orienter** correctement une carte.* **2.** Pousser quelqu'un vers telle ou telle direction. *On l'**a orienté** vers un métier manuel.* **3.** S'orienter : trouver sa direction. *Amandine ne sait pas encore bien **s'orienter** dans son nouveau quartier.* Famille du mot : **dés**orienter, orient**able**, orient**ation**.

orifice (nom masculin)
Ouverture servant d'entrée ou de sortie. *La balle sort par l'**orifice** du canon.* (Syn. trou.)

oriflamme (nom féminin)
Longue bannière qui se termine en pointe. *La place de l'hôtel de ville est pavoisée avec des **oriflammes**.* **Oriflamme** vient de deux anciens mots français *orie* et *flambe* qui signifient « flamme d'or ».

origami (nom masculin)
Art du papier plié. *L'**origami** permet de réaliser toutes sortes de figures en papier.* **Origami** est un mot japonais.

origan (nom masculin)
Marjolaine sauvage. *Maman a mis de l'**origan** sur les grillades.*

originaire (adjectif)
Qui tire son origine de tel endroit. *La mère de Zoé est **originaire** du Poitou.* (Syn. natif.)

original, ale, aux (adjectif)
Qui sort de l'ordinaire. *C'est une idée **originale** et intéressante.* (Contr. banal.) ■ **original, ale, aux** (adjectif et nom) Qui ne fait pas comme tout le monde. *Été comme hiver, il est pieds nus dans ses chaussures, c'est un **original**.* ■ **original, aux** (nom masculin) Œuvre authentique ou document d'origine. *J'ai oublié l'**original** sur la photocopieuse.*

originalité (nom féminin)
Caractère original. *Voilà un film d'une grande **originalité**.* (Syn. nouveauté. Contr. banalité.)

origine (nom féminin)
1. Provenance d'un individu. *Abdou est d'**origine** sénégalaise.* (Syn. ascendance.) **2.** Point de départ. *Plusieurs savants recherchent l'**origine** de la vie. À l'**origine**, Yann devait venir avec nous.* (Syn. commencement, début.) **3.** Ce qui explique ou qui est la cause de quelque chose. *Un malentendu est à l'**origine** de leur brouille.* Famille du mot : origin**aire**, origin**el**.

originel, elle (adjectif)
Qui date de l'origine. *L'instinct **originel** des chats les pousse à chasser les souris.*

orignal, aux (nom masculin)
Animal voisin de l'élan, vivant au Canada. *L'**orignal** est plus grand que son cousin européen.*

une **oriflamme** du temps des croisades

oripeaux (nom masculin pluriel)
Habits vieux et démodés.

ORL ➡ Voir **otorhinolaryngologiste**.

Orléans
Chef-lieu du département du Loiret et de la Région Centre-Val de Loire (116 000 habitants). Orléans se situe sur les bords de la Loire. Elle possède des industries alimentaires (conserves, vinaigre, chocolat) et électroniques.
HISTOIRE
L'ancienne cité gauloise devint avec Clovis la capitale du royaume d'Orléans. Assiégée par les Anglais en 1428, elle fut délivrée par Jeanne d'Arc en 1429.

orme (nom masculin)
Grand arbre aux feuilles dentelées.

fruit et feuilles de l'**orme**

ormeau, eaux (nom masculin)
1. Petit orme. **2.** Mollusque marin comestible, appelé aussi « oreille de mer ».

ornement (nom masculin)
Élément qui sert à orner. *La rosace est un **ornement** fréquent dans les églises.* (Syn. décoration.)

ornemental, ale, aux (adjectif)
Qui sert à orner. *Les orchidées sont des plantes **ornementales**.* (Syn. décoratif.)

orner (verbe) ▸ conjug. n° 3
Rendre plus beau. *Le sapin **est orné** de guirlandes.* (Syn. décorer.) Famille du mot : orn**ement**, orn**emental**.

ornière (nom féminin)
Trace creusée par les roues d'un véhicule dans un chemin de terre. *La voiture s'est embourbée dans une **ornière**.*

ornithologie (nom féminin)
Science qui étudie les oiseaux.

ornithologue (nom)
Spécialiste d'ornithologie.

ornithorynque (nom masculin)
Mammifère d'Australie, au bec de canard, à la queue plate et aux pattes palmées. *L'**ornithorynque** est ovipare, il est grand comme un chat et vit en partie dans l'eau.* **Ornithorynque** vient de deux mots grecs qui signifient « bec d'oiseau », car c'est le seul mammifère qui ait un bec.

un **ornithorynque**

oronge (nom féminin)
Champignon comestible de la famille des amanites, au chapeau rouge-orange. ➡ p. 218. • **Fausse oronge :** champignon vénéneux au chapeau rouge piqué de blanc, appelé aussi « amanite tue-mouches ».

orpailleur, euse (nom)
Chercheur d'or.

orphelin, ine (adjectif et nom)
Qui a perdu ses deux parents ou l'un des deux. *Un **orphelin** de mère.*

orphelinat (nom masculin)
Établissement où l'on accueille les orphelins.

orque (nom féminin)
Mammifère marin très vorace. (Syn. épaulard.)

Orrorin
Fossile de primate découvert en 2000 et âgé d'environ six millions d'années. C'est l'un des plus vieux ancêtres connus de l'homme.
ORTHO On dit aussi **Orrorin tugenensis**.

orteil (nom masculin)
Doigt de pied. *Le gros **orteil** n'a que deux phalanges.* ➡ p. 303.

orthodontiste (nom)
Dentiste qui corrige la position des dents sur la mâchoire.

orthodoxe (adjectif)
Conforme à une tradition ou aux usages habituels. *Une opinion pas très **orthodoxe**.* ■ orthodoxe (adjectif et nom) Chrétien qui appartient à une Église d'Orient. *Les **orthodoxes** ne reconnaissent pas le pape comme chef de l'Église.*

orthogonal, ale, aux (adjectif)
À angle droit. *Deux droites **orthogonales** se coupent toujours à angle droit.* (Syn. perpendiculaire.)

orthographe (nom féminin)
Manière correcte d'écrire les mots. *Caroline a vérifié l'**orthographe** de « joaillier » dans son dictionnaire.* Famille du mot : orthographi**er**, orthographi**que**. **Orthographe** vient du grec *graphein* qui signifie « écrire » et de *orthos* qui signifie « droit », que l'on retrouve dans *orthodontiste*, *orthodoxe*.

orthographier (verbe) ▸ conjug. n° 10
Écrire selon les strictes règles de l'orthographe. *Épelez votre nom, que je puisse l'**orthographier** correctement.*

orthographique (adjectif)
Qui concerne l'orthographe. *Quand un mot a plusieurs orthographes, il y a une remarque **orthographique** dans le dictionnaire. Un correcteur **orthographique**.*

orthopédiste (nom)
Spécialiste des maladies des os, des articulations, des muscles et des tendons.

orthophoniste (nom)
Personne qui corrige les troubles du langage parlé et écrit. *Il est allé consulter l'**orthophoniste** parce qu'il confondait certains sons.*

ortie (nom féminin)
Plante dont les feuilles sont couvertes de poils qui piquent. *Élodie s'est piquée en passant dans les **orties**.*

ortolan (nom masculin)
Petit oiseau migrateur dont la chair est très appréciée de certains, mais dont la chasse est interdite car il est protégé.

orvet (nom masculin)
Lézard sans pattes à queue très fragile. *L'**orvet** est très utile car il mange les limaces.* **Orvet** vient de l'ancien français *orb* qui signifie « aveugle », car on croyait les orvets aveugles.

os (nom masculin)
Chacune des parties solides qui composent le squelette d'un être humain ou d'un animal. *Le radius est un **os** de l'avant-bras.* • **En chair et en os :** en personne. • **Jusqu'aux os :** complètement. *La pluie l'a trempé **jusqu'aux os**.* • **Ne pas faire de vieux os :** mourir jeune ou ne pas durer longtemps. Prononciation : un os [œ̃nɔs], des os [dezo]. Famille du mot : **désosser, ossature, osselets, ossements, osseux, ossuaire.**

oscillation (nom féminin)
Mouvement d'un objet qui oscille. *Le sourcier observe les **oscillations** du pendule pour trouver l'emplacement de la source.*

osciller (verbe) ▸ conjug. n° 3
Faire des mouvements de va-et-vient autour d'un point fixe. *Le poulain vient de naître : il **oscille** sur ses pattes.* (Syn. se balancer.) Prononciation [ɔsile].

osé, ée (adjectif)
1. Fait avec audace. *Une descente à skis très **osée**.* 2. Qui peut choquer. *Une plaisanterie **osée**.*

oseille (nom féminin)
Plante potagère au goût acidulé. *Une omelette à l'**oseille**.*

un **ortolan**

oser (verbe) ▸ conjug. n° 3
Avoir l'audace ou le courage de faire quelque chose. *Viens ici, si tu l'**oses** !*

osier (nom masculin)
Saule de petite taille dont on utilise les branches en vannerie. *On a installé les fauteuils en **osier** sur la terrasse.*

Osiris
Dieu du Bien, de la Végétation et de la Vie éternelle dans l'Égypte ancienne. Il était le frère et l'époux d'Isis et le père d'Horus.

le dieu **Osiris** (assis), suivi d'Isis

Oslo
Capitale de la Norvège (580 000 habitants). Oslo se situe au fond d'un fjord qui s'ouvre sur le détroit de Skagerrak. La ville est le principal centre industriel du pays.
HISTOIRE
Fondée au XIe siècle, la ville fut détruite par un incendie en 1624. Reconstruite, elle s'appela Christiania jusqu'en 1925, puis elle reprit le nom d'Oslo.

ossature (nom féminin)
1. Ensemble des os du squelette. *Certaines personnes ont une **ossature** légère.* **2.** Ensemble de piliers qui soutiennent un bâtiment.

osselets (nom masculin pluriel)
Jeu constitué par des petits objets de plastique ou de métal, qu'on lance et qu'on rattrape selon certaines règles.

ossements (nom masculin pluriel)
Os décharnés et desséchés. *On a découvert les **ossements** d'un primate vieux de trois millions d'années.*

osseux, euse (adjectif)
1. Des os. *Une greffe **osseuse**.* **2.** Dont les os apparaissent sous la peau. *Le vieil homme avait les doigts maigres et **osseux**.*

ossuaire (nom masculin)
Lieu où l'on dépose des ossements humains. *Les catacombes de Paris sont un **ossuaire**.*

ostensible (adjectif)
Qu'on laisse voir exprès. *Il lui a tourné le dos d'une manière **ostensible**.* (Contr. discret.)

ostensiblement (adverbe)
De façon ostensible. *Quand Clément est entré, Fatima a tourné **ostensiblement** la tête de l'autre côté.* (Contr. discrètement.)

ostentation (nom féminin)
Attitude de quelqu'un qui désire qu'on voie ce qu'il fait. *Quentin sort son téléphone portable avec **ostentation**.* (Contr. discrétion.)

ostéopathe (nom)
Personne qui soigne par des manipulations les affections de la colonne vertébrale et des articulations. *Quand il s'est bloqué le dos, mon père est allé voir un **ostéopathe**.*

ostréiculteur, trice (nom)
Personne qui fait de l'ostréiculture. *Cet **ostréiculteur** a des parcs à huîtres sur la côte.*

ostréiculture (nom féminin)
Élevage des huîtres.

Ostrogoths
Peuple germanique dont le nom signifie « Goths de l'Est ». Conduits par leur chef, Théodoric, ils conquirent l'Italie. En 526, après la mort de Théodoric, le royaume des Ostrogoths fut reconquis par l'empereur romain d'Orient, Justinien.

otage (nom masculin)
Personne qu'on retient prisonnière pour obtenir ce que l'on veut. *Les terroristes ont dit qu'ils tueraient les **otages** si on ne leur donnait pas un avion pour partir.*

OTAN
Sigle de Organisation du traité de l'Atlantique Nord. L'OTAN fut créée par la signature d'un traité d'alliance, le 4 avril 1949, par douze États : la Belgique, le Canada, le Danemark, les États-Unis, la France, le Royaume-Uni, l'Islande, l'Italie, le Luxembourg, la Norvège, les Pays-Bas, le Portugal. Elle comporte des structures civiles et militaires et a pour but de préserver la paix et la sécurité dans l'Atlantique Nord. Son siège se trouve à Bruxelles. De nombreux pays ont rejoint l'OTAN depuis sa création.

otarie (nom féminin)
Mammifère marin voisin du phoque. **Otarie** vient d'un mot grec qui signifie « petite oreille » : à la différence du phoque, ce mammifère a des oreilles.

une **otarie**

ôter (verbe) ▸ conjug. n° 3
1. Retirer un vêtement. *Léa **ôte** son pull.* (Syn. enlever.) **2.** Enlever quelque chose de l'endroit où il était. *David **a ôté** son sac de la table.* **3.** Retrancher une quantité. *7 **ôté** de 10, il reste 3.* (Syn. soustraire.)

otite (nom féminin)
Maladie infectieuse des oreilles.

otorhinolaryngologiste (nom)
Médecin spécialiste du nez, de la gorge et des oreilles. Ce mot s'abrège **ORL** ou **otorhino**.

ottoman (Empire)
Empire turc de 1453 à 1923. Il a dominé la Méditerranée au XVIe siècle..

ou (conjonction)
1. Indique un choix. *Tu viens **ou** tu restes ? Il faut vraiment te décider.* **2.** Indique une équivalence. *On appelle ce poisson colin **ou** merlu.* **3.** Indique une approximation. *Il doit y avoir huit **ou** dix kilomètres entre les deux villages.* On dit parfois **ou bien**.

où (adverbe)
Interroge sur le lieu ou la direction. *Où vas-tu ? J'aimerais savoir **où** tu vas.* ■ **où** (pronom relatif) Représente un nom indiquant le lieu ou le temps. *L'hôtel **où** il est descendu est près de la gare. Le jour **où** je suis entré à l'école, j'ai rencontré Ibrahim.* Ne pas oublier l'accent grave qui distingue ce mot de la conjonction **ou**.

ouate (nom féminin)
Coton pour faire des pansements. *Il faut nettoyer la plaie avec de la **ouate**.* On peut dire de **l'ouate** ou de **la ouate**.

oubli (nom masculin)
1. Action d'oublier. *Cette civilisation disparue a sombré dans l'**oubli**.* **2.** Chose oubliée. *Il faut absolument réparer cet **oubli**.* (Syn. omission.)

oublier (verbe) ▸ conjug. n° 10
1. Perdre le souvenir de quelque chose ou de quelqu'un. *J'**ai oublié** son prénom.* (Contr. se rappeler, se souvenir.) **2.** Laisser sans le vouloir. *Kevin **a oublié** son pull à l'école.* **3.** Omettre par manque d'attention. *Julie **a oublié** de dire que tu avais appelé.* (Syn. négliger.) **4.** Cesser de penser à quelque chose ou à quelqu'un. *Avec le temps, elle a fini par **oublier**.* (Contr. se souvenir.) Famille du mot : **inoubliable**, oubli, **oubliettes**.

oubliettes (nom féminin pluriel)
Cachots souterrains des châteaux forts.

oued (nom masculin)
Cours d'eau d'Afrique du Nord, souvent à sec, mais aux crues violentes.

ouest (nom masculin)
1. Un des quatre points cardinaux qui désigne la direction où le soleil se couche. *Le ciel était tout rouge à l'**ouest**.* **2.** Partie qui se situe à l'ouest d'un pays, d'une région. *Pierre est en vacances à La Rochelle, une ville de l'**ouest** de la France.* ■ **ouest** (adjectif) Qui est situé à l'ouest. *La côte **ouest** de la France.* (Contr. est.) Pluriel : les régions ouest.

ouf ! (interjection)
Exprime le soulagement. ***Ouf !*** *Nous sommes enfin arrivés !*

Ouganda

30,7 millions d'habitants
Capitale : Kampala
Monnaie : le shilling ougandais
Langues officielles : anglais, swahili
Superficie : 236 860 km²

État d'Afrique de l'Est, traversé par l'équateur et situé entre la république démocratique du Congo, le Soudan, le Kenya, la Tanzanie et le Rwanda.

GÉOGRAPHIE
L'Ouganda est traversé par le haut Nil et son territoire compte de nombreux lacs. Le pays vit essentiellement de cultures vivrières et d'élevage et de quelques cultures d'exportation, comme le thé, le coton et surtout le café.

HISTOIRE
Les colons britanniques développèrent les plantations de café et de coton au XIXe siècle. En 1945, l'opposition à l'administration coloniale devint de plus en plus forte et des troubles éclatèrent. En 1962, l'Ouganda accéda à l'indépendance. Jusqu'en 1996, le pays connut une terrible période de guerre civile. Un grave conflit éclata avec le Rwanda en 1998.

ougandais, aise ➡ Voir tableau p. 6.

oui (adverbe)
Indique l'affirmation ou le fait d'être d'accord. *L'as-tu vu ?* ***Oui****, je l'ai vu.* (Contr. non.)

ouï-dire (nom masculin)
• **Par ouï-dire :** pour l'avoir entendu dire. *Quentin a appris* ***par ouï-dire*** *l'arrivée d'un nouveau directeur.*

ouïe (nom féminin)
1. Celui des cinq sens qui permet d'entendre. *Le chat a l'****ouïe*** *très fine.*
2. Chacune des deux fentes qui sont de chaque côté de la tête d'un poisson et par lesquelles il respire. *Le pêcheur attrape le brochet par les* ***ouïes****.* ➡ p. 986.

ouïr (verbe)
Synonyme littéraire d'entendre. *J'ai* ***ouï*** *dire que Pierre était revenu.* ✎ Ouïr ne s'emploie qu'à l'infinitif et au participe passé.

ouistiti (nom masculin)
Singe d'Amérique du Sud, de petite taille et à longue queue. ➡ p. 1183.

ouragan (nom masculin)
Très violente tempête. *Un* ***ouragan*** *a ravagé plusieurs villes de la côte est de l'Amérique.*

Oural

Chaîne de montagnes de Russie, qui forme la limite entre l'Europe et l'Asie. L'Oural s'étend de la mer Caspienne à l'Arctique sur 2 400 km et culmine à 1 894 m. Son relief est varié : la toundra et les glaciers au nord, des collines peu élevées au centre, et des forêts au sud. Son sous-sol est extrêmement riche en minerais et en pétrole.

ourdir (verbe) ▶ conjug. n° 11
Préparer en cachette. *Les brigands ont* ***ourdi*** *un complot.*

ourlet (nom masculin)
Bord d'une étoffe replié et cousu. *L'****ourlet*** *de la robe de Laura est décousu.*

ours (nom masculin)
1. Grand mammifère sauvage au corps couvert d'une très épaisse fourrure.
2. Personne peu sociable. *Il n'a pas dit un mot, quel* ***ours*** *!*

un **ours**

a b c d e f g h i j k l m n o p q r s t u v w x y z

ourse (nom féminin)
Femelle de l'ours. *L'**ourse** devient féroce si l'on menace ses oursons.*

oursin (nom masculin)
Animal marin dont la carapace ronde est hérissée de piquants. *L'**oursin** vit dans les rochers ou sur le sable.*

ourson (nom masculin)
Petit de l'ours.

oust ! (interjection)
S'emploie, dans la langue familière, pour donner l'ordre de partir d'un lieu ou de se dépêcher. *Allez, **oust !** Dehors !*
ORTHO On écrit aussi **ouste**.

outil (nom masculin)
1. Instrument de travail manuel. *Le marteau, la scie, le rabot sont les **outils** du menuisier.* **2.** Au sens figuré, ce qui permet de faire quelque chose. *Internet est un nouvel **outil** de communication.* • **Barre d'outils :** rangée d'icônes dans la fenêtre d'un logiciel permettant d'accéder rapidement à certaines fonctions. Famille du mot : outil**lage**, ou**tiller**.

outillage (nom masculin)
Ensemble des outils et des machines utilisés pour une activité. *L'**outillage** du garagiste.*

outiller (verbe) ▸ conjug. n° 3
Équiper en outils. *Le père de Myriam **s'est outillé** petit à petit pour pouvoir bricoler.*

outrage (nom masculin)
Offense grave. *L'accuser d'un tel acte serait lui faire **outrage**.* (Syn. affront, injure.)

outrager (verbe) ▸ conjug. n° 5
Faire outrage à quelqu'un. *Elle a pris un air **outragé** en l'entendant lui dire des gros mots.*

outrance (nom féminin)
Exagération en actes ou en paroles. *On a reproché au journaliste l'**outrance** de ses propos.* (Syn. excès.) • **À outrance :** avec excès.

outrancier, ère (adjectif)
Plein d'outrance. *Il a tenu des propos **outranciers**.* (Syn. excessif. Contr. mesuré.)

■ **outre** (préposition)
En plus de. ***Outre** ce travail, Romain doit encore finir ses devoirs.* • **Outre mesure :** trop. *Cela ne m'étonne pas **outre mesure**.*
■ outre (adverbe) • **En outre :** en plus. *C'est un chanteur et **en outre** un bon acteur.* • **Passer outre :** ne pas tenir compte de quelque chose.

■ **outre** (nom féminin)
Sac en peau destiné à contenir un liquide. *Une **outre** d'eau.*

outremer (adjectif)
Bleu intense. *La pierre de sa bague est d'un bleu **outremer**.* Pluriel : des pierres précieuses outremer.

outre-mer (adverbe)
Situé au-delà des mers par rapport à un pays. *La Réunion est un département français d'**outre-mer**.*

outrepasser (verbe) ▸ conjug. n° 3
Dépasser la limite de quelque chose. *Il était tellement furieux que ses paroles **ont outrepassé** sa pensée.* (Syn. dépasser.)

outrer (verbe) ▸ conjug. n° 3
Mettre quelqu'un hors de lui. *Sa grossièreté m'**a outré** !* (Syn. indigner, révolter.)

outsider (nom masculin)
Concurrent qui n'est pas parmi les favoris. **Outsider** est un mot anglais : on prononce [awtsajdœʀ].

ouvert, ouverte (adjectif)
1. Qui n'est pas fermé. *La porte est restée **ouverte** toute la nuit.* (Contr. fermé.) **2.** Qui est accueillant et exprime la franchise et la tolérance. *Noémie a un visage **ouvert** et gai.* (Contr. renfermé.)

ouvertement (adverbe)
Sans cacher ce que l'on pense. *Il s'est **ouvertement** moqué de nous.* (Syn. franchement. Contr. secrètement.)

ouverture (nom féminin)
1. Action d'ouvrir ou de s'ouvrir. *L'**ouverture** des portes est bloquée.* (Contr. fermeture.) **2.** Mise en service ou commencement de quelque chose. *On annonce l'**ouverture** d'une nouvelle autoroute.* **3.** Espace vide dans une paroi. *Il n'y a qu'une petite **ouverture** sur cette façade.*

ouvrable (adjectif)
• **Jour ouvrable :** jour qui n'est pas un jour férié.

ouvrage (nom masculin)
1. Travail à faire. *Dès qu'ils ont eu le matériel, ils se sont mis à l'**ouvrage**.* (Syn. tâche.) **2.** Écrit scientifique, technique ou littéraire. *Vous trouverez cet **ouvrage** à la bibliothèque municipale.* (Syn. livre.) • **Boîte à ouvrage :** nécessaire de couture.

ouvragé, ée (adjectif)
Minutieusement travaillé et décoré. *Un blason délicatement **ouvragé** orne le mur.*

ouvrant, ante (adjectif)
• **Toit ouvrant :** partie du toit d'une voiture qui peut s'ouvrir.

ouvré, ée (adjectif)
• **Jour ouvré :** jour où l'on travaille.

ouvre-boîte (nom masculin)
Instrument coupant servant à ouvrir les boîtes de conserve. Pluriel : des ouvre-boîte**s**.
ORTHO On écrit aussi **ouvre-boite**.

ouvre-bouteille (nom masculin)
Synonyme de décapsuleur. *Il faut un **ouvre-bouteille** pour ouvrir le soda.* Pluriel : des ouvre-bouteille**s**.

ouvreur, euse (nom)
1. Personne chargée de placer le public dans une salle de spectacle. *L'**ouvreuse** nous indique nos places.* **2.** Skieur qui descend le premier une piste de ski.

ouvrier, ère (nom)
Salarié qui travaille de ses mains dans l'industrie ou l'artisanat. *L'usine de chaussures emploie deux cents **ouvriers**.* ■ **ouvrière** (nom féminin) Femelle stérile chez les abeilles, les guêpes et les fourmis. *Les **ouvrières** construisent le nid, prennent soin des larves et défendent la colonie.* ■ **ouvrier, ère** (adjectif) Qui concerne les ouvriers. *Une manifestation **ouvrière** a eu lieu devant la préfecture.*

ouvrir (verbe) ▸ conjug. n° 12
1. Défaire ce qui fermait pour rendre l'intérieur accessible. ***Ouvre** vite, il pleut !* (Contr. fermer.) **2.** Séparer ou écarter ce qui était rapproché. *Sarah **ouvre** l'enveloppe.* **3.** Recevoir le public. *La magasin **ouvre** de 9 heures à 19 heures.* **4.** Faire commencer. *Le discours du maire **a ouvert** la fête.* **5.** Pratiquer une ouverture. *Ils **ont ouvert** une fenêtre dans le mur.* (Syn. percer.) **6.** Mettre en marche, faire fonctionner. ***Ouvre** l'eau pour que je puisse arroser. **Ouvrir** un fichier informatique.* **7.** S'ouvrir : écarter ses pétales. *La rose **s'est ouverte**.* (Syn. s'épanouir.) **8.** S'ouvrir : se blesser. *Benjamin **s'est ouvert** le pied.* • **Ouvrir la marche :** marcher en tête. *Les majorettes **ouvraient** la marche.* Famille du mot : **entr**ouvrir, ouver**t**, ouvertement, ouverture, ouvr**ant**, ouvre-boîte, ouvre-bouteille, réouverture, rouvrir.

ouzbek, èke ➡ Voir tableau p. 6.

Ouzbékistan

27,6 millions d'habitants
Capitale : Tachkent
Monnaie : le soum
Langue officielle : ouzbek
Superficie : 449 600 km²

État d'Asie centrale, bordé au nord-est par la mer d'Aral et voisin du Kazakhstan, du Kirghizstan, du Tadjikistan et du Turkménistan.

GÉOGRAPHIE
Le pays est constitué d'une plaine désertique, dominée au sud par des montagnes d'où descendent les fleuves Syr-Daria et Amou-Daria. L'irrigation permet la culture de fruits, de légumes, de riz et surtout, de coton. L'élevage, particulièrement celui des moutons astrakans, est aussi une ressource. Les richesses minières sont importantes.

HISTOIRE
La république autonome du Turkestan fut sous contrôle russe jusqu'en 1929, où elle devint la république soviétique d'Ouzbékistan. En août 1991, l'indépendance de la République a été proclamée par le Parlement.

ovaire (nom masculin)
Chacun des deux organes reproducteurs des femelles. *Les ovules se forment dans l'**ovaire**.*

a b c d e f g h i j k l m n o p q r s t u v w x y z

ovale (adjectif et nom masculin)
Qui a la forme d'un œuf. *Ce plat **ovale** est bien pratique pour servir un poisson.* **Ovale** vient du latin *ovum* qui signifie « œuf », et que l'on retrouve dans *ovaire* et dans *ovule*.

ovation (nom féminin)
Acclamation enthousiaste pour honorer quelqu'un. *Le peuple a fait une **ovation** au roi.*

overdose (nom féminin)
Dose mortelle de drogue. *Ce toxicomane est mort d'une **overdose**.* Prononciation [ɔvɛʀdoz]. **Overdose** vient de l'anglais *over* qui signifie « excessif ».

ovin, ovine (adjectif)
Qui concerne les moutons. *Le cheptel **ovin** d'Australie est très important.* ■ **ovin** (nom masculin) Synonyme de mouton.

ovipare (adjectif)
Qui pond des œufs. *Les oiseaux, les reptiles, les poissons sont **ovipares**.*

ovni (nom masculin)
Objet vu dans le ciel, et que l'on considère comme un engin spatial des extraterrestres. Ce mot est fait avec les initiales des quatre mots suivants : ***o**bjet **v**olant **n**on **i**dentifié*.

ovule (nom masculin)
Cellule sexuelle femelle chez un être vivant. *L'**ovule**, une fois fécondé par un spermatozoïde, se transforme en œuf.*

oxydation (nom féminin)
Fait de s'oxyder. *L'humidité provoque l'**oxydation** des métaux.*

oxyde (nom masculin)
Ce qui résulte de la combinaison de l'oxygène avec un autre élément chimique. *La rouille est de l'**oxyde** de fer.*
• **Oxyde de carbone :** gaz toxique produit par l'oxydation du carbone. Famille du mot : inoxyd**able**, oxyd**ation**, s'oxyd**er**.

s'oxyder (verbe) ▸ conjug. n° 3
Se détériorer sous l'action de l'oxygène. *Quand le fer **s'oxyde**, il se forme de la rouille.*

oxygène (nom masculin)
Gaz invisible, inodore et sans saveur contenu dans l'air. *L'**oxygène** est nécessaire à la vie, il est produit par les plantes.* Famille du mot : oxygén**é**, s'oxygén**er**.

un alpiniste de haute montagne équipé d'un masque à **oxygène**

oxygéné, ée (adjectif)
• **Eau oxygénée :** liquide renfermant de l'oxygène, et qui est utilisé comme désinfectant.

s'oxygéner (verbe) ▸ conjug. n° 8
Respirer de l'air pur. *Dimanche, nous irons **nous oxygéner** à la campagne.*

ozone (nom masculin)
Sorte de gaz. • **Couche d'ozone :** mince couche de ce gaz qui se trouve dans la haute atmosphère et qui protège la Terre des radiations dangereuses du Soleil.

Pp

pomme

p (nom masculin)
Seizième lettre de l'alphabet. *Le **P** est une consonne.*

pacha (nom masculin)
Gouverneur de province dans l'ancien Empire turc. *Ça ne te gêne pas, Benjamin, de te laisser servir comme un **pacha** ?*

pachyderme (nom masculin)
Gros mammifère non ruminant, à la peau épaisse. *Les éléphants, les hippopotames, les rhinocéros sont des **pachydermes**.*

pacifier (verbe) ▸ conjug. n° 10
Rétablir la paix dans un pays. *L'armée **a pacifié** la région et a chassé les ennemis.*
Famille du mot : pacif**ique**, pacif**iste**.

pacifique (adjectif)
1. Qui aime la paix. *Un homme très **pacifique**.* (Syn. paisible, tranquille. Contr. agressif.)
2. Qui se déroule sans violence. *Une manifestation **pacifique**.* (Contr. violent.)

pacifiste (adjectif et nom)
Qui est partisan de la paix. *Les **pacifistes** demandent le désarmement.*

océan **Pacifique**
C'est le plus vaste des océans. Il couvre environ 180 millions de km², soit un tiers de la surface de la Terre. Il s'étend entre l'Asie, l'Amérique, l'Australie et la Nouvelle-Guinée. Au nord, le détroit de Béring le relie à l'océan Arctique. Au sud, il s'ouvre sur l'océan Antarctique. Il est bordé de fosses pouvant atteindre plus de 10 000 mètres de profondeur. Ses îles sont d'origine volcanique et s'élèvent jusqu'à 4 000 mètres d'altitude (comme les îles Hawaï). Le Pacifique fut nommé ainsi par le navigateur portugais Magellan.

pack (nom masculin)
Emballage contenant plusieurs bouteilles ou plusieurs pots. *On a acheté un **pack** de jus d'orange pour le pique-nique.*
Pack est un mot anglais qui signifie « paquet ».

pacotille (nom féminin)
Marchandise de peu de valeur. *Ce magasin vend des montres et des bijoux de **pacotille**.*

PACS (nom masculin)
Contrat civil qui officialise la cohabitation de deux personnes adultes. *Le **PACS** autorise l'union entre deux personnes du même sexe.* **PACS** est l'abréviation de **pa**cte ***c**ivil de **s**olidarité*.
ORTHO On écrit aussi **pacs**.

pacser (verbe) ▸ conjug. n° 3
Conclure un PACS. *Pierre et Jeanne n'ont pas voulu se marier, ils ont préféré **se pacser**.*

pacte (nom masculin)
Accord solennel entre des pays ou des individus. *Les conjurés signèrent un **pacte**.*

pactiser (verbe) ▸ conjug. n° 3
Faire un pacte avec quelqu'un. *Au Moyen Âge, les savants furent accusés de **pactiser** avec le diable.* (Syn. s'allier, s'entendre.)

a b c d e f g h i j k l m n o p q r s t u v w x y z

pactole (nom masculin)
Grosse somme d'argent. *Yvan a gagné à la loterie, il va toucher le **pactole** !* **Pactole** vient de l'ancien nom d'une rivière de Turquie dont les sables contenaient de l'or et qui rendit riche le roi Crésus.

paella (nom féminin)
Plat espagnol composé de riz, de crustacés, de poissons, de viande et de légumes. Prononciation [paelja].

pagaie (nom féminin)
Rame courte qui se termine par une sorte de pelle. *Pour faire avancer une pirogue, on tient la **pagaie** à deux mains.*

pagaille (nom féminin)
Synonyme familier de désordre. *Quelle **pagaille** dans ta chambre, Clément !*

paganisme (nom masculin)
Fait d'être païen. *Le **paganisme** des civilisations grecque et romaine.*

pagayer (verbe) ▸ conjug. n° 7
Ramer à l'aide d'une pagaie. *Ils **pagayaient** en rythme.*

Il faut beaucoup **pagayer** pour se diriger sur l'eau.

page (nom masculin)
Jeune noble qui était au service d'une dame ou d'un seigneur. *Le **page** apprenait l'escrime et l'équitation pour devenir écuyer.*

page (nom féminin)
1. Chacun des côtés d'un feuillet de papier. *Chaque feuille a une **page** recto et une **page** verso.* **2.** Feuille de papier. *Mon petit frère a déchiré une **page** de mon cahier.* **3.** Texte écrit sur une page. *David lit la **page** des sports dans le journal.* • **Être à la page :** être au courant de ce qui est à la mode. • **Tourner la page :** oublier le passé.

pagination (nom féminin)
Numérotation des pages d'un livre ou d'un cahier.

pagne (nom masculin)
Morceau d'étoffe couvrant le corps de la ceinture au mollet. *Le père d'Anna a rapporté un **pagne** de Tahiti.*

Pagnol Marcel (né en 1895, mort en 1974)
Écrivain et cinéaste français. Ses œuvres évoquent la vie de Marseille et de la Provence. Ses pièces de théâtre, *Topaze* (1928), *Marius* (1929) et *Fanny* (1932), furent adaptées au cinéma. Il réalisa lui-même *César* (1936) et *la Femme du boulanger* (1938). Dans *la Gloire de mon père* (1957) et *le Château de ma mère* (1958), il raconte ses souvenirs d'enfance.

pagode (nom féminin)
Temple des bouddhistes. *Cette **pagode** a plusieurs toits superposés.*

paie (nom féminin)
Argent que quelqu'un reçoit pour son travail. *Les ouvriers touchent leur **paie** à la fin du mois.* (Syn. salaire.)
ORTHO On écrit aussi **paye**.

paiement (nom masculin)
Action de payer. *Vous faites le **paiement** par chèque ou par carte bancaire ?*

païen, enne (adjectif et nom)
Nom donné par les premiers chrétiens à ceux qui adoraient plusieurs dieux. **Païen** vient du latin *paganus* qui signifie « campagnard », car les paysans se convertirent au christianisme moins vite que les gens de la ville.

paillasse (nom féminin)
Grand sac de paille qui servait de matelas. *Le prisonnier n'avait qu'une **paillasse** pour dormir dans son cachot.*

paillasson (nom masculin)
Petit tapis sur lequel on essuie ses pieds avant d'entrer dans une habitation.

paille (nom féminin)
1. Tige des céréales, séparée du grain. *De la **paille** de blé, de maïs.* **2.** Petit tuyau servant à aspirer un liquide. *Une grenadine avec une **paille**, s'il vous plaît !* • **Être sur la paille :** être très pauvre. • **Tirer à la**

courte paille : tirer au sort avec des brins de différentes longueurs. Famille du mot : empailler, paillasse, paillasson.

paillette (nom féminin)
1. Particule mince et brillante. *La danseuse portait une robe à **paillettes**.* 2. Parcelle d'or dans le sable de certaines rivières. *Le chercheur d'or a trouvé plus de **paillettes** que de pépites.*

paillote (nom féminin)
Case de paille des pays chauds. *Dans l'hôtel de Tahiti, nous avions chacun notre **paillote**.*

pain (nom masculin)
Aliment fait de farine, d'eau et de levure, pétri et cuit au four. *Le boulanger fabrique le **pain**.* • **Avoir du pain sur la planche :** avoir beaucoup de travail. • **Pain d'épice :** gâteau à base de farine de seigle, de miel et d'épices.

pair, paire (adjectif)
Qui donne un nombre entier quand on le divise par 2. *6 est un nombre **pair** car 6 : 2 = 3.* (Contr. impair.) ■ **pair** (nom masculin) Personne qui est égale à une autre. *Le savant a été reconnu par ses **pairs**.* • **Au pair :** nourri et logé en échange d'un certain travail. *Une étudiante **au pair** garde mon petit frère.* • **De pair :** ensemble. *Ces deux choses vont **de pair**.* • **Hors pair :** sans égal. *Un cuisinier **hors pair**.* ■ **paire** (nom féminin) Groupe de deux objets allant ensemble. *Élodie a demandé une **paire** de rollers pour Noël.* 2. Objet formé de deux parties identiques. *Une **paire** de lunettes. Une **paire** de jumelles.*

paisible (adjectif)
Qui est en paix. *C'est un village **paisible** où il fait bon vivre.* (Syn. tranquille.)

paisiblement (adverbe)
De façon paisible. *Le malade respire **paisiblement**.* (Syn. tranquillement.)

paître (verbe) ▸ conjug. n° 37
Brouter l'herbe. *Le berger mène **paître** ses moutons.*
ORTHO On écrit aussi **paitre**.

paix (nom féminin)
1. Absence de conflit. *Le symbole de la **paix** est une colombe qui tient dans son bec un brin d'olivier.* (Contr. guerre.) 2. État de calme et de tranquillité. *J'aime me promener dans la **paix** de ce joli petit bois.*
Famille du mot : apaisant, apaisement, apaiser, paisible, paisiblement.

Pakistan

181 millions d'habitants
Capitale : Islamabad
Monnaie : la roupie pakistanaise
Langues officielles : urdu, anglais
Superficie : 803 940 km²

État d'Asie, bordé par la mer d'Oman et entouré par l'Iran, l'Afghanistan, la Chine et l'Inde.

GÉOGRAPHIE
Le Nord est montagneux avec le haut Himalaya (plus de 8 000 mètres dans l'Hindou Kouch). À l'est, la vallée de l'Indus regroupe la population. Le climat est aride, mais d'importants travaux d'irrigation ont permis d'agrandir les surfaces cultivables qui produisent essentiellement du blé et du riz, ainsi que le coton destiné à l'exportation. L'industrie s'est développée à partir de l'agriculture : textile, coton, tapis, agroalimentaire.

HISTOIRE
Le Pakistan fut créé en 1947 lors du partage de l'empire britannique des Indes. Depuis cette date, l'Inde et le Pakistan se disputent le contrôle de la région frontalière du Cachemire pour laquelle ils se sont affrontés au cours de deux guerres.

pakistanais, aise ➡ Voir tableau p. 6.

palabres (nom féminin pluriel)
Discussions interminables. *Agissez, au lieu de vous perdre en **palabres** inutiles !*

palace (nom masculin)
Grand hôtel de luxe.

paladin (nom masculin)
Chevalier errant du Moyen Âge. *Les **paladins** sont toujours en quête de causes justes.*

palais (nom masculin)
1. Vaste et riche demeure où vit un roi ou un haut personnage. *Le **palais** de Versailles a été la résidence de certains rois de France.* 2. Partie supérieure de l'intérieur de la bouche. *Pour prononcer le*

« l », *la langue touche le **palais***. • **Palais de justice :** bâtiment où se trouvent les tribunaux.

le **palais** de Versailles

palan (nom masculin)
Appareil formé de deux systèmes de poulies. *Un **palan** permet de soulever de lourdes charges.*

pale (nom féminin)
Branche d'une hélice. *Le ventilateur a une hélice à huit **pales**.*

pâle (adjectif)
1. Qui a perdu ses couleurs. *Qu'avez-vous ? Vous êtes si **pâle** tout à coup !* **2.** D'une couleur claire. *Fatima porte un ruban bleu **pâle** dans ses cheveux.* (Contr. vif.) Famille du mot : pâl**eur**, pâl**ichon**, pâl**ir**, pâl**ot**.

palefrenier, ère (nom)
Personne chargée du soin des chevaux.

paléolithique (nom masculin)
Période préhistorique durant laquelle l'homme a taillé ses outils dans la pierre et l'os. *Les premières peintures rupestres datent du **paléolithique**.*

un harpon en os du **paléolithique**

paléontologie (nom féminin)
Science du passé des êtres vivants, fondée sur l'étude des fossiles.

Palestine
Région historique du Proche-Orient, bordée par la Méditerranée et qui englobe la Cisjordanie, la bande de Gaza et l'État d'Israël.

HISTOIRE
La Palestine est le lieu d'origine du judaïsme et du christianisme. Elle a subi de nombreuses invasions au cours de son histoire et fut de tout temps un enjeu entre les grandes puissances (les Empires égyptien, babylonien, perse, assyrien, les royaumes grecs, l'Empire romain). Elle fut conquise par les Arabes avant de redevenir chrétienne au temps des croisades. L'immigration juive vers la Palestine commença dès la fin du XIXe siècle et Juifs et Arabes de Palestine s'affrontèrent à partir de 1929.
La proclamation de l'État d'Israël en 1948 provoqua la riposte armée des États arabes voisins, qui furent vaincus en 1949. La Palestine fut partagée entre Israël et la Jordanie. En 1988, la Palestine fut proclamée État indépendant, dirigé par « l'Autorité palestinienne ». En 1994, un accord entre Israéliens et Palestiniens reconnut à l'Autorité palestinienne le contrôle de plusieurs villes et territoires (Hébron, Jéricho, bande de Gaza…).
Des négociations se sont engagées, depuis 1971, entre les Palestiniens et l'État d'Israël, en vue de mettre en place un processus de paix. Cependant, les agressions et les actes de violence se sont multipliés.

palestinien, enne ➡ Voir tableau p. 6.

palet (nom masculin)
Objet plat et rond. *Gaëlle pousse son **palet** du pied en sautant à cloche-pied.*

palette (nom féminin)
Plaque percée d'un trou pour le pouce, sur laquelle le peintre mélange les couleurs.

palétuvier (nom masculin)
Grand arbre des rivages tropicaux, aux racines aériennes.

pâleur (nom féminin)
Caractère de ce qui est pâle. *Hélène a encore la **pâleur** d'une convalescente.*

pâlichon, onne (adjectif)
Synonyme de pâlot. *Amandine est **pâlichonne**, l'air de la campagne lui fera du bien.*

palier (nom masculin)
Plateforme d'un escalier entre deux étages. *Dans cet immeuble, il y a quatre appartements par **palier**.* • **Par paliers :** progressivement. *Ralentir **par paliers**.*

pâlir (verbe) ▸ conjug. n° 11
1. Devenir pâle. *En entendant le verdict, l'accusé **a pâli**.* (Syn. blêmir.) **2.** Perdre sa couleur. *Les tapisseries exposées au soleil **ont pâli**.* (Syn. passer, ternir.)

palissade (nom féminin)
Clôture faite de planches ou de pieux. *Ibrahim a posé son vélo contre la **palissade** du chantier.*

palissandre (nom masculin)
Bois exotique très dur, de couleur brun violacé. *Le **palissandre** est utilisé en ébénisterie et en marqueterie.*

palliatif (nom masculin)
Remède provisoire et peu satisfaisant. *Donner de la nourriture aux sans-abri est un **palliatif** qui ne résout pas leur problème.*

pallier (verbe) ▸ conjug. n° 10
Remédier à une situation très embarrassante par un palliatif. *Pour s'éclairer, les bougies permettent de **pallier** la coupure d'électricité.*

palmarès (nom masculin)
Liste des lauréats d'un concours. *Son nom figure au **palmarès** du festival.* **Palmarès** vient du latin *palmaris* qui signifie « qui mérite la palme ».

palme (nom féminin)
1. Feuille du palmier. *Les **palmes** du cocotier sont tout en haut du tronc.* **2.** Symbole de la victoire. *On lui a décerné la **palme** d'or au Festival de Cannes.* **3.** Accessoire de caoutchouc que l'on fixe au pied et qui permet de nager plus vite. *La forme des **palmes** imite celle de la patte du canard.* Famille du mot : palm**é**, palm**eraie**, palm**ier**, palm**ipède**.

palmé, ée (adjectif)
Dont les doigts sont réunis par une membrane. *La grenouille, le canard, l'ornithorynque ont les pattes **palmées**.*

palmeraie (nom féminin)
Lieu planté de palmiers. *La plupart des oasis sont des **palmeraies**.*

palmier (nom masculin)
Arbre des régions chaudes, à grandes feuilles qui poussent au sommet du tronc. *Certains **palmiers** donnent des dattes, d'autres des noix de coco, du raphia ou du rotin.*

palmipède (nom masculin)
Oiseau dont les pieds sont palmés. *Le canard, le pingouin, le pélican, la mouette sont des **palmipèdes**.*

palombe (nom féminin)
Synonyme de ramier. *La chasse à la **palombe** est interdite.*

pâlot, otte (adjectif)
Un peu pâle. *Kevin ne dort pas assez, il est **pâlot**.* (Syn. pâlichon.)

palourde (nom féminin)
Mollusque comestible qui vit enfoui dans le sable. *Les **palourdes** ont une coquille striée.*

palper (verbe) ▸ conjug. n° 3
Examiner en tâtant avec la main. *Le médecin **palpe** le ventre de Pierre.*

palpitant, ante (adjectif)
Qui passionne au point de faire battre le cœur plus rapidement. *Laura est plongée dans les aventures **palpitantes** des* Trois Mousquetaires. (Syn. captivant.)

palpitations (nom féminin pluriel)
Battements sensibles et accélérés du cœur. *Après son sprint, Quentin avait des **palpitations**.*

palpiter (verbe) ▸ conjug. n° 3
Avoir des palpitations. *Son cœur **palpite** de joie à l'idée de revoir son ami.* Famille du mot : palpit**ant**, palpit**ations**.

un **palmier** et une **palme**

paludisme (nom masculin)
Maladie infectieuse propagée par les moustiques et qui provoque de fortes fièvres. *Dans les pays tropicaux, il y a beaucoup de* ***paludisme****.* (Syn. malaria.)
Paludisme vient du latin *paludis* qui signifie « marais », car on croyait que cette maladie était due au mauvais air (*malaria*) des marais.

se **pâmer** (verbe) ▸ conjug. n° 3
Synonyme littéraire de s'évanouir.

pampa (nom féminin)
Vaste plaine herbeuse d'Amérique du Sud. *Les troupeaux de la* ***pampa*** *argentine.*

Pampa
Vaste région fertile du centre de l'Argentine, située entre les Andes et l'océan Atlantique. C'est une importante région agricole (blé, maïs et soja) et d'élevage bovin et ovin.

pamphlet (nom masculin)
Texte bref et violent qui attaque et critique une opinion ou une personne. *Voltaire a écrit de nombreux* ***pamphlets*** *contre l'intolérance.*

pamplemousse (nom masculin)
Gros agrume jaune au goût acidulé. *Myriam trouve le jus de* ***pamplemousse*** *trop amer.* ➡ p. 35.

■ **pan !** (interjection)
Onomatopée imitant le bruit d'un choc ou d'un coup de feu. ***Pan !*** *Dans le mille !*

■ **pan** (nom masculin)
1. Partie flottante d'un vêtement. *Un* ***pan*** *de ta chemise n'est pas rentré dans ton pantalon.* **2.** Partie plus ou moins large d'un mur. *De la maison, il ne restait que quelques* ***pans*** *de mur noircis.*

Pan
Dieu des Bergers et protecteur de la Nature, dans la mythologie grecque. On le représentait comme une sorte de démon, avec des cornes et une barbe, dont le bas du corps était celui d'un bouc. Son aspect étrange pouvait provoquer la peur et son nom est à l'origine du mot « panique ».

panacée (nom féminin)
Remède miracle à tous les maux. *C'est une solution, mais ce n'est pas la* ***panacée****.*

panache (nom masculin)
1. Touffe de plumes ornant une coiffure. *« Ralliez-vous à mon* ***panache*** *blanc ! » dit Henri IV en pleine bataille.* **2.** Ce qui évoque, par sa forme, cet ornement. *L'écureuil a une queue en* ***panache****. Un* ***panache*** *de fumée.*

panaché, ée (adjectif)
Fait d'éléments différents. *Noémie veut une glace* ***panachée*** *vanille et citron.*
■ **panaché** (nom masculin) Bière mélangée de limonade.

Panamá

3,5 millions d'habitants
Capitale : Panamá
Monnaie :
le dollar américain
Langue officielle :
espagnol
Superficie : 77 085 km²

État d'Amérique centrale, bordé par l'océan Pacifique et l'océan Atlantique. Le Panamá occupe une longue bande étroite qui forme le sud de l'Amérique centrale et rejoint le nord de la Colombie.

GÉOGRAPHIE
Le territoire, traversé par le canal de Panamá, est montagneux avec un climat tropical. La population se concentre sur la côte du Pacifique. Le pays exporte des bananes, des crevettes, du café et du sucre, mais ses revenus proviennent essentiellement du trafic maritime sur le canal.

HISTOIRE
Colonisé dès le début du XVIe siècle par les Espagnols, Panamá acquit son indépendance en 1903.

canal de **Panamá**
Canal reliant l'océan Pacifique à l'océan Atlantique, à travers l'isthme de Panamá. Ouvert au trafic des navires depuis 1914, il est long d'environ 80 km et comprend six écluses ; il évite aux navires de contourner l'Amérique du Sud et raccourcit ainsi leur trajet de plusieurs milliers de kilomètres.

panaméen, enne ➡ Voir tableau p. 6.

panaris (nom masculin)
Inflammation aiguë du doigt. *Une écharde lui a causé un* ***panaris****.*

pancarte (nom féminin)
Panneau portant une inscription. *As-tu vu le nom de la ville sur la **pancarte** ?* (Syn. écriteau.)

pancréas (nom masculin)
Glande digestive qui est située dans l'abdomen. *Le **pancréas** joue un rôle essentiel dans la digestion.* ➡ p. 389.

panda (nom masculin)
Mammifère noir et blanc qui ressemble à un ours, et qui vit en Chine et au Tibet. *Le **panda** se nourrit de pousses de bambou.*

un **panda**

pandémie (nom féminin)
Épidémie qui atteint toute la population d'une région ou d'un pays. *Les **pandémies** de peste au Moyen Âge.*

pané, ée (adjectif)
Recouvert de chapelure. *Des escalopes **panées**.*

panier (nom masculin)
1. Récipient à anse, servant à transporter des choses. *Romain et Odile ont pris des **paniers** pour cueillir des cerises.* **2.** Cercle métallique entouré d'un filet qui constitue le but au basket. *Sarah a réussi un **panier**.*

panini (nom masculin)
Sandwich chaud dont le pain est très blanc. *David adore les **paninis** à la mozzarella.* **Panini** est un mot italien qui signifie « petits pains ».

panique (nom féminin)
Affolement soudain et incontrôlable. *En entendant l'explosion, la foule a été prise de **panique**.*

paniquer (verbe) ▸ conjug. n° 3
Être pris de panique. *Elle **panique** pour un rien.* (Syn. s'affoler.)

panne (nom féminin)
Arrêt accidentel du fonctionnement d'un mécanisme. *Nous sommes tombés en **panne** sur l'autoroute. Il y a une **panne** d'électricité dans tout le quartier.*

panneau, eaux (nom masculin)
1. Plaque servant de support à des indications. *Des **panneaux** ont été installés pour les élections juste devant le bureau de vote. Un **panneau** publicitaire.* **2.** Surface plane enfermée dans une bordure. *Le menuisier a démonté les **panneaux** de l'armoire.*

panonceau, eaux (nom masculin)
Petit panneau indicateur. *À la porte de l'immeuble, un **panonceau** indique le cabinet médical.*

panoplie (nom féminin)
1. Déguisement d'enfant. *Pour Noël, Amandine voudrait une **panoplie** d'infirmière, Thomas a choisi celle de Zorro.* **2.** Collection d'armes fixées sur un panneau.

panorama (nom masculin)
Vue circulaire que l'on découvre d'une hauteur. *Ils sont montés au belvédère pour voir le **panorama**.*

panoramique (adjectif et nom masculin)
Propre à un panorama. *La carte postale donne une vue **panoramique** de la ville.*

panse (nom féminin)
Partie de l'estomac des ruminants. • **Se remplir la panse :** dans la langue familière, manger beaucoup.

pansement (nom masculin)
Compresse ou bande appliquée sur une plaie. *Il faut désinfecter la plaie avant de mettre un **pansement**.*

panser (verbe) ▸ conjug. n° 3
1. Mettre un pansement. *Le médecin a nettoyé et **a pansé** la plaie.* **2.** Nettoyer un cheval. *Le lad **panse** un cheval de course.*

pantagruélique (adjectif)
Se dit d'un repas très abondant. **Pantagruélique** vient du nom du héros de Ra-

a b c d e f g h i j k l m n o p q r s t u v w x y z

belais *Pantagruel*, géant qui avait un appétit gigantesque.

pantalon (nom masculin)
Vêtement qui va de la taille aux pieds en enveloppant chaque jambe. *Zoé a mis son **pantalon** de pyjama.* **Pantalon** était un personnage bouffon de la comédie italienne du XVIe siècle, qui portait des culottes longues à la mode de Venise.

pantelant, ante (adjectif)
Qui respire avec peine. (Syn. haletant.)

panthéon (nom masculin)
Monument dédié aux dieux, à des hommes illustres. *Le **Panthéon** de Paris.*

panthère (nom féminin)
Synonyme de léopard. *La **panthère** a tué une gazelle et s'en repaît.*

une **panthère**

pantin (nom masculin)
Jouet dont on fait bouger les membres en tirant sur un fil.

pantois, oise (adjectif)
Synonyme de stupéfait. *On reste **pantois** devant une telle beauté.*

pantomime (nom féminin)
Pièce de théâtre mimée, sans paroles. *À la fête de l'école, Victor et Anna ont joué une **pantomime**.*

pantoufle (nom féminin)
Chaussure d'intérieur. *Quel plaisir de retrouver ses **pantoufles** après une si longue journée de marche !* (Syn. chausson.)

paon (nom masculin)
Oiseau originaire d'Asie, dont la queue bleu-vert et tachetée du mâle peut se dresser en éventail. *Le **paon** fait la roue.*
• **Fier comme un paon :** très vaniteux.
Prononciation [pã].

papa (nom masculin)
Nom affectueux que les enfants donnent à leur père.

papal, ale, aux (adjectif)
Du pape. *À Avignon, on visite l'ancien palais **papal**.* (Syn. pontifical.)

papauté (nom féminin)
Pouvoir du pape. *Au XVIe siècle, la Réforme a contesté la **papauté**.*

papaye (nom féminin)
Fruit exotique ovale, de couleur jaune orangé. *La **papaye** ressemble au melon.*
➡ p. 496.

un **paon** mâle

pape (nom masculin)
Chef suprême de l'Église catholique. *Le **pape** est considéré par les catholiques comme le successeur de l'apôtre Pierre.* (Syn. souverain pontife.) ➡ p. 1204. • **Sérieux comme un pape :** très sérieux.
Famille du mot : papa**l**, papa**uté**.

paperasse (nom féminin)
Ensemble d'écrits inintéressants et encombrants. *La boîte aux lettres se remplit tous les jours d'un tas de **paperasses**.*

papeterie (nom féminin)
Magasin où l'on vend du papier et des fournitures pour l'école et le bureau. *À la **papeterie**, Élodie s'est acheté des cahiers, des classeurs, une gomme et des crayons neufs.*
ORTHO On écrit aussi **papèterie**.

papetier, ère (nom)
Personne qui tient une papeterie.

papi (nom masculin)
Nom affectueux que les enfants donnent à leur grand-père. *Je vais en vacances chez mon **papi** et ma mamie.*
ORTHO On écrit aussi **papy**.

papier (nom masculin)
1. Matière fabriquée à partir d'une pâte de fibres végétales, aplatie et séchée. *Gaëlle voudrait une feuille de **papier** pour faire un grand dessin.* **2.** Document écrit ou imprimé. *La mère de Yann met de l'ordre dans ses **papiers**, elle range certaines lettres et les factures.* • **Papier peint :** papier décoratif que l'on colle sur les murs intérieurs d'un appartement. ■ **papiers** (nom masculin pluriel) Pièces d'identité. *Vos **papiers**, s'il vous plaît !*

papille (nom féminin)
Petit point à la surface de la langue. *C'est grâce aux **papilles** qu'on sent le goût de ce qu'on mange.*

papillon (nom masculin)
Insecte qui a quatre grandes ailes colorées. *La chenille se métamorphose en chrysalide puis en **papillon**.* • **Nœud papillon :** cravate courte nouée en forme de papillon.

papillonner (verbe) ▸ conjug. n° 3
Passer d'une personne à une autre ou d'une chose à une autre sans s'arrêter à aucune.

papillote (nom féminin)
Morceau de papier ou de feuille d'aluminium servant à envelopper des bonbons ou des aliments cuits au four. *À midi, nous avons mangé du poisson en **papillote**.*

papoter (verbe) ▸ conjug. n° 3
Synonyme familier de bavarder. *Les deux commères ne cessent de **papoter**.*

Papouasie-Nouvelle-Guinée

6,6 millions d'habitants
Capitale : Port Moresby
Monnaie : le kina
Langues officielles : anglais, néo-mélanésien
Superficie : 461 690 km²

État d'Océanie, comprenant l'est de l'île de Nouvelle-Guinée et plusieurs îles et archipels.

GÉOGRAPHIE
La partie continentale du pays est traversée par une chaîne de montagnes. Une forêt très dense couvre la plus grande partie du territoire. Les ressources proviennent essentiellement de l'agriculture (café et cacao). Les ressources du sous-sol sont abondantes mais peu exploitées (exportation de cuivre et d'or).

HISTOIRE
Sous la tutelle de l'Australie à partir de 1921, le pays obtint son indépendance en 1975. Il est membre du Commonwealth.

Papous

Groupe de peuples de la Nouvelle-Guinée et des îles avoisinantes. Les Papous possèdent une culture commune mais parlent des langues très diverses. Ce nom désigne aussi les habitants de la Papouasie-Nouvelle-Guinée.

une chenille, une chrysalide et un **papillon**

paprika (nom masculin)
Piment doux en poudre. *Un ragoût de veau au **paprika**.*

papyrus (nom masculin)
Manuscrit égyptien écrit sur un papier fabriqué à partir de roseaux du Nil, appelés également « papyrus ».

un **papyrus**

pâque (nom féminin singulier)
Fête annuelle des juifs en mémoire de leur sortie d'Égypte. *La **pâque** dure huit jours.* ■ **Pâques** (nom féminin pluriel) Fête annuelle des chrétiens en mémoire de la résurrection du Christ. *Joyeuses **Pâques**.* ■ **Pâques** (nom masculin singulier) Jour de cette fête. ***Pâques** est toujours le premier dimanche après la pleine lune qui suit le 22 mars.* **Pâque** vient d'un mot hébreu qui signifie « passage », car, selon la Bible, Moïse ouvrit un passage dans la mer Rouge aux Hébreux qui la traversèrent à pied sec.

paquebot (nom masculin)
Grand navire de transport de passagers. *Le Titanic était un superbe **paquebot** qui a sombré lors de son premier voyage.*

pâquerette (nom féminin)
Petite plante à fleur blanche ou rosée, au cœur jaune, rappelant la marguerite. **Pâquerette** vient de *Pâques*, moment où fleurissent les pâquerettes.

paquet (nom masculin)
1. Assemblage de plusieurs objets attachés ou enveloppés ensemble. *Julie a envoyé un **paquet** par la poste à sa cousine.* **2.** Produit contenu dans un emballage. *Veux-tu aller m'acheter un **paquet** de café ?* **3.** Grande masse ou grande quantité. *Des **paquets** de mer s'abattent ce soir sur la jetée.* Famille du mot : **dé**paque**ter**, **em**paque**ter**, paque**tage**.

paquetage (nom masculin)
Habillement et équipement d'un soldat. *Quand un soldat est incorporé, on lui donne son **paquetage**.*

par (préposition)
Sert à indiquer de nombreux types de compléments. *Passe **par** là* (lieu). *Les hirondelles sont arrivées **par** un beau matin d'avril* (temps). *Je vais la voir deux fois **par** semaine* (fréquence). *William a pris Laura **par** la main* (moyen). *Elle a été renversée **par** un cycliste* (complément d'agent).

parabole (nom féminin)
1. Récit qui contient un enseignement ou une morale grâce à une comparaison. **2.** Antenne parabolique.

parabolique (adjectif)
Se dit d'une antenne qui permet de recevoir des programmes de télévision retransmis par satellite.

paracétamol (nom masculin)
Médicament qu'on utilise pour faire baisser la fièvre et atténuer la douleur. *Lors d'une prise de **paracétamol**, il ne faut pas dépasser la dose prescrite.*

parachever (verbe) ▸ conjug. n° 8
Terminer le mieux possible. *Xavier **parachève** son château de sable en plantant un drapeau sur le donjon.*

parachutage (nom masculin)
Action de parachuter. *Un **parachutage** d'armes a permis d'aider les assiégés.*

parachute (nom masculin)
Appareil fait d'une grande toile qui, en se dépliant, ralentit la chute d'une personne ou d'un objet lancés d'un avion. *Myriam rêve toujours de sauter en **parachute**.* Famille du mot : parachut**age**, parachut**er**, parachut**isme**, parachut**iste**.

parachuter (verbe) ▸ conjug. n° 3
Larguer en parachute. *On a **parachuté** des vivres aux réfugiés.*

parachutisme (nom masculin)
Pratique du saut en parachute. *À l'armée, le cousin de Noémie a été initié au **parachutisme**.*

parachutiste (nom)
Personne qui pratique le parachutisme. *Ce **parachutiste** est un spécialiste de la chute libre.*

parade (nom féminin)
1. Action de parer un coup ou une accusation. *Yann a trouvé une bonne **parade** pour ne pas faire ce qui l'ennuie : il dit qu'il doit travailler.* **2.** Défilé militaire. *Des touristes sont venus assister à la **parade** du 14 Juillet sur les Champs-Élysées.*

parader (verbe) ▸ conjug. n° 3
Se montrer dans le but de se faire admirer. *Il **parade** devant nous sur sa nouvelle moto.*

paradis (nom masculin)
1. Lieu de bonheur où séjourneraient, après la mort, les âmes de ceux qui se sont bien conduits. *Les chrétiens et les musulmans croient à l'existence du **paradis**.* (Syn. ciel. Contr. enfer.) **2.** Endroit très agréable, merveilleux. *Ce jardin est un **paradis** pour les enfants.*

paradisiaque (adjectif)
Qui évoque le paradis. *Une île **paradisiaque**.* (Syn. enchanteur.)

paradoxal, ale, aux (adjectif)
Qui est bizarre, comme un paradoxe. *Benjamin dit qu'il préfère la mer à la montagne, mais il déteste se baigner, c'est **paradoxal** !* (Syn. contradictoire.)

paradoxe (nom masculin)
Opinion ou raisonnement en contradiction avec la logique. *Il est écologiste mais il travaille dans une centrale nucléaire : c'est un **paradoxe**.* (Syn. contradiction.)

parafe
Signature simple, souvent composée des initiales du nom et du prénom. *Il a mis son **parafe** au bas de chaque page du contrat.*
ORTHO On écrit aussi **paraphe**.

paraffine (nom féminin)
Matière blanche qui ressemble à de la cire et sert à fabriquer les bougies.

parages (nom masculin pluriel)
• **Dans les parages :** dans les environs. *Il n'y a aucune pharmacie **dans les parages**.*

paragraphe (nom masculin)
Partie d'un texte qui débute et qui finit quand on va à la ligne. *Nous allons étudier le dernier **paragraphe** de ce chapitre.*

Paraguay

6,3 millions d'habitants
Capitale : Asunción
Monnaie : le guarani
Langues officielles : espagnol, guarani
Superficie : 406 750 km²

État d'Amérique du Sud, au nord de l'Argentine.

GÉOGRAPHIE
Le pays est traversé par le fleuve Paraguay, qui sert de frontière avec le Brésil et l'Argentine. La population se concentre à l'est du pays. À l'ouest, une vaste plaine, sèche et presque déserte, permet l'élevage. Les exportations agricoles sont importantes : soja, maïs, coton et viande. Les ressources hydroélectriques sont considérables.

HISTOIRE
Le pays était habité par des Indiens guaranis. Ils furent expulsés au XVIIIe siècle par les Espagnols et les Portugais, mais leur culture a survécu. Le Paraguay devint indépendant en 1811.

paraguayen, enne ➡ Voir tableau p. 6.

paraître (verbe) ▸ conjug. n° 37
1. Devenir visible. *À la nuit tombée, des étoiles **paraissent** dans le ciel.* (Syn. apparaître. Contr. disparaître.) **2.** Être édité et mis en vente. *Ce magazine **paraît** chaque semaine.* **3.** Avoir l'air. *Odile **paraît** heureuse de nous voir. Il **paraît** plus vieux quand il porte des lunettes.* (Syn. sembler.) • **Il paraît, paraît-il, à ce qu'il paraît :** on le dit. ***Il paraît** qu'on va changer de directeur l'année prochaine.*
Famille du mot : **com**paraître, **dis**paraître, **re**paraître, **trans**paraître.
ORTHO On écrit aussi **paraitre**.

parallèle (adjectif)
Se dit de lignes qui sont toujours à la même distance l'une de l'autre et donc ne se coupent jamais. *La voie de chemin de fer est **parallèle** au bord de mer.* ➡ p. 576. ■ **parallèle** (nom féminin) Droite parallèle à une autre. ■ **parallèle** (nom masculin) **1.** Cercle imagi-

naire autour de la Terre, qui est parallèle à l'équateur. **2.** Comparaison entre deux personnes ou deux choses. *La maîtresse a fait un **parallèle** entre les deux personnages principaux de cette magnifique histoire.* Famille du mot : parallèle**ment**, parallélépipède, parallél**isme**, parallélogramme.

parallèlement (adverbe)
1. De façon parallèle. *Les voitures sont garées **parallèlement** au trottoir.* **2.** En même temps. *Il fait ses études et **parallèlement** il s'entraîne pour devenir basketteur.*

parallélépipède (nom masculin)
Solide qui a six faces parallèles deux à deux. *Une boîte d'allumettes ou une brique sont des **parallélépipèdes**.* ➡ p. 576.

parallélisme (nom masculin)
État de ce qui est parallèle. *Il a fait vérifier le **parallélisme** des roues de sa voiture.*

parallélogramme (nom masculin)
Figure géométrique qui a quatre côtés parallèles deux à deux. *Un carré, un losange et un rectangle sont des **parallélogrammes**.* ➡ p. 576.

paralyser (verbe) ▸ conjug. n° 3
1. Rendre incapable de bouger. *Depuis son accident, il **est paralysé** des membres inférieurs.* **2.** Empêcher quelque chose de fonctionner. *Le verglas **a paralysé** la circulation sur l'autoroute.* Famille du mot : paraly**sie**, paraly**tique**.

paralysie (nom féminin)
1. Incapacité de bouger une partie du corps à cause d'une maladie ou d'un accident. *Il a été frappé de **paralysie** à la suite d'une attaque cérébrale.* **2.** Arrêt d'une activité. *La grève a entraîné une **paralysie** de la circulation des trains.*

paralytique (nom)
Personne atteinte de paralysie.

paramètre (nom masculin)
Donnée dont il faut tenir compte pour juger d'une question, régler un problème. *Il faut prendre en compte les **paramètres** psychologiques.*

paramétrer (verbe) ▸ conjug. n° 8
Définir les paramètres. *Il modifie les **paramètres** de l'ordinateur.*

paranoïaque (nom)
Personne persuadée que tout le monde lui veut du mal.

parapente (nom masculin)
Sport qui consiste à sauter en parachute à partir d'une falaise ou d'une montagne. *Quand on fait du **parapente**, on utilise les courants aériens pour se déplacer.*

un **parapente** au décollage

parapet (nom masculin)
Petit mur qui empêche de tomber. *Appuyés au **parapet** du pont, ils regardaient passer les péniches.* (Syn. garde-fou.)

paraphe ➡ Voir **parafe**.

paraphrase (nom féminin)
Phrase qui répète, avec d'autres mots, ce qui est déjà dit. *Ce texte est très clair, je n'ai pas besoin de tes **paraphrases** pour le comprendre !*

paraplégique (nom)
Personne paralysée des deux membres supérieurs ou inférieurs.

parapluie (nom masculin)
Ustensile constitué d'une toile imperméable tendue sur des tiges souples et qui sert à se protéger de la pluie. *Ouvre ton **parapluie**, il commence à pleuvoir.*

parascolaire (adjectif)
Qui complète l'enseignement que l'on suit à l'école. *Un cahier de vacances est un ouvrage* ***parascolaire****.*

parasismique (adjectif)
Qui doit résister aux secousses des tremblements de terre. *Au Japon, on construit des immeubles* ***parasismiques****.*

parasite (nom masculin)
1. Être vivant qui se fixe sur un autre pour s'en nourrir. *Le pou est un* ***parasite*** *de l'homme. Le gui est une plante* ***parasite*** *de certains arbres.* **2.** Personne qui vit aux dépens des autres. *Je ne veux plus recevoir ce* ***parasite*** *chez moi !* ■ **parasites** (nom masculin pluriel) Bruits ou signaux qui perturbent la réception d'une émission de radio ou de télévision.

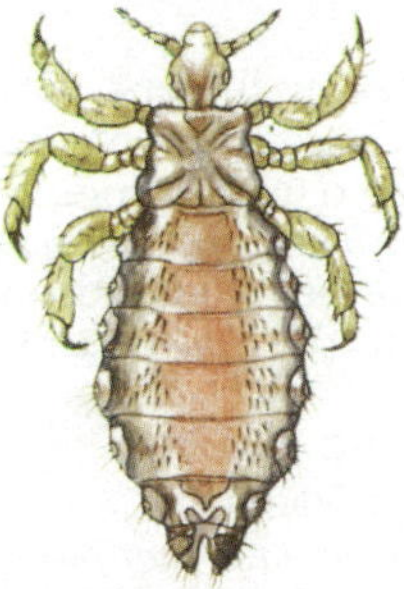

un **parasite**, le pou

parasol (nom masculin)
Sorte de grand parapluie qui sert à se protéger du soleil. *Si tu veux éviter un coup de soleil, reste sous le* ***parasol****.*

paratonnerre (nom masculin)
Tige de fer fixée sur un toit et qui sert à se protéger de la foudre. *C'est l'Américain Benjamin Franklin qui a inventé le* ***paratonnerre****.*

paravent (nom masculin)
Ensemble de panneaux articulés fait pour isoler ou cacher quelque chose. *La danseuse se change derrière un* ***paravent****.*

parc (nom masculin)
Très grand jardin, en partie planté d'arbres. *Après la visite du château, nous avons fait une promenade dans le* ***parc****.* • **Parc à huîtres :** bassin où l'on élève des huîtres. • **Parc de loisirs :** très vaste terrain regroupant des attractions ou des équipements sportifs. • **Parc de stationnement :** endroit aménagé pour le stationnement des voitures. (Syn. parking.) • **Parc naturel :** lieu où vivent des espèces animales et végétales qui sont protégées.

parcelle (nom féminin)
1. Petit fragment. *On a trouvé des* ***parcelles*** *d'or dans le sable de la rivière.* **2.** Portion de terrain. *Il a utilisé une* ***parcelle*** *de son jardin pour faire un potager.*

parce que (conjonction)
Sert à indiquer la cause. *Il a enlevé son blouson* ***parce qu'****il avait trop chaud.*

parchemin (nom masculin)
Peau d'animal spécialement traitée, utilisée pour l'écriture ou la reliure. *Les moines du Moyen Âge écrivaient sur du* ***parchemin****.*

un **parchemin** (XIIe siècle)

parcimonie (nom féminin)
• **Avec parcimonie :** en très petite quantité et avec une certaine avarice. *Les réserves de nourriture diminuaient, il fallait les distribuer* ***avec parcimonie****.* (Contr. prodigalité.)

a b c d e f g h i j k l m n o p q r s t u v w x y z

parcimonieux, euse (adjectif)
Qui est un peu avare. *Mon grand-père était très **parcimonieux** : « Un sou est un sou » disait-il.* (Contr. prodigue.)

parcmètre (nom masculin)
Appareil dans lequel on introduit une somme d'argent correspondant à un certain temps de stationnement.

parcourir (verbe) ▶ conjug. n° 16
1. Aller d'un bout à l'autre d'un endroit. *Ils **ont parcouru** toute l'île pour trouver de l'eau douce.* 2. Effectuer un parcours. *Clément **a parcouru** 1 km à pied avant de trouver une boulangerie ouverte.* 3. Lire rapidement. ***J'ai parcouru** le journal pendant le trajet en autobus.*

parcours (nom masculin)
1. Trajet pour aller d'un endroit à un autre. *C'est un petit train de campagne qui s'arrête souvent sur son **parcours**.* 2. Au sens figuré, déroulement de la formation, de carrière de quelqu'un. *Ces deux frères n'ont pas suivi le même **parcours**.*

par-delà (préposition)
De l'autre côté. *Ici nous sommes en France, mais **par-delà** la frontière, c'est la Belgique.*

par-dessous ➡ Voir **dessous**.

pardessus (nom masculin)
Manteau d'homme. *En hiver, il porte un gros **pardessus** et une écharpe de laine.*

par-dessus ➡ Voir **dessus**.

pardi (interjection)
Dans la langue familière, sert à renforcer une affirmation. *Il fait beau ici ! **Pardi**, c'est le Midi !*

pardon (nom masculin)
1. Action de pardonner. *Tu as eu tort de mentir, tu devrais lui demander **pardon**.* 2. Formule utilisée pour s'excuser ou interpeler. ***Pardon** monsieur, pourriez-vous m'indiquer où se trouve la poste ?*

pardonnable (adjectif)
Qui peut être pardonné. *Cette dictée était très difficile, vos erreurs sont **pardonnables**.* (Contr. impardonnable.)

pardonner (verbe) ▶ conjug. n° 3
Ne pas en vouloir à quelqu'un et ne pas le punir de ce qu'il a fait. ***Pardonnez**-moi de vous avoir dérangés !* Famille du mot : imp**ardonnable**, pardon, pardonn**able**.

pare-balle (adjectif)
• **Gilet pare-balle :** gilet qui protège des balles des armes à feu. *Le policier portait un **gilet pare-balle**.* Pluriel : des gilets pare-balle**s**.
ORTHO On écrit aussi au singulier **pare-balles**.

pare-brise (nom masculin)
Grande vitre de protection à l'avant d'un véhicule. *Mets les essuie-glaces en marche pour nettoyer le **pare-brise** !* ➡ p. 106. Pluriel : des pare-brise**s** ou des pare-brise.

pare-choc (nom masculin)
Barre de protection placée à l'avant et à l'arrière d'un véhicule. *Le **pare-choc** a été tordu, mais la carrosserie est intacte.* ➡ p. 106. Pluriel : des pare-choc**s**.
ORTHO On écrit aussi un **pare-chocs**.

pareil, eille (adjectif)
1. Qui est identique à autre chose. *Son blouson et le mien sont **pareils**.* (Syn. semblable. Contr. différent.) 2. De cette sorte. *Il n'avait jamais ressenti une **pareille** joie.* (Syn. tel.) ■ **pareil, eille** (nom) • **Ne pas avoir son pareil :** être sans égal dans un domaine. *Pour réussir les tartes, elle **n'a pas sa pareille**.* ■ **pareille** (nom féminin) • **Rendre la pareille à quelqu'un :** lui faire la même chose que ce qu'il a fait. *S'il m'ennuie trop, je lui **rendrai la pareille**.*

parent, ente (nom)
Personne qui appartient à la même famille. *Nous ne connaissons pas cette cousine, c'est une **parente** éloignée de mon père.* ■ **parents** (nom masculin pluriel) Le père et la mère de quelqu'un. *Les **parents** de Sarah sont très fiers de leur fille.* Famille du mot : apparent**é**, beaux-parents, grands-parents, parent**é**.

parental, ale, aux (adjectif)
Qui concerne les parents. *Avec le contrôle **parental**, les enfants ne peuvent pas accéder à certains sites internet.*

parenté (nom féminin)
Fait d'être parent. *David et Ursula n'ont aucun lien de* ***parenté****.*

parenthèse (nom féminin)
Chacun des deux signes de ponctuation encadrant des mots qui ne sont pas indispensables mais apportent une précision. *Dans la phrase « Ibrahim a acheté des boissons (sodas, jus de fruits, etc.) », on a écrit « sodas, jus de fruits, etc. » entre* ***parenthèses****.*

paréo (nom masculin)
Morceau de tissu aux couleurs vives dont on s'enveloppe le corps.

parer (verbe) ▸ conjug. n° 3
1. Éviter ou détourner une attaque. *Il a réussi à* ***parer*** *tous les coups de son adversaire.* (Syn. esquiver.) **2.** Se parer : s'habiller avec élégance. *Le chef indien* ***s'est paré*** *de sa coiffure de plumes d'aigle.* • **Être paré contre quelque chose :** en être protégé. *Avec ce chapeau et ces lunettes, tu* ***es paré contre*** *le soleil.* Famille du mot : **dé**parer, **im**par**able**, pare-balle, pare-brise, pare-choc, pare-soleil.

pare-soleil (nom masculin)
Dans une voiture, écran orientable qui protège du soleil. Pluriel : des pare-soleil**s** ou des pare-soleil.

paresse (nom féminin)
Comportement d'une personne paresseuse. *Cette forte chaleur nous pousse à la* ***paresse****.* (Contr. dynamisme, énergie.) Famille du mot : paress**er**, paress**eux**.

paresser (verbe) ▸ conjug. n° 3
Se laisser aller à la paresse. *Le dimanche matin, Kevin aime bien* ***paresser*** *dans son lit.*

paresseux, euse (adjectif et nom)
Qui ne fait pas d'efforts ou ne veut pas travailler. *Ce* ***paresseux*** *a refusé de m'aider.* (Syn. fainéant. Contr. travailleur.) ■ **paresseux** (nom masculin) Mammifère tropical qui se déplace avec des mouvements très lents.

parfait, aite (adjectif)
Qui est sans défaut, totalement satisfaisant. *Le peintre a réalisé un portrait d'une* ***parfaite*** *ressemblance.* Famille du mot : **im**parfait, parfait**ement**.

un **paresseux**

a b c d e f g h i j k l m n o p q r s t u v w x y z

parfaitement (adverbe)
1. De façon parfaite. *L'acteur connaît **parfaitement** son rôle.* **2.** Totalement, tout à fait. *Vous avez **parfaitement** raison.*

parfois (adverbe)
De temps en temps. *Il lui arrive **parfois** de se mettre en colère.* (Syn. quelquefois.)

parfum (nom masculin)
1. Odeur agréable qui se dégage de quelque chose. *Le **parfum** des roses embaumait la pièce.* **2.** Liquide odorant que l'on utilise pour sentir bon. *Pierre a offert un flacon de **parfum** à sa mère.* **3.** Goût agréable de certains aliments. *Je voudrais une glace à la vanille, c'est mon **parfum** préféré.* Famille du mot : parfum**é**, parfum**er**, parfum**erie**.

parfumé, ée (adjectif)
Qui a un certain parfum ou un certain goût. *Des pommes au four **parfumées** à la cannelle.*

parfumer (verbe) ▸ conjug. n° 3
1. Imprégner d'un parfum. *Myriam **parfume** son linge avec des sachets de lavande.* **2.** Se parfumer : se mettre du parfum. *Maman se maquille et **se parfume** chaque matin.* **Parfumer** vient du latin *perfumare* qui signifie « dégager de la fumée » (d'un bois qui sent bon).

parfumerie (nom féminin)
Magasin où l'on vend des parfums et des produits de beauté.

pari (nom masculin)
Jeu dans lequel chacun s'engage à donner quelque chose à celui qui aura raison. *Quentin a fait le **pari** d'arriver le premier et il a gagné.* Famille du mot : pari**er**, pari**eur**.

paria (nom masculin)
Personne exclue et méprisée de tous. *Vous n'allez pas me traiter comme un **paria** pour cinq minutes de retard !* En Inde, les **parias** sont des gens considérés comme impurs : on les appelle aussi des *intouchables*.

parier (verbe) ▸ conjug. n° 10
1. Faire un pari. *Je **parie** 2 euros que je serai arrivé avant toi.* **2.** Être presque sûr de ce qu'on dit. *Je te **parie** qu'il va neiger.*

parieur, euse (nom)
Personne qui parie de l'argent. *Les **parieurs** suivent les chevaux avec des jumelles.*

Paris
Capitale de la France, située sur les bords de la Seine (2,2 millions d'habitants). Les 20 arrondissements de Paris forment un département (75), qui couvre 105 km^2 et fait partie de la région Île-de-France. L'agglomération parisienne compte environ 10 millions d'habitants. Paris est le centre politique, administratif, commercial, financier et culturel de la France. La ville possède une richesse architecturale exceptionnelle ; ses musées et ses monuments sont célèbres dans le monde entier : la cathédrale Notre-Dame de Paris, l'hôtel des Invalides, l'Opéra, la tour Eiffel, le Louvre, le Centre Georges-Pompidou…

HISTOIRE
La cité des Parisii, tribu celte installée dans l'île de la Cité, s'appela Lutèce après la conquête romaine en 52 avant Jésus-Christ. Au IIIe siècle, elle prit le nom de Paris, puis devint la capitale du royaume des Francs à partir du règne de Clovis. À la fin du XVe siècle, elle était la principale ville d'Occident. Abandonnée au profit de Versailles par Louis XIV et ses succes-

des péniches sur la Seine à **Paris**

seurs, Paris joua un rôle politique considérable durant la Révolution. La ville se transforma au XIXe siècle, notamment avec les travaux entrepris par le baron Haussmann. Occupée par les Allemands durant la Seconde Guerre mondiale, elle fut libérée en 1944.

parisien, enne ➡ Voir tableau p. 6.

Bassin parisien
Région géographique qui occupe le quart du territoire français. Il est traversé par la Seine, la Loire, la Meuse et la Moselle. Paris est au centre de cette région. ➡ Voir carte p. 1372.

parité (nom féminin)
Égalité. *Ce syndicat réclame la* ***parité*** *des salaires entre les hommes et les femmes.*

parjure (nom masculin)
Faux serment. *Il a commis un* ***parjure*** *en ne tenant pas sa promesse.*

se **parjurer** (verbe) ▸ conjug. n° 3
Faire un parjure.

parka (nom féminin ou masculin)
Veste imperméable longue et à capuche.

parking (nom masculin)
Parc de stationnement. *On peut se garer dans le* ***parking*** *souterrain du magasin.* ● **Parking** est un mot anglais, on prononce [parkiŋ].

parlant, ante (adjectif)
1. Qui exprime quelque chose de façon convaincante. *Son commerce marche très bien, les bénéfices réalisés sont* ***parlants****.* **2.** Se dit d'un film dans lequel on entend les paroles des acteurs. (Contr. muet.)

Parlement (nom masculin)
Ensemble des représentants élus, chargés de voter les lois d'un pays ou d'un groupement de pays. *Le* ***Parlement*** *européen a son siège à Strasbourg.*

Parlement européen
Institution de l'Union européenne composée de 750 députés représentant les 28 États membres. Le Parlement européen siège à Strasbourg. Il contrôle les dépenses des autres organismes de l'Union européenne et participe à la rédaction des lois.

parlementaire (adjectif)
Qui concerne le Parlement. *Ce projet de loi a été voté après de longs débats* ***parlementaires****.* ■ **parlementaire** (nom) Membre d'un Parlement. **2.** Personne envoyée afin de parlementer. *Le général a reçu les* ***parlementaires*** *de l'armée ennemie.*

parlementer (verbe) ▸ conjug. n° 3
Discuter dans le but de trouver un accord. *Les autorités* ***parlementent*** *avec les terroristes pour obtenir la libération des otages.*

parler (verbe) ▸ conjug. n° 3
1. Utiliser des mots pour s'exprimer et communiquer. *La petite sœur d'Anna commence à peine à* ***parler****.* **2.** Savoir s'exprimer dans une langue. *C'est un touriste anglais, mais il* ***parle*** *très bien le français.* **3.** Avoir un projet ou une intention. *Les parents de Romain* ***parlent*** *de déménager.* **4.** Faire des aveux. *Le voleur* ***a parlé****, il a donné le nom de son complice.*
Famille du mot : franc-parler, haut-parleur, parl**ant**, parl**eur**, parl**oir**, parl**ote**, **re**parler.

parleur, euse (nom)
• **Beau parleur :** personne qui parle beaucoup mais qui n'agit pas.

parloir (nom masculin)
Salle où l'on reçoit les visiteurs pour parler avec eux. *Le* ***parloir*** *d'une prison.*

parlote (nom féminin)
Synonyme familier de bavardage. *Élodie perd son temps en* ***parlotes****.*
ORTHO On écrit aussi **parlotte**.

parme (adjectif)
Violet clair. *Une robe de soie* ***parme****.* Pluriel : des écharpes parme. La ville de *Parme*, en Italie, est réputée pour ses cultures de violettes.

parmesan (nom masculin)
Fromage italien à pâte dure. *Des spaghettis au* ***parmesan****.* Le **parmesan** est fabriqué près de *Parme*, ville d'Italie.

parmi (préposition)
Au nombre de. *Il y a beaucoup d'enfants* ***parmi*** *les visiteurs de ce musée.*

parodie (nom féminin)
Imitation amusante. *Cet auteur a écrit une **parodie** des* Trois Mousquetaires.

parodier (verbe) ▸ conjug. n° 10
Imiter quelqu'un ou quelque chose pour s'en moquer. *Dans ses sketches, cet imitateur **parodie** des gens célèbres.*

paroi (nom féminin)
1. Versant vertical et abrupt d'un rocher. *Les alpinistes ont escaladé la **paroi** sud de la montagne.* **2.** Surface intérieure d'un objet ou d'un endroit. *Ces deux bureaux sont séparés par une **paroi** de verre.*

L'escalade d'une **paroi** aussi abrupte est particulièrement difficile.

paroisse (nom féminin)
Territoire dont un curé ou un pasteur a la charge. *Le curé de la **paroisse** a organisé une tombola.* Famille du mot : paroissial, paroissien.

paroissial, ale, aux (adjectif)
De la paroisse. *La kermesse aura lieu dans la salle **paroissiale**, très prochainement.*

paroissien, enne (nom)
Personne croyante qui fait partie d'une paroisse. *Le curé accueille ses **paroissiens**.*

parole (nom féminin)
1. Faculté de s'exprimer et de communiquer par le langage. *Contrairement aux humains, les animaux ne sont pas doués de la **parole**.* **2.** Mot ou phrase que l'on dit. *L'entraîneur a adressé quelques **paroles** d'encouragement à toute son équipe.* **3.** Promesse que l'on fait oralement. *Je n'oublierai pas de t'écrire, je t'en donne ma **parole**.* • **Couper la parole à quelqu'un :** l'interrompre pendant qu'il parle. • **Croire quelqu'un sur parole :** croire ce qu'il dit sans avoir besoin de preuve. ■ **paroles** (nom féminin pluriel) Texte d'une chanson. *Je connais l'air de cette chanson, mais j'ai oublié les **paroles**.* Famille du mot : parolier, porte-parole.

parolier, ère (nom)
Personne qui écrit des paroles de chansons.

paronyme (nom masculin)
Mot très proche d'un autre par sa forme mais de sens très différent. *« Avènement » et « évènement » sont des **paronymes**.*

paroxysme (nom masculin)
Moment le plus violent d'un évènement ou d'un sentiment. *Quand le vent s'est levé, l'incendie a atteint son **paroxysme**.*

parpaing (nom masculin)
Bloc de ciment ou de plâtre utilisé en construction. *Un mur en **parpaings**.*
Prononciation [paʀpɛ̃].

parquer (verbe) ▸ conjug. n° 3
Mettre dans un endroit fermé. *Le berger **a parqué** ses moutons pour la nuit.*

parquet (nom masculin)
Sol constitué de lames de bois assemblées. *Cirer un **parquet**.* (Syn. plancher.)

parrain (nom masculin)
Homme qui s'engage à veiller sur un enfant lors de son baptême. *Le **parrain** et la marraine d'Hélène sont des amis de ses parents.*

parrainer (verbe) ▶ conjug. n° 3
Financer un club, une association. *Un industriel **parraine** l'équipe de football de la ville.* (Syn. sponsoriser.)

parricide (nom masculin)
Crime d'une personne qui a tué son père ou sa mère. *Commettre un **parricide**.* ■ **parricide** (nom) Personne qui a commis un parricide.

parsemé, ée (adjectif)
Couvert de choses éparpillées. *Le champ de blé est **parsemé** de coquelicots.*

part (nom féminin)
Partie séparée d'un tout. *Maman a coupé huit **parts** de tarte.* • **À part :** à l'écart. *Ne mélange pas tes affaires avec celles de ton frère, mets-les **à part**.* • **À part quelqu'un** ou **quelque chose :** sauf. *Tout le monde est venu, **à part** Gaëlle.* • **De la part de quelqu'un :** qui vient de cette personne. *C'est un cadeau **de la part de** ta tante.* • **De part et d'autre :** de chaque côté. *Il y a des rosiers **de part et d'autre** de l'allée.* • **D'une part..., d'autre part :** d'un côté... et de l'autre. *Il vaut mieux partir : **d'une part** il est tard, **d'autre part** tu es fatigué.* • **Être à part :** être différent des autres. *On a du mal à le comprendre, c'est un élève un peu **à part**.* • **Faire part de quelque chose à quelqu'un :** le lui dire. *Nous sommes heureux de vous **faire part de** notre mariage.* • **Prendre part à quelque chose :** y participer. *Qui veut **prendre part à** cette course ?* Voir aussi **autre part, nulle part, quelque part**. Famille du mot : **dépar**tager, **part**age, **part**ager, quote-**part**.

partage (nom masculin)
Action de partager. *Les cambrioleurs ont fait le **partage** du butin.*

partager (verbe) ▶ conjug. n° 5
1. Diviser en plusieurs parts. *Fatima **partage** la tarte en trois.* **2.** Donner une partie de ce qui nous appartient. *Il **a partagé** son goûter avec moi.* **3.** Avoir quelque chose en commun avec quelqu'un. *Thomas et Julie **partagent** la même passion pour la musique.*

partance (nom féminin)
• **En partance :** sur le point de partir. *Les voyageurs **en partance** pour Madrid doivent enregistrer leurs bagages.*

partant, ante (adjectif)
• **Être partant :** synonyme d'être d'accord. *Qui **est partant** pour une partie de cartes ?* ■ **partant** (nom masculin) Personne ou animal qui prend part à une compétition. *Il y a quinze **partants** dans la course du tiercé.*

partenaire (nom)
Personne à laquelle on est associé dans un jeu, une activité, une négociation, etc. *Les **partenaires** européens. Pour gagner ce match, tu dois faire confiance à tes **partenaires**.*

partenariat (nom masculin)
Fait d'être partenaire. *La bibliothèque travaille en **partenariat** avec le cinéma du quartier.*

parterre (nom masculin)
Partie d'un jardin où on cultive des fleurs, des plantes ornementales. *Des **parterres** de tulipes ornaient les pelouses du parc.*

Parthénon
Temple de la ville d'Athènes situé sur la colline de l'Acropole. Il est en marbre blanc et date du Ve siècle avant Jésus-Christ. Il était dédié à la déesse Athéna. ➡ p. 22.

parti (nom masculin)
Groupe ou association de personnes qui poursuivent le même but. *Un **parti** politique.* • **En prendre son parti :** accepter les choses telles qu'elles sont. • **Parti pris :** attitude d'une personne qui juge à l'avance. *Tu lui donnes toujours tort, c'est un **parti pris**.* (Syn. préjugé.) • **Prendre le parti de quelqu'un :** le soutenir. • **Prendre parti :** se décider pour ou contre quelque chose. • **Tirer parti de quelque chose :** savoir l'utiliser le mieux possible. Famille du mot : **im**partial, **im**parti**alité**, partial, parti**alité**.

partial, ale, aux (adjectif)
Qui a un parti pris injuste. *Je ne discute plus de cette affaire avec toi car tu es trop **partial**.* (Syn. injuste. Contr. impartial.)

partialité (nom féminin)
Attitude d'une personne partiale. *Il prétend que notre équipe a perdu à cause de la **partialité** de l'arbitre.* (Contr. impartialité.)

a b c d e f g h i j k l m n o p q r s t u v w x y z

participant, ante (nom)
Personne qui participe à quelque chose. *Tous les **participants** de la course sont partis.*

participation (nom féminin)
Action de participer. *Le directeur a vivement remercié les parents pour leur **participation** à l'organisation de la kermesse.*

participe (nom masculin)
Une des formes du verbe. *« Jouant » est le **participe** présent de « jouer » et « joué » est le **participe** passé.*

participer (verbe) ▶ conjug. n° 3
Se joindre à d'autres personnes pour faire quelque chose avec elles. ***Participer** à un concours, à une cérémonie, à un jeu.* Famille du mot : particip**ant**, particip**ation**.

particularité (nom féminin)
Caractère particulier. *Plusieurs mammifères, comme les baleines, ont la **particularité** de vivre dans l'eau.* (Syn. caractéristique.)

particule (nom féminin)
1. Minuscule partie d'une matière. *L'établi du menuisier est couvert de **particules** de bois.* 2. La préposition « de » précédant certains noms de famille. *Jean de La Fontaine est un nom à **particule**.*

particulier, ère (adjectif)
1. Qui différencie une personne ou une chose des autres. *Ces fruits exotiques ont un goût **particulier**.* (Syn. spécial. Contr. banal, ordinaire.) 2. Qui ne concerne qu'une seule personne. *Victor prend des cours **particuliers** de ski.* ■ **particulier** (nom masculin) Personne qui est considérée individuellement, en dehors d'un groupe. *Cet immeuble appartient à une entreprise et non à un **particulier**.* ■ **en particulier** (adverbe) 1. Synonyme de particulièrement. *Laura adore les gâteaux, **en particulier** les tartes aux abricots.* 2. Seul à seul. *La directrice a souhaité voir Myriam **en particulier**.* Famille du mot : particul**arité**, particulièr**ement**.

particulièrement (adverbe)
1. De façon particulière, spéciale. *Guillaume aime la musique, **particulièrement** le rap.* (Syn. en particulier, surtout.) 2. Synonyme de très. *Il est **particulièrement** joyeux aujourd'hui.*

partie (nom féminin)
1. Morceau d'un tout, d'un ensemble. *Je n'ai vu que la dernière **partie** du film.* 2. Ensemble des coups qu'il faut jouer jusqu'à ce qu'il y ait un gagnant. *Xavier et Noémie ont fait une **partie** de ping-pong.* 3. Chaque personne qui est engagée dans un procès. *L'avocat de la défense a attaqué la **partie** adverse.* 4. Spécialité dans laquelle on est compétent. *Tu peux lui demander des conseils, l'informatique c'est sa **partie**.* • **Avoir affaire à forte partie :** avoir affaire à un adversaire redoutable. • **Faire partie de quelque chose :** être un membre, un élément d'un groupe. *Il **fait partie d'**un orchestre de jazz.* • **Prendre quelqu'un à partie :** s'attaquer à lui. Famille du mot : parti**el**, parti**ellement**.

partiel, elle (adjectif)
Qui ne représente qu'une partie d'un ensemble. *Les journalistes n'ont que des renseignements **partiels** sur cette catastrophe.* (Syn. incomplet. Contr. complet.)

partiellement (adverbe)
De façon partielle. *Cet immeuble a été **partiellement** détruit par un incendie.* (Contr. complètement, entièrement, totalement.)

partir (verbe) ▶ conjug. n° 15
1. Quitter un lieu. *Nous **partons** demain en vacances.* (Contr. rester.) 2. Avoir comme origine. *Ce sentier **part** du bas de la colline. Toute l'affaire **est partie** d'un malentendu.* (Contr. aboutir.) 3. Disparaître. *Les nuages **sont partis**, allons à la plage.* • **À partir de :** indique le point de départ. *Les cours de tennis commencent **à partir de** demain. Nous avons eu des embouteillages **à partir de** Lyon.* Famille du mot : départ, part**ance**, part**ant**, **re**partir.

partisan, ane (nom)
1. Personne qui défend les idées d'une autre personne, d'un groupe ou d'un parti. *Le candidat a fait un discours à ses **partisans**.* (Syn. adepte. Contr. adversaire.) 2. Combattant qui ne fait pas partie de l'armée régulière. *Des groupes de **partisans** ont pris le maquis.* ■ **partisan, ane** (adjectif) Qui défend telle solution. *La nuit tombe, je suis **partisan** de rentrer.*

partition (nom féminin)
Morceau de musique écrit pour un instrument. *Il connaît par cœur ce morceau de piano et il peut le jouer sans la **partition**.*

partout (adverbe)
Dans tous les endroits. *Je t'ai cherché **partout**, mais je ne t'ai pas vu.* (Contr. nulle part.)

parure (nom féminin)
Ensemble de très beaux bijoux. *Pour la réception, elle avait sa **parure** de diamants.*

parution (nom féminin)
Publication d'un texte. *La **parution** de ce roman est prévue pour le mois prochain.*

parvenir (verbe) ▸ conjug. n° 19
1. Arriver à sa destination. *Je viens de te poster un colis, il te **parviendra** dans quelques jours.* 2. Réussir après beaucoup d'efforts. *Les alpinistes **sont parvenus** à gravir la paroi.*

parvenu, ue (nom)
Personne qui s'est enrichie rapidement et étale sa richesse.

parvis (nom masculin)
Place située devant la façade d'une église ou d'un édifice. *On a pris des photos des mariés sur le **parvis** de la cathédrale.*

■ **pas** (adverbe)
En relation avec « ne », sert à exprimer la négation. *Odile **ne** veut **pas** venir avec moi.*

■ **pas** (nom masculin)
1. Mouvement que l'on fait en marchant. *La petite sœur de Sarah commence à faire ses premiers **pas**.* 2. Façon de marcher. *La vieille dame avançait à petits **pas**.* 3. Trace de pied. *La mer efface les **pas** des enfants sur le sable.* • **À deux pas :** tout près. *J'habite **à deux pas** de l'école.* • **Au pas :** à la même cadence. *Le régiment défile **au pas**.* • **Faire le premier pas :** prendre l'initiative. • **Faire les cent pas :** marcher de long en large avec impatience. • **Mauvais pas :** situation difficile. • **Mettre quelqu'un au pas :** le forcer à obéir. • **Pas à pas :** lentement et prudemment. *Ils avançaient **pas à pas** sur le sentier escarpé.* • **Pas de la porte :** entrée de la maison.

pascal, ale (adjectif)
Qui concerne la fête de Pâques des chrétiens ou la pâque juive. *Pour Pâques nous avons mangé l'agneau **pascal**.* Au pluriel, on emploie pasc**aux** ou pascal**s**.

Pascal Blaise (né en 1623, mort en 1662)
Savant, philosophe et écrivain français. Pascal élabora les bases du calcul mathématique des probabilités et entreprit d'importantes recherches en physique, avant de se consacrer à la religion en 1654. Il exposa ses convictions religieuses dans *les Provinciales* (1656-1657) et les *Pensées* (1670).

passable (adjectif)
Qui est tout juste satisfaisant. *En maths, ses résultats sont **passables**.* (Syn. moyen.)

passablement (adverbe)
1. De façon passable. *Quentin joue **passablement** au ping-pong.* 2. De façon notable. *Le maire a fait un discours **passablement** ennuyeux.*

passage (nom masculin)
1. Action de passer. *Vous gênez le **passage** des spectateurs qui se dirigent vers la sortie.* 2. Endroit par où l'on peut passer. *Il existe des **passages** souterrains dans ce vieux château.* 3. Extrait d'un texte, d'un film ou d'une musique. *Je ne connais que quelques **passages** de ce poème.* • **Au passage :** en passant. *Si la poste est ouverte, achète des timbres **au passage**.* • **De passage :** qui reste très peu de temps quelque part. • **Examen de passage :** qui permet de passer dans une classe supérieure. • **Passage à niveau :** endroit où une voie ferrée et une route se croisent. • **Passage pour piétons :** endroit d'une rue où les piétons peuvent traverser.

un **passage pour piétons**

■ **passager, ère** (adjectif)
Qui ne dure que peu de temps. *Il fait beau, ce n'était qu'une petite ondée **passagère**.* (Syn. court, momentané. Contr. durable.)

■ **passager, ère** (nom)
Personne qui est transportée en voiture, en bateau ou en avion. *Les **passagers** du vol à destination de Madrid vont embarquer.*

■ **passant, ante** (adjectif)
Où il passe beaucoup de monde. *La rue du marché est très **passante**.* (Syn. fréquenté.)

■ **passant, ante** (nom)
Personne qui passe à pied dans la rue. *J'ai demandé à des **passants** de m'indiquer le chemin de la poste.*

passation (nom féminin)
• **Passation de pouvoirs :** moment où un dirigeant transmet ses pouvoirs à son successeur.

passe (nom féminin)
Action de passer le ballon à un joueur de son équipe. *Il a marqué un but sur une **passe** d'un défenseur.* • **En passe de :** sur le point de. *Ce chanteur est **en passe de** devenir célèbre.* • **Mot de passe :** mot secret que l'on doit connaître si l'on veut passer quelque part. • **Une bonne** ou **une mauvaise passe :** une période heureuse ou malheureuse.

passé (nom masculin)
1. Période qui s'est déroulée avant le temps où nous vivons. *Dans le **passé**, on s'éclairait à la bougie.* 2. Temps d'un verbe qui indique un fait passé. *Quand on écrit « il venait », « il est venu », « il vint », on emploie des temps du **passé**.* ■ **passé, ée** (adjectif) Qui a existé ou qui s'est déroulé avant le moment présent. *J'ai fait leur connaissance l'année **passée**.*

passe-droit (nom masculin)
Autorisation exceptionnelle accordée à quelqu'un. *Il a obtenu un **passe-droit** pour visiter le musée un jour de fermeture.*
✎ Pluriel : des passe-droits.

passe-montagne (nom masculin)
Bonnet qui enveloppe la tête et ne laisse que le visage découvert. (Syn. cagoule.) ✎ Pluriel : des passe-montagnes.

passe-partout (nom masculin)
Clé spéciale permettant d'ouvrir plusieurs types de serrures. *Le serrurier a ouvert avec un **passe-partout** quand j'ai perdu mes clés.* ■ **passe-partout** (adjectif) Qui convient en toutes circonstances. *Il a mis une tenue **passe-partout** pour ne pas se faire remarquer.* ✎ Pluriel : des passe-partout, des réponses passe-partout.
ORTHO On écrit aussi un **passepartout**, des **passepartouts**.

passe-passe (nom masculin)
• **Tour de passe-passe :** tour d'adresse qui consiste à faire disparaître un objet et à le faire réapparaître.
ORTHO On écrit aussi **passepasse**.

passeport (nom masculin)
Document comportant l'identité d'une personne, lui permettant d'aller à l'étranger.

passer (verbe) ▸ conjug. n° 3
1. Se déplacer d'un lieu à un autre sans s'arrêter. *Des voitures **passent** à toute allure sur l'autoroute.* 2. Aller à un endroit sans y rester. *Ursula **est passée** me dire bonjour.* 3. Traverser un lieu ou suivre tel chemin. *Pour aller au lac, il faut **passer** par le bois.* 4. S'écouler ou se dérouler. *Je trouve que les vacances **passent** trop vite.* 5. Employer son temps. *Il **a passé** sa soirée à regarder la télévision.* 6. Être admis dans une classe supérieure. *Cette année, Benjamin **est passé** en CM1.* 7. Céder à quelqu'un ou l'excuser. *Ses parents lui **passent** tout.* 8. Répondre à des questions écrites ou orales pour obtenir un examen. ***Passer** le bac.* 9. Projeter un film. *Hier, on **a passé** un très bon film policier à la télévision.* 10. Disparaître peu à peu. *Avec ces cachets, ton mal de dents va **passer**.* 11. Perdre son éclat. *Après plusieurs lavages, le rouge de ma jupe **a passé**.* 12. Filtrer ou tamiser une substance. *La cafetière est entartrée, le café ne **passe** pas.* 13. Se passer : avoir lieu ou se dérouler. *L'histoire **se passe** dans un vaisseau spatial.* 14. Se passer de quelque chose : s'en priver. *Je peux **me passer de** fromage s'il n'y en a plus.* • **Passer pour :** avoir telle réputation.

*Zoé **passe pour** la meilleure nageuse de son club.* • **Passer sur quelque chose :** ne pas en tenir compte. *Pour aujourd'hui, je **passe sur** votre retard !* **Passer** se conjugue tantôt avec l'auxiliaire *être* (*je suis passé* à Paris), tantôt avec l'auxiliaire *avoir* (*j'ai passé* une bonne soirée). Famille du mot : pass**age**, pass**ager**, pass**ant**, passe, pass**é**, passe-droit, passe-montagne, passe-partout, passe-passe, passe-temps, pass**eur**, pass**oire**.

passereau, eaux (nom masculin)
Espèce d'oiseaux chanteurs. *Le moineau, le merle, le corbeau sont des **passereaux**.*

passerelle (nom féminin)
1. Pont étroit réservé aux piétons. *Une **passerelle** permet de traverser la voie ferrée.* 2. Escalier mobile qui permet de monter à bord d'un bateau ou d'un avion. 3. Plateforme qui se trouve au-dessus des cabines d'un bateau. *Le commandant est sur la **passerelle**.*

passe-temps (nom masculin)
Occupation pour passer agréablement le temps. *La pêche à la ligne est son **passe-temps** favori.* (Syn. distraction.) Pluriel : des passe-temps.
ORTHO On écrit aussi **passetemps**.

passeur, euse (nom)
Personne qui fait traverser un cours d'eau quand il n'existe pas de pont. *La barque du **passeur** s'éloignait vers l'autre rive.*

passible (adjectif)
• **Être passible d'une peine :** la mériter. *Le stationnement est interdit devant la gare, vous **êtes passible d'**une amende.*

passif, ive (adjectif)
Qui subit les choses sans réagir. *Pierre est resté **passif** malgré les reproches qu'on lui faisait.* (Contr. actif, dynamique, énergique.) • **Voix passive :** forme du verbe lorsque le sujet subit l'action. *Dans la phrase « La souris est mangée par le chat », le verbe « manger » est à la **voix passive**.* Famille du mot : passiv**ement**, passivi**té**.

passiflore (nom féminin)
Plante tropicale à grandes fleurs en étoile, qui donne le fruit de la passion.

passion (nom féminin)
1. Amour ardent pour quelqu'un. *Il aime sa femme avec **passion**.* 2. Chose que l'on aime par-dessus tout. *Sa **passion**, c'est le théâtre.* • **Fruit de la passion :** fruit de la passiflore. Famille du mot : passion**nant**, passionn**é**, passion**nel**, passion**nément**, passion**ner**.

passionnant, ante (adjectif)
Qui passionne. *Il a vécu des aventures **passionnantes**.* (Syn. captivant, palpitant.)

passionné, ée (nom)
Personne qui aime quelque chose avec passion. *Anna est une **passionnée** de musique.* (Syn. fervent.)

passionnel, elle (adjectif)
• **Crime passionnel :** crime commis par déception amoureuse ou par jalousie.

passionnément (adverbe)
Avec passion. *Elle lit **passionnément**.*

passionner (verbe) ▸ conjug. n° 3
Inspirer à quelqu'un un intérêt très vif. *Clément **se passionne** pour les livres.*

passivement (adverbe)
De façon passive. *Elle suit **passivement** la conversation, sans intervenir.*

passivité (nom féminin)
État d'une personne passive. *Élodie attend avec **passivité** que quelqu'un l'aide à trouver la solution.*

passoire (nom féminin)
Récipient percé de trous, qui sert à égoutter ou à filtrer. *David égoutte les pâtes dans la **passoire**.*

la fleur de la **passiflore**

pastel (nom masculin)
1. Bâtonnet fait d'une pâte dure et colorée. *Un portrait dessiné au **pastel**.* **2.** Œuvre exécutée avec ces bâtonnets. *Cette galerie de peinture expose des **pastels**.* ■ **pastel** (adjectif) Qui est d'une couleur claire et délicate. *De la laine bleu **pastel**.* Pluriel : des couleurs pastel.

« L'Homme au gibus », **pastel** d'Edgar Degas (fin du XIXe siècle)

pastèque (nom féminin)
Gros fruit à écorce verte et à chair rouge très juteuse. *Une tranche de **pastèque**.*

pasteur (nom masculin)
Chez les protestants, personne qui dirige le culte. *Les fidèles se réunissent au temple pour écouter l'enseignement de leur **pasteur**.*

Pasteur Louis (né en 1822, mort en 1895)
Chimiste et biologiste français. Il découvrit l'existence des microbes responsables de la fermentation et de maladies. Il élabora une technique de conservation des liquides, la pasteurisation. La mise au point, en 1885, d'un vaccin contre la rage le rendit célèbre. ➡ p. 347.

INSTITUT PASTEUR
Institut de recherches biologique et médicale, fondé en 1888. Il est notamment chargé de la mise au point et de la diffusion des vaccins et sérums.

pasteuriser (verbe) ▶ conjug. n° 3
Détruire les microbes contenus dans les aliments en les chauffant. *On **pasteurise** le lait pour le conserver plus longtemps.* **Pasteuriser** vient du nom de *Louis Pasteur*, biologiste français du XIXe siècle, qui inventa ce procédé de conservation.

pastiche (nom masculin)
Imitation du style d'un écrivain ou d'un artiste. *Cet humoriste fait des **pastiches** très amusants de poèmes célèbres.*

pastille (nom féminin)
Petit bonbon rond et plat. *Des **pastilles** au miel.*

pastis (nom masculin)
Boisson alcoolisée, parfumée à l'anis. Prononciation [pastis].

Patagonie
Région du sud de l'Amérique latine (786 983 km^2 ; 1,7 million d'habitants), partagée entre le Chili et l'Argentine. C'est une région au climat sec et froid, où l'on pratique l'élevage ovin. Son sous-sol est riche en gaz naturel et en pétrole.

patate (nom féminin)
Synonyme familier de pomme de terre. *Des **patates** à l'eau.* • **Patate douce :** racine d'une plante tropicale, au goût sucré.

pataud, aude (adjectif)
Dans la langue familière, lourd et maladroit dans ses mouvements. *Mon petit frère commence à marcher, il est un peu **pataud**.*

pataugeoire (nom féminin)
Bassin peu profond pour les petits enfants. *Fatima se baigne dans la **pataugeoire** car elle ne sait pas nager.*

patauger (verbe) ▶ conjug. n° 5
1. Marcher sur un sol boueux ou dans l'eau. *Les enfants s'amusent à **patauger** dans les flaques.* **2.** Synonyme familier de s'embrouiller. *Je **patauge** dans cette grille de mots croisés.*

patchwork (nom masculin)
Tissu fait d'un assemblage de morceaux d'étoffe de couleurs différentes, cousus ensemble. *Une belle couverture en **patchwork**.* Prononciation [patʃwœʀk]. Patchwork est un mot anglais formé de *patch* qui signifie « morceau » et de *work* qui signifie « ouvrage ».

un **patchwork**

pâte (nom féminin)
Mélange de farine et d'eau ou de lait, que l'on pétrit et que l'on fait cuire. *De la **pâte** à tarte.* • **Mettre la main à la pâte :** participer à l'exécution d'une tâche. • **Pâte à modeler :** matière molle que l'on peut pétrir pour faire des formes. • **Pâte de fruits :** confiserie faite avec de la pulpe de fruits et du sucre. ■ **pâtes** (nom féminin pluriel) Aliment fait à base de semoule de blé. *Les nouilles, les spaghettis, les macaronis sont des **pâtes**.*

pâté (nom masculin)
1. Préparation faite de viande ou de poisson haché, cuite au four. *Du **pâté** de campagne.* **2.** Tache d'encre faite sur du papier. *Ton stylo coule, tu as fait un gros **pâté** sur ton cahier.* • **Pâté de maisons :** maisons formant un bloc délimité par des rues. • **Pâté de sable :** tas de sable mouillé et moulé dans un seau. • **Pâté en croûte :** pâté de viande cuit dans une pâte.

pâtée (nom féminin)
Mélange épais d'aliments pour nourrir certains animaux. *De la **pâtée** pour chiens.*

patelin (nom masculin)
Synonyme familier de village. *Ils vivent dans un petit **patelin** perdu dans la montagne.*

patère (nom féminin)
Portemanteau fixé à un mur. *William suspend son imperméable à une **patère**.*

paternalisme (nom masculin)
Attitude d'un patron qui protège ses employés pour pouvoir mieux les diriger.

paternaliste (adjectif)
Qui fait preuve de paternalisme.

paternel, elle (adjectif)
1. Du père. *En grandissant, il supporte mal l'autorité **paternelle**.* **2.** Du côté du père. *Il ressemble à son grand-père **paternel**.*

paternité (nom féminin)
1. Fait d'être père. *Depuis la naissance de sa fille, il a découvert les joies de la **paternité**.* **2.** Au sens figuré, fait d'être l'auteur de quelque chose. *Des savants américains revendiquent la **paternité** de cette découverte.*

pâteux, euse (adjectif)
Qui a la consistance molle et collante de la pâte. *Cette purée est trop **pâteuse**.*

pathétique (adjectif)
Qui est triste et émouvant. *C'est un spectacle **pathétique** de voir tous ces enfants abandonnés.* (Syn. bouleversant.)

pathologique (adjectif)
Qui est causé par une maladie. *Son teint jaune est un signe **pathologique**.*

patibulaire (adjectif)
Qui inquiète et n'inspire pas confiance. *Qui est cet homme à la mine **patibulaire** ?*

patiemment (adverbe)
Avec patience. *Le train a du retard, nous n'avons plus qu'à attendre **patiemment** son arrivée.* (Syn. calmement. Contr. impatiemment.)

patience (nom féminin)
1. Qualité d'une personne qui sait attendre sans perdre son calme. *Un peu de **patience**, le dîner sera prêt dans quelques minutes !* (Contr. impatience.) **2.** Qualité d'une personne qui va jusqu'au bout sans

se décourager. *Avec un peu de* ***patience****, tu arriveras à finir ce puzzle.* (Syn. persévérance.) 3. Jeu de cartes qui se joue tout seul. (Syn. réussite.) **Patience** vient du latin *pati* qui signifie « supporter ».

■ patient, ente (adjectif)
1. Qui fait preuve de patience. *La maîtresse est* ***patiente*** *avec ses élèves.* (Contr. impatient.) 2. Qui demande de la patience. *Le détective a découvert le coupable après de longues et* ***patientes*** *recherches.* Famille du mot : **impatiemment**, **impatience**, **impatient**, s'**impatienter**, patie**mment**, pa**tience**, patient**er**.

■ patient, ente (nom)
Client d'un médecin. *Le chirurgien opère un de ses* ***patients****.*

patienter (verbe) ▸ conjug. n° 3
Attendre avec patience. *Le dentiste va vous recevoir,* ***patientez*** *un instant.*

patin (nom masculin)
Pièce mobile qui frotte sur une roue. *Les* ***patins*** *des freins d'une bicyclette.* • **Patin à glace :** chaussure équipée d'une lame en métal pour glisser sur la glace. • **Patin à roulettes :** chaussure munie de roulettes pour glisser sur le sol. Famille du mot : patin**age**, patin**er**, patin**ette**, patin**eur**, patin**oire**.

patinage (nom masculin)
Sport pratiqué avec des patins à glace ou à roulettes. *Gaëlle fait du* ***patinage*** *artistique.*

patine (nom féminin)
Couleur que prennent certains objets en vieillissant. *Cette table ancienne a une très jolie* ***patine****.*

patiner (verbe) ▸ conjug. n° 3
1. Faire du patinage. *Le lac est gelé, nous allons pouvoir* ***patiner****.* 2. Tourner ou glisser sans avancer. *Les roues de la voiture se sont mises à* ***patiner*** *sur la route enneigée.*

patinette (nom féminin)
Synonyme de trottinette.

patineur, euse (nom)
Personne qui fait du patinage. *La* ***patineuse*** *glissait avec grâce et légèreté sur le lac gelé.*

patinoire (nom féminin)
Piste aménagée pour le patinage sur glace. *La* ***patinoire*** *ouvre en hiver.*

patio (nom masculin)
Cour intérieure d'une maison espagnole. Prononciation [pasjo] ou [patjo].

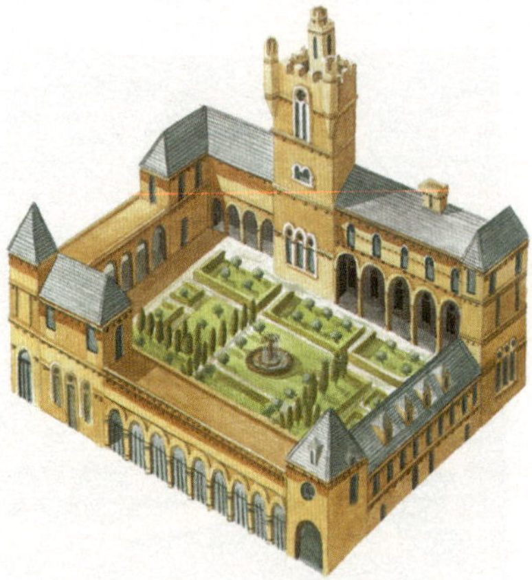

le **patio** d'une grande demeure

pâtir (verbe) ▸ conjug. n° 11
Souffrir à cause de quelque chose. *Les ventes* ***pâtissent*** *de la crise.*

pâtisserie (nom féminin)
1. Gâteau fait avec de la pâte sucrée, cuite au four. *Myriam a acheté des* ***pâtisseries*** *pour le dessert.* 2. Magasin du pâtissier.

pâtissier, ère (nom)
Personne qui fait ou vend des gâteaux.

pâtisson (nom masculin)
Sorte de courge de couleur blanchâtre.

patois (nom masculin)
Langue particulière à une région. *Dans ce village, les vieux se parlent en* ***patois****.*

pâtre (nom masculin)
Synonyme littéraire de berger.

patriarcat (nom masculin)
Régime social dans lequel la famille répond à l'autorité du père (par opposition à matriarcat).

patriarche (nom masculin)
Vieil homme qui détient l'autorité dans une famille. *Tous respectent le* ***patriarche****.*

patrie (nom féminin)
Pays natal auquel on est très attaché. *Ce réfugié politique a dû fuir sa **patrie**.* Famille du mot : **com**patri**ote**, **s'ex**patr**ier**, patri**ote**, patri**otique**, patri**otisme**, **ra**patri**é**, **ra**patri**ement**, **ra**patri**er**. **Patrie** vient du latin *pater* qui signifie « père ».

patrimoine (nom masculin)
1. Ensemble des biens et des richesses d'une famille. *Yves et Marie ont hérité du **patrimoine** de leurs parents.* **2.** Ensemble des richesses communes à une collectivité. *Les châteaux de la Loire font partie du **patrimoine** artistique de la France.*

Le château de Chambord fait partie de notre **patrimoine** artistique.

patriote (adjectif et nom)
Qui aime beaucoup sa patrie et accepte de la servir. *Ces hommes sont des **patriotes** prêts à risquer leur vie pour défendre leur pays.*

patriotique (adjectif)
Qui est inspiré par le patriotisme. *Les soldats défilaient en chantant des chants **patriotiques**.*

patriotisme (nom masculin)
Attitude des patriotes.

■ **patron, onne** (nom)
1. Personne qui dirige une entreprise. *Un **patron** d'usine. Un **patron** de café.* **2.** Dans la religion chrétienne, saint ou sainte considérés comme les protecteurs d'un lieu ou d'une catégorie de personnes. *Saint Vincent est le **patron** des vignerons.* Famille du mot : patro**nage**, patron**al**, patron**at**, patron**ner**.

■ **patron** (nom masculin)
Modèle en papier servant à faire un objet. *La couturière m'a fait des jupes de couleurs différentes d'après le même **patron**. Le **patron** d'un cube.*

patronage (nom masculin)
Protection accordée par une personne ou une organisation. *L'inauguration du stade s'est déroulée sous le **patronage** du préfet.*

patronal, ale, aux (adjectif)
1. Qui concerne tous les patrons d'entreprise. *Toutes les organisations **patronales** défendent les intérêts des patrons.* **2.** Qui concerne un saint patron. *Une fête **patronale** est organisée en l'honneur de la Saint-Vincent.*

patronat (nom masculin)
Ensemble des patrons. *Le Premier ministre a reçu les représentants du **patronat**.*

patronner (verbe) ▸ conjug. n° 3
Fournir son patronage. *Plusieurs chaînes de télévision **ont patronné** un concert.*

patronyme (nom masculin)
Nom de famille. *Inscrivez votre **patronyme** et votre prénom sur ce questionnaire.*

patrouille (nom féminin)
Petit groupe de soldats ou de policiers, chargé d'une mission. *Une **patrouille** de police fait des rondes dans le quartier.*

patrouiller (verbe) ▸ conjug. n° 3
Circuler en patrouille pour surveiller. *Des douaniers **patrouillent** près de la frontière.*

patte (nom féminin)
1. Membre d'un animal. *L'ours s'est dressé debout sur ses **pattes** arrière.* **2.** Languette de cuir ou de tissu. *Hélène a un petit sac qui se ferme avec une **patte**.*

patte-d'oie (nom féminin)
Embranchement où se croisent plusieurs routes. Pluriel : des patte**s**-d'oie.

pâturage (nom masculin)
Prairie où paît le bétail. *Le berger conduit ses moutons vers les hauts **pâturages**.*

pâture (nom féminin)
Ce qui sert de nourriture à un animal. *L'hirondelle porte la **pâture** à ses petits.*

paume (nom féminin)
Creux de la main. *Anna serre quelques pièces de monnaie dans la **paume** de sa main.* • **Jeu de paume :** ancien sport dans lequel les adversaires se renvoyaient la balle avec la paume de la main.

paupière (nom féminin)
Membrane de peau bordée de cils qui protège l'œil.

paupiette (nom féminin)
Tranche de viande roulée, ficelée et farcie. *Des **paupiettes** de veau.*

pause (nom féminin)
Arrêt momentané qui permet de se reposer. *Tu as beaucoup travaillé, tu as besoin d'une petite **pause** de dix minutes.*

pauvre (adjectif et nom)
1. Qui manque d'argent pour vivre de façon normale. *Ces **pauvres** gens vivent dans un taudis. Cette association s'occupe des **pauvres** du quartier.* (Syn. indigent. Contr. riche.) 2. Qui inspire la pitié. *Le **pauvre** chien tremblait de froid. Le **pauvre** ! Il a encore échoué à son examen.* (Syn. malheureux.) ■ **pauvre** (adjectif) Qui n'a pas beaucoup de ressources. *Cette région sèche et aride est très **pauvre**.* (Contr. fertile.) Famille du mot : ap**pauvrir**, **pauvrement**, **pauvreté**.

pauvrement (adverbe)
D'une manière pauvre. *Son oncle vit **pauvrement** dans une mansarde.*

pauvreté (nom féminin)
État d'une personne pauvre. *Depuis que leur père est au chômage, ils vivent dans la **pauvreté**.* (Syn. dénuement. Contr. richesse.)

« Le Jeune Mendiant » de Murillo (1650), une illustration de la **pauvreté**

pavage (nom masculin)
Revêtement fait de pavés ou de dalles.

se **pavaner** (verbe) ▸ conjug. n° 3
Circuler de façon orgueilleuse pour se faire remarquer. *Il **se pavane** dans sa nouvelle voiture de sport.* **Se pavaner** vient du mot *paon* : un paon qui fait la roue se pavane.

pavé (nom masculin)
Petit bloc de pierre taillé qui servait au revêtement des rues. *Benjamin n'aime pas faire du vélo sur les **pavés**.*

paver (verbe) ▸ conjug. n° 3
Couvrir un sol avec des pavés ou des dalles. *On **a pavé** la rue piétonne du centre-ville.*

pavillon (nom masculin)
1. Petite maison, le plus souvent entourée d'un jardin. *Les cousins d'Élodie vivent dans un **pavillon** en banlieue.* 2. Petit drapeau qui flotte sur un bateau. *Ce voilier navigue sous **pavillon** grec.* 3. Partie extérieure de l'oreille.

pavillonnaire (adjectif)
Qui est occupé par des pavillons. *Gaëlle habite une banlieue **pavillonnaire**.*

pavois (nom masculin)
1. Grand bouclier en usage au Moyen Âge. *Pour l'intronisation du roi, les hommes l'ont élevé sur le **pavois**.* 2. Ornementation de fête d'un navire. *Petit pavois ou grand **pavois** sont hissés les jours de victoire.*

pavoiser (verbe) ▸ conjug. n° 3
Décorer avec des drapeaux. *La mairie **est** joliment **pavoisée** à l'occasion du 11 Novembre.*

pavot (nom masculin)
Plante à fleurs blanches ou rouges que l'on cultive pour ses graines. *C'est du **pavot** blanc que l'on extrait l'opium.*

payable (adjectif)
Qui doit être payé. *Tous les frais d'expédition sont **payables** à la livraison.*

payant, ante (adjectif)
1. Qu'il faut payer. *L'entrée du musée est **payante**.* (Contr. gratuit.) 2. Qui rapporte de l'argent ou des avantages. *Ses*

*efforts ont été **payants** puisqu'il a fini par gagner.*

paye ➡ Voir **paie**.

payer (verbe) ▸ conjug. n° 7
1. Donner de l'argent en échange de ce que l'on achète. *Il **a payé** ce blouson 100 euros.* 2. Donner à quelqu'un l'argent qui lui est dû. *Le locataire **paye** son loyer. Vous **serez payé** à la fin du mois.* 3. Être profitable ou rentable. *Sa réussite l'**a payé** de tous ses efforts.* 4. Subir les conséquences d'un acte. *Il s'est moqué de moi mais il me le **paiera** !* Famille du mot : paie, paie**ment**, pay**able**, pay**ant**, paye, pay**eur**.

payeur, euse (nom)
• **Mauvais payeur :** personne qui ne paye pas ou paye en retard l'argent qu'elle doit.

pays (nom masculin)
1. Territoire séparé des autres par des frontières et qui est dirigé par un gouvernement. *L'Espagne, l'Italie, la Belgique sont des **pays** européens.* 2. Région géographique. *Si vous allez en Alsace, il faut goûter les vins du **pays**.* Famille du mot : arrière-pays, **dé**pays**ement**, **dé**pays**er**.

paysage (nom masculin)
Étendue que l'on voit d'un endroit. *Les promeneurs s'arrêtaient pour regarder le **paysage**.* (Syn. panorama.)

un **pavot**

paysagiste (nom)
Personne qui aménage et entretient des jardins ou des parcs.

paysan, anne (nom)
Personne qui vit de la culture de la terre ou de l'élevage des animaux. *Cette ferme et ces champs de blé appartiennent à un riche **paysan**.* (Syn. agriculteur, cultivateur.) ■ **paysan, anne** (adjectif) Qui concerne les paysans ou la campagne. *C'est un citadin qui ne connaît rien à la vie **paysanne**.*

paysannerie (nom féminin)
Ensemble des paysans.

les semailles, l'un des travaux de la **paysannerie** (miniature du XVe siècle)

pays baltes
➡ Voir **Baltes**.

Pays-Bas

Union européenne

16,5 millions d'habitants
Capitale : Amsterdam
Monnaie : l'euro
Langue officielle : néerlandais
Superficie : 33 935 km²

État d'Europe de l'Ouest, bordé par la mer du Nord et entouré au sud par la Belgique et à l'est par l'Allemagne.

GÉOGRAPHIE
Le relief des Pays-Bas est très plat. La zone côtière est en partie constituée de polders (terrains gagnés sur la mer). Grand producteur de légumes et de fleurs, les Pays-Bas sont connus dans le monde entier pour leurs fromages. Le secteur industriel repose sur l'agroalimentaire, la chimie, les produits de haute technologie et l'exploitation d'un important gisement de gaz naturel dans le Nord. Le niveau de vie du pays est parmi les plus élevés du monde.

a b c d e f g h i j k l m n o p q r s t u v w x y z

HISTOIRE
Le nom de Pays-Bas désigna d'abord les provinces qui s'étendaient, au XIVe siècle, sur la Hollande, la Belgique et le nord de la France. En 1579, ces provinces conclurent une union et formèrent, en 1588, la république des Provinces-Unies. Les Français occupèrent les Pays-Bas de 1795 à 1806, formant la République batave. Par la suite, les Pays-Bas perdirent le Luxembourg, la Belgique, ainsi que leurs colonies du Cap et de Ceylan. Les Pays-Bas furent l'un des six pays fondateurs de la CEE et sont membres de l'Union européenne.

Pays basque
➡ Voir **basque**.

pays de Galles
➡ Voir **Galles**.

Pays de la Loire
➡ Voir **Loire**.

PC (nom masculin)
Synonyme de micro-ordinateur. **PC** est l'abréviation des mots anglais ***perso****nal* ***c****omputer* qui signifient « ordinateur individuel ».

P-DG (nom masculin)
Abréviation de président-directeur général. *Il est **P-DG** d'une compagnie aérienne.* Prononciation [pedeʒe].

péage (nom masculin)
1. Somme d'argent qu'il faut payer pour passer à certains endroits. *Un pont à **péage**.* **2.** Endroit où l'on paye ce droit. *Ralentis, on arrive au **péage** de l'autoroute.*

peau, peaux (nom féminin)
1. Enveloppe souple qui couvre le corps des hommes et de certains animaux. *Elle utilise une crème pour hydrater sa **peau**. Un animal qui mue change de **peau**.* **2.** Cuir fait avec la peau tannée d'un animal. *Une veste en **peau** de mouton.* **3.** Enveloppe d'un fruit. *Fatima n'aime pas manger les pêches avec la **peau**.* **4.** Pellicule fine qui se forme à la surface du lait qui a bouilli. • **Être bien** ou **mal dans sa peau :** se sentir à l'aise ou mal à l'aise. • **N'avoir que la peau sur les os :** être extrêmement maigre. • **Se mettre dans la peau de quelqu'un :** s'imaginer être à sa place. *C'est un excellent acteur qui sait **se mettre dans la peau de** son personnage.*

peaufiner (verbe) ▸ conjug. n° 3
Terminer un travail en y mettant beaucoup de soin. *Hélène a **peaufiné** sa rédaction.*

Peau-Rouge (nom)
Indien d'Amérique du Nord. *Les **Peaux-Rouges** se teignaient le visage avec une peinture ocre.* Pluriel : des Peau**x**-Rouge**s**.

pécari (nom masculin)
Mammifère sauvage d'Amérique qui ressemble au cochon.

peccadille (nom féminin)
Petite faute sans importance. *Tu ne vas pas te fâcher pour des **peccadilles** !* **Peccadille** vient d'un mot espagnol qui signifie « petit péché ».

pêche (nom féminin)
1. Action de pêcher des poissons. *Clément aime aller à la **pêche** à la ligne sur les bords de l'étang.* **2.** Poisson pêché. *Si tu ramènes une bonne **pêche**, je ferai une friture.* Famille du mot : pêch**er**, pêch**eur**, **re**pêch**er**.

pêche (nom féminin)
Fruit du pêcher, à la peau veloutée, à gros noyau très dur et à chair juteuse.

une **pêche**

péché (nom masculin)
Faute que l'on commet en faisant ce qui est interdit par la religion. Famille du mot : péch**er**, péch**eur**.

pécher (verbe) ▸ conjug. n° 8
Commettre un péché. *Il **a péché** par orgueil.*

pêcher (verbe) ▸ conjug. n° 3
Prendre du poisson. *Ce saumon **a été pêché** en Écosse.*

pêcher (nom masculin)
Arbre fruitier qui donne des pêches.

pécheur, euse (nom)
Personne qui a commis des péchés.
ORTHO On emploie aussi le féminin **pécheresse** ou **pècheresse**.

pêcheur, euse (nom)
Personne qui pêche. *Un **pêcheur** à la ligne. Les **pêcheurs** remontent leurs filets.*

pectoraux (nom masculin pluriel)
Muscles de la poitrine. *Il fait des haltères pour développer ses **pectoraux**.*

pécule (nom masculin)
Somme d'argent économisée peu à peu. *Avec son **pécule**, il s'est acheté un ordinateur.*

pécuniaire (adjectif)
Qui concerne l'argent. *Ils sont dans une situation **pécuniaire** difficile.*

pédagogie (nom féminin)
Science de l'éducation. *Si tu veux devenir professeur, tu devras étudier la **pédagogie**.* Famille du mot : pédagogi**que**, pédago**gue**.

pédagogique (adjectif)
De la pédagogie. *On utilise souvent les ordinateurs dans les nouvelles méthodes **pédagogiques**.*

pédagogue (nom)
Personne qui sait bien enseigner. *Ce maître est un excellent **pédagogue**.*

pédale (nom féminin)
Pièce qui fait fonctionner un mécanisme quand on appuie dessus avec le pied. *Les **pédales** d'un vélo.* ➡ p. 139.
• **Perdre les pédales** : dans la langue familière, perdre la tête. Famille du mot : péda**ler**, pédal**ier**, pédal**o**.

pédaler (verbe) ▸ conjug. n° 3
Appuyer sur les pédales. *C'est dur de **pédaler** dans les montées !*

pédalier (nom masculin)
Mécanisme composé des pédales, du pignon et des roues dentées d'une bicyclette. *Le **pédalier** fait tourner la chaîne d'un vélo.* ➡ p. 139.

pédalo (nom masculin)
Petite embarcation munie de flotteurs que l'on fait avancer avec des pédales. *On a loué un **pédalo** pour faire une promenade en mer.* **Pédalo** est le nom d'une marque.

pédant, ante (adjectif)
Qui étale ses connaissances de façon prétentieuse. *C'est un homme **pédant** et ennuyeux.*

pédestre (adjectif)
Que l'on fait à pied. *Une randonnée **pédestre**.*

pédiatre (nom)
Médecin qui soigne les enfants. *Elle va faire vacciner son bébé chez la **pédiatre**.*

pédiatrie (nom féminin)
Branche de la médecine concernant les enfants.

pédicure (nom)
Personne qui soigne les pieds. *Si tu as des cors aux pieds, va voir un **pédicure**.*

pédigrée (nom masculin)
Document qui indique et garantit l'origine d'un animal de race pure. *C'est un très beau chien mais il n'a pas de **pédigrée**.*
Pédigrée est un mot anglais : on prononce [pedigʀe].
ORTHO On écrit aussi **pedigree**.

pédiluve (nom masculin)
Bassin peu profond dans lequel on se lave les pieds. *À la piscine, le passage dans le **pédiluve** est obligatoire.*

pédoncule (nom masculin)
Petite queue qui rattache la fleur ou le fruit à la branche.

pédophile (nom)
Adulte qui a une attirance sexuelle pour les enfants. *Le **pédophile** a été arrêté.*

pègre (nom féminin)
Ensemble des voleurs, des escrocs et des criminels. *C'est un homme dangereux qui fait partie de la **pègre**.*

peigne (nom masculin)
Instrument à dents qui sert à démêler et à coiffer les cheveux. *Donne-toi un petit coup de **peigne** avant de partir.* • **Passer au peigne fin :** contrôler minutieusement.

peigner (verbe) ▸ conjug. n° 3
Démêler et lisser les cheveux à l'aide d'un peigne. *Maman **peigne** ma petite sœur. Julie **se peigne** devant la glace.* (Syn. coiffer.) Famille du mot : **dé**peigner, peigne.

peignoir (nom masculin)
Vêtement ample qui se ferme devant avec une ceinture. *Un **peignoir** de bain.*

peindre (verbe) ▸ conjug. n° 35
1. Couvrir de peinture. *On **a peint** les volets de notre maison en vert clair.* 2. Représenter des choses réelles ou imaginées en se servant de la peinture. *Léonard de Vinci **a peint** la Joconde.* 3. Décrire en parlant ou en écrivant. *Cet écrivain **a** très bien **peint** la vie des mineurs du XIXe siècle.* Famille du mot : **dé**peindre, peintre, pein**ture**, **re**peindre.

peine (nom féminin)
1. Souffrance morale. *Tes reproches m'ont fait beaucoup de **peine**.* (Syn. chagrin.) 2. Punition infligée par la justice à un coupable. *L'accusé a été condamné à une **peine** de cinq ans de prison.* 3. Effort qu'il faut fournir pour faire ou obtenir quelque chose. *Il s'est donné beaucoup de **peine** mais il a réussi. N'allez pas voir ce film, cela n'en vaut pas la **peine**.* • **À peine :** presque pas ou depuis peu de temps. *L'orchestre est trop loin, on l'entend **à peine**.* • **Ce n'est pas la peine :** c'est inutile.

peiner (verbe) ▸ conjug. n° 3
1. Causer de la peine. *Le départ de son ami l'**a** beaucoup **peiné**.* (Syn. affliger, attrister.) 2. Avoir de la difficulté à faire quelque chose. *Les cyclistes **ont peiné** dans la côte.*

peintre (nom)
1. Personne qui peint des murs, des bâtiments. *Un **peintre** repeint la façade de l'immeuble.* 2. Artiste qui peint des tableaux. *Picasso est un **peintre** célèbre.*

peinture (nom féminin)
1. Matière liquide et colorante qui sert à peindre. *De la **peinture** à l'huile, de la **peinture** acrylique.* 2. Art de peindre. *David prend des cours de **peinture**.* 3. Ouvrage d'un artiste peintre. *Il expose ses **peintures** dans une galerie de New York.* (Syn. tableau.)

peinturlurer (verbe) ▸ conjug. n° 3
Dans la langue familière, barbouiller de couleurs voyantes.

péjoratif, ive (adjectif)
Qui exprime un jugement négatif, une critique. *« Braillard », « frimeur » sont des mots **péjoratifs**.*

Pékin
Capitale de la Chine, située dans le nord-est du pays (18 millions d'habitants). Pékin est un grand centre culturel, administratif, commercial et industriel. La ville abrite la Cité interdite, qui fut le lieu de résidence de la famille impériale.
HISTOIRE
La ville se développa particulièrement sous la domination mongole, puis sous les Ming. Les communistes y entrèrent en janvier 1949 et Mao Zedong y proclama la république populaire de Chine.
ORTHO On dit aussi **Beijing**.

pékinois (nom masculin)
Petit chien à poil long, à oreilles pendantes, dont le museau paraît écrasé.

pelage (nom masculin)
Ensemble des poils d'un mammifère. *Un loup au **pelage** gris.*

pelé, ée (adjectif)
Qui a perdu ses poils. *Un vieux chien **pelé**.*

pêle-mêle (adverbe)
En désordre, n'importe comment. *Il a mis quelques vêtements **pêle-mêle** dans son sac de voyage.* (Syn. en vrac.)
ORTHO On écrit aussi **pêlemêle**.

la Cité interdite à **Pékin**

peler (verbe) ▸ conjug. n° 8
1. Enlever la peau d'un fruit. *Pour faire de la compote, il faut d'abord* ***peler*** *les pommes.*
2. Perdre sa peau par petits morceaux. *Kevin a un coup de soleil, son dos* ***pèle****.*

pèlerin (nom masculin)
Personne qui fait un pèlerinage. *De nombreux* ***pèlerins*** *vont prier à Lourdes.*

pèlerinage (nom masculin)
Voyage que l'on fait pour aller prier dans un lieu saint. *Pour les musulmans, La Mecque est un lieu de* ***pèlerinage****.*

pèlerine (nom féminin)
Large manteau sans manches, parfois muni d'un capuchon. La **pèlerine** était le manteau des *pèlerins*.

pélican (nom masculin)
Grand oiseau palmipède des régions chaudes, à bec en forme de poche où il accumule de la nourriture pour ses petits.

pelisse (nom féminin)
Manteau doublé de fourrure.

pelle (nom féminin)
Outil formé d'une plaque munie d'un manche. *Les enfants font des pâtés de sable avec leur* ***pelle****, leur seau et leur râteau.*
Famille du mot : pell**etée**, pell**eteuse**.

pelletée (nom féminin)
Contenu d'une pelle. *Une* ***pelletée*** *de sable.*

un **pélican**

pelleteuse (nom féminin)
Engin mécanique muni de roues ou de chenilles, qui sert à déplacer des grandes quantités de matériaux. *La **pelleteuse** creuse une tranchée pour les canalisations.*

pellicule (nom féminin)
1. Petite écaille de peau morte qui se détache du cuir chevelu. *Papa utilise un shampoing spécial contre les **pellicules**.* **2.** Couche fine d'une matière. *Les fenêtres sont couvertes d'une **pellicule** de givre.* **3.** Feuille mince couverte d'une substance sensible à la lumière. *Avec les appareils photo numériques, il n'y a plus besoin de **pellicules**.* (Syn. film.)

Péloponnèse
Région du sud de la Grèce (21 439 km^2 ; 1,1 million d'habitants). Le Péloponnèse est une presqu'île, reliée au continent par l'isthme de Corinthe. C'est une région montagneuse dont les principales ressources sont l'élevage ovin, la vigne, les oliviers et les mûriers.
HISTOIRE
La « guerre du Péloponnèse » opposa les cités de Sparte et d'Athènes de 431 à 404 avant Jésus-Christ.

pelote (nom féminin)
Boule formée d'un long fil enroulé sur lui-même. *J'ai acheté des **pelotes** de laine pour te tricoter une écharpe.* • **Pelote basque :** sport qui consiste à faire rebondir une balle sur un mur.

peloton (nom masculin)
Ensemble de coureurs qui restent groupés pendant une course. *C'est un cycliste italien qui est en tête du **peloton**.* • **Peloton d'exécution :** groupe de soldats désignés pour fusiller un condamné.

se **pelotonner** (verbe) ▸ conjug. n° 3
Se mettre en boule. *La chatte **s'est pelotonnée** sous la couette.* (Syn. se blottir.)

pelouse (nom féminin)
Terrain couvert de gazon. *Les deux équipes pénètrent sur la **pelouse** du terrain de football.*

peluche (nom féminin)
1. Tissu à poils soyeux qui ressemble à de la fourrure. *Des animaux en **peluche**.* **2.** Animal en peluche. *Gaëlle a une collection de **peluches**.* ■ **peluches** (nom féminin pluriel) Petits brins de tissu qui se détachent. *Cette veste de laine fait des **peluches**.* Famille du mot : pelucher, pelucheux. **Peluche** vient de l'ancien français *peluchier* qui signifie « éplucher ».

pelucher (verbe) ▸ conjug. n° 3
Se détacher en peluches. *Cette vieille couverture commence à **pelucher**.*

pelucheux, euse (adjectif)
Qui fait des peluches. *Mon pull est devenu **pelucheux** dès le premier lavage.*

pelure (nom féminin)
Peau d'un fruit ou d'un légume qui a été pelé. *Pour faire ses confitures, maman garde une partie des **pelures** d'oranges.*

pénal, ale, aux (adjectif)
Qui concerne les peines et les crimes. *Son excès de vitesse va faire l'objet d'un jugement **pénal**.*

pénaliser (verbe) ▸ conjug. n° 3
Infliger une peine à quelqu'un. *Ce chauffard **a été pénalisé** pour conduite en état d'ivresse.* (Syn. sanctionner.)

pénalité (nom féminin)
Punition infligée à quelqu'un qui a agi contre les règles.

pénalty (nom masculin)
Coup de pied de pénalité qu'un joueur de football a le droit de tirer seul devant le gardien de but adverse. **Pénalty** est un mot anglais : on prononce [penalti]. Pluriel : des pénaltys ou des pénalties. ORTHO On écrit aussi **penalty**.

pénates (nom masculin pluriel)
• **Regagner ses pénates :** rentrer chez soi. Le mot latin *penates* désignait chez les Romains les dieux protecteurs du foyer.

penaud, aude (adjectif)
Qui est honteux et confus. *Kevin se sent **penaud** après avoir fait une telle bêtise.*

penchant (nom masculin)
Goût qu'on éprouve pour quelque chose ou pour quelqu'un. *Cet enfant semble avoir un **penchant** pour la musique.* (Syn. inclination.)

pencher (verbe) ▸ conjug. n° 3
1. Incliner vers le bas. *Si tu **penches** un peu la tête, tu peux voir la rivière de ta fenêtre. Hélène **se penche** pour cueillir des fleurs.* **2.** Ne pas être vertical ou en équilibre. *Pierre a peur car le bateau **penche**.* **3.** Se pencher sur quelque chose : s'y intéresser. *Des chercheurs **se penchent sur** ce nouveau virus.*

La tour de Pise (Italie) **penche** de plus en plus.

pendaison (nom féminin)
Action de pendre quelqu'un ou de se pendre. *Au Moyen Âge, les condamnés à mort étaient exécutés par **pendaison**.*

■ **pendant** (préposition)
Indique le moment d'une action. *Ils se sont rencontrés **pendant** un voyage.* (Syn. durant.) ■ **pendant que** (conjonction) Dans le même temps que. *Je mets la table **pendant que** tu prépares le repas.* (Syn. tandis que.)

■ **pendant, ante** (adjectif)
Qui pend. *Les épagneuls ont les oreilles **pendantes**.*

pendentif (nom masculin)
Bijou suspendu à une chaîne. *Julie porte une jolie perle en **pendentif**.*

penderie (nom féminin)
Placard dans lequel on suspend des vêtements. *Ton manteau est sur un cintre dans la **penderie**.*

pendre (verbe) ▸ conjug. n° 31
1. Être accroché par le haut. *Une ampoule **pend** au plafond.* **2.** Suspendre quelque chose. *Laura **a pendu** sa robe mouillée sur un cintre pour qu'elle sèche.* **3.** Faire mourir quelqu'un en le suspendant par le cou avec une corde. *Ce pauvre homme **s'est pendu**.* Famille du mot : pend**aison**, pend**ant**, pend**entif**, pend**erie**, pend**u**, **sus**pendre, **sus**pendu.

pendu, ue (nom et adjectif)
Personne morte par pendaison.

■ **pendule** (nom masculin)
Objet suspendu à un fil et qui oscille.

■ **pendule** (nom féminin)
Petite horloge accrochée au mur ou posée sur un meuble.

pendulette (nom féminin)
Petite pendule.

pêne (nom masculin)
Pièce d'une serrure qui se déplace quand on tourne la clé.

Pénélope
Personnage de l'*Odyssée*, l'épopée du poète grec Homère. Elle était la femme d'Ulysse. Pendant l'absence de son mari, elle déclara qu'elle choisirait un prétendant pour mari lorsque sa tapisserie serait terminée, mais, chaque nuit, elle défaisait son travail de la journée.

pénétrant, ante (adjectif)
1. Qui pénètre, transperce. *Un froid **pénétrant**.* **2.** Qui est aigu et perçant. *Myriam a un beau regard bleu et **pénétrant**.*

pénétration (nom féminin)
Action, fait de pénétrer. *La peau fait barrière à la **pénétration** des microbes dans l'organisme.*

pénétrer (verbe) ▸ conjug. n° 8
1. Entrer dans un lieu. *Avant de **pénétrer** dans une mosquée, les musulmans retirent leurs chaussures.* **2.** Au sens figuré, parvenir à comprendre. *Noémie est très secrète et il n'est pas facile de **pénétrer** ses intentions.* Famille du mot : **impénétrable**, **pénétrant**.

pénible (adjectif)
1. Qui se fait avec de la peine, des efforts. *Défoncer la chaussée au marteau-piqueur est un travail très **pénible**.* **2.** Qui cause de la peine, du chagrin. *La mort de sa grand-mère a été un évènement très **pénible** pour Quentin.*

péniblement (adverbe)
Avec peine. *Romain monte **péniblement** la côte.* (Syn. difficilement. Contr. aisément, facilement.)

péniche (nom féminin)
Long bateau à fond plat qui sert au transport des marchandises sur les fleuves ou les canaux.

pénicilline (nom féminin)
Antibiotique qui combat les infections.

péninsule (nom féminin)
Grande presqu'île. *L'Italie est une **péninsule**.* **Péninsule** vient des mots latins *pæne* qui signifie « presque », et *insula* qui signifie « île ».

pénis (nom masculin)
Organe génital de l'homme et des animaux mâles. (Syn. verge.) ➡ p. 302. Prononciation [penis]. *Penis* est un mot latin qui signifie « queue ».

pénitence (nom féminin)
Synonyme de punition. *Comme **pénitence**, Pierre a été privé de dessert !* Famille du mot : pénitenc**ier**, pénitent**iaire**.

pénitencier (nom masculin)
Synonyme de prison.

pénitentiaire (adjectif)
Qui a un rapport avec la prison. *Cet établissement **pénitentiaire** est isolé de tout.*

penne (nom féminin)
Grande plume des ailes et de la queue d'un oiseau.

pénombre (nom féminin)
Lumière faible et douce. *Odile a tiré les volets de sa chambre et se repose dans la **pénombre**.* **Pénombre** vient des mots latins *pæne* qui signifie « presque », et *umbra* qui signifie « ombre ».

pensable (adjectif)
Qu'on peut imaginer. *Ce n'est pas **pensable** de prendre la route avec un tel brouillard !* (Syn. imaginable. Contr. impensable.)

pense-bête (nom masculin)
Moyen employé pour ne pas oublier quelque chose. *Pour ne pas oublier les anniversaires de la famille, Thomas s'est fait un **pense-bête**.* Pluriel : des pense-bête**s**.

pensée (nom féminin)
1. Faculté de penser, de réfléchir. *Je serai demain avec toi par la **pensée**.* **2.** Ce qu'on pense. *Sarah est une enfant très secrète et réservée, elle livre peu ses **pensées**.* (Syn. idée, opinion.) **3.** Fleur diversement colorée aux larges pétales veloutés.

penser (verbe) ▸ conjug. n° 3
1. Concevoir des idées et des jugements dans son esprit. *Il **pense** longue-*

une **péniche**

ment avant d'agir. **2.** Avoir dans l'esprit. *Il ne dit jamais ce qu'il **pense**.* **3.** Avoir telle opinion. *Je **pense** qu'il a raison.* (Syn. croire, estimer.) **4.** Avoir un projet, une intention. *Nous **pensons** partir demain, au lever du jour.* (Syn. envisager.) **5.** Ne pas oublier. *Surtout, **pense** à prendre ton parapluie car il va pleuvoir.* Famille du mot : arrière-pensée, im**pensable**, pens**able**, pense-bête, pens**ée**, pens**eur**, pens**if**.

penseur, euse (nom)
Personne qui pense et réfléchit sur les grands problèmes de la vie. *Voltaire et Rousseau furent de grands **penseurs**.*

pensif, ive (adjectif)
Qui est plongé dans ses pensées. *Ursula regarde dehors d'un air **pensif**.* (Syn. songeur.)

pension (nom féminin)
1. Synonyme de pensionnat. *L'année prochaine, Zoé ira en **pension**.* **2.** Prix d'une chambre et des repas dans un hôtel. *Seules les boissons ne sont pas comprises dans la **pension**.* **3.** Somme d'argent que quelqu'un reçoit régulièrement. *Cet homme est aveugle, il touche une **pension** d'invalidité.* Famille du mot : demi-pension, demi-pension**naire**, pension**naire**, pension**nat**, pensionn**é**.

pensionnaire (nom)
1. Élève qui habite et prend ses repas dans l'établissement scolaire qu'il fréquente. *Victor sera **pensionnaire** dès l'année prochaine.* (Syn. interne.) **2.** Personne qui paie une pension pour être nourrie et logée. *Les **pensionnaires** de l'hôtel ont été invités à un cocktail.*

pensionnat (nom masculin)
Établissement scolaire qui accueille des pensionnaires. *Dans ce **pensionnat**, les élèves dorment dans des dortoirs.* (Syn. pension.)

pensionné, ée (adjectif et nom)
Qui touche une pension. *Blessé à la guerre, il est **pensionné**.*

pensum (nom masculin)
Travail ennuyeux. *C'est un vrai **pensum** pour William de ranger sa chambre !* (Syn. corvée.) Prononciation [pɛ̃sɔm]. **Pensum** est un mot latin qui signifie « poids » et désignait le poids de laine que les esclaves devaient filer chaque jour.

pentagone (nom masculin)
Figure géométrique qui a cinq côtés et cinq angles. ➡ p. 576. Prononciation [pɛ̃tagɔn]. **Pentagone** vient d'un mot grec formé de *penta* qui signifie « cinq » et de *gônia* qui signifie « angle ».

pentathlon (nom masculin)
?preuve olympique combinant l'escrime, l'équitation, le tir, la natation et le cross-country. Dans l'Antiquité, le **pentathlon** était une épreuve d'athlétisme comprenant cinq activités : le saut, la course, le disque, le javelot et la lutte.

pente (nom féminin)
Terrain ou surface inclinés. *Anna a du mal à gravir la **pente** à vélo.* • **Être sur une mauvaise pente :** se laisser aller à de mauvais penchants. • **Remonter la pente :** aller mieux après une période difficile.

Pentecôte
Fête religieuse juive et chrétienne. La fête juive célèbre la remise des Tables de la Loi à Moïse, au Sinaï. Elle est fêtée sept semaines après le second jour de la Pâque. La fête chrétienne commémore la descente du Saint-Esprit sur les apôtres de Jésus. Elle est célébrée le septième dimanche après Pâques.

pentu, ue (adjectif)
En forte pente. *Un toit **pentu**.*

pénurie (nom féminin)
Manque de ce qui est indispensable. *La **pénurie** de vivres et d'eau est dramatique dans cette région.* (Contr. abondance.)

people (nom masculin pluriel)
Ensemble des personnes célèbres. *Les journaux suivent de près les activités des **people**.* **People** est un mot anglais : on prononce [pipœl].

pépier (verbe) ▸ conjug. n° 10
Pousser des petits cris, quand ce sont de jeunes oiseaux.

pépin (nom masculin)
1. Petite graine de certains fruits. *Les citrons, les pommes, les raisins ont des **pépins**.* ➡ p. 556. **2.** Synonyme familier d'ennui. *On a eu des **pépins** sur la route : une crevaison et une panne d'essence !*

Pépin le Bref (né vers 715, mort en 768)
Premier roi des Francs de la dynastie des Carolingiens (751-768), fils de Charles Martel. Avec l'appui du pape, il se fit proclamer roi des Francs et se fit sacrer à Soissons. Ses fils, Carloman et Charlemagne, héritèrent du royaume.

pépinière (nom féminin)
Terrain où sont plantés de jeunes arbres destinés à être replantés ailleurs.

pépiniériste (nom)
Personne qui s'occupe d'une pépinière.

pépite (nom féminin)
Morceau d'or pur. *Des chercheurs d'or ont trouvé des **pépites** dans ce torrent.*

péplum (nom masculin)
1. Grande pièce de tissu dont s'habillaient toutes les femmes de l'Antiquité. **2.** Film à grand spectacle consacré à un épisode de l'histoire antique.
● Prononciation [peplɔm].

un **péplum**

perçant, ante (adjectif)
Qui est très aigu et fait mal aux oreilles. *Les cris **perçants** des enfants en récréation.*
• **Avoir une vue perçante :** une très bonne vue.

percée (nom féminin)
1. Ouverture qui permet un passage ou un point de vue. *Cette forêt est très dense, il faut trouver une **percée** pour y pénétrer.* (Syn. trouée.) **2.** Action de pénétrer la ligne de défense de l'adversaire. *Les joueurs ont réussi une **percée** dans la défense adverse.*

percement (nom masculin)
Action de percer. *Le **percement** d'un tunnel nécessite de gros engins.*

perce-neige (nom masculin ou féminin)
Petite fleur blanche à clochettes qui pousse à la fin de l'hiver. Pluriel : des perce-neige**s** ou des perce-neige.

un **perce-neige**

perce-oreille (nom masculin)
Petit insecte dont l'abdomen se termine par une pince. Pluriel : des perce-oreille**s**.

percepteur, trice (nom)
Fonctionnaire qui perçoit les impôts.

perceptible (adjectif)
Qui peut être perçu par les sens. *Cette étoile est peu perceptible à l'œil nu.* (Contr. imperceptible.)

perception (nom féminin)
1. Fait de percevoir par les sens. *Xavier est enrhumé, il a une mauvaise **perception** des odeurs.* **2.** Bureau du percepteur. *Il est allé se renseigner à la*

perception *sur les réductions d'impôts.* Famille du mot : imperceptible, imperceptiblement, percepteur, perceptible, percevoir.

percer (verbe) ▸ conjug. n° 4
1. Faire un trou ou une ouverture. ***Percer*** *un mur, un tunnel.* **2.** Au sens figuré, comprendre ou découvrir quelque chose. ***Percer*** *un secret, un mystère.* **3.** Pousser en sortant de la gencive. *Le bébé est grognon car il a plusieurs dents qui* ***percent****.* Famille du mot : perçant, percée, percement, perce-neige, perce-oreille, perceuse, transpercer.

perceuse (nom féminin)
Machine servant à percer des trous.

percevoir (verbe) ▸ conjug. n° 21
1. Connaître par les organes des sens. *Il a le nez bouché et ne* ***perçoit*** *plus les odeurs.* **2.** Saisir par l'esprit. ***J'ai perçu*** *une certaine tristesse dans sa voix.* **3.** Recevoir de l'argent. *On* ***perçoit*** *son salaire à la fin du mois. L'État* ***perçoit*** *des impôts et des taxes.*

■ **perche** (nom féminin)
Poisson d'eau douce à la chair appréciée.

une **perche**

■ **perche** (nom féminin)
Bâton long et mince. *Ces athlètes s'entraînent au saut à la* ***perche****.* • **Tendre la perche à quelqu'un :** l'aider à se tirer d'affaire.

Perche
Région historique française, qui s'étendait sur les départements de l'Orne et d'Eure-et-Loir. Le Perche, pays de bocages, était destiné essentiellement à l'élevage bovin. ➡ Voir carte p. 1372.

se percher (verbe) ▸ conjug. n° 3
Se poser sur un endroit en hauteur. *La cigogne* ***s'est perchée*** *sur le toit de la cathédrale.* (Syn. se jucher.)

perchiste (nom)
Sportif qui pratique le saut à la perche.

perchoir (nom masculin)
Endroit où se perchent les oiseaux. *Les perruches sont sur le* ***perchoir*** *de leur nouvelle cage.*

perclus, use (adjectif)
• **Être perclus de rhumatismes :** être handicapé par des rhumatismes.

percussion (nom féminin)
• **À percussion :** se dit d'un instrument de musique que l'on frappe pour en jouer. *La batterie, le tambour et les cymbales sont des instruments* ***à percussion****.*

percussionniste (nom)
Musicien qui joue d'un instrument à percussion.

percutané, ée (adjectif)
Qui est fait à travers la peau. *Ce médicament doit être administré par voie* ***percutanée*** *grâce à une piqûre.* **Percutané** vient des mots latins *per* qui signifie « à travers » et *cutis* qui signifie « peau ».

percutant, ante (adjectif)
Qui fait beaucoup d'effet. *Cet argument* ***percutant*** *a convaincu tout le monde.*

percuter (verbe) ▸ conjug. n° 3
Heurter violemment. *La voiture a glissé sur le verglas et est allée* ***percuter*** *un mur.*

perdant, ante (adjectif et nom)
Qui a perdu. *Yann est un mauvais* ***perdant****.* (Contr. gagnant.)

perdition (nom féminin)
• **En perdition :** en danger. *Un voilier est* ***en perdition*** *dans la tempête.*

perdre (verbe) ▸ conjug. n° 31
1. Ne plus avoir ou ne plus retrouver quelque chose. *Élodie* ***a perdu*** *sa montre.* (Syn. égarer. Contr. retrouver.) **2.** Se faire battre à un jeu ou à un sport. *Dommage, notre équipe* ***a perdu****.* (Contr. gagner.) **3.** Être séparé de quelqu'un par la mort. *Fatima est triste car elle vient de* ***perdre*** *son grand-père.* **4.** Ne pas faire bon usage de quelque chose. *Benjamin* ***perd*** *son temps et son énergie à faire des choses sans intérêt.* **5.** Se perdre : ne plus retrouver son chemin. *Ils* ***se sont perdus*** *dans la forêt.*

a b c d e f g h i j k l m n o p q r s t u v w x y z

(Syn. s'égarer.) • **Perdre la tête :** ne plus savoir ce qu'on fait. • **S'y perdre :** ne plus rien comprendre à quelque chose. *Je **m'y perds** dans tes calculs !* Famille du mot : perd**ant**, perdu, perte.

perdreau, eaux (nom masculin)
Jeune perdrix.

perdrix (nom féminin)
Oiseau au plumage gris ou roux. *Le chasseur a tué deux **perdrix**.*

une **perdrix**

perdu, ue (adjectif)
1. Qu'on ne retrouve plus. *Un chien **perdu** rôde dans la rue.* 2. Qui est sur le point de mourir. *Le malade est **perdu**, on ne peut plus le sauver.* 3. Qui est très isolé. *Ils habitent un village **perdu** dans la montagne.*

perdurer (verbe) ▸ conjug. n° 3
Durer toujours. *Si le conflit **perdure**, les salariés se mettront en grève.*

père (nom masculin)
1. Homme qui a eu un ou plusieurs enfants. *Mon oncle est **père** de trois enfants.* 2. Nom donné à certains religieux, dans la religion catholique. *C'est le **père** Durand qui nous fait le catéchisme.*

pérégrinations (nom féminin pluriel)
Allées et venues d'un lieu à un autre. *Il m'a raconté ses **pérégrinations** à travers le monde.*

péremptoire (adjectif)
Auquel on ne peut pas répliquer. *D'un ton **péremptoire**, il m'a demandé de me taire.*

pérennité (nom féminin)
Caractère de ce qui dure toujours. *La **pérennité** de la République.*

perfection (nom féminin)
Qualité de ce qui est parfait. *Clément est totalement bilingue, il parle le français et l'anglais à la **perfection**.* Famille du mot : **im**perfection, perfection**nement**, perfection**ner**, perfection**niste**.

perfectionnement (nom masculin)
Action de perfectionner ou de se perfectionner. *Gaëlle suit des cours de **perfectionnement** en natation.*

perfectionner (verbe) ▸ conjug. n° 3
Rendre meilleur, parfait. *Guillaume suit un stage pour **se perfectionner** en informatique.*

perfectionniste (adjectif et nom)
Qui cherche à atteindre la perfection dans ce qu'il fait. *Ce **perfectionniste** n'arrête pas de corriger son texte.*

perfide (adjectif)
Qui est trompeur ou déloyal. *Je ne lui fais pas confiance car je sais qu'il est très **perfide**.* Famille du mot : perfide**ment**, perfidie.

perfidement (adverbe)
D'une manière perfide. *Agir **perfidement**.*

perfidie (nom féminin)
Acte perfide. *Je ne le crois pas capable d'une telle **perfidie**.* (Syn. traîtrise.)

perforation (nom féminin)
Action de perforer. *L'accident lui a causé une **perforation** du poumon.*

perforer (verbe) ▸ conjug. n° 3
Percer de trous. *Pour ton classeur, il faut acheter des feuilles **perforées**.*

performance (nom féminin)
Très bon résultat obtenu lors d'une compétition. *Hélène a réussi la meilleure **performance** de la classe en saut en hauteur.*

performant, ante (adjectif)
Qui est capable de performances élevées. *Cet ordinateur est très **performant**.*

perfusion (nom féminin)
Injection lente et continue dans le sang d'un sérum ou d'un médicament au moyen d'un goutte-à-goutte.

pergola (nom féminin)
Construction légère dans un jardin.

une **pergola**

Périclès (né vers 495, mort en 429 avant Jésus-Christ)
Homme politique grec. Périclès a fait d'Athènes une grande puissance.

péricliter (verbe) ▸ conjug. n° 3
Aller à sa ruine. *Cet hôtel **périclite** depuis que la route nationale ne passe plus dans le village.* (Syn. décliner. Contr. prospérer.) **Péricliter** vient du latin *periculum* qui signifie « danger » et que l'on retrouve dans *péril*.

péridurale (nom féminin)
Anesthésie locale, pratiquée surtout juste avant un accouchement.

Périgord
Région historique française, située dans le département de la Dordogne. Elle est célèbre pour ses truffes. Le Périgord possède de nombreux sites préhistoriques comme celui de Lascaux. ➡ Voir carte p. 1372.

périgourdin, ine ➡ Voir tableau p. 6.

péril (nom masculin)
Synonyme littéraire de danger. *Le pompier a mis sa vie en **péril**.* • **À ses risques et périls :** en acceptant de courir tous les risques. Voir **péricliter**.

périlleux, euse (adjectif)
Qui présente un danger. *La descente du torrent en canoë est très **périlleuse**.*

périmé, ée (adjectif)
Qui n'est plus valable. *Votre carte d'identité est **périmée**, il faut donc la renouveler.*

périmètre (nom masculin)
1. Longueur de la ligne qui fait le tour d'une surface. *Le **périmètre** d'un cercle s'appelle la circonférence.* 2. Zone ou surface quelconque. *Il est interdit de construire dans le **périmètre** du parc naturel.*

période (nom féminin)
Espace de temps. *Pendant la **période** estivale, la ville est presque vide.* (Syn. durée.)
Famille du mot : périod**ique**, périodi**quement**.

périodique (adjectif)
Qui se reproduit à intervalles réguliers. *Le rhume des foins est une affection **périodique**.* ■ **périodique** (nom masculin) Journal ou magazine qui paraît à intervalles réguliers. *Les quotidiens, les hebdomadaires et les mensuels sont des **périodiques**.*

périodiquement (adverbe)
De façon périodique, régulièrement.

péripétie (nom féminin)
Évènement imprévu. *Un voyage riche en **péripéties**.* Prononciation [peripesi].

périphérie (nom féminin)
Quartier d'une ville éloigné du centre. *La plupart des usines sont à la **périphérie**.*

périphérique (adjectif)
Qui est situé à la périphérie. *Un boulevard **périphérique** fait le tour de Paris.* ■ **périphérique** (nom masculin) 1. Boulevard périphérique. *Le **périphérique** est totalement embouteillé ce soir.* 2. Appareil relié à un ordinateur. *Le clavier, l'écran, l'imprimante sont des **périphériques**.*

périphrase (nom féminin)
Procédé qui consiste à dire en plusieurs mots ce qu'on pourrait dire en un seul. *« Le pays du Soleil levant » est une **périphrase** pour désigner le Japon.*

périple (nom masculin)
Long voyage. *Julie rêve d'un* ***périple*** *en Inde.* **Périple** vient d'un mot grec qui signifie « navigation autour du monde ».

périr (verbe) ▸ conjug. n° 11
Synonyme littéraire de mourir. *Le pêcheur* ***a péri*** *dans la tempête.* Famille du mot : **impérissable**, péris**sable**.

périscolaire (adjectif)
Qui existe avec l'enseignement scolaire. *Le club sportif de l'école est une activité* ***périscolaire****.*

périscope (nom masculin)
Appareil qui permet de voir par-dessus un obstacle. *Le* ***périscope*** *d'un sous-marin.* **Périscope** vient d'un mot grec formé de *peri* qui signifie « autour » et de *skopein* qui signifie « regarder » et qu'on retrouve dans *stéthoscope*.

périssable (adjectif)
Qui s'abîme facilement. *Les légumes frais sont des produits* ***périssables****.*

péristyle (nom masculin)
Colonnade qui entoure un édifice, une cour intérieure. *Le Parthénon est doté d'un* ***péristyle****.*

périurbain, aine (adjectif)
Qui se situe dans les environs immédiats d'une ville. *Le centre commercial se trouve en zone* ***périurbaine****.*

perle (nom féminin)
1. Petite boule brillante formée de la nacre des huîtres. *Un collier de* ***perles****.* **2.** Petite boule percée de deux trous. *Léa enfile des* ***perles*** *pour faire un bracelet.* Famille du mot : perl**er**, perl**ière**.

perler (verbe) ▸ conjug. n° 3
Former des petites gouttes. *La sueur* ***perle*** *sur le front des coureurs.*

perlière (adjectif féminin)
Qui produit les perles. *Une huître* ***perlière****.* ➡ p. 636.

permanence (nom féminin)
1. Service assuré sans interruption. *C'est le docteur Martin qui assure la* ***permanence*** *durant le prochain week-end.* **2.** Salle d'études où sont accueillis les élèves de collège ou de lycée, quand ils n'ont pas cours. *Ibrahim profite de la* ***permanence*** *pour faire ses devoirs.* • **En permanence :** de façon permanente. *L'assemblée siège* ***en permanence*** *pendant le mois de mars.*

permanent, ente (adjectif)
Qui ne s'arrête pas. *Depuis deux jours, Noémie souffre d'une douleur* ***permanente*** *dans le dos.* (Syn. constant, continu.)

perméabilité (nom féminin)
Propriété de ce qui est perméable.

perméable (adjectif)
Qui laisse passer un liquide. *Ce terrain sablonneux constitue une couche très* ***perméable****.* (Contr. imperméable.) Famille du mot : **im**perméab**iliser**, **im**perméabi**lité**, **im**perméable, perméabi**lité**.

permettre (verbe) ▸ conjug. n° 33
1. Donner la permission de faire quelque chose. *Ses parents lui* ***ont permis*** *d'aller à la piscine.* (Syn. autoriser. Contr. défendre, interdire.) **2.** Rendre quelque chose possible. *Ces nouveaux horaires lui* ***permettent*** *de rentrer plus tôt.* (Contr. empêcher.) **3.** Se permettre quelque chose : oser le faire. *Elle* ***s'est permis*** *d'entrer sans frapper.* Famille du mot : permis, permissif, permission.

permis (nom masculin)
Autorisation officielle qui donne le droit de faire certaines choses. *Il a obtenu son* ***permis*** *de conduire à 18 ans.*

permissif, ive (adjectif)
Qui permet ce que d'autres interdiraient. *Ses parents sont trop* ***permissifs*** *avec lui.*

permission (nom féminin)
Droit de faire quelque chose. *Il n'a pas la* ***permission*** *de sortir.* (Syn. autorisation.)

permutation (nom féminin)
Action de permuter. (Syn. interversion.)

permuter (verbe) ▸ conjug. n° 3
Mettre une chose à la place d'une autre. *En* ***permutant*** *les lettres du mot « en », on obtient le mot « ne ».* (Syn. intervertir.)

pernicieux, euse (adjectif)
Qui est nuisible et dangereux. *Les idées qu'il défend sont vraiment* ***pernicieuses****.*

péroné (nom masculin)
Os long de la jambe, parallèle au tibia.

pérorer (verbe) ▸ conjug. n° 3
Parler longuement et avec prétention. *Arrête de **pérorer**, tu nous fatigues !*

Pérou

29,2 millions d'habitants
Capitale : Lima
Monnaie : le sol
Langues officielles : espagnol, quechua
Superficie : 1 285 220 km²

État d'Amérique du Sud, bordé par l'océan Pacifique, voisin de l'Équateur, de la Colombie et du Chili.

GÉOGRAPHIE
À l'ouest, la côte pacifique est désertique. Le centre du pays est traversé par la cordillère des Andes. Les plaines de l'Est, forestières, sont très peu peuplées. La pêche est l'une des principales activités du pays. Le Pérou est aussi une puissance minière, avec des gisements de cuivre, de zinc, de plomb et d'argent. L'hydroélectricité est importante, mais l'industrie est faible.

HISTOIRE
Au XIIe siècle, le Pérou faisait partie de l'Empire inca. Le pays fut conquis en 1530 par les Espagnols menés par Pizarro, et l'Empire inca fut détruit. L'Espagne exploita les richesses du pays jusqu'au XVIIIe siècle. L'indépendance du Pérou fut proclamée en 1821.

un berger avec ses lamas au **Pérou**

perpendiculaire (adjectif)
Qui coupe une ligne ou une surface en formant un angle droit. *Ces deux avenues sont **perpendiculaires**.* ➡ p. 576.
■ **perpendiculaire** (nom féminin) Ligne perpendiculaire à une autre ligne ou à une surface.

perpendiculairement (adverbe)
Selon une perpendiculaire.

perpétrer (verbe) ▸ conjug. n° 8
Commettre un acte criminel. *Des massacres ont été **perpétrés**.* Il ne faut pas confondre **perpétrer** avec *perpétuer*.

perpétuel, elle (adjectif)
Qui ne s'arrête jamais. *Ils habitent près de l'aéroport et souffrent du vacarme **perpétuel** des avions.* (Syn. constant, continuel, incessant.)

perpétuellement (adverbe)
Synonyme de toujours. *Olivier joue **perpétuellement** le même air au piano, c'est lassant !*

perpétuer (verbe) ▸ conjug. n° 3
Faire durer quelque chose. *La fête du 14 Juillet **perpétue** la prise de la Bastille.*
Famille du mot : perpétu**el**, perpétu**ellement**, perpétu**ité**.

perpétuité (nom féminin)
• **À perpétuité :** pour toute la vie. *L'assassin a été condamné à la réclusion **à perpétuité**.*

perplexe (adjectif)
Qui est hésitant ou embarrassé. *Ce choix la laisse **perplexe**, elle n'arrive pas à se décider.*

perplexité (nom féminin)
État d'une personne perplexe.

perquisition (nom féminin)
Recherche faite dans un lieu par la police ou la gendarmerie. *Cette **perquisition** a permis de retrouver le butin.*

perquisitionner (verbe) ▸ conjug. n° 3
Faire une perquisition. *La police **a perquisitionné** leur appartement sans trouver d'indice.*

Perrault Charles (né en 1628, mort en 1703)
Écrivain français. Perrault est l'auteur des *Contes de ma mère l'Oye* (1697), dont les plus célèbres sont *le Petit Poucet*, *Cendrillon*, *le Petit Chaperon rouge*.

perron (nom masculin)
Petit escalier extérieur qui se termine par un palier devant une porte d'en-

trée. *Il nous a accueilli sur le **perron**.* Perron vient de l'ancien français *perrun* qui signifie « bloc de pierre ».

perroquet (nom masculin)
Oiseau au plumage coloré, capable d'imiter la voix humaine.

perruche (nom féminin)
Sorte de petit perroquet.

une **perruche**

perruque (nom féminin)
Fausse chevelure. *Ne supportant pas d'être chauve, Alain s'est acheté une **perruque**.*

persan, ane ➡ Voir tableau p. 6.

persan (nom masculin)
Chat à poil long et doux.

un **persan**

Perse
Ancien nom de l'Iran. La Perse fut peuplée à partir du Xe siècle avant Jésus-Christ. Elle fut très convoitée pendant plusieurs siècles, notamment par Alexandre le Grand, Gengis Khan, les Byzantins, les Huns et les Arabes. En 1935, le pays prit le nom officiel d'Iran.

persécuter (verbe) ▸ conjug. n° 3
Faire souffrir par des traitements cruels. *Au XVIe siècle, les catholiques **persécutèrent** les protestants.* (Syn. martyriser.) Famille du mot : persécut**eur**, persécut**ion**.

persécuteur, trice (nom)
Personne qui persécute. *Le chat a griffé son **persécuteur**.*

persécution (nom féminin)
Action de persécuter. *Le prisonnier se plaint d'avoir été victime de plusieurs **persécutions**.*

Perséphone
Déesse des Enfers, dans la mythologie grecque. Elle vivait dans le monde souterrain des Enfers, mais elle obtint de Zeus l'autorisation de revenir à la surface de la terre au printemps et en été. Elle est appelée Proserpine chez les Romains

persévérance (nom féminin)
Constance dans l'effort. *Sarah s'entraîne vraiment avec beaucoup de **persévérance**, sans jamais se décourager.* (Syn. obstination, ténacité.)

persévérant, ante (adjectif)
Qui persévère. *Si tu es **persévérant**, tu réaliseras ton projet.*

persévérer (verbe) ▸ conjug. n° 8
Continuer avec acharnement à faire ou à penser quelque chose. *Il **a persévéré** dans son idée de devenir médecin.* (Contr. renoncer.) Famille du mot : persévér**ance**, persévér**ant**.

persienne (nom féminin)
Volet composé de lames. *Quand il fait très chaud l'été, maman laisse les **persiennes** fermées.*

persifler (verbe) ▸ conjug. n° 3
Tourner quelqu'un en ridicule en se moquant de lui. *Regarde-toi au lieu de **persifler** les autres !*
ORTHO On écrit aussi **persiffler**.

persil (nom masculin)
Plante à feuilles vertes parfumées, utilisée comme condiment. *Ajoute du **persil** haché à cette salade !* Prononciation [pɛʀsi].

golfe **Persique**
Golfe de l'océan Indien, entre l'Arabie, l'Irak, le Koweït, l'Iran, le Qatar, les Émirats arabes unis et Oman. Il est relié au golfe d'Oman par le détroit d'Ormuz. Le golfe Persique est très vaste (230 000 km^2), mais peu profond. Les États qui bordent le golfe Persique ont d'importantes ressources en pétrole.
ORTHO On dit aussi **Golfe, golfe Arabique**.

persistance (nom féminin)
Fait de persister. *La **persistance** des chutes de neige bloque la circulation.*

persistant, ante (adjectif)
1. Qui persiste. *Cette toux **persistante** est très inquiétante.* (Syn. durable, tenace.) **2.** Qui ne tombe pas l'hiver. *Les conifères ont un feuillage **persistant**.* (Contr. caduc.)

persister (verbe) ▸ conjug. n° 3
1. Persévérer dans ce qu'on fait ou ce qu'on pense. *Il **persiste** à croire que cette histoire est vraie alors que c'est un canular.* (Syn. continuer, s'obstiner.) **2.** Durer un certain temps. *Si les symptômes **persistent**, il faut consulter un médecin.* (Contr. cesser.)
Famille du mot : persist**ance**, persist**ant**.

personnage (nom masculin)
1. Personne importante ou célèbre. *Le général de Gaulle a été un grand **personnage** de la Ve République.* **2.** Personne imaginaire représentée dans un livre ou un film. *Cet acteur joue souvent les **personnages** de shérif dans les westerns.*

personnaliser (verbe) ▸ conjug. n° 3
Donner un caractère personnel et original à quelque chose. *Ursula **a personnalisé** sa chambre en la décorant avec ses dessins.*

personnalité (nom féminin)
1. Ce qui caractérise une personne. *Ce sont des sœurs jumelles, mais elles n'ont pas du tout la même **personnalité**.* **2.** Personne importante. *De nombreuses **personnalités** ont assisté à la cérémonie.*

des **persiennes** vertes

■ **personne** (pronom)
Pas un seul être humain. *J'ai sonné mais **personne** n'a répondu.*

■ **personne** (nom féminin)
1. Être humain. *Il y avait déjà trois **personnes** dans la salle d'attente du dentiste.* **2.** Forme de la conjugaison du verbe différente selon celui ou ceux dont on parle. *« Tu pleures » est à la deuxième **personne** du singulier.* • **En personne :** lui-même. *Le Président est venu **en personne** accueillir la reine à l'aéroport.* (Syn. personnellement.) • **Grande personne :** synonyme d'adulte. Famille du mot : **im**personn**el**, personn**age**, personn**aliser**, personn**alité**, personn**el**, personn**ellement**, personn**ifier**.

personnel, elle (adjectif)
1. Qui est propre à une personne et à elle seule. *J'aimerais avoir votre avis **personnel** sur ce problème.* **2.** Qui désigne une personne dans un discours. *« Je, tu, il, lui, eux » sont des pronoms **personnels**.*
■ **personnel** (nom masculin) Ensemble des personnes qui travaillent quelque part. *Le **personnel** d'un hôtel, d'un magasin.*

personnellement (adverbe)
1. En personne. *Ce ministre a promis d'intervenir **personnellement** en faveur des chômeurs de longue durée.* **2.** Pour ma part, en ce qui me concerne. ***Personnellement**, je ne crois pas à cette histoire.*

personnifier (verbe) ▸ conjug. n° 10
Représenter une chose abstraite par une personne. *Cupidon **personnifie** l'Amour.*

a b c d e f g h i j k l m n o p q r s t u v w x y z

perspective (nom féminin)
1. Représentation d'un objet donnant l'impression du relief et de la profondeur. *L'architecte a tracé la façade de la maison en **perspective**.* 2. Idée qu'on se fait d'un évènement à venir. *La **perspective** de ce voyage la ravit.*

La galerie des Offices à Florence (Italie) : la **perspective** est soulignée en rouge.

perspicace (adjectif)
Qui est capable de juger de façon pénétrante et subtile. *Il a tout repéré, c'est un observateur très **perspicace** !* (Syn. clairvoyant.)

perspicacité (nom féminin)
Caractère perspicace. *Le détective a montré beaucoup de **perspicacité**.* (Syn. finesse, sagacité.)

persuader (verbe) ▸ conjug. n° 3
Synonyme de convaincre. *Zoé essaie de **persuader** sa mère de l'emmener au cinéma.* • **Être persuadé de quelque chose :** en être absolument sûr. *Kevin ne trouve pas ses clés, il **est** pourtant **persuadé de** les avoir prises.* Famille du mot : persuasif, persuasion.

persuasif, ive (adjectif)
Qui est capable de persuader. *Il s'est adressé à nous d'un ton si **persuasif** que nous avons donné notre accord.* (Syn. convaincant.)

persuasion (nom féminin)
Action ou façon de persuader.

perte (nom féminin)
1. Fait de perdre quelque chose qu'on avait. *Maman a déclaré la **perte** de ses papiers au commissariat.* 2. Synonyme de mort. *La **perte** de son chat attriste beaucoup Anna.* 3. Fait de perdre de l'argent. *Il a subi de grosses **pertes** en jouant à la Bourse.* (Contr. bénéfice, gain.) 4. Mauvais emploi de quelque chose. *C'est une **perte** de temps.* (Syn. gaspillage.) • **À perte de vue :** aussi loin qu'on peut voir. • **En pure perte :** sans résultat ou sans profit.

pertinemment (adverbe)
D'une manière certaine et précise. *Je sais **pertinemment** que vous avez tort.* Prononciation [pɛʀtinamɑ̃].

pertinent, ente (adjectif)
Qui est plein de bon sens. *Ta question est très **pertinente**.*

perturbateur, trice (nom)
Personne qui cause des perturbations. *Des **perturbateurs** ont gâché la fête.*

perturbation (nom féminin)
1. Ce qui perturbe quelque chose. *La grève des transports entraîne beaucoup de **perturbations**.* 2. Changement de temps caractérisé par de la pluie et du vent. *Une **perturbation** traversera l'ouest de la France.*

perturber (verbe) ▸ conjug. n° 3
Empêcher quelque chose de fonctionner ou de se dérouler normalement. *Le verglas **a** vivement **perturbé** la circulation sur l'autoroute.* Famille du mot : **im**perturb**able**, **im**perturb**ablement**, pertur**bateur**, perturb**ation**.

péruvien, enne ➡ Voir tableau p. 6.

pervenche (nom féminin)
Petite fleur bleue.

pervers, erse (adjectif et nom)
Qui aime faire le mal ou des choses immorales. *Cet individu **pervers** aime faire souffrir les enfants.* Famille du mot : pervers**ité**, pervert**ir**.

perversité (nom féminin)
Attitude d'une personne perverse. *Luc a trahi ses amis avec une grande **perversité**.*

pervertir (verbe) ▸ conjug. n° 11
Pousser quelqu'un à faire le mal. *Sa passion du jeu l'**a perverti**.* (Syn. corrompre.)

pesamment (adverbe)
D'une manière pesante. *L'ours marche **pesamment**, dressé sur ses pattes postérieures.*

pesant, ante (adjectif)
1. Qui pèse lourd. *Ce cartable est bien trop **pesant** pour un élève de six ans.* 2. Qui donne une impression de lourdeur. *Une chaleur **pesante**.* 3. Qui est pénible à supporter. *Il règne une atmosphère **pesante** dans les vestiaires après cette lourde défaite.*

pesanteur (nom féminin)
Force d'attraction qui attire tous les corps vers le centre de la Terre et qui fait qu'ils ont un poids. *La sonde interplanétaire vient d'échapper à la **pesanteur** terrestre.*

pèse-bébé (nom masculin)
Balance conçue pour peser les nourrissons. Pluriel : des pèse-bébé**s**.

pesée (nom féminin)
Action de peser.

pèse-lettre (nom masculin)
Petite balance pour peser les lettres. Pluriel : des pèse-lettre**s**.

pèse-personne (nom masculin)
Petite balance pour se peser. Pluriel : des pèse-personne**s**.

peser (verbe) ▸ conjug. n° 8
1. Avoir un certain poids. *À la naissance, ce bébé **pesait** près de quatre kilos.* 2. Mesurer un poids. *Le boucher **pèse** le gigot sur sa balance. Élodie **se pèse** une fois par mois.* 3. Avoir de l'importance ou de l'influence. *Ton avis **a pesé** sur ma décision.* 4. Être pénible à supporter. *La solitude lui **pèse**, il a hâte de retrouver ses amis.* 5. Examiner avec attention. ***Peser** le pour et le contre.* Famille du mot : **apesanteur**, **pesamment**, **pesant**, **pesanteur**, pèse-bébé, **pesée**, pèse-lettre, pèse-personne.

peseta (nom féminin)
Ancienne monnaie espagnole. Prononciation [pezeta].
ORTHO On écrit aussi **péséta**.

pessimisme (nom masculin)
Tendance à penser que tout va ou ira mal. (Contr. optimisme.) **Pessimisme** vient du latin *pessimus* qui signifie « très mauvais ».

pessimiste (adjectif et nom)
Qui fait preuve de pessimisme. *Fatima croit qu'elle ne réussira pas son examen, elle est très **pessimiste** !* (Syn. défaitiste. Contr. optimiste.)

peste (nom féminin)
Très grave maladie contagieuse. *La **peste** se transmettait par les rats.*

« La **Peste** d'Asdod » de Nicolas Poussin (XVIIe siècle)

pester (verbe) ▸ conjug. n° 3
Manifester de la mauvaise humeur contre quelqu'un ou quelque chose. *Papa **peste** contre l'ascenseur qui est toujours en panne.*

pesticide (nom masculin)
Produit chimique qui détruit les animaux ou les plantes nuisibles. *L'abus des **pesticides** entraîne la pollution des cours d'eau.*

pestiféré, ée (adjectif et nom)
Qui est atteint de la peste.

pestilentiel, elle (adjectif)
Qui dégage une odeur nauséabonde. *Les égouts dégagent une odeur **pestilentielle** !*

pet (nom masculin)
Dans la langue familière, gaz intestinal qui sort par l'anus. *Kevin a mangé du cassoulet, il a peur de faire des petits **pets**.*

pétale (nom masculin)
Chacune des parties colorées d'une fleur, dont l'ensemble forme la corolle. *Quand les fleurs se fanent, les **pétales** tombent.* ➡ p. 531.

a b c d e f g h i j k l m n o **p** q r s t u v w x y z

pétanque (nom féminin)
Jeu de boules. *Ils se retrouvent le soir pour jouer à la **pétanque**.* **Pétanque** vient du provençal *pétanco* qui signifie « pied fixe », car, à ce jeu, on lance sa boule sans prendre d'élan.

pétarade (nom féminin)
Série de brèves détonations. *Les **pétarades** des mobylettes.*

pétarader (verbe) ▸ conjug. n° 3
Faire entendre une pétarade. *On entend un feu d'artifice qui **pétarade** dans le lointain.*

pétard (nom masculin)
Petite charge de poudre explosive.

peter (verbe) ▸ conjug. n° 3
1. Dans la langue familière, laisser échapper un gaz intestinal. **2.** Synonyme familier de casser.

pétillant, ante (adjectif)
1. Qui pétille. *Tu veux de l'eau plate ou de l'eau **pétillante** ?* (Syn. gazeux.) **2.** Au sens figuré, qui brille avec éclat. *Cet enfant a un regard **pétillant** de malice.*

pétiller (verbe) ▸ conjug. n° 3
1. Faire des petits bruits secs et répétés. *Le feu **pétille** dans la cheminée.* **2.** Faire des petites bulles de gaz. *Pierre n'aime pas cette boisson, elle **pétille** trop.* **3.** Briller d'un vif éclat. *Ses yeux **pétillent** de bonheur.*

pétiole (nom masculin)
Queue d'une feuille d'arbre.

petit, ite (adjectif)
1. Qui n'est pas d'une grande taille. *Le ouistiti est un tout **petit** singe.* (Contr. grand.) **2.** Qui est moins âgé. *Quentin a six ans et sa **petite** sœur en a quatre.* ■ **petit, ite** (nom) **1.** Jeune enfant. *Les **petits** de la maternelle font la sieste l'après-midi.* **2.** Jeune animal. *Les **petits** d'une chatte s'appellent des chatons.* ■ **petit** (adverbe) • **Petit à petit :** peu à peu. *Après son accident, il récupère **petit à petit**.*

petit-beurre (nom masculin)
Gâteau sec rectangulaire, au beurre. Pluriel : des petits-beurres ou des petits-beurre.

petit déjeuner (nom masculin)
Repas du matin. *Pour son **petit déjeuner**, Caroline mange des céréales avec du lait.* Pluriel : des petits déjeuners.
ORTHO On écrit aussi un **petit-déjeuner**, des **petits-déjeuners**.

petite-fille (nom féminin)
Fille du fils ou de la fille d'une personne. Pluriel : des petites-filles.

petit-fils (nom masculin)
Fils du fils ou de la fille d'une personne. Pluriel : des petits-fils.

petit four (nom masculin)
Petit gâteau. *Maman prépare un buffet avec du jus d'orange et des **petits fours**.* Pluriel : des petits fours.
ORTHO On écrit aussi un **petit-four**, des **petits-fours**.

pétition (nom féminin)
Texte écrit exprimant une demande ou une plainte et qui est adressé à une autorité. *Signer une **pétition** pour l'installation d'un feu tricolore devant l'école.*

petit-lait (nom masculin)
Liquide qui se sépare du lait caillé. Pluriel : des petits-laits.

petit pois (nom masculin)
Graine verte et ronde contenue dans une cosse, qu'on mange comme légume. *Qui veut m'aider à écosser les **petits pois** ?* Pluriel : des petits pois.

petits-enfants (nom masculin pluriel)
Enfants du fils ou de la fille de quelqu'un. *Pour l'anniversaire de grand-mère, tous ses **petits-enfants** se retrouvent.*

petit-suisse (nom masculin)
Petit fromage blanc en forme de cylindre. Pluriel : des petits-suisses.

pétoncle (nom masculin)
Petit mollusque comestible.

pétrifier (verbe) ▸ conjug. n° 10
Rendre quelqu'un immobile à cause d'un sentiment violent. *L'annonce de sa mort nous **a pétrifiés**.* **Pétrifier** vient de deux mots latins qui signifient « transformer en pierre ».

pétrin (nom masculin)
Grand récipient pour pétrir la pâte à pain. *Le boulanger mélange la farine, l'eau, le sel et le levain dans un **pétrin**.* • **Être dans le pétrin :** dans la langue familière, avoir des ennuis.

pétrir (verbe) ▸ conjug. n° 11
Mélanger et presser une pâte avec les mains. *Il faut **pétrir** la pâte à tarte avant de l'étaler.*

pétrole (nom masculin)
Huile minérale tirée du sous-sol et utilisée comme source d'énergie. Famille du mot : pétrol**ier**, pétrol**ifère**. **Pétrole** vient des mots latins *petra* qui signifie « pierre » et *oleum* qui signifie « huile ».

pétrolier, ère (adjectif)
Qui concerne le pétrole. *L'essence, le mazout sont des produits **pétroliers**.* ■ **pétrolier** (nom masculin) Navire qui transporte du pétrole.

pétrolifère (adjectif)
Qui contient du pétrole. *Une zone **pétrolifère**.*

pétulant, ante (adjectif)
Qui est vif et dynamique. *Cette enfant **pétulante** met de l'ambiance dans la classe.*

pétunia (nom masculin)
Plante à fleurs colorées.

un **pétunia**

peu (adverbe)
1. En petite quantité. *Cette voiture consomme très **peu** d'essence.* (Contr. beaucoup.) **2.** Pas très. *Cet élève est **peu** doué pour la gymnastique.* **3.** Pas longtemps. *Cette mode a **peu** duré.* • **À peu près :** presque. • **Depuis peu :** il n'y a pas longtemps. • **Peu à peu :** lentement et progressivement, petit à petit. • **Pour peu que :** il suffit que. ***Pour peu qu'**il neige, toute la circulation est bloquée !* • **Pour un peu :** il s'en est fallu de peu de chose. • **Sous peu :** bientôt. • **Un peu :** légèrement. *Il est **un peu** fou.* • **Un peu de :** une petite quantité de. *Je voudrais juste **un peu de** fromage.*

Peuls
Ensemble de populations de l'Afrique de l'Ouest. Les Peuls sont très nombreux. Ils vivent surtout au Nigeria, en Guinée et au Sénégal. D'abord nomades, ils sont de plus en plus sédentaires. Leur langue comporte de nombreux dialectes. Les Peuls sont essentiellement musulmans.
ORTHO On dit aussi **Foulbés** ou **Foulanis**.

peuplade (nom féminin)
Groupe de gens qui vivent en tribu.

peuple (nom masculin)
1. Ensemble des habitants d'un même pays. *Le Président doit s'adresser au **peuple** français samedi soir.* **2.** Ensemble des citoyens de condition modeste. *Cet homme est issu du **peuple**.* Famille du mot : **dé**peupl**ement**, **dé**peupl**er**, peupl**ade**, peupl**é**, peupl**ement**, peupl**er**, se **re**peupl**er**, **sur**peupl**é**, **sur**peupl**ement**.

peuplé, ée (adjectif)
Où il y a des habitants. *Ce département du centre de la France est très peu **peuplé**.*

peuplement (nom masculin)
Nombre d'habitants qui peuplent une région.

peupler (verbe) ▸ conjug. n° 3
Occuper un endroit et en constituer la population. *Des tribus indiennes **peuplent** cette région d'Amazonie.*

peuplier (nom masculin)
Arbre haut et mince, qui pousse dans les endroits humides. ➡ p. 956.

peur (nom féminin)
Crainte éprouvée face à un danger ou à une menace. *La **peur** du vide l'empêche de longer le haut de la falaise. Romain a **peur** des chiens. La moindre araignée lui fait **peur** !* Famille du mot : **a**peur**é**, peur**eux**.

des feuilles de **peuplier** et un **peuplier**

peureux, euse (adjectif)
Qui a facilement peur. *Notre chien est **peureux**, il se cache sous le lit au moindre bruit !* (Syn. craintif. Contr. courageux, hardi.)

peut-être (adverbe)
Indique une possibilité. *Tu viens au cinéma avec nous ce soir ? – **Peut-être**, cela dépendra de mon travail.* (Contr. certainement, sûrement.)

phacochère (nom masculin)
Mammifère d'Afrique qui ressemble au sanglier.

un **phacochère**

phalange (nom féminin)
1. Chacune des parties articulées des doigts et des orteils. *Les doigts comportent trois **phalanges**, sauf le pouce qui en a deux.* **2.** Dans l'Antiquité, groupe de fantassins.

pharaon (nom masculin)
Souverain de l'Égypte antique. *Les pyramides étaient les tombeaux des **pharaons**.*

phare (nom masculin)
1. Tour lumineuse construite au bord de la mer pour guider les bateaux. *Il y a un **phare** à l'entrée de ce port.* **2.** Lumière placée à l'avant d'un véhicule pour éclairer la route. ➡ p. 106, p. 836. **Phare** vient de *Pharos*, nom grec d'une île de la baie d'Alexandrie en Égypte, où un roi fit construire une tour de marbre blanc, qui était l'une des Sept Merveilles du monde.

un **phare**

pharmaceutique (adjectif)
Qui concerne la pharmacie. *La mère de Nathalie travaille dans l'industrie **pharmaceutique**.*

pharmacie (nom féminin)
1. Science de la préparation et de la composition des médicaments. *Le grand frère d'Hélène est étudiant en **pharmacie**.* **2.** Magasin où l'on vend les médicaments. *Il est allé à la **pharmacie** acheter un vaccin contre la grippe.* Famille du mot : pharmac**eutique**, pharmac**ien**.

Toutankhamon, **pharaon** du XIVe siècle avant Jésus-Christ

pharmacien, enne (nom)
Personne qui tient une pharmacie.

pharyngite (nom féminin)
Inflammation du pharynx. ● Prononciation [faʀɛ̃ʒit].

pharynx (nom masculin)
Conduit allant du fond de la bouche à l'œsophage. ➡ p. 389. ● Prononciation [faʀɛ̃ks].

phase (nom féminin)
Chacune des étapes marquant l'évolution d'un phénomène. *Les **phases** de la transformation d'une chenille en papillon.* (Syn. stade.)

phasme (nom masculin)
Insecte végétarien au corps allongé et aux pattes fines. *Le **phasme** peut prendre l'aspect d'une brindille.* ⊸ **Phasme** vient du grec *phasma* qui signifie « fantôme ».

Phénicie
Ancienne région du Proche-Orient, qui correspond au Liban actuel et à une partie d'Israël et de la Syrie. Elle fut nommée ainsi par les Grecs. Elle fut une grande puissance du Xe au VIIe siècle avant Jésus-Christ. Les Phéniciens, qui fondèrent la ville de Carthage en 814 avant Jésus-Christ, étaient les commerçants les plus actifs de la Méditerranée. La Phénicie disparut quand elle fut conquise par Alexandre le Grand. L'alphabet phénicien est considéré comme étant l'ancêtre de notre alphabet.

phénix (nom masculin)
Oiseau légendaire qui se jetait dans le feu pour renaître de ses cendres.

phénoménal, ale, aux (adjectif)
Qui est vraiment très surprenant, extraordinaire. *Cet athlète a une force **phénoménale**.*

phénomène (nom masculin)
1. Fait qu'on peut observer. *La pluie, le vent, les marées sont des **phénomènes** naturels.* **2.** Chose extraordinaire. *Ce monstre est un **phénomène** de foire.*

philanthrope (nom)
Personne qui agit avec générosité et désintéressement. *Ce **philanthrope** a fait don de ses tableaux au musée.* (Contr. misanthrope.) ⊸ **Philanthrope** vient des mots grecs *philos* qui signifie « ami » et *anthropos* qui signifie « homme ».

philanthropie (nom féminin)
Amour de tous les hommes. *Ce mécène fait preuve d'une grande **philanthropie**.*

philatélie (nom féminin)
Étude ou collection des timbres-poste.

philatéliste (nom)
Collectionneur de timbres-poste.

Philippe IV le Bel (né en 1268, mort en 1314)
Roi de France de la dynastie des Capétiens (1285 à 1314). Il entama un procès contre l'ordre des Templiers dont il confisqua les biens. L'ordre fut supprimé et ses principaux chefs furent brûlés (1314). Philippe le Bel centralisa le royaume et améliora l'administration. Il installa le pape Clément V à Avignon.

philippin, ine ➡ Voir tableau p. 6.

Philippines

92,2 millions d'habitants
Capitale : Manille
Monnaie :
le peso philippin
Langues officielles :
tagalog, anglais
Superficie : 298 000 km²

État d'Asie du Sud-Est, constitué d'un archipel situé entre l'Indonésie et Taiwan. Les Philippines sont bordées par la mer de Chine et par l'océan Pacifique.

GÉOGRAPHIE
Cet archipel volcanique a connu d'importants séismes. Le climat est tropical et humide. La savane couvre 40 % du territoire. Les cultures principales sont le riz, le maïs, la noix de coco et la canne à sucre. Les fruits, les légumes et le bois sont exportés. La croissance industrielle est rapide, mais la moitié des habitants est très pauvre.

HISTOIRE
L'archipel fut découvert en 1521 par Magellan. Colonisées par les Espagnols en 1565, les Philippines furent annexées par les États-Unis en 1898. Elles furent ensuite conquises par les Japonais en 1941, puis reprises par les Américains entre 1944 et 1945. En 1946, les Philippines accédèrent à l'indépendance, mais les

a b c d e f g h i j k l m n o p q r s t u v w x y z

États-Unis y conservèrent des bases militaires jusqu'en 1992.

philodendron (nom masculin)
Arbuste aux larges feuilles découpées. Prononciation [filodɛ̃dʀɔ̃].

philosophe (nom)
Spécialiste de philosophie. *Platon était un très grand* ***philosophe*** *grec.* ■ philosophe (adjectif) Qui supporte les évènements avec calme et sérénité. *Elle est devenue* ***philosophe*** *avec l'âge.*

philosophie (nom féminin)
1. Réflexion sur les grands problèmes de l'homme et de l'Univers. *La* ***philosophie*** *pose les problèmes de la liberté, de la morale, de Dieu, de la mort.* **2.** Sagesse et sérénité. *Heureusement, il a pris la nouvelle de sa maladie avec* ***philosophie****.* Famille du mot : philosophe, philosoph**ique**. **Philosophie** vient des mots grecs *philos* qui signifie « ami » et *sophia* qui signifie « sagesse ».

philosophique (adjectif)
Qui concerne la philosophie. *Une discussion* ***philosophique****.*

philtre (nom masculin)
Breuvage magique qui rend amoureux.

phobie (nom féminin)
Peur maladive et irraisonnée. *Julie a la* ***phobie*** *des araignées.* **Phobie** vient du grec *phobos* qui signifie « crainte » et que l'on retrouve dans le mot *claustrophobie*.

phonème (nom masculin)
Son d'une langue. *La lettre « s » correspond à deux* ***phonèmes*** *: [s] dans « sac » et [z] dans « oser ».*

phonétique (nom féminin)
Science qui étudie les sons de la parole. ■ phonétique (adjectif) Qui sert à montrer comment un mot se prononce. *Regarde page 8 l'alphabet* ***phonétique*** *du français.* **Phonétique** vient du grec *phônê* qui signifie « voix ».

phonographe (nom masculin)
Ancien appareil servant à reproduire les sons. *Mes parents ont acheté un* ***phonographe*** *mécanique chez le brocanteur.*

phoque (nom masculin)
Mammifère marin des mers froides. *Les* ***phoques*** *sont chassés pour leur fourrure.*

phosphate (nom masculin)
Produit chimique qui contient du phosphore et qui est utilisé comme engrais.

phosphore (nom masculin)
Substance chimique qui émet une lueur bleuâtre dans l'obscurité. **Phosphore** vient d'un mot grec qui signifie « qui apporte la lumière ».

phosphorescent, ente (adjectif)
Qui émet de la lumière dans l'obscurité. *Le ver luisant est* ***phosphorescent****.*

photo (nom féminin)
1. Technique qui permet de créer des images par l'action de la lumière sur une pellicule. *Laura aime faire de la* ***photo****.* **2.** Image obtenue par ce procédé. *Ses* ***photos*** *de vacances sont très réussies.* ■ photo (adjectif) Qui concerne la photo. *N'oublie pas de prendre ton appareil* ***photo*** *!* **Photo** est l'abréviation de **photographie** ou de **photographique**. Pluriel : des photo**s**, mais des appareils photo. Famille du mot : photogé**nique**, photo**gramme**, photo**graphe**, photo**graphie**, photo**graphier**, photo**graphique**.

photocopie (nom féminin)
Copie d'un document par reproduction photographique. *J'ai fait la* ***photocopie*** *de mon passeport.* Famille du mot : photocopi**er**, photocopi**euse**.

photocopier (verbe) ▶ conjug. n° 10
Faire la photocopie d'un document. ***Photocopie*** *cette lettre avant de l'envoyer !*

photocopieuse (nom féminin)
Appareil qui sert à photocopier.
ORTHO On dit aussi un **photocopieur**.

photogénique (adjectif)
Qui est très bien en photo. *Cette photo de Julie est belle, il faut dire qu'elle est très* ***photogénique*** *!*

photogramme (nom masculin)
Chacune des photographies d'un film.

photographe (nom)
Personne qui prend des photos. *La mère de Noémie est* ***photographe*** *de mode.*

photographie ➡ Voir **photo**.

photographier (verbe) ▶ conjug. n° 10
Prendre en photo. *Thomas aime surtout **photographier** les paysages.*

photographique ➡ Voir **photo**.

photomaton (nom masculin)
Appareil automatique qui prend, développe et tire des photographies. *Je vais aller faire des photos d'identité au **photomaton**.* 🔑 **Photomaton** est le nom d'une marque.

photophore (nom masculin)
Récipient en verre dans lequel on place une bougie. *Les **photophores** sur la table du jardin nous éclairaient pendant le dîner.*

photosynthèse (nom féminin)
Processus qui permet aux plantes de fabriquer à partir de la lumière les matières dont elles ont besoin. *Les plantes réalisent la **photosynthèse** grâce à leurs feuilles vertes.*

phrase (nom féminin)
Ensemble de mots ayant un sens complet. *La **phrase** commence par une majuscule et se termine par un point.*

phréatique (adjectif)
• **Nappe phréatique :** nappe d'eau souterraine alimentée par les eaux de pluie.

phrygien (adjectif masculin)
• **Bonnet phrygien :** bonnet rouge porté par les révolutionnaires de 1789, symbole de la liberté.

un **bonnet phrygien**

phylloxéra (nom masculin)
Insecte qui s'attaque à la vigne et lui cause une maladie également appelée « phylloxéra ». 🔑 **Phylloxéra** vient des mots grecs *phullon* qui signifie « feuille » et *xêros* qui signifie « sec » : la vigne malade a les feuilles qui sèchent.

physicien, enne (nom)
Spécialiste de la physique.

physiologie (nom féminin)
Science qui étudie le fonctionnement des organes des êtres vivants.

physionomie (nom féminin)
1. Aspect du visage. *Camille a une **physionomie** très souriante et agréable.* 2. Aspect particulier de quelqu'un ou de quelque chose. *Depuis que ce quartier a été rénové, sa **physionomie** a beaucoup changé.*

physionomiste (adjectif et nom)
Qui a la mémoire des visages. *Je ne l'ai pas reconnu, je ne suis pas du tout **physionomiste**.*

■ **physique** (nom masculin)
1. Aspect extérieur d'une personne. *Son **physique** lui a permis de devenir mannequin.* 2. État de santé d'un corps humain. *Il entretient son **physique** en faisant du sport.* ■ physique (adjectif) Qui concerne le corps humain. *Chaque jour, Sarah fait des exercices **physiques**.* • **Éducation physique :** gymnastique.

■ **physique** (nom féminin)
Science qui étudie la matière et les lois de la nature. *La **physique** nucléaire étudie en fait le noyau des atomes.* ■ physique (adjectif) Qui concerne la physique. *La pesanteur et la chute des corps sont des phénomènes **physiques**.*

physiquement (adverbe)
Sur le plan du physique. *Depuis qu'il a cessé de fumer, il se sent **physiquement** mieux.*

piaffer (verbe) ▶ conjug. n° 3
1. Frapper la terre avec les sabots de devant, en parlant d'un cheval. 2. Manifester son impatience en étant très excité. *Victor **piaffe** d'impatience car les vacances approchent.*

a b c d e f g h i j k l m n o p q r s t u v w x y z

piaillement (nom masculin)
Petits cris aigus d'un oiseau.

piailler (verbe) ▸ conjug. n° 3
1. Pousser des piaillements. *Ces arbres sont pleins de moineaux qui* ***piaillent****.* **2.** Synonyme familier de crier.

pianiste (nom)
Personne qui joue du piano.

piano (nom masculin)
Instrument de musique à clavier et à cordes. Famille du mot : pian**iste**, pia**noter**. **Piano** est l'abréviation du nom d'un ancien instrument de musique, le *pianoforte*.

pianoter (verbe) ▸ conjug. n° 3
Taper sur les touches d'un clavier. *William* ***pianote*** *sur son ordinateur.*

pic (nom masculin)
1. Montagne au sommet pointu. *Dans les Pyrénées, le* ***pic*** *Vignemale culmine à 3 298 mètres d'altitude.* **2.** Intensité maximale d'un phénomène. *Un* ***pic*** *de pollution.* **3.** Outil pointu servant à creuser. *L'ouvrier attaque la roche à coups de* ***pic****.* **4.** Oiseau grimpeur doté d'un bec pointu qui lui permet d'attraper les vers dans les troncs d'arbres. • **À pic** : verticalement. *Une falaise qui s'élève* ***à pic*** *au-dessus de la plage. Le bateau a coulé* ***à pic****.* • **À pic** : synonyme familier d'à propos. *Ce chèque tombe* ***à pic*** *: nous n'avions plus un sou !* Voir aussi **à-pic** (nom masculin).

picador (nom masculin)
Dans une corrida, cavalier muni d'une pique.

un **picador**

picard, arde ➡ Voir tableau p. 6.

Picardie
Ancienne Région française, intégrée en 2016 à la Région Nord-Pas-de-Calais-Picardie, formée des départements de l'Aisne, de l'Oise et de la Somme.

GÉOGRAPHIE
Le climat de la région est à dominante océanique. Les cultures (betterave, céréales, pomme de terre, fourrage, haricots et pois) ont permis à l'industrie agroalimentaire de s'y développer. ➡ Voir cartes pp. 1372 et 1373.

Picasso Pablo (né en 1881, mort en 1973)
Peintre, dessinateur, graveur et sculpteur espagnol. Picasso est à l'origine du cubisme, qu'il exprima pour la première fois dans l'œuvre *les Demoiselles d'Avignon* (1907). Des musées Picasso existent à Antibes, Barcelone et Paris.

Picasso en train de dessiner

pichenette (nom féminin)
Synonyme de chiquenaude.

pichet (nom masculin)
Petite cruche, généralement sans anse. *On a mangé des crêpes et bu un* ***pichet*** *de cidre.*

pickpocket (nom masculin)
Personne qui, dans les lieux publics, vole le contenu des poches ou des

sacs des gens. *Un **pickpocket** a été arrêté dans le métro.* **Pickpocket** est un mot anglais : on prononce [pikpɔkɛt].

pick-up (nom masculin)
Camionnette à plateau découvert. **Pick-up** est un mot anglais : on prononce [pikœp].

picolo (nom masculin)
Petite flûte traversière qui a un son aigu. **Picolo** est un mot italien qui signifie « petit ».
ORTHO On écrit aussi **piccolo**.

picorer (verbe) ▸ conjug. n° 3
Manger en piquant çà et là à petits coups de bec. *Les poules et les pigeons **picorent** des graines dans la cour de la ferme.*

picotement (nom masculin)
Sensation de piqûres légères et répétées sur la peau. *Ursula est engourdie et sent des **picotements** dans ses jambes.*

picoter (verbe) ▸ conjug. n° 3
Causer des picotements.

picotin (nom masculin)
Ration d'avoine donnée à un cheval.

pictogramme (nom masculin)
Dessin simplifié utilisé sur des panneaux afin de donner des indications.

pictural, ale, aux (adjectif)
Qui concerne l'art de la peinture. La Joconde *fait partie de l'œuvre **picturale** de Léonard de Vinci.*

pic-vert ➡ Voir **pivert**.

■ **pie** (adjectif)
Qui est noir et blanc, ou marron et blanc. Pluriel : des vaches pie.

■ **pie** (nom féminin)
Oiseau noir et blanc à longue queue.

une **pie**

pièce (nom féminin)
1. Petit objet de métal rond et plat, qui sert de monnaie. *Marie a payé avec un billet et l'épicier lui a rendu plusieurs **pièces**.* **2.** Partie séparée d'un ensemble. *Le carburateur est une des **pièces** importantes d'un moteur.* **3.** Dans un local, chaque espace séparé par des murs. *Cet appartement de cinq **pièces** comporte trois belles chambres.* **4.** Morceau de tissu cousu sur un vêtement pour cacher les trous. *Ce pauvre homme porte des vêtements pleins de **pièces**.* **5.** Histoire écrite pour être jouée au théâtre par des comédiens. *Cette **pièce** de Molière est remarquablement interprétée.* • **En pièces :** qui est cassé en plusieurs morceaux. • **Pièce d'identité :** document officiel qui donne l'identité d'une personne.
Famille du mot : pié**cette**, **rapiécer**.

piécette (nom féminin)
Petite pièce de monnaie.

pied (nom masculin)
1. Partie du corps située au bas de la jambe, qui sert à marcher et à se tenir debout. *Anna a mal aux **pieds** car elle a marché toute la journée.* ➡ p. 302. **2.** Partie d'un objet ou d'une plante qui est en contact avec le sol. *La chaise est bancale car un de ses **pieds** est trop court. Le vigneron a planté de nouveaux **pieds** de vigne.* ➡ p. 218. **3.** Dans un poème, syllabe d'un vers. *Un alexandrin est un vers de douze **pieds**.* **4.** Ancienne mesure, encore utilisée au Canada, et qui vaut environ 30 centimètres. • **À pied :** en marchant. • **Au pied levé :** à l'improviste, sans préparation. • **Avoir bon pied bon œil :** être en excellente santé. • **Avoir le pied marin :** être à l'aise sur un bateau. • **Avoir les pieds sur terre :** être réaliste. • **Avoir pied :** pouvoir toucher le fond de l'eau avec les pieds. • **De pied ferme :** énergiquement. • **Être à pied d'œuvre :** être prêt à l'action. • **Mettre quelque chose sur pied :** l'organiser. • **Perdre pied :** ne plus pouvoir suivre ou perdre son assurance. • **Retomber sur ses pieds :** se tirer à son avantage d'une mauvaise situation.

pied à coulisse (nom masculin)
Instrument de précision servant à mesurer les épaisseurs ou les diamètres. ➡ p. 962. Pluriel : des pieds à coulisse.

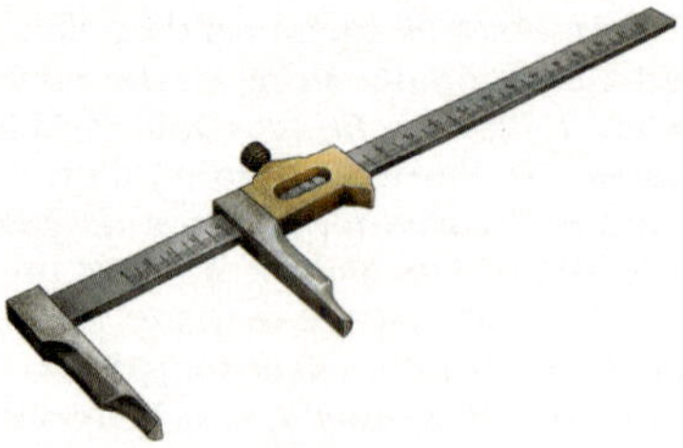

un **pied à coulisse**

pied-à-terre (nom masculin)
Logement que l'on habite de temps en temps. Prononciation [pjetatɛʀ]. Pluriel : des pied-à-terre.

pied-de-biche (nom masculin)
Outil formé d'une barre de fer recourbée à un bout pour servir de levier. Pluriel : des pieds-de-biche.

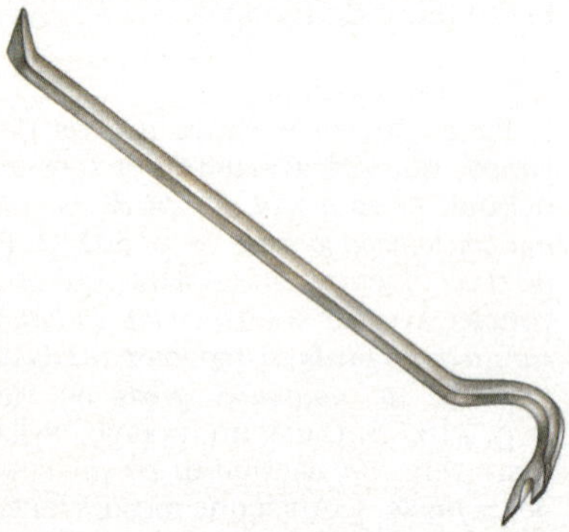

un **pied-de-biche**

pied-de-mouton (nom masculin)
Champignon comestible jaune clair. Pluriel : des pieds-de-mouton.

pied de nez (nom masculin)
Geste de moquerie fait en plaçant le pouce sur le nez avec la main grande ouverte. Pluriel : des pieds de nez.

piédestal, aux (nom masculin)
Socle d'une statue. *La sculpture est posée sur un **piédestal** en marbre.* • **Mettre quelqu'un sur un piédestal :** l'admirer énormément.

piège (nom masculin)
1. Objet ou appareil qui sert à capturer les animaux. *Une souricière est un **piège** pour attraper les souris.* **2.** Danger ou difficulté cachés. *Cette dictée est pleine de **pièges**.*

piéger (verbe) ▸ conjug. n° 5 et n° 8
1. Attraper avec un piège. *Le trappeur est parti **piéger** des animaux.* **2.** Installer un engin explosif quelque part. *Une voiture **piégée** a fait de nombreuses victimes.*

piercing (nom masculin)
Bijou introduit dans une partie du corps. *Ursula porte un **piercing** sur sa narine droite.* **Piercing** est un mot anglais : on prononce [piʀsiŋ].

pierraille (nom féminin)
Amas de petites pierres. *Toute cette **pierraille** rend la marche difficile sur ce chemin.*

pierre (nom féminin)
1. Matière dure extraite du sol. *La **pierre** sert de matériau de construction.* **2.** Caillou plus ou moins gros. *Sur cette route de montagne, il faut faire attention aux chutes de **pierres**.* • **Jeter la pierre à quelqu'un :** l'accuser ou le blâmer. • **Pierre précieuse :** minéral rare, avec lequel on fait des bijoux. *Les diamants et les rubis sont des **pierres précieuses**.*
Famille du mot : empi**err**er, pi**err**aille, pi**err**eries, pi**err**eux.

saint **Pierre** (?, mort vers 64 après Jésus-Christ)
Un des douze apôtres de Jésus-Christ. Pierre fut le premier évêque de Rome et il est donc considéré par les catholiques comme le fondateur de la papauté. Il fut choisi comme apôtre par Jésus, qui changea son nom de Simon en celui de Pierre. Il renia par trois fois le Christ, peu avant qu'il soit crucifié, mais se repentit par trois fois.

pierreries (nom féminin pluriel)
Pierres précieuses taillées. *Un diadème orné de **pierreries**.*

pierreux, euse (adjectif)
Couvert de pierres. *Un chemin très **pierreux**.*

piété (nom féminin)
Caractère d'une personne pieuse.

piétiner (verbe) ▸ conjug. n° 3
1. Écraser quelque chose en marchant dessus. *Fais attention, tu vas **piétiner** les fleurs !* **2.** Marcher en avançant très len-

tement. *Les gens qui font la queue **piétinent** devant le magasin.* 3. Ne faire aucun progrès. *La négociation **piétine**.*

piéton, onne (nom)
Personne qui circule à pied. *Ce passage est réservé aux **piétons**.* ➡ p. 927.
■ **piéton, onne** (adjectif) Synonyme de piétonnier. *Une rue **piétonne**.*

piétonnier, ère (adjectif)
Qui est réservé aux piétons. *Tout ce quartier est devenu **piétonnier**.* (Syn. piéton.)

piètre (adjectif)
Qui est très médiocre. *Malgré ses efforts, il n'obtient que de **piètres** résultats.*

pieu, pieux (nom masculin)
Piquet de bois ou de fer enfoncé dans le sol. *Ils ont tendu une clôture de fil de fer entre des **pieux** pour délimiter leur terrain.*

pieuvre (nom féminin)
Mollusque marin à huit tentacules munis de ventouses. *Quand la **pieuvre** est attaquée, elle envoie un jet d'encre noire.* (Syn. poulpe.)

une **pieuvre**

pieux, euse (adjectif)
Qui a ou qui montre des sentiments religieux très forts. *C'est un homme très **pieux** qui fait chaque année un pèlerinage.*

pigeon (nom masculin)
Oiseau au corps trapu, gris, blanc ou brun. *Le **pigeon** roucoule. Les **pigeons** voyageurs sont utilisés pour porter des messages.* ➡ p. 1058.

pigeonnier (nom masculin)
Construction percée de niches servant à abriter les pigeons domestiques.

piger (verbe) ▸ conjug. n° 5
Synonyme familier de comprendre. *As-tu **pigé** le problème de maths ?*

pigment (nom masculin)
Substance qui donne sa couleur à une chose. *L'hémoglobine est le **pigment** du sang.*

pignon (nom masculin)
1. Partie supérieure triangulaire de la façade d'une maison. 2. Roue dentée d'un engrenage. *À vélo, quand on change de vitesse, la chaîne passe sur un autre **pignon**.* 3. Graine comestible du pin parasol. ➡ p. 965.

Pilate Ponce (Ier siècle)
Gouverneur romain de Judée (26-36). Pour ne pas déplaire à l'empereur, il livra Jésus aux Juifs.

■ **pile** (adverbe)
Synonyme familier d'exactement. *La séance va commencer à deux heures **pile**.*
• **S'arrêter pile :** s'arrêter tout d'un coup. • **Tomber pile :** arriver au bon moment.

■ **pile** (nom féminin)
1. Ensemble d'objets placés les uns sur les autres. *Maman a rangé les draps en **pile** dans l'armoire.* 2. Maçonnerie qui sert de support à un pont. *Le bateau passe entre les **piles** du pont.* 3. Appareil qui fournit du courant électrique. *Anna a acheté des **piles** pour sa lampe de poche.* 4. Côté d'une pièce de monnaie où figure sa valeur. *On joue à **pile** ou face ? **Pile**, tu y vas, face, c'est moi.*

piler (verbe) ▸ conjug. n° 3
1. Réduire en poudre en broyant avec un pilon. *Pour faire l'ailloli, on **pile** l'ail dans un mortier.* 2. Dans la langue familière, s'arrêter pile. *L'automobiliste **a pilé** devant le piéton.*

pileux, euse (adjectif)
• **Système pileux :** ensemble des poils et des cheveux.

pilier (nom masculin)
Colonne ou poteau qui soutient un édifice. *Le balcon repose sur des* ***piliers*** *de béton.*

pillage (nom masculin)
Action de piller. *Les journalistes ont été témoins de scènes de* ***pillage****.*

pillard, arde (nom)
Personne qui pille. *Des bandes de* ***pillards*** *mettent les villages à sac.*

piller (verbe) ▸ conjug. n° 3
Voler et saccager un lieu. *Les soldats* ***ont pillé*** *la ville.* Famille du mot : pill**age**, pill**ard**.

pilon (nom masculin)
1. Instrument au bout arrondi servant à piler. **2.** Partie inférieure d'une cuisse de poulet.

pilonner (verbe) ▸ conjug. n° 3
Soumettre à un très violent bombardement. *Les bombardiers* ***ont pilonné*** *la ville, certains quartiers sont entièrement détruits.*

pilori (nom masculin)
Poteau dressé sur une place publique, auquel on attachait un condamné. *Le voleur fut condamné au* ***pilori****.*

pilotage (nom masculin)
Action de piloter. *Le capitaine nous a montré la cabine de* ***pilotage****.*

pilote (nom masculin)
Personne qui dirige un bateau, un avion ou une voiture de course. *Le père de Caroline est* ***pilote*** *dans une compagnie d'aviation.* ■ **pilote** (adjectif) Qui expérimente une nouvelle voie. *Une école-****pilote****.* Famille du mot : **co**pilote, pilo**tage**, pilot**er**.

piloter (verbe) ▸ conjug. n° 3
1. Conduire en qualité de pilote. *Quand il sera grand, Benjamin veut apprendre à* ***piloter*** *une voiture de course.* **2.** Diriger quelqu'un ou quelque chose. *C'est Ibrahim qui* ***a piloté*** *le projet.*

pilotis (nom masculin)
Ensemble de pieux qui sont enfoncés dans le sol et qui soutiennent une construction. *Les cités lacustres étaient construites sur* ***pilotis****.*

pilule (nom féminin)
Médicament en forme de petite boule. *Cette* ***pilule*** *est à prendre avant le repas.* • **Prendre la pilule :** prendre un médicament pour ne pas avoir d'enfant, en parlant des femmes.

pimbêche (nom féminin)
Femme ou fille prétentieuse et désagréable. *Ses copines l'ont traitée de* ***pimbêche****.*

piment (nom masculin)
Fruit à saveur piquante, utilisé comme condiment. *Les petits* ***piments*** *rouges sont très forts. Les poivrons sont des* ***piments*** *doux.*

un **piment** rouge, un **piment** vert

pimenter (verbe) ▸ conjug. n° 3
Assaisonner avec du piment. *La cuisine mexicaine* ***est*** *très* ***pimentée****.*

pimpant, ante (adjectif)
Qui donne une impression de fraîcheur et d'élégance. *La maisonnette était toute* ***pimpante*** *avec sa peinture fraîche.*

pin (nom masculin)
Arbre résineux aux feuilles en aiguilles qui restent vertes toute l'année.

des aiguilles, des pignons, une pomme de **pin** et un **pin** parasol

pinacle (nom masculin)
• **Porter quelqu'un au pinacle :** en dire beaucoup de bien. ⚿ Le **pinacle** désignait autrefois le sommet d'un temple, d'une cathédrale.

pinailler (verbe) ▶ conjug. n° 3
Synonyme familier d'ergoter. *On ne va pas **pinailler** pour 5 centimes !*

pince (nom féminin)
1. Instrument à deux branches servant à saisir ou à serrer. *Elle suspend le linge sur le fil avec des **pinces** à linge. David se sert d'une **pince** universelle pour enlever les clous.* 2. Extrémité fourchue des pattes avant de certains crustacés qui leur sert à saisir ou à pincer. *Les écrevisses, les crabes et les homards ont des **pinces**.*

pincé, ée (adjectif)
• **Air pincé :** air mécontent et hautain.

pinceau, eaux (nom masculin)
Instrument fait d'une petite touffe de poils fixée au bout d'un manche. *Avec un **pinceau**, on peut étaler de la peinture ou de la colle.*

pincée (nom féminin)
Quantité de matière en poudre que l'on peut prendre entre deux doigts. *Une **pincée** de sel.*

pincement (nom masculin)
1. Action de pincer. 2. Au sens figuré, sensation d'angoisse ou de chagrin. *En revoyant son ancienne maison, Gaëlle a eu un petit **pincement** au cœur.*

pincer (verbe) ▶ conjug. n° 4
1. Serrer avec les doigts ou entre deux objets. *Aïe ! Tu me **pinces** ! Amandine **s'est pincé** les doigts dans la porte.* 2. Rapprocher en serrant. *Ibrahim **se pince** le nez parce que l'égout empeste.* 3. Dans la langue familière, prendre quelqu'un en faute. *Le voleur s'est fait **pincer** par les gendarmes.* ⌂ Famille du mot : pince, pincé, pinc**ée**, pince**ment**, pince-sans-rire, pinc**ettes**, pinç**on**.

pince-sans-rire (nom)
Personne qui plaisante tout en gardant son sérieux. *On ne sait jamais s'il blague ou s'il parle sérieusement, c'est un vrai **pince-sans-rire**.* ✎ Pluriel : des pince-sans-rire.

pincettes (nom féminin pluriel)
Longue pince en fer servant à saisir les tisons. *Julie déplace les bûches avec les **pincettes** pour activer le feu.* • **Ne pas être à prendre avec des pincettes :** être de très mauvaise humeur.

pinçon (nom masculin)
Trace d'un pincement sur la peau.

pinède (nom féminin)
Terrain planté de pins. *Avec l'odeur des pins, il fait bon se promener dans la **pinède** !*

pingouin (nom masculin)
Oiseau de mer noir et blanc qui vit aux environs du pôle Nord. *Contrairement aux manchots, les **pingouins** peuvent voler.*

un **pingouin**

a b c d e f g h i j k l m n o p q r s t u v w x y z

a b c d e f g h i j k l m n o p q r s t u v w x y z

ping-pong (nom masculin)
Sport qui se joue sur une table avec une petite balle et des raquettes. *Kevin a envoyé la balle de* ***ping-pong*** *dans le filet.* (Syn. tennis de table.)
ORTHO On écrit aussi **pingpong**.

pingre (adjectif et nom)
Qui est d'une avarice sordide. *C'est un* ***pingre****, il est incapable de faire un cadeau.*

pin's (nom masculin)
Badge qui se fixe au moyen d'une pointe retenue par un embout. *Les* ***pin's*** *se portent souvent sur une veste.* **Pin's** est un mot anglais : on prononce [pins].

pinson (nom masculin)
Petit oiseau au chant mélodieux. • **Gai comme un pinson :** très gai.

un **pinson**

pintade (nom féminin)
Oiseau de basse-cour au plumage gris tacheté de blanc. *Dimanche, nous avons mangé de la* ***pintade*** *aux pruneaux.* **Pintade** vient d'un mot portugais qui signifie « oiseau peint » à cause des taches de son plumage.

pintadeau, eaux (nom masculin)
Jeune pintade.

pioche (nom féminin)
1. Outil formé d'un fer allongé et courbe, muni d'un manche et servant à creuser. *Les ouvriers creusent une tranchée à la* ***pioche****.* **2.** Tas de cartes ou de dominos non distribués et dans lequel on pioche.

piocher (verbe) ▸ conjug. n° 3
1. Creuser avec une pioche. *Pour creuser les fondations, il a fallu* ***piocher*** *dans la caillasse.* **2.** Puiser dans un tas. *Pierre n'a pas eu de chance au scrabble, il* ***a pioché*** *un W, un X et un Q !*

piolet (nom masculin)
Courte pioche utilisée par les alpinistes.

pion (nom masculin)
Pièce que l'on déplace dans certains jeux. *Un jeu de dames avec des* ***pions*** *en os.* ■ **pion, pionne** (nom) Synonyme familier de surveillant. *La sœur de Laura est* ***pionne*** *dans un collège.*

pionnier, ère (nom)
1. Personne qui défriche et cultive des contrées inhabitées. *Le Far West a été conquis par les* ***pionniers****.* **2.** Personne qui explore une nouvelle voie. *Les frères Montgolfier ont été les* ***pionniers*** *de la navigation aérienne.*

pipe (nom féminin)
Ustensile servant à fumer. *Romain a rapporté de Bavière une* ***pipe*** *en porcelaine.*

pipeau, eaux (nom masculin)
Petite flûte à bec. *Thomas joue* À la claire fontaine *sur son* ***pipeau****.*

une **pintade**

pipelette (nom féminin)
Dans la langue familière, personne bavarde. *Quand elles sont ensemble, elles n'arrêtent pas de bavarder, deux vraies **pipelettes** !* **Pipelette** vient du nom de *M. Pipelet*, un concierge dans un roman d'Eugène Sue (XIXe siècle).

pipeline (nom masculin)
Oléoduc ou gazoduc. **Pipeline** est un mot anglais : on prononce [piplin] ou [pajplajn].

piper (verbe) ▸ conjug. n° 3
Truquer des dés ou des cartes dans l'intention de tricher. • **Ne pas piper :** dans la langue familière, ne pas dire un seul mot.

pipette (nom féminin)
Tube de verre mince et généralement gradué, servant à prélever un peu de liquide.

pipi (nom masculin)
Synonyme familier d'urine. *Le chien a levé la patte pour faire **pipi** contre un arbre.*

piquant, ante (adjectif)
Qui pique. *Ce piment est très **piquant**, j'ai la bouche en feu.* ■ **piquant** (nom masculin) Épine ou aiguille de certains animaux ou de certaines plantes. *William a mis le pied sur des **piquants** d'oursin.*

pique (nom féminin)
Arme ancienne faite d'une pointe en fer plat au bout d'un long manche. ■ **pique** (nom masculin) Couleur des jeux de cartes représentée par une pique noire.

piqué (nom masculin)
• **En piqué :** presque à la verticale. *Les avions ont attaqué **en piqué**.*

pique-assiette (nom)
Personne qui cherche toujours à se faire inviter chez les autres pour ne pas dépenser. Pluriel : des pique-assiettes ou des pique-assiette.

pique-nique (nom masculin)
Repas froid pris en plein air. *Pour l'excursion de dimanche, chacun doit apporter son **pique-nique**.* Pluriel : des pique-niques.
ORTHO On écrit aussi un **piquenique**, des **piqueniques**.

pique-niquer (verbe) ▸ conjug. n° 3
Faire un pique-nique. *Le père de Myriam cherche un endroit agréable pour **pique-niquer**.*
ORTHO On écrit aussi **piqueniquer**.

piquer (verbe) ▸ conjug. n° 3
1. Percer la peau avec un objet pointu ou un dard. *Xavier s'est fait **piquer** par une guêpe, sa joue est toute gonflée. Noémie **s'est piquée** avec son aiguille en cousant un bouton.* **2.** Faire une piqûre. *Odile s'est fait **piquer** contre le tétanos.* **3.** Faire des points de couture dans quelque chose. *Maman **pique** les rideaux à la machine.* **4.** Produire une sensation de piqûre, de picotement ou de brûlure. *La moutarde me **pique** la langue.* (Syn. irriter.) **5.** Se mettre brusquement à faire quelque chose. *Sarah **a piqué** une colère. Yann **pique** un sprint.* **6.** Descendre à la verticale. *Le bombardier **pique** droit sur son objectif.* **7.** Synonyme familier de voler. *Ursula s'est fait **piquer** un crayon.*
Famille du mot : piquant, pique, piqué, pique-assiette, piquette, piqûre.

piquet (nom masculin)
Petit pieu que l'on enfonce dans la terre. *Benjamin enfonce les **piquets** pour monter la tente.* • **Piquet de grève :** groupe de grévistes qui restent sur le lieu de travail pour veiller au bon déroulement de la grève.

piqueter (verbe) ▸ conjug. n° 9
Parsemer de petites taches. *Son visage **était piqueté** de taches de rousseur.* **Piqueter** se conjugue aussi comme peler (n° 8).

piquette (nom féminin)
Vin de mauvaise qualité, qui pique la langue.

piqûre (nom féminin)
1. Petite plaie faite par un instrument aigu ou par le dard de certains animaux. *Les **piqûres** de guêpes provoquent parfois des allergies.* **2.** Injection faite avec une seringue. *L'infirmière vient tous les jours faire une **piqûre** au grand-père de Zoé.* ➡ p. 672.
ORTHO On écrit aussi piqure.

piranha (nom masculin)
Poisson carnivore très vorace des fleuves d'Amérique du Sud. ➡ p. 968.

un **piranha**

piratage (nom masculin)
Action de pirater. *Le **piratage** des logiciels est interdit par la loi.*

pirate (nom masculin)
Bandit qui attaque les navires pour les piller. *Barbe-Noire était un **pirate** redouté.* • **Pirate de l'air :** personne qui détourne un avion en utilisant la menace. Famille du mot : pirat**age**, pirat**er**, pirat**erie**.

pirater (verbe) ▸ conjug. n° 3
Reproduire illégalement un livre, un disque, un logiciel, etc.

piraterie (nom féminin)
Agissements des pirates. *La **piraterie** en mer existe encore de nos jours.*

pire (adjectif et nom)
Mot qui sert de comparatif et de superlatif à mauvais. *Avec la chaleur, le niveau de pollution est **pire** que celui d'hier. C'est le **pire** de tous.* (Contr. meilleur.) ■ **pire** (nom masculin) Ce qu'il y a de plus mauvais. *Ils ont décidé de vivre ensemble pour le meilleur et pour le **pire**.*

pirogue (nom féminin)
Embarcation longue et étroite. *La **pirogue** s'est retournée au milieu du fleuve.*

pirouette (nom féminin)
Tour complet sur soi-même. *Anna est étourdie à force de faire des **pirouettes** dans le même sens.*

■ **pis** (adverbe)
• **Aller de mal en pis :** aller de plus en plus mal.

■ **pis** (nom masculin)
Mamelle d'un animal femelle. *La fermière nettoie les **pis** de la chèvre avant de la traire.*

pis-aller (nom masculin)
Solution peu satisfaisante que l'on choisit faute de mieux. *Cet horaire de travail serait vraiment un **pis-aller**.* Prononciation [pizale]. Pluriel : des pis-aller.

pisciculture (nom féminin)
Élevage de poissons. *Dans cet étang, on fait de la **pisciculture** de carpes.*

piscine (nom féminin)
Bassin aménagé pour la natation. *Avec l'école, nous allons à la **piscine** une fois par semaine, pour apprendre à nager.*

Pise
Ville d'Italie et chef-lieu de la région de Toscane (92 000 habitants). Elle s'étend sur les deux rives du fleuve Arno. C'est l'un des plus grands centres culturels d'Italie qui a conservé un riche patrimoine artistique. Sa tour penchée est connue dans le monde entier. ➡ p. 941.

pisé (nom masculin)
Matériau de construction fait de terre argileuse mêlée de paille. *Dans certaines régions d'Afrique, les cases sont en **pisé**.*

pissenlit (nom masculin)
Plante à feuilles dentelées et à fleurs jaunes. *Une salade de **pissenlits** aux lardons.* Dans **pissenlit**, on trouve les mots *pisser* et *lit*, car cette plante fait uriner.

pisser (verbe) ▸ conjug. n° 3
Synonyme familier d'uriner. *Le chat **a pissé** sur la couette.*

la fabrication d'une **pirogue**

pisseux, euse (adjectif)
D'une couleur jaunâtre et passée. *Ces rideaux sont d'un blanc **pisseux**, il faudrait les changer.*

pistache (nom féminin)
Graine verte d'un arbre des régions chaudes. *On sert souvent des **pistaches** avec l'apéritif.*

feuilles, graines et coques de **pistache**

piste (nom féminin)
1. Trace du passage d'un animal ou d'un être humain. *Les chasseurs sont sur la **piste** d'un sanglier. Le malfaiteur s'amuse à brouiller les **pistes**.* 2. Terrain aménagé pour différents usages. *Une **piste** cyclable. Une **piste** de ski. Une **piste** d'atterrissage.* 3. Chemin de terre non aménagé. *Ils ont suivi la **piste** tracée à travers la brousse.* 4. Emplacement servant de scène au cirque. *L'écuyère fait un tour de **piste** pour saluer le public.*

pister (verbe) ▸ conjug. n° 3
Suivre la piste de quelqu'un. *Le détective a **pisté** le fugitif.* (Syn. filer.)

pistil (nom masculin)
Organe femelle de la fleur. *Le **pistil** se transforme en fruit après avoir reçu le pollen.*

pistole (nom féminin)
Ancienne monnaie d'or d'Espagne et d'Italie.

pistolet (nom masculin)
Arme à feu individuelle qui se tient d'une seule main. *Le policier a mis un nouveau chargeur dans son **pistolet**.*

piston (nom masculin)
1. Pièce cylindrique qui coulisse dans un moteur ou dans une pompe. 2. Dans la langue familière, appui dont bénéficie une personne. *Il a eu cette place par **piston**.*

pistonner (verbe) ▸ conjug. n° 3
Dans la langue familière, faire obtenir quelque chose par piston. *Quelqu'un l'**a pistonné** auprès du patron pour le faire embaucher.* (Syn. recommander.)

pitance (nom féminin)
Synonyme ancien de nourriture. *Le gardien a apporté au prisonnier sa maigre **pitance**.* Au Moyen Âge, la **pitance** était la part de nourriture que recevaient les moines.

pitbull (nom masculin)
Chien de combat issu du croisement du bouledogue et du terrier. *Les **pitbulls** portent une muselière car ils sont dangereux.* **Pitbull** est un mot anglais : on prononce [pitbul].

piteusement (adverbe)
De façon piteuse. *Ils sont rentrés **piteusement** de leur expédition ratée, sans dire un mot.*

piteux, euse (adjectif)
Qui inspire une pitié mêlée de mépris. *Ce vieux vélo est en **piteux** état.*

pitié (nom féminin)
Sentiment de sympathie qu'on éprouve pour une personne qui souffre. *Cette jeune femme qui demandait de l'aide m'a fait **pitié**.*

piton (nom masculin)
1. Clou ou vis dont la tête est en forme d'anneau ou de crochet. *La tringle à rideaux est maintenue par deux **pitons**.* 2. Pic isolé d'une montagne. *Le **piton** de la Fournaise est un volcan de la Réunion.*

un **pistolet**

pitoyable (adjectif)
Qui fait pitié. *Ces colonnes de réfugiés fuyant la guerre constituaient un spectacle vraiment **pitoyable**.* (Syn. désolant.)
Famille du mot : apitoi**ement**, apitoy**er**, **im**pitoyable, pitoyable**ment**.

pitoyablement (adverbe)
De façon pitoyable. *Le pauvre homme était amaigri et **pitoyablement** vêtu.* (Syn. lamentablement.)

pitre (nom masculin)
Personne qui fait rire par ses grimaces et ses plaisanteries. *Élodie ne cesse de faire le **pitre**.* (Syn. clown.)

pitrerie (nom féminin)
Grimace ou farce de pitre. *Tes **pitreries** n'amusent personne !* (Syn. clownerie.)

pittoresque (adjectif)
Qui frappe par sa beauté ou son originalité. *C'est un village provençal très **pittoresque**.* (Contr. banal, ordinaire.) **Pittoresque** vient de l'italien *pittore* qui signifie « peintre » : une chose pittoresque est digne d'être peinte.

un paysage **pittoresque** de Camargue

pivert (nom masculin)
Oiseau jaune et vert, à tête rouge, de la même espèce que le pic.
ORTHO On écrit aussi un **pic-vert**, des **pics-verts**.

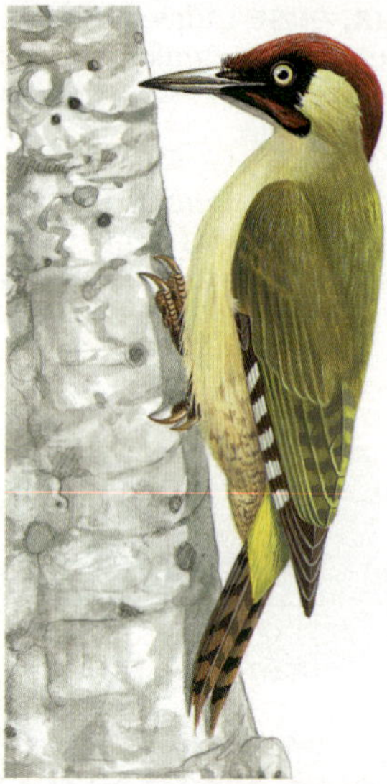

un **pivert**

pivoine (nom féminin)
Plante aux grosses fleurs odorantes rouges, roses ou blanches. • **Rouge comme une pivoine :** très rouge.

une **pivoine**

pivot (nom masculin)
Axe fixe autour duquel peut tourner une pièce mobile. *Les engrenages d'une montre tournent sur des **pivots**.*

pivoter (verbe) ▸ conjug. n° 3
Tourner comme sur un pivot. *David **a pivoté** sur ses talons pour faire demi-tour.*

pixel (nom masculin)
Le plus petit élément qui constitue une image. *La définition d'une image est expri-*

*mée en **pixels** par millimètre.* Pixel vient de l'anglais *picture element* qui signifie « élément d'image ».

Pizarro Francisco (né vers 1475, mort en 1541)
Conquistador espagnol. En 1530, il conquit et pilla le Pérou.

pizza (nom féminin)
Tarte italienne faite de pâte à pain, garnie de tomates, d'olives, d'anchois, etc. *À la pizzéria, les **pizzas** sont cuites dans un four à pain.* Prononciation [pidza].

pizzéria (nom féminin)
Restaurant où l'on sert des pizzas. Prononciation [pidzeʀja].
ORTHO On écrit aussi **pizzeria**.

placard (nom masculin)
Armoire aménagée dans un mur. *L'appartement est petit, mais il y a beaucoup de **placards** pour ranger les affaires.*

placarder (verbe) ▸ conjug. n° 3
Coller sur un panneau d'affichage ou un mur. *Le garde champêtre **a placardé** un avis sur la porte de la mairie.* (Syn. afficher.)

place (nom féminin)
1. Endroit où l'on met une chose. *J'ai changé mon lit de **place**. Il n'y a plus de **place** dans la valise.* 2. Siège dans un véhicule ou une salle de spectacle. *C'est une voiture familiale à huit **places**.* 3. Emploi occupé par quelqu'un. *Il a trouvé une **place** de vendeur.* 4. Rang obtenu dans un classement. *Elle a été reçue dans les premières **places** au concours.* 5. Dans une ville ou un village, espace où aboutissent plusieurs rues. *Ibrahim et Fatima se retrouvent après la classe sur la **place** de l'église.* • **À la place de quelqu'un** ou **de quelque chose :** pour les remplacer. *Je prendrai du poisson **à la place** de la viande.* • **Ne pas tenir en place :** être très agité. • **Place forte :** forteresse. • **Prendre place :** s'installer. • **Se mettre à la place de quelqu'un :** imaginer ce qu'il ressent dans la situation où il est. • **Sur place :** sur les lieux mêmes de l'évènement. Famille du mot : **déplacé, déplacement, déplacer, emplacement,** place**ment,** placer, **replacer**.

placement (nom masculin)
1. Argent placé. *C'était un très bon **placement**, il a gagné une vraie fortune.* (Syn. investissement.) 2. Action de trouver une place à quelqu'un. *Il a retrouvé du travail grâce à un bureau de **placement**.*

placenta (nom masculin)
Organe situé dans l'utérus des mammifères, qui assure la nutrition du fœtus grâce au cordon ombilical. *Le **placenta** est toujours expulsé lors de l'accouchement.* Prononciation [plasɛ̃ta].

placer (verbe) ▸ conjug. n° 4
1. Mettre quelqu'un ou quelque chose à une certaine place. *La maîtresse de maison **a placé** les invités. Gaëlle **a placé** sa poupée sur l'étagère de sa chambre.* 2. Prêter de l'argent pour qu'il rapporte des intérêts. *Il **a placé** ses économies à la caisse d'épargne.* (Syn. investir.) 3. Introduire quelque chose dans une conversation. *Cette bavarde ne m'a pas laissé **placer** un mot.*

placide (adjectif)
Qui est toujours calme et paisible. *Cet homme **placide** ne se met jamais en colère.*

plafond (nom masculin)
1. Partie supérieure d'une pièce d'habitation, opposée au sol. *Un lustre est suspendu au **plafond**.* 2. Dans un sens figuré, limite supérieure. *La vitesse **plafond** a été fixée à 130 km/h sur l'autoroute.* (Contr. plancher.) Famille du mot : plafon**ner**, plafon**nier**.

un **plafond** de style gothique (XVe siècle)

plafonner (verbe) ▸ conjug. n° 3
Atteindre son plafond. *Cette voiture électrique **plafonne** à 60 km/h.*

plafonnier (nom masculin)
Appareil d'éclairage fixé au plafond. *Le **plafonnier** d'une voiture.*

plage (nom féminin)
1. Rivage plat ou en pente douce, de sable ou de galets. *Mettez vos maillots de bain, on va à la **plage** !* **2.** Place occupée par un morceau de musique sur un disque. • **Plage arrière :** tablette horizontale entre la vitre et la banquette arrière d'une voiture.

plagiat (nom masculin)
Copie plagiée. *Il n'y a rien de personnel dans cette chanson, c'est un **plagiat**.*

plagier (verbe) ▸ conjug. n° 10
S'approprier sans scrupule les idées d'un auteur ou d'un artiste. *Cet auteur **a plagié** le livre d'une romancière américaine.* (Syn. copier.)

plaid (nom masculin)
Couverture de voyage en lainage écossais. ● **Plaid** est un mot anglais : on prononce [plɛd].

plaider (verbe) ▸ conjug. n° 3
Défendre une cause devant un tribunal. *Il a trouvé un avocat pour **plaider** sa cause.* Famille du mot : plaid**oirie**, plai**doyer**.

plaidoirie (nom féminin)
Discours de celui qui plaide. *Un long silence a suivi la **plaidoirie** émouvante de l'avocat.*

plaidoyer (nom masculin)
Exposé en faveur d'une idée ou d'une personne. *Le conférencier a fait un vibrant **plaidoyer** en faveur des droits de l'homme.*

plaie (nom féminin)
Blessure qui entame la chair. *Les coupures, les balafres, les brûlures sont des **plaies**.*

plaignant, ante (nom)
Personne qui dépose une plainte en justice. *Le juge a écouté le **plaignant**.*

plaindre (verbe) ▸ conjug. n° 35
1. Éprouver de la pitié pour quelqu'un. *Je les **plains** d'avoir de pareils voisins !* **2.** Se plaindre : exprimer sa souffrance. *Amandine **se plaint** d'une vive douleur dans la hanche.* **3.** Se plaindre : exprimer son mécontentement. *Cessez donc de **vous plaindre** !* Famille du mot : plaign**ant**, plainte, plaint**if**.

plaine (nom féminin)
Grande étendue au sol plat. *La Beauce et la Brie sont les plus grandes **plaines** françaises.*

de **plain-pied** (adverbe)
Sur le même niveau. *Les deux portes-fenêtres donnent **de plain-pied** sur le jardin. Une maison **de plain-pied** n'a pas d'étage.*

plainte (nom féminin)
1. Cri de celui qui se plaint. *Le blessé faisait entendre une très faible **plainte**.* (Syn. gémissement.) **2.** Expression du mécontentement de quelqu'un. *Il y a eu des **plaintes** à cause du bruit.* **3.** Accusation en justice. *Ils ont porté **plainte** pour vol.*

plaintif, ive (adjectif)
Qui exprime une plainte ou une douleur. *Ce chien blessé poussait des cris **plaintifs**.*

plaire (verbe) ▸ conjug. n° 41
1. Être agréable à quelqu'un. *Est-ce que cette émission lui **a plu** ?* (Contr. déplaire.) **2.** Se plaire : se trouver bien quelque part. *Il **se plaît** beaucoup dans cette région.* • **S'il vous plaît, s'il te plaît :** formule de politesse pour demander quelque chose. À la troisième personne du singulier, au présent, on peut écrire il **plait**. Famille du mot : **dé**plaire, **dé**plais**ant**, plais**ant**.

plaisance (nom féminin)
• **De plaisance :** se dit de la navigation pratiquée pour le plaisir et non pour le travail. *Les yachts sont des bateaux **de plaisance**.*

plaisancier, ère (nom)
Personne qui pratique la navigation de plaisance.

plaisant, ante (adjectif)
1. Qui plaît. *Cet endroit, près de la rivière, est très **plaisant** en été.* (Syn. agréable. Contr. déplaisant.) **2.** Qui amuse. *Le **plaisant** spectacle d'un chaton en train de jouer.* (Syn. drôle.) ■ **plaisant** (nom masculin) • **Mauvais plaisant :** personne qui fait des plaisanteries de mauvais goût.

plaisanter (verbe) ▸ conjug. n° 3
Dire ou faire des choses amusantes. *Il est parfois difficile de savoir s'il **plaisante** ou s'il est sérieux.* • **Ne pas plaisanter avec quelque chose :** le prendre très au sérieux. Famille du mot : plaisant**erie**, plaisant**in**.

plaisanterie (nom féminin)
Chose dite ou faite pour plaisanter. *Ses **plaisanteries** sont très drôles.* (Syn. blague.)

plaisantin (nom masculin)
Personne qui aime plaisanter au point qu'on ne peut le prendre au sérieux. (Syn. farceur.)

plaisir (nom masculin)
Sensation ou sentiment agréable. *Quel **plaisir** de manger sur la terrasse ! Cela m'a fait un grand **plaisir** de la revoir.* • **Avec plaisir :** très volontiers.

■ **plan, plane** (adjectif)
Qui est plat et uni. *Le menuisier rabote la planche pour qu'elle soit parfaitement **plane**.*

■ **plan** (nom masculin)
1. Carte ou dessin d'une ville, d'un lieu ou d'un bâtiment. *On voit sur le **plan** que le marché est à côté de l'église.* **2.** Manière dont on envisage de faire une action. *Kevin a exposé son **plan** à ses camarades.* **3.** Organisation d'un texte ou d'un livre. *La maîtresse nous a donné un **plan** pour faire la rédaction.* **4.** Place à laquelle se trouvent les éléments d'une image selon leur distance. *Au premier **plan** du tableau, il y a un cheval, à l'arrière-plan, une montagne.* **5.** Surface plane. *Dans la cuisine, il y a un **plan** de travail pour préparer les aliments.* **6.** Importance relative de quelqu'un ou de quelque chose. *On ne peut pas mettre ces deux affaires sur le même **plan**. C'est un artiste de premier **plan**.* • **Laisser quelque chose en plan :** ne plus s'en occuper. • **Rester en plan :** en attente. • **Sur le plan de quelque chose :** de ce point de vue. Famille du mot : apla**nir**, arrière-plan, plani**fication**, plani**fier**.

planche (nom féminin)
1. Longue pièce de bois plate et peu épaisse. *Le menuisier scie des **planches** afin de faire un meuble.* **2.** Page d'illustrations. *Ce livre sur les plantes contient de magnifiques **planches** en couleurs.* **3.** Bande de terre cultivée. *Dans le jardin, il y a une **planche** de fraisiers.* • **Faire la planche :** se laisser flotter sur le dos. • **Monter sur les planches :** devenir comédien. • **Planche à roulettes :** planche munie de roulettes, permettant de se déplacer et de faire des figures. (Syn. skate-board.) • **Planche à voile :** planche munie d'une voile fixée sur un mât mobile, permettant de glisser sur l'eau. (Syn. windsurf.) Famille du mot : planch**er**, planch**ette**, planch**iste**.

des **planches à voile**

plancher (nom masculin)
1. Sol en planches. *Le **plancher** a été bien ciré.* **2.** Au sens figuré, limite inférieure. *On a fixé un **plancher** pour le nombre de participants.* (Contr. plafond.)

planchette (nom féminin)
Petite planche.

planchiste (nom)
Personne qui pratique la planche à voile. (Syn. véliplanchiste.)

plancton (nom masculin)
Êtres vivants, souvent microscopiques, qui flottent dans les eaux. *Le **plancton** est la principale nourriture des baleines.*

planer (verbe) ▸ conjug. n° 3
1. Voler sans battre des ailes ou sans l'aide d'un moteur. *Ces mouettes profitent d'un courant pour **planer** dans le vent.* **2.** Peser comme une menace. *Un mystère **plane** sur cette demeure.*

planétaire (adjectif)
1. Des planètes. *La plus grosse planète de notre système **planétaire** est Jupiter.* **2.** Qui concerne toute la Terre. *Un conflit **planétaire**.* (Syn. mondial.)

a b c d e f g h i j k l m n o p q r s t u v w x y z

planétarium (nom masculin)
Salle à coupole où sont représentés les astres et leurs mouvements. Prononciation [planetaʀjɔm].

planète (nom féminin)
Corps céleste qui tourne autour du Soleil. *Mercure et Vénus sont les deux* ***planètes*** *les plus proches du Soleil.* Famille du mot : **inter**planét**aire**, planét**aire**, planét**arium**. **Planète** vient du grec *planêtês* qui signifie « errant » parce qu'on pensait alors que les planètes étaient des astres errants par rapport aux étoiles.

Vénus est une **planète** très lumineuse.

planeur (nom masculin)
Avion sans moteur qu'on fait planer. *Le* ***planeur*** *s'est posé dans le pré.*

un **planeur**

planification (nom féminin)
Action de planifier. *La* ***planification*** *de l'économie.*

planifier (verbe) ▸ conjug. n° 10
Organiser selon un plan. *Pierre* ***a planifié*** *son mercredi pour que les horaires de son cours de judo lui permettent de voir son émission de télévision préférée.*

planisphère (nom masculin)
Carte qui représente toute la Terre.

planning (nom masculin)
Programme de travail. *Pouvez-vous venir lundi ? – Je vais consulter mon* ***planning****.* **Planning** est un mot anglais : on prononce [planiŋ].

planque (nom féminin)
Synonyme familier de cachette. *La police a découvert plusieurs* ***planques*** *du terroriste.*

planquer (verbe) ▸ conjug. n° 3
Synonyme familier de cacher. *Où a-t-il pu* ***planquer*** *son argent ?*

plant (nom masculin)
Jeune plante destinée à être repiquée. *Des* ***plants*** *de fraisier.* ➡ p. 76.

plantaire (adjectif)
De la plante du pied. *Les personnes qui ont les pieds plats ont la voûte* ***plantaire*** *affaissée.*

Plantagenêt
Surnom donné à Geoffroi V le Bel, comte d'Anjou. Ce surnom désigna par la suite une dynastie de souverains qui régna sur l'Angleterre de 1154 à 1485.

plantation (nom féminin)
1. Végétaux plantés sur un terrain. *La grêle a abîmé les* ***plantations*** *du jardinier.* **2.** Exploitation agricole des pays tropicaux. *Il y a des* ***plantations*** *de café au Brésil.*

plante (nom féminin)
Tout végétal enraciné dans la terre. *Des* ***plantes*** *potagères, fourragères, médicinales.*

plante (nom féminin)
• **Plante du pied :** dessous du pied. Famille du mot : plant**aire**, planti**grade**.

planter (verbe) ▸ conjug. n° 3
1. Mettre une plante en terre pour qu'elle prenne racine. *Les jardiniers* ***ont planté*** *des arbres dans le parc.* **2.** Enfoncer dans le sol ou dans une matière solide. *Quentin et Hélène* ***ont planté*** *les piquets de la tente.* **3.** Dans la langue familière, cesser brutalement de fonctionner, en parlant d'un ordinateur, d'un logiciel. **4.** Se planter : se placer quelque part et y rester sans bouger. *Le chien* ***s'est planté*** *à la porte du magasin pour attendre son maître.* Famille du mot : plant, plant**ation**, plante, plant**eur**, plant**oir**, **trans**plant**ation**, **trans**plant**er**.

planteur (nom masculin)
Exploitant d'une plantation dans les régions tropicales. *Un* ***planteur*** *de canne à sucre.*

plantigrade (nom masculin)
Mammifère qui pose toute la plante de son pied sur le sol. *L'homme, le singe, l'ours sont des* ***plantigrades***.

plantoir (nom masculin)
Outil qui sert à planter de jeunes plants.

plantule (nom féminin)
Jeune plante au moment de la germination. *Quand les racines émergent, la* ***plantule*** *se fixe dans le sol.*

plantureux, euse (adjectif)
Se dit d'un repas très abondant. *Un* ***plantureux*** *dîner d'anniversaire.*

plaque (nom féminin)
1. Feuille plus ou moins épaisse d'une matière rigide. *Cette commode est recouverte d'une* ***plaque*** *de marbre.* **2.** Support en métal. *Le dentiste a mis une* ***plaque*** *portant son nom et son étage à l'entrée de l'immeuble.* **3.** Tache sur la peau. *Une* ***plaque*** *d'urticaire.* Famille du mot : plaqu**é**, plaqu**er**, plaqu**ette**.

plaqué (nom masculin)
Métal ordinaire recouvert d'une mince couche d'un métal précieux. *Du* ***plaqué*** *or.*

plaquer (verbe) ▸ conjug. n° 3
1. Recouvrir d'une plaque. *Les touches du piano* ***sont plaquées*** *d'ivoire ou de plastique.* **2.** Maintenir avec force. *Le souffle de l'explosion l'****a plaqué*** *au sol.*

plaquette (nom féminin)
Petite plaque. *Une* ***plaquette*** *de beurre.*

plasma (nom masculin)
Liquide dans lequel baignent les globules blancs et les globules rouges du sang.

plastic (nom masculin)
Explosif puissant ayant la consistance du mastic. *Une charge de* ***plastic*** *avait été mise sous la voiture.*

plastifier (verbe) ▸ conjug. n° 10
Recouvrir de plastique. *Romain a fait* ***plastifier*** *sa carte d'identité.*

plastique (adjectif)
• **Arts plastiques :** arts qui s'occupent de la forme des choses. *La sculpture, le dessin et la peinture sont des* ***arts plastiques***. • **Matière plastique :** matière synthétique que l'on peut mouler facilement. *Une cuvette en* ***matière plastique***.
■ **plastique** (nom masculin) Matière plastique.

« L'Atelier » de Vermeer (vers 1665) illustre la peinture, un des **arts plastiques**.

plastiquer (verbe) ▸ conjug. n° 3
Faire sauter avec du plastic. *Des inconnus* ***ont plastiqué*** *son magasin.*

plastron (nom masculin)
Pièce de tissu appliquée sur le devant d'une chemise. *Il a taché le **plastron** de sa chemise.*

plastronner (verbe) ▸ conjug. n° 3
Bomber le torse d'un air fier. *Il **plastronne** devant les filles.* (Syn. parader, se pavaner.)

plat, plate (adjectif)
1. Qui a une surface plane, sans creux ni bosse. *Les Flandres sont un pays très **plat**.* (Contr. accidenté.) 2. Qui est peu profond. *Mets des assiettes **plates**, il n'y a pas de soupe au menu.* (Contr. creux.) 3. Qui a peu d'épaisseur ou de hauteur. *Pour la randonnée, il faut des chaussures à talon **plat**.* 4. Qui est fade et insipide. *Le scénario de ce film est tout à fait **plat**.* (Syn. banal. Contr. original.) • **À plat :** horizontalement. *Un livre posé **à plat** sur la table.* • **Calme plat :** absence d'agitation. • **Être à plat :** dans la langue familière, être très fatigué. • **Pneu à plat :** pneu dégonflé. ■ **plat** (nom masculin) 1. Partie plate de quelque chose. *Faire du vélo sur le **plat**, c'est agréable.* 2. Pièce de vaisselle dans laquelle on sert les aliments. *Il me faut un **plat** pour mettre les légumes.* 3. Chacun des mets d'un repas. *Le **plat** du jour, c'est de la brandade de morue.*

platane (nom masculin)
Arbre de grande taille dont l'écorce s'enlève par plaques. *En Provence, les places sont souvent plantées de **platanes**.*

une branche de **platane**

plateau, eaux (nom masculin)
1. Sorte de plat utilisé pour présenter ou transporter quelque chose. *Le garçon de café apporte les boissons sur un **plateau**.* 2. Partie d'une balance sur laquelle on met les objets à peser ou les poids. 3. Grand terrain plat situé en altitude. *Le Larzac est un vaste **plateau** calcaire.* 4. Endroit où l'on tourne un film ou une émission de télévision.

plate-bande (nom féminin)
Bande de terrain cultivée. *Le long de la maison, il y a des **plates-bandes** d'iris.*
Pluriel : des plate**s**-bande**s**.
ORTHO On écrit aussi **platebande**.

plateforme (nom féminin)
Surface plane horizontale qui est généralement surélevée. *Sur la mer, on installe des **plateformes** pour le forage d'un puits de pétrole.*
ORTHO On écrit aussi une **plate-forme**, des **plates-formes**.

■ **platine** (nom masculin)
Métal précieux blanc-gris, malléable et inaltérable. *Une alliance en **platine**.*

■ **platine** (nom féminin)
Support plat sur lequel on met les disques pour les écouter. *Une **platine** laser.*

platitude (nom féminin)
Propos plat et sans originalité. *Il est ennuyeux quand il parle, il ne dit que des **platitudes**.* (Syn. banalité.)

Platon (né en 428, mort en 348 ou 347 avant Jésus-Christ)
Philosophe grec. Il fut disciple de Socrate. Après la mort de celui-ci, il fonda une école de philosophie à Athènes. Ses écrits, *le Banquet*, *la République*, *Phèdre*, étaient rédigés sous forme de dialogues.

platonique (adjectif)
Qui est purement idéal et sans relation sexuelle. *Un amour **platonique**.*

plâtre (nom masculin)
1. Poudre blanche que l'on mélange avec de l'eau pour faire une pâte qui durcit en séchant. *On utilise le **plâtre** pour faire les plafonds, des moulages.* 2. Bandage recouvert de plâtre, utilisé en cas de fracture. *Thomas s'est cassé la jambe au ski, on lui a mis un **plâtre**.* ■ **plâtres** (nom masculin pluriel) Parties en plâtre d'une maison. *Les plâtriers ont fini les **plâtres**.* Famille du mot : plâtrer, plâtrier.

plâtrer (verbe) ▸ conjug. n° 3
1. Enduire de plâtre. *Les plâtriers **ont plâtré** les murs.* **2.** Mettre dans un plâtre. *Sa jambe **a été plâtrée** à cause d'une fracture.*

plâtrier, ère (nom)
Ouvrier spécialisé dans l'exécution des plâtres.

plausible (adjectif)
Qui paraît suffisamment vrai pour qu'on le croie. *Son explication est **plausible**.* (Syn. crédible, vraisemblable.)

play-back (nom masculin)
Technique qui consiste à faire semblant de chanter sur un enregistrement déjà réalisé. *Cette chanteuse chante souvent en **play-back**.* Prononciation [plɛbak]. **Play-back** vient des mots anglais *to play* qui signifie « jouer » et *back* qui signifie « derrière ».
ORTHO On écrit aussi **playback**.

play-boy (nom masculin)
Jeune homme au physique agréable, qui aime plaire. Prononciation [plɛbɔj]. Pluriel : des play-boys. **Play-boy** vient des mots anglais *boy* qui signifie « garçon » et *to play* qui signifie « jouer ».
ORTHO On écrit aussi un **playboy**, des **playboys**.

plèbe (nom féminin)
Nom donné à la classe populaire dans l'Antiquité romaine.

plébiscite (nom masculin)
Vote direct du peuple tout entier. *Dans un **plébiscite**, on doit dire si on est d'accord avec la personne qui est au pouvoir.* **Plébiscite** vient du latin *plebiscitum* qui signifie « décision de la plèbe ».

plébisciter (verbe) ▸ conjug. n° 3
Élire à une très forte majorité. *Après son coup d'État, Napoléon III **fut plébiscité** aux élections de 1852.*

plein, pleine (adjectif)
1. Qui contient tout ce qu'il peut contenir. *Le verre est **plein** à ras bord. Le stade est **plein** à craquer.* (Contr. vide.) **2.** Qui contient beaucoup de choses. *Ce pantalon est **plein** de trous. Cette chemise est **pleine** de taches.* **3.** Qui porte des petits. *Cette vache est **pleine**.* **4.** Qui est complet ou entier. *C'est demain la **pleine** lune. Il travaille à **plein** temps.* • **En plein :** au milieu de. *Ça s'est passé **en plein** jour.* ■ plein (préposition) Indique une grande quantité. *Il a de la boue **plein** ses bottes.* ■ plein (nom masculin) • **Battre son plein :** être à son apogée. • **Faire le plein :** remplir son réservoir de carburant. Famille du mot : plei**nement**, trop-plein.

pleinement (adverbe)
D'une manière pleine et entière. *Je suis **pleinement** satisfait.* (Syn. totalement.)

plénière (adjectif féminin)
• **Assemblée plénière :** réunion à laquelle sont invités tous les membres d'une association.

plénipotentiaire (nom masculin)
Diplomate qui a les pleins pouvoirs dans une mission. *Le gouvernement a délégué des **plénipotentiaires** pour négocier les accords.*

plénitude (nom féminin)
Synonyme littéraire de totalité. *Un homme dans la **plénitude** de sa force.*

pléonasme (nom masculin)
Emploi de mots qui font double emploi. *« Sortir dehors », « monter en haut » sont des **pléonasmes**.*

pléthore (nom féminin)
Abondance excessive. *Il y a **pléthore** de fruits cette année.* (Syn. surabondance. Contr. pénurie.)

pléthorique (adjectif)
Synonyme de surabondant. *Les professeurs se plaignent d'avoir des classes aux effectifs **pléthoriques**.*

pleurer (verbe) ▸ conjug. n° 3
1. Verser des larmes. *Julie rit tellement qu'elle en **pleure**.* **2.** Ressentir un grand chagrin. *Il **pleure** la mort de son ami.* Famille du mot : pleur**nicher**, pleurs.

pleurésie (nom féminin)
Grave maladie des poumons.

pleurnicher (verbe) ▸ conjug. n° 3
Pleurer sans cesse et sans raison. *Cesse donc de **pleurnicher**, tu agaces tout le monde !*

pleurote (nom masculin)
Champignon comestible qui pousse sur les troncs d'arbres.

pleurs (nom masculin pluriel)
Synonyme littéraire de larmes. *J'ai retrouvé Victor en **pleurs** dans un coin du préau.*

pleutre (nom masculin)
Synonyme littéraire de lâche. *Ce **pleutre** ne m'a même pas soutenu !* (Syn. couard.)

pleuvoir (verbe) ▸ conjug. n° 30
1. Tomber, en parlant de la pluie. *Il **pleut** à verse, prenez vos parapluies !* **2.** S'abattre en grande quantité. *En ce moment, les contraventions **pleuvent** dans cette rue.*

plèvre (nom féminin)
Membrane qui enveloppe les poumons. *La pleurésie est une affection de la **plèvre**.*

plexiglas (nom masculin)
Matière plastique transparente et flexible. *Le pare-brise du scooter est en **plexiglas**.* Prononciation [plɛksiglas]. **Plexiglas** est le nom d'une marque.

plexus (nom masculin)
• **Plexus solaire :** creux de l'estomac. *Un coup dans le **plexus solaire** lui a coupé la respiration.*

pli (nom masculin)
1. Marque qui reste à l'endroit où une chose a été pliée. *Le plan s'est déchiré à l'endroit du **pli**.* **2.** Cartes ramassées par le gagnant. *Laura a déjà fait plusieurs **plis**.* (Syn. levée.) **3.** Synonyme de lettre. *Le facteur lui a remis un **pli**.* • **Mise en plis :** opération qui consiste à enrouler les cheveux mouillés sur des rouleaux pour les faire boucler. • **Prendre le pli :** prendre l'habitude.

pliable (adjectif)
Qui peut se plier. *Ils ont acheté un lit **pliable** pour le bébé.*

pliage (nom masculin)
Feuille de papier pliée en forme d'objet ou d'animal. *Myriam et Xavier font des cocottes en papier, des fusées et toutes sortes de **pliages**.*

pliant, ante (adjectif)
Conçu pour être plié. *Le menuisier a un mètre **pliant** dans sa poche.*

plier (verbe) ▸ conjug. n° 10
1. Rabattre une partie d'un objet sur l'autre. *Yann **plie** sa feuille pour la mettre dans l'enveloppe.* (Contr. déplier.) **2.** Rabattre les unes sur les autres les parties d'un objet articulé. *Elle **plie** son éventail.* **3.** Se courber. *Le roseau **plie** facilement.* **4.** Se plier : se soumettre ou s'adapter par force. *Il a bien fallu **se plier** aux ordres donnés.* Famille du mot : **dé**pliant, **dé**plier, pli, pli**able**, pli**age**, pli**ant**, pli**ure**, **re**pli, **re**plier.

Il faut **plier** de nombreuses fois une feuille de papier pour obtenir ce **pliage**.

plinthe (nom féminin)
Planche appliquée au bas d'une cloison. *Les **plinthes** cachent les fils électriques.*

plissement (nom masculin)
Déformation de l'écorce terrestre qui se plisse. *Un **plissement** de terrain.*

plisser (verbe) ▸ conjug. n° 3
1. Orner ou marquer de plis. *Noémie porte une jupe **plissée**. Quand Benjamin est très attentif, il **plisse** le front.* (Syn. froncer.) **2.** Faire des plis. *Ses chaussettes **plissent**.*

pliure (nom féminin)
Marque qui reste à l'endroit où une chose est pliée habituellement. *Maman a rallongé le jean de David, mais on voit la **pliure** de l'ourlet précédent.*

plomb (nom masculin)
1. Métal gris, lourd et très malléable. *On fait des tuyaux, des balles, des poids avec le* ***plomb***. **2.** Grain de ce métal qui garnit une cartouche de chasse. **3.** Morceau de métal utilisé pour alourdir une ligne de pêche. **4.** Fusible d'un circuit électrique fait de fils de ce métal. *Les* ***plombs*** *fondent et coupent le courant si celui-ci est trop intense.* Famille du mot : plomb**age**, plomb**er**, plomb**erie**, plomb**ier**.

plombage (nom masculin)
Alliage qui sert à plomber une dent.

plomber (verbe) ▸ conjug. n° 3
1. Boucher une dent cariée avec un alliage ou un ciment. *Quand une dent se gâte, il faut aussitôt se la faire* ***plomber***. **2.** Alourdir avec du plomb. *Le pêcheur* ***plombe*** *ses filets.*

plomberie (nom féminin)
1. Métier de plombier. *Un entrepreneur en* ***plomberie***. **2.** Ensemble des canalisations d'une maison. *La* ***plomberie*** *est vieille, il faudrait la refaire.*

plombier, ère (nom)
Ouvrier qui installe ou répare les canalisations et les sanitaires. *Le* ***plombier*** *est venu déboucher le lavabo.*

plonge (nom féminin)
• **Faire la plonge :** dans la langue familière, laver la vaisselle dans un restaurant.

plongeant, ante (adjectif)
Dirigé de haut en bas. *De la terrasse de l'hôtel, on a une vue* ***plongeante*** *sur la vallée.*

plongée (nom féminin)
Sport qui consiste à plonger sous l'eau pour pêcher ou explorer les fonds sous-marins. *Son équipement de* ***plongée*** *comporte une combinaison, un masque et des palmes.*

plongeoir (nom masculin)
Tremplin d'où l'on plonge. *Clément hésite encore à sauter du grand* ***plongeoir***.

plongeon (nom masculin)
Action de plonger. *Odile a réussi un* ***plongeon*** *de trois mètres.*

plonger (verbe) ▸ conjug. n° 5
1. Sauter dans l'eau la tête la première. *L'homme* ***a plongé*** *dans la rivière pour sauver l'enfant qui se noyait.* **2.** Enfoncer dans un liquide. *Maman* ***plonge*** *la louche dans la soupière. Sarah* ***se plonge*** *avec plaisir dans la baignoire.* **3.** Introduire profondément. *Yann* ***plonge*** *la main dans le paquet de bonbons.* **4.** Mettre dans tel état. *Cette nouvelle les* ***a plongés*** *dans la stupeur.* **5.** Se plonger : se livrer tout entier à une occupation. *Ursula* ***s'est plongée*** *dans la lecture d'une BD.* (Syn. s'absorber.) Famille du mot : plonge, plong**eant**, plong**ée**, plong**eoir**, plong**eon**, plong**eur**.

plongeur, euse (nom)
1. Personne qui plonge ou qui fait de la plongée. *Des* ***plongeurs*** *recherchent l'épave au fond du lac.* **2.** Personne qui fait la plonge dans un restaurant.

un **plongeur**

plot (nom masculin)
1. Pièce métallique servant à établir un contact électrique. **2.** Bloc de ciment ou de plastique que l'on dispose dans un but précis. *Les* ***plots*** *placés le long du trottoir empêchent les voitures de s'y garer.*

plouf ! (interjection)
Mot qui imite le bruit d'un objet tombant dans l'eau.

ployer (verbe) ▸ conjug. n° 6
Synonyme littéraire de courber. *Le rameau* ***ploie*** *sous le poids de l'oiseau.*

pluie (nom féminin)
1. Eau qui tombe des nuages sous forme de gouttes. *La* ***pluie*** *s'est mise à*

tomber. ➡ p. 413. **2.** Au sens figuré, très grand nombre. *Les comédiens ont reçu une **pluie** de compliments.* • **Parler de la pluie et du beau temps :** dire des choses banales, sans importance.

plumage (nom masculin)
Ensemble des plumes d'un oiseau. *Ce perroquet a un **plumage** multicolore.*

plume (nom féminin)
1. Chacune des tiges creuses, garnies de fines lamelles et de duvet, qui couvrent le corps des oiseaux. **2.** Pointe métallique d'un stylo, qui sert à écrire.
Famille du mot : plum**age**, plum**eau**, plum**er**, plum**et**, plum**ier**, porte-plume.
Autrefois, on se servait de **plumes** d'oie pour écrire.

plumeau, eaux (nom masculin)
Balayette garnie de plumes. *Le **plumeau** sert à épousseter.*

plumer (verbe) ▸ conjug. n° 3
Dépouiller un oiseau de ses plumes. ***Plumer** un canard, un pigeon.*

plumet (nom masculin)
Bouquet de plumes qui orne une coiffure.

Toussaint Louverture
portait un **plumet** sur son bicorne.

plumier (nom masculin)
Boîte à compartiments servant à ranger les crayons et les stylos.

la **plupart** (nom féminin)
Le plus grand nombre. ***La plupart** des amis de Kevin sont à la même école que lui.* • **La plupart du temps :** le plus souvent.

pluralité (nom féminin)
Fait de n'être pas unique. *La démocratie respecte la **pluralité** des tendances politiques.* (Syn. diversité.)

pluriel (nom masculin)
Forme servant à désigner plusieurs personnes ou plusieurs choses. *La plupart des noms et des adjectifs ont un « s » au **pluriel**. Le mot « fiançailles » ne s'emploie qu'au **pluriel**.* (Contr. singulier.)

■ **plus** (adverbe)
Sert à exprimer une quantité ou un degré supérieur. *Il est **plus** rapide que toi. Zoé est bavarde, mais sa sœur l'est encore **plus**.* • **Au plus :** au maximum. *Cela vous coûtera 20 euros **au plus**.* (Contr. au moins.) • **De plus** ou **en plus :** en supplément ou en outre. • **Le plus :** sert à désigner le maximum, le degré le plus haut. *De tous les coquillages, ce sont les huîtres que Pierre aime **le plus**.* ■ **plus** (préposition) Sert à exprimer une addition. *Sept **plus** deux égale neuf (7 + 2 = 9).* Prononciation [ply] devant une consonne et [plyz] devant une voyelle ; [plys] en fin de phrase et comme signe de l'addition.

■ **plus** (adverbe)
Sert à exprimer, en relation avec « ne », que quelque chose ne continue pas. *Le soleil brille, il **ne** pleut **plus**.* • **Non plus :** équivaut à aussi dans une phrase négative. *Romain n'aime pas la soupe au chou et moi **non plus**.* Prononciation [ply].

plusieurs (adjectif)
Plus d'un, plus d'une. *J'ai rencontré **plusieurs** personnes.*

plus-que-parfait (nom masculin)
Temps du passé formé avec un auxiliaire à l'imparfait. *Dans la phrase « je l'avais déjà lu », « lire » est au **plus-que-parfait**.*

plus-value (nom féminin)
Augmentation de la valeur d'un bien. *Il a fait une **plus-value** en vendant sa maison.*
Pluriel : des plus-values.

Pluton ■

Dieu des Morts, dans la mythologie romaine. Pluton est le fils de Saturne et le frère de Jupiter et de Neptune. Il correspond au dieu Hadès dans la mythologie grecque.

Pluton ■

Planète naine du système solaire. Sa masse est 400 fois inférieure à celle de la Terre. Elle fut découverte en 1930. Elle fait le tour du Soleil en 247 ans et 249,7 jours.

plutonium (nom masculin)
Matériau radioactif parfois utilisé dans la fabrication des bombes atomiques. ● Prononciation [plytɔnjɔm].

plutôt (adverbe)
1. De préférence. *Viens **plutôt** cet après-midi.* **2.** Assez. *Il fait **plutôt** froid.*

pluvial, ale, aux (adjectif)
De la pluie. *Les citernes reçoivent les eaux **pluviales**.*

pluvieux, euse (adjectif)
Où les pluies sont fréquentes. *La Grande-Bretagne est un pays **pluvieux**.*

pluviomètre (nom masculin)
Instrument servant à mesurer la quantité d'eau de pluie tombée dans un lieu.

pneu (nom masculin)
Bande de caoutchouc qui entoure une roue. *Quentin a changé les **pneus** de son vélo.* ➡ p. 106.

pneumatique (adjectif)
1. Qui est fait d'une enveloppe de caoutchouc que l'on peut gonfler. *Benjamin a descendu la rivière sur un canot **pneumatique** avec son père.* **2.** Qui fonctionne à l'air comprimé. *Les terrassiers ont défoncé le trottoir avec un marteau **pneumatique**.* **Pneumatique** vient du grec *pneuma* qui signifie « souffle ».

pneumonie (nom féminin)
Maladie des poumons.

poche (nom féminin)
1. Partie d'un vêtement destinée à contenir ce que l'on veut porter sur soi. *Quentin a mis son portefeuille dans la **poche** intérieure de sa veste.* **2.** Compartiment d'un sac. *Son sac à dos est très pratique car il a plein de **poches**.* **3.** Déformation en forme de poche. *Monsieur Dupond a des **poches** sous les yeux.* • **De poche :** de petite taille afin de pouvoir être mis dans une poche. *Un livre, une lampe, un couteau **de poche**.* Famille du mot : **em**poche**r**, poch**ette**.

pocher (verbe) ▸ conjug. n° 3
Faire cuire dans un liquide très chaud. *Des œufs **pochés**.* • **Pocher l'œil à quelqu'un :** donner un coup qui fait gonfler et noircir le tour de l'œil.

pochette (nom féminin)
1. Enveloppe ou sachet qui contient quelque chose. *Une **pochette** de disque.* **2.** Petit mouchoir qui orne la poche de poitrine d'un veston. *Une **pochette** de soie.*

pochoir (nom masculin)
Plaque découpée permettant de reproduire facilement un dessin. *Pour dessiner au **pochoir**, on passe un pinceau sur les trous de la plaque.*

un **pochoir**

podcast (nom masculin)
Fichier multimédia d'une émission audio ou vidéo que l'on peut télécharger directement sur un ordinateur ou un baladeur numérique.

podcaster (verbe) ▸ conjug. n° 3
Enregistrer ou diffuser un podcast. *Notre émission est en ligne, vous pouvez la **podcaster**.*

podium (nom masculin)
Estrade sur laquelle montent les sportifs vainqueurs pour recevoir leur prix. ● Prononciation [pɔdjɔm].

poêle (nom masculin)
Appareil de chauffage. *Un **poêle** à bois, à charbon, à mazout.* Prononciation [pwal].

poêle (nom féminin)
Ustensile de cuisine en métal, rond et peu profond, à long manche. *Thomas et Anna font sauter des crêpes dans la **poêle**.* Prononciation [pwal].

poêlon (nom masculin)
Casserole épaisse à manche creux. *La ratatouille de Léa mijote dans un **poêlon**.* Prononciation [pwalɔ̃].

poème (nom masculin)
Texte en vers ou en prose poétique. *Les sonnets, les fables, les épopées sont différentes sortes de **poèmes**.* (Syn. poésie.) **Poème** vient du grec *poiein* qui signifie « créer ».

poésie (nom féminin)
1. Art d'écrire en utilisant les sons, les rythmes, les images pour exprimer ses émotions et ses sentiments. **2.** Synonyme de poème. *Élodie récite une **poésie**.* **3.** Caractère poétique de quelque chose. *Le numéro de ce mime est plein de **poésie**.*

poète (nom)
Écrivain qui fait de la poésie. *Jacques Prévert, Victor Hugo, François Villon sont des **poètes** célèbres.*

poétique (adjectif)
1. De la poésie. *Un style **poétique**.* **2.** Qui évoque la poésie par son charme, sa beauté ou sa délicatesse. Le Petit Prince *de Saint-Exupéry est une histoire très **poétique**.*

poids (nom masculin)
1. Ce que pèse une personne ou une chose. *Le **poids** du piano est de 250 kilos.* **2.** Masse de métal servant à peser. *Le marchand de légumes met un **poids** d'un kilo sur le plateau de la balance.* **3.** Boule de métal que les athlètes cherchent à lancer le plus loin possible. *Au stade, Victor s'entraîne au lancer de **poids**.* **4.** Dans un sens figuré, ce qui accable et oppresse. *Ce mensonge lui a laissé un **poids** sur la conscience.* **5.** Importance ou force de quelque chose. *C'est un argument de **poids**.* • **Faire deux poids deux mesures :** ne pas traiter équitablement deux personnes. • **Faire le poids :** avoir l'autorité ou les compétences nécessaires.

poids lourd (nom masculin)
Gros camion. *Cette rue est interdite aux **poids lourds**.* Pluriel : des poids lourds.

poignant, ante (adjectif)
Qui serre le cœur et donne envie de pleurer. *Une détresse **poignante**.*

poignard (nom masculin)
Arme à lame large, courte et pointue. **Poignard** vient du latin *pugnus* qui signifie « poing ».

poignarder (verbe) ▸ conjug. n° 3
Frapper avec un poignard. *Henri IV **fut poignardé** par Ravaillac.*

poigne (nom féminin)
1. Force qu'on a dans les mains. *Toi qui as de la **poigne**, voudrais-tu dévisser ce couvercle ?* **2.** Au sens figuré, autorité. *Il a suffisamment de **poigne** pour se faire obéir.*

poignée (nom féminin)
1. Partie d'un objet que l'on tient dans la main fermée. *La **poignée** d'une porte, d'une épée.* **2.** Quantité contenue dans une main fermée. *Fatima prend une **poignée** de cerises dans le panier.* **3.** Petit nombre de gens. *Il ne reste qu'une **poignée** de courageux pour tout ranger après la fête.* • **Poignée de main :** geste de salutation qui consiste à serrer la main de la personne rencontrée.

poignet (nom masculin)
1. Articulation de l'avant-bras avec la main. *Il porte sa montre au **poignet** droit.* **2.** Bout de la manche d'un vêtement qui recouvre le poignet. *Les **poignets** de mon pull sont usés.*

poil (nom masculin)
1. Chacun des filaments qui poussent sur la peau des mammifères. *Les cils, les sourcils, la barbe, la moustache, les cheveux sont des **poils**.* **2.** Filament d'un pinceau, d'une brosse.

poilu, ue (adjectif)
Couvert de poils. *Ce boxeur a le torse très **poilu**.* (Syn. velu.) ■ **poilu** (nom masculin) Dans la langue familière, soldat de la Première Guerre mondiale.

poinçon (nom masculin)
1. Outil fait d'une tige de métal pointu. *Un **poinçon** de cordonnier.* 2. Marque produite par cet instrument.

un **poinçon**

poinçonner (verbe) ▸ conjug. n° 3
1. Marquer d'un poinçon. *Le bijoutier **poinçonne** toujours les bagues en or qu'il crée.* 2. Faire un trou dans un billet de transport. *Le contrôleur a vérifié mon billet de train, puis il l'**a poinçonné**.*

poindre (verbe) ▸ conjug. n° 35
Synonyme littéraire de se lever, en parlant du jour. *C'est l'aube, le jour va **poindre**.*

poing (nom masculin)
Main fermée. *William a reçu un coup de **poing**.* • **Dormir à poings fermés :** dormir très profondément.

■ **point** (adverbe)
Synonyme ancien de pas. *Je **n'ai point** de mal.*

une histoire très **poétique**

■ **point** (nom masculin)
1. Signe de ponctuation et d'écriture (.). *À la fin d'une phrase, on met un **point**. Xavier oublie de mettre les **points** sur les i. À l'écrit, une question se termine toujours par un **point** d'interrogation.* 2. Endroit fixe. *Ce café est un **point** de rencontre.* 3. La plus petite partie d'espace. *Le bateau n'est plus qu'un **point** à l'horizon. Les diagonales se coupent en un **point** situé au milieu du rectangle.* 4. Unité qui sert à noter. *Yann a fait beaucoup de **points** au scrabble.* 5. Chacun des sujets abordés pendant un exposé ou une discussion. *Il y a un **point** sur lequel je voudrais revenir.* 6. Piqûre faite avec une aiguille enfilée. *J'ai fait un **point** à ton ourlet.* • **À point :** au moment ou au degré voulu. *Tu arrives **à point** ! Il aime le steak **à point**.* • **Au même point :** au même endroit, sans aucun progrès. • **Deux-points :** signe de ponctuation (:) qui précède une explication. • **En tout point :** exactement. • **Faire le point :** établir précisément l'endroit où l'on est, ou bien la situation dans laquelle on se trouve. • **Mal en point :** malade, pas très en forme. • **Mettre au point :** régler exactement pour que cela fonctionne comme on le souhaite. • **Mettre les points sur les i :** expliquer les choses en insistant de manière à ce que tout le monde comprenne. • **Point chaud :** endroit où il y a des conflits. • **Point de côté :** douleur aiguë dans la poitrine. • **Point d'eau :** endroit où l'on peut trouver de l'eau. • **Point du jour :** aube. • **Point faible :** défaut ou petite faiblesse. • **Point mort :** position du levier de vitesse dans laquelle le moteur n'entraîne plus les roues ; dans un sens figuré, situation qui ne progresse pas. • **Sur le point de :** prêt à. *Nous sommes **sur le point de** partir.*

pointage (nom masculin)
Action de pointer. *La bibliothécaire fait le **pointage** des livres prêtés.*

point de vue (nom masculin)
1. Lieu d'où l'on voit bien un paysage. *Le **point de vue** est bien plus joli du haut des remparts.* 2. Manière de voir les choses. *Ils ont des **points de vue** opposés sur ce sujet.* (Syn. avis, opinion.) ✎ Pluriel : des points de vue.

point d'orgue (nom masculin)
1. Sur une partition, signe qui indique que la durée d'une note ou d'un si-

lence est prolongée. 2. Au sens figuré, point culminant d'une action, d'un processus. *Son intervention à la télévision était le **point d'orgue** de sa campagne électorale.* Pluriel : des points d'orgue.

pointe (nom féminin)
1. Bout piquant de quelque chose. *Le mousquetaire menace le brigand de la **pointe** de son épée.* 2. Extrémité effilée d'un objet. *Un potage aux **pointes** d'asperges.* 3. Synonyme de cap. *La **pointe** du Raz.* 4. Synonyme de clou. *Benjamin s'est fait une bibliothèque en planches assemblées avec des **pointes**.* 5. Bout des doigts de pieds. *Gaëlle marche sur la **pointe** des pieds pour ne pas réveiller Guillaume.* 6. Petite quantité. *Ajoutez une **pointe** d'ail.* 7. Accélération momentanée. *Le pilote fait des **pointes** à 280 km/h.* • **Être à la pointe :** être à l'avant-garde. • **Faire des pointes :** pour une danseuse, marcher sur le bout de ses chaussons. • **Heure de pointe :** heure de grande affluence.

pointer (verbe) ▸ conjug. n° 3
1. Marquer d'un point ou d'un signe. *Hélène **pointe** sur sa liste les livres qu'elle a déjà.* 2. Faire contrôler ses heures d'entrée et de sortie par une machine. *Dans cette entreprise, tout le monde doit **pointer**.* 3. Diriger vers une cible ou vers un but. *Les canons ennemis **sont pointés** sur la ville.* 4. Dresser en pointe. *Le chien **pointe** ses oreilles.*

pointer (nom masculin)
Chien au poil ras, de race anglaise. • **Pointer** est un mot anglais : on prononce [pwɛ̃tɛʀ].

un **pointer**

pointillé (nom masculin)
Ligne formée d'une suite de petits points espacés.. *Découpez suivant le **pointillé** !*

pointilleux, euse (adjectif)
Qui a tendance à ne négliger aucun détail. *Il est plus qu'exigeant : il est **pointilleux**.* (Syn. minutieux, tatillon.)

pointu, ue (adjectif)
Qui se termine en pointe. *Le clown porte un chapeau **pointu**.*

pointure (nom féminin)
Taille en parlant des chaussures, des gants ou des chapeaux. *Ces chaussures me blessent, je voudrais la **pointure** au-dessus.*

point-virgule (nom masculin)
Signe de ponctuation (;) qui indique une pause plus marquée que la virgule.

poire (nom féminin)
Fruit comestible du poirier, qui a des pépins et une forme allongée. • **Couper la poire en deux :** accepter quelques concessions pour se mettre d'accord.

des **poires**

poireau, eaux (nom masculin)
Plante potagère de forme allongée. *Tout est bon dans le **poireau**, il faut manger le blanc et le vert.*

poireauter (verbe) ▸ conjug. n° 3
Synonyme familier d'attendre. *Fatima a **poireauté** pendant des heures pour rien.*

poirier (nom masculin)
Arbre fruitier qui donne les poires. • **Faire le poirier :** se tenir en équilibre

sur la tête, mains appuyées au sol et jambes dressées.

pois (nom masculin)
Plante potagère dont on mange les graines et parfois les gousses. *Julie n'aime pas beaucoup la purée de **pois** cassés.* • **À pois :** décoré de petits ronds. *Une cravate **à pois**.* • **Pois de senteur :** plante grimpante aux fleurs très odorantes. Voir aussi **petit pois**.

un pied et une gousse de **pois**

poison (nom masculin)
1. Substance dangereuse qui peut tuer ou rendre très malade. *La ciguë, la digitale, l'amanite phalloïde sont des plantes qui contiennent du **poison**.* 2. Dans la langue familière, personne très désagréable. *Cette gamine est un vrai **poison** !* Famille du mot : **contre**poison, **em**poison**nement**, **em**poison**ner**.

poisse (nom féminin)
Synonyme familier de malchance. *Tu vas nous porter la **poisse** !*

poisser (verbe) ▸ conjug. n° 3
Rendre gluant et collant. *Avec cette chaleur, j'ai les mains qui **poissent**.*

poisseux, euse (adjectif)
Qui poisse. *Le bavoir de bébé est tout **poisseux** de confiture.*

poisson (nom masculin)
Vertébré aquatique au corps couvert d'écailles, possédant des nageoires et des branchies. *Le brochet est un **poisson** d'eau douce, la sole un **poisson** de mer.* • **Être comme un poisson dans l'eau :** être bien là où on est. • **Poisson d'avril :** farce du 1er avril. • **Poisson volant :** synonyme d'exocet. Famille du mot : poisson**nerie**, poisson**neux**, poisson**nier**. ➡ p. 986.

poissonnerie (nom féminin)
Magasin où l'on vend du poisson, des crustacés, des coquillages.

poissonneux, euse (adjectif)
Où il y a beaucoup de poissons. *Une rivière **poissonneuse**.*

poissonnier, ère (nom)
Commerçant qui tient une poissonnerie. *Le **poissonnier** a vidé le poisson.*

poitevin, ine ➡ Voir tableau p. 6.

Poitiers
Chef-lieu du département de la Vienne (89 000 habitants). Ses principaux édifices sont la cathédrale Saint-Pierre (XIIe siècle), le baptistère de Saint-Jean (IVe-VIIe siècles) et l'hypogée des Dunes (VIIe-VIIIe siècles). Poitiers abrite le parc d'attractions du Futuroscope.

HISTOIRE
Charles Martel battit les Arabes à Poitiers en 732. La ville fut cédée aux Anglais en 1360, mais Du Guesclin la reprit en 1372.

Poitou
Ancienne province française, correspondant aux départements des Deux-Sèvres, de la Vendée et de la Vienne. Elle fut soumise par les Romains, envahie par les Wisigoths, puis par les Francs. Elle passa ensuite sous la domination de l'Aquitaine (IXe siècle) et devint une possession anglaise après le mariage d'Aliénor d'Aquitaine avec le roi Henri II Plantagenêt. Le Poitou fut définitivement réuni à la Couronne de France après la guerre de Cent Ans. ➡ Voir carte p. 1372.

Poitou-Charentes
Ancienne Région française, intégrée en 2016 à la Région Aquitaine-Limousin-Poitou-Charentes, formée des départements de la Charente, de la Charente-Maritime, des Deux-Sèvres et de la Vienne.

Les poissons

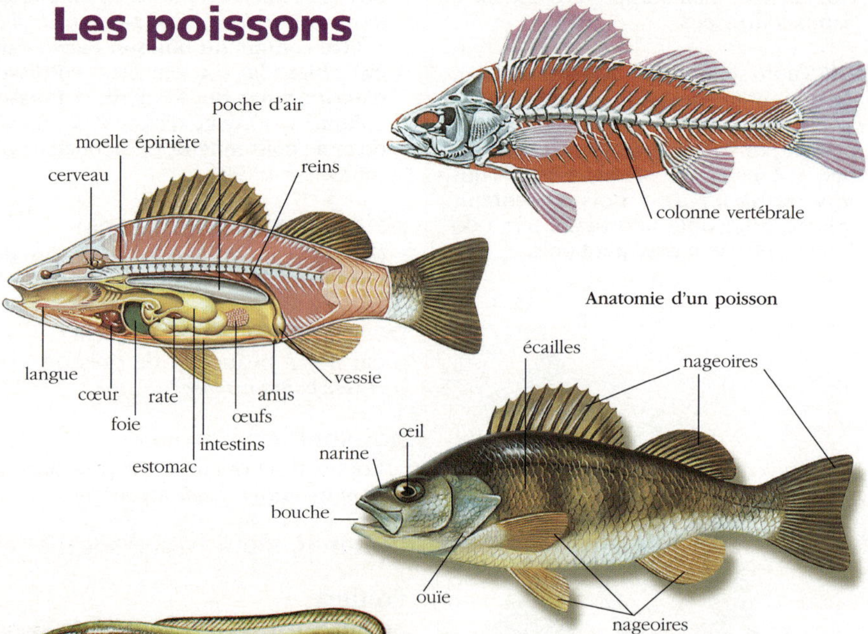

Anatomie d'un poisson

congre

carpe

anguille

daurade

tanche

espadon

thon
piranha
sardine
saumon
murène
mérou
limande
maquereau
brochet
truite
raie
morue

Elle comprend l'île de Ré et l'île d'Oléron.

GÉOGRAPHIE

Sur la côte atlantique, le Poitou-Charentes est constitué de plaines et de marais, comme le Marais poitevin. Le relief s'élève près du Massif central et du Massif armoricain. Le climat y est doux. L'agriculture repose sur le vignoble de Cognac, l'élevage et les céréales. La région tire une grande partie de ses ressources de la pêche, des parcs de Marennes-Oléron (huîtres et moules) et du tourisme. ➡ Voir cartes pp. 1372 et 1373.

poitrail (nom masculin)
Devant du corps du cheval, entre les épaules et le haut des pattes. *Un cheval au **poitrail** puissant tirait la charrette.*

poitrine (nom féminin)
1. Partie du corps entre les épaules et la taille, qui contient le cœur et les poumons. *Le chanteur gonfle sa **poitrine** pour chanter.* (Syn. buste, thorax.) ➡ p. 302. **2.** Seins d'une femme. *Elle a une forte **poitrine**.*

poivre (nom masculin)
Épice de saveur piquante, faite de la graine séchée du poivrier. *Un steak au **poivre**.* Famille du mot : poivr**er**, poiv**rier**, poivr**ière**.

poivrer (verbe) ▸ conjug. n° 3
Assaisonner avec du poivre. *Salez, **poivrez** et laissez mijoter !*

poivrier (nom masculin)
1. Arbrisseau tropical qui donne le poivre. **2.** Ustensile pour le poivre moulu ou petit moulin à poivre. (Syn. poivrière.)

poivrière (nom féminin)
Synonyme de poivrier.

poivron (nom masculin)
Fruit du piment doux, de couleur verte, jaune ou rouge. *Des **poivrons** farcis.*

poix (nom féminin)
Substance gluante et collante à base de résine et de goudron.

poker (nom masculin)
Jeu de cartes d'origine américaine où l'on joue pour de l'argent. ● **Poker** est un mot anglais : on prononce [pɔkɛʀ].

polaire (adjectif)
Qui concerne les pôles. *Les régions **polaires** connaissent un climat très froid. Un ours **polaire**.*

polaire (nom féminin)
Vêtement léger mais chaud qui couvre le haut du corps. *Il fait encore un peu frais, je prends ma **polaire** pour sortir.*

polariser (verbe) ▸ conjug. n° 3
Orienter vers soi. *Il réussit toujours à **polariser** l'attention.*

polaroïd (nom masculin)
Appareil photo qui développe instantanément les photographies. ● Prononciation [pɔlaʀɔid]. **Polaroïd** est le nom d'une marque.

un branche de **poivrier**

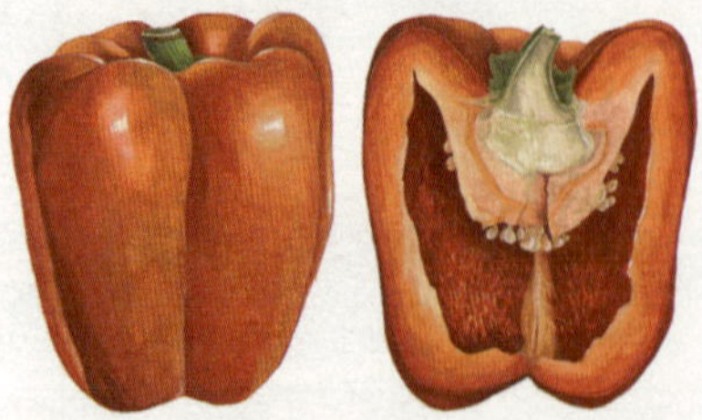

des **poivrons**

polder (nom masculin)
Terre située en dessous du niveau de la mer, asséchée et entourée de digues. *Aux Pays-Bas, on peut voir de nombreux **polders** couverts de tulipes.* Prononciation [pɔldɛʀ].

pôle (nom masculin)
Chacune des extrémités de l'axe imaginaire autour duquel tourne la Terre. *Le **pôle** Nord et le **pôle** Sud.* • **Pôle d'attraction :** endroit qui attire les gens. *La tour Eiffel est un **pôle d'attraction** pour les touristes.*

polémique (nom féminin)
Débat plus ou moins violent entre des gens qui ne sont pas d'accord. *La déclaration du ministre a suscité de très vives **polémiques** dans la presse.* (Syn. controverse.) **Polémique** vient du grec *polemos* qui signifie « guerre ».

polémiquer (verbe) ▶ conjug. n° 3
Faire de la polémique. *On **polémique** beaucoup dans les milieux politiques.*

polenta (nom féminin)
Bouillie de farine. *En Italie, on mange de la **polenta** de maïs, en Corse de la **polenta** de châtaignes.* **Polenta** est un mot italien. Prononciation [pɔlɛnta].

■ **poli, ie** (adjectif)
Qui respecte les règles de la politesse. *Guillaume est toujours très **poli** et très courtois.* (Contr. grossier, impoli.) Famille du mot : **impoli, impoliment, impolitesse, malpoli, poliment, politesse.**

■ **poli** ➡ Voir **polir**.

police (nom féminin)
1. Ensemble des fonctionnaires chargés de faire respecter la loi et de veiller à la sécurité des citoyens. *L'agent de **police** fait traverser la rue aux enfants.* **2.** Contrat d'assurance. *Monsieur Durand a souscrit une **police** d'assurance pour son appartement.*

polichinelle (nom masculin)
Marionnette du guignol, bossue devant et derrière. • **Secret de polichinelle :** chose que l'on croit secrète mais qui est connue de tous. **Polichinelle** vient du nom *Pulcinella*, personnage bouffon de la comédie italienne.

policier, ère (adjectif)
1. De la police. *Les chiens **policiers** sont dressés pour aider les policiers dans leurs recherches.* **2.** Qui met en scène des détectives ou des policiers. *Il y avait un film **policier** à la télévision, hier soir.* ■ **policier, ère** (nom) Fonctionnaire qui travaille dans la police.

poliment (adverbe)
D'une manière polie. *Amandine s'est excusée **poliment** de ne pouvoir nous accompagner.*

poliomyélite (nom féminin)
Maladie de la moelle épinière qui peut provoquer la paralysie. *Le vaccin contre la **poliomyélite** est très efficace.* **Poliomyélite** s'abrège couramment **polio.**

polir (verbe) ▶ conjug. n° 11
Rendre quelque chose lisse et luisant à force de frotter. *Il faut **polir** le marbre pour le rendre brillant. Un escalier en bois **poli**.*

polisson, onne (nom)
Enfant espiègle et dissipé. *Tu n'es qu'une petite **polissonne** !* (Syn. fripon, galopin.)

politesse (nom féminin)
Manière de se comporter d'une personne bien élevée. *Sa **politesse** en fait un garçon charmant et sympathique.* (Contr. impolitesse.)

politicien, enne (nom)
Personne qui s'occupe de politique. *Ce jeune **politicien** sera peut-être ministre un jour.*

politique (nom féminin)
Manière de gouverner un État. *La **politique** intérieure, la **politique** extérieure d'un pays.* ■ **politique** (adjectif) Qui concerne la politique. *Cet homme **politique** a toujours été réélu depuis dix ans.* **Politique** vient du grec *polis* qui signifie « la cité, l'État ».

pollen (nom masculin)
Poussière jaune produite par les étamines des fleurs et qui sert à leur fécondation. *Le **pollen** est transporté par le vent.*

polluant, ante (adjectif)
Qui pollue. *Il faut encourager l'achat de véhicules non **polluants**.*

polluer (verbe) ▶ conjug. n° 3
Salir et rendre malsain pour la santé. *Certaines plages ont été interdites à la baignade parce qu'elles **étaient polluées**.* Famille du mot : **polluant, pollueur, pollution.**

pollueur, euse (adjectif)
Responsable de pollution. *Des amendes ont été infligées aux industries* ***polluеuses****.*

pollution (nom féminin)
Fait d'être pollué. *Aujourd'hui, les gaz d'échappement des voitures sont les principaux responsables de la* ***pollution*** *de l'atmosphère des villes.*

polo (nom masculin)
1. Sorte de chemise de sport en tricot qu'on enfile par la tête. **2.** Sport équestre d'équipe qui se joue avec une boule en bois et des maillets. *Au* ***polo****, il y a deux équipes de quatre cavaliers chacune.* **Polo** est un mot tibétain qui signifie « balle ».

Polo Marco (né en 1254, mort en 1324)
Voyageur vénitien. Il traversa l'Asie et le désert de Gobi (1271-1275). Il demeura seize ans à la cour de l'empereur mongol de Chine, qui lui confia de nombreuses missions. Ses souvenirs sont rassemblés dans *le Livre des merveilles du monde* (1298).

Marco **Polo** quitte Venise avec son père et son oncle.

polochon (nom masculin)
Synonyme de traversin. *En classe de neige, Laura et Yann ont fait une mémorable bataille de* ***polochons****.*

Pologne

Union européenne

38,1 millions d'habitants
Capitale : Varsovie
Monnaie : le zloty
Langue officielle : polonais
Superficie : 312 680 km²

État de l'est de l'Europe, situé sur la mer Baltique et entouré par la Russie, la Lituanie, la Biélorussie, l'Ukraine, la République tchèque, la Slovaquie et l'Allemagne.

GÉOGRAPHIE
La Pologne est une plaine au climat semi-continental. Le Sud est montagneux, avec les Carpates au sud-est et le massif de Bohême au sud-ouest. La population est groupée au centre et au sud. L'agriculture repose sur les céréales, la pomme de terre, la betterave sucrière et l'élevage bovin et porcin. L'industrie repose sur les mines de charbon et sur le cuivre, le plomb et le zinc.

HISTOIRE
Au XVIIIe siècle, la Pologne fut partagée entre la Prusse, la Russie et l'Autriche. En 1815, la Pologne centrale constitua un royaume autonome dont le roi était l'empereur de Russie. Envahie par l'Allemagne en 1914, elle devint une république indépendante en 1918. Alliée avec la France et l'Angleterre, elle fut attaquée le 1er septembre 1939 par l'armée allemande. De 1941 à 1944, elle fut entièrement soumise à l'Allemagne : 6 millions de Polonais, dont 3 millions de juifs, moururent. Varsovie fut rasée. Après la guerre, le pays passa sous le contrôle de l'URSS, jusqu'en 1989. La Pologne a intégré l'Union européenne en 2004.

polonais, aise ➡ Voir tableau p. 6.

poltron, onne (adjectif et nom)
Qui est très peureux. *Quel* ***poltron*** *! Il n'ose pas aller dans le jardin le soir !* (Syn. froussard.)

polychrome (adjectif)
Peint de plusieurs couleurs. *Dans ce cloître, il y avait des statues en bois* ***polychrome****.*

polyculture (nom féminin)
Culture de plusieurs plantes en même temps. *C'est une région de* ***polyculture*** *où l'on trouve des vergers, du blé, du maïs, des légumes.*

polyester (nom masculin)
Sorte de tissu synthétique. *Le maillot de bain de Myriam est en* ***polyester****, il sèche très vite.*

polygame (adjectif et nom)
Qui a plusieurs conjoints (généralement un homme avec plusieurs femmes).

polygamie (nom féminin)
État d'une personne polygame. *La **polygamie** est autorisée dans une cinquantaine de pays.*

polyglotte (adjectif et nom)
Qui parle plusieurs langues. *Le père de Kevin est **polyglotte** ; il parle sept langues.*

polygone (nom masculin)
Figure géométrique qui a plusieurs côtés. *Le triangle, le losange sont des **polygones**.*

Polynésie

Partie est de l'Océanie, constituée par les îles du Pacifique situées à l'est de l'Australie, de la Micronésie et de la Mélanésie. Elle comprend des territoires français, anglais, américains et chiliens ainsi que des États indépendants dont la Nouvelle-Zélande. Les îles polynésiennes, le plus souvent d'origine volcanique, ont un climat tropical océanique.

Polynésie française

Collectivité française d'outre-mer (4 200 km² ; 300 000 habitants). La Polynésie française comprend l'archipel de la Société (Tahiti et ses dépendances), les archipels des Tuamotu et des Gambier, les îles Marquises et les îles Australes (ou Tubuaï). Son territoire est réparti sur 5 millions de km² d'océan. Son chef-lieu est Papeete, sur l'île de Tahiti.

GÉOGRAPHIE

Les îles sont d'origine volcanique, sauf les Tuamotu qui sont coralliennes. Le climat est tropical humide. Les ressources agricoles (cocotiers, tubercules, canne à sucre, café) et de la pêche sont faibles et des produits alimentaires doivent être importés.

HISTOIRE

Les îles polynésiennes furent explorées à la fin du XVIIIe siècle par des marins anglais ou français comme Bougainville et Lapérouse. La France y établit un protectorat puis une colonie. Après la Seconde Guerre mondiale, la Polynésie française devint un territoire d'outre-mer (TOM). Depuis 2003, c'est une collectivité d'outre-mer (COM).

polynésien, enne ➡ Voir tableau p. 6.

polysémie (nom féminin)
Fait pour un mot d'avoir plusieurs sens. *Ce dictionnaire traite la **polysémie** des mots.*

polystyrène (nom masculin)
Matière plastique isolante et très légère. *Le **polystyrène** est utilisé dans les emballages.*

polytechnicien, enne (nom)
Élève de l'École polytechnique, établissement militaire qui forme des ingénieurs.

polythéisme (nom masculin)
Religion qui adore plusieurs dieux. (Contr. monothéisme.)

polythéiste (adjectif)
Qui est adepte du polythéisme. *Tous les peuples de l'Antiquité, à l'exception des juifs, étaient **polythéistes**.* (Contr. monothéiste.)

polyvalent, ente (adjectif)
Qui peut servir à plusieurs usages. *La mairie a fait construire une salle **polyvalente**.*

pommade (nom féminin)
Médicament qui se présente sous la forme d'une pâte grasse. *Cette **pommade** calme toutes les douleurs musculaires.*

pomme (nom féminin)
Fruit rond du pommier, à pépins et à peau fine. *Une tarte aux **pommes**.* • **Pomme d'Adam :** bosse de cartilage que les hommes ont sur le devant du cou. ➡ p. 302. • **Pomme d'arrosoir :** bout d'un arrosoir, percé de nombreux trous. • **Pomme de pin :** fruit du pin, fait d'écailles renfermant les graines. ➡ p. 965. • **Tomber dans les pommes :** synonyme familier de s'évanouir.

pommeau, eaux (nom masculin)
1. Boule servant de poignée à une canne ou une épée. *Une canne à **pommeau** d'argent.* **2.** Partie de devant d'une selle de cheval. • **Pommeau de douche :** dispositif qui permet de disperser l'eau en pluie.

pomme de terre (nom féminin)
Plante potagère dont les tubercules sont comestibles. *La **pomme de terre** s'est répandue en France grâce à Parmentier.* Pluriel : des pommes de terre.

un plant de **pomme de terre**

pommelé, ée (adjectif)
Couvert de petites taches grises et blanches. *Quand le ciel est **pommelé**, le temps ne tarde pas à changer. Un cheval **pommelé**.*

pommette (nom féminin)
Haut de la joue, au-dessous de l'œil. *Noémie a les **pommettes** saillantes.*

pommier (nom masculin)
Arbre fruitier qui produit la pomme. *On cultive des **pommiers** pour faire du cidre.*

■ **pompe** (nom féminin)
Appareil destiné à aspirer ou à refouler un liquide ou un gaz. *Une **pompe** à eau, à essence. Une **pompe** à vélo.* • **Coup de pompe :** dans la langue familière, sensation soudaine de grande fatigue. Famille du mot : pomper, pompier, pompiste.

■ **pompe** (nom féminin)
• **En grande pompe :** en grande cérémonie. *Les funérailles du Président ont été célébrées **en grande pompe**.* ■ **pompes** (nom féminin pluriel) • **Pompes funèbres :** service chargé des enterrements. Famille du mot : pompeusement, pompeux.

Pompéi
Ville antique italienne, située au sud-est de Naples, en bordure de mer et au pied d'un volcan, le Vésuve. En 79 après Jésus-Christ, elle fut ensevelie sous une couche de roches et de cendres, lors d'une éruption du Vésuve. Les fouilles, qui commencèrent en 1748, ont révélé les splendeurs de l'Empire romain : maisons, statues, orfèvrerie, mosaïques et, surtout, des fresques influencées par la peinture grecque.

pomper (verbe) ▸ conjug. n° 3
Aspirer ou refouler avec une pompe. *On **a pompé** pour vider la cave inondée.*

pompeusement (adverbe)
De manière pompeuse. *Cette petite villa est appelée **pompeusement** « le château ».*

pompeux, euse (adjectif)
Prétentieux et solennel. *Le directeur a fait un discours dans un style **pompeux**.* (Contr. simple.)

Pompidou Georges (né en 1911, mort en 1974)
Homme politique français. Il fut élu président de la République en 1969 après la démission du général de Gaulle. Il est mort pendant son mandat.

pompier (nom masculin)
Homme chargé de combattre les incendies et d'intervenir en cas d'accident. *On a appelé les **pompiers** pour une asphyxie au gaz.*

pompiste (nom)
Personne qui distribue le carburant d'une pompe à essence. *Le **pompiste** a lavé le pare-brise.*

pompon (nom masculin)
Petite boule de brins de laine, de coton ou de soie. *Il y a toujours un **pompon** sur les bonnets de marin.*

se **pomponner** (verbe) ▸ conjug. n° 3
Mettre beaucoup de soin à sa toilette. *Elle se farde, elle se parfume, elle passe un temps fou à **se pomponner**.*

ponce (adjectif féminin)
• **Pierre ponce :** roche légère et rugueuse d'origine volcanique. *La **pierre ponce** flotte sur l'eau.*

Ponce Pilate
➡ Voir **Pilate**.

poncer (verbe) ▶ conjug. n° 4
Frotter et gratter avec une matière rugueuse pour rendre lisse. *Avant de vernir le bois, il faut toujours le* ***poncer****.* Famille du mot : ponce, ponc**euse**.

ponceuse (nom féminin)
Machine servant à poncer. *Une* ***ponceuse*** *électrique.*

poncho (nom masculin)
Manteau fait d'une couverture percée au centre pour passer la tête. *Le* ***poncho*** *est un vêtement porté en Amérique du Sud.* Prononciation [pɔ̃tʃo].

ponction (nom féminin)
1. Fait de retirer un liquide du corps avec une seringue. *Le médecin a dû faire à Yvan une* ***ponction*** *lombaire.* 2. Prélèvement d'argent. *L'opposition accuse le gouvernement de faire des* ***ponctions*** *abusives dans le budget des contribuables.*

ponctionner (verbe) ▶ conjug. n° 3
Faire une ponction. *Après un traumatisme cérébral, le médecin* ***ponctionne*** *l'hématome.*

ponctualité (nom féminin)
Qualité d'une personne ponctuelle. *Tu n'auras pas à l'attendre, elle est toujours d'une grande* ***ponctualité****.*

ponctuation (nom féminin)
Ensemble des signes qui servent à séparer des mots ou des phrases. *La virgule, le point-virgule, le point, les deux-points sont des signes de* ***ponctuation****.*

ponctuel, elle (adjectif)
1. Qui arrive toujours à l'heure. *Sois* ***ponctuel****, sinon nous raterons le train.* 2. Qui porte seulement sur des points précis. *Le maître lui a fait quelques critiques* ***ponctuelles*** *sur sa rédaction.* Famille du mot : ponctualit**é**, ponctuelle**ment**.

ponctuellement (adverbe)
De façon ponctuelle. *Benjamin est arrivé* ***ponctuellement*** *à son rendez-vous.*

ponctuer (verbe) ▶ conjug. n° 3
Mettre les signes de ponctuation. *Un texte bien* ***ponctué*** *est facilement lisible.*

pondération (nom féminin)
Qualité d'une personne pondérée. *Ce politicien est connu pour sa* ***pondération****.*

pondéré, ée (adjectif)
Qui n'agit qu'après avoir pesé le pour et le contre et non sous le coup d'une impulsion. *Cette femme* ***pondérée*** *m'a donné d'utiles conseils.* (Syn. posé. Contr. impulsif.) **Pondéré** vient du latin *ponderare* qui signifie « peser ».

pondeuse (nom féminin)
Poule qu'on élève surtout pour ses œufs.

pondre (verbe) ▶ conjug. n° 31
Produire un œuf. *Les oiseaux, les reptiles, les poissons, les insectes* ***pondent*** *des œufs.* **Pondre** vient du latin *ponere* qui signifie « déposer ».

ponette (nom féminin)
Poney femelle.

poney (nom masculin)
Cheval de petite taille. *On utilise les* ***poneys*** *pour faire faire de l'équitation aux enfants.*

un **poney**

pont (nom masculin)
1. Construction permettant de franchir un cours d'eau, une route ou encore une voie ferrée. 2. Plancher recouvrant la coque d'un bateau. *Les gros navires peuvent avoir jusqu'à quatre* ***ponts****.* • **Faire le pont :** ne pas travailler pendant la journée qui est entre deux jours fériés. • **Pont aérien :** va-et-vient d'avions établissant une liaison d'urgence. *Grâce au* ***pont aérien****, les réfugiés ont reçu des vivres et des médicaments.* Famille du mot : pont-levis, pont**on**.

ponte (nom féminin)
Action de pondre. *La poule chante après la* ***ponte****.*

pontife (nom masculin)
• **Le souverain pontife :** le pape. Famille du mot : pontif**ical**, pontif**icat**.

pontifical, ale, aux (adjectif)
Synonyme de papal. *Des fidèles assistent à la messe* ***pontificale*** *le jour de Pâques.*

pontificat (nom masculin)
Fonction de pape. *Le* ***pontificat*** *de Jean-Paul II a duré vingt-six ans.*

pont-levis (nom masculin)
Pont qui se lève ou s'abaisse au-dessus du fossé entourant un château fort. ➡ p. 226. Pluriel : des pont**s**-levis.

ponton (nom masculin)
Plateforme flottante. *On a construit un* ***ponton*** *sur le lac en guise de débarcadère.*

pop (adjectif)
Se dit de la musique à la mode dans les années soixante, et qui venait d'Angleterre et des États-Unis. *Les Beatles ont été le groupe de musique* ***pop*** *le plus connu.* **Pop** est l'abréviation de l'anglais *popular music* qui signifie « musique populaire ».

pop-corn (nom masculin)
Friandise faite de grains de maïs éclatés, sucrés ou salés. Prononciation [pɔpkɔʀn]. Pluriel : des pop-corn. **Pop-corn** vient des mots anglais *to pop* qui signifie « éclater » et *corn* qui signifie « maïs ».
ORTHO On écrit aussi **popcorn, popcorns**.

pope (nom masculin)
Prêtre de l'Église orthodoxe. *Il n'est pas interdit aux* ***popes*** *de se marier.* **Pope** vient du grec *pappos* qui signifie « grand-père ».

un **pope**

popote (nom féminin)
Synonyme familier de cuisine. *Les ouvriers du chantier font leur* ***popote*** *sur un réchaud.*

Le Golden Gate est un **pont** très célèbre de la baie de San Francisco aux États-Unis.

populaire (adjectif)
1. Qui vient du peuple. *Le verlan est un langage **populaire**. La Commune de Paris, en 1871, fut un gouvernement **populaire**.* 2. Qui est aimé d'un grand nombre de gens. *Henri IV a été un roi très **populaire**.* (Contr. impopulaire.) Famille du mot : **im**populaire, popular**iser**, popular**ité**.

populariser (verbe) ▸ conjug. n° 3
Rendre populaire. *La télévision a contribué à **populariser** le tennis.*

popularité (nom féminin)
Fait d'être populaire, de plaire au plus grand nombre. *La **popularité** du Premier ministre est en hausse en ce moment.*

population (nom féminin)
Ensemble des habitants d'un pays ou d'une ville. *La **population** de la France dépasse 65 millions d'habitants.*

populeux, euse (adjectif)
Très peuplé. *Un quartier **populeux**.*

porc (nom masculin)
1. Synonyme de cochon. *Un élevage de **porcs**.* 2. Viande de cet animal. *Les musulmans ne mangent pas de **porc**.* 3. Dans la langue familière, homme malpropre ou grossier. *Quel **porc** ! Tu manges salement !* Prononciation [pɔʀ]. Famille du mot : porc**elet**, porch**erie**, porc**in**.

un **porc**

porcelaine (nom féminin)
Céramique fine et translucide très fragile. *Un service à thé en **porcelaine** de Limoges.*

porcelet (nom masculin)
Jeune porc. *Les **porcelets** tètent la truie.*

porc-épic (nom masculin)
Mammifère rongeur dont le corps est couvert de longs piquants. *Le **porc-épic** hérisse ses piquants en cas de danger.* Prononciation [pɔʀkepik]. Pluriel : des porc**s**-épic**s**.

un **porc-épic**

porche (nom masculin)
Espace couvert protégeant l'entrée d'un bâtiment. *Abritons-nous sous ce **porche**, en attendant la fin de l'averse !* ➡ p. 204.

porcherie (nom féminin)
Bâtiment où l'on élève des porcs. *Quand le vent tourne, l'odeur de la **porcherie** vient jusqu'ici.*

porcin, ine (adjectif)
Des porcs. *Les phacochères font partie de l'espèce **porcine**.*

pore (nom masculin)
Trou microscopique à la surface de la peau. *La sueur s'écoule par les **pores**.*

une tasse couverte en **porcelaine** de Niderviller (XVIIIe siècle)

a b c d e f g h i j k l m n o p q r s t u v w x y z

poreux, euse (adjectif)
Qui a des trous minuscules laissant passer l'eau. *La craie est **poreuse**.* (Contr. étanche, imperméable.)

pornographique (adjectif)
Qui représente les rapports sexuels sous un aspect obscène. *Une revue **pornographique**.*

porphyre (nom masculin)
Roche d'origine volcanique, très dure, souvent rouge sombre.

porridge (nom masculin)
Bouillie d'avoine. *On mange le **porridge** chaud.*

■ **port** (nom masculin)
1. Abri aménagé pour recevoir les bateaux. *Il y a des **ports** de pêche, des **ports** de plaisance, de guerre et de commerce.* 2. Ville où il y a un port. *Le Havre, Dunkerque, Marseille sont trois grands **ports** français.* • **Arriver à bon port :** arriver à son but sans accident.

■ **port** (nom masculin)
1. Fait de porter quelque chose. *Le **port** du casque est obligatoire pour les motards.* 2. Prix du transport d'un colis ou d'une lettre. *Les frais de **port** sont à la charge du destinataire de la commande.*

portable (adjectif)
1. Qu'on peut porter. *Ce costume bleu est encore **portable**.* 2. Synonyme de portatif. *Un téléphone, un ordinateur **portable**.* ■ **portable** (nom masculin) Ordinateur ou téléphone portable.

portail (nom masculin)
1. Grande porte d'un bâtiment ou d'une propriété. *Les deux battants du **portail** de l'église s'ouvrent pour les mariés.* ➡ p. 204. 2. Site qui permet d'accéder à de nombreuses ressources d'Internet et qui propose différents services.

portant, ante (adjectif)
• **À bout portant :** le bout de l'arme à feu touchant presque la cible. • **Bien** ou **mal portant :** en bonne ou en mauvaise santé.

portatif, ive (adjectif)
Que l'on peut transporter facilement. *Un poste de télévision **portatif**.* (Syn. portable.)

porte (nom féminin)
1. Panneau mobile permettant d'ouvrir ou de fermer l'accès à un lieu, à un meuble ou à un véhicule. *Clément laisse très souvent sa **porte** ouverte.* 2. Ouverture faite dans l'enceinte d'une ville fortifiée. *Deux **portes** permettent d'accéder à la vieille ville.* • **Enfoncer des portes ouvertes :** dire des évidences. • **Mettre quelqu'un à la porte :** le chasser ou le renvoyer. Famille du mot : port**ail**, porte-à-porte, porte-fenêtre, port**ier**, port**ière**, port**illon**.

porte-à-faux (nom masculin)
• **En porte-à-faux :** en équilibre instable. *Le plat était **en porte-à-faux** sur le bord du meuble, il est tombé.*

porte-à-porte (nom masculin)
• **Faire du porte-à-porte :** aller de logement en logement pour vendre quelque chose.

porte-avion (nom masculin)
Grand bateau de guerre aménagé pour transporter des avions et leur permettre d'atterrir ou de décoller. Pluriel : des porte-avion**s**.
ORTHO On écrit aussi un **porte-avions**.

porte-bagage (nom masculin)
Support sur lequel on peut attacher des bagages. *David a attaché son sac sur son **porte-bagage**.* Pluriel : des porte-bagage**s**.
ORTHO On écrit aussi un **porte-bagages**.

porte-bonheur (nom masculin)
Objet qui est supposé porter chance. *Monsieur Dupont a mis un fer à cheval à l'entrée de sa maison comme **porte-bonheur**.* Pluriel : des porte-bonheur**s** ou des porte-bonheur.

porte-carte (nom masculin)
Petit étui contenant les papiers qu'on a habituellement sur soi. *Anna a rangé sa carte d'identité dans son **porte-carte**.* Pluriel : des porte-carte**s**.
ORTHO On écrit aussi un **porte-cartes**.

porte-clés (nom masculin)
Anneau ou étui pour porter les clés. *Ibrahim attache son **porte-clés** à sa ceinture.* Pluriel : des porte-clés.
ORTHO On écrit aussi un **porteclé**, des **porteclés**.

porte-document (nom masculin)
Serviette plate servant à transporter des papiers. *Un **porte-document** en cuir.* Pluriel : des porte-document**s**.
ORTHO On écrit aussi un **porte-documents**.

portée (nom féminin)
1. Distance à laquelle une arme peut envoyer un projectile. *Kevin s'est fabriqué un arc qui a une **portée** de 20 mètres.* **2.** Distance à laquelle on peut atteindre quelque chose ou quelqu'un. *Donne-moi ce livre, il est juste à **portée** de ta main.* **3.** Effet important produit par quelque chose. *Je crois que tu ne mesures pas la **portée** de ce que tu as dit.* **4.** Ensemble des petits d'une femelle nés en même temps. *Une **portée** de lapereaux.* **5.** Lignes parallèles sur lesquelles on note la musique. *Il y a cinq lignes dans une **portée**.* • **À la portée de quelqu'un :** qui peut être compris ou fait par lui.

porte-fenêtre (nom féminin)
Porte vitrée donnant sur un balcon ou une terrasse. *La **porte-fenêtre** donne sur un très beau parc.* Pluriel : des porte**s**-fenêtre**s**.

portefeuille (nom masculin)
Étui à plusieurs poches où l'on met son argent et ses papiers. *Pierre a reçu un beau **portefeuille** en cuir pour son anniversaire.*

portemanteau, eaux (nom masculin)
Crochet servant à suspendre les vêtements. *Monsieur Dupuis a mis son chapeau, ses gants et son pardessus au **portemanteau**.*

porte-monnaie (nom masculin)
Petite pochette pour les pièces de monnaie. *Élodie cherche une pièce de deux euros dans son **porte-monnaie**.* Pluriel : des porte-monnaie.
ORTHO On écrit aussi un **portemonnaie**, des **portemonnaies**.

porte-parole (nom masculin)
Personne chargée de parler au nom des autres. *Les délégués de classe sont les **porte-parole** des élèves.* Pluriel : des porte-parole**s** ou des porte-parole.

porte-plume (nom masculin)
Manche au bout duquel est enfoncée une plume pour écrire. *Le stylo a remplacé le **porte-plume**.* Pluriel : des porte-plume.
ORTHO On écrit aussi un **porteplume**, des **porteplumes**.

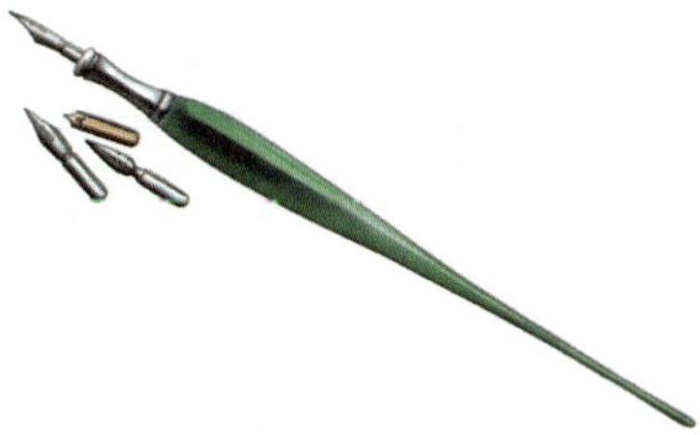

un **porte-plume** et des plumes

porter (verbe) ▸ conjug. n° 3
1. Soulever ou soutenir une chose ou une personne. *Quentin **porte** sa petite sœur sur ses épaules.* **2.** Prendre avec soi et emporter ailleurs. *Maman **a porté** du linge à la laverie.* (Syn. apporter.) **3.** Avoir sur soi. *Romain **porte** un blouson. Le père de Fatima **porte** la barbe.* **4.** Avoir dans son ventre avant de mettre au monde. *L'éléphant **porte** ses petits 21 mois.* **5.** Avoir une certaine portée. *La voix **porte** loin dans ces grottes.* **6.** Avoir la charge de quelque chose. *C'est lui qui **porte** la responsabilité du projet.* **7.** Avoir pour sujet. *La plupart des critiques **portent** sur le style du livre.* **8.** Atteindre son but. *La remarque **a porté** puisque vous êtes à l'heure aujourd'hui.* **9.** Se porter : être dans tel ou tel état de santé. *Comment vous **portez-vous** ?* • **Porter bonheur** ou **malheur :** apporter la chance ou la malchance. • **Porter plainte :** déposer une plainte en justice. • **Porter secours :** secourir. • **Porter un nom :** l'avoir. Famille du mot : port, port**able**, port**ant**, port**atif**, port**ée**, por**teur**.

porte-savon (nom masculin)
Petit support où l'on met le savon. *Il y a un **porte-savon** dans la salle de bains.* Pluriel : des porte-savon**s**.

porte-serviette (nom masculin)
Support où l'on suspend les serviettes de toilette. *Étends bien ta serviette sur le **porte-serviette** pour qu'elle sèche.* Pluriel : des porte-serviette**s**.

porteur, euse (adjectif)
Qui porte quelque chose sur soi. *Il était **porteur** d'une maladie contagieuse.* ■ **porteur, euse** (nom) Personne qui porte les bagages dans une gare. *Mamie était trop chargée, on a appelé un **porteur**.*

porte-voix (nom masculin)
Instrument portatif destiné à amplifier la voix. *L'orateur haranguait tous les manifestants dans son **porte-voix**.* (Syn. mégaphone.) Pluriel : des porte-voix.

portier (nom masculin)
Employé qui a la charge de garder la porte d'un établissement. *Le **portier** de l'hôtel a monté les bagages dans la chambre.*

portière (nom féminin)
Porte d'une voiture ou d'un train. *Le train va partir : attention à la fermeture automatique des **portières** !*

portillon (nom masculin)
Petite porte basse. *Ferme le **portillon** du jardin pour que le chien n'aille pas sur les plates-bandes !*

portion (nom féminin)
1. Part de nourriture pour une personne. *Maman nous a donné double **portion** de dessert.* **2.** Partie d'un tout. *Cette **portion** du jardin est réservée à la culture des légumes.*

portique (nom masculin)
Poutre horizontale soutenue par deux poteaux, à laquelle sont suspendus une balançoire et des agrès. *Un **portique** a été installé au fond du jardin.*

porto (nom masculin)
Vin sucré du Portugal. *Des melons au **porto**.*

Porto Rico

4 millions d'habitants
Capitale : San Juan
Monnaie : le dollar des États-Unis
Langues officielles : espagnol, anglais
Superficie : 8 897 km²

Île des Grandes Antilles, formant depuis 1952 un État libre associé aux États-Unis. L'île est surpeuplée, ce qui provoque l'émigration : plus de 2 millions de Portoricains habitent aux États-Unis.

GÉOGRAPHIE
Une chaîne montagneuse traverse l'île d'ouest en est. Elle partage le pays en une zone tropicale humide au nord, et une zone tropicale sèche au sud. Les cyclones sont fréquents. Les principales ressources sont le tourisme, le sucre, le tabac, le café, les agrumes et le cacao. Les États-Unis y ont développé l'industrie, notamment dans les domaines de l'alimentaire, du textile et de la chimie.

HISTOIRE
Découverte par Christophe Colomb en 1493, l'île fut aussitôt colonisée par les Espagnols. Les Anglais et les Hollandais cherchèrent à s'en emparer aux XVIe et XVIIe siècles. L'Espagne dut la céder aux États-Unis en 1898.

portrait (nom masculin)
1. Photographie, dessin ou peinture représentant une personne. *Cette galerie du château est réservée aux **portraits** des ancêtres.* **2.** Description de quelqu'un ou de quelque chose. *Gaëlle nous a fait le **portrait** de sa nouvelle maîtresse.* • **Être tout le portrait de quelqu'un :** lui ressembler beaucoup.

un **portrait**,
peinture d'Eugène Delacroix (1824)

portrait-robot (nom masculin)
Portrait d'un individu recherché, réalisé d'après les indications des témoins. Pluriel : des portraits-robots.

portuaire (adjectif)
D'un port. *Les activités **portuaires** de Marseille sont très importantes.*

portugais, aise ➡ Voir tableau p. 6.

Portugal

Union européenne

10,6 millions d'habitants
Capitale : Lisbonne
Monnaie : l'euro
Langue officielle : portugais
Superficie : 92 080 km²

État du sud de l'Europe, situé dans l'ouest de la péninsule Ibérique et bordé par l'océan Atlantique. Le Portugal comprend également les îles des Açores et de Madère.

GÉOGRAPHIE
Au nord du pays, le climat est méditerranéen et humide. Le Sud est baigné par un climat plus chaud et plus sec. Le pays exporte le liège et le vin de Porto. L'industrie est spécialisée notamment dans le textile et l'habillement, le matériel de transport, l'agroalimentaire et la chaussure. Porto et Lisbonne sont les deux grands centres industriels.

HISTOIRE
La région fut conquise par les Romains, les Barbares, les Wisigoths, puis les Arabes (711), avant d'être libérée en 1249. Au XVe et XVIe siècles, le Portugal devint une grande puissance avec un important empire colonial. Le pays passa alors sous la dépendance espagnole. Il conquit son indépendance en 1640. Le Portugal est membre de l'Union européenne.

pose (nom féminin)
1. Action de poser, de fixer. *Notre plombier se charge de la **pose** du lavabo.* 2. Attitude de quelqu'un qui pose. *Thomas n'a pas une **pose** très naturelle sur cette photo.*

posé, ée (adjectif)
Synonyme de pondéré. *C'est un homme **posé** qui ne parle pas à tort et à travers.*

la ville de Porto, au **Portugal**

a b c d e f g h i j k l m n o p q r s t u v w x y z

a b c d e f g h i j k l m n o p q r s t u v w x y z

Poséidon
Dieu des Mers, des Sources et des Fleuves, dans la mythologie grecque. Il est toujours représenté portant un trident. Il correspond à Neptune, chez les Romains.

posément (adverbe)
De façon posée. *Victor a expliqué **posément** pourquoi il voulait partir.* (Syn. calmement.)

poser (verbe) ▸ conjug. n° 3
1. Mettre quelque chose sur un support. *Hélène **a posé** un vase sur la table.* (Syn. déposer, placer.) **2.** Fixer ou installer à l'endroit approprié. *L'ouvrier vient de **poser** la moquette.* **3.** Formuler nettement. *Julie n'a pas osé **poser** de questions.* **4.** Prendre une attitude et rester sans bouger. *Le photographe demande à tous les invités de venir **poser**.* **5.** Écrire les nombres d'une opération. *William **pose** son addition en alignant soigneusement les chiffres.* **6.** Se poser : cesser son vol, pour un oiseau, ou atterrir, pour un avion. (Contr. s'envoler.) Famille du mot : pose, posé, posément.

positif, ive (adjectif)
1. Qui exprime une affirmation. *J'ai reçu une réponse **positive** pour le séjour à la montagne.* (Contr. négatif.) **2.** Qui comporte des éléments favorables et encourageants. *Il faut voir l'aspect **positif** des choses.* **3.** Se dit d'un nombre supérieur à 0. *« + 3 » est un nombre **positif**.* (Contr. négatif.)

position (nom féminin)
1. Façon de se tenir. *Guillaume a des fourmis dans la main car il a dormi dans une mauvaise **position**.* (Syn. posture.) **2.** Endroit où quelque chose se trouve. *La latitude et la longitude permettent de connaître la **position** d'un bateau.* **3.** Place occupée par rapport aux autres. *Le coureur a fait une remontée fulgurante : il est actuellement en seconde **position**.* **4.** Point de vue sur un sujet. *C'est sa **position** et il ne veut pas en démordre.*

positivement (adverbe)
De manière positive. *On a répondu **positivement** à sa candidature.*

posologie (nom féminin)
Quantité de médicament à prendre. *La **posologie** dépend du poids du malade.*

posséder (verbe) ▸ conjug. n° 8
Avoir à soi. *Laura **possède** un louis d'or, il lui appartient.* Famille du mot : déposséder, possesseur, possessif, possession.

possesseur (nom masculin)
Personne qui possède quelque chose. *Les documents dont il est **possesseur** sont de la plus haute importance.*

possessif, ive (adjectif)
Qui marque la possession. *« Mon », « ta », « leurs » sont des déterminants **possessifs** ; « le nôtre », « les tiens », « les siens » sont des pronoms **possessifs**.*

possession (nom féminin)
Fait de posséder quelque chose. *Ce livre n'est pas en ma **possession** en ce moment parce que je l'ai prêté.*

possibilité (nom féminin)
1. Fait d'être possible. *J'ai la **possibilité** de m'absenter.* (Contr. impossibilité.) **2.** Chose possible. *Il y a beaucoup de **possibilités**, si vous avez envie de vous distraire à Paris.*

possible (adjectif)
1. Qui peut arriver. *Il est **possible** que tu ne le reconnaisses pas car il a changé.* (Contr. impossible.) **2.** Qui peut être fait. *Faire cette randonnée en deux heures est **possible** puisque je l'ai déjà fait.* (Syn. faisable, réalisable.) ■ **possible** (nom masculin)
• **Faire son possible :** faire tout ce que l'on peut. ***J'ai fait mon possible** pour arriver à l'heure.* Famille du mot : impossibilité, impossible, possibilité.

postal, ale, aux (adjectif)
De la poste. *Le service **postal** est interrompu les dimanches et jours fériés.*

■ **poste** (nom masculin)
1. Endroit où l'on doit être pour remplir son rôle. *Tous les hommes sont à leur **poste**, commandant !* **2.** Endroit où certaines personnes exercent leurs fonctions. *Après leur ronde, les agents de police regagnent le **poste**. Le pilote se trouve dans le **poste** de pilotage.* **3.** Fonction à laquelle on est nommé. *Il a un **poste** au ministère des Finances.* (Syn. emploi,

place.) 4. Appareil de radio, de télévision ou de téléphone. *Yann, veux-tu prendre Myriam sur l'autre **poste** ?*

■ **poste** (nom féminin)
1. Service chargé du transport et de la distribution du courrier. *D'après le cachet de la **poste**, la lettre est partie le 2 mai.* 2. Bureau de poste. *Noémie a acheté des timbres à la **poste**.* Famille du mot : posta**l**, post**er**, post**ier**.

■ **poster** (verbe) ▸ conjug. n° 3
Mettre à un poste. *Le lieutenant **a posté** des sentinelles sur les hauteurs. Benjamin **s'est posté** au carrefour pour attendre Odile.*

■ **poster** (verbe) ▸ conjug. n° 3
Mettre à la poste. *La secrétaire **poste** le courrier en partant du bureau.*

■ **poster** (nom masculin)
Affiche ou grande photographie servant à décorer. *Dans la classe, il y a un grand **poster** de la Terre vue de l'espace.* **Poster** est un mot anglais : on prononce [pɔstɛʀ].

postérieur, eure (adjectif)
1. Qui a lieu après. *Le règne de Napoléon est **postérieur** à la révolution de 1789.* 2. Qui est derrière. *Le kangourou se déplace toujours sur ses pattes **postérieures**.* (Contr. antérieur.) ■ **postérieur** (nom masculin) Synonyme familier de fesses.

postérité (nom féminin)
Ensemble des gens qui sont nés ou naîtront après quelqu'un. *Les œuvres de Rembrandt sont passées à la **postérité**.*

posthume (adjectif)
Qui se produit après la mort. *Cet artiste a eu une gloire **posthume**.*

postiche (adjectif)
Qui n'est pas naturel. *Au théâtre, les comédiens portent souvent des barbes et des moustaches **postiches**.* (Syn. faux.)

postier, ère (nom)
Employé de la poste. *La **postière** a donné à Clément un timbre pour sa collection.*

postillon (nom masculin)
1. Gouttelette de salive projetée en parlant. 2. Homme qui conduisait une diligence.

postillonner (verbe) ▸ conjug. n° 3
Envoyer des postillons. *Le camelot **postillonne** en faisant son boniment.*

post-it (nom masculin)
Petite feuille de papier munie d'une bande autocollante. *David a écrit son numéro de téléphone sur un **post-it**.* **Post-it** est le nom d'une marque.

post-scriptum (nom masculin)
Ce que l'on ajoute à une lettre après la signature. *David a mis en **post-scriptum** : « N'oubliez pas de m'écrire, à votre tour ! »* Prononciation [pɔstskʀiptɔm]. **Post-scriptum** s'abrège **PS.** **Post-scriptum** est un mot latin qui signifie « écrit après ».

postuler (verbe) ▸ conjug. n° 3
Présenter sa candidature à un emploi. *Elle **postule** pour un emploi de chef de service.*

posture (nom féminin)
Position du corps. *Sarah change de **posture** pour s'asseoir plus confortablement.* (Syn. attitude.) • **En mauvaise posture :** dans une situation difficile. *Ce candidat est **en mauvaise posture** pour le second tour des élections.*

Différentes **postures** :
l'homme a une **posture** menaçante,
l'enfant a une **posture** craintive.

pot (nom masculin)
1. Sorte de récipient servant à divers usages. *Un **pot** à eau. Un **pot** de fleurs.* 2. Récipient où les enfants font leurs besoins. *Bébé est assis sur son **pot**.* • **Pot d'échappement :** tuyau par lequel sont évacués les gaz brûlés d'un véhicule. ➡ p. 836. • **Tourner autour du pot :** ne pas aborder franchement la question.

potable (adjectif)
Qu'on peut boire sans danger. *Dans les toilettes du train, l'eau du robinet n'est pas **potable**.* **Potable** vient du latin *potare* qui signifie « boire », et que l'on retrouve dans *potion*.

potache (nom masculin)
Synonyme familier d'élève.

potage (nom masculin)
Bouillon dans lequel on a fait cuire des légumes ou de la viande. *Ursula aime le **potage** aux légumes.*

potager, ère (adjectif)
• **Plante potagère :** plante utilisée comme légume. *Les carottes, les pommes de terre, les radis sont des **plantes potagères**.* ■ potager (nom masculin) Jardin où on cultive des légumes. *En été, il arrose son **potager** tous les soirs.*

potasse (nom féminin)
Substance chimique contenant du potassium et utilisée comme engrais.

potassium (nom masculin)
Élément chimique très répandu dans la nature. *Cette eau minérale contient beaucoup de **potassium**.* Prononciation [pɔtasjɔm].

pot-au-feu (nom masculin)
Plat de viande de bœuf, bouillie avec des légumes. Prononciation [potofø]. Pluriel : des pot-au-feu.

pot-de-vin (nom masculin)
Somme d'argent versée secrètement à quelqu'un pour obtenir un avantage. *Cette entreprise est soupçonnée d'avoir versé des **pots-de-vin** au député.* Pluriel : des pots-de-vin.

pote (nom)
Synonyme familier d'ami. *J'invite tous mes **potes** à mon anniversaire.*

poteau, eaux (nom masculin)
Longue pièce de bois ou de ciment plantée verticalement dans le sol et qui sert de support. *La route est bordée de **poteaux** électriques.*

potée (nom féminin)
Plat de viande de porc, bouillie avec des légumes, en particulier du chou.

potelé, ée (adjectif)
Synonyme de dodu. *Ce bébé est bien **potelé**.* (Contr. maigre.)

potence (nom féminin)
Instrument qui servait au supplice de la pendaison. *Autrefois, les brigands étaient condamnés à la **potence**.* (Syn. gibet.)

potentiel, elle (adjectif)
Qui pourrait exister. *Papa a trouvé un acheteur **potentiel** pour sa voiture.* (Syn. possible, virtuel.) ■ potentiel (nom masculin) Ensemble des ressources dont peut disposer un groupe. *Cette nation a un **potentiel** agricole énorme.*

poterie (nom féminin)
1. Fabrication d'objets en terre cuite. *Chaque mercredi, Zoé va à l'atelier de **poterie**.* **2.** Objet ou ustensile en terre cuite. *On a trouvé des débris de **poteries** anciennes sur ce site.*

poterne (nom féminin)
Porte cachée dans le mur d'une fortification.

potiche (nom féminin)
Grand vase de porcelaine.

potier, ère (nom)
Personne qui fabrique et vend des poteries. *Le **potier** travaille à l'aide d'un tour.*

un **potier** au Maroc

potins (nom masculin pluriel)
Synonyme familier de commérages. *Les **potins** du quartier ne l'intéressent pas.*

potion (nom féminin)
Médicament à boire. *Il paraît que cette **potion** calme la toux.* Voir **potable**.

potiron (nom masculin)
Grosse citrouille. *Un potage au **potiron**.*

pot-pourri (nom masculin)
Mélange de plusieurs airs de musique. Pluriel : des pot**s**-pourri**s**.

pou, poux (nom masculin)
Insecte parasite de l'homme et de certains animaux. *Anna se gratte la tête, elle a dû attraper des **poux** !*

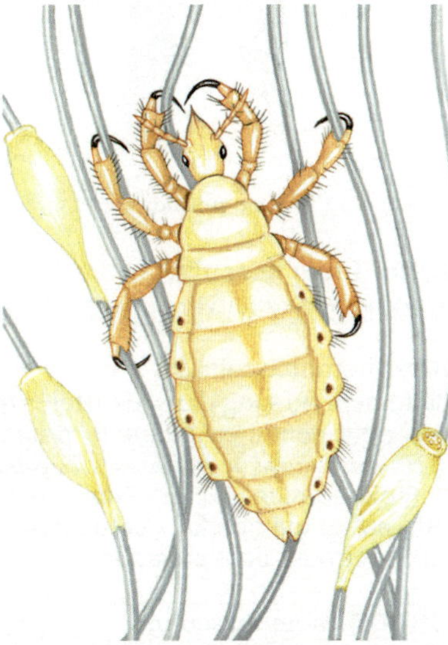

un **pou** et des lentes

poubelle (nom féminin)
Récipient pour les ordures ménagères. *Enveloppe les épluchures avant de les mettre dans la **poubelle**.* **Poubelle** vient du nom d'*Eugène Poubelle*, préfet de la Seine, qui imposa l'usage de ces récipients à la fin du XIXe siècle.

pouce (nom masculin)
1. Doigt le plus gros et le plus court de la main. *Arrête de sucer ton **pouce** !* **2.** Gros orteil du pied. **3.** Ancienne mesure de longueur qui valait environ 3 centimètres. • **Donner un coup de pouce :** intervenir pour aider quelqu'un à réussir. • **Manger sur le pouce :** manger très rapidement. • **Se tourner les pouces :** dans la langue familière, rester sans rien faire. ■ **pouce !** (interjection) Synonyme de stop. ***Pouce** ! J'arrête !*

pouding (nom masculin)
Gâteau anglais aux fruits secs et aux épices. *En Angleterre, pour Noël, on mange du **pouding**.* Prononciation [pudiŋ]. **Pouding** vient de l'anglais *pudding*.
ORTHO On écrit aussi **pudding**.

poudre (nom féminin)
1. Matière écrasée en petits grains très fins. *Élodie met du sucre en **poudre** dans son yaourt.* **2.** Matière explosive. *Les cartouches de fusil contiennent de la **poudre**.* **3.** Substance très fine qui sert au maquillage. *Odile s'est mis un peu de **poudre** car elle a le teint pâle.* • **Jeter de la poudre aux yeux :** chercher à éblouir les autres. • **Mettre le feu aux poudres :** déclencher un conflit ou une forte manifestation de violence. Famille du mot : se poudre**r**, poudr**eux**, poudr**ier**, poudr**ière**.

se **poudrer** (verbe) ▸ conjug. n° 3
Se mettre de la poudre pour se maquiller.

poudreux, euse (adjectif)
Qui est léger et fin comme de la poudre. *Ibrahim aime skier dans la neige **poudreuse**.* ■ **poudreuse** (nom féminin) Neige poudreuse.

poudrier (nom masculin)
Petite boîte plate qui renferme de la poudre pour le maquillage.

poudrière (nom féminin)
1. Entrepôt où l'on gardait des explosifs. **2.** Au sens figuré, région où le moindre incident risque de provoquer une guerre.

pouf (nom masculin)
Gros coussin qui sert de siège.

pouffer (verbe) ▸ conjug. n° 3
Éclater de rire en essayant d'être discret. *Gaëlle n'a pas pu s'empêcher de **pouffer** de rire quand Kevin a trébuché.*

a b c d e f g h i j k l m n o p q r s t u v w x y z

pouilleux, euse (adjectif)
Qui est miséreux et sale. *Ce quartier **pouilleux** doit être démoli.*

poulailler (nom masculin)
1. Abri pour les poules. *Pierre a trouvé des œufs dans le **poulailler**.* **2.** Balcon tout en haut d'un théâtre, où les places sont les moins chères.

poulain (nom masculin)
Petit de la jument.

poularde (nom féminin)
Jeune poule qui a été engraissée.

■ **poule** (nom féminin)
Oiseau de basse-cour que l'on élève pour sa chair et ses œufs. *Le coq est le mâle de la **poule**.* • **Poule mouillée :** dans la langue familière, personne timorée, qui manque de courage. Famille du mot : poul**ailler**, poul**arde**, poul**et**.

différentes races de **poules**

■ **poule** (nom féminin)
Épreuve sportive dans laquelle chacun des concurrents va rencontrer successivement chacun de ses adversaires. **Poule** vient de l'anglais *pool* qui signifie « équipe ».

poulet (nom masculin)
Jeune coq ou jeune poule, plus grand que le poussin. *On a acheté un **poulet** à la ferme.*

pouliche (nom féminin)
Jeune jument.

poulie (nom féminin)
Petite roue sur laquelle s'enroule un câble ou une corde. *Les **poulies** permettent de soulever des charges lourdes.*

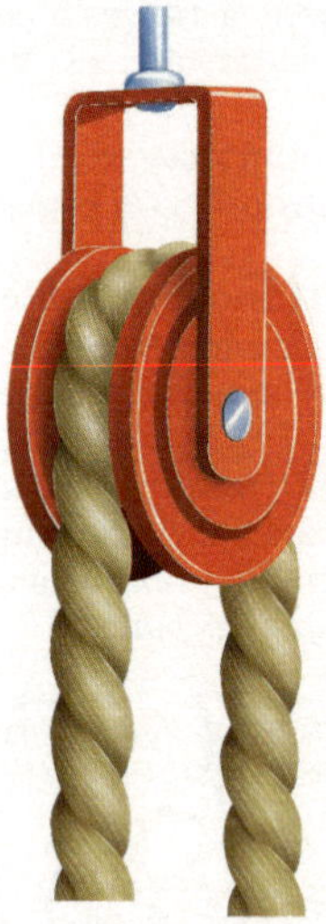

une **poulie**

poulpe (nom masculin)
Synonyme de pieuvre.

pouls (nom masculin)
Battement du sang dans les artères que l'on peut sentir en tâtant le poignet. *Après une course, le **pouls** est très rapide.* Prononciation [pu]. **Pouls** vient du latin *pulsus* qui signifie « battement » et qu'on retrouve dans *pulsation*.

poumon (nom masculin)
Chacun des deux organes situés dans le thorax, qui servent à respirer.

poupe (nom féminin)
Partie arrière d'un navire. *Le gouvernail se trouve à la **poupe** des bateaux.* (Contr. proue.)

poupée (nom féminin)
Jouet qui représente une personne. *Jouer à la **poupée**.*

poupon (nom masculin)
1. Synonyme de bébé. *Ce **poupon** est bien potelé.* **2.** Poupée qui représente un bébé. *Hélène habille son **poupon**.*

a b c d e f g h i j k l m n o p q r s t u v w x y z

pouponner (verbe) ▸ conjug. n° 3
S'occuper avec tendresse d'un bébé. *Comme elle adore **pouponner**, elle aimerait travailler plus tard dans une crèche.*

pour (préposition)
Sert à introduire de nombreux types de compléments. *Julie est sortie **pour** acheter le pain* (but). *Quentin a une récitation à apprendre **pour** demain* (temps). *Le magasin est fermé **pour** travaux* (cause). *Il n'a pas assez travaillé **pour** réussir (conséquence). Laura s'est acheté des bonbons **pour** deux euros* (échange). *Romain est grand **pour** son âge* (comparaison), etc. ■ **pour que** (conjonction) Indique le but ou la conséquence. *Je te dis cela **pour que** tu le fasses.* (Syn. afin que.)

pourboire (nom masculin)
Somme d'argent qu'un client laisse, en plus du prix à payer, pour la personne qui l'a servi. *Maman a donné un **pourboire** à la serveuse.*

pourceau, eaux (nom masculin)
Synonyme littéraire de porc.

pourcentage (nom masculin)
Proportion par rapport à 100 unités. *Quinze élèves sur cent ont échoué à leur examen, le **pourcentage** des échecs est donc de quinze pour cent (15 %).*

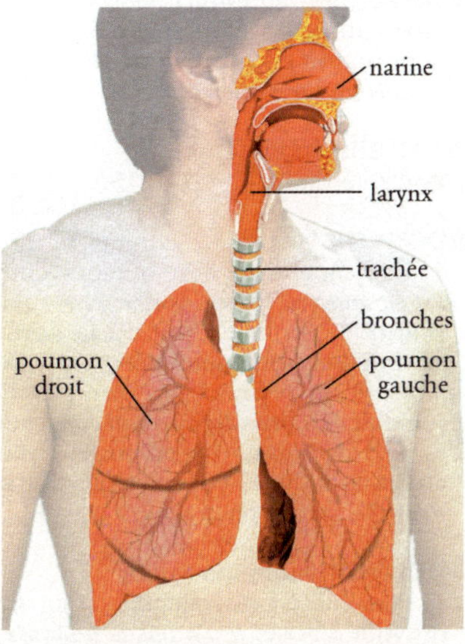

le système respiratoire et les **poumons**

pourchasser (verbe) ▸ conjug. n° 3
Poursuivre sans relâche. *Les hyènes **pourchassent** le buffle blessé.*

pourfendre (verbe) ▸ conjug. n° 31
Dénoncer avec ardeur. *Victor Hugo **pourfendit** la tyrannie de Napoléon III.* (Syn. attaquer.)

se **pourlécher** (verbe) ▸ conjug. n° 8
Se passer la langue sur les lèvres à la pensée de manger quelque chose de bon.

pourparlers (nom masculin pluriel)
Ensemble des discussions en vue de régler une affaire. *Les **pourparlers** entre ces deux pays n'ont pas abouti à la paix.*

pourpoint (nom masculin)
Sorte de veste que les hommes portaient autrefois. ➡ p. 549.

pourpre (adjectif)
D'une couleur rouge très foncé. ■ **pourpre** (nom masculin) Couleur pourpre. ■ **pourpre** (nom féminin) Colorant rouge foncé que l'on tirait d'un mollusque.

pourquoi (adverbe)
Sert à interroger sur la cause de quelque chose. ***Pourquoi** ris-tu ? Je vais t'expliquer **pourquoi** je suis en retard.*
• **C'est pourquoi :** c'est pour cette raison. *Myriam est très malade, **c'est pourquoi** elle n'est pas là.*

pourrir (verbe) ▸ conjug. n° 11
S'abîmer en se décomposant. *Jette ces pommes, elles **sont pourries**.* (Syn. se gâter.)

pourriture (nom féminin)
État de ce qui est pourri. *D'où vient cette horrible odeur de **pourriture** ?*

poursuite (nom féminin)
Action de poursuivre. *Le peloton s'est lancé à la **poursuite** du coureur échappé.* ■ **poursuites** (nom féminin pluriel) Fait de poursuivre quelqu'un en justice. *Si vous stationnez ici malgré l'interdiction, vous êtes passible de **poursuites**.*

poursuivant, ante (nom)
Personne qui en poursuit une autre. *Il a réussi à échapper à ses **poursuivants**.*

a b c d e f g h i j k l m n o p q r s t u v w x y z

poursuivre (verbe) ▸ conjug. n° 49
1. Courir après une personne ou un animal pour le rattraper. *Le lion **poursuit** sa proie à travers la savane.* (Syn. pourchasser.) **2.** Continuer ce qu'on a commencé. *Laisse-moi **poursuivre** mon histoire, je n'ai pas fini !* **3.** Porter plainte contre quelqu'un en lui faisant un procès. *Elle l'**a poursuivi** en justice pour injures et menaces.* Famille du mot : poursuite, poursuiv**ant**.

pourtant (adverbe)
Indique une opposition. *Noémie a attrapé froid, elle était **pourtant** bien couverte.* (Syn. cependant, néanmoins.)

pourtour (nom masculin)
Partie qui fait le tour d'une surface ou d'un objet. *Le **pourtour** du lac est planté de sapins.*

pourvoir (verbe) ▸ conjug. n° 23
1. Fournir ce qui est nécessaire à quelqu'un. *Les parents doivent **pourvoir** aux besoins de leurs enfants jusqu'à leur majorité.* **2.** Équiper de ce qui est nécessaire. *Sa maison **est pourvue** du confort moderne.*

pourvu que (conjonction)
1. Exprime un souhait. ***Pourvu que** la pluie s'arrête et qu'on puisse sortir !* **2.** Exprime une condition. *Vous pouvez jouer dehors **pourvu que** vous restiez devant la maison.*

pousse (nom féminin)
Partie jeune d'une plante. *En mars, les premières **pousses** apparaissent.*

poussée (nom féminin)
1. Force exercée en poussant. *Sous la **poussée** de la foule, des barrières se sont renversées.* **2.** Brusque accès d'un état maladif. *Odile est couchée, car elle a une **poussée** de fièvre.*

pousse-pousse (nom masculin)
Voiture légère, tirée ou poussée par un homme, en Asie. *En général, un **pousse-pousse** ne prend qu'un voyageur à la fois.*
Pluriel : des pousse-pousse.
ORTHO On écrit aussi un **poussepousse**, des **poussepousses**.

pousser (verbe) ▸ conjug. n° 3
1. Appuyer pour faire bouger ou pour faire tomber. *Il est tombé en panne et a dû **pousser** sa moto jusque chez lui.* (Contr. tirer.) **2.** Inciter quelqu'un à faire quelque chose. *C'est son père qui **pousse** Thomas à faire du judo.* (Syn. encourager.) **3.** Se développer ou grandir. *Les chênes **poussent** plus lentement que les sapins.* **4.** Se pousser : s'écarter pour laisser la place. *Les nombreux pompiers demandent à la foule de **se pousser**.* • **Pousser quelqu'un à bout :** l'exaspérer. • **Pousser un cri :** crier. Famille du mot : pousse, pouss**ée**, pouss**ette**.

poussette (nom féminin)
Petite voiture de bébé que l'on pousse devant soi.

poussière (nom féminin)
Petits grains de matière très fins et très légers. *Le ménage n'a pas été fait, tous les meubles sont couverts de **poussière**.* Famille du mot : **dé**poussiérer, poussiér**eux**.

poussiéreux, euse (adjectif)
Couvert de poussière. *Un grenier **poussiéreux**.*

poussif, ive (adjectif)
Qui s'essouffle facilement, qui peine. *Un vieux camion **poussif** montait la côte.*

poussin (nom masculin)
Petit de la poule. *Ces **poussins** viennent d'éclore.*

poutre (nom féminin)
Morceau de bois long et épais qui soutient un toit ou un plafond. *Ces **poutres** de bois sont très anciennes.*

poutrelle (nom féminin)
Poutre en métal. ➡ p. 1215.

■ **pouvoir** (verbe) ▸ conjug. n° 27
1. Être capable de faire quelque chose. *Est-ce que tu **peux** porter cette grosse valise ?* **2.** Avoir le droit ou la permission de faire quelque chose. *Les enfants mineurs ne **peuvent** pas voter.* **3.** Être possible. *Tu **peux** te faire mal avec ce couteau.* (Syn. risquer.) • **N'en pouvoir plus :** être très fatigué, ou en avoir assez. *Je m'arrête, je **n'en peux plus** !*

■ **pouvoir** (nom masculin)
1. Possibilité ou faculté de faire quelque chose. *Il n'a pas le **pouvoir** de décider.* **2.** Autorité ou puissance. *Le*

pouvoir *des médias est grand sur l'opinion.* • **Les pouvoirs publics :** ensemble des personnes qui gouvernent. • **Pouvoir d'achat :** ce qu'on peut acheter en fonction de ses revenus.

Prague
Capitale de la République tchèque (1,2 million d'habitants). Prague est le principal centre commercial, industriel et culturel du pays. Elle abrite l'ancienne résidence royale. On la surnomme « la ville aux cent clochers ».

un quartier de la ville de **Prague** sur le fleuve Vltava

praire (nom féminin)
Coquillage marin comestible qui vit dans le sable.

prairie (nom féminin)
Terrain recouvert d'herbe. *Les vaches broutent dans la* ***prairie****.*

praline (nom féminin)
Bonbon fait d'une amande grillée recouverte de sucre. **Praline** vient du nom du maréchal du *Plessis-Praslin*, dont le cuisinier inventa cette confiserie au XVIIe siècle.

praliné, ée (adjectif)
Qui est parfumé à la praline. *Sarah a choisi un esquimau* ***praliné****.*

praticable (adjectif)
Où on peut passer sans danger. *Ce sentier le long de la falaise est* ***praticable*** *toute l'année.* (Contr. impraticable.)

praticien, enne (nom)
Personne qui met en pratique ses connaissances pour soigner. *Les médecins, les dentistes, les vétérinaires sont des* ***praticiens****.*

pratiquant, ante (adjectif et nom)
Qui pratique une religion. *Les catholiques* ***pratiquants*** *vont à la messe le dimanche.*

■ **pratique** (adjectif)
1. Qui est facile à utiliser. *Ce couteau est très* ***pratique*** *pour éplucher les légumes.* (Syn. commode.) **2.** Qui permet de mettre en pratique ce qu'on a appris en théorie. *Je crois que vous avez bien compris : passons aux exercices* ***pratiques****.* **3.** Qui a le sens des réalités. *Heureusement, elle a l'esprit* ***pratique*** *et sait se débrouiller seule !*

■ **pratique** (nom féminin)
1. Activité qui a pour but de mettre en application les choses qu'on a apprises. *Après la théorie, passons à la* ***pratique****.* (Syn. application, exécution. Contr. théorie.) **2.** Manière d'agir. *Copier sur son voisin n'est pas une* ***pratique*** *honnête !* (Syn. procédé.) **3.** Habitude de faire quelque chose. *Il commence à conduire, il manque encore de* ***pratique****.* (Syn. expérience.) **4.** Fait de pratiquer une religion. • **En pratique :** dans la réalité. *Cela a l'air simple, mais* ***en pratique****, c'est plus compliqué.* Famille du mot : impratic**able**, pratic**able**, prati**cien**, pratiqu**ant**, pratique**ment**, pratiqu**er**.

pratiquement (adverbe)
1. Dans la pratique. *Ce projet bizarre semble* ***pratiquement*** *irréalisable.* (Contr. théoriquement.) **2.** À peu près. *Mangeons, il est* ***pratiquement*** *midi.* (Syn. presque.)

pratiquer (verbe) ▸ conjug. n° 3
1. Faire quelque chose de façon très régulière. *Pour être en forme, Victor* ***pratique*** *plusieurs sports.* **2.** Accomplir les actes commandés par une religion. *Ses parents sont croyants mais ne* ***pratiquent*** *pas.*

pré (nom masculin)
Petite prairie. *William a trouvé des champignons dans les* ***prés****.*

préalable (adjectif)
Qui doit avoir lieu avant autre chose. *Guillaume sera embauché après avoir accompli une période d'essai* ***préalable****.* ■ **préalable** (nom masculin) • **Au préalable :** avant, d'abord. *Si vous voulez entrer dans le musée, achetez un billet* ***au préalable****.* (Syn. préalablement.) **Préalable** vient de l'ancien adjectif *alable* qui signifiait « où l'on peut aller ».

a b c d e f g h i j k l m n o p q r s t u v w x y z

préalablement (adverbe)
Au préalable.

préambule (nom masculin)
Début d'un discours. *Après un court **préambule**, Pierre a abordé les points importants.*

préau, préaux (nom masculin)
Partie couverte d'une cour d'école. *Quand il pleut, la récréation a lieu sous le **préau**.*

préavis (nom masculin)
Avertissement que l'on doit donner officiellement. *Les syndicats ont déposé un **préavis** de grève à la direction.*

précaire (adjectif)
Qui est fragile et incertain. *Il a un emploi **précaire**.* (Contr. stable.)

précarité (nom féminin)
Caractère précaire. *La **précarité** de sa situation le préoccupe.*

précaution (nom féminin)
Ce que l'on fait pour éviter un ennui ou un danger. *Ils ont pris la **précaution** de se faire vacciner. Papa roule avec **précaution** sur la route enneigée.*

précédemment (adverbe)
Synonyme d'antérieurement. *Je t'ai déjà dit **précédemment** que je n'étais pas libre.*

précédent, ente (adjectif)
Qui précède quelque chose. *Cette fois, il a accepté, la fois **précédente** il avait refusé.* (Contr. suivant.) ■ **précédent** (nom masculin) Évènement qui a déjà eu lieu et qui peut servir d'exemple. *Une catastrophe aérienne grave et sans **précédent**.*

précéder (verbe) ▸ conjug. n° 8
1. Se passer avant. *Ce ciel tout gris **précède** une tempête.* (Contr. suivre.) **2.** Marcher devant quelqu'un. *Ursula me **précède** pour me montrer le chemin.* (Syn. devancer. Contr. suivre.) Famille du mot : précédemment, précédent.

précepte (nom masculin)
Formule qui énonce une règle de morale. *« Mieux vaut rire que pleurer » est un sage **précepte**.*

précepteur, trice (nom)
Professeur privé chargé de l'instruction d'enfants. *Autrefois, dans les grandes familles, les enfants étaient éduqués par des **précepteurs**.*

prêche (nom masculin)
Synonyme de sermon. *Les fidèles écoutent le **prêche** du prêtre.*

prêcher (verbe) ▸ conjug. n° 3
1. Faire un prêche. *Le prêtre est monté sur la chaire pour **prêcher**.* **2.** Conseiller quelque chose avec insistance. ***Prêcher** la modération, le calme, la patience.* (Syn. recommander.)

précieusement (adverbe)
Avec un grand soin. *Xavier range **précieusement** sa collection de timbres.*

précieux, euse (adjectif)
1. Qui a une grande valeur. *La bague de sa mère est pour maman un objet **précieux**.* **2.** Qu'on apprécie beaucoup. *Votre aide nous a été très **précieuse**.* **3.** Qui manque de naturel. *Zoé est agaçante quand elle parle de façon **précieuse**.* (Syn. maniéré.) **Précieux** vient du latin *pretium* qui signifie « prix ».

précipice (nom masculin)
Trou profond aux parois à pic. *Un torrent coule au fond du **précipice**.* (Syn. ravin.)

précipitamment (adverbe)
Avec précipitation. *Benjamin a agi **précipitamment** et sans réfléchir.*

précipitation (nom féminin)
Trop grande hâte. *Pas de **précipitation**, nous avons tout notre temps.* ■ **précipitations** (nom féminin pluriel) Phénomène atmosphérique tel que la pluie, la neige, la grêle. *D'importantes **précipitations** ont provoqué des inondations.*

précipiter (verbe) ▸ conjug. n° 3
1. Faire quelque chose avec précipitation. *Cette nouvelle l'a obligé à **précipiter** son retour vers la capitale.* (Contr. retarder.) **2.** Se précipiter : se jeter de haut en bas. *Le parachutiste **se précipite** dans le vide.* **3.** Se précipiter sur : s'élancer brusquement. *Le chien **s'est** vraiment **précipité sur** l'os du gigot.* Famille du mot : précipitamment, précipitation. **Précipiter**

vient du latin *præcipitare* qui signifie « tomber la tête en avant ».

■ **précis, ise** (adjectif)
1. Qui est clair, exact et détaillé. *Ton plan était tellement **précis** qu'on a trouvé tout de suite.* (Contr. approximatif, évasif, imprécis, vague.) **2.** Qui fait preuve d'exactitude. *Elle est toujours très **précise** à ses rendez-vous.* (Syn. ponctuel.) **3.** Qui agit avec sûreté et minutie. *Un chirurgien doit être très **précis** dans ses gestes.* **4.** Exactement à cette heure-là. *Je t'attendrai à 14 heures **précises** juste devant le cinéma.* Famille du mot : **im**précis, **im**précis**ion**, précis**ément**, précis**er**, précis**ion**.

■ **précis** (nom masculin)
Livre qui contient l'essentiel d'une matière. *Un **précis** d'histoire.*

précisément (adverbe)
1. De manière précise. *Explique-moi très **précisément** ce que tu veux !* (Syn. exactement.) **2.** Synonyme de justement. *Voilà **précisément** ce qu'il ne faut pas faire.*

préciser (verbe) ▸ conjug. n° 3
Faire connaître de façon précise ou plus précise. *N'oublie pas de me **préciser** à quelle heure tu arriveras. La menace d'orages **se précise** en fin de journée.* (Syn. se confirmer.)

précision (nom féminin)
1. Caractère précis. *J'ai apprécié la **précision** de ses indications.* (Syn. clarté, exactitude. Contr. confusion, imprécision.) **2.** Renseignement qui précise quelque chose. *Je voudrais quelques **précisions** concernant les horaires des trains.*

précoce (adjectif)
1. Qui arrive plus tôt que d'habitude. *L'hiver est **précoce** cette année.* (Contr. tardif.) **2.** Qui est en avance pour son âge. *C'est une enfant **précoce**, à neuf mois elle marche déjà.*

précocité (nom féminin)
Caractère précoce. *La **précocité** de cet élève est étonnante.*

préconçu, ue (adjectif)
• **Idée préconçue :** idée toute faite, qu'on adopte sans réfléchir. *Il faut se méfier des **idées préconçues**.* (Syn. préjugé.)

préconiser (verbe) ▸ conjug. n° 3
Recommander vivement. *Je **préconise** de rentrer dès maintenant car l'orage menace.*

précuit, uite (adjectif)
Qui a été légèrement cuit avant d'être emballé. *Le riz **précuit** est plus vite prêt.*

précurseur (adjectif masculin)
Qui précède et annonce quelque chose. *Depuis hier, le merle chante : c'est un signe **précurseur** du printemps.* ■ **précurseur** (nom masculin) Personne qui lance une idée très en avance sur les autres. *Pierre et Marie Curie ont été des **précurseurs** dans le domaine de la radioactivité.* **Précurseur** vient du latin *præcurrere* qui signifie « courir devant ».

prédateur (nom masculin)
Animal qui se nourrit d'autres animaux vivants. *Le guépard, la panthère, les rapaces sont des **prédateurs**.* **Prédateur** vient du latin *præda* qui signifie « proie ».

L'effraie est un **prédateur** pour les petits rongeurs.

prédécesseur (nom masculin)
Personne qui a précédé quelqu'un dans un emploi. *Le nouveau maire est plus jeune que son **prédécesseur**.* (Contr. successeur.)

prédestiné, ée (adjectif)
Qui semble destiné par avance à quelque chose. *Notre boulanger s'appelle*

*monsieur Baguette, c'est un nom **prédestiné** !*

prédicateur, trice (nom)
Personne qui prêche.

prédiction (nom féminin)
Ce qui a été prédit. *Anna ne croit pas aux **prédictions** des astrologues.* (Syn. prophétie.)

prédilection (nom féminin)
Nette préférence. *Notre sport de **prédilection** est le tennis.*

prédire (verbe) ▸ conjug. n° 46
Annoncer à l'avance ce qui va arriver. *Je t'**avais prédit** que tu serais gagnant.* **Prédire** se conjugue comme dire sauf à la deuxième personne du pluriel : vous *prédisez*.

prédisposer (verbe) ▸ conjug. n° 3
Mettre quelqu'un par avance dans des conditions favorables. *Sa grande taille le **prédispose** à être basketteur.*

prédominer (verbe) ▸ conjug. n° 3
Être le plus important ou le plus fréquent. *Ce qui **prédomine** dans son caractère, c'est sa bonne humeur.*

prééminent, ente (adjectif)
*Qui est le plus important. Il a joué un rôle **prééminent** dans ce projet.*

préfabriqué, ée (adjectif)
Qui est construit avec des éléments prêts à être assemblés. *Ils ont construit une maison **préfabriquée** pour y passer leurs vacances.*

préface (nom féminin)
Texte de présentation placé au début d'un livre. *Dans sa **préface**, l'auteur explique ses intentions.* (Syn. avant-propos, introduction.)

préfacer (verbe) ▸ conjug. n° 4
Présenter par une préface. *C'est un critique d'art qui **a préfacé** ce livre sur Picasso.*

préfectoral, ale, aux (adjectif)
Du préfet. *Par arrêté **préfectoral**, la circulation des poids lourds est interdite dans cette rue.*

préfecture (nom féminin)
1. Ville où réside un préfet. *Lille est la **préfecture** du Nord.* 2. Services et bureaux qui dépendent d'un préfet. *La **préfecture** est ouverte au public de 9 heures à 18 heures.*

préférable (adjectif)
Qui mérite d'être préféré. *Cette solution me semble **préférable** à toutes les autres.*

préféré, ée (adjectif et nom)
Que l'on préfère. *Quel est ton plat **préféré** ? Parmi toutes les BD, ma **préférée** c'est* Astérix.

préférence (nom féminin)
Fait de préférer une chose à une autre. *Yann a une **préférence** pour les sports de plein air.* • **De préférence :** en choisissant une chose plutôt qu'une autre. *Yann va tous les mercredis à la piscine, **de préférence** le matin.*

préférer (verbe) ▸ conjug. n° 8
Aimer mieux. *Les fruits qu'Élodie **préfère**, ce sont vraiment les framboises.* Famille du mot : préfér**able**, préfér**é**, préfér**ence**.

préfet, ète (nom)
Fonctionnaire qui représente le gouvernement dans un département ou une région. *Le **préfet** du Bas-Rhin est venu inaugurer la nouvelle autoroute.*

préfigurer (verbe) ▸ conjug. n° 3
Donner à l'avance une idée de ce que sera quelque chose. *Son air coquin **préfigure** une nouvelle farce !*

préfixe (nom masculin)
Élément placé devant un mot et servant à en former un autre de sens différent. *Dans incomplet, « in- » est un **préfixe** négatif.*

préhension (nom féminin)
Action de prendre. *La pince est l'organe de **préhension** du homard.*

préhistoire (nom féminin)
Période de l'histoire de l'humanité qui a précédé l'invention de l'écriture. *Ces belles gravures rupestres datent de la **préhistoire**.*

préhistorique (adjectif)
De la préhistoire. *Tous les hommes **préhistoriques** vivaient de chasse et de cueillette.*

préjudice (nom masculin)
Tort causé à quelqu'un. *Cette terrible accusation lui a causé un grave **préjudice**.*

préjudiciable (adjectif)
Qui cause un préjudice. *Cette nouvelle construction est **préjudiciable** à la beauté du paysage.* (Syn. nuisible.)

préjugé (nom masculin)
Idée préconçue. *Les **préjugés** de Luc l'empêchent de goûter à la cuisine exotique.*

préjuger (verbe) ▸ conjug. n° 5
Donner prématurément une opinion sur quelque chose. *On ne peut pas **préjuger** de sa réaction, Yann nous surprendra peut-être.*

se **prélasser** (verbe) ▸ conjug. n° 3
Se reposer confortablement. *Fatima **se prélasse** à l'ombre dans le hamac.*

prélat (nom masculin)
Haut personnage du clergé, dans l'Église catholique. *De nombreux **prélats** ont célébré une messe avec le pape.*

prélèvement (nom masculin)
Action de prélever. *Olivier paie son électricité par des **prélèvements** sur son compte bancaire.*

prélever (verbe) ▸ conjug. n° 8
Prendre une partie d'un ensemble. *Les géologues **ont prélevé** quelques échantillons de roches.*

« La Guerre du feu » est un film dont l'action se situe durant la **préhistoire**.

préliminaire (adjectif)
Qui précède et prépare quelque chose. *Les épreuves **préliminaires** servent souvent d'éliminatoires.* ■ **préliminaires** (nom masculin pluriel) Ensemble de discussions qui préparent un accord. *Ces deux pays n'en sont qu'aux **préliminaires** de leurs échanges commerciaux.*

prélude (nom masculin)
1. Évènement qui en annonce un autre. *Ce voyage a été pour eux le **prélude** d'une grande amitié.* **2.** Début d'un morceau de musique. *Gaëlle apprend à jouer un **prélude** de Bach au piano.*

prématuré, ée (adjectif)
Qui se produit trop tôt. *L'arrivée **prématurée** du printemps nous a tous agréablement surpris.* (Syn. précoce.) ■ **prématuré, ée** (adjectif et nom) Enfant né avant terme. *Certains **prématurés** sont placés en couveuse.* ⊶ **Prématuré** vient du latin *præmaturus* qui signifie « qui est mûr avant ».

prématurément (adverbe)
De façon prématurée. *Quentin a **prématurément** arrêté ses études pour prendre un emploi.*

préméditation (nom féminin)
Action de préméditer. *L'accusé a été condamné pour meurtre avec **préméditation**.*

préméditer (verbe) ▸ conjug. n° 3
Décider et préparer quelque chose à l'avance. *Un mauvais coup est souvent soigneusement **prémédité**.*

prémices (nom féminin pluriel)
Premiers signes de quelque chose. *Le retour des hirondelles est une des **prémices** du printemps.*

premier, ère (adjectif)
1. Qui occupe le rang numéro 1. *Lundi prochain sera le **premier** jour du mois de mai.* **2.** Qui vient avant les autres dans le temps ou dans l'espace. *Nous avons marqué un but dans la **première** minute de la partie.* (Contr. dernier.) **3.** Qui est le meilleur dans un classement. *Hélène est fière d'être **première** en français.* • **Nombre premier :** nombre que l'on

ne peut diviser que par lui-même si l'on veut obtenir un nombre entier. ■ **premier, ère** (nom) Personne qui est avant les autres. *Benjamin est le **premier** à avoir écrit à sa tante.* ■ **premier** (nom masculin) **1.** Premier étage. *Habiter au **premier**.* **2.** Premier jour du mois. *Payer le **premier** du mois.* ■ **première** (nom féminin) Sixième année de l'enseignement secondaire, précédant la terminale.

premièrement (adverbe)
En premier lieu. *Si vous voulez vous inscrire, il vous faut **premièrement** remplir ce formulaire, puis payer une cotisation.* (Syn. d'abord.)

prémolaire (nom féminin)
Dent placée entre la canine et les molaires. *L'homme a huit **prémolaires**.* ➡ p. 364.

prémonition (nom féminin)
Avertissement mystérieux de ce qui va arriver. *Une étrange **prémonition** nous empêche de faire ce beau voyage.* (Syn. pressentiment.)

prémonitoire (adjectif)
Qui relève de la prémonition. *Julie raconte qu'elle a fait, hier, un rêve **prémonitoire**.*

se **prémunir** (verbe) ▸ conjug. n° 11
Se protéger contre un mal ou un danger. *Pour **se prémunir** contre la grippe, on se fait vacciner.*

prénatal, ale, als (adjectif)
Qui précède la naissance. *Les femmes enceintes doivent subir des examens **prénatals**.*

prendre (verbe) ▸ conjug. n° 32
1. Saisir avec ses mains. ***Prendre** un livre dans la bibliothèque.* **2.** Emporter avec soi. *N'oublie pas de **prendre** un pull.* **3.** Enlever quelque chose à quelqu'un. *Il pleure car sa sœur lui **a pris** ses jouets.* **4.** Se rendre maître de quelque chose. *Les révoltés **ont pris** la citadelle.* **5.** Attraper un animal. *Les pêcheurs **ont pris** beaucoup de poissons.* **6.** Absorber quelque chose. *Elle doit **prendre** ses médicaments tous les jours.* **7.** Demander ou exiger. *Le cordonnier m'**a pris** 10 euros pour réparer mes chaussures.* **8.** Se servir d'un moyen de transport. *Pour aller à l'école, Laura **prend** l'autobus.* **9.** Considérer d'une certaine façon. ***Prendre** quelqu'un pour un génie.* **10.** Commencer à brûler. *Le feu ne **prend** pas car le bois n'est pas sec.* • **S'en prendre à quelqu'un :** lui faire des reproches ou l'attaquer. • **S'y prendre bien** ou **mal :** agir de façon adroite ou maladroite. Famille du mot : impren**able**, pren**eur**, prise.

preneur, euse (nom)
• **Trouver preneur :** trouver un acheteur. *Cette maison n'**a** pas encore **trouvé preneur**.*

prénom (nom masculin)
Nom joint au nom de famille et qui permet de distinguer les membres d'une même famille. *Myriam est un joli **prénom**.*

se **prénommer** (verbe) ▸ conjug. n° 3
Avoir pour prénom. *Mon cousin **se prénomme** Clément.*

préoccupant, ante (adjectif)
Qui préoccupe. *La situation du bateau est **préoccupante** : les vagues deviennent énormes.* (Syn. inquiétant.)

préoccupation (nom féminin)
Chose qui préoccupe. *Essaie d'oublier un peu tes **préoccupations** et détends-toi !* (Syn. inquiétude, souci.)

préoccuper (verbe) ▸ conjug. n° 3
Synonyme d'inquiéter. *Son état de santé **préoccupe** ses parents. David est encore trop jeune pour **se préoccuper** de son avenir.* Famille du mot : préoccup**ant**, préoccup**ation**.

préparatifs (nom masculin pluriel)
Ce qu'on fait pour préparer quelque chose. *Les **préparatifs** du repas d'anniversaire lui ont demandé beaucoup de travail.*

préparation (nom féminin)
Action de préparer. *La **préparation** de ces confitures est longue.*

préparatoire (adjectif)
Qui sert à préparer. *Une réunion **préparatoire**.* • **Cours préparatoire :** première année de l'enseignement élémentaire.

préparer (verbe) ▸ conjug. n° 3
1. Faire ce qu'il faut pour que quelque chose soit prêt. *Noémie **prépare** son cartable pendant que son père **prépare** le petit déjeuner.* **2.** S'entraîner pour réussir

quelque chose. ***Préparer*** *une compétition, un examen.* 3. Se préparer à faire quelque chose : s'y disposer ou s'y apprêter. *Odile* ***se prépare*** *à sortir.* Famille du mot : préparatifs, préparation, préparatoire.

préponderance (nom féminin)
Supériorité de ce qui est très prépondérant. *La* ***prépondérance*** *économique des États-Unis.*

prépondérant, ante (adjectif)
Qui a plus de poids ou d'autorité que les autres. *Pierre a joué un rôle* ***prépondérant*** *dans la préparation de la fête.*

préposé, ée (nom)
1. Personne chargée d'un service particulier. *La* ***préposée*** *au vestiaire dans un théâtre.* 2. Synonyme de facteur, factrice. *La* ***préposée*** *a fini sa tournée.*

préposition (nom féminin)
Mot invariable qui introduit un complément. *« À, de, pour, sur » sont des* ***prépositions****.*

préretraite (nom féminin)
Retraite qu'on prend avant l'âge normal. *Prendre sa* ***préretraite*** *à 56 ans.*

prérogative (nom féminin)
Privilège attaché à une fonction. *Le droit de gracier un condamné est une des* ***prérogatives*** *du président de la République.*

près (adverbe)
À une courte distance. *Il y a un stade tout* ***près****. Les presbytes ont du mal à voir de* ***près****.* (Contr. loin.) • **Près de :** indique l'approximation. *Il est* ***près de*** *midi.* (Syn. à peu près, environ, presque.)

présage (nom masculin)
Signe, favorable ou défavorable, qui annonce l'avenir. *Le ciel rouge est un* ***présage*** *de beau temps pour demain.*

présager (verbe) ▸ conjug. n° 5
Annoncer quelque chose à venir. *Ces rafales de vent* ***présagent*** *une tempête.*

presbyte (adjectif et nom)
Qui est atteint de presbytie. *Grand-mère a du mal à lire : elle devient* ***presbyte****.*

presbytère (nom masculin)
Maison où habite le curé d'une paroisse.

Ce ciel chargé **présage** l'arrivée du mauvais temps.

presbytie (nom féminin)
Difficulté à voir nettement de près, due souvent à l'âge. Prononciation [pʀɛsbisi].

prescription (nom féminin)
1. Ce qui est prescrit. *Tu dois suivre les* ***prescriptions*** *du médecin, qui sont écrites sur l'ordonnance.* 2. Délai au-delà duquel la justice ne peut plus poursuivre un coupable. *Selon la faute commise, il y a* ***prescription*** *après un certain nombre d'années.*

prescrire (verbe) ▸ conjug. n° 47
Donner comme traitement. *Le médecin lui* ***a prescrit*** *des antibiotiques.*

présence (nom féminin)
Fait d'être présent. *Ta* ***présence*** *n'est pas obligatoire.* (Contr. absence.) *Il a été interrogé par le juge en* ***présence*** *de son avocat.*

présent, ente (adjectif)
1. Qui est là. *Tous les élèves de la classe étaient* ***présents*** *pour la photo avec leur maîtresse.* (Contr. absent.) 2. Qui existe actuellement, par opposition à passé et à futur. *Dans la minute* ***présente****, je ne sais pas quoi te répondre.* ■ **présent** (nom masculin) 1. Période de temps qui se passe maintenant. 2. Forme du verbe

qui indique que l'action se passe maintenant. *« Sarah joue aux échecs » est une phrase au **présent**.* **3.** Synonyme littéraire de cadeau. • **À présent :** maintenant, actuellement. *Ce matin, il pleuvait, **à présent** il fait beau.*

présentable (adjectif)
Qui est digne d'être présenté. *Sa tenue n'était pas **présentable** pour cette réception.*

présentateur, trice (nom)
Personne qui présente un spectacle. *Cette émission a changé de **présentateur**.*

présentation (nom féminin)
1. Manière de présenter quelque chose ou de se présenter. *Il a une **présentation** très soignée.* **2.** Action de présenter une personne à une autre. *C'est maman qui fait les **présentations** avant le dîner.*

présenter (verbe) ▸ conjug. n° 3
1. Faire connaître une personne à une autre personne. *Je te **présente** ma petite sœur Ursula.* **2.** Disposer quelque chose pour le montrer. *Ce libraire **présente** toujours très bien les livres dans sa vitrine.* **3.** Montrer quelque chose. *Le gendarme lui a demandé de **présenter** son permis de conduire.* **4.** Se présenter : être candidat à un examen ou à une élection. **5.** Se présenter : apparaître ou survenir. *Quand l'occasion **se présentera**, je ferai ce grand voyage.* (Syn. arriver, se produire.) Famille du mot : présent**able**, présent**ateur**, présent**ation**, présent**oir**.

présentoir (nom masculin)
Support qui permet de présenter un produit ou un ouvrage. *Ce libraire propose les nouveaux livres sur un **présentoir**.*

préservatif (nom masculin)
Gaine en caoutchouc utilisée par les hommes au moment des rapports sexuels pour ne pas faire d'enfant ou pour se protéger contre certaines maladies.

préservation (nom féminin)
Action de préserver. *La **préservation** d'une espèce animale menacée.*

préserver (verbe) ▸ conjug. n° 3
Protéger contre quelque chose de nuisible. *Ce ciré te **préservera** de la pluie.* Famille du mot : préserv**atif**, préserv**ation**.

présidence (nom féminin)
Fonction de président. *La **présidence** de l'Assemblée nationale.*

président, ente (nom)
Personne qui préside une assemblée ou un État. *Le **président** de la République est élu au suffrage universel.* • **Président-directeur général :** chef d'une entreprise. ➡ Voir **P-DG**.

présidentiel, elle (adjectif)
Du président. *Le palais de l'Élysée est la résidence **présidentielle**.*

présider (verbe) ▸ conjug. n° 3
Diriger comme président. ***Présider** une assemblée.* Famille du mot : prési**dence**, présid**ent**, présid**entiel**.

présomption (nom féminin)
Jugement fondé sur des apparences et non sur des preuves. *On ne peut pas l'accuser sur de simples **présomptions**.*

présomptueux, euse (adjectif)
Synonyme de prétentieux. *Ibrahim se dit le meilleur joueur de l'équipe, il est bien **présomptueux** !* (Contr. modeste.)

presque (adverbe)
Pas tout à fait. *Zoé est **presque** aussi grande que Kevin.*

presqu'île (nom féminin)
Terre qui n'est rattachée au continent que par une étroite bande de terre. ORTHO On écrit aussi **presqu'ile**.

pressant, ante (adjectif)
Qui presse. *Il a un besoin **pressant** d'argent.* (Syn. urgent.)

presse (nom féminin)
1. Machine qui sert à écraser, à comprimer ou à déformer des objets. **2.** Machine qui sert à imprimer. *Cet ouvrage n'a pas encore paru, il est toujours sous **presse**.* **3.** Ensemble des journaux. *Toute la **presse** a parlé de cet évènement.*

pressé, ée (adjectif)
1. Qui est obligé de se dépêcher. *Je me sauve car je suis très **pressée**.* 2. Qu'il faut faire rapidement. *Prends ton temps, ce travail n'est pas **pressé**.* (Syn. urgent.)

presse-citron (nom masculin)
Ustensile qui sert à presser les agrumes pour en extraire le jus. Pluriel : des presse-citron**s**.

pressentiment (nom masculin)
Impression que l'on pressent. *J'avais le **pressentiment** de notre victoire.* (Syn. prémonition.)

pressentir (verbe) ▸ conjug. n° 15
Sentir à l'avance que quelque chose va arriver. *Le chien **avait pressenti** l'arrivée de l'orage.*

presse-papier (nom masculin)
Objet lourd qu'on pose sur des papiers pour les empêcher de s'envoler. Pluriel : des presse-papier**s**.
ORTHO On écrit aussi un **presse-papiers**.

presser (verbe) ▸ conjug. n° 3
1. Appuyer sur quelque chose. ***Presse** le bouton pour allumer la lampe.* 2. Serrer un fruit pour en faire sortir le jus. ***Presser** une orange, un citron.* 3. Demander avec insistance à quelqu'un de faire quelque chose. *Maman **presse** Véronique de finir ses devoirs.* 4. Être urgent. *Dépêchez-vous, ça **presse** !* 5. Se presser : se serrer, s'entasser quelque part. *La foule **se presse** à l'entrée du stade.* 6. Se presser : se dépêcher, se hâter. ***Presse-toi**, nous allons être en retard !* Famille du mot : press**ant**, presse, press**é**, presse-citron, presse-papier, press**ion**, press**oir**.

pressing (nom masculin)
Magasin où l'on dépose des vêtements pour les faire nettoyer et repasser. **Pressing** est un mot anglais : on prononce [pʀesiŋ].

pression (nom féminin)
1. Fait d'appuyer sur quelque chose. *La **pression** d'un doigt suffit à déclencher l'alarme.* 2. Force exercée par un liquide ou un gaz. *Vérifier la **pression** des pneus.* 3. Sorte de bouton qu'on attache en appuyant dessus. • **Faire pression sur quelqu'un :** essayer de le forcer à faire quelque chose. • **Pression atmosphérique :** poids de l'air qui est dans l'atmosphère.

une **presqu'île**

pressoir (nom masculin)
Presse utilisée pour extraire le jus du raisin, des pommes ou des olives. *Son oncle a un **pressoir** pour faire du cidre.*

un ancien **pressoir** à olives

pressurisé, ée (adjectif)
Qui est maintenu à la pression atmosphérique normale. *Tous les avions de ligne sont **pressurisés**.*

prestance (nom féminin)
Allure et maintien élégants ou imposants. *Le gendarme a de la **prestance** dans son uniforme de gala.*

prestation (nom féminin)
1. Allocation versée par un organisme officiel. *Certaines familles ont droit à des **prestations** familiales.* 2. Spectacle donné par un artiste ou un sportif. *La brillante **prestation** d'un comédien.*

preste (adjectif)
Prompt et agile. *Il a été **preste** à saisir la balle.*

prestidigitateur, trice (nom)
Personne qui fait des tours de prestidigitation. (Syn. illusionniste, magicien.)
Prestidigitateur est formé de l'adjectif *preste*, et du latin *digitus* qui signifie « doigt ».

prestidigitation (nom féminin)
Art de faire des tours de magie. *Un numéro de **prestidigitation**.*

prestige (nom masculin)
Attrait et admiration produits par quelqu'un ou quelque chose. *Cette chanteuse d'opéra jouit d'un grand **prestige**.*

prestigieux, euse (adjectif)
Qui a beaucoup de prestige. *Ces touristes trouvent que Paris est une ville **prestigieuse**.*

présumer (verbe) ▸ conjug. n° 3
Croire ou supposer quelque chose. ***Je présume** qu'il a raison.*

■ **prêt, prête** (adjectif)
Qui a fini de se préparer. *Attendons un peu, le dîner n'est pas **prêt**.*

■ **prêt** (nom masculin)
Somme d'argent ou chose prêtée. *Ils doivent rembourser leur **prêt** sur cinq ans.*

prêt-à-porter (nom masculin)
Confection de vêtements en série.
Prononciation [pʀɛtapɔʀte].

prétendant (nom masculin)
Homme qui souhaite épouser une femme. *La princesse a déjà beaucoup de **prétendants**.*

prétendre (verbe) ▸ conjug. n° 31
1. Affirmer quelque chose de douteux. *Benjamin **prétend** avoir déjà fini ses devoirs.* 2. Avoir une intention, une volonté. *Il **prétend** se faire obéir.* Famille du mot : prétend**ant**, prétend**u**, prétent**ieux**, prétent**ion**.

prétendu, ue (adjectif)
Qui est faux ou douteux. *Elle est absente à cause d'une **prétendue** migraine.*

prétentieux, euse (adjectif et nom)
Qui se prétend supérieur aux autres. *Elle est si **prétentieuse** qu'elle ne dit jamais bonjour. Il se dit le plus fort, quel **prétentieux** !* (Syn. présomptueux, vaniteux. Contr. modeste.)

prétention (nom féminin)
1. Volonté de faire quelque chose. *Il a la **prétention** de se faire respecter.* 2. Caractère d'une personne prétentieuse. *Ce jeune acteur est d'une **prétention** insupportable.* (Syn. vanité. Contr. modestie.)

prêter (verbe) ▸ conjug. n° 3
1. Laisser une chose à la disposition d'une personne à condition qu'elle la rende. *J'ai oublié mon stylo, peux-tu m'en **prêter** un ?* **2.** Attribuer à quelqu'un. *On lui **prête** des intentions qu'il n'a jamais eues.* • **Prêter à rire :** faire rire. • **Prêter attention :** être attentif. • **Prêter l'oreille :** écouter attentivement. Famille du mot : prêt, prêt**eur**.

prêteur, euse (adjectif)
Qui prête volontiers. *Clément n'est pas **prêteur**, il garde tout pour lui.*

prétexte (nom masculin)
Fausse raison que l'on donne. *Anna cherche un **prétexte** pour ne pas aller à la piscine.*

prétexter (verbe) ▸ conjug. n° 3
Donner comme prétexte. *Élodie **a prétexté** un travail urgent pour ne pas venir.*

prétoire (nom masculin)
Salle d'audience d'un tribunal.

Pretoria
Capitale administrative de l'Afrique du Sud (1,8 million d'habitants). Pretoria est le siège du gouvernement (la capitale législative est Le Cap). Pretoria est un important centre industriel, situé près de mines de fer. La ville fut fondée en 1855.

prêtre (nom masculin)
Homme qui est chargé du culte. *Autrefois, les **prêtres** catholiques disaient la messe en latin.*

prêtresse (nom féminin)
Dans l'Antiquité, femme qui était attachée au culte d'un dieu.

preuve (nom féminin)
1. Ce qui sert à prouver qu'une chose est vraie. *Il n'existe aucune **preuve** de l'existence des extraterrestres.* **2.** Deuxième calcul qui permet de vérifier qu'une opération était juste. • **Faire preuve de quelque chose :** le manifester. *Elle **a fait preuve d'**une grande patience.* • **Faire ses preuves :** montrer sa valeur et ses capacités.

preux (nom masculin)
Chevalier très brave. *Roland faisait partie des **preux** de Charlemagne.*

prévaloir (verbe) ▸ conjug. n° 25
L'emporter en s'imposant. *Sa solution **a prévalu** sur toutes les autres propositions.*
Prévaloir se conjugue comme valoir, sauf au subjonctif présent : que je *prévale*.

prévenance (nom féminin)
Attention gentille qu'on a pour quelqu'un. *Ibrahim est plein de **prévenance** pour sa petite sœur.*

prévenant, ante (adjectif)
Qui est plein de prévenance. *Elle est très **prévenante** envers ses invités.* (Syn. attentionné.)

prévenir (verbe) ▸ conjug. n° 19
1. Informer par avance. ***Préviens**-nous si tu veux venir !* (Syn. avertir, aviser.) **2.** Mettre au courant. *L'ascenseur est en panne, il faut **prévenir** le gardien.* (Syn. alerter, informer.) **3.** Prendre des précautions pour éviter quelque chose. *Ce vaccin **prévient** la grippe.* **4.** Satisfaire par avance. *Son mari **prévient** ses moindres souhaits.* Famille du mot : préven**ance**, préven**ant**, préven**tif**, préven**tion**, préven**u**.

préventif, ive (adjectif)
Qui a pour but de prévenir les maladies. *Ce traitement **préventif** est très efficace.*

prévention (nom féminin)
Ensemble de mesures destinées à prévenir certains risques. *La **prévention** routière a signalé des risques de verglas.*

prévenu, ue (nom)
Personne accusée d'avoir commis un délit. *Les **prévenus** attendent d'être jugés.*

Prévert Jacques (né en 1900, mort en 1977)
Poète français. Il est l'auteur de recueils dont le plus connu est *Paroles* (1945). Certains de ses textes sont devenus des chansons célèbres, comme *Barbara* et *les Feuilles mortes*. Il a écrit de nombreux scénarios de films, notamment *Quai des brumes* (1938) et *les Enfants du paradis* (1945).

prévisible (adjectif)
Qu'on peut prévoir. *Son succès était **prévisible** car il a beaucoup travaillé.* (Contr. imprévisible.)

a b c d e f g h i j k l m n o **p** q r s t u v w x y z

prévision (nom féminin)
1. Action de prévoir. *J'ai préparé le dîner en **prévision** de votre venue.* **2.** Ce qui est prévu. *Les **prévisions** météorologiques annoncent le temps qu'il va faire.* Famille du mot : **imprévisible**, **prévisible**.

prévoir (verbe) ▸ conjug. n° 22
1. Imaginer à l'avance ce qui doit arriver. *Personne n'**avait prévu** cet évènement.* **2.** Organiser à l'avance. *On **a prévu** des sandwichs pour le voyage.* **Prévoir** se conjugue comme voir, sauf au futur : je *prévoirai*, et au conditionnel présent : je *prévoirais*. Famille du mot : **imprévoyance**, **imprévoyant**, **imprévu**, **prévoyance**, **prévoyant**.

prévoyance (nom féminin)
Qualité d'une personne qui sait prévoir. *Les randonneurs ont eu la **prévoyance** de prendre des vêtements de pluie.* (Contr. imprévoyance.)

prévoyant, ante (adjectif)
Qui fait preuve de prévoyance. *Kevin est **prévoyant**, il a toujours une pile de rechange pour sa lampe de poche.* (Contr. imprévoyant.)

prier (verbe) ▸ conjug. n° 10
1. S'adresser à Dieu ou à une divinité. *Les catholiques **prient** à l'église, les musulmans à la mosquée.* **2.** Demander avec insistance. *Je te **prie** de bien vouloir m'excuser.*

prière (nom féminin)
1. Parole qu'on adresse à Dieu ou à une divinité. *Réciter ses **prières**.* **2.** Demande faite instamment. ***Prière** de frapper avant d'entrer.*

primaire (adjectif)
Se dit de l'enseignement du premier degré, qui va de la maternelle à la fin du cours moyen. • **Ère primaire :** période géologique la plus ancienne, au cours de laquelle sont apparus les poissons. • **Secteur primaire :** ensemble des activités économiques qui concernent les mines, l'agriculture et la pêche. ■ **primaire** (nom masculin) Enseignement primaire. *Les professeurs d'école enseignent dans le **primaire**.* **Primaire** vient du latin *primus* qui signifie « premier » et que l'on retrouve dans *primauté*.

primate (nom masculin)
Mammifère évolué tel que les singes et l'homme. *Les **primates** peuvent saisir les objets grâce à leurs mains.*

des **primates**

primauté (nom féminin)
Première place. *Au CP, la **primauté** revient à l'apprentissage de la lecture.* Voir **primaire**.

■ **prime** (adjectif)
• **De prime abord :** à première vue.

■ **prime** (nom féminin)
Somme d'argent accordée en plus du salaire. *Il a touché une **prime** de fin d'année.* (Syn. gratification.) • **En prime :** en supplément. *En s'abonnant à ce journal, on a droit, **en prime**, à un radioréveil.*

primer (verbe) ▸ conjug. n° 3
1. Distinguer par un prix ou une récompense. *Ce film **a été primé** au dernier festival.* **2.** Venir en premier. *Chez elle, c'est la générosité qui **prime**.* (Syn. dominer.)

primesautier, ère (adjectif)
Synonyme littéraire de spontané. *J'aime son caractère joyeux et **primesautier**.*

primeur (nom féminin)
Fait d'être le premier à apprendre quelque chose. *Il nous a réservé la **primeur** de l'annonce de son mariage.* ■ **primeurs** (nom féminin pluriel) Fruits et légumes qui mûrissent avant la saison normale.

primevère (nom féminin)
Petite fleur des champs. *Les **primevères** fleurissent au printemps.* **Primevère** vient du latin *prima vera* qui signifie « premier printemps ».

des **primevères**

primitif, ive (adjectif)
1. Qui existait au début. *Cette robe a déteint car sa couleur **primitive** était bleue.* (Syn. initial.) **2.** Qui n'est pas très évolué. *Ces artisans utilisent des techniques **primitives**.*

primordial, ale, aux (adjectif)
Qui est très important. *Cette découverte est **primordiale** pour la recherche scientifique.* (Syn. capital, essentiel.)

prince (nom masculin)
Fils d'un souverain, ou membre d'une famille royale. • **Être bon prince :** se montrer généreux. Famille du mot : princ**esse**, princ**ier**, princ**ipauté**.

princesse (nom féminin)
1. Fille d'un roi ou d'un prince. **2.** Femme d'un prince.

princier, ère (adjectif)
Qui est digne d'un prince. *Un repas **princier**.* (Syn. somptueux.)

principal, ale, aux (adjectif)
Qui est le plus important. *Les **principales** villes de France sont Paris, Lyon et Marseille.* ■ **principal** (nom masculin) Chose principale. *Le **principal**, c'est vraiment d'être heureux.* ■ **principale** (nom féminin) Proposition dont dépendent des propositions subordonnées. *Dans la phrase « Je veux que tu viennes avec nous », « je veux » est la **principale**.* ■ **principal, ale, aux** (nom) Personne qui dirige un collège.

principalement (adverbe)
Avant tout. *Benjamin s'est déplacé **principalement** pour nous voir.* (Syn. particulièrement, surtout.)

principauté (nom féminin)
Petit État gouverné par un prince. *La **principauté** d'Andorre.*

principe (nom masculin)
1. Règle qu'on suit dans sa conduite. *Mentir est contraire à ses **principes**.* **2.** Loi scientifique. *Apprendre les **principes** de la physique.* • **En principe :** si tout se passe comme prévu. ***En principe**, notre avion arrive à 14 heures.* (Syn. théoriquement.)

printanier, ère (adjectif)
Du printemps. *Il fait un temps **printanier**.*

printemps (nom masculin)
Saison de l'année qui fait suite à l'hiver et précède l'été. *Au **printemps**, les arbres fruitiers fleurissent.* **Printemps** vient du latin *primus tempus* qui signifie « la première saison ». ➡ p. 1020.

prioritaire (adjectif)
Qui a la priorité. *Les ambulances et les voitures de pompiers sont des véhicules **prioritaires**.*

priorité (nom féminin)
Droit de passer avant les autres. *Avec sa carte d'abonnement, Yann a la **priorité** au cinéma.*

prise (nom féminin)
1. Action de prendre. *Les pêcheurs sont fiers de leurs **prises** aujourd'hui. Une **prise** de sang.* **2.** Façon d'attraper un adversaire. *Pierre apprend une nouvelle **prise** de judo.* **3.** Endroit sur lequel on peut s'appuyer pour se tenir. *Les grimpeurs cherchent des **prises** dans le rocher.* **4.** Dispositif qui permet d'établir le courant électrique. *Elle cherche une **prise** pour brancher sa perceuse.*

prisé, ée (adjectif)
Auquel on accorde un grand prix. *Ce peintre est très **prisé** par la critique.*

« Le **Printemps** » de Botticelli (1478)

prisme (nom masculin)
1. Solide ayant deux faces parallèles en forme de triangles égaux. ➡ p. 576. **2.** Objet transparent en forme de prisme, qui décompose la lumière qui le traverse.

prison (nom féminin)
Endroit où sont enfermées des personnes. ➡ p. 381. Famille du mot : **emprisonnement**, **emprisonner**, **prisonnier**. **Prison** vient du latin *prensio* qui signifie « capture ».

prisonnier, ère (nom)
Personne qui est en prison. *Un **prisonnier** s'est échappé, la police le recherche.* (Syn. détenu.) ■ **prisonnier, ère** (adjectif) Qui ne peut se libérer de quelque chose. *Il est **prisonnier** de ses habitudes.*

privatif, ive (adjectif)
Dont on jouit sans être propriétaire. *Cet appartement a un jardin **privatif**.*

privation (nom féminin)
Fait d'être privé de quelque chose. *Ces gens ont souffert de **privations** pendant la guerre.*

privatiser (verbe) ▸ conjug. n° 3
Vendre à une entreprise privée ce qui appartenait à l'État. *Cette banque **a été privatisée**.* (Contr. nationaliser.)

privé, ée (adjectif)
1. Qui est réservé à certaines personnes. *Cette plage est interdite aux touristes car elle est **privée**.* **2.** Qui est personnel et intime. *Ma vie **privée** ne te regarde pas !* **3.** Qui ne dépend pas de l'État. *Il enseigne dans un établissement **privé**. Une chaîne de télévision **privée**.* (Contr. public.)

priver (verbe) ▸ conjug. n° 3
1. Refuser quelque chose d'agréable à quelqu'un. *Quentin **est privé** de cinéma car il n'a pas fini ses devoirs.* **2.** Se priver : faire des sacrifices. *Elle est obligée de **se priver** pour pouvoir élever ses enfants.*

privilège (nom masculin)
Avantage ou droit particulier accordé à quelqu'un ou à un groupe. *Autrefois, les nobles jouissaient de nombreux **privilèges**.*

privilégié, ée (adjectif et nom)
Qui bénéficie de privilèges. *Vous êtes **privilégiés** : on vous a servis les premiers !*

privilégier (verbe) ▸ conjug. n° 10
Accorder un privilège. *Pour ce partage, nous allons **privilégier** les plus jeunes.* (Syn. avantager.) Famille du mot : **privilège**, **privilégié**.

un **prisme**

prix (nom masculin)
1. Somme d'argent qu'on doit payer pour acheter quelque chose. *Le **prix** de cette voiture est très élevé.* (Syn. valeur.) 2. Récompense attribuée lors d'une compétition. *Cette comédienne a eu le **prix** d'interprétation.* • **À aucun prix :** en aucun cas. • **À tout prix :** à n'importe quelle condition, coûte que coûte. • **Hors de prix :** très cher.

probabilité (nom féminin)
Caractère de ce qui est probable. *Contre un tel adversaire, la **probabilité** de gagner est faible.*

probable (adjectif)
Qui est presque sûr. *Il est **probable** que Guillaume veuille nous accompagner demain.* (Syn. vraisemblable.) Famille du mot : **im**probable, probabil**ité**, probable**ment**.

probablement (adverbe)
De façon probable. *Le ciel est noir, il va **probablement** pleuvoir ce soir.* (Syn. vraisemblablement.)

probant, ante (adjectif)
Qui prouve quelque chose. *Sa démonstration est très **probante**.* (Syn. concluant, convaincant.)

probité (nom féminin)
Qualité d'une personne honnête. *Fatima est d'une **probité** irréprochable.* (Syn. honnêteté, intégrité.)

problématique (adjectif)
Qui pose des problèmes. *Leur venue est **problématique** car nous n'avons pas de place pour les loger.* (Syn. douteux, incertain.)

problème (nom masculin)
1. Difficulté ou situation compliquée à laquelle on doit trouver une solution. *Avec les grèves, il y a de gros **problèmes** de transport.* 2. Exercice de mathématiques. *Yann a du mal à finir son **problème** de géométrie.*

procédé (nom masculin)
1. Méthode pour obtenir un résultat. *Cette usine expérimente de nouveaux **procédés** de fabrication.* 2. Manière de se comporter. *On lui reproche ses **procédés** inadmissibles.*

procéder (verbe) ▸ conjug. n° 8
Exécuter une action. *Le maître **procède** à l'appel des élèves chaque matin.*

procédure (nom féminin)
1. Manière de procéder. *Quelle est la **procédure** à suivre pour obtenir un passeport ?* 2. Ensemble des règles qu'il faut appliquer en justice. *Il existe un code de **procédure** civile et un code de **procédure** pénale.*

procès (nom masculin)
Action en justice devant un tribunal. *À la suite de son licenciement, elle a fait un **procès** à son employeur.*

processeur (nom masculin)
Unité centrale d'un ordinateur qui traite les instructions qui lui sont données. *Cet ordinateur est muni d'un puissant **processeur**.*

procession (nom féminin)
Cortège religieux, le plus souvent accompagné de chants et de prières.

processus (nom masculin)
Manière dont les choses se passent. *Ce géologue étudie les **processus** d'érosion.* ● Prononciation [pʀɔsesys].

procès-verbal (nom masculin)
1. Acte par lequel une autorité constate un délit. *L'agent lui a dressé un **procès-verbal** car il est passé au feu rouge.* (Syn. contravention.) 2. Compte-rendu d'une réunion. Pluriel : des procès-verb**aux**. Au sens 1, **procès-verbal** s'abrège **P-V**.

prochain, aine (adjectif)
Qui suit immédiatement, dans le temps ou dans l'espace. *J'ai rendez-vous avec lui la semaine **prochaine**. Arrêtons-nous à la **prochaine** station-service pour faire le plein.* ■ **prochain** (nom masculin) Autrui. *Aimer son **prochain**.*

prochainement (adverbe)
Dans un avenir proche. *Ce livre doit paraître **prochainement**.*

proche (adjectif)
1. Qui est près d'un endroit. *Elle a de la chance, sa maison est **proche** de l'école.* (Syn. voisin. Contr. éloigné.) 2. Qui va bientôt arriver. *Nous sommes le 20 décembre, le nouvel an est **proche**.*

3. Qui n'est pas très différent. *Leurs opinions politiques sont assez **proches**.* ■ **proche** (nom) Parent ou ami intime. *Seuls les **proches** étaient invités.* Famille du mot : approchant, approche, approcher, rapprochement, rapprocher.

Proche-Orient
Nom utilisé pour désigner la région du Moyen-Orient, qui comprend la Turquie, la Syrie, le Liban, Israël et l'Égypte.

proclamation (nom féminin)
Déclaration solennelle. *Thomas attend avec impatience la **proclamation** des résultats.*

proclamer (verbe) ▸ conjug. n° 3
1. Annoncer officiellement et avec solennité. *La Ve République **a été proclamée** en 1958.* **2.** Affirmer publiquement et avec force. *L'accusé **proclame** son innocence.* (Syn. clamer.)

procréation (nom féminin)
Action de donner naissance à un enfant.

procréer (verbe) ▸ conjug. n° 3
Donner naissance à un enfant. *Une femme en âge de **procréer**.*

procuration (nom féminin)
Document officiel qui autorise à agir à la place de quelqu'un. *Voter par **procuration**.*

procurer (verbe) ▸ conjug. n° 3
Faire avoir ou fournir quelque chose à quelqu'un. *Son cousin a réussi à lui **procurer** une place pour le match. Hélène a eu du mal à **se procurer** ce livre.*

procureur (nom masculin)
Magistrat qui est chargé de l'accusation dans un procès.

prodigalité (nom féminin)
Caractère d'une personne prodigue. *Victor distribue des bonbons avec **prodigalité**.* (Contr. parcimonie.)

prodige (nom masculin)
1. Chose extraordinaire, miraculeuse. *Sa subite guérison est un véritable **prodige** !* **2.** Personne qui a des dons extraordinaires. *Ce très jeune violoniste est un **prodige**.* Famille du mot : prodigieusement, prodigieux.

prodigieusement (adverbe)
De façon prodigieuse. (Syn. extrêmement, extraordinairement, fabuleusement.)

prodigieux, euse (adjectif)
Qui tient du prodige. *Cet athlète a une force **prodigieuse**.* (Syn. extraordinaire, fabuleux.)

prodigue (adjectif)
Qui dépense trop d'argent. *Cet homme **prodigue** ne sait pas faire d'économies.*

prodiguer (verbe) ▸ conjug. n° 3
Donner généreusement. ***Prodiguer** des soins aux blessés. **Prodiguer** des encouragements.*

producteur, trice (adjectif et nom)
Qui produit. *L'Asie est une région **productrice** de riz. Les **producteurs** de fruits.* ■ **producteur, trice** (nom) Personne qui produit un film ou une émission.

productif, ive (adjectif)
Qui produit beaucoup. *Cette terre fertile est très **productive**.*

production (nom féminin)
1. Ce qui est produit par l'agriculture ou l'industrie. *Cet industriel exporte une partie de sa **production**.* **2.** Quantité produite. *La **production** de blé a augmenté grâce au climat favorable.*

productivité (nom féminin)
Rapport entre la quantité de biens produits et les moyens nécessaires pour les produire. (Syn. rendement.)

produire (verbe) ▸ conjug. n° 43
1. Causer quelque chose. *L'alerte à la bombe **a produit** un mouvement de panique.* (Syn. provoquer.) **2.** Fabriquer des objets pour les vendre. *Cette usine **produit** des automobiles.* **3.** Donner comme fruit. *Les pommiers **ont produit** beaucoup de pommes cette année.* **4.** Fournir l'argent nécessaire à la réalisation d'un film ou d'une émission. **5.** Se produire : avoir lieu. *Des chutes de neige **se sont produites** durant la nuit.* Famille du mot : producteur, productif, production, productivité, produit, sous-produit, surproduction.

produit (nom masculin)
1. Chose produite. *Préférer les **produits** frais aux **produits** surgelés.* 2. Résultat d'une multiplication. *72 est le **produit** de 6 × 12.*

proéminent, ente (adjectif)
Qui dépasse en faisant saillie. *Cyrano avait un nez **proéminent**.*

profanation (nom féminin)
Action de profaner. *La **profanation** d'un cimetière est un acte infâme.*

profane (adjectif et nom)
Qui ignore tout d'un art ou d'une science. *William est totalement **profane** en informatique.* (Contr. initié.)

profaner (verbe) ▸ conjug. n° 3
Ne pas respecter le caractère sacré de quelque chose. *Le tombeau du pharaon **a été profané** et pillé à maintes reprises.*

proférer (verbe) ▸ conjug. n° 8
Dire à haute voix et avec violence. ***Proférer** des insultes, des menaces.*

professeur (nom masculin)
Personne qui enseigne à des élèves. *Sa mère est **professeur** d'histoire dans un collège.* • **Professeur des écoles :** enseignant en école primaire. Famille du mot : profess**oral**, profess**orat**. Ce mot s'abrège familièrement **prof**.

profession (nom féminin)
Travail que l'on fait pour gagner sa vie. *Quelle est la **profession** de tes parents ?* • **Faire profession de quelque chose :** le déclarer ouvertement. ***Il fait profession d'**appartenir à un mouvement écologique.*

professionnel, elle (adjectif)
Qui concerne une profession. *Ses obligations **professionnelles** l'entraînent à voyager.* ■ **professionnel, elle** (adjectif et nom) Qui pratique une activité comme métier. *Des footballeurs **professionnels**.* (Contr. amateur.)

professoral, ale, aux (adjectif)
Qui concerne les professeurs. *Le corps **professoral** dépend du ministère de l'Éducation nationale.*

professorat (nom masculin)
Métier de professeur. *Julie se destine au **professorat** d'éducation physique.*

profil (nom masculin)
Contour d'un visage vu de côté. *Sur cette photo, on le voit de **profil**.*

Les Égyptiens représentaient généralement les personnages de **profil**.

se **profiler** (verbe) ▸ conjug. n° 3
Apparaître avec des contours précis. *La cathédrale **se profile** à l'horizon.* (Syn. se découper, se détacher.)

profit (nom masculin)
1. Avantage que l'on retire de quelque chose. *Ce nageur a tiré **profit** des conseils de son entraîneur. Une collecte a été organisée au **profit** des victimes.* 2. Gain d'argent. *Ce supermarché a réalisé de gros **profits**.* (Syn. bénéfice. Contr. perte.) • **Mettre à profit :** utiliser de façon profitable. ***Mettre à profit** son expérience.* Famille du mot : profit**able**, profit**er**, profit**eur**.

profitable (adjectif)
Qui procure un profit. *Quelques jours de repos vous seront très **profitables**.* (Syn. bénéfique, utile.)

profiter (verbe) ▸ conjug. n° 3
1. Tirer un profit de quelque chose. *Je **profite** de l'occasion pour vous remercier de vive voix.* 2. Être utile. *Ces cours d'anglais vous **ont profité**.* (Syn. servir.)

profiterole (nom féminin)
Petit gâteau rempli de glace à la vanille et nappé de crème au chocolat chaude.

a b c d e f g h i j k l m n o p q r s t u v w x y z

profiteur, euse (nom)
Personne qui profite sans scrupule des autres. *Durant la famine, des* ***profiteurs*** *ont vendu très cher des produits alimentaires.*

profond, onde (adjectif)
1. Dont le fond est très éloigné de la surface. *Ne plonge pas à cet endroit, la piscine n'est pas assez* ***profonde****.* **2.** Qui est très grand, très intense. *Un* ***profond*** *sommeil. Une passion* ***profonde****.* **3.** Qui va au fond des choses sans s'arrêter aux apparences. *Ce vieil homme est d'une sagesse* ***profonde****.* (Contr. superficiel.) Famille du mot : approfondi**r**, profond**ément**, profon**deur**.

profondément (adverbe)
1. À une grande profondeur. *On a découvert des statues* ***profondément*** *enfouies dans le sable.* **2.** De façon profonde, intense. *Guillaume est* ***profondément*** *ému de retrouver ses amis.*

profondeur (nom féminin)
1. Distance qui va de la surface jusqu'au fond. *Ce puits a environ quatorze mètres de* ***profondeur****.* **2.** Dimension qui va de l'avant vers l'arrière. *Dans le couloir, les étagères doivent avoir moins de 40 cm de* ***profondeur****.*

profusion (nom féminin)
Très grande quantité. *Les mariés ont reçu une* ***profusion*** *de cadeaux.*

progéniture (nom féminin)
Ensemble des petits d'un animal, des enfants d'une personne. *La louve nourrit sa* ***progéniture****.*

une cane et sa **progéniture**

programmable (adjectif)
Que l'on peut programmer. *Une cafetière électrique* ***programmable****.*

programmateur (nom masculin)
Dispositif qui commande le programme de fonctionnement d'un appareil. *Grâce à son* ***programmateur****, cette cafetière vous prépare un café à l'heure que vous souhaitez.*

programmation (nom féminin)
Action de programmer quelque chose. *La* ***programmation*** *du journal télévisé a été retardée.*

programme (nom masculin)
1. Liste de films ou d'émissions prévus. *Le mercredi, Yann regarde le* ***programme*** *pour enfants sur la troisième chaîne.* **2.** Ensemble de matières à étudier. *Le Moyen Âge est au* ***programme*** *d'histoire.* **3.** Ensemble des projets à réaliser, des buts à atteindre. *Chaque parti politique a présenté son* ***programme*** *aux électeurs.* **4.** Ensemble des instructions que l'on met dans la mémoire d'un ordinateur pour qu'il puisse fonctionner. Famille du mot : programma**ble**, programma**tion**, programme**r**. **Programme** vient du grec *programma* qui signifie « ce qui est écrit à l'avance ».

programmer (verbe) ▸ conjug. n° 3
1. Inscrire dans un programme. *Cette émission* ***est programmée*** *trop tard dans la soirée.* **2.** Donner des instructions à un appareil ou à un ordinateur. *Papa* ***a programmé*** *le lecteur de DVD pour enregistrer ce beau film.* **3.** Prévoir et organiser à l'avance. *Le voyage en Italie* ***est programmé*** *pour la fin de l'année.*

progrès (nom masculin)
1. Amélioration dans un domaine ou une matière. *Benjamin a fait beaucoup de* ***progrès*** *en piano.* **2.** Développement de la société, de la civilisation. *Le* ***progrès*** *fait-il le bonheur de l'humanité ?* Famille du mot : progress**er**, progres**sif**, progress**ion**, progress**iste**, progressi**vement**.

progresser (verbe) ▸ conjug. n° 3
1. Se développer ou s'étendre. *La consommation de viande* ***a*** *beaucoup* ***progressé*** *en un siècle.* (Contr. reculer, régresser.) **2.** Faire des progrès. *Cette*

*année, Laura **a** beaucoup **progressé** en français.* (Contr. régresser.)

progressif, ive (adjectif)
Qui se fait peu à peu. *Depuis qu'il prend ce médicament, on note une amélioration **progressive** de sa santé.*

progression (nom féminin)
Mouvement vers l'avant. *Les chutes de neige n'ont pas arrêté la **progression** des alpinistes.* (Syn. avance.)

progressiste (adjectif et nom)
Qui est favorable au progrès social. *Ce parti politique défend des idées très **progressistes**.*

progressivement (adverbe)
De façon progressive. *Quand vous irez mieux, diminuez **progressivement** les doses prescrites.* (Syn. graduellement, petit à petit.)

prohibitif, ive (adjectif)
Qui est très cher. *Ce boucher vend sa viande à des prix **prohibitifs**.*

prohibition (nom féminin)
Action d'interdire par la loi. *Dans les années 1920, les États-Unis ont décrété la **prohibition** de l'alcool.*

proie (nom féminin)
Animal qu'un autre animal tue pour le manger. *Dissimulé dans l'herbe, le serpent guette sa **proie**.* ➡ p. 148. • **Être en proie à quelque chose :** être tourmenté par cela. *Depuis sa défaite, notre équipe **est en proie au** découragement.* • **Être la proie des flammes :** être détruit par le feu. • **Oiseau de proie :** oiseau qui se nourrit d'animaux qu'il capture vivants. *Le faucon, l'épervier sont des **oiseaux de proie**.* (Syn. rapace.)

projecteur (nom masculin)
1. Appareil qui sert à projeter des images sur un écran. *Le conférencier a relié son ordinateur à un **projecteur**.* 2. Appareil qui projette une lumière très puissante. *Des **projecteurs** éclairent la façade de la cathédrale.*

projectile (nom masculin)
Objet que l'on lance à la main ou avec une arme. *Un caillou, une balle de fusil, une flèche sont des **projectiles**.*

projection (nom féminin)
1. Ce qui est projeté. *Il y a eu une **projection** d'étincelles quand le pétard a éclaté.* 2. Action de projeter un film. *Clément a eu des entrées gratuites pour la **projection** de ce film.*

projet (nom masculin)
Ce que l'on projette de faire. *Myriam a des **projets** pour le week-end.* (Syn. plan.)

projeter (verbe) ▸ conjug. n° 9
1. Lancer avec force. *Il **a projeté** le poids à plus de 20 mètres.* 2. Faire apparaître des images sur un écran. ***Projeter** un film, un diaporama.* 3. Prévoir à l'avance de faire quelque chose. *Nous **avons projeté** de passer nos vacances en Espagne.*

prolétaire (nom)
Travailleur qui vit uniquement de son salaire et qui a, en général, un niveau de vie vraiment très bas. (Contr. bourgeois, capitaliste.)

prolétariat (nom masculin)
Ensemble des prolétaires. *Au XIXe siècle, le **prolétariat** a lutté pour défendre ses droits face au capitalisme.*

prolifération (nom féminin)
Fait de proliférer. *On a asséché ce marais pour éviter la **prolifération** des moustiques.*

proliférer (verbe) ▸ conjug. n° 8
Se reproduire très rapidement. *Ce temps humide permet aux champignons de **proliférer**.* (Syn. se multiplier.)

prolifique (adjectif)
Qui se reproduit très rapidement. *Les lapins sont des animaux très **prolifiques**.* (Syn. fécond.)

prolixe (adjectif)
Qui parle beaucoup. *Il n'est pas très **prolixe** quand il est avec des gens qu'il ne connaît pas bien.* (Syn. bavard, loquace.)

prologue (nom masculin)
Première partie d'un roman ou d'une pièce de théâtre, qui sert à expliquer ce qui s'est passé avant le début de l'histoire.

prolongation (nom féminin)
Action de prolonger la durée de quelque chose. *Il a obtenu une **prolongation** pour payer ses impôts. Notre équipe a marqué le but de la victoire pendant les **prolongations**.*

prolongement (nom masculin)
Fait de se prolonger dans l'espace. *Le **prolongement** de cette autoroute permettra d'aller directement en Espagne.*

prolonger (verbe) ▸ conjug. n° 5
1. Faire durer plus longtemps que prévu. *Nous **avons prolongé** notre voyage d'une semaine. La réunion **s'est prolongée** jusqu'à 11 heures du soir.* **2.** Augmenter la longueur. ***Prolonger** une rue.* Famille du mot : prolong**ation**, prolonge**ment**.

promenade (nom féminin)
Petit trajet que l'on fait pour son plaisir. *On a fait une **promenade** sur la plage.*

promener (verbe) ▸ conjug. n° 8
Faire faire une promenade. *David aime **promener** son chien dans les bois. Des passants **se promènent** le long des quais.* Famille du mot : prome**nade**, prome**neur**.

promeneur, euse (nom)
Personne qui se promène. *Des **promeneurs** viennent flâner sur les rives du fleuve.*

promesse (nom féminin)
Ce que l'on a promis. *J'ai confiance en elle, elle tient toujours ses **promesses**.* (Syn. engagement.)

prometteur, euse (adjectif)
Qui fait espérer une réussite. *Ce n'est pas encore un chanteur connu, mais ses débuts sont **prometteurs**.*

promettre (verbe) ▸ conjug. n° 33
1. S'engager à faire quelque chose. *Noémie **a promis** de me prêter ses jeux vidéo.* **2.** Se promettre : prendre une résolution. *Elle **s'est promis** de ne plus se ronger les ongles.* Famille du mot : pro**messe**, promet**teur**.

promiscuité (nom féminin)
Situation désagréable qui oblige à vivre trop près d'autres personnes. *Il ne veut pas aller en internat parce qu'il n'aime pas la **promiscuité** des dortoirs.* **Promiscuité** vient du mot latin *promiscuus* qui signifie « mélangé ».

promontoire (nom masculin)
Pointe de terre qui domine la mer. *Il y a un phare au sommet du **promontoire**.*

promoteur, trice (nom)
Homme d'affaires qui fait construire des immeubles pour les vendre.

promotion (nom féminin)
1. Action de promouvoir quelqu'un à un grade supérieur. *Il a été nommé directeur, c'est une **promotion** très importante.* **2.** Action de promouvoir un produit. *Faire la **promotion** d'un nouveau modèle d'ordinateur.* • **En promotion :** vendu moins cher.

promotionnel, elle (adjectif)
Qui est destiné à promouvoir un produit. *Cette semaine, il y a une vente **promotionnelle** de fournitures scolaires au supermarché.*

promouvoir (verbe) ▸ conjug. n° 24
1. Élever à un grade supérieur. *Notre oncle vient d'**être promu** directeur général de l'entreprise.* **2.** Favoriser le développement ou l'organisation de quelque chose. *Le gouvernement a décidé de **promouvoir** un programme de lutte contre la pollution.* **3.** Augmenter la vente d'un produit par des actions publicitaires. ***Promouvoir** un nouveau parfum au moyen de spots télévisés.*

prompt, prompte (adjectif)
Synonyme littéraire de rapide. *Marie est **prompte** à répliquer aux critiques.* Prononciation [pʀɔ̃], [pʀɔ̃t].

promptitude (nom féminin)
Synonyme littéraire de rapidité. *Il exécute son travail avec **promptitude** et efficacité.*

promulgation (nom féminin)
Action de promulguer une loi. *Une loi est applicable dès le jour de sa **promulgation**.*

promulguer (verbe) ▸ conjug. n° 3
Publier officiellement une loi. *Le gouvernement vient de **promulguer** une nouvelle loi sur l'immigration.*

prôner (verbe) ▶ conjug. n° 3
Recommander avec beaucoup d'insistance. *Le Premier ministre **a prôné** la lutte contre le chômage.*

pronom (nom masculin)
Mot qui remplace un nom. *« Je, tu, il » sont des **pronoms** personnels ; « ceci » est un **pronom** démonstratif ; « qui, que, dont » sont des **pronoms** relatifs ; « le tien, le sien » sont des **pronoms** possessifs.*

pronominal, ale, aux (adjectif)
• **Verbe pronominal :** verbe qui est précédé d'un pronom personnel. *« Se souvenir, s'endormir » sont des verbes **pronominaux**.*

prononcé, ée (adjectif)
Que l'on perçoit très nettement. *Ce biscuit a un goût de moisi très **prononcé**.*

prononcer (verbe) ▶ conjug. n° 4
1. Articuler les sons qui composent un mot. *Il faut **prononcer** le « s » dans le mot « bus ». « Sot » et « saut » **se prononcent** de la même manière.* 2. Dire quelque chose. *Il **a prononcé** un petit discours de bienvenue.* 3. Se prononcer : donner son avis. *Le jury doit **se prononcer** sur la culpabilité de l'accusé.*

prononciation (nom féminin)
Manière de prononcer les mots. *Lisez ce texte en faisant attention à la **prononciation** des mots difficiles.*

pronostic (nom masculin)
Prévision que l'on donne sur ce qui pourrait se produire. *Selon les **pronostics**, c'est le candidat écologiste qui sera élu.*
Pronostic vient du grec *prognostikein* qui signifie « connaître à l'avance ».

pronostiquer (verbe) ▶ conjug. n° 3
Faire un pronostic. *Des journalistes **avaient pronostiqué** la chute du gouvernement.* (Syn. prédire, prévoir.)

propagande (nom féminin)
Action exercée dans le but d'influencer les gens. *Ils font de la **propagande** pour leur association en distribuant des badges.*

propagation (nom féminin)
Fait de se propager. *Les médecins essaient d'enrayer la **propagation** de l'épidémie.*

propager (verbe) ▶ conjug. n° 5
1. Faire connaître à tout le monde. *Les journaux **ont propagé** les détails de cette affaire.* (Syn. répandre.) 2. Se propager : gagner du terrain. *Le feu **s'est** très rapidement **propagé** dans les broussailles.* (Syn. s'étendre.)

propane (nom masculin)
Gaz utilisé comme combustible. *Il faudrait changer la bouteille de **propane** qui alimente le chauffe-eau de la salle de bains.*

prophète (nom masculin)
Homme inspiré par Dieu pour révéler ses volontés. *Isaïe et Jérémie sont deux grands **prophètes** de la Bible.* Famille du mot : prophétie, prophétique.

« Le **Prophète** Jérémie » de Rembrandt (1630)

prophétie (nom féminin)
Synonyme de prédiction. *N'écoutez pas ses **prophéties** du nouvel an, c'est un charlatan !* Prononciation [pʀɔfesi].

prophétique (adjectif)
Qui annonce ce qui va arriver. *Elle est persuadée qu'elle a fait un rêve **prophétique**.*

propice (adjectif)
Synonyme d'opportun. *La neige est épaisse, c'est le moment **propice** pour aller skier.*

proportion (nom féminin)
Rapport de grandeur entre les différentes parties d'un ensemble. *Dans*

*notre équipe de basket, il y a une **proportion** importante de joueurs de grande taille.* ■ **proportions** (nom féminin pluriel) **1.** Dimensions considérées les unes par rapport aux autres. *Cet architecte construit des immeubles aux **proportions** harmonieuses.* **2.** Importance plus ou moins grande. *La circulation automobile sur cette route a pris des **proportions** inquiétantes.* Famille du mot : **dis**proportion, **dis**proportion**né**, proportion**né**, proportion**nel**, proportion**nellement**.

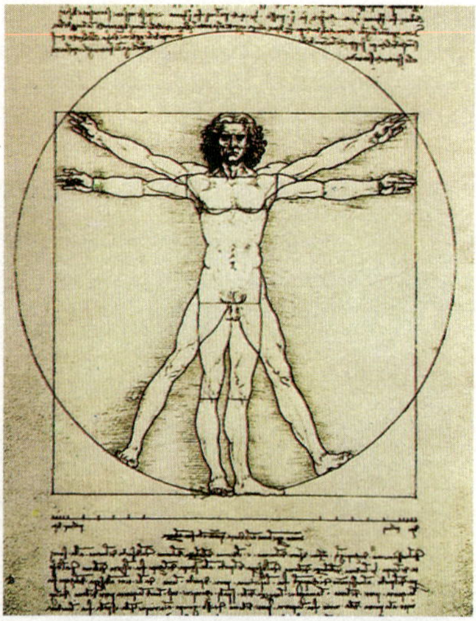

Ce dessin de Léonard de Vinci montre les **proportions** du corps humain.

proportionné, ée (adjectif)
Qui est en proportion normale avec autre chose. *Cette récompense est **proportionnée** à la valeur de son travail.* (Contr. disproportionné.)

proportionnel, elle (adjectif)
Qui est en proportion avec autre chose. *Le poids de ce bébé est **proportionnel** à son âge.*

proportionnellement (adverbe)
De façon proportionnelle. *Les impôts sont calculés **proportionnellement** au salaire.*

propos (nom masculin)
Ce qu'on a l'intention de faire. *Le **propos** de cet avocat est de prouver l'innocence de son client.* (Syn. but, dessein.) • **À propos :** au bon moment. *Nous allions commencer la réunion, tu arrives **à propos**.* (Syn. à pic.) • **À propos de quelque chose :** à ce sujet. *Nous nous sommes mis d'accord **à propos de** notre voyage.* • **À tout propos :** à n'importe quelle occasion. *Il fait des blagues **à tout propos**.* ■ **propos** (nom masculin pluriel) Ensemble de paroles. *Ils ont échangé des **propos** désagréables et ont fini par se fâcher.*

proposer (verbe) ▸ conjug. n° 3
1. Offrir un choix ou soumettre une idée à quelqu'un. *Odile m'**a proposé** d'aller faire du vélo avec elle.* **2.** Se proposer pour : offrir ses services. *Il **s'est proposé pour** repeindre la cuisine.* **3.** Se proposer de : avoir l'intention de. *Nos voisins **se proposent d'**acheter une maison à la campagne.*

proposition (nom féminin)
1. Chose proposée. *Elle m'a invité à dîner, mais j'ai refusé sa **proposition**.* (Syn. offre.) **2.** Partie d'une phrase qui contient un verbe. *La phrase « Je suis content qu'il vienne » contient deux **propositions**.*

propre (adjectif)
1. Qui est net et sans tache. *Ibrahim s'est douché et il a mis des vêtements **propres**.* (Contr. malpropre, sale.) **2.** Qui appartient personnellement à quelqu'un. *Inutile de venir me chercher, je viendrai par mes **propres** moyens.* **3.** Se dit du sens originel d'un mot. *Le mot « peste » désigne une maladie au sens **propre** et une personne méchante au sens figuré.* **4.** Qui convient à quelque chose. *Ce lait périmé n'est pas **propre** à la consommation.* (Contr. impropre.) **5.** Qui ne pollue pas ou qui pollue peu. *Les voitures électriques sont des véhicules **propres**.* ■ **propre** (nom masculin) Caractère particulier d'une personne ou d'une chose. *La parole est le **propre** de l'homme.* • **Mettre au propre :** recopier un texte que l'on a écrit au brouillon. Famille du mot : **mal**propre, **mal**propre**té**, propre**ment**, propre**té**.

propre-à-rien (nom)
Personne qui ne sait rien faire. *Cette **propre-à-rien** bâcle toujours son travail.* Pluriel : des propres-à-rien.

proprement (adverbe)
D'une manière propre. *Maintenant que tu es grand, tu dois manger **proprement**.* (Contr. salement.) • **À proprement parler :** en employant le mot qui convient.

*Ce livre n'est pas **à proprement parler** un chef-d'œuvre, disons plutôt que c'est un bon roman.*

propreté (nom féminin)
Qualité de ce qui est propre. *Ce linge est d'une **propreté** irréprochable.* (Contr. saleté.)

propriétaire (nom)
Personne à qui appartient quelque chose. *Les locataires payent un loyer mensuel au **propriétaire** de leur appartement.*

propriété (nom féminin)
1. Fait d'être propriétaire de quelque chose. *Tous ces champs sont la **propriété** du même agriculteur.* 2. Maison avec un terrain autour. *Ils ont une grande **propriété** dans le Midi.* 3. Caractère particulier de quelque chose. *Une des **propriétés** du cuivre est d'être un bon conducteur.* (Syn. caractéristique, particularité.) Famille du mot : copropriétaire, copropriété, exproprier, propriétaire.

propulser (verbe) ▸ conjug. n° 3
Faire avancer un engin. *Ce sont les réacteurs qui **propulsent** les avions à réaction.*

propulsion (nom féminin)
Mouvement qui propulse quelque chose. *Cette voiture est équipée d'un moteur à **propulsion** électrique.*

prorata (nom masculin)
• **Au prorata de quelque chose :** en proportion de cette chose. *Il a remboursé ses dettes **au prorata de** ce que chacun lui avait prêté.* (Syn. proportionnellement, selon.)

prosaïque (adjectif)
Qui manque d'imagination, de fantaisie. *Kevin rêve d'aventures, il ne veut pas mener une existence **prosaïque**.* (Syn. terre à terre.) **Prosaïque** vient de *prose*, la prose étant jugée moins imaginative que la poésie.

proscrire (verbe) ▸ conjug. n° 47
Interdire strictement. *Dans certains pays, la loi **proscrit** la consommation d'alcool.*

proscrit, ite (nom)
Personne qui a été chassée de son pays.

prose (nom féminin)
Façon courante d'écrire et de parler, qui se différencie de la poésie. *Un romancier écrit en **prose** et un poète écrit en vers.*

prosélytisme (nom masculin)
Fait de chercher à convertir les autres à sa religion ou à ses idées.

prospecter (verbe) ▸ conjug. n° 3
Explorer un terrain pour y découvrir des richesses minérales. *On **prospecte** cette région dans l'espoir de trouver du pétrole.*

prospection (nom féminin)
Action de prospecter. *Cette firme fait de la **prospection** pétrolière en mer du Nord.*

prospectus (nom masculin)
Feuille publicitaire qui est distribuée gratuitement. *La boîte aux lettres est pleine de **prospectus**.* Prononciation [pʀɔspɛktys].

prospère (adjectif)
Qui prospère. *Il dirige une entreprise **prospère**.* (Syn. florissant.) Famille du mot : prospérer, prospérité.

prospérer (verbe) ▸ conjug. n° 8
Se développer avec succès. *Le commerce **prospère** dans la région grâce à la présence de nombreux touristes.* (Contr. péricliter.)

prospérité (nom féminin)
Situation prospère. *Grâce à ses ressources minières, ce pays vit dans la **prospérité**.*

Les feux de camp sont **proscrits** dans les forêts.

a b c d e f g h i j k l m n o p q r s t u v w x y z

se prosterner (verbe) ▸ conjug. n° 3
S'incliner très bas en signe de respect. *Les courtisans **se prosternaient** devant le roi et la reine.*

prostitué, ée (nom)
Personne qui se prostitue.

se prostituer (verbe) ▸ conjug. n° 3
Avoir des relations sexuelles avec quelqu'un en échange d'une somme d'argent. Famille du mot : prostitu**é**, prostitu**tion**.

prostitution (nom féminin)
Activité des personnes qui gagnent leur vie en se prostituant.

prostré, ée (adjectif)
Qui est très abattu. *Après l'accident, elle est restée **prostrée** pendant des heures.*

protagoniste (nom)
Personne qui joue un rôle important dans une histoire. *À la suite de cette bagarre, la police a interrogé tous les **protagonistes**.*

protecteur, trice (adjectif et nom)
Qui protège et défend contre les dangers. *Ce chien abandonné a été recueilli par la société **protectrice** des animaux.*

protection (nom féminin)
1. Action de protéger. *Tu n'as rien à craindre, tu es sous ma **protection**.* 2. Ce qui protège. *Les crèmes solaires sont une **protection** efficace contre les coups de soleil.*

protectorat (nom masculin)
Situation juridique internationale qui permet la protection d'un État faible par un État plus fort. *Le Maroc a été un **protectorat** de la France de 1912 à 1956.*

protège-cahier (nom masculin)
Couverture souple et amovible qui sert à protéger un cahier. Pluriel : des protège-cahier**s**.

protéger (verbe) ▸ conjug. n° 5 et n° 8
1. Défendre quelqu'un contre les dangers. *La chatte **protège** ses petits.* 2. Préserver ou mettre à l'abri. *Ce produit **protège** les métaux de la rouille. Cet antivirus **protègera** efficacement votre ordinateur.*

protéine (nom féminin)
Substance indispensable à l'organisme et que l'on trouve dans la viande, le poisson, les œufs, etc.

protestant, ante (nom)
Chrétien adepte du protestantisme. *Les **protestants** vont prier au temple.*

protestantisme (nom masculin)
Religion fondée par des chrétiens qui refusaient l'autorité du pape. *Le **protestantisme** est apparu au XVIe siècle.*

protestataire (nom)
Personne qui proteste contre quelque chose. *Une pétition a été déposée à la mairie par les **protestataires**.*

protestation (nom féminin)
Fait de protester. *Des manifestants ont défilé dans la rue en signe de **protestation**.*

protester (verbe) ▸ conjug. n° 3
1. Déclarer avec force son désaccord ou son opposition. *Les employés **protestent** contre les nouveaux horaires de travail.* 2. Affirmer avec force son bon droit. *Face au juge, l'accusé **a protesté** de son innocence.*

prothèse (nom féminin)
Appareil qui remplace un membre ou un organe. *Il est un peu sourd et porte une **prothèse** auditive.*

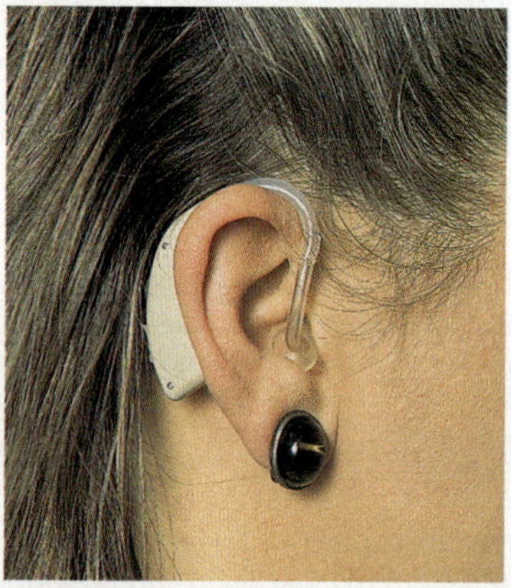

une **prothèse** auditive

prothésiste (nom)
Personne qui fabrique des prothèses. *Un **prothésiste** dentaire.*

protocole (nom masculin)
Ensemble des règles qu'il faut suivre durant une réunion officielle. *Ce chef d'État étranger a été reçu suivant le* ***protocole****.*

prototype (nom masculin)
Exemplaire unique d'un objet qui sera ensuite fabriqué en série. *Ce téléphone n'est pas encore en vente, c'est un* ***prototype****.*

protubérance (nom féminin)
Petite partie en relief. *Une piqûre de moustique forme une* ***protubérance*** *sur sa joue.*

Le vieillard a des **protubérances** sur le nez.
« Vieillard avec enfant »
de Domenico Ghirlandaio (1488)

proue (nom féminin)
Partie avant d'un navire. *Autrefois, la* ***proue*** *était ornée d'une sculpture.* (Contr. poupe.)

prouesse (nom féminin)
Synonyme d'exploit. *Les spectateurs admirent les* ***prouesses*** *des acrobates.*
Prouesse vient du mot *preux*.

Proust Marcel (né en 1871, mort en 1922)
Écrivain français. Marcel Proust est connu avant tout pour *À la recherche du temps perdu*, un roman en sept parties, paru entre 1913 et 1927.

prouver (verbe) ▸ conjug. n° 3
Établir la vérité ou la réalité de quelque chose. *L'enquête* ***a prouvé*** *qu'il n'était pas coupable.* (Syn. démontrer.)

provenance (nom féminin)
Lieu d'où provient une chose. *J'ai acheté du raisin de* ***provenance*** *italienne. L'avion en* ***provenance*** *de Londres vient d'atterrir.*

provençal, ale, aux ➡ Voir tableau p. 6.

Provence-Alpes-Côte d'Azur
Région française (31 395 km^2 ; 4,9 millions d'habitants), formée des départements des Alpes-de-Haute-Provence, des Hautes-Alpes, des Alpes-Maritimes, des Bouches-du-Rhône, du Var et du Vaucluse. Son chef-lieu est Marseille. L'abréviation de Provence-Alpes-Côte d'Azur est PACA. ➡ Voir carte p. 1373.

GÉOGRAPHIE
La région comprend des massifs montagneux au nord et à l'est. À l'ouest, le Rhône se termine dans le delta de la Camargue. L'été est chaud et sec. En hiver, le climat est doux sur les côtes et rigoureux dans les montagnes. Dans les plaines et vallées, on cultive des fruits et légumes et des fleurs. De nombreux vignobles de la région sont réputés. Les industries sont concentrées autour de l'étang de Berre (raffineries de pétrole et pétrochimie), à Fos-sur-Mer et dans la région de Nice. Le tourisme est très important.

HISTOIRE
La région fit partie de la *Provincia Romana*, fondée par les Romains, et qui devint la « Narbonnaise » en 27 avant Jésus-Christ. Elle revint au roi de France en 1482.

provenir (verbe) ▸ conjug. n° 19
1. Venir de tel endroit. *Ces tomates* ***proviennent*** *du Maroc.* **2.** Être la conséquence de quelque chose. *Sa fatigue* ***provient*** *d'un manque de sommeil.* (Syn. résulter.) **Provenir** se conjugue avec l'auxiliaire *être*.

proverbe (nom masculin)
Formule qui exprime une vérité générale ou un conseil de sagesse. *« Mieux vaut tard que jamais » est un* ***proverbe****.*

proverbial, ale, aux (adjectif)
Qui est connu de tout le monde. *Son sens de l'hospitalité est* ***proverbial****.*

providence (nom féminin)
1. Sagesse de Dieu qui protège les hommes et gouverne le monde. 2. Au sens figuré, personne, chose qui aide comme un miracle. *La pluie est une **providence** pour cette région qui souffrait de la sècheresse.*

providentiel, elle (adjectif)
Qui se produit au bon moment grâce à un heureux hasard. *Le passage **providentiel** d'un cargo a permis le sauvetage des naufragés.*

province (nom féminin)
1. Région de France qui a des coutumes particulières. *En vacances en Bretagne, Pierre a découvert les traditions de cette **province** française.* 2. Ensemble des régions françaises autres que Paris. *Nos voisins ont décidé d'aller vivre en **province**.*

provincial, ale, aux (adjectif et nom)
De la province. *Olivier apprécie la tranquillité de la vie **provinciale**. C'est une jeune **provinciale** qui est venue faire ses études à Paris.*

proviseur (nom masculin)
Personne qui dirige un lycée.

provision (nom féminin)
1. Réserve de choses utiles ou nécessaires. *L'écureuil a fait sa **provision** de noisettes pour l'hiver.* 2. Somme d'argent en réserve sur un compte en banque. *Attention de ne pas faire un chèque sans **provision** !* ■ **provisions** (nom féminin pluriel) Produits que l'on achète pour la vie de tous les jours. Famille du mot : approvisionn**ement**, approvisionn**er**. **Provision** vient du latin *provisio* qui signifie « prévoyance ».

provisoire (adjectif)
Qui n'est pas prévu pour durer longtemps. *Après les inondations, on a logé les habitants du village dans des bâtiments **provisoires**.* (Syn. temporaire. Contr. définitif.)

provisoirement (adverbe)
De façon provisoire. *Son oncle loge **provisoirement** à l'hôtel du village.* (Syn. temporairement. Contr. définitivement.)

provocant, ante (adjectif)
Qui provoque, agresse les autres. *Je n'aime pas votre ton **provocant**.* (Syn. agressif.)

provocateur, trice (adjectif et nom)
Qui pousse les autres à la violence. *Des paroles **provocatrices**. Des **provocateurs** ont perturbé la réunion.*

provocation (nom féminin)
Acte ou paroles d'un provocateur. *N'écoute pas les **provocations** de ces vauriens !*

provoquer (verbe) ▸ conjug. n° 3
1. Être la cause de quelque chose. *Le brouillard **a provoqué** de nombreux retards dans le trafic aérien.* (Syn. causer, entraîner.) 2. Pousser quelqu'un à la violence. *Le chat ne t'aurait pas griffé si tu ne l'**avais** pas **provoqué** !* (Syn. défier.) Famille du mot : provoc**ant**, provoc**ateur**, provoc**ation**.

proximité (nom féminin)
Caractère de ce qui est proche. *Sarah habite à **proximité** de l'école. La **proximité** du départ en vacances excite les enfants.*

prudemment (adverbe)
De façon prudente. *Les randonneurs avancent **prudemment** sur le chemin escarpé.* (Contr. imprudemment.)

prudence (nom féminin)
Attitude d'une personne qui réfléchit, prévoit les dangers et essaie de les éviter. *Traversez le carrefour avec **prudence** !* (Contr. imprudence.)

prudent, ente (adjectif)
Qui agit avec prudence. *Un conducteur **prudent** reste toujours très attentif au volant. Une action vraiment très **prudente**.* Famille du mot : **im**prud**emment**, **im**prud**ence**, **im**prudent, prud**emment**, prud**ence**.

prune (nom féminin)
Fruit à noyau du prunier, à la chair juteuse et sucrée. *Les quetsches, les mirabelles et les reines-claudes sont des **prunes**.* Famille du mot : prun**eau**, prun**elle**, prun**ier**.

pruneau, eaux (nom masculin)
Prune séchée qui a une couleur noirâtre.

prunelle (nom féminin)
1. Petite prune sauvage au goût âcre. **2.** Synonyme de pupille. • **Tenir à quelque chose comme à la prunelle de ses yeux :** y tenir énormément, plus que tout.

prunier (nom masculin)
Arbre fruitier qui produit les prunes.

fleur, feuilles et fruits de **prunier**

Prusse
Ancien État d'Allemagne du Nord. Il obtint son indépendance de la Pologne (1660) et Frédéric Ier reçut le premier le titre de roi en Prusse (1701). La Prusse fut vaincue par la France à la bataille de Valmy (1792), puis fut dominée par Napoléon Ier qui réduisit de moitié son territoire. Mais Napoléon fut battu à Leipzig en 1813 et le traité de Vienne (1815) agrandit le territoire de la Prusse. Guillaume Ier et son chancelier, Bismarck, imposèrent leur domination sur l'Allemagne et l'entraînèrent dans la guerre contre la France (1870-1871). Guillaume II fut proclamé empereur d'Allemagne en 1871. Dès lors, l'histoire de la Prusse fut celle de l'Allemagne.

P-S ➡ Voir **post-scriptum**.

psalmodier (verbe) ▸ conjug. n° 10
Réciter quelque chose d'une manière monotone. *Les moines **psalmodient** des prières devant l'autel.*

psaume (nom masculin)
Chant religieux juif ou chrétien. *Le prêtre récite un **psaume** tiré de l'Ancien Testament.*

pseudonyme (nom masculin)
1. Nom qu'un artiste ou un écrivain choisit à la place du sien. *Jean-Baptiste Poquelin avait pris le **pseudonyme** de Molière.* **2.** Nom que l'on choisit pour s'identifier sur un site Internet. *Veuillez entrer votre **pseudonyme** et votre mot de passe.*

psychanalyse (nom féminin)
Méthode qui consiste à soigner les troubles psychologiques d'une personne en lui faisant rechercher dans sa mémoire des souvenirs anciens qui l'ont vivement perturbée. ● Prononciation [psikanaliz]. ⌂ Famille du mot : psychanalys**er**, psychanalys**te**.

psychanalyser (verbe) ▸ conjug. n° 3
Soigner quelqu'un par le biais de la psychanalyse. ● Prononciation [psikanalize].

psychanalyste (nom)
Spécialiste qui soigne par la psychanalyse. ● Prononciation [psikanalist].

psychiatre (nom)
Médecin spécialiste des maladies mentales. ● Prononciation [psikjatʀ]. ⌂ Famille du mot : psychiatr**ie**, psychiatr**ique**.

psychiatrie (nom féminin)
Partie de la médecine qui s'occupe des maladies mentales. ● Prononciation [psikjatʀi].

psychiatrique (adjectif)
Qui concerne la psychiatrie. *Les hôpitaux **psychiatriques** soignent les malades mentaux.* ● Prononciation [psikjatʀik].

psychique (adjectif)
Synonyme de mental. *Physiquement il est guéri, mais il souffre de troubles **psychiques**.* ⊶ **Psychique** vient du grec *psukhê* qui signifie « âme » ou « esprit », et qu'on retrouve dans les termes *psychanalyse*, *psychiatre*, *psychologie*, etc.

psychologie (nom féminin)
1. Science qui étudie comment une personne organise ses pensées et essaie d'expliquer les raisons de son comportement. **2.** Fait d'être capable de comprendre les sentiments des autres. *Tu n'as pas compris que tu l'avais vexé, tu manques vraiment de **psychologie** !* ● Prononciation [psikɔlɔʒi]. ⌂ Famille du mot : psycholog**ique**, psycholog**ue**.

psychologique (adjectif)
Qui concerne la psychologie. *Depuis la séparation de ses parents, cet enfant a des problèmes **psychologiques**.*

psychologue (nom)
Spécialiste de la psychologie. *Les enfants qui ont des difficultés scolaires peuvent être aidés par un **psychologue**.* ■ psychologue (adjectif) Qui a de la psychologie, de l'intuition. *Notre maîtresse est très **psychologue**.*

psychose (nom féminin)
Peur irraisonnée qui se répand dans le public. *La **psychose** des attentats.* ● Prononciation [psikoz].

psychothérapeute (nom)
Spécialiste de psychothérapie.

psychothérapie (nom féminin)
Traitement psychologique inspiré de la psychanalyse. ● Prononciation [psikoteʀapi].

ptérodactyle (nom masculin)
Reptile volant préhistorique, à long bec pointu. *Le **ptérodactyle** vivait à la même époque que les dinosaures.*

un **ptérodactyle**

puant, ante (adjectif)
Qui pue. *Un tas d'ordures **puant**.*

puanteur (nom féminin)
Très mauvaise odeur. *Une horrible **puanteur** montait des égouts.*

■ **pub** (nom masculin)
Au Royaume-Uni et en Irlande, établissement où l'on sert des boissons alcoolisées. *Ils sont allés boire une bière dans un **pub**.* ● **Pub** est un mot anglais : on prononce [pœb].

■ **pub** (nom féminin)
Synonyme familier de publicité. *Quentin aime regarder les **pubs** à la télé.*

pubère (adjectif)
Qui a atteint l'âge de la puberté. *La jeune fille **pubère** voit son corps changer.*

puberté (nom féminin)
Période de changements physiques et psychologiques qui se produisent chez un enfant quand il devient adolescent.

pubis (nom masculin)
Endroit en forme de triangle au bas du ventre. *Le **pubis** se couvre de poils au moment de la puberté.* ➡ p. 302. ● Prononciation [pybis]. ⊸ **Pubis** vient du latin *pubes* qui signifie « poil ».

public, publique (adjectif)
1. Qui concerne l'ensemble des gens. *Le vote de cette nouvelle loi passionne l'opinion **publique**.* **2.** Qui est ouvert à tout le monde. *Vous pouvez circuler ici, car c'est un jardin **public**.* (Contr. privé.) ■ public (nom masculin) **1.** Ensemble des gens, de la population. *L'exposition est ouverte au **public**.* **2.** Ensemble des personnes qui assistent à un spectacle. *Tout le **public** a applaudi les musiciens.*

publication (nom féminin)
1. Action de publier un texte. *La **publication** de ce roman a provoqué un scandale.* (Syn. parution.) **2.** Livre ou journal publié. *Je connais une librairie spécialisée dans les **publications** pour enfants.*

publicitaire (adjectif)
Qui concerne la publicité. *Un film **publicitaire**.*

publicité (nom féminin)
1. Technique qui a pour but de faire connaître un produit au public pour mieux le vendre. *Cette marque de café est très connue grâce à la **publicité**.* **2.** Annonce, affiche ou film servant à faire connaître un produit. *Avant les fêtes de*

*Noël, il y a beaucoup de **publicités** pour les jouets à la télévision.*

publier (verbe) ▸ conjug. n° 10
1. Imprimer un texte et le mettre en vente. *Cet éditeur **publie** surtout des bandes dessinées.* (Syn. éditer.) **2.** Annoncer une nouvelle au public. *Les journaux **ont publié** les résultats des élections.*

publiquement (adverbe)
En public. *Il a été insulté **publiquement**.*

puce (nom féminin)
1. Petit insecte brun, sans ailes, parasite de l'homme et des mammifères. *La **puce** pique la peau pour aspirer le sang dont elle se nourrit.* **2.** Petit élément sur lequel sont stockées des informations qui peuvent être lues par un ordinateur. *Les cartes de téléphone sont des cartes à **puce**.* **3.** Petit signe typographique. *Dans ce dictionnaire, les locutions sont précédées d'une **puce** violette.* • **Marché aux puces :** lieu où l'on vend des objets et des vêtements d'occasion. • **Mettre la puce à l'oreille à quelqu'un :** lui inspirer des soupçons. *Son air gêné m'**a mis la puce à l'oreille**.*

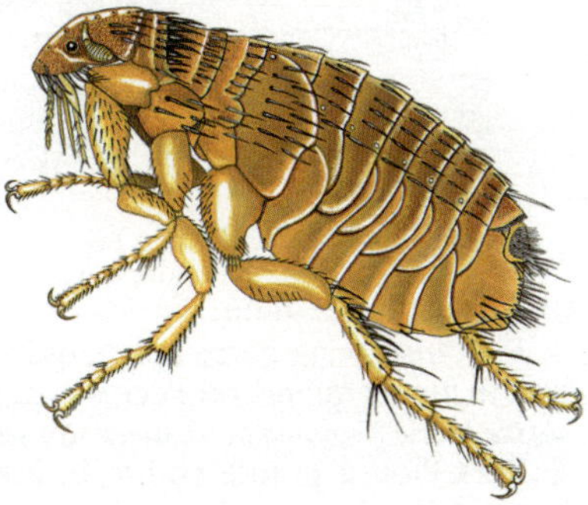
une **puce**

puceron (nom masculin)
Tout petit insecte parasite des plantes. *Les **pucerons** sont des insectes très nuisibles.*

pudding ➡ Voir **pouding**.

pudeur (nom féminin)
Sentiment de gêne que ressent une personne qui n'aime pas montrer son corps ou ses sentiments intimes. *C'est par **pudeur** qu'Amélie refuse de se déshabiller devant ses amies.* **Pudeur** vient du latin *pudor* qui signifie « honte ».

pudique (adjectif)
Qui se comporte avec pudeur. *Il est trop **pudique** pour laisser voir son chagrin.*

puer (verbe) ▸ conjug. n° 3
Dans la langue familière, sentir très mauvais. *En été, ces marécages **puent** la vase.* (Syn. empester.) Famille du mot : **puant, puanteur**.

puéricultrice (nom féminin)
Personne spécialisée en puériculture.

puériculture (nom féminin)
Ensemble des méthodes utilisées pour s'occuper des petits enfants. *Elle aimerait suivre des cours de **puériculture** pour travailler dans une crèche.*

puéril, ile (adjectif)
Qui n'est pas digne d'une personne raisonnable. *À 12 ans, il fait encore des caprices, quelle attitude **puérile** !* (Syn. enfantin, infantile.) **Puéril** vient du latin *puer* qui signifie « enfant », et que l'on retrouve dans *puériculture*.

pugilat (nom masculin)
Bagarre à coups de poing. *Ce n'est pas une simple dispute, c'est un vrai **pugilat** !*

puis (adverbe)
Sert à indiquer ce qui vient après. *Il a lu quelques pages, **puis** il s'est endormi.* • **Et puis :** d'ailleurs, en outre. *Cette émission m'ennuie, **et puis** j'ai sommeil !*

puisard (nom masculin)
Trou creusé dans le sol destiné à évacuer les eaux de pluie.

puiser (verbe) ▸ conjug. n° 3
1. Prendre du liquide au moyen d'un récipient. *Elle allait **puiser** de l'eau à la rivière.* **2.** Prendre dans des réserves. *Il **a puisé** dans sa tirelire pour m'offrir un cadeau.*

puisque (conjonction)
Sert à indiquer la cause. *Reprends un peu de fromage **puisque** tu as encore faim.* (Syn. étant donné que.)

a b c d e f g h i j k l m n o p q r s t u v w x y z

puissance (nom féminin)
1. Autorité ou pouvoir dont on dispose. *La **puissance** du roi s'étendait sur tout le pays.* **2.** Force qui produit un effet ou qui fournit une énergie. *Le voilier filait grâce à la **puissance** du vent.* **3.** État qui possède des forces et des richesses. *Le Japon et les États-Unis sont des grandes **puissances**.*

puissant, ante (adjectif)
Qui possède une grande puissance. *Ses richesses ont fait de lui un homme **puissant**. Un athlète aux muscles **puissants**.*
Famille du mot : **impuissance, impuissant, puissance.**

puits (nom masculin)
1. Trou très profond creusé dans le sol pour recueillir les eaux souterraines. **2.** Trou destiné à exploiter un gisement. *Un **puits** de pétrole. Un **puits** de mine.*

pull-over (nom masculin)
Tricot de laine que l'on enfile par la tête. *Romain a mis un **pull-over** par-dessus son tee-shirt.* Prononciation [pylɔvɛʀ]. Pluriel : des pull-overs. On dit aussi un **pull.** **Pull-over** vient de l'anglais *to pull over* qui signifie « tirer par-dessus » (la tête).
ORTHO On écrit aussi **pullover.**

pulluler (verbe) ▸ conjug. n° 3
Être en très grand nombre dans un endroit. *Les poissons **pullulent** dans cet étang.*

pulmonaire (adjectif)
Des poumons. *La tuberculose est une maladie **pulmonaire**.*

pulpe (nom féminin)
1. Partie charnue d'un fruit. *Ursula aime les prunes bien mûres, à la **pulpe** juteuse.* ➡ p. 35. **2.** Tissu qui se trouve à l'intérieur des dents. ➡ p. 364.

pulsation (nom féminin)
Battement du cœur et des artères. *Les **pulsations** s'accélèrent quand on court.* Voir **pouls.**

pulsion (nom féminin)
Force inconsciente qui pousse quelqu'un à faire quelque chose. *On contrôle difficilement ses **pulsions**.*

pulvérisateur (nom masculin)
Appareil qui sert à pulvériser un liquide. *Ce médicament pour soigner les maux de gorge est vendu en **pulvérisateur**.*

pulvérisation (nom féminin)
Action de pulvériser. *Le médecin lui a prescrit des **pulvérisations** dans les oreilles.*

pulvériser (verbe) ▸ conjug. n° 3
1. Projeter en fines gouttelettes. *Le jardinier **a pulvérisé** de l'insecticide sur les rosiers.* **2.** Détruire complètement. *L'explosion **a pulvérisé** les vitres.* **3.** Dépasser très largement. ***Pulvériser** un record.*
Famille du mot : **pulvérisateur, pulvérisation.** **Pulvériser** vient du latin *pulveris* qui signifie « poudre » : pulvériser, c'est réduire en poudre.

puma (nom masculin)
Grand félin d'Amérique, au pelage beige.

un jeune **puma**

punaise (nom féminin)
1. Petit insecte au corps aplati, qui sent très mauvais quand on l'écrase. *La **punaise** pique l'homme pour sucer son sang.* **2.** Petit clou à pointe courte et à tête large. *La maîtresse a fixé nos dessins au mur avec des **punaises**.* **Punaise** vient de l'ancien français *punais* qui signifie « puant ».

une **punaise**

punaiser (verbe) ▸ conjug. n° 3
Fixer quelque chose à l'aide de punaises. *Thomas **a punaisé** des posters sur les murs.*

■ **punch** (nom masculin)
Boisson alcoolisée, à base de rhum, d'épices et de sirop de sucre. *Nos amis martiniquais nous ont appris à faire du **punch**.* Prononciation [pɔ̃ʃ]. **Punch** vient d'un mot de l'Inde qui signifie « cinq » à cause des cinq ingrédients qui composaient cette boisson.
ORTHO On écrit aussi **ponch**.

■ **punch** (nom masculin)
Puissance et efficacité d'un boxeur. *Ce boxeur manque de technique mais il a du **punch**.* Prononciation [pœnʃ]. **Punch** est un mot anglais qui signifie « coup de poing ».

punching-ball (nom masculin)
Ballon fixé sur un support élastique et servant à l'entraînement des boxeurs. **Punching-ball** est un mot anglais : on prononce [pœnʃiŋbol]. Pluriel : des punching-ball**s**.

punir (verbe) ▸ conjug. n° 11
Infliger une punition à quelqu'un. *Si tu continues à chahuter, tu **seras puni**.* Famille du mot : **impuni**, **punitif**, puni**tion**.

punitif, ive (adjectif)
• **Expédition punitive :** attaque organisée dans le but de se venger.

punition (nom féminin)
Chose désagréable que l'on fait subir à quelqu'un qui a mal agi. *Ce mensonge mérite une **punition** sévère.* (Syn. sanction.)

■ **pupille** (nom)
Orphelin placé sous la garde d'un tuteur qui s'occupe de lui. *Monsieur Duval veille sur sa **pupille** comme si elle était sa propre enfant.*

■ **pupille** (nom féminin)
Petit cercle noir au centre de l'iris de l'œil. *Les **pupilles** rétrécissent quand la lumière est intense.* (Syn. prunelle.)

pupitre (nom masculin)
Tablette inclinée qui sert à poser un livre ou une partition de musique. *Le chef d'orchestre dirige les musiciens depuis son **pupitre**.*

pur, pure (adjectif)
1. Qui n'est pas mélangé à autre chose. *Une écharpe en **pure** laine.* **2.** Qui n'est pas pollué. *L'air **pur** de la montagne.* **3.** Qui est moralement sans reproche. *Une jeune fille au cœur **pur**.* **4.** Qui est exactement et uniquement ainsi. *Il a fait cela par **pure** gentillesse.* Famille du mot : **épuration**, **épurer**, **impur**, **impureté**, **purement**, **pureté**, **purifier**.

purée (nom féminin)
Légumes cuits à l'eau et écrasés. *De la **purée** de carottes, de pommes de terre.*

purement (adverbe)
Uniquement. *Si je t'aide, c'est **purement** par amitié.* • **Purement et simplement :** totalement et sans explication. *Je vous interdis **purement et simplement** de parler de cette affaire.*

pureté (nom féminin)
Caractère de ce qui est pur, sans mélange. *On va procéder à des tests pour contrôler la **pureté** de l'eau de la ville.*

purgatif (nom masculin)
Synonyme de laxatif.

purgatoire (nom masculin)
Dans la religion catholique, lieu où les âmes des morts doivent expier leurs fautes avant d'aller au paradis.

purge (nom féminin)
1. Fait de purger un appareil, une canalisation. *Je ne trouve pas le robinet de **purge** de la chaudière.* **2.** Remède qui servait à purger l'intestin.

purger (verbe) ▸ conjug. n° 5
1. Évacuer le gaz ou le liquide qui bouche le passage dans un tuyau, ou dans un appareil. ***Purger** un radiateur.* **2.** Débarrasser l'intestin de ce qui l'encombre à l'aide d'une purge. • **Purger une peine :** subir une peine à laquelle on est condamné. Famille du mot : **purgatif**, **purge**.

a b c d e f g h i j k l m n o p q r s t u v w x y z

purifier (verbe) ▸ conjug. n° 10
Rendre pur en débarrassant des impuretés. *Cette usine possède des installations destinées à **purifier** l'eau.* (Syn. assainir.)

purin (nom masculin)
Liquide qui provient de la décomposition du fumier et des urines animales.

puritain, aine (adjectif et nom)
Qui respecte les principes moraux de façon très rigide. *Alain a reçu une éducation très **puritaine** dans ce pensionnat religieux.*

pur-sang (nom masculin)
Cheval de selle de race pure. *Un **pur-sang** arabe.* Pluriel : des pur-sang.

purulent, ente (adjectif)
Qui contient du pus. *Il nous faut immédiatement désinfecter cette blessure **purulente**.*

pus (nom masculin)
Liquide jaunâtre contenant des microbes et qui apparaît sur les plaies infectées.

pustule (nom féminin)
Bouton qui contient du pus. *Une **pustule** s'est formée à l'endroit où on l'a vacciné.*

putois (nom masculin)
Mammifère carnivore à la fourrure brune parsemée de taches claires. *Les **putois** dégagent une odeur nauséabonde.* **Putois** vient de l'ancien français *put* qui signifie « puant ».

un **putois**

putréfaction (nom féminin)
Fait de se putréfier. *On a trouvé le cadavre d'un animal en **putréfaction**.* (Syn. décomposition.)

se **putréfier** (verbe) ▸ conjug. n° 10
Pourrir, se décomposer. *Cette viande **s'est putréfiée** à cause de la chaleur.*

putride (adjectif)
• **Odeur putride :** odeur qui se dégage de ce qui est en train de se putréfier.

putsch (nom masculin)
Coup d'État. *Certains officiers ont organisé un **putsch** afin de s'emparer du pouvoir.* **Putsch** est un mot allemand : on prononce [putʃ].

puzzle (nom masculin)
Jeu de patience composé de petites pièces découpées qu'il faut assembler pour former une image. Prononciation [pœzl] ou [pœzœl]. **Puzzle** vient de l'anglais *to puzzle* qui signifie « embarrasser ».

P-V (nom masculin)
Abréviation familière de procès-verbal. *Ta voiture est en stationnement interdit, tu vas avoir un **P-V** !*

Pygmées
Population d'Afrique qui vit surtout dans la forêt équatoriale. Les Pygmées sont des chasseurs-cueilleurs nomades de petite taille (moins de 1,50 mètre).

pyjama (nom masculin)
Vêtement de nuit composé d'une veste et d'un pantalon. *Zoé préfère dormir en **pyjama** plutôt qu'en chemise de nuit.*

pylône (nom masculin)
Grand poteau qui sert de support. *Les câbles du téléphérique sont fixés sur des **pylônes**.*

pyramide (nom féminin)
1. Solide à base carrée et à quatre faces triangulaires qui se rejoignent en un point appelé « sommet ». ➡ p. 576.
2. Monument ayant cette forme. *Les **pyramides** d'Égypte servaient de tombeaux aux pharaons.*

Pyrénées
Chaîne de montagnes de France et d'Espagne, située entre l'océan Atlantique et la mer Méditerranée. Le point culminant est le pic d'Aneto, en Espagne (3 404 mètres) ; le pic Vignemale, en France, s'élève à 3 298 mètres. Véritable barrière naturelle entre la France et l'Espagne, les Pyrénées sont franchissables par des cols à l'ouest et près de la Méditerranée, et par le tunnel routier du Somport. Les Pyrénées possèdent de

les **pyramides** de Gizeh (Égypte)

nombreuses sources thermales. On y pratique l'élevage. Les industries sont alimentées par l'hydroélectricité des torrents.
➡ Voir carte p. 1372.

pyrénéen, enne (adjectif)
Qui concerne les Pyrénées. *Les sommets **pyrénéens**.*

pyrex (nom masculin)
Verre qui résiste à la chaleur du four. *Elle a fait un gratin dans un plat en **pyrex**.*
Pyrex est le nom d'une marque. Ce mot a été formé à partir du grec *pur* qui signifie « feu », et on le retrouve dans les mots *pyrogravure* et *pyromane*.

pyrogravure (nom féminin)
Procédé de gravure sur bois. *Cet artisan travaille dans un atelier de **pyrogravure**.*

pyromane (nom)
Personne qui ne peut se retenir d'allumer des incendies. *On a arrêté le **pyromane** qui mettait le feu dans les bois.*
Pyromane vient des mots grecs *pur* qui signifie « feu » et *mania* qui signifie « folie ».

Pythagore (VIe siècle avant Jésus-Christ)
Philosophe et mathématicien grec.
Pythagore est le créateur des mathématiques. On lui attribue le théorème qui porte son nom.
THÉORÈME DE PYTHAGORE
Théorème qui établit que le carré de l'hypoténuse d'un triangle rectangle est égal à la somme des carrés des deux autres côtés.

python (nom masculin)
Grand serpent d'Afrique et d'Asie qui étouffe ses proies en les serrant entre ses anneaux avant de les avaler. *Les **pythons** ne sont pas venimeux.*

un **python**

Q q

quilles

q (nom masculin)
Dix-septième lettre de l'alphabet. *Le **Q** est une consonne.*

Qatar

1.4 million d'habitants
Capitale :
al-Dawha (Doha)
Monnaie :
le riyal du Qatar
Langue officielle : arabe
Superficie : 11 430 km²

État de la péninsule d'Arabie, situé sur une presqu'île du golfe Persique. La population se concentre dans la capitale ; elle est composée de 40 % d'Arabes, ainsi que d'un grand nombre d'Indiens, de Pakistanais et d'Iraniens.

GÉOGRAPHIE
Le pays occupe un plateau calcaire désertique. Le Qatar possède d'abondantes ressources de pétrole et de gaz qui ont permis un fort développement de l'économie. Le niveau de vie est très élevé.

HISTOIRE
L'actuelle dynastie Al Thani a pris possession du Qatar à la fin du XVIIIe siècle. Après avoir été un protectorat britannique, le Qatar a accédé à l'indépendance en 1971.

QCM (nom masculin)
Questionnaire proposant plusieurs réponses. *Pour évaluer les connaissances des élèves, on leur a fait remplir des **QCM**.* **QCM** est l'abréviation de ***q**uestionnaire à **c**hoix **m**ultiple.*

qu' ➡ Voir **que**.

quad (nom masculin)
Moto tout-terrain à quatre roues. Prononciation [kwad].

quadragénaire (adjectif et nom)
Qui a entre quarante et cinquante ans. Prononciation [kwadʀaʒenɛʀ].

quadrature (nom féminin)
• **Quadrature du cercle :** problème impossible à résoudre. Prononciation [kwadʀatyʀ].

quadrilatère (nom masculin)
Figure géométrique qui a quatre côtés. *Le carré, le rectangle, le losange et le trapèze sont des **quadrilatères**.* Prononciation [kwadʀilatɛʀ] ou [kadʀilatɛʀ].

quadrillage (nom masculin)
Ensemble des traits qui divisent une surface en carrés. *Je voudrais un cahier avec des feuilles à grand **quadrillage**.*

En archéologie, on utilise un **quadrillage** pour repérer les objets trouvés.

quadrille (nom masculin)
Danse ancienne exécutée par quatre couples de danseurs.

quadriller (verbe) ▸ conjug. n° 3
1. Diviser une surface en petits carrés. *Nous allons **quadriller** une feuille de papier à dessin et colorier un carreau sur deux.* **2.** Surveiller une zone en mettant des policiers ou des soldats dans plusieurs endroits. *Tout de suite après le hold-up, la police **a quadrillé** le quartier.*

quadrimoteur (nom masculin)
Avion équipé de quatre moteurs.

quadriréacteur (nom masculin)
Avion équipé de quatre réacteurs. ➡ p. 111.

quadrupède (nom masculin)
Mammifère qui a quatre pattes. *La vache, le mouton et le chat sont des **quadrupèdes**, alors que l'homme est un bipède.* Prononciation [kwadʀypɛd] ou [kadʀypɛd].

Les chèvres sont des **quadrupèdes**.

quadruple (nom masculin)
Nombre obtenu en quadruplant un autre. *Huit est le **quadruple** de deux (8 = 4 × 2).* ■ **quadruple** (adjectif) Qui est reproduit quatre fois. *Il a fait un **quadruple** saut périlleux.* Prononciation [kwadʀypl] ou [kadʀypl]. Famille du mot : quadrupl**és**, quadrupl**er**.

quadrupler (verbe) ▸ conjug. n° 3
Multiplier par quatre. *Grâce à la qualité de ses produits, ce commerçant **a quadruplé** ses ventes.*

quadruplés, ées (nom pluriel)
Quatre enfants nés de la même mère au cours du même accouchement.

quai (nom masculin)
1. Plateforme le long d'une voie ferrée. *Le train est attendu au **quai** numéro 4.* **2.** Endroit aménagé dans un port pour l'accostage des bateaux. *Des pêcheurs vendaient leurs poissons sur le **quai**.* **3.** Voie aménagée le long d'un cours d'eau. *On voit encore des pêcheurs le long des **quais** de la Seine.*

un train à **quai**

qualificatif, ive (adjectif)
• **Adjectif qualificatif :** adjectif qui qualifie un nom. *Dans la phrase « le chat est noir », « noir » est un **adjectif qualificatif**.* ■ **qualificatif** (nom masculin) Mot qui sert à qualifier quelqu'un. *Il a utilisé des **qualificatifs** injurieux à l'égard de son adversaire.*

qualification (nom féminin)
1. Titre ou niveau de compétence exigé pour un travail. *Pour obtenir cet emploi, il faut avoir la **qualification** d'ouvrier spécialisé.* **2.** Droit de participer à une compétition après avoir réussi certaines épreuves. *Notre équipe a obtenu sa **qualification** pour la finale.*

qualifier (verbe) ▸ conjug. n° 10
1. Désigner une personne ou une chose par des mots qui la caractérisent. *La maîtresse **a qualifié** Anna du titre d'élève modèle.* **2.** Se qualifier : obtenir sa qualification à la suite d'épreuves sportives. *Il **s'est qualifié** pour la finale du tournoi de tennis.* • **Être qualifié :** avoir la qualification pour faire une chose. *Elle **est** parfaitement **qualifiée** pour s'occuper des personnes âgées.* Famille du mot : **dis**qualifica**tion**, **dis**qualifier, **in**qualifi**able**, qualifica**tif**, qualifica**tion**.

a b c d e f g h i j k l m n o p q r s t u v w x y z

qualitatif, ive (adjectif)
Qui concerne la qualité de quelque chose. *Du point de vue* ***qualitatif****, cette marque de café est la meilleure.*

qualité (nom féminin)
1. Ce qui fait qu'une chose est bonne ou mauvaise. *Je préfère vérifier la* ***qualité*** *de ce tissu avant de l'acheter.* **2.** Trait de caractère qui rend une personne digne de mérite. *Les deux grandes* ***qualités*** *d'Élodie sont la franchise et la générosité.* (Contr. défaut.) • **En qualité de :** en tant que, à titre de. ***En qualité d'****avocat, cet homme a le droit de parler avec son client qui est en prison.*

quand (adverbe et conjonction)
Sert à indiquer un moment. ***Quand*** *a-t-il prévu de partir ? Je serai là* ***quand*** *tu rentreras de l'école.* (Syn. lorsque.) • **Quand même :** sert à exprimer une opposition. *Il sait qu'il a tort de mentir, mais il le fait* ***quand même****.*

quant à (préposition)
En ce qui concerne quelqu'un ou quelque chose. *Je vais au cinéma,* ***quant à*** *toi, fais ce que tu veux.*

quantitatif, ive (adjectif)
Qui se rapporte à la quantité. *Connais-tu la différence* ***quantitative*** *entre ces deux troupeaux ?*

quantité (nom féminin)
1. Ce que l'on peut mesurer en comptant. *Quelle* ***quantité*** *d'huile faut-il mettre dans la vinaigrette ?* **2.** Grand nombre. *Victor a reçu des* ***quantités*** *de cadeaux pour son anniversaire. Je n'ai pas besoin de stylos, j'en ai déjà en* ***quantité****.*

quarantaine (nom féminin)
Nombre d'environ quarante. *Il y a une* ***quarantaine*** *de personnes dans la salle. Il paraît très jeune mais il a déjà dépassé la* ***quarantaine****.* • **Mettre quelqu'un en quarantaine :** l'exclure d'un groupe et ne plus lui parler. Autrefois, la **quarantaine** était une période d'isolement de 40 jours qui était imposée à un bateau venant d'un pays touché par une épidémie.

quarante (déterminant)
Quatre fois dix (40). *Julie habite au* ***quarante*** *de cette rue. Il vient d'avoir* ***quarante*** *ans.* Famille du mot : quarantaine, quarantième.

quarantième (adjectif et nom)
Qui occupe le rang numéro 40. *Clément a lu son livre jusqu'à la* ***quarantième*** *page.* ■ **quarantième** (nom masculin) Ce qui est contenu quarante fois dans un tout. *Le maïs représente le* ***quarantième*** *des récoltes de cet agriculteur.*

quart (nom masculin)
1. Chaque partie d'un tout divisé en quatre. *David a mangé un* ***quart*** *de baguette pour le goûter.* **2.** Gobelet de métal. **3.** Période pendant laquelle un marin est de service. • **Aux trois quarts :** en très grande partie. *Le wagon est* ***aux trois quarts*** *plein.* • **Et quart** ou **un quart, moins le quart :** servent à indiquer qu'il est 15 minutes après l'heure ou avant l'heure. *10 h 45, c'est 11 heures* ***moins le quart****.*

quart d'heure (nom masculin)
Durée de quinze minutes. *On se retrouve dans un* ***quart d'heure****.* • **Passer un mauvais quart d'heure :** passer un mauvais moment. Pluriel : des quarts d'heure.

quartette (nom masculin)
Groupe de jazz qui comporte quatre musiciens. Prononciation [kwaʀtɛt].
ORTHO On écrit aussi **quartet**.

quartier (nom masculin)
1. Morceau d'environ un quart. *Ibrahim a mangé un* ***quartier*** *de cette pomme pour la goûter.* **2.** Division naturelle de certains fruits. *Un* ***quartier*** *de mandarine.* **3.** Partie d'une ville. *Il habite dans un* ***quartier*** *éloigné du centre.* **4.** Chacune des phases de la Lune. *Avant la pleine lune, la Lune est dans son premier* ***quartier****.* • **Quartier général :** endroit où est établi l'état-major d'une armée.

quart-monde (nom masculin)
Ensemble des pays les plus pauvres du monde ou des personnes les plus défavorisées dans un pays.

quartz (nom masculin)
Roche très dure formée de cristaux. *Le granit contient du* ***quartz****. Une montre à* ***quartz****.* Prononciation [kwaʀts].

quasi (adverbe)
Presque ou pour ainsi dire. *Les travaux sont* ***quasi*** *terminés. Laura a gagné la* ***quasi****-totalité des épreuves.* On met

un trait d'union après **quasi** quand on l'emploie devant un nom. Quasi est un mot latin qui signifie « comme si ».

quasiment (adverbe)
Synonyme familier de quasi. *Je suis **quasiment** sûr qu'elle ne viendra pas.*

Quasimodo
Personnage du roman de Victor Hugo, *Notre-Dame de Paris* (1831). Quasimodo, bossu, borgne, sourd et boiteux, est amoureux de la belle Esmeralda. Quand elle est condamnée et pendue, il se laisse mourir de désespoir.

quaternaire (nom masculin)
• **Ère quaternaire :** période géologique marquée par l'apparition et l'évolution de l'homme. Prononciation [kwatɛʀnɛʀ].

quatorze (déterminant)
Dix plus quatre (14). *Fatima a invité **quatorze** personnes à son anniversaire.* ■ quatorze (nom masculin) Nombre quatorze. *Sept plus sept égale **quatorze**.*

quatorzième (adjectif et nom)
Qui occupe le rang numéro 14. *Olivier habite dans le **quatorzième** arrondissement. Il est le **quatorzième** au classement.* ■ quatorzième (nom masculin) Ce qui est contenu quatorze fois dans un tout.

quatrain (nom masculin)
Poème ou strophe de quatre vers.

quatre (déterminant)
Trois plus un (4). *Le petit frère de Gaëlle a déjà **quatre** ans.* • **Manger comme quatre :** manger énormément. • **Se mettre en quatre :** se donner beaucoup de mal. ■ quatre (nom masculin) Chiffre ou nombre quatre. *Il est payé le **quatre** du mois.*

quatre-heures (nom masculin)
Dans la langue familière, le goûter. *Les enfants, il est l'heure de prendre votre **quatre-heures**.*

quatre-quarts (nom masculin)
Gâteau dans lequel on met le même poids de beurre, de farine, de sucre et d'œufs. Pluriel : des quatre-quarts.

quatre-quatre (nom masculin)
Véhicule tout-terrain à quatre roues motrices. Pluriel : des quatre-quatre. ORTHO On écrit aussi **4 x 4**.

quatre-vingt-dix (déterminant)
Neuf fois dix (90). *Il habite à **quatre-vingt-dix** kilomètres de la mer.*

quatre-vingts (déterminant)
Quatre fois vingt (80). ***Quatre-vingts** personnes ont assisté à la réunion.* Lorsque **quatre-vingts** est suivi d'un autre nombre, il ne prend pas d's : quatre-vingt-deux.

un **quatre-quatre** (4 x 4)

quatrième (adjectif et nom)
Qui occupe le rang numéro 4. *Ce bébé est leur **quatrième** enfant. Kevin est le **quatrième** de la classe.* ■ **quatrième** (nom féminin) Troisième année de l'enseignement secondaire. *Il est en **quatrième** au collège.*

quatuor (nom masculin)
1. Orchestre formé de quatre musiciens. **2.** Morceau de musique écrit pour quatre instruments. *Les musiciens vont interpréter un **quatuor** de Beethoven.*
Prononciation [kwatɥɔʀ].

que (pronom)
1. Sert à interroger. ***Que** cherchez-vous ?*
2. Au début d'une proposition relative, sert à désigner une personne ou une chose en fonction de complément. *Le livre **que** tu cherches est sur mon bureau.* ■ **que** (conjonction) **1.** Sert à relier une proposition subordonnée à la proposition principale. *Je suis sûr **qu**'elle viendra. Je voudrais **que** tu me prêtes un stylo.* **2.** S'utilise dans les comparaisons. *Tu es plus frileuse **que** moi.* **3.** Sert à exprimer un souhait, un ordre. ***Qu'il** se taise ou **qu'il** sorte !* • **Ne... que** : seulement. *Il **ne** reste **qu'**un seul gâteau.* ■ **que** (adverbe) Sert à introduire une phrase exclamative. ***Que** la mariée est jolie ! **Qu'il** est mignon, ce petit chien !* (Syn. comme.) **Que** devient **qu'** devant une voyelle ou un h muet.

Québec ■

La plus vaste des provinces du Canada, située entre la baie d'Hudson et le golfe du Saint-Laurent (1 540 681 km^2 ; 7,7 millions d'habitants). Sa capitale est Québec et sa ville principale Montréal. 80 % des Québécois parlent français. Les Amérindiens et les Inuits représentent 1,2 % de la population. Le reste de la population est anglophone.

GÉOGRAPHIE

Le Québec comprend trois grandes régions : un vaste plateau, appelé « le bouclier canadien », les basses terres de la vallée du fleuve Saint-Laurent et les monts Appalaches. Des milliers de lacs couvrent le territoire. Les hivers sont rudes et très enneigés.
Le Québec tire la moitié de ses revenus de l'exploitation de ses forêts. Les richesses naturelles sont immenses (fer, cuivre, zinc, or, argent, plomb, etc.).

HISTOIRE

Baptisée Nouvelle-France dès 1524, la région est explorée en 1534 par Jacques Cartier puis colonisée. Après la prise des villes de Québec et de Montréal par les Anglais, la Nouvelle-France devient une colonie anglaise en 1763. En 1867, l'Acte de l'Amérique du Nord britannique crée une confédération avec le Québec, la Nouvelle-Écosse, le Nouveau-Brunswick et l'Ontario. Depuis les années 1960, les idées indépendantistes progressent au Québec, mais l'indépendance de la province a été repoussée deux fois par référendum.

Québec ■

Ville du Canada, capitale de la province de Québec (515 000 habitants). 96 % des habitants de la ville parlent français. Québec, au confluent du fleuve Saint-Laurent et de la rivière Saint-Charles, est un port actif et un centre industriel.
La ville de Québec a été fondée par l'explorateur Samuel de Champlain en 1608. C'est l'une des rares villes fortifiées d'Amérique du Nord.

québécois, oise ➡ Voir tableau p. 6.

le château Frontenac, dans la ville de **Québec**

Quechuas

Peuple amérindien d'Amérique du Sud. Leur langue, le quechua, est probablement la langue amérindienne la plus parlée (par environ 10 millions de personnes). Les Quechuas sont installés principalement en Bolivie et au Pérou, mais aussi en Équateur et dans le nord des Andes chiliennes. Les Incas étaient issus d'une tribu quechua.
ORTHO On dit aussi **Quichuas**.

quel, quelle (déterminant)
1. Sert à poser une question. ***Quel** temps fait-il ?* 2. Sert à introduire une exclamation. ***Quelle** jolie robe !* ■ **quel, quelle** (pronom) Sert à interroger. ***Quel** est ton chanteur préféré ?*

quelconque (adjectif)
1. N'importe lequel. *Si tu as un ennui **quelconque**, tu peux compter sur moi.* 2. Qui ne présente aucun intérêt particulier. *Ce film était vraiment **quelconque**.* (Syn. médiocre.)

quelque (déterminant)
Sert à indiquer une durée, un nombre, une quantité indéterminés. *Il y a **quelque** temps que je ne l'ai pas vu.* ■ **quelques** (déterminant) Sert à désigner un petit nombre de personnes, de choses. *J'ai invité **quelques** amis à dîner.*

quel que, quelle que (adjectif)
N'importe lequel, n'importe laquelle. ***Quels que** soient vos problèmes, nous allons essayer de les résoudre.*

quelque chose (pronom)
Désigne une chose indéterminée. *Ce colis contient **quelque chose** de lourd.*

quelquefois (adverbe)
De temps en temps ou à certains moments. *Hélène va **quelquefois** à la patinoire avec ses amis.* (Syn. parfois.)

quelque part (adverbe)
Dans un lieu indéterminé. *Nous nous sommes déjà vus **quelque part**.*

quelques-uns, quelques-unes (pronom)
Un petit nombre de personnes ou de choses. *Est-ce que je peux cueillir **quelques-unes** de ces roses ?*

quelqu'un (pronom)
Une personne indéterminée. *Va ouvrir la porte, **quelqu'un** a sonné.*

quémander (verbe) ▸ conjug. n° 3
Demander avec insistance. *Le chien est toujours en train de **quémander** un sucre.*

qu'en-dira-t-on (nom masculin)
Ce que les gens racontent sur les autres. *Il vit comme il en a envie, sans se préoccuper du **qu'en-dira-t-on**.*

quenelle (nom féminin)
Rouleau composé de pâte fine mélangée à du poisson ou de la viande hachés. *Des **quenelles** de brochet.*

quenotte (nom féminin)
Dans le langage des enfants, synonyme de dent.

quenouille (nom féminin)
Petit bâton sur lequel on enroulait, autrefois, des fibres de laine ou de lin que les femmes filaient.

Quercy

Région et ancien pays de France, entre le Massif central et le bassin Aquitain. Le Haut Quercy, autour de Cahors, est une région de plateaux calcaires traversée par les rivières du Lot et de la Dordogne. Ses principales activités économiques sont l'élevage ovin, l'arboriculture et le tourisme. Le Bas Quercy, autour de Montauban, est un pays de collines où l'on pratique la polyculture. Le Quercy a été rattaché définitivement à la France en 1472. ➡ Voir carte p. 1372.

querelle (nom féminin)
Discussion violente provoquée par un désaccord. *La **querelle** entre les deux automobilistes a failli se terminer en bagarre.*
Famille du mot : se **quereller**, **querelleur**.

se **quereller** (verbe) ▸ conjug. n° 3
Synonyme de se disputer. *Arrêtez de **vous quereller** pour des bêtises !*

querelleur, euse (adjectif)
Qui a tendance à se quereller avec tout le monde. *Il devient très **querelleur** dès qu'il commence à perdre.*

quérir (verbe)
Synonyme littéraire de chercher. *Elle alla **quérir** de l'eau à la fontaine.* **Quérir** ne s'emploie qu'à l'infinitif.

question (nom féminin)
1. Demande adressée à quelqu'un afin d'obtenir une réponse. *Je ne comprends pas votre **question**.* **2.** Sujet de discussion ou problème à résoudre. *Nous examinerons cette **question** à la fin de la réunion.* • **En question :** dont il s'agit. *Je vais vous présenter la personne **en question**.* • **Hors de question :** se dit d'une chose qu'on refuse absolument. *Il est **hors de question** que tu sortes ce soir.* • **Il est question de quelqu'un ou de quelque chose :** on en parle. ***Il est question de** toi dans sa lettre. **Il est question d'**organiser une excursion pour notre classe.* Famille du mot : question**naire**, question**ner**.

questionnaire (nom masculin)
Série de questions. *Répondre à un **questionnaire**.*

questionner (verbe) ▸ conjug. n° 3
Poser des questions. *Le médecin l'**a** longuement **questionné** sur ses troubles de santé.* (Syn. interroger.)

quête (nom féminin)
Action de recueillir de l'argent au profit de personnes qui en ont besoin. *Une **quête** en faveur des victimes de la faim.* (Syn. collecte.) • **En quête de quelque chose :** à sa recherche. *L'orage approche, mettons-nous **en quête d'**un abri.*

quêter (verbe) ▸ conjug. n° 3
Faire la quête. *Des enfants **quêtent** dans la rue au profit du téléthon.*

quetsche (nom féminin)
Prune ovale, à la peau violet foncé. *Une délicieuse tarte aux **quetsches**.* Prononciation [kwɛtʃ].

quetzal (nom masculin)
Oiseau d'Amérique centrale aux très longues plumes vertes et à longue queue. *Le **quetzal** est l'emblème du Guatemala.* Prononciation [kɛtzal]. ➡ p. 886.

queue (nom féminin)
1. Extrémité arrière du corps de certains animaux. *Pierre s'est fait griffer quand il a tiré la **queue** du chat.* **2.** Tige d'une fleur ou d'un fruit. *Marie fait de la tisane avec des **queues** de cerises.* **3.** Partie allongée qui sert à tenir certains ustensiles de cuisine. *La **queue** d'une casserole.* (Syn. manche.) **4.** File d'attente. *Des gens font la **queue** devant le cinéma.* **5.** Ce qui est placé au bout, à la fin. *Notre wagon est en **queue** de train.* • **À la queue leu leu :** l'un derrière l'autre. *L'entrée du souterrain est étroite, avancez **à la queue leu leu**.* • **Faire une queue de poisson :** se rabattre brusquement devant la voiture que l'on vient de doubler. • **N'avoir ni queue ni tête :** n'avoir aucun sens. *Cette histoire stupide **n'a ni queue ni tête**.*

queue-de-cheval (nom féminin)
Coiffure dans laquelle les cheveux sont tirés et noués en arrière et retombent sur la nuque. Pluriel : des queues-de-cheval.

qui (pronom)
1. Sert à interroger à propos de quelqu'un. ***Qui** est là ? À **qui** es-tu en train d'écrire ? Avec **qui** as-tu joué ?* **2.** Au début d'une proposition relative, sert à désigner une personne ou une chose en fonction de sujet. *Le garçon **qui** arrive est mon cousin.*

quiche (nom féminin)
Tarte salée faite d'un mélange de crème et d'œufs et garnie de lardons. **Quiche** vient de l'allemand *kuchen* qui signifie « gâteau ».

des **quetsches**

quiconque (pronom)
N'importe qui. *Myriam réussit les tartes aux pommes mieux que **quiconque**.*

quidam (nom masculin)
Personne quelconque, qu'on ne connaît pas. *Il a demandé l'heure à un **quidam** dans la rue.* **Quidam** est un mot latin qui signifie « une certaine personne ».

quiétude (nom féminin)
Synonyme littéraire de tranquillité. *Il aime la **quiétude** de la vie à la campagne.*

quignon (nom masculin)
• **Quignon de pain :** morceau de pain contenant beaucoup de croûte. *Quentin s'est contenté d'un **quignon de pain** pour le goûter.*

quille (nom féminin)
1. Pièce de bois allongée que l'on fait tomber en lançant une boule. *Un jeu de **quilles**.* 2. Partie inférieure de la coque d'un navire. *Le bateau a été déséquilibré quand sa **quille** a heurté un rocher.*

quincaillerie (nom féminin)
Magasin où l'on vend des clous, des outils, des ustensiles de ménage et de bricolage.

quincaillier, ère (nom)
Personne qui tient une quincaillerie.
ORTHO On écrit aussi **quincailler**.

quinconce (nom masculin)
• **En quinconce :** se dit de choses disposées par cinq, quatre aux coins d'un carré et la cinquième au milieu. *Des arbres plantés **en quinconce**.*

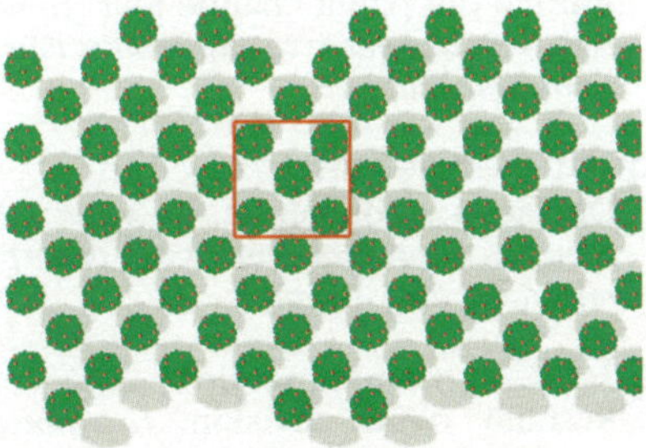

un verger de pommiers plantés
en quinconce

quinine (nom féminin)
Médicament qui sert à soigner le paludisme.

quinquagénaire (adjectif et nom)
Qui a entre cinquante et soixante ans. *Notre voisin est un très dynamique **quinquagénaire**.*

quinquennat (nom masculin)
Durée d'une fonction, d'un mandat, d'un plan de cinq ans. *Le président actuel se représente pour un second **quinquennat**.*

quintal, aux (nom masculin)
Unité de mesure qui équivaut à 100 kilos. *Ce champ produit plusieurs centaines de **quintaux** de blé chaque année.*

quinte (nom féminin)
• **Quinte de toux :** accès de toux violent. *Romain a eu plusieurs **quintes de toux** pendant la nuit à cause de sa bronchite.*

quintette (nom masculin)
Ensemble de cinq musiciens. *Un **quintette** de jazz.*
ORTHO On écrit aussi **quintet**.

quintuple (nom masculin)
Nombre obtenu en quintuplant un autre nombre. *Cinquante est le **quintuple** de dix (50 = 10 × 5).* Famille du mot : quintupl**és**, quintupl**er**.

quintuplés, ées (nom pluriel)
Cinq enfants nés de la même mère au cours du même accouchement.

quintupler (verbe) ▸ conjug. n° 3
Multiplier par cinq. *Cette société **a quintuplé** les ventes de ses produits grâce à la publicité.*

quinzaine (nom féminin)
1. Ensemble d'environ quinze. *Il y a une **quinzaine** de clients dans le magasin.* 2. Durée d'environ quinze jours. *Nous serons en vacances dès la première **quinzaine** de juillet.*

quinze (déterminant)
Dix plus cinq (15). *J'ai lu les **quinze** premières pages de ce livre. Ce livre coûte **quinze** euros.* ■ **quinze** (nom masculin) Nombre quinze. *J'habite au **quinze** de cette rue. Nous partons en vacances le **quinze** du mois.* 2. Équipe de rugby

comprenant quinze joueurs. *Le **quinze** de France.* Famille du mot : quinz**aine**, quinz**ième**.

quinzième (adjectif et nom)
Qui occupe le rang numéro 15. *Thomas habite au **quinzième** étage d'une tour.* ■ **quinzième** (nom masculin) Ce qui est contenu quinze fois dans un tout. *Quatre est le **quinzième** de soixante.*

quiproquo (nom masculin)
Erreur qui consiste à prendre une personne ou une chose pour une autre. *Il a demandé un renseignement à une cliente en la prenant pour une vendeuse, quel **quiproquo** !* (Syn. malentendu.) **Quiproquo** vient du latin *quid pro quo* qui signifie « quelque chose à la place d'autre chose ».

quittance (nom féminin)
Document prouvant que l'on a payé. *Les locataires reçoivent une **quittance** de loyer.*

quitte (adjectif)
Qui ne doit plus rien à quelqu'un. *Je t'ai remboursé, maintenant nous sommes **quittes**.* • **En être quitte pour la peur :** avoir seulement eu peur. • **Quitte à faire quelque chose :** en prendre le risque. *Il a plongé pour sauver son frère, **quitte à** se noyer.*

quitter (verbe) ▸ conjug. n° 3
1. Partir d'un endroit. *Il **a quitté** la France depuis six mois. Pensez à enregistrer vos données avant de **quitter** l'application.* **2.** Se séparer de quelqu'un. *Elles **se sont quittées** avec beaucoup de tristesse.* **3.** Cesser une activité. *Il **a quitté** son club d'escrime pour faire du judo.* • **Ne quittez pas :** formule que l'on utilise au téléphone pour demander à quelqu'un de ne pas raccrocher.

qui-vive (nom masculin)
• **Être sur le qui-vive :** être sur ses gardes, prêt à riposter à une attaque. **Qui-vive** était le cri par lequel une sentinelle interpellait une personne qui lui semblait suspecte : « Halte-là, **qui vive** ? »

quiz (pronom)
Jeu qui consiste à répondre à une série de questions. *Myriam a bien répondu au **quiz** sur l'histoire.* **Quiz** est un mot anglais : on prononce [kwiz].

quoi (pronom)
1. Sert à interroger à propos de quelque chose. *À **quoi** pensez-vous ?* **2.** Sert à désigner un nom de chose dans une proposition subordonnée. *Je ne sais pas **quoi** faire.*

quoique (conjonction)
Sert à exprimer l'opposition. *Quentin est allé travailler **quoiqu'**il soit malade.* (Syn. bien que.) **Quoique** est suivi du subjonctif.

quoi que (pronom)
Quelle que soit la chose qui arrive. ***Quoi que** je dise, tu me fais des reproches.*

quolibet (nom masculin)
Parole injurieuse. *Le magicien maladroit a été obligé de quitter la scène sous les **quolibets** des spectateurs.*

quorum (nom masculin)
Nombre minimum de votants pour qu'un vote soit valable. *Le **quorum** est atteint.* Prononciation [kɔʀɔm] ou [kwɔʀɔm].

quota (nom masculin)
Pourcentage fixé à l'avance. *Il y a des **quotas** sur les importations de céréales.*

quote-part (nom féminin)
Part que chacun donne ou reçoit. *Pour le ravalement de l'immeuble, chaque propriétaire devra payer sa **quote-part**.* Pluriel : des quote**s**-parts.
ORTHO On écrit aussi une **quotepart**, des **quoteparts**.

quotidien, enne (adjectif)
Qui a lieu chaque jour. *Il fait son trajet **quotidien** en autobus, de la maison au bureau.* ■ **quotidien** (nom masculin) Journal qui paraît chaque jour. *La nouvelle a été annoncée ce matin dans tous les **quotidiens** du pays.*

quotidiennement (adverbe)
De façon quotidienne. *Ce vieux monsieur fait **quotidiennement** une petite promenade le long des quais.*

quotient (nom masculin)
Résultat d'une division. *Le **quotient** de 50 divisé par 10 est égal à 5.* Prononciation [kɔsjɑ̃]. **Quotient** vient du latin *quotiens* qui signifie « combien de fois ».

Rr

rose

r (nom masculin)
Dix-huitième lettre de l'alphabet. *Le **R** est une consonne.*

Râ
➡ Voir **Rê**.

rabâchage (nom masculin)
Action de rabâcher.

rabâcher (verbe) ▸ conjug. n° 3
Synonyme de ressasser. *Arrête de **rabâcher** toujours la même chose !*

rabais (nom masculin)
Synonyme de réduction. *Le vendeur nous a fait un **rabais** sur le prix car le pantalon avait un défaut.*

rabaisser (verbe) ▸ conjug. n° 3
Mettre au-dessous de sa valeur. *Il cherche à **rabaisser** ses concurrents.* (Syn. dénigrer.)

rabat (nom masculin)
Partie d'une chose qui peut se rabattre. *Cette veste a des poches à **rabats**.*

Rabat
Capitale du Maroc, bordée par l'océan Atlantique (1,6 million d'habitants). Rabat est spécialisée dans les industries textile et alimentaire.

HISTOIRE
Rabat fut fondée au XIIe siècle. Elle connut un grand essor au XVIIe siècle. En 1912, elle devint la capitale du Maroc.

rabat-joie (nom)
Personne qui trouble la joie des autres. *Chaque fois qu'il y a une fête, il joue les **rabat-joie**.* (Syn. trouble-fête.) ✎ Pluriel : des rabat-joie**s** ou des rabat-joie.

rabatteur, euse (nom)
Personne qui, à la chasse, rabat le gibier.

rabattre (verbe) ▸ conjug. n° 31
1. Replier ou refermer quelque chose. ***Rabattre** le couvercle d'une boîte.* **2.** Faire descendre. *Le vent **rabat** les fumées d'usine sur la ville.* **3.** Déduire une certaine somme sur un prix. *L'entrepreneur a accepté de **rabattre** 10 % sur le prix du devis.* **4.** Forcer le gibier à aller dans la direction des chasseurs. **5.** Se rabattre : changer brusquement de direction. *Quand on dépasse une voiture, il ne faut pas **se rabattre** trop vite.* **6.** Se rabattre sur quelque chose : s'en contenter faute de mieux. *Faute de moyens, il **s'est rabattu sur** du matériel d'occasion.* ⌂ Famille du mot : rabat, rabat-joie, rabatt**eur**.

rabbin (nom masculin)
Chef religieux d'une communauté juive.

Rabelais François (né vers 1494, mort en 1553)
Écrivain français. En 1532, il publia *les Horribles et Épouvantables Faits et Prouesses du très renommé Pantagruel, roi des Dipsodes*, puis *la Vie inestimable du grand Gargantua, père de Pantagruel* (1534). Il donna une suite à ces histoires, avec le *Tiers Livre* (1546), le *Quart Livre* (1548-1552) et le *Cinquième Livre*

(1564). Il développa notamment les idées des humanistes dans ses œuvres.

une illustration de *Pantagruel*, de **Rabelais**

râble (nom masculin)
Partie du lièvre ou du lapin qui se trouve en bas du dos.

râblé, ée (adjectif)
Qui a une forte carrure. *Un lutteur **râblé**.*

rabot (nom masculin)
Outil de menuisier qui sert à raboter. *Mon père vient d'acheter un nouveau **rabot**.*

raboter (verbe) ▸ conjug. n° 3
Rendre plat et lisse au moyen d'un rabot. *Il **a raboté** le bas de la porte qui frottait sur la moquette.*

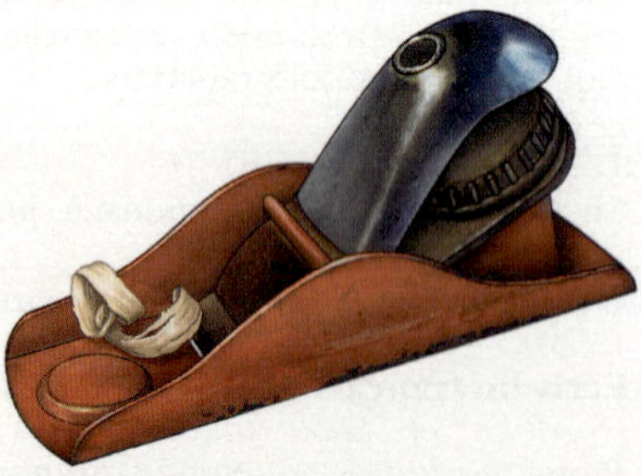

Pour **raboter**, mieux vaut utiliser un **rabot**.

rabougri, ie (adjectif)
Qui est chétif, recroquevillé. *Cet arbre est malade, ses feuilles sont **rabougries**.*

rabrouer (verbe) ▸ conjug. n° 3
Repousser quelqu'un avec rudesse. *Cesse de **rabrouer** ton frère !* (Syn. rembarrer.)

racaille (nom féminin)
Dans la langue familière, ensemble de gens malhonnêtes.

raccommodage (nom masculin)
Action de raccommoder un vêtement.

raccommoder (verbe) ▸ conjug. n° 3
1. Réparer en cousant ce qui est troué ou déchiré. *Léa essaie de **raccommoder** sa robe.* **2.** Se raccommoder : synonyme familier de se réconcilier. *Après quelques années de brouille, elles **se sont raccommodées**.*

raccompagner (verbe) ▸ conjug. n° 3
Synonyme de ramener. *Comme il était tard, la mère d'Eva m'**a raccompagnée**.*

raccord (nom masculin)
1. Pièce qui permet de raccorder deux éléments. **2.** Touche de peinture qu'on applique sur une surface là où il en manque. *La pièce a été rénovée, il ne reste que quelques **raccords** de peinture à faire.*

raccordement (nom masculin)
Action de raccorder. *Le plombier procède au **raccordement** des nouvelles conduites de gaz.*

raccorder (verbe) ▸ conjug. n° 3
Relier par un raccord ou une voie de communication. *Une nouvelle route **raccorde** la banlieue au centre-ville.* Famille du mot : raccord, raccord**ement**.

raccourci (nom masculin)
1. Chemin plus court. *Ce **raccourci** va nous faire gagner dix minutes.* **2.** Icône qui permet d'accéder directement à un fichier informatique sans passer par un menu.

raccourcir (verbe) ▸ conjug. n° 11
1. Rendre plus court. *Cette jupe est trop longue, il faut la **raccourcir**.* **2.** Devenir plus court. *L'été est fini, les jours commencent déjà à **raccourcir**.* (Contr. rallonger.)

raccrocher (verbe) ▸ conjug. n° 3
1. Accrocher de nouveau. *Après avoir repeint le salon, il va falloir **raccrocher** les tableaux.* **2.** Interrompre une commu-

nication téléphonique. *Quelqu'un sonne à la porte, je dois **raccrocher** !* 3. Se raccrocher : se retenir à quelque chose. *Il a réussi à **se raccrocher** à une branche.*

race (nom féminin)
1. Groupe d'êtres humains qui ont certaines ressemblances physiques. L'emploi du mot **race** dans ce sens est aujourd'hui contesté. 2. Catégorie d'une espèce animale. *Quelle est la **race** de ce chien ? – C'est un caniche.* Famille du mot : **anti**raciste, racé, rac**ial**, rac**isme**, rac**iste**.

racé, ée (adjectif)
Qui a les qualités propres à sa race. *Un chien **racé**.*

rachat (nom masculin)
Action de racheter quelque chose.

racheter (verbe) ▸ conjug. n° 8
1. Acheter de nouveau. *Il n'y a plus de beurre, il faut en **racheter**.* 2. Acheter à quelqu'un ce qu'il avait acheté pour lui. *Mon oncle veut vendre sa voiture, c'est maman qui va la lui **racheter**.* 3. Se racheter : se faire pardonner. *Benjamin a voulu **se racheter** en faisant la vaisselle.*

rachitique (adjectif)
Dont le squelette s'est mal développé. *Ces enfants **rachitiques** souffrent de la famine.*

rachitisme (nom masculin)
Maladie des personnes rachitiques.

racial, ale, aux (adjectif)
Qui concerne la race. *La loi interdit les discriminations **raciales**.*

racine (nom féminin)
1. Partie des végétaux qui s'enfonce dans la terre et qui leur sert à se nourrir. *Ce gros arbre a des **racines** très profondes.* ➡ p. 78. 2. Partie d'une dent qui est sous la gencive. ➡ p. 364. 3. Élément commun à tous les mots d'une même famille. *Les mots « lasser, lassitude, délasser, inlassable » ont la même **racine** : « las ».* Famille du mot : **dé**raciner, **s'en**raciner.

racisme (nom masculin)
Doctrine et comportement de ceux qui pensent qu'une race humaine est supérieure aux autres races. *Il faut lutter contre toutes les formes de **racisme**.*

raciste (adjectif et nom)
Qui fait preuve de racisme. *Clément n'est pas **raciste**, il sait que toutes les races sont égales.*

racket (nom masculin)
Action d'extorquer de l'argent par l'intimidation ou la violence. **Racket** est un mot anglais : on prononce [rakɛt]. Famille du mot : racket**ter**, racket**teur**.

racketter (verbe) ▸ conjug. n° 3
Soumettre quelqu'un à un racket. *Il s'est fait **racketter** à la sortie du collège.*

racketteur, euse (nom)
Personne coupable de racket. *Un groupe de **racketteurs** a été arrêté par la police.*

différentes sortes de **racines**

raclée (nom féminin)
Dans la langue familière, série de coups. *Recevoir une **raclée**.* (Syn. volée.)

racler (verbe) ▶ conjug. n° 3
Gratter quelque chose pour le nettoyer. *La crème a attaché au fond de la casserole, il va falloir la **racler**.*

raclette (nom féminin)
1. Petit outil qui sert à racler. *Papa retire la neige sur le pare-brise avec une **raclette**.* 2. Fromage que l'on fait fondre et que l'on racle au fur et à mesure pour le manger.

racoler (verbe) ▶ conjug. n° 3
Attirer un client par tous les moyens pour lui vendre quelque chose.

racontar (nom masculin)
Synonyme familier de commérage. *N'écoute surtout pas ses **racontars** !*

raconter (verbe) ▶ conjug. n° 3
Faire le récit d'un évènement. Le Livre de la jungle ***raconte** l'histoire de Mowgli, enfant sauvage adopté par les animaux.*

racornir (verbe) ▶ conjug. n° 11
Rendre dur et coriace comme de la corne. *Cette viande, trop cuite, **est** toute **racornie** !*

radar (nom masculin)
1. Appareil qui montre sur un écran la position d'une chose qu'on ne peut pas voir. *Les avions sont guidés par des **radars**.* 2. Appareil utilisé pour détecter les excès de vitesse. *Il s'est fait prendre au **radar**.*
Radar est l'abréviation des mots anglais *Radio Detection And Ranging* qui signifient « détection et mesure par radio ».

rade (nom féminin)
Grand bassin qui communique avec la mer. *Plusieurs paquebots sont ancrés dans la **rade**.*

radeau, eaux (nom masculin)
Embarcation faite de morceaux de bois assemblés. *Ils ont construit un **radeau** pour traverser la rivière.*

radiateur (nom masculin)
1. Appareil de chauffage. *Dans chaque pièce de la maison, il y a un **radiateur**.* 2. Appareil servant à refroidir le moteur d'une voiture.

■ **radiation** (nom féminin)
Rayonnement invisible qui peut présenter un danger. *Des habitants de la région ont été victimes de **radiations** radioactives.*

■ **radiation** (nom féminin)
Action de radier quelqu'un. *Ce sportif était dopé et sa **radiation** du club a été décidée.*

■ **radical, ale, aux** (adjectif)
1. Qui attaque un mal dans ses causes profondes. *Prendre des mesures **radicales** pour enrayer le chômage.* 2. Qui est complet, total. *Il y a eu un changement **radical** dans son comportement.*

■ **radical, aux** (nom masculin)
Partie du mot qui ne change pas. *« Camp » est le **radical** du verbe « camper » et du nom « campeur ».*

radicalement (adverbe)
D'une manière radicale. *Ces deux frères ont des caractères **radicalement** opposés.* (Syn. complètement, totalement.)

radier (verbe) ▶ conjug. n° 10
Rayer quelqu'un d'une liste. *Cet athlète **a été radié** de son club pour avoir triché.*

radieux, euse (adjectif)
1. Qui brille d'un vif éclat. *Il fait un soleil **radieux** ce matin.* (Syn. éclatant.) 2. Qui rayonne de joie, de bonheur. *Un sourire **radieux**.*

radin, ine (adjectif et nom)
Synonyme familier d'avare. *Il est bien trop **radin** pour offrir des fleurs !*

« Le **Radeau** de la Méduse » de Géricault (1819)

radio (nom féminin)
1. Procédé qui permet d'envoyer des sons en utilisant des ondes. **2.** Appareil qui reçoit et transmet ces ondes pour produire des sons. *Papa a fait installer la **radio** dans la voiture.* **3.** Photographie de l'intérieur de notre corps. *Fatima doit passer une **radio** pour savoir si elle a une entorse ou une fracture.* Au sens 1, **radio** est l'abréviation de **radiodiffusion**. Au sens 3, **radio** est l'abréviation de **radiographie**.
■ **radio** (nom masculin) Sur un avion ou sur un bateau, personne qui est chargée des communications par radio.

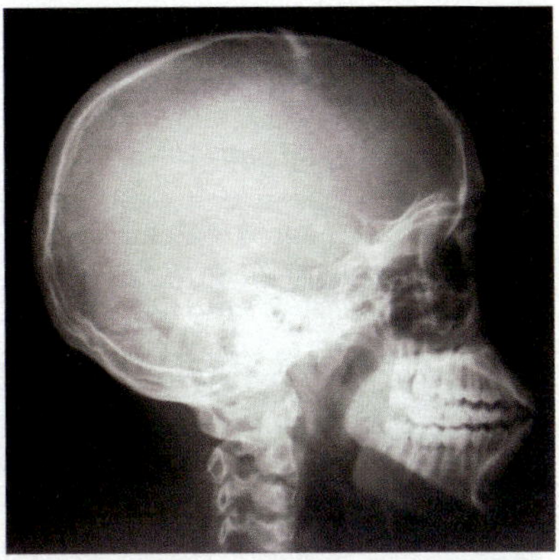

une **radio** de la tête

radioactif, ive (adjectif)
Qui émet des radiations ou des rayonnements qui résultent de réactions nucléaires. *Les déchets **radioactifs** des centrales nucléaires sont très dangereux.*

radioactivité (nom féminin)
Caractère radioactif de certains corps. *La **radioactivité** du radium ou de l'uranium.*

radiodiffusé, ée (adjectif)
Qui est diffusé par la radio. *Cet opéra doit **être radiodiffusé** en direct.*

radiodiffusion ➡ Voir **radio**.

radiographie ➡ Voir **radio**.

radiographier (verbe) ▶ conjug. n° 10
Faire une radio d'une partie du corps.

radiologie (nom féminin)
Partie de la médecine qui utilise certains rayonnements pour faire des diagnostics ou pour soigner certaines maladies.

radiologue (nom)
Médecin spécialiste de radiologie.

radiophonique (adjectif)
Qui passe à la radio. *Les émissions, les jeux **radiophoniques**.*

radioréveil (nom masculin)
Appareil qui combine une radio et un réveil. *David a réglé son **radioréveil** pour qu'il sonne à 7 heures.*

radis (nom masculin)
Plante potagère cultivée pour sa racine comestible. *Maman a acheté une botte de **radis** roses et un gros **radis** noir.*

radium (nom masculin)
Élément chimique radioactif. *Ce sont Pierre et Marie Curie qui ont découvert les propriétés du **radium** à la fin du XIXe siècle.* Prononciation [ʀadjɔm].

radius (nom masculin)
Le plus court des deux os de l'avant-bras. Prononciation [ʀadjys].

radotage (nom masculin)
Action de radoter. *Ses **radotages** me fatiguent.*

radoter (verbe) ▶ conjug. n° 3
Dire des choses qui n'ont pas de sens, ou répéter sans cesse la même chose. *Yann devient gâteux, il commence à **radoter** !*

se **radoucir** (verbe) ▶ conjug. n° 11
1. Devenir plus doux. *Au printemps, le temps commence souvent à **se radoucir**.* **2.** Devenir plus calme ou plus aimable. *Il s'est fâché très fort, puis il **s'est radouci**.*

radoucissement (nom masculin)
Fait de se radoucir. *On sent un net **radoucissement** de la température.*

rafale (nom féminin)
1. Coup de vent soudain et violent. *Des **rafales** de vent sont prévues pour demain le long des côtes.* **2.** Suite de coups de feu très rapprochés. *Une **rafale** de mitraillette.*

raffermir (verbe) ▶ conjug. n° 11
Rendre plus ferme. *Ibrahim fait du sport pour **raffermir** ses muscles.*

raffinage (nom masculin)
Opération qui consiste à raffiner un produit.

raffiné, ée (adjectif)
Qui montre du goût et de la distinction. *Elle est toujours habillée de façon très **raffinée**.* (Contr. grossier, vulgaire.)

raffinement (nom masculin)
Qualité de ce qui est raffiné. *Leur maison est décorée avec beaucoup de **raffinement**.*

raffiner (verbe) ▸ conjug. n° 3
Rendre une matière plus pure. *Il faut **raffiner** le pétrole pour obtenir de l'essence.* Famille du mot : raffin**age**, raffin**é**, raffin**ement**, raffin**erie**.

raffinerie (nom féminin)
Usine où l'on raffine un produit. *Une **raffinerie** de sucre, de pétrole.*

raffoler (verbe) ▸ conjug. n° 3
Aimer à la folie. *Gaëlle **raffole** de cette chanteuse, elle a tous ses albums.* (Syn. adorer.)

raffut (nom masculin)
Synonyme familier de tapage. *Les voisins ont fait la fête toute la nuit, quel **raffut** !*

rafiot (nom masculin)
Dans la langue familière, mauvais bateau. *On a traversé la baie sur un vieux **rafiot**.*

rafistoler (verbe) ▸ conjug. n° 3
Dans la langue familière, réparer quelque chose grossièrement. *Papa **a rafistolé** la chaise avec de la grosse ficelle.*

rafle (nom féminin)
Arrestation en masse faite à l'improviste par la police. *Il y a eu de nombreuses **rafles** pendant la guerre.*

rafler (verbe) ▸ conjug. n° 3
Prendre et emporter tout ce qu'on trouve. *Les voleurs **ont raflé** tous les bijoux qui étaient en vitrine.*

rafraîchir (verbe) ▸ conjug. n° 11
1. Rendre plus frais. *Le vent du nord **a rafraîchi** la température. Le temps **s'est rafraîchi**.* **2.** Calmer la soif. *Cette eau fraîche nous **a** bien **rafraîchis**. Kevin a bu à la fontaine pour **se rafraîchir**.* **3.** Redonner de la fraîcheur et de l'éclat à ce qui était défraîchi. *Elle **a rafraîchi** la peinture de sa chambre.*
ORTHO On écrit aussi **rafraichir**.

rafraîchissant, ante (adjectif)
Qui rafraîchit. *Le thé glacé est très **rafraîchissant**.*
ORTHO On écrit aussi **rafraichissant**.

rafraîchissement (nom masculin)
1. Fait de se rafraîchir. *La météo annonce un net **rafraîchissement** de la température.* **2.** Boisson fraîche. *Prendre des **rafraîchissements** à la terrasse d'un café.*
ORTHO On écrit aussi **rafraichissement**.

rafting (nom masculin)
Activité qui consiste à descendre un torrent sur un gros bateau en caoutchouc. *Pour faire du **rafting**, on met un casque et un gilet de sauvetage.*

la descente d'une cascade en **rafting**

ragaillardir (verbe) ▸ conjug. n° 11
Redonner des forces, de la gaieté. *Cette heureuse nouvelle l'**a ragaillardi**.* (Syn. réconforter, revigorer.)

rage (nom féminin)
1. Maladie mortelle qui peut être transmise par la morsure de certains animaux comme les chiens et les renards.

2. Colère très violente. *Pierre est fou de **rage** car on lui a volé son vélo.* • **Faire rage :** atteindre une très grande violence. *L'incendie **fait rage**.* • **Rage de dents :** mal de dents très violent. Famille du mot : **enragé, enrager, rager, rageur, rageusement.**

rager (verbe) ▸ conjug. n° 5
Synonyme d'enrager. *Je **rage** d'avoir échoué si près du but.*

rageur, euse (adjectif)
Qui exprime la colère. *Il a claqué la porte d'un geste **rageur**.*

rageusement (adverbe)
De façon rageuse. *Elle a déchiré la lettre **rageusement**.*

ragondin (nom masculin)
Gros rongeur d'Amérique du Sud, vivant dans l'eau. *Le **ragondin** est élevé en Europe pour sa fourrure.*

ragot (nom masculin)
Synonyme familier de commérage. *Il ne faut pas croire ces **ragots**.*

ragoût (nom masculin)
Plat de viande et de légumes cuits longuement ensemble dans une sauce.
ORTHO On écrit aussi **ragout**.

ragoûtant, ante (adjectif)
• **Pas** ou **peu ragoûtant :** qui dégoûte. *Cette odeur de friture n'est **pas** très **ragoûtante**.*
ORTHO On écrit aussi **ragoutant**.

rai (nom masculin)
• **Rai de lumière :** rayon de lumière.

raï (nom masculin)
Musique populaire algérienne. *William écoute du **raï** et un peu de rap.*

raid (nom masculin)
1. Attaque rapide et par surprise contre un ennemi. *Un **raid** aérien a fait de nombreuses victimes.* 2. Épreuve sportive d'endurance sur une grande distance. *Participer à un **raid** automobile.* **Raid** est un mot anglais : on prononce [REd].

raide (adjectif)
1. Qui est difficile à plier. *Cette toile est trop **raide** pour confectionner un vêtement.* (Contr. souple.) 2. Qui ne forme pas de boucles. *Quentin a les cheveux **raides**.* 3. Qui est très incliné. *Fais attention en montant car l'escalier est très **raide** !* (Syn. abrupt.) • **Être sur la corde raide :** être dans une situation dangereuse, difficile. ■ **raide** (adverbe) Soudain. *Tomber **raide** mort.* Famille du mot : **raideur, raidillon, raidir.**

raideur (nom féminin)
Fait d'être raide. *La **raideur** de cette pente est impressionnante.*

raidillon (nom masculin)
Chemin en pente raide. *Romain a du mal à monter le **raidillon** à vélo.*

raidir (verbe) ▸ conjug. n° 11
Rendre raide. ***Raidir** un cordage. Ses doigts **se raidissent** au contact du froid.*

■ **raie** (nom féminin)
1. Synonyme de rayure. *Le tissu de la chaise longue est blanc avec des **raies** vertes.* 2. Ligne qui sépare les cheveux en deux. *Thomas a la **raie** sur le côté gauche.*

■ **raie** (nom féminin)
Poisson de mer au corps aplati.

une **raie**

raifort (nom masculin)
Plante dont la racine a un goût piquant.

rail (nom masculin)
Chacune des deux barres d'acier parallèles sur lesquelles roulent les trains. *Les **rails** sont fixés sur des traverses.* Famille du mot : **déraillement, dérailler, dérailleur.**

railler (verbe) ▸ conjug. n° 3
Synonyme de se moquer. *Ce n'est pas gentil de **railler** ses amis.* Famille du mot : **raillerie, railleur.**

a b c d e f g h i j k l m n o p q r s t u v w x y z

raillerie (nom féminin)
Synonyme de moquerie. *Les **railleries** de ses copains lui ont fait de la peine.*

railleur, euse (adjectif)
Synonyme de moqueur. *Un ton **railleur**.*

rainette (nom féminin)
Petite grenouille aux doigts pourvus de ventouses et qui vit dans les arbres.

une **rainette**

rainure (nom féminin)
Fente longue et étroite. *Les **rainures** d'un parquet.*

raisin (nom masculin)
Fruit de la vigne, formé de petits grains réunis en grappes. *On peut faire du vin avec du **raisin** noir ou du **raisin** blanc.*

une grappe de **raisin**

raison (nom féminin)
1. Ce qui permet à l'homme de réfléchir et de juger ce qu'il est bon de faire. *Malheureusement, dans cette guerre, la folie l'a emporté sur la **raison**.* 2. Ce qui explique un fait ou une action. *La régate a été annulée en **raison** des intempéries. Sais-tu pour quelle **raison** il s'est mis en colère ?* (Syn. cause, motif.) • **À plus forte raison** ou **raison de plus :** par un motif d'autant plus fort. • **Avoir de bonnes raisons :** avoir de bonnes excuses. • **Avoir raison :** dire ou faire ce qui est bien ou juste, ne pas se tromper. (Contr. avoir tort.) • **Ce n'est pas une raison :** ce n'est pas une excuse valable. • **Entendre raison :** admettre ce qui est vrai. • **Plus que de raison :** plus qu'il n'est raisonnable. • **Se faire une raison :** se résigner à accepter ce qu'on ne peut pas changer. Famille du mot : **dé**raison**nable**, **dé**raison**ner**, **ir**raison**né**, raison**nable**, raison**nablement**, raison**nement**, raison**ner**.

raisonnable (adjectif)
1. Qui agit suivant la raison. *Soyez **raisonnables**, attendez la fin de l'orage pour sortir.* (Syn. sensé. Contr. déraisonnable, fou.) 2. Qui n'est pas excessif. *Victor s'est acheté un blouson à un prix très **raisonnable**.*

raisonnablement (adverbe)
D'une façon raisonnable. *Pour être en bonne santé, il faut boire et manger **raisonnablement**.*

raisonnement (nom masculin)
Suite des idées et des jugements qui s'enchaînent de façon logique pour arriver à une conclusion. *Je t'avoue que j'ai du mal à suivre ton **raisonnement**.*

raisonner (verbe) ▸ conjug. n° 3
1. Se servir de sa raison pour juger ou démontrer. *Essayons de **raisonner** avant d'agir !* 2. Essayer de convaincre quelqu'un d'être raisonnable. *Il n'est pas facile de **raisonner** cet enfant quand il s'énerve.*

rajeunir (verbe) ▸ conjug. n° 11
Faire paraître plus jeune. *Cette nouvelle coupe de cheveux la **rajeunit**.* (Contr. vieillir.)

rajeunissement (nom masculin)
Fait de rajeunir.

rajouter (verbe) ▸ conjug. n° 3
Ajouter de nouveau. *Ce yaourt est déjà sucré, ce n'est pas la peine de **rajouter** du sucre.*

rajustement (nom masculin)
Fait de rajuster. *Le **rajustement** des salaires.*
ORTHO On dit aussi **réajustement**.

rajuster (verbe) ▸ conjug. n° 3
1. Remettre en ordre. ***Rajuster** sa coiffure.* (Syn. arranger.) **2.** Remettre à son juste niveau. ***Rajuster** les salaires et les retraites pour suivre la hausse des prix.*
ORTHO On dit aussi **réajuster**.

râle (nom masculin)
Bruit rauque et anormal qu'on fait parfois en respirant.

ralenti (nom masculin)
Régime le plus bas d'un moteur. *Le garagiste a réglé le **ralenti**.* • **Au ralenti :** à faible vitesse.

ralentir (verbe) ▸ conjug. n° 11
Aller plus lentement. *Les automobilistes doivent **ralentir** quand ils traversent une agglomération.* (Contr. accélérer.)

ralentissement (nom masculin)
Fait de ralentir. (Contr. accélération.)

ralentisseur (nom masculin)
Sorte de dos-d'âne qui oblige les automobilistes à ralentir.

râler (verbe) ▸ conjug. n° 3
1. Faire entendre un râle. **2.** Dans la langue familière, manifester sa mauvaise humeur. *Arrête de **râler** tout le temps !* (Syn. grogner, protester, ronchonner.) Famille du mot : râle, râl**eur**.

râleur, euse (adjectif et nom)
Dans la langue familière, se dit de quelqu'un qui râle souvent.

ralliement (nom masculin)
1. Action de rallier un lieu. *Les manifestants se sont donné un point de **ralliement**.* **2.** Fait de se rallier. *Ce candidat espère bénéficier du **ralliement** des écologistes.*

rallier (verbe) ▸ conjug. n° 10
1. Regrouper des gens dispersés. ***Rallier** ses troupes à la frontière.* **2.** Se rallier : adhérer à une opinion. *Elle a fini par **se rallier** à notre cause.*

rallonge (nom féminin)
1. Planche qui permet de rallonger une table. *Si on est douze à table, il faut mettre les deux **rallonges**.* **2.** Morceau de fil électrique qui sert à en prolonger un autre. *Pour pouvoir brancher cette lampe, il faut une **rallonge**.*

rallonger (verbe) ▸ conjug. n° 5
1. Rendre plus long. *Hélène a défait son ourlet pour **rallonger** sa robe.* **2.** Devenir plus long. *Julie a hâte que l'hiver soit fini et que les jours **rallongent**.* (Contr. raccourcir.)

rallumer (verbe) ▸ conjug. n° 3
Allumer une nouvelle fois. *Si le vent se met à souffler, l'incendie risque de **se rallumer**.*

rallye (nom masculin)
Compétition dans laquelle les concurrents doivent rallier un endroit déterminé après un certain nombre d'épreuves. ● **Rallye** est un mot anglais : on prononce [Rali].

un **rallye** automobile dans le désert

ramadan (nom masculin)
Mois pendant lequel les musulmans doivent respecter le jeûne entre le lever et le coucher du soleil.

ramage (nom masculin)
Dans la langue littéraire, chant des oiseaux. ■ **ramages** (nom masculin pluriel) Dessin de branchages, de rameaux. *Cette étoffe de soie à **ramages** est très belle.*

a b c d e f g h i j k l m n o p q r s t u v w x y z

ramassage (nom masculin)
Action de ramasser. *Les enfants ont participé au **ramassage** des pommes.* • **Ramassage scolaire :** transport par autocar des élèves qui habitent loin de l'école.

ramasser (verbe) ▸ conjug. n° 3
1. Prendre par terre. *Hier, les enfants **ont ramassé** des châtaignes et des champignons dans la forêt.* 2. Prendre des choses qui sont éparses pour les rassembler. *Le maître **a ramassé** les cahiers.* 3. Se ramasser : se replier en contractant ses muscles. *Le chat **se ramasse** avant de bondir.* Famille du mot : ramassage, ramassis.

ramassis (nom masculin)
Ensemble de choses ou de gens sans valeur. *Cette bande est un **ramassis** de vauriens.*

rambarde (nom féminin)
Rampe qui sert de garde-fou. *La **rambarde** d'un pont, d'une passerelle.*

rame (nom féminin)
1. Longue pièce de bois dont une extrémité est élargie et plate, et qui sert à faire avancer une embarcation. 2. File de wagons attachés les uns aux autres. *Laura est montée en tête de la **rame** de métro.* Famille du mot : ramer, rameur.

rameau, eaux (nom masculin)
Petite branche d'un arbre ou d'un arbuste. ➡ p. 78.

ramener (verbe) ▸ conjug. n° 8
1. Amener quelqu'un là où il était avant. *Après la séance, mes amis m'**ont** vite **ramené** chez moi en voiture.* (Syn. raccompagner, reconduire.) 2. Faire revenir à l'état antérieur. *La chaleur **a ramené** l'oiseau à la vie.*

ramequin (nom masculin)
Petit récipient pour cuire des aliments au four. *Myriam a préparé des crèmes au caramel dans des **ramequins**.*

ramer (verbe) ▸ conjug. n° 3
Manœuvrer les rames d'une embarcation. *Noémie a mal aux bras à force de **ramer**.*

rameur, euse (nom)
Personne qui rame. *Quatre **rameurs** faisaient avancer le bateau.*

rami (nom masculin)
Jeu de cartes dans lequel on cherche à rassembler certaines combinaisons de cartes.

ramier (nom masculin)
Gros pigeon gris-bleu. (Syn. palombe.)

un **ramier**

ramification (nom féminin)
Division d'une chose en parties plus petites. *Des **ramifications** partent de ce sentier.*

se ramifier (verbe) ▸ conjug. n° 10
Se subdiviser en plusieurs ramifications.

ramollir (verbe) ▸ conjug. n° 11
Rendre plus mou. *Odile chauffe la pâte à modeler dans ses mains pour la **ramollir**.*

ramonage (nom masculin)
Action de ramoner. *Le **ramonage** régulier des cheminées est obligatoire.*

ramoner (verbe) ▸ conjug. n° 3
Enlever la suie d'un conduit de cheminée. Famille du mot : ramonage, ramoneur. **Ramoner** est dérivé de l'ancien français *ramon* qui désigne un « balai fait de branches ».

ramoneur, euse (nom)
Personne qui ramone les cheminées.

rampe (nom féminin)
1. Barre fixée le long d'un escalier et qui sert à se tenir. *L'escalier est raide, tiens-toi à la **rampe** !* 2. Plan incliné qui per-

met le passage entre deux niveaux. *Une **rampe** permet l'accès au garage.* **3.** Rangée de lumières au bord d'une scène de théâtre. • **Rampe de lancement :** dispositif qui assure le guidage d'une fusée lors de son lancement dans l'espace.

ramper (verbe) ▸ conjug. n° 3
1. Se déplacer sur le ventre, par ondulations du corps. *Sarah observe les chenilles qui **rampent** sur la feuille.* **2.** Se montrer servile devant quelqu'un. *Il n'a pas à **ramper** devant ses supérieurs !*

Ramsès II Méiamoun
Pharaon d'Égypte de 1301 à 1235 environ avant Jésus-Christ, petit-fils de Ramsès Ier. Il fit bâtir des cités et de nombreux monuments, comme le temple d'Abou Simbel.

ramure (nom féminin)
1. Ensemble des branches d'un arbre. ➡ p. 78. **2.** Ensemble des bois d'un cervidé.

rance (adjectif)
Qui a pris en vieillissant un goût fort et âcre. *Ce beurre **rance** est vraiment immangeable.*

ranch (nom masculin)
Grande ferme d'élevage aux États-Unis. **Ranch** est un mot anglais : on prononce [Rɑ̃tʃ]. Pluriel : des ranch**s** ou des ranch**es**.

rancir (verbe) ▸ conjug. n° 11
Devenir rance. *Ce beurre sent mauvais car il **a ranci**.*

rancœur (nom féminin)
Synonyme de ressentiment. *William a été victime d'une injustice et en garde une profonde **rancœur**.*

rançon (nom féminin)
1. Somme d'argent que l'on verse en échange de la liberté d'une personne prise en otage. *Les ravisseurs exigent une **rançon**.* **2.** Inconvénient que peut entraîner une chose agréable. *Cette actrice a du mal à préserver sa vie privée, c'est la **rançon** de sa célébrité.*

rançonner (verbe) ▸ conjug. n° 3
Exiger de l'argent sous la menace. *Autrefois, les voyageurs de diligence **étaient** souvent **rançonnés** par des brigands.*

rancune (nom féminin)
Ressentiment profond envers quelqu'un, accompagné du désir de se venger. *Je lui garde **rancune** de m'avoir trompé.*

rancunier, ère (adjectif)
Qui éprouve facilement de la rancune. *Ne sois pas **rancunier**, pardonne-lui !*

randonnée (nom féminin)
Grande promenade. *Dans cette forêt, il y a un chemin de **randonnée**.*

randonneur, euse (nom)
Personne qui fait une randonnée. *Les **randonneurs** sont rentrés fatigués.*

rang (nom masculin)
1. Ensemble de personnes ou de choses disposées sur une même ligne. *Le maître demande aux élèves de se mettre en **rangs**. Dans le jardin, il y a des **rangs** de poireaux.* **2.** Ligne de sièges placés côte à côte. *Au cinéma, Ursula préfère s'installer dans les derniers **rangs**.* **3.** Place dans un classement ou une hiérarchie. *Ce pays est au premier **rang** mondial pour la production de riz.*

rangée (nom féminin)
Suite de choses ou de personnes placées sur une même ligne. *Planter une **rangée** de cyprès le long d'un mur.*

Une **rangée** d'arbres borde le champ.

rangement (nom masculin)
Action de ranger. *Le **rangement** de sa chambre ne lui a pris qu'un quart d'heure.*

ranger (verbe) ▸ conjug. n° 5
1. Mettre en ordre. *Zoé **range** sa chambre avant de se coucher.* (Contr. déranger.) **2.** Se ranger : se mettre en rangs. ***Rangez-vous** quatre par quatre !* **3.** Se ranger : s'écarter pour laisser le

a b c d e f g h i j k l m n o p q r s t u v w x y z

passage. *Il faut **se ranger** sur le bord de la route en attendant le dépanneur.* ⌂ Famille du mot : **dérangé**, dérang**ement**, **dé**ranger, rang**ement**.

ranimer (verbe) ▸ conjug. n° 3
1. Faire revenir à la conscience ou à la vie. *Les pompiers essaient de **ranimer** le blessé.* **2.** Redonner de la vivacité. *Le mistral **a ranimé** les feux de forêt.*

rap (nom masculin)
Style de musique très rythmée, dont les textes sont scandés.

rapace (nom masculin)
Oiseau de proie. *L'aigle est un **rapace**. Les **rapaces** sont tous des carnivores.* ■ **rapace** (adjectif) Qui est avide d'argent. *Un patron très **rapace**.* (Syn. cupide.) 🔑 **Rapace** vient du latin *rapax* qui signifie « voleur ».

rapatrié, ée (adjectif et nom)
Qui a été rapatrié.

rapatriement (nom masculin)
Action de rapatrier. *Le **rapatriement** des réfugiés a posé beaucoup de problèmes.*

rapatrier (verbe) ▸ conjug. n° 10
Faire revenir quelqu'un dans son pays. *Le touriste blessé **a été rapatrié** par avion.*

râpe (nom féminin)
1. Ustensile de cuisine qu'on utilise pour râper. *Une **râpe** à fromage.* **2.** Sorte de grosse lime. ⌂ Famille du mot : râpé, râper, râp**eux**.

râpé, ée (adjectif)
Qui est très usé. *Cette veste de cuir a tellement servi qu'elle est complètement **râpée**.*

râper (verbe) ▸ conjug. n° 3
Réduire en petits morceaux avec une râpe. *Anna met du gruyère **râpé** sur ses pâtes.*

rapetisser (verbe) ▸ conjug. n° 3
Devenir plus petit. *Élodie ne peut plus mettre ce pull, il **a rapetissé** au lavage.*

râpeux, euse (adjectif)
Qui est rugueux comme une râpe. *Les chats ont une langue **râpeuse**.*

raphia (nom masculin)
Fibre souple et résistante tirée des feuilles d'un palmier. *Avec le **raphia**, on fait des objets de vannerie.*

rapide (adjectif)
1. Qui se déplace vite. *Le guépard est **rapide** à la course.* (Contr. lent.) **2.** Qui prend peu de temps ou qui agit vite. *Une guérison **rapide**.* ■ **rapide** (nom masculin) Partie d'un cours d'eau où le courant est très fort et tourbillonnant. **2.** Train qui ne s'arrête que dans les gares importantes. ⌂ Famille du mot : rapide**ment**, rapid**ité**.

rapidement (adverbe)
Synonyme de vite. *On n'a pas beaucoup de temps à midi, il va falloir manger **rapidement**.* (Contr. lentement.)

rapidité (nom féminin)
Fait d'être rapide. *La **rapidité** des secours a permis de sauver les sinistrés.* (Contr. lenteur.)

rapiécer (verbe) ▸ conjug. n° 4 et n° 8
Raccommoder un vêtement en cousant une pièce de tissu.

rapière (nom féminin)
Longue épée utilisée autrefois pour les duels.

rapine (nom féminin)
Synonyme littéraire de pillage.

raplapla (adjectif)
Synonyme familier de fatigué, sans force. *Julie et Sarah sont **raplaplas** après cette longue journée.*

rappel (nom masculin)
1. Applaudissements prolongés pour faire revenir un artiste sur la scène. *Il y a eu plusieurs **rappels** à la fin du spectacle.* **2.** Nouveau vaccin qui prolonge l'effet protecteur du précédent. *Fatima doit avoir un **rappel** contre le tétanos.* **3.** En alpinisme, manière de descendre une paroi verticale à l'aide d'une double corde. • **Lettre de rappel :** lettre qu'on envoie à quelqu'un pour lui rappeler quelque chose, en particulier une dette à payer.

rappeler (verbe) ▶ conjug. n° 9
1. Appeler quelqu'un ou un animal pour le faire revenir. ***Rappelle**-le vite, il a oublié son parapluie !* **2.** Appeler de nouveau quelqu'un au téléphone. *Ça ne répond pas, je **rappellerai** plus tard.* **3.** Faire penser à quelque chose. *Cette maison me **rappelle** mon enfance.* **4.** Se rappeler : se souvenir de quelque chose ou de quelqu'un. ***Te rappelles**-tu l'histoire de ce film ?*

rappeur, euse (nom)
Personne qui chante du rap.

rapport (nom masculin)
1. Ce qui rapproche deux choses ou deux personnes. *Il n'y a aucun **rapport** entre ces deux évènements. On a toujours eu d'excellents **rapports** avec nos voisins.* (Syn. relation.) **2.** Fait de rapporter ce qu'on a vu ou entendu. *Les policiers ont fait un **rapport**.* (Syn. compte rendu.) **3.** Profit rapporté par quelque chose. *Une terre d'un bon **rapport**.* • **Par rapport à :** par comparaison. *Aujourd'hui la mer est calme **par rapport à** hier. Yann est grand **par rapport à** sa sœur.*

rapporter (verbe) ▶ conjug. n° 3
1. Apporter quelque chose pour le donner ou pour le rendre. *Benjamin m'**a rapporté** le CD que je lui avais prêté.* **2.** Raconter ce qu'on a vu et entendu. ***Rapportez** exactement ce que vous avez vu.* (Syn. relater.) **3.** Faire gagner de l'argent. *La vente de sa vieille voiture lui **a rapporté** plus qu'il ne l'espérait.* **4.** Dénoncer quelqu'un. *Ce n'est pas beau de **rapporter** !* (Syn. moucharder.) **5.** Se rapporter : avoir un rapport, un lien avec quelque chose. *Guillaume est un cinéphile, tout ce qui **se rapporte** au cinéma l'intéresse.* Famille du mot : rapport, rapport**eur**.

rapporteur, euse (nom)
1. Personne qui rapporte, dénonce. *Ce **rapporteur** ne va pas manquer de nous dénoncer.* **2.** Personne chargée d'un rapport ou d'un compte rendu. *Le **rapporteur** du budget à l'Assemblée nationale.* ■ **rapporteur** (nom masculin) Demi-cercle gradué qui sert à mesurer les angles.

rapprochement (nom masculin)
1. Action de rapprocher deux choses. *Faire un **rapprochement** entre deux évènements.* **2.** Fait de se rapprocher. *La signature du traité devrait favoriser le **rapprochement** entre ces deux pays.*

rapprocher (verbe) ▶ conjug. n° 3
1. Mettre plus près. ***Rapproche** ton oreille du téléphone, tu entendras mieux. Gaëlle **s'est rapprochée** de l'écran afin de pouvoir lire les sous-titres.* (Contr. éloigner.) **2.** Rendre plus proche. *Cette naissance **a rapproché** les membres de la famille.* **3.** Établir un lien entre deux choses. *Le maître **a rapproché** les deux rédactions pour les comparer.* (Syn. confronter.) **4.** Se rapprocher : être proche, ressemblant. *C'est la couleur de ce cadre qui **se rapproche** le plus de celles du tableau.*

rapt (nom masculin)
Enlèvement d'une personne. *Après le **rapt** de l'enfant, le ravisseur a demandé une rançon.* (Syn. kidnapping.)

raquette (nom féminin)
1. Instrument qui sert à envoyer une balle ou un volant. *Une **raquette** de tennis, de badminton.* ➡ p. 113. **2.** Large semelle qu'on adapte à la chaussure pour se déplacer sur la neige sans s'enfoncer.

rare (adjectif)
1. Qui n'arrive pas souvent. *David est en retard, c'est **rare** de sa part.* (Contr. fréquent.) **2.** Qu'on ne trouve pas souvent. *Un timbre **rare**. L'eau est **rare** dans le désert.* (Contr. commun, courant.) Famille du mot : se rar**éfier**, rar**ement**, rar**eté**, rar**issime**.

se raréfier (verbe) ▶ conjug. n° 10
Devenir rare. *Il faut protéger les espèces qui **se raréfient**.*

rarement (adverbe)
Pas souvent. *Hélène est très **rarement** malade, elle a une bonne santé.*

rareté (nom féminin)
Caractère de ce qui est rare. *La **rareté** de ce livre en fait la valeur.*

rarissime (adjectif)
Qui est très rare. *Grâce au vaccin, les cas de tétanos sont devenus **rarissimes**.*

ras, rase (adjectif)
Qui est très court. *Ibrahim porte les cheveux **ras**.* (Contr. long.) • **À ras bord :** jusqu'au bord. *L'évier est plein **à ras bord**.* • **Au ras de :** très près. *L'avion vole **au ras du** sol.* • **En rase campagne :** en plein milieu de la campagne.

rasade (nom féminin)
Contenu d'un verre plein à ras bord. *Kevin boit une **rasade** de jus d'orange chaque matin.*

rascasse (nom féminin)
Poisson de la Méditerranée dont la tête est hérissée de piquants. *La **rascasse** entre dans la composition de la bouillabaisse.*

une **rascasse**

rase-motte (nom masculin)
Vol au ras du sol. *L'avion a volé quelque temps en **rase-motte** avant de se poser.*
ORTHO On écrit aussi **rase-mottes**.

raser (verbe) ▸ conjug. n° 3
1. Couper les poils ou les cheveux au ras de la peau. *Mon oncle **s'est rasé** la moustache.* **2.** Démolir complètement. *Ce quartier insalubre doit **être rasé**.* **3.** Passer au ras de quelque chose. *La balle de tennis **a rasé** le filet.* (Syn. effleurer, frôler.) **4.** Synonyme familier d'ennuyer. *Tu nous **rases** avec tes problèmes !*
Famille du mot : ras, ras**ade**, rase-motte, ras**eur**, ras**oir**.

raseur, euse (nom)
Dans la langue familière, personne ennuyeuse. *Quel **raseur** ce garçon !*

ras-le-bol (nom masculin)
• **En avoir ras-le-bol de :** dans la langue familière, être excédé par quelque chose. *Quentin est très en retard ; Laura **en a ras-le-bol de** l'attendre.*

rasoir (nom masculin)
Instrument qui sert à raser les poils. ■ **rasoir** (adjectif) Synonyme familier d'ennuyeux. *Le film était tellement **rasoir** que nous sommes partis avant la fin.*

rassasier (verbe) ▸ conjug. n° 10
Apaiser complètement la faim. *Julie a un petit appétit, elle **est** vite **rassasiée**.*

rassemblement (nom masculin)
Fait de se rassembler. *Il y a un **rassemblement** de badauds autour du camelot.*

rassembler (verbe) ▸ conjug. n° 3
1. Mettre ensemble. *Pierre **a rassemblé** tous ses jouets dans un coffre.* **2.** Se rassembler : synonyme de s'assembler. *Les manifestants **se sont rassemblés** place de la Bastille.* (Syn. regrouper, réunir. Contr. disperser, éparpiller.)

se rasseoir (verbe) ▸ conjug. n° 29
S'asseoir de nouveau. *Après avoir dit sa récitation, Laura **se rassoit**.*
ORTHO On écrit aussi **se rassoir**.

rasséréner (verbe) ▸ conjug. n° 8
Rendre sa sérénité à quelqu'un. *Cette lettre annonçant de bonnes nouvelles nous **a rassérénés**.* (Contr. inquiéter.)

rassis, ise (adjectif)
Qui n'est pas frais. *Ce sandwich n'est pas bon car le pain est **rassis**.*

rassurant, ante (adjectif)
Qui rassure. *Les dernières nouvelles de sa santé sont plutôt **rassurantes**.*

rassurer (verbe) ▸ conjug. n° 3
Faire disparaître l'inquiétude ou la peur. *Le médecin nous **a rassurés** : cette maladie est très bénigne.* (Syn. tranquilliser. Contr. inquiéter.)

rat (nom masculin)
Mammifère rongeur, plus gros que la souris. • **Être fait comme un rat :** dans la langue familière, être pris au piège. • **Petit rat :** jeune danseur ou jeune danseuse de l'Opéra.

se ratatiner (verbe) ▸ conjug. n° 3
Devenir petit et ridé. *Ces vieilles pommes de terre **se sont** complètement **ratatinées**.*

ratatouille (nom féminin)
Plat composé de tomates, d'oignons, de courgettes, de poivrons et d'aubergines cuits dans l'huile d'olive.

■ **rate** (nom féminin)
Organe situé en arrière de l'estomac.

■ **rate** (nom féminin)
Femelle du rat.

raté, ée (nom)
Personne qui n'a pas réussi dans la vie. ■ **raté** (nom masculin) Bruit anormal d'un moteur.

râteau, eaux (nom masculin)
Outil de jardinier formé d'un long manche qui porte une série de dents et qui sert à ratisser. *Maman ramasse les feuilles mortes avec un **râteau**.*

râtelier (nom masculin)
Sorte d'échelle fixée horizontalement au mur et destinée à recevoir le fourrage pour le bétail.

rater (verbe) ▸ conjug. n° 3
1. Ne pas réussir. *Myriam **a raté** toutes ses photos, elles sont toutes floues.* **2.** Ne pas atteindre ou ne pas attraper. *Dépêche-toi, tu vas **rater** l'autobus.* (Syn. louper, manquer.)

ratification (nom féminin)
Action de ratifier.

un **rat**

ratifier (verbe) ▸ conjug. n° 10
Approuver officiellement. ***Ratifier** un traité.*

ration (nom féminin)
Quantité de nourriture distribuée à chacun. *Chaque matin, la fermière distribue à tous les animaux leur **ration** de fourrage.* Famille du mot : ration**nement**, rationn**er**.

rationnel, elle (adjectif)
Qui est conforme à la raison et au bon sens. *Ce classement est très **rationnel**, on s'y retrouve facilement.* (Syn. logique. Contr. irrationnel.) Famille du mot : **ir**rationnel, rationnelle**ment**.

rationnellement (adverbe)
De façon rationnelle. *Ranger **rationnellement** ses papiers pour les retrouver facilement.*

rationnement (nom masculin)
Action de rationner. *La sècheresse a entraîné le **rationnement** de l'eau.*

rationner (verbe) ▸ conjug. n° 3
Limiter la consommation de quelque chose. *À cause de l'embargo sur le pétrole, l'essence **est rationnée**.*

ratissage (nom masculin)
Action de ratisser. *Le **ratissage** des feuilles mortes.*

ratisser (verbe) ▸ conjug. n° 3
1. Nettoyer avec un râteau. *Le jardinier **ratisse** les allées du parc.* **2.** Fouiller méthodiquement un lieu. *Pour essayer de retrouver l'enfant disparu, les gendarmes **ont ratissé** la forêt.*

raton (nom masculin)
• **Raton laveur :** petit mammifère carnivore d'Amérique. *Le **raton laveur** lave ses aliments avant de les manger.*

un **raton laveur**

rattachement (nom masculin)
Action de rattacher. *Le **rattachement** de la Savoie à la France date de 1860.*

rattacher (verbe) ▸ conjug. n° 3
1. Attacher ce qui s'est détaché. *Ton lacet est défait, **rattache**-le sinon tu vas tomber.* **2.** Faire dépendre. *Ce bureau **est rattaché** à la mairie.*

rattrapage (nom masculin)
• **Cours de rattrapage :** cours destiné aux élèves qui ont un retard à rattraper.

rattraper (verbe) ▸ conjug. n° 3
1. Attraper quelqu'un ou un animal qui s'était échappé. *Heureusement, on a réussi à **rattraper** le lion qui s'était échappé du zoo, la veille.* **2.** Rejoindre quelqu'un qui a pris de l'avance. *Pars devant, je te **rattraperai**.* **3.** Regagner le temps perdu. *Ce concurrent va avoir du mal à **rattraper** son retard.* **4.** Se rattraper : se retenir. *Quentin **s'est rattrapé** à la rampe pour ne pas tomber dans l'escalier.*

rature (nom féminin)
Trait pour barrer ce qu'on a écrit. *Son devoir est plein de **ratures**.*

raturer (verbe) ▸ conjug. n° 3
Faire des ratures. *Notre maîtresse n'accepte pas les copies trop **raturées**.*

rauque (adjectif)
Se dit d'une voix grave et voilée. *Romain a la voix **rauque** à force d'avoir crié.*

ravager (verbe) ▸ conjug. n° 5
Faire des ravages. *Ces belles pinèdes **ont été ravagées** par le feu.* (Syn. dévaster, saccager.)

ravages (nom masculin pluriel)
Dégâts importants. *La grêle a fait des **ravages** dans les vignobles.*

Ravaillac François (né en 1578, mort en 1610)
Assassin du roi Henri IV. Il pensait sauver la religion catholique en tuant le roi. Il mourut écartelé.

ravalement (nom masculin)
Action de ravaler une façade. *Ce vieil immeuble a besoin d'un **ravalement**.*

ravaler (verbe) ▸ conjug. n° 3
1. Nettoyer et restaurer la façade d'un immeuble. *Pour **ravaler** l'immeuble, les ouvriers ont installé un échafaudage.* **2.** Avaler de nouveau. ***Ravaler** sa salive.*

rave (nom féminin)
Plante potagère à racine comestible. *Les navets et les radis sont des **raves**.*

ravi, ie (adjectif)
Qui est très content. *Je suis **ravie** d'avoir fait votre connaissance.* (Syn. enchanté.)

ravier (nom masculin)
Petit plat creux et long.

ravigoter (verbe) ▸ conjug. n° 3
Synonyme familier de revigorer. *Ce casse-croûte **a ravigoté** les randonneurs.*

ravin (nom masculin)
Synonyme de précipice. *Le camion a dérapé dans le virage et il est tombé dans le **ravin**.*

raviner (verbe) ▸ conjug. n° 3
Creuser le sol en faisant des sillons profonds. *Les orages **ont raviné** les chemins.*

ravioli (nom masculin)
Petit carré de pâte farci d'un hachis de viande ou de légumes. *Odile mange des **raviolis** à la sauce tomate et au parmesan.*

ravir (verbe) ▸ conjug. n° 11
1. Faire un grand plaisir à quelqu'un. *Sa réussite nous **a ravis**.* **2.** Dans la langue littéraire, enlever quelqu'un de force. *Un bébé **a été ravi** à sa mère, on recherche le ravisseur.* • **À ravir :** très bien. *Ta nouvelle coiffure te va **à ravir**.*
Famille du mot : ravi, raviss**ant**, raviss**ement**, raviss**eur**.

se raviser (verbe) ▸ conjug. n° 3
Changer d'avis. *Hier, Sarah était d'accord pour venir avec nous, mais elle **s'est ravisée**.*

ravissant, ante (adjectif)
Qui est très joli. *Cette petite fille est **ravissante** avec ses grandes boucles et ses yeux en amande.*

ravissement (nom masculin)
État de grande joie, de grand bonheur. *Allez voir ce spectacle de danse, c'est un véritable* ***ravissement***. (Syn. enchantement.)

ravisseur, euse (nom)
Personne qui a enlevé quelqu'un. *Le* ***ravisseur*** *exige une rançon.*

ravitaillement (nom masculin)
Réserves de nourriture. *Les trois randonneurs ont prévu le* ***ravitaillement*** *pour quatre jours.* (Syn. provisions.)

ravitailler (verbe) ▸ conjug. n° 3
Faire parvenir des vivres ou du matériel. *Les habitants de ce village de montagne doivent descendre dans la vallée pour* ***se ravitailler***.

raviver (verbe) ▸ conjug. n° 3
Rendre plus vif ou plus intense. ***Raviver*** *le feu dans la cheminée. Ces vieilles photos* ***ont ravivé*** *les souvenirs de son enfance.*

rayer (verbe) ▸ conjug. n° 7
1. Barrer d'un trait. *Dans cet exercice, les élèves doivent* ***rayer*** *les mots qui ne sont pas des verbes.* **2.** Faire une rayure sur une surface. *Les verres de lunettes* ***se rayent*** *facilement.*

■ **rayon** (nom masculin)
1. Bande de lumière. *Un* ***rayon*** *de soleil.* **2.** Rayonnement ou radiation. *Un* ***rayon*** *laser.* **3.** Tige de métal allant du centre de la roue à la jante. *L'écharpe de Benjamin s'est prise dans les* ***rayons*** *de son vélo.* ➡ p. 139. **4.** Ligne qui joint le centre d'un cercle à un point de sa circonférence. ➡ p. 577. • **Rayon d'action :** zone d'action ou d'influence. *Cet avion a un* ***rayon d'action*** *de 3 000 km.*
Famille du mot : rayon**nement**, rayon**ner**. **Rayon** vient du latin *radius* qui signifie « baguette pointue ».

■ **rayon** (nom masculin)
1. Gâteau de cire fait par les abeilles et qui comporte de nombreuses alvéoles. *Les* ***rayons*** *de la ruche sont remplis de miel.* **2.** Planche d'une bibliothèque, d'un placard. *Les livres d'histoire sont rangés sur le* ***rayon*** *du haut.* (Syn. étagère.) **3.** Partie d'un magasin où se trouvent des produits de même sorte. *Le* ***rayon*** *alimentation est au fond du magasin.* **4.** Dans la langue familière, domaine de compétence. *Le bricolage, ce n'est vraiment pas son* ***rayon*** *!* **Rayon** vient de l'ancien français *ree* qui signifie « rayon de miel ».

rayonnage (nom masculin)
Ensemble d'étagères. *Les* ***rayonnages*** *de la bibliothèque sont remplis de livres.*

rayonnement (nom masculin)
1. Ensemble de radiations émises par un corps. *Le* ***rayonnement*** *du soleil est une source d'énergie.* **2.** Influence bienfaisante. *Le* ***rayonnement*** *de la civilisation grecque a été considérable.* (Syn. prestige.)

le **rayonnement** du soleil

rayonner (verbe) ▸ conjug. n° 3
1. Partir d'un même point dans différentes directions. *À partir de notre hôtel, nous* ***avons rayonné*** *dans toute la région.*

2. Exprimer le bonheur, la joie ou la satisfaction. *Les mariés sont heureux, leurs visages **rayonnent**.*

rayure (nom féminin)
1. Ligne ou bande étroite tracée sur une surface de couleur différente. *Le tigre et le zèbre ont des **rayures** noires sur leur pelage.* (Syn. raie.) 2. Éraflure laissée sur une surface par un objet pointu. *Une carrosserie pleine de **rayures**.*

raz de marée (nom masculin)
Très haute vague qui arrive violemment sur une côte. *Les tremblements de terre peuvent provoquer des **raz de marée**.* Pluriel : des raz de marée.

razzia (nom féminin)
• **Faire une razzia sur quelque chose :** l'emporter, le rafler sans rien laisser. *Les invités **ont fait une razzia sur** les petits fours.* Prononciation [razja] ou [radzja]. Autrefois, une **razzia** était une attaque lancée par une bande de pillards.

RDA
➡ Voir **Allemagne**.

ré (nom masculin)
Deuxième note de la gamme.

Rê
Dieu du Soleil dans l'Égypte antique. Il est représenté en général par un homme à tête de faucon surmontée d'un disque, ou sous la forme d'un scarabée. Il fut ensuite associé à Amon et prit le nom d'Amon-Rê. On le représenta alors avec une tête de bélier.
ORTHO On dit aussi **Râ**.

réabonner (verbe) ▸ conjug. n° 3
Abonner de nouveau.

réacteur (nom masculin)
Moteur à réaction d'un avion. *Un biréacteur possède deux **réacteurs**.* ➡ p. 111.

réactif, ive (adjectif)
Qui réagit rapidement, avec pertinence. *Dans ce jeu télévisé, il faut être très **réactif** et répondre tout de suite aux questions.*

réaction (nom féminin)
Manière de réagir. *Je ne le croyais pas capable d'une **réaction** si violente.* • **Avion à réaction :** avion qui fonctionne grâce à un moteur qui rejette les gaz vers l'arrière. Famille du mot : réact**eur**, réaction**naire**.

réactionnaire (adjectif et nom)
Qui s'oppose au progrès. *Son père redoute les changements, il est resté très **réactionnaire**.* (Syn. conservateur.)

réactiver (verbe) ▸ conjug. n° 3
Activer de nouveau. *Le feu de cheminée s'éteint : il faudrait le **réactiver**.*

se réadapter (verbe) ▸ conjug. n° 3
S'adapter de nouveau. *Après une année passée à la campagne, Anna a du mal à **se réadapter** à la ville.*

réagir (verbe) ▸ conjug. n° 11
1. Agir d'une certaine façon par rapport à un évènement. *En apprenant la nouvelle, elle **a réagi** avec calme et sérénité.* 2. Lutter, se défendre contre quelque chose. *On ne peut pas accepter ces accusations, il faut **réagir**.*

réajustement ➡ Voir **rajustement**.

réajuster ➡ Voir **rajuster**.

réalisable (adjectif)
Qu'on peut réaliser. *Clément aimerait bien que son rêve soit **réalisable**.*

réalisateur, trice (nom)
Personne qui dirige la réalisation d'un film. *Charlie Chaplin était acteur et **réalisateur** de ses films.*

réalisation (nom féminin)
Action de réaliser quelque chose. *Ce cinéaste vient d'achever la **réalisation** de son nouveau film.*

réaliser (verbe) ▸ conjug. n° 3
1. Rendre réel et effectif ce qu'on avait imaginé. *David voudrait avoir un voilier, il espère bien que plus tard son rêve **se réalisera**. Il a fallu de très gros moyens pour **réaliser** ce film.* 2. Synonyme d'accomplir. ***Réaliser** un exploit sportif.* 3. Synonyme familier de comprendre. *Il **n'a** pas **réalisé** ce qui lui arrivait.* Famille du mot : **irréalisable**, réalis**able**, réalis**ateur**, réalis**ation**.

réalisme (nom masculin)
Aptitude à tenir compte de la réalité. *Manquer de* ***réalisme****.*

réaliste (adjectif et nom)
Qui a le sens des réalités. *Il faut être* ***réaliste****, nous ne pourrons pas arriver à l'heure.*

réalité (nom féminin)
Ce qui est réel, qui existe vraiment. *Le travail fait partie des* ***réalités*** *quotidiennes.* • **En réalité :** en fait. *Élodie a l'air très douce, mais* ***en réalité*** *elle est souvent agressive.*

réanimation (nom féminin)
Technique médicale utilisée pour ranimer des malades ou des accidentés.

réapparaître (verbe) ▸ conjug. n° 37
Apparaître de nouveau. *La grippe* ***réapparaît*** *chaque hiver.*
ORTHO On écrit aussi **réapparaitre**.

réapparition (nom féminin)
Fait de réapparaître. *Ce comédien a fait une* ***réapparition*** *sur les planches.*

rébarbatif, ive (adjectif)
Qui rebute par son caractère désagréable ou ennuyeux. *Ce long texte est* ***rébarbatif****.*

rebattre (verbe) ▸ conjug. n° 31
• **Rebattre les oreilles à quelqu'un :** le lasser en lui répétant toujours la même chose. *Arrête de* ***nous rebattre les oreilles*** *avec tes succès !*

rebattu, ue (adjectif)
Qui a perdu tout intérêt à force d'être répété. *Essaie de changer de sujet, celui-ci est* ***rebattu*** *et ennuyeux.*

rebelle (adjectif et nom)
Qui refuse de se soumettre à une autorité. *Les* ***rebelles*** *ont pris le pouvoir.* (Syn. révolté.) ■ **rebelle** (adjectif) Qui résiste à quelque chose. *Pierre est un peu* ***rebelle*** *à la discipline du collège.* Famille du mot : se rebeller, rébellion.

se **rebeller** (verbe) ▸ conjug. n° 3
Synonyme de se révolter.

rébellion (nom féminin)
Synonyme de révolte. *L'armée a réprimé la* ***rébellion****.*

se **rebiffer** (verbe) ▸ conjug. n° 3
Refuser vivement d'obéir. *Dès qu'on lui dit de ranger sa chambre, Kevin* ***se rebiffe****.*

reblochon (nom masculin)
Fromage à pâte molle au lait de vache, fabriqué en Savoie. *On fait de la tartiflette avec du* ***reblochon****.*

reboisement (nom masculin)
Action de reboiser.

reboiser (verbe) ▸ conjug. n° 3
Planter d'arbres un terrain qui a été déboisé. *Cette montagne qui a été dévastée par le feu va* ***être reboisée****.*

rebond (nom masculin)
Fait de rebondir. *Le* ***rebond*** *d'une balle.*

rebondi, ie (adjectif)
Qui est rond et potelé. *Ce bébé a des joues* ***rebondies****.*

rebondir (verbe) ▸ conjug. n° 11
1. Faire un ou plusieurs bonds après avoir heurté un obstacle. *Pierre fait* ***rebondir*** *son ballon contre le mur.* **2.** Avoir des rebondissements. *Ce fait nouveau risque de faire* ***rebondir*** *l'affaire.*

rebondissement (nom masculin)
Épisode nouveau et inattendu. *Cette histoire passionnante est pleine de* ***rebondissements****.*

rebord (nom masculin)
Bord en saillie. *Un pigeon s'est posé sur le* ***rebord*** *du toit.*

reboucher (verbe) ▸ conjug. n° 3
Boucher de nouveau. ***Reboucher*** *une bouteille. Il faut d'abord* ***reboucher*** *les fissures avec de l'enduit avant de peindre.*

à **rebours** (adverbe)
Dans le sens inverse du sens habituel. *Le compte* ***à rebours*** *commence : 7, 6, 5...*

à **rebrousse-poil** (adverbe)
À l'opposé du sens naturel des poils.

rebrousser (verbe) ▸ conjug. n° 3
Relever dans un sens contraire à la direction naturelle. *Si tu caresses le chat en lui* ***rebroussant*** *le poil, il va te griffer.* • **Rebrousser chemin :** faire demi-tour et revenir sur ses pas.

rebuffade (nom féminin)
Refus hargneux et brutal. *Quentin ne s'est pas laissé décourager par les* ***rebuffades****.*

rébus (nom masculin)
Suite de lettres et de dessins qui forment une devinette. *Essaie de déchiffrer ce* ***rébus****.* Prononciation [Rebys].

rebut (nom masculin)
• **Mettre au rebut :** se débarrasser de choses sans valeur. *Il faudrait* ***mettre au rebut*** *tous ces vieux journaux.*

rebutant, ante (adjectif)
Qui rebute. *Ce livre est d'une difficulté* ***rebutante****.* (Contr. attrayant.)

rebuter (verbe) ▸ conjug. n° 3
Décourager, dégoûter ou déplaire. *Le moindre effort le* ***rebute****.*

recadrer (verbe) ▸ conjug. n° 3
1. Changer le cadrage d'une photo, d'une prise de vue. *Il faut* ***recadrer*** *la photo pour que le monument soit bien au centre.* **2.** Redéfinir l'orientation générale d'un projet, d'une action. *Le sujet de l'exposé sur la science était trop vaste ; le professeur l'****a recadré*** *sur les grandes découvertes.*

récalcitrant, ante (adjectif)
Qui résiste avec entêtement. *L'âne* ***récalcitrant*** *ne veut plus avancer.* (Syn. rétif. Contr. docile.)

recaler (verbe) ▸ conjug. n° 3
Refuser à un examen. *Mon grand frère s'est fait* ***recaler*** *au permis de conduire, il devra le repasser.* (Syn. coller. Contr. recevoir.)

récapitulatif, ive (adjectif)
Qui récapitule. *Romain a fait une liste* ***récapitulative*** *de ses dépenses.*

récapitulation (nom féminin)
Action de récapituler.

récapituler (verbe) ▸ conjug. n° 3
Énumérer en les résumant les éléments de quelque chose. *Ce livre* ***récapitule*** *tous les évènements de l'année passée.* Famille du mot : récapitula**tif**, récapitula**tion**.

recel (nom masculin)
Fait de receler des objets volés. *Cet homme a été arrêté pour* ***recel*** *de bijoux.*

receler (verbe) ▸ conjug. n° 8
1. Cacher illégalement des objets volés. *Il* ***recelait*** *des tableaux volés dans un musée.* **2.** Synonyme de renfermer. *Ce musée* ***recèle*** *de nombreuses statues grecques.* Famille du mot : recel, recel**eur**.

receleur, euse (nom)
Personne coupable de recel.

récemment (adverbe)
De façon récente. *Ils ont changé* ***récemment*** *d'adresse.* (Syn. dernièrement.)

recensement (nom masculin)
Action de recenser. *Le* ***recensement*** *de la population française se fait tous les sept ans.*

recenser (verbe) ▸ conjug. n° 3
Faire le compte officiel de la population d'une ville, d'une région ou d'un pays.

récent, ente (adjectif)
Qui n'existe pas depuis longtemps. *Cet immeuble est* ***récent*** *mais il commence déjà à se dégrader.* (Syn. nouveau. Contr. ancien.)

récépissé (nom masculin)
Synonyme de reçu. *Quand on reçoit un colis recommandé, il faut signer un* ***récépissé****.* En latin, *recepisse* signifie « avoir reçu ».

un **rébus**

Il ne faut pas chahuter à l'école.

récepteur (nom masculin)
Appareil qui permet de recevoir des sons et des images transmis par un émetteur.

réceptif, ive (adjectif)
Qui est sensible à quelque chose. *Fatima est très **réceptive** à la poésie.*

réception (nom féminin)
1. Fait de recevoir quelque chose. *Dès **réception** de ta lettre, je te répondrai.* 2. Fait de recevoir des invités. *Pour leur anniversaire de mariage, mes parents ont donné une **réception**.* 3. Service d'accueil d'un hôtel ou d'une entreprise. *Pour avoir des renseignements, adressez-vous à la **réception**.* Famille du mot : récept**eur**, récept**if**, réception**ner**, réception**niste**.

réceptionner (verbe) ▸ conjug. n° 3
Accepter des marchandises livrées après les avoir vérifiées. *Le responsable du magasin **réceptionne** la livraison.*

réceptionniste (nom)
Personne chargée de la réception des clients ou des visiteurs.

récession (nom féminin)
Ralentissement de l'activité économique d'un pays. *Dans ce pays en pleine **récession**, il y a beaucoup de chômage.*

recette (nom féminin)
1. Total des sommes d'argent reçues. *Ce commerçant compare ses **recettes** et ses dépenses.* 2. Ensemble des indications qui permettent de préparer un plat. *Il faut bien suivre la **recette** pour réussir ce gâteau.* **Recette** vient du latin *recepta* qui signifie « chose reçue ».

recevable (adjectif)
Qu'on peut recevoir, accepter. *Ton excuse n'est vraiment pas **recevable**.* (Syn. acceptable.)

receveur, euse (nom)
1. Personne chargée de percevoir certains impôts. 2. Personne qui reçoit le sang ou un organe d'un donneur.

recevoir (verbe) ▸ conjug. n° 21
1. Avoir quelque chose qui vous a été envoyé. ***J'ai bien reçu** ta lettre.* 2. Avoir comme cadeau. *Pour Noël, Thomas **a reçu** un vélo.* (Contr. donner.) 3. Accueillir quelqu'un chez soi. *Gaëlle **reçoit** ses amis à goûter pour son anniversaire.* 4. Admettre à un examen. *Il **a été reçu** du premier coup au permis de conduire.* (Contr. recaler, refuser.) Famille du mot : recev**able**, recev**eur**, reçu.

de rechange (adverbe)
Qui permet de remplacer quelque chose ou de se changer. *Un pneu **de rechange**. Prendre des vêtements **de rechange**.*

réchapper (verbe) ▸ conjug. n° 3
Échapper à un danger. *Tous les habitants de l'immeuble **ont réchappé** à l'incendie.*

recharge (nom féminin)
Ce qui sert à recharger. *Hélène a acheté des **recharges** d'encre pour son stylo.*

rechargeable (adjectif)
Qui peut être rechargé. *Des piles **rechargeables**.*

recharger (verbe) ▸ conjug. n° 5
Remettre dans un appareil ou une arme ce qui est nécessaire à son fonctionnement. ***Recharger** son téléphone portable.*

réchaud (nom masculin)
Petit fourneau qui sert à cuire les aliments. ➡ p. 1070.

réchauffement (nom masculin)
Fait de se réchauffer. *Le **réchauffement** du climat a provoqué le recul des glaciers.* (Contr. refroidissement.)

réchauffer (verbe) ▸ conjug. n° 3
1. Faire chauffer ce qui est froid ou refroidi. *Ton café est tiède, je vais le **réchauffer**.* 2. Se réchauffer : avoir chaud de nouveau. *Laura est rentrée frigorifiée, elle a bu un lait chaud pour **se réchauffer**.*

rêche (adjectif)
Qui est rude au toucher. *La langue du chat est toute **rêche**.* (Syn. rugueux. Contr. doux.)

recherche (nom féminin)
1. Action de rechercher. *Papa est à la **recherche** de ses clés de voiture.* 2. Travail scientifique qui contribue à faire avancer les connaissances. *Ce biologiste fait*

*des **recherches** sur le virus du sida.* 3. Soin extrême, raffinement. *Elle est toujours habillée avec **recherche**.*

recherché, ée (adjectif)
1. Que l'on cherche à se procurer. *Ces timbres sont très **recherchés**.* 2. Qui témoigne d'un souci de raffinement. *Le style d'écriture de votre lettre est très **recherché**.*

rechercher (verbe) ▸ conjug. n° 3
Chercher activement et avec beaucoup d'attention. ***Rechercher** un suspect. Victor **recherche** des timbres pour sa collection.*

rechigner (verbe) ▸ conjug. n° 3
Montrer de la mauvaise volonté. *Myriam **rechigne** à débarrasser la table.*

rechute (nom féminin)
Fait de tomber malade à nouveau. *Sa guérison semblait proche, mais il a fait une **rechute**.*

rechuter (verbe) ▸ conjug. n° 3
Avoir une rechute. *Elle n'a pas suivi son traitement jusqu'au bout et elle **a rechuté**.*

récidive (nom féminin)
Fait de récidiver. *Le malfaiteur a été condamné pour vol avec **récidive**.* Famille du mot : récidiver, récidiviste.

une tasse sur un **réchaud**

récidiver (verbe) ▸ conjug. n° 3
Commettre à nouveau la même infraction. *À peine libéré, le voleur **a récidivé**.*

récidiviste (nom)
Personne accusée de récidive.

récif (nom masculin)
Rocher ou ensemble de rochers qui se trouvent à fleur d'eau. *Le bateau s'est brisé sur un **récif**.* (Syn. écueil.)

récipient (nom masculin)
Objet creux qui sert à contenir quelque chose. *Un bocal, un seau, un saladier, une bassine sont des **récipients**.* **Récipient** vient du latin *recipere* qui signifie « recevoir ».

réciproque (adjectif)
Synonyme de mutuel. *L'amour que William a pour Noémie est **réciproque** : elle l'aime aussi.* ■ **réciproque** (nom féminin) Action inverse. *Odile aime prêter ses jouets à Xavier, mais la **réciproque** n'est pas vraie.*

réciproquement (adverbe)
De façon réciproque. *Eva et Léa ont l'habitude de se rendre service **réciproquement**.* (Syn. mutuellement.)

récit (nom masculin)
Histoire qu'on raconte. *Le **récit** de ses aventures nous a fait beaucoup rire.*

récital, als (nom masculin)
Concert donné par un seul interprète. *Le prochain **récital** de ce pianiste est prévu en janvier.*

récitation (nom féminin)
Texte qu'un écolier doit réciter. *Sarah a appris sa **récitation**.*

réciter (verbe) ▸ conjug. n° 3
Dire à haute voix ce qu'on a appris par cœur. *Son père demande à Yann de lui **réciter** les tables de multiplication.*

réclamation (nom féminin)
Action de réclamer pour faire respecter un droit. *Cet appareil est défectueux, il va falloir adresser une **réclamation** au magasin qui nous l'a vendu.*

réclame (nom féminin)
• **En réclame :** qui est vendu à prix réduit pour attirer les clients.

réclamer (verbe) ▸ conjug. n° 3
Insister pour avoir ce qu'on veut. *Le bébé pleure car il **réclame** son biberon.*

reclasser (verbe) ▸ conjug. n° 3
Classer de nouveau. *Les photos ont été mélangées, Ursula essaie de les **reclasser** dans un album.*

reclus, use (adjectif et nom)
Qui vit enfermé et isolé. *Vivre comme un **reclus**.*

réclusion (nom féminin)
Synonyme d'emprisonnement. *Cet homme vient d'être condamné à dix ans de **réclusion**.* (Syn. détention.)

se **recoiffer** (verbe) ▸ conjug. n° 3
Remettre en ordre sa coiffure. *Zoé **se recoiffe** devant la glace.*

recoin (nom masculin)
Endroit caché. *On a retrouvé le chat dans un **recoin** de la cave.*

recoller (verbe) ▸ conjug. n° 3
Réparer un objet cassé avec de la colle. *Maman **recolle** les morceaux de la théière.*

récolte (nom féminin)
1. Action de récolter. *La **récolte** des betteraves se fait en automne.* 2. Ensemble des produits récoltés. *Le maraîcher vend sa **récolte** au marché.*

la **récolte** de la canne à sucre

récolter (verbe) ▸ conjug. n° 3
Cueillir ou ramasser les produits de la terre quand ils sont mûrs. *On **récolte** les pommes, les poires et le raisin en automne.*

recommandable (adjectif)
Qui peut être recommandé. *Ne fréquente pas cet individu, il est peu **recommandable**.*

recommandation (nom féminin)
Ce qu'on recommande à quelqu'un. *Avant de partir seule à la piscine, Anna a bien écouté les **recommandations** de ses parents.* (Syn. conseil.)

recommandé, ée (adjectif et nom masculin)
Se dit d'une lettre ou d'un colis envoyés, moyennant un supplément, pour être remis au destinataire en personne.

recommander (verbe) ▸ conjug. n° 3
1. Conseiller vivement et avec insistance. *On **recommande** la plus grande prudence sur les routes car il y a du verglas.* 2. Dire du bien de quelqu'un afin de le soutenir. ***Recommander** un candidat à un employeur.* Famille du mot : recommand**able**, recommand**ation**, recommand**é**.

recommencer (verbe) ▸ conjug. n° 4
1. Synonyme de refaire. *Benjamin a fait des taches de peinture sur son dessin, il doit le **recommencer**.* 2. Commencer de nouveau après une interruption. *Les cours **recommencent** en septembre. La pluie **recommence** de plus belle.* (Syn. reprendre.)

récompense (nom féminin)
Cadeau qu'on reçoit quand on a fait quelque chose de bien. *Si Élodie passe en sixième, ses parents lui ont promis une **récompense**.*

récompenser (verbe) ▸ conjug. n° 3
Donner une récompense. *Les cinq premiers **ont été récompensés**.*

réconciliation (nom féminin)
Fait de se réconcilier.

réconcilier (verbe) ▸ conjug. n° 10
Rétablir de bonnes relations entre des personnes qui s'étaient fâchées. *Clément et Amandine **se sont** enfin **réconciliés**.*

reconduire (verbe) ▸ conjug. n° 43
1. Synonyme de ramener. ***Reconduire** un ami chez lui.* 2. Renouveler un contrat.

réconfort (nom masculin)
Ce qui réconforte. *David est malade, il a besoin du **réconfort** de ses amis.*

réconfortant, ante (adjectif)
Qui réconforte. *Heureusement, les dernières nouvelles du malade sont **réconfortantes**.*

réconforter (verbe) ▸ conjug. n° 3
1. Redonner du courage, de l'espoir. *Ces témoignages d'amitié l'**ont réconforté**.* **2.** Redonner des forces physiques. *Après une longue randonnée, ils ont mangé un sandwich pour **se réconforter**.* (Syn. remonter, revigorer.) Famille du mot : réconfort, réconfort**ant**.

reconnaissable (adjectif)
Qu'on peut facilement reconnaître. *Notre maison est **reconnaissable**, c'est la seule de la rue qui soit en brique.*

reconnaissance (nom féminin)
1. Sentiment que l'on a envers une personne qui s'est montrée gentille et généreuse. *Je veux te dire ma **reconnaissance** pour l'aide que tu m'as apportée.* (Syn. gratitude.) **2.** Action de reconnaître un lieu. *Des soldats ont été envoyés en **reconnaissance** dans le village.*

reconnaissant, ante (adjectif)
Qui manifeste de la reconnaissance. *Je te suis **reconnaissant** de m'avoir rendu ce service.*

reconnaître (verbe) ▸ conjug. n° 37
1. Savoir qui est quelqu'un ou ce qu'est quelque chose pour l'avoir déjà vu. *Il n'a pas changé, je l'**ai** tout de suite **reconnu**.* **2.** Admettre que quelque chose est vrai ou légitime. *Gaëlle **reconnaît** qu'elle a eu tort de parler ainsi.* (Syn. avouer.) **3.** Explorer un lieu. *Les marcheurs sont partis **reconnaître** le terrain pour voir s'ils peuvent y camper.* **4.** Se reconnaître : se retrouver et s'orienter. *Je suis incapable de **me reconnaître** dans ce quartier qui a tant changé !* Famille du mot : reconnaiss**able**, reconnaiss**ance**, reconnaiss**ant**.
ORTHO On écrit aussi **reconnaitre**.

reconnu, ue (adjectif)
Qui est accepté, admis pour vrai ou valable. *Le rôle des activités humaines dans le réchauffement climatique est **reconnu**.*

reconquérir (verbe) ▸ conjug. n° 18
Conquérir de nouveau. ***Reconquérir** un territoire perdu.*

reconquête (nom féminin)
Action de reconquérir. *Cet ancien président tente une **reconquête** du pouvoir.*

reconstituer (verbe) ▸ conjug. n° 3
Recréer une chose identique à ce qu'elle était. *Les décors du western **sont reconstitués** en studio.*

reconstitution (nom féminin)
Action de reconstituer. *La **reconstitution** d'un crime est destinée à comprendre comment il a été commis.*

reconstruction (nom féminin)
Action de reconstruire quelque chose.

reconstruire (verbe) ▸ conjug. n° 43
Construire de nouveau ce qui a été détruit. *Après le tremblement de terre, il a fallu **reconstruire** une partie du village.*

reconversion (nom féminin)
Fait de se reconvertir, d'être reconverti. *Le chômeur suit une formation dans le cadre d'une **reconversion** professionnelle.*

reconvertir (verbe) ▸ conjug. n° 11
1. Changer la nature des activités d'une usine ou d'une entreprise. *Cette usine **a été reconvertie** et fabrique maintenant du matériel électronique.* **2.** Se reconvertir : exercer un nouveau métier. *Depuis la fermeture des mines de charbon, beaucoup de mineurs ont dû **se reconvertir**.*

recopier (verbe) ▸ conjug. n° 10
Copier un texte déjà écrit. *Hélène a fait sa rédaction au brouillon, demain elle la **recopiera**.*

record (nom masculin)
Meilleur résultat obtenu jusqu'à présent. *Ce voilier vient de battre le **record** du monde de la traversée de l'Atlantique.*

recordman (nom masculin)
Sportif qui détient un record. ● **Recordman** est un mot anglais : on prononce [rəkɔrdman]. Pluriel : des recordman**s** ou des recordm**en**.

recoucher (verbe) ▸ conjug. n° 3
Remettre quelqu'un au lit. *Elle a donné le biberon au bébé, puis l'**a recouché**. **Recouche-toi** si tu es encore fatigué !*

recoudre (verbe) ▸ conjug. n° 53
Coudre ce qui a été décousu. *Julie apprend à **recoudre** un bouton.*

recoupement (nom masculin)
Action de recouper plusieurs renseignements pour voir s'ils coïncident.

recouper (verbe) ▸ conjug. n° 3
1. Couper de nouveau. *Est-ce qu'il faut que je **recoupe** du pain ?* 2. Vérifier des faits ou des informations en les confrontant. ***Recouper** des témoignages.*

recourbé, ée (adjectif)
Qui est courbé à son extrémité. *Le bec **recourbé** des rapaces.*

recourir (verbe) ▸ conjug. n° 16
Demander l'aide de quelqu'un. *On a dû **recourir** à un serrurier pour ouvrir la porte car les clés étaient à l'intérieur !*

recours (nom masculin)
Fait de recourir à quelqu'un. *Pour repartir, il a fallu avoir **recours** à un dépanneur.* • **En dernier recours :** comme dernière solution.

recouvrement (nom masculin)
Fait de recouvrer un paiement. *Le **recouvrement** des impôts par le percepteur.*

recouvrer (verbe) ▸ conjug. n° 3
1. Retrouver ce qu'on avait perdu. *Le blessé **recouvre** peu à peu l'usage de la parole.* 2. Recueillir le paiement d'une somme due. *C'est le percepteur qui est chargé de **recouvrer** les impôts.*

recouvrir (verbe) ▸ conjug. n° 12
1. Couvrir complètement. *La neige est tombée toute la nuit et **recouvre** la campagne.* 2. Protéger avec une couverture ou un couvercle. *Laura **a recouvert** tous ses livres de classe avec du papier.*

récréation (nom féminin)
Moment pendant lequel les élèves peuvent jouer et se détendre. *Pendant la **récréation**, Ibrahim aime jouer aux billes.*

se **récrier** (verbe) ▸ conjug. n° 10
Protester avec indignation. *On a accusé Myriam de mentir et elle **s'est récriée**.*

récriminations (nom féminin pluriel)
Fait de récriminer. *Je n'écoute même plus ses **récriminations**.* (Syn. protestation.)

récriminer (verbe) ▸ conjug. n° 3
Exprimer ses critiques ou son désaccord avec amertume ou agressivité. *Arrête de **récriminer** sans cesse contre tout le monde !*

récrire ➡ Voir **réécrire**.

se **recroqueviller** (verbe) ▸ conjug. n° 3
Se replier sur soi-même. *Noémie **s'est recroquevillée** sous sa couette pour avoir bien chaud.*

un rongeur **recroquevillé** dans son terrier

recrudescence (nom féminin)
Nouvelle augmentation, plus grave, d'un phénomène. *La **recrudescence** du chômage inquiète le gouvernement.*

recrue (nom féminin)
Jeune soldat nouvellement incorporé.
Famille du mot : recru**tement**, recru**ter**.

recrutement (nom masculin)
Action de recruter.

recruter (verbe) ▸ conjug. n° 3
Engager du personnel. *Cette entreprise **recrute** des ingénieurs en informatique.* (Syn. embaucher.)

rectal, ale, aux (adjectif)
Qui concerne le rectum. *Les suppositoires sont administrés par voie **rectale**.*

rectangle (nom masculin)
Figure géométrique qui a quatre angles droits et dont les côtés sont égaux deux à deux. *Un terrain de basket est un **rectangle** de 26 m sur 14 m.* ➡ p. 577. ■ **rectangle** (adjectif) Qui a un angle droit. *Un triangle **rectangle**.* ➡ p. 577. **Rectangle** vient des mots latins *rectus* qui signifie « droit » et *angulus* qui signifie « angle ».

rectangulaire (adjectif)
Qui a la forme d'un rectangle. *Une table **rectangulaire**.*

recteur, trice (nom)
Haut fonctionnaire de l'Éducation nationale, responsable d'une académie, qui siège au rectorat.

rectificatif, ive (adjectif)
Qui sert à rectifier une erreur. ■ **rectificatif** (nom masculin) Texte rectificatif. *Apporter un **rectificatif**.*

rectification (nom féminin)
Action de rectifier. *Les dates annoncées étaient fausses, le journal a dû faire une **rectification**.* (Syn. correction.)

rectifier (verbe) ▸ conjug. n° 10
Corriger une erreur, une inexactitude. *Ces dates sont fausses, il faudrait les **rectifier**.* Famille du mot : rectifi**catif**, rectifi**cation**. **Rectifier** vient du latin *rectus* qui signifie « exact ».

rectiligne (adjectif)
Qui est en ligne droite. *Cette route est **rectiligne** sur plusieurs kilomètres.*

recto (nom masculin)
Première page d'une feuille, qui est le côté opposé du verso. *Sur sa feuille de papier, Kevin commence à écrire au **recto**, puis tourne la page pour finir au verso.* **Recto** vient de la locution latine *folio recto* qui signifie « sur le feuillet qui est à l'endroit ».

rectorat (nom masculin)
Siège d'une académie de l'Éducation nationale. *L'étudiant a envoyé sa candidature au **rectorat** pour obtenir un poste de surveillant dans une école.*

rectum (nom masculin)
Dernière partie de l'intestin, qui aboutit à l'anus. ● Prononciation [ʀɛktɔm]. ➡ p. 389.

reçu (nom masculin)
Document qui prouve qu'une chose vous a été remise. *Le livreur m'a apporté un colis, j'ai dû signer un **reçu**.* (Syn. récépissé.)

recueil (nom masculin)
Livre qui réunit plusieurs textes. *Cet ouvrage est un **recueil** de poèmes.*

recueillement (nom masculin)
État d'une personne qui se recueille. *Ce célèbre monastère est un lieu de **recueillement**.*

recueillir (verbe) ▸ conjug. n° 13
1. Rassembler des choses. *Cette association **recueille** des vêtements pour les distribuer aux pauvres.* **2.** Prendre chez soi, héberger. *Sarah **a recueilli** un petit chat abandonné.* **3.** Se recueillir : s'isoler du monde extérieur pour méditer. *À la Toussaint, beaucoup de gens vont au cimetière **se recueillir** sur les tombes de leurs proches.* Famille du mot : recueil, recueil**lement**.

recul (nom masculin)
Fait de reculer. *Grâce au vaccin, le tétanos est en net **recul**. Pour apprécier cette immense toile, il faut prendre du **recul**. À ce jour, on manque de **recul** pour comprendre les faits.*

reculé, ée (adjectif)
1. Qui est loin ou difficile d'accès. *Il vit en montagne dans un endroit **reculé**.* **2.** Qui est éloigné dans le temps. *À une époque **reculée**, les hommes vivaient dans des grottes.*

reculer (verbe) ▸ conjug. n° 3
1. Aller en arrière. *La voiture est arrivée au fond de l'impasse et doit **reculer** pour sortir.* (Contr. avancer.) **2.** Mettre une chose plus loin en arrière. *Tu es trop près de la table, **recule** ta chaise !* **3.** Remettre à plus tard. *Il nous est possible de **reculer** notre date de départ pour partir avec vous.* (Syn. différer, retarder.) **4.** Hésiter ou renoncer à agir. *Pierre **n'a** jamais **reculé** devant les difficultés.* Famille du mot : recul, reculé, à reculons.

à reculons (adverbe)
En reculant. *Ursula a eu un gage : elle doit faire le tour du jardin* ***à reculons****.*

récupérateur (nom masculin)
Appareil qui récupère quelque chose pour le réutiliser. *Grâce à notre* ***récupérateur*** *de chaleur, la cheminée du salon chauffe tout le rez-de-chaussée. Un* ***récupérateur*** *d'eau de pluie.*

récupération (nom féminin)
Action de récupérer. *La* ***récupération*** *des déchets permet leur recyclage.*

récupérer (verbe) ▸ conjug. n° 8
1. Reprendre ce qui nous appartient. *J'aimerais bien* ***récupérer*** *le livre que je lui ai prêté.* 2. Rassembler des choses qui peuvent encore servir. *Quentin* ***a récupéré*** *des morceaux de bois pour se faire une cabane dans le jardin.* 3. Retrouver ses forces. *Il vient d'être très malade et il a du mal à* ***récupérer****.*

récurer (verbe) ▸ conjug. n° 3
Nettoyer en frottant, en grattant. *Zoé a fait déborder le lait et elle a bien du mal à* ***récurer*** *la cuisinière !*

récuser (verbe) ▸ conjug. n° 3
N'accorder aucune valeur à quelque chose. *L'avocat de la défense* ***a récusé*** *les arguments du procureur.* (Syn. contester.)

recyclable (adjectif)
Qu'on peut recycler. *Les matériaux* ***recyclables*** *sont triés.*

recyclage (nom masculin)
1. Action de recycler. *Le* ***recyclage*** *des bouteilles en verre.* 2. Fait de se recycler. *Pour s'adapter à sa nouvelle fonction, maman doit faire un stage de* ***recyclage****.*

recycler (verbe) ▸ conjug. n° 3
1. Utiliser des matériaux usagés pour fabriquer de nouveaux produits. *Des conteneurs sont au coin de la rue pour récolter le verre et le papier à* ***recycler****.* 2. Se recycler : suivre une formation pour s'adapter à un nouveau métier. *Pour garder son poste dans l'entreprise, il a dû* ***se recycler****.* Famille du mot : recycl**able**, recycl**age**.

rédacteur, trice (nom)
Personne qui rédige des textes, des articles. *Les* ***rédacteurs*** *du journal se réunissent chaque matin.*

rédaction (nom féminin)
1. Action ou manière de rédiger un texte. *La* ***rédaction*** *d'un article par un journaliste.* 2. Exercice scolaire de français où l'élève doit écrire un texte sur un sujet donné. *Anna est bonne en* ***rédaction*** *car elle aime raconter des histoires.*

reddition (nom féminin)
Fait de se rendre, de capituler. *Le général a annoncé la* ***reddition*** *de son armée.*

rédemption (nom féminin)
Dans la religion chrétienne, pardon des péchés.

redescendre (verbe) ▸ conjug. n° 31
Descendre une nouvelle fois. *Papa doit* ***redescendre*** *à la cave pour chercher une deuxième bouteille de vin.* (Contr. remonter.)

redevable (adjectif)
Qui doit quelque chose à quelqu'un. *Il est* ***redevable*** *de sa victoire à son entraîneur.*

redevance (nom féminin)
Taxe qu'on paie à l'État pour utiliser un service public. *Certaines chaînes de télévision sont financées par une* ***redevance****.*

rédhibitoire (adjectif)
Qui constitue un obstacle énorme. *Ce manteau coûte un prix* ***rédhibitoire****.*

rediffuser (verbe) ▸ conjug. n° 3
Diffuser de nouveau. *Cette chaîne* ***rediffuse*** *souvent les mêmes émissions.*

rediffusion (nom féminin)
Action de rediffuser. *L'été, cette chaîne se contente de* ***rediffusions****.*

rédiger (verbe) ▸ conjug. n° 5
Écrire un texte. *Zoé a du mal à* ***rédiger*** *sa lettre.*

redingote (nom féminin)
Longue veste portée autrefois par les hommes. **Redingote** vient de l'anglais *riding-coat* qui signifie « habit d'équitation ». ➡ p. 1076.

un homme portant une **redingote**

redire (verbe) ▸ conjug. n° 46
Dire une nouvelle fois. *Peux-tu me **redire** ton nom ?* (Syn. répéter.) • **Avoir** ou **trouver quelque chose à redire :** critiquer.

redite (nom féminin)
Synonyme de répétition. *Relis ton texte pour supprimer les **redites** !*

redondance (nom féminin)
Synonyme de répétition.

redondant, ante (adjectif)
Qui comporte des redondances. *Essaie de supprimer les passages **redondants** dans ta lettre et d'être plus concis.*

redonner (verbe) ▸ conjug. n° 3
Donner de nouveau. *Sa guérison lui **a redonné** goût à la vie.*

redoublant, ante (nom)
Élève qui redouble une classe. *Il y a plusieurs **redoublants** dans la classe.*

redoublement (nom masculin)
Fait de redoubler une classe.

redoubler (verbe) ▸ conjug. n° 3
1. Recommencer la même classe au lieu de passer dans la classe supérieure. *Fatima n'**a** jamais **redoublé**.* **2.** Devenir soudain beaucoup plus fort. *Les bateaux rentrent au port car la tempête **redouble**.*

redoutable (adjectif)
Qu'il faut redouter. *La peste est une maladie **redoutable**.* (Contr. inoffensif.)

redouter (verbe) ▸ conjug. n° 3
Synonyme de craindre. *Thomas **redoute** d'arriver en retard à l'école.*

redoux (nom masculin)
Radoucissement de la température après une période de froid.

redressement (nom masculin)
Fait de se redresser. *Le gouvernement se félicite du **redressement** de l'économie.*

redresser (verbe) ▸ conjug. n° 3
1. Remettre droit. ***Redresse-toi**, tu es tout voûté ! Le garagiste **a redressé** le pare-chocs tordu.* **2.** Remettre en meilleur état. *L'économie de ce pays **s'est redressée**.*
Famille du mot : redresse**ment**, redresse**ur**.

redresseur (nom masculin)
• **Redresseur de torts :** personne qui prétend combattre l'injustice.

réduction (nom féminin)
1. Action de réduire quelque chose. *Une importante **réduction** des dépenses s'impose.* **2.** Diminution du prix d'une marchandise. *Les jeunes et les chômeurs ont droit à des **réductions** au cinéma.* (Syn. rabais, remise.) **3.** Reproduction dans un format plus petit. *Cette maquette d'avion est une **réduction** exacte de l'Airbus.*

réduire (verbe) ▸ conjug. n° 43
1. Rendre moins important. *Cette usine **a réduit** ses effectifs.* (Syn. diminuer.) **2.** Transformer une substance en poudre, en miettes ou en bouillie. ***Réduire** le blé en farine.* **3.** Amener quelqu'un à un état pénible. *Le chômage l'**a réduit** à la misère.* **4.** Se réduire à quelque chose : être limité à cette

chose. *Son immense fortune **se réduit** aujourd'hui **à** quelques louis d'or.* Famille du mot : réduit, réduction.

■ **réduit, ite** (adjectif)
Qui est inférieur au prix normal. *À partir de trois enfants, une famille a droit au tarif **réduit** dans les transports en commun.* • **Modèle réduit :** objet construit en réduction. (Syn. maquette.)

■ **réduit** (nom masculin)
Petite pièce, généralement sombre. *Le jardinier range ses outils et le bois dans un **réduit** au fond de la cour.*

réécrire (verbe) ▸ conjug. n° 47
Écrire de nouveau. ***Réécris** cette lettre.*
ORTHO On dit aussi **récrire**.

rééditer (verbe) ▸ conjug. n° 3
Procéder à la réédition d'un ouvrage. *Dommage que ce livre n'**ait** pas **été réédité** !*

réédition (nom féminin)
Nouvelle édition d'un ouvrage.

rééducation (nom féminin)
Ensemble d'exercices destinés à rétablir l'usage d'un organe. *Pour retrouver l'usage de sa cheville, Gaëlle fait deux fois par semaine des séances de **rééducation**.*

rééduquer (verbe) ▸ conjug. n° 3
Faire subir une rééducation. *Le kinésithérapeute **rééduque** les blessés.*

réel, elle (adjectif)
Qui existe vraiment. *Cette histoire est **réelle**, je ne l'ai pas inventée.* (Syn. authentique. Contr. fictif.) Famille du mot : irréel, réellement.

réélection (nom féminin)
Fait d'être réélu. *Il est si populaire qu'on s'attend à sa **réélection**.*

réélire (verbe) ▸ conjug. n° 45
Élire de nouveau quelqu'un. *Ce candidat a de fortes chances d'**être réélu**.*

réellement (adverbe)
De façon réelle. *Cet évènement a **réellement** eu lieu.* (Syn. effectivement, vraiment.)

réexpédier (verbe) ▸ conjug. n° 10
Expédier à une autre adresse. *Pendant les vacances, il se fait **réexpédier** son courrier.*

refaire (verbe) ▸ conjug. n° 42
1. Faire de nouveau ce qu'on a déjà fait. *Victor a bâclé son travail, sa maîtresse lui a demandé de le **refaire**.* (Syn. recommencer.) **2.** Remettre un lieu en bon état. *Nous allons **refaire** tout l'appartement.*

réfection (nom féminin)
Action de remettre en bon état.

réfectoire (nom masculin)
Grande salle à manger pour une collectivité. *Le **réfectoire** du collège est un self-service.*

référence (nom féminin)
Indication précise des ouvrages ou des passages auxquels le lecteur doit se référer. *Les **références** sont en bas de page.* • **Ouvrage de référence :** livre qu'on consulte pour avoir un renseignement sûr. *Les dictionnaires et les atlas sont des **ouvrages de référence**.*
■ **références** (nom féminin pluriel)
Témoignages qui renseignent sur les compétences de quelqu'un. *Cet employeur exige que les candidats aient des **références**.*

référendum (nom masculin)
Vote de tous les électeurs d'un pays sur une question précise. *À un **référendum**, les électeurs répondent par oui ou par non.*
● Prononciation [ʀefeʀɛ̃dɔm].

se **référer** (verbe) ▸ conjug. n° 8
Se reporter à quelque chose pour une vérification. *Pour corriger ses fautes d'orthographe, Hélène **se réfère** à son dictionnaire.*

refermer (verbe) ▸ conjug. n° 3
Fermer de nouveau ce qui était ouvert. ***Referme** bien la boîte, sinon les gâteaux vont s'abîmer.*

réfléchi, ie (adjectif)
Qui réfléchit avant de parler ou d'agir. *Julie est très **réfléchie**, elle ne fait jamais rien dans la précipitation.*

réfléchir (verbe) ▸ conjug. n° 11
1. Penser à quelque chose avec beaucoup d'attention. ***Réfléchis** bien avant de te décider !* **2.** Synonyme de refléter.

*Le miroir **réfléchit** son visage. Son image **se réfléchit** sur la vitre.* Famille du mot : réfléchi, réflexion.

réflecteur (nom masculin)
Appareil qui réfléchit des rayonnements. *Les vélos sont équipés d'un **réflecteur** rouge sur le garde-boue arrière.*

reflet (nom masculin)
Image ou lumière reflétée par une surface. *Laura regarde le **reflet** des arbres dans l'eau.*

Narcisse regardant son **reflet** dans l'eau par Le Caravage (1595)

refléter (verbe) ▸ conjug. n° 8
1. Renvoyer l'image d'une personne ou d'une chose. *Quand on fait du feu dans le salon, les cuivres **reflètent** la lumière des flammes. La lune **se reflète** dans l'eau.* (Syn. réfléchir.) 2. Indiquer quelque chose. *Ses questions **reflètent** un esprit curieux.*

refleurir (verbe) ▸ conjug. n° 11
Fleurir de nouveau. *Chaque printemps, les primevères **refleurissent**.*

réflexe (nom masculin)
Mouvement très rapide qu'on fait automatiquement. *Quand il a vu le début d'incendie, il a eu le bon **réflexe** de se servir de l'extincteur.*

réflexion (nom féminin)
1. Action de réfléchir. *Il demande plusieurs jours de **réflexion** avant de se décider à accepter cet emploi.* 2. Remarque ou critique adressée à quelqu'un. *Tes **réflexions** sont vraiment vexantes !* 3. Phénomène par lequel la lumière ou le son sont réfléchis. *La **réflexion** d'un rayon lumineux.* • **Réflexion faite :** après avoir bien réfléchi.

refluer (verbe) ▸ conjug. n° 3
Se mettre à aller en sens inverse. *La mer **reflue** quand la marée commence à descendre. Quand la police est arrivée, les manifestants **ont reflué** vers la place.* (Syn. se retirer.)

reflux (nom masculin)
Mouvement de l'eau qui reflue quand la marée descend. (Contr. flux.)

reforestation (nom féminin)
Fait de reboiser une forêt. *La **reforestation** de la zone dévastée par l'incendie a débuté.*

réformateur, trice (adjectif et nom)
Qui souhaite ou fait des réformes. *Un parti **réformateur**. Cet homme politique fut un grand **réformateur**.*

réforme (nom féminin)
Changement apporté en vue d'une amélioration. *On parle depuis très longtemps d'une **réforme** des retraites.*

la Réforme

Mouvement religieux qui donna naissance au protestantisme. La Réforme eut lieu au XVIe siècle. Elle poussa une partie des chrétiens à se séparer de l'Église romaine.

LE LUTHÉRANISME

Luther fut le premier des réformateurs. Ses idées se répandirent en Allemagne, en Scandinavie et dans les pays baltes.

LE CALVINISME

Une autre réforme prit naissance en Suisse. Elle doit son nom au français Jean Calvin. Le calvinisme se répandit en France malgré l'opposition du roi. Les guerres de Religion opposèrent catholiques et protestants calvinistes. La Réforme calviniste se répandit en Europe, surtout en Hongrie, aux Pays-Bas et en Écosse.

L'ANGLICANISME

Une troisième famille protestante apparut en Grande-Bretagne sous le règne d'Henri VIII. L'Église d'Angleterre se sépara de l'Église romaine en 1534. Le roi fut proclamé chef de l'Église d'Angleterre.

réformer (verbe) ▸ conjug. n° 3
Faire des réformes. ***Réformer*** *l'enseignement.* Famille du mot : réformat**eur**, réforme.

refouler (verbe) ▸ conjug. n° 3
1. Obliger quelqu'un à reculer. *Les curieux* ***ont été refoulés*** *par les agents de police.* (Syn. repousser.) 2. Empêcher un sentiment de se manifester. *Myriam a eu du mal à* ***refouler*** *ses larmes.* (Syn. réprimer, retenir.)

réfractaire (adjectif)
1. Qui refuse de se soumettre. *Ces gens sont* ***réfractaires*** *à l'ordre établi.* 2. Qui peut résister à de très hautes températures. *Une cheminée en briques* ***réfractaires****.*

refrain (nom masculin)
Paroles d'une chanson que l'on répète sur le même air après chaque couplet. *Noémie ne connaît que le* ***refrain*** *de cette chanson.*

réfréner (verbe) ▸ conjug. n° 8
Mettre un frein à un sentiment, à une tendance. ***Réfréner*** *ses désirs, ses envies, son impatience, sa colère.* (Syn. réprimer.)
Réfréner vient du latin *frenum* qui signifie « frein ».
ORTHO On écrit aussi **refréner**.

réfrigérateur (nom masculin)
Appareil ménager destiné à conserver les aliments au froid. *On met les légumes et les fruits dans le bas du* ***réfrigérateur****.*

refroidir (verbe) ▸ conjug. n° 11
1. Devenir plus froid. *Odile a laissé* ***refroidir*** *son potage. Couvre-toi, car le temps* ***s'est refroidi****.* 2. Rendre plus froid. ***Refroidis*** *le biberon sous l'eau froide, il est trop chaud.* (Contr. réchauffer.) 3. Diminuer l'ardeur ou le courage. *Son accueil nous* ***a refroidis*** *et nous sommes partis.* (Syn. décourager.)

refroidissement (nom masculin)
1. Fait de se refroidir. *Depuis hier, le* ***refroidissement*** *est sensible, on va bientôt allumer le chauffage.* 2. Léger rhume. *William souffre d'un* ***refroidissement*** *et doit rester au lit.*

refuge (nom masculin)
1. Lieu où on se sent en sécurité. *Pendant la nuit, nous avons trouvé* ***refuge*** *dans une grange.* 2. Maison qui sert d'abri et d'hébergement aux alpinistes ou aux randonneurs. *On a fait cinq jours de randonnée, en dormant dans des* ***refuges****.* Famille du mot : réfugi**é**, se réfugi**er**.

réfugié, ée (adjectif et nom)
Personne qui a dû fuir son pays d'origine. *Il y a un camp de* ***réfugiés*** *à la frontière.*

se réfugier (verbe) ▸ conjug. n° 10
Se mettre dans un lieu pour être à l'abri. *Un gros orage a éclaté, on a pu heureusement* ***se réfugier*** *dans une cabane.*

refus (nom masculin)
Fait de refuser. *Un* ***refus*** *catégorique.*

refuser (verbe) ▸ conjug. n° 3
1. Ne pas accepter. *J'ai proposé à Sarah de l'aider, mais elle* ***a refusé****.* 2. Ne pas recevoir à un examen, à un concours. *Le jury* ***a refusé*** *plusieurs candidats.*

réfuter (verbe) ▸ conjug. n° 3
Démontrer qu'une affirmation est fausse. *La police* ***réfute*** *la thèse du suicide et pense qu'il s'agit d'un meurtre.*

reg (nom masculin)
Désert rocheux.

regagner (verbe) ▸ conjug. n° 3
1. Gagner de nouveau ce qu'on avait perdu. *Ce nageur essaye de* ***regagner*** *le temps qu'il a perdu au départ de l'épreuve.* (Syn. rattraper.) 2. Retourner à un endroit. *Après avoir subi une avarie, le voilier a dû* ***regagner*** *le port.*

regain (nom masculin)
1. Renouveau de ce qui paraissait perdu ou fini. *Cette région connaît un* ***regain*** *d'activité.* (Syn. reprise.) 2. Herbe qui repousse après qu'une prairie a été fauchée.

régal (nom masculin)
Chose délicieuse. *Ses confitures sont de vrais* ***régals****.* (Syn. délice.)

se régaler (verbe) ▸ conjug. n° 3
Prendre un grand plaisir à manger quelque chose de bon. *Les enfants* ***se sont régalés*** *avec les fraises des bois.* (Syn. se délecter.)

regard (nom masculin)
1. Action ou manière de regarder. *Ursula a un **regard** doux et intelligent.* **2.** Expression des yeux. *Un **regard** franc.* **3.** Ouverture pratiquée pour nettoyer un conduit, un égout.

regardant, ante (adjectif)
Qui regarde à la dépense. *Pour la nourriture, il n'est pas **regardant** car il aime la qualité.* (Syn. économe.)

regarder (verbe) ▸ conjug. n° 3
1. Fixer ses yeux sur quelque chose ou sur quelqu'un. *Zoé **regarde** le paysage.* **2.** Concerner quelqu'un. *Leurs problèmes ne me **regardent** pas.* • **Regarder à la dépense :** hésiter à dépenser beaucoup.
Famille du mot : regard, regard**ant**.

régate (nom féminin)
Course de voiliers. *Le départ de la **régate** est prévu à 11 heures.* **Régate** vient de l'italien *regata* qui signifie « défi ».

régence (nom féminin)
Gouvernement exercé par un régent. *La **régence** d'Anne d'Autriche, mère de Louis XIV.*

la Régence
Période de l'histoire de France pendant laquelle Philippe d'Orléans, neveu de Louis XIV, fut régent du royaume (1715-1723) en attendant que Louis XV ait l'âge de régner. Pendant la Régence, la cour quitta Versailles pour s'installer au Palais-Royal à Paris.

régénérer (verbe) ▸ conjug. n° 8
Rendre un organe plus sain. *Cette pommade **régénère** la peau abîmée par le soleil.*

régent, ente (nom)
Personne qui dirige un royaume pendant la minorité du roi. *Philippe d'Orléans fut **régent** de 1715 à 1723.*

régenter (verbe) ▸ conjug. n° 3
Diriger de façon autoritaire. *Xavier veut tout **régenter** à la maison.*

reggae (nom masculin)
Style de musique populaire au rythme très marqué, originaire de la Jamaïque. *Les chansons de Bob Marley ont fait connaître le **reggae** dans le monde entier.*
Prononciation [ʀege].

régicide (nom)
Assassin d'un roi. *Les **régicides** étaient condamnés à être écartelés.*

régie (nom féminin)
1. Entreprise qui appartient à l'État. *La **Régie** des tabacs.* **2.** Direction de l'organisation matérielle d'un spectacle. *La **régie** règle les caméras et les micros.*

régime (nom masculin)
1. Manière dont un État est organisé et gouverné. *Un **régime** démocratique permet au peuple de s'exprimer.* **2.** Manière particulière de se nourrir. *Il a trop de cholestérol, il doit suivre un **régime**.* **3.** Vitesse à laquelle tourne un moteur. *Une voiture à plein **régime** consomme toujours beau-*

une **régate**

coup d'essence. **4.** Ensemble de fruits qui poussent en grappes sur une même tige. *Un **régime** de dattes, de bananes.*

régiment (nom masculin)
Troupe de soldats composée de plusieurs bataillons. *Un **régiment** est commandé par un colonel.*

région (nom féminin)
Partie d'un espace géographique, d'un pays. *Les **régions** polaires sont très peu habitées. Guillaume habite la **région** parisienne.*
Famille du mot : région**al**, régiona**lisme**, région**aliste**.

régional, ale, aux (adjectif)
Qui est particulier à une région. *Quand Anna voyage en France, elle aime goûter la cuisine **régionale**.*

régionalisme (nom masculin)
1. Système qui donne davantage d'autonomie aux régions par rapport au pouvoir central. **2.** Mot particulier à une région de France. *À Lyon, on dit un « gone » pour un « gamin » : c'est un **régionalisme**.*

régionaliste (adjectif et nom)
Partisan du régionalisme.

régir (verbe) ▸ conjug. n° 11
Déterminer, régler en parlant d'une loi, instaurer des règles. *La loi **régit** les rapports entre les hommes.*

régisseur, euse (nom)
Personne qui dirige la régie d'un spectacle.

registre (nom masculin)
1. Grand cahier où l'on consigne des informations officielles ou des comptes. *Élodie a consulté les **registres** de l'état civil pour faire son arbre généalogique.* **2.** Niveau de langue. *Le mot « bouquin » appartient au **registre** familier, « livre » au **registre** courant.*

réglable (adjectif)
Qu'on peut régler. *Le volant de cette voiture est **réglable** en hauteur.*

réglage (nom masculin)
Action de régler un appareil. *Le radioréveil est vendu avec une notice de **réglage**.*

règle (nom féminin)
1. Instrument qui sert à tracer des lignes. *Benjamin se sert de sa **règle** pour tracer un triangle.* **2.** Indications que l'on doit suivre dans un jeu, une technique ou un art. *Fatima connaît les **règles** de la belote. Clément apprend les **règles** de l'accord du participe passé.* **3.** Principe de conduite. *Monsieur Dubois respecte toujours les **règles** de la politesse.* • **Dans les règles :** comme il faut. • **En règle :** conforme à la loi. *David a ses papiers **en règle**.* • **En règle générale :** habituellement. ■ **règles** (nom féminin pluriel) Écoulement de sang qui a lieu chaque mois chez la femme, de la puberté à la ménopause.

règlement (nom masculin)
1. Ensemble des règles qu'il faut suivre. *Les clients sont priés de respecter le **règlement** affiché dans le hall de l'hôtel.* **2.** Fait de régler ce que l'on doit. *Pour le **règlement**, vous payez en chèque ou en espèces ?* (Syn. paiement.) **3.** Fait de régler une affaire. *On espère un **règlement** très rapide du conflit.* Famille du mot : règlement**aire**, règlement**ation**, règlemen**ter**.

règlementaire (adjectif)
Fixé par un règlement. *Le képi est la coiffure **règlementaire** des gendarmes.*
ORTHO On écrit aussi **réglementaire**.

règlementation (nom féminin)
Ensemble de règlements. *La **règlementation** des importations d'automobiles.*
ORTHO On écrit aussi **réglementation**.

règlementer (verbe) ▸ conjug. n° 3
Soumettre à des règlements. *Dans le centre-ville, la circulation **est** très **règlementée**.*
ORTHO On écrit aussi **réglementer**.

régler (verbe) ▸ conjug. n° 8
1. Mettre au point un mécanisme pour qu'il fonctionne bien. *Ibrahim essaye de **régler** les couleurs de l'écran.* (Contr. dérégler.) **2.** Trouver une solution définitive à quelque chose. *Grâce à Gaëlle, cette histoire **a été** vite **réglée**.* (Syn. résoudre.) **3.** Payer ce que l'on doit. *Je viens **régler** ma note.* Famille du mot : **dé**régler, ré**glable**, ré**glage**.

réglisse (nom féminin)
Plante dont on utilise la racine en confiserie. ■ **réglisse** (nom masculin) Bonbon aromatisé à la réglisse. *Hélène suce un **réglisse**.*

un rouleau de **réglisse**

règne (nom masculin)
1. Temps pendant lequel règne un souverain. *Le **règne** de Louis XIV a duré 54 ans.* **2.** Chacune des trois divisions de la nature faite par les savants. *Le **règne** minéral, le **règne** végétal et le **règne** animal.*

régner (verbe) ▶ conjug. n° 8
1. Exercer le pouvoir, pour un souverain. *Napoléon III **a régné** dix-huit ans.* **2.** Exister de manière durable. *Depuis que la maîtresse s'est fâchée, le silence **règne** dans la classe.*

regonfler (verbe) ▶ conjug. n° 3
Gonfler de nouveau. ***Regonfler** un ballon.*

regorger (verbe) ▶ conjug. n° 5
Avoir en abondance. *Cette région **regorge** de richesses.* (Syn. abonder. Contr. manquer.)

régresser (verbe) ▶ conjug. n° 3
Diminuer en intensité ou en nombre. *La mortalité infantile **régresse** dans ce pays.* (Syn. reculer. Contr. progresser.)

régression (nom féminin)
Fait de régresser. *On enregistre une **régression** du chômage depuis quelques mois.* (Syn. recul. Contr. expansion, progrès.)

regret (nom masculin)
1. Sentiment de tristesse ou de chagrin. *Mamie a parfois le **regret** du temps passé.* **2.** Fait de regretter ce que l'on a fait ou d'avoir été la cause de quelque chose. *Le **regret** d'avoir commis une erreur lui pèse.* • **À regret :** à contrecœur. Famille du mot : regret**table**, regret**ter**.

regrettable (adjectif)
Qui mérite d'être regretté. *C'est bien **regrettable** que Kevin soit absent.* (Syn. fâcheux.)

regretter (verbe) ▶ conjug. n° 3
1. Éprouver du regret. *Amandine **regrette** le temps où son grand frère était à la maison.* **2.** Éprouver du mécontentement. *Maman **regrette** d'avoir changé de voiture.*

regroupement (nom masculin)
Fait de se regrouper, d'être regroupé. *Il y avait un **regroupement** de jeunes devant le centre commercial.*

regrouper (verbe) ▶ conjug. n° 3
Grouper en un même endroit. *On **a regroupé** nos plus belles photos de vacances dans un grand album. Les manifestants **se sont regroupés** sur la place.* (Syn. rassembler. Contr. disperser.)

régulariser (verbe) ▶ conjug. n° 3
1. Rendre conforme aux règlements. *Il **a régularisé** sa situation et a maintenant un permis de séjour.* **2.** Rendre régulier. *Elle prend des médicaments pour **régulariser** son rythme cardiaque.*

régularité (nom féminin)
1. Caractère régulier. *Laura travaille avec beaucoup de **régularité**.* (Contr. irrégularité.) **2.** Qualité de ce qui est conforme aux règlements. *Des observateurs ont contesté la **régularité** du scrutin.* (Syn. légalité.)

réguler (verbe) ▶ conjug. n° 3
Assurer le fonctionnement régulier de quelque chose. *Ce médicament permet de **réguler** les battements du cœur.*

régulier, ère (adjectif)
1. Qui reste toujours à peu près pareil ou se répète de la même façon. *Le battement du pouls de Thomas est **régulier**.* (Contr. irrégulier.) **2.** Qui est conforme aux règles ou à la loi. *Chanter est un verbe **régulier**. Ce n'est pas un travail au noir, c'est un travail **régulier**.* Famille du mot : **ir**régular**ité**, **ir**régulier, **ir**réguliè-

rement, **régulariser**, **régularité**, **régulièrement**.

régulièrement (adverbe)
De façon régulière. *Olivier consulte très **régulièrement** son dentiste.* (Contr. irrégulièrement.)

régurgiter (verbe) ▸ conjug. n° 3
Faire remonter dans la bouche un aliment que l'on vient d'avaler. *Le bébé **régurgite** sa bouillie.*

réhabiliter (verbe) ▸ conjug. n° 3
Faire retrouver à quelqu'un l'estime de tous. *Après avoir prouvé son innocence, il **a été réhabilité** aux yeux de tous.*

rehausser (verbe) ▸ conjug. n° 3
1. Hausser davantage. *Les terrassiers ont entrepris de **rehausser** la chaussée.* (Syn. surélever.) **2.** Mettre davantage en relief. *Un peu de fard **rehausse** l'éclat du teint.*

rehausseur (nom masculin)
Siège amovible destiné à surélever un enfant à l'arrière d'une voiture.

réimpression (nom féminin)
Action de réimprimer. *Cet ouvrage est épuisé mais il est actuellement en **réimpression**.*

réimprimer (verbe) ▸ conjug. n° 3
Imprimer de nouveau. *Ce livre a un tel succès qu'on va le **réimprimer**.*

Reims
Chef-lieu de la Marne, situé sur les bords de la Vesle (184 000 habitants). La ville est célèbre pour le champagne. Sa cathédrale Notre-Dame (XIIIe siècle) est l'un des plus beaux édifices gothiques. Les portails de la façade ouest sont ornés de sculptures, dont celle de *l'Ange au sourire*. Clovis y fut baptisé en 496. À partir de Louis VII, les rois de France furent sacrés dans la cathédrale de Reims.

rein (nom masculin)
Chacun des deux organes qui sécrètent l'urine. *Le **rein** sert à filtrer le sang pour en éliminer les déchets.* ➡ p. 1309.
■ **reins** (nom masculin pluriel) Bas du dos. *Papa s'est fait mal aux **reins** en déplaçant une armoire.*

réincarnation (nom féminin)
Fait de revivre dans un corps différent. *Les hindous croient à la **réincarnation**.*

reine (nom féminin)
Épouse d'un roi ou souveraine d'un royaume. *Le roi et la **reine** ouvrent le bal.*

la **reine** d'Espagne « Isabelle de Bourbon » de Vélasquez (XVIIe siècle)

reine-claude (nom féminin)
Prune sucrée ronde et verte. Pluriel : des reine**s**-claude**s**. **Reine-claude** vient du nom de *Claude de France*, épouse de François Ier.

reinette (nom féminin)
Pomme à peau grisâtre ou tachetée de rouge.

réinsertion (nom féminin)
Fait de réadapter une personne en difficulté à faire une activité ou de la réintégrer dans un groupe. *Cette association travaille pour la **réinsertion** professionnelle des personnes qui sortent de prison.*

réintégrer (verbe) ▸ conjug. n° 8
Revenir dans un endroit qu'on avait quitté. *Après les travaux, il a enfin pu **réintégrer** son appartement.*

réitérer (verbe) ▸ conjug. n° 8
Synonyme littéraire de répéter. *Puisque je n'ai pas de réponse, je vais **réitérer** ma demande.*

rejaillir (verbe) ▸ conjug. n° 11
Au sens figuré, atteindre indirectement. *Le scandale **a rejailli** sur ses proches.* (Syn. retomber.)

rejet (nom masculin)
1. Action de rejeter. *Les grévistes ont annoncé le **rejet** de la proposition de la direction.* **2.** Nouvelle pousse d'une plante. *Le rosier a plein de **rejets**.*

rejeter (verbe) ▸ conjug. n° 9
1. Jeter hors de soi ou dans le sens opposé. *Le volcan **a rejeté** des cendres et beaucoup de lave.* **2.** Refuser une proposition. *Sa candidature **a été rejetée**.* (Syn. repousser. Contr. accepter.) **3.** Faire porter à quelqu'un d'autre la responsabilité de quelque chose. *Ils **se rejettent** mutuellement la faute.*

rejeton (nom masculin)
Synonyme familier d'enfant. *Madame Dupuis est très fière de ses **rejetons**.*

rejoindre (verbe) ▸ conjug. n° 35
1. Aller retrouver des gens ou retourner à un endroit. *Pierre **rejoint** ses camarades partis au ski avant lui. Le soldat va vite **rejoindre** sa caserne.* **2.** Rattraper quelqu'un. *Partez devant, je vous **rejoins** !* **3.** Se rejoindre : aboutir au même endroit. *Les deux allées **se rejoignent** au rond-point.*

réjoui, ie (adjectif)
Qui exprime, montre de la joie. *Tu as une mine **réjouie** ce matin.*

réjouir (verbe) ▸ conjug. n° 11
Faire plaisir à quelqu'un. *Quentin **se réjouit** de te revoir.* (Contr. désoler.) Famille du mot : réjouiss**ance**, réjouiss**ant**.

réjouissance (nom féminin)
Joie collective. *Noël est une occasion de **réjouissance** pour la famille.* ■ réjouissances (nom féminin pluriel) Fête pour célébrer quelque chose. *Le bicentenaire de la Révolution française a été l'occasion de vives **réjouissances** dans tout le pays.*

réjouissant, ante (adjectif)
Qui réjouit. *Enfin une nouvelle **réjouissante** !*

relâche (nom féminin)
• **Faire relâche :** arrêter un instant, momentanément, les représentations. *Ce théâtre **fait relâche** le lundi.* • **Sans relâche :** sans interruption dans le travail ou dans l'effort.

relâchement (nom masculin)
Fait de relâcher son effort. *Le conducteur du train ne peut se permettre aucun **relâchement** de son attention.*

relâcher (verbe) ▸ conjug. n° 3
1. Desserrer ce qui était serré ou tendu. *Les tendeurs de la tente **sont relâchés**.* **2.** Remettre un prisonnier en liberté. *On l'**a relâché** faute de preuves.* **3.** Se relâcher : perdre de sa rigueur ou de sa fermeté. *Son attention **se relâche**, il n'écoute plus.* Famille du mot : relâche, relâch**ement**.

relais (nom masculin)
Dispositif qui retransmet les émissions envoyées par un émetteur principal. *Un **relais** de télévision.* • **Course de relais :** course dans laquelle les concurrents de chaque équipe se remplacent au cours du parcours. • **Prendre le relais :** remplacer quelqu'un dans sa tâche. *Quand tu voudras te reposer, je **prendrai le relais**.* Autrefois, un **relais** était une sorte d'hôtel où les postillons des diligences pouvaient changer de chevaux, manger et se reposer.
ORTHO On écrit aussi **relai**.

une course de **relais**

relance (nom féminin)
Action de relancer. *On attend une **relance** des exportations.*

relancer (verbe) ▸ conjug. n° 4
1. Lancer de nouveau ou en sens inverse. *Le joueur de tennis **relance** la balle.*

(Syn. renvoyer.) 2. Donner un nouvel élan. *Les négociateurs **ont relancé** le processus de paix.*

relater (verbe) ▸ conjug. n° 3
Synonyme de rapporter. *L'article de journal **relate** les faits, sans commentaire.*

relatif, ive (adjectif)
1. Qui concerne ou se rapporte à quelque chose. *C'est un article **relatif** à la planète Mars.* 2. Qui n'a pas de valeur par soi-même mais seulement par comparaison avec autre chose. *Leur richesse est vraiment toute **relative**.* • **Pronom relatif :** mot qui relie un nom, appelé « antécédent », à une proposition, appelée « proposition relative ». *« Qui, que, lequel, dont, où » sont des **pronoms relatifs**.*

relation (nom féminin)
1. Rapport entre plusieurs choses. *L'inspecteur a tout de suite fait la **relation** entre ces deux évènements.* (Syn. lien.) 2. Rapport entre des personnes. *Leurs **relations** sont très cordiales.* 3. Personne avec qui on est en rapport. *Monsieur Dubois a invité ses **relations** d'affaires au restaurant.* • **Avoir des relations :** connaître des gens célèbres ou importants.

relativement (adverbe)
De façon relative. *Cet hôtel est **relativement** calme.* (Syn. assez.)

relativiser (verbe) ▸ conjug. n° 3
Considérer par rapport à d'autres choses comparables. *Il faut apprendre à **relativiser** les situations pénibles pour mieux les affronter.*

relaxation (nom féminin)
Fait de se relaxer. *Des séances de **relaxation** pour combattre le stress.* (Syn. détente, repos.)

se **relaxer** (verbe) ▸ conjug. n° 3
Synonyme de se décontracter. *Les étudiants ont besoin de **se relaxer** après leurs examens.*

relayer (verbe) ▸ conjug. n° 7
Remplacer quelqu'un dans sa tâche. *Des bénévoles **se sont relayés** nuit et jour pour venir en aide aux victimes du séisme.*

relecture (nom féminin)
Action de relire en vue de corriger. *Faites une **relecture** minutieuse de votre texte avant de le rendre.*

reléguer (verbe) ▸ conjug. n° 8
Mettre un objet à l'écart pour s'en débarrasser. *On **a relégué** le vieux poste de télévision dans le garage.*

relent (nom masculin)
Mauvaise odeur. *Il y a des **relents** de soupe aux choux dans l'escalier de l'immeuble.*

relève (nom féminin)
Remplacement d'une personne dans une tâche. *Anna va prendre la **relève** pour que Benjamin puisse se reposer un peu.*

relevé (nom masculin)
Fait de noter par écrit. *La banque lui envoie régulièrement un **relevé** de son compte.*

relèvement (nom masculin)
Action de relever quelque chose. *L'entreprise a décidé le **relèvement** des bas salaires.* (Syn. augmentation, hausse. Contr. baisse.)

relever (verbe) ▸ conjug. n° 8
1. Remettre en position verticale. *Clément **a relevé** Élodie qui était tombée.* 2. Mettre quelque chose plus haut. *Benjamin **relève** les manches de sa chemise avant de se mettre au travail.* (Syn. remonter. Contr. abaisser, baisser.) 3. Ramasser pour corriger. *Le maître **relève** toutes les copies.* 4. Noter des informations. *À la rentrée, on **a relevé** les noms de ceux qui restaient à l'école après 16 heures.* 5. Améliorer un niveau. *Les patrons ont promis de **relever** les plus bas salaires.* (Syn. augmenter, remonter.) 6. Donner plus de goût. *Cette sauce **est** très **relevée**.* 7. Remplacer quelqu'un dans une occupation. *Le conducteur du bus **est relevé** par un collègue à la mi-journée.* Famille du mot : relève, relevé, relèvement.

relief (nom masculin)
Aspect plus ou moins accidenté de la surface de la Terre. *Les montagnes, les vallées, les plaines, les collines et les plateaux forment le **relief** de la Terre.* • **En relief :** qui dépasse d'une surface. *L'écriture en braille pour les aveugles est faite de points **en relief**.* ➡ p. 1086. • **Mettre quelque chose en relief :** le faire apparaître, le mettre en évidence.

L'écriture en braille pour les aveugles est faite de points **en relief**.

relier (verbe) ▸ conjug. n° 10
1. Assembler des feuillets et les munir d'une couverture rigide. *David **a relié** les numéros d'une revue à laquelle il est abonné.* **2.** Rattacher des choses ensemble par un lien. ***Reliez** les points par des traits et vous verrez apparaître un personnage.* **3.** Dans un sens figuré, établir un lien. *L'inspecteur **a relié** ces deux faits.* **4.** Faire communiquer. *Un pont **relie** l'île à la côte.* Famille du mot : rel**ieur**, rel**iure**.

relieur, euse (nom)
Personne qui relie des livres.

religieusement (adverbe)
1. De façon religieuse. *Il a été enterré **religieusement**.* **2.** Avec un respect presque religieux. *Guillaume suit **religieusement** les conseils de son grand frère.*

religieux, euse (adjectif)
Qui se rapporte à la religion. *Prier est un des actes principaux de la vie **religieuse**.* ■ **religieux, euse** (nom) Personne qui consacre sa vie à Dieu. *Beaucoup de **religieux** vivent dans des couvents.*

religion (nom féminin)
Ensemble de rites et de pratiques liés à la croyance en un ou plusieurs dieux. *Le christianisme, l'islam et le judaïsme sont les principales **religions** de France.*

guerres de **Religion**
Ensemble de guerres provoquées en France par la Réforme (1562-1598). Les principaux épisodes furent le massacre de la Saint-Barthélemy (24 août 1572), l'assassinat du duc de Guise (1588) et l'assassinat du roi Henri III (1589). Le nouveau roi de France, Henri IV, sauva sa vie en renonçant à sa foi protestante (1572) et se convertit au catholicisme. Il abandonna ensuite la religion catholique et prit la tête du parti protestant. Il renonça à nouveau au protestantisme en 1593, reconquit le royaume et mit fin à la guerre en accordant aux protestants l'édit de Nantes (1598).

reliquat (nom masculin)
Ce qui reste à payer ou à recevoir. *Je te rends 10 euros, tu auras le **reliquat** de ma dette demain.*

relique (nom féminin)
Ce qui reste du corps d'un saint, auquel on rend un culte.

relire (verbe) ▸ conjug. n° 45
1. Lire de nouveau. *Fatima **relit** ce livre pour la troisième fois.* **2.** Lire une autre fois pour vérifier s'il y a des fautes. *Kevin **relit** sa carte postale avant de la poster.*

reliure (nom féminin)
Couverture rigide d'un livre. *Le titre du livre est inscrit en lettres d'or sur la **reliure**.*

reloger (verbe) ▸ conjug. n° 5
Procurer un nouveau logement. *La mairie les **a relogés** dans des HLM.*

reluire (verbe) ▸ conjug. n° 43
Luire en reflétant la lumière. *Gaëlle frotte ses chaussures pour les faire **reluire**.* (Syn. briller.)

remâcher (verbe) ▸ conjug. n° 3
Repasser quelque chose sans cesse dans son esprit. *Il **remâche** son échec.* (Syn. ruminer.)

remake (nom masculin)
Version nouvelle d'un film ancien. Prononciation [ʀimɛk]. **Remake** est un mot anglais qui signifie « refaire ».

remaniement (nom masculin)
Action de remanier. *Un **remaniement** ministériel.*

remanier (verbe) ▸ conjug. n° 10
Retoucher et modifier. *L'écrivain **a remanié** complètement la fin de son livre.*

se **remarier** (verbe) ▸ conjug. n° 10
Se marier de nouveau. *Ce chanteur a divorcé et **s'est remarié**.*

remarquable (adjectif)
Digne d'être remarqué. *Son père est quelqu'un de tout à fait* ***remarquable****.* (Syn. extraordinaire. Contr. banal.)

remarquablement (adverbe)
De façon remarquable. *Hélène est* ***remarquablement*** *observatrice.* (Syn. très.)

remarque (nom féminin)
1. Opinion que l'on exprime. *Pierre a fait une* ***remarque*** *désagréable à Julie.* (Syn. commentaire, réflexion.) **2.** Petite note destinée à attirer l'attention. *Dans ce dictionnaire, il y a des* ***remarques*** *sur la prononciation difficile de certains mots.*

remarquer (verbe) ▸ conjug. n° 3
Faire attention à quelque chose ou à quelqu'un. *Tout le monde* ***a remarqué*** *que Laura et Quentin étaient fâchés.* (Syn. s'apercevoir, constater, noter.) • **Se faire remarquer :** chercher à attirer l'attention. Famille du mot : remarqu**able**, remarqu**ablement**, remarque.

remballer (verbe) ▸ conjug. n° 3
Emballer de nouveau ce que l'on a déballé. *Les forains* ***remballent*** *leur marchandise.*

rembarquer (verbe) ▸ conjug. n° 3
Embarquer de nouveau. *Après une escale à Londres, on* ***a rembarqué*** *pour Québec.*

rembarrer (verbe) ▸ conjug. n° 3
Synonyme familier de rabrouer. *Romain est de mauvaise humeur, il* ***a rembarré*** *Myriam.*

remblai (nom masculin)
Masse de matériaux apportés pour surélever un terrain ou pour boucher des trous. *Les rails sont posés sur le* ***remblai****.*

remblayer (verbe) ▸ conjug. n° 7
Combler ou surélever par un remblai. *On est en train de* ***remblayer*** *la chaussée.*

rembobiner (verbe) ▸ conjug. n° 3
Embobiner de nouveau. *Sur cet appareil photo, la pellicule* ***se rembobine*** *automatiquement.*

rembourrer (verbe) ▸ conjug. n° 3
Garnir de crin, de laine ou d'une matière molle. *Ce fauteuil en cuir est très confortable parce qu'il* ***est*** *bien* ***rembourré****.*

remboursement (nom masculin)
Action de rembourser. *En cas de retard important du train, les voyageurs ont droit au* ***remboursement*** *d'une partie du billet.*

rembourser (verbe) ▸ conjug. n° 3
Rendre de l'argent à quelqu'un. *L'appareil ne fonctionnait pas, Thomas s'est fait* ***rembourser****.*

Rembrandt (né en 1606, mort en 1669)
Peintre et graveur hollandais. Rembrandt est célèbre pour ses effets de clair-obscur que l'on retrouve dans son tableau *Ronde de nuit* (1642). Son œuvre immense comprend 400 tableaux, 300 gravures et des milliers de dessins.

un autoportrait de **Rembrandt**

se **rembrunir** (verbe) ▸ conjug. n° 11
Prendre un air sombre et soucieux. *Quand on lui a demandé des nouvelles de son vieux chien, Noémie* ***s'est rembrunie****.*

remède (nom masculin)
1. Produit utilisé pour soigner un mal. *La tisane de romarin est un* ***remède*** *contre les digestions difficiles.* **2.** Moyen de faire cesser ou d'apaiser quelque chose. *Voyez-vous un* ***remède*** *à une telle situation ?* Famille du mot : irrémédi**able**, reméd**ier**.

remédier (verbe) ▸ conjug. n° 10
Trouver un remède à quelque chose d'ennuyeux. *Pour* ***remédier*** *à un manque de personnel, on a embauché des étudiants.*

a b c d e f g h i j k l m n o p q r s t u v w x y z

remembrement (nom masculin)
Opération consistant à échanger certaines parcelles de terre entre agriculteurs pour former des propriétés d'un seul bloc.

se **remémorer** (verbe) ▶ conjug. n° 3
Synonyme littéraire de se souvenir. *Le soir, dans son lit, Victor **se remémore** les évènements de la journée.*

remerciement (nom masculin)
Action de remercier. *Sur la carte adressée aux amis qui l'ont invitée, Odile a écrit : « Avec tous mes **remerciements** ».*

remercier (verbe) ▶ conjug. n° 10
1. Dire merci pour exprimer sa reconnaissance. *Je te **remercie** d'y avoir pensé, c'est très gentil.* **2.** Synonyme de congédier. *Madame Dupont **a remercié** son employée de maison.*

remettre (verbe) ▶ conjug. n° 33
1. Mettre une chose à l'endroit où elle était. *Tu veux bien **remettre** ça où tu l'as pris ?* (Syn. replacer.) **2.** Mettre à nouveau ou en plus. *Sarah **a remis** son pull parce qu'elle avait froid.* **3.** Rétablir dans son état antérieur. *William **a remis** de l'ordre dans sa chambre.* **4.** Déposer entre les mains de quelqu'un. ***Remettez** cette lettre en mains propres à la directrice !* **5.** Reporter à une date ultérieure. *La réunion **a été remise** à samedi prochain.* **6.** Se remettre à : recommencer. *La pendule **s'est remise à** fonctionner.* **7.** Se remettre de : retrouver la santé ou son état normal. *Ursula **se remet de** sa scarlatine. Il **se remet de** ses émotions.* • **S'en remettre à quelqu'un :** lui faire confiance.

réminiscence (nom féminin)
Souvenir vague et confus. *Ce ne sont que des **réminiscences** de poèmes appris autrefois.*

remise (nom féminin)
1. Action de remettre. *La **remise** des prix aura lieu dans la salle des fêtes.* **2.** Synonyme de réduction. *Cette boutique de vêtements fait une **remise** de 20 % sur les pulls de coton.* **3.** Local servant à ranger des choses. *Zoé a mis son vélo dans la **remise**.*

remiser (verbe) ▶ conjug. n° 3
Mettre à l'abri. *Il **a remisé** ses skis au grenier.*

rémission (nom féminin)
Atténuation temporaire d'une maladie. *Pendant les moments de **rémission**, le malade a demandé à voir ses amis.* • **Sans rémission :** sans pardon et de manière impitoyable.

remontant (nom masculin)
Médicament qui redonne des forces. *Le médecin lui a prescrit un **remontant**.*

remontée (nom féminin)
Action de remonter. *Avec son père, Yann a fait la **remontée** de la rivière en bateau.* (Contr. descente.) • **Remontée mécanique :** appareil qui permet de remonter les skieurs en haut d'une pente. *Les téléphériques, les télésièges, les téléskis sont des **remontées mécaniques**.*

remonte-pente (nom masculin)
Remontée mécanique faite d'un câble muni de perches. *Les skieurs s'accrochent aux perches du **remonte-pente**.* (Syn. téléski.) ✎ Pluriel : des remonte-pentes.

remonter (verbe) ▶ conjug. n° 3
1. Monter de nouveau. *Anna **est remontée** en courant chercher ses clés qu'elle avait oubliées. Depuis son accident, Benjamin n'**est** pas **remonté** à bicyclette car il a peur.* (Contr. redescendre.) **2.** Augmenter de nouveau. *Les températures **ont** nettement **remonté** depuis quelques jours.* **3.** Dater de telle époque. *Les faits **remontent** au mois de septembre.* **4.** Mettre plus haut. ***Remonte** la glace, s'il te plaît !* **5.** Aller en sens inverse. *Clément a dû **remonter** tout le train pour trouver Élodie.* **6.** Retendre le ressort d'un mécanisme. *Les vieilles pendules de campagne **se remontaient** une fois par semaine.* **7.** Remettre ensemble des éléments démontés. *Le père de David **a remonté** l'armoire qu'on avait démontée pour le transport.* **8.** Redonner de l'énergie à quelqu'un. *Prenez donc un café, ça vous **remontera** !* (Syn. réconforter, revigorer.) ✎ **Remonter** se conjugue tantôt avec l'auxiliaire *avoir*, tantôt avec l'auxiliaire *être*.

remontoir (nom masculin)
Dispositif qui permet de remonter un ressort, un mécanisme. *Il faut une clé pour actionner le **remontoir** de l'horloge.*

remontrances (nom féminin pluriel)
Observations ou reproches. *On lui a fait des **remontrances** pour son retard.*

remontrer (verbe) ▸ conjug. n° 3
• **En remontrer à quelqu'un :** se montrer supérieur à lui. *Il est si fort en informatique qu'il **en remontrerait à** un professionnel.*

rémora (nom masculin)
Poisson possédant sur la tête une ventouse qui lui permet de se faire transporter par d'autres poissons ou par des cétacés. *Les **rémoras** vivent dans les mers chaudes.*

un **rémora**

remords (nom masculin)
Regret et malaise dus au sentiment d'avoir fait quelque chose de mal. *Pierre a du **remords** d'avoir été si désagréable avec Fatima.*

remorque (nom féminin)
Véhicule sans moteur tiré par un autre véhicule. *Quentin transporte un bateau sur sa **remorque**.* Famille du mot : remorqu**er**, remorqu**eur**.

remorquer (verbe) ▸ conjug. n° 3
Traîner derrière soi. *Kevin observe le bateau qui **remorque** une péniche.*

remorqueur (nom masculin)
Navire spécialement construit pour remorquer d'autres bateaux. *Le **remorqueur** entraîne le navire vers la sortie du port.*

rémoulade (nom féminin)
Sauce piquante à base de mayonnaise et de moutarde. *Du céleri **rémoulade**.*

rémouleur, euse (nom)
Artisan ambulant qui aiguise les couteaux et les outils tranchants. *Le **rémouleur** aiguise des ciseaux sur sa meule.*

un **remorqueur**

a b c d e f g h i j k l m n o p q r s t u v w x y z

remous (nom masculin)
1. Tourbillon qui se forme dans l'eau. *Gaëlle regarde les* ***remous*** *causés par le passage du bateau.* **2.** Au sens figuré, agitation confuse. *Il y a eu des* ***remous*** *dans la foule quand il a pris la parole.*

rempailler (verbe) ▸ conjug. n° 3
Refaire la garniture de paille d'un siège. *Ces chaises ont besoin d'être* ***rempaillées****.*

rempart (nom masculin)
Muraille entourant et protégeant une ville fortifiée. *Le Mont-Saint-Michel est entouré de* ***remparts****.*

remplaçant, ante (nom)
Personne qui en remplace une autre dans ses fonctions. *Ce n'est pas notre médecin habituel, c'est son* ***remplaçant****.*

remplacement (nom masculin)
Fait de remplacer une personne ou une chose. *C'est un stagiaire qui assure le* ***remplacement*** *du professeur.*

remplacer (verbe) ▸ conjug. n° 4
1. Mettre à la place. *Le père de Pierre* ***a remplacé*** *lui-même le carreau cassé.* **2.** Prendre la place de quelqu'un. *Le comédien est malade, c'est un autre qui le* ***remplace****.* Famille du mot : **ir**rempla**çable**, remplaç**ant**, remplac**ement**.

remplir (verbe) ▸ conjug. n° 11
1. Rendre plein. *Maman* ***remplit*** *les verres d'orangeade. Paris* ***est rempli*** *de touristes.* (Contr. vider.) **2.** Occuper son temps. *La journée* ***a été*** *bien* ***remplie*** *aujourd'hui.* **3.** Occuper l'esprit ou le cœur de quelqu'un. *Quentin* ***est rempli*** *d'admiration pour Hélène.* **4.** Compléter un imprimé en fournissant les indications demandées. *Les candidats doivent tous* ***remplir*** *le formulaire d'inscription.* **5.** Accomplir quelque chose qu'on s'est fixé. *Elle* ***remplit*** *les fonctions d'intendante. Il n'****a*** *pas* ***rempli*** *sa promesse.*

remplissage (nom masculin)
Action de remplir. *Les eaux de pluie assurent le* ***remplissage*** *de la citerne.*

remporter (verbe) ▸ conjug. n° 3
1. Repartir avec ce qu'on avait apporté. *Si vous ne vous dépêchez pas, je* ***remporte*** *le dessert !* **2.** Gagner dans une compétition. *L'équipe de notre école* ***a remporté*** *le match.*

rempoter (verbe) ▸ conjug. n° 3
Changer une plante de pot. *Cette plante pousse bien, depuis que je l'****ai rempotée****.*

remuant, ante (adjectif)
Qui remue et s'agite sans cesse. *Un enfant* ***remuant****.* (Contr. calme.)

remue-ménage (nom masculin)
Bruit accompagnant une agitation désordonnée. *Il y a du* ***remue-ménage*** *dans la rue, que se passe-t-il ?* Pluriel : des remue-ménage**s**.

remuer (verbe) ▸ conjug. n° 3
1. Faire bouger une partie du corps. *Romain sait faire* ***remuer*** *ses oreilles.* **2.** Faire changer un objet de place. *Ce piano est lourd, il est impossible de le* ***remuer****.* (Syn. déplacer, soulever.) **3.** Agiter pour mélanger. *Julie* ***remue*** *son chocolat avec sa cuillère.* Famille du mot : remu**ant**, remue-ménage.

rémunérateur, trice (adjectif)
Qui rapporte de l'argent. *L'activité des personnes bénévoles n'est pas* ***rémunératrice****.*

rémunération (nom féminin)
Somme que l'on donne afin de rémunérer un travail. *Thomas et Laura ont fait du baby-sitting chez une voisine qui leur a donné une petite* ***rémunération****.* (Syn. rétribution.)

rémunérer (verbe) ▸ conjug. n° 8
Payer quelqu'un pour un travail. *Hugo* ***a été*** *bien* ***rémunéré*** *pour ce travail.* (Syn. rétribuer.) Famille du mot : rémunér**ateur**, rémunér**ation**.

renâcler (verbe) ▸ conjug. n° 3
Manifester peu d'empressement à faire quelque chose. *Victor a accepté d'aider Myriam, mais en* ***renâclant****.* (Syn. rechigner.)

renaissance (nom féminin)
1. Nouvel essor de quelque chose. *Après la guerre, ce pays a connu une* ***renaissance*** *économique.* (Syn. renouveau.) **2.** Période historique de renouvellement artistique et culturel européen qui s'étend de la fin du XIVe siècle au début du XVIIe siècle. *Michel-Ange est un artiste de la* ***Renaissance****.* Au sens 2, ce mot commence par une majuscule.

Renaissance

Période de transformation de la société et de la culture en Europe occidentale, entre le XIVe siècle et le début du XVIIe siècle.

Une première Renaissance, ou « Renaissance italienne », eut lieu en Italie. Elle fut marquée par la naissance de la notion d'État, le développement des techniques (notamment de l'imprimerie), des arts et des échanges, de l'urbanisation.

En France, la Renaissance survint avec les guerres d'Italie et prit son essor sous le règne de François Ier, avec notamment la décoration du château de Fontainebleau, la fondation du Collège de France et de l'Imprimerie nationale. Des changements dans la pensée religieuse conduisirent à la Réforme.

renaître (verbe) ▸ conjug. n° 37

1. Naître de nouveau, reprendre vie. *La nature **renaît** au printemps.* **2.** Recommencer à exister. *Après sa longue maladie, William sent **renaître** ses forces.* (Syn. revivre.)

ORTHO On écrit aussi **renaitre**.

rénal, ale, aux (adjectif)

Qui concerne les reins. *Le diabète s'accompagne souvent de complications **rénales**.*

renard (nom masculin)

Mammifère carnivore à la fourrure épaisse et généralement rousse, au museau pointu et à la queue touffue. *Les **renards** chassent la nuit. Le **renard** glapit.* **Renard** se disait autrefois *goupil*. Un *goupil*, nommé *Renart*, fut le héros d'un roman si célèbre au Moyen Âge que cet animal changea de nom.

renarde (nom féminin)

Femelle du renard.

une **renarde**

Le château d'Azay-le-Rideau est un chef-d'œuvre de la **Renaissance**.

renardeau, eaux (nom masculin)
Petit du renard.

renchérir (verbe) ▸ conjug. n° 11
Approuver quelqu'un en insistant. *Noémie a dit qu'elle n'aimait pas le film et Xavier **a renchéri**.*

rencontre (nom féminin)
1. Fait de se rencontrer. *J'ai fait une **rencontre** incroyable, devine qui j'ai vu ?* **2.** Compétition sportive. *Une **rencontre** de boxe, de tennis.* (Syn. match.)

rencontrer (verbe) ▸ conjug. n° 3
1. Se trouver en présence de quelqu'un. *Yann **a rencontré** la maîtresse en vacances.* **2.** Affronter dans un match. *Lyon **rencontrera** Marseille dimanche au Stade de France.*

rendement (nom masculin)
1. Importance d'une récolte par rapport à la surface de terrain. *Cette terre a un **rendement** de 62 quintaux de blé à l'hectare.* **2.** Synonyme de productivité. *Le patron de l'usine veut améliorer le **rendement** de ses ouvriers.*

rendez-vous (nom masculin)
Rencontre prévue entre deux ou plusieurs personnes. *Odile a **rendez-vous** avec Benjamin.* ✎ Pluriel : des rendez-vous.

se **rendormir** (verbe) ▸ conjug. n° 15
S'endormir à nouveau. *Sarah a été réveillée et n'arrive pas à **se rendormir**.*

rendre (verbe) ▸ conjug. n° 31
1. Redonner à quelqu'un ce qu'on lui avait emprunté ou ce qu'il avait perdu. ***As**-tu **rendu** ses patins à Ursula ?* (Syn. restituer. Contr. garder.) **2.** Avoir un certain rendement. *C'est une bonne terre qui **rend** bien.* (Syn. produire.) **3.** Mettre dans tel ou tel état. *Cette histoire l'**a rendu** songeur.* **4.** Se rendre quelque part : y aller. *Ils **se rendent** chez leur grand-mère chaque dimanche.* **5.** Se rendre : s'avouer vaincu et cesser le combat. *L'ennemi **s'est rendu**.* (Syn. capituler.)

rêne (nom féminin)
Chacune des courroies fixées au mors d'un cheval et servant à le conduire. ➡ p. 1167.

renégat, ate (nom)
Personne qui a renié sa religion ou trahi ses amis. *Les gens de son parti le traitent de **renégat**.* (Syn. traître.)

renfermé, ée (adjectif)
Qui se renferme en soi-même. *C'est une enfant timide et un peu **renfermée**.* (Contr. expansif, ouvert.) ■ **renfermé** (nom masculin) Mauvaise odeur d'un local non aéré. *Ouvre la fenêtre, ça sent le **renfermé** !*

renfermer (verbe) ▸ conjug. n° 3
1. Avoir à l'intérieur. *Zoé était impatiente de voir ce que **renfermait** cette malle.* (Syn. contenir, receler.) **2.** Se renfermer : se replier sur soi-même en ne montrant pas ses sentiments. *Depuis la mort de son chien, il **s'est renfermé**.*

renflé, ée (adjectif)
Qui est arrondi, bombé. *Le cargo a une coque très **renflée**.*

renflement (nom masculin)
Partie renflée ou bombée de quelque chose. *Un **renflement** sous son tee-shirt laissait penser que le gangster était armé.* (Syn. bosse. Contr. cavité, creux.)

renflouer (verbe) ▸ conjug. n° 3
1. Remettre à flot un navire. *Les plongeurs sont parvenus à **renflouer** le bateau.* **2.** Rétablir la situation d'une personne en lui prêtant de l'argent. *L'État **a renfloué** cette banque.*

renfoncement (nom masculin)
Creux dans un mur. *Luc s'est caché dans un **renfoncement** du mur.* (Syn. recoin.)

renforcement (nom masculin)
Action de renforcer. *Des étais assurent le **renforcement** des murs de la grange.*

renforcer (verbe) ▸ conjug. n° 4
1. Rendre plus fort, plus solide. *Ibrahim **a renforcé** sa valise en l'entourant d'une sangle.* (Syn. consolider.) **2.** Accroître le nombre d'un groupe. *Anna est venue **renforcer** la chorale.*

renfort (nom masculin)
Nouveaux éléments pour renforcer une armée ou un groupe. *On a besoin de **renfort** pour transporter les bancs !* • **À grand renfort de quelque chose :** en en utilisant une grande quantité. *Kevin a montré le chemin aux étrangers **à grand renfort de** gestes.*

se renfrogner (verbe) ▶ conjug. n° 3
Prendre une expression de mécontentement. *Quand il a vu que Gaëlle n'était pas là, Pierre **s'est renfrogné** dans son coin.* **Renfrogner** vient de l'ancien français *froignier* qui signifie « retrousser le nez ».

rengaine (nom féminin)
1. Chanson que l'on entend partout. *« Tout va très bien, Madame la marquise » est une **rengaine** des années trente.* **2.** Paroles lassantes à force d'être répétées. *Avec lui, c'est toujours la même **rengaine**.*

se rengorger (verbe) ▶ conjug. n° 5
Prendre des airs avantageux. *Monsieur Durand **se rengorge** depuis que son fils est ministre.*

renier (verbe) ▶ conjug. n° 10
Cesser d'être fidèle à quelque chose ou à quelqu'un. *Le voilà qui **renie** son milieu et ses amis !* (Syn. désavouer.)

renifler (verbe) ▶ conjug. n° 3
Aspirer bruyamment par le nez. *Cesse de **renifler**, s'il te plaît, mouche-toi et ne pleure plus !*

renne (nom masculin)
Mammifère ruminant, voisin du cerf, aux bois aplatis, vivant dans les régions arctiques.

un **renne**

Rennes
Chef-lieu du département d'Ille-et-Vilaine et de la Région Bretagne (214 000 habitants). Rennes est une ville industrielle (automobile, télécommunications et informatique). La ville fut réunie à la Couronne de France avec le duché de Bretagne en 1532. Henri II y établit le parlement de Bretagne.

Renoir Auguste (né en 1841, mort en 1919)
Peintre français. Il fut l'un des grands peintres du mouvement impressionniste puis il s'en éloigna. *Le Bal du Moulin de la Galette* (1876) est un de ses tableaux les plus célèbres. Il a peint également de nombreux nus féminins.

renom (nom masculin)
Réputation favorable de quelqu'un ou de quelque chose. *Le restaurant doit son **renom** à son cuisinier.* (Syn. célébrité, notoriété, renommée.)

renommé, ée (adjectif)
Qui jouit d'un grand renom. *Le Périgord est **renommé** pour sa bonne cuisine.* (Syn. réputé.)

renommée (nom féminin)
Synonyme de renom. *C'est un metteur en scène de **renommée** internationale.*

renoncement (nom masculin)
Détachement volontaire des valeurs et des biens auxquels on tient. *Les moines bouddhistes prônent une vie de pauvreté et de **renoncement** pour atteindre une perfection spirituelle.*

renoncer (verbe) ▶ conjug. n° 4
Abandonner un projet. *Après son accident, le judoka **a renoncé** à la compétition.*

renoncule (nom féminin)
Petite plante dont l'espèce la plus connue est le bouton-d'or. **Renoncule** vient du mot latin *ranunculus* qui signifie « petite grenouille », parce que cette plante pousse surtout près de l'eau.

une **renoncule**

a b c d e f g h i j k l m n o p q r s t u v w x y z

renouer (verbe) ▸ conjug. n° 3
1. Rattacher un nœud. *Hélène **a renoué** la ceinture de sa robe.* **2.** Reprendre ce qui a été interrompu. *Elle n'a pas cherché à **renouer** avec ses amis d'autrefois.*

renouveau (nom masculin)
Nouveau succès de quelque chose. *La montgolfière connaît un **renouveau** depuis quelques années.*

renouvelable (adjectif)
Qui peut être renouvelé. *Votre abonnement est **renouvelable** au mois de janvier.*

renouveler (verbe) ▸ conjug. n° 9
1. Rendre nouveau en remplaçant quelqu'un ou quelque chose. *On **renouvelle** régulièrement l'eau de la piscine.* (Syn. changer.) **2.** Faire quelque chose à nouveau. *Le pilote **renouvelle** aujourd'hui sa performance de l'an dernier.* (Syn. recommencer, réitérer.) **3.** Se renouveler : changer en apportant des éléments nouveaux. *Quentin dit toujours les mêmes blagues, il pourrait **se renouveler** !*
Renouveler se conjugue aussi comme peler (n° 8). Famille du mot : renouve**lable**, renouvel**lement**.

renouvellement (nom masculin)
Action de renouveler. *Romain a demandé le **renouvellement** de son passeport.*
ORTHO On écrit aussi **renouvèlement**.

rénovation (nom féminin)
Action de rénover. *Les travaux de **rénovation** de l'immeuble doivent durer un an.* (Syn. modernisation, restauration.)

rénover (verbe) ▸ conjug. n° 3
Remettre à neuf. *Maison à vendre, entièrement **rénovée**.* (Syn. moderniser.)

renseignement (nom masculin)
Ce qu'on fait connaître à quelqu'un. *Adressez-vous vite au bureau des **renseignements**.* (Syn. indication, information.)

renseigner (verbe) ▸ conjug. n° 3
Fournir à quelqu'un un renseignement. ***T'es-tu renseigné** sur l'heure d'arrivée de mamie ?* (Syn. informer.)

rentabiliser (verbe) ▸ conjug. n° 3
Rendre rentable. *Thomas ne fait plus aucun trajet en bus, son vélo neuf **a** vite **été rentabilisé** !*

rentabilité (nom féminin)
Caractère rentable. *Julie a appris à s'organiser, la **rentabilité** de son travail s'est améliorée.*

rentable (adjectif)
Qui produit un bénéfice. *Cette boutique de location de voitures est une affaire très **rentable**.* (Syn. fructueux, profitable.) Famille du mot : rentabili**ser**, rentabili**té**.

rente (nom féminin)
Revenu régulier que l'on tire d'un capital ou de propriétés. *Il est assez rare aujourd'hui de pouvoir vivre de ses **rentes**.*

rentier, ère (nom)
Personne qui vit de ses rentes.

rentrée (nom féminin)
1. Moment où l'activité reprend après les vacances. *La **rentrée** des classes a lieu en septembre.* **2.** Somme d'argent que l'on reçoit. *Le succès de ses bandes dessinées lui assure des **rentrées** régulières.*

rentrer (verbe) ▸ conjug. n° 3
1. Entrer à nouveau dans un lieu. *L'écureuil **est rentré** dans sa cachette.* (Contr. ressortir.) **2.** Revenir chez soi. *Le père de Laura **rentre** chez lui fatigué.* **3.** Mettre à l'abri. ***J'ai rentré** la voiture au garage.* (Contr. sortir.) **4.** Faire entrer quelque chose quelque part. *Victor a réussi à **rentrer** la clé dans la serrure.* (Syn. introduire.) **5.** Entrer en collision. *La voiture **est rentrée** dans le camion.* **Rentrer** se conjugue avec l'auxiliaire *être*, sauf aux sens 3 et 4.

renversant, ante (adjectif)
Synonyme de stupéfiant. *Cette nouvelle **renversante** l'a laissé sans voix.*

renverse (nom féminin)
• **Tomber à la renverse :** tomber sur le dos.

renversement (nom masculin)
Synonyme de retournement. *À la veille des élections, il y a eu un **renversement** de l'opinion.*

renverser (verbe) ▸ conjug. n° 3
1. Faire tomber. *Myriam **a renversé** de l'eau sur son cahier. Monsieur Dubois **a été renversé** par un scooter.* **2.** Provoquer la

chute d'un gouvernement. *La Révolution française **a renversé** la royauté.* 3. Mettre à l'envers. *Noémie **a renversé** le sablier pour compter le temps de cuisson des œufs.*

renvoi (nom masculin)
1. Action de renvoyer une personne d'un emploi ou d'un établissement. *Le **renvoi** de cet élève est justifié.* 2. Indication qu'il faut se reporter à une autre page. *Dans ce dictionnaire, les **renvois** sont indiqués par une flèche.* 3. Bruit que font les gaz de l'estomac en sortant par la bouche. *William a bu de la limonade et a eu un **renvoi**.* (Syn. rot.)

renvoyer (verbe) ▸ conjug. n° 6
1. Faire retourner quelqu'un à l'endroit d'où il est parti. *L'hôpital **a renvoyé** le malade chez lui.* 2. Chasser quelqu'un, le congédier. *Un cycliste **a été renvoyé** de son équipe pour dopage.* (Syn. exclure.) 3. Envoyer en retour ou relancer. *Xavier **renvoie** le ballon d'un coup de pied.* 4. Remettre à plus tard. *L'examen de ce dossier **a été renvoyé** à l'automne.* 5. Faire se reporter à un autre endroit du texte. *Le chiffre placé à côté du verbe **renvoie** au tableau des conjugaisons.*

réorganiser (verbe) ▸ conjug. n° 3
Organiser autrement. *Clément **a réorganisé** son emploi du temps du mercredi.*

réouverture (nom féminin)
Action de rouvrir ce qui a été fermé. *Il y a un article dans le journal sur la **réouverture** prochaine du cinéma.*

repaire (nom masculin)
Lieu où se réfugient des malfaiteurs. *Ce pavillon de chasse désaffecté était un **repaire** de braconniers.*

se **repaître** (verbe) ▸ conjug. n° 37
Synonyme littéraire de se nourrir. *Les hyènes **se repaissent** de cadavres.*
ORTHO On écrit aussi **repaitre**.

Des hyènes **se repaissent** d'une charogne.

répandre (verbe) ▸ conjug. n° 31
1. Verser quelque chose qui s'étale ou se disperse. *Benjamin **a répandu** toute la boîte de sucre par terre. L'eau **s'est répandue** sur le tapis.* 2. Dégager quelque chose dans l'espace. *La fumée **s'est répandue** dans toute la maison.* 3. Faire connaître à un vaste public. *La rumeur **s'est répandue** dans toute la ville.* (Syn. diffuser, propager.)

répandu, ue (adjectif)
Que l'on voit très souvent. *C'est une habitude très **répandue**.* (Syn. banal, courant.)

L'avion **répand** des pesticides.

réparable (adjectif)
Qui peut être réparé. *La montre est **réparable**, mais cela coûtera cher.* (Contr. irréparable.)

reparaître (verbe) ▶ conjug. n° 37
Paraître de nouveau. *La lune, cachée derrière un nuage, **reparaît** tout à coup.*
ORTHO On écrit aussi **reparaitre**.

réparateur, trice (nom)
Personne qui répare ce qui est endommagé. *Le **réparateur** du lave-vaisselle a trouvé la panne.* ■ **réparateur, trice** (adjectif) Qui redonne des forces. *Yann dort d'un sommeil **réparateur**.*

réparation (nom féminin)
Action de réparer quelque chose. *On ne peut pas passer car le pont est en **réparation**.*

réparer (verbe) ▶ conjug. n° 3
1. Remettre en état de fonctionnement. *Le cordonnier **a réparé** mes chaussures.* 2. Faire disparaître les conséquences d'une faute. *Odile a pu **réparer** son oubli à temps.* Famille du mot : irréparable, réparable, réparateur, réparation.

reparler (verbe) ▶ conjug. n° 3
Parler de nouveau. *Je suis pressé, on **reparlera** plus tard de ce projet.*

répartie (nom féminin)
Réponse rapide et qui tombe à propos. *Sarah a de la **répartie**, elle ne se laisse pas facilement démonter.* (Syn. réplique.)
ORTHO On écrit aussi **repartie**.

repartir (verbe) ▶ conjug. n° 15
Partir de nouveau. *À peine arrivé, tu veux déjà **repartir** !*

répartir (verbe) ▶ conjug. n° 11
1. Partager selon certaines règles. *On **a réparti** les sacs à porter en fonction de la force de chacun.* (Syn. distribuer, diviser.) 2. Échelonner sur un temps plus ou moins long. *Le paiement **est réparti** sur dix ans.* **Répartir** vient d'un ancien sens de *partir* qui signifiait « partager » et qu'on retrouve dans l'expression *avoir maille à partir*.

répartition (nom féminin)
Action de répartir. *L'armée s'est occupée de la **répartition** de l'aide internationale aux réfugiés.* (Syn. distribution, partage.)

repas (nom masculin)
Nourriture prise chaque jour à des heures régulières. *David prend le **repas** de midi à la cantine.*

repassage (nom masculin)
Action de repasser du linge. *Le **repassage** des chemises est délicat.*

repasser (verbe) ▶ conjug. n° 3
1. Passer de nouveau. *Nous **repasserons** demain.* (Syn. revenir.) 2. Se représenter à un examen. *Le grand frère d'Ursula doit **repasser** son bac.* 3. Faire passer de nouveau. *Zoé ne cesse de **repasser** ce CD.* 4. Revoir une fois encore ce qu'on a étudié. *Ibrahim **repasse** ses leçons.* 5. Aiguiser des objets tranchants sur une meule. *Le rémouleur **repasse** les couteaux.* 6. Défroisser le linge avec un fer à repasser. *Kevin **repasse** son tee-shirt.*

repêcher (verbe) ▶ conjug. n° 3
1. Retirer de l'eau ce qui y est tombé. *Les pompiers **ont repêché** de justesse un promeneur qui avait glissé dans l'étang.* 2. Donner les points qui manquaient à un candidat pour qu'il soit reçu à son examen. *Il **a été repêché** à l'oral.*

repeindre (verbe) ▶ conjug. n° 35
Peindre de nouveau. *On **repeint** régulièrement la tour Eiffel.*

repenser (verbe) ▶ conjug. n° 3
Penser de nouveau. *Plus j'y **repense**, et plus je suis sûr que je l'ai déjà vu quelque part.*

■ **se repentir** (verbe) ▶ conjug. n° 15
Regretter vivement d'avoir fait quelque chose. *Il **se repent** amèrement d'avoir été à l'origine de cette dispute.*

■ **repentir** (nom masculin)
Fait de se repentir. *Son **repentir** est sincère, il faut lui pardonner.* (Syn. remords.)

repérage (nom masculin)
Action de repérer. *Une carte du ciel facilite le **repérage** des étoiles.*

répercussion (nom féminin)
Conséquence indirecte ou lointaine. *Les pluies ont eu des **répercussions** sur les récoltes.* (Syn. contrecoup.)

répercuter (verbe) ▶ conjug. n° 3
1. Renvoyer un son. *Les longs couloirs de l'école **répercutent** les cris des élèves.* 2. Se répercuter : avoir des répercussions. *La hausse du prix du pétrole **se répercute** sur le prix de l'essence.*

repère (nom masculin)
Marque ou objet qui permet de situer quelque chose dans l'espace. *Ce panneau publicitaire me sert de point de **repère** pour trouver la rue d'Anna.*

repérer (verbe) ▶ conjug. n° 8
1. Remarquer quelque chose ou quelqu'un. *Pierre **a repéré** une boutique où il peut trouver des pièces pour son modèle réduit.* 2. Se repérer : se situer grâce à des points de repère. *Les astres dans le ciel permettent aux navigateurs de **se repérer**.*

répertoire (nom masculin)
1. Carnet permettant de classer des renseignements par ordre alphabétique. *Thomas note dans son **répertoire** les nouveaux mots anglais qu'il doit apprendre.* 2. Ensemble des œuvres qu'un artiste a l'habitude d'interpréter. *Quentin a une nouvelle chanson à son **répertoire**.* 3. Liste alphabétique des contacts d'une personne. *J'ai son numéro de téléphone dans le **répertoire** de mon portable.*

répertorier (verbe) ▶ conjug. n° 10
Inscrire sur un répertoire. *Pour faire le catalogue d'une exposition, on **répertorie** les œuvres exposées.*

répéter (verbe) ▶ conjug. n° 8
1. Dire de nouveau. *Je te **répète** que je veux le silence.* 2. Dire ce que l'on sait à quelqu'un. *Yann est au courant, quelqu'un le lui **a répété**.* (Syn. rapporter.) 3. Refaire ce que l'on a déjà fait. *Cette application de pommade doit **être répétée** toutes les deux heures.* 4. S'exercer à jouer un spectacle sans le public. *Les comédiens **répètent** une dernière fois avant la représentation.* Famille du mot : répéti**tif**, répéti**tion**.

répétitif, ive (adjectif)
Qui se répète de façon monotone. *Le travail à la chaîne est un travail **répétitif**.*

répétition (nom féminin)
1. Séance où les artistes répètent. *Une **répétition** d'orchestre.* 2. Fait de se répéter. *Le maître nous demande d'éviter les **répétitions** dans nos rédactions.* (Syn. redite, redondance.)

se **repeupler** (verbe) ▶ conjug. n° 3
Se peupler de nouveaux habitants. *Grâce à l'installation de ces nouvelles usines, la région **s'est repeuplée**.*

repiquer (verbe) ▶ conjug. n° 3
Transplanter un jeune plant qui vient d'un semis. ***Repiquer** des salades.*

répit (nom masculin)
Moment de détente. *Elle s'est accordé un moment de **répit** avant de repartir.* • **Sans répit :** sans arrêt.

replacer (verbe) ▶ conjug. n° 4
Remettre à sa place. *Fatima **a replacé** la bague dans son écrin.*

replet, ète (adjectif)
Qui a un peu d'embonpoint. *Monsieur le maire est un petit homme **replet**.* (Syn. dodu, grassouillet, rondelet.) **Replet** vient du latin *repletus* qui signifie « rempli ».

repli (nom masculin)
1. Ondulation du sol ou d'une étoffe. *Que dissimule-t-il dans les **replis** de son manteau ?* 2. Action de se replier. *Le **repli** des manifestants se fait en bon ordre.* (Syn. recul.)

replier (verbe) ▶ conjug. n° 10
1. Plier ce qui a été déplié. *Gaëlle **replie** son parapluie.* 2. Se replier : opérer un mouvement de retraite. *L'officier a donné l'ordre aux soldats de **se replier**.* (Syn. reculer.) • **Se replier sur soi-même :** s'isoler des autres en cachant ses sentiments.

réplique (nom féminin)
1. Action de répliquer. *Hélène a la **réplique** facile.* (Syn. répartie.) 2. Ce qu'un acteur doit répondre à un autre. *L'acteur avait tellement le trac qu'il a mélangé plusieurs **répliques**.* 3. Copie d'une œuvre

d'art. *La place centrale de Charleville est la **réplique** de la place des Vosges à Paris.*

répliquer (verbe) ▸ conjug. n° 3
Répondre vivement. *Vous êtes priés d'obéir sans **répliquer**.*

se replonger (verbe) ▸ conjug. n° 5
Se laisser accaparer à nouveau par une occupation. *Julie **s'est replongée** dans sa BD.*

répondant (nom masculin)
• **Avoir du répondant :** avoir le sens de la répartie.

répondeur (nom masculin)
Appareil branché sur le téléphone, qui permet d'enregistrer des messages.

répondre (verbe) ▸ conjug. n° 31
1. Dire son avis en réaction à une question. *Que lui **as**-tu **répondu** ? – J'**ai répondu** que je le verrais avec plaisir.* **2.** Correspondre à ce qui est recherché. *La personne interpellée **répond** au signalement.* **3.** Se porter garant de quelqu'un. *Je **réponds** de lui comme de moi-même !* **4.** Réagir à une action. *Cette voiture est agréable à conduire, elle **répond** bien.* **5.** Décrocher le téléphone quand il sonne. *Il ne faut pas **répondre** lorsqu'on est au volant.* Famille du mot : répondeur, réponse.

réponse (nom féminin)
Ce qui est dit ou écrit pour répondre. *Cet argent est à vous si vous donnez la bonne **réponse** ! Ma lettre est restée sans **réponse**.*

report (nom masculin)
Fait d'être reporté. *On a décidé le **report** de la réunion à cause de la grève des transports.*

reportage (nom masculin)
Article ou film d'un journaliste racontant ce qu'il a vu. *Romain et Laura ont vu un **reportage** sur l'élevage des autruches.*

reporter (verbe) ▸ conjug. n° 3
1. Renvoyer à plus tard. *Le match de tennis **a été reporté** à la semaine prochaine.* (Syn. remettre, repousser.) **2.** Se reporter : aller voir à l'endroit indiqué dans le texte.

reporter (nom)
Journaliste chargé de faire des reportages. ● **Reporter** est un mot anglais : on prononce [RəpɔRtɛR].

un **reporter** dans une tribu africaine

repos (nom masculin)
Fait de se reposer. *Le trimestre a été long, Myriam a besoin de **repos**.*

reposant, ante (adjectif)
Qui repose. *Ce séjour à la campagne était très **reposant**.* (Contr. fatigant.)

reposer (verbe) ▸ conjug. n° 3
1. Poser de nouveau. *Noémie **repose** son livre sur la table.* **2.** Faire partir la fatigue. *Ces vacances nous **ont** bien **reposés**. Tu as beaucoup travaillé, **repose-toi**.* (Contr. fatiguer.) **3.** Être appuyé sur un support. *Cette maison **repose** sur le roc.* **4.** Dans un sens figuré, être appuyé sur quelque chose de solide. *Tes craintes ne **reposent** sur rien.* (Syn. être fondé.) • **Se reposer sur quelqu'un :** lui faire entièrement confiance. Famille du mot : repos, reposant.

repoussant, ante (adjectif)
Synonyme de répugnant. *Thomas, tes chaussures sont d'une saleté **repoussante** !*

repousser (verbe) ▸ conjug. n° 3
1. Pousser en arrière ou loin de soi. *Le vent **repousse** les feuilles mortes. Odile **repousse** sa chaise pour se lever.* **2.** Faire reculer. *La police **repousse** les manifestants.* **3.** Ne pas accepter. *C'est un homme fier, qui **repousse** toute aide.* (Syn. refuser.) **4.** Remettre à plus tard. *La date du mariage **a été repoussée**.* (Syn. reporter.) **5.** Pousser de nouveau. *Les crocus **repoussent** à la fin de l'hiver.*

répréhensible (adjectif)
Qui mérite d'être blâmé. *Voler est une action **répréhensible**.* (Syn. condamnable.)

reprendre (verbe) ▶ conjug. n° 32
1. Prendre encore une fois. *William **a repris** de la soupe.* 2. Prendre de nouveau. *L'ennemi **a repris** la ville.* 3. Prendre ce qu'on avait prêté ou donné. *Tu peux **reprendre** ton crayon, je viens juste de finir.* 4. Synonyme de recommencer. *Les ouvriers **ont repris** le travail.* 5. Rectifier l'erreur de quelqu'un. *La maîtresse **a repris** Sarah parce qu'elle disait «faisez» au lieu de «faites».* (Syn. corriger.) • **On ne m'y reprendra plus :** je ne referai pas la même erreur.

représailles (nom féminin pluriel)
Ce qu'on fait subir à quelqu'un pour se venger. *Ursula n'ose pas faire de farce à Xavier par peur de **représailles**.*

représentant, ante (nom)
1. Personne chargée de représenter une personne ou un groupe. *Un ambassadeur est le **représentant** d'un État dans un pays étranger.* 2. Personne qui représente une maison de commerce. *Le **représentant** de commerce montre de nouveaux produits au pharmacien.*

représentatif, ive (adjectif)
Qui représente bien des choses ou des personnes. *Cette réaction est très **représentative** de l'opinion des jeunes.* (Syn. caractéristique, typique.)

représentation (nom féminin)
1. Fait de représenter quelque chose par une image, un signe, un symbole. *Ce graphique est la **représentation** de l'évolution des prix.* 2. Spectacle représenté en public. *Les élèves donneront deux **représentations** de leur pièce.*

représenter (verbe) ▶ conjug. n° 3
1. Donner l'image de quelque chose. *Le dessin de Zoé **représente** la plage où elle était cet été.* (Syn. montrer.) 2. Être le symbole de quelque chose. *Un squelette avec une faux **représente** la Mort.* (Syn. symboliser.) 3. Jouer une pièce en public. *Le club de théâtre va **représenter*** L'Avare *de Molière.* 4. Être l'équivalent de quelque chose. *Ce travail **a représenté** un gros effort pour Yann.* (Syn. constituer.) 5. Décider au nom de quelqu'un. *Les conseillers municipaux **représentent** les habitants de la commune.* 6. Se représenter : se présenter à nouveau. *Le frère de Benjamin a raté son bac, il doit **se représenter**.* Famille du mot : représent**ant**, représent**atif**, représent**ation**.

répression (nom féminin)
Action de réprimer. *Le dictateur a organisé une terrible **répression**.*

réprimande (nom féminin)
Fait de réprimander quelqu'un. *Le maître a fait une **réprimande** à Clément parce qu'il bavardait.* (Syn. reproche. Contr. compliment.)

réprimander (verbe) ▶ conjug. n° 3
Faire des reproches à quelqu'un sur sa façon de se conduire. *La maîtresse **a réprimandé** Anna parce qu'elle était en retard.* (Syn. gronder.)

réprimer (verbe) ▶ conjug. n° 3
1. Empêcher de s'exprimer. *Quand sa mère a vu son air piteux, elle **a réprimé** un sourire.* 2. Faire cesser quelque chose en punissant. *La mutinerie **a été** durement **réprimée**.*

un acteur lors d'une **représentation** de l'opéra de Pékin

repris de justice (nom masculin)
Personne qui a déjà été condamnée par la justice.

reprise (nom féminin)
1. Fait de reprendre, de recommencer. *La **reprise** des combats a été annoncée à la radio.* 2. Accélération rapide d'un moteur. *Il est plus facile de doubler avec une voiture qui a de bonnes **reprises**.* 3. Raccommodage d'un tissu. *Pour faire une **reprise**, on passe plusieurs fois le fil dans les deux sens.* • **À plusieurs reprises :** plusieurs fois. *David a éternué **à plusieurs reprises**.*

repriser (verbe) ▸ conjug. n° 3
Faire une reprise. *Mamie **reprise** le pantalon déchiré d'Ibrahim.* (Syn. raccommoder.)

réprobateur, trice (adjectif)
Qui exprime la réprobation. *Élodie a lancé à Kevin un regard **réprobateur** car elle savait qu'il mentait.* (Contr. approbateur.)

réprobation (nom féminin)
Fait de réprouver un acte. *La **réprobation** se lisait dans le regard de Pierre.* (Syn. désapprobation. Contr. approbation.)

reproche (nom masculin)
Critique faite à quelqu'un sur sa conduite. *On ne m'a pas fait de **reproches** pour mon retard.* (Syn. blâme. Contr. compliment, félicitation.) Famille du mot : irréproch**able**, reproch**er**.

reprocher (verbe) ▸ conjug. n° 3
Faire des reproches. *On lui **reproche** son insouciance.*

reproducteur, trice (adjectif)
Qui sert à la reproduction. *Le pistil et les étamines sont les organes **reproducteurs** des fleurs.*

reproduction (nom féminin)
1. Fait de se reproduire, pour les êtres vivants. *La **reproduction** des lapins est très rapide.* 2. Imitation exacte d'une œuvre d'art. *Ce n'est pas un original mais une très belle **reproduction**.* (Syn. copie, imitation.)

reproduire (verbe) ▸ conjug. n° 43
1. Imiter aussi fidèlement que possible. *Pour ce film, on a essayé de **reproduire** un village d'autrefois.* 2. Faire à plusieurs exemplaires. *Le dessin de Fatima **a été reproduit** dans plusieurs revues.* 3. Se reproduire : donner naissance à de nouveaux êtres vivants. *Les oiseaux et les poissons **se reproduisent** par des œufs.* 4. Se reproduire : se produire une nouvelle fois. *Je vous pardonne pour cette fois mais que cela ne **se reproduise** pas !* Famille du mot : reproduct**eur**, reproduc**tion**.

réprouver (verbe) ▸ conjug. n° 3
Critiquer en condamnant. *Je **réprouve** tout à fait cette vilaine manière d'agir.* (Syn. blâmer, désapprouver. Contr. approuver.)

reptile (nom masculin)
Animal vertébré rampant, au corps recouvert d'écailles. *Les lézards, les tortues, les crocodiles et les serpents sont des **reptiles**.* ➡ p. 1102.

repu, ue (adjectif)
Qui n'a plus faim. *Le chat, **repu**, s'est endormi près du feu.*

républicain, aine (adjectif)
De la république. *Les gardes **républicains** encadrent les voitures du cortège.* ■ **républicain, aine** (adjectif et nom) Partisan de la république. *Les **républicains** l'ont emporté sur les royalistes.*

république (nom féminin)
Forme de gouvernement où le peuple élit ses représentants. *La Ire **République** a été proclamée le 21 septembre 1792.*

République centrafricaine

4,5 millions d'habitants
Capitale : Bangui
Monnaie : le franc CFA
Langues officielles : français, sango
Superficie : 622 900 km²

État d'Afrique équatoriale, situé au nord du Congo. Ancienne colonie française, la République centrafricaine devint membre de la Communauté française en 1958 et accéda à l'indépendance en 1960. La population est très pauvre et vit grâce

à l'exportation de bois, de diamants et d'or.
ORTHO On dit aussi **Centrafrique**.

République dominicaine

10,1 millions d'habitants
Capitale : Saint-Domingue
Monnaie : le peso dominicain
Langue officielle : espagnol
Superficie : 48 442 km²

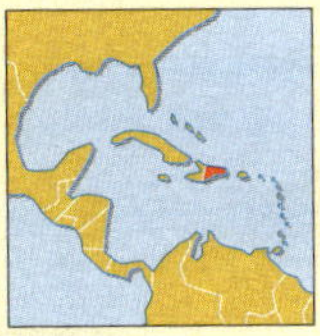

État des Grandes Antilles, formé par la partie orientale de l'île d'Haïti.

GÉOGRAPHIE
Le pays est montagneux et possède un climat tropical humide. La population vit surtout dans les vallées et les plaines du littoral. Le pays exporte de la canne à sucre, du café, du cacao, du tabac, du nickel et un peu d'or. Il attire beaucoup de touristes.

HISTOIRE
Découverte en 1492 par Christophe Colomb, l'île d'Hispaniola fut occupée par les Espagnols. Les Français s'installèrent ensuite dans la partie ouest, qu'ils appelèrent Saint-Domingue. En 1697, l'île fut partagée en deux, mais l'Espagne céda sa partie à la France. Les colons proclamèrent la République dominicaine indépendante en 1821. Elle fut ensuite rattachée à Haïti puis occupée par les États-Unis.

République française

Régime politique proclamé cinq fois en France.
La **Ire République**, établie le 21 septembre 1792 après l'abolition de la royauté, s'acheva le 18 mai 1804, avec la proclamation du Premier Empire.
La **IIe République**, née de la révolution de 1848, dura du 25 février 1848 au 2 décembre 1852, date de la proclamation du Second Empire.
La **IIIe République**, instituée en 1875, s'acheva le 10 juillet 1940, quand le maréchal Pétain créa l'État français.
La **IVe République**, constituée le 3 juin 1944, prit fin le 8 janvier 1959, notamment à cause des évènements de mai 1958 en Algérie.
La **Ve République** commença alors. Sa Constitution, approuvée par référendum le 28 septembre 1958, est toujours en vigueur en France.

République tchèque

Union européenne

10,5 millions d'habitants
Capitale : Prague
Monnaie : la couronne tchèque
Langue officielle : tchèque
Superficie : 78 864 km²

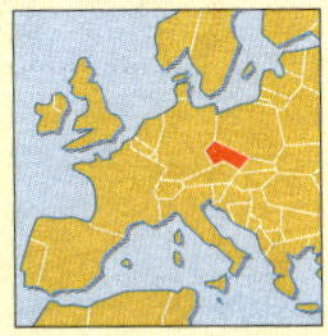

État d'Europe centrale, entouré par l'Allemagne, la Pologne, la Slovaquie et l'Autriche. Jusqu'en 1992, la République tchèque faisait partie de la Tchécoslovaquie. Elle est membre de l'Union européenne depuis 2004. ➡ p. 1007.

répudier (verbe) ▸ conjug. n° 10
Dans certains pays ou à certaines époques, chasser son épouse en annulant le mariage.

répugnance (nom féminin)
Sentiment de grand dégoût. *Gaëlle ne peut manger de la cervelle sans **répugnance**.* (Syn. répulsion.) Famille du mot : répugn**ant**, répugn**er**.

répugnant, ante (adjectif)
Qui répugne. *Ce taudis était d'une saleté **répugnante**.* (Syn. dégoûtant, repoussant.)

répugner (verbe) ▸ conjug. n° 3
Inspirer de la répugnance. *Cet ignoble individu me **répugne**.* (Syn. dégoûter.)

répulsion (nom féminin)
Synonyme de répugnance. *Quentin a eu un mouvement de **répulsion** en voyant le crapaud.*

réputation (nom féminin)
Opinion répandue sur quelqu'un ou quelque chose. *Ce dentiste a la **réputation** d'être très doux. L'hôtel de la gare a très bonne **réputation**.*

réputé, ée (adjectif)
Connu pour sa bonne réputation. *Cette ville est **réputée** pour ses remparts.* (Syn. célèbre.)

requérir (verbe) ▸ conjug. n° 18
1. Demander en justice. *Le procureur **a requis** une peine d'emprisonnement contre l'accusé.* (Syn. exiger, réclamer.) **2.** Rendre indispensable. *Ce travail **requiert** beaucoup d'attention.* (Syn. demander, nécessiter.)
Famille du mot : requête, requis.

Les reptiles

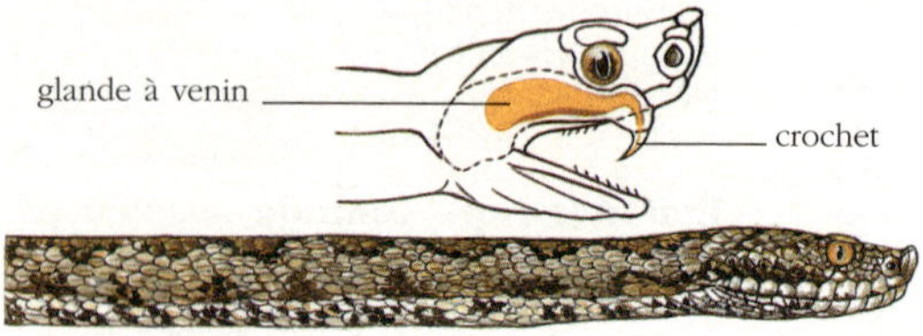

Anatomie du serpent venimeux

cobra

python

crotale

couleuvre

gecko

vipère

caïman

lézard vert
iguane
dragon volant
caméléon
varan
lézard
boa
tortue
tortue-luth

requête (nom féminin)
Demande adressée à une autorité. *Monsieur, Romain a une **requête** à vous faire.*

requiem (nom masculin)
Œuvre musicale composée en mémoire d'une personne morte. *Mozart a composé un célèbre **requiem**.* Prononciation [ʀekɥijɛm]. Pluriel : des requiem. **Requiem** est un mot latin qui signifie « repos ».

requin (nom masculin)
Poisson marin carnivore très vorace, dont certaines espèces sont dangereuses pour l'homme. *Les **requins** géants des tropiques sont inoffensifs.* (Syn. squale.)

requinquer (verbe) ▸ conjug. n° 3
Dans la langue familière, redonner de l'énergie, des forces à quelqu'un. *Cette petite pause **a requinqué** les alpinistes.*

requis, ise (adjectif)
Que l'on exige. *Avez-vous les diplômes **requis** pour cet emploi ?* (Syn. obligatoire.)

réquisition (nom féminin)
Action de réquisitionner. *L'armée avait décidé la **réquisition** des chevaux.*

réquisitionner (verbe) ▸ conjug. n° 3
Utiliser d'autorité les biens ou les services des gens. *Après le séisme, le gouvernement **a réquisitionné** l'école pour les sans-abri.*

réquisitoire (nom masculin)
Discours d'accusation prononcé par le procureur dans un procès. *Le **réquisitoire** précède la plaidoirie de l'avocat.*

RER (nom masculin)
Métro régional desservant Paris et sa banlieue. *Pour aller à la gare de Lyon, tu peux prendre le bus, le métro ou le **RER**.* **RER** est l'abréviation de *réseau express régional*.

rescapé, ée (adjectif et nom)
Qui a échappé à une catastrophe. *Dans cet accident d'avion, il n'y a eu qu'un **rescapé**.* (Syn. survivant.)

à la **rescousse** (adverbe)
À l'aide, au secours. *Quand on l'a appelé, Thomas est venu **à la rescousse**.*

réseau, eaux (nom masculin)
1. Ensemble de voies, de canaux, de lignes, d'ordinateurs reliés entre eux. *L'orage a endommagé le **réseau** électrique. Dans cette entreprise, tous les ordinateurs sont en **réseau**.* 2. Organisation clandestine. *Le **réseau** de trafiquants de drogue a été démantelé.* **Réseau** vient de l'ancien français *reseuil* qui signifie « petit filet ».

réséda (nom masculin)
Plante à petites fleurs jaune orangé, cultivée pour son parfum.

un **réséda**

réservation (nom féminin)
Action de réserver une place ou une chambre. *Dans le TGV, les **réservations** sont obligatoires.*

réserve (nom féminin)
1. Ce qu'on a réservé en cas de besoin. *L'écureuil a plusieurs cachettes où il met ses **réserves**.* (Syn. provision, stock.) 2. Territoire où les plantes et les animaux sont protégés. *La baie de Somme est une **réserve** naturelle.* 3. Restriction que l'on fait parce qu'on n'est pas tout à fait d'accord. *Victor approuve le choix d'Hélène sans **réserve**.* 4. Attitude discrète d'une personne qui ne montre pas ses sentiments. *Notre voisin montre beaucoup de **réserve** dans ses propos.* (Syn. retenue.)
Famille du mot : réserv**ation**, réserv**é**, réserv**er**, réserv**oir**.

réservé, ée (adjectif)
Qui montre de la réserve. *William est un garçon timide et **réservé**.* (Syn. discret.)

réserver (verbe) ▸ conjug. n° 3
1. Retenir à l'avance. *Je vous **ai réservé** une chambre d'hôtel.* **2.** Mettre de côté. *Comme Xavier n'était pas là, Julie lui **a réservé** sa part.* (Syn. garder.) **3.** Destiner à quelqu'un ou à quelque chose en particulier. *Cette pièce **est réservée** aux réunions.*

réservoir (nom masculin)
Récipient ou bassin où l'on met en réserve un liquide ou un gaz. *Un **réservoir** à essence.* ➡ p. 836.

résidence (nom féminin)
1. Endroit où l'on réside. *Son travail l'oblige à changer souvent de **résidence**. Ses parents ont une **résidence** secondaire en Bourgogne.* (Syn. demeure, habitation.) **2.** Groupe d'habitations d'un certain standing.

résident, ente (nom)
Habitant d'une résidence. *Le gardien a mis une affiche pour informer les **résidents**.*

résidentiel, elle (adjectif)
Où il y a surtout des maisons d'habitation. *Dans ce quartier **résidentiel**, il y a peu de commerces.*

résider (verbe) ▸ conjug. n° 3
1. Habiter dans un endroit. *Elle **réside** en province.* **2.** Être, se trouver. *Le seul inconvénient **réside** dans le prix de ce jeu.*
Famille du mot : rési**dence**, rési**dent**, rési**dentiel**.

résidu (nom masculin)
Ce qui reste et qui est inutilisable. *L'industrie chimique produit beaucoup de **résidus**.* (Syn. déchet.)

résignation (nom féminin)
État d'esprit d'une personne qui se résigne. *Il accepte son sort avec **résignation**.* (Contr. révolte.)

se **résigner** (verbe) ▸ conjug. n° 3
Accepter sans protester des choses pénibles ou injustes. *Il pense que rien ne peut changer, il **s'est résigné**.* (Syn. se soumettre.)

résilier (verbe) ▸ conjug. n° 10
Mettre fin à un contrat. *Monsieur Duparc **a résilié** son bail car il part vivre en province.*

résine (nom féminin)
Substance végétale visqueuse. *Avec la **résine** de pin, on fait de l'essence de térébenthine.*

résineux (nom masculin)
Arbre riche en résine. *Les conifères sont des **résineux**.*

résistance (nom féminin)
1. Action de résister. *Les assiégés opposent une vive **résistance** à leurs assaillants.* **2.** Capacité d'une personne à supporter la fatigue ou la souffrance. *Laura fait des randonnées avec ses parents, elle a beaucoup de **résistance**.* (Syn. endurance.) **3.** Conducteur électrique qui produit de la chaleur. *La **résistance** du grille-pain devient rouge lorsqu'il est en marche.*
• **Plat de résistance :** plat principal dans un repas.

un **requin**

a b c d e f g h i j k l m n o p q r s t u v w x y z

la Résistance

Mouvement clandestin de lutte contre l'occupation allemande. La Résistance fut menée en France et en Europe durant la Seconde Guerre mondiale. L'action des résistants contribua à la libération des territoires occupés par l'ennemi. Durant la guerre, 115 000 résistants français furent déportés, 75 000 d'entre eux moururent dans des camps et 20 000 furent fusillés.

résistant, ante (adjectif)

1. Qui résiste. *Le chêne est un bois très **résistant**.* (Syn. solide. Contr. fragile.) 2. Qui est capable de résister à des conditions de vie difficiles. *Le lama est un animal très **résistant**.* (Syn. endurant, robuste.) ■ **résistant, ante** (nom) Personne qui participait à la Résistance. *Beaucoup de **résistants** français furent déportés.*

des **résistants** dans le maquis en 1942

résister (verbe) ▸ conjug. n° 3

1. Supporter des choses sans se casser. *Le vieux pont **a** bien **résisté** à la crue du fleuve.* (Contr. céder.) 2. Avoir la force de supporter quelque chose. *Yann **a résisté** à la tentation de reprendre du gâteau.* 3. Se défendre contre quelqu'un qui attaque. *Le chauffeur de taxi a pu **résister** à son agresseur.* Famille du mot : irré**sistible**, résist**ance**, résist**ant**.

résolu, ue (adjectif)

Qui sait ce qu'il veut. *Luc a parlé sur un ton **résolu**.* (Syn. décidé, déterminé.) Famille du mot : résolu**ment**, résolu**tion**.

résolument (adverbe)

De façon résolue. *Benjamin s'est jeté **résolument** dans la bagarre.*

résolution (nom féminin)

1. Décision fermement arrêtée. *Clément a pris de bonnes **résolutions**, on verra s'il les tient.* 2. Qualité d'une personne résolue. *Ils ont agi avec **résolution**.* (Syn. énergie, fermeté.)

résonance (nom féminin)

Qualité de ce qui résonne. *Les cordes de la guitare sont tendues sur une caisse de **résonance**.*

résonner (verbe) ▸ conjug. n° 3

Faire un bruit qui vibre. *Leurs pas **résonnent** dans la nuit.* (Syn. retentir.)

résorber (verbe) ▸ conjug. n° 3

Faire disparaître peu à peu. *La plaie **s'est résorbée** en quelques jours.*

résoudre (verbe) ▸ conjug. n° 52

1. Apporter une solution à quelque chose. *David n'**a** pas encore **résolu** son problème d'inscription pour le voyage.* 2. Se résoudre : prendre la décision de faire telle chose. *Myriam n'a pas pu **se résoudre** à se séparer de son nounours.* (Syn. se décider.)

respect (nom masculin)

1. Considération que l'on a pour quelqu'un que l'on estime et que l'on admire. *Ibrahim a du **respect** pour son professeur de judo.* (Syn. estime. Contr. mépris.) 2. Fait de respecter des règles, des usages. *Le père de Kevin a le **respect** de la loi.* • **Tenir quelqu'un en respect :** le menacer avec une arme.

respectable (adjectif)

Qui mérite le respect. *Une personne très **respectable**.* (Syn. honorable. Contr. méprisable.)

respecter (verbe) ▸ conjug. n° 3

1. Éprouver du respect pour quelqu'un. *Noémie **respecte** ses parents.* (Contr. mépriser.) 2. Se conformer à une règle. *Chacun est prié de **respecter** les horaires.* (Syn. observer.) 3. Veiller à ne pas déranger ou à ne pas abîmer quelque chose. ***Respectez** les pelouses !* Famille du mot : respect, respect**able**, respect**ueux**.

respectif, ive (adjectif)

De chacun ou de chaque chose par rapport aux autres. *Voici les positions **respectives** du Soleil et de la Lune.*

respectivement (adverbe)
Chacun en ce qui le concerne. *Pierre et Odile ont **respectivement** huit et dix ans.*

respectueux, euse (adjectif)
Qui marque du respect. *Ce gendarme est toujours **respectueux** avec les gens.* (Contr. insolent.)

respiration (nom féminin)
Fait de respirer. *Quentin a tellement couru qu'il a du mal à reprendre sa **respiration**.*

Le froid permet de visualiser la **respiration**.

respiratoire (adjectif)
De la respiration. *En gymnastique, Sarah apprend à faire des exercices **respiratoires**.*

respirer (verbe) ▸ conjug. n° 3
1. Faire entrer de l'air dans les poumons puis le rejeter. *Quand on **respire**, on inspire de l'oxygène et on expire du gaz carbonique.* **2.** Avoir un moment de répit. *Ouf ! On peut enfin **respirer** !* **3.** Donner telle impression. *Ursula **respire** la joie de vivre.* (Syn. exprimer.) Famille du mot : irrespirable, respiration, respiratoire.

resplendir (verbe) ▸ conjug. n° 11
Briller avec éclat. *La lune **resplendit** dans le ciel.*

resplendissant, ante (adjectif)
Qui resplendit. *Il fait un temps **resplendissant**.* (Syn. magnifique, radieux, splendide.)

responsabilité (nom féminin)
Fait d'être responsable de quelque chose. *Il a une lourde **responsabilité** dans cette affaire. Benjamin a la **responsabilité** du dessert à midi.*

responsable (adjectif et nom)
1. Qui est la cause de quelque chose. *On a retrouvé le **responsable** : il avait pris la fuite après l'accident.* **2.** Qui a la charge de quelque chose. *Thomas a accepté d'être **responsable** de la bibliothèque.*

resquiller (verbe) ▸ conjug. n° 3
Entrer sans payer ou passer avant son tour. *Victor a vu un voyageur **resquiller** dans le bus.*

resquilleur, euse (nom)
Personne qui resquille. *Dans la queue, les gens protestent contre les **resquilleurs**.*

ressac (nom masculin)
Retour violent des vagues sur elles-mêmes après avoir frappé les rochers.

se **ressaisir** (verbe) ▸ conjug. n° 11
Être de nouveau maître de soi. *Le moment de panique passé, Zoé **s'est ressaisie**.*

ressasser (verbe) ▸ conjug. n° 3
Dire ou penser toujours les mêmes choses. *Il **ressasse** sans arrêt ces vieilles histoires.*

ressemblance (nom féminin)
Fait de se ressembler. *La **ressemblance** entre les jumelles était parfaite.* (Contr. contraste, différence.)

ressemblant, ante (adjectif)
Qui ressemble beaucoup à l'original. *Le dessin qu'Anna a fait de William est très **ressemblant**.*

ressembler (verbe) ▸ conjug. n° 3
Avoir des traits ou un caractère semblables. *Amandine **ressemble** physiquement à sa mère.* (Contr. différer.) Famille du mot : ressemblance, ressemblant.

ressemelage (nom masculin)
Action de ressemeler. *Après le **ressemelage**, vos chaussures seront comme neuves !*

ressemeler (verbe) ▸ conjug. n° 9
Remplacer la semelle d'une chaussure. *Le cordonnier **ressemelle** une paire de bottes.* **Ressemeler** se conjugue aussi comme peler (n° 8).

a b c d e f g h i j k l m n o p q r s t u v w x y z

ressentiment (nom masculin)
Sentiment qu'on garde à propos d'une chose qu'on n'a pas pardonnée. *Des années plus tard, il éprouvait encore du **ressentiment** à cause de cette injustice.* (Syn. rancœur.)

ressentir (verbe) ▸ conjug. n° 15
1. Éprouver une sensation ou un sentiment. *Benjamin **a ressenti** une grande tristesse en voyant pleurer Anna.* 2. Se ressentir : continuer à éprouver les effets de quelque chose. *Il **s'est ressenti** longtemps de sa chute de cheval.*

resserre (nom féminin)
Remise pour des outils, des provisions. *Grand-père a mis du bois dans la **resserre**.*

resserrer (verbe) ▸ conjug. n° 3
1. Serrer davantage. *Clément **resserre** les freins de son vélo.* 2. Se resserrer : devenir plus étroit, plus serré. *Le filet **se resserre** autour de la bande de malfaiteurs.*

resservir (verbe) ▸ conjug. n° 15
1. Être encore utilisable. *Ce sac n'est pas abîmé, il pourra **resservir**.* 2. Servir de nouveau. ***Resservez-vous** de ce fromage !*

ressort (nom masculin)
1. Mécanisme d'acier qui reprend sa forme après avoir été tendu ou comprimé. *Le fauteuil est défoncé, il perd ses **ressorts**.* 2. Énergie qui permet d'agir. *Depuis sa grippe, Élodie dit qu'elle manque de **ressort**.* • **Du ressort de quelqu'un :** dans ses capacités. *La couture, cela n'est pas **de mon ressort** ! dit David.* • **En dernier ressort :** finalement.

Un **ressort** se **resserre** automatiquement.

ressortir (verbe) ▸ conjug. n° 15
1. Sortir d'un endroit où l'on vient d'entrer. *Il **est ressorti** de la boutique sans rien acheter.* 2. Se voir mieux grâce à un contraste. *Le bleu des volets **ressort** bien sur le blanc du mur.* (Syn. se détacher.) • **Il ressort :** il résulte. *Qu'**est-il ressorti** des négociations ?* **Ressortir** se conjugue avec l'auxiliaire *être*.

ressortissant, ante (nom)
Personne vivant dans un pays étranger. *Les **ressortissants** français ont été évacués par avion du pays en guerre.*

ressource (nom féminin)
Moyen de se tirer d'embarras. *Si tu ne trouves pas Ibrahim à la gare, tu auras toujours la **ressource** de téléphoner.*
■ **ressources** (nom féminin pluriel)
1. Moyens de subsistance. *Ils sont sans **ressources**.* 2. Richesses d'un pays. *L'eau, les minerais, le pétrole sont des **ressources** naturelles.*

se **ressourcer** (verbe) ▸ conjug. n° 4
Revenir à ses racines pour trouver un réconfort moral, aller quelque part pour reprendre des forces. *Xavier est allé se **ressourcer** à la montagne.*

ressusciter (verbe) ▸ conjug. n° 3
Revenir de la mort à la vie. *D'après les Évangiles, Jésus-Christ **ressuscita** au bout de trois jours.*

restant (nom masculin)
Ce qui reste. *Prends le **restant** de lait avant d'ouvrir une nouvelle bouteille.*

restaurant (nom masculin)
Établissement où l'on sert des repas contre de l'argent. *La mère de Fatima l'a emmenée au **restaurant** chinois.*

restaurateur, trice (nom)
Personne qui tient un restaurant.

restauration (nom féminin)
1. Action de restaurer. *La **restauration** du château prendra plusieurs années.* 2. Métier de restaurateur. *Plus tard, Gaëlle aimerait bien travailler dans la **restauration**.*

Restauration

Retour de la monarchie au XIXe siècle. Louis XVIII régna de 1814 à 1824 et

Charles X de 1824 à 1830. La première Restauration (avril 1814-mars 1815) fut interrompue par l'épisode des Cent-Jours, durant lequel Napoléon reprit le pouvoir. La seconde Restauration (juillet 1815-juillet 1830) s'acheva par la révolution de Juillet, qui mit en place la monarchie de Juillet.

restaurer (verbe) ▸ conjug. n° 3
1. Remettre en état. *Pour **restaurer** ce meuble ancien, l'ébéniste a utilisé des produits d'autrefois.* 2. Se restaurer : reprendre des forces en mangeant. Famille du mot : restaur**ant**, restaura**teur**, restaur**ation**.

reste (nom masculin)
Ce qui reste. *Voici une partie des courses, le **reste** est dans l'ascenseur. Hélène a passé le **reste** de la journée à lire. Lorsqu'une division tombe juste, il n'y a pas de **reste**.* • **Du reste :** d'ailleurs. *Mangeons, **du reste**, il est l'heure.* ■ **restes** (nom masculin pluriel) Ce qui reste d'un repas. *Le lendemain de la fête, on a mangé les **restes**.*

rester (verbe) ▸ conjug. n° 3
1. Être encore là ou exister encore. *Je vais regarder ce qui **reste** dans le réfrigérateur. Il ne me **reste** plus beaucoup de temps.* 2. Continuer d'être dans tel endroit ou dans tel état. *Il **est resté** longtemps en Afrique. Ne **restez** pas debout !* **Rester** se conjugue avec l'auxiliaire être. Famille du mot : rest**ant**, reste.

restituer (verbe) ▸ conjug. n° 3
Synonyme de rendre. *Le policier lui **a restitué** ses papiers.*

restitution (nom féminin)
Action de restituer. *Il réclame la **restitution** des biens volés à sa famille pendant la guerre.*

restreindre (verbe) ▸ conjug. n° 35
1. Réduire la quantité ou l'étendue de quelque chose. *Monsieur Dubois **a restreint** ses ambitions.* (Syn. diminuer.) 2. Se restreindre : limiter sa consommation. *Il ne reste plus beaucoup de chocolat, il va falloir **se restreindre** !*

restreint, einte (adjectif)
Dont la quantité est limitée. *Quand on commence à apprendre une langue étrangère, on a un vocabulaire **restreint**.* (Syn. réduit.)

restriction (nom féminin)
• **Sans restriction :** sans condition ni arrière-pensée. ■ **restrictions** (nom féminin pluriel) Mesures visant à limiter la consommation. *À cause de la sécheresse, il y a des **restrictions** d'eau.* (Syn. rationnement.)

résultat (nom masculin)
1. Ce qui résulte de quelque chose. *Julie est tombée en jouant et le **résultat**, c'est qu'elle ne peut plus marcher.* (Syn. conséquence.) 2. Solution d'un calcul. *Quel est le **résultat** de cette division ?* 3. Succès ou échec d'un examen, d'une compétition. *Les **résultats** sont dans le journal ce matin.*

résulter (verbe) ▸ conjug. n° 3
Être la conséquence de quelque chose. *Je me demande ce qui **résultera** de cette décision.* (Syn. découler.)

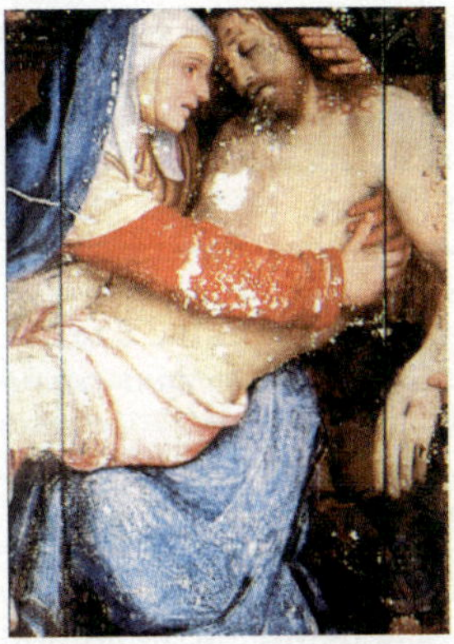

un tableau avant et après sa **restauration**

résumé (nom masculin)
Petit texte qui en résume un autre. *Apprenez ce **résumé** par cœur pour demain.*

résumer (verbe) ▸ conjug. n° 3
Exprimer en peu de mots les idées principales. *Kevin **a résumé** à ses camarades le livre qu'il a lu.*

résurgence (nom féminin)
Réapparition à l'air libre d'un cours d'eau souterrain.

une **résurgence**

résurrection (nom féminin)
Fait de ressusciter. *Les chrétiens croient à la **résurrection**.*

retable (nom masculin)
Panneau vertical décoré, placé derrière un autel d'église. *Le **retable** de cette église représente Jésus et les apôtres.*

rétablir (verbe) ▸ conjug. n° 11
1. Établir de nouveau. *Le courant **a été rétabli**.* 2. Se rétablir : retrouver une bonne santé. *Pierre **s'est** vite **rétabli** après son opération.* (Syn. se remettre.)

rétablissement (nom masculin)
1. Action de rétablir. *Les négociations se poursuivent en vue du **rétablissement** de la paix.* 2. Fait de se rétablir. *Je vous souhaite un prompt **rétablissement**.* (Syn. guérison.)

retaper (verbe) ▸ conjug. n° 3
1. Dans la langue familière, rendre l'aspect du neuf. *Papa **a retapé** cette vieille armoire.* (Syn. restaurer.) 2. Se retaper : synonyme familier de se rétablir. *Myriam est pâlichonne, elle a besoin de **se retaper**.*

retard (nom masculin)
1. Fait d'arriver après le moment fixé. *Quentin est en **retard**. On annonce un **retard** d'une heure pour l'arrivée du train.* (Contr. avance.) 2. Fait de fonctionner plus lentement que la normale. *La montre de Noémie prend du **retard**.*

retardataire (adjectif et nom)
Qui arrive en retard. *Allons, les **retardataires**, dépêchez-vous !*

retardement (nom masculin)
• **Bombe à retardement :** bombe munie d'un mécanisme qui en retarde l'explosion.

retarder (verbe) ▸ conjug. n° 3
1. Mettre quelqu'un en retard. *Un incident nous **a retardés**.* 2. Remettre à plus tard. *Odile **a retardé** son départ de deux jours.* (Syn. repousser. Contr. avancer.) 3. Prendre du retard. *La pendule **retarde**.* (Contr. avancer.) Famille du mot : retard, retard**ataire**, retard**ement**.

retenir (verbe) ▸ conjug. n° 19
1. Empêcher de partir. *Ne **retiens** pas Sarah, elle est déjà en retard. La grippe l'**a retenu** au lit.* (Syn. garder.) 2. Tenir pour empêcher de tomber. *Si on n'**avait** pas **retenu** Romain par le fond de son pantalon, il se noyait.* 3. Garder en mémoire. *Ursula n'arrive pas à **retenir** cette poésie.* (Syn. se rappeler, se souvenir.) 4. Garder des places. *Monsieur Duparc **a retenu** une chambre d'hôtel.* 5. Faire une retenue. *5 ôté de 11, reste 6, et je **retiens** 1.* 6. Garder une partie d'une somme. *Les cotisations sociales **sont retenues** chaque mois sur son salaire.* 7. Se retenir : résister à une envie. *Thomas a eu un mal fou à **se retenir** de rire.*

retentir (verbe) ▸ conjug. n° 11
Faire entendre un grand bruit. *Un coup de tonnerre **retentit**.* (Syn. résonner.)

retentissant, ante (adjectif)
1. Qui retentit. *Une voix **retentissante**.* (Syn. éclatant, sonore.) 2. Qui a un très grand retentissement. *Un scandale **retentissant**.*

retentissement (nom masculin)
Fait de provoquer des réactions et de l'intérêt. *Les jeux Olympiques ont un **retentissement** mondial.*

retenue (nom féminin)
1. Punition qui consiste à retenir à l'école un élève après la classe. 2. Chiffre qu'on met de côté dans une opération pour le compter avec ceux de la colonne suivante. *Victor a oublié une **retenue**, la soustraction est fausse.* 3. Somme retenue sur un salaire. 4. Comportement d'une personne discrète et réservée. *C'est une personne qui montre beaucoup de **retenue**.* (Syn. discrétion, réserve. Contr. laisser-aller.)

réticence (nom féminin)
Attitude d'une personne qui hésite. *J'ai senti qu'il acceptait avec **réticence**.*

réticent, ente (adjectif)
Qui manifeste de la réticence. (Syn. hésitant.)

rétif, ive (adjectif)
Se dit d'une monture qui refuse d'obéir. *Un cheval **rétif**.* (Contr. docile.)
Rétif vient du latin *restare* qui signifie « s'arrêter ».

rétine (nom féminin)
Membrane du fond de l'œil, sensible à la lumière. *La **rétine** transmet les images au nerf optique.*

retiré, ée (adjectif)
Situé à l'écart. *Cet artiste vit dans un village **retiré** dans la montagne.* (Syn. isolé.)

retirer (verbe) ▸ conjug. n° 3
1. Enlever ce qui couvre ou ce qui gêne. *William **retire** son bonnet en entrant dans la boutique. **Retire-toi** de mon chemin !* (Syn. ôter. Contr. mettre.) 2. Tirer quelque chose ou quelqu'un de là où il est. *Maman **retire** la tarte du four.* 3. Reprendre ce que l'on avait accordé. *On lui **a retiré** son permis.* 4. Renoncer à quelque chose. ***Retire** tes paroles !* (Contr. maintenir.) 5. Tirer un bénéfice. *Qu'**as**-tu **retiré** de cette lecture ?* 6. Se retirer : quitter un lieu. *Elle **s'est retirée** à la campagne.* 7. Se retirer : synonyme de refluer. *La mer **s'est retirée** au loin.* (Contr. monter.)

retombées (nom féminin pluriel)
1. Ce qui retombe. *Lors d'une explosion nucléaire, il y a des **retombées** radioactives.* 2. Effets indirects. *Cette découverte entraînera de nombreuses **retombées**.*

retomber (verbe) ▸ conjug. n° 3
1. Atteindre le sol après un saut. *Par chance, Zoé **est retombée** sur ses pieds.* 2. Revenir à la situation d'avant. *Il **est retombé** malade.* 3. Rejaillir sur quelqu'un. *C'est toujours sur moi que ça **retombe** !*

retordre (verbe)
• **Donner du fil à retordre à quelqu'un** : lui causer beaucoup d'ennuis.

rétorquer (verbe) ▸ conjug. n° 3
Répondre pour se défendre. *Comme on reprochait à Xavier de n'être pas gentil avec Anna, il **a rétorqué** que c'était une chipie.* (Syn. répliquer.)

retors, orse (adjectif)
Qui est très rusé. *Cet inspecteur est **retors**.* (Syn. roublard, roué.)

retouche (nom féminin)
Fait de retoucher. *Le tailleur a fait une **retouche** au col de ma veste.*

retoucher (verbe) ▸ conjug. n° 3
Apporter des corrections à un travail pour l'améliorer. *Grâce à ce logiciel, vous pouvez **retoucher** facilement vos photos.*

retour (nom masculin)
1. Action de retourner à son point de départ. *J'attendrai ton **retour**.* (Contr. départ.) 2. Réapparition de quelque chose qui revient régulièrement. *Le **retour** du printemps.* • **En retour :** en échange. • **Par retour du courrier :** dès qu'on a reçu le courrier. *Réponds-moi **par retour du courrier**.*

retournement (nom masculin)
Changement imprévu et complet. *On ne s'attendait pas à un tel **retournement** de l'opinion.* (Syn. renversement.)

a b c d e f g h i j k l m n o p q r s t u v w x y z

retourner (verbe) ▸ conjug. n° 3
1. Tourner de l'autre côté. *Élodie **retourne** une crêpe.* **2.** Revenir d'où l'on vient ou dans un lieu que l'on a déjà vu. *Yann **est retourné** chez lui parce qu'il avait oublié un livre. J'aimerais **retourner** à Venise.* **3.** Renvoyer à l'expéditeur. *La poste **a retourné** sa lettre à Véronique.* **4.** Se retourner : tourner la tête ou tout le corps en arrière. *En entendant le pas de Benjamin, Élodie **s'est retournée**.*
Quand **retourner** n'a pas de complément d'objet, il se conjugue avec l'auxiliaire *être*.

retracer (verbe) ▸ conjug. n° 4
Rappeler en faisant revivre. *Ce roman **retrace** l'exploration du pôle Nord.*

rétracter (verbe) ▸ conjug. n° 3
1. Retirer vers l'intérieur. *Le chat **rétracte** ses griffes.* **2.** Se rétracter : revenir sur ce qu'on a dit auparavant. *L'accusé a avoué puis il **s'est rétracté**.* (Syn. se dédire.)

rétractile (adjectif)
Qui peut se retirer vers l'intérieur. *Les félins ont des griffes **rétractiles**.*

retrait (nom masculin)
1. Action de retirer. *Le gouvernement a annoncé le **retrait** du projet de loi. Un **retrait** d'argent.* **2.** Action de se retirer. *Après le **retrait** des eaux, les rues du village étaient pleines de débris.* • **En retrait :** en arrière des autres.

retraite (nom féminin)
1. Situation d'une personne qui a fini de travailler et touche une pension. *Mamie sera à la **retraite** l'an prochain.* **2.** Retrait des troupes qui reculent devant l'ennemi. *L'armée a battu en **retraite**.* • **Retraite aux flambeaux :** défilé avec des lampions, des torches, etc.

retraité, ée (adjectif et nom)
Qui est à la retraite. *Mes grands-parents seront bientôt **retraités**.*

retranchement (nom masculin)
Position entourée de solides moyens de défense. *L'ennemi a poursuivi les soldats jusque dans leurs **retranchements**.*

retrancher (verbe) ▸ conjug. n° 3
1. Enlever une partie d'un tout. ***Retranche** le prix de la séance de cinéma de ton argent de poche et tu verras qu'il ne te restera pas grand-chose.* (Syn. ôter, retirer, soustraire. Contr. ajouter.) **2.** Se retrancher : se mettre à l'abri dans un retranchement.

retransmettre (verbe) ▸ conjug. n° 33
Diffuser une émission de radio ou de télévision. *L'émission **sera retransmise** dans toute l'Europe.*

retransmission (nom féminin)
Émission retransmise. *Hélène a suivi à la télévision la **retransmission** de la course.*

rétrécir (verbe) ▸ conjug. n° 11
1. Diminuer en longueur ou en largeur. *Maman fait une couture pour **rétré-***

la **retraite** de Russie (1812)

cir mon pantalon. 2. Devenir plus étroit. *Mon pull de laine **a rétréci** au lavage.* (Contr. s'agrandir.)

rétrécissement (nom masculin)
Fait de rétrécir. *Ralentis, on signale un **rétrécissement** de la chaussée.*

rétribuer (verbe) ▸ conjug. n° 3
Synonyme de rémunérer.

rétribution (nom féminin)
Synonyme de rémunération. *On lui a proposé une **rétribution** en espèces.*

rétro (adjectif)
Qui imite la mode d'un passé récent. *Ce scooter a une ligne **rétro**.*

rétroactif, ive (adjectif)
Qui porte sur une période déjà écoulée. *Cette augmentation de salaire a un effet **rétroactif** depuis janvier.*

rétrograde (adjectif)
Qui est contre les innovations et le progrès. *Ces gens ont des idées **rétrogrades** sur l'éducation des enfants.* (Contr. novateur.) **Rétrograde** vient du latin *retrogradus* qui signifie « qui marche à reculons ».

rétrograder (verbe) ▸ conjug. n° 3
1. Revenir au stade précédent en perdant ce que l'on a acquis. *Après cette défaite, il va **rétrograder** de cinq places au classement mondial.* 2. Passer à la vitesse inférieure. *Avant le virage, Papa **a rétrogradé**.*

rétroprojecteur (nom masculin)
Projecteur permettant de reproduire sur un écran un texte ou une image. *La salle de cours est équipée d'un **rétroprojecteur**.*

rétrospectif, ive (adjectif)
Que l'on éprouve après coup. *Julie est saisie d'une peur **rétrospective** quand elle pense à ce qui aurait pu arriver.* **Rétrospectif** vient des mots latins *retro* qui signifie « en arrière » et *spectare* qui signifie « regarder ».

rétrospective (nom féminin)
Exposition réunissant les œuvres d'un artiste ou d'une période. *Les parents de Laura sont allés voir une **rétrospective** du cinéma italien.*

rétrospectivement (adverbe)
D'une manière rétrospective. *Sur le moment, je n'ai pas eu peur, mais **rétrospectivement**, j'en tremble.*

retroussé, ée (adjectif)
• **Nez retroussé :** au bout relevé.

retrousser (verbe) ▸ conjug. n° 3
Relever vers le haut. *L'ouvrier **a retroussé** ses manches pour travailler.*

retrouvailles (nom féminin pluriel)
Fait de se retrouver après une séparation. *Nous avons fêté nos **retrouvailles** au restaurant.*

retrouver (verbe) ▸ conjug. n° 3
1. Trouver ce qui était perdu. *Clément a fini par **retrouver** ses clés.* 2. Être à nouveau en présence de quelqu'un. *Je vous **retrouverai** devant la boulangerie.* (Syn. rejoindre.) 3. Se retrouver : être à nouveau réunis. *Maintenant que nous **nous sommes retrouvés**, ne nous quittons plus !* (Contr. se séparer.) 4. Se retrouver : trouver son chemin. *On **se retrouve** difficilement dans ce quartier.* 5. Se retrouver : être subitement dans telle situation. *Il **se retrouve** seul.* • **S'y retrouver :** rentrer dans ses frais.

rétroviseur (nom masculin)
Miroir qui permet au conducteur de voir la route derrière lui. *Elle jette un coup d'œil dans le **rétroviseur** avant de doubler.* ➡ p. 106.

réunifier (verbe) ▸ conjug. n° 10
Rétablir l'unité d'un pays ou d'un parti. *L'Allemagne **s'est réunifiée** en 1990.*

réunion (nom féminin)
Groupe de personnes qui se réunissent. *La **réunion** aura lieu à 18 h 30 précises.*

la Réunion
Département français et Région d'outre-mer (2 510 km^2 ; 800 000 habitants). La Réunion est une île de l'océan Indien. Son chef-lieu est Saint-Denis.

GÉOGRAPHIE
La Réunion est une île volcanique qui connaît un climat tropical. L'agriculture

est dominée par la culture de la canne à sucre et les cultures pour l'exportation (vanilles, fruits).

HISTOIRE

L'île Bourbon fut prise par les Français en 1638. La culture du café entraîna l'implantation d'esclaves africains au XVIIIe siècle. Le nom de la Réunion lui fut donné en 1793. ➡ Voir cartes pp. 1372 et 1373.

réunionnais, aise ➡ Voir tableau p. 6.

réunir (verbe) ▸ conjug. n° 11
Regrouper des choses ou des gens. *Il **a réuni** les papiers nécessaires pour s'inscrire. La famille **se réunit** toujours à Noël.* (Syn. rassembler. Contr. séparer.)

réussir (verbe) ▸ conjug. n° 11
1. Avoir un bon résultat. *David a passé le concours et il **l'a réussi**.* (Contr. échouer.) **2.** Arriver au résultat souhaité. *Myriam **a réussi** à venir.* (Syn. parvenir.) **3.** Faire du bien à quelqu'un. *Le climat lui **réussit**, il a l'air reposé.*

réussite (nom féminin)
1. Fait de réussir. *Cette fête est une **réussite**.* (Syn. succès. Contr. échec.) **2.** Jeu de cartes qui se joue en solitaire. *Noémie fait une **réussite**.* (Syn. patience.)

revaloir (verbe) ▸ conjug. n° 25
Rendre la pareille à quelqu'un, en bien ou en mal. *Vous nous avez rendu un très grand service et nous vous **revaudrons** ça.*

revaloriser (verbe) ▸ conjug. n° 3
Rendre sa valeur à quelque chose. *Il faudrait **revaloriser** le travail manuel.* (Contr. dévaloriser.)

revanche (nom féminin)
1. Fait de se venger ou de reprendre l'avantage. *Battue en championnat, cette équipe a pris sa **revanche** en coupe de France.* (Syn. vengeance.) **2.** Seconde manche d'un jeu. *Ibrahim a gagné la première partie de dames, Odile, la **revanche**, maintenant ils font la belle.* • **À charge de revanche :** à condition de rendre la pareille. • **En revanche :** inversement. (Syn. par contre.)

rêvasser (verbe) ▸ conjug. n° 3
Penser dans le vague. *Si tu m'aidais au lieu de **rêvasser** ?*

rêve (nom masculin)
1. Suite d'images qu'on voit en dormant. *Sarah a fait un **rêve** très agréable dans lequel elle volait.* **2.** Beau projet qu'on aimerait voir réalisé. *Son **rêve**, c'est de devenir reporter.*

rêvé, ée (adjectif)
De rêve. *C'est la maison **rêvée** pour passer des vacances.* (Syn. idéal.)

revêche (adjectif)
Qui est d'un abord peu engageant. *L'employé avait un air **revêche**.* (Syn. hargneux. Contr. aimable.)

réveil (nom masculin)
1. Moment où l'on se réveille. *Kevin a le **réveil** difficile.* **2.** Pendulette de chevet. *À quelle heure as-tu mis ton **réveil** à sonner ?*

réveiller (verbe) ▸ conjug. n° 3
1. Tirer quelqu'un du sommeil. *Ursula a le sommeil léger, un rien la **réveille**.* (Syn. éveiller.) *Pour être prêt à 8 heures, il faut que je me **réveille** à 7 heures.* **2.** Dans un sens figuré, faire renaître. *Cette humidité **réveille** ses rhumatismes.* (Syn. raviver.)

réveillon (nom masculin)
Souper de fête des nuits de Noël et du nouvel an. *Au **réveillon** du premier de l'an, tout le monde s'embrasse à minuit.*

« Le **Rêve** du prisonnier »
de Moritz von Schwind (1836)

réveillonner (verbe) ▸ conjug. n° 3
Faire un réveillon. *À Noël, Pierre et Zoé **réveillonnent** avec leurs parents.*

révélateur, trice (adjectif)
Qui révèle quelque chose de caché. *Guillaume a rougi, c'est un signe **révélateur** de sa timidité !* (Syn. significatif.)

révélation (nom féminin)
Chose révélée. *Un témoin a fait des **révélations** à la police.*

révéler (verbe) ▸ conjug. n° 8
1. Faire connaître ce qui était inconnu ou secret. *Il m'**a révélé** un grand secret.* (Syn. dévoiler, divulguer. Contr. taire.) 2. Se révéler : se montrer petit à petit. *Ses craintes **se sont révélées** injustifiées.* Famille du mot : révél**ateur**, révél**ation**.

revenant, ante (nom)
Synonyme de fantôme. *Romain terrorise Anna avec ses histoires de **revenants**.*

revendication (nom féminin)
Ce qu'on revendique. *Les grévistes ont exposé leurs **revendications**.*

revendiquer (verbe) ▸ conjug. n° 3
Demander avec insistance ce à quoi on pense avoir droit. *Thomas **revendique** une chambre pour lui tout seul.* (Syn. réclamer.)

revendre (verbe) ▸ conjug. n° 31
Vendre ce qu'on a acheté. *Les Dupond **ont revendu** leur appartement pour en acheter un plus grand.* • **Avoir de quelque chose à revendre :** en avoir beaucoup. *De l'imagination, il **en a à revendre**.*

revenir (verbe) ▸ conjug. n° 19
1. Venir de nouveau. *Le médecin **reviendra** mercredi.* (Syn. repasser.) 2. Retourner à l'endroit d'où l'on est parti. *Il **est revenu** après une longue absence.* (Syn. rentrer.) 3. Être de nouveau présent à l'esprit. *Ça y est, ça me **revient**, elle s'appelle Élisa !* 4. Avoir ce à quoi on a droit. *Tiens ! Cette part de gâteau te **revient**.* 5. Équivaloir à telle chose. *Cela **revient** au même.* 6. Coûter en tout. *Le voyage **revient** à 100 euros par personne.* 7. Dans la langue familière, inspirer confiance. *Il a une attitude qui ne me **revient** pas !* • **Faire revenir un aliment :** le faire dorer dans une matière grasse. • **Ne pas en revenir :** être stupéfait. • **Revenir à soi :** reprendre conscience. • **Revenir de loin :** avoir échappé de justesse à un grand danger. Famille du mot : reve**nant**, revenu, revient.

revenu (nom masculin)
Argent dont on peut disposer. *Tous les ans, mes parents font leur déclaration de **revenus**.*

rêver (verbe) ▸ conjug. n° 3
1. Faire un rêve pendant son sommeil. *Cette nuit, Élodie **a rêvé** qu'elle gagnait à la loterie.* 2. Laisser aller son imagination. *Victor a lu un livre merveilleux qui le fait **rêver**.* 3. Avoir très envie de quelque chose. *Fatima **rêve** de devenir hôtesse de l'air.* Famille du mot : rêv**asser**, rêve, rêvé, rêv**erie**, rêv**eur**.

réverbération (nom féminin)
Réflexion de la lumière, du son ou de la chaleur. *La **réverbération** du soleil sur la mer nous fait mal aux yeux.*

réverbère (nom masculin)
Appareil d'éclairage sur la voie publique. *Il s'est appuyé contre le **réverbère**.*

réverbérer (verbe) ▸ conjug. n° 8
Renvoyer la lumière, le son ou la chaleur. *Le sable blanc **réverbère** la lumière du soleil.* (Syn. réfléchir.)

reverdir (verbe) ▸ conjug. n° 11
Redevenir vert. *Le printemps a fait **reverdir** la nature.*

révérence (nom féminin)
Salut que l'on fait en penchant le buste et en pliant les genoux. *Autrefois, les dames faisaient la **révérence** devant le roi et la reine.*

révérend, ende (nom)
Titre d'honneur donné à un religieux ou à une religieuse.

révérer (verbe) ▸ conjug. n° 8
Synonyme de vénérer. *Tous les membres de la tribu **révèrent** leur chef.*

rêverie (nom féminin)
Fait de laisser courir son imagination. *Il ne t'écoute plus, il est plongé dans ses **rêveries**.*

revers (nom masculin)
1. Côté opposé au côté principal, à la face d'un objet. *William a écrit son nom au **revers** de son dessin.* (Syn. dos, envers, verso.) **2.** Partie d'un vêtement repliée vers l'extérieur. *Si ton jean est trop long, tu peux faire des **revers**.* **3.** Au tennis et au ping-pong, coup donné sur la balle en tenant la raquette le dos de la main en avant. *Il a gagné grâce à un **revers** fulgurant.* **4.** Évènement malheureux qui trouble la vie d'une personne. *Il ne s'est jamais découragé malgré tous les **revers** qu'il a subis.* (Syn. épreuve, malheur.) • **Le revers de la médaille :** le mauvais côté d'une chose qui présente aussi un avantage. **Revers** vient du latin *revertere* qui signifie « retourner ».

réversible (adjectif)
Qui se porte aussi bien à l'envers qu'à l'endroit. *Un blouson **réversible**.*

revêtement (nom masculin)
Matériau qui recouvre une surface. *Les murs de la salle de bains sont protégés de l'humidité par un **revêtement** de carrelage.*

revêtir (verbe) ▸ conjug. n° 15
1. Mettre un vêtement. *Pour le défilé, les militaires **avaient revêtu** leur uniforme de parade.* **2.** Recouvrir d'un revêtement. *Le sol **était revêtu** d'une épaisse moquette.*

rêveur, euse (adjectif et nom)
Qui a tendance à la rêverie. *À quoi penses-tu ? Tu parais très **rêveuse**. Xavier a du mal à se concentrer, c'est un **rêveur**.*

revient (nom masculin)
• **Prix de revient :** ensemble des dépenses nécessaires pour fabriquer et commercialiser un objet. *Le prix de vente d'un produit est égal à la somme du **prix de revient**, du bénéfice du vendeur et des taxes.*

revigorer (verbe) ▸ conjug. n° 3
Synonyme de réconforter. *Ce copieux goûter nous **a revigorés**.*

revirement (nom masculin)
Changement brusque et total. *Au dernier moment, il a refusé mon invitation, je ne comprends pas son **revirement**.*

réviser (verbe) ▸ conjug. n° 3
1. Relire ce que l'on a appris pour mieux s'en souvenir. ***Réviser** une leçon ou un examen.* (Syn. repasser, revoir.) **2.** Vérifier le fonctionnement d'un mécanisme. *Il a fait **réviser** sa voiture par le garagiste.*

révision (nom féminin)
1. Action de réviser ce que l'on a appris. *Le cousin de Gaëlle fait des **révisions** pour passer son bac.* **2.** Action de réviser un mécanisme. *Il a laissé sa voiture au garage pour une **révision** du moteur.*

revivre (verbe) ▸ conjug. n° 50
1. Reprendre des forces. *Dès que je suis au bord de la mer, je **revis**.* **2.** Vivre à nouveau ce que l'on a déjà éprouvé. *Il aimerait pouvoir **revivre** les jours heureux de son enfance.* • **Faire revivre :** raconter des évènements du passé d'une façon vivante. *Cette émission nous **fait revivre** les premiers pas de l'homme sur la Lune.*

révocation (nom féminin)
Action de révoquer. *La **révocation** d'un fonctionnaire pour faute grave. La **révocation** de l'édit de Nantes par Louis XIV.*

revoir (verbe) ▸ conjug. n° 22
1. Voir de nouveau. *Maman **a revu** son amie d'enfance. J'aimerais **revoir** ce film.* **2.** Voir de nouveau dans son esprit, dans ses souvenirs. *Je te **revois** très bien quand tu étais tout petit.* **3.** Synonyme de réviser. *Hélène **a revu** sa leçon d'histoire avant d'aller se coucher.* Voir aussi **au revoir** (interjection).

révoltant, ante (adjectif)
Qui provoque la révolte, l'indignation. *Un crime **révoltant**.*

révolte (nom féminin)
1. Fait de refuser d'obéir à une autorité et se battre contre elle. *Au Moyen Âge, des **révoltes** de paysans étaient dues à la famine.* (Syn. insurrection, rébellion, soulèvement.) **2.** Mouvement d'indignation contre ce qui est injuste. *La condamnation de cet innocent a provoqué un sentiment de **révolte**.* (Contr. résignation.)

révolté, ée (adjectif et nom)
Qui est en révolte. *Les prisonniers **révoltés** ont refusé de regagner leur cellule.* (Syn. insurgé, rebelle.)

révolter (verbe) ▸ conjug. n° 3
1. Provoquer la révolte, l'indignation. *Sa méchanceté nous **a révoltés**.* (Syn. écœurer, indigner.) 2. Se révolter : refuser d'obéir à une autorité. *Les esclaves **se sont révoltés**.* (Syn. s'insurger, se rebeller, se soulever.) Famille du mot : révolt**ant**, révolte, révolt**é**.

révolu, ue (adjectif)
Qui appartient au passé. *L'époque où l'on voyageait en diligence est **révolue**.* • **Avoir dix-huit ans révolus :** au moins dix-huit ans.

révolution (nom féminin)
1. Bouleversement complet et violent du régime politique d'un pays. *En France, la **révolution** de 1789 a provoqué la chute de la royauté.* 2. Changement profond dans une organisation. *L'informatique a entraîné une **révolution** dans les bureaux. La **révolution** industrielle du XIXe siècle.* 3. Mouvement d'un astre qui revient à son point de départ après avoir tourné autour d'un autre astre. *La **révolution** de la Terre autour du Soleil dure une année.* Famille du mot : révolution**naire**, révolutionn**er**.

Révolution française
Mouvement révolutionnaire en France de 1789 à 1799. La Révolution mit fin à l'Ancien Régime. Ses principales causes étaient la crise financière, les grandes différences sociales, les privilèges de la noblesse et du clergé, le pouvoir absolu du roi.
La prise de la Bastille marqua une première victoire du peuple et fut suivie de grandes réformes, en particulier l'abolition des privilèges, l'adoption de la Déclaration des droits de l'homme, et la mise en place de la Constitution de 1791. Le 21 septembre 1792, la République fut proclamée par la Convention. Cette assemblée vota la mort du roi ; il fut décapité en janvier 1793. Le pouvoir revint alors aux mains des députés révolutionnaires, les Girondins, puis des Montagnards en 1793. Sous la direction de Robespierre, ceux-ci combattirent les ennemis de la Révolution par la Terreur. Les troubles continuèrent jusqu'au Directoire, en 1799, qui marqua la fin de la Ire République. Le Directoire fut renversé par le coup d'État de Bonaparte qui instaura le Consulat.

Robespierre est une des grandes figures de la **Révolution française**.

révolution française de 1848
Mouvement révolutionnaire qui entraîna l'abdication du roi Louis-Philippe le 24 février 1848, et aboutit à l'instauration de la IIe République. Les premières grandes réformes furent l'adoption du suffrage universel et la proclamation de la liberté de la presse.

révolution industrielle
Période de développement des industries et du chemin de fer dans les pays européens et aux États-Unis. Elle commença dans la première moitié du XIXe siècle.

révolutionnaire (adjectif)
1. Qui concerne la révolution. *Ce parti politique mène une action **révolutionnaire**.* 2. Qui provoque une révolution, un grand changement. *La vaccination a été une découverte **révolutionnaire**.*
■ **révolutionnaire** (nom) Personne qui participe à une révolution. *Les **révolutionnaires** ont pris le pouvoir.*

révolutionner (verbe) ▸ conjug. n° 3
Transformer profondément. *L'invention du moteur à réaction **a révolutionné** l'aviation.*

révolver (nom masculin)
Arme à feu à canon court qui permet de tirer plusieurs coups à la suite. *Il a*

chargé son ***révolver***. ● **Révolver** est un mot anglais : on prononce [ʀevɔlvɛʀ]. ORTHO On écrit aussi **revolver**.

révoquer (verbe) ▸ conjug. n° 3
1. Synonyme de destituer. *Ce haut fonctionnaire* ***a été révoqué*** *pour escroquerie.* **2.** Annuler une loi ou un acte juridique.

revue (nom féminin)
1. Publication qui paraît à intervalles réguliers. *Papa est abonné à une* ***revue*** *littéraire mensuelle.* (Syn. magazine.) **2.** Défilé militaire. *La* ***revue*** *du 14 Juillet.* • **Passer en revue :** examiner en détail. *Le douanier* ***passe en revue*** *le contenu de la valise.*

se **révulser** (verbe) ▸ conjug. n° 3
En parlant des yeux, se retourner sous le coup d'une douleur ou d'une émotion. *Il a les yeux* ***révulsés*** *par la peur.*

Reykjavík
Capitale de l'Islande (117 000 habitants). C'est la ville la plus peuplée du pays. ➡ p. 698.

rez-de-chaussée (nom masculin)
Partie d'une habitation qui se trouve au niveau du sol. *Les habitants du* ***rez-de-chaussée*** *n'utilisent jamais l'ascenseur.* ✎ Pluriel : des rez-de-chaussée.

RFA
➡ Voir **Allemagne**.

rhabiller (verbe) ▸ conjug. n° 3
Habiller quelqu'un qui est déshabillé. *Après le cours de natation, les enfants* ***se rhabillent***.

rhésus (nom masculin)
Élément du sang dont la présence ou l'absence modifie le groupe sanguin. ● Prononciation [ʀezys].

rhétorique (nom féminin)
Art de parler avec aisance et clarté, de s'exprimer avec éloquence.

Rhin
Fleuve d'Europe occidentale (1 298 km). Le Rhin naît en Suisse et se jette dans la mer du Nord aux Pays-Bas. Il sert de frontière entre la Suisse et l'Allemagne. C'est l'une des plus importantes voies de communication d'Europe. Il est relié par des canaux au Danube, à la Moselle, à la Marne, à l'Elbe et aux grands ports de la mer du Nord. ➡ Voir carte p. 1372.

rhinocéros (nom masculin)
Gros mammifère sauvage d'Afrique et d'Asie, à la peau épaisse, qui porte une ou deux cornes sur le nez. ● Prononciation [ʀinɔseʀɔs]. 🔑 Le terme **rhinocéros** vient des mots grecs *rhinos* qui signifie « nez » et *keras* qui signifie « corne ».

Le **rhinocéros** d'Afrique porte deux cornes.

rhinopharyngite (nom féminin)
Rhume provoqué par l'inflammation des fosses nasales et du pharynx. ● Prononciation [ʀinofaʀɛ̃ʒit].

rhizome (nom masculin)
Tige souterraine de certaines plantes. *Le* ***rhizome*** *de l'iris.*

Rhodes
Île grecque de la mer Égée (1 404 km^2 ; 100 000 habitants). Elle vit des maigres ressources de son agriculture, en particulier la vigne et l'olivier, et du tourisme. La vieille ville de Rhodes, le chef-lieu de l'île, fut fondée en 408 avant Jésus-Christ. Elle abritait il y a 2 000 ans le *colosse de Rhodes*, une statue de bronze de plus de 30 mètres de hauteur, l'une des Sept Merveilles du monde.

rhododendron (nom masculin)
Arbuste à fleurs roses ou rouges. *Un magnifique massif de* ***rhododendrons***. ● Prononciation [ʀɔdɔdɛ̃dʀɔ̃].

Rhône
Fleuve de France et de Suisse (812 km, dont 522 km en France). En France, il traverse le Jura, puis coule vers le sud jusqu'au delta de la Camargue où il se jette dans la Méditerranée. Le Rhône est une grande voie de navigation ; des barrages et des centrales nucléaires ont été installés sur son cours. ➡ Voir carte p. 1372.

Rhône-Alpes

Ancienne Région française, formée des départements de l'Ain, de l'Ardèche, de la Drôme, de l'Isère, de la Loire, du Rhône, de la Savoie et de la Haute-Savoie, intégrée en 2016 à la Région Auvergne-Rhône-Alpes.

GÉOGRAPHIE

La région est traversée par le Rhône et ses affluents (la Saône, l'Isère, la Drôme et l'Ardèche). Elle a un climat continental au nord et méditerranéen au sud. Sa population se concentre dans la vallée du Rhône, et dans les grandes villes comme Grenoble et Saint-Étienne. Elle occupe le 1er rang européen pour la production d'énergie, et le 2e pour la chimie. Le tourisme y est important, en particulier dans les Alpes du Nord qui possèdent le domaine skiable le mieux équipé au monde. ➡ Voir carte p. 1373.

rhubarbe (nom féminin)

Plante à larges feuilles dont la tige cuite est comestible. *De la confiture de **rhubarbe**.*

de la **rhubarbe**

rhum (nom masculin)

Alcool produit par la fermentation de la canne à sucre. *Olivier a préparé du punch avec du **rhum** des Antilles.* Prononciation [ʀɔm].

un **rhododendron**

rhumatisme (nom masculin)

Douleur articulaire. *En vieillissant, elle souffre de **rhumatismes**.*

rhume (nom masculin)

Petite maladie qui provoque des éternuements et irrite la gorge et les bronches. *Julie a le nez qui coule, elle a dû attraper un **rhume**.* **Rhume** vient du terme grec *rheuma* qui signifie « écoulement ».

ribambelle (nom féminin)

Dans la langue familière, grand nombre de personnes ou de choses. *Yann a toute une **ribambelle** de cousins et de cousines.*

ricanement (nom masculin)

Action de ricaner. *Vos **ricanements** sont exaspérants !*

ricaner (verbe) ▸ conjug. n° 3

Rire avec une intention moqueuse ou rire bêtement. *Il **a ricané** méchamment quand son voisin s'est fait punir.*

Richard Ier (né en 1157, mort en 1199)

Roi d'Angleterre (1189-1199). Il était surnommé Richard Cœur de Lion. Il participa à la 3e croisade, mais il soupçonna le roi de France, Philippe Auguste, de chercher à le déposséder, avec l'aide de son frère Jean sans Terre. Il revint défendre ses possessions françaises. Il mourut en assiégeant le château de Châlus dans le Limousin.

riche (adjectif et nom)

Qui possède beaucoup d'argent, de richesses. *Le propriétaire de ce yacht est un homme très **riche**. Seuls les **riches** peuvent habiter dans ce quartier. Les pays **riches**.* (Contr. pauvre.) ■ riche (adjectif) **1.** Qui a beaucoup de ressources. *La terre est **riche** dans cette région.* (Syn. fertile.) **2.** Qui contient quelque chose en abondance. *Des aliments **riches** en protéines.* Famille du mot : **enrichir**, **enrichissement**, **richement**, **richesse**, **richissime**.

Richelieu (né en 1585, mort en 1642)

Homme d'État français. Son vrai nom était Armand Jean du Plessis. Il devint cardinal en 1622, après avoir réconcilié Marie de Médicis avec son fils Louis XIII. Il fut appelé au Conseil du roi en 1624. Il sut renforcer le pouvoir du roi et réduire la résistance des protestants. Il affronta les Habsbourg pendant la guerre de Trente Ans. Il favorisa le développement de l'industrie, du commerce maritime et de la colonisation, et fonda l'Académie française en 1635. ➡ p. 647.

richement (adverbe)
De manière riche, luxueuse. *Le château était **richement** meublé.*

richesse (nom féminin)
1. Fait d'être riche. *La **richesse** de sa conversation nous enchante.* **2.** Ressource naturelle abondante dans une région. *Le pétrole est la seule **richesse** de cette région désertique.*

richissime (adjectif)
Extrêmement riche. *Un homme d'affaires **richissime**.*

Richter Charles Francis (né en 1900, mort en 1985)
Sismologue américain. Il est l'inventeur de « l'échelle de Richter », qui permet de mesurer l'importance des séismes.

ricocher (verbe) ▸ conjug. n° 3
Faire ricochet. *Le caillou **a ricoché** à la surface de l'eau avant de couler.* (Syn. rebondir.)

ricochet (nom masculin)
Rebond qu'un objet fait sur l'eau quand on le lance en oblique. *Les enfants s'amusent à faire des **ricochets** avec des galets.*

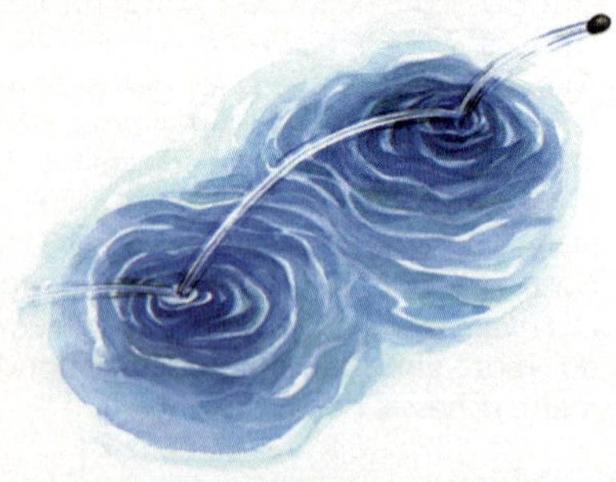

un **ricochet**

rictus (nom masculin)
Grimace qui contracte les lèvres. *Il eut un **rictus** de colère en apercevant son adversaire.* ● Prononciation [riktys].

ride (nom féminin)
1. Petit pli qui se forme sur la peau. *Elle commence à avoir des **rides** en vieillissant.* **2.** Petite ondulation. *La brise faisait des **rides** sur la mer.*

rideau, eaux (nom masculin)
1. Pan de tissu suspendu le long d'une fenêtre, d'une porte. *Laura ouvre les **rideaux** pour laisser entrer le soleil.* **2.** Draperie placée devant la scène d'un théâtre. *Le **rideau** se lève quand le spectacle commence.*

Rideau de fer
Frontière symbolique qui séparait les États socialistes d'Europe de l'Est des États d'Europe occidentale pendant la seconde moitié du XXe siècle, jusqu'à la chute du mur de Berlin en 1989.

rider (verbe) ▸ conjug. n° 3
1. Faire des rides. *Le vent **ridait** la surface de l'étang.* **2.** Se rider : se couvrir de rides. *Il a beaucoup vieilli, son visage **s'est ridé**.* Famille du mot : **dé**rider, ride.

ridicule (adjectif)
1. Qui provoque l'envie de rire, de se moquer. *Sa nouvelle coiffure est vraiment **ridicule**.* (Syn. grotesque.) **2.** Qui ne présente aucun intérêt ou qui n'est pas sensé. *C'est **ridicule** de se fâcher pour si peu.* (Syn. absurde.) **3.** Qui représente très peu de chose. *C'est un prix **ridicule** pour un ordinateur de cette qualité.* (Syn. dérisoire, insignifiant, minime.) ■ **ridicule** (nom masculin) Ce qui est ridicule. *Il se couvre de **ridicule** en parlant de ce qu'il ne connaît pas.*

ridiculiser (verbe) ▸ conjug. n° 3
Rendre quelqu'un ridicule. *Arrête de faire l'intéressant, tu **te ridiculises** !*

rien (pronom)
Aucune chose. *Je n'ai **rien** dit. Ce que tu fais ne sert vraiment à **rien**. On a fait tout ce travail pour **rien**.* • **Cela ne fait rien :** cela n'a pas d'importance. ■ **rien** (nom masculin) Chose sans importance. *Arrête de pleurnicher pour un **rien**.* • **En un rien de temps :** en très peu de temps. *Nous avons fait ce trajet **en un rien de temps**.*

rieur, rieuse (adjectif et nom)
Qui aime rire. *Myriam est une enfant **rieuse**. Benjamin a mis les **rieurs** de son côté.*

Riga
Capitale de la Lettonie (727 000 habitants). Riga est une importante ville portuaire de la mer Baltique. ➡ p. 737.

rigide (adjectif)
1. Qui n'est pas flexible ou qui ne se déforme pas. *Du carton **rigide**, du plastique **rigide**.* (Contr. souple.) **2.** Qui est très rigoureux, très strict. *Il n'a aucune indulgence pour ses enfants, c'est un homme très **rigide**.*

rigidité (nom féminin)
Fait d'être rigide. *La **rigidité** d'une barre de fer. Un juge d'une grande **rigidité**.*

rigolade (nom féminin)
Synonyme familier d'amusement. *Cette bataille de boules de neige, quelle **rigolade** !*

rigole (nom féminin)
1. Petit fossé étroit qui sert à l'écoulement des eaux. *Une **rigole** d'irrigation.* **2.** Filet d'eau qui ruisselle. *La pluie forme des **rigoles** dans le sable.*

rigoler (verbe) ▸ conjug. n° 3
Synonyme familier de rire. *Il s'est mis en colère alors que j'avais dit ça pour **rigoler**.*
Famille du mot : rigol**ade**, rigol**o**.

rigolo, ote (adjectif)
Synonyme familier d'amusant. *Un film **rigolo**. Elle est **rigolote** avec ce chapeau !*

rigoureusement (adverbe)
De façon rigoureuse. *Tout ce que dit le témoin est **rigoureusement** exact.* (Syn. strictement, totalement.)

rigoureux, euse (adjectif)
1. Dur à supporter. *On annonce déjà des gelées, l'hiver sera **rigoureux**.* (Syn. rude. Contr. clément.) **2.** Qui est d'une grande rigueur, extrêmement précis. *En maths, il faut toujours avoir des raisonnements **rigoureux**.*

rigueur (nom féminin)
1. Grande sévérité. *C'est une faute grave qu'il faut punir avec beaucoup de **rigueur**.* **2.** Grande précision. *Ces calculs ont été faits avec **rigueur**.* **3.** Caractère de ce qui est difficile à supporter. *Il est parti dans le Midi pour fuir les **rigueurs** de l'hiver.* • **À la rigueur :** s'il n'est pas possible de faire autrement. *Je peux **à la rigueur** retarder mon voyage de quatre jours.* • **De rigueur :** exigé par des règles, des habitudes. *Pour cette soirée, une tenue correcte est **de rigueur**.* • **Tenir rigueur de quelque chose à quelqu'un :** lui en vouloir. *Si j'arrive en retard, ne **m'en tiens pas rigueur**.* Famille du mot : rigour**eusement**, rigou**reux**.

rillettes (nom féminin pluriel)
Sorte de pâté fait de morceaux de porc ou d'oie cuits dans leur graisse.

Rimbaud Arthur (né en 1854, mort en 1891)
Poète français. Il chercha un nouveau langage poétique, fondé sur l'image et le jeu des sons. Il est l'auteur du *Dormeur du val* (1870), d'*Une saison en enfer* (1873), et des *Illuminations* (1886).

rime (nom féminin)
Répétition du même son à la fin de deux vers.

rimer (verbe) ▸ conjug. n° 3
Se terminer par le même son. *« Jolie » **rime** avec « folie ».* • **Ne rimer à rien :** n'avoir aucun sens. *Cette discussion **ne rime à rien**.*

rinçage (nom masculin)
Action de rincer. *Le programme du lave-linge comporte le lavage, le **rinçage** et l'essorage.*

rincer (verbe) ▸ conjug. n° 4
Nettoyer avec de l'eau pure. *Il faut **rincer** la salade avant de la préparer.*

ring (nom masculin)
Estrade carrée entourée de cordes pour les combats de boxe ou de catch. *Les boxeurs sont montés sur le **ring**.*
Prononciation [riŋ]. **Ring** est un mot anglais qui signifie « cercle » et qui désignait autrefois la piste circulaire d'un cirque.

ringard, arde (adjectif)
Synonyme familier de démodé. *Je ne veux pas mettre ce bonnet, il est trop **ringard** !*

Rio de Janeiro
Ville du Brésil (11,5 millions d'habitants). Situé sur la côte atlantique, au sud-

est du Brésil, Rio de Janeiro est le 1er port du Brésil. Son carnaval est très célèbre. C'est aussi une ville pauvre entourée de bidonvilles, appelés « favelas ».

Rio Grande
Fleuve des États-Unis (2 900 km). Le Rio Grande naît dans les montagnes Rocheuses, traverse l'État du Nouveau-Mexique et forme une frontière naturelle entre l'État du Texas et le Mexique, où il est appelé Rio Bravo. Il se jette dans le golfe du Mexique.

riposte (nom féminin)
Réaction de défense rapide et vigoureuse. *Notre équipe s'est fait surprendre par la **riposte** de l'équipe adverse.* (Syn. contre-attaque.)

riposter (verbe) ▸ conjug. n° 3
Répondre ou réagir avec vivacité à une attaque. *Quand elle lui a dit de se taire, il **a riposté** qu'il avait le droit de dire ce qu'il pensait.*

riquiqui (adjectif)
Synonyme familier de très petit. *Je reprends du gâteau, car le premier morceau était vraiment **riquiqui**.*

rire (verbe) ▸ conjug. n° 48
1. Exprimer sa gaieté par des mouvements du visage accompagnés de petits sons saccadés. *Le bébé **rit** aux éclats quand on le chatouille.* 2. Se moquer de quelqu'un. *Clément n'aime pas beaucoup qu'on **rie** de lui.* • **Pour rire :** pour plaisanter. *J'ai dit ça **pour rire**.* • **Rire jaune :** se forcer à rire alors qu'on est mécontent ou vexé.

rire (nom masculin)
Action de rire. *On entendait les **rires** des enfants dans le jardin. Un éclat de **rire**.* • **Avoir le fou rire :** rire sans pouvoir s'arrêter.

ris (nom masculin)
• **Ris de veau :** plat fait avec les glandes du cou d'un veau. *Les **ris de veau** sont la spécialité de ce restaurant.*

risée (nom féminin)
• **Être la risée des autres :** être celui dont tout le monde se moque. *Avec son chapeau ridicule, il **est la risée de** tout le quartier.*

risette (nom féminin)
Sourire d'un enfant. *Le bébé fait des **risettes**.*

la ville de **Rio de Janeiro**

risible (adjectif)
Qui donne envie de rire ou de se moquer. *Il est tombé et s'est fait mal, je ne vois pas ce qu'il y a de* ***risible*** *à cela !*

risque (nom masculin)
Ce qui présente un danger. *Il est prêt à prendre tous les* ***risques*** *pour remporter cette course.* Famille du mot : risqu**é**, risqu**er**, risque-tout.

risqué, ée (adjectif)
Qui comporte des risques. *Cette expédition dans la jungle est très* ***risquée****.* (Syn. hasardeux.)

risquer (verbe) ▸ conjug. n° 3
1. Courir un risque, un danger. *Il* ***a risqué*** *sa vie pour sauver cet enfant de la noyade.* **2.** Comporter tel risque. *Le village* ***risque*** *d'être inondé si le fleuve déborde.*

risque-tout (nom)
Personne qui prend des risques. *Ce pilote automobile est un* ***risque-tout****.* (Syn. casse-cou.) Pluriel : des risque-tout.
ORTHO On écrit aussi un **risquetout**, des **risquetouts**.

rissoler (verbe) ▸ conjug. n° 3
Cuire un aliment à feu vif pour qu'il prenne une couleur dorée. *Faire* ***rissoler*** *des pommes de terre dans une cocotte.*

ristourne (nom féminin)
Remise que fait un commerçant à un client sur le prix d'un objet. *Le vendeur nous a fait une* ***ristourne*** *de 10 % sur ce blouson.*

rite (nom masculin)
1. Ensemble des règles et des cérémonies d'une religion. *Ils se sont mariés à l'église suivant le* ***rite*** *catholique.* **2.** Habitude que l'on respecte religieusement. *Le repas de Noël se passe tous les ans chez grand-mère, c'est un* ***rite****.*

ritournelle (nom féminin)
Chanson à refrain. *En ce moment, tout le monde fredonne cette* ***ritournelle****.*

rituel, elle (adjectif)
1. Qui concerne les rites. *Pendant la cérémonie du baptême, le prêtre récite les paroles* ***rituelles****.* **2.** Qui revient comme un rite. *Chaque soir, maman vient me faire un baiser* ***rituel*** *avant que je m'endorme.*

rivage (nom masculin)
Bande de terre qui longe la mer. *Malgré la tempête, le bateau a pu regagner le* ***rivage****.* (Syn. côte.)

rival, ale, aux (adjectif et nom)
Qui lutte pour surpasser quelqu'un d'autre. *Les deux équipes* ***rivales*** *se préparent à la finale. David a battu tous ses* ***rivaux*** *dans l'épreuve de saut en hauteur.* (Syn. adversaire, concurrent.) Famille du mot : rival**iser**, rival**ité**. **Rival** vient du latin *rivales* qui signifie « riverains » : il s'agissait de personnes qui allaient chercher l'eau dans la même rivière et qui pouvaient se trouver en conflit.

rivaliser (verbe) ▸ conjug. n° 3
Être le rival de quelqu'un. *Ibrahim est capable de* ***rivaliser*** *avec les autres concurrents.*

rivalité (nom féminin)
Situation dans laquelle on rivalise avec d'autres. *Il existe une* ***rivalité*** *entre les deux meilleurs élèves de la classe.* (Syn. compétition, concurrence.)

rive (nom féminin)
Bord d'un cours d'eau ou d'un lac. *Des promeneurs flânent près des* ***rives*** *de la Seine.* (Syn. berge.)

river (verbe) ▸ conjug. n° 3
Fixer des éléments entre eux avec des rivets. *Il* ***a rivé*** *une plaque de métal sur la porte pour la consolider.* • **Avoir les yeux rivés sur quelque chose :** le regarder fixement. *Noémie* ***a les yeux rivés sur*** *son chronomètre.*

riverain, aine (nom)
Personne qui habite une maison située le long d'un cours d'eau, d'un lac, d'une route ou d'une rue. *Les maisons des* ***riverains*** *ont été inondées quand le fleuve a débordé.*

rivet (nom masculin)
Sorte de clou dont on aplatit les deux extrémités. *Les poches de mon jean sont fixées par des petits* ***rivets*** *de cuivre.*

rivière (nom féminin)
Cours d'eau qui se jette dans un autre cours d'eau. *Kevin va pêcher sur les bords de la* ***rivière****.*

rixe (nom féminin)
Échange d'injures et de coups. *La soirée a fini par une **rixe** entre deux bandes rivales.*

riz (nom masculin)
Céréale cultivée pour ses grains comestibles, dans les pays humides et chauds. *Le **riz** est l'aliment de base de nombreux pays d'Asie.*

plant, fleur et épi de **riz**

riziculture (nom féminin)
Culture du riz.

rizière (nom féminin)
Champ où on cultive le riz. *Les **rizières** doivent être recouvertes d'eau quand le riz commence à pousser.*

robe (nom féminin)
1. Vêtement de femme comprenant un corsage et une jupe formant une seule pièce. *Odile porte une **robe** d'été sans manches.* 2. Vêtement long et ample des avocats, des procureurs ou des juges au tribunal. 3. Pelage de certains animaux. *Un cheval à la **robe** pommelée.*
• **Robe de chambre :** vêtement d'intérieur. *Sarah a mis sa chemise de nuit et sa **robe de chambre** en laine.*

Robespierre Maximilien de (né en 1758, mort en 1794)
Homme politique français. Il fut une des grandes figures de la Révolution française. Chefs des Montagnards, il fut député à la Convention et membre du Comité de salut public de 1793. Opposé aux Girondins, il contribua à leur élimination. Il combattit les ennemis de la Révolution et instaura la Terreur. Mais il fut renversé et guillotiné. ➡ p. 1117.

Robin des Bois
Personnage de légende anglais qui a inspiré des films et des dessins animés. Héros du Moyen Âge, Robin des Bois est le grand défenseur des pauvres contre les seigneurs et vit dans la forêt de Sherwood avec ses compagnons.

robinet (nom masculin)
Appareil permettant d'arrêter ou de laisser s'écouler l'eau, le gaz. *La baignoire va déborder, ferme le **robinet**.*

robinetterie (nom féminin)
Ensemble des robinets d'une installation. *Le plombier vérifie que la fuite ne vient pas de la **robinetterie**.*

Robinson Crusoé
Héros du roman du même nom, écrit par l'Anglais Daniel Defoe en 1719. Unique survivant d'un naufrage, Robinson échoue sur une île déserte. Son courage et son ingéniosité lui permettent de survivre pendant vingt-huit ans, avant de pouvoir repartir dans son pays. Il doit aussi sa survie à un jeune esclave noir qu'il sauve des anthropophages et qu'il appelle Vendredi.

robot (nom masculin)
Machine automatique qui est capable d'exécuter certains travaux à la place de l'homme. *Dans les histoires de science-fiction, les **robots** ont l'apparence d'êtres humains.* ⊶ **Robot** vient du tchèque *robota* qui signifie « travail, corvée ».

robotique (nom féminin)
Ensemble des techniques permettant de fabriquer des robots.

robuste (adjectif)
Qui est très fort ou très résistant. *Un enfant **robuste**. Une voiture **robuste**.*

robustesse (nom féminin)
Qualité de ce qui est robuste. *Je vous recommande ce modèle de stylo d'une grande **robustesse**.* (Syn. solidité. Contr. fragilité.)

roc (nom masculin)
Masse rocheuse. *On peut accéder à la mer par un escalier taillé dans le **roc**.*

rocade (nom féminin)
Route qui évite le centre d'une ville.

rocaille (nom féminin)
Amas de cailloux. *Seuls quelques arbustes arrivent à pousser sur cette **rocaille**.*

rocailleux, euse (adjectif)
Couvert de rocaille. *Une piste **rocailleuse** menait au sommet de la colline.* (Syn. caillouteux, pierreux.) • **Voix rocailleuse :** voix rauque.

rocambolesque (adjectif)
Rempli d'aventures invraisemblables. *Le héros de ce roman trouve le trésor après des aventures **rocambolesques**.* *Rocambole* est le nom d'un personnage de roman du XIXe siècle.

roche (nom féminin)
Matière solide qui constitue l'écorce terrestre. *Le granit, le basalte, le calcaire sont des **roches**.* • **Clair comme de l'eau de roche :** absolument évident.

rocher (nom masculin)
Grosse masse de pierre. *Les vagues venaient se briser sur les **rochers**.*

montagnes **Rocheuses**
Massif montagneux de l'ouest de l'Amérique du Nord, qui s'étend de l'Alaska au Mexique. Les Rocheuses possèdent de nombreux sommets de plus de 4 000 mètres d'altitude, dont le mont McKinley (6 187 mètres) situé en Alaska.

rocheux, euse (adjectif)
Qui est formé de rochers. *Les côtes bretonnes sont **rocheuses**.*

rock (nom masculin)
Style de musique très rythmée, d'origine nord-américaine. *Un groupe de **rock**.*
Prononciation [ʀɔkɛnʀɔl]. En anglais, *to rock and roll* signifie « balancer et rouler ».
ORTHO On dit aussi **rock and roll**.

rockeur, euse (nom)
Chanteur ou musicien de rock.
ORTHO On écrit aussi **rocker**, comme en anglais.

rocking-chair (nom masculin)
Fauteuil à bascule. Prononciation [ʀɔkiŋtʃɛʀ]. Pluriel : des rocking-chairs.
Rocking-chair est un mot anglais formé de *to rock* qui signifie « balancer » et *chair* qui signifie « chaise ».
ORTHO On écrit aussi un **rockingchair**, des **rockingchairs**.

un **rocking-chair**

rodage (nom masculin)
Action de roder un moteur. *Ne roule pas si vite, la voiture est encore en **rodage**.*

rodéo (nom masculin)
Aux États-Unis, fête au cours de laquelle des cow-boys chevauchent des taureaux et des chevaux sauvages pour les dompter. ➡ p. 1126.

un participant à un **rodéo**

roder (verbe) ▸ conjug. n° 3
Faire marcher un moteur à vitesse réduite pour que toutes les pièces de son mécanisme s'ajustent peu à peu.

rôder (verbe) ▸ conjug. n° 3
Aller et venir dans un endroit, souvent avec de mauvaises intentions. *Le renard **rôde** autour du poulailler.*

rôdeur, euse (nom)
Personne qui rôde. *Des témoins disent avoir vu un **rôdeur** près du lieu du crime.*

Rodin Auguste (né en 1840, mort en 1917)
Sculpteur français. Il parvint à rendre ses sculptures expressives. Ses œuvres les plus connues sont *le Penseur*, *le Baiser*, *les Bourgeois de Calais* et *Balzac*.

rogne (nom féminin)
Synonyme familier de colère. *Ne te mets pas en **rogne** pour une petite plaisanterie.*

rogner (verbe) ▸ conjug. n° 3
Couper les bords de quelque chose. *Pierre **a rogné** sa photo d'identité pour la coller sur sa carte de bibliothèque.*

rognon (nom masculin)
Rein comestible de certains animaux. *Des **rognons** de veau, d'agneau.*

rognure (nom féminin)
Partie qui se détache de ce qu'on a rogné. *Des **rognures** d'ongles.*

roi (nom masculin)
1. Chef d'État dans un régime monarchique. *Henri IV et Louis XIV étaient des **rois** de France.* 2. L'une des figures d'un jeu de cartes, qui représente un roi. *Quentin a joué le **roi** de pique.* • **Fête des Rois :** fête chrétienne qui rappelle la visite des Rois mages venus honorer Jésus à sa naissance. • **Galette des Rois :** gâteau contenant une fève, que l'on mange pour la fête des Rois.

Rois mages
Personnages de la Bible. Ils s'appelaient Gaspard, Melchior et Balthazar. Ils se rendirent d'Arabie à Bethléem, en suivant une étoile, pour honorer l'enfant Jésus. L'Église fête cette visite le 6 janvier, « jour des Rois », que l'on nomme aussi Épiphanie.

Roi-Soleil
➡ Voir Louis XIV.

roitelet (nom masculin)
Petit passereau dont le mâle porte une huppe jaune sur la tête.

Roland (VIIIe siècle)
Comte et héros de littérature. Roland protégea l'arrière-garde de l'armée de Charles Ier (Charlemagne) prise dans une embuscade par des Basques et des Sarrasins à Roncevaux, au nord de l'Espagne. Cette histoire a inspiré un des plus célèbres poèmes du Moyen Âge, *la Chanson de Roland* (fin du XIe siècle) ; Roland y est le neveu de Charlemagne. Armé de sa fidèle épée, Durandal, Roland est blessé à mort à Roncevaux et sonne du cor pour prévenir Charlemagne. Celui-ci revient et le venge en écrasant les Sarrasins.

rôle (nom masculin)
1. Ensemble des paroles et des gestes d'un acteur quand il joue au cinéma ou au théâtre. *Un acteur doit connaître son **rôle** par cœur.* 2. Fonction qu'une personne doit remplir. *C'est le **rôle** d'un médecin de soigner les malades.* • **À tour de rôle :** chacun son tour, l'un après l'autre.

roller (nom masculin)
Chaussure équipée de roulettes. *Yann fait du **roller** sur l'esplanade.* ● Roller est un mot anglais : on prononce [RɔlœR].

romain, aine ➡ Voir tableau p. 6

romain, aine (adjectif)
• **Chiffres romains :** lettres utilisées pour représenter les chiffres. *Les **chiffres romains** sont souvent utilisés pour écrire les siècles.*

roman, ane (adjectif)
1. Se dit des langues qui viennent du latin. *L'italien, l'espagnol, le français sont des langues **romanes**.* 2. Se dit d'une forme d'art du Moyen Âge. *Le style **roman** a été peu à peu remplacé par le style gothique.*

roman (nom masculin)
Long récit en prose qui raconte une histoire imaginée. Le Tour du monde en 80 jours *est un **roman** de Jules Verne.*
Famille du mot : romancé, romancier, romanesque.

romance (nom féminin)
Chanson sentimentale. *Grand-mère chante parfois des **romances**.*

romancé, ée (adjectif)
Qui mêle des éléments réels et des éléments imaginaires. *Ce film est une biographie **romancée** de Mozart.*

romancier, ère (nom)
Personne qui écrit des romans. *Émile Zola est un grand **romancier** français.*

romand, ande (adjectif)
Se dit de la partie francophone de la Suisse.

romanesque (adjectif)
Qui ressemble à un roman. *Ce célèbre aventurier a vécu une existence très **romanesque**.*

un **roller**

romantique (adjectif)
Qui est très sensible, sentimental. *C'est une jeune fille **romantique** qui adore les histoires d'amour.*

romantisme (nom masculin)
1. Ensemble de mouvements artistiques et littéraires du XIXe siècle s'opposant à la tradition classique jugée trop rigide. *Les écrivains du **romantisme** parlent de leurs expériences personnelles, de leurs tourments, de leurs sentiments.* 2. État d'esprit d'une personne qui est romantique.

romarin (nom masculin)
Arbuste odorant dont on utilise les feuilles comme condiment. *Une tisane de **romarin**.*

du **romarin**

Rome
Cité de l'Antiquité, bâtie sur le site de la Rome actuelle. Rome fut la capitale du plus vaste empire de l'Antiquité européenne.

HISTOIRE
Fondée en 753 avant Jésus-Christ par Romulus et Remus, Rome s'étendait sur les sept collines qui bordent le Tibre. Entre 343 et 290 avant Jésus-Christ, Rome dominait presque toute l'Italie. Sa puissance s'étendit alors vers l'Afrique et la Grèce, puis vers la péninsule Ibérique et la Gaule. Mais les querelles de pouvoir affaiblirent Rome. César finit par s'emparer du pouvoir, avant d'être assassiné en 44 avant Jésus-Christ. Puis une guerre civile opposa Antoine et Octave. Octave en sortit vainqueur

et prit le titre d'Auguste. Il devint ainsi le premier empereur romain et son empire s'étendait de la Manche à la mer Rouge.
Les guerres civiles finirent par affaiblir l'Empire romain. Au Ve siècle après Jésus-Christ, il fut envahi par des Barbares. En 476, le dernier empereur romain d'Occident disparut. Seul l'empire romain d'Orient subsista jusqu'en 1453, date de la prise de Constantinople par les Turcs.

Rome ■
Capitale de l'Italie (3,3 millions d'habitants), située au bord du Tibre. La richesse de son passé fait de Rome une ville d'art exceptionnelle. Les vestiges de la Rome antique (le Forum, le Colisée, les thermes de Caracalla, les arcs de triomphe) y côtoient les monuments de la Rome chrétienne. Les palais et les villas y sont nombreux : le palais Farnèse (XVIe siècle), le palais Borghèse, la villa Quirinal (fin XVIe siècle) et la villa Médicis (XVIe siècle). Rome abrite la Cité du Vatican dont les musées et la basilique Saint-Pierre attirent chaque année des milliers de pèlerins et de visiteurs.

rompre (verbe) ▸ conjug. n° 34
1. Synonyme de casser. *Le prisonnier **avait rompu** ses chaînes. La corde qui attachait le chien **s'est rompue**.* 2. Cesser d'avoir des relations. *Il **a rompu** avec sa famille.* 3. Déranger ou interrompre quelque chose. *Des hurlements **ont rompu** le silence.* (Syn. troubler.) • **Applaudir à tout rompre :** applaudir très fort. • **Être rompu à quelque chose :** y être entraîné. *C'est un sportif **rompu à** la pratique de l'alpinisme.*

Roms
Un des trois **grands groupes de Tsiganes**, vivant surtout en Europe centrale.

Romulus et Remus
Personnages légendaires, fondateurs de la ville de Rome. Ils sont frères jumeaux, fils de Rhea Silvia et du dieu Mars. Celui-ci ordonna de les jeter dans le fleuve Tibre mais ils furent secrètement abandonnés dans un panier au fil de l'eau. Une louve les recueillit et les allaita. Les jumeaux décidèrent de fonder la ville de Rome là où ils étaient nés. Romulus tua son frère parce qu'il avait franchit le sillon qu'il avait tracé au pied du mont Palatin, pour marquer les limites de Rome. Romulus entreprit la construction de sa ville, Rome, fondée en 753 avant Jésus-Christ. ➡ p. 733.

ronce (nom féminin)
Arbuste sauvage épineux qui produit les mûres. *Romain s'est égratigné les jambes dans un buisson de **ronces**.*

ronchonner (verbe) ▸ conjug. n° 3
Synonyme de grommeler. *Fais ce que je te dis et arrête de **ronchonner** !*

rond, ronde (adjectif)
1. Qui a la forme d'un cercle ou d'une sphère. *Une table **ronde**. On joue au football avec un ballon **rond**.* 2. Qui a une forme arrondie, sans angles. *Un bébé aux joues **rondes**.* 3. Qui est petit et gros. *Notre voisine est une dame un peu **ronde**.* • **Chiffre rond :** nombre sans décimale et facile à retenir. ■ **rond** (nom masculin) Figure ou dessin de forme ronde. *Pour dessiner un soleil, tu fais d'abord un **rond**.* (Syn. cercle.) • **Tourner en rond :** rester au même point sans faire de progrès. • **Rond de serviette :** anneau dans lequel on enfile une serviette de table. ■ **rond** (adverbe) • **Ne pas tourner rond :** aller mal. *Depuis qu'il est au chômage, il **ne tourne pas rond**.* Famille du mot : arrondi, arrondir, ronde, rondelet, rondelle, rondement, rondeur, rondin, rond-point.

ronde (nom féminin)
1. Danse dans laquelle on tourne en rond en se tenant par la main. *Les petits font la **ronde** autour de leur maîtresse.* 2. Tournée d'inspection ou de surveillance. *Des policiers font des **rondes** dans le quartier chaque nuit. Chemin de **ronde**.* ➡ p. 226. 3. Note de musique qui vaut quatre noires. • **À la ronde :** aux alentours. *Notre maison est isolée, il n'y a personne à 20 kilomètres **à la ronde**.*

rondelet, ette (adjectif)
Qui est un peu rond, un peu gros. *Un bébé bien **rondelet**.* (Syn. potelé.)

rondelle (nom féminin)
Tranche ronde et fine. *Couper une carotte en **rondelles**.*

rondement (adverbe)
Avec rapidité et efficacité. *La maison est finie, les travaux ont été **rondement** menés.*

rondeur (nom féminin)
Forme arrondie d'une partie du corps. *Zoé n'est pas grosse mais elle a quelques **rondeurs**.*

rondin (nom masculin)
Morceau de bois cylindrique. *Il a chargé le vieux poêle à bois avec des **rondins**.*

rond-point (nom masculin)
Carrefour circulaire. *L'Arc de triomphe de Paris se trouve sur un **rond-point**.* Pluriel : des ronds-points.
ORTHO On écrit aussi un **rondpoint**, des **rondpoints**

ronflant, ante (adjectif)
Se dit de mots prétentieux et pompeux.

ronflement (nom masculin)
1. Bruit que fait une personne qui ronfle. *Tes **ronflements** m'empêchent de dormir.* 2. Bruit sourd et régulier. *On entend les **ronflements** de moteur des bateaux qui rentrent au port.*

ronfler (verbe) ▸ conjug. n° 3
1. Faire du bruit en respirant pendant son sommeil. *Je t'ai entendu **ronfler** toute la nuit.* 2. Faire un bruit sourd et régulier. *Le vieux poêle à bois **ronflait** et répandait une chaleur très agréable.* Famille du mot : ronfl**ant**, ronfl**ement**.

ronger (verbe) ▸ conjug. n° 5
1. Entamer à petits coups de dents. *Zoé est anxieuse, elle se **ronge** les ongles.* 2. Détruire quelque chose peu à peu. *La rouille **a rongé** la vieille voiture abandonnée.* 3. Causer un grand tourment à quelqu'un. *Depuis qu'il a perdu son travail, l'angoisse le **ronge**.*

rongeur (nom masculin)
Mammifère à longues incisives tranchantes qui ronge les aliments. *Le lapin, le rat, le hamster sont des **rongeurs**.*

un **rongeur** et son petit

ronronnement (nom masculin)
1. Petit grondement sourd et régulier que fait entendre un chat quand il est satisfait. 2. Bourdonnement sourd et régulier d'une machine. *Le bruyant **ronronnement** d'un moteur.*

ronronner (verbe) ▸ conjug. n° 3
Faire entendre un ronronnement. *Il a mis le contact et le moteur s'est mis à **ronronner**.*

Ronsard Pierre de (né en 1524, mort en 1585)
Poète français. Il devint célèbre grâce à ses *Odes*. En 1553, il fonda la Pléiade, un groupe de sept poètes. Il était le poète officiel de la cour de Charles IX.

roquefort (nom masculin)
Fromage au lait de brebis dont la pâte contient des moisissures bleues. **Roquefort** est le nom d'un village de France où ce fromage est fabriqué.

roquet (nom masculin)
Petit chien hargneux.

roquette (nom féminin)
Petite fusée contenant une charge explosive. *Un avion armé de **roquettes**.* **Roquette** vient de l'anglais *rocket* qui signifie « fusée ».

rorqual (nom masculin)
Mammifère marin des mers froides qui ressemble à la baleine. *Les **rorquals** ont une nageoire dorsale.*

rosace (nom féminin)
Grand vitrail de forme circulaire. *Les **rosaces** de la cathédrale.* ➡ p. 204.

rosâtre (adjectif)
D'un rose terne. *Cette viande **rosâtre** n'est pas très appétissante.*

rosbif (nom masculin)
Rôti de bœuf. *Maman découpe le **rosbif** en tranches.* **Rosbif** vient de l'anglais *roast* qui signifie « rôti » et *beef* qui signifie « bœuf ».

■ **rose** (adjectif)
D'un rouge très clair. *Il y avait des dragées **roses** pour le baptême de ma petite sœur.* ■ **rose** (nom masculin) Couleur rose. *Anna a habillé sa poupée en **rose**.* Famille du mot : rosâtre, rosé.

■ **rose** (nom féminin)
Fleur du rosier, souvent parfumée, et dont la tige porte des épines. *Ces **roses** blanches sentent très bon.* • **À l'eau de rose :** sentimental et un peu naïf. *Un film **à l'eau de rose**.* • **Rose des sables :** pierre du désert dont la forme rappelle celle d'une rose. Famille du mot : rosace, roseraie, rosette, rosier.

une **rose**

rosé, ée (adjectif)
Légèrement rose. *Camille a un joli teint d'un blanc **rosé**.* ■ **rosé** (nom masculin) Vin de couleur rouge clair. *Un verre de **rosé**.*

roseau, eaux (nom masculin)
Plante aquatique à tige haute et flexible. *Thomas a taillé un sifflet dans un bout de **roseau**.*

un **roseau**

rosée (nom féminin)
Gouttelettes d'eau qui se déposent pendant la nuit sur le sol et les plantes. *Ce matin, le jardin était couvert de **rosée**.*

roseraie (nom féminin)
Terrain planté de rosiers.

rosette (nom féminin)
Petit insigne en forme de rose. *La **rosette** de la Légion d'honneur.*

rosier (nom masculin)
Arbuste épineux qui donne des roses. *Les murs de la maison sont couverts de **rosiers** grimpants.*

rosse (nom féminin et adjectif)
Dans la langue familière, personne sévère, dure, jusqu'à la méchanceté. *Il est **rosse** avec moi.*

rosser (verbe) ▸ conjug. n° 3
Dans la langue familière, battre quelqu'un violemment. *Des voyous ont **rossé** mon frère et se sont enfuis.*

rossignol (nom masculin)
Petit passereau au chant très mélodieux.

un **rossignol**

rostre (nom masculin)
Partie effilée située en avant de la tête de certains animaux. *Le **rostre** de l'espadon.*

rot (nom masculin)
Synonyme de renvoi. *Elle fait faire un **rot** à son bébé avant de le coucher.*

rotatif, ive (adjectif)
Qui fonctionne en tournant. *Le mouvement **rotatif** d'une hélice.*

rotation (nom féminin)
Mouvement tournant. *La **rotation** de la Terre autour du Soleil dure un an.*

roter (verbe) ▸ conjug. n° 3
Faire un rot. *Il **a roté** bruyamment après avoir bu un verre d'eau gazeuse.*

rôti (nom masculin)
Morceau de viande rôti. *Une tranche de **rôti** de bœuf.*

rotin (nom masculin)
Tige souple et solide d'un palmier, que l'on peut tresser. *On a installé une table et des fauteuils en **rotin** sur le balcon.*

rôtir (verbe) ▸ conjug. n° 11
Faire cuire une viande à feu vif, à la broche ou au four. *Maman a mis la dinde à **rôtir** pour le repas de Noël.* Famille du mot : rôti, rôti**sserie**, rôti**ssoire**.

rôtisserie (nom féminin)
Commerce où l'on vend des viandes rôties. *Il y a une **rôtisserie** sur le marché.*

rôtissoire (nom féminin)
Appareil qui sert à rôtir la viande. *Des poulets cuisent dans la **rôtissoire** électrique devant la boucherie.*

rotonde (nom féminin)
Édifice circulaire surmonté d'une coupole.

rotor (nom masculin)
Grande hélice d'un hélicoptère.

rotule (nom féminin)
Petit os plat et mobile à l'avant du genou. **Rotule** vient du latin *rotula* qui signifie « petite roue » à cause de la forme de cet os.

roturier, ère (nom)
Personne qui ne fait pas partie de la noblesse. *Le prince a épousé une **roturière**.*

rouage (nom masculin)
Chacune des roues d'un mécanisme. *Les **rouages** d'une pendule.*

roublard, arde (adjectif et nom)
Synonyme familier de retors. *C'est un homme d'affaires très **roublard** dont il vaut mieux se méfier.*

roublardise (nom féminin)
Caractère d'une personne roublarde. *Fais attention, on connaît sa **roublardise** !*

les **rouages** d'une machine

rouble (nom masculin)
Monnaie de la Russie.

roucoulement (nom masculin)
Cri du pigeon et de la tourterelle.

roucouler (verbe) ▸ conjug. n° 3
Faire entendre des roucoulements. *Les pigeons **roucoulent** sur le toit.*

roue (nom féminin)
1. Pièce circulaire qui permet à un véhicule de rouler. *Les **roues** d'une voiture, d'un avion, d'un vélo.* ➡ p. 106, p. 139.
2. Élément circulaire qui transmet un mouvement. *Les **roues** dentées du mécanisme d'une horloge.* • **Être la cinquième roue du carrosse :** être considéré comme inutile. • **Faire la roue :** faire tourner son corps en s'appuyant sur les mains puis sur les pieds ; pour un paon, déployer en éventail les plumes de sa queue.

roué, ée (adjectif)
Synonyme littéraire de retors. *C'est un homme d'affaires très **roué**.*

Rouen
Chef-lieu du département de la Seine-Maritime et de la Région Normandie (110 000 habitants). Rouen est un important port fluvial sur la Seine. C'est aussi une ville universitaire et culturelle, avec des maisons anciennes, des églises et une très belle cathédrale gothique.

HISTOIRE
Longtemps, les Anglais et les Français se sont disputé la ville de Rouen. Après avoir été annexée par les rois de France au XIIIe siècle, elle fut prise au XVe siècle par les Anglais qui y brûlèrent Jeanne d'Arc.

rouer (verbe) ▸ conjug. n° 3
• **Rouer quelqu'un de coups :** le frapper avec violence. *Ce voyou a attaqué un passant et il **l'a roué de coups**.*

rouet (nom masculin)
Instrument qui servait, autrefois, à filer la laine, le chanvre et le lin.

rouge (adjectif)
De la couleur du sang ou des coquelicots. *Une bouteille de vin **rouge**. Élodie a les joues **rouges** à cause du froid.* ■ **rouge** (nom masculin) **1.** Couleur rouge. *Anna s'habille souvent en **rouge**.* **2.** Produit de maquillage. *Maman met du **rouge** à lèvres, mais elle n'aime pas le **rouge** à ongles.* ■ **rouge** (adverbe) • **Voir rouge :** entrer dans une violente colère. Famille du mot : rouge**âtre**, roug**eaud**, rouge-gorge, rouge**oiement**, rouge**ole**, rouge**oyer**, roug**et**, roug**eur**, roug**ir**.

mer Rouge
Mer qui sépare l'Égypte et l'Arabie Saoudite, et qui communique avec l'océan Indien. Depuis 1869, elle est reliée à la mer Méditerranée par le canal de Suez.

rougeâtre (adjectif)
Qui a une teinte un peu rouge. *Au soleil couchant, le ciel a pris des reflets **rougeâtres**.*

rougeaud, aude (adjectif)
Qui a le visage très rouge. *Notre voisin est un gros homme **rougeaud**.*

rouge-gorge (nom masculin)
Petit passereau dont le plumage de la poitrine est rouge vif. Pluriel : des rouge**s**-gorge**s**.

un **rouge-gorge**

rougeoiement (nom masculin)
Fait de rougeoyer. *Le **rougeoiement** des braises.*

rougeole (nom féminin)
Maladie contagieuse qui provoque l'apparition de taches rouges sur la peau. *Fatima s'est fait vacciner contre la **rougeole**.*

rougeoyer (verbe) ▸ conjug. n° 6
Prendre des reflets rouges. *L'incendie **rougeoyait** dans la nuit.*

rouget (nom masculin)
Poisson de mer de couleur rouge clair. *Des **rougets** frits à la poêle.*

un **rouget**

rougeur (nom féminin)
Tache rouge qui apparaît sur la peau. *Gaëlle a des **rougeurs** sur les bras qui la démangent.*

rougir (verbe) ▸ conjug. n° 11
Devenir rouge. ***Rougir** de timidité, de colère.*

rouille (nom féminin)
Croûte rougeâtre qui se forme sur le fer sous l'effet de l'humidité. *Le vieux vélo est couvert de **rouille**.*

un bateau échoué et couvert de **rouille**

rouiller (verbe) ▸ conjug. n° 3
Se couvrir de rouille. *Les outils du jardin vont **rouiller** s'ils restent sous la pluie.*

roulade (nom féminin)
Synonyme de culbute. *Au gymnase, on s'amuse à faire des **roulades**.*

roulant, ante (adjectif)
1. Qui peut se déplacer grâce à des roulettes. *Un fauteuil **roulant**.* **2.** Qui avance automatiquement. *Un tapis **roulant**. Un escalier **roulant**.* • **Feu roulant :** tir continu d'armes à feu.

roulé, ée (adjectif)
• **Col roulé :** col de pull enroulé sur lui-même.

rouleau, eaux (nom masculin)
1. Ustensile en forme de cylindre. *Hélène étale la pâte à tarte avec un **rouleau** à pâtisserie.* **2.** Bande enroulée en forme de cylindre. *Un **rouleau** de papier d'aluminium.* **3.** Grosse vague qui déferle. *Il a appris à surfer sur les **rouleaux** de l'océan Atlantique.*

roulement (nom masculin)
1. Bruit sourd et continu. *Le **roulement** des tambours.* **2.** Système qui consiste à travailler à tour de rôle au même poste. *Les ouvriers de cette usine travaillent par **roulement**.* • **Roulement à billes :** mécanisme composé de billes d'acier roulant les unes contre les autres afin de réduire les frottements.

rouler (verbe) ▸ conjug. n° 3
1. Se déplacer en tournant sur soi-même. *Le ballon **a roulé** sur la chaussée.* **2.** Se déplacer sur des roues. *Le camion **roulait** au ralenti.* **3.** Mettre quelque chose en rouleau. *Les déménageurs **ont roulé** tous les tapis pour les transporter.* (Contr. dérouler.) **4.** Synonyme familier de tromper. *Il s'est fait **rouler** par un escroc qui lui a vendu un faux tableau.* **5.** Se rouler : se tourner d'un côté à l'autre en étant allongé. ***Se rouler** dans l'herbe.* **6.** Se rouler : synonyme de s'enrouler. *Julie **s'est roulée** dans sa couette pour se réchauffer.* • **Rouler sur l'or :** être très riche. Famille du mot : **dérouler**, **déroulement**, **enrouler**, **enrouleur**, **roulade**, **roulant**, **roulé**, **rouleau**, **roulement**, **roulette**, **roulis**, **roulotte**.

roulette (nom féminin)
1. Petite roue. *Les pieds de ce lit sont montés sur des **roulettes**.* **2.** Fraise du dentiste. *La **roulette** sert à soigner les dents cariées.* **3.** Jeu de hasard dans lequel une bille tombe dans une des cases numérotées d'un plateau tournant. *Miser tout son argent à la **roulette**.*

roulis (nom masculin)
Mouvement de balancement d'un bateau d'un bord à l'autre. *Victor a mal au cœur à cause du **roulis** et du tangage.*

roulotte (nom féminin)
Grande voiture aménagée comme une maison. *Le cirque est arrivé, les **roulottes** sont sur la place du village.*

Roumanie

Union européenne

21,5 millions d'habitants
Capitale : Bucarest
Monnaie : le leu
Langue officielle : roumain
Superficie : 237 500 km²

État du sud-est de l'Europe, au nord de la Bulgarie, donnant à l'est sur la mer Noire.

GÉOGRAPHIE
Le climat est semi-continental avec des étés chauds et des hivers froids. L'agriculture du pays est très variée : blé, maïs, fruits et légumes. L'industrie sidérurgique est en pleine expansion, de même que l'industrie chimique, textile et alimentaire. La Roumanie est entrée dans l'Union européenne en 2007.

roumain, aine ➡ Voir tableau p. 6

round (nom masculin)
Chacune des parties d'un match de boxe. *Le boxeur a mis son adversaire K.-O. au huitième **round**.* (Syn. reprise.) **Round** est un mot anglais : on prononce [Rund] ou [Rawnd].

roupie (nom féminin)
Monnaie de l'Inde, du Pakistan…

roupiller (verbe) ▸ conjug. n° 3
Synonyme familier de dormir. *Je suis crevé, je vais aller **roupiller**.*

rouquin, ine (adjectif et nom)
Synonyme familier de roux, rousse. *La sœur de William est une jolie petite **rouquine**.*

rouspéter (verbe) ▸ conjug. n° 8
Synonyme familier de protester. *Va ranger ta chambre et cesse de **rouspéter** !*

Rousseau Jean-Jacques (né en 1712, mort en 1778)
Écrivain et philosophe de langue française. Né à Genève, il se rendit à Paris en 1741, où il rencontra Voltaire et Diderot. En 1750, son *Discours sur les sciences et les arts* le rendit célèbre. Ses autres œuvres sont le *Contrat social*, l'*Émile* (1762), ses *Confessions*, et *les Rêveries du promeneur solitaire*. Ses idées ont beaucoup influencé les Révolutionnaires.

roussette (nom féminin)
1. Requin de petite taille, à peau tachetée et à chair comestible. **2.** Grande chauve-souris des pays tropicaux.

rousseur (nom féminin)
• **Tache de rousseur :** petite tache rousse sur la peau. *Laura a des **taches de rousseur** sur le nez.*

roussi (nom masculin)
Odeur de ce qui a commencé à brûler. *Éteins le four, ça sent le **roussi** !*

Roussillon
Région historique de France, qui forme aujourd'hui le département des Pyrénées-Orientales. Le Roussillon s'est spécialisé dans les cultures maraîchères et fruitières, et les vignobles. ➡ Voir carte p. 1373.

routard, arde (nom)
Personne qui voyage à pied et à peu de frais. *Ce jeune **routard** a déjà traversé toute la France en auto-stop.*

route (nom féminin)
1. Voie de circulation aménagée en dehors des villes. *Maman préfère prendre la **route** nationale plutôt que l'autoroute.* **2.** Direction à suivre ou trajet que l'on parcourt. *Nous avons pique-niqué en cours de **route**.* (Syn. chemin, itinéraire.) • **En route ! :** partons ! • **Faire fausse route :** se tromper. *Ce n'est pas lui le coupable, vous **faites fausse route** !* • **Mettre en route :** faire fonctionner un appareil ou un véhicule.

routier, ère (adjectif)
Qui concerne les routes. *Le réseau **routier**.* ■ **routier, ère** (nom) Personne qui conduit un camion sur de longs trajets. *Une grève de **routiers** a paralysé la circulation.*

routine (nom féminin)
Habitude d'agir et de penser toujours de la même manière. *Il aime l'imprévu et l'aventure, il a horreur de la **routine**.*

routinier, ère (adjectif)
Marqué par la routine. *Les vacances ont interrompu son travail **routinier**.*

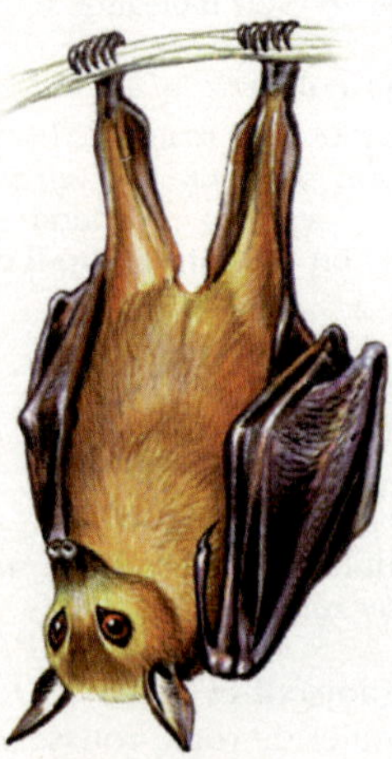
une **roussette**

une **roussette**

rouvrir (verbe) ▸ conjug. n° 12
Ouvrir de nouveau. *La piscine **rouvrira** après les travaux.*

roux, rousse (adjectif)
Qui est d'une couleur entre le jaune et le brun. *Xavier a aperçu le pelage **roux** d'un écureuil.* ■ **roux, rousse** (adjectif et nom) Qui a les cheveux roux. *Notre voisine est une belle **rousse** aux yeux bleus.*
Famille du mot : rouss**eur**, roussi.

royal, ale, aux (adjectif)
1. Du roi. *Le prince héritier recevra la couronne **royale**.* **2.** Qui est digne d'un roi. *Olivier a offert à sa femme un cadeau **royal**.* (Syn. magnifique, somptueux.) Famille du mot : royal**ement**, royal**iste**, royaume, royauté.

royalement (adverbe)
De façon royale. *La maîtresse de maison a traité **royalement** ses invités.*

royaliste (adjectif et nom)
Partisan du roi ou de la royauté. *Un candidat **royaliste** s'est présenté aux élections.*

royaume (nom masculin)
Pays gouverné par un roi ou une reine. *Le **royaume** de Suède.*

Royaume-Uni de Grande-Bretagne et d'Irlande du Nord

Union européenne

63,2 millions d'habitants
Capitale : Londres
Monnaie : la livre sterling
Langue officielle : anglais
Superficie : 244 023 km²

État d'Europe occidentale, situé au nord-ouest de la France. Le Royaume-Uni est constitué d'une grande île, la Grande-Bretagne (229 903 km^2) et de l'Irlande du Nord (14 120 km^2). La Grande-Bretagne est divisée en trois pays : l'Angleterre, le pays de Galles et l'Écosse.

GÉOGRAPHIE
Le pays est bordé par la Manche, la mer du Nord et l'océan Atlantique. Les massifs anciens du Nord et de l'Ouest ont donné naissance à de nombreux lacs et ont formé des côtes très découpées. La Tamise, principal fleuve du pays, se jette dans la mer du Nord. Le Royaume-Uni est très urbanisé. Plus de 90 % de la population vit dans les villes. L'industrie s'est développée dans les technologies de pointe, la chimie, la production d'automobiles. Londres est une importante place financière.

HISTOIRE
Après l'installation des Celtes, l'île fut soumise par les Normands de Guillaume le Conquérant à partir de 1066. Puis Édouard III réclama la Couronne française, ce qui déclencha la guerre de Cent Ans (1337-1453), mais l'Angleterre perdit ses terres sur le continent. Les dynasties des Tudors et des Stuarts se succédèrent à la tête du royaume.
À partir de 1750, une révolution agricole et industrielle plaça le pays à la tête du progrès technique et la Grande-Bretagne développa ses colonies. En 1800, la Grande-Bretagne devint le Royaume-Uni de Grande-Bretagne et d'Irlande. Depuis 1997, l'Écosse et le pays de Galles ont leur propre Parlement.
Le Royaume-Uni fait partie de l'Union européenne et l'ouverture du tunnel sous la Manche, en 1994, a renforcé son intégration à l'Europe. Cependant le pays n'a pas adopté l'euro.

royauté (nom féminin)
Pouvoir royal. *La république a aboli la **royauté**.*

ruade (nom féminin)
Mouvement brusque d'un animal qui rue. *Ne reste pas derrière ce cheval, il pourrait te renverser d'une **ruade**.*

une **ruade**

Ruanda
➡ Voir **Rwanda**.

a b c d e f g h i j k l m n o p q r s t u v w x y z

ruban (nom masculin)
Bande fine et étroite de tissu ou de papier. *Myriam a attaché les cheveux de sa poupée avec un **ruban**. Un rouleau de **ruban** adhésif.*

rubéole (nom féminin)
Maladie bénigne mais très contagieuse due à un virus.

rubis (nom masculin)
Pierre précieuse de couleur rouge. *Un bracelet orné de **rubis**.*

rubrique (nom féminin)
1. Suite d'articles d'un journal sur un même sujet. *Papa commence toujours par lire la **rubrique** sportive de son journal.* **2.** Catégorie dans laquelle sont classés différents éléments. *Cliquez sur la **rubrique** « réservation » pour acheter votre place de train.*

ruche (nom féminin)
Petit abri où l'on élève des abeilles. *L'apiculteur a installé cinq **ruches** dans le vallon.*

rude (adjectif)
1. Difficile à supporter. *Il a gelé pendant des mois, l'hiver a été **rude**. Dans cette région désertique, la vie est **rude**.* **2.** Qui manque de douceur. *Ces aventuriers sont des hommes **rudes**.* (Syn. brutal, dur.) Famille du mot : rud**ement**, rud**esse**, rud**oyer**.

rudement (adverbe)
1. De manière rude. *Ce patron traite **rudement** ses employés.* (Syn. durement.) **2.** Synonyme familier de très. *Je suis **rudement** content de te revoir.*

rudesse (nom féminin)
Caractère de ce qui est rude. *Il a refusé avec **rudesse** de nous aider.*

rudimentaire (adjectif)
Qui ne comporte que l'essentiel. *Les naufragés avaient construit une embarcation **rudimentaire** avec des troncs d'arbres.*

rudiments (nom masculin pluriel)
Connaissances de base. *Guillaume ne connaît que les **rudiments** de l'informatique.*

rudoyer (verbe) ▸ conjug. n° 6
Traiter quelqu'un avec rudesse. *Arrêtez de **rudoyer** cet enfant, vous lui faites peur.* (Syn. brusquer, malmener.)

rue (nom féminin)
Voie bordée de maisons dans une ville ou un village. *Benjamin habite dans une petite **rue** près de l'école. Une **rue** à sens unique.*
• **Être à la rue :** être sans domicile fixe.

ruée (nom féminin)
Mouvement d'un grand nombre de personnes dans la même direction. *Au moment des soldes, c'est la **ruée** vers les grands magasins.* (Syn. rush.)

ruelle (nom féminin)
Petite rue étroite.

ruer (verbe) ▸ conjug. n° 3
1. Lancer brusquement en l'air les pattes arrière, pour un cheval, un âne. *Le cheval, affolé, s'est mis à **ruer**.* **2.** Se ruer : s'élancer brusquement et très violemment. *La foule **s'est ruée** vers la sortie.* Famille du mot : ru**ade**, ru**ée**.

rugby (nom masculin)
Sport opposant deux équipes, qui se joue à la main et au pied avec un ballon ovale. *Rugby* est une ville d'Angleterre, où ce sport a été inventé en 1823.

un match de **rugby**

rugbyman (nom masculin)
Joueur de rugby. Prononciation [ʀygbiman]. Pluriel : des rugbymans ou des rugby**men**.

rugir (verbe) ▸ conjug. n° 11
Pousser des rugissements. *Le lion s'approcha en* ***rugissant****.*

rugissement (nom masculin)
1. Cri du lion et de certains grands fauves. *Les* ***rugissements*** *du tigre le glaçaient d'effroi.* **2.** Hurlement violent. *L'homme poussait des* ***rugissements*** *de colère.*

rugosité (nom féminin)
Caractère de ce qui est rugueux. *L'alpiniste grimpait facilement grâce à la* ***rugosité*** *de la paroi rocheuse.*

rugueux, euse (adjectif)
Qui râpe au toucher. *L'écorce de ce vieux chêne est* ***rugueuse****.* (Contr. lisse.) **Rugueux** vient du latin *rugosus* qui signifie « ridé ».

ruine (nom féminin)
1. Restes d'un bâtiment détruit. *En Italie, il reste encore de nombreuses* ***ruines*** *de l'Antiquité romaine. Le village abandonné tombe en* ***ruine****.* **2.** Perte des biens d'une personne. *Son commerce ne marche plus du tout, il est au bord de la* ***ruine****.* Famille du mot : ruin**er**, ruin**eux**.

une **ruine** romaine

ruiner (verbe) ▸ conjug. n° 3
Causer la ruine. *Les inondations* ***ont ruiné*** *les paysans de cette région. Il* ***s'est ruiné*** *en jouant au casino.*

ruineux, euse (adjectif)
Qui entraîne des dépenses trop importantes. *C'est une villa magnifique, mais son entretien est* ***ruineux****.*

ruisseau, eaux (nom masculin)
Petit cours d'eau. *Des enfants pêchent au bord du* ***ruisseau****.*

ruisselant, ante (adjectif)
Qui ruisselle. *Le coureur était* ***ruisselant*** *de sueur.*

ruisseler (verbe) ▸ conjug. n° 9
Couler en formant des petits ruisseaux. *La pluie* ***ruisselait*** *le long des vitres.* Famille du mot : ruissel**ant**, ruissell**ement**. **Ruisseler** se conjugue aussi comme peler (n° 8).

ruissellement (nom masculin)
Fait de ruisseler. *Le* ***ruissellement*** *des eaux de pluie fait rouler les pierres sur la pente.* ORTHO On écrit aussi **ruissèlement**.

rumeur (nom féminin)
1. Bruit confus de voix. *Quand la vedette parut sur scène, une* ***rumeur*** *s'éleva dans la salle.* **2.** Nouvelle qui se répand dans le public. *On dit que le Président va démissionner, mais ce n'est qu'une* ***rumeur****.*

ruminant (nom masculin)
Mammifère qui rumine. *La vache, la chèvre, le cerf, le chameau sont des* ***ruminants****.*

ruminer (verbe) ▸ conjug. n° 3
1. Mâcher de nouveau les aliments en les faisant remonter de l'estomac jusqu'à la bouche. *Les vaches* ***ruminent****, couchées dans l'herbe.* **2.** Au sens figuré, retourner sans arrêt les mêmes pensées dans son esprit. *Depuis des mois, il* ***rumine*** *son échec.*

rumsteck (nom masculin)
Morceau de viande découpée dans la croupe du bœuf. *Une tranche de* ***rumsteck*** *grillée.* **Rumsteck** est un mot anglais : on prononce [ʀɔmstɛk]. ORTHO On écrit aussi **romsteck**.

rupestre (adjectif)
Qui est dessiné ou gravé dans la roche. *Les peintures* ***rupestres*** *de cette grotte datent de la préhistoire.* ➡ p. 1139.

rupture (nom féminin)
1. Fait de se rompre. *L'inondation a provoqué la* ***rupture*** *des canalisations d'eau.* **2.** Interruption brutale. *Des attentats ont provoqué la* ***rupture*** *des négociations.* **3.** Séparation entre des personnes

jusque-là unies. *Ils ne se parlent plus depuis leur **rupture**.*

rural, ale, aux (adjectif)
Qui concerne la campagne. *Il vit à Paris, il ne connaît rien de la vie **rurale**.*

ruse (nom féminin)
Moyen habile utilisé pour tromper. *Il a utilisé mille **ruses** pour échapper à ses ennemis.* (Syn. stratagème, subterfuge.)
Famille du mot : rus**é**, rus**er**.

rusé, ée (adjectif)
Qui agit avec ruse. *Son adversaire est **rusé** comme un renard.* (Syn. malin.)

ruser (verbe) ▸ conjug. n° 3
Agir avec ruse. *Si tu veux échapper à cette corvée, il va falloir **ruser** !*

rush (nom masculin)
Synonyme de ruée. *Au mois d'août, c'est le **rush** des vacanciers sur les plages !* **Rush** est un mot anglais : on prononce [Rœʃ].
Pluriel : des rush**s** ou des rush**es**.

russe ➡ Voir tableau p. 6

Russie

141,8 millions d'habitants
Capitale : Moscou
Monnaie : le rouble
Langue officielle : russe
Superficie : 17 075 400 km²

C'est **le plus vaste État du monde**. Il s'étend de la mer Baltique à l'ouest, à l'océan Pacifique à l'est ; il est bordé par l'océan Arctique au nord, et par la mer Noire et la mer Caspienne au sud.

GÉOGRAPHIE
Le relief de la Russie est surtout constitué de plaines et de plateaux. La chaîne montagneuse de l'Oural sépare la Russie d'Europe et la Russie d'Asie. La chaîne du Caucase sert de frontière avec la Turquie et l'Iran, et la chaîne de l'Altaï sépare la Russie de la Mongolie et de la Chine. La steppe occupe une grande partie de la Russie méridionale. La Russie figure parmi les premiers pays producteurs d'orge et de blé du monde. Sa richesse minière est un atout important : le pays est au 1er rang mondial pour les réserves de gaz naturel, au 8e rang pour les réserves de pétrole. Son industrie est puissante, mais ses équipements sont anciens. La Russie est une des grandes puissances mondiales.

HISTOIRE
Au XVIe siècle, Ivan le Terrible fut le premier tsar de Russie. Au XVIIe siècle, les Romanov prirent le pouvoir. Leur descendants furent tsars jusqu'en 1917. Le premier Romanov, Pierre Ier le Grand, fit construire Saint-Pétersbourg et se proclama empereur de l'Empire russe en 1721.
Au XIXe siècle, la Russie résista à l'invasion des armées de Napoléon. Les idées socialistes commencèrent alors à se développer et aboutirent à la révolution de 1905. En 1917, des émeutes éclatèrent à Saint-Pétersbourg : le tsar Nicolas II fut destitué. Le mécontentement populaire aboutit à la révolution d'Octobre, et à la prise du pouvoir par Lénine.
En 1922, l'Union des républiques socialistes soviétiques (URSS) fut proclamée. Lénine essaya de relancer l'économie. Après sa mort, Staline, secrétaire général du Parti communiste de l'Union soviétique, élimina les autres successeurs de Lénine pour pouvoir diriger l'URSS seul. En 1941, l'Allemagne envahit l'URSS, mais l'Armée rouge (l'armée de l'URSS) arrêta les Allemands à Stalingrad en 1942. La victoire de 1945 donna à l'URSS de nouvelles frontières, et le rétablissement de l'économie fit du pays la deuxième puissance du monde après les États-Unis. Mais très vite commença la guerre froide avec l'Occident, qui ne finit que dans les années 1980.
En 1990-1991, la plupart des républiques de l'URSS proclamèrent leur indépendance et l'URSS fut dissoute. En 1991, la « Communauté des États indépendants », rassemblant la quasi-totalité des anciennes Républiques soviétiques, fut créée. L'URSS devint la Fédération de Russie.

rustine (nom féminin)
Rondelle de caoutchouc adhésive, utilisée pour réparer la chambre à air d'un vélo. **Rustine** est le nom d'une marque. Ce mot vient de *Rustin*, le nom du fabricant.

rustique (adjectif)
Qui a des formes simples et traditionnelles. *Une grosse table **rustique** en bois de chêne.*

rustre (nom masculin)
Homme grossier, sans éducation. *Ce **rustre** est parti au milieu du repas sans s'excuser.*

rut (nom masculin)
Période d'activité sexuelle qui pousse les animaux à s'accoupler. *Une chienne en **rut**.* Prononciation [RYt].

rutabaga (nom masculin)
Sorte de navet de couleur jaune.

rutilant, ante (adjectif)
Qui brille d'un éclat très vif. *Caroline portait des bracelets en or **rutilants**.* (Syn. étincelant.)

Rwanda

9,9 millions d'habitants
Capitale : Kigali
Monnaie :
le franc rwandais
Langues officielles :
français, kinyarwanda
Superficie : 26 340 km²

État d'Afrique centrale, entouré par le Congo, le Burundi, la Tanzanie et l'Ouganda.

GÉOGRAPHIE
Le Rwanda est un pays de hauts plateaux. L'agriculture est sa principale ressource, en particulier les cultures vivrières, le café et le thé.

HISTOIRE
Le Rwanda, qui était autrefois rattaché au Congo belge, est devenu indépendant en 1962. En 1994, le pays fut en proie à une très violente guerre civile qui ruina l'économie et conduisit au génocide de l'ethnie tutsie.

rwandais, aise ➡ Voir tableau p. 6

rythme (nom masculin)
1. Mouvement de la musique. *Ils dansaient au **rythme** entraînant d'un air de jazz.* **2.** Mouvement qui se produit à intervalles réguliers. *Le **rythme** de la respiration.* **3.** Allure à laquelle on fait une action. *Accélère ! Au **rythme** où tu avances, nous allons rater le bus.* (Syn. allure, cadence.) Famille du mot : rythmer, rythm**ique**.

rythmer (verbe) ▸ conjug. n° 3
1. Marquer le rythme. *Les danseurs tapent du pied pour **rythmer** la cadence.* **2.** Donner un certain rythme. *Les saisons **rythment** la vie des agriculteurs.*

rythmique (adjectif)
Qui se pratique sur le rythme d'une musique. *Gymnastique **rythmique**.*

une peinture **rupestre**

S s

salade

s (nom masculin)
Dix-neuvième lettre de l'alphabet. *Le **S** est une consonne.*

s' ➡ Voir **se** et **si**.

sa (déterminant)
Féminin de *son* 1.

sabbat (nom masculin)
1. Dans la religion juive, jour de repos hebdomadaire, le samedi. **2.** Dans les légendes, réunion nocturne de sorciers et de sorcières. **Sabbat** vient de l'hébreu *shabbat* qui signifie « repos ».

sabbatique (adjectif)
• **Année sabbatique :** année de congé, passée sans travailler. *La mère de Benjamin a décidé de prendre une **année sabbatique**.*

sablage (nom masculin)
Action de sabler. *On effectue le **sablage** des routes quand il y a de la neige ou du verglas.*

sable (nom masculin)
Matière constituée de petits grains provenant de débris de roches ou de coquillages. *Les enfants font des pâtés de **sable** sur la plage.* Famille du mot : sa**blage**, sab**ler**, sab**leux**, sab**lier**, sab**lonneux**.

sablé, ée (adjectif)
• **Pâte sablée :** pâte très friable, faite avec beaucoup de beurre. ■ **sablé** (nom masculin) Petit gâteau sec à pâte sablée.

sabler (verbe) ▶ conjug. n° 3
Couvrir de sable. *Cette chaussée est verglacée, il faut la **sabler**.* • **Sabler le champagne :** célébrer un évènement en buvant du champagne.

sableux, euse (adjectif)
Qui contient du sable. *L'eau de l'estuaire est **sableuse**.*

sablier (nom masculin)
Petit instrument en verre dans lequel du sable coule lentement de haut en bas. *On se sert d'un **sablier** pour mesurer le temps de cuisson des œufs à la coque.*

un **sablier**

sablonneux, euse (adjectif)
Qui est couvert de sable. *C'est difficile de rouler à vélo sur les chemins très **sablonneux**.*

saborder (verbe) ▸ conjug. n° 3
Couler volontairement un navire.

sabot (nom masculin)
1. Chaussure en bois. *Autrefois, à la campagne, tout le monde marchait en **sabots**.* **2.** Corne qui protège le pied de certains animaux. *Le cheval, le zèbre, le bœuf ont des **sabots**.*

sabotage (nom masculin)
Action de saboter quelque chose. *Le **sabotage** du pont a bloqué le convoi.*

saboter (verbe) ▸ conjug. n° 3
1. Détériorer ou détruire volontairement une machine, une installation. ***Saboter** une voie ferrée.* **2.** Faire vite et mal. *La réparation a été mal faite, le garagiste **a saboté** son travail.* Famille du mot : sabot**age**, sabot**eur**.

saboteur, euse (nom)
Personne qui sabote une installation.

sabre (nom masculin)
Sorte d'épée, droite ou recourbée, dont la lame coupe d'un seul côté.

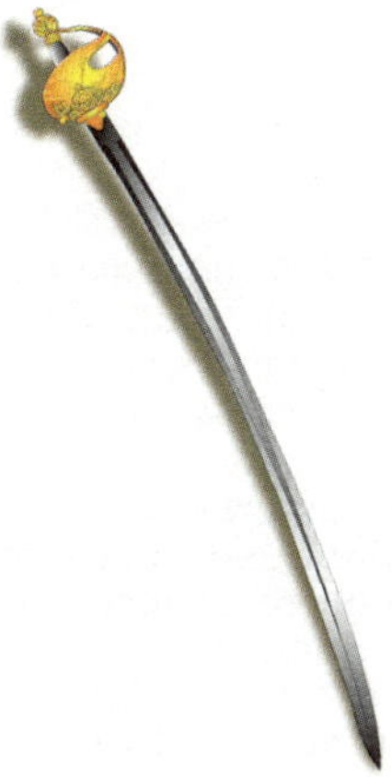

un **sabre**

sabrer (verbe) ▸ conjug. n° 3
1. Frapper à coups de sabre. **2.** Supprimer certaines parties d'un texte. *L'éditeur souhaite **sabrer** des passages du livre, mais l'auteur n'est pas d'accord.*

sac (nom masculin)
Récipient en tissu, en cuir, en plastique ou en papier, qui sert à transporter des choses. *Les quinze randonneurs bouclent leur **sac** à dos. Anna met ses papiers et ses clés dans son **sac** à main.* • **Avoir plus d'un tour dans son sac :** être rusé. • **Mettre dans le même sac :** réprouver de la même façon plusieurs choses ou plusieurs personnes. • **Prendre quelqu'un la main dans le sac :** le surprendre en flagrant délit.

sac (nom masculin)
• **Mettre à sac :** piller et dévaster. *Les troupes ennemies **ont mis** la ville **à sac**.*
Famille du mot : sac**cage**, sac**cager**.

saccade (nom féminin)
Secousse brusque et irrégulière. *La voiture avance par **saccades**, elle va tomber en panne.* (Syn. à-coup.)

saccadé, ée (adjectif)
Qui se fait par saccades. *Des gestes **saccadés**.*

saccage (nom masculin)
Action de saccager. *Le chien a fait un vrai **saccage** en courant dans les tulipes.*

saccager (verbe) ▸ conjug. n° 5
Synonyme de ravager. *Le chat **a saccagé** le fauteuil avec ses griffes.*

saccharine (nom féminin)
Produit utilisé pour remplacer le sucre. *Maman met une pastille de **saccharine** dans son café.*
ORTHO On écrit aussi **saccarine**.

sacerdoce (nom masculin)
Fonction de prêtre.

sachet (nom masculin)
Petit sac. *Maman met des **sachets** de lavande dans l'armoire pour parfumer le linge.*

sacoche (nom féminin)
Grand sac de cuir ou de toile. *Clément vient d'acheter des **sacoches** pour son vélo.*

sacre (nom masculin)
Cérémonie religieuse qui accompagne le couronnement d'un roi ou d'un empereur. ➡ p. 1142.

sacré, ée (adjectif)
1. Qui a un rapport avec la religion. *Les lieux **sacrés** sont respectés.* **2.** Qu'il faut

absolument respecter. *Pour ce peuple, l'hospitalité est une chose **sacrée**.* 3. Renforce familièrement un terme injurieux ou admiratif. *C'est un **sacré** menteur !*

sacrement (nom masculin)
Cérémonie importante de la religion chrétienne. *Le baptême, la communion et le mariage font partie des sept **sacrements**.*

sacrer (verbe) ▸ conjug. n° 3
Donner solennellement le titre de souverain lors du sacre. *Charlemagne **fut sacré** empereur par le pape en 800.* (Syn. couronner.) Famille du mot : sacre, sacré, sacre**ment**, sacro-saint.

sacrifice (nom masculin)
1. Offrande à une divinité. *Dans l'Antiquité, on immolait des animaux pour les offrir en **sacrifice** aux dieux.* 2. Renoncement ou privation. *Ils ont dû faire des **sacrifices** pour s'offrir cette belle voiture.*

sacrifier (verbe) ▸ conjug. n° 10
1. Offrir en sacrifice. *Les Romains **sacrifiaient** des animaux sur les autels.* 2. Renoncer à quelque chose pour autre chose qu'on juge plus important. *Il a dû **sacrifier** le sport pour réussir ses études.*

sacrilège (nom masculin)
1. Crime commis contre une chose sacrée. *Profaner une tombe est un **sacrilège**.* 2. Manque de respect envers une chose vénérable. *Détruire ce paysage pour y faire passer l'autoroute serait un **sacrilège**.*

« Le **Sacre** de Napoléon », détail d'une peinture de David (1806)

sacripant (nom masculin)
Synonyme familier de vaurien.

sacristain, aine (nom)
Personne chargée de l'entretien d'une église.

sacristie (nom féminin)
Salle, dans une église, où l'on range les objets qui servent au culte.

sacro-saint, -sainte (adjectif)
Qui fait l'objet d'un respect profond. *Élodie aimerait échapper à la **sacro-sainte** promenade dominicale.* Pluriel : sacro-saint**s**, sacro-sainte**s**.
ORTHO On écrit aussi **sacrosaint**.

sadique (adjectif et nom)
Qui prend plaisir à faire souffrir ou à voir souffrir. *David a enfermé le chat dans le placard, il est vraiment **sadique** !* **Sadique** vient du nom du *marquis de Sade*, écrivain du XVIIIe siècle.

sadisme (nom masculin)
Comportement sadique.

safari (nom masculin)
Expédition en Afrique pour chasser des animaux sauvages. **Safari** vient d'un mot d'Afrique de l'Est qui signifie « bon voyage ».

safari-photo (nom masculin)
Excursion au cours de laquelle on photographie des animaux sauvages. Pluriel : des safari**s**-photo**s**.

safran (nom masculin)
1. Poudre jaune-orangé extraite d'une fleur, utilisée comme condiment ou comme colorant. *On met du **safran** dans la paella.* 2. Partie plate du gouvernail d'un bateau. ➡ p. 1346.

saga (nom féminin)
Récit qui raconte l'histoire d'une famille sur plusieurs générations.

sagace (adjectif)
Synonyme littéraire de perspicace. *Un esprit **sagace** et subtil.*

sagacité (nom féminin)
Synonyme littéraire de perspicacité. *Sa **sagacité** lui a fait déceler le piège.*

sagaie (nom féminin)
Arme à long manche terminé par une pointe de fer, utilisée par certains peuples.

une **sagaie**

sage (adjectif)
1. Qui est plein de bon sens et de prudence. *Comme il y a du verglas, ils ont pris la **sage** décision de voyager en train.* (Syn. raisonnable, sensé. Contr. imprudent.) **2.** Qui est calme et obéissant. *Les enfants ont été très **sages** avec leur baby-sitter.* Famille du mot : s'**assagir**, sage**ment**, sag**esse**.

sage-femme (nom féminin)
Infirmière dont la spécialité est d'aider les femmes qui accouchent. *La mère de Fatima est **sage-femme** dans une maternité.* Pluriel : des sage**s**-femme**s**.
ORTHO On écrit aussi une **sagefemme**, des **sagefemmes**.

sagement (adverbe)
De façon sage. *Les enfants jouent **sagement** dans leur chambre.*

le **safran**

sagesse (nom féminin)
1. Qualité d'une personne sage, prudente. *La **sagesse** serait d'attendre la fin de l'orage pour sortir.* **2.** Qualité d'une personne sage, calme et obéissante. *Gaëlle a été d'une **sagesse** remarquable avec sa grand-mère.*

Sahara
Le plus grand désert du monde (environ 10 millions de km^2). Le Sahara se situe en Afrique du Nord et s'étend de l'océan Atlantique à la mer Rouge et du massif de l'Atlas jusqu'au Soudan.

Sahel
Région d'Afrique, au sud du Sahara (5 millions de km^2), qui marque une frontière climatique entre les régions situées au nord et au sud de celle-ci. La saison sèche y dure neuf mois, et celle des pluies de juillet à septembre. ➡ p. 1169.

saignant, ante (adjectif)
Qui est peu cuit. *Voulez-vous votre steak **saignant** ou à point ?*

saignée (nom féminin)
Opération visant à extraire des vaisseaux une certaine quantité de sang. *Les **saignées** ont été pratiquées jusqu'au XVIIIe siècle.*

saignement (nom masculin)
Fait de saigner. *Après le choc, Ibrahim a eu un **saignement** de nez.*

saigner (verbe) ▸ conjug. n° 3
1. Perdre du sang. *Kevin est tombé de vélo et ses genoux **saignent**.* **2.** Tuer un animal en le vidant de son sang. *La fermière **a saigné** un lapin.* **3.** Se saigner : faire beaucoup de sacrifices. *Nos voisins ont dû **se saigner** pour pouvoir s'acheter cette nouvelle voiture.* Famille du mot : saign**ant**, saigne**ment**.

saillant, ante (adjectif)
Qui fait saillie. *La corniche **saillante** d'un bâtiment.*

saillie (nom féminin)
Partie qui dépasse d'une surface. *Un balcon en **saillie**.*

saillir (verbe) ▸ conjug. n° 14
Être en saillie, former un relief. *Quand l'haltérophile soulève les haltères, on voit ses muscles qui **saillent**.* Famille du mot : saill**ant**, saill**ie**.

sain, saine (adjectif)
1. Qui est bon pour la santé. *À la campagne, l'air est plus **sain** qu'en ville.* **2.** Qui est en bonne santé physique. *Ces volailles élevées en plein air sont très **saines**.* (Contr. malade.) **3.** Qui prouve une bonne mentalité. *Il a toujours eu de **saines** lectures.* • **Sain et sauf :** indemne. *Tous les habitants sont sortis **sains et saufs** de l'immeuble en flammes.* Famille du mot : as**sain**issement, as**sain**ir, mal**sain**.

saindoux (nom masculin)
Graisse de porc fondue. *Le pot de rillettes est recouvert de **saindoux**.*

sainfoin (nom masculin)
Plante cultivée pour servir de fourrage.

saint, sainte (nom)
Dans la religion catholique, personne reconnue, après sa mort, comme digne d'un culte. *Des statues de **saints** ornent le porche de la cathédrale.* ■ **saint, sainte** (adjectif) **1.** Qui appartient à la religion. *La Bible, les Évangiles, le Coran sont des livres **saints**.* (Syn. sacré.) **2.** Qui est bon, juste et généreux. *Ta tante était une **sainte** femme.*

la Saint-Barthélemy
Massacre de protestants, qui eut lieu le 24 août 1572, jour de la Saint-Barthélemy. Le roi Charles IX était persuadé que les protestants préparaient un complot contre lui et ordonna de les exécuter : 3 000 d'entre eux furent tués à Paris. En province, les massacres durèrent plusieurs mois.

saint-bernard (nom masculin)
Grand chien au poil long, dressé pour le sauvetage des personnes perdues en montagne. Pluriel : des saint-bernard. **Saint-bernard** vient du nom du *col du Grand-Saint-Bernard*, dans les Alpes, où se trouvait un hospice dont les moines élevaient ces chiens.

Saint-Denis
Chef-lieu du département de la Réunion (142 000 habitants). Saint-Denis est une ville portuaire située au nord de l'île de la Réunion.

Sainte-Hélène
Île britannique de l'Atlantique Sud (122 km² ; 4 200 habitants). Napoléon y fut exilé par les Anglais en 1815. Il y mourut en 1821.

Sainte-Lucie

200 000 habitants
Capitale : Castries
Monnaie : le dollar des Caraïbes de l'Est
Langue officielle : anglais
Superficie : 615 km²

État des Petites Antilles, au sud de la Martinique. Ses ressources sont essentiellement le tourisme et la production de bananes.

Saint Empire romain germanique
Empire fondé en 962. Il englobait l'Allemagne, l'Italie du Nord et du Centre, la Lorraine et la Bourgogne. Il fut définitivement dissous en 1806, après l'invasion napoléonienne.

sainte-nitouche (nom féminin)
Personne hypocrite, qui fait semblant d'être sage pour tromper son entourage. Pluriel : des sainte**s**-nitouche**s**. **Sainte-nitouche** vient de *sainte* et de *n'y touche (pas)*.

sainteté (nom féminin)
Qualité d'une personne ou d'une chose sainte. *Respecter la **sainteté** d'un lieu.* • **Sa Sainteté :** titre donné au pape.

Saint-Étienne
Chef-lieu du département de la Loire (178 000 habitants). Saint-Étienne a un passé très industriel : manufactures d'armes, de cycles, de rubans, mines de charbon.

un **saint-bernard**

Saint-Exupéry Antoine de (né en 1900, mort en 1944)

Écrivain et aviateur français. Il fut un des premiers à assurer des liaisons aériennes avec l'Amérique du Sud. Il a écrit *Vol de nuit, Terre des hommes, Pilote de guerre,* mais son livre le plus connu est *le Petit Prince* (1943). Son avion disparut au cours d'une mission aérienne.

Saint-Jacques-de-Compostelle

Ville d'Espagne et capitale de la région de Galice (95 000 habitants). Saint-Jacques-de-Compostelle est le centre d'un célèbre pèlerinage où se rendent des chrétiens de l'Europe entière depuis le XIe siècle pour se recueillir sur le tombeau attribué à Saint-Jacques.

Saint-Kitts-et-Nevis

50 000 habitants
Capitale : Basseterre
Monnaie : le dollar des Caraïbes
Langue : anglais
Superficie : 269 km²

État des Petites Antilles, au nord-ouest de la Guadeloupe. La population est majoritairement d'origine africaine. Les principales activités sont le tourisme et la culture de la canne à sucre.

Saint-Laurent

Grand fleuve d'Amérique du Nord (3 700 km). Le Saint-Laurent relie les Grands Lacs du nord des États-Unis à l'océan Atlantique. Il part du lac Supérieur, passe par le lac Ontario, les villes de Montréal et de Québec, puis forme un estuaire aboutissant au golfe du Saint-Laurent.

Saint Louis

➡ Voir Louis IX.

Saint-Marin

30 000 habitants
Capitale : Saint-Marin
Monnaie : l'euro
Langue officielle : italien
Superficie : 60,6 km²

État qui forme une enclave dans le nord de l'Italie. Ses principales ressources sont la vigne et le tourisme. Saint-Marin ne fait pas partie de l'Union européenne mais a pourtant adopté l'euro en 2002.

Saint-Pétersbourg

Deuxième ville de Russie par sa population (5,3 millions d'habitants). Située à l'embouchure du delta de la Neva, Saint-Pétersbourg est un important centre industriel et culturel. Ses palais, dont le palais d'Hiver, ses églises et ses monuments en font une grande ville touristique. Le musée de l'Ermitage, fondé par l'impératrice Catherine II, abrite une importante collection de tableaux.

HISTOIRE

Saint-Pétersbourg a été fondée en 1703 par le tsar Pierre le Grand. Elle a été conçue par des architectes italiens et français. Elle fut la capitale de la Russie de 1715 à 1918. Appelée Petrograd en 1914, elle prit le nom de Leningrad en 1924, à la mort de Lénine. Ce n'est qu'en 1991 qu'elle a retrouvé son nom actuel. Jusqu'au début du XXe siècle, Saint-Pétersbourg a été le principal centre intellectuel, scientifique et politique du pays. À la suite de la révolution de 1917 et du transfert de la capitale à Moscou, la ville a, petit à petit, décliné au profit de Moscou.

Saint-Pierre-et-Miquelon

Collectivité française d'outre-mer (242 km^{2} ; 6 000 habitants). Saint-Pierre-et-Miquelon est un archipel de l'océan Atlantique, situé à l'est du Canada. Il est constitué de trois îles, la Grande Miquelon, Langlade et Saint-Pierre. Les ressources sont le tourisme et la pêche.

Saint-Vincent et les Grenadines

100 000 habitants
Capitale : Kingstown
Monnaie : le dollar des Caraïbes de l'Est
Langue officielle : anglais
Superficie : 389 km²

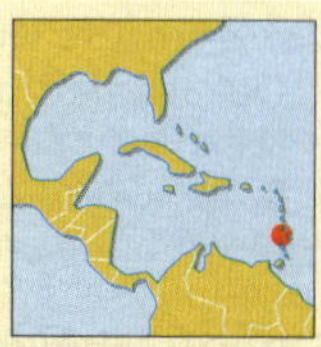

État des Petites Antilles. Ses ressources sont le tourisme et la production de bananes.

a b c d e f g h i j k l m n o p q r **s** t u v w x y z

saisie (nom féminin)
1. Confiscation d'un bien ordonnée par la justice. *Pour échapper à la **saisie** de leurs meubles, ils ont dû rembourser leurs dettes.* **2.** Action de saisir un texte sur un ordinateur.

saisir (verbe) ▸ conjug. n° 11
1. Attraper vivement avec la main. *Pierre a dû sauter pour **saisir** la balle que Véronique lui avait envoyée.* **2.** Mettre immédiatement à profit un évènement. ***Saisir** une occasion, le bon moment.* **3.** Synonyme de comprendre. *Tu **as** bien **saisi** mes explications ?* **4.** Surprendre quelqu'un d'une façon brutale ou désagréable. *Le froid nous **a saisis** dès que nous avons ouvert la porte.* **5.** Effectuer une saisie par une décision de justice. *L'huissier risque de **saisir** leurs meubles s'ils ne paient pas leurs dettes.* **6.** Enregistrer des données dans la mémoire d'un ordinateur. *Julie **saisit** les noms des membres du club.* **7.** Se saisir de quelque chose : s'en emparer. *Les cambrioleurs **se sont saisis du** tiroir-caisse avant de s'enfuir.* Famille du mot : se **des**saisir, **in**saisi**ssable**, saisi**e**, saisi**ssant**, saisi**ssement**.

saisissant, ante (adjectif)
Qui fait une vive impression. *Cette sculpture est d'une beauté **saisissante**.* (Syn. frappant.)

saisissement (nom masculin)
Émotion forte et soudaine causée par une impression vive ou un choc.

saison (nom féminin)
1. Chacune des quatre divisions de l'année. *Les quatre **saisons** sont l'hiver, le printemps, l'été et l'automne.* **2.** Période de l'année où une activité bat son plein. *C'est la **saison** des champignons. La **saison** touristique.* Famille du mot : arrière-saison, saison**nier**.

saisonnier, ère (adjectif)
Qui n'a lieu qu'à certaines saisons. *Le ski et le surf sont des sports **saisonniers**.* ■ **saisonnier, ère** (nom) Ouvrier employé pour un travail saisonnier.

salade (nom féminin)
1. Plante potagère cultivée pour ses feuilles qu'on mange généralement crues. *La laitue, la mâche, le cresson, la frisée et la scarole sont des **salades** aux goûts différents.* **2.** Plat froid constitué d'un mélange d'aliments assaisonnés. *Une **salade** de pommes de terre et de tomates.* • **Salade de fruits :** mélange de fruits coupés en morceaux.

saladier (nom masculin)
Plat creux pour servir la salade. *Laura prépare la vinaigrette dans le **saladier** avant d'y déposer les feuilles de laitue.*

salaire (nom masculin)
Somme d'argent qu'on reçoit régulièrement pour son travail. *Les femmes se plaignent qu'à travail égal leurs **salaires** sont plus bas que celui des hommes.* Famille du mot : salari**al**, salari**é**. **Salaire** vient du terme latin *salarium* qui signifie « ration de sel » : le sel, denrée précieuse, servait autrefois de monnaie d'échange.

salaisons (nom féminin pluriel)
Aliments qu'on a salés pour les conserver. *Le lard, le jambon sont des **salaisons**.*

salamandre (nom féminin)
Petit amphibien noir à taches jaunes dont la peau sécrète un liquide toxique.

salami (nom masculin)
Gros saucisson sec d'origine italienne.

salant (adjectif masculin)
• **Marais salant :** bassin peu profond en bord de mer dans lequel on récolte le sel après évaporation de l'eau. (Syn. saline.)

un paludier au travail dans les **marais salants**

salarial, ale, aux (adjectif)
Qui concerne les salaires. *Un accord **salarial** a été conclu entre la direction et les salariés.*

salarié, ée (adjectif et nom)
Qui reçoit un salaire en échange de son travail. *Cette entreprise emploie 40* ***salariés****.*

sale (adjectif)
1. Qui est couvert de taches ou de poussière. *Quand il rentre du stade, Quentin est* ***sale*** *des pieds à la tête !* (Syn. malpropre. Contr. propre.) **2.** Qui est mauvais, désagréable ou dangereux. ***Sale*** *temps pour la saison ! Jouer un* ***sale*** *tour à quelqu'un.* Famille du mot : salement, saleté, salir, salissant.

salé, ée (adjectif)
Qui contient du sel. *Avec les huîtres, on mange du pain et du beurre* ***salé****.* ■ **salé** (nom masculin) Viande de porc salée. *Le* ***salé*** *aux lentilles est un bon plat d'hiver.*

salement (adverbe)
D'une manière sale. *Ne mange pas* ***salement*** *avec tes mains, prends une fourchette !* (Contr. proprement.)

saler (verbe) ▸ conjug. n° 3
Mettre du sel pour assaisonner. *Tu* ***as*** *trop* ***salé*** *l'eau de cuisson des nouilles.* Famille du mot : dessaler, salaisons, salant, salé, salière, saline.

saleté (nom féminin)
1. État de ce qui est sale. *Ce jean est d'une* ***saleté*** *repoussante : il faut le laver.* (Syn. malpropreté. Contr. propreté.) **2.** Chose sale. *En prenant leur goûter, les enfants ont fait plein de* ***saletés*** *dans la cuisine.* (Syn. cochonnerie.)

salière (nom féminin)
Petit récipient pour mettre le sel.

saline (nom féminin)
Synonyme de marais salant.

salir (verbe) ▸ conjug. n° 11
Rendre sale. *Romain* ***a sali*** *les murs de sa chambre avec ses doigts pleins d'encre. Tu vas* ***te salir*** *si tu ne mets pas de tablier.*

salissant, ante (adjectif)
1. Qui salit. *Un travail* ***salissant****.* **2.** Qui se salit facilement. *Mets ton pantalon gris, il est moins* ***salissant*** *que le blanc !*

salivaire (adjectif)
• **Glandes salivaires :** glandes qui sécrètent la salive. ➡ p. 389.

salive (nom féminin)
Liquide que l'on a dans la bouche. Famille du mot : salivaire, saliver.

saliver (verbe) ▸ conjug. n° 3
Sécréter de la salive. *Les bonnes odeurs qui viennent de la cuisine nous font* ***saliver****.*

salle (nom féminin)
1. Pièce d'un appartement ou d'une maison qui a une fonction précise. *La* ***salle*** *à manger est au rez-de-chaussée, la* ***salle*** *de bains est au premier étage.* **2.** Local collectif. *Une* ***salle*** *de cinéma. La* ***salle*** *d'attente d'une gare, d'un hôpital.* **3.** Ensemble des spectateurs. *Toute la* ***salle*** *a applaudi à la fin du concert.*

une **salamandre**

La **salamandre** était l'emblème de François Ier.

Salomon

Roi des Hébreux de 970 à 931 avant Jésus-Christ. Fils et successeur du roi David, il fit bâtir le temple de Jérusalem. Il est considéré comme un roi sage et juste ; sa vie est racontée dans l'Ancien Testament.

îles Salomon

500 000 habitants
Capitale : Honiara
Monnaie : le dollar des îles Salomon
Langue officielle : anglais
Superficie : 28 450 km²

État du Pacifique, situé à l'est de la Papouasie-Nouvelle-Guinée. Les îles Salomon exportent des produits de la pêche et du bois.

salon (nom masculin)
1. Pièce où l'on reçoit des invités. *Le **salon** de ce château est orné de tableaux.* **2.** Exposition composée de stands. *Le **Salon** de l'automobile.* • **Salon de coiffure :** boutique d'un coiffeur. • **Salon de thé :** pâtisserie où l'on sert des consommations. Au sens 2, ce mot s'écrit avec une majuscule.

salopette (nom féminin)
Vêtement à bretelles composé d'un pantalon et d'une partie qui protège la poitrine.

salpêtre (nom masculin)
Poudre blanche qui se forme sur les murs humides. **Salpêtre** vient du latin *salpetræ* qui signifie « sel de la pierre ».

salsa (nom féminin)
Musique et danse latino-américaine qui mêle des sons proches du jazz et des rythmes d'origine africaine.

salsifis (nom masculin)
Plante potagère cultivée pour ses longues racines comestibles.

saltimbanque (nom)
Acrobate, jongleur ou bateleur qui fait des tours d'adresse en public. *Les **saltimbanques** se déplacent de ville en ville.*

salubre (adjectif)
Qui est bon pour la santé. *Dans cette belle région de montagne, le climat est **salubre**.* (Syn. sain. Contr. insalubre, malsain.) Famille du mot : **insalubre, insalubrité, salubrité.**

salubrité (nom féminin)
Qualité de ce qui est salubre. *Vérifier la **salubrité** d'un vieil immeuble.*

saluer (verbe) ▸ conjug. n° 3
1. Faire un salut à quelqu'un. *Myriam est très polie, elle **salue** toujours ses voisins.* **2.** Accueillir quelqu'un ou un évènement. *La salle **a salué** l'arrivée des comédiens par des cris et des bravos.*

salut (nom masculin)
1. Geste ou parole pour dire bonjour, bonsoir ou au revoir. *Faire un **salut** de la main.* **2.** Fait d'échapper à un danger ou à la mort. *Pris dans un incendie de forêt, ils doivent leur **salut** aux pompiers.*
■ **salut** (interjection) Dans la langue familière, s'emploie pour dire bonjour ou au revoir. ***Salut** les amis !*

salutaire (adjectif)
Qui a une action bénéfique. *Son séjour à la mer lui a été vraiment **salutaire**.* (Syn. bienfaisant, utile.)

salutations (nom féminin pluriel)
Formule de politesse à la fin d'une lettre. *Je vous adresse mes **salutations** distinguées.*

Salvador

7,3 millions d'habitants
Capitale : San Salvador
Monnaie : le colón du Salvador
Langue officielle : espagnol
Superficie : 21 010 km²

État d'Amérique centrale, bordé par l'océan Pacifique et situé entre le Guatemala et le Honduras.
Le Salvador a un climat tropical. C'est un pays essentiellement agricole, qui exporte du café, de la canne à sucre, du coton et du bois.

salvateur, trice (adjectif)
Qui sauve. *L'équipe a pu se qualifier pour la finale grâce au but **salvateur** de l'attaquant.*

salve (nom féminin)
Ensemble de coups de canon ou de coups de feu tirés simultanément.

samba (nom féminin)
Danse très rythmée d'origine brésilienne.

samedi (nom masculin)
Sixième jour de la semaine, entre vendredi et dimanche.

samouraï (nom masculin)
Membre de la classe des guerriers, dans le Japon féodal. *Les **samouraïs** étaient tous au service d'un seigneur.* Prononciation [samuʀaj].

un **samouraï**

SAMU (nom masculin)
Service qui apporte les premiers soins aux accidentés. **SAMU** est l'abréviation de *service d'aide médicale d'urgence*.

sanatorium (nom masculin)
Établissement où l'on soignait les personnes atteintes de tuberculose. Prononciation [sanatɔʀjɔm].

sanction (nom féminin)
1. Synonyme de punition. *Une **sanction** très sévère.* **2.** Fait d'être approuvé officiellement. *Le projet de loi a reçu la **sanction** du Parlement.*

sanctionner (verbe) ▸ conjug. n° 3
1. Infliger une sanction. *Cette faute grave doit **être** sévèrement **sanctionnée**.* **2.** Approuver ou confirmer officiellement. *Ce décret vient d'**être sanctionné**.*

sanctuaire (nom masculin)
Édifice où l'on célèbre un culte. *Ces pèlerins se rendent au **sanctuaire** de Lourdes.*

Sand George (née en 1804, morte en 1876)
Écrivain français. Son vrai nom était Aurore Dupin. Ses romans les plus connus sont *la Mare au diable*, *François le Champi* et *la Petite Fadette*. Son œuvre littéraire est très importante et reconnue par ses amis, parmi lesquels Victor Hugo et Gustave Flaubert. Elle fit scandale à cause de sa vie amoureuse et de son style vestimentaire masculin.

sandale (nom féminin)
Chaussure légère formée d'une semelle qui s'attache au pied par des lanières. *Noémie a mis ses **sandales** pour aller à la plage.*

sandalette (nom féminin)
Sandale légère.

sandre (nom masculin)
Poisson d'eau douce à la chair délicieuse.

un **sandre**

sandwich (nom masculin)
Casse-croûte constitué de deux tranches de pain entre lesquelles on met du jambon, du fromage et du saucisson, etc. *On a préparé des **sandwichs** pour ce long voyage.* **Sandwich** est un mot anglais : on prononce [sɑ̃dwitʃ]. Pluriel : des sandwich**s** ou des sandwich**es**. **Sandwich** vient du nom du *comte de Sandwich*, dont le cuisinier inventa ce repas sommaire pour lui éviter de quitter sa table de jeu.

sandwicherie (nom féminin)
Établissement qui vend des sandwichs à emporter. *Je suis passée à la **sandwicherie** à l'heure du déjeuner.*

San Francisco
Ville des États-Unis, dans l'État de Californie (765 000 habitants). Située sur la baie de San Francisco, la ville s'ouvre sur l'océan Pacifique par un détroit, que traverse le célèbre pont du Golden Gate. San Francisco est le principal port de commerce de l'ouest des États-Unis. La ville a connu d'importants tremblements de terre, notamment en 1906 et 1989. ➡ p. 995.

sang (nom masculin)
Liquide rouge qui circule dans les veines et les artères à travers tout le corps. *Le blessé a perdu beaucoup de **sang**.* • **Faire couler le sang :** faire de nombreuses victimes. • **Mon sang n'a fait qu'un tour :** j'ai réagi très vivement. • **Se faire du mauvais sang :** se faire du souci, s'inquiéter. Prononciation [sɑ̃]. Famille du mot : ensang**lanté**, sang-froid, sang**lant**, sang**uin**, sang**uinaire**, sang**uine**, sang**uinolent**.

sang-froid (nom masculin)
Maîtrise de soi et calme qu'on montre quand il y a du danger. *Grâce au **sang-froid** des pompiers, tout le monde a pu être sauvé.*

sanglant, ante (adjectif)
1. Qui est couvert de sang. (Syn. ensanglanté.) **2.** Qui fait couler beaucoup de sang. *Le combat entre les deux armées a été **sanglant**.* (Syn. meurtrier.)

sangle (nom féminin)
Bande large et plate qui sert à attacher. *Pour qu'elle ne s'ouvre pas, j'ai mis une **sangle** autour de la valise.* ➡ p. 1167.

sanglier (nom masculin)
Cochon sauvage qui vit dans la forêt. *La femelle du **sanglier** s'appelle la laie et ses petits s'appellent les marcassins.* **Sanglier** vient du latin *singularis (porcus)* qui signifie « (porc) solitaire ».

sanglot (nom masculin)
Bruit que fait entendre quelqu'un qui pleure très fort. *En apprenant la nouvelle, Odile a éclaté en **sanglots**.*

sangloter (verbe) ▸ conjug. n° 3
Pleurer avec des sanglots. *Ce n'est pas grave, arrête de **sangloter** comme ça !*

sangria (nom féminin)
Boisson à base de vin rouge dans lequel on a fait macérer des fruits.

sangsue (nom féminin)
Gros ver aquatique qui se colle à la peau grâce à ses ventouses, et qui suce le sang. Prononciation [sɑ̃sy]. **Sangsue** vient des mots latins *sanguis* qui signifie « sang » et *sugere* qui signifie « sucer ».

une **sangsue**

sanguin, ine (adjectif)
Qui a un rapport avec le sang. *Une transfusion **sanguine** permet à un blessé de recevoir du sang d'une autre personne.*

sanguinaire (adjectif)
Qui n'hésite pas à faire couler le sang. *Ce pays a été longtemps terrorisé par un seigneur **sanguinaire**.*

sanguine (nom féminin)
Variété d'orange à chair rouge très juteuse.

sanguinolent, ente (adjectif)
Qui est taché de sang. *Je vais changer ton pansement, il est tout **sanguinolent**.*

un **sanglier**

sanitaire (adjectif)
1. Qui a un rapport avec la santé et l'hygiène. *Le maire a pris des mesures **sanitaires** pour rendre salubres les vieux immeubles de la ville.* 2. Se dit des appareils qui utilisent l'eau courante. *Les principaux appareils **sanitaires** sont le lavabo, la baignoire et les W.-C.* ■ **sanitaires** (nom masculin pluriel) Local équipé d'installations servant à la toilette. *Les **sanitaires** d'un camping.*

sans (préposition)
Sert à indiquer l'absence, le manque, la privation. *Vas-y **sans** moi. Un régime **sans** sel. Rester **sans** rien dire.* ■ **sans que** (conjonction) De manière que quelque chose ne se fasse pas. *Thomas est parti **sans qu'**on s'en aperçoive.*

sans-abri (nom)
Personne qui n'a plus de logement. *Après les inondations, les **sans-abri** ont été logés sous le préau de l'école.* (Syn. sans-logis.)
Pluriel : des sans-abri**s** ou des sans-abri.

sans cesse (adverbe)
Sans arrêt. *Il neige **sans cesse** depuis trois jours.* (Syn. continuellement.)

sans-culotte (nom masculin)
Nom donné pendant la Révolution française aux révolutionnaires les plus ardents. Pluriel : des sans-culotte**s**.
Les aristocrates portaient alors la *culotte*, vêtement qui s'arrêtait au genou, tandis que les hommes du peuple portaient le pantalon.

sans-faute (nom masculin)
Épreuve accomplie sans aucune erreur. *Ce candidat a réussi un **sans-faute**.*
Pluriel : des sans-faute**s** ou des sans-faute.

sans-gêne (adjectif)
Qui agit sans se préoccuper de savoir s'il gêne les autres. *Des voisins **sans-gêne**.*
Pluriel : des garçons sans-gêne**s** ou des garçons sans-gêne. ■ **sans-gêne** (nom masculin) Comportement d'une personne sans-gêne. *Elle s'est invitée à dîner sans nous demander notre avis, quel **sans-gêne** !* (Syn. désinvolture.)

sans-logis (nom)
Synonyme de sans-abri.

sansonnet (nom masculin)
Synonyme d'étourneau.

sans-papier (nom)
Personne qui n'a pas de papiers d'identité et qui se trouve donc en situation irrégulière. Pluriel : des sans-papier**s**.
ORTHO On écrit aussi un **sans-papiers**.

sans-plomb (nom masculin)
Essence sans plomb. *La voiture de William roule au **sans-plomb**.*

santal (nom masculin)
Arbre d'Asie tropicale cultivé pour son bois dur et odorant.

santé (nom féminin)
1. État de quelqu'un qui n'est pas malade. *Cet enfant respire la **santé**.* 2. État de l'organisme. *Avoir une bonne, une mauvaise **santé**. Une **santé** fragile.*

santon (nom masculin)
Petit personnage en terre cuite peinte qui orne les crèches de Noël.

São Paulo
La plus grande ville du Brésil (21 millions d'habitants) et la cinquième du monde. São Paulo est le principal centre économique du pays. La culture et l'exportation du café sont à l'origine de son développement.

un **sans-culotte**

São-Tomé-et-Príncipe

200 000 habitants
Capitale : São Tomé
Monnaie : le dobra
Langue officielle : portugais
Superficie : 965 km²

État d'Afrique situé dans le golfe de Guinée. Il est formé des îles de São Tomé et de Príncipe, et se situe au large du Gabon. Ses principales ressources sont le cacao, le café et la noix de coco. La qualité de son cacao lui vaut le surnom d'« île Chocolat ».

saoudien, enne ➡ Voir tableau p. 6.

saoul ➡ Voir **soûl**.

saouler ➡ Voir **soûler**.

saper (verbe) ▸ conjug. n° 3
Creuser peu à peu la base de quelque chose. *La mer **sape** petit à petit les falaises.* • **Saper le moral de quelqu'un** : le décourager.

sapeur-pompier (nom masculin)
Synonyme de pompier. Pluriel : des sapeurs-pompiers.

saphir (nom masculin)
Pierre précieuse d'un bleu très transparent.

sapin (nom masculin)
Arbre résineux toujours vert, dont les feuilles sont des aiguilles. *Cette forêt de **sapins** sent bon la résine.*

aiguilles et fruit du **sapin**

sapristi ! (interjection)
Juron exprimant l'irritation, l'étonnement. ***Sapristi !** Tu as vu l'heure, on va être en retard !*

sarabande (nom féminin)
Agitation et vacarme causés par des jeux bruyants. *Les enfants font la **sarabande** dans l'escalier.*

sarbacane (nom féminin)
Tuyau dans lequel on souffle pour envoyer des petits projectiles.

sarcasme (nom masculin)
Moquerie méchante ou ironique. *Accabler quelqu'un de **sarcasmes**.* (Syn. raillerie.) **Sarcasme** vient du grec *sarkazein* qui signifie « mordre la chair ».

sarcastique (adjectif)
Qui est plein de sarcasme. *Ses remarques **sarcastiques** sont réellement méchantes !*

sarcelle (nom féminin)
Petit canard sauvage.

sarcler (verbe) ▸ conjug. n° 3
Arracher les mauvaises herbes.

sarcophage (nom masculin)
Tombeau de pierre. *Les archéologues ont découvert des momies dans des **sarcophages**.*

un **sarcophage** contenant une momie

Sardaigne

Île de la Méditerranée, située au sud de la Corse. La Sardaigne est une région autonome d'Italie (24 090 km² ; 1,7 million d'habitants) qui possède sa propre langue, le sarde. Elle est constituée de montagnes et de collines, et d'une vaste plaine dans le Sud où l'on pratique l'élevage ovin et la culture des céréales. Le climat est chaud et sec.

sardine (nom féminin)
Petit poisson de mer argenté, qui se déplace par bancs. *Nous avons mis des **sardines** à griller sur le barbecue.* **Sardine** vient du latin *sardina* qui signifie « poisson de Sardaigne ».

une **sardine**

sardonique (adjectif)
• **Rire sardonique :** rire méchant.

Sarkozy Nicolas (né en 1955)
Homme politique français. Il fut plusieurs fois ministre avant d'être élu président de la République (2007-2012).

sari (nom masculin)
Costume traditionnel des femmes de l'Inde, fait d'une grande pièce d'étoffe drapée autour du corps.

sarment (nom masculin)
Branche que la vigne produit chaque année et qui porte les grappes de raisin.

sarrasin (nom masculin)
Céréale à petits grains, appelée aussi « blé noir ». *Des galettes de **sarrasin**.* **Sarrasin** vient du nom des *Sarrasins* désignant les musulmans d'Orient au Moyen Âge : la couleur noire des grains de cette plante évoque le teint sombre des Sarrasins.

sas (nom masculin)
Compartiment étanche fermé par deux portes hermétiques qui permet le passage entre deux milieux dont la pression est différente. *Le **sas** d'un sous-marin. Le **sas** d'un engin spatial.* Prononciation [sas].

satané, ée (adjectif)
Synonyme de maudit. *Cette **satanée** panne nous a beaucoup retardés.*

satanique (adjectif)
Qui fait penser au diable. *Un sourire **satanique**.* **Satanique**, comme **satané**, vient de *Satan*, l'un des noms du diable.

satellite (nom masculin)
1. Astre qui tourne autour d'une planète. *Le **satellite** de la Terre est la Lune.* 2. Engin lancé au moyen d'une fusée et qui tourne en orbite autour de la Terre. *Lancer un nouveau **satellite** de télécommunications.* ➡ p. 1230.

satiété (nom féminin)
• **À satiété :** jusqu'à ce qu'on n'ait plus faim ou soif. *Sarah a cueilli les cerises sur le cerisier et en a mangé **à satiété**.* Prononciation [sasjete]. **Satiété** vient du latin *satis* qui signifie « assez » et qu'on retrouve dans *satisfaire*.

satin (nom masculin)
Tissu doux et brillant. *Ce peignoir en **satin** est agréable à porter.* **Satin** vient du nom d'une ville chinoise où l'on fabriquait ce tissu.

satiné, ée (adjectif)
Qui a l'aspect brillant du satin. *Victor a choisi une peinture **satinée** pour repeindre sa chambre.*

satire (nom féminin)
Écrit ou discours qui se moque de quelqu'un ou de quelque chose. *Cette pièce de théâtre est une **satire** des mœurs de notre époque.*

satirique (adjectif)
Qui constitue une satire. *Ce journal **satirique** ridiculise vraiment les hommes politiques.*

satisfaction (nom féminin)
Sentiment de plaisir d'une personne satisfaite. *Quelle **satisfaction** pour William d'apprendre qu'il passe en sixième !* (Syn. joie. Contr. déception.) • **Obtenir satisfaction :** recevoir ce que l'on réclamait. *Ils continueront leur grève tant qu'ils n'**auront** pas **obtenu satisfaction**.*

satisfaire (verbe) ▶ conjug. n° 42
1. Correspondre à ce que quelqu'un souhaite. *Est-ce que ma réponse vous **satisfait** ?* (Syn. contenter.) 2. Faire ce qui est exigé. *Guillaume **a satisfait** à ma demande.* Famille du mot : **in**satisfait, satisfac**tion**, satisfais**ant**, satisfait. Voir **satiété**.

a b c d e f g h i j k l m n o p q r s t u v w x y z

satisfaisant, ante (adjectif)
Qui donne de la satisfaction. *Ursula a des résultats très **satisfaisants** en français.* Prononciation [satisfəzɑ̃].

satisfait, aite (adjectif)
Qui a obtenu ce qu'il souhaitait ou ce qu'il demandait. *Papa est très **satisfait** de sa nouvelle voiture.* (Syn. content. Contr. mécontent.)

saturation (nom féminin)
État de ce qui est saturé ou d'une personne saturée.

saturé, ée (adjectif)
1. Qui est rempli à l'excès de quelque chose. *Un air **saturé** d'humidité. Je n'arrive pas à l'appeler car le réseau est **saturé**.* **2.** Qui est rassasié jusqu'au dégoût. *Zoé a vu trois films d'affilée, elle est **saturée** de cinéma !*

Saturne ■
Dieu romain des Semailles et père de Jupiter. Dans la mythologie grecque, il est appelé Cronos.

Saturne ■
Cinquième planète du système solaire. C'est la plus lointaine des planètes visibles à l'œil nu. Elle se situe au-delà de Jupiter et est entourée d'anneaux.

saturnisme (nom masculin)
Intoxication due au plomb. *Pour lutter contre le **saturnisme**, l'emploi de peintures contenant du plomb est interdit.*

satyre (nom masculin)
Divinité grecque représentée avec des petites cornes sur la tête, des jambes de bouc et une queue.

sauce (nom féminin)
Liquide qui accompagne certains plats et leur donne du goût. *Anna prépare une **sauce** vinaigrette pour la salade et une **sauce** tomate pour les spaghettis.* Famille du mot : saucer, **saucière**. **Sauce** vient du latin *salsa* qui signifie « chose salée ».

saucer (verbe) ▸ conjug. n° 4
Essuyer la sauce avec du pain. *La sauce était si bonne que Yann n'a pas pu s'empêcher de **saucer** son assiette.*

saucière (nom féminin)
Récipient utilisé pour servir les sauces. *Mettre le jus du gigot dans une **saucière**.*

saucisse (nom féminin)
Sorte de charcuterie ronde et longue, qui se mange chaude. *On met des **saucisses** dans la choucroute.*

saucisson (nom masculin)
Sorte de grosse saucisse cuite ou séchée, qui se mange froide, coupée en rondelles. *Benjamin se prépare un sandwich au **saucisson**.*

■ **sauf** (préposition)
Synonyme d'excepté. *Mes amis sont tous venus à mon anniversaire, **sauf** Élodie qui était malade.*

■ **sauf, sauve** (adjectif)
• **Avoir la vie sauve :** ne pas avoir été tué ou blessé. *Il n'y a pas eu de victimes, tout le monde **a eu la vie sauve**.*

sauge (nom féminin)
Plante aromatique et médicinale.

la **sauge**

saugrenu, ue (adjectif)
Qui surprend par son caractère bizarre ou inattendu. *Des idées très **saugrenues**.*

saule (nom masculin)
Arbre qui pousse dans les endroits humides. *L'osier est fourni par les branches souples des **saules**.*

le **saule**

saumâtre (adjectif)
Se dit d'une eau qui a le goût salé de l'eau de mer. *L'eau **saumâtre** de la lagune.*

saumon (nom masculin)
Gros poisson à chair rose. *Les **saumons** vivent dans la mer et remontent les fleuves pour y pondre leurs œufs.*

un **saumon**

saumure (nom féminin)
Liquide salé utilisé pour conserver certains aliments. *Les anchois, les harengs, les olives sont mis dans un bain de **saumure**.*

sauna (nom masculin)
Établissement ou pièce où l'on prend des bains de vapeur.

saupoudrer (verbe) ▸ conjug. n° 3
Répandre une matière en poudre sur un aliment. *Pour obtenir un bon gratin, il faut le **saupoudrer** de fromage râpé.*

saur (adjectif masculin)
• **Hareng saur :** hareng salé, séché et fumé.

saurien (nom masculin)
Reptile au corps couvert d'écailles. *Les lézards, les caméléons, les crocodiles sont des **sauriens**.* Voir **dinosaure**.

saut (nom masculin)
Action de sauter. *Cet athlète vient de remporter le championnat de **saut** en hauteur.*
• **Faire un saut quelque part :** aller rapidement quelque part sans y rester.
• **Saut périlleux :** saut acrobatique au cours duquel le corps fait un tour complet sur lui-même.

saute (nom féminin)
Changement brusque et subit. *Une **saute** de température. Des **sautes** d'humeur.*

sauté (nom masculin)
Plat fait de morceaux de viande que l'on fait sauter.

saute-mouton (nom masculin)
Jeu dans lequel on saute par-dessus quelqu'un d'autre qui se tient courbé. *Les enfants jouent à **saute-mouton** dans le jardin.* Pluriel : des saute-moutons ou des saute-mouton.

sauter (verbe) ▸ conjug. n° 3
1. S'élever au-dessus du sol et retomber. *Il faut **sauter** pour franchir le ruisseau. Fatima **saute** à la corde.* **2.** S'élancer d'un endroit élevé et se précipiter dans le vide. *Quentin adore **sauter** en parachute.* **3.** Être projeté brusquement en l'air. ***Sauter** sur une mine.* **4.** Être détruit par un explosif. *Faire **sauter** un pont.* **5.** Cuire à feu vif dans de la graisse. *Des pommes de terre **sautées**.* **6.** Omettre quelque chose. *Tu **as sauté** un mot, ta phrase est illisible.* • **Sauter au cou de quelqu'un :** s'élancer vers lui pour l'embrasser. • **Sauter aux yeux :** être évident. Famille du mot : saut, saute, saut**é**, saute-mouton, saut**iller**, saut**oir**.

sauterelle (nom féminin)
Insecte qui se déplace en sautant. *Les **sauterelles** ont de très longues pattes arrière.*

une **sauterelle**

sautiller (verbe) ▸ conjug. n° 3
Faire des petits sauts.

sautoir (nom masculin)
1. Endroit où l'on s'exerce au saut. **2.** Long collier qui descend sur la poitrine. *Un **sautoir** de diamants.*

sauvage (adjectif)
1. Qui n'est pas apprivoisé et vit en liberté. *Le sanglier est un animal **sauvage**.* (Contr. domestique.) **2.** Qui pousse tout seul, sans être cultivé. *Dans les champs, on trouve des coquelicots **sauvages**.* **3.** Qui n'est ni habité ni cultivé. *Une région **sauvage**.* ■ **sauvage** (adjectif et nom) **1.** Qui préfère la solitude plutôt que la compagnie des autres. *Clément est timide et **sauvage**.* (Contr. sociable.) **2.** Qui vit en dehors de la civilisation. *Des tribus **sauvages**.* **3.** Qui est barbare, cruel. *Cet homme a eu un comportement de **sauvage**.*

sauvagerie (nom féminin)
Caractère d'un acte sauvage, barbare. *Se battre avec **sauvagerie**.* (Syn. brutalité, cruauté.)

sauvegarde (nom féminin)
1. Fait de sauvegarder quelque chose. *Se battre pour la **sauvegarde** de la nature.* (Syn. protection.) **2.** Copie des données informatiques faite par sécurité. *Ibrahim fait une **sauvegarde** de ses fichiers tous les jours.*

sauvegarder (verbe) ▸ conjug. n° 3
1. Empêcher la destruction de quelque chose. ***Sauvegarder** la faune et la flore d'une région.* (Syn. préserver.) **2.** Faire une copie de sécurité de données informatiques. *Pense à **sauvegarder** ton exposé sur une clé USB.*

sauve-qui-peut (nom masculin)
Panique qui entraîne une fuite désordonnée. *Un début d'incendie au fond du magasin a provoqué un **sauve-qui-peut** général.* Pluriel : des sauve-qui-peut.

sauver (verbe) ▸ conjug. n° 3
1. Faire échapper quelqu'un à un danger ou à la mort. *Les passagers de l'avion **ont été sauvés** par le sang-froid du pilote.* **2.** Se sauver : s'enfuir précipitamment. *Les chats **se sont sauvés** à l'arrivée du chien.* Famille du mot : sauve-qui-peut, sauv**etage**, sauv**eteur**, sauv**eur**.

sauvetage (nom masculin)
Action de sauver quelqu'un d'un danger. *Plusieurs bateaux ont été nécessaires pour le **sauvetage** des naufragés.*

sauveteur (nom masculin)
Personne qui participe à un sauvetage.

à la sauvette (adverbe)
Très vite et discrètement. *Il est parti **à la sauvette** avant la fin de la réunion.*

sauveur (nom masculin)
Personne qui sauve quelqu'un d'un grave danger. *Il a sauvé David de la noyade, il est son **sauveur**.*

savamment (adverbe)
De façon savante. *Tout a été **savamment** calculé.*

savane (nom féminin)
Très grande prairie des régions tropicales, où poussent de hautes herbes. *Le lion rôde dans la **savane**.*

la **savane**, au pied du Kilimandjaro

savant, ante (adjectif)
1. Qui sait beaucoup de choses. *Gaëlle est très **savante** en histoire des Gaulois, car elle a lu de nombreux livres sur ce sujet.* **2.** Se dit d'un animal dressé pour le cirque. *Le numéro des singes **savants** a beaucoup plu aux enfants.* **3.** Qui suppose des connaissances. *Ces mots sont trop **savants** pour Benjamin.* (Syn. compliqué, difficile.)
■ **savant, ante** (nom) Personne qui possède de vastes connaissances et contribue au progrès d'une science.

savate (nom féminin)
Vieille pantoufle ou vieille chaussure.

saveur (nom féminin)
Goût caractéristique de quelque chose. *J'aime la **saveur** amère des endives.* Famille du mot : savour**er**, savour**eux**.

Savoie
Région historique de France, bordée par la Suisse et l'Italie. Elle correspond aujourd'hui aux départements de la Savoie et de la Haute-Savoie.

■ **savoir** (verbe) ▸ conjug. n° 28
1. Être informé de quelque chose. ***Savez-vous** à quelle heure ferme la pharmacie ?* **2.** Avoir appris quelque chose et le garder dans sa mémoire. *Kevin **sait** parfaitement sa récitation.* (Syn. connaître.) **3.** Être capable de faire quelque chose. *Hélène **sait** nager mais ne **sait** pas encore très bien plonger.* Famille du mot : sav**amment**, sav**ant**, savoir-faire, savoir-vivre.

■ **savoir** (nom masculin)
Ensemble des connaissances. *Le **savoir** de cet homme est immense.*

savoir-faire (nom masculin)
Habilité acquise par la pratique. *Ce travail demande un certain **savoir-faire**.*

savoir-vivre (nom masculin)
Connaissance des règles de la politesse. *Dire bonjour et merci sont des signes de **savoir-vivre**.*

savon (nom masculin)
Produit qui sert à nettoyer, à laver.
• **Passer un savon à quelqu'un :** dans la langue familière, le réprimander vivement. Famille du mot : savon**ner**, savon**nette**, savon**neux**.

savonner (verbe) ▸ conjug. n° 3
Laver avec du savon. *Julie **se savonne** les mains avant de passer à table.*

savonnette (nom féminin)
Petit savon pour la toilette.

savonneux, euse (adjectif)
Qui contient du savon. *Une eau **savonneuse**.*

savourer (verbe) ▸ conjug. n° 3
Synonyme de déguster. *Laura prend son temps pour **savourer** le sorbet aux framboises.*

savoureux, euse (adjectif)
Qui a une saveur délicieuse. *Ces fraises des bois sont **savoureuses**.*

savoyard, arde ➡ Voir tableau p. 6.

Saxons
Peuple germanique. Ils colonisèrent la Grande-Bretagne et une partie de la Gaule au début du Moyen Âge. Leur langue donna naissance au vieil anglais.

saxophone (nom masculin)
Instrument de musique à vent, en cuivre. **Saxophone** s'abrège **saxo**. **Saxophone** vient du nom d'*Adolphe Sax* qui inventa cet instrument en 1841.

un **saxophone**

saxophoniste (nom)
Personne qui joue du saxophone.

saynète (nom féminin)
Synonyme de sketch.

sbire (nom masculin)
Personne sans scrupule, qui exécute sur commande des actes malhonnêtes. *Un chef de bande entouré de ses* ***sbires****.*

scabreux, euse (adjectif)
Qui peut choquer. *Il raconte toujours des histoires* ***scabreuses****.*

scalp (nom masculin)
Peau du crâne avec les cheveux, que certains Indiens arrachaient à leurs ennemis pour en faire un trophée.

scalpel (nom masculin)
Instrument de chirurgie à lame courte, très tranchant.

scalper (verbe) ▸ conjug. n° 3
Arracher la peau du crâne et les cheveux.

scandale (nom masculin)
Fait qui provoque la colère, la honte ou l'indignation. *Cet innocent a été condamné, c'est un* ***scandale*** *!* Famille du mot : scandal**eux**, scandal**iser**.

scandaleux, euse (adjectif)
Qui scandalise. *C'est* ***scandaleux*** *de laisser ces animaux dans de telles conditions !*

scandaliser (verbe) ▸ conjug. n° 3
Choquer profondément. *Sa conduite m'****a scandalisé****.*

scander (verbe) ▸ conjug. n° 3
Prononcer des mots en articulant les syllabes séparément et sur un certain rythme. *Les supporteurs* ***scandent*** *: « On a gagné ! »*

scandinave ➡ Voir tableau p. 6.

Scandinavie
Région du nord de l'Europe qui comprend la Norvège, la Suède, le Danemark, la Finlande et l'Islande.

scanner (nom masculin)
1. Appareil de radiographie relié à un ordinateur, qui permet de reproduire sur un écran les images de l'intérieur du corps. 2. Appareil qui permet d'enregistrer des images sous forme de fichier informatique. *J'ai branché mon nouveau* ***scanner*** *sur l'ordinateur.* Prononciation [skanɛʀ]. **Scanner** vient de l'anglais *to scan* qui signifie « examiner ».

scanner (verbe) ▸ conjug. n° 3
Enregistrer des images, des documents avec un scanner. *J'ai* ***scanné*** *ces photos pour te les envoyer par Internet.*

scaphandre (nom masculin)
Équipement étanche qui permet de respirer sous l'eau ou dans l'espace.

Cet astronaute est équipé d'un **scaphandre**.

scaphandrier (nom masculin)
Plongeur équipé d'un scaphandre.

scarabée (nom masculin)
Insecte au corps noir et brillant.

un **scarabée**

scarlatine (nom féminin)
Maladie contagieuse qui se manifeste par de la fièvre et des plaques rouges sur le corps. **Scarlatine** vient du terme latin *scarlatum* qui signifie « écarlate ».

scarole (nom féminin)
Variété de salade aux larges feuilles un peu croquantes.

sceau, sceaux (nom masculin)
Cachet gravé en creux, permettant de faire une marque avec de la cire. • **Garde des Sceaux :** ministre de la Justice, en France.

un **sceau**

scélérat, ate (nom)
Personne capable de crimes ou d'actions malhonnêtes.

sceller (verbe) ▸ conjug. n° 3
1. Fermer avec un sceau. *Le notaire **a scellé** le testament.* **2.** Fixer avec du plâtre ou du ciment. *Le maçon **a scellé** la grille du jardin.* (Contr. desceller.)

scellés (nom masculin pluriel)
Bande d'étoffe ou de papier fixée par de la cire sur un meuble ou un local pour en empêcher l'ouverture. *L'appartement de la victime fut mis sous **scellés**.*

scénario (nom masculin)
Texte qui décrit les différentes scènes d'un film.

scénariste (nom)
Auteur de scénarios.

scène (nom féminin)
1. Partie d'un théâtre où jouent les acteurs. *À la fin de la pièce, tous les comédiens se rassemblent sur la **scène** pour saluer.* **2.** Partie d'une pièce de théâtre. *Acte III, **scène** 2.* **3.** Action d'une pièce ou d'un film. *La première **scène** du film se passe dans une forêt.* **4.** Évènement auquel on assiste. *C'était une **scène** incroyable : une femme se promenait avec un serpent autour du cou !* **5.** Violente colère. *Pierre a fait une **scène** quand on lui a dit qu'il serait privé de sortie.* • **Scène de ménage :** dispute entre époux.

scepticisme (nom masculin)
Attitude d'une personne sceptique. *Quentin m'a écouté avec **scepticisme**.*

sceptique (adjectif)
Qui doute de quelque chose. *Romain pense qu'il va pouvoir partir seul, mais ses parents sont **sceptiques**.*

sceptre (nom masculin)
Bâton qui est le symbole de l'autorité royale. *Les monarques sont souvent représentés un **sceptre** à la main.*

Louis IX (Saint Louis) et son **sceptre**

schah (nom masculin)
Titre des souverains de l'Iran. *Le dernier **schah** d'Iran a quitté le pouvoir en 1979.*
ORTHO On écrit aussi **shah** ou **chah**.

schéma (nom masculin)
Dessin très simple qui explique quelque chose. *Ce **schéma** explique comment monter une bibliothèque.* Famille du mot : schéma**tique**, schéma**tiquement**, schéma**tiser**.

schématique (adjectif)
Qui est très simplifié. *Myriam a fait un dessin **schématique** d'un aéroglisseur.*

schématiquement (adverbe)
De façon schématique. *Thomas nous a expliqué **schématiquement** son plan.*

schématiser (verbe) ▸ conjug. n° 3
Représenter de façon schématique. *Cette carte de la région **est** très **schématisée**.*

accords de **Schengen**
Accords signés en 1985 à Schengen (au Luxembourg) par cinq États de l'Union européenne : l'Allemagne, la Belgique, la France, le Luxembourg et les Pays-Bas. Ils instaurent la suppression des frontières entre ces États et la libre circulation des personnes. En 1991, l'Italie, l'Espagne et le Portugal les ont aussi acceptés et signés.

schisme (nom masculin)
Désaccord au sein d'un groupe qui entraîne sa division. *Un grand **schisme** a divisé la chrétienté au Moyen Âge.*

schiste (nom masculin)
Roche constituée de minces feuilles superposées. *L'ardoise est un **schiste**.*

Schubert Franz (né en 1797, mort en 1828)
Compositeur autrichien. Il a écrit des pièces pour piano, de la musique de chambre, des opéras, des messes et dix symphonies. Il a aussi composé de nombreux lieder (des poèmes mis en musique). Son œuvre la plus connue est *la Truite* (1819).

schuss (nom masculin)
Descente à ski suivant la ligne de la plus grande pente. ● Prononciation [ʃus].

sciatique (nom féminin)
Douleur violente qui va du bas du dos à la jambe. *Il a du mal à se baisser car il a une **sciatique**.*

scie (nom féminin)
Outil muni d'une lame à dents et qui sert à couper. *Papa se sert d'une **scie** pour couper toutes les branches mortes.* Famille du mot : scier, scierie, sciure.

sciemment (adverbe)
En sachant ce qu'on fait. *Victor a **sciemment** bousculé sa petite sœur.* (Syn. volontairement.) ● Prononciation [sjamɑ̃].

science (nom féminin)
1. Ensemble des connaissances humaines. *La **science** n'arrête vraiment pas de progresser.* 2. Ensemble de connaissances dans un domaine. *La physique, la chimie, la biologie sont des **sciences**.*

science-fiction (nom féminin)
Histoire qui se déroule dans un monde futur tel qu'on peut l'imaginer avec les progrès scientifiques. *Un film de **science-fiction**.*

scientifique (adjectif)
1. Qui concerne la science ou les sciences. *La recherche **scientifique**.* 2. Qui est conforme aux méthodes rigoureuses et précises des sciences. *Nous avons là une étude **scientifique** sur les abeilles.* ■ scientifique (nom) Savant spécialiste d'une science. *Pasteur était un grand **scientifique**.*

scier (verbe) ▸ conjug. n° 10
Couper avec une scie. *Cette planche est trop longue, il faut la **scier**.*

scierie (nom féminin)
Usine où l'on scie le bois pour en faire des planches.

scinder (verbe) ▸ conjug. n° 3
Diviser un groupe. *Pour faire un tournoi, nous allons **scinder** la classe en quatre équipes.*

scintillant, ante (adjectif)
Qui scintille. *Amandine a un regard **scintillant** de malice.*

scintillement (nom masculin)
Éclat de ce qui scintille. *Le **scintillement** d'un diamant.*

scintiller (verbe) ▸ conjug. n° 3
Briller d'un éclat irrégulier et tremblant. *Les étoiles **scintillent**.* Famille du mot : scintill**ant**, scintill**ement**.

scission (nom féminin)
Fait de se scinder. *La **scission** d'un parti politique.*

sciure (nom féminin)
Poussière qui tombe quand on scie du bois.

sclérose (nom féminin)
Maladie qui se manifeste par le durcissement d'un organe, d'un tissu ou d'une artère.

se **scléroser** (verbe) ▸ conjug. n° 3
1. Être atteint par la sclérose. 2. Au sens figuré, être incapable d'évoluer,

de s'adapter ou de progresser. *Ce parti politique **s'est sclérosé**.*

scolaire (adjectif)
Qui a un rapport avec l'école ou l'enseignement. *Les écoles, les collèges et les lycées sont des établissements **scolaires**.*
Famille du mot : scolar**iser**, scolar**ité**.
Scolaire vient du latin *schola* qui signifie « école ».

scolariser (verbe) ▸ conjug. n° 3
Faire suivre un enseignement scolaire. *Dans certains pays, beaucoup d'enfants ne **sont** pas **scolarisés**.*

scolarité (nom féminin)
Fait d'aller à l'école. *Il a suivi toute sa **scolarité** à l'étranger.*

scoliose (nom féminin)
Déformation de la colonne vertébrale.

scolopendre (nom féminin)
Mille-pattes du sud de la France, dont la piqûre est douloureuse.

une **scolopendre**

scoop (nom masculin)
Information importante donnée en exclusivité par un journaliste. *La radio vient d'annoncer un **scoop** : la démission du Premier ministre.* **Scoop** est un mot anglais : on prononce [skup].

scooter (nom masculin)
Véhicule à moteur à deux petites roues, sur lequel le pilote est assis et non à califourchon. **Scooter** est un mot anglais : on prononce [skutœʀ].
ORTHO On écrit aussi **scooteur**.

scorbut (nom masculin)
Maladie due à un manque de vitamines. Prononciation [skɔʀbyt].

score (nom masculin)
Nombre de points obtenus dans un jeu, un match ou dans une élection. *Ce candidat a fait un très bon **score** électoral.*

scories (nom féminin pluriel)
Déchets obtenus après la fusion des minerais.

scorpion (nom masculin)
Animal qui a une carapace, deux pinces et qui porte un aiguillon venimeux au bout de sa queue.

un **scorpion**

scotch (nom masculin)
Ruban adhésif transparent. *Odile répare son cahier déchiré avec du **scotch**.*
Scotch est le nom d'une marque.

scotcher (verbe) ▸ conjug. n° 3
Fixer avec du scotch. *William **a scotché** un poster au mur de sa chambre.*

scout, scoute (nom)
Garçon ou fille qui fait partie d'un mouvement de scoutisme. *Un camp de **scouts** s'est installé près de la forêt.*

un **scooter**

scoutisme (nom masculin)
Mouvement qui réunit des jeunes pour des activités destinées à compléter leur éducation morale et physique.

scrabble (nom masculin)
Jeu de société qui consiste à former des mots sur une grille, à l'aide de jetons portant une lettre de l'alphabet. Prononciation [skʀabl] ou [skʀabəl]. **Scrabble** est le nom d'une marque.

scratch (nom masculin)
Fermeture à velcro. *Des chaussures à **scratch**.*

scribe (nom masculin)
Dans l'Antiquité, personne qui avait la charge de rédiger les actes administratifs ou religieux. *Le **scribe** égyptien écrivait sur un papyrus.*

un **scribe**

script (nom masculin)
1. Écriture manuscrite proche des caractères d'imprimerie. **2.** Scénario écrit d'un film, avec les dialogues et des indications de mise en scène.

scripte (nom)
Personne qui assiste le réalisateur d'un film et qui doit noter les détails de chaque prise de vue pendant le tournage.

scrupule (nom masculin)
Doute et hésitation qu'on éprouve quand on a peur de mal agir. *Xavier a des **scrupules** à faire cette mauvaise plaisanterie.* Famille du mot : scrupul**eusement**, scrupul**eux**.

scrupuleusement (adverbe)
De façon scrupuleuse. *Il faut suivre **scrupuleusement** le mode d'emploi.*

scrupuleux, euse (adjectif)
Qui a souvent des scrupules. *C'est un homme très **scrupuleux** en affaires.*

scruter (verbe) ▸ conjug. n° 3
Observer avec beaucoup d'attention pour essayer de découvrir quelque chose. *Les matelots **scrutent** l'horizon en espérant voir la terre.*

scrutin (nom masculin)
Vote au cours duquel chaque électeur met son bulletin dans une urne.

sculpter (verbe) ▸ conjug. n° 3
Représenter des formes en taillant une matière dure. *Cet artiste **sculpte** surtout la pierre et le marbre.* Prononciation [skylte]. Famille du mot : sculpt**eur**, sculpt**ure**.

sculpteur, trice (nom)
Artiste qui sculpte. *Rodin était un célèbre **sculpteur** français.* Prononciation [skyltœʀ].

sculpture (nom féminin)
1. Art de sculpter. *Cet atelier donne des cours de **sculpture**.* **2.** Œuvre d'art faite par un sculpteur. *À l'entrée de cette belle exposition, il y a une **sculpture** gigantesque.* Prononciation [skyltyʀ]. ➡ p. 170.

SDF (nom)
Personne sans travail ni logement, qui vit dans la rue. *Ce centre d'hébergement accueille les **SDF** durant l'hiver.* (Syn. sans-abri.) Prononciation [ɛsdeɛf]. **SDF** est l'abréviation de ***s**ans **d**omicile **f**ixe*.

se (pronom)
Pronom personnel de la troisième personne du singulier et du pluriel employé comme complément. *Yann **se** regarde dans la glace. Ils **se** sont déjà rencontrés. Valérie **s'**habille. Ils **s'**embrassent.* **Se** devient **s'** devant une voyelle ou un h muet.

séance (nom féminin)
1. Réunion d'une assemblée, où l'on discute. *À cause d'un grave incident, la **séance** a été suspendue.* **2.** Moment consacré à une activité. *Une **séance** d'entraînement.* **3.** Représentation d'un spectacle à une heure précise. *La prochaine **séance** est à 20 heures.*

séant (nom masculin)
• **Être** ou **se mettre sur son séant :** dans la langue littéraire, être assis ou s'asseoir.

seau, seaux (nom masculin)
Récipient muni d'une anse. *Un **seau** d'eau.*

sec, sèche (adjectif)
1. Qui n'est pas mouillé. *Va au jardin voir si les draps sont **secs**.* **2.** Qui n'est pas pluvieux. *Quand le temps est très **sec**, il faut arroser souvent.* (Contr. humide.) **3.** Qu'on a fait sécher pour la conservation. *Des fruits et des légumes **secs**.* (Contr. frais.) **4.** Qui manifeste un manque d'amabilité ou de douceur. *Il m'a répondu d'un ton **sec**.* **5.** Qui n'est pas sucré. *Papa a acheté du vin blanc **sec** pour faire la cuisine.* (Contr. doux.) ■ **sec** (nom masculin) Endroit qui est à l'abri de l'humidité. *Il faut conserver ces gâteaux au **sec** sinon ils deviennent mous.* • **À sec :** où il n'y a pas d'eau. *Nettoyage **à sec**. La rivière est totalement **à sec**.* Famille du mot : as**séch**er, des**séch**er, sé**chage**, sèche-cheveu, sèche-linge, sèche**ment**, sécher, sèch**eresse**, séch**oir**.

sécant, ante (adjectif)
• **Droite sécante :** en géométrie, droite qui coupe une autre droite ou une courbe.

sécateur (nom masculin)
Outil de jardinage qui ressemble à de gros ciseaux. *Sarah se sert du **sécateur** pour couper une branche de lilas.*

sécession (nom féminin)
Fait de se séparer d'un groupe ou d'un pays. *Après avoir fait **sécession**, cette région est devenue indépendante.*

guerre de Sécession
➡ Voir **guerre de Sécession**.

séchage (nom masculin)
Action de sécher ou de faire sécher. *Les pêcheurs tendent des fils pour le **séchage** des poissons.*

sèche-cheveu (nom masculin)
Séchoir à cheveux. Pluriel : des sèche-cheveu**x**.
ORTHO On écrit aussi un **sèche-cheveux**.

sèche-linge (nom masculin)
Machine électrique pour sécher le linge. Pluriel : des sèche-linge**s** ou des sèche-linge.

sèchement (adverbe)
Avec dureté et froideur. *Répondre **sèchement** à une demande.*

sécher (verbe) ▸ conjug. n° 8
1. Devenir sec. *Ursula a mis le linge à **sécher** au soleil.* **2.** Rendre sec. *Tu devrais **te sécher** les cheveux, sinon tu risques d'attraper un rhume.*

sècheresse (nom féminin)
Longue période où il ne pleut pas. *Les récoltes sont peu abondantes à cause de la **sècheresse**.*
ORTHO On écrit aussi **sécheresse**.

séchoir (nom masculin)
Ensemble de fils métalliques sur lesquels on met du linge à sécher. *Zoé étend ses vêtements mouillés sur le **séchoir**.* • **Séchoir à cheveux :** appareil électrique pour sécher les cheveux. (Syn. sèche-cheveu.)

second, onde (adjectif et nom)
Qui vient juste après le premier. *Il y a une **seconde** place sur cette moto.* (Syn. deuxième.) ■ **second** (nom masculin) Personne qui seconde quelqu'un. *Il est le **second** du commandant.* ■ **seconde** (nom féminin) Cinquième année de l'enseignement secondaire, en France. Prononciation [səgɔ̃] au masculin, [səgɔ̃d] au féminin. **Second** vient du latin *secundus* qui signifie « suivant ».

secondaire (adjectif)
Qui n'est pas le plus important. *Dommage que cet excellent acteur n'ait qu'un rôle **secondaire**.* • **Enseignement secondaire :** enseignement qui suit l'enseignement primaire et qui va de la sixième à la terminale. • **Ère secondaire :**

période géologique au cours de laquelle sont apparus les reptiles et les premiers mammifères. • **Secteur secondaire :** ensemble des activités économiques qui concernent l'activité industrielle. ■ **secondaire** (nom masculin) Enseignement secondaire. *Alain est professeur du **secondaire**.* Prononciation [səgɔ̃dɛʀ].

■ **seconde**
➡ Voir **second**.

■ **seconde** (nom féminin)
1. Soixantième partie d'une minute. *Dans une heure, il y a 3 600 **secondes**.* **2.** Temps très court. *Attends-moi une **seconde**, j'arrive !* Prononciation [səgɔ̃d]. La **seconde** s'appelle ainsi car c'est la *seconde* division de l'heure, la minute étant la première.

Second Empire
➡ Voir **Empire**.

seconder (verbe) ▸ conjug. n° 3
Aider quelqu'un dans son travail. *Cet avocat **est secondé** par plusieurs collaborateurs.* Prononciation [səgɔ̃de].

secouer (verbe) ▸ conjug. n° 3
1. Agiter fortement. *Anna **secoue** le pommier pour faire tomber les pommes.* **2.** Ébranler quelqu'un, physiquement ou moralement. *Une grosse grippe **l'a** beaucoup **secoué**.*

secourable (adjectif)
Qui porte volontiers secours à autrui.

secourir (verbe) ▸ conjug. n° 16
Aller au secours de quelqu'un qui est en danger. *Les pompiers ont pu **secourir** à temps l'homme qui allait se noyer.* Famille du mot : secour**able**, secour**isme**, secour**iste**, secours.

secourisme (nom masculin)
Méthode pour porter les premiers secours aux blessés. *Mon grand frère prend des cours de **secourisme**.*

secouriste (nom)
Personne qui pratique le secourisme. *Les **secouristes** sont intervenus tout de suite après l'accident.*

secours (nom masculin)
Aide qu'on apporte à quelqu'un qui est en danger ou dans le besoin. *Porter **secours** à un blessé, à une personne en détresse.* • **Au secours ! :** cri pour appeler à l'aide. • **De secours :** qu'on utilise en cas de danger ou de panne. *Une sortie **de secours**. En cas de crevaison, on utilise la roue **de secours**.*

Les pompiers portent **secours** aux victimes de l'incendie.

secousse (nom féminin)
Mouvement qui secoue. *Les **secousses** du tremblement de terre ont été ressenties dans toute la région.*

secret, ète (adjectif)
1. Qui est connu par très peu de gens et qui doit rester caché. *Benjamin met son argent dans un endroit **secret**.* **2.** Qui ne se confie pas facilement. *Élodie est très **secrète** et n'exprime pas ses sentiments.* (Syn. réservé.) ■ **secret** (nom masculin) Chose qu'on ne doit dire à personne. *Clément m'a confié un **secret**.* • **En secret :** en cachette, secrètement.

secrétaire (nom)
Personne chargée du courrier de quelqu'un, de répondre au téléphone et de prendre les rendez-vous. *Cette entreprise ne recrute que des **secrétaires** bilingues.* ■ **secrétaire** (nom masculin) Meuble à tiroirs qui comporte un panneau mobile sur lequel on peut écrire.

secrétariat (nom masculin)
1. Métier de secrétaire. *Une école de **secrétariat**.* **2.** Bureau où travaillent des secrétaires. *Le **secrétariat** médical est ouvert jusqu'à 19 heures.*

secrètement (adverbe)
De façon secrète. *Ils se sont rencontrés **secrètement** pendant la nuit.*

sécréter (verbe) ▶ conjug. n° 8
Produire des substances liquides, en parlant de l'organisme. *Les glandes salivaires **sécrètent** la salive.*

sécrétion (nom féminin)
Liquide sécrété. *La sueur, la salive, les larmes sont des **sécrétions** corporelles.*

sectaire (adjectif)
Qui n'admet pas les opinions différentes des siennes. *Essaie d'écouter les autres et d'être moins **sectaire** !*

sectarisme (nom masculin)
Défaut d'une personne sectaire.

secte (nom féminin)
Groupe de personnes vivant en communauté sous l'influence d'un guide spirituel. *Certaines **sectes** sont très dangereuses.*

secteur (nom masculin)
1. Partie d'un territoire ou d'une région. *Tout un **secteur** de cette ville est réservé aux piétons.* **2.** Ensemble d'activités économiques. *Le **secteur** privé et le **secteur** public.* 🗝 **Secteur**, comme **section**, vient du latin *secare* qui signifie « couper ».

section (nom féminin)
1. Division dans un groupe ou une organisation. *Au moment de son inscription, Luc hésite encore entre la **section** scientifique et la **section** technique.* **2.** Portion d'une route ou d'un parcours. *Cette **section** d'autoroute n'est pas payante.*

sectionner (verbe) ▶ conjug. n° 3
Couper net. *Quelqu'un de malveillant **a sectionné** le fil du téléphone.*

séculaire (adjectif)
Qui existe depuis au moins un siècle. *Respecter des traditions **séculaires**.*

séculier (adjectif)
• **Le clergé séculier :** ensemble des religieux qui ne vivent pas dans un monastère.

sécuriser (verbe) ▶ conjug. n° 3
Donner un sentiment de sécurité à quelqu'un. *La présence d'un gardien **sécurise** les habitants de l'immeuble.* (Syn. rassurer.)

sécurité (nom féminin)
Tranquillité ressentie quand on est à l'abri du danger. *Se sentir en **sécurité** dans un pays en paix.* (Syn. sûreté.) • **Sécurité sociale :** organisme officiel qui, moyennant des cotisations, assure un revenu aux travailleurs en cas de maladie, de maternité ou d'accident, ainsi que le remboursement des soins médicaux.

sédatif, ive (adjectif)
Qui calme la douleur ou l'angoisse. *Ce médicament légèrement **sédatif** va l'apaiser.* ■ **sédatif** (nom masculin) Médicament sédatif.

sédentaire (adjectif et nom)
Qui vit toujours au même endroit. *Une tribu **sédentaire**.* (Contr. nomade.) ■ **sédentaire** (adjectif) Qui ne nécessite pas de déplacement. *Ce travail **sédentaire** l'ennuie, il rêve de voyager.*

sédentariser (verbe) ▶ conjug. n° 3
Rendre sédentaire. *De nombreux bédouins **se sédentarisent** et pratiquent l'agriculture.*

sédiment (nom masculin)
Débris déposés par les eaux, le vent ou la glace. *Des **sédiments** marins.*

sédimentaire (adjectif)
Qui est fait de sédiments. *L'argile, le calcaire sont des roches **sédimentaires**.*

sédition (nom féminin)
Révolte contre l'autorité établie. *La **sédition** a été durement réprimée.* (Syn. soulèvement.)

séducteur, trice (nom)
Personne qui aime séduire. *Cet acteur est un grand **séducteur**.*

séduction (nom féminin)
Pouvoir qu'a une personne de séduire. *Fatima use de sa **séduction** pour amadouer ses parents.* (Syn. charme.)

séduire (verbe) ▸ conjug. n° 43
Plaire beaucoup à quelqu'un. *Cette chanteuse française **a séduit** le public américain.* Famille du mot : séduct**eur**, séduct**ion**, sédui**sant**.

séduisant, ante (adjectif)
Qui séduit beaucoup. *Un homme **séduisant**. Un projet **séduisant**.* (Syn. attirant.)

segment (nom masculin)
Portion de ligne droite entre deux points. ➡ p. 576.

segmenter (verbe) ▸ conjug. n° 3
Couper ou diviser en segments.

ségrégation (nom féminin)
Fait de mettre à part une certaine catégorie de personnes et de leur ôter leurs droits. *La **ségrégation** raciale est inadmissible.* **Ségrégation** vient du latin *segregare* qui signifie « séparer du troupeau ».

comtesse de **Ségur** (née en 1799, morte en 1874)
Écrivain français d'origine russe. Elle est l'auteur de nombreux romans pour enfants : *les Petites Filles modèles* (1858), *Mémoires d'un âne* (1860), *les Malheurs de Sophie* (1864), *Un bon petit diable* (1865), *le Général Dourakine* (1866).

seiche (nom féminin)
Mollusque marin comestible. *La **seiche** projette une encre noire quand on l'attaque.* **Seiche** vient du latin *sepia* qui signifie « encre ».

une **seiche**

seigle (nom masculin)
Céréale aux épis barbus. *Le pain de **seigle** est de couleur brune.* ➡ p. 897.

seigneur (nom masculin)
Au Moyen Âge, noble qui possédait des terres. *Les vassaux devaient jurer fidélité à leur **seigneur**.* • **Le Seigneur :** Dieu ou Jésus-Christ.

seigneurie (nom féminin)
Terre d'un seigneur au Moyen Âge.

sein (nom masculin)
Chacune des deux mamelles de la femme. *Le nouveau-né tète le **sein** de sa mère.* ➡ p. 300. • **Au sein de quelque chose :** à l'intérieur. *De gros problèmes ont éclaté **au sein de** l'équipe.*

Seine
Fleuve de France (776 km) qui coule dans le Bassin parisien. La Seine naît en Haute-Marne, traverse d'importantes villes comme Troyes, Paris, Rouen, et se jette dans la Manche par un vaste estuaire près du Havre et de Honfleur. Ses principaux affluents sont l'Aube, l'Yonne, la Marne et l'Oise. Elle est une importante voie commerciale. ➡ Voir carte p. 1372.

séisme (nom masculin)
Synonyme de tremblement de terre.

seize (déterminant)
Dix plus six (16). *Il y a vingt-huit élèves dans la classe de Gaëlle : douze garçons et **seize** filles.* ■ **seize** (nom masculin) Le nombre seize. *C'est le **seize** qui a gagné.*

seizième (adjectif)
Qui occupe le rang numéro seize. *Le **seizième** arrondissement de Paris.* ■ **seizième** (nom masculin) Ce qui est contenu seize fois dans un tout. *5 est le **seizième** de 80.*

séjour (nom masculin)
1. Fait de séjourner quelque part. *Ce **séjour** à la mer lui a fait du bien.* **2.** Pièce principale d'un appartement. *L'appartement a trois pièces principales : un **séjour** et deux chambres.*

séjourner (verbe) ▸ conjug. n° 3
Rester un certain temps dans un endroit. *Quand elle est allée en Grèce, Julie **a séjourné** chez des amis.*

sel (nom masculin)
1. Substance blanche provenant de l'eau de mer et qui sert à assaisonner ou à

conserver les aliments. *Maman a mis du gros **sel** dans l'eau de cuisson des pâtes.* 2. Au sens figuré, ce qui fait l'intérêt d'une histoire ou d'une situation. *Ses plaisanteries ne manquent pas de **sel** !* • **Mettre son grain de sel :** intervenir dans une discussion sans y avoir été invité.

sélectif, ive (adjectif)
Qui se fait par sélection. *Le recrutement dans cette école d'ingénieurs est très **sélectif**.*

sélection (nom féminin)
Choix des personnes ou des choses qui présentent le plus de qualités. *Le jury fait une première **sélection** parmi les candidats.* Famille du mot : sélectif, sélectionner, sélectionneur.

sélectionner (verbe) ▸ conjug. n° 3
Choisir par sélection. *Ce joueur **a** déjà **été sélectionné** en équipe de France.*

sélectionneur, euse (nom)
Personne chargée de sélectionner des joueurs pour former une équipe.

self-service (nom masculin)
Restaurant où l'on se sert soi-même. *La cantine du collège est un **self-service**.* Pluriel : des self-services. En anglais, *self* signifie « soi-même ».

selle (nom féminin)
1. Pièce de cuir qu'on place sur le dos d'un cheval et sur laquelle le cavalier s'assoit. 2. Siège d'un véhicule à deux roues. *La **selle** de son vélo est trop haute pour Laura.* ➡ p. 140. • **Aller à la selle :** faire ses excréments. ■ **selles** (nom féminin pluriel) Excréments des êtres humains.
Famille du mot : **desseller**, seller.

seller (verbe) ▸ conjug. n° 3
Mettre une selle à un cheval.

sellette (nom féminin)
• **Être sur la sellette :** être accusé ou critiqué. *Après la défaite de l'équipe, le sélectionneur **est sur la sellette**.* La **sellette** était autrefois une sorte de tabouret sur lequel devait s'asseoir l'accusé au tribunal.

selon (préposition)
Sert à indiquer : 1. Le rapport à quelque chose. *Myriam s'habille **selon** le temps qu'il fait.* (Syn. en fonction de, suivant.) 2. Le point de vue de. ***Selon** la météo, il va pleuvoir.* (Syn. d'après, suivant.) 3. La référence. *Il faut monter ce meuble **selon** les instructions.*

semailles (nom féminin pluriel)
Action de semer des graines. *Les **semailles** suivent le labourage.* ➡ p. 935.

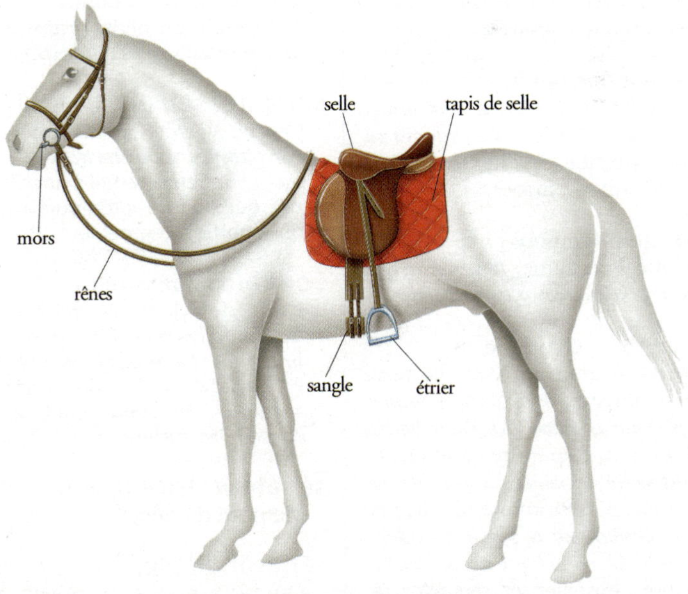

la **selle** et le harnachement du cheval

a b c d e f g h i j k l m n o p q r **s** t u v w x y z

semaine (nom féminin)
1. Période de sept jours qui commence le lundi et finit le dimanche. 2. Durée de sept jours. *À Pâques, nous avons deux **semaines** de vacances.* 3. Partie de la semaine pendant laquelle on travaille. *Dans cette entreprise, la **semaine** de 35 heures est appliquée.*

sémaphore (nom masculin)
Appareil qui servait à envoyer des signaux aux bateaux ou aux trains.

semblable (adjectif)
Qui ressemble beaucoup à une autre chose ou à une autre personne. *Leurs cartables sont **semblables**, donc ils les confondent souvent.* (Syn. identique, pareil. Contr. différent.) ■ semblable (nom) Être humain, par rapport aux autres. *Aider ses **semblables**.*

semblant (nom masculin)
• **Faire semblant :** faire croire aux autres que l'on fait quelque chose. *David **fait semblant** de dormir.* (Syn. feindre.)

sembler (verbe) ▸ conjug. n° 3
Avoir l'air, paraître. *Tu **sembles** fiévreux, va prendre ta température.* • **Il me semble :** j'ai l'impression. ***Il me semble** que je l'ai déjà vu quelque part.* • **Il semble :** on dirait. ***Il semble** qu'il va pleuvoir.*

semelle (nom féminin)
Dessous de la chaussure. *Le cordonnier a changé les **semelles** de mes chaussures.* • **Ne pas quitter quelqu'un d'une semelle :** le suivre partout.

semence (nom féminin)
Graines que l'on sème. *Ibrahim achète des sachets de **semences** à la jardinerie.*

semer (verbe) ▸ conjug. n° 8
1. Mettre des graines dans la terre pour faire pousser des plantes. ***Semer** du blé. Noémie **a semé** des fines herbes dans le jardin.* 2. Répandre çà et là. *Des voyous **ont semé** des clous sur la route. **Semer** la terreur.* 3. Synonyme familier de distancer. *Guillaume **a semé** ses adversaires dans la dernière ligne droite.* Famille du mot : **ensemencer**, **semailles**, **semence**, **semis**.

semestre (nom masculin)
Période de six mois.

semestriel, elle (adjectif)
Qui paraît ou se produit chaque semestre. *Une revue **semestrielle**.*

séminaire (nom masculin)
1. Établissement religieux qui prépare les jeunes gens à devenir prêtres. 2. Réunion de spécialistes qui travaillent sur des questions particulières. *Participer à un **séminaire** sur l'écologie.*

séminariste (nom masculin)
Élève d'un séminaire.

semi-remorque (nom masculin)
Gros camion composé d'une partie où se trouvent le moteur et la cabine du chauffeur, et d'une remorque. Pluriel : des semi-remorque**s**.

semis (nom masculin)
Endroit où on a semé des graines. *Odile arrose régulièrement ses **semis** de persil.*

semonce (nom féminin)
Avertissement accompagné de reproches. *Sarah a reçu une **semonce** du maître pour son travail bâclé.*

semoule (nom féminin)
Blé moulu en petits grains. *La **semoule** du couscous se cuit à la vapeur.*

sempiternel, elle (adjectif)
Qui ne s'arrête jamais. *On en a assez de vos plaintes **sempiternelles** !* (Syn. perpétuel.) **Sempiternel** vient du latin *semper* qui signifie « toujours » et *æternus* qui signifie « éternel ».

Sénat (nom masculin)
L'une des deux assemblées chargées de voter les lois. *En France, l'Assemblée nationale et le **Sénat** forment le Parlement.* **Sénat** vient du latin *senex* qui signifie « vieux » : le **Sénat** était, à Rome, le conseil des anciens.

sénateur, trice (nom)
Membre du Sénat.

sénatorial, ale, aux (adjectif)
Qui se rapporte au Sénat, aux sénateurs. *Les élections **sénatoriales**.*

Sénégal

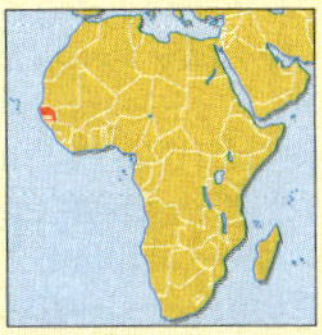

12,5 millions d'habitants
Capitale : Dakar
Monnaie :
le franc CFA
Langue officielle :
français
Superficie : 196 720 km²

État d'Afrique de l'Ouest, bordé par l'océan Atlantique et voisin de la Mauritanie, du Mali, de la Guinée et de la Guinée-Bissau.

GÉOGRAPHIE

Le pays est traversé par plusieurs fleuves dont le Sénégal et la Gambie. On distingue deux types de végétations : la steppe au nord et la savane au sud. Le pays vit de la culture des arachides, du coton, de la canne à sucre et de la pêche. Le commerce extérieur se fait surtout avec la France. Le tourisme est en plein essor.

HISTOIRE

La colonisation française débuta au XVIIe siècle. Les Français implantèrent la culture des arachides et du coton et fondèrent la ville de Dakar en 1857. En 1960, le pays prit son indépendance. Le poète Léopold Sédar Senghor fut président de la République de 1960 à 1980.

un point d'eau dans le désert du **Sahel**, au **Sénégal**

sénégalais, aise ➡ Voir tableau p. 6.

sénile (adjectif)
Qui est causé ou marqué par la vieillesse. *Ce pauvre homme perd la tête et devient **sénile**.*

sénilité (nom féminin)
État d'une personne affaiblie par la vieillesse.

sénior (nom)
1. Sportif âgé de plus de 21 ans et de moins de 35 ans. *L'équipe des **séniors** a gagné.* **2.** Personne âgée de plus de cinquante ans. Prononciation [senjɔʀ].
Sénior est un mot anglais emprunté au latin où il signifie « plus âgé ».
ORTHO On écrit aussi **senior**.

sens (nom masculin)
1. Synonyme de signification. *Ursula se sert de son dictionnaire pour comprendre le **sens** des mots.* **2.** Ce qui permet de recevoir des sensations. *Les cinq **sens** sont la vue, l'ouïe, le toucher, le goût et l'odorat.* **3.** Connaissance intuitive. *Zoé se perd souvent car elle n'a vraiment aucun **sens** de l'orientation.* **4.** Direction dans laquelle se déplace quelqu'un ou quelque chose. *Le **sens** des aiguilles d'une montre. Une route à double **sens**, à **sens** unique.* • **Sens dessus dessous :** dans un très grand désordre. *La chambre de Kevin est **sens dessus dessous**.* • **Tomber sous le sens :** être évident.
Voir aussi **bon sens**. Prononciation [sɑ̃s]. **Sens dessus dessous** se prononce [sɑ̃dsydsu]. Famille du mot : bon sens, **insensé**, **sensé**, sens**ualité**, sens**uel**.

sensation (nom féminin)
1. Ce qu'on ressent avec son corps. *Amandine a une douce **sensation** de chaleur devant le feu. La faim est une **sensation** désagréable.* **2.** Impression ou sentiment. *Une **sensation** de solitude.* • **Faire sensation :** provoquer une forte impression, un grand intérêt.

sensationnel, elle (adjectif)
Qui fait sensation. *Gravir l'Everest est un exploit **sensationnel**.* (Syn. extraordinaire, formidable.)

sensé, ée (adjectif)
Qui est plein de bon sens. *Sa réponse est juste et très **sensée**.* (Contr. insensé.)

sensibilisation (nom féminin)
Action de sensibiliser. *Une émission de **sensibilisation** aux problèmes du sida.*

sensibiliser (verbe) ▸ conjug. n° 3
Rendre quelqu'un sensible et attentif à quelque chose. *Le gouvernement veut **sensibiliser** les automobilistes sur le problème de l'alcool au volant.*

sensibilité (nom féminin)
1. Caractère d'une personne sensible. *Élodie est d'une telle **sensibilité** que tout l'émeut.* 2. Fait d'être sensible à quelque chose. *La **sensibilité** au froid est plus grande chez les gens des pays chauds.* 3. Propriété d'un appareil ou d'un instrument sensible. *La **sensibilité** d'un thermomètre, d'une balance.*

sensible (adjectif)
1. Qui est facilement ému. *Fatima est très **sensible** à la beauté des paysages.* 2. Qui est fragile et qui réagit facilement. *Les peaux claires sont très **sensibles** au soleil.* 3. Qui réagit à la moindre variation. *Cette balance est très **sensible**.* 4. Qui est assez important pour qu'on le remarque. *La météo annonce une baisse très **sensible** des températures pour demain.* (Syn. notable.) Famille du mot : insensibili**ser**, insensibili**té**, **in**sensible, **in**sensible**ment**, sensibili**sation**, sensibili**ser**, sensibili**té**, sensible**ment**.

sensiblement (adverbe)
1. De façon sensible, importante. *Les prix ont **sensiblement** baissé.* 2. À peu près. *Pierre et Gaëlle ont **sensiblement** la même taille.* (Syn. presque.)

sensitif, ive (adjectif)
Qui fonctionne par simple contact du doigt. *Ce distributeur de billets de train a un écran sensitif.* (Syn. tactile.)

sensoriel, elle (adjectif)
Qui a un rapport avec les sens. *Les oreilles, les yeux, le nez, la langue sont des organes **sensoriels**.*

sensualité (nom féminin)
Caractère d'une personne sensuelle.

sensuel, elle (adjectif)
Qui concerne les plaisirs procurés par les sens. *Bien manger, écouter de la musique sont des plaisirs **sensuels**.*

sentence (nom féminin)
Synonyme de jugement. *L'accusé attend la **sentence** du tribunal.* (Syn. verdict.)

senteur (nom féminin)
Synonyme littéraire d'odeur. *La **senteur** de cette fleur est délicieuse.* (Syn. parfum.)

sentier (nom masculin)
Chemin étroit dans la campagne. *Un **sentier** longe la rivière.*

sentiment (nom masculin)
1. Ce qu'on éprouve, ce qu'on ressent. *Le désir, l'amour, la peine, la joie, la jalousie sont des **sentiments**.* 2. Impression ou intuition. *J'ai le **sentiment** qu'il nous a menti.*

sentimental, ale, aux (adjectif)
Qui donne beaucoup d'importance aux sentiments, en particulier à l'amour. *Hélène est très **sentimentale**, elle s'attendrit facilement.*

sentinelle (nom féminin)
Soldat armé qui monte la garde. *Il y a des **sentinelles** à l'entrée de la caserne.*

sentir (verbe) ▸ conjug. n° 15
1. Distinguer une odeur par l'odorat. ***Sentez** ces fleurs, quel parfum délicat !* 2. Éprouver une sensation physique. *Quentin **a senti** une vive douleur dans le dos. Les randonneurs **se sentent** fatigués après leur journée de marche.* 3. Avoir une impression ou une intuition. *Tu **avais senti** qu'il y aurait de la bagarre.* 4. Avoir une odeur caractéristique. *Ce miel **sent** la lavande. Ce poisson **sent** mauvais, il faut le jeter.*

seoir (verbe) ▸ conjug. n° 29
Synonyme littéraire de convenir. *Cette robe vous **sied** à merveille.*

sépale (nom masculin)
Chacune des parties vertes situées à la base des pétales d'une fleur. *L'ensemble des **sépales** forme le calice.* ➡ p. 531.

séparation (nom féminin)
1. Action de séparer. *Un paravent sert de **séparation** dans un coin de la pièce.* 2. Fait de se séparer. *Malgré leur **séparation**, ses parents se voient souvent.*

séparatiste (adjectif et nom)
Qui souhaite séparer sa région de l'État auquel elle est rattachée. *Les **séparatistes** ont revendiqué l'attentat contre la préfecture.*

séparément (adverbe)
À part l'un de l'autre. *Les deux témoins ont été entendus **séparément**.* (Contr. ensemble.)

séparer (verbe) ▸ conjug. n° 3
1. Éloigner une personne d'une autre. *Le maître **a séparé** les deux élèves qui se battaient. Ses parents viennent de **se séparer**.* 2. Diviser un espace en deux ou en plusieurs parties. *Ces pièces **sont séparées** par des cloisons coulissantes.* 3. Ne pas mélanger des choses. *Il **sépare** sa vie privée de sa vie professionnelle.* (Syn. dissocier.) Famille du mot : **inséparable, séparation,** séparatiste, séparément.

sépia (nom féminin)
Dessin exécuté avec un liquide colorant brun foncé. ■ **sépia** (adjectif) Qui utilise différentes nuances du brun. *Des photos **sépia**.*

sept (déterminant)
Six plus un (7). *Une semaine a **sept** jours.* ■ **sept** (nom masculin) Chiffre ou nombre sept. *Ton **sept** est mal fait, il ressemble à un un.* Prononciation [sɛt].

septembre (nom masculin)
Neuvième mois de l'année qui compte trente jours. *Fin **septembre**, c'est le début de l'automne.* **Septembre** vient du latin *septem* qui signifie « sept » : c'était le septième mois de l'année romaine, qui commençait en mars.

septennat (nom masculin)
Période de sept ans. *Le président de la République François Mitterrand a accompli deux **septennats**.*

septentrional, ale, aux (adjectif)
Qui est situé au nord. *Le Danemark et la Suède font partie de l'Europe **septentrionale**.*

septicémie (nom féminin)
Infection généralisée du sang.

septième (adjectif et nom)
Qui occupe le rang numéro 7. *Juillet est le **septième** mois de l'année.* ■ **septième** (nom masculin) Ce qui est contenu sept fois dans un tout. *Il y a sept enfants, chacun aura un **septième** du gâteau.* Prononciation [sɛtjɛm].

septique (adjectif)
• **Fosse septique :** fosse creusée dans le sol, dans laquelle les excréments fermentent puis se décomposent. **Septique** vient du grec *septikos* qui signifie « qui pourrit ».

septuagénaire (adjectif et nom)
Qui a entre soixante-dix et quatre-vingts ans.

sépulcre (nom masculin)
Synonyme littéraire de tombeau. *Le **sépulcre** d'un roi.*

sépulture (nom féminin)
Lieu où est enterré un mort. (Syn. tombeau.)

des **sépultures** dans un cimetière

séquelle (nom féminin)
Trouble qui persiste après une maladie ou un accident. *Romain n'a aucune **séquelle** de sa fracture.*

séquence (nom féminin)
Suite d'images constituant une scène d'un film. *La première **séquence** de ce film est superbe.*

séquestration (nom féminin)
Action de séquestrer. *Cet homme a réussi à s'échapper après un mois de **séquestration**.*

séquestrer (verbe) ▸ conjug. n° 3
Garder quelqu'un enfermé de façon illégale. *Le directeur de l'usine **a été séquestré** deux jours par les ouvriers en grève.*

séquoia (nom masculin)
Très grand conifère de Californie. *Certains **séquoias** atteignent 140 mètres de haut.* ➡ p. 279. Prononciation [sekɔja]. *Sequoyah* (1760-1843) était un grand chef indien de la tribu des Cherokees.

sérail (nom masculin)
Partie du palais du sultan qui était réservée aux femmes. (Syn. harem.)

serbe ➡ Voir tableau p. 6.

Serbie

7,3 millions d'habitants
Capitale : Belgrade
Monnaie : le dinar
Langue officielle : serbe
Superficie : 88 361 km²

État d'Europe du Sud, situé dans les Balkans et voisin de la Bosnie-Herzégovine, de la Croatie, de la Hongrie, de la Roumanie, de la Bulgarie, de la république de Macédoine, de l'Albanie et du Monténégro.

GÉOGRAPHIE
La Serbie est constituée d'une vaste plaine au nord et de montagnes basses sur le reste du territoire. Elle est traversée par le Danube. L'agriculture (céréales et élevage) est très importante. Les ressources minières ont favorisé l'industrialisation. Mais la guerre et les sanctions de l'ONU ont ralenti l'économie.

HISTOIRE
La Serbie fut annexée par la Turquie en 1389. Elle obtint son indépendance en 1878. Après la Première Guerre mondiale, la Serbie devint une république de la Yougoslavie, le nouvel État qui regroupait les populations slaves. En 1991, la Croatie, la Slovénie et la Bosnie-Herzégovine prirent leur indépendance. La Serbie constitua alors une nouvelle république fédérale de Yougoslavie avec le Monténégro. En 1998, la Serbie s'opposa au désir d'indépendance de la province du Kosovo et entra en guerre contre cette région. L'OTAN intervint pour y mettre fin. En 2006, le Monténégro est devenu un État indépendant.

serein, eine (adjectif)
1. Se dit d'un ciel clair, calme et pur. **2.** Qui ne montre aucune inquiétude. *Un visage **serein**.* (Syn. calme, paisible. Contr. anxieux, inquiet.) Famille du mot : serein**ement**, séréni**té**.

sereinement (adverbe)
D'une manière sereine. *Il a accueilli très **sereinement** la nouvelle.*

sérénade (nom féminin)
Petit concert qu'on donnait la nuit sous les fenêtres de la femme qu'on aimait.

sérénité (nom féminin)
État d'une personne sereine. *Elle attend avec **sérénité** les résultats de son examen.*

serf (nom masculin)
Au Moyen Âge, paysan rattaché à une terre et dépendant entièrement du seigneur. Prononciation [sɛʀ]. **Serf** vient du latin *servus* qui signifie « esclave ».

sergent, ente (nom)
Sous-officier du grade le plus bas.

série (nom féminin)
Ensemble de choses qui se suivent ou qui vont ensemble. *Le détective a posé une **série** de questions au témoin. Fatima ne manque aucun épisode de cette **série** télévisée.* • **En série :** en grand nombre et sur le même modèle. *Cette usine fabrique des voitures **en série**.*

sérier (verbe) ▸ conjug. n° 10
Classer par ordre d'importance. *Il faut essayer de **sérier** les problèmes.*

sérieusement (adverbe)
D'une façon sérieuse. *Thomas ne travaille pas **sérieusement**. Julie est **sérieusement** malade.*

sérieux, euse (adjectif)
1. Qui ne plaisante pas. *Ce n'est pas pour rire que je te dis ça, je suis **sérieux** !* **2.** Qui est consciencieux et appliqué. *Laura est une élève très **sérieuse**, elle a de bons résultats.* **3.** Qui peut avoir des conséquences importantes. *Le blessé est dans un état **sérieux**.* (Syn. grave.) ■ **sérieux** (nom masculin) Qualité d'une personne ou d'une chose sérieuse. *Cette entreprise est réputée pour son grand **sérieux**.* • **Garder son sérieux :** se retenir de rire. • **Prendre au sérieux :** considérer comme important. • **Se prendre au sérieux :** se croire extrêmement important.

serin (nom masculin)
Petit oiseau jaune, élevé en cage.

un **serin**

seriner (verbe) ▶ conjug. n° 3
Répéter sans cesse la même chose. *Arrête de **seriner** toujours les mêmes conseils !*

seringa (nom masculin)
Arbrisseau à fleurs blanches très odorantes.
ORTHO On écrit aussi **seringat**.

une branche de **seringa**

seringue (nom féminin)
Petite pompe terminée par une aiguille, qui sert à faire des piqûres. *Le médecin prépare la **seringue** pour le vaccin.*

serment (nom masculin)
Promesse solennelle faite devant quelqu'un. *Au tribunal, les témoins doivent prêter **serment** de dire toute la vérité.*

« Le **Serment** des Horaces » de David (1784)

sermon (nom masculin)
1. Discours prononcé par un prêtre. *Les fidèles écoutent le **sermon** du curé.* (Syn. prêche.) **2.** Discours ennuyeux et qui fait la morale. *Le directeur a fait un **sermon** aux élèves sur les règles de la politesse.*

sermonner (verbe) ▶ conjug. n° 3
Faire un sermon, la morale à quelqu'un. *Le gardien **a sermonné** les enfants qui jouaient dans les plates-bandes.*

séropositif, ive (adjectif et nom)
Qui a dans le sang le virus du sida.

serpe (nom féminin)
Outil à manche court et à lame large et recourbée. *Les druides gaulois utilisaient une **serpe** pour couper le gui.*

une **serpe**

serpent (nom masculin)
Reptile au corps long et couvert d'écailles, qui se déplace en rampant. *Les cobras et les vipères sont des **serpents** venimeux.* ➡ p. 1101.

serpenter (verbe) ▶ conjug. n° 3
Avoir un tracé sinueux. *L'âne gravit le petit chemin qui **serpente** dans la montagne.*

serpentin (nom masculin)
Petit rouleau de papier coloré qui se déroule quand on le lance.

serpillière (nom féminin)
Pièce de grosse toile qui sert à nettoyer le sol. *Alexandre passe la **serpillière** dans la cuisine.*
ORTHO On écrit aussi **serpillère**.

serpolet (nom masculin)
Thym sauvage utilisé comme condiment. ➡ p. 1174.

serre (nom féminin)
Bâtiment vitré et parfois chauffé où l'on fait pousser des plantes à l'abri du froid. *En France, les plantes tropicales ne peuvent pousser que dans des **serres**.* • **Effet de serre** : réchauffement dû à l'atmosphère qui laisse passer des rayons solaires et qui retient la chaleur de la Terre.

du **serpolet**

serré, ée (adjectif)
Dont les éléments sont très rapprochés. *Marcher en rangs **serrés**.*

serrement (nom masculin)
• **Serrement de cœur :** sensation pénible provoquée par l'angoisse ou la tristesse.

serrer (verbe) ▸ conjug. n° 3
1. Tenir très fort. *Il m'**a serré** la main. Myriam **serre** son petit frère dans ses bras.* **2.** Tirer fort sur les extrémités d'un lien. ***Serre** bien le nœud, sinon il risque de se défaire.* **3.** Tourner un mécanisme à fond. *Il me faut une clé pour **serrer** cet écrou.* **4.** Être trop près du corps. *Il a du mal à marcher avec ces chaussures qui lui **serrent** les pieds.* **5.** Se serrer : se rapprocher. *Si les gens **se serraient**, il y aurait encore de la place dans l'autobus.* • **Être serrés :** être trop nombreux dans un endroit. Famille du mot : **des**serrer, **res**serrer, serré, serr**ement**, serre-tête.

serres (nom féminin pluriel)
Griffes recourbées et puissantes des rapaces. *L'aigle emporte sa proie dans ses **serres**.*

serre-tête (nom masculin)
Bandeau servant à retenir les cheveux. Pluriel : des serre-tête**s**.

serrure (nom féminin)
Mécanisme dans lequel on introduit une clé pour ouvrir ou fermer une porte ou un tiroir. *Noémie a perdu les clés, il va falloir changer la **serrure**.* Famille du mot : serrur**erie**, serrur**ier**.

serrurerie (nom féminin)
Boutique ou métier du serrurier.

serrurier, ère (nom)
Personne qui pose et répare les serrures et qui fabrique les clés.

sertir (verbe) ▸ conjug. n° 11
Fixer une pièce précieuse sur un support. ***Sertir** un diamant sur une bague.*

sérum (nom masculin)
1. Liquide jaunâtre qui se sépare du sang coagulé. **2.** Liquide tiré du sang d'un animal immunisé et qui sert à lutter contre certains microbes. *Un **sérum** antitétanique.* Prononciation [seʀɔm].

servage (nom masculin)
État de serf. *En Russie, le **servage** a duré jusqu'en 1861.*

servante (nom féminin)
Autrefois, jeune fille qui était employée aux travaux de la maison.

serveur, euse (nom)
Personne qui sert les clients dans un café ou un restaurant. *Nous avons laissé un pourboire à la **serveuse**.* ■ **serveur** (nom masculin) Gros ordinateur qui permet de se connecter à un réseau informatique ou sur lequel sont stockées des informations.

serviable (adjectif)
Qui est toujours prêt à rendre service. *Demande à Odile de t'aider, elle est très **serviable**.* (Syn. complaisant, obligeant.)

service (nom masculin)
1. Ce qu'on fait pour aider quelqu'un. *William a rendu **service** à une vieille dame en lui portant son sac à provisions.* **2.** Manière de servir les clients. *Le **service** est très rapide dans ce restaurant.* **3.** Pourcentage d'une note d'hôtel ou de restaurant, destiné au personnel. *Le **service** est compris dans l'addition.* **4.** Assortiment de vaisselle. *Camille a cassé une tasse du **service** à café.* **5.** Activité professionnelle. *Papa prend toujours son **service** à 6 heures du matin.* **6.** Branche d'activité d'une administration ou d'une entreprise. *Le **service** de*

radiologie de l'hôpital. Le ***service*** *après-vente.* • **Service militaire :** temps qu'un jeune homme passe à l'armée.

serviette (nom féminin)
1. Pièce de tissu qui sert à s'essuyer le corps ou la bouche. *Ursula se sert d'une grande* ***serviette*** *pour se sécher après son bain. Ces* ***serviettes*** *de table sont assorties à la nappe.* 2. Sac dans lequel on transporte des livres ou des documents. *Pour aller au bureau, papa s'est acheté une nouvelle* ***serviette****.*

servile (adjectif)
Qui est trop soumis et trop respectueux. *Se montrer* ***servile*** *envers ses supérieurs.* Famille du mot : servil**ement**, servil**ité**.

servilement (adverbe)
De façon servile. *Obéir* ***servilement*** *sans réagir.*

servilité (nom féminin)
Défaut d'une personne servile.

servir (verbe) ▸ conjug. n° 15
1. Donner à quelqu'un ce qu'il demande. *Le garçon m'****a servi*** *une glace.* 2. Être utile pour faire quelque chose. *Un marteau* ***sert*** *à enfoncer les clous. Ton sécateur m'****a*** *beaucoup* ***servi*** *pour tailler les rosiers.* 3. Se servir : prendre soi-même quelque chose. *Si vous voulez boire quelque chose,* ***servez-vous****.* 4. Se servir de quelque chose : l'utiliser. *Zoé* ***se sert de*** *l'ouvre-boîte pour ouvrir la boîte de petits pois.* Famille du mot : **des**servir, serv**ante**, serv**eur**, ser**viable**, serv**ice**, servi**teur**, **res**servir.

serviteur (nom masculin)
Personne qui est au service de quelqu'un.

servitude (nom féminin)
Chose ennuyeuse ou pénible à laquelle on ne peut pas échapper. *Les déplacements sont une des* ***servitudes*** *de cette profession.*

ses (déterminant)
Pluriel de *son* 1 et de *sa*.

sésame (nom masculin)
Plante dont les graines fournissent une huile alimentaire. *En Extrême-Orient, on utilise beaucoup l'huile de* ***sésame****.*

session (nom féminin)
1. Temps pendant lequel siège une assemblée ou un tribunal. *Hier, le Sénat s'est réuni en* ***session*** *extraordinaire.* 2. Période où a lieu un examen. *La* ***session*** *du bac débutera en juin.*

sesterce (nom masculin)
Monnaie qu'utilisaient les Romains dans l'Antiquité. *Les* ***sesterces*** *étaient en argent.*

set (nom masculin)
Partie d'un match de tennis, de ping-pong ou de volley-ball. *Au deuxième* ***set****, les joueurs sont à égalité.* • **Set de table :** napperon qu'on place sous les assiettes et les couverts pour protéger une table. **Set** est un mot anglais : on prononce [sɛt].

setter (nom masculin)
Grand chien de chasse à longs poils.

un **setter**

seuil (nom masculin)
1. Entrée d'une maison ou d'une pièce. *Les enfants ont laissé leurs bottes pleines de boue sur le* ***seuil*** *de la maison.* 2. Point au-delà duquel une situation devient critique. *Le* ***seuil*** *de pollution a été dépassé à cause du manque de vent.*

seul, seule (adjectif)
1. Qui est sans personne pour l'accompagner ou pour l'aider. *Xavier est assez grand pour rentrer* ***seul*** *de l'école. Tu n'arriveras jamais à porter* ***seule*** *ces valises !* 2. Seulement un. *Il ne manque qu'un* ***seul*** *ingrédient pour faire ce gâteau, c'est le sucre.* (Syn. unique.) 3. En excluant tous les autres. ***Seuls*** *les adultes peuvent apprécier ce spectacle.* ■ **seul, seule** (nom) Personne unique. *Anna est la* ***seule*** *à me croire.*

seulement (adverbe)
1. Pas plus. *On ne peut pas faire d'omelette, il reste **seulement** un œuf !* **2.** Juste maintenant. *Élodie vient **seulement** de rentrer de l'école.* **3.** Toutefois, mais. *C'est possible, **seulement** je dois réfléchir.* • **Si seulement :** si au moins. ***Si seulement** il faisait des efforts, il réussirait.*

sève (nom féminin)
Liquide qui circule dans les plantes et qui les nourrit.

sévère (adjectif)
1. Qui est exigeant et qui punit facilement. *Les parents de Gaëlle sont très **sévères** avec elle.* (Syn. strict. Contr. indulgent.) **2.** Qui est important ou grave. *Notre équipe a subi une défaite **sévère**.*
Famille du mot : sévèr**ement**, sévér**ité**.

sévèrement (adverbe)
Avec sévérité. *La conduite en état d'ivresse est **sévèrement** punie par la loi.* (Syn. durement.)

sévérité (nom féminin)
Caractère d'une personne sévère. *Ce professeur corrige les devoirs avec une grande **sévérité**.*

sévices (nom masculin pluriel)
Mauvais traitements exercés sur quelqu'un. *Ces enfants maltraités portent des traces de **sévices** sur tout le corps.*

sévir (verbe) ▸ conjug. n° 11
1. Intervenir en punissant très sévèrement. *Le directeur a décidé de **sévir** contre les élèves qui sont souvent en retard.* **2.** Faire des ravages ou des victimes. *La tempête qui **sévit** au large a causé plusieurs naufrages.*

sevrage (nom masculin)
Action de sevrer. *Le **sevrage** d'un nourrisson.*

sevrer (verbe) ▸ conjug. n° 3
Donner progressivement d'autres aliments que du lait à un bébé ou au petit d'un animal. *Ces chatons qui ont deux mois et demi **sont** maintenant complètement **sevrés**.*

sexagénaire (adjectif et nom)
Qui a entre soixante et soixante-dix ans.

sexe (nom masculin)
1. Organes génitaux d'une personne ou d'un animal. *Le **sexe** de l'homme et le **sexe** de la femme sont différents.* ➡ p. 300. **2.** Caractères physiques qui différencient un homme d'une femme ou un mâle d'une femelle. *Les garçons sont de **sexe** masculin et les filles de **sexe** féminin.*
Famille du mot : hétérosex**uel**, homosex**uel**, sex**isme**, sex**iste**, sex**ualité**, sex**uel**.

sexisme (nom masculin)
Comportement d'une personne qui pense que les personnes de son sexe sont supérieures à celles de l'autre sexe.

sexiste (adjectif et nom)
Qui fait preuve de sexisme. *Le directeur de cette entreprise est très **sexiste** : il donne des salaires plus bas aux femmes qu'aux hommes.*

sextant (nom masculin)
Instrument de navigation qui sert à mesurer la hauteur des astres au-dessus de l'horizon. *Grâce au **sextant**, les navigateurs peuvent déterminer la position de leur bateau.*

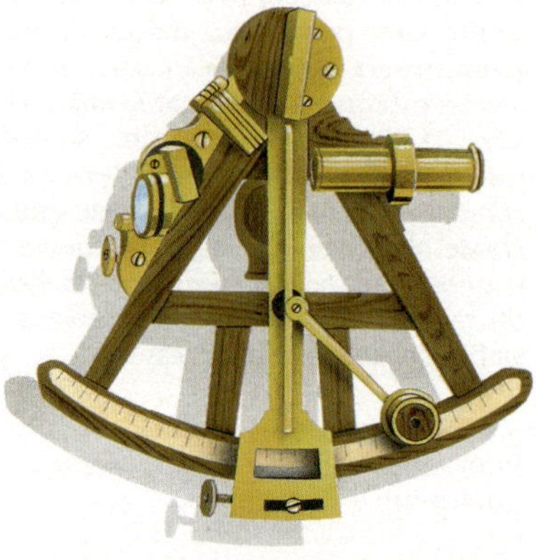

un **sextant**

sextuplés, ées (nom pluriel)
Six enfants nés de la même mère au cours du même accouchement.

sexualité (nom féminin)
Ensemble des comportements qui poussent une personne à l'union sexuelle avec une autre personne par instinct de reproduction ou pour éprouver un plaisir physique.

sexué, ée (adjectif)
Qui a des organes sexuels. *Les mammifères sont **sexués**.* • **Reproduction sexuée :** reproduction nécessitant la participation de deux individus de sexe opposé.

sexuel, elle (adjectif)
1. Qui concerne le sexe. *L'homme et la femme ont des organes **sexuels** différents.* (Syn. génital.) 2. Qui se rapporte à la sexualité. *Des relations **sexuelles**.*

seyant, ante (adjectif)
Qui va bien à quelqu'un. *Anna porte une robe à fleurs très **seyante**.*

Seychelles

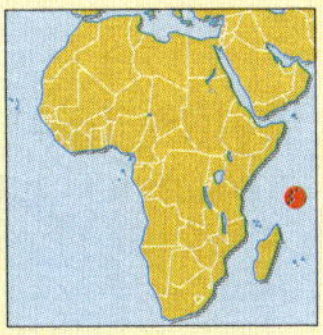

100 000 habitants
Capitale : Victoria
Monnaie :
la roupie des Seychelles
Langues officielles :
anglais, français
Superficie : 453 km²

État de l'océan Indien, situé au nord-est de Madagascar.

GÉOGRAPHIE
Les Seychelles sont un archipel volcanique d'une centaine d'îles, au climat tropical humide. L'économie est basée sur le tourisme et la pêche au thon.

HISTOIRE
Découvertes par les Portugais au XVIe siècle et colonisées par les Français au XVIIIe siècle, les Seychelles furent cédées aux Anglais en 1814 et accédèrent à l'indépendance en 1976.

Shakespeare William (né en 1564, mort en 1616)
Il est **l'un des plus grands auteurs anglais**. Son œuvre comprend des drames tels que *Roméo et Juliette* (1595), des comédies, *la Mégère apprivoisée* (1594), *Beaucoup de bruit pour rien* (1598), mais aussi des poèmes, *Sonnets* (1609). Les héros de Shakespeare sont des personnages en proie à la difficulté d'une décision, *Hamlet* (1601), à la jalousie, *Othello* (1604), à l'ambition, *Macbeth* (1605), ou à la folie, *le Roi Lear* (1606).

shampoing (nom masculin)
1. Produit liquide pour se laver les cheveux. *C'est un **shampoing** doux qui ne pique pas les yeux.* 2. Lavage des cheveux. *Se faire un **shampoing**.*
● Prononciation [ʃɑ̃pwɛ̃].
ORTHO On écrit aussi **shampooing**.

shampouiner (verbe) ▸ conjug. n° 3
Faire un shampoing. *La coiffeuse **shampouine** les cheveux de sa cliente.*

Shanghai
La plus grande ville de Chine (23 millions d'habitants) et le 1er port chinois. C'est un grand centre industriel dont les activités sont très variées : chimie, textile, métallurgie, construction électrique, alimentation. En 2010, la ville a accueilli l'Exposition universelle.

shérif (nom masculin)
Aux États-Unis, chef de la police d'une ville. *L'insigne du **shérif** est une étoile.*
➡ p. 678.

sherpa (nom masculin)
Guide de montagne dans l'Himalaya. *L'alpiniste Edmund Hillary et le **sherpa** Tensing ont gravi l'Everest en 1953.* ⊸ Les **Sherpas** sont un peuple montagnard du Népal.

shetland (nom masculin)
1. Laine d'Écosse. *Un pull en **shetland**.* 2. Poney de petite taille. *Romain a appris à monter sur un **shetland**.* ● **Shetland** est un mot anglais : on prononce [ʃɛtlɑ̃d].

Shiva
C'est l'un des trois grands dieux hindous, avec Brahma et Vishnu. Il est le dieu de la Destruction et de la Renaissance. Il est représenté avec un troisième œil au milieu du front, qui symbolise la sagesse, et un cobra autour du cou.
ORTHO On écrit aussi **Siva** ou **Çiva**.

la Shoah
Mot hébreu qui désigne l'extermination des Juifs par les nazis pendant la Seconde Guerre mondiale.

shoot (nom masculin)
Au football, coup de pied sec et puissant donné dans le ballon. (Syn. tir.) ● **Shoot** est un mot anglais : on prononce [ʃut].

shooter (verbe) ▸ conjug. n° 3
Faire un shoot. *Benjamin **shoote** et ainsi marque le but de la victoire.* ● Prononciation [ʃute].

shopping (nom masculin)
• **Faire du shopping :** faire des achats en allant d'un magasin à un autre. Prononciation [ʃɔpiŋ]. **Shopping** vient de l'anglais *shop* qui signifie « boutique ». Au Canada, on dit **magasinage**.

short (nom masculin)
Culotte courte. *En été, c'est vraiment très agréable de se promener en* ***short***. Prononciation [ʃɔʀt]. **Short** est un mot anglais qui signifie « court ».

show (nom masculin)
Spectacle de variétés organisé autour d'une vedette. *Ce chanteur célèbre est l'invité d'un* ***show*** *à la télévision, ce soir.* Prononciation [ʃo]. En anglais, *to show* signifie « montrer ».

si (conjonction)
Sert à introduire une condition ou une possibilité. *Nous partirons* ***si*** *le brouillard se dissipe. Je ne sais pas* ***s'***ils *viendront.* **Si** devient **s'** devant *il* ou *ils*.

si (adverbe)
1. Sert à affirmer quelque chose en réponse à une question négative. *Tu n'aimes pas ce gâteau ? – Mais* ***si*** *!* **2.** Synonyme de tellement. *Ne criez pas* ***si*** *fort !* **3.** À un tel point. *La gare n'est pas* ***si*** *loin que tu le penses, on peut s'y rendre à pied.* (Syn. aussi.)

si (nom masculin)
Septième note de la gamme.

siamois, oise (adjectif et nom)
Se dit d'une race de chat aux yeux bleus et au pelage ras brun et beige. • **Frères siamois, sœurs siamoises :** jumeaux ou jumelles qui naissent attachés par une partie du corps. Le *Siam* est l'ancien nom de la Thaïlande.

un **siamois**

Sibérie
Vaste région de Russie, située entre l'Oural, le Kazakhstan, la Mongolie et la Chine et bordée par l'océan Arctique et l'océan Pacifique.

GÉOGRAPHIE
Le climat est très rude et le sol est presque gelé en permanence. La végétation se compose de toundra, de taïga et de steppe. Le sous-sol recèle d'immenses richesses (houille, fer, or, diamants, hydrocarbures), mais le climat et les mauvaises communications en freinent l'exploitation.

HISTOIRE
La colonisation russe commença au XVIe siècle et fut favorisée par la voie ferrée du Transsibérien, construite de 1891 à 1916.

sibyllin, ine (adjectif)
Synonyme littéraire d'énigmatique. *Le magicien prononçait des formules* ***sibyllines*** *en préparant un breuvage étrange.*

Sicile
Île de la Méditerranée située au sud de l'Italie. La Sicile est une Région d'Italie (25 708 km^2 ; 5 millions d'habitants). Son chef-lieu est Palerme.

GÉOGRAPHIE
Sur les côtes, les principales activités sont la polyculture, la viticulture et la pêche. À l'intérieur de l'île, la culture des céréales, des olives et des amandes et l'élevage ovin se sont développés. L'essor du tourisme et les aides de l'Union européenne ont freiné l'émigration de la population vers le continent.

HISTOIRE
L'île fut colonisée par les Grecs en 700 avant Jésus-Christ. Elle devint ensuite une province romaine. Après la chute de l'Empire romain, la Sicile tomba sous la domination byzantine puis arabe. Les Normands la conquirent entre 1061 et 1091. Elle fut successivement espagnole, savoyarde et autrichienne, avant de revenir aux Bourbons de Naples en 1734. En 1860, la Sicile vota son rattachement à l'Italie. Elle est aujourd'hui confrontée à la lutte contre la Mafia.

sida (nom masculin)
Maladie très grave due à un virus qui se transmet par le sang ou au cours des rapports sexuels.

side-car (nom masculin)
Nacelle à une roue, qui se fixe sur le côté d'une moto. *Le passager met son casque et monte dans le* ***side-car****.* Pluriel : des side-cars. **Side-car** est un mot anglais : on prononce [sidkaR] ou [sajdkaR].
ORTHO On écrit aussi **sidecar**.

sidéen, enne (nom)
Personne atteinte du sida.

sidérant, ante (adjectif)
Synonyme familier de stupéfiant. *L'insolence de cet enfant est* ***sidérante****.*

sidérer (verbe) ▸ conjug. n° 8
Synonyme familier de stupéfier. *Sa réaction violente nous* ***a sidérés****.*

sidérurgie (nom féminin)
Industrie qui transforme le minerai de fer pour fabriquer la fonte et l'acier.

sidérurgique (adjectif)
De la sidérurgie. *On fabrique de la fonte et de l'acier dans toutes les usines* ***sidérurgiques****.*

siècle (nom masculin)
1. Durée de cent ans. *Cette vieille bâtisse a été construite il y a un* ***siècle****.* 2. Période de cent ans portant un numéro. *L'aventure spatiale a commencé au XX*e ***siècle****.*

siège (nom masculin)
1. Meuble qui sert à s'asseoir. *Un fauteuil, une chaise, un tabouret sont des* ***sièges****.* 2. Fonction d'une personne élue dans une assemblée. *Ce parti politique a gagné dix* ***sièges*** *aux dernières élections.* 3. Lieu où est établie la direction d'une société ou d'un organisme. *Cette entreprise vend des parfums dans le monde entier, mais son* ***siège*** *est à Paris.* 4. Opération militaire qui consiste à encercler un lieu pour s'en emparer. *L'ennemi fait le* ***siège*** *de la ville depuis plusieurs jours, les habitants sont affamés.* Famille du mot : **assiéger**, **siéger**, **télé**siège.

siéger (verbe) ▸ conjug. n° 5 et n° 8
Se réunir en assemblée. *Demain, les députés* ***siégeront*** *à l'Assemblée nationale pour voter une nouvelle loi.*

le sien, la sienne (pronom)
Pronom possessif de la troisième personne du singulier. *Je n'aime pas mon blouson, je préfère le* ***sien****.* ■ sien (nom masculin) • **Y mettre du sien :** faire des efforts. *S'il veut passer en CM2, il faudra qu'il* ***y mette du sien****.* ■ les siens (nom masculin pluriel) La famille et les

la ville de Cefalù, en **Sicile**

amis de quelqu'un. *Après une longue séparation, il a retrouvé **les siens**.* ■ **siennes** (nom féminin pluriel) • **Faire des siennes :** faire des bêtises. *Son père est furieux, je parie que Clément **a** encore **fait des siennes** !*

sierra (nom féminin)
Chaîne de montagnes, en Espagne et en Amérique.

Sierra Leone

5,7 millions d'habitants
Capitale : Freetown
Monnaie : le leone
Langue officielle : anglais
Superficie : 71 740 km²

État d'Afrique de l'Ouest, situé entre la Guinée et le Liberia et bordé par l'océan Atlantique.

GÉOGRAPHIE
Le pays est essentiellement couvert par la forêt dense. Une partie a été défrichée pour permettre les cultures vivrières (riz, manioc) et les cultures d'exportation (café, cacao). Le pays possède aussi des ressources minières qu'il exporte (diamants, bauxite, or). Pourtant, il reste très pauvre.

HISTOIRE
La Sierra Leone fut découverte au XVᵉ siècle par les Portugais. On y pratiqua longtemps la traite des esclaves. En 1808, le pays devint une colonie britannique. Il accéda à l'indépendance en 1961. La Sierra Leone est membre du Commonwealth.

sieste (nom féminin)
Moment de repos après le repas de midi. *Grand-père fait toujours une petite **sieste** après le déjeuner.*

sifflement (nom masculin)
Son produit par quelqu'un ou quelque chose qui siffle. *Il entendait le **sifflement** du vent dans la cheminée.*

siffler (verbe) ▸ conjug. n° 3
1. Produire un son aigu en chassant l'air par la bouche ou en soufflant dans un sifflet. *David **siffle** un petit air entraînant. L'arbitre **siffle** la fin du match.* **2.** Pour certains animaux, émettre un son qui ressemble à un sifflement. *Le merle **siffle**.* **3.** Appeler en sifflant. *Le maître **a sifflé** son chien pour qu'il revienne.* **4.** Produire un son aigu. *Les balles **sifflaient** autour d'eux.* **5.** Exprimer son mécontentement par des sifflements. *L'assistance **a sifflé** le candidat à la fin de son discours.* (Syn. huer.) Famille du mot : siffl**ement**, siffl**et**, siffl**oter**.

sifflet (nom masculin)
Petit instrument avec lequel on siffle. *L'arbitre a signalé le pénalty d'un coup de **sifflet**.* ■ **sifflets** (nom masculin pluriel) Sifflements exprimant le mécontentement. *Les acteurs ont quitté la scène sous les **sifflets** des spectateurs déçus.*

siffloter (verbe) ▸ conjug. n° 3
Siffler doucement. *Il **sifflote** en se rasant.*

sigle (nom masculin)
Abréviation formée des initiales de plusieurs mots. *OMS est le **sigle** de « Organisation mondiale de la santé ».*

signal, aux (nom masculin)
1. Bruit ou signe qui sert à avertir ou à transmettre une information. *Un coup de sifflet donne le **signal** du départ.* **2.** Système ou appareil qui sert à alerter ou à informer. *Un **signal** d'alarme. Des **signaux** lumineux.* Famille du mot : signal**ement**, signal**er**, signal**isation**.

signalement (nom masculin)
Description détaillée d'une personne, permettant de la reconnaître. *La victime a donné le **signalement** de son agresseur à la police.*

signaler (verbe) ▸ conjug. n° 3
1. Faire remarquer ou annoncer par un signal. *Ce panneau **signale** un sens interdit. Nous **signalons** à notre aimable clientèle que le magasin sera fermé au mois d'août.* **2.** Se signaler : se faire remarquer par sa conduite. *Cet élève **se signale** par son intelligence et sa générosité.*

signalisation (nom féminin)
Ensemble des signaux qui servent à régler la circulation. *Un panneau de **signalisation** indique que la route est coupée.*

signataire (nom)
Personne qui a signé quelque chose. *La liste de tous les **signataires** de la pétition sera déposée à la mairie.*

signature (nom féminin)
Nom d'une personne écrit par elle-même à la main, pour confirmer ou approuver un texte. *N'oubliez pas d'apposer votre* ***signature*** *au bas du chèque.*

signe (nom masculin)
1. Ce qui donne une indication. *Ton mal de tête est un* ***signe*** *de fatigue.* 2. Geste ou expression destinés à faire connaître quelque chose. *Faire un* ***signe*** *de la main. Son sourire est un beau* ***signe*** *de bienvenue.* 3. Ce qui représente quelque chose par l'écriture ou le dessin. *En arithmétique, + est le* ***signe*** *de l'addition. La virgule est un* ***signe*** *de ponctuation.* 4. Chacune des douze divisions du zodiaque. *Élodie est née en décembre, elle est du* ***signe*** *du Sagittaire.* ➡ p. 93.
• **Ne pas donner signe de vie :** ne donner aucune nouvelle. *Cela fait plus d'un mois qu'il* ***n'a pas donné signe de vie.***
• **Signe de la croix :** geste effectué par les chrétiens en souvenir de la mort du Christ sur la croix, et consistant à toucher successivement son front, sa poitrine et ses épaules.

signer (verbe) ▸ conjug. n° 3
1. Mettre une signature au bas d'un texte ou d'un tableau. *Il a rempli le chèque mais il a oublié de le* ***signer.*** 2. Se signer : faire le signe de la croix. Famille du mot : sign**ataire**, sign**ature**, **sous**signé.

signet (nom masculin)
Petit ruban ou bande de carton qui sert à marquer la page d'un livre. *Si tu t'arrêtes de lire, mets un* ***signet*** *dans ton livre pour pouvoir retrouver la page.*

significatif, ive (adjectif)
Qui est le signe de quelque chose. *Ces douleurs sont* ***significatives*** *d'une entorse.* (Syn. révélateur.)

signification (nom féminin)
Ce que signifie un mot, une phrase ou un geste. *Le dictionnaire permet de rechercher la* ***signification*** *d'un mot.* (Syn. sens.)

signifier (verbe) ▸ conjug. n° 10
1. Avoir un sens, vouloir dire quelque chose. *Ostréiculteur* ***signifie*** *éleveur d'huîtres.* 2. Faire connaître de manière très claire ce que l'on veut. *Son patron lui* ***a signifié*** *son intention de le renvoyer.* Famille du mot : signifi**catif**, signifi**cation**.

silence (nom masculin)
1. Absence de bruit. *Un* ***silence*** *profond régnait dans la forêt.* 2. Fait de se taire. *Le* ***silence*** *est de rigueur à la bibliothèque.* Famille du mot : silenc**ieusement**, silenc**ieux**.

silencieusement (adverbe)
De façon silencieuse. *Le chat s'est faufilé* ***silencieusement*** *dans la chambre.*

silencieux, euse (adjectif)
1. Où il n'y a pas de bruit. *À la nuit tombée, le quartier devient* ***silencieux.*** 2. Qui garde le silence. *Fatima est préoccupée, elle est restée* ***silencieuse*** *pendant toute la soirée.* 3. Qui se fait ou qui fonctionne sans bruit. *Ce robot ménager est vraiment très* ***silencieux.***
■ **silencieux** (nom masculin) Dispositif qui diminue le bruit d'un moteur ou d'une arme à feu. *Un pistolet muni d'un* ***silencieux.***

silex (nom masculin)
Roche très dure. *Les outils préhistoriques étaient taillés dans du* ***silex.***

un **silex**

silhouette (nom féminin)
1. Forme vague d'une personne ou d'une chose. *On aperçoit la* ***silhouette*** *des montagnes à travers le brouillard.* 2. Aspect physique général d'une personne. *Ibrahim a reconnu de loin la* ***silhouette*** *mince et sportive de sa cousine.*

des **silhouettes** de personnes à contre-jour

silicone (nom masculin)
Matière plastique souple. *Un moule à gâteaux en **silicone**.*

sillage (nom masculin)
Trace qu'un bateau en marche laisse derrière lui. *Des dauphins bondissaient dans le **sillage** du bateau.*

sillon (nom masculin)
Longue tranchée tracée dans la terre par le soc d'une charrue. *Le paysan creuse de larges **sillons** pour y semer des pommes de terre.*

sillonner (verbe) ▸ conjug. n° 3
Parcourir dans tous les sens. *Ce vieux marin **a sillonné** toutes les mers du monde.*

silo (nom masculin)
Réservoir où l'on stocke les produits agricoles. *Mettre du fourrage dans un **silo**.*

simagrées (nom féminin pluriel)
Manières ridicules que fait une personne qui veut attirer l'attention. *Arrête de faire des **simagrées** et viens jouer avec nous !*

simiesque (adjectif)
Qui fait penser à un singe. *Le visage de Luc était déformé par des grimaces **simiesques**.* **Simiesque** vient du latin *simia* qui signifie « singe ».

similaire (adjectif)
Qui est à peu près pareil à autre chose. *Gaëlle et Hélène travaillent de façon différente mais elles obtiennent des résultats **similaires**.* (Syn. analogue, équivalent, voisin.)

similitude (nom féminin)
Grande ressemblance. *Il existe une **similitude** de caractère entre Kevin et son frère.*

simoun (nom masculin)
Vent sec et brûlant du désert.

simple (adjectif)
1. Qui n'est pas formé de plusieurs parties ou de plusieurs éléments. *Tu as besoin de feuilles doubles ou de feuilles **simples** pour ton classeur ?* **2.** Qui est facile à comprendre ou à faire. *Cet exercice de calcul est très **simple**.* (Contr. compliqué.) **3.** Qui est sans ornements ou sans complications inutiles. *Sa cuisine est très **simple** mais délicieuse.* **4.** Qui a un comportement naturel. *Il est riche et célèbre mais il est resté **simple**.* (Contr. prétentieux.) **5.** Qui est seulement comme on le dit et rien de plus. *Il a réglé cette affaire d'un **simple** coup de fil.* • **Simple d'esprit :** qui n'est pas très intelligent. • **Temps simple :** temps du verbe qui est formé sans auxiliaire. Famille du mot : simpl**ement**, simpl**icité**, simpl**ification**, simpl**ifier**, simpl**iste**.

simplement (adverbe)
1. De façon simple, sans prétention. *Elle s'habille **simplement** mais avec élégance.* **2.** Synonyme de seulement. *Vous pouvez vous baigner, je vous demande **simplement** d'être prudents.*

simplet, ette (adjectif)
Qui est simple d'esprit. *Ce garçon un peu **simplet** ne comprend pas toujours ce qu'on lui dit.*

simplicité (nom féminin)
1. Caractère de ce qui est simple, facile à comprendre. *Cet exercice de calcul est d'une **simplicité** enfantine.* (Syn. facilité.) **2.** Comportement d'une personne simple, naturelle. *Malgré sa célébrité, cet écrivain a gardé une grande **simplicité**.*

simplification (nom féminin)
Action de simplifier. *Certaines machines permettent la **simplification** du travail des hommes.*

simplifier (verbe) ▸ conjug. n° 10
Rendre plus simple. *Tu devrais acheter un lave-vaisselle, cela te **simplifierait** la vie.*

simpliste (adjectif)
Qui simplifie trop les choses. *Ton raisonnement est vraiment **simpliste**.*

simulacre (nom masculin)
Ce qui a l'apparence du réel mais qui est simulé. *Dans ce film, on voit le naufrage d'un bateau, mais c'est un **simulacre**.*

simulateur, trice (nom)
Personne qui simule. *Il dit qu'il est épuisé, mais c'est un **simulateur**.* ■ **simulateur** (nom masculin) Appareil qui permet de simuler une situation. *Un **simulateur** de vol.*

simulation (nom féminin)
Action de simuler. *Il veut nous faire croire qu'il est malade, mais c'est de la **simulation** !*

simuler (verbe) ▸ conjug. n° 3
Faire semblant. *Elle **a simulé** un mal de tête pour ne pas aller à l'école.* (Syn. feindre.) Famille du mot : simula**teur**, simul**ation**.

simultané, ée (adjectif)
Qui se produit en même temps. *L'arrivée du froid et les chutes de neige ont été **simultanées**.* Famille du mot : simultané**ité**, simultané**ment**.

simultanéité (nom féminin)
Caractère simultané. *Les gymnastes exécutent leurs acrobaties avec une parfaite **simultanéité**.*

simultanément (adverbe)
De façon simultanée. *À la fin de la panne de courant, toutes les lumières se sont rallumées **simultanément**.* (Contr. successivement.)

Sinaï

Péninsule d'Égypte, bordée par la mer Rouge et la mer Méditerranée. Le Sinaï est une région montagneuse et désertique. Seuls de rares nomades y vivent. Son sous-sol renferme des gisements de pétrole.

HISTOIRE
Selon la Bible, l'un des sommets du Sinaï serait la montagne où Moïse reçut de Dieu les Tables de la Loi sur lesquelles étaient gravés les Dix Commandements. Depuis 1948, Israël et l'Égypte s'opposent pour contrôler le Sinaï. Il fut conquis par les Israéliens en 1967. En 1979, les deux pays conclurent un traité qui prévoyait le retrait des troupes israéliennes, qui s'acheva en 1982.

sincère (adjectif)
1. Qui exprime honnêtement ses pensées et dit ce qu'il pense. *Alain est souvent un peu brusque, mais il est très **sincère**.* (Syn. franc. Contr. hypocrite.) 2. Que l'on ressent ou que l'on pense réellement. *Il a mal agi mais ses regrets sont **sincères**.* Famille du mot : sincère**ment**, sincé**rité**.

sincèrement (adverbe)
De façon sincère. *Il a **sincèrement** reconnu qu'il avait tort.*

sincérité (nom féminin)
1. Caractère d'une personne sincère. *Je lui fais confiance, je crois en sa **sincérité**.* 2. Caractère d'un sentiment sincère. *Je doute de la **sincérité** des regrets du coupable.*

sinécure (nom féminin)
Emploi où l'on est bien payé sans travailler beaucoup.

Singapour

5,1 millions d'habitants
Capitale : Singapour
Monnaie : le dollar de Singapour
Langues officielles : malais, chinois, anglais, tamoul
Superficie : 581 km²

État d'Asie du Sud-Est, formé d'une île et d'îlots situés au sud de la Malaisie.

GÉOGRAPHIE
Le pays ne possède ni lac, ni rivière. Un aqueduc venant de Malaisie couvre la majorité des besoins en eau. Le climat est équatorial. Singapour est le 1er port mondial pour le transit, et la principale place financière de l'Asie du Sud-Est.

HISTOIRE
L'île fut achetée par la Grande-Bretagne en 1819. Elle devint rapidement une puissante base économique et stratégique. Singapour proclama son indépendance en 1965.

singe (nom masculin)
1. Mammifère primate, capable de se servir de ses mains et de ses pieds pour saisir les objets. *La guenon est la femelle du **singe**. Les gorilles et les orangs-outans sont des **singes** de grande taille.* 2. Dans la langue familière, personne qui fait des singeries. *Arrêtez de faire le **singe** !* Famille du mot : sing**er**, sing**erie**.

Le ouistiti est un **singe** de très petite taille.

a b c d e f g h i j k l m n o p q r s t u v w x y z

singer (verbe) ▸ conjug. n° 5
Imiter quelqu'un pour se moquer de lui. *Il **singe** la maîtresse quand elle a le dos tourné !*

singerie (nom féminin)
Grimace, mimique ou attitude comique. *Pierre nous amuse avec ses **singeries** !* (Syn. pitrerie.)

single (nom masculin)
Disque ne comprenant que deux ou trois morceaux. *Le chanteur vient de sortir un nouveau **single**.* **Single** est un mot anglais : on prononce [siŋgœl].

se **singulariser** (verbe) ▸ conjug. n° 3
Se faire remarquer à cause d'une singularité. *Il s'est fait raser la tête pour **se singulariser**.*

singularité (nom féminin)
Caractère singulier. *Guillaume a remarqué la **singularité** de ce rocher qui a la forme d'un visage.* (Syn. originalité, particularité.)

singulier, ère (adjectif)
Que l'on remarque pour son aspect étonnant ou inhabituel. *Des fleurs exotiques aux formes **singulières**.* (Syn. étrange.) ■ **singulier** (nom masculin) Forme d'un mot utilisée quand on parle d'une seule personne ou d'une seule chose. *« Un cheval » est un nom au **singulier**, « des chevaux » est un nom au pluriel.* Famille du mot : se sing**ulariser**, singul**arité**, singulière**ment**.

singulièrement (adverbe)
1. De manière singulière, inhabituelle. *Je trouve que Pierre agit **singulièrement** depuis quelques jours.* (Syn. bizarrement, étrangement.) **2.** D'une manière importante. *Il fait **singulièrement** beau pour un mois de novembre.* (Syn. particulièrement.)

sinistre (adjectif)
1. Qui fait craindre un malheur. *Perdu dans un souterrain, il entendit un bruit **sinistre**.* (Syn. effrayant.) **2.** Qui est très ennuyeux ou très triste. *Nous avons passé un week-end **sinistre** dans le brouillard et la pluie.* ■ **sinistre** (nom masculin) Catastrophe qui entraîne des dégâts très importants. *Le tremblement de terre a ravagé tout un quartier, les sauveteurs sont sur les lieux du **sinistre**.*

sinistré, ée (adjectif et nom)
Qui a été victime d'un sinistre. *Après les inondations, des secours ont été envoyés dans les zones **sinistrées**. On a installé des abris provisoires pour les **sinistrés**.*

sinon (conjonction)
1. Sans cela. *Il viendra sûrement **sinon** il aurait téléphoné.* **2.** Excepté, sauf. *Dans ces embouteillages, que faire **sinon** attendre ?*

sinueux, euse (adjectif)
Qui fait de nombreuses courbes. *Un sentier **sinueux** mène au sommet de la colline.*

sinuosité (nom féminin)
Courbe que forme une ligne sinueuse. *La barque avançait lentement en suivant les **sinuosités** du fleuve.*

sinus (nom masculin)
Cavité qui se trouve à l'intérieur de certains os de la face. Prononciation [sinys].

sinusite (nom féminin)
Inflammation des sinus situés au-dessus du nez. *Ce rhume mal soigné risque de se transformer en **sinusite**.*

siphon (nom masculin)
1. Tuyau recourbé, placé sous un évier, un lavabo ou un W-C pour empêcher la remontée des mauvaises odeurs. *Le plombier a dévissé le **siphon** afin de déboucher l'évier.* **2.** Tube recourbé qui permet de transvaser un liquide d'un récipient à un autre. *Le garagiste a utilisé un **siphon** pour vider le réservoir d'essence.*

sire (nom masculin)
1. Titre que l'on donne à un roi quand on s'adresse à lui. **2.** Titre de certains seigneurs au Moyen Âge.

sirène (nom féminin)
1. Créature imaginaire qui a un buste de femme prolongé par une queue de poisson. La Petite **Sirène** *est un conte d'Andersen.* **2.** Appareil qui produit un son puissant et prolongé pour donner un signal ou avertir d'un danger. *On entend la **sirène** du bateau qui avance à travers le brouillard.*

sirocco (nom masculin)
Vent chaud et sec qui souffle du Sahara.

une **sirène**

sirop (nom masculin)
1. Liquide épais et très sucré qui se boit mélangé à de l'eau. *Du **sirop** de menthe, de grenadine.* 2. Médicament de consistance liquide, au goût sucré. *Un **sirop** contre la toux.*

siroter (verbe) ▶ conjug. n° 3
Dans la langue familière, boire à petites gorgées en prenant son temps. *Après le repas, grand-mère **sirote** une infusion.*

sirupeux, euse (adjectif)
Qui a la consistance épaisse du sirop. *Cette boisson **sirupeuse** est vraiment écœurante.*

sismique (adjectif)
Qui concerne les séismes. *De violentes secousses **sismiques** ont été enregistrées.*

sismographe (nom masculin)
Appareil qui enregistre tous les mouvements sismiques.

sismologue (nom masculin)
Scientifique qui étudie les séismes.

site (nom masculin)
1. Lieu qui offre un intérêt particulier. *Nous avons visité les ruines d'un **site** gaulois.* 2. Ensemble des pages Internet reliées entre elles par des liens et identifiées par une adresse. *Les parents et les élèves peuvent consulter le **site** de l'école.*

sitôt (adverbe)
Synonyme d'aussitôt. ***Sitôt** levé, il a pris sa douche.* • **De sitôt :** d'ici longtemps. *Après cette dispute, tu ne le reverras pas **de sitôt**.*

situation (nom féminin)
1. Emplacement d'une ville, d'un terrain ou d'un bâtiment. *Il a choisi une **situation** exposée au sud pour faire construire sa villa.* 2. Ensemble des conditions dans lesquelles se trouve une personne ou un pays. *Depuis la fin de la guerre, la **situation** du pays s'est améliorée.* 3. Métier ou emploi. *Son oncle a une belle **situation** dans une grande entreprise.*

situer (verbe) ▶ conjug. n° 3
Déterminer la place de quelque chose dans l'espace ou dans le temps. *Je n'arrive pas à **situer** ce quartier sur le plan de la ville. L'action de ce roman **se situe** au Moyen Âge.*

six (déterminant)
Cinq plus un (6). *On trouve au maximum **six** points sur la face d'un dé.* ■ **six** (nom masculin) Chiffre ou nombre six. *Mon numéro de téléphone se termine par un **six**.* Prononciation [si] devant une consonne ; [siz] devant une voyelle ou un h muet ; [sis] seul ou en fin de phrase.

sixième (adjectif et nom)
Qui occupe le rang numéro 6. *Julie a gagné le **sixième** prix à ce concours.* ■ **sixième** (nom masculin) Ce qui est contenu six fois dans un tout. *Trois est le **sixième** de dix-huit.* ■ **sixième** (nom féminin) Première année de l'enseignement secondaire. *Ludovic vient d'entrer en **sixième** au collège.* Prononciation [sizjɛm].

skaï (nom masculin)
Matière synthétique imitant le cuir. *Des sièges de voiture en **skaï**.* Prononciation [skaj]. **Skaï** est le nom d'une marque.

skateboard (nom masculin)
1. Planche à roulettes. *Faire du **skateboard**.* 2. Sport pratiqué avec cette planche. Prononciation [skɛtbɔʀd]. Ce mot s'abrège souvent **skate**. **Skateboard** est un mot anglais formé de *to skate* qui signifie « patiner » et de *board* qui signifie « planche ».

sketch (nom masculin)
Pièce très courte, généralement comique. *Ce comédien écrit lui-même ses **sketchs** et les interprète seul sur scène.* (Syn. saynète.) Pluriel : des sketch**s** ou des sketch**es**. **Sketch** est un mot anglais qui signifie « esquisse ».

ski (nom masculin)
1. Long patin utilisé pour glisser sur la neige ou sur l'eau. *Une paire de **skis**.* **2.** Sport pratiqué sur la neige grâce à ces patins. *Faire du **ski**.* • **Ski de fond :** ski de randonnée. • **Ski nautique :** sport qui consiste à glisser sur l'eau, en étant tiré par un bateau. Famille du mot : **mo**noski, ski**able**, ski**er**, ski**eur**, **télé**ski.

skiable (adjectif)
Où l'on peut skier. *Il a failli être pris dans une avalanche en s'éloignant des pistes **skiables**.*

skier (verbe) ▸ conjug. n° 10
Faire du ski. *Laura a appris à **skier** l'année dernière.*

skieur, euse (nom)
Personne qui fait du ski. *Myriam est une **skieuse** débutante mais elle fait des progrès.*

skippeur, euse (nom)
Commandant d'un voilier. *Cette transat réunit les plus grands **skippeurs** français.*
ORTHO On écrit aussi **skipper**.

slalom (nom masculin)
Épreuve sur un parcours sinueux jalonné de piquets.

un **skieur** dans le **slalom**

slalomer (verbe) ▸ conjug. n° 3
Faire un parcours en slalom.

slave (adjectif)
Qui appartient aux peuples qui habitent l'Europe centrale et orientale et qui parlent des langues de la même famille. *Le bulgare, le polonais, le russe sont des langues **slaves**.*

slip (nom masculin)
Culotte très courte qui sert de sous-vêtement ou de maillot de bain.

slogan (nom masculin)
Phrase courte et frappante qui sert à retenir l'attention. *Un **slogan** publicitaire.* **Slogan** vient d'un mot écossais qui signifie « cri de guerre ».

slovaque ➡ Voir tableau p. 6.

Slovaquie

Union européenne

5,4 millions d'habitants
Capitale : Bratislava
Monnaie : l'euro
Langue officielle : slovaque
Superficie : 48 630 km²

État d'Europe de l'Est, voisin de la Pologne, de l'Ukraine, de la Hongrie et de la République tchèque.

GÉOGRAPHIE
La Slovaquie est une région montagneuse et boisée qui comprend quelques plaines. Le climat est continental. Elle a su développer ses activités traditionnelles (forêts, céréales, élevage) et des industries grâce à l'hydroélectricité et au fer.

HISTOIRE
La Slovaquie a fait partie de la Tchécoslovaquie de 1918 jusqu'à sa dissolution en 1993. La Slovaquie a intégré l'Union européenne en 2004.

slovène ➡ Voir tableau p. 6.

Slovénie

Union européenne

2 millions d'habitants
Capitale : Ljubljana
Monnaie : l'euro
Langue officielle : slovène
Superficie : 20 255 km²

État d'Europe centrale, voisin de l'Autriche, de la Hongrie, de la Croatie et de l'Italie, et bordé par la mer Adriatique.

GÉOGRAPHIE
Le pays est composé de montagnes et de plateaux. L'agriculture (pomme de terre, élevage bovin et ovin) y est développée. L'industrie a pris son essor grâce aux richesses hydroélectriques et minières (charbon, mercure, plomb).
HISTOIRE
Dès le XIIIe siècle, la Slovénie fut annexée par l'Autriche. Elle fit partie de la Yougoslavie de 1918 à 1991. La Slovénie a intégré l'Union européenne en 2004.

Ljubljana, capitale de la **Slovénie**

slow (nom masculin)
Danse sur un rythme lent. *Le cousin de Romain danse un **slow** avec sa fiancée.* Prononciation [slo]. **Slow** est un mot anglais qui signifie « lent ».

smash (nom masculin)
Coup violent qui rabat vers le bas une balle haute. *Les **smashs** se pratiquent au tennis, au ping-pong et au volley-ball.* **Smash** est un mot anglais : on prononce [smaʃ].

smasher (verbe) ▶ conjug. n° 3
Faire un smash. Prononciation [smaʃe].

SMIC (nom masculin)
Salaire minimum dont le montant est fixé par le gouvernement. **SMIC** est l'abréviation de *salaire minimum interprofessionnel de croissance.*

smiley (nom masculin)
Petit dessin représentant l'expression d'un visage que l'on utilise dans les messages électroniques. *On peut faire des **smileys** avec des signes de ponctuation.* (Syn. Emoticone.) Prononciation [smajlɛ]. **Smiley** vient du mot anglais *smile* qui signifie « sourire ».

smoking (nom masculin)
Costume de soirée dont la veste est ornée de revers de soie. *Les femmes étaient en robe longue et les hommes en **smoking**.* Prononciation [smɔkiŋ]. **Smoking** vient du mot anglais *smoking jacket* qui signifie « veste que l'on met pour fumer ».

SMS (nom masculin)
Message court que l'on transmet avec un téléphone portable. *Je lui ai envoyé un **SMS** pour lui dire que je ne pourrai pas venir.* (Syn. minimessage, texto.) Prononciation [ɛsɛmɛs]. **SMS** est l'abréviation de l'anglais ***s**hort **m**essage **s**ervice.*

snack (nom masculin)
Café ou restaurant où l'on peut manger rapidement. *Avant d'aller au cinéma, on a mangé une salade dans un **snack**.* **Snack** est l'abréviation de **snack-bar**.

snob (adjectif et nom)
Qui veut avoir l'air distingué. *Elle est très **snob** depuis qu'elle a épousé un comte.*

snobisme (nom masculin)
Comportement d'une personne snob. *Il est d'un **snobisme** insupportable !*

snowboard (nom masculin)
1. Planche pour glisser sur la neige. *Sur un **snowboard**, on se tient comme sur un skateboard.* 2. Sport pratiqué avec cette planche. Prononciation [snobɔrd]. Pluriel : des snowboards. **Snowboard** est un mot anglais formé de *snow* qui signifie « neige » et de *board* qui signifie « planche ». ➡ p. 1188.

sobre (adjectif)
1. Qui mange et consomme de l'alcool avec modération. *Il reste **sobre** car c'est lui qui conduit.* 2. Qui est simple, sans ornements. *Elle porte des tenues **sobres** et élégantes.* Famille du mot : sobr**ement**, sobr**iété**.

Cette sportive fait du **snowboard**.

sobrement (adverbe)
De manière sobre. *Une pièce* ***sobrement*** *meublée.*

sobriété (nom féminin)
1. Qualité d'une personne sobre. *Il serait en meilleure santé s'il faisait preuve de plus de* ***sobriété****.* (Syn. tempérance.) **2.** Caractère de ce qui est sobre, discret. *Elle portait une robe de soie noire d'une grande* ***sobriété****.*

sobriquet (nom masculin)
Surnom familier, affectueux ou moqueur. *On lui a donné le* ***sobriquet*** *de « bille de clown » parce qu'il fait tout le temps des grimaces.*

soc (nom masculin)
Lame large et pointue d'une charrue, qui creuse des sillons dans les champs.

sociable (adjectif)
Qui recherche la compagnie des gens. *Noémie n'a pas mis longtemps à s'habituer à ses nouveaux amis, elle est très* ***sociable****.*

social, ale, aux (adjectif)
1. Qui concerne la vie en société. *Cette grève est le résultat d'un conflit* ***social****.* **2.** Qui a pour but d'améliorer les conditions de vie des gens. *Les personnes défavorisées ont droit à certains avantages* ***sociaux****.* ⌂ Famille du mot : social**isme**, social**iste**.

socialisme (nom masculin)
Doctrine qui a pour but de rendre la société plus juste en donnant davantage de pouvoir et d'argent à la collectivité.

socialiste (adjectif et nom)
Qui concerne le socialisme ou qui est partisan du socialisme. *Il s'est inscrit au parti* ***socialiste****.*

sociétaire (nom)
Membre d'une société ou d'une association. *Les* ***sociétaires*** *du club se réunissent le mercredi.*

société (nom féminin)
1. Ensemble des personnes qui vivent sur le même territoire, ont les mêmes lois, la même culture. *Depuis qu'il est au chômage, il se sent exclu de la* ***société****.* (Syn. collectivité.) **2.** Ensemble d'êtres qui vivent en groupe organisé. *Étudier la* ***société*** *des abeilles.* **3.** Réunion de personnes qui se retrouvent pour partager des activités. *Il est timide et mal à l'aise en* ***société****.* **4.** Entreprise constituée par l'ensemble des gens qui y travaillent. *Benjamin vient d'être embauché dans une* ***société*** *de vente à domicile.* (Syn. compagnie.) **5.** Organisation ou association. *Une* ***société*** *secrète. Une* ***société*** *de défense de la nature.*

sociologie (nom féminin)
Science qui étudie les sociétés humaines.

sociologue (nom)
Spécialiste de sociologie.

socle (nom masculin)
Partie sur laquelle repose une statue ou une colonne. *La statue est posée sur un* ***socle*** *de bronze.*

socquette (nom féminin)
Chaussette courte qui ne dépasse pas la cheville. *Odile porte des* ***socquettes*** *bleues.*

Socrate (né vers 470, mort en 399 avant Jésus-Christ)
Philosophe grec. Il n'a publié aucun ouvrage, mais il est connu grâce aux écrits d'autres philosophes, dont Platon. « Connais-toi toi-même » était sa devise.

soda (nom masculin)
Boisson gazeuse aromatisée.

sœur (nom féminin)
1. Fille qui a les mêmes parents qu'un autre enfant. *Thomas a une* ***sœur*** *plus*

jeune que lui. 2. Titre donné à certaines religieuses.

sofa (nom masculin)
Lit de repos comportant un dossier et des appuis sur les côtés. *Grand-mère se repose sur le **sofa** du salon.*

Sofia
Capitale de la Bulgarie (1,1 million d'habitants). Sofia est le centre intellectuel, commercial et industriel du pays.

soi (pronom)
Pronom personnel de la troisième personne du singulier, qui s'emploie comme complément. *Chaque voyageur doit avoir son passeport sur **soi**.* • **Cela va de soi :** c'est tout naturel, c'est évident. *Tu restes dîner avec nous, **cela va de soi** !*

soi-disant (adjectif)
Qui prétend être ainsi. *Ce **soi-disant** peintre sait à peine dessiner.* Pluriel : des soi-disant amies. ■ **soi-disant** (adverbe) D'après ce qu'on prétend. *Il devait **soi-disant** venir m'aider.*

soie (nom féminin)
1. Tissu souple et brillant fabriqué avec des fils produits par une chenille appelée « ver à soie ». *Une robe en **soie**.* 2. Poil long et dur du porc ou du sanglier. *Les **soies** servent à fabriquer des brosses.*

soierie (nom féminin)
Étoffe de soie. *Elle a acheté de la très belle **soierie** pour recouvrir ses fauteuils.*

soif (nom féminin)
1. Besoin et envie de boire. *Cette chaleur nous a donné **soif**.* 2. Désir très fort pour quelque chose. *Ce garçon s'ennuie, il a **soif** d'aventures.*

soigné, ée (adjectif)
1. Exécuté avec soin et application. *C'est un bon ébéniste qui fait toujours un travail très **soigné**.* 2. Qui prend soin de son physique et de sa tenue. *C'est une jeune femme élégante et très **soignée**.* (Contr. négligé.)

soigner (verbe) ▸ conjug. n° 3
1. Faire quelque chose avec soin. *Sarah **a soigné** la présentation de son devoir.* (Contr. bâcler.) 2. Prendre soin de quelqu'un ou de quelque chose. *C'est un très bon jardinier qui sait **soigner** ses plantes.* 3. Donner des soins médicaux à quelqu'un. *Maman **a soigné** mes écorchures.* Famille du mot : soigné, soigneur, soigneusement, soigneux.

soigneur, euse (nom)
Personne qui donne des soins aux sportifs. *Pendant le match, le **soigneur** reste sur le bord du terrain.*

soigneusement (adverbe)
De manière soigneuse. *Maman essuie **soigneusement** le vase en cristal.*

soigneux, euse (adjectif)
Qui apporte du soin à ce qu'il fait. *Ursula n'abîme pas ses affaires, elle est très **soigneuse**.*

soin (nom masculin)
1. Application que l'on met à faire quelque chose. *Victor recopie avec **soin** le brouillon de son devoir.* 2. Tâche que l'on doit accomplir. *Elle m'a confié le **soin** de préparer le dessert. Je prendrai bien **soin** de ton poisson rouge pendant ton absence.* ■ **soins** (nom masculin pluriel) Ensemble des moyens utilisés pour soigner un malade ou un blessé. *On l'a emmené au service des urgences pour lui donner les premiers **soins**.* • **Être aux petits soins pour quelqu'un :** s'en occuper avec beaucoup d'attention.

soir (nom masculin)
Fin du jour quand le soleil se couche. *Je ne serai pas là cet après-midi, passe me voir ce **soir**.*

soirée (nom féminin)
1. Espace de temps entre la fin du jour et le moment où l'on se couche. *J'ai passé une très bonne **soirée** chez mes amis.* 2. Réunion ou réception qui a lieu le soir. *On a organisé une **soirée** pour la fête de papa.*

soit (conjonction)
1. Sert à exprimer deux possibilités. *Je viendrai **soit** demain, **soit** la semaine prochaine.* 2. Annonce une explication. *Je te dois un repas, **soit** 10 euros.* (Syn. c'est-à-dire.) ● Prononciation [swa]. ■ **soit** (adverbe) Sert à marquer son accord. *Tu as envie d'une glace ? Eh bien **soit**, va en acheter une.* (Syn. d'accord.) ● Prononciation [swat].

a b c d e f g h i j k l m n o p q r s t u v w x y z

soixantaine (nom féminin)
Nombre d'environ soixante. *Il y avait une **soixantaine** d'invités au mariage. Je ne sais pas exactement son âge mais il a sûrement dépassé la **soixantaine**.*

soixante (déterminant)
Six fois dix (60). *Les **soixante** concurrents attendent le départ de la course.* ● Prononciation [swasɑ̃t]. Famille du mot : soixant**aine**, soixante-dix, soixante-dixième, soixant**ième**.

soixante-dix (déterminant)
Sept fois dix (70). *Je te dois **soixante-dix** euros.*

soixante-dixième (adjectif et nom)
Qui occupe le rang numéro 70.

soixantième (adjectif et nom)
Qui occupe le rang numéro 60. *Le **soixantième** concurrent vient de franchir la ligne d'arrivée.*

soja (nom masculin)
Plante grimpante proche du haricot, et que l'on cultive pour ses graines. *Le **soja** sert à faire de l'huile et de la farine.*

le **soja**

■ sol (nom masculin)
1. Surface de la terre. *Le parachutiste descend lentement vers le **sol**.* **2.** Terrain qui a certaines qualités ou qui produit certaines cultures. *Dans cette région, le **sol** est calcaire.* **3.** Surface aménagée. *Le **sol** du cellier est en terre cuite.*

■ sol (nom masculin)
Cinquième note de la gamme.

solaire (adjectif)
1. Qui concerne le Soleil. *Le Soleil et les planètes forment le système **solaire**.* **2.** Qui provient du soleil. *Cette calculatrice fonctionne grâce à l'énergie **solaire**.* **3.** Qui protège du soleil. *Une crème **solaire**.*

soldat (nom masculin)
1. Homme qui sert dans une armée. *Des milliers de **soldats** sont morts à la guerre.* ➡ p. 1283. **2.** Militaire qui n'est pas gradé. *Les **soldats** doivent obéir à leurs officiers.*

■ solde (nom masculin)
1. Ce qui reste à payer sur la totalité de ce qu'on doit. *J'ai versé un acompte de 50 euros et je paierai le **solde** de la facture à la fin du mois.* **2.** Somme d'argent qui reste disponible sur un compte bancaire. • **En solde :** vendu à prix réduit. *Il a acheté ce beau blouson **en solde**.* ■ **soldes** (nom masculin pluriel) Articles vendus moins cher à certaines périodes. *Maman attend les **soldes** pour acheter des vêtements.*

■ solde (nom féminin)
Salaire versé à un militaire.

solder (verbe) ▸ conjug. n° 3
1. Vendre en solde. *Les commerçants commencent à **solder** les vêtements d'été.* **2.** Se solder : avoir comme résultat. *Les négociations **se sont soldées** par un échec.*

sole (nom féminin)
Poisson de mer au corps ovale et aplati, à la chair appréciée. *Des filets de **sole**.*

une **sole**

soleil (nom masculin)
1. Astre qui produit la lumière et la chaleur nécessaires à la Terre. *La Terre et les planètes du système solaire tournent autour du **Soleil**.* **2.** Rayonnement de cet astre, lumière et chaleur qu'il produit. *Bronzer, se réchauffer au **soleil**. Il n'y*

*a pas beaucoup de **soleil** aujourd'hui.* **Soleil** s'écrit avec une majuscule au sens 1. Famille du mot : **ensoleillé**, **ensoleillement**.

solennel, elle (adjectif)
1. Qui est célébré en public, avec beaucoup d'éclat. *L'équipe victorieuse a reçu la coupe au cours d'une cérémonie **solennelle**.* **2.** Que l'on fait de façon sérieuse et réfléchie. *Le parrain et la marraine ont fait la promesse **solennelle** de toujours s'occuper de leur filleul.* Prononciation [sɔlanɛl]. Famille du mot : solennell**ement**, solenn**ité**.

solennellement (adverbe)
De façon solennelle. *Le Président a été accueilli **solennellement** à sa descente d'avion.* Prononciation [sɔlanɛlmɑ̃].

solennité (nom féminin)
Caractère solennel. *Le maire a félicité les sauveteurs avec beaucoup de **solennité**.* Prononciation [sɔlanite].

solfège (nom masculin)
Lecture et écriture des notes, de la musique. **Solfège** vient de l'italien *solfeggio*, formé de *sol* et de *fa* qui sont deux notes de la gamme.

solidaire (adjectif)
1. Se dit de personnes qui s'aident mutuellement. *Dans cette équipe, les joueurs restent **solidaires** même après une défaite.* **2.** Qui cherche à développer une société plus équitable. *L'économie **solidaire** défend le commerce équitable.* **3.** Se dit de choses qui dépendent les unes des autres pour pouvoir fonctionner. *Les pédales d'un vélo sont **solidaires** du pédalier.* Famille du mot : se **désolidariser**, se solidar**iser**, solidar**ité**.

se solidariser (verbe) ▸ conjug. n° 3
Se déclarer solidaire de quelqu'un. *Les étudiants **se sont solidarisés** des ouvriers en grève.*

solidarité (nom féminin)
Lien qui unit des personnes solidaires. *Par **solidarité**, nous les avons aidés et soutenus.*

solide (adjectif)
1. Qui a une consistance dure et qui n'est ni liquide ni gazeux. *Quand l'eau gèle, elle se transforme en glace et devient **solide**.* **2.** Qui résiste aux chocs ou à l'usure. *Cette vieille table en chêne est très **solide**.* (Contr. fragile.) **3.** Qui a de la force, de la vigueur. *Nous avons besoin de garçons **solides** pour déménager ces cartons.* (Syn. fort, robuste.) ■ **solide** (nom masculin) **1.** Corps ou matière solide. *Le fer est un **solide**, l'eau est un liquide.* **2.** Figure de géométrie qui a un volume. *Le cube, la sphère, le cylindre, le prisme sont des **solides**.* ➡ p. 576. Famille du mot : **consolidation**, **consolider**, solide**ment**, se solid**ifier**, solid**ité**.

solidement (adverbe)
De façon solide. *Leurs valises sont **solidement** fixées sur le porte-bagage de la voiture.*

se solidifier (verbe) ▸ conjug. n° 10
Devenir solide. *En séchant, le ciment **s'est solidifié**.* (Syn. durcir. Contr. se liquéfier.)

solidité (nom féminin)
Qualité de ce qui est solide. *Le vendeur nous a garanti la **solidité** de ces meubles en chêne.* (Syn. robustesse. Contr. fragilité.)

soliste (nom)
Personne qui exécute ou qui chante un morceau de musique en solo. *Le chœur s'arrête et c'est au tour du **soliste** de chanter.*

Le **soliste** est placé près du chef d'orchestre.

solitaire (adjectif)
1. Qui est isolé, éloigné de tout. *Les voleurs s'étaient donné rendez-vous dans un lieu **solitaire**.* **2.** Qui est seul ou qui aime être seul. *Le tigre est un animal **solitaire**.* ■ **solitaire** (nom masculin) **1.** Diamant monté seul sur une bague. *Mon cousin a offert un **solitaire** à sa fiancée.* **2.** Jeu qui se joue seul et consiste

à disposer des boules selon certaines combinaisons.

solitude (nom féminin)
Fait d'être seul. *Quand la **solitude** lui pèse, il va au cinéma.*

solive (nom féminin)
Barre de bois qui soutient un plancher. *Des **solives** de chêne.*

sollicitation (nom féminin)
Demande insistante. *Après de très nombreuses **sollicitations**, le maire a enfin accepté de venir.*

solliciter (verbe) ▸ conjug. n° 3
Demander avec insistance et respect. *Les parents d'élèves **ont sollicité** un rendez-vous avec le directeur de l'école.* Famille du mot : sollicit**ation**, sollicit**ude**.

sollicitude (nom féminin)
Attitude bienveillante et attentive. *L'infirmière s'occupe de ses malades avec beaucoup de **sollicitude**.*

solo (nom masculin)
Morceau de musique interprété par une seule personne. *Un **solo** de guitare.*

solstice (nom masculin)
Chacun des deux moments de l'année où la durée du jour par rapport à celle de la nuit atteint son maximum ou son minimum. *Dans l'hémisphère Nord, le **solstice** d'été tombe le 21 ou le 22 juin et le **solstice** d'hiver le 21 ou le 22 décembre.*

soluble (adjectif)
Qui peut se dissoudre dans un liquide. *Le sel est **soluble** dans l'eau.*

solution (nom féminin)
1. Réponse à un problème. *William essaie de trouver la **solution** de son exercice de calcul.* **2.** Ce qui permet de résoudre une difficulté. *Si tu as perdu tes clés, appelle un serrurier, je ne vois pas d'autre **solution**.* **3.** Liquide qui contient un corps dissous. *Une **solution** de sel, de sucre.*

solvable (adjectif)
Qui a assez d'argent pour payer ce qu'il doit. *Ce commerçant est ruiné, il n'est plus **solvable**.*

solvant (nom masculin)
Synonyme de dissolvant.

★ Somalie

9,1 millions d'habitants
Capitale : Muqdisho
Monnaie :
le shilling somalien
Langues officielles :
arabe, somali
Superficie : 637 660 km²

État d'Afrique de l'Est, bordé par l'océan Indien et voisin du Kenya, de l'Éthiopie et de Djibouti.

GÉOGRAPHIE
La population se concentre dans la plaine côtière du sud du pays où les zones irriguées permettent la culture du maïs, de la canne à sucre, du sorgho et de la banane. L'élevage nomade, la première activité du pays, la pêche et l'exploitation du sel sont aussi pratiqués.

HISTOIRE
La Grande-Bretagne colonisa le nord du pays à partir de 1884 et l'Italie occupa le reste du territoire dès 1889. Les deux colonies accédèrent à l'indépendance en 1960 et s'unirent en une république. Dans les années 1990, le pays fut dévasté par la guerre civile.

somalien, enne ➡ Voir tableau p. 6.

sombre (adjectif)
1. Où il y a très peu de lumière. *L'appartement donne sur une cour, il est très **sombre**.* (Syn. obscur. Contr. clair.) **2.** Qui est d'une couleur tirant sur le noir. *Il porte toujours des costumes **sombres**.* (Syn. foncé. Contr. clair.) **3.** Qui est marqué par la tristesse ou l'inquiétude. *Quelque chose ne va pas ? Tu as vraiment une mine bien **sombre** aujourd'hui.* (Syn. morose, triste.)

sombrer (verbe) ▸ conjug. n° 3
1. S'engloutir au fond de l'eau. *Le navire **a sombré** dans la tempête.* (Syn. couler.) **2.** Au sens figuré, s'enfoncer dans un état, une situation. ***Sombrer** dans le sommeil.*

sombréro (nom masculin)
Chapeau à larges bords porté en Amérique du Sud. Prononciation [sɔ̃bʀeʀo]. **Sombréro** est un mot espagnol venant de *sombra* qui signifie « ombre ». ORTHO On écrit aussi **sombrero**.

sommaire (adjectif)
1. Qui est abrégé, peu détaillé. *Le journaliste a fait un récit un peu trop **sommaire** des évènements.* (Syn. bref.) **2.** Qui est fait trop rapidement. *Il a été condamné après un jugement **sommaire**.* (Syn. expéditif.) ■ **sommaire** (nom masculin) Liste des parties d'un livre, d'un journal. *Xavier a retrouvé l'article qu'il cherchait dans le **sommaire** de son magazine.*

sommairement (adverbe)
De façon sommaire. *Inutile d'entrer dans tous les détails, explique-nous **sommairement** ton projet.*

sommation (nom féminin)
Appel adressé à quelqu'un en lui demandant de s'arrêter, de se rendre. *Après trois **sommations**, la sentinelle a tiré.*

■ **somme** (nom masculin)
Sommeil de courte durée. *J'ai réussi à faire un petit **somme** pendant le voyage.*

■ **somme** (nom féminin)
1. Résultat d'une addition. *20 est la **somme** de 15 plus 5.* (Syn. total.) **2.** Quantité d'argent. *Il a perdu des **sommes** énormes en jouant au casino.* • **En somme** ou **somme toute :** en résumé, tout compte fait. ***En somme**, malgré quelques petits ennuis, notre voyage s'est bien passé.*

■ **somme** (nom féminin)
• **Bête de somme :** animal que l'on emploie pour porter des fardeaux. *L'âne, le chameau sont des **bêtes de somme**.*

sommeil (nom masculin)
1. État d'une personne qui dort. *Yann a un **sommeil** très agité.* **2.** Envie ou besoin de dormir. *Va te coucher, si tu as **sommeil** ! Zoé tombe de **sommeil**.* **3.** État d'inertie, d'inactivité. *Aux heures chaudes de la journée, les rues sont vides, la ville est en **sommeil**.* Famille du mot : en**sommeillé**, somme, sommei**ller**.

sommeiller (verbe) ▸ conjug. n° 3
Dormir d'un sommeil léger. *Anna **sommeille** sur la banquette arrière de la voiture.*

sommelier, ère (nom)
Personne qui s'occupe des vins et des alcools dans un restaurant. *Pour le choix des vins, le **sommelier** va venir vous conseiller.*

sommer (verbe) ▸ conjug. n° 3
Donner à quelqu'un l'ordre impératif de faire quelque chose. *Le juge **a sommé** l'accusé de répondre aux questions.*

sommet (nom masculin)
1. Partie la plus élevée d'un lieu ou d'une chose. *Le **sommet** d'une montagne, d'une tour ou d'un arbre.* **2.** Degré le plus haut. *L'année dernière, ce champion était au **sommet** de sa forme.* (Syn. apogée, faîte.) **3.** Point où se rencontrent deux côtés d'une figure géométrique. *Un triangle a trois **sommets**.* ➡ p. 576. • **Conférence au sommet :** conférence entre des chefs d'État ou de gouvernement. Voir **summum**.

sommier (nom masculin)
Partie du lit sur laquelle on place le matelas. *Le chat s'est glissé sous le **sommier**.*

sommité (nom féminin)
Personne qui est d'un niveau supérieur dans son domaine. *Les **sommités** de la médecine assistaient à ce congrès sur le sida.*

somnambule (adjectif et nom)
Qui se déplace pendant son sommeil. *Les **somnambules** ne se souviennent pas de ce qu'ils ont fait quand ils se réveillent.* **Somnambule** vient du latin *somnus* qui signifie « sommeil » et *ambulare* qui signifie « marcher », et qu'on retrouve dans **noctambule**.

somnambulisme (nom masculin)
État d'une personne somnambule.

L'enfant **a sombré** dans le **sommeil**.

a b c d e f g h i j k l m n o p q r s t u v w x y z

somnifère (nom masculin)
Médicament qui provoque le sommeil. *Le médecin lui a prescrit un léger **somnifère**.* (Syn. soporifique.)

somnolence (nom féminin)
État d'une personne somnolente. *Les camionneurs qui conduisent la nuit doivent prendre garde au risque de **somnolence**.*

somnolent, ente (adjectif)
Qui somnole. *Ce médicament l'a rendu **somnolent**.*

somnoler (verbe) ▸ conjug. n° 3
Dormir à moitié. *Au retour de la promenade, les enfants **somnolaient** dans le car.* Famille du mot : somnol**ence**, somnol**ent**.

somptuaire (adjectif)
• **Dépenses somptuaires :** dépenses luxueuses et exagérées.

somptueusement (adverbe)
D'une manière somptueuse. *Un appartement **somptueusement** meublé.*

somptueux, euse (adjectif)
Qui est très beau et très cher. *Elle portait une **somptueuse** robe de soirée.*

■ **son, sa, ses** (déterminant)
Déterminant possessif de la troisième personne du singulier. *Benjamin a perdu **ses** crayons, **sa** gomme et **son** stylo.* Devant un nom féminin commençant par une voyelle ou un h muet, on emploie **son** au lieu de **sa** : *son épaule, son habitude.*

■ **son** (nom masculin)
Ce que l'on entend. *On entend le **son** aigu de la sirène d'une ambulance. Ils dansent au **son** du violon.*

■ **son** (nom masculin)
Enveloppes des grains de céréales qui restent quand on les a moulus.

sonar (nom masculin)
Appareil qui détecte les obstacles sous l'eau en produisant des ondes sonores. *Grâce au **sonar** du bateau, on a repéré l'épave recherchée.*

sonate (nom féminin)
Morceau de musique pour un ou deux instruments. *Une **sonate** pour violon et piano de Mozart.* **Sonate** vient du latin *sonare* qui signifie « jouer d'un instrument ».

sondage (nom masculin)
1. Action de sonder la mer ou le sous-sol. *À la suite de **sondages**, on a découvert du pétrole dans les fonds marins en mer du Nord.* **2.** Série de questions que l'on pose à quelques personnes pour connaître l'opinion générale de la population. *Avant de lancer cette nouvelle boisson, le fabricant a fait faire un **sondage**.*

sonde (nom féminin)
Instrument qui sert à mesurer la profondeur de l'eau ou à connaître la nature du sous-sol. • **Sonde spatiale :** engin que l'on envoie dans l'espace pour recueillir des informations scientifiques. Famille du mot : **in**sond**able**, sond**age**, sond**er**.

une **sonde** spatiale

sonder (verbe) ▸ conjug. n° 3
1. Explorer un lieu à l'aide d'une sonde. *Des ingénieurs **ont sondé** le sous-sol du désert à la recherche de pétrole.* **2.** Chercher à connaître les intentions secrètes d'une personne. *Je vais le **sonder** pour savoir ce qui lui ferait plaisir pour son anniversaire.*

songe (nom masculin)
Synonyme littéraire de rêve. *Cette nuit-là, le chevalier vit en **songe** un dragon à sept têtes.* Famille du mot : song**er**, song**eur**.

songer (verbe) ▸ conjug. n° 5
1. Penser ou réfléchir à quelque chose. *Il faut savoir **songer** aux conséquences de ses actes.* **2.** Avoir l'intention de faire quelque chose. *Ils **songent** à déménager l'an prochain.* (Syn. envisager.)

songeur, euse (adjectif)
Qui est perdu dans ses rêves. *Tu sembles bien **songeur** aujourd'hui.* (Syn. pensif, rêveur.)

sonner (verbe) ▸ conjug. n° 3
1. Produire un son. *Le téléphone **sonne**. Les cloches **sonnent**.* **2.** Mettre en action une sonnette, une sonnerie ou un signal. *Va ouvrir, on **a sonné** à la porte d'entrée.* Famille du mot : sonn**erie**, sonn**ette**.

sonnerie (nom féminin)
Son produit par quelque chose qui sonne. *Clément dormait profondément, il n'a pas entendu la **sonnerie** du réveil.*

sonnet (nom masculin)
Court poème de quatorze vers répartis en quatre strophes.

sonnette (nom féminin)
Mécanisme qui déclenche une sonnerie. *Je crois que personne n'a entendu mon coup de **sonnette**.*

sono ➡ Voir **sonorisation**.

sonore (adjectif)
1. Qui produit un son. *Un signal **sonore** se déclenche si l'on essaie de forcer la serrure de la voiture.* **2.** Qui a un son puissant, éclatant. *On entendait son rire **sonore** dans tout l'appartement.* **3.** Qui résonne, renvoie bien les sons. *Cette salle au plafond haut est vraiment très **sonore**.* Famille du mot : **insonorisation**, **insonoriser**, sono, sonor**isation**, sonor**iser**, sonor**ité**.

sonorisation (nom féminin)
Ensemble d'appareils servant à amplifier les sons. *Avant le concert, les techniciens installent la **sonorisation**.* **Sonorisation** s'abrège familièrement **sono**.

sonoriser (verbe) ▸ conjug. n° 3
Équiper un lieu d'un matériel de sonorisation. ***Sonoriser** une salle à l'occasion d'un bal.*

sonorité (nom féminin)
Qualité des sons. *Élodie adore la **sonorité** du violoncelle.*

sophistiqué, ée (adjectif)
1. Qui manque de naturel. *Cette jeune fille est jolie, mais elle est un peu trop **sophistiquée**.* **2.** Qui est très perfectionné. *Ce téléphone portable est tellement **sophistiqué** que je ne suis pas sûr de savoir m'en servir !*

soporifique (adjectif)
Qui provoque le sommeil. *Certaines plantes ont un pouvoir **soporifique**.* ■ **soporifique** (nom masculin) Synonyme de somnifère. *Le voleur avait mis un **soporifique** dans le café de sa victime.*

soprano (nom)
Chanteuse ou chanteur ayant une voix qui peut produire des sons très aigus.

sorbet (nom masculin)
Glace sans crème, à base de jus de fruits. *Un **sorbet** à la fraise.*

sorbetière (nom féminin)
Appareil qui sert à faire des sorbets et des glaces.

sorbier (nom masculin)
Arbre cultivé pour ses fruits et son bois dur. *Le fruit du **sorbier** est une petite baie brillante rouge-orangé.*

une branche de **sorbier**

sorcellerie (nom féminin)
Pratiques magiques des sorciers. *Au Moyen Âge, une personne accusée de **sorcellerie** était brûlée vive.* • **C'est de la sorcellerie ! :** c'est à la fois extraordinaire et inexplicable.

sorcier, ère (nom)
Personne qui prétend posséder des pouvoirs magiques et qui jette des sorts. *La **sorcière** prononça une formule mystérieuse qui transforma le prince en crapaud.* ■ **sorcier** (adjectif masculin) • **Ce n'est pas sorcier :** dans la langue familière, ce n'est pas compliqué à faire ou à comprendre.

sordide (adjectif)
1. Qui est d'une saleté repoussante. *Cette famille vit dans un logement très **sordide**.* **2.** Qui est répugnant moralement. *Cet homme est d'une avarice **sordide**.* **Sordide** vient du latin *sordes* qui signifie « saleté ».

sorgho (nom masculin)
Céréale cultivée en Afrique et qui ressemble au mil.

sornettes (nom féminin pluriel)
Paroles qui ne reposent sur rien de vrai. *Ne l'écoute pas, il raconte des **sornettes** !* (Syn. balivernes.)

sort (nom masculin)
1. Manière dont se passe la vie d'une personne. *Il n'est pas très riche, mais il est heureux de son **sort**.* **2.** Puissance mystérieuse qui paraît diriger l'existence humaine. *Luc pensait que le **sort** l'avait désigné comme victime.* (Syn. destin.) **3.** Résultat d'un acte de sorcellerie. *On racontait dans le village que le fermier était malade parce qu'on lui avait jeté un **sort**.* (Syn. maléfice, sortilège.) • **Tirer au sort :** choisir en laissant jouer le hasard. *Le gros lot **sera tiré au sort**.*

sortable (adjectif)
Avec qui on peut sortir en public. *Arrête de renifler, tout le monde te regarde, tu n'es pas **sortable** !*

sorte (nom féminin)
1. Ensemble de personnes, d'animaux ou de choses qui ont en commun certains caractères. *Ce magasin vend toutes **sortes** de produits exotiques. Cette émission est destinée à toutes **sortes** de publics.* (Syn. catégorie, espèce, genre.) **2.** Chose qui ressemble plus ou moins à une autre chose. *L'actrice portait une **sorte** de tunique, longue et plissée.* • **De la sorte :** de cette manière. *Je t'interdis de me répondre **de la sorte**.* • **De sorte que** ou **de telle sorte que :** d'une façon telle que. *Il s'exprime **de telle sorte qu'**on ne comprend pas ce qu'il dit !* • **Faire en sorte :** faire ce qui est nécessaire. ***Fais en sorte** d'être prêt au moment du départ.*

sortie (nom féminin)
1. Endroit par où l'on sort. *Les spectateurs se dirigent vers la **sortie**. Une **sortie** de secours.* (Syn. issue.) **2.** Moment où l'on sort. *Rendez-vous chez David à la **sortie** de l'école.* **3.** Parution et mise en vente. *La **sortie** de son nouveau CD est prévue pour le mois prochain.*

sortilège (nom masculin)
Acte magique destiné à ensorceler quelqu'un. *La princesse fut délivrée d'un **sortilège** par le baiser du prince.* (Syn. charme, envoûtement.)

sortir (verbe) ▶ conjug. n° 15
1. Aller de l'intérieur vers l'extérieur. *Il **est sorti** de l'école à quatre heures et demie.* **2.** Se distraire en faisant des promenades, en allant au spectacle ou chez des amis. *Mes parents **sortent** ce soir avec des amis.* **3.** S'échapper d'un endroit et se répandre à l'extérieur. *De la lave **sortait** du volcan.* **4.** Commencer à pousser, à apparaître. *Au printemps, on voit des bourgeons qui **sortent** sur les branches.* **5.** Être présenté au public. *Le nouveau dessin animé de Walt Disney doit **sortir** pour Noël.* (Syn. paraître.) **6.** Faire faire une promenade. *L'infirmière **sort** le malade dans le parc pour le distraire.* **7.** Mettre à l'extérieur. *Si vous voulez faire un tour, **sortez** les vélos du garage.* • **S'en sortir :** se tirer d'une situation difficile. *C'est un travail difficile, mais je pense qu'il est capable de **s'en sortir**.* **Sortir** se conjugue avec l'auxiliaire *être* sauf quand il a un complément d'objet (sens 6 et 7). Famille du mot : res**sortir**, **sort**able, **sort**ie.

SOS (nom masculin)
Signal de détresse transmis par radio. *Perdu dans le brouillard, le pilote de l'avion a lancé un **SOS**.* Prononciation [ɛsoɛs]. **SOS** est l'abréviation des mots anglais *save our souls*, « sauvez nos âmes ».

sosie (nom masculin)
Personne qui ressemble exactement à une autre. *Cet acteur est doublé par un **sosie** dans certaines scènes.* Prononciation [sɔzi].

sot, sotte (adjectif et nom)
Qui manque d'intelligence ou de réflexion. *Il a été assez **sot** pour écouter tes mauvais conseils.* (Syn. bête, stupide.)

sottise (nom féminin)
1. Caractère d'une personne sotte. *C'est de la **sottise** de se fâcher pour si peu !* (Syn. bêtise.) **2.** Parole ou action sotte. *J'aimerais que tu arrêtes de faire des **sottises**.* (Syn. bêtise.)

sou (nom masculin)
Ancienne pièce de monnaie. ■ **sous** (nom masculin pluriel) Synonyme familier d'argent. *Il a dépensé tous ses **sous** à la kermesse.*

soubassement (nom masculin)
Base des murs d'un bâtiment, reposant sur les fondations.

soubresaut (nom masculin)
Mouvement brusque du corps. *Fatima a eu un **soubresaut** en apercevant une araignée.*

souche (nom féminin)
1. Ce qui reste d'un arbre coupé, comprenant les racines et le bas du tronc. *Des **souches** nous ont servi de sièges pour le pique-nique.* **2.** Origine d'une famille. *Mario est un Français de **souche** italienne.* **3.** Partie d'un carnet que l'on garde après avoir détaché un ticket ou un chèque. (Syn. talon.)

Le fleuve **est sorti** de son lit.

■ **souci** (nom masculin)
Ce qui inquiète quelqu'un. *En ce moment, tout va bien, je n'ai vraiment aucun **souci**.* (Syn. ennui, problème, tracas.)
Famille du mot : **insouciance, insouciant**, se soucier, soucieux.

■ **souci** (nom masculin)
Petite plante à fleurs jaunes ou orange.

des **soucis**

se soucier (verbe) ▸ conjug. n° 10
S'inquiéter à propos de quelqu'un ou de quelque chose. *Inutile de **vous soucier** de ce problème, je vais le régler moi-même.* (Syn. se préoccuper.)

soucieux, euse (adjectif)
Qui a des soucis. *Mon oncle est **soucieux** à cause de son travail.* (Syn. inquiet.)

soucoupe (nom féminin)
Petite assiette qui se met sous une tasse. *La cuillère est sur le bord de ta **soucoupe**.* • **Soucoupe volante :** objet volant mystérieux qui serait piloté par des extraterrestres.

soudain, aine (adjectif)
Synonyme de subit. *À la nuit tombée, une peur **soudaine** s'empara d'eux.* ■ **soudain** (adverbe) Synonyme de subitement. *Nous marchions dans le bois quand **soudain** l'orage éclata.*

soudainement (adverbe)
De manière soudaine. *Olivier s'est **soudainement** souvenu qu'il avait rendez-vous chez le dentiste aujourd'hui.* (Syn. soudain.)

Soudan

33,5 millions d'habitants
Capitale : Khartoum
Monnaie :
le dinar soudanais
Langue officielle : arabe
Superficie :
1 861 484 km²

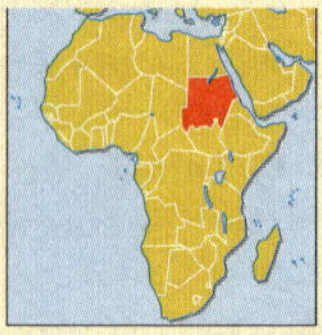

État d'Afrique de l'Est, bordé par la mer Rouge et voisin de la Libye, de l'Égypte, de l'Érythrée, de l'Éthiopie, du Soudan du Sud, de la République centrafricaine et du Tchad.

GÉOGRAPHIE
Le Soudan est l'un des plus vastes États d'Afrique. Il est traversé par le Nil. Le climat est tropical. Le Nord est désertique, alors que le centre et le sud sont occupés par la steppe. Les principales ressources sont les cultures vivrières (mil, sorgho, patates douces, manioc) et les produits d'exportation (coton, arachide et canne à sucre).

HISTOIRE
Le Soudan fut sous la domination de l'Égypte jusqu'en 1956. Depuis, le pays a subi des périodes de guerre civile, notamment dans la région du Darfour. Le pays se scinde en deux États, Soudan et Soudan du Sud, en 2011.

Soudan du Sud

9,4 millions d'habitants
Capitale : Juba
Monnaie :
livre sud soudanaise
Langue officielle : anglais
Superficie : 644 329 km²

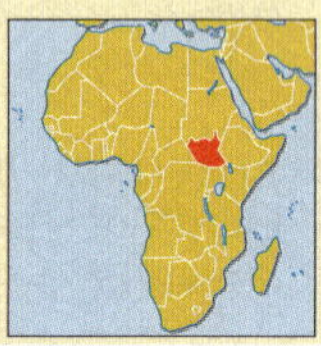

État d'Afrique de l'Est, voisin du Soudan, de l'Éthiopie, du Kenya, de l'Ouganda, de la République démocratique du Congo et de la République centrafricaine. Le pétrole est la principale ressource du pays, mais c'est l'un des plus pauvres du monde. À l'issue d'un référendum en 2011, le Soudan du Sud a obtenu son indépendance vis-à-vis du Soudan mais les tensions restent fortes entre les deux États, notamment en raison de l'exploitation et de l'acheminement du pétrole situé dans la zone frontalière.

soudanais, aise ➡ Voir tableau p. 6.

souder (verbe) ▸ conjug. n° 3
Joindre entre eux des morceaux de métal en faisant fondre leurs extrémités ou en les recouvrant de métal fondu. ***Souder** des tuyaux avec un chalumeau.* Famille du mot : soud**eur**, soud**ure**.

soudeur, euse (nom)
Personne qui fait de la soudure. *Les **soudeurs** doivent porter des lunettes spéciales.*

soudoyer (verbe) ▸ conjug. n° 6
Payer quelqu'un pour qu'il commette une action malhonnête. *Le prisonnier **a soudoyé** son gardien pour qu'il l'aide à s'enfuir.*

soudure (nom féminin)
Action de souder des éléments métalliques. *On voit la **soudure** entre ces deux tuyaux.*

souffle (nom masculin)
1. Mouvement de l'air. *Le **souffle** du vent agite les branches des arbres.* **2.** Air que l'on rejette quand on respire. *Gaëlle nage sous l'eau en retenant son **souffle**.* • **À bout de souffle :** épuisé au point d'avoir du mal à respirer.

soufflé (nom masculin)
Plat léger fait d'une pâte qui gonfle beaucoup à la cuisson. *Un **soufflé** au fromage.*

souffler (verbe) ▸ conjug. n° 3
1. Produire un souffle. *Le sirocco est un vent chaud qui **souffle** du désert vers les côtes.* **2.** Rejeter de l'air par la bouche. *Hélène **souffle** sur les bougies pour les éteindre.* **3.** Reprendre sa respiration après un effort ou une émotion. *Les footballeurs profitent de la mi-temps pour **souffler** un peu.* **4.** Dire à voix basse quelque chose à quelqu'un sans que les autres l'entendent. *Ne **soufflez** pas les réponses aux concurrents, sinon ils seront éliminés.* • **Ne pas souffler mot :** se taire. Famille du mot : es**souffle**ment, es**souffler**, souffle, soufflé, souffl**erie**, souffl**et**, souffl**eur**.

soufflerie (nom féminin)
Machine qui souffle de l'air. *Le sous-sol est aéré par une **soufflerie**.*

soufflet (nom masculin)
1. Instrument qui sert à attiser le feu en soufflant de l'air. *Les braises s'éteignent, prends le **soufflet** pour ranimer le feu.*

2. Partie flexible en forme d'accordéon, qui relie entre eux les wagons d'un train.

un **soufflet**

souffleur, euse (nom)
Au théâtre, personne chargée de souffler son texte à un acteur qui ne s'en souvient plus.

souffrance (nom féminin)
Fait de souffrir. *Quentin a supporté la **souffrance** sans se plaindre.* (Syn. douleur.) • **En souffrance :** en attente, sans qu'on s'en occupe.

souffrant, ante (adjectif)
Qui souffre d'une maladie légère. *Kevin ne viendra pas à l'école aujourd'hui, il est **souffrant**.*

souffre-douleur (nom masculin)
Personne qui subit des mauvais traitements et des moqueries. *Martine est devenue le **souffre-douleur** de tout le groupe.* Pluriel : des souffre-douleur**s** ou des souffre-douleur.

souffreteux, euse (adjectif)
Qui est de santé fragile. *Ce bébé est pâle et **souffreteux**.* (Syn. maladif.)

souffrir (verbe) ▸ conjug. n° 12
1. Éprouver une sensation douloureuse ou pénible. *Cet hiver a été rude, nous **avons souffert** du froid.* 2. Être endommagé. *Les vignes **ont souffert** des gelées.* • **Ne pas pouvoir souffrir quelqu'un ou quelque chose :** ne pas pouvoir le supporter. *Pierre **ne peut pas souffrir** les gens qui maltraitent les animaux.* Famille du mot : souffr**ance**, souffr**ant**, souffre-douleur, souffr**eteux**.

soufre (nom masculin)
Substance jaune et cassante qui brûle en dégageant un gaz suffocant.

souhait (nom masculin)
Désir d'obtenir ou de voir se réaliser quelque chose. *Tous nos **souhaits** de bonheur aux jeunes mariés !* (Syn. vœu.) Famille du mot : souhait**able**, souhait**er**.

souhaitable (adjectif)
Que l'on peut souhaiter. *Elle a toutes les qualités **souhaitables** pour devenir une grande championne de ski.*

souhaiter (verbe) ▸ conjug. n° 3
1. Désirer la réalisation de quelque chose. *Je vous **souhaite** une guérison rapide.* 2. Présenter ses vœux à quelqu'un. *Quentin m'a appelé pour me **souhaiter** la bonne année.*

souiller (verbe) ▸ conjug. n° 3
Synonyme littéraire de salir. *Les cavaliers **avaient souillé** leurs bottes dans les marais.*

souillon (nom féminin)
Femme sale et peu soigneuse. *La serveuse était une vraie **souillon** !*

souk (nom masculin)
Marché couvert dans les pays arabes.

soûl, soûle (adjectif)
Synonyme d'ivre. Prononciation [su], [sul].
ORTHO On écrit aussi **saoul, saoule** ou **soul, soule**.

soulagement (nom masculin)
Fait d'être soulagé. *On a appris avec **soulagement** que l'accident n'a pas fait de victimes.*

soulager (verbe) ▸ conjug. n° 5
1. Rendre une douleur moins pénible. *Ce médicament **soulage** les maux de tête.* 2. Cesser d'être inquiet. *Nous **sommes soulagés** de savoir que Romain est guéri.*

soûler (verbe) ▸ conjug. n° 3
1. Synonyme d'enivrer. *Tu devrais arrêter de boire du champagne, tu vas finir par te **soûler**.* 2. Dans la langue familière, énerver quelqu'un en parlant sans arrêt. *Il m'**a soûlé** toute la soirée avec les mêmes histoires.*
ORTHO On écrit aussi **saouler** ou **souler**.

soulèvement (nom masculin)
Mouvement de révolte. *Les décisions prises par ce dictateur ont provoqué le **soulèvement** de la population.*

soulever (verbe) ▸ conjug. n° 8
1. Lever à une faible hauteur. *Nous n'arrivons pas à **soulever** ce gros carton.* 2. Provoquer une réaction ou un sentiment. *La victoire de cette équipe **a sou-***

un **souk** à Djeddah, en Arabie Saoudite

***levé** l'enthousiasme de tous ses supporteurs.* **3.** Se soulever : synonyme de se révolter. *Des paysans **s'étaient soulevés** contre leur seigneur.*

soulier (nom masculin)
Synonyme de chaussure. *Des **souliers** de marche.* • **Être dans ses petits souliers :** dans la langue familière, être mal à l'aise, gêné.

souligner (verbe) ▸ conjug. n° 3
1. Tirer un trait sous un mot ou une phrase. *Thomas recopie ses devoirs en **soulignant** les titres.* **2.** Faire remarquer en insistant. *Il a **souligné** l'importance de cette décision.*

soumettre (verbe) ▸ conjug. n° 33
1. Obliger quelqu'un à obéir. *Le tyran avait réussi à **soumettre** le pays tout entier.* **2.** Exposer quelque chose à quelqu'un pour qu'il donne son avis. *Je vais vous **soumettre** le dossier de cette affaire.* **3.** Se soumettre : accepter d'obéir. *Nous **nous soumettons** à la décision de la majorité.* Famille du mot : soumis, soumission.

soumis, ise (adjectif)
Qui se soumet. *La population **soumise** ne luttait plus contre les envahisseurs.*

soumission (nom féminin)
Fait de se soumettre. *Il s'est agenouillé devant le roi en signe de **soumission**.*

soupape (nom féminin)
Pièce mobile d'un mécanisme qui règle la circulation d'un gaz ou d'un liquide.

soupçon (nom masculin)
1. Sentiment qui pousse à croire quelqu'un coupable. *La police n'a pas de preuves contre cet homme, elle n'a que des **soupçons**.* **2.** Très petite quantité. *Julie a ajouté un **soupçon** de vanille pour aromatiser cette crème.* Famille du mot : soupçon**ner**, soupçon**neux**.

soupçonner (verbe) ▸ conjug. n° 3
Avoir des soupçons. *On **soupçonne** le chat d'avoir mangé le poisson rouge.* (Syn. suspecter.)

soupçonneux, euse (adjectif)
Qui a des soupçons. *Le douanier examine tous les bagages d'un air **soupçonneux**.*

soupe (nom féminin)
Potage épais fait de légumes bouillis. *Une **soupe** aux choux.*

soupente (nom féminin)
Petite pièce aménagée sous un escalier. *On a rangé des vieilles malles dans la **soupente**.*

■ souper (verbe) ▸ conjug. n° 3
Faire un souper. *Nous sommes allés **souper** dans un petit restaurant en sortant du cinéma.*

■ souper (nom masculin)
Repas que l'on prend très tard en revenant d'une sortie. *On s'est préparé un **souper** léger en rentrant du concert.* Autrefois, le **souper** était le repas du soir, le dîner. C'est encore le cas au Canada, en Belgique et en Suisse.

soupeser (verbe) ▸ conjug. n° 8
Soulever quelque chose pour évaluer son poids. ***Soupèse** mon cartable, il pèse au moins 10 kilos !*

soupière (nom féminin)
Récipient creux utilisé pour servir la soupe.

soupir (nom masculin)
Respiration bruyante et prolongée. *Victor est fatigué et pousse de gros **soupirs**.* • **Rendre le dernier soupir :** mourir.

soupirail, aux (nom masculin)
Ouverture située au bas du mur extérieur d'un bâtiment et qui sert à éclairer et à aérer une cave.

soupirant (nom masculin)
Homme qui est amoureux d'une femme et lui fait la cour. *La princesse a de nombreux **soupirants**.*

soupirer (verbe) ▸ conjug. n° 3
Pousser des soupirs. *Laura s'ennuie et ne cesse de **soupirer**.* Famille du mot : soupir, soupir**ant**.

souple (adjectif)
1. Qui se plie ou se courbe sans se casser. *William a fabriqué un arc avec la tige **souple** d'un noisetier.* (Syn. flexible. Contr. raide, rigide.) 2. Qui peut se mouvoir avec aisance et agilité. *Les acrobates sont **souples** et musclés.* 3. Qui s'adapte facilement. *C'est une enfant très **souple** mais elle manque un peu de personnalité.* Famille du mot : **assouplir**, **assouplissement**, **assouplisseur**, souple**sse**.

souplesse (nom féminin)
1. Qualité d'une personne souple. *En vieillissant, on perd sa **souplesse**.* (Syn. agilité. Contr. raideur.) 2. Caractère souple. *En refusant de céder, Alain a manqué de **souplesse**.*

sourate (nom féminin)
Chapitre du Coran divisé en versets. *« Al-Fatiha » est la première **sourate** du Coran.*

source (nom féminin)
1. Eau qui sort du sol. *Une eau de **source**.* 2. Endroit où commence un cours d'eau. *La Seine prend sa **source** sur le plateau de Langres.* 3. Point de départ ou origine de quelque chose. *La naissance de ce bébé a été une **source** de joie pour ses parents.*

sourcier, ère (nom)
Personne qui recherche des sources souterraines à l'aide d'une baguette ou d'un pendule.

sourcil (nom masculin)
Poils qui poussent au-dessus des yeux. *Xavier fronce les **sourcils** quand il réfléchit.* Prononciation [suʀsi]. Famille du mot : sourcil**ière**, sourcil**ler**, sourcil**leux**. ➡ p. 300.

sourcilière ➡ Voir **arcade**.

sourciller (verbe) ▸ conjug. n° 3
• **Sans sourciller :** sans laisser paraître son émotion. *Il a avalé **sans sourciller** cette boisson infecte.*

sourcilleux, euse (adjectif)
Synonyme littéraire d'exigeant. *La grand-mère de Véronique est très **sourcilleuse** sur la politesse.*

sourd, sourde (adjectif et nom)
Qui n'entend pas. *Parle plus fort, il est un peu **sourd** ! Les **sourds** utilisent un langage par signes pour communiquer.* • **Faire la sourde oreille :** faire semblant de ne pas entendre. *Ne **fais** pas **la sourde oreille** quand je te demande de faire la vaisselle !* ■ **sourd, sourde** (adjectif) 1. Qui manque de sonorité. *Des bruits **sourds** semblent venir de la cave.* 2. Qui ne se manifeste pas nettement. *Odile ressent une douleur **sourde** dans le dos.* Famille du mot : **assourdir**, **assourdissant**, sourd**ement**, sourd**ine**, sourd-muet.

sourdement (adverbe)
En faisant un bruit sourd. *Les vagues résonnaient **sourdement** contre les rochers.*

sourdine (nom féminin)
• **En sourdine :** très doucement. *J'entends le voisin qui joue du piano* ***en sourdine****.*

sourd-muet, sourde-muette (nom)
Personne à la fois sourde et muette. *On communique avec les* ***sourds-muets*** *grâce au langage des signes.* Pluriel : des sourd**s**-muet**s**, des sourde**s**-muette**s**.

sourdre (verbe) ▸ conjug. n° 31
1. Sortir de terre, en parlant de l'eau. *Un filet d'eau* ***sourd*** *faiblement.* **2.** Synonyme littéraire de naître. *Le désespoir qui* ***sourdait*** *en lui.* **Sourdre** ne s'emploie plus qu'à l'infinitif et à la troisième personne de l'indicatif présent et imparfait.

souriant, ante (adjectif)
Qui est aimable et sourit souvent. *Cette vendeuse est toujours* ***souriante****.*

souriceau, eaux (nom masculin)
Petit de la souris.

souricière (nom féminin)
Piège à souris.

■ **sourire** (verbe) ▸ conjug. n° 48
1. Faire un sourire. *La maîtresse de maison* ***sourit*** *en accueillant ses invités.* **2.** Être favorable. *Yann gagne toutes les parties, la chance lui* ***sourit*** *!* (Syn. favoriser.) **3.** Être agréable à quelqu'un. *L'idée de faire un si long voyage ne me* ***sourit*** *pas.*

■ **sourire** (nom masculin)
Mouvement des lèvres et des yeux qui exprime la gaieté ou la sympathie. *Le bébé fait des* ***sourires*** *quand on lui parle.*

souris (nom féminin)
1. Petit mammifère rongeur, au pelage gris ou parfois blanc. **2.** Petit dispositif mobile sur lequel on clique pour intervenir sur l'écran d'un ordinateur.

une **souris**

sournois, oise (adjectif)
Qui cache ses sentiments, souvent dans de mauvaises intentions. *Je me méfie de lui, il a un regard* ***sournois****.* (Syn. hypocrite. Contr. franc.)

sournoisement (adverbe)
De façon sournoise. *Il a* ***sournoisement*** *attaqué son adversaire par-derrière.*

sous (préposition)
Sert à indiquer : **1.** Un lieu situé plus bas ou à l'intérieur. *Le ballon a roulé* ***sous*** *l'armoire. Ce fromage est vendu* ***sous*** *emballage plastique.* **2.** La cause. *Benjamin a le dos courbé* ***sous*** *le poids de son cartable.* **3.** Le temps. *L'histoire des* Trois Mousquetaires *se déroule* ***sous*** *le règne de Louis XIII.* **4.** La dépendance. *Le malade est* ***sous*** *la surveillance des médecins.*

sous-alimentation (nom féminin)
Fait d'avoir une alimentation insuffisante. *En Afrique, beaucoup d'enfants souffrent de* ***sous-alimentation****.*

sous-alimenté, ée (adjectif)
Qui souffre de sous-alimentation. *Les récoltes ont été mauvaises, toute la population est* ***sous-alimentée****.*

sous-bois (nom masculin)
Intérieur d'un bois ou d'une forêt. *Allons cueillir des champignons dans le* ***sous-bois****.*

souscription (nom féminin)
Action de souscrire. *La collection complète des œuvres de Jules Verne est vendue par* ***souscription****.*

souscrire (verbe) ▸ conjug. n° 47
1. S'engager à payer une certaine somme pour une dépense commune ou une publication. *Il* ***a souscrit*** *à une encyclopédie en plusieurs volumes.* **2.** Se déclarer d'accord. *Nous* ***souscrivons*** *aux décisions du président de notre association.*

sous-cutané, ée (adjectif)
Que l'on fait sous la peau. *Une piqûre* ***sous-cutanée****.*

sous-développé, ée (adjectif)
Dont l'économie n'est pas assez développée. *Les pays* ***sous-développés*** *d'Afrique et d'Amérique du Sud.*

sous-développement (nom masculin)
État d'un pays sous-développé.

sous-entendre (verbe) ▸ conjug. n° 31
Faire comprendre quelque chose sans le dire vraiment. *Quand je vous ai dit de venir ce soir, cela* ***sous-entendait*** *que je vous invitais à dîner.*

sous-entendu (nom masculin)
Ce que l'on sous-entend. *Je n'aime pas du tout les* ***sous-entendus****, donc parle-moi franchement.* (Syn. insinuation.) Pluriel : des sous-entendus.

sous-estimer (verbe) ▸ conjug. n° 3
Estimer quelqu'un ou quelque chose au-dessous de ses capacités ou de sa valeur. *Ne* ***sous-estime*** *pas l'adversaire.* (Contr. surestimer.)

sous-main (nom masculin)
• **En sous-main :** de manière clandestine. *Ce journaliste a obtenu des informations confidentielles* ***en sous-main****.*

sous-marin, ine (adjectif)
Qui est situé sous la mer. *Les fonds* ***sous-marins****. Clément fait de la pêche* ***sous-marine****.* ■ sous-marin (nom masculin) Navire qui peut naviguer sous l'eau. Pluriel : des sous-marins.

sous-officier (nom masculin)
Militaire qui a un grade inférieur à celui d'un officier. *Un sergent et un adjudant sont des* ***sous-officiers****.* Pluriel : des sous-officiers.

sous-préfecture (nom féminin)
Ville où se trouvent les bureaux d'un sous-préfet. Pluriel : des sous-préfectures.

sous-préfet, ète (nom)
Fonctionnaire qui administre une partie d'un département appelée un arrondissement. Pluriel : des sous-préfets.

sous-produit (nom masculin)
Produit qui provient d'un autre produit. *Le plastique est un* ***sous-produit*** *du pétrole.* Pluriel : des sous-produits.

sous-pull (nom masculin)
Pull-over fin à col roulé, qui se porte sous un pull. Pluriel : sous-pulls.

soussigné, ée (adjectif)
Mot employé sur les papiers officiels pour certifier qu'on est bien la personne qui a signé. *Je* ***soussignée****, Marie Duval, déclare...*

sous-sol (nom masculin)
1. Étage d'un bâtiment situé au-dessous du niveau du sol. *Le parking se trouve au* ***sous-sol*** *du magasin.* **2.** Partie du sol au-dessous de la surface de la terre. *Cette région a un* ***sous-sol*** *qui est très riche en uranium.* Pluriel : des sous-sols.

sous-titre (nom masculin)
1. Deuxième titre d'un livre ou d'un texte. *Le* ***sous-titre*** *précise le contenu de l'article.* **2.** Traduction des paroles d'un film, qui apparaît écrite au bas de l'écran. *Nous avons vu un film américain, en version originale avec des* ***sous-titres*** *français.* Pluriel : des sous-titres.

sous-titrer (verbe) ▸ conjug. n° 3
Mettre des sous-titres à un film. *Ce film italien n'est pas doublé, il* ***est sous-titré*** *en français.*

soustraction (nom féminin)
Opération qui consiste à retrancher un nombre d'un autre nombre. *Une* ***soustraction*** *s'écrit avec le signe – entre les deux nombres.*

soustraire (verbe) ▸ conjug. n° 40
1. Faire une soustraction. *Quand tu* ***soustrais*** *3 de 5, il reste 2.* (Syn. déduire, ôter, retrancher.) **2.** Se soustraire à quelque

un **sous-marin**

chose : s'arranger pour ne pas le faire. *Tu as promis de nous aider, n'essaie pas de* ***te soustraire à*** *ton engagement.*

sous-verre (nom masculin)
Photo ou dessin placés entre une plaque de verre et un carton rigide. Pluriel : des sous-verre**s** ou des sous-verre.

sous-vêtement (nom masculin)
Vêtement qui se porte sous d'autres vêtements. *Les slips, les soutiens-gorge sont des* ***sous-vêtements****.* Pluriel : des sous-vêtement**s**.

soutane (nom féminin)
Longue robe boutonnée devant, portée par les prêtres catholiques.

Le pape porte une **soutane** blanche.

soute (nom féminin)
Partie d'un bateau ou d'un avion destinée à entreposer les bagages et les marchandises.

soutenir (verbe) ▸ conjug. n° 19
1. Servir de support, d'appui. *Des pylônes d'acier* ***soutiennent*** *le pont.* **2.** Prendre le parti de quelqu'un. *Sarah* ***soutient*** *toujours son petit frère quand on le gronde.* **3.** Affirmer quelque chose avec force. *Le suspect* ***soutient*** *qu'il est innocent.* **4.** Faire durer ou empêcher quelque chose de diminuer. *Ursula a sommeil, elle a du mal à* ***soutenir*** *son attention.* Famille du mot : **in**souten**able**, soutenu, soutien.

soutenu, ue (adjectif)
Que l'on fait sans faiblir, sans se laisser aller. *Il a réussi grâce à des efforts* ***soutenus****.* • **Registre soutenu :** niveau de langue littéraire.

souterrain, aine (adjectif)
Qui est sous la surface de la terre. *Il s'est enfui par un passage* ***souterrain****. Un parking* ***souterrain****.* ➡ p. 413. ■ **souterrain** (nom masculin) Galerie creusée sous le sol. *On a découvert l'entrée d'un* ***souterrain*** *dans les ruines du château.*

soutien (nom masculin)
Action de soutenir quelqu'un. *Si tu as des problèmes, tu peux compter sur mon* ***soutien****. Cette étudiante fait du* ***soutien*** *scolaire.* (Syn. aide, appui.)

soutien-gorge (nom masculin)
Sous-vêtement féminin qui couvre et soutient les seins. Pluriel : des soutien**s**-gorge.

soutirer (verbe) ▸ conjug. n° 3
1. Transvaser un liquide d'un récipient dans un autre. *Le vigneron* ***soutire*** *le vin du tonneau.* **2.** Obtenir quelque chose par ruse ou en insistant. *Cet escroc* ***a soutiré*** *de l'argent à une vieille dame.* (Syn. extorquer.)

■ se **souvenir** (verbe) ▸ conjug. n° 19
Garder dans sa mémoire. *David* ***se souvient*** *de son ancienne école.* (Syn. se rappeler.)

■ **souvenir** (nom masculin)
1. Ce dont on se souvient. *Zoé garde un bon* ***souvenir*** *de son voyage en Italie.* **2.** Objet que l'on garde pour se souvenir. *Ces coquillages sont des* ***souvenirs*** *de vacances.*

souvent (adverbe)
À de nombreuses reprises. *Il neige très* ***souvent*** *dans cette région.* (Syn. fréquemment. Contr. rarement.)

souverain, aine (nom)
Chef suprême d'un royaume ou d'un empire. *Le président de la République reçoit le* ***souverain*** *du Maroc.* (Syn. monarque.) ■ **souverain, aine** (adjectif)
Qui exerce le pouvoir et qui décide. *Pour voter les lois, l'Assemblée nationale est* ***souveraine****.* **2.** Qui est supérieur à tout. *L'aspirine est un remède* ***souverain*** *contre le mal de tête.* (Syn. suprême.)

souveraineté (nom féminin)
Pouvoir suprême. *Dans une démocratie, le peuple a la **souveraineté**.*

soviétique (adjectif)
Qui se rapporte à l'ancien État d'URSS. *Les années 1990 ont marqué la fin du régime **soviétique**.*

soyeux, euse (adjectif)
Qui est léger, doux et brillant comme de la soie. *Des cheveux **soyeux**.*

spacieux, euse (adjectif)
Où il y a beaucoup d'espace. *Cette voiture est très **spacieuse**, on y tient facilement à cinq.* Voir **spatial**.

spaghetti (nom masculin)
Pâte alimentaire fine et longue. *Anna enroule les **spaghettis** autour de sa fourchette.* Prononciation [spageti]. **Spaghetti** est le diminutif d'un mot italien qui signifie « ficelle ».

spam (nom masculin)
Message publicitaire envoyé en grand nombre par messagerie électronique. *Les **spams** envahissent ma messagerie.*

sparadrap (nom masculin)
Bande de tissu collant servant à faire tenir un pansement. *Un rouleau de **sparadrap**.*

Spartacus (mort en 71 avant Jésus-Christ)
Gladiateur qui dirigea la révolte des esclaves contre les Romains. Il s'évada d'une école de gladiateurs et constitua une armée qui vainquit plusieurs fois les troupes romaines.

Sparte
Ville de Grèce, située dans le sud-est du Péloponnèse (14 000 habitants). La ville actuelle date du XIXe siècle.
HISTOIRE
La ville de Sparte fut fondée au IXe siècle avant Jésus-Christ. Son système éducatif, très dur, permettait de former des soldats obéissants et sachant supporter la douleur. Grâce à son armée, Sparte devint l'une des cités les plus puissantes de la Grèce antique. Elle fut dévastée au IVe siècle après Jésus-Christ par les Wisigoths.

spartiate (adjectif)
Très austère, rudimentaire et sans ornement. *Cette chambre d'hôtel est très **spartiate**.* ■ **spartiates** (nom féminin pluriel) Sandales à lanières de cuir. *Les **spartiates** sont à la mode cet été.*

spasme (nom masculin)
Contraction involontaire des muscles, forte mais passagère. *Les vomissements sont causés par des **spasmes** de l'estomac.*

spasmodique (adjectif)
Dû à des spasmes. *Une quinte de toux **spasmodique**.*

spatial, ale, aux (adjectif)
Qui concerne l'espace interplanétaire. *Le vaisseau **spatial** se dirige vers Vénus.* **Spatial** et **spacieux** viennent du latin *spatium* qui signifie « espace ».

spationaute (nom)
Pilote ou passager d'un vaisseau spatial. *Les **spationautes** sont aussi des scientifiques.*

spatule (nom féminin)
Instrument aplati à un bout et servant à étaler ou à mélanger. *On étend la pâte à crêpes sur la plaque chauffante avec une **spatule**.*

une **spatule**

spécial, ale, aux (adjectif)
1. Fait exprès pour une activité ou pour une personne. *Pour faire de l'escrime, on porte une tenue **spéciale**.* (Syn. particulier.) **2.** Qui sort de l'ordinaire. *Il ne s'est rien passé de **spécial** depuis votre départ.* (Syn. exceptionnel.) Famille du mot : spécial**ement**, spécial**isation**, se spécial**iser**, spécial**iste**, spécial**ité**.

spécialement (adverbe)
1. D'une manière spéciale. *Ce meuble a été fabriqué **spécialement** pour le bureau de mon père.* (Syn. exprès.) **2.** En particulier.

Vous remercierez Benjamin tout ***spécialement****.* (Syn. particulièrement, surtout.)

spécialisation (nom féminin)
Fait de se spécialiser. *Le frère de Clément a choisi une* ***spécialisation*** *difficile, il veut être orthodontiste.*

se **spécialiser** (verbe) ▸ conjug. n° 3
Se consacrer à un domaine particulier. *Ce mécanicien* ***s'est spécialisé*** *dans la restauration des vieilles voitures.*

spécialiste (nom)
Personne spécialisée dans un domaine. *Ce docteur est un* ***spécialiste*** *de l'estomac.*

spécialité (nom féminin)
1. Domaine dans lequel on s'est spécialisé. *Elle connaît très bien la musique tsigane, c'est sa* ***spécialité****.* **2.** Produit spécial à une région. *L'andouille est la* ***spécialité*** *de Vire.*

spécificité (nom féminin)
Caractère spécifique. (Syn. particularité.)

spécifier (verbe) ▸ conjug. n° 10
Indiquer de façon précise. *Dans sa lettre, il* ***a*** *bien* ***spécifié*** *la date de son retour.* (Syn. préciser, stipuler.)

spécifique (adjectif)
Qui est particulier à quelque chose ou à quelqu'un. *Le fait d'être sans voix est* ***spécifique*** *de la girafe.* (Syn. typique.)

spécimen (nom masculin)
Exemple type d'une espèce. *Au zoo, il y a un beau* ***spécimen*** *d'ours des Pyrénées.*
Prononciation [spesimɛn]. *Specimen* est un mot latin qui signifie « échantillon ».

spectacle (nom masculin)
1. Représentation donnée au public. *David et Élodie ont vu un* ***spectacle*** *de variétés.* **2.** Ce qui attire le regard et l'attention. *Fatima ne se lasse pas du* ***spectacle*** *de la mer déchaînée.*

spectaculaire (adjectif)
Qui impressionne les spectateurs. *Guillaume a fait une pirouette* ***spectaculaire*** *par-dessus le guidon de son vélo.*

spectateur, trice (nom)
1. Personne qui assiste à un spectacle. *Les* ***spectateurs*** *ont applaudi debout les comédiens.* **2.** Témoin d'un évènement quelconque. *Beaucoup de gens sont venus en* ***spectateurs*** *regarder le départ de la régate.*

spectre (nom masculin)
1. Synonyme de fantôme. *Benjamin raconte à Gaëlle des histoires de* ***spectres*** *et de châteaux hantés.* **2.** Ensemble des couleurs de l'arc-en-ciel. *Le* ***spectre*** *provient de la décomposition de la lumière solaire.*

spéculateur, trice (nom)
Personne qui spécule. *Des* ***spéculateurs*** *ont fait monter le prix des actions.*

spéculation (nom féminin)
Action de spéculer. *L'oncle de Pierre a amassé beaucoup d'argent car il a fait des* ***spéculations*** *à la Bourse.*

spéculer (verbe) ▸ conjug. n° 3
Jouer sur les variations des prix pour en tirer profit. *Il s'est enrichi en* ***spéculant*** *sur les terrains.* Famille du mot : spécu**lateur**, spécul**ation**.

spéléologie (nom féminin)
Exploration scientifique ou sportive des grottes et des cours d'eau souterrains.

spéléologue (nom)
Spécialiste de spéléologie. *Quentin voudrait descendre dans les gouffres avec des* ***spéléologues****.*

un **spéléologue**

spermatozoïde (nom masculin)
Cellule reproductrice mâle qui se trouve dans le sperme. *Les* ***spermatozoïdes*** *peuvent féconder les ovules lors des rapports sexuels.*

sperme (nom masculin)
Liquide blanchâtre et visqueux produit par les organes sexuels mâles et contenant les spermatozoïdes.

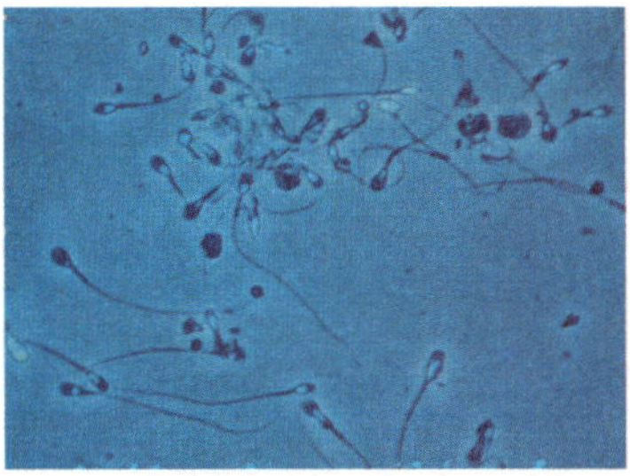
des **spermatozoïdes** (vus au microscope)

sphère (nom féminin)
1. Objet qui a la forme d'une boule. *La Terre est une **sphère** aplatie aux pôles.* ➡ p. 576. **2.** Milieu social ou milieu de travail. *Cet homme appartient aux hautes **sphères** de la finance.*

sphérique (adjectif)
En forme de sphère. *Les boules de billard sont parfaitement **sphériques**.*

sphinx (nom masculin)
Monstre de la mythologie qui avait une tête humaine, un corps de lion et des ailes d'aigle.

le **Sphinx**
Monstre de la mythologie grecque. Dans la légende d'Œdipe, le Sphinx posait une énigme aux voyageurs qui voulaient aller à Thèbes, et les dévorait s'ils ne pouvaient la résoudre. Œdipe résolut l'énigme, et le Sphinx, furieux, se précipita dans le vide du haut d'un rocher.

spirale (nom féminin)
Ligne courbe qui tourne sur elle-même. *Un ressort en **spirale**. Un cahier à **spirale**.*

une **spirale** naturelle (coupe de coquillage)

spiritisme (nom masculin)
Science occulte qui cherche à entrer en communication avec les esprits des morts.

spirituel, elle (adjectif)
1. De l'esprit ou de l'âme. *La vie **spirituelle**.* (Contr. corporel, matériel, physique.) **2.** Qui est drôle et plein d'esprit. *Romain a fait une réponse très **spirituelle** à cette question embarrassante.*

spiritueux (nom masculin)
Boisson qui contient de l'alcool. *Le cognac, le whisky sont des **spiritueux**.*

splendeur (nom féminin)
Chose splendide. *Ce bouquet de lys est une **splendeur** !*

splendide (adjectif)
Très beau. *Il fait un temps **splendide** aujourd'hui !* (Syn. magnifique, superbe.)

spolier (verbe) ▸ conjug. n° 10
Déposséder par force ou par fraude. *Il a été **spolié** de son héritage par sa demi-sœur.*

spongieux, euse (adjectif)
Qui est mou et retient l'eau comme une éponge. *Les quinze explorateurs pataugeaient dans le sol **spongieux** du marécage.*

sponsor (nom masculin)
Personne ou entreprise qui finance une manifestation sportive ou culturelle dans un but publicitaire. **Sponsor** est un mot anglais qui signifie « parrain ».

sponsoriser (verbe) ▸ conjug. n° 3
Synonyme de parrainer. *C'est une marque de soda qui **sponsorise** le match.*

spontané, ée (adjectif)
1. Qui agit de façon naturelle et sans arrière-pensée. *Hélène est une enfant directe et **spontanée**.* **2.** Qu'on fait très librement et sans y être obligé. *Thomas a eu un sourire **spontané** quand il m'a reconnu.* Famille du mot : spontané**ité**, spontané**ment**.

spontanéité (nom féminin)
Qualité de ce qui est spontané. *Votre « oui » manque de **spontanéité** et d'enthousiasme !* (Syn. naturel.)

spontanément (adverbe)
De façon spontanée. *Victor est venu **spontanément** nous faire une visite.* (Contr. à contrecœur.)

sporadique (adjectif)
Qui se produit de manière irrégulière. *On entend les tirs **sporadiques** des chasseurs.*

spore (nom féminin)
Élément reproducteur de certains végétaux. *Les champignons, les fougères, les mousses produisent des **spores**.* ➡ p. 217.

sport (nom masculin)
Activité physique qui est pratiquée régulièrement pour le plaisir ou la compétition. *Le cyclisme, la boxe, l'escrime, la voile, l'alpinisme sont des **sports**.* **Sport** est un mot anglais mais qui vient de l'ancien français *se desporter* qui signifie « s'amuser ».

sportif, ive (adjectif)
Qui concerne le sport. *William aime le sport, il est inscrit à l'association **sportive** de son quartier.* ■ sportif, ive (adjectif et nom) Qui aime le sport et en fait régulièrement. *Camille est une fille **sportive**, elle fait de la natation trois fois par semaine.*

spot (nom masculin)
1. Petit projecteur. *De nombreux **spots** éclairent la vitrine.* **2.** Film publicitaire très court. *Des **spots** télévisés.* ● **Spot** est un mot anglais : on prononce [spɔt].

spray (nom masculin)
Atomiseur. *Un insecticide, un gel en **spray**.* ● **Spray** est un mot anglais : on prononce [spʀɛ].

sprint (nom masculin)
Accélération de l'allure en fin de course. *Xavier a été battu au **sprint**.* ● Prononciation [spʀint]. En anglais, *to sprint* signifie « s'élancer ».

■ **sprinter** (verbe) ▸ conjug. n° 3
Faire un sprint. *Yann **a sprinté** sur les cinquante derniers mètres et il a gagné.*

■ **sprinter** (nom masculin)
Coureur qui est excellent au sprint. ● Prononciation [spʀintœʀ]. ORTHO On écrit aussi un **sprinteur**, une **sprinteuse**.

squale (nom masculin)
Synonyme de requin. ● Prononciation [skwal].

square (nom masculin)
Petit jardin public. ● Prononciation [skwaʀ]. **Square** est un mot anglais mais qui vient de l'ancien français *esquarre* qui signifie « carré » : à l'origine, un **square** est un jardin carré, fermé de grilles, au centre d'une place.

squash (nom masculin)
Sport pratiqué en salle entre deux joueurs, avec une raquette et une petite balle qui rebondit contre les quatre murs. ● **Squash** est un mot anglais : on prononce [skwaʃ].

le **squash**

squat (nom masculin)
Immeuble ou maison occupés par des squatteurs. ● **Squat** est un mot anglais : on prononce [skwat].

squatter (verbe) ▸ conjug. n° 3
Occuper sans autorisation un logement vide. *Des artistes **squattent** un hôpital désaffecté.* ● Prononciation [skwate]. Famille du mot : squat, squatt**eur**.

squatteur, euse (nom)
Personne qui squatte un logement. *La police a contrôlé l'identité de plusieurs **squatteurs**.* ● Prononciation [skwatœʀ].

squaw (nom féminin)
Femme mariée, chez les Indiens d'Amérique du Nord. ● Prononciation [skwo].

squelette (nom masculin)
Ensemble des os du corps d'un homme ou d'un animal. *Le **squelette** humain pèse de 3 à 6 kilos, et comprend environ 200 os.*

squelettique (adjectif)
Très maigre. *Ce chat errant est **squelettique**.*

Sri Lanka

20,5 millions d'habitants
Capitale : Colombo
Monnaie :
la roupie de Sri Lanka
Langues officielles :
cinghalais, tamoul, anglais
Superficie : 65 610 km²

État d'Asie du Sud. Le Sri Lanka est une île située au sud-est de l'Inde. Il s'appelait Ceylan jusqu'en 1972. La population se compose d'une majorité de Cinghalais, bouddhistes, et de Tamouls, hindouistes.

GÉOGRAPHIE
Le sud-ouest de l'île est couvert de forêt dense alors que le nord-est est occupé par la savane. Le climat est équatorial. La population pratique des cultures vivrières (riz, manioc, patates douces) et des cultures d'exportation (thé, noix de coco). Les autres ressources du pays sont l'élevage, la pêche, l'exploitation du bois et des pierres précieuses.

HISTOIRE
Ceylan fut colonisée par le Portugal, les Pays-Bas puis la Grande-Bretagne, qui développa les plantations de thé. L'île devint, en 1972, la république démocratique de Sri Lanka.

sri-lankais, aise ➡ Voir tableau p. 6.

stabiliser (verbe) ▸ conjug. n° 3
Rendre stable. *Depuis quelques jours, le temps **s'est stabilisé**.*

stabilité (nom féminin)
Qualité de ce qui est stable. *Sous les tropiques, les températures sont d'une grande **stabilité**.*

stable (adjectif)
1. Qui est bien en équilibre sur sa base. *Ce tabouret n'est pas **stable**, ne t'assieds pas dessus.* (Contr. branlant, instable.) 2. Qui ne change pas. *Ce pays a un régime **stable** depuis cinquante ans.* (Contr. instable.) Famille du mot : **dés**tabil**iser**, **in**stabil**ité**, **in**stable, stabil**iser**, stabil**ité**. Stable vient du latin *stare* qui signifie « se tenir debout ».

stade (nom masculin)
1. Terrain aménagé pour la pratique des sports. *Les tribunes du **stade** sont remplies de spectateurs.* 2. Moment dans une évolution. *Au **stade** où tu en es, Benjamin, tu ferais mieux de t'arrêter un instant.* (Syn. étape.) **Stade** vient du grec *stadion* qui est une mesure de distance d'environ 180 mètres : c'est la longueur des terrains de jeux de l'Antiquité.

stage (nom masculin)
Période de formation où l'on apprend quelque chose. *Laura rêve de faire un **stage** de voile.*

stagiaire (adjectif et nom)
Qui suit un stage. *Il est **stagiaire** dans une banque.*

stagnant, ante (adjectif)
Qui stagne. *L'eau **stagnante** d'une mare.* (Syn. dormant. Contr. courant.) Prononciation [stagnɑ̃].

stagnation (nom féminin)
Fait de stagner. *Les affaires ne marchent pas bien, c'est une période de **stagnation**.* (Syn. marasme.) Prononciation [stagnasjɔ̃].

stagner (verbe) ▸ conjug. n° 3
1. Rester immobile sans s'écouler. *L'eau qui **stagne** encrasse le bassin.* (Syn. croupir.) 2. Rester dans le même état sans évoluer. *Les affaires **stagnent**.* (Contr. prospérer.) Prononciation [stagne]. Famille du mot : stagn**ant**, stagn**ation**.

stalactite (nom féminin)
Dépôt de calcaire qui descend du plafond d'une grotte en formant une sorte de colonne. ➡ p. 1210.

stalagmite (nom féminin)
Dépôt de calcaire en forme de colonne qui se forme sur le sol d'une grotte. *En s'égouttant d'une stalactite, l'eau forme une **stalagmite** au-dessous.* ➡ p. 1210.

Staline Joseph (né en 1879, mort en 1953)
Homme politique soviétique. Son nom était Joseph Vissarionovitch Djougatchvili. Il succéda à Lénine en 1924 et dirigea l'URSS. Il fit régner la terreur : exécutions, déportations massives. La Seconde Guerre mondiale lui permit

d'agrandir le territoire de l'URSS et de contrôler les États voisins.

stalle (nom féminin)
Compartiment pour un cheval dans une écurie.

stand (nom masculin)
Emplacement réservé dans une fête, une foire ou une exposition. *Au Salon des inventeurs, chaque exposant montre ses dernières créations dans son* ***stand****.* Prononciation [stɑ̃d].

standard (adjectif)
Qui correspond au modèle courant. *Voici une télévision* ***standard****, mais nous avons des modèles plus perfectionnés.* Pluriel : des modèles standard. Famille du mot : standard**isation**, standar**disé**.

standard (nom masculin)
Installation qui permet de centraliser tous les appels téléphoniques de l'extérieur et de les diriger vers les différents postes d'une entreprise.

standardisation (nom féminin)
Action de standardiser. *Clément ne trouve pas de pièces de rechange, parce qu'il n'y a pas de* ***standardisation*** *entre les marques.*

standardisé, ée (adjectif)
Conforme à un modèle standard. *Les tailles de vêtements sont* ***standardisées****.*

standardiste (nom)
Employé d'un standard téléphonique. *La* ***standardiste*** *recherche notre correspondant.*

standing (nom masculin)
Niveau de vie et de confort. *Ils ont une villa de très grand* ***standing*** *sur la Côte d'Azur.* **Standing** est un mot anglais : on prononce [stɑ̃diŋ].

star (nom féminin)
Vedette de cinéma. *Toutes les* ***stars*** *du cinéma ont assisté à la remise des prix.* (Syn. étoile.) **Star** est un mot anglais qui signifie « étoile ».

starter (nom masculin)
Mécanisme qui facilite le démarrage d'un moteur. *Quand il fait très froid, cette voiture ne démarre pas si l'on n'actionne pas le* ***starter****.* Prononciation [staʀtɛʀ]. **Starter** vient de l'anglais *to start* qui signifie « démarrer ».

starting-block (nom masculin)
Cales servant d'appui aux pieds d'un coureur au départ d'une course de vitesse. **Starting-block** est un mot anglais : on prononce [staʀtiŋblɔk]. Pluriel : des starting-block**s**.

station (nom féminin)
1. Endroit où s'arrêtent certains véhicules. *Je descends à la prochaine* ***station****.* (Syn. arrêt.) **2.** Fait de se tenir de telle façon. *La* ***station*** *debout est parfois pénible aux vieilles personnes.* **3.** Lieu de séjour. *Une* ***station*** *de sports d'hiver. Une* ***station*** *thermale.* **4.** Installation destinée à faire des observations scientifiques. *Regarde cette* ***station*** *météorologique.* ➡ p. 474. **5.** Ensemble d'installations qui émettent des programmes de radio ou de télévision. Famille du mot : station**naire**, station**nement**, station**ner**, station-service.

stationnaire (adjectif)
Qui ne bouge pas ou n'évolue pas. *L'état du blessé est* ***stationnaire****.*

des **stalactites** et des **stalagmites**

stationnement (nom masculin)
Action de stationner. *On ne peut pas se garer ici, il y a un panneau de **stationnement** interdit.*

stationner (verbe) ▸ conjug. n° 3
S'arrêter et rester au même endroit. *Le camion **stationne** en double file pour décharger.*

station-service (nom féminin)
Endroit où l'on peut acheter de l'essence et de l'huile, faire laver sa voiture, etc. *À la **station-service**, le père de Myriam a fait vérifier le gonflage des pneus.* Pluriel : des station**s**-service. En français d'Afrique, une **station-service** s'appelle une *essencerie*.

statique (adjectif)
Qui bouge peu. *Cet acteur est un peu trop **statique**.*

statistique (nom féminin)
Chiffres qu'on enregistre à propos de faits précis pour faire des comparaisons et en tirer des conclusions. *Les **statistiques** montrent que la majorité des Français sont des femmes.*

statistiquement (adverbe)
D'après les statistiques. ***Statistiquement**, il y a moins de femmes que d'hommes aux postes de direction.*

statue (nom féminin)
Figure sculptée représentant un être vivant en entier. *La Petite Sirène a sa **statue** sur le port de Copenhague, au Danemark.* **Statue** vient du latin *stare* qui signifie « être debout ».

statuer (verbe) ▸ conjug. n° 3
Prendre une décision officielle. *Les responsables vont **statuer** demain sur cette affaire de dopage.*

statuette (nom féminin)
Petite statue. *Une **statuette** de bronze.* (Syn. figurine.) ➡ p. 1213.

statu quo (nom masculin)
Situation actuelle. *Les négociations n'ont pas avancé d'un pouce, on en est toujours au **statu quo**.* Prononciation [statykwo]. Pluriel : des statu quo. **Statu quo** est l'abréviation de l'expression latine *in statu quo ante* qui signifie « dans l'état où étaient les choses auparavant ». ORTHO On écrit aussi un **statuquo**, des **statuquos**.

stature (nom féminin)
Taille d'une personne. *C'est un homme d'une **stature** imposante.*

statut (nom masculin)
Situation qui est réservée à une personne dans un groupe. *Le **statut** des employés de chemin de fer.* ■ **statuts** (nom masculin pluriel) Règles qui fixent le but et le fonctionnement d'un groupe. *Les **statuts** d'un club sportif.*

steak (nom masculin)
Synonyme de bifteck. **Steak** est un mot anglais : on prononce [stɛk].

stégosaure (nom masculin)
Dinosaure herbivore qui portait deux rangées de plaques osseuses sur le dos.

stèle (nom féminin)
Pierre dressée portant une inscription. *Dans le cimetière, il y a des **stèles** funéraires.*

une **stèle** gallo-romaine

sténodactylo (nom féminin)
Personne qui pratique la sténographie et tape à la machine.

sténographie (nom féminin)
Moyen d'écrire très simplifié qui permet d'écrire à la vitesse de la parole.

a b c d e f g h i j k l m n o p q r **s** t u v w x y z

stentor (nom masculin)
• **Voix de stentor :** voix forte et tonitruante. Stentor est le nom d'un héros grec de la guerre de Troie qui avait une voix si puissante qu'elle couvrait celle de cinquante hommes.

steppe (nom féminin)
Vaste plaine herbeuse presque désertique. *Les Mongols sont des nomades des **steppes** d'Asie.*

une **steppe** d'Asie

stère (nom masculin)
Unité de volume égale au mètre cube. *Le **stère** n'est utilisé que pour mesurer les quantités de bois.*

stéréo ➡ Voir **stéréophonie**, **stéréophonique**.

stéréophonie (nom féminin)
Procédé de reproduction du son qui donne une impression de relief sonore. *Quand on écoute de la musique en **stéréophonie**, on se croirait dans la salle de concert.* Ce mot s'abrège **stéréo**.

stéréophonique (adjectif)
Qui utilise la stéréophonie. *Ce disque est un enregistrement **stéréophonique**.* Ce mot s'abrège **stéréo**.

stéréotype (nom masculin)
Idée toute faite. *Dire que « les ânes sont têtus » est un **stéréotype**.* (Syn. cliché.)

stéréotypé, ée (adjectif)
Qui est toujours le même en toutes circonstances. *Cette vedette a toujours un sourire **stéréotypé**.*

stérile (adjectif)
1. Qui ne peut pas se reproduire. *Les animaux castrés sont **stériles**.* **2.** Où rien ne peut pousser. *Les déserts sont des étendues **stériles**.* (Contr. fertile.) **3.** Dans un sens figuré, qui n'aboutit à rien. *Des discussions **stériles**.* (Syn. inutile, vain. Contr. fécond.) **4.** Où il n'y a pas de microbes. *Une compresse **stérile** préserve de l'infection.* Famille du mot : stérilisation, stériliser, stérilité.

stérilisation (nom féminin)
Action de stériliser. *La **stérilisation** a été une révolution en médecine.*

stériliser (verbe) ▶ conjug. n° 3
1. Rendre incapable de se reproduire. *Les parents de Noémie ont fait **stériliser** la petite chatte.* **2.** Débarrasser des microbes. *Le lait **est stérilisé** quand on l'a fait bouillir.*

stérilité (nom féminin)
Fait d'être stérile. *La **stérilité** d'un débat.*

sternum (nom masculin)
Os plat du milieu de la poitrine. *Les côtes supérieures et les clavicules sont articulées sur le **sternum**.* Prononciation [stɛʀnɔm].

stéthoscope (nom masculin)
Appareil qui sert à ausculter. *Le médecin écoute les bruits du cœur qui sont amplifiés par le **stéthoscope**.* **Stéthoscope** vient du grec *stêthos* qui signifie « poitrine » et de *skopein* qui signifie « examiner », et que l'on retrouve dans *télescope*.

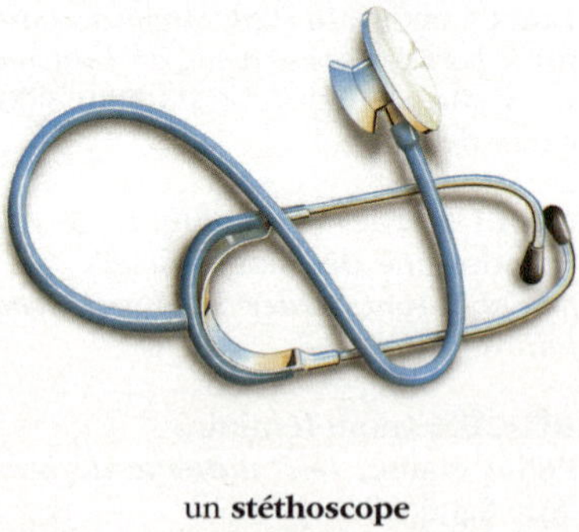

un **stéthoscope**

steward (nom masculin)
Garçon qui fait le service à bord d'un avion ou d'un paquebot. *Le **steward** et les hôtesses de l'air servent les repas aux passagers.* **Steward** est un mot anglais : on prononce [stiwaʀt].

un **statuette** de bronze

stick (nom masculin)
Produit vendu sous forme de bâtonnet. *Un **stick** de colle. Un **stick** de rouge à lèvres.*

stigmate (nom masculin)
1. Marque durable que laisse une plaie ou une maladie sur la peau. *Les **stigmates** d'une brûlure.* (Syn. cicatrice.) **2.** Au sens figuré, marque d'une chose généralement douloureuse. *La ville porte encore les **stigmates** de la guerre.* (Syn. trace.)

stimulant, ante (adjectif)
Qui stimule. *Les bravos des supporteurs sont très **stimulants** pour les joueurs de notre équipe.* (Syn. encourageant.) ■ **stimulant** (nom masculin) Produit qui donne de l'énergie, de l'entrain. *Le gingembre et le thé sont des **stimulants**.* (Syn. excitant.)

stimuler (verbe) ▸ conjug. n° 3
Donner envie d'agir. *Le maître sait très bien **stimuler** la curiosité des élèves.* (Syn. encourager, exciter.) 🔑 **Stimuler** vient du latin *stimulare* qui signifie « piquer avec un aiguillon ».

stimulus (nom masculin)
Facteur qui déclenche une réaction du corps. *La peau est sensible aux **stimulus** comme le toucher.*

stipuler (verbe) ▸ conjug. n° 3
Faire savoir avec précision. *Hier, le proviseur lui **a stipulé** son renvoi.* (Syn. préciser, spécifier.)

stock (nom masculin)
Quantité de marchandises en réserve. *Le commerçant cherche à écouler son **stock**.*

stocker (verbe) ▸ conjug. n° 3
Mettre en réserve. *Au moment des grèves, certains ont commencé à **stocker** de l'essence.*

Stockholm
Capitale de la Suède (810 000 habitants). Stockholm est la plus grande ville du pays et un important port de la mer Baltique. Située très au nord, la ville connaît très peu d'ensoleillement en hiver et beaucoup, en revanche, en été. Fondée vers 1250, Stockholm ne devint la capitale du pays qu'en 1624. ➡ p. 1220.

stoïque (adjectif)
Qui souffre sans rien dire. *Quand on lui a fait des reproches, Ibrahim est resté **stoïque**.* (Syn. impassible.)

stop ! (interjection)
Sert à donner l'ordre de s'arrêter. ***Stop !** On ne passe pas !* ■ **stop** (nom masculin) **1.** Panneau routier qui signale que l'on doit s'arrêter. *Attention, il y a un **stop** à 150 mètres !* **2.** Feu rouge arrière d'une voiture. *Quand on freine, les **stops** s'allument.* **3.** Synonyme familier d'auto-stop. *Ils ont fait du **stop** pour aller dans le Midi.*

stopper (verbe) ▸ conjug. n° 3
Synonyme d'arrêter. *Le conducteur a réussi à **stopper** le train juste à temps.*

store (nom masculin)
Rideau souple qui se lève et s'abaisse. *Baisse le **store**, le soleil m'éblouit.*

strabisme (nom masculin)
Fait de loucher.

strangulation (nom féminin)
Action d'étrangler quelqu'un. *Vercingétorix est mort par **strangulation** en 46 avant Jésus-Christ.*

strapontin (nom masculin)
Siège qu'on peut abaisser ou relever. *Le train était bondé, Laurent a dû se contenter d'un* ***strapontin****.*

Strasbourg
Chef-lieu du département du Bas-Rhin et de la Région Alsace-Champagne-Ardenne-Lorraine, situé sur l'Ill et près du Rhin (276 000 habitants). Son port fluvial est le deuxième de France. Strasbourg abrite le siège du Conseil de l'Europe depuis 1949 et le Parlement européen depuis 1992.
HISTOIRE
La ville fut une cité gallo-romaine prospère. Rattachée à l'Allemagne en 870, elle devint un centre de la Réforme. Elle fut réunie soit à l'Allemagne, soit à la France entre le XVIIe et le XXe siècle et devint définitivement française en 1944.

stratagème (nom masculin)
Manœuvre habile. *Odile imagine des* ***stratagèmes*** *pour ne pas aller chez le dentiste.* (Syn. ruse, subterfuge.)

strate (nom féminin)
Chacune des couches superposées d'un terrain. *Quand on creuse le sol , on voit les* ***strates*** *d'argile et de calcaire.*

des **strates** d'argile, de grès et de charbon

stratège (nom masculin)
Personne compétente en matière de stratégie. *Ce politicien est un fin* ***stratège****.*

stratégie (nom féminin)
1. Organisation des opérations militaires pendant une guerre. **2.** Au sens figuré, art de combiner les opérations pour réaliser un objectif. *Notre* ***stratégie*** *pour faire connaître ce produit est de le vendre à bas prix.* (Syn. tactique.)

stratégique (adjectif)
Qui a un intérêt pour la stratégie. *En temps de guerre, une gare est un point* ***stratégique****.*

stratifié, ée (adjectif)
Disposé en strates. *Un terrain* ***stratifié****.*

stratosphère (nom féminin)
Couche de l'atmosphère située entre 10 et 50 km de la surface terrestre. *La* ***stratosphère*** *contient la couche d'ozone.*

stress (nom masculin)
État de tension nerveuse et d'anxiété. *La conduite en ville est souvent une cause de* ***stress*** *pour les conducteurs inexpérimentés.* **Stress** est un mot anglais qui signifie « agression ».

stresser (verbe) ▸ conjug. n° 3
Provoquer du stress. *Cet homme est constamment* ***stressé*** *par son travail.* (Syn. angoisser, tendre. Contr. détendre.)

strict, stricte (adjectif)
1. Qui doit être absolument respecté. *Les consignes de sécurité sont très* ***strictes*** *dans une centrale nucléaire.* **2.** Qui n'accepte aucun écart par rapport à la règle. *Maman est très* ***stricte*** *sur la propreté.* (Syn. rigoureux, sévère.) **3.** Qu'on ne peut changer. *C'est la* ***stricte*** *vérité. N'emportez que le* ***strict*** *nécessaire.*

strictement (adverbe)
De façon stricte. *Je n'ai* ***strictement*** *rien compris.* (Syn. absolument, rigoureusement.)

strident, ente (adjectif)
Se dit d'un bruit à la fois aigu et perçant. *Durant la récréation, on entend des cris* ***stridents****.*

strie (nom féminin)
Chacune des lignes fines et parallèles d'une surface. *Les **stries** d'une coquille Saint-Jacques.* (Syn. rayure.)

des **stries** sur un fossile de coquillage

strié, ée (adjectif)
Qui présente des stries. *Les ongles sont légèrement **striés**.*

strophe (nom féminin)
Partie d'un poème ayant un certain nombre de vers. *Un sonnet a deux **strophes** de quatre vers et deux **strophes** de trois.*

structure (nom féminin)
Organisation des différentes parties d'un tout. *Ces ruines nous permettent d'imaginer la **structure** du temple.*

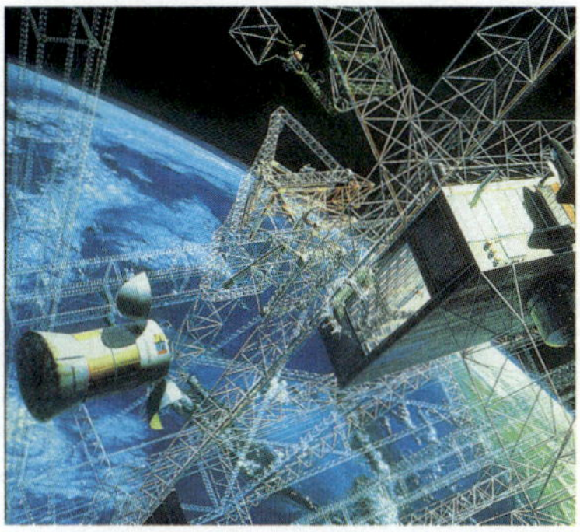

une **structure** de poutrelles métalliques

structuré, ée (adjectif)
Qui a une structure. *C'est un texte bien **structuré**.* (Syn. organisé.)

structurer (verbe) ▶ conjug. n° 3
Donner une structure à quelque chose. *Vous devez **structurer** votre devoir avec une introduction et une conclusion.*

Stuart
Dynastie de souverains qui régnèrent sur l'Écosse de 1371 à 1714 et sur l'Angleterre de 1603 à 1714.

stuc (nom masculin)
Matière qui imite le marbre. *Le plafond est décoré avec des moulures en **stuc**.*

studieux, euse (adjectif)
Qui aime étudier. *Pierre est un garçon **studieux**.*

studio (nom masculin)
1. Petit appartement d'une pièce. *Pendant deux ans, elle a vécu dans un petit **studio**.* 2. Local aménagé pour tourner un film ou faire des enregistrements. *Ce concert a été enregistré dans un des **studios** de la radio.*

stupéfaction (nom féminin)
État d'une personne stupéfaite. *À la **stupéfaction** générale, le favori a été battu.* (Syn. stupeur.)

stupéfait, aite (adjectif)
Étonné au point de ne pouvoir réagir. *Je suis **stupéfait** d'une telle insolence.*

stupéfiant, ante (adjectif)
Qui stupéfie. *L'habileté de ce célèbre prestidigitateur est vraiment **stupéfiante**.* (Syn. ahurissant, extraordinaire, sidérant.)
■ **stupéfiant** (nom masculin) Synonyme de drogue. *La cocaïne, l'opium et la morphine sont des **stupéfiants**.*

stupéfier (verbe) ▶ conjug. n° 10
Remplir de stupeur. *Son toupet me **stupéfie**.* (Syn. abasourdir, ébahir, sidérer.)
Famille du mot : stupé**faction**, stupé**fait**, stupéf**iant**.

stupeur (nom féminin)
Étonnement qui ôte toute possibilité de réaction. *La nouvelle les a frappés de **stupeur**.*

stupide (adjectif)
Qui manque vraiment d'intelligence. *Réfléchissez, au lieu de faire des réponses **stupides** !* (Syn. bête, idiot. Contr. intelligent, sensé.)

stupidité (nom féminin)
1. Caractère stupide. *Ce film est d'une **stupidité** totale.* (Syn. bêtise, idiotie.

Contr. intelligence.) **2.** Chose stupide. *Tu ne lis que des **stupidités**.* (Syn. absurdité, ânerie, sottise.)

style (nom masculin)
1. Manière d'écrire. *Un **style** élégant. Écrire en **style** télégraphique.* **2.** Traits particuliers des œuvres d'une époque. *Une église de **style** roman.* **3.** Manière d'être et d'agir de quelqu'un. *Ce cadeau, c'est tout à fait son **style** !* (Syn. genre.)
Famille du mot : stylé, stylisé, styliste.

stylé, ée (adjectif)
Qui fait son service dans les règles et avec élégance. *Le personnel du restaurant est **stylé**.*

stylet (nom masculin)
Petit poignard à lame fine et pointue.

stylisé, ée (adjectif)
Dessiné de manière simplifiée. *Les personnages de BD sont souvent **stylisés**.*

styliste (nom)
Personne qui crée des modèles pour l'habillement, l'ameublement, etc. *La mère de Sarah est **styliste** de mode.*

stylo (nom masculin)
Instrument muni d'un réservoir d'encre que l'on utilise pour écrire. *Un **stylo** à bille. Un **stylo**-feutre.* Stylo est l'abréviation de *stylographe*.

suaire (nom masculin)
Synonyme littéraire de linceul.

On a enveloppé la défunte dans un **suaire**.
« Atala au tombeau » de Girodet-Trioson (1808)

suave (adjectif)
D'une douceur exquise. *Ursula aime l'odeur **suave** du mimosa.*

subalterne (adjectif et nom)
Synonyme de subordonné. *Elle est toujours très polie avec ses **subalternes**.*

subdiviser (verbe) ▸ conjug. n° 3
Diviser les parties d'un tout en parties plus petites. *Quentin a divisé la feuille en deux par un trait, puis **a subdivisé** chaque partie en trois.*

subdivision (nom féminin)
Partie d'un tout subdivisé. *Mon double décimètre a des **subdivisions** très fines, en demi-millimètres.*

subir (verbe) ▸ conjug. n° 11
Supporter ce qui est imposé. *J'en ai assez de **subir** ses reproches. Monsieur Dupuis **a subi** une opération à cœur ouvert.*

subit, ite (adjectif)
Qui arrive de façon brusque et très inattendue. *Je ne sais quelle rage **subite** l'a pris.* (Syn. soudain.)

subitement (adverbe)
De façon subite. *La voiture a **subitement** changé de direction.* (Syn. soudain, tout à coup.)

subjectif, ive (adjectif)
Qui dépend de la personnalité et des goûts de chacun. *C'est un avis très **subjectif** et donc assez discutable.* (Contr. objectif.)

subjectivité (nom féminin)
Caractère de ce qui est subjectif. *La **subjectivité** de ce compte rendu est inacceptable.* (Contr. objectivité.)

subjonctif (nom masculin)
Mode du verbe employé dans des subordonnées et exprimant le souhait, la possibilité, le doute, etc. *Dans la phrase « Il est possible qu'il pleuve », « pleuvoir » est au **subjonctif**.*

subjuguer (verbe) ▸ conjug. n° 3
Tenir quelqu'un sous son charme. *Romain **est subjugué** par son professeur de judo.* (Syn. fasciner, séduire.)

sublime (adjectif)
Qui provoque l'admiration. *Cette cantatrice est **sublime** dans ce rôle.* (Syn. admirable, extraordinaire.)

submerger (verbe) ▸ conjug. n° 5
1. Recouvrir d'eau. *À marée haute, la route du Mont-Saint-Michel **est submergée**.* (Syn. inonder.) 2. Au sens figuré, accabler quelqu'un. *Zoé **est submergée** de travail.*

submersible (nom masculin)
Synonyme de sous-marin.

subodorer (verbe) ▸ conjug. n° 3
Avoir l'intuition de quelque chose. *Je **subodore** un piège !* (Syn. deviner, pressentir.)

subordination (nom féminin)
Construction grammaticale qui relie une proposition subordonnée à une proposition principale. *« Si, quand, comme, puisque » sont des conjonctions de **subordination**.*

subordonné, ée (adjectif et nom)
Qui dépend de quelque chose ou de quelqu'un. *Ses **subordonnés** lui ont apporté une aide vraiment très précieuse.* (Syn. subalterne. Contr. supérieur.) ■ **subordonnée** (nom féminin) Proposition qui dépend d'une proposition principale. *Dans « je vois une mouche qui vole », « qui vole » est une **subordonnée** relative.*

subordonner (verbe) ▸ conjug. n° 3
Faire dépendre de quelque chose. *Sa participation au voyage **est subordonnée** à l'accord de ses parents.*

subrepticement (adverbe)
Discrètement et sans se faire voir. *Thomas s'est éclipsé **subrepticement**.* (Syn. en catimini. Contr. ostensiblement.)

subsaharien, enne (adjectif)
Qui est situé au sud du Sahara. *L'Afrique **subsaharienne** est aussi appelée « Afrique noire ».*

subsides (nom masculin pluriel)
Aide financière. *L'État verse des **subsides** à cette association.*

subsidiaire (adjectif)
• **Question subsidiaire :** question qui sert à départager les concurrents ex aequo.

subsistance (nom féminin)
Ce qui permet de subsister. *Son salaire pourvoit à la **subsistance** de sa famille.*

subsister (verbe) ▸ conjug. n° 3
1. Exister encore. *Des doutes **subsistent** sur son innocence.* (Syn. rester.) 2. Avoir de quoi vivre. *Son travail lui permet tout juste de **subsister**.* (Syn. survivre.)

substance (nom féminin)
Ce en quoi une chose est faite. *Le verre est une **substance** cassante.* (Syn. corps, matière.) • **En substance :** en résumé. *Voilà, **en substance**, ce qu'il nous a raconté.*

substantiel, elle (adjectif)
1. Qui est consistant. *Quand on fait beaucoup de sport, on a besoin d'une ali-*

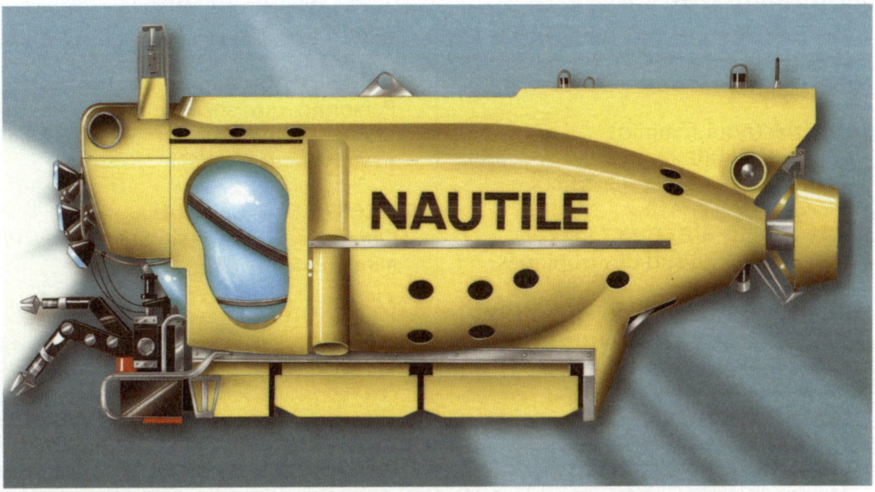

Le *Nautile* est un **submersible** d'exploration des grandes profondeurs.

a b c d e f g h i j k l m n o p q r s t u v w x y z

mentation très ***substantielle****.* (Syn. nourrissant.) 2. Qui n'est pas négligeable. *Il a eu une augmentation* ***substantielle****.* (Syn. important.)

substantif (nom masculin)
Synonyme de nom. *« Maison » est un* ***substantif*** *féminin.*

substituer (verbe) ▸ conjug. n° 3
Mettre une personne ou une chose à la place d'une autre. *L'escroc* ***avait substitué*** *des morceaux de verre aux diamants.*

substitut (nom masculin)
Chose ou personne qui remplit une fonction à la place d'une autre. *Le pronom personnel est un* ***substitut*** *du groupe nominal. Le substitut du procureur.*

substitution (nom féminin)
Action de substituer. *L'histoire commence par une* ***substitution*** *de valise.*

subterfuge (nom masculin)
Moyen rusé pour se tirer d'embarras. *Pour éviter ses fans, la star a recouru à un habile* ***subterfuge****.* (Syn. ruse, stratagème.)

subtil, ile (adjectif)
1. Qui a beaucoup de finesse. *Anna est une enfant* ***subtile*** *et perspicace.* 2. Qu'il est difficile de distinguer. *Entre ces deux synonymes, la nuance est* ***subtile****.*

subtiliser (verbe) ▸ conjug. n° 3
Voler quelque chose habilement. *Un pickpocket lui* ***a subtilisé*** *son portefeuille.* (Syn. dérober.)

subtilité (nom féminin)
Caractère subtil. *Les règles de ce jeu sont d'une grande* ***subtilité****.* (Syn. finesse.)

subtropical, ale, aux (adjectif)
Qui est situé au sud des tropiques.

subvenir (verbe) ▸ conjug. n° 19
Fournir ce qu'il faut pour couvrir des frais ou pour vivre. *Tu n'es pas assez grande pour* ***subvenir*** *à tes besoins.* (Syn. pourvoir.)

subvention (nom féminin)
Aide financière. *Sans les* ***subventions*** *de l'État, le théâtre aurait dû fermer.*

subventionner (verbe) ▸ conjug. n° 3
Accorder des subventions. *Cette célèbre institution pour enfants* ***est subventionnée*** *par la municipalité.*

subversif, ive (adjectif)
Qui menace l'ordre établi. *Le dictateur a fait arrêter les opposants pour propos* ***subversifs****.*

suc (nom masculin)
Liquide qu'on peut extraire d'une plante. *Certains insectes se nourrissent du* ***suc*** *des fleurs.* • **Suc gastrique :** liquide sécrété par l'estomac et qui permet la digestion.

succédané (nom masculin)
Produit qu'on peut substituer à un autre. *La chicorée sert de* ***succédané*** *de café.* (Syn. ersatz.)

succéder (verbe) ▸ conjug. n° 8
1. Venir après quelqu'un ou quelque chose. *La IIIe République* ***a succédé*** *au règne de Napoléon III.* 2. Se succéder : venir l'un après l'autre. *Les visites* ***se sont succédé*** *sans interruption.* Le participe passé ne s'accorde pas : *elles se sont succédé* à la présidence. Famille du mot : succes**seur**, success**if**, succes**sion**, success**ivement**.

succès (nom masculin)
1. Bon résultat. *Le* ***succès*** *de l'opération a été complet.* (Syn. réussite. Contr. échec.) 2. Fait de plaire au public. *Le spectacle a eu un énorme* ***succès****.*

successeur (nom masculin)
Personne qui succède à une autre. *Le* ***successeur*** *du directeur s'appelle monsieur Durand.* (Contr. prédécesseur.)

successif, ive (adjectif)
Qui se succèdent. *Il y a eu trois coups de tonnerre* ***successifs****.*

succession (nom féminin)
1. Fait de succéder à quelqu'un. *C'est son fils qui a pris sa* ***succession*** *à la tête de l'entreprise.* 2. Série de personnes ou de choses qui se succèdent. *Il y a eu une* ***succession*** *de coups de téléphone.* (Syn. suite.) 3. Biens laissés par une personne à ses héritiers. *Cette maison fait partie de la* ***succession*** *de M. Durand.*

successivement (adverbe)
L'un après l'autre. *Victor a eu* ***successivement*** *la grippe et les oreillons.*

succinct, incte (adjectif)
Qui est réduit à l'essentiel. *Faites une description très* ***succincte*** *du paysage.* (Syn. bref, concis. Contr. détaillé.) Prononciation [syksɛ̃], au féminin [syksɛ̃t].

succinctement (adverbe)
De manière succincte. *Luc nous a expliqué* ***succinctement*** *la situation.* (Syn. brièvement.) Prononciation [syksɛ̃tmɑ̃].

succion (nom féminin)
Action de sucer, d'aspirer avec la bouche. *Le bruit de* ***succion*** *d'un nouveau-né qui tète.* Prononciation [sysjɔ̃] ou [syksjɔ̃].

succomber (verbe) ▸ conjug. n° 3
1. Synonyme de mourir. *Le blessé* ***a succombé*** *à ses blessures.* 2. Ne pas résister. *Élodie* ***a succombé*** *à la tentation et s'est offert une grosse glace.*

succulent, ente (adjectif)
Très bon. *Ce canard à l'orange est vraiment* ***succulent*** *!* (Syn. excellent, savoureux.)

succursale (nom féminin)
Établissement commercial qui dépend d'un autre. *Un magasin à* ***succursales*** *multiples.*

sucer (verbe) ▸ conjug. n° 4
1. Laisser fondre dans la bouche. *Fatima* ***suce*** *longtemps son bonbon avant de le croquer.* 2. Mettre dans la bouche et aspirer comme pour téter. ***Sucer*** *son pouce.*

sucette (nom féminin)
Bonbon à sucer, fixé au bout d'un petit bâton.

sucre (nom masculin)
1. Substance alimentaire de saveur douce, tirée de la betterave à sucre ou de la canne à sucre. *Le* ***sucre*** *est brun quand il n'est pas raffiné. Du* ***sucre*** *en poudre.* 2. Morceau de sucre. *Gaëlle met deux* ***sucres*** *dans son chocolat.* Famille du mot : sucré, sucrer, sucrerie, sucrier.

sucré, ée (adjectif)
Qui contient du sucre. *Du raisin très* ***sucré****.*

sucrer (verbe) ▸ conjug. n° 3
Mettre du sucre. *Maman ne* ***sucre*** *pas son café.*

sucrerie (nom féminin)
Usine où l'on fabrique le sucre. ■ **sucreries** (nom féminin pluriel) Friandises faites avec du sucre. *Manger trop de* ***sucreries*** *est mauvais pour les dents.*

sucrette (nom féminin)
Pastille qui remplace le sucre. *Papa met une* ***sucrette*** *dans son café.* **Sucrette** est le nom d'une marque..

sucrier, ère (adjectif)
Qui produit du sucre. *On cultive la betterave* ***sucrière*** *dans le nord de la France.* ■ **sucrier** (nom masculin) Récipient pour le sucre. *Le* ***sucrier*** *est vide.*

sud (nom masculin)
1. Celui des quatre points cardinaux qui s'oppose au nord. *Les maisons exposées plein* ***sud*** *ont le soleil presque toute la journée.* 2. Partie qui se situe au sud d'un pays ou d'une région. *À Noël, Xavier ira dans le* ***sud*** *de la France.* ■ **sud** (adjectif) Qui est situé au sud. *La partie* ***sud*** *de la ville.* Pluriel : les régions sud.

sud-africain, aine ➡ Voir tableau p. 6.

sud-américain, aine ➡ Voir tableau p. 6.

sudoku (nom masculin)
Jeu de réflexion constitué d'une grille qu'il faut remplir avec des chiffres. **Sudoku** est un mot japonais qui signifie « chiffre unique ».

Suède

Union européenne

9,3 millions d'habitants
Capitale : Stockholm
Monnaie : la couronne suédoise
Langue officielle : suédois
Superficie : 449 965 km²

État du nord de l'Europe, bordé par la mer Baltique et voisin de la Norvège et de la Finlande.

GÉOGRAPHIE
Son relief est très accidenté et varié : profondes vallées, lacs, littoral découpé

avec de nombreuses îles. Le Sud est couvert de forêts mixtes et le reste du pays de forêts de conifères, de landes et de toundra. La population vit majoritairement dans les villes. L'agriculture est très développée (céréales, pomme de terre, betterave sucrière) ainsi que l'élevage bovin. L'exploitation de la forêt et les ressources hydroélectriques et minières (fer, cuivre, plomb) ont permis le développement de l'industrie (industries du bois, constructions automobiles et aéronautiques, et industries chimiques). Le niveau de vie est l'un des plus élevés du monde.

HISTOIRE

Grande puissance économique, la Suède devint maîtresse de la Baltique au XVIIe siècle. En 1808, elle perdit la Finlande au profit de la Russie, mais prit en 1814 la Norvège au Danemark. L'union avec la Norvège fut dissoute en 1905. La Suède est membre de l'Union européenne, mais n'a pas adopté l'euro.

suédois, oise ➡ Voir tableau p. 6.

suée (nom féminin)
Fait de suer. *Le malade a une forte fièvre et des* ***suées*** *fréquentes.*

suer (verbe) ▶ conjug. n° 3
Rejeter de la sueur. *Les boxeurs* ***suent*** *à grosses gouttes.* (Syn. transpirer.) • **Suer sang et eau :** se donner beaucoup de mal. Famille du mot : suée, sueur.

sueur (nom féminin)
Liquide de la transpiration. *Yann est en* ***sueur*** *parce qu'il a couru à la récréation.* • **Avoir des sueurs froides :** avoir très peur.

canal de Suez
Canal qui relie la mer Méditerranée et la mer Rouge. Il fut construit par Ferdinand de Lesseps et inauguré en 1869. Le canal de Suez permet aux navires de relier l'Europe à l'Orient sans avoir à contourner l'Afrique.

suffire (verbe) ▶ conjug. n° 44
Être en quantité assez grande. *Il y a assez à manger, cela* ***suffira*** *bien pour*

Stockholm, capitale de la **Suède**

six. • **Il suffit :** il faut seulement. *Pour arriver à 13 heures, **il suffit** que nous partions tous à midi.* Famille du mot : insuffisamment, insuffisance, insuffisant, suffisamment, suffisant.

suffisamment (adverbe)
De façon suffisante. *Tu as **suffisamment** travaillé ce soir, tu peux t'arrêter.* (Syn. assez.)

suffisant, ante (adjectif)
1. Qui suffit. *Il reste une baguette, c'est **suffisant** pour le déjeuner.* (Contr. insuffisant.) **2.** Trop sûr de soi. *C'est un garçon **suffisant** et arrogant.* (Syn. prétentieux, vaniteux.)

suffixe (nom masculin)
Élément qui s'ajoute à la fin d'un mot pour former un dérivé. *Dans le mot « boulangerie », « -erie » est un **suffixe**.*

suffocant, ante (adjectif)
Qui fait suffoquer. *Une chaleur **suffocante**.* (Syn. étouffant.)

suffocation (nom féminin)
Fait de suffoquer. *La diphtérie donne des accès de **suffocation**.*

suffoquer (verbe) ▸ conjug. n° 3
1. Respirer avec difficulté au point d'étouffer. *Ouvrez la fenêtre, on **suffoque** ici !* **2.** Couper le souffle de surprise. *Cette nouvelle surprenante m'**a suffoquée** !* Famille du mot : suffocant, suffocation.

suffrage (nom masculin)
1. Système de vote. *Dans le **suffrage** universel, tous les citoyens majeurs peuvent voter.* **2.** Avis exprimé dans une élection. *Pour l'instant, le candidat recueille les deux tiers des **suffrages** exprimés.* (Syn. voix, vote.) **3.** Opinion favorable. *Sa proposition a recueilli tous les **suffrages**.*

suggérer (verbe) ▸ conjug. n° 8
Donner une idée à quelqu'un. *Je vous **suggère** d'aller vite jouer dehors.* (Syn. proposer.)

suggestion (nom féminin)
Chose suggérée. *Les clients du magasin sont priés de noter leurs **suggestions** sur ce cahier.* (Syn. proposition.)

suicidaire (adjectif)
Qui peut mener à la mort. *C'est **suicidaire** de fumer autant !*

suicide (nom masculin)
Fait de se suicider. *La police ne sait pas encore si c'est un meurtre ou un **suicide**.* **Suicide** vient des mots latins *sui* qui signifie « soi » et *cædere* qui signifie « tuer ».

se **suicider** (verbe) ▸ conjug. n° 3
Se tuer volontairement. *Il **s'est suicidé** d'une balle dans le cœur.* Famille du mot : suicidaire, suicide.

suie (nom féminin)
Dépôt noir laissé par la fumée dans les cheminées. *Le ramoneur est noir de **suie**.*

suif (nom masculin)
Graisse des ruminants. *Le **suif** de mouton, de bœuf.*

suintement (nom masculin)
Écoulement d'un liquide qui suinte. *La paroi est couverte de mousse à cause du **suintement** de l'eau de pluie.*

suinter (verbe) ▸ conjug. n° 3
S'écouler goutte à goutte, d'une manière presque imperceptible. *L'eau **suinte** sur les murs de la grotte.*

Suisse

7,8 millions d'habitants
Capitale : Berne
Monnaie : le franc suisse
Langues officielles : allemand, français, italien, romanche
Superficie : 41 290 km²

État d'Europe centrale, situé entre la France, l'Allemagne, le Liechtenstein, l'Autriche et l'Italie. La Suisse compte 23 cantons.

GÉOGRAPHIE
Au sud et à l'est du pays se dressent les Alpes, où le Rhin, le Rhône, l'Inn et l'Aar prennent leur source. À l'ouest s'étend le Jura. Le Plateau suisse comprend les lacs Léman, de Neuchâtel, des Quatre-Cantons et le lac Constance. La Suisse est la première place bancaire mondiale. Elle est réputée pour son horlogerie et son chocolat. Son industrie est spécialisée dans le luxe et la technologie de pointe.

La Suisse a le niveau de vie le plus élevé d'Europe.

HISTOIRE
Le pays fut rattaché au Saint Empire romain germanique en 1032. Envahi par la France en 1798, il fut transformé en République helvétique, puis redevint une Confédération (1803) sous Napoléon. La Suisse ne prit pas part aux deux guerres mondiales. Elle ne fait pas partie de l'Union européenne.

ORTHO On dit aussi **Confédération suisse** ou **Confédération helvétique**.

suisse ➡ Voir tableau p. 6.

suite (nom féminin)
1. Ce qui suit, qui vient après quelque chose. *Vous saurez la **suite** de l'histoire demain.* 2. Ensemble d'évènements qui se suivent. *Il y a eu une **suite** d'imprévus, ce matin.* (Syn. série, succession.) 3. Conséquence d'un évènement. *Il est mort des **suites** d'une grippe mal soignée.* 4. Personnes qui suivent un haut personnage dans ses déplacements. *La reine est arrivée avec sa **suite**.* • **À la suite de :** après. *Il s'est cassé la jambe **à la suite** d'une chute.* • **De suite :** successivement. *Il a été absent trois jours **de suite**.* • **Par la suite :** plus tard. (Syn. ensuite.) • **Par suite de :** en conséquence de. ***Par suite d'**un orage, la route est coupée.* Voir aussi **tout de suite** (adverbe).

■ **suivant** (préposition)
Synonyme de selon. ***Suivant** l'avis de certains savants, la planète se réchauffe.*

■ **suivant, ante** (adjectif et nom)
Qui suit. *Le mois **suivant**, Benjamin est allé en classe de neige. Au **suivant** !* (Contr. précédent.)

suivi, ie (adjectif)
Qui se poursuit régulièrement. *Ces deux personnes ont des relations très **suivies**.* (Syn. continu, régulier.)

suivre (verbe) ▸ conjug. n° 49
1. Marcher derrière. ***Suivez** le guide !* (Contr. précéder.) 2. Accompagner quelqu'un dans des déplacements. *Ses gardes du corps le **suivent** partout.* 3. Venir après. *Le calme **suit** la tempête.* (Syn. succéder. Contr. précéder.) 4. Aller dans la même direction. ***Suivez** la route jusqu'au village ! Le chemin qui **suit** la falaise est très joli.* 5. Agir en se laissant guider ou influencer. *Elle ne **suit** jamais la mode, elle ne porte que des jeans.* 6. Aller régulièrement quelque part pour apprendre. *Le grand frère d'Hélène **suit** des cours à l'université.* 7. Écouter attentivement. *Cette célèbre émission **est** très **suivie**.* 8. Bien comprendre la logique de ce qui se dit. *Clément a un peu de mal à **suivre** en mathématiques.* Famille du mot : s'**en**suivre, suite, suiv**ant**, suivi.

sujet (nom masculin)
1. Mot ou groupe de mots avec lesquels le verbe s'accorde. *Dans la phrase « Julie s'amuse », « Julie » est le **sujet** du verbe « s'amuser ».* 2. Ce dont on parle. *Le **sujet** du livre est le récit d'un voyage au pôle Nord.* (Syn. thème.) 3. Cause de quelque chose. *Leur distraction est devenue un **sujet** de plaisanterie.* (Syn. motif, occasion.) 4. Personne soumise à l'autorité d'un roi. *John George est un fidèle **sujet** de la reine d'Angleterre.*
■ **sujet, ette** (adjectif) Qui souffre souvent de telle chose. *Laura est **sujette** au rhume des foins.*

sulfate (nom masculin)
Produit chimique utilisé en agriculture. *Le **sulfate** de cuivre est utilisé pour traiter la vigne.*

sulfurique (adjectif)
• **Acide sulfurique :** produit chimique dangereux, à base de soufre, qui attaque les métaux.

sulky (nom masculin)
Attelage léger à deux roues utilisé pour certaines courses de chevaux. *Le **sulky** est utilisé pour les courses de trot.* Pluriel : des sulky**s** ou des sulk**ies**.

un **sulky**

Sully (né en 1560, mort en 1641)
Ministre des finances de 1596 à 1611, sous le règne d'Henri IV. Son nom était Maximilien de Béthune. Il redressa les finances, développa l'agriculture et le commerce. Richelieu le fit maréchal de France en 1634.

sultan (nom masculin)
Nom donné au souverain dans certains pays musulmans. *Le **sultan** d'Oman.*

Sumer
Ancienne région de Mésopotamie dans le sud de l'Irak, bordée par le golfe Persique. La civilisation de Sumer se développa de 6000 et 2000 avant Jésus-Christ. Les Sumériens possédaient une culture très avancée : ils sont notamment à l'origine des cités-États, du travail du cuivre, de l'utilisation de briques dans les constructions et de l'écriture cunéiforme, qui a donné naissance à de nombreuses écritures actuelles du Proche-Orient.

summum (nom masculin)
Plus haut point ou plus haut degré. *Cet athlète est au **summum** de sa forme.* Prononciation [sɔmɔm]. **Summum** est un mot latin qui signifie « le plus haut », et qui a donné aussi *sommet*.

sumo (nom masculin)
Lutte japonaise traditionnelle. *Les lutteurs de **sumo** sont énormes.*

un lutteur de **sumo**

super (adjectif)
Synonyme familier de très bien. *Camille vient avec nous, c'est **super** !* (Syn. formidable.) Prononciation [sypɛʀ]. Pluriel : des vacances super.

superbe (adjectif)
Très beau. *Il fait un temps **superbe**.* (Syn. magnifique, splendide.)

supercherie (nom féminin)
Tromperie ou fraude. *Ce produit miracle n'était que du savon, mais la **supercherie** a été découverte.*

supérette (nom féminin)
Magasin d'alimentation en libre-service, de taille moyenne. *Une nouvelle **supérette** va ouvrir dans le quartier.*

superficie (nom féminin)
Étendue d'une surface. *La **superficie** de la France est d'environ 550 000 km².*

superficiel, elle (adjectif)
1. Qui est à la surface. *C'est une plaie **superficielle**, juste une égratignure.* **2.** Qui manque de profondeur, de consistance. *C'est un homme **superficiel**, qui n'approfondit rien.*

superficiellement (adverbe)
De manière superficielle. *La balle ne l'a atteint que **superficiellement**. J'ai dû lire le mode d'emploi trop vite et trop **superficiellement** !*

superflu, ue (adjectif)
Dont on pourrait se passer. *Ce deuxième dessert est **superflu**.* (Contr. nécessaire.)

supérieur, eure (adjectif)
1. Qui est placé au-dessus. *Monsieur Duparc a une fine moustache au-dessus de la lèvre **supérieure**.* (Contr. inférieur.) **2.** Qui est plus grand. *David a une taille **supérieure** à celle de Noémie.* **3.** Qui est meilleur. *Le vainqueur avait un bateau très **supérieur** à celui des autres.* ■ **supérieur, eure** (nom) Personne d'un rang plus élevé que les autres. *Il doit rendre compte à ses **supérieurs**.* (Contr. subordonné.)

supériorité (nom féminin)
Fait d'être supérieur. *La **supériorité** d'Amandine au jeu de dames est incontestable.*

superlatif (nom masculin)
Degré le plus élevé de l'adjectif. *« Très beau, le plus beau, le moins beau » sont les **superlatifs** de « beau ».*

supermarché (nom masculin)
Très grand magasin où l'on se sert soi-même.

supernova (nom féminin)
Explosion très lumineuse d'une étoile géante en fin de vie.

superposer (verbe) ▸ conjug. n° 3
Poser des choses les unes sur les autres. *Kevin et Sarah dorment dans des lits **superposés**.*

supersonique (adjectif)
D'une vitesse supérieure à celle du son. *Un avion **supersonique** dépasse la vitesse de 331 mètres à la seconde.*

superstitieux, euse (adjectif)
Qui fait preuve de superstition. *Parce qu'il y a beaucoup de gens **superstitieux**, il n'y a pas de place n° 13 dans les avions américains.*

superstition (nom féminin)
Fait de croire à l'influence de certains signes ou de certains faits. *Croire que les trèfles à quatre feuilles portent bonheur est une **superstition**.*

superviser (verbe) ▸ conjug. n° 3
Contrôler un travail sans entrer dans les détails. *Le directeur **supervise** tous les services.*

supplanter (verbe) ▸ conjug. n° 3
Prendre la place de quelque chose ou de quelqu'un. *L'ordinateur **a supplanté** la machine à écrire dans les bureaux.*

suppléant, ante (adjectif et nom)
Qui supplée une autre personne. *Le député ayant été nommé ministre, sa **suppléante** va siéger à l'Assemblée nationale.* (Syn. remplaçant.)

suppléer (verbe) ▸ conjug. n° 3
1. Remplacer quelqu'un dans ses fonctions. *C'est l'adjoint qui **supplée** le maire en son absence.* **2.** Remédier à un manque, à un défaut. *La grande mémoire de Quentin **supplée** à son manque de travail.* (Syn. compenser.)

supplément (nom masculin)
Ce qui vient s'ajouter à quelque chose. *Ursula a eu un **supplément** de frites. Pour ce plat, il y a un **supplément** de deux euros.*

supplémentaire (adjectif)
Qui vient en supplément. *Pour les départs en vacances, il y a des trains **supplémentaires**.*

un avion **supersonique**

supplication (nom féminin)
Paroles de celui qui supplie. *Pierre est resté insensible aux **supplications** de Zoé.*

supplice (nom masculin)
1. Autrefois, châtiment décidé par un tribunal qui consistait à tuer le condamné en le faisant souffrir. *Les **supplices** ont été supprimés à la Révolution.* 2. Cause de souffrance. *Pour un gourmand comme lui, ce régime est un véritable **supplice**.* (Syn. torture.)

supplier (verbe) ▸ conjug. n° 10
Prier quelqu'un avec insistance. *Je t'en **supplie**, cesse de faire grincer la craie !* **Supplier** vient du latin *supplicare* qui signifie « se plier sur les genoux ».

support (nom masculin)
Objet sur lequel repose un autre objet. *Il a reposé le téléphone sur son **support**.*

supportable (adjectif)
Qu'on peut supporter. *À cette heure matinale, la chaleur est tout à fait **supportable**.* (Contr. insupportable.)

supporter (verbe) ▸ conjug. n° 3
1. Servir de support. *Les murs épais **supportent** la charpente.* (Syn. porter, soutenir.) 2. Accepter une chose pénible sans se plaindre. *Je ne **supporterai** pas longtemps ta mauvaise humeur !* (Syn. tolérer.) 3. Bien résister à quelque chose. *Les poissons rouges **supportent** bien l'eau froide.* Famille du mot : insuppor**table**, support, suppor**table**, support**eur**.

supporteur, trice (nom)
Personne qui soutient et encourage des sportifs. *Les **supporteurs** sont nombreux sur les gradins.* On emploie aussi le mot anglais **supporter** qui se prononce [sypɔʀtœʀ] ou [sypɔʀtɛʀ].

supposer (verbe) ▸ conjug. n° 3
1. Penser que quelque chose est probable. *On **suppose** qu'il reviendra.* (Syn. présumer.) 2. Avoir comme condition nécessaire. *Être astronaute **suppose** du savoir, du courage et de la résistance.* (Syn. exiger, réclamer.)

supposition (nom féminin)
Chose supposée. *Anna croit que Quentin viendra, mais ce n'est qu'une **supposition**.* (Syn. hypothèse.)

suppositoire (nom masculin)
Médicament que l'on introduit par l'anus.

suppression (nom féminin)
Action de supprimer. *On a fait des **suppressions** de postes dans cette entreprise.*

supprimer (verbe) ▸ conjug. n° 3
1. Faire disparaître quelque chose. *On **a supprimé** la ligne de chemin de fer de la région.* (Contr. maintenir.) 2. Enlever une partie d'un ensemble. *Romain **a supprimé** quelques répétitions dans sa lettre.* (Syn. ôter.)

suppurer (verbe) ▸ conjug. n° 3
Laisser écouler du pus. *Thomas a une blessure qui **suppure**.*

supputer (verbe) ▸ conjug. n° 3
Évaluer en faisant des suppositions. *L'alpiniste **supputait** les chances qu'il avait d'atteindre le sommet avant la nuit.*

suprématie (nom féminin)
Situation dominante. *La **suprématie** économique américaine est évidente.* Prononciation [sypʀemasi].

suprême (adjectif)
1. Au-dessus de tout ou de tous. *Le pape est le chef **suprême** de l'Église catholique.* 2. Qui est le dernier. *Il a fait une **suprême** tentative pour le convaincre.* (Syn. ultime.)

sur (préposition)
Sert à indiquer : 1. Un lieu situé plus haut. *Le chat est monté **sur** la table. Il y a un poster **sur** le mur.* 2. La direction. *La voiture a filé **sur** Lyon.* 3. La proportion. ***Sur** toute la classe, il y en a cinq qui sont reçus.* 4. Le sujet. *C'est un livre **sur** la Grèce.* 5. La supériorité. *Dans le tournoi de rugby des Six Nations, c'est l'Écosse qui l'a emporté **sur** l'Angleterre.*

sûr, sûre (adjectif)
1. Qui est persuadé de quelque chose. *Il est **sûr** que je me trompe.* (Syn. certain, convaincu.) 2. Dont on ne peut douter. *Élodie viendra demain, c'est **sûr**.* (Syn. certain, évident.) 3. Qui ne présente aucun risque. *Fatima a mis son sac en lieu **sûr**.* 4. Digne de confiance. *Le journal l'a appris de source **sûre**.* Voir aussi **bien sûr** (adverbe). Famille du mot : sûr**ement**, sûr**eté**.
ORTHO On écrit aussi **surs, sure, sures**.

surabondance (nom féminin)
Trop grande abondance. *Il y a **surabondance** de melons cette année.*

surabondant, ante (adjectif)
Qui surabonde. *Les pluies **surabondantes** de cet automne ont fait déborder la rivière.*

surabonder (verbe) ▸ conjug. n° 3
Être trop abondant. *Dans ces bois humides, les fougères **surabondent**.*

suranné, ée (adjectif)
Qui est ancien et démodé. *La vieille boutique avait un charme **suranné**.* (Syn. désuet. Contr. récent.)

surbrillance (nom féminin)
Luminosité qui met en évidence un élément sur l'écran d'un ordinateur. *Le texte sélectionné est mis en **surbrillance**.*

surcharge (nom féminin)
1. Fait d'être trop chargé. *Les avions refusent les bagages en **surcharge**.* **2.** Mot écrit au-dessus d'un autre pour le remplacer. *Remplir cet imprimé sans **surcharge**.*

surcharger (verbe) ▸ conjug. n° 5
Charger de façon excessive. *Le bateau **surchargé** risque de couler. Certains se plaignent d'**être surchargés** d'impôts.* (Syn. accabler, écraser.)

surchauffé, ée (adjectif)
1. Excessivement chauffé. *Gaëlle étouffe dans cet appartement **surchauffé**.* **2.** Qui est surexcité. *Les supporteurs, **surchauffés**, applaudissaient à tout rompre.*

surclasser (verbe) ▸ conjug. n° 3
Être d'un niveau nettement supérieur. *Cet athlète **a surclassé** tous ses concurrents.*

surcroît (nom masculin)
Ce qui vient s'ajouter à quelque chose. *Les périodes de fêtes donnent un **surcroît** de travail aux vendeurs.* (Syn. supplément.) • **De surcroît, par surcroît :** en plus, en outre.
ORTHO On écrit aussi **surcroit**.

surdité (nom féminin)
Fait d'être sourd. *Sa **surdité** l'oblige à porter un appareil auditif.*

surdose (nom féminin)
Dose excessive de drogue, de médicament. (Syn. overdose.)

surdoué, ée (adjectif et nom)
Qui est exceptionnellement doué et précoce. *Un enfant **surdoué**.*

sureau, eaux (nom masculin)
Arbuste aux fleurs blanches et aux baies rouges ou noires. *Les tiges du **sureau** sont remplies d'une moelle blanche.*

fleur et fruits du **sureau**

surélever (verbe) ▸ conjug. n° 8
Donner plus de hauteur à quelque chose. *On **a surélevé** les murs d'un mètre.*

sûrement (adverbe)
De façon sûre, certaine. *Alain devrait être là, il va **sûrement** arriver.* (Syn. certainement.)
ORTHO On écrit aussi **surement**.

surenchère (nom féminin)
Offre supérieure à la précédente. *Les candidats aux élections ont fait de la **surenchère** pour obtenir plus de voix.*

surestimer (verbe) ▸ conjug. n° 3
Estimer au-dessus de sa valeur réelle. *Victor **a surestimé** ses forces, il ne peut pas porter la valise de mamie.* (Contr. sous-estimer.)

sûreté (nom féminin)
État de ce qui est sûr, sans risque. *Pour plus de **sûreté**, Hélène garde un double de sa clé dans un tiroir.* (Syn. sécurité.)
ORTHO On écrit aussi **sureté**.

surexcitation (nom féminin)
État d'une personne surexcitée. *Quand William a marqué un but, la **surexcitation** était à son comble dans les gradins.*

surexcité, ée (adjectif)
Très excité. *Les enfants sont **surexcités** à l'idée de l'excursion de demain.*

surf (nom masculin)
Sport qui consiste à glisser sur les vagues ou sur la neige en équilibre sur une planche. *Le **surf** a été inventé par les Polynésiens.* **Surf** est un mot anglais : on prononce [sœʀf].

surface (nom féminin)
1. Partie extérieure visible de quelque chose. *Xavier fait des ricochets à la **surface** de l'eau.* **2.** Mesure d'une superficie. *Cette chambre carrée a 3 mètres de côté, sa **surface** est de 9 mètres carrés.* (Syn. aire, superficie.)

surfait, aite (adjectif)
Qui n'est pas à la hauteur de sa réputation. *Julie n'aime pas le caviar, dont elle trouve la réputation très **surfaite**.*

surfer (verbe) ▶ conjug. n° 3
1. Pratiquer le surf. **2.** Se déplacer dans le réseau Internet. (Syn. naviguer.)
Prononciation [sœʀfe].

surfeur, euse (nom)
Personne qui pratique le surf.

un **surfeur** sur une vague

surgelé (nom masculin)
Produit alimentaire surgelé. *Maman a mis les **surgelés** dans le congélateur.*

surgeler (verbe) ▶ conjug. n° 8
Congeler un aliment rapidement et à très basse température. *On a mangé du poisson **surgelé** à midi.*

surgir (verbe) ▶ conjug. n° 11
Apparaître brusquement. *Un chevreuil **a surgi** de la forêt. Des difficultés imprévues **ont surgi**.*

surhumain, aine (adjectif)
Qui paraît être au-dessus des capacités humaines. *Laura a fait un effort **surhumain** pour ne pas rire.*

surimi (nom masculin)
Chair de poisson aromatisée au crabe. *Myriam a servi des bâtonnets de **surimi** à l'apéritif.* **Surimi** est un mot japonais.

Suriname

500 000 habitants
Capitale : Paramaribo
Monnaie : le florin du Suriname
Langue officielle : néerlandais
Superficie : 163 265 km²

État du nord de l'Amérique du Sud, bordé par l'océan Atlantique et voisin du Brésil, du Guyana et de la Guyane française.

GÉOGRAPHIE
C'est le plus petit État d'Amérique du Sud. La majeure partie de son territoire est couverte d'une forêt dense équatoriale. Le pays vit de la pêche, de l'exploitation du bois et d'une agriculture variée (riz, canne à sucre, bananes, oranges). Le Suriname exporte de la bauxite.

HISTOIRE
Colonisé au XVIIe siècle par les Anglais et les Hollandais, le pays fut sous la domination des Pays-Bas en 1948. Il acquit son indépendance en 1975. Son ancien nom est la Guyane néerlandaise.
ORTHO On écrit aussi **Surinam**.

sur-le-champ (adverbe)
Sans attendre. *Le cas était sérieux, le médecin est accouru **sur-le-champ**.* (Syn. aussitôt, immédiatement, tout de suite.)

surlendemain (nom masculin)
Jour qui suit le lendemain. *Il est arrivé samedi ; le **surlendemain**, donc lundi, il est reparti.* Le **surlendemain** d'aujourd'hui c'est **après-demain**.

surligner (verbe) ▶ conjug. n° 3
Marquer avec un surligneur.

surligneur (nom masculin)
Feutre à encre transparente et lumineuse qui sert à mettre en valeur certains passages d'un texte.

surmenage (nom masculin)
Fait d'être surmené. *Le médecin lui a donné huit jours d'arrêt pour* ***surmenage***.

surmener (verbe) ▶ conjug. n° 8
Fatiguer par un excès de travail. *Myriam* ***est*** *complètement* ***surmenée***, *elle finira par tomber malade.*

surmontable (adjectif)
Que l'on peut surmonter. *Le trac est une angoisse difficilement* ***surmontable***. (Contr. insurmontable.)

surmonter (verbe) ▶ conjug. n° 3
1. Être placé au-dessus. *Une girouette* ***surmonte*** *le toit de la maison.* **2.** Venir à bout de quelque chose. *Noémie a réussi à* ***surmonter*** *sa peur de l'eau.* (Syn. dominer, maîtriser.)

surmulot (nom masculin)
Autre nom du rat d'égout.

surnager (verbe) ▶ conjug. n° 5
Rester à la surface d'un liquide. *Le chapeau, que le vent avait poussé dans l'eau,* ***surnageait*** *encore.*

surnaturel, elle (adjectif)
Que l'on ne peut pas expliquer par les lois de la science. *Les guérisons miraculeuses sont des phénomènes* ***surnaturels***.

surnom (nom masculin)
Nom qu'on donne à quelqu'un en plus de son vrai nom. *« Le Gros » était le* ***surnom*** *du roi de France Louis VI.*

surnombre (nom masculin)
• **En surnombre :** qui dépasse le nombre permis. *L'ascenseur restait sur place à cause des gens* ***en surnombre***.

surnommer (verbe) ▶ conjug. n° 3
Donner un surnom. *On* ***l'a surnommée*** *« la Pie » parce qu'elle est très bavarde.*

suroît (nom masculin)
Sorte de capuche cirée qui protège la nuque. *Les pêcheurs bretons portent des* ***suroîts***.
ORTHO On écrit aussi **suroit**.

surpasser (verbe) ▶ conjug. n° 3
1. L'emporter sur d'autres. *Olivier* ***a surpassé*** *tous ses concurrents.* (Syn. dépasser.) **2.** Se surpasser : faire mieux que d'habitude. *L'artiste* ***s'est surpassé*** *ce soir.*

surpêche (nom féminin)
Pêche en quantité excessive de certaines espèces marines, les menaçant de disparition. *Le thon rouge est victime de la* ***surpêche***.

surpeuplé, ée (adjectif)
Où la population est trop nombreuse. *Il vivait dans un quartier pauvre et* ***surpeuplé***.

surpeuplement (nom masculin)
État d'un endroit surpeuplé. *On déplore souvent le* ***surpeuplement*** *des grandes capitales.* (Syn. surpopulation.)

surplace (nom masculin)
• **Faire du surplace :** ne pas avancer.

surplomb (nom masculin)
Partie d'une construction ou d'une paroi qui dépasse par rapport à la base.
• **En surplomb :** dont le haut dépasse par rapport à la base. *Le haut de la falaise, qui était* ***en surplomb***, *s'est effondré.* (Syn. en saillie.)

l'ascension d'un **surplomb** de glace

surplomber (verbe) ▶ conjug. n° 3
Dominer en formant un surplomb. *Le vieux château fort* ***surplombe*** *la vallée.*

surplus (nom masculin)
Ce qu'il y a en plus de la quantité voulue. *Il est débordé par un **surplus** de commandes.* (Syn. excédent.)

surpopulation (nom féminin)
Synonyme de surpeuplement.

surprenant, ante (adjectif)
Qui surprend. *Il n'est pas là ? C'est **surprenant** !* (Syn. étonnant.)

surprendre (verbe) ▸ conjug. n° 32
1. Synonyme d'étonner. *J'**ai été surpris** de sa réponse.* **2.** Arriver sans prévenir. *L'oncle d'Odile les **a surpris** à table.* **3.** Prendre sur le fait. *J'**ai surpris** Sarah en train de lire dans son lit au lieu de dormir.*
Famille du mot : surpren**ant**, surpri**se**.

surprise (nom féminin)
1. Sensation causée par quelque chose d'inattendu. *À la **surprise** générale, c'est Yann qui a gagné.* (Syn. étonnement.) **2.** Chose qui surprend. *Vous ici ? Quelle **surprise** ! Viens vite ! Il y a une **surprise** pour toi.* • **Par surprise** : d'une manière inattendue.

surproduction (nom féminin)
Production trop forte par rapport aux besoins. *La **surproduction** de céréales inquiète les agriculteurs, car les prix vont baisser.*

surréalisme (nom masculin)
Mouvement littéraire et artistique du début des années 1920 qui s'inspire des rêves, du désir et des idées de révolte. *Salvador Dalí est l'un des grands peintres du **surréalisme**.*

sursaut (nom masculin)
Mouvement brusque dû à la surprise. *Un coup de tonnerre l'a réveillé en **sursaut**.*

sursauter (verbe) ▸ conjug. n° 3
Avoir un sursaut. *Ursula, qui n'avait pas entendu venir Benjamin, **a sursauté**.*

surseoir (verbe) ▸ conjug. n° 29
Remettre à plus tard. *Le tribunal **sursoit** à l'application de la peine.* (Syn. différer.)
ORTHO On écrit aussi **sursoir**.

sursis (nom masculin)
1. Fait de surseoir à quelque chose. *Il a un **sursis** de quelques jours pour rendre son travail.* (Syn. délai.) **2.** Délai pendant lequel une peine est suspendue. *Être condamné à la prison avec **sursis** veut dire qu'on ne va en prison que si l'on commet un nouveau délit.*

surtaxe (nom féminin)
Taxe supplémentaire. *Clément n'avait pas assez affranchi sa lettre, le destinataire a eu une **surtaxe** à payer.*

surtout (adverbe)
Avant tout. ***Surtout**, couvre-toi bien ! Zoé aime tous les jeux, mais **surtout** les échecs.*

surveillance (nom féminin)
Action de surveiller. *Ce bébé demande une **surveillance** de tous les instants.*

surveillant, ante (nom)
Personne dont le rôle est de surveiller. *Un **surveillant** de prison.*

surveiller (verbe) ▸ conjug. n° 3
1. Observer avec attention pour contrôler. *La maîtresse **surveille** les enfants dans la cour. La sentinelle **surveille** tous les alentours.* **2.** Faire attention à ce que l'on fait. ***Surveille** un peu tes paroles !*
Famille du mot : surveill**ance**, surveill**ant**.

survenir (verbe) ▸ conjug. n° 19
Arriver soudain de façon imprévue. *Un changement **est survenu**, nous partons demain.*

survêtement (nom masculin)
Vêtement souple et chaud qu'on met par-dessus une tenue de sport. *Quand David va au stade, il emporte toujours son **survêtement**.*

survie (nom féminin)
Fait de survivre. *Les chances de **survie** du blessé sont importantes : rassurez-vous !*

survivance (nom féminin)
Reste de quelque chose qui survit du passé. *Cette tenue traditionnelle est une **survivance**.*

survivant, ante (nom)
Personne qui survit à d'autres. *L'avion s'est écrasé : on ignore encore s'il y a des **survivants**.*

a b c d e f g h i j k l m n o p q r **s** t u v w x y z

survivre (verbe) ▸ conjug. n° 50
1. Rester en vie après la mort de quelqu'un ou après de graves évènements. *Jean n'**a** pas **survécu** longtemps à sa femme.* **2.** Vivre dans des conditions difficiles. *Son salaire lui permet à peine de **survivre**.*

survol (nom masculin)
Fait de survoler. *Le **survol** de Paris est interdit aux avions.*

survoler (verbe) ▸ conjug. n° 3
1. Voler au-dessus d'un lieu. *Notre avion **survole** actuellement la côte du Maroc.* **2.** Voir superficiellement. *Il **a** rapidement **survolé** son journal.*

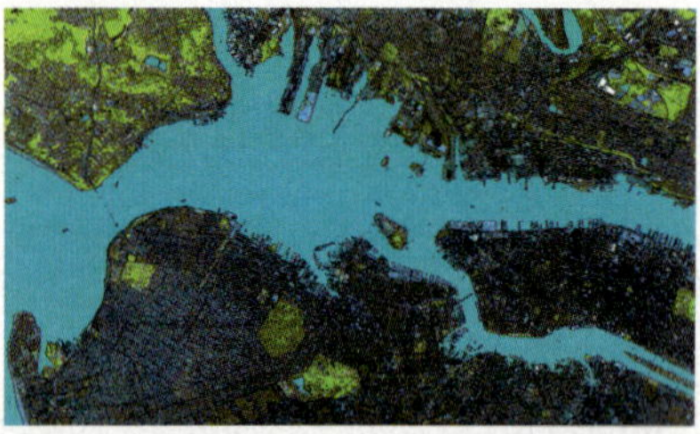

Pour capter cette image du port de New York, le satellite *Spot* **a survolé** la région.

sus (adverbe)
• **Courir sus à l'ennemi :** dans la langue littéraire, l'attaquer. • **En sus :** en plus. *Il a touché une prime **en sus** de son salaire.* ● Prononciation [sys].

susceptibilité (nom féminin)
Caractère d'une personne susceptible. *Il est d'une **susceptibilité** ridicule.*

susceptible (adjectif)
1. Qui se vexe facilement. *Anna est terriblement **susceptible**.* **2.** Qui peut éventuellement se produire. *J'ai trouvé des vieilles photos **susceptibles** de t'intéresser.*

susciter (verbe) ▸ conjug. n° 3
Provoquer quelque chose. *Le projet d'Ibrahim **a suscité** l'enthousiasme de sa classe.*

suspect, ecte (adjectif)
Qui éveille la méfiance. *Nous informons les voyageurs que tout bagage **suspect** sera immédiatement détruit.* ■ suspect, ecte (adjectif et nom) Personne que l'on soupçonne. *On a arrêté un **suspect**.* ● Prononciation [syspɛ], au féminin [syspɛkt].

suspecter (verbe) ▸ conjug. n° 3
Tenir pour suspect. *Élodie **suspecte** Kevin de lui raconter des histoires.* (Syn. soupçonner.)

suspendre (verbe) ▸ conjug. n° 31
1. Accrocher de manière à laisser pendre. *Pierre **a suspendu** sa lampe de poche au mât de la tente.* **2.** Arrêter momentanément. *Les travaux **ont été suspendus** en raison des intempéries.* **3.** Interdire à quelqu'un d'exercer ses fonctions pour quelque temps. *Le footballeur brutal **a été suspendu** pour trois matchs.*

suspendu, ue (adjectif)
• **Pont suspendu :** pont qui ne repose pas sur des piliers mais qui est soutenu par des câbles. • **Voiture bien** ou **mal suspendue :** voiture dont la suspension est bonne ou mauvaise.

en **suspens** (adverbe)
Momentanément interrompu. *Les travaux de l'autoroute sont **en suspens**.*

suspense (nom masculin)
Moment d'une histoire où l'on attend la suite avec angoisse et impatience. *Quentin aime beaucoup les films à **suspense**.* ● Prononciation [syspɛns]. **Suspense** est un mot anglais qui signifie « attente » et qui vient du français *suspens*.

suspension (nom féminin)
1. Appareil d'éclairage suspendu au plafond. (Syn. lustre.) **2.** Système de ressorts destinés à amortir les cahots. *Cette moto a une excellente **suspension**.* (Syn. amortisseur.) **3.** Fait de suspendre ou d'être suspendu. *Le congrès a décidé une **suspension** de séance.* (Syn. arrêt, interruption.) **4.** Fait de retirer ses fonctions à quelqu'un. *Le fonctionnaire a fait l'objet d'une **suspension** pour faute grave.* • **Points de suspension :** signe de ponctuation (…) qui sert à dire qu'on n'énumère pas tout.

suspicion (nom féminin)
Fait de suspecter. *Romain regardait le nouveau venu avec **suspicion**.* (Syn. défiance, méfiance.)

se sustenter (verbe) ▸ conjug. n° 3
Synonyme vieilli de se nourrir. *Et maintenant, il serait temps de **se sustenter** : le repas nous attend.*

susurrer (verbe) ▸ conjug. n° 3
Dire doucement à voix basse. *Fatima **susurre** quelques mots à l'oreille de Thomas.* (Syn. chuchoter, murmurer.)

suture (nom féminin)
Opération qui consiste à recoudre les bords d'une plaie. *Gaëlle s'est fendu le menton, elle a eu trois points de **suture**.*

Swahilis

Peuple d'Afrique de l'Est vivant en Tanzanie (2,5 millions de personnes), au Kenya, en Ouganda et dans le nord du Mozambique. Les Swahilis parlent le swahili. Ils sont musulmans.
ORTHO On écrit aussi **Souahélis**.

Swaziland

1,2 million d'habitants
Capitale : Mbabane
Monnaie : le lilangeni
Langues officielles : anglais, swazi
Superficie : 17 363 km²

État de l'Afrique australe, situé entre l'Afrique du Sud et le Mozambique.

GÉOGRAPHIE
Le Swaziland est un pays tropical. En plus de l'agriculture (sucre, fruits, maïs, coton), il tire ses ressources de ses forêts, de ses mines (amiante, charbon, diamants) et de ses industries (bois, agroalimentaire, textile, chimie). De nombreux Swazis travaillent en Afrique du Sud.

HISTOIRE
Le pays fut fondé au début du XIXe siècle. Il devint une colonie britannique en 1902 et obtint son indépendance en 1968.

suzerain (nom masculin)
Seigneur du Moyen Âge qui accordait des terres et sa protection à un vassal en échange de sa loyauté. ➡ p. 1233.

suzeraineté (nom féminin)
1. Pouvoir d'un suzerain. **2.** Domination d'un État sur un autre. *Certains pays pauvres refusent la **suzeraineté** des pays riches.*

svelte (adjectif)
Qui est mince et élancé. *Monsieur Duparc est **svelte** malgré son âge.* (Contr. massif, trapu.)

SVP
Abréviation de **s**'il **v**ous **p**laît.

sweat-shirt (nom masculin)
Pull-over qui est en tissu molletonné. Prononciation [swɛtʃœʀt]. Pluriel : des sweat-shirt**s**. Ce mot s'abrège *sweat*. **Sweat-shirt** est un mot anglais qui signifie « chemise pour la sueur ».
ORTHO On écrit aussi un **sweatshirt**, des **sweatshirts**.

swing (nom masculin)
Musique de jazz caractérisée par un balancement rythmique. Prononciation [swiŋ]. **Swing** vient du verbe anglais *to swing* qui signifie « balancer ».

Sydney

Ville la plus peuplée d'Australie (4,3 millions d'habitants). Sydney est le plus grand centre financier du pays. Ses monuments les plus connus sont l'Opéra et Harbour Bridge, le pont le plus large du monde. Sydney a été la capitale de l'Australie de 1901 à 1927. ➡ p. 1232.

syllabe (nom féminin)
Voyelle ou groupe de consonnes et de voyelles qu'on prononce en une fois. *« Chat » n'a qu'une **syllabe**, « otarie » en a trois.*

sylviculture (nom féminin)
Entretien et exploitation des forêts.

symbiose (nom féminin)
Association de deux êtres vivants d'espèces différentes. *Le lichen est fait d'une algue et d'un champignon qui vivent en **symbiose**.*

Ces oiseaux vivent en **symbiose** avec le rhinocéros en le débarrassant de ses parasites.

l'opéra de **Sydney**

symbole (nom masculin)
1. Figure qui représente une idée. *Marianne est le **symbole** de la République.* **2.** Signe utilisé pour représenter quelque chose. *Le **symbole** de l'amour est un cœur.* Famille du mot : symbolique, symboliser. **Symbole** vient du grec *sumbolon* qui désigne un objet coupé en deux qui servait de signe de reconnaissance entre deux personnes qui en possédaient chacune un morceau.

symbolique (adjectif)
Qui a la valeur d'un symbole. *La balance est la représentation **symbolique** de la justice.*

symboliser (verbe) ▸ conjug. n° 3
Être le symbole de quelque chose. *La couleur noire **symbolise** le deuil.*

symbolisme (nom masculin)
Mouvement littéraire et artistique de la fin du XIXe siècle.

symétrie (nom féminin)
Similitude exacte par rapport à un axe entre deux parties d'un espace. *Il y a une **symétrie** plus ou moins parfaite entre les deux côtés du visage et du corps humain.* Famille du mot : asymétrie, asymétrique, dissymétrique, symétrique, symétriquement.

symétrique (adjectif)
Qui présente une symétrie. *Les lits de Victor et d'Hélène sont placés de façon **symétrique** par rapport à la fenêtre.* (Contr. asymétrique, dissymétrique.)

symétriquement (adverbe)
De manière symétrique. *Dans le jeu du solitaire, les pions sont placés **symétriquement** par rapport au centre.*

sympathie (nom féminin)
Sentiment spontané d'attirance envers quelqu'un. *William a de la **sympathie** pour son voisin de table.* (Syn. amitié. Contr. antipathie.) Famille du mot : sympathique, sympathiser.

sympathique (adjectif)
1. Qui attire la sympathie. *Xavier est un garçon très **sympathique**.* (Syn. agréable, aimable, attachant. Contr. antipathique.) **2.** Très agréable. *Une soirée très **sympathique**.*

sympathiser (verbe) ▸ conjug. n° 3
Éprouver une sympathie réciproque. *Yann **a sympathisé** avec le concierge.*

symphonie (nom féminin)
Composition musicale à plusieurs mouvements. *L'orchestre joue une **symphonie** de Beethoven.*

symphonique (adjectif)
De la symphonie. *Dans un concert **symphonique**, on joue une ou deux symphonies. Un orchestre **symphonique**.*

symptôme (nom masculin)
Signe caractéristique d'une maladie. *La gorge rouge et la fièvre sont des **symptômes** de l'angine.*

synagogue (nom féminin)
Lieu de culte israélite.

synapse (nom féminin)
Zone de contact entre deux neurones. *Les **synapses** assurent la transmission des messages au cerveau.*

synchroniser (verbe) ▶ conjug. n° 3
Faire concorder les images et les sons d'un film. *Ce film **est** mal **synchronisé**, le son est décalé par rapport à l'image.*

syncope (nom féminin)
Perte de connaissance. *Quand on a une **syncope**, le cœur et la respiration ralentissent.*

syndic (nom masculin)
Personne qui s'occupe d'un immeuble au nom des copropriétaires.

syndical, ale, aux (adjectif)
Du syndicat. *Les délégués ont exposé les revendications **syndicales** au patron.*

syndicaliste (nom)
Personne qui milite dans un syndicat. *Les **syndicalistes** ont entamé des négociations pour éviter les licenciements.*

syndicat (nom masculin)
Association de personnes qui veulent défendre leurs intérêts communs. *Il existe des **syndicats** ouvriers et des **syndicats** patronaux.* • **Syndicat d'initiative :** organisme chargé du tourisme.

se **syndiquer** (verbe) ▶ conjug. n° 3
S'inscrire à un syndicat.

Un vassal s'agenouille devant son **suzerain**.

synonyme (nom masculin)
Mot qui a un sens identique ou très proche d'un autre. *« Manière » et « façon » sont deux **synonymes**.* (Contr. contraire.)

syntaxe (nom féminin)
Partie de la grammaire qui étudie comment les mots se regroupent pour faire des phrases.

synthèse (nom féminin)
1. Opération consistant à résumer clairement les idées principales d'un sujet. *Faire la **synthèse** des questions posées.* **2.** Production d'une substance artificielle en combinant des éléments par une réaction chimique. *Le polystyrène est un produit de **synthèse**.*

synthétique (adjectif)
Fabriqué par synthèse. *Le nylon est une fibre **synthétique**.* (Syn. artificiel. Contr. naturel.)

synthétiseur (nom masculin)
Instrument de musique électronique capable de reproduire et de créer des sons.

Syrie

21,9 millions d'habitants
Capitale : Damas
Monnaie :
la livre syrienne
Langue officielle :
arabe
Superficie : 185 180 km²

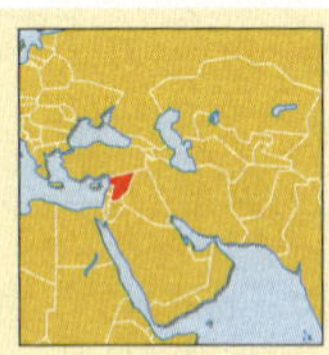

État du Proche-Orient, entre la Méditerranée et la vallée de l'Euphrate.

GÉOGRAPHIE
La majorité du territoire est un vaste plateau désertique. Au sud, le plateau du Golan domine l'oasis de Damas. Bien que les fleuves Euphrate et Oronte traversent le pays, celui-ci est très aride.

L'agriculture repose surtout sur la culture des céréales, des arbres fruitiers et du coton. L'extraction du pétrole et l'argent perçu sur les oléoducs venant d'Irak et d'Arabie Saoudite ont permis de financer des voies ferrées et l'irrigation.

HISTOIRE
La Syrie antique subit la domination de nombreux peuples. Elle devint un protectorat français en 1918 puis obtint son indépendance en 1946. Elle participa à la guerre contre Israël en 1948. La guerre des Six Jours (1967) et la guerre du Kippour (1973) contre Israël ont entraîné de nombreuses difficultés politiques et financières en Syrie, qui est depuis cette époque une dictature.

syrien, enne ➡ Voir tableau p. 6.

systématique (adjectif)
1. Organisé de manière logique. *Pour retrouver son stylo, Julie a entrepris une fouille **systématique** de son armoire.* (Syn. méthodique.) **2.** Qui ne varie pas, quelles que soient les circonstances. *À toutes les propositions, il a opposé un refus **systématique**.*

systématiquement (adverbe)
De manière systématique. *Maman met **systématiquement** les prospectus publicitaires à la poubelle.*

systématiser (verbe) ▶ conjug. n° 3
Faire un système de quelque chose. *La transformation des carrefours en ronds-points **se systématise**.* (Syn. généraliser.)

système (nom masculin)
1. Ensemble organisé qui constitue un tout. *Le **système** solaire. Le **système** métrique.* **2.** Moyen, souvent très ingénieux, d'arriver à un but. *Benjamin a trouvé un **système** pour programmer l'éclairage de sa chambre.* (Syn. méthode.) Famille du mot : systém**atique**, systém**atiquement**, systém**atiser**. **Système** vient du grec *sustêma* qui signifie « assemblage ».

Tt

Terre

t (nom masculin)
Vingtième lettre de l'alphabet. *Le **T** est une consonne.*

t' ➡ Voir **te**.

ta (déterminant)
Féminin de *ton* 1.

tabac (nom masculin)
1. Plante cultivée pour ses grandes feuilles. *Une plantation de **tabac**.* **2.** Feuilles de cette plante qui ont été séchées et préparées pour être fumées. *Il existe du **tabac** blond et du **tabac** brun.* **3.** Magasin où l'on vend du tabac, des cigarettes, etc. *Benjamin va au **tabac** acheter un briquet et des timbres.* ● Prononciation [taba]. ⌂ Famille du mot : tabag**ie**, tabag**isme**.

fleurs et feuille de **tabac**

tabagie (nom féminin)
Lieu rempli de fumée de tabac. *Ouvrez la fenêtre, c'est une vraie **tabagie** !*

tabagisme (nom masculin)
Intoxication causée par l'abus de tabac. *Le **tabagisme** provoque le cancer du poumon.*

tabasser (verbe) ▸ conjug. n° 3
Dans la langue familière, frapper violemment quelqu'un. *Il s'est fait **tabasser** par une bande de voyous.*

table (nom féminin)
Meuble formé d'un plateau fixé sur un ou plusieurs pieds. *La **table** de la cuisine est assez grande pour y manger à quatre.* • **Mettre la table :** disposer les assiettes, les couverts, les verres, etc. sur une table avant le repas. (Syn. mettre le couvert.) • **Se mettre à table :** s'installer autour d'une table pour manger. • **Table de multiplication :** liste des multiplications des nombres de 1 à 10. • **Table des matières :** liste de tous les chapitres d'un livre. • **Table ronde :** assemblée de personnes réunies pour discuter. ⌂ Famille du mot : s'**attabler**, tabl**ette**. 🔑 **Table** vient du latin *tabula* qui signifie « planche ».

tableau, eaux (nom masculin)
1. Peinture faite par un artiste. *Ce peintre expose ses **tableaux** dans une galerie.* (Syn. toile.) **2.** Description ou évocation de quelque chose. *Ce récit est un **tableau** de la vie des paysans au*

XIXᵉ siècle. **3.** Panneau fixé au mur sur lequel on écrit à la craie. *Dans chaque classe de l'école, il y a un* ***tableau****.* **4.** Liste de renseignements rangés de façon méthodique. *Pour écrire correctement les verbes, Anna regarde le* ***tableau*** *des conjugaisons.* • **Tableau de bord :** partie d'un véhicule où sont réunis les compteurs, les commandes, les voyants, etc.

tabler (verbe) ▸ conjug. n° 3
Compter sur quelque chose. *Tu ne devrais pas toujours* ***tabler*** *sur la chance pour réussir.*

tablette (nom féminin)
1. Petite étagère pour poser des objets. *Maman range les produits pour la toilette sur une* ***tablette*** *fixée près de la baignoire.* **2.** Aliment présenté sous forme de plaquette. *Pour son goûter, Élodie a mis une* ***tablette*** *de chocolat dans son pain.*

tablier (nom masculin)
Vêtement que l'on met pour protéger ses autres vêtements. *Le boucher porte un grand* ***tablier*** *blanc.*

tabou, oue (adjectif)
Dont il est interdit de parler. *Autrefois, la sexualité était très souvent un sujet* ***tabou****.*

taboulé (nom masculin)
Plat composé de semoule, d'herbes, de tomates, d'oignons et assaisonné d'huile et de citron.

tabouret (nom masculin)
Petit siège, sans bras ni dossier. ⊶ **Tabouret** vient de l'ancien français *tabour* qui signifie « tambour », à cause de la forme ronde de ce siège.

tac (nom masculin)
• **Répondre du tac au tac :** répondre vivement et immédiatement à une remarque désagréable ou à une question.

tache (nom féminin)
1. Marque de saleté. *Benjamin a fait une* ***tache*** *de graisse sur son cahier.* **2.** Marque de couleur sur le corps d'un être vivant. *Les grives ont des* ***taches*** *noires sur la poitrine.* ⌂ Famille du mot : **détachant, détacher,** tacher, tacheté.

tâche (nom féminin)
Travail qu'on a à faire. *Faire le ménage est une* ***tâche*** *ingrate.* (Syn. besogne.)

tacher (verbe) ▸ conjug. n° 3
Faire une tache ou des taches. *Mets un tablier pour ne pas* ***tacher*** *ton pull. David* ***s'est taché*** *les mains avec des feutres.*

tâcher (verbe) ▸ conjug. n° 3
Synonyme de s'efforcer. ***Tâche*** *de nous prévenir la prochaine fois !*

tacheté, ée (adjectif)
Qui a des petites taches de couleur. *Un pelage blanc* ***tacheté*** *de noir.* (Syn. moucheté.)

tacite (adjectif)
Qui n'est pas exprimé par des mots. *Il y a une complicité* ***tacite*** *entre eux.*

taciturne (adjectif)
Qui parle peu. *Cet enfant est* ***taciturne****, il prend très rarement la parole.* (Syn. renfermé. Contr. communicatif, expansif.)

tacler (verbe) ▸ conjug. n° 3
Au football, action de récupérer ou de dégager le ballon qui est dans les pieds de l'adversaire en tendant le ou les pieds en avant. *Alors que l'attaquant courait vers le but, un joueur* ***l'a taclé****.*

tacot (nom masculin)
Dans la langue familière, vieille voiture en mauvais état. *Ce* ***tacot*** *est bon pour la casse.*

tact (nom masculin)
Qualité d'une personne qui fait preuve de délicatesse. *Parle-lui avec* ***tact****, sinon tu risques de le vexer.*

tactile (adjectif)
1. Qui concerne le toucher. *Les chats ont un sens* ***tactile*** *très développé.* **2.** Qui réagit au toucher. *Un écran* ***tactile****.*

tactique (nom féminin)
Moyen employé pour obtenir ou réussir quelque chose. *L'entraîneur a conseillé aux joueurs de changer de* ***tactique****.*

Tadjikistan

7,5 millions d'habitants
Capitale : Douchanbe
Monnaie :
le rouble tadjik
Langue officielle :
tadjik
Superficie : 143 000 km²

État d'Asie centrale, situé entre le Kirghizstan, l'Ouzbékistan, l'Afghanistan et le nord-ouest de la Chine.

GÉOGRAPHIE
Le Tadjikistan est un pays montagneux. Grâce à l'irrigation, on cultive le coton, le riz, les fruits et les céréales dans les plaines. Dans les montagnes, on pratique l'élevage ovin. L'hydroélectricité abondante a permis le développement de l'industrie de l'aluminium.

HISTOIRE
La région forma une république autonome au sein de l'Ouzbékistan en 1924, puis une république de l'URSS en 1929. Le pays devint indépendant en 1991. La guerre civile ravagea le pays jusqu'en 1997. Aujourd'hui, le Tadjikistan est le pays le plus pauvre de l'ex-URSS.

taekwondo (nom masculin)
Art martial et sport de combat d'origine coréenne.

taffetas (nom masculin)
Tissu de soie. *Des tentures en **taffetas** rouge.*

tag (nom masculin)
Graffiti qui représente un dessin ou une signature. *Ce mur est couvert de **tags**.*
● **Tag** est un mot anglais : on prononce [tag].

tagine ➡ Voir **tajine**.

tagliatelle (nom féminin)
Pâte alimentaire longue et mince.

taguer (verbe) ▶ conjug. n° 3
Faire des tags. *Des jeunes **ont tagué** le mur de l'école.*

tagueur, euse (nom)
Personne qui fait des tags.

Tahiti

La plus grande île de la Polynésie française (1 042 km² ; 178 000 habitants). Sa ville principale est Papeete.

GÉOGRAPHIE
L'île formée par deux volcans éteints est entourée d'un récif de corail. Le climat est tropical. Les ressources principales sont les cultures maraîchères et la pêche. Le tourisme est important.

un **tag** sur un mur

HISTOIRE
Tahiti fut découverte au XVIIIe siècle. Les Français et les Britanniques se la disputèrent et en 1842, la France y établit son protectorat, puis l'annexa en 1880.

tahitien, enne ➡ Voir tableau p. 6.

taie (nom féminin)
Enveloppe de tissu dont on recouvre un oreiller ou un traversin pour les protéger.

taïga (nom féminin)
Forêt de conifères des régions froides.

taillader (verbe) ▸ conjug. n° 3
Faire une ou plusieurs entailles. *Ibrahim **s'est tailladé** la main en ouvrant les huîtres.*

taille (nom féminin)
1. Hauteur du corps. *Kevin et Fatima ont exactement la même **taille**, ils mesurent un mètre quarante-cinq.* **2.** Mesure d'un vêtement. *Gaëlle aime la robe qui est en vitrine, mais il n'y a plus sa **taille**.* **3.** Partie du corps qui est entre les hanches et la poitrine. *Avoir la **taille** fine.* ➡ p. 300. **4.** Dimension d'une chose. *Il est tombé des grêlons de la **taille** d'une noisette.* **5.** Action de tailler un arbre ou une pierre. *Papa a confié la **taille** des arbres fruitiers à un jardinier. Un immeuble en pierre de **taille**.* **6.** Avant la révolution de 1789, impôt payé seulement par les roturiers. • **De taille :** important. *Pierre a dit une sottise **de taille**.* • **Être de taille à faire quelque chose :** en être capable.

taille-crayon (nom masculin)
Instrument servant à tailler les crayons. Pluriel : des taille-crayon**s**.

tailler (verbe) ▸ conjug. n° 3
1. Couper quelque chose pour lui donner une certaine forme. *Chaque année, maman **taille** tous les rosiers.* **2.** Découper un tissu afin de le transformer en vêtement. *La couturière se sert d'un patron pour **tailler** la robe qu'elle va confectionner.* Famille du mot : taill**ader**, taille, taille-crayon, taill**eur**, taill**is**.

tailleur (nom masculin)
1. Personne qui fait des vêtements sur mesure pour hommes. **2.** Costume de femme composé d'une veste et d'une jupe ou d'un pantalon assortis. *Pour le mariage de sa fille, elle portait un **tailleur** très chic.* **3.** Ouvrier ou artisan qui taille une matière. *Un **tailleur** de pierre, de diamants.* • **S'asseoir en tailleur :** s'asseoir avec les jambes repliées et croisées à plat avec les genoux écartés.

taillis (nom masculin)
Partie d'un bois où les arbres sont petits parce qu'on les coupe souvent. *Un lièvre s'est caché dans le **taillis**.*

tain (nom masculin)
Couche de métal qu'on applique derrière une plaque de verre pour la transformer en miroir. *Le **tain** de la glace est très abîmé.* **Tain** est une abréviation d'étain.

taire (verbe) ▸ conjug. n° 41
1. Ne pas parler de quelque chose. *La personne interrogée a préféré **taire** son nom.* (Contr. dire.) **2.** Se taire : ne pas parler, garder le silence. *Quand le cours commence, tous les élèves **se taisent** pour écouter.* **Taire** se conjugue comme plaire, sauf à la 3e personne du singulier : *il tait.*

Taiwan

23,1 millions d'habitants
Capitale : Taipei
Monnaie :
le dollar de Taiwan
Langue officielle :
chinois
Superficie : 35 961 km²

Île située au sud-est de la Chine, bordée par la mer de Chine et par l'océan Pacifique.

GÉOGRAPHIE
De hautes chaînes de montagnes occupent l'est de l'île. Elles s'abaissent vers l'ouest où une large plaine côtière concentre les grandes villes. Le climat est tropical. Taiwan a développé une industrie d'exportation (textiles, jouets), une industrie lourde (sidérurgie, chantiers navals) et la haute technologie. L'agriculture (riz, canne à sucre) et la pêche, bien que très productives, restent insuffisantes pour les besoins de la population.

HISTOIRE
Les Portugais visitèrent l'île en 1590 et la nommèrent « Formosa » (la Belle).

Elle fut ensuite colonisée par les Hollandais (1624-1662). Elle fut intégrée à l'empire de Chine (1683), puis passa sous la domination japonaise en 1895, avant de revenir à la Chine en 1945. Depuis 1949, Taiwan refuse d'être dirigée par la Chine et dispose de son propre gouvernement.
ORTHO On dit aussi **Formose**.

taiwanais, aise ➡ Voir tableau p. 6.

tajine (nom masculin)
Ragoût de viande ou de poisson tel qu'on le prépare en Afrique du Nord. *Un **tajine** de poulet aux citrons confits.*
Tajine est un mot arabe.
ORTHO On écrit aussi **tagine**.

talc (nom masculin)
Poudre blanche très fine qui est utilisée pour calmer certaines irritations de la peau.

talent (nom masculin)
Qualité particulière qui permet à quelqu'un de réussir dans une activité ou dans un art. *Ce jeune comédien a beaucoup de **talent**.*

talentueux, euse (adjectif)
Qui a beaucoup de talent. *Un artiste **talentueux**.*

taliban (adjectif et nom)
En Afghanistan, musulman membre d'un mouvement intégriste. *Les **talibans** ont fait régner la dictature dans le pays.*
Taliban vient de l'arabe *talib* qui signifie « étudiant ».

talion (nom masculin)
• **Loi du talion** : châtiment équivalent au traitement que le coupable a fait subir à sa victime.

talisman (nom masculin)
Objet auquel on attribue un pouvoir magique.

talkie-walkie (nom masculin)
Petit appareil portatif de radio qui permet d'émettre et de recevoir des messages. *Les vigiles du magasin communiquent avec des **talkies-walkies**.* Prononciation [tɔlkiwɔlki]. Pluriel : des talkie**s**-walkie**s**.
Talkie-walkie est un mot anglais formé de *to talk* qui signifie « parler » et de *to walk* qui signifie « marcher ».
ORTHO On écrit aussi un **talkiewalkie**, des **talkiewalkies**.

Taipei, capitale de **Taiwan**

a b c d e f g h i j k l m n o p q r s t u v w x y z

Tallinn
Capitale de l'Estonie (399 000 habitants), située sur le golfe de Finlande. C'est le principal port du pays. Tallinn abrite de nombreux vestiges de l'époque médiévale et de la Renaissance.

talon (nom masculin)
1. Partie arrière du pied. *Ses chaussures neuves lui ont fait une ampoule au **talon**.* ➡ p. 300. **2.** Partie arrière d'une chaussure, située sous le talon. *Elle a du mal à marcher avec ses **talons** hauts.* **3.** Partie qui reste attachée à un carnet à souche. *Maman note ses dépenses sur les **talons** de son chéquier.* • **Le talon d'Achille de quelqu'un :** son point faible.

talonner (verbe) ▸ conjug. n° 3
Poursuivre quelqu'un en le suivant de très près. *Le coureur qui était en tête **est** maintenant **talonné** par le peloton.*

talus (nom masculin)
Terrain en pente le long d'une route, d'un chemin ou d'une voie ferrée. *Les enfants sont montés sur un **talus** pour voir passer le Tour de France.*

tamanoir (nom masculin)
Grand fourmilier d'Amérique du Sud. ➡ p. 544.

tamaris (nom masculin)
Arbuste à petites fleurs roses. *Les fleurs du **tamaris** sont disposées en épis.* ● Prononciation [tamaRis].

tambour (nom masculin)
1. Instrument de musique composé d'une caisse ronde fermée de chaque côté par une peau tendue sur laquelle on tape avec des baguettes. *Quentin joue du **tambour** dans la fanfare du village.* **2.** Personne qui joue du tambour. **3.** Pièce cylindrique qui tourne dans une machine à laver le linge. • **Sans tambour ni trompette :** sans se faire remarquer. • **Tambour battant :** très rapidement. (Syn. rondement.) Famille du mot : tambour**in**, tambour**iner**.

tambourin (nom masculin)
Petit tambour muni de grelots. *Hélène chante tout en s'accompagnant d'un **tambourin**.*

tambouriner (verbe) ▸ conjug. n° 3
Frapper sur quelque chose à petits coups répétés. *On **a tambouriné** à la porte, mais personne n'a répondu.*

un **tambourin**
un **tam-tam**
un **tambour**

tamis (nom masculin)
Instrument formé d'un grillage fin, qui permet de retenir les éléments les plus gros. *Le maçon passe le sable au **tamis** pour éliminer les graviers.*

Tamise
Fleuve de Grande-Bretagne (346 km) qui relie Londres à la mer du Nord. La Tamise arrose aussi Oxford et Richmond. Elle se jette dans la mer du Nord par un large estuaire.

tamisé, ée (adjectif)
Passé dans un tamis. *De la farine **tamisée**.* • **Lumière tamisée :** lumière atténuée et adoucie.

tampon (nom masculin)
1. Petite plaque de caoutchouc gravé qu'on imprègne d'encre pour imprimer. *Les enfants impriment des dessins avec des **tampons**, puis les colorient.* **2.** Morceau de tissu ou d'ouate roulé en boule servant à essuyer une surface. Famille du mot : tampon**ner**, tampon**neuse**.

tamponner (verbe) ▸ conjug. n° 3
1. Faire une marque avec un tampon. *Le douanier **a tamponné** nos passeports.* **2.** Heurter violemment. *Plusieurs voitures **se sont tamponnées** sur l'autoroute.*

tamponneuse (adjectif féminin)
• **Autos tamponneuses :** petites voitures de fête foraine, avec lesquelles on se tamponne sur une piste.

tam-tam (nom masculin)
Sorte de tambour sur lequel on frappe avec les mains. *En Afrique, le **tam-tam** sert aussi à envoyer des messages.* Prononciation [tamtam]. Pluriel : des tam-tams. ORTHO On écrit aussi **tamtam**.

tanche (nom féminin)
Poisson d'eau douce à la chair appréciée.

une **tanche**

tandem (nom masculin)
1. Bicyclette à deux places, avec deux sièges et deux pédaliers. **2.** Association de deux personnes qui travaillent ensemble. *Ces deux acteurs forment un **tandem** formidable.* Prononciation [tɑ̃dɛm].

tandis que (conjonction)
1. Pendant que. *Papa prépare le dîner, **tandis que** Julie met la table.* **2.** Alors que. *Romain aime le football **tandis que** Laura déteste ce sport !*

tangage (nom masculin)
Mouvement d'un bateau qui tangue. *Les passagers ont mal au cœur à cause du **tangage**.*

lac **Tanganyika**
C'est le deuxième plus grand lac d'Afrique (32 900 km^2). Il s'étend le long de la Tanzanie et de la république démocratique du Congo, et borde la Zambie et le Burundi. Ses eaux sont très poissonneuses.

tangent, ente (adjectif)
1. Qui a un seul point de contact avec une courbe ou une surface. *Une droite **tangente** à un cercle.* **2.** Qui a lieu de justesse. *Thomas passe en sixième, mais c'était **tangent** : il a juste la moyenne.* ■ **tangente** (nom féminin) Ligne droite tangente. ➡ p. 576.

tangible (adjectif)
Qui est réel, évident. *On a des preuves **tangibles** de son innocence.*

tango (nom masculin)
Danse au rythme lent, originaire d'Argentine. *Ce couple danse bien le **tango**.*

tangram (nom masculin)
Puzzle constitué de pièces géométriques à partir desquelles on crée des figures.

tanguer (verbe) ▸ conjug. n° 3
Avoir un mouvement de balancement de l'avant vers l'arrière, en parlant d'un bateau. *Le voilier **tangue** dans la tempête.*

tanière (nom féminin)
Trou où s'abrite un animal sauvage. *Le renard s'est réfugié dans sa **tanière**.*

tank (nom masculin)
Char d'assaut. *Les **tanks** sont équipés de chenilles et sont blindés.*

tannage (nom masculin)
Action de tanner. *Le **tannage** des peaux les empêche de pourrir.*

tanner (verbe) ▸ conjug. n° 3
1. Préparer une peau d'animal pour la transformer en cuir. *On utilise l'écorce du chêne pour **tanner** les peaux.* **2.** Dans la langue familière, agacer quelqu'un en lui demandant quelque chose avec insistance. *Victor et Myriam **tannent** leurs parents pour qu'ils leur achètent un ordinateur.* Famille du mot : tann**age**, tan**nerie**, tann**eur**.

tannerie (nom féminin)
Usine dans laquelle on tanne les peaux.

tanneur, euse (nom)
Personne qui tanne les peaux.

tant (adverbe)
En si grande quantité. *Il y avait **tant** de monde devant le cinéma qu'on n'a pas pu entrer.* (Syn. tellement.) • **En tant que** : en qualité de. ***En tant que** délégué, William a parlé pour ses camarades.* • **Tant bien que mal** : ni bien ni mal. *Anna a fini la course **tant bien que mal**.* ■ **tant que** (conjonction) Aussi longtemps que. *Grand-père fera du vélo **tant qu'il** se sentira en forme.*

tante (nom féminin)
Sœur du père ou de la mère, ou femme de l'oncle. *Tante Julia est la sœur de maman.*

un **tantinet** (adverbe)
Un peu. *Odile se trouve **un tantinet** trop grosse.*

tant mieux (adverbe)
Marque la satisfaction. *Il fait beau, **tant mieux** ! On va pouvoir aller se baigner !* (Contr. tant pis.)

tantôt (adverbe)
À un moment ou à un autre. *Le temps est changeant : **tantôt** il pleut, **tantôt** il fait beau.*

tant pis (adverbe)
Marque le regret ou le dépit. *Sarah ne veut pas de fraises, **tant pis** pour elle, car elles sont délicieuses.* (Contr. tant mieux.)

Tanzanie

43,7 millions d'habitants
Capitale : Dodoma
Monnaie : le shilling tanzanien
Langues officielles : anglais, swahili
Superficie : 945 090 km²

État d'Afrique de l'Est, bordé par l'océan Indien et voisin du Kenya, de l'Ouganda, du Rwanda, du Burundi, de la république démocratique du Congo, de la Zambie, du Malawi et du Mozambique.

GÉOGRAPHIE
Le centre du pays est formé par un vaste plateau. Au nord se dressent des volcans, notamment le Kilimandjaro, le Meru et le Ngorongoro. Le climat est tropical. Les cultures principales sont le manioc, le maïs, le riz, le sorgho. Le café et le coton représentent la moitié des exportations du pays. La pêche se développe, ainsi que le tourisme.

HISTOIRE
L'union de l'État de Tanganyika et de l'île de Zanzibar, en 1964, forma la Tanzanie.

tanzanien, enne ➡ Voir tableau p. 6.

taon (nom masculin)
Grosse mouche. *La femelle du **taon** pique et suce le sang des mammifères.* Prononciation [tɑ̃].

tapage (nom masculin)
Bruits et cris violents de personnes qui s'agitent. *Le **tapage** nocturne est interdit.* (Syn. raffut.)

tapageur, euse (adjectif)
Qui cherche à attirer l'attention. *Des affiches aux couleurs **tapageuses**.*

tape (nom féminin)
Petit coup donné avec la main. *Xavier a donné amicalement une **tape** sur l'épaule d'Ursula.*

tape-à-l'œil (adjectif)
Qui manque de discrétion. *Ce luxe **tape-à-l'œil** est de mauvais goût.* (Syn. voyant.) Prononciation [tapalœj]. Pluriel : des bijoux tape-à-l'œil.

taper (verbe) ▶ conjug. n° 3
1. Donner des tapes ou des coups. *Zoé pleure car son frère l'**a tapée**. Le forgeron **tape** sur son enclume.* **2.** Écrire en frappant les touches d'un clavier. *Yann essaie de **taper** sa lettre sur l'ordinateur.* Famille du mot : tape, tape-à-l'œil, tap**oter**.

en **tapinois** (adverbe)
En cachette, sans se faire remarquer. *Plusieurs participants ont quitté la salle **en tapinois**.*

tapioca (nom masculin)
Fécule extraite des racines de manioc. *On peut épaissir le bouillon de légumes avec du **tapioca**.*

■ se **tapir** (verbe) ▶ conjug. n° 11
Se blottir dans une cachette. *Le lapin **se tapit** dans son terrier.*

■ **tapir** (nom masculin)
Mammifère herbivore d'Amérique tropicale et d'Asie, dont le museau se prolonge par une courte trompe.

un **tapir**

un **taon**

tapis (nom masculin)
Grand morceau de tissu épais qui sert à recouvrir le sol d'une pièce. *Maman veut acheter un **tapis** pour ma chambre.* • **Mettre quelque chose sur le tapis :** amener la conversation sur ce sujet.

tapisser (verbe) ▸ conjug. n° 3
Revêtir les murs d'une pièce avec du papier peint ou du tissu. Famille du mot : tapiss**erie**, tapiss**ier**.

tapisserie (nom féminin)
1. Tissu brodé ou tissé qui sert à décorer les murs. *La chambre du roi est couverte de magnifiques **tapisseries**.* 2. Ouvrage à l'aiguille fait sur un canevas. *Pour s'occuper, grand-mère fait de la **tapisserie**.*

tapissier, ère (nom)
Personne qui vend et pose les tentures et les papiers peints, confectionne des rideaux et répare les fauteuils.

tapoter (verbe) ▸ conjug. n° 3
Donner des petites tapes. *Benjamin **tapote** doucement la joue d'Anna pour essayer de la réveiller.*

taquet (nom masculin)
Petite pièce de bois qui sert à caler ou à bloquer quelque chose. *Le garde-manger est fermé par un **taquet**.*

taquin, ine (adjectif et nom)
Qui aime bien taquiner les gens. *Élodie est très **taquine**, mais elle n'est pas méchante du tout.* Famille du mot : taquin**er**, taquin**erie**.

taquiner (verbe) ▸ conjug. n° 3
S'amuser à agacer ou à contrarier quelqu'un, sans vouloir être méchant. *Clément adore **taquiner** le chat en lui chatouillant les oreilles.*

taquinerie (nom féminin)
Action ou parole d'une personne taquine. *Ce n'est pas bien méchant, c'est juste une **taquinerie** !*

tarabiscoté, ée (adjectif)
Qui est surchargé d'ornements compliqués. *Fatima trouve le style baroque de cette église trop **tarabiscoté**.*

tarabuster (verbe) ▸ conjug. n° 3
Importuner ou tracasser quelqu'un. *Cette pensée la **tarabuste** depuis très longtemps.*

tarama (nom masculin)
Œufs de cabillaud salés et pilés avec de l'huile. *Gaëlle adore manger du **tarama** sur des blinis.*

tard (adverbe)
Après le moment habituel. *David est arrivé trop **tard** à l'école, la grille était déjà fermée.* (Contr. tôt.) • **Plus tard :** dans le futur. ***Plus tard**, Ibrahim veut devenir vétérinaire.* Famille du mot : s'at**tard**er, **tard**er, **tard**if.

tarder (verbe) ▸ conjug. n° 3
Mettre trop de temps pour faire quelque chose. *Si le bus **tarde** à venir, prenons le métro, nous irons plus vite ! Sa réaction n'**a** pas **tardé**.* • **Il me tarde de :** j'ai hâte de. ***Il me tarde de** voir le dernier film de ce metteur en scène.*

tardif, ive (adjectif)
1. Qui a lieu tard. *Sa visite **tardive** nous a dérangés.* 2. Qui arrive plus tard que d'habitude. *Le printemps est **tardif** cette année.* (Contr. précoce.)

tare (nom féminin)
1. Poids de l'emballage d'une marchandise. *Pour obtenir le poids net, il faut soustraire la **tare** du poids brut.* 2. Défaut très grave d'une personne ou d'un animal. *Ce cheval a une **tare**, il galope mal.*

taré, ée (adjectif)
1. Qui présente une tare. *Ce chat est **taré**, il est sourd.* 2. Dans la langue familière, qui est un peu fou ou stupide. *Il faut être **taré** pour vouloir sauter d'aussi haut !*

tarentule (nom féminin)
Grosse araignée venimeuse des pays chauds. **Tarentule** vient du nom de la ville de *Tarente*, en Italie du Sud.

une **tarentule**

targette (nom féminin)
Petit verrou plat. *La porte du grenier se ferme avec une **targette**.*

se **targuer** (verbe) ▸ conjug. n° 3
Synonyme littéraire de se vanter. *Hélène **se targue** d'être très forte en gymnastique.*

tarif (nom masculin)
1. Tableau des prix. *Les **tarifs** du restaurant sont affichés à l'extérieur.* **2.** Prix à payer. *On a réussi à avoir des places à **tarif** réduit.*

tarir (verbe) ▸ conjug. n° 11
1. Mettre à sec. *La sècheresse **a tari** le puits.* **2.** Se tarir : cesser de couler. *Cette source **s'est** peu à peu **tarie**.* • **Ne pas tarir sur quelque chose :** en parler abondamment.

tarot (nom masculin)
Jeu de 78 cartes de grand format. *La cartomancienne se sert des **tarots** pour prédire l'avenir.*

des cartes du jeu de **tarots**

tartare (adjectif)
• **Sauce tartare :** mayonnaise avec de la moutarde, des épices et des fines herbes. • **Steak tartare :** viande hachée crue, assaisonnée et mélangée avec un œuf cru. **Tartare** vient du nom des *Tartares*, nomades d'Asie centrale, qui consommaient de la viande crue.

tarte (nom féminin)
Pâtisserie ronde et plate, composée de pâte garnie de fruits, de crème, etc. *Cette **tarte** aux fraises est délicieuse.*

tartelette (nom féminin)
Petite tarte pour une personne. *Maman a préparé des **tartelettes** au citron.*

tartiflette (nom féminin)
Gratin de pommes de terre recouvertes de reblochon. *La **tartiflette** est une spécialité de Savoie.*

tartine (nom féminin)
Tranche de pain recouverte d'un autre aliment. *Le matin, Julie mange plusieurs **tartines** avec du beurre et du miel.*

tartiner (verbe) ▸ conjug. n° 3
Étaler quelque chose sur du pain. *Kevin **a tartiné** son toast de marmelade d'oranges.*

tartre (nom masculin)
1. Dépôt jaunâtre qui se forme sur les dents. *Pour éviter le **tartre**, il faut bien se laver les dents.* **2.** Dépôt calcaire laissé par l'eau. *Il faut changer les canalisations dans lesquelles le **tartre** s'est accumulé.* Famille du mot : **détartrer, entartrer**.

tartufe (nom masculin)
Personne hypocrite. *Méfie-toi de lui, c'est un **tartufe**.* **Tartufe** vient de *Tartufo*, nom d'un personnage de la comédie italienne, repris par Molière dans sa pièce *Tartuffe*.
ORTHO On écrit aussi **tartuffe**.

tas (nom masculin)
1. Choses posées les unes sur les autres, avec plus ou moins d'ordre. *Un **tas** de linge, un **tas** de bois, un **tas** de cailloux.* **2.** Dans la langue familière, grande quantité. *Pierre a eu un **tas** de cadeaux à Noël.* Famille du mot : **entassement, entasser**.

tasse (nom féminin)
1. Petit récipient avec une anse. *Des jolies **tasses** à thé et des **tasses** à café.* 2. Contenu d'une tasse. *Après le repas, ils aiment bien boire une **tasse** de café.* • **Boire la tasse :** dans la langue familière, avaler de l'eau en nageant.

tasseau, eaux (nom masculin)
Petite pièce de bois qui sert de support ou de cale. *La tablette est posée sur des **tasseaux**.*

tasser (verbe) ▸ conjug. n° 3
1. Presser ou serrer pour que quelque chose prenne moins de place. *Laura est obligée de **tasser** ses affaires pour qu'elles tiennent toutes dans son sac.* 2. Se tasser : se serrer les uns contre les autres. *Si les gens **se tassaient**, il y aurait encore des places dans l'autobus !*

tata (nom féminin)
Tante, dans le langage des enfants. *J'ai deux **tatas** : la sœur de maman et la sœur de papa.*

tatami (nom masculin)
Tapis en paille de riz sur lequel on pratique le judo et le karaté.

tâter (verbe) ▸ conjug. n° 3
1. Toucher avec les doigts pour évaluer quelque chose. *Myriam **tâte** les abricots pour voir s'ils sont mûrs.* 2. Se tâter : dans la langue familière, hésiter avant de se décider. *Tu viens avec nous au cinéma ? – Je ne sais pas encore, je **me tâte**.* • **Tâter le terrain :** étudier discrètement la situation avant d'entreprendre quelque chose. Famille du mot : **tâtonnement**, **tâtonner**, **à tâtons**.

tatillon, onne (adjectif)
Synonyme familier de pointilleux. *Son chef est très **tatillon** sur les horaires.*

tatin (nom masculin)
• **Tarte Tatin :** tarte aux pommes cuites recouverte de pâte, puis retournée au moment de servir.

tâtonnement (nom masculin)
Fait de tâtonner. *Il a fallu de nombreux **tâtonnements** avant de trouver le bon réglage du lecteur de DVD.*

tâtonner (verbe) ▸ conjug. n° 3
1. Toucher les objets autour de soi, pour se guider ou pour trouver quelque chose. *Quentin **tâtonne** dans l'obscurité pour essayer de trouver l'interrupteur.* 2. Faire des essais successifs et sans méthode précise pour chercher. *Les médecins **ont** longtemps **tâtonné** avant de trouver la nature du virus.*

à tâtons (adverbe)
En tâtonnant. *La lumière s'est éteinte et Noémie marche **à tâtons** dans le noir.*

tatou (nom masculin)
Mammifère d'Amérique du Sud, au corps couvert d'une carapace.

un **tatou**

tatouage (nom masculin)
Dessin à l'encre indélébile incrusté dans la peau. *Ce boxeur a des **tatouages** sur le bras.*

tatouer (verbe) ▸ conjug. n° 3
Faire un tatouage. *Autrefois, on **tatouait** une fleur de lis sur l'épaule des galériens.*

taudis (nom masculin)
Logement misérable et insalubre. *Ces bidonvilles sont pires que des **taudis**.* **Taudis** vient de l'ancien français *se tauder* qui signifiait « s'abriter ».

taupe (nom féminin)
Petit mammifère au pelage noir, qui vit sous terre en creusant ses galeries.

une **taupe**

taupinière (nom féminin)
Petit tas de terre que fait la taupe quand elle repousse la terre de ses galeries.

taureau, eaux (nom masculin)
Mâle de la vache. *Le **taureau** mugit.*

tauromachie (nom féminin)
Art de combattre des taureaux dans une arène. *Les Espagnols sont amateurs de **tauromachie**.*

taux (nom masculin)
Rapport de quantité exprimé en pourcentage. *Dans ce pays, le **taux** de chômage est le plus fort d'Europe.* ● Prononciation [to].

taverne (nom féminin)
Petite auberge où l'on pouvait boire et manger.

taxe (nom féminin)
Nom donné à certains impôts. *Les **taxes** sont fortes sur l'essence et le tabac.*

taxer (verbe) ▸ conjug. n° 3
Faire payer une taxe sur quelque chose. *Selon les pays, les propriétaires **sont** plus ou moins **taxés**.* Famille du mot : **dé**taxer, **sur**taxe, taxe.

taxi (nom masculin)
Voiture conduite par un chauffeur qu'on paie pour faire un trajet. *Papa a pris un **taxi** pour aller à l'aéroport.* **Taxi** est l'abréviation de *taximètre* qui désigne le compteur du taxi.

taxidermiste (nom)
Personne qui empaille les animaux morts pour les naturaliser.

Tchad

10,3 millions d'habitants
Capitale : N'Djamena
Monnaie : le franc CFA
Langues officielles : français, arabe
Superficie : 1 284 000 km²

État de l'Afrique centrale, situé entre la Libye, le Niger, le Nigeria, le Cameroun, la République centrafricaine et le Soudan.

GÉOGRAPHIE
Le Tchad est une vaste cuvette. Le Nord est occupé par le désert du Sahara et la zone la plus basse par le lac Tchad. Le pays exporte du pétrole et la culture du coton est importante, mais l'agriculture (manioc, mil, sorgho, arachide) et l'élevage ne couvrent pas les besoins alimentaires de la population. Le Tchad est l'un des pays les plus pauvres d'Afrique.

HISTOIRE
Colonie française en 1922, le Tchad obtint son indépendance en 1960. Depuis 1979, la guerre civile oppose régulièrement le Nord musulman au Sud chrétien, et le pays est souvent en proie à des attaques de la part de pays voisins, comme le Soudan et la Libye.

lac **Tchad**
Vaste lac de l'Afrique centrale, bordé par le Nigeria, le Niger, le Cameroun et le Tchad. Il est peu profond et très poissonneux. Des polders ont été créés sur ses rives où l'on y cultive du blé et du maïs.

tchadien, enne ➡ Voir tableau p. 6.

tchador (nom masculin)
Voile qui recouvre la tête et une partie du visage des femmes musulmanes, dans certains pays.

Tchaïkovski Piotr Ilitch (né en 1840, mort en 1893)
Compositeur russe. Il a composé des symphonies, des concertos pour piano et pour violon, des opéras, ainsi que les célèbres ballets *le Lac des cygnes* (1876) et *Casse-Noisette* (1892).

Tchécoslovaquie
Ancien État de l'Europe centrale, situé entre l'Allemagne, la Pologne, l'Ukraine, la Hongrie et l'Autriche, et constitué par les États tchèque et slovaque. Sa capitale était Prague.

HISTOIRE
La république de Tchécoslovaquie fut créée en 1918. Hitler annexa la région des Sudètes en 1938 et prit le contrôle du reste du pays en 1939. En 1993, la Slovaquie devint une république indépendante. La Bohême et la Moravie restèrent unies dans la République tchèque.

tchèque ➡ Voir tableau p. 6.

tchèque (République)
➡ Voir **République tchèque**.

Tchétchénie
République de la fédération de Russie, située dans le nord du Caucase et bordée par la mer Caspienne (12 500 km^2 ; 1 million d'habitants). Sa capitale est Groznyï.

HISTOIRE
En 1991, la Tchétchénie proclama son indépendance de l'Union soviétique mais refusa d'entrer dans la fédération de Russie. En 1994, l'armée russe fit le siège de la capitale. Après un accord de paix en 1996, la guerre reprit en 1999. En 2004, un nouveau gouvernement fut instauré en Tchétchénie mais le pays est toujours en ruine et le conflit avec la Russie perdure.

tchin-tchin (interjection)
Mot que les gens se disent lorsqu'ils trinquent.
ORTHO On écrit aussi **tchintchin**.

te (pronom)
Pronom personnel de la deuxième personne du singulier, en fonction de complément. *Je **te** félicite. Qui **t'**a écrit ?* ✎ **Te** devient **t'** devant une voyelle ou un h muet.

un portrait de **Tchaïkovski** en 1891

technicien, enne (nom)
Personne qui connaît bien une technique. *Pour réparer cette machine, il vaut mieux faire appel à un **technicien**.* ● Prononciation [tɛknisjɛ̃].

technique (nom féminin)
1. Ensemble des méthodes et des procédés employés pour fabriquer des objets. *Les progrès de la **technique** ont libéré l'homme de certaines tâches pénibles.* **2.** Procédé particulier utilisé pour une activité. *Le pastel est une **technique** difficile. Quelle **technique** utilises-tu pour pêcher ?* ■ **technique** (adjectif) Qui concerne la technique ou une technique. *À la suite d'un incident **technique**, les journaux n'ont pas paru ce matin.* ● Prononciation [tɛknik]. ⌂ Famille du mot : techn**icien**, technologie.

techno (nom féminin et adjectif)
Musique électronique qui assemble des extraits musicaux sur un fond rythmique répétitif. *La **techno** est apparue à la fin des années 1980. La musique **techno**.*

technologie (nom féminin)
Étude des techniques industrielles. ● Prononciation [tɛknɔlɔʒi].

teck (nom masculin)
Arbre des régions tropicales, qui fournit un bois très dur et imputrescible. *Des meubles de jardin en **teck**.*
ORTHO On écrit aussi **tek**.

teckel (nom masculin)
Petit chien à pattes très courtes. ● Prononciation [tekɛl].

un **teckel** à poil dur

tectonique (nom féminin et adjectif)
• **Tectonique des plaques :** théorie qui explique le mouvement des plaques terrestres.

tee-shirt (nom masculin)
Maillot de corps à manches courtes. *L'été, Romain s'habille toujours en **tee-shirt** et en short.* Prononciation [tiʃœʀt]. Pluriel : des tee-shirts. **Tee-shirt** est un mot anglais qui signifie « chemise en forme de T ».
ORTHO On écrit aussi **teeshirt** ou **T-shirt**.

Téhéran
Capitale de l'Iran (7,3 millions d'habitants). Téhéran est un grand centre de commerce. Les industries sont récentes. La ville abrite le palais de Golestan, la mosquée Sépahasalar et un musée archéologique.

teigne (nom féminin)
1. Maladie du cuir chevelu due à un champignon. *La **teigne** provoque la chute des cheveux.* 2. Dans la langue familière, personne méchante. *Ce garçon cherche la bagarre, c'est une vraie **teigne** !*

teigneux, euse (adjectif)
Synonyme familier de hargneux. *Il est bagarreur et souvent **teigneux**.*

teindre (verbe) ▸ conjug. n° 35
Colorer à l'aide d'une teinture. *Maman s'est fait **teindre** les cheveux en blond.*
Famille du mot : **dé**teindre, teint, teinte, teint**er**, teint**ure**, teint**urerie**, teint**urier**.

teint (nom masculin)
Couleur du visage. *Odile est rentrée de vacances avec un joli **teint** hâlé.*

teinte (nom féminin)
Nuance d'une couleur. *Cet été, la mode est aux **teintes** claires.* (Syn. ton.)

teinter (verbe) ▸ conjug. n° 3
Donner une teinte. *Cette cire devrait **teinter** légèrement le parquet en marron clair.*

teinture (nom féminin)
Produit spécial qu'on utilise pour changer la couleur de quelque chose.

teinturerie (nom féminin)
Commerce du teinturier.

teinturier, ère (nom)
Commerçant qui se charge du nettoyage des vêtements qu'on lui apporte. *Maman a déposé trois pantalons chez le **teinturier** pour les faire nettoyer.*

tek ➡ Voir **teck**.

tel, telle (adjectif)
1. De cette sorte. *On ne pensait pas que la tempête atteindrait une **telle** violence.* (Syn. pareil.) 2. Si grand. *Il y a un **tel** bruit qu'on ne s'entend plus.* • **Tel quel :** sans modification. *Personne n'a touché à ses affaires, elle les a retrouvées **telles quelles**.*

télé (nom féminin)
Abréviation familière de téléviseur et de télévision. *Allumer la **télé**. Passer à la **télé**.*

télécabine (nom féminin)
Synonyme de téléphérique.

téléchargement (nom masculin)
Action de copier sur son ordinateur des données informatiques obtenues sur Internet. *Le **téléchargement** illégal de musique ou de films est puni par la loi.*

télécharger (verbe) ▸ conjug. n° 5
Copier dans la mémoire d'un ordinateur des données obtenues via Internet. *Ibrahim a **téléchargé** une nouvelle chanson.*

télécommande (nom féminin)
Dispositif qui permet de faire fonctionner un appareil à distance. *Avec la **télécommande**, Sarah change de chaîne.*

télécommandé, ée (adjectif)
Qui fonctionne avec une télécommande. *Thomas joue avec sa voiture **télécommandée**.* (Syn. téléguidé.)

télécommunications (nom féminin pluriel)
Ensemble des moyens qui permettent de communiquer à plus ou moins longue distance (télévision, téléphone, Internet ...).

télécopie (nom féminin)
Synonyme de fax. *Il a envoyé son rapport par **télécopie**.*

télécopieur (nom masculin)
Synonyme de fax. *Au bureau, on a un nouveau **télécopieur**.*

téléférique ➡ Voir **téléphérique**.

téléfilm (nom masculin)
Film réalisé spécialement pour la télévision. *Cet acteur joue dans des **téléfilms**.*

télégramme (nom masculin)
Message très bref transmis par la poste. *Nous avons reçu un **télégramme** nous annonçant la naissance d'Ursula.*

télégraphique (adjectif)
• **Style télégraphique :** manière d'écrire qui n'utilise que les mots essentiels pour la compréhension.

téléguidé, ée (adjectif)
Synonyme de télécommandé.

télématique (nom féminin)
Ensemble des techniques qui utilisent en même temps l'informatique et les télécommunications. *Le GPS est une application de la **télématique**.*

téléobjectif (nom masculin)
Objectif qui permet de photographier des objets éloignés. *Ce gros **téléobjectif** nous permettra de photographier de loin les animaux sauvages.*

télépathie (nom féminin)
Transmission de pensée à distance entre deux personnes.

téléphérique (nom masculin)
Système constitué de cabines suspendues à un câble, qui sert à transporter des personnes sur une hauteur ou une montagne. *Dans cette grande station de ski, il y a plusieurs **téléphériques**.* (Syn. télécabine.)
ORTHO On écrit aussi **téléférique**.

téléphone (nom masculin)
1. Système de télécommunications qui transmet la parole à longue distance. *Le **téléphone** a été inventé à la fin du XIXe siècle.* 2. Appareil qui permet cette transmission. *Maman a acheté un **téléphone** portable.* Famille du mot : téléphoner, téléphonique. **Téléphone** vient des mots grecs *têle* qui signifie « loin » et *phônê* qui signifie « voix, son ».

téléphoner (verbe) ▶ conjug. n° 3
Parler à quelqu'un par le téléphone. *Zoé **a téléphoné** à sa copine pour l'inviter à déjeuner.*

téléphonique (adjectif)
Qui concerne le téléphone. *Il y a eu un appel **téléphonique** pendant ton absence. La ligne **téléphonique** n'est pas bonne.*

téléréalité (nom féminin)
Émission de télévision qui filme des individus en temps réel dans une situation particulière. *Les participants à cette émission de **téléréalité** seront isolés pendant trois mois.*

télescopage (nom masculin)
Fait de se télescoper. *Le **télescopage** n'a fait que des dégâts matériels.*

télescope (nom masculin)
Instrument optique pour observer les astres. *Cet observatoire possède un **télescope** géant.* **Télescope** vient des mots grecs *têle* qui signifie « loin » et *skopein* qui signifie « observer ».

un **télescope** géant

télescoper (verbe) ▶ conjug. n° 3
Heurter violemment. *À cause du verglas, plusieurs voitures **se sont télescopées**.*

télescopique (adjectif)
Dont les éléments se plient en s'emboîtant les uns dans les autres. *Notre voiture a une antenne **télescopique**.*

télésiège (nom masculin)
Remontée mécanique faite d'un câble auquel sont suspendus des sièges.

téléski (nom masculin)
Synonyme de remonte-pente. *Victor s'accroche à la perche du **téléski**.*

téléspectateur, trice (nom)
Personne qui regarde la télévision. *On prévoit des millions de **téléspectateurs** pour la prochaine Coupe du monde de football.*

télévisé, ée (adjectif)
Transmis par la télévision. *Anna a vu un reportage **télévisé** sur l'élevage des autruches.*

téléviseur (nom masculin)
Poste de télévision. *Ils se sont acheté un nouveau **téléviseur** avec un écran plat.* Téléviseur s'abrège **télé**.

télévision (nom féminin)
1. Système qui permet la transmission à distance des images. *La **télévision** par câble, par satellite.* 2. Synonyme de téléviseur. *Une **télévision** en haute définition.* Télévision s'abrège **télé**. Famille du mot : téléfilm, téléspectateur, télévisé, télévi**seur**.

tellement (adverbe)
Mot qui indique l'intensité. *Élodie a été **tellement** gentille avec moi ! Il fait **tellement** chaud que William transpire.*

tellurique (adjectif)
Qui concerne la Terre. *Ce séisme était faible : personne n'a ressenti les secousses **telluriques**.*

téméraire (adjectif)
Qui est hardi jusqu'à l'imprudence. *On lui demande d'être courageux mais pas **téméraire**. Son projet me semble **téméraire**.*

témérité (nom féminin)
Caractère téméraire. *Partir en mer par ce temps, c'est de la **témérité**.*

témoignage (nom masculin)
1. Déclaration faite par un témoin. *Les policiers ont recueilli le **témoignage** d'une femme qui a assisté à l'incident.* 2. Ce qui prouve quelque chose. *Il m'a offert un livre en **témoignage** de son amitié.*

témoigner (verbe) ▸ conjug. n° 3
1. Faire une déclaration en tant que témoin de quelque chose. *Papa a vu comment l'accident était arrivé et il va aller **témoigner** au commissariat.* 2. Manifester un sentiment. *Pour nous **témoigner** sa gratitude, elle nous a envoyé des fleurs.*

témoin (nom masculin)
1. Personne qui a assisté à un évènement. *Plusieurs **témoins** de l'agression sont convoqués au tribunal.* 2. Bâton que se passent les équipiers d'une course. Famille du mot : témoign**age**, témoi**gner**.

tempe (nom féminin)
Chacun des côtés de la tête entre l'œil et l'oreille. *Mes nouvelles lunettes me serrent un peu les **tempes**.* ➡ p. 300.

tempérament (nom masculin)
Caractère ou nature d'une personne. *Fatima est calme de **tempérament**, tandis que son frère a un **tempérament** coléreux.* • **À tempérament :** en payant en plusieurs fois une somme due. *Acheter une maison **à tempérament**.* (Syn. à crédit.)

tempérance (nom féminin)
Synonyme de sobriété. *Les conducteurs doivent faire preuve de **tempérance**.*

température (nom féminin)
1. Mesure du froid ou de la chaleur d'un lieu. *Le thermomètre indique la **température** qu'il fait dehors. Il faut surveiller la **température** du four.* 2. Mesure de la chaleur du corps, qui indique si on est malade ou non. *Le médecin prend la **température** du bébé.* • **Avoir de la température :** avoir de la fièvre, c'est-à-dire plus de 37 degrés.

tempéré, ée (adjectif)
Qui n'est ni très chaud ni très froid. *La région parisienne a un climat **tempéré**.*

tempérer (verbe) ▸ conjug. n° 8
Rendre moins violent. *Vous devriez **tempérer** un peu vos propos.* (Syn. modérer.)

tempête (nom féminin)
Vent très fort accompagné de pluie ou de neige. *À cause de la **tempête**, les bateaux de pêche ont dû rester au port.*

tempêter (verbe) ▸ conjug. n° 3
Exprimer très violemment son mécontentement. *Il **tempête** contre la lenteur de la circulation.*

temple (nom masculin)
1. Bâtiment consacré au culte d'une divinité. *En Grèce, Xavier a visité les ruines d'un **temple** dédié à Zeus.* 2. Bâtiment où les protestants vont prier.

ordre des **Templiers**
Ordre religieux et militaire créé en 1119 pour protéger les pèlerins en Terre sainte. La richesse des templiers fit d'eux les trésoriers du roi de France et du pape. En 1307, Philippe le Bel accusa l'ordre de

corruption pour s'en approprier les biens et ordonna l'arrestation de 138 templiers. Le pape Clément V supprima l'ordre en 1312.

tempo (nom masculin)
Mouvement plus ou moins rapide dans lequel doit être joué un morceau de musique. *Les **tempos** sont indiqués sur les partitions.* Prononciation [tεmpo].

temporaire (adjectif)
Qui ne dure pas longtemps. *Le grand frère de Benjamin n'a trouvé pour l'instant qu'un travail **temporaire**.* (Syn. momentané, provisoire. Contr. définitif.)

temporairement (adverbe)
De façon temporaire. *Le magasin est fermé **temporairement** pour travaux.* (Syn. momentanément, provisoirement. Contr. définitivement.)

temporel, elle (adjectif)
1. Qui concerne le temps, par opposition à l'espace. *Il faut resituer les faits d'un point de vue **temporel**.* 2. Qui passe avec le temps, qui a une durée de vie limitée. *Les êtres humains ont une existence **temporelle**.* (Contr. éternel.) 3. Qui concerne les choses matérielles. *Les biens **temporels** et les biens spirituels.*

temporiser (verbe) ▸ conjug. n° 3
Retarder le moment d'agir en attendant une occasion favorable. *Il vaudrait mieux **temporiser** si vous n'êtes pas prêts.*

temps (nom masculin)
1. Durée mesurée en minutes, heures, jours, mois et années. *Combien de **temps** mets-tu pour aller à l'école ?* 2. Moment libre. *Gaëlle a des devoirs à faire, elle n'a pas le **temps** de jouer ce soir.* 3. Moment de l'histoire à une certaine époque. *Au **temps** de la préhistoire, les hommes vivaient dans des cavernes.* 4. Forme du verbe qui indique que l'action est passée, présente ou future. *Hélène apprend à conjuguer le verbe « aimer » à tous les **temps** de l'indicatif.* 5. Division d'une mesure musicale, qui sert à régler le rythme. *Le tango est une danse à deux **temps**.* 6. État de l'atmosphère à un moment donné. *La météo prévoit du beau **temps** pour demain.* • **À temps** : à l'heure, au moment voulu. *Arriverons-nous **à temps** pour prendre le train ?* • **Dans le temps** : autrefois, jadis. ***Dans le temps**, on s'éclairait à la bougie.* • **De temps en temps** : pas très souvent. *On se voit **de temps en temps**.* (Syn. parfois, quelquefois.) • **En même temps** : au même moment. • **Il est temps de** : c'est le moment de. *Il est 8 heures : **il est temps de** partir à l'école.* • **Prendre son temps** : ne pas se presser. • **Tout le temps** : sans arrêt. *Benjamin a un gros appétit, il a **tout le temps** faim !* Famille du mot : temp**oraire**, temp**orairement**, temp**oriser**.

tenable (adjectif)
Qu'on peut supporter. *Cette situation de conflit n'est vraiment pas **tenable**.* (Syn. supportable.)

tenace (adjectif)
1. Dont on se débarrasse très difficilement. *Cette tache d'encre est **tenace** ! Une migraine **tenace**.* 2. Qui persévère dans ce qu'il entreprend. *Ce chercheur est **tenace**, il sait que ses recherches vont aboutir.* (Syn. opiniâtre.)

ténacité (nom féminin)
Caractère d'une personne tenace. *Il persévère dans son projet avec **ténacité**.*

tenailler (verbe) ▸ conjug. n° 3
Faire cruellement souffrir. *Julie **est tenaillée** par le remords d'avoir menti à ses parents.* Autrefois on **tenaillait** certains condamnés, c'est-à-dire qu'on les torturait avec des tenailles rougies au feu.

tenailles (nom féminin pluriel)
Outil qui ressemble à une grosse pince. *Le menuisier se sert de ses **tenailles** pour arracher les clous.*

tenancier, ère (nom)
Personne qui tient un café ou un hôtel. *La **tenancière** d'un bar.*

tenant, ante (adjectif)
• **Séance tenante** : aussitôt, sur-le-champ. *Ils sont partis **séance tenante**.*
■ **tenant, ante** (nom) Personne qui détient un titre sportif. *C'est le **tenant** du record qui a remporté la course.*
■ **tenant** (nom masculin) • **D'un seul tenant** : en un seul morceau. *Une propriété de trente hectares **d'un seul tenant**.*

tendance (nom féminin)
Force qui pousse quelqu'un à avoir un certain comportement. *Clément a une **tendance** fâcheuse à la paresse.*

tendancieux, euse (adjectif)
Qui a tendance à déformer les faits réels. *Ce journal est très **tendancieux**.* (Syn. partial. Contr. impartial, objectif.)

tendeur (nom masculin)
Cordon élastique ayant un crochet aux extrémités, qu'on tend pour fixer des colis. *Papa a fixé la valise avec des **tendeurs** sur la galerie de la voiture.*

tendinite (nom féminin)
Inflammation d'un tendon. *En jouant au basket, David s'est fait une **tendinite**.*

tendon (nom masculin)
Extrémité d'un muscle. *Ce sont les **tendons** qui attachent les muscles aux os.*

■ **tendre** (verbe) ▶ conjug. n° 31
1. Tirer sur quelque chose pour le rendre le plus droit possible. *Maman **a tendu** un fil dans le jardin pour mettre le linge à sécher.* **2.** Recouvrir un mur de tissu ou de papier. *La chambre de la reine **est tendue** de velours rouge.* **3.** Présenter quelque chose en l'avançant. *Laura **tend** son assiette pour qu'on la serve.* **4.** Évoluer dans un certain sens. *Depuis quelques mois, le chômage **tend** à augmenter.* **5.** Avoir pour objectif. *Ces mesures **tendent** à limiter le nombre des accidents de la route.* **6.** Se tendre : devenir difficile à cause d'une mauvaise entente. *Leurs relations **se sont tendues** après ce malentendu.* • **Tendre l'oreille :** écouter avec attention.

■ **tendre** (adjectif)
1. Qui est doux et affectueux. *Grand-mère caresse la tête de Myriam d'un geste **tendre**.* **2.** Qu'on peut facilement couper et mâcher. *Ce bifteck est très **tendre**.* (Contr. coriace, dur.) ⌂ Famille du mot : **attendr**ir, **attendr**issant, **attendr**issement, **tendre**ment, **tendre**sse.

tendrement (adverbe)
Avec tendresse. *S'embrasser **tendrement**.*

tendresse (nom féminin)
Caractère d'une personne tendre. *Elle s'occupe de son bébé avec **tendresse**.*

ténèbres (nom féminin pluriel)
Dans la langue littéraire, profonde obscurité. *Les **ténèbres** de la nuit.*

ténébreux, euse (adjectif)
Qui est difficile à comprendre. *Cet homme est mêlé à une **ténébreuse** affaire.* (Syn. mystérieux.)

teneur (nom féminin)
Proportion d'une substance contenue dans un corps ou un mélange. *Cette confiture a une forte **teneur** en sucre.*

ténia (nom masculin)
Long ver qui vit en parasite dans l'intestin des mammifères. *Le **ténia** peut atteindre plusieurs mètres de long.* (Syn. ver solitaire.) 🔑 **Ténia** vient du latin *tænia* qui signifie « bandelette », à cause de la forme allongée de ce ver.

tenir (verbe) ▶ conjug. n° 19
1. Serrer dans sa main ou dans ses bras. ***Tiens** ton petit frère par la main pour traverser la rue.* **2.** Être fixé ou accroché. *Ce tableau **tient** grâce à un clou.* **3.** Garder dans un état. ***Tenir** sa chambre propre.* **4.** Occuper un espace. *Ce meuble **tient** trop de place. Tout ce monde ne **tiendra** jamais dans l'autobus !* **5.** S'occuper d'un magasin. *Le père de Noémie **tient** une épicerie.* **6.** Être très attaché à quelqu'un ou à quelque chose. *Maman **tient** beaucoup à cette photo. Odile **tient** à ses amis.* **7.** Désirer fortement quelque chose. *Sarah **tenait** à nous accompagner.* • **Se tenir :** s'appuyer ou s'accrocher à quelque chose. ***Tiens-toi** à la rampe pour descendre, cet escalier est très raide.* • **Se tenir bien** ou **mal :** avoir une position ou une conduite bonne ou mauvaise. ***Tiens-toi bien** sur ta chaise ! Les enfants **se sont mal tenus** et ont été punis.* • **S'en tenir à quelque chose :** s'en contenter. *Kevin **s'en est tenu à** ce qu'il avait décidé.* • **Tenir bon** ou **tenir le coup :** résister, ne pas abandonner. • **Tenir de quelqu'un :** lui ressembler. *Pierre **tient** plutôt **de** sa mère.* • **Tenir la route :** bien garder sa trajectoire sur une route. *Cette voiture dérape dans les virages et ne **tient** pas bien **la route**.* • **Tenir parole :** faire ce qu'on avait promis. ⌂ Famille du mot : in**te**nable, **te**nable, **te**nue.

tennis (nom masculin)
1. Sport où les joueurs se renvoient une balle par-dessus un filet, en se servant d'une raquette. *Chaque samedi, Ursula joue au **tennis**.* 2. Chaussure de sport basse en toile. *Quentin s'est acheté une nouvelle paire de **tennis**.* • **Tennis de table :** synonyme de ping-pong. Prononciation [tenis]. **Tennis** est un mot anglais issu du français *tenez*, mot autrefois crié par un joueur au moment de lancer la balle.

un court de **tennis**

tennisman, tenniswoman (nom)
Personne qui joue au tennis. *Le **tennisman** espagnol a remporté le tournoi.* Pluriel : des tennisman**s** ou des tennis**men**.

ténor (nom masculin)
Chanteur qui a une voix aiguë. *L'oncle d'Amandine est **ténor** à l'Opéra.*

tension (nom féminin)
1. Manière dont une chose est tendue. *La **tension** d'une raquette de tennis.* 2. Relations tendues entre des personnes ou des pays. *La **tension** est si grande entre ces deux pays qu'on craint une guerre.* 3. Pression du sang dans les artères. *Grand-mère prend des médicaments car sa **tension** est trop élevée.*

tentacule (nom masculin)
Membre allongé de certains mollusques. *Les poulpes et les calmars ont des **tentacules** qui leur permettent de capturer leurs proies.* **Tentacule** vient du latin *tentare* qui signifie « tâter », « toucher ».

tentant, ante (adjectif)
Qui tente, qui fait envie. *Ces chocolats sont bien **tentants** !*

tentation (nom féminin)
Fait d'être tenté par quelque chose. *Anna n'a pas pu résister à la **tentation** de s'acheter une glace.* (Syn. désir, envie.)

tentative (nom féminin)
Action de tenter quelque chose. *Le sauteur a franchi la barre à la première **tentative**.* (Syn. essai.)

tente (nom féminin)
Abri de toile pour camper. *Les scouts ont monté leurs **tentes** dans un pré.*

tenter (verbe) ▸ conjug. n° 3
1. Donner envie à quelqu'un. *Cette jolie robe me **tente** beaucoup.* 2. Essayer de faire quelque chose avec l'espoir de réussir. *Cet athlète **a tenté** de battre le record du monde.* • **Tenter sa chance :** essayer de gagner. Famille du mot : tent**ant**, tent**ation**, tent**ative**.

tenture (nom féminin)
Grand morceau de tissu qui décore un mur. *Les **tentures** ont déteint avec le soleil.*

ténu, ue (adjectif)
Qui est très fin, très mince. *Ce fil est trop **ténu**, il va casser.*

tenue (nom féminin)
1. Manière de se tenir, de se conduire. *Romain a été puni pour sa mauvaise **tenue** dans le musée.* 2. Manière de s'habiller. *Le directeur exige des élèves une **tenue** correcte.* • **Tenue de route :** manière dont une voiture tient la route.

ter (adverbe)
Troisième d'un même numéro de rue. *Élodie habite au 9 **ter** de la rue des Platanes.* Prononciation [tɛʀ].

TER (nom masculin)
Train qui relie les villes d'une région. **TER** est l'abréviation de ***t**rain **e**xpress **r**égional*.

térébenthine (nom féminin)
• **Essence de térébenthine :** liquide fabriqué à partir de la résine de pin et utilisé pour diluer les vernis ou la peinture. Prononciation [teʀebɑ̃tin].

tergal (nom masculin)
Tissu synthétique. *Cette jupe en **tergal** ne se repasse pas.* Tergal est le nom d'une marque.

tergiversations (nom féminin pluriel)
Fait de tergiverser. *À force de **tergiversations**, il a raté cette bonne affaire.*

tergiverser (verbe) ▸ conjug. n° 3
Hésiter à se décider. *Fatima a accepté mon offre sans **tergiverser**.*

terme (nom masculin)
1. Fin d'une période ou d'une action. *Nous allons jusqu'à Rome, ce sera le **terme** de notre voyage.* **2.** Moment où doit se produire un accouchement. *Son bébé est né avant **terme**, elle a accouché au huitième mois de sa grossesse.* **3.** Montant d'un loyer. *Les locataires doivent régler leur **terme** avant la fin du mois.* **4.** Mot, expression ou tournure de phrase. *Je ne comprends pas le mode d'emploi de cet appareil, il y a trop de **termes** techniques.* • **À court terme, à long terme** : sur une courte période ou sur une longue période de temps. *La banque nous a accordé un prêt **à long terme** pour acheter une maison.* • **Être en bons** ou **en mauvais termes avec quelqu'un** : avoir de bonnes ou de mauvaises relations avec lui.

terminaison (nom féminin)
Dernière partie d'un mot, qui peut varier. *Quand on conjugue un verbe, sa **terminaison** change.*

terminal, aux (nom masculin)
1. Appareil relié à un ordinateur central. **2.** Point de départ et d'arrivée des passagers dans un aéroport ou dans une gare. ■ **terminale** (nom féminin) Dernière classe du lycée, qui termine les études secondaires. *On passe le bac en **terminale**.*

terminer (verbe) ▸ conjug. n° 3
1. Finir une action. *Tu n'**as** pas **terminé** ton dessert.* (Syn. achever.) **2.** Marquer la fin de quelque chose. *Ce film **se termine** par la victoire du shérif.* Famille du mot : intermin**able**, termin**aison**, termi**nal**, termin**ale**, termin**us**.

terminus (nom masculin)
Dernière station d'une ligne de transport en commun. *« **Terminus** ! Tout le monde descend ! »* Prononciation [tɛʀminys].

termite (nom masculin)
Insecte qui ronge le bois pour s'en nourrir. *Une colonie de **termites** a creusé des galeries dans les poutres.*

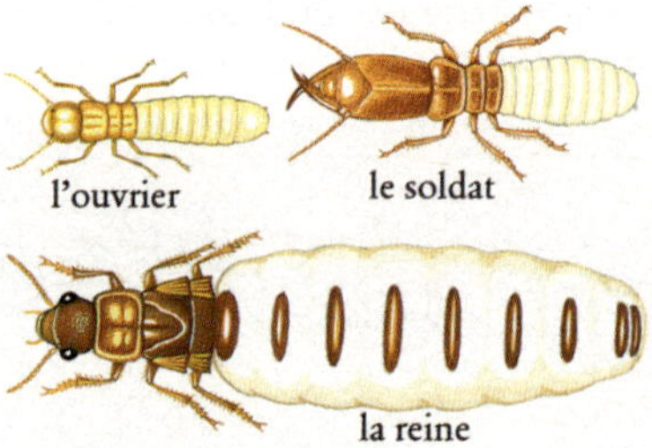

des **termites**

termitière (nom féminin)
Nid de termites formant un monticule et creusé de galeries.

terne (adjectif)
1. Qui manque d'éclat. *Je n'aime pas ce pull gris, il est trop **terne**.* (Contr. brillant, éclatant, vif.) **2.** Qui manque d'originalité. *C'est un homme tellement **terne** qu'on a du mal à se souvenir de son visage.*

ternir (verbe) ▸ conjug. n° 11
Rendre terne. *Le calcaire **a terni** les verres. Les couleurs vives des rideaux **se sont ternies**.*

terrain (nom masculin)
1. Le sol, caractérisé par son relief ou sa composition. *Un **terrain** plat, accidenté. Un **terrain** sableux.* **2.** Espace délimité. *Il est propriétaire d'un **terrain** au bord de la mer.* **3.** Espace extérieur aménagé pour certaines activités. *Un **terrain** de sport, de chasse, d'aviation.* • **Terrain d'entente :** sujet sur lequel on se met d'accord. *Cette loi ne pourra pas être votée si les députés ne trouvent pas un **terrain d'entente**.*

terrasse (nom féminin)
1. Plateforme qui forme le sommet d'une construction. *Des ouvriers sont sur la **terrasse** de l'immeuble pour installer une antenne parabolique.* **2.** Sorte de grand balcon. *Leur appartement a une **terrasse** donnant sur la mer.* **3.** Partie d'un trottoir

occupée par les tables et les chaises d'un café. *On a mangé une glace à la **terrasse** d'une brasserie.* 4. Parcelle de terrain aménagée à flanc de colline. *Dans certaines régions, on cultive le riz en **terrasses**.*

terrassement (nom masculin)
Travaux qui consistent à creuser et à déplacer de la terre. *Les travaux de **terrassement** précèdent la construction de l'immeuble.*

terrasser (verbe) ▸ conjug. n° 3
1. Renverser quelqu'un au cours d'une lutte. *Le courageux chevalier **terrassa** le dragon.* 2. Abattre quelqu'un physiquement ou moralement. *La fatigue et l'émotion l'**ont terrassé**.*

terrassier (nom masculin)
Ouvrier qui fait des travaux de terrassement.

terre (nom féminin)
1. Planète du système solaire, habitée par l'espèce humaine. *La **Terre** est située à 150 millions de kilomètres du Soleil, dont elle fait le tour en une année.* 2. Surface de cette planète. *Creuser une galerie sous la **terre**. Un tremblement de **terre**. L'hélicoptère s'approche de la **terre**.* 3. Matière qui recouvre cette surface. *Les récoltes seront abondantes si la **terre** est bien irriguée.* 4. Région, terrain ou territoire. *Pendant la conquête de l'Ouest, les colons ont chassé les Indiens de leurs **terres**.* 5. Matière qui sert à fabriquer des objets. *Des statuettes en **terre** cuite.* 6. Surface du globe qui n'est pas recouverte par les mers et les océans. *Le voilier approchait de la **terre**.*
• **Par terre :** sur le sol. *Être assis **par terre**.*
• **Terre à terre :** qui ne s'occupe que des choses matérielles et manque d'imagination. *Il ne s'intéresse ni à la lecture, ni aux arts, il est vraiment **terre à terre** !* Au sens 1, **Terre** s'écrit avec une majuscule.
Famille du mot : **déterrer**, **enterrement**, **enterrer**, **terreau**, **terre-plein**, **terrestre**, **terreux**, **terrien**.

Terre sainte
Pour les chrétiens, **ensemble des lieux où vécut Jésus-Christ**.

terreau, eaux (nom masculin)
Terre mélangée de matières végétales en décomposition et qu'on utilise comme engrais.

terre-neuve (nom masculin)
Gros chien au poil noir, que l'on peut dresser pour le sauvetage. Pluriel : des terre-neuve. **Terre-Neuve** est le nom d'une île du Canada où est apparue cette race de chiens.

un **terre-neuve**

terre-plein (nom masculin)
Surface surélevée qui sépare deux parties d'une route. *Des arbustes garnissent le **terre-plein** central de l'autoroute.*
Pluriel : des terre-pleins.
ORTHO On écrit aussi **terreplein**.

se **terrer** (verbe) ▸ conjug. n° 3
Se cacher dans un lieu couvert ou souterrain. *Le chien **s'est terré** dans sa niche dès les premiers éclairs.*

terrestre (adjectif)
1. De la Terre. *La surface **terrestre**. L'écorce **terrestre**.* 2. Qui vit sur le sol. *L'escargot est un mollusque **terrestre** et l'huître est un mollusque aquatique.*

terreur (nom féminin)
Peur très violente qui empêche d'agir. *Des voyous semaient la **terreur** dans le quartier.* (Syn. épouvante, frayeur.)

la **Terreur**
Période de la Révolution française (de septembre 1793 à juillet 1794). Elle fut instaurée par le gouvernement révolutionnaire et Robespierre pour combattre les ennemis de la nation. Pendant cette période, le Tribunal révolutionnaire prononça de nombreuses condamnations à mort.

terreux, euse (adjectif)
Qui a la couleur terne et grisâtre de la terre. *Après sa maladie, il avait le teint **terreux**.*

terrible (adjectif)
1. Qui inspire de la terreur. *Une **terrible** épidémie de grippe a ravagé le pays.* (Syn. effrayant, épouvantable.) 2. Qui est très violent ou très intense. *Hier, il a fait une chaleur **terrible**.* 3. Qui est insupportable, difficile à vivre. *Des enfants **terribles**.*

terriblement (adverbe)
Extrêmement, très. *Ce film est **terriblement** ennuyeux.*

terrien, enne (adjectif)
Qui possède des terres. *Ce fermier est un riche propriétaire **terrien**.* ■ **terrien, enne** (nom) Habitant de la Terre. *Ce roman raconte l'histoire de **terriens** perdus dans le cosmos.*

terrier (nom masculin)
Abri que certains animaux creusent sous la terre. *Le lapin s'est réfugié dans son **terrier**.*

terrifiant, ante (adjectif)
Qui terrifie. *Des hurlements **terrifiants**.* (Syn. effrayant, épouvantable.)

terrifier (verbe) ▸ conjug. n° 10
Provoquer de la terreur. *Un animal monstrueux **terrifiait** les habitants du village.* (Syn. épouvanter, terroriser.)

terril (nom masculin)
Monticule formé par les débris de terre que l'on accumule quand on creuse une mine.

un **terril** derrière le puits d'une mine

terrine (nom féminin)
1. Récipient en terre, muni d'un couvercle. 2. Pâté cuit dans ce récipient. *Une **terrine** de canard au poivre vert.*
Terrine vient de l'ancien français *terrin* qui signifie « en terre ».

territoire (nom masculin)
Étendue de terre occupée par des êtres vivants. *Le **territoire** français. Le chat défend son **territoire** contre les autres chats.*

territorial, ale, aux (adjectif)
Qui concerne un territoire ou qui en fait partie. *La défense **territoriale**.*

terroir (nom masculin)
Partie d'une région qui garde certaines traditions. *Ce jambon est un produit du **terroir**.*

terroriser (verbe) ▸ conjug. n° 3
Provoquer la terreur. *Un lion échappé du cirque **terrorise** la région.* Famille du mot : terror**isme**, terror**iste**.

terrorisme (nom masculin)
Fait d'utiliser la terreur pour imposer ses idées politiques ou ses revendications. *Après cette série d'attentats, le gouvernement a pris des mesures contre le **terrorisme**.*

terroriste (adjectif et nom)
Qui exécute des actes de terrorisme. *On a arrêté le **terroriste** responsable de l'attentat. Une organisation **terroriste** a détourné un avion.*

tertiaire (adjectif)
• **Ère tertiaire :** ère géologique qui a suivi l'ère secondaire, il y a environ 70 millions d'années. *C'est à l'**ère tertiaire** que la chaîne des Alpes s'est formée.*
• **Secteur tertiaire :** ensemble des activités économiques qui concernent le commerce, les transports et l'administration.

un paysage de l'ère **tertiaire**

tertre (nom masculin)
Petit monticule. *Une statue est édifiée en haut du **tertre**.*

tes (déterminant)
Pluriel de *ton* 1 et de *ta*.

tesson (nom masculin)
Débris de verre ou de poterie. *Yann s'est blessé au pied en marchant sur un **tesson** de bouteille.*

test (nom masculin)
1. Épreuve qui sert à évaluer les capacités ou les connaissances d'une personne. *La maîtresse nous a fait passer un **test** d'orthographe.* 2. Épreuve qui permet de vérifier le bon fonctionnement d'un appareil ou la bonne qualité d'un produit.

testament (nom masculin)
Texte dans lequel une personne indique à qui elle veut laisser ses biens après sa mort. *Grand-père a fait son **testament** et il l'a déposé chez un notaire.*

tester (verbe) ▸ conjug. n° 3
1. Faire passer un test à quelqu'un. *L'entraîneur **a testé** chaque joueur du club.* 2. Contrôler par un test. ***Tester** un nouveau produit avant de le commercialiser.*

testicule (nom masculin)
Glande génitale des hommes et des animaux mâles, qui produit les spermatozoïdes.

tétaniser (verbe) ▸ conjug. n° 3
Au sens figuré, synonyme de paralyser. *Pierre était **tétanisé** par la peur.*

tétanos (nom masculin)
Grave maladie qui produit des contractions musculaires intenses et douloureuses. *Il existe un vaccin contre le **tétanos**.* Prononciation [tetanos].

têtard (nom masculin)
Larve de la grenouille, qui vit dans l'eau. *Le **têtard** se métamorphose en grenouille au bout de quatre mois d'existence.*
Têtard vient de l'ancien français *testard* qui signifie « qui a une grosse tête ».

tête (nom féminin)
1. Partie du corps qui comprend le visage et le crâne. *Il portait une casquette de base-ball sur la **tête**. Prends un cachet d'aspirine si tu as mal à la **tête**.* ➡ p. 300. 2. Synonyme de visage. *Cet individu a une drôle de **tête**.* 3. Centre de la mémoire, de la pensée et de l'intelligence. *Tu as encore oublié tes affaires, je me demande ce que tu as dans la **tête** !* (Syn. cerveau, esprit.) 4. Partie supérieure d'une chose, d'un objet. *Une **tête** d'épingle.* 5. Partie qui est devant. *Nous avons des places en **tête** du train.* 6. Position la meilleure. *Ce candidat est en **tête** dans les sondages.* 7. Position de commandement. *Quand mon oncle a pris sa retraite, son fils l'a remplacé à la **tête** de son entreprise.* • **Coup de tête :** décision prise sans avoir réfléchi. • **De tête :** de mémoire, sans avoir écrit. *Faire un calcul **de tête**.* • **En avoir par-dessus la tête :** synonyme familier d'être excédé. • **En tête à tête :** seul avec une autre personne. *Nous avons tous les deux dîné **en tête à tête**.* • **Faire la tête :** synonyme de bouder. • **Faire une tête :** au football, frapper le ballon avec la tête. • **N'en faire qu'à sa tête :** agir comme on veut sans se préoccuper de ce que disent les autres. *Tu n'arriveras pas à le convaincre, il **n'en fait qu'à sa tête**.* • **Par tête :** par personne. *Ce repas nous a coûté 15 euros **par tête**.* • **Perdre la tête :** s'affoler ou devenir fou. • **Tenir tête à quelqu'un :** refuser de lui obéir.
Famille du mot : **en-tête, entêté, entêtement, s'entêter**, tête-à-queue, tête-à-tête, tête-bêche, **têtu**.

tête-à-queue (nom masculin)
Demi-tour complet qu'un véhicule fait en glissant sur lui-même. *La moto a fait un **tête-à-queue** sur la route mouillée.*
Pluriel : des tête-à-queue.

des **têtards**

a b c d e f g h i j k l m n o p q r s t u v w x y z

tête-à-tête (nom masculin)
Situation où se trouvent deux personnes seules l'une avec l'autre. *Un **tête-à-tête** est prévu entre les Premiers ministres des deux pays.* Pluriel : des tête-à-tête.

tête-bêche (adverbe)
L'un à côté de l'autre mais en sens inverse. *Hélène et sa cousine ont dormi **tête-bêche** sur le divan du salon.*

tétée (nom féminin)
Repas d'un bébé qui tète. *Maman prépare le biberon, c'est bientôt l'heure de la **tétée**.*

téter (verbe) ▸ conjug. n° 8
Sucer le sein de sa mère ou la tétine d'un biberon. *L'agneau **tète** la brebis.*
Famille du mot : **tétée, tétine.**

tétine (nom féminin)
Capuchon de caoutchouc d'un biberon, qui sert à téter. *Maman stérilise les **tétines** et les biberons de mon petit frère.*
Tétine vient de l'ancien français *tétin* qui signifie « sein ».

têtu, ue (adjectif)
Qui refuse avec obstination de changer d'avis. *Julie ne veut pas reconnaître qu'elle a tort, elle est **têtue** comme une mule !*

Teutons
Ancien peuple germanique qui se répandit en Bavière et en Gaule. Ce nom a désigné tous les Germains.

Texas
C'est **le deuxième plus vaste État des États-Unis** après l'Alaska (692 402 km^2 ; 24 millions d'habitants). Sa capitale est Austin.
GÉOGRAPHIE
Le Texas se compose d'une large plaine, dominée par un plateau qui rejoint les montagnes Rocheuses. Le climat est subtropical au sud et à l'est, continental au centre, et désertique à l'ouest. La production de coton et de céréales est importante, ainsi que l'élevage bovin et ovin, mais la grande richesse du Texas provient du pétrole.
HISTOIRE
Explorée au XVIe siècle et colonisée au XVIIe siècle par les Espagnols, la région forma un État du Mexique (1821), puis une république indépendante (1836). En 1845, les États-Unis l'annexèrent.

texte (nom masculin)
Ensemble de mots ou de phrases qui sont écrits ou imprimés. *La maîtresse lit lentement le **texte** de la dictée. À l'écran, on peut agrandir la taille du **texte**.*

textile (adjectif)
Qui concerne la fabrication des tissus. *Le coton est une matière **textile**.*
■ **textile** (nom masculin) Matière servant à faire des tissus. *La soie est un **textile** naturel, le tergal est un **textile** synthétique.*

texto (nom masculin)
Message écrit que l'on transmet par téléphone portable. (Syn. minimessage, SMS.)

textuellement (adverbe)
Exactement mot pour mot. *Je vais vous dire **textuellement** ce qu'il m'a répondu.*

texture (nom féminin)
Constitution d'une matière, d'une substance. *Une crème de beauté à la **texture** onctueuse.*

TGV (nom masculin)
Train à grande vitesse. *L'Eurostar est le nom du **TGV** qui passe dans le tunnel sous la Manche et qui relie Paris à Londres.*
TGV est le nom d'une marque.

le **TGV** Atlantique

thaïlandais, aise ➡ Voir tableau p. 6.

Thaïlande

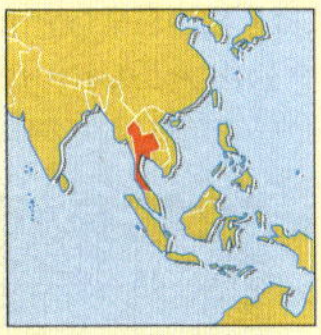

67,8 millions d'habitants
Capitale : Bangkok
Monnaie : le baht
Langue officielle : thaï
Superficie : 514 000 km²

État de l'Asie du Sud-Est, voisin de la Birmanie, du Laos, du Cambodge et de la Malaisie.

GÉOGRAPHIE
La plaine centrale est encadrée par des montagnes et par un vaste plateau. Le climat tropical de mousson favorise la forêt dense au sud et à l'ouest, et la forêt claire au centre et à l'est. L'agriculture repose sur le riz, le sucre et les fruits. Le pays exploite le caoutchouc et le bois. Le pays tire également ses ressources de la pêche, de ses industries d'exportation (vêtements, chaussures, jouets, etc.), des mines d'étain, du pétrole, du gaz naturel et des pierres précieuses. Le tourisme est important.

HISTOIRE
Originaires de Chine du Sud, les Thaïs créèrent le royaume de Siam (XIVe siècle). Occupé par la Birmanie, le pays retrouva son indépendance en 1782. En 1938, il prit le nom de Thaïlande.

un quartier de Bangkok, capitale de la **Thaïlande**

thalassothérapie (nom féminin)
Traitement utilisant l'action de l'eau de mer, des algues et des boues marines. *Pour se remettre en forme, il est allé faire une cure de **thalassothérapie**.* **Thalassothérapie** vient des mots grecs *thalassa* qui signifie « mer » et *therapeia* qui signifie « soin » et qu'on retrouve dans *thérapeutique*.

Thalès
(né fin VIIe siècle, mort début VIe siècle avant Jésus-Christ)
Mathématicien et philosophe grec. Il réalisa de nombreuses démonstrations mathématiques dont le théorème qui portera son nom.

THÉORÈME DE THALÈS
Théorème de géométrie qui établit que « toute droite parallèle à l'un des côtés d'un triangle divise les deux autres côtés en segments proportionnels ».

thé (nom masculin)
1. Feuilles séchées d'un arbuste d'Asie. *Maman a acheté du **thé** de Ceylan en sachets.* **2.** Boisson faite avec ces feuilles que l'on fait infuser. *Je prendrais bien une tasse de **thé** au citron.*

théâtral, ale, aux (adjectif)
Qui concerne le théâtre. *Les spectateurs applaudissent les acteurs à la fin de la représentation **théâtrale**.*

théâtre (nom masculin)
1. Art de jouer des pièces devant un public. *Molière est un célèbre auteur de pièces de **théâtre**.* **2.** Bâtiment où l'on donne des représentations théâtrales. *Ce **théâtre** a été construit au XIXe siècle.* **3.** Lieu où se déroule un évènement. *Ce château a été le **théâtre** d'un terrible drame.* • **Coup de théâtre :** évènement brusque et inattendu qui bouleverse tout. *La démission du président a été un véritable **coup de théâtre**.* Famille du mot : amphithéâtre, théâtral.

Thèbes
Ville de l'Égypte antique, située sur le Nil, à 700 km au sud du Caire. La cité de Thèbes réunifia l'Égypte vers 2060 avant Jésus-Christ et lui imposa le culte d'Amon. Elle fut la capitale des souverains du Moyen et du Nouvel Empire (1580-1085 avant Jésus-Christ). Cette époque fut marquée par la construction des temples d'Amon à Karnak et à Louxor, et par celle des tombes des pharaons dans la Vallée des Rois.

théière (nom féminin)
Récipient spécial pour préparer et servir le thé.

thématique (adjectif)
Qui concerne un thème, un sujet. *Une encyclopédie **thématique**.*

thème (nom masculin)
1. Sujet d'un ouvrage, d'un texte ou d'une discussion. *Le **thème** de cette réunion est la protection des droits de l'enfant.* **2.** Exercice qui consiste à traduire dans une langue étrangère un texte écrit dans sa langue maternelle.

théologie (nom féminin)
Étude de la religion et des textes religieux. **Théologie** vient du grec *theos* qui signifie « dieu ».

théologien, enne (nom)
Spécialiste, étudiant en théologie.

théorème (nom masculin)
Règle de mathématiques qui peut être démontrée.

théorie (nom féminin)
1. Ensemble d'idées qui donnent l'explication de quelque chose. *D'après certaines **théories** scientifiques, la vie a peut-être existé sur la planète Mars.* **2.** Manière abstraite de voir les choses, parfois éloignée de la réalité. *En **théorie**, c'est vraiment très facile d'installer ce logiciel, mais en pratique, aucun de nous n'a réussi à le faire !* Famille du mot : théor**ique**, théor**iquement**.

théorique (adjectif)
Qui concerne la théorie et non pas la pratique. *Pour être bon cuisinier, les connaissances **théoriques** ne sont pas suffisantes.*

théoriquement (adverbe)
De façon théorique. ***Théoriquement**, tu appuies sur ce bouton et l'ordinateur est prêt à fonctionner.* (Syn. en principe.)

thérapeutique (adjectif)
Qui permet de guérir les maladies. *Ce nouveau médicament a une action **thérapeutique** très efficace.* Voir **thalassothérapie**.

thérapie (nom féminin)
Traitement pour soigner un malade.

thermal, ale, aux (adjectif)
• **Eau thermale :** eau de source qui possède de nombreuses propriétés thérapeutiques. • **Station thermale :** endroit où se trouvent des sources d'eau thermale utilisées pour faire des cures. *Vichy et Vittel sont des **stations thermales**.*

thermes (nom masculin pluriel)
Dans l'Antiquité, établissement de bains ouvert au public.

une reconstitution sur ordinateur des **thermes** de Cluny (Paris)

thermique (adjectif)
Qui concerne la chaleur. *En brûlant, le bois dégage de l'énergie **thermique**.*

thermomètre (nom masculin)
Instrument qui sert à mesurer la température. *Cette nuit, le **thermomètre** est descendu au-dessous de 0 degré.*

thermonucléaire (adjectif)
• **Bombe thermonucléaire :** bombe atomique à hydrogène, d'une puissance énorme.

thermos (nom masculin)
Bouteille isolante qui conserve un liquide à la même température pendant plusieurs heures. *Si tu veux du thé bien chaud, il y en a dans le **thermos**.* Prononciation [tɛʀmos]. **Thermos** est le nom d'une marque.

thermostat (nom masculin)
Appareil qui sert à maintenir une température à un niveau constant. *Papa a réglé le **thermostat** du chauffage pour qu'il fasse à peu près 20 degrés dans tout l'appartement.*

thésauriser (verbe) ▸ conjug. n° 3
Amasser de l'argent sans le dépenser.

thèse (nom féminin)
Point de vue sur une question. *Le commissaire soutient la **thèse** du meurtre mais des témoins soutiennent la **thèse** de l'accident.*

thon (nom masculin)
Grand poisson de mer à la chair appréciée. *Les **thons** se déplacent en bancs.*

un **thon**

Thora ➡ Voir **Torah**.

thoracique (adjectif)
• **Cage thoracique :** synonyme de thorax.

thorax (nom masculin)
Partie du corps humain située entre le cou et l'abdomen. *Le **thorax** renferme les poumons et le cœur.* (Syn. cage thoracique.) ➡ p. 300.

thuya (nom masculin)
Arbre d'ornement de la famille du cyprès. ● Prononciation [tyja].

fruit et rameau du **thuya**

thym (nom masculin)
Petite plante aromatique qui pousse dans les garrigues méditerranéennes. *Maman met toujours une branche de **thym** quand elle prépare de la sauce tomate.* ● Prononciation [tɛ̃].

thyroïde (nom féminin)
Glande située dans la gorge, qui joue un rôle très important dans la croissance et le développement intellectuel.

Tibet
Région autonome de la Chine (1 221 600 km² ; 6 millions d'habitants). Son chef-lieu est Lhassa.

GÉOGRAPHIE
La majeure partie du Tibet dépasse 3 500 mètres d'altitude. Le climat est très froid et sec, sauf dans le Sud où la population se concentre. La région vit de l'agriculture (céréales, légumes), de l'élevage (moutons, chèvres) et de l'artisanat (textiles, cuir).

HISTOIRE
Le royaume du Tibet apparut au VIIe siècle. Au XVe siècle un pouvoir religieux s'y forma avec deux chefs spirituels : le dalaï-lama et le panchen-lama. Au XVIIIe siècle, la Chine imposa son protectorat. La Chine fit entrer ses troupes au Tibet en 1950. En 1959, une révolte éclata, et le dalaï-lama, Tenzin Gyatso, se réfugia en Inde ; depuis, il parcourt le monde pour faire entendre le désir d'indépendance des Tibétains.

tibétain, aine ➡ Voir tableau p. 6.

tibia (nom masculin)
Os du devant de la jambe. *Le **tibia** et le péroné sont les deux os de la jambe.* **Tibia** est un mot latin qui signifie « flûte ».

tic (nom masculin)
Geste ou mouvement nerveux que l'on fait involontairement. *Grand-père a un **tic** nerveux : il fronce tout le temps le sourcil droit.*

ticket (nom masculin)
Billet qui prouve qu'on a payé ce que l'on doit. *Un **ticket** de bus. Un **ticket** de caisse.* **Ticket** est un mot anglais qui vient de l'ancien français *estiquet* qui signifie « étiquette ».

tic-tac (nom masculin)
Bruit régulier produit par un mécanisme. *Je n'entends plus le **tic-tac** de la pendule.*

tie-break (nom masculin)
Au tennis, jeu décisif à la fin d'une manche où les joueurs sont à six jeux partout. ● Prononciation [tajbʀɛk]. Pluriel : des tie-breaks. **Tie-break** est un mot anglais formé de *tie* qui signifie « égalité » et de *to break* qui signifie « rompre ».
ORTHO On écrit aussi **tiebreak**.

tiède (adjectif)
Qui n'est ni chaud ni froid. *Camille se rince les cheveux à l'eau **tiède**.* Famille du mot : tiédeur, tiédir.

a b c d e f g h i j k l m n o p q r s t u v w x y z

tiédeur (nom féminin)
Température de ce qui est tiède. *Après la chaleur étouffante de la journée, la **tiédeur** de la soirée est délicieuse.*

tiédir (verbe) ▸ conjug. n° 11
Devenir tiède. *Myriam laisse un peu **tiédir** son chocolat avant de le boire.*

le **tien**, la **tienne** (pronom)
Pronom possessif de la deuxième personne du singulier qui désigne ce qui est à toi, ce qui t'appartient. *Je n'aime pas ma veste, je préfère **la tienne**.* ■ **les tiens** (nom masculin pluriel) Tes parents ou tes amis. *Même quand tu es loin, n'oublie pas **les tiens**.*

tiens ! (interjection)
Exprime l'étonnement. ***Tiens !** Il est déjà midi.*

tierce (nom féminin)
À la belote, suite de trois cartes de la même couleur. *William a une **tierce** à cœur : roi, dame, valet.*

tiercé (nom masculin)
Jeu où l'on parie de l'argent sur les trois premiers chevaux d'une course. *Les résultats du **tiercé** sont diffusés à la télévision en fin de soirée.* Tiercé est le nom d'une marque.

tiers, tierce (adjectif)
• **Une tierce personne :** une troisième personne. *Noémie et Xavier ont des avis différents, il faudrait l'opinion d'une **tierce** personne pour les mettre d'accord.* • **Tiers état :** avant la Révolution, ensemble des personnes qui n'appartenaient ni à la noblesse, ni au clergé et n'avaient pas de privilèges. ■ **tiers** (nom masculin) **1.** Partie contenue trois fois dans un tout. *Si tu partages ces trente bonbons entre nous trois, chacun en aura dix, c'est-à-dire le **tiers** du paquet.* **2.** Personne qui ne fait pas partie d'un groupe. *Cette histoire ne concerne que toi et moi, n'en parle pas devant des **tiers**.*

tiers-monde (nom masculin)
Ensemble des pays qui vivent dans la pauvreté parce que leur économie n'est pas assez développée.

tige (nom féminin)
1. Partie mince et allongée d'un végétal, qui porte les feuilles. *Les **tiges** des rosiers ont des épines.* ➡ p. 531. **2.** Objet rigide, long et mince. *Une **tige** métallique.* (Syn. barre, tringle.)

tignasse (nom féminin)
Dans la langue familière, chevelure épaisse et mal coiffée. *Je n'arrive pas à démêler ta **tignasse**, tu devrais te faire couper les cheveux !*

tigre (nom masculin)
Grand félin d'Asie au pelage jaune rayé de bandes noires. *Le **tigre** feule.* Famille du mot : tigré, tigresse.

un **tigre**

tigré, ée (adjectif)
Qui a des rayures semblables à celles du tigre. *Un chat **tigré**.*

tigresse (nom féminin)
Femelle du tigre.

tilleul (nom masculin)
1. Arbre à fleurs blanches ou jaunes très odorantes. *Une allée de **tilleuls**.* **2.** Infusion faite avec les fleurs séchées du tilleul. *Si tu veux une tisane, j'ai du **tilleul**.*

feuilles, fruits et fleurs de **tilleul**

timbale (nom féminin)
1. Gobelet en métal. 2. Instrument de musique à percussion, constitué d'un caisson de cuivre recouvert d'une peau.

timbre (nom masculin)
1. Étiquette que l'on colle sur une lettre ou un paquet et qui correspond au prix de l'envoi. *Yann a commencé une collection de* ***timbres***. 2. Marque qui doit figurer sur certains papiers officiels. *Pour qu'un passeport soit valable, il doit comporter un* ***timbre*** *fiscal.* 3. Qualité particulière d'un son ou d'une voix. *On entendait le* ***timbre*** *aigu d'une flûte.*
Au sens 1, **timbre** est l'abréviation de **timbre-poste**. Pluriel : des timbre**s**-poste.
Famille du mot : timbr**é**, timbr**er**.

timbré, ée (adjectif)
1. Qui porte un timbre-poste. *Envoyez votre réponse dans l'enveloppe* ***timbrée*** *ci-jointe.* 2. Qui résonne, qui a un timbre particulier. *Il a une voix grave et bien* ***timbrée***.

timbre-poste ➡ Voir **timbre**.

timbrer (verbe) ▸ conjug. n° 3
Coller un timbre. *J'ai oublié de* ***timbrer*** *ma carte postale avant de la poster.*

timide (adjectif)
Qui manque d'assurance et de confiance en soi. *Elle est trop* ***timide*** *pour prendre la parole en réunion.* (Contr. hardi.) Famille du mot : **in**timid**ation**, **in**timid**er**, timide**ment**, timid**ité**.

timidement (adverbe)
De façon timide. *Elle a* ***timidement*** *répondu : « Non, merci ! »*

timidité (nom féminin)
Fait d'être timide. *Benjamin a réussi à surmonter sa* ***timidité*** *pour répondre aux questions de la maîtresse.*

timonier, ère (nom)
Marin qui tient la barre du gouvernail. *Sur l'ordre du capitaine, le* ***timonier*** *a mis le cap vers le sud.*

Timor
Île indonésienne (30 800 km²). Le Timor est séparé de l'Australie par la mer de Timor. Les villes principales sont Kupang et Dili. L'île est montagneuse et le climat tropical. L'économie repose sur l'agriculture (café, coprah, riz).
HISTOIRE
L'île fut colonisée dès le XVIe siècle et partagée en deux dans la seconde moitié du XIXe siècle. Les Pays-Bas obtinrent la partie occidentale et le Portugal la partie orientale. Après 1945, l'Indonésie prit la partie ouest et conquit la partie est. Elle l'annexa en 1976 et en fit une province qui devint la république du Timor-Oriental en 2002.

timoré, ée (adjectif)
Qui a peur des risques et de la nouveauté. *Ce n'est pas lui qui cherchera les aventures, il est bien trop* ***timoré*** *!* (Syn. craintif. Contr. audacieux, hardi.) **Timoré** vient du latin *timor* qui signifie « peur ».

Timor-Oriental

1,1 million d'habitants
Capitale : Dili
Monnaie : le dollar américain
Langues officielles : tétoum, portugais
Superficie : 14 900 km²

État situé sur la partie est de l'île de Timor. Le pays, montagneux, bénéficie d'un climat tropical. Son économie repose principalement sur l'agriculture (maïs, riz, manioc, café), l'élevage et la pêche.
HISTOIRE
Cette partie de l'île de Timor était une province indonésienne depuis 1976. La république du Timor-Oriental fut créée en 2002.

tintamarre (nom masculin)
Synonyme de vacarme. *Les enfants dévalent les escaliers en faisant un* ***tintamarre*** *épouvantable.*

tintement (nom masculin)
Son clair et musical d'un objet qui tinte. *Le* ***tintement*** *des clochettes des vaches.*

tinter (verbe) ▸ conjug. n° 3
Produire un son léger et clair. *Des pièces de monnaie* ***tintaient*** *dans le creux de sa main.*

tipi (nom masculin)
Tente conique des Indiens d'Amérique du Nord. ➡ p. 1264.

a b c d e f g h i j k l m n o p q r s t u v w x y z

tique (nom féminin)
Insecte parasite de certains mammifères, comme les vaches, les moutons, les chiens.

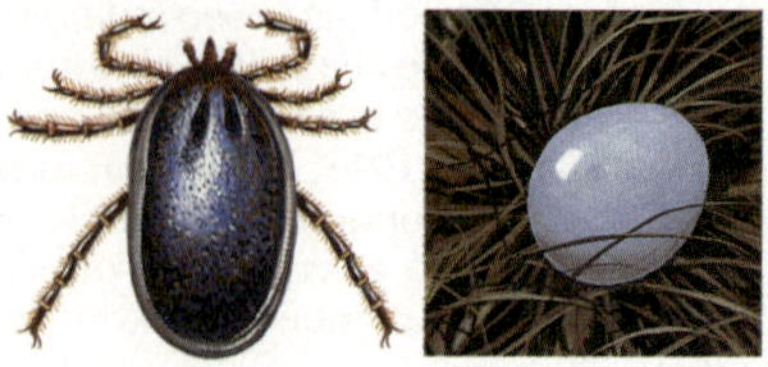

une **tique** et un œuf de **tique**

tiquer (verbe) ▸ conjug. n° 3
Avoir un bref mouvement de surprise ou de contrariété. *Maman **a tiqué** quand mon frère a coupé la parole à notre invité.*

tir (nom masculin)
1. Action de tirer avec une arme. *Faire du **tir** à l'arc, du **tir** au révolver.* 2. Action d'envoyer un ballon d'un coup de pied. *L'équipe anglaise a marqué un premier but grâce à un **tir** exceptionnel.* (Syn. shoot.)

tirade (nom féminin)
Au théâtre, suite de phrases qu'un acteur dit sans s'interrompre.

tirage (nom masculin)
1. Action de tirer au sort les numéros gagnants d'une loterie. *Les gagnants ont été désignés par **tirage** au sort.* 2. Nombre d'exemplaires de livres ou de journaux réalisés en une seule fois. *Le **tirage** de ce quotidien est de 300 000 exemplaires.* 3. Mouvement de l'air chaud qui s'élève dans une cheminée. *La pièce est enfumée car la cheminée manque de **tirage**.*

tiraillement (nom masculin)
1. Sensation de contraction très douloureuse. *Amandine ressent des **tiraillements** à l'épaule depuis sa chute.* 2. Conflit dans un groupe. *Des questions d'argent ont provoqué des **tiraillements** entre eux.*

tirailler (verbe) ▸ conjug. n° 3
1. Tirer à petits coups et dans tous les sens. *Il **tiraille** son petit frère par le bras pour le faire avancer.* 2. Faire hésiter entre deux solutions ou deux possibilités. *Clément **est tiraillé** entre l'envie de faire du vélo et la nécessité de finir ses devoirs.* Famille du mot : tiraill**ement**, tirail**leur**.

un **tipi**

tirailleur (nom masculin)
Soldat isolé qui a pour mission de harceler l'ennemi.

tiramisu (nom masculin)
Entremets italien, à base de fromage fondant, de biscuits imbibés de café et à la liqueur, et saupoudré de cacao.
Tiramisu est un mot italien : on prononce [tiʀamisu].

tirant (nom masculin)
• **Tirant d'eau :** hauteur de la coque d'un navire entre la surface de l'eau et le bas de sa quille.

tire (nom féminin)
• **Vol à la tire :** vol consistant à vider les poches ou les sacs des gens à leur insu.

tire-bouchon (nom masculin)
Instrument qui sert à déboucher les bouteilles fermées par un bouchon de liège. Pluriel : des tire-bouchon**s**.

à **tire-d'aile** (adverbe)
En battant rapidement des ailes. *Des moineaux craintifs s'enfuient **à tire-d'aile** à notre approche.*

tire-fesse (nom masculin)
Synonyme familier de remonte-pente.
Pluriel : des tire-fesses.
ORTHO On écrit aussi un tire-fesse**s**.

tirelire (nom féminin)
Boîte avec une fente par laquelle on glisse les pièces de monnaie que l'on veut économiser. *David a cassé sa **tirelire** pour offrir un cadeau à sa sœur.*

tirer (verbe) ▸ conjug. n° 3
1. Déplacer en amenant vers soi ou en traînant derrière soi. *Tire la poignée pour ouvrir le tiroir. Des chiens **tirent** le traîneau sur la piste enneigée.* (Contr. pousser.) 2. Déplacer en faisant aller d'un côté ou d'un autre. ***Tirer** les rideaux. **Tirer** un verrou.* 3. Faire sortir quelque chose d'un endroit. *Il **a tiré** quelques pièces de son porte-monnaie.* 4. Extraire une substance d'une autre. *On **tire** le caoutchouc de la sève de l'hévéa.* 5. Prendre au hasard. ***Tirer** le numéro gagnant.* 6. Trouver une explication ou une conclusion logique. *Tu t'es trompé, il faut que tu en **tires** les conséquences.* 7. Tendre vers quelque chose, s'en rapprocher. *Ces fleurs sont d'un jaune vif qui **tire** sur l'orange.* 8. Envoyer un projectile en se servant d'une arme. *Le shérif **a tiré** des coups de revolver. Le chasseur **a tiré** sur le lion.* 9. Lancer un ballon, d'un coup de pied. *Il **a tiré** en direction du but.* 10. Tracer quelque chose sur du papier. *Ibrahim **a tiré** un trait sous le titre de la poésie.* 11. Imprimer un livre ou un journal. *Ce journal **est tiré** à 50 000 exemplaires par jour.* • **Se tirer d'affaire** ou **s'en tirer :** réussir à sortir d'une situation difficile. • **Tirer à sa fin :** être sur le point de finir. *Nous allons partir, la soirée **tire à sa fin**.* (Syn. toucher à sa fin.) • **Tirer les cartes :** prédire l'avenir de quelqu'un en se servant d'un jeu de cartes. Famille du mot : tir, tir**age**, tir**ant**, tire, tire-bouchon, à tire-d'aile, tire-fesse, tir**eur**.

tiret (nom masculin)
Petit trait horizontal qui sert à couper un mot à la fin d'une ligne ou à indiquer les paroles de chaque personne dans un dialogue.

tirette (nom féminin)
Tablette coulissante d'un meuble. *Sur le côté du bureau, il y a une **tirette**.*

tireur, euse (nom)
Personne qui tire avec une arme à feu. *Le **tireur** était dissimulé derrière un arbre immense.* • **Tireuse de cartes :** cartomancienne.

tiroir (nom masculin)
Casier de rangement qui s'emboîte dans un meuble et qu'on ouvre en le tirant. *J'ai rangé tes tee-shirts dans le **tiroir** du bas de la commode.*

tiroir-caisse (nom masculin)
Tiroir où un commerçant range l'argent qu'il reçoit. *Quand la caissière appuie sur un bouton, le **tiroir-caisse** s'ouvre automatiquement.* Pluriel : des tiroir**s**-caisse**s**.

tisane (nom féminin)
Boisson chaude que l'on prépare en faisant infuser des plantes. *Une **tisane** à la camomille, à la menthe.*

tison (nom masculin)
Reste d'un morceau de bois à moitié consumé, encore rouge et brûlant. *Il faut souffler sur les **tisons** pour ranimer le feu.*

tisonnier (nom masculin)
Tige de fer qui sert à attiser un feu. *Olivier remue les braises avec un **tisonnier**.*

tissage (nom masculin)
Action de tisser un textile. *Le **tissage** d'un tapis se fait sur un métier à tisser.*

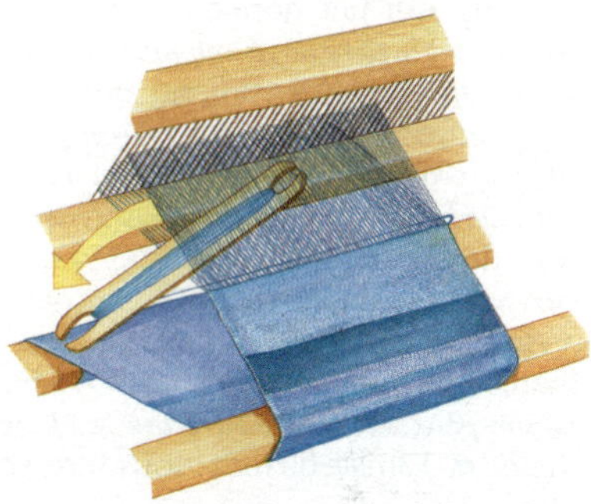

le **tissage** artisanal

tisser (verbe) ▸ conjug. n° 3
Fabriquer un tissu en entrecroisant des fils. *Cet artisan **tisse** de la soie sur son métier à tisser.* • **Tisser des liens :** créer des liens. Famille du mot : tiss**age**, tiss**erand**, tissu, tissu-éponge.

tisserand, ande (nom)
Artisan qui tisse des étoffes et des tapis.

tissu (nom masculin)
1. Matière souple fabriquée avec des fils textiles entrecroisés. *Sarah aime les **tissus** brillants et légers comme la soie ou le satin.* (Syn. étoffe.) 2. Ensemble de cellules de notre corps qui ont le même rôle. *Tous nos os sont constitués par du **tissu** osseux.* • **Un tissu de mensonges :**

a b c d e f g h i j k l m n o p q r s t u v w x y z

un ensemble de mensonges qui s'enchaînent et se mélangent.

tissu-éponge (nom masculin)
Étoffe de coton qui absorbe l'eau. *Des serviettes de toilette en* ***tissu-éponge****.* Pluriel : des tissus-éponges.

titan (nom masculin)
Synonyme littéraire de géant. *La construction de ce barrage a été un travail de* ***titan****.*

titiller (verbe) ▸ conjug. n° 3
Synonyme familier d'agacer. *Le chat va finir par te griffer si tu n'arrêtes pas de le* ***titiller****.*

titre (nom masculin)
1. Nom qui sert à désigner un livre, un film, etc. Vingt mille lieues sous les mers *est le* ***titre*** *d'un roman de Jules Verne.* 2. Phrase écrite en gros caractères pour présenter un article. *« Victoire de l'équipe de France », c'est le* ***titre*** *du journal de ce matin.* 3. Poste ou rang qui fait honneur à quelqu'un. *Elle détient le* ***titre*** *de championne de France de natation.* 4. Document officiel qui prouve un droit. *Un* ***titre*** *de transport. Un* ***titre*** *de propriété.* • **À juste titre :** avec raison. *Cet insolent a été puni* ***à juste titre****.* • **À titre de :** en tant que, comme. ***À titre de*** *curiosité, je voudrais connaître son opinion.* • **Au même titre :** autant ou de la même manière. *Il a droit à une partie de l'héritage de son père,* ***au même titre*** *que ses frères et sœurs.* Famille du mot : **sous**-titre, **sous**-titre**r**, titre**r**.

titrer (verbe) ▸ conjug. n° 3
Mettre un titre à un article. *Ce matin, tous les quotidiens* ***titrent*** *: « Les alpinistes ont été retrouvés sains et saufs ! »*

tituber (verbe) ▸ conjug. n° 3
Marcher en chancelant. *Assommé par le choc, il se releva en* ***titubant****.* (Syn. vaciller.)

titulaire (adjectif et nom)
1. Qui a obtenu un titre officiel et définitif pour occuper un poste. *Ce joueur est* ***titulaire*** *dans l'équipe de France.* 2. Qui possède un titre. *Notre animateur est* ***titulaire*** *d'un diplôme de secourisme.*

titulariser (verbe) ▸ conjug. n° 3
Nommer quelqu'un titulaire d'une fonction. ***Titulariser*** *un fonctionnaire.*

TNT (nom féminin)
Transmission des chaînes de télévision à partir d'émetteurs placés au sol. **TNT** est l'abréviation de ***t****élévision* ***n****umérique* ***t****errestre.*

toast (nom masculin)
Tranche de pain de mie grillée. *Il prépare des* ***toasts*** *avec du beurre et de la confiture pour le petit déjeuner.* • **Porter un toast :** lever son verre et boire en l'honneur d'une personne ou d'un évènement. Prononciation [tost]. **Toast** est un mot anglais qui vient de l'ancien français *toster* qui signifie « griller ».

toboggan (nom masculin)
Piste en pente le long de laquelle on glisse pour s'amuser. *Ursula va au square pour faire de la balançoire et du* ***toboggan****.*

toc (nom masculin)
Dans la langue familière, imitation de mauvaise qualité. *Cette grosse pierre rouge et brillante n'est pas un vrai rubis, c'est du* ***toc*** *!*

tocsin (nom masculin)
Sonnerie de cloche répétée qui servait à donner l'alarme. *Autrefois, on sonnait le* ***tocsin*** *en cas d'incendie ou d'émeute.*

toge (nom féminin)
1. Grand morceau de tissu dans lequel les Romains de l'Antiquité se drapaient. 2. Robe que porte un magistrat ou un avocat.

une femme portant une **toge**

Togo

6,6 millions d'habitants
Capitale : Lomé
Monnaie : le franc CFA
Langue officielle : français
Superficie : 56 790 km²

État de l'Afrique de l'Ouest, voisin du Bénin, du Burkina Faso et du Ghana, et ouvrant sur le golfe de Guinée.

GÉOGRAPHIE
Le pays est de forme allongée et s'étend du nord au sud sur près de 700 km pour une largeur d'environ 100 km. L'économie du pays repose surtout sur l'agriculture (maïs, millet, manioc). Le pays exporte des phosphates, du café, du coton et du cacao.

HISTOIRE
Au XIXe siècle, la région fut un protectorat allemand. En 1922, l'Ouest fut placé sous mandat britannique et l'Est sous mandat français. En 1956, le Togo britannique fut intégré à la Côte-de-l'Or, qui devint le Ghana. Le Togo français accéda à l'indépendance en 1960.

togolais, aise ➡ Voir tableau p. 6.

tohu-bohu (nom masculin)
Dans la langue familière, désordre accompagné de bruits confus. *Le jour de mon goûter d'anniversaire, c'est le **tohu-bohu** dans la maison !* Pluriel : des tohu-bohu. (Syn. remue-ménage.)
Tohu-bohu vient de l'hébreu : il désigne le chaos qui avait précédé la Création du monde par Dieu.
ORTHO On écrit aussi **tohubohu**.

toi (pronom)
Pronom personnel de la deuxième personne du singulier qui s'emploie pour renforcer le sujet « tu » ou comme complément après une préposition. ***Toi**, tu viens avec moi ! C'est à **toi** de mettre la table.*

toile (nom féminin)
1. Tissu simple et résistant. *Des chaises longues en **toile** à rayures bleues et blanches.* 2. Tableau peint par un peintre. *Ce musée possède plusieurs **toiles** de Picasso.* 3. Synonyme d'Internet. *J'ai trouvé ces renseignements sur la **Toile**.* • **Toile d'araignée :** réseau de fils tissés par une araignée pour capturer les insectes.

toilette (nom féminin)
1. Soins de propreté et d'hygiène du corps. *Pierre fait sa **toilette** avant de s'habiller.* 2. Ensemble des vêtements portés par une femme. *Les jeunes filles avaient mis leur plus belle **toilette** pour assister au bal.* ■ **toilettes** (nom féminin pluriel) Petite pièce où l'on fait ses besoins. (Syn. cabinets, W-C)

toise (nom féminin)
Règle verticale graduée pour mesurer la taille d'une personne. *Les enfants passent sous la **toise** et le médecin note leur taille.* Autrefois, une **toise** était une mesure de longueur qui valait environ deux mètres.

toiser (verbe) ▶ conjug. n° 3
Examiner quelqu'un de haut en bas, avec mépris. *Il m'**a toisé** de la tête aux pieds, sans même me dire bonjour.*

toison (nom féminin)
Poil épais et laineux de certains animaux. *On tond la **toison** des moutons tous les ans.*

toit (nom masculin)
1. Partie supérieure d'un bâtiment qui le couvre et le protège. *Notre maison a un **toit** de tuiles rouges.* 2. Partie supérieure de la carrosserie d'un véhicule. *Le **toit** de la voiture est équipé d'un porte-bagage. Une voiture à **toit** ouvrant.* 3. Maison ou logement. *Cette famille a été expulsée, elle cherche un **toit** pour vivre.* • **Crier quelque chose sur les toits, sur tous les toits :** le faire connaître à tout le monde, de façon indiscrète.

toiture (nom féminin)
Toit d'un bâtiment. *Le couvreur a remplacé les tuiles usagées de la **toiture**.*

Tokyo
Capitale du Japon (12,3 millions d'habitants), située dans l'île de Honshu. C'est le principal pôle financier, commercial, industriel et culturel du pays.

HISTOIRE
Tokyo existait déjà au XIIe siècle. Elle s'appelait alors Edo. Elle remplaça Kyoto comme capitale impériale en 1868 et fut rebaptisée Tokyo. La ville fut détruite par des tremblements de terre et dévastée par les bombardements américains pendant la Seconde Guerre mondiale. ➡ p. 1268.

tôle (nom féminin)
Mince plaque métallique. *La toiture du garage est en **tôle** ondulée.*

tolérable (adjectif)
Que l'on peut tolérer. *Vos réflexions racistes ne sont pas **tolérables**.* (Contr. inadmissible, intolérable.)

tolérance (nom féminin)
Fait d'accepter et de respecter les opinions des autres. *Ces deux peuples voisins ne vivront pas en paix s'ils ne font pas preuve de plus de **tolérance**.* (Contr. intolérance.)

tolérant, ante (adjectif)
Qui fait preuve de tolérance. *Sois **tolérant** avec ton petit frère, il ne se rend pas compte qu'il a fait une bêtise.* (Contr. intolérant.)

tolérer (verbe) ▸ conjug. n° 8
1. Accepter quelque chose qui n'est pas permis, sans l'autoriser réellement. *Le gardien du square **tolère** parfois que l'on joue au ballon sur la pelouse.* **2.** Supporter quelque chose sans ressentir des effets désagréables. *Marie **tolère** bien l'aspirine.* Famille du mot : intolér**able**, intolér**ance**, intolér**ant**, tolér**able**, tolé**rance**, tolér**ant**.

tollé (nom masculin)
Cris de protestation générale. *Cette déclaration a provoqué un véritable **tollé** dans la presse.*

tomahawk (nom masculin)
Hache de guerre des Indiens d'Amérique du Nord. Prononciation [tɔmaok].

tomate (nom féminin)
Plante potagère que l'on cultive pour son fruit rouge et charnu. *Une salade de **tomates**. De la sauce **tomate**.*

tombal, ale, aux (adjectif)
• **Pierre tombale :** dalle placée sur une tombe et qui porte le nom du mort.

tombant, ante (adjectif)
• **À la nuit tombante :** à la tombée de la nuit.

tombe (nom féminin)
Fosse creusée dans le sol pour enterrer un mort. *Elle est venue déposer des fleurs sur la **tombe** de son mari.* Famille du mot : tomb**al**, tomb**eau**.

tombeau, eaux (nom masculin)
Monument élevé au-dessus d'une tombe. *Le **tombeau** de Napoléon se trouve à l'hôtel des Invalides à Paris.* • **Rouler à tombeau ouvert :** à toute allure en prenant des risques mortels.

Tokyo et le mont Fuji

tombée (nom féminin)
• **À la tombée de la nuit :** au moment où la nuit tombe. *Nous sommes arrivés **à la tombée de la nuit**.*

tomber (verbe) ▸ conjug. n° 3
1. Faire une chute. *Myriam **est tombée** de l'arbre sans se blesser.* **2.** Descendre du haut vers le bas. *Le brouillard commence à **tomber** sur la vallée.* **3.** Se détacher de son support. *Les pommes sont mûres : elles vont bientôt **tomber**.* **4.** Perdre de la valeur ou de l'intensité. *Le vent **tombe**.* (Syn. faiblir.) **5.** Se trouver brusquement dans tel état ou dans telle situation. ***Tomber** malade. **Tomber** en panne.* **6.** Se produire ou arriver à tel moment. *Cette année, les vacances de printemps **tombent** début avril. Vous **tombez** bien, nous avons besoin d'aide !* **7.** Avoir du mal à se tenir debout. ***Tomber** de sommeil, de fatigue. Un très vieux château qui **tombe** en ruine.* • **Laisser tomber :** synonyme familier d'abandonner. *Quentin **a laissé tomber** ses cours de tennis au bout de deux mois.* • **Tomber sur quelqu'un :** le rencontrer par hasard. *En sortant du cinéma, il **est tombé sur** un de ses amis d'enfance.* ✎ **Tomber** se conjugue avec l'auxiliaire *être* : *les pommes sont tombées.* ⌂ Famille du mot : **retombées, retomber, tombant, tombée.**

tombereau, eaux (nom masculin)
Charrette ou camion à benne basculante. *Le jardinier a déchargé un **tombereau** de terre dans le jardin.*

tombola (nom féminin)
Loterie où l'on gagne des objets et non de l'argent. *Romain a gagné un ballon de foot à la **tombola** de la kermesse.*

tome (nom masculin)
Chaque volume d'un ouvrage. *Cette encyclopédie comporte quinze tomes.*

tomette (nom féminin)
Carreau de terre cuite, à six côtés. *Un sol dallé de **tomettes**.*

tomme (nom féminin)
Fromage en forme de cylindre, fait avec du lait de vache.

■ **ton, ta, tes** (déterminant)
Déterminant possessif de la deuxième personne. *Prends **ton** blouson, **ta** casquette et **tes** gants.* ✎ Devant un nom féminin commençant par une voyelle ou un h muet, on emploie **ton** au lieu de **ta** : *ton armoire, ton horloge.*

■ **ton** (nom masculin)
1. Manière d'exprimer ce que l'on ressent, par la voix. *Il a parlé sur un **ton** sévère.* **2.** Hauteur et intensité de la voix quand on chante. *Reprenez la chanson au début, vous n'êtes pas dans le même **ton**.* **3.** Synonyme de teinte. *J'aime cette jupe bleue, mais je voudrais un **ton** de bleu plus foncé.*

tonalité (nom féminin)
1. Son continu que l'on entend quand on décroche le téléphone. *Le téléphone est en panne, il n'y a pas de **tonalité**.* **2.** Qualité du son émis par un instrument, un appareil ou une voix. *Thomas règle la **tonalité** de sa chaîne hi-fi.*

tondeuse (nom féminin)
1. Machine qui sert à tondre le gazon. **2.** Instrument qui sert à raser les cheveux ou les poils des animaux.

tondre (verbe) ▸ conjug. n° 31
1. Couper l'herbe à l'aide d'une tondeuse. ***Tondre** le gazon.* **2.** Couper à ras les cheveux d'une personne ou les poils d'un animal. ***Tondre** un mouton, un caniche.*

tong (nom féminin)
Chaussure constituée d'une simple semelle et d'une bride qui passe entre les orteils. *Beaucoup de personnes vont à la plage en **tongs**.* ● **Tong** se prononce [tɔ̃g].

Tonga

100 000 habitants
Capitale : Nuku'alofa
Monnaie : le pa'anga
Langues officielles : anglais, tongan
Superficie : 747 km²

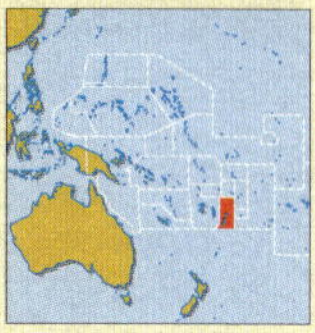

État d'Océanie, situé dans le Pacifique Sud, au sud-est des îles Fidji.

GÉOGRAPHIE
Le Tonga est formé d'environ 170 îles et îlots. Ses habitants sont des Polynésiens. Les îles sont volcaniques ou coralliennes. Elles vivent de l'agriculture (noix de coco, bananes, vanille, etc.), de la pêche et du tourisme.

HISTOIRE
Découvertes au XVIIe siècle par les Européens, ces îles formèrent un royaume (XIXe siècle) qui passa sous domination britannique en 1901 et accéda à l'indépendance en 1970.

tonifiant, ante (adjectif)
Qui tonifie. *Cette belle promenade en montagne est très* ***tonifiante****.* (Syn. vivifiant.)

tonifier (verbe) ▸ conjug. n° 10
Rendre plus vigoureux ou plus dynamique. *L'air de la mer nous* ***a tonifiés****.* (Syn. fortifier.)

tonique (adjectif)
Qui donne du tonus à notre organisme. *Le thé est une boisson* ***tonique****.* (Syn. stimulant, vivifiant.)

tonitruant, ante (adjectif)
Qui fait un bruit qui rappelle celui du tonnerre. *Il éclata d'un rire* ***tonitruant****.* **Tonitruant** vient du latin *tonitrus* qui signifie « tonnerre ».

tonnage (nom masculin)
Volume de marchandises que peut transporter un bateau. *Le* ***tonnage*** *d'un navire se mesurait en tonneaux.* (Syn. jauge.)

un navire de très gros **tonnage**

tonne (nom féminin)
1. Unité de poids équivalant à 1 000 kilos. 2. Dans la langue familière, grande quantité. *Nous avons eu des* ***tonnes*** *de cadeaux pour Noël !*

tonneau, eaux (nom masculin)
1. Grand récipient fait de planches de bois courbées, assemblées par des anneaux de fer. *Le vigneron conserve son vin dans des* ***tonneaux*** *de chêne.* (Syn. barrique, fût.) 2. Tour complet qu'un véhicule fait en se retournant sur lui-même. *La voiture a fait deux* ***tonneaux*** *avant de finir dans le fossé.* 3. Ancienne unité de mesure du volume d'un navire. Famille du mot : tonn**age**, tonn**elet**, tonn**elier**.

tonnelet (nom masculin)
Petit tonneau. *Un* ***tonnelet*** *de vinaigre.*

tonnelier, ère (nom)
Artisan qui fabrique des tonneaux.

tonnelle (nom féminin)
Petit abri couvert de feuillage. *Allons nous asseoir à l'ombre sous la* ***tonnelle*** *du jardin.*

tonner (verbe) ▸ conjug. n° 3
Faire entendre des bruits semblables à des coups de tonnerre. *Le canon* ***tonne****.* • **Il tonne :** le tonnerre se fait entendre.

tonnerre (nom masculin)
1. Grondement de la foudre qui accompagne l'éclair pendant un orage. *On a entendu un coup de* ***tonnerre*** *au loin, puis la pluie s'est mise à tomber.* 2. Grand bruit qui éclate brusquement. *Le célèbre chanteur a quitté la scène sous un* ***tonnerre*** *d'applaudissements.*

tonsure (nom féminin)
Petite partie rasée, en forme de cercle, au sommet du crâne. *Certains moines portent la* ***tonsure****.*

tonte (nom féminin)
Action de tondre les moutons. *Le printemps est l'époque de la* ***tonte****.*

tonton (nom masculin)
Oncle, dans le langage des enfants. *J'ai deux* ***tontons*** *: le frère de maman et celui de papa.*

tonus (nom masculin)
Vitalité et dynamisme de quelqu'un. *Malgré son âge, grand-mère a gardé un* ***tonus*** *incroyable !* Prononciation [tɔnys].

top (nom masculin)
Bref signal sonore qui indique un moment précis. *Au quatrième* ***top****, il sera exactement 8 heures.*

topaze (nom féminin)
Pierre précieuse transparente, de couleur jaune. *Un collier de* ***topazes****.*

topinambour (nom masculin)
Plante cultivée pour ses tubercules comestibles. *Le **topinambour** a un goût très proche de celui de l'artichaut.* **Topinambour** vient du terme *Topinambous*, nom d'un peuple du Brésil.

fleurs et tubercule de **topinambour**

top-modèle (nom masculin)
Mannequin de haute couture qui a un succès international. Pluriel : des top-modèle**s**.
ORTHO On écrit aussi un **top model**, des **top models**.

topo (nom masculin)
Synonyme familier d'exposé. *La maîtresse nous a fait un petit **topo** sur les activités prévues pour la classe de nature.*

topographie (nom féminin)
Relief d'une région. *La **topographie** de l'Auvergne est très accidentée.*

topographique (adjectif)
Qui concerne la topographie. *Ils sont partis pour faire de l'escalade avec une carte **topographique**.*

toponymie (nom féminin)
1. Science qui étudie l'origine des noms de lieux. **2.** Ensemble des noms de lieux propres à une région, un pays, une langue. *Dans la **toponymie** de la Bretagne, de nombreux villages commencent par « Pleu », « Plo » ou « Plou ».*

top-secret (adjectif invariable)
Extrêmement secret, dans la langue familière. *C'est une enquête **top-secret** ; les policiers ne font aucune déclaration à la presse.*

toque (nom féminin)
Coiffe ronde et sans bords. *La **toque** d'un cuisinier. Une **toque** de fourrure.*

toqué, ée (adjectif)
Synonyme familier de fou. *Notre voisine est une vieille dame un peu **toquée** qui vit avec une quinzaine de chats.*

toquer (verbe) ▶ conjug. n° 3
Synonyme de frapper. *Elle **a toqué** à la porte avant d'entrer.*

la **Torah**
Nom hébreu des cinq premiers livres de la Bible. La Torah contient les Dix Commandements rédigés, selon la tradition, par Moïse, inspiré par Dieu. Elle est la base de la religion juive.
ORTHO On écrit aussi **Thora**.

torche (nom féminin)
Sorte de flambeau fait d'un bâton enduit de résine. *Dans la nuit, la procession avance à la lueur des **torches**.* • **Torche électrique :** lampe portative de forme cylindrique.

torchis (nom masculin)
Matériau de construction fait d'un mélange de terre et de paille. *En Normandie, les maisons anciennes ont des murs en **torchis**.*

torchon (nom masculin)
Morceau de tissu qui sert à essuyer la vaisselle.

tordant, ante (adjectif)
Dans la langue familière, très amusant. *Mon cousin connaît un tas d'histoires **tordantes**.*

tordre (verbe) ▶ conjug. n° 31
1. Tourner en sens contraire les deux extrémités d'une chose. *Elle **tord** la serpillière mouillée pour l'essorer.* **2.** Tourner violemment une partie du corps. *Élodie **s'est tordu** le poignet en tombant.* **3.** Plier en déformant. *Le tremblement de terre **a tordu** les rails de la voie ferrée.* **4.** Se tordre : se plier en deux à cause d'une émotion ou d'une sensation violente. *Le malade **se tordait** de douleur.* • **Se tordre de rire** ou **se tordre :** dans la langue familière, rire énormément.

a b c d e f g h i j k l m n o p q r s t u v w x y z

toréro (nom masculin)
Homme qui affronte les taureaux dans une corrida. On disait autrefois *toréador*.
ORTHO On écrit aussi **torero**.

tornade (nom féminin)
Tourbillon de vent très violent. *La **tornade** a déraciné les arbres et arraché les toits.* (Syn. cyclone, ouragan.)

torpeur (nom féminin)
État d'une personne engourdie, à moitié endormie. *Après ce bon repas, il glissait dans une agréable **torpeur**.*

torpille (nom féminin)
1. Engin explosif qui se propulse sous l'eau. *Le porte-avions a été touché par la **torpille** du sous-marin.* 2. Poisson marin au corps plat, capable de produire des décharges électriques. Famille du mot : torpill**er**, torpill**eur**.

une **torpille**

torpiller (verbe) ▸ conjug. n° 3
Faire exploser quelque chose en se servant d'une torpille.

torpilleur (nom masculin)
Navire de guerre armé de torpilles.

torréfaction (nom féminin)
Action de torréfier. *La **torréfaction** du café.*

torréfier (verbe) ▸ conjug. n° 10
Faire griller. *On **torréfie** les grains de café, les graines de cacao et les feuilles de tabac.*

torrent (nom masculin)
Cours d'eau au débit rapide, qui descend d'une montagne. ➡ p. 413. • **Pleuvoir à torrents :** pleuvoir très fort. **Torrent** vient du latin *torrens* qui signifie « impétueux ».

torrentiel, elle (adjectif)
Qui s'écoule avec violence. *Nous sommes rentrés trempés à la maison par une pluie **torrentielle**.*

torride (adjectif)
Extrêmement chaud. *Un vent **torride** souffle du désert.* (Syn. brûlant.)

torsade (nom féminin)
Assemblage de fils tordus en spirale. *Des **torsades** de fils dorés ornent le sapin de Noël.*

torsadé, ée (adjectif)
Qui est enroulé en torsade. *Une chevelure **torsadée**.*

torse (nom masculin)
Haut du corps humain, qui va des épaules à la taille. *Victor est resté **torse** nu à cause de la chaleur.* ➡ p. 300.

torsion (nom féminin)
Action de tordre quelque chose. *En ratant une marche, Fatima s'est fait une **torsion** de la cheville.*

tort (nom masculin)
1. Fait de mal agir ou de se tromper. *Ce serait un **tort** de ne pas l'inviter à ton anniversaire.* (Syn. erreur.) 2. Mal que l'on fait à quelqu'un ou peine qu'on lui cause. *Ne raconte pas n'importe quoi sur lui, tu lui fais du **tort**.* • **À tort :** injustement ou par erreur. *Il est innocent, il a été accusé **à tort**.* • **À tort et à travers :** sans réfléchir. *Elle bavarde **à tort et à travers**.* • **Avoir tort :** mal agir ou se tromper. *Il **a tort** de se mettre en colère pour si peu.* (Contr. avoir raison.) • **Donner tort à quelqu'un :** désapprouver sa conduite, ses actions. • **Être en tort** ou **être dans son tort :** être coupable d'une mauvaise action ou d'une action illégale. *Le conducteur **est dans son tort**, il n'a pas respecté la priorité à droite.*

torticolis (nom masculin)
Contraction musculaire douloureuse qui raidit le cou.

tortillard (nom masculin)
Petit train qui avance lentement et fait de nombreux détours afin de desservir plusieurs gares. *Le TGV t'emmène jusqu'à Lille, mais pour aller au Quesnoy il faut prendre un **tortillard**.*

tortiller (verbe) ▸ conjug. n° 3
1. Tordre quelque chose dans tous les sens. *Il **tortillait** le bas de son pull entre ses doigts.* 2. Se tortiller : s'agiter dans tous les sens. *Gaëlle n'arrête pas de **se tortiller** sur sa chaise.*

tortionnaire (nom)
Personne qui fait subir des tortures aux gens. *Le prisonnier a réussi à échapper à ses **tortionnaires**.*

tortue (nom féminin)
Reptile dont le corps est entouré d'une carapace et qui se déplace très lentement sur ses pattes courtes.

une **tortue**

tortueux, euse (adjectif)
Qui fait des tours et des détours. *Les touristes se promenaient dans les ruelles **tortueuses** du vieux quartier de la ville.* (Syn. sinueux. Contr. droit.)

torture (nom féminin)
1. Souffrance physique que l'on fait subir volontairement à quelqu'un. *Le prisonnier n'a rien révélé malgré les **tortures**.* 2. Grande souffrance morale. *Ils sont sans nouvelles de leur enfant depuis des mois, c'est une véritable **torture**.*

torturer (verbe) ▸ conjug. n° 3
1. Faire subir des tortures à quelqu'un. *Ils l'**ont torturé** pour le faire parler, mais il n'a rien dit.* 2. Causer une vive souffrance. *Sa responsabilité dans cet accident le **torture** encore.* (Syn. tourmenter.)

tôt (adverbe)
De bonne heure ou avant le moment habituel. *Hélène s'est couchée **tôt** hier soir.* (Contr. tard.) • **Pas de si tôt :** pas avant très longtemps. *Il est au Japon, on ne le reverra **pas de si tôt**.* • **Tôt ou tard :** à un moment ou à un autre. *Nous nous reverrons **tôt ou tard**.*

total, ale, aux (adjectif)
1. Qui est tout à fait complet. *Il y avait un silence **total** dans la classe.* (Syn. absolu, entier.) 2. Qui regroupe la totalité sans rien laisser de côté. *La facture **totale** de nos achats se monte à deux cents euros.* ■ **total, aux** (nom masculin) Résultat d'une addition. *Le **total** de 10 plus 10 est égal à 20.* Famille du mot : total**ement**, total**iser**, total**itaire**, total**ité**.

totalement (adverbe)
Complètement, entièrement. *Les travaux sont **totalement** terminés.*

totaliser (verbe) ▸ conjug. n° 3
Obtenir comme total. *C'est Julie qui **a totalisé** le maximum de points dans la dernière partie de cartes.*

totalitaire (adjectif)
Se dit d'un régime dans lequel un seul parti politique possède la totalité des pouvoirs et ne tolère aucune opposition. *L'Allemagne nazie était un État **totalitaire**.*

totalité (nom féminin)
Réunion de tous les éléments d'un tout. *L'assurance a payé la **totalité** des dépenses pour la réparation de la voiture.*

totem (nom masculin)
Statue représentant un animal que les membres d'une tribu considèrent comme leur protection.

des **totems** amérindiens au Canada

Touaregs
Peuple berbère nomade du sud du Sahara (900 000 personnes). Les Touaregs vivent en Algérie, au Burkina Faso, au Mali, au Niger et en Libye. Leur religion est l'islam.

toucan (nom masculin)
Oiseau d'Amérique du Sud au bec énorme et au plumage coloré.

un **toucan**

touchant, ante (adjectif)
Qui touche les gens, les attendrit. *La scène où l'enfant retrouve sa mère est* ***touchante****.* (Syn. attendrissant, émouvant.)

touche (nom féminin)
1. Chacune des pièces qui forment un clavier. *Appuie sur la* ***touche*** *rouge de la télécommande pour arrêter la télé. Les* ***touches*** *du piano sont blanches ou noires.* **2.** Coup de pinceau très léger. *Le peintre ajoute quelques* ***touches*** *de jaune pour éclairer ce paysage.* **3.** Petite secousse qui fait bouger la ligne quand le poisson mord à l'hameçon. *Remonte ta ligne, je crois que tu as une* ***touche****.* **4.** Au rugby et au football, fait pour le ballon de sortir des limites du terrain. *L'arbitre a sifflé une* ***touche****.*

■ **toucher** (verbe) ▸ conjug. n° 3
1. Mettre la main sur quelqu'un ou quelque chose. *Ne* ***touche*** *pas ce fer, il est brûlant !* **2.** Être placé à côté ou contre. *Nos deux bureaux* ***se touchent****.* **3.** Atteindre, entrer en contact ou blesser. *La flèche* ***a touché*** *la cible.* **4.** Émouvoir ou attendrir quelqu'un. *Ce petit cadeau* ***a*** *beaucoup* ***touché*** *grand-mère.* **5.** Mettre la main sur quelque chose pour le prendre. *Maman m'a interdit de* ***toucher*** *à ses produits de maquillage.* **6.** Recevoir une somme d'argent. *Combien* ***a-t-il touché*** *pour faire ce travail ?* • **Toucher à sa fin :** être prêt de finir. *Il est tard, la soirée* ***touche à sa fin****.* (Syn. tirer à sa fin.) Famille du mot : **re**touche, **re**toucher, touch**ant**, touche.

■ **toucher** (nom masculin)
L'un des cinq sens qui nous permet de reconnaître les choses grâce au contact avec la peau.

touffe (nom féminin)
Petit assemblage de choses qui poussent serrées les unes contre les autres. *Une* ***touffe*** *de cheveux. Une* ***touffe*** *d'herbes.*

touffu, ue (adjectif)
Qui est épais et serré comme une touffe. *Des buissons* ***touffus****.* (Syn. dense, dru. Contr. clairsemé.)

touiller (verbe) ▸ conjug. n° 3
Synonyme familier de mélanger. *William* ***touille*** *la salade avec la vinaigrette.*

toujours (adverbe)
1. Chaque fois ou dans tous les cas. *Xavier est* ***toujours*** *prêt à rendre service.* **2.** Encore maintenant. *Alain travaille* ***toujours*** *au même endroit. Je l'attends depuis une heure et il n'est* ***toujours*** *pas là.* **3.** De tout temps, ou sans cesse. *On peut* ***toujours*** *trouver des gens gentils autour de soi.* • **Pour toujours :** définitivement. *Il aimerait s'installer ici* ***pour toujours****.*

Toulon
Chef-lieu du département du Var (168 000 habitants). Toulon est le plus important port militaire français.

HISTOIRE
Henri IV y implanta un arsenal (1595). Colbert et Vauban en firent la base de la flotte française en Méditerranée. En août 1793, une révolte royaliste livra la ville aux Anglais. Bonaparte la reprit en décembre.

Toulouse
Chef-lieu du département de la Haute-Garonne et de la Région Languedoc-Roussillon-Midi-Pyrénées, situé sur les bords de la Garonne (444 000 habitants). Toulouse est le premier centre français d'industrie aérospatiale.

HISTOIRE
Toulouse fut une cité romaine, puis devint la capitale des Wisigoths avant d'être conquise par les Francs (507). Elle fut la capitale du royaume d'Aquitaine, et celle du comté de Toulouse (IXe siècle). Elle fut rattachée à la France en 1271.

Toulouse-Lautrec Henri de (né en 1864, mort en 1901)

Peintre français. Il peignit plus de 700 tableaux et autant de dessins représentant les cabarets de Montmartre, les bals, le cirque et les vedettes de son époque. *Femme enfilant son bas* et *Aristide Bruant dans son cabaret* font partie de ses œuvres les plus connues.

« Jane Avril dansant »,
peinture de **Toulouse-Lautrec** (1892)

Toumai

Fossile humain découvert en 2001 au Tchad et âgé d'environ 7 millions d'années.

toundra (nom féminin)

Steppe des régions polaires, à la végétation maigre et clairsemée.

toupet (nom masculin)

Dans la langue familière, audace excessive. *Tu ne manques pas de **toupet** de fouiller dans mon sac !* (Syn. culot.)

toupie (nom féminin)

Jouet qui tourne sur lui-même sur sa pointe quand on le lance. *Anna essaie de faire tourner sa **toupie** le plus longtemps possible.*

tour (nom masculin)

1. Mouvement effectué en tournant. *N'oublie pas de donner un **tour** de clé en partant.* **2.** Circonférence de quelque chose. *Élodie a mesuré son **tour** de taille.* **3.** Parcours qu'on fait autour d'un endroit. *On a fait le **tour** du lac.* **4.** Petite promenade. *Tu viens avec moi faire un **tour** ?* **5.** Exercice qui demande beaucoup d'adresse. *Le clown a fait plusieurs **tours** de prestidigitation.* **6.** Ordre dans lequel on fait une chose. *Chacun son **tour** : c'est au **tour** de Benjamin de distribuer les cartes.* **7.** Synonyme de tournure. *Les derniers évènements prennent vraiment un **tour** dramatique.* **8.** Machine qui tourne régulièrement et permet de façonner des pièces de bois ou de métal, ou de modeler des poteries. *À l'école, il y a un atelier de poterie avec un **tour**.* • **À double tour :** en tournant deux fois la clé dans la serrure. • **En un tour de main :** très rapidement. (Syn. en un tournemain.) • **Jouer un tour à quelqu'un :** lui faire une farce. • **Tour de chant :** récital d'un chanteur.

tour (nom féminin)

1. Construction élevée de forme ronde ou carrée. *La **tour** de ce château est occupée par un musée.* ➡ p. 226. **2.** Immeuble construit en hauteur. *Clément habite dans une **tour** de 35 étages.* • **Tour de contrôle :** bâtiment qui domine un aéroport et où se fait le contrôle du trafic aérien.

Touraine

Région et ancienne province de France. Elle était un peu plus vaste que l'actuel département d'Indre-et-Loire. Ses nombreux châteaux et ses vins sont réputés.

HISTOIRE

La Touraine forma un comté (Xe siècle) que se disputèrent la France et l'Angleterre à partir du XIIe siècle. En 1584, elle fut rattachée à la Couronne de France. Appréciée par les rois de France, elle se couvrit de châteaux, puis les rois préférèrent Paris et Versailles. ➡ Voir carte p. 1372.

tourbe (nom féminin)
Matière noirâtre constituée par des végétaux qui se décomposent dans les marécages. *Le jardinier a étalé de la **tourbe** dans les plates-bandes.*

tourbière (nom féminin)
Marécage d'où l'on extrait la tourbe.

tourbillon (nom masculin)
Masse d'air, d'eau, de sable, etc. qui tourne rapidement sur elle-même. *L'endroit où le torrent forme des **tourbillons** est dangereux pour les kayaks.*

un **tourbillon**

tourbillonner (verbe) ▸ conjug. n° 3
Former un tourbillon. *La neige qui **tourbillonne** gêne les skieurs.* (Syn. tournoyer.)

tourelle (nom féminin)
1. Petite tour. *Le manoir est flanqué de deux **tourelles**.* ➡ p. 226. 2. Partie supérieure d'un char ou d'un navire de guerre, équipée d'un canon.

tourisme (nom masculin)
Activité qui consiste à voyager et à visiter des lieux pour le plaisir. *Papa est parti à Londres pour son travail et non pour faire du **tourisme**.*

tourista (nom féminin)
Diarrhée dont souffrent les touristes dans un pays tropical. **Tourista** vient de l'espagnol *turista*.
ORTHO On écrit aussi **turista**.

touriste (nom)
Personne qui fait du tourisme. *Cette superbe région attire beaucoup de **touristes**.*
Famille du mot : tour**isme**, tour**istique**.
Touriste vient de l'anglais *tourist*, issu du français *tour* au sens de « voyage circulaire ».

touristique (adjectif)
1. Qui concerne le tourisme. *Ce guide **touristique** est très bien fait.* 2. Qui est fréquenté par les touristes. *Venise est une ville très **touristique**.*

tourment (nom masculin)
Grande inquiétude. *Il a de mauvaises notes à l'école, et cause bien du **tourment** à ses parents.* (Syn. souci, tracas.) **Tourment** vient du latin *tormentum* qui signifie « instrument de torture ».

tourmente (nom féminin)
Synonyme littéraire de tempête. *Le chalutier, pris dans la **tourmente**, a lancé un signal de détresse.*

tourmenter (verbe) ▸ conjug. n° 3
1. Causer du tourment. *Romain, ne vous **tourmentez** pas, cette maladie est vraiment bénigne.* 2. Faire souffrir. *Si vous continuez à **tourmenter** ce petit chat, il va finir par vous griffer !*

tournage (nom masculin)
Action de tourner un film. *Une partie du **tournage** a eu lieu dans le désert.*

tournant (nom masculin)
1. Endroit où une route tourne. *Ralentis, ce **tournant** est très dangereux !* (Syn. virage.) 2. Au sens figuré, moment où le cours des évènements change de direction. *Son déménagement a constitué un **tournant** important dans sa vie.*

tournebroche (nom masculin)
Dispositif pour faire tourner automatiquement une broche à rôtir. *Ce four est équipé d'un **tournebroche** électrique.*

tournedos (nom masculin)
Tranche de filet de bœuf entourée d'une barde. *Au menu, il y a des **tournedos** au poivre.*

tournée (nom féminin)
Déplacement ou voyage fait selon un itinéraire fixé, en s'arrêtant à divers endroits. *Le facteur fait sa **tournée** à vélo. Ce musicien part en **tournée** dans toute la France.*

en un **tournemain** (adverbe)
Synonyme d'en un tour de main. *L'omelette était prête **en un tournemain**.*

tourner (verbe) ▸ conjug. n° 3
1. Se déplacer autour d'un axe, ou en décrivant une courbe. *David regarde le manège qui **tourne**. La Lune **tourne** autour de la Terre.* **2.** Diriger dans un autre sens. *Fatima **a tourné** la tête au moment où on prenait la photo. Ibrahim **s'est tourné** vers moi pour me parler.* **3.** Changer de direction. *Au carrefour, il faut **tourner** à gauche.* (Syn. virer.) **4.** Rabattre l'un sur l'autre. *Kevin **tourne** les pages de son dictionnaire.* **5.** Fabriquer au tour. *Le potier **tourne** un bol.* **6.** Faire un film. *Ce réalisateur **a tourné** en décor naturel.* **7.** Évoluer d'une certaine façon. *Cette affaire **a tourné** à la catastrophe.* **8.** Devenir aigre. *Le lait n'est plus bon, il **a tourné** à cause de la chaleur.* • **Avoir la tête qui tourne :** avoir des vertiges. • **Tourner de l'œil :** synonyme familier de s'évanouir. Famille du mot : tourn**age**, tourn**ant**, tournebroche, tourn**ée**, en un tournemain, tournesol, tournevis, tourn**is**, tourn**oyer**, tourn**ure**. **Tourner** vient du latin *tornare* qui signifie « façonner au tour ».

tournesol (nom masculin)
Plante à grosses fleurs jaunes qui se tournent vers le soleil. *Avec les graines de **tournesol**, on fait de l'huile.*

un **tournesol**

tourneur (nom masculin)
Ouvrier qui façonne des pièces métalliques sur un tour.

tournevis (nom masculin)
Outil qui sert à serrer ou à desserrer les vis. Prononciation [tuʀnəvis].

tourniquet (nom masculin)
Dispositif de clôture qui tourne et qui ne laisse passer qu'une personne à la fois. *Pour entrer dans la station de métro, il faut franchir le **tourniquet**.*

tournis (nom masculin)
Sensation de vertige. *Toute cette foule m'a donné le **tournis**.*

tournoi (nom masculin)
1. Au Moyen Âge, combat opposant des chevaliers armés de lances. **2.** Compétition qui comprend plusieurs matchs. *Pierre s'est inscrit au **tournoi** de ping-pong.*

tournoyer (verbe) ▸ conjug. n° 6
Synonyme de tourbillonner. *Le cow-boy faisait **tournoyer** son lasso au-dessus de sa tête.*

tournure (nom féminin)
1. Façon d'évoluer en parlant d'un évènement ou d'une situation. *Cette discussion prend une **tournure** très dramatique.* (Syn. tour.) **2.** Agencement des mots dans une phrase. *Une **tournure** trop compliquée.* • **Tournure d'esprit :** manière de voir les choses.

Tours
Chef-lieu du département d'Indre-et-Loire, situé sur les bords de la Loire (139 000 habitants). Elle fut la capitale de la Touraine

tourte (nom féminin)
Tarte salée recouverte de pâte. *Maman prépare une **tourte** aux courgettes.*

tourteau, eaux (nom masculin)
Gros crabe comestible. *Les **tourteaux** ont des grosses pinces.* **Tourteau** vient de l'ancien français *tort* qui signifie « tordu », par allusion à la démarche du crabe.

un **tourteau**

tourterelle (nom féminin)
Oiseau qui ressemble à un pigeon. *Les **tourterelles** roucoulent.*

une **tourterelle**

tous ➡ Voir **tout**.

tousser (verbe) ▸ conjug. n° 3
Être pris d'un accès de toux. *Quentin a un gros rhume, il a le nez qui coule et il **tousse** beaucoup.*

toussoter (verbe) ▸ conjug. n° 3
Tousser légèrement. *Romain **a toussoté** pour attirer l'attention de Gaëlle.*

tout, toute, tous, toutes (adjectif)
1. Qui représente la totalité. *Il a neigé **toute** la nuit. **Tous** les toits de ce village sont en tuiles.* 2. N'importe lequel, chaque. *Il peut arriver à **tout** moment. **Toutes** les semaines, Thomas va au cours de judo.* ■ **tout, tous, toutes** (pronom) La totalité des choses ou des personnes. ***Tout** est bon dans ce restaurant. Les élèves sont **tous** partis en classe de neige.* ■ **tout** (adverbe) 1. Complètement, entièrement, tout à fait. *Cette maison est **tout** abîmée. Ton pantalon est **tout** sale.* 2. Synonyme de très. *Ce chat est encore **tout** jeune.* • **En tout :** au total. ***En tout**, on a payé quinze euros.* ✎ **Tout**, adverbe, s'accorde devant un adjectif féminin qui commence par une consonne ou un h aspiré. *Ces filles sont **toutes** mignonnes. Elle est **toute** honteuse.* ■ **tout** (nom masculin) 1. Ensemble de choses. *Il veut se débarrasser de sa collection de timbres et donner le **tout** à son cousin.* 2. Chose essentielle. *Le **tout** c'est de ne pas s'affoler quand il y a le feu.* • **Pas du tout :** absolument pas. *Je n'ai **pas** faim **du tout**.*

tout à coup (adverbe)
Brusquement, soudain, subitement. *On dînait dehors quand **tout à coup** l'orage a éclaté.*

tout à fait (adverbe)
Entièrement, totalement, complètement. *Le gâteau n'est pas encore **tout à fait** cuit.*

tout-à-l'égout (nom masculin)
Système d'évacuation des eaux sales dans les égouts. *Cette ferme éloignée n'est pas raccordée au **tout-à-l'égout**.*

tout à l'heure (adverbe)
1. Il y a peu de temps. *Il fait beau maintenant, mais **tout à l'heure** il pleuvait.* 2. Dans un moment. *Tu iras acheter le pain **tout à l'heure**.*

Toutankhamon (XIVe siècle avant Jésus-Christ)
Pharaon égyptien, qui, à 10 ans, succéda à son beau-père Aménophis IV Akhenaton. Il supprima le culte d'Aton pour rétablir celui du dieu Amon. Il mourut à 18 ou 19 ans. Son tombeau a été retrouvé intact, en 1922, près de Thèbes. Il renfermait un riche trésor funéraire, aujourd'hui au musée du Caire. ➡ p. 956.

tout de suite (adverbe)
Sans attendre. *Hélène a reçu une lettre de sa grand-mère et lui a **tout de suite** répondu.* (Syn. immédiatement.)

toutefois (adverbe)
Indique une opposition. *J'aimerais bien t'accompagner, si **toutefois** tu n'y vois pas d'inconvénient.* (Syn. cependant, néanmoins, pourtant.)

tout-terrain (adjectif)
Se dit d'un véhicule adapté à tous les terrains, même accidentés. *Un vélo **tout-terrain**.* ✎ Pluriel : des voitures tout-terrain.

toux (nom féminin)
Expiration bruyante et saccadée visant à dégager les voies respiratoires. *Pour calmer sa **toux**, Julie suce des bonbons au miel.*
Famille du mot : tous**ser**, tous**soter**.

toxicomane (nom)
Synonyme de drogué. *Il faut aider les **toxicomanes** à se passer de leur drogue.*

toxicomanie (nom féminin)
Fait de se droguer. *Cette brochure explique les dangers de la **toxicomanie**.*

toxique (adjectif)
Qui est dangereux pour la santé. *Certains champignons sont **toxiques**.* Famille du mot : **désin**toxiquer, **in**toxic**ation**, **in**toxiquer, toxi**comane**, toxi**comanie**.

trac (nom masculin)
Angoisse qu'on ressent avant de faire quelque chose en public. *Chaque fois qu'il entre sur scène, ce chanteur a le **trac**.*

tracas (nom masculin)
Synonyme de souci. *Les parents se font souvent beaucoup de **tracas** pour l'avenir de leurs enfants.*

tracasser (verbe) ▸ conjug. n° 3
Causer du tracas. *Sa santé nous **tracasse**. Ne te **tracasse** pas pour lui, il saura se débrouiller tout seul.* (Syn. inquiéter.) Famille du mot : tracas, tracass**erie**.

tracasserie (nom féminin)
Ennui ou désagrément causés par des choses peu importantes. *Maman redoute les **tracasseries** administratives.*

trace (nom féminin)
1. Marque laissée par un animal, une personne ou une chose. *Des **traces** de pas dans la neige.* (Syn. empreinte.) ➡ p. 443. 2. Marque laissée par une action ou un évènement passés. *L'enfant portait plusieurs **traces** de coups.* 3. Très petite quantité. *L'enquête a prouvé qu'il y avait des **traces** de poison dans le corps de la victime.*

tracé (nom masculin)
Ensemble de lignes représentant quelque chose. *On connaît le **tracé** de la future autoroute.*

tracer (verbe) ▸ conjug. n° 4
Dessiner à l'aide de traits. *Avec une craie, les enfants **ont tracé** une marelle dans la cour.*

trachée (nom féminin)
Conduit situé entre la gorge et les bronches, qui sert au passage de l'air qu'on respire.
ORTHO On dit aussi **trachée-artère**.

trachéite (nom féminin)
Inflammation de la trachée. *Sa **trachéite** le fait beaucoup tousser.* Prononciation [tʀakeit].

tract (nom masculin)
Feuille de papier contenant des opinions, des revendications ou des propositions. *Les nombreux manifestants distribuent des **tracts** aux passants.*

tractations (nom féminin pluriel)
Discussions longues et difficiles pour obtenir quelque chose. *Les **tractations** pour se mettre d'accord sur le prix de la maison ont été très longues.*

tracter (verbe) ▸ conjug. n° 3
Remorquer à l'aide d'un véhicule. *Le planeur **est tracté** par un avion à hélice.*

tracteur (nom masculin)
Véhicule à moteur utilisé pour tirer une remorque ou une machine agricole. *Le cultivateur part labourer son champ sur son **tracteur**.*

traction (nom féminin)
1. Force qui permet de tirer quelque chose. *Les trains sont aujourd'hui à **traction** électrique.* 2. Exercice de gymnastique où l'on soulève le corps par la force des bras. *À force de faire des **tractions**, Victor a des courbatures.*

tradition (nom féminin)
Manière de faire très ancienne, qui se transmet de génération en génération. *C'est la **tradition** d'offrir du muguet le jour du 1er mai.* (Syn. coutume, habitude.) Famille du mot : tradition**aliste**, tradition**nel**, tradition**nellement**. **Tradition** vient du latin *traditio* qui signifie « chose transmise ».

traditionaliste (adjectif et nom)
Qui respecte les traditions.

traditionnel, elle (adjectif)
Qui est fondé sur une tradition. *Laura souffle les bougies du **traditionnel** gâteau d'anniversaire.*

traditionnellement (adverbe)
De façon traditionnelle. *Le 14 Juillet, il y a **traditionnellement** des feux d'artifice.*

traducteur, trice (nom)
Auteur de traductions. *Son père est bilingue, il est **traducteur** dans une maison d'édition.*

traduction (nom féminin)
Texte traduit. *Ce livre est la **traduction** d'un roman américain.*

traduire (verbe) ▸ conjug. n° 43
1. Écrire ou dire la même chose avec des mots d'une langue différente. *Ce roman anglais vient d'**être traduit** en français.* **2.** Exprimer ou manifester quelque chose d'une certaine façon. *Le mécontentement de la population **s'est traduit** par des émeutes.* • **Traduire quelqu'un en justice :** le faire passer devant un tribunal. Famille du mot : intraduis**ible**, traduc**teur**, traduc**tion**, traduis**ible**. **Traduire** vient du latin *traducere* qui signifie « faire passer ».

traduisible (adjectif)
Que l'on peut traduire. *Ce jeu de mots est difficilement **traduisible** en anglais.*

Trafalgar
Cap du sud de l'Espagne, bordé par l'océan Atlantique et situé près de Gibraltar. À la bataille de Trafalgar, l'amiral Nelson battit la flotte franco-espagnole de l'amiral Villeneuve (1805).
UN COUP DE TRAFALGAR
Un évènement inattendu et catastrophique.

trafic (nom masculin)
1. Circulation de véhicules. *Pour ce week-end, on prévoit un **trafic** important sur les routes.* **2.** Commerce interdit par la loi. *Les policiers ont démantelé un **trafic** d'armes.* Famille du mot : trafiqu**ant**, trafiqu**er**.

trafiquant, ante (nom)
Personne qui fait du trafic. *Le tribunal a condamné des **trafiquants** de drogue.*

trafiquer (verbe) ▸ conjug. n° 3
1. Faire du trafic. *C'est en **trafiquant** que cet homme s'est enrichi.* **2.** Modifier dans l'intention de tromper. *Ces comptes sont faux : ils **ont été trafiqués**.* (Syn. falsifier.)

tragédie (nom féminin)
1. Pièce de théâtre dont le sujet est grave et qui se termine mal. *Au collège, on étudie certaines **tragédies** de Racine.* **2.** Évènement terrible et dramatique. *Sa mort a été une **tragédie** pour toute la famille.* (Syn. drame.)

tragicomédie (nom féminin)
Tragédie où sont introduits certains éléments comiques et dont la fin est heureuse. Le Cid *de Corneille est une **tragicomédie**.*

tragique (adjectif)
Qui a des conséquences très graves. *Son oncle a été grièvement blessé dans un **tragique** accident.* (Syn. effroyable, terrible.) ■ **tragique** (nom masculin) • **Prendre quelque chose au tragique :** s'en inquiéter de façon exagérée.

tragiquement (adverbe)
De manière tragique. *Des pêcheurs ont péri **tragiquement** dans la tempête.*

la bataille de **Trafalgar**, peinture de William Stanfield (1833)

« Hamlet », **tragédie** de Shakespeare illustrée par Eugène Delacroix

trahir (verbe) ▸ conjug. n° 11
1. Abandonner ou tromper quelqu'un qui avait confiance en vous, en se mettant du côté de ses ennemis. *En vendant à un pays étranger les plans de la fusée, il* ***a trahi*** *son pays.* 2. Laisser paraître ce qu'on voulait cacher. *Ses tremblements* ***trahissent*** *son émotion. Myriam* ***s'est trahie*** *en rougissant.* • **Trahir un secret** : le divulguer alors qu'on avait promis de ne pas le répéter. **Trahir** vient du latin *tradere* qui signifie « livrer ».

trahison (nom féminin)
Action de trahir. *Il a été condamné pour* ***trahison****.*

train (nom masculin)
1. Ensemble de wagons tirés par une locomotive. *Je prendrai le* ***train*** *qui part à six heures. Le TGV est un* ***train*** *très rapide.* 2. File de véhicules attachés les uns aux autres. *William regarde passer un* ***train*** *de péniches sur le canal.* 3. Allure ou vitesse de quelqu'un ou de quelque chose. *Au* ***train*** *où tu vas, tu n'auras pas fini tes devoirs ce soir !* • **À fond de train** : à toute vitesse. • **Être en train de** : exprime le déroulement d'une action. *Noémie* ***est en train de*** *prendre son petit déjeuner.* • **Train d'atterrissage** : système qui permet à un avion de rouler au sol au moment de l'atterrissage. • **Train de vie** : manière de vivre par rapport à ses revenus.

traînard, arde (nom)
Personne qui est à la traîne d'un groupe. *Les marcheurs ont fait une halte pour attendre les* ***traînards****.*
ORTHO On écrit aussi **trainard**.

traîne (nom féminin)
Partie d'un vêtement qui traîne par terre. *La mariée portait une robe blanche avec une longue* ***traîne****.* • **À la traîne** : en retard sur les autres. *Ce sont toujours les mêmes qui sont* ***à la traîne*** *!*
ORTHO On écrit aussi **traine**.

traîneau, eaux (nom masculin)
Véhicule muni de patins pour glisser sur la neige ou sur la glace. *Le* ***traîneau*** *est tiré par un cheval.* ➡ p. 189.
ORTHO On écrit aussi **traineau**.

traînée (nom féminin)
Longue trace laissée par quelque chose. *La* ***traînée*** *blanche d'un avion dans le ciel bleu.*
ORTHO On écrit aussi **trainée**.

traîner (verbe) ▸ conjug. n° 3
1. Tirer une chose sans la soulever. *La locomotive* ***traîne*** *une dizaine de wagons de marchandises.* 2. Pendre jusqu'à terre. *Ton ourlet est défait et ta robe* ***traîne*** *par terre !* 3. Être en désordre. *Maman demande à Xavier de ranger toutes ses affaires qui* ***traînent****.* 4. Rester trop longtemps quelque part. *Fais vite et ne* ***traîne*** *pas en route !* (Syn. s'attarder.) 5. Durer vraiment trop longtemps. *Les travaux* ***traînent*** *depuis des mois.* 6. Se traîner : se déplacer en rampant. *Le bébé* ***se traîne*** *par terre.* • **Traîner la jambe** : avancer péniblement. Famille du mot : traîn**ard**, traîne, traîn**eau**, traîn**ée**.
ORTHO On écrit aussi **trainer**.

train-train (nom masculin)
Synonyme familier de routine. *La visite de ses amis a rompu son* ***train-train*** *quotidien.* Pluriel : des train-train.
ORTHO On écrit aussi un **traintrain**, des **traintrains**.

traire (verbe) ▸ conjug. n° 40
Tirer sur les mamelles, en prenant le pis, pour faire sortir le lait. *On* ***trait*** *les vaches, les chèvres et les brebis.* **Traire** vient du latin *trahere* qui signifie « tirer ».
➡ p. 1282.

On **trait** la vache.

trait (nom masculin)
1. Courte ligne droite. *Odile trace des **traits** à la craie pour dessiner une marelle.* **2.** Action de tirer une charrue ou un chariot. *Les chevaux de **trait** sont utilisés pour tirer les troncs d'arbres coupés.* **3.** Élément distinctif. *La chaleur humide est un **trait** dominant du climat équatorial.* • **Avoir trait à quelque chose :** avoir un rapport avec elle. *Tout ce qui **a trait au** sport passionne Sarah.* (Syn. concerner.) • **D'un (seul) trait :** en une seule fois, sans s'arrêter. *Le bébé a bu son biberon **d'un seul trait**.* • **Un trait de génie :** une idée géniale. ■ **traits** (nom masculin pluriel) Lignes qui forment le visage. *Ursula a les mêmes **traits** que sa mère.*

traitant, ante (adjectif)
• **Médecin traitant :** médecin qui traite quelqu'un habituellement.

trait d'union (nom masculin)
Signe en forme de petit trait, qui sert à réunir les parties d'un même mot. *Les mots « arc-en-ciel » et « pot-au-feu » s'écrivent avec des **traits d'union**.* Pluriel : des traits d'union.

traite (nom féminin)
1. Trafic et commerce d'êtres humains. *À l'époque de la **traite** des Noirs, beaucoup d'Africains ont été vendus comme esclaves en Amérique.* **2.** Somme qu'un débiteur doit payer régulièrement pour rembourser un crédit. *Ils paient chaque mois les **traites** de leur appartement.* **3.** Action de traire. *C'est une machine qui effectue la **traite** des vaches.* • **D'une (seule) traite :** en une seule fois, sans s'arrêter. *On a fait le parcours en voiture, **d'une seule traite**.*

traité (nom masculin)
1. Ouvrage qui traite d'une matière ou d'un sujet. *Ce **traité** de physique me semble compliqué.* **2.** Accord officiel entre des États. *Signer un **traité** de paix.*

traitement (nom masculin)
1. Façon de traiter une personne ou un animal. *Cet homme est soupçonné de faire subir de mauvais **traitements** à ses enfants.* **2.** Ensemble des moyens utilisés pour soigner une maladie. *Le médecin a prescrit un nouveau **traitement** à son patient.* **3.** Ensemble des opérations ou des procédés destinés à modifier une chose. *Le **traitement** de l'eau la rend potable.* **4.** Salaire d'un fonctionnaire. *On reçoit son **traitement** à la fin du mois.* • **Traitement de texte :** programme informatique qui permet de saisir, corriger et imprimer des documents.

traiter (verbe) ▸ conjug. n° 3
1. Agir d'une certaine façon envers une personne ou un animal. *Ce restaurateur **traite** ses clients comme des amis.* **2.** Donner un qualificatif injurieux à quelqu'un. *Zoé s'est fâchée quand Yann l'**a traitée** de menteuse.* **3.** Appliquer un traitement à une maladie. *Anna a pris des antibiotiques pour **traiter** son angine.* **4.** Enseigner quelque chose ou parler de quelque chose. *Ce matin, le professeur **a traité** avec les élèves des problèmes de la violence à l'école.* **5.** Soumettre une chose à un traitement qui la modifie. *Ce bois **est traité** spécialement pour l'extérieur. Des oranges non **traitées**.* Famille du mot : in**traitable**, **mal**traiter, trai**tant**, traité, traite**ment**, traite**ur**.

traiteur (nom masculin)
Commerçant qui prépare et vend des plats cuisinés. *Maman a commandé une paella chez le **traiteur**.*

traître, traîtresse (nom)
Personne qui trahit. *Cet homme est passé dans le camp ennemi, c'est un **traître**.* • **En traître :** de façon perfide, déloyale.

*Prendre quelqu'un **en traître** en l'attaquant par-derrière.* ■ **traître** (adjectif masculin) Qui est plus dangereux qu'il n'en a l'air. *Méfie-toi des petites routes de montagne car elles sont **traîtres** !* • **Pas un traître mot :** pas un seul mot. *Je n'ai **pas** compris **un traître mot** de son discours.*
ORTHO On écrit aussi **traitre, traitresse.**

traîtrise (nom féminin)
Comportement d'un traître. *On lui a reproché sa **traîtrise**.* (Syn. perfidie. Contr. loyauté.)
ORTHO On écrit aussi **traitrise.**

Trajan (né en 53, mort en 117)
Empereur romain (98-117). Il étendit l'Empire romain en conquérant la région de la Dacie (l'actuelle Roumanie), l'Arabie, l'Arménie, l'Assyrie et la Mésopotamie. Il développa l'architecture et la sculpture à Rome et dans l'Empire. La « colonne de Trajan », à Rome, fut érigée pour commémorer sa victoire en Dacie en 113.

trajectoire (nom féminin)
Chemin suivi par un corps en mouvement. *La fusée a dévié de la **trajectoire** prévue.* **Trajectoire** vient du latin *trajectus* qui signifie « traversée », que l'on retrouve dans *trajet*.

trajet (nom masculin)
Chemin à parcourir pour aller d'un point à un autre. *Comme son école n'est pas loin, Élodie fait le **trajet** à pied.* (Syn. parcours.)

tram ➡ Voir **tramway**.

trame (nom féminin)
1. Ensemble des fils d'un tissu qui sont tissés dans le sens de la largeur. 2. Au sens figuré, ce qui constitue le fond ou la structure de quelque chose. *Ce romancier présente la **trame** de son prochain livre.*

tramer (verbe) ▸ conjug. n° 3
Comploter, manigancer quelque chose. *Ces voyous **trament** un mauvais coup.*

tramontane (nom féminin)
Vent du nord-ouest qui souffle parfois sur une partie de la côte méditerranéenne. **Tramontane** vient de l'italien *transmontana* (*stella*) qui signifie « (étoile) polaire ».

trampoline (nom masculin)
Grande toile tendue sur un cadre par des ressorts, sur laquelle on rebondit.

tramway (nom masculin)
Sorte de train électrique pour le transport des voyageurs dans les rues de certaines villes. **Tramway** est un mot anglais : on prononce [tʀamwɛ]. Ce mot s'abrège **tram**.

tranchant, ante (adjectif)
1. Qui tranche bien. *Le boucher aiguise ses couteaux pour les rendre plus **tranchants**.* (Syn. coupant.) 2. Au sens figuré, qui est brusque et dur. *Un ton **tranchant**.* ■ **tranchant** (nom masculin) Partie tranchante d'une lame. *Le **tranchant** d'une hache.*

tranche (nom féminin)
Morceau plus ou moins mince d'un aliment qu'on a tranché. *Pour les sandwichs, on a acheté de fines **tranches** de jambon.*

tranchée (nom féminin)
Trou étroit et long qu'on creuse dans le sol. *Les ouvriers font des **tranchées** pour changer les conduites de gaz.*

des soldats français dans une **tranchée** en 1917

trancher (verbe) ▸ conjug. n° 3
1. Couper d'un seul coup. *Autrefois, en France, on **tranchait** la tête des condamnés à mort avec une guillotine.* 2. Faire un choix catégorique et décisif pour régler quelque chose. *On a assez hésité, maintenant il faut **trancher**.* 3. Faire un contraste. *La couleur sombre de sa cravate **tranche** sur sa chemise blanche.* Famille du mot : tranch**ant**, tranche, tranch**ée**.

tranquille (adjectif)
1. Où il n'y a ni agitation ni bruit. *Fatima cherche un endroit **tranquille** pour travailler.* (Syn. calme, paisible.) 2. Qui est peu remuant. *Les enfants sont **tranquilles**, on ne les entend pas !* (Syn. sage.) 3. Qui est sans inquiétude. *Sois **tranquille**, il n'y a aucun danger.* • **Laisser quelqu'un tranquille** : ne pas le déranger. ***Laisse**-nous **tranquilles**, nous travaillons vraiment !* Famille du mot : tranquillement, tranquillisant, tranquilliser, tranquillité.

tranquillement (adverbe)
D'une manière tranquille. *Benjamin lit **tranquillement** dans sa chambre.* (Syn. calmement, paisiblement.)

tranquillisant (nom masculin)
Médicament qui calme l'anxiété.

tranquilliser (verbe) ▸ conjug. n° 3
Synonyme de rassurer. *Nous avons enfin eu de ses nouvelles, et nous voilà **tranquillisés**.* (Contr. inquiéter.)

tranquillité (nom féminin)
État de ce qui est tranquille et calme. *Ce qu'ils apprécient le plus dans ce village, c'est la **tranquillité**.* (Syn. calme.)

transaction (nom féminin)
Opération boursière ou commerciale.

■ **transat** (nom masculin)
Chaise longue pliante. Prononciation [tʀɑ̃zat]. Les premiers **transats** ont été utilisés sur le pont des paquebots *transatlantiques*.

■ **transat** (nom féminin)
Course de voiliers à travers l'Atlantique. Prononciation [tʀɑ̃zat].

transatlantique (adjectif)
Qui traverse l'océan Atlantique. *Cette course **transatlantique** va du Havre à New York.* ■ **transatlantique** (nom masculin) Navire transatlantique.

transborder (verbe) ▸ conjug. n° 3
Faire passer des voyageurs ou des marchandises d'un navire, d'un avion, d'un train à un autre. *Au port, les marchandises **sont transbordées** des navires aux camions.*

transcription (nom féminin)
Action de transcrire. *La **transcription** phonétique de certains mots particuliers est indiquée dans ce dictionnaire.*

transcrire (verbe) ▸ conjug. n° 47
Reproduire un message dans un alphabet différent. *Ce livre **a été transcrit** en braille.*

transe (nom féminin)
• **Être en transe** : perdre tout contrôle de soi. ■ **transes** (nom féminin pluriel) • **Être dans les transes** : être très anxieux.

transept (nom masculin)
Partie d'une église qui est perpendiculaire à la nef, au niveau du chœur. Prononciation [tʀɑ̃sɛpt].

transférer (verbe) ▸ conjug. n° 8
Faire passer quelqu'un ou quelque chose d'un lieu à un autre. *Les locaux de la banque **ont été transférés** de l'autre côté de la rue. Je te **transfère** le message que je viens de recevoir.*

transfert (nom masculin)
Action de transférer quelqu'un ou quelque chose. *Le blessé est soigné dans l'ambulance pendant son **transfert** à l'hôpital.*

transfigurer (verbe) ▸ conjug. n° 3
Transformer quelqu'un en l'embellissant. *Le bonheur les **a transfigurés**.*

transformateur (nom masculin)
Appareil qui permet de modifier le voltage d'un courant électrique.

transformation (nom féminin)
1. Action de transformer quelque chose. *La **transformation** des matières premières en produits industriels.* 2. Ce qui a été transformé. *Gaëlle a fait des **transformations** dans sa chambre en changeant les meubles de place.* (Syn. changement, modification.)

transformer (verbe) ▸ conjug. n° 3
Changer l'aspect ou la forme de quelque chose ou de quelqu'un. *Ce terrain vague va **être transformé** en jardin public. Le têtard **se transforme** en grenouille, la chenille **se transforme** en papillon.* • **Transformer un essai** : au

rugby, faire passer le ballon entre les poteaux du camp adverse après avoir marqué un essai. Famille du mot : transformat**eur**, transforma**tion**.

transfuser (verbe) ▸ conjug. n° 3
Injecter à quelqu'un du sang prélevé sur une autre personne.

transfusion (nom féminin)
Fait d'injecter dans les veines d'une personne le sang d'une autre personne. *Ce blessé a été sauvé grâce à une **transfusion** sanguine.*

transgénique (adjectif)
Qui contient un ou plusieurs gènes étrangers et qui n'est donc pas naturel. *Du blé **transgénique**.*

transgresser (verbe) ▸ conjug. n° 3
Ne pas respecter un ordre, une loi, etc. *Il a été puni pour **avoir transgressé** le règlement.*

transhumance (nom féminin)
Déplacement des troupeaux qui vont paître dans les alpages l'été, puis qui redescendent dans les vallées avant l'hiver.

la **transhumance**

transi, ie (adjectif)
Qui a très froid. *Les randonneurs sont rentrés **transis**.*

transiger (verbe) ▸ conjug. n° 5
Faire des concessions pour trouver un accord. *Ils ne sont pas d'accord sur les prix, ils vont devoir **transiger**.* Famille du mot : intransige**ance**, **in**transige**ant**.

transistor (nom masculin)
Poste de radio portatif. *Clément a acheté des piles pour son **transistor**.*

transit (nom masculin)
Fait de s'arrêter dans un pays pour aller dans un autre pays sans avoir à passer la douane. *Le temps de l'escale, les passagers en **transit** attendent dans la salle d'embarquement.* Prononciation [tʀɑ̃zit].

transiter (verbe) ▸ conjug. n° 3
Être en transit. *Quand je suis allé aux États-Unis, j'**ai transité** par Londres.*

transitif, ive (adjectif)
Se dit d'un verbe qui peut être suivi d'un complément d'objet. *« Manger » est un verbe **transitif**, « dormir » est un verbe intransitif.*

transition (nom féminin)
Moment qui représente un stade intermédiaire. *L'adolescence fait la **transition** entre l'enfance et l'âge adulte.*

transitoire (adjectif)
Qui forme une transition. *Votre gouvernement a pris des mesures **transitoires**.* (Syn. provisoire, temporaire. Contr. définitif.)

translucide (adjectif)
Qui est presque transparent. *Le blanc d'œuf cru est **translucide**, le jaune ne l'est pas.* (Contr. opaque.)

transmettre (verbe) ▸ conjug. n° 33
1. Communiquer quelque chose à quelqu'un. *C'est Luc qui m'**a transmis** ton message. La varicelle **se transmet** très facilement.* **2.** Faire passer d'un endroit à un autre. *Les vibrations de la perceuse **se transmettent** dans toute la maison.* Famille du mot : **re**transmettre, **re**transmis**sion**, transmiss**ible**, transmis**sion**.

transmissible (adjectif)
Qui peut se transmettre. *Le sida est une maladie **transmissible** par le sperme ou par le sang.* (Syn. contagieux.)

transmission (nom féminin)
Action de transmettre. *La **transmission** d'une maladie. Soudain, la courroie de **transmission** s'est cassée et la voiture est tombée en panne.*

transparaître (verbe) ▸ conjug. n° 37
Devenir visible sur une surface. *Son émotion **transparaît** sur son visage.*
ORTHO On écrit aussi **transparaitre**.

transparence (nom féminin)
Qualité de ce qui est transparent. *La **transparence** de l'eau nous permet de voir les fonds marins.*

transparent, ente (adjectif)
Qui laisse passer la lumière et permet de voir distinctement à travers. *Ce tissu est trop **transparent**, il va falloir le doubler.* **Transparent** vient des mots latins *trans* qui signifie « à travers » et *parere* qui signifie « apparaître ».

transpercer (verbe) ▸ conjug. n° 4
Passer au travers de quelque chose. *Une flèche lui **a transpercé** le bras.* (Syn. traverser.)

transpiration (nom féminin)
Sécrétion de la sueur à travers les pores de la peau. *Pour éviter les odeurs de **transpiration**, Julie met du déodorant.* (Syn. sueur.)

transpirer (verbe) ▸ conjug. n° 3
Avoir la peau couverte de transpiration. *Il fait tellement chaud que tout le monde **transpire** abondamment.* (Syn. suer.)

transplantation (nom féminin)
Action de transplanter un organe. *Une **transplantation** cœur-poumons.*

transplanter (verbe) ▸ conjug. n° 3
1. Sortir une plante de terre pour la replanter ailleurs. *Le jardinier **a transplanté** plusieurs arbustes qui manquaient de soleil.* 2. Greffer un organe à un malade. *Il est à l'hôpital car on doit lui **transplanter** un rein.*

transport (nom masculin)
Action de transporter. *Certains trains assurent le **transport** des voyageurs et de leur voiture.* ■ **transports** (nom masculin pluriel) Moyens qui permettent de transporter des personnes ou des marchandises. *Le métro et les autobus sont des **transports** en commun.*

transporter (verbe) ▸ conjug. n° 3
Porter d'un lieu dans un autre. *Ce camion frigorifique **transporte** du poisson.* Famille du mot : transport, transport**eur**.

transporteur, euse (nom)
Personne dont le métier est de transporter des marchandises ou des personnes.

transposer (verbe) ▸ conjug. n° 3
Présenter quelque chose sous une autre forme ou dans un autre contexte. *Le réalisateur de ce film **a transposé** une histoire médiévale à l'époque actuelle.*

transvaser (verbe) ▸ conjug. n° 3
Faire passer un liquide d'un récipient dans un autre. *Maman **a transvasé** le porto dans une carafe en cristal.*

transversal, ale, aux (adjectif)
Qui coupe quelque chose perpendiculairement. *Cette rue est **transversale**.*

Transylvanie
Région du centre de la Roumanie. La Transylvanie est un plateau élevé, limité par les montagnes des Carpates. La population est composée de Roumains, de Hongrois et d'Allemands. C'est une région fertile. On y cultive des céréales ainsi que des fruits et on y pratique l'élevage. Le sous-sol est riche en gaz naturel, cuivre et plomb.

trapèze (nom masculin)
1. Figure géométrique qui a quatre côtés, dont deux sont parallèles et de longueur inégale. ➡ p. 576. 2. Barre horizontale suspendue à deux cordes. *Dans le jardin, il y a un portique avec une balançoire et un **trapèze**.* **Trapèze** vient du grec *trapeza* qui signifie « table à quatre pieds ».

trapéziste (nom)
Personne qui fait des acrobaties au trapèze. *Laura a toujours peur quand elle regarde les **trapézistes** du cirque.*

trappe (nom féminin)
1. Ouverture dans un plancher ou au plafond, fermée par un panneau mobile. *Une **trappe** donne accès à notre grenier.* 2. Trou recouvert de branchages, servant à piéger les animaux sauvages. *Les chasseurs ont trouvé un renard pris dans la **trappe**.*

trappeur (nom masculin)
Chasseur d'animaux à fourrure, en Amérique du Nord. *Le **trappeur** a posé des pièges à renards.*

un **trappeur** au début du XXe siècle

trapu, ue (adjectif)
Qui est petit et large de carrure. *Ces rugbymen sont **trapus**.* (Syn. râblé.)

traquenard (nom masculin)
Piège tendu à quelqu'un. *Les quinze malfaiteurs sont tombés dans un **traquenard** tendu par la police.*

traquer (verbe) ▸ conjug. n° 3
Pourchasser sans relâche et avec acharnement un gibier ou une personne. *Le sanglier **est traqué** par les chasseurs.*

traumatiser (verbe) ▸ conjug. n° 3
Causer un traumatisme. *Ce film violent risque de **traumatiser** les enfants.*

traumatisme (nom masculin)
Choc provoqué par un coup ou une émotion violente. *Le divorce de ses parents a été un **traumatisme** pour elle. Un **traumatisme** crânien.* **Traumatisme** vient du grec *trauma* qui signifie « blessure ».

travail, aux (nom masculin)
1. Activité professionnelle qui permet de gagner sa vie. *Ces chômeurs ont perdu récemment leur **travail**.* 2. Activité utile pour obtenir un résultat. *Il lui a fallu plusieurs heures de **travail** pour monter la bibliothèque.* 3. Tâche à faire. *Myriam n'a pas fini son **travail** pour demain, elle a encore une récitation à apprendre.* ■ travaux (nom masculin pluriel) Ensemble d'opérations qui exigent de la main-d'œuvre et des moyens techniques. *Ce village se consacre entièrement aux **travaux** agricoles. Il y a des **travaux** sur l'autoroute.* 2. Ensemble des recherches d'un intellectuel. *Les **travaux** du savant ont été récompensés.* **Travail** vient du latin *tripalium* qui signifie « instrument de torture ».

travailler (verbe) ▸ conjug. n° 3
1. Exercer son métier. *La mère de Noémie **travaille** dans une bibliothèque.* 2. Faire des efforts pour obtenir un résultat. *David **a travaillé** des mois pour faire sa maquette. Tu dois **travailler** si tu veux réussir.* 3. Modifier quelque chose par son action. *Le menuisier **travaille** le bois. Les paysans **travaillent** la terre.* 4. Se déformer sous l'effet d'un phénomène. *Sous l'effet de la chaleur, le bois **a travaillé** et le meuble s'est fendu.* Famille du mot : travail, travail**leur**.

travailleur, euse (adjectif)
Qui travaille beaucoup. *Cette classe a de bons résultats car les élèves sont **travailleurs**.* (Contr. fainéant, paresseux.) ■ travailleur, euse (nom) Personne qui travaille. *Les artisans sont des **travailleurs** manuels.*

travée (nom féminin)
Rangée de tables ou de sièges alignés les uns derrière les autres. *Les **travées** du théâtre étaient pleines de monde.*

travelling (nom masculin)
Mouvement d'une caméra de cinéma qui se déplace le long d'un rail. *Cette scène est un très long **travelling**.* **Travelling** est un mot anglais : on prononce [tʀavliŋ]. **Travelling** vient de l'anglais *to travel* qui signifie « se déplacer ».

travers (nom masculin)
Petit défaut. *Il est très gourmand, mais on lui pardonne ce petit **travers**.* • **À travers :** en traversant une étendue ou une épaisseur. *Marcher **à travers** champs. Qu'est-ce que tu vois **à travers** la vitre ?* • **Au travers :** en traversant de part en part. *Le toit est en mauvais état et la pluie passe **au travers**.* • **De travers :** qui n'est pas droit ou pas correct. *Redresse ce tableau, tu vois bien qu'il est **de travers** ! Il comprend tout **de travers**.* • **En travers :** au milieu, dans le sens de la largeur. *Des troncs d'arbres **en travers** de la route empêchent la*

circulation. • **Passer au travers de quelque chose :** y échapper. • **Regarder quelqu'un de travers :** le regarder avec antipathie ou malveillance.

traverse (nom féminin)
Grosse pièce de bois disposée en travers d'une voie ferrée, et sur laquelle les rails sont fixés. • **Chemin de traverse :** chemin plus court, qui s'écarte de la route normale. *On a pris un **chemin de traverse** pour gagner du temps.*

traversée (nom féminin)
Trajet fait quand on traverse un espace. *Il a fait la **traversée** de l'Atlantique à la voile.*

traverser (verbe) ▸ conjug. n° 3
1. Passer d'un côté à l'autre. *Les enfants ont construit un radeau pour **traverser** la rivière.* 2. Pénétrer et passer au travers de quelque chose. *Il y a eu un tel orage que la pluie **a traversé** mon anorak.* (Syn. transpercer.) Famille du mot : travers, traverse, traversée.

traversière (adjectif féminin)
• **Flûte traversière :** flûte qu'on tient parallèlement à la bouche.

traversin (nom masculin)
Coussin cylindrique, qui tient toute la largeur du lit. (Syn. polochon.)

se **travestir** (verbe) ▸ conjug. n° 11
Synonyme de se déguiser. *Pour le carnaval, ils **se sont travestis** en mousquetaires.* **Travestir** vient de l'italien *travestire* qui signifie « changer de vêtement ».

La petite fille **s'est travestie** en fleur.

trayeuse (nom féminin)
Machine servant à traire les vaches.

trébucher (verbe) ▸ conjug. n° 3
Perdre l'équilibre après avoir heurté quelque chose en marchant. *Odile **a trébuché** sur un rocher et a failli tomber.*

trèfle (nom masculin)
1. Petite plante fourragère aux feuilles composées de trois parties. *Sarah a trouvé un porte-bonheur : un **trèfle** à quatre feuilles !* 2. Une des quatre couleurs des jeux de cartes qui représente un trèfle noir. **Trèfle** vient du grec *triphullon* qui signifie « à trois feuilles ».

un **trèfle**

treillage (nom masculin)
Assemblage de lattes entrecroisées. *On a installé un **treillage** le long du mur pour les rosiers grimpants.*

treille (nom féminin)
Vigne qui pousse sur un treillage ou sur un mur. *Sous la **treille** de la terrasse, on est à l'abri du soleil.*

treillis (nom masculin)
1. Assemblage de lattes ou de fils métalliques. *Les cages à lapins sont fermées par un **treillis**.* 2. Tenue de combat, en grosse toile, des militaires.

treize (déterminant)
Dix plus trois (13). *La fermière a ajouté un œuf à la douzaine d'œufs : on a donc **treize** œufs.* ■ **treize** (nom) Nombre treize. *Certains disent que le **treize** porte bonheur, d'autres qu'il porte malheur.*

treizième (adjectif et nom)
Qui occupe le rang numéro 13. *Ursula habite au **treizième** étage. David est arrivé le **treizième**.* ■ **treizième** (nom masculin) Ce qui est contenu treize fois dans un tout.

trekking (nom masculin)
Randonnée à pied dans des sites difficiles d'accès. *William part faire du **trekking** au Népal.* **Trekking** est un mot anglais : on prononce [tʀekiŋ].
ORTHO On dit aussi **trek**.

tréma (nom masculin)
Signe formé de deux points que l'on met sur les voyelles *e, i, u*, pour indiquer qu'on doit prononcer la voyelle d'avant. *« Ciguë »* [sigy], *« haïr »* [aiʀ] *portent un **tréma**.* **Tréma** vient du grec *trêma* qui signifie « trou sur un dé ».

tremble (nom masculin)
Variété de peuplier, au feuillage très léger qui tremble au moindre vent.

tremblement (nom masculin)
Suite de mouvements brusques et involontaires du corps. *Le malade a tellement de fièvre qu'il est pris de **tremblements**.* • **Tremblement de terre :** violente secousse qui fait trembler la terre. *Un **tremblement de terre** a dévasté cette région.* (Syn. séisme.)

un pont coupé par un **tremblement de terre**

trembler (verbe) ▸ conjug. n° 3
1. Être agité par des tremblements. *Couvre-toi, tu **trembles** de froid !* (Syn. frissonner, grelotter.) **2.** Être ébranlé de violentes secousses. *La terre **a** encore **tremblé** en Italie du Nord.* **3.** Avoir peur. *Il **tremble** à l'idée de perdre son emploi.* Famille du mot : trembl**ement**, trembl**oter**.

trembloter (verbe) ▸ conjug. n° 3
Trembler légèrement. *Les personnes très âgées ont parfois les mains qui **tremblotent**.*

trémière (adjectif féminin)
• **Rose trémière :** plante ornementale à hautes tiges et à grandes fleurs colorées. Rose **trémière** est une déformation de rose *d'outremer*.

trémolo (nom masculin)
Tremblement de la voix, dû à une grande émotion. *Zoé nous a annoncé la triste nouvelle avec des **trémolos** dans la voix.*

se **trémousser** (verbe) ▸ conjug. n° 3
S'agiter dans tous les sens. *Bébé **se trémousse** quand on le chatouille.* (Syn. gigoter.)

tremper (verbe) ▸ conjug. n° 3
1. Imbiber d'un liquide. *Kevin a reçu toute l'averse, il est rentré **trempé** !* **2.** Plonger dans un liquide. *Nathalie **trempe** un croissant dans son lait chaud.* **3.** Rester dans un liquide. *Ta chemise est très sale, laisse-la **tremper** un peu avant de la laver.* **4.** Participer à une action répréhensible. *On le soupçonne d'**avoir trempé** dans une affaire de corruption.*

tremplin (nom masculin)
Endroit d'où l'on prend son élan pour plonger ou pour sauter. *Pour le concours de saut, les skieurs partent du haut du **tremplin**.*

trentaine (nom féminin)
Nombre d'environ trente. *Il y a une **trentaine** d'élèves dans la classe.*

trente (déterminant)
Trois fois dix (30). *Les mois d'avril, de juin, de septembre et de novembre ont **trente** jours.* ■ **trente** (nom masculin) Nombre trente. Famille du mot : tren**taine**, trent**ième**.

trentième (adjectif)
Qui occupe le rang numéro 30. *Le **trentième** jour d'avril est le dernier jour de ce mois.* ■ **trentième** (nom masculin) Ce qui est contenu trente fois dans un tout.

a b c d e f g h i j k l m n o p q r s t u v w x y z

trépas (nom masculin)
Synonyme littéraire de mort. *Passer de vie à **trépas**.*

trépasser (verbe) ▶ conjug. n° 3
Synonyme littéraire de mourir. *Le prince **trépassa** dans sa vingtième année.*

trépidant, ante (adjectif)
Qui est agité et fébrile. *Ils ont déménagé à la campagne car ils ne supportaient plus la vie **trépidante** de la ville.*

trépidation (nom féminin)
Fait de trépider. *Les **trépidations** du marteau-piqueur font trembler les vitres.*

trépider (verbe) ▶ conjug. n° 3
Être agité de petites secousses rapides. *On sent le sol **trépider** quand le métro passe.* (Syn. trembler, vibrer.) Famille du mot : trépid**ant**, trépid**ation**.

trépied (nom masculin)
Support qui repose sur trois pieds. *Pour être sûr de faire des photos nettes, papa pose son appareil sur un **trépied**.*

trépigner (verbe) ▶ conjug. n° 3
Frapper des pieds par terre, à coups rapides et répétés. *Le chanteur est très en retard, et son public **trépigne** d'impatience !*

très (adverbe)
Indique un degré élevé, devant un adjectif ou un adverbe. *Élodie est **très** belle. Pierre s'est couché **très** tard hier soir.*

trésor (nom masculin)
Ensemble d'objets précieux. *Ce livre raconte l'histoire de pirates à la recherche d'un **trésor**. On n'a pas eu le temps de voir tous les **trésors** du musée.* • **Trésor public :** administration qui s'occupe des finances de l'État. Famille du mot : trésor**erie**, trésor**ier**.

trésorerie (nom féminin)
Ressources financières dont une entreprise peut disposer. *Avoir de gros problèmes de **trésorerie** en fin de mois.*

trésorier, ère (nom)
Personne qui gère les finances d'une société, d'un club ou d'une association. *Maman est **trésorière** de l'association de parents d'élèves.*

tressaillement (nom masculin)
Fait de tressaillir. *Un **tressaillement** de surprise.*

tressaillir (verbe) ▶ conjug. n° 14
Avoir un brusque mouvement du corps, sous l'effet d'une surprise, d'une émotion ou d'une douleur. *Le coup de sonnette l'a fait **tressaillir**.* (Syn. sursauter.)

tresse (nom féminin)
Forme donnée aux cheveux partagés en mèches qu'on entrelace. *Quand elle a le temps, Fatima se fait une **tresse** avec ses longs cheveux noirs.* (Syn. natte.)

tresser (verbe) ▶ conjug. n° 3
1. Entrelacer pour faire une tresse. *Amandine sait **tresser** ses cheveux.* **2.** Fabriquer un objet en entrelaçant des fils, des brins, etc. *Une couronne de fleurs **tressées**.*

tréteau, eaux (nom masculin)
Support mobile, composé d'une barre horizontale portée par quatre pieds. *On a fait une table avec deux **tréteaux** et une planche.*

des **tréteaux**

treuil (nom masculin)
Sorte de grosse roue autour de laquelle s'enroule un câble, et servant à lever ou à tirer de lourdes charges.

trêve (nom féminin)
Période d'arrêt provisoire d'un conflit. *La **trêve** n'a pas duré longtemps, les combats ont repris.* • **Sans trêve :** sans arrêt. *Les alpinistes ont marché **sans trêve** pendant trois jours.*

tri (nom masculin)
Action de trier des choses. *Le **tri** des déchets ménagers permet leur recyclage.*

triage (nom masculin)
• **Gare de triage :** gare où sont entreposés et triés les wagons pour former de nouveaux convois.

triangle (nom masculin)
1. Figure géométrique qui a trois côtés et trois angles. ➡ p. 576. 2. Instrument de musique à percussion fait d'une tige d'acier en forme de triangle, sur laquelle on frappe avec une baguette.

triangulaire (adjectif)
Qui est en forme de triangle. *Dans le code de la route, tous les panneaux **triangulaires** signalent un danger.*

tribord (nom masculin)
Côté droit d'un bateau quand on regarde vers l'avant. *Le voilier vire à **tribord**.* (Contr. bâbord.)

tribu (nom féminin)
Groupe de familles qui vivent sur un même territoire et sous l'autorité d'un même chef. *Cet ethnologue étudie les coutumes d'une petite **tribu** indienne d'Amérique.*

tribulations (nom féminin pluriel)
Suite d'aventures plus ou moins mouvementées. *Cette BD raconte les **tribulations** d'un jeune reporter et de son chien.*

tribunal, aux (nom masculin)
1. Endroit où les magistrats rendent la justice. *Le jour du procès, les témoins ont été convoqués au **tribunal**.* 2. Ensemble des magistrats. *Le **tribunal** a rendu son verdict, l'accusé est condamné à une forte amende.*

tribun (nom masculin)
Dans l'Antiquité romaine, magistrat chargé de défendre les droits et les intérêts du peuple. *Les **tribuns** étaient élus pour un an.*

tribune (nom féminin)
1. Ensemble de gradins réservés au public. *Les **tribunes** du stade étaient pleines à craquer.* 2. Estrade d'où parle un orateur. *Les ministres se succèdent à la **tribune**.*

tribut (nom masculin)
• **Payer un lourd tribut à quelque chose :** en subir les conséquences. *Ce pays **a payé un lourd tribut à** la guerre.*
🔑 **Tribut** vient du latin *tributum* qui signifie « taxe » : c'était ce qu'un peuple vaincu devait payer au vainqueur.

tributaire (adjectif)
Qui dépend de quelqu'un ou de quelque chose d'autre. *Pour cette promenade en bateau, nous sommes **tributaires** de la météo.*

tricentenaire (adjectif)
Qui a trois cents ans. ■ **tricentenaire** (nom masculin) Troisième centenaire. *En 2015, nous célèbrerons le **tricentenaire** de la mort de Louis XIV.*

tricératops (nom masculin)
Grand dinosaure muni de trois cornes. *Les **tricératops** étaient herbivores.*

triche (nom féminin)
Synonyme familier de tricherie. *Quentin a copié sur son voisin, c'est de la **triche** !*

tricher (verbe) ▶ conjug. n° 3
Agir de façon malhonnête en ne respectant pas les règles. *Romain **a triché** aux cartes, il a été éliminé du jeu.* 🏠 Famille du mot : triche, tricherie, tricheur.

tricherie (nom féminin)
Action de tricher.

tricheur, euse (nom)
Personne qui triche. *Hélène a regardé mes cartes, c'est une **tricheuse** !*

« Le **Tricheur** à l'as de carreau » de Georges de La Tour (1630)

tricolore (adjectif)
Qui a trois couleurs. *Les drapeaux français et italien sont **tricolores**.*

tricot (nom masculin)
1. Action de tricoter. *Faire du **tricot**.* **2.** Pull ou veste tricotés. *Julie a mis un **tricot** bien chaud sous son anorak car il fait froid.*

tricoter (verbe) ▸ conjug. n° 3
Fabriquer un vêtement au moyen de grandes aiguilles, en faisant des mailles avec de la laine ou du fil. *Mamie **tricote** une écharpe pour la poupée de Laura.*

tricycle (nom masculin)
Petit vélo à trois roues. *Le petit frère de Thomas apprend à faire du vélo sur son **tricycle**.*

trident (nom masculin)
Fourche à trois pointes. *Les Romains représentaient le dieu de la Mer, Neptune, avec un **trident** à la main.*

trier (verbe) ▸ conjug. n° 10
1. Choisir certaines choses dans un ensemble, en éliminant ce qui ne convient pas. *Il faut **trier** les pommes et jeter celles qui sont pourries. **Trier** ses déchets.* **2.** Classer des choses pour les répartir ou les ranger. *À la poste, les lettres **sont triées** selon leur destination.* Famille du mot : tri, triage.

trilingue (adjectif)
Qui parle trois langues. *Un traducteur **trilingue** en français, anglais et italien.*

trilogie (nom féminin)
Ensemble de trois œuvres dont les sujets se font suite. Le Seigneur des anneaux *est une **trilogie** écrite par Tolkien.*

trimaran (nom masculin)
Voilier dont la coque est reliée à deux flotteurs latéraux.

trimbaler (verbe) ▸ conjug. n° 3
Dans la langue familière, emporter partout avec soi. *Pour ne pas avoir à **trimbaler** sa valise toute la journée, il l'a mise à la consigne de la gare.*
ORTHO On écrit aussi **trimballer**.

trimer (verbe) ▸ conjug. n° 3
Dans la langue familière, travailler durement. *Il **a trimé** dur pour s'offrir cette belle voiture.*

trimestre (nom masculin)
Période de trois mois. *L'année est composée de quatre **trimestres**.*

trimestriel, elle (adjectif)
Qui paraît chaque trimestre. *La maîtresse a distribué les bulletins **trimestriels**.*

tringle (nom féminin)
Tige servant à accrocher des rideaux ou des cintres. *Papa a besoin d'une perceuse pour fixer les **tringles** dans le mur.*

Trinité-et-Tobago

1,3 million d'habitants
Capitale : Port of Spain
Monnaie : le dollar de Trinité-et-Tobago
Langue officielle : anglais
Superficie : 5 124 km^2

État des Petites Antilles, proche de la côte du Venezuela. Il est formé de l'île de la Trinité (4 821 km^2) et de l'île de Tobago (303 km^2).

GÉOGRAPHIE
Les îles de Trinité et de Tobago sont montagneuses et forestières. Leur climat est tropical. L'économie du pays est basée sur la pêche et la culture du cacao, de la canne à sucre et du café. Le pétrole de la Trinité a permis le développement d'industries (raffineries, chimie et métallurgie).

HISTOIRE
Découvertes par Christophe Colomb en 1498, puis colonisées par les Espagnols, les îles revinrent aux Anglais en 1802. Elles accédèrent à l'indépendance en 1962.

trinquer (verbe) ▸ conjug. n° 3
Boire ensemble, après avoir cogné légèrement les verres les uns contre les autres. *Les joueurs **trinquent** pour fêter leur victoire.*

trio (nom masculin)
Groupe de trois personnes ou de trois musiciens. *Ces trois amis forment un **trio** inséparable.*

triomphal, ale, aux (adjectif)
Qui constitue un triomphe. *Ce chanteur a reçu un accueil **triomphal** à l'étranger.*

triomphalement (adverbe)
De façon triomphale. *Les médaillés des jeux Olympiques ont été accueillis **triomphalement**.*

triomphant, ante (adjectif)
Qui exprime une très grande satisfaction après un succès. *À son air **triomphant**, on a compris qu'il était reçu à son examen.*

triomphe (nom masculin)
Victoire éclatante ou succès extraordinaire. *Ce candidat a remporté un **triomphe** aux dernières élections. Ce film a reçu un **triomphe** inattendu.* • **Porter quelqu'un en triomphe :** le porter au-dessus de la foule afin de le faire acclamer. Famille du mot : triomph**al**, triomph**alement**, triomph**ant**, triomph**er**.

triompher (verbe) ▸ conjug. n° 3
Vaincre une difficulté ou l'emporter sur un adversaire. *Il **a triomphé** de tous les obstacles. En finale, ils **ont triomphé** du tenant du titre.*

triperie (nom féminin)
Boutique du tripier.

tripes (nom féminin pluriel)
Plat fait de morceaux d'estomac d'animaux de boucherie. Famille du mot : trip**erie**, trip**ier**.

tripier, ère (nom)
Marchand de tripes et d'abats. *Chez le **tripier**, on achète des tripes, des rognons, du foie, du cœur, et du mou pour le chat.*

triple (adjectif)
Qui est fait de trois éléments. *Un document en **triple** exemplaire.* ■ **triple** (nom masculin) Quantité trois fois plus grande. *Je l'ai payé le **triple** !* Famille du mot : tripl**er**, tripl**és**.

tripler (verbe) ▸ conjug. n° 3
Multiplier par trois. *Le prix de l'essence **a triplé** en quelques années.*

triplés, ées (nom pluriel)
Trois enfants nés d'un même accouchement.

triporteur (nom masculin)
Tricycle à pédales ou à moteur, muni d'une caisse à l'avant pour les marchandises.

tripoter (verbe) ▸ conjug. n° 3
Dans la langue familière, toucher sans arrêt. *Cesse de **tripoter** ton nez !*

triptyque (nom masculin)
Œuvre artistique en trois parties. *Ce film est le troisième épisode d'un **triptyque**.*

trique (nom féminin)
Gourdin utilisé pour frapper. • **Sec comme un coup de trique :** très maigre.

trisomique (adjectif et nom)
Qui est atteint d'une anomalie génétique provoquant la présence de trois chromosomes identiques au lieu de deux. *Un enfant **trisomique**.* (Syn. mongolien.)

triste (adjectif)
1. Qui a de la peine. *Anna est **triste** de savoir sa mère malade.* (Contr. gai, joyeux.) **2.** Qui rend malheureux. *La fin de ce film est bien **triste**.* (Contr. heureux.) Famille du mot : trist**ement**, trist**esse**.

tristement (adverbe)
Avec tristesse. *Élodie est partie **tristement**.* (Contr. gaiement.)

tristesse (nom féminin)
1. État d'une personne triste. *Il a dit cela avec beaucoup de **tristesse**.* (Syn. chagrin. Contr. gaieté, joie.) **2.** Caractère de ce qui est triste. *La **tristesse** d'un quartier délabré.*

tristounet, ette (adjectif)
Un peu triste. *Amandine est **tristounette** à l'approche de la rentrée scolaire.*

triton (nom masculin)
Petit amphibien à queue plate, qui ressemble à la salamandre.

un **triton**

triturer (verbe) ▸ conjug. n° 3
Tordre en tous sens entre ses doigts. *Il **triturait** nerveusement un bouton de sa veste.*

trivial, ale, aux (adjectif)
Grossier et vulgaire. *L'homme a employé une expression **triviale** que Benjamin n'a pas comprise.*

troc (nom masculin)
Échange d'un objet contre un autre, sans se servir de monnaie. *Clément et Fatima font du* ***troc*** *de jeux vidéo.*

troène (nom masculin)
Arbuste ornemental à fleurs blanches. *La haie de* ***troènes*** *embaume le jardin.*

troglodyte (nom masculin)
Personne qui vit dans une grotte. *En Touraine, certaines personnes ont aménagé des grottes dans lesquelles ils vivent en* ***troglodytes****.*

trogne (nom féminin)
Synonyme familier de visage. *Quelle drôle de* ***trogne*** *!* **Trogne** vient d'un mot gaulois qui signifie « groin, museau ».

trognon (nom masculin)
Partie centrale non comestible d'un fruit à pépins ou d'un légume. *Un* ***trognon*** *de pomme, de salade, de chou.*

Troie
Ancienne ville de l'Asie Mineure. Dans l'épopée d'Homère, l'*Iliade*, Troie est le lieu et l'enjeu d'une guerre entre les Grecs et les Troyens. Les Grecs prirent la ville grâce à la ruse du « cheval de Troie » : ils construisirent un immense cheval de bois, dans lequel étaient cachés des guerriers, dont ils firent don à la ville en tant qu'offrande à Athéna. Les Grecs firent mine d'abandonner le siège de la ville et les Troyens introduisirent ce cheval dans leurs murs. La nuit venue, les soldats cachés ouvrirent les portes de Troie aux Grecs qui détruisirent la cité.

troïka (nom féminin)
Traîneau russe attelé à trois chevaux de front.

trois (déterminant)
Deux plus un (3). *Un triangle a* ***trois*** *côtés et* ***trois*** *angles.* ■ **trois** (nom masculin) Chiffre ou nombre trois. *Ils ont écrit leur lettre le* ***trois****, et nous ne l'avons reçue que le dix.*

trois-D (nom féminin)
Reproduction d'un objet ou d'un film en trois dimensions, donnant l'illusion du relief. *Il faut des lunettes spéciales pour regarder un film en* ***trois-D****.* Trois-D est l'abréviation de ***trois d****imensions*. ORTHO On écrit le plus souvent **3D**.

troisième (adjectif et nom)
Qui occupe le rang numéro 3. *Leur appartement est au* ***troisième*** *étage.* ■ **troisième** (nom féminin) Dernière année de l'enseignement au collège.

trois-mâts (nom masculin)
Voilier à trois mâts.

Des guerriers grecs sortent du cheval de **Troie** (gravure du XIXe siècle).

un habitat de **troglodytes** en Grèce

trois-quarts (nom masculin)
1. Manteau court. 2. Au rugby, chacun des quatre joueurs de la ligne d'attaque.

troll (nom masculin)
Lutin des légendes scandinaves. *Les **trolls** habitent les montagnes ou les forêts.*

trolleybus (nom masculin)
Autobus électrique alimenté par une ligne aérienne. *Deux perches mobiles relient le **trolleybus** au courant électrique.* Prononciation [tʀɔlɛbys]. Ce mot s'abrège **trolley**.

trombe (nom féminin)
• **En trombe :** très vite. *David est passé **en trombe** à la maison.* • **Trombes d'eau :** averse très violente.

trombone (nom masculin)
1. Attache en fil de fer servant à assembler des feuilles de papier. 2. Instrument de musique à vent, en cuivre. *Le **trombone** est un instrument des groupes de jazz.*

trompe (nom féminin)
1. Long prolongement du nez et de la lèvre supérieure de l'éléphant. *L'éléphant se sert de sa **trompe** pour saisir les objets.* 2. Chez certains insectes, vers et mollusques, partie de la bouche servant à aspirer des aliments. 3. Autre nom du cor de chasse.

trompe-l'œil (nom masculin)
Peinture donnant de loin l'illusion de la réalité. *Certaines fenêtres de cette façade sont peintes en **trompe-l'œil**.*

tromper (verbe) ▸ conjug. n° 3
1. Induire volontairement quelqu'un en erreur. *On nous **a trompés** sur la fraîcheur du poisson.* (Syn. duper.) 2. Être infidèle en amour. *Elle le **trompe** avec son meilleur ami.* 3. Se tromper : faire une erreur. *Je **me suis trompée** d'étage.* Famille du mot : **dé**tromper, trompe-l'œil, tromp**erie**, tromp**eur**.

tromperie (nom féminin)
Action de tromper quelqu'un. *Il y a **tromperie** sur la marchandise.*

trompette (nom féminin)
Instrument de musique à vent en cuivre. • **Nez en trompette :** synonyme de nez retroussé.

un **trombone** et une **trompette**

trompette-de-la-mort (nom féminin)
Petit champignon noir, comestible. ➡ p. 217. Pluriel : des trompette**s**-de-la-mort.

trompettiste (nom)
Musicien qui joue de la trompette.

trompeur, euse (adjectif)
Qui trompe. *Ce soleil est **trompeur**, je suis sûr qu'il va pleuvoir.*

tronc (nom masculin)
1. Partie de l'arbre qui va des racines aux premières branches. *Un camion chargé de **troncs** d'arbres arrive à la scierie.* ➡ p. 76. 2. Partie centrale du corps sur laquelle s'attachent la tête et les membres. *De cette statue, il ne reste que le **tronc**.* 3. Dans une église, boîte percée d'une fente pour recevoir les offrandes des fidèles.

tronçon (nom masculin)
1. Morceau coupé d'un objet long. *On n'a retrouvé que des **tronçons** de colonnes de ce temple.* 2. Partie d'une route. *Ce nouveau **tronçon** d'autoroute n'est pas encore ouvert à la circulation.* Famille du mot : tronçon**ner**, tronçon**neuse**.

tronçonner (verbe) ▸ conjug. n° 3
Couper en tronçons. *Les bûcherons **tronçonnent** les branches d'un arbre abattu.*

tronçonneuse (nom féminin)
Machine servant à tronçonner le bois. *Les bûcherons sont au travail, on entend la **tronçonneuse**.*

trône (nom masculin)
1. Siège élevé où s'assoient les souverains pour les cérémonies officielles. *Le **trône** pontifical.* 2. Fonction de roi. *Louis XIV est monté sur le **trône** à cinq ans.*

trôner (verbe) ▸ conjug. n° 3
Être placé bien en vue, à la place d'honneur. *La pièce montée **trône** au centre de la table.*

tronquer (verbe) ▸ conjug. n° 3
Supprimer certains passages d'un texte. *Les déclarations du ministre **ont été tronquées** par le journaliste.*

trop (adverbe)
Plus qu'il ne faudrait. *Ce livre est **trop** ennuyeux. Quentin a **trop** bu.* (Syn. excessivement.) • **De trop, en trop :** au-delà du nécessaire. *L'ascenseur ne démarre pas : il y a des gens **en trop**.*

trophée (nom masculin)
Objet qui témoigne d'une victoire ou d'un succès. *Des **trophées** de chasse. Des **trophées** sportifs.* **Trophée** vient du mot grec *tropaion* qui désigne un monument fait avec les armes prises à l'ennemi.

tropical, ale, aux (adjectif)
De la région des tropiques. *Le baobab est un arbre **tropical**.*

tropique (nom masculin)
Chacun des deux cercles imaginaires situés parallèlement à l'équateur, un peu au-dessus et au-dessous de lui. *Le **tropique** du Cancer est au nord de l'équateur, le **tropique** du Capricorne est au sud.*
■ **tropiques** (nom masculin pluriel) Région comprise entre les deux tropiques. *Il est allé vivre au soleil, sous les **tropiques**.*

trop-plein (nom masculin)
1. Liquide qui est en trop et déborde d'un récipient. *Quand il pleut, le **trop-plein** de l'étang se déverse dans la rivière.* 2. Dispositif permettant d'écouler l'eau en trop. *Grâce au **trop-plein**, la baignoire n'a pas débordé.* Pluriel : des trop-plein**s**.

troquer (verbe) ▸ conjug. n° 3
Faire du troc. *Les explorateurs **ont troqué** un couteau contre de la nourriture.* (Syn. échanger.)

trot (nom masculin)
Allure du cheval entre le pas et le galop. *Le cavalier avance au **trot** dans l'allée.*

trotte (nom féminin)
Dans la langue familière, chemin assez long à parcourir à pied. *Il y a une bonne **trotte** avant d'arriver à la plage !*

trotter (verbe) ▸ conjug. n° 3
1. Aller au trot. *Le cavalier fait **trotter** sa monture.* 2. Marcher à petits pas et rapidement. *Les souris **trottent** dans le grenier.* 3. Revenir sans cesse à l'esprit. *Cet air me **trotte** dans la tête, je ne peux pas m'en débarrasser.* Famille du mot : trot, trotte, trott**eur**, trott**euse**, trott**iner**, trott**inette**.

trotteur (nom masculin)
Cheval dressé aux courses de trot. *Dans ce haras, on entraîne des **trotteurs**.*

trotteuse (nom féminin)
Petite aiguille qui marque les secondes. *Ibrahim regarde sa **trotteuse** pour surveiller la cuisson des œufs à la coque.*

trottiner (verbe) ▸ conjug. n° 3
Marcher à petits pas pressés. *La petite sœur de Gaëlle **trottine** au côté de sa maman.*

trottinette (nom féminin)
Jouet formé d'une planchette montée sur deux roues et muni d'un guidon.

*Kevin fait avancer sa **trottinette** en poussant du pied par terre.* (Syn. patinette.)

trottoir (nom masculin)
Partie surélevée de chaque côté d'une rue, aménagée pour les piétons. *Reste bien sur le **trottoir** !*

trou (nom masculin)
1. Cavité dans le sol ou à la surface de quelque chose. *Les ouvriers creusent un **trou** dans la chaussée.* 2. Ouverture qui traverse quelque chose de part en part. *Il regarde par le **trou** de la serrure. J'ai un **trou** à ma chaussette.* Famille du mot : trou**ée**, trou**er**.

troubadour (nom masculin)
Poète des XIIe et XIIIe siècles, qui composait et chantait en langue d'oc. *Comme les trouvères, les **troubadours** allaient de château en château.* **Troubadour** vient du provençal *trobar* qui signifie « composer un poème ».

troubadours et **trouvères**,
fresque de Simone Martini (XIVe siècle)

troublant, ante (adjectif)
Qui trouble. *Cette coïncidence est **troublante**.* (Syn. déconcertant, inquiétant. Contr. rassurant.)

trouble (adjectif)
1. Qui n'est pas limpide. *Après l'orage, l'eau du ruisseau est **trouble**.* (Contr. clair, transparent.) 2. Qui n'est pas net. *L'image est **trouble**, il faut régler le téléviseur.* (Syn. flou.) 3. Qui est suspect, louche. *C'est une personne au passé **trouble**.* ■ **trouble** (adverbe) • **Voir trouble :** y voir mal, flou. ■ **trouble** (nom masculin) État d'émotion inquiète. *Le **trouble** se lisait sur son visage.* ■ **troubles** (nom masculin pluriel) 1. Fonctionnement anormal du corps ou de l'esprit. *Des **troubles** intestinaux. Des **troubles** nerveux.* 2. Agitation politique ou sociale. *Des **troubles** ont éclaté dans le pays.*

trouble-fête (nom)
Synonyme de rabat-joie. *Cette **trouble-fête** est venue nous dire de chanter moins fort.* Pluriel : des trouble-fête**s** ou des trouble-fête.

troubler (verbe) ▸ conjug. n° 3
1. Rendre trouble. *L'orage **a troublé** l'eau de la rivière.* 2. Perturber le déroulement de quelque chose. *Des mécontents sont venus **troubler** la cérémonie.* (Syn. déranger.) 3. Mettre quelqu'un dans l'embarras. *Cette question directe **a** beaucoup **troublé** le jeune conférencier.* (Syn. déconcerter, décontenancer.) Famille du mot : trou**blant**, trouble, trouble-fête.

trouée (nom féminin)
Ouverture aménagée dans un bois, une haie, pour passer ou pour voir. *Par une **trouée** de la forêt, on aperçoit un étang.*

trouer (verbe) ▸ conjug. n° 3
Faire un trou. *Pierre finit toujours par **trouer** le bout de ses chaussures.* (Syn. percer, perforer.)

trouillard, arde (adjectif et nom)
Synonyme familier de poltron. *Quentin a peur du noir, quel **trouillard** !*

trouille (nom féminin)
Synonyme familier de peur. *J'ai eu une de ces **trouilles** quand ce voyou m'a menacé !*

troupe (nom féminin)
1. Groupe de personnes ou d'animaux. *Une bruyante **troupe** d'enfants s'échappe de l'école à midi.* 2. Groupe de comédiens jouant ensemble. *Une **troupe** d'amateurs jouera une pièce de Molière.* 3. Groupe de soldats. *Le gros de la **troupe** arrive demain.*

troupeau, eaux (nom masculin)
Groupe d'animaux vivant ensemble. *Le chien aide le berger à rassembler le* ***troupeau****.*

trousse (nom féminin)
Étui pour ranger certains objets ou instruments usuels. *Une* ***trousse*** *d'écolier, de chirurgien. Une* ***trousse*** *de toilette.* • **Aux trousses de quelqu'un :** à sa poursuite. *Le lapin s'enfuit, le renard* ***à ses trousses****.*

trousseau, eaux (nom masculin)
Linge et vêtements nécessaires à un pensionnaire. *Maman marque le linge du* ***trousseau*** *d'Hélène qui va partir en classe de mer.* • **Trousseau de clés :** clés attachées ensemble par un anneau.

trouvaille (nom féminin)
Découverte ou idée inattendue et intéressante. *Ce jeu est la dernière* ***trouvaille*** *de Romain.*

trouver (verbe) ▶ conjug. n° 3
1. Découvrir ce que l'on cherchait. *Quelqu'un* ***aurait****-il* ***trouvé*** *mes lunettes ?* 2. Découvrir par hasard, sans l'avoir cherché. *Julie* ***a trouvé*** *un joli coquillage sur la plage.* (Contr. perdre.) 3. Découvrir par son intelligence et par son imagination. *Les savants* ***ont trouvé*** *un nouveau remède contre cette maladie.* 4. Avoir telle ou telle opinion. *Je* ***trouve*** *que ce chapeau te va à merveille !* 5. Éprouver une sensation ou un sentiment. *Elle* ***trouve*** *très agréable de n'avoir plus rien à faire.* 6. Se trouver : être situé à tel endroit. *La Bretagne* ***se trouve*** *dans l'ouest de la France.* • **Se trouver mal :** avoir un malaise. Famille du mot : introuv**able**, retrouv**ailles**, retrou**ver**, trouv**aille**.

trouvère (nom masculin)
Poète des XIIe et XIIIe siècles, qui composait et chantait en langue d'oïl. *Comme les troubadours, les* ***trouvères*** *venaient dans le château des seigneurs pour les distraire.* **Trouvère** vient du mot *trouver* qui signifiait au Moyen Âge « composer un poème ».

truand (nom masculin)
Individu très malhonnête. *Le réseau de drogue était organisé par un* ***truand*** *bien connu de la police.* (Syn. bandit, gangster.)

truc (nom masculin)
1. Dans la langue familière, sert à désigner une chose sans la nommer. *J'ai oublié un* ***truc*** *à la maison.* (Syn. machin.) 2. Moyen astucieux pour faire quelque chose. *J'ai trouvé un* ***truc*** *pour me rappeler son numéro de téléphone.* (Syn. astuce.)
Famille du mot : truc**age**, tru**quer**.

trucage (nom masculin)
Procédé technique utilisé au cinéma pour créer une illusion.
ORTHO On écrit aussi **truquage**.

truchement (nom masculin)
• **Par le truchement de :** par l'intermédiaire de.

truculent, ente (adjectif)
Qui est pittoresque et se fait remarquer. *Le capitaine Haddock est un personnage* ***truculent****.*

truelle (nom féminin)
Outil de maçon formé d'une lame et d'un manche coudé. *On applique le ciment ou le plâtre à la* ***truelle****.*

une **truelle**

truffe (nom féminin)
1. Champignon noir qui se développe sous la terre. *Les* ***truffes*** *donnent une saveur délicate aux mets qu'elles accompagnent.* ➡ p. 217. 2. Petit chocolat en forme de truffe. 3. Nez du chien. *La* ***truffe*** *d'un chien en bonne santé est froide.*

truffé, ée (adjectif)
1. Garni de truffes. *À Noël, il y avait de la dinde* ***truffée****.* 2. Au sens figuré, qui est rempli de choses diverses. *Son discours était* ***truffé*** *d'anecdotes.*

truie (nom féminin)
Femelle du porc.

truite (nom féminin)
Poisson carnivore proche du saumon. *Il existe des* ***truites*** *de rivière et des* ***truites*** *de mer.*

une **truite**

truquage ➡ Voir **trucage**.

truquer (verbe) ▶ conjug. n° 3
Modifier artificiellement ou frauduleusement quelque chose. *C'est une photo **truquée**. Les sondages **ont été truqués**.*

trust (nom masculin)
Groupement d'entreprises dont le but est d'avoir le monopole sur un produit ou sur un secteur. **Trust** est un mot anglais : on prononce [tRœst].

tsar (nom masculin)
Titre des empereurs de Russie. *Ivan le Terrible fut, au XVIe siècle, le premier **tsar** de Russie.*

tsé-tsé (nom féminin)
• **Mouche tsé-tsé :** mouche africaine qui propage la maladie du sommeil.
Pluriel : des mouches tsé-tsé.

tsigane (adjectif et nom)
Qui appartient aux Tsiganes, peuple de nomades appelés aussi bohémiens ou gitans. *Un disque de musique **tsigane**.*
ORTHO On écrit aussi **tzigane**.

« Camp **tsigane** avec des roulottes »
de Vincent Van Gogh (1889)

tsunami (nom masculin)
Synonyme de raz de marée. *En 2004, un **tsunami** a dévasté les côtes de Sumatra.*

tu (pronom)
Pronom personnel de la deuxième personne du singulier, employé comme sujet. *On dit « **tu** » aux enfants et aux personnes qu'on connaît bien.*

tuant, ante (adjectif)
Très fatigant. *Faire des courses le samedi, c'est vraiment **tuant** !* (Syn. épuisant, exténuant.)

tuba (nom masculin)
1. Gros instrument à vent. *Le tuyau du **tuba** est replié sur lui-même et se termine par un pavillon.* **2.** Tube qui permet de respirer quand on nage la tête sous l'eau. *Laura prend ses palmes, son masque et son **tuba**.*

un **tuba**

tube (nom masculin)
1. Cylindre creux, long, rigide et de petit diamètre. *Un **tube** à essai. Un **tube** de néon.* **2.** Conduit naturel. *Le **tube** digestif.* **3.** Emballage cylindrique fermé par un bouchon. *Un **tube** d'aspirine. Un **tube** de dentifrice.* **4.** Dans la langue familière, chanson qui a un grand succès. *C'est le **tube** de l'été.*

tubercule (nom masculin)
Renflement de la racine de certaines plantes. *Les pommes de terre et les patates douces sont des **tubercules** comestibles.*
➡ p. 1271.

a b c d e f g h i j k l m n o p q r s t u v w x y z

tuberculeux, euse (adjectif et nom)
Qui est atteint de tuberculose. *Au XIXe siècle, on ne savait pas encore guérir les* ***tuberculeux****.*

tuberculose (nom féminin)
Maladie infectieuse et contagieuse, qui touche surtout les poumons. *Le BCG est un vaccin contre la* ***tuberculose****.*

Tudor
Famille qui régna sur l'Angleterre, de l'avènement d'Henri VII, en 1485, à la mort d'Élisabeth Ire, en 1603.

tué, ée (nom)
Personne tuée. *Bilan de la catastrophe : trente-trois* ***tués*** *et plus de cent blessés.*

tuer (verbe) ▸ conjug. n° 3
1. Faire mourir. *Le chat* ***a tué*** *plusieurs souris dans la maison.* **2.** Épuiser quelqu'un physiquement ou encore moralement. *Ces courses m'****ont tuée*** *!* **3.** Se tuer : se donner volontairement la mort. (Syn. se suicider.) **4.** Se tuer : mourir accidentellement. *Il* ***s'est tué*** *en montagne.* Famille du mot : **tuant**, **tué**, **tuerie**, **tueur**.

tuerie (nom féminin)
Synonyme de massacre. *Ce pays est dévasté par les* ***tueries*** *de groupes ennemis.*

à **tue-tête** (adverbe)
D'une voix très forte. *En marchant, les randonneurs chantaient* ***à tue-tête****.*

tueur, euse (nom)
Assassin, qui tue généralement pour de l'argent. *Le diplomate est mort sous les balles d'un* ***tueur*** *à gages.*

tuile (nom féminin)
Plaque de terre cuite servant à couvrir les toits. *À Toulouse, les maisons ont des toits de* ***tuiles*** *roses.*

tulipe (nom féminin)
Plante ornementale à bulbe et à haute tige, ne portant qu'une fleur. *Thomas est allé visiter des champs de* ***tulipes*** *en Hollande.*

tulle (nom masculin)
Tissu léger et transparent. *Le voile de la mariée est en* ***tulle****.*

une **tulipe**

tuméfié, ée (adjectif)
Qui est anormalement gonflé. *Victor s'est cogné, il a la paupière* ***tuméfiée****.*

tumeur (nom féminin)
Grosseur anormale à l'extérieur ou à l'intérieur du corps. *Ce n'est qu'une petite* ***tumeur*** *bénigne.*

tumulte (nom masculin)
Agitation bruyante. *Quel* ***tumulte*** *à l'arrivée du train en gare !* (Syn. vacarme.)

tumultueux, euse (adjectif)
Qui a lieu dans le tumulte. *La séance de l'Assemblée nationale a été très* ***tumultueuse****.* (Syn. houleux.)

tumulus (nom masculin)
Grand amas de terre ou de pierres élevé autrefois au-dessus des tombes. *Ce* ***tumulus*** *date de la préhistoire.* ● Prononciation [tymylys].

un **tumulus** préhistorique

tuner (nom masculin)
Récepteur radio dans une chaîne hi-fi. ● **Tuner** est un mot anglais : on prononce [tynɛʀ].

tunique (nom féminin)
1. Sorte de chemise longue. *Anna porte une **tunique** jaune avec son pantalon bleu.* **2.** Veste d'uniforme à col droit. **3.** Dans l'Antiquité, sorte de chemise avec ou sans manches.

Tunis
Capitale de la Tunisie, située au fond du golfe de Tunis (900 000 habitants). Métropole commerciale et industrielle du pays, Tunis est desservie par le port de La Goulette.

HISTOIRE
La ville fut conquise à la fin du VIIe siècle par les Arabes, qui en firent un grand centre économique, religieux et politique.

Tunisie

10,4 millions d'habitants
Capitale : Tunis
Monnaie :
le dinar tunisien
Langue officielle : arabe
Superficie :
163 610 km²

État d'Afrique du Nord, situé entre l'Algérie et la Libye, et bordé par la mer Méditerranée.

GÉOGRAPHIE
La Tunisie est le plus petit État du Maghreb. Le littoral oriental est une région de plaines et de collines qui concentre la population et les villes. Le Sahara occupe près de la moitié du territoire. Les principales cultures sont les céréales et les oliviers ; la Tunisie exporte de l'huile d'olive. Les ressources minières ont permis la création d'importantes industries sur les côtes, alors que les activités textiles se sont développées dans les villes.

HISTOIRE
Sous la dépendance de plusieurs dynasties successives, la Tunisie devint l'une des principales bases des pirates à la fin du XVIe siècle. Rattachée à l'Empire ottoman, elle fut gouvernée par des souverains, appelés les beys. En 1881, le traité du Bardo, signé entre le bey de Tunis et la France établit un protectorat français en Tunisie. En 1956, la Tunisie accéda à l'indépendance.

tunisien, enne ➡ Voir tableau p. 6.

tunnel (nom masculin)
Galerie souterraine destinée à faire passer une voie ferrée, une route, un canal. *Le **tunnel** sous la Manche va de Folkestone en Angleterre à Coquelles en France.*

tunnel sous la Manche
Tunnel ferroviaire qui relie la Grande-Bretagne à la France depuis 1994.

turban (nom masculin)
Coiffure masculine faite d'une longue pièce d'étoffe enroulée autour de la tête. *Certains habitants de l'Inde portent le **turban**.*

turbine (nom féminin)
Moteur fait d'une roue qui est actionnée par un liquide ou un gaz. *Les **turbines** de la centrale électrique tournent grâce à l'eau du barrage.*

turboréacteur (nom masculin)
Moteur à réaction constitué d'une turbine à gaz. *Le grondement des **turboréacteurs** de l'avion.*

turbot (nom masculin)
Poisson de mer au corps plat, comestible et très apprécié.

un **turbot**

turbulence (nom féminin)
1. Caractère turbulent. *Sa **turbulence** me fatigue.* (Syn. agitation. Contr. calme.) **2.** Agitation de l'atmosphère. *Vous êtes priés d'attacher vos ceintures, l'avion entre dans une zone de **turbulences**.* ➡ p. 1302.

turbulent, ente (adjectif)
Qui a tendance à s'agiter et à faire du bruit. *Les enfants sont très **turbulents** aujourd'hui !* (Contr. calme, silencieux.)

une étude en soufflerie des **turbulences** aérodynamiques

turc, turque ➡ Voir tableau p. 6.

turfiste (nom)
Personne qui parie sur le résultat des courses de chevaux.

Turkménistan

5,1 millions d'habitants
Capitale : Achkhabad
Monnaie : le manat
Langue officielle : turkmène
Superficie : 488 000 km²

État d'Asie centrale, voisin de l'Afghanistan, de l'Iran, de l'Ouzbékistan et du Kazakhstan, et bordé par la mer Caspienne.

GÉOGRAPHIE
Les trois quarts du pays sont occupés par le désert du Karakoum. L'irrigation avec les eaux du fleuve Amou-Daria a permis le développement de la culture du coton et de l'élevage de moutons. Les ressources minérales sont importantes : sel, soufre, pétrole et surtout gaz.

HISTOIRE
Le Turkménistan fut conquis par les Russes en 1881. En 1918, un mouvement nationaliste instaura un État indépendant. En 1920, l'Armée rouge rétablit le pouvoir communiste, mais la guérilla se poursuivit jusqu'aux années 1930. La république socialiste soviétique du Turkménistan fut créée en 1924. Elle proclama sa souveraineté en 1990, puis son indépendance en 1991.

turlupiner (verbe) ▸ conjug. n° 3
Synonyme familier de préoccuper. *Cette histoire le* ***turlupine***. (Syn. tracasser.)
Turlupiner vient du nom *Turlupin*, acteur comique du XVIIe siècle, qui fatiguait le public par ses mauvais jeux de mots.

turpitude (nom féminin)
Conduite ou action honteuse. *Ses* ***turpitudes*** *l'ont mené en prison.* (Syn. ignominie, infamie.)

Turquie

74,8 millions d'habitants
Capitale : Ankara
Monnaie : la livre turque
Langue officielle : turc
Superficie : 780 580 km²

État du Proche-Orient, bordé au nord par la mer Noire, à l'ouest par la mer Égée, au sud par la mer Méditerranée et entouré par la Géorgie, l'Arménie, l'Iran, l'Irak et la Syrie à l'est, par la Grèce et la Bulgarie à l'ouest.

GÉOGRAPHIE
Le pays est constitué d'un plateau central élevé et massif entouré de montagnes, avec un climat sec, aux hivers rigoureux, qui produit la steppe. La population se concentre sur le littoral. L'agriculture est variée : céréales, fruits et légumes, élevage ovin. Les industries d'exportation sont importantes pour le pays : textile et biens manufacturés. Le tourisme est développé.

HISTOIRE
Du fait de sa localisation géographique, la Turquie fit longtemps le lien entre l'Orient et l'Occident. L'État actuel fut fondé en 1923, sur les ruines de l'Empire ottoman. La Turquie est candidate pour être admise au sein de l'Union européenne.

turquoise (nom féminin)
Pierre précieuse de couleur bleu-vert. ■ **turquoise** (adjectif) Qui a la couleur de la turquoise. *Noémie écrit à l'encre bleu **turquoise**.* Pluriel : des encres turquoise. **Turquoise** vient du mot *Turquie*, pays d'origine de cette pierre.

tutelle (nom féminin)
Pouvoir, donné par la loi, de s'occuper d'une personne et de ses biens. *Après la disparition des parents, la **tutelle** des enfants a été confiée à leur oncle.*

tuteur, trice (nom)
Personne chargée d'une tutelle. *Un **tuteur** a été désigné pour s'occuper des deux orphelins jusqu'à leur majorité.* ■ **tuteur** (nom masculin) Piquet servant à soutenir ou à redresser une plante. *Les pieds de tomate sont maintenus par des **tuteurs**.*

tutoiement (nom masculin)
Fait de tutoyer ou de se tutoyer. *Autrefois, le **tutoiement** entre parents et enfants était rare.* (Contr. vouvoiement.)

tutoyer (verbe) ▸ conjug. n° 6
Dire « tu » à quelqu'un. *Odile **tutoie** William, mais vouvoie la maîtresse.* (Contr. vouvoyer.)

tutu (nom masculin)
Jupe très courte des danseuses de ballet. *Un **tutu** est fait de plusieurs jupes de tulle superposées et très froncées.*

des jeunes danseuses en **tutu** peintes par Edgar Degas (1872)

tuyau, aux (nom masculin)
Tube souple ou rigide servant à l'écoulement d'un liquide ou d'un gaz. *Un **tuyau** d'arrosage. Un **tuyau** de gaz.* Prononciation [tɥijo].

tuyauterie (nom féminin)
Ensemble des tuyaux d'une installation. *La **tuyauterie** est en plomb, il faudrait la refaire.*

tuyère (nom féminin)
Partie d'un moteur à réaction par où s'échappent les gaz. Prononciation [tɥijɛʀ].

tweed (nom masculin)
Tissu de laine épais et souple. *Le **tweed** est originaire d'Écosse.* **Tweed** est un mot anglais : on prononce [twid].

tympan (nom masculin)
1. Membrane située au fond du conduit de l'oreille, que les sons font vibrer. **2.** Espace orné de sculptures, qui est au-dessus du portail d'une église.

le **tympan** de l'église romane d'Aulnay (Charente-Maritime)

type (nom masculin)
1. Modèle possédant des caractères particuliers. *Ce **type** d'ordinateur est déjà démodé.* (Syn. genre.) **2.** Ensemble des caractéristiques permettant de reconnaître et de classer quelqu'un ou quelque chose. *Xavier est le **type** même du sportif.* **3.** Synonyme familier d'individu. *Vraiment, quel drôle de **type** !* Famille du mot : typ**ique**, typ**iquement**.

typhon (nom masculin)
Cyclone des mers d'Extrême-Orient. *Les **typhons** peuvent détruire des maisons.* **Typhon** vient du grec *tuphôn* qui signifie « tourbillon ».

typique (adjectif)
Qui est caractéristique de quelqu'un ou de quelque chose. *C'est la réaction **typique** d'un vilain jaloux.*

typiquement (adverbe)
D'une manière typique. *Partir à l'école sans son sac, c'est **typiquement** une attitude d'étourdi !*

typographie (nom féminin)
Aspect d'un texte imprimé. *La **typographie** de ce livre est très agréable.*

typographique (adjectif)
Qui concerne la typographie. *Ce traitement de texte propose de nombreux choix **typographiques**.*

tyran (nom masculin)
1. Souverain absolu qui gouverne par la force. *Le **tyran** a fait emprisonner les chefs de l'opposition.* **2.** Personne autoritaire et qui abuse de son autorité. *Cet homme est un **tyran** pour sa famille.* Famille du mot : tyran**nie**, tyran**nique**, tyran**niser**.

tyrannie (nom féminin)
Domination d'un tyran. *Il exerce une véritable **tyrannie** sur son voisinage.*

tyrannique (adjectif)
Qui relève de la tyrannie. *Cet enfant est **tyrannique** avec sa mère.*

tyranniser (verbe) ▸ conjug. n° 3
Traiter quelqu'un de manière tyrannique. *Olivier, cesse donc de **tyranniser** le chat !* (Syn. opprimer.)

tyrannosaure (nom masculin)
Grand dinosaure carnivore, long d'environ 15 mètres. *Les pattes arrière du **tyrannosaure** étaient puissantes, mais ses pattes avant étaient toutes petites.*

mer **Tyrrhénienne**
Partie de la mer Méditerranée, entre la Corse, la Sardaigne, la Sicile et l'Italie. Très profonde, elle possède de nombreuses îles d'origine volcanique.

tzigane ➡ Voir **tsigane**.

Uu

Uranus

u (nom masculin)
Vingt et unième lettre de l'alphabet. *Le U est une voyelle.*

ubiquité (nom féminin)
• **Avoir le don d'ubiquité :** pouvoir être à plusieurs endroits en même temps. Prononciation [ybikɥite]. **Ubiquité** vient du latin *ubique* qui signifie « partout ».

UE
➡ Voir **Union européenne**.

 **Ukraine**

46 millions d'habitants
Capitale : Kiev
Monnaie : la hryvnia
Langue officielle : ukrainien
Superficie : 603 700 km²

État d'Europe de l'Est, situé entre la Biélorussie, la Russie, la Moldavie, la Roumanie, la Hongrie, la Slovaquie, la Pologne et la mer Noire.

GÉOGRAPHIE
Région de plaines aux terres fertiles, l'Ukraine est un grand producteur de blé, de maïs, de betterave sucrière et de tournesol, de viande et de produits laitiers. Le pays est irrigué par de grands fleuves, le Dniepr, le Dniestr, le Prout, qui fournissent une hydroélectricité abondante. Les ressources du sous-sol sont le charbon et le fer. L'industrie métallurgique est importante. L'Ukraine possède le principal port de la mer Noire : Odessa.

HISTOIRE
La ville de Kiev a été le centre du premier État russe qui s'est développé entre le IXe et le XIIe siècle. Au cours de son histoire, le territoire a été morcelé à plusieurs reprises. En 1667, l'Ukraine fut partagée entre la Pologne et la Russie, puis entre la Russie et l'Autriche à la fin du XIIIe siècle.
Après la révolution russe d'octobre 1917, deux républiques furent proclamées : l'une qui voulait son indépendance ; l'autre, qui voulait son rattachement à l'État soviétique. En 1922, la république socialiste soviétique d'Ukraine adhéra à l'URSS. Entre 1941 et 1944, l'Ukraine subit l'occupation de l'armée allemande. Le pays proclama son indépendance en 1991.

ukrainien, enne ➡ Voir tableau p. 6.

ulcère (nom masculin)
Plaie qui ne se cicatrise pas et qui a tendance à s'étendre. *Olivier a un* ***ulcère*** *à l'estomac.*

ulcérer (verbe) ▸ conjug. n° 8
Faire naître de l'amertume et de la rancune. *Les termes de sa lettre m'****ont ulcéré****.*

ULM (nom masculin)
Engin volant très léger, propulsé par un petit moteur. **ULM** est l'abréviation d'*ultra-léger motorisé*. ➡ p. 1306.

ultérieur, eure (adjectif)
Qui vient après dans le temps. *La fête est remise à une date* ***ultérieure****.* (Syn. postérieur. Contr. antérieur.)

un **ULM**

ultérieurement (adverbe)
Plus tard. *On vous fera connaître **ultérieurement** la date des examens.*

ultimatum (nom masculin)
Ultime proposition accompagnée de menaces. *Le rejet d'un **ultimatum** entraîne souvent la guerre ou l'exécution immédiate des menaces.* Prononciation [yltimatɔm].

ultime (adjectif)
Qui vient en tout dernier. *Avant de partir, il fit ses **ultimes** recommandations à ses enfants.*

ultramoderne (adjectif)
Très moderne. *Le cabinet de mon dentiste est **ultramoderne**.*

ultrason (nom masculin)
Son si aigu que l'oreille humaine ne peut l'entendre. *Les chauves-souris utilisent les **ultrasons** pour se diriger la nuit.*

ultraviolet (nom masculin)
Rayon lumineux invisible pour l'œil humain. *Ce sont les **ultraviolets** des radiations solaires qui font bronzer.*

ululement ➡ Voir hululement.

ululer ➡ Voir hululer.

Ulysse
Héros de la mythologie grecque. Roi légendaire d'Ithaque, il conçut la fameuse ruse du « cheval de Troie », qui donna la victoire aux Grecs lors de la guerre de Troie. Personnage principal de l'*Odyssée*, épopée du poète grec Homère, Ulysse vécut mille péripéties en retournant à Ithaque, avant de retrouver sa femme, Pénélope. ➡ p. 881.
➡ Voir aussi Troie.

■ **un, une** (adjectif)
Nombre exprimant l'unité (1). *Ça a duré **une** minute. Aurais-tu **un** euro ?* ■ un, une (nom) Chiffre ou nombre 1. *C'est le **un** qui gagne !*

■ **un, une, des** (déterminant)
Article indéfini. *Voici **un** sac, mais ce n'est pas le mien. Anna a vu **des** oies sauvages.* ■ un, une (pronom) Pronom indéfini. *L'**un** des enfants est enrhumé.* • **L'un et l'autre :** tous les deux. • **Ni l'un ni l'autre :** aucun des deux.

unanime (adjectif)
Qui exprime un accord collectif. *Tous sont **unanimes** : Clément est le meilleur.* Famille du mot : unanim**ement**, unanim**ité**.

unanimement (adverbe)
De manière unanime. *Quand il a pris sa retraite, il a été **unanimement** regretté.*

unanimité (nom féminin)
Caractère unanime de quelque chose. *La mère d'Élodie a été élue présidente de l'association, à l'**unanimité**.*

UNESCO
Organisation des Nations unies pour l'éducation, la science et la culture. Fondée en 1946, l'UNESCO est un organisme international qui permet la coopération entre les États dans le domaine de la culture. Son siège est à Paris.

uni, ie (adjectif)
1. Qui s'entend bien. *Monsieur et madame Duparc forment un couple très **uni**.* **2.** D'une seule couleur. *Amandine porte un chemisier **uni**.* (Contr. bigarré, multicolore.)

UNICEF
Organisme international dont le but est d'aider les enfants dans le monde. Créé en 1946, l'UNICEF, qui a son siège à New York, a reçu le prix Nobel de la paix en 1965.

unicolore (adjectif)
Qui est d'une seule couleur.

unification (nom féminin)
Action d'unifier.

unifier (verbe) ▸ conjug. n° 10
Donner une unité à quelque chose. *Les poids et les mesures **ont été unifiés** en France en 1798.*

uniforme (nom masculin)
Costume imposé dans certaines professions, certaines écoles. *Les militaires et certains policiers portent un **uniforme**.* ■ **uniforme** (adjectif) Qui garde toujours la même forme ou le même aspect. *On a peint ces nouveaux bâtiments d'une couleur **uniforme**.* Famille du mot : uniformément, uniformiser, uniformité.

des **uniformes** militaires de la Première Guerre mondiale
(à gauche, français, à droite, allemand)

uniformément (adverbe)
De façon uniforme. *La mer est **uniformément** bleue aujourd'hui.*

uniformiser (verbe) ▸ conjug. n° 3
Rendre uniforme. *L'euro a pour but d'**uniformiser** les monnaies européennes.*

uniformité (nom féminin)
Caractère de ce qui est uniforme. *Fatima n'aime pas l'**uniformité** des maisons de ce quartier.* (Contr. diversité, variété.)

unijambiste (nom)
Personne qui n'a plus qu'une seule jambe.

unilatéral, ale, aux (adjectif)
1. Qui se fait d'un seul côté. *Dans la rue de David, le stationnement est **unilatéral**.* **2.** Qui se fait sans demander l'avis de l'autre partie concernée. *On lui reproche d'avoir pris une décision **unilatérale**.*

union (nom féminin)
1. Fait de s'unir ou d'être unis. *L'**union** de ce couple lui a permis de traverser toutes les épreuves.* (Syn. entente. Contr. désunion, mésentente.) **2.** Association de personnes ou de pays qu'unissent des intérêts communs. *L'**Union** européenne. Ibrahim s'est renseigné auprès d'une **union** de consommateurs.* (Syn. fédération.)

Union des républiques socialistes soviétiques
➡ Voir **URSS**.

Union européenne
Union qui regroupe 28 États indépendants européens. L'Union européenne (UE) a été fondée, au départ avec 12 États, par le traité de Maastricht (février 1992) pour succéder à la Communauté économique européenne (CEE). Depuis 2013, l'Union européenne, appelée aussi « Europe des 28 », rassemble l'Allemagne, l'Autriche, la Belgique, la Bulgarie, Chypre, la Croatie, le Danemark, l'Espagne, l'Estonie, la Finlande, la France, la Grèce, la Hongrie, l'Irlande, l'Italie, la Lettonie, la Lituanie, le Luxembourg, Malte, les Pays-Bas, la Pologne, le Portugal, la Roumanie, le Royaume-Uni, la Slovaquie, la Slovénie, la Suède et la République tchèque. Depuis janvier 2002, sa monnaie, l'euro, a été adoptée par 17 pays.

unique (adjectif)
1. Seul de son espèce. *C'est mon **unique** cousin. Marie est fille **unique**.* **2.** Qui n'a pas son pareil. *C'est un fait **unique** dans l'histoire de l'humanité !* (Syn. exceptionnel.)

uniquement (adverbe)
Exclusivement, seulement. *C'est **uniquement** pour t'aider qu'il te propose cela.*

unir (verbe) ▸ conjug. n° 11
1. Créer un lien entre des personnes ou des pays. *Un passé commun **unit** les membres de cette équipe. Ces deux pays **sont unis** par des liens commerciaux.* **2.** Mettre ensemble. ***Unissons** nos efforts pour réussir.* (Syn. réunir.) **3.** Réunir en

soi-même des qualités différentes. *Cette femme **unit** l'intelligence et la beauté.*

à l'unisson (adverbe)
Tous ensemble, unanimement. *Ils ont agi **à l'unisson** et ils ont réussi.*

unitaire (adjectif)
Qui recherche l'unité dans une action. *Les syndicats ont mis au point un programme **unitaire**.* • **Prix unitaire :** prix à l'unité. *Le prix **unitaire** des tuiles d'un toit.*

unité (nom féminin)
1. Caractère de ce qui est uni. *Certains regrettent le manque d'**unité** du parti.* (Syn. cohésion.) **2.** Le nombre un. *Quel est le prix des bouteilles d'eau à l'**unité** ?* **3.** Chacun des éléments composant un nombre. *Le nombre 8 est fait de huit unités.* **4.** Grandeur choisie pour mesurer les grandeurs de la même espèce. *Le mètre est l'**unité** de longueur.* **5.** Groupe de soldats. *Une compagnie, un bataillon, un régiment sont des **unités**.*

univers (nom masculin)
1. L'ensemble de tout ce qui existe dans l'espace. *Avec les fusées et les sondes, l'homme essaye de découvrir l'**Univers**.* **2.** La terre entière. *Grâce à son métier, il a parcouru tout l'**univers**.* (Syn. monde.) Au sens 1, **Univers** s'écrit avec une majuscule. Famille du mot : univer**sel**, univer**sellement**.

L'amas des Pléiades est un des groupements d'étoiles les plus célèbres de l'**Univers**.

universel, elle (adjectif)
Qui concerne tout l'univers. *La musique est un art **universel**.*

universellement (adverbe)
De façon universelle. *Einstein est un génie **universellement** reconnu.* (Syn. mondialement.)

universitaire (adjectif)
Qui concerne l'université. *L'année **universitaire** se termine fin mai.*

université (nom féminin)
Établissement public d'enseignement supérieur. *Le frère de Kevin est étudiant à l'**université** de Lyon.*

uppercut (nom masculin)
En boxe, coup de poing donné de bas en haut sous le menton. **Uppercut** est un mot anglais : on prononce [ypɛʀkyt].

uranium (nom masculin)
Métal gris et dur, utilisé comme combustible nucléaire. *L'**uranium** est radioactif.* Prononciation [yʀanjɔm].

Uranus
Septième planète du système solaire, découverte par William Herschel en 1781. Uranus se range dans la catégorie des planètes géantes. Son diamètre est quatre fois plus grand que celui de la Terre. La vie y est impossible car sa température se situe aux environs de – 223 °C. Elle est entourée de 13 anneaux et possède au moins vingt-sept satellites.

urbain, aine (adjectif)
Qui concerne la ville. *Le bus, le tramway, le métro sont des transports **urbains**.* **Urbain** vient du latin *urbs* qui signifie « ville ».

urbanisation (nom féminin)
Transformation d'une région rurale en zone urbaine.

urbanisé, ée (adjectif)
Aménagé en zone urbaine. *Les Pays-Bas sont un pays fortement **urbanisé**.*

urbaniser (verbe) ▸ conjug. n° 3
Transformer un espace rural en zone urbaine, par la création de rues plus grandes qui facilitent la circulation, de logements, d'industries et de commerces importants. *Ces champs **seront urbanisés** pour agrandir la ville.*

urbanisme (nom masculin)
Science de l'aménagement des villes.

urbaniste (nom)
Architecte spécialiste d'urbanisme.

urée (nom féminin)
Substance formée par le foie. *L'**urée** est éliminée dans les urines.*

urgence (nom féminin)
1. Caractère de ce qui est urgent. *Devant l'**urgence** de la situation, le gouvernement s'est immédiatement réuni.* **2.** Cas urgent. *Pierre s'est coupé, on l'a envoyé au service des **urgences** de l'hôpital.*

urgent, ente (adjectif)
Dont on doit s'occuper sans attendre. *Je voudrais voir le médecin, c'est très **urgent** !* (Syn. pressé.)

urinaire (adjectif)
Qui concerne l'urine. *L'urine est évacuée par les voies **urinaires**.*

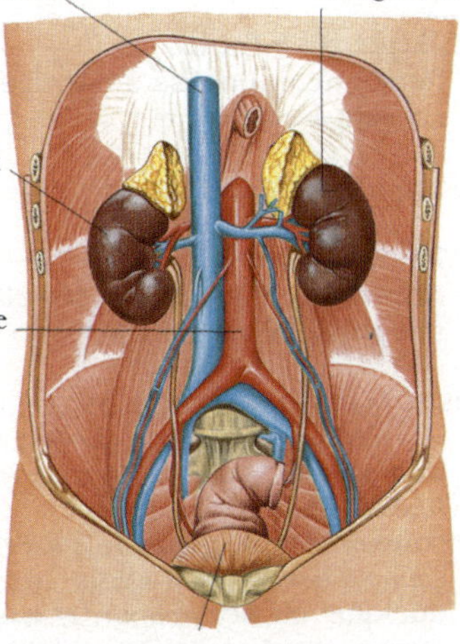

le système **urinaire**

urine (nom féminin)
Liquide jaune sécrété par les reins. *L'**urine** évacue les déchets du sang, que les reins ont filtrés.* (Syn. pipi.)

uriner (verbe) ▸ conjug. n° 3
Évacuer l'urine. (Syn. faire pipi.) Famille du mot : urin**aire**, urine, urin**oir**.

urinoir (nom masculin)
Endroit pour uriner réservé aux hommes.

URL (nom féminin)
Adresse d'un site Internet. *Pour vous connecter à notre site, recopiez cette **URL** dans la barre d'adresse.*

urne (nom féminin)
1. Boîte dans laquelle on dépose un bulletin de vote. *L'**urne** comporte une fente dans le couvercle.* ➡ p. 1310. **2.** Vase contenant les cendres d'un mort qui a été incinéré.

URSS

Ancien État de l'Europe de l'Est, fondé en 1922 et dissout en 1991. L'URSS regroupait 15 républiques socialistes fédérées, sur un territoire de 22 400 000 km². Elle comptait environ 293 millions d'habitants.

GÉOGRAPHIE

L'URSS était le plus grand État du monde, avec 17 000 km de frontières terrestres et 47 000 km de côtes. L'Union comportait la Russie, les républiques fédérées européennes (Biélorussie, Estonie, Lettonie, Lituanie, Moldavie et Ukraine), les républiques fédérées au sud du Caucase (Arménie, Azerbaïdjan et Géorgie) et les républiques fédérées d'Asie centrale (Kazakhstan, Kirghizstan, Ouzbékistan, Tadjikistan et Turkménistan).

HISTOIRE

L'Union des républiques socialistes soviétiques (URSS) fut proclamée le 30 décembre 1922, cinq ans après la révolution russe d'octobre 1917 dont Lénine était l'organisateur. Lénine présida le nouveau gouvernement bolchévique. À sa mort, Staline, secrétaire du Parti communiste, élimina ses adversaires et instaura un régime de terreur (emprisonnements, exécutions, camps de travaux forcés). Durant la Seconde Guerre mondiale, l'Allemagne envahit l'URSS. En 1945, le pays sortit victorieux mais épuisé de la guerre. Les années 1945 à 1990 furent une période de « guerre froide » entre les États-Unis et l'URSS qui s'opposaient sur le plan politique et économique. La plupart des républiques fédérées proclamèrent leur souveraineté ou leur indépendance dans les années 1990. En décembre 1991, l'URSS fut dissoute et la Communauté des États indépendants (CEI) fut créée. ➡ Voir Russie.

urticaire (nom féminin)
Éruption subite de petits boutons qui démangent. *Gaëlle a eu une crise d'**urticaire** après avoir mangé des fraises.* **Urticaire** vient du latin *urtica* qui signifie « ortie », car l'**urticaire** ressemble aux boutons occasionnés par les orties.

Uruguay

3,4 millions d'habitants
Capitale : Montevideo
Monnaie : le peso uruguayen
Langue officielle : espagnol
Superficie : 176 210 km²

État d'Amérique du Sud, sur l'océan Atlantique, situé entre le Brésil et l'Argentine.

GÉOGRAPHIE
L'Uruguay, pays de plaines et de plateaux, drainé par le río Negro, s'ouvre, au sud, sur le plus vaste estuaire du monde, le Río de La Plata. Le climat est doux et humide. L'élevage, les céréales, la canne à sucre fournissent des produits d'exportation. La population vit principalement dans les villes.

HISTOIRE
Exploré à partir de 1516 par les Espagnols, le Río de La Plata fut disputé par les Portugais du Brésil et les Espagnols d'Argentine. Malgré leur résistance, les Indiens Charrúas, qui vivaient sur le territoire avant l'arrivée des conquistadors, furent décimés et complètement éliminés en 1832. Après avoir été rattaché au Brésil, l'Uruguay devint indépendant en 1828. Une grande guerre l'opposa à l'Argentine de 1839 à 1851. Le pays subit plusieurs dictatures militaires et les difficultés économiques et sociales furent à l'origine, à partir de 1958, du mouvement de guérilla urbaine des Tupamaros. L'armée prit le pouvoir en 1973 mais elle dut céder la place à un gouvernement civil à partir de 1984.

us (nom masculin pluriel)
• **Us et coutumes :** usages hérités du passé. Prononciation [ys].

USA
➡ Voir États-Unis d'Amérique.

usage (nom masculin)
1. Fait de se servir de quelque chose. *Ce tissu est solide, il vous fera de l'**usage**. C'est une lotion à **usage** externe.* (Syn. emploi, utilisation.) **2.** Possibilité d'utiliser quelque chose. *Ce blessé a perdu l'**usage** de la parole.* **3.** Habitude traditionnelle. *C'est l'**usage** d'offrir du muguet au 1er mai.*

L'**usage** veut que l'on dépose son bulletin de vote dans une **urne**.

usagé, ée (adjectif)
Qui est plus ou moins usé par un long usage. *Pour jardiner, il porte un vieux pantalon **usagé**.* (Contr. neuf.)

usager, ère (nom)
Personne qui utilise un service public. *Les **usagers** du métro.*

USB ➡ Voir clé.

usé, ée (adjectif)
Abîmé par l'utilisation. *Mes chaussures sont **usées**.* (Contr. neuf.)

user (verbe) ▸ conjug. n° 3
1. Détériorer quelque chose à force de s'en servir. *Quentin **use** trois paires de baskets par an !* (Syn. abîmer.) **2.** Utiliser, consommer. *Cette voiture n'**use** pas beaucoup d'essence.* **3.** Avoir recours à quelque chose. *Romain **a usé** de son charme pour qu'on nous laisse entrer.* (Syn. employer, utiliser.)

Ushuaia
Ville d'Argentine et chef-lieu de la province de Terre de Feu (environ 46 000 habitants). Ushuaia est la ville située le plus au sud du globe terrestre. Le tourisme y est très développé.

usine (nom féminin)
Établissement industriel qui emploie des machines pour fabriquer des objets. *Une **usine** de conserves.*

usiner (verbe) ▸ conjug. n° 3
Fabriquer au moyen d'une machine.

usité, ée (adjectif)
Employé couramment. *Le verbe « gésir » n'est plus* ***usité****.* (Syn. usuel. Contr. inusité.)

ustensile (nom masculin)
Objet ou instrument d'usage quotidien. *Les casseroles sont des* ***ustensiles*** *de cuisine.*

usuel, elle (adjectif)
Qui est fréquemment utilisé. *« Vélo » est un synonyme* ***usuel*** *de « bicyclette ».* (Syn. courant.)

usuellement (adverbe)
De façon usuelle. *Thomas se sert* ***usuellement*** *de son ordinateur.*

usure (nom féminin)
1. État de ce qui est usé. *Les draps sont déchirés à cause de l'****usure****.* **2.** Action de prêter de l'argent à un taux exorbitant. *L'****usure*** *est illégale.*

usurier, ère (nom)
Personne qui pratique l'usure.

usurpateur, trice (nom)
Personne qui usurpe un pouvoir. *Les généraux qui ont pris le pouvoir sont des* ***usurpateurs****.*

usurpation (nom féminin)
Action d'usurper. *Il se disait médecin, mais c'était une* ***usurpation****.*

usurper (verbe) ▸ conjug. n° 3
S'emparer de quelque chose de façon illégitime. *À la mort du roi, certains grands seigneurs essayèrent d'****usurper*** *le trône.* Famille du mot : usurp**ateur**, usurp**ation**.

ut (nom masculin)
Autre nom de la note de musique *do*. Prononciation [yt].

utérus (nom masculin)
Organe où se forme et se développe l'embryon chez les femelles des mammifères et chez la femme. Prononciation [yteʀys].

utile (adjectif)
Qui sert à quelque chose, rend service. *La chouette est un animal* ***utile*** *car elle chasse les animaux nuisibles. Papa voyage beaucoup, son téléphone portable lui est* ***utile****.* (Contr. inutile.) Famille du mot : **in**utile, **in**utile**ment**, **in**util**ité**, utile**ment**, util**itaire**, util**ité**.

utilement (adverbe)
De façon utile. *Nous avons* ***utilement*** *employé notre temps.*

utilisable (adjectif)
Qui peut être utilisé. *Cette vieille radio est encore* ***utilisable****.* (Contr. inutilisable.)

utilisateur, trice (nom)
Personne qui utilise quelque chose. *Avis aux* ***utilisateurs*** *de la photocopieuse.*

utilisation (nom féminin)
Action d'utiliser. *L'****utilisation*** *du téléphone portable est interdite lorsqu'on conduit.* (Syn. emploi, usage.)

utiliser (verbe) ▸ conjug. n° 3
Se servir de quelque chose. *Hélène* ***utilise*** *des pastels pour dessiner.* (Syn. employer.) Famille du mot : **in**utilis**able**, utilis**able**, utilis**ateur**, utilis**ation**.

utilitaire (adjectif)
• **Véhicule utilitaire :** camion, autobus, autocar ou tracteur.

un **véhicule utilitaire**

utilité (nom féminin)
Fait d'être utile. *Ce cadeau est très joli, mais je n'en vois pas vraiment l'****utilité****.*

utopie (nom féminin)
Projet considéré comme irréalisable. *Comment peux-tu croire à cette* ***utopie*** *?*

utopique (adjectif)
Qui relève de l'utopie. *On pensait autrefois qu'il était* ***utopique*** *de croire que l'homme marcherait sur la Lune.* (Syn. irréalisable.)

V v

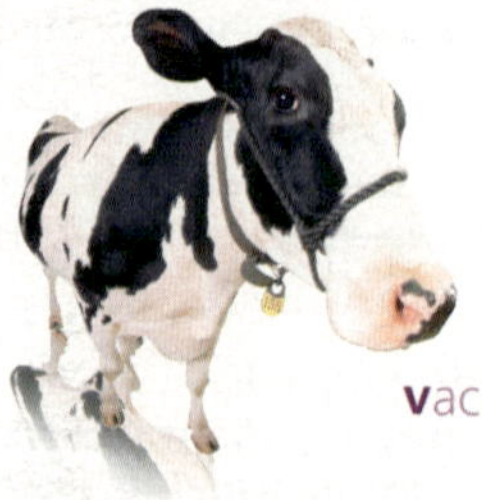

vache

v (nom masculin)
Vingt-deuxième lettre de l'alphabet. *Le **V** est une consonne.*

vacance (nom féminin)
Fait d'être vacant. *La **vacance** du pouvoir est causée par la mort du Président.* ■ **vacances** (nom féminin pluriel) Période de congé. *Amandine va en **vacances** chez sa grand-mère.* **Vacance** vient du latin *vacare* qui signifie « être vide ».

vacancier, ère (nom)
Personne qui est en vacances. *Une nouvelle vague de **vacanciers** est arrivée dans la station balnéaire.*

vacant, ante (adjectif)
Qui n'est pas occupé. *De nombreux appartements **vacants** ont été occupés par les sans-abri.* (Syn. libre.)

vacarme (nom masculin)
Bruit assourdissant. *Ferme la fenêtre, il y a trop de **vacarme** dans la rue.* (Syn. tapage, tumulte. Contr. silence.)

vacataire (nom)
Personne qui occupe un poste temporairement. *Cette administration emploie beaucoup de **vacataires**.*

vaccin (nom masculin)
Produit que l'on injecte à une personne pour la protéger d'une maladie déterminée. *Un **vaccin** contre le tétanos.*
Famille du mot : vaccin**ation**, vacciner.

vaccination (nom féminin)
Action de vacciner. *La première **vaccination** a été faite par Edward Jenner en 1796 et protégeait de la variole.*

la **vaccination** contre la **variole**

vacciner (verbe) ▸ conjug. n° 3
Faire un vaccin. *Il s'est fait **vacciner** contre le choléra avant son départ en Afrique.*

vache (nom féminin)
Mammifère ruminant, femelle du taureau. *On élève la **vache** pour son lait et sa viande. La **vache** meugle et beugle.*

vacherin (nom masculin)
Gâteau fait de meringue et de crème glacée. *Un **vacherin** à la framboise.*

vachette (nom féminin)
Jeune vache. *Cet été, Laura et Victor ont assisté à une course de* ***vachettes*** *dans le Sud-Ouest.*

une **vachette**

vacillant, ante (adjectif)
Qui vacille. *Le bébé est encore un peu* ***vacillant*** *sur ses jambes.*

vaciller (verbe) ▸ conjug. n° 3
1. Trembler sur ses jambes. *Quand le malade s'est levé, il* ***vacillait****.* (Syn. chanceler.) **2.** Trembloter quand il s'agit d'une lumière. *Les courants d'air font* ***vaciller*** *la flamme de la bougie.*

vadrouille (nom féminin)
Synonyme familier de promenade. *Une grande* ***vadrouille*** *dans le sud de la France.* (Syn. balade.)

vadrouiller (verbe) ▸ conjug. n° 3
Synonyme familier de voyager. *Nous avons* ***vadrouillé*** *dans les Alpes cet été.*

va-et-vient (nom masculin)
1. Mouvement incessant de gens qui passent. *Le long du port, le* ***va-et-vient*** *des nombreux promeneurs est constant.* **2.** Branchement électrique qui permet d'allumer ou d'éteindre les mêmes lumières depuis deux interrupteurs différents.

vagabond, onde (nom)
Personne sans maison ni travail. *Un* ***vagabond*** *a demandé asile pour la nuit.*
Famille du mot : vagabond**age**, vagabond**er**.

vagabondage (nom masculin)
Fait d'être vagabond. *On peut être arrêté pour* ***vagabondage*** *si l'on se promène sans papiers ni argent.*

vagabonder (verbe) ▸ conjug. n° 3
Errer à l'aventure, sans but. *Son esprit* ***vagabonde*** *loin des réalités de ce monde.*

vagin (nom masculin)
Organe qui relie la vulve à l'utérus chez la femme et les femelles des mammifères.

vagir (verbe) ▸ conjug. n° 11
Pousser des vagissements.

vagissement (nom masculin)
Cri poussé par un nouveau-né.

■ **vague** (adjectif)
Qui manque de précision. *Les indications qu'il m'a données sont assez* ***vagues****.* (Syn. flou, imprécis. Contr. net, précis.) • **Terrain vague :** terrain à l'abandon dans une ville. ■ **vague** (nom masculin) • **Regarder dans le vague :** regarder dans le vide. • **Vague à l'âme :** mélancolie.

■ **vague** (nom féminin)
1. Mouvement de la mer qui s'abaisse et se soulève. *Le vent provoque des* ***vagues*** *de dix mètres de haut.* (Syn. lame.) **2.** Au sens figuré, ce qui évoque le va-et-vient des vagues. *Des* ***vagues*** *de touristes.* • **Vague de froid, de chaleur :** arrivée subite du froid, de la chaleur.

vaguelette (nom féminin)
Petite vague.

vaguement (adverbe)
De façon vague. *William a* ***vaguement*** *entendu Noémie rentrer et il s'est rendormi.* (Contr. nettement.)

vahiné (nom féminin)
Femme tahitienne.

Une **vahiné** a servi de modèle à Paul Gauguin pour peindre « Vairumati » (1897).

vaillamment (adverbe)
De façon vaillante. *Xavier a tenu tête* ***vaillamment****, seul contre tous.* (Syn. courageusement.)

vaillance (nom féminin)
Qualité d'une personne vaillante. *Odile a supporté le froid et la fatigue avec **vaillance**.* (Syn. courage.)

vaillant, ante (adjectif)
Synonyme littéraire de courageux. *Les sans-culottes furent de **vaillants** soldats.* • **N'avoir pas un sou vaillant :** être sans argent. Famille du mot : vaill**am**-**ment**, vaill**ance**. **Vaillant** est l'ancien participe présent de *valoir*.

vain, vaine (adjectif)
1. Qui est sans effet. *Tous nos efforts sont restés **vains**.* (Syn. inefficace, inutile. Contr. efficace, utile.) **2.** Qui n'est fondé sur rien. *Tes craintes sont **vaines**.* (Syn. faux. Contr. réel.) • **En vain :** inutilement, vainement.

vaincre (verbe) ▸ conjug. n° 36
1. Remporter une victoire. *Charles Martel **a vaincu** les Arabes à Poitiers en 732.* (Syn. battre.) **2.** Venir à bout de quelque chose. *Sarah a réussi à **vaincre** sa peur de l'eau.* (Syn. dominer, surmonter.) Famille du mot : **in**vaincu, vaincu, vainqu**eur**.

vaincu, ue (adjectif et nom)
Qui a subi une défaite. *Le champion **vaincu** a félicité le vainqueur.* (Syn. perdant. Contr. gagnant.)

vainement (adverbe)
En vain. *Yann a **vainement** tenté de réparer son stylo.* (Syn. inutilement.)

vainqueur (nom masculin)
Celui qui a remporté la victoire. *Le **vainqueur** du tournoi d'échecs est un Russe.* (Syn. gagnant.)

vair (nom masculin)
Fourrure d'un écureuil gris. *La pantoufle de **vair** de Cendrillon.*

vairon (nom masculin)
Petit poisson d'eau douce.

un **vairon**

vaisseau, eaux (nom masculin)
1. Conduit servant à la circulation du sang. *Les **vaisseaux** sanguins comprennent les veines, les artères et les **vaisseaux** capillaires.* **2.** Autrefois, grand navire de guerre à voiles. *Le corsaire a attaqué un **vaisseau** de la flotte ennemie.* • **Vaisseau spatial :** engin servant à voyager dans l'espace.

vaisselier (nom masculin)
Meuble dans lequel on range la vaisselle.

vaisselle (nom féminin)
Ensemble des récipients et des couverts qui servent à table. *Après le repas, on met la **vaisselle** dans le lave-vaisselle.*

val, vaux (nom masculin)
• **Par monts et par vaux :** en voyage, en balade. *Il est toujours **par monts et par vaux**.* **Val** est un ancien synonyme de *vallée,* encore utilisé dans les noms propres : *le Val-de-Marne.*

valable (adjectif)
1. Qui est en règle. *Ce passeport n'est plus **valable**, il faut le faire renouveler.* (Syn. valide. Contr. périmé.) **2.** Qui a une valeur suffisante. *C'est un argument **valable** pour retarder notre départ.* (Syn. acceptable, sérieux.)

valet (nom masculin)
1. Homme qui était employé comme domestique. *Un **valet** de chambre, un **valet** de ferme.* **2.** Carte à jouer représentant un valet. *Le **valet** de pique.*

La **Valette**
Capitale et port de la république de Malte (7 000 habitants). La construction de cette remarquable ville fortifiée a commencé au XVIe siècle. ➡ p. 775.

valeur (nom féminin)
1. Ce que vaut quelque chose. *Ces diamants sont des faux, ils n'ont aucune **valeur**.* (Syn. prix.) **2.** Qualité d'une personne sur le plan moral ou intellectuel. *C'était un savant d'une grande **valeur**.* **3.** Importance que l'on accorde à quelque chose. *Ce stylo est un cadeau, il a surtout une grande **valeur** sentimentale.* **4.** Quantité approximative. *Ajoutez la **valeur** d'une noix de beurre.* (Syn. équivalent.) • **Mettre en valeur :** faire paraître à son avantage.

valeureux, euse (adjectif)
Synonyme littéraire de courageux. *Vercingétorix fut un **valeureux** chef gaulois.*

valide (adjectif)
1. En bonne santé. *Il est toujours **valide** malgré ses 90 ans.* (Contr. invalide.) 2. Qui a une valeur légale. *Cette carte bancaire n'est plus **valide**.* (Syn. valable.) Famille du mot : **in**valide, **in**valid**ité**, valid**er**, valid**ité**.

valider (verbe) ▸ conjug. n° 3
Rendre valide. *Vous devez **valider** votre titre de transport en le compostant.*

validité (nom féminin)
Qualité de ce qui est valide. *La date de **validité** de mon passeport est dépassée.*

valise (nom féminin)
Bagage de forme rectangulaire, muni d'une poignée. • **Faire sa valise** ou **ses valises :** se préparer à partir.

vallée (nom féminin)
1. Couloir plus ou moins large entre des montagnes ou des collines, creusé par un cours d'eau ou par un glacier. *Le torrent s'écoule dans une **vallée** encaissée.* 2. Région arrosée par un fleuve. *La **vallée** du Rhin.*

vallon (nom masculin)
Petite vallée.

vallonné, ée (adjectif)
Où il y a des collines et des vallons. *La région de Dijon est **vallonnée**.* (Contr. plat.)

Valmy
Commune de la Marne, lieu de la victoire des Français sur les Prussiens en 1792. La victoire de Valmy a stoppé l'invasion de la France par la Prusse.

valoir (verbe) ▸ conjug. n° 25
1. Avoir un certain prix. *Ce tableau **vaut** des millions.* (Syn. coûter.) 2. Avoir une certaine qualité, un certain intérêt. *Ce spectacle **vaut** vraiment le déplacement.* 3. Être équivalent à quelque chose. *Une livre **vaut** 500 grammes.* (Syn. égaler.) 4. Procurer quelque chose à quelqu'un. *Son action lui **a valu** des compliments.* 5. Se valoir : avoir la même valeur. *Les deux solutions **se valent**.* • **Se faire valoir :** se mettre en vedette. • **Vaille que vaille :** tant bien que mal. *Il a terminé son travail **vaille que vaille**.* • **Valoir la peine** ou **le coup :** mériter l'attention ou l'intérêt. • **Valoir mieux :** être préférable. *Il **vaut mieux** s'en aller.*

Valois
Dynastie de rois qui régna sur la France de 1328 à 1589. À la fin de la dynastie des Capétiens, Philippe VI devint le premier roi des Valois. Le dernier roi des Valois, Henri III, ne laissa pas de descendant. À sa mort, c'est Henri IV qui monta sur le trône et avec lui commença la dynastie des Bourbons.

valorisant, ante (adjectif)
Qui valorise. *Dans son métier, c'est **valorisant** de parler plusieurs langues.*

valorisation (nom féminin)
Action de valoriser.

valoriser (verbe) ▸ conjug. n° 3
Donner une valeur plus grande. *La construction de l'autoroute **a valorisé** notre région.* (Contr. déprécier, dévaloriser.) Famille du mot : **dé**valoriser, valoris**ant**, valoris**ation**.

valse (nom féminin)
Danse à trois temps où le couple de danseurs se déplace en tournant sur lui-même. *Les mariés ont ouvert le bal au son d'une **valse**.* Famille du mot : vals**er**, vals**eur**.

valser (verbe) ▸ conjug. n° 3
Danser la valse.

valseur, euse (nom)
Personne qui danse la valse. *Malgré son âge, grand-père est toujours un bon **valseur**.*

valve (nom féminin)
1. Dispositif qui permet l'entrée d'un gaz ou d'un liquide mais qui ne le laisse pas ressortir. *Il faut dévisser la **valve** de la chambre à air pour regonfler le pneu.* 2. Chacune des parties de la coquille des huîtres, des moules, etc.

vampire (nom masculin)
1. Mort qui, d'après certaines superstitions, sort de son tombeau pour boire le sang des gens. 2. Chauve-souris d'Amérique du Sud qui suce le sang d'animaux endormis. ➡ p. 1316.

un **vampire**

van (nom masculin)
Remorque servant au transport des chevaux. Prononciation [van].

vandale (nom)
Personne qui abîme ou détruit par bêtise ou par méchanceté. *Cette nuit, des **vandales** ont cassé des vitrines dans le centre-ville.* Les **Vandales** étaient un peuple germanique qui envahit la Gaule romaine au Vᵉ siècle.

Vandales
Ensemble de peuples germaniques qui franchirent le Rhin et envahirent la Gaule romaine au Vᵉ siècle. Ils allèrent jusqu'en Espagne, puis ils firent la conquête d'une partie de la Tunisie actuelle, de la Corse, de la Sardaigne, des Baléares et de la Sicile. En 533-534, ils perdirent le royaume d'Afrique qu'ils avaient fondé.

vandaliser (verbe) ▸ conjug. n° 3
Détériorer par vandalisme. *Le hall de cet immeuble **a été vandalisé** cette nuit.*

vandalisme (nom masculin)
Comportement d'un vandale. *À la suite d'actes de **vandalisme**, des commerçants ont dû fermer leurs magasins.*

Van Gogh Vincent (né en 1853, mort en 1890)
Peintre néerlandais. Van Gogh, homme tourmenté et très religieux, commença à peindre vers 1880. En 1886, il vint à Paris et se lia avec les peintres impressionnistes. Il partit ensuite en Provence. À Arles, il réalisa sa célèbre série de tableaux *les Tournesols*, dans lesquels éclatent les couleurs et la violence de sa peinture. À la suite d'une violente dispute avec son ami Paul Gauguin, il se coupa le lobe de l'oreille pour se punir. En 1889, il se rendit à Auvers-sur-Oise. Souffrant de troubles mentaux, Van Gogh continua cependant à peindre : portraits, autoportraits, paysages comme *Route aux cyprès*, *Champ de blé aux corbeaux*. Il se suicida. Son immense talent ne fut reconnu qu'après sa mort. ➡ p. 106, p. 1299.

vanille (nom féminin)
Substance aromatique extraite du fruit d'une orchidée tropicale. *Une glace à la **vanille**.*

branche, fleur et gousse de **vanille**

vanillé, ée (adjectif)
Parfumé à la vanille. *De la crème **vanillée**.*

vanité (nom féminin)
Défaut d'une personne vaniteuse. *Il est très fort mais il n'en tire aucune **vanité**.* (Syn. prétention.)

vaniteux, euse (adjectif et nom)
Synonyme de prétentieux. *Ce **vaniteux** se pavane devant nous avec sa grosse moto !*

vanne (nom féminin)
Panneau mobile servant à régler le débit de l'eau. *Les **vannes** d'une écluse.*

vanné, ée (adjectif)
Synonyme familier de fatigué. *J'ai marché toute la journée, je suis **vanné**.*

vanneau (nom masculin)
Oiseau échassier de la taille d'un pigeon et vivant en Asie et en Europe. *Le **vanneau** porte une longue huppe sur la tête.* ➡ p. 886.

vannerie (nom féminin)
Fabrication d'objets tressés avec des fibres végétales. *En **vannerie**, on utilise l'osier ou la paille pour faire des paniers.*

vantail, aux (nom masculin)
Panneau mobile d'une porte ou d'une fenêtre. *La porte de l'immeuble comporte deux **vantaux**.*

vantard, arde (adjectif et nom)
Qui se vante souvent. *Il dit qu'il est le meilleur basketteur de notre équipe, quel **vantard** !* (Syn. fanfaron.)

vantardise (nom féminin)
Défaut d'une personne vantarde. *Tout ce qu'il raconte, c'est de la **vantardise**.*

vanter (verbe) ▸ conjug. n° 3
1. Dire du bien de quelqu'un ou de quelque chose. *La vendeuse nous **a vanté** les qualités de ce nouveau shampoing.* **2.** Se vanter : exagérer ses mérites. *Alain **se vante** quand il dit qu'il peut traverser le fleuve à la nage.* Famille du mot : vant**ard**, vant**ardise**.

Vanuatu

200 000 habitants
Capitale : Port-Vila
Monnaie : le vatu
Langues officielles : bichelamar, français, anglais
Superficie : 14 765 km²

État de l'océan Pacifique Sud, au nord-est de la Nouvelle-Calédonie.

GÉOGRAPHIE
Archipel montagneux tropical, Vanuatu est composé d'îles volcaniques ou coralliennes dont les six plus importantes concentrent plus de 80 % des habitants. La population, mélanésienne et polynésienne, vit surtout de l'agriculture et de la pêche. Le pays exporte de la viande bovine, du cacao et du bois.

HISTOIRE
Découvert par les Portugais, l'archipel, d'abord appelé Nouvelles-Hébrides, a été sous la domination commune des Anglais et des Français. Vanuatu devint une république indépendante en 1980. Le pays est membre du Commonwealth.

va-nu-pieds (nom)
Personne qui vit dans une grande misère. Pluriel : des va-nu-pieds. Autrefois, les **va-nu-pieds** étaient des gens trop pauvres pour s'acheter des chaussures.
ORTHO On écrit aussi un **vanupied**, des **vanupieds**.

vapeur (nom féminin)
1. Fines gouttelettes d'eau en suspension dans l'air. *De la **vapeur** s'échappe de la casserole quand l'eau bout.* **2.** Énergie produite par la vapeur d'eau. *Une locomotive à **vapeur**.* **3.** Gaz qui se dégage d'un liquide. *Les **vapeurs** d'essence sont toxiques.* • **À la vapeur :** cuit par la chaleur de la vapeur.

vaporeux, euse (adjectif)
Fin, léger et transparent. *Une robe de soie **vaporeuse**.*

vaporisateur (nom masculin)
Appareil qui sert à vaporiser un liquide. *Un déodorant en **vaporisateur**.* (Syn. atomiseur.)

vaporiser (verbe) ▸ conjug. n° 3
Projeter un liquide sous forme de vapeur. *Maman **a vaporisé** de l'insecticide sur les plantes du balcon.*

vaquer (verbe) ▸ conjug. n° 3
S'occuper de ce qu'on a à faire. *Papa est dans le jardin et **vaque** à ses occupations du week-end.*

varan (nom masculin)
Grand lézard carnivore d'Asie et d'Afrique. *Certains **varans** mesurent 3 mètres de long.*

un **varan**

varappe (nom féminin)
Escalade de parois rocheuses. *Avant de faire de la **varappe** en montagne,*

David s'est exercé sur un mur d'escalade. ⊸ **Varappe** est le nom d'une paroi rocheuse située près de Genève.

varech (nom masculin)
Synonyme de goémon. *Le* ***varech*** *est utilisé comme engrais.* Prononciation [vaʀɛk].

vareuse (nom féminin)
Veste ample. *Le marin portait une* ***vareuse*** *de toile bleue.*

variable (adjectif)
Qui peut varier. *Un vent* ***variable***. (Syn. changeant.)

variante (nom féminin)
Forme légèrement différente d'une chose. *Cette vieille chanson a plusieurs* ***variantes*** *selon les régions.*

variateur (nom masculin)
Dispositif qui permet de faire varier une intensité électrique. *Le* ***variateur*** *d'une lampe à halogène.*

variation (nom féminin)
Fait de varier. *Ces* ***variations*** *de température sont mauvaises pour les récoltes.* (Syn. changement.)

varice (nom féminin)
Gonflement anormal et douloureux des veines. *Cette vieille dame marche difficilement à cause de ses* ***varices***.

varicelle (nom féminin)
Maladie contagieuse qui se manifeste par des boutons sur tout le corps.

varié, ée (adjectif)
Qui présente des éléments divers. *Des hors-d'œuvre* ***variés***.

varier (verbe) ▸ conjug. n° 10
1. Apporter des changements. *Le médecin lui a recommandé de* ***varier*** *son alimentation.* **2.** Être différent. *Le temps* ***varie*** *suivant les saisons.* (Syn. changer.)
Famille du mot : in**variable**, **variable**, vari**ante**, vari**ation**, varié, variété.

variété (nom féminin)
1. Caractère de ce qui est varié. *Elle fait de bons petits plats, mais sa cuisine manque de* ***variété***. **2.** Division à l'intérieur d'une espèce. *Les reines-claudes, les quetsches et les mirabelles sont des* ***variétés*** *de prunes.* ■ **variétés** (nom féminin pluriel) Spectacle qui comporte des numéros de music-hall ou des chansons.

variole (nom féminin)
Maladie grave et contagieuse due à un virus. *La* ***variole*** *a aujourd'hui disparu.* ➡ p. 1312.

Varsovie

Capitale de la Pologne (1,7 million d'habitants). Varsovie, sur les bords de la Vistule, est un grand centre scientifique, culturel, commercial et industriel.

HISTOIRE

De 1815 à 1915, Varsovie fut la capitale du royaume de Pologne, soumis à l'empereur de Russie. La ville se révolta en 1830 et en 1863. En 1918, elle devint la capitale de la République polonaise. En 1939, elle fut occupée par les troupes allemandes ; celles-ci exterminèrent les Juifs qui vivaient dans le « ghetto ». Une insurrection éclata en 1944 et la ville fut détruite par les Allemands. Varsovie fut libérée en 1945 par les forces polonaises et soviétiques. Les monuments ainsi que la vieille ville ont été reconstruits avec une grande fidélité.

LE PACTE DE VARSOVIE

Signé en 1955, ce pacte liait, par des accords militaires, les pays communistes de l'Europe de l'Est, groupés autour de l'URSS. Il a été dissout en 1991.

vasculaire (adjectif)
Qui concerne les vaisseaux sanguins. *Les varices sont causées par des troubles* ***vasculaires***.

■ **vase** (nom masculin)
Récipient utilisé pour mettre des fleurs. *Un* ***vase*** *en porcelaine, en cristal.*

■ **vase** (nom féminin)
Boue qui se dépose au fond des eaux stagnantes. *Les enfants pataugent dans la* ***vase*** *de l'étang.* Famille du mot : s'**en**vaser, vas**eux**.

vaseline (nom féminin)
Graisse extraite du pétrole, utilisée comme pommade. *Un tube de* ***vaseline***.

vaseux, euse (adjectif)
1. Rempli de vase. *Ibrahim a glissé sur le sol* ***vaseux***. 2. Dans la langue familière, qui est fatigué ou légèrement malade. *Anna n'a pas dormi de la nuit, elle se sent* ***vaseuse***.

vasistas (nom masculin)
Petit panneau mobile au-dessus d'une fenêtre ou d'une porte. Prononciation [vazistas]. **Vasistas** vient de l'allemand *was ist das ?* qui signifie « qu'est-ce que c'est ? ».

vasque (nom féminin)
Bassin peu profond d'une fontaine.

vassal, ale, aux (nom)
Au Moyen Âge, personne liée à un seigneur par un serment de fidélité. *Le suzerain devait protection à ses* ***vassaux***.

vaste (adjectif)
Très grand. *On peut recevoir une centaine d'invités dans ce* ***vaste*** *salon.* (Contr. exigu.)

Vatican
État d'Europe situé dans la ville de Rome et placé sous la souveraineté du pape. Créé en 1929, c'est le plus petit État du monde (44 hectares ; 800 citoyens). Il est également appelé le Saint-Siège. La cité du Vatican comprend la basilique Saint-Pierre, la place Saint-Pierre, le palais pontifical, des jardins et des musées. Le Vatican possède son drapeau, ses forces armées, sa radio et ses propres journaux.

va-tout (nom masculin)
• **Jouer son va-tout :** prendre tous les risques quand il reste peu de chance de réussir. *Sur le point de perdre, il* ***a joué son va-tout***.

Vauban Sébastien Le Prestre de (né en 1633, mort en 1707)
Architecte militaire et maréchal de France. En 1678, Vauban fut nommé commissaire général aux fortifications. Il réalisa des travaux de consolidation de nombreuses places fortes et créa près de 40 nouvelles forteresses et ports fortifiés dans toute la France (Besançon, Briançon, Camaret, Arras, Longwy…).

vaudeville (nom masculin)
Comédie pleine de quiproquos et de rebondissements.

vaudou (nom masculin)
Religion pratiquée à Haïti, qui mélange la sorcellerie et les rites du christianisme.

à **vau-l'eau** (adverbe)
• **Aller à vau-l'eau :** partir à la dérive, péricliter. *Tous ses projets* ***sont allés à vau-l'eau*** *quand il a perdu son emploi.*

vaurien (nom masculin)
Synonyme littéraire de voyou. *Des* ***vauriens*** *ont lancé des cailloux dans les vitres.* **Vaurien** vient de l'expression « *il ne vaut rien* ».

vautour (nom masculin)
Grand oiseau de proie, à la tête et au cou déplumés. *Les* ***vautours*** *sont des charognards.*

un **vautour**

se **vautrer** (verbe) ▸ conjug. n° 3
Se coucher ou se rouler sur quelque chose. *Le chien* ***se vautre*** *dans l'herbe.*

à la **va-vite** (adverbe)
Vite et sans soin. *Il s'est douché et s'est habillé* ***à la va-vite***.

veau, veaux (nom masculin)
1. Petit de la vache et du taureau. 2. Chair de cet animal. *Un rôti de* ***veau***.

a b c d e f g h i j k l m n o p q r s t u v w x y z

vécu, ue (adjectif)
Qui s'est passé réellement. *Ce roman raconte une histoire **vécue**.*

vedette (nom féminin)
1. Acteur ou chanteur très connu. *Au Festival de Cannes, on peut voir de nombreuses **vedettes** de cinéma.* (Syn. star.) **2.** Petit bateau à moteur. *Une **vedette** de la police surveille la côte.* • **Se mettre en vedette :** essayer d'attirer l'attention.

végétal, aux (nom masculin)
Être vivant fixé au sol. *Les arbres, les fleurs, les champignons, les ronces sont des **végétaux**.* (Syn. plante.) ■ **végétal, ale, aux** (adjectif) Qui est tiré des végétaux. *L'huile de tournesol est une huile **végétale**.* Famille du mot : végét**arien**, végét**atif**, végét**ation**, végét**er**.

végétarien, enne (adjectif et nom)
Qui ne mange que des produits d'origine végétale. *Les **végétariens** se nourrissent de fruits, de légumes et de laitages.*

végétatif, ive (adjectif)
Qui semble vivre sans bouger, comme un végétal. *Mener une existence **végétative**.*

végétation (nom féminin)
Ensemble des végétaux qui poussent dans un lieu. *La **végétation** est maigre et clairsemée dans les régions désertiques.* ■ **végétations** (nom féminin pluriel) Petites peaux qui apparaissent au fond du nez et de la gorge et qui empêchent parfois de respirer normalement. *Fatima s'est fait opérer des **végétations**.*

végéter (verbe) ▸ conjug. n° 8
Mener une vie médiocre et peu intéressante. *Il préfèrerait voyager plutôt que de **végéter** dans ce coin perdu.*

véhémence (nom féminin)
Attitude d'une personne véhémente. *Accusé à tort, il s'est défendu avec **véhémence**.*

véhément, ente (adjectif)
Qui s'exprime avec violence. *Il nous a fait des reproches sur un ton **véhément**.*

véhicule (nom masculin)
Engin que l'on utilise pour se déplacer. *Les voitures, les motos, les camions sont des **véhicules** à moteur.*

véhiculer (verbe) ▸ conjug. n° 3
Transporter dans un véhicule. *Ce routier **véhicule** des produits surgelés de Bretagne.*

veille (nom féminin)
1. Jour qui précède un autre. *Le 31 décembre, c'est la **veille** du jour de l'an.* **2.** Fait de rester sans dormir. *Nous avons passé une longue nuit de **veille** à attendre son retour.* • **À la veille de :** un peu avant. *Ce pays est **à la veille d'**une révolution.*

veillée (nom féminin)
Moment de la soirée entre le dîner et le moment de se coucher. *Autrefois, les gens se racontaient des histoires pendant la **veillée**.*

veiller (verbe) ▸ conjug. n° 3
1. Rester volontairement éveillé pendant la nuit. *Au réveillon de Noël, on **a veillé** jusqu'à deux heures du matin.* **2.** Rester près de quelqu'un et s'en occuper. *Le médecin **a veillé** sur le blessé pendant toute la nuit.* **3.** Prendre soin de quelque chose ou y faire attention. ***As-tu veillé** à couper le gaz avant de partir ?* Famille du mot : veille, veill**ée**, veill**eur**, veill**euse**.

veilleur (nom masculin)
• **Veilleur de nuit :** homme chargé de surveiller un lieu pendant la nuit.

veilleuse (nom féminin)
1. Lampe qui éclaire faiblement. *Une petite **veilleuse** éclaire la boîte à gants de la voiture.* **2.** Petite flamme d'un chauffe-eau ou d'une chaudière à gaz, qui reste continuellement allumée.

veinard, arde (adjectif et nom)
Synonyme familier de chanceux. *Quel est le **veinard** qui a gagné le gros lot ?*

■ **veine** (nom féminin)
1. Vaisseau sanguin qui ramène le sang vers le cœur. *Il faut piquer la **veine** du bras avec une seringue pour faire une prise de sang.* **2.** Ligne étroite et colorée qui forme des dessins sur le bois ou la pierre. *Ce marbre blanc a des **veines** bleutées.* Famille du mot : **intra**vein**eux**, vein**é**.

■ **veine** (nom féminin)
Synonyme familier de chance. *Tu as de la **veine** d'avoir eu des places pour ce concert.* Famille du mot : **dé**veine, vein**ard**.

veiné, ée (adjectif)
Qui est sillonné de veines apparentes. *Ce bois d'olivier est **veiné** de lignes marron.*

veineux, euse (adjectif)
Qui concerne les veines du corps. *Le système **veineux**.*

velcro (nom masculin)
Système de fermeture formé par un ensemble de deux bandes de tissu dont les surfaces s'agrippent. *Des baskets fermées par des **velcros**.* **Velcro** est le nom d'une marque.

vêler (verbe) ▶ conjug. n° 3
Donner naissance à un veau. *Le fermier a appelé le vétérinaire quand la vache a commencé à **vêler**.*

véliplanchiste (nom)
Personne qui pratique la planche à voile.

velléitaire (adjectif et nom)
Qui ne va jamais jusqu'au bout de ses projets. *Jacques est trop **velléitaire** pour imposer son point de vue.* (Contr. persévérant.)

velléité (nom féminin)
Intention vague qu'on ne réalise pas. *Élodie a des **velléités** d'apprendre le piano, mais elle manque la plupart des cours.*

vélo (nom masculin)
Synonyme familier de bicyclette. *Fatima et son cousin sont allés faire du **vélo** en forêt.* Famille du mot : vélodrome, vélomoteur. **Vélo** est une abréviation du vieux mot **vélocipède**, qui vient des mots latins *velox* qui signifie « rapide » et *pedis* qui signifie « pied ». ➡ p. 139.

véloce (adjectif)
Qui fait preuve de vélocité. *Le guépard est très **véloce**.*

des **veines** claires dans un minéral poli

vélocité (nom féminin)
Grande agilité dans les mouvements. *Le professeur de piano nous a fait faire des exercices de **vélocité**.*

vélocross (nom masculin)
Vélo tout-terrain qui n'est pas équipé de garde-boue ni de suspension. *Une compétition de **vélocross** est organisée dans la forêt.*

vélodrome (nom masculin)
Piste pour des courses cyclistes.

vélomoteur (nom masculin)
Bicyclette équipée d'un moteur. *On peut conduire un **vélomoteur** à partir de 14 ans.*

velours (nom masculin)
Étoffe dont l'endroit est fait de poils courts et serrés, très doux au toucher. *Elle portait une robe de **velours** noir à col blanc.* • **Faire patte de velours :** rentrer ses griffes. *La chatte **fait patte de velours** quand Gaëlle la caresse.*

velouté, ée (adjectif)
1. Doux au toucher, comme le velours. *Des pêches à la peau rose et **veloutée**.* **2.** Onctueux et doux au goût. *Une crème à la vanille épaisse et **veloutée**.* ■ **velouté** (nom masculin) Potage onctueux. *Un **velouté** aux champignons.*

velu, ue (adjectif)
Synonyme de poilu. *Ce campeur exhibait son torse **velu** sur la plage.*

velux (nom masculin)
Fenêtre posée dans la toiture. *Ouvre le **velux** pour aérer la mezzanine.* **Velux** est le nom d'une marque.
ORTHO On écrit aussi **vélux**.

vénal, ale, aux (adjectif)
Qui est prêt à commettre des actions illégales pour de l'argent. *C'est un homme **vénal** qui a trahi ses amis.*

venant (nom masculin)
• **À tout venant :** à n'importe qui. *Il n'est pas méfiant et offre son hospitalité **à tout venant**.*

vendange (nom féminin)
Récolte du raisin destiné à la fabrication du vin. *On fait les **vendanges** au début de l'automne.* Famille du mot : vendanger, vendangeur.

vendanger (verbe) ▸ conjug. n° 5
Faire les vendanges. *Le vigneron a embauché des ouvriers pour **vendanger**.*

vendangeur, euse (nom)
Personne qui fait les vendanges. *Les **vendangeurs** coupent les grappes de raisin avec un sécateur.*

vendetta (nom féminin)
Coutume corse qui consiste, pour tous les membres d'une famille, à poursuivre la vengeance de l'un des leurs s'il a été la victime d'un meurtre ou d'une grave offense.

vendeur, euse (nom)
1. Personne qui vend des marchandises dans un magasin. *La **vendeuse** présente plusieurs modèles de robes à sa cliente.* **2.** Personne qui vend ce qui lui appartient. *Le **vendeur** a fait visiter son appartement à un acheteur.*

vendre (verbe) ▸ conjug. n° 31
1. Échanger quelque chose contre de l'argent. *Notre marchand de journaux **vend** aussi de la papeterie.* **2.** Trahir quelqu'un. *Il **a vendu** ses amis pour avoir la vie sauve.* Famille du mot : in**vendable**, **re**vendre, vend**eur**, vente.

vendredi (nom masculin)
Jour de la semaine entre le jeudi et le samedi. *Pour papa, la semaine de travail s'achève le **vendredi** soir.* En latin, **vendredi** était le jour (*dies*) consacré à *Vénus*, déesse de l'Amour.

vénéneux, euse (adjectif)
Se dit d'une plante qui contient un poison. *Il faut savoir reconnaître les espèces **vénéneuses** de champignons.* **Vénéneux** vient du latin *venenum* qui signifie « poison ».

vénérable (adjectif)
Qui mérite d'être vénéré. *L'Académie française est une **vénérable** institution.*

vénération (nom féminin)
Profond respect et affection admirative à l'égard de quelqu'un. *Il a toujours eu de la **vénération** pour son grand-père.*

vénérer (verbe) ▸ conjug. n° 8
Avoir de la vénération pour quelqu'un. *Les hindous **vénèrent** de nombreux dieux.* Famille du mot : vénér**able**, vénéra**tion**.

des **vendangeurs**

 Venezuela

28,4 millions d'habitants
Capitale : Caracas
Monnaie :
le bolivar fuerte
Langue officielle :
espagnol
Superficie : 912 050 km²

État du nord-ouest de l'Amérique du Sud, entouré par la Colombie et le Guyana, et bordé au nord par la mer des Caraïbes.

GÉOGRAPHIE

Au nord, s'élèvent les montagnes des Andes et la cordillère de la Costa. Au nord-ouest s'étend une plaine au climat chaud et sec. Au sud, une région tropicale est arrosée par le fleuve Orénoque, puis le massif des Guyanes est couvert d'une forêt dense. La plus grande partie de la population vit dans les villes.

L'agriculture et l'élevage sont insuffisants pour les besoins de la population. Le pays est un important producteur de pétrole et possède des ressources minérales et énergétiques (or, diamants, bauxite, gaz naturel). Le Venezuela est une grande puissance d'Amérique latine avec un niveau de vie très élevé par rapport à ses voisins.

HISTOIRE

La région a été découverte par Christophe Colomb en 1498 et fut ensuite intégrée à l'empire colonial espagnol. En 1821, vaincus par le général vénézuélien Simon Bolívar, les Espagnols se retirèrent. Bolívar forma alors la Grande-Colombie, comprenant le Venezuela, la Colombie et l'Équateur. Après sa mort, le pays quitta la Grande-Colombie ; des révolutions et dictatures se succèdent alors. L'économie du pays fut bouleversée par la découverte de réserves pétrolières.

vénézuélien, enne ➡ Voir tableau p. 6.

vengeance (nom féminin)
Fait de se venger. *Vous l'avez insulté, méfiez-vous de sa **vengeance** !*

venger (verbe) ▸ conjug. n° 5
1. Effacer les torts causés à quelqu'un en punissant le coupable. *Si tu fais du mal à mon amie, je la **vengerai** !* 2. Se venger : punir quelqu'un pour le mal qu'il vous a fait. *Si vous vous moquez de lui, il **se vengera** !* Famille du mot : venge**ance**, venge**ur**.

vengeur, vengeresse (adjectif)
Qui exprime un désir de vengeance. *Il a adressé une lettre **vengeresse** à ceux qui l'avaient trahi.* ■ vengeur (nom masculin) Personne qui venge ceux qui sont attaqués. *Zorro était le **vengeur** des faibles et des pauvres.*

venimeux, euse (adjectif)
1. Qui a du venin. *Une araignée **venimeuse**. Un serpent **venimeux**.* 2. Qui est rempli de malveillance. *Ces deux hommes se détestent et se lancent des regards **venimeux**.*

venin (nom masculin)
Substance toxique sécrétée par certains animaux. *Les scorpions transmettent leur **venin** par piqûre.* ➡ p. 1102.

venir (verbe) ▸ conjug. n° 19
1. Se déplacer vers un lieu. *Kevin n'**est** pas **venu** à mon anniversaire.* 2. Partir d'un endroit vers un autre. *Ce colis **vient** d'Espagne.* 3. Avoir pour cause ou pour origine. *Je me demande d'où **vient** cette erreur.* (Syn. provenir.) 4. Arriver ou se produire. *L'orage **est venu** vraiment brusquement.* (Syn. survenir.) • **À venir :** qui arrivera dans un avenir proche. • **En venir à quelque chose :** en arriver à tel point ou à tel sujet. *Nous allons **en venir à** une question importante.* • **En venir aux mains :** se battre. • **Venir au monde :** naître. • **Venir de faire quelque chose :** l'avoir fait depuis peu de temps. *Nos voisins **viennent de** déménager.* Venir se conjugue avec l'auxiliaire *être*. Famille du mot : **bien**venu, **bien**venue, ven**ant**, ven**u**, ven**ue**.

Venise

Ville d'Italie (265 000 habitants), bâtie sur une lagune reliée à la mer Adriatique. La ville est célèbre pour son réseau de 117 canaux et ses 400 ponts. Le Grand Canal divise la ville en deux ensembles, bordés au sud par la longue île de la Giudecca. Une bande côtière sépare les eaux vénitiennes de la mer.

Venise est un prestigieux centre touristique. Elle abrite de nombreux palais et d'innombrables églises, dont la basilique Saint-Marc, la tour de l'Horloge, le campanile et le palais des Doges. Venise est aujourd'hui menacée par la montée des eaux marines et par la pollution.

HISTOIRE
Au IXe siècle, Venise, qui dépendait de l'empereur byzantin, devint une cité indépendante gouvernée par un doge. Elle édifia alors un véritable empire maritime en Méditerranée. Mais, à partir du XVe siècle, les Turcs s'emparèrent de plusieurs de ses territoires. Les guerres d'Italie marquèrent le début de son déclin. En 1797, la république de Venise fut abolie par Bonaparte ; Venise et ses territoires passèrent sous domination autrichienne jusqu'à leur rattachement au royaume d'Italie en 1866.

vénitien, enne ➡ Voir tableau p. 6.

vent (nom masculin)
Mouvement naturel de l'air qui se déplace. *Le **vent** soufflait avec violence.* • **C'est du vent :** ce n'est pas sérieux. *Il promet des tas de choses, mais **c'est du vent** !* • **Dans le vent :** à la mode. *Elle a une coiffure **dans le vent**.* • **Instrument à vent :** instrument de musique dans lequel on souffle. *La trompette, la clarinette sont des **instruments à vent**.* • **Passer en coup de vent :** aller quelque part et repartir aussitôt. Famille du mot : coupe-vent, venter, venteux, ventilateur, ventilation, ventiler.

vente (nom féminin)
Action de vendre. *Le libraire prend sa retraite, il a mis son magasin en **vente**.*

venter (verbe) ▶ conjug. n° 3
• **Il vente :** il y a du vent, le vent souffle. ***Il a venté** toute la nuit.* • **Qu'il pleuve ou qu'il vente :** quel que soit le temps.

venteux, euse (adjectif)
Où le vent souffle souvent. *La maison est construite sur une falaise très **venteuse**.*

ventilateur (nom masculin)
Appareil électrique dont l'hélice produit un courant d'air.

ventilation (nom féminin)
Action de ventiler un endroit. *Il faudrait une meilleure **ventilation** dans la cuisine pour évacuer les odeurs.* (Syn. aération.)

ventiler (verbe) ▶ conjug. n° 3
Faire circuler l'air dans un endroit, le renouveler. (Syn. aérer.)

ventouse (nom féminin)
1. Organe de certains animaux qui leur permet de se fixer. *Les tentacules des pieuvres et des calmars ont des **ventouses**.*
2. Rondelle de caoutchouc qui se fixe sur une surface plane quand on appuie dessus.

« Le Palais des Doges à **Venise** », peinture de M. Marieschi (XVIIIe siècle)

ventral, ale, aux (adjectif)
Qui est situé sur le ventre. *Certains poissons ont une nageoire **ventrale**.* (Contr. dorsal.)

ventre (nom masculin)
Partie du corps située au bas du tronc et qui renferme les intestins. *Hélène préfère dormir sur le **ventre**.* • **À plat ventre :** allongé sur le ventre. *Il s'est endormi **à plat ventre** sur l'herbe.* Famille du mot : éventrer, ventral, ventru. ➡ p. 302.

ventricule (nom masculin)
Chacune des deux cavités de la partie inférieure du cœur. ➡ p. 255.

ventriloque (nom)
Personne capable de parler sans remuer les lèvres et dont la voix semble venir du ventre. **Ventriloque** vient des mots latins *venter* qui signifie « ventre » et *loqui* qui signifie « parler », et que l'on retrouve dans *éloquent*.

ventripotent, ente (adjectif)
Synonyme familier de ventru. *Ce vieux monsieur **ventripotent** a du mal à monter les escaliers.*

ventru, ue (adjectif)
Qui a un gros ventre.

venu, ue (adjectif)
• **Bien** ou **mal venu :** qui tombe bien ou qui tombe mal. *C'est une réunion sérieuse, vos plaisanteries sont **mal venues**.* ■ **venu, ue** (nom) • **Le premier venu :** n'importe qui. *Je n'ai pas l'habitude de raconter mes secrets **au premier venu**.* • **Nouveau venu :** personne qui vient d'arriver.

venue (nom féminin)
Fait de venir dans un lieu. *La **venue** en France du Premier ministre anglais.*

Vénus ■
Déesse de la Beauté et de l'Amour, dans la mythologie romaine. Elle porte le nom d'Aphrodite dans la mythologie grecque. ➡ p. 155.

Vénus ■
Deuxième planète du système solaire, située entre Mercure et la Terre. C'est l'astre le plus brillant du ciel après le Soleil et la Lune. Elle est visible tantôt à l'aube, et on l'appelle alors « l'étoile du matin », tantôt au crépuscule, et on l'appelle alors « l'étoile du Berger ». Sa distance au Soleil varie de 107 à 109 millions de km. Vénus est la planète la plus proche de la Terre (41 millions de km). Il y a plusieurs milliards d'années, océans et continents étaient présents à la surface de Vénus, mais sa température atteint maintenant environ 470 °C à cause d'un puissant effet de serre. L'atmosphère de Vénus est principalement composée de gaz carbonique.

ver (nom masculin)
1. Petit animal au corps mou et allongé, dépourvu de pattes. *Il y a un **ver** dans cette pomme.* **2.** Larve de certains insectes. *Le **ver** à soie est une larve de papillon.* • **Tirer les vers du nez à quelqu'un :** dans la langue familière, l'amener à dire ce que l'on veut savoir. • **Ver solitaire :** synonyme de ténia.

véracité (nom féminin)
Caractère de ce qui est vrai. *Les policiers ne croient pas à la **véracité** de son témoignage.*

véranda (nom féminin)
Pièce vitrée le long de la façade d'une maison. *Après le dîner, on s'installe dans la **véranda**.*

verbal, ale, aux (adjectif)
1. Qui se fait par la parole et non pas par écrit. *Passer un accord **verbal** avec un vendeur.* (Syn. oral.) **2.** Qui concerne le verbe. *L'infinitif et l'indicatif sont des formes **verbales**.*

verbalement (adverbe)
En se servant de la parole. *Il nous a donné sa réponse **verbalement**.* (Syn. oralement.)

verbaliser (verbe) ▸ conjug. n° 3
Dresser un procès-verbal. *Papa s'est fait **verbaliser** pour stationnement interdit.*

verbe (nom masculin)
Mot qui exprime l'état ou l'action du sujet dans la phrase. *Le **verbe** s'accorde toujours avec son sujet et varie suivant le temps.* Famille du mot : verbal, verbalement, verbaliser, verbeux, verbiage.

verbeux, euse (adjectif)
Qui est exprimé avec des paroles inutiles. *Tes explications **verbeuses** ne m'apprennent pas grand-chose !*

a b c d e f g h i j k l m n o p q r s t u v w x y z

verbiage (nom masculin)
Grande quantité de mots sans intérêt. *Ce journaliste a écrit trois pages sur le chômage, mais ce n'est que du **verbiage** !*

Vercingétorix (né vers 72, mort en 46 avant Jésus-Christ)
Chef gaulois. Chef des Arvernes, il rassembla sous son commandement plusieurs peuples gaulois en 52 avant Jésus-Christ. Luttant contre les Romains qui envahissaient la Gaule, il remporta la victoire de Gergovie. Mais, la même année, il fut enfermé avec son armée dans le camp fortifié d'Alésia et dut capituler devant Jules César. Emprisonné à Rome, il fut exécuté six ans plus tard.

Vercors
Massif calcaire situé en bordure des Alpes, entre les vallées de l'Isère et de la Drôme.
En 1944, dans le Vercors, des maquisards français ont héroïquement résisté aux troupes allemandes qui leur ont ensuite infligé de sanglantes représailles.
➡ Voir carte p. 1372.

verdâtre (adjectif)
Qui tire sur le vert. *L'eau de l'étang est **verdâtre**.*

verdeur (nom féminin)
Vigueur de la jeunesse chez une personne âgée. *Malgré ses 80 ans, il a gardé sa **verdeur**.*

verdict (nom masculin)
Décision d'un tribunal. *Les jurés ont rendu leur **verdict**.*

verdir (verbe) ▸ conjug. n° 11
Devenir vert. *Il **a verdi** de peur en voyant un serpent.*

verdoyant, ante (adjectif)
Qui est couvert de verdure. *Sous la chaleur de l'été, les prés **verdoyants** vont jaunir.*

Verdun
Ville de la Meuse (19 000 habitants).
Verdun possède de nombreux monuments, dont la cathédrale Notre-Dame (XIe-XVIe siècles), restaurée après la Première Guerre mondiale.
Ancien camp gaulois, la ville a été occupée, avec Metz et Toul, par le roi Henri II en 1552, et réunie à la France en 1648.

LE TRAITÉ DE VERDUN
Traité signé à Verdun, en 843, par les trois fils de l'empereur d'Occident Louis le Pieux : Louis, Charles le Chauve et Lothaire, qui se partagèrent l'Empire carolingien.

LA BATAILLE DE VERDUN
C'est l'une des batailles les plus meurtrières de la Première Guerre mondiale. Les combats durèrent de février à décembre 1916 et tuèrent 300 000 Français et Allemands. La défense française arrêta l'offensive allemande mais ne mit pas fin à la guerre.

verdure (nom féminin)
Ensemble de végétaux de couleur verte. *Ils habitent une maison enfouie dans la **verdure**.*

véreux, euse (adjectif)
1. Qui contient des vers. *Des pommes **véreuses**.* **2.** Synonyme de malhonnête. *Un homme d'affaires **véreux** les a escroqués.*

verge (nom féminin)
1. Baguette de bois souple. *Autrefois, on punissait les enfants à coups de **verge**.* **2.** Synonyme de pénis.

verger (nom masculin)
Terrain planté d'arbres fruitiers. *Dans le **verger** de grand-mère, il y a des pruniers et des cerisiers.*

verglacé, ée (adjectif)
Qui est recouvert de verglas. *Le trottoir est **verglacé** ce matin, attention aux chutes !*

verglas (nom masculin)
Mince couche de glace qui se forme sur le sol. *Les voitures roulent très lentement à cause du **verglas**.*

vergogne (nom féminin)
• **Sans vergogne :** sans aucun scrupule. *Malgré l'évidence, il a nié **sans vergogne**.*

vergue (nom féminin)
Longue pièce de bois disposée en travers du mât d'un voilier et qui sert à fixer la voile.

véridique (adjectif)
Qui est conforme à la vérité. *Son témoignage est **véridique**.* (Contr. faux, mensonger.)

vérification (nom féminin)
Action de vérifier. *À la fermeture du magasin, la caissière fait la* ***vérification*** *des comptes de la journée.* (Syn. contrôle, examen.)

vérifier (verbe) ▸ conjug. n° 10
Contrôler l'exactitude ou le bon état de quelque chose. ***Vérifier*** *un calcul. Papa a fait* ***vérifier*** *le moteur de la voiture.*

véritable (adjectif)
1. Qui est conforme à la vérité. *Il s'est présenté sous un faux nom, je connais sa* ***véritable*** *identité.* (Syn. vrai. Contr. faux.)
2. Qui est vraiment digne de ce qu'on dit de lui. *Cette île est un* ***véritable*** *paradis.*

véritablement (adverbe)
Vraiment, réellement. *D'Artagnan a* ***véritablement*** *existé.*

vérité (nom féminin)
Caractère de ce qui est vrai. *Pierre a fini par dire la* ***vérité*** *: c'est lui qui a perdu la clé.*
• **À la vérité** ou **en vérité :** en fait. ***En vérité****, je ne suis pas très sûr d'avoir raison.*
Famille du mot :érit**able**, vérit**ablement**.

verlan (nom masculin)
Argot qui consiste à inverser les syllabes des mots. *En* ***verlan****, « tromé » signifie « métro ».*

Verlaine Paul (né en 1844, mort en 1896)
Poète français. Venu vivre à Paris, Verlaine fréquenta les cafés et les salons littéraires. Il publia ses premiers poèmes : *Poèmes saturniens* (1866) et *Fêtes galantes* (1869). Après sa rencontre avec le poète Rimbaud, il mena une vie désordonnée. Au cours d'une querelle, il tira sur Rimbaud et fut emprisonné. Libéré, il se remit à écrire et publia *Romances sans paroles* (1874), *Sagesse* (1881), *Jadis et Naguère* (1884). Dans *les Poètes maudits* (1884), il fit connaître des poètes tels que Rimbaud et Mallarmé. Ses poèmes mélancoliques et musicaux sont l'expression de sa vie tourmentée.

Vermeer Johannes (né en 1632, mort en 1675)
Peintre néerlandais. Longtemps oublié, Vermeer a laissé une quarantaine de tableaux, dont *Vue de Delft*, *la Dentellière*, *l'Atelier*. Ses peintures, remarquables par les subtils jeux de lumière et les accords des couleurs, font de lui l'un des plus grands peintres du XVIIe siècle.

« La Dentellière » de Johannes **Vermeer** (vers 1669-1670)

vermeil, eille (adjectif)
De couleur rouge vif. *Les enfants avaient les joues* ***vermeilles*** *à cause du froid.*

vermicelle (nom masculin)
Pâtes à potage en fils très minces. *Maman a ajouté des* ***vermicelles*** *dans le bouillon.*

vermifuge (nom masculin)
Médicament qui sert à éliminer les vers parasites de l'intestin.

vermillon (adjectif)
Qui est de couleur rouge vif tirant sur l'orangé. Pluriel : des lèvres vermillon.

vermine (nom féminin)
Ensemble des insectes parasites de l'homme et des animaux, comme les poux, les puces ou les punaises.

vermisseau, eaux (nom masculin)
Petit ver. *La poule et ses poussins picorent des* ***vermisseaux****.*

vermoulu, ue (adjectif)
Dont le bois est rongé par les vers. *Les marches* ***vermoulues*** *d'un vieil escalier.*

Verne Jules (né en 1828, mort en 1905)
Écrivain français. Avec son premier roman, *Cinq semaines en ballon* (1863), Jules Verne crée le roman d'anticipation,

genre qui le rendra célèbre. Son imagination, qui s'appuyait sur les progrès technologiques et les découvertes de son époque, lui inspira de nombreux romans qui firent de lui le précurseur de la littérature de science-fiction : *Voyage au centre de la Terre* (1864), *De la Terre à la Lune* (1865), *Vingt mille lieues sous les mers* (1870), *le Tour du monde en quatre-vingts jours* (1873), *Michel Strogoff* (1876).

verni, ie (adjectif)
1. Recouvert de vernis. *Des meubles en bois* ***verni****. Des chaussures* ***vernies****.* 2. Synonyme familier de chanceux. *Julie a gagné le gros lot, elle est vraiment* ***vernie*** *!*

vernir (verbe) ▸ conjug. n° 11
Enduire de vernis. *La manucure* ***vernit*** *les ongles de sa cliente.*

vernis (nom masculin)
Produit brillant que l'on applique sur un objet pour le protéger ou le décorer. *Il a passé une couche de* ***vernis*** *sur la coque du bateau. Du* ***vernis*** *à ongles.* Famille du mot : verni, verni**r**, verni**ssage**.

vernissage (nom masculin)
Réception qui est organisée pour l'inauguration d'une exposition d'œuvres d'art.

verrat (nom masculin)
Porc mâle qui sert à la reproduction.

verre (nom masculin)
1. Matière dure, transparente et cassante. *Le carreau s'est cassé, attention aux morceaux de* ***verre*** *!* 2. Récipient dans lequel on boit. *Des* ***verres*** *en cristal, en plastique.* 3. Contenu d'un verre. *J'ai soif, je voudrais un* ***verre*** *d'eau.* 4. Morceau de verre destiné à corriger la vue. *Quentin a cassé la monture de ses lunettes, mais les* ***verres*** *sont intacts.* 5. Petite plaque de verre. *Laura a perdu le* ***verre*** *de sa montre.* • **Laine de verre :** matériau isolant qui contient des fibres de verre très fines. Famille du mot : sous-verre, verr**erie**, verr**ier**, verr**ière**, verr**oterie**.

verrerie (nom féminin)
Usine où l'on fabrique du verre ou des objets en verre.

verrier, ère (nom)
Personne qui travaille dans une verrerie.

verrière (nom féminin)
Toit ou panneau vitré. *La véranda est protégée par une* ***verrière****.*

verroterie (nom féminin)
Petits morceaux de verre coloré servant à faire des bijoux de peu de valeur. *Un collier en* ***verroterie****.*

verrou (nom masculin)
Dispositif de fermeture constitué d'une barre en métal que l'on fait coulisser. *La porte de la cave se ferme avec un* ***verrou****.* • **Sous les verrous :** en prison. *Le coupable est* ***sous les verrous****.*

verrouiller (verbe) ▸ conjug. n° 3
Fermer à l'aide d'un verrou. *Cette maison est très isolée, il vaut mieux* ***verrouiller*** *la porte pendant la nuit.*

verrue (nom féminin)
Petite boule dure qui se développe sous la peau. *Le dermatologue lui a enlevé une* ***verrue*** *à la main droite.*

vers (préposition)
Sert à indiquer : 1. La direction. *Quand je l'ai rencontrée, elle allait* ***vers*** *le lac.* 2. Le moment. *Nous arriverons à Rome* ***vers*** *10 heures.* 3. Les environs. *Les meilleurs restaurants se trouvent* ***vers*** *le centre-ville.*

vers (nom masculin)
Suite rythmée de mots formant une ligne d'un poème. *Romain a appris par cœur les premiers* ***vers*** *d'un poème de Victor Hugo.*

Le **verre**, chauffé pour être moulé en forme de bouteille, est **vermillon**.

Versailles

Chef-lieu du département des Yvelines (86 000 habitants) et **ancienne ville royale.** Versailles possède de nombreux monuments, dont une cathédrale du XVIIIe siècle, la salle du « Jeu de paume » et une école d'horticulture réputée, mais la ville est surtout célèbre pour son château. ➡ p. 910.

LE CHÂTEAU DE VERSAILLES

À l'origine, c'est un simple pavillon de chasse, construit de 1624 à 1632 pour Louis XIII. De 1661 à 1668, Louis XIV le fit agrandir et embellir pour qu'il devienne une résidence royale. Architectes et décorateurs firent de Versailles un somptueux ensemble, modèle de l'architecture classique française. Les architectes Le Vau et Hardouin-Mansart réalisèrent le corps central du bâtiment ; Hardouin-Mansart aménagea la galerie des Glaces (décorée par Le Brun), l'Orangerie, les Grandes et Petites Écuries. Le paysagiste Le Nôtre créa le jardin, la pièce d'eau et le parc. Au nord-est du palais se trouvent le Petit et le Grand Trianon. Cité royale et véritable capitale du royaume, Versailles accueillit, en 1789, la réunion des États généraux, qui marqua le début de la Révolution.

LE TRAITÉ DE VERSAILLES

Ce traité, signé le 28 juin 1919 entre l'Allemagne et les puissances alliées victorieuses, mit fin à la Première Guerre mondiale.

versant (nom masculin)
Pente d'une montagne. *Les alpinistes ont décidé de redescendre par le **versant** sud.*

versatile (adjectif)
Qui change souvent d'avis. *Je n'ai pas envie de faire des projets de vacances avec Anna, elle est trop **versatile**.*

à verse (adverbe)
Beaucoup, en abondance. *Il pleuvait **à verse** quand on est sorti du cinéma.*

versé, ée (adjectif)
Qui a beaucoup de connaissances dans un domaine. *Notre professeur de dessin est très **versé** en histoire de l'art.*

versement (nom masculin)
Action de verser de l'argent. *Il a payé son téléviseur par **versements** mensuels de 100 euros.*

verser (verbe) ▶ conjug. n° 3
1. Faire couler un liquide d'un récipient dans un autre. *Maman **a versé** un peu d'huile sur la salade.* 2. Remettre une somme d'argent à quelqu'un. *À la commande, vous devrez **verser** un acompte de 100 euros.* 3. Tomber sur le côté. *Une roue s'est cassée et la carriole **a versé** dans le ruisseau.* (Syn. basculer, culbuter.) ⌂ Famille du mot : **dé**verser, vers**ement**, vers**eur**.

verset (nom masculin)
Petit paragraphe numéroté dans un livre sacré. *Les **versets** du Coran.*

verseur (adjectif masculin)
• **Bec verseur :** bec d'un récipient qui permet de verser un liquide. *Une bouilloire à **bec verseur**.*

version (nom féminin)
1. Exercice qui consiste à traduire un texte d'une langue étrangère dans sa propre langue. 2. Façon de raconter le déroulement des évènements. *Les deux témoins ont donné des **versions** très différentes de l'accident.* • **Film en version originale :** film qui passe dans sa langue d'origine avec des sous-titres, qui n'est pas doublé.

verso (nom masculin)
Envers d'une feuille de papier écrite. *Tourne la page, la suite du texte est au **verso**.* (Syn. dos. Contr. recto.) ⊶ **Verso** vient de l'expression latine *folio verso* qui signifie « la feuille ayant été tournée ».

vert, verte (adjectif)
1. Qui est de la couleur de l'herbe. *Pour l'apéritif, il y a des olives **vertes** et des olives noires.* 2. Qui n'est pas encore mûr. *Ces pommes **vertes** m'ont donné mal au ventre.* 3. Qui a encore de la sève. *Le bois **vert** brûle moins bien que le bois sec.* (Contr. sec.) 4. Qui est resté très vigoureux malgré son âge. *Mon grand-père est encore très **vert** pour son âge.* • **Feu vert :** signal lumineux qui indique aux automobilistes que c'est à leur tour de passer. ■ **vert** (nom masculin) La couleur verte. *Je n'aime pas ce **vert** : il est trop foncé.* ⌂ Famille du mot : verdâtre, verdeur, verdir, verdoyant, verdure, vert-de-gris, vert**ement**.

vert-de-gris (nom masculin)
Dépôt verdâtre qui se forme sur le cuivre au contact de l'humidité.

vertébrale ➡ Voir **colonne**.

vertèbre (nom féminin)
Chacun des os superposés et articulés qui forment la colonne vertébrale. Famille du mot : **in**vertébré, vertébr**al**, vertébré.

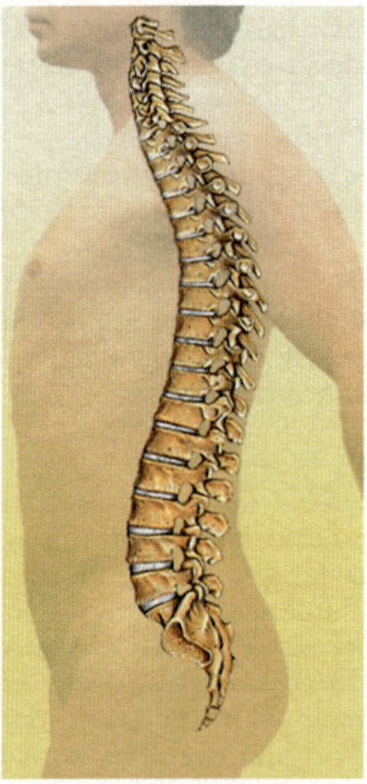

24 **vertèbres** forment la colonne vertébrale.

vertébré (nom masculin)
Animal qui a une colonne vertébrale. *Les mammifères, les reptiles, les oiseaux, les poissons sont des **vertébrés**.* (Contr. invertébré.)

vertement (adverbe)
De façon vive et rude. *Il lui a **vertement** répondu de s'occuper de ses affaires.*

vertical, ale, aux (adjectif)
Qui est perpendiculaire à l'horizontale. *Tirez un trait **vertical** du haut en bas de la page.* ■ **verticale** (nom féminin) Ligne verticale. *Si tu lâches une pierre du haut de la falaise, elle tombe à la **verticale**.*

verticalement (adverbe)
De manière verticale. *Les livres sont rangés **verticalement** sur les rayons de la bibliothèque.* (Contr. horizontalement.)

vertige (nom masculin)
Sensation de perte d'équilibre que l'on ressent quand on regarde le vide. *Mon oncle habite au 10e étage de l'immeuble, j'ai le **vertige** quand je vais sur son balcon.*

vertigineux, euse (adjectif)
Qui donne le vertige. *Le skieur descend la pente à une vitesse **vertigineuse**.*

vertu (nom féminin)
1. Qualité morale d'une personne. *La générosité et la sincérité sont les deux grandes **vertus** de Thomas.* (Contr. vice.)
2. Pouvoir de produire certains effets. *Le tilleul est une plante qui a des **vertus** calmantes.* (Syn. propriété.) • **En vertu de :** à cause de. *Ces gens ont été expulsés **en vertu d'**une loi sévère.*

vertueux, euse (adjectif)
Qui possède des vertus. *Un homme **vertueux**.*

verve (nom féminin)
Manière de s'exprimer pleine de fantaisie et de brio. *Cet animateur de télévision est amusant et plein de **verve**.*

verveine (nom féminin)
Plante utilisée pour ses vertus calmantes.

la **verveine**

vésicule (nom féminin)
• **Vésicule biliaire :** petite poche qui contient la bile sécrétée par le foie. ➡ p. 389.

Vespucci Amerigo (né en 1454, mort en 1512)
Navigateur italien. Vespucci explora les côtes du Nouveau Monde au cours de plusieurs voyages. Un cartographe allemand lui attribua la découverte du continent américain et se servit de son prénom, Amerigo, pour donner au nouveau continent le nom d'Amérique.

vessie (nom féminin)
Organe en forme de poche qui contient l'urine qui vient des reins. ➡ p. 1309.

Vesta
Déesse vierge du Feu et du Foyer dans la Rome antique. Elle symbolise la fidélité. Chez les Grecs elle porte le nom de Hestia.

vestale (nom féminin)
Dans l'Antiquité romaine, jeune prêtresse vierge chargée d'entretenir le feu sacré du temple de la déesse Vesta.

veste (nom féminin)
Vêtement à manches longues qui couvre le torse et s'ouvre sur le devant. *S'il fait froid, mets une **veste** par-dessus ton pull.*
• **Retourner sa veste :** changer d'opinion, de parti.

vestiaire (nom masculin)
1. Lieu où l'on dépose son manteau, son parapluie, son chapeau, etc. *Laisse ton imperméable au **vestiaire** du théâtre.* 2. Lieu où l'on se change pour pratiquer un sport. *Les **vestiaires** d'une piscine.*

vestibule (nom masculin)
Pièce d'entrée d'une maison ou d'un appartement. *Faites entrer les visiteurs dans le **vestibule** !*

vestige (nom masculin)
Ce qui reste de ce qui a été détruit. *En Italie, Victor a vu des **vestiges** de temples.* (Syn. ruine.)

les **vestiges** d'une ancienne civilisation

vestimentaire (adjectif)
Qui concerne les vêtements. *Myriam fait attention à sa tenue **vestimentaire**.*

veston (nom masculin)
Veste d'un costume d'homme.

Vésuve
Volcan actif d'Italie, situé au sud-est de Naples (1 277 mètres). En 79 après Jésus-Christ, l'éruption du Vésuve a enseveli les villes d'Herculanum et de Pompéi.

vêtement (nom masculin)
Ce qui sert à s'habiller, à couvrir son corps. *Le rayon des **vêtements** pour enfants est au premier étage.* (Syn. habit.)

vétéran (nom masculin)
1. Soldat qui a longtemps servi dans l'armée. 2. Sportif de plus de 35 ans.

vétérinaire (nom)
Médecin qui soigne les animaux.

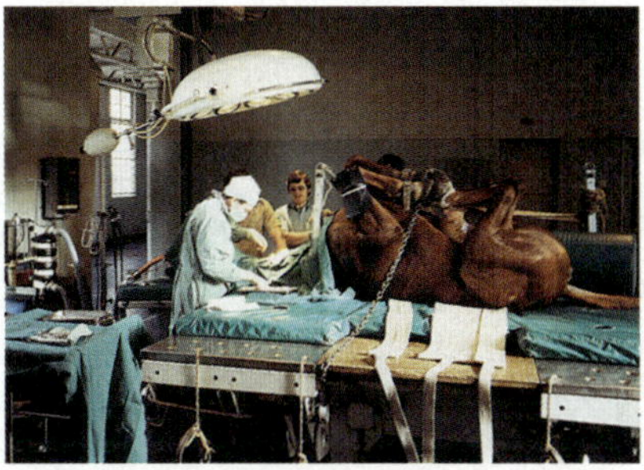

Ce **vétérinaire** opère un cheval.

vététiste (nom)
Personne qui fait du VTT. *Les **vététistes** attendent le départ de la course.*

vétille (nom féminin)
Chose insignifiante. *Thomas et Zoé se disputent pour des **vétilles**, c'est absurde.*

vêtir (verbe) ▶ conjug. n° 15
Synonyme littéraire d'habiller. *On **avait vêtu** les enfants de costumes de fête.* (Contr. dévêtir.) Famille du mot : **dévêtir**, **revêtement**, **revêtir**, **sous-vêtement**, **survêtement**, **vêtement**.

véto (nom masculin)
• **Mettre son véto :** exprimer un refus. *Vous n'irez pas voir ce film, papa **a mis son véto**.* *Veto* est un mot latin qui signifie « je m'oppose ».
ORTHO On écrit aussi **veto**.

vétuste (adjectif)
Qui est vieux et abîmé. *Cet immeuble est **vétuste**, il faudrait le détruire ou le rénover.* (Syn. délabré.)

a b c d e f g h i j k l m n o p q r s t u v w x y z

vétusté (nom féminin)
État de ce qui est vétuste. *Ce pâté de maisons va être détruit en raison de sa **vétusté**.*

veuf, veuve (adjectif et nom)
Dont la femme ou le mari est mort. *Elle est **veuve** et elle ne veut pas se remarier.*

veule (adjectif)
Qui est lâche ou qui manque de volonté. *C'est un homme **veule** et sans personnalité.*

veuvage (nom masculin)
Fait d'être veuf ou veuve. *Elle a fini par se remarier après plusieurs années de **veuvage**.*

vexant, ante (adjectif)
Qui vexe, qui contrarie ou qui humilie. *Ses plaisanteries sont plutôt **vexantes** !*

vexation (nom féminin)
Action ou parole vexante. *Ils profitent de sa timidité pour lui faire subir des **vexations**.* (Syn. humiliation.)

vexatoire (adjectif)
Qui a pour but de vexer, d'humilier. *Des mesures **vexatoires**.* (Syn. humiliant.)

vexer (verbe) ▸ conjug. n° 3
Blesser quelqu'un dans son amour-propre. *William **a vexé** sa tante en lui disant qu'elle portait toujours le même manteau.* (Syn. froisser.) Famille du mot : vex**ant**, vex**ation**, vex**atoire**.

via (préposition)
En passant par tel lieu. *Il a pris l'avion de Paris à Los Angeles **via** New York.* **Via** est un mot latin qui signifie « route ».

viabilité (nom féminin)
1. État d'une route sur laquelle on peut circuler. *Avec ce verglas, la **viabilité** des routes est incertaine.* **2.** Possibilité de développement ou de réussite. *Nous allons étudier la **viabilité** de ce projet.*

viable (adjectif)
Qui a des chances de durer. *La création de ce parc de loisirs est un projet **viable**.*

viaduc (nom masculin)
Grand pont servant au passage d'une route ou d'une voie ferrée par-dessus une vallée.

viager, ère (adjectif)
• **Rente viagère :** somme d'argent qu'une personne reçoit régulièrement durant toute sa vie. ■ **viager** (nom masculin) • **En viager :** en échange d'une rente viagère. *Ma tante a vendu son appartement **en viager**.*

viande (nom féminin)
Chair des animaux qui sert d'aliment. *On achète de la **viande** chez le boucher.* • **Viande rouge :** chair du bœuf, du cheval et du mouton. • **Viande blanche :** chair du veau, du porc et des volailles.

vibrant, ante (adjectif)
Très émouvant. *Alain a adressé des remerciements **vibrants** à ses sauveteurs.*

vibration (nom féminin)
Mouvement et bruit produits par quelque chose qui vibre. *Les **vibrations** de la perceuse.*

vibrer (verbe) ▸ conjug. n° 3
1. Être agité de tremblements ou d'oscillations. *Les vitres de la maison **vibrent** quand un gros camion passe sur le chemin.* **2.** Être vivement ému. *Cet hymne national fait **vibrer** le cœur de milliers de spectateurs.*
Famille du mot : vibr**ant**, vibr**ation**.

vibreur (nom masculin)
Dispositif qui vibre sous l'action d'un courant électrique. *Le **vibreur** de mon téléphone portable s'active quand je reçois un appel.*

vicaire (nom masculin)
Dans la religion catholique, prêtre qui aide le curé d'une paroisse.

vice (nom masculin)
1. Grave défaut ou mauvaise habitude. *La paresse est son seul **vice**.* (Contr. vertu.) **2.** Défaut qui rend une chose inutilisable. *Cette lampe doit avoir un **vice** de fabrication.* Famille du mot : vic**ié**, vic**ieux**.

vice-présidence (nom féminin)
Fonction occupée par un vice-président. Pluriel : des vice-présidence**s**.

vice-président, ente (nom)
Personne chargée d'aider le président dans ses fonctions et de le remplacer en cas de nécessité. Pluriel : des vice-président**s**, des vice-présidente**s**.

vice versa (adverbe)
Synonyme d'inversement. *C'est maman qui conduit quand papa est fatigué et **vice versa**.* Prononciation [visevɛRsa] ou [visvɛRsa]. **Vice versa** est une expression latine qui signifie « l'ordre ayant été renversé ».

Vichy
Ville du département de l'Allier (25 000 habitants). Vichy est une station thermale très réputée.
LE GOUVERNEMENT DE VICHY
Nom donné au gouvernement de l'État français installé à Vichy durant la Seconde Guerre mondiale, de 1940 à 1944, alors que les troupes allemandes occupaient le nord de la France. Son chef, le maréchal Pétain, mena une politique de collaboration avec les occupants nazis et mit en place la Milice, une organisation policière au service des Allemands. Le gouvernement prit des mesures antisémites : persécution des Juifs, arrestations, déportations vers des camps d'extermination. Le gouvernement de Vichy s'effondra avec la Libération de la France et la défaite allemande.

vicié, ée (adjectif)
• **Air vicié :** air pollué et malsain. *L'**air vicié** peut provoquer des allergies.*

vicieux, euse (adjectif)
1. Qui a une tendance au vice, qui a de mauvais penchants. *C'est un enfant **vicieux** qui s'amuse à faire du mal aux animaux.* **2.** Qui comporte des défauts ou des erreurs. *Un raisonnement **vicieux**.* (Syn. incorrect.)

vicinal, ale, aux (adjectif)
• **Chemin vicinal :** petite route qui relie des villages entre eux.

vicissitudes (nom féminin pluriel)
Évènements souvent malheureux de la vie d'une personne. *Il a connu bien des **vicissitudes** avant de réussir dans la vie.*

vicomte, vicomtesse (nom)
Titre de noblesse inférieur à celui de comte.

victime (nom féminin)
1. Personne qui a été tuée ou blessée. *Le cyclone a fait plusieurs **victimes**.* **2.** Personne qui subit les conséquences pénibles d'un mal. *Noémie est **victime** du mauvais caractère de son frère.*

victoire (nom féminin)
Fait de vaincre un ennemi ou un adversaire. *Le match s'est terminé par la **victoire** de notre équipe.* (Contr. défaite.)

lac **Victoria**
Lac d'Afrique équatoriale, bordé par l'Ouganda, le Kenya et la Tanzanie (68 100 km^2). Il alimente le cours supérieur du Nil.

Victoria Ire (née en 1819, morte en 1901)
Reine de Grande-Bretagne et d'Irlande de 1837 à 1901 et **impératrice des Indes** de 1876 à 1901. Elle épousa le prince Albert de Saxe-Cobourg et donna naissance à neuf enfants. Durant son règne, elle imposa à la société anglaise un mode de vie austère et rigide. Victoria rendit son prestige à la Couronne britannique grâce à des hommes politiques de valeur (Peel, Disraeli, Gladstone, Chamberlain) et à d'excellentes conditions économiques ; son règne fut celui de l'apogée de la puissance britannique.

la reine **Victoria**, portrait de F. Winterhalter (1842)

victorieux, euse (adjectif)
Qui a remporté une victoire. *Le coureur **victorieux** a été salué par des applaudissements.* (Syn. gagnant. Contr. perdant.)

victuailles (nom féminin pluriel)
Provisions, nourriture. *Nous sommes partis en pique-nique chargés de **victuailles** !*

a b c d e f g h i j k l m n o p q r s t u v w x y z

vidange (nom féminin)
Action de vider un récipient pour le nettoyer. *Le garagiste a fait la **vidange** du moteur.*

vidanger (verbe) ▸ conjug. n° 5
Faire une vidange. *Avant de la réparer, il faudra **vidanger** la chaudière.*

vide (adjectif)
1. Qui ne contient rien. *La boîte de chocolats est **vide**.* (Contr. plein.) 2. Où il n'y a personne. *Tous les enfants sont en récréation, les classes sont **vides**.* ■ **vide** (nom masculin) 1. Espace vide. *Pour faire du parachutisme, il faut oser se lancer dans le **vide**.* 2. Espace où il n'y a pas d'air. *Certains aliments sont emballés sous **vide** pour être conservés.* 3. Espace qui n'est pas occupé. *On a laissé des **vides** entre les tables pour pouvoir circuler dans la classe.* • **À vide :** sans rien ni personne à l'intérieur. *Ce train circule presque **à vide**.*
Famille du mot : év**ide**r, vide-ordures, vide-poche, vid**er**.

vide-grenier (nom masculin)
Braderie pendant laquelle les habitants d'un quartier, d'une ville vendent de vieux objets. *J'ai déniché un très beau fauteuil dans un **vide-grenier**.* Pluriel : des vide-grenier**s**.

vidéo (adjectif)
1. Qui permet d'enregistrer des images et des sons et de les retransmettre sur un téléviseur. 2. Qui utilise la vidéo. *Un jeu **vidéo**.* Pluriel : des disques vidéo**s** ou des disques vidéo. ■ **vidéo** (nom féminin) Technique qui utilise les appareils vidéo. *Papa a filmé le mariage de mon cousin en **vidéo**.* Famille du mot : vidéocassette, vidéodisque.

vidéocassette (nom féminin)
Cassette utilisée pour l'enregistrement en vidéo. *Ce film de Walt Disney existe en **vidéocassette**.*

vidéoclip (nom masculin)
Synonyme de clip.

vidéoclub (nom masculin)
Magasin spécialisé dans la location ou la vente de DVD enregistrés. *Ce **vidéoclub** dispose d'un grand choix de films.*

vidéoconférence (nom féminin)
Conférence transmise via Internet sur un ordinateur par des moyens audiovisuels et permettant la diffusion en direct d'images de participants qui ne sont pas situés au même endroit. *Les ministres français et chinois se sont réunis par **vidéoconférence** avant la rencontre des Présidents des deux pays.*

vidéodisque (nom masculin)
Disque sur lequel sont enregistrés des sons et des images que l'on peut retransmettre sur un téléviseur.

vidéoprojecteur (nom masculin)
Projecteur permettant la reproduction d'un écran d'ordinateur.

vide-ordures (nom masculin)
Gros tuyau vertical dans lequel les ordures descendent jusqu'à une poubelle située en bas de l'immeuble. Pluriel : des vide-ordures.
ORTHO On écrit aussi un **vide-ordure**.

vidéothèque (nom féminin)
1. Collection de documents vidéo. *Sa **vidéothèque** contient tous les films de Chaplin.* 2. Lieu où l'on conserve et où l'on peut visionner des documents vidéo. *Le musée dispose d'une **vidéothèque** intéressante.*

vide-poche (nom masculin)
Récipient où l'on dépose des petits objets. *Les clés de la voiture sont dans le **vide-poche**.* Pluriel : des vide-poche**s**.

vider (verbe) ▸ conjug. n° 3
1. Rendre vide un lieu ou un récipient. *Odile **a vidé** son cartable en rentrant de l'école. À la fin du mois d'août, les plages **se sont vidées**.* (Contr. remplir.) 2. Enlever les boyaux d'un poisson ou d'une volaille. *La cuisinière **a vidé** le poulet avant de le mettre au four.*

vie (nom féminin)
1. Ensemble des phénomènes qui assurent le développement des êtres vivants, de la naissance jusqu'à la mort. *Ce savant étudie la **vie** des animaux sous-marins.* 2. Fait d'exister. *Les pompiers ont sauvé la **vie** de plusieurs personnes.* 3. Ensemble des faits qui se produisent au cours de l'existence d'une personne. *La maîtresse nous a raconté la **vie** de Jeanne d'Arc.* 4. Façon de vivre. *Yann rêve*

*d'une **vie** aventureuse.* **5.** Ce qui est nécessaire pour se nourrir, se loger et se vêtir. *Il a fini ses études et il commence à gagner sa **vie**.* **6.** Énergie et entrain. *C'est agréable de vivre avec Sarah, c'est une enfant pleine de **vie**.* (Syn. vitalité.)

vieil, vieille ➡ Voir **vieux**.

vieillard (nom masculin)
Homme très vieux. *Ce **vieillard** va fêter ses cent ans.* ■ **vieillards** (nom masculin pluriel) Personnes très âgées. *Cette maison de retraite accueille les **vieillards**.*

vieillerie (nom féminin)
Objet usé ou démodé. *Je ne veux plus que tu t'habilles avec ces **vieilleries** !*

vieillesse (nom féminin)
Dernière période de la vie quand on est devenu vieux. *Grand-mère et grand-père mènent une **vieillesse** heureuse à la campagne.*

vieillir (verbe) ▸ conjug. n° 11
1. Devenir vieux. *Il **a** beaucoup **vieilli** depuis sa maladie.* **2.** Faire paraître plus vieux. *Cette coiffure te **vieillit**.*

vieillissement (nom masculin)
Fait de vieillir. *Les rides sont dues au **vieillissement** de la peau.*

vieillot, otte (adjectif)
Vieux, démodé. *Il s'habille de manière **vieillotte**.*

vielle (nom féminin)
Ancien instrument de musique à cordes frottées par une roue actionnée grâce à une manivelle.

une **vielle**

Vienne

Capitale de l'Autriche (1,7 million d'habitants), située sur les bords du Danube, Vienne est une métropole culturelle, commerciale, financière et industrielle. Elle possède de remarquables édifices baroques, des églises et de nombreux musées.

HISTOIRE
Forteresse romaine, la ville se développa quand elle devint la résidence de la dynastie des Habsbourg (XVIe siècle). Elle fut la plus grande ville germanique jusqu'en 1900 et un grand centre artistique. En 1918, elle devint la capitale de la république d'Autriche.

LE CONGRÈS DE VIENNE
Ce congrès se déroula à Vienne de novembre 1814 à juin 1815 pour réorganiser l'Europe après la défaite de Napoléon à Waterloo. Les quatre grandes puissances victorieuses, l'Autriche, la Prusse, la Grande-Bretagne et la Russie se partagèrent alors l'Europe et retracèrent les frontières sans tenir compte des volontés des peuples. Ce partage fut à l'origine de graves conflits.

viennoiserie (nom féminin)
Produits fabriqués par le boulanger, excepté le pain. *Les brioches et les croissants sont des **viennoiseries**.*

vierge (adjectif)
1. Qui n'a jamais eu de relations sexuelles. **2.** Qui ne porte aucune inscription ou aucun enregistrement. *Il me faut un DVD **vierge** pour enregistrer cette émission.* • **Forêt vierge :** forêt impénétrable, restée à l'état sauvage.

Viêt-nam

87,3 millions d'habitants
Capitale : Hanoi
Monnaie : le dong
Langue officielle : vietnamien
Superficie : 329 560 km²

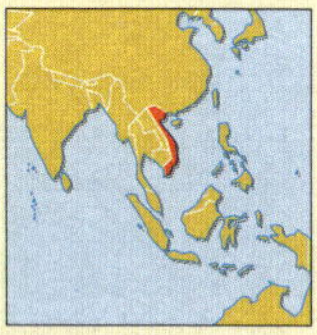

État de l'Asie du Sud-Est, voisin de la Chine, du Laos, du Cambodge, et bordé par la mer de Chine et le golfe de Thaïlande.

GÉOGRAPHIE
Le Viêt-nam s'étire sur près de 1 700 km du nord au sud et dispose de plus de 3 000 km de côtes. Le pays a un climat tropical de mousson, très humide. La population se concentre dans les plaines surpeuplées où le riz est cultivé, alors que les montagnes, qui couvrent les deux tiers du territoire, sont faiblement peuplées.

Les deux tiers des Vietnamiens vivent de l'agriculture. Le riz représente la base de l'alimentation. Les autres ressources viennent de la pêche, de la pisciculture et de la forêt.

HISTOIRE
Établi dès la préhistoire dans le delta du fleuve Rouge, le peuple vietnamien a subi une domination chinoise de plusieurs siècles. Devenu un État centralisé, le pays a souffert des rivalités des seigneurs. Il fut colonisé par la France en 1887 et fit partie de l'Indochine française. En 1945, l'indépendance de la république du Viêt-nam fut proclamée. La France, qui y avait gardé une colonie, dut affronter les indépendantistes communistes. Elle perdit la guerre d'Indochine en 1954. Le pays fut alors divisé en deux parties : le Nord dirigé par le communiste Hô Chi Minh, et le Sud dirigé par un gouvernement soutenu par les États-Unis. En 1965, les États-Unis bombardèrent le Viêt-nam du Nord ; la guerre du Viêt-nam fut terriblement meurtrière et ravagea le pays. Elle prit fin en 1975 avec la victoire du Nord. En 1976, le Viêt-nam devint une république socialiste. Plus d'un million de Vietnamiens tentèrent de fuir le pays, le plus souvent par la mer. Le pays se réconcilia avec les États-Unis à partir de 1995.
ORTHO On écrit aussi **Vietnam**.

vietnamien, enne ➡ Voir tableau p. 6.

vieux, vieille (adjectif)
1. Qui a vécu longtemps. *Une **vieille** dame aux cheveux blancs.* (Syn. âgé. Contr. jeune.) **2.** Qui a plus d'années de vie que quelqu'un d'autre. *Mon oncle est plus **vieux** que mon père.* **3.** Abîmé par le temps ou par l'usage. *Tu peux jeter cette **vieille** paire de chaussures.* (Syn. usé.) **4.** Qui existe depuis longtemps. *Nous avons visité la tour d'un **vieux** château.* (Syn. ancien. Contr. neuf, récent.) **5.** Qui est ainsi depuis longtemps. *Nos voisins sont de **vieux** amis de mes parents.* ✎ Au singulier, **vieux** s'écrit **vieil** devant une voyelle ou un h muet : *un vieil arbre, un vieil homme.* ■ **vieux, vieille** (nom) Personne âgée. *Tout le monde s'est amusé à ce mariage, les **vieux** comme les jeunes.* ⌂ Famille du mot : vieil**lard**, vieil**lerie**, vieil**lesse**, vieil**lir**, vieil**lissement**, vieil**lot**.

vif, vive (adjectif)
1. Qui est rapide et énergique dans ses mouvements. *Ce garçon est **vif** comme l'éclair.* **2.** Qui comprend vite. *Inutile de lui donner tant d'explications, il a l'esprit **vif**.* **3.** Qui exprime de l'énervement. *Le directeur lui a fait des reproches très **vifs**.* **4.** Qui est très fort, très intense. *Il éprouve un **vif** plaisir à retrouver ses amis.* **5.** Qui a beaucoup d'éclat, d'intensité. *Des cerises rouge **vif**.* • **Brûler vif :** brûler vivant. *Elle a failli **brûler vive** dans cet incendie.* • **De vive voix :** oralement. ■ **vif** (nom masculin) • **Le vif du sujet :** l'essentiel d'une question. *Entrons dans le **vif du sujet** !* • **Piquer** ou **toucher quelqu'un au vif :** l'atteindre au point le plus sensible. • **Sur le vif :** au moment où l'on est le plus naturel. *Cette photo a été prise **sur le vif**.*

vigie (nom féminin)
Marin chargé de surveiller la mer. *Du haut du mât, la **vigie** cria : « Terre en vue ! »*

vigilance (nom féminin)
Fait de surveiller avec beaucoup d'attention. *Le gardien du musée a manqué de **vigilance** : un tableau a été volé.*

vigilant, ante (adjectif)
Qui montre de la vigilance. *Notre maîtresse est très **vigilante** quand elle surveille la récréation.* (Syn. attentif.)

vigile (nom masculin)
Personne chargée de la surveillance de certains lieux. *Des **vigiles** font des rondes dans les parkings souterrains.*

vigne (nom féminin)
1. Arbuste dont le fruit est le raisin. *La **vigne** pousse bien sur ces coteaux ensoleillés.* **2.** Terrain planté de vignes. *Les vignerons sont dans les **vignes** pour faire les vendanges.* (Syn. vignoble.) • **Vigne vierge :** plante grimpante décorative. *Une façade couverte de **vigne vierge**.* ⌂ Famille du mot : vigne**ron**, vigno**ble**. ⊸ **Vigne** vient du latin *vinum* qui signifie « vin ».

vigneron, onne (nom)
Personne qui cultive la vigne et fait du vin. (Syn. viticulteur.)

vignette (nom féminin)
1. Étiquette imprimée qui prouve que l'on a payé une taxe. *Pour affranchir vos lettres, vous pouvez acheter des **vignettes** au distributeur automatique.* **2.** Chacune des illustrations d'une bande dessinée. *Les **vignettes** sont délimitées par un cadre.*

vignoble (nom masculin)
Champ de vignes. *Les* ***vignobles*** *de Bourgogne donnent des vins réputés.*

vigogne (nom féminin)
Mammifère qui ressemble au lama. *Ursula porte un pull-over en laine de* ***vigogne***.

une **vigogne**

vigoureusement (adverbe)
De façon vigoureuse. *Elle cire le buffet et le frotte* ***vigoureusement*** *pour le faire briller.* (Syn. énergiquement.)

vigoureux, euse (adjectif)
Qui a de la vigueur. *Nous avons besoin de quelques garçons* ***vigoureux*** *pour descendre les cartons à la cave.* (Syn. fort, robuste.)

vigueur (nom féminin)
Force physique. *Cet athlète a la* ***vigueur*** *de la jeunesse.* (Syn. énergie, vitalité.) • **En vigueur :** en usage, en application. *Cette nouvelle loi entrera* ***en vigueur*** *dans quelques jours.*

de la **vigne** et du raisin

VIH (nom masculin)
Virus du sida. **VIH** est l'abréviation de ***v****irus de l'****i****mmunodéficience* ***h****umaine*.

Vikings
Navigateurs et guerriers scandinaves qui descendirent vers le sud aux IXe et Xe siècles pour trouver des terres. Très bons marins, ils arrivèrent par la mer ou par les fleuves, se livrèrent à des pillages, occupèrent certaines régions de Grande-Bretagne, de France, de Russie et s'y établirent. On les appelle aussi Normands (« hommes du Nord »). ➡ Voir **Normands**.

une attaque de **Vikings**

vil, vile (adjectif)
Synonyme littéraire de méprisable. *Il a trahi ses amis, c'est un homme* ***vil***. **Vil** vient du latin *vilis* qui signifie « sans valeur ».

vilain, aine (adjectif)
1. Qui n'est pas joli à regarder. *Elle portait une* ***vilaine*** *robe grisâtre.* (Syn. laid. Contr. beau.) **2.** Qui n'est pas gentil ou qui désobéit. *Tu es vraiment* ***vilaine****, je suis très déçue !* (Contr. sage.) • **Vilain temps :** mauvais temps. *Il a fait un très* ***vilain temps*** *pendant le week-end.*

vilain (nom masculin)
Paysan libre au Moyen Âge, au contraire du serf.

a b c d e f g h i j k l m n o p q r s t u v w x y z

vilénie (nom féminin)
Dans la langue littéraire, action ou parole vile. *Le chevalier fut châtié par ses anciens compagnons pour sa **vilénie**.*
ORTHO On écrit aussi **vilenie**.

villa (nom féminin)
Maison individuelle avec un jardin. *Ils ont acheté une **villa** au bord de la mer.*

village (nom masculin)
Groupe d'habitations à la campagne. *Mon oncle vit dans une ferme à l'entrée du **village**.*

villageois, oise (nom)
Habitant d'un village. *L'été, les **villageois** aiment s'asseoir sur le pas de leur porte.*

ville (nom féminin)
Agglomération formée d'un grand nombre de rues et peuplée de beaucoup d'habitants. *Bordeaux est une grande **ville** du Sud-Ouest.*

villégiature (nom féminin)
Séjour de vacances ou de repos. *Benjamin a passé quelques jours de **villégiature** chez ses grands-parents.*

ordonnance de **Villers-Cotterêts**
Ordonnance qui imposa l'utilisation du français à la place du latin dans tous les actes de justice. Elle a été promulguée en 1539 par François Ier.

Villon François (né en 1431, mort en 1463)
Poète français. Villon a mené une vie aventureuse. Emprisonné, il risqua la pendaison mais il fut finalement condamné à être banni. Il est l'auteur du *Petit Testament* (1456) et du *Grand Testament* (1461). Il a écrit la célèbre *Ballade des pendus*. Villon est considéré comme le premier des grands poètes français modernes.

Vilnius
Capitale de la Lituanie (544 000 habitants). La ville a été polonaise de 1920 à 1939 sous le nom de Wilno. ➡ p. 748.

vin (nom masculin)
Boisson alcoolisée faite avec du jus de raisin qu'on a fait fermenter. *Papa a des bons **vins** dans sa cave, qu'il garde pour les grandes occasions.* Famille du mot : vi**nicole**, vin**ification**.

vinaigre (nom masculin)
Condiment liquide obtenu à partir de vin ou d'autres alcools qu'on a fait aigrir. *Du **vinaigre** de vin ou de cidre.*
Famille du mot : vinaigr**é**, vinaigr**ette**.

vinaigré, ée (adjectif)
Assaisonné avec du vinaigre. *Cette salade est trop **vinaigrée**.*

vinaigrette (nom féminin)
Sauce à base de vinaigre et d'huile. *Anna prépare une **vinaigrette** pour la salade.*

Vinci
➡ Voir **Léonard de Vinci**.

vindicatif, ive (adjectif)
Qui cherche à se venger. *Je n'aime pas son caractère **vindicatif**.* (Syn. rancunier.)

vingt (déterminant)
Deux fois dix (20). *Il y a **vingt** élèves dans la classe d'Élodie, douze filles et huit garçons.* ■ **vingt** (nom masculin) Nombre vingt. *Benjamin est né le **vingt** du mois d'avril.* Prononciation [vɛ̃]. Famille du mot : vingt**aine**, vingt**ième**.

vingtaine (nom féminin)
Quantité d'environ vingt. *Clément a invité une **vingtaine** de copains pour son anniversaire.* Prononciation [vɛ̃tɛn].

vingtième (adjectif et nom)
Qui occupe le rang numéro 20. *Elle a dix-neuf ans, elle fêtera son **vingtième** anniversaire l'année prochaine.*
■ **vingtième** (nom masculin) Ce qui est contenu vingt fois dans un tout. *Quatre est le **vingtième** de quatre-vingts.*
Prononciation [vɛ̃tjɛm].

vinicole (adjectif)
Qui concerne la production de vin. *La Bourgogne est une grande région **vinicole**.*

vinification (nom féminin)
Transformation du jus de raisin en vin.

vinyle (nom masculin)
Sorte de matière plastique. *Avant l'invention du CD, les disques étaient en **vinyle**.*

viol (nom masculin)
Action de violer quelqu'un. *Cet homme est accusé du **viol** de plusieurs femmes.*

violacé, ée (adjectif)
Qui tire sur le violet. *Fatima a si froid qu'elle a les mains **violacées**.*

violation (nom féminin)
Action de violer quelque chose. *La **violation** de sépultures est un acte odieux.* (Contr. respect.)

viole (nom féminin)
Instrument à cordes, antérieur au violon.

violemment (adverbe)
De façon violente. *David a fermé la fenêtre si **violemment** qu'un carreau est tombé !* (Syn. brutalement. Contr. doucement.)

violence (nom féminin)
1. Manière d'agir brutale et agressive. *On a arrêté le match car des supporteurs ont commis plusieurs actes de **violence**.* (Syn. brutalité.) **2.** Force intense d'un phénomène ou d'un sentiment. *La **violence** de l'orage a surpris tout le monde.*

violent, ente (adjectif)
1. Qui agit avec violence. *Sous l'effet de la colère, cet homme peut devenir très **violent**.* (Contr. calme, doux.) **2.** Qui est très fort. *De **violentes** chutes de neige ont paralysé la circulation.* Famille du mot : non-violence, non-violent, viol**emment**, viol**ence**.

violer (verbe) ▸ conjug. n° 3
1. Ne pas respecter quelque chose. *On lui reproche d'**avoir violé** la loi.* (Syn. enfreindre, transgresser.) **2.** Faire subir à quelqu'un des actes de violence sexuelle. *Durant cette guerre, des gens ont été massacrés et des femmes **ont été violées**.* Famille du mot : inviol**able**, viol, viol**ation**.

violet, ette (adjectif)
Qui est d'une couleur faite d'un mélange de bleu et de rouge. ■ **violet** (nom masculin) Couleur violette. *Le **violet** est une des couleurs de l'arc-en-ciel.*

violette (nom féminin)
Petite fleur violette. *Ce petit bouquet de **violettes** sent très bon.*

violon (nom masculin)
Instrument de musique qui a quatre cordes. *On joue du **violon** avec un archet.*

violoncelle (nom masculin)
Instrument de musique à quatre cordes, qui ressemble à un grand violon. *Le son du **violoncelle** est plus grave que celui du violon.* ➡ p. 1340.

violoncelliste (nom)
Musicien qui joue du violoncelle. *Le **violoncelliste** joue assis en maintenant son violoncelle entre ses jambes.*

violoniste (nom)
Musicien qui joue du violon.

vipère (nom féminin)
Serpent venimeux à la tête triangulaire. *La morsure de la **vipère** est dangereuse.*

une **vipère**

virage (nom masculin)
Synonyme de tournant. *Il y a beaucoup de **virages** sur cette petite route de montagne.*

viral, ale, aux (adjectif)
Qui est dû à un virus. *Ibrahim est malade, il a une hépatite **virale**.*

virée (nom féminin)
Dans la langue familière, court voyage. *Nous avons profité du pont du 1er mai pour faire une **virée** à la campagne.*

des **violettes**

un **violon**

a b c d e f g h i j k l m n o p q r s t u v w x y z

virement (nom masculin)
Fait de virer de l'argent. *Son salaire est payé par **virement** automatique.*

virer (verbe) ▸ conjug. n° 3
1. Faire passer de l'argent d'un compte à un autre. *Pour rembourser son frère, maman lui **vire** chaque mois cent euros.* **2.** Changer de direction. *La moto **a viré** brusquement à gauche.* (Syn. tourner.) **3.** Changer de couleur. *Selon la lumière, la mer **vire** du bleu au vert.* Famille du mot : vir**age**, vir**ement**.

virevolter (verbe) ▸ conjug. n° 3
Tourner rapidement sur soi. *Gaëlle admire les surfeurs qui **virevoltent** sur les vagues.*

virginité (nom féminin)
État d'une personne qui est vierge.

virgule (nom féminin)
1. Signe de ponctuation (,) qui, à l'intérieur d'une phrase, sépare des mots ou des groupes de mots. *La **virgule** sert à noter une légère pause entre des éléments d'une phrase.* **2.** Dans un nombre décimal, signe qui précède la première décimale.

viril, ile (adjectif)
Qui a les caractéristiques qu'on attribue d'habitude aux hommes. *Il est fier de sa force **virile** !* **Viril** vient du latin *vir* qui signifie « homme ».

un **violoncelle**

virilité (nom féminin)
Caractère viril. *Cet homme a fait preuve d'énergie et de **virilité**.*

virtuel, elle (adjectif)
1. Qui pourrait exister, mais qui n'est pas encore effectif ni réel. *Ce projet est encore à l'état **virtuel**.* (Syn. potentiel.) **2.** Se dit d'une image qui donne l'illusion de la réalité et du relief. *Les images **virtuelles** sont créées par des ordinateurs.*

virtuellement (adverbe)
Presque, à peu près. *Le match n'est pas fini, mais notre équipe a **virtuellement** gagné.*

virtuose (nom)
Musicien qui joue d'un instrument avec talent. *Ce guitariste est un **virtuose**.*

virtuosité (nom féminin)
Talent d'un virtuose. *Il joue du violon avec une **virtuosité** remarquable.*

virulence (nom féminin)
Caractère virulent. *La **virulence** de ses propos nous a surpris.*

virulent, ente (adjectif)
Qui manifeste de l'âpreté et de la violence. *Ce livre a reçu des critiques très **virulentes**.*

virus (nom masculin)
1. Organisme microscopique qui cause des maladies. *Ce laboratoire fait de nombreuses recherches sur le **virus** du sida.* **2.** Programme informatique pouvant perturber le fonctionnement d'un ordinateur et se propager dans d'autres systèmes informatiques. Prononciation [viʀys]. **Virus** est un mot latin qui signifie « poison ».

vis (nom féminin)
Petite tige de métal pointue, en forme de spirale. *Kevin enfonce la **vis** à l'aide d'un tournevis.* Prononciation [vis]. ➡ p. 159. Famille du mot : **dévisser**, **visser**. **Vis** vient du latin *vitis* qui signifie « vrille de la vigne ».

visa (nom masculin)
Cachet officiel qu'on doit faire mettre sur un passeport pour pouvoir entrer dans certains pays. *Demander un **visa** à l'ambassade de l'Inde.* **Visa** est un mot latin qui signifie « choses vues » : les Ro-

mains mettaient ce mot sur les actes qui avaient été vérifiés.

visage (nom masculin)
1. Partie avant de la tête. *Le nez est au milieu du **visage**.* (Syn. figure.) **2.** Au sens figuré, aspect de quelque chose. *Son voyage au Japon lui a permis de découvrir le vrai **visage** de ce pays.*

vis-à-vis (nom masculin)
Personne ou chose placée en face d'une autre. *Cette maison isolée n'a pas de **vis-à-vis**.* ■ **vis-à-vis de** (préposition) En face de. *Dans l'autobus, Hélène s'est assise **vis-à-vis de** Pierre.* **2.** Envers. *Se montrer sévère **vis-à-vis des** trafiquants de drogue.* Prononciation [vizavi].

viscéral, ale, aux (adjectif)
Qui vient du plus profond de soi. *Elle a un mépris **viscéral** pour les gens racistes.*

viscère (nom masculin)
Chacun des organes situés dans le crâne, le thorax et l'abdomen. *Le cerveau, le cœur, le foie, l'estomac sont des **viscères**.*

viscosité (nom féminin)
État de ce qui est visqueux.

visées (nom féminin pluriel)
Ce qu'on a comme but ou comme ambition. *Son père a des **visées** sur un poste important.*

viser (verbe) ▸ conjug. n° 3
1. Diriger une arme ou un objectif photographique en fixant avec attention ce qu'on veut atteindre. *Quentin **vise** le centre de la cible avant d'envoyer la fléchette.* **2.** Chercher à atteindre quelque chose. *Ce diplomate **vise** toujours un poste d'ambassadeur.* **3.** Concerner quelqu'un. *Julie ne se sent pas du tout **visée** par ces critiques.*
Famille du mot : vis**ées**, vis**eur**.

Pour **viser**, on place son œil sur le **viseur**.

viseur (nom masculin)
Dispositif qui permet de viser. *Papa nettoie le **viseur** de la carabine.*

Vishnu
Divinité hindoue. Vishnu forme, avec Brahma et Shiva, l'ensemble des trois divinités principales de l'hindouisme. Il est le protecteur de l'Univers et est souvent représenté avec quatre bras, chevauchant l'oiseau mythique appelé Garuda.
ORTHO On écrit aussi **Vishnou**.

visibilité (nom féminin)
Possibilité de voir plus ou moins loin. *Le brouillard diminue la **visibilité**.*

visible (adjectif)
1. Qu'on peut voir. *Certaines étoiles sont **visibles** à l'œil nu, d'autres pas.* (Contr. invisible.) **2.** Qui est évident. *Son émotion était **visible** car elle s'est mise à rougir.* (Syn. manifeste.) Famille du mot : **in**visible, visib**ilité**, visible**ment**.

visiblement (adverbe)
De manière visible. ***Visiblement**, ce bébé a sommeil.* (Syn. manifestement.)

visière (nom féminin)
Partie large et arrondie sur le devant d'une casquette.

vision (nom féminin)
1. Synonyme de vue. *Il devient presbyte, sa **vision** de près est mauvaise.* **2.** Au sens figuré, façon de voir ou de concevoir quelque chose. *Avoir une **vision** pessimiste de l'avenir.* • **Avoir des visions :** s'imaginer voir des choses alors qu'elles n'existent pas. Famille du mot : vision**naire**, vision**neuse**.

visionnaire (nom)
1. Personne qui a des visions. **2.** Personne qui a une vision juste de l'avenir ou de certaines réalités. *En imaginant l'hélicoptère, Léonard de Vinci a été un **visionnaire**.*

visionneuse (nom féminin)
Petit appareil qui permet d'examiner des diapositives ou des films.

visite (nom féminin)
1. Action de visiter un lieu. *La **visite** de ce château n'est possible qu'en été.* **2.** Action d'aller voir quelqu'un chez lui. *Grand-*

*mère aime avoir la **visite** de tous ses petits-enfants.* 3. Consultation donnée par un médecin au domicile du malade. • **Visite médicale :** examen médical fait par un médecin pour voir si tout va bien.

visiter (verbe) ▸ conjug. n° 3
Parcourir un lieu pour voir ce qui est intéressant. *Laura **a** déjà **visité** la cathédrale.* Famille du mot : visite, visit**eur**.

visiteur, euse (nom)
1. Personne qui visite un lieu. *Le Mont-Saint-Michel attire beaucoup de **visiteurs**.* 2. Personne qui rend visite à quelqu'un chez lui. *Maman a offert du thé à ses **visiteurs**.*

vison (nom masculin)
Petit mammifère carnivore, à la queue touffue et à la fourrure très recherchée. **Vison** vient du latin *vissio* qui signifie « puanteur » car cet animal sent très mauvais.

un jeune **vison**

visqueux, euse (adjectif)
Qui est collant ou poisseux. *Les crapauds ont la peau **visqueuse**.* (Syn. gluant.)

visser (verbe) ▸ conjug. n° 3
1. Fixer avec des vis. *Prends le tournevis pour **visser** ces planches.* 2. Serrer en tournant pour fermer un récipient. ***Visse** bien le couvercle, pour que les confitures ne s'abîment pas !* (Contr. dévisser.)

visualiser (verbe) ▸ conjug. n° 3
Rendre quelque chose visible. *Le scanner permet de **visualiser** l'intérieur de notre corps.*

visuel, elle (adjectif)
Qui concerne la vue. *Cette maladie peut entraîner de graves troubles **visuels**.*

vital, ale, aux (adjectif)
1. Qui est indispensable à la vie. *Le cœur est un organe **vital**.* 2. Qui est d'une importance très grande. *Retrouver du travail est un problème **vital** pour ces chômeurs.*

vitalité (nom féminin)
Énergie et dynamisme. *Caroline n'arrête pas de s'activer, elle est pleine de **vitalité**.* (Syn. vie.)

vitamine (nom féminin)
Substance qui se trouve dans certains aliments et qui est indispensable à la santé. *Les fruits contiennent des **vitamines**.*

vitaminé, ée (adjectif)
Qui contient des vitamines. *Du lait **vitaminé**.*

vite (adverbe)
En se dépêchant ou en mettant peu de temps. *Tu marches trop **vite**, je n'arrive pas à te suivre !* (Syn. rapidement. Contr. lentement.)

vitesse (nom féminin)
1. Rapidité à se déplacer ou à faire quelque chose. *Dans toutes les agglomérations, la **vitesse** est limitée à 50 km/h.* 2. Mécanisme qui permet de régler l'effort du moteur d'un véhicule. *Quand le moteur tourne trop vite, on doit changer de **vitesse**.* • **À toute vitesse** ou **en vitesse :** très vite.

viticole (adjectif)
Où l'on cultive la vigne pour produire du vin. *La Champagne est une région **viticole**.* **Viticole** vient des mots latins *vitis* qui signifie « vigne » et *colere* qui signifie « cultiver ».

viticulteur, trice (nom)
Synonyme de vigneron. *Ce **viticulteur** produit du vin blanc.*

viticulture (nom féminin)
Culture de la vigne. Famille du mot : viti**cole**, viticult**eur**.

vitrage (nom masculin)
Assemblage de vitres. *Nos fenêtres possèdent un double **vitrage**.*

vitrail, aux (nom masculin)
Vitre faite de petits morceaux de verre colorés et assemblés pour former des dessins. *Les **vitraux** de la cathédrale.*

un **vitrail** (Christ Church, Londres)

vitre (nom féminin)
Plaque en verre fixée sur une fenêtre, une porte ou une portière. *Les **vitres** de la voiture sont sales.* Famille du mot : vitr**age**, vitr**ail**, vitr**é**, vitr**eux**, vitr**ier**, vitri**fier**, vitr**ine**. **Vitre** vient du latin *vitrum* qui signifie « verre ».

vitré, ée (adjectif)
Qui est garni d'une vitre. *La chambre de l'hôtel a une grande baie **vitrée**.*

vitreux, euse (adjectif)
Qui est terne et sans éclat. *Le chien malade avait les yeux **vitreux**.*

vitrier, ère (nom)
Personne qui pose des vitres.

vitrifier (verbe) ▶ conjug. n° 10
Recouvrir d'un vernis transparent. *Ce parquet **vitrifié** est facile à entretenir.*

vitrine (nom féminin)
1. Partie vitrée d'un magasin où sont exposées les marchandises à vendre. *Noémie a vu une jolie montre en **vitrine**.* (Syn. devanture.) **2.** Meuble vitré dans lequel on expose des objets pour les protéger. *Certaines **vitrines** de ce musée sont mal éclairées.*

vitriol (nom masculin)
Autre nom de l'acide sulfurique.

vitupérer (verbe) ▶ conjug. n° 8
Dans la langue littéraire, blâmer ou critiquer sévèrement. *Beaucoup de gens **vitupèrent** contre la hausse du prix de l'essence.*

vivable (adjectif)
Qu'on peut supporter facilement. *L'ambiance dans ce bureau n'est plus **vivable** !* (Contr. invivable.)

vivace (adjectif)
1. Se dit d'une plante qui vit plusieurs années. *La bruyère, la lavande sont des plantes **vivaces**.* **2.** Qui dure depuis longtemps et qui est tenace. *Les traditions d'hospitalité sont encore très **vivaces** dans ce pays.*

vivacité (nom féminin)
1. Qualité de quelqu'un qui est vif, rapide. *Cet élève a une grande **vivacité** d'esprit.* **2.** Caractère d'une couleur vive. *Les couleurs de ce tapis ont perdu leur **vivacité**.*

Vivaldi Antonio (né en 1678, mort en 1741)
Compositeur italien. Professeur de musique à Venise, violoniste virtuose, il composa de nombreuses œuvres : opéras, symphonies, sonates, etc. Novateur, il fixa la forme du concerto classique et en composa plus de 450, dont le plus connu est intitulé les *Quatre Saisons* (1725).

vivant, ante (adjectif)
1. Qui est en vie. *Après le naufrage du bateau, seuls trois passagers ont été retrouvés **vivants**.* (Contr. mort.) **2.** Qui est vif et plein d'énergie. *Cet enfant est très **vivant** et s'intéresse à tout.* **3.** Où il y a beaucoup d'activité et d'animation. *Ce quartier commerçant est très **vivant**.* (Syn. animé. Contr. mort.) • **Langue vivante :** langue

qu'on parle de nos jours. (Contr. langue morte.) ■ **vivant** (nom masculin) Personne qui est en vie. *Odile préfère penser aux **vivants** plutôt qu'aux morts.* • **Bon vivant :** personne qui sait apprécier les plaisirs de la vie. • **Du vivant de quelqu'un :** du temps où il vivait.

vivarium (nom masculin)
Cage vitrée, où on élève des petits animaux. ● Prononciation [vivaʀjɔm].

vivats (nom masculin pluriel)
Cris d'enthousiasme. *Les spectateurs ont acclamé le vainqueur du match par des **vivats**.*

vive (interjection)
Exprime l'admiration ou encore l'enthousiasme. ***Vive** les mariés ! **Vive** la France !* (Contr. à bas.)

vivement (adverbe)
1. D'une façon vive, rapide. *Le chat s'est enfui très **vivement**.* 2. De façon brusque. *Il a répliqué **vivement** qu'il savait ce qu'il faisait.* 3. Avec une grande intensité. *On souhaite **vivement** que tu réussisses.* (Syn. ardemment.) ■ **vivement** (interjection) Sert à exprimer un souhait. ***Vivement** qu'il fasse beau !*

vivier (nom masculin)
Bassin dans lequel on élève des poissons et des crustacés. *Chez le poissonnier, il y a des homards vivants dans un **vivier**.*

vivifiant, ante (adjectif)
Qui vivifie. *Un climat **vivifiant**.*

vivifier (verbe) ▸ conjug. n° 10
Donner plus de vigueur et de vitalité. *Le bon air de la mer nous **a vivifiés**.*

vivipare (adjectif)
Se dit d'un animal dont les petits naissent après s'être développés dans le ventre de leur mère, et non dans un œuf. *La plupart des mammifères sont **vivipares**.* (Contr. ovipare.)

vivisection (nom féminin)
Dissection d'animaux vivants pour faire des expériences de laboratoire. *La **vivisection** est interdite en France.*

vivoter (verbe) ▸ conjug. n° 3
Vivre difficilement, faute d'argent. *Depuis qu'il est au chômage, il **vivote**.*

vivre (verbe) ▸ conjug. n° 50
1. Être en vie. *L'arrière-grand-mère de Sarah **vit** toujours, elle vient de fêter ses cent ans !* 2. Passer sa vie d'une certaine façon. *Ces gens **ont** toujours **vécu** dans le luxe. Il **a vécu** des moments difficiles pendant sa maladie.* 3. Passer un certain temps de sa vie dans un endroit. *Guillaume **a vécu** deux ans à Londres.* 4. Avoir de quoi manger, s'habiller, se loger. *Ils ont du mal à **vivre** avec le peu qu'ils gagnent.* Famille du mot : re**vivre**, sur**vivance**, sur**vivant**, sur**vivre**, **vivant**, **vivoter**, **vivres**, **vivrière**.

vivres (nom masculin pluriel)
Provisions de nourriture. *Pour la randonnée, on a prévu des **vivres** pour trois jours.* • **Couper les vivres à quelqu'un :** ne plus lui donner d'argent.

vivrière (adjectif féminin)
• **Cultures vivrières :** cultures destinées à l'alimentation.

vizir (nom masculin)
Ministre du sultan dans l'ancien Empire turc. *Le grand **vizir** était le Premier ministre de l'Empire ottoman.* **Vizir** est un mot turc.

vlan ! (interjection)
Onomatopée qui imite le bruit d'un coup violent. *Et **vlan** ! Il a claqué la portière !*

vocable (nom masculin)
Synonyme savant de mot. *Le chercheur a parfois employé des **vocables** compliqués que Thomas n'a pas compris.* **Vocable** vient du latin *vocabulum* qui signifie « mot », et qu'on retrouve dans *vocabulaire*.

vocabulaire (nom masculin)
1. Ensemble des mots d'une langue. *Le **vocabulaire** s'enrichit sans cesse de mots nouveaux.* 2. Ensemble des mots employés par quelqu'un. *Cet enfant a encore un **vocabulaire** très réduit.*

vocal, ale, aux (adjectif)
Qui concerne la voix. *La musique **vocale** est destinée à être chantée.*

vocalise (nom féminin)
Exercice vocal qui consiste à chanter une suite de notes sur une seule voyelle, qui est généralement le « a ».

vocation (nom féminin)
Vive attirance et aptitude pour une activité. *Alain a choisi le métier de professeur d'histoire par **vocation**.*

vociférer (verbe) ▸ conjug. n° 8
Parler en criant pour exprimer sa colère. *Calme-toi et arrête de **vociférer** comme ça !*

vodka (nom féminin)
Eau-de-vie fabriquée avec de l'orge ou du seigle. **Vodka** est un mot russe qui signifie « petite eau ».

vœu, vœux (nom masculin)
1. Souhait qu'on fait pour qu'une chose se réalise. *Nous avons tous fait le **vœu** qu'il réussisse son examen.* 2. Désir exprimé par quelqu'un. *Son **vœu** le plus cher est de retrouver du travail.* (Syn. souhait.) • **Faire vœu de quelque chose :** promettre de tenir une résolution. *Son frère **a fait vœu d'**arrêter de fumer.* ■ **vœux** (nom masculin pluriel) Souhaits de bonheur. *Le jour de l'an, on présente ses **vœux** à ses amis.*

vogue (nom féminin)
Succès passager auprès du public. *C'était la **vogue** des cheveux courts. Cet acteur est très en **vogue** en ce moment.*

voguer (verbe) ▸ conjug. n° 3
Avancer sur l'eau. *Plusieurs bateaux **voguent** vers le port.* (Syn. naviguer.)

voici (préposition)
Sert à montrer ce qui est proche. *Tiens, **voici** des roses pour toi.* **Voici** vient de *vois*, impératif de voir, et de *ci*.

voie (nom féminin)
1. Chemin pour aller d'un lieu à un autre. *Un chasse-neige est venu dégager la **voie**.* 2. Chacune des parties séparées d'une route où roule une file de voitures. *Cette route à trois **voies** est très dangereuse.* 3. Mode de transport. *Certaines lettres partent par **voie** aérienne, d'autres par **voie** maritime.* 4. Au sens figuré, direction qu'on suit dans la vie. *Chacun doit trouver sa **voie** dans l'existence.* • **Être en voie de :** être en train ou sur le point de. *Cette espèce animale est **en voie de** disparition.* • **Mettre quelqu'un sur la voie :** lui donner des renseignements pour le guider dans ses recherches. • **Voie d'eau :** ouverture accidentelle dans la coque d'un bateau, par laquelle l'eau entre. • **Voie ferrée :** rails sur lesquels circulent les trains.

La via Appia, la plus ancienne des **voies** romaines, a été commencée en 312 avant Jésus-Christ.

voilà (préposition)
Sert à montrer ce qui est éloigné. *Voici ma chambre, et au fond du couloir, **voilà** la chambre d'Ursula.* **Voilà** vient de *vois*, impératif de voir, et de *là*.

voilage (nom masculin)
Rideau léger et transparent. *Ce **voilage** nous isole un peu des voisins d'en face.*

■ **voile** (nom masculin)
1. Grand morceau de tissu recouvrant la tête et, parfois, cachant le visage. *Certaines religieuses portent un **voile**.* 2. Ce qui empêche de bien voir. *Il y a un léger **voile** de brouillard ce matin.* Famille du mot : **dé**voiler, voil**age**, voil**er**.

■ **voile** (nom féminin)
1. Grande pièce de tissu fixée sur le mât de certains bateaux, qui leur permet d'utiliser la force du vent pour avancer. *Au départ de la course, les concurrents hissent leurs **voiles**.* ➡ p. 1346. 2. Sport qui consiste à naviguer sur un bateau à voiles. *Victor fait de la **voile** dans un club nautique.* Famille du mot : voil**ier**, voil**ure**.

voiler (verbe) ▸ conjug. n° 3
1. Couvrir d'un voile. *Certaines femmes musulmanes **se voilent** le visage.* 2. Rendre moins visible. *La lune **est voilée** par des nuages.* 3. Déformer ou tordre quelque

chose. *Son frère a eu un accident de moto, et la roue avant **est voilée**.*

voilier (nom masculin)
Bateau à voiles. *Il y a peu de vent, et le **voilier** n'avance pas vite.*

voilure (nom féminin)
Ensemble des voiles d'un voilier. *La tempête a endommagé la **voilure**.*

voir (verbe) ▸ conjug. n° 22
1. Percevoir ce qui nous entoure grâce à nos yeux. *William ne **voit** pas bien car il est myope.* **2.** Rencontrer quelqu'un ou lui rendre visite. *J'**ai vu** Zoé à la boulangerie. Xavier aime bien aller **voir** sa grand-mère.* **3.** Être spectateur ou témoin de quelque chose. *Hier soir, nous sommes allés **voir** une pièce de théâtre. Comme Yann **a vu** l'accident, il sait qui était dans son tort.* (Syn. assister.) **4.** Se rendre compte de quelque chose. *On **a** bien **vu** qu'il était content.* **5.** Examiner attentivement quelque chose. *Je vais **voir** ce que je peux faire pour t'aider.* **6.** Comprendre quelque chose. *Je **vois** très bien ce que tu veux dire.* **7.** Se faire telle idée de quelque chose. *Anna est optimiste, elle **voit** toujours la vie en rose.* Famille du mot : **entre**voir, malvoyant, non-voyant, **re**voir, voyant, vu, vue.

voire (adverbe)
Dans la langue littéraire, sert à renforcer ce qu'on vient de dire. *Cette maladie est très grave, **voire** mortelle.*

un **voilier** (dériveur)

voirie (nom féminin)
Service municipal qui est chargé de l'entretien et du nettoyage des rues et des routes. *Les éboueurs dépendent de la **voirie**.*

voisin, ine (adjectif)
1. Qui se trouve tout à côté. *Élodie habite la maison **voisine** de la nôtre.* 2. Qui n'est pas très différent. *Le mauve et le violet sont des couleurs **voisines**.* (Syn. proche, similaire.) ■ **voisin, ine** (nom) Personne qui habite tout près ou qui se trouve à côté. *Fatima est la **voisine** de classe de Benjamin.* Famille du mot : avoisi**nant**, voisin**age**, voisin**er**.

voisinage (nom masculin)
1. Ensemble des voisins. *Tout le **voisinage** se plaint des aboiements du chien.* 2. Lieux voisins. *Ne pars pas jouer trop loin, reste dans le **voisinage**.* (Syn. alentours, environs.)

voisiner (verbe) ▶ conjug. n° 3
Être voisin. *Dans ce quartier, des gens riches **voisinent** avec des gens pauvres.*

voiture (nom féminin)
1. Synonyme d'automobile. *Maman va acheter une **voiture**.* ➡ p. 106. 2. Wagon de voyageurs. *Nous avons des places de train réservées dans la **voiture** quinze.* 3. Véhicule à roues qui sert à transporter des personnes ou des choses. *Une poussette est une **voiture** d'enfants. La charrette est une **voiture** à deux roues tirée par un cheval.*

voiturette (nom féminin)
Petite voiture que l'on peut conduire sans permis de conduire.

voix (nom féminin)
1. Ensemble des sons produits par une personne quand elle parle, chante ou crie. *Cette chanteuse a une très belle **voix**. Parlez à **voix** basse car le bébé dort.* 2. Synonyme de suffrage. *Pour être élu, un candidat doit avoir la majorité des **voix**.* 3. Appel qui nous avertit intérieurement. *La **voix** de la sagesse serait d'attendre la fin de l'orage.* 4. Forme du verbe, qui est différente selon que le sujet fait l'action ou qu'il la subit. *Dans la phrase « Clément aime ses parents », le verbe est à la **voix active**, dans « Clément est aimé de ses parents », il est à la **voix passive**.* • **De vive voix :** verbalement. *Au lieu de lui écrire, je préfère lui dire **de vive voix** ce que je pense.* • **Être ou rester sans voix :** rester muet sous l'effet de l'émotion ou de l'étonnement.

■ **vol** (nom masculin)
1. Façon de voler qu'ont les oiseaux et certains insectes. *Le **vol** léger d'un papillon.* 2. Groupe d'oiseaux qui volent ensemble. *À l'époque de leur migration, on voit des **vols** d'hirondelles.* 3. Trajet en avion. *De Paris à Nice, le **vol** dure un peu plus d'une heure.* • **Attraper quelque chose au vol :** l'attraper en l'air, avant qu'il ne tombe au sol. (Syn. à la volée.) • **À vol d'oiseau :** en ligne droite. • **Vol à voile :** sport qui consiste à piloter un planeur.

■ **vol** (nom masculin)
1. Action de voler quelque chose à quelqu'un. *Il y a eu des **vols** dans la classe et tous les élèves sont convoqués chez le directeur.* 2. Fait de voler un client. *Faire payer si cher des fruits gâtés, c'est du **vol** !*

volage (adjectif)
Qui n'est pas très fidèle en amour. *Le roi était **volage** et avait de nombreuses maîtresses.*

volaille (nom féminin)
Gros oiseau de basse-cour. *Dans cette ferme, les **volailles** sont élevées au grain.* **Volaille** vient du latin *volatilis* qui signifie « qui vole », et qu'on retrouve dans *volatil* et *volatile*.

■ **volant, ante** (adjectif)
Qui peut voler dans l'air. *L'exocet est un poisson **volant**.* • **Feuille volante :** feuille de papier qui n'est pas attachée à un bloc.

■ **volant** (nom masculin)
1. Pièce circulaire placée devant le conducteur qui lui permet de diriger les roues de son véhicule. *En France, le **volant** est à gauche, alors qu'en Angleterre il est à droite.* ➡ p. 106. 2. Bande d'étoffe froncée, cousue en bas d'un vêtement ou d'un rideau. *Ces belles danseuses portent des jupes à **volants**.* 3. Balle légère entourée d'un filet de plastique. *On joue au badminton avec un **volant**.* ➡ p. 113.

volatil, ile (adjectif)
Qui se transforme facilement en vapeur ou en gaz. *L'essence est un produit **volatil**.*

volatile (nom masculin)
Oiseau de basse-cour. *La fermière vend des **volatiles** au marché.* Voir **volaille**.

se volatiliser (verbe) ▸ conjug. n° 3
1. Synonyme de s'évaporer. *L'alcool à 90° **se volatilise** facilement.* 2. Au sens figuré, disparaître soudainement. *Je ne trouve plus mon livre, il **s'est volatilisé** !*

vol-au-vent (nom masculin)
Pâte feuilletée garnie de morceaux de viande ou de poisson en sauce. Pluriel : des vol-au-vent.

volcan (nom masculin)
Montagne d'où peuvent sortir de la lave et des gaz venant de l'intérieur de la Terre. *Les **volcans** d'Auvergne ne sont plus en activité de nos jours.* Famille du mot : volcan**ique**, volcan**ologie**, volcano**logue**. **Volcan** vient du latin *Vulcanus*, dieu du Feu chez les Romains.

un **volcanologue** sur le **volcan** de la Fournaise, à la Réunion

volcanique (adjectif)
Relatif à un volcan. *Une nouvelle éruption **volcanique**.*

volcanologie (nom féminin)
Étude scientifique des volcans.

volcanologue (nom)
Spécialiste de volcanologie.

volée (nom féminin)
1. Bande d'oiseaux qui volent ensemble. *Regarde vite cette **volée** d'hirondelles !* 2. Dans la langue familière, synonyme de raclée. *Recevoir une **volée** de coups.* • **À la volée :** synonyme d'au vol. • **À toute volée :** avec force. *David a renvoyé la balle **à toute volée**.*

voler (verbe) ▸ conjug. n° 3
1. Se déplacer dans l'air. *Les hirondelles **volent** bas, c'est signe de pluie. Cet avion ne **vole** pas très haut car il va bientôt se poser.* 2. Être soulevé par le vent. *Il y a eu un brusque coup de vent et toutes les feuilles mortes se sont mises à **voler**.* 3. Aller très vite. *Ibrahim **a volé** au secours de Gaëlle.* Famille du mot : **env**ol, s'**env**oler, **sur**vol, **sur**voler, vol, vol**ant**, vol**ée**, vol**eter**, vol**ière**.

voler (verbe) ▸ conjug. n° 3
1. Prendre de manière frauduleuse quelque chose qui appartient à une autre personne. *Kevin s'est fait **voler** son nouveau blouson à l'école.* (Syn. dérober.) 2. Manquer d'honnêteté à l'égard d'un client. *Ce restaurant nous **a volés** en nous faisant payer si cher !* (Syn. escroquer.) Famille du mot : **anti**vol, vol, vol**eur**.

volet (nom masculin)
1. Panneau de bois ou de fer qu'on rabat devant une fenêtre. *Quand il fait nuit, Hélène ferme les **volets** de sa chambre.* 2. Partie mobile d'un objet qui peut se rabattre. *Un triptyque est composé de trois **volets**.*

voleter (verbe) ▸ conjug. n° 9
Voler à petits coups d'ailes sur de petites distances. *Le papillon **volette** d'une fleur à l'autre.* **Voleter** se conjugue aussi comme peler (n° 8).

voleur, euse (nom)
Personne qui a volé quelque chose. *Les **voleurs** ont été pris en flagrant délit.*

Volga
Fleuve de Russie, le plus long d'Europe (3 700 km). La Volga prend sa source sur le plateau du Valdaï, près de Moscou, et se jette dans la mer Caspienne par un vaste delta. Elle constitue un grand axe commercial relié par des canaux à la mer Baltique, à la mer d'Azov et à la mer Noire.

volière (nom féminin)
Grande cage à oiseaux. *Il y a une belle **volière** dans ce zoo, avec des oiseaux exotiques de toutes les couleurs.*

volley-ball (nom masculin)
Sport dans lequel deux équipes de six joueurs se renvoient un ballon au-dessus d'un filet. **Volley-ball** est un mot anglais : on prononce [vɔlɛbol]. **Volley-ball** s'abrège **volley**. ORTHO On écrit aussi **volleyball**.

volleyeur, euse (nom)
Joueur de volley-ball.

volontaire (adjectif)
1. Qu'on a vraiment voulu faire. *Il ne voulait pas venir : son absence était **volontaire**.* (Contr. involontaire.) 2. Qui a beaucoup de volonté. *Pierre est trop **volontaire** pour se laisser décourager.*
■ **volontaire** (nom) Personne qui veut bien faire quelque chose sans y être contrainte. *Maman cherche des **volontaires** pour l'aider à écosser les petits pois.*

volontairement (adverbe)
De façon volontaire. *Ils ont évité **volontairement** d'aborder ce problème, pour ne pas se disputer.* (Syn. exprès.)

volontariat (nom masculin)
Fait de faire quelque chose en tant que volontaire. *Pour nettoyer la plage couverte de mazout, on a fait appel au **volontariat**.*

volonté (nom féminin)
1. Qualité d'une personne qui est capable de faire de gros efforts. *Julie a suffisamment de **volonté** pour finir ce qu'elle entreprend.* 2. Faculté de décider soi-même ce qu'on veut faire. *C'est de sa propre **volonté** qu'il est parti.* 3. Souhait ou désir. *Quentin veut imposer ses **volontés** à son entourage.* • **À volonté :** autant qu'on veut. *Dans ce restaurant, on peut prendre des hors-d'œuvre **à volonté**.* • **Bonne** ou **mauvaise volonté :** disposition à faire ou à ne pas faire volontiers quelque chose. Famille du mot : involont**aire**, involont**airement**, volont**aire**, volont**airement**, volont**ariat**, volont**iers**.

volontiers (adverbe)
Avec plaisir. *Romain prête **volontiers** ses CD.* (Syn. de bon cœur.)

volt (nom masculin)
Unité de mesure de l'intensité d'un courant électrique. *Cet appareil ne peut fonctionner qu'avec du 220 volts.* **Volt** vient du nom du physicien italien *Volta*, qui inventa la pile électrique (début du XIXe siècle).

voltage (nom masculin)
Intensité en volts d'un courant électrique.

Voltaire (né en 1694, mort en 1778)
Écrivain français. François Marie Arouet, dit Voltaire, fut enfermé plusieurs fois à la prison de la Bastille à la suite d'écrits visant des familles princières, des nobles et même le roi Louis XIV. Il se réfugia ensuite à Londres, puis en Lorraine, et enfin chez le roi de Prusse, Frédéric II. Il est l'auteur de *Lettres anglaises* (1734), *Zadig ou la Destinée* (1747), *Sur le désastre de Lisbonne* (1756), *Candide ou l'Optimisme* (1759), *Traité sur la tolérance* (1763) et *l'Ingénu* (1767). Toute sa vie, Voltaire a combattu l'intolérance religieuse et a défendu la justice et la liberté de pensée.

volte-face (nom féminin)
1. Brusque demi-tour sur soi-même. *Pour ne pas me saluer, Olivier a fait **volte-face**.* 2. Au sens figuré, brusque changement d'opinion. *Les **volte-face** de ce candidat sont déroutantes pour les électeurs.* Pluriel : des volte-face.
ORTHO On écrit aussi une **volteface**, des **voltefaces**.

voltige (nom féminin)
Acrobatie au-dessus du vide. *Les numéros de **voltige** des acrobates.*

voltiger (verbe) ▸ conjug. n° 5
Voler dans tous les sens. *Le vent fait **voltiger** les rideaux.*

volubile (adjectif)
Qui parle beaucoup et très vite. *Laura était très **volubile** pour raconter ses vacances.* (Syn. bavard. Contr. taciturne.)

volume (nom masculin)
1. Place qu'un objet occupe dans l'espace. *Ce meuble prend trop de **volume** dans cette petite cuisine. Le **volume** de la citerne est de 3 000 litres.* 2. Espace occupé par un solide. *Calculer le **volume** d'un cube.* 3. Quantité totale. *Le **volume** des exportations a augmenté.* 4. Puissance d'un son. *Baisse un peu le **volume** de la télévision !* 5. Livre ou tome d'un ouvrage. *Une encyclopédie en dix-sept **volumes**.*

volumineux, euse (adjectif)
Qui occupe un volume important. *Dans un petit studio, on ne peut pas mettre des meubles trop **volumineux**.*

volupté (nom féminin)
Grand plaisir sensuel. *Thomas mange avec **volupté** un sorbet à la framboise.*

voluptueux, euse (adjectif)
Qui procure de la volupté. *Myriam apprécie la sensation **voluptueuse** d'un bon bain chaud.*

volute (nom féminin)
Ce qui est en forme de spirale. *Les **volutes** d'une colonne baroque.*

vomir (verbe) ▸ conjug. n° 11
Rejeter par la bouche ce qu'on a mangé. *Victor a mangé trop de chocolat, il a envie de **vomir**.*

vomissement (nom masculin)
Fait de vomir. *Ses **vomissements** répétés inquiètent le médecin.*

vorace (adjectif)
Qui mange beaucoup et vite. *Le requin est un animal **vorace**.* Famille du mot : vora**cement**, voracité.

voracement (adverbe)
Avec voracité. *Se jeter **voracement** sur la nourriture.*

voracité (nom féminin)
Fait d'être vorace. *Quelle **voracité** ! Mange plus doucement !*

vos ➡ Voir **votre**.

Vosges
Massif montagneux de l'est de la France. Les Vosges dominent la Lorraine par le versant ouest et l'Alsace par le versant est. Leur point culminant est le Grand Ballon avec 1 424 mètres d'altitude. La population se concentre dans les vallées (Meurthe, Moselle...). La forêt constitue une ressource importante. La région possède des stations touristiques et thermales réputées comme Vittel et Contrexéville. ➡ Voir carte p. 1372.

votant, ante (nom)
Personne qui vote. *Les **votants** doivent être majeurs.*

vote (nom masculin)
1. Avis d'une personne qui vote. *Au moment du dépouillement, on compte le nombre des **votes**.* (Syn. suffrage, voix.) 2. Action de voter quelque chose. *Il faut attendre le **vote** de la loi.* Famille du mot : vot**ant**, voter.

voter (verbe) ▸ conjug. n° 3
1. Prendre part à une élection en mettant un bulletin dans une urne. *Le grand frère de Noémie a dix-huit ans : il peut désormais **voter**.* 2. Approuver quelque chose par un vote. *Cette loi doit **être votée** par le Parlement.*

votre, vos (déterminant)
Adjectif possessif de la deuxième personne du pluriel. *Vous voulez bien me prêter **votre** parapluie ? N'oubliez pas **vos** clés !*

le vôtre, la vôtre (pronom)
Pronom possessif de la deuxième personne du pluriel. *Si vous me rendez mes albums, je vous rendrai **les vôtres**.*

vouer (verbe) ▸ conjug. n° 3
1. Témoigner à quelqu'un un sentiment durable. *Véronique **voue** une véritable adoration à son frère.* 2. Consacrer son existence ou son énergie à quelque chose. *Il **voue** toutes ses vacances à l'alpinisme.* 3. Destiner à subir quelque chose. *Sa tentative **est vouée** à l'échec.*

■ **vouloir** (verbe) ▸ conjug. n° 26
Avoir envie de quelque chose. *Pour Noël, William **veut** un VTT. Je **voudrais** bien partir avec vous en vacances.* (Syn. désirer, souhaiter.) • **En vouloir à quelqu'un :** être fâché et avoir de la rancune contre lui. • **Vouloir bien :** accepter ou être d'accord. *Tu **veux bien** me prêter ton beau vélo ?* (Syn. accepter, consentir.) • **Vouloir dire :** signifier. *Quand Sarah ne sait pas ce que **veut dire** un mot, elle le cherche dans son dictionnaire.*

■ **vouloir** (nom masculin)
• **Le bon vouloir :** fait d'accepter quelque chose. *L'entrée des marchandises destinées aux victimes du séisme dépend du **bon vouloir** des autorités du pays.*

vous (pronom)
1. Pronom personnel de la deuxième personne du pluriel. *« **Vous** » est sujet dans la phrase « **vous** arrivez tard », et complément dans la phrase « je **vous** aime bien ».* 2. Pronom au singulier quand, par politesse, on vouvoie quelqu'un. *Monsieur, voulez-**vous** du pain ?*

voûte (nom féminin)
Plafond courbe. *On a découvert des peintures rupestres sur la **voûte** de cette grotte.*
ORTHO On écrit aussi **voute**.

voûté, ée (adjectif)
1. Qui a une voûte. *La cave est **voûtée**.* 2. Qui a le dos courbé. *Redresse-toi, tu es tout **voûté** !*
ORTHO On écrit aussi **vouté**.

des **voûtes** dans un monastère

vouvoiement (nom masculin)
Action de vouvoyer. *Autrefois, le **vouvoiement** entre époux était fréquent dans les milieux aisés.*

vouvoyer (verbe) ▸ conjug. n° 6
Employer le pronom « vous » pour s'adresser à une personne. *Xavier tutoie ses copains mais **vouvoie** la maîtresse.*

voyage (nom masculin)
1. Fait d'aller dans un lieu éloigné de celui où on réside. *Yann a déjà fait plusieurs **voyages** en Italie.* **2.** Chacune des allées et venues que l'on fait pour transporter quelque chose. *Il a dû faire plusieurs **voyages** pour déménager.* Famille du mot : voyag**er**, voyag**eur**.

voyager (verbe) ▸ conjug. n° 5
Faire un voyage ou des voyages. *Ursula adore **voyager** en avion.*

voyageur, euse (nom)
Personne qui voyage. *À l'approche du train, les **voyageurs** sortent de la salle d'attente. Son père a fait plusieurs fois le tour du monde, c'est un grand **voyageur**.*

voyagiste (nom masculin)
Organisateur de voyages. *Le **voyagiste** a inclut une balade en quad dans notre séjour.*

voyant, ante (adjectif)
Qui attire la vue par son éclat ou ses couleurs vives. *Il porte toujours des chemises très **voyantes**.* (Contr. discret.) ■ **voyant** (nom masculin) Petit signal lumineux sur un appareil, qui sert à avertir. *Quand ce **voyant** s'allume, cela signifie que le réservoir d'essence est presque vide.* ■ **voyant, ante** (nom) Personne qui prétend voir l'avenir et le passé de quelqu'un. *La **voyante** regarde dans une boule de cristal.*

voyelle (nom féminin)
Son du langage qu'on peut prononcer quand il est seul, contrairement aux consonnes. *Les six **voyelles** de l'alphabet sont : a, e, i, o, u, y.*

voyou (nom masculin)
Individu vivant sans respecter la loi. *Des **voyous** du quartier ont volé des scooters.*

en vrac (adverbe)
1. Sans emballage. *Acheter des pommes **en vrac**.* **2.** Sans ordre. *Benjamin a mis ses vêtements **en vrac** sur son lit.* (Syn. pêle-mêle.)

vrai, vraie (adjectif)
1. Qui existe ou qui s'est réellement passé. *Tu ne me crois pas, et pourtant cette histoire est **vraie**.* (Syn. exact. Contr. faux, mensonger.) **2.** Qui n'est pas une imitation. *Ce ne sont pas de **vraies** roses, elles sont en tissu !* (Syn. véritable. Contr. artificiel, factice.) **3.** Qu'on peut comparer à quelque chose. *Ce sorbet est un **vrai** délice.* (Syn. véritable.) ■ **vrai** (nom masculin) Ce qui est vrai. *Il est parfois difficile de distinguer le **vrai** du faux.* • **À vrai dire :** pour parler sincèrement. ***À vrai dire**, je n'ai pas confiance en lui.* • **Être dans le vrai :** ne pas se tromper.

vraiment (adverbe)
1. Effectivement ou réellement. *As-tu **vraiment** pensé à fermer la porte à clé ?* (Syn. véritablement.) **2.** Sert à renforcer vivement une affirmation. *C'est **vraiment** dommage que tu ne puisses pas venir.*

vraisemblable (adjectif)
Qui paraît vrai ou qui pourrait être vrai. *Il est **vraisemblable** que Guillaume ait raison.* (Contr. invraisemblable.) Famille du mot : **in**vraisemblable, **in**vraisembl**ance**, vraisemblable**ment**, vraisembl**ance**.

vraisemblablement (adverbe)
De façon vraisemblable. *Le ciel est noir, il va **vraisemblablement** pleuvoir.* (Syn. probablement, sans doute.)

vraisemblance (nom féminin)
Caractère de ce qui est vraisemblable. *Zoé a des doutes sur la **vraisemblance** de cette histoire.* (Contr. invraisemblance.)

a b c d e f g h i j k l m n o p q r s t u v w x y z

vrille (nom féminin)
1. Petite pousse d'une plante, qui s'enroule en spirale autour d'un support. *Les **vrilles** de la vigne, du lierre.* **2.** Outil fait d'une tige de métal pointue en forme de vis, et qui sert à faire des trous dans le bois. **3.** Mouvement accompli en tournoyant la tête en bas. *La gymnaste a réussi une double **vrille** au-dessus du trampoline.*

une **vrille**

vrombir (verbe) ▸ conjug. n° 11
Faire entendre un son rapide qui vibre. *Au départ de la course, les motos **vrombissent**.*

vrombissement (nom masculin)
Bruit de ce qui vrombit. *L'avion décolle dans le **vrombissement** de ses réacteurs.*

VTT (nom masculin)
Abréviation de vélo tout-terrain. *Nous avons fait un tour en **VTT** dans les bois.*

vu, vue (adjectif)
• **Être bien** ou **mal vu :** jouir ou non de la considération des autres. ■ vu (nom masculin) • **Au vu et au su de tous :** sans se cacher, ouvertement. ■ vu (préposition) Étant donné. ***Vu** la forte chaleur, Anna a décidé de ne pas sortir.*

vue (nom féminin)
1. Celui des cinq sens qui permet de voir. *Élodie n'a pas besoin de lunettes, car elle a une excellente **vue**.* (Syn. vision.) **2.** Fait de voir quelque chose. *À la **vue** du sang, Olivia s'est mise à hurler !* **3.** Choses qu'on peut voir de l'endroit où on est. *De cette chambre, il y a une **vue** magnifique sur les montagnes.* **4.** Façon de voir les choses. *Ils ont des **vues** très différentes sur l'éducation des enfants.* (Syn. conception, idée.) **5.** Image ou photo. *Dans son bureau, il a mis une **vue** de Venise.* • **À première vue :** au premier coup d'œil. • **À vue d'œil :** de façon visible ou très rapidement. *L'eau monte **à vue d'œil**.* • **En mettre plein la vue :** synonyme familier d'épater. • **En vue :** dans un endroit visible ou de premier plan. *Une personnalité **en vue**.* • **En vue de :** afin de. *Clément travaille **en vue de** réussir.*

Vulcain
Dieu du Feu et du Travail des métaux, patron des Forgerons dans la mythologie romaine. Vulcain est le fils de Jupiter et de Junon. Il porte le nom d'Héphaïstos dans la mythologie grecque.

vulgaire (adjectif)
1. Qui a de mauvaises manières, ou qui manque de distinction. *C'est vraiment **vulgaire** de parler la bouche pleine.* (Syn. grossier. Contr. distingué, élégant.) **2.** Qui est ce qu'il y a de plus ordinaire. *N'aie crainte, ce n'est qu'une **vulgaire** souris.* **3.** Qui appartient à la langue courante et non pas à la langue scientifique. *« Ver solitaire » est le nom **vulgaire** du ténia.* (Contr. savant.)
Famille du mot : vulgaire**ment**, vulgari**sation**, vulgari**ser**, vulgari**té**.

vulgairement (adverbe)
De façon vulgaire. *Quentin parle **vulgairement**, il n'arrête pas de dire des gros mots.*

vulgarisation (nom féminin)
Fait de vulgariser.

vulgariser (verbe) ▸ conjug. n° 3
Mettre des connaissances à la portée de tout le monde. *Ce livre a pour but de **vulgariser** les dernières découvertes scientifiques.*

vulgarité (nom féminin)
Caractère vulgaire. *La **vulgarité** de son langage choque tout le monde.* (Syn. grossièreté. Contr. distinction.)

vulnérable (adjectif)
1. Qui peut être facilement blessé ou tué. *Les oisillons sont très **vulnérables** quand ils sortent de l'œuf.* (Contr. invulnérable.) **2.** Au sens figuré, qui résiste mal, sur le plan psychologique. *Cette jeune fille est sensible et très **vulnérable**.* (Syn. fragile.)

vulve (nom féminin)
Organe génital externe de la femme.
➡ p. 302.

W

wagon

X

xylophone

Y
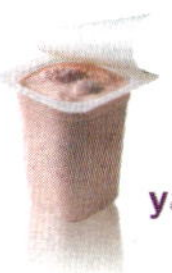
yaourt

Z

zèbre

w (nom masculin)
Vingt-troisième lettre de l'alphabet. *Le **W** est une consonne.*

Wagner Richard (né en 1813, mort en 1883)
Compositeur allemand. Ses œuvres principales sont *Tannhäuser* (1841-1845), *Lohengrin* (1846-1847), *la Walkyrie* (1856), *Tristan et Isolde* (1857-1859) et *Parsifal* (1877-1882).

wagon (nom masculin)
Voiture d'un train. *Ce train ne comporte que quelques **wagons** de marchandises.* Prononciation [vagɔ̃]. **Wagon** est un mot anglais qui signifie « chariot ».

wagon-lit (nom masculin)
Wagon équipé de couchettes. Pluriel : des wagon**s**-lit**s**.

wagon-restaurant (nom masculin)
Wagon dans lequel on sert des repas aux voyageurs. Pluriel : des wagon**s**-restaurant**s**.

walkman (nom masculin)
Synonyme de baladeur. Prononciation [wokman]. **Walkman** est le nom d'une marque. **Walkman** est formé des mots anglais *to walk* qui signifie « marcher » et *man* qui signifie « homme ».

Wallis-et-Futuna
Archipel de l'océan Pacifique et collectivité française d'outre-mer (274 km^2 ; 15 000 habitants). Son chef-lieu est Mata-Utu (dans l'île d'Uvéa).
L'archipel fut découvert par le navigateur anglais Samuel Wallis en 1767 et passa sous protectorat français en 1886-1887.

wallon, onne ➡ Voir tableau p. 6.

Wallonie
Région du sud de la Belgique (16 844 km^2 ; 3,4 millions d'habitants). Sa capitale est Namur. La Région wallonne et la Région Bruxelles-Capitale forment la Communauté française de Belgique.

wapiti (nom masculin)
Grand cerf d'Amérique du Nord. Prononciation [wapiti].

un **wapiti**

Washington
Capitale fédérale des États-Unis depuis 1800 (174 km^2 ; 591 000 habitants). La ville abrite les sièges du pouvoir américain : la Maison-Blanche (résidence du président des États-Unis), le Capitole

(siège du Congrès), la Cour suprême et le Pentagone (commandement militaire). La ville doit son nom à George Washington, premier président des États-Unis. ORTHO On dit aussi **Washington DC** (District of Columbia).

Washington George (né en 1732, mort en 1799)
Premier président des États-Unis d'Amérique. Il dirigea les forces américaines pendant la guerre d'Indépendance contre l'Angleterre (1775-1782). Il participa à la rédaction de la Constitution des États-Unis et la signa. Élu Président en 1789, réélu en 1792, il refusa un troisième mandat en 1796.

George **Washington**, portrait de Samuel King (XVIIIe siècle)

water-polo (nom masculin)
Jeu de ballon analogue au handball, mais qui se pratique dans l'eau entre deux équipes de sept joueurs. **Water-polo** est un mot anglais : on prononce [watɛʀpɔlo]. Pluriel : des water-polos. ORTHO On écrit aussi un **waterpolo**, des **waterpolos**.

Waterloo
Ville de Belgique, située au sud de Bruxelles (29 000 habitants). La « bataille de Waterloo » fut une défaite de Napoléon contre les Anglais et les Prussiens (18 juin 1815).

waters (nom masculin pluriel)
Synonyme de W-C. Prononciation [watɛʀ].

watt (nom masculin)
Unité servant à mesurer la puissance de l'électricité. *Une ampoule de 60* ***watts***. Prononciation [wat]. **Watt** vient du nom d'un ingénieur écossais *James Watt* (1736-1819).

W-C (nom masculin pluriel)
Toilettes. *Les* ***W-C*** *sont au fond du couloir, à droite.* (Syn. cabinets, waters.) Prononciation [dubləvese] ou [vese]. **W-C** est l'abréviation de l'anglais *water-closets* qui signifie « cabinet d'eau ».

le **Web**
Abréviation de World Wide Web qui signifie « toile d'araignée mondiale ». Le Web, inventé dans les années 1990, est un système fonctionnant sur Internet. Il permet d'avoir accès à tous les sites présents sur des serveurs.

webcam (nom féminin)
Petite caméra transmettant des images sur le Web. *Quand William part en colonie de vacances, ses parents peuvent le voir et lui parler à l'aide d'une* ***webcam***.

webmestre (nom)
Personne qui crée et gère des sites Internet.

week-end (nom masculin)
Congé de la fin de la semaine, le samedi et le dimanche. *On a passé le* ***week-end*** *à la mer.* Prononciation [wikɛnd]. Pluriel : des week-ends. **Week-end** est un mot anglais formé de *week* qui signifie « semaine » et de *end* qui signifie « fin ». On n'emploie pas ce mot au Québec : on dit « fin de semaine ». ORTHO On écrit aussi un **weekend**, des **weekends**.

western (nom masculin)
Film d'aventures dont l'action se déroule dans l'ouest des États-Unis, à l'époque où les pionniers se battaient contre les Indiens pour prendre leurs territoires. Prononciation [wɛstɛʀn]. **Western** est un mot anglais formé de *west* qui signifie « ouest » : ces films racontent la conquête de l'Ouest.

whisky (nom masculin)
Eau-de-vie de grain faite avec de l'orge, du seigle ou de l'avoine. **Whisky** est

un mot anglais : on prononce [wiski]. Pluriel : des whiskys ou des whiskies.

white-spirit (nom masculin)
Liquide tiré du pétrole, servant à diluer les peintures. Prononciation [wajtspiʀit]. **White-spirit** vient des mots anglais *white* qui signifie « blanc » et *spirit* qui signifie « essence ».

wifi (nom masculin)
Technologie permettant la transmission sans fil de données numériques et la connexion à Internet. *Grâce au **wifi**, j'accède à Internet sur mon ordinateur portable.* **Wifi** est le nom d'une marque.

winch (nom masculin)
Petit treuil utilisé sur les voiliers et qui sert à raidir les écoutes. *Benjamin enroule les cordages autour du **winch**.* **Winch** est un mot anglais : on prononce [winʃ].

windsurf (nom masculin)
Synonyme de planche à voile. *Anna va encore faire du **windsurf** à Biarritz cet été.* Prononciation [windsœʀf]. **Windsurf** est un mot anglais formé de *surf* et de *wind* qui signifie « vent ».

Wisigoths
Ancien peuple germanique d'origine nordique. Les Wisigoths faisaient partie du groupe des Goths. Leur puissant royaume fut battu par Clovis en 507 et par les Arabes en Espagne en 711.
ORTHO On écrit aussi **Visigoths**.

x (nom masculin)
Vingt-quatrième lettre de l'alphabet. *Le **X** est une consonne.*

xénophobe (adjectif et nom)
Qui manifeste de la xénophobie. *Élodie n'aime pas les gens **xénophobes**.* **Xénophobe** vient du grec *xenos* qui signifie « étranger » et de *phobos* qui signifie « crainte ».

xénophobie (nom féminin)
Hostilité ou haine envers les étrangers. *Cette association lutte contre le racisme et la **xénophobie**.*

xylophone (nom masculin)
Instrument de musique formé de lames de bois ou de métal de longueur inégale, sur lesquelles on frappe avec deux baguettes. Prononciation [gzilofɔn]. **Xylophone** vient des mots grecs *xulon* qui signifie « bois » et *phônê* qui signifie « son ».

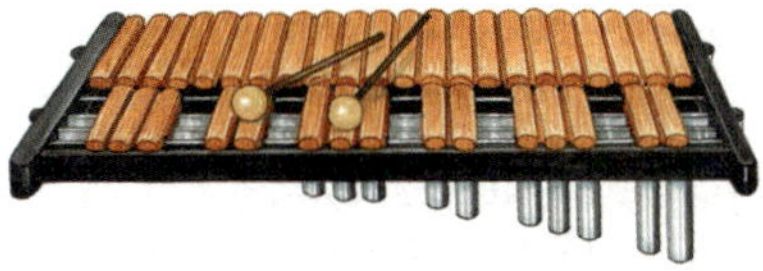

un **xylophone**

y (nom masculin)
Vingt-cinquième lettre de l'alphabet. *Le **Y** est une voyelle.*

y (pronom)
1. Sert à indiquer le lieu où l'on est ou le lieu où l'on va. *J'aime cette maison, je m'**y** sens bien. Tu viens du marché ? – Non, j'**y** vais.* **2.** Remplace un complément introduit par « à ». *Cette histoire, je n'**y** comprends plus rien !*

yacht (nom masculin)
Bateau de plaisance, à voiles ou à moteur. *Les gamins admirent le **yacht** qui vient de s'amarrer.* **Yacht** est un mot anglais : on prononce [jot].

yachting (nom masculin)
Pratique de la navigation de plaisance. *La princesse fait du **yachting** en Méditerranée.* **Yachting** est un mot anglais : on prononce [jotiŋ].

yack (nom masculin)
Gros bovidé des montagnes d'Asie centrale. *Les **yacks** servent de bêtes de somme.*

Yahvé
Nom donné au Dieu d'Israël. Selon la Bible des Hébreux, Yahvé a révélé son nom à Moïse et lui a promis le salut du peuple hébreu. Pour les Juifs, Yahvé, nom sacré de Dieu, ne doit jamais être prononcé. Les chrétiens ont modifié la prononciation de Yahvé et disent Jéhovah.
ORTHO On écrit aussi **Jahvé**.

Yangzijiang
Le plus long fleuve de Chine (5 800 km), appelé autrefois le fleuve Bleu. Né sur les plateaux du Tibet, à 5 000 mètres d'altitude, il coule vers le sud-est et reçoit de nombreux affluents. Il arrose Shanghai, qui est bâtie dans son

delta, et se jette dans la mer de Chine orientale. Fleuve régulier, au débit abondant, c'est un axe économique important pour la Chine. Le barrage hydroélectrique des Trois-Gorges, situé sur son cours, est le plus grand du monde.
ORTHO On écrit aussi **Yang Tsé Kiang**.

yaourt (nom masculin)
Lait caillé par un ferment, qui se vend en petits pots. *Fatima a acheté des* ***yaourts*** *aux fruits.* Prononciation [jauʀt]. On dit aussi **yogourt** [joguʀt], qui est la forme turque de ce mot.

Yémen

22,9 millions d'habitants
Capitale : Sanaa
Monnaie : le rial du Yémen
Langue officielle : arabe
Superficie : 527 970 km²

État de la péninsule d'Arabie. Voisin du sultanat d'Oman et de l'Arabie Saoudite, il est bordé par la mer Rouge et par l'océan Indien.

GÉOGRAPHIE
Le Yémen est un pays en grande partie désertique. La population est principalement rurale et vit de l'élevage de moutons et de chèvres, de la culture du sorgho, du millet, de quelques produits d'exportation (coton, café), et de la pêche. La grande ressource est le pétrole. Aden est le port principal du pays.

HISTOIRE
Dès le IIe millénaire avant Jésus-Christ, cette région a vu naître des royaumes prospères. Au Ier siècle avant Jésus-Christ, le pays résista aux Romains. Il fut islamisé au VIIe siècle. Après avoir été divisé en deux républiques indépendantes, le Yémen du Nord et le Yémen du Sud, qui se sont affrontées au cours de deux guerres, le Yémen s'est réunifié en 1990.

yéménite ➡ Voir tableau p. 6.

yen (nom masculin)
Monnaie qui est utilisée au Japon. Prononciation [jɛn].

yéti (nom masculin)
Animal légendaire de l'Himalaya, appelé aussi « l'abominable homme des neiges ». Prononciation [jeti].
ORTHO On écrit aussi **yeti**.

yeux ➡ Voir **œil**.

yoga (nom masculin)
Sorte de gymnastique d'origine hindoue, qui permet de se relaxer, de se maîtriser et de méditer. *Elle fait du* ***yoga*** *avec un professeur asiatique.*

la vieille ville de Sanaa, capitale du **Yémen**

Cet homme fait du **yoga**.

yogourt ➡ Voir **yaourt**.

yole (nom féminin)
Embarcation légère, de forme étroite et allongée, et propulsée à l'aviron.

Yom Kippour
Grande fête juive consacrée à la pénitence, au jeûne et à la prière. Elle est aussi appelée « le Jour du Grand Pardon » et est célébrée en septembre ou octobre, le dixième jour après le nouvel an juif.

yougoslave ➡ Voir tableau p. 6.

Yougoslavie
Ancien État de l'Europe.

GÉOGRAPHIE
La Yougoslavie avait un territoire de 255 804 km² et comptait plus de 23 millions d'habitants. Sa capitale était Belgrade. Elle regroupait six républiques socialistes : la Serbie, la Croatie, la Slovénie, la Bosnie-Herzégovine, la Macédoine et le Monténégro.

HISTOIRE
Le royaume des Serbes, Croates et Slovènes fut créé en 1918. C'est en 1931 que le pays prit le nom de Yougoslavie. Le Croate et communiste Tito en fut le Président de 1946 jusqu'à sa mort en 1980. Les premières élections libres eurent lieu en 1990. Des tensions apparurent alors entre les Slaves de la Slovénie et de la Croatie, et ceux de Serbie, ainsi qu'entre chrétiens et musulmans. La guerre civile éclata en 1991 après la proclamation d'indépendance de la Slovénie et de la Croatie et conduisit à l'éclatement de la Fédération yougoslave.

youpi ! (interjection)
Cri marquant l'enthousiasme, la joie. *Demain, je suis en vacances : **youpi !***

yourte (nom féminin)
Tente faite de peau ou de feutre qui sert d'habitation aux nomades mongols.

youyou (nom masculin)
Petit canot à rames.

yo-yo (nom masculin)
Jouet que l'on fait monter et descendre le long d'une ficelle. Pluriel : des yo-yo. **Yo-yo** est le nom d'une marque. ORTHO On écrit aussi un **yoyo**, des **yoyos**.

yucca (nom masculin)
Plante ornementale à longues feuilles pointues, originaire d'Amérique tropicale.

un **yucca**

z (nom masculin)
Vingt-sixième lettre de l'alphabet. *Le **Z** est une consonne.*

Zaïre
➡ Voir Congo.

Zambèze
Fleuve d'Afrique australe (2 660 km). Né à la limite de l'Angola, il sert de frontière entre la Zambie et le Zimbabwe. Il se jette dans l'océan Indien. Plusieurs grands barrages contrôlent les chutes et les rapides du Zambèze.

Zambie

12,6 millions d'habitants
Capitale : Lusaka
Monnaie : le kwacha
Langue officielle : anglais
Superficie : 752 614 km²

État de l'Afrique australe, situé entre l'Angola, la république démocratique du

Congo, la Tanzanie, le Malawi, le Mozambique, le Zimbabwe et la Namibie. Le pays est peuplé de plus de 70 ethnies de langues bantoues.

GÉOGRAPHIE

Le pays est principalement constitué d'un haut plateau (900-1 500 mètres) coupé par des vallées. Le climat est tropical humide, tempéré par l'altitude et la végétation est constituée de savane boisée et de forêt peu dense.

La production hydroélectrique est abondante. La grande richesse du pays est le cuivre.

HISTOIRE

En 1899, le territoire fut entièrement occupé par les Britanniques. En 1911, il fut divisé en Rhodésie du Nord (l'actuelle Zambie) et Rhodésie du Sud (l'actuel Zimbabwe). En 1953, La Grande-Bretagne créa une fédération d'Afrique centrale, englobant les deux Rhodésie et le Nyassaland (l'actuel Malawi). En 1963, la fédération éclata et la Rhodésie du Nord accéda à l'indépendance sous le nom de Zambie. La république de Zambie est membre du Commonwealth.

zapper (verbe) ▸ conjug. n° 3
Changer de chaîne de télévision en se servant de la télécommande. *Gaëlle **zappe** pour essayer de trouver une émission intéressante.*

zapping (nom masculin)
Action de zapper. *Clément fait du **zapping** entre l'émission de jeux et le film.* ● **Zapping** est un mot anglais : on prononce [zapiŋ].

zèbre (nom masculin)
Sorte de cheval sauvage d'Afrique, au pelage clair à rayures sombres. *Les **zèbres** vivent en troupeaux dans les steppes.* Famille du mot : zébré, zébrure.

un **zèbre**

zébré, ée (adjectif)
Qui a des rayures comme celles d'un zèbre. *Les sièges de la voiture sont recouverts d'un tissu **zébré**.*

zébrure (nom féminin)
Rayure qui ressemble à celle d'un zèbre. *En courant à travers les buissons, David s'est fait des **zébrures** sur les jambes.*

zébu (nom masculin)
Sorte de grand bœuf d'Asie et d'Afrique, caractérisé par une bosse sur le dos.

un **zébu**

zèle (nom masculin)
Ardeur, application ou enthousiasme à faire quelque chose. *Ibrahim a mis beaucoup de **zèle** dans l'organisation de son goûter d'anniversaire.* (Syn. empressement.)
• **Faire du zèle :** faire davantage que ce qui est demandé.

zélé, ée (adjectif)
Qui est plein de zèle. *Cet employé **zélé** aura sans doute une promotion.*

zen (nom masculin)
Doctrine religieuse japonaise issue du bouddhisme. *Le **zen** prône surtout la méditation et la pureté.* ● Prononciation [zɛn].

zénith (nom masculin)
Point le plus haut que le soleil peut atteindre au-dessus de l'horizon. *C'est au moment où le soleil est au **zénith** qu'il fait le plus chaud.* ● Prononciation [zenit].

ZEP (nom féminin)
Quartier d'une ville dont les établissements scolaires bénéficient d'argent supplémentaire de l'État afin de lutter contre l'échec scolaire. **ZEP** est l'abréviation de *zone d'éducation prioritaire*.

zéro (nom masculin)
1. Chiffre (0) qui, placé derrière un autre chiffre, le multiplie par dix. *Si tu*

*mets un **zéro** après deux (2), tu obtiens le nombre vingt (20).* **2.** Nombre qui indique une valeur nulle. *Quatre ôté de quatre, il reste **zéro**.* **3.** Note la plus basse qu'on peut obtenir à un devoir. *Kevin a eu un **zéro** à cet exercice.* **4.** Température au-dessous de laquelle il commence à geler. *Au-dessous de **zéro**, la pluie se transforme en neige.* ■ **zéro** (déterminant) Pas un seul. *Bravo ! Tu as fait **zéro** faute !* (Syn. aucun.) **Zéro** vient de l'arabe *sifr* qui signifie « vide », par l'intermédiaire de l'italien *zefiro*.

zeste (nom masculin)
Morceau de peau d'une orange ou d'un citron. *Papa a mis un **zeste** de citron dans son eau gazeuse.*

Zeus

Dieu suprême, maître de tous les dieux, dans la mythologie grecque. Dieu de la Pluie et de la Foudre (son emblème), il étend son empire sur les dieux de l'Olympe et sur les hommes. Fils de Chronos et Rhéa, il est l'époux d'Héra. Il porte le nom de Jupiter dans la mythologie romaine.

zézaiement (nom masculin)
Défaut de prononciation d'une personne qui zézaie.

zézayer (verbe) ▸ conjug. n° 7
Prononcer le son [z] pour [ʒ], et le son [s] pour [ʃ]. *Pierre a un défaut de prononciation, il **zézaie**.* (Syn. zozoter.)

zibeline (nom féminin)
Petit mammifère carnivore, au pelage très fin, noir ou brun. *Les **zibelines** vivent dans les forêts de Sibérie.*

une **zibeline**

zigzag (nom masculin)
Ligne formée d'une suite de petits traits qui forment des angles. *Cette route de montagne fait beaucoup de **zigzags**.*

zigzaguer (verbe) ▸ conjug. n° 3
Faire des zigzags. *La moto **zigzague** entre les voitures arrêtées.*

Zimbabwe

12,5 millions d'habitants
Capitale : Harare
Monnaie :
le dollar du Zimbabwe
Langues officielles :
anglais, shona, sindebele
Superficie : 389 360 km²

État de l'Afrique australe, entouré par la Zambie, le Mozambique, l'Afrique du Sud et le Botswana. Les Shonas, qui parlent une langue bantoue, sont l'ethnie majoritaire du pays.

GÉOGRAPHIE

Le Zimbabwe a un climat tropical et une végétation de forêt peu dense et de savane boisée. La population est surtout rurale. La sècheresse sévit depuis 1995.

Le pays a d'importantes ressources minières qu'il exporte : platine, amiante et nickel. Il possède aussi des ressources hydroélectriques.

HISTOIRE

Très tôt, de vastes royaumes sont nés dans la région, dont celui du Grand Zimbabwe qui faisait le commerce de l'or. En 1911, le territoire, sous administration britannique, fut divisé en Rhodésie du Sud et en Rhodésie du Nord (la Zambie actuelle). Depuis l'indépendance du Zimbabwe (ancienne Rhodésie du Sud) proclamée en 1980, le pays connaît de terribles violences politiques, la famine et une grave désorganisation.

zinc (nom masculin)
Métal grisâtre qui sert à faire des toitures ou encore des gouttières, etc. ● Prononciation [zɛ̃g].

zinnia (nom masculin)
Plante qui donne des fleurs aux couleurs vives et variées.

zizanie (nom féminin)
Synonyme familier de discorde. *Il a suffi qu'il arrive pour semer la **zizanie** dans notre groupe.*

zodiac (nom masculin)
Canot pneumatique à moteur. **Zodiac** est le nom d'une marque.

zodiaque (nom masculin)
Partie du ciel partagée en douze parties égales et dans laquelle le Soleil et la Lune se déplacent au cours d'une année. • **Signes du zodiaque :** les douze parties du zodiaque utilisées en astrologie. ➡ p. 93.

Zola Émile (né en 1840, mort en 1902)
Romancier français. Zola passa sa jeunesse à Aix-en-Provence, puis vint travailler à Paris. En tant qu'écrivain, il observa minutieusement la société et la décrivit dans un style réaliste et précis. Il commença, en 1869, la série de romans intitulée les *Rougon-Macquart, histoire naturelle et sociale d'une famille sous le Second Empire*. Les plus célèbres sont *la Fortune des Rougon* (1871), *l'Assommoir* (1877), *Nana* (1880), *Au Bonheur des dames* (1883), *Germinal* (1885), *la Terre* (1887) et *la Bête humaine* (1890). Journaliste politique, il est célèbre pour avoir défendu le capitaine Dreyfus, lors de son procès, particulièrement avec un article intitulé « J'accuse », publié dans le journal *l'Aurore* en 1898.

Émile **Zola**, portrait de M. Desboutin (XIXe siècle)

zona (nom masculin)
Maladie virale très douloureuse, caractérisée par une éruption de plaques ou de boutons sur la peau.

zone (nom féminin)
1. Chacune des grandes divisions de la Terre, caractérisées par un climat particulier. *Les **zones** polaires sont les plus froides.* **2.** Partie d'un espace ou d'un lieu. *Cette voie piétonne est une **zone** interdite aux voitures et aux vélos.*

zoo (nom masculin)
Jardin ou parc où sont rassemblés des animaux de diverses origines. *Ce qu'Hélène préfère aller voir au **zoo**, ce sont les singes.* (Syn. jardin ou parc zoologique.)

zoologie (nom féminin)
Science qui étudie les animaux. Famille du mot : zoo, zoolog**ique**, zoolo**giste**. **Zoologie** vient des mots grecs *zôon* qui signifie « animal » et *logos* qui signifie « science ».

zoologique (adjectif)
• **Jardin** ou **parc zoologique :** synonymes de zoo.

zoologiste (nom)
Spécialiste de zoologie.

zoom (nom masculin)
1. Objectif d'une caméra ou d'un appareil photo, qui permet de changer à volonté le cadrage de l'image. *Papa a utilisé un **zoom** pour photographier des bouquetins qu'on apercevait au loin.* **2.** Outil d'un logiciel qui permet d'agrandir l'affichage à l'écran. **Zoom** est un mot anglais : on prononce [zum].

zouave (nom masculin)
Autrefois, soldat d'infanterie dans l'armée française d'Afrique du Nord. • **Faire le zouave :** dans la langue familière, faire l'imbécile ou le pitre.

Zoulous
Peuple d'Afrique du Sud (environ 12 millions de personnes). La majorité des Zoulous vit dans la province sud-africaine du Kwazulu-Natal. Ils parlent une langue bantoue. En 1879, une guerre particulièrement sanglante a opposé les Zoulous et les Britanniques. La défaite des Zoulous entraîna la fin de leur royaume.

zozoter (verbe) ▸ conjug. n° 3
Synonyme familier de zézayer. *Quand quelqu'un **zozote**, on dit qu'il a un cheveu sur la langue.*

zut ! (interjection)
Exclamation familière qui exprime la déception ou l'impatience. ***Zut !** Il n'y a plus d'encre dans mon beau stylo !* Prononciation [zyt].

zyzomys (nom masculin)
Rat à queue blanche d'Australie. *Le **zyzomys** est un animal très rare.*

Conjugaisons

Chaque verbe du dictionnaire renvoie au modèle de sa conjugaison. Le numéro du modèle est indiqué à côté de l'entrée verbale. Par exemple, amuser (verbe) ▶ conjug. n° 3 renvoie au n° 3, qui donne la conjugaison des verbes réguliers du premier groupe en -er. Amuser se conjugue donc comme chanter, donné comme exemple pour le modèle n° 3.

(1) Avoir *Verbe auxiliaire*

INDICATIF

▶ présent		▶ passé composé		
j'	ai	j'	ai	eu
tu	as	tu	as	eu
il, elle	a	il, elle	a	eu
nous	avons	nous	avons	eu
vous	avez	vous	avez	eu
ils, elles	ont	ils, elles	ont	eu

▶ imparfait		▶ plus-que-parfait		
j'	avais	j'	avais	eu
tu	avais	tu	avais	eu
il, elle	avait	il, elle	avait	eu
nous	avions	nous	avions	eu
vous	aviez	vous	aviez	eu
ils, elles	avaient	ils, elles	avaient	eu

▶ passé simple		▶ passé antérieur		
j'	eus	j'	eus	eu
tu	eus	tu	eus	eu
il, elle	eut	il, elle	eut	eu
nous	eûmes	nous	eûmes	eu
vous	eûtes	vous	eûtes	eu
ils, elles	eurent	ils, elles	eurent	eu

▶ futur simple		▶ futur antérieur		
j'	aurai	j'	aurai	eu
tu	auras	tu	auras	eu
il, elle	aura	il	aura	eu
nous	aurons	nous	aurons	eu
vous	aurez	vous	aurez	eu
ils, elles	auront	ils, elles	auront	eu

CONDITIONNEL

▶ présent		▶ passé		
j'	aurais	j'	aurais	eu
tu	aurais	tu	aurais	eu
il, elle	aurait	il, elle	aurait	eu
nous	aurions	nous	aurions	eu
vous	auriez	vous	auriez	eu
ils, elles	auraient	ils, elles	auraient	eu

SUBJONCTIF

▶ présent		
que	j'	aie
que	tu	aies
qu'	il, elle	ait
que	nous	ayons
que	vous	ayez
qu'	ils, elles	aient

▶ imparfait		
que	j'	eusse
que	tu	eusses
qu'	il, elle	eût
que	nous	eussions
que	vous	eussiez
qu'	ils, elles	eussent

▶ passé			
que	j'	aie	eu
que	tu	aies	eu
qu'	il, elle	ait	eu
que	nous	ayons	eu
que	vous	ayez	eu
qu'	ils, elles	aient	eu

▶ plus-que-parfait			
que	j'	eusse	eu
que	tu	eusses	eu
qu'	il, elle	eût	eu
que	nous	eussions	eu
que	vous	eussiez	eu
qu'	ils, elles	eussent	eu

INFINITIF

▶ présent	▶ passé
avoir	avoir eu

PARTICIPE

▶ présent	▶ passé
ayant	eu, eue
	ayant eu

IMPÉRATIF

▶ présent	▶ passé
aie	aie eu
ayons	ayons eu
ayez	ayez eu

② Être *Verbe auxiliaire*

INDICATIF

▸ présent		▸ passé composé		
je	suis	j'	ai	été
tu	es	tu	as	été
il, elle	est	il, elle	a	été
nous	sommes	nous	avons	été
vous	êtes	vous	avez	été
ils, elles	sont	ils, elles	ont	été

▸ imparfait		▸ plus-que-parfait		
j'	étais	j'	avais	été
tu	étais	tu	avais	été
il, elle	était	il, elle	avait	été
nous	étions	nous	avions	été
vous	étiez	vous	aviez	été
ils, elles	étaient	ils, elles	avaient	été

▸ passé simple		▸ passé antérieur		
je	fus	j'	eus	été
tu	fus	tu	eus	été
il, elle	fut	il, elle	eut	été
nous	fûmes	nous	eûmes	été
vous	fûtes	vous	eûtes	été
ils, elles	furent	ils, elles	eurent	été

▸ futur simple		▸ futur antérieur		
je	serai	j'	aurai	été
tu	seras	tu	auras	été
il, elle	sera	il, elle	aura	été
nous	serons	nous	aurons	été
vous	serez	vous	aurez	été
ils, elles	seront	ils, elles	auront	été

SUBJONCTIF

▸ présent		
que	je	sois
que	tu	sois
qu'	il, elle	soit
que	nous	soyons
que	vous	soyez
qu'	ils, elles	soient

▸ imparfait		
que	je	fusse
que	tu	fusses
qu'	il, elle	fût
que	nous	fussions
que	vous	fussiez
qu'	ils, elles	fussent

▸ passé			
que	j'	aie	été
que	tu	aies	été
qu'	il, elle	ait	été
que	nous	ayons	été
que	vous	ayez	été
qu'	ils, elles	aient	été

▸ plus-que-parfait			
que	j'	eusse	été
que	tu	eusses	été
qu'	il, elle	eût	été
que	nous	eussions	été
que	vous	eussiez	été
qu'	ils, elles	eussent	été

INFINITIF

▸ présent	▸ passé
être	avoir été

PARTICIPE

▸ présent	▸ passé
étant	été (invariable)
	ayant été

IMPÉRATIF

▸ présent	▸ passé
sois	aie été
soyons	ayons été
soyez	ayez été

CONDITIONNEL

▸ présent		▸ passé		
je	serais	j'	aurais	été
tu	serais	tu	aurais	été
il, elle	serait	il, elle	aurait	été
nous	serions	nous	aurions	été
vous	seriez	vous	auriez	été
ils, elles	seraient	ils, elles	auraient	été

③ **Chanter** *Verbe régulier du 1er groupe en -er*

INDICATIF

présent		passé composé		
je	chante	j'	ai	chanté
tu	chantes	tu	as	chanté
il, elle	chante	il, elle	a	chanté
nous	chantons	nous	avons	chanté
vous	chantez	vous	avez	chanté
ils, elles	chantent	ils, elles	ont	chanté

imparfait		plus-que-parfait		
je	chantais	j'	avais	chanté
tu	chantais	tu	avais	chanté
il, elle	chantait	il, elle	avait	chanté
nous	chantions	nous	avions	chanté
vous	chantiez	vous	aviez	chanté
ils, elles	chantaient	ils, elles	avaient	chanté

passé simple		passé antérieur		
je	chantai	j'	eus	chanté
tu	chantas	tu	eus	chanté
il, elle	chanta	il, elle	eut	chanté
nous	chantâmes	nous	eûmes	chanté
vous	chantâtes	vous	eûtes	chanté
ils, elles	chantèrent	ils, elles	eurent	chanté

futur simple		futur antérieur		
je	chanterai	j'	aurai	chanté
tu	chanteras	tu	auras	chanté
il, elle	chantera	il, elle	aura	chanté
nous	chanterons	nous	aurons	chanté
vous	chanterez	vous	aurez	chanté
ils, elles	chanteront	ils, elles	auront	chanté

SUBJONCTIF

présent		
que	je	chante
que	tu	chantes
qu'	il, elle	chante
que	nous	chantions
que	vous	chantiez
qu'	ils, elles	chantent

imparfait		
que	je	chantasse
que	tu	chantasses
qu'	il, elle	chantât
que	nous	chantassions
que	vous	chantassiez
qu'	ils, elles	chantassent

passé			
que	j'	aie	chanté
que	tu	aies	chanté
qu'	il, elle	ait	chanté
que	nous	ayons	chanté
que	vous	ayez	chanté
qu'	ils, elles	aient	chanté

plus-que-parfait			
que	j'	eusse	chanté
que	tu	eusses	chanté
qu'	il, elle	eût	chanté
que	nous	eussions	chanté
que	vous	eussiez	chanté
qu'	ils, elles	eussent	chanté

INFINITIF

présent	passé
chanter	avoir chanté

PARTICIPE

présent	passé
chantant	chanté(s), ée(s)
	ayant chanté

IMPÉRATIF

présent	passé
chante	aie chanté
chantons	ayons chanté
chantez	ayez chanté

CONDITIONNEL

présent		passé		
je	chanterais	j'	aurais	chanté
tu	chanterais	tu	aurais	chanté
il, elle	chanterait	il, elle	aurait	chanté
nous	chanterions	nous	aurions	chanté
vous	chanteriez	vous	auriez	chanté
ils, ellcs	chanteraient	ils, elles	auraient	chanté

Verbes irréguliers du 1er groupe en -er

1 Indicatif présent
2 Indicatif imparfait
3 Indicatif passé simple
4 Indicatif futur
5 Conditionnel présent
6 Subjonctif présent
7 Impératif
8 Participes présent et passé

(4) Placer

c devient ç

1 je place,
tu places... nous plaçons...
2 je plaçais...
nous placions...
ils plaçaient
3 je plaçai, tu plaças...
nous plaçâmes...
ils placèrent
4 je placerai...
5 je placerais...
6 que je place...
7 place, plaçons, placez
8 plaçant, placé

(5) Manger – Assiéger

g devient ge

1 je mange...
nous mangeons...
2 je mangeais...
nous mangions...
3 je mangeai, tu mangeas...
nous mangeâmes...
ils mangèrent
4 je mangerai...
5 je mangerais...
6 que je mange...
7 mange, mangeons...
8 mangeant, mangé

g devient ge, é devient è

1 j'assiège...
nous assiégeons...
ils assiègent
2 j'assiégeais...
3 j'assiégeai...
4 j'assiégerai...
5 j'assiégerais...
6 que j'assiège...
que nous assiégions...
qu'ils assiègent
7 assiège, assiégeons...
8 assiégeant, assiégé

(6) Appuyer – Broyer

uy devient ui

1 j'appuie...
nous appuyons...
ils appuient
2 j'appuyais...
3 j'appuyai...
4 j'appuierai...
5 j'appuierais...
6 que j'appuie...
que nous appuyions...
qu'ils appuient
7 appuie, appuyons...
8 appuyant, appuyé

oy devient oi

1 je broie...
nous broyons...
2 je broyais...
3 je broyai...
4 je broierai...
5 je broierais...
6 que je broie...
que nous broyions...
7 broie, broyons...
8 broyant, broyé

(7) Payer

ay devient ai

1 je paie... ou je paye...
nous payons...
2 je payais...
3 je payai...
4 je paierai...
ou je payerai...
5 je paierais...
ou je payerais...
6 que je paie...
ou que je paye...
que nous payions...
7 paie ou paye, payons...
8 payant, payé

(8) Peler – Céder

e devient è

1 je pèle... nous pelons...
2 je pelais...
3 je pelai...
4 je pèlerai...
5 je pèlerais...
6 que je pèle...
que nous pelions...
7 pèle, pelons, pelez
8 pelant, pelé

é devient è

1 je cède...
nous cédons... ils cèdent
2 je cédais...
3 je cédai...
4 je céderai...
5 je céderais...
6 que je cède...
que nous cédions...
qu'ils cèdent
7 cède, cédons, cédez
8 cédant, cédé

(9) Appeler – Jeter

l devient ll

1 j'appelle... nous appelons...
ils appellent
2 j'appelais...
3 j'appelai...
4 j'appellerai...
5 j'appellerais...
6 que j'appelle...
que nous appelions...
qu'ils appellent
7 appelle, appelons...
8 appelant, appelé

t devient tt

1 je jette...
nous jetons... ils jettent
2 je jetais...
3 je jetai...
4 je jetterai...
5 je jetterais...
6 que je jette...
que nous jetions...
qu'ils jettent
7 jette, jetons, jetez
8 jetant, jeté

(10) Apprécier

i devient ii

1 j'apprécie...
nous apprécions...
ils apprécient
2 j'appréciais...
nous appréciions,
vous appréciiez,
ils appréciaient
3 j'appréciai...
4 j'apprécierai...
5 j'apprécierais...
6 que j'apprécie...
que nous appréciions,
que vous appréciiez,
qu'ils apprécient
7 apprécie, apprécions...
8 appréciant, apprécié

(11) Finir *Verbe régulier du 2ᵉ groupe en -ir*

INDICATIF

▸ présent		▸ passé composé		
je	finis	j'	ai	fini
tu	finis	tu	as	fini
il, elle	finit	il, elle	a	fini
nous	finissons	nous	avons	fini
vous	finissez	vous	avez	fini
ils, elles	finissent	ils, elles	ont	fini

▸ imparfait		▸ plus-que-parfait		
je	finissais	j'	avais	fini
tu	finissais	tu	avais	fini
il, elle	finissait	il, elle	avait	fini
nous	finissions	nous	avions	fini
vous	finissiez	vous	aviez	fini
ils, elles	finissaient	ils, elles	avaient	fini

▸ passé simple		▸ passé antérieur		
je	finis	j'	eus	fini
tu	finis	tu	eus	fini
il, elle	finit	il, elle	eut	fini
nous	finîmes	nous	eûmes	fini
vous	finîtes	vous	eûtes	fini
ils, elles	finirent	ils, elles	eurent	fini

▸ futur simple		▸ futur antérieur		
je	finirai	j'	aurai	fini
tu	finiras	tu	auras	fini
il, elle	finira	il, elle	aura	fini
nous	finirons	nous	aurons	fini
vous	finirez	vous	aurez	fini
ils, elles	finiront	ils, elles	auront	fini

SUBJONCTIF

▸ présent		
que	je	finisse
que	tu	finisses
qu'	il, elle	finisse
que	nous	finissions
que	vous	finissiez
qu'	ils, elles	finissent

▸ imparfait		
que	je	finisse
que	tu	finisses
qu'	il, elle	finît
que	nous	finissions
que	vous	finissiez
qu'	ils, elles	finissent

▸ passé			
que	j'	aie	fini
que	tu	aies	fini
qu'	il, elle	ait	fini
que	nous	ayons	fini
que	vous	ayez	fini
qu'	ils, elles	aient	fini

▸ plus-que-parfait			
que	j'	eusse	fini
que	tu	eusses	fini
qu'	il, elle	eût	fini
que	nous	eussions	fini
que	vous	eussiez	fini
qu'	ils, elles	eussent	fini

CONDITIONNEL

▸ présent		▸ passé		
je	finirais	j'	aurais	fini
tu	finirais	tu	aurais	fini
il, elle	finirait	il, elle	aurait	fini
nous	finirions	nous	aurions	fini
vous	finiriez	vous	auriez	fini
ils, elles	finiraient	ils, elles	auraient	fini

INFINITIF

▸ présent	▸ passé
finir	avoir fini

PARTICIPE

▸ présent	▸ passé
finissant	fini(s), ie(s) ayant fini

IMPÉRATIF

▸ présent	▸ passé
finis	aie fini
finissons	ayons fini
finissez	ayez fini

Verbes du 3ᵉ groupe

1 Indicatif présent
2 Indicatif imparfait
3 Indicatif passé simple
4 Indicatif futur
5 Conditionnel présent
6 Subjonctif présent
7 Impératif
8 Participes présent et passé

(12) Couvrir

1 je couvre...
nous couvrons...
2 je couvrais...
3 je couvris...
4 je couvrirai...
5 je couvrirais...
6 que je couvre...
que nous couvrions...
7 couvre, couvrons...
8 couvrant, couvert

(13) Cueillir

1 je cueille...
nous cueillons...
2 je cueillais...
3 je cueillis...
4 je cueillerai...
5 je cueillerais...
6 que je cueille...
7 cueille, cueillons...
8 cueillant, cueilli

(14) Assaillir

1 j'assaille...
nous assaillons...
2 j'assaillais...
3 j'assaillis...
4 j'assaillirai...
5 j'assaillirais...
6 que j'assaille...
7 assaille, assaillons...
8 assaillant, assailli

(15) Dormir

1 je dors... il dort,
nous dormons...
2 je dormais...
3 je dormis...
4 je dormirai...
5 je dormirais...
6 que je dorme,
que tu dormes...
que nous dormions...
qu'ils dorment
7 dors, dormons...
8 dormant, dormi

(16) Courir

1 je cours... il court,
nous courons...
2 je courais...
3 je courus...
4 je courrai...
5 je courrais...
6 que je coure,
que tu coures...
que nous courions...
qu'ils courent
7 cours, courons...
8 courant, couru

(17) Mourir

1 je meurs... il meurt,
nous mourons...
ils meurent
2 je mourais...
3 je mourus...
4 je mourrai...
5 je mourrais...
6 que je meure,
que tu meures...
que nous mourions...
qu'ils meurent
7 meurs, mourons...
8 mourant, mort

(18) Acquérir

1 j'acquiers... il acquiert,
nous acquérons...
ils acquièrent
2 j'acquérais...
3 j'acquis...
4 j'acquerrai...
5 j'acquerrais...
6 que j'acquière...
que nous acquérions...
7 acquiers, acquérons...
8 acquérant, acquis

(19) Venir

1 je viens... il vient,
nous venons...
ils viennent
2 je venais...
3 je vins...
4 je viendrai...
5 je viendrais...
6 que je vienne,
que tu viennes...
que nous venions...
qu'ils viennent
7 viens, venons, venez
8 venant, venu

(20) Fuir

1 je fuis... il fuit,
nous fuyons... ils fuient
2 je fuyais...
3 je fuis...
4 je fuirai...
5 je fuirais...
6 que je fuie, que tu fuies...
que nous fuyions...
qu'ils fuient
7 fuis, fuyons, fuyez
8 fuyant, fui

(21) Recevoir

1 je reçois... il reçoit,
nous recevons...
ils reçoivent
2 je recevais...
3 je reçus...
4 je recevrai...
5 je recevrais...
6 que je reçoive,
que tu reçoives...
que nous recevions...
qu'ils reçoivent
7 reçois, recevons...
8 recevant, reçu

(22) Voir

1 je vois... il voit,
nous voyons... ils voient
2 je voyais...
3 je vis...
4 je verrai...
5 je verrais...
6 que je voie,
que tu voies...
que nous voyions...
qu'ils voient
7 vois, voyons, voyez
8 voyant, vu

(23) Pourvoir

1 je pourvois... il pourvoit,
nous pourvoyons...
ils pourvoient
2 je pourvoyais...
3 je pourvus...
4 je pourvoirai...
5 je pourvoirais...
6 que je pourvoie,
que tu pourvoies...
que nous pourvoyions...
qu'ils pourvoient
7 pourvois, pourvoyons...
8 pourvoyant, pourvu

(24) Émouvoir

1 j'émeus... il émeut,
nous émouvons...
ils émeuvent
2 j'émouvais...
3 j'émus... il émut,
nous émûmes,
vous émûtes, ils émurent
4 j'émouvrai...
5 j'émouvrais...
6 que j'émeuve,
que tu émeuves...
que nous émouvions...
qu'ils émeuvent
7 émeus, émouvons...
8 émouvant, ému

(25) Valoir

1 je vaux... il vaut,
nous valons... ils valent
2 je valais...
3 je valus...
4 je vaudrai...
5 je vaudrais...
6 que je vaille, que tu vailles...
que nous valions...
qu'ils vaillent
7 vaux, valons, valez
8 valant, valu

(26) Vouloir

1 je veux... il veut,
nous voulons... ils veulent
2 je voulais...
3 je voulus...
4 je voudrai...
5 je voudrais...
6 que je veuille,
que tu veuilles...
que nous voulions...
qu'ils veuillent
7 veux (veuille),
voulons (veuillons),
voulez (veuillez)
8 voulant, voulu

(27) Pouvoir

1 je peux ou je puis...
tu peux, il peut,
nous pouvons... ils peuvent
2 je pouvais...
3 je pus...
4 je pourrai...
5 je pourrais...
6 que je puisse...
7 (inusité)
8 pouvant, pu

(28) Savoir

1 je sais... il sait,
nous savons...
ils savent
2 je savais...
3 je sus...
4 je saurai...
5 je saurais...
6 que je sache...
7 sache, sachons,
sachez
8 sachant, su

(29) Asseoir

1 j'assieds...
il assied,
nous asseyons...
ils asseyent
ou j'assois...
il assoit,
nous assoyons...
ils assoient
2 j'asseyais...
ou j'assoyais...
3 j'assis...
4 j'assiérai...
ou j'assoirai...
5 j'assiérais...
ou j'assoirais...
6 que j'asseye,
que tu asseyes...
que nous asseyions...
qu'ils asseyent
ou que j'assoie,
que tu assoies...
que nous assoyions...
qu'ils assoient
7 assieds, asseyons...
ou assois,
assoyons...
8 asseyant
ou assoyant, assis

(30) Pleuvoir

1 il pleut, ils pleuvent
2 il pleuvait
ils pleuvaient
3 il plut
ils plurent
4 il pleuvra
ils pleuvront
5 il pleuvrait
ils pleuvraient
6 qu'il pleuve
qu'ils pleuvent
7 (inusité)
8 pleuvant, plu

(31) Rendre / Battre

1 je rends, tu rends,
il rend, nous rendons,
vous rendez,
ils rendent
2 je rendais...
3 je rendis...
4 je rendrai...
5 je rendrais...
6 que je rende,
que tu rendes...
que nous rendions...
qu'ils rendent
7 rends, rendons, rendez
8 rendant, rendu

1 je bats, tu bats,
il bat, nous battons,
vous battez,
ils battent
2 je battais...
3 je battis...
4 je battrai...
5 je battrais...
6 que je batte,
que tu battes...
que nous battions...
qu'ils battent
7 bats, battons, battez
8 battant, battu

(32) Prendre

1 je prends,
tu prends, il prend,
nous prenons,
vous prenez,
ils prennent
2 je prenais...
3 je pris...
4 je prendrai...
5 je prendrais...
6 que je prenne...
7 prends,
prenons, prenez
8 prenant, pris

(33) Mettre

1 je mets... il met,
nous mettons...
ils mettent
2 je mettais...
3 je mis...
4 je mettrai...
5 je mettrais...
6 que je mette...
7 mets, mettons, mettez
8 mettant, mis

(34) Rompre

1 je romps...
il rompt,
nous rompons...
ils rompent
2 je rompais...
3 je rompis...
4 je romprai...
5 je romprais...
6 que je rompe...
7 romps, rompons,
rompez
8 rompant, rompu

(35) Peindre

1 je peins...
il peint,
nous peignons...
ils peignent
2 je peignais...
3 je peignis...
4 je peindrai...
5 je peindrais...
6 que je peigne...
7 peins, peignons...
8 peignant, peint

(36) Vaincre

1 je vaincs...
il vainc,
nous vainquons...
ils vainquent
2 je vainquais...
3 je vainquis...
4 je vaincrai...
5 je vaincrais...
6 que je vainque...
7 vaincs,
vainquons...
8 vainquant, vaincu

(37) Connaître

1 je connais...
il connaît,
nous connaissons...
ils connaissent
2 je connaissais...
3 je connus...
4 je connaîtrai...
5 je connaîtrais...
6 que je connaisse...
7 connais,
connaissons...
8 connaissant, connu

(38) Croire

1 je crois... il croit,
nous croyons...
ils croient
2 je croyais...
3 je crus...
4 je croirai...
5 je croirais...
6 que je croie...
7 crois, croyons,
croyez
8 croyant, cru

(39) Boire

1 je bois... il boit,
nous buvons...
ils boivent
2 je buvais...
3 je bus...
4 je boirai...
5 je boirais...
6 que je boive,
que tu boives...
que nous buvions...
qu'ils boivent
7 bois, buvons, buvez
8 buvant, bu

(40) Traire

1 je trais... il trait,
nous trayons...
ils traient
2 je trayais...
3 (inusité)
4 je trairai...
5 je trairais...
6 que je traie,
que tu traies...
que nous trayions,
que vous trayiez,
qu'ils traient
7 trais, trayons, trayez
8 trayant, trait

(41) Plaire

1 je plais... il plaît,
nous plaisons...
ils plaisent
2 je plaisais...
3 je plus...
4 je plairai...
5 je plairais...
6 que je plaise...
7 plais, plaisons, plaisez
8 plaisant, plu

(42) Faire

1 je fais, tu fais,
il fait,
nous faisons,
vous faites, ils font
2 je faisais...
3 je fis, tu fis, il fit,
nous fîmes, vous fîtes,
ils firent
4 je ferai...
5 je ferais...
6 que je fasse,
que tu fasses...
que nous fassions...
qu'ils fassent
7 fais, faisons, faites
8 faisant, fait

(43) Cuire

1 je cuis... il cuit,
nous cuisons...
ils cuisent
2 je cuisais...
3 je cuisis...
4 je cuirai...
5 je cuirais...
6 que je cuise...
7 cuis, cuisons, cuisez
8 cuisant, cuit

(44) Suffire

1 je suffis... il suffit,
nous suffisons...
ils suffisent
2 je suffisais...
3 je suffis...
4 je suffirai...
5 je suffirais...
6 que je suffise...
7 suffis, suffisons,
suffisez
8 suffisant, suffi
(mais : frit)

(45) Lire

1 je lis... il lit,
nous lisons...
ils lisent
2 je lisais...
3 je lus...
4 je lirai...
5 je lirais...
6 que je lise...
7 lis, lisons, lisez
8 lisant, lu

(46) Dire

1 je dis, tu dis, il dit
nous disons,
vous dites, ils disent
2 je disais...
3 je dis, tu dis, il dit
nous dîmes,
vous dîtes, ils dirent
4 je dirai...
5 je dirais...
6 que je dise, que tu dises...
que nous disions...
qu'ils disent
7 dis, disons, dites
8 disant, dit

(47) Écrire

1 j'écris... il écrit,
nous écrivons... ils écrivent
2 j'écrivais...
3 j'écrivis...
4 j'écrirai...
5 j'écrirais...
6 que j'écrive...
7 écris, écrivons...
8 écrivant, écrit

(48) Rire

1 je ris... il rit,
nous rions... ils rient
2 je riais... il riait,
nous riions,
vous riiez, ils riaient
3 je ris... il rit,
nous rîmes,
vous rîtes, ils rirent
4 je rirai...
5 je rirais...
6 que je rie, que tu ries...
que nous riions,
que vous riiez,
qu'ils rient
7 ris, rions, riez
8 riant, ri

(49) Suivre

1 je suis, tu suis, il suit,
nous suivons... ils suivent
2 je suivais...
3 je suivis...
4 je suivrai...
5 je suivrais...
6 que je suive...
7 suis, suivons...
8 suivant, suivi

(50) Vivre

1 je vis... il vit,
nous vivons...
ils vivent
2 je vivais...
3 je vécus...
nous vécûmes,
vous vécûtes...
4 je vivrai...
5 je vivrais...
6 que je vive...
7 vis, vivons...
8 vivant, vécu

(51) Conclure

1 je conclus...
il conclut,
nous concluons...
ils concluent
2 je concluais...
3 je conclus...
4 je conclurai...
5 je conclurais...
6 que je conclue...
7 conclus, concluons...
8 concluant, conclu
(mais : inclus)

(52) Résoudre

1 je résous... il résout,
nous résolvons...
ils résolvent
2 je résolvais...
3 je résolus...
(dissoudre n'a pas
de passé simple)
4 je résoudrai...
5 je résoudrais...
6 que je résolve...
7 résous, résolvons...
8 résolvant, résolu
(mais : dissous/oute)

(53) Coudre

1 je couds... il coud,
nous cousons...
ils cousent
2 je cousais...
3 je cousis...
4 je coudrai...
5 je coudrais...
6 que je couse...
7 couds, cousons,
cousez
8 cousant, cousu

(54) Moudre

1 je mouds...
il moud,
nous moulons...
ils moulent
2 je moulais...
3 je moulus...
4 je moudrai...
5 je moudrais...
6 que je moule...
7 mouds, moulons,
moulez
8 moulant, moulu

(55) Clore

1 je clos... il clôt,
nous closons...
ils closent
2 (inusité)
3 (inusité)
4 je clorai...
5 je clorais...
6 que je close...
7 clos
8 closant, clos

(56) Aller

1 je vais, tu vas, il va,
nous allons,
vous allez, ils vont
2 j'allais, tu allais,
il allait,
nous allions,
vous alliez,
ils allaient
3 j'allai, tu allas,
il alla,
nous allâmes,
vous allâtes,
ils allèrent
4 j'irai, tu iras, il ira,
nous irons,
vous irez, ils iront
5 j'irais, tu irais,
il irait,
nous irions,
vous iriez,
ils iraient
6 que j'aille,
que tu ailles,
qu'il aille,
que nous allions,
que vous alliez,
qu'ils aillent
7 va, allons, allez
8 allant, allé

Les Rois de France

Mérovingiens
Carolingiens
Capétiens
Valois
Bourbons

481-511 **Clovis**

Roi des Francs. Il se convertit au christianisme.

511-561 **Clotaire Ier**

561-584 **Chilpéric Ier**

584-629 **Clotaire II**

629-639 **Dagobert Ier**

639-657 **Clovis II**

657-673 **Clotaire III**

673-691 **Thierry III**

691-695 **Clovis III**

695-711 **Childebert III**

711-715 **Dagobert III**

715-721 **Chilpéric II**

721-737 **Thierry IV**
Charles Martel gouverne jusqu'en 741.

743-751 **Childéric III**

751-768 **Pépin le Bref**

768-814 **Charlemagne**

Empereur en 800

814-840 **Louis Ier le Pieux**

840-877 **Charles II le Chauve**
Les trois fils de Louis le Pieux se partagent l'empire carolingien.

877-879 **Louis II le Bègue**

879-884 **Louis III et Carloman**

884-887 **Charles le Gros**

888-898 **Eudes**

898-922 **Charles III le Simple**
911 - *Les Vikings s'installent en Normandie.*

922-923 **Robert Ier**

923-936 **Raoul de Bourgogne**

936-954 **Louis IV d'Outremer**

954-986 **Lothaire**

986-987 **Louis V**

987-996 **Hugues Capet**

996-1031 **Robert II le Pieux**

1031-1060 **Henri Ier**

1060-1108 **Philippe Ier**

1108-1137 **Louis VI le Gros**

1137-1180 **Louis VII le Jeune**

1180-1223 **Philippe II Auguste**

1223-1226 **Louis VIII le Lion**

1226-1270 **Louis IX (Saint-Louis)**

1270 - *Louis IX meurt de la peste à Tunis.*

1270-1285 **Philippe III le Hardi**

1285-1314 **Philippe IV le Bel**

1314-1316 **Louis X le Hutin**

1316 **Jean Ier**

1316-1322 **Philippe V le Long**

1322-1328 **Charles IV le Bel**

1328-1350 **Philippe VI**
Début de la guerre de Cent ans

1350-1364 **Jean II le Bon**

1364-1380 **Charles V le Sage**

1380-1422 **Charles VI le Bien-Aimé**

1422-1461 **Charles VII le Victorieux**
Fin de la guerre de Cent ans

1461-1483 **Louis XI**

1483-1498 **Charles VIII**

1498-1515 **Louis XII**

1515-1547 **François Ier**

La Renaissance française

1547-1559 **Henri II**

1547-1559 **François II**

1559-1560 **Charles IX**

1560-1574 **Henri III**
1572 - *Massacre de la Saint-Barthélemy*

1589-1610 **Henri IV**

1598 - *L'édit de Nantes reconnaît la religion protestante.*

1610-1643 **Louis XIII**
Régence de Marie de Médicis
1624 - *Richelieu est ministre.*

1643-1715 **Louis XIV, le Roi-Soleil**

1643-1661 - *Régence d'Anne d'Autriche avec Mazarin*
1682 - *Le roi s'installe à Versailles.*

1715-1774 **Louis XV, le Bien-Aimé**

1774-1793 **Louis XVI**
1789 - *Révolution française ; prise de la Bastille*
1792 - *La République est proclamée.*

1799-1814 **Napoléon Ier**

Empereur en 1804
Premier Empire

1815 **Napoléon II**

1815-1824 **Louis XVIII**

1824-1830 **Charles X**

1830-1848 **Louis-Philippe Ier**
1848 - *Abolition de l'esclavage*

1848-1870 **Napoléon III**
Empereur en 1852
Second Empire

La France physique

La France administrative

01	Ain	2B	Corse (Haute-)	40	Landes	60	Oise		
02	Aisne	21	Côte-d'Or	41	Loir-et-Cher	61	Orne		
03	Allier	22	Côtes-d'Armor	42	Loire	62	Pas-de-Calais		
04	Alpes-de-Haute-Provence	23	Creuse	43	Loire (Haute-)	63	Puy-de-Dôme		
05	Alpes (Hautes-)	24	Dordogne	44	Loire-Atlantique	64	Pyrénées-Atlantiques	80	Somme
06	Alpes-Maritimes	25	Doubs	45	Loiret	65	Pyrénées (Hautes-)	81	Tarn
07	Ardèche	26	Drôme	46	Lot	66	Pyrénées-Orientales	82	Tarn-et-Garonne
08	Ardennes	27	Eure	47	Lot-et-Garonne	67	Rhin (Bas-)	83	Var
09	Ariège	28	Eure-et-Loir	48	Lozère	68	Rhin (Haut-)	84	Vaucluse
10	Aube	29	Finistère	49	Maine-et-Loire	69	Rhône	85	Vendée
11	Aude	30	Gard	50	Manche	70	Saône (Haute-)	86	Vienne
12	Aveyron	31	Garonne (Haute-)	51	Marne	71	Saône-et-Loire	87	Vienne (Haute-)
13	Bouches-du-Rhône	32	Gers	52	Marne (Haute-)	72	Sarthe	88	Vosges
14	Calvados	33	Gironde	53	Mayenne	73	Savoie	89	Yonne
15	Cantal	34	Hérault	54	Meurthe-et-Moselle	74	Savoie (Haute-)	90	Belfort (Territoire de)
16	Charente	35	Ille-et-Vilaine	55	Meuse	75	Paris	91	Essonne
17	Charente-Maritime	36	Indre	56	Morbihan	76	Seine-Maritime	92	Hauts-de-Seine
18	Cher	37	Indre-et-Loire	57	Moselle	77	Seine-et-Marne	93	Seine-Saint-Denis
19	Corrèze	38	Isère	58	Nièvre	78	Yvelines	94	Val-de-Marne
2A	Corse-du-Sud	39	Jura	59	Nord	79	Deux-Sèvres	95	Val-d'Oise

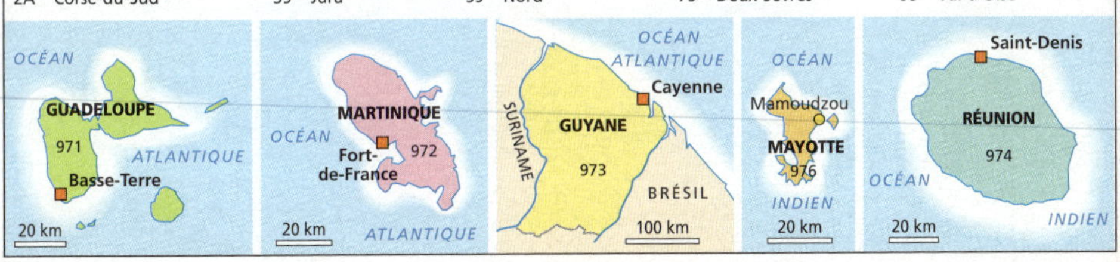

L'Europe politique

L'Afrique

EUROPE
ASIE
MER MÉDITERRANÉE
canal de Suez
MER ROUGE
Détroit de Gibraltar
Rabat
Casablanca
Canaries (ESPAGNE)
MAROC
Alger
ALGÉRIE
Tunis
TUNISIE
Tripoli
LIBYE
Le Caire
ÉGYPTE
tropique du Cancer
Cap Blanc
MAURITANIE
Nouakchott
CAP-VERT
Praia
SÉNÉGAL
Dakar
Banjul
1
Bissau
2
GUINÉE
Conakry
Freetown
SIERRA LEONE
Monrovia
LIBERIA
MALI
Niger
Bamako
3
Ouagadougou
GHANA
4
5
Yamoussoukro
Lomé
Abidjan
Accra
Porto-Novo
CÔTE D'IVOIRE
NIGER
Niamey
NIGERIA
Abuja
Ibadan
Lagos
TCHAD
N'Djamena
SOUDAN
Khartoum
Nil
Nil Blanc
Nil Bleu
Asmara
ÉRYTHRÉE
DJIBOUTI
Djibouti
Cap Guardafui
Addis-Abeba
ÉTHIOPIE
SOMALIE
Muqdisho
RÉP. CENTRAFRICAINE
Bangui
SOUDAN DU SUD
Juba
CAMEROUN
Yaoundé
Malabo
6
São Tomé
7
équateur
Libreville
GABON
Congo
CONGO
OUGANDA
KENYA
L. Victoria
Nairobi
8
Kigali
9
Bujumbura
RÉP. DÉM. DU CONGO
Brazzaville
Kinshasa
Cabinda (ANGOLA)
Golfe de Guinée
OCÉAN ATLANTIQUE
Luanda
ANGOLA
Dodoma
Dar es-Salaam
TANZANIE
Victoria
SEYCHELLES
COMORES
Moroni
Mayotte (FRANCE)
ZAMBIE
Lusaka
MALAWI
Lilongwe
Harare
ZIMBABWE
MOZAMBIQUE
Antananarivo
MADAGASCAR
MAURICE
Port-Louis
Réunion (FRANCE)
Windhoek
NAMIBIE
BOTSWANA
Gaborone
Pretoria
Maputo
Johannesburg
10
Mbabane
tropique du Capricorne
Orange
Maseru
11
AFRIQUE DU SUD
Le Cap
Cap de Bonne-Espérance
OCÉAN INDIEN
1 000 km
capitale d'État
grande ville
1 GAMBIE
2 GUINÉE-BISSAU
3 BURKINA FASO
4 TOGO
5 BÉNIN
6 GUINÉE ÉQUATORIALE
7 SÃO TOMÉ ET PRÍNCIPE
8 RWANDA
9 BURUNDI
10 SWAZILAND
11 LESOTHO

L'Asie

AMÉRIQUE
OCÉAN ATLANTIQUE
MER DU GROENLAND
OCÉAN GLACIAL ARCTIQUE
Détroit de Béring
MER DE SIBÉRIE ORIENTALE
Presqu'île de Tchouktches
MER DE BÉRING
MER DE BARENTS
MER DE LAPTEV
Nouvelle Zemble
Presqu'île des Taïmyr
Presqu'île du Kamtchatka
Saint-Pétersbourg
cercle polaire arctique
Lena
EUROPE
MER D'OKHOTSK
Ob
RUSSIE
Moscou
Kazan
Perm
Iénisseï
Sakhaline
Volga
Ekaterinbourg
Omsk
Novossibirsk
Lac Baïkal
Amour
Hokkaido
MER NOIRE
TURQUIE
Ankara
Tbilissi
Astana
Irkoutsk
Honshu
JAPON
Beyrouth
Erevan
MER CASPIENNE
Mer d'Aral
KAZAKHSTAN
Irtych
Oulan-Bator
Shenyang
CORÉE DU NORD
SYRIE
Bakou
MONGOLIE
Tokyo
Damas
OUZBÉKISTAN
Lac Balkhach
Pyongyang
Jérusalem
Tachkent
Bichkek
Beijing (Pékin)
Séoul
Amman
Achgabat
Shikoku
JORDANIE
Bagdad
Tianjin
CORÉE DU SUD
IRAK
Téhéran
Douchanbe
Kyushu
IRAN
CHINE
Koweït
KOWEÏT
Golfe Arabo-Persique
AFGHANISTAN
Kaboul
Huanghe
Shanghai
Xi'an
Riyad
Islamabad
Wuhan
tropique du Cancer
MER ROUGE
QATAR
PAKISTAN
Chengdu
Yangzijiang
ARABIE SAOUDITE
Doha
Abu Dhabi
Indus
Chongqing
Taibei
E.A.U.
New Delhi
Katmandou
NÉPAL
BHOUTAN
Thimphu
Guangzhou
TAIWAN
OCÉAN PACIFIQUE
Mascate
Kunming
Karachi
Hong Kong
Sanaa
OMAN
Gange
BANGLADESH
YÉMEN
Dhaka
Luçon
Calcutta
Hanoi
MER DE CHINE MÉRIDIONALE
Golfe d'Aden
BIRMANIE (MYANMAR)
Vientiane
Manille
Bombay
INDE
Socotra (YÉMEN)
Rangoon
LAOS
PHILIPPINES
AFRIQUE
Hyderabad
Golfe du Bengale
THAÏLANDE
VIÊT-NAM
MER D'OMAN
Bangkok
CAMBODGE
Mindanao
Madras
Laquedives (INDE)
Andaman (INDE)
Phnom Penh
Hô Chi Minh-Ville
BRUNEI
Bandar Seri Begawan
équateur
Colombo
Malé
Nicobar (INDE)
Moluques
SRI LANKA
Kuala Lumpur
MALAISIE
MALDIVES
SINGAPOUR
Célèbes
TIMOR-ORIENTAL
INDONÉSIE
Dili
Sumatra
MER DE JAVA
OCÉAN INDIEN
Djakarta
Java
Bali
1 LIBAN
2 ISRAËL
3 Territoires autonomes de Palestine
4 GÉORGIE
5 ARMÉNIE
6 AZERBAÏDJAN
7 BAHREÏN
8 TURKMÉNISTAN
9 TADJIKISTAN
10 KIRGHIZSTAN
capitale d'État
grande ville
tropique du Capricorne
AUSTRALIE
1 000 km

L'Amérique du Nord

L'Amérique du Sud